May/Vogt
Lexikon Straßenverkehrsrecht

Lexikon
Straßenverkehrsrecht

herausgegeben von

Ulrich May **Wolfgang Vogt**
Rechtsanwalt in München Rechtsanwalt in München

Gesamtredaktion
Martin Wehrl
Rechtsanwalt in Puchheim

2016

www.beck.de

ISBN 978 3 406 59569 1

© 2016 Verlag C. H. Beck oHG
Wilhelmstraße 9, 80801 München
Druck: Beltz Bad Langensalza GmbH,
Neustädter Straße 1–4, 59947 Bad Langensalza

Satz: ottomedien
Heimstättenweg 52, 64295 Darmstadt

Umschlaggestaltung: Druckerei C.H. Beck Nördlingen

Gedruckt auf säurefreiem, alterungsbeständigem Papier
(hergestellt aus chlorfrei gebleichtem Zellstoff)

Vorwort

Das Straßenverkehrsrecht ist mit seinen vielen Facetten zu einem mittlerweile höchst umfangreichen Rechtsbereich angewachsen. Dass die damit befassten Anwälte, Richter, Staatsanwälte, Mitarbeiter von Behörden und Versicherungen die unterschiedlichsten Normen aus dem Zivil- und Öffentlichen Recht, immer öfter auch Europarecht, recherchieren und anwenden müssen, ist nichts Neues. Es zeigt sich aber ebenso, belegt durch die umfangreichen Pressemeldungen zu diesem Thema – zudem immer schneller verbreitet durch die neuen Medien –, dass auch interessierte „Nicht-Juristen" die lebensnahen Sachverhalte, von A wie Autokauf bis Z wie Zulassung, ständig auf dem „Bildschirm" haben.

Daher werden den recht- und ratsuchenden Fach- und Nicht-Juristen laufend in großer Zahl Veröffentlichungen in unterschiedlichster Form angeboten, die weiterhelfen sollen. Das vorliegende Buch geht hier einen neuen Weg, da es versucht, über den Rahmen des Lexikons die Verzweigungen des Verkehrsrechts näher zu verknüpfen. Diese Suche über verschiedene Stichworte und Verweise kann helfen, schneller zu dem Punkt zu kommen, der benötigt wird. Somit kann der Nutzer auch davor bewahrt werden, zum Beispiel bei der „Unfallflucht" die neben den strafrechtlichen Folgen so bedeutsamen zivilrechtlichen Folgen zu übersehen. Die zahlreichen Praxistipps sollen darüber hinaus die Möglichkeit geben, die jeweiligen Fallgestaltungen schnell und effektiv bearbeiten zu können.

Die Entstehung dieses Buchs hat – gerade auf Grund des neuen Konzepts – geraume Zeit in Anspruch genommen. Den Autoren aus Anwaltschaft, Justiz und Wissenschaft, die sich mit Ihrer großen Fachkunde eingebracht haben, gilt daher ganz besonderer Dank für Ihre Mitarbeit und Geduld.

Ulrich May   *Wolfgang Vogt*   *Martin Wehrl*
 Herausgeber   Redaktion

Die Bearbeiter

Dr. Martin Andreae
Rechtsanwalt in Bergisch-Gladbach
Fachanwalt für Verkehrsrecht

Prof. Dr. Michael Brenner
Lehrstuhl für Deutsches und Europäisches Verfassungs- und Verwaltungsrecht,
Friedrich-Schiller-Universität Jena

unter Mitarbeit von
Ulrike Bohnert, Rechtsreferendarin und
Dr. Dennis Seifarth, Rechtsanwalt in München

Dipl.-Ing. Prof. Dr. rer. biol. hum. Jochen Buck
Professor für forensisches Sachverständigenwesen an der Hochschule
für Wirtschaft und Umwelt Nürtingen-Geislingen

Dr. Peter Dauer LL.M.
Leitender Regierungsdirektor in der Behörde für Inneres und Sport, Hamburg

Dr. Gunnar Geiger
Rechtsanwalt in Garmisch-Partenkirchen
Fachanwalt für Verkehrsrecht

Jost Henning Kärger
Rechtsanwalt in München
Fachanwalt für Verkehrsrecht

Roman Langer
Rechtsanwalt in München
Fachanwalt für Verkehrsrecht

Prof. Dr. med. Fritz Priemer
Professor für forensische Medizin an der Hochschule
für Wirtschaft und Umwelt Nürtingen-Geislingen

Dipl.-Chem. Dr. rer. nat. Hans Sachs
Sachverständiger für Forensische Toxikologie

Wolfgang Vogt
Rechtsanwalt in München

Dietrich Weder
Vorsitzender Richter am Landgericht München I

Martin Wehrl
Rechtsanwalt in Puchheim

Hinweise zur Benutzung des Lexikons

1. Reihenfolge der Stichwörter

Bei der alphabetischen Sortierung der Stichwörter sind Umlaute wie Selbstlaute eingeordnet; also ä wie a, ö wie o und ü wie u. Das ß wird wie ss behandelt.

Hauptstichwörter, die aus Kombinationen mit Adjektiven oder anderen Wortelementen bestehen, sind in der üblichen Reihenfolge – ohne Umstellung der Worte – einsortiert. Das (erläuterte) Hauptstichwort lautet also z.B. „Irreführendes Falschblinken" und nicht „Falschblinken, irreführendes". Um die Möglichkeiten zur raschen Auffindung der gesuchten Information zu erweitern, enthält das Lexikon in diesen Fällen aber stets ein (nicht erläutertes) Verweisstichwort mit dem jeweiligen Substantiv: „**Falschblinken** → Irreführendes Falschblinken".

2. Verweise

a) Jeder interne Verweis ist durch einen Pfeil → gekennzeichnet.

b) Verweisstichwörter enthalten keine Erläuterungen oder Definitionen, sondern führen zu den Hauptstichwörtern, unter denen sich die Informationen zum gesuchten Thema befinden:

> **Haftungsquote** → Haftungsverteilung bei Verkehrsunfällen

Bei längeren Stichwortartikeln wird der Verweis um den Gliederungspunkt, unter dem sich Näheres zur gesuchten Information befindet, ergänzt:

> **Feuerwehrzufahrt** → Halten und Parken Nr. 2 c)

c) Verweise innerhalb eines Stichwortartikels auf ein anderes Hauptstichwort sind kursiv hervorgehoben:

> … Unter den Voraussetzungen des § 21 Abs. 3 StVG kann die → *Einziehung* des Fahrzeugs angeordnet werden …

d) Verweise am Ende eines Stichwortartikels auf andere Hauptstichwörter zielen auf thematisch übergeordnete, angrenzende und fortführende Informationen. Sie sollen dem Leser ermöglichen, sich bei Bedarf über die gezielte Einzelinformation hinaus einen weitergehenden Überblick über das jeweilige Thema zu verschaffen:

Verweis am Ende des Artikels zum Hauptstichwort „Personenbeförderung":

> *Siehe auch:* → *Fahrradtaxi (Fahrradriksha),* → *Kontrollgerät (Fahrtschreiber),* → *Schadenrechtsänderungsgesetz*

3. Nennung der Autoren der Stichwortartikel

Soweit der Stichwortartikel von nur einem Autor verfasst worden ist, findet sich dessen Name stets am Ende des Artikels rechtsbündig in Kursivschrift.

Zeichnen mehrere Verfasser für den Artikel verantwortlich, ist zu unterscheiden:

Entfallen eigenständige und in sich geschlossene Abschnitte innerhalb eines Stichwortartikels auf einen Bearbeiter, so ist dieser innerhalb des Artikels am Ende dieses Abschnitts benannt.

Handelt es sich dagegen um Stichwortartikel, die von mehreren gemeinschaftlich erstellt wurden oder deren Einzelbeiträge redaktionell zusammengeführt worden sind, so sind sämtliche Autoren, getrennt durch Schrägstrich, am Ende des Artikels aufgeführt.

Abkürzungen, Literatur

aA (AA)	andere Ansicht
AA	Atemalkohol
AAA	Atemalkoholanalyse
aA (M)	anderer Ansicht (Meinung)
aaO	am angegebenen Ort
AB	Autobahn
ABBG	Autobahnbenutzungsgebührengesetz für schwere Nutzfahrzeuge
ABMG	Autobahnmautgesetz
AbfG	Abfallgesetz
Abl	Amtsblatt
abl	ablehnend
Abs	Absatz
abw	abweichend
aE	am Ende
AETR	Europäisches Übereinkommen über die Arbeit des im internationalen Straßenverkehr beschäftigten Fahrpersonals
AEUV	Vertrag über die Arbeitsweise der Europäischen Union (ABl EU C 83 v 30. 3. 2010)
aF	alte Fassung
Änd.	Änderung(en)
ÄndG, ÄndVO	Änderungsgesetz, Änderungsverordnung
AG	Amtsgericht
AK	Arbeitskreis
AKB	Allgemeine Bedingungen für die Kraftfahrtversicherung
ALG II	Arbeitslosengeld II
alic	actio libera in causa
allg	allgemein
AMG	Arzneimittelgesetz
amtl	amtlich
Anh	Anhang
Anl	Anlage
AAK	Atemalkoholkonzentration
AMG	Arzneimittelgesetz
Anm	Anmerkung
AnwBl	Anwaltsblatt, Zeitschrift (Jahr u Seite)
AO	Abgabenordnung/Anordnung
ArbZG	Arbeitszeitgesetz
ArGe	Arbeitsgemeinschaft
Art	Artikel
AUB	Allgemeine Unfallversicherungsbedingungen
Aufl	Auflage
ausf	ausführlich
AusfAnw	Ausführungsanweisung
AusfVO	Ausführungsverordnung
ausl	ausländisch(e, er …)
BA	Blutalkohol, Wissenschaftliche Zeitschrift für die medizinische und juristische Praxis, herausgegeben vom Bund gegen Alkohol im Straßenverkehr eV (Jahr u Seite)
BAB	Bundesautobahn
Bäcker/Franke/Molkentin	SGB VII, 3. Aufl 2010
BAG	Bundesarbeitsgericht
BAK	Blutalkoholkonzentration

Abkürzungen, Literatur

Bamberger/Roth	Kommentar zum Bürgerlichen Gesetzbuch, 3. Aufl 2012
BAnz	Bundesanzeiger
BASt	Bundesanstalt für Straßenwesen, Köln
Bay, BayObLG	Bayerisches Oberstes Landesgericht; mit Zahlen: Sammlung von Entscheidungen in Strafsachen (alte Folge zit nach Band u Seite, neue Folge nach Jahr u Seite)
BayStrWG	Bayerisches Straßen- und Wegegesetz
BayVfGH	Bayerischer Verfassungsgerichtshof
BayVwBl	Bayerische Verwaltungsblätter (Jahr u Seite)
BayVGH	Bayerischer Verwaltungsgerichtshof
BB	Betriebs-Berater, Zeitschrift (Jahr u Seite)
BDSG	Bundesdatenschutzgesetz
Beckmann/Matusche-Beckmann	Versicherungsrechtshandbuch, 3. Aufl 2015
Beck/Berr	OWi-Sachen im Straßenverkehrsrecht, 6. Aufl 2012 (zit nach Rn)
BeckOK StGB	Beck'scher Online-Kommentar StGB (beck-online)
BeckRS	Beck Rechtsprechungsservice (beck-online – aktuelle Rechtsprechung: Jahr u Nummer)
Beck'sche Loseblattausgabe	Beck'sche Textausgabe, Straßenverkehrsrecht – Loseblattausgabe
Begr	Begründung
Beier/Kallieris	Forensische Biomechanik in der Rechtsmedizin – eine Standortbestimmung
Bek	Bekanntmachung
ber	berichtigt
Berr/Hauser/Schäpe	Das Recht des ruhenden Verkehrs, Beck 2. Aufl 2003 (zit nach Rn)
Berr/Krause/Sachs	Drogen im Straßenverkehrsrecht, 1. Aufl 2007 (zit nach Rn)
Berz/Burmann	Handbuch des Straßenverkehrsrechts, Loseblattausgabe 34. Lfg. 2015
BfF	Begutachtungsstelle für Fahreignung (früher: MPU)
BFStrG	Bundesfernstraßengesetz
BFStrMG	Bundesfernstraßenmautgesetz
BGB	Bürgerliches Gesetzbuch
BGBl I, II	Bundesgesetzblatt, Teil I, II
BGBl III	Sammlung des Bundesrechts (ab 1. 1. 1966 Fundstellennachweis A)
BGH	Bundesgerichtshof
BGHR	BGH-Report
BGHSt	Entscheidungen des Bundesgerichtshofs in Strafsachen (Band u Seite)
BGHZ	Entscheidungen des Bundesgerichtshofs in Zivilsachen (Band u Seite), vgl auch die Zitierweise am Anfang des Verzeichnisses
BKrFQG	Berufskraftfahrer-Qualifikations-Gesetz
BKrFQV	Berufskraftfahrer-Qualifikations-Verordnung
BImSchG	Bundes-Immissionsschutzgesetz
BKat(V)	Bußgeld-Katalog(-Verordnung)
Blum	Verkehrsstrafrecht, 1. Aufl 2009
BMV	Bundesminister(ium) für Verkehr
BMVBS	Bundesminister(ium) für Verkehr, Bau und Stadtentwicklung
BO-Kraft	Verordnung über den Betrieb von Kraftfahrunternehmen im Personenverkehr
Bode/Winkler	Fahrerlaubnis, Bonn, 5. Aufl 2006
Böhme/Biela	Kraftverkehrs-Haftpflicht-Schäden, 25. Aufl 2013
Bohnert	Ordnungswidrigkeitengesetz, 3. Aufl 2010
BOStrab	Verordnung über den Bau und Betrieb der Straßenbahnen
Bouska/Laeverenz	Fahrerlaubnis, 3. Aufl 2004
Bouska/Leue	StVO, 22. Aufl 2007
BR	Bundesrat

BR-Drs	Drucksachen des Bundesrates nach Nr u Jahr
BSG	Bundessozialgericht
BT	Bundestag
BT-Drs	Drucksachen des Deutschen Bundestages nach Wahlperiode u Nr
BT-KAT-OWI	Bundeseinheitlicher Tatbestandkatalog (VkBl 2001, 523, mit späteren Änderungen)
BtM	Betäubungsmittel
BtMG	BetäubungsmittelG
Buck/Diekmann/Rösing	Identifikationsgutachten. § 67 in Ferner, Straßenverkehrsrecht, 2.Aufl 2006
Buck/Krumbholz	Buck/Krumbholz (Hrsg), Sachverständigenbeweis im Verkehrsrecht, 2008
Burhoff	Burhoff (Hrsg.), Handbuch für das straßenverkehrsrechtliche OWi-Verfahren, 3. Aufl 2011
Burmann/Heß/Jahnke/Janker	Straßenverkehrsrecht. Kommentar, 23. Aufl 2014
Burmann/Heß/Stahl	Versicherungsrecht im Straßenverkehr, 2. Aufl 2010
BVerfG	Bundesverfassungsgericht
BVerfGE	Entscheidungen des Bundesverfassungsgerichts (Band u Seite)
BVerwG	Bundesverwaltungsgericht
BZR	Bundeszentralregister
BZRG	Gesetz über das Zentralregister und das Erziehungsregister (Bundeszentralregistergesetz)
CEMT	Europäische Konferenz der Verkehrsminister
cic	culpa in contrahendo (Verschulden bei Vertragsschluss)
DAR	Deutsches Autorecht, Zeitschrift (Jahr u Seite)
DAV	Deutscher Anwaltverein
DDR	Deutsche Demokratische Republik
ders	derselbe
DGVZ	Deutsche Gerichtsvollzieher-Zeitung (Jahr u Seite)
DRiZ	Deutsche Richterzeitung (Jahr u Seite)
DV (DVO)	Durchführungsverordnung
DVBl	Deutsches Verwaltungsblatt (Jahr u Seite)
E	Gerichtsentscheidung
EBO	Eisenbahnbau- und Betriebsordnung
EFZG	Entgeltfortzahlungsgesetz
EG	Einführungsgesetz
EG-FGV	Verordnung über die EG-Genehmigung für Kraftfahrzeuge und ihre Anhäger sowie für Systeme, Bauteile und selbständige technische Einheiten für diese Fahrzeuge (EG-Fahrzeuggenehmigungsverordnung) v 21. 4. 2009 (BGBl I 872)
EGOWiG	EinführungsG zum G über Ordnungswidrigkeiten v 24. 5. 1968 (BGBl I 503)
Einf	Einführung
Einl	Einleitung
Ein-Vertr	Einigungsvertrag
Eisenberg	JugendgerichtsG, 18. Aufl 2015 (zit nach Rn)
entspr	entsprechend
Erbs/Kohlhaas	Strafrechtliche Nebengesetze (Loseblattausgabe),
EU	Europäische Union
2. EU-FSch-RiLi	Zweite EU-Führerschein-Richtlinie v 29. 7. 1991, 91/439/EWG, ABl EU L 237, S 1
3. EU-FSch-RiLi	Dritte EU-Führerschein-Richtlinie v 20. 12. 2006, 2006/126/EG, ABl EU L 403, S 18

EuAbgG	Europa-AbgeordnetenG
EuG	Europäischer Gerichtshof
EUV	Vertrag über die Europäische Union (ABl EU C 83 v 30. 3. 2010)
EWG	Europäische Wirtschaftsgemeinschaft
EWR	Europäischer Wirtschaftsraum
FAER	Fahreignungsregister
FahrlG	Fahrlehrergesetz
FahrschAusbO	Fahrschüler-Ausbildungsordnung
FE	Fahrerlaubnis
Ferner (Hrsg)	Straßenverkehrsrecht, 2. Aufl 2006
FeV	Fahrerlaubnis-Verordnung
Feyock/Jacobsen/Lemor	Kraftfahrtversicherung, 3. Aufl 2009
f	folgende
ff	fortfolgende
Fn	Fußnote
Fischer	Strafgesetzbuch, 61. Aufl, München 2014
Fleischmann/Hillmann/ Schneider	Das verkehrsrechtliche Mandat – Band 2, 5. Aufl 2009
Forster/Ropohl	Rechtsmedizin, 5. Aufl 1989, Enke Verlag
FPersG	Fahrpersonalgesetz
FPersV	Fahrpersonalverordnung
FV	Fahrverbot
Fz	Fahrzeug
G	Gesetz
g	Gramm
GA	Goltdammer's Archiv für Strafrecht (Jahr u Seite)
GABl	Gemeinsames Amtsblatt
GBl	Gesetzblatt
geänd	geändert
Gebhardt	Das verkehrsrechtliche Mandat, 7. Aufl 2012, Deutscher Anwalt Verlag
Geigel	Der Haftpflichtprozess, 26. Aufl 2011
GemO	Gemeindeordnung
Germann/Undeutsch	Das Gutachten der MPU und Kraftfahrereignung, München 1995
GewO	Gewerbeordnung
GG	Grundgesetz für die Bundesrepublik Deutschland
GGBefG	Gefahrgutbeförderungsgesetz
ggf	gegebenenfalls
GGVS	Gefahrgutverordnung Straße
GMBl	Gemeinsames Ministerialblatt
Göhler	OrdnungswidrigkeitenG, 164. Aufl 2012 (Göhler/Bearbeiter Rn u Paragraphen)
Götz/Tolzmann	Bundeszentralregistergesetz. Kommentar, 4. Aufl
Greger/Zwickel	StVG, Haftungsrecht des Straßenverkehrs, 5. Aufl 2014
Grüneberg	Haftungsquoten bei Verkehrsunfällen, 14. Aufl 2015
GVBl	Gesetz- und Verordnungsblatt
GVG	GerichtsverfassungsG
HaftpflG	Haftpflichtgesetz
Halm/Engelbrecht/Krahe	Handbuch des Fachanwalts, Versicherungsrecht, 3. Aufl 2008
Halm/Kreuter/Schwab	Allgemeine Kraftfahrtbedingungen (AKB), 2.Aufl 2015
Harbort	Rauschmitteleinnahme und Fahrsicherheit, 1996
Haus/Krumm/Quarch	Gesamtes Verkehrsrecht, Kommentar, 1.Aufl 2014

Heiler/Jagow	Führerschein, Ein Handbuch des aktuellen Fahrerlaubnisrechts und angrenzender Rechtsgebiete. Grundriss, 6. Aufl 2007
Hentschel/König/Dauer	Straßenverkehrsrecht, 43. Aufl 2015 (Hentschel/Bearbeiter; Rn u Paragraphen)
Hentschel/Krumm	Fahrerlaubnis und Alkohol im Straf und Ordnungswidrigkeitenrecht, 5. Aufl 2010
Hentschel/Trunkenheit	Trunkenheit, Fahrerlaubnisentziehung, Fahrverbot im Straf- und Ordnungswidrigkeitenrecht, 10. Aufl 2006
Heß/Jahnke	Das neue Schadensersatzrecht, 1. Aufl München 2002
Himmelreich/Andreae/Teigelack	AutoKaufRecht, für Neu- und Gebrauchtwagen, inklusive Leasing, 2014
Himmelreich/Halm (Hrsg)	Handbuch des Fachanwalts Verkehrsrecht, 4. Aufl 2012
Himmelreich/Halm/Staab	Handbuch der Kfz-Schadenregulierung, 2015
Himmelreich/Janker/Karbach	Fahrverbot, Fahrerlaubnisentzug und MPU Begutachtung im Verwaltungsrecht, Luchterhand, 8. Aufl 2007
Himmelreich/Krumm/Staub	Verkehrsunfallflucht, 6. Aufl 2013
hM (L)	herrschende Meinung (Lehre)
Hrsg	Herausgeber
Huppertz	Zulassung von Fahrzeugen, 3. Aufl 2011
idF	in der Fassung
idR	in der Regel
incl	inklusiv, einschließlich
IntKfzVO	VO über internationalen Kraftfahrzeugverkehr
iS	im Sinne
iVm	in Verbindung mit
Jahnke	Abfindung von Personenschadenansprüchen, 2. Aufl 2008
Jahnke	Unfalltod und Schadenersatz, 2. Aufl 2012
Jahnke	Der Verdienstausfall im Schadenersatzrecht, 3. Aufl 2009
Jarass/Pieroth	Grundgesetz. Kommentar, 13. Aufl 2014
jew	jeweilig(er, en), jeweils
JGG	Jugendgerichtsgesetz
JMBl	Justizministerialblatt
JR	Juristische Rundschau, Zeitschrift (Jahr u Seite)
Jura	Juristische Ausbildung, Zeitschrift (Jahr u Seite)
JurA	Juristische Analysen (Jahr u Seite)
jurisPR-VerkR	jurisPraxisReport Verkehrsrecht, online-Zeitschrift
JuS	Juristische Schulung, Zeitschrift (Jahr u Seite)
JuSchG	Jugendschutzgesetz
Justiz	Die Justiz, Amtsblatt des JustizministeriumsBaden-Württemberg (Jahr u Seite)
JZ	Juristenzeitung (Jahr u Seite)
KBA	Kraftfahrt-Bundesamt, Flensburg
Keil/Mall/Rolf	Perpektiven der Rechtsmedizin, 2004
Kfz	Kraftfahrzeug
KfSachvG	KraftfahrsachverständigenG
KfzPflVV	Kraftfahrzeug-Pflichtversicherungsverordnung
KfzStG	Kraftfahrzeugsteuergesetz
KG	Kammergericht
KK	Karlsruher Kommentar zur StPO, 7. Aufl 2013
KK-OWiG	Karlsruher-Kommentar zum OWiG, 4. Aufl 2014
Kl	Klasse
Kodal	Kodal/Krämer, Straßenrecht, 7. Aufl 2010

Abkürzungen, Literatur

Kopp/Ramsauer	VerwaltungsverfahrensG, 14. Aufl 2013 (Paragraph u Rn)
Krad	Kraftrad
KrFArbZG	Gesetz zur Regelung der Arbeitszeit von selbständigen Kraftfahrern
Krekeler/Löffelmann/Sommer	Anwaltskommentar StPO, 2010
krit	kritisch (oder Kritik)
Küppersbusch	Ersatzansprüche bei Personenschaden, 11. Aufl 2013
Krumm	Fahrverbot in Bußgeldsachen 2. Aufl 2010
Lackner	Lackner/Kühl, Strafgesetzbuch mit Erläuterungen, 27. Aufl 2011
LAG	Landesarbeitsgericht
LdR	Ergänzbares Lexikon des Rechts, Luchterhand Verlag (zit nach Stichwort u Anm)
LG	Landgericht
Lisken/Denninger	Handbuch des Polizeirechts, 5. Aufl 2012 (Autor, Abschn, Rn)
LK	Strafgesetzbuch (Leipziger Kommentar) 13. Aufl 2008
Lkw	Lastkraftwagen
Löwe-Rosenberg	Die Strafprozessordnung und das Gerichtsverfassungsgesetz. Kommentar, 26. Aufl. 2006 ff.
LOWiG	Landesordnungswidrigkeitengesetz
LR	Siehe Löwe-Rosenberg
Ls	Leitsatz Teilen und Drucken
LVG	Landesverwaltungsgericht
LZA	Lichtzeichenanlage
MABl	Ministerialamtsblatt
Maunz/Dürig	Grundgesetz. Kommentar, 53. Aufl 2009
Maurach	Maurach/Zipf, Strafrecht, Allgemeiner Teil, 7. Aufl 1989
MautsysG	Mautsystemgesetz
MBl	Ministerialblatt
MDR	Monatsschrift für deutsches Recht (Jahr u Seite)
Meyer-Goßner/Schmitt	Strafprozessordnung, GVG, Nebengesetze und ergänzende Bestimmungen, 58. Aufl 2015
MiStra	Anordnung über Mitteilungen in Strafsachen idF v 15. 3. 1985 (BAnz 3053)
MPU	Medizinisch-psychologische Untersuchung
Müller	B-KAT-OWi-Leitfaden für Rechtsanwälte, 1. Aufl 2007
Müller/Schulz	Bundesfernstraßengesetz. Kommentar, 2013
Münchener Anwaltshandbuch	Buschbell, Münchener Anwaltshandbuch Straßenverkehrsrecht, 3. Aufl München 2009
Münchener Kommentar VVG	Versicherungsvertragsgesetz, Band 1, 2010
MwSt	Mehrwertsteuer
mWv	mit Wirkung vom
NdsRpfl	Niedersächsische Rechtspflege (Jahr u Seite)
Neidhart/Nissen	Bußgeld im Ausland, 3. Aufl 2011 (Abschnitt u Rn)
Neidhart/Nissen	Bußgeldkataloge in Europa, 1. Aufl 2013
nF	neue Fassung
NJOZ	Neue Juristische Online-Zeitschrift (Jahr u Seite)
NJW	Neue Juristische Wochenschrift (Jahr u Seite)
NJW-RR	NJW-Rechtsprechungs-Report (Jahr u Seite)
NStZ	Neue Zeitschrift für Strafrecht (Jahr u Seite)
NStZ-RR	NStZ-Rechtsprechungs-Report Strafrecht
NTS	Nato-Truppenstatut
NuR	Natur und Recht, Zeitschrift (Jahr u Seite)
NVersZ	Neue Zeitschrift für Versicherung und Recht
NVwZ	Neue Zeitschrift für Verwaltungsrecht (Jahr u Seite)

NWVBl	Verwaltungsblatt NW
NZA	Neue Zeitschrift für Arbeit (Jahr u Seite)
NZV	Neue Zeitschrift für Verkehrsrecht (Jahr u Seite)
OBG	Ordnungsbehördengesetz
öff	öffentlich
OLG(e)	Oberlandesgericht(e)
OLGR	OLG-Report
OVG	Oberverwaltungsgericht
OVGNW	Oberverwaltungsgericht Nordrhein-Westfalen (Münster)
OWiG	Gesetz über Ordnungswidrigkeiten
PAG	PolizeiaufgabenG
Palandt	Bürgerliches Gesetzbuch, Kommentar, 74. Aufl 2015
PBefG	Personenbeförderungsgesetz
PflVG	Pflichtversicherungsgesetz
Pkw	Personenkraftwagen
Prölss/Martin	Versicherungsvertragsgesetz, 28. Aufl 2010
PTB	Physikalisch-Technische Bundesanstalt Braunschweig
PVT	Polizei, Verkehr und Technik, Zeitschrift (Jahr u Seite)
pVV	positive Vertragsverletzung
Ranft	Strafprozessrecht, Systematische Darstellung. 2. Aufl 2005
RdErl	Runderlaß
Rn	Randnummer(n)
Rebmann-RH	Rebmann/Roth/Hermann, Gesetz über Ordnungswidrigkeiten, Loseblattkommentar (Rn u Paragraphen)
RegAnz	Regierungsanzeiger
Reinking/Eggert	Der Autokauf, 12. Aufl 2014
RG	Reichsgericht, mit Zahlen: Entscheidungen des RG in Strafsachen (Band u Seite)
RGBl	Reichsgesetzblatt
RGSt(Z)	Entscheidungen des Reichsgerichts in Strafsachen (Zivilsachen) (Band u Seite)
RiBA	Richtlinien zur Feststellung von Alkohol-, Medikamenten- und Drogeneinfluss bei Straftaten und Ordnungswidrigkeiten und zur Sicherstellung und Beschlagnahme von Führerscheinen (s § 316 StGB 40)
RiLi	Richtlinien
RiStBV	Richtlinien für das Straf- und Bußgeldverfahren
RiW	Recht der internationalen Wirtschaft (Jahr u Seite)
Römer/Langheid	Versicherungsvertragsgesetz, Kommentar, 4. Aufl 2014
Rpfl	Der deutsche Rechtspfleger, Zeitschrift (Jahr u Seite)
RSpr	Rechtsprechung
Rüffer/Halbach/Schimikowski	Versicherungsvertragsgesetz, 2. Aufl 2011
Rüth/Berr/Berz	Straßenverkehrsrecht, 2. Aufl 1988 (Rn u Paragraphen)
r+s	Recht und Schaden, Zeitschrift (Jahr u Seite)
RV-Beitrag	Rentenversicherungsbeitrag
RVT	Rentenversicherungsträger (Deutsche Rentenversicherung – DRV)
s	siehe
S	Seite oder Satz
Sanden/Völtz	Sachschadenrecht des Kraftverkehrs, 9. Aufl 2011
SchlHA	Schleswig-Holsteinische Anzeigen
Sch/Sch	Schönke/Schröder, Strafgesetzbuch, Kommentar, 29. Aufl 2014

Schah Sedi/Schah Sedi	Das Verkehrsrechtliche Mandat – Band 5: Personen-Schäden, 1. Aufl 2010
Schubert/Dittmann/Brenner-Hartmann	Urteilsbildung in der Fahreignungsbegutachtung, 3. Aufl 2013
Schurig	Kommentar zur Straßenverkehrs-Ordnung mit VwVStVO, 14. Aufl 2013
SHT	Sozialhilfeträger
SGB I	Sozialgesetzbuch 1 – Allgemeiner Teil
SGB II	Sozialgesetzbuch 2 – Grundsicherung für Arbeitsuchende
SGB III	Sozialgesetzbuch 3 – Arbeitsförderung
SGB IV	Sozialgesetzbuch 4 – Gemeinsame Vorschriften für die Sozialversicherung
SGB V	Sozialgesetzbuch 5 – Gesetzliche Krankenversicherung
SGB VI	Sozialgesetzbuch 6 – Gesetzliche Rentenversicherung
SGB VII	Sozialgesetzbuch 7 – Gesetzliche Unfallversicherung
SGB VIII	Sozialgesetzbuch 8 – Kinder- und Jugendhilfe
SGB IX	Sozialgesetzbuch 9 – Rehabilitation und Teilhabe behinderter Menschen
SGB X	Sozialgesetzbuch 10 – Verwaltungsverfahren
SGB XI	Sozialgesetzbuch 11 – Soziale Pflegeversicherung
SGB XII	Sozialgesetzbuch 12 – Sozialhilfe
SkAufG	Streitkräfteaufenthaltsgesetz
SMBl NW	Sammlung des bereinigten Ministerialblattes für das Land Nordrhein-Westfalen
s. o.	siehe oben
sog	sogenannte(r)
SRB	Schadenregulierungsstelle des Bundes
StA	Staatsanwaltschaft
StAnz	Staatsanzeiger
StGB	Strafgesetzbuch
StPÄG	StrafprozessänderungsG
StPO	Strafprozessordnung
str	strittig
Straba	Straßenbahn(en)
StraFo	Strafverteidiger Forum, Zeitschrift (Jahr und Seite)
StrÄndG	Strafrechtsänderungsgesetz
StrEG	Gesetz über die Entschädigung für Strafverfolgungsmaßnahmen
Streinz	EUV/AEUV. Vertrag über die Europäische Union und Vertrag über die Arbeitsweise der Europäischen Union, 2012
StrRG	Strafrechtsreformgesetz
StrWG	Straßenwegegesetz
StV	Strafverteidiger, Zeitschrift (Jahr u Seite)
StVÄG	Strafverfahrensänderungsgesetz
StVE	Straßenverkehrs-Entscheidungen, Loseblatt-Sammlung v Cramer/Berz/Gontard; Beck-Verlag (Nummern ohne Gesetz- u Paragraphenangabe beziehen sich auf die erläuterte Vorschrift)
StVG	Straßenverkehrsgesetz
StVO	Straßenverkehrs-Ordnung
StVollstrO	Strafvollstreckungsordnung
StVZO	Straßenverkehrs-Zulassungs-Ordnung
SV	Sachverständiger
SVR	Straßenverkehrsrecht, Zeitschrift (Jahr und Seite)
SVT	Sozialversicherungsträger
TB(e)	Tatbestand (Tatbestände)
TE	Tateinheit

teilw	teilweise
TKG	Telekommunikationsgesetz
TM	Tatmehrheit
Tüb	Tübingen, OLG Tübingen
ua	unter anderem
UmweltHG	Umwelthaftungsgesetz
Urt	Urteil
USchadG	Umweltschadensgesetz
uU	unter Umständen
VA	Verwaltungsakt
VAE	Verkehrsrechtliche Abhandlungen und Entscheidungen (Jahr u Seite)
van Bühren/Lemcke/Jahnke	Anwalts-Handbuch Verkehrsrecht, 2. Aufl 2011
van Bühren/Plote	Allgemeine Bedingungen für die Rechtsschutzversicherung (ARB), 3. Aufl 2013
VBG 12	Unfallverhütungsvorschrift der Berufsgenossenschaft für Fahrzeughaltungen
VD	Verkehrsdienst, Zeitschrift (Jahr u Seite)
Verf	Verfasser
Verkehrsunfall	Der Verkehrsunfall, Zeitschrift (Jahr u Seite)
VerwArch	Verwaltungsarchiv, Zeitschrift (Jahr u Seite)
VG	Verwaltungsgericht
VGH	Verwaltungsgerichtshof
vgl	vergleiche
VGT	Verkehrsgerichtstag in Goslar, Veröffentlichungen der Deutschen Akademie für Verkehrswissenschaften eV Hamburg (Jahr u Seite)
VkBl	Verkehrsblatt (Jahr u Seite)
VM	Verkehrsrechtliche Mitteilungen, Zeitschrift (Jahr u Nr)
VersR	Versicherungsrecht, Zeitschrift (Jahr u Seite)
VO	Verordnung
VOH	Verkehrsopferhilfe
Vorbem	Vorbemerkung
VRS	Verkehrsrechtssammlung (Band u Seite)
VVG	Versicherungsvertragsgesetz
VwGO	Verwaltungsgerichtsordnung
VwKat	Verwarnungsgeld-Katalog
VwV oder VwV-StVO	Allgemeine Verwaltungsvorschrift zur StVO
VwVfG	Verwaltungsverfahrensgesetz
VZ	Verkehrszeichen
VzKat	Katalog der Verkehrszeichen 1992 (BAnz v 3. 4. 1992, Nr 66 a)
VZR	Verkehrszentralregister beim KBA (Flensburg)
WHG	Wasserhaushaltsgesetz
wistra	Zeitschrift für Wirtschaft, Steuer, Strafrecht (Jahr u Seite)
wN	weitere Nachweise
WÜD	Wiener Übereinkommen über diplomatische Beziehungen v 18. 4. 1961 (BGBl II 1964, 957; 1965 II 147)
WÜK	Wiener Übereinkommen über konsularische Beziehungen v 24. 4. 1963 (BGBl II 1969, 1585; 1971 II 1285)
Wussow	Unfallhaftpflichtrecht, 16. Aufl Köln 2014
ZA	Zusatzabkommen
zB	zum Beispiel
ZfS, zfs	Zeitschrift für Schadensrecht (Jahr u Seite)

Abkürzungen, Literatur

zit	zitiert
Zöller	Zivilprozessordnung, 30. Aufl 2014
ZPO	Zivilprozessordnung
ZPR	Zeitschrift für Rechtspolitik (Jahr u Seite)
ZStW	Zeitschrift für die gesamte Strafrechtswissenschaft (Band u Seite)
zul	zulässig, zuletzt
zust	zustimmend
zutr	zutreffend
ZVS	Zeitschrift für Verkehrssicherheit (Jahr u Seite)
zw	zweifelhaft
zZ	zur Zeit

Liste der erläuterten Stichwörter

AAK
AAK-Messgerät
Abgasuntersuchung
Abkürzung der Sperrfrist
Abschleppen
Abschleppkosten
Absolute Fahruntüchtigkeit
Abstand
Abstinenzkontrolle
Abtretung von Schadenersatzansprüchen
Adhäsionsverfahren
Agenturgeschäft
Akteneinsicht
Alkoholmessgeräte
Alkoholtypischer Fahrfehler
Allgemeine Bedingungen des Kraftfahrzeug-
 gewerbes
Allgemeine Geschäftsbedingungen (AGB)
Allgemeine Versicherungsbedingungen für die
 Kraftfahrzeugversicherung (AKB)
Amphetamin
Anhängelast
Anhängerkupplung
Anhörung
Anthropologie/Bildidentifikation
Anthropologisches Gutachten
Antidepressiva
Antrag auf gerichtliche Entscheidung
Anwaltsgebühren in Verkehrsverwaltungssachen
Arglistige Täuschung
Aufbauseminar
Aufklärungsobliegenheiten
Augenblicksversagen
Ausländische Fahrerlaubnis
Auslandsunfall
Aussageverweigerungsrecht
Autobahnmaut
Autobumser-Fälle

BAK
Barbiturate
Beförderungserschleichung
Begleitetes Fahren ab 17
Begleitstoffanalyse
Begutachtungsleitlinien
Begutachtungsstelle für Fahreignung
Beifahrer
Belehrung im Strafverfahren
Beleidigung im Straßenverkehr
Beleuchtung
Benzinklausel
Benzodiazepine
Benzoylecgonin

Berauschendes Mittel i.S. § 316 StGB
Berufskraftfahrerqualifikation
Besonderheiten der Verkehrsunfallklage
Besonderheiten des Verkehrsstrafverfahrens
Besonderheiten des Verkehrsunfallprozesses
Besonderheiten des Verkehrsverwaltungspro-
 zesses
Besonderheiten des Versicherungsprozesses
Betäubungsmittel
Betriebsanleitung
Betriebserlaubnis
Betriebsgefahr
Betriebsweg
Beweis des ersten Anscheins
Beweiserhebungsverbot
Beweissicherungsverfahren, selbständiges
Beweisverwertungsverbot
Bewohnerparken
Biomechanik
Blutentnahme
Blutprobe
Bundeszentralregister
Buprenorphin
Bußgeldkatalog
Bußgeldverfahren

Cannabis
Cathin
Cathinon
CDT-Wert
CIF-Faktor
Codein
cut-off

Dachlawinenschaden
Daldrup-Tabelle
Dash-Cam
DAV-Abkommen
Deckungsklage
Deckungssummen in Europa
Deckungszusage (vorläufige)
Diagrammscheibe
Diebstahl
Dienstfahrerlaubnis
Dienstfahrt
Dihydrocodein
Doppelkarte
Doppelte Rückschaupflicht
Doppelverfolgungsverbot
Drogen
Drogenfahrt
Drogenscreening
Durchfahrtshöhe

XXI

Liste der erläuterten Stichwörter

Ecstasy
Einziehung der Fahrerlaubnis
Einziehung des Fahrzeugs
Einziehung des Führerscheins
Entschädigung nach dem Strafrechtsentschädigungsgesetz
Entziehung der Fahrerlaubnis
Ermittlungsverfahren
Ersatzansprüche Dritter
Ersatzführerschein
Erste-Hilfe-Kasten
EU-Führerschein

Fahreignung
Fahreignungsregister
Fahren ohne Fahrerlaubnis
Fahren ohne Versicherungsschutz
Fahrerassistenzsysteme
Fahrerermittlung
Fahrerhaftung
Fahrerlaubniserwerb
Fahrerlaubnis-Verordnung
Fahrerlaubnisverzicht
Fahrlässige Körperverletzung (§ 229 StGB)
Fahrlässige Tötung (§ 222 StGB)
Fahrradfahrer
Fahrradhelm
Fahrradstraße
Fahrradtaxi (Fahrradrikscha)
Fährschifftransport, Kfz-Schaden beim
Fahrschule
Fahrtenbuchauflage
Fahrverbot
Fahrverbotvollstreckung
Fahrzeugbeleuchtung
Fahrzeugregister
Fahrzeug-Zulassungsverordnung (FZV)
Fälschung technischer Aufzeichnungen
Ferienfahrschule
Fernabsatzgeschäft
Feststellungsklage
Finanzierter Kfz-Kauf
Forensische Toxikologie
Frustrierte Aufwendungen
Führerscheintourismus
Fuhrparküberwachung
Fußgängerüberweg

Garantieansprüche
Gebraucht/Neu
Gefährdung des Straßenverkehrs (§ 315c StGB)
Gefährdungshaftung
Gefährlicher Eingriff in den Straßenverkehr (§ 315b StGB)
Gefälligkeitsfahrt
Geschäftsgebühr in Unfallsachen

Geschäftswagenunfall
Geschwindigkeit
Gestörte Gesamtschuld
Grenzwerte
Grüne Karte
Gruppenfreistellungsverordnung

Haaranalyse
Haarwild
Haftung für Kfz-Insassen
Haftung mehrerer Schädiger
Haftungsausschluss bei Arbeits-/Schulunfällen
Haftungsprivilegierung für Kinder
Haftungsverteilung bei Verkehrsunfällen
Halten und Parken
Halterhaftung
Handyverbot
Haschisch
Hauptuntersuchung
Heroin
HIS (das ehemalige UNIWAGNIS)
HWS-Schleudertrauma

Inlandsunfall mit NATO-Kfz
Insassenunfallversicherung
Internet-Kfz-Kauf
Irreführendes Falschblinken
Irrtum

Kaskoversicherung
Kaufvertrag
Kausalität
Kausalität (Strafrecht)
Kennzeichenerteilung
Kennzeichenmissbrauch
Kfz-Haftpflichtversicherung
Kfz-Versicherungsvertrag
Kinderunfall
Kokain
Kontrollgerät
Kostentragungspflicht des Halters

Leasingvertrag
Leberwerte
Leergewicht
Lenk- und Ruhezeiten
Liegenbleiben von Fahrzeugen

Mahnbescheid
Manipulierter Unfall
Marihuana
MCV-Wert
MDA
MDE
MDMA
Medikament

Liste der erläuterten Stichwörter

Medizinisch-psychologische Untersuchung
Methadon
Minderung
Missbrauch von Wegstreckenzählern und Geschwindigkeitsbegrenzern
Mithaftung und Mitverschulden
Motorradhelm
Motorradhelm, Fahren ohne
Motorradschutzkleidung

Nacherfüllung
Nachhaftung
Nachtrunk
Nebenklage
Neuroleptika
Nichtmitführen des Führerscheins
Nötigung
Notstand

Ölspurschäden
Opiate
Opioide
Opium

Park-Warntafel
Passivrauchen
Pedelec
Personenbeförderung
Pflichten des Fahrzeugführers
Polizeiliche Unfallaufnahme
Polytoxikologisches Screening
Probefahrt
Produkthaftung
Prognoserisiko
Psychische Unfallfolgen
Psychopharmaka
Punktsystem

Radarwarngerät
Radarwarnungen
Räuberischer Angriff auf Kraftfahrer
Reaktionszeit
Rechtliches Gehör
Rechtsschutzversicherung
Regress
Regress (in der Kaskoversicherung)
Regulierungsvereinbarungen
Reifen
Relevanzrechtsprechung
Rennveranstaltungen
Reparaturkostenübernahme
Reparaturvertrag
Repräsentantenhaftung
Richtgeschwindigkeit
Rosa Grenzversicherungsschein
Rotlichtverstoß

Rückrufe von Kraftfahrzeugen
Rücktritt (von einem Kaufvertrag)
Sachbeschädigung
Sachmangel
Sachmängelhaftungsausschluss
Schadenrechtsänderungsgesetz
Schadensersatz (bei Sachmängeln oder Pflichtverletzungen)
Schiedsstellen (für das Kraftfahrzeuggewerbe)
Schlangenlinien
Schuldfähigkeit
Schwarzfahrt
Screening
Sekundenschlaf
Selbständiges Beweisverfahren
Sicherheitsgurt
Sicherstellung des Führerscheins
Sichtbarkeitsgrundsatz
Sichtfahrgebot
Sofortmaßnahmen am Unfallort
Sonderbeziehung (deliktische)
Sonderrechte
Speed
Spontanäußerungen am Unfallort
Stilllegung
Stillschweigender Haftungsausschluss bei Urlaubs- und Gefälligkeitsfahrten
Stillschweigender Haftungsausschluss bei Kfz-Unfällen
Straßenverkehrsgesetz
Straßenverkehrs-Zulassungsordnung
Streitwerte im verwaltungsgerichtlichen Verfahren
Sturztrunk
Substitutionsbehandlung
Subutex®

Tatbestandsirrtum
Tateinheit und Tatmehrheit
Teilkaskoversicherung
Teilungsabkommen
Tetrahydrocannabinol (THC)
THC-COOH-Wert
Trinkmenge
Trunkenheit im Verkehr

Übergang von Ersatzansprüchen
Überholen
Überladung
Ummeldung
Umweltschadensgesetz
Umweltzonen
Unabwendbares Ereignis
Unbewusster Drogenkonsum
Unfall
Unfall auf gemeinsamer Betriebsstätte

Liste der erläuterten Stichwörter

Unfall im Straßenverkehr
Unfallanalytik
Unfalldatenspeicher
Unfallfahrzeug
Unfallflucht
Unfallhelferring
Unfallschadenabwicklung – Personenschaden
Unfallschadenabwicklung – Sachschaden
Unfallversicherung
Unterhaltung von Verkehrszeichen
Unterlassene Hilfeleistung

Verbotsirrtum
Verbrauchsgüterkauf
Verfolgungsverjährung
Verjährung der Sachmängelansprüche
Verkehrsberuhigter Bereich
Verkehrseinrichtungen
Verkehrsgerichtstag, Deutscher (VGT)
Verkehrsmesstechnik
Verkehrsopferhilfe
Verkehrspsychologische Beratung
Verkehrsstrafverfahren
Verkehrsüberwachung durch Private
Verkehrsunterricht
Verkehrszentralregister (VZR)
Verschleißerscheinungen
Verschuldenshaftung
Versteigerungen

Verteidigererklärung
Verwarnung
Verzögerungsstreifen
Vollkaskoversicherung
Vollmacht
Vollrausch
Vollstreckung von Geldbußen
Vollstreckung von Geldstrafen
Vollstreckungsverjährung (Ordnungswidrigkeit)
Vollstreckungsverjährung (Strafrecht)
Vorläufige Entziehung der Fahrerlaubnis
Vorsatz und Fahrlässigkeit
Vorsätzlich verursachter Kfz-Unfall

Wahlgegenüberstellung
Warnblinklicht
Waschstraßenschäden
Wegeunfall
Werbung auf öffentlicher Straße
Widerruf und Rücknahme der Fahrerlaubnis
Wiedereinsetzung in den vorigen Stand
Winterreifenpflicht

Youngtimer

Zeugnisverweigerungsrecht
Zulassung von Kfz
Zulassungsbescheinigung Teil I und II
Zwangsstilllegung

A

AAK Abk. f. Atemalkoholkonzentration, Angabe als numerischer Wert mit der Einheit: mg/l (Milligramm pro Liter).
Alkohol im Blut „dampft" über die Blutgefäße der Lungen in die Lungenluft ab und wird abgeatmet, mehr oder weniger deutlich zu bemerken an der „Fahne". Die Messung der Alkoholkonzentration in der Ausatmluft wird seit Jahrzehnten für Screeningzwecke verwendet, früher mit Hilfe der sog. Röhrchen (heutzutage durchaus noch zur Eigentestung erhältlich). Heute erfolgt das Screening durch die Testung mit Handalkomaten (bspw. Dräger 6510), die auch ein digitales und in der Größenordnung meist richtiges Ergebnis anzeigen (nicht beweisverwertbar). Seit 1998 ist die AAK auch als Beweismittel im OWi-Bereich (§ 24a StVG) zugelassen, wenn sie mit einem dafür zugelassenen Gerät ermittelt wird. Einziges in Deutschland zugelassenes Gerät ist Dräger Alcotest 7110 Evidential. Dieses Gerät ist bei vorschriftsmäßiger Anwendung praktisch nicht zu manipulieren.

Praxistipp 1: Unterschreitung der Mindestwartezeit von 20 min zwischen Trinkende und Messbeginn führt zum Beweisverwertungsverbot des Messprotokolls.

Praxistipp 2: Nach DIN VDE 0405 darf in den letzten 10 min vor der Messung keine Nahrungs- und/oder Flüssigkeitsaufnahme erfolgen. Auch dies kann im Zweifelsfall zum Beweisverwertungsverbot führen.

Siehe auch: → *Trunkenheit im Verkehr* Priemer

AAK-Messgerät Von der Exekutive werden eingesetzt Vortestgeräte, bspw. Dräger Alctest 6510. Letztgenanntes misst über einen elektrochemischen Sensor (EC) die Alkoholmoleküle in der Atemluft. Eine Kalibrierung wird alle 6 Monate vorgegeben. Die Größenordnung wird mit dieser Messmethode gut getroffen, beweisverwertbar sind diese Werte aber nicht (Keine Mundrestalkoholerkennung, keine Temperaturadaption, nur Einzelwert, eine Methode).
Dräger Alcotest 7110 Evidential Mk3: erstes und einziges von der Physikalisch Technischen Bundesanstalt (PTB) zugelassenes Messgerät zur Ermittlung eines beweisverwertbaren AAK-Messergebnisses. bisher nur für Ahndungen gemäß § 24a Abs. 1 StVG. Dieses Messgerät berechnet einen AAK-Mittelwert aus zwei Einzelwerten, die mit jeweils einer unterschiedlichen Methode gemessen werden (1 Wert mit dem EC-Verfahren, 1 Wert mit dem IR-Verfahren). Das Gerät kalibriert sich regelmäßig über interne Standards, gibt als Einzelwert den auf 34°C korrigierten Messwert aus und überprüft durch die permanente Messung des Luftstroms den Verlauf der Alkoholkonzentration in der eingeblasenen Luft, gleicht dies mit hinterlegten Konzentrationsverläufen ab und kann so Mundrestalkohol erkennen. In der Praxis kann dies erst mit ausreichender Sicherheit nach einem mindestens 10-minütigen Intervall zwischen letztmaliger Nahrungs- und/oder Flüssigkeitszufuhr gesagt werden. Die Arbeitsgruppe Jachau wies nach, dass das Gerät unter bestimmten Bedingungen Mundrestalkohol in erheblichen Größenordnungen nicht erkennt, allerdings in nur sehr engen zeitlichen Grenzen (Blutalkohol 43,2006). Die Luftmenge, die eingeblasen werden muss, wird ausgerichtet an den individuellen Daten Geburtsdatum und Geschlecht, um sicherzustellen, dass in der tiefen Lungenluft gemessen wird. Das Messsystem ist geheizt, um Kondenswasserbildung auszuschließen. Die Berechnung des Mittelwertes erfolgt durch Addition der beiden Einzelwerte, die dann durch 2 dividiert und auf die zweite Dezimale abgerundet werden. Alle Bedingungen dazu sind geregelt in der DinNorm VDE 0405.
Das Nachfolgegerät Dräger Alcotest 9510 DE ist inzwischen ebenfalls zugelassen.
Siehe auch: → *AAK,* → *Trunkenheit im Verkehr*
Priemer

Abbiegen → Doppelte Rückschaupflicht, → Fahrradfahrer Nr. 5, → Haftungsverteilung bei Verkehrsunfällen Nr. 7, → Irreführendes Falschblinken

Abblendlicht → Beleuchtung, → Fahrzeugbeleuchtung

Abbremsen → Nötigung Nr. 4

Abfindungsvergleich → Kinderunfall Nr. 13, → Unfallschadenabwicklung – Personenschaden Nr. 24, 25

Abgasuntersuchung Die *Abgasuntersuchung (AU)* als eigenständige Untersuchung der Ab-

gase von im Verkehr befindlichen Kfz gibt es seit dem 1.1.2010 nicht mehr. Der früher dafür einschlägige § 47a StVZO ist aufgehoben worden. Die AU wurde seit 2006 stufenweise *mit der Hauptuntersuchung* nach § 29 StVZO (HU) zusammengefasst. Gleichzeitig wurde die *AU für Krafträder (AUK)* neu als Teil der HU eingeführt. Seit dem 1.1.2010 ist die AU an allen Fahrzeugen als HU-Teiluntersuchung in die HU integriert. Diese Teiluntersuchung wird auch *Untersuchung der Umweltverträglichkeit* genannt (Nr. 1.2.1.1 Anl. VIII StVZO). Sie erfolgt grundsätzlich *zusammen mit der HU*, kann aber auch gesondert als *Teiluntersuchung* von dafür anerkannten Kfz-Werkstätten durchgeführt und bescheinigt werden. Die Nachweisführung mit der sechseckigen *AU-Plakette* auf dem vorderen Kennzeichen ist seit 1.1.2010 entfallen. Der Nachweis der durchgeführten AU erfolgt heute nur noch über die *HU-Prüfplakette* auf dem hinteren Kennzeichen. Die früher als Nachweis der durchgeführten AU fungierende *Prüfbescheinigung* gibt es nicht mehr. Nur wenn die AU getrennt von der HU als *Teiluntersuchung* durchgeführt wird, ist ein *Nachweis* darüber auszustellen und bei der HU dem Prüfer auszuhändigen. Dieser Nachweis ist anders als früher die Prüfbescheinigung nicht aufzubewahren.
Siehe auch: → *Hauptuntersuchung*, → *Straßenverkehrs-Zulassungsordnung*   *Dauer*

Abhilfeverfahren → Antrag auf gerichtliche Entscheidung, → Besonderheiten des Verkehrsverwaltungsprozesses Nr. 6c, → Vollstreckung von Geldbußen Nr. 11a

Abkürzung der Sperrfrist [für die Wiedererteilung der Fahrerlaubnis]
1. Allgemeines: Die A. ist unter Wahrung der Mindestfristen des § 69a Abs. 7 S. 2 StGB in Betracht zu ziehen, wenn sich „Grund zu der Annahme" ergibt, dass der Täter zum Führen von Kraftfahrzeugen „nicht mehr ungeeignet" ist (§ 69a Abs. 7 S. 1 StGB). Ein Antrag hierauf ist nur ausnahmsweise sinnvoll, nämlich wenn seit der Verurteilung ganz besondere Umstände aufgetreten sind, die das Gericht bei der Rechtsfolgenzumessung nicht vorausgesehen hat.
2. Voraussetzungen: Dass der Verurteilte seine Fahrerlaubnis dringend wieder benötigt, keine berauschenden Mittel mehr zu sich nimmt oder/und eine erfolgreiche Therapie gemacht hat, reicht hierfür jeweils nicht aus, da diese Umstände in der Regel bereits bei der Verurteilung vorausehbar waren. Denn § 69a Abs. 7 S. 1 StGB ist eine eng auszulegende Ausnahmevorschrift (OLG Celle, 2 Ws 362/08; OLG Koblenz, 1 Qs 277/07), und im Maßregelvollzug gehen Zweifel zulasten des Verurteilten. Nur wenn aus neuen Tatsachen mit hinreichender Wahrscheinlichkeit geschlossen werden kann, dass der Verurteilte sich im Straßenverkehr als nicht mehr gefährlich erweist, ist die Abkürzung veranlasst. Neue Tatsachen sind insbesondere nicht solche, die dem erkennenden Gericht bereits aus einer Beschwerde gegen die [vorläufige] Entziehung der Fahrerlaubnis bekannt waren (OLG Koblenz, 1 Qs 277/07).
3. Form der Abkürzung: Die Abkürzung darf nicht darin bestehen, ein in der Zukunft liegendes (neues) Ende der Sperrfrist zu definieren, sondern muss in Form sofortiger Aufhebung der Sperrfrist ergehen (LG Ellwangen, 1 Qs 76/01 = Blutalkohol 39, 223; LG Berlin, 502 Qs 13/08 = Blutalkohol 45, 320/321).
    Weder

Ablaufhemmung → Punktsystem

Abmeldekosten → Unfallschadenabwicklung – Sachschaden Nr. 42

Abrechnung nach Gutachten → Unfallschadenabwicklung – Sachschaden Nr. 2–14, 17

Abschleppen 1. Allgemeines. Wird ein Fahrzeug durch ein anderes Fahrzeug gezogen, liegt entweder „Abschleppen" oder ein „Schleppen" vor. Während dem so genannten – zulässigen – Abschleppen der Nothilfegedanke innewohnt, ist beim Schleppen von einer Genehmigungspflicht auszugehen. Liegt also beim Schleppen eines – nicht z. Bsp. auf Grund einer Panne liegen gebliebenen – Fahrzeugs keine Genehmigung vor, so ist von einer Unzulässigkeit auszugehen.
Technisch wird das Abschleppen oder Schleppen zu meist mittels eines Abschleppseils oder einer Abschleppstange durchgeführt.
2. Abschleppen. Wie bereits ausgeführt, ist von Bedeutung, dass auf Grund des Nothilfegedankens das Abschleppen zum Zwecke der Wiederherstellung der Betriebsfähigkeit erfolgt. Es kann also auch schon beim Beginn der Fahrt auf Grund eines Motorschadens das Abschleppen zur Instandsetzung in eine Werkstätte erfolgen. Ebenfalls möglich ist die Verbringung des Kfz zur Verschrottung in einen Verwertungsbetrieb.
Grundvoraussetzung für das Abschleppen ist die Betriebsunfähigkeit des abgeschleppten

Fahrzeugs. Denkbar ist das unerwartete „Liegenbleiben" während der Fahrt oder auch die Betriebsunfähigkeit schon bei Fahrtantritt, so z.B. durch den Ausbau des Motors, wenn das Fahrzeug zur Instandsetzung in eine Werkstatt oder zur Verwertung zum Verschrottungsbetrieb gebracht wird.

Entscheidend ist auch der Zweck der Fahrt. Unter dem sog. Nothilfegedanken muss es ein Transport zur Behebung der Betriebsunfähigkeit, Verwertung oder Vernichtung des Fahrzeugs sein.

Ein außerhalb der Autobahn liegengebliebenes Fahrzeug darf nicht auf die Autobahn geschleppt werden (§ 15a Abs. 2 StVO). Beim Abschleppen auf der Autobahn liegengebliebener Fahrzeuge wird nach § 15a Abs. 1 StVO (Zeichen 330.1) angeordnet, dass, die Autobahn bei der nächsten Ausfahrt wieder verlassen werden muss.

In der Entscheidung des OLG Celle vom 8.2.1994 (NZV 1994, 242 = ADAJUR-Dok. Nr. 21405) wird das Abschleppen eines bereits betriebsunfähig gekauften Fahrzeugs über eine Entfernung von 45 km nicht mehr als zulässiges Abschleppen sondern als genehmigungspflichtiges Schleppen angesehen.

Für denjenigen, der das abgeschleppte bzw. gezogene Fahrzeug lenkt, ist eine Fahrerlaubnis nicht erforderlich, schließlich ist das gezogene Fahrzeug kein Kfz, so dass das Kriterium „eigene Motorkraft" nicht gegeben ist. Nach § 6 Abs. 1 S. 3 FeV ist es für den Führer des Zugfahrzeugs ausreichend, wenn er die Fahrerlaubnis für das Zugfahrzeug besitzt.

3. Schleppen. Liegt kein zulässiges Abschleppen z. B. eines betriebsunfähigen Fahrzeugs zu einer nächst gelegenen Werkstätte vor, dann ist das so genannte „Schleppen" gegeben. Dieses ist grundsätzlich nach § 33 StVZO nicht erlaubt, außer es liegt eine Genehmigung vor. Wird hiergegen verstoßen, ist ein Bußgeldsatz nach der Nr. 197 BKat in Höhe von 25,– € fällig.

Ausnahmegenehmigungen werden in der Praxis sehr restriktiv erteilt. (Zur Ausnahmegenehmigung für das Schleppen von Kfz s. BVerwG v. 14.4.2005, 3 C 3.04 (DAR 2005, 582 = ADAJUR-Dok.Nr. 64892)).

Ebenso sind die Anforderungen hinsichtlich der Fahrerlaubnis für den Führer des ziehenden Fahrzeugs höher. Er benötigt zusätzlich zur Fahrerlaubnis für das Zugfahrzeug die Anhänger-Fahrerlaubnisklasse E (alte Klasse 2, da mehr als drei Achsen), soweit die Gesamtmasse des geschleppten Fahrzeugs 750 kg übersteigt.

Auch derjenige, der das gezogene Fahrzeug lenkt, benötigt im Gegensatz zum Abschleppen die Fahrerlaubnis für das Fahrzeug, das gezogen wird.

(Zu dem Thema „Abschleppen und Schleppen" siehe die Aufsätze von Blum „Abschleppen, Anschleppen und Schleppen", SVR 2009, 455 ff. sowie „Abschleppen und Schleppen" von Miller und Heberlein, DAR 2009, 288 ff.)

Siehe auch: → *Anhängelast*, → *Liegenbleiben von Fahrzeugen*   *Wehrl*

Abschleppkosten 1. Allgemeines. Kosten durch ein *Abschleppen eines Kfz* können zum einen entstehen, wenn *zum Zwecke einer Störungsbeseitigung* eines widerrechtlich auf Privatgrund abgestellten Kfz eine Abschleppmaßnahme ergriffen wird. Zum anderen können Abschleppkosten nach einem Verkehrsunfall als Sachfolgeschaden entstehen, wenn das durch den Unfall fahruntauglich gewordene Kfz vom Unfallort an einen anderen Ort, z. B. zu einer Werkstatt, verbracht werden muss (s. a. *Unfallschadenabwicklung – Sachschaden* Nr. 58). Bei einer Abschleppmaßnahme zur Störungsbeseitigung stellt sich zunächst die Frage nach der Berechtigung zur Störungsbeseitigung und anschließend nach der Pflicht zur Übernahme der Abschleppkosten (ausführlich zum Ganzen *Lorenz* NJW 2009, 1025, Koehl DAR 2015, 224 ff.).

2. Berechtigung zum Abschleppen. Wird auf einem *Privatgrundstück* ein Kfz ohne Berechtigung abgestellt, dann ist der *unmittelbare Besitzer* des Grundstücks berechtigt, ohne dass zunächst zur Erlangung eines vollstreckbaren Titels Klage erhoben werden müsste, gem. § 859 Abs. 3 BGB (sog. *Besitzkehr*) das Kfz sofort von seinem Grundstück abschleppen zu lassen (BGH 5.6. 2009, NJW 2009, 2530; LG Berlin 15.7.2010, DAR 2010, 645, m. Anm. *Lorenz*; LG Frankfurt 22.6.1983, NJW 1984, 183; AG Bremen 26.1.1984, DAR 1984, 224; Schünemann DAR 1997, 267). Wird durch das widerrechtlich abgestellte Kfz zudem die Ein- oder Ausfahrt des Grundstücks blockiert, kann der Grundstückseigentümer auf Grundlage des § 859 Abs. 1 BGB (sog. *Besitzwehr*) das *Abschleppen des störenden Kfz* veranlassen, ohne dass die Zulässigkeit eines solchen Abschleppens ein sofortiges Handeln (ein Handeln binnen weniger Stunden) voraussetzen würde wie bei § 859 Abs. 3 BGB (vgl. BGH 5.6.2009, NJW 2009, 2530, wonach eine Unterscheidung von Besitzkehr gegen eine Besitzstörung und Besitzwehr gegen eine teilweise Entziehung des Besitzes entbehrlich ist, weil auch ohne konkrete Gebrauchsbeeinträchtigung des Grundstücks im übrigen eine verbotene Eigenmacht i.S.v. § 858 Abs. 1 BGB vorliegt, welcher sich der Besitzer durch Selbsthilfe erwehren kann). Indes ist der *Verhältnismäßigkeitsgrundsatz* zu beachten, so dass ein Abschleppen unzulässig ist, wenn mildere Mittel im Rahmen der Selbsthilfe i.S.v. § 859 BGB zur Verfügung stehen oder dem Abgeschleppten durch die Abschleppmaßnahme unverhältnismäßig große Nachteile zugefügt werden (BGH 5.6.2009, NJW 2009, 2530; AG München 23.11.1995, NJW 1996, 853; AG Freising 28.11.1986, DAR 1987, 156). Ist die vom Grundstücksbesitzer veranlasste Abschleppmaßnahme *rechtswidrig*, dann sind dem Fahrer bzw. Halter des Kfz die durch das Abschleppen entstandenen Schäden gem. § 823 BGB zu ersetzen (AG München 23.11.1995, NJW 1996, 853; zum Ersatz von durch das Falschparken verursachten Vermögensschäden Dritter s. *Grüneberg* NJW 1992, 945).

3. Kostenerstattung. Da die Abschleppmaßnahme im Auftrag des Grundstücksbesitzers erfolgt, hat er als Auftraggeber die Abschleppkosten zu tragen. § 859 BGB enthält für den Grundstücksbesitzer keine *Anspruchsgrundlage* gegen den widerrechtlich Parkenden auf *Ersatz der Abschleppkosten* (AG Berlin-Wedding 1.10.1990, NJW-RR 1991, 353; a.A. AG Fürstenfeldbruck 13.12.1984, DAR 1985, 257). Ein Erstattungsanspruch aus *Geschäftsführung ohne Auftrag* gem. §§ 683, 670 BGB besteht, wenn das Abschleppen dem öffentlichen Interesse (z. B. bei Blockieren einer Feuerwehranfahrtszone) oder dem mutmaßlichen Willen bzw. dem Interesse des widerrechtlich Parkenden entspricht (AG Essen 6.12.2001, DAR 2002, 131; AG Frankfurt 6.10.1989, NJW 1990, 917; AG Bremen 26.1.1984, DAR 1984, 224; s. a. AG München 8.3.2007, DAR 2007, 392, m. Anm. *Allmansberger*). Letzteres ist anzunehmen, wenn durch das Abschleppen und die dadurch anfallenden Kosten ein diese übersteigender und vom Falschparker zu ersetzender Schaden vermieden wird (AG Frankfurt 6.10.1989, NJW 1990, 917). Da das widerrechtliche Parken auf einem fremden Grundstück den Besitz und das Eigentum verletzt und zudem verbotene Eigenmacht i.S.v. § 858 Abs. 1 BGB darstellt, besteht jedenfalls ein Anspruch auf Ersatz der Abschleppkosten aus *unerlaubter Handlung* gem. §§ 823 Abs. 1, 823 Abs. 2, 858 Abs. 1 BGB (BGH 5.6.2009, NJW 2009, 2530; BGH 21.9.2012, DAR 2013, 141; BGH v. 4.7.2014, DAR 2014, 584, m. Anm. *Gründter*; BGH 2.12.2011, zfs 2012, 313, m. Anm. *Diehl*; *Heimgärtner*, DAR 2012, 330; AG München 9.9.1992, DAR 1993, 30; a.A. *Stöber* DAR 2006, 486 m.w.N.), da es sich bei § 858 Abs. 1 BGB um ein *Schutzgesetz* i.S.v. § 823 Abs. 2 BGB handelt, und die Abschleppkosten in einem adäquaten Zusammenhang mit der durch das unberechtigte Parken verübten verbotenen Eigenmacht stehen, mithin als erstattungsfähiger Schaden anzusehen sind (BGH 5.6.2009, NJW 2009, 2530). Ob eine Erstattungspflicht von *Inkassokosten*, *Kosten für Vorbereitungshandlungen* des Abschleppens, *Beweissicherungskosten* und *Halterermittlungskosten* besteht, wird unterschiedlich beurteilt (BGH 2.12.2011, zfs 2012, 313, m. Anm. *Diehl*; *Heimgärtner*, DAR 2012, 330; KG 7.1.2011, DAR 2011, 323; LG München I 6.4.2011, DAR 2011, 333; *Lorenz*, DAR 2010, 647; *Lorenz*, NJW 2009, 1025). Ebenso ist streitig, ob dem Abschleppunternehmer ein *Zurückbehaltungsrecht* dergestalt zusteht, dass er den Standort des abgeschleppten Kfz preisgeben und das abgeschleppte Kfz herausgeben muss, bevor die Kosten der Abschleppmaßnahme bezahlt sind (bejahend KG 7.1.2011, DAR 2011, 323; LG Berlin 15.7. 2010, DAR 2010, 645; vgl. auch BGH 6.7. 2012, V ZR 268/11). *Geiger*

Absicherungspflicht → Liegenbleiben von Fahrzeugen Nr. 2

Absicht → Vorsatz und Fahrlässigkeit

Absolute Fahruntüchtigkeit. Aus sachverständiger Sicht kann nicht unterschieden werden zwischen relativer und absoluter Fahruntüchtigkeit. Rein rechtliche Definition, die nur im Bereich Alkohol im Straßenverkehr zur Anwendung kommt (≥ 1,10 ‰: absolute Fahruntüchtigkeit hinsichtlich Kraftfahrzeugen; ≥ 1,60 ‰: absolute Fahruntüchtigkeit hinsichtlich des Führens eines Fahrrads)
Siehe auch → *Trunkenheit im Verkehr Nr. 4, 6c*
Priemer

absolute Revisionsgründe → Besonderheiten des Verkehrsverwaltungsprozesses Nr. 8

absolute Verjährung → Verfolgungsverjährung Nr. 1g

absolutes Haltverbot → Halten und Parken

Abstand 1. Allgemeines. Der Abstand von einem (auf der eigenen Fahrspur) vorausfahrenden

Fahrzeug muss in der Regel so groß sein, dass *auch dann* hinter ihm *gehalten werden kann, wenn* dieses *plötzlich gebremst wird* (§ 4 Abs. 1 S. 1 StVO). Auf Autobahnen muss nicht mit einem ruckartigen Stehenbleiben des Vordermanns gerechnet werden, so dass der volle Weg einer Notbremsung des Vorausfahrenden bei der eigenen Abstandsbemessung einkalkuliert werden kann (BGH 9.12.1986, VI ZR 138/85, NJW 1987, 1075). Im Allgemeinen gilt für den Fahrzeugführer ein erforderlicher Mindestabstand zum Vordermann in Höhe des *halben Tachowerts*. Je nach *Straßen- oder Witterungsverhältnissen* kann jedoch ein größerer Sicherheitsabstand erforderlich sein. Bei *besonderen Verkehrslagen* wie z. B. beim Anfahren bei Grünlicht muss der erforderliche Sicherheitsabstand nicht vom Start weg eingehalten werden (wenn dies durch erhöhte Bremsbereitschaft kompensiert wird), damit die Grünphase besser ausgenützt werden kann (OLG Hamm 4.6.1998, 6 U 150/97, NZV 1998, 464).

2. Abstand nach hinten. Den Abstand nach hinten muss der Fahrzeugführer weder beachten noch vergrößern, wenn der Hintermann zu dicht auffährt. Nimmt der Vordermann eine *Bremslichtwarnung* (kurzes Antippen des Bremspedals ohne eigentliches Bremsen) vor, um einen ihn gefährdenden Hintermann auf dessen unzureichenden Sicherheitsabstand hinzuweisen, so begründet dieses Verhalten kein Mitverschulden, wenn beim Hintermann dadurch eine Fehlreaktion hervorgerufen wird (OLG Karlsruhe 11.1. 1991, 10 U 240/90, NZV 1991, 234, allerdings ohne Entscheidung über etwaige Zurechnung der Betriebsgefahr; a.A. OLG Köln 13.5.1981, 2 U 87/80, VersR 1982, 558). Der Einwand des Betroffenen, ein *gefahrvoll unterschrittener Sicherheitsabstand durch den Hintermann* habe dazu geführt, den eigenen Abstand nach vorne zum Vordermann nicht in angemessener Größe einhalten zu können, ist regelmäßig unbeachtlich, wenn auf der Beobachtungsstrecke ein plötzliches Abbremsen oder ein unerwarteter Spurwechsel des Vordermanns auszuschließen ist (OLG Bamberg 25.2. 2015, 3 Ss OWi 160/15, DAR 2015, 396).

3. Der Vorausfahrende darf nicht ohne zwingenden Grund stark bremsen (§ 4 Abs. 1 S. 2 StVO), d. h. kein starkes Bremsen wegen zu spät erkannter Parklücke (KG 22.11.2001, 13 U 3682/00, NZV 2003, 42), wegen spontanen Aufnehmens eines Taxifahrgasts (KG 26.4. 1993, 12 U 2137/92, NZV 1993, 478), wegen spontanen Entschlusses zum Abbiegen (KG 11.7.2002, 12 U 9923/00, NZV 2003, 41) oder wegen eines Kleintiers; gleiches gilt bei abrupter Bremsung trotz Grünlichts.

4. Besondere Abstandsregelungen. Kraftfahrzeuge, für die *bauartbedingt* eine *besondere Geschwindigkeitsbeschränkung* gilt, *sowie Züge*, die länger als 7 m sind, müssen außerhalb geschlossener Ortschaften ständig so großen Abstand von dem vorausfahrenden Kraftfahrzeug halten, dass ein überholendes Kraftfahrzeug einscheren kann (§ 4 Abs. 2 S. 1 StVO). Das gilt nicht, wenn sie zum Überholen ausscheren und dies angekündigt haben, wenn in der Fahrtrichtung mehr als ein Fahrstreifen vorhanden ist oder auf Strecken, auf denen das Überholen verboten ist (§ 4 Abs. 2 S. 2 StVO). *Lastkraftwagen mit einer zulässigen Gesamtmasse über 3,5 t und Kraftomnibusse* müssen *auf Autobahnen* vor vorausfahrenden Fahrzeugen einen *Mindestabstand von 50 m* einhalten, wenn ihre Geschwindigkeit mehr als 50 km/h beträgt (§ 4 Abs. 3 StVO).

5. Fahrerermittlung. Soweit in Zusammenhang mit Abstandsunterschreitungen in Fällen, in denen der verantwortliche Fahrzeugführer nicht am Tatort angehalten und identifiziert werden kann, Ordnungswidrigkeiten oder Straftaten verfolgt werden, müssen die Verwaltungs- oder Strafverfolgungsbehörden den verantwortlichen Fahrzeugführer zunächst identifizieren (→ *Fahrerermittlung*). *Langer*

6. Messverfahren und Messfehler → Verkehrsmesstechnik Nr. 11.

7. Beweisverwertung. Übersichtsaufnahmen bei Abstandsmessungen dürfen im Dauerbetrieb laufen, wenn diese mangels hinreichender Auflösung und Vergrößerung nicht zur Identifizierung des Fahrers oder des Kennzeichens herangezogen werden (und somit keinen Verstoß gegen das Grundrecht auf informationelle Selbstbestimmung darstellen) können. Rechtsgrundlage für die Videoaufnahmen ist § 100h Abs. 1 Nr. 1 StPO i.V. m. § 46 OWiG. *Verfassungsrechtlich unbedenklich* ist daher die Verwendung insbesondere folgender Messgeräte: „VAMA" (OLG Bamberg 16.11.2009, 2 Ss OWi 1215/09, NZV 2010, 98), „VibrAM" (OLG Stuttgart 29.1.2010, 4 Ss 1525/09, NJW 2010, 1219; OLG Düsseldorf 18.1.2011, IV-3 RBs 152/10, BeckRS 2011, 02926; OLG Düsseldorf 5.5.2010, IV-4 RBs 143/09, BeckRS 2010, 12714; a.A.: OLG Düsseldorf 9.2.2010, IV-3 RBs 8/10, NZV 2010, 263) und „VKS 3.0" im „aufmerksamen Messbetrieb" (OLG Bremen 28.10.2010, 2 SsBs 70/10, DAR 2011, 35). *Verfassungswidrig* (mit der Folge eines Beweisverwertungsverbotes) kann das Messverfahren aber dann sein, wenn die Identifizierungskamera alle Fahrzeuge verdachtsunabhängig aufzeichnet (und damit Fahrzeugkennzeichen und Insassen zu erkennen sind): „VKS 3.0" (BVerfG 11.8.2009, 2 BvR 941/08, NZV 2009, 618; OLG Dresden 2.2.2010, Ss (OWi) 788/09, DAR 2010, 210; OLG Oldenburg 27.11.2009, Ss Bs 186/09, DAR 2010, 32; a. A.: OLG Hamm 22.12.2009, 1 Ss OWi 960/09, BeckRS 2010, 03163). Allerdings führt dies nicht automatisch zu einem Beweisverwertungsverbot, vielmehr obliege diese Entscheidung in erster Linie den zuständigen Fachgerichten (BVerfG 20.5.2011, 2 BvR 2072/10, NZV 2012, 343).

8. Ordnungswidrigkeiten. Liegen Verstöße gegen die besonderen Abstandsregelungen (→ *Nr. 4*) oder Zuwiderhandlungen gegen das Gebot vor, nicht ohne zwingenden Grund stark zu bremsen (→ *Nr. 3),* so werden diese unabhängig von der tatsächlich gefahrenen Geschwindigkeit geahndet. Im Übrigen werden Abstandsverstöße bei einer Geschwindigkeit bis 80 km/h sowie bei einer Geschwindigkeit von über 80 km/h, sofern der Abstand in Metern nicht weniger als ein Viertel des Tachowertes beträgt, mit einem Verwarnungsgeld belegt; bei Geschwindigkeiten von mehr als 80 km/h und einem Abstand in Metern von weniger als einem Viertel des Tachowertes wird ein Bußgeld und ggf. ein Fahrverbot verhängt (vgl. Tabelle 2 zu Nr. 12 der Anlage zu § 1 Abs. 1 BKatV). Ein *nicht nur vorübergehender Verstoß* (und damit eine zu ahndende Ordnungswidrigkeit) liegt dann vor, wenn die Dauer der vorwerfbaren Abstandsunterschreitung mindestens 3 Sekunden oder (alternativ) die Strecke der vorwerfbaren Abstandsunterschreitung mindestens 140 Meter beträgt (OLG Hamm 9.7.2013, 1 RBs 78/13, NStZ-RR 2013, 318). Eine Verurteilung wegen *vorsätzlicher* Unterschreitung des Mindestabstandes setzt eine Auseinandersetzung mit den kognitiven und voluntativen Vorsatzelementen voraus und kann in der Regel nicht allein mit dem Ausmaß der Abstandsunterschreitung begründet werden (OLG Bamberg 20.10.2010, 3 Ss OWi 1704/10, DAR 2010, 708). Der Ordnungswidrigkeitentatbestand ist in § 49 Abs. 1 Nr. 4 StVO (i.V. m. § 24 StVG) geregelt.

9. Straftaten. Dichtes Auffahren bzw. Drängeln des Hintermanns kann (insbesondere bei gleichzeitigem Betätigen von Lichthupe und Signalhorn) Gewalt i. S. v. § 240 StGB darstellen und damit strafbar sein (→ *Nötigung);* dies gilt auch im Stadtverkehr (BVerfG 29.3.2007, 2 BvR 932/06, NStZ 2007, 397).
Siehe auch → *Verkehrsmesstechnik Nr. 11*

Buck/Langer

Abstandsüberwachung → Verkehrsmesstechnik Nr. 11

Abstempelung des Kennzeichens → Kennzeichenerteilung, → Zulassung von Kfz, → Fahrzeug-Zulassungsverordnung (FZV)

Abstinenzkontrolle Polytoxikologisches Screening auf Substanzen, die in den Beurteilungskriterien zur Fahreignungsdiagnostik 2. Auflage 2009 genau festgelegt sind, wobei auch die Nachweisempfindlichkeit und Durchführung der Probennahme bzw. der Einbestellung genau festgelegt sind. Bei Abstinenzkontrollen als Bewährungsauflage wird die Anzahl und die Art der zu kontrollierenden Substanzen vom Gericht festgelegt.
Siehe auch → *Medizinisch-psychologische Untersuchung*

Sachs

Abtretung an Erfüllung statt → Abtretung von Schadenersatzansprüchen Nr. 3

Abtretung von Schadenersatzansprüchen
1. Allgemeines. Häufig erfolgt im Zuge der Schadensabwicklung von Kfz-Unfällen eine *Abtretung von Schadenersatzansprüchen* des durch den Unfall Geschädigten *an Dritte* (BGH 10.5.1974, NJW 1974, 1244; BGH 5.7.1984, NJW 1985, 1223; BGH 26.4.1994, NJW-RR 1994, 1081). So wird z. B. der Anspruch auf Ersatz der *Reparaturkosten* an die *Werkstatt* (OLG Düsseldorf 12.6.2006, SVR 2006, 426), der auf Ersatz der *Sachverständigenkosten* an den *Gutachter* (OLG Naumburg 20.1.2006, NJW-RR 2006, 1029; BGH 21.10.2014, DAR 2015, 79) oder der auf Ersatz der *Mietwagenkosten* an den *Autovermieter* (BGH 4.4. 2006, DAR 2006, 381; BGH 31.1.2012, DAR 2012, 327) abgetreten. Dies kann zum einen dem Zweck dienen, dass der Geschädigte diese Kosten nicht unverzüglich und aus eigenen Mitteln an den Berechtigten bezahlen muss, sondern unter *Verschaffung einer Sicherheit* zugunsten des Zessionars (z. B. die Werkstatt) ein *Abwarten der Regulierung* durch die Kfz-Haftpflichtversicherung des Unfallverursachers erfolgen kann. Zum anderen kann eine Abtretung von Schadenersatzansprüchen den Zweck haben, den Zedenten (den Unfallgeschädigten) im Prozess als Zeugen

benennen zu können, mithin zur *Verschaffung eines prozessualen Vorteils*.
2. Wirksamkeit. Die Beurteilung der Wirksamkeit solcher Abtretungen richtet sich nach den *allgemeinen Regeln*. Es sind also gesetzliche *Abtretungsverbote* (so kann z. B. gem. §§ 850b ZPO, 400 BGB ein Rentenanspruch aus §§ 843, 844 BGB, 13 StVG grds. nicht abgetreten werden) und die *allgemeinen Verbote der §§ 134, 138 BGB* zu beachten, ferner das *Bestimmtheitserfordernis* (BGH 7.6.2011, DAR 2011, 634, m. Anm. *Engel*; BGH 21.10.2014, DAR 2015, 79; LG Kaiserslautern 8.11.2011, zfs 2012, 83). Die Abtretung von Schadenersatzansprüchen zur gerichtlichen Geltendmachung unter Verschaffung eines prozessualen Vorteils (Zeugeneigenschaft) begegnet vor diesem Hintergrund grundsätzlich keinen Bedenken, weil die *prozessuale Besserstellung* des bisherigen Rechtsinhabers notwendige Folge eines materiell-rechtlich zulässigen Rechtsgeschäfts ist (BGH 13.3.2007, NJW 2007, 1753). Gleiches gilt für die Abtretung von Schadenersatzansprüchen zu *Sicherungszwecken*. Diese ist erst dann gem. § 134 BGB nichtig, wenn sie eine *unzulässige Rechtsberatung* gem. Art. 1 § 1 RBerG (BGH 9.10. 1975, NJW 1977, 38; BGH 18.3.2003, DAR 2003, 310; BGH 22.6.2004, DAR 2004, 642) bzw. nicht lediglich eine erlaubte *Nebenleistung* zum Berufs- oder Tätigkeitsfeld gem. §§ 2, 5 RDG darstellt, was anzunehmen ist, wenn die alleinige Haftung des Schädigers streitig ist oder wenn neben der eigenen Honorar- bzw. Gebührenforderung des Zessionars weitere Schadenersatzansprüche des Unfallgeschädigten geltend gemacht werden, indes nicht, wenn alleine die Höhe der abgetretenen Forderung streitig ist (BGH 5.3.2013, NJW 2013, 1870, m. Anm. *Wittschier*; BGH 11.9.2012, NZV 2013, 31; BGH 31.1.2012, DAR 2012, 327; BGH 30.10.1012, MDR 2013, 76; BGH 31.1.2012, VI ZR 143/11; vgl. auch AG Berlin-Mitte 6.3.2012, SP 2012, 328; *Römermann*, NJW 2011, 3061; *Heß/Burmann*, NJW-Spezial 2011, 649), wenn also der Zessionar dem Abtretenden die Verfolgung und Durchsetzung seiner Ersatzansprüche *abnimmt*, ohne zur Rechtsberatung bzw. Rechtsdienstleistung zugelassen zu sein (vgl. dazu auch OLG Stuttgart 18.8.2011, VA 2011, 166; LG Stuttgart 5.1.2011, 5 S 207/10; LG Stuttgart 13.4.2011, 4 S 278/10; LG Köln 29.12.2010, NJW 2011, 1457). Denn Zweck dieser Erlaubnispflicht ist auch der Schutz des Geschädigten vor einer unsachgemäßen Erledigung seiner Rechtsangelegenheiten durch mangelnde Sachkunde oder Unzuverlässigkeit des Zessionars (vgl. BGH 20.6.2006, DAR 2006, 684) sowie vor einer Übervorteilung durch sog. *Unfallhelfer* (s. a. → *Unfallhelferring*).
3. Wirkung. Die Abtretung z. B. von Reparaturkostenansprüchen gem. § 398 BGB erfolgt i. d. R. nur *erfüllungshalber*, nicht an Erfüllungs statt (BGH 10.5.1974, NJW 1974, 1244; BGH 5.7.1984, NJW 1985, 1223; BGH 26.4.1994, VersR 1994, 950; BGH 5.7.2005, DAR 2005, 563; BGH 20.6.2006, DAR 2006, 684). Denn die Abtretung soll i. d. R. – was indes im Einzelfall durch *Auslegung* zu ermitteln ist – *keine erfüllende Wirkung* haben, nicht zum Erlöschen des Anspruchs auf Zahlung der Reparaturkosten führen. Eine solche *Sicherungsabtretung* ist letztlich als *bloße Stundung* der Forderung gegenüber dem Unfallgeschädigten anzusehen (OLG Hamm 29.9.1992, zfs 1993, 158). Tritt also der Kunde seinen Anspruch gegen den Unfallverursacher und dessen Kfz-Haftpflichtversicherer auf Zahlung der Reparaturkosten zur Sicherung an die Werkstatt ab, kann die Werkstatt solange von ihrem Kunden die Zahlung der Reparaturkosten verlangen, wie eine Zahlung von Seiten des Schädigers nicht erfolgt. Ist dagegen eine *Abtretung an Erfüllung statt* erfolgt, dann ist der Zessionar *Vollinhaber* des gegen den Unfallverursacher gerichteten Ersatzanspruchs geworden, und im Gegenzug die Forderung gegen den Unfallgeschädigten *durch Erfüllung erloschen*.
4. Prozessuales. Macht der unfallgeschädigte Zedent *zur Sicherung abgetretene* Anspruchspositionen (z. B. die Reparaturkosten) aus dem Unfallgeschehen *gerichtlich* geltend, dann sind diese Positionen in *Prozessstandschaft* geltend zu machen (vgl. *Otting* SVR 2011, 8). Es muss also insoweit auf Zahlung unmittelbar an den Berechtigten (z. B. die Reparaturwerkstatt) geklagt werden. Da der Geschädigte aufgrund der Sicherungsabtretung materiell-rechtlich nicht mehr *Anspruchsinhaber* ist, wäre eine Klage auf Zahlung des abgetretenen Anspruchs an den Unfallgeschädigten mangels *Aktivlegitimation* unbegründet. Einer *Rückabtretung* des Anspruchs vom Zessionar (z. B. der Werkstatt) an den unfallgeschädigten Kläger bedarf es bei Geltendmachung in Prozessstandschaft nicht. Eine solche wäre für den Zessionar (z. B. die Werkstatt) angesichts des Verlusts der Sicherung der Forderung auch unzumutbar. Ist dagegen eine *Abtretung an Erfüllung statt* erfolgt, dann ist der Zessionar (z. B. die Reparaturwerkstatt) *Vollinhaber* der Forderung geworden, mithin *aktivlegitimiert*. *Geiger*

A Abtretungsverbot

Abtretungsverbot → Abtretung von Schadenersatzansprüchen Nr. 2, → Rechtsschutzversicherung Nr. 29

Abzug Neu für Alt → Motorradschutzkleidung Nr. 2, → Unfallschadenabwicklung – Sachschaden Nr. 7

Abzüge wegen Eigenersparnis → Übergang von Ersatzansprüchen

Achslast → Überladung

Achsvermessungskosten → Unfallschadenabwicklung – Sachschaden Nr. 28

actio libera in causa → Schuldfähigkeit Nr. 4

Adäquanztheorie → Fahrerhaftung Nr. 2, → Kausalität

Adhäsionsverfahren In anderen europäischen Rechtsordnungen gelebte Rechtspraxis, steht es bei uns zwar im Gesetz (§ 403ff StPO), hat aber trotz Belebungs- versuchen des Gesetzgebers, keine Akzeptanz gefunden und ist nahezu bedeutungslos. Im theoretischen Ansatz ist es zwar geeignet, die Zahl von gerichtlichen Verfahren, die sich aus einem Verkehrsunfall ergeben können, zu verringern, also Entlastung der Justiz zu bewirken. Für den Geschädigten, der diesen Weg gehen will, ist es aber mit erheblichen Nachteilen verbunden, die jedenfalls bei komplexeren Schadensfolgen, es als nicht empfehlenswert erscheinen lassen.
Das Adhäsionsverfahren ist und bleibt Teil des Strafverfahrens. Es wird eingeleitet durch einen Antrag, der nicht voraussetzt, dass ein strafgerichtliches Verfahren bereits anhängig ist (Löwe-Rosenberg/*Hilger*, StPO, 26. A., § 404 Rn. 2). Er kann gestellt werden bis zu dem Zeitpunkt zu dem die Schlussvorträge begonnen werden (BGH StV 88, 515). Antragstellung ist schriftlich, zu Protokoll des Urkundsbeamten, im Hauptverhandlungstermin auch mündlich möglich. Der Antrag kann noch in der Berufungsinstanz gestellt werden. Gegenstand und Grund des Anspruchs müssen bezeichnet sein, ein Zahlungsanspruch beziffert, mit der Ausnahme des unbezifferten Schmerzensgeldanspruchs (BGH StraFo 14, 80). Bei einfach gelagerten Sachverhalten kann zur Begründung die Bezugnahme auf die Anklageschrift ausreichen (BGH NStZ-RR 14, 90). Die Antragstellung kann wie Klagerhebung zu Anhängigkeit und Rechtshängigkeit wie im Zivilprozess führen, § 404 Abs. 2 StPO, aber erst wenn der Antrag bei Gericht ist. Ist er Antrag, außerhalb der Hauptverhandlung gestellt, ist er formell zuzustellen (BGH B. v. 30.5.12 – 2 StR 98/12) sonst nicht. So begründete Rechtshängigkeit hat dieselben Wirkungen wie die im Zivilprozess, etwa Hemmung der Verjährung.
Antragsberechtigt ist nur der Verletzte, sein Erbe und sein gesetzlicher Vertreter, nicht etwa ein Insolvenzverwalter. Der Antrag kann sich ausschliesslich gegen den Beschuldigten richten, also nicht etwa gegen den KH-Versicherer oder den Halter. Der Direktanspruch gegen den Versicherer kann folglich so nicht gerichtlich festgestellt werden. Das Verfahren richtet sich ausschließlich nach den Regeln der StPO, nicht nach der ZPO = (BGH B. v. 13.12.90 – 4 StR 519/90 = BGHSt 37, 260), doch ist ein Teil- oder Grundurteil, § 406 Abs. 1, S. 2, möglich. Ein Anerkenntnis und damit ein Anerkenntnisurteil ist zulässig, § 406 Abs. 2, was wegen des versicherungsrechtlichen Verbots, ein Anerkenntnis abzugeben hochgefährlich und daher bedenklich ist (dazu *Meyer-Gossner*, StPO, 58. A. § 406 Rn. 4; vgl. → Anerkenntnis). Das im Strafverfahren unter Umständen angezeigte Geständnis, könnte als Anerkenntnis gewertet werden.
Der Verletzte – und sein Ehepartner, Lebensgefährte oder gesetzlicher Vertreter – hat ein Anwesenheitsrecht in der Hauptverhandlung, § 404 Abs. 3, S. 2 und zwar auch, wenn er selbst als Zeuge vernommen werden soll, bei der Aussage der anderen Zeugen (Löwe-Rosenberg aaO Rn. 13; *Meyer-Gossner*, aaO, § 404 Rn. 7). Der Antragsteller ist anzuhören und hat ein Antragstellungsrecht, doch hat der Richter nach den strafprozessualen Grundsätzen des Strengbeweises zu ermitteln, § 244 Abs. 2 StPO.
Die Streitwertbegrenzung des § 23 Nr. 1 GVG für Verfahren vor dem Amtsgericht gilt nicht, es können sohin auch sehr hohe Beträge im Adhäsionsverfahren geltend gemacht werden. Davon ist nachdrücklich abzuraten, nicht zuletzt im Hinblick darauf, dass die Rechtsmittel des Strafverfahrens gegenüber denen des Zivilverfahrens beschränkt sind. Denn zulässig sind nur die Rechtsmittel des Strafverfahrens mit Maßgabe des § 406a StPO.
Ist der Antrag begründet, wird über ihn im Strafurteil entschieden. Die Entscheidung ist zu begründen, aber nicht nach zivilprozessualen Grundsätzen (vgl. *Meyer-Gossner*, aaO. § 406 Rn. 2). Die Entscheidung ist für vorläu-

fig vollstreckbar zu erklären und kann Grundlage von Zwangsvollstreckung nach zivilprozessualen Grundsätzen sein. Rechtskraft beurteilt sich nach den Regeln der StPO und damit nicht vor Rechtskraft des Schuldspruchs (Löwe-Rosenberg, aaO § 406a, Rn. 9; *Meyer-Gossner*, aaO § 406 Rn. 6). Ist ein Grundurteil ergangen, findet das Betragsverfahren vor dem zuständigen Zivilgericht statt, also je nach Streitwert dem Amts- oder dem Landgericht, § 406 Abs. 3, S. 4.

Eine Besonderheit des Verfahrens ist, dass der Strafrichter von einer Entscheidung über den im Adhäsionsverfahren geltend gemachten Anspruch absehen kann oder absehen muss § 406 Abs. 1, S. 3–6. Das ist der Fall, wenn der Antrag unzulässig oder unbegründet ist oder sich „zur Erledigung im Strafverfahren nicht eignet". Ist ein Schmerzensgeldanspruch – gleich welcher Höhe – geltend gemacht, scheidet diese letzte Alternative aus. Unzulässig ist der Antrag, wenn es an formalen Voraussetzungen fehlt, etwa bei fehlender Antragsberechtigung oder dem Fehlen zivilrechtlicher Verfahrensvoraussetzungen (BGH StV 08/127), wie anderweitiger Rechtshängigkeit. Unbegründet ist der Antrag, wenn der Angeklagte wegen der Straftat nicht schuldig gesprochen und keine Maßregel der Sicherung oder Besserung verhängt wurde. Dabei ist wichtig, dass sich der zivilrechtliche Anspruch aus der abgeurteilten Tat selbst ergeben muss (BGH B. v. 28.11.02 – 5 StR 381/02 = NStZ 03, 321). Das ist bei Ansprüchen aus §§ 7, 17 StVG nicht der Fall, sodass ihre „Auffangfunktion" beim Scheitern des Verschuldensnachweises, die im Zivilprozess von erheblicher Bedeutung ist, entfällt. Der Beschluss, von einer Entscheidung abzusehen kann dem – ganz oder teilweisen – klageabweisenden Urteil des Zivilprozesses entsprechen, das es im Adhäsionsverfahren nicht gibt, somit auch keine damit verbundene Rechtskraft. Soweit von der Entscheidung abgesehen wird, kann der Antragsteller seinen Anspruch „anderweitig" geltend machen, § 406 Abs. 3, S. 3, etwa im Zivilprozess.

Schliesslich kann der Strafrichter von der Entscheidung absehen, wenn sich der Antrag zur Entscheidung im Strafverfahren nicht eignet. Dazu sagt § 406 Abs. 1, S. 5 dies sei „insbesondere" dann der Fall, wenn seine weitere Prüfung das Verfahren erheblich verzögern würde. Deshalb hat das Gericht zu prüfen, ob nicht der Erlass eines Grundurteils oder die Zuerkennung eines Teils des geltend gemachten Anspruchs angezeigt wäre. Geringfügige tatsächliche oder rechtliche Schwierigkeiten rechtfertigen solches Vorgehen nicht. Bei der Geltendmachung von Ansprüchen aus schwerwiegenden Verletzungsfolgen, welche die Erholung von unter Umständen mehreren umfangreichen Gutachten erforderlich machen, wird dies der Fall sein. Dies dürfte jedoch praktisch eher keine Bedeutung haben, weil dann in der Regel auch ein Schmerzensgeldanspruch zur Entscheidung steht und dann ein Absehen von der Entscheidung nicht zulässig ist. *Vogt*

AGB → Allgemeine Geschäftsbedingungen, → Sachmängelhaftungsausschluss, → Waschstraßenschäden

Agenturgeschäft 1. Allgemeines. Das Agenturgeschäft beinhaltet den Verkauf eines Fahrzeugs durch einen Händler für einen Kunden in dessen Namen (Vermittlungsvertrag) und ist als Geschäftsbesorgungsvertrag mit Dienstcharakter anzusehen. Dieser Geschäftstyp wird wieder stärker praktiziert, da die für den Verkäufer ungünstigen Regeln des Verbrauchsgüterkaufs (§§ 474 ff. BGB) nicht anwendbar sind, wenn der Kunde, in dessen Auftrag verkauft wird, *Verbraucher* i. S. d. § 13 ist (s.a. → *Verbrauchsgüterkauf*, Nr. 3).

2. Vertragspflichten. Der gewerbliche Vermittler hat das hereingenommene Fahrzeug pfleglich zu behandeln und zu verwahren sowie gegen Diebstahl zu versichern und auf Mängel zu untersuchen, wenn er über eine Werkstatt verfügt. Auch vom Abschluss einer Vollkaskoversicherung darf der Kunde in der Regel ausgehen, sofern der Vermittler dies nicht ausdrücklich ablehnt (BGH 8.1.86, VIII ZR 8/85, NJW 1986, 1099) oder – vor allem bei Gelegenheitsvermittlern – eine solche nach den Umständen vom Kunden nicht erwartet werden kann (*Reinking/Eggert*, Rn. 2216).

Bezüglich der Beschreibung des Fahrzeugs muss sich der Vermittler an die Angaben aus dem Vermittlungsauftrag halten, bei weitergehenden Zusicherungen handelt er ohne Vollmacht und macht sich schadensersatzpflichtig (§ 179 BGB), z. B. bei der eigenmächtigen Gewährung einer mehrjährigen Garantie.

Der Vermittler hat nach erfolgter Abrechnung den Überschuss an den Auftraggeber auszuzahlen (§§ 675, 667 BGB). Er ist zur Entgegennahme von Rücktrittserklärungen berechtigt (§ 55 Abs. 4 HGB), jedoch nicht zu Erklärungen hierzu. Der Auftraggeber hat die Provision zu zahlen, falls eine solche vereinbart ist (sie entfällt gelegentlich bei Inzahlungnahme über eine Agentur), in der Regel beläuft sie sich auf den erzielten Mehrerlös über dem vereinbarten Verkaufspreis.

3. Beendigung. Ohne besondere Vereinbarung ist der Vermittlungsvertrag vom Auftraggeber jederzeit kündbar (§§ 675, 671 Nr. 5 BGB). Üblicherweise werden jedoch Bindungsfristen vereinbart (häufig 6 Monate), in denen nur aus wichtigem Grund gekündigt werden kann.

Der Vermittler darf im Fall der agenturweisen Inzahlungnahme den Agenturvertrag nur aus *wichtigem Grund* kündigen (BGH 31.3.1982, NJW 1982 VIII ZR 65/81, 1699). Ein Mangel des Fahrzeugs stellt keinen Kündigungsgrund dar, wohl aber eine arglistige Täuschung oder eine falsche Zusicherung durch den Auftraggeber.

4. Sachmängel und Pflichtverletzungen. Der Käufer hat bei Sachmängeln und Pflichtverletzungen in erster Linie Ansprüche gegen den Verkäufer. Darüber hinaus haftet aber auch der *Vermittler* regelmäßig auf Schadensersatz (§§ 311, 241 Abs. 2, 281 BGB)
– bei schuldhaft falschen Angaben über den Fahrzeugzustand (OLG Köln DAR 1993, 350),
– bei schuldhaft unterlassener Aufklärung über wesentliche Eigenschaften des Fahrzeugs, wie z. B. die Unfalleigenschaft (BGH 4.5.1979, V ZR 4/78, NJW 1979, 1707);
– bei unterlassener Untersuchung und fehlendem Hinweis hierüber an den Käufer (BGH 3.11.1982, VIII ZR 282/81 NJW 1983, 217).

5. Haftungsausschluss / Umgehung Verbrauchsgüterkauf. Ist die Haftung des privaten Verkäufers wirksam durch Vertrag oder AGB ausgeschlossen oder begrenzt, kommt dies auch dem Vermittler zugute, dessen Haftung nicht weiter gehen soll als die der vertraglichen Käuferhaftung (BGH 29.1.1975 VIII ZR 101/73, NJW 1975, 642). Das Verbot eines Haftungsausschlusses für Verbrauchsgüterkaufverträge (§ 475 BGB) gilt nur, wenn mit dem Agenturvertrag ein Verbrauchsgüterkauf umgangen werden soll (§ 475 Abs. 1 Satz 2 BGB). Ob dies der Fall ist, kann nur am Einzelfall anhand mehr oder weniger starker Indizien für eine solche Risikoverteilung entschieden werden (*Müller* NJW 2003, 1975 ff.; *Himmelreich/Andreae/Teigelack* § 14 Rn. 43 ff.). Von einer unzulässigen Umgehung ist auszugehen, wenn der Händler im Verhältnis zum Verbraucher, für den er das Fahrzeug verkauft, das wirtschaftliche Risiko des Verkaufs tragen soll (BGH 26.1.2005, VIII ZR 175/04, DAR 2005, 206). Falls das Agenturgeschäft als Umgehung zu werten ist, ist nicht etwa die als Verkäufer ausgewiesene Privatperson in Anspruch zu nehmen, sondern der Händler, der als Vermittler für den Verkäufer aufgetreten ist (BGH 22.11.2006, VIII ZR 72/06, DAR 2007, 148; OLG Celle 16.4.2008, 7 U 224/07, NJW-RR 2008, 1635).

Siehe auch → *Kaufvertrag*   Andreae

Akteneinsicht 1. Allgemeines: Im Verkehrsstrafverfahren wird Akteneinsicht an Rechtsanwälte meist ohne Probleme gewährt. Dem Antrag ist eine Originalvollmacht beizufügen. Der Antrag kann, wenn das polizeiliche Aktenzeichen bekannt ist, bereits bei der Polizei gestellt werden, aber für die Gewährung ist im gesamten → *Ermittlungsverfahren* die Staatsanwaltschaft zuständig. Nach Erhebung der öffentlichen Klage ist hingegen das Gericht zuständig. Die Justiz wird in Verkehrsstrafsachen regelmäßig erst dem Verteidiger (§ 147 StPO), dann dem Rechtsanwalt des Tatverletzten (§ 406e StPO) und zuletzt etwaigen Dritten (§ 475 StPO) Akteneinsicht gewähren, etwa dem bevollmächtigten Anwalt des Kfz-Versicherers. Dieser kann das erforderliche Interesse in aller Kürze beschreiben, etwa: „... vertrete ich den Versicherer des unfallbeteiligten Pkw mit dem amtlichen Kennzeichen ... und beantrage für die Prüfung zivilrechtlicher Ansprüche Einsicht in die Ermittlungsakte".

2. Rechtsbehelf: Verweigert die Staatsanwaltschaft die Akteneinsicht, so kann der Verteidiger unter den Voraussetzungen des § 147 Abs. 5 S. 2 StPO gerichtliche Entscheidung beantragen (§ 161a Abs. 3 S. 2 bis 4 StPO), ähnlich der Rechtsanwalt des Tatverletzten (§ 406e Abs. 4 S. 2 i.V.m. § 161a Abs. 3 S. 2 bis 4 StPO). Passend zu diesem Gesetzeswortlaut sollte der Antragstenor etwa lauten „beantrage ich im Wege gerichtlicher Entscheidung Akteneinsicht" (nicht: „lege ich Beschwerde gegen die staatsanwaltliche Versagung der Akteneinsicht ein" oder dergleichen).

3. Reihenfolge: Der Verteidiger wird dem Mandanten, gleich ob sich dieser bereits zur Sache eingelassen hat, in der Regel raten, erst dann (weitere) Angaben zu machen, wenn die Sache nach Akteneinsicht besprochen werden konnte. In jedem Fall empfiehlt es sich, das Akteneinsichtsgesuch mit dem Hinweis zu verbinden, dass der Verteidiger nach Gewährung eine (ergänzende) Stellungnahme zur Schuldfrage oder ggf. zur Straffrage in Betracht ziehe.

Allgemeine Geschäftsbedingungen (AGB) **A**

> Praxistipp: Im → *Ermittlungsverfahren* sollte der Verteidiger eine solche Stellungnahme – sofern er sie wirklich beabsichtigt – in deutlich hervorgehobener Form dem Staatsanwalt *anlässlich der Aktenrückgabe* ankündigen, und zwar unter Nennung eines konkreten Termins, etwa: „.... werde ich *bis zum* ... zum Tatvorwurf/zu den persönlichen Verhältnissen des Beschuldigten Stellung nehmen und bitte mit der Abschlussverfügung bis dahin zuzuwarten". Sonst nämlich wird der Staatsanwalt weiteres Vorbringen kaum abwarten, weil er gewohnt ist, dass unbestimmte Ankündigungen von Stellungnahmen häufig gemacht, aber selten eingelöst werden (→ *Besonderheiten des Verkehrsstrafverfahrens* Nr. 1).

4. **Umfang:** Das Akteneinsichtsrecht bezieht sich auf alles, was dem Gericht vorliegt, auch Beiakten, sofern das Gericht sie beigezogen hat, und auch Beweismittel, deren Besichtigung der Verteidiger daher verlangen kann. Daher ist im Straf- und Owi-Verfahren dem Verteidiger Einsicht auch in Videobänder zu gewähren. In der Praxis hat sich weitgehend durchgesetzt, dass diese dem Verteidiger in seine Kanzlei mitgegeben oder übersandt werden.
Siehe auch → *Bußgeldverfahren* *Weder*

Aktionsplan → Umweltzonen Nr. 2b

Aktivlegitimation → Abtretung von Schadenersatzansprüchen Nr. 4, → Besonderheiten der Verkehrsunfallklage Nr. 2

Alkoholabhängigkeit → Fahreignung Nr. 4, → Trunkenheit im Verkehr Nr. 3

Alkoholfahrt → Leberwerte, → Nachtrunk, →Trunkenheit im Verkehr

Alkoholmessgeräte Messgeräte, mit der Alkoholkonzentrationen gemessen werden können: Matrix (Typ der Probe): gasförmig: (Atem-) Luft; flüssig: Blut, Urin, Speichel; fest: Haare (nach Verflüssigung: EtG!)
Messmethoden: Absorptionsphotometrie / gasförmig, flüssig; EC-Sensor: gasförmig (s. → *AAK-Messgerät*), ADH-Methode (enzymatisch): flüssig; Gaschromatografie-Massenspektrometrie (GC-Methode): flüssig, gasförmig; Flüssigkeitschromatografie-Massenspektrometrie (LC-MS-Methode): flüssig. *Priemer*

Alkoholmissbrauch → Fahreignung Nr. 4, → Leberwerte, → Trunkenheit im Verkehr

Alkoholtypischer Fahrfehler Fahrfehler des Fahrzeugführers, die in einen rechtlich kausalen Zusammenhang mit einer nachgewiesenen BAK zu bringen sind (bsp. Schlangenlinien, Fehleinschätzung von Entfernung u. Geschwindigkeit, Auffahrunfall, Kurvenunfall u. a.).

> Praxistipp: Grundsätzlich ist jedes Fahrverhalten auch auf andere Ursachen zurückzuführen (z. B. bewusst, Krankheiten, aber auch Unachtsamkeit, Unerfahrenheit usw.). Der Nachweis muss positiv erbracht werden!

Priemer

Alles-oder-Nichts-Prinzip → Rechtsschutzversicherung Nr. 21

Allgemeine Bedingungen des Kraftfahrzeuggewerbes Der Zentralverband des Deutschen Kraftfahrzeuggewerbes gibt für seine Mitgliedsbetriebe Bedingungen für den Neuwagen-, Gebrauchtwagenkauf sowie für Reparaturen heraus, die regelmäßig aktualisiert werden.

Allgemeine Fahrerlaubnis → Dienstfahrerlaubnis Nr. 3

Allgemeine Feststellungsklage → Besonderheiten des Verkehrsverwaltungsprozesses

Allgemeine Geschäftsbedingungen (AGB) 1. **Allgemeines.** Beim Händlerverkauf werden häufig allgemeine Geschäftsbedingungen zum Gegenstand des Kaufvertrags gemacht und zwar beim Verkauf von Neufahrzeugen die allgemeinen Geschäftsbedingungen für den Verkauf von fabrikneuen Kraftfahrzeugen und Anhänger (NWVB) der drei größten Kraftfahrzeug-Verbänden (insbesondere des ZDK (abgedr. Stand März 2008 bei *Reinking/Eggert* S. 1396 ff.) und beim Verkauf von Gebrauchtfahrzeugen die allgemeinen Geschäftsbedingungen für den Verkauf gebrauchter Kraftfahrzeuge und Anhänger (GWVB) des Zentralverbandes Deutsches Kraftfahrzeuggewerbes e.V. (abgedr. Stand März 2008 bei *Reinking/Eggert* S. 1400 ff.).
Allgemeine Geschäftsbedingungen müssen sich bezüglich der Einbeziehung in den Vertrag und der Wirksamkeit an den §§ 305 ff. BGB messen lassen, dürfen also nicht überraschend sein und keine unangemessene Benachteiligung beinhalten, die mit wesentlichen Grund-

gedanken der gesetzlichen Regelung nicht zu vereinbaren ist (§ 307 BGB).

2. Wirksame Einbeziehung. Die §§ 305 ff. BGB finden nur Anwendung, wenn der vorformulierte Text von der einen Vertragspartei der anderen *gestellt* wird. Beim Verbrauchsgüterkauf wird dies zu lasten des Unternehmers vermutet (§ 310 Abs. 3 Nr. 1 BGB). Im Übrigen bedarf es aber der Feststellung, dass eine Partei die Einbeziehung der vorformulierten Bedingungen verlangt (*Palandt/Grüneberg* § 305 Rn. 10). Das ist z. B. nicht der Fall, wenn die Vertagsparteien vor Vertragsabschluß darüber sprechen, wer denn ein vorgedrucktes Vertragsexemplar mitbringt und sich dann die Parteien auf ein Exemplar einigen. (BGH 17.12.2010, VIII ZR 67/09, DAR 2010, 326).

Die Bedingungen müssen vollständig abgedruckt sein und hierauf muss im Vertrag ausdrücklich Bezug genommen werden. Der bloße Abdruck der AGB auf der Vertragsrückseite genügt also nicht. In gedruckter Form müssen die AGB verständlich und mühelos lesbar sein (OLG Brandenburg 3.5.2000, 7 U 243/99, NJW-RR 2001, 488). Bei Vertragsschluss über das Internet genügt bei kürzeren AGB die Einblendung des Textes an prägnanter Stelle, wenn sie dem Kunden eine kritische Prüfung ihres Inhalts ermöglichen. Es genügt, dass die Bedingungen über einen auf der Bestellseite gut sichtbaren Link aufgerufen und ausgedruckt werden können (BGH 14.6.2006, I ZR 75/03, NJW 2006, 2976). Längere AGB können wirksam einbezogen werden, wenn der Kunde sie aufgrund eines unübersehbaren Hinweises durch Herunterladen kostenlos kopieren kann (*Andreae* SVR 2007, 93 ff.). Sind die AGB nicht gem. § 305 BGB wirksam einbezogen, richtet sich der Inhalt des Vertrags nach den gesetzlichen Vorschriften (§ 306 Abs. 2 BGB).

3. Inhaltliche Wirksamkeit. Die zumeist von Händlern verwendeten NWVB oder GWVB werden regelmäßig von den herausgebenden Verbänden der BGH-Rechtsprechung angepasst, sind also in der Regel wirksam. Allerdings ist die Verkürzung der Verführungsfrist in VI. 1. der GWVB (Fassung 03/2008) unwirksam, da offen bleibt, ob Schadensersatzansprüche des Käufers wegen der Verletzung der Pflicht zur Nacherfüllung umfasst sind (BGH, Urt. v. 29.4.2015 – 8 ZR 104/14 –). Im Einzelfall sollte also zunächst geprüft werden, ob die verwendeten AGB den NWVB bzw. GWVB inhaltlich entsprechen. Im Fall von Abweichungen zu Ungunsten des Verbrauchers besteht ein konkreter Anhaltspunkt, die Rechtmäßigkeit der AGB gerichtlich gem. §§ 305 BGB überprüfen zu lassen.

Für die NWVB ist umstritten, ob die in I.1. vorgesehene Bindungsfrist des Käufers an seine „verbindliche Bestellung" von 4 Wochen nicht zu lang ist. Der BGH hat diese zwar als angemessen bestätigt (BGH 13.12.1989, VIII ZR 94/89, DAR 1990, 95). Inzwischen wird diese Bindungsfrist aber überwiegend für zu lang gehalten, insbesondere unter Berücksichtigung der stark verbesserten Kommunikationsmöglichkeiten zwischen Verkäufer und Hersteller (LG Lüneburg 5.7.2001, 1 S 3/01, NJW-RR 2002, 564; *Reinking/Eggert* Rn. 37). Unter Hinweis auf § 147 Abs. 2 BGB wird eine Bindungsfrist von 10 Tagen oder 2 Wochen befürwortet (*Himmelreich/Andreae/Teigelack*, § 1 Rn. 17 ff.).

Für Gebrauchtfahrzeuge wird von den GWVB eine Bindungsfrist von 10 Tagen vorgesehen. In Einzelfällen kann die Bindungsfrist von 10 Tagen wegen Verstoßes gegen § 308 Nr. 1 BGB unwirksam sein, z. B. im Falle eines Barverkaufs oder Inzahlungnahme eines Altfahrzeugs (LG Bremen 9.9.2003, 1 O 565/03, DAR 2003, 561).

Für den Schadensersatz statt der Leistung beschränken die NWVB unter IV. 3. die Haftung des Verkäufers für den Fall der leichten Fahrlässigkeit auf höchstens 25% des vereinbarten Kaufpreises gegenüber Verbrauchern und schließen die Haftung gegenüber Unternehmern für solche Ansprüche ganz aus. Die Beschränkung auf 25% wird für zulässig gehalten (*Reinking/Eggert* Rn. 56). Der Totalausschluss der Haftung für leichte Fahrlässigkeit im unternehmerischen Geschäftsverkehr widerspricht dagegen wesentlichen Grundgedanken der gesetzlichen Regelung (*Pfeiffer* ZGS 2002, 175 m.w.N.).

Für den umgekehrten Fall, dass der Käufer mit der Zahlung des Kaufpreises in Verzug kommt, und der Verkäufer deshalb vom Vertrag zurücktritt, sind Schadenspauschalen in den NWVB und den GWVB vorgesehen (15% bzw. 10%), welche die Rechtsprechung billigt.

Andreae

Allgemeine Versicherungsbedingungen für die Kraftfahrzeugversicherung (AKB)

1. Wegfall der Genehmigungspflicht. Nach Wegfall der Genehmigungspflicht für Versicherungsbedingungen durch das frühere Bundesaufsichtsamt für das Versicherungswesen (BAV) [übergegangen in die Bundesanstalt für Finanzdienstleistungsaufsicht (BAFin)] im Jahre 1994 sind der freien Gestaltung der Versicherungsbedingungen durch die Versicherer Grenzen durch das VVG, die §§ 305 ff BGB und die KfzPflVV gesetzt.

2. Maßstab: konkret vereinbarte Versicherungsbedingungen. Daher müssen bei der Bearbeitung des Mandats immer die konkret vereinbarten Versicherungsbedingungen dem Anwalt vorliegen, da nicht mehr wie früher auf die genehmigten und damit weitgehend einheitlichen Bedingungen bei der Beratung zurückgegriffen werden kann.

Gerade ältere Bedingungen können für den Mandanten günstiger sein, wobei der Versicherer die Beweislast für die Genehmigung geänderter Bedingungen durch den Versicherungsnehmer trägt.

Hinzuweisen sei hier insbesondere z. B. auf Reparaturvereinbarungen für den Schadenfall in der Kaskoversicherung, durch die sich der Versicherungsnehmer bereits bei Vertragsabschluss festlegt, dass der Wagen im Schadenfall bei einer von der Versicherung benannten Werkstatt zu reparieren ist – je nach Gestaltung der Klausel zwingend oder halbzwingend, wobei bei letzterer im Schadenfall doch noch die eigene Werkstatt beauftragt werden kann, dann allerdings unter Verzicht z. B. auf einen Leihwagen.

Dieser könnte dem Mandanten aber auch über eine ggf. zusätzlich bestehende Schutzbriefversicherung zustehen, so dass eine solche Vereinbarung häufig entbehrlich ist.

a) AKB 2004. Die jeweiligen Musterbedingungen werden vom Gesamtverband der Versicherungswirtschaft auf seinen Internetseiten (www.gdv.de) veröffentlicht, der letzte Stand vor der VVG-Reform waren die AKB vom 14.10.2004.

b) AKB 2008. Pünktlich zum Inkrafttreten des neuen VVG im Jahre 2008 hat die Bedingungskommission des GDV für die Kraftfahrzeugversicherung vollkommen neue Musterbedingungen in Form der AKB 2008 gestaltet, die viele Versicherer übernommen haben.

Diese Neufassung beinhaltet nicht nur die rechtliche Anpassung auf das neue Versicherungsvertragsrecht, vielmehr sind die Bedingungen für den Versicherungsnehmer in einem Frage-/Antwort-System gestaltet, das für den Laien ein besseres Verständnis der juristischen Hintergründe ermöglicht.

c) Tarifbedingungen (TB). In den dem Rechtsanwalt meist eher unbekannten Tarifbedingungen sind die Tarife, die Zahlungsweise, die Rückstufungstabelle und die ggf. vereinbarten Vertragsstrafen bei der Verletzung von Rabattmerkmalen niedergelegt.

Es empfiehlt sich daher in der anwaltlichen Beratung immer, sich auch diese vom Mandanten vorlegen zu lassen, da diese wichtige Vereinbarungen enthalten können.

Hier sind z. B. Regelungen zu Rabatten wie dem Einzelfahrer- oder dem Garagenrabatt zu finden. Wichtig in diesem Zusammenhang ist für den Versicherten insbesondere die bei einer Verletzung vereinbarte Vertragsstrafe, die von der Nachzahlung einer erhöhten Prämie bis zum Leistungswegfall in der Kaskoversicherung führen kann.

In den neuen AKB 2008 wird nicht mehr zwischen AKB und TB unterschieden. Der neue Bedingungsentwurf beinhaltet beide Elemente in einem Werk, wobei die Elemente der alten TB in den Punkten I und J sowie im Anhängen 1 bis 6 zu finden sind.

3. Die möglicherweise unterlassene Anpassung der alten AKB an die Regelungen des VVG nach Art. 1 Absatz 3 EGVVG und ihre Folgen. Seit dem 1.1.2009 unterliegen grundsätzlich auch die Altverträge dem neuen VVG. Hier stellt sich nun jedoch die Frage, ob der Versicherer die alten AKB an das neue Recht angepasst hat.

a) Bedingungsanpassungsrecht bis zum 1.1. 2009. Der Gesetzgeber hat den Versicherungsunternehmen in Art. 1 Abs. 3 EGVVG das Recht eingeräumt, diejenigen Versicherungsbedingungen in Altverträgen an das neue Recht mit Wirkung zum 1.1.2009 anzupassen, die mit diesem nicht mehr übereinstimmen. Diese Möglichkeit bestand ausschließlich bis zum 1.1.2009.

Hintergrund ist, das dem Vertragsrecht, zu dem auch das private Versicherungsvertragsrecht gehört, ein einseitiges, von der Zustimmung der anderen Vertragspartei unabhängiges Änderungsrecht grundsätzlich fremd ist. Die Ausnahmeregelung in Art. 1 Abs. 3 EGVVG ist deshalb eng auszulegen.

Soweit ein Versicherer seine Versicherungsbedingungen in den Altverträgen gemäß Art. 1 Abs. 3 EGVVG ändert hat, traten die geänderten Klauseln vom 1.1.2009 an die Stelle der bisherigen Bedingungen.

Nach dem eindeutigen Gesetzeswortlaut ist Voraussetzung der Bedingungsanpassung, dass dem Versicherungsnehmer die an das VVG neuangepassten Bedingungen unter Kenntlichmachung der Unterschiede und eine entsprechende Mitteilung spätestens zum 30.11.2008 zugingen.

Dabei dürfte es ausreichen, wenn dem Versicherungsnehmer die geänderten Bedingungen zugesendet wurden und in einem Begleitschreiben darauf hingewiesen wurde, welche Änderungen sich zu den bisherigen Regelungen ergeben.

Aus Art. 1 Abs. 3 EGVVG lässt sich nicht entnehmen, dass es erforderlich wäre, dem Versicherungsnehmer die konkreten Änderungen in den AKB durch eine synoptische Gegenüberstellung zu verdeutlichen, auch wenn dies sicherlich der beste Weg gewesen sein dürfte.

Zur wirksamen Anpassung ist weder die Zustimmung des Versicherungsnehmers noch die Mitwirkung eines Treuhänders notwendig.

Eine Pflicht zur Anpassung an das neue Recht hat der Gesetzgeber nicht begründet.

Inwieweit die Versicherer von ihrem Anpassungsrecht Gebrauch gemacht haben, lässt sich nicht überblicken. Der dafür erforderliche Arbeits- und Kostenaufwand war bei der großen Anzahl von Altverträgen und den unterschiedlichen Bedingungsfassungen, die ihnen zugrunde liegen, enorm.

Nach einer älteren Umfrage des Versicherungsjournals vor dem Stichtag beabsichtigten nur knapp 50 Prozent der befragten Versicherungsunternehmen eine (vollständige) Anpassung der AKB ihrer Altverträge.

Zumindest jeder fünfte bis zehnte Versicherer wollte damit – ggf. zumindest partiell – auf eine Anpassung verzichten.

b) Folgen einer unterbliebenen Bedingungsanpassung. Der Bundesgerichtshof hat in einem Urteil vom 12. Oktober 2011 (Az: IV ZR 199/10, NJW-Spezail 2011, 745) nunmehr entschieden, dass die unterbliebene oder unwirksame Anpassung der AVB in Altverträgen dazu führt, dass sich der Versicherer nicht mehr auf die Verletzung vertraglich vereinbarter Obliegenheitsverletzungen berufen kann, wenn sich die Klauseln im Altvertrag an der gesetzlichen Regelung des alten Rechts (§ 6 VVG a.F.) orientieren.

Denn diese Regelung hat das neue Recht in § 28 Abs. 2 Satz 2 VVG durch eine für den VN günstigere Regelung ersetzt, so dass die an der alten Rechtslage ausgerichteten Bedingungen dem neuen Recht widersprechen und daher unwirksam sind.

Die daraus resultierende Lücke lässt sich auch nicht durch die neue gesetzliche Regelung schließen, da diese kein gesetzliches Leistungskürzungsrecht enthält und eine vertragliche Vereinbarung dafür voraussetzt.

Die fehlende Anpassung der AKB bereitet daher dann keine Probleme, wenn das Gesetz eine entsprechende Regelung enthält, die an die Stelle einer unwirksam gewordenen Bedingung treten kann.

aa) Gesetzliche Obliegenheiten. So ist es aber nur bei unmittelbar im Gesetz geregelten Obliegenheiten wie der vorvertraglichen Anzeigepflicht (§§ 16 ff. VVG a.F./ § 19 VVG n.F.) oder einzelnen Fällen der Gefahrerhöhung (§ 23 VVG a.F. / § 23 VVG 2 n.F.).

Im Gesetz, sowohl nach dem alten § 6 Abs. 3 VVG a.F. als auch nach dem neuen § 28 VVG n.F., sind lediglich die Rechtsfolgen einer Verletzung vertraglicher Obliegenheiten beschrieben. In § 28 Abs. 1, 2 S. 2 VVG n.F ist nur das Kündigungs- und Leistungskürzungsrecht des Versicherers geregelt.

Was der Versicherungsnehmer zu tun oder zu unterlassen hat, um seinen Anspruch auf die Versicherungsleistung nicht zu gefährden, eben die ihn treffenden Obliegenheiten, ergibt sich nahezu ausschließlich aus den Versicherungsbedingungen.

bb) Vertragliche Obliegenheiten. Problematisch sind vor allem die vielfältigen „vertraglichen" Obliegenheiten. Das sind Obliegenheiten, die der Versicherungsnehmer zu erfüllen hat, wenn er den ihm zugesagten Versicherungsschutz, angepasst an das jeweils zu versichernde Risiko und die dahinter stehende Risikokalkulation, nicht gefährden will.

Zur Ausgestaltung solcher „produktspezifischen", gleichzeitig aber mit Blick auf die Risikoverteilung unabdingbaren Risikoeinschränkungen schweigt das Gesetz in der Regel. Nur ausnahmsweise sind Obliegenheiten im Gesetz selbst normiert.

Kompromisslos wurden alle mit dem neuen VVG neu nicht mehr konformen Klauseln der AKB ab dem 1.1.2009 unwirksam, es sei denn, dass ein bis zum 31.12. eingetretener Versicherungsfall abzuwickeln ist.

An die Stelle der unwirksam gewordenen Regelung tritt, sofern es im Gesetz eine adäquate Entsprechung gibt, das Gesetz.

Das bisherige Recht unterscheidet hinsichtlich der Rechtsfolgen zwischen vor Eintritt des Versicherungsfalls zu erfüllenden und den bei oder bzw. nach dem Versicherungsfall zu erfüllenden Obliegenheiten.

Bei einer vorwerfbaren Verletzung einer Obliegenheit, die vor dem Versicherungsfall zu erfüllen ist, steht dem Versicherer ein Kündigungsrecht zu.

Wenn ein Versicherungsnehmer etwa in der Fahrzeugkaskoversicherung gegen die Fahruntüchtigkeits-, Schwarzfahrt- oder Führerscheinklauseln verstößt, ist der Versicherer leistungsfrei soweit den Versicherungsnehmer an der Verletzung ein Verschulden trifft oder er nicht nachweisen kann, dass die Obliegenheitsverletzung keinen Einfluss auf den Eintritt des Versicherungsfalles oder die Höhe der Entschädigung gehabt hat.

Bei Verletzungen von Obliegenheiten nach bzw. bei Eintritt des Versicherungsfalls — zu denken ist hier an Anzeige- und Aufklarungsobliegenheiten oder, um ein weiteres Beispiel zu nennen, an einen Rotlichtverstoß — behalt der Versicherungsnehmer seinen Leistungsanspruch, wenn er ohne Verschulden bzw. mit einfacher Fahrlässigkeit gehandelt hat.

Bei grober Fahrlässigkeit besteht der Leistungsanspruch fort, wenn die Verletzung keinen Einfluss auf den Eintritt des Versicherungsfalls oder den Umfang der Leistung hatte (Kausalitätsgegenbeweis).

Bei Vorsatz, der gesetzlich vermutet wird, verliert der Versicherte seinen Leistungsanspruch, es sei denn, er weist im Sinne der Relevanzrechtsprechung des BGH nach, dass die Verletzungshandlung folgenlos geblieben ist und weder generell geeignet war, die Interessen des Versicherers ernsthaft zu gefährden, noch ihn ein subjektiv erhebliches Verschulden trifft Im VVG neu ist das Recht der Verletzung einer Obliegenheit im oder nach dem Versicherungsfall in § 28 VVG neu geregelt.

Nach § 28 VVG neu bleibt leichte Fahrlässigkeit bei der Verletzung einer Obliegenheit sanktionslos.

Der Versicherer darf weder kündigen noch ist er leistungsfrei (§ 28 Abs. 1, 2 VVG n.F.). Dies ist etwa dann der Fall, wenn der Versicherungsnehmer schuldlos davon ausgeht, der Fahrer seines Kraftfahrzeuges verfüge über eine gültige Fahrerlaubnis.

Vorsätzliche Obliegenheitsverletzungen führen nur noch dann zu Leistungsfreiheit, wenn sie kausal für den Versicherungsfall oder den Umfang der Leistung des Versicherers geworden sind. Wenn der Versicherer völlige Leistungsfreiheit geltend machen will, muss er nunmehr den Vorsatz des Versicherungsnehmers oder seines Repräsentanten darlegen und außerdem beweisen, dass dieser die Verhaltensnorm kannte oder sie zumindest für möglich hielt und bewusst dagegen verstoßen oder den Verstoß billigend in Kauf genommen hat.

Nur bei Arglist wird auf das Kausalitätserfordernis verzichtet und es kommt nach Anfechtung des Versicherungsvertrages zu einer vollständigen Leistungsfreiheit des Versicherers.

Völlig anders als nach bisherigem Recht sind die Rechtsfolgen bei grober Fahrlässigkeit ausgestaltet.

Die bisherige Regelung, die vollständige Leistungsfreiheit des Versicherers („Alles-oder-Nichts-Prinzip") ist aufgehoben.

An deren Stelle tritt ein Leistungskürzungsrecht entsprechend der Schwere des Verschuldens. Der Versicherer hat Vorsatz zu beweisen, wenn er völlige Leistungsfreiheit geltend machen will. Von dem Vorwurf grober Fahrlässigkeit, der in der gesetzlichen Neuregelung vermutet wird, hat sich der Versicherungsnehmer zu entlasten.

Im Bereich der Kraftfahrtversicherung können im Einzelfall zahlreiche *vertraglich vereinbarte Obliegenheiten vor dem oder im Versicherungsfall* von einer nicht erfolgten Umstellung betroffen sein, wodurch die bisher daraus resultierende Leistungsfreiheit oder Regressmöglichkeiten entfallen: Neben der Führerschein- oder der Trunkenheitsklausel in der KH-Versicherung können auch Anzeige- oder Auskunfts-/Aufklärungsobliegenheiten in der Kaskoversicherung betroffen sein, wobei Sanktionen durch den Versicherer erst aus der vertraglichen Vereinbarung dieser eigentlich gesetzlichen Obliegenheit erfolgen.

c) Direkte Rechtsfolgen einer fehlenden / unwirksamen Anpassung der Versicherungsbedingungen. Wenn, wie oft, der Wortlaut von Klauseln, in denen eine vertragliche Obliegenheit beschrieben wird, eine Trennung zwischen der Beschreibung der Obliegenheit und den Folgen von deren Verletzung nicht zulässt, führt der Verzicht auf eine Anpassung an das neue Recht dazu, dass sich der Versicherer nicht mehr auf die etwaige Verletzung der Obliegenheit berufen kann. Diese „gibt es nicht mehr".

Dies gilt jedenfalls immer dann, wenn die alten Bedingungen dem Versicherer Leistungsfreiheit bei einfacher Fahrlässigkeit und unabhängig von einem Kausalitätsgegenbeweis gewähren. Diese Regelung ist unwirksam (§ 28 Abs. 1 i.V.m. § 32 VVG n.F.).

Zudem ist die in alten Bedingungen enthaltene Regel der (völligen) Leistungsfreiheit bei grober Fahrlässigkeit ab dem 1.1.2009 auch für Altvertrage unwirksam, es sei denn, es handelt sich um die Abwicklung eines bis zum 31.12.2008 eingetretenen Versicherungsfalls.

d) Weitergehende Ansprüche des Versicherungsnehmers. Neben den bereits aufgezeigten Folgen, ist darüber nachzudenken, ob nicht noch weiter reichende Folgen auf den Versicherer zukommen, der seine Bedingungen nicht an das neue Recht anpasst.
Problemfälle sind hier z. B., wenn der Versicherungsnehmer z. B. auf sein Klagerecht verzichtet, weil er entsprechend der Regelung in seinen „alten" Bedingungen der Auffassung ist, dass er keinen Anspruch auf Leistungen aus dem Versicherungsvertrag hat? In seinen Bedingungen ist festgelegt, dass der Kausalitätsgegenbeweis nur bei grober Fahrlässigkeit geführt werden kann. Der Versicherer wirft ihm Vorsatz vor.
Oder aber der Versicherungsnehmer ist in Unkenntnis, dass bei grober Fahrlässigkeit nunmehr eine Teilleistung des Versicherers in Betracht kommt.
Ein weiterer Problemfall ist, dass der Versicherungsnehmers annimmt, sein Anspruch sei verjährt, in Unkenntnis darüber, dass die Verjährung nunmehr generell drei Jahre beträgt.
Wenn die Versicherer nach § 6 Abs. 4 VVG n.F. verpflichtet sind, den Versicherungsnehmer auch während eines bestehenden Vertragsverhältnisses zu beraten, sofern dazu ein „Anlass erkennbar" ist, schließt dies zwangsläufig auch grundlegende Gesetzesänderungen mit ein. Selbst wenn ein Versicherer aus nachvollziehbaren (Kosten-)Gründen auf die Anpassung seiner Alt-AKB an das neue Recht verzichtet, erscheint deshalb zumindest ein Hinweis auf die tragenden neuen Vorschriften und deren Geltung auch für Altverträge geboten.
Anderenfalls setzt sich der Versicherer dem Vorwurf aus, seine Versicherungsnehmer bewusst „dumm" gehalten zu haben. Die Folge sind Schadenersatzansprüche.
Der Versicherer, der seine Altversicherungsbedingungen nicht an das neue Recht angepasst hat, wird sich deshalb kaum auf Verjährung berufen können, wenn die Verjährungsfrist für Ansprüche aus der Versicherung wurde, weil deren Verkürzung auf drei Jahre entgegen dem Wortlaut einer dem bisherigen Recht noch entsprechenden „alten" Klauselregelung nicht beachtet wurde.
Bei einem schuldhaften Verstoß gegen die Beratungs- und Dokumentationspflichten haftet der Versicherer gemäß § 6 Abs. 5 VVG n.F. auf Schadensersatz. Eine Beratungspflicht besteht für den Versicherer während der gesamten Vertragslaufzeit, soweit Anlass für eine Nachfrage und Beratung des Versicherungsnehmers erkennbar war.

Im Rahmen der Naturalrestitution ist der Versicherungsnehmer so zu stellen, wie er ohne das schädigende Ereignis stehen würde.
Dies alles gilt vor allem auch vor dem Hintergrund, dass die Versicherungen von ihrer Aufsichtbehörde (BAFin) konkret aufgefordert worden sind, die Versicherungsbedingungen der Altvertrage zum 1.1.2009 an das neue Gesetzesrecht anzupassen. *Kärger*

allgemeines Kennzeichen → Kennzeichenerteilung Nr. 2

allgemeines Lebensrisiko → Kausalität

Alt-/Vorschaden → Unfallschadenabwicklung – Sachschaden Nr. 1, → Praxistipp

altersbedingte Verschleißerscheinungen → HWS-Schleudertrauma Nr. 5

Altfahrzeug → Kontrollgerät [Fahrtschreiber] Nr. 4b

Ampel → Fahrradfahrer Nr. 15, → Rotlichtverstoß

Amphetamin Amphetamin ist die Grundsubstanz und gibt die Grundstruktur für die Amphetamingruppe, die alle zu den Stimulanzien gehören wie z. B. Methamphetamin, MDMA (Ecstasy), MDE (Ecstasy), aber auch Ephedrin und seine Derivate wie z. B. Khat. Genutzt wird auch die Wirkung zur Behandlung von Hyperaktivität und als Appetitzügler. Auf dem illegalen Markt wird es als weißes Pulver unter dem Namen *Speed* gehandelt. Die gesamte Gruppe gehört zu den Psychostimulantien.
Siehe auch → *Drogenfahrt,* → *Speed* *Sachs*

Amt für Verteidigungslasten → Inlandsunfall mit NATO-Kfz

amtliche Verwahrung → Fahrverbotsvollstreckung Nr. 3

amtliches Kennzeichen → Zulassung von Kfz Nr. 2

Amtsabmeldung → Stilllegung

Amtsermittlungsgrundsatz → Besonderheiten des Verkehrsverwaltungsprozesses Nr. 10 c) aa).

analoges Kontrollgerät → Kontrollgerät [Fahrtschreiber] Nr. 1a

Anerkenntnis → Besonderheiten des Verkehrsunfallprozesses Nr. 8, → Kfz-Haftpflichtversicherung Nr. 4 Praxistipp, → Reparaturkostenübernahme

Anfahren vom Fahrbahnrand → Haftungsverteilung bei Verkehrsunfällen Nr. 10

Anfechtungsklage → Besonderheiten des Verkehrsverwaltungsprozesses

Angehörigenprivileg → Übergang von Ersatzansprüchen Nr. 2

Anhängelast 1. Allgemeines: § 42 StVZO legt die *höchstzulässige Last* fest, die *hinter einem Kfz mitgeführt* werden darf. Dadurch soll das Mitführen von Anhängern und sonstigen Lasten verhindert werden, deren Gewicht im Verhältnis zum ziehenden Fahrzeug zu groß ist. § 42 Abs. 1 StVZO legt die höchstzulässige Anhängelast generell fest. § 42 Abs. 2 StVZO enthält eine spezielle Regelung für das Mitführen einachsiger Anhänger ohne ausreichende eigene Bremse. Die Regelungen gelten *nicht* für das *Abschleppen* betriebsunfähiger Fahrzeuge (§ 42 Abs. 2 a StVZO).
2. Der *Begriff Anhängelast* ist im Straßenverkehrsrecht nicht definiert. Nach Sinn und Zweck von § 42 StVZO ist darunter jede hinter einem Kfz mitgeführte Last zu verstehen, nicht nur Anhänger (BGH 8.5.1984, 4 StR 388/83, NJW 1984, 2479). Gemeint ist das *tatsächliche Gewicht* der gezogenen Last, nicht das zulässige Gesamtgewicht des Anhängers. Die *Anhängelast* hinter Pkw, Lkw und Krafträdern ist durch das zulässige Gesamtgewicht des ziehenden Fahrzeugs bzw. durch den vom Hersteller des ziehenden Fahrzeugs oder amtlich als zulässig erklärten Wert begrenzt. *Dauer*

Anhänger → Anhängelast, → Halten und Parken Nr. 3c, → Lenk- und Ruhezeiten Nr. 7b, → Schadenrechtsänderungsgesetz Nr. 7

Anhängerkupplung § 43 Abs. 1 StVZO enthält allgemein Anforderungen an die Beschaffenheit und Befestigung von *Einrichtungen zur Verbindung von Fahrzeugen*, womit die Sicherheit beim Betrieb von Anhängern gewährleistet werden soll. Verbindungseinrichtungen sind abgesehen von wenigen Ausnahmen bauartgenehmigungspflichtig (§ 22a Abs. 1 Nr. 6 StVZO). § 43 Abs. 4 StVZO enthält Bestimmungen über *Anhängerkupplungen*, eine spezielle Art von Verbindungseinrichtungen. Sie müssen im Interesse einer leichteren Bedienbarkeit und damit auch der Verkehrssicherheit grundsätzlich selbsttätig wirken. Die Herstellung einer betriebssicheren Verbindung zwischen ziehendem und gezogenem Fahrzeug muss leicht und gefahrlos möglich sein.
Dauer

Anhörung 1. Allgemeines: Dass vor einer Entscheidung der von ihr Betroffene zu hören ist, stellt einen allgemeinen Rechts- insbesondere Verfassungsgrundsatz dar (Art. 103 Abs. 1 GG). „Rechtliches Gehör" bedeutet aber nicht, dass eine Äußerung erlangt werden muss: Lediglich die *Gelegenheit* hierzu muss eingeräumt werden. Eine Äußerung muss daher nicht unter allen Umständen abgewartet werden. Sie muss *nicht zwingend mündlich* erfolgen.
2. Das gilt im Strafverfahren wie auch allgemein im Ordnungswidrigkeitenverfahren (§ 55 OWiG). Dort geschieht die Anhörung vielfach dadurch, dass dem Betroffenen ein Anhörungsbogen übersandt wird, auf dem er zu dem in dürren Worten umschriebenen Tatvorwurf formblattmäßig Stellung nehmen kann. Eine „schriftliche Anhörung" ist bei einfacheren Sachverhalten auch im Strafverfahren zulässig (§ 163 a Abs. 1 S. 2 StPO).
3. Öffentliche Klage darf die Staatsanwaltschaft nicht erheben (wohl aber das Verfahren einstellen), bevor der Beschuldigte Gelegenheit hatte, sich zum Tatvorwurf zu äußern (§ 163 a Abs. 1 S. 1 StPO). Allerdings genügt es, wenn diese Gelegenheit bereits im Rahmen der polizeilichen Ermittlungen gegeben wurde, was in Verkehrsstrafsachen der Normalfall der ersten Beschuldigtenvernehmung (§ 163 a Abs. 4 StPO) ist. Der Staatsanwalt wird daher in Verkehrsstrafsachen an einer (ergänzenden) Stellungnahme des Angeklagten von sich aus kaum je ein Interesse haben (→ *Besonderheiten des Verkehrsstrafverfahrens*).
Siehe auch → *Bußgeldverfahren,* → *Fahrerermittlung,* → *Fahrtenbuchauflage,* → *Kostentragungspflicht des Halters,* → *Rechtliches Gehör* *Weder*

Anknüpfungstatsachen → Besonderheiten des Verkehrsunfallprozesses Nr. 14

Anmeldung der Kfz-Ersatzbeschaffung, Kosten → Unfallschadenabwicklung – Sachschaden, Nr. 42

Anordnung der aufschiebenden Wirkung → Besonderheiten des Verkehrsverwaltungsprozesses Nr. 9

A Anordnung der sofortigen Vollziehung

Anordnung der sofortigen Vollziehung
→ Fahrtenbuchauflage Nr. 3

Anordnung der Vorführung → Zeugnisverweigerungsrecht Nr. 8b

Anordnung zur Beibringung eines medizinisch-psychologischen Gutachtens → Medizinisch-psychologisches Gutachten

Anrechnung eines Mitverschuldens Dritter
→ Sonderbeziehung (deliktische)

Anscheinsbeweis → Beweis des ersten Anscheins, → Doppelte Rückschaupflicht, → Fahrerhaftung Nr. 2 Praxistipp und Nr. 5, → Fahrzeugbeleuchtung Nr. 3, → Haftungsverteilung bei Verkehrsunfällen, → Mithaftung und Mitverschulden, → Motorradhelm, Fahren ohne

Anschnallen → Sicherheitsgurt

Anspruchsübergang → Unfallversicherung Nr. 12

Anthropologie/Bildidentifikation 1. Anthropologie/forensische Morphologie (*Rösing/Diekmann/Buck:* Morphologische Identifikation von Personen, Sachverständigenbeweis im Verkehrsrecht, § 5/6, Nomos-Verlag 2008). Im Strafverfahren spielen Bilder von Personen häufig eine entscheidende Rolle. Meist sind dies Bilder, die während der Tat gefertigt wurden. Als Folge der Ermittlung stellt sich die Frage, ob die abgebildete Person mit einem Beschuldigten identisch ist. Im Strafverfahren wird diese Fragestellung in der Beweisaufnahme mit dem Ziel gestellt, das Gericht von der Identität zu überzeugen. Oft aber sind die Überwachungsbilder von mangelhafter Qualität, oder aber mangelhafte Qualität wird behauptet. Dann wird oft die Hinzuziehung eines Experten für diese sog. Bildidentifikation beschlossen. Im Bußgeldverfahren geht es in aller Regel sowohl um die Qualität des „Tatfotos", als auch um die Möglichkeit, einen Betroffenen, meist Fahrzeuglenker hinreichend beweissicher zu identifizieren oder auszuschließen. Dabei es ist naturgemäß bereits sofort möglich, eine Person als Täter/Fahrzeuglenker auszuschließen, wenn bereits ein Merkmal eindeutig nicht übereinstimmt. Eine sichere, sozusagen beweissichere positive Identifikation erfolgt aber nach Auswertung aller Merkmalskomplexe und ist wesentlich zeit- und arbeitsaufwändiger.

Die Bildidentifikation ist historisch zweimal zu etwa derselben Zeit entwickelt worden, zum einen in der Anthropologie (Humanbiologie), zum anderen in der Kriminalistik. Die wissenschaftliche Methodik gibt es vor allem im deutschsprachigen Raum, da dort die anthropologisch-erbbiologische Vaterschaftsprüfung entwickelt worden ist. Die Bildidentifikation stellt sich damit als Fragestellung der Anthropologie (Humanbiologie) und der Kriminalistik dar.

Als wissenschaftliche Methode gründet die Bildidentifikation auf dieser früheren anthropologisch-erbbiologischen Vaterschaftsdiagnose. Auch dort diente die Ähnlichkeit in Merkmalen der äußeren Gestalt dazu, Verbindungen zwischen Personen bzw. Dokumenten herzustellen. Freilich mussten die Merkmale möglichst gut genetisch determiniert sein, denn es ging um die genetische Abstammung eines Kindes von einem möglichen Erzeuger. Um die Bedeutung der Ähnlichkeit einzuschätzen, um also eine Vaterschaftswahrscheinlichkeit einzuschätzen, mussten Häufigkeiten von bestimmten Merkmalsausprägungen bestimmt werden.

Es sind diese Grundlagenarbeiten, die heute für die Bildidentifikation verwendet werden. Umgekehrt ist dies eine Erklärung, warum es dies als wissenschaftliche Methode nur im deutschsprachigen Raum gibt.

In der Kriminalistik hat die Identifizierung von Personen an Hand von Lichtbildern seit Ende der siebziger Jahre des 20. Jahrhundert ständig an Bedeutung gewonnen, da in einigen Kriminalitätsbereichen häufig Lichtbilder die einzige Möglichkeit bieten, einen Täter bzw. Tatverdächtigen zu identifizieren bzw. ggfs auch eine Täterschaft auszuschließen.

Die Grundlagen der Bildidentifikation sind heute erarbeitet und im Wesentlichen veröffentlicht: Zentral wichtig ist der Lehrbuchbeitrag Knussmann 1988, also vom wissenschaftlichen Entwickler der Methode. Ein weiterer Lehrbuchbeitrag ist von Schwarzfischer 1992, einem der damals aktivsten auf dem Gebiet der forensischen Anthropologie. Eine jüngere Grundlage ist die Erarbeitung von Qualitätsstandards (*Buhmann* u. a. 1999). Eine exakte Übersicht bietet das in 2008 erschienene Handbuch von *Rösing* mit Kasuistik von *Diekmann* in Buck/Krumbholz, der Sachverständigenbeweis im Verkehrsrecht.

2. Morphologischer Bildvergleich. a) Prinzip der Bildidentifikation. Zum Ganzen siehe: *Buck/Diekmann/Rösing:* Identifikation lebender

Personen nach Bildern, § 67 in *Ferner*, Handbuch Straßenverkehrsrecht, 2. Auflage 2005.
Die physische Grundlage für Identifikation ist die Individualität eines einzelnen Menschen. Sie kommt einerseits durch die hohe genetische Variabilität zu Stande, zum anderen auch durch differenzierte und teilweise zufallsbedingte Umweltwirkung. Individualität heißt also Einmaligkeit eines Jeden. Freilich dürfen dabei nur Merkmale verwendet werden, bei denen eine Zeitstabilität sicher ist.
Konsequenterweise bedeutet Individualität, dass es so etwas wie Doppelgänger prinzipiell nicht gibt. Wenn denn ein Mensch ausreichend fein untersucht werden kann, ist er von jedem anderen unterscheidbar. Das gilt auch für eineiige Zwillinge.
Die Begrenzung bei der Bildidentifikation liegt jedoch in der präzisen und umfangreichen Dokumentation äußerer Merkmale. Das ist nur sehr selten gegeben, sodass es in der Praxis doch häufiger vorkommt, dass der Vergleich zweier Menschen mit einem Bilddokument keine ausreichend klare Entscheidung ergibt. Sequenzen von Überwachungskameras (bsp. im Strafverfahren) oder Tatfotos von Verkehrsüberwachungskameras (bsp. im Bußgeldverfahren) werden immer einen Teil des Gesichtes der abzugleichenden Person nicht ausreichend klar und scharf zeigen.
Die Methodik bei der Bildidentifikation entspricht nun der bei anderen forensischen Gebieten wie Hautleisten oder Blutmarkern: Aufteilung des Gesamtbereichs in Einzelmerkmale, Definition von hinreichend feinen Merkmalsausprägungen, Entwicklung von Reproduzierbarkeit, Standardisierung der Merkmalserkennung, Sorgfalt bei der Merkmalserhebung.
Das ist ein klarer Gegensatz zum täglichen Erkennen von Personen, was schnell, ganzheitlich und polarisierend zwischen identisch und nichtidentisch abläuft.
Die Frage, ob es sich bei der Bildidentifikation um eine wissenschaftliche Methode handelt, spielt im Rahmen einer Hauptverhandlung mitunter eine Rolle, nämlich für eine Partei, die auf diesem Wege die Fundierung eines Ergebnisses widerlegen möchte.
Die Frage lässt sich mit folgenden zehn Kriterien beantworten: Eine Methode ist wissenschaftlich und etabliert, kann damit auch forensisch angewandt werden, wenn:
(1) sie auf einem Kernbereich eines wissenschaftlichen Faches beruht,
(2) sie in Lehrbüchern behandelt wird,
(3) sie auch in Aufsätzen und Monografien weiter entwickelt wird,
(4) sie eine größere forensischer Zahl Anwender hat (Sachverständige),
(5) viele Fälle bearbeitet werden, von denen Weiterentwicklung ausgeht,
(6) Arbeitsstandards entwickelt und veröffentlicht sind,
(7) eine laufende Qualitätssicherung stattfindet („Ringtausch"),
(8) bedarfsweise neue Sachverständige ausgebildet werden,
(9) ein Zulassungsverfahren für Neulinge besteht,
(10) das auf einem Zusammenschluss der Sachverständigen beruht.
Diese Kriterien treffen auf die Bildidentifikation zu.
Freilich stellt sich die Frage der Wissenschaftlichkeit ohnehin nur, wenn ein Wissenschaftler ein solches Gutachten erstattet. Wenn ein Kriminalist beauftragt ist, so stellt sich nur die Frage der Erfahrung, Kenntnisse und Sorgfalt. Gleiches gilt auch für niedergelassene Gutachter auf diesem Gebiet. Die Standards der Begutachtung sind abrufbar unter www.foto-identifikation.de.

b) Morphologische Merkmale. Feine Linien und Formen des menschlichen Körpers sind für eine Identifikation am besten geeignet. Zahlreiche solcher sog. morphognostischer oder morphologischer Merkmale wurden bisher definiert und beschrieben, vorhandene Listen umfassen um hundertfünfzig. Listen dienen dazu, die Vollständigkeit einer Bildanalyse zu gewährleisten und evtl. dann auch darlegen zu können. Ggfs. wird eine solche Liste mitunter dahingehend missverstanden, dass alle diese Merkmale beachtet und erwähnt werden müssen. Das ist nicht so, vielmehr sind nur Merkmale zu beachten, die man tatsächlich auf dem Bezugsbild sieht. Die am häufigsten verglichene Körperregion ist das Gesicht, ein wenig noch Hals und Schultern, selten die Hand und sehr selten andere Regionen des Körpers.
Die Definition von Merkmalen umfasst regelmäßig auch die Spannbreite der Ausprägung, also z. B. bei der Nasenrückenform konkav, konvex, wellig und gerade, evtl. mit Zwischenformen. Diese sog. „Schemata" sind aber selten eindeutig, oft auch nicht sehr klar oder realitätsnah; wichtiger ist damit die genaue Beachtung der individuellen Ausprägung eines solchen Merkmals auf dem Bezugsbild und deren Vergleich mit dem Vergleichsbild. Die Bevölkerungshäufigkeiten der Merkmalsausprägun-

gen bei den Schemata sind dann aber wichtig für die Einschätzung der Identitätswahrscheinlichkeit. Bei Ausschlüssen spielen Häufigkeiten keine Rolle. Stets ist die Erkennbarkeit von Merkmalen zu beachten. Das Verschwimmen von Konturen reduziert den Beweiswert. Das ist besonders wichtig im Feinbereich: Wenn eine Merkmalslinie nur durch wenige Bildpunkte dargestellt ist, kann das gesehene Merkmal ein Artefakt sein. Des Weiteren gibt es bei der elektronischen Übertragung von Bildern die Gefahr von Qualitätseinbußen wie von Verzerrung.

c) Körperhöhenrekonstruktion. Wenig geeignet für eine Identifikation einer Person sind sog. Größenmerkmale. Bei der Bildidentifikation spielt die Körperhöhe somit eine Sonderrolle. Sie ist letztlich ein Längenmaß, so dass die Körperhöhenrekonstruktion wenig Beweiswert für eine Identifikation besitzt. Die Ableitung der Körperhöhe auf dem Bezugsbild geschieht bildtechnisch, entweder indem auf dem Bild Bezugspunkte im Raum gemessen und mit der Körperhöhe des Täters photogrammetrisch abgeglichen werden, oder indem mit der selben Kamera ein zweites Bild mit dem Beschuldigten/Betroffenen selbst oder mit einer Vergleichsperson mit gleicher/vergleichbarer Körperhöhe aufgenommen wird. Die Methoden/Modelle sind mit einem Messfehler behaftet, außerdem mit einem nicht bezifferbaren Mutungsbereich durch mögliche Haltungs- und Tagesunterschiede, so dass sie quasi mit mathematischen Toleranzen behaftet sind, die im Gutachten notwenig angegeben werden. Wenn auch die Körperhöhe als Maß für eine positive Identifikation im Rahmen einer Begutachtung wenig Beweiskraft besitzt, so kann sie als Ausschlusskriterium oder als Indiz für eine Nichtidentität durchaus ausreichend und damit sinnvoll sein.

d) Merkmalshäufigkeiten. Im Rahmen einer Bildidentifikation erfolgt eine Bewertung im Hinblick auf persönlichkeitstypische Merkmalsausbildungen, d. h. tritt ein Merkmal häufig in der Normalbevölkerung auf ist es wenig persönlichkeitstypisch. Bei durchschnittlich häufigem Auftreten ist es mäßig persönlichkeitstypisch. Bei seltenem Auftreten ist es persönlichkeitstypisch. Bei einzigartigen Ausprägungen (z. B. Narben- Muttermalsausbildungen) spricht man von Individualmerkmalen.

e) Personenidentität nach Schwarz-Fischer. Siehe hierzu: *Schwarzfischer* F. (1992): Identifizierung durch Vergleich von Körpermerkmalen, insbesondere anhand von Lichtbildern. In: *Kube E., Störtzer O, Timm J* (Hrsg.) Kriminalistik. Handbuch für Praxis und Wissenschaft. Bd l. 735-761. Eine Bewertung der Personenidentität erfolgt generell nach der Klassifizierung nach *Schwarzfischer*. Hierbei wird die Anzahl der beweissicher zu erfassenden Merkmale der abgebildeten Person, ihre Erkennbarkeit, die persönlichkeitstypischen Merkmalsausbildungen, die Vorauswahl sowie die Übereinstimmung bzw. Unähnlichkeiten von Merkmalen berücksichtigt.

Die Einstufung ist wie folgt:
– Identität mit an Sicherheit grenzender Wahrscheinlichkeit
– Identität höchst wahrscheinlich
– Identität hoch wahrscheinlich
– Identität wahrscheinlich
– Identität nicht entscheidbar
– Nichtidentität wahrscheinlich
– Nichtidentität hoch wahrscheinlich
– Nichtidentität höchst wahrscheinlich
– Nichtidentität mit an Sicherheit grenzender Wahrscheinlichkeit

f) Anthropologische Vergleichsgutachten. Bei der Erstellung eines Gutachtens ist Vollständigkeit unerlässlich; so sind all jene Merkmale, die im begutachteten Fall beurteilbar sind, aufzurufen. Die einzelnen Merkmalsausprägungen sind zu beschreiben; dies dient der Nachvollziehbarkeit zur Beweisführung für oder gegen eine Identität. Dabei wird die übliche und veröffentlichte anthropologische Nomenklatur verwendet, mit einer fast durchgängigen Bevorzugung der deutschen statt der lateinischen Begriffe. Die verbale Beschreibung von Merkmalsausprägungen dient weniger der Eindeutigkeit bzw. Erklärung, vielmehr ist dies nur ein Aufruf für die individuelle Form. Sie ist es, die beurteilt wird.

Das Prinzip der Vollständigkeit von Merkmalen kann bei klaren Ausschlüssen durchbrochen werden. Wenn nämlich mehrere gewichtige Ausschlussmerkmale erkannt wurden, spielen viele weitere Ähnlichkeiten keine Rolle mehr, behindern sogar eher. Eine solche verkürzte Form von Gutachten bietet sich insbesondere bei den in Verkehrssachen häufig vorkommenden Geschwisterfällen an; dort wird der Proband ohne Ausschlussmerkmale mit der vollen Reihe der erkennbaren Merkmale verglichen, die anderen dagegen nur mit den Ausschlussmerkmalen.

Falls kein Vergleichsbild des Beschuldigten/Betroffenen vorliegt und auch nicht neu gefertigt werden kann, empfiehlt es sich, als Vorbereitung auf die Identifikation in einem Haupttermin eine schriftlich ausformulierte Auflistung der Merkmale zu erstellen, die auf dem Tatfoto zu sehen sind.

Wenn Teilaufträge erteilt werden, z. B. nur über die Körperhöhe oder ein Ohr, sind Vorbehalte der eingeschränkten Verwertbarkeit anzuführen. Die Einzelschritte der Identifikationsarbeit, die angewandten Prinzipien und die Annahmen z. B. zur Bildinterpretation, Merkmalsausprägung oder Merkmalshäufigkeit, sind ins Gutachten aufzunehmen. Bei den Formulierungen sollte berücksichtigt werden, dass das Gutachten auch von anthropologischen Laien verstanden werden muss.

Ein Gutachten sollte folgende Teile umfassen:
– Benennung des Auftrags und der Grundlagen des Gutachten,
– bei neu gefertigten Bildern die Angabe der Maßnahmen zur Identitätssicherung,
– evtl. kurze Beschreibung der angewandten Prinzipien,
– Vorstellung der benutzten Skala der Wahrscheinlichkeitsprädikate,
– Prüfung auf Vorauswahl,
– Auflistung der Befunde, bei jedem Merkmal Beschreibung der Form, Einschätzung der Erkennbarkeit und der Seltenheit,
– Benennung des Verwandten-, Vermummungs- und Identitätsvorbehalts,
– Schlussfolgerung mit Wahrscheinlichkeitseinschätzung,
– evtl. Bildmappe mit Dokumentation der Befunde.

Aus Sicht der Forensik ist eine Identifikation nur im Rahmen einer Hauptverhandlung das schlechtere Vorgehen. Für die Sicherung der Sorgfalt und zur juristischen wie fachlichen Überprüfung eines Ergebnisses eines Gutachten sollte vorher immer eine schriftliche Fassung des Gutachtens erstellt werden und dann im Rahmen einer Hauptverhandlung dieses überprüft, erläutert und ggfs. ergänz werden. Insbesondere im Bußgeldverfahren hat sich nach den Erfahrungen von Rösing/Diekmann herauskristallisiert, dass zunächst nach Aktenlage ein Gutachten zu erstellen ist. Dabei kann es sich um eine kurzgutachterliche Stellungnahme handeln, die nach detaillierter Auswertung des Tatfotos und Bewertung der Merkmale sowie deren Erkennbarkeit und Häufigkeit durchzuführen ist. Hierzu ist es besonders hilfreich, beispielsweise ein in der Bußgeldakte befindliches Passfoto oder ein im Nachlauf nach richterlicher Weisung beizuziehendes Vergleichsbild ebenfalls vorgutacherlich abzugleichen. Dieses Passfoto/Vergleichsbild wird zwar in aller Regel nicht die gleiche Position, wie die Person auf dem Tatfoto (meist ein Tatfoto aus einer Straßenverkehrsüberwachung) beinhalten. Es ist allerdings trotzdem möglich, auf Basis dieses Passfoto/Vergleichsbild, da einige Merkmale immer abgeglichen werden können, eine Voreinschätzung zu treffen, die in häufigen Fällen dazu führt, dass eine Nichtidentität bereits im Vorfeld und damit ohne die Notwendigkeit einer Hauptverhandlung, nachgewiesen werden kann.

g) Vorauswahl. Das Prinzip der „Vorauswahl" mag auf den ersten Blick wie eine mathematische Spitzfindigkeit aussehen, das ist es aber keineswegs. Vielmehr ist es bei vielen forensischen Fallgruppen von geradezu entscheidender Bedeutung.

Ein Beispiel stellt der Fall eines aus der Normalbevölkerung über Zeugenaussagen ermittelten Bademeisters dar. Hier sollte eine Abhebung mittels Kreditkarte geprüft werden (sog. Computerbetrug). Die Person zeigte neben einer weißen Schirmmütze, einem weißen Polohemd, äußerlich eine dunkle Sonnenbrille bei normaler, relativ schlanker Gestalt. Die Befragung im Umfeld der Bank, bei der die Abhebung erfolgt war, ergab, dass die Person sehr große Ähnlichkeit mit dem Bademeister des Ortes hatte. Dieser trug üblicherweise eine weiße Schirmmütze, eine schwarze Sonnenbrille und ein weißes Polohemd. Der Bademeister war von normaler, schlanker Gestalt. Auf Grundlage dieser Zeugenaussage wurde die Person verurteilt. Im Rahmen der Berufung konnte dann aber über das Identitätsgutachten sofort noch über den Abgleich mit einem erkennungsdienstlichen Foto eine Nichtidentität zum eigentlichen Täter festgestellt werden. Der zu Unrecht verurteilte Bademeister wurde sofort wieder auf freien Fuß gesetzt. Auch hier zeigt sich die klassische Problematik der Vorauswahl über „die Gesamtbevölkerung" und wiederum die Relevanz derartiger Auswertungen im Strafprozess im Hinblick auf den Nachweis einer Nichtidentität. Hier hätte ohne weiteres bereits im Vorfeld vor der Berufung die Nichtidentität über einen Gutachter nachgewiesen werden können.

Dies beeinflusst die Wahrscheinlichkeitseinschätzung für die Identität: Normalerweise rechnet der Sachverständige bei der Häufigkeit von festgestellten Merkmalsausprägungen damit, dass der Benannte bezüglich der betrachteten Merkmale ein Zufallsgriff aus einer Normalbevölkerung ist. Bei Fahndung mit dem Täterbild aber sind die Tätermerkmale in der

A Anthropologie / Bildidentifikation

Gruppe der Benannten weitaus häufiger, es hat eine gezielte Vorauswahl auf Ähnlichkeit hin stattgefunden. Jetzt kann man im Prinzip Ähnlichkeit nicht mehr berücksichtigen, denn man kann nie unterscheiden zwischen der Ähnlichkeit wegen Vorauswahl und der Ähnlichkeit wegen Identität, sondern man kann nur noch auf Unähnlichkeit achten, also einen Identitätsausschluss erreichen.

In der Praxis wird dennoch auch bei Vorauswahl auf positive Identität geschlossen. Dafür aber muss Ähnlichkeit weitaus strenger gefasst werden, als ohne Vorauswahl. Das Ergebnis ist dann z. B. ein um eine oder zwei Stufen niedrigeres Wahrscheinlichkeitsprädikat. Weiter wird man bei Vorauswahl besonders jene Merkmale beachten, die für das normale, rasche Wiedererkennen keine Rolle spielen, also z. B. die zahlreichen Merkmale der Ohren. Und schließlich gibt es bei Fällen mit Vorauswahl typischerweise zusätzliche Indizien, die die Behinderung durch die Vorauswahl ausgleichen. So ist die Vorauswahl wichtig für die Einschätzung der Wahrscheinlichkeit für Identität. Bei Ausschlüssen spielt dies also keine Rolle.

Die Vorauswahl besteht jedoch in aller Regel bei einem Bußgeldverfahren nicht. Hier werden keine Personen durch Fahndung aus der Gesamtbevölkerung ermittelt, sondern Personen, die einem über eine Geschwindigkeitsüberprüfung gemessenen Fahrzeug zugeordnet werden können (Halter, Mieter oder Leasingnehmer).

Die Bewertung dieser Zuordenbarkeit sollte jedoch in aller Regel über das zuständige Gericht erfolgen, bedingt jedoch wiederum eine andere Bewertung bzw. Bewertungsnotwendigkeit der Wahrscheinlichkeitseinschätzung bei Identität oder Nichtidentität eines dann Betroffenen.

h) Vorbehalt. Bildgutachten zur Identität stehen unter dem Vorbehalt, dass keine engen Blutsverwandten des Verdächtigen, Beschuldigten bzw. Betroffenen in Frage kommen. In diesem Fall nämlich kann wie bei der Vorauswahl Ähnlichkeit aus einem anderen Grund als Identität auftreten, und die verschiedenen Gründe sind methodisch sauber nicht mehr voneinander unterscheidbar. Dieser Vorbehalt ist im Gutachten zu nennen. Sollte doch ein Verwandter in Frage kommen, ist er am besten in die Beurteilung durch den Sachverständigen aufzunehmen. Eine Identitätsprüfung steht auch unter dem Vorbehalt, dass keine Veränderung des Aussehens stattgefunden hat, die auf dem Bilddokument nicht erkennbar ist. Wenn dem Sachverständigen Vergleichsbilder zugeschickt wurden, ist der Vorbehalt zu erheben, dass das Bild tatsächlich die beanspruchte Person abbildet.

i) Beweisantrag für ein Bildidentifikationsgutachten. Von Gerichten werden Beweisbeschlüsse zur Erstattung derartiger Gutachten erlassen. Beispielhaft sind unten zwei Beweisbeschlüsse aus Bußgeldverfahren für die Erstattung eines Identitätsgutachtens eingefügt. Dies sind Beispiele für sog. Stufenverfahren, also mit einem vorläufigen schriftlichen Gutachten und anschließender Überprüfung in einem Haupttermin. Betrachtet man derartige Beweisbeschlüsse, dann ist festzustellen, dass gerade hier auch berücksichtigt wird, dass zunächst eine kurzgutachterliche Stellungnahme durchzuführen ist, bevor im Rahmen einer Hauptverhandlung das Gutachten mündlich erläutert bzw. ggfs. ergänzt wird. Durch die schriftliche Vorbegutachtung ist es damit möglich ein Ergebnis der Nichtidentität zu generieren, da dies bereits in aller Regel durch die Auswertung eines beigezogenen Passbildes, das sich in der Bußgeldakte befindet, möglich sein wird. Derartige Verfahren können dann völlig unkritisch abgekürzt werden.

Ferner ist es möglich, durch den Verteidiger selbst gefertigte Vergleichsbilder für die Begutachtung vorzulegen und auch dadurch unnötigen Verfahrensaufwand zu vermeiden, insbesondere wenn bereits der Verteidigung die Nichtidentität der Mandantschaft bekannt ist. Derartige Vergleichsbilder müssen dann aber in der gleichen Aufnahmeposition erstellt werden, wie sie von der Person auf dem Tatfoto eingenommen wird. Dabei ist es nicht sinnvoll, die Person bsp. in eine Fahrzeug zu setzten oder mit einer Sonnenbrille zu versehen, wenn der gleichen auf dem Tatfoto der Fall ist. Der zuständige Sachverständige benötigt vielmehr ein möglichst gutes Foto in gleicher Blickperspektive ohne Verwendung von sonstigen Accessoires. Bei der Erstellung solcher Vergleichslichtbilder durch die Verteidigung ist weiter zu beachten, dass die Kamera auf vergleichbarer Höhe, wie bei dem Tatfoto gehalten wird. Zudem wird bei Straßenverkehrsverstößen häufig ein Blitz verwendet. Auch dies sollte für die Genese des Vergleichslichtbildes berücksichtigt werden. Es sollten alle abgebildeten Merkmalspartien aus dem Tatfoto auf dem Vergleichsbild ebenfalls ausreichend erkennbar sein. Damit derartige Gutachten gerichtlich in Auftrag gegeben werden, wäre ein Beweisantrag wie nachfolgend angeführt, zu formulieren.

Dabei handelt es sich um die wesentliche Zusammenfassung verschiedener Beweisanträge aus der täglichen gutachterlichen Praxis der Verfasser.

Zu formulieren wäre hier wie folgt:
„Es wird die Einholung eines Identifikationsgutachtens zum Beweis dafür beantragt, dass mein Mandant als Fahrer des Fahrzeuges des streitgegenständlichen Messvorganges nicht in Frage kommt. Ferner wird zum Beweis dafür, dass das Tatfoto nicht ausreicht, eine hinreichend beweissichere Fahreridentifikation durchzuführen ebenfalls die Einholung eines Identitätsgutachtens beantragt. Das Gutachten wird zu dem Ergebnis kommen, dass insbesondere auf dem Tatfoto die Konturen viel zu ungenau und grob kontrastiert sind, um eine hinreichende beweissichere Fahreridentität zu ermöglichen und in der Folge, wird das Gutachten zu dem Ergebnis kommen, dass mit der dafür relevanten Sicherheit meinem Mandanten die Fahreridentität nicht nachgewiesen werden kann bzw. sich ergeben wird, dass Nichtidentität besteht."

Die Formulierung dieses Beweisantrages beinhaltet notwendig keinen Anspruch auf Vollständigkeit. Auch die oben eingefügten Kopien zweier beispielhafter Beweisbeschlüsse für die Beauftragung eines derartigen Identitätsgutachtens beinhalten in gleicher Weise keinen Anspruch auf Vollständigkeit. Bezüglich der möglichen Gutachter bzw. Sachverständigen auf diesem Gebiet ist auf den Text unten hinzuweisen. Wenn weiterer Aufwand gespart werden soll, kann auf das Stufenvorgehen verzichtet und nur ein schriftliches Gutachten vorgelegt werden. Dann kann der Beweisbeschluss kurz gefasst werden. *Buck*

Anthropologisches Gutachten 1. Allgemeines: Das A. dient der Identitätsfeststellung in Straf- und OWi-Verfahren, bei denen insbesondere gilt, dass von der Haltereigenschaft des Beschuldigten/Betroffenen nicht ohne weiteres auf die Fahrereigenschaft geschlossen werden darf, so dass letztere durch besondere Beweismittel nachzuweisen ist. Das A. kommt in der Regel ins Spiel, wenn eine mehr oder minder aussagekräftige Lichtbildaufnahme (z. B. Messfoto einer Kameraanlage) existiert, die den Fahrer des betreffenden Fahrzeugs zur Tatzeit zeigt. Um den Lichtbildbeweis zu führen, wird der Richter zunächst das Foto mit dem Angeklagten/Betroffenen vergleichen. Verbleibende Zweifel können durch ein Identitätsgutachten ausräumbar sein.

2. Das A. ist eine morphologische Analyse: Beim A. wird anhand von Lichtbildern einer Überwachungskamera eine bestimmbare Zahl deskriptiver morphologischer Besonderheiten (z. B. Nasenfurche, Nasenkrümmung u.ä.) oder von Körpermaßen des Täters herausgearbeitet und mit den entsprechenden Merkmalen des Tatverdächtigen verglichen. Anders als bei Verfahren zur BAK-Analyse oder zur Bestimmung von Blutgruppen handelt es sich nicht um ein standardisiertes Verfahren. Die morphologischen Merkmale sind nicht eindeutig bestimmbar, denn zwischen ihren Klassifizierungen besteht ein gleitender Übergang, weshalb in der Regel auch keine genauen Angaben darüber gemacht werden können, wie häufig das jeweilige Merkmal in der Bevölkerungsgruppe vorkommt, der die zu identifizierende Person angehört. Der Beweiswert kann weiter beeinträchtigt sein durch Vermummung, Grimassierung oder Bartbildung. Aufgrund dieser „weichen" Kriterien ist eine Abschätzung der Beweiskraft nach der persönlichen Erfahrung eines Sachverständigen subjektiv, graduelle Abweichungen sind zwischen verschiedenen Sachverständigen möglich.

Die Identifizierung anhand einzelner Merkmale ist grundsätzlich zu trennen von dem Vorgang des (intuitiven) *Wiedererkennens*. Letzteres ist ein ganzheitlicher Vorgang mit einer Tendenz zur Prägnanz zwischen Identität und Nichtidentität. Erkennt also eine Zeugin den Angeklagten bei einer Wahllichtbildvorlage oder → *Wahlgegenüberstellung*, so hat dies mit einer vergleichenden morphologischen Analyse nichts zu tun, sondern ist eine völlig andere Überführungsmethode (BGH 15.2. 2005, 1 StR 91/04, NStZ 2005, 458 ff = NZV 2006, 160 ff).

3. Entscheidung des Tatrichters. *Ob* ein A. erholt wird, hat der Tatrichter zu entscheiden und braucht sich dazu in der Regel nicht sachverständig vorberaten zu lassen, sondern darf selbst bestimmen, ob er es für nötig hält. Er kann nämlich u. U. aufgrund eigener Sachkunde (und in Verbindung mit weiteren, außerhalb des Fotos liegenden Indizien) zu dem Ergebnis kommen, der Angeklagte/Betroffene sei eindeutig der auf dem Foto abgebildete Täter oder scheide eindeutig als solcher aus (Thüringer OLG 30.9.2008, 1 Ss 187/08, NZV 2009, 246 f = NStZ-RR 2009, 116). Er kann umgekehrt aufgrund eigener Beurteilung zu dem Schluss kommen, dass das Messbild aufgrund seiner schlechten Qualität als Anknüpfungsobjekt für ein Gutachten nicht tauge (BGH 15.2.2005,

A Antidepressiva

1 StR 91/04, NStZ 2005, 458 ff. = NZV 2006, 160 ff.). Denn um als Identifizierungsgrundlage zu dienen, müssen die Lichtbilder eine gewisse Qualität aufweisen, die beeinträchtigt sein kann durch schlechte Beleuchtung, Schattengebung, mangelnde Tiefenschärfe, perspektivische Verzerrungen durch eine zu hoch angebrachte Kamera etc.; so können Reliefmerkmale verschwinden und damit Unähnlichkeiten vorgetäuscht werden. Konturen können bei zu starker Körnung infolge Vergrößerung unkenntlich werden (BGH a.a.O.).

4. Urteilsdarstellung: Stützt sich der Tatrichter auf ein A., so darf er sich nicht darauf beschränken, das Ergebnis des Sachverständigen mitzuteilen (BGH 27.10.1999, 3 StR 241/99, NStZ 2000, 106 f = NJW 2000, 1350 ff = DAR 2000, 203 f), sondern muss schlüssig darstellen, wie der Sachverständige zu seinen Ergebnissen gekommen ist und warum das Gericht dies für glaubhaft hält (Thüringer OLG 30.9.2008, 1 Ss 187/08, NZV 2009, 246 f = NStZ-RR 2009, 116).

a) So wird der Tatrichter zunächst das *Messfoto in Bezug nehmen* und textlich beschreiben; hinsichtlich der *Einzelheiten* kann er gemäß § 267 Abs. 1 S. 3 StPO auf das Foto verweisen. Dies sollte er tun, und zwar ausdrücklich und eindeutig, da er seine textliche Beschreibung dann knapper halten kann (OLG Hamm 15.4.2008, 4 Ss 86/08).

b) Sodann muss er die übereinstimmenden *metrischen Körpermerkmale*, auf die der Sachverständige sich gestützt hat, nach Anzahl und Art *benennen*.

c) Umstritten ist, ob der Tatrichter anschließend dazu Stellung nehmen muss, wie häufig jedes der gefundenen Merkmale in der Bevölkerung(sgruppe) vorkommt (*Merkmalshäufigkeit*). Dagegen spricht, dass schon die Merkmale sich nicht scharf abgrenzen lassen, sondern gleitende Übergänge aufweisen, so dass regelmäßig keine genauen statistischen Angaben zur Häufigkeit ihres Auftretens in der Bevölkerung verfügbar sein werden und Ausführungen zur Merkmalshäufigkeit daher streng genommen kaum je möglich wären (OLG Hamm 15.4.2008, 4 Ss 86/08; OLG Oldenburg 30.9.2008, Ss 324/08, DAR 2009, 43 f = NZV 2009, 52 ff = NStZ-RR 2009, 60

d) Dafür spricht aber, dass die Beweiskraft einer Merkmalsübereinstimmung damit „steht und fällt", wie verbreitet das Merkmal allgemein ist (Thüringer OLG 30.9.2008, 1 Ss 187/08, NZV 2009, 246 f = NStZ-RR 2009, 116).

Auch wenn es keine belastbaren zahlenmäßigen Angaben zum Verbreitungsgrad in der – richtig abgegrenzten – Bevölkerung gibt, wird daher im Gutachten und im Urteil offengelegt werden müssen, ob das jeweilige Merkmal als selten oder eher häufig angesehen wird; die Verbreitung wird der Sachverständige aus seiner sachkundigen Erfahrung heraus schätzen können. Ganz ohne solche Angaben wird die qualitative Aussagekraft der jeweiligen Merkmalsübereinstimmung regelmäßig nicht nachvollziehbar sein. Verbleibende Unsicherheiten relativieren den Beweiswert des Messfotos, und zwar desto eher, wenn das Gutachten neben Übereinstimmungen auch Abweichungen ergibt (Thüringer OLG a.a.O.).

e) Bei der Urteilsdarstellung ist immer eine *Gesamtschau* aller Umstände geboten. Daher sollte auch auf die außerhalb des Messfotos liegenden Indizien (Haltereigenschaft, Verhältnis zum Halter, frühere Benutzung des Fahrzeugs, Zugriff auf dieses etc.) eingegangen werden, da diese zusammen mit den Übereinstimmungen des Lichtbildes eine Überführung auch dann ermöglichen können, wenn die Beweisanzeichen aus dem Messfoto für sich allein genommen ungenügend wären (OLG Oldenburg 30.9.2008, Ss 324/08, DAR 2009, 43 f = NZV 2009, 52 ff = NStZ-RR 2009, 60 f).

Siehe auch → *Fahrerermittlung* *Weder*

Antidepressiva Medikamentenwirkstoffe, die zur Behandlung von Depressionen eingesetzt werden und verschreibungspflichtig sind. Beim Screening wurde bis vor wenigen Jahren und wird auch zum Teil heute nur die Gruppe der trizyklischen Antidepressiva (TCA) wie z. B. Amitriptylin, Imipramin oder Trimipramin erfasst. Dies hat bei den Untersuchungen zur Beurteilung der Fahrtüchtigkeit auch seine Berechtigung, weil diese Substanzen sich auch durch sedierende Nebenwirkungen auszeichnen. Als Antidepressivum wird aber auch Lithium-Carbonat eingesetzt, das sehr häufig aus Kostengründen bei den Blutuntersuchungen unterschlagen wird. Inzwischen werden auch Antidepressiva der zweiten und dritten Generation eingesetzt, die weniger sedieren und die Fahrsicherheit beeinträchtigen (sollen). Zu nennen sind hier Citalopram, Mirtazapin, Venlafaxin.

Siehe auch → *Psychopharmaka* *Sachs*

Antrag auf gerichtliche Entscheidung 1. Allgemeines. In Ordnungswidrigkeitenverfahren kann der Betroffene (soweit es nicht um den

Bußgeldbescheid selbst geht) gegen Anordnungen, Verfügungen und sonstige Maßnahmen, die von der Verwaltungsbehörde getroffen werden, gem. § 62 OWiG *Antrag auf gerichtliche Entscheidung* stellen (so z. B. nach einer Ablehnung der Akten- oder Beweismitteleinsicht, nach einer Verwerfung eines Wiedereinsetzungsantrags oder nach einem Kostenfestsetzungsbescheid der Verwaltungsbehörde). Dies gilt nicht für Maßnahmen, die nur zur Vorbereitung der Entscheidung, ob ein Bußgeldbescheid erlassen oder das Verfahren eingestellt wird, getroffen werden und insofern keine selbständige Bedeutung haben. Der Antrag hat *keine aufschiebende Wirkung* (§ 307 Abs. 1 StPO i. V. m. § 62 Abs. 2 OWiG).

2. Verwaltungsverfahren. Der Antrag ist bei der Verwaltungsbehörde zu stellen, welche die Maßnahme getroffen hat, und zwar schriftlich oder zur Niederschrift bei der Behörde. Die *Begründung* des Antrags ist nicht zwingend erforderlich, aber i. d. R. ratsam. Der Antrag ist *nicht fristgebunden*, sofern keine anderweitige gesetzliche Regelung besteht. Die Verwaltungsbehörde hat im Rahmen des *Abhilfeverfahrens* die Möglichkeit, die von ihr getroffene Entscheidung zu korrigieren.

3. Gerichtsverfahren. Über den Antrag entscheidet (sofern die Verwaltungsbehörde keine Abhilfe verschafft) das Gericht, das auch gem. § 68 OWiG später in der Sache zuständig wäre und zu entscheiden hätte. Die Entscheidung des Gerichts ergeht im Beschlusswege ohne Hauptverhandlung (§ 309 Abs. 1 StPO i. V. m. § 62 Abs. 2 OWiG).

4. Rechtsmittel. Die Entscheidung des Gerichts über den Antrag nach § 62 OWiG ist dann unanfechtbar, soweit das Gesetz nichts anderes bestimmt (siehe hierzu den Beitrag von Meyer „Aktenergänzungsanspruch im gerichtlichen Bußgeldverfahren", DAR 2010, 109 ff.

Langer

anwaltliches Ermessen → Geschäftsgebühr in Unfallsachen Nr. 2

Anwaltsgebühren in Verkehrsverwaltungssachen 1. Vorbemerkung. Die Vergütung der anwaltlichen Tätigkeit im Verkehrsverwaltungsrecht wurde mit der Einführung des RVG zum 1.7.2004 weitgehend geändert. Zum einen wurde die Vergütung an die bei zivilrechtlichen Mandaten angeglichen. Zum anderen wurden die gebührenrechtlichen Angelegenheiten im Verwaltungsverfahren neu gefasst. Schließlich wurde nach dem Inkrafttreten des Kostenrechtsmodernisierungsgesetzes ein Streitwertkatalog 2004 herausgegeben (*Hartmann* § 52 GKG Anh. I B Rn. 1 – 41). Mit Inkrafttreten des 2. Kostenrechtsmodernisierungsgesetzes am 1.8.2013 wurden einige Modifizierungen vorgenommen (*Reckin*, AnwBl 2013, 253; *Jungbauer* DAR 2013, 673).

2. Gebührenrechtliche Angelegenheiten. Gemäß § 17 Nr. 1 RVG werden das *Verwaltungsverfahren*, das Verfahren zur Nachprüfung der *Wirksamkeit eines Verwaltungsaktes* (z. B. das Widerspruchsverfahren), das Verfahren auf Aussetzung oder Anordnung der *sofortigen Vollziehbarkeit* sowie das *gerichtliche Verfahren* für die anwaltliche Vergütung als verschiedene gebührenrechtliche Angelegenheiten angesehen. Gleiches gilt für das *Rechtsmittelverfahren* vor dem höheren Gericht, welches als eigener Rechtszug eine eigene gebührenrechtliche Angelegenheit ist, § 15 Abs. 2 S. 2 RVG, ebenso das Verfahren über die *Nichtzulassungsbeschwerde* und das *Revisionsverfahren*, § 17 Nr. 9 RVG. Gerichtliche Eilverfahren sind zu den Verfahren in der Hauptsache verschiedene Angelegenheiten, § 17 Nr. 4 RVG. Gemäß § 16 Nr. 13 RVG bilden das Rechtsmittelverfahren und das Verfahren über die *Zulassung des Rechtsmittels* dieselbe Angelegenheit.

3. Gegenstands-, Streitwert. Grundsätzlich bestimmt sich der Streitwert aus der *Bedeutung der Angelegenheit* für den Kläger nach *Ermessen*, § 52 Abs. 1 GKG (*Geiger* DAR 2008, 760). Um eine angemessene Bewertung für die Mehrheit der Fälle des § 52 Abs. 1 GKG zu ermöglichen, hat die Streitwertkommission des BVerwG und der Obergerichte der Verwaltungsgerichtsbarkeit einen *Streitwertkatalog 2004* erstellt, der rechtlich *nicht verbindliche Empfehlungen* für eine angemessene Bewertung gemäß § 52 Abs. 1 GKG ausspricht. Die Werte im Streitwertkatalog stellen den Streitwert im *Hauptsacheverfahren* dar, der Wert des *Eilverfahrens* beträgt in der Regel die *Hälfte des Hauptsachestreitwerts*, vgl. Nr. 1.5 Streitwertkatalog (veröffentlicht z. B. bei *Kopp/Schenke* Anh. § 164 VwGO Rn. 14). Für Verkehrsverwaltungssachen sind insbesondere die Ziffern 46.1 bis 46.16 und die Ziffern 47.1 bis 47.7 des Streitwertkataloges von Bedeutung (dazu *Geiger* DAR 2005, 491). Die Bedeutung der Sache entspricht dem Wert eines bezifferten Klageantrags, § 52 Abs. 3 GKG. Wenn der Sach- und Streitstand keine ausreichenden Anhaltspunkte für eine Bezifferung des Streitwertes bietet, dann kann auf den *Auffangstreitwert* von 5.000 Euro gemäß § 52 Abs. 2 GKG zurückgegriffen werden (4.000 Euro bis zum 30.6.2004 gem. § 13 Abs. 1 S. 2 GKG a.F.). Über § 23 Abs. 1 S. 1 RVG ist der Streitwert gem. § 52 GKG auch für die Rechtsanwaltsgebühren maßgeblich.

4. Außergerichtliche Gebühren. Für die außergerichtliche Tätigkeit des Anwalts entstehen die Gebühren gemäß *Teil 2 VV RVG*, natürlich nebst *Auslagen* und *Umsatzsteuer*. Mit wenigen Ausnahmen bestehen keine Besonderheiten gegenüber der Vergütung der zivilrechtlichen Tätigkeit des Anwalts. Für eine Beratung erhält der Anwalt eine der Höhe nach zu vereinbarende *Beratungsgebühr*, § 34 RVG (bis zum 30.6.2004 eine 0,1 bis 1,0 Beratungsgebühr gem. Nr. 2100 VV RVG a.F.). Für die *Prüfung der Erfolgsaussicht* eines Rechtsmittels erhält der Anwalt eine Gebühr gem. Nr. 2100 VV RVG. Für die außergerichtliche Tätigkeit des Rechtsanwalts entsteht die *Geschäftsgebühr* nach Nr. 2300 VV RVG mit einem *Gebührenrahmen* von 0,5 bis 2,5. Die Gebühr bestimmt der Anwalt im Einzelfall nach billigem Ermessen, § 14 Abs. 1 RVG. Nur bei umfangreicher oder schwieriger Tätigkeit kann eine die sogenannte *Schwellengebühr* von 1,3 übersteigende Vergütung gefordert werden (s. a. → *Geschäftsgebühr in Unfallsachen*). Gleiches gilt im sog. Nachprüfungsverfahren, eine Anrechnung der Gebühren findet gem. Vorbemerk. 2.3 Abs. 4 VV RVG statt. Wird der Anwalt nur im Verwaltungsverfahren oder nur im Nachprüfungsverfahren tätig, dann erhält er eine Geschäftsgebühr nach Nr. 2300 VV RVG (*Gerold/Schmidt/ Madert* Nr. 2300, 2301 VV RVG Rn. 30). Eine *Einigungs-/Erledigungsgebühr* nach den Nr. 1000, 1003, 1004 VV RVG kann auch im verwaltungsrechtlichen Mandat entstehen, Nr. 1000 Rn. Abs. 4 VV RVG. Der Gebührenrahmen beträgt 1,5, wenn kein gerichtliches Verfahren über den Gegenstand anhängig ist, Nr. 1002 VV RVG. Maßgeblich für den Anfall einer – eher selten vorkommenden – *Einigungsgebühr* nach Nr. 1000 VV RVG ist, ob eine Einigung nach materiellem öffentlichen Recht erfolgt ist, also ob eine wirksame vertragliche Verfügung erfolgen konnte und erfolgt ist. Eine – häufiger vorkommende – *Erledigungsgebühr* nach Nr. 1002, 1003, 1004 VV RVG fällt dagegen an, wenn eine Einigungsgebühr nicht angefallen ist und/oder nicht anfallen kann, und sich eine Rechtssache (ein behördliches oder gerichtliches Verfahren) ganz oder teilweise nach Aufhebung oder Änderung des mit einem Rechtsbehelf angefochtenen Verwaltungsakt oder durch den Erlaß eines bislang

ganz oder teilweise abgelehnten Verwaltungsakts *durch anwaltliche Mitwirkung* erledigt (*Hartmann* Nr. 1002 VV RVG Rn. 3 f.). Ein *gegenseitiges Nachgeben* ist nicht Voraussetzung des Anfalls der Erledigungsgebühr. Die Verwaltungsbehörde muss hinsichtlich des Verwaltungsakts von ihrem ursprünglich eingenommenen Standpunkt zugunsten des Mandanten abgerückt sein, und die nicht nur unwesentliche und auf die außergerichtliche Erledigung gerichtete Tätigkeit des Anwalts muss dafür *mitursächlich* geworden sein, was anhand der Umstände des Einzelfalles festzustellen ist (*Hartmann* Nr. 1002 VV RVG Rn. 12 – 15).

> Praxistipp: Bei Fahrerlaubnissachen kann dem Merkmal der *Bedeutung der Angelegenheit für den Mandanten* eine maßgebliche Bedeutung bei der Gebührenbemessung zukommen, wenn der Mandant aus beruflichen Gründen dringend auf die Fahrerlaubnis angewiesen ist (dazu *Geiger* DAR 2005, 491). Ferner hat der Anwalt seine entfalteten Tätigkeiten in seiner Handakte genau zu dokumentieren, zum einen, um so die Grundlagen für die *Ausübung seines Ermessens* i.R.v. § 14 Abs. 1 RVG besser darstellen zu können, und zum anderen, weil die Verwaltungsgerichte den Gebührentatbestand der Erledigungsgebühr eng auslegen, so dass es dem Anwalt möglich sein sollte, auf Grundlage seiner Tätigkeitsdokumentation seine auch zur außergerichtlichen Erledigung entfalteten Tätigkeiten detailliert darstellen zu können.

5. Gerichtliche Gebühren. Für die gerichtliche Tätigkeit des Anwalts entstehen die Gebühren gemäß *Teil 3 VV RVG* nebst *Auslagen* und *Umsatzsteuer*. Mit wenigen Ausnahmen bestehen keine Besonderheiten gegenüber der Vergütung der zivilgerichtlichen Tätigkeit des Anwalts. Im *ersten Rechtszug* erhält der Anwalt eine 1,3 *Verfahrensgebühr*, Nr. 3100 VV RVG, in den Fällen der Nr. 3101 VV RVG eine solche von lediglich 0,8. Für die Terminswahrnehmung, die (auch telefonische) Besprechung mit dem Verfahrensgegner zur Vermeidung oder Erledigung eines Gerichtstermins (OVG Lüneburg 24.1.2011, NJW 2011, 1619), in den Fällen des Verhandelns ohne mündliche Verhandlung durch Gerichtsbescheid gem. § 84 Abs. 1 S. 1 VwGO (dazu *Schneider* NJW-Spezial 2010, 91) und bei Abschluß eines Vergleichs im schriftlichen Verfahren gem. § 106 S. 2 VwGO fällt eine *Terminsgebühr* in Höhe von 1,2 nach Nr. 3104 Rn. 1 Abs. 1 VV RVG in Verbindung mit Vorbem. 3 Abs. 3 VV RVG bzw. Rn. 1

Abs. 1 Nr. 2 VV RVG an (s. zum Ganzen *Mahmoudi* NJW 2010, 2170). In den Fällen des Nr. 3105 VV RVG reduziert sich die Terminsgebühr auf 0,5. Gemäß Vorbem. 3 Abs. 4 S. 1 VV RVG findet eine *Anrechnung der Geschäftsgebühr* für die außergerichtliche Tätigkeit des Anwalts *auf die Verfahrensgebühr* statt, höchstens mit einem Satz von 0,75, wenn die Geschäftsgebühr wegen desselben Gegenstandes wie die Verfahrensgebühr angefallen ist, Vorbem. 3 Abs. 4 S. 1 VV RVG. Sind außergerichtlich mehrere Gebühren angefallen, so ist für die Anrechnung nur die zuletzt angefallene Geschäftsgebühr maßgeblich, Vorbem. 3 Abs. 4 S. 2 VV RVG. Sind also z. B. die Geschäftsgebühren gemäß Nr. 2300 und 2301 VV RVG angefallen, so ist alleine die Gebühr gemäß Nr. 2301 VV RVG auf die Verfahrensgebühr der Nr. 3100 VV RVG anzurechnen (*Fölsch* § 4 Rn. 24 mit Beispielen in Rn. 25 f.). Im Bereich der Verwaltungsgerichtsbarkeit ist nach wie vor streitig und kann wegen § 152 VwGO nicht durch das BVerwG geklärt werden, ob die Anrechnung im *Kostenfestsetzungsverfahren* erfolgt. Während teilweise in Anlehnung an die Praxis zu Zeiten der Geltung der BRAGO die Auffassung vertreten wurde, dass die außergerichtliche Geschäftsgebühr, nicht aber die Verfahrensgebühr im Zuge der Anrechnung zu kürzen sei (z. B. VGH München 10.7.2006, NJW 2007, 170, m.w.N.), wurde andererseits unter Berufung auf den Gesetzeswortlaut und in Übereinstimmung mit der Auffassung des BGH (22.1.2008, NJW 2008, 1323, m.w.N.) davon ausgegangen, dass die Anrechnung der Geschäftsgebühr im Kostenfestsetzungsverfahren durch eine Reduzierung der Verfahrensgebühr zu erfolgen habe (z. B. VGH Kassel 8.6.2007, NJW 2008, 678; VGH München 6.3.2006, NJW 2006, 1990; jeweils m.w.N.). Mit Inkrafttreten des *§ 15a RVG* wurde das Anrechnungsproblem dahingehend gelöst, dass eine Anrechnung der Geschäftsgebühr auf die Verfahrensgebühr grds. nicht erfolgt, sondern die volle Verfahrensgebühr im Kostenfestsetzungsverfahren anzusetzen ist, auch wenn außergerichtlich bereits eine Geschäftsgebühr beim Prozessbevollmächtigten angefallen ist, es sei denn, der Ersatzpflichtige hat die Geschäftsgebühr bereits bezahlt, die Geschäftsgebühr ist tituliert, oder die Geschäftsgebühr wird zeitgleich mit der Verfahrensgebühr geltend gemacht (*Schneider* NJW-Spezial 2010, 667; *Schneider* DAR 2009, 353). Dies gilt auch in sog. Altfällen, also solchen, in denen der Rechtsanwalt vor dem 4.8.2009 (Tag der Einführung des § 15a RVG) beauftragt wurde (*Schneider* NJW-Spezial 2010, 667; a.A. OVG Lüneburg 17.11.2009, DVBl. 2009, 1599; OVG Münster 11.8.2009, AGS 2009, 447). Die *Einigungs-* und die *Erledigungsgebühr* im gerichtlichen Verfahren erster Instanz betragen 1,0 gem. Nr. 1000, 1002, 1003 VV RVG.

> Praxistipp: Da die außergerichtlichen Gebühren in der Regel nicht zu den Verfahrenskosten gemäß § 154 Abs. 1 VwGO zählen, und deshalb im gerichtlichen Kostenfestsetzungsverfahren nicht berücksichtigt werden, und weil ferner ein materiell-rechtlicher Kostenerstattungsanspruch im öffentlichen Recht die Ausnahme ist, so dass eine klageweise Geltendmachung der Geschäftsgebühr als Nebenforderung in aller Regel keine Aussicht auf Erfolg bietet, ist im gerichtlichen Verfahren zu beantragen, dass das Gericht die Zuziehung des Anwalts im Vorverfahren für notwendig erklärt, § 162 Abs. 2 S. 2 VwGO. Dann muss das Gericht auch die Geschäftsgebühr für das Vorverfahren festsetzen.

6. Rechtsmittelverfahren. Im *Berufungsverfahren* und dem Verfahren betreffend die Zulassung der Berufung erhält der Anwalt eine 1,6 *Verfahrensgebühr*, Nr. 3200 VV RVG, welche sich nach Nr. 3201 VV RVG auf 1,1 reduzieren kann. Zudem kann eine 1,2 *Terminsgebühr* nach Nr. 3202 VV RVG in Verbindung mit Vorbem. 3 Abs. 3 VV RVG anfallen (auch bei Abschluss eines Vergleichs im Berufungsverfahren außerhalb eines Gerichtstermins; OLG Celle 19.6.2013, 2 W 134/13), welche sich nach Nr. 3203 VV RVG auf 0,5 reduzieren kann. Ferner kann eine Terminsgebühr entstehen, wenn ohne mündliche Verhandlung entschieden wird, § 130a VwGO, Nr. 3202 Rn. Abs. 2 VV RVG, ferner in den Fällen der Nr. 3104 Rn. 1 Abs. 1 VV RVG. Im *Revisionsverfahren* entsteht eine 1,6 *Verfahrensgebühr*, Nr. 3206 VV RVG, welche sich auf 1,1 reduzieren kann, Nr. 3207 VV RVG. Ferner kann eine 1,5 *Terminsgebühr* anfallen, Nr. 3210 VV RVG, welche sich auf 0,8 reduzieren kann, Nr. 3211 VV RVG. Im *Beschwerdeverfahren* betreffend die *Nichtzulassung der Revision* – dieses ist im Gegensatz zum Verfahren der Nichtzulassungsbeschwerde zur Berufung, § 16 Nr. 13 RVG, gegenüber dem Revisionsverfahren eine gesonderte Angelegenheit, § 17 Nr. 9 RVG – fällt eine 1,6 *Verfahrensgebühr* an, Nr. 3506 VV RVG, welche sich gemäß Nr. 3507 VV RVG auf 1,1 reduzieren kann. Diese Verfahrensgebühr ist auf die im Revisionsverfahren anfallende Verfahrensgebühr anzurechnen, Nr. 3506 Rn. VV RVG. Zusätzlich kann eine 1,2 Terminsgebühr entstehen, Nr. 3516 VV RVG. Die *Einigungsgebühr* im Berufungs- und Revisionsverfahren beträgt gem. Nr. 1004 VV RVG 1,3.

7. Eilverfahren. Im *Verfahren des vorläufigen Rechtsschutzes* können dieselben Gebühren anfallen, welche im Hauptsacheverfahren im ersten Rechtszug anfallen können, nämlich die der Nr. 3100 ff. VV RVG. Zu beachten ist, dass dem Hauptsache- und dem Eilverfahren oftmals unterschiedliche Gegenstände zugrunde liegen, woraus unterschiedliche Streitwerte resultieren können (*Schneider* DAR 2009, 115). Ist ausnahmsweise das Berufungsgericht für das Eilverfahren als Gericht des ersten Rechtszuges anzusehen, so entstehen die Gebühren gemäß Nr. 3200 ff. VV RVG, Vorbem. 3.2 Abs. 2 S. 2 VV RVG. Im Beschwerdeverfahren erhält der Anwalt eine 0,5 Verfahrensgebühr, Nr. 3500 VV RVG, und ggf. eine 0,5 Terminsgebühr, Nr. 3513 VV RVG. Nach zutreffender Ansicht erfolgt eine *Anrechnung* der Geschäftsgebühr des Widerspruchsverfahrens auf die Verfahrensgebühr im gerichtlichen Eilverfahren nicht (OVG Berlin-Brandenburg 22.5.2013, OVG 1 K 55.10), da mit dem Eilverfahren im Gegensatz zum Widerspruchsverfahren keine endgültige, sondern nur eine vorläufige Regelung angestrebt wird, mithin nicht derselbe Gegenstand behandelt wird (VGH München 25.8. 2005, JurBüro 2005, 642, m.w.N.).

Siehe auch → *Geschäftsgebühr in Unfallsachen*

Geiger

Anwaltsgebühren in Unfallsachen → Geschäftsgebühr in Unfallsachen, → Unfallschadenabwicklung – Sachschaden Nr. 53–55

Anwohner, Anwohnerparken → Bewohnerparken

Anzeigepflicht → Aufklärungsobliegenheiten, → Praxistipp, → Kfz-Haftpflichtversicherung Nr. 2, → Nachhaftung

Äquivalenztheorie → Kausalität Nr. 2

Arbeitgeber → Betriebsweg, → Ersatzansprüche Dritter, → Geschäftswagenunfall, → Regress Nr. 6, → Unfallversicherung Nr. 1, 5, 7, 9, → Übergang von Ersatzansprüchen Nr. 3, → Wegeunfall Nr. 2, 3

Arbeitnehmer → Betriebsweg Nr. 2, → Geschäftswagenunfall, → Regress Nr. 4, 6, → Unfallversicherung Nr. 3, 4, → Wegeunfall Nr. 3, → Verkehrsüberwachung durch Private Nr. 4b)

Arbeitsstätte → Haftungsausschluss bei Arbeits-/Schulunfällen

Arbeitsunfall → Haftungsausschluss bei Arbeits-/Schulunfällen, → Unfallversicherung

Arbeitsverknüpfung → Unfall auf gemeinsamer Betriebsstätte

Arbeitsweg → Wegeunfall Nr. 2

Arbeitszeit → Lenk- und Ruhezeiten

Arglistige Täuschung 1. Allgemeines. Arglistige Täuschung setzt voraus eine Täuschung zum Zwecke der Erregung oder Aufrechterhaltung eines Irrtums (wie die strafrechtliche Betrug gem. § 263 StGB). Sie erfordert aber im Gegensatz zu 263 StGB weder eine Bereicherungsabsicht des Täuschenden noch eine Schädigung des Vermögens des Getäuschten (BGH 25.10.2007, VII 205/06, NJW-RR 2008, 258). Die Täuschung kann durch positives Tun oder Unterlassen begangen werden. Sie muss rechtswidrig sein und erfordert in subjektiver Hinsicht Arglist.

Arglist erfordert Vorsatz, keine Absicht. Der Handelnde muss die Unrichtigkeit seiner Angaben kennen oder für möglich halten (BGH 13.6.2007, VIII ZR 236/06, NJW 2007, 3057). Bedingter Vorsatz genügt. Er ist gegeben, wenn der Handelnde „ins Blaue hinein" unrichtige Behauptungen aufstellt, obwohl er mit der möglichen Unrichtigkeit seiner Angaben rechnet (BGH 6.11.2007, XI ZR 322/03, NJW 2008, 644). Dabei erfordert Arglist keinen Schädigungsvorsatz.

2. Rechtsfolgen. Wer zur Abgabe einer Willenserklärung durch arglistige Täuschung bestimmt worden ist, kann die Erklärung anfechten (§ 123 Abs. 1 BGB). Darüber hinaus begründet eine arglistige Täuschung (wie eine vorsätzliche Pflichtverletzung) Schadensersatzansprüche aus unerlaubter Handlung (§ 823 Abs. 2 iVm. § 263 StGB) und aus vertraglicher Pflichtverletzung (§§ 434, 437 Nr. 3, 280, 281 und 311 BGB). Wenn der Verkäufer den Mangel arglistig verschwiegen hat, kann der Käufer Sachmängel auch dann geltend machten, wenn ihm der Mangel infolge grober Fahrlässigkeit unbekannt geblieben ist (§ 442 Abs. 1 Satz 2 BGB). Auf einen Sachmängelhaftungsaus-

schluss kann sich ein Verkäufer nicht berufen, wenn er den Mangel arglistig verschwiegen hat (§ 444 BGB). Sachmängelhaftungsansprüche verjähren im Fall der arglistigen Täuschung nicht schon nach zwei Jahren (§ 438 Abs. 1 Nr. 3 BGB), sondern in der regelmäßigen Verjährungsfrist von drei Jahren (§ 438 Abs. 3 Satz 1 BGB).
3. Rechtsprechungsbeispiele. Nachdem die Rechtsprechung bis zur Schuldrechtsreform (1.1.2001) wegen des Fehlens einer Fahrlässigkeitshaftung und der unerwünscht weitgehenden Möglichkeit des Sachmängelhaftungsausschlusses die Arglisthaftung sehr weit ausgedehnt hat (vgl. die Beispiele bei Palandt/*Ellenberger* § 123 Rn. 7), kann heute die Haftung in der Regel bereits mit einer vorsätzlichen oder grob fahrlässigen Pflichtverletzung begründet werden (vgl. *Himmelreich/Andreae/Teigelack*, § 13 Rn. 15 ff.). Das gilt insbesondere für die Fälle, in denen der Verkäufer aufgrund von in tatsächlicher Hinsicht häufig nicht aufzuklärenden Umständen nicht vollständig über bestimmte Merkmale des Fahrzeugs aufklärt (Unfalleigenschaft, nicht durchgeführte Untersuchung auf Mängel, Ankauf von fliegendem Zwischenhändler (OLG Bremen 8.10.2003, 1 U 40/03, NJW 2003, 3713). Der BGH bleibt aber dabei, dass ein Händler, der ein Unfallfahrzeug ohne Untersuchung und ohne Hinweis hierauf weiterverkauft, in der Regel arglistig handelt (BGH 7.6.2006, VIII ZR 209/05, NJW 2006, 2839 (2840)). Im Einzelfall sollte von Arglist nur gesprochen werden können, wenn der Verkäufer einen konkreten Mängelverdacht hat (OLG Düsseldorf 18.1.2002, 3 U 11/01, DAR 2002, 163).
Siehe auch → *Sachmängelhaftungsausschluss*, → *Unfallfahrzeug* *Andreae*

Arzneimittel → Drogenfahrt Nr. 2 b), → Medizinalpsychologische Untersuchung Nr. 2

ärztliches Gutachten → Fahreignung Nr. 8, → Trunkenheit im Verkehr Nr. 3 b)

Atemalkoholkonzentration → AAK, → AAK-Messgerät

Atemalkoholmessgeräte → AAK-Messgerät

Athener Übereinkommen → Fährschifftransport, Kfz-Schaden beim ~ Nr. 2

atypischer Geschehensablauf → Beweis des ersten Anscheins Nr. 3

atypischer Rotlichtverstoß → Rotlichtverstoß Nr. 7b)

Aufbauseminar (bis 30.4.2014)

> **Wichtiger Hinweis zur Gesetzesgültigkeit:** Die nach der Punktereform seit dem 1.5.2014 geltende Rechtslage ist im Stichwort → Fahreignungsregister beschrieben. Dieser Artikel dagegen behandelt die noch bis zum 30.4.2014 geltende alte Rechtslage. Aufgrund der meist langen Dauer von Verwaltungsprozessen werden die Altregelungen auch noch zum Zeitpunkt des Erscheinens dieses Lexikons von Bedeutung sein können.

1. Allgemeines. Im Rahmen des in § 4 StVG geregelten Maßnahmenkatalogs (→ *Punktsystem*, Nr. 3) können die Fahrerlaubnisbehörden Aufbauseminare anordnen bzw. die Führerscheininhaber freiwillig an einem Aufbauseminar teilnehmen. Die Teilnehmer an einer solchen Nachschulung sollen durch Mitwirkung an Gruppengesprächen und an einer Fahrprobe veranlasst werden, Mängel in ihrer Einstellung zum Straßenverkehr und im verkehrssicheren Verhalten zu erkennen und abzubauen, § 4 Abs. 8 StVG. Daher wird auch die Teilnahme an einem Einzelseminar nur im Ausnahmefall gestattet werden können. Die gleichen Regelungen gelten für die Teilnahme an Aufbauseminaren, die gegenüber Inhabern eines *Führerscheins auf Probe* angeordnet wurden, § 2 b StVG.
2. Durchführung. Grundsätzlich werden die *Aufbauseminare* von Fahrlehrern durchgeführt, die Inhaber einer entsprechenden Erlaubnis nach dem Fahrlehrergesetz sind (§ 4 Abs. 8 S. 3 StVG). *Besondere Seminare* für Inhaber einer Fahrerlaubnis, die unter dem Einfluss von Alkohol oder anderer berauschender Mittel am Verkehr teilgenommen haben, werden von amtlich anerkannten Seminarleitern durchgeführt (z. B. bei TÜV oder DEKRA), § 4 Abs. 8 S. 4 StVG. Zu Inhalt und Ausgestaltung der Seminare sind auch §§ 35, 36 FeV zu beachten.
3. Teilnahmebescheinigung. Nach Abschluss des Seminars erhält der Teilnehmer eine Teilnahmebescheinigung, die bei der Fahrerlaubnisbehörde einzureichen ist. Bei freiwilliger Teilnahme hat dies innerhalb von drei Monaten nach Abschluss des Seminars zu erfolgen, damit Punkte abgebaut werden können (→ Punktsystem, Nr. 4). Der Kursleiter muss die Ausstellung der Teilnahmebescheinigung verweigern, wenn der Kursteilnehmer (ver-

A Aufbewahrungspflicht

schuldet oder unverschuldet) nicht an allen Sitzungen des Kurses und an der Fahrprobe teilgenommen (oder beim besonderen Aufbauseminar nach § 36 FeV die Anfertigung von Kursaufgaben verweigert) hat, § 37 Abs. 2 FeV.
Siehe auch → *Entziehung der Fahrerlaubnis,* → *Fahrerlaubniserwerb,* → *Fahrerlaubnisverzicht,* → *Punktsystem* Langer

Aufbewahrungspflicht → Fahrtenbuchauflage Nr. 5, → Lenk- und Ruhezeiten Nr. 6, 8 a)

Aufbietung der Zulassungsbescheinigung Teil II → Zulassungsbescheinigung Teil I und II Nr. 3 b)

Auffahren → Abstand Nr. 9, → fahrlässige Körperverletzung (§ 229 StGB) Nr. 2 b), → Haftungsverteilung bei Verkehrsunfällen Nr. 6, → Nötigung Nr. 3 b)

Auffahrunfall → Beweis des ersten Anscheins Nr. 3, → Gefährdung des Straßenverkehrs (§ 315c StGB) Nr. 4 b), → Haftungsverteilung bei Verkehrsunfällen Nr. 15, → HWS-Schleudertrauma Nr. 3, 4

Auffangwert → Anwaltsgebühren in Verkehrsverwaltungssachen, → Streitwerte im verwaltungsgerichtlichen Verfahren

Aufklärungsobliegenheiten Der Versicherungsnehmer muss nach E.1.3. AKB 2008 im Schadenfall alles zur Aufklärung des Tatbestandes und zur Minderung des Schadens tun. Auch ihm ungünstige Umstände müssen angegeben werden.
So sind vollständige und wahrheitsgemäße Angaben im Schadenmeldungsformular des Versicherers meist ausreichend. Alle sachdienlichen Fragen müssen beantwortet und Zeugen – soweit bekannt – benannt werden.
Aber auch in der Nichtbeantwortung einer im Schadenformular gestellten Frage kann eine Verletzung der Aufklärungspflicht liegen.
Eine Verletzung der Aufklärungsobliegenheit durch Nichtbeantwortung von Fragen in der Schadenanzeige ist dann anzunehmen, wenn die vom Versicherer verlangte Auskunft zur Feststellung des Versicherungsfalles oder des Leistungsumfangs erforderlich ist, wenn der Versicherungsnehmer dies erkennt und eine Beantwortung gleichwohl bewusst unterlässt, obwohl er dazu ohne weiteres in der Lage wäre.

Praxistipp: An dieser Stelle sei daher auf die Hinweispflicht durch Sie als Rechtsanwalt gegenüber Ihrem Mandanten auf die Folgen der Verletzung einer solchen Obliegenheit hingewiesen.
Bei aus der Schadenmeldung resultierenden Unklarheiten besteht eine Verpflichtung des Versicherers zur Nachfrage. Der Versicherungsnehmer muss Gelegenheit zur Ergänzung bekommen.
Nach neuerer Rechtsprechung kommt Leistungsfreiheit beim Offenlassen von Fragen in der Schadenanzeige im Allgemeinen nur dann in Betracht, wenn der Versicherer nachfragt und der Versicherungsnehmer darauf nicht reagiert (OLG Hamm 8.2.1995 20 U 236/94 VersR 1996, 53).
Der Versicherer kann sich jedoch nicht auf Leistungsfreiheit wegen einer behaupteten Verletzung einer Aufklärungsobliegenheit berufen, wenn die Fragen auf dem von ihm an den Versicherten ausgegebenen Fragebogen nicht eindeutig und unmissverständlich gestellt sind. Unsicherheiten diesbezüglich gehen zu seinen Lasten, urteilt das OLG Köln (1.2.2005 9 U 159/03 SP 2005, 423). Im konkreten Fall war eine Frage zu einem Duplikatsschlüssel falsch beantwortet worden. Abweichend von einer Vielzahl von Schadensanzeigeformularen anderer Versicherer lautet die Frage hier nicht „sind Duplikatsschlüssel gefertigt" worden, sondern „existieren Duplikatsschlüssel?". Ob der oder die von wem auch immer gefertigten Duplikatsschlüssel im Zeitpunkt der Angaben in der Schadensanzeige am 28.6.2002 noch existierten, ist jedoch völlig unklar, jedenfalls nicht bewiesen. Der oder die gefertigten Duplikatsschlüssel können ohne weiteres auch vorher in Verlust geraten sein.
Unterlässt der Versicherer die gebotene Nachfrage, kann er sich nach Treu und Glauben nicht auf Leistungsfreiheit wegen Verletzung der Aufklärungsobliegenheit berufen (OLG Hamm 18.2. 2000 20 U 68/99 NJW-RR 2000, 1122)

Praxistipp: Daher macht es in diesen Fällen immer Sinn, die Argumentation der Versicherung bezüglich der Anzeigepflichtverletzung zu hinterfragen und zusammen mit dem Mandanten den Ablauf von Anfragen und Antworten chronologisch aufzuarbeiten.
Leider kommen auch in diesen Fällen die Mandanten meist erst in die Kanzlei, wenn Sie die Leistungsablehnung der Versicherung in den Händen halten. Wichtig ist es die Mandanten zu sensibilisieren, wenn über die üblichen Fragebö-

gen hinaus weitere Nachfragen und Sonderfragebögen eingehen.

Kärger

Auflagen zur Fahrerlaubnis → Fahrerlaubnis-Verordnung Nr. 2, 3

aufschiebende Wirkung → Besonderheiten des Verkehrsverwaltungsprozesses Nr. 9

Aufsichtspflicht → Haftungsprivilegierung für Kinder Nr. 4 Praxistipp, → Kinderunfall Nr. 3

Aufsichtspflichtverletzung → Kinderunfall Nr. 3

Aufwendungen → Frustrierte Aufwendungen

Augenblicksversagen 1. Allgemeines. Bei einer Konzentration erfordernden Dauertätigkeit wie bei der gefahrengeneigten Arbeit, ein Kraftfahrzeug im Straßenverkehr zu führen, kann auch einem sorgfältigen Kraftfahrer gelegentlich aus einem Augenblicksversagen heraus ein „Ausrutscher" unterlaufen, also ein bei der menschlichen Unzulänglichkeit *typisches einmaliges Versagen* (BGH 8.2.1989, IVa ZR 57/88, NJW 1989, 1354). Weitere Voraussetzung ist, dass der Betroffene *nicht* durch sein *vorheriges sorgfaltswidriges Verhalten* selbst in grob nachlässiger Weise zu seiner eigenen Unaufmerksamkeit beigetragen hat (OLG Karlsruhe 10.10.2006, 1 Ss 69/06, NZV 2007, 213; OLG Karlsruhe 17.2.2003, 1 Ss 167/02, NZV 2004, 211). Nach diesen Maßstäben kann dem Betroffenen dann nicht der Vorwurf der Leichtfertigkeit oder groben Fahrlässigkeit gemacht werden.
2. Ordnungswidrigkeitenverfahren. Praxisrelevant ist die Frage des Augenblicksversagens insbesondere bei Verkehrsordnungswidrigkeiten. Das Vorliegen eines solchen Augenblicksversagens bietet dem Gericht die Möglichkeit, von den Regelsätzen des Bußgeldkatalogs oder von einem dort vorgesehenen Regelfahrverbot (ggf. gegen Erhöhung der Regelgeldbuße) abzusehen. Hierzu einige *Einzelfälle*:
a) Geschwindigkeitsverstöße. Hat ein Kraftfahrer ein *Ortseingangsschild* übersehen und musste es sich ihm aufgrund äußerer Umstände (mangels vorhergehenden Geschwindigkeitstrichters oder mangels Bebauung) nicht aufdrängen, dass er sich innerorts befand, ist die Annahme eines Augenblicksversagens bei einer Überschreitung um 31 km/h nicht zu beanstanden und von einem Regelfahrverbot abzusehen (OLG Dresden 2.6.2005, Ss OWi 249/05, NZV 2005, 490). Wenn dagegen durch vorfahrtregelnde Verkehrszeichen auf *Kreuzungsbereiche* hingewiesen wird, ist dort wegen der besonderen Gefährdung im Kreuzungsbereich auch mit Geschwindigkeitsbeschränkungen zu rechnen, so dass das Übersehen eines die Geschwindigkeit beschränkenden Verkehrszeichens kein Augenblicksversagen darstellt (BayObLG 9.6.1999, 2 Ob OWi 248/99, DAR 1999, 559).
b) Rotlichtverstöße. Gerade bei *atypischen Rotlichtverstößen* kann bei der Bemessung des Grads des Verschuldens sowie der Ahndung der Ordnungswidrigkeit je nach den konkreten Umständen der Wegfall eines Fahrverbots (ggf. gegen Erhöhung der Geldbuße) in Betracht kommen (→ *Rotlichtverstoß, Nr. 7b*).
3. Versicherungsrecht. Auch dem sonst noch so sorgfältigen Versicherungsnehmer kann eine Unaufmerksamkeit im Sinne eines einmaligen „Augenblicksversagens" unterlaufen. Es muss daher im Bereich der Kaskoversicherung bei der Bewertung, ob ein Schaden „grob fahrlässig" verursacht worden ist und daher eine ganz oder teilweise Leistungsfreiheit vorliegt, überhaupt erst einmal geprüft werden, ob diese kurzfristige Unaufmerksamkeit überhaupt ein grob fahrlässiges Fehlverhalten darstellt (*Stomper* in *Halm/Kreuter/Schwab*, AKB, AKB Rdn. 1117).
Ist das Verhalten des Versicherungsnehmers aufgrund des Augenblicksversagens ohnehin nur als leicht oder normal fahrlässig anzusehen, stellt sich die Frage nach der eventuellen Leistungskürzung erst gar nicht.
Nur wenn die grobe Fahrlässigkeit – trotz des behaupteten Augenblicksversagens – zu bejahen ist, stellt sich die Frage nach einer Kürzungsquote.

Praxistipp: Bisher gibt es zu dieser nach dem neuen VVG zu bewertenden Frage noch keine Rechtsprechung.
Es muss daher immer im Einzelfall geprüft werden, ob ggf. von der Versicherung vorgetragene Rechtsprechung zum alten Recht hier überhaupt anwendbar ist, da die Unterscheidung fahrlässig / grobfahrlässig von den Richtern seinerzeit noch vor dem Hintergrund des Ganz / Garnichts getroffen wurde. Hier ist es sinnvoll, entsprechend zu argumentieren und ggf. eine Quotierung anzustreben.

Siehe auch → *Haftungsverteilung bei Verkehrsunfällen,* → *Rotlichtverstoß*   *Langer/Kärger*

A Augenschein

Augenschein → Besonderheiten des Verkehrsunfallprozesses Nr. 9, 10, 16, → Selbständiges Beweisverfahren Nr. 2

Auktion → Versteigerungen

AU-Plakette → Abgasuntersuchung

Ausbremsen → Nötigung Nr. 4 c)

Ausfahren aus der Autobahn → Haftungsverteilung bei Verkehrsunfällen Nr. 10

Ausfallerscheinung → Drogenfahrt Nr. 1, 2

Ausfertigung der Zulassungsbescheinigung Teil II → Zulassungsbescheinigung Teil I und II Nr. 3

Ausforschungsbeweis → Besonderheiten des Verkehrsunfallprozesses Nr. 6, → Selbständiges Beweisverfahren Nr. 3

Ausfuhrkennzeichen → Fahrzeugzulassungsverordnung Nr. 6, → Kennzeichenerteilung Nr. 2, → Zulassung von Kfz Nr. 4

Auskunftsstelle → Auslandsunfall Nr. 2

Auskunftsverweigerungsrecht → Zeugnisverweigerungsrecht Nr. 5, Nr. 7 Praxistipp

Ausladen → Halten und Parken Nr. 2 a)

Auslagen → Anwaltsgebühren in Verkehrsverwaltungssachen Nr. 4, 5

Auslagenpauschale → Unfallschadenabwicklung – Sachschaden Nr. 52

Ausländer-Pflichtversicherungsgesetz → Rosa Grenzversicherungsschein

Ausländische Fahrerlaubnis 1. Allgemeines. Im Zuge der Europäisierung und Globalisierung erlangt im Straßenverkehrsrecht die Behandlung ausländischer Fahrerlaubnisse mit Blick auf die Erleichterung des zwischenstaatlichen Kraftfahrzeugverkehrs zunehmende Bedeutung. Im Wesentlichen geht es dabei um die Fragen der Anerkennung und der sog. Umschreibung derartiger Fahrerlaubnisse beziehungsweise der Erteilung einer deutschen Fahrerlaubnis. Ob und wie lange eine ausländische Fahrerlaubnis zum Führen von Kraftfahrzeugen im deutschen Hoheitsgebiet berechtigt, ist eine Frage der Anerkennung. Eine Umschreibung kommt dagegen in den Fällen in Betracht, in denen der Fahrerlaubnisinhaber seinen ordentlichen Wohnsitz in Deutschland begründet. Es ist dann zu klären, unter welchen Voraussetzungen die ausländische Fahrerlaubnis in eine deutsche umgeschrieben werden kann oder sogar muss. Aufgrund der erheblichen europarechtlichen Durchdringung des Fahrerlaubnisrechts bietet es sich an, zwischen EU- oder EWR-Fahrerlaubnissen und Fahrerlaubnissen aus Drittstaaten zu unterscheiden. Die folgenden Ausführungen beziehen sich nur auf letztere, während die EU- und EWR-Fahrerlaubnisse in einem eigenen Stichwort behandelt werden (s. hierzu → *EU-Führerschein*). Die wichtigsten Regelungen zu diesem Komplex finden sich dabei in den §§ 28 ff. Verordnung über die Zulassung von Personen zum Straßenverkehr (Fahrerlaubnis-Verordnung – FeV), die allein auf den Ausstellungsstaat hinsichtlich der Anerkennung und Umschreibung abstellen, nicht aber auf die Staatsangehörigkeit des Fahrerlaubnisinhabers oder den Ort der Zulassung des geführten Kraftfahrzeugs. Die Verordnung über den internationalen Kraftfahrzeugverkehr wurde im Zuge der Änderung der Fahrerlaubnis-Verordnung vom 18. Juli 2008 aufgehoben, wobei die für die vorliegende Thematik relevante Bestimmung des § 4 IntVO weitgehend in dem neuen § 29 FeV aufgegangen ist.

2. Anerkennung von ausländischen Fahrerlaubnissen. Ist eine Person im Besitz einer gültigen Fahrerlaubnis aus einem Drittstaat, so darf nach (§ 2 Abs. 11 StVG in Verbindung mit) § 29 Abs. 1 S. 1 FeV auch sie grundsätzlich alle Fahrzeuge führen, die der Klasse entsprechen, für die die Erlaubnis ausgestellt wurde. Voraussetzung ist aber, dass die Person ihren ordentlichen Wohnsitz außerhalb Deutschlands hat. Wann das Vorhandensein eines ordentlichen Wohnsitzes im Inland angenommen wird, richtet sich nach § 2 Abs. 2 Nr. 1 StVG in Verbindung mit § 7 FeV.

Die gültige Fahrerlaubnis überlagert auch etwaige im deutschen Recht bestehende Beschränkungen hinsichtlich des Führens von Kraftfahrzeugen. Dagegen sind Auflagen zur ausländischen Erlaubnis nach § 29 Abs. 1 S. 6 FeV auch innerhalb Deutschlands zu beachten. Fahrverbote im Ausstellungsstaat beziehungsweise im ausländischen Wohnsitzstaat führen schließlich zur Ungültigkeit der Fahrerlaubnis innerhalb Deutschlands.

Zum Nachweis der Fahrberechtigung dient gemäß § 29 Abs. 2 FeV grundsätzlich ein internationaler Führerschein oder die nationale Fahrerlaubnis zusammen – sofern nach § 29 Abs. 2 S. 2 FeV erforderlich – mit einer Übersetzung durch eine anerkannte Stelle (z. B. durch einen international anerkannten Automobilclub). Die Übersetzung stellt dabei aber lediglich ein Mittel zum Nachweis der Fahrerlaubnis dar und ist nicht ein besonderer Bestandteil derselben. Kann der Inhaber einer ausländischen Fahrerlaubnis keine Übersetzung vorweisen, so begeht er eine mit einem Bußgeld in Höhe von 10 € belegte Ordnungswidrigkeit nach § 24 StVG in Verbindung mit § 75 Nr. 4 i.V.m. § 4 Abs. 2 S. 3 FeV in Verbindung mit § 1 Abs. 1 BKatV in Verbindung mit Nr. 168 der Anlage zu § 1 Abs. 1 BKatV.

Zu diesem Grundsatz der Anerkennung ausländischer Fahrerlaubnisse existieren allerdings einige wesentliche Ausnahmen, die in § 29 Abs. 3 FeV niedergelegt sind. So ist der Erlaubnisinhaber im deutschen Hoheitsgebiet nicht zum Führen eines Kraftfahrzeuges berechtigt, wenn es sich lediglich um eine noch nicht vollwertige Fahrerlaubnis handelt, etwa um einen vorläufigen oder um einen Lernführerschein. Als ein Sonderfall ist darunter auch die Nichtanerkennung ausländischer Fahrerlaubnisse der Klassen B und BE zu fassen, wenn deren Inhaber das in Deutschland vorgeschriebene Mindestalter noch nicht erreicht haben *(a)*. Zudem liegt ein zur Versagung der Anerkennung führender Missbrauch vor, wenn eine Person eine ausländische Fahrerlaubnis erlangt hat, tatsächlich aber ihren ordentlichen Wohnsitz zu keiner Zeit oder nur für einen geringfügigen Zeitraum in dem Ausstellungsstaat hatte *(b)*. Besteht im Ausstellungsstaat oder in Deutschland für den Erlaubnisinhaber ein Fahrverbot, wurde die Fahrerlaubnis entzogen, versagt oder darf sie nicht erteilt werden oder wurde der Führerschein nach § 94 StPO beschlagnahmt, sichergestellt oder in Verwahrung genommen, so kann dies auch nicht durch eine ausländische Fahrerlaubnis umgangen werden *(c)*. Schließlich ist die Anerkennung ausländischer Fahrerlaubnisse auch dann eingeschränkt, wenn der ordentliche Wohnsitz nach Deutschland verlegt wird *(d)*.

a) Keine vollwertige Fahrerlaubnis. Aus Gründen der Verkehrssicherheit werden Fahrerlaubnisse gemäß § 29 Abs. 3 S. 1 Nr. 1 FeV nur dann in Deutschland anerkannt, wenn sie vollwertig sind. Damit berechtigen Lernführerscheine oder andere, bloß vorläufig ausgestellte Führerscheine nicht zum Führen eines Kraftfahrzeuges im Inland. Derartige Führerscheine sind dadurch gekennzeichnet, dass sie dem Inhaber noch nicht das uneingeschränkte Recht zum Führen eines Fahrzeugs in der jeweiligen Klasse einräumen. Befristete Führerscheine gelten allerdings als vollwertige Führerscheine und schließen somit das Recht zum Führen von Kraftfahrzeugen innerhalb Deutschlands nicht aus, solange die Frist noch nicht abgelaufen ist. Dies gilt grundsätzlich auch für auf Probe erteilte Führerscheine oder wenn bestimmte Verhaltensanforderungen für Fahranfänger existieren (vgl. zum Ganzen mit Bezug zum britischen Road Traffic Act *Huppertz* SVR 2011, 48).

§ 29 Abs. 3 S. 1 Nr. 1a FeV wurde ursprünglich durch die 5. Verordnung zur Änderung der Fahrerlaubnis-Verordnung und anderer straßenverkehrsrechtlicher Vorschriften vom 17.12.2010 (BGBl. I S. 2279) eingefügt, wonach ausländische Fahrerlaubnisse der Klassen B und BE dann nicht anerkannt wurden, wenn die Inhaber das nach § 10 Abs. 1 S. 1 Nr. 5 FeV für diese Klassen vorgeschriebene Mindestalter noch nicht erreicht hatten. Bis zu dieser Änderung war es etwa auch dem 16-jährigen Besitzer einer US-amerikanischen Fahrerlaubnis mit ordentlichem Wohnsitz in den USA möglich, in Deutschland ein Fahrzeug ohne Einschränkungen zu führen. Seit dem Inkrafttreten dieser Änderung der Fahrerlaubnisverordnung zum 1.7.2011 ist nunmehr das Führen von Fahrzeugen der Klassen B und BE erst ab 18 Jahren bzw. gemäß der Regelung zum begleiteten Fahren ab 17 Jahren erlaubt. Mit Art. 1 Nr. 9 der 7. Verordnung zur Änderung der Fahrerlaubnis-Verordnung und anderer straßenverkehrsrechtlicher Vorschriften vom 26.6.2012 (BGBl. I S. 1394) wurde diese Bestimmung insofern ausgeweitet, als nunmehr hinsichtlich aller Klassen das jeweils in § 10 Abs. 1 FeV vorgeschriebene Mindestalter erreicht sein muss, damit die Fahrerlaubnis innerhalb Deutschlands anerkannt wird. Eine Ausnahme gilt aufgrund des Grundsatzes der gegenseitigen Anerkennung für EU-Führerscheine.

b) Kein Wohnsitz im Ausstellungsstaat. Sofern die Fahrerlaubnis in einem Land außerhalb der EU beziehungsweise des EWR innerhalb eines Zeitraumes erworben wurde, in dem ein ordentlicher Wohnsitz in Deutschland bestand, werden diese Fahrerlaubnisse im Inland gemäß § 29 Abs. 3 S. 1 Nr. 2 FeV nicht anerkannt. Dies gilt nach § 29 Abs. 3 S. 1 Nr. 2a FeV auch dann, wenn sich das Bestehen eines ordentli-

A Ausländische Fahrerlaubnis

chen Wohnsitzes in Deutschland zum Zeitpunkt der Erteilung der Fahrerlaubnis aus einem EU- oder EWR-Führerschein oder aus unbestreitbaren Informationen seitens eines EU- oder EWR-Staates ergibt. Aus § 7 Abs. 1 S. 2 FeV folgt, dass eine ausländische Fahrerlaubnis erst dann anerkannt wird, wenn der Inhaber sie während eines Auslandsaufenthaltes mit einem festen Wohnsitz von mindestens 185 Tagen innerhalb eines Jahres erworben hat. Dies gilt auch dann, wenn er einen Doppelwohnsitz hat und die restlichen Monate des Jahres in Deutschland verbringt. Schüler und Studenten, die sich ausschließlich zum Zwecke des Besuchs einer Schule und Hochschule in einem anderen EU- oder EWR-Staat aufhalten, behalten grundsätzlich ihren ordentlichen Wohnsitz im Inland (vgl. § 7 Abs. 2 FeV). Halten die Schüler und Studenten sich für mindestens sechs Monate in diesem Staat auf und erwerben sie dabei eine Fahrerlaubnis, so berechtigt diese auch in Deutschland zum Führen eines Kraftfahrzeuges. § 29 Abs. 3 S. 1 Nr. 2 a FeV trifft eine entsprechende Ausnahme.

c) Fahrerlaubnisentzug und Fahrverbot in Deutschland. Nach § 29 Abs. 3 S. 1 Nr. 3 FeV wird die ausländische Fahrerlaubnis im Inland nicht anerkannt, wenn dem Inhaber die Fahrerlaubnis in Deutschland vorläufig oder rechtskräftig von einem Gericht oder sofort vollziehbar oder bestandskräftig von einer Verwaltungsbehörde entzogen, ihm die Fahrerlaubnis bestandskräftig versagt oder nur deshalb nicht entzogen worden ist, weil er zwischenzeitlich auf die Fahrerlaubnis verzichtet hat. Der Entzug der ausländischen Fahrerlaubnis hat dabei lediglich die Wirkung einer Aberkennung des Rechts, von der Fahrerlaubnis im Inland Gebrauch zu machen. Dagegen behält die ausländische Fahrerlaubnis außerhalb des deutschen Hoheitsgebietes weiterhin ihre Gültigkeit. Die rechtskräftige gerichtliche Fahrerlaubnisentziehung richtet sich dabei nach §§ 69 ff. StGB, während der verwaltungsbehördliche Entzug auf der Grundlage von § 3 StVG erfolgt. Die in § 29 Abs. 3 S. 1 Nr. 3 FeV vorgesehene Nichtgeltung der ausländischen Fahrerlaubnis innerhalb Deutschlands ist auch ausdrücklich in § 69 b StGB sowie in § 3 Abs. 2 S. 2 StVG niedergelegt. Der vorläufige Entzug einer Fahrerlaubnis bestimmt sich schließlich nach § 111 a StPO.

Die Nichtanerkennung der Berechtigung gilt nach § 29 Abs. 3 S. 1 Nr. 4 FeV auch für denjenigen Fahrerlaubnisinhaber, dem aufgrund einer rechtskräftigen gerichtlichen Entscheidung keine Fahrerlaubnis erteilt werden darf. Eine solche Sperre für die Erteilung einer Fahrerlaubnis wird gemäß § 69a StGB durch das Gericht angeordnet, das die Fahrerlaubnis entzieht, und hat regelmäßig eine Dauer von sechs Monaten bis zu fünf Jahren, in Ausnahmefällen sogar ein Leben lang.

Schließlich wird nach § 29 Abs. 3 S. 1 Nr. 5 FeV eine ausländische Fahrerlaubnis ebenfalls nicht anerkannt, solange der Fahrerlaubnisinhaber im Inland, im Ausstellungsstaat oder in dem Staat, in dem er seinen ordentlichen Wohnsitz hat, einem Fahrverbot unterliegt oder der Führerschein nach § 94 StPO beschlagnahmt, sichergestellt oder in Verwahrung genommen worden ist.

Ein Fahrverbot kann nach § 44 StGB als Nebenstrafe zu einer Straftat im Zusammenhang mit dem Führen eines Kraftfahrzeuges oder mit der Verletzung der Pflichten eines Kraftfahrzeugführers angeordnet werden. Ein solches Fahrverbot ist regelmäßig dann anzuordnen, wenn der Betroffene unter Alkohol- oder Drogeneinfluss ein Fahrzeug geführt hat und ihm infolgedessen die Fahrerlaubnis nicht bereits gemäß § 69 StGB entzogen wurde. Das Fahrverbot wird in einem ausländischen Führerschein vermerkt, wobei die Verbotsfrist erst von dem Tag des Vermerks an gerechnet wird. Die Anordnung eines Fahrverbots durch die Verwaltungsbehörde oder das Gericht in der Bußgeldentscheidung richtet sich nach § 25 StVG.

Das Recht, von einer ausländischen Fahrerlaubnis nach einer Entscheidung gemäß § 29 Abs. 3 S. 1 Nr. 3 und 4 FeV innerhalb Deutschlands Gebrauch zu machen, setzt einen Antrag bei der nach § 73 FeV zuständigen Fahrerlaubnisbehörde voraus und wird nur dann dem Inhaber zuerkannt, wenn die Gründe für die Entziehung nicht mehr bestehen.

d) Wohnsitzverlegung nach Deutschland. Begründet der Inhaber einer Fahrerlaubnis aus einem Drittstaat seinen ordentlichen Wohnsitz in Deutschland, so wird die Berechtigung gemäß § 29 Abs. 1 S. 4 FeV nur für sechs Monate anerkannt (vgl. aber mit Blick auf türkische Fahrerlaubnisse *Gutmann* SVR 2013, 293 [294 f.], wonach diese wegen der sog. standstill-Klausel aus Art. 41 Abs. 1 des Zusatzprotokolls zum Assoziationsabkommen EWG/Türkei – wie noch in § 4 IntKfzV vorgesehen – für zwölf Monate zur Teilnahme am Straßenverkehr in Deutschland berechtigen). Ausnahmsweise kann nach § 29 Abs. 1 S. 5 FeV diese Anerkennungsfrist auf Antrag um bis zu sechs Monate verlängert werden, wenn glaubhaft gemacht wird, dass der ordentliche Wohnsitz nicht länger als zwölf Monate in Deutschland bestehen wird. Die Frist beginnt mit dem Tag der Begründung des tatsächlichen ständigen Aufenthaltes beziehungsweise mit der Begründung des ordentlichen Wohnsitzes zu laufen. Nach Ablauf der Frist muss die ausländische Fahrerlaubnis in eine deutsche umgeschrieben beziehungsweise durch eine deutsche Erlaubnis ersetzt worden sein, anderenfalls die Berechtigung zum Führen von Kraftfahrzeugen im deutschen Hoheitsgebiet erlischt. Berufspendler, mit einem ordentlichen Wohnsitz außerhalb Deutschlands, sind von der Anerkennungsfrist nicht betroffen. Die Frist gilt allerdings bereits dann, wenn nur ein Nebenwohnsitz begründet wird und der Inhaber einer ausländischen Fahrerlaubnis in Deutschland mindestens 185 Tage im Jahr wohnt beziehungsweise wenn er – unabhängig von der Wohndauer – in Deutschland für gewöhnlich wohnen will. Dies wird dabei gemäß § 7 Abs. 1 S. 2 FeV dann angenommen, wenn die betroffene Person innerhalb dieses Zeitraums wegen persönlicher und beruflicher Bindungen oder – bei fehlenden beruflichen Bindungen – wegen persönlicher Bindungen, die eine enge Beziehung zum Wohnort erkennen lassen, in Deutschland wohnt. Die melderechtliche An- oder Abmeldung hat Indizwirkung, ist aber nicht entscheidend, vielmehr ist auf den tatsächlichen Lebensmittelpunkt abzustellen, so dass sogar ein Hotelaufenthalt als Wohnsitz anzuerkennen sein kann (Ferner/*Heinrich* Hdb. Straßenverkehrsrecht S. 1203; *Huppertz* SVR 2011, 48 [48 f.]; vgl. ausführlich zur Frage der Wohnsitzbegründung LG Saarbrücken 3.11. 2010, 12 S 7/10, Rn. 10 ff. – zitiert nach juris). Verlässt der Inhaber einer ausländischen Fahrerlaubnis deutsches Hoheitsgebiet in der Absicht seinen Wohnsitz vorläufig, für einen bestimmten Zeitraum oder endgültig aufzugeben, so wird die Anerkennungsfrist unterbrochen und bei der Rückkehr neu in Gang gesetzt. Dagegen wirken sich Urlaubsreisen oder kurze Auslandsaufenthalte ohne den Willen der Aufgabe des Wohnsitzes in Deutschland nicht auf die Frist aus.

3. Umschreibung ausländischer Fahrerlaubnisse. Begründet der Inhaber einer ausländischen Fahrerlaubnis seinen ordentlichen Wohnsitz in Deutschland, muss er seine Fahrerlaubnis spätestens nach Ablauf der Anerkennungsfrist in eine deutsche Fahrerlaubnis umschreiben lassen. Dies ist allerdings nicht in jedem Fall möglich. Zunächst muss nach § 31 Abs. 3 S. 1 FeV der Antragsteller den Besitz der ausländischen Fahrerlaubnis durch den nationalen Führerschein nachweisen. Die Vorlage eines internationalen Führerscheins genügt dafür nicht. Auch können gemäß § 31 Abs. 3 S. 2 FeV nur zum Zeitpunkt der Umschreibung noch gültige Fahrerlaubnisse umgeschrieben werden, die zuvor auch zum Führen von Kraftfahrzeugen innerhalb Deutschlands berechtigt haben. Der Antragsteller muss eine dementsprechende Erklärung abgeben, deren Richtigkeit durch die Fahrerlaubnisbehörde überprüft werden kann. § 31 Abs. 3 S. 3 FeV überträgt der Fahrerlaubnisbehörde dabei die Beweislast bei Zweifeln an der Gültigkeit der Fahrerlaubnis beziehungsweise an der Richtigkeit der Erklärung des Antragstellers (Hentschel/*Dauer* Straßenverkehrsrecht[40] § 31 FeV Rn. 11; a.A. BVerwG 20.4.1994, 11 C 60.92, NZV 1994, 453). Hinsichtlich der Umschreibung von ausländischen Fahrerlaubnissen ist die Sach- und Rechtslage zum Zeitpunkt der gerichtlichen Entscheidung maßgeblich.

Eine Umschreibung scheidet auch dann aus, wenn die oben unter 2 a bis c genannten Ausnahmen zur Anerkennung einer ausländischen Fahrerlaubnis vorliegen, da in diesen Fällen keine Fahrerlaubnis vorliegt, die zum Führen von Kraftfahrzeugen innerhalb Deutschlands berechtigt oder berechtigt hat. Der Antragsteller muss zudem generell gemäß § 2 Abs. 2 S. 1 Nr. 3 StVG zum Führen von Kraftfahrzeugen geeignet sein, doch wird für dieses Erfordernis regelmäßig kein allgemeiner Nachweis verlangt. Die Fahrerlaubnisbehörde ist aber vor der Erteilung einer deutschen Fahrerlaubnis berechtigt, Zweifeln an der Eignung des Antragstellers mit den Mitteln der Fahrerlaubnisverordnung nachzugehen (VGH Baden-Württemberg 9.12.2003, 10 S 1908/03, DAR 2004, 169).

Dem Antragsteller wird bei der Umschreibung eine deutsche Fahrerlaubnis in der Klasse erteilt, die der ausländischen Fahrerlaubnis entspricht. Dabei sind gewisse Einschränkungen in der ausländischen Fahrerlaubnis irrelevant, solange sie nach Art und Umfang der vorgesehenen Prüfung sowie nach dem Umfang der Erlaubnis der deutschen Fahrerlaubnis einer bestimmten Klasse im Wesentlichen vergleichbar ist. Bei lediglich unwesentlichen Abweichungen hat der Antragsteller demnach unter Erfüllung der sonstigen Voraussetzungen einen Anspruch auf Erteilung einer deutschen Fahrerlaubnis ohne Einschränkungen (dazu BVerwG 15.12.1978, 7 C 48/76, NJW 1979,

2628). Dagegen stellt § 48 Abs. 4 FeV besondere Voraussetzungen für die Erteilung von Fahrerlaubnissen zur Fahrgastbeförderung auf, die auch von Inhabern ausländischer Fahrerlaubnisse zu beachten sind.

Liegen diese Ausschlusstatbestände nicht vor beziehungsweise sind die Voraussetzungen erfüllt, so hängt das Verfahren der Umschreibung vom Bestehen eines Übereinkommens hinsichtlich der Erteilung von Fahrerlaubnissen unter erleichterten Voraussetzungen oder von dem Vorliegen eines der deutschen Ausbildung vergleichbaren Prüfungsverfahrens zur Ausstellung von Fahrerlaubnissen im Ausstellungsstaat ab.

a) Vereinfachtes Umschreibungsverfahren. Eine Umschreibung von ausländischen Fahrerlaubnissen unter erleichterten Voraussetzungen richtet sich nach § 31 Abs. 1 FeV i.V.m. der dazugehörigen Anlage 11 FeV. Danach müssen Inhaber einer Fahrerlaubnis aus einem der in Anlage 11 genannten Staaten weder eine Fahrprüfung absolvieren noch einen Ausbildungsnachweis vorlegen. In der Anlage 11 zu § 31 FeV findet sich eine Liste der Staaten, US-amerikanischen Bundesstaaten beziehungsweise US-amerikanischen Außengebiete sowie der kanadischen Provinzen, deren Fahrerlaubnisse nach den dort genannten Voraussetzungen ohne weitere Prüfung umgeschrieben werden. Grundlage dafür ist regelmäßig das Bestehen entsprechender Übereinkommen zwischen dem Ausstellungsstaat und Deutschland oder das Vorliegen einer den deutschen Anforderungen vergleichbaren Fahrerlaubnisprüfung. In der Anlage 11 sind allerdings bei einzelnen Staaten bestimmte Einschränkungen vorgesehen, wonach zumindest noch die theoretische oder praktische Prüfung zu absolvieren ist und sich die Anerkennung der ausländischen Fahrerlaubnisprüfung nur auf einzelne Klassen erstreckt. Dem Inhaber einer Fahrerlaubnis der dort aufgeführten Staaten kommt ein Anspruch auf Erteilung einer deutschen Fahrerlaubnis in der entsprechenden Klasse zu. Dies gilt auch in den Fällen, in denen der Inhaber einer ausländischen Fahrerlaubnis vor der Umschreibung nur aufgrund seines Alters gemäß § 29 Abs. 3 S. 1 Nr. 1 a FeV nicht zum Führen von Kraftfahrzeugen in Deutschland berechtigt war. Hat er dagegen eine Fahrerlaubnis in einer Klasse erworben, die nicht mit in der Anlage 11 aufgeführt ist, so kann sich der Inhaber nicht auf die Erleichterungen des § 31 Abs. 1 FeV berufen. Vielmehr richtet sich die Erteilung der inländischen Fahrerlaubnis nach § 31 Abs. 2 FeV.

Das vereinfachte Umschreibungsverfahren gilt nach § 31 Abs. 5 FeV auch für entsandte Mitglieder fremder diplomatischer Missionen und berufskonsularischer Vertretungen sowie die zu ihrem Haushalt gehörenden Familienmitglieder, sofern Gegenseitigkeit besteht.

b) Prüfungsabhängige Umschreibung. Ist der Ausstellerstaat einer Fahrerlaubnis nicht in die Anlage 11 aufgenommen, existiert demnach kein Abkommen hinsichtlich der gegenseitigen Umschreibung von Fahrerlaubnissen, so sind die Inhaber derartiger Fahrerlaubnisse lediglich von der Ausbildung befreit und es bedarf der Erfüllung der allgemeinen Voraussetzungen einer Fahrerlaubniserteilung, insbesondere der erfolgreichen Absolvierung der theoretischen und praktischen Fahrerlaubnisprüfung. Seinen Grund findet diese Differenzierung von Drittstaaten mit den in Anlage 11 aufgenommenen Staaten sowie mit den EU- und EWR-Staaten in dem Bestreben nach Verkehrssicherheit (Hentschel/*Dauer* Straßenverkehrsrecht[40] § 31 FeV Rn. 10). Es handelt sich somit weniger um eine Umschreibung als um ein Verfahren zur Erlangung einer deutschen Fahrerlaubnis, das das Bestehen einer theoretischen und praktischen Prüfung voraussetzt. Letztlich ist in diesen Fällen die ausländische Fahrerlaubnis in Deutschland weitgehend ohne Wert, denn die Prüfungen sind nicht anders ausgestaltet als die Fahrerlaubnisprüfungen für Fahranfänger. Lediglich bei der Länge der Probezeit spielt die ausländische Fahrerlaubnis noch eine Rolle. Denn nach § 2 a Abs. 1 S. 2 StVG ist die Zeit seit dem Erwerb der ausländischen Fahrerlaubnis auf die Probezeit von zwei Jahren anzurechnen. Hintergrund dieser Regelung ist, dass die aufgrund der ausländischen Fahrerlaubnis erworbenen praktischen Fahrkenntnisse berücksichtigt werden sollen. Aus diesem Grund scheidet eine Beschränkung von § 2a Abs. 1 S. 2 StVG aus, nach der lediglich solche Fahrerlaubnisse in den Anwendungsbereich der Regelung fallen, die im vereinfachten Verfahren umgeschrieben werden können (so in der Tendenz auch VG Halle 12.11.2012, 7 B 168/12, BeckRS 2012, 60868), was im Übrigen auch keine Grundlage in Wortlaut der Bestimmung findet. Aus diesem Telos der Norm wird aber auch ersichtlich, dass nur der Zeitraum anzurechnen ist, in dem der Inhaber der Fahrerlaubnis zum Führen von Kraftfahrzeugen tatsächlich berechtigt war. Insbesondere wenn der Betroffene in Deutschland seinen ordentlichen Wohnsitz begründet, ergibt sich aus § 33 Abs. 2 FeV – analog – eine solche Beschränkung der

Anrechnungsmöglichkeit, was etwa in den Fällen relevant wird, in denen der Inhaber seine Fahrerlaubnis nicht innerhalb der Frist des § 29 Abs. 1 S. 4 und 5 FeV umschreiben lässt (vgl. dazu VG Halle 12.11.2012, 7 B 168/12, BeckRS 2012, 60868). Zudem kommt den Inhabern ausländischer Fahrerlaubnisse der Verzicht eines Nachweises der Fahrschulausbildung nach der Fahrschulausbildungsordnung und der Vorlage einer Ausbildungsbescheinigung zugute (Henschel/*Dauer* Straßenverkehrsrecht[40] § 31 FeV Rn. 10). Auf die Erteilung einer deutschen Fahrerlaubnis hat der Antragsteller einen Anspruch, wenn er die Voraussetzungen nach § 31 Abs. 2 und 3 FeV erfüllt hat.

c) **Behandlung ausländischer Führerscheine nach Erteilung einer inländischen Fahrerlaubnis.** Ausländische Fahrerlaubnisse bleiben auch nach der Umschreibung weiterhin gültig. Die Behandlung ausländischer Führerscheine nach der Erteilung der inländischen Fahrerlaubnis richtet sich dagegen nach § 31 Abs. 4 FeV. So ist der inländische Führerschein dem Antragsteller erst dann auszuhändigen, wenn er den ausländischen Führerschein abgegeben hat. Dieser wird sodann über das Kraftfahrt-Bundesamt an den Ausstellungsstaat zurückgesendet, sofern eine entsprechende Vereinbarung mit diesem Staat besteht. Ansonsten nimmt die Fahrerlaubnisbehörde den Führerschein in Verwahrung, wobei verwahrte Führerscheine nach drei Jahren vernichtet werden können. Ist der Führerschein noch in Verwahrung, kann er gegen Abgabe des auf seiner Grundlage ausgestellten inländischen Führerscheins wieder ausgehändigt werden. Ob der gemäß § 31 Abs. 1 S. 1 FeV ausgestellte inländische Führerschein auf der Grundlage der ausländischen Fahrerlaubnis erteilt wurde, ist anhand des nach § 31 Abs. 4 S. 1 FeV notwendigen entsprechenden Vermerks zu erkennen. Ausnahmsweise kann die Fahrerlaubnisbehörde von dem Zurücksenden und der Verwahrung des ausländischen Führerscheins absehen.

4. Einzelne Rechtsfragen. a) Die Anknüpfung an den ordentlichen Wohnsitz im Zeitpunkt der Fahrerlaubniserteilung bei der Umschreibung verstößt nicht gegen Art. 3 Abs. 1 GG. Zwar ist unter Umständen den früher im Ausland wohnhaften Inhabern einer dort ausgestellten Fahrerlaubnis nach Verlegung des ordentlichen Wohnsitzes nach Deutschland eine Umschreibung im vereinfachten Verfahren möglich, während einem seit jeher in Deutschland wohnenden Inhaber einer Fahrerlaubnis, die ebenfalls in diesem Staat ausgestellt wurde, dieses Verfahren nicht eröffnet ist. Seinen sachlichen Grund findet diese Differenzierung aber im Ausnahmecharakter des § 31 FeV, der der Erleichterung des internationalen Kraftfahrzeugverkehrs dient. Bei Personen, die ihren ordentlichen Wohnsitz in Deutschland haben, liegt bereits das Merkmal des internationalen Kraftfahrzeugverkehrs nicht vor, so dass es gerechtfertigt ist, das verkehrspolizeiliche Interesse an der Sicherheit des inländischen Kraftfahrzeugverkehrs in den Vordergrund zu stellen. Dieses Interesse wird vor allem dadurch gewährleistet, dass grundsätzlich alle im Inland ansässigen Personen, die dort dementsprechend regelmäßig auch den Schwerpunkt ihrer Teilnahme am Straßenverkehr haben, die Berechtigung zum Führen von Kraftfahrzeugen nur durch Erwerb der deutschen Fahrerlaubnis erlangen können. Schließlich zielt die Anknüpfung an den Wohnsitz auch auf die Verhinderung eines Missbrauchs der Möglichkeit nach § 31 Abs. 1 FeV durch eine Umgehung der deutschen Voraussetzungen zum Erwerb einer Fahrerlaubnis (vgl. dazu VGH Baden-Württemberg 15.5.2002, 10 S 610/02, VRS 103, 29).

b) Ist eine ausländische Fahrerlaubnis ungültig, sei es, weil etwa im Ausstellungsstaat ein Fahrverbot verhängt wurde, sei es, weil zum Beispiel in Deutschland die Anerkennungsfrist nach einer Wohnsitzverlegung abgelaufen ist, so macht sich der Fahrzeugführer nach § 21 Abs. 1 Nr. 1, 1. Fall StVG strafbar, wenn er gleichwohl ein Kraftfahrzeug führt. Dabei ist nach § 21 Abs. 2 Nr. 1 StVG auch die fahrlässige Begehensweise strafbar, wenn etwa der Fahrerlaubnisinhaber nicht wusste, dass die Anerkennungsfrist bereits abgelaufen ist.

Behauptet dagegen ein Kraftfahrzeugführer, er sei im Besitz einer ausländischen Fahrerlaubnis, könne diese beziehungsweise den dazugehörigen Führerschein aber nicht vorweisen, etwa weil er diesen im Heimatland vergessen habe, so macht er sich nicht ohne Weiteres nach § 21 Abs. 1 Nr. 1, 1. Fall StVG strafbar. Dies gilt auch dann, wenn er ihn im Nachhinein ebenfalls nicht vorweist und jegliche Mitwirkung hinsichtlich des Nachweises vermissen lässt. Vielmehr muss das Gericht die materielle Wahrheit erforschen, was in der Praxis äußerst schwierige und häufig auch erfolglose Ermittlungen nach sich zieht (vgl. dazu Ferner/*Heinrich* Hdb. Straßenverkehrsrecht S. 1223).

c) Für die Anerkennung von Fahrerlaubnissen von Spätaussiedlern ist § 10 BVFG (Gesetz über die Angelegenheiten der Vertriebenen und Flüchtlinge) lex specialis zu den §§ 28 ff. FeV. Danach sind bis zum 8. Mai 1945 im Gebiet des Deutschen Reichs erworbene Fahrerlaubnisse in Deutschland ohne weiteres anzuerkennen. Dagegen gelten die in den Aussiedlungsgebieten erlangten Fahrerlaubnisse nur dann, wenn sie der deutschen Fahrerlaubnis gleichwertig sind, wofür der Anlage 11 zu § 31 FeV hinsichtlich der dort aufgenommenen Staaten eine Indizwirkung zukommt. In beiden Fällen ist eine Umschreibung nicht erforderlich, doch muss die Ausfertigung eines Führerscheins nach dem in Deutschland gültigen Muster gemäß § 2 Abs. 1 S. 3 StVG i.V.m. § 4 Abs. 2 FeV beantragt werden (vgl. dazu Hentschel/*Dauer* Straßenverkehrsrecht[40] § 31 FeV Rn. 14).

5. Weiterführender Link. Weitere Informationen finden sich unter http://www.bmvbs.de/SharedDocs/DE/Artikel/LA/gueltigkeit-auslaendischer-fahrerlaubnisse-fuehrerscheine-in-der-bundesrepublik-deutschland.html.

Siehe auch → *Entziehung der Fahrerlaubnis*, → *Fahrerlaubnis-Verordnung*   Brenner/Seifarth

Auslandsunfall 1. Allgemeines. Die Regulierung von *Unfällen im europäischen Ausland* wurde in den vergangenen Jahren durch *Kraftfahrzeug-Haftpflicht-Richtlinien der EU* (*KH-Richtlinien*) erheblich erleichtert. Insbesondere die zum 1.1.2003 umgesetzte *4. KH-Richtlinie* (2000/26/EG vom 16.5.2000) hat zu einer erheblichen *Beschleunigung und Vereinfachung der Regulierung* von Auslandsunfällen innerhalb der Europäischen Union (EU), zudem in Liechtenstein, Island und Norwegen (Staaten des Europäischen Wirtschaftsraumes, EWR) sowie der Schweiz geführt.

2. System der 4. KH-Richtlinie. Jeder Versicherer aus einem EU-/EWR-Mitgliedstaat muss gem. Art. 4 der 4. KH-Richtlinie in allen anderen EU-Mitgliedstatten einen dort ansässigen *Schadenregulierungsbeauftragten* benennen, der über ausreichende Regulierungsbefugnisse verfügt, die Amtssprache des Landes beherrscht (*Lemor* DAR 2001, 540) und den Schaden wie ein Pflichtversicherer vollständig und binnen der dafür vorgesehenen Fristen regulieren kann, Art. 4 Abs. 6 der 4. KH-Richtlinie. Ferner muss jeder Mitgliedstaat *nationale Auskunftsstellen* zur Ermittlung des verantwortlichen Versicherers und dessen Schadenregulierungsbeauftragten einrichten, die über das Kfz-Kennzeichen des Unfallverursachers insbesondere den ausländischen Versicherer und dessen Repräsentanten im Land des Geschädigten benennen, Art. 5 der 4. KH-Richtlinie. In Deutschland ist diese Auskunftsstelle der *Zentralruf der Autoversicherer*, GDV-Dienstleistungs-GmbH & Co KG, Glockengießerwall 1, 20095 Hamburg, Telefon 0800/2502600, § 8a PflVG. Das amtliche Kennzeichen reicht für Kfz mit regelmäßigem Standort in einem EU-/EWR-Mitgliedstaat als Versicherungsnachweis aus, so dass eine Grüne Karte (s. a. *Grüne Karte Fälle*) als Versicherungsnachweis nicht erforderlich, aber zum schnelleren Einstieg in die Schadensabwicklung nach wie vor zweckmäßig ist. Schließlich muss jeder EU-/EWR-Mitgliedstaat eine *Entschädigungsstelle* einrichten, wenn das zuvor beschriebene System nicht funktioniert, Art. 6 der 4. KH-Richtlinie. In Deutschland nimmt der Verein *Verkehrsopferhilfe e.V.* die Funktion der Entschädigungsstelle ein, § 13a PflVG (→ *Verkehrsopferhilfe*).

3. Anzuwendendes Recht. Maßgeblich für die Schadenersatzansprüche dem Grunde und der Höhe nach ist *grundsätzlich* das Recht des EU-Mitgliedsstaates, in welchem sich der Unfall ereignet hat (*Tatortrecht*; BGH 23.11.1971, VersR 1972, 255; BGH 7.7.1992, NJW 1992, 3091; Art. 40 EGBGB, auch nach Inkrafttreten der sog. *Rom II-Verordnung* am 11.1.2009 (VO EG 864/2007 vom 11.7.2007), s. Art. 4 Abs. 1 Rom II-VO (*Staudinger* DAR 2008, 620; *Kuhnert*, NJW 2011, 3347). Ausnahmsweise findet nicht das Tatortrecht, sondern *deutsches Schadensrecht* Anwendung, wenn an dem Unfall im Ausland *zwei Inländer* (Deutsche) oder *zwei Ausländer mit gewöhnlichem Aufenthalt in Deutschland* mit ihren *in Deutschland zugelassenen und versicherten Kfz* beteiligt sind (BGH 7.7.1992, NJW 1992, 3091; LG Kleve 17.2.2012, SP 2012, 317; LG Trier 9.3.2012, SP 2012, 353; *Rehm* DAR 2001, 531), Art. 40 Abs. 2, 41 Abs. 1 EGBGB, Art. 4 Abs. 2 Rom II-VO. Indes ist zu beachten, dass jedenfalls das am Unfallort gültige *ausländische Straßenverkehrsrecht* anzuwenden bleibt (BGH 23.1.1996, NZV 1996, 272), Art. 17 Rom II-VO. Gleiches gilt hinsichtlich der Regeln zur Verjährung und zu Rechtsverlusten, Art. 15 lit. h Rom II-VO.

> Praxistipp: Jedenfalls in *schwierigen Fällen*, insbesondere bei *Personenschäden*, sollte ein *ausländischer Rechtsanwalt am Unfallort* mit der Geltendmachung der Ersatzansprüche des Geschädigten betraut werden, nicht zuletzt angesichts des Haftungsrisikos des inländischen Rechtsanwalts, der ausländisches Schadens-

recht anzuwenden hat (*Buse* DAR 2001, 536; Länderberichte finden sich u. a. bei *Backu* DAR 2001, 587; *Scarabello* DAR 2001, 581; *Pichler* DAR 2006, 549; *Backu/Wendenburg* DAR 2006, 541; zu der Erstattungsfähigkeit von Anwaltsgebühren bei Auslandsunfällen s. *Nissen*, DAR 2013, 568).

4. Außergerichtliche Unfallschadenregulierung. Der durch einen Unfall im europäischen Ausland Geschädigte mit Wohnsitz in Deutschland kann seine Ersatzansprüche aus dem Unfall entweder bei dem *ausländischen Kfz-Versicherer* oder nach dem System der 4. KH-Richtlinie bei dem über die Auskunftsstelle ermittelten *Regulierungsbeauftragten* anmelden (*Backu* DAR 2003, 145; *Lemor/Becker* DAR 2004, 677; *Kuhnert*, NJW 2011, 3347). Dieser Repräsentant, mit welchem die Korrespondenz auf Deutsch geführt werden kann, ist dann zur Regulierung der Schadenersatzansprüche als außergerichtlicher Vertreter des ausländischen Kfz-Versicherers verpflichtet, § 7 b VAG. Innerhalb einer *Frist von drei Monaten* ab der Anmeldung der Ersatzansprüche hat der Regulierungsbeauftragte eine *begründete Erklärung* abzugeben, § 3 a Abs. 1 Ziffer 1 PflVG: Ist die Eintrittspflicht unstreitig und der Schaden beziffert, ist vom Regulierungsbeauftragten ein begründetes *Schadensersatzangebot* vorzulegen. Ist die Haftung dem Grunde oder der Höhe nach unklar, oder wird diese bestritten, dann hat der Regulierungsbeauftragte dem Geschädigten eine mit Begründung versehene *Antwort* auf dessen Regulierungsantrag zu erteilen. Eine Verzögerung der Regulierung mit Verweis des Regulierungsbeauftragten auf eine Entscheidungskompetenz des ausländischen Versicherers ist keine begründete Antwort i.S.v. § 3 a Abs. 1 PflVG (*Riedmeyer* AnwBl 2008, 17; *Lemor/Becker* DAR 2004, 677).

5. Versagen des Systems der 4. KH-Richtlinie. Wenn sich die Regulierung über die *Dreimonatsfrist* hinaus *verzögert*, weil der Repräsentant keine begründete Stellungnahme binnen der Dreimonatsfrist abgibt (§ 12 a Abs. 1 Ziffer 1 PflVG), oder ein Regulierungsbeauftragter *nicht vorhanden* ist (§ 12 a Abs. 1 Ziffer 2 PflVG), oder das Fahrzeug des Schädigers nicht oder der Versicherer innerhalb von zwei Monaten nach dem Unfall *nicht ermittelt* werden kann (§ 12 a Abs. 1 Ziffer 3 PflVG), dann kann der Geschädigte seine Ansprüche bei der *Entschädigungsstelle* geltend machen, § 12 a Abs. 1 PflVG (nicht aber der regressierende Sozialversicherungsträger oder Kaskoversicherer, *Staudinger* DAR 2008, 620), mithin bei der *Verkehrsopferhilfe*, § 13 a PflVG (*Riedmeyer* zfs 2006, 132). Die Verkehrsopferhilfe *unterrichtet* daraufhin unverzüglich die nachfolgend aufgeführten Institutionen darüber, dass ein *Antrag auf Entschädigung* bei ihr eingegangen ist, auf welchen binnen zwei Monaten eingegangen wird, § 12 a Abs. 2 Ziffer 1 – 5 PflVG: Den ausländischen Kfz-Versicherer des Unfallverursachers oder dessen für Deutschland bestellten Schadensregulierungsbeauftragten (Ziffer 1), die Entschädigungsstelle des Mitgliedsstaates, in welchem die Versicherungspolice für das den Unfall verursachende Kfz ausgestellt wurde (Ziffer 2), die Person, den den Unfall verursacht haben soll, sofern diese bekannt ist (Ziffer 3), das Deutsche Büro Grüne Karte sowie das ausländische Büro Grüne Karte des Landes, in dem sich der Unfall ereignet hat, wenn das schadensstiftende Kfz dort nicht seinen gewöhnlichen Aufenthaltsort hat (Ziffer 4), sowie in den Fällen, in denen das Kfz nicht oder das Versicherungsunternehmen nicht binnen zwei Monaten ermittelt werden kann, den Garantiefonds des Staates, in dem das ermittelte Kfz seinen gewöhnlichen Standort hat, oder den Garantiefonds des Staates, in dem sich der Unfall ereignet hat (Ziffer 5). Die Verkehrsopferhilfe weist die Vorgenannten darauf hin, dass sie eine *Regulierung des Schadens auf Kosten des ausländischen Versicherers* vornehmen wird, wenn nicht *binnen zwei weiterer Monate* eine begründete Stellungnahme dem Geschädigten gegenüber abgegeben wird, § 12 a Abs. 3 PflVG. Bei dieser Frist handelt es sich um eine *Ausschlussfrist*, so dass nach deren Ablauf ausschließlich die Verkehrsopferhilfe zur Regulierung der Ersatzansprüche berufen, also passivlegitimiert ist (*Backu* DAR 2003, 149; *Lemor* DAR 2001, 540; *Riedmeyer* zfs 2006, 132). Holt der Schadenregulierungsbeauftragte binnen dieser Zweimonatsfrist die Abgabe der gem. § 3 a PflVG erforderlichen Erklärung nach, dann schließt die Verkehrsopferhilfe den Vorgang ab, § 12 a Abs. 3 S. 1 PflVG. Ansonsten reguliert die Verkehrsopferhilfe die Ersatzansprüche des Geschädigten, § 12 a Abs. 3 S. 2 PflVG, und nimmt die Entschädigungsstelle aus dem Mitgliedstaat in Regress, in welchem die Versicherungspolice für das Schädiger-Kfz ausgestellt wurde (*Backu* DAR 2003, 145).

Praxistipp: Da die *Verkehrsopferhilfe* gem. § 12 a Abs. 1 S. 2 PflVG nicht mehr angerufen werden kann, wenn der Geschädigte gegen den ausländischen Versicherer gerichtliche Schritte eingeleitet hat, sollte *stets* noch im Zuge der *außerge-*

richtlichen Regulierung die Verkehrsopferhilfe eingeschaltet werden, wenn sich der Repräsentant nicht oder nur zögerlich zu den Ersatzansprüchen des Geschädigten äußert.

6. Gerichtliche Geltendmachung. Führt die außergerichtliche Regulierung nicht zu einem angemessenen Ergebnis, muss also eine gerichtliche Geltendmachung der Ersatzansprüche erfolgen, dann kann der Geschädigte (auch eine juristische Person; OLG Köln 9.3.2010, DAR 2010, 582; nicht aber ein Sozialversicherungsträger als Legalzessionar; EuGH 17.9. 2009, NJW-Spezial 2009, 697; auch nicht eine Gebietskörperschaft; OLG Koblenz 15.10. 2012, DAR 2013, 30, m. Anm. *Schneider*) entweder den ausländischen Versicherer an dessen Sitz *im Ausland oder* auf Grundlage eines *Direktanspruchs* an seinem *Wohnsitz* verklagen, Art. 11 Abs. 2, 9 Abs. 1 b) EuGVVO (EG VO 44/ 2001 vom 22.12.2000, sog. *Brüssel I-Verordnung*; BGH 6.5.2008, DAR 2008, 466; EuGH 13.12.2007, DAR 2008, 17; BGH 26.9.2006, DAR 2007, 19; OLG Köln 12.9.2005, DAR 2006, 212; OLG München 18.1.2008, DAR 2008, 590 m. Anm. *Riedmeyer*; OLG Nürnberg 10.4.2012, NJW-RR 2012, 1178; *Rehm* DAR 2001, 531). Gleiches gilt aufgrund eines Parallelabkommens zwischen der EG und Dänemark für deutsche Geschädigte eines Unfalls in Dänemark ebenso wie für Versicherungen in der Schweiz (BGH 7.6.2011, DAR 2013, 19), Norwegen und Island nach der Ratifikation des revidierten Lugano-Übereinkommens (*Staudinger* DAR 2008, 620; a.A. OLG Karlsruhe 7.9.2007, DAR 2007, 587). Seit der Umsetzung der *5. KH-Richtlinie* am 12.6.2005 (2005/ 14/EG vom 11.5.2002) besteht am möglichen *Wohnsitzgerichtsstand des Geschädigten* für Ansprüche gegen den ausländischen Kfz-Versicherer kein Zweifel mehr, vgl. auch Art. 18 Rom II-VO (EuGH 13.12.2007, DAR 2008, 17). Die Beweisaufnahme wird nach dem Recht des angerufenen Gerichts durchgeführt, Art. 22 Rom II-VO.

Praxistipp: Auch hier sollte bedacht werden, dass nicht nur der *inländische Rechtsanwalt* des Geschädigten, sondern auch das *inländische Gericht* am Wohnsitz des Geschädigten *ausländisches Schadensrecht* und die ausländischen Regeln zur Beweislastverteilung und zu gesetzlichen Vermutungen anzuwenden hat (*Kuhnert*, NJW 2011, 3347; LG Saarbrücken 9.3.2012, SP 2012, 233). Der Nutzen des Klägergerichtsstandes sollte daher nicht überschätzt werden (*Heiss* VersR 2007, 327), auch zumal die Klage des Unfallgegners an dessen ausländischen Heimatgericht gegen den deutschen Kfz-Haftpflichtversicherer nicht zu einer Aussetzung eines der beiden Verfahren führt (vgl. BGH 19.2.2013, DAR 2013, 322).

7. Zustellung. Gesetzlich ungeklärt ist, ob eine *Zustellung* der gegen einen ausländischen Versicherer gerichteten Klage, die am Wohnsitz des Geschädigten erhoben wird, an den *inländischen Schadensregulierungsbeauftragten* – der für das gerichtliche Verfahren im Gegensatz zur Entschädigungsstelle nicht passivlegitimiert ist (*Backu* DAR 2003, 145) – gem. § 171 ZPO i.V.m. Art. 4 Abs. 5 der 4. KH-Richtlinie zulässig ist, so dass eine zeit- und kostenaufwändige Auslandszustellung mit einhergehender Übersetzung der Klageschrift nebst Anlagen unterbleiben kann (so *Staudinger* DAR 2008, 620; *Riedmeyer* AnwBl 2008, 17; *Riedmeyer* DAR 2004, 203; vgl. zur Heilung eines Zustellungsmangels in diesem Zusammenhang BGH 7.12.2010, DAR 2011, 78). Auf Vorlage des LG Saarbrücken (Vorlagebeschluss vom 22.6.2012, DAR 2012, 465) hat der EuGH mit Urteil vom 10.10.2013 (Rechtssache C-306/12), DAR 2013, 699 entschieden, dass der Schadenregulierungsbeauftragte im Wohnsitzland des Geschädigten für Klagen gegen den ausländischen Kfz-Haftpflichtversicherer *passiv zustellungsbevollmächtigt* ist.

8. Unfall außerhalb des EU-/EWR-Gebietes. In diesen Fällen findet die 4. KH-Richtlinie keine Anwendung. Wurde der außereuropäische Unfall indes durch ein *Kfz mit gewöhnlichem Standort innerhalb der EU/EWR* verursacht, und gehört der Staat, in dem sich der Unfall ereignete, dem *System der Grünen Karte* an, dann kann sich der deutsche Geschädigte an die Verkehrsopferhilfe in ihrer Eigenschaft als Entschädigungsstelle i.S.v. § 12a PflVG wenden, vgl. §§ 12 a Abs. 4 PflVG.

9. Bei einem Unfall mit einem Nicht-EU-Ausländer außerhalb der EU mit einem Kfz, welches einen gewöhnlichen Standort in einem Drittland hat, ist jedenfalls das ausländische Straßenverkehrs- und Schadensrecht anzuwenden. Der für die Regulierung zuständige ausländische Versicherer verfügt in aller Regel über einen Repräsentanten im Herkunftsland des Geschädigten, so dass die Korrespondenz im Rahmen der außergerichtlichen Regulierung i. d. R. in der am Unfallort einschlägigen Landessprache zu führen ist. Zudem ist für die gerichtliche Geltendmachung von Ersatzansprüchen aus dem Unfall das ausländische Gericht zuständig, ausländisches Prozessrecht findet Anwendung. Schließlich dauert die außergerichtliche und auch gerichtliche Unfallregulierung im außereuropäischen Ausland oftmals Jahre, und die am Unfallort bestehenden Besonderheiten sind dem Anwalt im Herkunftsland des Geschädigten in aller Regel völlig unbekannt.

> Praxistipp: In einer solchen Konstellation sollte der Geschädigte *jedenfalls* einen *Rechtsanwalt am Unfallort* mit der Regulierung seiner Ansprüche betrauen (*Kuhnert*, NJW 2011, 3347). Deutschsprachige Anwälte im Ausland können z. B. durch die Anwaltsauskunft des Deutschen Anwalt Vereins (DAV) oder durch den ADAC benannt werden. Hat der Geschädigte Verkehrsrechtsschutz, dann übernimmt der Rechtsschutzversicherer die gesetzliche bzw. übliche Vergütung des ausländischen Rechtsanwalts (s. a. *Rechtsschutzversicherung*).

www.zentralruf.de
www.gdv-dl.de
www.verkehrsopferhilfe.de
www.gruene-karte.de
www.gruene-karte.de/Merkblatt20082007–Version–09062008.pdf
Siehe auch → *Verkehrsopferhilfe*   Geiger

Auslandsunfallklage →Besonderheiten der Verkehrsunfallklage Nr. 8

Ausrüstpflicht →Kontrollgerät [Fahrtschreiber] Nr. 3

Aussageverweigerungsrecht **1. Allgemeines.** Das A. steht im Strafrecht demjenigen zu, der einer Straftat verdächtigt oder beschuldigt wird. Das ist im Ermittlungsverfahren der Beschuldigte, im Zwischenverfahren der Angeschuldigte und in der Hauptverhandlung der Angeklagte. Das A. sichert den Grundsatz ab, dass der Angeklagte sich nicht selbst zu belasten braucht („nemo tenetur se ipsum accusare", Selbstbelastungsfreiheit). Hiervon zu unterscheiden ist das → *Zeugnisverweigerungsrecht,* dieses steht nur Zeugen und – über die Verweisung des § 76 Abs. 1 S. 1 StPO – auch dem Sachverständigen zu, heißt dann aber Gutachtensverweigerungsrecht. Hiervon nochmals zu trennen ist das Auskunftsverweigerungsrecht (→ *Zeugnisverweigerungsrecht*) des Zeugen.
2. Belehrungspflichten: Der Verdächtigte ist über sein Aussageverweigerungsrecht zu belehren, und zwar *vor* seiner Vernehmung, diese ist bei Verstoß hiergegen nicht verwertbar. Davon zu unterscheiden sind → *Spontanäußerungen* des Beschuldigten. Die Belehrung muss bei der ersten Vernehmung im Ermittlungsverfahren (auch durch Polizeibeamte) den Hinweis enthalten, dass der Beschuldigte, bevor er aussagt, einen Verteidiger seiner Wahl konsultieren kann (vgl. §§ 163 a, 136 StPO). Wer eine Strafakte bearbeitet, hat besonders darauf zu achten, ob die Akte eine ordnungsgemäße Belehrung (und zwar *vor* der Aussage) dokumentiert. Wer in Strafsachen ermittelt, ist gehalten, die Belehrung sehr genau in der Akte zu dokumentieren.
3. Leistungstests. Umstritten ist, inwieweit Belehrungserfordernisse auch für „*Leistungstests*" gelten, denen sich ein Beschuldigter (z. B. bei Verdacht auf Trunkenheit im Verkehr) sogleich am Ort seiner Anhaltung freiwillig unterzieht: Darüber, dass diese Tests freiwillig sind, er also nicht mitzuwirken braucht, ist er nach herrschender Meinung zu belehren. Bisweilen wird aber die Frage aufgeworfen, ob auch darauf hingewiesen werden muss, der Proband könne vor dem Test einen Verteidiger konsultieren. Für eine so weit reichende Verpflichtung könnte zwar sprechen, dass die Interessenlage bei Test und Aussage vergleichbar sei und ein Verteidiger dem Beschuldigten aus Vorsichtsgründen regelmäßig vom Leistungstest abraten müsse, da er sich hierdurch nur be- und nicht entlasten könne. Richtigerweise wird man §§ 136 Abs. 1 S. 2, 163 a Abs. 4 S. 2 StPO *nicht* analog auf Leistungstests anwenden können, denn die StPO unterscheidet Aussagen des Verdächtigen sorgfältig von allen anderen Untersuchungshandlungen, die sich unter (freiwilliger oder ggf. erzwingbarer) Mitwirkung des Verdächtigen vollziehen, etwa: Übergabe von Beweisgegenständen, Blutentnahme, freiwillige Teilnahme an einer → *Wahlgegenüberstellung.* Die Verfahrensordnung bietet keinen hinreichenden Anhaltspunkt dafür, dass Ergebnisse solcher Untersuchungshandlungen nur verwertbar sein sollten, wenn der Beschuldigte auf sein Recht zur Verteidigerkonsultation vorher hingewiesen war.
4. Ab wann vor (weiteren) Angaben der Auskunftsperson deren *Belehrung* als Beschuldigter erforderlich ist, hängt nicht von einem formellen Beschuldigtenbegriff ab: Es kommt also z. B. nicht darauf an, ob die Staatsanwaltschaft bereits ein Verfahren eingetragen hat. Entscheidend ist vielmehr, ob sich ein *Tatverdacht objektiv bereits so verdichtet* hat, dass die vernommene

A Ausscheren

Person ernstlich als Täter oder Beteiligter der untersuchten Straftat in Betracht kommt (BGH 18.12.2008, 4 StR 455/08 = NJW 2009, 1427, mit zahlreichen weiteren Nachweisen). Falls der Tatverdacht so stark ist, dass die Strafverfolgungsbehörde anderenfalls willkürlich die Grenzen ihres Beurteilungsspielraumes überschreiten würde, ist es verfahrensfehlerhaft, wenn der Betreffende dennoch als Zeuge und nicht als Beschuldigter vernommen wird (BGH a.a.O.). Das ist anhand all jener Indizien zu beurteilen, die den Ermittlungspersonen im Zeitpunkt der Vernehmung bereits bekannt waren.

5. Wird zu Unrecht eine Aussage ohne Belehrung erlangt, so ist nicht nur die Belehrung als solche nachzuholen, sondern der Beschuldigte ist darauf hinzuweisen, dass seine ohne Belehrung bereits gemachten Angaben nicht verwertbar sind (so genannte *„qualifizierte Belehrung"*). Denn das Recht zu schweigen und sich nicht selbst belasten zu müssen („nemo tenetur se ipsum accusare") gehört zum Kernstück des von Art. 6 Abs. 1 EMRK garantierten „fairen Verfahrens" (EGMR, NJW 2002, 499; BGH [GS] 42, 139 = NRW 1996, 2940 = NStZ 1996, 502). Darum muss die rechtsstaatliche Ordnung Vorkehrungen in Form einer „qualifizierten" Belehrung treffen, die verhindert, dass ein Beschuldigter auf sein Aussageverweigerungsrecht nur deshalb verzichtet, weil er möglicherweise glaubt, eine frühere, unter Verstoß gegen die Belehrungspflicht zustande gekommene Selbstbelastung nicht mehr aus der Welt schaffen zu können (BGH NJW 2009, 1427, 1428).

Praxistipps: Trotz der Grundsätze in Rn 5 ist vor und in der Hauptverhandlung Vorsicht geboten.
Tipp 1: Ist eine „qualifizierte" Belehrung unterblieben und wurde die Belehrung nur als „einfache" nachgeholt, so ist die daraufhin zustande gekommene neue Aussage nicht generell unverwertbar in einem Strafverfahren. Denn der Verstoß gegen die Pflicht zur „qualifizierten" Belehrung hat nicht das gleiche Gewicht wie ein solcher gegen § 136 Abs. 1 S. 2 StPO, darum ist über die Verwertbarkeit der weiteren Aussagen durch Abwägung im Einzelfall zu entscheiden (BGH NJW 2007, 2708 = NStZ 2007, 653 = StV 2007, 450; BGH NJW 2009, 1427, 1428). Abzustellen ist auf das Gewicht des Verfahrensverstoßes, insbesondere ob die Vernehmung (nur) als Zeuge in bewusster Umgehung der Belehrungspflichten erfolgt ist; dem gegenüberzustellen ist das Interesse des Staates an der Sachaufklärung (BGH NJW 2009, 1427, 1428 m.w.N.). Ankommen soll es darauf, ob sich aus den Umständen des Falls ergibt, dass der Vernommene davon ausgegangen ist, von seinen vor der Beschuldigtenbelehrung gemachten Angaben als Zeuge bei seiner weiteren Vernehmung als Beschuldigter nicht mehr abrücken zu können. Das wird insbesondere dann anzunehmen sein, wenn sich die Beschuldigtenvernehmung inhaltlich als bloße Wiederholung oder Fortsetzung der in der Zeugenvernehmung gemachten Angaben darstellt. Es wird hingegen dann nicht anzunehmen sein, wenn der Beschuldigte erst nach seiner Belehrung lebendige und detaillierte, ihn und seine Mittäter belastende Angaben gemacht hat (BGH ebd.). Das Gericht wird also die Akten auf Indizien dieser Art auswerten und ggf. versuchen, die Vorgänge zu rekonstruieren, indem es die seinerzeitigen Verhörspersonen (Kriminalbeamte, Ermittlungsrichterin) in der Hauptverhandlung als Zeugen vernimmt. Soweit es dabei um das Zustandekommen der von diesen entgegengenommenen Aussage und deren Verwertbarkeit geht, gilt das Freibeweisverfahren. Der Strengbeweis gilt, soweit der Inhalt der seinerzeitigen Aussage betroffen ist.
Tipp 2: Ist abzusehen, dass das Gericht als Ergebnis dieser Beweisaufnahme mit guten Gründen davon ausgehen wird, die „Unqualifiziertheit" der Belehrung sei unbeachtlich, und der Angeklagte habe im Ermittlungsverfahren aufgrund nachgeholter (wenn auch nur „einfacher") Belehrung ein glaubhaftes Geständnis abgelegt, dann kann sich eine leugnende oder schweigende Verteidigung faktisch verbieten. Vielmehr wird es sich empfehlen, eine bevorstehende Rekonstruktion der damaligen Vernehmung überflüssig zu machen und stattdessen rechtzeitig eine Verständigung (§ 257 StPO) anzustreben, in deren Zuge der Angeklagte sein Geständnis wiederholt und dafür eine bestimmte (genau zu definierende) Strafobergrenze nicht überschritten wird.
Tipp 3: Ist indessen zu erwarten, dass die Rekonstruktion der seinerzeitigen Vernehmung auch nach den oben genannten Grundsätzen zu einer Unverwertbarkeit führen wird, dann ist die Beweiserhebung durch kluge und kritische Fragen in die erwartete Richtung voranzutreiben.

Siehe auch → *Spontanäußerungen am Unfallort*
Weder

Ausscheren → Doppelte Rückschaupflicht

Ausschluss des Verjährungsablaufs → Verfolgungsverjährung Nr. 1 h)

Ausschluss des Vorbesitzes einer EU- oder EWR-Fahrerlaubnis derselben Klasse
→ Fahrerlaubnisverzicht Nr. 6

Außenverhältnis → Gestörte Gesamtschuld, → Haftung mehrerer Schädiger Nr. 1, → Kfz-Haftpflichtversicherung Nr. 5

Außerbetriebsetzung → Fahrzeug-Zulassungsverordnung (FZV) Nr. 5, 7, → Hauptuntersuchung, → Stilllegung

äußerste Sorgfalt → Doppelte Rückschaupflicht, → Unabwendbares Ereignis Nr. 2

Aussteigen → Haftungsverteilung bei Verkehrsunfällen Nr. 4, → Halten und Parken Nr. 1, 2, 7

austauschbare Ladungsträger → Leergewicht

Ausweispflicht → Nichtmitführen des Führerscheins

Auswertung von Kontrollgeräten und Tachoscheiben → Geschwindigkeit Nr. 9, → Lenk- und Ruhezeiten, → Kontrollgerät

Autobahn → Geschwindigkeit Nr. 3 c), → Richtgeschwindigkeit

Autobahnbenutzungsgebührengesetz → Autobahnmaut Nr. 3

Autobahnmaut 1. Allgemeines. Mit dem „Gesetz über die Erhebung von streckenbezogenen Gebühren für die Benutzung von Bundesautobahnen mit schweren Nutzfahrzeugen" (ABMG) wurde in Deutschland eine sog. Autobahnmaut eingeführt. Seit dem 19.7.2011 bildet das „Gesetz über die Erhebung von streckenbezogenen Gebühren für die Benutzung von Bundesautobahnen und Bundesstraßen (Bundesfernstraßenmautgesetz – BFStrMG)" die Rechtsgrundlage für die Erhebung von Mautgebühren. Damit einher geht ein Systemwechsel von der Steuerfinanzierung hin zu einer Nutzerfinanzierung des Autobahnbaus. Die Maut wird seit dem 1.1.2005 für die Benutzung der Bundesautobahnen mit Kraftfahrzeugen erhoben, die allein für den Güterkraftverkehr bestimmt sind oder eingesetzt werden und deren zulässiges Gesamtgewicht mindestens 12 Tonnen beträgt. Mit der Entwicklung, dem Aufbau und dem Betrieb eines bis dahin weltweit einzigartigen, da satellitengestützten Mauterhebungssystems beauftragte die Bundesregierung im Jahre 2002 das Unternehmen Toll Collect GmbH, ein aus den Unternehmen der Deutschen Telekom AG, der Daimler Financial Services AG und dem französischen Unternehmen Cofiroute S. A. bestehendes Betreiberkonsortium. Damit ging Deutschland einen Schritt, der in anderen Ländern Europas schon lange vollzogen wurde. So erheben von den anderen Mitgliedstaaten der Europäischen Union nicht weniger als 21 Staaten eine unterschiedlich ausgestaltete Gebühr für die Benutzung bestimmter Straßen. Trotz schon jetzt bestehender Mauteinnahmen von jährlich rund 3,5 Milliarden Euro kann es vor dem Hintergrund eines geschätzten Investitionsbedarfs in die Verkehrsinfrastruktur von 6,5 Milliarden Euro und der gerade im Zuge der Wirtschafts- und Finanzkrise nicht geringer werdenden Staatsverschuldung nicht verwundern, dass auf der Suche nach neuen Einnahmequellen stets auch die Mautgebühren in der Diskussion sind. Tauchte bisher bereits mehrfach der Vorschlag einer Ausweitung der Mautpflicht auf alle Fahrzeugtypen auf der politischen Agenda diverser Parteien bzw. einzelner Politiker auf (vgl. auch das Weißbuch der Europäischen Kommission vom 28.3.2011, Fahrplan zu einem einheitlichen europäischen Verkehrsraum – Hin zu einem wettbewerbsorientierten und ressourcenschonenden Verkehrssystem, KOM (2011) 144 endg., in dem unter Nr. 78 das Ziel formuliert wird, langfristig für alle Fahrzeuge und das gesamte Netz Nutzerentgelte zu erheben, um mindestens die Instandhaltungskosten der Infrastruktur, Staus, Luftverschmutzung und Lärmbelastung zu internalisieren), so befindet sich dieser Vorschlag nunmehr in der Umsetzung. Am 27.3.2015 hat der Bundestag dem Gesetzentwurf der Bundesregierung zur Einführung einer Infrastrukturabgabe für die Benutzung der von Bundesfernstraßen zugestimmt. Danach sollte ab dem 1.1.2016 die sog. Infrastrukturabgabe auch für PKWs gelten. Aufgrund der von der EU-Kommission vorgetragenen juristischen Bedenken ist die Einführung der Pkw-Maut aber zwischenzeitlich durch den Bundesverkehrsminister verschoben worden. Es soll der Ausgang eines möglichen Vertragsverletzungsverfahrens abgewartet werden.

2. Technischer Hintergrund des deutschen Mautsystems. Grundgedanke des satelliten- und mobilfunkgestützten Mauttechnologie ist die Abrechnung der Maut durch den Einsatz der GPS-Technologie. Voraussetzung für diese vollautomatische Zahlweise ist der Einsatz von

A Autobahnmaut

sog. On-Board-Units, die in die Lastkraftwagen auf eigene Kosten eingebaut werden müssen, sowie die Anmeldung des Mautschuldners beim Betreiber, wobei nach § 6 Abs. 1 S. 3 i.V. m. § 3 Nr. 1, 4 und 5 LKW-MautV die maßgeblichen Tatsachen wahrheitsgemäß und vollständig anzugeben sind. Wird das Fahrzeug in Gang gesetzt, schaltet sich auch die On-Board-Unit ein und die Position des Lastkraftwagens kann per Satellitenortung ermittelt werden. Die On-Board-Unit kann nun mittels der Streckendaten und der Position bestimmen, ob und in welcher Höhe für eine bestimmte Strecke eine Mautpflicht besteht. Diese Daten werden sodann an die Firma Toll Collect GmbH gesendet und für die Rechnungserstellung verarbeitet. Die Rechnung kann sodann per Lastschriftverfahren, mittels Tank- bzw. Flottenkarte oder über ein Guthabenkonto beglichen werden. Da allerdings keine Pflicht zum Einbau einer On-Board-Unit und damit zur Teilnahme am automatischen Mauterhebungssystem besteht, kann die Maut für eine bestimmte Strecke auch vor Fahrtantritt im Internet oder an einem der sog. Mautstellen-Terminals bezahlt werden, was ebenfalls eine Anmeldung beim Betreiber voraussetzt (manuelles Mauterhebungssystem, vgl. §§ 4 f. LKW-MautV).

3. Vorläuferregelungen. Obwohl die konkurrierende Gesetzgebungskompetenz des Bundes zur Erhebung und Verteilung von Gebühren oder Entgelten für die Benutzung öffentlicher Straßen mit Fahrzeugen bereits durch das 22. Gesetz zur Änderung des Grundgesetzes vom 12.5.1969 in Art. 74 Abs. 1 Nr. 22 GG eingefügt wurde, dauerte es unter der Geltung des Grundgesetzes bis zum Jahr 1990, bis erstmals ein Straßenbenutzungsgebührengesetz in Kraft trat. Eine Art Vorläufer dieser Regelung war die durch das Gesetz über die Besteuerung des Straßengüterverkehrs vom 28.12.1968 erhobene Straßengüterverkehrsteuer, den sog. Leberpfennig (vgl. dazu BVerfG 17.7.1974, 1 BvR 51, 160, 285/69, 1 BvL 16, 18, 26/72, BVerfGE 38, 61). Diese Steuer war allerdings aufgrund der Harmonisierungsbestrebungen der damaligen Europäischen Gemeinschaft hinsichtlich einer wegekostenorientierten Abgabe gemäß § 14 StraßengüterverkehrsteuerG nur bis zum 31.12.1970 beziehungsweise – aufgrund der Verlängerung durch das Gesetz zur Änderung des Gesetzes über die Besteuerung des Straßengüterverkehrs vom 23.12.1970 – bis zum 31.12.1971 befristet. Mangels einer entsprechenden europarechtlichen Regelung wurde danach eine Fortentwicklung der Kfz-Steuer beschlossen, während die Straßengüterverkehrsteuer nicht mehr erhoben wurde (vgl. dazu Müller/*Schulz* Bundesfernstraßengesetz ABMG Einf. Rn. 4 f.).

Die erste Gebühr für die Benutzung der Bundesautobahnen und Bundesstraßen außerhalb geschlossener Ortschaften für schwere Lastfahrzeuge ab 18 Tonnen tatsächlichem oder zulässigem Gesamtgewicht wurde in Deutschland durch das Gesetz über Gebühren für die Benutzung von Bundesfernstraßen mit schweren Lastfahrzeugen vom 30.4.1990 eingeführt. Das Gesetz trat am 1.7.1990 in Kraft. Allerdings wurde die Gebühr aufgrund des Urteils des EuGH (vgl. EuGH 19.5.1992, Rs. C-195/90, Slg. 1992, I-3141 und der dazugehörige einstweilige Anordnung zur Aussetzung des Vollzugs des Gesetzes in EuGH 12.7.1990, Rs. C-195/90 R, Slg. 1990, I-3351) und aufgrund des Gesetzes zur Änderung des Gesetzes über Gebühren für die Benutzung von Bundesfernstraßen mit schweren Lastfahrzeugen vom 6.12.1990 nie erhoben bzw. wurden bereits entrichtete Gebühren erstattet.

Auf der Grundlage der Richtlinie 93/89/EWG und einer Gemeinsamen Erklärung im Rahmen der Tagung des Rates der EG im Juni 1993 schloss Deutschland mit Dänemark, Belgien, Niederlande und Luxemburg am 9.2.1994 ein vorerst bis zum 31.12.2019 geltendes Übereinkommen über die Erhebung von Gebühren für die Benutzung bestimmter Straßen mit schweren Nutzfahrzeugen, dem Schweden am 18.9.1997 beitrat. Darin wurde die Erhebung von Benutzungsgebühren für schwere Nutzfahrzeuge, die ausschließlich für den Güterkraftverkehr bestimmt sind und deren zulässiges Gesamtgewicht mindestens 12 Tonnen beträgt, vereinbart. Zur Einführung dieser sog. Eurovignette wurde am 30.8.1994 in Deutschland das Autobahnbenutzungsgebührengesetz (ABBG) verabschiedet, das am 1.1.1995 in Kraft trat. Aufbau und Betrieb des Gebührensystems wurde einem privatrechtlichen Unternehmen, der Arbeitsgemeinschaft Gebührenentrichtungssystem (AGES), übertragen. Das ABBG wurde schließlich durch das Autobahnmautgesetz abgelöst. Zu diesem Zwecke nahm die Bundesregierung ihr sog. opting-out-Recht aus Art. 17 des Übereinkommens mit Wirkung zum 31.8.2003 wahr, wodurch die zeitbezogene Gebührenerhebung eingestellt wurde.

Neben dem ABBG wurde zur Verstärkung von Investitionen in das Bundesfernstraßennetz am

30.8.1994 das Gesetz über den Bau und die Finanzierung von Bundesfernstraßen durch Private (Fernstraßenbauprivatfinanzierungsgesetz) erlassen. Dieses erlaubt die Gebührenerhebung durch Private zu ihren Gunsten, um so deren Investitionen zu refinanzieren. Entsprechend der europarechtlichen Vorgaben (Art. 7 RL 93/89/EWG, Art. 7 RL 1999/62/EG) dürfen derartige Gebühren nur für neu errichtete Brücken, Tunnel, Gebirgspässe im Zuge von Bundesautobahnen und Bundesstraßen sowie für mehrstreifige Bundesstraßen mit getrennten Fahrbahnen für den Richtungsverkehr erhoben werden. Auch muss sich die Mauthöhe nach den Kosten für Bau, Erhaltung, Betrieb und weiteren Ausbau des Straßenabschnittes richten und in einem angemessenem Verhältnis zu dem durchschnittlichen Vorteil der Benutzung stehen.

4. Europarechtliche Vorgaben. a) Zur Beseitigung der Wettbewerbsverzerrungen zwischen Verkehrsunternehmen aus den Mitgliedstaaten durch Harmonisierung der einzelstaatlichen Abgabensysteme und zur Einführung gerechter Mechanismen für die Anlastung der Wegekosten an die Verkehrsunternehmer wurde am 25.10.1993 die Richtlinie 93/89/EWG über die Besteuerung bestimmter Kraftfahrzeuge zur Güterbeförderung sowie die Erhebung von Maut- und Benutzungsgebühren für bestimmte Verkehrswege durch die Mitgliedstaaten erlassen. Neben der Festlegung von Mindestsätzen für die Kraftfahrzeugsteuern sieht die Richtlinie Rahmenbedingungen für die Beibehaltung oder Einführung von Mautgebühren (zum Begriff siehe Art. 2, 2. Spiegelstrich RL 93/89/EWG) für bestimmte Straßen vor. Diese dürfen vor allem nicht mit Diskriminierungen, übermäßigem Verwaltungsaufwand oder Behinderungen an den Binnengrenzen verbunden sein. Auch müssen die Benutzungsgebühren (zum Begriff siehe Art. 2, 3. Spiegelstrich RL 93/89/EWG) entsprechend der Dauer der Benutzung der Verkehrswege festgelegt werden und sich der Höhe nach an den Kosten für Bau, Betrieb und weiteren Ausbau des betreffenden Straßennetzes orientieren.

Der EuGH erklärte die RL 93/89/EWG aufgrund einer nicht ordnungsgemäßen Anhörung des Parlaments im Gesetzgebungsverfahren der Gemeinschaft für nichtig, wobei die Wirkungen der Richtlinie bis zum Erlass einer neuen Richtlinie aufrechterhalten wurden (EuGH 5.7.1995, Rs. C-21/94). Die neue Richtlinie wurde sodann am 17.6.1999 mit der RL 1999/62/EG über die Erhebung von Gebühren für die Benutzung bestimmter Verkehrswege durch schwere Nutzfahrzeuge (sog. Wegekostenrichtlinie) erlassen. Die Ziele und Vorgaben der Richtlinie entsprechen dabei weitgehend den Bestimmungen der RL 93/89/EWG. Hinzu kommt in der Richtlinie vor allem eine stärkere Betonung des Umweltschutzes, der durch eine Differenzierung der Steuern und Gebühren und durch die Verwendung eines Teils des Mautaufkommens gefördert werden soll. Des Weiteren wurden bestimmte Höchstsätze für die Benutzungsgebühren sowie die Möglichkeit der Mitgliedstaaten zur Differenzierung der Mautgebühren nach Fahrzeug-Emissionsklassen und Tageszeit festgelegt (vgl. zur RL 1999/62/EG *Neumann/ Kocken* NVwZ 2009, 940 [943 f.]).

Mit der Richtlinie 2006/38/EG vom 17.5. 2006 wurde die RL 1999/62/EG in einigen Punkten wesentlich geändert. So können u. a. die Maut- und/oder Benutzungsgebühren nunmehr auch auf Fahrzeuge mit einem zulässigen Gesamtgewicht von unter 12 t, aber mindestens 3,5 t erhoben werden. Ab 2012 sind die Gebühren dann auch auf alle diese Fahrzeuge anzuwenden, wobei ein Mitgliedstaat unter bestimmten Voraussetzungen von dieser Pflicht abweichen kann. Zudem können die Mitgliedstaaten ermäßigte Maut- bzw. Benutzungsgebühren oder Befreiungen vorsehen, solange diese im Einklang mit den Vorgaben des Primärrechts stehen. Die Ermäßigungsregelungen sind dabei von der Kommission zu genehmigen. Zudem wird klargestellt, dass auch ein angemessener Ausgleich für die Gebühren gewährt werden kann, wobei in diesem Zusammenhang Art. 107 f. AEUV zu beachten sind. Des Weiteren werden über die Richtlinie den einzelnen Staaten noch mehr Möglichkeiten – und grundsätzlich ab 2010 die Pflicht – zur Differenzierung der Mautgebühren eingeräumt.

Die Richtlinie 2006/103/EG vom 20.11.2006 war anlässlich des Beitritts Bulgariens und Rumäniens notwendig geworden und enthält entsprechende, aber nur marginale Änderungen der RL 1999/62/EG. Mit der jüngsten Änderung durch die Richtlinie 2011/76/EU vom 27.9.2011, die durch das Erste Gesetz zur Änderung des Bundesfernstraßenmautgesetzes vom 23.7.2013 (BGBl. I S. 2550) in deutsches Recht umgesetzt wurde, werden im Wesentlichen konkrete Vorgaben zur Erhebung und Bemessung von Maut-, Benutzungs- und Infrastrukturgebühren sowie Ausnahmen zur Erhebung und Bemessung der Gebühren eingeführt, und es wird den Mitgliedstaaten ermöglicht, auch die Kosten verkehrsbedingter Luftverschmutzung und Lärmbelästigung bei der Bemessung der Mautsätze zu berücksichtigen. Des Weiteren kann bei Verkehrswegen in Bergregionen, die von akuter Verkehrsüberlastung betroffen sind oder deren Nutzung durch Fahrzeuge erhebliche Umweltschäden verursacht, unter bestimmten Voraussetzungen ein Aufschlag für die staugefährdeten Zeiten erhoben werden. Es ist nunmehr auch möglich, die Infrastrukturgebühr aus Gründen der Stauvermeidung, zur Minimierung von Infrastrukturschäden und zur Optimierung der Infrastrukturnutzung oder zur Förderung der Verkehrssicherheit zu differenzieren. Eine entsprechende Differenzierung setzt die Unterrichtung der Kommission voraus und darf nicht der Erzielung zusätzlicher Mauteinnahmen dienen.

b) Mit der Richtlinie 2004/52/EG des Europäischen Parlamentes und des Rates vom 29.4.2004 über die Interoperabilität elektronischer Mautsysteme in der Gemeinschaft wird das Ziel der Interoperabilität der europaweit bestehenden und neuen elektronischen Mautsysteme durch die Beseitigung technologischer Schranken verfolgt. Kern der Richtlinie ist die Möglichkeit der parallelen Existenz von Satelliten-, Mobilfunk- und Mikrowellentechnik (5,8 Ghz), wobei der Einsatz von Satellitentechnik empfohlen wird. Zudem wird die Schaffung eines europäischen Mautdienstes als Ziel verfolgt, der den Zugang zum mautpflichtigen Straßennetz in der Europäischen Gemeinschaft, nunmehr Europäischen Union, mit nur einem Fahrzeuggerät und einem Vertrag mit einem vom Nutzer selbst gewählten Betreiber ermöglicht. Schließlich wird ein Ausschuss für elektronische Maut eingerichtet, der die Kommission unterstützen soll. Deutschland hat diese Vorgaben durch das Gesetz über den Betrieb elektronischer Mautsysteme vom 22.12.2005 umgesetzt und hält sich mit seinem Mautsystem auch an die Bestimmungen der Richtlinie (vgl. zur RL 2004/52/EG *Neumann/Kocken* NVwZ 2009, 940 [944]).

c) Vor allem mit Blick auf die aktuelle Diskussion um die Einführung einer „Maut für Ausländer" ist auf das unionsrechtliche Diskriminierungsverbot hinzuweisen, das – neben den sich aus den Grundfreiheiten ergebenden speziellen Diskriminierungsverboten – als genereller Grundsatz in Art. 18 AEUV niedergelegt ist und jede Diskriminierung aus Gründen der Staatsangehörigkeit verbietet. Da in der Union nach Art. 4 Abs. 2 lit. g, 90 ff. AEUV (in geteilter Zuständigkeit) eine gemeinsame Verkehrspolitik verfolgt wird, fallen Regelungen über Straßenbenutzungsgebühren in den Anwendungsbereich der Verträge, so dass Art. 18 AEUV in diesem Sachgebiet Geltung beansprucht. Hinzu kommt das Recht der Freizügigkeit der Unionsbürger aus Art. 21 AEUV, das auch sonstige Beschränkungen der Mobilität der Unionsbürger grundsätzlich untersagt. Mit Blick auf Verkehrsunternehmen, die ihre Leistungen mit PKWs unter 3,5 t Gesamtgewicht anbieten und damit nicht schon von der Mautpflicht für LKW erfasst sind, ist zudem noch die sog. standstill-Klausel in Art. 92 AEUV zu beachten.

Vor diesem Hintergrund scheiden Regelungen aus, die die Mautpflicht nur nichtdeutschen Straßennutzern auferlegen, da damit unmittelbar an die Staatsangehörigkeit angeknüpft wird und Unionsbürger schlechter gestellt würden. Dieselbe Wirkung hat der Vorschlag, wonach an die deutschen Autofahrer Vignetten kostenlos verteilt werden, so dass auch ein solches Mautsystem ausscheidet. Zumindest mit Blick auf den Individualverkehr wäre es dagegen zulässig, eine Mautpflicht für alle Straßennutzer einzuführen und – losgelöst und unabhängig von der Erhebung einer Maut – die Kraftfahrzeugsteuer zu senken. Dies ergibt sich einerseits daraus, dass sich das Steuerrecht auch unter der Geltung des AEUV grundsätzlich in der ausschließlichen Kompetenz der Mitgliedstaaten befindet (Streinz/*Koenig/Paul/Kamann* EUV/AEUV² Vorb. Art. 110 AEUV Rn. 2). Die Art. 110 ff. AEUV beziehen sich insoweit lediglich auf Maßnahmen zur Gewährleistung des freien Warenverkehrs und auf die Herstellung eines unverzerrten Wettbewerbs im Binnenmarkt (Streinz/*Koenig/Paul/Kamann* EUV/AEUV² Vorb. Art. 110 AEUV Rn. 4). Zum anderen und viel zwingender ergibt sich dies aus dem vor allem in der Wegekostenrichtlinie deutlich zum Ausdruck kommenden verkehrspolitischen Anliegen der Union, die straßenbezogenen Infrastrukturkosten durch die Nutzer und in Abhängigkeit zur tatsächlichen Nutzung zu finanzieren. Durch die Einführung einer generellen Mautpflicht und der – unabhängig hiervon vorzunehmenden Absenkung der Kraftfahrzeugsteuer würde die in Deutschland – über die Mineralöl- und Kraftfahrzeugsteuer – praktizierte Steuerfinanzierung zumindest teilweise auf die unionsrechtlich gewollte Gebührenfinanzierung umgestellt. Hierin ist weniger eine Schlechterstellung der nichtdeutschen Unionsbürger zu sehen als vielmehr ein Abbau einer Begünstigung dieser Unionsbürger bei der Benutzung der für sie kostenlosen Verkehrsinfrastruktur in Deutschland (vgl. *Kainer/Ponterlitschek* ZRP 2013, 198 [201]). Denn während deutsche Autofahrer angesichts der in der Mehrzahl der Mitgliedstaaten bestehenden generellen Mautpflicht für die Nutzung der Straßen in diesen Mitgliedstaaten entsprechend Gebühren bezahlen, können die nichtdeutschen Unionsbürger die deutsche Verkehrsinfrastruktur nutzen, wobei sie allenfalls über die Mineralölsteuer, nicht aber über die Kraftfahrzeugsteuer zur Finanzierung herangezogen werden.

Es ist allerdings zu beachten, dass die Absenkung der Kraftfahrzeugsteuer so gestaltet sein muss, dass dadurch nicht neue Ungleichheiten geschaffen werden, die wiederum vor Art. 18 AEUV keinen Bestand haben könnten. Dementsprechend scheidet etwa auch eine rechtliche Ausgestaltung in der Form einer Anrechnung der tatsächlich gezahlten Mautgebühren auf die Kraftfahrzeugsteuer zwingend aus; denn dieses „link between toll and tax", zwischen Maut und steuerlicher Entlastung führt zu einer Diskriminierung der EU-Ausländer, für die eine sachliche Rechtfertigung nicht erkennbar ist (näher hierzu *Brenner* DAR 2014, 619 [620 ff.]). Schließlich ist aufgrund der standstill-Klausel in Art. 92 AEUV die Möglichkeit der Absenkung der Kraftfahrzeugsteuer allein auf den nichtgewerblichen Bereich beschränkt, anderenfalls eine ungünstigere Gestaltung für ausländische Verkehrsunternehmer im Vergleich zu den inländischen Verkehrsunternehmen begründet werden würde (*Kainer/Ponterlitschek* ZRP 2013, 198 [199, 201]). Die Europarechtswidrigkeit eines solchen Vorgehens hat der EuGH in dem bereits oben erwähnten Urteil zum Gesetz über Gebühren für die Benutzung von Bundesfernstraßen mit schweren Lastfahrzeugen vom 30.4.1990 festgestellt. Auch dort hat der deutsche Gesetzgeber eine LKW-Maut bei gleichzeitiger Senkung der Kraftfahrzeugsteuer eingeführt, worin der Gerichtshof eine neue Belastung sah, die in erheblichem Umfang durch eine nur den deutschen Verkehrsunternehmen zugutekommende Senkung der Kraftfahrzeugsteuer ausgeglichen wird, was wiederum bewirkt, dass die Lage der Verkehrsunternehmen der anderen Mitgliedstaaten im Vergleich zu der Situation der deutschen Verkehrsunternehmen in einem für erstere ungünstigen Sinne verändert wird (EuGH 19.5.1992, Rs. C-195/90, Slg. 1992, I-3141, Rn. 23).

Es bleibt vor dem Hintergrund auch dieser Entscheidung abzuwarten, ob der EuGH in der Koppelung der Maut für alle und der steuerlichen Entlastung nur für Deutsche einen Verstoß gegen Art. 18 AEUV erblickt (siehe zum Ganzen auch *Kainer/Ponterlitschek* ZRP 2013, 198 [198 ff.]); für eine solche Sicht der Dinge sprechen jedenfalls gewichtige Argumente.

5. Einführung der Bundesfernstraßenmaut. Die Einführung der Bundesfernstraßenmaut, zunächst als Autobahnmaut, verlief nicht problemlos. Zunächst wurden von der Europäischen Kommission nach Beendigung des 1999 begonnenen europaweiten Ausschreibungsverfahrens und der Erteilung des Zuschlags an die Toll Collect GmbH (damals: ETC.de) am 20.9. 2002 wettbewerbsrechtliche Bedenken geltend gemacht. So befürchtete die Kommission, dass die Daimler AG aufgrund ihrer Beteiligung an der Toll Collect GmbH den Zugang weiterer Telematik-Dienstleister zu den On-Board-Units kontrollieren könnte. Diese On-Board-Units können auch für Mehrwertdienste in Telematikanwendungen wie die LKW-Ortung und die Übermittlung von Textdaten zwischen den Fahrzeugen und dem Flottenbetreiber eingesetzt werden. Da die Daimler AG einer der Hauptanbieter von Telematiksystemen ist, bestand die Gefahr, dass sie aufgrund ihrer Beteiligung an der Toll Collect GmbH eine marktbeherrschende Stellung im Telematiksystemgeschäft für Transport- und Logistikunternehmen erlangt. Die Genehmigung seitens der EU war dann auch mit Auflagen verbunden. So mussten die Daimler AG und die Deutsche Telekom AG sicherstellen, dass die On-Board-Units auch mit Systemen anderer Hersteller kombinierbar sind. Zudem musste die eigens für die Einspeisung von Telematikdaten in das Toll-Collect-System gegründete Gesellschaft Telematics Gateway von der Daimler AG und der Deutschen Telekom AG unabhängig sein und allen Anbietern von Telematikdiensten gleichberechtigten Zugang gewähren (vgl. dazu Entscheidung der Kommission 30.4.2003, 2003/792/EG, ABl. Nr. L 300, 62).

Des Weiteren trat das Autobahnmautgesetz bereits am 12.4.2002 in Kraft und der Beginn der Mauterhebung war ursprünglich für den 31.8.2003 vorgesehen. Doch war die Toll Collect GmbH aufgrund technischer Probleme während des Testbetriebs nicht in der Lage, ihre vertraglichen Verpflichtungen einzuhalten. Deswegen verzögerte sich der Beginn der Mauterhebung bis zum 1.1.2005. Das Bundesministerium für Verkehr, Bau und Stadtentwicklung erhob aufgrund dieser Verzögerungen am 29.7.2005 Klage vor einem Schiedsgericht auf Ersatz der Einnahmeausfälle in Höhe von 3,5 Milliarden Euro sowie auf Zahlung von 1,6 Milliarden Euro an Vertragsstrafen gegen das Betreiberkonsortium, wobei sich die Gesamtsumme einschließlich der Zinsen zwischenzeitlich auf 7 Milliarden Euro erhöhte. Die Toll Collect GmbH hat wiederum Ende 2006 eine Klage auf Zahlung zu Unrecht gekürzter Betreibervergütung und auf Vergütung von Zusatzaufträgen, auf Zustimmung des Bundes zu Unterauftragnehmerverträgen sowie auf die Erteilung der endgültigen Betriebserlaubnis für das Mautsystem gegen die Bundesregierung vor dem Schiedsgericht eingereicht. Eine Entscheidung des Schiedsgerichts unter dem Vorsitz des früheren Präsidenten des Bundesgerichtshofs Günter Hirsch steht noch aus.

6. Zweck der Maut. Die Bundesfernstraßenmaut verfolgt das Ziel der verursachergerechten Verteilung der Kosten für den Erhalt und Ausbau des Bundesfernstraßennetzes. Dies ergibt sich vor allem aus der Bestimmung über die Bemessungsfaktoren der Mautsätze nach § 3 BFStrMG sowie aus der Verteilung des Mautaufkommens nach § 11 Abs. 1 S. 3 BFStrMG, wonach die Mauteinnahmen abzüglich der in § 11 Abs. 1 S. 2 BFStrMG genannten Kosten sowie eines jährlichen Betrags in Höhe von 150 Mio. Euro dem Verkehrshaushalt zugeführt und zweckgebunden zur Verbesserung der Verkehrsinfrastruktur für die Bundesfernstraßen verwendet werden. Mit der Differenzierung nach der Anzahl der Achsen sollen dabei der mit zunehmender Achszahl ansteigende Fahrbahnverschleiß und die daraus resultierenden Kosten den Verursachern gesondert angelastet werden. Daneben werden mit der Maut auch verkehrssteuernde und umweltpolitische Zwecke verfolgt, indem die Auslastung der Transportkapazitäten effektuiert werden sollen. So sollen durch die Gebührenerhebung Anreize zum Einsatz emissionsarmer Fahrzeuge, zur Vermeidung von Leerfahrten und zum Gütertransport mit der Bahn oder zu Wasser gesetzt werden. Zu einer derartigen verhaltenslenkenden Zwecksetzung ist der Gebührengesetzgeber aufgrund seines weiten Entscheidungs- und Gestaltungsspielraums auch befugt (vgl. BVerwG 4.8.2010, 9 C 6/09, NVwZ 2011, 41 [44]). Das satellitengestützte Erfassungssystem bezweckt – im Unterschied etwa zum Vignettensystem – eine kilometergenaue Mautberechnung, ohne dass es zu Verkehrsbehinderungen kommt, wie dies etwa bei einer Abrechnung durch Kassenstationen der Fall wäre.

Kein Zweck des BFStrMG, sondern vielmehr eine Ausgleichsmaßnahme für die mit der Maut verbundenen Belastungen für das Güterkraftverkehrsgewerbe ist die in § 11 Abs. 2 BFStrMG vorgesehene Möglichkeit, aus dem Mautaufkommen mit jährlich bis zu 450 Mio. Euro Programme des Bundes zur Umsetzung der Ziele Beschäftigung, Qualifizierung, Umwelt und Sicherheit in Unternehmen des mautpflichtigen Güterkraftverkehrs zu finanzieren.

7. Einrichtung des Mauterhebungssystems. Betreiber des Mautsystems ist die Toll Collect GmbH. Mit Zustimmung der zuständigen Straßenbaubehörden hat sie nach § 6 Abs. 1 BFStrMG dementsprechend die Einrichtungen für den Betrieb des Mauterhebungssystems und für die Feststellung von mautpflichtigen Benutzungen von mautpflichtigen Straßen zu errichten. Näheres zur Zusammenarbeit des Betreibers und der Straßenbaubehörden zur Durchführung der notwendigen Arbeiten, zur Kostenverteilung und -übernahme, zur Haftung sowie zum Bau, zum Betrieb, zur Unterhaltung und Beseitigung der Mautanlagen ist in Verträgen zwischen dem Bund, dem jeweiligen Land und dem Betreiber geregelt (vgl. dazu Müller/*Schulz* Bundesfernstraßengesetz ABMG § 6 Rn. 7 ff.).

§ 6 Abs. 2 BFStrMG überträgt der Toll Collect GmbH auch das Recht und die Obliegenheit, für die Beschaffung, Anbringung, Unterhaltung, den Betrieb und Entfernung der zur Mauterhebung erforderlichen Verkehrszeichen und Verkehrseinrichtungen zu sorgen. Allerdings muss sie dazu die erforderlichen Anordnungen der Straßenverkehrsbehörden einholen und sie untersteht insoweit deren Aufsicht. Die Straßenverkehrsbehörde ordnet wiederum die erforderlichen Verkehrszeichen und -einrichtungen gemäß § 45 Abs. 1 e StVO auf der Grundlage des von dem Betreiber vorgelegten Verkehrszeichenplans innerhalb von drei Monaten nach Eingang des Plans an.

8. Mautpflicht. a) Nach § 1 Abs. 1 S. 1 Nr. 1 BFStrMG ist für jede Benutzung der Bundesautobahnen mit Kraftfahrzeugen oder Fahrzeugkombinationen, die ausschließlich für den Güterkraftverkehr bestimmt sind oder eingesetzt werden und deren zulässiges Gesamtgewicht mindestens 12 t beträgt, eine Gebühr zu entrichten. Diese Mautgebühr ist nach Art. 2

lit. b RL 1999/62/EG in der Fassung der RL 2011/76/EU eine für eine Fahrt eines Fahrzeugs auf einem bestimmten Verkehrsweg zu leistende Zahlung, deren Höhe sich nach der zurückgelegten Wegstrecke und dem Fahrzeugtyp richtet und die eine Infrastrukturgebühr und/oder eine Gebühr für externe Kosten beinhaltet (siehe zur Mautpflicht insgesamt *Fuchs/Kirsch* DÖV 2010, 27 [27 ff.]).

Wann eine Straße eine Bundesautobahn i.S.v. § 1 Abs. 3 FStrG ist, ergibt sich aus ihrer Widmung. Das am 13.10.2004 eingeführte Zeichen 390 (§ 42 Abs. 2 i.V.m. Anlage 3, lfd. Nr. 34 StVO) hat in diesem Zusammenhang nur deklaratorische Wirkung. Es soll in wenigen Ausnahmefällen auf die Mautpflicht hinweisen, in denen die Widmung zur Bundesautobahn nicht durch die straßenverkehrsrechtliche Beschilderung gemäß dem Zeichen 330.1 zu § 42 Abs. 2 i.V.m. Anlage 3, lfd. Nr. 16 StVO zu erkennen ist (vgl. VkBl. 2004, S. 542).

Seit dem Inkrafttreten des BFStrMG ist in § 1 Abs. 1 S. 1 Nr. 2 BFStrMG nunmehr auch die Mauterhebung für die Benutzung von autobahnähnlichen Bundesstraßen oder Abschnitten von Bundesstraßen vorgesehen. Das sind solche Bundesstraßen, für die der Bund Träger der Baulast ist, die keine Ortsdurchfahrten im Sinne von § 5 Abs. 4 FStrG sind, die mit zwei oder mehr Fahrstreifen je Fahrtrichtung ausgebaut sind, die durch Mittelstreifen oder sonstige bauliche Einrichtungen durchgehend getrennte Fahrbahnen für den Richtungsverkehr haben, eine Mindestlänge von 4 km aufweisen und die jeweils unmittelbar an eine Bundesautobahn angebunden sind (vgl. zur Neuregelung BT-Drs. 17/4979). Von der Ausdehnung der Mautpflicht sind rund 80 Bundesstraßen bzw. ein Streckennetz von ca. 1000 km betroffen. Da sich die Bundesregierung über einen längeren Zeitraum mit der Toll Collect GmbH in Vertragsverhandlungen über die Mauterhebung auf diesen Bundesstraßen befand und die Umsetzung nach der Auftragserteilung sechs bis acht Monate in Anspruch nimmt, begann die Erhebung der Maut auf den betroffenen Abschnitten der Bundesstraßen erst am 1.8.2012 (vgl. Art. 1 der Verordnung zur Anordnung des Beginns der Mauterhebung auf Abschnitten von Bundesstraßen [BStrMautErhebV]).

Im Sinne von § 1 Abs. 1 S. 2 Nr. 1, 1. Fall BFStrMG ist ein Fahrzeug dann ausschließlich für den Güterkraftverkehr bestimmt, wenn aufgrund seiner generellen Zweckbestimmung und seiner äußeren Merkmale darauf geschlossen werden kann, dass es regelmäßig, auf Dauer und nicht nur gelegentlich am Wettbewerb im Güterverkehr teilnimmt (vgl. dazu und zum Folgenden OVG Berlin-Brandenburg 26.3. 2009, 1 B 16/08, NJOZ 2009, 2689). Der Begriff des Güterkraftverkehrs wird dabei in Anlehnung an § 1 Abs. 1 GüKG bestimmt, wonach Güterkraftverkehr die geschäftsmäßige oder entgeltliche Beförderung von Gütern mit Kraftfahrzeugen ist, die einschließlich Anhänger ein höheres zulässiges Gesamtgewicht als 3,5 t haben. Die generelle Zweckbestimmung des Fahrzeugs ergibt sich dabei aus dessen objektiver Beschaffenheit. Daher ist die Mautpflicht unabhängig davon, ob tatsächlich Güter befördert werden oder ob die Güterbeförderung zu gewerblichen oder zu eigenen Zwecken erfolgt. Auch die Eintragung im Kfz-Zulassungsschein ist mautrechtlich ohne Bedeutung, allenfalls kommt ihr eine Indizwirkung zu. Die Bestimmung nach der objektiven Beschaffenheit entspricht nicht nur den praktischen Erfordernissen, da durch die Anknüpfung an dieses Merkmal der Aufwand der Mauterhebung gering gehalten wird. Vielmehr folgt diese Deutung auch aus der Gegenüberstellung von § 1 Abs. 1 S. 2 Nr. 1, 2. Fall BFStrMG, der auf die konkrete Verwendung nach dem jeweiligen Willen des Unternehmers abstellt, sowie aus § 1 Abs. 2 S. 2 BFStrMG, wo ebenfalls auf die äußere Erkennbarkeit des Fahrzeugzwecks und nicht auf die Ermittlung des Beförderungszwecks im Einzelfall abgestellt wird. Schließlich hat bereits der EuGH zu der entsprechenden Bestimmung in Art. 2, 4. Spiegelstrich RL 93/89/EWG entschieden, dass es auf die generelle Zweckbestimmung und nicht die konkrete Verwendung ankommt (EuGH 19.5.1999, Rs. C 193/98, NZV 2000, 182).

b) Mautschuldner ist nach § 2 S. 1 BFStrMG die Person, die zum Zeitpunkt der mautpflichtigen Benutzung einer mautpflichtigen Bundesfernstraße Eigentümer oder Halter des Fahrzeuges ist, über den Gebrauch des Motorfahrzeuges bestimmt oder das Fahrzeug führt. Sind mehrere Mautschuldner vorhanden, so haften diese gemäß § 2 S. 2 BFStrMG als Gesamtschuldner. Bei der Auswahl zwischen mehreren Mautschuldnern kommt der einziehenden Behörde bzw. dem Betreiber ein weites Ermessen zu (VG Berlin 21.9.2007, 4 A 553/06, NVwZ-RR 2008, 491 [492]).

c) Die Maut ist nach § 4 Abs. 1 BFStrMG für ein bestimmtes Fahrzeug mit dem ihm zugeteilten Kennzeichen an das Bundesamt für Güterverkehr zu entrichten. Zeitpunkt der Zahlungspflicht ist spätestens der Beginn der mautpflichtigen Benutzung oder im Falle einer Stundung zu dem festgesetzten Zeitpunkt. Die Regelung in § 4 Abs. 2 BFStrMG mit dem Verweis auf die Vorschriften über den Säumniszuschlag, die Stundung, Niederschlagung, den Erlass, die Verjährung und Erstattung in §§ 16-19 und § 21 BGebG (Gesetz über Gebühren und Auslagen des Bundes [Bundesgebührengesetz] vom 7.8.2013, BGBl. I S. 3154) mit den genannten besonderen Maßgaben verfolgt in diesem Zusammenhang das Ziel, bei einer Nacherhebung bzw. nachträglichen Mauterhebung gemäß §§ 7 Abs. 7, 8 Abs. 1 S. 1 BFStrMG dem säumigen Mautschuldner keine Zinsvorteile gegenüber dem pflichtgemäß zahlenden Mautschuldner zukommen zu lassen (BT-Drs. 15/3678, S. 7).

Das Bundesamt für Güterverkehr kann gemäß § 4 Abs. 3 BFStrMG einem privaten Betreiber die Errichtung und den Betrieb eines Systems zur Erhebung der Maut übertragen oder diesen beauftragen, an der Erhebung der Maut mitzuwirken. Nicht von der Ermächtigung zur Übertragung, aber von der Befugnis zur Beauftragung hat das Bundesamt für Güterverkehr Gebrauch gemacht und dies entsprechend § 4 Abs. 3 S. 2 BFStrMG am 23.12.2004 im Bundesanzeiger bekanntgegeben (Bundesanzeiger 2004, S. 24744). Auftragnehmer ist die Firma Toll Collect GmbH, die insoweit als Verwaltungshelfer tätig wird, da sie das Bundesamt für Güterverkehr bei der Erhebung der Maut nur unterstützt und nicht selbstständig hoheitliche Aufgaben erledigt. Eine Beleihung läge im Falle der Übertragung der Aufgabe der Errichtung und des Betriebs des Mautsystems vor. Allerdings hat das Bundesamt für Güterverkehr aus völkerrechtlichen Gründen von der Wahrnehmung dieser Befugnis abgesehen, da der ausländische Mautschuldner an den Betreiber ein Entgelt ohne Erlass eines Verwaltungsaktes zahlen können soll (Müller/*Bender* Bundesfernstraßengesetz ABMG § 4 Rn. 38).

§ 4 Abs. 6 BFStrMG trifft eine besondere Regelung für die Fälle, in denen zwischen der Toll Collect GmbH, als Betreiber des Mautsystems, oder einem Anbieter, der einen Vertrag nach § 4d Abs. 1 oder § 4f Abs. 1 BFStrMG mit dem Bundesamt für Güterverkehr abgeschlossen hat, und dem Mautschuldner ein Rechtsverhältnis besteht, auf Grund dessen dieser für jede mautpflichtige Benutzung einer Bundesfernstraße ein Entgelt in Höhe der zu entrichtenden Maut an den Betreiber oder Anbieter zahlen muss oder gezahlt hat. Insoweit ist der Mautschuldner von seiner Pflicht zur Entrichtung der Maut an das Bundesamt für Güterverkehr befreit, wenn sich der Betreiber oder der Anbieter gegenüber dem Bundesamt zur unbedingten Zahlung eines Betrages in Höhe der entstandenen Maut des Mautschuldners verpflichtet hat und der Mautschuldner sicherstellt, dass seine Verpflichtungen aus dem Rechtsverhältnis erfüllt werden. Die Verpflichtung des Betreibers oder Anbieters zur Zahlung der entstandenen Maut an das Bundesamt für Güterverkehr folgt aus dem Betreibervertrag bzw. Zulassungsvertrag i. S. v. § 4f BFStrMG. In praxi bewirkt jede ordnungsgemäße Nutzung der Erhebungssysteme des Betreibers (für Anbieter vgl. die Regelungen des Gesetzes über den Betrieb elektronischer Mautsysteme (Mautsystemgesetz – MautsysG) vom 5.12. 2014, BGBl. I S. 1980), dass zwischen dem Mautschuldner und dem Betreiber ein entsprechender privatrechtlicher Vertrag zustande kommt, wobei der Betreiber vom Mautschuldner zur Weiterleitung dieses Betrags an das Bundesamt für Güterverkehr beauftragt wird (BVerwG 4.8.2010, 9 C 6/09, NVwZ 2011, 41 [42], dort auch die folgerichtige Feststellung, dass der Einbuchungsbeleg kein Verwaltungsakt ist). Den Mautschuldner trifft diesbezüglich eine Nachweispflicht. Ein geeigneter Nachweis über den Abschluss des privatrechtlichen Vertrages mit dem Betreiber kann dabei etwa durch den Einbuchungsbeleg, die Einbuchungsnummer, den Ausdruck der Interneteinbuchung oder durch den Einbau und Betrieb einer On-Board-Unit erbracht werden (BT-Drs. 15/3678, S. 8). Da mit dem privatrechtlichen Vertrag des Betreibers keine Schuldübernahme einhergeht, sondern der Mautschuldner lediglich von der Zahlung befreit ist, besteht das Gebührenverhältnis zwischen dem Mautschuldner und dem Bundesamt für Güterverkehr fort. So muss etwa der Mautschuldner die Gebühr an das Bundesamt weiterhin entrichten, wenn ihm bei einer Kontrolle der Nachweis eines entsprechenden Vertragsverhältnisses nicht gelingt (BT-Drs. 15/3678, S. 8). Einwendungen gegen Einbuchungsbelege, Mautaufstellungen, Einzelfahrtnachweise und Rechnungen der Toll Collect GmbH sind spätestens innerhalb von zwei Monaten nach Zugang schriftlich mit dem dafür vorgesehenen Formular bei der Toll Collect GmbH geltend zu machen. Die Unterlassung rechtzeitiger Einwendungen gilt nach den AGB als Genehmigung (Bundesanzeiger 2004, S. 24744).

Entrichtet der Mautschuldner die Maut vorsätzlich oder fahrlässig nicht vollständig oder rechtzeitig, so handelt er nach § 10 Abs. 1 Nr. 1 BFStrMG ordnungswidrig und muss mit einer Geldbuße von bis zu 20.000 € rechnen.

d) Den Mautschuldner trifft bei der Mauterhebung eine Mitwirkungspflicht. So muss er nach § 4 Abs. 4 S. 2 BFStrMG die technischen Einrichtungen zur Mautentrichtung ordnungsgemäß nutzen und die für die Maut maßgeblichen Tatsachen angeben. Genügt der Mautschuldner seiner Mitwirkungspflicht nicht, so kommt eine Nacherhebung der Maut nach § 8 BFStrMG in Betracht (Müller/*Bender* Bundesfernstraßengesetz ABMG § 4 Rn. 97 ff.). Zudem hat der Mautschuldner nach § 5 S. 1 BFStrMG die Entrichtung der Maut auf Verlangen des Bundesamtes für Güterverkehr nachzuweisen. Diese Nachweispflicht wird durch die Regelung in § 7 Abs. 5 BFStrMG ergänzt. Danach hat der Mautschuldner den Beleg über die entrichtete Maut mitzuführen und auf Verlangen den zur Kontrolle befugten Personen auszuhändigen. Darüber hinaus hat er auch weitere in § 7 Abs. 5 S. 2 und 3 BFStrMG genannte Nachweisdokumente auszuhändigen und er ist auf Verlangen zur Auskunft über alle Tatsachen verpflichtet, die für die Durchführung der Kontrolle erheblich sind. Näheres zu der Nutzung der technischen Einrichtung, zu den maßgeblichen Tatsachen und zu dem Nachweisverfahren ist in der Verordnung zur Erhebung, zum Nachweis der ordnungsgemäßen Entrichtung und zur Erstattung der Maut (LKW-MautV) vom 24.6.2003 des Bundesministeriums für Verkehr und digitale Infrastruktur auf der Grundlage des § 4 Abs. 4 S. 3 BFStrMG bzw. des § 5 S. 2 BFStrMG geregelt. Führt der Mautschuldner vorsätzlich oder fahrlässig den Beleg oder Nachweis über die entrichtete Maut nicht mit oder händigt er diesen nicht rechtzeitig aus, kommt er seiner Auskunftspflicht nicht, nicht richtig, nicht vollständig oder nicht rechtzeitig nach oder ordnet er entgegen dem Verbot aus § 7 Abs. 6 BFStrMG an bzw. lässt er es zu, dass der Beleg oder Nachweis über die entrichtete Maut nicht mitgeführt oder nicht ausgehändigt wird, so handelt er nach § 10 Abs. 1 Nr. 3 bis 5 BFStrMG ordnungswidrig, was mit einer Geldbuße von bis zu 10.000 € geahndet werden kann.

e) Mittels Verwaltungsakt kann auch im Nachhinein für die Benutzung einer mautpflichtigen Bundesautobahn gemäß § 8 Abs. 1 S. 1 BFStrMG eine Maut erhoben werden, soweit die Maut zuvor nicht entrichtet oder erhoben wurde. Ein Ermessen steht dem Bundesamt für Güterverkehr aufgrund der Grundsätze der Abgabengerechtigkeit und -gleichheit sowie des in § 34 Abs. 1, 2. Fall BHO niedergelegten Grundsatzes der vollständigen Erhebung nicht zu. Die Formulierung in § 8 Abs. 1 S. 1 BFStrMG ist vielmehr als ein Hinweis auf die verschiedenen Zeitpunkte der Mauterhebung zu verstehen (vgl. Müller/*Raffel* Bundesfernstraßengesetz ABMG § 8 Rn. 33). Die Befugnis zur nachträglichen Mauterhebung kann ebenfalls dem Betreiber übertragen werden, allerdings nach § 8 Abs. 1 S. 2 BFStrMG nur für die Fälle, in denen er eine mautpflichtige Straßenbenutzung festgestellt hat, was die vorherige Übertragung dieser Aufgabe nach § 7 Abs. 1 S. 3 BFStrMG voraussetzt. Zudem darf die Maut nicht bereits im Rahmen der Kontrolle erhoben worden sein. Das Bundesamt hat der Toll Collect GmbH das Recht unter diesen Voraussetzungen als Beliehene übertragen. Schließlich ist das Bundesamt für Güterverkehr bei der nachträglichen Mauterhebung gemäß § 8 Abs. 1 S. 3 BFStrMG Widerspruchsbehörde.

Hat der Mautschuldner nicht nachweislich seine Pflichten bei der Mautentrichtung erfüllt und kann die tatsächliche mautpflichtige Wegstrecke bei der nachträglichen Mauterhebung nicht festgestellt werden, so wird eine Pauschalmaut erhoben, die der Maut einer Wegstrecke von 500 km entspricht. Dabei muss die tatsächlich zurückgelegte mautpflichtige Strecke spätestens bis zum Erlass des Widerspruchsbescheids festgestellt worden sein bzw. festgestellt werden können (VG Berlin 21.9.2007, 4 A 553/06, NVwZ-RR 2008, 491 [492]). Auch ist die Wegstreckenpauschale von 500 km angesichts des Ausmaßes und der Ausdehnung des deutschlandweiten mautpflichtigen Straßennetzes, der zulässigen Tageslenkzeit von Lastwagenfahrern, der zulässigen Höchstgeschwindigkeit von Lastkraftwagen, den Unterlassungen des Mautschuldners und die vergleichsweise geringe finanzielle Belastung durch die Pauschale nicht als unverhältnismäßig anzusehen (VG Berlin 21.9.2007, 4 A 553/06, NVwZ-RR 2008, 491 [492]). Zu beachten ist, dass die nachträgliche Mauterhebung gemäß § 8 Abs. 2 S. 2 BFStrMG nur dann entfällt, wenn der Mautschuldner nachweislich die ihm obliegenden Pflichten bei der Mautentrichtung erfüllt hat. Danach kommt eine nachträgliche Mauterhebung vor allem dann nicht in Betracht, sofern ein technischer Defekt zur

Nichterhebung der Maut bei allen Mautschuldnern auf einem bestimmten Streckenabschnitt führt. In diesen Fällen ist eine nachträgliche Heranziehung unbillig, da nur die wenigen von der Kontrollbehörde erfassten Nutzer zur Entrichtung der Maut verpflichtet werden würden, was wiederum vom Zufall abhängt (vgl. dazu Müller/*Raffel* Bundesfernstraßengesetz ABMG § 8 Rn. 26 ff.; siehe insgesamt zur Mauterhebung *Fuchs/Kirsch* DÖV 2010, 27 [29 ff.]).

f) Nach § 4 Abs. 5 S. 1 BFStrMG ist auf Verlangen eine Mauterstattung möglich, wenn die Fahrt, für die eine Maut entrichtet wurde, nicht oder nicht vollständig durchgeführt wurde. Eine solche Mauterstattung kommt grundsätzlich nur bei einer manuellen Einbuchung in Frage, da bei der automatischen Erfassung eine kilometergenaue Abrechnung nach der tatsächlichen Benutzung mautpflichtiger Straßen erfolgt. Auch hier ist Näheres auf der Grundlage des § 4 Abs. 5 S. 2 BFStrMG in § 10 LKW-MautV geregelt.

9. Befreiungen von der Mautpflicht. Von der Mautpflicht gibt es eine Vielzahl an Befreiungen und Ausnahmen. So ist gemäß § 1 Abs. 2 S. 1 BFStrMG keine Maut zu entrichten bei der Fahrt mit Kraftomnibussen, Fahrzeugen der Streitkräfte, der Polizeibehörden, des Zivil- und Katastrophenschutzes, der Feuerwehr und anderer Notdienste sowie Fahrzeugen des Bundes, Fahrzeugen, die ausschließlich für den Straßenunterhaltungs- und Straßenbetriebsdienst einschließlich Straßenreinigung und Winterdienst genutzt werden, Fahrzeugen, die ausschließlich für Zwecke des Schausteller- und Zirkusgewerbes und Fahrzeugen, die von gemeinnützigen oder mildtätigen Organisationen für den Transport von humanitären Hilfsgütern, die zur Linderung einer Notlage dienen, eingesetzt werden. Außer bei Kraftomnibussen müssen die Fahrzeuge – bei Fahrzeugkombinationen das Motorfahrzeug – gemäß § 1 Abs. 2 S. 2 und 3 BFStrMG als für die genannten Zwecke bestimmt erkennbar sein, um die Mautbefreiung in Anspruch nehmen zu können.

§ 1 Abs. 3 BFStrMG legt für bestimmte Straßenabschnitte eine ausnahmsweise Mautbefreiung fest. Dies gilt im Besonderen für Teile der A 5 und A 6 und im Allgemeinen für Bundesfernstraßenabschnitte, deren Benutzung einer Mautpflicht nach § 2 Fernstraßenbauprivatfinanzierungsgesetz unterliegt, sowie den Bundesautobahnabschnitten, die mit nur einem Fahrstreifen je Fahrtrichtung ausgebaut und nicht unmittelbar an das Bundesautobahnnetz angebunden sind.

10. Vermeidung von Ausweichverkehren. Bei der Einführung der Mautpflicht war mit einem massiven Ausweichverkehr auf die Bundesstraßen zu rechnen, um so der Maut zu entgehen. Daher hat der Gesetzgeber in § 1 Abs. 4 BFStrMG das Bundesministerium für Verkehr und digitale Infrastruktur ermächtigt, in einer Rechtsverordnung mit Zustimmung des Bundesrates die Mautpflicht auf genau bezeichnete Abschnitte von Bundesstraßen auszudehnen, wenn dies zur Vermeidung von Mautausweichverkehren oder aus Gründen der Sicherheit des Verkehrs gerechtfertigt ist. Dabei genügt für die Voraussetzung der Vermeidung von Gefahren für die Verkehrssicherheit bereits die Erhöhung des abstrakten Gefährdungspotentials, während der Nachweis einer konkreten Gefahr nicht erforderlich ist (Müller/*Schulz* Bundesfernstraßengesetz ABMG § 1 Rn. 55 noch zu § 1 Abs. 4 a.F.). Bei einer entsprechenden Ausdehnung ist auf die Mautpflicht in geeigneter Weise hinzuweisen.

Der Ermächtigung ist das Bundesministerium mit der Verordnung zur Ausdehnung der Mautpflicht auf bestimmte Abschnitte von Bundesstraßen (MautStrAusdehnV) vom 8. Dezember 2006 nachgekommen. In der Anlage werden insgesamt sieben mautpflichtige Streckenabschnitte auf der B 4, 9 und 75 genannt, auf denen vom 1.1.2007 an eine Maut zu entrichten ist.

Daneben ergibt sich für die Straßenverkehrsbehörden gemäß § 45 Abs. 9 S. 3 StVO die Möglichkeit der Anordnung von Beschränkungen oder Verboten des fließenden Verkehrs, soweit dadurch erhebliche Auswirkungen veränderter Verkehrsverhältnisse, die durch die Erhebung der Bundesfernstraßenmaut hervorgerufen worden sind, beseitigt oder abgemildert werden können. Die straßenverkehrsrechtlichen Anordnungen müssen dabei aus Gründen der Sicherheit oder Ordnung des Verkehrs oder zum Schutz der Wohnbevölkerung vor Lärm und Abgasen ergehen. Die Beschränkung oder das Verbot des Verkehrs wird in der Regel über das Verkehrszeichen 253 zu § 41 Abs. 1 i.V.m. Anlage 2, lfd. Nr. 30 und 30.1 StVO mit dem Zusatzzeichen „Durchgangsverkehr" sowie dem Zusatzzeichen „12 t" angeordnet. Welche Bedeutung der Begriff „Durchgangsverkehr" hat bzw. welche Fahrten davon erfasst werden, wird in der Erläuterung zu dem Zusatzzeichen der lfd. Nr. 30.1 in negativer Hinsicht definiert. Nach Ansicht des BVerwG ist die Straßenverkehrsbehörde nicht darauf beschränkt, allein den mautfluchtbedingten Mehrverkehr herauszufiltern, da dies bereits aus praktischen Gründen nicht möglich sei. Vielmehr könne sie im Rahmen von § 45 Abs. 9 S. 3 StVO auch Maßnahmen anordnen, die über eine bloße Mautbekämpfung hinausgehen, wenn sie auch ihre Maßnahmen nach Möglichkeit auf die Mautfluchtbekämpfung zu beschränken habe (vgl. BVerwG 13.3.2008, 3 C 18.07, SVR 2008, 231 [235]). Diese Auslegung lässt sich allerdings kaum mit dem Wortlaut und dem Telos des § 45 Abs. 9 S. 3 StVO vereinbaren. So bezweckt die neu eingefügte Regelung die Absenkung der hohen Eingriffsschwelle für Verkehrsbeschränkungen bzw. -verbote bei Mautausweichverkehren, da das zuvor bestehende straßenverkehrsrechtliche Instrumentarium zu deren wirksamer Eindämmung nicht in allen Fällen ausgereicht hat (BR-Drs. 824/05, S. 7 f.). Auch aus dem Wortlaut ergibt sich, dass die erleichterten Eingriffsbefugnisse der Straßenverkehrsbehörden nur in Bezug auf den Mautausweichverkehr gelten sollen. Gehen die Maßnahmen darüber hinaus, sind sie zwar ebenfalls geeignet, den Ausweichverkehr zu verhindern, doch sind dementsprechend weitreichendere Maßnahmen nicht mehr erforderlich und angemessen. Auch praktische Erwägungen stehen diesem Ansatz nicht entgegen, da durch die im Zuge der Neuregelung ebenfalls eingefügten und oben genannten Zusatzzeichen auch der mautfluchtbedingte Mehrverkehr herausgefiltert werden kann. Schließlich ist § 45 Abs. 9 S. 3 StVO als eine Ausnahmevorschrift konzipiert, die grundsätzlich eng auszulegen ist. Daher müssen sich Beschränkungen und Verbote des fließenden Verkehrs, die über die Mautfluchtbekämpfung hinausgehen, weiterhin an den Vorgaben des § 45 Abs. 9 S. 2 StVO messen lassen.

Verkehrsbeschränkungen und -verbote können nur bei erheblichen Belästigungen für den Verkehr bzw. die Wohnbevölkerung aufgrund des Mautausweichverkehrs erlassen werden. Daher sind vor der Anordnung entsprechender Maßnahmen auf der Ausweichstrecke Daten über die Verkehrsbelastung und die Verkehrsstrukturen zu erheben und auf dieser Grundlage die Auswirkungen auf die Umwelt und die Gesundheit der Anlieger abzuschätzen, der Verkehrsablauf und das Verkehrsverhalten zu betrachten sowie die wirtschaftlichen Belange abzuklären. Dagegen ist eine Lärmberechnung oder Abgasmessung nicht vorzunehmen (BR-Drs. 824/05, S. 8; BVerwG 13.3.2008, 3 C 18.07, SVR 2008, 231 [234] mit kritischer Anmerkung von *Geiger* [235]). Zur Bestimmung der Erheblichkeit der Auswirkungen des Mautausweichverkehrs hinsichtlich des Schutzes der Wohnbevölkerung vor Lärm kann zur Orientierung auf die 16. BImSchV zurückgegriffen werden, die eine Bewertung der Zunahme des Verkehrslärms enthält. Erhebliche Auswirkungen liegen unter entsprechender Anwendung von § 1 Abs. 2 S. 1 Nr. 2, S. 2 16. BImSchV dann vor, wenn der Beurteilungspegel durch den Mautausweichverkehr um mindestens 3 dB(A) oder auf mindestens 70 dB(A) am Tage bzw. 60 dB(A) in der Nacht erhöht oder ein schon in dieser Höhe bestehender Beurteilungspegel – außerhalb von Gewerbegebieten – weiter erhöht wird. Während allerdings die 16. BImSchV lediglich auf die Mittelungspegel abstellt, kann eine erhebliche Verkehrslärmzunahme im Sinne von § 45 Abs. 9 S. 3 StVO auch aus anderen Gründen vorliegen. So ist unter Umständen die bestimmte Grenzen überschreitende Zunahme von Lärmspitzen für sich genommen bereits geeignet, die Erheblichkeitsschwelle zu überschreiten (vgl. zum Ganzen BVerwG 13.3.2008, 3 C 18.07, SVR 2008, 231 [234]; ausführlich mit einer Vielzahl an Nachweisen *Engelbrecht* DVBl. 2011, 76).

Entgegen der Befürchtungen kam es insgesamt nicht zu einem erheblichen Mautausweichverkehr. Vielmehr haben zwei Untersuchungen des Bundesministeriums für Verkehr, Bau und Stadtentwicklung ergeben, dass der verlagerungsbedingte Lkw-Anstieg im bundesweiten Durchschnitt lediglich weniger als vier Prozent betrug (siehe BT-Drs. 17/4979, S. 28).

11. Höhe der Maut. Die Höhe der Maut bestimmt sich nach mehreren Faktoren. So setzt sich der zu entrichtende Mautsatz nach § 3 Abs. 1 BFStrMG aus der auf mautpflichtigen Bundesautobahnen bzw. Bundesstraßen zurückgelegten Strecke, und den Mautsätzen nach § 3 Abs. 3 BFStrMG zusammen. § 3 Abs. 3 BFStrMG verweist wiederum hinsichtlich der genauen Höhe der Maut pro Kilometer auf die Anlage 1. Nach § 3 Abs. 2 S. 2 BFStrMG in seiner bis zum 26.7.2013 geltenden Fassung sollte sich die durchschnittliche gewichtete Maut an den von der Gesamtheit der mautpflichtigen Fahrzeuge verursachten Bau-, Erhaltungs-, Betriebs- und Ausbaukosten bezüglich des mautpflichtigen Bundesfernstraßennetzes orientieren. Dieser Passus ist mit der Neufassung in § 3 Abs. 1 BFStrMG aufgegangen, wonach der Mautsatz aus je einem Mautteilsatz für die Infrastrukturkosten und die verursachten Luftverschmutzungskosten besteht. Europarechtlich ist nach Art. 2 lit. b, ba, be und bf RL 1999/62/EG in der Fassung der RL 2011/76/EU vorgegeben, dass sich die gewogene durchschnittliche Infrastrukturgebühr und die gewogene durchschnittliche Gebühr für externe Kosten, die einzeln oder kumulativ in die Mautgebühr eingehen, aus sämtlichen Einnahmen aus den jeweiligen Gebühren in einem bestimmten Zeitraum geteilt durch die Anzahl der in diesem Zeitraum auf den gebührenpflichtigen Straßenabschnitten zurückgelegten Fahrzeugkilometern ergeben. Weitere Vorgaben für die Berechnung der Mauthöhe ergeben sich aus den Art. 7 ff. RL 1999/62/EG in der Fassung der RL 2011/76/EU. In dieser Richtlinienbestimmung findet sich zum einen die Betonung, dass die Mautgebühren auf dem Grundsatz der Anlastung von Infrastrukturkosten beruhen. Zum anderen wird es den Mitgliedstaaten abweichend von dieser Rückbindung an die Infrastrukturkosten freigestellt, die Mautgebührensätze für Zwecke wie die Bekämpfung von Umweltschäden, die Verringerung der Verkehrsüberlastung, die Minimierung von Infrastrukturschäden, die Optimierung der Nutzung der betreffenden Verkehrswege oder die Förderung der Verkehrssicherheit zu differenzieren. Die Differenzierung muss sich aber nach den detaillierten, in der Richtlinienbestimmung aufgeführten Anforderungen richten (vgl. dazu die Ausführungen zu den europarechtlichen Vorgaben).

Die zurückgelegte Strecke im Sinne von § 3 Abs. 1 BFStrMG wird nach § 3 Abs. 2 BFStrMG für jeden benutzten Abschnitt des mautpflichtigen Streckennetzes, den sog. Mautabschnitt, gesondert ermittelt. Im Zuge der Novellierung des BFStrMG im Juli 2013 hat der Gesetzgeber die Bestimmung des § 3a BFStrMG über die Knotenpunkte eingeführt. Die Strecke zwischen zwei solchen Knotenpunkten im Sinne von § 3a Abs. 1 BFStrMG oder die auf der Grundlage von § 3a Abs. 2 BFStrMG durch Rechtsverordnung festgelegten Knotenpunkte stellt einen Mautabschnitt dar. Die konkrete Länge des jeweiligen Mautabschnittes bezieht sich nach § 3 Abs. 2 S. 3 BFStrMG auf den Schnittpunkt der verknüpften Straßenachsen oder in Ermangelung einer Straßenachse auf den Beginn oder das Ende der mautpflichtigen Strecke und ist kaufmännisch auf volle 100 Meter zu runden. Die ermittelten Streckenlängen werden im Internet unter www.mauttabelle.de veröffentlicht. § 3 Abs. 2 S. 5 BFStrMG bestimmt, dass bei der Mautberechnung der jeweils befahrene Mautabschnitt zugrundezulegen ist, auch wenn dieser nicht vollständig befahren wurde. § 3 Abs. 4 BFStrMG gibt sodann vor, wie die Mautberechnung zu erfolgen hat, nämlich durch Multiplikation der Länge eines Mautabschnitts mit den sich aus der Anlage 1 BFStrMG ergebenden Cent-Beträgen plus die Summen der so berechneten Maut für die weiteren befahrenen Mautabschnitte. Das Ergebnis der Summe ist für jeden Mautabschnitt auf einen vollen Cent-Betrag zu runden.

Entfallen ist zum 27.7.2013 auch § 3 Abs. 3 BFStrMG a. F., wonach die Bundesregierung zu einer flexibleren Festlegung der Mauthöhe ermächtigt war. Danach konnte der Mautsatz nach bestimmten Abschnitten von mautpflichtigen Straßen und nach der Benutzungszeit unterschiedlich ausgestaltet werden. Zudem konnten geleistete sonstige verkehrsspezifische Abgaben der Mautschuldner sachgerecht berücksichtigt werden. Dies galt allerdings nur, soweit dies zur Harmonisierung der Wettbewerbsbedingungen im europäischen Güterkraftverkehr erforderlich war. Seit dem 1.1. 2009 sind die entsprechenden Maßnahmen zur Harmonisierung vollständig umgesetzt. So wurde die Kraftfahrzeugsteuer für schwere Nutzfahrzeuge abgesenkt und es wurden das Förderprogramm zur Anschaffung emissionsärmer schwerer Lkw, das Kleinbeihilfen-Programm sowie das Aus- und Weiterbildungsprogramm eingeführt. Dadurch soll das Transportgewerbe in Deutschland um insgesamt 600 Millionen Euro entlastet werden.

Aus dem dargestellten Regelungsgefüge des § 3 BFStrMG i.V.m. Art. 7 ff. der Richtlinie 1999/62/EG werden Grund und Telos der Mautgebühr ersichtlich. Dementsprechend genügt § 3 BFStrMG dem sich aus dem Rechtsstaatsprinzip ergebenden Gebot der Normenklarheit, wonach der Gebührenpflichtige erkennen können muss, für welche öffentliche Leistung die Gebühr erhoben wird und welche Zwecke der Gesetzgeber bei der Bemessung der jeweiligen Gebühr verfolgt (siehe noch zur alten Fassung BVerwG 4.8.2010, 9 C 6/09, NVwZ 2011, 41 [44]; siehe zum Gebührenzweck auch oben unter Nr. 6).

Die Differenzierung der Mauthöhe gemäß § 3 Abs. 3 i.V.m. der Anlage 1 BFStrMG, wonach die Emissionsklasse eines Fahrzeugs stärker gewichtet wird als die Achszahl, ist angesichts der Vorgaben der Richtlinie 1999/62/EG in der derzeit gültigen Fassung mit den europarechtlichen Vorgaben vereinbar. Sie verstößt auch nicht gegen den aus Art. 3 Abs. 1 GG abgeleiteten Grundsatz der Abgabengerechtigkeit, da die Schaffung eines Anreizsystems für den Einsatz schadstoffarmer schwerer Nutzfahrzeuge einen sachlichen Grund darstellt (vgl. noch zur alten Fassung BVerwG 4.8.2010, 9 C 6/09, NVwZ 2011, 41 [46 f.]; VG Köln 4.5.2007, 25 K 6356/05, BeckRS 2007, 24460).

Auf der Grundlage des § 3 Abs. 2 und 3 ABMG a. F. hatte die Bundesregierung schließlich am 24.6.2003 die Verordnung zur Festsetzung der Höhe der Autobahnmaut für schwere Nutzfahrzeuge (MautHV) erlassen. Nach einer ersten Novellierung des Autobahnmautgesetzes bestimmte sich die Mauthöhe nach § 14 BFStrMG bis zum erstmaligen Erlass einer entsprechenden Rechtsverordnung nach der Anlage zu § 14 BFStrMG. Nunmehr richtet sich die Mauthöhe nach § 3 Abs. 3 i.V.m. Anlage 1 BFStrMG. In dieser Anlage finden sich die bereits in der MautHV festgesetzten Kategorien der Mautsätze. Danach werden für die nach den Emissionsklassen gebildeten Fahrzeugkategorien von A bis D in Abhängigkeit von der Anzahl der tatsächlich vorhandenen Achsen (bis drei Achsen oder ab vier Achsen; bei Fahrzeugkombinationen zählt das gesamte Gespann) sowie differenziert nach Infrastruktur- und Luftverschmutzungskosten der Nutzfahrzeuge Mautsätze von mindestens 0,125 € bis maximal 0,214 € pro Kilometer festgelegt.

12. Überwachung der Einhaltung der Mautpflicht. Da die Mauterhebung weitgehend vollautomatisch erfolgen soll, gibt es für die Mautschuldner die Möglichkeit, der Mautentrichtung leichter zu entgehen. So können sie einfach die On-Board-Units abstellen, sie gar nicht erst einbauen und auch an den Mautstellen-Terminals oder im Internet die Maut nicht bezahlen. Es besteht daher die Notwendigkeit, die Einhaltung der Mautpflicht zu kontrollieren. Für diese Kontrolle ist nach § 7 Abs. 1 BFStrMG zuvörderst das Bundesamt für Güterverkehr zuständig. Daneben hat das Bundesamt von seiner Ermächtigung nach § 7 Abs. 1 S. 3 BFStrMG Gebrauch gemacht und der Toll Collect GmbH als Beliehener die Aufgabe der Feststellung von mautpflichtigen Bundesfernstraßenbenutzungen und der ordnungsgemäßen Mautentrichtung übertragen. Neben den in § 7 Abs. 2 und 3 BFStrMG vorgesehenen datenbezogenen Befugnissen können über § 7 Abs. 4 S. 1 BFStrMG Fahrzeuge zum Zwecke der Kontrolle auch angehalten werden. Letzteres ist allerdings nur den Mitarbeitern des Bundesamts für Güterverkehr erlaubt. § 7 Abs. 4 S. 2 BFStrMG ermächtigt die Kontrolleure des Bundesamts schließlich, die Erteilung einer Auskunft, die Aushändigung von Belegen oder Nachweisen, die Erteilung einer Verwarnung, die Erhebung einer Sicherheitsleistung und die Untersagung der Weiterfahrt anzuordnen (Müller/*Cieslak*/*Hamsen*/*Raffel* Bundesfernstraßengesetz ABMG § 7 Rn. 33). Das Kontrollkonzept sieht somit automatische Kontrollen des Betreibers, mobile und stationäre Kontrollen sowie Betriebskontrollen des Bundesamts für Güterverkehr vor. Grundlage für die Betriebskontrolle bezüglich der Einhaltung der Mautpflicht ist § 7 Abs. 8 BFStrMG i.V.m. §§ 11 Abs. 2 Nr. 3 lit. d, 12 Abs. 4 und 5 GüKG. Neben den stichprobenartigen Betriebskontrollen bilden regelmäßig mehrere Verstöße gegen die Mautpflicht durch einen Mautschuldner den Anlass für derartige Kontrollen (vgl. ausführlich zu den Kontrollarten Müller/*Cieslak*/*Hamsen*/*Raffel* Bundesfernstraßengesetz ABMG § 7 Rn. 5 ff., 57 ff.). Später hinzugekommen ist schließlich die Möglichkeit der Prüfung des Betreibers dahingehend, ob dieser die Einhaltung der Mautpflicht ordnungsgemäß kontrolliert. Dafür ist es dem Bundesamt für Güterverkehr nach § 7 Abs. 3 a BFStrMG ausdrücklich gestattet, stichprobenartig eigene optisch-elektronische Einrichtungen einzusetzen.

Bei vorsätzlicher oder fahrlässiger Zuwiderhandlung gegen vollziehbare Anordnungen zum Zweck der Durchführung der Kontrollmaßnahmen handelt der Mautschuldner nach § 10 Abs. 1 Nr. 2 BFStrMG ordnungswidrig, was mit einer Geldbuße von bis zu 20.000 € geahndet wird.

Wurde die Maut nicht oder nicht vollständig entrichtet, so können die zur Kontrolle berechtigten Personen die geschuldete Maut auch am Ort der Kontrolle erheben, wobei nach § 7 Abs. 7 S. 1 und 2 i.V.m. § 8 Abs. 2 S. 1 BFStrMG eine pauschale Maut zu zahlen ist, die einer mautpflichtigen Wegstrecke von 500 km entspricht, sofern die tatsächliche Wegstrecke nicht festgestellt werden kann. Ansonsten wird die Maut für die zurückgelegte mautpflichtige Strecke bis zur nächsten Ausfahrt erhoben, wo der Mautschuldner – sofern er die Fahrt auf einer mautpflichtigen Strecke fortsetzen will – ordnungsgemäß die Maut an einem Mautstellenterminal zu entrichten hat. Möglich ist gemäß § 46 Abs. 1 OWiG i.V.m. § 132 Abs. 1 StPO auch die Anordnung einer Sicherheitsleistung, die sich aus der zu erwartenden

Geldbuße und den Verfahrenskosten zusammensetzt. Eine solche Maßnahme kommt insbesondere bei ausländischen Mautschuldnern in Betracht, um so die Durchführung eines Ordnungswidrigkeitenverfahrens und die Vollstreckung eines möglichen Bußgeldverfahrens sicherzustellen (vgl. dazu Müller/*Cieslak*/*Hamsen*/*Raffel* Bundesfernstraßengesetz ABMG § 7 Rn. 48 ff.). Ein Verbot der Weiterfahrt bis zur Entrichtung der Maut kommt nach § 7 Abs. 7 S. 3 BFStrMG schließlich dann in Betracht, wenn aufgrund von Tatsachen Zweifel an der späteren Einbringlichkeit der Maut bestehen.

13. Verteilung des Mautaufkommens. Die Verteilung der Einnahmen aus der Maut ist in § 11 BFStrMG genau geregelt. Da es sich um eine Gebühr für die Benutzung der Bundesfernstraßen handelt, steht dem Bund gemäß § 11 Abs. 1 S. 1 BFStrMG das gesamte Mautaufkommen zu. Für die Jahre 2008 und 2009 haben allerdings ausnahmsweise die Länder nach § 11 Abs. 2 ABMG a. F. eine Erstattung in Höhe der im Zusammenhang mit der Entlastung des deutschen Güterverkehrsgewerbes tatsächlich entstandenen Kraftfahrzeugsteuerausfälle erhalten. § 11 Abs. 1 S. 2 BFStrMG legt fest, dass aus dem Mautaufkommen die Ausgaben für den Betrieb, die Überwachung und die Kontrolle des Mautsystems geleistet werden. Zudem werden aus dem Mautaufkommen die Finanzmittel zur Verfügung gestellt, die zur Verwaltung der nach § 1 Verkehrsinfrastrukturfinanzierungsgesellschaftsgesetz errichteten Gesellschaft dienen und dieser Gesellschaft vom Bund als Eigentümer zur Verfügung gestellt werden. Das verbleibende Mautaufkommen wird schließlich nach § 11 Abs. 1 S. 3 BFStrMG abzüglich eines jährlichen Betrages von 150 Millionen Euro dem Verkehrshaushalt zugeführt und in vollem Umfang zweckgebunden für die Verbesserung der Verkehrsinfrastruktur verwendet. Dabei soll überwiegend in den Bundesfernstraßenbau investiert werden. Abweichend davon sieht § 11 Abs. 2 BFStrMG vor, dass jährlich bis zu 450 Millionen Euro von dem verbleibenden Mautaufkommen für die Durchführung von Programmen des Bundes zur Umsetzung der Ziele Beschäftigung, Qualifizierung, Umwelt und Sicherheit in Unternehmen des mautpflichtigen Güterkraftverkehrs verwendet werden. Im Bundeshaushalt sind die entsprechenden Einnahmen und Ausgaben nach § 11 Abs. 1 S. 4 BFStrMG getrennt voneinander darzustellen und zu bewirtschaften.

14. Einzelne Rechtsfragen. a) Kompetenz. Der Bund hat nach Art. 74 Abs. 1 Nr. 22, 72 Abs. 2 GG die konkurrierende Gesetzgebungskompetenz zum Erlass einer Regelung über die Erhebung und Verteilung von Gebühren oder Entgelten für die Benutzung öffentlicher Straßen mit Fahrzeugen. Die Einhaltung der sog. Erforderlichkeitsklausel aus Art. 72 Abs. 2 GG ist für die insbesondere dem überregionalen gewerblichen Güterverkehr dienenden Bundesfernstraßen und für die zu diesem Zwecke stark frequentierten sonstigen Bundesstraßen aus Gründen der Wahrung der Wirtschaftseinheit im gesamtstaatlichen Interesse weitgehend unproblematisch (vgl. ausführlich Müller/*Schulz* Bundesfernstraßengesetz ABMG Einf Rn. 25 ff.; siehe auch die Fallbearbeitung hinsichtlich einer fiktiven PKW-Maut von *Schulz* JuS 2013, 910 [911]).

b) Verwendung von Mautdaten. Im BFStrMG wurde mehrere datenbezogene Regelungen getroffen, die auch die Erhebung, Verarbeitung, Speicherung, Nutzung oder Übermittlung von Daten zulassen (§§ 4 Abs. 3 S. 3, 7 Abs. 2, 3 und 3 a, 9 BFStrMG). Trotz der insoweit klaren und eindeutigen Regelung in §§ 4 Abs. 3 S. 4 und 5, 7 Abs. 2 S. 2 und 3 BFStrMG, wonach die erhobenen Daten ausschließlich für die Zwecke des BFStrMG verarbeitet und genutzt werden dürfen und eine Übermittlung, Nutzung oder Beschlagnahme der Daten nach anderen Rechtsvorschriften unzulässig ist, kam durch eine – allerdings noch zur alten, letztlich aber nicht weniger klaren Fassung des ABMG ergangenen – Entscheidung des AG Gummersbach die Frage auf, ob die Mautdaten zu Strafverfolgungszwecken verwendet werden dürfen (vgl. dazu *Fuchs*/*Kirsch* DÖV 2010, 27 [31 f.]; *Neumann*/*Kocken* NVwZ 2009, 940 [942 f.]). Nach dem AG Gummersbach ist das im ABMG a. F. festgelegte Datenverarbeitungs- und -verwendungsverbot restriktiv in dem Sinne auszulegen, dass davon nur die Datenvorgänge erfasst werden, die Betriebsabläufe innerhalb des Betreibers oder des Bundesamts für Güterverkehr sowie die Weitergabe der Daten an sonstige Teile der allgemeinen Verwaltung des Staates oder private Dritte betreffen. Daher unterlägen die bei Einsatz eines elektronischen Mauterfassungssystems gewonnenen Daten unter den Voraussetzungen der §§ 100 g, 100 h StPO der Beschlagnahme zum Zweck der Strafverfolgung (AG Gummersbach 21.8.2003, 10a Gs 239/03, NJW 2004, 240). Dieser, die juristische Methodik außer Acht lassenden Auslegung des

ABMG a. F. wurde zu Recht vielfach widersprochen und es wurde festgestellt, dass die Verwendung von Daten aus dem Mauterfassungssystem für strafrechtliche Zwecke unzulässig ist (LG Magdeburg 3.2.2006, 25 Qs 7/06, NJW 2006, 1073 m.w.N.). Angesichts der klaren Regelung im BFStrMG, der aus Art. 20 Abs. 3 GG folgenden Gesetzesbindung der Exekutive sowie der Auswirkungen auf weitere beteiligte Grundrechtsträger ist auch die Ansicht problematisch, wonach die erhobenen Daten zumindest dann verwendet werden können, wenn der Berechtigte auf sein Grundrecht auf informationelle Selbstbestimmung verzichtet und mit der Verwendung einverstanden ist (so AG Friedberg 15.3.2006, 40a Gs 301 Js 43229/06, NStZ 2006, 517).

c) **Rechtsschutz.** Hinsichtlich des Rechtsweges für den Mautschuldner ist nach der jeweiligen Pflichtenbeziehung zu differenzieren. Dabei stehen zwei Rechtsverhältnisse nebeneinander, nämlich das öffentlich-rechtliche Gebührenverhältnis zwischen dem Bund und dem Mautschuldner sowie das auf die Organisation der Mautzahlung beschränkte privatrechtliche Rechtsverhältnis zwischen dem Betreiberunternehmen und dem Mautschuldner (dazu und zum Folgenden BVerwG 4.8.2010, 9 C 6/09, NVwZ 2011, 41 [LS 1 und 2, 43]). Das öffentlich-rechtliche Gebührenverhältnis wird dabei durch alle öffentlich-rechtlichen Vorschriften des BFStrMG und die aufgrund dieses Gesetzes ergangenen Rechtsverordnungen bestimmt, während das privatrechtliche Rechtsverhältnis durch die Allgemeinen Geschäftsbedingungen des Betreibers geprägt ist. Dementsprechend ist der Verwaltungsrechtsweg eröffnet, wenn die Mautpflicht dem Grunde nach, die Höhe der Maut oder das Bestehen der Befreiungswirkung nach § 4 Abs. 6 BFStrMG im Streit steht. Geht es dagegen um Rechte oder Pflichten aus dem Vertragsverhältnis zwischen dem Mautschuldner und dem beauftragten Betreiber, ist der Zivilrechtsweg zu beschreiten (vgl. ausführlich Müller/*Bender* Bundesfernstraßengesetz ABMG § 4 Rn. 123 ff.; siehe auch *Sellmann* NVwZ 2011, 724 [727]; die vorstehenden Ausführungen dürften auch für die Vertragsverhältnisse mit Anbieterunternehmen Geltung beanspruchen).

Hinsichtlich der – nicht auf den in § 4 Abs. 5 BFStrMG i.V.m. § 10 LKW-MautV besonders geregelten Fall gestützten (siehe dazu oben Nr. 8 f) – Klage auf Erstattung bereits entrichteter Maut hat das Bundesverwaltungsgericht auf dieser Grundlage danach differenziert, ob dem Begehren erhebungstechnische, dem Verantwortungsbereich des Betreibers zuzurechnende Mängel zugrunde liegen oder ob der Kläger die Unwirksamkeit oder die fehlerhafte Anwendung einer die Mautpflicht ausgestaltenden öffentlich-rechtlichen Norm geltend macht (BVerwG 4.8.2010, 9 C 6/09, NVwZ 2011, 41 [43]). Während in diesen Fällen der Verwaltungsrechtsweg zu beschreiten ist, muss der Kläger in jenen Fällen das Zivilgericht anrufen. Die Bundesfernstraßenmaut nach § 1 Abs. 1 BFStrMG ist als öffentlich-rechtliche Benutzungsgebühr eine öffentliche Abgabe im Sinne von § 80 Abs. 2 S. 1 Nr. 1 VwGO, so dass Widerspruch und Anfechtungsklage gegen einen Mautbescheid keine aufschiebende Wirkung zeitigen (VG Berlin 6.7.2007, 4 A 193/07, NJOZ 2008, 1368). Zu beachten ist daher insbesondere, dass ein Antrag auf vorläufigen Rechtsschutz nach § 80 Abs. 5 S. 1 Var. 1 VwGO grundsätzlich nur dann zulässig ist, wenn die Behörde einen Antrag auf Aussetzung der Vollziehung gemäß § 80 Abs. 4 VwGO ganz oder zum Teil abgelehnt hat, § 80 Abs. 6 VwGO.

15. Weiterführender Link. Die Streckenabschnitte, auf denen eine Maut erhoben wird, sind in der sog. Mauttabelle eingestellt, die unter http://www.mauttabelle.de/ einsehbar ist.

Brenner/Seifarth

Autobumser-Fälle In den so genannten A. versuchen (meist mehrere, bandenmäßig kooperierende) Täter, im Wege des Betruges aus fingiertem oder inszeniertem bzw. manipuliertem → *Unfall* Versicherungsleistungen zu erzielen, die ihnen nicht zustehen. Wer sich an einem verabredeten Unfall zwischen mehreren Fahrzeugen beteiligt, macht sich nicht des → *gefährlichen Eingriffs in den Straßenverkehr (§ 315b StGB)* strafbar, solange es nur zu Schädigungen der beteiligten Personen und ihrer Sachen kommt.

Da die Täter bei der Liquidierung der Schäden in der Rolle des Geschädigten und des Unfallverursachers einverständlich zusammenwirken und übereinstimmend vortragen, werden die Schäden von den Versicherern in dem Irrglauben reguliert, es habe sich um einen unbeabsichtigten → *Unfall* gehandelt. Die Überführung gelingt erst, wenn Sachverständige an den Schadensbildern Auffälligkeiten feststellen oder/und die Polizei die Vorgänge schließlich miteinander in Verbindung bringt, vornehmlich wegen der Identität der agierenden Täter, der immer wiederkehrenden Unfallorte, der

A Autokauf

schematisch sich wiederholenden Unfallhergänge (häufig etwa: Auffahrunfälle vor roten Ampeln bei Nacht bei geringem Verkehrsaufkommen) mit jeweils äußerlich eindeutiger Verursachungs- und Schadenszurechnung.

Autotelefon → Handyverbot

AVB → Allgemeine Versicherungsbedingungen für die Kraftfahrzeugversicherung

> Praxistipp: Wer als Zivilanwalt bemerkt oder aus gutem Grund argwöhnt, dass die ihm zur Regulierung anvertrauten Verkehrsunfallsachen so genannte A. sind, und gleichwohl (weiter) für einen oder mehrere Personen aus diesem Täterkreis gerichtlich oder/und außergerichtlich tätig wird, um fortlaufend Honorare hieraus einnehmen zu können, macht sich bei jedem weiteren Mandat des (ggf. nur versuchten, ggf. gewerbsmäßigen) Betruges oder der Teilnahme hieran strafbar. Hier drohen erhebliche Freiheitsstrafen. Geben Mandantenkartei und Akteninhalt Hinweise auf eine merkwürdige Wiederkehr von Unfallhergängen und Unfallbeteiligten, so ist eine sofortige Niederlegung aller betroffenen Mandate dringend zu empfehlen. Deren Verlust ist allemal leichter zu verschmerzen als Strafsanktionen und ein Verlust der Anwaltszulassung. Wer sich stattdessen darauf berufen will, er habe mit der Abwicklung dieser Schadenssachen als Rechtsanwalt doch bloß so genannte „neutrale Handlungen" vorgenommen (vgl. *Wohlers* NStZ 2000, 169), wird damit nicht durchdringen (BGH 18.6. 2003, 5 StR 489/02), denn wer „Autobumser" auch nur bedingt vorsätzlich unterstützt, der lässt sich die Förderung eines erkennbar tatgeneigten Täters angelegen sein (BGH StR 489/02, BGHSt 46,107, 112, BGH StGB § 27 Abs. 1 Hilfeleisten 20). Dem Rechtsanwalt wird auch dann, wenn er in die Bearbeitung von A. nach und nach „hineingeschlittert" ist, erschwerend angelastet werden, dass er als Organ der Rechtspflege zu einem besonders gewissenhaften Umgang mit der Wahrheit verpflichtet gewesen sei (LG München I 22.7.2004, 4 KLs 313 Js 49661/02).

Siehe auch → *Manipulierter Unfall,* → *Vorsätzlich verursachter Kfz-Unfall*   Weder

Autokauf → Kaufvertrag, → Agenturgeschäft, → Internet-Kfz-Kauf

Automobilvertrieb → Gruppenfreistellungsverordnung

autorisierte Werkstätten → Gruppenfreistellungsverordnung

Autoscooter-Argument → HWS-Schleudertrauma Nr. 4 Praxistipp

B

Bagatellschaden → Unfallfahrzeug, → Unfallschadenabwicklung – Sachschaden Nr. 24

Bagatellunfall → Psychische Unfallfolgen Nr. 5

Bagatellverletzung → Unfallschadenabwicklung – Personenschaden Nr. 20

Bahnübergang → Fahrradfahrer Nr. 9

BAK = Blutalkoholkonzentration; darunter versteht man im juristischen Sprachgebrauch die Konzentration im venösen Blut eines Probanden, die dem Mittelwert aus 4 Einzelwerten entspricht, die mit zwei unabhängigen Methoden in Form von Doppelbestimmungen gemessen wurden. Eine der Methoden muss die ethanolspezifische GC-Methode sein, die andere ist das alkoholspezifische ADH-Verfahren oder neuerdings eine weitere Doppelbestimmung per GC -Methode. Wichtig ist die Einhaltung der geforderten Variationsbreite (Differenz Höchster – niedrigster Einzelwert): BAK≤ 1,00 ‰: 0,1 ‰; BAK> 1,0 ‰: 10% vom BAK-Mittelwert). Wichtig ist die regelmäßige und erfolgreiche Teilnahme an Ringversuchen bsp. der GTFCH. Wichtig ist die Ausweisung als Blutalkoholkonzentration (Im Vollblut ist die Konzentration um den Faktor 1,23 niedriger als im Serum. Das liegt daran, dass das Blut aus flüssigen und festen Bestandteilen besteht).

Priemer

Barbiturate Barbiturate wurden vor Einführung der Benzodiazepine in verschiedenen Derivaten als Schlafmittel eingesetzt. Heute werden in Deutschland nur noch Phenobarbital zur Behandlung von Krampfanfällen und Thiopental zur Verringerung des Hirndrucks bei Schwerverletzten eingesetzt. Pentobarbital wird im Blut nach Anwendung von Thiopental und dessen Abbau nachgewiesen, in manchen Fällen aber nach Anwendung eines für tiermedizinische Zwecke zugelassenen Präparates in suizidaler Absicht. Wegen des Missbrauchspotentials, insbesondere von Seco- und Brallobarbital unterliegen die Barbiturate dem BtMG.

Sachs

Bauartgenehmigung → Betriebserlaubnis

Bauartgenehmigung für Fahrzeugteile → Straßenverkehrs-Zulassungsordnung

Beamter, Beamtenversorgung → Dienstfahrt

Beaufsichtigung → Kinderunfall Nr. 3

Bedienungsanweisungen → Waschstraßenschäden

bedingte Fahreignung → Fahreignung Nr. 7

bedingter Vorsatz → Vorsatz und Fahrlässigkeit

Bedingungen → Allgemeine Versicherungsbedingungen für die Kraftfahrzeugversicherung

Bedürfnisse, vermehrte → Unfallschadenabwicklung – Personenschaden Nr. 3

Bedingungstheorie → Fahrerhaftung Nr. 2

Beendigung der Zulassung → Zulassung von Kfz Nr. 2, **– von Amts wegen** → Ummeldung

Befähigung zum Führen von Kfz → Fahreignung, → Fahrerlaubniserwerb, → Fahrerlaubnis-Verordnung Nr. 3, → Widerruf und Rücknahme der Fahrerlaubnis

Beförderungsbedingungen → Fährschifftransport, Kfz-Schaden beim

Beförderungserschleichung 1. Antrag. B. wird bei geringem Schaden nur auf Antrag verfolgt, außer wenn die Staatsanwaltschaft das besondere öffentliche Interesse bejaht (§§ 265 a Abs. 3, 248a StGB).
2. Anklagesatz. In Routineverfahren wegen Beförderungserschleichung gerät der Anklagesatz häufig zu dünn. So genügt es nicht, bloß anzugeben, wann der Angeklagte wo in welchem Verkehrsmittel ohne Fahrausweis angetroffen wurde. Sondern geschildert werden muss die gefahrene Strecke bis zur Kontrolle, auch das Verhalten des Angeklagten während der Fahrt, welches nach außen hin den Anschein ordnungsgemäßer Benutzung erregt habe, gemessen an den Beförderungsbedingungen des Verkehrsbetriebs, die ggf. mitzuteilen sind. Um Versuch von Vollendung abgrenzen zu können, wird man regelmäßig auf Angaben zur gefahrenen Strecke angewiesen sein. Schließlich ist auch der Schaden anzugeben, der regelmäßig im Wert eines Fahrscheins über die gefahrene Strecke liegt, nie aber am erhöh-

B Befriedigungsfunktion

ten Beförderungsentgelt zu messen ist (OLG Frankfurt 20.7.2010, 1 Ss 336/08, NJW 2010, 3107 m.w.N.). *Weder*

Befriedigungsfunktion → Kfz-Haftpflichtversicherung Nr. 3

Befriedigungsvorrecht → Gefährdungshaftung Nr. 2, → Kinderunfall Nr. 12, → Übergang von Ersatzansprüchen Nr. 2

befristete Fahrerlaubnis → Fahrerlaubniserwerb Nr. 6

Begegnungsunfälle → Haftungsverteilung bei Verkehrsunfällen Nr. 12

Begegnungsverkehr → Haftungsverteilung bei Verkehrsunfällen Nr. 12

Begehrensneurose → Psychische Unfallfolgen Nr. 5

Begleitetes Fahren ab 17 Das in einem Modellversuch erfolgreich in Niedersachsen erprobte Begleitete Fahren ist seit 1.11.2011 in § 48a FeV/§ 6e StVG geregelt.
Voraussetzung für die Teilnahme am Begleiteten Fahren ist zunächst ein Mindestalter von 17 Jahren.
Mit 16 1/2 Jahren kann sich ein Jugendlicher für die Fahrausbildung der Klassen B oder BE bei der zuständigen Fahrerlaubnisbehörde mit Antrag, der die begleitenden Personen aufführt – dies kann später erweitert werden – sowie die Zustimmung der Erziehungsberechtigten enthält, anmelden.
Die theoretische Führerscheinprüfung kann drei Monate vor Vollendung des 17. Lebensjahres, die praktische Führerscheinprüfung frühestens einen Monat vor dem 17. Geburtstag abgelegt werden.
Die begleitende Person muss mindestens 30 Jahre alt sein und 5 Jahre die Fahrerlaubnis der Klasse B besitzen. Es darf lediglich eine Eintragung von 1 Punkt im Fahreignungsregister vorliegen. Während des „Begleitens" ist für die Begleitperson eine Blutalkoholkonzentration von maximal 0,49 ‰ zulässig. Die begleitende Person steht dem Fahranfänger nur als Ansprechpartner zur Verfügung und greift nicht aktiv in das Fahrgeschehen ein. Verantwortlicher Fahrzeugführer ist immer der Fahranfänger.
Bei Fahren ohne die in der Prüfbescheinigung benannte Begleitperson droht dem Fahranfänger ein Bußgeld in Höhe von 70 € und ein Punkt (Nr. 251a BKatV). Weiterhin wird die Fahrerlaubnis der Klasse B und BE widerrufen, auf Grund des Vorliegens eines „schwerwiegenden Verstoßes" innerhalb der Probezeit kann die Fahrerlaubnis-Neuerteilung der Klassen B und BE erst nach der Teilnahme an einem Aufbauseminar erfolgen, und schließlich wird die Probezeit um zwei Jahre auf insgesamt 4 Jahre verlängert. Die miterteilten Klassen AM und L bleiben beim Widerruf bestehen.
Nach erfolgreicher Absolvierung der Prüfung erhält der Fahranfänger eine Prüfbescheinigung. Sobald er 18 Jahre alt ist, kann er den Kartenführerschein beantragen.
Begleitetes Fahren ist für deutsche Fahranfänger in der EU außerhalb von Deutschland nur in Österreich zulässig.
Siehe auch → *Fahrerlaubniserwerb, Nr. 3*, → *Fahrerlaubnis-Verordnung, Nr. 3 a. E.*, → *Widerruf und Rücknahme der Fahrerlaubnis, Nr. 3* *Wehrl*

Begleitstoffanalyse Durch Modifizierung der Ethanolbestimmung per Headspace-GC-Methode werden auch alkoholische Begleitstoffe wie Methanol, Propanole und Butanole erfasst und quantifiziert. Anwendbar für die Rechtspflege wurde sie von Bonte gemacht, findet aber auch Anwendung in der Qualitätssicherung bei der Herstellung von Alkoholika.
Siehe auch → *Nachtrunk* *Priemer*

Begrenzungsleuchten → Fahrzeugbeleuchtung Nr. 2

Begutachtung durch Sachverständigen → Selbständiges Beweisverfahren

Begutachtungsleitlinien „Katalog" der Bundesanstalt für Straßenwesen (BASt, Bericht M115) mit Kriterien, die fahreignungsrelevant sind und Vorgabe sind für die Fahrerlaubnisbehörden. Unterschieden wird dabei in fahrgeeignet, bedingt fahrgeeignet (Fahruneignung zum Führen von Fahrzeugen der Gruppe 2 = Schwerlastverkehr, Personenbeförderung) und ungeeignet zum Führen von Kraftfahrzeugen. Die Fahrerlaubnisbehörden stützen sich also darauf, wobei oftmals eine fachärztliche Stellungnahme (Facharzt mit verkehrsmedizinischer Qualifikation) ausreichend ist. Die medizinisch-psychologische Untersuchung (MPU) umfasst auch eine psychische Untersuchung/Begutachtung, die insbesondere bei erheblichen Zweifeln an der persönlichkeitsbezogenen Fahreignung bestehen (bsp. Suchterkrankungen). *Priemer*

Begutachtungsstelle für Fahreignung Institute, die eine solche Begutachtung anbieten, z. B. TÜV, PIMA, RUMA. Von der jeweiligen Führerscheinstelle „akzeptierte" fachärztliche Gutachter (Listen dazu sind bei der jeweiligen Behörde erhältlich). *Priemer*

beharrliche Pflichtverletzung → Fahrverbot Nr. 4 b)

Behördenkennzeichen → Kennzeichenerteilung Nr. 2

Beiakten → Besonderheiten des Verkehrsunfallprozesses Nr. 12

Beibringungsgrundsatz → Besonderheiten des Verkehrsunfallprozesses Nr. 9

Beifahrer 1. Allgemeines. *Grundsätzlich* trägt der *Fahrer* (als Kfz-Führer und Verkehrsteilnehmer) für die Führung des Kfz die *alleinige Verantwortung*, so dass den *Beifahrer* keine Mithaftung trifft, wenn er beispielsweise den Fahrer von einer erheblichen Überschreitung der *Richtgeschwindigkeit* auf der Autobahn nicht abhält (OLG Hamm 20.5.1999, DAR 1999, 545), oder wenn er nicht selbst wach bleibt, um den Fahrer am *Einschlafen* zu hindern, und dann aufgrund der Geschwindigkeitsüberschreitung oder des Einschlafens des Fahrers ein Dritter geschädigt wird. Für *Ersatzansprüche Dritter* haftet der Beifahrer grundsätzlich nicht, wenn es sich bei dem Beifahrer nicht um einen Fahrlehrer und beim Fahrer um dessen Fahrschüler handelt (s. a. → *Fahrschule).* Nur *ausnahmsweise* ist der *Beifahrer Verkehrsteilnehmer* (zur Definition dieses Begriffs s. BGH 25.11.1959, NJW 1960, 924), nämlich wenn er in den *Verkehrsablauf eingreift* oder wenn er den Fahrer *vorsätzlich ablenkt* oder auf die *Lenkung des Kfz einwirkt*. Fungiert der Beifahrer z. B. als *Einweiser* für den Fahrer, dann kommt bei einem groben Fehlverhalten des Beifahrers dessen deliktische Haftung in Betracht.

2. Die Kenntnis des Beifahrers vom *Fehlen der Fahrerlaubnis beim Fahrer* kann ein *Mitverschulden* i.S.v. § 254 BGB begründen, wenn die fehlende Fahrerlaubnis des Fahrers mitursächlich für das Schadensereignis geworden ist, durch welches auch der Beifahrer einen Schaden erlitten hat. Dagegen braucht sich der Beifahrer ein *unfallursächliches Verschulden des Fahrers* im Verhältnis zum Unfallgegner nicht anspruchsmindernd anrechnen lassen, weil es dafür an einer Zurechnungsnorm fehlt (KG 3.5.2010, SVR 2011, 26). Ferner muss sich der Beifahrer ein Mitverschulden an selbst erlittenen unfallbedingten Verletzungen anrechnen lassen, wenn er sich im Kfz von einem *verkehrsuntüchtigen Fahrer* mitnehmen lässt, obgleich er *offensichtlich begründete Zweifel* an der *Fahrtauglichkeit* haben musste (BGH 25.1.1972, VersR 1972, 398; BGH 4.7.1967, VersR 1967, 974; OLG Celle 5.10.2011, 14 U 93/11). Zweifel an der Fahrtauglichkeit des Fahrers drängen sich dem Beifahrer bei *erkennbarer Alkoholisierung* (OLG Karlsruhe 30.1.2009, NJW 2009, 2608), *Übermüdung* (OLG Frankfurt am Main 8.11.2010, 1 U 170/10) oder *Drogeneinfluss* des Fahrers auf. Indes besteht *kein Erfahrungssatz*, dass sich dem Beifahrer die alkoholbedingte Fahruntauglichkeit des Fahrers aufdrängen musste, nur weil dieser erheblich alkoholisiert war (BGH 31.5.1988, NJW 1988, 2365; einschränkend OLG Celle 5.10.2011, 14 U 93/11). Ferner reicht allein die Kenntnis des Beifahrers vom Alkoholkonsum des Fahrers für die Annahme einer evidenten Erkennbarkeit der beeinträchtigten Fahrtauglichkeit nicht aus (BGH 21.4.1970, VersR 1970, 624). Denn der Beifahrer ist grds. nicht zur *Überprüfung der Fahrtüchtigkeit* des Fahrers gehalten. Einem Mitverschuldensvorwurf kann der geschädigte Beifahrer indes nicht dadurch begegnen, dass er wegen seiner *eigenen Alkoholisierung* die Fahruntüchtigkeit des Fahrers nicht erkannt habe (OLG Hamm 6.10.1995, zfs 1996, 4; OLG Karlsruhe 30.1.2009, NJW 2009, 2608), wohl aber dadurch, dass er darlegt und ggf. beweist, dass er vor dem Fahrtantritt keine Gelegenheit zum Verlassen des Kfz mehr hatte, z. B. weil er eingeschlafen war (OLG Naumburg 20.1. 2011, 1 U 72/10).

Zu Zeugenaussagen des Beifahrers aus zivilprozessualer Sicht → *Besonderheiten des Verkehrsunfallprozesses*, Nr. 19

3. B. als Zeugen: B. sind aus strafrichterlicher Sicht in der Regel keine „neutralen" Zeugen, müssen aber zur Sachverhaltsaufklärung gehört werden. Insbesondere kann in der Hauptverhandlung ein auf ihre Einvernahme gerichteter Beweisantrag nicht mit der Begründung zurückgewiesen werden, sie seien ein „ungeeignetes Beweismittel" im Sinne von § 244 Abs. 3 S. 2 Fall 4 StPO, denn „völlig ungeeignet" heißt in der Regel „schon nach der Gattung des Beweismittels ungeeignet" und betrifft beispielsweise den Fall, dass versucht wird, ein

B Beifahrer-Rechtsprechung

Sachverständigen-Thema durch Zeugenbeweis zu bearbeiten. Davon zu trennen ist die Tatsache, dass Beifahrer als Zeugen regelmäßig besonders kritisch zu befragen und zu würdigen sein werden. Sind sie Angehörige des Verdächtigen, steht ihnen ein → *Zeugnisverweigerungsrecht* zu.
4. B. sind beim → *Unerlaubten Entfernen vom Unfallort* nicht ohne weiteres als „Unfallbeteiligte" anzusehen.
5. B. als *Gefährdungsobjekte*: → *Gefährdung des Straßenverkehrs (§ 315c StGB)*
Siehe auch → *Gefälligkeitsfahrt,* → *Stillschweigender Haftungsausschluss bei Kfz-Unfällen*   *Geiger*

Beifahrer-Rechtsprechung → Besonderheiten des Verkehrsunfallprozesses Nr. 19

Beitreibung der Geldbuße → Vollstreckung von Geldbußen Nr. 5

Beiziehung von Ermittlungsakten → Besonderheiten des Verkehrsunfallprozesses Nr. 12

Belastungsstörung → Psychische Unfallfolgen

Belehrung   → Aussageverweigerungsrecht, → Besonderheiten des Verkehrsverwaltungsprozesses Nr. 3, 6, → Beweisverwertungsverbot Nr. 5, → Fahrverbotsvollstreckung Nr. 6, → Wiedereinsetzung in den vorigen Stand Nr. 1 d)→ Bußgeldverfahren Nr. 2 a), 2 f)

Belehrung im Strafverfahren 1. Allgemeines: Die Belehrungspflichten sollen prozessuale Rechte der Belehrungsempfänger absichern oder/und sie vor unbedachten Schritten bewahren helfen.
2. Zu belehren ist der Beschuldigte über sein → *Aussageverweigerungsrecht* (Nr. 2 ff), der Zeuge über ein etwaiges → Zeugnisverweigerungsrecht oder Auskunftsverweigerungsrecht (→ *Zeugnisverweigerungsrecht* Nr.5) sowie über seine Wahrheitspflicht (§ 57 StPO).
3. Zu belehren hat das Gericht den Angeklagten nach einer Verurteilung über die Bedeutung der erkannten Rechtsfolgen (§ 268a Abs. 3 StPO), insbesondere den Beginn eines gegen ihn ausgeurteilten Fahrverbots (§ 268 c StPO).
4. Rechtsmittelbelehrungen regelt (neben §§ 115 Abs. 4, 115a Abs. 3 S. 2 und 171 S. 2 StPO) vor allem § 35a StPO, der in §§ 319 Abs. 2 S. 3 und 346 Abs. 2 S. 3 StPO jeweils entsprechend für anwendbar erklärt wird. Hiernach ist insbesondere über die Modalitäten zulässiger Einlegung aufzuklären. Der Verteidiger wird es regelmäßig vorziehen, für den Mandanten auf eine derart ausführliche Rechtsmittelbelehrung zu verzichten und ihn stattdessen selbst in allen Einzelheiten zu informieren, verbunden mit einer Erörterung, ob Rechtsmittel eingelegt werden soll. So kann am ehesten verhindert werden, dass der Mandant das Urteil vorschnell akzeptiert, indem er auf Rechtsmittel verzichtet. Ein sofortiger Rechtsmittelverzicht kann im Einzelfall sinnvoll sein, z. B. wenn das Urteil einer Verständigung entspricht oder/und relativ milde ausgefallen ist. Das sollte aber ebenfalls mit dem Mandanten zuvor abgestimmt sein. Ein Rechtsmittelverzicht ist gemäß § 302 Abs. 2 StPO nur wirksam, wenn der Verteidiger hierzu ausdrücklich bevollmächtigt ist (vgl. KG 19.1.2009, 3 Ws 474/08, NJW 2009, 1687); letzteres kann er allerdings u. U. durch anwaltliche Erklärung nachweisen (BGH NStZ 2004, 55 = NJW 2004, 696). Oft wird es sinnvoll sein, sich mit der Staatsanwaltschaft auf einen beiderseitigen Rechtsmittelverzicht zu verständigen.
5. Der Lauf einer Rechtsmittelfrist hängt nicht von der Rechtsmittelbelehrung ab, bei Fristversäumung wird aber eine → *Wiedereinsetzung in den vorigen Stand* durch § 44 S. 2 StPO erleichtert.
                                              Weder

Beleidigung im Straßenverkehr 1. Allgemeines. Wegen Beleidigung (§ 185 StGB) macht sich strafbar, wer einen anderen durch Kundgabe eigener Nichtachtung/Missachtung in seiner Ehre verletzt. Die justizielle Praxis verfolgt Beleidigungen im privaten oder halbprivaten „Nahbereich" wenig engagiert und verweist die Geschädigten häufig auf den Privatklageweg (vgl. § 374 Abs. 1 Nr. 2 StPO). Anders aber in Verkehrsstrafsachen, da es hier in der Regel um Vorfälle geht, in die einander Unbekannte zufällig verwickelt werden.
2. Namentlich im Wiederholungsfall kann es daher durchaus zu beträchtlichen Strafen führen, wenn dem Angeklagten nachgewiesen werden kann, Verbalinjurien geäußert oder einen so genannten *Autofahrergruß* getätigt zu haben, etwa in Form des „Stinkefingers" (Zeigen des ausgestreckten Mittelfingers bei ansonsten zur Faust geballter Hand) oder der „Arschloch-Geste" (bei der ein Finger mit dem Daumen einen Kreis bildet).
3. Beleidigungen gegenüber Polizeibeamten werden von der Justiz besonders konsequent

verfolgt, da neben der persönlichen Ehre des Geschädigten auch die Autorität der Polizei als Behörde sich zu behaupten hat. Zwar erfüllt nicht jede flapsige Bemerkung, auch nicht jeder dumme Scherz, den Tatbestand der Beleidigung (AG Tiergarten, NJW 2008, 3233, zu dem Ausspruch: „Herr Oberförster, zum Wald geht's da lang", gerichtet an einen uniformierten Polizeibeamten). Wo aber die Grenze zur Ehrverletzung überschritten ist, wird es kaum je zu einer Verweisung auf den Privatklageweg oder folgenlosen Einstellung kommen.

4. Strafantrag. Zunächst ist darauf zu achten, ob der für eine Strafverfolgung erforderliche *Strafantrag* (§ 194 Abs. 1 S. 1 StGB) rechtzeitig (§ 77 b Abs. 1 StGB) und wirksam gestellt ist; bei (Polizei-)Beamten reicht auch ein Strafantrag des Dienstvorgesetzten (§ 77 a StPO), der in der Regel gestellt wird.

Praxistipp: Zeichnet sich (nach Aktenlage oder/und in der Hauptverhandlung) ab, dass der Tatnachweis glücken wird, so ist dringend folgende Vorgehensweise zu erwägen, mit den Beteiligten zu verabreden und dann zügig durchzuführen: Der Angeklagte/Beschuldigte nimmt beleidigende Äußerungen mit dem Ausdruck des Bedauerns zurück und bittet den Geschädigten um Verzeihung wegen des Vorfalls. Der Geschädigte nimmt daraufhin den Strafantrag zurück; dadurch entsteht ein Verfahrenshindernis, so dass der Prozess (ohne Urteil) einzustellen ist. Der Angeklagte trägt die Verfahrenskosten, wozu er sich vorab verpflichtet hat; sie würden sonst wegen der Rücknahme des Strafantrags den Geschädigten treffen, der mit dieser Aussicht die Lösung regelmäßig nicht mittragen würde. Eine solche Vorgehensweise wird vom Gericht vielfach unterstützt, da der Richter die schnelle Erledigung ohne Absetzung eines Urteils schätzen wird. Der Sitzungsvertreter der Staatsanwaltschaft wird kaum je protestieren, da die Lösung den Rechtsfrieden leidlich wiederherstellt. Der Angeklagte vermeidet die vor der Tür stehende Strafverurteilung nebst Eintragung im Bundeszentralregister.

Praxistipp: Ist Beleidigung eines von mehreren angeklagten Delikten, so ist frühzeitig auf eine richtige Weichenstellung zu achten: Lautet die Anklage z. B. auf eine (nach Aktenlage ohnehin erweisliche) fahrlässige Trunkenheitsfahrt sowie tatmehrheitlich auf nachfolgende Beleidigung der kontrollierenden Polizeibeamten, so empfiehlt es sich, ein Geständnis bezüglich der Trunkenheitsfahrt in Aussicht zu stellen und zugleich die Einstellung des Beleidigungsvorwurfs nach § 154 StPO anzuregen. Erkennt der Richter, dass er allein wegen des Beleidigungsvorwurfes drei Zeugen laden muss, während er den Tatschwerpunkt „Trunkenheitsfahrt" ohne diese verhandeln könnte, wird er dieser Sachbehandlung u. U. aufgeschlossen gegenüberstehen.

Praxistipp: Beim unvorbelasteten Ersttäter dem eine – unter Umständen sogar mittelmäßig derbe – Beleidigung zur Last liegt, kann es sich empfehlen, schon im → *Ermittlungsverfahren* eine Einstellung nach § 153 a Abs. 1 StPO anzuregen. Von dieser wird in geeigneten Fällen auch dann Gebrauch gemacht, wenn der Geschädigte Polizeibeamter ist und die Beleidigung nicht allzu grob war. Ist durch eine (minder grobe) Beleidigung (zum Nachteil eines Privaten) der Rechtsfrieden über den Lebenskreis des Verletzten hinaus nicht gestört, so bietet sich eine Verweisung auf den Privatklageweg an, wobei der Vorteil darin besteht, dass im Privatklageverfahren fast nie eine Verurteilung herauskommt, zumal das Gericht in diesem das Verfahren auch wieder wegen Geringfügigkeit einstellen kann (§ 383 Abs. 2 StPO) und dies regelmäßig dann tun wird, wenn der Täter das Opfer nachweislich um Verzeihung gebeten hat und/oder wechselseitige Beleidigungen im Raume stehen. All diese „weichen" Erledigungen des Ermittlungsverfahrens sind jedenfalls dann, wenn die Beweislage für eine leugnende oder schweigende Verteidigung zu „griffig" ist, eine bedenkenswerte Alternative zur Durchführung eines Strafprozesses. Die Bereitschaft der Staatsanwaltschaft kann in Grenzfällen beispielsweise durch den Nachweis gefördert werden, dass der Beschuldigte den Tatverletzten bereits um Verzeihung wegen des Vorfalls gebeten hat.

Weder

Beleihung → Verkehrsüberwachung durch Private Nr. 4 d)

Beleuchtung 1. Allgemeines. Sowohl bei Kraftfahrzeugen als auch bei Fahrrädern oder anderen Fahrzeugen, bei denen Beleuchtungsmittel gesetzlich vorgeschrieben sind, ist – innerhalb des öffentlichen Straßenverkehrs – während der *Dämmerung*, bei *Dunkelheit* oder wenn die Sichtverhältnisse es sonst erfordern, die Beleuchtungseinrichtungen zu benutzen (§ 17 Abs. 1 S. 1 StVO). Ein Indiz für die Erforderlichkeit des Fahrens mit Licht bei Dämmerung

kann gegeben sein, wenn eine große Mehrzahl der Fahrzeuge bereits die Beleuchtung eingeschaltet hat. Die Beleuchtungseinrichtungen dürfen *nicht verdeckt* oder *verschmutzt* sein (§ 17 Abs. 1 S. 2 StVO).
2. Fließender Verkehr. Im Gegensatz zu zahlreichen anderen europäischen Staaten besteht in Deutschland für Pkw und Lkw *keine allgemeine Lichtpflicht am Tag*. *Krafträder* haben dagegen auch am Tage mit *Abblendlicht* oder *Tagfahrlicht* zu fahren, jedoch zwingend mit Abblendlicht während der Dämmerung, bei Dunkelheit oder wenn die Sichtverhältnisse es sonst erfordern (§ 17 Abs. 2a StVO). Mit *Begrenzungsleuchten* (= Standlicht) allein darf nicht gefahren werden (§ 17 Abs. 2 S. 1 StVO). Bei Nebel, Schneefall oder Regen ist bei erheblicher Sichtbehinderung auch am Tage mit Abblendlicht zu fahren, hierbei dürfen dann auch die *Nebelscheinwerfer* eingeschaltet sein; das Benutzen der *Nebelschlussleuchte* ist dagegen nur zulässig bei Nebel mit Sichtweiten unter 50 m (§ 17 Abs. 3 StVO). Führen *Fußgänger* einachsige Zug- oder Arbeitsmaschinen an Holmen oder Handfahrzeuge mit, so ist mindestens eine nach vorn und hinten gut sichtbare, nicht blendende Leuchte mit weißem Licht auf der linken Seite anzubringen oder zu tragen (§ 17 Abs. 5 StVO). Ein Fahrrad darf dagegen ohne Beleuchtung geschoben werden, da es in diesem Fall zum reinen Fußgängerverkehr zählt. Bei *Fahrrädern* gibt es gem. § 67 StVZO einige Sondervorschriften zu beachten (→ *Fahrradfahrer, Nr. 8*).
3. Haltender bzw. ruhender Verkehr. Haltende Fahrzeuge sind *außerhalb geschlossener Ortschaften* mit eigener Lichtquelle (Standlicht) zu beleuchten, § 17 Abs. 4 S. 1 StVO. *Innerhalb geschlossener Ortschaften* ist Parklicht (auf der Fahrbahninnenseite) vorgeschrieben, bei ausreichender Straßenbeleuchtung ist dies entbehrlich, § 17 Abs. 4 S. 2 StVO. Lkw über 3,5 t und Anhänger sind auch innerhalb geschlossener Ortschaften mit eigener Lichtquelle oder durch andere zugelassene lichttechnische Einrichtungen kenntlich zu machen. *Kleinfahrzeuge*, die ohne Schwierigkeiten von der Fahrbahn entfernt werden können, z. B. Motorräder, Fahrräder oder einachsige Anhänger, dürfen bei Dunkelheit dort nicht unbeleuchtet stehen bleiben.
4. Bundeswehrfahrzeuge sind gem. § 35 StVO von den Vorschriften der StVO grundsätzlich befreit, wenn dies zur Erfüllung hoheitlicher Aufgaben geboten ist. Allerdings sind bei diesen Fahrzeugen – soweit von den allgemeinen Beleuchtungsvorschriften abgewichen wird – reflektierende Warntafeln anzubringen (§ 17 Abs. 4 a StVO).
5. Ordnungswidrigkeiten und Straftaten. Für die Beleuchtung des Fahrzeugs verantwortlich ist der Fahrer (§ 23 Abs. 1 S. 4 StVO), Verstöße gegen die Beleuchtungspflicht können als Ordnungswidrigkeit geahndet werden (§ 24 StVG i. V. m. § 49 Abs. 1 Nr. 17 StVO). Fällt die Beleuchtung während der Fahrt aus, ohne dass dies dem Fahrer hätte auffallen müssen, liegt kein Verschulden vor. Geht von haltenden oder liegengebliebenen Fahrzeugen, die unzureichend beleuchtet sind, eine konkrete Gefahr aus, so kann der Straftatbestand des § 315c Abs. 1 Nr. 2 Buchst. g StGB erfüllt sein (→ *Gefährdung des Straßenverkehrs (§ 315c StGB)*).
6. Zivilrecht. Ist ein an einem Verkehrsunfall beteiligtes Fahrzeug nicht ausreichend beleuchtet, so besteht ein Anscheinsbeweis für die Unfallursächlichkeit. Dem Fahrer bzw. Halter dieses Fahrzeugs wird dann somit i. d. R. eine Mithaftung zukommen (→ *Haftungsverteilung bei Verkehrsunfällen*).
Siehe auch → *Fahrradfahrer,* → *Fahrzeugbeleuchtung*

Langer

Beleuchtung des Kennzeichens → Kennzeichenerteilung Nr. 3

Beleuchtungseinrichtungen → Fahrzeugbeleuchtung, → Pflichten des Fahrzeugführers Nr. 1 c)

Benutzungsabsicht → Fußgängerüberweg Nr. 2 a)

Benzinklausel Im Bereich von Schäden am Kraftfahrzeug ist meist die sog. „Kleine Benzinklausel" in der Privathaftpflichtversicherung von Bedeutung, die üblicherweise wie folgt lautet:
„Nicht versichert ist die Haftpflicht des Eigentümers, Besitzers, Halters oder Führers eines Kfz, Luft- oder Wasserfahrzeugs wegen Schäden, die durch den Gebrauch des Fahrzeugs verursacht werden"
Durch diese Klausel werden Haftpflichtfälle vom Versicherungsschutz der Privathaftpflichtversicherung ausgenommen, die in einem inneren Zusammenhang mit dem Gebrauch von Kraftfahrzeugen stehen (vgl. BGH 27.6.1981 IV A ZR 7/83 VersR 1984, 854).
Dieser Ausschluss setzt jedoch voraus, dass sich eine Gefahr verwirklicht hat, die gerade dem

Fahrzeuggebrauch zu Eigen, diesem selbst und unmittelbar zuzurechnen ist (siehe BGH 13.12.2006 IV ZR 120/05 DAR 2007,207).
Dies führt in der Praxis immer wieder zu Abgrenzungsproblemen und zu falschen Vorstellungen auf Versicherungsnehmerseite, welchen Deckungsschutz ihre Privathaftpflichtversicherung in diesem Bereich bietet:

1. Unfallschäden an geliehenen oder gemieteten Fahrzeugen. Hier besteht gerade für den Entleiher oder Mieter aus den dargelegten Gründen gerade kein Versicherungsschutz über seine Privathaftpflichtversicherung, auch wenn dies der Mandant als Laie immer vermutet und dann im Schadenfall „aus allen Wolken fällt".
Eine Absicherung ist hier nur über eine Vollkaskoversicherung oder aber eine Haftungsfreistellung nach Art einer Vollkaskoversicherung im Mietvertrag möglich. Das Restrisiko der möglicherweise bestehenden Selbstbeteiligung bzw. des Rückstufungsschadens des Halters des Fahrzeugs ist leider nicht versicherbar.

2. Ein- und Ausladen / Wegrollen des Einkaufswagens. Das Wegrollen eines Einkaufsgens, bei dem gerade die Einkäufe in den PKW umgeladen werden, führt häufig zu Schäden an anderen dort geparkten Fahrzeugen.
Bejaht hat in einem solchen Fall das LG Karlsruhe den Deckungsschutz aus der Privathaftpflichtversicherung, da es diesen Sachverhalt noch nicht dem Betrieb des Kfz zugeordnet hat (24.5.1991 9 S 578/90 zfs 1991, 246).
Hier wird aber überwiegend eine Eintrittspflicht der Kfz-Haftpflichtversicherung angenommen, da gerade das Ein- und Ausladen dem Beginn des Betriebes des Kraftfahrzeugs wie auch andere Handlungen als notwendige Vorbereitungshandlung zugeordnet werden kann (siehe Übersicht der Rechtsprechung bei *Schwab* in Halm/Kreuter/Schwab, AKB, AKB Rdn. 106-108).

3. Falschbetankung von Fahrzeugen. Auch die Falschbetankung von geliehen oder gemieteten Fahrzeugen ist nicht vom Versicherungsschutz der Privathaftpflichtversicherung umfasst.
Dies ist bei diesen meist sehr teureren Schäden umso gravierender, da hier auch kein Versicherungsschutz über eine Vollkaskoversicherung bzw. Haftungsfreistellung nach Art einer Vollkaskoversicherung bei Mietwägen besteht, da das Betanken in diesem Hinblick einen nicht versicherten Betriebsschaden darstellt.
Solche Schäden sind daher leider mangels Versicherbarkeit von dem Betreffenden selbst zu tragen.
Kärger

Benzinklausel → Kfz-Haftpflichtversicherung Nr. 2

Benzodiazepine Die Gruppe der Benzodiazepine umfasst eine Reihe von Substanzen, die folgende Eigenschaften haben: sedierend, schlaffördernd, stimmungshebend, euphorisierend, angstlösend (anxiolytisch), krampflösend (antikonvulsiv), antidepressiv, muskelrelaxierend. Als gefährliche Nebenwirkungen müssen folgende Eigenschaften erwähnt werden: Abhängigkeit, Atemdepression, Neuromuskuläre Koordinationsstörungen bis hin zur Ataxie. Diese Eigenschaften können bei den unterschiedlichen Substanzen unterschiedlich dominierend sein, wodurch die Einsatzgebiete bestimmt werden, im Wesentlichen abhängig von der Halbwertszeit, der Wirkungsdauer, aber auch vom Metabolismus. Bei allen Benzodiazepinen besteht die Gefahr des Missbrauchs als berauschendes Mittel und in dessen Folge der Abhängigkeit. Bekannte und illegal gehandelte Vertreter dieser Gruppe sind Diazepam (z. B. Valium®), Flunitrazepam (Rohypnol®), Bromazepam, Lorazepam, Alprazolam.
Sachs

Benzoylecgonin Stoffwechselprodukt von Cocain. Obwohl unwirksam wurde es in die Liste des § 24a StVG aufgenommen. Die Grenzwertkommission legte einen Wert von 75 ng/ml fest.
Sachs

Berauschendes Mittel i.S.v. § 316 StGB „Berauschende Mittel" sind Stoffe, die das Hemmungsvermögen sowie die intellektuellen und motorischen Fähigkeiten beeinträchtigen (BGH VRS 55 365) und die mit in ihren Auswirkungen denen des Alkohol vergleichbar sind.
Siehe auch → *Drogenfahrt,* → *Trunkenheit im Verkehr*
Sachs

Bereifung → Reifen, → Winterreifenpflicht

Bereitschaftszeit → Kontrollgerät (Fahrtschreiber) Nr. 1 a), → Lenk- und Ruhezeiten Nr. 5 e)

berufliche Nachteile → Fahrverbot Nr. 4 c)

Berufsausbildung → Kinderunfall Nr. 8

Berufskraftfahrerqualifikation 1. Allgemeines: Nach dem Berufskraftfahrer-Qualifikations-Gesetz (BKrFQG) muss sich derjenige einer

140-stündigen Grundqualifikation mit abschließender mündlicher Prüfung vor der IHK unterziehen, der ab dem 10.9.2008 eine Fahrerlaubnis für Busse oder ab dem 10.9.2009 eine Fahrerlaubnis für Lkw erworben hat.

Gemäß § 3 BKrFQG genießen diejenigen Berufskraftfahrer Bestandsschutz, die bereits zum jeweiligen Stichtag im Besitz einer entsprechenden Fahrerlaubnis sind; eine Grundqualifikation muss dann nicht erworben werden. Durch die enge Formulierung und Auslegung des bisherigen § 3 BKrFQG benötigten alle Berufskraftfahrer die Grundqualifikation, deren Fahrerlaubnis vor dem jeweiligen Stichtag durch
- Ablauf der Befristung wegen nicht rechtzeitig beantragter Verlängerung,
- Verzicht oder
- Entziehung der Fahrerlaubnis

erloschen ist und deren neue Berechtigung erst nach dem Stichtag erteilt wurde; denn mit der Neuerteilung der Fahrerlaubnis nach Verlust der Fahrberechtigung lebt nicht das erloschene Recht wieder auf, sondern wird formal ein neues Recht – ohne Bestandsschutz – begründet.

Diese Lücke wurde zum 31.5.2011 durch das Erste Gesetz zur Änderung des Berufskraftfahrer-Qualifikations-Gesetzes vom 25.5.2011 (BGBl. I, 952) geschlossen: Ausreichend ist nun auch, dass der Fahrer vor dem jeweiligen Stichtag eine Lkw- oder Busfahrerlaubnis besessen hatte, diese durch Fristablauf, Verzicht oder Entziehung verloren hat und erst nach dem Stichtag eine neue Fahrberechtigung erteilt wurde. Diese Erweiterung des Bestandsschutzes führt für die Betroffenen zu einer erheblichen Zeit- und Kostenersparnis.

2. Betroffene Personen. Das BKrFQG ist auf Fahrer anwendbar, die Fahrten im Güterkraft- oder Personen-verkehr zu gewerblichen Zwecken durchführen, wenn für die Kraftfahrzeuge die Fahrerlaubnisklassen C1, C1E, C, CE, D1, D1E, D oder DE erforderlich sind.

Das Gesetz gilt nicht nur für Fahrer mit deutscher Staatsangehörigkeit. Auch Fahrer, die Staatsangehörige eines anderen Mitgliedstaats der EU oder eines EWR-Staates oder Staatsangehörige eines Drittstaates mit Sitz des Unternehmens in einem EU- oder EWR-Staat sind, müssen die erforderlichen Qualifikationen nachweisen.

Das BKrFQG gilt gem. § 1 II BKrFQG nicht für:
a) Kraftfahrzeuge mit einer Höchstgeschwindigkeit von maximal 45 km/h,
b) Kraftfahrzeuge, die von der Bundeswehr, der Truppe und des zivilen Gefolges der anderen Vertragsstaaten des Nordatlantikpaktes, den Polizeien des Bundes und der Länder, dem Zolldienst sowie dem Zivil- und Katastrophenschutz und der Feuerwehr eingesetzt werden oder ihren Weisungen unterliegen,
c) Kraftfahrzeuge, die zur Notfallrettung von den nach Landesrecht anerkannten Rettungsdiensten eingesetzt werden,
aa) Kraftfahrzeuge, die zum Zweck der technischen Entwicklung oder zu Reparatur- oder Wartungszwecken oder zur technischen Untersuchung Prüfungen unterzogen werden, oder
bb) in Wahrnehmung von Aufgaben, die den Sachverständigen oder Prüfern im Sinne des § 1 des Kraftfahrsachverständigengesetzes oder der Anlage VIIIb der Straßenverkehrs-Zulassungs-Ordnung übertragen sind, eingesetzt werden, oder
cc) neu oder umgebaut und noch nicht in Betrieb genommen worden sind.
d) Kraftfahrzeuge zur Beförderung von Material oder Ausrüstung, das der Fahrer oder die Fahrerin zur Ausübung des Berufes verwendet, sofern es sich beim Führen des Kraftfahrzeuges nicht um die Hauptbeschäftigung handelt.

3. Besitzstände. Das BKrFQG regelt die Grundqualifikation und die Weiterbildung der Fahrer.

Wurde die Fahrerlaubnis der Klassen C1, C1E, C, CE oder eine gleichwertige Klasse vor dem 10. September 2009 erteilt, ist der Erwerb der Grundqualifikation nicht erforderlich. Die Fahrer müssen nur die Weiterbildung absolvieren.

Für Fahrpersonal mit einer Fahrerlaubnis der Klassen D1, D1E, D, DE oder einer gleichwertigen Klasse, die vor dem 10.September 2008 erworben wurde, entfällt der Erwerb der Grundqualifikation.

4. Ausbildung. Abhängig von Mindestalter und Fahrerlaubnisklasse ist die Grundqualifikation oder die beschleunigte Grundqualifikation zu erwerben.

Die Grundqualifikation wird erworben durch eine theoretische und praktische Prüfung bei einer IHK oder durch Abschluss einer Berufsausbildung zum „Berufskraftfahrer" oder „Fachkraft im Fahrbetrieb".

Umfang und Inhalt der theoretischen und praktischen Prüfung richten sich nach Anlage 2 zu BKrFQV. Die theoretische Prüfung umfasst eine schriftliche Prüfung – bestehend aus

Multiple-Choice-Fragen, Fragen mit direkter Antwort und Erörterung von Praxissituationen. Dabei müssen alle Kenntnisbereiche nach Anlage 1 zur BKrFQV angemessen abgedeckt sein. Die Dauer beträgt 240 Minuten.

Die praktische Prüfung besteht aus einer Fahrprüfung (Dauer 120 Minuten), einem praktischen Prüfungsteil (Dauer 30 Minuten) und der Bewältigung kritischer Fahrsituationen (Dauer maximal 60 Minuten).

Erforderlich für die Zulassung zur Prüfung ist der Besitz der jeweiligen Fahrerlaubnis.

Die beschleunigte Grundqualifikation wird erworben durch die Teilnahme an einer Schulung von 140 Stunden (zu jeweils 60 Minuten) bei einer anerkannten Ausbildungsstätte sowie die erfolgreiche Ablegung einer 90-minütigen theoretischen Prüfung bei der IHK. Die Teilnahme am Unterricht ist verpflichtend.

Eine Fahrerlaubnis muss für die beschleunigte Grundqualifikation noch nicht vorliegen.

5. Weiterbildung. Fahrer müssen regelmäßig eine Weiterbildung absolvieren. Berufseinsteiger haben die erste Weiterbildung 5 Jahre nach dem Zeitpunkt des Erwerbs der Grundqualifikation oder der beschleunigten Grundqualifikation abzuschließen.

Für bereits tätiges Fahrpersonal gelten Übergangsfristen in Abhängigkeit von der Fahrerlaubnisklasse: Fahrpersonal mit den Fahrerlaubnisklassen D1, D1E, D, DE oder einer gleichwertigen Klasse muss zwischen dem 10. September 2008 und dem 10. September 2013, Fahrpersonal mit den Fahrerlaubnisklassen C1, C1E, C, CE oder einer gleichwertigen Klasse muss zwischen dem 10. September 2009 und dem 10. September 2014 eine erste Weiterbildung abschließen.

Abweichend von diesen Fristen kann die erste Weiterbildung zu einem früheren oder späteren Zeitpunkt abgeschlossen werden, der mit dem Ende der Gültigkeit des Führerscheines übereinstimmt, soweit bei Berufseinsteigern 3 Jahre nicht unterschritten und 7 Jahre nicht überschritten werden. Bei tätigem Fahrpersonal mit den Fahrerlaubnisklassen D1, D1E, D, DE oder einer gleichwertigen Klasse muss die Weiterbildung vor dem 10. September 2015 und bei Fahrpersonal mit den Fahrerlaubnisklassen C1, C1E, C, CE oder einer gleichwertigen Klasse vor dem 10. September 2016 abgeschlossen werden.

Nach § 4 BKrFQV ist Inhalt der Weiterbildung die Vertiefung und Wiederholung der in Anlage 1 zu BKrFQV aufgeführten Kenntnisbereiche. Die Dauer der Weiterbildung beträgt 35 Stunden zu je 60 Minuten, die in selbstständigen Ausbildungseinheiten (Zeiteinheiten) von jeweils mindestens 7 Stunden erteilt werden. Ein Teil der Weiterbildung kann auf Übungen auf einem besonderen Gelände im Rahmen eines Fahrertrainings oder einem leistungsfähigen Simulator entfallen.

Die Weiterbildung ist im Abstand von 5 Jahren zu wiederholen.

Eine Prüfung muss im Rahmen der Weiterbildung nicht absolviert werden.

6. Nachweise. Die Grundqualifikation und die Weiterbildung werden durch den Eintrag der harmonisierten Schlüsselzahl der europäischen Union auf den Führerschein (Schlüsselzahl 95 nach Anlage 9 der Fahrerlaubnis-Verordnung) nachgewiesen, soweit ein deutscher Führerschein erteilt werden kann. Der Eintrag erfolgt durch die für die Erteilung von Fahrerlaubnissen zuständige Behörde.

7. Bußgeldvorschriften. Wer ohne die erforderliche Grundqualifikation oder Weiterbildung vorsätzlich oder fahrlässig eine Fahrt durchführt oder als Unternehmer eine Fahrt ohne die erforderliche Qualifikation anordnet oder zulässt, handelt ordnungswidrig.

Verstöße können mit einer Geldbuße bis zu 5.000 € für den Fahrer und mit einer Geldbuße von bis zu 20.000 € für den Unternehmer geahndet werden. *Wehrl*

Berufung → Anwaltsgebühren in Verkehrsverwaltungssachen Nr. 6, 7, → Besonderheiten der Verkehrsunfallklage Nr. 7, 8, → Besonderheiten des Verkehrsunfallprozesses Nr. 26, 27, → Besonderheiten des Verkehrsverwaltungsprozesses Nr. 7

Berufungsbegründung → Besonderheiten des Verkehrsunfallprozesses Nr. 26, → Besonderheiten des Verkehrsverwaltungsprozesses Nr. 7

Beschaffenheitsvereinbarung → Garantieansprüche Nr. 5, → Sachmängelhaftungsausschluss Nr. 3, → Sachmangel Nr. 2 → Verbrauchsgüterkauf Nr. 2, 4

Beschaffungspflicht → Verkehrseinrichtungen Nr. 4

Beschlagnahme des Führerscheins → Sicherstellung des Führerscheins, → Vorläufige Entziehung der Fahrerlaubnis Nr. 3

Beschlussverfahren → Bußgeldverfahren Nr. 4, 6

B Beschränkung der Fahrerlaubnis

Beschränkung der Fahrerlaubnis → Fahrerlaubnis-Verordnung Nr. 3

Beschränkung des Fahrverbotes → Fahrverbot Nr. 4

Beschränkung eines Rechtsmittels → Vollmacht Nr. 1 d)

Beschwer → Besonderheiten der Verkehrsunfallklage Nr. 6

Besitzkehr, Besitzwehr → Abschleppkosten Nr. 2

besonderes Aufbauseminar → Aufbauseminar, → Drogenfahrt Nr. 2 e), → Trunkenheit im Verkehr Nr. 5 b) gg), 89 Praxistipp

besonderes Feststellungsinteresse → Besonderheiten des Verkehrsverwaltungsprozesses

Besonderheiten der Verkehrsunfallklage 1. Allgemeines. Nach dem Scheitern der außergerichtlichen Regulierungsverhandlungen sollte *unverzüglich Klage* erhoben werden. Ein Antrag auf Erlass eines Mahnbescheides ist nicht zu empfehlen, weil die Versicherer generell, auch wenn sie regulierungsbereit sind, Widerspruch gegen Mahnbescheide einlegen. Ein *Mahnbescheidsantrag* führt damit letztlich lediglich zu einer *Verzögerung* der Angelegenheit.
2. Aktivlegitimation, Prozessführungsbefugnis. Der *Eigentümer* des unfallbeschädigten Kfz ist der Inhaber der Ersatzansprüche wegen des *Sachschadens* (OLG Hamm 15.3.2013, 9 U 172/12). Der durch den Unfall *Verletzte* ist der Inhaber der Ersatzansprüche wegen des *Personenschadens*. Der Eigentümer des Kfz und der Verletzte haben *materielle Sachbefugnis*, sind aktivlegitimiert (ebenso, hinsichtlich des Ausfallschadens, der berechtigte Besitzer eines sicherungsübereigneten Kfz; AG Salzwedel 4.4.2013, 31 C 432/12 IV). Damit besteht die prozessuale Berechtigung, das Recht vor Gericht geltend zu machen, mithin Prozessführungsbefugnis. Diese kann auch über eine gesetzliche oder gewillkürte *Prozessstandschaft* bestehen, nämlich dann, wenn ein *fremdes Recht im eigenen Namen* von dem geltend gemacht wird, der ein eigenes *schutzwürdiges Interesse* daran hat (BGH 24.10.1985, BGHZ 96, 151), wie z. B. nach einer *Abtretung von Ersatzansprüchen* des Geschädigten nach einem Unfall an die jeweiligen Leistungserbringer, z. B. die Reparaturwerkstatt oder den Sachverständigen (s. a. → *Abtretung von Schadenersatzansprüchen*).

> Praxistipp: Sind der Eigentümer des beschädigten Kfz und der Verletzte nicht personenidentisch, dann kann es sich empfehlen, die Ansprüche wegen des *Sach-* und des *Personenschadens* nicht zusammen, sondern in *getrennten Verfahren* gerichtlich geltend zu machen. Oftmals ist ein Gerichtsverfahren alleine einen Sachschaden betreffend schneller abgeschlossen, so dass auch die Haftung dem Grunde nach schneller geklärt ist, und der Unfallverletzte als Zeuge zur Verfügung steht. Liegt dagegen *Personenidentität* vor, dann können *Ersatzansprüche abgetreten* werden, um den Abtretenden im Gerichtsverfahren als *Zeugen* anbieten zu können (s. a. → *Abtretung von Schadenersatzansprüchen*).

3. Passivlegitimation. Ebenso wie die Aktivlegitimation richtet sich die Passivlegitimation nach dem *materiellen Recht*, mithin nach den Anspruchsgrundlagen, auf welche der Kläger seine Ansprüche stützt. Für Schadenersatz- und Schmerzensgeldansprüche aus einem Verkehrsunfall haftet der Halter des den Unfall verursachenden Kfz gem. § 7 Abs. 1 StVG und u. U. gem. § 831 BGB (s. a. → *Halterhaftung)*, der Fahrer gem. § 18 StVG und gem. §§ 823 ff. BGB (s. a. → *Fahrerhaftung)* sowie die Kfz-Haftpflichtversicherung aufgrund des Direktanspruchs gem. § 115 VVG (vormals § 3 Nr. 1 PflVG; s. a. → *Kfz-Haftpflichtversicherung)*. Eine Verkehrsunfallklage kann also gegen den Fahrer, den Halter und den Kfz-Haftpflichtversicherer erhoben werden.

> Praxistipp: Wird der *Versicherer* nicht mitverklagt, kann der Geschädigte aus einem gegen den Versicherungsnehmer ergangenen obsiegenden Urteil auch gegen den Versicherer vorgehen, indem er den *Freistellungsanspruch* des verurteilten Versicherungsnehmers gegen den Versicherer pfändet. Der Kfz-Haftpflichtversicherer sollte aber zum einen aus Gesichtspunkten der *Bonität* mitverklagt werden. Zum anderen kann dem Versicherer ein *Leistungsverweigerungsrecht* gegen seinen Versicherungsnehmer z. B. aufgrund einer Obliegenheitsverletzung zustehen, was zur Folge haben kann, dass der Geschädigte seine Ersatzansprüche gegen den Versicherer nochmals gesondert gerichtlich geltend machen muss, weil ein klagestattgebendes Urteil gegen den Versicherungsnehmer keine Rechtskraft im Verhältnis zwischen Versicherer und Geschädigtem entfaltet. Der *Fahrer* sollte mitverklagt werden, da er

dann nicht beklagtenseits als *Zeuge* für das Unfallgeschehen angeboten werden kann. Dagegen sollte eine Klage nicht gegen den *Halter* erhoben werden, da dieser dann die Möglichkeit hat, über eine *Widerklageerhebung* den Fahrer des klägerischen Kfz als Zeugen auszuschalten. Indes neigen viele Gerichte zur Gleichbehandlung der Prozessbeteiligten unabhängig von deren formaler Stellung im Prozess, mithin zur *gleichen Gewichtung* der Bekundungen von Zeugen und den Angaben der Parteien in einer informatorischen Anhörung oder im Rahmen einer Vernehmung als Partei (dazu BVerfG 21.2.2001, NJW 2001, 2531; BGH 16.7.1998, NJW 1999, 364).

4. Streitwert. Bei Klagen auf *Zahlung* und *Freistellung* richtet sich der Streitwert nach den *geltend gemachten Beträgen*. Für wiederkehrende Leistungen ist der 5fache Jahreswert des Anspruchs anzusetzen, § 42 Abs. 2 GKG. Bei *Feststellungsklagen* kann ein *Abschlag* in einer Größenordnung von 20 % vorgenommen werden (BGH 15.1.1997, NJW 1997, 1241). Ist Gegenstand der Feststellungsklage der Fortbestand des Versicherungsvertrages für die Zeit nach der Kündigungserklärung, dann ist Streitwert die Versicherungsprämie für die Zeit von der Kündigung bis zum Jahresende (BGH 11.10.2000, NVersZ 2001, 92).

Praxistipp: Die im *Feststellungsprozess* angefallenen Rechtsanwaltsgebühren sind auf die bei der *späteren Regulierung* anfallenden Gebühren nicht anzurechnen, da es sich insoweit um *getrennte Angelegenheiten* handelt (Gebhardt MittBl Arge VerkR 2005, 81).

5. Gerichtsstand. Für die gerichtliche Geltendmachung von Ersatzansprüchen besteht eine *örtliche Zuständigkeit* mehrerer Gerichte, wenn Fahrer, Halter und Kfz-Haftpflichtversicherer ihren Wohnort bzw. Firmensitz nicht in ein und demselben Gerichtsbezirk haben, vgl. §§ 12, 17, 21 ZPO. Als *gemeinsamer Gerichtsstand* kommt dann der der *unerlaubten Handlung* gem. § 32 ZPO in Betracht, der auf alle Ansprüche aus §§ 823 ff. BGB, aus §§ 7, 18 StVG sowie auf den Direktanspruch gegen den Haftpflichtversicherer gem. § 115 VVG anwendbar ist (vgl. BGH 3.3.1983, NJW 1983, 1799, zu dem vormaligen Direktanspruch gem. § 3 Nr. 1 PflVG). Ort der unerlaubten Handlung ist der Unfallort (vgl. BGH 3.5.1977, NJW 1977, 1590; vgl. BGH 13.10.2004, NJW 2005, 1435). Die *sachliche Zuständigkeit* des Gerichts erster Instanz (sog. *Eingangsgericht*) richtet sich gem. § 23 Ziffer 1 GVG nach dem *Streitwert* der Klage. Bei einem Streitwert bis 5.000 Euro ist das Amtsgericht zuständig, bei einem über 5.000 Euro das Landgericht, wenn nicht ein Fall des § 71 Abs. 2 S. 2 GVG mit der ausschließlichen sachlichen Zuständigkeit des Landgerichts vorliegt (Amtshaftung).

6. Schmerzensgeldklage. Wegen der Reichweite der Rechtskraft eines Urteils und wegen des für den Verjährungseintritt maßgeblichen *Grundsatzes der Einheitlichkeit des Schmerzensgeldes* erfasst eine uneingeschränkte Schmerzensgeldklage in Form des bezifferten oder unbezifferten *Leistungsantrags* alle Schadensfolgen, die zum Zeitpunkt der letzten mündlichen Verhandlung bereits eingetreten und objektiv erkennbar sind, oder deren Eintritt mit einer naheliegenden Wahrscheinlichkeit der Verschlechterung (Wahrscheinlichkeitsgrad von 30 – 40 %, vgl. BGH 24.5.1988, NJW 1988, 2300) objektiv vorhersehbar war und bei einer Entscheidung berücksichtigt werden konnte (BGH 20.1.2004, DAR 2004, 270; BGH 6.7.1955, NJW 1955, 1675; BGH 14.2.2006, NZV 2006, 408). Dagegen kann für zum Zeitpunkt der letzten mündlichen Gerichtsverhandlung nicht vorhersehbar eingetretene Verletzungsfolgen (sofern keine Verjährung eingetreten ist; BGH 2.5.2002, NJW 2002, 2167) ein *weiteres Schmerzensgeld* gefordert werden (BGH 24.5.1988, NJW 1988, 2300; BGH 7.2.1995, VersR 1995, 471). Ferner folgt aus besagtem Grundsatz, dass der Anspruch nicht in Teilbeträge für bestimmte Verletzungen, in einen angemessenen Ausgleich und einen weiteren Betrag zur Genugtuung oder für bestimmte Zeiträume unterteilt werden kann. Von letzterem zu unterscheiden ist die *offene Teilklage*, welche bei einer noch nicht abgeschlossenen Schadensentwicklung, mithin bei Unmöglichkeit der endgültigen Bezifferung des Schmerzensgeldes, eine Beschränkung desselben auf die bis zum Schluß der letzten mündlichen Verhandlung aufgetretenen Folgen beinhalten kann (BGH 20.1.2004, NJW 2004, 1243; OLG Saarbrücken 7.6.2011, NJW 2011, 3169). Dem Gericht steht bei der *Bemessung des Schmerzensgeldes* gem. § 287 ZPO ein *Ermessensspielraum* zur Verfügung. In der Klageschrift sind die tatsächlichen Grundlagen für die gerichtliche Ermessensausübung detailliert vorzutragen (BGH 30.4.1996, zfs 1996, 290). Es wird unterschiedlich beurteilt, ob das *Berufungsgericht* die Ausübung dieses Ermessens im Rahmen des § 529 ZPO vollständig überprüfen kann und muss, und im Falle einer nicht überzeugenden Schmerzensgeldbezifferung selbst einen angemessenen Schmerzensgeldbetrag zu bestimmen hat (BGH 28.3.2006, NJW 2006, 1589; vgl. BGH 19.3.2004, NJW 2004, 2152; OLG Brandenburg 28.9.2004, VersR 2005, 953; OLG Jena 16.1.2008, SVR 2008, 464; OLG Düsseldorf 5.10.2010, NJW 2011, 1152), oder die erstinstanzliche Bezifferung des Schmerzensgeldes lediglich auf schwere Ermessensfehler hin überprüfen darf (OLG Braunschweig 22.4.2004, VersR 2004, 924; OLG Hamm 15.10.2004, VersR 2006, 134; OLG München 22.10.2003, NJW 2004, 959). Dem Gericht sind durch die Angabe eines *Mindestschmerzensgeldes* nach oben keine Grenzen bei der Schmerzensgeldbezifferung gesetzt (BGH 30.4.1996, DAR 1996, 351; OLG Düsseldorf 5.10.2010, NJW 2011, 1152).

Praxistipp: Eine *offene Teilklage* sollte stets mit einem *Feststellungsantrag* hinsichtlich der Einstandspflicht des Schädigers für alle zukünftigen materiellen und immateriellen Schäden verbunden werden (sog. *materieller und immaterieller Vorbehalt*), da die Feststellungsklage alle Ansprüche aus dem mitgeteilten Sachverhalt vor Verjährung schützt (BGH 6.6.2000, zfs 2000, 483) – die *Verjährung* beträgt dann 30 Jahre, soweit es sich nicht um wiederkehrende Leistungen wie z. B. Verdienstausfall oder Haushaltsführungsschaden handelt, die erst nach Rechtskraft des Feststellungsurteils fällig werden, so dass sie weiterhin der kurzen Verjährung des § 195 BGB unterliegen. Ferner ist zu beachten, dass *unbezifferte Schmerzensgeldanträge* zulässig sind (BGH 30.4.1996, BGHZ 132, 341), und nicht zuletzt angesichts § 92 Abs. 2 Nr. 2 ZPO auch vorzugswürdig erscheinen, aber ein *Mindestschmerzensgeld* in der Klagebegründung aufzuführen ist, zum einen zur Schlüssigkeit der Klage (OLG München 5.3.1986, zfs 1986, 175), zum anderen zur Begründung eines Rechtsschutzbedürfnisses für ein Rechtsmittel (BGH 2.2.1999, DAR 1999, 215). Eine *Beschwer* z. B. für eine Berufung ist nur gegeben, wenn der vom Geschädigten begehrte Mindestbetrag unterschritten wird (BGH 4.11.1969, VersR 1970, 83; BGH 6.10.1970, VersR 1970, 1133; BGH 24.9.1991, NJW 1992, 311; BGH 30.3.2004, DAR 2004, 386).

7. Rechtskrafterstreckung. Wird durch rechtskräftiges Urteil festgestellt, dass dem Geschädigten ein Anspruch auf Ersatz des Schadens nicht zusteht, dann wirkt ein solches zwischen dem Geschädigten und dem Versicherer ergehendes Urteil auch zugunsten des Versicherungsnehmers, wenn es zwischen dem Geschädigten und dem Versicherungsnehmer ergeht, zugunsten des Versicherers (§ 124 VVG, vormals § 3 Nr. 8 PflVG; OLG Saarbrücken 17.11.2009, 4 U 244/09). Die *Bindungswirkung* betrifft von Gesetzes wegen nur das Verhältnis zwischen Versicherer und Versicherungsnehmer (BGH 15.1.2008, DAR 2008, 267), indes auch das Verhältnis zwischen dem Versicherer und der mitversicherten Person (BGH 24.9.1985, VersR 1986, 153, zu § 3 Nr. 8 PflVG a.F.). Auch wenn die Klage gegen den Versicherer alleine aus Verjährungsgründen abgewiesen wird, und Ansprüche gegen den Versicherungsnehmer noch nicht verjährt sind, erfordern Sinn und Zweck der Rechtskrafterstreckung auch hier eine Bindungswirkung (vgl. aber BGH 9.1.2007, DAR 2007, 205). Dagegen ist der Geschädigte nicht gehindert, nach rechtskräftiger Abweisung der Klage gegen den Halter in einem weiteren Prozess den Fahrer bzw. wegen dessen Haftung den Versicherer in Anspruch zu nehmen (BGH 24.9.1985, VersR 1986, 153). Ferner findet § 124 VVG bei Prozessvergleichen und auch bei klagestattgebenden Urteilen keine Anwendung, so dass bei erfolgreichem Prozess gegen den Schädiger der Prozess gegen dessen Versicherer unberührt bleibt.

Praxistipp: Von *isolierten Klagen* gegen Fahrer, Halter und Kfz-Haftpflichtversicherer ist aus Gründen der *Prozessökonomie* sowie vor dem Hintergrund der *Rechtskrafterstreckung* abzuraten. Wird eine Unfallklage gegen alle Beklagten (Fahrer, Halter, Versicherer) abgewiesen, dann ist die *Berufung* gegen alle Beklagten einzulegen. Ansonsten führt die Rechtskrafterstreckung dazu, dass die Rechtskraft des unangefochtenen Urteils auch die mit der Berufung angefochtene Entscheidung betrifft, so dass das Rechtsmittel ohne Sachprüfung insgesamt zurückzuweisen ist, wenn nicht eine Auslegung ergibt, dass vor dem Hintergrund der Rechtskrafterstreckung die Berufung nur versehentlich nicht gegen alle Beklagten gerichtet wurde (OLG Hamm 21.10.1999, MDR 2000, 539).

8. Auslandsunfallklage. Eine gerichtliche Geltendmachung der Ersatzansprüche aus einem Auslandsunfall kann der Geschädigte *entweder* durch Klageerhebung gegen den ausländischen Versicherer an dessen *Sitz* oder am Gericht des *Unfallortes im Ausland oder*, sofern es sich um einen Versicherer aus einem EU-/EWR-Mitgliedstaat handelt, auf Grundlage eines *Direkt-*

anspruchs an seinem *Wohnsitz* vornehmen, Art. 11 Abs. 2, 9 Abs. 1 b) EuGVVO (EG VO 44/2001 vom 22.12.2000, sog. *Brüssel I-Verordnung*; BGH 6.5.2008, DAR 2008, 466; EuGH 13.12.2007, DAR 2008, 17; BGH 26.9.2006, DAR 2007, 19; OLG Köln 12.9.2005, DAR 2006, 212; OLG München 18.1.2008, DAR 2008, 590, m. Anm. *Riedmeyer*; *Rehm* DAR 2001, 531). Gleiches gilt aufgrund eines Parallelabkommens zwischen der EG und Dänemark für deutsche Geschädigte eines Unfalls in Dänemark ebenso wie für Versicherungen in der Schweiz (BGH 7.6.2011, DAR 2013, 19), Norwegen und Island nach der Ratifikation des revidierten Lugano-Übereinkommens (*Staudinger* DAR 2008, 620; a.A. OLG Karlsruhe 7.9.2007, DAR 2007, 587). Seit der Umsetzung der *5. KH-Richtlinie* am 12.6.2005 (2005/14/EG vom 11.5.2002) besteht am möglichen *Wohnsitzgerichtsstand des Geschädigten* für Ansprüche gegen den ausländischen Kfz-Versicherer kein Zweifel mehr, vgl. auch Art. 18 Rom II-VO (s. a. → *Auslandsunfall*, *Nr. 6*). Dieser Gerichtsstand gilt für natürliche und auch für juristische Personen (OLG Celle 27.2.2008, VersR 2008, 61, m. Anm. *Tomson*), nicht aber für Sozialversicherungsträger (EuGH 17.9. 2009, DAR 2009, 638). Die *internationale Zuständigkeit* ist eine *Prozessvoraussetzung*, die das angerufene Gericht von Amts wegen zu prüfen hat, auch in höherer Instanz. Die internationale Zuständigkeit deutscher Gerichte folgt vorbehaltlich vorrangiger internationaler Regelungen in internationalen Abkommen oder EU-Recht (z. B. EuGVVO, EuGVÜ, LuganoÜ; *Riedmeyer* AnwBl 2008, 17) aus den allgemeinen Regeln der ZPO über die örtliche Zuständigkeit, §§ 12 ff. ZPO. Ein deutsches Gericht, welches örtlich zuständig ist, ist grundsätzlich auch international zuständig (BGH 2.7.1991, NJW 1991, 3092). Bei Fehlen der internationalen Zuständigkeit ist die Klage ohne weiteres als unzulässig abzuweisen, auch in höherer Instanz. Eine *Verweisung* an das ausländische Gericht gem. § 281 ZPO scheidet aus (OLG Düsseldorf 16.3.2000, WM 2000, 2192). Nunmehr ist es durch den EuGH geklärt, dass eine *Zustellung* der gegen einen ausländischen Versicherer gerichteten Klage, die am Wohnsitz des Geschädigten erhoben wird, *an den inländischen Schadensregulierungsbeauftragten* – der für das gerichtliche Verfahren im Gegensatz zur Entschädigungsstelle nicht passivlegitimiert ist (*Backu* DAR 2003, 145) – gem. § 171 ZPO i.V.m. Art. 4 Abs. 5 der 4. KH-Richtlinie zulässig ist, so dass eine zeit- und kostenaufwändige Auslandszustellung mit einhergehender Übersetzung der Klageschrift nebst Anlagen unterbleiben kann (EuGH 10.10.2013, C-306/12; so schon *Staudinger* DAR 2008, 620; *Riedmeyer* DAR 2004, 203; vgl. zur Heilung eines Zustellungsmangels in diesem Zusammenhang BGH 7.12.2010, DAR 2011, 78). Die *Ermittlung des anzuwendenden Rechts* obliegt dem Gericht (BGH 25.9.1997, NJW 1998, 1321), wobei eine Mitwirkungspflicht der Parteien angenommen wird. Bei der Regulierung von Auslandsunfällen gilt gem. den Regelungen des Internationalen Privatrechts (IPR) des angerufenen Gerichts (vgl. Art. 40 – 42 EGBGB) bzw. gem. Art. 18 Rom II-VO grundsätzlich das *materielle Recht* (Straßenverkehrs-, Haftungs- und Schadenersatzrecht) des Landes, in dem der Schaden eingetreten ist (sog. *Tatortrecht*; s. a. → *Auslandsunfall*, Rn. 3; *Junker* JZ 2008, 169). Gleiches gilt für (materiellrechtliche) Fragen der Beweislastverteilung. Dagegen ist stets das *Prozessrecht* (z. B. für eine Beweisaufnahme) *des angerufenen Gerichts* maßgeblich, also die ZPO bei Anrufung eines deutschen Gerichts. Unter besonderen Umständen kann das angerufene (deutsche) Gericht den *Ordre-Public-Vorbehalt* anwenden, wonach die Anwendung einer Norm versagt werden kann, wenn diese zur Folge haben würde, dass ein (unter Zugrundelegung deutschen Rechts) unangemessener, über den Ausgleich des entstandenen Schadens hinausgehender Schadenersatz mit abschreckender Wirkung zugesprochen werden könnte, oder sogar eine Art Strafschadensersatz (vgl. *Staudinger* DAR 2008, 620). Für *Berufungen* in Klageverfahren vor den Amtsgerichten mit *Auslandsbezug* waren gem. § 119 Abs. 1 Nr. 1 GVG bis zum 31.8.2009 ausschließlich die Oberlandesgerichte zuständig (BGH 19.2. 2003, NJW 2003, 1672), wenn nicht die ausländische Partei auch im Inland einen allgemeinen Gerichtsstand hat (BGH 10.11.2009, DAR 2010, 81). Mit Wirkung ab dem 1.9. 2009 wurde § 119 GVG wieder abgeschafft (s. dazu *Hufnagel* DAR 2010, 432).

> Praxistipp: Wird das für die *Berufung unzuständige Gericht* angerufen, und die Berufungseinlegungsschrift nicht innerhalb der Berufungseinlegungsfrist an das zuständige Gericht weiter gegeben, dann ist eine *Wiedereinsetzung in den vorigen Stand* ausgeschlossen (BGH 19.2.2003, NJW 2003, 1672).

Geiger

B Besonderheiten des Verkehrsstrafverfahrens

Besonderheiten des Verkehrsstrafverfahrens

1. Massenverfahren. Namentlich in Ballungsräumen unterhalten die Gerichte und Staatsanwaltschaften Spezialabteilungen für Verkehrsstrafsachen. Die befassten Richterinnen und Staatsanwältinnen erledigen massenhaft Verfahren, die einander großenteils stark ähneln. Der Erledigungsdruck ist enorm, Schnelligkeit des Arbeitens ist geboten. Die Justiz wird daher Einzelheiten der Tat nur soweit ermitteln, wie unbedingt nötig, und zu den persönlichen Verhältnissen des Beschuldigten wird man nur wenige Feststellungen treffen; seine Vermögensverhältnisse werden in Ermangelung näherer Angaben in der Regel grob geschätzt. In den Verkehrsabteilungen der Staatsanwaltschaft werden vielfach Anfänger eingesetzt, die nach einiger Zeit in andere Abteilungen wechseln, die Fluktuation des Personals ist daher regelmäßig hoch.

> Praxistipp: Telefonische Kontaktaufnahme mit dem befassten Staatsanwalt oder Richter sollte daher über dessen Geschäftsstelle angebahnt werden, damit diese dem Sachbearbeiter die Akte vorlegt. Dass die Staatsanwältin sich auswendig an „das Verfahren gegen Meier wegen Verdachts der Trunkenheitsfahrt" erinnern wird, ist nicht zu erwarten

2. Verteidigung. In Verkehrsstrafsachen sind die → *Ermittlungsverfahren* in der Regel *kurz*, das Wesentliche wird durch spezialisierte Polizeibeamte ermittelt. Die Staatsanwaltschaft wird nur selten nachermitteln lassen. In der Regel wird sie versuchen, das ihr von der Polizei vorgelegte Verfahren sofort durch eine Abschlussverfügung zu erledigen. Will der Verteidiger rechtzeitig „Weichen stellen", muss er zügig handeln. Dass der Verteidiger hierzu frühzeitig bestrebt sein sollte, ist Allgemeingut in Strafsachen und keine Spezialität des Verkehrsstrafverfahrens. Aber gerade wenn sich in einem Verkehrsstrafverfahren die Fahrereigenschaft nicht oder nur mit bedingter Erfolgsaussicht bestreiten lässt, gebietet eine vorausschauende Verteidigung unbedingt eine frühzeitige Kontaktaufnahme mit der Staatsanwaltschaft oder dem Gericht mit dem Ziel, eine bestimmte (für den Mandanten möglichst schonende, aber angesichts allgemeiner Gepflogenheiten noch realistische) Erledigung vorzuschlagen. Diese Arbeitsmethode bietet für den Mandanten nahezu immer den größtmöglichen Erfolg und wird nicht nur von justiziellen Praktikern geschätzt, sondern auch von versierten Strafverteidigern mit Entschiedenheit vertreten (vgl.: *Lenhart* NJW 2009, 967). Stößt der Verteidiger im Einzelfall auf fehlende Gesprächsbereitschaft beim justiziellen Gegenüber, so hat er wenigstens nichts versäumt und weiß, dass eine kommunikative Verteidigung zumindest derzeit nicht gefragt ist (*Kuhn* in *Kuhn/Weigell*, Steuerstrafrecht, Rn 478).

3. Strafzumessung. Aufgrund überörtlicher Antragspraxis haben sich bei Staatsanwaltschaften und Gerichten so genannte Strafmaßtabellen (vulgo „Tariflisten") herausgebildet, in denen für die einschlägigen oder wenigstens die allerhäufigsten Verkehrsdelikte skalierte Rechtsfolgen vorgeschlagen werden. Diese Listen schematisieren beim jeweiligen Delikt nach bestimmten Fallmerkmalen (z. B. Schadenshöhe, Vorstrafen, Grad der Alkoholisierung) und üben in der Praxis eine starke Prägekraft aus. Kritiker beklagen, dass hierdurch die Strafzumessung zu einer bloß mehr mechanischen Operation zu geraten drohe. Befürworter argumentieren, angesichts der Masse von Fällen sei eine einheitliche Strafpraxis anhand vergleichbarer Merkmale wenigstens auf regionaler Ebene vonnöten, ferner sei es zu begrüßen, wenn justizielle Entscheidungen auf der Rechtsfolgenseite eine gewisse Vorhersehbarkeit gewinnen. Von letzterer profitiert der Verteidiger, indem er anhand der Strafmaßtabelle z. B. abschätzen kann, ob die Staatsanwältin eine Anklage erheben wird (mit der Folge, dass es in jedem Falle zu einer für den Mandanten u. U. belastenden Hauptverhandlung kommt) oder voraussichtlich einen Strafbefehl beantragen wird (dessen Modalitäten u. U. rechtzeitig geklärt werden können, damit nicht Einspruch eingelegt werden muss) oder eventuell eine Einstellung nach § 153 a Abs. 1 StPO erwägen wird. Desto leichter kann frühzeitig auf eine für den Mandanten möglichst günstige Weichenstellung geachtet werden (s.a. → *Ermittlungsverfahren* Nr. 3). Auch der erst im gerichtlichen Verfahren betraute Verteidiger wird die örtlichen „Tarife" erkunden müssen, um von diesen ausgehend zugunsten des Mandanten differenzierende Gesichtspunkte ins Feld zu führen.

4. Strafbefehl: Verkehrsstrafsachen führen häufig zum Erlass eines Strafbefehls. Dieser kann mit dem Einspruch (§ 410 Abs. 1 StPO) angegriffen werden.

a) Der Einspruch kann schon bei seiner Einlegung nahezu beliebig beschränkt werden (§ 410 Abs. 2 StPO), etwa auf Teile des Tatvorwurfs oder (häufig) auf die Rechtsfolgen (so dass die Verurteilung in Rechtskraft erwächst und nur noch über die Rechtsfolgenzumessung verhandelt wird). Sogar auf einzelne Rechtsfolgen wird häufig beschränkt, also etwa Anzahl oder (besonders häufig) Höhe der Tagessätze oder Dauer der Sperrfrist oder eines Fahrverbots.

b) Soll nur die Höhe der Tagessätze angegriffen werden, so ist unter den Voraussetzungen des § 411 Abs. 1 S. 3 StPO (also bei Zustimmung aller Verfahrensbeteiligten) sogar eine Entscheidung ohne Hauptverhandlung möglich, zudem darf das Gericht in einem solchen Beschluss den Tagessatz des Strafbefehls nicht heraufsetzen, hier gilt also ausnahmsweise ein Verböserungsverbot.

c) In allen anderen Fällen kommt es zu einer Hauptverhandlung, soweit Einspruch form- und fristgerecht eingelegt ist. In diesem Umfang ist das Gericht nach § 411 Abs. 4 StPO im Falle eines Schuldspruchs nicht gehindert, höher zu verurteilen und einschneidendere Rechtsfolgen zu verhängen als im Strafbefehl ausgeworfen, ein Verböserungsverbot gibt es also insoweit nicht. Zeichnet sich ein für den Mandanten ungünstiges Ergebnis ab, so ist daher zügig eine Einspruchsrücknahme (oder nachträgliche Beschränkung auf die Rechtsfolgen) zu erwägen, die bis zur Verkündung eines Urteils erster Instanz zulässig ist (§ 411 Abs. 3 S. 1 StPO). Diese erfordert zwar nach Eröffnung der Hauptverhandlung die Zustimmung der Staatsanwaltschaft (§ 303 S. 1 i.V.m. § 411 Abs. 3 S. 2 StPO), diese wird aber meist erteilt, da der Staatsanwalt in der Regel geneigt sein wird, der Sache ein schnelles Ende zu bereiten und dem Gericht die Absetzung des Urteils zu ersparen oder zu erleichtern.

Siehe auch → *Verkehrsstrafverfahren*

Weder

Besonderheiten des Verkehrsunfallprozesses

1. Vorbemerkung. Im Verkehrsunfallprozess gibt es typische Besonderheiten und Problembereiche, die es nachfolgend darzustellen gilt.

2. Prozessführungsbefugnis des Versicherers. Der Versicherungsnehmer und die mitversicherten Personen haben dem Versicherer gem. E.2.4 AKB 2008 (§ 7 II Abs. 5 AKB) die *Führung des Rechtsstreits* zu überlassen. Der Versicherer ist damit auch zur *Auswahl des Prozessanwalts* befugt. Gegenüber diesem ist der Versicherungsnehmer zur Vollmachts- und Informationserteilung verpflichtet. Die Kosten des von der Versicherung ausgewählten Prozessanwalts trägt der Versicherer, nicht der Versicherungsnehmer. Die Kosten eines vom Versicherungsnehmer selbst eingeschalteten Anwalts sind in der Regel vom Versicherer nicht zu erstatten, gehören im Verhältnis zur Gegenpartei unter Umständen aber zu den erstattungsfähigen Kosten des Rechtsstreits.

3. Interessenkollision. Wird vom Versicherer eingewandt, dass der Versicherungsnehmer bei einer *Unfallmanipulation* eines mitgewirkt habe (s. a. → *vorsätzlich verursachter Kfz-Unfall*), würde der den Versicherer und dessen Versicherungsnehmer vertretende Anwalt in einen Interessenkonflikt geraten. Er müsste einerseits vortragen, dass der Versicherungsnehmer den Unfall mit manipuliert hat, andererseits für den Versicherungsnehmer, dass dies nicht der Fall war. In einer solchen Konstellation muss der Versicherer dem Versicherungsnehmer einen eigenen Anwalt zur Seite stellen (BGH 15.9.2010, DAR 2010, 700). Wird der Einwand der Mitwirkung an einer Unfallmanipulation erst dann erhoben, wenn der Anwalt sich bereits für Versicherer und Versicherungsnehmer bestellt hat, dann muss der Anwalt die Vertretung beider Parteien unverzüglich durch *Mandatsniederlegung* beenden.

> **Praxistipp:** Der nur die Versicherung vertretende Anwalt sollte im Falle eines Manipulationsverdachts dem Rechtsstreit auf Seiten des beklagten Versicherungsnehmers als *Streithelfer* beitreten, § 66 ZPO (BGH 9.3.1993, VersR 1993, 625; OLG Köln 12.1.1999, VersR 2000, 1302). Auf diesem Wege kann der Anwalt auch für den Versicherungsnehmer einen Klageabweisungsantrag stellen und verhindern, dass ein *Versäumnisurteil* gegen den Versicherungsnehmer ergeht, so dass durch die *Bindungswirkung* im Deckungsverhältnis der Versicherung zum Versicherungsnehmer die Haftung für die Ansprüche des Klägers feststünde (*Höfle* r+s 2002, 397; s. a. → *Besonderheiten der Verkehrsunfallklage*, Rn. 7).

4. Vorabentscheidung zum Haftungsgrund. Der Kläger kann auf eine Entscheidung über die Haftung dem Grunde nach vorab durch *Grundurteil* i.S.v. § 304 ZPO hinwirken, wenn dies aus *prozesswirtschaftlichen Erwägungen* zweckmäßig erscheint (BGH 13.5.1980, VersR 1980, 867), z. B. zur Vermeidung einer Verschlechterung der Beweislage (s. a. → *selbständiges Beweisverfahren*), wenn lediglich die Haftung dem Grunde nach streitig ist oder wenn sich nach Verneinung des Haftungsgrundes mit Grundurteil eine Beweisaufnahme zur Höhe der Ersatzansprüche erübrigt. Voraussetzung für den Erlass eines Grundurteils ist, dass der *be-*

ziffert oder *bezifferbar* (BGH 27.1.2000, NJW 2000, 1572; BGH 19.2.1991, NJW 1991, 1896) geltend gemachte Anspruch unter Berücksichtigung der erhobenen Einwendungen mit hoher Wahrscheinlichkeit wenigstens teilweise besteht (BGH 23.9.1992, VersR 1992, 1465). Ein Grundurteil hat *Bindungswirkung* i. S.v. § 318 ZPO im Umfang der Anhängigkeit des geltend gemachten Anspruchs zurzeit der letzten mündlichen Verhandlung, so dass bei einer späteren Klageerweiterung das Bestehen des neu geltend gemachten Anspruchs auch dem Grunde nach neu geprüft werden muss (BGH 12.7.1989, NJW 1989, 2745). Stellt sich im Verfahren zur Haftung der Höhe nach heraus, dass kein Schaden entstanden ist, dann ist die Klage trotz Rechtskraft des Grundurteils abzuweisen (BGH 12.7.1963, MDR 1964, 214).

5. Sachverhalt. Für eine hinreichende *Substantiierung* des Sachvortrags ist es nicht erforderlich, dass genau angegeben wird, wann wer was wo gesagt, getan oder gesehen hat (OLG Köln 4.2.1999, NJW-RR 1999, 1155). Für die *Schlüssigkeit* des klägerischen Sachvortrags reicht es aus, dass Tatsachen behauptet werden die geeignet sind, das geltend gemachte Recht in der Person des Klägers entstanden erscheinen zu lassen (BGH 8.5.1992, NJW 1992, 3106). Hält das Gericht den klägerischen Sachvortrag für unvollständig, dann hat es einen *gerichtlichen Hinweis* gem. § 139 ZPO zu erteilen und Gelegenheit zu ergänzendem Sachvortrag zu geben (BGH 9.10.2000, NJW 2001, 75). Auch *Vermutungen* sind zulässiger Sachvortrag (BGH 10.1.1995, NJW 1995, 1160), über welchen das Gericht ggf. Beweis erheben muss (BGH 2.10.2003, NJW-RR 2004, 337), es sei denn, die Vermutungen wurden ohne greifbare Anhaltspunkte für deren Richtigkeit „ins Blaue hinein" aufgestellt (BGH 25.4.1995, NJW 1995, 2111). Ein *Bestreiten mit Nichtwissen* i.S.v. § 138 Abs. 4 ZPO ist zulässig, wenn die bestrittenen Behauptungen nicht Gegenstand der eigenen Wahrnehmung der Prozesspartei waren (BGH 15.11.1989, NJW 1990, 453). Daher kann ein beklagter Kfz-Haftpflichtversicherer die Unfallschilderung des Klägers zulässig mit Nichtwissen bestreiten.

Praxistipp: Der Anwalt darf auf die *Sachverhaltsschilderung* seines Mandanten grundsätzlich vertrauen, wenn er nicht die *Unrichtigkeit* kennt oder kennen muss (BGH 2.4.1998, NJW 1998, 2048). Nachforschungen über die Richtigkeit der Angaben des Mandanten muss der Anwalt nicht anstellen (BGH 15.1.1985, NJW 1985, 1154). Vor diesem Hintergrund sollte der Anwalt die Angaben des Mandanten nur im Zweifel kritisch hinterfragen und den Mandanten auf die *prozessuale Wahrheitspflicht* sowie ggf. eine bereits technische Unmöglichkeit seiner Unfallschilderung hinweisen.

6. Beweisführung. Grundsätzlich ist über die *erheblichen* und *nicht feststehenden Umstände* Beweis zu erheben, sofern ein entsprechender *Beweisantritt* erfolgt ist, und nicht ausnahmsweise die Grundsätze des Anscheinsbeweises eingreifen (s. a. → *Beweis des ersten Anscheins*). Ein unzulässiger *Ausforschungsbeweis* kann nur angenommen werden, wenn ein Beweis angeboten wird, um anschließend entscheidungserhebliche Tatsachenbehauptungen aufstellen zu können. *Beweisfällig* kann nur eine Partei bleiben, die die *Beweislast* trägt.

7. Beweisvereitelung. Wenn eine beweisbelastete Partei aufgrund eines *schuldhaften Verhaltens* der anderen Partei einen zu führenden Beweis nicht antreten oder führen kann, mithin in *Beweisnot* gerät (BGH 15.11.1984, NJW 1986, 59; BGH 19.12.1979, NJW 1980, 887; BGH 20.6.1967, NJW 1967, 2012), dann kann dies bei der *Beweiswürdigung* zu Lasten der den Beweis vereitelnden Partei berücksichtigt werden, u. U. sogar zu einer *Umkehr der Beweislast* führen (BGH 15.11.1984, NJW 1986, 59). Veränderungen am Unfallort, eine Entfernung von der Unfallstelle, die Verweigerung der Benennung der Anschrift von Zeugen, die Verweigerung einer Entbindung von der Schweigepflicht, die Verweigerung einer Besichtigung des Unfallwagens sowie das Beseitigen von unfallbeschädigten Teilen eines Kfz kommen als Handlungen in Betracht, die als Beweisvereitelung gewertet werden können.

8. Geständnis am Unfallort. Die Beweislast kann durch *am Unfallort abgegebene Erklärungen* des Unfallverursachers verändert werden, auch durch die gemeinsame Abfassung eines schriftlichen Unfallberichts (OLG Dresden 9.12.2009, NZV 2010, 256). Der Beweiswert solcher Erklärungen hängt von den *Umständen des Einzelfalles* ab, und ist durch Auslegung zu ermitteln (BGH 10.1.1984, NJW 1984, 799; BGH 14.7.1981, NJW 1982, 996). Gibt der Unfallbeteiligte eine Erklärung zum Unfallhergang mit *rechtsgeschäftlichem Bindungswillen* ab, so kann eine solche Erklärung ein deklaratorisches oder ein konstitutives Anerkenntnis oder auch ein Schuldbekenntnis darstellen (OLG Saarbrücken 1.3.2011, NJW 2011,

1820). Durch ein *konstitutives Schuldanerkenntnis* (welches gem. § 781 BGB der Schriftform bedarf) wird – was regelmäßig nicht dem Willen der Unfallbeteiligten entspricht – unabhängig vom Unfall rechtsverbindlich ein neuer Schuldgrund geschaffen (BGH 10.1.1984, DAR 1984, 145). Durch ein formfreies, *deklaratorisches Anerkenntnis* bestätigen die Beteiligten ein Kausalverhältnis in seinem Bestand (BGH 24.6.1999, NJW 1999, 2889; BGH 1.12.1994, NJW 1995, 960) mit der Folge, dass der Anerkennende mit Einwendungen gegen den Grund des Schadenersatzanspruchs des Unfallgegners ausgeschlossen ist (BGH 10.1.1984, NJW 1984, 799). Ein *Schuldbekenntnis* („Zeugnis gegen sich selbst") bewirkt dagegen eine *Umkehrung der Beweislast* (BGH 10.1.1984, DAR 1984, 145). Hat der Unfallbeteiligte pauschal seine Schuld am Unfall eingeräumt, so ist darin lediglich ein *Schuldindiz* (*Beweisanzeichen*) zu sehen, dass in der Beweiswürdigung berücksichtigt werden kann (OLG Düsseldorf 16.6.2008, DAR 2008, 523; LG Essen 28.6.1972, NJW 1972, 1721).

> Praxistipp: Seit dem 1.1.2008 dürfte sich die Problematik der Einordnung von Äußerungen Unfallbeteiligter am Unfallort entschärft haben, weil seither Klauseln des Inhalts der §§ 5 Nr. 5 AHB, 7 Abs. 2 AKB, wonach Anerkenntnisse des Versicherungsnehmers am Unfallort zum Verlust des Versicherungsschutzes führen können, gemäß § 105 VVG n.F. unzulässig, mithin unwirksam sind (*Geigel/Bacher* 38. Kapitel Rn. 1).

9. Beweismittel. Die *Auswahl der Beweismittel*, mit denen Tatsachenbehauptungen bewiesen werden sollen, obliegt aufgrund des *Beibringungsgrundsatzes* den Parteien. Die den Parteien zur Verfügung stehenden *Beweismittel des Strengbeweises* ergeben sich aus dem Gesetz, §§ 371 ff. ZPO: Augenschein, Zeuge, Sachverständiger, Urkunde, Parteivernehmung. Ferner wird im Gesetz die *amtliche Auskunft* (z. B. Auskunftsersuchen an den Deutschen Wetterdienst zu den Witterungsverhältnissen zur Unfallzeit) erwähnt, §§ 273 Abs. 2, 358a, 437 Abs. 2 ZPO, indes nicht geregelt. Beigebrachte Beweismittel sind *vom Gericht auszuschöpfen* (BGH 16.6. 1992, VersR 1992, 1410). Das unberechtigte Übergehen eines Beweisantrags ist die Versagung *rechtlichen Gehörs* (BVerfG 31.10.1990, NJW 1991, 285), mithin ein Verfahrensfehler (BGH 29.1.1992, NJW 1992, 1768). Die Zulässigkeit von sog. Dash-Cam-Aufnahmen im Zivilprozess ist noch nicht höchstrichterlich geklärt (*Bachmeier*, DAR 2014, 15; *Klann*, DAR 2014, 451; An München v. 13.8.2014, Zfs 2014, 692).

10. Photos. Grundsätzlich kann eine zum Beweis beantragte *Ortsbesichtigung* (*Augenschein*) unterbleiben, wenn dem Gericht *Photos* (*Urkunden*) vorliegen, die einen eindeutigen Gesamteindruck der Örtlichkeit (z. B. den Unfallort) vermitteln (BGH 26.3.1987, NJW-RR 1987, 1237). Wird dagegen behauptet, dass die Photos einen unzutreffenden Eindruck der Örtlichkeit vermitteln, dann muss sich das Gericht über eine Auflage an die Parteien oder einen Sachverständigenbeweis oder über eine Ortsbesichtigung einen *verlässlichen Gesamteindruck von der Örtlichkeit* verschaffen (*Born* NJW 1995, 571).

11. Privatgutachten. Die Vorlage eines Privatgutachtens durch eine Partei ist als qualifizierter, *urkundlich belegter Parteivortrag* zu werten (*Heß/Burmann* NJW-Spezial 2012, 329), den das Gericht im Rahmen des Urkundenbeweises zu würdigen hat (BGH 27.5.1982, NJW 1982, 2874). Das Gericht muss einem in den Rechtsstreit eingeführten Privatgutachten grundsätzlich das gleiche Gewicht beimessen wie einem gerichtlich bestellten Gutachten (BGH 10.10.2000, DAR 2001, 76; BGH 6.3. 1986, NJW 1986, 1928). Bei *erheblichen Widersprüchen zwischen Privat- und Gerichtsgutachten* muss das Gericht von Amts wegen auf eine Aufklärung hinwirken (BGH 10.12.1991, NJW 1992, 1459; BGH 6.3.1986, NJW 1986, 1928). Ein Privatgutachten ist *prozessnotwendig*, wenn sich die Partei sonst mit den sachkundigen Ausführungen der anderen Partei oder dem Gutachten des gerichtlich bestellten Sachverständigen nicht auseinandersetzen kann (BGH 13.2.2001, NJW 2001, 2796). Dem *Grundsatz rechtlichen Gehörs* und des *fairen Verfahrens* entspricht es nur, wenn der Partei die Möglichkeit gegeben wird, einen eigenen (privaten) Sachverständigen zur Unterstützung zur Anhörung des gerichtlichen Sachverständigen hinzuzuziehen (vgl. *Heß/Burmann* NJW-Spezial 2012, 329). Die *Kosten* eines solchen Privatgutachtens können bei *unmittelbarer Prozessbezogenheit* als Kosten des Rechtsstreits festgesetzt werden (BGH 17.12.2002, VersR 2003, 481; BGH 20.12.2011, NJW 2012, 1370; BGH 26.2.2013, zfs 2013, 346, m. Anm. *Hansens*).

12. Strafakten/Beiakten. Die in Strafakten getroffenen Feststellungen können in einem späteren Zivilprozess durch *Urkundsbeweis* verwertet werden. Indes hat der Zivilrichter wegen der fehlenden Bindungswirkung des Strafurteils die vom Strafrichter getroffenen Feststellungen einer *kritischen Überprüfung* innerhalb der Beweiswürdigung zu unterziehen (OLG Zweibrücken 1.7.2010, 4 U 7/10; vgl. OLG München 17.12.2010, 10 U 1753/10). Ein pauschaler *Beweisantrag* auf *Beiziehung von Ermittlungsakten* an sich ist unzulässig. Zulässig ist es nur, *einzelne Teile der Akte konkret zu bestimmen* und als Beweismittel anzugeben (BGH 9.6.1994, NJW 1994, 3295). Wird einem pauschalen Beweisantrag auf Beiziehung der Ermittlungsakte dennoch entsprochen, dann bedarf es zur Zulässigkeit eines solchen Vorgehens eines *förmlichen Beweisbeschlusses* gem. § 359 ZPO, da die Verwertung des Inhalts der Ermittlungsakte ein besonderes Verfahren i.S.v. § 358 ZPO darstellt. Auch in diesem Zusammenhang ist zu beachten, dass der Urkundenbeweis unter dem Vorbehalt der Unmittelbarkeit der Beweisaufnahme i.S.v. § 355 Abs. 1 ZPO steht. Ein *Widerspruch* einer Partei gegen die von der anderen Partei beantragte Beiziehung einer Strafakte durch das Zivilgericht ist zwar *unbeachtlich*. Die der Verwertung widersprechende Partei kann aber aufgrund des Grundsatzes der *Unmittelbarkeit der Beweisaufnahme* statt einer urkundenbeweislichen Verwertung des Inhalts der Strafakte durch entsprechenden Antrag eine *Zeugenvernehmung* vor dem Zivilgericht oder die Einholung eines *weiteren Sachverständigengutachtens* verlangen.

Praxistipp: Der Anwalt muss beachten, dass eine *vollständige Beiziehung* der Ermittlungsakte dazu führt, dass deren *gesamter Inhalt als Parteivortrag* in die Beweiswürdigung gem. § 286 ZPO einfließt, und nicht nur die für die Partei günstigen Umstände der in Bezug genommenen Ermittlungsakte.

13. Schriftliche Zeugenaussagen. Gerade beim Zeugenbeweis kommt es entscheidend auf den *persönlichen Eindruck* des Gerichts an (vgl. OLG Frankfurt a.M. 14.9.2011, 7 U 24/10). Eine zivilprozessuale Verwertung der Niederschrift einer Zeugenaussage aus einem anderen, z. B. strafprozessualen Verfahren, darf nur dann erfolgen, wenn das Gericht die Aussage des in einem anderen Verfahren vernommenen Zeugen für beweiserheblich erachtet, die Verwertung der Niederschrift der Aussage im Wege des *Urkundenbeweises* von der beweispflichtigen Partei beantragt wurde, und der Zeuge nicht gem. § 355 Abs. 1 S. 1 ZPO (*Unmittelbarkeitsgrundsatz*) zwingend vernommen werden muss.

Das Gericht hat den Parteien über eine Beweisanordnung zur Kenntnis zu bringen, dass durch die Verwertung der Urkunde Beweis erhoben wird. *Widerspricht* die andere Partei der Verwertung der schriftlichen Aussage des Zeugen, dann ist der Zeuge zu vernehmen, wenn dies von der beweispflichtigen Partei beantragt wurde (BGH 9.6.1992, NJW-RR 1992, 1214).

14. Sachverständige Tatsachenfeststellungen. Grundsätzlich ist es Aufgabe des Gerichts, die Tatsachengrundlage für die Erstellung eines Gutachtens (*Anknüpfungstatsachen*) festzustellen. Ist dies nicht möglich, weil nur ein sachverständiger Zeuge oder der Sachverständige (zur Abgrenzung s. BVerwG 12.10.2010, NJW 2011, 1983) fachlich dazu in der Lage ist, die erforderlichen Bekundungen oder Erkundungen zur Feststellung der entscheidungserheblichen Umstände vorzunehmen, dann darf das Gericht dem Sachverständigen eine solche Ermittlung der Anknüpfungstatsachen ausnahmsweise überlassen (BGH 20.3.1980, VersR 1980, 719). Der Sachverständige muss dann Art und Ergebnis der sachkundigen Ermittlungen *nachprüfbar offenlegen*. Zieht eine Partei dann die vom Sachverständigen ermittelte Tatsachengrundlage seines Gutachtens in Zweifel, hat das Gericht über diese Beweis zu erheben, vgl. § 404 a Abs. 1 ZPO (BGH 13.7.1962, NJW 1962, 1770; BGH 10.7.1997, NJW 1997, 3096).

Praxistipp: Ein nicht ausreichend begründetes *Ablehnen* (OLG München 27.1.2012, 10 U 3065/11) oder gar ein *Übergehen* eines *Beweisantrags*, z. B. *auf Einholung eines unfallanalytischen Sachverständigengutachtens*, stellen einen wesentlichen *Verfahrensmangel* i.S.v. § 538 Abs. 2 S. 1 Nr. 1 ZPO dar (OLG München 10.2.2012, 10 U 4147/11). Die Abweisung eines solchen Antrags auf Einholung eines unfallanalytischen Sachverständigengutachtens kommt nur in ganz seltenen Fällen in Betracht (OLG Jena 30.11.2011, 7 U 178/10).

15. Auseinandersetzung mit Sachverständigengutachten. Das Gericht ist dazu verpflichtet, Sachverständigengutachten *selbst sorgfältig* und *kritisch zu überprüfen*, und ggf. durch Ladung des Sachverständigen *Zweifel* oder *Unklarheiten* im Gutachten *von Amts wegen* aufzuklären (BGH 11.7.2001, NJW 2001, 3269; BGH 9.10.1996, NZV 1997, 72; BGH 9.6.1992, NJW 1992, 2291; BGH 10.12.1991, NJW 1992, 1459). Vermeidet ein Gericht dennoch eine solche inhaltliche Auseinandersetzung mit dem Gutachten, indem es sich den Ausführungen des gerichtlichen Sachverständigen pauschal anschließt (z. B.: „Das Gericht folgt den Ausführungen des ihm aus vielen anderen Verfahren als zuverlässig bekannten Sachverständigen, an dessen fachlicher Kompetenz keine Zweifel bestehen"), dann ist es die Aufgabe des Anwalts, mit verfahrensrechtlichen Mitteln eine *inhaltliche Auseinandersetzung mit dem gerichtlichen Gutachten* zu bewirken, ggf. innerhalb der gem. § 411 Abs. 4 ZPO gerichtlich gesetzten Frist. Der Anwalt kann eine *neuerliche Begutachtung* durch einen anderen Sachverständigen gem. § 412 Abs. 1 ZPO beantragen (BGH 17.2.1970, NJW 1970, 946; zu den Voraussetzungen der Einholung eines Obergutachtens s. OLG Saarbrücken 8.2.2011, 4 U 200/10). Indes liegt die Anordnung einer neuerlichen Begutachtung im (restriktiv auszuübenden) Ermessen des Gerichts (BGH 4.12.1984, VersR 1985, 188). Der Anwalt kann ferner das Erscheinen des Sachverständigen zur *mündlichen Erläuterung* seines schriftlichen Gutachtens beantragen, § 411 Abs. 3 ZPO. Auch eine solche Ladung des Sachverständigen liegt im Ermessen des Gerichts, so dass dem Gericht Lücken, Unklarheiten und Widersprüche im gerichtlichen Gutachten zur Begründung des Antrags gem. § 411 Abs. 3 ZPO aufzuzeigen sind (vgl. BVerfG 17.1.2012, NJW 2012, 1346). Schließlich kann der Anwalt eine *Befragung des gerichtlichen Sachverständigen* beantragen, §§ 402, 397 ZPO. Diesem Antrag muss das Gericht entsprechen (BGH 10.5.2005, NZV 2005, 463; BGH 14.7.2009, NJW 2009, 3660), wenn dieser nicht *rechtsmißbräuchlich* oder in *Prozessverschleppungsabsicht* gestellt wurde (BGH 17.12. 1996, NJW 1997, 802; BGH 7.10.1997, NJW 1998, 162). Dem Gericht muss dabei nicht mitgeteilt werden, inwiefern die Befragung des Sachverständigen eine weitere Aufklärung bringen soll, weil § 397 Abs. 2 ZPO ein Recht auf unmittelbare Befragung gewährt, ohne dass die Fragen zuvor dem Gericht zur Prüfung und Billigung vorzulegen sind (vgl. BGH 14.5. 1981, MDR 1981, 1014). Wird ein Sachverständigengutachten erstmals in der mündlichen Verhandlung erstattet, dann hat jede Partei Anspruch darauf, nach Vorliegen des Protokolls über die Beweisaufnahme zum Beweisergebnis noch schriftlich Stellung zu nehmen (BGH 12.5.2009, DAR 2009, 459; BGH 28.7.2011, NJW 2011, 3040).

16. Augenschein. Von dem Antrag auf Augenschein ist *jede unmittelbar sinnliche Wahrnehmung eines Sachverhaltes* umfasst, also nicht nur das Hinsehen, sondern auch z. B. das Hinhören. Das Zivilgericht darf das Ergebnis eines gerichtlichen Augenscheins aus einem anderen Verfahren im Wege des Urkundenbeweises vor dem Hintergrund des Unmittelbarkeitsgrundsatzes nur dann verwerten, wenn nicht eine Partei die Augenscheinseinnahme durch das Zivilgericht selbst beantragt hat (BGH 24.10. 1958, VersR 1959, 46). Die anlässlich eines Termins zur Augenscheinseinvernahme (Ortsbesichtigung) gewonnen Eindrücke müssen im *gerichtlichen Terminsprotokoll* hinreichend aussagekräftig festgehalten werden. Geschieht dies nicht, dann können nach einem *Richterwechsel* (auch einzelner Richter innerhalb des Spruchkörpers) solche Eindrücke nicht für ein Urteil verwertet werden, die nicht in das Terminsprotokoll aufgenommen wurden (BGH 12.3. 1992, VersR 1992, 883; BGH 21.3.1972, NJW 1972, 1202).

17. Unbenannter Zeuge. Beweisanträge auf Vernehmung des Zeugen *N.N.* (nomen nominandum) sind kein ordnungsgemäßer Beweisantritt i.S.v. § 373 ZPO (BGH 16.3.1983, NJW 1983, 1905) und unbeachtlich, wenn nach dem Verständnis des Beweisantrags offen ist, ob es den Zeugen N.N. für die behauptete Tatsache überhaupt gibt. Erachtet das Gericht diese behauptete Tatsache für entscheidungserheblich, dann ist die Partei darauf *hinzuweisen*, dass ein *Beweisangebot* zu dieser Tatsache nicht vorliegt. Ist dagegen nach dem Beweisangebot davon auszugehen, dass der Zeuge N.N. existiert, und Angaben zu der durch seine Benennung unter Beweis gestellten und entscheidungserheblichen Tatsache machen kann, dann hat das Gericht der Partei zur Benennung des Zeugen mit Name und ladungsfähiger Anschrift eine *Frist* zu setzen, § 356 ZPO (BGH 5.5.1998, NJW 1998, 2368). Trotz Fristverstoßes ist das Beweismittel u. U. noch nutzbar, wenn es zum Gerichtstermin als präsenter Zeuge mitgebracht wird.

18. Befragung von Zeugen. Mit den Einschränkungen des § 397 Abs. 3 ZPO (Unzulässigkeit von Suggestivfragen, Ausforschungsfragen, bereits beantworteten Fragen und nicht zum Beweisthema gehörenden Fragen) besteht das Recht der Zeugenbefragung gem. § 397 ZPO. Da das menschliche Vermögen des Einschätzens von *Entfernungen*, *Zeiträumen* und *Geschwindigkeiten* relativ beschränkt ist, ist bei der Befragung von Zeugen besonderes Augenmerk darauf zu richten und im Zweifel durch *Kontrollfragen*, *Vorhalte* und *Hintergrundfragen* sicherzustellen, dass der Zeuge das bekundete Geschehen tatsächlich selbst wahrgenommen und nicht lediglich Schlussfolgerungen wiedergegeben hat. Ferner kann bei Zeugen aufgrund zunehmender zeitlicher Distanz vom Unfallgeschehen sowie aufgrund wiederholter Befragungen eine *Verfestigungstendenz* eintreten, so dass der Zeuge eine *subjektive Wahrheit* dergestalt entwickelt, dass je häufiger er zum Unfall befragt wird, desto mehr er an seine Unfallschilderung selbst glaubt. Dies kann es erschweren oder gar ausschließen, das oftmals nur bruchstückhaft vom Zeugen wahrgenommene objektive Geschehen von subjektiven Eindrücken, Schlussfolgerungen und Deutungen zu trennen. Gleiches ist bei einer *persönlichen Beziehung* des Zeugen zu einem Unfallbeteiligten zu beachten, da hier eine sogar unbewusste *Solidarisierungstendenz* bestehen kann (Heß in Berz/Burmann 3 B Rn. 409 ff.).

19. Beifahrer-Rechtsprechung. Der Aussage eines Zeugen kann nicht alleine deswegen ein Beweiswert abgesprochen werden, weil der Zeuge Insasse eines unfallbeteiligten Kfz war oder mit einem Unfallbeteiligten verwandt oder befreundet ist (BGH 3.11.1987, NJW 1988, 566, m. Anm. *Walter*). Stets ist eine *individuelle Würdigung* des gesamten Ergebnisses der Beweisaufnahme vorzunehmen, § 286 Abs. 1 ZPO. Ergeben sich dabei *konkrete Zweifel* an der Richtigkeit der Zeugenaussage vor dem Hintergrund einer verwandtschaftlichen oder freundschaftlichen Nähe des Zeugen zur beweisbelasteten Partei, dann sind diese in die Beweiswürdigung einzubeziehen.

20. Vier-Augen-Rechtsprechung. Wenn in einem Rechtsstreit eine Vereinbarung erheblich ist, an deren Verhandlung auf der einen Seite nur eine Prozesspartei und auf der anderen Seite nur ein Zeuge der anderen Prozesspartei mitgewirkt haben, darf nicht lediglich der Zeuge vernommen werden. Es muss die Aussage der zeugenlosen Partei gleichermaßen gewürdigt werden aus Gründen der *Waffengleichheit* und der Gewährung *rechtlichen Gehörs* (BVerfG 21.2.2001, NJW 2001, 2531). Alleine die prozessuale Rolle der Partei darf nicht dazu führen, dass ihren Äußerungen geringeres Gewicht beigemessen wird als den Bekundungen eines Zeugen der anderen Partei (EGMR 27.10.1993, NJW 1995, 1413; BGH 16.7.1998, NJW 1999, 363). Vor diesem Hintergrund mag die Grenzziehung zwischen der Anhörung einer Partei gem. §§ 139, 141 ZPO und der Vernehmung einer Partei gem. § 448 ZPO erschwert sein. Das Gericht muss indes im Rahmen der Ermessensausübung in Bezug auf eine Parteieinvernahme gem. § 448 ZPO den Grundsatz der prozessualen Waffengleichheit einfließen lassen (BGH 25.9.2003, NJW 2003, 3636). In Unfallsachen sind gem. §§ 137 Abs. 4, 141 Abs. 1 S. 1 ZPO grundsätzlich die *unfallbeteiligten Parteien von Amts wegen anzuhören* (OLG München 13.5.2011, 10 U 3951/10).

21. Zeuge für innere Tatsachen. Das Gericht kann einen Antrag auf Vernehmung eines Zeugen zu *Schmerzen des Unfallopfers* nicht mit der Begründung ablehnen, dass auf diesem Wege der Beweis nicht zu erbringen sei (BGH 1.10.1985, NJW 1986, 1541). Zwar handelt es sich dann um einen *Zeugen vom Hörensagen*, der Bekundungen lediglich zu den Äußerungen und dem Verhalten des Unfallverletzten machen kann. Ein solcher Bericht über Schmerzäußerungen des Unfallopfers verbaler oder nonverbaler Art kann ein *gewichtiges Indiz* für die Richtigkeit der Behauptungen des Unfallopfers zu den erlittenen Schmerzen sein, was wiederum eine Parteieinvernahme des Unfallopfers nach § 448 ZPO erforderlich machen kann (BGH 1.10.1985, NJW 1986, 1541).

22. Glaubhaftigkeit der Zeugenaussage, Glaubwürdigkeit des Zeugen. Da es insbesondere für den Zeugenbeweis auf den *persönlichen Eindruck* und die persönliche Überzeugung des Gerichts ankommt, muss das Gericht in seiner *Spruchbesetzung* einen persönlichen Eindruck von dem Zeugen gewonnen haben oder auf eine aktenkundige und einer Stellungnahme der Parteien zugänglichen Beurteilung zurückgreifen können. Eine formlose Unterrichtung eines Teils des Spruchkörpers über den von einem anderen Teil des Spruchkörpers von einem Zeugen persönlich gewonnenen Eindruck ist unzureichend (BGH 4.2.1997, NJW 1997, 1586).

23. Parteieinvernahme. Die Beweisführung durch Parteivernehmung dient dem *Ausräumen verbleibender Zweifel* und ist von der *informatorischen Parteianhörung* i.S.v. § 141 ZPO, in deren Rahmen eine Partei nicht dazu verpflichtet ist, selbst oder durch ihren Anwalt – dann aber gem. § 138 Abs. 1 ZPO wahrheitsgemäße – Angaben zu machen, strikt zu unterscheiden. Dem Antrag auf Vernehmung der eigenen, beweisbelasteten Partei ist durch das Gericht stattzugeben, wenn der *Prozessgegner zustimmt*, § 447 ZPO, oder die Richtigkeit des eigenen Sachvortrags der beweisbelasteten Partei aufgrund einer *bereits durchgeführten Beweisaufnahme* mit einer *gewissen Wahrscheinlichkeit* feststeht,

§ 448 ZPO (BGH 24.4.1991, VersR 1991, 917; OLG Zweibrücken 1.7.2010, 4 U 7/10; *Stackmann*, NJW 2012, 1249).

24. Beweismaß der §§ 286, 287 ZPO. Die *Beweiserleichterung* des § 287 ZPO soll Schadenersatzprozesse vereinfachen und den Beweis des Schadens erleichtern. Die Vorschrift bewirkt, dass der Richter an seine *Überzeugungsbildung* einen geringeren Maßstab anlegen darf als bei § 286 ZPO. Zum einen werden gem. § 287 ZPO an die *Substantiierung des Schadens* geringere Anforderungen gestellt, und zum anderen kann das Gericht die *Schadenshöhe* in den Fällen nach *freiem Ermessen* feststellen und bei Vorliegen hinreichender Anhaltspunkte notfalls auch *schätzen* (BGH 9.10.1990, NJW 1991, 1412; BGH 24.9.1986, VersR 1987, 180), in denen ein strenger und vollständiger Beweis nicht oder nur mit einem unverhältnismäßigen Aufwand erbracht werden kann (BGH 9.10.1990, NJW 1991, 1412). Das Gericht hat gem. § 286 Abs. 1 S. 1 ZPO unter Berücksichtigung des gesamten Inhalts der Verhandlung und des Ergebnisses der Beweisaufnahme nach freier Überzeugung zu entscheiden, ob eine tatsächliche Behauptung für wahr oder nicht wahr zu erachten ist. Diese Überzeugung des Gerichts erfordert keine – ohnehin nicht erreichbare – absolute oder unumstößliche, gleichsam mathematische Gewissheit und auch keine an Sicherheit grenzende Wahrscheinlichkeit, sondern nur einen für das praktische Leben *brauchbaren Grad von Gewißheit, der Zweifeln Schweigen gebietet* (BGH 17.2.1970, NJW 1970, 946; BGH 11.7.1991, NJW 1992, 39; BGH 28.1. 2003, NJW 2003, 1116). Für die *haftungsbegründende Kausalität* (Kausalzusammenhang zwischen Rechtsgutsverletzung und Schaden) ist § 286 ZPO maßgeblich (BGH 28.1.2003, NJW 2003, 1116). Dagegen unterliegt der Richter bei der Ermittlung des Kausalzusammenhangs zwischen dem feststehenden Haftungsgrund (Rechtsgutsverletzung) und dem eingetretenen Schaden sowie bei der Ermittlung der *Schadenshöhe* nicht den strengen Anforderungen des § 286 ZPO (BGH 13.12. 1951, NJW 1952, 301; BGH 28.1.2003, NJW 2003, 1116). Der Tatrichter kann eine solche *haftungsausfüllende Kausalität* zwar nur feststellen, wenn er von diesem Ursachenzusammenhang überzeugt ist. Im Rahmen der Beweiswürdigung gem. § 287 ZPO werden aber geringere Anforderungen an seine Überzeugungsbildung gestellt. Hier genügt eine *überwiegende Wahrscheinlichkeit* für die Überzeugungsbildung (BGH 28.1.2003, NJW 2003, 1116; BGH 4.11.2003, NJW 2004, 777).

Praxistipp: Die Beweiserleichterung des § 287 ZPO kommt der Partei nicht zugute, die hinsichtlich der Grundlagen einer Schadensschätzung die Sachaufklärung bewusst behindert (BGH 10.2.1981, NJW 1981, 1454), wie z. B. bei einem *Verschweigen von Vorschäden* gegenüber der Kfz-Haftpflichtversicherung des Unfallverursachers. Dann greift ein Anscheinsbeweis nicht ein, wonach die festgestellten Schäden durch den Unfall verursacht wurden (BGH 13.12.1977, VersR 1978, 862). Statt dessen muss der Geschädigte darlegen und beweisen, welcher Schaden an seinem Kfz auf den Unfall zurückzuführen ist. Gelingt ihm dies nicht, ist ein Ersatzanspruch wegen des Sachschadens insgesamt abzulehnen (OLG München 27.1.2006, NZV 2006, 261; OLG Köln 22.2.1999, NZV 1999, 378).

25. Beweisverhandlung. Das Gericht muss den Parteien die Form der Beweisaufnahme mitteilen und ihnen Gelegenheit geben, vom Inhalt und ggf. von ihrer Bewertung durch das Gericht Kenntnis zu erhalten, bevor eine Entscheidung ergeht. Stets muss das Gericht den Parteien Gelegenheit geben, das Ergebnis der Beweisaufnahme mit dem Gericht zu *erörtern* und zum Ergebnis der Beweisaufnahme zu *verhandeln*, §§ 279 Abs. 3, 285 Abs. 1, 2 ZPO. Das Unterlassen der gem. § 279 Abs. 3 ZPO gebotenen Beweisverhandlung stellt eine Verletzung des Anspruchs auf *rechtliches Gehör* aus Art. 103 Abs. 1 GG und damit einen schwerwiegenden Verfahrensfehler dar (BGH 24.1.2001, MDR 2001, 830). Die den Parteien gegebene Gelegenheit zur Beweisverhandlung ist ein wesentlicher Vorgang i.S.v. § 160 Abs. 2 ZPO und damit protokollierungsbedürftig (BGH 26.4. 1989, NJW 1990, 121; BGH 24.1.2001, MDR 2001, 830). Ohne einen *Protokollvermerk* ist gem. § 165 S. 1 ZPO davon auszugehen, dass den Parteien eine solche Gelegenheit vom Gericht nicht gegeben wurde.

26. Berufung. Erfolg verspricht eine Berufung (zu den Mindestanforderungen einer Berufungsbegründung s. BGH 16.12.2009, VRR 2010, 42) nur, wenn die erstinstanzliche Entscheidung auf einem Rechtsfehler beruht oder die von dem Berufungsgericht nach § 529 ZPO zugrunde zu legenden Tatsachen eine andere Entscheidung rechtfertigen, § 513 Abs. 1 ZPO. Insbesondere *Zweifel an der Richtigkeit und Vollständigkeit der erstinstanzlichen Tatsachenfeststellungen* geben oftmals Anlass zur

Berufung (BGH 27.9.2006, NJW 2007, 2414). Zweifel an einer Feststellung bestehen dann, wenn *keine Gewissheit* über sie zu erzielen ist. Dies ist wiederum der Fall, wenn Umstände vorliegen, die eine volle Überzeugung von der Feststellung erschüttern, eine andere Feststellung möglich erscheinen lassen (BVerfG 12.6.2002, NJW 2003, 2524, m. Anm. *Greger* NJW 2003, 2882). Wird vom Erstgericht Vorbringen der Parteien übersehen oder erheblichen Beweisanträgen nicht stattgegeben, oder werden vorhandene Beweismittel nicht oder nur unvollständig ausgeschöpft, dann ist das Rechtsmittelgericht nicht ohne weiteres dazu verpflichtet, *erneute Feststellungen* nach § 529 Abs. 1 Nr. 1 ZPO zu treffen, da Unzulänglichkeiten dieser Art das Verfahren der Überzeugungsbildung betreffen. Diesbezügliche Rügen müssen in der Berufungsbegründung *ausdrücklich und bestimmt* erfolgen (BGH 19.3.2004, NJW 2004, 2152). Ohne eine solch *konkrete Rüge* ist dem Berufungsgericht eine Prüfung verwehrt, ob Zweifel an der Richtigkeit der Überzeugungsbildung zu Recht erhoben wurden. Ein mit der Berufung gerügter Verfahrensmangel führt nur dann zu erneuten Feststellungen des Berufungsgerichts, wenn die erstinstanzliche Entscheidung auf der verfahrensfehlerhaften Tatsachenfeststellung beruht. In einem solchen Fall ist das Berufungsgericht gehalten, auch nicht gerügten Zweifeln an der Überzeugungsbildung des Erstgerichts nachzugehen (BGH 15.3.2000, NJW 2000, 2024). Eine Berufung alleine mit der Rüge einer Rechtsverletzung im Rahmen eines *tatrichterlichen Ermessens* (Abwägung zur Haftungsverteilung, Schmerzensgeldbezifferung) ist unzulässig, wenn nicht der vermeintliche Rechtsfehler des Erstgerichts konkret aufgezeigt und darüber hinaus dargelegt wird, dass ohne diesen Rechtsfehler eine für den Berufungskläger günstigere erstgerichtliche Entscheidung ergangen wäre (OLG Hamm 13.5.2003, NZV 2003, 584). Das tatrichterliche Ermessen hinsichtlich der Bildung der Haftungsquote ist durch das Berufungsgericht voll zu überprüfen (OLG Oldenburg 13.7. 2011, MDR 2011, 1100). Wenn das Berufungsgericht ohne erneute Vernehmung von Zeugen dessen oder deren erstinstanzliche Aussage abweichend bewertet, dann stellt dies einen Verstoß gegen das rechtliche Gehör gem. Art. 103 Abs. 1 GG dar (BVerfG 14.9. 2010, 2 BvR 2638/09).

> Praxistipp: Wird im Tatbestand des erstinstanzlichen Urteils die Unfalldarstellung der Partei anders als im schriftlichen Sachvortrag wiedergegeben, und wirkt sich dies u. U. nachteilig für die Partei aus (vgl. BGH 2.2.1999, NJW 1999, 1339), dann ist innerhalb von einer Frist von zwei Wochen ein *Antrag auf Berichtigung des Tatbestandes* gem. § 320 ZPO zu stellen. Denn das Berufungsgericht ist gem. §§ 314, 320 ZPO an die Tatbestandsfeststellungen im erstinstanzlichen Urteil gebunden, wenn nicht konkrete Anhaltspunkte für die Unrichtigkeit oder Unvollständigkeit der Feststellungen des Erstgerichts i.S.v. § 529 Abs. 1 Nr. 2 ZPO bestehen. Wurde dagegen schriftsätzlicher Parteivortrag im Tatbestand des anzugreifenden Urteils nicht erwähnt, ist kein Tatbestandsberichtigungsantrag nötig, da dem Tatbestand keine negative Beweiskraft zukommt (BGH 12.3.2004, NJW 2004, 1876).

27. Revision. Zum 1.1.2002 wurde die sog. *Wertrevision* abgeschafft. Seither findet die Revision statt, wenn sie wegen *grundsätzlicher Bedeutung* der Rechtssache (BGH 1.10.2002, NJW 2003, 65), zur *Fortbildung des Rechts* (BGH 19.9.2002, NJW-RR 2003, 132) oder zur *Sicherung einer einheitlichen Rechtsprechung* (BGH 1.10.2002, NJW 2003, 65) vom Berufungsgericht (von Amts wegen) im Urteil oder vom Revisionsgericht auf Beschwerde gegen die Nichtzulassung gem. § 544 ZPO hin zugelassen worden ist, § 543 Abs. 1 ZPO (sog. *Zulassungsrevision*). Das Revisionsgericht ist an die Zulassung durch das Berufungsgericht gebunden, § 543 Abs. 2 ZPO. *Geiger*

Besonderheiten des Verkehrsverwaltungsprozesses 1. Allgemeines. Nachfolgend werden die Grundzüge des Verwaltungsprozesses skizziert. Der Schwerpunkt liegt in den Bereichen, die speziell im Verkehrsverwaltungsprozess praxisrelevant sind. Neben der *Anfechtungsklage, Verpflichtungsklage, allgemeinen Feststellungsklage und Fortsetzungsfeststellungsklage* (→ Nr. 2) sieht die VwGO auch die *Leistungsklage* (→ Nr. 4) sowie das *Normenkontrollverfahren* (→ Nr. 5) vor. Als ordentliche Rechtsmittel kommen *Beschwerde* (→ Nr. 6), *Berufung* (→ Nr. 7) und *Revision* (→ Nr. 8) in Betracht. Vorläufiger Rechtsschutz ist im Wege der *Anordnung bzw. Wiederherstellung der aufschiebenden Wirkung eines Verwaltungsaktes* (→ Nr. 9) sowie im Rahmen einer *einstweiligen Anordnung* (→ Nr. 10) möglich.

**2. Zulässigkeit von Anfechtungs- und Verpflichtungsklage sowie allgemeiner Feststellungs- und Fortsetzungsfeststellungsklage. Im Verwaltungsrecht können die Anfechtungsklage zur Aufhebung eines belastenden Verwaltungsakts (z. B. Klage gegen die Entziehung der Fahrerlaubnis, gegen die Verhängung einer Fahrtenbuchauflage oder gegen den Kostenbescheid nach einem Abschleppvorgang) oder die Verpflichtungsklage zur Verurteilung zum Erlass eines abgelehnten oder unterlassenen Verwaltungsakts (z. B. Klage gegen die Ablehnung der Erteilung einer Fahrerlaubnis) begehrt werden. Darüber hinaus ist eine allgemeine Feststellungsklage möglich; darunter fällt auch die Fortsetzungsfeststellungsklage, wenn sich der Verwaltungsakt durch Zurücknahme oder anders erledigt hat. Neben den *allgemeinen verwaltungsrechtlichen Zulässigkeitsvoraussetzungen* einer Klage (deutsche Gerichtsbarkeit, § 173 VwGO i.V. m. §§ 18 ff. GVG; Eröffnung des Verwaltungsrechtswegs, § 40 Abs. 1 VwGO; sachliche Zuständigkeit, §§ 45 ff. VwGO; örtliche Zuständigkeit, §§ 52 f. VwGO; Beteiligungs- und Prozessfähigkeit, §§ 61 ff. VwGO; Fehlen anderweitiger Rechtshängigkeit oder Rechtskraft, § 17 GVG u. § 121 VwGO; allgemeines Rechtsschutzbedürfnis) sind vor allem folgende *weiteren Zulässigkeitsvoraussetzungen* zu beachten:

a) Statthaft im Verwaltungsrecht sind insbesondere Anfechtungs- und Verpflichtungsklage (§ 42 VwGO) sowie die Feststellungsklage (§ 43 VwGO), ferner auch die Fortsetzungsfeststellungsklage (§ 113 Abs. 1 S. 4 VwGO).

b) Form und Inhalt. Die Klage ist in schriftlicher Form (oder zur Niederschrift bei der Geschäftsstelle) beim zuständigen Gericht zu erheben (§ 81 Abs. 1 VwGO). Die Klage muss den Kläger, den Beklagten und den Gegenstand des Klagebegehrens bezeichnen, und sie soll einen bestimmten Antrag enthalten; ferner sollen die zur Begründung dienenden Tatsachen und Beweismittel angegeben werden, die angefochtene Verfügung und der Widerspruchsbescheid sollen in Urschrift oder in Abschrift beigefügt werden (§ 82 Abs. 1 VwGO).

Praxistipp: Mit der Erhebung der Klage muss diese noch nicht begründet werden; vielmehr kann mit Einreichung der Klageschrift beispielsweise zunächst Akteneinsicht beantragt und nach deren Gewährung die Klage begründet werden.

c) Klagebefugt ist der Kläger *bei Anfechtungs- und Verpflichtungsklage sowie Fortsetzungsfeststellungsklage*, wenn er schlüssig geltend macht, durch den Verwaltungsakt oder dessen Ableh-nung oder Unterlassung in seinen Rechten verletzt zu sein (§ 42 Abs. 2 VwGO; wird für die Feststellungsklage analog angewandt). Bei der *allgemeinen Feststellungsklage* ist der Kläger nur klagebefugt, soweit er seine Rechte nicht durch Gestaltungs- oder Leistungsklage verfolgen kann oder hätte verfolgen können oder wenn die Feststellung der Nichtigkeit eines Verwaltungsakts begehrt wird (§ 43 Abs. 2 VwGO).

d) Durchführung eines Vorverfahrens (Widerspruchsverfahren). Das Vorverfahren ist grundsätzlich im Rahmen von Anfechtungs- und Verpflichtungsklage (sowie bei der Fortsetzungsfeststellungsklage) erforderlich, soweit die einzelnen Bundesländer das Vorverfahren nicht abgeschafft haben oder ein solches aufgrund entsprechender Ländervorschriften nur fakultativ durchzuführen ist (vgl. § 68 VwGO). Zur Übersicht über den *Gesetzesstand zur Abschaffung des Widerspruchsverfahrens* in den einzelnen Bundesländern siehe Steinbeiß-Winkelmann, „Abschaffung des Widerspruchsverfahrens – ein Fortschritt?", NVwZ 2009, 686. *Sonderfall: Untätigkeitsklage.* Ist über einen Widerspruch oder über einen Antrag auf Vornahme eines Verwaltungsakts ohne zureichenden Grund in angemessener Frist sachlich nicht entschieden worden, so ist die Klage ohne Durchführung eines Vorverfahrens zulässig; die Klage kann nicht vor Ablauf von drei Monaten seit der Einlegung des Widerspruchs oder seit dem Antrag auf Vornahme des Verwaltungsakts erhoben werden, es sei denn, es ist aufgrund besonderer Umstände des Falles eine kürzere Frist geboten (§ 75 S. 1 u. 2 VwGO).

e) Klagefrist. Bei der *allgemeinen Feststellungsklage* ist keine Klagefrist zu beachten. Die *Anfechtungsklage* muss dagegen *innerhalb eines Monats* nach Zustellung des Widerspruchsbescheids erhoben werden; ist nach § 68 VwGO ein Widerspruchsbescheid nicht erforderlich, so muss die Klage innerhalb eines Monats nach Bekanntgabe des Verwaltungsakts erhoben werden (§ 74 Abs. 1 VwGO). Für die *Verpflichtungsklage* gilt § 74 Abs. 1 VwGO entsprechend, wenn der Antrag auf Vornahme des Verwaltungsakts abgelehnt worden ist (§ 74 Abs. 2 VwGO). Bei *fehlender oder unrichtiger Rechtsmittelbelehrung* seitens der Verwaltungsbehörde gilt die *Jahresfrist* des § 58 Abs. 2 VwGO. Im Fall einer (unverschuldeten) *Fristversäumung* kann Wiedereinsetzung in den vorigen Stand beantragt werden (→ *Wiedereinsetzung in den vorigen Stand*).

f) Besonderes Feststellungsinteresse. Bei der *allgemeinen Feststellungsklage* muss der Kläger ein berechtigtes Interesse an der baldigen Feststellung haben (§ 43 Abs. 1 VwGO); dieses besteht dann, wenn das Bedürfnis des Klägers nach Klärung der Rechtslage entweder schon in der Gegenwart oder in einer nicht weit entfernten Zukunft besteht. Bei der *Fortsetzungsfeststellungsklage* muss der Kläger gem. § 113 Abs. 1 S. 4 VwGO ein berechtigtes Interesse an der Feststellung haben, dass sich der Verwaltungsakt vorher durch Zurücknahme oder anders erledigt hat, welches insbesondere bei Wiederholungsgefahr oder zur Vorbereitung eines Zivilprozesses besteht, oder aber bei einem gegebenen Rehabilitationsinteresse.

3. Begründetheit von Anfechtungs- und Verpflichtungsklage sowie allgemeiner Feststellungs- und Fortsetzungsfeststellungsklage. Je nach Klageart sind im Rahmen der Begründetheitsprüfung unterschiedliche Punkte zu beachten. Allen voran erfolgt in diesem Zuge aber jeweils die Überprüfung der Passivlegitimation.

a) Passivlegitimation. Die Anfechtungs-, Verpflichtungs- und Fortsetzungsfest-stellungsklage sind gem. § 78 Abs. 1 VwGO zu richten
- gegen den Bund, das Land oder die Körperschaft, deren Behörde den angefochtenen Verwaltungsakt erlassen oder den beantragten Verwaltungsakt unterlassen hat (zur Bezeichnung des Beklagten genügt die Angabe der Behörde),
- sofern das Landesrecht dies bestimmt, gegen die Behörde selbst, die den angefochtenen Verwaltungsakt erlassen oder den beantragten Verwaltungsakt unterlassen hat.

Wenn ein Widerspruchsbescheid erlassen ist, der erstmalig eine Beschwer enthält (§ 68 Abs. 1 Satz 2 Nr. 2 VwGO), ist Behörde im Sinne des § 78 Abs. 1 VwGO die Widerspruchsbehörde (§ 78 Abs. 2 VwGO).

> Praxistipp: Soll ein Verwaltungsakt angefochten werden, so findet sich der richtige Klagegegner in der Rechtsbehelfsbelehrung des Bescheids (vgl. § 58 Abs. 1 VwGO). Zur *allgemeinen Feststellungsklage*: Bei der positiven Feststellungsklage (Klage auf Feststellung des Bestehens eines Rechtsverhältnisses) ist derjenige passivlegitimiert, welcher das vom Kläger behauptete Rechtsverhältnis bestreitet. Bei der negativen Feststellungsklage (Klage auf Feststellung des Nichtbestehens eines Rechtsverhältnisses) ist dies derjenige, welcher ein bestimmtes Recht für sich in Anspruch nimmt, dessen Existenz der Kläger in Abrede stellt. Bei der Nichtigkeitsfeststellungsklage ist die Klage entsprechend § 78 Abs. 1 Nr. 1 VwGO gegen der Rechtsträger der Behörde zu richten, die den Verwaltungsakt erlassen hat.

b) Begründetheit der Anfechtungsklage. Die Anfechtungsklage ist dann begründet, wenn der angefochtene Verwaltungsakt rechtswidrig ist und den Kläger dadurch in seinen Rechten verletzt (§ 113 Abs. 1 S. 1 VwGO).

c) Begründetheit der Verpflichtungsklage. Die Anfechtungsklage ist begründet, soweit die Ablehnung oder Unterlassung des Verwaltungsakts rechtswidrig und der Kläger dadurch in seinen Rechten verletzt ist (§ 113 Abs. 5 VwGO). Das Gericht spricht die Verpflichtung der Verwaltungsbehörde aus, die beantragte Amtshandlung vorzunehmen, wenn die Sache spruchreif ist; andernfalls spricht es die Verpflichtung aus, den Kläger unter Beachtung der Rechtsauffassung des Gerichts zu bescheiden.

d) Begründetheit der allgemeinen Feststellungsklage. Die positive Feststellungsklage ist begründet, wenn das Rechtsverhältnis besteht, die negative, wenn es nicht besteht. Die Nichtigkeitsfeststellungsklage ist dann begründet, wenn der Verwaltungsakt nach speziellen Vorschriften, anderenfalls nach § 44 VwVfG nichtig ist. Eine subjektive Rechtsverletzung ist nicht Bestandteil der Begründetheitsprüfung.

e) Begründetheit der Fortsetzungsfeststellungsklage. Die Fortsetzungsfeststellungsklage ist dann begründet, wenn der (vor oder nach Erhebung der Anfechtungsklage) erledigte Verwaltungsakt rechtswidrig war und dadurch den Kläger in seinen Rechten verletzt hat (§ 113 Abs. 1 S. 4 VwGO). Aber auch im Rahmen der Erhebung einer Verpflichtungsklage kann eine Erledigung eingetreten sein (analog § 113 Abs. 1 S. 4 VwGO).

4. Die **allgemeine Leistungsklage** ist im Verkehrverwaltungsrecht von geringerer Bedeutung. Gesetzliche Regelungen finden sich beispielsweise in §§ 43 Abs. 2, 111 und 113 Abs. 4 VwGO. In Betracht kommen kann die *positive Leistungsklage* (auf Vornahme schlichten Verwaltungshandels oder auf Duldung) sowie die *Unterlassungsklage* (welche entweder gegen schlichtes – auch drohendes – Verwaltungshandeln gerichtet ist oder gegen drohende Verwaltungsakte).

5. Im **Normenkontrollverfahren** (§ 47 VwGO) können untergesetzliche landesrechtliche Normen (z. B. bestimmte Rechtsverordnungen oder Satzungen im Baurecht) durch das zuständige Oberverwaltungsgericht auf Ihre Rechtmäßigkeit bzw. Gültigkeit hin überprüft werden. § 47 Abs. 1 Nr. 2 VwGO ermöglicht es den Bundesländern, auch bei anderen untergesetzlichen landesrechtlichen Rechtsvorschriften eine solche Normenkontrolle zuzulassen; hiervon haben die meisten Bundesländer in ihren landesrechtlichen Ausführungsgesetzen zur VwGO Gebrauch gemacht. Ein Normenkontrollantrag hat dann Erfolg, wenn die angegriffene Rechtsvorschrift gegen höherrangiges Recht verstößt und damit nichtig ist.

6. Beschwerde. Gegen Entscheidungen des Verwaltungsgerichts, die nicht Urteile oder Gerichtsbescheide sind, steht den Beteiligten und den sonst von der Entscheidung Betroffenen die Beschwerde an das Oberverwaltungsgericht zu, soweit nicht in der VwGO etwas anderes bestimmt ist (§ 146 Abs. 1 VwGO). Im Beschwerdeverfahren herrscht *Vertretungszwang* (vgl. § 67 Abs. 1 S. 2 VwGO).

a) Statthaftigkeit. Die Beschwerde ist statthaft insbesondere gegen Beschlüsse des *Verwaltungsgerichtes* in Verfahren des vorläufigen Rechtsschutzes (§§ 80, 80a, 123 VwGO), gegen die Ablehnung von Prozesskostenhilfe oder gegen die Ablehnung einer Urteilsberichtigung (§ 118 VwGO). *Ausgeschlossen* ist die Beschwerde zur Anfechtung von prozessleitenden Verfügungen, Aufklärungsanordnungen, Beschlüssen über eine Vertagung oder die Bestimmung einer Frist, Beweisbeschlüssen, Beschlüssen über Ablehnung von Beweisanträgen, über Verbindung und Trennung von Verfahren und Ansprüchen und über die Ablehnung von Gerichtspersonen (§ 146 Abs. 2 VwGO); außerdem (vorbehaltlich einer gesetzlich vorgesehenen Beschwerde gegen die Nichtzulassung der Revision) ist die Beschwerde nicht gegeben in Streitigkeiten über Kosten, Gebühren und Auslagen, wenn der Wert des Beschwerdegegenstands 200,00 € nicht übersteigt (§ 146 Abs. 3 VwGO). *Entscheidungen des Oberverwaltungsgerichts* können vorbehaltlich des § 99 Abs. 2 VwGO und des § 133 Abs. 1 VwGO sowie des § 17a Abs. 4 S. 4 GVG nicht mit der Beschwerde an das Bundesverwaltungsgericht angefochten werden (§ 152 Abs. 1 VwGO).

b) Beschwerdeeinlegung. Die Beschwerde ist entweder bei dem Gericht, dessen Entscheidung angefochten wird, oder beim Beschwerdegericht schriftlich oder zur Niederschrift des Urkundsbeamten der Geschäftsstelle innerhalb von *zwei Wochen* nach Bekanntgabe der Entscheidung einzulegen (§ 147 VwGO). Eine Fristverlängerung ist in diesem Zusammenhang nicht möglich (§ 57 Abs. 2 VwGO i.V.m. § 224 Abs. 2 ZPO). Bei *fehlender oder unrichtiger Rechtsmittelbelehrung* durch das Gericht gilt aber die *Jahresfrist* des § 58 Abs. 2 VwGO.

c) Abhilfeverfahren. Hält das Verwaltungsgericht, dessen Entscheidung angefochten wird, die Beschwerde für begründet, so ist ihr abzuhelfen; ansonsten ist sie unverzüglich dem Oberverwaltungsgericht vorzulegen (§ 148 Abs. 1 VwGO).

d) Sonderregelungen für die Beschwerde in Verfahren des vorläufigen Rechtsschutzes. Für alle Entscheidungen im vorläufigen Rechtsschutz nach § 80 VwGO (→ Nr. 9), § 80a VwGO oder § 123 VwGO (→ Nr. 10) gilt – neben den übrigen allgemeinen Vorschriften – die Sonderregelung des § 146 Abs. 4 VwGO.

aa) Beschwerdebegründungsfrist. Die Beschwerde gegen Beschlüsse des Verwaltungsgerichts in Verfahren des vorläufigen Rechtsschutzes ist innerhalb eines Monats nach Bekanntgabe der (vollständigen) Entscheidung zu begründen (§ 146 Abs. 4 S. 1 VwGO). Bei *fehlender oder unrichtiger Rechtsmittelbelehrung* seitens des Gerichtes gilt die *Jahresfrist* des § 58 Abs. 2 VwGO.

bb) Adressat der Begründung und Anforderungen an die Begründung. Die Begründung ist, sofern sie nicht bereits mit der Beschwerde vorgelegt worden ist, bei dem Oberverwaltungsgericht einzureichen (§ 146 Abs. 4 S. 2 VwGO). Sie muss einen bestimmten Antrag enthalten, die Gründe darlegen, aus denen die Entscheidung abzuändern oder aufzuheben ist, und sich mit der angefochtenen Entscheidung auseinander setzen (§ 146 Abs. 4 S. 3 VwGO); die reine Benennung oder Geltendmachung eines Anfechtungsgrundes genügt der Darlegungspflicht nicht, genauso wenig wie das bloße Wiederholen des Vortrags aus erster Instanz. Mangelt es an einem dieser Erfordernisse, ist die Beschwerde als unzulässig zu verwerfen (§ 146 Abs. 4 S. 4 VwGO).

cc) Kein Abhilfeverfahren. Das Verwaltungsgericht legt die Beschwerde unverzüglich dem Oberverwaltungsgericht vor; § 148 Abs. 1 VwGO findet insoweit keine Anwendung (§ 146 Abs. 4 S. 5 VwGO).

e) Beschwerdeentscheidung. Über die Beschwerde entscheidet das Oberverwaltungsgericht durch Beschluss (§ 150 VwGO). Bei Beschwerden gegen Beschlüsse des Verwaltungsgerichts in Verfahren des vorläufigen Rechtsschutzes prüft das Oberverwaltungsgericht nur die dargelegten Gründe.

f) Keine weitere Beschwerde. Eine weitere Beschwerde sieht die VwGO nicht vor, unabhängig davon können Entscheidungen des Oberverwaltungsgerichts (vorbehaltlich des § 99 Abs. 2 VwGO und des § 133 Abs. 1 VwGO sowie des § 17a Abs. 4 S. 4 GVG) ohnehin nicht mit der Beschwerde an das Bundesverwaltungsgericht angefochten werden (§ 152 Abs. 1 VwGO).

7. Berufung. Gegen Endurteile einschließlich der Teilurteile nach § 110 VwGO und gegen Zwischenurteile nach den §§ 109 und 111 VwGO steht den Beteiligten gem. § 124 Abs. 1 VwGO die Berufung zu, wenn sie von dem Verwaltungsgericht oder dem Oberverwaltungsgericht zugelassen wird (*Zulassungsberufung*). Im Berufungsverfahren herrscht *Vertretungszwang* (vgl. § 67 Abs. 1 S. 1 VwGO). Die Berufung ist gem. § 124 Abs. 2 VwGO nur zuzulassen, wenn
- ernstliche Zweifel an der Richtigkeit des Urteils bestehen (Nr. 1),
- die Rechtssache besondere tatsächliche oder rechtliche Schwierigkeiten aufweist (Nr. 2),
- die Rechtssache grundsätzliche Bedeutung hat (Nr. 3),
- das Urteil von einer Entscheidung des Oberverwaltungsgerichts, des Bundesverwaltungsgerichts, des gemeinsamen Senats der obersten Gerichtshöfe des Bundes oder des Bundesverfassungsgerichts abweicht und auf dieser Abweichung beruht (Nr. 4) oder
- ein der Beurteilung des Berufungsgerichts unterliegender Verfahrensmangel geltend gemacht wird und vorliegt, auf dem die Entscheidung beruhen kann (Nr. 5).

Das Verwaltungsgericht lässt die Berufung in dem Urteil zu, wenn die Gründe des § 124 Abs. 2 Nr. 3 oder Nr. 4 VwGO vorliegen (§ 124a Abs. 1 S. 1 VwGO). Das Oberverwaltungsgericht ist an die Zulassung gebunden (§ 124a Abs. 1 S. 2 VwGO). Zu einer Nichtzulassung der Berufung ist das Verwaltungsgericht nicht befugt (§ 124a Abs. 1 S. 3 VwGO).

a) Berufungseinlegung und -begründung bei Zulassung der Berufung durch das Verwaltungsgericht. Wird die Berufung vom Verwaltungsgericht zugelassen, so hat die *Berufungseinlegung* innerhalb von *einem Monat* nach Zustellung des vollständigen Urteils zu erfolgen; mit der Berufung ist das angefochtene Urteil zu benennen (§ 124a Abs. 2 VwGO). Die *Berufungsbegründung* (→ Nr. 7 d) ist innerhalb von *zwei Monaten* nach Zustellung des vollständigen Urteils beim Oberverwaltungsgericht (ansonsten beim Verwaltungsgericht, wenn die Berufung gleich mit der Einlegung begründet wurde) einzureichen, eine Verlängerung der Begründungsfrist kann beim Oberverwaltungsgericht beantragt werden (§ 124a Abs. 3 S. 1 bis 3 VwGO). Die Berufung ist unzulässig, wenn die Begründungsschrift keinen bestimmten Antrag und keine Berufungsgründe enthält (§ 124a Abs. 3 S. 4 u. 5 VwGO).

b) Zulassungsantrag und -begründung sowie Berufungsbegründung bei Zulassung der Berufung durch das Oberverwaltungsgericht. Wird die Berufung dagegen vom Verwaltungsgericht nicht zugelassen, so ist der *Zulassungsantrag* innerhalb von *einem Monat* nach Zustellung des vollständigen Urteils beim Verwaltungsgericht zu stellen; mit dem Antrag ist das angefochtene Urteil zu benennen (§ 124a Abs. 4 S. 1 bis 3 VwGO). Die *Begründung des Zulassungsantrags* ist innerhalb von *zwei Monaten* nach Zustellung des vollständigen Urteils beim Oberverwaltungsgericht, wenn die Begründung gleich mit dem Zulassungsantrag vorgelegt wurde, beim Verwaltungsgericht einzureichen (§ 124a Abs. 4 S. 4 u. 5 VwGO). Eine Fristverlängerung ist jeweils nicht möglich. Der Zulassungsantrag hemmt die Rechtskraft des Urteils (§ 124a Abs. 4 S. 5 VwGO). Die *Darlegung der Zulassungsgründe* hat durch substantiierten Vortrag zu erfolgen, die bloße Benennung eines Zulassungsgrundes oder die Wiederholung erstinstanzlichen Vorbringens reicht dagegen nicht aus. Die *Entscheidung über den Zulassungsantrag* erfolgt per Beschluss, der begründet werden soll (§ 124a Abs. 5 VwGO): Die Berufung ist vom Oberverwaltungsgericht zuzulassen, wenn einer der Gründe des § 124 Abs. 2 VwGO (→ Nr. 7d) dargelegt ist und vorliegt. Mit einer ablehnenden Entscheidung wird das Urteil rechtskräftig. Bei Zulassung der Berufung wird das Antragsverfahren als Berufungsverfahren fortgesetzt, einer gesonderten Berufungseinlegung bedarf es dann nicht mehr. Die Berufungsbegründung (→ Nr. 7 d) innerhalb *eines Monats* nach Zustellung des Beschlusses über die Zulassung der Berufung beim Oberverwaltungsgericht einzureichen (§ 124a Abs. 6 S. 1 VwGO), beim Oberverwaltungsgericht kann eine Verlängerung der Begründungsfrist beantragt werden (§ 124a Abs. 6 S. 2 i.V. m. Abs. 3 S. 3 VwGO). Die Berufung ist unzulässig, wenn die Begründungsschrift keinen bestimmten Antrag und keine Berufungsgründe enthält (§ 124a Abs. 6 S. 2 i.V. m. Abs. 3 S. 4 u. 5 VwGO).

c) Erweiterte Fristen und Wiedereinsetzung. Bei *fehlender oder unrichtiger Rechtsmittelbelehrung* seitens des Gerichts gilt die *Jahresfrist* des § 58 Abs. 2 VwGO. Im Fall einer (unverschuldeten) *Fristversäumung* kann Wiedereinsetzung in den vorigen Stand beantragt werden (→ *Wiedereinsetzung in den vorigen Stand*).

d) In der **Berufungsbegründung** müssen die Punkte aus dem Urteil *substantiiert* vorgebracht werden, die in tatsächlicher oder rechtlicher Hinsicht unrichtig sind. Die bloße Bezugnahme auf das erstinstanzliche Vorbringen reicht dagegen nicht aus. Eine *Präklusion* bzgl. neuer Angriffs- und Verteidigungsmittel (Tatsachenvorbringen und Beweismittel) kennt die VwGO im Regelfall nicht (§ 128 S. 2 VwGO). Werden solche aber im ersten Rechtszug entgegen einer hierfür gesetzten Frist nicht vorgebracht, so werden sie nur zugelassen, wenn der Rechtsstreit dadurch nicht verzögert oder die Verspätung ausreichend entschuldigt wird (§ 128a Abs. 1 VwGO).

8. Revision. Gegen das Urteil des Oberverwaltungsgerichts (§ 49 Nr. 1 VwGO) und gegen Beschlüsse nach § 47 Abs. 5 Satz 1 VwGO steht den Beteiligten gem. § 132 Abs. 1 VwGO die Revision an das Bundesverwaltungsgericht zu, wenn das Oberverwaltungsgericht oder auf Beschwerde gegen die Nichtzulassung das Bundesverwaltungsgericht sie zugelassen hat (*Zulassungsrevision*). Im Revisionsverfahren (sowie auch im Verfahren der Nichtzulassungsbeschwerde) herrscht *Vertretungszwang* (vgl. § 67 Abs. 1 S. 2 VwGO). Die Revision ist gem. § 132 Abs. 2 VwGO nur zuzulassen, wenn
– die Rechtssache grundsätzliche Bedeutung hat (Nr. 1),
– das Urteil von einer Entscheidung des Bundesverwaltungsgerichts, des Gemeinsamen Senats der obersten Gerichtshöfe des Bundes oder des Bundesverfassungsgerichts abweicht und auf dieser Abweichung beruht (Nr. 2) oder
– ein Verfahrensmangel geltend gemacht wird und vorliegt, auf dem die Entscheidung beruhen kann (Nr. 3).

Das Bundesverwaltungsgericht ist an die Zulassung gebunden (§ 132 Abs. 3 VwGO). Eine *Sprungrevision* gegen Urteile des Verwaltungsgerichts ist möglich (§ 134 VwGO). Eine *Nichtzulassungsbeschwerde* gegen die Nichtzulassung der Revision ist gem. § 133 VwGO statthaft, sie muss innerhalb eines Monats ab Zustellung des vollständigen Urteils eingelegt und innerhalb von zwei Monaten ab Zustellung begründet werden. Die Beschwerde muss das angefochtene Urteil benennen, in der Begründung müssen die Zulassungsgründe dargelegt werden. Die *Begründung der Revision* kann nur darauf gestützt werden, dass das angefochtene Urteil auf der Verletzung von Bundesrecht oder einer Vorschrift des Verwaltungsverfahrensgesetzes eines Landes, die ihrem Wortlaut nach mit dem Verwaltungsverfahrensgesetz des Bundes übereinstimmt, beruht (§ 137 Abs. 1 VwGO). Ein Urteil ist gem. § 138 VwGO stets als auf der Verletzung von Bundesrecht beruhend anzusehen (*absolute Revisionsgründe*), wenn
– das erkennende Gericht nicht vorschriftsmäßig besetzt war (Nr. 1),
– bei der Entscheidung ein Richter mitgewirkt hat, der von der Ausübung des Richteramts kraft Gesetzes ausgeschlossen oder wegen Besorgnis der Befangenheit mit Erfolg abgelehnt war (Nr. 2),
– einem Beteiligten das rechtliche Gehör versagt war (Nr. 3),
– ein Beteiligter im Verfahren nicht nach Vorschrift des Gesetzes vertreten war, außer wenn er der Prozessführung ausdrücklich oder stillschweigend zugestimmt hat (Nr. 4),
– das Urteil auf eine mündliche Verhandlung ergangen ist, bei der die Vorschriften über die Öffentlichkeit des Verfahrens verletzt worden sind (Nr. 5), oder
– die Entscheidung nicht mit Gründen versehen ist (Nr. 6).

Die *Revisionseinlegung* hat innerhalb eines Monats nach Zustellung des vollständigen Urteils oder des Beschlusses über die Zulassung der Revision nach § 134 Abs. 3 S. 2 VwGO bei dem Gericht, dessen Urteil angefochten wird, oder beim Bundesverwaltungsgericht schriftlich zu erfolgen und muss das angefochtene Urteil bezeichnen (§ 139 Abs. 1 VwGO). Die *Revisionsbegründung* ist innerhalb von zwei Monaten nach Zustellung beim Bundesverwaltungsgericht zu begründen (§ 139 Abs. 3 S. 1 u. 2 VwGO). Wird der *Beschwerde gegen die Nichtzulassung der Revision abgeholfen* oder *lässt das Bundesverwaltungsgericht die Revision* zu, so wird das Beschwerdeverfahren als Revisionsverfahren fortgesetzt, wenn nicht das Bundesverwaltungsgericht das angefochtene Urteil nach § 133 Abs. 6 VwGO aufhebt; der Einlegung einer Revision durch den Beschwerdeführer bedarf es nicht (§ 139 Abs. 2 VwGO). Die Begründungsfrist beträgt einen Monat nach Zustellung des Beschlusses über die Zulassung der Revision und ist beim Bundesverwaltungsgericht einzureichen (§ 139 Abs. 3 S. 1 u. 2 VwGO). Eine *Verlängerung der Revisionsbegründungsfrist* ist auf Antrag möglich

(§ 139 Abs. 3 S. 3 VwGO). *Inhalt der Revisionsbegründung:* Die Begründung muss einen bestimmten Antrag enthalten, die verletzte Rechtsnorm und, soweit Verfahrensmängel gerügt werden, die Tatsachen angeben, die den Mangel ergeben (§ 139 Abs. 3 S. 3 VwGO).

9. Vorläufiger Rechtsschutz gegen sofortige Vollziehbarkeit. Eilanträge sind in der verwaltungsrechtlichen Praxis insbesondere dann von Bedeutung, wenn mit einem von der Verwaltungsbehörde erlassenen Verwaltungsakt dessen *sofortige Vollziehbarkeit* gem. § 80 Abs. 2 S. 1 Nr. 4 VwGO angeordnet wird. Widerspruch und Anfechtungsklage haben zwar grundsätzlich aufschiebende Wirkung (§ 80 Abs. 1 S. 1 VwGO), diese entfällt jedoch in den Fällen, in denen die sofortige Vollziehung im öffentlichen Interesse oder im überwiegenden Interesse eines Beteiligten von der Behörde, die den Verwaltungsakt erlassen oder über den Widerspruch zu entscheiden hat, besonders angeordnet wird (§ 80 Abs. 2 S. 1 Nr. 4 VwGO). Die *Begründung* der Anordnung der sofortigen Vollziehbarkeit (§ 80 Abs. 3 VwGO) darf nicht nur formelhaft oder formularmäßig sein, sondern muss sich auf den konkreten Fall beziehen; auch eine reine Wiederholung der gesetzlichen Voraussetzungen des § 80 Abs. 2 S. 1 Nr. 4 VwGO ist nicht ausreichend. Die *sofortige Vollziehbarkeit* kann aber auch *als gesetzlicher Regelfall* bestehen: Bei Verwaltungsakten im Rahmen der Fahrerlaubnis auf Probe haben Widerspruch und Anfechtungsklage nämlich ausdrücklich keine aufschiebende Wirkung (§ 2a Abs. 6 StVG), so dass in diesem Fall kein Antrag auf Wiederherstellung der aufschiebenden Wirkung zu stellen ist, sondern ein Antrag auf Anordnung der aufschiebenden Wirkung. Gleiches gilt für die in § 80 Abs. 2 S. 1 Nr. 1 bis 3 VwGO geregelten Fälle.

a) Behördliche Aussetzung der sofortigen Vollziehbarkeit (§ 80 Abs. 4 VwGO). Die Behörde, die den Verwaltungsakt erlassen oder über den Widerspruch zu entscheiden hat, kann in den Fällen des § 80 Abs. 2 VwGO die Vollziehung aussetzen, soweit nicht bundesgesetzlich etwas anderes bestimmt ist (§ 80 Abs. 4 S. 1 VwGO). Aufgrund der Aussetzung der Vollziehung erfolgt eine vorläufige Hemmung der Wirksamkeit des Verwaltungsakts. Die sofortige Vollziehbarkeit kann von Amts wegen oder auf Antrag ausgesetzt werden.

aa) Statthaftigkeit. Die Durchführung eines Widerspruchsverfahrens oder eines Klageverfahrens ist keine Voraussetzung für die Zulässigkeit eines Verfahrens auf Aussetzung der sofortigen Vollziehbarkeit.

bb) Zuständige Behörde ist die Ausgangsbehörde, nach eingelegtem Widerspruch daneben auch die Widerspruchsbehörde. Bei erfolglosem Antrag bei der Ausgangsbehörde kann (bei eingelegtem Widerspruch) ein weiterer Antrag nach § 80 Abs. 4 S. 1 VwGO bei der Widerspruchsbehörde gestellt werden (oder umgekehrt).

cc) Behördenentscheidung. Im Rahmen ihrer jeweiligen Zuständigkeit (→ Nr. 9a) bb)) können Ausgangs- und Widerspruchsbehörde die Vollziehung des Verwaltungsaktes aussetzen oder eine diesbezügliche Entscheidung abändern.

dd) Kein Rechtsmittel. Bei einer abschlägigen Behördenentscheidung im Rahmen von § 80 Abs. 4 VwGO sieht das Gesetz kein Rechtsmittel vor; in diesen Fällen ist gem. § 80 Abs. 5 S. 1 VwGO ein entsprechender Antrag auf Wiederherstellung bzw. Anordnung der aufschiebenden Wirkung bei Gericht zu stellen (→ Nr. 9b).

b) Gerichtliche Aussetzung der sofortigen Vollziehbarkeit (§ 80 Abs. 5 VwGO). Die Zulässigkeitsvoraussetzungen eines Antrags auf gerichtliche Wiederherstellung bzw. Anordnung der aufschiebenden Wirkung orientieren sich grundsätzlich an denen für die Anfechtungsklage: allgemeine verwaltungsrechtliche Zulässigkeitsvoraussetzungen (→ Nr. 2), Statthaftigkeit (→ Nr. 2a), Form und Inhalt (→ Nr. 2b) und Antragsbefugnis (→ Nr. 2c).

aa) Besonderheiten der Zulässigkeit. Der Antrag ist beim Gericht der Hauptsache zu stellen (§ 80 Abs. 5 Nr. 1 VwGO). Keine Voraussetzung für einen Antrag nach § 80 Abs. 5 VwGO ist, dass zuvor ein solcher nach § 80 Abs. 4 VwGO bei der zuständigen Behörde gestellt worden wäre (Ausnahmefall bei Abgaben- und Kostenbescheiden, § 80 Abs. 6 VwGO); beide Anträge können auch parallel verfolgt werden. Der Antrag kann bereits *vor Klageerhebung* gestellt werden (§ 80 Abs. 5 S. 2 VwGO), letztlich sogar *vor Einlegung eines Widerspruchs* gegen den Verwaltungsakt; Widerspruchseinlegung (→ Nr. 2d) und Klageerhebung (→ Nr. 2e) müssen dann aber jedenfalls innerhalb der gesetzlichen Fristen erfolgen, da anderenfalls der Verwaltungsakt bestandskräftig (und somit der vorläufige Rechtsschutz obsolet) werden würde. Eine Antragsfrist ist nicht einzuhalten.

bb) Die Passivlegitimation ergibt sich analog § 78 Abs. 1 VwGO (→ Nr. 3a).

cc) Begründetheit des Antrags. Bei einem Antrag auf Anordnung der aufschiebenden Wirkung (wenn die sofortige Vollziehbarkeit von Gesetzes wegen eingetreten ist, § 80 Abs. 2 S. 1 Nr. 1 bis 3, S. 2 VwGO) trifft das Gericht eine eigene originäre Entscheidung. Bei einem Antrag auf Wiederherstellung der aufschiebenden Wirkung (wenn die sofortige Vollziehbarkeit von der Behörde angeordnet wurde, § 80 Abs. 2 S. 1 Nr. 4 VwGO) überprüft das Gericht zuerst die formelle und materielle Rechtmäßigkeit der Vollziehbarkeitsanordnung; ist diese letztlich ohne Fehler, so hat das Gericht wiederum eine eigene originäre Entscheidung über die aufschiebende Wirkung zu treffen. *Maßgeblicher Beurteilungszeitpunkt* ist der Zeitpunkt der gerichtlichen Entscheidung über den Antrag. Bei einer *fehlerhaften behördlichen Vollziehbarkeitsanordnung* (gleichgültig oder in formeller oder in materieller Hinsicht) hat das Gericht bereits aus diesem Grunde (ohne weitere Prüfung in der Sache) dem Antrag stattzugeben und die aufschiebende Wirkung wiederherzustellen. Letztlich ist vom Gericht im Rahmen einer summarischen Prüfung eine *konkrete Interessenabwägung* zwischen den Interessen des Antragstellers einerseits sowie denen der Allgemeinheit andererseits durchzuführen. Hauptindiz hierfür sind die Erfolgsaussichten in der Hauptsache: Je höher die Erfolgsaussichten einer Klage sind, desto geringere Anforderungen können an das Aussetzungsinteresse des Antragstellers gestellt werden (und umgekehrt).

dd) Die **Gerichtsentscheidung** erfolgt durch Beschluss (mit Begründung), der zugestellt werden muss, bei Eilbedürftigkeit kann vorab eine (auch formlose) Bekanntgabe des Tenors durch das Gericht erfolgen. Zur *Geltungsdauer* der gerichtlich angeordneten bzw. wiederhergestellten aufschiebenden Wirkung siehe § 80b VwGO. *Ganz oder teilweise* kann eine Anordnung bzw. Wiederherstellung der aufschiebenden Wirkung erfolgen (§ 80 Abs. 5 S. 1 VwGO). Ist der Verwaltungsakt im Zeitpunkt der Entscheidung schon vollzogen, so kann das Gericht die *Aufhebung der Vollziehung* anordnen (§ 80 Abs. 5 S. 3 VwGO). Die Wiederherstellung der aufschiebenden Wirkung kann von der Leistung einer Sicherheit oder von anderen *Auflagen* abhängig gemacht und auch *befristet* werden (§ 80 Abs. 5 S. 4 u. 5 VwGO). Aufgrund der *Bindungswirkung der Gerichtsentscheidung* ist es der (Ausgangs- oder Widerspruchs-)Behörde versagt, eine neue Vollziehbarkeitsanordnung selbst zu treffen. Nur das Gericht der Hauptsache kann Beschlüsse über Anträge nach § 80 Abs. 5 VwGO jederzeit (von Amts wegen) ändern oder aufheben (§ 80 Abs. 7 S. 1 VwGO). Jeder Beteiligte kann die Änderung oder Aufhebung wegen veränderter oder im ursprünglichen Verfahren ohne Verschulden nicht geltend gemachter Umstände beantragen (§ 80 Abs. 7 S. 2 VwGO), was dann zu einem neuen, selbstständigen Eilverfahren führt.

ee) Rechtsmittel. Gegen die Ablehnung des Antrags nach § 80 Abs. 5 S. 1 VwGO auf Anordnung bzw. Wiederherstellung der aufschiebenden Wirkung ist die *Beschwerde* statthaft (→ Nr. 6).

10. Einstweilige Anordnung. Ein Antrag auf Erlass einer einstweiligen Anordnung nach § 123 VwGO ist bei verwaltungsrechtlichen Streitigkeiten möglich, wenn in der Hauptsache keine Anfechtungsklage in Betracht kommt (in letzterem Fall wären ausschließlich die §§ 80, 80a VwGO einschlägig → Nr. 9). Die VwGO unterscheidet bei der einstweiligen Anordnung zwischen der Sicherungsanordnung und der Regelungsanordnung. Eine *Sicherungsanordnung* kommt dann in Betracht, wenn die Gefahr besteht, dass durch eine Veränderung des bestehenden Zustands die Verwirklichung eines Rechts des Antragstellers vereitelt oder wesentlich erschwert werden könnte, § 123 Abs. 1 S. 1 VwGO. Die *Regelungsanordnung* ist zur Regelung eines vorläufigen Zustands in Bezug auf ein streitiges Rechtsverhältnis zulässig, wenn diese Regelung, vor allem bei dauernden Rechtsverhältnissen, um wesentliche Nachteile abzuwenden oder drohende Gewalt zu verhindern oder aus anderen Gründen nötig erscheint, § 123 Abs. 1 S. 2 VwGO. *Anlehnung an das Zivilprozessrecht:* Für den Erlass einstweiliger Anordnungen gelten §§ 920, 921, 923, 926, 928 bis 932, 938, 939, 941 und 945 ZPO entsprechend (§ 123 Abs. 3 VwGO).

a) Die **Zulässigkeitsvoraussetzungen** für einen Antrag auf einstweilige Anordnung orientieren sich grundsätzlich an denen für die Verpflichtungsklage: allgemeine verwaltungsrechtliche Zulässigkeitsvoraussetzungen (→ Nr. 2), Statthaftigkeit (→ Nr. 2a), Form und Inhalt (→ Nr. 2b) und Antragsbefugnis (→ Nr. 2c). Zu beachten sind sodann *besondere Regelungen* wie folgt:

aa) Zuständigkeit. Für den Erlass einstweiliger Anordnungen ist das *Gericht der Hauptsache* zuständig (→ Nr. 2); dies ist das Gericht des ersten Rechtszugs und, wenn die Hauptsache im Berufungsverfahren anhängig ist, das Berufungsgericht (§ 123 Abs. 2 S. 1 u. 2 VwGO).

bb) Kein Fall von §§ 80 u. 80a VwGO darf vorliegen (§ 123 Abs. 5 VwGO), da anderenfalls die Regelungen des vorläufigen Rechtsschutzes gegen die sofortige Vollziehbarkeit eines Verwaltungsaktes zum Tragen kommen (→ Nr. 9).
cc) Eine **Antragsfrist** ist *nicht einzuhalten.*
dd) Hauptsacheverfahren keine Zulässigkeitsvoraussetzung. Eine einstweilige Anordnung kann schon vor Klageerhebung beantragt werden. Ist die Hauptsache aber nicht anhängig, so hat das Gericht auf Antrag ohne mündliche Verhandlung anzuordnen, dass die Partei, welche die einstweilige Anordnung erwirkt hat, binnen einer zu bestimmenden Frist Klage zu erheben hat (§ 123 Abs. 3 VwGO i.V. m. § 926 Abs. 1 ZPO).
b) Die **Passivlegitimation** ergibt sich analog § 78 Abs. 1 VwGO (→ Nr. 9b) bb)).
c) Begründetheit des Antrags. Der Antrag auf Erlass einer einstweiligen Anordnung hat Erfolg, wenn sich im Rahmen einer summarischen Prüfung der Voraussetzungen des Anordnungsanspruches die überwiegende Wahrscheinlichkeit für das Bestehen eines solchen ergibt und durch die einstweilige Anordnung keine Vorwegnahme der Hauptsache erfolgt:
aa) Summarisches Verfahren. Im Rahmen eines summarischen Verfahrens wird geprüft, ob Anordnungsanspruch und Anordnungsgrund glaubhaft gemacht sind (§ 123 Abs. 3 VwGO i.V. m. § 920 Abs. 2 ZPO). Der *Anordnungsanspruch* ergibt sich aus dem materiellen Anspruch (also dem Recht i. S. v. § 123 Abs. 1 S. 1 VwGO oder dem Rechtsverhältnis i. S. v. § 123 Abs. 1 S. 2 VwGO), für den vorläufiger Rechtsschutz begehrt wird. Der *Anordnungsgrund* hat die Dringlichkeit und Eilbedürftigkeit einer vorläufigen Regelung zum Inhalt; das Vorliegen der Voraussetzungen des § 123 Abs. 1 S. 1 bzw. S. 2 VwGO ist hier zu prüfen. Die *Glaubhaftmachung* kann mittels der üblichen Beweismittel erfolgen oder mittels einer eidesstattlichen Versicherung (§ 173 VwGO i.V. m. § 294 Abs. 1 ZPO). Im Gegensatz zum Zivilrecht gilt im Rahmen des § 123 VwGO aber der *Amtsermittlungsgrundsatz* des Verwaltungsverfahrens (§ 86 VwGO), so dass das Gericht nicht auf präsente Beweismittel beschränkt ist, sondern ergänzende eigene Ermittlungen führen kann. *Maßgeblicher Beurteilungszeitpunkt* ist der Zeitpunkt der gerichtlichen Entscheidung über den Antrag.
bb) Keine Vorwegnahme der Hauptsache. Die einstweilige Anordnung darf grundsätzlich nicht zu einer Vorwegnahme der Hauptsache führen. Eine Ausnahme hiervon gilt nur dann, wenn die anderenfalls (bei Abwarten des Ausgangs des Hauptsacheverfahrens) zu erwartenden Nachteile für den Antragsteller unzumutbar und irreparabel wären und darüber hinaus in der Hauptsache überwiegende Erfolgsaussichten bestehen.
cc) Die **Gerichtsentscheidung** erfolgt durch einen zu begründenden Beschluss, der zugestellt werden muss. Bei Eilbedürftigkeit kann vorab eine (auch formlose) Bekanntgabe des Tenors durch das Gericht erfolgen. Die *Geltungsdauer* der einstweiligen Anordnung beginnt mit der Bekanntgabe an die Betroffenen und endet jedenfalls mit Eintritt der Rechtskraft einer Entscheidung der Hauptsache. *Begrenzung auf Entscheidungsrahmen der Hauptsache:* Das Gericht bestimmt nach freiem Ermessen, welche Anordnungen zur Erreichung des Zweckes erforderlich sind (§ 123 Abs. 3 VwGO i.V. m. § 938 Abs. 1 ZPO), es kann daher hinter dem Antrag zurückbleiben oder aber auch eine ganz andere, geeignete Regelung treffen. Kann ein Anordnungsanspruch nur in der Form bestehen, dass das Gericht in einem Hauptsacheverfahren gem. § 113 Abs. 5 S. 2 VwGO lediglich die Verpflichtung aussprechen könnte, den Kläger unter Beachtung der Rechtsauffassung des Gericht zu bescheiden (z. B. bei einer Ermessensentscheidung der Behörde), so ist das Gericht hieran auch im Eilverfahren nach § 123 VwGO gebunden. Eine Ausnahme hiervon gilt nur dann, wenn eine Ermessensreduzierung auf null vorliegen würde, weil dann die Behörde zu einer entsprechenden Entscheidung verpflichtet wäre.
d) Rechtsmittel. Gegen die Ablehnung des Antrags nach § 123 Abs. 1 VwGO auf Erlass einer einstweiligen Anordnung ist die *Beschwerde* statthaft (→ Nr. 6). *Langer*

Besonderheiten des Versicherungsprozesses

Gerichtsstand im Versicherungsprozess:
Für die Deckungsklage stehen drei Gerichtsstände zur Verfügung:
Sitz des Versicherers als allgemeiner Gerichtsstand (L.2. AKB 2008)
Sitz der Niederlassung, die für das konkrete Vertragsverhältnis zuständig ist (L.2. AKB 2008)
Wohnsitz des Versicherungsnehmers zur Zeit der Klageerhebung (§ 215 VVG): Besteht kein Wohnsitz, ist auf den Ort des gewöhnlichen Aufenthalts abzustellen.
Mit dieser Neuregelung hat der Gesetzgeber dem Verbraucherschutz Rechnung getragen,

dass nun verschiedene örtliche Urteile über einen Versicherer betreffende Rechtsstreite sprechen und dies nicht mehr nur durch ein Gericht an dessen Sitz geschieht. *Kärger*

Besserstellungsverbot → Übergang von Ersatzansprüchen Nr. 1

Bestattungskosten → Ersatzansprüche Dritter Nr. 2, → Kinderunfall Nr. 11

Bestreiten mit Nichtwissen → Besonderheiten des Verkehrsunfallprozesses Nr. 5

Besuchskosten → Kinderunfall Nr. 6

Betäubungsmittel Substanzgruppe die narkotisch wirkt, häufig illegal. Im Gegensatz zu dieser Definition sind Betäubungsmittel i.S. des Gesetzes alle Substanzen, die in den Anlagen I bis III des BtMG enthalten sind, darunter auch stimulierende Substanzen. Die Listen werden in unregelmäßigen Abständen durch eine BtMÄndV aktualisiert.
Siehe auch: → *Fahreignung* *Sachs*

Betrachtung ex ante → Unabwendbares Ereignis Nr. 2

Betreuungsleistungen → Ersatzansprüche Dritter Nr. 7, 13, → Kinderunfall

Betrieb → Haftungsausschluss bei Arbeits-/Schulunfällen

Betrieb eines Kfz → Halterhaftung, → Zwangsstillegung

betriebliche Gefahrengemeinschaft → Betriebsweg

Betriebliches Zusammenwirken → Unfall auf gemeinsamer Betriebsstätte Nr. 1

Betriebsanleitung Aus der Lieferung einer fehlerhaften Betriebsanleitung können sich Schadensersatzansprüche nach §§ 241, 280 BGB gegen den Verkäufer und Produkthaftungsansprüche gem. §§ 823 ff. gegen den Hersteller unter dem Gesichtspunkt der Verletzung von Instruktionspflichten ergeben. Eine mangelhafte Betriebsanleitung löst zwar keine Sachmängelhaftungsansprüche aus, weil es sich nicht um eine Montageanleitung i. S. d. § 434 Abs. 2 Satz 2 BGB handelt. Im völligen Fehlen einer Betriebsanleitung dürfte aber ein Sachmangel liegen, und zwar auch bei hochwertigen Gebrauchtfahrzeugen (*Reinking/Eggert* Rn. 1141). *Andreae*

Betriebsbezogenheit des Unfalls → Haftungsausschluss bei Arbeits-/Schulunfällen Nr. 6, → Wegeunfall Nr. 3

Betriebserlaubnis 1. Allgemeines. Die Betriebserlaubnis (§§ 19 ff. StVZO) ist für zulassungspflichtige Fahrzeuge lediglich Voraussetzung dafür, dass diese überhaupt auf öffentlichen Straßen in Betrieb genommen werden können; mit ihr wird die Anerkennung der Vorschriftsmäßigkeit und damit der Betriebssicherheit eines Fahrzeugs bescheinigt. Die Betriebserlaubnis beinhaltet die Genehmigung der Inbetriebnahme des Fahrzeugs in Bezug auf eine bestimmte Fahrzeugart, die im Fahrzeugschein vermerkt wird (OLG Hamm 22.8. 2005, 1 Ss OWi 272/05, NJW 2006, 241). Mehr besagt die Betriebserlaubnis jedoch nicht. Eine *Unterscheidung* erfolgt zwischen der Allgemeinen Betriebserlaubnis für Serienfahrzeuge (§ 20 StVZO), der Betriebserlaubnis für Einzelfahrzeuge (§ 21 ff. StVZO), der Betriebserlaubnis für Fahrzeugteile (§ 22 StVZO) sowie der Bauartgenehmigung für Fahrzeugteile (§ 22a StVZO).

2. Erteilung und Wirksamkeit der Betriebserlaubnis. Die Betriebserlaubnis ist zu erteilen, wenn das Fahrzeug den Vorschriften der StVZO, den zu ihrer Ausführung erlassenen Anweisungen des Bundesministeriums für Verkehr, Bau und Stadtentwicklung und den Vorschriften der Verordnung (EWG) Nr. 3821/85 des Rates vom 20.12.1985 über das Kontrollgerät im Straßenverkehr (ABl. EG Nr. L 370 S. 8) entspricht (§ 19 Abs. 1 S. 1 StVZO). Weitere Möglichkeiten, die Betriebserlaubnis zu erteilen, regelt § 19 Abs. 1 S. 2 bis 5 StVZO. Die Betriebserlaubnis des Fahrzeugs bleibt, wenn sie nicht ausdrücklich entzogen wird, bis zu seiner endgültigen Außerbetriebsetzung wirksam (§ 19 Abs. 2 S. 1 StVZO). *Veränderungen auf Grund natürlichen Verschleißes* (Korrosion oder starker Gebrauch) berühren die Betriebserlaubnis nicht, da hier keine willentliche Umgestaltung des Fahrzeugbeschaffenheit vorliegt (OLG Karlsruhe 8.2.2006, 1 Ss 30/05, NZV 2006, 329).

3. Erlöschen der Betriebserlaubnis. Die Betriebserlaubnis erlischt gem. § 19 Abs. 2 S. 2 StVZO, *wenn Änderungen vorgenommen werden*, durch welche die in der Betriebserlaubnis genehmigte Fahrzeugart geändert wird, eine Gefährdung von Verkehrsteilnehmern zu erwarten ist oder das Abgas- oder Geräuschverhalten verschlechtert wird. Das Erlöschen der Betriebserlaubnis lässt jedoch die Zulassung des Fahrzeugs als solche unberührt.

a) Ausnahmen. Abweichend von § 19 Abs. 2 S. 2 StVZO *erlischt die Betriebserlaubnis* des Fahrzeugs *jedoch nicht* bei bestimmten Änderungen durch Ein- oder Anbau von Teilen (§ 19 Abs. 3 StVZO), insbesondere wenn für diese Teile eine Betriebserlaubnis (§ 22 StVZO) oder eine Bauartgenehmigung (§ 22a StVZO) besteht oder wenn der nachträgliche Ein- oder Anbau im Rahmen einer Betriebserlaubnis oder eines Nachtrags dazu für das Fahrzeug nach § 20 oder § 21 StVZO genehmigt worden ist. Gleiches gilt für Teile mit einer EWG-Betriebserlaubnis, einer EWG-Bauartgenehmigung oder einer EG-Typgenehmigung nach Europäischem Gemeinschaftsrecht. Die Betriebserlaubnis erlischt auch nicht, wenn für die ein- oder angebauten Teile ein Teilegutachten vorliegt. Die *Mitführung der entsprechenden Papiere* im Fahrzeug ist in diesen Ausnahmefällen erforderlich (§ 19 Abs. 4 StVZO).

b) Prüfungs- und Probefahrten. Ist die Betriebserlaubnis nach § 19 Abs. 2 S. 2 StVZO erloschen, dürfen gem. § 19 Abs. 5 StVZO nur solche Fahrten durchgeführt werden, die in unmittelbarem Zusammenhang mit der Erlangung einer neuen Betriebserlaubnis stehen; am Fahrzeug sind die bisherigen Kennzeichen oder rote Kennzeichen oder Kurzzeitkennzeichen zu führen.

4. Maßnahmen der Verwaltungsbehörde. Besteht Anlass zur Annahme, dass die Betriebserlaubnis erloschen ist, kann die Verwaltungsbehörde gem. § 19 Abs. 2 S. 5 StVZO zur Vorbereitung einer Entscheidung die *Beibringung eines Gutachtens* eines amtlich anerkannten Sachverständigen, Prüfers für den Kraftfahrzeugverkehr oder eines Prüfingenieurs darüber, ob das Fahrzeug den Vorschriften dieser Verordnung entspricht, oder die Vorführung des Fahrzeugs anordnen und wenn nötig mehrere solcher Anordnungen treffen; auch darf eine Prüfplakette nach Anlage IX zur StVZO nicht zugeteilt werden. Eine *Beschränkung oder Untersagung des Betriebs* eines Fahrzeugs kann durch die Zulassungsbehörde gem. § 5 FZV angeordnet werden, wenn sich ein Fahrzeug als nicht vorschriftsmäßig nach der FZV oder der StVZO erweist (→ *Fahrzeugzulassungsverordnung Nr. 4*).

5. Ordnungswidrigkeiten. Das Führen eines *zulassungspflichtigen und zugelassenen Fahrzeugs ohne Betriebserlaubnis* ist nicht automatisch ordnungswidrig, da kein gesonderter Bußgeldtatbestand für nach § 19 Abs. 5 StVZO verbotene Fahrten existiert. Wenn aber die Betriebserlaubnis erloschen ist, weil eine Gefährdung von Verkehrsteilnehmern zu erwarten ist (§ 19 Abs. 2 S. 2 Nr. 2 StVZO), dann ist auch eine Verletzung von § 30 Abs. 1 Nr. 1 StVZO gegeben, die aufgrund von § 69a Abs. 3 Nr. 1 StVZO i.V. m. § 24 StVG bußgeldbewehrt ist. Das Führen eines *zulassungsfreien Fahrzeugs ohne Betriebserlaubnis* ist dagegen grundsätzlich ordnungswidrig (§ 48 Nr. 1 Buchst. a FZV i.V. m. § 24 StVG), soweit keine erlaubte Fahrt nach § 19 Abs. 5 StVZO vorliegt. Das *Nichtmitführen bzw. -aushändigen von Papieren* gem. § 19 Abs. 4 S. 1 StVZO stellt gleichfalls eine Ordnungswidrigkeit dar (§ 69a Abs. 2 Nr. 9 Buchst. g StVZO i.V. m. § 24 StVG).

Siehe auch: → *Straßenverkehrs-Zulassungsordnung,* → *Zulassung von Kfz,* → *Zulassungsbescheinigung Teil I und II Nr. 3*   Langer/Kärger

Betriebsgefahr 1. Allgemeines. Die *Betriebsgefahr* eines Kfz besteht in der *Gesamtheit der Umstände,* welche aufgrund der Eigenart des Kfz beim Betriebsvorgang oder dem Einsatz der Betriebseinrichtungen des Kfz *Verkehrsgefahren* begründen (BGH 17.4.1956, DAR 1956, 328; BGH 19.4.1988, NJW 1988, 2802; BGH 27.11. 2007, DAR 2008, 336), mithin die dem Betrieb eines Kfz typischerweise innewohnende Gefährlichkeit (s. a. → *Gefährdungshaftung).* Maßgeblich für die Betriebsgefahr sind die *Fahrzeuggröße,* das *Gewicht,* die *Fahrzeugart,* die *Fahrzeugbeschaffenheit,* die *Beleuchtung,* die *Fahrtgeschwindigkeit* (BGH 17.3.1992, NJW 1992, 229), die *Art der Verwendung* sowie die *Verkehrsbeeinflussung* (BGH 27.11.2007, DAR 2008, 336), soweit sich diese Umstände *im konkreten Einzelfall* tatsächlich durch einen Betriebsvorgang oder eine Betriebseinrichtung des Kfz auf die Schadensentstehung ausgewirkt haben (BGH v. 21.1.2014, NJW 2014, 1182; BGH 27.6.2000, NJW 2000, 3069; BGH 26.4.2005, NJW 2005, 281; BGH 21.9.2010, DAR 2011, 20) und soweit ein *Zurechnungszusammenhang* besteht (BGH v. 21.1.2014, NJW 2014, 1182; BGH 2.7. 1991, NJW 1991, 2568; s. a. → *Halterhaftung, Nr. 3).* Auch von einem *verbotswidrig parkenden Kfz* geht eine Betriebsgefahr aus (OLG Karlsruhe 13.1.1984, VersR 1986, 155), nicht aber von einem in einer Garage abgestellten, brennenden Kfz (vgl. OLG Hamm 18.2.2013, 6 U 35/12). *Beispiele:* Die Betriebsgefahr eines am Straßenrand haltenden Motorrades ist geringer als die eines fahrenden Pkw (OLG Frankfurt 25.2. 1986, VRS 72, 416), bleibt aber bestehen, auch wenn das Krad nur am Fahrbahnrand geschoben wird, da das Krad dann noch ein Verkehrshindernis darstellen kann (BGH 25.4.1960, VRS 19, 83). Gleiches gilt für ein parkendes Kfz (BGH 7.1.1960, VersR 1960, 520; KG 22.11.1990, VM 1991, 52). Die Betriebsgefahr einer fahrenden Schienenbahn überwiegt die eines fahrenden Kfz aufgrund der schienengebundenen und größeren Masse und des längeren Bremsweges (BGH 24.1. 1966, VersR 1966, 521; vgl. BGH 10.3.1964, VersR 1964, 633). Gleiches gilt für einen fahrenden Lastzug gegenüber einem gleich schnell fahrenden Pkw (OLG Köln 13.10.1994, NZV 1995, 74; AG Weiden 16.11.2007, zfs 2008, 81). Die Betriebsgefahr eines Quads ist wegen dessen instabilen Fahrverhaltens höher als die eines Pkw (OLG München 17.9.2013, 10 U 2166/13).

2. Eine erhöhte Betriebsgefahr ist anzunehmen, wenn der konkrete Betrieb des Kfz z. B. durch eine *fehlerhafte Fahrweise* eine größere Unfallgefahr mit sich gebracht hat, welche sich auf die Schadensentstehung ausgewirkt hat, soweit ein Zurechungszusammenhang besteht (BGH 26.4.2005, NZV 2005, 407; BGH 27.6.2000, NJW 2000, 3069). *Beispiele: Hohe Geschwindigkeit* oder eine *Überschreitung der Autobahnrichtgeschwindigkeit* (OLG Nürnberg 9.9. 2010, DAR 2010, 707; OLG Koblenz 8.1. 2007, DAR 2007, 463; OLG Düsseldorf 23.1. 1989, DAR 1990, 462; OLG Hamm 3.3.2012, 6 U 174/10; s. a. OLG München 2.2.2007, DAR 2007, 465), eine *schwierige Örtlichkeit* (BGH 11.1. 2005, NZV 2005, 249), *schwierige Fahrbahn- oder Verkehrsverhältnisse* (BGH 20.1. 1954, BGHZ 12, 124) oder *Mängel am Kfz.* Auch ein *Verschulden des Fahrers* kann zu einer Erhöhung der des vom ihm gelenkten Kfz ausgehenden Betriebsgefahr führen (BGH 18.11. 2003, NJW 2004, 772; OLG Düsseldorf 20.12. 2004, DAR 2005, 217), welche sich der Halter des Kfz dann auch zurechnen lassen muss (BGH 20.1. 1954, BGHZ 12, 124), z. B. das Übersehen des Richtungsanzeigers eines Linksabbiegers durch den Fahrer, der das links abbiegende Kfz links überholt (BGH 10.1.1961, VersR 1961, 233). Ein *Versagen der Einrichtungen* eines Kfz kann unabhängig von einem Verschulden zu einer Erhöhung der Betriebsgefahr führen (BGH 2.10.1952, VRS 5, 35), z. B. das Fehlen der vorgeschriebenen Beleuchtung (BGH 20.5. 1958, VersR 1958, 607; KG 13.12. 1982, DAR 1983, 82; s. a. → *Fahrzeugbeleuchtung*).

Praxistipp: Ein *Fahrer*, der *nicht zugleich Halter* des von ihm gelenkten Kfz ist, muss sich die vom Kfz ausgehende Betriebsgefahr nur dann zurechnen lassen, wenn er seinerseits für ein Verschulden gem. § 823 BGB oder § 18 StVG einstehen muss (BGH 17.11.2009, NJW 2010, 930; BGH 17.11.2009, NJW 2010, 927; Nugel, NJW 2013, 193). Dagegen muss sich der *Halter* eines Kfz ein die von seinem Kfz ausgehende, ihm zuzurechnende und durch ein Verhalten des *personenverschiedenen Fahrers* seines Kfz erhöhte Betriebsgefahr auf seine Ersatzansprüche anspruchsmindernd anrechnen lassen (BGH 11.6.2013, DAR 2013, 573).

3. Zurücktreten der Betriebsgefahr. Die von einem Kfz ausgehende Betriebsgefahr kann sich gem. §§ 17 Abs. 3, 9 StVG, 254 BGB in einer *Haftungsabwägung* mit einem Verschulden des Unfallgegners auswirken (BGH 20.12. 1962, VersR 1963, 359; BGH 13.4.1956, VersR 1956, 370; vgl. BGH 18.11.2003, NJW 2004, 772). Gegenüber einem *ganz überwiegenden Verschulden* des Unfallgegners kann die vom Kfz des Unfallgeschädigten ausgehende Betriebsgefahr sogar vollständig *zurücktreten* bzw. vollständig von einem *groben Verschulden* des Unfallgegners *konsumiert* werden (BGH 23.1. 1996, NZV 1996, 272; BGH 20.2.1990, NZV 1990, 229; OLG Koblenz 10.4.1995, VersR 1996, 1427; KG 13.12.1982, DAR 1983, 82; OLG Saarbrücken 28.2.2013, 4 U 287/11: Verschulden eines Fahrradfahrers; OLG Köln 19.3.2012, 16 U 169/11: Verschulden eines Fußgängers; OLG Naumburg 25.4.2013, NJW-RR 2013, 1187: Verschulden eines elfjährigen Fußgängers), auch nach dem Wegfall des Unabwendbarkeitsnachweises des § 7 Abs. 2 StVG a.F. (OLG Celle 3.3.2004, MDR 2004, 994; s. a. → *Schadenrechtsänderungsgesetz*). *Beispiele:* Missachtung der gesteigerten Sorgfaltspflicht durch anzeigeloses und plötzliches *Wechseln des Fahrstreifens* des Vorausfahrenden (OLG Hamm 16.11. 2004, DAR 2005, 285; OLG Braunschweig 9.4.2001, VersR 2003, 1567) oder ein waghalsiges und rücksichtsloses *Überholen* einer Kolonne (OLG Köln 24.10. 1985, VRS 72, 13). Ereignet sich eine Kollision zweier Kfz in der Fahrspur des einen Kfz (*Kollision im Gegenverkehr*), dann kann die diesem Kfz innewohnende Betriebsgefahr von dem Verschulden des Fahrers des anderen Kfz vollständig konsumiert werden (BGH 10.5. 1966, VersR 1966, 776; OLG Düsseldorf 20.3.1980, VersR 1983, 348; OLG Karlsruhe

B Betriebsinhaber

23.1.1981, VersR 1981, 886). Dagegen sind bei einer nicht näher aufklärbaren Kollision zweier Kfz gleichen oder ähnlichen Typs die Anteilsquoten angesichts gleich wiegender Betriebsgefahr identisch (BGH 13.5.1969, VersR 1969, 800; OLG München 10.11.1959, VersR 1960, 862; *Nugel*, NJW 2013, 193.
Siehe auch: → *Haftungsverteilung bei Verkehrsunfällen*, → *Mithaftung und Mitverschulden*, → *Richtgeschwindigkeit* Geiger

Betriebsinhaber → Fuhrparküberwachung

Betriebsschaden → Vollkaskoversicherung Nr. 3

Betriebsstätte → Unfall auf gemeinsamer Betriebsstätte

Betriebsweg 1. Allgemeines. Ereignet sich ein nicht vorsätzlich verursachter Unfall mit Personenschaden auf einem *Betriebsweg* (sog. *Betriebswegeunfall*), dann sind Schadenersatzansprüche wegen des Personenschadens aufgrund des *Haftungsausschlusses* gem. §§ 104, 105 SGB VII (vormals §§ 636, 637 RVO) gegen den Arbeitgeber als Halter und gegen den Fahrer als Angestelltem des Arbeitgebers und Arbeitskollegen des Verletzten ausgeschlossen (s. a. → *Haftungsausschluss bei Arbeits-/Schulunfällen*). Ersatzansprüche wegen des Personenschadens aus einem *Betriebsunfall* werden aufgrund des unmittelbaren Zusammenhangs mit der betrieblichen, mithin versicherten Tätigkeit alleine von der gesetzlichen Unfallversicherung reguliert (s. a. → *Unfallversicherung*).
2. Ein Betriebsweg i.S.v. § 8 Abs. 1 SGB VII liegt in Abgrenzung (für welche auf die von der Rechtsprechung zu §§ 636, 637 RVO entwickelten Kriterien zurückgegriffen werden kann) zum versicherten Weg i.S.v. § 8 Abs. 2 Nr. 1 – 4 SGB VII (s. a. → *Wegeunfall*) vor, wenn die Fahrt als *Teil des innerbetrieblichen Organisations- und Funktionsbereichs* anzusehen ist (z. B. Boten- und Lieferfahrten), mithin maßgeblich durch die betriebliche Organisation geprägt ist, indem sie durch die Organisation (z. B. Werksverkehr, Einsatz eines betriebseigenen Kfz, Fahrt auf dem Werksgelände) als *innerbetrieblicher Vorgang* gekennzeichnet (OLG München 21.3.2012, 10 U 3927/11) oder durch *Anordnung des Arbeitgebers* oder Dienstherrn zu einer entsprechenden Aufgabe erklärt worden ist (BGH 25.10.2005, DAR 2006, 201; BGH 9.3.2004, DAR 2004, 342). Nur das *unmittelbare Zurücklegen des Weges* zählt zum Betriebsweg. Unerheblich ist indes, ob *bei Gelegenheit* der Betriebsfahrt *private Dinge* mit erledigt werden, und dafür vom unmittelbaren Weg abgewichen wird, sofern dies im *Gesamtbild der Fahrt* nur eine untergeordnete Rolle spielt. Nicht primär maßgeblich ist, ob der *Unfallort* auf dem Betriebsgelände des Arbeitgebers liegt (BGH 25.10.2005, DAR 2006, 201; BAG 14.12.2000, VersR 2001, 720), sondern insbesondere das Verhältnis des Geschädigten zu dem Schädiger, ob sich also im Unfall das *betriebliche Verhältnis* und die *betriebliche Verbindung* zwischen Schädiger und Geschädigtem manifestiert oder dieses Verhältnis zum Unfall keinen oder nur einen losen Zusammenhang hat (BGH 19.1.1988, VersR 1988, 391). Ein Betriebsweg liegt nicht schon dann vor, wenn mit der Fahrt die Förderung eines betrieblichen Interesses verbunden war (BGH 9.3.2004, DAR 2004, 342; BGH 2.12.2003, DAR 2004, 344). Nimmt ein Arbeitnehmer z. B. an einer Fahrt mit einem Arbeitskollegen desselben Betriebes zu einem auswärtigen Einsatzort mit einem Kfz des Arbeitgebers teil, und kommt es dabei zum Unfall, dann verwirklicht sich das aufgrund der bestehenden *betrieblichen Gefahrengemeinschaft* das betriebsbezogene Haftungsrisiko, was einen Haftungsausschluss gem. §§ 104, 105 SGB VII und die damit einhergehende Benachteiligung des Geschädigten durch eine Beschränkung seiner Ansprüche rechtfertigt (BGH 2.12.2003, DAR 2004, 344; BGH 9.3.2004, DAR 2004, 342).
3. Prozessual ist die Beurteilung, ob es sich um einen Betriebsweg oder um einen Weg i.S.v. § 8 Abs. 2 Nr. 1 – 4 SGB VII handelt, ist in erster Linie dem Tatrichter vorbehalten und revisionsrechtlich nur *eingeschränkt überprüfbar* (BGH 13.3.1973, VersR 1973, 467). Das Revisionsgericht hat lediglich zu überprüfen, ob die *rechtliche Würdigung* durch das Berufungsgericht auf einer rechtsfehlerhaften *Abgrenzung der Begriffe zueinander* beruht (BGH 2.12.2003, DAR 2004, 344).
Siehe auch: → *Wegeunfall* Geiger

Betrug → Manipulierter Unfall

Beweis des ersten Anscheins 1. Allgemeines. Grundsätzlich trägt der durch einen Unfall Geschädigte die Darlegungs- und Beweislast für alle anspruchsbegründenden Umstände. Da jedoch im Straßenverkehr Schäden oftmals auf *typische, regelmäßig wiederkehrende Verkehrskonstellationen* zurückgehen, kann in solchen Fällen ausnahmsweise eine schuldhafte Schadensverursachen oder die Kausalität einer Ursache für einen Erfolg oder umgekehrt in der Beweiswürdigung gem. § 286 ZPO nach den Grundsätzen des *Anscheinsbeweises* (*Prima-facie-Beweis*) als bewiesen angesehen werden (BGH 12.2.1963, NJW 1963, 953; BGH 3.7.1990, NJW 1991, 230; BGH 14.12.1993, NJW 1994, 945; *Metz* NJW 2008, 2806; *Nugel*, NJW 2013, 193). Der Anscheinsbeweis ist kein Beweismittel, sondern der konsequente Einsatz von Sätzen der allgemeinen Lebenserfahrung im Rahmen der freien Beweiswürdigung (BGH 17.6.1997, NJW 1998, 79).

2. Voraussetzungen. Kann ein *allgemeiner Erfahrungssatz* ermittelt werden, nach dem sich aus allen *feststehenden Umständen,* wobei es dem Geschädigten obliegt, die dem typischen Geschehensablauf zugrunde liegenden Tatsachen darzulegen und zu beweisen (BGH 13.2.1996, NZV 1996, 231), der *Schluß auf eine bestimmte Ursache* oder *Wirkung* oder ein bestimmtes haftpflichtiges *Verhalten* aufdrängt (BGH 18.3.1987, NJW 1987, 1944; BGH 4.12.2000, NJW 2001, 1140), dann vermittelt diese *Typizität* die richterliche Überzeugung auch im zu entscheidenden Einzelfall (BGH 3.7.1990, NJW 1991, 230; BGH 5.11.1996, VersR 1997, 205; BGH 19.3.1996, NJW 1996, 1828; *Lepa* NZV 1992, 129). Wird z. B. gegen eine *Schutzvorschrift* aus der StVO („eine Gefährdung anderer Verkehrsteilnehmer muss ausgeschlossen sein") oder eine *Verkehrssicherungspflicht* verstoßen, die auf bestimmten Erfahrungen über die Gefährlichkeit einer bestimmten Handlungsweise beruht, so kann bei einem Schadenseintritt prima facie darauf geschlossen werden, dass sich die von der Schutzvorschrift bekämpfte Gefahr verwirklicht hat (BGH 14.12.1993, NJW 1994, 945; BGH 1.4.1980, VersR 1980, 824; BGH 25.1.1983, VersR 1983, 440), sofern sich der Schaden in einem *zeitlichen und sachlichen Zusammenhang* mit dem vorschriftswidrigen Verhalten ereignet hat (BGH 2.6.2005, NJW 2005, 2454; BGH 3.7.1990, NJW 1991, 230). *Beispiele*: Unfälle im Zusammenhang mit einem *Wendemanöver* (BGH 4.6.1985, NJW-RR 1986, 384), mit einer *Vorfahrtverletzung* (BGH 18.11.1975, NJW 1976, 1317; OLG Celle 15.3.1973, VersR 1973, 1147; OLG München 6.9.2013, 10 U 2336/13), mit einem *Spurwechsel*, mit einem *Auffahren* (OLG München 9.8.2012, 10 U 572/12), mit einem *Rückwärtsfahren* (OLG Hamm 11.9.2012, r+s 2013, 42), mit einem *Ausfahren aus einem Grundstück*, mit einem *Anfahren* vom Fahrbahnrand (OLG Brandenburg 6.3.2002, DAR 2002, 307; OLG Düsseldorf 10.6.1976, VersR 1977, 60), mit der Kollision eines *Linksabbiegers* mit Gegenverkehr (BGH 13.2.2007, NZV 2007, 294) mit einem *Geraten auf die Gegenfahrbahn* ohne erkennbaren Grund (BGH 19.11.1985, VersR 1986, 343) oder mit einem *Schleudern auf nasser* oder *vereister Fahrbahn* (BGH 3.11.1970, VersR 1971, 439).

3. Nichteingreifen des Anscheinsbeweises. Die Grundsätze des Anscheinsbeweises greifen nicht, wenn ein *atypischer Geschehensablauf* vorliegt (BGH 12.2.1963, NJW 1963, 953), wenn *zwei typische Geschehensabläufe möglich* erscheinen, der Schädiger aber nur bei Vorliegen des einen haften würde (OLG Hamm 20.11.1998, VersR 2000, 55), wenn lediglich ein *abstrakter Unfalltyp* vorliegt (z. B. Auffahrunfall, Vorfahrtsunfall), nicht aber der konkrete Geschehensablauf feststeht (*Hentschel/König/Dauer* Einl. Rn. 157 a), oder wenn neben dem Vorliegen eines *typischen Kerngeschehens* besondere Umstände bekannt sind, welche gegen die Typizität des Geschehensablaufs sprechen (BGH 19.3.1996, NJW 1996, 1828). Bleibt der *Geschehensablauf umstritten*, greift ein Anscheinsbeweis nicht ein (BGH 13.2.1996, NJW 1996, 1405). Der Anscheinsbeweis kann *entkräftet* werden, wenn der Gegner des Beweisbelasteten Umstände nachweist, aus denen sich die *ernsthafte Möglichkeit eines abweichenden Geschehensablaufs* ergibt (BGH 17.1.1995, VersR 1995, 723; BGH 3.7.1990, NJW 1991, 230). *Widerlegt* wird der Anscheinsbeweis durch den *Gegenbeweis*. Wer die Gegenpartei schuldhaft in der Möglichkeit beschneidet, den Anscheinsbeweis zu erschüttern oder zu widerlegen, kann sich auf die Grundsätze des Anscheinsbeweises nicht berufen (BGH 17.6.1997, NJW 1998, 79). Greift letztlich ein Anscheinsbeweis zugunsten des Geschädigten nicht ein, dann bleibt es bei dem Grundsatz, dass der Beweispflichtige die Anspruchsvoraussetzungen voll zu beweisen hat (BGH 12.2.1963, NJW 1963, 953; BGH 15.11.1968, NJW 1969, 277). *Beispiele*: Bei Fahren eines Kfz im Zustand der absoluten Fahruntüchtigkeit und der Verwicklung in einen Unfall besteht der Beweis des ersten Anscheins, dass der *Alkoholgenuß* Ursache für den Unfall ist, wenn sich der Unfall in einer Situation ereignet hat, die ein nüchterner Fahrer hätte meistern können (sog. alkoholbedingter Verursachungsbeitrag) – wenn nicht ein unfallsächliches Fehlverhalten des Unfallgegners bewiesen ist (BGH 10.1.1995, DAR 1995, 196). Bei einem *Auffahrunfall* im fließenden Verkehr spricht der erste Anschein dafür, dass der Hintermann entweder den erforderlichen Abstand nicht eingehalten hat oder unaufmerksam war oder zu langsam reagiert hat und damit den Unfall verursacht hat (BGH 13.7.1962, VersR 1962, 1101) – wenn nicht der Vordermann soeben einen Spurwechsel vorgenommen und dadurch den Anhalteweg des Hintermannes verkürzt hat (BGH 13.12. 2011, NJW 2012, 608; BGH 30.11.2010, DAR 2011, 134; OLG Köln 20.5.2003, DAR 2004, 32; OLG München v. 25.10.2013, NJW-Spezial 2014, 11), oder der Hintermann ein Zurückrollen des Vordermannes für möglich erscheinen lässt (OLG Köln 19.3.1986, NJW-RR 1986, 773).

Siehe auch: → *Irreführendes Falschblinken* Geiger

Beweisantrag → Besonderheiten des Verkehrsunfallprozesses Nr. 9, 12, 14, 17, → Bußgeldverfahren Nr. 5 f), → Fahrerermittlung Nr. 3 a)

Beweisantritt → Besonderheiten des Verkehrsunfallprozesses Nr. 6, 17

Beweisanzeichen → Besonderheiten des Verkehrsunfallprozesses Nr. 8

Beweisaufnahme → Besonderheiten des Verkehrsunfallprozesses Nr. 4, 12, 15, 19, 23 – 25, → Bußgeldverfahren Nr. 5 f)

Beweisbeschluss → Besonderheiten des Verkehrsunfallprozesses Nr. 12

Beweiserhebungsverbot 1. Allgemeines. Das Straßenverkehrsrecht enthält eine Vielzahl an materiellen Verhaltensnormen, die unter dem Sanktionsvorbehalt des Straf- und Ordnungswidrigkeitenrechts stehen. Dementsprechend sind auch die zuvörderst im Zusammenhang mit dem strafprozessualen Verfahren zur Geltung gelangenden rechtsstaatlichen Grundsätze in diesem Bereich anzuwenden. Den Beweisverboten kommt dabei eine erhebliche Bedeutung zu, denn sie bestimmen, welchen Grenzen die Erhebung und Verwertung von Beweisen unterliegen. Dies wiederum hat Auswirkungen auf die Möglichkeit der Überwachung der Einhaltung straßenverkehrsrechtlicher Gebote bzw. der Verfolgung von Verstößen gegen das sanktionsbewehrte Straßenverkehrsrecht. Daraus wird auch das Spannungsverhältnis ersichtlich, das die Behandlung und Bewertung von Beweisverboten bestimmt. Einerseits hat die staatliche Gewalt die Rechtsordnung durchzusetzen und zu verteidigen. Der Exekutive müssen daher möglichst weitgehende Befugnisse zur Erforschung der materiellen Wahrheit übertragen werden, damit die Funktionsfähigkeit der Strafrechtspflege nicht beeinträchtigt wird. Andererseits ist die Wahrheit nicht um jeden Preis zu ermitteln. Nicht zuletzt um einen Beschuldigten nicht zum bloßen Objekt herabzuwürdigen, müssen vielmehr die Rechte bzw. die schutzwürdigen Interessen des Einzelnen beachtet werden. Das setzt vor allem die Achtung seiner Grundrechte sowie die Wahrung grundlegender rechtsstaatlicher Grundsätze voraus. Diesem Zweck dienen gerade die Beweisverbote. Die im Folgenden näher zu untersuchenden Beweiserhebungsverbote haben die Beschränkungen zum Gegenstand, die Gewinnung von Beweisen, also insbesondere die zulässigen Beweisthemen, die Beweismittel sowie die Beweismethoden betreffen.

2. Beweisthemaverbot. Bei einem Beweisthemaverbot sind bestimmte Tatsachen als Gegenstand der Beweisführung ausgeschlossen. Derartige Verbote stellen etwa das richterliche Beratungsgeheimnis aus §§ 43, 45 Abs. 1 S. 2 DRiG oder die grundsätzliche Nichtverwendbarkeit von getilgten oder zu tilgenden Eintragungen in das Bundeszentralregister gemäß § 51 Abs. 1 BZRG dar (*Ranft* StrafProzR § 60 Rn. 1585). Zwar wird diese Vorschrift auch nach ihrer Überschrift als Verwertungsverbot gekennzeichnet. Doch ist den staatlichen Verfolgungsorganen nach Sinn und Zweck des § 51 Abs. 1 BZRG bereits die Verwendung der Eintragung zum Zwecke der Beweisführung untersagt (vgl. BVerfG 27.11.1973, 2 BvL 12/ 72 und 3/73, NJW 1974, 179 [180 ff.]).
Die Regelung findet gemäß § 29 Abs. 7 S. 4 und 5 StVG auch auf Eintragungen im Fahreignungsregister wegen strafgerichtlicher Entscheidungen Anwendung, die für die Ahndung von Straftaten herangezogen werden. Für die Eintragungen im Fahreignungsregister über sonstige gerichtliche Entscheidungen trifft § 29 Abs. 7 S. 1 StVG eine eigenständige Regelung, die aber der des § 51 Abs. 1 BZRG weitgehend entspricht. Die aus dem Fahreignungsregister getilgten und tilgungsreifen Eintragungen dürfen danach dem Einzelnen nicht mehr für die Zwecke des § 28 Abs. 2 StVG vorgehalten und nicht zu seinem Nachteil verwertet werden. Wurden Ordnungswidrigkeiten und Verwaltungsentscheidungen aus dem Fahreignungsregister getilgt, sind diese auch ohne ausdrückliche gesetzliche Anordnung von der Beweiserhebung ausgeschlossen (argumentum a maiore

ad minus). Dagegen können nicht eintragungspflichtige Tatsachen mangels einer anderslautenden gesetzlichen Bestimmung zur Beweisführung herangezogen werden (dazu und zum Folgenden OLG Düsseldorf 5.11.1985, 2 Ss [OWi] 275/85 – 101/85 III, VRS 73, 392 [393 f.]). Ein Erhebungs- und Verwertungsverbot kommt bei diesen Eintragungen allenfalls dann in Betracht, wenn bei unterstellter Eintragungspflichtigkeit Tilgungsreife vorliegen würde. Eine Sonderregelung wird in § 29 Abs. 7 S. 2 StVG getroffen, wonach einer zehnjährigen Tilgungsfrist unterliegende Eintragungen i.S.v. § 29 Abs. 1 S. 2 Nr. 3 StVG bereits nach Ablauf einer fünfjährigen Tilgungsfrist nicht mehr übermittelt werden dürfen, es sei denn, die Tatsachen werden für ein Verfahren zur Erteilung oder Entziehung der Fahrerlaubnis oder für Maßnahmen nach dem Fahreignungs-Bewertungssystem benötigt. Während der einjährigen Überliegefrist darf Auskunft über die tilgungsreife Eintragung nur unter den Voraussetzungen des § 29 Abs. 6 S. 3 StVG erteilt werden.

Ist eine Verkehrsstraftat im Bundeszentralregister bereits getilgt, im Fahreignungsregister jedoch noch eingetragen, so trifft § 52 Abs. 2 S. 1 BZRG eine Konfliktregelung. Danach kann die Tat allein in einem Verfahren zur Erteilung oder Entziehung einer Fahrerlaubnis oder für Maßnahmen nach dem Fahreignungs-Bewertungssystem zum Gegenstand der Beweisführung gemacht werden, solange die Verurteilung nach den Vorschriften des §§ 28–30b StVG verwertet werden darf. Ansonsten bleibt das Erhebungs- und Verwertungsverbot des § 51 Abs. 1 BZRG unberührt, so dass die betreffende Eintragung nicht mehr verwertet werden kann. Ist dagegen eine Eintragung im Fahreignungsregister bereits getilgt, aber noch im Bundeszentralregister eingetragen, muss differenziert werden. Für die Sanktionierung von Ordnungswidrigkeiten gilt das Erhebungs- und Verwertungsverbot des Fahreignungsregisters, während bei der Verfolgung von Straftaten auf die entsprechenden Bestimmungen des Bundeszentralregisters zurückzugreifen ist (Hentschel/*Dauer* Straßenverkehrsrecht § 29 StVG Rn. 12). Die gegenteilige Auffassung, wonach das Erhebungs- und Verwertungsverbot des § 29 Abs. 7 S. 1 StVG umfassend zu verstehen ist (OLG München 20.12.2007, 4 St RR 222/07, NZV 2008, 216), lässt sich zwar angesichts des Wortlauts der Vorschrift gut vertreten. Doch muss § 29 Abs. 7 S. 1 StVG teleologisch reduziert werden, da der Zweck des Fahreignungsregisters auf Belange der Verkehrssicherheit beschränkt ist, während das Bundeszentralregister gerade die relevanten Eintragungen für die Verfolgung und Ahndung von Straftaten enthält. Andernfalls würden die Erhebungs- und Verwertungsregelungen des BZRG – auch wegen des weit zu verstehenden Begriffs der Straftat im Zusammenhang mit dem Straßenverkehr im Sinne von § 28 Abs. 2 Nr. 3 StVG – für viele Straftaten obsolet werden (vgl. zu diesem Streit BR-Drs. 348/08 (Beschluss)).

Schließlich unterfallen gemäß § 29 Abs. 7 S. 3 StVG, § 52 Abs. 2 S. 2 BZRG dem Erhebungsverbot nicht Entscheidungen der Gerichte über die Entziehung der Fahrerlaubnis nach §§ 69 ff. StGB, sofern die Berechtigung zum Führen von Kraftfahrzeugen Gegenstand der Prüfung ist. Zudem kann sich der Betroffene zu seinen Gunsten auf bereits getilgte Eintragungen berufen (vgl. BGH 26.1.1977, 2 StR 650/76, BGHSt 27, 108 [109]; vgl. ausführlich zur Tilgung von Eintragungen aus dem Fahreignungsregister (vormals bezeichnet als Verkehrszentralregister) *Rebler* SVR 2010, 254).

3. Beweismittelverbot. Ein Beweismittelverbot schließt die Beweisführung mit einem bestimmten Beweismittel aus, während andere Beweismittel weiterhin verwendet werden können (*Ranft* StrafProzR § 60 Rn. 1591). Derartige Beweismittelverbote finden sich z. B. in den §§ 52 ff. oder in § 96 StPO. Danach darf etwa ein Zeuge nicht vernommen werden, wenn er sich auf sein Zeugnisverweigerungsrecht beruft.

Die Beweismittelverbote können sich auch unmittelbar aus dem Grundgesetz ergeben. So dürfen die Strafverfolgungsorgane nicht in den Bereich höchstpersönlicher Lebensgestaltung eingreifen. Ein solches Beweismittelverbot stellt aufgrund der Verletzung des allgemeinen Persönlichkeitsrechts aus Art. 2 Abs. 1 i.V.m. Art. 1 Abs. 1 GG etwa die grundsätzliche Untersagung der Benutzung von ohne Einwilligung des Betroffenen hergestellten Tonbandaufnahmen des nichtöffentlich gesprochenen Wortes oder von Tagebuchaufzeichnungen als Beweismittel dar.

Generell dürfen keine Maßnahmen zur Beweiserhebung durchgeführt werden, die ohne hinreichende gesetzliche Grundlage in Grundrechte eingreifen. Unzulässig ist danach beispielsweise die mittels einer – von einem konkreten Verdacht losgelösten – Videoaufzeichnung vorgenommene Geschwindigkeitsmessung ohne Rechtsgrundlage (vgl. dazu und zum Folgenden BVerfG 11.8.2009, 2 BvR 941/08, DAR 2009, 577 mit zustimmender Anm. von *Brenner*; siehe auch die kritische, aber nicht überzeugende Besprechung von *Bull* NJW 2009, 3279). Denn auch eine die Identifizierung des Fahrzeugs und des Fahrzeugführers ermöglichende Videoaufzeichnung ist ein Eingriff in das allgemeine Persönlichkeitsrecht aus Art. 2 Abs. 1 i.V.m. Art. 1 Abs. 1 GG in seiner Ausprägung als Recht auf informationelle Selbstbestimmung. Ein solcher Eingriff bedarf einer gesetzlichen Grundlage, die dem rechtsstaatlichen Gebot der Normenklarheit entspricht und verhältnismäßig ist. Liegt eine derartige formell-gesetzliche Grundlage nicht vor, so kann der Eingriff nicht gerechtfertigt werden und den Behörden ist eine Beweiserhebung bereits aufgrund des sich aus dem Rechtsstaatsprinzip ergebenden Vorbehalts des Gesetzes untersagt.

4. Beweismethodenverbot. Ist eine bestimmte Art und Weise der Beweisgewinnung untersagt, so handelt es sich um ein Beweismethodenverbot. Ein derartiges Verbot ergibt sich etwa aus § 136a StPO, wonach verschiedene, die Willensbetätigungs- und Willensentschließungsfreiheit beeinträchtigende Methoden bei der Vernehmung eines Beschuldigten untersagt sind.

Auch der Richtervorbehalt bei körperlichen Untersuchungen gemäß § 81a StPO stellt einen Fall des – relativen – Beweismethodenverbots dar (vgl. dazu und zum Folgenden OLG Jena 25.11.2008, 1 Ss 230/08, DAR 2009, 283 [283 f.]; siehe ausführlich dazu *Kraft* JuS 2011, 591). Danach dürfen Beweise etwa zur Feststellung einer Trunkenheitsfahrt nicht im Wege einer körperlichen Untersuchung durchgeführt werden, wenn nicht ein Richter oder – bei Gefährdung des Untersuchungserfolgs durch Verzögerung – die Staatsanwaltschaft ein solches Vorgehen angeordnet hat und die sonstigen Voraussetzungen vorliegen. Da diese Regelung die Kontrolle der Maßnahme durch eine unabhängige Instanz zum Ziel hat, müssen die Strafverfolgungsbehörden in der Regel zunächst versuchen, eine Anordnung des zuständigen Richters zu erlangen, bevor sie selbst eine Blutentnahme anordnen. Liegen dagegen Tatsachen vor, die die Gefährdung des Untersuchungserfolges begründen, so müssen – bei fehlender Evidenz der Dringlichkeit – diese einzelfallbezogenen Tatsachen in den Ermittlungsakten dokumentiert werden. Die beim Nachweis von Alkohol oder Drogen typischerweise bestehende Gefahr des körpereigenen Abbaus dieser Stoffe stellt bei einem höheren Alkoholisierungsgrad, der durch körperliche Ausfallerscheinungen und das Ergebnis einer Atemalkoholmessung zutage tritt, keine derartige Tatsache dar. Denn in solchen Fällen ist der mögliche Abbau so gering, dass die durch die Einschaltung des Gerichts hervorgerufene Verzögerung grundsätzlich mittels Rückrechnung ohne weiteres ausgeglichen werden kann. Nur bei besonders unklaren oder komplexen Sachverhalten, die eine genaue Analyse der Blutwerte erforderlich machen, kann im Einzelfall eine Gefährdung des Untersuchungserfolges angenommen werden. Hat dagegen die Strafverfolgungsbehörde die körperliche Untersuchung angeordnet, obwohl ein Richter die Anordnung hätte treffen müssen, so liegt ein Verstoß gegen die Beweiserhebungsvorschrift des § 81a StPO vor. Dabei ist allerdings zu beachten, dass ein solcher Verstoß nicht zwingend auch ein Verbot der Beweisverwertung nach sich zieht (vgl. dazu die Ausführungen unter → *Beweisverwertungsverbot* Nr. 8c).

Eine Geschwindigkeitsmessung durch eine Person, die lediglich in einem privatrechtlichen Angestelltenverhältnis zu der verkehrsüberwachenden Behörde steht und kein Beamter ist, stellt keinen Verstoß gegen ein Beweiserhebungsverbot dar (vgl. dazu und zum Folgenden OLG Oldenburg 11.3.2009, 2 SsBs 42/09, zitiert nach juris). Zwar gehört die Überwachung von Verkehrsverstößen zu den hoheitlichen Aufgaben, die gemäß Art. 33 Abs. 4 GG in der Regel Beamten zu übertragen sind (sog. Funktionsvorbehalt). Doch stellt diese grundgesetzliche Bestimmung lediglich ein Regel-Ausnahme-Verhältnis auf, so dass Ausnahmen vom Funktionsvorbehalt rechtmäßig sind, wenn ein rechtfertigender Grund vorliegt und sie verhältnismäßig ausgestaltet wurden. Danach ist die Durchführung der Geschwindigkeitsmessung durch auf privatrechtlicher Basis bei der Verwaltungsbehörde angestellte Personen rechtmäßig. Denn dadurch soll die für derartige Aufgaben überqualifizierte Vollzugspolizei personell entlastet werden. Zudem besteht bei Angestellten der Verwaltungsbehörden angesichts der fehlenden wirtschaftlichen Interessen ein deutlich geringeres Gefährdungspotential für die Rechte des Einzelnen sowie für den das Ordnungswidrigkeitenrecht beherrschenden Opportunitätsgrundsatz. Daher steht dem Einsatz von privatrechtlich angestellten Personen bei der Geschwindigkeitsmessung auch nicht der Telos des Art. 33 Abs. 4 GG entgegen, wonach über die pflichtengebundenen Beamten eine rechtsstaatliche und unparteiische öffentliche Verwaltung gesichert werden soll (Maunz/Dürig/*Badura* GG Art. 33 Rn. 2). Die Geschwindigkeitsmessung oder die Wahrnehmung sonstiger hoheitlicher Tätigkeiten (z. B. die Ermittlung von Halt- und Parkverstößen) durch Privatpersonen ist dagegen nur dann zulässig, wenn diese die Befugnis zur eigenverantwortlichen und selbständigen Wahrnehmung der mit der Verkehrsüberwachung im Zusammenhang stehenden hoheitlichen Kompetenzen im Wege der Beleihung übertragen bekommen haben (OLG Oldenburg 11.3. 2009, 2 SsBs 42/09, zitiert nach juris) oder die Behörde weiterhin Herrin des Verfahrens bleibt (dazu und zum Folgenden BayObLG 5.3.1997, 1 ObOWi 785/96, DAR 1997, 206 [206 f.] mit hinsichtlich der Ausführungen zum Beweiserhebungsverbot zustimmender Anm. von *Ludovisy*; KG 23.10.1996, 2 Ss 171/96 – 3 Ws (B) 406/96, DAR 1996, 504; Boujong/*Lampe* Karlsruher Kommentar zum OWiG § 46 Rn. 18). In diesem Fall genügt allerdings das bloße Direktionsrecht der Behörde gegenüber der Privatperson und die Bestimmung von Ort, Zeit, Dauer und Häufigkeit der Messungen nicht. Vielmehr muss sichergestellt sein, dass die Durchführung der Geschwindigkeitskontrollen von Beamten oder Angestellten überwacht und durch diese ggf. leitend eingegriffen wird (vgl. zum Ganzen die Ausführungen unter → *Verkehrsüberwachung durch Private*).

Ein Beweiserhebungsverbot ergibt sich auch aus den Zuständigkeitsregelungen. So darf die sachlich oder örtlich unzuständige Behörde keine Geschwindigkeitsüberwachung durchführen (zur Verwertung vgl. die Ausführungen unter → *Beweisverwertungsverbot* Nr. 8e).

Die Beweiserhebung muss sich schließlich auch an dem sich aus dem Grundgesetz ergebenden Verhältnismäßigkeitsprinzip messen lassen. Bestimmte, die schutzwürdigen Interessen des Einzelnen beeinträchtigende Maßnahmen dürfen daher nur dann durchgeführt werden, wenn das Gewicht der zu ahndenden Tat, der jeweils bestehende Grad von Tatverdacht sowie die Erfolgsaussichten der beabsichtigten Maßnahmen dies rechtfertigen. Die mit der Aufklärung der Tat verbundenen Folgen dürfen den Beschuldigten letztlich nicht schwerer belasten als die zu erwartende Strafe (vgl. dazu und zum Folgenden BVerfG 10.6.1963, 1 BvR 790/58, BVerfGE 16, 194 [202] zu §§ 81 f. StPO). Je schwerer daher der Eingriff in die Freiheitssphäre des Einzelnen ist, desto eher muss das allgemeine, rechtsstaatlich fundierte Interesse an der Aufklärung von Straftaten und der Funktionsfähigkeit der Rechtspflege zurücktreten.

5. Beweiserhebungsverbot im Ordnungswidrigkeitenrecht. Die Bestimmungen und Grundsätze zu den Beweisverboten stellen allgemeine Gesetze über das Strafverfahren dar. Sie gelten daher gemäß § 46 Abs. 1 OWiG auch im Bußgeldverfahren, wobei allerdings die Besonderheiten dieses Verfahrens zu berücksichtigen sind. Daher kann es im Einzelfall zu einem anderen Ergebnis als im Strafverfahren kommen. Einige dieser Abweichungen von den strafprozessualen Vorschriften sind auch ausdrücklich im Gesetz niedergelegt. So sind etwa nach § 46 Abs. 3 S. 1 OWiG die Anstaltsunterbringung, die Verhaftung und vorläufige Festnahme, die Beschlagnahme von Postsendungen und Telegrammen sowie Auskunftsersuchen über Umstände, die dem Post- und Fernmeldegeheimnis unterliegen, unzulässig. Auch die Beweiserhebung im Wege der körperlichen Untersuchung gemäß § 81a StPO wird über § 46 Abs. 4 S. 1 OWiG verschärft. Danach darf § 81a Abs. 1 S. 2 StPO nur mit der Einschränkung angewendet werden, dass allein die Entnahme von Blutproben und andere geringfügige Eingriffe zulässig sind. Bereits aus dem Wortlaut des § 131b StPO folgt, dass die Veröffentlichung von Lichtbildern etwa eines Motorradfahrers zur Identifizierung im Ordnungswidrigkeitenverfahren nicht zulässig ist (LG Bonn 14.1.2005, 32 Qs 5/05, NStZ 2005, 528). Im Gesetz über Ordnungswidrigkeiten finden sich aber auch Abschwächungen der strafprozessualen Beweiserhebungsverbote. Eine solche beinhaltet etwa § 55 OWiG, wonach an die Anhörung des von einem Ordnungswidrigkeitenverfahren Betroffenen geringere Anforderungen gestellt werden als sie §§ 163a Abs. 1 und 136 Abs. 1 S. 2 und 3 StPO enthalten.

6. Abgrenzungen. Beweiserhebungsverbote sind zuvörderst von Beweisverwertungsverboten zu unterscheiden. Eine entsprechende Differenzierung fällt nicht immer leicht, ist aber erforderlich, da nicht jeder Verstoß gegen Beweiserhebungsvorschriften auch ein Verwertungsverbot nach sich zieht. Beweisverwertungsverbote sind vielmehr nur ausnahmsweise dann anzuerkennen, wenn dies gesetzlich ausdrücklich vorgesehen ist oder sich dies aus übergeordneten wichtigen Gründen im Einzelfall ergibt (OLG Jena 25.11.2008, 1 Ss 230/

B Beweisführung

08, DAR 2009, 283 [284]; vgl. auch BVerfG 20.5.2011, 2 BvR 2072/10, NJW 2011, 2783 [2784]; BVerfG 11.8.2009, 2 BvR 941/08, DAR 2009, 577 [Rn. 24]). Aus diesen Gründen kann es aber auch Beweisverwertungsverbote geben, obwohl die Beweiserhebung rechtmäßig war (ausführlich dazu unter → *Beweisverwertungsverbot* Nr. 2).

Zum Teil wird auch eine Abgrenzung zu den Beweisregelungen vorgeschlagen. Diese sollen die Beweisführung durch bestimmte Vorgaben sichern und ermöglichen (*Senge* Karlsruher Kommentar zur StPO Vorb zu §§ 48-71 Rn. 26). Letztlich ist eine klare Abgrenzung jedoch nicht möglich und sie vermittelt auch keinen Erkenntnisgewinn. Denn jede Regelung zur Beweisgewinnung stellt zugleich eine Beschränkung der Exekutive dar. Sie muss die Beweise gemäß den jeweiligen Vorgaben erheben, während die Beweisgewinnung unter Missachtung dieser Regelungen grundsätzlich ausgeschlossen ist. *Brenner/Seifarth*

Beweisführung → Besonderheiten des Verkehrsunfallprozesses Nr. 6, 23, → Beweiserhebungsverbot Nr. 2, 3, → Diebstahl Nr. 3

Beweislast → Besonderheiten des Verkehrsunfallprozesses Nr. 6–8, → Haftungsprivilegierung für Kinder Nr. 4, → Beweis des ersten Anscheins, → Deckungsklage Nr. 3, → Deckungszusage Nr. 1 c), → Fahrerhaftung Nr. 4, → Halterhaftung Nr. 5; → Leasingvertrag Nr. 2 d), 3, → Mithaftung und Mitverschulden Nr. 1, 4, → Verbrauchsgüterkauf

Beweislastverteilung → Deckungsklage Nr. 3

Beweismaß → Besonderheiten des Verkehrsunfallprozesses Nr. 24, → Fahrerhaftung Nr. 5

Beweismittel → AAK, → Akteneinsicht Nr. 4, → Beifahrer, → Besonderheiten des Verkehrsunfallprozesses Nr. 9, → Besonderheiten des Verkehrsverwaltungsprozesses Nr. 2 a), Nr. 10 c) aa), → Beweis des ersten Anscheins Nr. 1, → Beweiserhebungsverbot Nr. 3, → Beweisverwertungsverbot, → Blutentnahme, → Bußgeldverfahren Nr. 2 f), 5 c), 5 f), → Selbständiges Beweisverfahren Nr. 2

Beweisnot → Besonderheiten des Verkehrsunfallprozesses, → Vorsätzlich verursachter Kfz-Unfall

Beweissicherungsverfahren, selbständiges
Bei einer nicht fachgerecht durchgeführten Reparatur kommt es oftmals zu weiteren Mängeln oder Schäden, deren Ursachen bei der ersten Prüfung unklar erscheinen. Um eine technische Klärung der Ursachen für Mängel und Schäden herbeizuführen, kann ein selbständiges Beweissicherungsverfahren durchgeführt werden.
Die rechtlichen Grundlagen des s. B. sind in § 485 ZPO geregelt.
Nach § 485 Abs. 2 ZPO ist ein s. B. in den meisten Fällen ein probates Mittel. Entweder kann mit ihm nachgewiesen werden, dass ein Fehlverhalten der Werkstätte vorliegt. Wenn festgestellt wird, dass die Werkstatt nicht fehlerhaft gearbeitet hat, liegt nunmehr eine gutachtliche Stellungnahme vor, wie genau repariert werden muss. In der Praxis ist es dann nicht selten so, dass das Fahrzeug im Rahmen des Beweissicherungsverfahrens repariert werden kann. *Wehrl*

Beweisvereitelung → Besonderheiten des Verkehrsunfallprozesses Nr. 7

Beweisverwertungsverbot **1. Allgemeines.**
Während die Beweiserhebungsverbote die Grenzen der Beweisgewinnung hinsichtlich der Beweisthemen, Beweismittel und Beweismethoden zum Gegenstand haben, geht es bei den Beweisverwertungsverboten um die Frage, ob bestimmte Beweise und Tatsachen in einem Verfahren berücksichtigt werden können. Der Ausschluss bestimmter Beweise von der Verwertung ergibt sich dabei allerdings nur vereinzelt aus einer ausdrücklichen gesetzlichen Anordnung. Vielmehr existieren eine Vielzahl an dogmatischen Begründungs- und Rechtsprechungsansätzen, die dem Institut des Beweisverwertungsverbots eine Kontur zu geben versuchen. Im Grundsatz geht es – wie auch bei den Beweiserhebungsverboten – um einen Ausgleich zwischen dem Interesse an einer funktionstüchtigen Strafrechtspflege und die Wahrung der schutzwürdigen Interessen des von einem Straf- oder Ordnungswidrigkeitenverfahren Betroffenen.
2. Grundlagen. Existiert hinsichtlich eines Sachverhaltes oder eines Beweisergebnisses ein Beweisverwertungsverbot, so ist die Verwendung der betroffenen Tatsache in einem Verfahren ausgeschlossen. Aus Sicht des Beschuldigten ist dabei zu beachten, dass der Verwertung in der erstinstanzlichen Hauptverhandlung spätestens bis zu dem in § 257 StPO

bestimmten Zeitpunkt widersprochen werden muss. Denn das Gericht muss nicht von Amts wegen das Vorliegen eines Beweisverwertungsverbots prüfen (sog. Widerspruchslösung, vgl. dazu OLG Frankfurt a.M. 8.11.2010, 3 Ss 285/10, NStZ-RR 2011, 46 [48]; siehe dazu Nr. 9). Ist aber rechtzeitig eine Rüge erfolgt, so darf das Gericht den davon erfassten Sachverhalt nicht mehr zu seiner Urteilsbildung heranziehen, wodurch der sich aus § 261 StPO ergebende Grundsatz der freien Beweiswürdigung sowie die Pflicht zur Wahrheitserforschung eingeschränkt werden. Selbst wenn sich aus der vom Verwertungsverbot betroffenen Tatsache etwa die Begehung einer Straftat zweifelsfrei ergibt, ist der Beschuldigte dennoch freizusprechen, wenn das Urteil nicht auch auf andere, nicht vom Verwertungsverbot betroffene Beweise gestützt werden kann. Daraus ergibt sich auch das Bestreben, ein Beweisverwertungsverbot nur in Ausnahmefällen anzuerkennen, nämlich nur bei ausdrücklicher gesetzlicher Anordnung oder aus übergeordneten wichtigen Gründen im Einzelfall.

Ein weiterer Ausgangspunkt ist zudem die Feststellung, dass nicht jeder Verstoß gegen ein Beweiserhebungsverbot zugleich auch ein Beweisverwertungsverbot zur Folge hat. Vielmehr ist nach der in der Rechtsprechung angewandten sog. Abwägungslehre das Bestehen eines Beweisverwertungsverbotes im Einzelfall durch eine Abwägung der widerstreitenden Interessen, insbesondere der Bedeutung des betroffenen Beweismittels für das Straf- bzw. Ordnungswidrigkeitenverfahren und des Gewichts des Verstoßes gegen die Beweiserhebungsvorschrift zu ermitteln. Generell ist von einem Verwertungsverbot nur dann auszugehen, wenn einzelne Rechtsgüter durch Eingriffe fern jeder Rechtsgrundlage so massiv beeinträchtigt werden, dass dadurch das Ermittlungsverfahren als ein nach rechtsstaatlichen Grundsätzen geordnetes Verfahren nachhaltig beschädigt wird und jede andere Lösung als die Annahme eines Verwertungsverbotes unerträglich wäre (BGH 18.4.2007, 5 StR 546/06, NJW 2007, 2269 [2271]; OLG Dresden 11.5.2009, 1 Ss 90/09, NZV 2009, 464 [465]; vgl. BVerfG 20.5.2011, 2 BvR 2072/10, NJW 2011, 2783 [2784] mit einer Vielzahl an Nachweisen; siehe auch *Jahn* Besprechung von BGH 23.8.2011, 1 StR 153/11, JuS 2012, 85 [86]).

In der Literatur werden daneben noch eine Vielzahl anderer Begründungsansätze vertreten wie die Lehren von der präventiven Funktion des Strafverfahrens, von den Informationsbeherrschungsrechten, von der Schadensvertiefung, von der staatlichen Selbstbeschränkung oder vom beweisgegenständlichen Schutzzweck sowie der revisionsrechtliche Ansatz (vgl. dazu die überblicksartige Darstellung von *Krekeler/Löffelmann* AnwK-StPO Einl. Rn. 146). Jede dieser Lehren weist auf bestimmte, für die Annahme eines Beweisverwertungsverbots bedeutsame Aspekte hin, die jedoch auch im Rahmen der von der Rechtsprechung vorgenommenen Abwägung berücksichtigt werden können. Da zudem über die Abwägungslehre in flexibler Weise ein Ausgleich zwischen dem Anspruch der Ermittlung der materiellen Wahrheit und dem Schutz der Rechte des Einzelnen im konkreten Fall erreicht werden kann, ist diese vorzugswürdig.

Trotz einer rechtmäßigen Beweiserhebung kann gleichwohl ein Beweisverwertungsverbot gegeben sein. So sind bestimmte Schutzvorschriften zugunsten eines Betroffenen seiner eigenen Disposition überlassen und zum Teil knüpfen sie an eine bestimmte Rolle in einem Verfahren an (dazu und zum Folgenden *Ranft* StPO § 60 Rn. 1613 f.). Beispielsweise darf gemäß § 252 StPO die (rechtmäßig erlangte) Aussage eines vor der Hauptverhandlung vernommenen Zeugen, der erst in der Hauptverhandlung von seinem Zeugnisverweigerungsrecht Gebrauch macht, nicht verwertet werden.

Die von Privaten erhobenen Beweismittel sind grundsätzlich auch dann verwertbar, wenn sie auf rechtswidrige Art und Weise erlangt wurden. Dies findet seinen Grund vor allem darin, dass die Vorschriften und Grundsätze über die Beweisverwertung der Rechtsstaatlichkeit allein des strafprozessualen Verfahrens dienen. Allerdings kommt ausnahmsweise dann ein Verwertungsverbot derartiger Beweise in Betracht, wenn in der Verwertung eine eigene Rechtsverletzung liegt (vgl. dazu *Ranft* StPO § 60 Rn. 1621). In besonders schweren Fällen ist es dem Staat auch aus rechtsstaatlichen Gründen verwehrt, die erlangten Beweise zu verwerten, da darin eine mittelbare Anerkennung der Praxis liegt, die die schwerwiegende Rechtsverletzung konstituiert. Ein solcher Fall ist etwa dann gegeben, wenn ein Privater eine Aussage mittels Folter erzwingt.

3. Hypothetischer Ermittlungsverlauf. Als Möglichkeit der Heilung von Verstößen gegen ein Beweiserhebungsverbot wird die Figur des hypothetischen Ermittlungsverlaufs diskutiert, wonach ein an sich unzulässig gewonnenes Beweismittel gleichwohl verwertet werden darf,

B Beweisverwertungsverbot

wenn es auch in rechtmäßiger Art und Weise hätte erlangt werden können. Die Zulässigkeit einer solchen Hypothese von einer rechtmäßigen Beweiserlangung ist zwar umstritten. Doch ist in der Rechtsprechung eine derartige Heilung eines Verstoßes gegen ein Beweiserhebungsverbot zumindest bei Zufallserkenntnissen im Rahmen einer Überwachung der Telekommunikation ausdrücklich anerkannt worden (vgl. BGH 18.3.1998, 5 StR 693/97, NStZ 1998, 426 [427]) und auch der Gesetzgeber hat in § 100 d Abs. 5 StPO die Möglichkeit der Verwertung solcher Erkenntnisse in eng begrenzten Ausnahmefällen zugelassen. Ansonsten berücksichtigt die Rechtsprechung hypothetische Kausalverläufe auch als ein Abwägungskriterium im Rahmen der Entscheidung über die Verwertbarkeit eines Beweisergebnisses. Sofern jedoch wesentliche sachliche Voraussetzungen für die Anordnung oder Durchführung einer Maßnahme fehlen oder das Recht auf ein faires Verfahren schwerwiegend beeinträchtigt werden würde, verlangt das Rechtsstaatsprinzip ein Verwertungsverbot für derartig gewonnene Erkenntnisse (BGH 7.3. 2006, 1 StR 316/05, NJW 2006, 1361 [1361]; vgl. zum Ganzen auch den ausführlichen und instruktiven Beitrag von *Rogall* NStZ 1988, 385).

4. Fernwirkung. In den Fällen, in denen ein Beweismittel einem Verwertungsverbot unterliegt, kann es gleichwohl insofern von Bedeutung sein, als es den Zugang zu neuen Beweisen und Erkenntnissen eröffnet bzw. eröffnet hat. Diese können nur dann gegen den Beschuldigten verwertet werden, wenn das Beweisverwertungsverbot keine Fernwirkung entfaltet. Eine solche schließt die Verwertung aller Erkenntnisse aus, die nur aufgrund eines unverwertbaren Beweismittels erlangt wurden. Während diese Lehre von der „fruit of the poisonous tree" etwa im angloamerikanischen Raum zum Zwecke der Disziplinierung der Strafverfolgungsorgane geltendes Recht darstellt, wird sie in Deutschland von der Rechtsprechung aus Gründen einer effektiven Strafverfolgung grundsätzlich nicht anerkannt. So dürfe ein Verfahrensfehler, der ein Verwertungsverbot für ein Beweismittel bewirkt, nicht ohne weiteres zum Stillstand des gesamten Strafverfahrens führen (vgl. nur BGH 7.3.2006, 1 StR 316/05, NJW 2006, 1361 [1363]; siehe auch BGH 18.4.1980, 2 StR 731/79, NJW 1980, 1700 mit einer überblicksartigen Darstellung der von der Lehre vertretenen Positionen). Zudem dienen die Beweisverwertungsverbote im deutschen Strafprozessrecht nicht der Disziplinierung der Ermittlungsbehörden. Diese trifft in Deutschland die Pflicht zur umfassenden Aufklärung eines Sachverhalts, wobei nicht nur belastendes, sondern auch entlastendes Material zu ermitteln ist (vgl. dazu *Ranft* StPO § 60 Rn. 1617). Daher sind auf der Grundlage unverwertbarer Erkenntnisse gewonnene Beweise regelmäßig verwertbar. Nur ausnahmsweise kann nach der Sachlage und der Art des Verwertungsverbots dessen Fernwirkung anzunehmen sein, was die Rechtsprechung bisher allein für das Beweisverwertungsverbot aus § 7 Abs. 3 G 10 a.F. (ähnlich nunmehr § 7 Abs. 4 S. 2 G 10) angenommen hat (BGH 18.4.1980, 2 StR 731/79, NJW 1980, 1700).

5. Fortwirkung. Von dem Problem der Fernwirkung ist der Fall einer Fortwirkung von Beweisverwertungsverboten zu unterscheiden. Danach beansprucht ein Verwertungsverbot aufgrund eines Verstoßes gegen eine Belehrungspflicht oder eine unzulässige heimliche Überwachung auch für spätere, an sich verwertbare Äußerungen Geltung, wenn der Betroffene nicht zuvor qualifiziert belehrt wurde. Eine solche Belehrung liegt erst dann vor, wenn die betroffene Person auch darüber aufgeklärt wurde, dass alle vor der Belehrung liegenden Aussagen einem Verwertungsverbot unterliegen (vgl. zum Ganzen *Krekeler/Löffelmann* AnwK-StPO Einl. Rn. 143; siehe auch BGH 7.3.2006, 1 StR 316/05, NJW 2006, 1361 [1363]).

Das Erfordernis der qualifizierten Belehrung soll verhindern, dass ein Beschuldigter auf sein Aussageverweigerungsrecht nur deshalb verzichtet, weil er möglicherweise davon ausgeht, eine frühere, unter Verstoß gegen die Belehrungspflicht zustande gekommene Selbstbelastung könne nicht mehr aus der Welt geschafft werden. Es dient daher dem Schutz des nemo tenetur-Grundsatzes. Die jüngere Rechtsprechung misst aber dem Verstoß gegen die Pflicht zur qualifizierten Belehrung nicht dasselbe Gewicht wie dem Verstoß gegen die Belehrungspflicht aus § 136 Abs. 1 S. 2 StPO bei. Vielmehr sei durch Abwägung im Einzelfall die Verwertbarkeit der nach einfacher Beschuldigtenbelehrung getätigten Aussagen zu ermitteln. Als Abwägungskriterien sind dabei das Gewicht des Verfahrensverstoßes, das Interesse an der Sachaufklärung und die Frage nach dem Vorliegen einer bewussten Umgehung der Belehrungspflicht zu berücksichtigen. Entscheidend ist zudem, ob der Beschuldigte davon ausging, dass er von seinen vor der Beschuldigtenbelehrung gemachten Aussagen bei seiner weiteren Vernehmung nicht mehr abrücken könne. Letzteres soll insbesondere dann anzunehmen sein, wenn sich die Beschuldigtenvernehmung inhaltlich als bloße Wiederholung oder Fortsetzung der vor der Beschuldigtenbelehrung gemachten Angaben darstellt (vgl. zum Ganzen BGH 18.12.2008, 4 StR 455/08, JR 2009, 380 [382] mit Anm. von *Gless/Wennekers*).

6. Verfassungsrechtlich gebotene Beweisverwertungsverbote. a) Beweisverwertungsverbote ergeben sich nicht ausschließlich aus einer ausdrücklichen gesetzlichen Anordnung. Vielmehr können sie auch unmittelbar aus dem Grundgesetz abgeleitet werden. Im Mittelpunkt der verfassungsrechtlichen Bestimmung eines Beweisverwertungsverbots stehen regelmäßig die Grundrechte und der aus dem Rechtsstaatsprinzip abgeleitete Grundsatz der Verhältnismäßigkeit. Die Grundrechte des von einem Strafverfahren Betroffenen stehen dabei in einem Spannungsverhältnis zu dem öffentlichen Interesse an einer effektiven Strafverfolgung insbesondere mit Blick auf die Aufklärung schwerer Straftaten, an einer möglichst vollständigen Wahrheitsermittlung im Strafprozess sowie an einer funktionstüchtigen Rechtspflege (vgl. nur BVerfG 12.10.2011, 2 BvR 236/08, Rn. 248 f.; BVerfG 20.5.2011, 2 BvR 2072/10, NJW 2011, 2783 [2784]; BGH 7.3.2006, 1 StR 316/05, NJW 2006, 1361 [1363]; BGH 18.4.1980, 2 StR 731/79, NJW 1980, 1700 [1701] mit weiteren Nachweisen zu der Rechtsprechung des BVerfG). Über den Grundsatz der Verhältnismäßigkeit soll dieses Spannungsverhältnis für den konkreten Fall aufgelöst werden, indem ein gerechter Ausgleich zwischen den Bedingungen für eine wirksame Rechtspflege und den grundrechtlich geschützten Positionen des Einzelnen hergestellt wird.

b) Bei unter Verstoß gegen das allgemeine Persönlichkeitsrecht aus Art. 2 Abs. 1 i.V.m. Art. 1 Abs. 1 GG erhobenen Beweisen (etwa heimliche Tonbandaufnahmen oder Ausführungen aus Tagebuchaufzeichnungen) geht die verfassungsrechtliche Rechtsprechung von einem unbedingten Verwertungsverbot aus, soweit die staatliche Maßnahme in den unantastbaren Kernbereich privater Lebensgestaltung eingegriffen hat. Bei Eingriffen in den sonstigen Schutzbereich des Grundrechts findet dagegen eine Verhältnismäßigkeitsprüfung statt, so dass je nach den Umständen des Einzelfalls und unter Berücksichtigung der Art und der Bedeutung des jeweiligen Beweises ein Verwertungsverbot in Betracht kommt oder ausscheidet.

c) Ein Grundrecht auf ein rechtsstaatliches, faires Strafverfahren kommt dem Einzelnen über Art. 2 Abs. 1 GG i.V.m. dem Rechtsstaatsprinzip aus Art. 20 Abs. 3 GG zu (vgl. dazu und zum Folgenden BVerfG 19.9.2006, 2 BvR 2115/01, 2 BvR 2132/01 und 2 BvR 348/03, NJW 2007, 499 [500 f.]). Allerdings ist damit lediglich ein abstraktes Verfassungsprinzip benannt, aus dem sich keine in allen Einzelheiten bestimmten Gebote und Verbote ergeben. Zwar schützt es die dem Beschuldigten im rechtlich geordneten Strafprozess zugewiesene Subjektstellung, weswegen er nicht Objekt des Verfahrens sein darf, sondern er praktisch die Möglichkeit zur Wahrung seiner Rechte und zur aktiven Einflussnahme auf den Gang und das Ergebnis des Verfahrens haben muss. Ein faires Verfahren zeichnet sich danach im Wesentlichen durch das Verlangen nach verfahrensrechtlicher Waffengleichheit zwischen Ankläger und Beschuldigtem aus, die dem Schutz des Beschuldigten dient, für den bis zur Verurteilung die Vermutung seiner Unschuld gilt. Doch ist es zunächst Aufgabe des Gesetzgebers und sodann der Rechtsprechung, das Recht auf ein faires Verfahren auszugestalten.

Im konkreten, vom BVerfG entschiedenen Fall ging es um die Frage, ob die nationalen Strafgerichte verpflichtet sind, Art. 36 Abs. 1 lit. b S. 3 Wiener Konsularrechtsübereinkommen (WKÜ) anzuwenden. Das BVerfG stellte diesbezüglich fest, dass das faire Verfahren nicht nur durch Normen der StPO, sondern auch durch völkervertragsrechtliche Vorschriften wie die in der EMRK oder eben im WKÜ ausgestaltet wird. Diese werden durch ein Bundesgesetz i.S.v. Art. 59 Abs. 2 S. 1 GG in nationales Recht umgesetzt bzw. mit einem Anwendungsbefehl ausgestattet, so dass die Gerichte sie gemäß Art. 20 Abs. 3 GG wie anderes Bundesrecht im Rahmen methodisch vertretbarer Auslegung zu beachten und anzuwenden haben. Dabei ist auch die Völkerrechtsfreundlichkeit des Grundgesetzes zu berücksichtigen, wonach ein Konflikt nationaler Bestimmungen und der innerstaatlichen Praxis mit völkerrechtlichen Verpflichtungen Deutschlands nach Möglichkeit zu vermeiden ist. Ob nun aber aus der Verletzung der die verfahrensrechtliche Stellung des Beschuldigten betreffenden Belehrungspflicht aus Art. 36 Abs. 1 lit. b S. 3 WKÜ auch ein Beweisverwertungsverbot folgt, ist aufgrund einer durch die Fachgerichtsbarkeit vorzunehmenden Abwägung der im Rechtsstaatsprinzip gegenläufigen Gebote und Ziele zu ermitteln (BVerfG 19.9.2006, 2 BvR 2115/01, 2 BvR 2132/01 und 2 BvR 348/03, NJW 2007, 499 [503]; siehe dazu auch BVerfG 20.5.2011, 2 BvR 2072/10, NJW 2011, 2783 [2784]).

d) Bei besonders schwerwiegenden Verletzungen eines Beweiserhebungsverbots verlangt das sich aus Art. 20 Abs. 3 GG ergebende Rechtsstaatsprinzip ein Beweisverwertungsverbot. Ein solcher Ausnahmefall kann etwa dann angenommen werden, wenn die Strafverfolgungsbehörden eine Beweiserhebungsvorschrift bewusst oder willkürlich verletzen, wenn grundrechtliche Sicherungen planmäßig oder systematisch außer Acht gelassen werden oder wenn die Verstöße mit den ausdrücklich normierten Beweisverwertungsverboten vergleichbar sind (vgl. BVerfG 20.5.2011, 2 BvR 2072/10, NJW 2011, 2783 [2784]; OLG Dresden 11.5.2009, 1 Ss 90/09, NZV 2009, 464 [465]). Eine solche schwerwiegende Verletzung ist dagegen nicht ohne weiteres bei einer fehlenden gesetzlichen Grundlage für die Beweiserhebung anzunehmen. Zwar ergibt sich daraus ein Beweiserhebungsverbot, doch ist erst anhand einer Betrachtung der jeweiligen Umstände des Einzelfalles das Vorliegen eines Beweisverwertungsverbots zu ermitteln (so zu einer mittels – von einem konkreten Verdacht losgelösten – Videoaufzeichnung vorgenommenen Geschwindigkeitsmessung ohne Rechtsgrundlage BVerfG 11.8.2009, 2 BvR 941/08, DAR 2009, 577 [579] mit Anm. von *Brenner*; vgl. auch die kritische, aber nicht überzeugende Besprechung von *Bull* NJW 2009, 3279). Regelmäßig ist aber bei dem vollständigen – im Unterschied zu einem Überschreiten bzw. Verletzen der Voraussetzungen einer bestehenden Eingriffsgrundlage – Fehlen einer Befugnisnorm für die Erhebung von Beweisen, die zugleich zu einem Eingriff in einen grundrechtlich geschützten Schutzbereich führt, die Unverwertbarkeit dieser Beweise aus rechtsstaatlichen Gründen anzunehmen.

e) Ein unbedingtes Beweisverwertungsverbot besteht hinsichtlich erzwungener Aussagen (vgl. dazu und zum Folgenden BVerfG 7.7.1995, 2 BvR 326/92, NStZ 1995, 555). Denn der Grundsatz nemo tenetur se ipsum accusare gehört zu den anerkannten Grundsätzen des Strafprozesses, der über Art. 2 Abs. 1 i.V.m. Art. 1 Abs. 1 GG sowie über Art. 2 Abs. 1 i.V.m. dem Rechtsstaatsprinzip aus Art. 20 Abs. 3 GG verfassungsrechtlich abgesichert ist und etwa auch als Menschenrecht über Art. 14 Abs. 3 lit. g des Internationalen Pakts über bürgerliche und politische Rechte gewährleistet wird. Aus diesem Grundsatz folgt aber zugleich, dass das Schweigen des Beschuldigten als solches im Strafverfahren jedenfalls dann nicht als belastendes Indiz gegen ihn verwendet werden darf, wenn er die Einlassung zur Sache vollständig verweigert hat. Anderenfalls wäre das Schweigerecht obsolet, wenn der Beschuldigte befürchten müsste, dass sein Schweigen später bei der Beweiswürdigung zu seinem Nachteil verwertet wird und er sich so mittelbar einem psychischen Aussagezwang ausgesetzt sähe.

7. Vorgaben der Europäischen Menschenrechtskonvention. Das Strafverfahren muss sich nicht nur an den verfassungsrechtlichen, sondern maßgeblich auch an den Vorgaben der Europäischen Menschenrechtskonvention messen lassen (vgl. für die deutsche Rechtsordnung als normiertem Ausdruck dessen etwa § 359 Nr. 6 StPO). Dabei kommt der Bestimmung aus Art. 6 EMRK regelmäßig eine Schlüsselrolle zu. So hat der Einzelne nach Art. 6 Abs. 1 S. 1 EMRK unter anderem ein Recht darauf, dass eine gegen ihn erhobene strafrechtliche Anklage in einem fairen Verfahren verhandelt wird. Aus dieser Norm lassen sich jedoch grundsätzlich keine generellen Regeln über die Zulässigkeit von Beweismitteln entnehmen. Insbesondere schreibt die Europäische Menschenrechtskonvention an keiner Stelle ausdrücklich vor, dass nach nationalem Recht rechtswidrig erlangte Beweismittel nicht verwertet werden dürfen. Allerdings bedeutet das nicht, dass sich nicht auch aus Art. 6 Abs. 1 S. 1 EMRK im Einzelfall ein Verwertungsverbot ergeben kann. So muss das Strafverfahren insgesamt fair gewesen sein. Dies verlangt im Wesentlichen, dass die Rechte der Verteidigung bei der Verwertung gewahrt werden und die Verurteilung nicht ausschließlich auf dem rechtswidrig erlangten Beweismittel beruht (vgl. dazu EGMR 12.7.1988, Nr. 8/1987/131/182, NJW 1989, 654). In dieser Grundsatzentscheidung hatte der Gerichtshof noch keine Stellung dazu bezogen, ob im Falle der Nichteinhaltung dieser Vorgaben ohne weiteres ein Verwertungsverbot gegeben ist oder ob dann eine Abwägung der gegenläufigen Interessen – etwa vergleichbar mit der verfassungsrechtlich gebotenen Abwägung in Deutschland – vorzunehmen ist. Die Betonung des Abstellens auf den Einzelfall deutete aber bereits an, dass der EGMR grundsätzlich mittels einer Gesamtabwägung der konkreten Umstände, der Interessen der Verfahrensbeteiligten sowie der Art und Bedeutung des Beweises ermitteln wollte, ob ein Verwertungsverbot gegeben ist. Ein zwingendes Verwertungsverbot ist nur dann anzunehmen, wenn grundlegende Verfahrensanforderungen verletzt wurden, die ein faires Verfahren geradezu konstituieren (etwa der nemo tenetur-Grundsatz). Diese Herangehensweise hat er dann auch in seiner nachfolgenden Rechtsprechung bestätigt (vgl. zur Entwicklung der Rechtsprechung des EGMR hinsichtlich der Beweisverwertungsverbote *Lubig/Sprenger* ZIS 2008, 433 [434 ff.]; vgl. auch EGMR 30.6.2008, Nr. 22978/05, NStZ 2008, 699 [701 f.]).

8. Einzelfälle. a) Ein ausdrückliches Verwertungsverbot ergibt sich aus § 136 a Abs. 3 S. 2 StPO, wonach mittels verbotener Vernehmungsmethoden gewonnene Aussagen auch bei Zustimmung des Beschuldigten nicht verwertet werden dürfen. Aber auch Verstöße gegen die Belehrungspflicht aus § 136 StPO führen zu einem umfassenden Verwertungsverbot, da der nemo tenetur-Grundsatz zu den grundlegenden rechtsstaatlichen Prinzipien gehört, auf denen die Strafprozessordnung ruht. Allerdings gilt dies nur bei Vernehmungen, während private Äußerungen auch dann verwertet werden können, wenn sie gegenüber Personen gemacht werden, die von der Polizei gesteuert werden. Wird jedoch eine Situation hergestellt, in der die ihre wahre Absicht verdeckende Person den Beschuldigten – entgegen seiner zuvor gegenüber Ermittlungsbehörden geäußerten Berufung auf das Schweigerecht – zu bestimmten Aussagen mit Bezug auf das Tatgeschehen drängt, kommt wiederum das Verwertungsverbot zum Tragen (BGH 31.3.2011, 3 StR 400/10, NStZ 2011, 596 [597 f.]; BGH 26.7.2007, 3 StR 104/07, NJW 2007, 3138; vgl. zum Ganzen *Pfeiffer/Hannich* Karlsruher Kommentar zur StPO Einl Rn. 120; siehe auch *Jahn* Besprechung von BGH 23.8.2011, 1 StR 153/11, JuS 2012, 85 [87]).

b) Ein ausdrückliches Verwertungsverbot folgt aus § 51 BZRG sowie aus § 29 Abs. 7 S. 1 StVG für Eintragungen über Verurteilungen bzw. Eintragungen über eine gerichtliche Entscheidung im Bundeszentralregister bzw. im Fahreignungsregister. Die Verwertungsregelungen des BZRG bleiben von § 29 Abs. 7 StVG unberührt. Hinsichtlich der Bestimmung des Zeitpunkts für ein Verwertungsverbot wegen Tilgungsreife ist auf den Tag des Erlasses des letzten tatrichterlichen Urteils, nicht auf den Tattag abzustellen (Hentschel/*Dauer* Straßenverkehrsrecht § 29 StVG Rn. 12). Telos des Verwertungsverbots des BZRG ist die Resozialisierung des Betroffenen, dem ein unbefristetes Vorhalten längst vergangener und verantworteter Taten entgegenstehen würde. Dagegen ist das Verwertungsverbot des Fahreignungsregisters auf das Bedürfnis des Straßenverkehrs an Verkehrssicherheit ausgerichtet, weswegen es die Bewährung des Einzelnen in den Vordergrund stellt (vgl. zum Ganzen auch die Ausführungen unter → *Bundeszentralregister* und → *Beweiserhebungsverbot*).

c) Bei der Entnahme von Blutproben bedarf es gemäß § 81 Abs. 2 StPO grundsätzlich einer richterlichen Anordnung. Wird dieser Richtervorbehalt bewusst verletzt, umgangen, ignoriert oder liegt der Annahme einer Gefährdung des Untersuchungserfolgs eine evident fehlerhafte Beurteilung zugrunde, so unterliegen die Ergebnisse der körperlichen Untersuchung eines Beschuldigten einem Beweisverwertungsverbot. Auch die Möglichkeit einer Heilung dieses Verstoßes gegen eine Beweiserhebungsvorschrift über die Rechtsfigur des hypothetisch rechtmäßigen Ermittlungsverlaufs kommt bei einer derartigen bewussten Verkennung des Richtervorbehalts nicht in Betracht. Anderenfalls wäre der Richtervorbehalt des § 81 a StPO obsolet bzw. faktisch aufgehoben (zum Ganzen OLG Celle 16.6.2009, 311 SsBs 49/09, NZV 2009, 463; OLG Dresden 11.5.2009, 1 Ss 90/09, NZV 2009, 464; OLG Hamm 12.3.2009, 3 Ss 31/09, DAR 2009, 336).

Außerhalb dieser besonders schwerwiegenden Fehler ist das Vorliegen eines Beweisverwertungsverbots nach den allgemeinen Grundsätzen zu ermitteln. Dabei muss bei der Verletzung des Richtervorbehalts aus § 81 Abs. 2 StPO berücksichtigt werden, dass der Staatsanwaltschaft und ihren Ermittlungspersonen die Eilmaßnahme nicht schlechthin verboten ist, ein richterlicher Anordnungsbeschluss in der Regel auch ergangen wäre, bei den Hauptanwendungsfällen im Straßenverkehr das hochrangige Interesse an der Verkehrssicherheit verfolgt sowie in das – unter einfachem Gesetzesvorbehalt stehende – Grundrecht des Betroffenen auf körperliche Integrität aus Art. 2 Abs. 2 S. 1 GG nur mit geringer Intensität und Tragweite eingegriffen wird und es sich bei § 81a Abs. 2 StPO – anders als bei Art. 13 Abs. 2 GG oder Art. 104 Abs. 2 GG – „lediglich" um einen einfachgesetzlichen Richtervorbehalt handelt (BVerfG 24.2.2011, 2 BvR 1596/10, 2 BvR 2346/10, Rn. 17 – zitiert nach juris, nach dem § 81a Abs. 2 StPO nicht zum Bereich des rechtsstaatlich Unverzichtbaren zu zählen ist; OLG Jena 25.11.2008, 1 Ss 230/08, DAR 2009, 283 [284]; vgl. auch BVerfG 28.7.2008, 2 BvR 784/08, NJW 2008, 3053; siehe zum Ganzen auch die Analyse der Rechtsprechung von *Kraft* JuS 2011, 591 [593 f.] und *Dencker* DAR 2009, 257 [257 ff.].).

Diese Grundsätze gelten auch für sonstige Beweisergebnisse mittels Maßnahmen, die einem Richtervorbehalt unterliegen. Dabei ist zu berücksichtigen, dass die staatlichen Organe die Pflicht zur Erreichbarkeit eines Richters mittels entsprechender organisatorischer Vorkehrungen trifft. Diese Pflicht gilt grundsätzlich auch für die Nachtzeit i. S. d. § 104 Abs. 3 StPO, wenn dafür ein konkreter Bedarf aufgrund der Vielzahl der entsprechenden Fälle besteht. Bei einer Verletzung dieser Organisationspflicht können die sodann rechtswidrig erlangten Beweise nach Abwägung der widerstreitenden Interessen des Einzelfalls einem Beweisverwertungsverbot unterliegen. Zumindest für verfassungsrechtlich verankerte Richtervorbehalte ist das ausdrücklich anerkannt, während bei einfachrechtlichen Vorbehalten eine schematische Anwendung dieser Vorgaben nicht möglich sein soll (vgl. BVerfG 24.2.2011, 2 BvR 1596/10, 2 BvR 2346/10, Rn. 13 – zitiert nach juris; OLG Hamm 18.8.2009, 3 Ss 293/08, NJW 2009, 3109, das ein Beweisverwertungsverbot bei der gröblichen Verletzung des Richtervorbehalts aus Art. 13 Abs. 2 GG durch die Justizverwaltung angenommen hat).

Abschließend ist in diesem Zusammenhang darauf hinzuweisen, dass der Verstoß gegen den Richtervorbehalt aus § 81 a Abs. 2 StPO im Fahrerlaubnisrecht zu keinem Beweisverwertungsverbot führt, auch wenn ein solches im Strafverfahren angenommen wird. Dies findet seinen Grund darin, dass die ein Beweisverwertungsverbot konstituierenden Grundsätze den Besonderheiten des Strafprozesses Rechnung tragen und daher nicht ohne weiteres auf das (präventiv-polizeiliche) Verwaltungsverfahren und insbesondere auf das Fahrerlaubnisrecht übertragen werden können. Auch sonstige strafprozessuale Verwertungsverbote finden regelmäßig keine Anwendung (vgl. zum Ganzen VG Berlin 12.9.2008, 11 A 453/08, NZV 2009, 206; VG Braunschweig 29.1.2008, 6 B 214/07; VGH Baden-Württemberg 16.5.2007, 10 S 608/07, NJW 2007, 2571 (Verstoß gegen § 136 Abs. 1 S. 2 StPO); VGH Baden-Württemberg 16.6.2003, 10 S 430/03, NJW 2003, 3004 (Verwertung von Tagebuchaufzeichnungen eines Dritten).

d) Die Geschwindigkeitsmessung oder die Wahrnehmung sonstiger hoheitlicher Tätigkeiten (z. B. die Ermittlung von Halt- und Parkverstößen) durch Privatpersonen ist dagegen nur dann zulässig, wenn diese die Befugnis zur eigenverantwortlichen und selbständigen Wahrnehmung der mit der Verkehrsüberwachung im Zusammenhang stehenden hoheitlichen Kompetenzen im Wege der Beleihung übertragen bekommen haben oder die Behörde weiterhin Herrin des Verfahrens bleibt (vgl. dazu die Ausführungen unter → *Verkehrsüberwachung durch Private*, Nr. 1 ff. und → *Beweiserhebungsverbot* Nr. 4). Wird gegen diese Grenzen der Beweiserhebung verstoßen, so unterliegen die Beweisergebnisse jedenfalls dann einem Verwertungsverbot, wenn sie zu Lasten des Betroffenen unter bewusster Missachtung geltender gesetzlicher Bestimmungen erlangt worden sind (KG Berlin 23.10.1996, 2 Ss 171/96 – 3 Ws (B) 406/96, DAR 1996, 504 [506]).

Jenseits einer willkürlichen oder leichtfertigen, aber gleichwohl gegebenen Missachtung gesetzlicher Vorgaben zur Beweiserhebung bei der Wahrnehmung hoheitlicher Tätigkeiten durch Private ist das Vorliegen eines Beweisverwertungsverbots auch im Bußgeldverfahren durch eine Abwägung der widerstreitenden Interessen zu ermitteln. Dabei ist aber eine Beweisverwertung nicht immer schon dann zulässig, wenn ein Verfahrensverstoß nicht schwerwiegend ist. Ein Verwertungsverbot kommt vielmehr umso weniger in Betracht, je geringwertiger der Verfahrensverstoß in die Rechtsposition des Betroffenen eingreift und je gravierender das Interesse des Staates an der Tataufklärung ist, um spezial- und generalpräventive Maßnahmen zum Schutz der Allgemeinheit durchzusetzen. So ist zusätzlich zu berücksichtigen, dass das Bußgeldverfahren kein Strafverfahren und das Ordnungswidrigkeitenrecht gemäß § 47 Abs. 1 OWiG insgesamt durch das Opportunitäts- und nicht durch das Legalitätsprinzip geprägt ist. Bei der Abwägung kommt es sodann nicht auf die Unrechtsfolgen wie etwa ein Bußgeld und Fahrverbot an, sondern auf die Beeinträchtigung des Betroffenen in seinen Grundrechten und seiner verfahrensrechtlichen Stellung. Demgegenüber hat die Allgemeinheit ein Interesse an der Durchsetzung der Verkehrssicherheit, wobei insbesondere bei Geschwindigkeitsverstößen innerhalb einer Ortschaft zu berücksichtigen ist, dass diese eine Hauptursache von Verkehrsunfällen mit erheblichen Folgen auch für Leib und Leben darstellen. Sind die Individualinteressen des Einzelnen daher nur wenig beeinträchtigt, kommt regelmäßig kein Verwertungsverbot in Betracht (zum Ganzen BayObLG 5.3.1997, 1 ObOWi 785/96, DAR 1997, 206 mit Rn. *Ludovisy*).

e) Eine Geschwindigkeitsmessung durch die sachlich oder örtlich unzuständige Behörde ist unzulässig, so dass die derart gewonnenen Beweise einem Erhebungsverbot unterliegen. Unter den besonderen Umständen des entschiedenen Falles erkannte das OLG Frankfurt, dass die von der unzuständigen Behörde durchgeführte Geschwindigkeitsüberwachung offenkundig an mehreren schwerwiegenden Fehlern litt und daher nichtig war. Die Verwertung der durch einen nichtigen Verwaltungsakt gewonnenen Beweise wie Lichtbilder ist aber verboten (OLG Frankfurt 10.3.1992, 2 Ws (B) 123/92 OWiG, NJW 1992, 1400 [1401]). Grundsätzlich ist das Vorliegen eines Beweisverwertungsverbots allerdings auch in diesem Zusammenhang im Rahmen einer Abwägung der widerstreitenden Interessen und unter Berücksichtigung der Umstände des konkreten Falles zu ermitteln (vgl. *Joachim/Radtke* NZV 1993, 94 [96 f.] mit sehr kritischen Ausführungen zum vorstehenden Beschluss).

9. Widerspruch gegen Beweisverwertung. Etwaige bestehende Beweisverwertungsverbote sind grundsätzlich nicht von Amts wegen in einem Verfahren zu berücksichtigen. Vielmehr muss ein Gericht die Möglichkeit eines solchen Verwertungsverbots in der Hauptverhandlung regelmäßig nur dann prüfen, wenn der Betroffene der Verwertung rechtzeitig, d. h. innerhalb des in § 257 StPO gezogenen zeitlichen Rahmens, widerspricht (vgl. dazu und zum Folgenden BGH 7.3.2006, 1 StR 316/05, NJW 2006, 1361 [1361 f.]; siehe auch OLG Frankfurt a.M. 8.11.2010, 3 Ss 285/10, NStZ-RR 2011, 46 [48]). Dies findet seinen Grund zum einen darin, dass Beweisverwertungsverbote für den Betroffenen grundsätzlich disponibel sind. Denn da er auch ein gewichtiges Interesse an der Verwertung unzulässig erhobener, aber für ihn günstiger Erkenntnisse haben kann, soll er selbst über die Geltendmachung eines Beweisverwertungsverbots entscheiden können. Zum anderen muss auch das Gericht während der Hauptverhandlung nicht die materielle Rechtmäßigkeit jeder Ermittlungshandlung im Laufe des Vorverfahrens ohne weiteres bezweifeln. Vielmehr kann es nicht zuletzt aufgrund der in Art. 20 Abs. 3 GG ausdrücklich verankerten Bindung der staatlichen Gewalt an Gesetz und Recht darauf vertrauen, dass das Ermittlungsverfahren entsprechend den gesetzlichen Vorgaben geführt wurde. Allerdings ist es dem Gericht auch ohne Widerspruch des Betroffenen nicht verwehrt, die Verwertbarkeit eines Beweismittels in der Hauptverhandlung zu prüfen und es gegebenenfalls nicht zum Gegenstand der Beweisaufnahme zu machen. Das Gericht kann die Verfahrensbeteiligten darüber unterrichten, auch wenn es dazu grundsätzlich nicht verpflichtet ist. Die Dispositionsbefugnis des Betroffenen bleibt davon unberührt, soweit nicht Rechtspositionen Dritter berührt werden. Allerdings muss er dann die Verwertung des Beweismittels in der Hauptverhandlung beantragen.

10. Abgrenzung. Von den Beweisverwertungsverboten sind die datenschutzrechtlichen Verwendungsverbote zu unterscheiden. Der das Datenschutzrecht bestimmende Zweckbindungsgrundsatz verlangt, dass die Speicherung, Verarbeitung und Nutzung von personenbezogenen Daten grundsätzlich nur für die Zwecke erfolgt, für die die Daten erhoben worden sind. Daraus folgt die Notwendigkeit einer gesetzlichen Befugnisnorm, wenn die in einem anderen Zusammenhang erhobenen Daten für ein Strafverfahren verwertet werden sollen (dazu und zum Folgenden *Krekeler/Löffelmann* AnwK-StPO Einl. Rn. 147). Eine derartige allgemeine gesetzliche Grundlage enthält die Ermittlungsgeneralklausel des § 161 StPO. Ansonsten findet sich in und außerhalb der Strafprozessordnung eine Vielzahl an speziellen Regelungen, die die Verwendung personenbezogener Daten im Strafverfahren zum Gegenstand haben (etwa §§ 100 d Abs. 5, 161 Abs. 2 und 3, 477 Abs. 2 StPO; §§ 4 Abs. 3 S. 3, 7 Abs. 2, 3 und 3 a, 9 BFStrMG, siehe dazu → *Autobahnmaut* Nr. 14). Soweit eine besondere gesetzliche Verwendungsregelung außerhalb der StPO besteht, ist die Berücksichtigung der davon betroffenen Bereiche im Strafverfahren gemäß § 160 Abs. 4 StPO unzulässig, wenn die Verwendungsregelung dem entgegensteht. Im Falle eines Verstoßes gegen eine Verwendungsregelung ist durch Auslegung der betroffenen Norm zu bestimmen, ob daraus ein Verwertungsverbot folgt. Dabei ergibt sich aus einem Verstoß gegen umfassende Verwendungsbeschränkungen in der Regel allein ein Verbot der Verwertung der Daten zu Beweiszwecken. Ansonsten stellt die Verwendung der Daten nur einen Ermittlungsansatz dar, so dass die daraus gewonnenen Beweise nach den Grundsätzen der Fernwirkung von Beweisverwertungsverboten zu behandeln sind und damit grundsätzlich verwertet werden können. Der Zweckbindungsgrundsatz steht dem nicht entgegen, da die neu erlangten Daten regelmäßig auf der Grundlage einer eigenen Befugnisnorm erhoben wurden und zwischen diesen und den Ausgangsdaten keine Identität besteht.

Siehe auch: → Lenk- und Ruhezeiten

Brenner / Seifarth

Beweiswürdigung → Besonderheiten des Verkehrsunfallprozesses Nr. 7, 8, 12, 19, 24, → Beweis des ersten Anscheins, → Fahrerermittlung Nr. 3

Bewohnerparken **1. Allgemeines.** Vor allem in den Innenstädten existiert vielfach nur ein knappes Angebot an Parkraum. Dieser wird neben den Bewohnern zumeist stark von Besuchern, Pendlern, Gewerbetreibenden und deren Kunden in Anspruch genommen. Um die Innenstädte gleichwohl auch für Bewohner attraktiv zu gestalten, ist im Straßenverkehrsrecht die Option der Einrichtung von Bewohnerparkzonen vorgesehen. Dabei bezeichnet das Bewohnerparken die Möglichkeit, ein Fahrzeug auch für einen längeren Zeitraum in einem Bereich abzustellen, in dem durch ein entsprechendes Zusatzschild Parkflächen nur für Bewohner bzw. Ausnahmeregelungen für Bewohner zu einem (eingeschränkten) Halteverbot ausgewiesen werden. Die Inhaber eines – gebührenpflichtigen – Bewohnerparkausweises erhalten dabei nicht einen bestimmten, nur ihnen zugewiesenen Parkplatz, sondern lediglich eine vergrößerte und rechtlich gesicherte Chance auf einen solchen in der Nähe ihrer Wohnung.

2. Begriff des Bewohnerparkens. Ursprünglich wurde im StVG und in der StVO der Begriff des Anwohnerparkens verwendet. Allerdings stellte das Bundesverwaltungsgericht (BVerwG 28.5.1998, 3 C 11.97, BVerwGE 107, 38) fest, dass der Begriff des Anwohners in § 6 Abs. 1 Nr. 14 StVG und § 45 Abs. 1 b Nr. 2 a StVO eine enge räumliche Verbindung zwischen Wohnung und Pkw-Abstellort verlangt. Diese Nähebeziehung setzt indes nicht voraus, dass nur denjenigen eine Parkbevorrechtigung für eine bestimmte Straße eingeräumt werden kann, die auch tatsächlich an dieser Straße wohnen (so noch BVerwG 3.5.1985, 7 B 209/84, NJW 1985, 3092); vielmehr umfasst eine derartige direkte räumliche Verbindung einen Nahbereich, der sich in aller Regel auf zwei bis drei Straßen beschränkt. Wird die Parkbevorrechtigung hingegen auf ein größeres Gebiet oder sogar auf ein gesamtes Stadtviertel erstreckt, so stellen die in einem solchen Gebiet wohnenden Menschen nach dem allgemeinen Sprachgebrauch nicht mehr Anwohner, sondern Bewohner dar. Dieses Urteil des Bundesverwaltungsgerichts hatte zunächst zur Folge, dass der Praxis mancher Städte, mosaikartig und flächendeckend ganze Innenstadtbereiche als Parkbevorrechtigungszonen für Anwohner auszuweisen, die Grundlage entzogen wurde.

Um aber weiterhin die Anordnung weiträumiger Bewohnerparkbereiche zu ermöglichen, passte der Gesetzgeber in Anlehnung an die Ausführungen des Bundesverwaltungsgerichts die Rechtslage entsprechend an. So ersetzte er in § 6 Abs. 1 Nr. 14 StVG mit dem Gesetz zur Änderung des Straßenverkehrsgesetzes und anderer straßenverkehrsrechtlicher Vorschriften (StVRÄndG) vom 19. März 2001 (BGBl. I S. 386) den Begriff „Anwohner" durch „Bewohner städtischer Quartiere mit erheblichem Parkraummangel". Auf dieser Grundlage konnte am 14. Dezember 2001 die Fünfunddreißigste Verordnung zur Änderung straßenverkehrsrechtlicher Vorschriften (35. ÄndVStVR) ergehen (BGBl. I S. 3783), die eine entsprechende Ersetzung des Begriffes „Anwohner" durch „Bewohner" in § 41 Abs. 1 i. V. m. Zeichen 286 und 290 der Anlage 2 sowie § 42 Abs. 2 i. V. m. Zeichen 314 und 315 der Anlage 3 StVO vornahm und in § 45 Abs. 1 b S. 1 StVO die Nr. 2 a einfügte, wonach die Straßenverkehrsbehörden die notwendigen Anordnungen im Zusammenhang mit der Kennzeichnung von Parkmöglichkeiten für Bewohner städtischer Quartiere mit erheblichem Parkraummangel durch vollständige oder zeitlich beschränkte Reservierung des Parkraums für die Berechtigten oder durch Anordnung der Freistellung von angeordneten Parkraumbewirtschaftungsmaßnahmen treffen. Zu dieser Anpassung sah sich der Gesetzgeber veranlasst, weil gerade in Metropolen und zum Teil auch in kleineren Großstädten ein annähernd zufriedenstellender Ausgleich zwischen dem Angebot und der Nachfrage an Parkfläche eine großräumige Verteilung der Bewohnerparkzonen erfordert (BT-Drs. 14/4304, S. 8).

3. Sinn und Zweck. Sinn und Zweck des Bewohnerparkens kommt in der das Bundesministerium für Verkehr und digitale Infrastruktur zum Erlass von Rechtsverordnungen ermächtigenden Vorschrift des § 6 Abs. 1 Nr. 14 StVG zum Ausdruck. Danach dient die Beschränkung des Haltens und des Parkens der Schaffung von Parkmöglichkeiten für Bewohner städtischer Quartiere mit erheblichem Parkraummangel. Dieser Zweck wird auch in § 45 Abs. 1 b S. 1 Nr. 2 a StVO betont. Dadurch sollen den Bewohnern von solchen stark frequentierten Stadtvierteln Parkmöglichkeiten im Umfeld ihrer Wohnung zur Verfügung gestellt werden, um ihnen den Gebrauch eines Kraftfahrzeuges zu erleichtern, die innerstädtischen Wohngebiete attraktiver zu gestalten und so einem „Aussterben" der Innenstädte außerhalb von Geschäftszeiten vorzubeugen. Zugleich wird in städtebaulicher Hinsicht die Sicherstellung der Erhaltung und Modernisierung dieser Wohngebiete bezweckt.

Dabei ist allerdings auch die Gefahr eines Ausweichens von Gewerbebetrieben und anderen Unternehmen auf das Umland durch eine weitgehende Reservierung des Parkraums der Innenstädte für Bewohner zu vergegenwärtigen. Diesem Umstand wird durch eine restriktive Auslegung des § 6 Abs. 1 Nr. 14 StVG Rechnung getragen, wonach die maximale Ausdehnung einer Parkbevorrechtigungszone regelmäßig 1000 Meter nicht übersteigen darf, ortsangemessen ausgestaltet sein muss und bei ihrer Ausweisung zudem Rücksicht auf den verfassungsrechtlich garantierten Gemeingebrauch an öffentlichen Straßen zu nehmen ist.

4. Einrichtung von Bewohnerparkplätzen. Die Straßenverkehrsbehörden treffen gemäß § 45 Abs. 1 b S. 1 Nr. 2 a StVO die notwendigen Anordnungen im Zusammenhang mit der Kennzeichnung von Parkmöglichkeiten für Bewohner städtischer Quartiere mit erheblichem Parkraummangel durch vollständige oder zeitlich beschränkte Reservierung des Parkraums für die Berechtigten oder durch Anordnung der Freistellung von angeordneten Parkraumbewirtschaftungsmaßnahmen. Diese Anordnung ergeht nach § 45 Abs. 1 b S. 2 StVO im Einvernehmen mit der Gemeinde. Eine Kennzeichnung von Bewohnerparkflächen erfolgt nach § 41 Abs. 1 i.V. m. Zeichen 286 und 290 jeweils mit Zusatzzeichen der Anlage 2 StVO mit dem Zusatzschild „Bewohner mit Parkausweis … frei" sowie nach § 42 Abs. 2 i.V. m. Zeichen 314 und 315 der Anlage 3 StVO mit dem Zusatzschild „nur Bewohner mit Parkausweis …". Das Verkehrsschild regelt als Ge- und Verbotszeichen die Benutzung eines bestimmten Gebiets, so dass die Ausweisung als Parkbevorrechtigungszone einen Verwaltungsakt in Form einer benutzungsregelnden Allgemeinverfügung nach § 35 S. 2 Var. 3 VwVfG darstellt. Den Bewohnern kommt jedoch grundsätzlich kein Anspruch auf Einrichtung oder Erhaltung von Parkplätzen oder Bewohnerparkbereichen zu.

5. Voraussetzungen für die Ausweisung. Die Einrichtung einer Bewohnerparkzone ist an mehrere Voraussetzungen gebunden. So hat das Bundesverwaltungsgericht noch zum Begriff des Anwohners entschieden, dass die Parkbevorrechtigung auf konkrete Einzelmaßnahmen zugunsten der jeweils betroffenen Bewohner beschränkt werden muss und nicht – auch nicht zusammen mit anderen Parkbevorrechtigungszonen – zu einer flächendeckenden Überspannung eines gesamten Innenstadtbereichs mit Bewohnerparkzonen führen darf (vgl. dazu und zum Folgenden BVerwG 28.5.1998, 3 C 11.97, BVerwGE 107, 38). Eine solche Ausweisung kommt nämlich einer städteplanerischen Entscheidung der Gemeinde gleich, was unzulässig ist. Seinen Grund findet diese Beschränkung vor allem darin, dass das Straßenverkehrsrecht sachlich begrenztes Ordnungsrecht darstellt, wofür dem Bund – abweichend vom sonstigen Ordnungsrecht – über Art. 74 Abs. 1 Nr. 22 GG die Gesetzgebungskompetenz eingeräumt ist. Daher gehört es nicht zu den originären Aufgaben der Straßenverkehrsbehörden, grundlegende Entscheidungen zur städteplanerischen Entwicklung zu treffen. Zudem ist das Straßenverkehrsrecht prinzipiell präferenz- und privilegienfeindlich ausgerichtet, was auch in der Regelung des § 6 Abs. 1 Nr. 14 StVG zum Ausdruck kommt, die als Ausnahmevorschrift konzipiert ist (vgl. dazu auch BT-Drs. 14/4304, S. 19; Hentschel/*König* Straßenverkehrsrecht § 45 StVO Rn. 36). Dem würde eine flächendeckende Ausweisung als Parkbevorrechtigungszone für Bewohner widersprechen, da das Parken den sonstigen Verkehrsteilnehmern erschwert oder sogar unmöglich gemacht werden würde.

Zwar sind die Folgen dieser Rechtsprechung des Bundesverwaltungsgerichts durch die Gesetzesänderung, wonach Parkvorrechte nicht mehr allein für Anwohner, sondern nunmehr für Bewohner vorgesehen werden können, abgemildert worden. Denn Bewohner sind alle Personen, die in einem ganzen Stadtviertel, eben einem Stadtquartier wohnen. Damit hat der Gesetzgeber die Beschränkung auf konkrete Einzelmaßnahmen zum Schutz jeweils betroffener Anwohner aufgegeben und den Weg zu größeren Parkbevorrechtigungszonen eröffnet (VG Frankfurt 18.2.2004, 12 E 2659/03, LS 1, Rn. 21 ff. – zitiert nach juris).

Doch sind dem Ermessen der Straßenverkehrsbehörde bei der Einrichtung von Parkbevorrechtigungszonen nach § 45 Abs. 1 b S. 1 Nr. 2a StVO aufgrund des Ausnahmecharakters dieses Vorrechts gleichwohl Grenzen gesetzt. So darf die Bewohnerparkzone weiterhin nicht von beliebiger Größe sein, wobei die genauen Ausmaße nach den konkreten Umständen und insbesondere nach der Größe der Stadt und der Frequentierung des Gebietes jeweils im Einzelfall ermittelt werden müssen. In der Regel darf aber die Bevorrechtigungszone eine Ausdehnung von 1000 Metern nicht übersteigen (vgl. BT-Drs. 14/4304, S. 8; eine wegen des Gewaltenteilungsgrundsatzes unzulässige Rechtsschöpfung stellt dagegen das Urteil des OVG Münster 9.12.1996, 25 A 4206/95 – zitiert nach juris – dar, in dem bestimmte Ausmaße von Bewohnerparkzonen je nach Einwohnerzahl festgelegt werden). Dabei dürfen auch zwei oder mehrere Zonen aneinander grenzen, die die regelmäßig zulässige Größe insgesamt übersteigen, solange die Ausdehnung ortsangemessen ist (VG Frankfurt 18.2.2004, 12 E 2659/03, Rn. 24 – zitiert nach juris). Zu beachten ist aber, dass der Gemeingebrauch an öffentlichen Straßen verfassungsrechtlich garantiert wird und daher das Parken den sonstigen Verkehrsteilnehmern nicht unangemessen erschwert oder unmöglich gemacht werden darf (vgl. BT-Drs. 14/4304, S. 8, 11, 19). Dies kann etwa dadurch erreicht werden, dass diese durch zeitliche oder quantitative Beschränkungen des Parkvorrechtes für Bewohner noch ausreichend Gelegenheit haben, Ziele in den Bewohnerparkbereichen anzufahren (VG Frankfurt 18.2.2004, 12 E 2659/03, LS 2, Rn. 24 – zitiert nach juris). Als Richtwerte sollen in den betroffenen städtischen Quartieren unter Berücksichtigung der örtlichen Gegebenheiten werktags von 9.00 bis 18.00 Uhr nicht mehr als 50 %, in der übrigen Zeit nicht mehr als 75 % der zur Verfügung stehenden Parkfläche als privilegierter Parkraum für Bewohner ausgewiesen werden (VwV-StVO zu § 45 Abs. 1 bis 1 e StVO Teil X Nr. 4; BT-Drs. 14/4304, S. 19).

Die Einrichtung eines Bewohnerparkbereichs muss die Verbesserung des Parkraums für die Bewohner zum Ziel haben, während das vordergründige Verfolgen verkehrslenkender Entscheidungen – etwa den Kraftfahrzeugverkehr von Berufspendlern aus diesen Bereichen herauszuhalten – unzulässig ist. Dass die Ausweisung von Parkbevorrechtigungszonen verkehrslenkende Folgen haben kann, ist dagegen hinzunehmen und nur im Rahmen der Ermessensentscheidung der Straßenverkehrsbehörde als eine Erwägung zu berücksichtigen (VG Frankfurt 18.2.2004, 12 E 2659/03, LS 2, Rn. 26 – zitiert nach juris).

Aus dem Wortlaut des § 45 Abs. 1 b S. 1 Nr. 2 a StVO ergibt sich zudem, dass Parkbevorrechtigungszonen nur in Stadtgebieten ausgewiesen werden dürfen, die einen erheblichen Parkraummangel aufweisen. Das setzt etwa voraus, dass das Angebot an öffentlichen wie privaten Stellplätzen knapp ist und dieser knappe Parkraum insbesondere durch die dort nicht wohnhafte Bevölkerung stark nachgefragt wird. Zudem darf für die Bewohner auch keine Möglichkeit bestehen, in zumutbarer Entfernung von ihrer Wohnung einen Stellplatz für ihr Kraftfahrzeug zu finden.

Die Entscheidung über die Anordnung von Bewohnerparkbereichen steht ebenso wie die konkrete Ausgestaltung im Ermessen der Straßenverkehrsbehörde und muss nach § 45 Abs. 1 b S. 1 Nr. 2 a StVO auch notwendig sein. Über den Terminus der Notwendigkeit findet letztlich der Grundsatz der Verhältnismäßigkeit Eingang in die Ausgestaltung der straßenverkehrsrechtlichen Maßnahmen, an dem sich die Ausweisung von Bewohnerparkflächen auch messen lassen muss.

6. Voraussetzungen für die Berechtigung. Ist eine Parkbevorrechtigungszone ausgewiesen, sind verschiedene Voraussetzungen zu erfüllen, damit sie von einem Bewohner auch in Anspruch genommen werden kann. So kann die besondere Parkberechtigung nur solchen Personen zuerkannt werden, die in dem ausgewiesenen Gebiet meldebehördlich registriert sind und dort auch tatsächlich wohnen (BVerwG 28.9.1994, 11 C 24/93, NJW 1995, 473; VwV-StVO zu § 45 Abs. 1 bis 1 e StVO Teil X Nr. 7). Daher kann etwa Anliegern oder in dem ausgewiesenen Gebiet ansässigen Gewerbetreibenden keine Bewohnerparkberechtigung ausgehändigt werden. Eine Nebenwohnung in dem betroffenen Gebiet kann ausreichen, wenn es die örtlichen Gegebenheiten zulassen. Die räumliche Geltung des Bewohnerparkrechtes richtet sich nach der Bezeichnung des Parkausweises, die auf den Zusatzschildern angegeben wird.

Zudem ist ein Antrag des Bewohners bei der Straßenverkehrsbehörde auf Ausstellung eines Bewohnerparkausweises erforderlich. Die Entscheidung über die Ausstellung des Ausweises trifft die Straßenverkehrsbehörde im Einvernehmen mit der Gemeinde. Bei dem Parkausweis handelt es sich um einen begünstigenden Verwaltungsakt, der die Erlaubnis zum Parken auf den dafür gekennzeichneten Flächen beinhaltet. Die behördliche Befugnis zur Erteilung der Bewohnerparkausweise folgt aus § 45 Abs. 1 b S. 1 Nr. 2 a StVO, der die Behörde zur Einführung eines Systems bewohnerberechtigten Parkens ermächtigt. Der Gebührenrahmen für die Ausstellung eines Parkausweises für Bewohner liegt nach § 6 a Abs. 1 Nr. 1 lit. a, Abs. 2 StVG in Verbindung mit der Tarifstelle 265 der Anlage zu § 1 der Gebührenordnung für Maßnahmen im Straßenverkehr bei 10,20 € bis 30,70 € pro Jahr.

Sind Bewohnerparkzonen ausgewiesen, vermittelt § 45 Abs. 1 b S. 1 Nr. 2 a StVO dem Bewohner ein subjektiv-öffentliches Recht gegenüber der Straßenverkehrsbehörde, über seinen Antrag auf Erteilung des Bewohnerparkausweises ermessensfehlerfrei zu entscheiden (OVG Münster 18.3.1996, 25 A 3355/95, NZV 1997, 132 [LS 1, 132 ff.]).

Grundsätzlich bekommt jeder Bewohner nur einen Parkausweis für ein auf ihn als Halter zugelassenes oder nachweislich von ihm dauerhaft genutztes Kraftfahrzeug ausgestellt (dazu und zum Folgenden VwV-StVO zu § 45 Abs. 1 bis 1 e StVO Teil X Nr. 7). In begründeten Einzelfällen können mehrere Kennzeichen, die Kennzeichnung „wechselnde Fahrzeuge" oder der Name einer „Car-Sharing-Organisation" eingetragen werden. Bei letzterem gilt das Bewohnerparkvorrecht allerdings nur dann, wenn von außen deutlich erkennbar ist, dass das Fahrzeug dieser Organisation angehört, worauf der Antragsteller schriftlich hinzuweisen ist. Nutzen dagegen zwei Angehörige einer Familie, die in unterschiedlichen Parkzonen wohnen, ein Kraftfahrzeug im Wege eines „Familien-Car-Sharings", besteht kein Anspruch auf Erteilung eines zweiten Bewohnerparkausweises (OVG Berlin 21.5.2003, 1 B 1.02, Rn. 15 ff. – zitiert nach juris, dort auch zur Vereinbarkeit der Differenzierung von gewerblichem und privatem Car-Sharing mit Art. 3 Abs. 1 GG sowie zur hinreichenden Berücksichtigung der Staatszielbestimmung aus Art. 20 a GG seitens der zuständigen Behörde; anders die vorgehende Entscheidung des VG Berlin 1.3.2002, 11 A 37.02, NZV 2003, 53 [LS 1 und 3, 54 f.]).

Nach § 46 Abs. 1 S. 1 Nr. 11 StVO können die Straßenverkehrsbehörden in bestimmten Einzelfällen oder allgemein für bestimmte Antragsteller wegen besonders gelagerter Umstände beziehungsweise wegen unbeabsichtigter Härten Ausnahmegenehmigungen von der Parkbevorrechtigung für Bewohner nach §§ 41 Zeichen 286, 42 Zeichen 314 Nr. 2, 315 Nr. 3 StVO erteilen. Eine solche Ausnahmegenehmigung ist grundsätzlich nur in besonders dringenden Fällen bei einem Überwiegen der Belange des Antragstellers gegenüber den öffentlichen Belangen gerechtfertigt, wobei an den Nachweis der Dringlichkeit besonders strenge Anforderungen zu stellen sind.

7. Ausgewählte verfassungsrechtliche Fragen. a) Gesetzgebungskompetenz. Die Kompetenz des Bundes zur Regelung der Kennzeichnung von Bewohnerparkbereichen ergibt sich aus Art. 74 Abs. 1 Nr. 22 GG. Zum Recht des Straßenverkehrs zählen dabei alle Vorschriften, die die vom Verkehr ausgehenden Gefahren, Behinderungen und Belästigungen für die Verkehrsteilnehmer oder Dritte ausschalten oder zumindest mindern und damit der Sicherheit und Leichtigkeit des Verkehrs dienen. In diesem Rahmen halten sich auch die Regelungen hinsichtlich der Kennzeichnung von Parkvorrechtigungszonen, da sie den zwischen Verkehrsteilnehmern bestehenden Interessenkonflikt bei einem vorhandenem Ungleichgewicht von Parkplatzangebot und -nachfrage im Bereich des ruhenden Verkehrs lösen. Die daneben verfolgten stadtplanerischen Ziele ändern an diesem Ergebnis nichts (vgl. dazu *Fugmann-Heesing* NVwZ 1983, 531 [531]; ähnlich *Hillgruber* VerwArch 89 (1998), 93 [96 ff.]).

b) Art. 3 Abs. 1 GG. Die Ausweisung bestimmter Gebiete als Parkbevorrechtigungszonen für Bewohner kann nicht mit dem Argument angefochten werden, dass eine solche Differenzierung gegen den Gleichheitssatz des Art. 3 Abs. 1 GG verstößt. Denn die Unterscheidung der Parkberechtigungen von Bewohnern und sonstigen Verkehrsteilnehmern ist durch sachliche Gründe gerechtfertigt (vgl. dazu BVerwG 28.9.1994, 11 C 24/93, NJW 1995, 473; VGH München 1.9.2008, 11 CS 08.1617, NJOZ 2009, 740 [746 f.], dort auch zur Vereinbarkeit mit Art. 3 Abs. 3 GG sowie zu den Freiheitsrechten aus Art. 11 Abs. 1 und Art. 2 Abs. 1 GG). Dieser sachliche Grund ergibt sich aus dem mit der Einrichtung von Bewohnerparkplätzen verfolgten Ziel, die innerstädtischen Wohngebiete attraktiver zu gestalten, dadurch der Wanderungsbewegung von der Stadt in das Umland entgegenzuwirken und so auch die Erhaltung und Modernisierung dieser Wohngebiete sicherzustellen.

Besteht aber hinsichtlich des Umfangs der Parkbevorrechtigungszonen eine gleichmäßige Verwaltungspraxis, wonach etwa mindestens 50 % des Parkraums für andere Verkehrsteil-

B bewusste Fahrlässigkeit

nehmer zur Verfügung stehen muss, so darf die Straßenverkehrsbehörde aufgrund des Gleichheitssatzes aus Art. 3 Abs. 1 GG hiervon nicht ohne sachlichen Grund abweichen (VG Frankfurt 18.2.2004, 12 E 2659/03, Rn. 25 – zitiert nach juris).

Auch eine Differenzierung zugunsten von Hauptwohnungsinhabern gegenüber Nebenwohnungsinhabern bei der Vergabe von Bewohnerparkausweisen stellt keinen Verstoß gegen Art. 3 Abs. 1 GG dar. Kraftfahrzeugführer mit einem Hauptwohnsitz in einem Gebiet mit erheblichem Parkraummangel sind von dieser Parkraumnot qualitativ und quantitativ stärker betroffen als Personen mit Nebenwohnsitz, so dass eine Reservierung des Parkraums für diesen Personenkreis die Attraktivität des Wohngebiets eher erhält oder steigert. Zudem kann durch eine derartige Differenzierung einer missbräuchlichen Inanspruchnahme der Bewohnerparkregelung effektiver begegnet werden. Die Ungleichbehandlung ist daher durch sachliche Gründe gerechtfertigt (vgl. dazu OVG Münster 18.3.1996, 25 A 3355/95, NZV 1997, 132 [LS 1, 133 f.]; VG Frankfurt 16.1.2007, 12 E 1343/05, Rn. 13 f. – zitiert nach juris, dort (Rn. 15) auch zur Vereinbarkeit mit Art. 6 Abs. 1 GG im Falle verheirateter Personen, die melderechtlich die vorwiegend genutzte Wohnung der Familie als Hauptwohnsitz nehmen müssen).

c) Art. 12 Abs. 1 GG. Ein Verstoß gegen die Berufsfreiheit aus Art. 12 Abs. 1 GG kommt hinsichtlich der von einer Ausweisung von Parkbevorrechtigungszonen betroffenen Gewerbetreibenden und sonstigen berufstätigen Personen ebenfalls nicht in Betracht (vgl. BVerwG 28.9.1994, 11 C 24/93, NJW 1995, 473). Durch derartige Bewohnerparkflächen werden die Betroffenen an der Ausübung ihres Berufes weder gehindert noch wird die Art und Weise der Berufsausübung ausgestaltet, so dass zumindest kein Eingriff in dieses Grundrecht vorliegt.

d) Art. 14 Abs. 1 GG. Schließlich werden die Gewerbetreibenden und sonstigen berufstätigen Personen grundsätzlich auch nicht in ihrem Recht auf Eigentum aus Art. 14 GG verletzt (vgl. VGH München 1.9.2008, 11 CS 08.1617, NJOZ 2009, 740 [747 f.] zum Recht am eingerichteten und ausgeübten Gewerbebetrieb). Zwar wird vom Schutzbereich des Art. 14 GG auch der Anliegergebrauch umfasst, doch reicht dieser nur soweit, wie die angemessene Nutzung des Eigentums eine Benutzung der Straße erfordert (vgl. dazu und zum Folgenden BVerwG 8.9.1993, 11 C 38.92, BVerwGE 94, 136, st. Rspr.). Als angemessen erscheint aber nur das, was aus dem Grundstück und seiner sowohl nach der Rechtslage als auch den tatsächlichen Gegebenheiten prägenden Situation der Umgebung als anerkennenswertes Bedürfnis hervorgeht und nicht schon jede Nutzung, zu der das Grundeigentum Gelegenheit bietet. Der eigentumsrechtliche Schutz des Anliegergebrauchs erstreckt sich daher lediglich auf die Verbindung mit dem öffentlichen Straßennetz überhaupt, nicht aber notwendig auch auf die Erreichbarkeit mit Kraftfahrzeugen. Das Recht auf Anliegergebrauch schützt somit in der Regel nicht vor Erschwernissen des Zugangs, die sich aus der besonderen örtlichen Lage des Grundstücks ergeben. Solange die als Bewohnerparkfläche ausgewiesene Straße daher als Verkehrsmittler und Kontakt nach außen bestehen bleibt, wird Art. 14 Abs. 1 GG nicht verletzt. Etwas anderes kann sich nur dann ergeben, wenn die Einrichtung einer solchen Parkbevorrechtigungszone einen Gewerbetreibenden oder eine sonstige berufstätige Person unverhältnismäßig schwer und in unzumutbarer Weise betrifft. An diese Bewertung sind allerdings strenge Anforderungen zu stellen, da die wirtschaftliche Ausnutzung von Lagevorteilen nicht dem Eigentumsschutz unterliegt. So liegt eine solche Belastung regelmäßig schon dann nicht vor, wenn genügend allgemein zugängliche – gebührenfreie oder gebührenpflichtige – Parkplätze in zumutbarer Entfernung vorhanden sind.

Daraus folgt auch, dass der Einzelne keinen Anspruch auf Einrichtung oder Erhaltung von Parkmöglichkeiten (für Bewohner) auf öffentlichen Straßen oder Plätzen unmittelbar bei oder in angemessener Nähe von seiner Wohnung oder seinem Grundstück hat. Für Grundstückseigentümer ergibt sich ein solcher Anspruch auch nicht aus dem von Art. 14 Abs. 1 GG geschützten Recht auf Anliegergebrauch (vgl. BVerwG 6.8.1982, 4 C 58/80, NJW 1983, 770). *Brenner/Seifarth*

bewusste Fahrlässigkeit → Vorsatz und Fahrlässigkeit

Billigkeitshaftung → Kinderunfall Nr. 4

Bindungswirkung → Besonderheiten der Verkehrsunfallklage Nr. 7, → Besonderheiten des Verkehrsunfallprozesses Nr. 3, 4, 12, → Deckungsklage Nr. 1, → Haftungsausschluss bei

Arbeits-/Schulunfällen Nr. 7, → Unfallversicherung Nr. 10

Biomechanik 1. Biomechanik/Verletzungsmechanik (*Buck/Beier:* Das biomechanische Gutachten, Sachverständigenbeweis im Verkehrsrecht, § 3, 2008). Die *Biomechanik* beschreibt die Wirkung von Kräften im und am menschlichen Körper. Dazu gehört u. a. auch die Forschung auf dem Gebiet der Prothetik und der Bewegungslehre in den Sportwissenschaften. Die *Verletzungsmechanik* befasst sich demgegenüber speziell mit der Biomechanik, *wenn's weh tut*, also – wie der Name sagt – mit dem Zusammenhang zwischen mechanischen Belastungen und den daraus resultierenden Verletzungen. Bei der *Forensischen Biomechanik im Zusammenhang mit Verkehrsunfällen* handelt es sich in erster Linie um die Klärung derartiger Zusammenhänge. Daher werden im Folgenden die Begriffe *Biomechanik* und *Verletzungsmechanik* weitgehend synonym gebraucht. Dementsprechend handelt es sich auch beim *biomechanischen Gutachten* und beim *verletzungsmechanischen Gutachten* letztlich um die gleichen Fragestellungen. Da dabei zum einen eine ingenieurmäßige Analyse der mechanischen Vorgänge und Bedingungen erforderlich ist, zum anderen eine medizinische Befundung der Verletzungen, wird hier die Mitwirkung verschiedener wissenschaftlicher Disziplinen gesehen und in diesem Sinne ein so genanntes *Interdisziplinäres Gutachten* angefordert. Die Bearbeitung erfordert jedoch dann nicht die Mitwirkung mehrerer Sachverständiger, wenn beim beauftragten Sachverständigen die notwendigen Kenntnisse aus beiden Sachgebieten vorhanden sind.

Allgemein gilt: Eine Verletzung entsteht dann, wenn bei Berücksichtigung des Verletzungsmechanismus die mechanische Belastung die entsprechenden Toleranzgrenzen überschreitet. Dementsprechend ist im verletzungsmechanischen Gutachten für den konkreten Fall
– der Verletzungsmechanismus zu klären,
– die mechanische Belastung – qualitativ zu bestimmen,
– quantitativ abzuschätzen
– und den mechanischen Toleranzgrenzen gegenüber zu stellen.

2. Verletzungsmechanismus. Der *Verletzungsmechanismus* beschreibt die Art und Weise der mechanischen Belastung, den Vorgang bzw. Bewegungsablauf, welcher zu der in Rede stehenden Verletzung geführt hat oder hätte führen können. Unterschiedliche Verletzungsmechanismen führen in der Regel zu unterschiedlichen Verletzungen. Dann lässt sich aus der Verletzung zurück auf den Verletzungsmechanismus schließen.

Verletzungsmechanismen für die Halswirbelsäule können unterschiedlich vorliegen und ergeben unterschiedliche Verletzungen. Bsp. kommt es infolge eines Kopfanpralles zur Stauchung der Halswirbelsäule, einmal verbunden mit einer Biegung nach hinten, einmal mit einer Flexion nach vorn. Ferner können Situationen skizziert werden, die zu einem HWS-Schleudertrauma führen könnten: Dabei kommt es zu einer Streckung der HWS, da bei fixiertem Rumpf der Kopf nach vorn bzw. nach hinten pendelt (im Sinne des immer wieder beschriebenen Peitschenschlagmechanismus). Dementsprechend werden im einen Falle, bei der Dezeleration infolge einer Frontalkollision, die im Nacken gelegenen Strukturen gestreckt, im anderen Falle eher für die Weichteile im vorderen und seitliche Bereich des Halses. In gleicher Weise ergeben sich unterschiedliche Belastungen der Wirbelkörper und Bandscheiben.

Als weiteres Beispiel sind die unterschiedlichen Bruchformen, die an langen Röhrenknochen bei unterschiedlichen Belastungsarten entstehen. Der ‚Biegungskeil', der in typischer Weise beim Fußgängerunfall als Stoßstangenverletzung entsteht, erlaubt dem Sachverständigen eine Eingrenzung der Anstoßrichtung. Dazu muss auf O. Messerer, Über Elasticität und Festigkeit menschlicher Knochen, Cotta, Stuttgart, 1880 verwiesen werden.

3. Mechanische Belastungen. Die *mechanischen Belastungen,* welche zu Verletzungen führen, sind Kräfte, die auf verschiedene Art wirken können – Biegung, Torsion, Scherung, Zug, Kompression – und Beschleunigungen – linear oder rotatorisch – mit den trägheitsbedingten Belastungen. Andere mechanische Größen können zur Begründung einer Verletzung nur dann herangezogen werden, wenn deren Relation zu den genannten Größen bestimmt ist oder bestimmt wird: So ist die bei einem Unfall eingebrachte kinetische Energie bezüglich der Verletzungen irrelevant, solange nicht dargelegt wird, in welchem Umfang, auf welche Weise und über welchen Deformationsweg diese in zerstörerische Arbeit umgesetzt wurde. Das heißt aber, welche Kräfte und Beschleunigungen dabei aufgetreten sind. Dazu muss zum einen eine vollständige Energiebilanz erstellt, zum anderen das Kraftniveau über den Deformationsweg abgeschätzt werden.

B Biomechanik

übliches Symbol (physikalische Definition)	Bezeichnung	Dimension	Benennung
s	Weg, Strecke	m	Meter
t	Zeit	s	Sekunden
$v\ (=s/t)$	Geschwindigkeit	m/s, km/h 1 m/s = 3,6 km/h	Meter pro Sekunde Kilometer pro Stunde
$a\ (a=v/t)$	Beschleunigung, Verzögerung	m/s² g = 9,81 m/s²	meter pro Sekunde hoch 2 g (Fallbeschleunigung)
m	Masse	kg	Kilogramm
$I\ (I=m\cdot v)$	Impuls	kg · m/s	
$K, F\ (K=m\cdot a)$	Kraft	N = kg · m/s	Newton
$A\ (A=K\cdot s)$	Arbeit	J = Nm = kg · m²/s²	Joule = Newton-meter
$E_{kin}\ (E=m\cdot v^2/2)$	kinetische Energie	J = Nm = kg · m²/s²	Joule = Newton-meter

Abbildung 1: mechanische Größen und ihre Dimension, eine Auswahl.

Für spezielle Fragestellungen können auch andere mechanische Bezugsgrößen herangezogen werden, wenn entsprechend umfangreiche und umfassende Untersuchungen dazu vorliegen:
– Bei der Begutachtung von Frontalkollisionen hinsichtlich der Frage, ob der Sicherheitsgurt (ordnungsgemäß) angelegt war, kann auf die ‚Schwere des Unfalles', d. h. auf das Ausmaß der Deformation des Vorderwagens Bezug genommen werden. Unter Berücksichtigung des Fahrzeugmodelles stellt diese ein Maß für die Belastung des angegurteten Insassen dar und bestimmt damit – mit einer gewissen Streubreite – die zu erwartende Verletzungsschwere bzw. die möglicherweise auftretenden Verletzungen.
– Bei der Begutachtung der Frage ob bei einer konkreten Heckkollision der/die Betroffene ein so genannte HWS-Schleudertrauma erlitten haben kann, wird als Maß der mechanischen Belastung die Geschwindigkeitsänderung Δv des Fahrzeugs des/der Betroffenen herangezogen. Diese Größe wird bisweilen fälschlich als Geschwindigkeit angesehen. Sie ist jedoch bei gegebener bzw. in geringem Umfang variabler Stoßzeit ein Maß für die am Fahrzeug aufgetretene Beschleunigung. Wegen der Massenträgheit unbefestigter Körper in einem Fahrzeug ist physikalisch die Fahrzeugbeschleunigung (die durch den Stoß am Fahrzeug initiiert wird) zu einem Zeitpunkt bereits beendet ist, an dem der jeweilige Insasse (bsp. in x-Richtung betrachtet) noch gar nicht oder gerade erst auf den Stoß reagiert hat. Wegen dieser Tatsache ist die anstoßbedingte Geschwindigkeitsänderung (Delta-v) ein zulässiges Kriterium für die biomechanische Beurteilung des HWS-Schleudertrauma. Ein weiteres Kriterium, wenn auch physikalisch nur schwer exakt quantifizierbar, ist die Insassenbelastung.

Die bei der Behandlung biomechanischer Fragestellungen am häufigsten verwendeten physikalischen Größen sind Abbildung 1 mit Definition und Dimension zusammengestellt.

4. Mechanische Toleranzgrenzen. Die *mechanischen Toleranzgrenzen* (Als Synonym für Toleranzgrenzen werden auch die Bezeichnungen ‚Belastungsgrenzen', ‚Erträglichkeitsgrenzen' oder ‚Harmlosigkeitsgrenzen' verwendet) des menschlichen Körpers bestimmen das Versagen der Strukturen, d.h. das Entstehen von Verletzungen. Die unter forensischen Gesichtspunkten anzuwendenden Toleranzgrenzen unterscheiden sich von den so genannten Schutzkriterien für den Automobilbau, wie sie von Regierungen national oder international festgelegt werden. Für die Schutzkriterien werden Durchschnittswerte festgelegt, die auf die Gesamtpopulation bezogen sind. Richtschnur sind dabei Verletzungen, die nach der Verletzungsskala AIS (The Abbreviated Injury Scale 1990 Revision Update 1998, Ass. for the Advancement of Automotive Medicine, Des Plaines, Il., USA) mit 2 oder 3 zu bewerten sind. Das sind Verletzungen, die ernst, aber nicht lebensbedrohlich sind (Die AIS-Skala be-

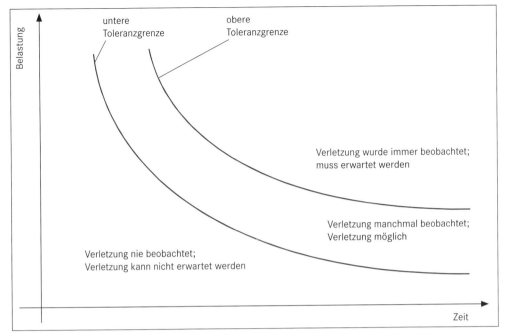

Abbildung 2: Verlauf der Toleranzgrenzen bei dynamischen Vorgängen.

wertet die Verletzungen ausschließlich bezüglich des Risikos, daran zu sterben. Verletzungen, die der Überlebende als schwere Beeinträchtigung empfindet, können hier durchaus mit 2 oder 3 bewertet sein.). Als Grenzwert wird dabei eine Belastung gewählt, bei der für eine Verletzungsschwere von AIS ≥ 3 die Wahrscheinlichkeit 50 % beträgt. Dass heißt, dass die Hälfte der betroffenen Bevölkerung bei dieser Belastung leichter oder nicht verletzt wird (Nach G. Beier und D. Kallieris: Forensische Biomechanik in der Rechtsmedizin – eine Standortbestimmung. In W. Keil, G. Mall, B. Rolf, Hrsg., Perspektiven der Rechtsmedizin, Shaker-Verlag, Aachen, 2004.). Die so festgelegten Kriterien können daher allenfalls im Zivilverfahren herangezogen werden, wenn nach dem allgemeinen Verletzungsrisiko bei einem Unfall gefragt wird. Ansonsten und insbesondere im Strafverfahren wird es erforderlich sein, auf eine *untere Toleranzgrenze* zu beziehen, die so definiert ist, dass unterhalb dieser die betrachtete Verletzung nie beobachtet wurde. Umgekehrt ist es sinnvoll und für gewisse Fragestellungen erforderlich, eine *obere Toleranzgrenze* derart zu definieren, dass beim Überschreiten dieser die Verletzung stets aufgetreten ist.

Generell nehmen die biomechanischen Toleranzgrenzen mit der Dauer der Einwirkung ab.

In der Abb. 2 sind zur Verdeutlichung schematisch die Toleranzgrenzen für ein beliebiges Unfallgeschehen über der Einwirkungsdauer aufgetragen

Der Bereich zwischen den Toleranzgrenzen ergibt sich aus der biologischen Streuung, d. h. aus dem Einfluss von Lebensalter, Geschlecht, Konstitution und anderen Faktoren auf die Belastbarkeit des Individuums, die so weit möglich bei der gutachterlichen Bewertung Berücksichtigung finden müssen. Die Toleranzgrenzen gelten jeweils nur für den bestimmten Verletzungsmechanismus, für den sie ermittelt wurden. Die Ermittlung von Toleranzgrenzen ist ein Hauptproblem der Forensischen Biomechanik. Sie ist technisch gesehen relativ einfach bei Verletzungen, die sich morphologisch manifestieren, die man also sehen kann, direkt oder mittels bildgebender Verfahren (Röntgen, Kernspintomographie): Die Toleranzgrenzen für derartige Verletzungen können durch Messungen an menschlichen anatomischen Präparaten oder Leichen durchgeführt werden. Grenzbelastungen für funktionelle Störungen, wie etwa die Gehirnerschütterung, cognitive Ausfälle oder Lähmungserscheinungen, können damit jedoch nicht ermittelt werden. Hier wird versucht, aus Tierversuchen über homologe Reihen auf den Menschen zu schließen und diese Ergebnisse durch biomechanische Analysen realer Unfälle zu verifizieren.

Zur Ermittlung von Toleranzgrenzen für Verletzungen, welche Beschwerden hervorrufen, die nur vom Patienten wahrgenommen werden können, wie Kopf- und Nackenschmerzen oder schmerzhafte Bewegungseinschränkungen nach einem HWS-Schleudertrauma, wurden und werden Versuche mit Freiwilligen angestellt, natürlich nur im tolerablen Bereich, dass heißt, unterhalb der unteren Toleranzgrenze. Die so ermittelten Werte stellen also lediglich Annäherungen an den ‚Kann-Bereich' dar, ohne diesen zu erreichen.

Zum Teil liegen noch keine zuverlässigen Grenzwerte vor. Hier besteht weiterhin ein erheblicher Forschungsbedarf. Es wird auch nicht möglich sein, für jede und insbesondere für außergewöhnliche Situationen Toleranzgrenzen bereit zu stellen. Andererseits ist es häufig möglich – und für die Beteiligten auch durchaus anschaulicher – wenn auf Belastungen des täglichen Lebens Bezug genommen wird. Eine Zusammenstellung solcher Belastungen findet sich in der Tabelle in Abbildung 3.

Alltags-belastungen	Kopf-Beschleu-nigung	Brust-Beschleu-nigung	Geschwindigkeits-änderung
dynamisches Setzen	6 g	8 g	Δv = 7-8 km/h
Schubsen von hinten	3 g	2 g	Δv = 3-4 km/h
Ohrfeige	3 g	5 g	Δv = 3-4 km/h
Kopfball	10 g	2,5 g	Δv = 15 km/h
Kinnhaken	8,5 g	3 g	Δv = 10-12 km/h
Hüpfen	3-4 g	5 g	Δv = 4-5 km/h
Niesen	2,9 g		Δv= 3-4 km/h
Husten	3,5 g		Δv = 3-4 km/h

Abbildung 3: Tab. einer Zusammenstellung mögl. Alltagsbelastungen (Die aufgeführten Alltagsbelastungen wurden von Grosser und Fürbeth (Ing. Büro Großer und Fürbeth, Erlangen) im Rahmen einer biomechanischen Tagung in München vorgestellt.), (Weitere Angaben bei Allen ME, Weir-Jones P, Motiuk DR er al.: Acceleration Perturbations of Daily Living.) – a comparison to Whiplash. Spine 19, pp. 1285-1290 (1994).), (Buck, Knopek: vergleichende Alltagsbelastungen bei Niedriggeschwindigkeitsstößen (2005).).

Im konkreten Falle ist es notwendig, eine detaillierte technische Analyse zu erstellen, um den in Frage kommenden Verletzungsmechanismus und damit das zutreffende Toleranzkriterium zu ermitteln. Sodann erfolgt die verletzungsmechanische Korrelationsbetrachtung der Belastungen, der Toleranzwerte und der medizinischen Befunde bzw. der geklagten Beschwerden mit einer daran anschließenden fachmedizinischen Begutachtung.

Der Sachverständige muss also solide Kenntnisse der Gesetze der Mechanik haben, welche in der Regel ein Studium der Ingenieurwissenschaften oder der Physik voraussetzen, und in der Anwendung dieser Gesetze auf biomechanische Fragestellungen geübt sein, sowie ein Wissen aus den medizinischen Teilgebieten Anatomie und Traumatologie erworben haben, z. B. im Rahmen einer wissenschaftlichen Tätigkeit in einer entsprechenden medizinischen Einrichtung oder Klinik.

5. Verletzungsmechanische Fragestellungen bei Straßenverkehrsunfällen. Die häufigsten Fragestellungen die zur verletzungsmechanischen Begutachtung kommen sind nachfolgend als eine Auswahl zusammengestellt.

a) Fußgänger
– In welcher Körperhaltung wurde der Fußgänger erfasst:
– Angefahren: aufrecht gehend, stehend?
– Überfahren: auf der Fahrbahn liegend?
– Von welcher Seite? Anstoßseite und Position (fälschlich: Gehrichtung).
– Haben ein oder mehrere Ereignisse stattgefunden?
– Zuordnung der Verletzungen bei mehreren Ereignissen, insbes. der tödlichen Verletzungen.
– Bei Fahrerflucht: Lassen sich die Verletzungen widerspruchsfrei den Beschädigungen zuordnen?

b) Radfahrer
– Wie wurde der Radfahrer erfasst:
– Auf dem Fahrrad fahrend?
– Als Fußgänger das Rad schiebend?
– Aufrecht gehend, stehend, oder wie?
– Von welcher Seite? Anstoßseite?
– Haben ein oder mehrere Ereignisse stattgefunden?
– Zuordnung der Verletzungen bei mehreren Ereignissen, insbes. der tödlichen Verletzungen.
– Bei Fahrerflucht: Lassen sich die Verletzungen widerspruchsfrei den Beschädigungen zuordnen?
– Wurde ein Helm getragen?

c) Kraftradfahrer und Sozius
– Wurde der Helm getragen,
– War der Helm ordnungsgemäß befestigt?

- Wenn nicht, welche Verletzungen wären mit/ohne Helm eingetreten?
- Wer war zum Unfallzeitpunkt der Fahrer des Krads, wer Sozius?
- HWS-Schleudertrauma?

d) Fahrzeuginsassen
- Gurt angelegt?
- Verletzungsminderung bei Gurt?
- Wie hätten sich die Verletzungen verändert, mit und/oder ohne Gurt?
- Sitzposition (Wer war der Fahrer)?
- Verletzungszuordnung bei Mehrfachkollision bzw. komplexen Unfallabläufen?
- HWS-Schleudertrauma?

6. HWS-Schleudertrauma/HWS-Distorsion/ HWS-Trauma. (Der Verfasser vertritt die Auffassung, dass unabhängig von dem Einsatz eines biomechanischen Gutachtens mit ergänzendem medizinischen Gutachten im Hinblick auf die Problematik von HWS-Beschwerden nach Verkehrsunfällen immer der Einzelfall und der Individualfall zu betrachten sind. Die nachfolgenden Ausführungen sind deshalb auf Grundlage dieser Rechtsbetrachtung nicht als pauschaliert zu sehen, sondern als Überblick über die derzeitigen möglichen Auswertungen derartiger Verkehrsunfälle im Hinblick auf die betrachtete Problematik.) Die Bedeutung des HWS-Schleudertrauma, der HWS-Distorsion oder der sog. Beschleunigungsverletzung der Halswirbelsäule (Moorahrend U: Die HWS-Beschleunigungsverletzung. Fischer, Stuttgart, 1993) bei leichten Auffahrunfällen nimmt im Rahmen biomechanischer Begutachtungen immer mehr zu, gleichwohl sie bereits seit Mitte der 90-er Jahre gerade für die zivilrechtliche Bearbeitung bedeutend ist. Auch im Hinblick auf geforderte Schmerzensgeldleistungen und damit verbundenem Verdienstausfall werden häufig Verletzungen der HWS geltend gemacht, die nicht selten mit weiteren Verletzungen und Folgebeschwerden einhergehen und mit denen sich die Gerichte gerade zivilrechtlich immer häufiger zu beschäftigen haben. Zu berücksichtigen sind dabei biomechanische Toleranzkriterien und -grenzen einzelner Kollisionstypen (Heckkollision, Frontalkollision, Seitenkollision, Streifkollision) und modellhaft sowohl die relevante Relativbewegung des beaufschlagten Fahrzeuginsassen als auch, soweit möglich, der relevante Verletzungsmechanismus, der der Traumatisierung der HWS zugrunde zu legen ist.

Für das Erstellen eines verletzungsmechanischen Gutachtens liegen in der Streitakte in der Regel folgende Anknüpfungstatsachen vor:

Angaben über Unfallzeit, -ort, - beteiligte und deren Fahrzeuge,
Schadensgutachten/Reparaturrechnung/Fotos der verunfallten Fahrzeuge,
ärztliche Atteste über die vorgestellten Verletzungen, der eingeleiteten Therapie und ggfs. der Arbeitsunfähigkeit der/des Verletzten.

Der Gutachtenauftrag lautet dann etwa wie folgt:

Es ist zum Hergang des streitgegenständlichen Verkehrsunfalls sowie zur Unfallkausalität der Verletzungen der Insassen im gestoßenen Fahrzeug ein unfallanalytisches/verletzungsmechanisches Gutachten zu erstellen.

Die technische Analyse und vor allem die stoßmechanischen Berechnungen basieren in der Regel (je nach Akteninhalt) vor allem auf der spurenkundlichen Bewertung der Schäden an den beteiligten Fahrzeugen, deren energetisch beaufschlagten Karosseriezonen und der stoßmechanischen Auswertung des Unfallkontaktes.

Anzumerken ist, dass retrospektiv für eine zivilrechtlich beweissichere Würdigung bei einem realen Stoßgeschehen nur die auf die Fahrzeuge einwirkende anstoßbedingte Geschwindigkeitsänderung berechenbar ist. Dies ist zumindest als Obergrenze explizit auch dann möglich, wenn nur das Schadensbild eines der Fahrzeuge dokumentiert worden ist und ansonsten der Verkehrsunfall nicht im Detail (durch die Polizei oder die Parteien im Nachlauf) aufgenommen wurde. Eine Berechnung der Insassenbeschleunigung ist retrospektiv beweissicher nicht möglich. Explizit ist die Insassenbeschleunigung beim Unfallstoß nicht mit der Fahrzeugbeschleunigung gleichzusetzen. Um die Insassenbeschleunigung retrospektiv auswerten zu können, müssten die Insassen beim Unfallstoß quasi mit Beschleunigungsaufnehmern versehen gewesen sein. Für eine retrospektive Berechnung der Insassenbeschleunigung müsste ferner der Beschleunigungsweg des Insassen nach dem Stoß (nach hinten, nach vorne oder seitlich) bekannt sein. Auch hierzu bedarf es keiner weiteren Erläuterung, dass sich die Parteien in aller Regel trefflich über die Sitz- und die Kopfpositionen der Insassen streiten. Es fällt auf, dass immer häufiger in diesem Zusammenhang Sachverständige die Betroffenen vorab zum Abstand des Kopfes von der Kopfstütze befragen und über diesen Abstand die Insassenbeschleunigung berechnen.

Die Verfasser sind der Auffassung, dass nach derzeitigem Kenntnisstand und den verfügbaren Werkzeugen eine Berechnung der Beschleunigungen am Fahrzeuginsassen obsolet und als Grundlage einer Begutachtung zum HWS-Schleudertrauma unzulässig ist. Da es aus vielen Untersuchungen (sowohl mit Freiwilligen als auch mit Leichen) bekannt ist, dass es etwa 100 Millisekunden dauert, bis sich der Thorax-/Kopfbereich eines Insassen an der Rückenlehne anlagert oder generell der Rumpf des Insassen wegen seiner Massenträgheit auf den Unfallstoß reagiert, ist es aus technischer Sicht ausreichend, die Geschwindigkeitsänderung auf das gestoßene Fahrzeug als relevantes Toleranzkriterium der verletzungsmechanischen Befundung zugrunde zu legen (siehe oben).

Die anstoßbedingte Geschwindigkeitsänderung (Δv) stellt damit das hinreichend beweissicher berechenbare Toleranzkriterium dar. Dieses Toleranzkriterium wird üblicherweise folgendermaßen abgeschätzt: Aus dem Deformationsbild der unfallbeteiligten Fahrzeuge wird die sog. EES (energieäquivalente Vergleichsgeschwindigkeit) abgeschätzt und daraus die anstoßbedingte Geschwindigkeitsänderung berechnet.

Es wird also nicht aus den Beschädigungen unmittelbar auf die Verletzungen geschlossen, sondern zunächst die Geschwindigkeitsänderung abgeschätzt und aus dieser unter Berücksichtigung etwa der Sitzposition, der Relativbewegung und anderer Faktoren auf das Verletzungsrisiko geschlossen. Der häufig vorgetragene Einwand, aus den Beschädigungen des Fahrzeuges könne nicht auf die Verletzungen der Insassen geschlossen werden, geht daher grundsätzlich ins Leere.

In den Akten befinden sich in der Regel Atteste über die ärztlicherseits erhobenen Erstbefunde und u. U. den weiteren Verlauf der Beschwerden. In diesen Attesten ist häufig eine HWS-Distorsion oder ein HWS-Schleudertrauma mit möglicher Krankschreibung angegeben. Die Diagnose HWS-Schleudertrauma ist streng genommen keine ärztliche Diagnose. Sie setzt nämlich die genaue Kenntnis des individuellen Unfallablaufes und des daraus resultierenden Verletzungsmechanismus voraus. Die beim HWS-Schleudertrauma gemeinhin auftretenden Symptome können nämlich auch aus natürlicher Ursache oder anderen Traumata resultieren. Der verletzungsmechanisch relevante Mechanismus, der zum sog. HWS-Schleudertrauma führt (HWS-Schleudertrauma entspricht am ehesten dem im englischen Sprachraum gebrauchten Terminus des „Whiplash-Syndrome", zu übersetzen mit Peitschenschlagsyndrom.), ist ein komplexes Bewegungsgeschehen im Bereich der Halswirbelsäule und der Kopfgelenke. Im Wesentlichen kommt es bei einer entsprechenden Beaufschlagung (Front-, Seit-, Heckbeaufschlagung) zu einer Relativbewegung zwischen Rumpf und Kopf des Insassen, die bei entsprechender Intensität geeignet ist, HWS-Beschwerden hervorzurufen. Subjektiv werden diese Beschwerden als Bewegungseinschränkungen, Muskelverspannungen, Kopf- und Nackenschmerzen, Schwindel oder ähnliches beschrieben. An diesen Beschwerden orientieren sich die Klassifizierungen von Erdmann (Erdmann H: Schleuderverletzung der Halswirbelsäule. Hippokrates Verlag, Stuttgart, 1973)und Spitzer et. al (*Spitzer W O, Skovron M L, Salmi L R, Cassidy J D, Duranceau J, Suissa S, Zeiss E,*: Scientific Monograph of the Quebec Task Force on Whiplash-Associated Disorders: Redefining „whiplash" and ist management. Spine 20 (8 Suppl.): 1995, 8S, 1S – 73S). Diese Beschwerden sind jedoch nach derzeitigem Stand der Wissenschaft medizinisch nicht zu objektivieren. Es gibt derzeit z. B. kein allgemein anerkanntes bildgebendes Verfahren (Röntgen, Kernspin), anhand dessen Verletzungen, die für diese Beschwerden verantwortlich gemacht werden könnten, nachzuweisen. Anzumerken ist in diesem Zusammenhang, dass die in ärztlichen Attesten häufig genannte Steilstellung der HWS nicht als objektives Indiz für die Diagnose „HWS-Schleudertrauma" angesehen werden kann. Sie wird in einem hohen Prozentsatz (42% (*Helliwell P S, Evans P F, Wright V*: The Straight Cervical Spine: Does it indicate Muscle Spasm?, British Journal of bone and joint surgery, 76, 1994, 103.)) auch in der nicht betroffenen Bevölkerung beobachtet.

7. HWS-Schleudertrauma – Kollisionsarten. Nachfolgend werden die häufigsten Kollisionsarten und die verletzungsmechanisch relevanten Toleranzgrenzen aufgezeigt, die angesetzt werden können, wenn es sich um einen normalkonstituierten Fahrzeuginsassen handelt. Es wird die Relativbewegung des beaufschlagten Insassen beschrieben und zur einwirkenden Belastung und, soweit möglich, zu dem Verletzungsmechanismus Stellung genommen. Die Einschätzung der Toleranzgrenze obliegt aber dann immer der Einzelfalleinschätzung nach Auswertung des individualen Verkehrsunfalls. Die nachfolgend aufgeführten Toleranzgrenzen als Zusammenfassung des derzeitigen Standes der biomechanischen Forschung beinhalten auch Out-Of-Position-Sitzhaltungen sowie Untersuchungen mit Probanden unterschiedlichen Alters, jedoch keine Untersuchungen mit bereits deutlich HWS-vorgeschädigten Personen.

a) **Heckkollision.** Die Heckkollision ist der häufigste Unfall, beim dem die Insassen über Verletzungen der HWS klagen. Die Insassen werden beim Anstoß durch ihre Massenträgheit relativ gesehen nach hinten in Richtung Rückenlehne bewegt. Während der Rumpf von der Rückenlehne gehalten wird, kommt es zum „quasi freien Auspendeln des Kopfes". Als höchste Belastung auf die HWS wirkt dabei die Retroflexion noch vor dem Kontakt mit der Kopfstütze. Beim Kontakt mit der Kopfstütze kommt es zu einem Kopfanprall. Bei zu niedriger Einstellung der Kopfstütze kann es zu einer zusätzlichen Überdehnung/Längung der HWS bei gleichzeitiger Rotation um den Bereich des 1. Halswirbels kommen. Die Überlagerung dieser Verletzungsmechanismen ist geeignet, bei den Insassen ein HWS-Schleudertrauma zu erzeugen, wenn die dafür relevanten Toleranzgrenzen überschritten werden.

Die Toleranzgrenzen für ein leichtes HWS-Schleudertrauma beim Heckauffahrunfall nach derzeitigem Stand der Wissenschaft auch unter Berücksichtigung der einzelnen Gutachter/Gutachterinstitute, sind wie folgt zusammenzufassen:

$\Delta v \leq 6\text{-}10$ km/h $\Rightarrow$ eher nicht wahrscheinlich,
$\Delta v = 8\text{-}13$ km/h $\Rightarrow$ zunehmend wahrscheinlich
$\Delta v \geq 13$ km/h $\Rightarrow$ sehr wahrscheinlich

Diese Toleranzgrenzen beinhalten explizit weder mögliche Sitzposition der Verletzten noch mögliche degenerative Veränderungen der HWS der Insassen im Vorfeld des Unfalles, Einstellungsvarianten der Kopfstütze oder Berücksichtigung der individualen Gesamtkonstitution des Insassen zum Unfallzeitpunkt. Für den Individualfall ist es verletzungsmechanisch möglich, dass auch bei niedrigeren Belastungen Verletzungen an der HWS eintreten. Aus dieser Betrachtung kann aber keine generelle Herabsetzung der Toleranzgrenzen abgeleitet werden, da völlig gesunde, junge und nicht vorgeschädigte Insassen ggfs. mit ältern, vorgeschädigten Insassen verglichen werden würden.

b) **Frontalkollision.** Die Frontalkollision ist, wie auch die Seitenkollision, weniger häufig die Ursache von geklagten HWS-Beschwerden. Die Insassen werden beim Anstoß relativ gesehen nach vorne in Richtung Windschutzscheibe/Armaturenbrett bzw. in Richtung Lenkrad bewegt (entgegengesetzt zum einwirkenden Stoßantrieb). Die Relativbewegung zwischen Kopf und Rumpf resultiert aus der Fixierung der Rumpfes durch das Gurtrückhaltesystem im Vergleich zum „quasi freien Auspendeln des Kopfes nach vorne". Als Belastung wirkt auf die HWS eine nach vorne gerichtete Überstreckung. In der Regel kommt es bei leichteren Frontalkollisionen weder zu einem Auslösen des Airbags mit Kopfkontakt noch zu einem Kopfkontakt des Insassen mit der Fahrgastzelle.

Die Toleranzgrenzen für ein HWS-Schleudertrauma beim Frontalunfall nach derzeitigem Stand der Wissenschaft auch unter Berücksichtigung der einzelnen Gutachter/Gutachterinstitute sind wie folgt zusammenzufassen:

$\Delta v \leq 15$ km/h $\Rightarrow$ eher nicht wahrscheinlich
$\Delta v = 15\text{-}20$ km/h $\Rightarrow$ zunehmend wahrscheinlich
$\Delta v \geq 20$ km/h $\Rightarrow$ sehr wahrscheinlich

Die Toleranzgrenzen bei Frontalkollision sind nicht im erforderlichen Umfang erforscht. Es sind derzeitig keine Untersuchungen bekannt, bei denen unter einer anstoßbedingten Geschwindigkeitsänderung von $\Delta v = 15\text{-}20$ km/h tatsächlich an der HWS verletzte Insassen beobachtet wurden. Erleidet der Insasse beim Unfallstoß einen Kopfkontakt, gelten die o. a. Toleranzgrenzen jedoch nicht. Auch hier ist es damit für den Individualfall verletzungsmechanisch möglich, dass bei niedrigeren Belastungen Beschwerden an der HWS eintreten.

c) **Seitenkollision.** Die Insassen werden beim Anstoß entgegengesetzt des einwirkenden Stoßantriebes relativ bewegt. Die Relativbewegung zwischen Kopf und Rumpf resultiert aus der Rückhaltung des Rumpfes durch das Gurtsystem, die Seitenführungskräfte der Rückenlehne und ggfs. dem Anliegen des Rumpfes an der seitlichen Begrenzung der Fahrgastzelle im Vergleich zum „quasi freien seitlichen Auspendeln des Kopfes". Als Belastung wirkt auf die HWS dabei eine laterale Verlagerung des Kopfes. Im Gegensatz zur Heck- und zur Frontalkollision wird bei der Seitenkollision als Toleranzkriterium die queraxiale anstoßbedingte Geschwindigkeitsänderung (Δv_q) untersucht. In der Regel kommt es bei leichteren Seitenkollisionen weder zu einem Auslösen des Seitenairbags mit Kopfkontakt noch zu einem reinen Kopfkontakt des Insassen mit der Fahrgastzelle.

Die Toleranzgrenzen für ein leichtes HWS-Schleudertrauma bei einer Seitenkollision nach derzeitigem Stand der Wissenschaft auch unter

Berücksichtigung der einzelnen Gutachter/Gutachterinstitute sind wie folgt zusammenzufassen:

$\Delta v_q \leq 15$ km/h $\Rightarrow$ nicht wahrscheinlich
$\Delta v_q = 15\text{-}18$ km/h $\Rightarrow$ zunehmend wahrscheinlich
$\Delta v_q \geq 18$ km/h $\Rightarrow$ sehr wahrscheinlich

Da bei einem seitlichen Anstoß jedoch bereits ab $\Delta v_q \geq 5$ km/h ein Kopfkontakt des stoßnahen Insassen erwarten werden kann, müssen die o. a. Toleranzgrenzen differenziert betrachtet werden. Mit Kopfkontakt des Insassen kann u. U. bereits ab einer anstoßbedingten Geschwindigkeitsänderung von $\Delta v_q \geq 5$ km/h mit einem leichten HWS-Schleudertrauma gerechnet werden.

d) Streifkollision. Es gelten im Wesentlichen die obigen Ausführungen zur Seitenkollision. Als Belastung auf die HWS findet eine Überlagerung von frontaler Auslenkung und lateraler Verlagerung des Kopfes statt. Allerdings sind die Insassenbelastungen bei Streifkollisionen meist sehr niedrig, da durch den zeitlich relativ lang andauernden Kontakt keine hohen Belastungsspitzen auftreten.

Die Toleranzgrenzen für ein HWS-Schleudertrauma bei einer Seitenkollision nach derzeitigem Stand der Wissenschaft auch unter Berücksichtigung der einzelnen Gutachter/Gutachterinstitute sind wie folgt zusammenzufassen:

$\Delta v \leq 15$ km/h $\Rightarrow$ nicht wahrscheinlich
$\Delta v = 15\text{-}18$ km/h $\Rightarrow$ zunehmend wahrscheinlich
$\Delta v \geq 18$ km/h sehr wahrscheinlich

Aus biomechanischer Sicht ist jedoch, wie bei der Seitenkollision, ein Kopfkontakt des stoßnahen Insassen möglich, so dass die o. a. Toleranzgrenzen differenziert zu betrachten sind.

8. Tinnitus. Entweder durch eine Traumatisierung oder durch eine Durchblutungsstörung des Hörorganes kann es zu einer Schädigung einzelner Gehörzellen kommen, so daß ein permanenter Pfeifton gehört wird (der tatsächlich gar nicht existent ist). Generell ist es damit möglich, dass ein Tinnitus über eine Knalltraumatisierung oder einen Hörsturz generiert wird oder aber ganz explizit als Folgesymptom von Verspannungen und ggfs. eines Muskelhartspanns bsp. der HWS auftritt. Der Grenzwert des sog. Schallexplosionskegel liegt dabei bei SEL > 125 dB(A), der des Impulsschallereignis (Knall) bei PEAK > 140 dB(A). Ein Unfallgeräusch der oben beschriebenen Niedriggeschwindigkeitsstoßgeschehen generell erreicht keinen höheren Schallexplosionskegelwert als etwa SEL ≈ 90 dB(A) bei einem Impulsschallereignis von etwa PEAK ≈ 120 dB (A), so dass ein derartiger Verkehrsunfall an sich nicht dazu geeignet ist, quasi primär kausal einen Tinnitus zu generieren. Beim Öffnen des Fahrer-/Beifahrerairbags ergeben sich demgegenüber Werte von SEL ≈ 130 dB(A) und PEAK ≈ 160 dB(A), wobei wegen des sich ausbreitenden Schallkegels die Belastung für den Fahrer beim Öffnen des Beifahrerairbags kritischer ist (für den Beifahrer notwendig umgekehrt). Das Öffnen eines Airbags ist damit prinzipiell geeignet traumatisch einen Tinnitus zu verursachen.

Wenn jedoch die Insassen in einem beaufschlagten Fahrzeug mit so hohen Belastungen konfrontiert werden, dass bsp. ein HWS-Schleudertrauma oder gar eine direkte Kopfkontaktierung mit Gehirnerschütterung eintritt, so kann ein Verkehrsunfall dennoch geeignet sein im Nachlauf einen Tinnitus zu begründen. Grundsätzlich können Verspannungen im Bereich der Nackenmuskulatur nicht traumatischer Genese (typischer Weise z. B. durch Fehlhaltungen) ebenfalls Tinnitus als Symptom nach sich ziehen. Die Kausalitätsbewertung dieser Verletzung bedarf jedoch expliziter, individueller Auswertung (s. o.) und sollte seriös immer über eine interdisziplinäre Begutachtung untersucht werden. *Buck*

Black-Box $\rightarrow$ Unfalldatenspeicher

Blinksignal $\rightarrow$ Irreführendes Falschblinken

Blitzschaden $\rightarrow$ Teilkaskoversicherung Nr. 4

Blockieren $\rightarrow$ Abschleppkosten Nr. 3, $\rightarrow$ Nötigung Nr. 2, 4, 7 Praxistipp

Blockmarkierung $\rightarrow$ Überholen Nr. 2 a)

Blutalkohol $\rightarrow$ Ethanol im Blut, vgl. BAK

Blutalkoholkonzentration $\rightarrow$ vgl. BAK, $\rightarrow$ Fahrradfahrer Nr. 17, $\rightarrow$ Sturztrunk, $\rightarrow$ Trinkmenge, $\rightarrow$ Blutprobe

Blutentnahme Gebräuchliche Abkürzungen: BE oder BP. Handlung von medizinischem Personal, um eine Blutprobe von dem/der zu Untersuchenden zu entnehmen. Grundsätzlich möglich: arterielle und venöse Blutentnahme. Die BE erfolgt durch sterile Punktion des ausgewählten Blutleiters mit einer Hohlnadel, an die ein entsprechendes Auffangsystem angeschlossen ist.

Die Blutentnahme bzw. deren Durchführung zur Erlangung eines forensischen Beweismittels ist subsumiert unter § 81a StPO „Körperliche Untersuchung". Dies muss durch einen (approbierten) Arzt durchgeführt werden. S. auch § 81a StPO. Typischerweise wird die Ellenbeugenvene (vena cubitalis) punktiert. Ohne weiteres denkbar sind aber auch Punktionen von größeren Blutgefäßen wie beispielsweise der Oberschenkelvene oder auch der Halsvene (wenn beispielsweise die Venenpunktion in der Ellenbeuge nicht gelingt). Wesentlich dabei ist immer die Verhältnismäßigkeit des Eingriffs (BE ist grundsätzlich eine gefährliche Körperverletzung) und die sach- und fachgerechte Durchführung der Maßnahme.

Priemer

Blutprobe 1. Allgemeines. Die B. dient typischerweise der Feststellung der Blutalkoholkonzentration und/oder der Konzentration anderer berauschender Mittel und darf nach § 81a Abs. 1 StPO nur von einem Arzt durchgeführt werden. Angeordnet werden muss sie nach § 81 Abs. 2 StPO durch den Richter, bei Gefahr im Verzug indes durch den Staatsanwalt oder dessen Ermittlungsbeamten.

2. Richtervorbehalt. Die Anordnung einer Blutprobe steht somit unter einem Richtervorbehalt (BVerfG 12.2.2007 = NJW 2007, 1345), der jedoch – anders als bei Wohnungsdurchsuchungen (Art. 13 Abs. 2 GG) und Freiheitsentziehungen (Art. 104 Abs. 2 S. 1 GG) – nicht ausdrücklich in der Verfassung festgeschrieben, sondern nur einfachrechtlich ausgestaltet ist (BVerfG 28.7. 2008, 2 BvR 784/08 = NJW 2008, 3053) und daher nicht zum rechtsstaatlichen Mindeststandard zählt. Die Strafverfolgungsbehörden müssen sonach regelmäßig versuchen, eine Anordnung des zuständigen Richters zu erlangen, bevor sie selbst eine Blutentnahme anordnen. Nehmen sie zu Unrecht eine eigene Eilzuständigkeit an, so verstößt die Blutentnahme gegen ein Beweis*erhebungs*verbot.

3. Daraus folgt aber in der Regel noch kein Beweisverwertungsverbot (BVerfG 28.7.2008, 2 BvR 784/08 = NJW 2008, 3053). Die Gerichte müssen, um ihrer Pflicht nach Art 19 Abs. 4 GG zu genügen, nicht zwingend die Rechtmäßigkeit der Blutentnahme als solche prüfen, sondern nur klären, ob sie als Beweismittel verwertbar ist. Letzteres dürfen sie bejahen, wenn die Ermittlungsmaßnahme weder objektiv willkürlich war noch sonst einen besonders schwerwiegenden Fehler darstellte. Ein Beweisverwertungsverbot liegt aber nahe, wenn der Richtervorbehalt von den Strafverfolgungsbehörden bewusst und systematisch, gleichsam „flächendeckend", missachtet wird (BGH 18.4.2007 = NJW 2007, 2269; *Mosbacher/Gräfe* NJW 2009, 904).

4. Von Verfassungs wegen bedarf es bei Verstoß gegen den Richtervorbehalt im Rahmen von § 81a StPO keines Verwertungsverbotes (BVerfG 24.2.2011, 2 BvR 1596/10 und 2346/10; DAR 2011, 196; BVerfG 11.6.2010, 2 BvR 1046/10, DAR 2010, 454). Auch ist für die Anordnung von Blutentnahmen *verfassungsrechtlich* kein nächtlicher richterlicher Bereitschaftsdienst zu fordern (BVerfG 24.2.2011, 2 BvR 1596/10 und 2346/10). Wo ein solcher nicht besteht, ist kein Raum für den Vorwurf, es hätten die Ermittlungsbeamten den Richtervorbehalt zielgerichtet umgangen. Allerdings müssen nichtrichterliche Eilanordnungen auf ihre Rechtmäßigkeit kontrollierbar sein: Der von der Blutprobe Betroffene kann somit deren Rechtswidrigkeit nachträglich feststellen lassen, dennoch bleibt die Blutprobe im Strafverfahren verwertbar (BVerfG 11.6.2010, 2 BvR 1046/08, DAR 2010, 454).

5. Folgt aus dem Beweiserhebungsverbot ein Beweisverwertungsverbot? Die Frage, ob und wann der Verstoß gegen das Beweiserhebungsverbot (Nr. 2) ein Beweisverwertungsverbot (Nr. 3) nach sich ziehe, haben die *Fach*gerichte unterschiedlich beurteilt. An Einzelentscheidungen stechen folgende hervor:

a) Kein Verwertungsverbot, weil der Untersuchungserfolg durch jede zeitliche Verzögerung, somit durch jedes Zuwarten auf eine Richterentscheidung zu größeren Ungenauigkeiten bei der Feststellung der Tatzeit-BAK führen könne, sogar zur Unmöglichkeit einer Rückrechnung (LG Hamburg 12.11.2007, 603 Qs 470/07).

b) Verwertungsverbot nur bei bewusster Umgehung des Richtervorbehalts, aber eine Eilzuständigkeit sei nicht schon deshalb begründet gewesen, weil der Abbau der BAK zu einem Zeit- und Nachweisproblem führt. Denn gerade bei „höheren Alkoholisierungen" sei der Abbau so gering, dass er durch Rückrechnung ausgeglichen werden könne (OLG Hamburg 4.2.2008, 2-81/07).

c) Kein Verwertungsverbot, weil zwar eine richterliche Anordnung telefonisch binnen 15 Minuten hätte erholt werden können, aber der Polizeibeamte die Eilanordnung nicht in bewusster Umgehung des Richtervorbehalts traf, sondern weil er (irrtümlich) der Meinung war,

B Bordsteinabsenkung

wegen des raschen Abbaus (hier: von Kokain) liege Gefahr im Verzug vor (OLG Stuttgart 26.11.2007, 1 Ss 532/07).

d) Beweisverwertungsverbot, weil kurzfristige Verzögerungen durch Rückrechnung ausgeglichen werden können und eine Eilzuständigkeit nur angenommen werden könne, wenn der Richter trotz nachhaltiger und wiederholter Versuche nicht erreicht werden kann oder es sich um geringe Drogen- oder Alkoholkonzentrationen handele, da hier die Gefahr des Beweismittelverlustes drohe (LG Berlin 23.4.2008, 528 Qs 42/08).

> Praxistipp: Es mag sein, dass demnächst eine Gesetzesänderung den Richtervorbehalt in § 81a Absatz 2 StPO soweit einschränkt, dass die Vorschrift weitgehend „entschärft" wird. Auch werden die Fachgerichte dazu neigen, ein Beweisverwertungsverbot in der Regel nicht anzunehmen, seit bekannt ist, dass das BVerfG dieses Verbot jedenfalls verfassungsrechtlich nicht sieht. Kommt es dennoch einmal in Betracht, so ist in Verkehrsstrafverfahren das Augenmerk darauf zu richten, ob die Ermittlungsbeamten im Einzelfall versucht haben, einen richterlichen Beschluss zu erwirken und, wenn nicht, ob dies auf besonderen Umständen beruhte oder einfach aus allgemeiner Routine so gehandhabt wurde. Wer als Polizeibeamter ermittelt, sollte diese Schritte sorgfältig dokumentieren. Hält der Verteidiger die Blutprobe für unverwertbar, so muss er im zeitlichen Rahmen des § 257 Abs. 2 StPO ihrer Verwertung widersprechen.

Weder

6. Entnahme. Die BP ist in einem Auffanggefäß aufzunehmen, das typischerweise zwischen 1 ml und 10 ml fasst und je nach Untersuchungsmethodik entweder mit keinem Zusatz versehen ist oder bsp. gerinnungshemmende oder enzymhemmende Zusätze aufweist.

In Bayern kommt derzeit ein Vacutainer-System zur Anwendung, wobei die Glaskolben vakuumiert sind und einen gerinnungshemmenden Zusatz aufweisen (EDTA). *Priemer*

Bordsteinabsenkung → Halten und Parken Nr. 3

Brand → Teilkaskoversicherung Nr. 1

Bremsleuchten → Fahrzeugbeleuchtung Nr. 2

Bremsspuren → Unfallanalytik Nr. 6

Brüssel I-Verordnung → Auslandsunfall Nr. 6

Bruttolohntheorie → Unfallschadenabwicklung – Personenschaden Nr. 7

Bundespolizei → Dienstfahrerlaubnis

Bundeswehr → Dienstfahrerlaubnis

Bundeszentralregister 1. Allgemeines. Am 18.3.1971 wurde das Gesetz über das Zentralregister und das Erziehungsregister (Bundeszentralregistergesetz – BZRG, BGBl. I S. 243) verkündet, das am 1.1.1972 in Kraft getreten ist. Das Bundeszentralregister löste die bis dahin von den Ländern geführten 93 Strafregister der Staatsanwaltschaften bei den Landgerichten sowie das Bundesstrafregister ab. Das nach § 1 Abs. 1 BZRG vom Bundesamt für Justiz als Registerbehörde in Bonn geführte Register hat im Rechtsverkehr eine große Bedeutung. So werden derzeit ca. 10.000 Entscheidungen der Registerbehörde täglich mitgeteilt. Zudem gehen an jedem Arbeitstag durchschnittlich 40.000 Auskunftsersuchen von Gerichten, Staatsanwaltschaften, Polizeidienststellen und anderen Verwaltungsbehörden sowie Anträge von Privatpersonen auf Ausstellung eines Führungszeugnisses ein.

Das BZRG hat im Wesentlichen zwei Funktionen: Zum einen räumt es der staatlichen Gewalt eine weitgehende Befugnis zur Erfassung, Speicherung und Übermittlung von sensiblen persönlichkeitsbezogenen Daten ein, die diese vor allem für eine effektive Strafrechtspflege benötigt. Zum anderen beschränkt es diese Befugnis mit dem Zweck, den Betroffenen von dem Makel einer Strafe und den damit verbundenen, zum Teil schwerer als die eigentliche Strafe wiegenden gesellschaftlichen Nachteilen zu befreien. Dieser Interessenkonflikt ist bei der Auseinandersetzung mit dem BZRG immer zu berücksichtigen. So bilden Regelungen wie die Beschränkung der Eintragungspflicht auf bestimmte Tatsachen, die eingeschränkte Auskunft über das Führungszeugnis, die ausdifferenzierte Aufnahme- und Tilgungsregelung sowie die Begrenzung von Offenbarungspflichten den Kern des das BZRG prägenden Resozialisierungsgedankens. Die stigmatisierend wirkenden Eintragungen sollen den Betroffenen im Rechtsverkehr nicht länger belasten und faktisch benachteiligen, als es die Bedeutung und das Gewicht der eingetragenen Tatsache für die Beurteilung der Persönlichkeit im öffentlichen Interesse erforderlich macht.

2. Historie des Bundeszentralregisters. Die Idee der Registrierung von Vorstrafen geht bis in das 18. Jahrhundert zurück. Erstmals gesetzlich angeordnet wurde die Einrichtung eines gerichtlichen Zentralregisters 1808 in Frankreich, und auch in Preußen führten ab 1838 die Gerichte und Polizeibehörden Verurteilten- bzw. Vorstrafenlisten. Am 1.10.1882 trat die sog. Strafregisterverordnung in Kraft, die für das Deutsche Reich einheitliche Strafregister neben den nach Landesrecht von den Polizeibehörden angelegten sog. polizeilichen Listen einführte. Danach oblag die Führung der Strafregister nunmehr überwiegend den für den Geburtsort der Verurteilten zuständigen Staatsanwaltschaften, die auf Antrag allen deutschen Behörden, nicht aber Privaten Auskunft über eingetragene Verurteilungen erteilten. Löschungen waren – außer im Falle des Ablebens oder der Vollendung des 70., seit der Abänderungsverordnung von 1896 des 80. Lebensjahres – zunächst nur in einzelnen Ländern auf Antrag durch Gnadenerweis möglich und erst ab 1918 wurde mittels einer Änderung der Verordnung die Möglichkeit der Auskunftsbeschränkung aufgrund Fristablaufs vorgesehen. Der Entwurf eines Strafgesetzbuches von 1913, der eine vollständige Entfernung von Eintragungen aus dem Register aufgrund gerichtlicher Anordnung nach 20 Jahren bei guter Führung des Verurteilten vorsah, hat dagegen nie Gesetzeskraft erlangt. Allerdings enthielt das Straftilgungsgesetz vom 9.4.1920 eine Regelung, die – abgesehen von Verurteilungen zum Tod oder zu Zuchthaus – abhängig von bestimmten Fristen und bei Straflosigkeit innerhalb dieser Fristen stufenweise zunächst die Beschränkung der Auskunft und sodann die Tilgung als Registervergünstigung vorsah. Zudem konnten die Landesjustizverwaltungen sowie der Reichsjustizminister in besonderen Härtefällen auch die beschränkte Auskunft oder die Tilgung anordnen. Das System polizeilicher Vorstrafenlisten und dem daneben bestehenden Strafregister führte in vielen Fällen zu einer widersprüchlichen und dem Ziel der Resozialisierung des Betroffenen entgegenstehenden Rechtslage, so dass deshalb und aus Gründen der Verwaltungsvereinfachung und -effizienz ab 1954 mit der Einsetzung eines Unterausschusses ein Reformprozess auf den Weg gebracht wurde, der schließlich mit dem am 1.1.1972 in Kraft getretenen Gesetz über das Zentralregister und das Erziehungsregister (BZRG) zum Abschluss gebracht wurde (vgl. ausführlich zum Ganzen *Rebmann* NJW 1983, 1513; *Götz/Tolzmann* BZRG Einl. Rn. 7 ff.; vgl. zu den Gründen der Einführung des BZRG auch BT-Drs. VI/1550, S. 1 f.; BR-Drs. 676/79, S. 14 f.).

3. Inhalt und Führung des Registers. In das Bundeszentralregister werden generell strafgerichtliche Verurteilungen, Entscheidungen von Verwaltungsbehörden und Gerichten, Vermerke über Schuldunfähigkeit, nachträgliche Entscheidungen und Tatsachen, die sich auf eine der vorgenannten Eintragungen beziehen, sowie gerichtliche Feststellungen über Straftaten im Zusammenhang mit einer Betäubungsmittelabhängigkeit und mit der Ausübung eines Gewerbes eingetragen. Die näheren Voraussetzungen für eine Eintragungspflicht, über den konkreten Inhalt der Eintragung und über die Führung des Registers ergeben sich aus den §§ 4 ff. BZRG. So ist etwa nach § 8 BZRG bei gerichtlicher Anordnung einer Sperre für die Erteilung einer Fahrerlaubnis nach § 69 a StGB der Tag des Ablaufs der Sperre in das Register einzutragen. Es ist auch nicht jede Entscheidung einer Verwaltungsbehörde oder eines Gerichtes einzutragen, sondern nur die in § 10 BZRG benannten besonderen Entscheidungen, etwa die vollzieh- und nicht mehr anfechtbare Entscheidung einer Verwaltungsbehörde, durch die ein Paß versagt, entzogen oder in seinem Geltungsbereich beschränkt oder durch die angeordnet wird, dass ein Personalausweis nicht zum Verlassen des Gebiets des Geltungsbereichs des Grundgesetzes über eine Auslandsgrenze berechtigt.

Eine Eintragung wird gemäß § 20 Abs. 2 S. 1 BZRG mit einem sog. Sperrvermerk versehen, wenn der Betroffene schlüssig darlegt, dass die Eintragung unrichtig ist und sich weder die Richtigkeit noch die Unrichtigkeit der Eintragung feststellen lässt. Die wesentliche Folge eines solchen Sperrvermerkes ist, dass die Eintragung – außer zur Richtigkeitsprüfung und außer für die unbeschränkt auskunftsberechtigten Behörden des § 41 Abs. 1 Nr. 1 und Nr. 3-5 BZRG – ohne Einwilligung des Betroffenen nicht verarbeitet oder genutzt werden darf. Davon zu unterscheiden ist der sog. Suchvermerk. Dieser wird im Register gespeichert und dient als Mittel zur Fahndung flüchtiger Straftäter (*Götz/Tolzmann* BZRG Nachtrag zur 4. Aufl. § 27 BZRG Rn. 1 a). Die Voraussetzungen zur Speicherung eines solchen Suchvermerks finden sich in § 27 BZRG. Danach muss der Aufenthaltsort der betroffenen Person zum Zeitpunkt der Anfrage unbekannt sein und der Vermerk muss der Erfüllung hoheitlicher Aufgaben oder der Durchführung von Maßnahmen der Zentralen Behörde nach § 7 des Internationalen Familienrechtsverfahrensgesetzes, § 4 Abs. 3 des Erwachsenenschutzübereinkommens-Ausführungsgesetzes oder §§ 16, 17 des Auslandsunterhaltsgesetzes dienen. Sofern das Register eine Eintragung über den Betroffenen enthält oder eine Mitteilung über ihn erhält oder bei ihr ein Antrag auf Erteilung eines Führungszeugnisses oder auf Auskunft eingeht, gibt sie der anfragenden Behörde das Datum und die Geschäftsnummer der Entscheidung sowie die mitteilende Behörde bekannt. Sobald der Registerbehörde die Erledigung des Suchvermerks mitgeteilt wird, spätestens aber nach Ablauf von drei Jahren seit der Niederlegung ist der Suchvermerk wieder zu entfernen.

4. Auskunft aus dem Register. a) Auskunft über etwaige Eintragungen aus dem Bundeszentralregister wird in Form des Führungszeugnisses oder der unbeschränkten Auskunft gegeben. Das Führungszeugnis, eine auf grünem Spezialpapier mit einem Bundesadler gedruckte Urkunde, wird nach § 30 Abs. 1 S. 1 BZRG auf Antrag jeder Person erteilt, die das 14. Lebensjahr vollendet hat. Die Ausstellung des Zeugnisses ist gemäß § 30 Abs. 2 BZRG grundsätzlich persönlich oder durch einen gesetzlichen Vertreter unter Nachweis der Identität sowie ggf. der Vertretungsmacht bei der örtlichen Meldebehörde zu stellen. Zulässig ist es aber auch, den Antrag schriftlich mit amtlich oder öffentlich beglaubigter Unterschrift des Antragstellers zu stellen. Unter den Voraussetzungen des § 30c BZRG besteht nunmehr auch die Möglichkeit der elektronischen Antragstellung unmittelbar bei der Registerbehörde. Abhängig vom Zweck der Ausstellung werden unterschiedliche Arten des Führungszeugnisses ausgegeben. Als ein „Privatführungszeugnis" (Belegart N) wird das für persönliche Zwecke ausgestellte Zeugnis bezeichnet, während ein „Behördenführungszeugnis" (Belegart O oder OG für Zeugnisse, die für eine in § 149 Abs. 2 Nr. 1 GewO bezeichnete Entscheidung benötigt wird) zur Vorlage bei einer deutschen Behörde dient. Das Privatführungszeugnis wird dabei regelmäßig für Bewerbungen bei einem möglichen Arbeitgeber benötigt und an die angegebene Privatadresse gesendet. Das Behördenführungszeugnis wird dagegen bei Bewerbungen bei einer Behörde sowie bei Anträgen für eine amtliche Erlaubnis (z. B. Gaststättenerlaubnis) verlangt und direkt der betroffenen Behörde geschickt. Das Begehren auf Ausstellung eines Behördenführungszeugnisses muss bei der Antragstellung gegenüber dem Meldebüro zum Ausdruck gebracht werden. In Einzelfällen kann das Behördenführungszeugnis auf Antrag auch zuerst an ein zu benennendes Amtsgericht übersendet werden, das den Antragsteller schriftlich über den Eingang des Behördenführungszeugnisses zu informieren hat. Dadurch wird ihm die Möglichkeit der Einsichtnahme zur Feststellung des Vorhandenseins von Eintragungen eingeräumt. Auf dieser Grundlage kann er sodann entscheiden, ob er es an die Behörde weiterleiten lässt oder es vernichtet werden soll. Allerdings hat die Empfängerbehörde auch bei Verzicht auf dieses zeitintensive Verfahren auf Verlangen des Betroffenen Einsicht in das Behördenführungszeugnis zu geben. Benötigt eine Behörde das Führungszeugnis einer Person zur Erledigung ihrer hoheitlichen Aufgaben und ist eine Aufforderung an den Betroffenen, das Zeugnis vorzulegen, nicht sachgemäß oder bleibt sie erfolglos, so kann sie gemäß § 31 BZRG das Führungszeugnis auch selbst beantragen. Diese Bestimmung ist allerdings angesichts ihrer datenschutzrechtlichen Relevanz und insbesondere vor dem Hintergrund des sog. Volkszählungsurteils des BVerfG (BVerfGE 65, 1) verfassungskonform auszulegen und dementsprechend restriktiv zu handhaben (vgl. *Götz/Tolzmann* BZRG Einl. Rn. 40). Danach müssen etwa die im Führungszeugnis enthaltenen Angaben gerade zur Erledigung der hoheitlichen Aufgaben benötigt werden. Zudem ist an eine Informationspflicht gegenüber dem Betroffenen zu denken, die in § 31 Abs. 1 S. 2 BZRG gewissermaßen stillschweigend vorausgesetzt wird.

Mit dem erweiterten Führungszeugnis im Sinne von § 30a BZRG wurde eine neue Art von Führungszeugnissen in das Bundeszentralregistergesetz aufgenommen. Diese werden für Tätigkeiten in den sensiblen Bereichen der Kinder- und Jugendarbeit benötigt. Es enthält dementsprechend die in den herkömmlichen Führungszeugnissen nicht aufgeführten Straftaten, die für diese Bereiche besondere Relevanz haben, wie etwa die Verletzung der Fürsorge- oder Erziehungspflicht, exhibitionistische Handlungen oder die Misshandlung von Schutzbefohlenen (§ 32 Abs. 5 BZRG). Auch bei diesem Zeugnis wird zwischen solchen für private Zwecke (Belegart NE) und solchen für Behörden unterschieden (Belegart OE). Das erweiterte Führungszeugnis wird nur auf Antrag erteilt, es sei denn, eine Behörde beantragt nach § 31 Abs. 2 BZRG bei Vorliegen der Voraussetzungen des § 31 Abs. 1 BZRG die Erteilung des Zeugnisses. Es bedarf zudem einer schriftlichen Aufforderung zur Vorlage des erweiterten Führungszeugnisses seitens der jeweiligen, dieses Zeugnis verlangenden Institution, in der bestätigt wird, dass die Voraussetzungen nach § 30 a Abs. 1 BZRG vorliegen. Danach muss die Erteilung des erweiterten Führungszeugnisses in einer gesetzlichen Bestimmung vorgesehen sein oder es wird für die Prüfung der persönlichen Eignung nach § 72 a SGB VIII, für eine sonstige berufliche oder ehrenamtliche Beaufsichtigung, Betreuung, Erziehung oder Ausbildung Minderjähriger oder für eine Tätigkeit, die in einer vergleichbaren Weise geeignet ist, Kontakt zu Minderjährigen herzustellen, benötigt.

Führungszeugnisse für das Ausland werden nur in Form eines Privatführungszeugnisses ausgestellt, auch wenn es für eine ausländische Behörde bestimmt ist. Zur Anerkennung dieser Zeugnisse wird in manchen Staaten eine Echtheitsbescheinigung verlangt, wobei regelmäßig eine sog. Überbeglaubigung oder eine Apostille in Betracht kommt. Als Überbeglaubigung wird die Beglaubigung durch eine höhere innerstaatliche Stelle für ein im Ausland vorzulegendes deutsches Dokument bezeichnet. Für Führungszeugnisse wird sie auf Antrag beim Bundesamt für Justiz vorgenommen. Die auf das 12. Haager Übereinkommen zur Befreiung ausländischer öffentlicher Urkunden von der Legalisation vom 5.10.1961 (BGBl. II 1965 S. 875) zurückgehende sog. Apostille ist die Bestätigung der Echtheit einer Urkunde durch eine dazu bestimmte Behörde des Ausstellungsstaates. Diese muss ebenfalls zusätzlich beantragt werden und wird vom Bundesverwaltungsamt in Köln angebracht.

Mit dem Gesetz zur Verbesserung des Austauschs von strafregisterrechtlichen Daten zwischen den Mitgliedstaaten der Europäischen Union und zur Änderung registerrechtlicher Vorschriften vom 15.12.2011 (BGBl. I S. 2714) hat der Gesetzgeber mit dem neu eingefügten § 30 b BZRG nichtdeutschen Unionsbürgern mit Wohnsitz in Deutschland die Möglichkeit eingeräumt, in ihr Führungszeugnis nach §§ 30, 30 a BZRG die Mitteilung über Eintragungen im Strafregister ihres Herkunftsmitgliedstaates vollständig und in der übermittelten Sprache aufzunehmen. Ein solches Führungszeugnis stellt nach der Legaldefinition des § 30 b Abs. 1 S. 1 BZRG ein Europäisches Führungszeugnis dar, auf das die Vorgaben des § 30 BZRG entsprechend anzuwenden sind.

Erforderlich für die Ausstellung eines Europäischen Führungszeugnisses ist ein Antrag des Betroffenen. Die Registerbehörde ersucht sodann den Herkunftsmitgliedstaat um eine entsprechende Mitteilung. Bleibt das Ersuchen unbeantwortet bzw. wird eine Auskunft nicht erteilt, wird in das Führungszeugnis ein entsprechender Hinweis aufgenommen. Spätestens 20 Werktage nach der Übermittlung des Ersuchens soll die Registerbehörde das Führungszeugnis erteilen. Die Bestimmung über das Europäische Führungszeugnis geht auf den Europäischen Rahmenbeschluss 2009/315/JI des Rates vom 26.2.2009 über die Durchführung und den Inhalt des Austauschs von Informationen aus dem Strafregister zwischen den Mitgliedstaaten (ABl. EU Nr. L 93 vom 7.4.2009, S. 23) zurück.

b) Der genaue Inhalt des Führungszeugnisses richtet sich nach § 32 BZRG. Es enthält entweder die Angabe, dass keine Eintragungen vorhanden sind oder die relevanten Informationen über eine nach §§ 4–16 BZRG einzutragende Tatsache, wozu unter anderem auch die genau bestimmte Tat, die Höhe der Strafe, der Tag der Verurteilung, das Gericht und das Aktenzeichen gehören. Allerdings sind in § 32 Abs. 2 BZRG auch Ausnahmen von der Aufnahme in das Führungszeugnis sowie Ausnahmen von den Ausnahmen vorgesehen. Danach enthält das Führungszeugnis etwa nicht die Eintragungen über zur Bewährung ausgesetzte und nicht widerrufene Jugendstrafen von bis zu zwei Jahren oder Eintragungen über Verurteilungen zu einer Geldstrafe von bis zu 90 Tagessätzen oder zu Freiheitsstrafe oder Strafarrest bis zu drei Monaten, wenn im Register keine weiteren Strafen eingetragen sind. Weitgehende Ausnahmen von den Ausnahmen sind insbesondere für die Straftaten gegen die sexuelle Selbstbestimmung nach §§ 174–180, 182 StGB sowie für Behördenführungszeugnisse vorgesehen. Dieses unterscheidet sich insofern durch seinen Inhalt von einem Privatführungszeugnis, dass mehr Eintragungen aufgenommen werden. So enthält es nach § 32 Abs. 3 BZRG auch Verurteilungen zu freiheitsentziehenden Maßregeln der Besserung und Sicherung, die nicht länger als zehn Jahre zurückliegende Entscheidungen von Verwaltungsbehörden und -gerichten, nicht mehr als fünf Jahre alte Vermerke über die Schuldunfähigkeit sowie für ein Behördenführungszeugnis relevante abweichende Personendaten i.S.v. § 5 Abs. 1 Nr. 1 BZRG. Sofern das Behördenführungszeugnis für die in § 149 Abs. 2 Nr. 1 GewO bezeichneten Entscheidungen hinsichtlich der Unzuverlässigkeit oder Ungeeignetheit einer Person bestimmt ist, sind nach § 32 Abs. 4 BZRG zudem Verurteilungen wegen geringfügiger Straftaten i.S.v. § 32 Abs. 2 Nr. 5-9 BZRG aufzunehmen. Allerdings setzt dies einen Zusammenhang mit der Ausübung eines Gewerbes oder einer sonstigen wirtschaftlichen Unternehmung oder mit der Tätigkeit in einem Gewerbe oder einer sonstigen wirtschaftlichen Unternehmung voraus.

Verurteilungen zu lebenslanger Freiheitsstrafe ohne Erlass des Strafrestes gemäß § 57 a Abs. 3 S. 2 i.V.m. § 56 g StGB bzw. ohne Erlass im Gnadenwege, die Anordnung der Sicherungsverwahrung sowie – bei Anträgen auf Ausstellung eines Behördenführungszeugnisses – die Anordnung der Unterbringung in einem psychiatrischen Krankenhaus werden nach § 33 Abs. 2 BZRG auf unbegrenzte Zeit in ein Führungszeugnis aufgenommen. Dagegen werden Verurteilungen i.S.v. § 4 BZRG nach Ablauf einer sich aus den §§ 34 ff. BZRG ergebenden Frist nicht mehr in das Führungszeugnis aufgenommen. Die Länge der Frist, nach deren Ablauf eine Verurteilung nicht mehr in das Führungszeugnis aufgenommen wird, richtet sich dabei gemäß § 34 BZRG nach der Straftat sowie nach Art und Höhe der Strafe und beträgt im Regelfall drei, fünf oder zehn Jahre. Die Frist beginnt – unter Berücksichtigung des § 35 BZRG bei Gesamt- oder Einheitsstrafen und Nebenentscheidungen – nach § 36 BZRG einheitlich mit dem Tag des ersten Urteils zu laufen, der gemäß den Vorgaben in § 5 Abs. 1 Nr. 4 BZRG in das Führungszeugnis einzutragen ist. Unter den in § 37 BZRG aufgeführten Voraussetzungen wird der Ablauf der Frist gehemmt. Eine solche Ablaufhemmung tritt dabei insbesondere dann ein, wenn sich aus dem Register ergibt, dass die Vollstreckung einer Strafe – etwa aufgrund der Einlegung von Rechtsmitteln, die zum vorherigen Ablauf der in § 34 BZRG vorgesehenen Fristen führen – noch nicht erledigt oder die Strafe noch nicht erlassen ist. Von dieser Regelung sind allerdings Sperren für die Erteilung einer Fahrerlaubnis ausdrücklich ausgenommen, da diese Maßregel gegenüber der verhängten Strafe keinen eigenständigen Unwertgehalt aufweist (*Götz/Tolzmann* BZRG § 37 Rn. 24). Auch nach Ablauf der Frist ist eine Verurteilung gemäß § 38 Abs. 1 BZRG weiterhin in das Führungszeugnis aufzunehmen, wenn mehrere Verurteilungen in das Zentralregister eingetragen sind und mindestens eine von diesen auch in das Zeugnis aufzunehmen ist (sog. Grundsatz der Vollständigkeit des Registers). Allein im Behördenführungszeugnis aufzunehmende Verurteilungen, in das Zentralregister grundsätzlich nicht aufzunehmende „Bagatellverurteilungen" sowie geringfügige Verurteilungen in Jugendsachen bzw. in Fällen der Verwarnung mit Strafvorbehalt i.S.v. § 32 Abs. 2 Nr. 1-4 BZRG bleiben dabei allerdings außer Betracht. Das bedeutet indes lediglich, dass eine im Register befindliche Verurteilung, die nicht oder nicht mehr in ein Führungszeugnis aufzunehmen ist, über § 38 Abs. 1 BZRG bei derartigen Verurteilungen nicht wieder mit in das Führungszeugnis aufgenommen wird. Zudem werden auch Verurteilungen i.S.v. § 38 Abs. 2 BZRG nach Ablauf ihrer Frist zur Nichtaufnahme über § 38 Abs. 1 BZRG nicht wieder in das Führungszeugnis aufgenommen, wenn später eine eintragungs- und aufnahmepflichtige Verurteilung ergeht (vgl. dazu *Pfeiffer* NStZ 2000, 402 [406 f.]).

c) In besonderen Härtefällen kann eine vorzeitige Vergünstigung hinsichtlich der im Führungszeugnis aufzuführenden Eintragungen gewährt werden. Diese erfolgt gemäß § 39 Abs. 1 S. 1 BZRG durch die Anordnung der Nichtaufnahme von Eintragungen über die Schuldunfähigkeit nach § 11 BZRG sowie von Verurteilungen. Die Anordnung ist durch die Registerbehörde auf Antrag oder von Amts wegen vorzunehmen. Zudem sind das hinsichtlich der Eintragung erkennende Gericht, die sonst zuständigen Behörden sowie – bei Eintragungen i.S.v. § 11 BZRG und bei Verurteilungen zu freiheitsentziehenden Maßregeln der Besserung und Sicherung – ein in der Psychiatrie erfahrener medizinischer Sachverständiger zu hören. Die Anordnung der Nichtaufnahme scheidet allerdings nach § 39 Abs. 1 S. 2 BZRG aus, wenn das öffentliche Interesse der Anordnung entgegensteht. Die Registerbehörde ist daher verpflichtet, zwischen den Interessen des Betroffenen und denen der Allgemeinheit abzuwägen. Dabei ist zu berücksichtigen, dass das Führungszeugnis einen Vertrauenstatbestand konstituiert. Die Öffentlichkeit geht davon aus, dass das Zeugnis die relevanten Tatsachen enthält, die von Gesetzes wegen einzutragen sind. Zudem wird das Interesse der Betroffenen grundsätzlich durch die differenzierte Aufnahmeregelung in den §§ 32 ff. BZRG hinreichend berücksichtigt. Die vorzeitige Registervergünstigung kann daher nur in eng begrenzten Ausnahmefällen gewährt werden, in denen die weitere Aufnahme in das

Führungszeugnis gerade auch mit Blick auf die Tat und die Strafe eine unbillige bzw. unverhältnismäßige Härte darstellen würde (ausführlich dazu *Götz/Tolzmann* BZRG § 39 BZRG Rn. 18 ff.). Die Anordnung der Nichtaufnahme scheidet nach § 40 S. 1 BZRG grundsätzlich auch dann aus, wenn eine weitere Verurteilung oder Eintragung nach § 11 BZRG in das Führungszeugnis nachträglich aufzunehmen ist.

Ein ausführlich begründeter und mit den notwendigen Beweisen versehener Antrag auf Anordnung der Nichtaufnahme ist an das Bundesamt für Justiz zu stellen. Lehnt dieses das Ersuchen ab, so legt es den Vorgang dem Bundesministerium der Justiz vor, das gemäß § 39 Abs. 3 BZRG entscheidet. Gegen dessen Entscheidung steht schließlich gemäß §§ 23 ff. EGGVG der Weg vor das Kammergericht Berlin offen.

d) Das in § 30 Abs. 1 S. 1 BZRG niedergelegte Recht auf Ausstellung eines Führungszeugnisses genügt nicht in allen Fällen dem Bedürfnis des Einzelnen auf vollständige Information über die ihn betreffenden Eintragungen im Bundeszentralregister. Daher sieht § 42 BZRG die Möglichkeit vor, Auskunft über die im Register noch eingetragenen Tatsachen zu erlangen, die nicht in ein Führungszeugnis aufgenommen werden. Gleichwohl sind diese Eintragungen noch von Bedeutung, da sie den in § 41 Abs. 1 BZRG genannten Gerichten, Behörden und sonstigen Institutionen zu den jeweiligen genau formulierten Zwecken im Wege der unbeschränkten Auskunft übermittelt werden dürfen. Auskünfte können zudem unter den engen Voraussetzungen des § 57 BZRG auch an ausländische sowie über- und zwischenstaatlichen Stellen erteilt werden. Schließlich erlaubt auch § 191 Abs. 4 Nr. 4 des Bundesgesetzes zur Entschädigung für Opfer der nationalsozialistischen Verfolgung (BEG) eine unbeschränkte Auskunft aus dem Register an die Entschädigungsbehörde.

Grundsätzlich erstreckt sich das unbeschränkte Auskunftsrecht der Behörden nach § 41 Abs. 1 BZRG auf alle im Register enthaltenen Eintragungen. Allerdings trifft § 41 Abs. 3 BZRG davon eine Ausnahme. Danach dürfen Eintragungen über sonstige Entscheidungen und gerichtliche Feststellungen i.S.v. § 17 BZRG sowie Verurteilungen zu Jugendstrafen, bei denen der Strafmakel als beseitigt erklärt ist und bei denen es sich nicht um Straftaten nach §§ 171, 174-180 a, 181 a, 182-184 g, 225, 232-233 a, 234, 235 oder § 236 StGB handelt, nur noch den Strafgerichten und Staatsanwaltschaften für die Zwecke eines gegen den Betroffenen laufenden Strafverfahrens mitgeteilt werden. Die Auskunft wird den Behörden nur auf ausdrückliches Ersuchen und unter Angabe des Zweckes, für den die Auskunft benötigt wird, erteilt. Außerhalb dieses Zweckes ist die Verwertung nach § 41 Abs. 4 S. 2 Hs. 2 BZRG ausgeschlossen. Die Registerbehörde trifft schließlich nach § 42 c BZRG eine Protokollierungspflicht für bestimmte Daten, wobei die Verwendung dieser Protokolldaten ebenfalls einer in § 42 c Abs. 2 S. 1 BZRG eng umrissenen Zweckbindung unterliegen.

Nach § 42 S. 1 und 2 BZRG wird jeder Person ab 14 Jahren bzw. dem gesetzlichen Vertreter auf Antrag ausschließlich persönlich mitgeteilt, welche Eintragungen über sie im Register enthalten sind. Aus § 42 S. 3 BZRG ergibt sich dabei, dass die Mitteilung durch Einsichtnahme grundsätzlich vor Ort bei der Registerbehörde erfolgt. Die Beschränkung dieser Möglichkeit auf Eilfälle (so *Götz/Tolzmann* BZRG Nachtrag zur 4. Aufl. § 42 BZRG Rn. 4 a) findet dabei keine Grundlage im Gesetz. Vielmehr ist von einer Wahlmöglichkeit des Betroffenen zwischen der Einsichtnahme bei der Registerbehörde oder der ebenfalls in § 42 S. 3 BZRG vorgesehenen Möglichkeit der persönlichen Einsichtnahme der Mitteilung in einem vom Antragsteller benannten Amtsgericht bzw. – in den Fällen des § 42 S. 4 und 5 BZRG – bei der jeweiligen Anstaltsleitung oder einer amtlichen Vertretung Deutschlands auszugehen. Nach der Einsichtnahme ist die Mitteilung gemäß § 42 S. 6 BZRG zu vernichten. Auch das Anfertigen einer Kopie oder die Einsichtnahme durch eine Begleitperson ist nicht zulässig (*Pfeiffer* NStZ 2000, 402 [404]).

Für Auskünfte zu wissenschaftlichen Zwecken und zur Vorbereitung von Rechtsvorschriften und allgemeinen Verwaltungsvorschriften existieren mit §§ 42 a, 42 b BZRG Rechtsgrundlagen, die besondere Anforderungen an die Datenübermittlung aufstellen. Schließlich ist noch § 43 BZRG zu beachten, der die Weiterleitung von nicht in ein Führungszeugnis aufzunehmende Eintragungen durch oberste Bundes- oder Landesbehörden an nachgeordnete oder ihrer Aufsicht unterstehende Behörden betrifft. Die Weiterleitung ist grundsätzlich nicht zulässig, es sei denn, sie ist zur Vermeidung von Nachteilen für den Bund oder ein Land unerlässlich oder durch die Nichtweiterleitung würde die Erfüllung öffentlicher Aufgaben erheblich gefährdet oder erschwert. Der Regelung kommt eine Beschränkungsfunktion hinsichtlich des Umfangs der Verwendung der Daten durch die obersten Bundes- und Landesbehörden zu, die im Gegensatz zu den anderen in § 41 Abs. 1 BZRG aufgeführten Behörden ohne Zweckbeschränkung auskunftsberechtigt sind (*Götz/Tolzmann* BZRG § 43 Rn. 4).

e) Eine gesetzlich vorgesehene Gültigkeitsdauer für ausgestellte Führungszeugnisse existiert nicht, da Eintragungen jederzeit hinzukommen bzw. nach Tilgung fortfallen können. Daher können die die Vorlage verlangenden Personen oder Behörden den Zeitraum bestimmen, innerhalb dessen das Zeugnis ausgestellt sein muss.

f) Das Institut des Führungszeugnisses selbst wurde bereits kurz nach Erlass des BZRG vor dem Hintergrund des in Art. 2 Abs. 1 i.V.m. Art. 1 Abs. 1 GG verankerten allgemeinen Persönlichkeitsrechts der Betroffenen sowie seiner dem Gedanken der Resozialisierung entgegenstehenden Wirkung kritisch betrachtet. Zwar liegt ein derartiges Zeugnis im Bereich der Strafrechtspflege durchaus im öffentlichen Interesse, doch führt es – sofern Eintragungen enthalten sind – zu schwerwiegenden Nachteilen etwa bei dem Versuch der Aufnahme einer Erwerbstätigkeit. Denn in diesem Zusammenhang wird regelmäßig die Vorlage eines Führungszeugnisses verlangt und angesichts eines in vielen Arbeitsbereichen bestehenden ausreichenden Angebots an Arbeitskräften besteht auch eine faktische Offenbarungspflicht. Da aber das Arbeitgeberinteresse an der Einstellung von nicht vorbestraften Personen kein genuin im öffentlichen Interesse bestehender Belang ist und der Aussagegehalt einer Eintragung im Führungszeugnis mit Blick auf das künftige Verhalten des Betroffenen im Einzelfall gering ist, wird die Einführung eines speziellen Führungszeugnisses für Arbeitgeber vorgeschlagen. Dafür streitet vor allem auch die arbeitsgerichtliche Rechtsprechung, die ein Fragerecht des Arbeitgebers mit Blick auf Vorstrafen insofern beschränkt, dass nur nach arbeitsplatzrelevanten Vorstrafen gefragt werden darf. An dieser Rechtsprechung könnte sich auch die Ausgestaltung eines Arbeitgeber-Führungszeugnisses ausrichten, womit der mit dem BZRG verfolgte Gedanke der Resozialisierung wirksamer entfaltet werden könnte (vgl. ausführlich zu der Diskussion mit verschiedenen Vorschlägen für die Ausgestaltung eines Arbeitgeber-Führungszeugnisses unter Bezugnahme auf entsprechende Regelungen in Nachbarländern *Götz/Tolzmann* BZRG Einl. Rn. 33 ff. m.w. N.).

5. Tilgungsregelungen. Neben den allgemeinen Vorschriften zur Entfernung von Eintragungen aus dem Register in § 24 f. BZRG – etwa von Todes wegen oder aufgrund eines Alters von über 90 Jahren – haben die in den §§ 45 ff. BZRG niedergelegten Regelungen der Tilgung eine enorme Bedeutung für den Betroffenen. Denn wenn eine Eintragung nach Ablauf einer bestimmten Frist zu tilgen ist, darf sie dem Betroffenen im Rechtsverkehr gemäß § 51 Abs. 1 BZRG grundsätzlich nicht mehr vorgehalten und nicht zu seinem Nachteil verwertet werden (vgl. dazu auch die Ausführungen unter → *Beweiserhebungsverbot* Nr. 2 und → *Beweisverwertungsverbot* Nr. 8b). Die Tilgung hat damit eine weiterreichende Wirkung als die bloße Nichtaufnahme von Eintragungen in ein Führungszeugnis. Der Tilgung sind alle Verurteilungen i.S.v. § 4 BZRG unterworfen mit Ausnahme von Verurteilungen zu lebenslanger Freiheitsstrafe und Anordnungen der Unterbringung in der Sicherungsverwahrung oder in einem psychiatrischen Krankenhaus. Auch die Entscheidungen von Verwaltungsbehörden und Gerichten, Vermerke über die Schuldunfähigkeit, nachträgliche Entscheidungen und Tatsachen, die sich auf diese Eintragungen beziehen, sowie gerichtliche Feststellungen nach §§ 17 Abs. 2, 18 BZRG sind von den §§ 45 ff. BZRG nicht erfasst. Für diese finden sich vielmehr Spezialregelungen im BZRG (siehe etwa §§ 12 Abs. 2 S. 2, 19, 24 f. BZRG).

Die Tilgungsregeln des BZRG folgen dabei einem zweistufigen System. Zunächst wird eine Eintragung nach Ablauf einer Frist tilgungsreif und erst nach Ablauf einer sog. Überliegefrist von einem Jahr wird sie – in einem zweiten Schritt – gemäß § 45 Abs. 2 S. 1 BZRG aus dem Zentralregister vollständig entfernt. Die Länge der Tilgungsfrist ergibt sich dabei aus § 46 BZRG und beträgt je nach Verurteilung grundsätzlich fünf, zehn, fünfzehn oder zwanzig Jahre. Wie bei der Aufnahmeregelung beginnt auch hier die Frist gemäß § 47 i.V.m. § 35 f. BZRG mit dem Tag des ersten Urteils zu laufen und auch die Hemmung des Ablaufs der Frist nach § 47 Abs. 2 BZRG ist im Wesentlichen § 37 BZRG nachempfunden. Zu beachten ist, dass bei mehreren eingetragenen Verurteilungen die Tilgung erst dann vorgenommen werden kann, wenn für alle Verurteilungen die Tilgungsvoraussetzungen vorliegen.

Nach Eintritt der Tilgungsreife ergangene Verurteilungen, die vor der Entfernung aus dem Register eingetragen werden, sind dabei nicht mehr zu berücksichtigen. Sie können die Tilgung nicht mehr verhindern (*Götz/Tölzmann* BZRG § 47 Rn. 17; *Pfeiffer* NStZ 2000, 402 [404]). Eine Sonderregelung trifft § 47 Abs. 3 S. 2 BZRG für eingetragene Verurteilungen, mittels derer eine Sperre für die Erteilung der Fahrerlaubnis für immer angeordnet wurde. Eine derartige Eintragung hindert die Tilgung anderer Verurteilungen nur, wenn zugleich auf eine Strafe erkannt worden ist, die noch keine Tilgungsreife erlangt hat. Tilgungsreife tritt schließlich auch bei Anordnung der Tilgung aufgrund Gesetzesänderung bzw. in besonderen Fällen nach §§ 48 f. BZRG ein.

Die Überliegefrist, während der gemäß § 45 Abs. 2 S. 2 BZRG über die tilgungsreife Eintragung keine Auskunft erteilt werden darf (eine Ausnahme findet sich in § 191 Abs. 4 Nr. 4 BEG), soll eine vorschnelle Entfernung von Verurteilungen aus dem Zentralregister verhindern. So kann vor Eintritt der Tilgungsreife noch eine nach § 47 Abs. 3 BZRG hemmende weitere Verurteilung gegen den Betroffenen ergehen, die der Registerbehörde erst nach Eintritt der Tilgungsreife bekannt wird. Mit der Überliegefrist kann diese Verurteilung in den meisten Fällen nunmehr berücksichtigt werden. Die Überliegefrist läuft auch bei der Anordnung durch die Registerbehörde nach § 49 Abs. 1 BZRG. Die Ansicht, wonach in diesen Fällen für die Frist kein Bedürfnis bestünde (*Götz/Tölzmann* BZRG § 45 Rn. 22), findet keine Grundlage im Gesetz. Sofern der Gesetzgeber die Überliegefrist bei der Anordnung nach § 49 BZRG für entbehrlich gehalten hätte, hätte er dies zum Ausdruck bringen können. Vielmehr spricht der Wortlaut von § 49 Abs. 1 S. 1 BZRG aber für die Anwendung der Überliegefrist, da dort von „tilgen" statt – wie etwa in §§ 24 f., 45 Abs. 2 S. 1 BZRG – von „entfernen" die Rede ist. Die Wendung, wonach die Eintragung entgegen den §§ 45, 46 BZRG vorgenommen werden kann, bezieht sich dabei allein auf die Notwendigkeit des Fristablaufes. Zudem besteht in diesen Fällen ebenfalls ein Bedürfnis für eine Überliegefrist, weil auch bei einer umfassenden Einzelfallprüfung kurzfristige Verurteilungen übersehen oder nicht berücksichtigt werden können.

Gemäß § 51 Abs. 1 BZRG besteht für getilgte oder zu tilgende Eintragungen ein weitgehendes Verwertungsverbot (zur Verfassungsmäßigkeit dieses Verwertungsverbots vgl. BVerfG 27.11.1973, 2 BvL 12/72 und 3/73, BVerfGE 36, 174 [184 ff.]). Ausnahmen dazu normieren § 51 Abs. 2 BZRG hinsichtlich der aus der Tat oder der Verurteilung entstandenen Rechte Dritter, der gesetzlichen Rechtsfolgen der Tat oder der Verurteilung und Entscheidungen von Gerichten oder Verwaltungsbehörden, die im Zusammenhang mit der Tat oder der Verurteilung ergangen sind, sowie § 52 BZRG. Für das Verkehrsrecht ist insbesondere § 52 Abs. 2 BZRG zu berücksichtigen, wonach aus Gründen der Verkehrssicherheit getilgte oder tilgungsreife Verurteilungen in einem Verfahren berücksichtigt werden dürfen, das die Erteilung oder Entziehung einer Fahrerlaubnis oder Maßnahmen nach dem Fahreignungs-Bewertungssystem zum Gegenstand hat, solange die Verurteilung nach den Vorschriften der §§ 28-30 b StVG verwertet werden darf (vgl. dazu die Ausführungen unter → *Beweiserhebungsverbot* Nr. 2). Für die Prüfung der Berechtigung zum Führen von Kraftfahrzeugen dürfen zudem Entscheidungen der Gerichte nach den §§ 69-69b StGB verwertet werden.

6. Begrenzung von Offenbarungspflichten des Verurteilten. Zur Komplementierung der Aufnahme- und Tilgungsregeln des BZRG räumt § 53 Abs. 1 BZRG Verurteilten das Recht ein, ihre früheren Verurteilungen i.S.v. § 4 BZRG zu verschweigen bzw. sich als unbestraft zu bezeichnen. Voraussetzung für dieses Recht ist, dass die Verurteilung nicht mehr in ein (erweitertes) Führungszeugnis bzw. nur noch in ein Behördenführungszeugnis aufzunehmen oder zu tilgen ist. Unter der Voraussetzung einer Belehrung über den Wegfall des Rechts aus § 53 Abs. 1 BZRG trifft § 53 Abs. 2 BZRG eine Ausnahme von der Begrenzung der Offenbarungspflicht, soweit Gerichte oder Behörden gemäß § 41 BZRG ein Recht auf unbeschränkte Auskunft haben.

7. Verurteilungen durch Stellen eines anderen Staates und Auskünfte an solche Stellen. Erfolgt die strafrechtliche Verurteilung durch Stellen eines anderen Staates, so ist sie nach § 54 Abs. 1 BZRG in das Register einzutragen, wenn der Verurteilte die deutsche Staatsangehörigkeit besitzt, in Deutschland geboren wurde oder hier seinen Wohnsitz hat, der der Verurteilung zugrundeliegende oder sinngemäß umgestellte Sachverhalt auch in Deutschland zu einer Strafe oder einer Maßregel der Besserung und Sicherung hätte führen können, wobei etwaige Verfahrenshindernisse unbeachtlich sind, und wenn die Entscheidung rechtskräftig ist. Die Verurteilung ist nach § 54 Abs. 2 BZRG auch dann insgesamt einzutragen, wenn nur ein Teil der abgeurteilten Tat oder Taten zu einer Strafe oder Maßregel hätte führen können. Zudem zählt § 54 Abs. 3 BZRG weitere, sich auf die Verurteilung beziehende Merkmale oder Bedingungen auf, die in das Führungszeugnis aufzunehmen sind. Die Eintragungen nach § 54 BZRG werden grundsätzlich wie Eintragungen von Verurteilungen durch deutsche Gerichte behandelt, so dass die sonstigen Bestimmungen des BZRG auf diese Eintragungen anzuwenden sind (vgl. dazu etwa BGH 19.10.2011, 4 StR 425/11, BeckRS 2011, 27175 hinsichtlich der Unverwertbarkeit tilgungsreifer ausländischer Verurteilungen, auch wenn sie nicht in das Bundeszentralregister eingetragen sind; siehe dazu § 58 BZRG). Mit § 53a BZRG hat der Gesetzgeber Grenzen für die internationale registerrechtliche Zusammenarbeit mit anderen Staaten formuliert. Verurteilungen von Gerichten anderer Staaten und Auskünfte aus dem deutschen Register dürfen von der Registerbehörde nur eingetragen bzw. erteilt werden, wenn die Verurteilung oder die Erteilung der Auskunft wesentlichen Grundsätzen der deutschen Rechtsordnung nicht widerspricht. Handelt es sich bei dem betreffenden Staat um einen Mitgliedstaat der Europäischen Union, darf die Eintragung der Verurteilung oder die Erledigung des Ersuchens nicht im Widerspruch zur Charta der Grundrechte der Europäischen Union stehen.

Neben diesen materiellen Voraussetzungen sind in § 55 BZRG formelle Kriterien niedergelegt, die durch die Registerbehörde zu beachten sind. Danach bedarf es zunächst einer Mitteilung durch eine Behörde des Staates, in dem die Verurteilung ausgesprochen wurde. Die Registerbehörde hat diese dann einzutragen, wenn sich nicht aus der Mitteilung das Fehlen der Eintragungsvoraussetzungen des § 54 BZRG ergibt. Sofern der Aufenthalt des Betroffenen ermittelt werden kann, ist er unverzüglich zu der Eintragung anzuhören. Kommt die Registerbehörde dabei zu dem Ergebnis, dass die Verurteilung bzw. ein abtrennbarer Teil der Verurteilung nicht die Voraussetzungen des § 54 Abs. 1 BZRG erfüllt, so ist die Eintragung insoweit zu entfernen. Bei Ablehnung eines entsprechenden Antrages des Betroffenen hat dieser die Möglichkeit, binnen zwei Wochen nach der Bekanntgabe der Entscheidung Beschwerde einzulegen. Lehnt die Registerbehörde das Ersuchen ab, so legt es den Vorgang dem Bundesministerium der Justiz vor. Gegen dessen Entscheidung kann schließlich gemäß §§ 23 ff. EGGVG das Kammergericht Berlin angerufen werden.

Eine spezielle Regelung für die Mitteilung über ausländische Verurteilungen an die Staatsanwaltschaften sieht § 56a BZRG vor, wonach diese der Registerbehörde nur erlaubt ist, wenn tatsächliche Anhaltspunkte dafür bestehen, dass die Mitteilung zum Zweck der Strafrechtspflege erforderlich ist. Die Übermittlung von Eintragungen an ausländische sowie über- und zwischenstaatliche Stellen regelt §§ 57 f. BZRG. Eine Auskunft ist danach unter Beachtung der dafür geltenden und in deutsches Recht transformierten völkerrechtlichen Verträge (z. B. das Europäische Übereinkommen über die Rechtshilfe in Strafsachen (EuRHÜbk), BGBl. 1964 II S. 1386) grundsätzlich möglich. Existiert ein solcher Vertrag nicht oder reichen die Regelungen darin nicht weit genug, so liegt es nach § 57 Abs. 2 BZRG im Ermessen des Bundesamts für Justiz, gleichwohl Auskunft für die gleichen Zwecke und in gleichem Umfang zu erteilen wie vergleichbare deutsche Stellen. Allerdings verlangt das BZRG in diesen Fällen die Beachtung besonderer datenschutzrechtlicher Anforderungen. So bedarf es eines expliziten Hinweises an die anfragende Stelle, dass die Daten nur zu dem Zweck verwendet werden dürfen, für den sie erteilt wurden. Erscheint die Wahrung schutzwürdiger Interessen des Betroffenen durch den Empfänger zweifelhaft, hat die Auskunft zu unterbleiben. Dies gilt insbesondere dann, wenn im Empfängerland ein angemessener Datenschutzstandard nicht gewährleistet ist. Die Möglichkeit der Erstellung und Übermittlung von Strafnachrichten, also von regelmäßigen Nachrichten über strafrechtliche Verurteilungen und nachfolgende Maßnahmen, die im Bundeszentralregister eingetragen sind, sieht § 57 Abs. 3 BZRG vor. Eine entsprechende, dem Austausch vorausgesetzte völkerrechtliche Regelung stellt Art. 22 EuRHÜbk dar. Der auf Ebene der Europäischen Union mit dem Rahmenbeschluss 2009/315/JI des Rates vom 26.2.2009 über die Durchführung und den Inhalt des Austauschs von Informationen aus dem Strafregister zwischen den Mitgliedstaaten vereinbarte Austausch von Registerinformationen mit Mitgliedstaaten der Europäischen Union wurde mit § 57a BZRG in deutsches Recht umgesetzt und im Einzelnen ausgestaltet.

8. Übernahme des Strafregisters beim Generalstaatsanwalt der DDR. Aufgrund der Anlage I Kapitel III C II Nr. 2 lit. a des Einigungsvertrages vom 31.8.1990 (BGBl. II S. 889) wurden die §§ 64 a, 64 b in das Bundeszentralregistergesetz eingefügt, die die näheren Regelungen zur Übernahme des vom Generalstaatsanwalt geführten Strafregisters der ehemaligen Deutschen Demokratischen Republik betreffen. Die darin enthaltenen Eintragungen sind in das Bundeszentralregistergesetz zu übernehmen, wenn sie nicht den Ausnahmetatbeständen in § 64 a Abs. 3 S. 1 BZRG unterliegen. Mithin durften Eintragungen über Verurteilungen oder Erkenntnisse, bei denen der zugrundeliegende Sachverhalt im Zeitpunkt der Übernahme nicht mehr mit Strafe bedroht oder mit Ordnungsmitteln belegt ist, die unvereinbar mit rechtsstaatlichen Maßstäben sind oder die von Untersuchungsorganen und von Staatsanwaltschaften i. S. d. Strafregistergesetzes der ehemaligen DDR geführt werden, nicht übernommen werden. Diese unterliegen zudem dem Verwertungsverbot nach §§ 51 f. BZRG, und die Offenbarungspflicht des Betroffenen ist diesbezüglich entsprechend § 53 BZRG begrenzt. Die Tilgungsfristen des Strafregistergesetzes der ehemaligen DDR finden zudem nach § 64 a Abs. 5 BZRG auf die Eintragungen weiterhin solange Anwendung, bis – nach ihrer Übernahme in das Bundeszentralregister – eine neue Eintragung erfolgt. Dann gelten die Tilgungsbestimmungen des BZRG.

9. Verhältnis zu anderen Registern. a) Neben dem Bundeszentralregister existieren noch andere, auf spezifische Bereiche bezogene Register wie etwa das Gewerbezentralregister (§§ 149 ff. GewO) oder das Fahreignungsregister (§§ 28 ff. StVG; vgl. dazu grundlegend BVerwG 17.12.1976, VII C 28/74, VRS 52, 381 [insbes. 386 ff.]; siehe zur Tilgung von Eintragungen im Fahreignungsregister *Rebler* SVR 2010, 254). Die darauf bezogenen Registerregelungen sind im Verhältnis zum BZRG lex specialis, so dass ihre Ausgestaltung durch die Regelungen zum Bundeszentralregister grundsätzlich unberührt bleibt. Etwas anderes gilt dann, wenn die Regelungen des BZRG durch eine gesetzliche Anordnung für anwendbar erklärt werden oder das BZRG eine ausdrückliche Regel mit Bezug zu einem anderen Register enthält (vgl. etwa zu § 52 Abs. 2 BZRG die Ausführungen unter → *Beweiserhebungsverbot* Nr. 2).

b) Das Erziehungsregister geht dagegen im BZRG auf. So gelten gemäß § 59 BZRG die §§ 3-58 BZRG, soweit in §§ 60-64 BZRG keine abweichende Regelung getroffen wurde. Die besonderen Vorschriften zum Erziehungsregister sollen dabei den spezifischen Zwecken des Jugendstrafrechts Rechnung tragen, die sich im Wesentlichen in der Ausrichtung auf erzieherische Maßnahmen, soziale Integration, Verhaltenskontrolle sowie in der Eindämmung sozialschädlichen Verhaltens äußern. Die für das Erziehungsregister vorgesehenen Eintragungen sollen dabei zum einen so umfassend sein, dass dadurch die Entwicklung des Betroffenen nachgezeichnet werden kann. Zum anderen wird die Eintragungspflicht aber auch auf schwerere Straftaten beschränkt und die Auskunftsberechtigung sowie die Offenbarungspflicht wesentlich enger ausgestaltet, um nicht einen Stigmatisierungseffekt hervorzurufen, der die Bemühen um soziale Integration konterkarieren könnte (*Götz/Tolzmann* BZRG § 59 Rn. 4; vgl. auch BT-Drs. VI/1550, S. 2). Eintragungen im Erziehungsregister werden nach § 63 Abs. 1 und 2 BZRG pauschal mit der Vollendung des 24. Lebensjahres entfernt, wenn nicht eine Verurteilung zu Freiheitsstrafe, Strafarrest, Jugendstrafe oder eine freiheitsentziehende Maßregel der Besserung und Sicherung im Bundeszentralregister eingetragen ist. Auf Antrag oder von Amts wegen kann die Registerbehörde gemäß § 63 Abs. 3 BZRG auch eine vorzeitige Entfernung anordnen, wenn die Vollstreckung erledigt ist und kein entgegenstehendes öffentliches Interesse besteht. Eine besondere Regelung hinsichtlich der Begrenzung von Offenbarungspflichten von Eintragungen in das Erziehungsregister trifft § 64 BZRG. Danach müssen diese – mit Ausnahme gegenüber den in § 61 BZRG aufgeführten Gerichten und Behörden nach entsprechender Belehrung – nicht offenbart werden.

c) Schließlich wird bei dem Bundesamt für Justiz ein länderübergreifendes staatsanwaltschaftliches Verfahrensregister geführt, dessen Rechtsgrundlage sich in den §§ 492 ff. StPO findet. Das Register enthält bestimmte Angaben über strafrechtliche Ermittlungsverfahren, die grundsätzlich allein den Strafverfolgungsbehörden zum Zwecke eines Strafverfahrens übermittelt werden dürfen. Durch das Verfahrensregister soll eine effektive Strafverfolgung unter Vermeidung von Doppelverfahren und mit der Möglichkeit der Koordinierung von Maßnahmen gewährleistet werden. Die nähere Ausgestaltung des Registers erfolgt nach den Regelungen der Verordnung über den Betrieb des Zentralen Staatsanwaltschaftlichen Verfahrensregisters (ZStVBetrV, BGBl. I 2005 S. 2885).

B Buprenorphin

10. Weiterführende Links. Unter www.bundeszentralregister.de finden sich ausführliche Informationen zum BZRG.

Brenner/Seifarth

Buprenorphin Als partieller Morphin Agonist zur Behandlung von starken Schmerzen eingesetzt. Bekanntestes Medikament Subutex®. In hoher Dosierung auch zur Substitutionstherapie insbesondere in Frankreich eingesetzt, ersetzt in dieser Hinsicht auch in Deutschland häufig Methadon. *Sachs*

Bußgeldbescheid → Bußgeldverfahren Nr. 1 f)

Bußgeldkatalog 1. Allgemeines. Zur Gewährleistung einer möglichst einheitlichen bundesweiten Ahndung von Verkehrsordnungswidrigkeiten wurden die Bußgeldkatalog-Verordnung (BKatV) und damit der bundeseinheitliche Bußgeldkatalog (BKat) ins Leben gerufen. Geregelt sind dort die Verwarnungsgelder, die Bußgeldregelsätze sowie die Regelfahrverbote.

2. Gliederung des Bußgeldkatalogs. Der *Bußgeldkatalog* selbst ist in der Anlage zu § 1 Abs. 1 BKatV enthalten und in fahrlässig und vorsätzlich begangene Ordnungswidrigkeiten unterteilt, darin jeweils wiederum entsprechend der Reihenfolge der Paragraphen der StVO gegliedert. Jeder Tatbestand ist mit einer eigenen laufenden Nummer versehen. In der Praxis kommt auch der *Tatbestandskatalog* (ein bundeseinheitlicher Katalog, in dem Regelsätze für Verwarnungsgelder und Geldbußen sowie Regel-Fahrverbote vermerkt sind) zur Anwendung. Neben der 6-stelligen Tatbestandsnummer sind hier jeweils der Tatbestandstext sowie die angewandten Vorschriften aus StVO, StVG, BKat, BKatV und OWiG aufgeführt, so wie sie in der Regel auch im Bußgeldbescheid niedergeschrieben sind.

Praxistipp: Abgerufen kann der Tatbestandskatalog im Internetangebot des Kraftfahrt-Bundesamtes (www.kba.de); im Internetangebot der Polizei Bayern (www.polizei.bayern.de) ist im dort eingestellten Online-Bußgeldkatalog auch die Suche über verschiedene Kriterien (z. B. Tatbestand, Kennzahl, Verwarnungs-/Bußgeldhöhe, Fahrverbot und/oder Punkte) möglich. Daneben hat sich als schnelles und übersichtliches Nachschlagewerk Beck/Schäpe, „Bußgeldkatalog", ADAC-Verlag GmbH München, bewährt.

Siehe auch: → *Verwarnung* *Langer*

Bußgeldkatalog-Verordnung (BKatV) → Bußgeldkatalog

Bußgeldverfahren 1. Allgemeines. Nach einem Verkehrsverstoß im Ordnungswidrigkeitenbereich wird von der Verwaltungsbehörde ein Bußgeldverfahren eingeleitet, sofern die Ordnungswidrigkeit entweder mit einem Bußgeld von mindestens 40,00 € (ab 1.5.2014: mindestens 60,00 €) bedroht ist oder anderseits bei geringfügigeren Ordnungswidrigkeiten vom Betroffenen ein Verwarnungsgeldangebot abgelehnt wird (→ *Verwarnung*).

2. Im **Vorverfahren** erfolgen die Anhörung des Betroffenen sowie der Erlass des Bußgeldbescheids.

a) Die **Anhörung** soll dem Betroffenen die Gelegenheit geben, sich zu der Beschuldigung zu äußern (§ 55 OWiG). Die Form der Anhörung ist dabei nicht gesetzlich festgelegt: Sie kann entweder persönlich durch den Polizeibeamten vor Ort oder auf schriftlichem Wege durch die Verwaltungsbehörde erfolgen. In diesem Zusammenhang hat eine *Belehrung* des Betroffenen zu erfolgen, bis dahin erfolgte Aussagen des Betroffenen können nicht zu seinen Lasten verwertet werden (→ *Beweisverwertungsverbot*).

b) Verteidiger. Der Betroffene hat die Möglichkeit, sich einen *Wahlverteidiger* gem. § 137 Abs. 1 StPO i.V. m. § 46 Abs. 1 OWiG zu nehmen (→ *Vollmacht*). Ungeachtet dessen kann auch die Verwaltungsbehörde im Bußgeldverfahren einen *Pflichtverteidiger* bestellen, wenn die Mitwirkung eines Verteidigers i. S. v. § 140 Abs. 2 S. 1 StPO geboten ist (§ 60 Abs. 1 OWiG), so z. B. wegen der Schwere der Tat, der Schwierigkeit der Sach- oder Rechtslage oder wenn der Betroffene sich nicht selbst verteidigen kann (OLG Köln 27.10.2011, III-1 RBs 253/11, BeckRS 2011, 26765).

c) Akteneinsicht kann der Betroffene selbst gem. § 49 Abs. 1 OWiG bzw. gem. § 147 StPO i.V. m. § 46 Abs. 1 OWiG über seinen Verteidiger erlangen (→ *Akteneinsicht*). Die Entscheidung über die Akteneinsicht erfolgt spätestens im Zwischenverfahren (→ Nr. 3). Auf Antrag ist dem Verteidiger *Beweismitteleinsicht* (z. B. in Bedienungsanleitung, Lebensakte und Eichschein eines Messgerätes, ferner Schulungsunterlagen des Messbeamten, Messprotokoll und Beschilderungsplan) zu gewähren (KG 7.1. 2013, 3 Ws (B) 596/12, DAR 2013, 211; OLG Naumburg 5.11.2012, 2 Ss (Bz) 100/12, BeckRS 2013, 01694; LG Frankfurt (Oder) 23.7.2012, 23 Qs 54/12, BeckRS 2012, 24753; LG Lübeck 25.7.2011, 760 Js OWi

6991/11, DAR 2011, 713; LG Ellwangen 14.12.2009, 1 Qs 166/09, DAR 2011, 418; AG Lüdinghausen 9.2.2012, 19 OWi 19/12 [b], DAR 2012, 156); AG Heidelberg 31.10.2011, 3 OWi 510 Js 22198/11, BeckRS 2011, 25873); AG Ellwangen 25.10.2010, 5 OWi 146/10, BeckRS 2011, 03781; AG Herford 20.9.2010, 11 OWi 34 Js 1453/10-624/10, DAR 2010, 715; AG Erfurt 25.3.2010, 64 OWi 624/10, DAR 2010, 713). Gegenstand des Akteneinsichtsrechts ist auch das gesamte vom ersten Zugriff an gesammelte Beweismaterial, einschließlich etwaiger Video-, Bild- und Tonaufnahmen (OLG Celle 13.1.2011, 322 SsRs 420/11, DAR 2012, 216). Im Ablehnungsfalle kann jeweils → *Antrag auf gerichtliche Entscheidung* gestellt werden.

d) Rechtsbehelf gegen Maßnahmen der Verwaltungsbehörde. Der Betroffene kann (soweit es nicht den Bußgeldbescheid selbst betrifft) gegen Anordnungen, Verfügungen und sonstige Maßnahmen, die von der Verwaltungsbehörde im Bußgeldverfahren getroffen werden, gem. § 62 OWiG *Antrag auf gerichtliche Entscheidung* stellen (→ *Antrag auf gerichtliche Entscheidung*).

e) Einstellung im Vorverfahren. Die Verfolgung von Ordnungswidrigkeiten liegt im pflichtgemäßen Ermessen der Verfolgungsbehörde; solange das Verfahren bei ihr anhängig ist, kann sie es einstellen (§ 47 Abs. 1 OWiG).

f) Bußgeldbescheid. Die Ordnungswidrigkeit wird – vorbehaltlich anderer gesetzlicher Bestimmungen – durch Bußgeldbescheid geahndet (§ 65 OWiG); dies betrifft sowohl die Geldbuße selbst als auch etwaige Nebenfolgen (z. B. Fahrverbot). Der *Inhalt* des Bußgeldbescheids (§ 66 OWiG) umfasst die Angaben zur Person des Betroffenen, den Namen und die Anschrift des Verteidigers, die Bezeichnung der Tat, die dem Betroffenen zur Last gelegt wird, Zeit und Ort ihrer Begehung, die gesetzlichen Merkmale der Ordnungswidrigkeit und die angewendeten Bußgeldvorschriften, die Beweismittel sowie die Geldbuße und die Nebenfolgen. *Nichtig* ist ein Bußgeldbescheid ggf. nur dann, wenn er besonders gravierende Mängel enthält, z. B. wenn darin entweder unbestimmte oder ganz offensichtlich in keinster Weise zulässige Rechtsfolgen angeordnet sind, oder auch bei absoluter Unzuständigkeit der Verwaltungsbehörde. Außerdem muss eine *Rechtsmittelbelehrung* über die Möglichkeit der Einspruchseinlegung erfolgen; bei fehlender, unvollständiger oder falscher Belehrung kommt eine Wiedereinsetzung in den vorigen Stand gem. § 51 Abs. 1 OWiG i.V. m. § 44 StPO in Betracht (→ *Wiedereinsetzung in den vorigen Stand*), die Wirksamkeit des Bußgeldbescheids bleibt jedoch (zunächst) unberührt. Die *Kostenentscheidung* ist im Bußgeldbescheid auszusprechen (§ 105 Abs. 1 OWiG i.V. m. § 464 Abs. 1 StPO); anderenfalls kann sie später nicht mehr gesondert nachgeholt werden, und die Staatskasse hätte dann die Kosten zu tragen. Die *Zustellung* des Bußgeldbescheids hat nach den Vorgaben des § 51 OWiG zu erfolgen.

g) Einspruch gegen den Bußgeldbescheid. Innerhalb von *zwei Wochen nach Zustellung* kann gegen den Bußgeldbescheid Einspruch eingelegt werden (maßgeblich ist der Eingang bei der Verwaltungsbehörde), und zwar schriftlich oder zur Niederschrift bei der Verwaltungsbehörde, die den Bußgeldbescheid erlassen hat (§ 67 Abs. 1 OWiG). Die Schriftform setzt keine Unterschrift voraus. Neben dem herkömmlichen Schreiben oder Telefax ist damit auch ein Einspruch über Internet oder per E-Mail möglich, sofern diese Kommunikationsmethoden von der Bußgeldstelle technisch unterstützt werden. Die Niederschrift bei der Verwaltungsbehörde kann auch bei telefonischer Einspruchseinlegung erfolgen. Der Einspruch kann auf bestimmte Beschwerdepunkte beschränkt werden (§ 67 Abs. 2 OWiG), auch allein auf den Rechtsfolgenausspruch. Möglich ist auch die *Einspruchsrücknahme*, der Bußgeldbescheid lebt damit wieder auf und wird mit Eingang der Rücknahmeerklärung rechtskräftig. Zuständig für die Entgegennahme der Rücknahmeerklärung ist die den Bußgeldbescheid erlassende Verwaltungsbehörde; wenn die Akten bereits bei der Staatsanwaltschaft oder bei dem nach § 68 OWiG zuständigen Gericht eingegangen sind, dann diese Stellen (vgl. § 69 Abs. 4 OWiG). Die Einspruchsrücknahme ist auch in der Hauptverhandlung möglich, die Zustimmung der Staatsanwaltschaft ist hierzu nicht erforderlich (§ 75 Abs. 2 OWiG). Ein *Verzicht auf die Einspruchseinlegung* ist bis zum Ablauf der Einspruchsfrist zulässig (§ 302 Abs. 1 S. 1 StPO i.V. m. § 67 Abs. 1 S. 2 OWiG); der Bußgeldbescheid wird mit Zugang der Verzichtserklärung bei der zuständigen Behörde sofort rechtskräftig. *Bezahlt* der Betroffene innerhalb der Einspruchsfrist die Geldbuße, so ist allein damit kein automatischer Verzicht auf die Einspruchseinlegung verbunden (OLG Stuttgart 16.10.1997, 1 Ss 505/97, NZV 1998, 81).

3. Zwischenverfahren. Die *Verwaltungsbehörde verwirft einen Einspruch als unzulässig*, wenn dieser nicht rechtzeitig, nicht in der vorgeschriebenen Form oder sonst nicht wirksam eingelegt ist (§ 69 Abs. 1 S. 1 OWiG). Gegen einen solchen Bescheid ist gem. § 69 Abs. 1 S. 2 OWiG innerhalb von zwei Wochen nach Zustellung der *Antrag auf gerichtliche Entscheidung* nach § 62 OWiG zulässig. Eine sachliche *Nachprüfungspflicht* kommt der Verwaltungsbehörde nach zulässigem Einspruch zu (§ 69 Abs. 2 OWiG). Die *Entscheidung über einen Antrag auf Akteneinsicht* (→ Nr. 2c) und deren Gewährung erfolgen vor *Übersendung der Akten an die Staatsanwaltschaft* (§ 69 Abs. 3 OWiG). Die Staatsanwaltschaft *leitet* die *Akten ans Amtsgericht* weiter, wenn sie weder das Verfahren einstellt noch weitere Ermittlungen durchführt (§ 69 Abs. 4 OWiG). Das Amtsgericht hat eine *Zurückweisungsbefugnis*, wenn der Sachverhalt offensichtlich ungenügend aufgeklärt ist; die Sache wird dann vom Amtsgericht unter Angabe der Gründe mit Zustimmung der Staatsanwaltschaft an die Verwaltungsbehörde zurückverwiesen (§ 69 Abs. 5 OWiG). Auch das *Amtsgericht verwirft einen Einspruch als unzulässig*, wenn die Vorschriften über die Einlegung des Einspruchs nicht beachtet sind; gegen diesen Beschluss ist die sofortige Beschwerde zulässig (§ 70 OWiG).

4. Hauptverfahren. Das Verfahren nach zulässigem Einspruch gegen den Bußgeldbescheid sieht entweder eine *Hauptverhandlung* (→ Nr. 5) vor (§ 71 OWiG), oder aber es wird im *Beschlussverfahren* (→ Nr. 6) entschieden (§ 72 OWiG). Für die Prüfung der *örtlichen Zuständigkeit* gilt § 16 StPO sinngemäß mit der Folge, dass das Amtsgericht sie bis zur Anberaumung der Hauptverhandlung von Amts wegen zu prüfen hat, danach erfolgt die Prüfung nur auf den spätestens bis zum Beginn der Vernehmung des Betroffenen zur Sache geltend zu machenden Einwand des Betroffenen, wobei ein bereits vor Beginn der Hauptverhandlung erhobener und noch nicht beschiedener Einwand genügt (OLG Bamberg 19.1.2012, 2 Ss 1545/11, BeckRS 2012, 06081).

5. Hauptverhandlung. Zur Vorbereitung auf die Hauptverhandlung bzw. zur besseren Aufklärung der Sache kann das Gericht dem Betroffenen Gelegenheit geben, sich dazu zu äußern, ob und welche Tatsachen und Beweismittel er zu seiner Entlastung vorbringen will, bzw. einzelne Beweiserhebungen anordnen oder behördliche Erklärungen einholen (§ 71 Abs. 2 OWiG). Die *Vorschriften der StPO* gelten entsprechend (über § 46 Abs. 1 bzw. § 71 Abs. 1 OWiG).

a) Ladung. Der Betroffene und auch sein Verteidiger sind zu laden (§§ 216, 218 StPO). Wird eine Verteidigung angezeigt, der Verteidiger aber nicht zur Hauptverhandlung geladen, so liegt – wenn der Verteidiger nicht auf andere Weise Kenntnis vom Termin erlangt und nicht auszuschließen ist, dass die Hauptverhandlung in dessen Anwesenheit zu einem für den Betroffenen günstigeren Ergebnis geführt hätte – ein Verfahrensfehler vor, der im Rechtsbeschwerdeverfahren zur Aufhebung des Urteils führt (OLG Koblenz 31.7.2009, 1 Ss 65/09, DAR 2009, 592). Die Ladungsfrist muss dabei eingehalten werden, zwischen der Zustellung der Ladung (§ 216 StPO) und dem Tag der Hauptverhandlung muss eine Frist von mindestens einer Woche liegen; ist die Frist nicht eingehalten worden, so kann der Betroffene bis zum Beginn seiner Vernehmung zur Sache die Aussetzung der Verhandlung verlangen oder aber auf die Einhaltung der Ladungsfrist verzichten (§ 217 StPO).

b) Öffentlichkeitsgrundsatz. Die Hauptverhandlung ist auch im Bußgeldverfahren grundsätzlich öffentlich (§ 169 S. 1 GVG). Für die Zulässigkeit der Rüge einer Verletzung des Öffentlichkeitsgrundsatzes bedarf es nicht der Darlegung, dass sich tatsächlich jemand vom Besuch der Sitzung hat abhalten lassen, das Gericht muss jedoch für die Zugangsbeschränkung verantwortlich sein (OLG Celle 1.6.2012, 322 SsBs 131/12, NZV 2012, 449).

c) Anwesenheit in der Hauptverhandlung. Der *Richter* (und ggf. auch der Urkundsbeamte) muss während der gesamten Hauptverhandlung vertreten sein (§ 226 StPO), bei notwendiger Verteidigung gem. § 140 Abs. 2 S. 1 StPO i.V.m. § 60 Abs. 1 OWiG auch der Pflichtverteidiger. Die *Staatsanwaltschaft* ist dagegen zur Teilnahme an der Hauptverhandlung nicht verpflichtet (§ 75 OWiG). Der *Vertreter der Verwaltungsbehörde* hat ein Anwesenheitsrecht in der Hauptverhandlung (§ 76 Abs. 1 OWiG). Es besteht *Anwesenheitspflicht des Betroffenen* in der Hauptverhandlung (§ 73 Abs. 1 OWiG). *Entbindungsantrag:* Das Gericht entbindet den Betroffenen auf seinen Antrag (welcher vor der Hauptverhandlung zu stellen ist) von der Verpflichtung zum persönlichen Erscheinen, wenn er sich zur Sache geäußert oder erklärt hat, dass er sich in der Hauptverhandlung nicht zur Sache äußern werde, und seine Anwesenheit zur Aufklärung wesentlicher Gesichtspunkte des Sachverhalts nicht erforderlich ist (§ 73 Abs. 2 OWiG). Da der Entbindungsantrag die Durchführung der Hauptverhandlung in Abwesenheit des Betroffenen ermöglicht und damit seine Rechtsstellung mindert, ist der Verteidiger auf eine – über die Verteidigervollmacht hinausgehende – schriftliche Vertretungsvollmacht (→ *Vollmacht*) angewiesen (KG 11.1.2011, 3 Ws (B) 12/11, BeckRS 2011, 09286). Ein abwesender Betroffener darf nur aufgrund ihm bekannter Beweismittel verurteilt werden, ansonsten muss ihm und seinem Verteidiger Gelegenheit zu rechtlichem Gehör gegeben werden (OLG Bamberg 14.1.2014, 3 Ss OWi 1608/13, BeckRS 2014, 07455; OLG Stuttgart 11.6.2010, 5 Ss 321/10, DAR 2010, 590). *Bei entschuldigtem Ausbleiben* des Betroffenen (z. B. bei Krankheit, im Unglücksfall oder bei Terminkollisionen mit bedeutenden beruflichen bzw. privaten Angelegenheiten) darf das Gericht die Hauptverhandlung nicht durchführen, es sei denn, ein nach § 73 Abs. 3 OWiG bevollmächtigter Verteidiger (→ *Vollmacht*) erklärt sich damit einverstanden. Das Gericht hat, wenn ein konkreter Hinweis auf einen Entschuldigungsgrund vorliegt oder Zweifel an einer genügenden Entschuldigung bestehen, dem im Rahmen seiner Aufklärungspflicht – gegebenenfalls im Wege des Freibeweises – nachzugehen (OLG Bamberg 28.11.2011, 3 Ss OWi 1514/11, BeckRS 2012, 03567). Legt der Betroffene eine ärztliche Arbeitsunfähigkeitsbescheinigung vor, besteht regelmäßig ein konkreter Hinweis auf die Existenz eines berechtigten Entschuldigungsgrunds, sofern nicht Gründe dafür vorliegen, dass das Attest als erwiesen falsch oder sonst als offensichtlich unrichtig oder unzureichend anzusehen ist (OLG Bamberg a.a.O.).

d) Verfahren bei Abwesenheit. Die Hauptverhandlung wird in Abwesenheit des Betroffenen durchgeführt, wenn er nicht erschienen ist und von der Verpflichtung zum persönlichen Erscheinen entbunden war; in diesem Fall sind frühere Vernehmungen des Betroffenen und seine schriftlichen oder protokollierten Erklärungen durch Mitteilung ihres wesentlichen Inhalts oder durch Verlesung in die Hauptverhandlung einzuführen (§ 74 Abs. 1 OWiG). Die *Verwerfung des Einspruchs* durch Urteil erfolgt, wenn der Betroffene ohne genügende Entschuldigung ausbleibt, obwohl er von der Verpflichtung zum Erscheinen nicht entbunden war (§ 74 Abs. 2 OWiG). Die Erklärung des Betroffenen, er „wolle" nicht an der Hauptverhandlung teilnehmen, kann als Entbindungsantrag auszulegen sein (OLG Rostock 27.4.2011, 2 Ss (OWi) 50-11 I 63/11, BeckRS 2011, 11574), dessen Nichtbescheidung steht regelmäßig dem Erlass eines Verwerfungsurteils entgegen (OLG Zweibrücken 5.1.2012, 1 Ss Bs 45/11, BeckRS 2012, 08145; OLG Rostock a.a.O.). Verzögert sich der Beginn einer Hauptverhandlung um eine halbe Stunde, so rechtfertigt dies nicht, dass der Betroffene und sein Rechtsanwalt das Gericht verlassen und somit der Hauptverhandlung fernbleiben (LG Cottbus 14.5.2009, 24 Qs 70/09, BeckRS 2009, 15723). Als *Rechtsmittel gegen das Verwerfungsurteil* kann neben dem Antrag auf Wiedereinsetzung (siehe § 74 Abs. 4 OWiG) auch die Rechtsbeschwerde gem. §§ 79 ff. OWiG erfolgen (zu Abgrenzungsfragen ist hierbei § 342 StPO zu beachten).

e) Unterbrechung *und Aussetzung der Hauptverhandlung* (§ 46 Abs. 1 OWiG i.V. m. §§ 228 f. StPO). Eine *Unterbrechung* der Hauptverhandlung kann im Regelfall bis zu drei Wochen erfolgen (§ 46 Abs. 1 OWiG i.V. m. § 229 Abs. 1 StPO), im Ausnahmefall auch bis zu vier Wochen (§ 46 Abs. 1 OWiG i.V. m. § 229 Abs. 2 StPO). Es sind auch kürzere Pausen von einigen Minuten bzw. Unterbrechungen von einigen Stunden möglich. War die Hauptverhandlung innerhalb der gesetzlichen Rahmenbedingungen unterbrochen, so wird sie danach (unter Verwertung der bisherigen Prozessergebnisse und -handlungen) fortgesetzt. Nach einer *Aussetzung* der Hauptverhandlung (d. h. nach jedem Abbruch, der über eine Unterbrechung hinausgeht) muss diese dagegen wiederholt werden (§ 46 Abs. 1 OWiG i.V. m. § 229 Abs. 4 StPO).

f) Gang der Hauptverhandlung (entsprechend § 243 StPO). Nach dem Aufruf der Sache und Feststellung der Präsenz wird (nachdem die Zeugen den Sitzungssaal verlassen haben) der Betroffene zunächst zu seiner Person und den persönlichen Verhältnissen gehört. Daraufhin wird der Bußgeldbescheid durch das Gericht verlesen. Der Betroffene wird danach über sein Aussageverweigerungsrecht belehrt; die Geltendmachung des Schweigerechts darf im Urteil nicht zulasten des Betroffenen gewertet werden (KG 26.7.2010, 3 Ws (B) 306/10, NZV 2011, 314). Es folgt die *Beweisaufnahme* (Vernehmung von Zeugen oder Sachverständigen, Verlesung von Urkunden), wobei dem Gericht eine Amtsaufklärungspflicht zukommt (§ 77 OWiG). Die unterlassene Verbescheidung eines in der Hauptverhandlung gestellten – nicht offensichtlich unzulässigen – Beweisantrages verletzt das Verfahrensgrundrecht des Betroffenen auf rechtliches Gehör (OLG Jena 27.6.2011, 1 Ss Rs 90/11, BeckRS 2011,

28898). Beweisanträge können vom Gericht jedoch abgelehnt werden, wenn die Beweiserhebung unzulässig ist oder wegen Offenkundigkeit überflüssig ist, wenn die zu beweisende Tatsache für die Entscheidung ohne Bedeutung oder schon erwiesen ist, wenn das Beweismittel völlig ungeeignet oder unerreichbar ist, ferner wenn der Antrag zum Zweck der Prozessverschleppung gestellt wird oder wenn das Gericht die zu beweisende Tatsache als wahr unterstellt (§ 244 Abs. 3 StPO). Des weiteren kann ein Beweisantrag abgelehnt werden, wenn nach pflichtgemäßem Ermessen des Gerichts die Beweiserhebung zur Erforschung der Wahrheit nicht erforderlich ist oder nach der freien Würdigung des Gerichts das Beweismittel oder die zu beweisende Tatsache ohne verständigen Grund so spät vorgebracht wird, dass die Beweiserhebung zur Aussetzung der Hauptverhandlung führen würde (§ 77 Abs. 2 OWiG). Eine *vereinfachte Beweisaufnahme* (z. B. Ersatz der Vernehmung von Zeugen durch Verlesung von Urkunden) ist mit Zustimmung der Verfahrensbeteiligten möglich (§ 77a OWiG). Am Ende der Hauptverhandlung erfolgen der *Schlussvortrag des Verteidigers* sowie *das letzte Wort des Betroffenen*.

g) Einstellung im Hauptverfahren. Hält das Gericht eine Ahndung nicht für geboten, so kann es das Verfahren mit Zustimmung der Staatsanwaltschaft in jeder Lage gem. § 47 Abs. 2 S. 1 OWiG einstellen. Die Zustimmung (außerhalb der Hauptverhandlung) ist nicht erforderlich, wenn durch den Bußgeldbescheid eine Geldbuße bis zu 100,00 € verhängt worden ist und die Staatsanwaltschaft erklärt hat, sie nehme an der Hauptverhandlung nicht teil (§ 47 Abs. 2 S. 2 OWiG). Nimmt die Staatsanwaltschaft an der Hauptverhandlung nicht teil, so bedarf es ihrer Zustimmung zur Einstellung des Verfahrens nicht (§ 75 Abs. 2 OWiG). Der Einstellungsbeschluss des Gerichts ist unanfechtbar (§ 47 Abs. 2 S. 3 OWiG).

h) Urteil. Die Hauptverhandlung schließt mit der Verkündung des Urteils (§ 46 Abs. 1 OWiG i. V. m. § 260 Abs. 1 StPO). Die Einstellung des Verfahrens ist im Urteil auszusprechen, wenn ein Verfahrenshindernis besteht (§ 46 Abs. 1 OWiG i. V. m. § 260 Abs. 3 StPO). Die *Urteilsformel* gibt die rechtliche Bezeichnung der Tat an, die angewendeten Bußgeldvorschriften werden zitiert (§ 46 Abs. 1 OWiG i. V. m. § 260 Abs. 4 u. 5 StPO). In den *Urteilsgründen* müssen insbesondere die für erwiesen erachteten Tatsachen sowie die Beweiswürdigung angegeben sein (§ 46 Abs. 1 OWiG i. V. m. § 267 StPO). Die *Urteilsverkündung* erfolgt im Namen des Volkes und gem. der weiteren Vorgaben des § 268 StPO. Wird in dem Urteil ein Fahrverbot angeordnet, so belehrt das Gericht den Betroffenen nach der Urteilsverkündung über den Beginn des Fahrverbots (§ 46 Abs. 1 OWiG i. V. m. § 268c StPO). Die *schriftlichen Urteilsgründe* müssen im Regelfall fünf Wochen nach der Verkündung zu den Akten gelangen, bei länger als drei Tage dauernden Hauptverhandlungen verlängert sich dieser Zeitraum schrittweise (§ 275 Abs. 1 StPO i. V. m. § 71 Abs. 1 OWiG). Verzögerungen bei der Urteilsabfassung in einer Größenordnung von annähernd 1 Jahr, noch dazu bei unsicherer Prognose der weiteren Entwicklung, stellen einen Verfahrensmangel dar, der im Rechtsbeschwerdeverfahren zur Aufhebung des Urteils führt (OLG Jena 8.4.2013, 1 Ss Bs 8/13 (42), BeckRS 2013, 14491). Von einer schriftlichen Begründung des Urteils kann abgesehen werden, wenn alle zur Anfechtung Berechtigten auf die Einlegung der Rechtsbeschwerde verzichten oder wenn innerhalb der Frist Rechtsbeschwerde nicht eingelegt wird (§ 77b Abs. 1 S. 1 OWiG). Die *Nachholung der Urteilsgründe* – nach Einlegung eines Rechtsmittels durch den Betroffenen – ist nicht mehr zulässig, wenn der Staatsanwaltschaft das Hauptverhandlungsprotokoll mit der Urteilsformel gemäß § 41 StPO zugestellt worden ist (OLG Oldenburg 10.4.2012, 2 SsBs 59/12, NZV 2012, 352). Die *Ergänzung der Urteilsgründe* nach § 77b Abs. 2 OWiG setzt voraus, dass der Tatrichter von der Möglichkeit des Absehens von Urteilsgründen gem. § 77b Abs. 1 OWiG tatsächlich Gebrauch gemacht hat (OLG Bamberg 29.1.2009, 3 Ss OWi 90/09, BeckRS 2009, 13875). Eine *Urteilszustellung*, die nicht durch das Gericht, sondern durch dessen Geschäftsstelle angeordnet wurde, ist unwirksam (OLG Bamberg 18.4.2011, 2 SsBs 243/2011, DAR 2011, 401).

i) Hauptverhandlungsprotokoll. Über die Hauptverhandlung ist ein Protokoll aufzunehmen und vom Vorsitzenden und dem Urkundsbeamten der Geschäftsstelle zu unterschreiben, der Tag der Fertigstellung ist darin anzugeben (§ 46 Abs. 1 OWiG i. V. m. § 271 Abs. 1 StPO). Zum Inhalt des Protokolls siehe §§ 272, 273 StPO.

6. Beschlussverfahren. Hält das Gericht eine Hauptverhandlung nicht für erforderlich, so kann es gem. § 72 Abs. 1 OWiG durch Beschluss entscheiden, sofern der Betroffene und die Staatsanwaltschaft diesem Verfahren nicht widersprechen; das Gericht weist auf die Möglichkeit eines solchen Verfahrens hin und setzt eine zweiwöchige Äußerungs- und Widerspruchsfrist (entbehrlich bei Freispruch durch Beschluss; bei Fristversäumung Antrag auf Wiedereinsetzung möglich). Das Gericht darf im Beschlussverfahren von der im Bußgeldbescheid getroffenen Entscheidung *nicht zum Nachteil des Betroffenen abweichen* (§ 72 Abs. 3 S. 2 OWiG). Der Umfang der schriftlichen Gründe des Beschlusses ist in § 72 Abs. 4 u. 5 OWiG geregelt, von einer Begründung kann abgesehen werden, wenn die Verfahrensbeteiligten hierauf verzichten (§ 72 Abs. 6 OWiG).

7. Rechtsmittel. Das Urteil kann mit *Rechtsbeschwerde* (§ 79 OWiG) und *Zulassungsrechtsbeschwerde* (§ 80 OWiG) angefochten werden, der Beschluss nach § 72 OWiG dagegen nur mit der Rechtsbeschwerde.

8. Rechtsbeschwerde. Gegen das Urteil und den Beschluss nach § 72 OWiG ist Rechtsbeschwerde nach § 79 Abs. 1 OWiG zulässig, wenn

– gegen den Betroffenen eine Geldbuße von mehr als 250,00 € festgesetzt worden ist,
– eine Nebenfolge angeordnet worden ist, es sei denn, dass es sich um eine Nebenfolge vermögensrechtlicher Art handelt, deren Wert im Urteil oder im Beschluss nach § 72 OWiG auf nicht mehr als 250,00 € festgesetzt worden ist,
– der Betroffene wegen einer Ordnungswidrigkeit freigesprochen oder das Verfahren eingestellt oder von der Verhängung eines Fahrverbotes abgesehen worden ist und wegen der Tat im Bußgeldbescheid oder Strafbefehl eine Geldbuße von mehr als 600,00 € festgesetzt, ein Fahrverbot verhängt oder eine solche Geldbuße oder ein Fahrverbot von der Staatsanwaltschaft beantragt worden war,
– der Einspruch durch Urteil als unzulässig verworfen worden ist oder
– durch Beschluss nach § 72 OWiG entschieden worden ist, obwohl der Beschwerdeführer diesem Verfahren rechtzeitig widersprochen hatte oder ihm in sonstiger Weise das rechtliche Gehör versagt wurde.

Gegen das Urteil ist die Rechtsbeschwerde ferner zulässig, wenn sie gem. § 80 OWiG zugelassen wird.

a) Die Frist für die Einlegung der Rechtsbeschwerde beginnt mit der Zustellung des Beschlusses nach § 72 OWiG oder des Urteils, wenn es *in Abwesenheit* des Beschwerdeführers verkündet und dieser dabei auch nicht nach § 73 Abs. 3 OWiG durch einen schriftlich bevollmächtigten Verteidiger vertreten worden ist (§ 79 Abs. 4 OWiG). Wird ein Urteil *in Anwesenheit* des Betroffenen oder seines Verteidigers mit Vollmacht nach § 73 Abs. 3 OWiG (→ *Vollmacht* Nr. 6) verkündet, so beginnt die Frist zur Einlegung der Rechtsbeschwerde mit der Urteilsverkündung.

b) Geltung der StPO und des GVG über die Revision. Für die Rechtsbeschwerde und das weitere Verfahren gelten – vorbehaltlich der Sondervorschriften im OWiG – die Vorschriften der StPO und des GVG über die Revision entsprechend; § 342 der StPO gilt auch entsprechend für den Antrag auf Wiedereinsetzung in den vorigen Stand nach § 72 Abs. 2 S. 2 Hs. 1 OWiG (§ 79 Abs. 3 OWiG). Die *Einlegung der Rechtsbeschwerde* kann innerhalb von einer Woche nach Urteilsverkündung bzw. Zustellung des Beschlusses nach § 72 OWiG schriftlich oder zu Protokoll bei der Geschäftsstelle erfolgen, und zwar bei dem Gericht, dessen Entscheidung angefochten wird (§ 341 StPO). Die *Rechtsbeschwerde ist zu begründen* (§ 344 StPO). Die Rechtsbeschwerdeanträge und die Rechtsbeschwerdebegründung sind gem. § 345 StPO – bei Urteilsverkündung in Abwesenheit oder bei Beschlusszustellung – binnen eines Monats nach Ablauf der Einlegungsfrist bei dem Gericht anzubringen, dessen Entscheidung angefochten wird. Wird das Urteil in Anwesenheit verkündet, so haben Rechtsbeschwerdeanträge und Rechtsbeschwerdebegründung binnen eines Monats nach Zustellung des vollständigen Urteils mit Entscheidungsgründen zu erfolgen. Die Rechtsbeschwerde kann nur darauf gestützt werden, dass das Urteil oder der Beschluss nach § 72 OWiG auf einer Verletzung des Gesetzes beruhe (§ 337 StPO). Die *Sachrüge* ist in jedem Fall zu erheben, daneben können *Verfahrensrügen* erhoben werden; die in § 338 StPO geregelten absoluten Revisionsgründe können mit der Verfahrensrüge geltend gemacht werden.

c) Das Beschwerdegericht entscheidet durch Beschluss; richtet sich die Rechtsbeschwerde gegen ein Urteil, so kann das Beschwerdegericht auf Grund einer Hauptverhandlung durch Urteil entscheiden (§ 79 Abs. 5 OWiG). Hebt das Beschwerdegericht die angefochtene Entscheidung auf, so kann es abweichend von § 354 StPO in der Sache selbst entscheiden oder sie an das Amtsgericht, dessen Entscheidung aufgehoben wird, oder an ein anderes Amtsgericht desselben Landes zurückverweisen (§ 79 Abs. 6 OWiG).

9. Zulassung der Rechtsbeschwerde. Das Beschwerdegericht lässt gem. § 80 Abs. 1 OWiG die Rechtsbeschwerde nach § 79 Abs. 1 Satz 2 OWiG auf Antrag zu, wenn es geboten ist,
– die Nachprüfung des Urteils zur Fortbildung des Rechts oder zur Sicherung einer einheitlichen Rechtsprechung zu ermöglichen, soweit § 80 Abs. 2 OWiG nichts anderes bestimmt, oder
– das Urteil wegen Versagung des rechtlichen Gehörs aufzuheben.

a) Einschränkung der Zulassung der Rechtsbeschwerde. Die Rechtsbeschwerde wird gem. § 80 Abs. 2 OWiG wegen der Anwendung von Rechtsnormen über das Verfahren nicht und wegen der Anwendung von anderen Rechtsnormen nur zur Fortbildung des Rechts zugelassen, wenn
– gegen den Betroffenen eine Geldbuße von nicht mehr als 100,00 € festgesetzt oder eine Nebenfolge vermögensrechtlicher Art angeordnet worden ist, deren Wert im Urteil auf nicht mehr als 100,00 € festgesetzt worden ist, oder
– der Betroffene wegen einer Ordnungswidrigkeit freigesprochen oder das Verfahren eingestellt worden ist und wegen der Tat im Bußgeldbescheid oder im Strafbefehl eine Geldbuße von nicht mehr als 150,00 € festgesetzt oder eine solche Geldbuße von der Staatsanwaltschaft beantragt worden war.

b) Anwendung der Vorschriften über die Rechtsbeschwerde. Im Übrigen sind die Vorschriften über die Einlegung und Begründung der Rechtsbeschwerde gem. § 80 Abs. 3 OWiG auch bei der Zulassung der Rechtsbeschwerde zu beachten (→ Nr. 8).

c) Entscheidung. Das *Beschwerdegericht entscheidet* gem. § 80 Abs. 4 OWiG über den Antrag *durch Beschluss*; die §§ 346 bis 348 StPO gelten entsprechend. Der Beschluss, durch den der Antrag verworfen wird, bedarf keiner Begründung. Wird der Antrag verworfen, so gilt die Rechtsbeschwerde als zurückgenommen.

Langer

C

Cannabis Pflanzen, die Cannabinoide erzeugen, z. B. von Cannabis sativa (indischer Hanf). S. a. THC.
Siehe auch → Drogenfahrt   *Sachs*

Cathin Norpseudoephedrin. Als Amphetaminderivat ein Stimulanz, aber auch als Appetitzügler eingesetzt. Wird u. a. aus den Blättern des Kath-Strauches gewonnen.   *Sachs*

Cathinon Alkaloid aus dem Kath-Strauch. Als Amphetaminderivat ein Stimulanz, aber auch als Appetitzügler eingesetzt.   *Sachs*

CDT-Wert Konzentration des CDT im Serum. Wird je nach Labor als Prozentwert oder als Konzentration in mg/l angegeben.
CDT = Carbohydratdefizientes Transferrin. Damit wir eine defiziente Form des Transferrins, die als Marker für eine regelmäßige, tägliche Ethanolzufuhr herangezogen wird.
Problematisch ist einerseits der Anteil der Non-Responder, d. h. derjenigen, die trotz erhöhter Ethanolzufuhr nicht mit einem Anstieg dieses Parameters reagieren und deshalb nicht erkannt werden. Andererseits ist das CDT nicht ethanolspezifisch, sondern kann auch aufgrund anderer Leberstörungen vermehrt produziert werden.   *Priemer*

cessio legis → Ersatzansprüche Dritter

CIF-Faktor = Cannabis Influence Factor. Etabliert wurde dieser Faktor von Daldrup, der das Problem des relativ geringen Aussagewerts der reinen THC-Konzentration im Blut verbessern wollte. Er bezog die Konzentration des ersten Metaboliten Hydroxy-THC (ebenfalls psychoaktiv wirksam) und die THC-Carbonsäure (THC-COOH, psychoaktiv nicht wirksam) mit ein und stellte die psychoaktiv wirksamen Substanzen der psychoaktiv unwirksamen Substanz in Form eines Quotient gegenüber
Vereinfachte Faustformel: (THC + THC-OH) *100/THC-COOH
Vollständige Formel:
(Anwendung: Zeit zw. Fahrt u. BE: 0,5 bis 1,5 h; wenn THC-OH< 1 ng/ml, so ist es auf 0 zu setzen; Anwendung unzulässig, wenn Bestimmungslabor THC-OH expressis verbis nicht bestimmt).

Daldrup postulierte aufgrund seiner Untersuchungsergebnisse, dass ab einem CIF Faktor von 10 von einer Beeinträchtigung auszugehen ist, die einer alkoholbedingten Beeinträchtigung von 1,1 ‰ entspricht.
Diese Sichtweise hat sich bisher nicht durchgesetzt, sondern war/ist allenfalls ein lokales Phänomen in Nordrhein-Westfahlen.   *Priemer*

Cocain → Kokain, → Drogenfahrt

Codein Opium-Alkaloid, das wie Morphin aus Mohnsaft gewonnen wird. Es wird als Husten dämpfender Wirkstoff in zahlreichen Fertigarzneimitteln, auch Kombinationspräparaten, verwendet. Zu beachten ist, dass es im Körper zu Morphin abgebaut wird. Wenn bei einem Test im Urin oder im Blut Morphin festgestellt wird, muss insbesondere bei Anwendung des § 24a StVG herausgefunden werden, ob dies u. U. durch den Abbau von Codein entstanden ist.   *Sachs*

cut-off Schwellenwert bei der Untersuchung von Urin oder Haaren auf missbräuchlich verwendete Substanzen, bei dessen Überschreitung die Untersuchung als positiv gewertet wird und Sanktionen folgen.   *Sachs*

D

Dachlawinenschaden Wird ein (parkendes) Kfz durch den Abgang einer *Dachlawine* beschädigt, dann hat der so geschädigte Eigentümer nur dann gem. § 823 Abs. 1 oder Abs. 2 BGB einen Ersatzanspruch gegen den Hauseigentümer, wenn dieser eine *Verkehrssicherungspflicht* verletzt hat, die den Eintritt eines solchen Schadens vermeiden sollte (*Hugger/Schulz* DAR 2011, 284). Es ist *im Einzelfall abzuwägen*, ob der Hauseigentümer oder ein Dritter (Mieter, Hausverwalter, Hausmeister), auf den der Hauseigentümer die Verkehrssicherungspflicht wirksam übertragen hat, rechtzeitig alle *erforderlichen und zumutbaren Vorkehrungen* getroffen hat, um den Schutz der Rechtsgüter Dritter vor den von seinem Hausdach ausgehenden Gefahren zu gewährleisten (vgl. BGH 19.12.1989, NJW 1990, 1236; AG Brandenburg 23.8.2012, 34 C 127/11; Birk NJW 1983, 2911; *Hugger/Stallwanger* DAR 2005, 665; *Schlund* DAR 1994, 49). Welche Sicherheitsvorkehrungen ausreichend sind, damit der Hauseigentümer seiner Verkehrssicherungspflicht gerecht wird, so dass der Schaden am Kfz als verwirklichtes *Lebensrisiko* anzusehen ist, für welches der Hauseigentümer nicht zur Verantwortung gezogen werden kann, hängt insbesondere vom Schadensort (schneearme oder schneereiche Region), vom *Standort des Kfz* (direkt unter dem Dach) von der *Baugestaltung* und der *Gebäudehöhe*, der *Dacheindeckung* (glatte, lasierte Ziegel) und der *Dachneigung* (steil abfallend), der *Jahreszeit* und den *Witterungsverhältnissen* (sonniges Tauwetter) ab (OLG Dresden 17.7.1996, DAR 1997, 492; OLG Hamm 11.11.1986, NJW-RR 1987, 412; LG Bielefeld 12.4.2011, 2 O 50/11). Grundsätzlich wird der Hauseigentümer seiner Verkehrssicherungspflicht auch in einer allgemein schneereichen Region gerecht, wenn er auf dem Dach *Schneefanggitter* oder *Dachhaken* angebracht hat (LG München I 29.10.1986, DAR 1987, 56; LG Ulm 31.5.2006, DAR 2007, 91). In der Regel bedarf es keiner zusätzlichen Schutzvorkehrungen oder –maßnahmen (OLG Düsseldorf 17.2.2012, NJW-RR 2012, 780; OLG Oldenburg 25.7.2012, MDR 2012, 1339; OLG Hamm 14.8.2012, 9 U 119/12). Wenn aber aufgrund der besonderen Witterungsverhältnisse die *konkrete Gefahr* eines Dachlawinenabgangs besteht, dann kann der Hauseigentümer zur Ergreifung besonderer Schutzvorkehrungen gehalten sein, z. B. zusätzlich zu vorhandenen Schneefanggittern *Hinweisschilder* oder *Warntafeln* aufzustellen oder gar *Absperrungen* vorzunehmen (OLG Dresden 17.7.1996, DAR 1997, 492; OLG Hamm 23.7.2003, NJW-RR 2003, 1463; OLG Celle 20.1.1982, VersR 1982, 979; OLG Köln 13.4.1988, VersR 1988, 1244; LG München I 29.10.1986, DAR 1987, 56; LG Augsburg 29.4.1987, VersR 1988, 46) oder den Schnee vom Dach zu räumen. Ist aufgrund einer *Ortssatzung* oder einer *Ortsüblichkeit* die Anbringung von Schneefanggittern auf dem Dach geboten, und sind solche dennoch nicht vorhanden, dann ist eine Verkehrssicherungspflichtverletzung des Hauseigentümers ohne weiteres anzunehmen (OLG Jena 20.12.2006, SVR 2007, 262; OLG Karlsruhe 18.3.1983, NJW 1983, 2946; OLG Frankfurt 27.4.2000, VersR 2000, 1514). War für den geschädigten Kfz-Eigentümer die *Möglichkeit eines Dachlawinenabgangs erkennbar*, was insbesondere in schneereichen Regionen in Betracht zu ziehen ist, dann sind seine Ersatzansprüche wegen *Mitverschulden* gem. § 254 BGB zu kürzen (OLG Stuttgart 27.11.1963, DAR 1964, 214; LG München I 29.10.1986, DAR 1987, 56; s. a. OLG Naumburg 11.8.2011, SVR 2012, 22). *Geiger*

Dachneigung → Dachlawinenschaden

Daldrup-Tabelle
Tabelle, die einen Zusammenhang zwischen THC- und THC-COOH-Konzentrationen und für die Fahreignungsdiagnostik zu ergreifende Maßnahmen wie fachärztliche oder medizinisch-psychologische Untersuchungen herstellen. (Blutakohol [ ]) *Sachs*

Dämmerung → Beleuchtung

Dash Cam Fraglich ist, ob Mini-Video-Cameras, in der Regel als Dash Cams bezeichnet, in Gerichtsverfahren verwertet werden dürfen, z. B. aus datenschutzrechtlichen Gesichtspunkten, wird von den Gerichten uneinheitlich bewertet.
Im Fall des LG Heilbronn – Urteil vom 3.2.2015 (Az.: I 3 S 19/14, DAR-2015, 211 ff.) wollte der Kläger mit Hilfe von Videoaufnahmen einer im Pkw installierten Dash Cam beweisen, dass den Unfallgegner ein Mitverschulden trifft. Das LG Heilbronn hat die Verwertung der Videoaufnahmen abgelehnt, da die Umstände kein überwiegendes Interesse des Klägers an der Beweissicherung wie z. B. in

einer Not- oder Gefahrensituation begründen. Die heimlichen, nicht auf einen bestimmten Zeitraum beschränkten, umfassenden Aufnahmen des Verkehrsgeschehens sind nach Auffassung des Gerichts aufgrund der Gefahren für das Persönlichkeitsrecht der anderen Verkehrsteilnehmer unzulässig. Würde einer erforderlichen Beweisführung in einem Haftungsprozess der Vorrang vor dem Recht auf informationelle Selbstbestimmung eingeräumt, stehe zu befürchten, dass zukünftig jeder motorisierte und nichtmotorisierte Verkehrsteilnehmer das „potentiell gefährliche Geschehen" laufend aufzeichnet. Rechtlich verstoßen diese Aufnahmen zudem gegen § 6 b Abs. 1 BDSG sowie § 22 S. 1 KunstUrhG. Anders hat dies z. Bsp. das AG Nürnberg bewertet, BeckRs 2015, 14846 = DAR 2015, 472).

In seinem Urteil vom 20.1.2015 befasst sich das AG Nienburg (Az.: 4 DS 520 Js 39473/14 (155/14), DAR – 2015, 280 ff.) als erstes Gericht mit der Verwertung von Dash Cam-Aufnahmen in Strafverfahren. Der Angeklagte wurde wegen Nötigung, Gefährdung des Straßenverkehrs sowie Beleidigung angeklagt und verurteilt. Das Tatgeschehen wurde durch die vom Geschädigten gefertigte Dash Cam-Aufnahme bewiesen. Diese hatte er nach dem dichten Auffahren des Angeklagten gestartet und erst beendet, nachdem beide Fahrzeuge nach 5 Minuten auf einem Parkplatz anhielten. Nach Auffassung des Gerichts standen der Verwertung keine datenschutzrechtlichen Gründe entgegen, da die Voraussetzung der Ermächtigungsnorm entsprechend § 28 Abs. 1 Nr. BDSG erfüllt waren. Hier überwog das Interesse des Geschädigten an der Aufzeichnung zwecks Beweissicherung im Rahmen der gebotenen Interessensabwägung das Interesse des Angeklagten auf informationelle Selbstbestimmung. Maßgebend war dabei insbesondere die kurze, weil anlassbezogene Aufzeichnung der beteiligten Fahrzeuge. Des Weiteren war die Aufzeichnung auch deshalb erforderlich, weil aufgrund der Unergiebigkeit der Zeugenaussagen keine weiteren Beweismittel zur Verfügung standen. Schließlich war die Verhältnismäßigkeit gegeben, da nach dem Gang der Hauptverhandlung der dringende Verdacht bestand, dass der Angeklagte im Falle eines Schuldspruchs zu einer Freiheitsstrafe verurteilt sowie ihm wegen fehlender Eignung die Fahrerlaubnis entzogen wird.

Damit bestätigt sich die Tendenz in der Rechtsprechung, dass Aufzeichnungen von Dash Cams nur sehr eingeschränkt verwertet werden können. Zu der gesamten Problematik sei auf die im Folgenden aufgeführten Beiträge verweisen: *Balzer, Nugel* „Minikameras im Straßenverkehr – Datenschutzrechtliche Grenzen und zivilprozessuale Verwertbarkeit der Videoaufnahmen", NJW 2014, 1622; *Klann*, Anm. zu EuGH, DAR 2015 76 ff.; *Bachmeier* „Dash Cam & Co. – Beweismittel der ZPO? – DAR 2014, 15 ff.; *Klann* „Aktualisierung: Zur Zulässigkeit der Verwendung privater Verkehrsüberwachungskameras – Dashcams – zu Beweiszwecken" DAR 2014, 451 ff.; *Klann*, Anm. zu VG Ansbach, DAR 2014, 663 ff. *Wehrl*

Datenschutz → Unfalldatenspeicher Nr. 3, → Fahrerermittlung Nr. 2 b)

Datenspeicherung → Fahrtenbuchauflage Nr. 6

Dauerdelikt → Tateinheit und Tatmehrheit Nr. 4

Dauerschaden → Unfallschadenabwicklung – Personenschaden Nr. 6

DAV-Abkommen 1. Allgemeines. Während der Geltung der BRAGO hatten sich *Grundsätze über die Abrechnung der außergerichtlichen Tätigkeit der Anwälte in Unfallsachen* mit der überwiegenden Mehrzahl der Kfz-Haftpflichtversicherer herausgebildet, um die Abwicklung von Verkehrsunfällen auch hinsichtlich der Vergütung der Anwälte möglichst unbürokratisch und unkompliziert zu gestalten. Diese Grundsätze, welche *Regulierungsempfehlungen* darstellten, wurden als DAV-Abkommen bezeichnet und von der überwiegenden Mehrzahl der Kfz-Haftpflichtversicherer akzeptiert. Mit Inkrafttreten des RVG zum 1.7.2004 hat eine Vielzahl der Kfz-Haftpflichtversicherer erklärt, keiner Nachfolgevereinbarung zum ehemaligen DAV-Abkommen beitreten zu wollen.

2. Neue Regulierungsempfehlungen. Unter Geltung des RVG wurden nur von einigen Kfz-Haftpflichtversicherern neue Regulierungsempfehlungen veröffentlicht (AnwBl. 2005, 493), welche von der Arbeitsgemeinschaft Verkehrsrecht des Deutschen Anwaltvereins befürwortet werden. Diese als *interne Arbeitsanweisung* der Haftpflichtversicherer herausgebrachten Grundsätze zur Abrechnung von Rechtsanwaltsgebühren bei der Abwicklung von Schadensfällen werden nur noch von wenigen Versicherern gegenüber den Anwälten angewendet, die sich mit dieser Vorgehensweise *in allen Fällen uneingeschränkt* einverstanden erklären. Von den *Allianz*-Versicherungen mit *OVS* und *VVD* werden diese Grundsätze nur noch bei Mandatierungen vor dem 1.4.2012 angewendet, von der *VHV* Versicherung nur noch bei Mandatierungen vor dem 31.7.2010. Anwendung finden die Regulierungsempfehlungen nur noch bei der *Öffentlichen Landesbrandkasse* Versicherungen Oldenburg und der *VGH* Landschaftliche Brandkasse Hannover. Diese Regulierungsempfehlungen erlangen im Fall der Publikmachung durch die Versicherer, z. B. durch Versendung an Anwälte, *Verbindlichkeit*. Die Arbeitsanweisung zur Abrechnung der Rechtsanwaltsgebühren bezieht sich auf das Gebiet der allgemeinen sowie der Kfz-Haftpflichtversicherung, und gilt nur bei einer *vollständigen außergerichtlichen Schadensregulierung*. Werden auch nur teilweise Ersatzansprüche des Geschädigten gerichtlich geltend gemacht und gerichtlich beschieden, dann finden die Regulierungsempfehlungen keine Anwendung. Die Schadenersatzzahlung, welche der Versicherer außergerichtlich leistet (*Gesamterledigungswert*), ist der für die Gebührenhöhe maßgebliche *Gegenstandswert* (Schneider, DAR 2012, 56).

Praxistipp: Die Abrechnung der anwaltlichen Tätigkeit nach den Regulierungsempfehlungen stellt grds. und ohne weiteres keinen *Verzicht* des Mandanten auf weitere Schadenersatzansprüche dar (BGH 21.11.2006, DAR 2007, 140; BGH 7.3.2006, DAR 2006, 497).

3. Abrechnung gegenüber Schädiger. Vertritt der Rechtsanwalt bei einem reinen Sachschaden *einen Geschädigten*, dann wird seine Tätigkeit mit einer 1,8 Gebühr aus dem Gesamterledigungswert vergütet. Bei einem Sach- und Personenschaden bis 10.000 Euro erhält der Anwalt ebenso eine 1,8 Gebühr. Übersteigen der Sach- und Personenschaden 10.000 Euro, dann erfolgt eine Vergütung mit einer 2,1 Gebühr. Vertritt der Anwalt *mehrere Geschädigte*, dann erhält er bei der Regulierung von Sachschäden oder Sach- und Personenschäden bis 10.000 Euro eine 2,4 Gebühr, bei Sach- und Personenschäden von mehr als 10.000 Euro eine 2,7 Gebühr. Bei einem Gesamterledigungswert von über 200.000 Euro gehen alle Versicherer von einer *individuellen Gebührenvereinbarung* aus. Hinzu kommen jeweils *Auslagen* und *Mehrwertsteuer* nach der gesetzlichen Regelung. Mit dieser Vergütung sind alle gesetzlichen Gebühren abgegolten, so dass z. B. im Falle eines Vergleichsabschlusses keine zusätzliche Einigungsgebühr anfällt, eine Hebegebühr nicht zusätzlich verlangt werden kann, und auch die weitergehende Geltendmachung von Kostenerstattungsansprüchen oder weiteren Gebühren gegen den Unfallgegner und dessen Versicherung ausscheidet (vgl. Beck DAR 1998, 41).

Praxistipp: Einige Kfz-Haftpflichtversicherer haben den Rechtsanwälten *Vergütungsvereinbarungen* angeboten, deren Gebührensätze die der zuvor beschriebenen Regulierungsempfehlungen deutlich unterschreiten. Auf den Abschluss solcher Vergütungsvereinbarungen sollte sich der Anwalt nicht einlassen.

4. Zusätzliche Abrechnung gegenüber Mandant. Beim eigenen Mandanten bzw. dessen Rechtsschutzversicherer kann der Anwalt dann eine zusätzliche Vergütung (*Differenzgebühr*) geltend machen, wenn sich eine solche bei einem Zusammentreffen unterschiedlicher *Auftrags-* und *Erledigungswerte* ergibt (OLG Düsseldorf 24.5.2005, NJW-RR 2005, 1155). Übersteigt der gebührenrechtlich an sich maßgebliche Gegenstandswert der Beauftragung (*Auftragswert*) die außergerichtliche Regulierungszahlung des Kfz-Haftpflichtversicherers (*Erledigungswert*), z. B. weil zunächst von einer Alleinhaftung des Unfallgegners auszugehen war, dann aber eine *Haftungsquote* zu bilden war, oder weil der Schaden durch den Schädiger *zunächst höher angesetzt* wurde, als er letztlich tatsächlich zu beziffern war, dann kann der Anwalt die Differenz zwischen der vollen gesetzlichen Gebühr gemäß Auftragswert und der Gebühr gemäß Erledigungswert bei seinem Mandanten nebst Auslagen und Umsatzsteuer geltend machen (*Schneider* ProzRB 2003, 160, m.w.N.). Insoweit entfaltet die Abrechnung der Anwaltsgebühren gemäß Regulierungsempfehlung gegenüber dem Mandanten keine *Sperrwirkung*. Ist der Gebührenanspruch des Anwalts dagegen nach den Abrechnungsempfehlungen geringer als die gesetzliche Gebühr, dann ist der Anwalt zur Geltendmachung einer solchen Differenz gegenüber seinem Mandanten nicht berechtigt (LG Köln 25.9.1991, r+s 1992, 128).
Internet: verkehrsanwaelte.de/fuer–verkehrsanwaelte–arbeitshilfen.html *Geiger*

Deckungsklage 1. Allgemeines. In der Haftpflichtversicherung gilt das *Trennungsprinzip*, wonach das *Haftpflichtverhältnis* zwischen dem Geschädigten und dem Schädiger (Versicherungsnehmer) vom *Deckungsverhältnis* zwischen dem Versicherungsnehmer und dem Versicherer zu unterscheiden ist. Im Haftpflichtverhältnis entscheidet sich, ob und in welcher Höhe der Versicherungsnehmer dem Geschädigten haftet. Im Deckungsverhältnis entscheidet sich, ob und in welcher Höhe der Versicherungsnehmer Versicherungsschutz genießt. Über beide Rechtsverhältnisse wird in *unterschiedlichen Prozessen* entschieden. So wird im Versicherungsschutzprozess (Deckungsklage) nicht geprüft, ob und ggf. in welcher Höhe Ersatzansprüche des Geschädigten bestehen. Das Trennungsprinzip wird durch die *Bindungswirkung* ergänzt. Danach ist ein rechtskräftiges Urteil betreffend die Haftung des Versicherungsnehmers für Ersatzansprüche des Geschädigten für die Deckungsfrage bzgl. des Haftungstatbestandes verbindlich, damit im Deckungsprozess die bereits im Haftungsprozess getroffenen Feststellungen nicht nochmals in Frage gestellt werden können (BGH 8.12.2010, NJW 2011, 610; BGH 20.6.2001, VersR 2001, 1103; BGH 30.9.1992, NJW 1993, 68; LG Bonn v. 22.1.2013, r+s 2013, 493). Soweit im Haftpflichtprozess keine Feststellungen getroffen wurden, können diese im Deckungsprozess behandelt werden (BGH 26.4.1962, VersR 1962, 557). Dem Versicherer stehen im Deckungsprozess dagegen jedenfalls die versicherungsrechtlichen Einwendungen offen.

2. Klagearten. Versicherungsrechtliche Ansprüche können auf drei verschiedene Arten gerichtlich geltend gemacht werden: Es kann die Feststellung beantragt werden, dass der Versicherer verpflichtet ist, für den konkret bezeichneten Versicherungsfall zu leisten (→ *Feststellungsklage*). Auch wenn während des Gerichtsverfahrens eine konkrete Bezifferung der begehrten Versicherungsleistung möglich ist, kann der Feststellungskläger ausnahmsweise an seinem Feststellungsantrag festhalten, weil davon auszugehen ist, dass der Versicherer bereits aufgrund der Feststellung seiner Leistungspflicht leisten wird, und nicht erst auf einen Zahlungstitel hin (s. a. → *Feststellungsklage*). Ist eine konkrete Bezifferung der Versicherungsleistung möglich und der Versicherungsnehmer bereits in Vorleistung getreten, kann direkt auf Zahlung bzw. Erstattung des konkreten Betrages geklagt werden (*Leistungsklage*). Liegen dem Versicherungsnehmer Rechnungen vor, ohne dass er diese bereits bezahlt hat, kann auf Freistellung von diesen konkreten Verbindlichkeiten geklagt werden (*Leistungsklage auf Freistellung*).

3. Beweislastverteilung. Im Bereich der Kfz-Haftpflichtversicherung haben sich für den Deckungsprozess folgende Beweislastgrundsätze entwickelt: Den *Gebrauch* des im Vertrag bezeichneten Fahrzeugs hat der Versicherungsnehmer zu beweisen. Objektive und subjektive *Risikoausschlüsse* hat der Versicherer zu beweisen. Die tatsächlichen Voraussetzungen und die Kenntnis des Versicherungsnehmers von *gefahrerhöhenden Umständen* hat der Versicherer zu beweisen. Den *Kausalitätsgegenbeweis* und den *Nachweis fehlenden Verschuldens* hat der Versicherungsnehmer zu führen. Bei *Obliegenheitspflichtverletzungen* vor Eintritt des Versicherungsfalles hat der Versicherer den objektiven Tatbestand zu beweisen, mithin die zweckwidrige Verwendung, das Vorliegen einer Schwarzfahrt, das Fehlen der Fahrerlaubnis oder die Trunkenheit. Die *Kündigung* des Versicherungsvertrages sowie den Zugang der Kündigungserklärung hat der Versicherer zu beweisen. Das *fehlende Verschulden* hat der Versicherungsnehmer zu beweisen. Die *fehlende Kausalität* zwischen Obliegenheitsverletzung und Eintritt des Versicherungsfalles hat der Versicherungsnehmer zu beweisen. Bei *Obliegenheitspflichtverletzungen* nach Eintritt des Versicherungsfalles hat der Versicherer den objektiven Tatbestand zu beweisen, nämlich bei der Unfallflucht das Vorliegen eines Unfalls und die Bemerkung einer unfallbedingten Verursachung eines Fremdschadens durch den Versicherungsnehmer, und bei der Anzeigenobliegenheitspflichtverletzung das Nichtabschicken der Anzeige durch den Versicherungsnehmer. Das *Verschulden* des Versicherungsnehmers muss der Versicherer in der Kfz-Haftpflichtversicherung beweisen.

4. Gerichtsstand. Der Versicherungsnehmer kann seinen Versicherer nach der Ablehnung des Versicherungsschutzes neben dem *allgemeinen Gerichtsstand*, nämlich am Sitz des Unternehmens gem. § 17 ZPO, auch am Gericht der *Niederlassung des Versicherers*, über welche der streitgegenständliche Versicherungsvertrag abgeschlossen oder abgewickelt wurde, § 21 ZPO, sowie am besonderen *Gerichtsstand des Versicherungsnehmers* gem. § 215 Abs. 1 S. 1 VVG verklagen, also an dem Gericht des Ortes, an welchem der Versicherungsnehmer zur Zeit der Klageerhebung seinen *Wohnsitz* hat. Für Klagen des Versicherers gegen den Versicherungsnehmer (sog. Passivprozesse) gilt der Gerichtsstand des aktuellen Wohnsitzes des Versicherungsnehmers ausschließlich, § 215 Abs. 1 S. 2 VVG. Der Gerichtsstand der Agentur gem. § 48 VVG a.F. wurde nicht in das neue VVG übernommen.

5. Klagefrist. Gemäß § 12 Abs. 3 VVG a.F. bestand für die Versicherer die Möglichkeit der Berufung auf eine *Ausschlußfrist* von sechs Monaten, welche zur *Leistungsfreiheit* des Versicherers führte, wenn der Versicherte nach Ablehnung des Versicherungsschutzes seine Ansprüche gegen die Versicherung nicht gerichtlich geltend machte. In das neue VVG wurde diese Klagefrist des § 12 Abs. 3 VVG a.F. jedoch *nicht übernommen*. Deswegen können sich die Versicherer ab dem 1.1.2008 nicht mehr auf diese Vorschrift berufen, sofern die Ausschlußfrist nicht vorher begonnen hat. Nach dem 1.1.2008 wird die Frist des § 12 Abs. 3 VVG a.F. gemäß § 307 Abs. 2 Nr. 1 BGB angesichts der Neuregelung des VVG wegen unangemessener Benachteiligung des Versicherungsnehmers als *unwirksam* anzusehen sein (*Bauer* NJW 2008, 1496).

6. Streitwert. Bei Klagen auf *Zahlung* und *Freistellung* richtet sich der Streitwert nach den *geltend gemachten Beträgen*. Bei *Feststellungsklagen* kann ein *Abschlag* in einer Größenordnung von 20 % vorgenommen werden. Ist Gegenstand der Feststellungsklage der Fortbestand des Versicherungsvertrages für die Zeit nach der Kündigungserklärung, dann ist Streitwert die Versicherungsprämie für die Zeit von der Kündigung bis zum Jahresende (BGH 11.10.2000, NVersZ 2001, 92).

Siehe auch: → *Rechtsschutzversicherung* Nr. 25

Geiger

Deckungssummen in Europa 1. Allgemeines. Bereits mit der 2. Kraftfahrzeug-Haftpflichtversicherungs-Richtlinie (KH-Richtlinie 84/5/EWG vom 30.12.1983) wurden europaweit obligatorische *Mindestdeckungssummen* eingeführt, und damit ein europaweites Mindestniveau an Versicherungsschutz vorgegeben. Weitere Anhebungen der Mindestdeckungssummen wurden angesichts der fortbestehenden *erheblichen nationalen Unterschiede* und zur *europaweiten Vereinheitlichung* des Mindestversicherungsschutzes verfolgt, und mit der *5. KH-Richtlinie* (Richtlinie 2005/14/EG vom 11.5. 2005) für den Bereich der Sach- und Personenschäden vorgegeben. Dabei ist zu beachten, dass eine Mindestversicherungssumme den Betrag darstellt, mit dem ein Versicherungsnehmer durch den Versicherungsvertrag im Schadensfall abgesichert ist, also den *Höchstbetrag* im Sinne einer *Haftungsobergrenze*, bis zu dem der Versicherer im Schadensfall zu leisten verpflichtet ist (*Kröger/Kappen* DAR 2007, 557).

2. Mit Art. 2 der 5. KH-Richtlinie wurden die EU-Mitgliedstaaten zur *Anhebung der Mindestdeckungssummen* verpflichtet, entweder auf 1.000.000 Euro für Personenschäden pro Unfallopfer und 1.000.000 Euro für Sachschäden pro Schadensfall, oder auf 5.000.000 Euro für Personenschäden und 1.000.000 Euro für Sachschäden jeweils pro Schadensfall, also unabhängig von der Anzahl der Geschädigten. Deswegen wurde das System der *Haftungshöchstgrenzen in § 12 StVG* im Jahr 2007 revidiert, da die durch die 5. KH-Richtlinie vorgegebenen Mindestversicherungssummen unterschritten wurden. Auch die Mindestdeckungssummen der *Anlage 2 zu § 4 PflVG* wurde den Vorgaben der 5. KH-Richtlinie noch im Jahr 2007 angepasst, indem dort eine Mindestdeckung für Personenschäden in Höhe von 7.500.000 Euro pro Schadensfall und eine solche für Sachschäden von 1.000.000 Euro pro Unfall festgeschrieben wurde (*Feyock/Jacobsen/Lemor* § 4 PflVG, Rn. 60). Für die *Anpassung der Deckungssummen* wurde den EU-Mitgliedstaaten eine bis zu fünfjährige *Übergangsfrist* bis zum Jahr 2012 zugebilligt (eine tabellarische Übersicht zu den Mindestdeckungssummen in den europäischen Staaten und Drittstaaten findet sich bei *Kröger/Kappen* DAR 2007, 557).

www.europa.eu.int/eurolex/lex/de/index.htm

Geiger

Deckungsverhältnis → Deckungsklage Nr. 1, → Rechtsschutzversicherung Nr. 28

Deckungszusage (vorläufige) 1. Allgemeines. Mit den Regelungen der §§ 49 – 52 VVG hat der Gesetzgeber die Regelungen über den vorläufigen Versicherungsschutz erstmalig kodifiziert.

2. Zustandekommen. Das Zustandekommen erfolgt auch hier durch die Vorlage der Nummer der elektronischen Versicherungsbestätigung (EBV) bei der Zulassungsstelle.

Zur Erleichterung des Vertragsschlusses erfolgt ein begrenzter Verzicht auf die ansonsten zwingend erforderliche vorherige Überlassung der Informationen nach § 7 Absatz 1 VVG und auf die Dokumentation nach § 6 Absatz 2 VVG. So kann vereinbart werden, dass der Versicherungsnehmer die Bedingungen nur auf Anforderung erhält bzw. diese ihm spätestens mit dem Versicherungsschein übermittelt werden (§ 49 Absatz 1 VVG).

3. Inhalt des Vertrages / Geltung der Versicherungsbedingungen. Werden die Versicherungsbedingungen nicht übermittelt, gelten die vom Versicherer verwendeten Bedingun-

gen, die für den Versicherungsnehmer am günstigsten sind (§ 49 Absatz 2 VVG).
Primär werden also die von Versicherer für den vorläufigen Versicherungsschutz üblicherweise verwendeten Versicherungsbedingungen Inhalt des Vertrages. Bestehen Zweifel, um welche es geht, gelten die für den Versicherungsnehmer günstigsten.
Das kann dazu führen, dass der Schutz des Versicherungsnehmers im Verlauf des Bestehens vorläufiger Deckung günstiger ist als jener nach dem Hauptvertrag (*Schimikowski*, Einbeziehung von Allgemeinen Versicherungsbedingungen in den Vertrag, r+s 2007, 309).
Da Versicherer häufig unterschiedliche Produkte eines Hauptvertrages anbieten, für den sie mit der Gewährung eines inhaltlich nicht näher bestimmten Umfangs von „sofortigem Versicherungsschutz" werben.
Gerade in der Kfz-Kaskoversicherung werden zahlreiche voneinander abweichende Entschädigungsregelungen und Selbstbehalte angeboten. Die vorläufige Deckung in der Kaskoversicherung, die meist konkludent mit der Deckung in der Kfz-Haftpflichtversicherung einhergeht, bietet dann regelmäßig deutlich günstigeren Kaskoschutz als die endgültige Deckung.

4. Beweislast. Der Versicherungsnehmer ist für das Zustandekommen und den Inhalt der vorläufigen Deckung beweispflichtig.

5. Beendigung. Die vorläufige Deckung wird beendet, wenn ein gleichartiger Versicherungsschutz nach einem mit dem Versicherungsnehmer geschlossenen Hauptvertrag beginnt oder aber ein solcher gleichartiger Versicherungsschutz nach einem weiteren Vertrag über die vorläufige Deckung besteht (§ 52 Absatz 1 Satz 1 VVG).
Auch endet die vorläufige Deckung mit dem Zugang eines Widerrufs oder Widerspruchs des Versicherungsnehmers beim Versicherer (§ 52 Absatz 3 VVG).
Weiterhin endet der Vertrag über der vorläufigen Versicherungsschutz, wenn der Versicherungsnehmer mit der Zahlung der Erstprämie in Verzug geraten und über die diesbezüglichen Rechtsfolgen ausdrücklich unterrichtet worden ist (§ 52 Absatz 1 Satz 2 VVG).

6. Prämie. Da der Versicherungsnehmer im Rahmen der vorläufigen Deckung sofort Versicherungsschutz haben will, verzichtet in der Praxis wie bei der Kfz-Versicherung der Versicherer darauf, als Voraussetzung für den Beginn des Versicherungsschutzes sofort die Versicherungsprämie zu verlangen.

Der Versicherer hat aber wie bisher die Möglichkeit, den vorläufigen Versicherungsschutz von der vorherigen Prämienzahlung abhängig zu machen.

7. Widerrufsrecht. Im Falle der vorläufigen Deckung besteht das Widerrufsrecht nur im anschließenden Hauptvertrag, nicht jedoch im Vertrag über die vorläufige Deckung.

8. Rückwirkender Wegfall. Bei verspäteter Zahlung der Erstprämie ist der Versicherer wie bisher rückwirkend von der Verpflichtung zur Leistung frei.
Voraussetzung ist lediglich, dass er den Versicherungsnehmer durch gesonderte Mitteilung in Textform oder durch einen auffälligen Hinweis im Versicherungsschein auf diese Rechtsfolge aufmerksam gemacht hat.
Siehe auch: → *Rechtsschutzversicherung* Nr. 5, Nr. 25   *Kärger*

Designer-Amphetamin → Drogenfahrt

Deutscher Verkehrsgerichtstag (VGT) → *Verkehrsgerichtstag, Deutscher*

Deutsches Büro Grüne Karte → Grüne Karte

Diagrammscheibe 1. Allgemeines. D. nennt man das Schaublatt des Fahrtenschreibers (→ *Kontrollgerät*).
2. Wer **unrichtige Aufzeichnungen** auf der D. durch technische Manipulation des Fahrtenschreibers erzeugt, macht sich wegen → Fälschung technischer Aufzeichnungen strafbar, nicht aber wegen Urkundenfälschung. Denn der Diagrammteil der D. enthält – anders als der handschriftliche Mittelteil – keine Gedankenerklärung, sondern ist für sich genommen ein bloßes Augenscheinsobjekt ohne Urkundscharakter (BayObLG 3.9.1980, RReg 5 St 326/79 mit weiteren Nachweisen).
3. Wer von Hand **unrichtige Eintragungen** in den Textfeldern der D. anbringt, kann wegen Urkundenfälschung (§ 267 StGB) zu bestrafen sein.
a) Die unrichtige Eintragung der von § 57 a Abs. 2 S. 2 StVZO geforderten Angaben über die jeweiligen Stände des Wegstreckenzählers ist keine Urkundenfälschung, da der Halter oder sein Beauftragter damit lediglich eine schriftliche Lüge von sich gibt, nicht aber über die Identität des Ausstellers täuscht (OLG Düsseldorf 11.1.1994, 2 Ss 323/93).
b) Bezeichnet der Kraftfahrzeugführer aber vor Antritt der Fahrt die D. des Fahrtenschreibers des von ihm gelenkten Fahrzeugs mit einem

D Diebstahl

falschen Fahrernamen, so stellt er eine unechte Urkunde her, wenn er die Eintragung eigenmächtig *ohne Einwilligung des Fahrzeughalters* vornimmt (BayObLG 3.9.1980, RReg 5 St 326/79). Das gilt auch für sonstige inhaltlich unrichtige Eintragungen. Die D. wird dann (einschließlich des Diagrammteils als Bezugsobjekt) zu einer Urkunde, zumal sie als Aussteller grundsätzlich den Halter erkennen lässt, auch wenn sie von einem anderen beschriftet wird und der Halter auf ihr weder unterschreibt noch namentlich genannt ist (BayObLG a.a.O. m.w.N.). Auch hier, wie allgemein, gilt, dass die Urkundenfälschung nicht in der Unrichtigkeit des Inhalts (z. B. der Fahrerbezeichnung) liegt, sondern in der Täuschung über die Person des Ausstellers. Sie entfällt (nur) dann, wenn der Halter mit der schriftlichen Lüge einverstanden war.

> Praxistipp: In diesen Konstellationen ist mithin genau zu prüfen, wie glaubwürdig der Halter gegebenenfalls bestreitet, von der unrichtigen Eintragung gewusst oder diese gebilligt zu haben. Dazu sind nicht nur die möglichen Tatzwecke des Fahrers, sondern auch die wirtschaftlichen Interessen des Halters zu beleuchten, namentlich wenn dieser Arbeit- oder Auftraggeber des Fahrers ist.

c) Der Aussteller einer wenigstens teilweise ausgefüllten D. macht sich der Urkundenfälschung schuldig, wenn er diese *nachträglich* (d. h. nach Beginn der Fahrt) *abändert oder ergänzt*. Denn die D. erlangt bereits bei Antritt der Fahrt potenzielle Beweisbedeutung für eine jederzeit mögliche Polizeikontrolle. Daher wird die D. bereits mit Fahrtbeginn zum Zweck des Beweises in den Rechtsverkehr eingeführt. Damit verliert der Aussteller die Befugnis, die Urkunde abzuändern (OLG Stuttgart 3.2.1988, 1 Ss 31/88, mit weiteren Nachweisen), denn nach den Vorschriften der StVZO sind die D. vor Antritt der Fahrt mit den Namen der Führer sowie dem Ausgangspunkt und Datum der ersten Fahrt zu bezeichnen und mit dem Stand des Wegstreckenzählers am Beginn der Fahrt zu versehen, und zwar u. a. zu dem Zweck, die → *Lenk- und Ruhezeiten* kontrollierbar zu machen.

> Praxistipp: Hiernach ist besonders sorgfältig zu ermitteln, ob der Angeklagte die D. in ihrem handschriftlichen Mittelteil schon zum Teil ausgefüllt hatte, als er die Veränderungen an den Eintragungen vornahm. Kann ihm dies nämlich nicht nachgewiesen werden, so scheitert eine Bestrafung wegen Urkundenfälschung daran, dass er vor und während der Fahrt noch keine Urkunde im Rechtssinne hergestellt hat (vgl. auch → 2) und folglich über eine solche keine Veränderungsbefugnis verloren haben kann. Wer *als Halter oder von diesem hierzu beauftragter Fahrer* eine Blanko-D. einlegt und alle handschriftlichen Eintragungen (insbesondere eine unzutreffende Fahrerangabe) nach der Fahrt einsetzt, stellt erst damit eine Urkunde her, die - mangels Täuschung über den Aussteller - „echt" ist; das Problem der Veränderungsbefugnis stellt sich in der Folge nicht. Kann ihm indessen nachgewiesen werden, dass er die D. vor der Fahrt wenigstens mit dem Datum und dem Ausgangspunkt der Fahrt versehen hatte, so handelte es sich - da der Aussteller mit der Person des Halters oder dessen Beauftragtem feststand - von Anfang an um eine Urkunde, die der strafbaren Verfälschung durch einen Unbefugten oder nicht mehr Befugten zugänglich war (OLG Stuttgart 3.2. 1988, 1 Ss 31/88).

Siehe auch: → *Kontrollgerät [Fahrtschreiber]*, → *Lenk- und Ruhezeiten,* → *Unfallanalytik*

Weder

Diebstahl I. Versicherungsrecht: Der Kfz-Diebstahl kann bei Bestehen einer so genannten Teilkaskoversicherung dort reguliert werden. Grundsätzlich wird zwischen Entwendung und Unterschlagung unterschieden:

1. Entwendung. Eine Entwendung im Sinne von A.2.2.2 AKB 2008 liegt bei einer „widerrechtlichen Sachentziehung vor, die zur widerrechtlichen Entrechtung des Eigentümers führt", es muss also der Bruch fremden und die Begründung neuen Gewahrsams vorliegen. Erfolgt die Übertragung des Gewahrsams durch eine Täuschung, liegt ein nicht versicherter Betrug vor.

Ist eine die Abgrenzung zwischen Entwendung und Betrug nicht möglich, besteht Leistungsfreiheit des Versicherers.

Keine Entwendung liegt bei einer erschlichenen Probefahrt vor. Bei einem nicht verabredeten plötzlichen Losfahren besteht Versicherungsschutz wegen einem versicherten Trickdiebstahl, da hier nur eine Gewahrsamslockerung erfolgt. Dabei setzt die Entwendung nicht die subjektiven Voraussetzungen einer mit Strafe bedrohten Handlung voraus, auch irrtümliche Annahme ist ausreichend, zur Wegnahme berechtigt zu sei.

Beim Diebstahlversuch sind nur die Schäden durch die Entwendungshandlung versichert, nicht jedoch weitergehende Vandalismusschäden.

2. Unterschlagung. Eine Unterschlagung im Sinne von A.2.2.2 AKB 2008 stellt auf den rein strafrechtlichen Begriff i. S. d. § 246 StGB ab und erfordert dessen vollendeten Tatbestand: *„Rechtswidrige Zueignung einer fremden beweglichen Sache, die sich im Alleingewahrsam des Täters befindet":*
In den Versicherungsbedingungen ist meist eine Risikoausschlussklausel für Unterschlagung durch einen bestimmten Personenkreis aufgenommen, nämlich für diejenigen, denen das Fahrzeug zum Gebrauch überlassen wird (so z. B. in A.2.2.2. AKB 2008):
– Käufer bei Verkauf des Fahrzeugs unter Eigentumsvorbehalt
– Übergabe an Vermittler zwecks Vorführung bei Kaufinteressenten, hier liegt Gebrauchsüberlassung vor
– Vermietung des Fahrzeugs ist Gebrauchsüberlassung. Hier hat der Vermieter die Darlegungs- und Beweislast, dass das Fahrzeug nicht vom Mieter, sondern von einer anderen Person unterschlagen oder entwendet worden ist.

3. Beweisführung. Der Eintritt des Versicherungsfalls gehört zu den anspruchsbegründenden Tatsachen, so dass hierfür der Versicherungsnehmer darlegungs- und beweispflichtig ist.

a) Beweismaßstab. Grundsätzlich muss der Vollbeweis durch den Versicherungsnehmer erbracht werden.
In der Diebstahlversicherung wird der Versicherungsnehmer den Vollbeweis für den Eintritt des Versicherungsfalles in den allerwenigsten Fällen führen können. Der Täter wird nicht ermittelt. Zeugen für das unmittelbare Entwendungsgeschehen stehen nicht zur Verfügung.
Verlangte man in der Diebstahlversicherung – wie sonst – den Vollbeweis, wäre die Kaskoversicherung in den häufigen Fällen fehlender Wertaufklärung für den Versicherungsnehmer vielfach ohne Wert.
Der Versicherungsnehmer kann daher mit den „klassischen" Beweismitteln den Vollbeweis nicht führen.

aa) Beweiserleichterungen für den Versicherungsnehmer. Die Rechtsprechung gewährt dem Versicherungsnehmer in der Diebstahlversicherung deshalb Beweiserleichterungen. Der Versicherungsnehmer muss lediglich einen Sachverhalt darlegen und beweisen, der mit hinreichender Wahrscheinlichkeit den Schluss auf die Fahrzeugentwendung zulässt (BGH 5.10.1983 IX A ZR 19/82, VersR 1984, 29). Dem Versicherungsnehmer kommt somit beim Diebstahl eine über den Anscheinsbeweis hinausgehende Beweiserleichterung zugute (BGH 16.10.1996 IV ZR 154/95, NZV 1997 75).
Verlangt wird nicht der Vollbeweis, sondern nur der Nachweis des äußeren Bildes einer Fahrzeugentwendung. Dazu reicht in der Regel der Nachweis, dass der Versicherungsnehmer sein Fahrzeug zu einer bestimmten Zeit an einem bestimmten Ort abgestellt und dort später nicht wieder aufgefunden hat.
Für diesen Mindestsachverhalt muss der Versicherungsnehmer allerdings den Vollbeweis erbringen, z. B. durch einen Zeugen in seiner Begleitung, der das Abstellen und Nichtwiederauffinden des Fahrzeugs gesehen hat
Der Versicherungsnehmer muss lediglich den Nachweis eines Sachverhalts führen, der nach der Lebenserfahrung mit hinreichender Wahrscheinlichkeit das äußere Bild des Diebstahls erschließen lässt (STUFE 1, das äußere Bild).

bb) Beweiserleichterungen für den Versicherer. Der Versicherer muss beim Nachweis der Stufe 1 durch den Versicherungsnehmer Tatsachen beweisen, die eine erhebliche Wahrscheinlichkeit begründen, dass der Versicherungsfall vorgetäuscht ist *(STUFE 2, Anhaltspunkte Vortäuschung).*
Im Versicherungsvertragsrecht wird der redliche Versicherungsnehmer als der Regelfall angesehen. Dennoch gibt es mehr oder weniger häufig auch Ausnahmen hiervon. Der Versicherer muss gegen den Missbrauch der Beweiserleichterungen durch einen unredlichen Versicherungsnehmer, z. B. bei Vortäuschung eines Versicherungsfalles, in angemessener Weise geschützt werden.
Die Rechtsprechung gewährt dem Versicherer für den von ihm zu führenden Nachweis ebenfalls Beweiserleichterungen. Diese sind allerdings geringer als für den Versicherungsnehmer.
Der Versicherer muss also mehr nachweisen. Für seine Gegenbeweisführung (auch als 2. Stufe bezeichnet) muss der Versicherer Tatsachen darlegen und beweisen, die eine Vortäuschung des Versicherungsfalles mit erheblicher Wahrscheinlichkeit nahe legen.
Es unterliegt vielmehr der Beweiswürdigung des Richters gemäß § 286 ZPO, ob er hinreichende oder erhebliche Wahrscheinlichkeit für gegeben hält. Erhebliche Wahrscheinlichkeit darf auch nicht mit überwiegender Wahrscheinlichkeit gleichgesetzt werden.

Schließlich reichen für den Gegenbeweis des Versicherers nicht erst solche Tatsachen aus, die eine überwiegende Wahrscheinlichkeit für die Vortäuschung des Versicherungsfalles begründen, sondern schon solche, die eine erhebliche Wahrscheinlichkeit hierfür nahe legen.

cc) Redlichkeitsvermutung / unglaubwürdiger Versicherungsnehmer. Eng verknüpft mit Beweismaßstab ist die Redlichkeitsvermutung. Wird diese erschüttert, gilt der allgemeine Beweismaßstab des Vollbeweises (BGH 22.1.1997 IV ZR 320/95 DAR 1998, 213).

Der Mindestmaßstab an die Tatsachen für ein äußeres Bild der Entwendung reicht für einen redlichen Versicherungsnehmer als Nachweis aus.

Kann der Versicherungsnehmer den Nachweis des äußeren Bildes einer Fahrzeugentwendung nicht durch Zeugen erbringen, kann der Nachweis unter Umständen auch mit seinen eigenen Angaben erbracht werden, wenn ihnen denn geglaubt werden kann (286 ZPO).

Dafür bieten sich prozessual die Anhörung des Versicherungsnehmers nach § 141 ZPO, weniger die Parteivernehmung nach § 448 ZPO an, weil es für letztere meist an dem hierfür erforderlichen Anfangsbeweis fehlen wird.

dd) Anhörung (§ 141 ZPO). Beim Fehlen jeglicher Beweismittel ist eine Anhörung des Versicherungsnehmers durch den Tatrichter möglich.

Dessen Sachverhaltsdarstellung muss glaubhaft und widerspruchsfrei sein.

Der Nachweis des äußeren Bildes durch die eigenen Angaben setzt einen uneingeschränkt glaubwürdigen Versicherungsnehmer voraus. Daran fehlt es, und eine Anhörung nach § 141 ZPO scheidet aus, wenn Tatsachen feststehen, die ernsthafte Zweifel an der persönlichen Glaubwürdigkeit des Versicherungsnehmer und an der Richtigkeit seiner Sachverhaltsschilderung aufkommen lassen.

ee) Parteivernehmung (§ 448 ZPO). Im Ausnahmefall ist auch diese zulässig bei einer bereits bestehenden erheblichen Wahrscheinlichkeit der Richtigkeit der Sachverhaltsdarstellung des Versicherungsnehmers.

Keine Parteivernehmung ist bei bewiesener Unredlichkeit des Versicherungsnehmers möglich. Die Unredlichkeit muss dabei auch nicht im Zusammenhang zum Versicherungsfall stehen. Hier gibt es keine Beweiserleichterung.

ff) Vollbeweis. Ist der Vollbeweis durch den Versicherungsnehmer zu erbringen, erfordert dieser keine absolute Gewissheit. Ein „für das praktische Leben brauchbarer Grad von Gewissheit, der Zweifeln Schweigen gebietet, ohne sie völlig auszuschließen" ist ausreichend.

Der Vollbeweis ist durch den Versicherer bei einer Klage auf Rückzahlung von zu Unrecht erbrachten Versicherungsleistungen zu führen, da hier keine Beweiserleichterungen gelten. Gleiches gilt beim Nachweis einer vorsätzlichen Brandstiftung durch den Versicherer. Ein unredliches Verhalten des Versicherungsnehmers führt hier weder zu Beweislastumkehr noch zu Beweiserleichterungen für den Versicherer.

Siehe auch: → *Teilkaskoversicherung* Kärger

II. Strafrecht. § 242 StGB ist bei Fahrzeugen abzugrenzen von der Gebrauchsanmaßung, bei der eine Zueignungsabsicht nicht erforderlich ist (Unbefugter Gebrauch eines Fahrzeugs, § 248 a StGB, der nur auf Antrag verfolgt wird). Der Diebstahl eines gegen Wegnahme besonders gesicherten (insbesondere abgeschlossenen) Fahrzeugs erfüllt das Regelbeispiel eines besonders schweren Falles (§ 243 Abs. 1 S. 2 Nr. 2 StGB). *Weder*

dienstbezogene Handlung → Dienstfahrt Nr. 3

Dienstfahrerlaubnis 1. Allgemeines. Die von den Dienststellen der Bundeswehr, der Bundespolizei und der Polizei (§ 73 Abs. 4 FeV) erteilten Fahrerlaubnisse berechtigen gem. § 26 Abs. 1 S. 1 FeV nur zum Führen von Dienstfahrzeugen (Dienstfahrerlaubnisse). Über diese Dienstfahrerlaubnisse der Bundeswehr werden gesonderte Führerscheine (Dienstführerscheine) nach Muster 2 bzw. 3 der Anlage 8 zur FeV ausgefertigt (§ 26 Abs. 1 S. 2 FeV). Darüber hinaus gibt es seit dem 22.7.2009 für Feuerwehrleute und Rettungskräfte eine Fahrberechtigung zum Führen von Einsatzfahrzeugen (§ 2 Abs. 10 StVG).

2. Geltung der Dienstfahrerlaubnis. Der Inhaber der Dienstfahrerlaubnis darf von dieser nur *während der Dauer des Dienstverhältnisses* Gebrauch machen (§ 26 Abs. 2 S. 1 FeV). Bei Beendigung des Dienstverhältnisses ist der Dienstführerschein einzuziehen (§ 26 Abs. 2 S. 2 FeV). Wird das Dienstverhältnis wieder begründet, ist der Führerschein wieder auszuhändigen, sofern die Dienstfahrerlaubnis noch gültig ist; ist sie nicht mehr gültig, kann die Dienstfahrerlaubnis unter den Voraussetzungen des § 24 Abs. 1 FeV neu erteilt werden (§ 26 Abs. 2 S. 3 u. 4 FeV). Bei der erstmaligen Beendigung des Dienstverhältnisses nach der Erteilung oder Neuerteilung der betreffenden Klasse der Dienstfahrerlaubnis ist dem Inhaber auf Antrag zu bescheinigen, für welche Klasse von Kraftfahrzeugen ihm die Erlaubnis erteilt war (§ 26 Abs. 3 FeV).

3. Verhältnis von allgemeiner Fahrerlaubnis und Dienstfahrerlaubnis. Wer bereits Inhaber einer Dienstfahrerlaubnis ist und während der Dauer des Dienstverhältnisses die Erteilung der allgemeinen Fahrerlaubnis beantragt, dem kommen hierbei gem. § 27 Abs. 1 S. 1 FeV einige *Erleichterungen* zugute (z. B. keine ärztliche oder augenärztliche Untersuchung bzw. kein Sehtest, keine theoretische oder praktische Prüfung, kein Erste-Hilfe-Kurs oder keine Unterweisung in lebensrettenden Sofortmaßnahmen, keine Ausbildung). Gleiches gilt, wer nach Beendigung seines Dienstverhältnisses eine Bescheinigung nach § 26 Abs. 3 FeV vorlegen kann (§ 27 Abs. 1 S. 2 FeV). Dieselben Erleichterungen gelten auch für den umgekehrten Fall, dass dem Inhaber einer allgemeinen Fahrerlaubnis eine Dienstfahrerlaubnis ausgestellt werden soll (§ 27 Abs. 2 FeV). Zwischen Fahrerlaubnisbehörde und Dienststelle (welche die Dienstfahrerlaubnis erteilt hat) müssen gem. § 27 Abs. 3 FeV jeweils *Quermitteilungen* erfolgen, wenn allgemeine Fahrerlaubnisse oder Dienstfahrerlaubnisse versagt oder (vorläufig) entzogen wurden. Dies gilt jedoch nicht, wenn die Versagung/Entziehung einer Dienstfahrerlaubnis nicht auf den Vorschriften des StVG beruht, sondern aufgrund besonderer Anforderungen beim Führen von Dienstfahrzeugen. Die *Dienstfahrerlaubnis erlischt* mit der Entziehung der allgemeinen Fahrerlaubnis durch das Strafgericht oder die Fahrerlaubnisbehörde (§ 27 Abs. 4 FeV).

4. „Feuerwehrführerschein". Mitgliedern der Freiwilligen Feuerwehren, der nach Landesrecht anerkannten Rettungsdienste und der technischen Hilfsdienste können *Fahrberechtigungen zum Führen von Einsatzfahrzeugen bis 4,75 t* zulässige Gesamtmasse erteilt werden, wenn die Inhaber der Fahrberechtigung seit mindestens zwei Jahren im Besitz einer gültigen Fahrerlaubnis der Klasse B sind und von Mitgliedern der Freiwilligen Feuerwehren, der nach Landesrecht anerkannten Rettungsdienste und der technischen Hilfsdienste für das Führen von Einsatzfahrzeugen bis zu einer zulässigen Gesamtmasse von 4,75 t ausgebildet worden sind und in einer praktischen Prüfung ihre Befähigung nachgewiesen haben (§ 2 Abs. 10 S. 6 StVG). Die Einweisung erfolgt organisationsintern durch eine Begleitperson, welche die Vorgaben des § 2 Abs. 16 StVG erfüllen muss; gleiches gilt für die praktische Prüfung (§ 2 Abs. 13 StVG). Die Fahrberechtigungen dürfen nur für die Aufgabenerfüllung der Freiwilligen Feuerwehren, der nach Landesrecht anerkannten Rettungsdienste und der technischen Hilfsdienste genutzt werden (§ 2 Abs. 10 S. 8 StVG). Weitere Sonderregelungen für *Einsatzfahrzeuge von über 4,75 t bis 7,5 t* (§ 2 Abs. 10 S. 5 StVG) bedürfen noch der rechtlichen Umsetzung durch Rechtsverordnungen. *Siehe auch:* → *Fahrerlaubnis-Verordnung*

Langer

Dienstfahrt 1. Allgemeines. Die Rechtsbeziehungen bei *Dienstunfällen* (z. B. von Beamten, Richtern, Soldaten, Wehrdienstleistenden) werden durch das Gesetz über die erweiterte Zulassung von Schadenersatzansprüchen bei Arbeits- und Dienstunfällen (ErwZulG) geregelt, weil der grundsätzliche Ausschluss von Schadensersatzansprüchen gegen öffentliche Verwaltungen durch Versorgungsgesetze und die RVO bei der Teilnahme am allgemeinen Verkehr häufig dazu führte, dass die Geschädigten im Rahmen der vorgenannten Gesetze schlechter gestellt wurden als andere Verkehrsteilnehmer. Die Regelungen im ErwZulG betreffend Arbeitsunfälle wurden 1963 aufgehoben. Diese werden seither im Sozialversicherungsrecht geregelt (s. a. → *Unfallversicherung*).

2. Leistungspflicht. Der *Leistungsbezug* aus der *Unfallfürsorge* des *Beamten* (für *öffentlich Bedienstete* gelten die Vorschriften der Sozialversicherung) setzt das Vorliegen eines Dienst- oder Dienstwegeunfalls voraus. Ein *Dienstunfall* ist ein Unfall, den ein Versicherter während der Dienstausübung, z. B. auf einer Dienstreise oder auf einer Dienstfahrt, erleidet, § 31 Abs. 1 BeamtVG. Ein *Dienstwegeunfall* ist ein Unfall auf dem Weg von der Außentür des Wohngebäudes, in dem der Beamte seine Unterkunft hat, zur Dienststelle, oder von der Dienststelle zurück zur Unterkunft, § 31 Abs. 2 BeamtVG. Dem Dienstunfall des Beamten entspricht die Wehrdienstbeschädigung des *Soldaten* bzw. die Zivildienstbeschädigung des *Ersatzdienstleistenden* (vgl. OLG München 9.11.1984, VersR 1985, 96). Da die Leistungsvoraussetzungen in der gesetzlichen Unfallversicherung und der beamtenrechtlichen Unfallfürsorge letztlich gleich geregelt sind, kann an dieser auf die Ausführungen zum Arbeitsunfall und zum Wegeunfall verwiesen werden (s. a. → *Unfallversicherung*; s. a. → *Wegeunfall*). Der durch einen Dienstunfall verletzte Beamte bzw. dessen Hinterbliebene haben gegen den *Dienstherrn* nur Anspruch auf die im BeamtVG vorgesehenen

D Dienstführerschein

Unfallfürsorgeleistungen, § 46 BeamtVG. Weitere Ansprüche können nur dann geltend gemacht werden, wenn der Unfall sich bei der *Teilnahme am allgemeinen Verkehr* ereignet hat, §§ 46 Abs. 2 S. 2 BeamtVG, 1 ErwZulG.

3. Haftungsausschluss. Ersatzansprüche des Beamten gegen den Dienstherrn und seine Bediensteten sind gem. §§ 46 Abs. 2 S. 1 BeamtVG, 91 a SVG ausgeschlossen, wenn eine *dienstbezogene Handlung* zu einem Schaden geführt hat (sog. *Entschädigungssperre*). Diese Haftungsfreistellung erfasst auch Ansprüche aus Amtspflichtverletzung gem. § 839 BGB. Die Bestimmungen zum Haftungsausschluss der Beamten, Soldaten und vergleichbarer Personen sind bis auf einige Besonderheiten den §§ 636 f. RVO nachgebildet. In Abweichung vom unfallversicherungsrechtlichen Haftungsausschluss (RVO, SGB VII) lässt der versorgungsrechtliche Haftungsausschluss den Ersatzanspruch des Geschädigten gegen den haftungsprivilegierten Schädiger nicht bereits dem Grunde nach entfallen, sondern nur der Höhe nach, soweit dieser die *Haftungshöchstgrenze* der Unfallfürsorge übersteigt. Der Haftungsausschluss greift nicht ein bei *vorsätzlichem Handeln* des Schädigers und bei einer *Teilnahme am allgemeinen Verkehr* (sog. *Entsperrung* der Haftung; BGH 5.11.1991, VersR 1992, 122; s. 839 a. → *Haftungsausschluss bei Arbeits-/Schulunfällen* Nr. 4).

4. Regress. Die Abweichung des versorgungsrechtlichen vom unfallversicherungsrechtlichen Haftungsausschluss wirkt sich lediglich auf den Regress i.S.v. § 87 a BBG des die Fürsorgeleistungen erbringenden Versorgungsträgers aus (vgl. BGH 12.4.2005, VersR 2005, 1004). Im Gegensatz zum Arbeitgeber im Sozialversicherungsrecht ist dem Dienstherrn die *Inanspruchnahme des Schädigers* nicht versperrt (vgl. BGH 19.3.2013, NJW 2013, 2351). Wurde der Beamte nicht bei einer Teilnahme am allgemeinen Straßenverkehr durch einen anderen Beamten geschädigt, kann der Dienstherr den Schädiger in Regress nehmen, vgl. § 4 ErwZulG. Ebenso, wenn der Schädiger außerhalb der öffentlichen Verwaltung steht (vgl. BGH 24.4.1975, NJW 1975, 1323).

Siehe auch: → *Geschäftswagenunfall* *Geiger*

Dienstführerschein → Dienstfahrerlaubnis

Dienstleistungspflichten → Ersatzansprüche Dritter Nr. 1

Dienstunfall → Dienstfahrt

Dienstwagen → Geschäftswagenunfall

Dienstwegeunfall → Dienstfahrt

Differenzbesteuerung → Unfallschadenabwicklung – Sachschaden Nr. 16

Differenzgebühr → DAV-Abkommen Nr. 4

Differenzhypothese → Frustrierte Aufwendungen

digitales Kontrollgerät → Kontrollgerät [Fahrtschreiber]

Dihydrocodein Opiat zur Behandlung von starkem Husten. Früher als sogenannter Codeinsaft zur Substitutionsbehandlung verwendet, heute nur noch bei Unverträglichkeit von Methadon. *Sachs*

Direktanspruch → Auslandsunfall, → Grüne Karte Nr. 2, → Kfz-Haftpflichtversicherung Nr. 1, 5, → Verkehrsopferhilfe Nr. 5

direkter Vorsatz → Vorsatz und Fahrlässigkeit

Direktklage → Grüne Karte Fall Nr. 5, → Rosa Grenzversicherungsschein Nr. 5

Diskriminierungsverbot, „Maut für Ausländer" → Autobahnmaut Nr. 4 c)

Doppelkarte (= Versicherungsbestätigungskarte = elektronische Versicherungsbestätigung)

1. Allgemeines. Das Bestehen des gesetzlich vorgeschriebenen Kraftfahrzeughaftpflichtversicherungsschutzes muss der zuständigen Kraftfahrzeugzulassungsstelle bei der Anmeldung oder Ummeldung eines Kraftfahrzeuges nachgewiesen werden.

2. Doppelkarte. Bis 2003 wurde zum Nachweis des Versicherungsschutzes bei der Kraftfahrzeugzulassung eine Versicherungsdoppelkarte verwendet. Diese erhielt man seinerzeit in Papierform beim Antrag auf Abschluss eines Kraftfahrzeugversicherungsvertrages. Sie bestand aus zwei Formularen (daher „Doppelkarte"), die bei Zulassung der Kraftfahrzeugzulassungsstelle vorzulegen waren.

3. Versicherungsbestätigungskarte. Seit 2003 wurde die Doppelkarte eine einfache schriftliche Versicherungsbestätigungskarte ersetzt, die der Zulassungsstelle vorzulegen war. Diese wurde dem Versicherungsnehmer häufig per eMail oder Download von der Versicherung übermittelt, wobei es anfangs hier Probleme mit den Zulassungsstellen gab, da diese Ausdrucke manchmal nicht den gesetzlichen Vorgaben entsprachen.

4. Elektronische Versicherungsbestätigung. Zum 1.3.2008 wurde dann die elektronische Versicherungsbestätigung eingeführt.
Der Versicherer händigt dem Versicherungsnehmer keine Versicherungsbestätigungskarte in Papierform aus oder übersendet ihm diese zum Ausdruck auf Papier.
Vielmehr erhält der Versicherungsnehmer nur eine Versicherungsbestätigungsnummer (die sog. VB-Nummer) zur Mitteilung an die Zulassungsstelle, deren Daten der Versicherer in einer Datenbank hinterlegt, auf die auch die Kraftfahrzeugzulassungsstellen und die Polizei Zugriff haben.

a) VB-Nummer. Die VB-Nummer ist eine siebenstellige Zahlen- und Buchstabenkombination. Anhand dieser Nummer kann die Zulassungsstelle online prüfen, ob hier Versicherungsschutz besteht.

b) Fahrten zur und von der Zulassungsstelle. Bei Fahrten mit einem entstempelten Kennzeichen zur und von der Zulassungsstelle kann die Polizei anhand der VB-Nummer prüfen, ob über diese für die Fahrten Versicherungsschutz besteht (§ 10 Abs. 4 FZV).

> Praxistipp: Da vielfach die elektronische Versicherungsbestätigung nur noch telefonisch eingeholt wird, gibt es im Falle eines selbst verschuldeten Unfalles während der vorläufigen Deckung darüber, ob Versicherungsschutz auch in der Vollkaskoversicherung ab Zulassung bestand.

In vielen Fällen wird hier – z. B. weil das alte Fahrzeug bereits Vollkaskoversicher war, auch von einem Kaskoversicherungsschutz während der vorläufigen Deckung auszugehen sein (siehe ausführliche Darstellung bei *Kärger*, Kfz-Versicherung nach dem neuen VVG, Rdn. 91ff sowie *Kreuter-Lange* in Halm/Kreuter/Schwab, AKB, AKB Rdn. 1787)   *Kärger*

Doppelte Rückschaupflicht 1. Allgemeines. Dem Führer eines Fahrzeugs, also eines zur Ortsveränderung bestimmten Fortbewegungsmittels zwecks Beförderung von Personen oder Sachen (BayObLG 18.3.1999, NZV 2000, 509), wird das *äußerste Maß an Sorgfalt* abverlangt, wenn in der StVO die Gesetzesformulierung der an den Fahrzeugführer adressierten Verhaltensnorm „Gefährdung ausgeschlossen" lautet (Hentschel/*König*/Dauer Einleitung Rn. 150), wie z. B. für das *Überholen*, § 5 Abs. 4 S. 1 StVO (OLG Karlsruhe 8.6.2001, VersR 2002, 1434), für den *Fahrstreifenwechsel*, § 7 Abs. 5 S. 1 StVO und für das *Abbiegen* und *Wenden*, § 9 Abs. 1, 5 StVO. Äußerste Sorgfalt beim Fahrstreifenwechsel, Abbiegen und Wenden setzt u. a. *ausreichende Rückschau* voraus (KG 30.5.2005, NZV 2005, 527). Das Erfordernis äußerster Sorgfalt ist nur erfüllt, wenn der Kraftfahrer noch vor dem Einordnen *Rückschau* hält durch einen *Blick* nach links in den *Innen- und Außenspiegel* sowie durch ein *Umsehen* nach links (sog. *Schulterblick*), und er den Fahrtrichtungsanzeiger rechtzeitig betätigt (KG 7.10. 2002, DAR 2002, 557). Bei einem Überholen besteht bereits dann eine solche Rückschaupflicht, wenn auch nur ein leichtes *Ausscheren*, mithin ein wenigstens teilweises Verlegen der Fahrlinie über die linke Begrenzung des eigenen Fahrstreifens hinaus (OLG Celle 5.8.1999, DAR 1999, 453), nötig ist. Verzögert sich nach der ersten Rückschau der Fahrstreifenwechsel, dann wird eine *weitere Rückschau* unmittelbar vor dem beabsichtigten Ausscheren erforderlich (BGH 8.12.1964, NJW 1965, 1076).

2. Grundsätzlich ist *unmittelbar vor dem Abbiegen* eine *zweite Rückschau* zu halten (sog. *Pflicht zur doppelten Rückschau*, BayObLG 25.7.1974, DAR 1974, 303; *Krause* DAR 1974, 208). Nur in seltenen Ausnahmefällen ist eine zweite Rückschau entbehrlich, wie z. B. nach einem Einordnen an den äußersten linken Fahrbahnrand einer Einbahnstraße unmittelbar vor dem Linksabbiegen, nicht aber schon dann, wenn im Bereich des Linksabbiegers auf einer Straße mit Zweirichtungsverkehr ein *Überholverbot* besteht (*Krause* DAR 1974, 208; vgl. Hentschel/*König*/Dauer § 9 StVO Rn. 7-10, 25, 48). Der richtige *Zeitpunkt der zweiten Rückschau* richtet sich nach den *Geschwindigkeits- und Abstandsverhältnissen* im Einzelfall (OLG Celle 5.12.1984, VersR 1986, 349). Wer bei einer solchen zweiten Rückschau z. B. erkennt, dass er als Linksabbieger noch links überholt werden soll, der muss zurückstehen und mit dem Abbiegen warten, ohne sich wieder nach rechts einzuordnen (Hentschel/*König*/Dauer § 9 StVO Rn. 26). Bei einer Kollision des Fahrstreifenwechslers mit dem nachfolgenden Verkehr spricht der *Beweis des ersten Anscheins* für ein Alleinverschulden des vorausfahrenden Fahrstreifenwechslers, Abbiegenden oder Wendenden (BGH 4.6.1985, VersR 1985, 989; OLG München 8.4.2005, DAR 2005, 684; KG 6.3.2003, DAR 2003, 317; KG 21.9.2006,

NZV 2007, 306; s. a. → *Beweis des ersten Anscheins*). Wer die Pflicht zur doppelten Rückschau verletzt, den trifft i. d. R. die alleinige oder ganz überwiegende *Haftung* (OLG Nürnberg 11.10.2002, NZV 2003, 89; KG 7.10. 2002, DAR 2002, 557; s. a. → *Haftungsverteilung bei Verkehrsunfällen*). *Geiger*

Doppelverfolgungsverbot 1. Allgemeines. Wegen ein- und derselben Tat darf es keine doppelte Bestrafung geben. Dieser allgemeine Rechtsgrundsatz (Artikel 103 Abs. 3 GG) gilt im Ausgangspunkt nur für die Strafverfolgung. **2. Strafklageverbrauch** tritt daher nicht ein, wenn die Tat bisher nur als OWi verfolgt worden ist. Ist eine Tat zugleich Straftat und OWi, so wird nur das Strafgesetz angewendet (§ 21 Abs. 1 S. 1 OWiG), kommt es dennoch nicht zu einer Strafverurteilung, so kann die Tat immer noch als OWi geahndet werden (§ 21 Abs. 2 OWiG), und zwar auch im Strafverfahren (§ 82 Abs. 1 OWiG).
3. Ist das Strafverfahren nach § 153 a StPO endgültig eingestellt worden und hat der Beschuldigte/Angeklagte die Auflagen und Weisungen erfüllt, so kann die Tat (Tat hier im prozessualen Sinne, § 264 StPO) als Vergehen (§ 12 Abs. 2 StGB) nicht mehr verfolgt werden (§ 153 Abs. 1 S. 5 StPO). Dies erzeugt einen beschränkten Strafklageverbrauch.
4. Ist die Tat (als Lebenssachverhalt im prozessualen Sinne, § 264 StPO) bereits in einem anderen Mitgliedstaat des *Schengener Durchführungsübereinkommens* abgeurteilt, so kann sie in keinem anderen Mitgliedstaat mehr mit Strafe verfolgt werden (Art. 54 SDÜ); „Aburteilung" in diesem Sinne liegt vor, wenn eine gerichtliche Entscheidung ergangen ist, die das Strafverfahren nach den nationalen Verfahrensgesetzen des Mitgliedstaats vollständig erledigt, daher ist „Aburteilung" insbesondere auch ein rechtskräftiger Freispruch. Es kommt darauf an, ob nach den nationalen Gesetzen des Mitgliedsstaats Strafklageverbrauch eingetreten ist (*Rübenstahl* NJW 2008, 2934).
5. Wichtig bei der Berücksichtigung des D. ist, dass – getrennt für jeden Tatbeteiligten – genau unterschieden werden muss zwischen der *Tat im prozessualen Sinne* (§ 264 StPO) und dem Tatbegriff des StGB (→ *Tateinheit*, → *Tatmehrheit*).
a) Wo Tateinheit vorliegt, wird praktisch immer auch eine einheitliche prozessuale Tat anzunehmen sein.
b) Tatmehrheit begründet regelmäßig mehrere prozessuale Taten, aber prozessuale Tatidentität liegt auch bei materieller Tatmehrheit dann vor, wenn die einzelnen Handlungen äußerlich ineinander übergehen oder/und innerlich derart miteinander verknüpft sind, dass der Unrechts- und Schuldgehalt nur durch eine gemeinsame Aburteilung richtig gewürdigt werden könnte (BGH 16.1.1992, 4 StR 509/91, DAR 1992, 267 ff = NStZ 1992, 233 f = VRS 83, 185 ff) und eine Aburteilung ihrer Teile in getrennten Verfahren auf eine unnatürliche Aufspaltung eines einheitlichen Lebensvorgangs hinausliefe.
c) Beispiel: Zwischen fahrlässiger → *Gefährdung des Straßenverkehrs*, nach der der Täter die Fahrt unterbricht, und nachfolgender → *Unfallflucht* besteht Tatmehrheit, denn der Täter hat durch das Anhalten bei dem Unfall eine Zäsur eintreten lassen. Dennoch bilden beide eine einheitliche Tat im prozessualen Sinne. Wenn der Fahrer nach Beendigung dieser Unfallflucht, bereits mehrere Kilometer vom Unfallort entfernt, eine neue Gefährdung des Straßenverkehrs begeht, so bildet (erst) letztere eine neue prozessuale Tat. Im Beispielsfall (BGH 5.11. 1969, 4 StR 519/68, NJW 1970, 255) war diese letzte Straßenverkehrsgefährdung bereits anderweitig rechtskräftig abgeurteilt. Das hinderte indes nicht die weitere Verfolgung wegen der ersten Straßenverkehrsgefährdung und wegen der sich an diese tatmehrheitlich anschließenden Unfallflucht.
d) Gegenbeispiel: Eine ununterbrochene Polizeiflucht im Fahrzeug, auf der der Täter drei Unfälle verursacht und erst nach dem dritten Unfall gestellt werden kann, ist als eine einzige → *Gefährdung des Straßenverkehrs (§ 315c StGB)* in Tateinheit mit zwei tateinheitlich zusammentreffenden Vergehen der → *Unfallflucht* zu würdigen (BGH 20.2.2001, 4 StR 556/00). Wegen des ununterbrochenen Fahrens konnte keine Zäsur entstehen. *Weder*

Drängeln → Abstand Nr. 9, → Nötigung Nr. 2, 3

Dritte → Ersatzansprüche Dritter

Drittschaden → Inlandsunfall mit NATO-Kfz Nr. 2

Drogen Unscharfer Begriff für illegale oder zumindest dem BtMG unterstellte berauschende Mittel, im Gegensatz zum englischen Begriff drugs, der alle Medikamente umfasst. Sicher gehören in diese Gruppe die Halluzinogene, Cocain, Heroin, Cannabis, Amphetamine und ähnliche Designer-Drogen wie Ecstasy.

Siehe auch: → *Fahreignung,* → *Kokain,* → *Speed,* → *Substitutionsbehandlung,* → *Unbewusster Drogenkonsum*
Sachs

Drogeneinfluss → Beifahrer Nr. 2, → Trunkenheit im Verkehr Nr. 6

Drogenfahrt 1. Allgemeines. Die Art der Ahndung von Drogenfahrten (als Ordnungswidrigkeit oder als Straftat) hängt maßgeblich vom Ergebnis der Blutanalyse sowie der Frage ab, ob Ausfallerscheinungen oder drogenbedingte Fahrfehler festgestellt werden können.

> Praxistipp: Weil es nach Drogenfahrten i. d. R. nicht nur bei einem Ermittlungsverfahren wegen einer Ordnungswidrigkeit bzw. einer Straftat bleibt, sondern in den meisten Fällen von der Fahrerlaubnisbehörde ein verwaltungsrechtliches Verfahren mit der Gefahr eines Fahrerlaubnisentzugs eingeleitet wird, sollte diesbezüglich schon bei der *Mandatsannahme* informiert werden. Der Mandant sollte schon die Zeit des Ermittlungsverfahrens dazu nutzen, abstinent zu leben und entsprechende Nachweise (Haar- oder Urinscreenings) zu beschaffen sowie sich auf eine mögliche medizinisch-psychologische Untersuchung (MPU) vorzubereiten. Auch ein Hinausschieben der Rechtskraft eines OWi- oder Strafurteils kann in diesem Zusammenhang förderlich sein.

2. Drogenfahrt nach § 24a Abs. 2 StVG. Ordnungswidrig handelt, wer unter der Wirkung eines berauschenden Mittels (tatbestandlich erfasst sind: Cannabis, Heroin, Morphin, Cocain, Amphetamin, Designer-Amphetamin und Metamphetamin) im Straßenverkehr ein Kraftfahrzeug führt. Auf das Vorhandensein von drogenbedingten Fahrfehlern oder Ausfallerscheinungen kommt es in diesem Ordnungswidrigkeitenbereich nicht an, da solche Fahrfehler letztlich nur im Rahmen von möglichen strafrechtlichen Drogenfahrten relevant sind.

a) Die Tatbestandsmerkmale des § 24a Abs. 2 StVG im Einzelnen: Voraussetzung ist zunächst, dass ein Kraftfahrzeug geführt wird (→ *Trunkenheit im Verkehr* 5b) aa)), und zwar im öffentlichen Straßenverkehr (→ *Trunkenheit im Verkehr* 5b) bb)). Das Merkmal „unter der Wirkung" eines berauschenden Mittels liegt dann vor, wenn eine der oben genannten Substanzen im Blut nachgewiesen wird (§ 24a Abs. 2 S. 2 StVG). Bei Cannabis hat das Bundesverfassungsgericht jedoch einen Grenzwert festgesetzt (THC-Konzentration von 1 ng/ml), so dass eine Fahrt unter Einfluss von Cannabis erst bei Überschreiten des Grenzwerts geahndet werden kann (BVerfG 21.12.2004, 1 BvR 2652/03, NJW 2005, 349). Hinsichtlich der übrigen Substanzen hat die Grenzwertkommission analytische Grenzwerte festgelegt (→ *Grenzwerte)*: Wird ein solcher Grenzwert nicht erreicht, kommt eine Verurteilung nach § 24a Abs. 2 StVG nur dann in Betracht, wenn Umstände festgestellt werden, aus denen sich ergibt, dass die Fahrtüchtigkeit des Betroffenen trotz der verhältnismäßig niedrigen Betäubungsmittelkonzentration zwar nicht aufgehoben, aber doch eingeschränkt war (OLG Bamberg 27.2.2007, 3 Ss OWi 688/05, DAR 2007, 272; OLG München 13.3.2006, 4 St RR 199/05, NJW 2006, 1606). Die Verwirklichung des objektiven Tatbestandes von § 24a Abs. 2 StVG setzt überdies voraus, dass die Substanz des berauschenden Mittels zum Zeitpunkt des Führens eines Kraftfahrzeuges im Straßenverkehr gewirkt hat, d. h. sie darf nicht erst durch Stoffwechsel im Zeitraum zwischen Fahrt und Blutentnahme entstanden sein (BayObLG 12.2.2004, 2 ObOWi 681/03, NZV 2004, 267).

b) Ausnahme. Keine Ordnungswidrigkeit liegt vor, wenn die Substanz aus der bestimmungsgemäßen Einnahme eines für einen konkreten Krankheitsfall verschriebenen Arzneimittels herrührt (§ 24a Abs. 2 S. 3 StVG).

c) Verfolgungsverjährung → *Trunkenheit im Verkehr* Nr. 5 b) ee).

d) Beweisverwertung → *Trunkenheit im Verkehr* Nr. 5 b) ff).

e) Rechtsfolgen. Bei einer Drogenfahrt nach § 24a Abs. 2 StVG kommt auf den fahrlässigen Ersttäter eine Geldbuße von 500,00 € sowie ein Monat *Fahrverbot* zu, im Wiederholungsfall bis zu 1.500,00 € und drei Monate Fahrverbot (vgl. § 24a Abs. 4 StVG i. V. m. § 17 Abs. 2 OWiG). Bei Vorsatz kann die Geldbuße bis zu 3.000,00 € betragen. Ferner werden in jedem Fall *vier Punkte* im Verkehrszentralregister in Flensburg eingetragen.

> Praxistipp: Der Betroffene kann einen *Punktabzug* durch die Teilnahme an einem Aufbauseminar oder einer verkehrspsychologischen Beratung erwirken (→ *Fahreignungsregister* Nr. 2), wobei im Falle eines Aufbauseminars dann ein besonderes Aufbauseminar für alkoholauffällige Kraftfahrer vorgesehen ist (→ *Aufbauseminar* Nr. 2).

3. Drogenfahrt nach § 316 StGB → *Trunkenheit im Verkehr* Nr. 6

4. Drogenfahrt nach § 315c StGB → *Trunkenheit im Verkehr* Nr. 6   *Langer*

5. Medizinischer Nachweis. Der Nachweis einer in der Anlage 2 zu § 24a Abs. 2 StVG aufgeführten Substanzen genügt unter Beachtung der mindestens zu messenden Konzentration, s. bsp. Toxichem&Krimtech 69/2002) oder nach § 315c/§ 316 StGB bei Nachweis eines anderen berauschenden Mittels und dessen schwerwiegender Beeinträchtigung auf die Wahrnehmungs- und Reaktionsfähigkeit (z. B. BGH, Urt. v. 15.4. 2008, 4 StR 639/07.

Siehe auch: → *Kokain,* → *Passivrauchen,* → *Speed,* → *Substitutionsbehandlung,* → *Drogengrenzwert*
    Priemer

Drogenkonsum → Unbewusster Drogenkonsum

Drogenscreening Untersuchung von Urin oder Blut auf die Drogengruppen. Meistens ist nur der immunchemische Vortest im Labor gemeint, dessen positive Resultate noch durch ein beweiskräftiges Verfahren bestätigt werden müssen.   *Sachs*

Drucksensoren → Verkehrsmesstechnik Nr. 8

Durchfahrtshöhe **Allgemeines.** Immer wieder kommt es bei der der Benutzung von Miet-LKWs für private Umzüge (aber auch bei eigenen Fahrzeugen mit ungewohnt hoher Dachlast wie Fahrrädern) zu Schäden aufgrund einer Missachtung der Durchfahrtshöhe.

Strittig ist dann häufig in Abhängigkeit vom Mietvertrag, ob und in welchem Umfang der Mieter den Schaden selbst tragen muss oder aber eine im Vertrag abgeschlossene Versicherung oder Haftungsfreistellung den Schaden ganz oder teilweise übernimmt.

Die hier zitierten Entscheidungen sind alle noch zum alten VVG mit dem „Alles oder Nichts"-Prinzip ergangen. Ob die Einstufung durch die Gerichte bei den Möglichkeiten der Quotierung nach neuem VVG genauso oder differenzierter getroffen wird, bleibt abzuwarten.

1. Haftungsreduzierung im Mietvertrag. Um selbst nicht für Schäden am Miet-Lkw aufkommen zu müssen, schließen die privaten Mieter – für die das Fahren so großer Lkw ungewohnt ist – meist eine Haftungsreduzierung ab, die wie eine Vollkaskoversicherung selbst verursachte Schäden am Miet-Lkw abdecken soll. Nur eine eventuell vereinbarte Selbstbeteiligung wäre hier bei normalen Schäden zu tragen.

Dabei sind diese Klauseln in den Verträgen höchst unterschiedlich gestaltet und formuliert. Im Zweifel ist die formularmäßig getroffene Vereinbarung über die Haftungsbefreiung objektiv nach dem Willen verständiger und redlicher Vertragspartner unter Abwägung der Interessen der normalerweise an solchen Geschäften beteiligten Kreise auszulegen (Urteil des BGH vom 19.1.2005 XII ZR 107/01, NJW 2005,1183).

Wird so im Vertrag nur auf „die Grundsätze einer Vollkaskoversicherung" Bezug genommen, ohne konkret auf eine bestimmte Fassung solcher Bedingungen zu verweisen oder deren Text in die Klausel mit aufzunehmen, reicht dies nicht aus, um eine in diesen Bedingungen geregelte vollständige oder teilweise Leistungsfreiheit für den Fall der groben Fahrlässigkeit wirksam in den Mietvertrag einzubeziehen (*Graf v. Westphalen*, AGB-Recht im Jahr 2005, NJW 2006, 2228).

Eine solche Klausel lässt sich somit nicht dahingehend auslegen, die Freistellung gelte nicht für Schäden, die durch einen leicht fahrlässigen Bedienungsfehler wie z. B. beim Verschalten als Betriebsschaden verursacht werden (Urteil des OLG Stuttgart vom 29.3.2001 19 U 222/00,NJW-RR 2001, 1252).

2. Sonderklausel „Haftungsreduzierung bei LKWs". Im Mietvertrag selbst bzw. in den Geschäftsbedingungen des Vermieters ist jedoch häufig eine spezielle Lkw-Klausel zusätzlich vereinbart, mit der die Vermieter die Haftungsreduzierung für bestimmte Schäden wieder ausschließen wollen:

„Trotz Vereinbarung einer Haftungsreduzierung (CDW/Vollkaskoversicherung) haftet der Mieter voll für alle Schäden am Aufbau, die durch Nichtbeachtung der Durchfahrtshöhen und -breiten entstehen" oder sinngemäß lautet meist die vertragliche Vereinbarung.

Solche den Haftungsausschluss betreffenden Klauseln im Mietvertrag müssen sich nach der Rechtsprechung am Leitbild der Kaskoversicherung orientieren (Urteil des BGH vom 16.12.1981 VIII ZR 1/81, NJW 1982, 987, OLG Karlsruhe vom 10.3.2008 1 u 15/08, NZV 2008,404) und dabei u. a. auch § 61 VVG alt Rechnung tragen (Urteil des OLG Celle vom 17.11.1993 5 U 36/83; DAR 1984, 123), der den Leistungsausschluss wegen grober Fahrlässigkeit nach altem Recht regelte (Urteil des AG Münster vom 3.12.1985 4 C 442/85, ADAJUR Dok. Nr. 11599; LG Münster vom

28.10.1986 6 S 132/86, ADAJUR Dok. Nr. 11975). Die Klauseln können aber beispielhaft einzelne möglicherweise grob fahrlässige Verhaltensweisen aufzählen (Urteil des OLG Düsseldorf vom 26.5.1995 10 U 133/94, MDR 1995, 1122).

Insgesamt darf aber nach den Geschäftsbedingungen der vereinbarte Haftungsausschluss nach dem neuen VVG nur dann ganz oder teilweise entfallen, wenn der Mieter den Schaden nachweisbar vorsätzlich oder grob fahrlässig verschuldet hat (Urteil des LG München II vom 8.9.1998 12 O 2709/98, ADAJUR Dok. Nr. 35454; Urteil des LG München I vom 20.7. 2001 3 O 8253/01, ADAJUR Dok. Nr. 4564; Urteil des LG Halle vom 7.3.2002 2 S 320/01, zfs 2002, 283). Eine normale Fahrlässigkeit reicht hier für das Wiederaufleben der Haftung trotz Vereinbarung eines Haftungsschlusses nicht aus (Urteil des OLG München vom 16.6. 1999 15 U 5773/98, DAR 1999, 506).

Sind die verwendeten Klauseln also nicht an diesem Leitbild orientiert, verstoßen sie gegen § 9 AGBG alt (Urteil des LK Karlsruhe vom 8.11.1985 3 O 277/85, NJW-RR 1986, 152; Urteil des OLG München vom 16.6.1999 15 U 5773/98, DAR 1999, 506; Urteil des LG Halle vom 7.3.2002 2 S 320/01, zfs 2002, 28310) bzw. § 307 Absatz 1 und 2 BGB.

Eine Vereinbarung mit der von den Vermietern gewünschten Rechtsfolge ist nur durch entsprechenden ausdrücklichen Individualhinweis oder -vereinbarung möglich, sie kann nicht in den Allgemeinen Geschäftsbedingungen getroffen werden (Urteil des OLG Hamm vom 23.9.1992 30 U 278/91, NJW-RR 1993, 95.). Dabei stellt ein Stempelaufdruck auf den Mietvertrag keine Individualvereinbarung dar (OLG Karlsruhe vom 10.3.2008 1 U 15/08, NZV 2008, 404)

So kann nicht wie in der benannten Beispielklausel zunächst im Vertrag eine Haftungsreduzierung vereinbart werden, die dann in den Allgemeinen Geschäftsbedingungen wieder für den Fall ausgeschlossen wird, dass Schäden durch die Nichtbeachtung der Durchfahrtshöhe entstehen (Urteil des LG Halle vom 7.3.2002 2 S 320/01, zfs 2002 283). Ebenfalls kann nicht vereinbart werden, dass eine Nachweispflicht des Mieters besteht, dass ihn kein Verschulden an dem Unfall trifft, um in den Genuss der Haftungsreduzierung zu kommen (Urteil des LG Freiburg vom 10.12.1996 1 0 347/96, ADAJUR Dok. Nr. 16932)

Eine entsprechende rechtswidrige Klausel führt jedoch nicht dazu, dass weitere Ausschlussgründe für die ansonsten gültige Haftungsreduzierung z. B. beim Nachweis grober Fahrlässigkeit unwirksam sind (Urteil des LG Halle vom 7.3.2002 2 S 320/01, zfs 2002,283).

3. Grobe Fahrlässigkeit bei zu geringer Durchfahrtshöhe. Die Definition der groben Fahrlässigkeit verlangt zum einen objektiv ein grob fehlerhaftes oder grob verkehrswidriges Verhalten und zum anderen subjektiv ein erheblich gesteigertes Verschulden (Urteil des BGH vom 8.2.1989 IVa ZR 57/88, VersR 1989,582). Außerdem ist ein Verhalten des Handelnden erforderlich, von dem dieser wissen musste oder wusste, dass durch dieses das Risiko des Eintritts des Versicherungsfalles gefördert wurde (Urteil des BGH vom 12.9.1979 IV ZR 91/78, VersR 1980, 180.). So ist ein subjektives Verschulden bei besonderer Leichtsinnigkeit, Sorglosigkeit oder Rücksichtslosigkeit zu bejahen (Urteil des OLG Nürnberg vom 21.4.1988 8 U 3880/87, NZV 1988, 144.).

Keine grobe Fahrlässigkeit liegt jedoch im sog. Augenblicksversagen, dass durch eine momentane Unaufmerksamkeit oder Fehleinschätzung eines nicht besonders sorglos Handelnden geprägt wird (Urteil des BGH vom 14.7.1986 Iva ZR 22/85, VersR 1986, 962.)

Die Beweispflicht obliegt hier demjenigen, der sich auf das Vorliegen der groben Fahrlässigkeit beruft. Wird das Vorliegen einer groben Fahrlässigkeit nach dem Gesetz nachgewiesen, führte dies nach dem alten VVG zu einer vollständigen Leitungsfreiheit des Versicherers.

Nach dem neuen, auf Mietverträge ab dem 1.1.2008 anzuwendenden Recht, erfolgt eine Haftungsquotierung je nach der Schwere der Pflichtverstöße des Mieters.

a) Grob fahrlässiges Hängenbleiben. aa) ungewohnte Höhe der Miet-Lkw für Pkw-Benutzer. Grundsätzlich hat sich jeder Fahrzeugführer mit den Besonderheiten des von ihm geführten Fahrzeuges vertraut zu machen – insbesondere im Hinblick auf die Fahrzeughöhe, wenn es sich nicht um ein normal dimensioniertes Fahrzeug handelt (Urteil des OLG Dresden vom 7.10.2003 5 U 882/03, NJW-RR 2004, 387) oder er dieses Fahrzeug selten fährt.

Ansonsten handelt er grob sorgfaltswidrig (Urteil des OLG Karlsruhe vom 29.7.2004 19 U 94/04, NZV 2004, 532). Insbesondere liegt auch kein Augenblicksversagen vor, wenn vorgetragen wird, dass sich der Fahrer verfahren hatte oder im Kolonnenverkehr die Verbotsschilder nur eingeschränkt wahrnehmen konn-

D Durchfahrtshöhe

te (Urteil des OLG Oldenburg vom 27.1.2006 3 U 107/05, DAR 2006, 213).

bb) Deutliche Erkennbarkeit der Höhenunterschreitung. Liegt eine deutliche Begrenzung der Durchfahrtshöhe vor und fährt der Mieter, ohne sich über die genaue Höhe seines Miet-Lkw zu vergewissern, in die zu niedrige Unterführung ein, handelt er auch in subjektiver Hinsicht grob fahrlässig (Urteil des LG München II vom 8.9.1998 12 O 2709/98, ADAJUR Dok. Nr. 35454).

Dies gilt insbesondere, wenn eine Durchfahrtshöhenbegrenzung mit dem Verkehrszeichen 265 zu § 41 StVO markiert ist (Urteil des OLG Dresden vom 7.10.20035 U 882/03, NJW-RR 2004 387). Besonders wenn mehrere Höhenbegrenzungen übersehen werden, liegt kein Augenblicksversagen vor (Urteil des OLG Karlsruhe vom 11.3.2004 19 U 94/04, DAR 2004, 394).

Dabei handelt es sich bei diesem Verkehrszeichen um ein Schutzgesetz im Sinne des § 823 II BGB, da die Begrenzung jedenfalls auch dem Schutz des Eigentums der wegen Missachtung der Höchstdurchfahrtshöhe geschädigten Verkehrsteilnehmer dient (Urteil des BGH vom 14.6.2005 VI ZR 185/04, NZV 2005 457).

Ebenso stellt eine Nichtbeachtung der Durchfahrtshöhe bei 50 cm Differenz zur tatsächlichen Höhe des Aufbaus eine grobe Fahrlässigkeit dar (Urteil des LG Halle vom 7.3.2002 2 S 320/01, zfs 2002,283).

So muss sich der Fahrer immer mit dem Fahrzeug und seinen Ausmaßen vor Fahrtantritt vertraut machen (Urteil des OLG Düsseldorf vom 22.6.1995 10 U 133/94, LSK 1996, 07330) und sich informieren, er kann sich nicht auf ein Augenblicksversagen berufen (Urteil des OLG Oldenburg 2U 209/94130 vom 25.1.1995, r+s 1995, 129 = SP 1995, 219 = VersR 1996, 182).

Ggf. ist auch als naheliegende Überprüfung eine Außenkontrolle der Höhe beim Einfahren in eine Unterführung oder im Parkhaus durch dritte Personen wie den Beifahrer zumutbar (Urteil des AG Plettenberg 1 C 53/98 vom 5.6.1998, DAR 2000, 124 für eine Pkw-Fahrer mit Fahrrädern auf dem Dachgepäckträger).

Dies gilt besonders dann, wenn er alleine von seinem Fahrersitz aus nicht alle oberen Ecken des Fahrzeugaufbaus einsehen kann (Arbeitsgericht Heilbronn vom 8.3.2006 7 Ca 630/05, SVR 2007, 100)

In der ersten Entscheidung zur Quotierung nach neuem Recht sieht das LG Göttingen (vom 18. 11. 2009 – 5 O 118/09, NJW-Spezial 2010, 267) bei einem Miet-LKW eine Kürzung von maximal 1/3 der Versicherungsleistung für angemessen an, da das Verschulden im unteren Bereich der groben Fahrlässigkeit liegt,

cc) Hinweise im Mietvertrag oder im Fahrzeug auf die Fahrzeughöhe. Wird in den Geschäftsbedingungen ein Hängenbleiben wegen zu geringer Durchfahrtshöhe beispielhaft als mögliche Ursache für das Vorliegen der groben Fahrlässigkeit nochmals ausdrücklich erwähnt, hat der Fahrer hier besondere Sorgfaltspflichten beim Fahren (Urteil des OLG Düsseldorf vom 22.6.1995 10 U 133/94, MDR 1995, 1122 = VersR 1997,77).

In dem sich über etwaige Bedenken zur Höhe Hinwegsetzen (Urteil des OLG Düsseldorf 4 U 198/99 vom 28.9.2000, NVersZ 2001, 274) für eine hochstehende Kippermulde trotz Warnlicht) liegt daher der subjektive Vorwurf der groben Fahrlässigkeit. Voraussetzung dafür kann jedoch sein, dass dem Fahrer vor der Fahrt die allgemeinen Maße ausdrücklich bekanntgegeben oder er darauf besonders – z. B. in Form eines Merkblattes oder von Aufkleber im Fahrzeug – hingewiesen wird, damit in der Verletzung eine grobe Fahrlässigkeit zu sehen ist (Urteil des OLG Celle vom 17.11.1993 5 U 36/83; DAR 1984, 123 = WJ 1997, 67).

b) Nicht grob fahrlässiges Hängenblieben. aa) ungewohnte Höhe der Miet-Lkw für Pkw-Benutzer. Da es Personen, die üblicherweise nur Pkws benutzen, in der Regel schwer fällt, an die höheren Aufbauten eines Miet-Lkw während der Fahrt zu denken (Urteil des OLG Düsseldorf vom 11.11.1991 1 U 249/90, MDR 1992, 752 = SP 1992), handelt es sich hier nicht um eine seltene Ausnahmeerscheinung, so dass dem einzelnen Fahrer keine besonders unvorsichtige Fahrweise vorzuwerfen ist (Urteil des OLG Celle vom 17.11.1993 5 U 38/83; DAR1984, 123 = WJ 1997, 6734).

Gleiches gilt auch für Pkw-Fahrer, die nur gelegentlich einen Dachgepäckträger verwenden, auf denen Fahrräder transportiert werden (Urteil des OLG München vom 9.11.1995 34 U 442/95, NJW-RR 1996, 1177 = VersR 1997, 735). Daher werden auch durch diese oft die Warnfunktion des Zeichens 265 zu § 41 StVO nicht beachtet, dies ist nur als normal fahrlässig zu bewerten (Urteil des AG Würzburg vom 23.4.1993 14 C 731/93, DAR 1993, 473).

Grundsätzlich dürfte daher bei einem entsprechenden Schaden nur von normaler Fahr-

lässigkeit auszugehen sein (Urteil des OLG München vom 16.6.1999 15 U 5773/98, DAR 1999, 506) – es ist aber immer der Einzelfall zu prüfen (Urteil des LG Freiburg vom 10.12.1996 1 O 347/96, ADAJUR Dok. Nr. 16932).
Die Schwere des objektiven Pflichtverstoßes lässt dabei nicht ohne weiteres auf ein gleichermaßen schweres subjektives Verschulden schließen (*Halm/Fitz*, Versicherungsrecht 2004/2005, SVR 2005, 295), das unter bestimmten Voraussetzungen (z. B. mangelnde Erfahrung (Urteil des OLG Hamm vom 23.5.1995 7 U 3/95, r+s 1996, 22; Urteil des OLG Rostock vom 2.6.2003 3 U 166/02, NJOZ 2004, 411) Dunkelheit, komplizierte Straßenführung o.ä.) verneint werden kann (Urteil des OLG Karlsruhe vom 4.3.1998 13 U 15/97, ADAJUR Dok. Nr. 30373; Urteil des LG München I vom 20.7.2001 3 O 8253/01, ADAJUR Dok. Nr. 45646).

bb) Unübersichtliche Straßenführung mit unterschiedlicher Höhenbegrenzung. Auch eine insgesamt geringe auf 3,20 m begrenzte Straßenhöhe, die selten auf öffentlichen Straßen vorkommt, kann im Einzelfall dazu führen, dass es an den subjektiven Merkmalen der groben Fahrlässigkeit fehlt, wenn zudem die Straßenführung ungewöhnlich mit unterschiedlichen Höhen ist und diese erst im letzten Moment erkannt werden kann.
Gleiches gilt auch für ein auf einem Betriebsgelände überstehendem Dach, das anders beurteilt werden muss als Unterführungen oder niedrige Brücken im öffentlichen Straßenverkehr (Urteil des OLG Hamm vom 23.9.1992 30 U 278/91, NJW-RR 1993, 95).
Wurde zudem die Unfallstelle durch den Fahrer bereits mehrfach ohne Beschädigungen am Fahrzeug befahren und hat der Fahrer keine Kenntnis von einer zwischenzeitlich veränderten Durchfahrtshöhe ohne Änderung der Beschilderung, liegt ebenfalls keine grobe Fahrlässigkeit vor (Urteil des BGH vom 14.6.2005 VI ZR 185/04, NZV 2005, 457).

cc) Fehlende Hinweise im Mietvertrag oder im Fahrzeug auf die Fahrzeughöhe. Es bedarf eines konkreten Hinweises des Vermieters im Mietvertrag auf die Höhe des Fahrzeuges, um in deren Missachtung das subjektive Element der groben Fahrlässigkeit zu verwirklichen (Urteil des OLG Hamm vom 14.3.2003 30 U 150/02, ADAJUR Dok. Nr. 54986).
Fehlt in dem Miet-Lkw im Fahrzeug in der Führerkabine ein Hinweis auf die Wagenhöhe – ggf. unter Verwendung des Zeichens 265 zu § 41 StVO – so liegt war eine Sorgfaltspflichtverletzung durch den Fahrer vor, die besonders schwere subjektive Pflichtverletzung ist jedoch vom Vermieter darzulegen, woran es z. B. dann mangelt, wenn die betreffende Brücke an einer anderen Stelle mit unterschiedlicher Durchfahrtshöhe bereits unbeschadet vom Mieter unterfahren wurde (Urteil des OLG Düsseldorf vom 6.12.2001 10 U 123/00, DAR 2002, 164 = NZV 2002, 128). *Kärger*

durchgezogene Mittelmarkierung → Überholen Nr. 4

E

Ebay → Versteigerungen

Ecstasy Szenename für MDMA und MDE. Als Tabletten mit Phantasie vollen Prägungen im Handel, die in der Regel 50 bis 100 mg Wirkstoff enthalten.
Siehe auch: → *Drogenfahrt* *Sachs*

EG-Fahrzeuggenehmigungsverordnung → Straßenverkehrs-Zulassungsordnung Nr. 1 a)

eidesstattliche Versicherung → Ersatzführerschein Nr. 1, → Wiedereinsetzung in den vorigen Stand Nr. 1 b)

Eigenersparnis → Unfallschadenabwicklung – Personenschaden Nr. 13, 27

Eigenreparatur → Unfallschadenabwicklung – Sachschaden Nr. 34

Eigentumsvorbehalt → Teilkaskoversicherung Nr. 5

eigenübliche Sorgfalt → Kinderunfall Nr. 3, → Verschuldenshaftung Nr. 5

Eilverfahren → Anwaltsgebühren in Verkehrsverwaltungssachen Nr. 7

Einbahnstraße → Fahrradfahrer Nr. 2, → Doppelte Rückschaupflicht Nr. 2, → Halten und Parken Nr. 3 d), 5

einfache Fahrlässigkeit → Verschuldenshaftung Nr. 5, → Fahren ohne Fahrerlaubnis Nr. 6, → Rechtschutzversicherung Nr. 19, 20, → Sachmängelhaftungsausschluss Nr. 3

Eingangsgericht → Besonderheiten des Verkehrsunfallprozesses Nr. 4

Eingliederung in ein anderes Unternehmen → Unfallversicherung Nr. 4–6, 8

Einigungsgebühr → Anwaltsgebühren in Verkehrsverwaltungssachen Nr. 4, 6

Einseitensensor → Verkehrsmesstechnik Nr. 4, 5

Einsichtsfähigkeit → Haftungsprivilegierung für Kinder Nr. 4, → Kinderunfall

Einspruch gegen den Bußgeldbescheid → Bußgeldverfahren Nr. 2 g)

Einsteigen → Halten und Parken

einstweilige Anordnung → Besonderheiten des Verkehrsverwaltungsprozesses Nr. 10

Eintragungen im Fahrtenbuch → Fahrtenbuchauflage

Eintrittskarten → Frustrierte Aufwendungen

Einzelabwägung bei Mitverantwortung des Geschädigten → Haftung mehrerer Schädiger Nr. 3

Einzelgenehmigung → Stillegung Nr. 3, → Zulassung von Kfz Nr. 2, 3, → Zulassungsbescheinigung Teil I und II Nr. 3 a)

Einziehung der Fahrerlaubnis Vgl. → . Einziehung des Führerscheins und → Entziehung der Fahrerlaubnis. *Weder*

Einziehung des Fahrzeugs Bei vorsätzlich begangenen Straftaten können die Tatwerkzeuge eingezogen werden (§ 74 StGB), daher auch das Fahrzeug, mit dem eine (*vorsätzliche*) Straftat begangen wurde, sofern das Fahrzeug im Zeitpunkt der E. dem Täter gehört (§ 74 Abs. 2 Nr. 1). Nach § 111 b Abs. 1 StPO kann schon im Ermittlungsverfahren zur Sicherung einer späteren Einziehungsentscheidung das Fahrzeug durch Beschlagnahme nach § 111 c StPO sichergestellt werden, und zwar durch den Richter, bei Gefahr im Verzuge auch durch die Staatsanwaltschaft und deren Ermittlungspersonen (§ 111 e), wogegen aber auf gerichtliche Entscheidung angetragen werden kann (§ 111 e Abs. 2 S. 3 StPO). Die Staatsanwaltschaft wird zur Beschlagnahme in Verkehrsstrafsachen regelmäßig nur bei exzellenter Beweislage und mehrfach auffällig gewordenen Tätern greifen, schon weil die Verwahrkosten hoch sind. *Weder*

Einziehung des Führerscheins Wird die Fahrerlaubnis entzogen, so ist gemäß § 69 Abs. 3 S. 2 StGB der Führerschein einzuziehen, wenn er von einer deutschen Behörde ausgestellt ist; zurückgegeben wird er nicht (anders beim → *Fahrverbot*). Hat der Täter einen ausländischen Führerschein, so wird dieser nicht o.w. eingezogen, sondern es gilt § 69 b Abs. 2 StGB: EU-Führerscheine werden zwar eingezogen, aber sodann der ausstellenden Behörde übermittelt (§ 69 b Abs. 2 S. 1 StGB); andere ausländische Führerscheine werden mit einem Vermerk nach § 69 Abs. 2 S. 2 StGB versehen.

Weder

Elektrofahrrad → Pedelec

Eltern → Kinderunfall

Engstelle → Haftungsverteilung bei Verkehrsunfällen Nr. 11, 12

Entbindungsantrag → Bußgeldverfahren Nr. 5 c), 5 d)

Entgangene Dienste → Ersatzansprüche Dritter Nr. 11

entgangener Gewinn → Unfallschadenabwicklung – Sachschaden Nr. 20

Entladen → Halten und Parken Nr. 1 b), 2 a), 2 d), 10

Entlastungsbeweis → Halterhaftung Nr. 2

Entlastungsmöglichkeit → Schadenrechtsänderungsgesetz Nr. 8

Entschädigung nach dem Strafrechtsentschädigungsgesetz 1. Allgemeines. Das Gesetz über die Entschädigung bei Maßnahmen der Strafverfolgung (StrEG, „Schönfelder" Nr. 93) regelt eine Entschädigung für erlittene Strafverfolgungsmaßnahmen, wenn sich der Tatvorwurf später als nicht erweislich herausstellt.
2. Praktisch bedeutsamster Fall ist in Verkehrsstrafsachen die → vorläufige Entziehung der Fahrerlaubnis (§ 2 Abs. 2 Nr. 5 StrEG). Wird diese aufgehoben, steht dem Beschuldigten grundsätzlich eine Entschädigung zu. Diese entfällt aber nach § 5 Abs. 1 Nr. 3 StrEG, wenn die vorläufige Entziehung nur deshalb aufgehoben wurde, weil es zur endgültigen Entziehung kam oder weil die Voraussetzungen der vorläufigen Entziehung nicht *mehr* vorlagen. Entschädigung ist ferner nach § 5 Abs. 2 StrEG dann ausgeschlossen, wenn der vormals Beschuldigte zu der Maßnahme schuldhaft Veranlassung gegeben hatte. Konnte z. B. in einem Verfahren wegen Trunkenheitsfahrt (§ 316

StGB) dem Angeklagten eine Fahruntüchtigkeit letztlich nicht nachgewiesen werden, ist er gleichwohl dann nicht zu entschädigen, wenn er zu den Ermittlungen zurechenbar Anlass geboten hatte, etwa durch eine gewisse Alkoholisierung und ggf. weitere Auffälligkeiten. Weitere Versagungsgründe regelt § 6 StrEG.

Praxistipp: Steht im Ermittlungsverfahren die Frage einer Straftat „auf der Kippe" (etwa die relative Fahruntauglichkeit bei der Alkoholfahrt → Trunkenheit im Verkehr Nr. 6) und ist die Fahrerlaubnis bereits vorläufig entzogen, kann die Erklärung, man verzichte für den Fall einer Verfahrenseinstellung (nach § 172 Abs. 2 StPO) schon jetzt unwiderruflich auf E. (so genannter „StrEG-Verzicht"), die Bereitschaft der Staatsanwaltschaft zur Einstellung zwar nicht erzeugen, aber in geeigneten Fällen fördern. Für den Mandanten ist der StrEG-Verzicht in solchen Fällen kein messbares Opfer, da er im Streitfall wegen § 5 Abs. 2 StrEG voraussichtlich ohnehin eine Entschädigung im Ergebnis nicht erhalten würde. Dem Staatsanwalt hingegen bietet der StrEG-Verzicht die Gewissheit, das Verfahren durch die erstrebte Einstellung rest- und folgenlos zu erledigen (vgl. a. → *Besonderheiten des Verkehrsstrafverfahrens*).

Weder

Entschädigungsfonds → Verkehrsopferhilfe Nr. 1

Entschädigungssperre → Dienstfahrt Nr. 3

Entschädigungsstelle → Auslandsunfall Nr. 2, 5, 7, 8, → Verkehrsopferhilfe

Entsendestaat → Inlandsunfall mit NATO-Kfz Nr. 2

Entsorgung → Fahrzeug-Zulassungsverordnung Nr. 7

Entsorgungskosten → Unfallschadenabwicklung – Sachschaden Nr. 40

Entsperrung → Dienstfahrt Nr. 3, → Haftungsausschluss bei Arbeits-/Schulunfällen Nr. 4

Entwendung → Diebstahl, → Teilkaskoversicherung Nr. 5, → Vollkaskoversicherung Nr. 4

Entziehung der Fahrerlaubnis 1. Entziehung der Fahrerlaubnis im Strafverfahren. a) Allgemeines: Sicherungsmaßregel (nicht: Neben-

E Entziehung der Fahrerlaubnis

strafe), geregelt in § 69 StGB, daher Regelfolge bei den in § 69 Abs. 2 StGB aufgezählten Delikten. E. bedeutet, dass die Fahrerlaubnis endgültig entfällt, der Verurteilte muss sie also bei der Verwaltungsbehörde neu beantragen (anders beim → *Fahrverbot*). Der Strafrichter bestimmt eine Sperrfrist (§ 69 a Abs. 1 StGB), binnen derer die Verwaltungsbehörde dem Angeklagten keine neue Fahrerlaubnis erteilen darf („Führerscheinsperre"). Die Entziehung der Fahrerlaubnis bezweckt eine Sicherung der Allgemeinheit und ist daher ohne Rücksicht darauf geboten, wie dringend der Angeklagte aus persönlichen Gründen auf seine Fahrerlaubnis angewiesen ist. Letzteres wird dennoch bei der Bemessung der Sperrfrist indirekt zu würdigen sein. Denn je stärker der Angeklagte (z. B. beruflich) auf die Benutzung des Kfz angewiesen ist, desto stärker wird die Maßnahme ihn beeindrucken; so kann u. U. eine entsprechend geringere Dauer der Sperrfrist ausreichen, um den Angeklagten wieder zu einem verantwortungsbewussten Kraftfahrer heranreifen zu lassen. Umgekehrt sind die Folgen der E. für das Leben des Täters sind bei der Bemessung der Freiheitsstrafe oder Tagessatzanzahl zu berücksichtigen. Im Blick zu behalten ist auch, ob der Angeklagte die Fahrerlaubnis voraussichtlich nur nach einer → *medizinisch-psychologischen Untersuchung* wiedererteilt bekommen wird. Hat der Täter keine Fahrerlaubnis, so wird nur eine Sperrfrist bestimmt („isolierte Sperrfrist", § 69 a Abs. 1 S. 3 StGB).

b) Voraussetzung für die E. wie auch für eine isolierte Sperrfrist ist, dass der Täter sich durch die Tat als ungeeignet zum Führen von *Kraftfahrzeugen* erwiesen hat. Das wird gelegentlich übersehen. War der Täter auf dem Fahrrad unterwegs, ist für Führerscheinmaßnahmen kein Raum.

c) Im Ermittlungsverfahren kann die Fahrerlaubnis vorläufig entzogen werden → *vorläufige Entziehung der Fahrerlaubnis*

d) Ermittlung der *Dauer*: Der Tatrichter hat zunächst zu ermitteln welche Mindestdauer für die Sperrfrist gilt. Hiervon hat er abzuziehen die Dauer, während derer die Fahrerlaubnis ggf. vorläufig entzogen war. Die hiernach maßgebliche Mindestsperrfrist darf aber drei Monate in keinem Fall unterschreiten (§ 69 a Abs. 4 StGB). Letzteres kann zu Problemen führen.

Beispiel. Ist im Januar ein Strafbefehl und zugleich ein Beschluss nach § 111 a StPO ergangen und bestimmte der Strafbefehl eine Sperrfrist von 10 Monaten, so würde diese Sperre im November ablaufen. Wird gegen den Strafbefehl insgesamt Einspruch eingelegt und bleibt der Beschluss nach § 111 a StPO in Kraft, so müsste der Richter aufgrund einer etwa erst im Oktober stattfindenden Hauptverhandlung ungeachtet dessen, dass die Fahrerlaubnis fast schon 10 Monate vorläufig entzogen ist, eine Sperrfrist von mindestens noch drei Monaten verhängen, also bis zum darauffolgenden Januar. Das Problem kann (noch häufiger) im Berufungsverfahren auftreten.

Praxistipp: Dem Problem kann aus Verteidigersicht durch rechtzeitige Beschränkung oder ggf. Rücknahme des Einspruchs bzw. der Berufung zu begegnen sein. Wo diese nicht in Betracht kommen, wird es stattdessen Aufgabe der Verteidigung sein, auf eine zügigere Durchführung des Verfahrens, insbesondere eine baldige Terminierung, hinzuwirken.

e) Besonderheiten bei *Gesamtstrafenbildung* nach § 55 StGB:

aa) Wird der Angeklagte verurteilt und muss eine früher verhängte Strafe nach § 55 Abs. 1 StGB einbezogen werden und mit dieser eine Gesamtstrafe gebildet werden, dann entscheidet der Richter nach § 55 Abs. 2 S. 1 StGB auch darüber, ob eine im früheren Urteil verhängte Führerscheinmaßnahme oder ein Fahrverbot aufrechtzuerhalten sind. In der Regel ist auf *Aufrechterhaltung der Sperrfrist* zu erkennen. Anders nur, wenn die Sperrfrist durch die neue Verurteilung „gegenstandslos wird".

bb) War mit der früheren Strafe eine zeitliche Sperrfrist für die Erteilung einer Fahrerlaubnis verhängt und sind auch bei der neu abgeurteilten Tat die Voraussetzungen für die Verhängung einer solchen gegeben, dann ist grundsätzlich nicht nur die „alte" Sperrfrist (deren Lauf mit der Rechtskraft des früheren Urteils begonnen hat) aufrechtzuerhalten, sondern eine *einheitliche neue Sperrfrist* („Gesamtsperrfrist") zu verhängen. Die neue Sperrfrist beginnt dann aber bereits mit der Rechtskraft des früheren Urteils (BGH 26.8.1971, 4 StR 296/71, DAR 1971, 332 = NJW 1971, 2180; BGH 16.8.1995, 3 StR 18/95; BGH 12.4.1994, 4 StR 688/93). Dadurch entsteht für den Angeklagten eine *Anrechnungs*wirkung, denn die seit Rechtskraft des früheren Urteils verstrichene Zeit kommt ihm bei der neuen (einheitlichen) Sperrfrist zugute. War im früheren Urteil bereits die Höchstdauer verhängt, so kann es im neuen Urteil bei der Aufrechterhaltung bleiben und braucht keine neue Maßnahmendauer bestimmt zu werden (BGH 16.8.1995, 3 StR 18/95, für den Fall eines Berufsverbots). Hat das Tatgericht nur auf Aufrechterhaltung erkannt, statt eine neue (im Zweifel längere) Gesamtsperrfrist zu bilden, dann liegt hierin ein Vorteil für den Angeklagten; wird die Gesamtstrafenbildung auf seine Revision hin aufgehoben und die Sache zurückverwiesen, so darf der neue Tatrichter dem Angeklagten diesen Vorteil nicht mehr nehmen (BGH 12.4.1994, 4 StR 688/93), weil das Verschlechterungsverbot des § 358 Abs. 2 StPO gilt.

f) *Ausnahmen für einzelne Kfz-Arten* gibt es bei der E. als solcher nicht. Sie können nur bezüglich der *Sperrfrist* gemacht werden (§ 69 a Abs. 2 StGB), d. h. das Gericht kann von der Sperre „bestimmte Arten von Kraftfahrzeugen" (nicht: bestimmte Anlässe, Tageszeiten, Fahrtstrecken oder dergleichen) ausnehmen, wenn „besondere Umstände" die Annahme rechtfertigen, dass der Zweck der Maßregel hierdurch nicht gefährdet wird. Die Ausnahmen werden regelmäßig für berufliche bzw. dienstliche Zwecke erstrebt, die Nennung solcher Belange genügt aber nicht. Sondern die Anforderungen werden in der Praxis sehr hoch angelegt, die „besonderen Umstände" erfordern vom Tatrichter (und zuvor vom Verteidiger) eine gründliche Darlegung, zumal der Zweifelssatz hier (wie überhaupt bei der Maßregelbestimmung) nicht gilt. Korrespondierend zu § 69 a Abs. 2 StGB können schon bei der → *vorläufigen Entziehung der Fahrerlaubnis* einzelne Kfz-Arten ausgenommen werden (§ 111 a Abs. 1 S. 2 StPO).

aa) „Bestimmte Arten von Kraftfahrzeugen" sind solche, die sich nicht nur im Verwendungszweck, sondern auch in der durch diesen geprägten Bauart deutlich von anderen Kfz unterscheiden. Das wurde *bejaht* für *landwirtschaftliche Zugmaschinen* mit einer durch die Bauart bestimmten Höchstgeschwindigkeit bis 40 km/h, die mit der Fahrerlaubnis der Klassen 3 oder 5 geführt werden dürfen (LG Frankenthal 13.2.1998, III Qs 50/98, DAR 1999, 374), *Feuerlöschfahrzeuge* der Klasse 3 (BayObLG 31.5.1991, RReg 1 St 63/91, DAR 1991, 388 f), ferner für *Rettungswagen* (Krankentransportwagen Klasse 3) der Feuerwehr bis zu 7,5 t zulässiges Gesamtgewicht (LG Hamburg 11.10.1991, 603 Qs 769/91, DAR 1992, 191 f) und für *Pannenhilfsfahrzeuge* des ADAC (LG Hamburg 17.7.1992, 603 Qs 524/92), sogar für „zum Zwecke dienstlicher Fahrten genutzte *Kfz der Bundeswehr*" (AG Lüdinghausen 8.4.2003, 9 Ds 612 Js 7/03, DAR 2003, 328 = NStZ-RR 2003, 248 f = Blutalkohol 41, 361 f). Es wurde jedoch *verneint* für ein „Gespann, bestehend aus einem *Pkw und einem Anhänger*" (LG Hamburg, 9.7.1991, 603 Qs 597/91, DAR 1991, 470).

bb) Die „besonderen Umstände" müssen geeignet sein, die Prognose des Tatrichters zu stützen, dass „dieser Angeklagte trotz der bei ihm festgestellten charakterlichen Mängel beim Führen der von der Sperre ausgenommenen Fahrzeugart für andere nicht gefährlich wird" (BayObLG 31.5.1991, RReg 1 St 63/91, DAR 1991, 388 f). Bloße wirtschaftliche und finanzielle Erwägungen tragen die Ausnahme nie; auch eine Trennbarkeit von beruflichen und privaten Fahrten reicht nicht aus

Wertet man diejenigen Gerichtsentscheidungen aus, die eine Ausnahme nach § 69 Abs. 2 StGB (bzw. § 111 a Abs. 1 S. 2 StPO) *billigten*, so lassen sich die dort – in der Regel kumuliert! – angenommenen besonderen Umstände in drei Obergruppen zusammenfassen:
(1) Der Angeklagte ist Ersttäter und langjähriger Fahrerlaubnisinhaber.
(2) Die Anlasstat wiegt unterdurchschnittlich schwer und hatte keinen Bezug zu der Tätigkeit, für die die Ausnahme erstrebt wird; sie wurde mit einem gänzlich anderen Fahrzeug begannen.
(3) Der Angeklagte wird von den Kfz der ausgenommenen Art nur unter Kontrolle durch Dritte und nur „dienstlich" Gebrauch machen (Feuerwehr, Bundeswehr, Sanitätsdienst, ADAC-Straßenwacht, Abfallbeseitigung), oder/und er wird schon wegen der Eigenart des Ausnahme-Kfzs diese nur für besondere Zwecke gebrauchen (Landwirtschaft, Abfallbeseitigung). Dann steht auch eine besondere Betriebsgefahr der ausgenommenen Kfz-Art als Sonderfahrzeug nicht entgegen.

cc) „*Positiv*" entschieden Gerichte in folgenden *Einzelfällen*: Feuerlöschfahrzeuge der Klasse 3 wurden von der Sperre ausgenommen, nachdem der Angeklagte mit einem Motorrad eine spontane private Trunkenheitsfahrt ohne nachgewiesenen Fahrfehler begangen hatte (BayObLG 31.5.1991, RReg 1 St 63/91, DAR 1991, 388 f). Ebenso Rettungsfahrzeuge, mit der Begründung, dass der Angeklagte diese nur beruflich und nur unter Aufsicht eines ranghöheren Mitfahrers steuern werde, nachdem der Angeklagte sich vor der Anlasstat jedenfalls nicht in Fahrbereitschaft betrunken habe (LG Hamburg 11.10.1991, 603 Qs 769/91, DAR 1992, 191 f). Ebenso ADAC-Straßenwachtfahrzeuge mit der Begründung, dass der unvorbelastete Angeklagte (langjähriger Fahrerlaubnisinhaber) am Tattag und am folgenden Tag dienstfrei hatte und sich betrunken hatte, ohne damit zu rechnen, dass er noch werde fahren müssen, wogegen er im Straßenwachtdienst strengen Reglements und Kontrollen unterstehe, die erwarten ließen, dass er nur nüchtern und nur dienstlich fahren werde (LG Hamburg 17.7.1992, 603 Qs 524/92). Eine Ausnahme wurde auch für landwirtschaftliche Zugmaschinen gewährt mit der Begründung, die Vorschriften (§ 69a Abs. 2 StGB und § 111a Abs. 1 S. 2 StPO) seien nachgerade zugeschnitten auf Berufskraftfahrer und Landwirte, die die Anlasstat nicht während der Berufs- oder Arbeitszeit und nicht mit ihrem beruflich genutzten Kraftfahrzeug begangen haben (LG Frankenthal 13.2.1998, III Qs 50/98, DAR 1999, 374); desgleichen bei einer ersten straßenverkehrsrechtlichen Verurteilung wegen Straßenverkehrsgefährdung mit der Begründung, dass „nur" relative Fahruntüchtigkeit vorlag, und der Angeklagte als angehender Landwirt für Ausbildung und Beruf die Fahrerlaubnis der Klasse T benötige (AG Auerbach im Vogtland 12.11.2002, 2 Ds 641 Js 11502/02, NZV 2003, 207). Ebenso für Müllfahrzeuge nach privater nächtlicher Trunkenheitsfahrt des unvorbelasteten Berufskraftfahrers, da die Wahrscheinlichkeit einer Trunkenheitsfahrt mit seinem Dienstfahrzeug als „äußerst gering zu veranschlagen" sei (AG Frankfurt 25.10.2006, 920 Cs 213 Js 23993/06, NStZ-RR 2007, 25).

dd) „*Negativ*" wurde entschieden, wo Gerichte derartige Umstände entweder im Einzelfall nicht sahen oder generell eine restriktiverer Handhabung postulieren. Letzteres geschieht, wo Gerichte meinen, besondere Umstände im Sinne von § 69a Abs. 2 StGB seien nur bei technischer Ungeeignetheit des Täters und in der Regel nicht bei charakterlicher Unzuverlässigkeit anzunehmen, wirtschaftliche oder berufliche Gesichtspunkte hätten völlig außer Betracht zu bleiben (LG Halle 13.8.2002, 29 Ns 829 Js 20327/02, Blutalkohol 41, 84 f). Als (ergänzendes) Argument für eine Versagung der Ausnahme wurde herangezogen, dass der Angeklagte vor der Anlasstat noch gewarnt worden war (LG Hamburg 9.7.1991, 603 Qs 597/91, DAR 1991, 470). Die Versagung der Ausnahme wurde im Einzelfall auch damit begründet, dass der Zweck der Maßnahme durch sie gefährdet werde, weil eine Kontrolle vor Antritt der intendierten „Ausnahmefahrten" beim Angeklagten (einem selbständigen Handwerksmeister) nicht gewährleistet ist (LG Zweibrücken 19.6.1992, 1 Qs 98/92, NZV 1992, 499).

2. Eine Entziehung der Fahrerlaubnis im Ordnungswidrigkeitenverfahren. Diese ist mangels gesetzlicher Grundlage nicht möglich.

3. Entziehung der Fahrerlaubnis im Verwaltungsverfahren. Beim verwaltungsrechtlichen Führerscheinentzug gibt es verschiedene Entziehungsgründe – mit unterschiedlichen Konsequenzen z. B. im Hinblick auf die Frage der Notwendigkeit einer Fahreignungsbegutachtung oder einer möglichen Sperrfrist für die Wiedererteilung der Fahrerlaubnis. Es gilt der *Vorrang des Strafverfahrens*. Solange gegen den Inhaber der Fahrerlaubnis ein Strafverfahren anhängig ist, in dem die Entziehung der Fahrerlaubnis nach § 69 StGB in Betracht kommt, darf die Fahrerlaubnisbehörde gem. § 3 Abs. 3 StVG den Sachverhalt, der Gegenstand des Strafverfahrens ist, in einem Entziehungsverfahren nicht berücksichtigen; eine Ausnahme hiervon gilt bei Dienstfahrerlaubnissen der Bundeswehr oder Polizei. *Bindung an Gerichtsentscheidungen in Straf- und Ordnungswidrigkeitenverfahren:* Will die Fahrerlaubnisbehörde in einem Entziehungsverfahren einen Sachverhalt berücksichtigen, der Gegenstand der Urteilsfindung in einem Strafverfahren gegen den Inhaber der Fahrerlaubnis gewesen ist, so kann sie zu dessen Nachteil vom Inhalt des Urteils insoweit nicht abweichen, als es sich auf die Feststellung des Sachverhalts oder die Beurteilung der Schuldfrage oder der Eignung zum Führen von Kraftfahrzeugen bezieht (§ 3 Abs. 4 S. 1 StVG). Der Strafbefehl und die gerichtliche Entscheidung, durch welche die Eröffnung des Hauptverfahrens oder der Antrag auf Erlass eines Strafbefehls abgelehnt wird, stehen einem Urteil gleich; dies gilt auch für Bußgeldentscheidungen, soweit sie sich auf die Feststellung des Sachverhalts und die Beurteilung der Schuldfrage beziehen (§ 3 Abs. 4 S. 1 StVG). Die *Entziehungsgründe* im Einzelnen:

a) Mangelnde Befähigung oder Ungeeignetheit zum Führen von Kraftfahrzeugen. Erweist sich jemand als ungeeignet oder nicht befähigt zum Führen von Kraftfahrzeugen, so hat ihm die Fahrerlaubnisbehörde die Fahrerlaubnis zu entziehen (§ 3 Abs. 1 S. 1 StVG). Bei einer ausländischen Fahrerlaubnis hat die Entziehung – auch wenn sie nach anderen Vorschriften erfolgt – die Wirkung einer Aberkennung des Rechts, von der Fahrerlaubnis im Inland Gebrauch zu machen (§ 3 Abs. 1 S. 2 StVG). Eine *mangelnde Befähigung* zum Führen von Kraft-

fahrzeugen kann dann gegeben sein, wenn es dem Betroffenen an Kenntnissen der Verkehrsvorschriften oder an ausreichender Fahrzeugbeherrschung fehlt. *Ungeeignetheit* liegt dann vor, wenn
– der Betroffene durch Erkrankung oder Mängel die für die Fahreignung erforderlichen körperlichen und geistigen Anforderungen nicht erfüllt (§ 11 Abs. 1 S. 1 u. 2 FeV), insbesondere auch im Hinblick auf des Sehvermögen (§ 12 FeV),
– beim Betroffenen Eignungszweifel wegen einer Alkoholproblematik bestehen (§ 13 FeV),
– beim Betroffenen Eignungszweifel im Hinblick auf Betäubungsmittel und Arzneimittel bestehen (§ 14 FeV) oder
– der Betroffene wiederholt oder in erheblicher Weise gegen Straßenverkehrsvorschriften oder Strafgesetze verstoßen hat (§ 11 Abs. 1 S. 3 FeV).

In diesen Fällen bedarf es zur Überprüfung der Eignungszweifel i. d. R. einer Begutachtung der Fahreignung, bevor eine Entziehung der Fahrerlaubnis in Betracht kommt (§ 11 Abs. 2, § 12 Abs. 8, § 13 S. 1 u. § 14 FeV). In Ausnahmefällen kann die Anordnung zur Beibringung des Gutachtens auch unterbleiben, wenn i. S. v. § 11 Abs. 7 FeV die Nichteignung des Betroffenen zur Überzeugung der Fahrerlaubnisbehörde feststeht (weitere Einzelheiten zur Beurteilung der Frage der Ungeeignetheit → *Fahreignung*). In den o. g. Fällen ist *keine Sperrfrist* im Gesetz vorgesehen, eine *Wiedererteilung der Fahrerlaubnis* (→ *Fahrerlaubniserwerb*) kann vielmehr bereits dann erfolgen, wenn die Fahreignung des Betroffenen im Rahmen der gesetzlich vorgesehenen Begutachtung der Fahrerlaubnisbehörde gegenüber wieder belegt ist.

b) Sonderfall der Ungeeignetheit: Erreichen eines Punktestands im VZR von 8 Punkten oder mehr. Ergeben sich im Fahreignungsregister 8 oder mehr Punkte (→ *Fahreignungsregister*), so gilt der Betroffene automatisch als ungeeignet zum Führen von Kraftfahrzeugen, so dass ihm die Fahrerlaubnisbehörde die Fahrerlaubnis zu entziehen hat, ohne dass zuvor eine Überprüfung der Fahreignung durch Beibringung eines Gutachtens erforderlich wäre (§ 4 Abs. 5 S. 1 Nr. 3 StVG). Voraussetzung für eine rechtmäßige Entziehung ist jedoch, dass vorher sämtliche Maßnahmen nach dem Stufensystem des § 4 Abs. 5 StVG getroffen wurden (→ *Fahreignungsregister*). Vor dem 5.12.2014 war eine nach Erreichen der für den Fahrerlaubnisentzug maßgeblichen Punktegrenze eintretende Tilgung von Punkten für die Rechtmäßigkeit der Entziehung der Fahrerlaubnis ohne Belang, unabhängig davon, ob die Tilgung vor oder nach Erlass der Entziehungsverfügung eingetreten ist (BVerwG 25.9.2008, 3 C 21.07, NJW 2009, 610; VGH Mannheim 7.12.2010, 10 S 2053/10, DAR 2011, 166; OVG Bautzen 25.6.2010, 3 B 65/10, BeckRS 2010, 50571; BayVGH 3.5.2010, 11 CS 09.3149, DAR 2010, 539). Mit der zum 5.12.2014 in Kraft getretenen Änderung des § 2 Abs. 9 S. 2 StVG führt jetzt aber jede Löschung oder Tilgung eines Eintrags im Fahreignungsregister automatisch zur Löschung und Unverwertbarkeit dieser Eintragung im Führerscheinregister der örtlichen Fahrerlaubnisbehörde. Im Unterschied zu den anderen Fällen der Ungeeignetheit gibt es bei Erreichen eines Punktestands im FAER von 8 oder mehr Punkten gem. § 4 Abs. 10 S. 1 StVG eine Sperrfrist, da eine neue Fahrerlaubnis frühestens sechs Monate nach Wirksamkeit der Entziehung (sowie nach Beibringung eines medizinisch-psychologischen Gutachtens) erteilt werden darf (nähere Einzelheiten zur Wiedererteilung der Fahrerlaubnis → *Fahrerlaubniserwerb*). Die Frist beginnt mit der Ablieferung des Führerscheins (§ 4 Abs. 10 S. 3 StVG).

c) Nichtteilnahme an einem angeordneten Aufbauseminar (bei der Fahrerlaubnis auf Probe). Im Rahmen der Fahrerlaubnis auf Probe kann seitens der Fahrerlaubnisbehörde die Teilnahme an einem Aufbauseminar angeordnet und hierfür eine Frist gesetzt werden, wenn der Betroffene innerhalb der Probezeit eine schwerwiegende oder zwei weniger schwerwiegende Zuwiderhandlungen begangen hat (§ 2a Abs. 2 S. 1 Nr. 1 StVG). Ist der Inhaber einer Fahrerlaubnis solchen vollziehbaren Anordnungen in der festgesetzten Frist nicht nachgekommen, so hat die Fahrerlaubnisbehörde die Fahrerlaubnis zu entziehen, Widerspruch und Anfechtungsklage gegen die Anordnung der Teilnahme an einem Aufbauseminar sowie gegen die Entziehung haben keine aufschiebende Wirkung (§ 2a Abs. 3 u. 6 StVG). Dem Gesetzeswortlaut nach ist die Nichtteilnahme an einem angeordnetem Aufbauseminar dann ohne Folgen, wenn die Vollziehbarkeit durch vorläufigen Rechtsschutz (z. B. im Rahmen des § 80 Abs. 4 u. 5 VwGO) beseitigt ist (→ *Besonderheiten des Verkehrsverwaltungsprozesses Nr. 9*). Leistet ein Fahrerlaubnisinhaber der Anordnung zur Teilnahme an einem Aufbauseminar erst nach Ablauf der ihm von der Behörde gesetzten Frist Folge, so lässt dies deren Pflicht zur Fahrerlaubnisentziehung nicht nachträglich entfallen; die Entziehung bzw. deren Durchsetzung kann indessen unverhältnismäßig sein, wenn der Fahrerlaubnisinhaber die Fristversäumung nicht zu vertreten hat und diesen Umstand der Behörde rechtzeitig angezeigt hat (OVG Koblenz 28.4. 2006, 10 B 10275/06, NJW 2006, 2715). Gesetzlich ist keine Sperrfrist vorgesehen, allerdings darf eine neue Fahrerlaubnis unbeschadet der übrigen Voraussetzungen nur erteilt werden, wenn der Antragsteller nachweist, dass er nun an einem Aufbauseminar teilgenommen hat; das Gleiche gilt, wenn der Antragsteller nur deshalb nicht an einem angeordneten Aufbauseminar teilgenommen hat oder die Anordnung nur deshalb nicht erfolgt ist, weil er zwischenzeitlich auf die Fahrerlaubnis verzichtet hat (§ 2a Abs. 5 S. 1 u. 2 StVG) oder weil die Fahrerlaubnis aus anderen Gründen entzogen worden ist (§ 2a Abs. 5 S. 2 StVG). Es findet in den oben genannten Fällen im Rahmen der Wiedererteilung der Fahrerlaubnis (→ Fahrerlaubniserwerb Nr. 6) auch keine Überprüfung der Fahreignung wie etwa durch Begutachtung statt.

d) Wiederholte Verkehrsverstöße in der Probezeit nach schriftlicher Verwarnung. Ist gegen den Inhaber einer Fahrerlaubnis wegen einer innerhalb der Probezeit begangenen Straftat oder Ordnungswidrigkeit eine rechtskräftige Entscheidung ergangen, die nach § 28 Abs. 3 Nr. 1 bis 3 StVG in das Fahreignungsregister einzutragen ist, so hat, auch wenn die Probezeit zwischenzeitlich abgelaufen ist, die Fahrerlaubnisbehörde ihm gem. § 2a Abs. 2 S. 1 Nr. 3 StVG die Fahrerlaubnis zu entziehen, wenn er nach Ablauf der Frist zur freiwilligen Teilnahme an einer verkehrspsychologischen Beratung innerhalb der Probezeit eine weitere schwerwiegende oder zwei weitere weniger schwerwiegende Zuwiderhandlungen begangen hat (zu den näheren Einzelheiten der Fahrerlaubnis auf Probe → *Fahrerlaubniserwerb*).
Die Fahrerlaubnisbehörde ist bei den Maßnahmen nach § 2a Abs. 2 S. 1 Nr. 1 bis 3 StVG an die rechtskräftige Entscheidung über die Straftat oder Ordnungswidrigkeit gebunden (§ 2a Abs. 2 S. 2 StVG). *Sperrfrist:* Ist die Fahrerlaubnis nach § 2a Abs. 2 S. 1 Nr. 3 StVG entzogen worden, darf eine neue Fahrerlaubnis *frühestens drei Monate nach Wirksamkeit der Entziehung* erteilt werden; die Frist beginnt mit der Ablieferung des Führerscheins. Im Zuge der *Wiedererteilung der Fahrerlaubnis* (→ *Fahrerlaubniserwerb* Nr. 6) findet keine Überprüfung der Fahreignung statt, allerdings hat die zuständige Behörde in diesem Fall in der Regel die Beibringung eines Gutachtens einer amtlich anerkannten Begutachtungsstelle für Fahreignung anzuordnen, sobald der Inhaber einer Fahrerlaubnis innerhalb der dann vollumfänglich neu zu berücksichtigenden Probezeit erneut eine schwerwiegende oder zwei weniger schwerwiegende Zuwiderhandlungen begangen hat (§ 2a Abs. 5 S. 4 u. 5 StVG).

4. Rechtsfolgen der Entziehung der Fahrerlaubnis im Verwaltungsverfahren. Mit der Entziehung erlischt die Fahrerlaubnis, bei einer ausländischen Fahrerlaubnis erlischt das Recht zum Führen von Kraftfahrzeugen im Inland (§ 3 Abs. 2 S. 1 u. 2 StVG). Nach der Entziehung ist der Führerschein der Fahrerlaubnisbehörde abzuliefern oder zur Eintragung der Entscheidung vorzulegen (§ 3 Abs. 2 S. 3 StVG).

5. Rechtsmittel gegen die Entziehung der Fahrerlaubnis im Verwaltungsverfahren. Die Entziehung der Fahrerlaubnis durch die Verwaltungsbehörde stellt einen Verwaltungsakt dar, gegen den der *Widerspruch* (§§ 68 ff. VwGO) und nach Abschluss des Widerspruchsverfahrens die *Klage* beim zuständigen Verwaltungsgericht (§§ 81 ff. VwGO) möglich ist (→ *Besonderheiten des Verkehrsverwaltungsprozesses* Nr. 2). Falls die Behörde die *sofortige Vollziehung* der Entziehung der Fahrerlaubnis angeordnet hat und damit Widerspruch oder Klage keine aufschiebende Wirkung entfalten können, kann *vorläufiger Rechtsschutz* beantragt werden (→ *Besonderheiten des Verkehrsverwaltungsprozesses* Nr. 9), sowohl durch einen Antrag bei der Verwaltungsbehörde (§ 80 Abs. 4 VwGO) als auch durch einen Antrag beim zuständigen Verwaltungsgericht (§ 80 Abs. 5 VwGO).

Siehe auch: → *Fahrerlaubniserwerb,* → *Fahrerlaubnis-Verordnung,* → *Punktsystem,* → *Vorläufige Entziehung der Fahrerlaubnis,* → *Widerruf und Rücknahme der Fahrerlaubnis*   *Weder/Langer*

Erfahrungssatz → Beweis des ersten Anscheins Nr. 1

Erfüllungsort → Nacherfüllung Nr. 4, → Rücktritt (von einem Kaufvertrag) Nr. 7

erhöhte Betriebsgefahr → Betriebsgefahr Nr. 2, → Haftungsverteilung bei Verkehrsunfällen Nr. 4

Erklärungsvollmacht → Vollmacht Nr. 1 d)

Erlaubnisirrtum → Irrtum Nr. 2 b), → Notstand Nr. 3 d)

Erlaubnistatbestandsirrtum → Irrtum Nr. 2 d)

Erledigungsgebühr → Anwaltsgebühren in Verkehrsverwaltungssachen Nr. 4

Erlöschen der Betriebserlaubnis → Betriebserlaubnis Nr. 3

Erlöschen der Fahrerlaubnis → Fahrerlaubnisverzicht

Ermittlungsverfahren 1. *Allgemeines.* Das E. beginnt mit Tätigwerden der Polizei oder Staatsanwaltschaft bei Untersuchung einer Straftat. Ermittlungen in Verkehrsstrafsachen werden in der Regel straff und schnell geführt (→ *Besonderheiten des Verkehrsstrafverfahrens*). Um schon im E. rechtzeitig die richtigen Weichen stellen zu können, muss der Verteidiger frühzeitig Einsicht in die E.sakten nehmen (→ *Akteneinsicht*) und die kurze Zeit nutzen, wenn er dem befassten Staatsanwalt Anträge oder Anregungen unterbreiten möchte.
2. Im E. werden *Auseinandersetzungen* am häufigsten um die → *vorläufige Entziehung der Fahrerlaubnis* ausgefochten, vereinzelt auch um die Beschlagnahme eines Fahrzeugs. Typische Ermittlungsmaßnahmen sind die → *Blutprobe* und Sachverständigengutachten zur Unfallrekonstruktion oder zur Bemerkbarkeit eines Unfalls (bei → *Unfallflucht*), ferner zur Feststellung der Höhe eines Fremdsachschadens. Durchsuchungen zum Zwecke der Auffindung und Beschlagnahme von Beweismitteln kommen in Verkehrsstrafverfahren selten vor, Haftsachen sind die Ausnahme.
3. *Abschlussverfügung.* Das Ermittlungsverfahren endet durch die Abschlussverfügung der Staatsanwaltschaft, d. h. diese erhebt entweder öffentliche Klage oder greift zu einer der zahlreichen Einstellungsvorschriften. Für alle Beteiligten am E. ist es gerade in Verkehrsstrafsachen wichtig, sich möglichst frühzeitig ein Bild zu machen, was in dem E. wohl „herauskommen" könnte und – aus Verteidigersicht – welche „Weichen" sich ggf. stellen lassen. Die Abschlussverfügung kann in folgenden Entscheidungen des Staatsanwalts bestehen:
a) öffentliche Klage. Meint die Staatsanwaltschaft, einen Tatnachweis führen zu können, so wird sie öffentliche Klage erheben (Anklage oder Strafbefehlsantrag).

b) Einstellung mangels Tatnachweises: Ist die Staatsanwaltschaft nach Ausermittlung des Sachverhalts der Meinung, den Tatnachweis in einer etwaigen Hauptverhandlung voraussichtlich nicht führen zu können, wird sie das Verfahren nach § 170 Abs. 2 StPO einstellen.
c) Folgenlose Einstellung wegen Geringfügigkeit. Erscheint das (gedachte) Verschulden gering und besteht „kein öffentliches Interesse an der Strafverfolgung", so kann die Staatsanwaltschaft das Verfahren nach § 153 Abs. 1 StPO einstellen. Dazu braucht sie die Zustimmung des Gerichts, außer in den Fällen des § 153 Abs. 1 S. 2 StPO. Damit liegt die Einstellung nach § 153 Abs. 1 StPO in Verkehrsstrafsachen häufig allein in der Hand der Staatsanwaltschaft. Den Sachverhalt braucht sie nicht ausermittelt zu haben.
Nach Erhebung der öffentlichen Klage kann auch das Gericht (durch Beschluss), jedoch nur mit Zustimmung der Staatsanwaltschaft (§ 153 Abs. 2 StPO) das Verfahren einstellen.
d) Einstellung gegen Auflage. Kann das öffentliche Interesse an der Strafverfolgung durch vom Beschuldigten zu befolgende Auflagen (oder seltener: Weisungen) beseitigt werden, so wird die Staatsanwaltschaft diesem die Einstellung nach § 153 a Abs. 1 StPO anbieten, typischerweise gegen Geldzahlung (ggf. in Raten) an eine gemeinnützige Vereinigung oder an die Staatskasse. Erforderlich ist nach § 153 a Abs. 1 StPO grundsätzlich die Zustimmung des Gerichts, und zwar desjenigen, das für die Eröffnung des Hauptverfahrens zuständig wäre. Diese Zustimmung wird in Verkehrsstrafsachen fast immer erteilt. Sie ist in bestimmten Fällen (§§ 153 a Abs. 1 S. 7 i.V.m. S. 2 Nr. 1 bis 5, 153 Abs. 1 S. 2 StPO) nicht erforderlich.
Ist die Auflage erfüllt, wird das Verfahren endgültig eingestellt. Die Tat kann als Vergehen nicht mehr verfolgt werden (§ 153 a Abs. 1 S. 5 StPO). Die Tat ist nicht rechtskräftig festgestellt, und die Erfüllung der Auflagen hat für andere Verfahren (etwa: den Zivilprozess) keine Indizwirkung.

> **Praxistip.** Aus Verteidigersicht ist es in geeigneten Fällen sinnvoll, frühzeitig eine solche Einstellung anzuregen und zugleich eine bestimmte Geldauflage samt Zahlungsmodalitäten vorzuschlagen. Die Aussicht auf eine schnelle Erledigung ist geeignet, die Aufgeschlossenheit des Staatsanwalts zu fördern; im Erfolgsfall bleibt der Mandant ohne Eintrag im Bundeszentralregister, und wo eine Einstellung bereits im Ermittlungsverfahren (oder im Zwischenverfahren) gelingt,

E Ersatz für entgangene Dienste

wird dem Mandanten in jedem Fall eine Hauptverhandlung erspart.

Praxistipp: Auch nach Anklageerhebung, sogar noch in der Hauptverhandlung, kann es sinnvoll sein, darauf hinzuwirken, dass das Gericht (nach § 153 a Abs. 2 StPO) das Verfahren gegen Auflagen einstellt; dafür ist indes immer die Zustimmung der Staatsanwaltschaft nötig, die erfahrungsgemäß desto leichter erteilt wird, je mehr neue oder veränderte Umstände gegenüber der bisherigen Aktenlage sich dartun lassen. Auch wenn dies nicht der Fall ist, kann bei geringen Tatfolgen ein entsprechender Vorstoß in der Hauptverhandlung lohnend sein. Denn der Sitzungsvertreter der Staatsanwaltschaft ist infolge der → *Besonderheiten des Verkehrsstrafverfahrens* in der Regel der erste Staatsanwalt, der sich einen persönlichen Eindruck vom Mandanten machen konnte; zugleich ist er in der Regel nicht derjenige, der die Ermittlungen abgeschlossen (und z. B. den Strafbefehl beantragt) hat, und schließlich ist der Sitzungsvertreter möglicherweise gar nicht (mehr) in der Verkehrsabteilung seiner Staatsanwaltschaft tätig: Beschäftigt er sich – beispielsweise – regelmäßig mit Großverfahren oder Kapitaldelikten, so macht ihn das u. U. gelassener bei weniger schwerer Kriminalität.

Praxistipp: Die Auflagen müssen aber so bemessen sein, dass der Mandant sie auch erfüllen kann. Ihm ist zu verdeutlichen, dass nur ihre vollständige und fristgerechte Erfüllung den „Erfolg" des § 153 a Abs. 1 S. 1 StPO bringt: Anderenfalls wird das Verfahren wieder aufgenommen und Teilleistungen keinesfalls zurückerstattet (§ 153 a Abs. 1 S. 6 StPO). Saumselige oder „chaotische" Mandanten müssen u. U. mühsam an die Begleichung jeder einzelnen fälligen Rate erinnert werden.

e) Verweisung auf den Privatklageweg. Kommt bei den in § 374 Abs. 1 StPO genannten Delikten (darunter: → *Beleidigung im Straßenverkehr,* → *Sachbeschädigung,* → *fahrlässige Körperverletzung (§ 229 StGB)*) in Betracht, wenn der Rechtsfrieden über den Lebenskreis des Verletzten hinaus durch die Tat nicht gestört worden ist und die Folgen gering sind.
f) Einstellung als unwesentliche Nebenstraftat. Hat der Beschuldigte in anderer Sache eine so beträchtliche Strafe (oder Maßregel) erhalten oder zu erwarten, dass eine Strafe wegen der im E. untersuchten Tat nicht beträchtlich ins Gewicht fiele, so kann die Staatsanwaltschaft das E. deshalb einstellen (§ 154 Abs. 1 StPO). Diese „Hinausbeschränkung" einer einzelnen Tat ist auch noch nach Erhebung der öffentlichen Klage möglich, dann ist sie aber vom Gericht zu beschließen und setzt einen darauf gerichteten Antrag der Staatsanwaltschaft voraus (der jedoch auf Vorschlag des Gerichts meist auch gestellt wird). Die Modalitäten einer Wiederaufnahme des Verfahrens regeln § 154 Absätze 3 bis 5 StPO.

Zu der Einstellung nach § 154 Abs. 1 StPO (und zwar in Form der endgültigen Einstellung) wird der Staatsanwalt beispielsweise dann greifen, wenn der Beschuldigte in anderer Sache gerade zu einer mehrjährigen Freiheitsstrafe verurteilt ist und im E. eine Unfallflucht mit geringem Schaden zur Diskussion steht. Ist die beträchtliche Verurteilung im anderen Verfahren (Bezugsverfahren) noch nicht ergangen, sondern nur zu erwarten, so empfiehlt sich aus staatsanwaltlicher Sicht in Verkehrsstrafsachen eher die zügige Fortführung des E. mit dem Ziel einer endgültigen Erledigung. Denn verfügt der Staatsanwalt die vorläufige Einstellung (nach § 154 Abs. 1 StPO), so muss er in der Folgezeit periodisch den Sachstand im Bezugsverfahren erkunden, was zeitraubend sein kann. Kommt dann im Bezugsverfahren die erwartete „beträchtliche" Strafe nicht heraus, so muss das E. fortgeführt werden, und was auch immer dann zu tun ist, hätte meist leichter und schneller gleich veranlasst werden können.

Große praktische Bedeutung und beträchtlichen Nutzen hat § 154 Abs. 1 StPO vor allem innerhalb ein- und desselben E.s. Denn bei einer Mehrheit von Taten (§ 154 StPO) oder Tatvorwürfen (§ 154 a StPO) wird der Staatsanwalt u. U. Anlass sehen, Geringfügiges auszuscheiden und sich auf die bedeutenderen Punkte zu konzentrieren. Aufgabe der Verteidigung kann es sein, frühzeitig entsprechende Vorschläge zu machen (vgl. → *Beleidigung im Straßenverkehr, Praxistipp* → *Widerstand gegen Vollstreckungsbeamte, Praxistipp*). Weder

Ersatz für entgangene Dienste → Ersatzansprüche Dritter Nr. 11

Ersatzansprüche Dritter **1. Allgemeines.** Grundsätzlich hat nur der *unmittelbar Unfallgeschädigte* Ersatzansprüche gegen den Verursacher des Verkehrsunfalls, also gegen den Fahrer des Kfz, dessen vom Fahrer abweichenden Halter sowie den Kfz-Haftpflichtversicherer. Ersatzansprüche Dritter kommen ausnahmsweise dort in Betracht, wo ein *gesetzlicher Forderungsübergang* (*cessio legis*) vom Geschädigten auf einen Dritten stattfindet, wie z. B. gem. § 116 SGB X auf den Sozialleistungsträger, gem. § 6 EFZG auf den Arbeitgeber und gem. § 86 VVG auf den Schadensversicherer (s. a. → *Übergang von Ersatzansprüchen*). Lediglich *mittelbar Geschädigte*, die zwar einen Vermögensschaden durch den Unfall erlitten haben, deren Sachen aber nicht beschädigt und die selbst nicht körperlich verletzt wurden, haben mangels Verletzung von dort genannten Rechtsgütern grds. keine Schadenersatzansprüche gem. §§ 7 Abs. 1, 18 StVG, 823 Abs. 1 BGB (*Burmann/Jahnke* NZV 2012, 11). Abgesehen von den gem. § 6 EFZG übergehenden Ansprüchen hat der *Arbeitgeber* des Unfallverletzten keine eigenen Ersatzansprüche gegen den Unfallverursacher (BGH 14.10.2008, DAR 2009, 31; *Förschner* DAR 2001, 16), auch nicht einen solchen auf Erstattung der durch die Geltendmachung der gem. § 6 EFZG übergegangenen Ansprüche durch einen Anwalt anfallenden Gebühren (LG Mosbach 19.10.1982, VersR 1983, 571). Nur *ausnahmsweise* besteht ein Schutz der Rechtsgüter der nur mittelbar Geschädigten durch eine *ausdrückliche Anordnung im Gesetz* zu Lasten des Schädigers (*Diederichsen* NJW 2013, 641; *Luckey* SVR 2012, 1), und zwar in den Fällen des § 844 Abs. 1 BGB (Ersatz der *Bestattungskosten*), des § 844 Abs. 2 BGB (Ersatz für *Unterhaltspflichten*) und des § 845 BGB (Ersatz für *Dienstleistungspflichten*). Voraussetzung ist stets, dass der Personenschaden sowie auch der Tod des Unfallverletzten als Folge des Unfalls anzusehen sind (BGH 13.2.1996, NJW 1996, 1674). Ersatzansprüche wegen eines *Schockschadens* (*Fernwirkungsschaden*) sind Ansprüche des unmittelbar Geschädigten, da ein Schadenersatz- und Schmerzensgeldanspruch des psychisch durch den Unfalltod eines nahen Angehörigen Geschädigten bei einer pathologisch fassbaren Gesundheitsbeeinträchtigung mit echtem und „überdurchschnittlichen" Krankheitswert anerkannt wird (BGH 11.5. 1971, VersR 1971, 905; BGH 4.4.1989, VersR 1989, 854; OLG Nürnberg 24.5.2005, DAR 2006, 635; OLG Nürnberg 1.8.1995, DAR 1995, 447; *Schirmer* DAR 2007, 11; s. a. → *psychische Unfallfolgen* Nr. 3; s. a. → *Unfallschadenabwicklung-Personenschaden* Nr. 19).

Praxistipp: Ein Ersatzanspruch wegen eines Schockschadens wird vom Risikoausschluss des § 105 Abs. 1 SGB VII nicht erfasst, kann also unmittelbar gegen den Schädiger und den Kfz-Haftpflichtversicherer geltend gemacht werden (BGH 6.2.2007, VersR 2007, 803).

2. Bestattungskosten. Ein Anspruch der Hinterbliebenen des Unfallopfers auf Erstattung der Beerdigungskosten ist in §§ 844 Abs. 1 BGB, 10 Abs. 1 S. 2 StVG geregelt. Danach hat der Schädiger die gesamten Beerdigungskosten des Unfallverletzten demjenigen zu ersetzen, der diese Kosten zu tragen hat, in der Regel also dem oder den Erben des verstorbenen Geschädigten, unter Umständen aber auch Dritten, die damit eine Pflicht des oder der Erben erfüllen, §§ 667 ff. BGB (OLG Saarbrücken 6.3.1964, VersR 1964, 1257; KG 12.2.1979, VersR 1979, 379). Ersatzpflichtig sind die *Kosten einer standesgemäßen und angemessenen Beerdigung* (*Theda* DAR 1985, 10), mithin die Kosten des *gesamten Bestattungsakts* (BGH 20.9.1973, NJW 1973, 2103). Die Höhe der ersatzfähigen Bestattungskosten hängt von der wirtschaftlichen und sozialen Situation des Getöteten vor dem Unfall ab (OLG München 15.6.1978, VersR 1979, 1066). Im gutbürgerlichen Mittelstand bewegen sich Gesamtkosten in einer Größenordnung von 7.500 Euro im Bereich des Standesgemäßen (OLG Hamm 6.7.1993, NJW-RR 1994, 155). Zu den Bestattungskosten – auf welche nach zutreffender Auffassung ein *Sterbegeld* anzurechnen ist – zählen die Kosten des *Beerdigungsaktes* (z. B. für Sarg, Einsargung, Sargträger, Pfarrer, Blumenschmuck, Musik, Chor, Aufbewahrung, u. U. auch Gebühren und besondere Kosten einer Spezialbestattung wie z. B. einer Feuer- oder Seebestattung), ferner die Kosten für die unmittelbare *Benachrichtigung* von Verwandten sowie Kosten für *Todesanzeigen* auf Karten und in der Zeitung (BGH 20.9.1973, NJW 1973, 2103; LG München I 23.2.1973, VersR 1975, 73). Darüber hinaus sind die Kosten der *Grabstelle* und des *Grabsteins* zu ersetzen, ferner die Kosten der *Graberstbepflanzung* und des *Graberwerbes* sowie die *Grabnutzungsgebühren*, ggf. auch die Kosten für *Weihwasserkessel* und *Grablampe*. Die Folgekosten der *Grabpflege* gehören nicht mehr zur Bestattung, und sind daher nicht ersatzfähig, die Kosten des Erwerbs und des Unterhalts eines Doppel- oder Familiengrabes nicht in vollem Umfang (BGH 20.9.1973, NJW 1973, 2103; vgl. LG Aurich 19.10.2000, DAR 2001,

368). Des weiteren sind zu ersetzen die Kosten der *Trauerkleidung* der nächsten Angehörigen, wobei keine Vorteilsausgleichung wegen ersparter Eigenaufwendungen stattzufinden hat, wenn die Trauerkleidung nicht auch zu vielfältiger anderweitiger Verwendung kommen kann. Auch die Kosten für *Trauermahl, Bewirtung* und *Unterbringung* der Trauergäste sind erstattungsfähig (LG München I 23.2.1973, VersR 1975, 73). Schließlich sind *Reisekosten* nächster Angehöriger, welche durch die Teilnahme an der Bestattung anfallen, vom Schädiger zu ersetzen, solche naher Angehöriger nur dann, wenn diese die Reisekosten nicht selbst aufbringen können und deswegen auf die Übernahme durch den Erben angewiesen sind (BGH 19.2.1960, NJW 1960, 910; vgl. BGH 4.4.1989, NJW 1989, 2317). Die Kosten einer *Überführung* können erstattungsfähig sein (LG Gießen 30.6.1983, DAR 1984, 151). Der Verdienstausfall anlässlich der Beerdigung ist erstattungsfähig (OLG Hamm 25.11.1955, VersR 1956, 666). Der Anspruch auf Ersatz der Bestattungskosten unterliegt dem Haftungsausschluss der §§ 104 ff. SGB VII (vgl. BAG 28.5.1989, NJW 1989, 2838; s. a. → *Haftungsausschluss bei Arbeits-/Schulunfällen*).

> Praxistipp: Der Einwand, dass das verstorbene Unfallopfer ohnehin früher oder später verstorben wäre, also wegen des Grundsatzes der überholenden Kausalität keine Beerdigungskosten zu erstatten seien, ist unbeachtlich (OLG Düsseldorf 8.6.1994, zfs 1994, 405).

3. Unterhaltsschaden. War der durch einen Unfall Getötete anderen gegenüber zum *Zeitpunkt der unfallbedingten Verletzung* von Gesetzes wegen zum Unterhalt verpflichtet, dann haben die unterhaltsberechtigten Angehörigen gegen den Schädiger einen Anspruch auf Ersatz des Schadens, der ihnen durch den Entzug des Unterhaltsrechts entsteht, §§ 844 Abs. 2 BGB, 10 Abs. 2 StVG (BGH 23.4.1974, NJW 1974, 1373; BGH 13.2.1996, NJW 1996, 1674). Der Anspruch besteht dem Grunde nach für den *Zeitraum* der mutmaßlichen Lebensdauer des unterhaltspflichtigen Getöteten, längstens für die Dauer der Bedürftigkeit des Unterhaltsberechtigten (BGH 25.4.2006, NJW 2006, 2327; BGH 27.1.2004, NZV 2004, 291; BGH 18.2.1964, VersR 1964, 597). Es ist deswegen zu ermitteln, wie sich der Unterhaltsanspruch des oder der Berechtigten beim Weiterleben des Getöteten wahrscheinlich entwickelt hätte (BGH 5.7.1988 NZV 1988, 217). Für die *Höhe* des Anspruchs ist der *gesetzlich geschuldete Unterhalt* maßgeblich (BGH 5.7.1988, NZV 1988, 217), wobei § 844 Abs. 2 BGB *keine Sättigungsgrenze* vorsieht, also der Höhe nach nicht auf den Bedarf des Unterhaltsberechtigten beschränkt ist (BGH 23.2.1983, NJW 1983, 1429). Vertragliche Unterhaltspflichten sind unbeachtlich (BGH 21.11.2000, NJW 2001, 971; OLG München 15.6.1978, VersR 1979, 1066). Der *nichteheliche Partner* eines Getöteten hat keinen Anspruch auf Ersatz des Unterhaltsschadens gem. § 844 BGB, weil es an einem gesetzlichen Unterhaltsanspruch gegen den Getöteten fehlt (*Schirmer* DAR 2007, 11). Ist der Unterhaltsverpflichtete nicht leistungsfähig oder war ein Unterhaltsanspruch nicht realisierbar, dann besteht mangels Schadens kein Ersatzanspruch gem. § 844 Abs. 2 BGB (BGH 23.4.1974, VersR 1974, 906). Entsprechend § 760 BGB ist der grds. als *Geldrente* geschuldete Unterhaltsschaden drei Monate im Voraus zu entrichten. Bei der *Berechnung* des Unterhaltsschadens ist danach zu unterscheiden, ob es sich beim Getöteten um einen *Alleinverdiener*, einen allein den *Haushaltführenden* oder ein unterhaltsberechtigtes *Kind* handelt. Mehrere Unterhaltsberechtigte sind *Teilgläubiger*, so dass die Unterhaltsansprüche für jeden einzelnen Berechtigten gesondert zu ermitteln (BGH 3.5.1960, VersR 1960, 801; *Scheffen* VersR 1990, 926) und auch gesondert gerichtlich geltend zu machen sind (dazu *Heß* in *Berz/Burmann* 6 G Rn. 141).

> Praxistipp: Bei der Berechnung eines Unterhaltsschadens (sowie auch der weiteren Ersatzansprüche wegen eines Personenschadens) sollte wegen der Komplexität der Materie stets auf die einschlägige Spezialliteratur zurückgegriffen werden (z. B. *Pardey*, Berechnung von Personenschäden; *Küppersbusch*, Ersatzansprüche bei Personenschaden).

4. Ansprüche des haushaltsführenden Ehegatten und ggf. von Kindern. Der überlebende, bis zum Unfall allein den Haushalt führende Ehegatte hat, wie auch vorhandene Kinder, Anspruch auf Ersatz des entgangenen Unterhalts, zudem ggf. Anspruch auf Ersatz entgangener Altersversorgung (BGH 23.3.1971, VersR 1971, 717; OLG Stuttgart 12.10.2000, VersR 2002, 1520). Die *Berechnung* des Unterhaltsschadens beim *Tod des Alleinverdieners* erfolgt in *mehreren Schritten*: Zunächst wird das *fiktive Nettoeinkommen* des Getöteten ermittelt. Zu diesem gehören sämtliche gesetzlich zulässigen Einkünfte des Getöteten (BGH 22.11. 1983, NJW 1984, 979; BGH 2.6.1961, NJW 1961, 1573; OLG Frankfurt 24.10.1988, DAR 1990, 464). Davon werden *Steuern, Sozialversicherungsbeiträge, Versicherungsbeiträge, Werbungskosten,* Aufwendungen zur *Vermögensbildung* und die den Lebensstandard prägenden *fixen Kosten* der standesgemäßen Haushaltsführung abgezogen (BGH 5.6.2012, DAR 2013, 21; BGH 2.12.1997, VersR 1998, 333; BGH 21.11.2006, NJW 2007, 506; BGH 2.12.1997, NZV 1998, 149). Dies sind alle nicht teilbaren und nicht personengebundenen Kosten, die unabhängig vom Tod des Unfallgeschädigten für die übrigen Angehörigen weiter anfallen, wie z. B. Miete, Strom, Heizung, Wasser, Abwasser, Abgaben, Kosten für Zeitung, Radio, Fernsehen, Kindergarten, Reparaturrücklagen, Zins und Tilgung für Eigenheim, soweit eine fiktive Miete nicht übersteigend (BGH 2.12.1997, NZV 1998, 149; BGH 6.10.1987, VersR 1987, 1243; *Ege* DAR 1988, 299; *ders.* DAR 1995, 305), nicht aber *variable Haushaltskosten* (z. B. Kosten für Nahrung, Betriebskosten Pkw) und Aufwendungen für *persönliche Lebensbedürfnisse* (z. B. Kosten für Kleidung, Freizeitgestaltung, Genussmittel), welche aus dem verfügbaren Einkommen bestritten werden müssen. Aus dem verbleibenden, *verfügbaren Einkommen* wird der Unterhaltsanteil des jeweiligen Unterhaltsberechtigten nach *pauschalen Quoten* ermittelt, wobei dem Richter bei der Bemessung der Quoten gem. § 287 ZPO ein *Ermessensspielraum* zusteht (BGH 15.10. 1985, VersR 1986, 264). Bei kinderloser Ehe kann eine Aufteilung des Einkommens so erfolgen, dass dem überlebenden Ehegatten bei Tod des Alleinverdieners 47,5 % des verfügbaren Einkommens des Getöteten zugerechnet werden (BGH 16.12.1986, VersR 1987, 507). Angemessen erscheint der Ansatz folgender Quoten: Bei Tod des Alleinverdieners wird der *Unterhaltsbedarf des überlebenden Ehegatten* mit 45 – 50 % des verfügbaren Einkommens bemessen, bei zusätzlich einem Kind der Bedarf des Ehegatten mit 35 – 40 % und der des Kindes mit 20 %, bei zwei Kindern der Bedarf des überlebenden Ehegatten mit 30 – 35 % und der der Kinder mit jeweils 15 %, bei zusätzlich drei Kindern der des überlebenden Ehegatten mit 27 – 34 % und der der Kinder mit jeweils 12 – 13 %. Der *Unterhaltsbedarf eines Kindes* kann grds. mit 15 – 20 % angesetzt werden (BGH 1.10.1985, VersR 1986, 39). Da der Bedarf der Kinder mit zunehmenden Alter steigt, können erhebliche Altersunterschiede unter den Kindern in Ab- oder Zuschlägen bei den Quoten der Kinder berücksichtigt werden (BGH 6.10.1987, VersR 1987, 1243). Zu diesem jeweiligen Unterhaltsanteil des einzelnen Berechtigten werden anschließend die anteiligen fixen Kosten hinzugerechnet, wobei der Aufteilung wiederum nach pauschalen Quoten erfolgen kann: Dem überlebenden Ehegatten werden 100 % der fixen Kosten zugerechnet, bei zusätzlich eine Kind ist eine Verteilung von 66 % zum überlebenden Ehegatten zu 34 % zum Kind akzeptabel, bei zusätzlich zwei Kindern eine Verteilung von 50 % an den überlebenden Ehegatten und jeweils 25 % an die Kinder (BGH 23.11.1971, VersR 1972, 176; BGH 31.5.1988, VersR 1988, 954), wobei außergewöhnliche Umstände im Einzelfall Abweichungen von den zuvor dargestellten pauschalen Quoten rechtfertigen können. Schließlich werden ggf. *zusätzliche Aufwendungen* zur Erhaltung des Lebensstandards dem jeweiligen Unterhaltsanteil hinzugerechnet (z. B. für die Hinterbliebenen zusätzlich anfallende Kosten zur Aufrechterhaltung der Krankheitsvorsorge und auch Steuern auf die Unterhaltsrente sind vom Schädiger zu erstatten; BGH 10.4.1979, NJW 1979, 1501) und ggf. ein *Vorteilsausgleich* vorgenommen (BGH 23.6.1994, NZV 1994, 475; BGH 11.10.1983, VersR 1984, 79).

Praxistipp: Je höher die *fixen Kosten* ausfallen, desto höher fällt auch der zu ersetzende Unterhaltsschaden aus. Denn je mehr fixe Kosten vom Nettoeinkommen des Getöteten abgezogen werden, desto mehr fixe Kosten werden später dem Unterhaltsanspruch des Angehörigen wieder zugerechnet. Deswegen sind die fixen Kosten möglichst detailliert und umfassend zu ermitteln.

5. Erwerbspflicht des Hinterbliebenen, Schadenminderungspflicht. Die familienrechtlichen Erwerbsobliegenheiten sind nicht auf das Schadenersatzrecht übertragbar (BGH 19.6.1984, NJW 1984, 2520). Grundsätzlich ist der überlebende Ehegatte im Schadensrecht so zu stellen, wie er ohne das Unfallereignis gestanden hätte. Werden aber Erwerbseinkünfte trotz unter Berücksichtigung des Alters, der Ausbildung, der früheren Erwerbstätigkeit, der Leistungsfähigkeit, der Dauer der Ehe und der wirtschaftlichen und sozialen Verhältnisse nach Treu und Glauben anzunehmender *Möglichkeit* und *Zumutbarkeit* der *alsbaldigen Aufnahme* einer *angemessenen Erwerbstätigkeit* nicht erzielt, so kann dies ab dem Zeitpunkt einen Verstoß gegen die Schadenminderungspflicht darstellen mit der Folge der Anrechnung *fiktiver Einkünfte* (BGH 19.6.1984, NJW 1984, 2520; BGH 6.4.1976, NJW 1976, 1501; BGH 26.9.2006, DAR 2007, 141), zu welchem der überlebende Ehegatte bei Fortführung der ehelichen Lebensplanung und der ehelichen Lebensverhältnisse einer Erwerbstätigkeit nachgegangen wäre – was anhand einer *Prognose* festzustellen ist (BGH 19.6.1984, NJW 1984, 2520; BGH 6.4.1976, NJW 1976, 1501). Der Schädiger ist für einen Verstoß des Geschädigten gegen die Schadenminderungspflicht darlegungs- und beweispflichtig; erst über eine sekundäre Darlegungslast kann es dem Geschädigten obliegen, Umstände aus seiner Sphäre aufzuklären und darzulegen (BGH 26.9.2006, DAR 2007, 141).

6. Ansprüche des Alleinverdieners und ggf. von Kindern. Beim Tod des allein den Haushalt führenden Ehegatten sind den Hinterbliebenen die zum Ausgleich des Ausfalls des haushaltsführenden Angehörigen notwendigen Kosten zu ersetzen (BGH 13.7.1971, NJW 1971, 2066; BGH 29.3.1988, VersR 1988, 490). Im Falle der tatsächlichen Einstellung einer Haushaltskraft sind die so anfallenden notwendigen Kosten konkret, brutto zzgl. der Arbeitgeberanteile in der Sozialversicherung, vom Schädiger zu ersetzen (BGH 8.2.1983, NJW 1983, 1425). Es ist aber auch eine fiktive Schadensbezifferung möglich (BGH 13.7.1991, NJW 1971, 2066). Dann hat der Schädiger den Nettobetrag der Kosten einer vergleichbaren Ersatzkraft zu ersetzen (BGH 8.2.1983, NJW 1983, 1425). Ebenso ist eine Kombination konkreter und fiktiver Bezifferung des Unterhaltsschadens möglich, wenn neben den Kosten einer Ersatzkraft, die nur teilweise den Ausfall des getöteten Angehörigen im Haushalt kompensiert, die Hinterbliebenen die übrigen Haushaltstätigkeiten übernehmen (*Pardey* DAR 2010, 14). Denn dies entlastet den Schädiger nicht (BGH 8.4.1986, VersR 1986, 790; BGH 8.6.1982, NJW 1982, 2864). Die Bezifferung des Unterhaltsschadens erfolgt ähnlich wie die des Unterhaltsschadens des alleine den Haushalt führenden Hinterbliebenen in mehreren Schritten und zudem wie die eines Haushaltsführungsschadens (s. a. → *Unfallschadenabwicklung – Personenschaden* Nr. 14 ff.). Maßgeblich dabei ist nicht das durch den Getöteten tatsächlich im Haushalt geleistete, sondern die gesetzlich geschuldete Arbeitsleistung, mithin der rechtlich geschuldete Unterhalt (BGH 14.1.1971, VersR 1971, 423). In einem ersten Schritt ist der Zeitbedarf der zu ersetzenden Haushaltsleistung zu ermitteln, welcher von der Größe und Ausstattung des Haushalts, der Zahl und des Alters der Familienmitglieder sowie von den sozialen und wirtschaftlichen Lebensverhältnissen abhängt. Im zweiten Schritt ist der finanzielle Aufwand für die Ersatzkraft für diese Haushaltsleistungen (ohne den Zeitbedarf der Eigenversorgung des Getöteten und unter Berücksichtigung der gesetzlich geschuldeten Mithilfe der Hinterbliebenen im Haushalt, vgl. BGH 12.6.1973, VersR 1973, 939) zu ermitteln (BGH 29.3.1988, VersR 1988, 490; BGH 5.6.1984, VersR 1984, 875; BGH 2.5.1972, NJW 1972, 1716). Insoweit kann auf die Tabellen *Schulz-Borck/Hofmann* bzw. *Schulz-Borck/Pardey* zurückgegriffen werden (BGH 29.3.1988, VersR 1988, 490). Schließlich hat in einem dritten Schritt die Aufteilung des so ermittelten Betrags auf die Hinterbliebenen zu erfolgen, wobei wiederum pauschale Quoten zugrunde gelegt werden können: Die Aufteilung zwischen überlebendem Ehegatten und einem Kind kann erfolgen im Verhältnis 66 % zu 34 %, zwischen überlebendem Ehegatten und zwei Kindern im Verhältnis von 50 % auf den Ehegatten und jeweils 25 % auf die Kinder, zwischen dem überlebenden Ehegatten und drei Kindern im Verhältnis von 40 % für den Erwachsenen und jeweils 20 % für die Kinder, wobei erhebliche Altersunterschiede zwischen den Kindern eine Staffelung der Quoten betreffend die Kinder rechtfertigen können (vgl. BGH 31.5.1988, VersR 1988, 954).

7. Ansprüche bei Kindesbetreuung. Neben dem Unterhaltsschaden in Form des Haushaltsführungsschadens ist im Falle der *Kindesbetreuung* durch den Getöteten ein *Betreuungsunterhaltsschaden* ersatzfähig (BGH 6.12.1992, NZV 1993, 21; BGH 25.4.2006, NJW 2006, 2327). Dieser umfasst den *zeitlichen und persönlichen Aufwand des Getöteten* in der Kindesbetreuung. Wird für die Kindesbetreuung eine Ersatzkraft (Kindermädchen, Tagesmutter) eingestellt, dann besteht die Möglichkeit der *konkreten Bezifferung*. Dies gilt auch, wenn das verwaiste Kind auswärtig untergebracht wird, wobei dann im Rahmen der Schadenminderungspflicht darauf zu achten ist, dass die beruflichen und familiären Umstände keine Alternative zur auswärtigen Unterbringung erlauben und die anfallenden Kosten dem bisherigen Lebensstandard entsprechen. Auch eine *fiktive Berechnung* des Betreuungsunterhaltsschadens ist zulässig unter Zugrundelegung des Wertes der entgangenen Betreuungsleistungen ähnlich der

Bezifferung des Haushaltsführungsschadens unter Anwendung der Tabelle *Schulz-Borck/ Hofmann*. Der so ermittelte Wert der Betreuungsleistung ist auf mehrere Kinder ggf. nach Quoten aufzuteilen.

8. Doppel-, Zuverdienerehe. Waren beide Ehegatten vor dem Tod des Unfallopfers erwerbstätig, und haben dementsprechend auch beide Ehegatten den Haushalt gemeinsam geführt, dann ist der Schädiger insoweit zum *Ersatz des Unterhalts-* (Baruntherhalt) und *Haushaltsführungs-* sowie (bei Kinderbetreuung) des *Betreuungsunterhaltsschadens* (Naturalunterhalt) verpflichtet, wie für den Hinterbliebenen auf Grundlage der zu Lebzeiten der Eheleute i. d. R. konkludent getroffenen Absprache Unterhalts- und Haushaltsführungsleistungen des Getöteten im Rahmen des Angemessenen entfallen sind (BGH 29.3.1988, NJW 1988, 1783; BGH 5.12.1989, NZV 1990, 185). Die zuvor dargestellten Grundsätze zur Ermittlung des Unterhaltsschadens des überlebenden Alleinverdieners und des überlebenden, alleine des Haushalt führenden Angehörigen sind dann *kombiniert nebeneinander* anzuwenden. Dem Hinterbliebenen ist durch den Schädiger der gesamte Mehraufwand zu ersetzen, der durch den Tod des Ehegatten entsteht, auch der Wegfall des *Rationalisierungseffekts* gemeinsamer Haushaltsführung (BGH 29.3.1988, NJW 1988, 1783). War der überlebende Ehegatte neben der Betreuung von Kleinkindern erwerbstätig, dann ist ein Einkommen aus einer solch überobligatorischen Erwerbstätigkeit nicht auf den Baruntherhaltsschaden anzurechnen.

9. Ansprüche des Kindes bei Tod beider Elternteile. Werden durch einen Unfall beide Eltern eines Kindes getötet, dann ist als Unterhaltsschaden der *gesamte entgangene Bar- und Naturalunterhalt* vom Schädiger zu ersetzen (s. a. → *Kinderunfall*). Bei einer Alleinverdienerehe richtet sich der Baruntherhaltsschaden nach dem Einkommen des Alleinverdieners und der Naturalunterhaltsschaden nach den Leistungen des haushaltsführenden Elternteils. Bei Berufstätigkeit beider Elternteile ist der entgangene Bar- und Naturalunterhalt für jeden Elternteil gesondert zu berechnen (BGH 13.7.1971, NJW 1971, 2069), wobei sich der Baruntherhalt nach dem Gesamteinkommen der Eltern beziffert (BGH 22.1.1985, NJW 1985, 1460). Bei Unterbringung des Kindes in einem *Heim* oder bei einer *Pflegefamilie* bestehen Besonderheiten: Die Drittleistungen im Heim oder in der Pflegefamilie entlasten den Schädiger nicht. Der entgangene Baruntherhalt wird wie zuvor dargestellt beziffert, wobei anstelle der fixen Kosten des ursprünglichen Haushalts die fixen Kosten des aufnehmenden Haushalts anteilig auf das unterhaltsberechtigte Kind umgelegt werden. Alternativ können die fixen Kosten des ursprünglichen Haushalts durch eine Erhöhung der Baruntherhaltsquote betreffend das verfügbare Einkommen beziffert werden (vgl. OLG Hamm 30.11.1989, NJW-RR 1990, 452). Das *Kindergeld* wird auf den Baruntherhaltsschaden nicht angerechnet (BGH 12.7.1979, VersR 1979, 1029). Für die Bezifferung des Naturalunterhalts ist der Arbeitszeitbedarf für das hinterbliebene Kind im neuen Haushalt maßgeblich, und dafür der Wert einer angemessenen Ersatzkraft zu ermitteln (BGH 22.1.1985, NJW 1985, 1460; BGH 8.2.1983, NJW 1983, 1425). Wird dagegen der ursprüngliche Haushalt fortgeführt, dann ist die zuvor dargestellte Bezifferung der entgangenen Haushaltsführung maßgeblich (BGH 15.10.1985, VersR 1986, 264).

10. Ansprüche der unterhaltsberechtigten Eltern. Wird durch den Unfall ein *unterhaltspflichtiges Kind* getötet, haben die Eltern des getöteten Kindes insoweit einen Anspruch auf Ersatz des Unterhaltsschadens gegen den Schädiger, wie das getötete Kind Unterhalt gem. §§ 1601 ff. BGB an seine Eltern hätte leisten müssen, z. B. bei alters- oder krankheitsbedingter Unmöglichkeit der Führung eines eigenen Haushalts, Pflegebedürftigkeit oder unzureichender finanzieller Altersabsicherung der Eltern (BGH 5.7.1988, NZV 1988, 217; s. a. → *Kinderunfall* Nr. 11).

Praxistipp: Besteht die ernsthafte Möglichkeit einer späteren Unterhaltspflicht des getöteten Kindes gegenüber seinen Eltern, so ist diese für dieser *zukünftige Unterhaltsschadensersatzanspruch* über eine Feststellungsklage oder eine Vereinbarung mit der Kfz-Haftpflichtversicherung des Schädigers zu sichern (Heß in *Berz/Burmann* 6 G Rn. 139 m.w.N.).

11. Ersatz für entgangene Dienste. Nur eine geringe Praxisrelevanz hat der Ersatzanspruch wegen entgangener Dienste, weil statt § 845 BGB bei einer Verletzung und Tötung des Ehegatten § 844 Abs. 2 BGB eingreift (BGH 18.5.1968, NJW 1965, 1710; BGH 20.5.1980, NJW 1980, 2196). § 845 BGB greift dann ein, wenn durch einen Unfall des Kindes den Eltern Dienste entgehen, die *im Haushalt der Eltern lebende und versorgte Kinder* familienrechtlich gem. § 1619 BGB schulden (BGH 25.10.1977, NJW 1978, 159; BGH 7.10.1997, NJW 1998, 307). Da der Schadenersatzanspruch nur solange besteht, wie das Kind im Haushalt der Eltern lebt und versorgt wird, ist die Dauer des Anspruchs gem. § 845 BGB durch eine *Prognose* zu ermitteln, also festzustellen, wann das Kind voraussichtlich den elterlichen Haushalt verlassen hätte. Übt das Kind eine Vollerwerbstätigkeit aus, dann ist daneben eine Dienstleistungspflicht gegenüber den Eltern gem. § 845 BGB nicht gegeben (BGH 7.10.1997, NJW 1998, 307). Die *Höhe* des Ersatzanspruchs richtet sich nach dem finanziellen Aufwand für eine gleichwertige Ersatzkraft. Der Ersatzanspruch gem. § 845 BGB ist *subsidiär*, so dass ein Anspruch des Kindes gem. § 842 BGB wegen einer (dienst- oder arbeits-) vertraglich geschuldeten Leistung des Kindes an die Eltern vorrangig ist (BGH 6.11.1990, NZV 1991, 110; BGH 25.10.1977, NJW 1978, 159; OLG Köln 13.12.1989, VersR 1991, 1292; s. a. → *Kinderunfall* Nr. 11).

12. Steuern. Ob Schadenersatzleistungen der *Einkommensteuer* unterliegen, ist zum einen von der *Art des Schadens*, für den der Ausgleich geleistet wird, abhängig, und zum anderen von der *Art der Zahlung* (Rente oder Kapital). Leistungen für *entgangene* und *entgehende Einnahmen* des Geschädigten sind gem. § 24 EStG zu versteuern, u. U. gem. § 34 EStG privilegiert. Dagegen sind Entschädigungsleistungen für *notwendige Aufwendungen* kein Einkommen und deswegen nicht steuerpflichtig. Schadenersatz wegen *Verdienstausfall* ist vom Geschädigten zu versteuern, und dieser Steuerschaden durch den Schädiger zu ersetzen, dagegen eine *Rente wegen vermehrter Bedürfnisse* und *Schmerzensgeldes* nicht (BFH 25.10.1994, NJW 1995, 1238; damit überholt ist BGH 23.5.1985, NJW 1985, 3011). Eine *Schadenersatzrente* zum Ausgleich eines *entgangenen Unterhalts* oder *entgangener Dienste* ist nicht zu versteuern (BFH 26.11.2008, NJW-Spezial 2009, 171; damit insoweit überholt ist BGH 10.4.1979, NJW 1979, 1501; s. a. BFH 26.11.2008, NJW 2009, 1229). Leistungen des Schädigers auf *Heilbehandlungskosten*, *vermehrte Bedürfnisse*, *Haushaltsführung* und *Bestattungskosten* als *Einmalbetrag* sind ebenfalls nicht steuerpflichtig. Verliert der Geschädigte unfallbedingt *Abschreibungsmöglichkeiten*, und hat er deswegen eine höhere Steuerlast, dann ist dieser Mehrbetrag durch den Schädiger zu ersetzen (BGH 20.3.1990, VersR 1990, 748). Eine *Steuerersparnis* auf Seiten des Geschädigten ist schadensmindernd zugunsten des Schädigers anzurechnen, soweit der Zweck der Steuervergünstigung dieser Entlastung nicht entgegensteht (BGH 6.2.2006, NJW 2006, 2042; BGH 28.9.1999, NJW 1999, 3711; BGH 30.5.1989, VersR 1989, 855; BGH 15.11.1994, NJW 1995, 389; BGH 14.1.1993, NJW 1993, 1643; BGH 24.9.1985, NJW 1986, 245; BGH 18.12.1969, NJW 1970, 461). Einen Steuerschaden muss der eine Erstattung begehrende Geschädigte *darlegen* und *beweisen* (BGH 6.2.2006, NJW 2006, 2042).

13. Vorteilsausgleichung. Gehen beim überlebenden Angehörigen mit dem Tod des Unfallopfers *finanzielle Vorteile* einher, dann sind diese durch den Überlebenden *auszugleichen*, wenn Vor- und Nachteil in einem so *engen Zusammenhang* stehen, dass die beiden Positionen verrechnet werden können, und eine Ausgleichung des dem überlebenden Angehörigen entstehenden Vorteils nach dem Sinn und Zweck des Schadenersatzes und unter Berücksichtigung von Treu und Glauben *zumutbar* ist (BGH 19.6.1984, NJW 1984, 2520). Vor diesem Hintergrund ist ein *Sterbegeld* aus der Sozialversicherung auf die *Beerdigungskosten* anzurechnen (BGH 25.2.1986, VersR 1986, 698). Auch ist der *Wegfall der gesetzlichen Unterhaltspflicht* für den getöteten Partner auf den *Unterhaltsschaden* des überlebenden Partners anzurechnen (BGH 6.12.1983, NJW 1984, 977). Auch *tatsächliche Einkünfte des Hinterbliebenen*, die aufgrund dessen erzielt werden können, weil der Hinterbliebene seine Arbeitskraft insoweit nicht mehr für den Getöteten (z. B. durch die Haushaltsführung für den Getöteten) einsetzen muss, sind auf den *Unterhaltsschaden* anzurechnen (BGH 1.12.2009, DAR 2010, 197; BGH 13.12.1966, VersR 1967, 259; OLG Hamm 16.10.2003, NZV 2004, 43). Deswegen ist eine Kürzung der Vergütung einer für den getöteten Partner, der den Haushalt geführt hat, eingestellten Ersatzkraft angezeigt. Ferner wird von der Vergütung der Ersatzkraft ein *Abzug für die Eigenversorgung* der Ersatzkraft vorgenommen, weil auch der getötete Partner, der allein den Haushalt geführt hat, sich selbst versorgt hat (*Hillmann/Schneider* § 10 Rn. 96 ff.). *Witwen-/Witwerrenten* aus der Sozialversicherung sind zu dem *Barunterhalts-* und dem *Betreuungsschaden* kongruent (vgl. BGH 1.12.2009, DAR 2010, 197) und deswegen anzurechnen (BGH 1.12. 1981, NJW 1982, 1045). Gleiches gilt für *Halbwaisenrenten* aus der gesetzlichen Rentenversicherung (BGH 8.3.1966, NJW 1966,

1319). Die *Wiederheirat* des Witwers oder der Witwe lässt den *Unterhaltsschadenersatzanspruch* nicht entfallen, mindert diesen aber in Höhe des durch die Wiederheirat entstandenen Anspruchs auf Ehegattenunterhalt, soweit und solange ein solcher besteht (BGH 17.10.1978, NJW 1979, 268). Bei Wiederheirat des überlebenden Alleinverdieners sind die von dem zweiten Ehegatten erbrachten *Betreuungsleistungen* auf den Unterhaltsschaden des Hinterbliebenen anzurechnen, so dass dieser vollständig entfallen kann (BGH 17.10. 1978, NJW 1979, 268), nicht aber auf den Betreuungsunterhaltsschaden des Kindes, für welchen weiter die Kosten einer Ersatzkraft maßgeblich sind (OLG Stuttgart 10.11.1992, VersR 1993, 1536). Solche Einkünfte des überlebenden Ehegatten sind auf den *Unterhaltsschaden* anzurechnen, die aus derselben Einkommensquelle herrühren wie die Einkünfte des Getöteten zuvor (z. B. Zinsen oder Mieteinnahmen aus dem Vermögen des Getöteten), sofern und soweit dies zumutbar ist (sog. *Quellen-Theorie*, BGH 19.3.1974, NJW 1974, 1236). *Zahlungen privater Versicherer* (Lebensversicherung, Unfallversicherung) werden dagegen nicht angerechnet (19.12.1978, BGH NJW 1979, 760), soweit sie ihrer Natur nach den Schädiger nicht entlasten sollen. Gleiches gilt für *betriebliche Versorgungsrenten* und *freiwillige Leistungen Dritter* (BGH 21.10.1969, VersR 1970, 41). Der *Wegfall der Unterhaltspflicht* der Eltern für das Kind (Wohnung und Verpflegung) ist auf den Ersatzanspruch wegen *entgangener Dienstleistungen* ebenso anzurechnen (BGH 11.7.1961, VersR 1961, 856) wie die Rente eines Sozialversicherungsträgers (BGH 25.10. 1977, NJW 1978, 159). Der *Arbeitgeber* muss sich Vorteile, die dem Arbeitnehmer aus dem Unfallereignis entstehen, wie z. B. *ersparte Fahrt-* und *Bekleidungskosten*, auf den auf ihn gem. § 6 EFZG übergegangenen Ersatzanspruch anrechnen lassen (BGH 22.1.1980, NJW 1980, 1787).

14. Rente und Kapital. Ansprüche des Geschädigten in *Rentenform* (z. B. Erwerbsschaden, Unterhaltsschaden, vermehrte Bedürfnisse) können bei Vorliegen eines *wichtigen Grundes* gemäß § 843 Abs. 3 BGB *in Kapital abzufinden* sein oder auf Grundlage einer *Vereinbarung* in Kapital abgefunden werden. Ein Anspruch des Schädigers auf Kapitalabfindung besteht dagegen nicht. Mit Kapitalbetrag ist der Betrag gemeint, der während der voraussichtlichen Laufzeit der Rente zusammen mit dem Zinsertrag ausreicht, die an sich geschuldeten Renten zu bezahlen (s. a. → *Unfallschadenabwicklung-Personenschaden* Nr. 16).

15. Mitverschulden des Getöteten. Ein Mitverschulden des Getöteten ist gem. § 846 BGB bei der Bezifferung der Unterhaltsansprüche dadurch zu berücksichtigen, dass die Ansprüche entsprechend dem Mithaftungsanteil des Getöteten gekürzt werden (BGH 16.9.1986, VersR 1987, 70). Der Hinterbliebene hat dabei allerdings ein *Quotenvorrecht* dergestalt, dass *Erwerbseinkünfte des Hinterbliebenen* und *Einkünfte aus dem ererbten Vermögen* des Getöteten nicht in voller Höhe auf den Unterhaltsanspruch des Überlebenden anzurechnen sind. Statt dessen sind die Vermögenseinkünfte vor anteiliger Reduzierung des Unterhaltsanspruchs nach dem Mitverschuldensanteil des Geschädigten im Wege der *Vorteilsausgleichung* vom Unterhaltsanspruch des Überlebenden abzuziehen (BGH 6.4.1976, NJW 1976, 1501; BGH 13.12.1966, VersR 1967, 259). Dadurch verbleibt dem Hinterbliebenen letztlich ein höherer Unterhaltsanspruch gegen den Schädiger.

Geiger

Ersatzbeschaffung → Unfallschadenabwicklung – Sachschaden Nr. 5 f., 44

Ersatzfahrzeug → Fahrtenbuchauflage Nr. 3 b)

Ersatzführerschein 1. Ist ein *Führerschein abhanden gekommen oder vernichtet* worden, ist der bisherige Inhaber *verpflichtet*, den Verlust unverzüglich bei der Fahrerlaubnisbehörde anzuzeigen und sich einen *Ersatzführerschein* ausstellen zu lassen, sofern er nicht auf die Fahrerlaubnis verzichtet (§ 25 Abs. 4 S. 1 FeV). Ein Verstoß gegen diese Pflicht ist ordnungswidrig (§ 75 Nr. 4 FeV). Auf Verlangen der Fahrerlaubnisbehörde hat der Antragsteller eine eidesstattliche Versicherung über den Verbleib des Führerscheins abzugeben (§ 5 S. 2 StVG). Wird der bisherige Führerschein nach Aushändigung des Ersatzführerscheins wieder aufgefunden, ist er unverzüglich der Fahrerlaubnisbehörde abzuliefern (§ 25 Abs. 5 S. 3 FeV).
2. Ist ein *Führerschein abhanden gekommen oder unbrauchbar* geworden, hat der Fahrerlaubnisinhaber einen *Rechtsanspruch auf Ausstellung eines Ersatzführerscheins*. Ist der bisherige Führerschein noch vorhanden, ist er einzuziehen oder – wenn er dem Fahrerlaubnisinhaber belassen werden soll – ungültig zu machen (§ 25 Abs. 5 S. 1 FeV); er verliert mit Aushändigung des neuen Führerscheins seine Gültigkeit (§ 25 Abs. 5 S. 2 FeV). *Ändert sich der Name* des Fah-

rerlaubnisinhabers, z. B. durch Eheschließung, besteht *keine Verpflichtung*, sich einen Ersatzführerschein mit dem aktuellen Namen ausstellen zu lassen.

3. Die *Ausstellung eines Ersatzführerscheins* ist mangels Regelung kein Verwaltungsakt, denn die Fahrerlaubnis wird dabei nicht neu erteilt. Ein Ersatzführerschein wird gemäß § 25 Abs. 1 S. 1 FeV als *Kartenführerschein* (Muster 1 der Anlage 8 FeV) ausgestellt, auch wenn der Fahrerlaubnisinhaber vorher einen Führerschein nach altem Muster (grauer oder rosa „Lappen") hatte. Seit dem 19.1.2013 wird der Ersatzführerschein wie alle Führerscheine nur noch auf 15 Jahre befristet ausgestellt (§ 24 a Abs. 1 S. 1 FeV). Voraussetzung für die Ausstellung des Ersatzführerscheins ist, dass der Betroffene noch Inhaber der Fahrerlaubnis ist. Die Fahrerlaubnisbehörde muss sich deswegen zunächst durch Einholung von Auskünften aus dem Zentralen Fahrerlaubnisregister und dem Fahreignungsregister (früher: Verkehrszentralregister) darüber vergewissern (§ 25 Abs. 4 S. 2 FeV). Sie kann außerdem Auskünfte aus entsprechenden ausländischen Registern einholen (§ 25 Abs. 4 S. 3 FeV). Die Ausstellung eines Ersatzführerscheins führt zur erstmaligen Aufnahme des Betroffenen in das Zentrale Fahrerlaubnisregister beim KBA, sofern er dort wegen Erwerbs der Fahrerlaubnis vor dem 1.1.1999 oder im Ausland noch nicht verzeichnet war (vgl. § 49 Abs. 1 Nr. 8 und 9 FeV). *Dauer*

Ersatzreifen → Reifen Nr. 3

Ersatzteilaufschläge → Unfallschadenabwicklung – Sachschaden Nr. 19

Erste Hilfe → Sofortmaßnahmen am Unfallort Nr. 2

Erste-Hilfe-Kasten 1. In *allen Kfz* mit einer bauartbestimmten Höchstgeschwindigkeit von mehr als 6 km/h ist *Erste-Hilfe-Material mitzuführen*; ausgenommen sind lediglich Krankenfahrstühle, Krafträder, Zug- oder Arbeitsmaschinen in land- oder forstwirtschaftlichen Betrieben und andere einachsige Zug- oder Arbeitsmaschinen (§ 35 h StVZO). Die Mitführpflicht gilt auch für Quads, sofern sie nicht als Zugmaschinen in land- oder forstwirtschaftlichen Betrieben eingesetzt werden. Im Ausland zugelassene Kfz müssen bei der vorübergehenden Teilnahme am Straßenverkehr in Deutschland kein Erste-Hilfe-Material mitführen. In *Kraftomnibussen* mit nicht mehr als 22 Fahrgastplätzen muss ein Verbandkasten, in anderen Kraftomnibussen sind zwei Verbandkästen mitzuführen, die an den dafür vorgesehenen, deutlich zu kennzeichnenden Stellen untergebracht sein müssen (§ 35 h Abs. 1 und 2 StVZO).

2. Das *Erste-Hilfe-Material* muss bestimmten Normvorschriften entsprechen. Nach § 35 h Abs. 4 StVZO darf allerdings auch Erste-Hilfe-Material mitgeführt werden, das nicht diesen Normen entspricht, aber mindestens denselben Zweck zur Erste-Hilfe-Leistung erfüllt. Das *Mindesthaltbarkeitsdatum* der einzelnen Materialien darf nicht überschritten sein (Hentschel/König/Dauer Straßenverkehrsrecht 43. Aufl. 2015 § 35 h StVZO Rdnr. 14). In *Kraftomnibussen* muss das Erste-Hilfe-Material in einem *Kasten* („Verbandkasten") verpackt mitgeführt werden. In allen anderen Kfz reicht die Verpackung in einem *Behältnis*, das den Inhalt ausreichend schützt (§ 35 h Abs. 1 S. 2 StVZO). Dies können auch andere Behältnisse als Verbandkästen wie z. B. Taschen oder Kissen sein. Fahrzeugführer sind verpflichtet, das mitzuführende Erste-Hilfe-Material zuständigen Personen auf Verlangen *vorzuzeigen* und zur Prüfung des vorschriftsmäßigen Zustands *auszuhändigen* (§ 31 b Nr. 2 StVZO); der Verstoß gegen diese Pflicht ist ordnungswidrig (§ 69 a Abs. 5 Nr. 4b StVZO). *Dauer*

Erstschädiger → Gestörte Gesamtschuld Nr. 2, → Haftung mehrerer Schädiger Nr. 2, → Kausalität

Erteilung der Fahrerlaubnis → Fahrerlaubniserwerb

Erwerbspflicht des Hinterbliebenen → Ersatzansprüche Dritter Nr. 5

Erwerbsschaden → Unfallschadenabwicklung – Personenschaden Nr. 5, 6

Erziehungsbedürfnis → Verkehrsunterricht Nr. 2

Erzwingungshaft → Vollstreckung von Geldbußen Nr. 6, → Zeugnisverweigerungsrecht Nr. 8 b)

ESO, Lichtschrankenmessgerät → Verkehrsmesstechnik Nr. 3

EU-Fahrerlaubnis → EU-Führerschein, → Fahrerlaubniserwerb Nr. 7

EU-Führerschein **1. Allgemeines.** In einer immer engeren Union der Völker Europas mit den Zielen der Schaffung eines Raums der Freiheit, der Sicherheit und des Rechts ohne Binnengrenzen und der Errichtung eines Binnenmarktes (vgl. Art. 1 Abs. 2 und Art. 3 Abs. 2 und 3 EUV) ist notwendigerweise auch die Anerkennung von in anderen Mitgliedstaaten erteilten Fahrerlaubnissen bei der Benutzung des gemeinsamen europäischen Verkehrsraums zu klären. Dies gilt umso mehr, als die Europäische Union nach den Art. 90 ff. AEUV eine gemeinsame Verkehrspolitik verfolgt und zu deren Durchführung gemäß Art. 91 AEUV zum Erlass von zweckdienlichen Maßnahmen berechtigt ist. Entsprechende Harmonisierungsbemühungen wurden auf europäischer Ebene schon früh ergriffen. Sie mündeten zunächst in die sog. Erste Führerscheinrichtlinie vom 4.12.1980 zur Einführung eines EG-Führerscheins (RL 80/1263/EWG). Kern der Richtlinie ist die Verpflichtung der Mitgliedstaaten, die einzelstaatlichen Führerscheine einheitlich nach dem EG-Modell gemäß den Vorgaben der Richtlinie auszustellen sowie die gegenseitige Anerkennung der Führerscheine. Des Weiteren wurden erste Harmonisierungsschritte hinsichtlich der in den Führerscheinen ausgewiesenen Fahrzeugklassen unternommen, Mindestanforderungen für die theoretische und praktische Führerscheinprüfung sowie an die körperliche und geistige Tauglichkeit aufgestellt und die Möglichkeit eines erleichterten Umtauschs von gültigen, mitgliedstaatlichen Führerscheinen bei der Verlegung des ordentlichen Wohnsitzes in einen anderen Mitgliedstaat eingeführt.
Einen Schritt weiter ging die sog. Zweite Führerscheinrichtlinie vom 29.7.1991 (RL 91/439/EWG), die im Wesentlichen die gegenseitige und unbefristete Anerkennung von Führerscheinen innerhalb der EU vorsieht. Dabei sind die Führerscheine auch bei der Verlegung des ordentlichen Wohnsitzes in einen anderen Mitgliedstaat anzuerkennen, so dass dadurch die Pflicht zur Umschreibung entfällt. Außerdem wurde die internationale Einteilung der Fahrzeugklassen A bis E mit der Möglichkeit von Unterklassen verbindlich eingeführt. Mit der Änderung der Richtlinie durch die Richtlinie 96/47/EG vom 23.7.1996 wurde den Mitgliedstaaten als Alternative zu dem Führerschein nach dem Papiermuster die Möglichkeit der Ausstellung eines europaweit einheitlichen Führerscheins im Scheckkartenformat eingeräumt.

Am 20.12.2006 wurde schließlich die Dritte Führerscheinrichtlinie (RL 2006/126/EG) verabschiedet, auf die noch näher einzugehen ist. Auf der Grundlage der Richtlinien lässt sich der EU-Führerschein zusammenfassend als ein von den Mitgliedstaaten der Europäischen Union nach einem einheitlichen, in den Richtlinien vorgegebenen Muster in Papierform oder in Scheckkartenformat zum Nachweis einer Fahrerlaubnis erteilter Führerschein charakterisieren, der zum Führen von Kraftfahrzeugen bestimmter, harmonisierter Fahrzeugklassen berechtigt, von den Mitgliedstaaten gegenseitig anerkannt wird und bei Verlegung des ordentlichen Wohnsitzes nicht umgetauscht werden muss, aber unter erleichterten Bedingungen in einen gleichwertigen Führerschein umgetauscht werden kann.
2. Der EU-Führerschein nach der FeV. Die Richtlinien der Europäischen Union bedürfen der Umsetzung, die hinsichtlich der Führerscheinrichtlinien in Deutschland im Wesentlichen durch die Verordnung über die Zulassung von Personen zum Straßenverkehr (Fahrerlaubnisverordnung – FeV, BGBl. I 1998 S. 2214) vollzogen wurde. Wie bei der Behandlung ausländischer Fahrerlaubnisse (vgl. dazu → *Ausländische Fahrerlaubnis* Nr. 1 ff. soll auch hier auf die Sonderbestimmungen für Inhaber von Fahrerlaubnissen aus einem Mitgliedstaat der Europäischen Union hinsichtlich der Anerkennung und der Umschreibung nach den §§ 28 ff. FeV eingegangen werden.
a) Anerkennung. Bezüglich der Anerkennung von Führerscheinen aus einem Mitgliedstaat der EU oder des EWR lassen die Führerscheinrichtlinien keinen bedeutenden Spielraum. Die Führerscheine sind gegenseitig anzuerkennen. Dementsprechend bestimmt § 29 Abs. 1 S. 1 FeV zunächst allgemein, dass Inhaber einer ausländischen Fahrerlaubnis im Umfang ihrer Berechtigung innerhalb Deutschlands Kraftfahrzeuge führen dürfen, wenn sie hier keinen ordentlichen Wohnsitz nach § 7 FeV begründet haben (vgl. dazu ausführlich die Ausführungen unter → *Ausländische Fahrerlaubnis* Nr. 2 ff.). Doch auch Inhaber einer gültigen EU- oder EWR-Fahrerlaubnis, die ihren ordentlichen Wohnsitz in Deutschland (begründet) haben, dürfen gemäß § 28 Abs. 1 S. 1 FeV (i.V.m. § 29 Abs. 1 S. 3 FeV) grundsätzlich im Umfang ihrer Berechtigung Kraftfahrzeuge im Inland führen. Der Umfang der Berechtigung ergibt sich dabei gemäß § 28 Abs. 2 S. 1 FeV aus der Entscheidung der EU-Kommission vom 20.3.2014 über Äquivalenzen zwischen

Führerscheinklassen (ABl. L 120 vom 23.4. 2014, S. 1). Sind dort keine entsprechende Äquivalenzen ausgewiesen, so wird die Fahrerlaubnis für die entsprechende Klasse in Deutschland gemäß § 28 Abs. 2 S. 2 FeV nicht anerkannt.

Die Führerscheinrichtlinien verpflichten die Mitgliedstaaten nicht zur Anerkennung von EU-Fahrerlaubnissen, die durch den Umtausch eines Führerscheins aus einem Drittstaat erlangt wurden. Eine entsprechende Ausnahme von der Anerkennungspflicht findet sich allerdings in §§ 28 f. FeV nicht, so dass auch diese EU-Fahrerlaubnisse in Deutschland anerkannt werden. Seinen Grund findet dies in der Tatsache, dass auch in diesen Fällen ein Mindestzeitraum der Verkehrsteilnahme in einem EU- bzw. EWR-Staat gewährleistet ist, da die betroffene Person mindestens 185 Tage in dem Ausstellungsmitgliedstaat gewohnt haben muss, um den Führerschein umtauschen zu können (vgl. Hentschel/König/*Dauer* Straßenverkehrsrecht § 28 FeV Rn. 4 und die ebenda in Rn. 1 abgedruckte BR-Drs. 443/98, S. 283).

Auflagen zur ausländischen Fahrerlaubnis sind nach § 28 Abs. 1 S. 2 FeV auch in Deutschland zu beachten. Ein Verstoß gegen diese Pflicht stellt gemäß § 75 Nr. 9 FeV i.V.m. § 24 Abs. 1 StVG eine Ordnungswidrigkeit dar. In § 28 Abs. 2-4 FeV finden sich zudem einige Einschränkungen hinsichtlich der Anerkennung von EU-Fahrerlaubnissen. Anders als bei sonstigen ausländischen Fahrerlaubnissen findet sich aber für EU-Fahrerlaubnisse in Deutschland keine Einschränkung der Anerkennung für die Fälle, in denen das Mindestalter im Ausstellerstaat niedriger als nach den deutschen Bestimmungen ist (Hentschel/König/*Dauer* Straßenverkehrsrecht § 28 FeV Rn. 15). Der Verordnungsgeber hat insoweit eine § 29 Abs. 3 S. 1 Nr. 1 a FeV entsprechende Beschränkung nicht auch in § 28 FeV aufgenommen. In § 28 Abs. 3 FeV wird die Geltung der Gültigkeitsdauer von Fahrerlaubnissen der Klassen C, C1, CE, C1E, D, D1, DE, D1E nach § 23 Abs. 1 FeV auch für die EU-Fahrerlaubnis angeordnet, wobei das Erteilungsdatum der ausländischen Fahrerlaubnis die Grundlage für die Berechnung der Gültigkeitsdauer bildet. Begründet der Inhaber der EU-Fahrerlaubnis allerdings seinen ordentlichen Wohnsitz in Deutschland und ist zu diesem Zeitpunkt die so berechnete Gültigkeitsdauer abgelaufen, besteht die Berechtigung noch für einen Übergangszeitraum von sechs Monaten. Die Erteilung der erforderlichen deutschen Fahrerlaubnis richtet sich sodann nach § 30 i.V. m. § 24 Abs. 1 FeV.

In § 28 Abs. 4 FeV sind schließlich Ausnahmen von der Pflicht zur Anerkennung von EU-Fahrerlaubnissen aufgeführt, die von Gesetzes wegen Geltung beanspruchen und somit kein weiteres behördliches oder gerichtliches Tätigwerden voraussetzen. Danach wird ein bloß vorläufig ausgestellter Führerschein oder ein Lernführerschein nicht anerkannt. Hat der Inhaber einer EU-Fahrerlaubnis zum Zeitpunkt der Erteilung seinen Wohnsitz in Deutschland und nicht im Ausstellerstaat, so ist eine der in den Richtlinien vorgegebenen wesentlichen Voraussetzungen zur Erteilung der Fahrerlaubnis nicht erfüllt. Dementsprechend werden auch nach der Fahrerlaubnisverordnung diese Fahrerlaubnisse nicht anerkannt, es sei denn, die betroffene Person hat die Fahrerlaubnis im Rahmen eines mindestens sechs Monate andauernden Schul- oder Studienaufenthalts erworben (vgl. § 7 Abs. 2 FeV). Allerdings muss sich die entsprechende Tatsache aus dem Führerschein selbst ergeben oder auf unbestreitbaren Informationen aus Ausstellerstaat herrühren (vgl. dazu EuGH 22.11.2011, C-590/10, NJW 2012, 2018 [2019, Rn. 30 ff.]; EuGH 26.6.2008, C-334/06; C-335/06; C-336/06, DAR 2008, 459 [462 f., insbes. Rn. 69] mit Anm. *Geiger* und *König*; dazu auch *Brenner* EuR 2010, 292; siehe zu Folgeproblemen *Krämer* ZfSch 2011, 301). Unter unbestreitbaren Informationen sind dabei Tatsachen oder Umstände zu verstehen, die keinen anderen Schluss zulassen, als dass der Führerscheininhaber seinen ordentlichen Wohnsitz nicht im Ausstellerstaat hatte (*Geiger* SVR 2009, 253 [253 f.]). Die bloße Begründung des ordentlichen Wohnsitzes in dem Ausstellerstaat für mindestens 185 Tage (vgl. § 7 Abs. 1 FeV) genügt, während dieser bei der Ausstellung des EU-Führerscheins nicht schon 185 Tage bestanden haben muss (vgl. Hentschel/König/*Dauer* Straßenverkehrsrecht § 28 FeV Rn. 5; BayObLG 25.2. 2000, 1 St 273/99, NZV 2000, 261 [262]; vgl. zum Wohnsitzerfordernis auch die Ausführungen unter → *Führerscheintourismus* Nr. 2 f.).

Die mit dem neugefassten § 28 Abs. 4 S. 1 Nr. 2 FeV vorgenommene Umsetzung der oben ausgeführten Entscheidung des EuGH im Rahmen der Dritten Verordnung zur Änderung der Fahrerlaubnisverordnung vom 7.1. 2009 (BGBl. I S. 29) geht allerdings über die europarechtlichen Vorgaben hinaus. Denn die Vorschrift führt zu einer generellen Ausnahme von der Anerkennungspflicht, wenn das

Wohnsitzerfordernis nicht erfüllt ist. Dagegen hat der EuGH diese Ausnahme nur für die Fälle zugelassen, in denen auf den betroffenen Inhaber der EU-Fahrerlaubnis im Aufnahmemitgliedstaat eine Maßnahme des Entzugs einer früheren Fahrerlaubnis angewendet worden ist (EuGH 26.6.2008, C-334/06; C-335/06; C-336/06, DAR 2008, 459 [463, Rn. 68 f.] mit Anm. *Geiger* und *König*). Unter Berücksichtigung der ständigen Rechtsprechung des EuGH, wonach die Ausnahmen vom Grundsatz der gegenseitigen Anerkennung eng auszulegen sind (EuGH 26.6.2008, C-334/06; C-335/06; C-336/06, DAR 2008, 459 [462, Rn. 57 m. w. N.] mit Anm. *Geiger* und *König*), könnte an eine teleologisch reduzierte Auslegung des § 28 Abs. 4 S. 1 Nr. 2 FeV in dem Sinne gedacht werden, dass die Anerkennung bei sich aus dem Führerschein oder aus unbestreitbaren Informationen vom Ausstellerstaat ergebender Verletzung des Wohnsitzerfordernisses nur dann nicht gilt, wenn gegen den Betroffenen im Aufnahmemitgliedstaat zuvor eine Maßnahme der Entziehung, Beschränkung oder Aussetzung verhängt wurde. Einem solchen Verständnis hat der EuGH aber eine Absage erteilt (EuGH 19.5.2011, C-184/10, NJW 2011, 3635 [LS, 3636 f.]). Ein Mitgliedstaat kann daher die Anerkennung eines EU-Führerscheins allein wegen Verletzung des Wohnsitzprinzips ablehnen, ohne dass auf den Inhaber zuvor im Inland eine der genannten Maßnahmen angewandt worden sein muss. Die Überprüfung der Einhaltung des Wohnsitzerfordernisses fällt ansonsten weiterhin allein in die Zuständigkeit des Ausstellungsmitgliedstaates. Diese enge Auslegung wird durch Art. 11 Abs. 4 UAbs. 2 RL 2006/126/EG noch ausdrücklich unterstrichen, wonach ein Mitgliedstaat die Anerkennung der Gültigkeit eines Führerscheins nur dann ablehnen kann, wenn dieser von einem anderen Mitgliedstaat einer Person ausgestellt wurde, deren Führerschein im Hoheitsgebiet des erstgenannten Mitgliedstaates eingeschränkt, ausgesetzt oder entzogen worden ist. (vgl. zum Ganzen *Pießkalla* NZV 2009, 479, der auf die europarechtlich gebotene Verpflichtung des Verordnungsgebers hinweist, die Regelung des § 28 Abs. 4 S. 1 Nr. 2 FeV entsprechend anzupassen [S. 482]; an der Europarechtskonformität zweifelnd VGH München 26.2.2009, 11 C 09.296, Rn. 29 ff. – zitiert nach juris; a.A. OVG Rheinland-Pfalz 23.1.2009, 10 B 11145/08, SVR 2009, 396 [LS 2, 397] m. Anm. *Geiger*; die für die a.A. bemühte Entscheidung BVerwG 11.12.2008, 3 C 26/07, NJW 2009, 1689 [1691] vermag die Gegenauffassung nicht zu stützen).

Eine Fahrerlaubnis wird nach § 28 Abs. 4 S. 1 Nr. 3 und 4 FeV auch dann nicht anerkannt, wenn dessen Inhaber die Fahrerlaubnis in Deutschland vorläufig oder rechtskräftig von einem Gericht oder sofort vollziehbar oder bestandskräftig von einer Verwaltungsbehörde entzogen, die Fahrerlaubnis bestandskräftig versagt worden ist, sie nur deshalb nicht entzogen wurde, weil er zwischenzeitlich auf sie verzichtet hat oder wenn dem Inhaber aufgrund einer rechtskräftigen gerichtlichen Entscheidung keine Fahrerlaubnis erteilt werden darf. Diese Ausnahme greift nach § 28 Abs. 4 S. 3 FeV allerdings nur dann, wenn diese Maßnahmen im Fahreignungsregister eingetragen und nicht nach § 29 StVG getilgt sind. Dabei ist zudem zu berücksichtigen, dass diese Einschränkung nur für die Fälle gilt, in denen zum Zeitpunkt der Neuerteilung einer EU-Fahrerlaubnis eine in Deutschland verhängte Sperrfrist nach § 69 a StGB noch nicht abgelaufen war (vgl. dazu und zum Folgenden EuGH 26.6.2008, C-334/06; C-335/06; C-336/06, DAR 2008, 459 [462, insbes. Rn. 55 f., 61 ff.] mit Anm. *Geiger* und *König*; Hentschel/König/*Dauer* Straßenverkehrsrecht § 28 FeV Rn. 7 ff. m.w.N.). Die Fahrerlaubnis muss auch nach Ablauf der Sperrfrist nicht anerkannt werden. Wurde die Fahrerlaubnis dagegen erst nach Ablauf der Sperrfrist erteilt oder war überhaupt keine Sperrfrist angeordnet, so ist sie uneingeschränkt anzuerkennen. So kann die Anerkennung insbesondere deswegen nicht verweigert werden, weil dem Betroffenen im Aufnahmestaat zuvor die Fahrerlaubnis entzogen wurde und die für die Erteilung einer neuen Fahrerlaubnis in diesem Staat erforderliche Fahreignungsprüfung nicht erfolgt ist. Der Aufnahmestaat kann seine innerstaatlichen Vorschriften in derartigen Fällen vielmehr erst auf ein Verhalten des Betroffenen nach Erwerb der neuen Fahrerlaubnis anwenden. Dies geht so weit, dass die Mitgliedstaaten sogar EU-Führerscheine anzuerkennen haben, obwohl nach deren Ausstellung ein negatives Fahreignungsgutachten erstellt wurde, das sich aber ausschließlich auf vor diesem Datum liegende Tatsachen bezieht (EuGH 2.12.2010, C-334/09, NJW 2011, 587 [LS, 590] mit Anm. *Dauer*; der EuGH betont in dieser Entscheidung aber das Recht der Mitgliedstaaten, die Anerkennung eines EU-Führerscheins abzulehnen, wenn sich das Fahreignungsgutachten auch auf Umstände bezieht, die nach der Ausstellung des Führerscheins liegen). Schließlich hat der EuGH in Fortführung seiner Rechtsprechung entschieden, dass ein Mitgliedstaat die Anerkennung eines von einem anderen Mitgliedstaat ausgestellten Führerscheins auch dann ablehnen kann, wenn erstens dem Inhaber des entsprechenden Führerscheins eine Fahrerlaubnis in einer bestimmten Klasse unter Missachtung der den ordentlichen Wohnsitz betreffenden Voraussetzung und zu einem Zeitpunkt ausgestellt wurde, nachdem sein von dem erstgenannten Mitgliedstaat ausgestellter Führerschein in diesem Mitgliedstaat bereits in polizeiliche Verwahrung genommen, aber noch nicht gerichtlich entzogen wurde, und wenn zweitens dem Inhaber des Führerscheins eine Fahrerlaubnis für Fahrzeuge in einer anderen Klasse nach der gerichtlichen Entziehung und nach Ablauf der Sperrfrist für die Erteilung einer neuen Fahrerlaubnis erteilt wurde (EuGH 13.10.2011, C-224/10, NJW 2012, 369 [370, Rn. 26 ff.]).

Ob bei Vorliegen von objektiven Anhaltspunkten für einen rechtsmissbräuchlichen Erwerb der Fahrerlaubnis die Anerkennung weiterhin versagt werden kann, wurde vom EuGH noch nicht abschließend entschieden. Schließlich ist zu berücksichtigen, dass es sich bei dem EU-Führerschein um den Nachweis für eine neu erteilte Fahrerlaubnis handeln muss und nicht lediglich eine bereits vor dem im Inland erfolgten Entzug in einem anderen Mitgliedstaat bestehende Fahrerlaubnis nach Art eines Ersatzführerscheins neu ausgewiesen werden darf (BVerwG 29.1.2009, 3 C 31/07, NJW 2009, 1687 [1688 f.]). Ob und inwieweit sich an dieser bisher bestehenden Rechtslage durch das teilweise Inkrafttreten der Dritten Führerscheinrichtlinie für EU-Führerscheine, die nach dem 19.1.2009 ausgestellt wurden, etwas geändert hat, wird durch den EuGH noch zu klären sein (im Verfahren auf Erlass einer einstweiligen Anordnung noch offen gelassen VG Braunschweig 22.1.2010, 6 B 284/09, BeckRS 2010 46262 m.w.N.; für die nunmehr uneingeschränkte Anwendung der Ausnahme vom Anerkennungsgrundsatz OVG Münster 20.1. 2010, 16 B 814/09, SVR 2010, 150 [151] mit Anm. *Geiger*; OVG Münster 31.10.2011, 16 B 948/11, Rn. 5 ff. – zitiert nach juris; OVG Berlin-Brandenburg 22.9.2011, OVG 1 S 10.11, Rn. 4 ff. m.w.N. – zitiert nach juris; vgl. dazu die Ausführungen unter → Nr. 3; vgl. zum Ganzen ausführlich die Ausführungen unter → *Führerscheintourismus*).

Nach § 28 Abs. 4 S. 1 Nr. 5 FeV gilt die Anerkennungsverpflichtung auch dann nicht, wenn der Inhaber in Deutschland, dem Ausstellerstaat oder in dem Staat, in dem er seinen ordentlichen Wohnsitz hat, einem Fahrverbot unterliegt oder der Führerschein gemäß § 94 StPO beschlagnahmt, sichergestellt oder in Verwahrung genommen wurde (vgl. zu den Ausnahmen von der Anerkennungspflicht auch die entsprechenden Ausführungen unter → *Ausländische Fahrerlaubnis* Nr. 2 ff.). Neu hinzugekommen sind im Zusammenhang mit den vielfältigen Erscheinungsformen des Führerscheintourismus und der sonstigen Missbrauchsmöglichkeiten zur Erlangung einer Fahrerlaubnis schließlich die Ausnahmetatbestände in § 28 Abs. 4 S. 1 Nr. 6-9 FeV. War der Betroffene zum Zeitpunkt des Erwerbs der EU-Fahrerlaubnis bereits Inhaber einer deutschen Fahrerlaubnis oder hat er die Fahrerlaubnis durch prüfungsfreien Umtausch einer ausländischen Fahrerlaubnis aus einem nicht in Anlage 11 FeV aufgeführten Drittstaat oder auf der Grundlage eines gefälschten Führerscheins aus einem Drittstaat erlangt, so wird dieser nicht anerkannt. Dies gilt auch in den Fällen, in denen der Betroffene zum Zeitpunkt der Erteilung einer Fahrerlaubnis eines Drittstaates, die in eine ausländische EU-Fahrerlaubnis umgetauscht worden ist, oder zum Zeitpunkt der Erteilung der EU-Fahrerlaubnis auf Grund einer Fahrerlaubnis eines Drittstaates einen Wohnsitz im Inland hatte, sofern er nicht die ausländische Fahrerlaubnis als Studierender oder Schüler im Sinne des § 7 Absatz 2 FeV in eine ausländische EU-Fahrerlaubnis während eines mindestens sechsmonatigen Aufenthalts umgetauscht hat. § 28 Abs. 4 S. 1 Nr. 4 FeV erfasst schließlich noch den Sondertatbestand, wonach die Berechtigung zum Führen von Kraftfahrzeugen nicht für Inhaber einer Fahrerlaubnis gilt, die den Vorbesitz einer anderen Klasse voraussetzt, wenn die Fahrerlaubnis dieser Klasse nach § 28 Abs. 4 S. 1 Nr. 1–8 FeV im Inland nicht zum Führen von Kraftfahrzeugen berechtigt.

In allen Fällen des § 28 Abs. 4 Satz 1 FeV kann die Fahrerlaubnisbehörde gemäß § 28 Abs. 4 S. 2 FeV einen feststellenden Verwaltungsakt über die fehlende Berechtigung erlassen. Diese Vorgehensweise findet ihren Grund darin, dass eine förmliche Entziehungsverfügung bei einer im Ausland erteilten Fahrerlaubnis wegen des Territorialitätsprinzips allein auf das Inland beschränkt ist und eine verbindliche Feststellung schon aus Gründen der Rechtssicherheit und

Transparenz geboten erscheint (VGH Mannheim 9.9.2008, 10 S 994/07, DAR 2008, 660 [661]; vgl. auch die Regelung in § 3 Abs. 1 S. 2 StVG i.V. m. § 46 Abs. 5 FeV, wonach die Entziehung bei einer ausländischen Fahrerlaubnis allein die Wirkung einer Aberkennung des Rechts hat, von der Fahrerlaubnis im Inland Gebrauch zu machen). Den Fahrerlaubnisbehörden wurde mit dieser Regelung eine Rechtsgrundlage für den Erlass eines feststellenden Verwaltungsaktes gegeben, für die ihnen seitens der Rechtsprechung bereits zuvor eine entsprechende Befugnis zugesprochen wurde (vgl. dazu und zum Folgenden *Geiger* SVR 2009, 253). Das mit dieser Vorschrift verfolgte Ziel, den Rechtsschein des Besitzes einer gültigen Fahrerlaubnis zu beseitigen, wurde allerdings zunächst nicht erreicht, da es an einer Regelung hinsichtlich der Eintragung der Unwirksamkeitsfeststellung in den Führerschein fehlte. Um diesen Mangel zu beseitigen, sollte das in § 3 Abs. 2 S. 3 StVG i.V. m. § 47 Abs. 2 FeV a.F. geregelte Verfahren analog angewendet werden (so etwa VG Braunschweig 22.1.2010, 6 B 284/09, BeckRS 2010 46262; Hentschel/*Dauer* Straßenverkehrsrecht 40. Aufl. § 28 FeV Rn. 12). Allerdings bestanden große Bedenken dahingehend, ob die Voraussetzungen für eine Analogie mit Blick auf das Bestehen einer planwidrigen Regelungslücke erfüllt waren. Der Verordnungsgeber hat reagiert und in § 47 Abs. 2 FeV in der seit dem 1.1.2011 geltenden Fassung mit der Ergänzung „oder der Feststellung der fehlenden Fahrberechtigung" in den Sätzen 1, 2 und 5 eine klarstellende Regelung getroffen.
Bestehen die Gründe für die Entziehung oder Sperre nicht mehr, so wird nach § 28 Abs. 5 S. 1 FeV auf Antrag die Berechtigung zum Führen von Kraftfahrzeugen in Deutschland erteilt. Allerdings finden dabei gemäß § 28 Abs. 5 S. 2 FeV i.V. m. § 20 Abs. 1 und 3 FeV die Vorschriften für die Ersterteilung Anwendung und die Neuerteilung kann von einer medizinisch-psychologischen Untersuchung abhängig gemacht werden. Bei der Anwendung dieser Bestimmung sind aber die oben ausgeführten, europarechtlich gebotenen Einschränkungen zu beachten (vgl. EuGH 26.6. 2008, C-334/06; C-335/06; C-336/06, DAR 2008, 459 [461, insbes. Rn. 48 und 462, Rn. 58 f.] mit Anm. *Geiger* und *König*), so dass diese Vorschrift letztlich nur dann Geltung beansprucht, wenn es sich um eine EU-Fahrerlaubnis handelt, die während des Bestehens einer Sperrfrist erteilt wurde.

b) Umschreibung. Da die EU-Fahrerlaubnis im Umfang ihrer Berechtigung unbefristet anzuerkennen ist und auch anerkannt wird, ist – anders als bei sonstigen ausländischen Fahrerlaubnissen (vgl. dazu → *Ausländische Fahrerlaubnis*) – eine Umschreibung bei Begründung eines ordentlichen Wohnsitzes in Deutschland nicht zwingend erforderlich. Gleichwohl besteht die Möglichkeit, die Erteilung einer Fahrerlaubnis für die entsprechende Klasse von Kraftfahrzeugen zu beantragen, was insbesondere dann notwendig ist, wenn die Geltungsdauer der EU- bzw. EWR-Fahrerlaubnis abgelaufen ist. Sofern der EU-Führerschein eine nicht harmonisierte Fahrerlaubnisklasse ausweist, erfolgt die erleichterte Umschreibung nur insoweit, als diese einer deutschen Fahrerlaubnisklasse entspricht (Hentschel/König/ *Dauer* Straßenverkehrsrecht § 30 FeV Rn. 8). Die weiteren Voraussetzungen für die Umschreibung sind in § 30 FeV niedergelegt. Danach richtet sich die Erteilung einer Fahrerlaubnis grundsätzlich nach den entsprechenden Bestimmungen in den §§ 7 ff. FeV, doch sind die Vorschriften aus § 11 Abs. 9 FeV über die ärztliche Untersuchung, § 12 Abs. 6 FeV über die Untersuchung des Sehvermögens, sofern nicht in entsprechender Anwendung der §§ 23 f. FeV eine Untersuchung erforderlich ist, § 12 Abs. 2 FeV über den Sehtest, § 15 FeV über die Befähigungsprüfung, § 19 FeV über die Unterweisung in lebensrettenden Sofortmaßnahmen und die Ausbildung in Erster Hilfe sowie die Vorschriften über die Ausbildung nicht anzuwenden. Entsprechend der Bestimmung in § 17 Abs. 6 FeV ist die Fahrerlaubnis auf das Führen von Kraftfahrzeugen ohne Kupplungspedal bzw. – bei den Klassen A, A1 oder A2 – ohne Schalthebel zu beschränken, wenn die ausländische Fahrerlaubnis eine solche Beschränkung aufweist und wenn der Fahrerlaubnisinhaber einem Sachverständigen nicht nachweist, dass er zur sicheren Führung eines mit einem Schaltgetriebe ausgestatteten Fahrzeugs der betreffenden oder einer entsprechenden höheren Klasse befähigt ist.
Aus der Regelung in § 30 Abs. 1 FeV wird bereits ersichtlich, dass das deutsche Fahrerlaubnisrecht keinen völlig ungeprüften Umtausch eines Führerscheins kennt (vgl. dazu und zum Folgenden OVG Koblenz 16.6.2009, 10 B 10412/09, NJOZ 2009, 3464 [3466]). Zwar hat die Fahrerlaubnisbehörde von den beschriebenen Nachweisen und Prüfungen abzusehen, doch bleiben die weitergehenden Vorschriften über die Prüfung der Fahreignung an-

wendbar und sind von der Behörde bei gegebenem Anlass heranzuziehen. So muss die EU-/EWR-Fahrerlaubnis gültig sein und in Deutschland gemäß §§ 28 f. FeV zum Führen von Kraftfahrzeugen berechtigen oder berechtigt haben. Aufgrund dieses Verfahrens kommt dem Akt der Erteilung der Fahrerlaubnis auch konstitutive Wirkung zu, weswegen eine deutsche Fahrerlaubnis auch dann wirksam bleibt, wenn sich herausstellt, dass die umgeschriebene EU-Fahrerlaubnis ungültig war. Die ausstellende deutsche Fahrerlaubnisbehörde muss die Fahrerlaubnis vielmehr per Verwaltungsakt zurücknehmen.

Diese Voraussetzungen für die Erteilung der Fahrerlaubnis gelten auch dann, wenn die Gültigkeitsdauer einer EU-Fahrerlaubnis der Klassen AM, A1, A2, A, B, BE oder B1 oder einer Unterklasse dieser Klassen vor oder nach Begründung des ordentlichen Wohnsitzes in Deutschland abgelaufen ist. Bei Fahrerlaubnissen der Klasse C oder D oder einer Unter- oder Anhängerklasse findet dagegen § 24 Abs. 2 FeV entsprechende Anwendung, so dass die entsprechenden Fahrerlaubnisse – wie bei Inhabern einer deutschen Fahrerlaubnis dieser Klassen – nur um fünf Jahre, ausgehend von dem Tag, an dem die Fahrerlaubnisbehörde den Auftrag zur Herstellung des Führerscheins erteilt hat, verlängert werden können, der Fahrerlaubnisinhaber seine Eignung nach Maßgabe der Anlage 5 der FeV sowie die Erfüllung der Anforderungen an das Sehvermögen nach Anlage 6 der FeV nachweisen muss und keine Tatsachen vorliegen dürfen, die die Annahme rechtfertigen, dass eine der sonstigen, aus den §§ 7-19 FeV ersichtlichen Voraussetzungen für die Fahrerlaubnis fehlt. Die Verlängerung bzw. die damit verbundene Erteilung einer deutschen Fahrerlaubnis setzt allerdings immer eine wirksam erworbene bzw. von einem EU- oder EWR-Staat erteilte ausländische Fahrerlaubnis voraus (vgl. dazu und zum Folgenden OVG Koblenz 16.6.2009, 10 B 10412/09, NJOZ 2009, 3464 [3465 ff.]). Dabei ist aber der Besitz eines EU-Führerscheins als Nachweis dafür anzusehen, dass dessen Inhaber am Ausstellungstag die unionsrechtlichen Mindestanforderungen erfüllt hat (so auch EuGH 26.6.2008, C-334/06; C-335/06; C-336/06, DAR 2008, 459 [461, Rn. 50] mit Anm. *Geiger* und *König*). Aufgrund der Verpflichtung zur gegenseitigen Anerkennung kann daher bei der Verlängerung gemäß §§ 30 Abs. 2, 24 FeV nicht mehr an Umstände angeknüpft werden, die vor der Erteilung der Fahrerlaubnis im Inland aufgetreten sind. Ergeben aber Ermittlungen der Behörde bei der Ausstellungsbehörde, dass die EU-Fahrerlaubnis nicht wirksam erteilt wurde, etwa weil nur ein ungültiger deutscher Führerschein umgetauscht wurde, so fehlt es an einem tauglichen Verlängerungsgegenstand und die EU-Fahrerlaubnis muss nicht anerkannt werden. Wurden derartige Ermittlungen seitens der Behörde durch bestimmte Tatsachen veranlasst, kann sie dem Fahrerlaubnisinhaber für die Dauer der Ermittlungen einen vorläufigen Nachweis der Fahrberechtigung gemäß § 22 Abs. 4 S. 7 FeV ausstellen. Zu diesem Schritt ist die Behörde unter Umständen sogar verpflichtet, etwa wenn der Inhaber auf die Fahrerlaubnis zur Sicherung seiner Existenz angewiesen ist.

Nach der Umschreibung wird der inländische EU-Führerschein nur gegen Abgabe des ausländischen EU-Führerscheins ausgehändigt. § 30 Abs. 3 S. 2 FeV bestimmt zudem, dass auch sämtliche weiteren Führerscheine (z. B. Ersatzführerscheine) abzuliefern sind, soweit sie sich auf die EU- oder EWR-Fahrerlaubnis beziehen, die Grundlage der Erteilung der entsprechenden deutschen Fahrerlaubnis ist. Ein Verstoß gegen diese Verpflichtung stellt gemäß § 75 Nr. 10 FeV i. V. m. § 24 Abs. 1 StVG eine Ordnungswidrigkeit dar. Die so erlangten Führerscheine sind sodann von der Fahrerlaubnisbehörde unter Angabe der Gründe über das Kraftfahrt-Bundesamt an die Ausstellerbehörde zurückzusenden. Wie üblich, ist schließlich das Erteilungsdatum auf dem Führerschein zu vermerken (§ 30 Abs. 4 FeV). Diese Vorgaben gelten nach § 30 Abs. 5 FeV für entsandte Mitglieder fremder diplomatischer Missionen und berufskonsularischer Vertretungen sowie die zu ihrem Haushalt gehörenden Familienmitglieder nicht.

3. Dritte Führerscheinrichtlinie. Mit der Dritten Führerscheinrichtlinie reagierten das Europäische Parlament und der Rat vor allem auf die durch die Zweite Führerscheinrichtlinie eröffnete Möglichkeit zum Missbrauch, der sich in einem extensiven Führerscheintourismus unter Umgehung nationaler Vorschriften bzw. Voraussetzungen für die Neuerteilung eines Führerscheins äußerte (vgl. ausführlich dazu die Ausführungen unter → *Führerscheintourismus Nr. 1 ff.*). Die Verpflichtung der Mitgliedstaaten zur uneingeschränkten gegenseitigen Anerkennung der Führerscheine bleibt dabei im Grundsatz weiter bestehen, doch müssen die Mitgliedstaaten nach Art. 11 Abs. 4 UAbs. 2 RL 2006/126/EG die Anerkennung der Gültigkeit eines Führerscheins ablehnen, der von einem anderen Mitgliedstaat einer Person ausgestellt wurde, deren Führerschein im Hoheitsgebiet des erstgenannten Mitgliedstaates eingeschränkt, ausgesetzt oder entzogen worden ist. Die Mitgliedstaaten haben zudem bei der Ausstellung von Führerscheinen erhöhte Sorgfaltsanforderungen zu beachten. So ist nach Art. 7 Abs. 5 RL 2006/126/EG darauf zu achten, dass jeder Person nur ein Führerschein ausgestellt wird, und gemäß Art. 11 Abs. 4 UAbs. 1 und 3 RL 2006/126/EG darf einer Person kein Führerschein ausgestellt werden, wenn deren Führerschein in einem anderen Mitgliedstaat eingeschränkt, ausgesetzt, aufgehoben oder entzogen wurde.

Die Regelung des Art. 11 Abs. 4 UAbs. 1 RL 2006/126/EG führt allerdings zu der Konsequenz, dass einem von einem Führerscheinentzug Betroffenen nach der Verlegung seines ordentlichen Wohnsitzes überhaupt keine neue Fahrerlaubnis erteilt werden könnte. Zur Erlangung der Fahrerlaubnis müsste er vielmehr seinen ordentlichen Wohnsitz wieder in den Staat verlegen, der ihm dieselbe entzogen hat (*Geiger* DAR 2007, 126 [127 f.]). Um diese Folge zu vermeiden, muss die Bestimmung teleologisch reduziert werden, so dass eine Neuerteilung etwa nur während einer Sperrfrist abgelehnt werden kann bzw. die Erteilung sich nach dem Verfahren der Ersterteilung richten muss, wodurch zumindest die Erfüllung der Mindestanforderungen der Richtlinie sichergestellt wird. Anderenfalls verstößt die Bestimmung selbst gegen die in Art. 49 ff. AEUV primärrechtlich niedergelegte Niederlassungsfreiheit. Mit Blick auf Art. 11 Abs. 4 UAbs. 2 RL 2006/126/EG bietet sich dann ein entsprechend der Regelung in §§ 28 Abs. 5, 29 Abs. 4 FeV vergleichbares Verfahren an, in dem der jeweilige Mitgliedstaat auf Antrag das Recht erteilt, von einer EU-/EWR-Fahrerlaubnis im Inland Gebrauch zu machen, wenn die Gründe für die Entziehung oder Sperre nicht mehr bestehen (vgl. in anderem Zusammenhang ablehnend OVG Münster 20.1.2010, 16 B 814/09, SVR 2010, 150 [151 f.] mit Anm. *Geiger*).

Zur Erleichterung der Durchführung der Richtlinie soll zudem nach Art. 15 S. 2 RL 2006/126/EG ein EU-Führerscheinnetz eingerichtet werden, in dem die Mitgliedstaaten Informationen über die von ihnen ausgestellten, umgetauschten, ersetzten, erneuerten oder entzogenen Führerscheine austauschen können. Die Maßnahmen gegen den Führerscheintourismus nach Art. 11 Abs. 4 RL 2006/126/EG gelten nach Art. 18 Abs. 2 RL 2006/126/EG bereits seit dem 19.1.2009 (in Deutschland durch die Dritte Verordnung zur Änderung der Fahrerlaubnisverordnung vom 7.1.2009 (BGBl. I S. 29) umgesetzt). Zu beachten ist aber, dass die Regelungen der Dritten Führerscheinrichtlinie lediglich auf die Führerscheine anzuwenden sind, die nach dem Beginn ihrer Anwendung ausgestellt wurden (vgl. Erwägung 5 RL 2006/126/EG; Hentschel/König/*Dauer* Straßenverkehrsrecht Vorbem FeV Rn. 4).

Im Rahmen der Dritten Führerscheinrichtlinie wurden aber auch andere weitreichende Änderungen hinsichtlich des Führerscheinwesens in der Europäischen Union eingeführt. So müssen bis zum 19.1.2033 alle ausgestellten oder im Umlauf befindlichen Führerscheine dem EG-Führerscheinmuster entsprechen, also insbesondere im Scheckkartenformat ausgestellt werden. Die Mitgliedstaaten dürfen zudem auf dem Führerschein einen – bestimmte Voraussetzungen erfüllenden – Mikrochip anbringen, der der Speicherung der harmonisierten Führerscheinangaben dient, aber auch zusätzliche Angaben enthalten darf, sofern die Kommission zuvor konsultiert wurde und die Angaben nicht zur Beeinträchtigung der Durchführung der Richtlinie führen.

Die schon in den zwei vorhergehenden Führerscheinrichtlinien harmonisierten Fahrzeugklassen werden in Art. 4 RL 2006/126/EG weiter ausdifferenziert. Die Ausstellung ist dabei von einem für die einzelnen Klassen angegebenen Mindestalter abhängig, das für einzelne Klassen durch die Mitgliedstaaten gemäß den Vorgaben des Art. 4 Abs. 6 RL 2006/126/EG variiert werden kann. Wurde allerdings ein Führerschein einem Fahrzeugführer ausgestellt, dessen Alter unter dem in Art. 4 Abs. 2-4 RL 2006/126/EG angegebenen Mindestalter liegt, sind die Mitgliedstaaten zur Anerkennung der Gültigkeit dieses Führerscheins nach Art. 4 Abs. 6 UAbs. 4 RL 2006/126/EG nicht verpflichtet.

Eine wesentliche Neuerung enthält Art. 7 Abs. 2 RL 2006/126/EG, umgesetzt in § 23 und § 24 a FeV, wonach nunmehr die Gültigkeitsdauer aller Führerscheine ab dem 19.1.2013 je nach Fahrzeugklasse auf fünf Jahre (Klassen C, CE, C1, C1E, D, DE, D1, D1E) bzw. zehn bis fünfzehn Jahre (Klassen AM, A1, A2, A, B, B1, BE) zu beschränken ist (vgl. aus verfassungsrechtlicher Sicht dazu *Brenner* NZV 2009, 374). Die Erneuerung von Führerscheinen, die fünf Jahre gültig sind, ist nach Art. 7 Abs. 3 RL 2006/126/EG – neben dem Vorhandensein eines ordentlichen Wohnsitzes im Hoheitsgebiet des ausstellenden Mitgliedstaates bzw. vom Nachweis eines mindestens sechs Monate dauernden Studienaufenthaltes in diesem Staat – von der anhaltenden Erfüllung der Mindestanforderungen an die körperliche und geistige Tauglichkeit für das Führen von Fahrzeugen der betroffenen Fahrzeugklassen abhängig. Hinsichtlich der Erneuerung der anderen Führerscheine steht die Anknüpfung an eine Prüfung der Mindestanforderungen an die körperliche und geistige Tauglichkeit dagegen im Ermessen der Mitgliedstaaten. Die Möglichkeit zu weiteren Beschränkungen der Gültigkeitsdauer von Führerscheinen wird den Mitgliedstaaten in Art. 7 Abs. 3 UAbs. 3-6 RL 2006/126/EG eingeräumt. Danach sind Begrenzungen bei Führerscheinen für Fahranfänger, in Einzelfällen bei Erforderlichkeit häufigerer ärztlicher Kontrollen oder sonstiger besonderer Maßnahmen wie Beschränkungen nach Verkehrsverstößen und – zur Durchführung häufigerer ärztlicher Kontrollen oder sonstiger besonderer Maßnahmen wie Auffrischungskurse – von Führerscheininhabern, die ihren Wohnsitz in dem entsprechenden Mitgliedstaat und das Alter von 50 Jahren erreicht haben, möglich. Von dieser Änderung sind vor dem 19.1.2013 ausgestellte Führerscheine nicht betroffen. Eine Ausnahme davon ist allerdings in Art. 2 Abs. 2 RL 2006/126/EG für Fälle vorgesehen, in denen der Inhaber eines gültigen Führerscheins mit einer von Art. 7 Abs. 2 RL 2006/126/EG abweichenden Gültigkeitsdauer seinen ordentlichen Wohnsitz in einem anderen Mitgliedstaat als dem Ausstellerstaat begründet hat. Dort kann der Aufnahmemitgliedstaat nach Ablauf von zwei Jahren die in der Richtlinie vorgesehene Gültigkeitsdauer auf den Führerschein anwenden, indem er diesen erneuert. Die Frist beginnt dabei mit dem Tag der Begründung des Wohnsitzes zu laufen.

4. Weiterführende Links. Weitere Informationen finden sich unter http://www.bmvbs.de/SharedDocs/DE/Artikel/LA/rechtliche-grundlagen-des-eu-fuehrerscheins.html und www.fahrerlaubnisrecht.de.

Brenner/Seifarth

EU/EWR-Fahrerlaubnis, Ausschluss des Vorbesitzes → Fahrerlaubnisverzicht Nr. 6

EU-Führerscheinrichtlinie → Fahrerlaubnis-Verordnung Nr. 1, → Fahrerlaubnisverzicht Nr. 6

Euro-Kennzeichen → Kennzeichenerteilung Nr. 3

europaweite Vereinheitlichung des Versicherungsschutzes → Deckungssummen in Europa

Eurovignette → Autobahnmaut Nr. 3

Ex-ante-Betrachtung → Prognoserisiko Nr. 2

Ex-gratia-Zahlung → Inlandsunfall mit NATO-Kfz Nr. 2

Existenzgefährdung, grobe Pflichtverletzung → Fahrverbot Nr. 4 c)

exklusiver Vertrieb → Gruppenfreistellungsverordnung Nr. 6

Explosion → Teilkaskoversicherung Nr. 2

F

Fachwerkstattkosten → Unfallschadenabwicklung – Sachschaden Nr. 18

Fahrausbildung → Fahrerlaubniserwerb

Fahrbahnbegrenzung → Halten und Parken Nr. 2 b), 3 b)

Fähre → Fährschifftransport, Kfz-Schaden beim

Fahreignung 1. Allgemeines: Die Erteilung (§ 2 Abs. 2 S. 1 Nr. 3 StVG) und das Innehaben (§ 3 Abs. 1 S. 1 StVG) einer Fahrerlaubnis setzt die Eignung zum Führen von Kfz voraus. Die *Fahreignung* besitzt, wer die notwendigen körperlichen und geistigen Anforderungen erfüllt und nicht erheblich oder nicht wiederholt gegen verkehrsrechtliche Vorschriften oder gegen Strafgesetze verstoßen hat (§ 2 Abs. 4 S. 1 StVG, § 11 Abs. 1 S. 1 und 3 FeV). Die Eignung ist von der *Befähigung* zum Führen von Kfz zu unterscheiden, die in einer theoretischen und praktischen Fahrerlaubnisprüfung nachzuweisen ist (§ 2 Abs. 2 S. 1 Nr. 5 StVG). Zur Befähigung gehören ausreichende Kenntnisse der für das Führen von Kfz maßgebenden gesetzlichen Vorschriften, Vertrautheit mit den Gefahren des Straßenverkehrs und den zu ihrer Abwehr erforderlichen Verhaltensweisen, die zum sicheren Fahrzeugführen erforderlichen technischen Kenntnisse und Fertigkeiten, ausreichende Kenntnisse einer umweltbewussten und energiesparenden Fahrweise und die Fähigkeit zur Umsetzung dieser Kenntnisse (§ 2 Abs. 5 StVG). *Fahreignungsmängel berühren die Befähigung zum Führen von Kfz nicht.* Nach Verlust der Fahrerlaubnis wegen fehlender Eignung ist nach Wiederherstellung der Fahreignung deswegen für die Neuerteilung einer Fahrerlaubnis grundsätzlich keine erneute Fahrerlaubnisprüfung abzulegen (§ 20 Abs. 1 S. 2 FeV).

2. Körperliche (physische) Mängel können die Fahreignung ausschließen oder einschränken. Zum Führen von Kfz sind die im Einzelnen in Anlage 6 zur FeV genannten Anforderungen an das *Sehvermögen* zu erfüllen (§ 12 FeV). Bewerber um eine Fahrerlaubnis der Klassen AM, A1, A2, A, B, BE, L oder T müssen sich einem Sehtest, ggf. mit Brille oder Kontaktlinsen, unterziehen (§ 12 Abs. 2 i.V.m. Anlage 6 Nr. 1.1 FeV). Besteht der Bewerber den Sehtest nicht, ist eine augenärztliche Untersuchung erforderlich (§ 12 Abs. 5 i.V.m. Anlage 6 Nr. 1.2 FeV). Bewerber um die Erteilung oder Verlängerung einer Fahrerlaubnis der Klassen C, C1, CE, C1E, D, D1, DE oder D1E müssen ihr Sehvermögen ärztlich, wenn notwendig auch augenärztlich untersuchen lassen (§ 12 Abs. 6 i.V.m. Anlage 6 Nr. 2 FeV). Ist zum Fahren eine Sehhilfe erforderlich, erfolgt eine entsprechende Auflage zur Fahrerlaubnis, die durch die Schlüsselzahl 01.01 (Brille) oder 01.02 (Kontaktlinsen) nach Anlage 9 FeV im Führerschein dokumentiert wird. Welche *Krankheiten* die Fahreignung ausschließen oder einschränken, ergibt sich aus Anlage 4 FeV, in der allerdings nur häufiger vorkommende Erkrankungen enthalten sind (Nr. 1 der Vorbemerkung zu Anlage 4 FeV). Die Bewertungen in Anlage 4 FeV gelten nur für den Regelfall; Kompensationen durch besondere menschliche Veranlagung, durch Gewöhnung, durch besondere Einstellung oder durch besondere Verhaltenssteuerungen und -umstellungen sind möglich (Nr. 3 der Vorbemerkung zu Anlage 4 FeV). *Hohes Alter* schließt die Fahreignung nicht per se aus. Starker Altersabbau kann sie allerdings mindern.

3. Eignungsausschließende geistige (psychische) Mängel sind Defizite der geistigen Leistungsfähigkeit oder Fehlfunktionen, die das Unvermögen des Betroffenen zur Folge haben, ein Kfz sicher und verkehrsgerecht im Straßenverkehr zu führen (BVerfG 20.6.2002, 1 BvR 2062/96, NJW 2002, 2378, 2380). Analphabetismus allein schließt die Fahreignung nicht aus (OVG Münster 21.3.1974, XIII A 883/73, DAR 1974, 335). Welche *psychischen Störungen* die Fahreignung ausschließen, ist im Einzelnen in Nr. 7 Anlage 4 FeV geregelt. Alle Manien, sehr schwere Depressionen und akute schizophrene Psychosen führen z. B. zur Ungeeignetheit (Nr. 7.5.1, 7.6.1 Anlage 4 FeV).

4. Bei Alkoholabhängigkeit (Nr. 8.3 Anlage 4 FeV) und bei *Alkoholmissbrauch* (Nr. 8.1 Anlage 4 FeV) besteht i. d. R. keine Fahreignung (näher → *Trunkenheit im Verkehr* Nr. 3).

5. Bei Einnahme von Betäubungsmitteln i. S. d. BtMG (ausgenommen Cannabis) liegt Fahrungeeignetheit vor, ohne dass es auf eine bestimmte Häufigkeit des Konsums und darauf ankommt, ob der Betroffene Drogenkonsum und Fahren trennen kann (Nr. 9.1 Anlage 4 FeV). Gleiches gilt bei *Abhängigkeit von Betäubungsmitteln* (Nr. 9.3 Anlage 4 FeV).

6. Die charakterliche Fahreignung liegt nur vor, wenn der Betroffene *nicht erheblich* oder *nicht wiederholt gegen verkehrsrechtliche Vorschriften* oder *gegen Strafgesetze verstoßen* hat (§ 2 Abs. 4 S. 1 StVG, § 11 Abs. 1 S. 3 FeV). Der Begriff *erheblich* ist nicht ohne Weiteres mit schwerwiegend gleichzusetzen; er ist auf die Fahreignung zu beziehen. Zuwiderhandlungen, die in Bezug auf die Fahreignung unerheblich sind, rechtfertigen, auch wenn sie schwerwiegend sind, nicht den Schluss auf Fahrungeeignetheit. Verkehrordnungswidrigkeiten im Verwarnungsbereich scheiden aus. *Wiederholte Verstöße* sind mindestens zwei Ordnungswidrigkeiten im Straßenverkehr, die jedenfalls bei größerer Anzahl zur Fahrungeeignetheit führen, selbst wenn sie nicht in das Fahreignungsregister einzutragen sind. Näher dazu Hentschel/König/ *Dauer* Straßenverkehrsrecht 43. Aufl. 2015 § 2 StVG Rn. 68 f und § 11 FeV Rn. 21. Nur erhebliche oder wiederholte *Straftaten* sind von Bedeutung; der Begriff Erheblichkeit ist auch hier auf die Fahreignung zu beziehen. Eine Straftat kann ausreichen (vgl. § 11 Abs. 3 S. 1 Nr. 5 und 6 FeV). Ob die Fahreignung durch Straftaten nicht verkehrsrechtlicher Art ausgeschlossen ist, ist nach den Umständen des Einzelfalles zu beurteilen.

7. Bedingte Fahreignung: Ist der Betroffene zum Führen von Kfz zwar nicht völlig ungeeignet, aber auf Grund körperlicher oder geistiger Mängel nur eingeschränkt geeignet, hat die Fahrerlaubnisbehörde die Fahrerlaubnis mit Beschränkungen oder unter Auflagen zu erteilen, wenn dadurch das sichere Führen von Kfz gewährleistet ist, also die bestehenden Fahreignungsmängel vollständig ausgeglichen werden (§ 2 Abs. 4 S. 2 StVG). Bei körperlichen oder geistigen Eignungsmängeln muss die Fahrerlaubnisbehörde prüfen, ob eine beschränkte Fahrerlaubnis oder eine solche unter Auflagen dem öffentlichen Sicherheitsinteresse genügen würde. Damit sie dazu in der Lage ist, muss das Eignungsgutachten die Frage bedingter Eignung mit umfassen. Fälle bedingter Eignung sind nur im Bereich der körperlichen und geistigen Eignung denkbar, nicht im Bereich der charakterlichen Eignung (amtliche Begründung zu § 2 StVG, VkBl 1998, S. 789; Hentschel/König/*Dauer* Straßenverkehrsrecht 43. Aufl. 2015 § 2 StVG Rn. 71 und § 23 FeV Rn. 12). § 2 Abs. 4 S. 2 StVG sieht deswegen bei Eignungsmängeln aufgrund von Verstößen gegen verkehrsrechtliche Vorschriften oder Strafgesetze nicht die Möglichkeit der Fahrerlaubniserteilung mit Beschränkungen oder unter Auflagen vor. § 69 a Abs. 2 StGB ist deswegen fahrerlaubnisrechtlich nicht umsetzbar.

8. Klärung der Fahreignung: Bewerber um die Erteilung oder Verlängerung einer Fahrerlaubnis der Klassen C, C1, D, D1 und der zugehörigen Anhängerklassen müssen sich in jedem Fall ärztlich untersuchen lassen (§ 11 Abs. 9 und Anlage 5 FeV, Untersuchung des Sehvermögens § 12 Abs. 6 und Anlage 6 Nr. 2 FeV). Für die Erteilung der anderen Fahrerlaubnisklassen werden keine Ermittlungen zur Eignung durchgeführt, sofern keine Anhaltspunkte für fehlende oder eingeschränkte Fahreignung vorliegen; lediglich das Sehvermögen muss immer durch Sehtest oder ärztliche Untersuchung geklärt werden (§ 12 Abs. 2 und 5 FeV). Bei Bedenken gegen die körperliche oder geistige Eignung erfolgt eine Klärung durch ärztliches Gutachten (§ 11 Abs. 2 FeV) oder medizinisch-psychologisches Gutachten (§ 11 Abs. 3 S. 1 Nr. 1 FeV); bei Alkoholproblemen siehe § 13 FeV, bei Drogenproblemen siehe § 14 FeV. Bei Verstößen gegen verkehrsrechtliche Vorschriften und Strafgesetze erfolgt die Klärung der Fahreignung durch medizinisch-psychologisches Gutachten (§ 11 Abs. 3 S. 1 Nr. 4 bis 7 FeV). Wird das von der Fahrerlaubnisbehörde zu Recht angeordnete Gutachten nicht fristgerecht vorgelegt, kann die Behörde von der Nichteignung des Betroffenen ausgehen, wenn er bei der Anordnung der Gutachtenbeibringung nachweislich auf die Folgen der Nichtvorlage des Gutachtens hingewiesen wurde (§ 11 Abs. 8 FeV). In diesem Fall ist davon auszugehen, dass der Betroffene einen Eignungsmangel verbergen will. Bestehen nicht nur Zweifel an der Fahreignung, ist die Fahrerlaubnisbehörde vielmehr von der Nichteignung überzeugt, hat die Anordnung einer Gutachtenbeibringung zu unterbleiben (§ 11 Abs. 7 FeV); die Fahrerlaubnis ist dann ohne weitere Klärung zu versagen oder zu entziehen.
Dauer

9. Fahreignung aus medizinischer Sicht. Eine eindeutige Definition gibt es für den Begriff Fahreignung nicht, sondern er beschreibt den Zustand der Abwesenheit von „Ungeeignetheit zum Führen von Kraftfahrzeugen". Die Fahrerlaubnisbehörden wachen darüber, dass (möglichst) nur fahrgeeignete Personen am Straßenverkehr teilnehmen. Die „Ungeeignetheit zum Führen von Kraftfahrzeugen" ist in Form der Begutachtungsleitlinien zur Kraftfahreignung niedergeschrieben. Grundsätzlich ist zu prüfen die geistige (psychische) und körperliche Eignung. Fahrungeeignet aufgrund psychischer Mängel ist bspw. ein Alkoholiker, Drogenabhängiger, an einer schizophrenen

Psychose erkrankter usw. Fahrungeeignet aufgrund körperlicher Mängel ist bsp. ein schlecht eingestellter Diabetes mellitus mit Neigung zu schweren Hypoglykämien, ein schlecht eingestellter Epileptiker mit nicht zu kontrollierenden Krampfanfällen oder ein an instabiler angina-pectoris Erkrankter.

Ergeben sich für die Fahrerlaubnisbehörde bedenken gegen die Eignung zum Führen von Kraftfahrzeugen, kann sie entweder ein fachärztliches Gutachten oder eine medizinisch-psychologische Untersuchung verlangen zur Klärung der Fahreignung.

Siehe auch: → *Entziehung der Fahrerlaubnis*, → *Fahrerlaubniserwerb,* → *Fahrerlaubnis-Verordnung,* → *Medizinisch-psychologische Untersuchung,* → *Widerruf und Rücknahme der Fahrerlaubnis*
Priemer

Fahreignung für fahrerlaubnisfreie Kfz → Fahrerlaubnis-Verordnung Nr. 2, → Fahrradfahrer Nr. 17

Fahreignungs-Bewertungssystem → Fahrerlaubniserwerb Nr. 6, → Fahrerlaubnisverzicht Nr. 5, → Fahrerlaubnis-Verordnung Nr. 3

Fahreignungsregister (Geltung seit 1.5.2014).
I. Allgemeines: Das neue Fahreignungsregister hat durch das Gesetz zur Änderung des StVG und anderer Gesetze vom 24.4.1998 (BGBl I S. 747 = VkBl 1998, 731), am 13.12.2010 neu verkündet, ab 1.5.2014 (5. Gesetz zur Änderung des StVG vom 28.8. 2013) das alte → *Verkehrszentralregister* abgelöst. Mit dem neuen Fahreignungsregister wird das Punktsystem grundlegend neu konzipiert und neu ausgerichtet. Ganz entscheidende Änderung ist hierbei, dass Neueintragungen nicht mehr dazu führen, dass die Tilgung eingetragener Punkte durch neue Taten gehindert wird. Daneben wurde mit der Einführung der neuen „Höchstpunktezahl" von 8 Punkten auch eine neue Gewichtung der Eintragungen eingeführt. Es ist wohl erst in einigen Jahren anhand der dann vorliegenden Statistiken abzusehen, ob sich durch das neue Punktsystem insgesamt eine Verschärfung der Sanktionen im Straßenverkehr ergibt, oder vor allem Verkehrssünder mit schwereren Verkehrsverstößen betroffen sind, die z. B. bei Geschwindigkeitsüberschreitungen um 41 km/h außerorts mit 2 – von 8 möglichen – Punkten „in Flensburg" belastet werden.
II. Zum besseren Verständnis der neuen Regelungen siehe die Erläuterungen zum bis zum 30.4.2014 geltenden alten → *Punktsystem (bis 30.4.2014).*
III. Das neue Fahreignungsregister
1. Die Bewertung der Verkehrsverstöße im neuen System. a) Ordnungswidrigkeiten. Im neuen Fahreignungsregister werden Ordnungswidrigkeiten statt bisher ab 40 Euro nun ab 60 Euro eingetragen. Diese Ordnungswidrigkeiten sind in der Fahrerlaubnisverordnung (FeV) aufgeführt. Neu im Fahreignungsregister ist, dass Verstöße wie z. B. gegen Umweltzonen- oder Kennzeichenvorschriften, unabhängig vom Bußgeld, nicht mehr eingetragen werden.
b) Straftaten. Im neuen Fahreignungsregister werden Straftaten nur eingetragen, wenn sie aufgrund der besonderen Schwere des Verstoßes in der Fahrerlaubnisverordnung aufgezählt werden. Immer eingetragen werden:
– Trunkenheit im Verkehr nach § 316 StGB,
– Gefährdung des Straßenverkehrs nach § 315c StGB,
– gefährlicher Eingriff in den Straßenverkehr nach § 315b StGB,
– unerlaubtes Entfernen vom Unfallort nach § 142 StGB
– sowie Fahren ohne Fahrerlaubnis nach § 21 StVG.
Andere in der FeV genannte Straftaten werden nur dann ins Fahreignungsregister eingetragen, wenn ein Fahrverbot verhängt wurde. Hierbei sind aufzuzählen:
– Fahrlässige Körperverletzung nach § 229 StGB,
– fahrlässige Tötung nach § 222 StGB,
– Nötigung nach § 240 StGB,
– Vollrausch nach § 323a StGB,
– unterlassene Hilfeleistung nach § 323c StGB
– sowie Kennzeichenmissbrauch nach § 22 StVG.
Nicht mehr eingetragen werden andere Straftaten wie z. B. Beleidigung im Straßenverkehr nach § 185 StGB oder ein Verstoß gegen das Pflichtversicherungsgesetz nach § 6 PflVG.
c) Vereinfachung der Bewertung mit Punkten. Nach dem neuen Punktsystem hängt die Punktezahl von der Schwere der Tat ab:
– Für eine Straftat mit Entziehung der Fahrerlaubnis gibt es 3 Punkte,
– Für eine „normale" Straftat gibt es 2 Punkte.
– Für eine grobe Ordnungswidrigkeit mit einem Regelfahrverbot werden 2 Punkte berechnet
– Für eine einfache Ordnungswidrigkeit wird 1 Punkt berechnet.
Liegt bei mehreren Verstößen eine so genannte Tateinheit vor, wird nur der schwerere Verstoß

mit Punkten bestraft. Begeht jemand während einer Trunkenheitsfahrt einen Geschwindigkeitsverstoß, wird also nur die Trunkenheitsfahrt nach § 316 StGB mit der entsprechenden Punktezahl eingetragen.

Werden dahingehend mehrere Taten nacheinander begangen, also in Tatmehrheit, z. B. Geschwindigkeitsverstöße mit zeitlichem Abstand, so werden auch die verschiedenen Taten mit Punkten bewertet und eingetragen. Siehe insoweit auch die Ausführungenn von *Langer* zum Stichwort → *Punktsystem (bis 30.4.2014)*, dort Nr. 2.

d) Fahreignungs-Bewertungssystem-Maßnahmen nach § 4 StVG. Nach dem neuen Fahreignungs-Bewertungssystem (FaER) gibt es folgende Aufteilung:

1 – 3 Punkte Vormerkung
4 – 5 Punkte Ermahnung
6 – 7 Punkte Verwarnung
mehr als 8 Punkte Entziehung der Fahrerlaubnis

Vor der Entziehung nach § 4 Abs. 5 S. 1 Nr. 3 StVG müssen die Stufen der Ermahnung und Verwarnung durchlaufen werden.

Die Vormerkung der Punkte beim Punktestand 1 – 3 ist mit keiner schriftlichen Maßnahme gegenüber dem Betroffenen verbunden.

Erreicht der Betroffene 4 oder 5 Punkte, so ist er erstmalig gebührenpflichtig zu ermahnen und er wird weiterhin auch zu einer Veränderung seines Verhaltens aufgefordert. Des Weiteren wird auf die Möglichkeit einer freiwilligen Teilnahme an einem Fahreignungsseminar sowie die weiteren Stufen des Bewertungssystems hingewiesen.

Werden 6 oder 7 Punkte erreicht, erfolgt die sogenannte Verwarnung. Sie ist gebührenpflichtig wie die Ermahnung, eine Seminarteilnahme führt nicht mehr zu einem Punkteabzug. Im Gegensatz zum früheren Punktsystem gibt es kein Pflichtseminar mehr.

Werden 8 Punkte erreicht, wird die Fahrerlaubnis entzogen. Der Betroffene gilt unwiderlegbar als ungeeignet zum Führen von Kraftfahrzeugen. Eine neue Fahrberechtigung kann frühestens nach Ablauf von 6 Monaten erteilt werden und dies nur, wenn der Betroffene nachweist, dass er wieder geeignet ist für das Führen von Kraftfahrzeugen. Ein entsprechender Nachweis der Eignung erfolgt durch eine positiv absolvierte medizinisch-psychologische Untersuchung (MPU).

2. Fahreignungsseminar nach § 4a StVG. Intention des Fahreignungsseminars ist es, dass der Teilnehmer die Mängel in seinem Verkehrsverhalten erkennt und dadurch abbauen kann. Es besteht aus einem verkehrspädagogischen und aus einem verkehrspsychologischen Teil.

Wird das Fahreignungsseminar vor Erreichen von 6 Punkten absolviert, so führt es zu einer Reduzierung von 1 Punkt.

3. Tilgung der Eintragungen nach § 29 StVG. Entscheidender Unterschied zum Tilgungssystem nach dem alten Punktsystem ist, dass neue Eintragungen nicht die Löschung von alten Punkten hemmen. Nach § 29 StVG werden die Punkte je nach dem Schweregrad der Ordnungswidrigkeit bzw. Straftat nach zweieinhalb, fünf oder 10 Jahren getilgt.

Zu den sogenannten einfachen Ordnungswidrigkeiten, die nach § 29 Abs. 1 S. 2 Nr. 1 nach zwei Jahren und sechs Monaten getilgt werden, zählt z. B. eine Geschwindigkeitsüberschreitung um 21 km/h.

Eine Tilgungsfrist von fünf Jahren gilt, wenn eine sogenannte grobe Pflichtverletzung oder eine Straftat vorliegt, die nicht unter § 29 Abs. 1 S. 2 Nr. 3 StVG fällt. So fällt z. B. unter eine fünfjährige Tilgungsfrist ein Geschwindigkeitsverstoß von 31 km/h innerorts zu schnell, der nach der Bußgeldkatalogverordnung mit einem Regelfahrverbot belegt ist.

Die Tilgungsfristen beginnen mit dem Datum der Rechtskraft, nicht mit dem Begehungsdatum (Tattag).

siehe hierzu die Unterschiede der alten Regelung bei *Langer* zum Stichwort → *Punktesystem (bis 30.4.2014)*, dort Nr. 6 b)

Wird wegen einer eintragungspflichtigen Straftat die Fahrerlaubnis entzogen, gilt eine Tilgungsfrist von zehn Jahren. Dies kann z. B. eine Trunkenheitsfahrt nach § 316 StGB sein. Hierbei ist zu beachten, dass die Tilgungsfrist von zehn Jahren erst mit der Neuerteilung der Fahrerlaubnis, spätestens jedoch fünf Jahre nach Rechtskraft des Urteils zu laufen beginnt.

Als Klarstellung in Folge der BVerwG-Rspr. (DAR 2011, 337 ff.) hat der Gesetzgeber in § 4 Abs. 3 Satz 3 Nr. 3 StVG nunmehr klargestellt, dass Entziehung und Verzicht gleichgestellt sind. Die Punkte werden dann gelöscht, wenn bei der Neuerteilung die Behörde den Betroffenen als geeignet zum Führen von Kraftfahrzeugen einstuft.

4. Tilgung alter Punkte – Übergangsrecht.
a) Zum 1.5.2014 wurden diejenigen Delikte, die nach neuem Recht nicht mehr mit Punkten belegt werden, aus dem Fahreignungsregister gelöscht. Dazu gehören z. B.

Verstöße gegen Umweltzonen- oder Kennzeichenvorschriften.

b) Die verbleibenden alten Punkte werden nach den alten Tilgungsregeln gelöscht. Eintragungen vor dem 1.5.2014 haben dabei eine Tilgungshemmung für diejenigen Delikte, die vor dem 1.5.2014 eingetragen worden sind. Sie können aber keine Eintragungen betreffen, die erst nach dem 1.5.2014 eingetragen wurden.

Ebenso kann auch eine Eintragung ab dem 1.5.2014 keine Tilgungshemmung für andere Taten zur Folge haben, auch wenn die zugrunde liegende Tat vor dem 1.5.2014 begangen oder rechtskräftig wurde (siehe zur Verteidigungspraxis beim Übergangsrecht den Beitrag von *Schäpe*, Verfahrenstaktische Überlegungen zur Punktereform, DAR 2014, 61 ff.).

5. Umstellung der alten Punkte ins neue Recht. Der Punktestand nach dem alten Recht wird wie folgt in das neue Punktsystem umgerechnet:

Altes Punktsystem	Neues Punktsystem	Maßnahmenstufe
1 bis 3	1	Vormerkung
4 bis 5	2	
6 bis 7	3	
8 bis 10	4	Ermahnung
11 bis 13	5	
14 bis 15	6	Verwarnung
16 bis 17	7	
≥ 18	8	Entziehung

6. Fahrerlaubnis auf Probe nach § 2a StVG. Nach § 2a StVG wird beim erstmaligen Erwerb einer Fahrerlaubnis diese auf Probe erteilt. Die Probezeit dauert zwei Jahre vom Zeitpunkt der Erteilung an. Unterschieden wird grundsätzlich zwischen schwerwiegenden oder weniger schwerwiegenden Eintragungen, die unterschiedliche Folgen bzw. Maßnahmen für den Inhaber einer Probefahrerlaubnis nach sich ziehen. Wird eine schwerwiegende oder zwei weniger schwerwiegende Zuwiderhandlungen eingetragen, so wird ein Aufbauseminar angeordnet und die Probezeit von zwei Jahren auf vier Jahre verlängert. Als weniger schwerwiegend gilt z. B. ein Verstoß gegen Ladungsvorschriften bzw. ein Handyverstoß.

Kommt es in der Folge in der Probezeit zu weiteren Zuwiderhandlungen wird im nächsten Schritt eine schriftliche Verwarnung ausgesprochen bzw. eine Empfehlung zu einer verkehrspsychologischen Beratung innerhalb von zwei Monaten abgegeben. Wenn es daraufhin wieder zu einer Zuwiderhandlung kommt, hat dies den Entzug der Fahrerlaubnis zur Folge und eine mindestens drei Monate dauernde Sperrfrist für die Wiedererteilung der Fahrerlaubnis.

Mit der Neuerteilung beginnt eine neue Probezeit für die Restdauer der vorherigen Probezeit. Die Fahrerlaubnis ordnet eine medizinisch-psychologische Untersuchung an, wenn in diesem Zeitraum wiederum ein schwerwiegender Verstoß oder zwei weniger schwerwiegende Zuwiderhandlungen begangen werden.

Praxistipp: Auskunft über die Punkte erteilt das Kraftfahrtbundesamt in Flensburg unter der Internetadresse www.kba.de. Es kann ein Musteranfrageformular heruntergeladen werden, das ausgefüllt und versehen mit der Kopie der Vorder- und Rückseite des Personalausweises per Post an das Kraftfahrtbundesamt zurückgeschickt werden kann. Eine andere Möglichkeit ist, dass ein Identitätsnachweis durch eine amtlich beglaubigte Unterschrift geführt werden kann, eine solche amtliche Beglaubigung ist z. B. beim Kraftfahrtbundesamt erhältlich.

Wehrl

Fahren auf Sicht, Fahren auf halbe Sicht
→ Sichtfahrgebot

Fahren ohne Fahrerlaubnis 1. Allgemeines: F. ist ein Straftatbestand, geregelt in § 21 StVG. Strafbar macht sich nach § 21 Abs. 1 StVG, wer ohne Fahrerlaubnis oder trotz Fahrverbots im Straßenverkehr ein Kraftfahrzeug *führt* und dabei vorsätzlich oder fahrlässig handelt (§ 21 Abs. 1, Abs. 2 Nr. 1 StVG). Strafbar macht sich aber auch der *Halter*, der dies vorsätzlich oder fahrlässig anordnet oder zulässt (§ 21 Abs. 1 Nr. 2, Abs. 2 Nr. 1 StVG). Fahrlässig handelt der Halter z. B. dann, wenn er sich vom Fahrer keinen gültigen Führerschein zeigen lässt und auch anderweit dessen Berechtigung zum Führen des Fahrzeugs nicht überprüft, obwohl ihm dies zumutbar war. Wer nicht Halter ist, aber den Fahrer vorsätzlich zu einer vorsätzlichen Fahrt ohne Fahrerlaubnis bestimmt oder Hilfe leistet, haftet nicht wegen „Anordnens" oder „Zulassens" (§ 21 Abs. 1 Nr. 2 StVG) sondern wegen Anstiftung (§ 26 StGB) oder Beihilfe (§ 27 StGB) zu einer Straftat des § 21 Abs. 1 Nr. 1 StVG. Die Vorschrift stellt in Abs. 2, der

F Fahren ohne Fahrerlaubnis

nach dem gleichen Schema aufgebaut ist wie Abs. 1, auch das Fahren(lassen) trotz Beschlagnahme des Führerscheins (§ 94 StPO) unter Strafe.

2. Der objektive Tatbestand des F. hängt somit im Rahmen des § 21 Abs. 1 StVG von rein verwaltungsrechtlichen Vorfragen ab, nämlich ob und inwieweit der Täter eine Fahrerlaubnis hatte, die ihn berechtigte, zur Tatzeit am Tatort das Tat-Kfz zu führen.

3. Strafrechtliche Probleme ergeben sich regelmäßig erst auf der **subjektiven Tatseite**, wo zu prüfen ist, ob der Täter mit Vorsatz (→ *Verschuldenshaftung* Nr. 1) handelte oder ihm der Vorwurf der Fahrlässigkeit im Umgang mit der „Führerschein-Frage" gemacht werden kann.

a) Dies nachzuweisen erweist sich häufig als problematisch bei § 21 Abs. 1 Nr. 2 StVG. Hiernach wird *Fahren trotz* → *Fahrverbots* (im Sinne von § 44 StGB oder § 25 StVG) bestraft; nachzuweisen haben die Strafverfolgungsbehörden hierbei nicht nur das rechtskräftige Bestehen des Fahrverbots, sondern auch die Kenntnis oder fahrlässige Unkenntnis des Beschuldigten vom Fahrverbot. Letzteres ist – speziell beim Fahrverbot nach § 25 StVG – mitunter schwierig, weil der Verwaltungsakt, durch den das Fahrverbot ausgesprochen wird, in der Regel nicht förmlich zugestellt wird und einem schweigenden oder den Vorsatz leugnenden Angeklagten daher die Kenntnis oder fahrlässige Unkenntnis u. U. schwer nachzuweisen ist.

b) Zu Diskussionen über Vorsatz oder – vor allem – Fahrlässigkeit führt in der Praxis auch immer wieder die Konstellation, dass der Fahrer zwar eine Fahrerlaubnis hat, diese ihn aber nicht zum Führen des benutzten Fahrzeugs berechtigt. Beispiele hierfür: falsche → *Fahrerlaubnisklasse* oder ausländischer Führerschein, der den Inhaber nicht (mehr) zum Führen von Kfz berechtigt, da er seinen Lebensmittelpunkt im Inland hat. Da es in diesen Fällen in der Regel möglich und zumutbar ist, vor Fahrtantritt amtliche Auskünfte oder sonst kompetenten Rat zu erholen, wird aber auch in diesen Fällen Fahrlässigkeit anzunehmen sein.

> Praxistipp: Diese Fälle eignen sich bei „Ersttätern" für eine Einstellung nach Opportunitätsvorschriften (§§ 153, 153 a StPO), hier wird der Verteidiger schon im → *Ermittlungsverfahren* auf eine schonende Erledigung hinwirken.

4. Unter den Voraussetzungen des § 21 Abs. 3 StVG kann die → *Einziehung des Fahrzeugs* angeordnet werden. Die Justiz wird in der Regel nur bei hartnäckigen Wiederholungstätern zu dieser Maßnahme greifen, da sie bezogen auf das Gewicht der Tat verhältnismäßig sein muss und zu organisatorischem Mehraufwand führt, der in der Masse der Verfahren nicht zu schultern ist (→ *Besonderheiten des Verkehrsstrafverfahrens*).

5. Strittig kann werden, ob bei F. eine „isolierte *Sperrfrist*" (§ 69 a StGB) zu verhängen ist, d. h. ob der Täter sich durch die „Schwarzfahrt" als ungeeignet zum Führen von Kraftfahrzeugen erwiesen hat im Sinne von § 69 Abs. 1 StGB. Richtigerweise ist dies davon abhängig zu machen, ob die konkreten Tatumstände auf eine fehlende charakterliche Eignung zur zuverlässigen Teilnahme am Kfz-Straßenverkehr hindeuten.

a) Wer „an sich" fahren kann, sollte eher dazu angehalten werden, so bald wie möglich die Fahrerlaubnis zu erwerben. Eine isolierte Sperre wäre hierbei kontraproduktiv. Ähnliches wird gelegentlich bei Heranwachsenden vertreten: Diesen solle man den Weg zur Fahrerlaubnis nicht verstellen (AG Saalfeld 8.7.2003, 2 Ds 675 Js 1800/03, VRS 105, 303 ff = StV 2005, 65 f).

b) Grundsätzlich aber dürfte gelten: Wer kein kraftfahrerisches Können besitzt und sich dennoch als Kraftfahrer versucht, erweist sich in der Regel als charakterlich ungeeignet, weil er die Sicherheitsbedürfnisse der Mitwelt rücksichtslos hintangestellt hat.

c) In der Praxis ist zu beobachten, dass bei hartnäckigen Wiederholungstätern eine Sperrfrist eher in Betracht gezogen wird als beim Ersttäter.

6. Versicherungsrecht. a) Auswirkungen in der Kfz-Haftpflichtversicherung. Das Fahren ohne Fahrerlaubnis ist versicherungsrechtlich eine vertraglich vereinbarte Obliegenheitsverletzung vor dem Versicherungsfall (D.1.3 AKB 2008)

Die Fahrt muss „auf öffentlichen Wegen oder Plätzen ohne Fahrerlaubnis" stattgefunden haben.

Eine Fahrerlaubnis liegt jedoch bei einem Fahrverbot vor, da hier nach § 4 Absatz 1 StVO kein Entzug vorliegt (BGH VersR 1987, 897). Keine Fahrerlaubnis besteht jedoch, wenn diese beschlagnahmt oder entzogen ist.

Eine Leistungsfreiheit des Versicherers besteht gegenüber dem Eigentümer, dem Versicherungsnehmer und dem Halter jedoch dann, wenn diese die Fahrt ohne Führerschein selbst begangen oder schuldhaft ermöglicht haben (*einfache Fahrlässigkeit* des § 276 Absatz 1 Satz 2 BGB reicht dazu aus).

Es besteht nämlich eine Verpflichtung zur Überprüfung der Fahrerlaubnis vor Fahrzeugübergabe, wobei der Versicherungsnehmer diesbezüglich für fehlendes Verschulden beweispflichtig ist.

Entschuldbar wäre in diesem Zusammenhang:
– wenn hier ein Führerschein des ähnlich aussehenden Bruders vorgelegt wird
– wenn einem gutem Bekannten mit langjähriger Fahrpraxis der Wagen überlassen wird
– noch keine Führerscheinübergabe nach Fahrprüfung erfolgt ist und daher ein Irrtum über die Berechtigung besteht
– wenn eine falsche Auskunft durch einen Automobilclub über die Gültigkeit einer ausländischen Fahrerlaubnis erteilt wurde

Nicht entschuldbar ist
– wenn der Versicherungsnehmer über den Geltungsbereich eines ausländischen oder internationalen Führerscheins irrt
– wenn die Vermittlung eines Fahrers durch das Arbeitsamt erfolgt
– wenn die Zündschlüsselübergabe an einen Parkwächter ohne Prüfung der Fahrerlaubnis erfolgt
– wenn der Versicherungsnehmer auf den Fortbestand einer Fahrerlaubnis vertraut, wenn er sie sich einmal hat vorlegen lassen.

Liegt eine Obliegenheitsverletzung vor, ist die Entschädigung in dem der Schwere des Verschuldens entsprechenden Maß kürzen. Dabei ist auf das Gewicht der objektiven Pflichtverletzung und die Unverständlichkeit des Verhaltens des Versicherungsnehmers abzustellen.

Da zum einen die Pflicht, ein Fahrzeug nur an Führerscheininhaber zu überlassen, erhebliches Gewicht besitzt, zum anderen aber bei Erwachsenen in der Regel vom Vorhandensein des Führerscheins auszugehen ist, dürfte die Kürzung hier im Regelfall zwischen 20 – 25 % ausmachen. Rechtsprechung liegt hierzu bisher nicht vor.

b) Auswirkungen in der Vollkaskoversicherung. Zu den Auswirkungen des Fahrens ohne Fahrerlaubnis in der Vollkaskoversicherung nach neuem Recht liegt ebenfalls noch keine Rechtsprechung vor. Es bleibt daher abzuwarten, ob und unter welchen Voraussetzungen hier die Gerichte eine vollständige Leistungsfreiheit annehmen werden oder ob es bei einer möglichen Kürzungsquote wie der genannten bleibt.

Siehe auch: → *Straßenverkehrsgesetz*

Weder/Kärger

Fahren ohne Licht → Trunkenheit im Verkehr Nr. 6 d) aa)

Fahren ohne Versicherungsschutz 1. Allgemeines. F. ist ein Straftatbestand, geregelt in § 6 PflVG. Die Tat kann vorsätzlich (§ 6 Abs. 1) oder unter fahrlässiger Verkennung des fehlenden Versicherungsschutzes (§ 6 Abs. 2 PflVG) begangen werden. Ersterenfalls kann das Tatfahrzeug eingezogen werden, was die Justiz aber in der Regel nur bei hartnäckigen Wiederholungstätern tun wird (→ *Einziehung des Fahrzeugs*).

2. Praxistipps. a) Der Tatvorwurf des F. ist in der Regel beschwerlich zu ermitteln, da die Haftpflichtversicherer nur ungern und zögerlich Auskunft geben. Die Staatsanwaltschaft wird, wenn es bei der Fahrt nicht zu einem Unfall gekommen ist, vielfach einer schnellen Erledigung nach § 153 a Abs. 1 StPO aufgeschlossen gegenüberstehen.

b) Bildet das F. einen von mehreren Tatvorwürfen, so wird die Justiz schon im → *Ermittlungsverfahren* zu einer „Hinausbeschränkung" des F. neigen (§§ 154, 154 a StPO). Aus Verteidigersicht ist eine entsprechende frühzeitige Anregung sinnvoll.

c) Kommt es dagegen zu einer Verurteilung wegen eines fahrlässigen Delikts in Tateinheit mit vorsätzlichem F., so steht zu erwarten, dass die → *Rechtsschutzversicherung* sich weigert einzutreten.

3. Versicherungsrecht. Wird ein unversichertes Fahrzeug genutzt und kommt es bei zu einem Schaden, besteht – sofern kein Fall der sog. Nachhaftung besteht – kein Anspruch gegen eine mögliche ehemalige Versicherung des Fahrzeugs.

In diesen Fällen muss sich der Geschädigte an den Verein Verkehrsopferhilfe e.V. wenden, die nach § 12 PflVG für nicht versicherte Fahrzeuge in Deutschland eintrittspflichtig ist.

Nach Erstattung des Schadens an den Dritten wird die Verkehrsopferhilfe dann Regress in voller Schadenhöhe beim Fahrer des nicht versicherten Fahrzeugs nehmen, was gerade bei Personenschäden existenzgefährdend sein kann.

Weder/Kärger

Fahrerassistenzsysteme 1. Allgemeines. In einer Zeit wachsender Mobilität und – damit untrennbar verbunden – ständig wachsenden Straßenverkehrs treten zunehmend die negativen Begleiterscheinungen dieser Entwicklung in das öffentliche Bewusstsein, wie insbesondere Staus und Verkehrsunfälle. Vor diesem Hintergrund kommt dem Anliegen, diesen Erscheinungen durch technische Systeme zu begegnen, gesteigerte Bedeutung zu, nicht zuletzt auch deshalb, um die durch solche Begleiterscheinungen des modernen Massenverkehrs berührte Verkehrssicherheit weiter zu erhöhen und zu verbessern. Dabei kommen insbesondere Fahrerassistenzsysteme in Betracht (zu Unterschieden und Gemeinsamkeiten mit Telematiksystemen siehe *Albrecht* DAR 2005, 186 [187 f.]; *Meyer/Harland* CR 2007, 689 ff.), deren Aufgabe darin besteht, den Fahrer bei Aufgaben zu unterstützen, die technische Systeme besser erledigen können als der Mensch. Die Unterstützung erfolgt dabei durch Information, Kommunikation und Regelungssysteme bzw. Aufgabenübernahme.

Als Grundfunktion der Fahrerassistenzsysteme sollen der Fahrkomfort und die aktive Sicherheit erhöht sowie die Effizienz des Verkehrs verbessert werden. Diese Ziele können nicht unabhängig voneinander betrachtet werden; dies folgt daraus, dass z. B. die Erhöhung des Fahrkomforts auch zu einer Erhöhung der Wahrnehmungs- und Bediensicherheit führt. Fahrerassistenzsysteme entlasten den Fahrer von monotonen Aufgaben, damit er sich auf wichtigere Teilaufgaben der Fahrzeugführung konzentrieren kann. Somit haben Fahrerassistenzsysteme folgende Leistungskriterien: Effizienz, Effektivität und Aufgabenzufriedenheit. Um diese erfüllen zu können, müssen jedoch bestimmte Rahmenbedingungen bei der Fahrerunterstützung beachtet werden. Das sind u. a. das Aufrechterhalten der jederzeitigen Handlungsfreiheit des Fahrers, die Sicherstellung der Berechenbarkeit des Systemverhaltens und der Kontrollierbarkeit im Falle von Fehlfunktionen sowie die Adaptierbarkeit der Systeme an verschiedene Nutzergruppen (dazu *Frank/Reichart/Kopf* in: 38. Deutscher Verkehrsgerichtstag 2000 S. 178).

2. Historischer Überblick. Die automatische Zündwinkelverstellung und der automatische Anlasser wurden um 1910 als erste Assistenzsysteme eingeführt, um dem Fahrer die bis dato komplizierte Fahrzeughandhabung zu erleichtern und ihn auf diese Weise in die Lage zu versetzen, sich umfassend auf die Fahrzeugführung zu konzentrieren. Ab 1920, v. a. aber in den Nachkriegsjahren folgten dann als weitere technische Errungenschaften der elektrische Scheibenwischer, das Automatikgetriebe, die Servobremse und -lenkung sowie der Tempomat. Das Anti-Blockier-System (ABS) wurde dann in den siebziger Jahren des vergangenen Jahrhunderts entwickelt, Navigationssysteme (unter Nutzung telematischer Einrichtungen) sowie das Electronic Stability Control System (ESC, auch Fahrdynamikregelung oder ESP genannt) wurden um 1990 eingeführt. In den darauf folgenden Jahren kamen das Adaptive Cruise Control System (ACC, sog. Abstandsregeltempomat) als Weiterentwicklung des klassischen Tempomaten mit Radar-Abstandssensor, die verkehrslageabhängige Routenplanung (DMRG) und die sog. Einparkhilfe auf den Markt. Zu den neuesten Entwicklungen gehören die zwangsweise Geschwindigkeitsbegrenzung mit direktem Eingriff in den Antriebsstrang des Fahrzeugs (Intelligent Speed Adaptation = ISA) sowie die automatische Fahrzeugführung (vgl. *Frank/Reichart/Kopf* in: 38. Deutscher Verkehrsgerichtstag 2000 S. 179 ff.).

3. Typen von Fahrerassistenzsystemen. Fahrerassistenzsysteme lassen sich i. d. R. an das Drei-Ebenen-Modell der Fahrzeugführung anpassen, bei dem die drei Stufen der Navigations-, der Bahnführungs- und der Stabilisierungsebene unterschieden werden (dazu ausführlich *Deutsch* SVR 2005, 249 [250 f.]). Im Folgenden soll diese Differenzierung jedoch unterbleiben und lediglich ein Überblick über die existierenden Fahrerassistenzsysteme gegeben werden, die diese drei Ebenen bei der Fahrausübung unterstützen, bevor die damit zusammenhängenden rechtlichen Fragen näher beleuchtet werden (vgl. zum Folgenden auch *T. M. Grasser*, Die Veränderung der Fahraufgabe durch Fahrassistenzsysteme und kontinuierlich wirkende Fahrzeugautomatisierung, DAR 2015, 6).

a) ABS und ESC. Als Systeme zur Verbesserung des Bremsvorgangs sind v. a. ABS und ESC anzusehen. ABS stellt ein technisches Assistenzsystem dar, das zur Optimierung der vom Fahrer veranlassten Funktionsabläufe im Fahrzeug und somit zur Verbesserung der Fahrsicherheit entwickelt wurde. Es verhindert durch die Verminderung des Bremsdrucks ein mögliches Blockieren der Räder bei starkem Bremsen. Damit wird durch das ABS beim Bremsen eine bessere Lenkbarkeit und Spurtreue ermöglicht. Dieses System ist auch als automatischer Blockierverhinderer in § 41 b der Straßenverkehrs-Zulassungs-Ordnung (StVZO) geregelt. ABS ist zwar so ausgelegt, dass es prinzipiell aktiviert ist, dennoch ist dessen Wirkung vom Fahrer jederzeit beeinflussbar; das System kann abgeschaltet werden, wenn es vom Fahrer zur Fahrunterstützung nicht gewünscht ist. Bei bestimmten Untergrund (z. B. Schotter) mag dies sogar ratsam sein, weil das System dort seine Wirkung nicht entfalten kann.

Das als ESC oder ESP bezeichnete Elektronische Stabilisierungsprogramm hingegen wirkt durch gezieltes Abbremsen einzelner Räder dem Ausbrechen bzw. Schleudern des Wagens entgegen und soll auf diese Weise dem Fahrer die Kontrolle über das Fahrzeug gerade in kritischen Fahrsituationen sichern. ESC stellt eine Erweiterung von ABS dar und ist meist mit einer Antriebsschlupfregelung (ASR) und einem Bremsassistenten (BAS) kombiniert. Es greift in solchen Situationen ein, in denen der Fahrer eine fahrerische Herausforderung nicht hinreichend bewältigen kann und der Eingriff vom Willen des Fahrers getragen ist. Freilich kann das System auch deaktiviert werden, da der mit ESC verbundene Regeleffekt z. B. in Tiefschnee, auf Sand oder auf Kies ungünstig sein kann.

b) Tempomat-Systeme. Darüber hinaus gibt es verschiedene Tempomat-Systeme. Der klassische Tempomat (CC – Cruise Control) ist in der Lage, eine vom Fahrer vorgegebene Geschwindigkeit konstant zu halten und dies sowohl unabhängig von Fahrumgebungseinflüssen, wie z. B. einem Gefälle oder einer Steigung, als auch unabhängig vom Verkehrsverhalten anderer Fahrer. Die Funktion dieses Systems muss indes vom Fahrer aktiviert werden. Eine Deaktivierung des Systems erfolgt u. a. durch Abbremsen.

Darüber hinaus kann das aus dem Tempomat weiterentwickelte ACC bei vorgegebener Geschwindigkeit durch einen Radarsensor die Geschwindigkeit und den Abstand eines vorhandenen Vorderfahrzeugs feststellen und anschließend durch die Beeinflussung verschiedener Fahrzeugeinrichtungen, insbesondere von Motor und Bremsen, die eigene Geschwindigkeit anpassen, um den erforderlichen Sicherheitsabstand zu wahren. Bei bestimmten Verkehrssituationen ergeben sich allerdings praktische Schwierigkeiten, da Systeme der ersten Generation von ACC stehende Hindernisse, wie beispielsweise ein Stauende, nicht erkennen können; zudem bereitet das System derzeit noch Probleme bei Überholvorgängen. Aus diesem Grund ist es vorrangig als ein System zur Steigerung des Fahrkomforts anzusehen (dazu näher *Vogt* NZV 2003, 153 [155]). ACC ist, wie auch der einfache Tempomat, vom Fahrer übersteuerbar; zudem ist die Möglichkeit der Systemabschaltung gegeben.

c) Vollautomatische Systeme. Als vollautomatisches und somit nicht steuerbares System ist die intelligente Geschwindigkeitsanpassung (ISA) anzusehen. Dies ist ein Fahrerassistenzsystem zur Unterstützung des Fahrers bei der Einhaltung des aktuellen Geschwindigkeitslimits auf dem befahrenen Straßenabschnitt. Die Geschwindigkeitslimits können im Navigationssystem abgespeichert sein; möglich ist auch, dass sie durch eine Verkehrszeichenerkennung im Fahrzeug ermittelt werden. Während bei digitalen Karten kurzfristige Änderungen der erlaubten Geschwindigkeit, z. B. an Baustellen, nur mit hohem Aufwand aktualisiert werden können, haben Verkehrszeichenerkennungen mit der Zuordnung der erkannten Zeichen zur richtigen Fahrspur zu kämpfen. Bei diesem System greift die Elektronik (teilweise auch gegen den Willen des Fahrers) fremdgesteuert in die Geschwindigkeitswahl ein und zwingt den Fahrer somit durch die Aufgabenübernahme, die erlaubte Höchstgeschwindigkeit einzuhalten. In Ländern wie Schweden, den Niederlanden und Großbritannien wird dieses System stark favorisiert, da es als Mittel zur Verminderung der Unfallzahlen dienen soll. ISA ist als das am stärksten eingreifende System die restriktivste Variante von Intelligent Speed Management Systemen (ISM), wird daher kontrovers diskutiert und kann auch noch nicht als zukünftig marktführendes System angesehen werden, da sich die Implementierung eines solchen Systems als besonders schwierig darstellt (siehe dazu *Frank/Reichart/Kopf* in: 38. Deutscher Verkehrsgerichtstag 2000 S. 192 f.; *Albrecht* SVR 2005, 373 f.; *Gasser* SVR 2007, 6 [10 f.]).

Die nicht übersteuerbaren Fahrerassistenzsysteme sehen sich generell dem Einwand der Unvereinbarkeit mit Art. 8 und Art. 13 des Wiener Übereinkommen über den Straßenverkehr vom 8.11.1968 ausgesetzt; dieses sieht vor, dass der Fahrer das von ihm gefahrene Fahrzeug unter allen Umständen und ständig, d. h. in jeder Verkehrssituation, beherrschen und alle ihm obliegenden Fahrbewegungen ausführen können muss. Aufgrund dieser Vorgabe der grundsätzlichen allzeitigen Beherrschbarkeit ist der Fahrer daher für die Verwendung des Fahrzeugs verantwortlich. Die nicht-übersteuerbaren Systeme führen jedoch dazu, dass die Beherrschungsmöglichkeit und somit die Verantwortlichkeit des Fahrers in Frage gestellt wird (siehe dazu unter 4. c) und bei *Burmann* in: 38. Deutscher Verkehrsgerichtstag 2000 S. 207; ausführlich zur Problematik *Frenz/Casimir-van den Broek* NZV 2009, 529 ff.; *Gasser*, VKU 2009, 224 [229]; *Lutz/Tang/Lienkamp* NZV 2013,

57 ff.; *Bewersdorf* NZV 2003, 266 ff.; *Albrecht* DAR 2005, 186 [195]; zur Auslegung von Art. 8 und Art. 13 des Wiener Übereinkommens über den Straßenverkehr *Lutz* NZV 2014, 67 ff.).

4. Auswirkungen auf die Halter- und Fahrerhaftung. Der Einsatz von Fahrerassistenzsystemen kann aufgrund ihrer unterschiedlichen Wirkungsweise durchaus Einfluss auf die Haftung des Halters und Fahrers des Fahrzeuges haben (vgl. zu den einzelnen Haftungsfragen auch *Vogt* NZV 2003, 153 [155 ff.]; zu versicherungsrechtlichen Aspekten und Produkt- bzw. Produzentenhaftung bei Fahrerassistenzsystemen siehe *ders.* NZV 2003, 153 [157 ff.]; *Burmann* in: 38. Deutscher Verkehrsgerichtstag 2000 S. 209 ff.; *Albrecht* SVR 2005, 373 [375]; *ders.* DAR 2005, 186 [190 ff.]).

a) Halterhaftung. Für die Halterhaftung nach § 7 StVG genügt nach bisherigem Recht, dass der Schaden beim Betrieb des Fahrzeugs entstanden ist und ein adäquater Ursachenzusammenhang zwischen dem Betrieb und dem Schaden besteht. Ein Verschulden des Halters wird hiernach nicht verlangt. Damit muss der Halter eines Fahrzeugs nach heutiger Rechtslage grundsätzlich auch für alle Schäden einstehen, die durch ein fehlerhaftes Funktionieren eines Fahrerassistenzsystems oder einen falschen Umgang mit dem Fahrerassistenzsystem durch den Fahrer verursacht worden sind. Das folgt daraus, dass die Fahrerassistenzsysteme zu den Einrichtungen gehören, die die Beschaffenheit des Fahrzeugs kennzeichnen und somit seinen Betrieb bestimmen. Die beinahe uneingeschränkte Haftung sollte zumindest dann überprüft werden, wenn Fahrerassistenzsysteme unabhängig vom Willen des Halters und Fahrers in dem Fahrzeug wirken und dessen Fahrbewegung bestimmen. Somit würde der Halter für Gefahren haften, die nicht von ihm selbst ausgehen, sondern dem Straßenverkehr von außen auferlegt werden (dazu *Albrecht* SVR 2005, 373 [374 f.]).

Neben der Gefährdungshaftung durch Betriebsgefahr kommt für den Halter auch noch eine Verschuldenshaftung in Betracht. In Bezug auf die Fahrerassistenzsysteme sind dies die Fälle, in denen der Halter von einem Defekt eines Fahrerassistenzsystems weiß, diesen Defekt indes nicht beheben lässt und das Fahrzeug gleichwohl einem anderen Fahrer überlässt. Indes darf der Halter sein Fahrzeug nicht einer Person zur Benutzung übergeben, die mit den eingebauten Fahrerassistenzsystemen, deren Funktionsweise und den Grenzen von deren Leistungsfähigkeit nicht vertraut ist. Der Halter hat den Fahrer des Weiteren auf das Vorhandensein von Fahrerassistenzsystemen hinzuweisen und gegebenenfalls in deren Handhabung einzuführen.

b) Fahrerhaftung bei steuerbaren Systemen. Die verschuldensabhängige Fahrerhaftung nach § 18 StVG bleibt bei steuerbaren Systemen grundsätzlich unverändert, da diese Systeme lediglich eine unterstützende Funktion haben (wie z. B. abstandshaltende Tempomate, Regensensoren für Scheibenwischer oder auch ABS). Der Fahrer bleibt in vollem Umfang verantwortlich dafür, wie er das Fahrzeug führt. Das System greift zwar in den Fahrbetrieb ein, dessen Wirkung kann aber jederzeit durch den Fahrer überwunden werden, so dass die Verschuldenshaftung durch den Einsatz solcher Assistenzsysteme grundsätzlich nicht berührt wird. Erforderlich ist damit auch, dass sich der Fahrer über die Funktionsweise und die Grenzen der Leistungsfähigkeit des Fahrerassistenzsystems kundig macht. Den Fahrer trifft insbesondere dann ein Verschuldensvorwurf, wenn er ein vom Hersteller auf dauernde Funktion ausgelegtes System deaktiviert und es dann zu einem ansonsten vermeidbaren Unfall kommt. Dies gilt auch dann, wenn der Fahrer trotz erkannten Funktionsausfalls des Fahrerassistenzsystems das Fahrzeug weiter benutzt, obwohl damit dessen Verkehrssicherheit beeinträchtigt wird. Anders sieht der Fall aus, wenn das System plötzlich und unerwartet ausfällt und der Fahrer aus diesem Grund auf die Gefahrensituation nicht mehr angemessen reagieren kann; in einem solchen Fall ist der Schaden daher nicht durch vorsätzliches oder fahrlässiges Handeln der Fahrers, sondern durch einen Fehler am Fahrerassistenzsystem und somit am Fahrzeug verursacht worden.

c) Fahrerhaftung bei vollautomatischen Systemen. Die Fahrerhaftung bei automatisch wirkenden Systemen stellt sich hingegen anders dar, da bei vollautomatischen Fahrzeugführungssystemen mit Kollisionsvermeidungsfähigkeit für ein bestimmtes Manöver aus reaktionszeitlichen Gründen nicht mehr die Bestätigung des Fahrers eingeholt werden kann. Die Wirkung des Systems kann mithin vom Fahrer nicht mehr beeinflusst werden, da das Manöver sofort ausgeführt werden muss; durch einen Eingriff des Fahrers würde dessen Effektivität gefährdet werden, weshalb das System nicht übersteuerbar ist. Sollte es daher zu einem Unfall kommen, stellen sich schwierige Fragen der Haftung, denn den Fahrer trifft i. d. R.

kein volles Verschulden, wenn eine Übersteuerungsmöglichkeit durch den Fahrer nicht gegeben ist. Zu denken ist daher insbesondere an eine auf die Unfallfolgen zielende Haftung der Fahrzeughersteller, der Zulieferer oder der Systembetreiber. Besonders problematisch stellt sich die Konstellation dann dar, wenn dem Fahrer bei einer automatisch wirkenden, eine Bremsung des Fahrzeugs auslösenden Geschwindigkeitsregelung die Chance genommen wird, eine Gefahrensituation durch Beschleunigen zu entschärfen. Abschließend sind die Haftungsfragen jedoch noch nicht geklärt (siehe dazu auch *Burmann* in: 38. Deutscher Verkehrsgerichtstag 2000 S. 205 ff.; *Albrecht* DAR 2005, 186 [195]; *Meyer/Harland* CR 2007, 689 ff.; *Lutz/Tang/Lienkamp* NZV 2013, 57 [60 f.]).

5. Ausblick. In jüngster Vergangenheit wurden weitere Systeme zur Erleichterung der zu bewältigenden Fahraufgaben eingeführt. Dass ein Ende dieser Entwicklung bevorsteht, ist nicht zu erkennen, wie etwa neu entwickelte Systeme der Bahnführung deutlich machen, die dem Fahrer verbindliche Informationen bzw. Warnungen geben. Beispielhaft seien dabei folgende genannt: CW – Collision Warning, bekannt als sog. Einparkhilfe; SA – Speed Alert System als Unterform von ISM, überträgt unter Verwendung von Telematikkomponenten örtlich geltende Geschwindigkeitsbegrenzungen ins Fahrzeug und warnt den Fahrer bei deren Überschreitung; LDW – Lane Departure Warning als ein System, das Fahrbahnbegrenzungslinien durch im Fahrzeug integrierte Kameras erkennt und den Fahrer warnt, falls das Fahrzeug zu stark von der Ideallinie abweicht; Spurwechselassistent, welcher eine Warnung beim Spurwechsel vor Fahrzeugen im toten Winkel vornimmt, indem er den Fahrer durch ein Warnlicht am Außenspiegel oder durch einen Warnton bei eingesetztem Blinker auf ein sich kritisch annäherndes Nachfolgefahrzeug hinweist.

Zu nennen sind in diesem Zusammenhang aber auch Systeme, die selbst aktive Eingriffe zur Kollisionsverhinderung durchführen (z. B. CMBB – Collision Mitigation by Braking, d. h. Kollisionsfolgenminderung durch Bremseneingriff; ANB – Automatische Notbremse, die eine Vollbremsung auslöst, wenn durch den Bremseingriff die Folgen eines bevorstehenden Unfalls vermindert werden können). Auch die Entwicklung eines Systems zur automatischen Kolonnenfahrt, welches speziell im Güterverkehr zum Einsatz kommen soll, ist im Gespräch (sog. EFAS-Konvoi; zu dessen rechtlicher Bewertung siehe *Frenz* DAR 2003, 58 ff.; *ders.* ZfSch 2003, 381 ff.). Jüngst vorgestellt wurde in der Mercedes S-Klasse eine selbstlenkende Einparkhilfe, welche sich „Distronic Plus mit Lenkassistent" nennt. Dabei gibt das System automatisch Gas, bremst und lenkt. Damit kommt den Fahrerassistenzsystemen zukünftig wohl ein noch höherer Stellenwert im Rahmen der Verbesserung der Verkehrssicherheit zu, als dies derzeit schon der Fall ist. Um indes bei der Vielzahl an Fahrerassistenzsystemen die entstehenden Beweisprobleme zu bewältigen, bedarf es wohl weiterer Hilfe. Für die Beweisführung wird daher der Auswertung eines Unfallgeschehens mittels eines Unfalldatenspeichers wesentliche Bedeutung zukommen, denn ein solches System kann das Verhalten des Fahrers einerseits und das Einschreiten von Fahrerassistenzsystemen andererseits aufzeichnen (vgl. dazu und zur Vereinbarkeit deren mit dem Europarecht *Brenner/Schmidt-Cotta* SVR 2008, 41 ff.; zum Einzelnen → *Unfalldatenspeicher*).

Zu den wohl am schwierigsten realisierbaren, indes schon in den Forschungsabteilungen von Fahrzeugherstellern existierenden Systemen gehören solche der Kollisionsvermeidung (CA – Collision Avoidance). Diese könnten selbständig Fahrmanöver ausführen, was die Hersteller jedoch vor schwierige technische und rechtliche Probleme stellen wird. Die sichere und eindeutige Situationserkennung, die kurzzeitige Übernahme der Fahrzeugführung sowie die erfolgreiche Rückgabe an den Fahrer sind jedenfalls ein schwieriges technisches Unterfangen (dazu mehr bei *Deutschle* SVR 3005, 249 [252]; *Albrecht* SVR 2005, 373 [374]). Insbesondere würde dies wesentliche Haftungsfragen aufwerfen. *Brenner/Bohnert*

Fahrerermittlung **1. Allgemeines.** Wenn der verantwortliche Fahrzeugführer nach einem Verkehrsverstoß nicht direkt angehalten wird, wird eine Fahrerermittlung erfolgen. Im Rahmen von Ordnungswidrigkeiten wegen Geschwindigkeitsüberschreitungen, Abstandsunterschreitungen oder Rotlichtverstößen kommt es regelmäßig darauf an, ob der Betroffene auf dem Lichtbild oder der Videoaufzeichnung als Fahrer zu identifizieren ist. Bei Strafsachen (z. B. bei Nötigungen) kommt ggf. eine Identifizierung des verantwortlichen Fahrers durch Zeugenaussagen in Betracht.

F Fahrerermittlung

> Praxistipp: Es empfiehlt sich in der Regel, als Betroffener oder Beschuldigter zunächst (insbesondere solange seitens des Verteidigers noch keine Einsicht in die Ermittlungsakte genommen werden konnte) keinerlei Angaben zur Sache zu machen, insbesondere nicht zur Frage der Fahrereigenschaft. Anders kann der Fall aber dann liegen, wenn z. B. der Führerschein bereits beschlagnahmt oder ein vorläufiger Entzug der Fahrerlaubnis ausgesprochen wurde und insofern die unverzügliche Einleitung von Verteidigungsmaßnahmen geboten ist.

2. Ermittlungen der Bußgeldbehörde/Staatsanwaltschaft. Bereits im Vorverfahren wird die zuständige Bußgeldbehörde bzw. Staatsanwaltschaft primär den verantwortlichen Fahrzeugführer zu ermitteln versuchen. Je nachdem welche Beweismittel vorliegen, gibt es hier unterschiedliche Ansatzpunkte:

a) Datenerhebung beim Halter. Zunächst kann eine schriftliche Zeugenbefragung bzw. Anhörung des Fahrzeughalters erfolgen, ggf. auch dessen persönliche Vernehmung in der örtlichen Polizeidienststelle. Die Grundsätze über die Belehrung sind hierbei zu beachten (→ *Bußgeldverfahren Nr. 2a*). Diese Form der Fahrerermittlung wird von der Behörde im Regelfall zuerst durchzuführen sein, da sie den geringsten Eingriff in die Rechte des Betroffenen bzw. Beschuldigten darstellt.

b) Fahrerermittlung über Frontfoto oder Videoaufzeichnung. Zulässig ist auch ein *Abgleich des Messfotos oder -videos mit dem Personalausweis- oder Passfoto*, welches bei der Meldebehörde hinterlegt ist; Staatsanwaltschaft bzw. Bußgeldbehörde sind in diesem Zusammenhang gem. § 161 Abs. 1 S. 1 StPO (respektive i.V. m. § 46 Abs. 1 u. 2 OWiG) berechtigt, von allen Behörden zum Zwecke der Verfolgung von Straftaten oder Ordnungswidrigkeiten Auskunft zu verlangen, wobei dieses Recht auch die Herausgabe von bei der Meldebehörde hinterlegten Lichtbildern umfasst. Selbst wenn dadurch datenschutzrechtliche Bestimmungen missachtet werden sollten, führt dies letztlich nicht zu einem Verfahrenshindernis oder Beweisverwertungsverbot (BayObLG 27.8.2003, 1 ObOWi 310/03, NZV 2003, 589; OLG Bamberg 2.8.2005, 2 Ss OWi 147/05, DAR 2006, 336). Die *Schwärzung des abgebildeten Beifahrers* muss aus datenschutzrechtlichen Gründen vom Sachbearbeiter der ermittelnden Behörde vorgenommen werden, sofern das Messfoto Dritten vorgelegt werden soll. Ein Verstoß gegen dieses Gebot bleibt aber im Bußgeld- oder Strafverfahren folgenlos und führt nicht zu einem Beweisverwertungsverbot. Eine Halternachschau am Wohnsitz des Halters bzw. eine Befragung von Familienangehörigen, Nachbarn oder sonstigen Dritten ist grundsätzlich zulässig, wenn dabei der Verhältnismäßigkeitsgrundsatz (unter Berücksichtigung der Schwere des Verkehrsverstoßes) gewahrt bleibt. Dagegen kann das Betreten der Wohn- oder Geschäftsräume des Halters durch den ermittelnden Polizeibeamten ohne Vorankündigung und Offenlegung der ermittlungstaktischen Absichten bereits eine Durchsuchung von verfassungsrechtlich geschützten Räumen darstellen, zu deren Rechtmäßigkeit es gem. § 105 StPO (ggf. i.V. m. § 46 Abs. 1 u. 2 OWiG) eines richterlichen Durchsuchungsbeschlusses bedarf; soweit eine solche Halternachschau im Ordnungswidrigkeitenverfahren von der Bußgeldstelle angeordnet wird, kann ein Verstoß gegen dieses Gebot des fairen Verfahrens seitens des Ermittlungsbeamten jedenfalls nicht die Verfolgungsverjährung (hier: § 33 Abs. 1 Nr. 4 OWiG) unterbrechen (AG Stuttgart 3.12.2001, 8 OWi 75 Js 81120/01, NZV 2002, 330). Zu guter Letzt kann zum Zwecke der Fahrerermittlung seitens Behörden oder Gericht auch ein *anthropologisches Sachverständigengutachten* in Auftrag gegeben werden.

c) Fahrerermittlung durch Zeugenaussagen. Können die Personalien des verantwortlichen Fahrzeugführers am Tatort nicht festgestellt werden und liegt auch keine Bild- oder Videodokumentation des Verkehrsverstoßes vor, so kann allenfalls noch eine Identifizierung über Zeugenaussagen in Betracht kommen.

> Praxistipp: Gerade in Strafsachen, in denen die Verteidigung auf der nicht hinreichenden Möglichkeit der Fahreridentifizierung aufbaut, sollte schon im Ermittlungsverfahren darauf gedrängt werden, dass die Ermittlungsbehörde eine *Gegenüberstellung* durchführt oder eine *Wahllichtbildvorlage* erstellt und dem Zeugen vorlegt; anderenfalls bestünde die Gefahr, dass der Zeuge später in der Hauptverhandlung den Angeklagten als Täter bezeichnet, obwohl er hier ggf. auch jeden anderen auf der Anklagebank Sitzenden als Täter „identifiziert" hätte. Zulässig ist, dass der Angeklagte sein Aussehen (z. B. im Hinblick auf Farbe und Wuchs von Haar oder Bart) verändert.

3. Anforderungen an die Urteilsfeststellungen. Das Rechtsbeschwerdegericht darf die Beweiswürdigung des Tatrichters nicht durch seine eigene ersetzen, hat sie aber auf rechtliche Fehler zu überprüfen. Die Beweiswürdigung ist dann fehlerhaft, wenn sie in sich widersprüchlich, lückenhaft oder unklar ist, gegen Denkgesetze und Erfahrungssätze verstößt oder falsche Maßstäbe für die zur Verurteilung erforderliche bzw. ausreichende Gewissheit angelegt werden (OLG Hamm 13.5.2005, 2 Ss OWi 274/05, NZV 2006, 162).

a) Bei einer **Täteridentifizierung durch Lichtbild** muss der Tatrichter die Beurteilung, ob der Beschuldigte bzw. der Betroffene der verantwortliche Fahrer war, selbst vornehmen und darf diese Entscheidung nicht Dritten (wie zB einem Polizeibeamten oder dem Protokollführer) überlassen. Die Fahreridentifizierung anhand eines Messfotos oder -videos ist Sache des Tatrichters, der dazu grundsätzlich nicht der Mithilfe eines Sachverständigen bedarf, insbesondere dann, wenn das Foto uneingeschränkt geeignet ist (BayObLG 14.9.1999, 2 ObOWi 447/99, NZV 2000, 48). Letzteres ist regelmäßig nicht der Fall, wenn auf dem Foto das Gesicht des Fahrers nicht oder nur zu einem geringen Teil abgebildet ist (OLG Hamm 9.5.1996, 2 Ss OWi 401/96, NZV 1996, 466). Nimmt das Tatgericht in den Urteilsgründen nicht ausdrücklich und eindeutig auf das in den Akten befindliche Messfoto Bezug, so wird dieses nicht Bestandteil der Urteilsgründe; die bloße Angabe der Fundstelle in den Akten ist insoweit nicht ausreichend (OLG Bamberg 20.2.2008, 3 Ss OWi 180/08, NZV 2008, 211). Ohne eine entsprechende Bezugnahme bedarf es einer ausführlichen Beschreibung des Lichtbildes nach Inhalt und Qualität, vor allem was die Bildschärfe angeht (OLG Bamberg aaO). Im Urteil aufzunehmen sind hier vor allem besonders charakteristische Identifizierungsmerkmale wie Haarfarbe, Augenbrauen, Nasen- und Stirnpartie sowie die Tatsache, dass der Tatrichter in der Hauptverhandlung eine vergleichende Inaugenscheinnahme mit dem Betroffenen vorgenommen hat (OLG Hamm 20.7.1995, 2 Ss OWi 830/95, DAR 1995, 415). Wird in der Hauptverhandlung ein *Beweisantrag auf Vernehmung eines Zeugen* dafür gestellt, dass der Betroffene bzw. Beschuldigte als Fahrer ausscheidet, so ist das Gericht zur Erforschung der Wahrheit idR angehalten, dem Beweisantrag stattzugeben, auch wenn als Beweismittel ein Messfoto bzw. -video zur Verfügung steht; dies gilt insbesondere dann, wenn dieser Zeuge namentlich als verantwortlicher Fahrer benannt wird (BayObLG 13.12.1996, 2 ObOWi 919/96, NZV 1997, 452). Die Ablehnung eines Beweisantrags auf Vernehmung einer Person, die nach dem Vortrag des Betroffenen Fahrer zum Zeitpunkt der Geschwindigkeitsüberschreitung gewesen sei und die dem Betroffenen ähnele, mit der Begründung, der Betroffene sei aufgrund des Messfotos identifiziert und die Beweiserhebung damit zur Erforschung der Wahrheit nicht erforderlich, verletzt den Betroffenen in seinem Beweisantragsrecht (OLG Celle 31.8.2010, 311 SsRs 54/10, NJW 2010, 3794). Stützt sich der Tatrichter in seinem Urteil auf ein *anthropologisches Sachverständigengutachten*, so sind in die Urteilsgründe eine verständliche und in sich geschlossene Darstellung der dem Gutachten zu Grunde liegenden Anknüpfungstatsachen, der wesentlichen Befundtatsachen und der das Gutachten tragenden fachlichen Begründung aufzunehmen (OLG Bamberg 20.2.2008, 3 Ss OWi 180/08, NZV 2008, 211). Dabei ist darzulegen, auf welche und wie viele übereinstimmende metrische und deskriptive Körpermerkmale sich der Sachverständige im Rahmen seiner nicht standardisierten Untersuchungsmethode bei der Bewertung gestützt und auf welche Art und Weise er diese Übereinstimmungen ermittelt hat und welche Häufigkeit hinsichtlich der jeweils übereinstimmenden Merkmale der Wahrscheinlichkeitsberechtigung zugrunde gelegt und wie diese ermittelt wurden (OLG Bamberg 6.4.2010, 3 Ss OWi 378/10, BeckRS 2010, 16789).

b) Wahllichtbildvorlage und Gegenüberstellung. Wird einem Zeugen zum Wiedererkennen des verantwortlichen Fahrzeugführers eine *Wahllichtbildvorlage* vorgehalten oder wird zu diesem Zwecke eine *Gegenüberstellung* durchgeführt, so müssen im Urteil nähere Feststellungen zu Inhalt und Qualität der Wahllichtbildvorlage bzw. der Gegenüberstellung erfolgen, insbesondere auch dazu, ob sie den Anforderungen von Ziffer 18 RiStBV genügte (OLG Hamm 21.7.2008, 2 Ss 262/08, StV 2008, 511).

4. Fahrtenbuchauflage. Kann der verantwortliche Fahrzeugführer nicht ermittelt werden, und gibt auch der Halter dessen Personalien nicht preis, so muss der Halter im schlimmsten Fall mit einer Fahrtenbuchauflage rechnen (→ *Fahrtenbuchauflage*).

Siehe auch: → *Kostentragungspflicht des Halters*

Langer/Weder

Fahrerflucht → Unfallflucht

Fahrerhaftung 1. Vorbemerkung. Der Fahrer eines Kfz kann *neben dem Halter* als *Gesamtschuldner* für Unfallschäden haften. Eine Haftung des

F Fahrerhaftung

Kfz-Fahrers kommt sowohl auf Grundlage der §§ 823 ff. BGB als auch gem. § 18 Abs. 1 StVG in Betracht (vgl. § 16 StVG). *Fahrer* oder *Fahrzeugführer* eines Kfz ist grundsätzlich derjenige, der ein Kfz eigenverantwortlich in Bewegung setzt, lenkt, anhält oder parkt, unabhängig von seiner Berechtigung (BGH 15.10.1962, VersR 1962, 1147; vgl. BGH 22.3.1977, NJW 1977, 1056; zum Fahrschüler s. BGH 15.3.1972, VersR 1972, 455). Ist ein *Anhänger* mit dem Kfz verbunden, ist der Fahrer des Kfz stets zugleich Führer des Anhängers. Benutzt der Fahrer das Kfz des personenverschiedenen Halters ohne Wissen und Willen des Halters, dann kommt eine Haftung des Fahrers gem. § 7 Abs. 3 StVG in Betracht.

2. Haftungsvoraussetzungen des § 823 Abs. 1 BGB sind, dass der Fahrer als Schädiger durch eine *Handlung* (und nicht einen reinen, nicht auf einer Willensbetätigung beruhenden Reflex; vgl. OLG Köln 27.1.1994, MDR 1994, 561; OLG Hamm 16.7.1974, NJW 1975, 657) oder ein vorwerfbares Unterlassen (z. B. das Unterlassen der gem. § 9 Abs. 1 S. 3 StVO gebotenen zweiten Rückschau) ein *geschütztes Rechtsgut* (Leben, Körper, Gesundheit und Eigentum sowie ein sonstiges Recht wie z. B. der Besitz, nicht lediglich das Vermögen) *verletzt* hat, ein *Schaden* eingetreten ist, zwischen Rechtsgutsverletzung und Schaden ein *ursächlicher Zusammenhang* besteht (sog. haftungsbegründende Kausalität), ferner dass ein ursächlicher Zusammenhang zwischen der Rechtsgutsverletzung und dem Schadensausmaß besteht (sog. haftungsausfüllende Kausalität), und dass der Fahrer *rechtswidrig* (die Rechtswidrigkeit wird durch die Rechtsgutsverletzung indiziert, und entfällt ausnahmsweise bei einem Eingreifen von Rechtfertigungsgründen wie z. B. Notwehr und Nothilfe oder einer Einwilligung des Verletzten, BGH 21.12.1995, NJW-RR 1995, 857; OLG Hamm 14.2.2001, NZV 2001, 374, welche von einem Handeln auf eigene Gefahr zu unterscheiden ist, BGH 14.3.1961, VersR 1961, 427) und auch *schuldhaft* (objektiv pflichtwidrig, BGH 22.11.1966, VersR 1967, 158, und subjektiv vorwerfbar, BGH 10.11.1992, VersR 1993, 230, also fahrlässig oder vorsätzlich und im Zustand der Schuldfähigkeit, ohne dass bei pflichtgemäßem Verhalten der Schadenseintritt ausgeblieben wäre, BGH 27.6.2000, VersR 2000, 1294; s. a. → *Verschuldenshaftung*) gehandelt hat. Im Rahmen der *haftungsbegründenden Kausalität* wird die als Folge der *Bedingungstheorie* (kausal ist jede Bedingung, die nicht hinweg gedacht werden kann, ohne dass der Erfolg entfiele) unübersehbare Ausweitung der Verschuldenshaftung durch die *Adäquanztheorie* (keine Kausalität, wenn die Möglichkeit des Eintritts der Rechtsgutsverletzung nach der Auffassung des Lebens vernünftigerweise nicht mehr in Betracht gezogen werden musste; BGH 14.3.1985, NJW 1986, 1329) sowie die *Lehre vom Schutzzweck der Norm*, auch *Lehre vom Rechtswidrigkeitszusammenhang* (anhand einer am Normzweck und den Umständen des Einzelfalls ausgerichteten *Wertung* wird festgestellt, ob zwischen der vom Schädiger geschaffenen Gefahr und dem entstandenen Schaden ein *innerer Zusammenhang* besteht, vgl. BGH 10.2.2004, DAR 2004, 265; BGH 20.11.2001, DAR 2002, 115; BGH 10.12.1996, DAR 1997, 157), eingegrenzt (s. a. → *Kausalität*). Dem Schädiger wird z. B. eine solche Rechtsgutsverletzung nicht zugerechnet, die zum *allgemeinen Lebensrisiko* gehört (BGH 6.6.1989, DAR 1989, 291; BGH 4.4.1989, VersR 1989, 853; s. a. → *Ersatzansprüche Dritter*; s. a. → *psychische Unfallfolgen*). Dagegen kann eine Zurechnung erfolgen, obgleich der Schaden erst durch einen *freien Willensentschluss* des Geschädigten herbeigeführt wurde, wenn der Geschädigte vom Schädiger zu seinem Handeln *herausgefordert* wurde und sich so einem *erhöhten Verletzungsrisiko* aussetzte (sog. *Verfolgerfälle*; BGH 13.7.1971, NJW 1971, 1982).

> Praxistipp: Bei einem *gestellten Unfall* kann ausnahmsweise eine *rechtfertigende Einwilligung* angenommen werden mit der Folge, dass es an der Anspruchsvoraussetzung der Rechtswidrigkeit fehlt (s. a. → *vorsätzlich verursachter Kfz-Unfall*). Bei einer *Häufung von Indizien* für eine Unfallmanipulation kann ein *Anscheinsbeweis* für das Vorliegen einer Einwilligung sprechen (BGH 6.3.1978, VersR 1979, 514; OLG Hamm 14.2.2001, NZV 2001, 374).

3. Haftungsvoraussetzungen des § 823 Abs. 2 BGB sind ein *Verstoß gegen ein Schutzgesetz*, *Ursächlichkeit* der Schutzgesetzverletzung für den eingetretenen Schaden (haftungsbegründende Kausalität, BGH 4.10.1983, NJW 1984, 432), *Rechtswidrigkeit* und *Schuld* (welche vermutet wird, wenn eine Schutzgesetzverletzung feststeht, BGH 5.5.1987, VersR 1987, 1014). Im Gegensatz zu § 823 Abs. 1 BGB wird auf Grundlage des § 823 Abs. 2 BGB auch der *reine Vermögensschaden* ersetzt. Ein *Schutzgesetz* ist eine Norm, die zumindest auch dem Zweck dienen soll, die Verletzung bestimmter Rechtsgüter zu verhindern (BGH 18.11.2003, NJW 2004, 356; BGH 8.5.1973, NJW 1973, 1547; BGH 9.3.1965, NJW 1965, 1177). Schutzgesetze aus der *StVO* sind z. B. das Gebot der Rücksichtnahme aus § 1 Abs. 2 StVO, das Rücksichtnahmegebot gegenüber Älteren, Kindern und Betrunkenen gem. § 3 Abs. 2 a StVO, der Sicherheitsabstand gem. § 4 Abs. 1 StVO, die Vorschriften zum Überholen gem. § 5 StVO, zur Vorfahrt gem. § 8 StVO und zum Abbiegen, Wenden und Rückwärtsfahren gem. § 9 StVO sowie zum Ein- und Ausfahren gem. § 10 StVO. Der Geschädigte kann sich auf einen Verstoß gegen ein Schutzgesetz nur dann berufen, wenn er, das verletzte Rechtsgut und die Art und Weise des Schadenseintritts vom *Schutzbereich der Norm* erfasst sein sollen (BGH 18.11.2003, NJW 2004, 356; BGH 8.5.1973, NJW 1973, 1547). Dafür ist zu prüfen, ob die verletzte Verhaltenspflicht auch den Schutz des Geschädigten vor dem eingetretenen Schaden bezweckt (sog. *Schutzbereichstheorie*, BGH 16.6.1964, VersR 1964, 1069). Dies ist durch eine umfassende Würdigung im Einzelfall zu ermitteln (*Diederichsen* DAR 2006, 301). Schutzzweck des Rechtsfahrgebotes des § 2 Abs. 2 StVO ist der Schutz des fließenden Verkehrs auf der bevorrechtigten Straße, also Schutz der Kfz im Gegen- und Überholverkehr, nicht aber von Kfz im untergeordneten Seitenverkehr, weswegen der aus einer untergeordneten Straße Einbiegende sich nicht darauf berufen kann, dass der Bevorrechtigte verkehrswidrig links gefahren sei (BGH 11.1. 1977, VersR 1977, 524; BGH 19.5.1981, VersR 1981, 837). Der Schutzbereich des Vorfahrtsrechts erstreckt sich auf die gesamte Fahrbahnbreite, geht also durch ein Befahren der linken Fahrbahnseite durch den Bevorrechtigten nicht verloren (KG 6.10.2005, DAR 2006, 151).

Praxistipp: Der Haftungsgrund des § 823 Abs. 2 BGB erlangt dann eigenständige Bedeutung, wenn durch das Schadensereignis ein *reiner Vermögensschaden* entstanden ist, der nicht auf Grundlage des § 823 Abs. 1 BGB ersetzt wird, weil keines der dort aufgezählten absoluten Rechtsgüter verletzt wurde.

4. Haftungsvoraussetzungen des § 18 StVG. Der vom Halter personenverschiedene Fahrer eines Kfz haftet zwar nicht verschuldensunabhängig wie der Halter gemäß § 7 Abs. 1 StVG (vgl. BGH 17.11.2009, NJW 2010, 927; BGH 17.11.2009, NJW 2010, 930). Jedoch enthält § 18 Abs. 1 S. 1 StVG eine *Haftung für vermutetes Verschulden* und damit eine erhebliche Beweiserleichterung für den Geschädigten. Hierbei handelt es sich um eine Verschuldenshaftung mit umgekehrter Beweislast (BGH 25.1.1983, NJW 1983, 1326). Denn gem. § 18 StVG wird vermutet, dass ein Unfall bei dem Betrieb des vom Fahrer geführten Kfz durch ein schuldhaftes, verkehrswidriges Verhalten des Fahrers verursacht wurde (OLG Hamm 10.3.2000, DAR 2000, 357). Der Verschuldensmaßstab des § 18 StVG entspricht dem des § 276 BGB, so dass der Fahrer nachweisen muss, dass er die *verkehrserforderliche Sorgfalt eines durchschnittlich geübten Kraftfahrers* (OLG Bamberg 7.4.1981, VersR 1982, 583) beachtet hat, mit welcher er übliche Verkehrssituationen hätte meistern können (OLG Hamm 10.3.2000, DAR 2000, 357). Die gesteigerte Sorgfaltspflicht eines „Idealfahrers" wie im Rahmen des Unabwendbarkeitsbeweises gemäß § 17 Abs. 3 S. 2 StVG trifft den Fahrzeuglenker in § 18 StVG nicht (OLG Hamm 27.5.1998, NZV 1998, 463). Kann sich der Fahrer von dieser *Verschuldensvermutung* entlasten, mithin nachweisen, dass er nicht gegen in der StVO und StVZO normierte Pflichten verstoßen hat, dann scheidet eine Haftung des Fahrers aus § 18 Abs. 1 StVG aus (BGH 4.3.1957, NJW 1957, 785; OLG Bamberg 7.4.1981, VersR 1982, 583). *Verbleibende Zweifel* gehen zu Lasten des Fahrers des den Unfall verursachenden Kraftfahrzeugs (BGH 11.6.1974, NJW 1974, 1510; OLG Stuttgart 6.4.1979, VersR 1979, 1039).

5. Prozessuales. Die anspruchsbegründenden Tatsachen muss der Geschädigte darlegen und gem. § 286 ZPO beweisen (BGH 16.6.1983, BGHZ 87, 393). Das *Beweismaß des § 286 ZPO* verlangt einen Grad an Überzeugung derart, dass der anspruchsbegründende Umstand mit an Sicherheit grenzender Wahrscheinlichkeit feststehen muss, mithin mit einem für das praktische Leben brauchbaren Grad von Gewissheit, der zu vernünftigen Zweifeln keinen Anlass gibt (BGH 4.11.2003, VersR 2004, 118; BGH 12.11.1985, NJW 1986, 777). Die Beweiserleichterungen des § 287 ZPO kommen dem Geschädigten hier nicht zugute (BGH 4.11.2003, NJW 2004, 777), sondern erst im Bereich der haftungsausfüllenden Kausalität und dem Schadensumfang. Das *Beweismaß des § 287 ZPO* lässt es für den Nachweis ausreichen, dass die Folge mit überwiegender Wahrscheinlichkeit auf den Unfall zurückzuführen ist (BGH 21.7.1998, NJW 1998, 3417; s. a. → *Besonderheiten des Verkehrsunfallprozesses*

F Fahrerkarte

Nr. 24). Bezüglich der haftungsbegründenden Kausalität und des Verschuldens kann ein *Anscheinsbeweis* eingreifen (s. a. → *Beweis des ersten Anscheins*). Die Beweislast kann durch *am Unfallort abgegebene Erklärungen* verändert werden. Der Beweiswert solcher Erklärungen hängt es von den *Umständen des Einzelfalles* ab, und ist durch Auslegung zu ermitteln (BGH 10.1. 1984, NJW 1984, 799; BGH 14.7.1981, NJW 1982, 996). Durch ein *konstitutives Schuldanerkenntnis* wird unabhängig vom Unfall rechtsverbindlich ein neuer Schuldgrund geschaffen (BGH 10.1.1984, DAR 1984, 145). Durch ein *deklaratorisches Anerkenntnis* bestätigen die Unfallbeteiligten ein Kausalverhältnis in seinem Bestand (BGH 3.4.2001, NJW 2001, 2096; BGH 24.6.1999, NJW 1999, 2889; BGH 1.12. 1994, NJW 1995, 960), so dass der Anerkennende mit Einwendungen gegen den Grund des Schadenersatzanspruchs des Unfallgegners ausgeschlossen ist (BGH 10.1.1984, NJW 1984, 799). Ein *Schuldbekenntnis* („*Zeugnis gegen sich selbst*") bewirkt eine Umkehrung der Beweislast (BGH 10.1.1984, DAR 1984, 145). Hat der Unfallbeteiligte pauschal seine Schuld am Unfall eingeräumt, so ist darin lediglich ein *Schuldindiz* (Beweisanzeichen) zu sehen (OLG Düsseldorf 16.6.2008, DAR 2008, 523; LG Essen 28.6.1972, NJW 1972, 1721; s. a. → *Besonderheiten des Verkehrsunfallprozesses* Nr. 8).

Geiger

Fahrerkarte → Kontrollgerät [Fahrtschreiber] Nr. 1 c), → Lenk- und Ruhezeiten Nr. 6

Fahrerlaubnis → Abkürzung der Sperrfrist für die Wiedererteilung, → Dienstfahrerlaubnis, → Entziehung der Fahrerlaubnis, → Fahrerlaubniserwerb, → Fahrerlaubnis-Verordnung, → Straßenverkehrsgesetz, → Vorläufige Entziehung der Fahrerlaubnis, → Widerruf und Rücknahme der Fahrerlaubnis

Fahrerlaubnis auf Probe → Fahrerlaubniserwerb Nr. 4, → Fahrerlaubnis-Verordnung Nr. 3

Fahrerlaubnis zur Fahrgastbeförderung → Fahrerlaubnis-Verordnung Nr. 3

Fahrerlaubniserwerb 1. Allgemeines. Zum Führen von Kfz auf öffentlichen Straßen bedarf es grundsätzlich einer *Fahrerlaubnis* (§ 2 Abs. 1 S. 1 StVG, § 4 Abs. 1 S. 1 FeV). Ausnahmen von der Fahrerlaubnispflicht sind in § 4 Abs. 1 S. 2 FeV normiert für Mofas, sog. Mobilitätshilfen (Segway), bestimmte Kleinkrafträder, motorisierte Krankenfahrstühle, für land- oder forstwirtschaftliche Zwecke bestimmte Zugmaschinen, selbstfahrende Arbeitsmaschinen und Stapler. Für das Führen dieser fahrerlaubnisfreien Kfz sind z.T. andere Anforderungen normiert (z. B. Mofa-Prüfbescheinigung). Die Fahrerlaubnis wird in bestimmten *Klassen* erteilt (§ 6 FeV), die z.T. andere Fahrerlaubnisklassen *einschließen* (§ 6 Abs. 3 FeV). Die Fahrerlaubnis der Klassen AM, A1, A2, A, B, BE, L und T wird *unbefristet*, die Fahrerlaubnis der übrigen Klassen wird *befristet* erteilt (§ 23 Abs. 1 FeV). Voraussetzungen der Fahrerlaubniserteilung sind das Vorliegen der *Eignung* (§ 2 Abs. 2 S. 1 Nr. 3 StVG, → *Fahreignung*) und der *Befähigung* (§ 2 Abs. 2 S. 1 Nr. 5 StVG) zum Führen von Kfz der beantragten Fahrerlaubnisklasse. Voraussetzung für die Erteilung einer Fahrerlaubnis ist weiter, dass der Bewerber zum Führen von Kfz nach dem Fahrlehrergesetz und den auf ihm beruhenden Rechtsvorschriften *ausgebildet* worden ist (§ 2 Abs. 2 S. 1 Nr. 4 StVG). Die Ausbildung in der Fahrschule dient nicht nur der Vorbereitung auf die Fahrprüfung; ihr kommt für die Gewährleistung der Sicherheit des Straßenverkehrs eine eigenständige Bedeutung zu (Dauer Fahrlehrerrecht § 1 FahrlG Rn. 5). Ist die Ausbildung nicht nachgewiesen, hat die Erteilung der Fahrerlaubnis zu unterbleiben, auch wenn der Bewerber über die Befähigung zum Führen von Kfz verfügt.

2. Fahrerlaubnisprüfung: Die Befähigung zum Führen von Kfz muss vor Erteilung der Fahrerlaubnis in einer theoretischen und praktischen Prüfung nachgewiesen werden (§ 2 Abs. 2 S. 1 Nr. 5 StVG, § 15 Abs. 1 FeV). Die Prüfung wird von amtlich anerkannten Sachverständigen und Prüfern abgenommen, die einer Technischen Prüfstelle für den Kraftfahrzeugverkehr (§ 10 KfSachvG) angehören (§ 2 Abs. 13 S. 1 und 2 StVG, §§ 15 Abs. 5, 69 Abs. 1 FeV). Vor der theoretischen und praktischen Prüfung muss der Bewerber jeweils durch Vorlage von Ausbildungsbescheinigungen (Anlagen 7.1 bis 7.3 zur FahrschAusbO) nachweisen, dass er gemäß § 2 Abs. 2 S. 1 Nr. 4 StVG in einer Fahrschule ausgebildet worden ist. Der Abschluss der theoretischen und praktischen Ausbildung darf jeweils nicht länger als zwei Jahre zurückliegen (§ 16 Abs. 3 S. 7, § 17 Abs. 5 S. 6 FeV). Eine nicht bestandene Prüfung darf erst nach einer Wartefrist wiederholt werden, die i. d. R. nicht weniger als zwei Wochen, bei einem Täuschungsversuch mindestens sechs Wochen beträgt (§ 18 Abs. 1 FeV). Mehrfache Wiederholung ist zulässig. Zum Erwerb einer Fahrerlaubnis der Klasse L ist nur eine theoretische Prüfung, bei bestimmten Erweiterungen der Fahrerlaubnis, z. B. von Klasse B zu Klasse BE, ist nur eine praktische Prüfung erforderlich (§ 15 Abs. 2 FeV).

a) In der *theoretischen Prüfung* muss der Bewerber ausreichende Kenntnisse der für das Führen von Kfz maßgebenden Rechtsvorschriften und der umweltbezogenen und energiesparenden Fahrweise sowie Vertrautheit mit den Gefahren des Straßenverkehrs und der zu ihrer Abwehr erforderlichen Verhaltensweisen nachweisen (§ 16 Abs. 1 FeV). Die Einzelheiten der Prüfung sind in Teil 1 der Anlage 7 FeV geregelt. Die Prüfung erfolgt im Multiple-Choice-Verfahren (zu einer Frage stehen mehrere vorformulierte Antworten zur Auswahl). Die Prüfung mit Papier und Bleistift ist mittlerweile durch eine Prüfung am Computer abgelöst worden. Die Prüfung wird grundsätzlich in deutscher Sprache durchgeführt, kann aber auch in bestimmten Fremdsprachen abgelegt werden (Nr. 1.3 Anlage 7 FeV). Für Bewerber, die nicht ausreichend lesen oder schreiben können, besteht über Kopfhörer die Möglichkeit der Audio-Unterstützung (nur) in deutscher Sprache. Dolmetscherprüfungen sind nicht mehr erlaubt. Lediglich bei der Prüfung von Gehörlosen ist ein Gehörlosen-Dolmetscher zuzulassen. Bei Täuschungshandlungen gilt die Prüfung als nicht bestanden (§ 18 Abs. 1 S. 1 FeV). Die theoretische Prüfung darf nicht früher als drei Monate vor Erreichen des Mindestalters für die angestrebte Fahrerlaubnisklasse abgenommen werden (§ 16 Abs. 3 S. 2 FeV).

b) In der *praktischen Prüfung* hat der Bewerber nachzuweisen, dass er über die zur sicheren Führung eines Kfz, ggf. mit Anhänger, im Verkehr erforderlichen technischen Kenntnisse und über ausreichende Kenntnisse einer umweltbewussten und energiesparenden Fahrweise verfügt sowie zu ihrer praktischen Anwendung fähig ist (§ 17 Abs. 1 S. 1 FeV). Der Bewerber muss ein Anlage 7 FeV entsprechendes Prüfungsfahrzeug der angestrebten Fahrerlaubnisklasse stellen (§ 17 Abs. 1 S. 3 FeV); in der Praxis stellt die Fahrschule das Prüfungsfahrzeug zur Verfügung. Die Einzelheiten der Prüfung sind in Teil 2 der Anlage 7 FeV und ergänzend in der Prüfungsrichtlinie (VkBl. 2014, S. 286) geregelt. Die praktische Prüfung darf erst nach Bestehen der theoretischen Prüfung und frühestens einen Monat vor Erreichen des Mindestalters für die angestrebte Fahrerlaubnisklasse abgenommen werden (§ 17 Abs. 1 S. 4 FeV). Sie muss innerhalb von 12 Monaten nach Bestehen der theoretischen Prüfung abgelegt werden; andernfalls verliert die theoretische Prüfung ihre Gültigkeit (§ 18 Abs. 2 S. 1 und 2 FeV). Der Bewerber muss die praktische Prüfung *am Ort seiner Hauptwohnung* oder am Ort seiner schulischen oder beruflichen Ausbildung, seines Studiums oder seiner Arbeitsstelle ablegen (§ 17 Abs. 3 S. 1 FeV), da die Prüfung unter den Verkehrsverhältnissen absolviert werden soll, die der Bewerber nach Bestehen der Prüfung voraussichtlich in erster Linie zu meistern haben wird. Ausnahmen (§ 17 Abs. 3 S. 3 FeV) lässt die Fahrerlaubnisbehörde nur sehr restriktiv zu (→ *Ferienfahrschule*).

3. Die **Erteilung der Fahrerlaubnis** erfolgt durch *Aushändigung des Führerscheins* oder einer Prüfungsbescheinigung (§ 22 Abs. 4 S. 7 FeV). Nur bei Einhaltung einer dieser Formen ist der Verwaltungsakt der Fahrerlaubniserteilung wirksam. Im Normalfall bereitet die Fahrerlaubnisbehörde den Führerschein ohne Angabe des Datums der Erteilung vor. Der Sachverständige oder Prüfer händigt dann nach bestandener Prüfung den Führerschein nach dem handschriftlichen Einsetzen des Aushändigungsdatums in dem dafür auf dem Kartenführerschein vorgesehenen nicht laminierten Feld an den Bewerber aus (§ 22 Abs. 4 S. 3 FeV), wodurch die Fahrerlaubnis erteilt wird. Die Erteilung der Fahrerlaubnis erfolgt dabei durch die Fahrerlaubnisbehörde; der Sachverständige oder Prüfer fungiert bei der Aushändigung nur als Verwaltungshelfer. Wenn der Führerschein nicht vorliegt, z. B. weil sich seine Herstellung verzögert hat oder weil mehrere Prüfungen für unterschiedliche Fahrerlaubnisklassen erforderlich sind, der Bewerber aber die Herstellung des Führerscheins für alle Klassen gewünscht hat, kann die Fahrerlaubnis nach bestandener Fahrerlaubnisprüfung auch durch *Aushändigung einer* befristeten *Prüfungsbescheinigung* erteilt werden (§ 22 Abs. 4 S. 7 FeV). Die Prüfungsbescheinigung (nicht zu verwechseln mit der Mofa-Prüfbescheinigung nach § 5 Abs. 4 FeV) dient nur im Inland als Nachweis der Fahrerlaubnis. Beim Begleiteten Fahren ab 17 (§ 6 e StVG, § 48 a FeV) erfolgt die Fahrerlaubniserteilung durch Aushändigung einer Prüfungsbescheinigung gemäß Muster in Anlage 8 a FeV (§ 22 Abs. 4 S. 7, § 48 a Abs. 3 S. 1 FeV). Ansonsten ist die äußere Form der Prüfungsbescheinigung nicht geregelt; sie kann von der Fahrerlaubnisbehörde frei gestaltet werden.

4. Fahrerlaubnis auf Probe: Bei erstmaligem Erwerb einer Fahrerlaubnis wird diese außer bei den Klassen AM, L und T auf Probe erteilt (§ 2a Abs. 1 S. 1 HS 1 StVG, § 32 S. 1 FeV). Das Alter des Fahrerlaubnisinhabers ist unerheblich. Dadurch soll das weit überdurchschnittliche Unfallrisiko von Fahranfängern gemindert werden.

a) Die *Probezeit* beginnt mit dem Zeitpunkt der Fahrerlaubniserteilung, also der Aushändigung des Führerscheins oder der Prüfungsbescheinigung, und endet kraft Gesetzes, also automatisch nach zwei Jahren (§ 2a Abs. 1 S. 1 HS 2 StVG). Die Probezeit endet vorzeitig, wenn die Fahrerlaubnis entzogen wird oder der Inhaber auf sie verzichtet (§ 2a Abs. 1 S. 6 StVG), denn solange der Fahranfänger nicht legal am Straßenverkehr teilnehmen kann, fehlt ihm die Möglichkeit, sich zu bewähren. Mit der Erteilung einer neuen Fahrerlaubnis beginnt dann eine neue Probezeit, aber nur im Umfang der Restdauer der vorherigen Probezeit (§ 2a Abs. 1 S. 7 StVG).

b) Begeht der Fahrerlaubnisinhaber während der Probezeit eine in das Fahreignungsregister einzutragende *Straftat oder Ordnungswidrigkeit*, ordnet die Fahrerlaubnisbehörde bei einer schwerwiegenden oder zwei weniger schwerwiegenden Zuwiderhandlungen seine Teilnahme an einem *Aufbauseminar* an (§ 2a Abs. 2 S. 1 Nr. 1 StVG). Der Zeitpunkt der Tatbegehung in der Probezeit ist entscheidend, nicht der Zeitpunkt der rechtskräftigen Ahndung. Die Einteilung der Straftaten und Ordnungswidrigkeiten in schwerwiegende und weniger schwerwiegende Zuwiderhandlungen ist verbindlich in Anlage 12 FeV erfolgt (§ 34 Abs. 1 FeV). Die Probezeit *verlängert* sich dann um zwei *auf vier Jahre* (§ 2a Abs. 2 S. 1 StVG). Kommt der Betreffende einer vollziehbaren Anordnung zur Seminarteilnahme in der festgesetzten Frist nicht nach, ist ihm die Fahrerlaubnis zu entziehen (§ 2a Abs. 3 StVG). Begeht der Fahrerlaubnisinhaber nach Teilnahme an einem Aufbauseminar innerhalb der nunmehr vierjährigen Probezeit eine weitere schwerwiegende oder zwei weitere weniger schwerwiegende Zuwiderhandlungen, *verwarnt* die Fahrerlaubnisbehörde ihn und legt ihm nahe, innerhalb von zwei Monaten an einer *verkehrspsychologischen Beratung* (§ 2a Abs. 7 StVG, § 38 FeV) teilzunehmen (§ 2a Abs. 2 S. 1 Nr. 2 StVG). Es steht dem Betreffenden frei, ob er dieser Anregung folgt. Begeht der Fahrerlaubnisinhaber nach Ablauf der Frist von zwei Monaten innerhalb der (vierjährigen) Probezeit eine weitere schwerwiegende oder zwei weitere weniger schwerwiegende Zuwiderhandlungen, hat die Fahrerlaubnisbehörde ihm die *Fahrerlaubnis* zu *entziehen* (§ 2a Abs. 2 S. 1 Nr. 3 StVG). Die Fahrerlaubnisbehörde ist bei ihren Maßnahmen an rechtskräftige Entscheidungen über die Straftaten und Ordnungswidrigkeiten gebunden (§ 2a Abs. 2 S. 2 StVG).

c) Eine *neue Fahrerlaubnis* darf nach Entziehung der Fahrerlaubnis nach § 2a Abs. 2 S. 1 Nr. 3 StVG erst nach einer *Sperrfrist* von drei Monaten erteilt werden (§ 2a Abs. 5 S. 3 StVG). Begeht der Betreffende nach Neuerteilung der Fahrerlaubnis dann innerhalb der neu beginnenden Rest-Probezeit (§ 2a Abs. 1 S. 7 StVG) *erneut* eine schwerwiegende oder zwei weniger schwerwiegende *Zuwiderhandlungen*, ergreift die Fahrerlaubnisbehörde nicht erneut die Maßnahmen nach § 2a Abs. 2 S. 1 StVG (Seminaranordnung, Verwarnung, Fahrerlaubnisentziehung), sondern ordnet i. d. R. die *Beibringung eines medizinisch-psychologischen Gutachtens* an (§ 2a Abs. 5 S. 4 und 5 StVG), weil dann die Eignung des Fahrerlaubnisinhabers in Frage steht. Dies gilt nur nach vorangegangener Entziehung, nicht, wenn der Betroffene auf seine Fahrerlaubnis verzichtet hatte (a.A. VGH Kassel 18.12.2008, 2 B 2277/08, NJW 2009, 2231).

5. Im Rahmen des **Begleiteten Fahrens ab 17** können Fahrerlaubnisse der Klassen B und BE schon ab Vollendung des 17. Lebensjahres mit der Auflage erteilt werden, bis zur Vollendung des 18. Lebensjahres nur in Begleitung einer namentlich benannten Begleitperson zu fahren (§ 6e StVG, § 48a FeV). Die Fahrerlaubnisbewerber absolvieren die *normale Ausbildung* in der Fahrschule. Nach Bestehen der Fahrerlaubnisprüfung erhalten sie statt eines Führerscheins eine *Prüfungsbescheinigung* (Muster Anlage 8a FeV), die nur im Inland als Nachweis der Fahrerlaubnis gilt (§ 6e Abs. 1 Nr. 5 StVG, § 48a Abs. 3 S. 1 FeV). Sie ist nur in Verbindung mit einem amtlichen Lichtbildausweis gültig. Mit Aushändigung der Prüfungsbescheinigung wird die Fahrerlaubnis der Klasse B oder BE erteilt (§ 22 Abs. 4 S. 7 FeV). Damit beginnt die Probezeit. Die Fahrerlaubnis wird mit der *Auflage* erteilt, *nur in Begleitung* einer namentlich benannten Begleitperson *zu fahren* (§ 48a Abs. 2 S. 1 FeV). Diese Auflage erlischt automatisch mit Vollendung des 18. Lebensjahres (§ 48a Abs. 2 S. 2 FeV). Der Fahrerlaubnisinhaber kann dann einen Kartenführerschein erhalten (§ 48a Abs. 7 FeV). Die *Begleitperson* muss das 30. Lebensjahr vollendet haben, seit mindestens fünf Jahren ununterbrochen eine Fahrerlaubnis der Klasse B oder eine vergleichbare Fahrerlaubnis haben, und darf zum Zeitpunkt der Beantragung der Fahrerlaubnis höchstens einen Punkt im Fahreignungsregister haben (§ 48a Abs. 5 S. 1 FeV). Die Begleitperson hat *keine Ausbildungsfunktion* und gilt nicht als Fahrzeugführer. Sie soll dem Fahranfänger lediglich als Ansprechpartner zur Verfügung stehen, um ihm Sicherheit beim Führen des Kfz zu vermitteln (§ 48a Abs. 4 S. 1 FeV). Die Begleitperson darf nicht mit 0,5 ‰ oder mehr Alkohol im Blut oder 0,25 mg/l oder mehr Alkohol in der Atemluft oder unter Drogen begleiten (§ 48a Abs. 6 FeV). Fahren ohne benannte Begleitperson führt zum *Widerruf der Fahrerlaubnis* (§ 6 e Abs. 2 S. 1 StVG), ist aber kein Fahren ohne Fahrerlaubnis i. S. d. § 21 StVG. Die Neuerteilung einer Fahrerlaubnis darf dann nur nach Teilnahme an einem Aufbauseminar erfolgen (§ 6 e Abs. 2 S. 2, § 2a Abs. 5 S. 1 StVG).

6. Für die **Wiedererteilung der Fahrerlaubnis** sind im Grundsatz die gleichen Voraussetzungen zu erfüllen wie für die erstmalige Erteilung einer Fahrerlaubnis. Wird nach vorangegangener Entziehung oder vorangegangenem Verzicht die Erteilung einer neuen Fahrerlaubnis beantragt, ist jedoch *keine erneute Fahrerlaubnisprüfung* abzulegen (§ 20 Abs. 1 S. 2 FeV), denn die *Befähigung* zum Führen von Kfz ist i. d. R. nicht entfallen, nur weil dem Betroffenen die Fahrerlaubnis auf Grund von *Eignungsmängeln* (→ *Fahreignung*) entzogen worden ist. Eine Fahrerlaubnisprüfung wird ausnahmsweise nur dann angeordnet, wenn die Annahme gerechtfertigt ist, dass der Betroffene die Befähigung zum Führen von Kfz nicht mehr besitzt (§ 20 Abs. 2 FeV). Dabei kommt der Zeitdauer fehlender oder eingeschränkter Fahrpraxis mit Kfz der betroffenen Fahrerlaubnisklasse eine herausragende Bedeutung zu (BVerwG 27.10. 2011, 3 C 31/10, NJW 2012, 696; näher dazu Hentschel/König/*Dauer* Straßenverkehrsrecht 43. Aufl. 2015 § 20 FeV Rn. 2). Zur Klärung von Eignungszweifeln kann vor der Neuerteilung einer Fahrerlaubnis die Beibringung eines *medizinisch-psychologischen Gutachtens* angeordnet werden, wenn die Fahrerlaubnis wiederholt entzogen war oder wenn der Entzug der Fahrerlaubnis auf einem Grund nach § 11 Abs. 3 S. 1 Nr. 4 bis 7 FeV beruhte (§ 20 Abs. 3 i.V.m. § 11 Abs. 3 S. 1 Nr. 9 FeV). Wurde die Fahrerlaubnis nach den Regelungen über das Fahreignungs-Bewertungssystem entzogen, ist i. d. R. vor der Neuerteilung die Beibringung eines medizinisch-psychologischen Gutachtens anzuordnen (§ 4 Abs. 10 S. 4 StVG). Bestehen Anhaltspunkte für fehlende Eignung z. B. wegen Alkohol- oder Drogenproblemen, kann im Übrigen nach allgemeinen Regeln ein ärztliches oder ein medizinisch-psychologisches Gutachten angeordnet werden, denn die Eignung muss natürlich auch bei Wiedererteilung einer Fahrerlaubnis gegeben sein. Sofern die Neuerteilung einer Fahrerlaubnis erst nach einer *Sperrfrist* möglich ist (Probezeit: § 2 a Abs. 5 S. 3 StVG; Punktverstöße: § 4 Abs. 10 S. 1 und 2 StVG, Sperre durch den Strafrichter: § 69 a StGB), kann die Wiedererteilung der Fahrerlaubnis erst nach ihrem Ablauf erfolgen. In einigen Fällen ist die Neuerteilung einer Fahrerlaubnis nur nach vorheriger Teilnahme an einem *Aufbauseminar* möglich (Probezeit: § 2 a Abs. 5 S. 1 und 2 StVG, Begleitetes Fahren ab 17: § 6 e Abs. 2 S. 2 i.V.m. § 2 a Abs. 5 S. 1 StVG). Wurde dem Bewerber *in einem anderen EU- oder EWR-Staat die Fahrerlaubnis entzogen*, darf ihm in Deutschland keine neue Fahrerlaubnis erteilt werden, es sei denn die Gründe für die Entziehung bestehen nicht mehr (§ 22 Abs. 2a FeV). Den Nachweis darüber, dass die Gründe für die Entziehung nicht mehr bestehen, muss der Bewerber durch Vorlage einer Bescheinigung der Stelle führen, die seine frühere Fahrerlaubnis erteilt hatte (§ 22 Abs. 2b S. 1 FeV). Ist eine *befristete Fahrerlaubnis* (Klassen C, C1, CE, C1E, D, D1, DE, D1E) wegen nicht rechtzeitig beantragter Verlängerung erloschen, muss sie neu erteilt werden. Dies erfolgt nach den Regelungen über die Verlängerung dieser Fahrerlaubnisse (§ 24 Abs. 2 FeV).

7. „**Umschreibung**" **ausländischer Fahrerlaubnisse**: Inhaber im Ausland erteilter Fahrerlaubnisse dürfen in Deutschland im Umfang ihrer ausländischen Fahrberechtigung Kfz führen, wenn sie keinen ordentlichen Wohnsitz im Inland haben (§ 2 Abs. 11 StVG, § 29 Abs. 1 S. 1 FeV). Inhaber von *in anderen EU- oder EWR-Staaten erteilten Fahrerlaubnissen* dürfen nach Begründung eines ordentlichen Wohnsitzes im Inland mit ihrer ausländischen EU- oder EWR-Fahrerlaubnis Kfz im Inland führen (§ 29 Abs. 1 S. 2, § 28 FeV). Sie müssen sich also keine deutsche Fahrerlaubnis besorgen, da ihre ausländische EU- oder EWR-Fahrerlaubnis hier anerkannt wird. Beantragen sie nach Wohnsitznahme im Inland gleichwohl die Erteilung einer deutschen Fahrerlaubnis, wird diese unter erleichterten Bedingungen erteilt; insbesondere wird auf die Fahrausbildung und auf die Fahrerlaubnisprüfung verzichtet (§ 30 FeV). Begründet der Inhaber einer *in einem Staat außerhalb der EU und des EWR erteilten*

Fahrerlaubnis seinen ordentlichen Wohnsitz im Inland, darf er mit seiner ausländischen Fahrerlaubnis noch für sechs Monate Kfz in Deutschland führen (§ 29 Abs. 1 S. 3 FeV). Will er danach weiter in Deutschland Kfz führen, muss er die Erteilung einer deutschen Fahrerlaubnis beantragen. Diese wird je nach Ausstellerstaat unterschiedlich unter erleichterten Bedingungen erteilt (§ 31 FeV).
Siehe auch → *Abkürzung der Sperrfrist*, → *Widerruf und Rücknahme der Fahrerlaubnis   Dauer*

fahrerlaubnisfreie Fahrzeuge → Fahrerlaubniserwerb Nr. 1, → Fahrerlaubnis-Verordnung Nr. 2, 3

Fahrerlaubnisprüfung → Ausländische Fahrerlaubnis Nr. 3 a), → Fahreignung Nr. 1, → Fahrerlaubniserwerb Nr. 2, 3, 5, 6, 7, → Widerruf und Rücknahme der Fahrerlaubnis Nr. 2

Fahrerlaubnis-Verordnung 1. Allgemeines: Neben den im StVG enthaltenen fahrerlaubnisrechtlichen Normen war das Fahrerlaubnisrecht bis 1998 in der StVZO geregelt. Mit der am 1.1.1999 in Kraft getretenen Fahrerlaubnis-Verordnung (FeV) wurde es in einer eigenen Verordnung kodifiziert, die seit 2008 auch die Bestimmungen der früheren Verordnung über internationalen Kraftfahrzeugverkehr (IntVO) umfasst. Die FeV wurde zur Heilung von Verstößen gegen das verfassungsrechtliche Zitiergebot des Art. 80 Abs. 1 S. 3 GG als Fahrerlaubnisverordnung vom 13.12.2010 (BGBl I S. 1980) neu erlassen. Das deutsche Fahrerlaubnisrecht basiert auf der Richtlinie 2006/126/EG vom 20.12.2006 (sog. 3. EU-Führerscheinrichtlinie). Die vorher maßgebliche Richtlinie 91/439/EWG vom 29.7.1991 (sog. 2. EU-Führerscheinrichtlinie) ist am 19.1.2013 außer Kraft getreten.
2. Die §§ 1 bis 3 FeV enthalten *allgemeine Regeln für die Teilnahme am Straßenverkehr*. Danach ist jeder zum Verkehr auf öffentlichen Straßen zugelassen, soweit für einzelne Verkehrsarten nicht eine Erlaubnis vorgeschrieben ist (§ 1 FeV). Wenn sich jemand als ungeeignet oder nur noch bedingt geeignet zum Führen von fahrerlaubnisfreien Fahrzeugen oder Tieren (siehe § 28 StVO) erweist, hat die Fahrerlaubnisbehörde ihm das Führen zu untersagen, zu beschränken oder Auflagen anzuordnen (§ 3 Abs. 1 S. 1 FeV). Dies erlangt in erster Linie Bedeutung, wenn Personen wegen Alkohol- oder Drogenproblemen zum Führen von Fahrrädern oder Mofas ungeeignet sind.

3. Die Regelungen über das Führen von Kfz finden sich in den §§ 4 bis 48 b FeV. Für das Führen von Kfz im öffentlichen Straßenverkehr ist grundsätzlich eine *Fahrerlaubnis* erforderlich (§ 2 Abs. 1 S. 1 StVG, § 4 Abs. 1 S. 1 FeV), soweit § 4 Abs. 1 S. 2 FeV nicht bestimmte Fahrzeuge *von der Fahrerlaubnispflicht ausnimmt*. Die Fahrerlaubnis ist durch einen gültigen *Führerschein* nachzuweisen (§ 2 Abs. 1 S. 3 StVG, § 4 Abs. 2 S. 1 FeV), dessen Gestaltung durch § 25 FeV bestimmt wird. Führerscheine wurden bis zum 18.1.2013 unbefristet ausgestellt. Die Gültigkeit der seit dem 19.1.2013 ausgestellten Führerscheine ist dagegen auf 15 Jahre befristet (§ 24 a Abs. 1 S. 1 FeV). Für das Führen der fahrerlaubnisfreien Mofas und Kleinkrafträder gem. § 4 Abs. 1 S. 2 Nr. 1b FeV ist eine *Mofa-Prüfbescheinigung* erforderlich (§ 5 FeV). Die durch § 6 FeV normierte Einteilung der *Fahrerlaubnisklassen* folgt der EU-rechtlichen Vorgabe. Die Fahrerlaubnisklassen wurden in Umsetzung der 3. EU-Führerschein-Richtlinie mit Wirkung ab 19.1.2013 z.T. neu festgelegt. Vor dem 19.1.2013 erworbene Fahrerlaubnisse bleiben im Umfang der bisherigen Berechtigung gemäß Anlage 3 FeV bestehen (Bestandsschutz) und erstrecken sich vorbehaltlich der Übergangsregelungen in § 76 FeV kraft Gesetzes auf den Umfang der seit dem 19.1.2013 geltenden Fahrerlaubnisklassen (automatische Besitzstandsmehrung, § 6 Abs. 6 S. 1 FeV). Auf Antrag wird ein neuer Führerschein mit Umstellung auf die neuen Fahrerlaubnisklassen ausgestellt (§ 6 Abs. 6 S. 2 FeV). Voraussetzungen für die Erteilung einer Fahrerlaubnis sind u. a. ein *ordentlicher Wohnsitz* in Deutschland (§ 7 FeV), das Erreichen des für die jeweilige Klasse vorgeschriebenen *Mindestalters* (§ 10 FeV), das Vorliegen der *Fahreignung* (§§ 11 bis 14 FeV, → *Fahreignung*) und der *Befähigung*, die in einer *Fahrerlaubnisprüfung* nachzuweisen ist (§§ 15 bis 18 FeV). Für die *Neuerteilung einer Fahrerlaubnis* nach vorangegangener Entziehung oder nach vorangegangenem Verzicht gelten die Vorschriften für die Ersterteilung; eine Fahrerlaubnisprüfung ist allerdings grundsätzlich nicht abzulegen (§ 20 Abs. 1 und 2 FeV → *Fahrerlaubniserwerb* Nr. 6 [Wiedererteilung der Fahrerlaubnis]). §§ 21, 22 FeV regeln die Beantragung einer Fahrerlaubnis und das Verfahren bei der Fahrerlaubnisbehörde und der Technischen Prüfstelle, die die Fahrprüfung abnimmt. Die Einzelheiten über die Erteilung, Verlängerung und Neuerteilung der nach EG-Vorgaben nur *befristet zu erteilenden Fahrerlaubnisse* der C- und D-Klassen ergeben sich aus

§§ 23, 24 FeV. Die Einzelheiten über die nach § 2 Abs. 10 StVG zugelassenen *Dienstfahrerlaubnisse* von Bundeswehr, Bundespolizei und Landespolizeien sind in §§ 26, 27 FeV geregelt. §§ 28 bis 31 FeV enthalten Sonderbestimmungen für Inhaber *im Ausland erteilter Fahrerlaubnisse*. Inhaber ausländischer Fahrerlaubnisse dürfen, solange sie keinen ordentlichen Wohnsitz im Inland haben, unbegrenzt in Deutschland Kfz im Umfang ihrer ausländischen Fahrberechtigung führen (§ 29 Abs. 1 S. 1 FeV). Begründen sie einen Wohnsitz im Inland, dürfen Inhaber einer in einem anderen EU- oder EWR-Staat erteilten Fahrerlaubnis weiter Kfz führen (§ 29 Abs. 1 S. 2 i.V.m. § 28 FeV); ihre ausländische Fahrerlaubnis wird hier nach gemeinschaftsrechtlichen Vorgaben anerkannt. Von besonderer Bedeutung sind dabei Fragen, die unter dem Stichwort *Führerscheintourismus* immer wieder Gegenstand von Entscheidungen des EuGH sind (näher dazu Hentschel/König/*Dauer* Straßenverkehrsrecht 43. Aufl. 2015 § 28 FeV Rn. 26 ff). Begründen Inhaber einer nicht in einem EU- oder EWR-Staat erteilten Fahrerlaubnis einen Wohnsitz im Inland, dürfen sie zunächst noch für sechs Monate in Deutschland fahren und müssen dann nach § 31 FeV eine deutsche Fahrerlaubnis erwerben. Ausführungsbestimmungen zu der im Wesentlichen in §§ 2 a bis 2 c StVG geregelten *Fahrerlaubnis auf Probe* finden sich in §§ 32 bis 39 FeV, zu dem im Wesentlichen in §§ 4 bis 4 b StVG geregelten *Fahreignungs-Bewertungssystem* in §§ 40 bis 44 FeV. §§ 46, 47 FeV enthalten in Ausführung von § 3 StVG Vorschriften zur *Entziehung* und zur Beschränkung der Fahrerlaubnis sowie zu Auflagen zur Fahrerlaubnis. Die für die Personenbeförderung vor allem in Taxis und Mietwagen erforderliche *Fahrerlaubnis zur Fahrgastbeförderung* ist in § 48 FeV, die Einzelheiten des durch § 6 e StVG ermöglichten *Begleiteten Fahrens ab 17* sind in §§ 48 a, 48 b FeV normiert.

4. §§ 49 bis 64 FeV enthalten ergänzend zu den Bestimmungen des StVG Regelungen über die *Registerführung*, §§ 65 bis 72 FeV über die amtliche *Anerkennung* von Gutachtern, Begutachtungsstellen für Fahreignung etc. *Dauer*

Fahrerlaubnisverzicht 1. Allgemeines Auf die Fahrerlaubnis kann nach allgemeinen verwaltungsrechtlichen Grundsätzen *verzichtet* werden, auch wenn dies im Fahrerlaubnisrecht nicht ausdrücklich geregelt ist. Denn der Verzicht ist als verwaltungsrechtliches Institut anerkannt (*Stelkens/Bonk/Sachs* Kommentar zum VwVfG 8. Aufl. 2014 § 53 Rn. 30). Der Verzicht bewirkt unmittelbar das *Erlöschen der Fahrerlaubnis*. Es handelt sich um die Erledigung eines Verwaltungsaktes auf andere Weise i.S.v. § 43 Abs. 2 VwVfG.

2. Verzichtserklärung. Der Verzicht erfolgt durch *Verzichtserklärung* des Fahrerlaubnisinhabers, die darauf gerichtet ist, das Erlöschen der Fahrerlaubnis herbeizuführen. Sie muss gegenüber der für ihn örtlich zuständigen Fahrerlaubnisbehörde abgegeben werden. Es handelt sich dabei um eine einseitige *empfangsbedürftige Willenserklärung*, die entsprechend § 130 Abs. 1 S. 1 BGB in dem Zeitpunkt *wirksam* wird, in dem sie der *Behörde zugeht*. Der Verzicht ist von diesem Zeitpunkt an *unwiderruflich* (*Kopp/Ramsauer* Kommentar zum VwVfG 15. Aufl. 2014 § 53 Rn. 51). Die Ablieferung des Führerscheins ist keine Voraussetzung für die Wirksamkeit des Verzichts. Die Verzichtserklärung kann auch durch einen Vertreter abgegeben oder durch einen Boten übermittelt werden. Der Verzicht muss eindeutig und unmissverständlich, allerdings nicht ausdrücklich erklärt werden (Stelkens/Bonk/Sachs Kommentar zum VwVfG 8. Aufl. 2014 § 53 Rn. 33). Eine besondere *Form* ist nicht vorgeschrieben. Die Auffassung, der Verzicht auf die Fahrerlaubnis könne nur schriftlich oder zu Protokoll der Fahrerlaubnisbehörde erklärt werden (*Bouska/Laeverenz* Fahrerlaubnisrecht 3. Aufl. 2004 § 2 a StVG Rn. 10), findet in den einschlägigen Rechtsvorschriften keine Grundlage.

3. Ablieferung des Führerscheins. Nach Wirksamwerden des Verzichts auf die Fahrerlaubnis ist der *Führerschein* in entsprechender Anwendung von § 3 Abs. 2 S. 3 StVG, § 47 Abs. 1 FeV bei der Fahrerlaubnisbehörde *abzuliefern*, auch wenn dies nicht ausdrücklich vorgeschrieben ist. Die Ablieferung allein führt nicht zum Erlöschen der Fahrerlaubnis, wenn nicht eine eindeutige Verzichtserklärung des Fahrerlaubnisinhabers vorliegt.

4. Probezeit. Wird während der *Probezeit* auf die Fahrerlaubnis verzichtet, *endet die Probezeit vorzeitig* (§ 2 a Abs. 1 S. 6 StVG). In diesem Fall beginnt mit der Erteilung einer neuen Fahrerlaubnis eine neue Probezeit, aber nur im Umfang der *Restdauer* der vorherigen Probezeit (§ 2 a Abs. 1 S. 7 StVG). Wurde wegen einer innerhalb der Probezeit begangenen schwerwiegenden oder zwei weniger schwerwiegenden Zuwiderhandlungen die Anordnung der Teilnahme an einem *Aufbauseminar* nach § 2 a Abs. 2 S. 1 Nr. 1 StVG erforderlich, kann diese aber nicht erfolgen, weil der Betroffene auf seine Fahrerlaubnis verzichtet hat, *verlängert sich die Probezeit* gleichwohl um zwei Jahre (§ 2a Abs. 2a S. 2 StVG). Der Fahranfänger kann sich also der Verlängerung der Probezeit nicht dadurch entziehen, dass er vor Anordnung des Aufbauseminars schnell auf seine Fahrerlaubnis verzichtet. Mit der Erteilung einer neuen Fahrerlaubnis beginnt dann die entsprechend verlängerte Rest-Probezeit. Die *Neuerteilung* einer Fahrerlaubnis kann in einem derartigen Fall nur erfolgen, wenn der Betroffene an einem *Aufbauseminar* teilgenommen hat (§ 2a Abs. 5 S. 2 StVG). Durch den Verzicht auf die Fahrerlaubnis vermeidet er also auch nicht die Teilnahme an dem Aufbauseminar.

5. Fahreignungs-Bewertungssystem: Wird eine Fahrerlaubnis erteilt, werden die *Punkte* für die vor dieser Erteilung rechtskräftig gewordene Entscheidungen über Zuwiderhandlungen *gelöscht* (§ 4 Abs. 3 S. 1 und 2 StVG). Dies gilt auch bei Neuerteilung einer Fahrerlaubnis nach Verzicht auf die Fahrerlaubnis. Die bis 30.4.2014 gültige Regelung, nach der der Verzicht auf die Fahrerlaubnis nicht zur Punktelöschung führte (amtliche Begründung zu § 4 Abs. 2 S. 3 StVG a.F. VkBl. 1998, S. 794, BVerwG 3.3.2011, 3 C 1/10, NJW 2011, 1690), ist im Zuge der Reform des Punktsystems geändert worden. Die neue Regelung wurde aber dadurch eingeschränkt, dass nach Verzicht auf die Fahrerlaubnis eine Sperrfrist von sechs Monaten für die Neuerteilung einer Fahrerlaubnis besteht und i. d. R. eine medizinisch-psychologische Untersuchung anzuordnen ist, wenn zum Zeitpunkt der Wirksamkeit des Verzichts mindestens zwei Entscheidungen über Straftaten oder Ordnungswidrigkeiten im Fahreignungsregister gespeichert waren (§ 4 Abs. 10 StVG). Dadurch soll verhindert werden, dass sich Mehrfachtäter durch einfachen Verzicht auf die Fahrerlaubnis und sofortige Neuerteilung einer neuen Fahrerlaubnis aller Punkte entledigen.

6. Ausschluss des Vorbesitzes einer EU- oder EWR-Fahrerlaubnis der beantragten Klasse: Die Fahrerlaubnis in einer bestimmten Fahrerlaubnisklasse darf nur erteilt werden, wenn der Bewerber nicht bereits Inhaber einer in einem anderen EU- oder EWR-Staat erteilten Fahrerlaubnis dieser Klasse ist (§ 2 Abs. 2 S. 1 Nr. 7 StVG, § 8 FeV), denn nach den Vorgaben des Gemeinschaftsrechts kann jede Person nur Inhaber einer einzigen Fahrerlaubnis sein (Art. 7 Abs. 5 Buchst. a der 3. EU-Führerscheinrichtlinie). Bei Beantragung einer Fahrerlaubnis muss der Bewerber deswegen angeben, ob er bereits eine Fahrerlaubnis aus einem anderen EU- oder EWR-Staat besitzt (§ 2 Abs. 6 S. 2 StVG, § 21 Abs. 2 S. 1 FeV). Ist dies der Fall, muss er vor Erteilung einer deutschen Fahrerlaubnis der beantragten Klasse auf seine ausländische Fahrerlaubnis in derselben Klasse *verzichten*. Für den Fall, dass der Bewerber falsche Angaben macht oder dass die Angaben nicht überprüft werden können, muss er in jedem Fall eine Erklärung abgeben, dass er mit der Erteilung der beantragten Fahrerlaubnis *auf eine möglicherweise bereits vorhandene Fahrerlaubnis* dieser Klasse aus einem anderen EU- oder EWR-Staat *verzichtet* (§ 21 Abs. 2 S. 3 FeV). Dieser vorsorglich erklärte Verzicht auf eine möglicherweise vorhandene Fahrerlaubnis wird allerdings in den meisten Fällen nicht wirksam, weil der deutschen Fahrerlaubnisbehörde nicht bekannt ist, an welche ausländische Behörde sie die Verzichtserklärung weiterleiten soll, so dass diese den Adressaten i. d. R. nicht erreichen dürfte (*Bouska/Laeverenz* Fahrerlaubnisrecht 3. Aufl. 2004 § 8 FeV Rn. 1 und § 21 FeV Rn. 6). Auf Fahrerlaubnisse aus anderen als EU- und EWR-Staaten muss nicht verzichtet werden, selbst wenn die Fahrerlaubnisklasse mit der beantragten deutschen Klasse identisch ist.

7. Eintragung in Register: Der Verzicht auf die Fahrerlaubnis wird in das *Fahreignungsregister* eingetragen (§ 28 Abs. 3 Nr. 7 StVG, § 59 Abs. 1 Nr. 10 FeV). Die Tilgungsfrist beträgt 10 Jahre (§ 29 Abs. 1 S. 2 Nr. 3 Buchst. b StVG). Sie beginnt erst mit der Neuerteilung der Fahrerlaubnis, spätestens jedoch fünf Jahre nach dem Tag des Zugangs der Verzichtserklärung bei der zuständigen Behörde (§ 29 Abs. 5 S. 1 StVG). Der Verzicht auf die Fahrerlaubnis wird auch im *örtlichen Fahrerlaubnisregister* gespeichert (§ 50 Abs. 2 Nr. 2 Buchst. a StVG, § 57 Nr. 19 FeV). *Dauer*

Fahrfehler, drogenbedingter → Drogenfahrt

Fahrgastbeförderung, Fahrerlaubnis → Fahrerlaubnis-Verordnung Nr. 3

Fahrgemeinschaft → Haftung für Kfz-Insassen Nr. 5a), → Unfallversicherung Nr. 9, → Wegeunfall Nr. 2

Fahrlässige Körperverletzung (§ 229 StGB) 1. Allgemeines. Seine praktische Bedeutung verdankt § 229 StGB im Wesentlichen dem Straßenverkehr. Der strafrechtliche Fahrlässigkeitsbegriff unterscheidet sich von dem des Zivilrechts. Er ist auf den Täter bezogen, d. h.:

Strafrechtlich fahrlässig handelt, wer die ihm (persönlich nach seinen Fähigkeiten, seiner Vorbildung, seiner Erfahrung) zumutbare Sorgfalt außer Acht lässt. Dennoch wird in der Strafverfahrenspraxis zunächst mit der Annahme gearbeitet, dass der Verdächtige durchschnittliches fahrerisches Können besitzt und über durchschnittliche Erkenntnismöglichkeiten verfügt. Wer diese Annahme als Verteidiger mit Entschiedenheit bekämpfen will, begründet damit unter Umständen Zweifel an der allgemeinen Fahrtauglichkeit des Mandanten. Leiten die Strafverfolgungsbehörden dann die Akte an die Verwaltungsbehörde weiter, so wird diese überprüfen müssen, ob die Fahrerlaubnis aufrechterhalten werden kann; diese Weiterungen wird der Verteidiger berücksichtigen müssen.

2. Kausalität. Zur Sachverhaltsaufklärung zählt zwingend die Ermittlung, ob der Unfall für den Beschuldigten (bei regelgerechtem Verhalten) vermeidbar war. Das wird in Routinefällen und bei klarem Unfallhergang oft auf der Hand liegen. In anderen Fällen hängt es auf der Tatseite von technischen und physikalischen Gegebenheiten ab, die ggf. mit Hilfe eines Sachverständigen für Unfallrekonstruktion aufzuklären sind. Rechtlich ist bei der Kausalitätsprüfung stets die Frage im Auge zu behalten, welche *verkehrsrechtliche Verhaltenspflicht* der Beschuldigte konkret verletzt hat und welchem *Schutzzweck* diese im Einzelnen diente. Dieser Grundsatz lässt sich anhand folgender Beispiele zu zwei häufigen Unfallursachen verdeutlichen:

a) **Geschwindigkeitsüberschreitung.** Überschreitet der Täter als Kraftfahrer die vorgeschriebene Höchstgeschwindigkeit und kommt es dabei zur Kollision mit einer die Straße kreuzenden Fußgängerin, so folgt nicht schon aus der Geschwindigkeitsüberschreitung die Kausalität des Täterverhaltens für dabei hervorgerufene Verletzungen des Opfers. Zwar ließe sich sagen, dass der Täter, hätte er die Höchstgeschwindigkeit eingehalten, noch gar nicht am Unfallort gewesen wäre und daher die Fußgängerin zu dieser Zeit nicht hätte erfassen können. Das kann aber nicht entscheidend sein, denn Täter und Opfer wären z. B. auch dann nicht zusammengestoßen, wenn der Täter die Höchstgeschwindigkeit in noch stärkerem Maße überschritten hätte, denn dann wäre er bereits vorbeigefahren gewesen, als die Fußgängerin die Straße querte. Dies zeigt, dass es darauf ankommt, einen spezifischen Bezug zwischen der Überschreitung der örtlich zulässigen Höchstgeschwindigkeit und dem Unfall herzustellen. Dazu ist nach dem Zweck der Geschwindigkeitsvorschrift zu fragen. Diese will nicht dafür sorgen, dass Kraftfahrer zu bestimmten Zeitpunkten bestimmte Orte erreichen oder nicht erreichen. Sondern sie will dem Kraftfahrer eine bestimmte Reaktionszeit lassen, damit er Unfälle möglichst vermeiden kann. Die Überschreitung ist daher nur kausal für den Unfall, wenn der Fahrer bei Einhaltung der höchstzulässigen Geschwindigkeit den Unfall mit an Sicherheit grenzender Wahrscheinlichkeit dadurch hätte vermeiden können, dass er – nach einer Schrecksekunde – gebremst und unter Berücksichtigung des Bremsweges das Fahrzeug noch rechtzeitig vor Erreichen der Fußgängerin zum Stehen gebracht hätte.

b) **dichtes Auffahren.** Dichtes Auffahren ist für den kurz darauffolgenden Unfall fraglos kausal, wenn das nachfahrende Fahrzeug auf das vorausfahrende auffährt, weil der Vorausfahrende verkehrsbedingt bremsen muss. Weniger eindeutig stellt sich die Kausalität dar, wenn der Vorausfahrende – verschreckt durch das drastisch dichte und bedrohlich wirkende Auffahren des Täters – die Kontrolle über sein Fahrzeug verliert, von der Fahrbahn abkommt und verunglückt. Das Verbot dichten Auffahrens bezweckt indes auch die Vermeidung von unkontrollierten Ausweichreaktionen des Vorausfahrenden, so dass der Auffahrende auch hier kausal den Unfall verursacht hat, insbesondere unterbricht die schreckbedingte (objektive) Fehlreaktion des Vorausfahrenden die Kausalität nicht, da sie dem Auffahrenden seinerseits voraussehbar war (LG Karlsruhe 29.7.2004, 11 Ns 40 Js 26274/03 [„Testfahrer-Entscheidung" = „Autobahnraser-Urteil"]).

3. Mitverschulden des Geschädigten (selbst ein ganz erheblicher Mitverursachungsbeitrag) beseitigt den Strafvorwurf nicht, ist jedoch bei der Strafzumessung zu gewichten.

a) Hat also im Beispielsfall „Geschwindigkeitsüberschreitung" (oben Rn 2 Buchstabe a) die Fußgängerin die Straße bei für sie geltendem Rotlicht überquert, während die Ampel dem Fahrer grün zeigte, so wirkt sich das für diesen erheblich strafmildernd aus.

b) Kein Mitverschulden des Geschädigten liegt im Beispielsfall „dichtes Auffahren" (oben Rn. 2 Buchstabe b) vor, wenn der Vorausfahrende wegen der ohne sein Verschulden eingetretenen Gefahrenlage keine Zeit zu ruhiger Überlegung hatte und daher aus verständlicher Bestürzung objektiv falsch reagiert hat, denn Kopflosigkeit infolge unverschuldeter Gefahr

F Fahrlässige Tötung (§ 222 StGB)

ist dem Durchschnittsfahrer nicht vorwerfbar (LG Karlsruhe 29.7.2004, 11 Ns 40 Js 26274/03 [„Testfahrer-Entscheidung" = „Autobahnraser-Urteil"]).

4. Mitwirkende Alkoholisierung: Erheblich erschwerend wirkt sich bei der Strafzumessung aus, wenn bei der Verursachung der F. eine Alkoholisierung des Täters mitgewirkt hat. Dieser Fall wird in den Strafmaßtabellen der Strafverfolgungsorgane meist gesondert gewichtet (→ *Besonderheiten des Verkehrsstrafverfahrens* Nr. 3). Je nach Art des Regelverstoßes ist dann tateinheitlich → *Gefährdung des Straßenverkehrs (§ 315c StGB)* in Betracht zu ziehen.

Weder

Fahrlässige Tötung (§ 222 StGB) Straftatbestand, geregelt in § 222 StGB. Zur Ermittlung gehört u. U. eine Obduktion des Opfers, um andere Todesursachen als den Unfall auszuschließen und die Folgen des Unfallhergangs auszuleuchten. Im Übrigen ist auf die gleichen Besonderheiten zu achten wie bei der → *fahrlässigen Körperverletzung (§ 229 StGB)*. *Weder*

Fahrlässigkeit → Allgemeine Geschäftsbedingungen für die Kraftfahrzeugversicherung, → Durchfahrtshöhe, → Fahren ohne Fahrerlaubnis Nr. 3, 4, → Haftungsverteilung bei Verkehrsunfällen Nr. 4, → Probefahrt, → Rechtsschutzversicherung Nr. 21, → Sachmängelhaftungsausschluss, → Schadensersatz (bei Sachmängeln oder Pflichtverletzungen) Nr. 2, → Trunkenheit im Verkehr Nr. 6 f), → Überladung Nr. 4, 5, → Verschuldenshaftung, → Vorsatz und Fahrlässigkeit

Fahrlehrer → Fahrschule

Fahrprüfung, praktische → Berufskraftfahrergratifikation Nr. 4, → Fahrerlaubniserwerb Nr. 2 b), → Widerruf und Rücknahme der Fahrerlaubnis

Fahrprüfung, theoretische → Fahrerlaubniserwerb Nr. 2 a)

Fahrradfahrer 1. Allgemeines. Das *Fahrrad* wird in Art. 1 Buchst. l ÜbStrV (Übereinkommen über den Straßenverkehr) definiert als Fahrzeug mit wenigstens zwei Rädern, welches ausschließlich durch Muskelkraft auf ihm befindlicher Personen, insbesondere mit Hilfe von Pedalen oder Handkurbeln, angetrieben wird. Als Fahrräder gelten daher auch Tandems, Klappräder, Liegeräder, mehrspurige (dreirädrige) Fahrräder sowie Fahrradrikschas. *Kinderfahrräder* (also Fahrräder für Kinder im Vorschulalter, auch mit Stützrädern) gelten dagegen gem. § 24 Abs. 1 StVO als besondere Fortbewegungsmittel und damit nicht als Fahrzeuge i. S. d. StVO. Für Fahrradfahrer gelten *folgende besondere Verkehrsvorschriften*:

2. Straßenbenutzung. Fahrradfahrer müssen einzeln *hintereinander fahren*; nebeneinander dürfen Sie nur fahren, wenn dadurch der Verkehr nicht behindert wird (Art. 2 Abs. 4 S. 1 StVO), ferner auf Fahrradstraßen (→ *Fahrradstraße*) oder in Verbänden i. S. v. § 27 Abs. 1 StVO (→ Nr. 14). Eine Benutzungspflicht der *Radwege* in der jeweiligen Fahrtrichtung besteht nur, wenn Zeichen 237 („Radfahrer"), 240 („gemeinsamer Fuß- und Radweg") oder 241 („getrennter Rad- und Fußweg") der StVO angeordnet ist, rechte Radwege ohne die Zeichen 237, 240 oder 241 dürfen benutzt werden, linke Radwege ohne die Zeichen 237, 240 oder 241 dürfen nur benutzt werden, wenn dies durch das Zusatzzeichen „Radverkehr frei" allein angezeigt ist (Art. 2 Abs. 4 S. 2 bis 4 StVO). Eine Radwegbenutzungspflicht ist nur bei qualifizierter Gefahrenlage i. S. v. § 45 Abs. 9 S. 2 StVO zulässig (BVerwG, Urteil vom 18.11.2010, 3 C 42.09, NJW 2011, 1527); die Radwegbenutzungspflicht darf sich dann aber auch auf Radwege erstrecken, die nicht den Mindestanforderungen der Verwaltungsvorschrift zur StVO entsprechen (VGH München 6.4.2011, 11 B 08.1892, BeckRS 2011, 49779). Aber selbst bei unzulässiger Beschilderung endet die Benutzungspflicht erst mit der Beseitigung der entsprechenden Verkehrszeichen. *Unbenutzbare Radwege* (z. B. bei tiefem Schnee, Eis oder Schlaglöchern, oder bei mehrspurigen Fahrrädern wegen unzureichender Spurbreite des Radwegs) müssen nicht benutzt werden, Radfahrer können dann auf die Fahrbahn (oder einen vorhandenen Seitenstreifen) ausweichen. In *Einbahnstraßen* dürfen (soweit keine anderslautende Beschilderung besteht) sowohl rechte als auch linke Radwege nur in der in der Einbahnstraße vorgegebenen Fahrtrichtung benutzt werden. In Einbahnstraßen (ohne Radwege) kann Fahrradverkehr in der Gegenrichtung zugelassen werden, es werden dann entsprechende Zusatzschilder bei den Zeichen 220 („Einbahnstraße"), 267 („Verbot der Einfahrt") und 353 („Einbahnstraße") der StVO angebracht. Beim Vorbeifahren an einer für den gegenläufigen Radverkehr freigegebenen Einbahnstraße bleibt gegenüber dem ausfahrenden Radfahrer der Grundsatz, dass Vorfahrt hat, wer von rechts kommt (§ 8 Abs. 1 S. 1 StVO) unberührt. Dies gilt auch für den ausfahrenden Radverkehr. Mündet eine Einbahnstraße für den gegenläufig zugelassenen Radverkehr in eine Vorfahrtstraße, steht für den aus der Einbahnstraße ausfahrenden Radverkehr das Zeichen 205 („Vorfahrt gewähren") der StVO. Radfahrer dürfen *rechte Seitenstreifen* benutzen, wenn keine Radwege vorhanden sind und Fußgänger dadurch nicht behindert werden (§ 2 Abs. 4 S. 5 StVO). *Fahrradschutzstreifen* (Markierung eines Schutzstreifens für Radfahrer am rechten Fahrbahnrand mit Zeichen 340 der StVO) sind von Radfahrern zu benutzen, andere Fahrzeuge dürfen diese Markierung bei Bedarf überfahren, wenn dabei eine Gefährdung von Radfahrern ausgeschlossen ist (Nr. 22 der Anlage 3 zu § 42 Abs. 2 StVO). Das *Rechtsfahrgebot* (§ 2 Abs. 2 StVO) gilt auch für Radfahrer, und zwar unabhängig davon, ob sie die Fahrbahn, einen Seitenstreifen oder einen Radweg benutzen. *Mofas* werden in diesem Zusammenhang Fahrrädern gleich gestellt, wenn sie durch Treten bewegt werden (Art. 2 Abs. 4 S. 5 StVO) oder wenn Radwege durch das Zusatzschild 1022-11 der StVO („Mofas frei") gekennzeichnet sind. Außerhalb geschlossener Ortschaften dürfen Mofas Radwege benutzen (Art. 2 Abs. 4 S. 6 StVO). *Kinder* bis zum vollendeten 8. Lebensjahr müssen, ältere Kinder bis zum vollendeten 10. Lebensjahr dürfen mit Fahrrädern Gehwege benutzen, dabei ist auf Fußgänger besondere Rücksicht zu nehmen und beim Überqueren einer Fahrbahn abzusteigen (Art. 2 Abs. 5 StVO).

3. Geschwindigkeit. Auch der Fahrradfahrer darf nur so schnell fahren, dass er sein Fahrzeug ständig beherrscht; er hat seine Geschwindigkeit insbesondere den Straßen-, Verkehrs-, Sicht- und Wetterverhältnissen sowie seinen persönlichen Fähigkeiten und den Eigenschaften von Fahrzeug und Ladung anzupassen (§ 3 Abs. 1 StVO). Ein Radfahrer darf z. B. nicht zwangsläufig die innerorts zulässige Höchstgeschwindigkeit ausschöpfen; vielmehr muss er sich an der Geschwindigkeit orientieren, die andere Verkehrsteilnehmer unter Berücksichtigung der örtlichen Verhältnisse von ihm erwarten (OLG Karlsruhe 24.1.1990, 1 U 94/89, NZV 1991, 25).

4. Überholen. Überholt ein Radfahrer andere Verkehrsteilnehmer, so muss (wie ganz allgemein für alle Fahrzeugführer geltend) ein *ausreichender Seitenabstand* zu diesen, insbesondere zu Fußgängern und anderen Radfahrern, eingehalten werden (§ 5 Abs. 4 S. 2 StVO). Hierbei gelten aber bzgl. des Seitenabstands andere Maßstäbe als beim Überholen mit Kraftfahrzeugen; auf einem 1,70 m breiten Radweg darf ein Radfahrer einen anderen Radfahrer jedenfalls dann überholen, wenn er seine Überholabsicht durch *Klingeln* angezeigt und der Vorausfahrende dies wahrgenommen hat (OLG Frankfurt 29.11.1989, 17 U 129/88, NZV 1990, 188). Auch auf schmalen Straßen darf erst nach Klingelzeichen und Verständigung überholt werden (OLG Hamm 18.12.2003, 6 U 105/03, NZV 2004, 631). Radfahrer dürfen andere Fahrzeuge, die auf dem rechten Fahrstreifen warten (d. h. stehen), *rechts überholen* (mit mäßiger Geschwindigkeit und besonderer Vorsicht), wenn ausreichender Raum vorhanden ist (§ 5 Abs. 8 StVO); Fahrer wartender Fahrzeuge müssen mit der Möglichkeit des Rechtsüberholens durch Fahrräder rechnen.

5. Abbiegen. Wer abbiegen will, muss dies gem. § 9 Abs. 1 S. 1 StVO rechtzeitig und deutlich ankündigen und hat dabei die Fahrtrichtungsanzeiger zu benutzen. Radfahrer müssen bis zur deutlichen Durchführung des Abbiegevorgangs *Handzeichen* geben, nicht mehr aber während des Abbiegevorgangs. Wer mit dem Fahrrad nach links abbiegen will, braucht sich nicht einzuordnen, wenn die Fahrbahn hinter der Kreuzung oder Einmündung vom rechten Fahrbahnrand aus überquert werden soll, sog. *indirektes Linksabbiegen* (§ 9 Abs. 2 S. 1 StVO). Beim Überqueren ist der Fahrzeugverkehr aus beiden Richtungen zu beachten (§ 9 Abs. 2 S. 2 StVO). Wer über eine *Radverkehrsführung* (also Fahrbahnmarkierungen zur Fortführung des Radwegs auf der Kreuzung) abbiegt, muss dieser im Kreuzungs- und Einmündungsbereich folgen (§ 9 Abs. 2 S. 3 StVO). Radfahrer haben *Vorrang* sowohl vor entgegenkommenden Linksabbiegern als auch vor in gleicher Richtung fahrenden Rechtsabbiegern – auch dann, wenn sie Radwege, kombinierte Rad- und Gehwege oder für Radfahrer freigegebene Gehwege benutzen (§ 9 Abs. 3 S. 1 StVO). Bei in beiden Fahrtrichtungen freigegebenen Radwegen gilt der Vorrang auch für die Radfahrer, die den linken Radweg benutzen.

6. Einfahren und Anfahren. Fährt der Radfahrer vom Radweg auf die Fahrbahn (und damit auf einen anderen Straßenteil), so hat er sich dabei gem. § 10 StVO so zu verhalten, dass eine Gefährdung anderer Verkehrsteilnehmer ausgeschlossen ist; er hat seine Absicht recht-

F Fahrradfahrer

zeitig und deutlich anzukündigen und Handzeichen zu geben. Gleiches gilt beim Anfahren vom Fahrbahnrand. Endet der Radweg und führt auf die Fahrbahn, unterliegt der Radfahrer dort der Sorgfaltspflicht des § 10 StVO.
7. Warnzeichen. Schall- und Leuchtzeichen darf nur geben, wer außerhalb geschlossener Ortschaften überholt oder wer sich oder andere gefährdet sieht (§ 16 Abs. 1 StVO). Beim Überholen besteht für den Radfahrer ggf. die Pflicht für → *Klingelzeichen* Nr. 4).
8. Beleuchtung. Wann die Beleuchtungseinrichtungen zum Einsatz kommen müssen, ist ganz allgemein für alle Fahrzeuge in § 17 StVO geregelt (→ *Beleuchtung).* Bei Dunkelheit dürfen Fahrräder nicht unbeleuchtet auf der Straße stehen gelassen werden (§ 17 Abs. 4 S. 4 StVO). Welche lichttechnischen Einrichtungen an Fahrrädern vorhanden sein müssen, schreibt § 67 StVZO vor. *Allgemein gilt:* Fahrräder müssen insbesondere mit fest angebrachten Scheinwerfern und Schlussleuchten ausgerüstet sein (§ 67 Abs. 2 StVZO), welche mit einer Lichtmaschine (Dynamo) oder Batterie oder einem wiederaufladbaren Energiespeicher (Akku) betrieben werden müssen (§ 67 Abs. 1 S. 1 StVZO). Stirnlampen sind nicht ausreichend (LG München I 24.3.2010, 17 O 18396/07, BeckRS 2010, 19090). Für *Rennräder,* deren Gewicht nicht mehr als 11 kg beträgt, gilt gem. § 67 Abs. 11 StVZO abweichend insbesondere folgendes: Für den Betrieb von Scheinwerfer und Schlussleuchte brauchen anstelle der Lichtmaschine nur eine oder mehrere Batterien entsprechend mitgeführt zu werden, der Scheinwerfer und die vorgeschriebene Schlussleuchte brauchen nicht fest am Fahrrad angebracht zu sein (sie sind jedoch mitzuführen und unter den in § 17 Abs. 1 StVO beschriebenen Verhältnissen vorschriftsmäßig am Fahrrad anzubringen und zu benutzen), und Scheinwerfer und Schlussleuchte brauchen nicht zusammen einschaltbar zu sein. Vorgenannte Ausnahmen gelten nur für reine Rennräder, nicht aber für andere Räder wie Mountainbikes, Citybikes etc. Rennräder sind darüber hinaus für die Dauer der *Teilnahme an Rennen* von den Vorschriften des § 67 StVZO befreit (§ 67 Abs. 12 StVZO).
9. Bahnübergänge. Schienenfahrzeuge haben an Bahnübergängen über Radwegen Vorrang, auch wenn dort kein Andreaskreuz angebracht ist (§ 19 Abs. 1 u. 5 StVO), es gelten die allgemeinen Vorschriften bei Bahnübergängen (§ 19 StVO).

10. Personenbeförderung. Zur Personenbeförderung auf Fahrrädern → *Personenbeförderung* Nr. 5
11. Schutzhelm. Die Pflicht, während der Fahrt einen Schutzhelm zu tragen, trifft nur Fahrer von Krafträdern oder offenen drei- oder mehrrädrigen Kraftfahrzeugen mit einer bauartbedingten Höchstgeschwindigkeit von über 20 km/h sowie deren Mitfahrer (§ 21a Abs. 2 S. 1 StVO), nicht aber Radfahrer. Nach herrschender obergerichtlicher Rechtsprechung begründet daher das *Nichttragen* eines Schutzhelmes durch einen Radfahrer *kein Mitverschulden* im Rahmen eines Verkehrsunfalls (BGH 17.6.2014, VI ZR 281/13, DAR 2014, 520; OLG Hamm 26.9.2000, 27 U 93/0087, NZV 2001, 86; OLG Nürnberg 29.7.1999, 8 U 1893/99, DAR 1999, 507; *a. A.:* OLG Schleswig 5.6.2013, 7 U 11/12, DAR 2013, 470, aufgehoben durch BGH a.a.O.). Teilweise wird ein Mitverschulden aber dann gesehen, wenn sich der Radfahrer als sportlich ambitionierter Fahrer (im Vergleich zum „Normalfahrer") besonderen Risiken aussetzt oder wenn in seiner persönlichen Disposition ein gesteigertes Gefährdungspotenzial besteht (OLG Saarbrücken 9.10.2007, 4 U 80/07, NZV 2008, 202; offengelassen in BGH 6.11. 2008, VI ZR 171/07, r + s 2009, 79).
12. Sonstige Pflichten des Fahrzeugführers. Es gelten zunächst die allgemeinen Regelungen des § 23 StVO (→ *Pflichten des Fahrzeugführers)* auch für den Radfahrer. Radfahrer dürfen sich insbesondere nicht an Fahrzeuge anhängen, sie dürfen nicht freihändig (d. h. unter Loslassen der Lenkstange mit beiden Händen) fahren und sie dürfen die Füße nur dann von den Pedalen oder den Fußrasten nehmen, wenn der Straßenzustand das erfordert (§ 23 Abs. 3 StVO). Für den Fahrradfahrer stellt das *Benutzen eines Mobiltelefons* während der Fahrt eine Ordnungswidrigkeit dar (→ *Handyverbot).*
13. Fußgängerüberwege. Zum Verhalten von Radfahrern an Fußgängerüberwegen (§ 26 StVO) → *Fußgängerüberweg* Nr. 8.
14. Verbände. Für geschlossene Verbände gelten die für den gesamten Fahrverkehr einheitlich bestehenden Verkehrsregeln und Anordnungen sinngemäß (§ 27 Abs. 1 S. 1 StVO). Mehr als 15 Radfahrer dürfen einen geschlossenen Verband bilden, sie dürfen dann zu zweit nebeneinander auf der Fahrbahn fahren (§ 27 Abs. 1 S. 2 u. 3 StVO). Kinder- und Jugendgruppen müssen, soweit möglich, die Gehwege benutzen (§ 27 Abs. 1 S. 4 StVO). Geschlossene Verbände müssen, wenn ihre Länge dies

erfordert, in angemessenen Abständen Zwischenräume für den übrigen Verkehr frei lassen; an anderen Stellen darf dieser sie nicht unterbrechen (§ 27 Abs. 2 StVO).

15. Wechsellichtzeichen. Zum Verhalten von Radfahrern an Lichtzeichenanlagen (§ 37 StVO) → *Rotlichtverstoß Nr. 5.* Die besonderen *Zeichen für Schienenfahrzeuge* können durch zusätzliche Beschilderung auch für Radfahrer freigegeben werden, wenn diese einen vom übrigen Verkehr freigehaltenen Verkehrsraum benutzen (§ 37 Abs. 2 Nr. 4 StVO).

16. Helgoland. Das Radfahren ist auf der Insel Helgoland – gleichermaßen wie der Verkehr mit Kraftfahrzeugen – *verboten* (§ 50 StVO), Zuwiderhandlungen können als Ordnungswidrigkeiten geahndet werden (§ 49 Abs. 4 Nr. 7 StVO i.V. m. § 24 StVG).

17. Verwaltungsrecht. Wird eine *Trunkenheitsfahrt* mit einer Blutalkoholkonzentration von 1,6 ‰ oder höher mit einem Fahrrad begangen, so hat die Fahrerlaubnisbehörde das Führen von fahrerlaubnisfreien Fahrzeugen (und damit auch von Fahrrädern) ohne Einschränkung zu untersagen, wenn der Betroffene ein medizinisch-psychologisches Gutachten (auch) in Bezug auf die Fahreignung für nicht erlaubnisbedürftige Fahrzeuge nicht beibringt (BVerwG 20.6.2013, 3 B 102/12, DAR 2013, 594; BayVGH 8.2.2010, 11 C 09.2200, SVR 2010, 192). *Langer*

Fahrradhelm 1. Vorbemerkung. Wird ein *Fahrradfahrer* durch einen Verkehrsunfall verletzt, dann stellt sich die Frage, ob und ggf. unter welchen Voraussetzungen dem Fahrradfahrer ein *Mitverschulden* im Sinne des § 254 Abs. 1 BGB anzurechnen ist, wenn er keinen *Fahrradhelm* getragen hat. Ein Mitverschulden kommt natürlich nur dann in Betracht, wenn anerkannt wird, dass ein Fahrradhelm zur Vermeidung von Kopfverletzungen bei Fahrradunfällen geeignet ist (vgl. Kettler NZV 2007, 603), und die sturzbedingten Verletzungen durch das Tragen eines Fahrradhelms hätten wenigstens teilweise vermieden werden können (OLG Schleswig 5.6.2013, DAR 2013, 470; vgl. dazu auch Ziffer 6. der Empfehlung des Arbeitskreis IV des VGT 2009, wonach dem Radfahrer zur Reduzierung der Kopfverletzungsgefahr das Tragen eines Fahrradhelms dringend empfohlen werden sollte).

2. Keine Helmpflicht. Eine Pflicht oder Obliegenheit des Fahrradfahrers i.S.e. einer dem § 21 a Abs. 2 StVO vergleichbaren *Helmpflicht* besteht mangels entsprechender gesetzlicher Regelung nicht (OLG Saarbrücken 9.10.2007, DAR 2008, 210, m. Anm. *Schubert;* a.A. OLG Düsseldorf 12.2.2007, DAR 2007, 458, m. Anm. *Hufnagel;* OLG Düsseldorf 12.2.2007, DAR 2007, 646, m. Anm. *Mecklenbrauck;* OLG Düsseldorf 14.8. 2006, NZV 2007, 38, m. Anm. *Kettler;* OLG Düsseldorf 18.6.2007, DAR 2007, 704; *Scholten,* NJW 2012, 2993). Deswegen wird es teilweise ganz abgelehnt, ein Mitverschulden wegen des Nichttragens eines Fahrradhelms zuzurechnen (OLG Nürnberg 23.10.1990, NJW-RR 1991, 546; OLG Hamm 26.9.2000, NZV 2001, 86; LG Koblenz 4.10.2010, DAR 2011, 395). Nach anderer Auffassung wird ein Mitverschuldensvorwurf für *besonders gefährliche Fahrradfahrer* erwogen, insbesondere sportlich ambitioniert fahrende Rennradfahrer (OLG München 3.3. 2011, 24 U 384/10), dagegen von einem solchen abgesehen, wenn das Fahrrad ohne *gesteigertes Gefährdungspotential* als gewöhnliches Fortbewegungsmittel ohne *sportliche Ambitionen* verwendet wird (OLG Saarbrücken 9.10.2007, DAR 2008, 210; OLG Düsseldorf 12.2.2007, DAR 2007, 458; LG München II 7.3.2011, 5 O 1837/09; LG Krefeld 22.12.2005, NZV 2006, 205). Vereinzelt wird ein Mitverschulden jedenfalls zugerechnet, wenn der Fahrradfahrer keinen Helm getragen hat, und ein Helm unfallbedingte Kopfverletzungen verhindert oder gemindert hätte (OLG Schleswig 5.6.2013, DAR 2013, 470; aufgehoben durch BGH 18.6.2014, DAR 2014, 520, m. Anm. *Scholten;* OLG Celle DAR 2014, 199; *Born,* NJW-Editorial, Heft 31/2013). Weil der Gesetzgeber jedoch bewusst von einer Helmpflicht für Radfahrer absieht (im Gegensatz zu Quadfahrern, für welche seit dem 1.1.2006 gem. § 21 a Abs. 2 StVO eine Helmpflicht besteht), obgleich die Reduzierung der Verletzungsgefahr durch das Tragen eines Schutzhelms seit Jahren anerkannt ist (*Heß/Burmann* NJW 2009, 899; gem. BGH 9.9. 2008, DAR 2009, 83, besteht ein Anscheinsbeweis für die Ursächlichkeit des unterlassenen Tragens eines Schutzhelms für die anlässlich eines Unfalls mit einem Quad erlittenen Kopfverletzungen), und weil darüber hinaus die von der Rechtsprechung entwickelten Abgrenzungskriterien zum Mitverschulden keine hinreichende *Rechtssicherheit* bedingen, ist die Anrechnung eines Mitverschuldens wegen Unterlassens des Tragens eines Fahrradhelms bei im übrigen verkehrsrichtigem Verhalten des Fahrradfahrers abzulehnen (*Schubert* DAR 2008, 212; *Hufnagl* DAR 2007, 704; *Kettler* NZV 2007, 603). *Geiger*

Fahrradstraße 1. Allgemeines. Fahrradstraßen sind Sonderwege, gem. Nr. 23 der Anlage 2 zu § 41 Abs. 1 StVO gelten auf Fahrradstraßen aber die allgemeinen Vorschriften über die Benutzung von Fahrbahnen (zu den allgemeinen Verhaltensregeln für Radfahrer → *Fahrradfahrer*).
2. Sonderregelungen auf Fahrradstraßen. Andere Fahrzeugführer als Radfahrer dürfen Fahrradstraßen nicht benutzen, es sei denn, dies ist durch Zusatzzeichen angezeigt. Alle Fahrzeugführer dürfen nicht schneller als mit einer Geschwindigkeit von 30 km/h fahren. Radfahrer dürfen weder gefährdet noch behindert werden. Wenn nötig, muss der Kraftfahrzeugführer die Geschwindigkeit weiter verringern. Radfahrer dürfen auch nebeneinander fahren.
3. Kennzeichnung. Anfang und Ende von Fahrradstraßen werden durch Zeichen 244 („Beginn einer Fahrradstraße") und 244a („Ende einer Fahrradstraße") der StVO gekennzeichnet. *Langer*

Fahrradtaxi (Fahrradrikscha) 1. Allgemeines. Ein Fahrradtaxi (auch Fahrradrikscha genannt) ist ein mit Muskelkraft betriebenes Fahrzeug zur Personenbeförderung. Damit gelten für Rikschafahrer grundsätzlich die Straßenverkehrsvorschriften, die ganz allgemein auch für jeden Radfahrer gelten (→ *Fahrradfahrer*).
2. Sonderregelungen. Aufgrund der Besonderheiten eines Fahrradtaxis sind folgende Punkte im Detail anzusprechen:
a) Radwegbenutzung. Aufgrund der im Vergleich zum normalen Fahrrad erheblichen Breite eines Fahrradtaxis werden Radwege für diese meist unbenutzbar sein, so dass sie i. d. R. auf die Fahrbahn ausweichen können (→ *Fahrradfahrer Nr. 2*). Ggf. ist auch die Erteilung einer Ausnahmegenehigung nach § 46 Abs. 1 S. 1 Nr. 1 StVO denkbar.
b) Personenbeförderung. Das grundsätzliche Verbot der Personenbeförderung auf Fahrrädern (→ *Personenbeförderung Nr. 5*) erstreckt sich nicht auf ein mehrspuriges Fahrradtaxi (OLG Dresden 11.10.2004, Ss OWi 460/04, NJW 2005, 452). Das PBefG findet keine Anwendung, da lediglich die entgeltliche oder geschäftsmäßige Beförderung von Personen mit Straßenbahnen, mit Oberleitungsomnibussen und mit Kraftfahrzeugen dem PBefG unterliegt (§ 1 Abs. 1 PBefG). Gleichermaßen bedarf es keiner Fahrerlaubnis zur Fahrgastbeförderung, weil eine solche nur für Kraftfahrzeuge zur Personenbeförderung erforderlich ist (§ 48 Abs. 1 FeV). *Langer*

Fährschifftransport, Kfz-Schaden beim 1. Allgemeines. Wird während eines Fährschifftransports durch ein Kfz ein Schaden an einem anderen Kfz verursacht, dann sind Ersatzansprüche gegen den Fahrer, den Halter und die Kfz-Haftpflichtversicherung zu richten (s. a. → *Auslandsunfall*). Wird dagegen ein Schaden an einem Kfz aus anderen Gründen verursacht, dann sind für die Beurteilung der Haftung dem Grunde und der Höhe nach in erster Linie die AGB der Reederei (*Beförderungsbedingungen*) oder des Reiseveranstalters (*Buchungsbedingungen*) maßgeblich. In diesen Bedingungen können sich Haftungsbeschränkungen erheblichen Ausmaßes, sogar Haftungsausschlüsse, befinden. Wird die Fährpassage außerhalb der Bundesrepublik Deutschland gebucht, so gilt grundsätzlich das Recht dieses Staates. Daneben kann eine Haftung der Reederei nach dem Athener Übereinkommen von 1974 (*internationale Schifffahrtskonvention*) gegeben sein (vgl. Czerwenka NJW 2006, 1250, m.w.N.). Teilweise weisen Fährbetreiber in ihren AGB darauf hin, dass eine Eintrittspflicht für Schäden alleine nach dem Athener Übereinkommen besteht.
2. Das *Athener Übereinkommen* beinhaltet eine Haftung der Reedereien bei Tod oder Verletzung von Reisenden höchstens bis zu 55.000 Euro, bei Verlust von Kabinengepäck lediglich bis 1.000 Euro. Diese Konvention wurde jedoch nur von wenigen Ländern ratifiziert (u. a. Großbritannien, Spanien, Argentinien, Rußland und Polen). Die Bundesrepublik Deutschland hat dieses Übereinkommen zwar unterzeichnet, jedoch aufgrund der niedrigen Höhe der dort festgelegten *Haftungssummen* nicht ratifiziert. In den skandinavischen Ländern dagegen sind die Regelungen des Athener Übereinkommens überwiegend in die Gesetze der einzelnen Länder integriert worden, indes unter Anhebung der Haftungssummen.
3. Zweites Seerechtsänderungsgesetz. Erfolgt die Buchung des Fährschifftransports im Inland oder bei einer ausländischen, jedoch in Deutschland offiziell vertretenen Reederei, dann kommt im Schadensfall das sog. Zweite Seerechtsänderungsgesetz zur Anwendung, das die *Haftungsgrenzen* der Schiffseigner für Personenschäden auf 160.000 Euro je Passagier und Reise festschreibt, für den Verlust oder die Beschädigung des Fahrzeugs (einschließlich darin oder darauf befördertem Gepäck) auf 8.000 Euro, für verlorengegangenes oder beschädigtes Kabinengepäck auf 2.000 Euro und für sonstiges Gepäck auf 3.000 Euro pro Reisenden.

4. Private Versicherungen. Erscheint dem Reisenden die Haftung mit den vorgenannten Deckungssummen nicht ausreichend oder zieht der Reisende es vor, die Abwicklung eines Schadensfalles wegen der bestehenden Haftungsunsicherheiten im Ausland (u. U. müßte bei ausländischem Gerichtsstand eine Entschädigung im Ausland geltend gemacht oder gar eingeklagt werden) durch eine deutsche Versicherungsgesellschaft vor, dann stehen ihm verschiedene *Absicherungsmöglichkeiten* zur Verfügung. Bestehende Risiken können durch den Abschluß von Reiseunfall-, Kranken-, Kasko-, Reisegepäck- und Seetransportversicherungen abgedeckt werden. Bei *Seetransportversicherungen*, denen die Allgemeinen Deutschen Seeversicherungsbedingungen zugrunde liegen, trägt der Versicherer „alle Gefahren, denen die Güter während der Dauer der Versicherung ausgesetzt sind". Darunter fallen beispielsweise Strandung, Unfall beim Be- und Entladen, Schiffszusammenstoß, Brand, Explosion, Überbordspülen, Seebeben und sonstige Naturkatastrophen. *Geiger*

Fahrschule Bei Übungsfahrten von Kfz der *Fahrschulen* ist *Fahrzeugführer* i.S.v. § 18 StVG nicht der *Fahrschüler*, sondern aufgrund der Fiktion des § 2 Abs. 15 StVG der *Fahrlehrer* (OLG Hamm 18.2.1999, DAR 1999, 363, noch zu § 3 Abs. 2 StVG a.F.). *Zivilrechtliche Schadensersatzansprüche* gem. §§ 823 BGB, 18 StVG sind deswegen grundsätzlich nicht gegen den Fahrschüler zu richten, sondern gegen den Fahrlehrer, für den hinsichtlich der *Anleitung und Aufsicht des Fahrschülers* strenge Sorgfaltsmaßstäbe gelten (BGH 15.3.1972, VersR 1972, 455). Der Fahrschüler haftet daher nicht, wenn er die Anweisungen des Fahrlehrers befolgen muss und befolgt (BGH 16.9.1969, NJW 1969, 2197). Je mehr der Fahrschüler indes als *Fortgeschrittener* anzusehen ist, desto eher kommt dessen Haftung – neben dem Fahrlehrer – in Betracht (OLG Koblenz 1.12.2003, VersR 2004, 1283). So kann ausnahmsweise ein bereits zur Fahrprüfung angemeldeter Fahrschüler bei einem für den Fahrlehrer *unvorhersehbaren, grob verkehrswidrigen Verhalten* haftbar gemacht werden (OLG Stuttgart 17.12. 1998, DAR 1999, 550). Für die *straf- und ordnungswidrigkeitenrechtliche Beurteilung* gilt die Fiktion des § 2 Abs. 15 StVG dagegen nicht (OLG Dresden 19.12.2005, DAR 2006, 159, m. Anm. König; a.A. AG Cottbus 27.11.2001, DAR 2003, 476). Entscheidend ist hier, wer das Kfz *eigenhändig* geführt hat (König DAR 2006, 161; vgl. auch BGH v. 23.9.2014, 4 StR 92/14). *Geiger*

Fahrstreifenbegrenzung → Halten und Parken Nr. 3 b), → Überholen Nr. 3 g)

Fahrstreifenwechsel → Doppelte Rückschaupflicht Nr. 1, → Haftungsverteilung bei Verkehrsunfällen Nr. 11

Fahrtenbuchauflage 1. Allgemeines. Die Verwaltungsbehörde kann gegenüber einem Fahrzeughalter für ein oder mehrere auf ihn zugelassene oder künftig zuzulassende Fahrzeuge die Führung eines Fahrtenbuchs anordnen, wenn die Feststellung eines Fahrzeugführers nach einer Zuwiderhandlung gegen Verkehrsvorschriften nicht möglich war (§ 31a Abs. 1 S. 1 StVZO). Damit soll gewährleistet werden, dass die Fahrerfeststellung bei zukünftigen Verkehrsdelikten problemlos möglich ist.
2. Voraussetzungen für die Fahrtenbuchauflage. Eine Fahrtenbuchauflage kann von der zuständigen Verwaltungsbehörde verhängt werden, wenn folgende Voraussetzungen erfüllt sind:
a) Zuwiderhandlung gegen Verkehrsvorschriften. Mit dem betroffenen Fahrzeug muss ein *Verkehrsverstoß begangen* worden sein. Bestreitet dies der Halter dieses Fahrzeuges, so hat er hierzu im Verwaltungs- oder verwaltungsgerichtlichen Verfahren substantiierte Angaben zu machen (OVG Lüneburg 16.6.1999, 12 M 2491/99, NZV 1999, 486). Ohne Belang ist es jedoch, wenn im Ordnungswidrigkeitenverfahren eine Ahndung des Betroffenen lediglich aufgrund eines strafprozessualen Beweisverwertungsverbots nicht möglich ist, weil sich ein solches nicht zwangsläufig auf das Verwaltungsverfahren übertragen lasse (OVG Lüneburg 7.6.2010, 12 ME 44/10, SVR 2010, 350).
b) Nicht mögliche Fahrerermittlung. Die Feststellung des Fahrzeugführers ist dann unmöglich gewesen, wenn die Behörde nach den Umständen des Einzelfalls nicht in der Lage war, den verantwortlichen Fahrzeugführer zu ermitteln, obwohl sie alle angemessenen und zumutbaren Maßnahmen getroffen hat (BVerwG 21.10.1987, DAR 1988, 68). Voraussetzung ist demnach, dass die Behörde eine *Befragung des Halters unverzüglich* (d. h. regelmäßig innerhalb von zwei Wochen nach dem Tatzeitpunkt) einleitet, da der Halter mit fortschreitendem Zeitablauf die Frage nach dem verantwortlichen Fahrzeugführer ggf. nicht mehr zuverlässig beantworten kann (OVG Münster

7.4.2011, 8 B 306/11, BeckRS 2011, 49770; VGH München 6.10.1997, 11 B 96.4036, NZV 1988, 88). Dabei ist der Halter im Zweifel als Zeuge zu befragen (was gleichzeitig im Anhörungsschreiben geschehen kann), sofern die Umstände für die Möglichkeit sprechen, auf diesem Wege zur Fahrerfeststellung zu gelangen (BVerwG 21.10.1987, DAR 1988, 68). Die Bußgeldbehörde hat jedoch den Halter als Zeugen und nicht als Betroffenen anhören, wenn feststeht (etwa aufgrund des Geschwindigkeitsmessfotos), dass der der Halter keinesfalls der verantwortliche Fahrzeugführer sein kann (VGH Mannheim 4.8.2009, 10 S 1499/09, NZV 2010, 53). Die Berufung auf ein *Zeugnis- oder Aussageverweigerungsrecht* im Ordnungswidrigkeitenverfahren steht der Anordnung einer Fahrtenbuchauflage nicht entgegen (VGH München 12.3.2014, 11 CS 14.176, BeckRS 2014, 49135). Bei einem *Firmenfahrzeug* kann sich der Halter nicht auf eine schlechte Qualität des Messfotos berufen, um einer Fahrtenbuchauflage zu entgehen (VG Leipzig 18.5.2010, 1 K 447/09, BeckRS 2010, 49372), vielmehr müssen im Betrieb organisatorische Vorkehrungen getroffen werden, um den verantwortlichen Fahrer positiv benennen zu können (OVG Bremen 12.1.2006, 1 A 236/05, BeckRS 2006, 24301). Macht der Geschäftsführer der Fahrzeughalterin von seinem Zeugnisverweigerungsrecht Gebrauch und bleiben Befragungen am Sitz der Firma erfolglos, gehört es ohne konkrete Ermittlungsansätze nicht zu den zumutbaren und angemessenen Maßnahmen zur Ermittlung des Fahrzeugführers, nach potentiell bestellten weiteren Geschäftsführern zu forschen und diese gegebenenfalls persönlich zu befragen (OVG Lüneburg 24.1.2013, 12 ME 272/12, NZV 2013, 256). Eine *verspätete Anhörung* ist jedoch dann *unschädlich*, wenn die Verzögerung für die unterbliebene Ermittlung des Täters nicht ursächlich gewesen ist (BVerwG 25.6.1987, 7 B 139.87, DAR 1987, 393; OVG NRW 30.11.2005, 8 A 280/05, NZV 2006, 223), beispielsweise dann, wenn sich der Betroffene auch nach verspäteter Anhörung überhaupt nicht zur Sache oder mit unrichtigen Angaben äußert. Der *Nachweis des Zugangs der Anhörung* durch eine förmliche Zustellung ist nicht erforderlich (VGH Kassel, NJW 2005, 2411; a. A.: VG Potsdam 9.3.2012, VG 10 L 52/12; VG Frankfurt, DAR 1991, 314). *Entfallen* ist die *Voraussetzung der Nichtfeststellbarkeit* des verantwortlichen Fahrzeugführers nur dann, wenn der tatsächliche Fahrer noch vor Ablauf der Verfolgungsverjährungsfrist der Behörde bekannt geworden ist (VGH München 6.10.1997, 11 B 96.4036, NZV 1988, 88); eine Fahrerbenennung erst nach Eintritt der Verfolgungsverjährung hilft dem Halter insofern nicht. *Unzumutbare Ermittlungen* (die z. B. zeitraubend oder aufgrund eines unbestimmten Personenkreises nicht zielführend erscheinen, oder weil der Halter die Mitwirkung verweigert) muss die Behörde nicht anstellen (VGH München 6.10.1997, 11 B 96.4036, NZV 1988, 88; OVG NRW 30.11.2005, 8 A 280/05, NZV 2006, 223).

> Praxistipp: Der Rechtsanwalt sollte den Betroffenen bereits im Rahmen der Mandatsannahme in einer Bußgeld- oder Strafsache darauf hinweisen, dass bei unterbleibender Äußerung zur Fahrereigenschaft die Möglichkeit besteht, dass nach Einstellung des Ermittlungsverfahrens (wenn der verantwortliche Fahrzeugführer nicht ermittelt werden konnte) von der Straßenverkehrsbehörde ggf. eine Fahrtenbuchauflage verhängt werden kann.

c) **Die Verhältnismäßigkeit** zwischen dem Verkehrsverstoß und der Fahrtenbuchauflage muss gegeben sein. Als Faustregel gilt, dass die Fahrtenbuchauflage nur nach einem *Verkehrsverstoß von einigem Gewicht* als verhältnismäßig anzusehen ist; dies kann bereits nach einer Entscheidung über eine Ordnungswidrigkeit, die mit mindestens einem Punkt belegt und daher ins VZR (ab 1.5.2014: FAER) eingetragen wird, gegeben sein (BVerwG 17.5.1995, 11 C 12.94, NZV 1995, 460). Ein oder mehrere nicht einzutragende Ordnungswidrigkeiten können dagegen im Regelfall nicht zur Rechtfertigung einer Fahrtenbuchauflage führen. Bei einem *Lkw mit Fahrtschreiber* ist eine Fahrtenbuchauflage unverhältnismäßig (OVG Bautzen 26.8.2010, 3 A 176/10, DAR 2011, 43). Die übliche *Dauer einer Fahrtenbuchauflage* beträgt im Normalfall sechs Monate, bei schwereren Verstößen ist auch längerer Zeitraum von einigen Jahren verhältnismäßig (VGH Baden-Württemberg 28.5.2002, 10 S 1408/01, NZV 2003, 399). Rechtlich möglich ist auch eine unbefristete Fahrtenbuchauflage, wobei der Betroffene dann bei Entfall ihrer Voraussetzungen deren Aufhebung beantragen kann. Eine Fahrtenbuchauflage wird nicht allein durch bloßen *Zeitablauf* zwischen dem Datum des Verkehrsverstoßes und dem der behördlichen bzw. gerichtlichen Entscheidung über die Fahrtenbuchauflage unverhältnismäßig, auch wenn ihre sofortige Vollziehung nach § 80 Abs. 2 Nr. 4 VwGO nicht angeordnet ist („3 ½ Jahre": BVerwG 12.7.1995, 11 B 18/95, NJW 1995, 3402; „18 Monate": OVG Lüneburg 23.8. 2013, 12 LA 156/12, BeckRS 2013, 54944).

3. Verwaltungsverfahren. Zuständig für die Entscheidung über die Verhängung einer Fahrtenbuchauflage ist die Straßenverkehrsbehörde. Der Gang des Verwaltungsverfahrens stellt im Einzelnen wie folgt dar:

a) Anhörung. Vor der Entscheidung über die Verhängung einer Fahrtenbuchauflage ist der betroffene Halter anzuhören (§ 28 VwVfG). Eines vorherigen präventiven Hinweises seitens der den Verkehrsverstoß ermittelnde Behörde, bei Nichtermittlung des Fahrers eine Fahrtenbuchauflage verhängt werden könne, bedarf es jedoch nicht.

b) Verhängung der Fahrtenbuchauflage (Verwaltungsakt). Die zuständige Straßenverkehrsbehörde verhängt die Fahrtenbuchauflage im Rahmen eines Verwaltungsakts und setzt i. d. R. den genauen Zeitraum der Fahrtenbuchauflage fest. Die Verwaltungsbehörde kann auch ein oder mehrere *Ersatzfahrzeuge* bestimmen (§ 31a Abs. 1 S. 2 StVZO), insbesondere um zu verhindern, dass der Halter sein betroffenes Fahrzeug veräußert und an seiner Stelle ein Nachfolgefahrzeug erwirbt, nur um sich dadurch der Fahrtenbuchauflage zu entziehen. Auf sämtliche Fahrzeuge (*Fuhrpark*) des Halters wird die Behörde die Fahrtenbuchauflage nur dann ausweiten können, wenn die Befürchtung besteht, dass auch mit den anderen Fahrzeugen einschlägige Verstöße begangen werden (VGH Mannheim 14.1.2014, 10 S 2438/13, NJW 2014, 1608; OVG Bautzen 26.8.2010, 3 A 176/10, DAR 2011, 43; OVG Münster 7.4.1977, XIII A 603/76, NJW 1977, S. 2181). Die *Anordnung der sofortigen Vollziehung* wird meist mit dem Verwaltungsakt erfolgen, da i. d. R. die Voraussetzungen des § 80 Abs. 2 Nr. 4 VwGO („besonderes öffentliches Interesse an der sofortigen Vollziehung") vorliegen dürften – mit der Folge, dass ein Rechtsmittel (→ Nr. 7) keine aufschiebende Wirkung entfalten können wird.

4. Umfang der Eintragungen im Fahrtenbuch. Der Fahrzeughalter oder sein Beauftragter hat in dem Fahrtenbuch für ein bestimmtes Fahrzeug und für jede einzelne Fahrt vor deren Beginn Name, Vorname und Anschrift des Fahrzeugführers, amtliches Kennzeichen des Fahrzeugs, Datum und Uhrzeit des Beginns der Fahrt und nach deren Beendigung unverzüglich Datum und Uhrzeit mit Unterschrift einzutragen (§ 31a Abs. 2 StVZO). Die computermäßige Speicherung der Eintragungen auf einem Datenträger ohne Ausdruck der Daten genügt nicht den an die Führung eines Fahrtenbuches zu stellenden Anforderungen (KG 18.7.1994, 2 Ss 114/94 – 3 Ws B 197/94, NZV 1994, 410).

5. Aushändigungs- und Aufbewahrungspflicht. Der Fahrzeughalter hat der das Fahrtenbuch anordnenden oder der von ihr bestimmten Stelle oder sonst zuständigen Personen das Fahrtenbuch auf Verlangen jederzeit an dem von der anordnenden Stelle festgelegten Ort zur Prüfung auszuhändigen und sechs Monate nach Ablauf der Zeit, für die es geführt werden muss, aufzubewahren (§ 31 Abs. 3 StVZO). Dagegen besteht *keine Mitführungspflicht* während der Fahrt (KG 5.7.1990, 2 Ss 131/90 – 3 Ws B 144/90, NZV 1990, 362 m. w. N.). Auch wenn der Halter während der Dauer der Fahrtenbuchauflage das Fahrzeug im Straßenverkehr nicht benutzt, hat er trotzdem ein Fahrtenbuch anzulegen und auf Aufforderung der zuständigen Behörde vorzulegen (KG 5.7.1990, 2 Ss 131/90 – 3 Ws B 144/90, NZV 1990, 362).

6. Datenspeicherung. Im örtlichen und im Zentralen Fahrzeugregister darf die Anordnung einer Fahrtenbuchauflage wegen Zuwiderhandlungen gegen Verkehrsvorschriften gespeichert werden (§ 33 Abs. 3 StVG), eine Löschung der Daten ist nach Wegfall der Fahrtenbuchauflage vorzunehmen (§ 44 Abs. 2 StVG). Gestattet ist die Übermittlung der gespeicherten Daten an die Zulassungsbehörde oder an das Kraftfahrt-Bundesamt für Maßnahmen im Rahmen des Zulassungsverfahrens zur Überwachung der Fahrtenbuchauflage, sowie an die jeweils zuständigen Behörden oder Gerichte zur Verfolgung von Straftaten oder von Ordnungswidrigkeiten nach §§ 24, 24a oder 24c StVG (§ 40 Abs. 2 StVG).

7. Rechtsmittel. Nachdem die Verhängung einer Fahrtenbuchauflage einen Verwaltungsakt darstellt, ist gegen diese behördliche Maßnahme der *Widerspruch* (§§ 68 ff. VwGO) und nach Abschluss des Widerspruchsverfahrens die *Klage* beim zuständigen Verwaltungsgericht (§§ 81 ff. VwGO) möglich (→ *Besonderheiten des Verkehrsverwaltungsprozesses*). Soweit (wie z. B. in Bayern) das Widerspruchsverfahren auch im Bereich des Kfz-Zulassungsrechts abgeschafft wurde, ist die Klage unmittelbar ohne vorheriges Widerspruchsverfahren zu erheben. Sofern die Behörde die *sofortige Vollziehung* der Fahrtenbuchauflage angeordnet hat und damit

F Fahrtenschreiberblatt

Widerspruch oder Klage keine aufschiebende Wirkung entfalten können, kann *vorläufiger Rechtsschutz* beantragt werden (→ *Besonderheiten des Verkehrsverwaltungsprozesses Nr. 9*): sowohl durch Antrag bei der Verwaltungsbehörde (§ 80 Abs. 4 VwGO) als auch durch Antrag beim zuständigen Verwaltungsgericht (§ 80 Abs. 5 VwGO).

8. Ordnungswidrig handelt, wer entgegen § 31a Abs. 2 StVZO als Halter oder dessen Beauftragter im Fahrtenbuch nicht vor Beginn der betreffenden Fahrt die erforderlichen Angaben einträgt oder nicht unverzüglich nach Beendigung der betreffenden Fahrt Datum und Uhrzeit der Beendigung mit seiner Unterschrift einträgt (§ 69a Abs. 5 Nr. 4 StVZO i.V.m. § 24 StVG), oder wer entgegen § 31a Abs. 3 StVZO ein Fahrtenbuch nicht aushändigt oder nicht aufbewahrt (§ 69a Abs. 5 Nr. 4a StVZO i.V.m. § 24 StVG). Voraussetzung für eine Ahndung im Bußgeldverfahren ist aber jeweils, dass einerseits zum Tatzeitpunkt die behördliche Anordnung der Fahrtenbuchauflage für sofort vollziehbar erklärt oder bestandskräftig war und andererseits keine Nichtigkeitsgründe gegeben waren.

Siehe auch: → *Fahrerermittlung,* → *Straßenverkehrs-Zulassungsordnung* Langer

Fahrtenschreiberblatt → Diagrammscheibe

Fahrtrichtungsanzeiger → Fahrzeugbeleuchtung, → Irreführendes Falschblinken

Fahrtschreiber → Kontrollgerät [Fahrtschreiber]

Fahruntüchtigkeit → Absolute Fahruntüchtigkeit, → Haftungsverteilung bei Verkehrsunfällen Nr. 4, → Trunkenheit im Verkehr Nr. 4, 6 c)

Fahrverbot 1. Allgemeines. Neben dem Sonntags- und Feiertagsfahrverbot für Lastkraftwagen sowie dem Fahrverbot für Lastkraftwagen gemäß Ferienreiseverordnung ist in der Praxis natürlich in erster Linie jenes Fahrverbot von Bedeutung, welches in Zusammenhang mit Ordnungswidrigkeiten oder Straftaten von den Bußgeldbehörden oder Gerichten verhängt wird.

2. Sonntags- und Feiertagsfahrverbot. An Sonntagen und Feiertagen dürfen in der Zeit *von 0 bis 22 Uhr* Lkw mit einer zulässigen Gesamtmasse über 7,5 t sowie Anhänger hinter Lastkraftwagen nicht verkehren (§ 30 Abs. 3 S. 1 StVO). Das Verbot erstreckt sich dabei auf alle öffentlichen Straßen. Wohnmobile sind Sonderkraftfahrzeuge und gelten daher nicht als Lkw, so dass sie vom Fahrverbot nicht betroffen sind.

a) Ausnahmen. Vom Verbot ausgenommen sind u. a. *Fahrzeuge mit Sonderrechten* (§ 35 StVO), z. B. Bundeswehr-, Polizei-, Feuerwehr-, Katastrophenschutzdienst-, Zolldienst- und Straßendienstfahrzeuge. Ferner ausgenommen sind Kraftfahrzeuge, bei denen die beförderten Gegenstände zum *Inventar der Fahrzeuge* gehören (z. B. Ausstellungs- oder Filmfahrzeuge). Darüber hinaus gilt das Verbot gem. § 30 Abs. 3 S. 2 StVO nicht für

– kombinierten Güterverkehr Schiene-Straße vom Versender bis zum nächstgelegenen geeigneten Verladebahnhof oder vom nächstgelegenen geeigneten Entladebahnhof bis zum Empfänger, jedoch nur bis zu einer Entfernung von 200 km,

– kombinierten Güterverkehr Hafen-Straße zwischen Belade- oder Entladestelle und einem innerhalb eines Umkreises von höchstens 150 Kilometern gelegenen Hafen (An- oder Abfuhr),

– die Beförderung von a) frischer Milch und frischen Milcherzeugnissen, b) frischem Fleisch und frischen Fleischerzeugnissen, c) frischen Fischen, lebenden Fischen und frischen Fischerzeugnissen, d) leichtverderblichem Obst und Gemüse, sowie Leerfahrten, die im Zusammenhang mit solchen Fahrten stehen,

– Fahrten mit Fahrzeugen, die nach dem Bundesleistungsgesetz herangezogen werden. Dabei ist der Leistungsbescheid mitzuführen und auf Verlangen zuständigen Personen zur Prüfung auszuhändigen.

b) Feiertage im Sinne der Vorschrift sind Neujahr, Karfreitag, Ostermontag, Tag der Arbeit (1. Mai), Christi Himmelfahrt, Pfingstmontag, Fronleichnam (jedoch nur in Baden-Württemberg, Bayern, Hessen, Nordrhein-Westfalen, Rheinland-Pfalz und im Saarland), Tag der deutschen Einheit (3. Oktober), Reformationstag (31. Oktober, jedoch nur in Brandenburg, Mecklenburg-Vorpommern, Sachsen, Sachsen-Anhalt und Thüringen), Allerheiligen (1. November, jedoch nur in Baden-Württemberg, Bayern, Nordrhein-Westfalen, Rheinland-Pfalz und im Saarland) sowie 1. und 2. Weihnachtstag (§ 30 Abs. 4 StVO).

3. Fahrverbot gem. Ferienreiseverordnung. Lastkraftwagen mit einer zulässigen Gesamtmasse über 7,5 t sowie Anhänger hinter Lastkraftwagen dürfen auf bestimmten Autobahnen (siehe § 1 Abs. 2 FerReiseV) und bestimmten Bundesstraßen (siehe § 1 Abs. 3 FerReiseV) an allen Samstagen *vom 1. Juli bis einschließlich 31. August eines Jahres jeweils in der Zeit von 7.00 Uhr bis 20.00 Uhr* nicht verkehren. *Ausnahmen* von diesem Fahrverbot enthalten §§ 2 u. 3 FerReiseV, sie entsprechen weitgehend den Ausnahmen zum Sonn- und Feiertagsfahrverbot (→ Nr. 2a).

4. Fahrverbot nach § 25 StVG bei Ordnungswidrigkeiten. Zur Ahndung von Ordnungswidrigkeiten nach § 24 oder § 24a StVG kann die Verwaltungsbehörde oder das Gericht – neben der Festsetzung der Geldbuße – ein Fahrverbot von *ein bis drei Monaten* verhängen (§ 25 Abs. 1 StVG). Im Rahmen einer Verhängung eines Fahrverbots darf also das Mindestmaß von einem Monat nicht unterschritten werden (OLG Düsseldorf 27.12.2010, IV-3 RBs 210/10, DAR 2011, 149). Ein Fahrverbot kann nicht durch die Polizei im Rahmen eines Sofortvollzugs ausgesprochen werden. Vom Fahrverbot können auch *bestimmte Fahrzeuge ausgenommen* werden, z. B. Lkw bei selbständigen Berufskraftfahrern (OLG Düsseldorf 25.1.1996, 5 Ss OWi 2/96 – OWi 4/96 I, NZV 1996, 247), landwirtschaftliche Fahrzeuge bei Landwirten (OLG Düsseldorf 6.6.1994, 5 Ss OWi 187/94 – 5 Ss OWi 103/94 I, NZV 1994, 407) oder Feuerwehrfahrzeuge und Krankenwagen bei Feuerwehrleuten (OLG Düsseldorf 27.9.2007, IV-2 Ss OWi 118/07 – OWi 50/07 III, NZV 2008, 104). Ferner kann das Fahrverbot auch *auf bestimmte Fahrzeuge beschränkt* werden, z. B. auf Krafträder bei Taxifahrern (OLG Bamberg 19.10.2007, 3 Ss OWi 1344/07, NStZ-RR 2008, 119). Dagegen sind *Ausnahmen für bestimmte Fahrzwecke* nicht zulässig (OLG Celle 11.10.1995, 5 Ss OWi 182/95, DAR 1996, 64).

a) Regelfahrverbote bei Ordnungswidrigkeiten nach § 24 StVG sind für verschiedene Einzelfälle in § 4 BKatV geregelt (z. B. bei Rotlichtverstößen, Geschwindigkeitsüberschreitungen, Abstandsunterschreitungen oder Überholverstößen). Bei einem atypischen Rotlichtverstoß kann u. U. vom Regelfahrverbot abgesehen werden (→ *Rotlichtverstoß Nr. 7b*). Bei Ordnungswidrigkeiten nach § 24a StVG (Trunkenheitsfahrten) wird regelmäßig ein Fahrverbot erteilt (§ 4 Abs. 3 BKatV i. V. m. § 25 Abs. 1 S. 2 StVG). Ein Fahrverbot kommt in der Regel auch dann in Betracht, wenn gegen den Führer eines Kraftfahrzeugs wegen einer Geschwindigkeitsüberschreitung von *mindestens 26 km/h* bereits eine Geldbuße rechtskräftig festgesetzt worden ist und er innerhalb eines Jahres seit Rechtskraft der Entscheidung eine weitere Geschwindigkeitsüberschreitung von mindestens 26 km/h begeht (§ 4 Abs. 2 S. 2 BKatV). Allein der Umstand, dass die für die Indizierung eines Fahrverbotes maßgebliche Grenze einer Geschwindigkeitsüberschreitung nur knapp (z. B. um 1 km/h) überschritten wurde, begründet noch keinen Ausnahmefall im Hinblick auf ein Regelfahrverbot (OLG Hamm 12.6.2009, 3 Ss OWi 68/09, BeckRS 2009, 20042).

b) Fahrverbote wegen grober oder beharrlicher Pflichtverletzung. Bei *grober Pflichtverletzung* (d. h. bei grobem Leichtsinn, grober Nachlässigkeit oder Gleichgültigkeit, vgl. BGH 11.9.1997, 4 StR 638/96, NJW 1997, 3252) kann ein Fahrverbot auch dann verhängt werden, wenn kein Regelfahrverbot in der BKatV vorgesehen ist. Eine *beharrliche Pflichtverletzung* wird nur dann anzunehmen sein, wenn der zeitliche Abstand zwischen den einzelnen Ordnungswidrigkeiten nicht zu groß ist (z. B. keine Beharrlichkeit bei mehr als drei Jahren zwischen Ahndung der letzten Tat und neuer Zuwiderhandlung, BayObLG 31.7.1992, 2 Ob OWi 258/92, DAR 1992, 468) sowie ein innerer Zusammenhang besteht (an letzterem mangelt es z. B. bei wiederholter Geschwindigkeitsüberschreitung und einmaligem Verstoß gegen Handyverbot, OLG Bamberg 4.10.2007, 3 Ss OWi 1364/07, NJW 2007, 3655). Nicht erforderlich ist, dass zuvor bei einer der Vorahndungen bereits ein erhöhtes Bußgeld verhängt wurde (OLG Bamberg 22.10.2009, 3 Ss OWi 1194/09, DAR 2010, 98). Wird ein Fahrverbot wegen beharrlicher Verletzung der Pflichten eines Kraftfahrzeugsführers zum ersten Mal angeordnet, so ist seine Dauer in der Regel auf einen Monat festzusetzen (§ 4 Abs. 2 S. 1 BKatV). Von einem solchen Fahrverbot kann abgesehen werden, wenn der Betroffene die Teilnahme an einem Aufbauseminar für Punkteauffällige nachweist (AG Traunstein 14.11.2013, 520 OWi 360 Js 20361/13 (2), DAR 2014, 102; AG Miesbach 4.10.2010, 1 OWi 57 Js 26159/10, BeckRS 2010, 30846). *Keine beharrliche Pflichtverletzung* liegt jedoch vor, wenn sowohl beim aktuellen Verstoß als auch bei den Vorahndungen der „Richtwert" des § 4 Abs. 2 S. 2 BKatV (d. h. Geschwindigkeitsüberschreitung von mindestens 26 km/h) nie erreicht wurde (OLG Bamberg 30.3.2011, 3 SsOWi 384/11, DAR 2011, 399). Es darf *keine Addition von Regelfahrverboten* erfolgen, wenn dieselbe Handlung sowohl die Voraussetzungen einer groben (vgl. § 4 Abs. 1 BKatV) als auch einer beharrlichen (vgl. § 4 Abs. 2 BKatV) Verletzung der Pflichten eines Kraftfahrzeugführers erfüllt (OLG Brandenburg 4.1.2011, 53 Ss-QWi 546/10 (257/10), 53 Ss-OWi 546/10, BeckRS 2011, 02488).

c) Ausnahmen vom Fahrverbot. Auch *berufliche Nachteile* schwerwiegender Art reichen nicht aus für die Annahme eines Ausnahmefalles, der ein Absehen von der Verhängung eines Fahrverbots rechtfertigt, da solche beruflichen Nachteile mit einem Fahrverbot nicht nur in Ausnahmefällen, sondern sehr häufig verbunden sind. Als unverhältnismäßig ist ein Fahrverbot erst dann anzusehen, wenn es zu einer Vernichtung oder auch nur Gefährdung der wirtschaftlichen Existenz des Betroffenen führen würde, und der Betroffene derartigen Folgen nicht mit dem Einsatz eigener zumutbarer Maßnahmen begegnen kann (BVerfG 10.2.1995, 2 BvR 2139/94, NJW 1995, 1541; BayObLG 30.10.2001, 1 Ob OWi 516/2001, NZV 2002, 143). Der Betroffene muss also ggf. einen Aushilfsfahrer einsetzen (trotz der daraus resultierenden finanziellen Nachteile) oder die Zeit mit Urlaub überbrücken. Berufspendler sind ggf. angehalten, für die Fahrverbotsdauer ein Zimmer in Arbeitsplatznähe anzumieten (OLG Bamberg 18.3.2009, 3 Ss OWi 196/09, DAR 2009, 401). Die *Gefahr des Arbeitsplatzverlustes* wird bereits ausreichen, um ein Fahrverbot als unverhältnismäßige Härte bewerten zu können (OLG Celle 29.9.1995, 1 Ss OWi 181/95, NZV 1996, 291), es sei denn, eine Kündigung des Arbeitsplatzes des Betroffenen wäre offensichtlich rechtswidrig (OLG Bamberg 22.1.2009, 2 Ss OWi 5/09, NZV 2010, 46; OLG Brandenburg 13.3.2003, 2 Ss OWi 126 B/02, NStZ-RR 2004, 93). Im Hinblick auf eine möglicherweise vorliegende Härte in Form einer drohenden Arbeitsplatz- oder Existenzgefährdung bedarf es umfassender *Aufklärung durch das Tatgericht*, sofern der Betroffene Anknüpfungstatsachen vorbringt – eine weitergehende Darlegungs- oder Beweislast obliegt dem Betroffenen nicht (OLG Bamberg 26.1.2011, 3 Ss OWi 2/11, BeckRS 2011, 18645). Die *Teilnahme an einer verkehrspsychologischen Maßnahme* kann (trotz mehrerer Voreintragungen im Fahreignungsregister) zur Aufhebung eines Regelverbots führen (AG Mannheim 31.7.2013, 22 OWi 504 Js 8240/13, DAR 2014, 405). *Kein Absehen vom Regelfahrverbot* aber allein deswegen, weil bei einer Abstandsunterschreitung der die Fahrverbotsanordnung indizierende untere Tabellengrenzwert (sog. „Fahrverbotsschwelle") nur knapp unterschritten wurde (OLG Bamberg 28.12.2011, 3 Ss 1616/11, BeckRS 2012, 03567). Gleiches gilt, wenn bei einer Trunkenheitsfahrt die in § 24a Abs. 1 StVG genannten Grenzwerte für die bußgeldbewehrte Atemalkohol- oder Blutalkoholkonzentration nur geringfügig überschritten wurden (OLG Bamberg 29.10.2012, 3 Ss OWi 1374/12, BeckRS 2012, 24386). Wird von der Anordnung eines Fahrverbots ausnahmsweise abgesehen, so soll das für den betreffenden Tatbestand als Regelsatz vorgesehene *Bußgeld angemessen erhöht* werden (§ 4 Abs. 4 BKatV). Soll die *Dauer des Fahrverbotes reduziert* werden, so gelten vorbezeichnete Gesichtspunkte gleichermaßen (vgl. OLG Bamberg 11.4.2006, 3 Ss OWi 354/2006, DAR 2006, 515). Der Tatrichter muss bei Anordnung eines Regelfahrverbots die Möglichkeit, vom Fahrverbot gegen Erhöhung der Geldbuße absehen zu können, nicht ausdrücklich ansprechen, wenn es sich bei der Tat um einen besonders schweren Verstoß handelt (OLG Hamm 1.7.2011, 1 RBs 99/11, NZV 2011, 455).

d) Rechtsstaatswidrige **Verfahrensverzögerungen** im Bußgeldverfahren können dazu führen, dass das angeordnete Fahrverbot (teilweise) als vollstreckt gilt (OLG Hamm 24.3.2011, III-3 RBs 70/10, DAR 2011, 409). Das Fahrverbot verliert seinen Sinn als Denkzettel- und Besinnungsmaßnahme, wenn die zu ahndende Tat (zum Zeitpunkt der letzten tatrichterlichen Entscheidung – auf den Zeitpunkt der Entscheidung des Rechtsbeschwerdegerichts kommt es hier also nicht an) mehr als zwei Jahre zurückliegt, die für die lange Verfahrensdauer maßgeblichen Umstände nicht vom Betroffenen verursacht worden sind und er sich seitdem verkehrsgerecht verhalten hat (OLG Oldenburg 3.8.2011, 2 SsBs 172/11, NZV 2011, 564; OLG Hamm 17.2.2009, 3 Ss OWi 941/08, DAR 2009, 405; mehr als 21 Monate: OLG Zweibrücken 25.8.2011, 1 Ss Bs 24/11, BeckRS 2011, 25930).

e) Einheitlichkeit des Fahrverbots. Wegen mehreren in Tatmehrheit zueinander stehenden Ordnungswidrigkeiten kann in einem Urteil nur auf ein einheitliches Fahrverbot erkannt werden (OLG Hamm 27.10.2009, 3 Ss OWi 451/09, DAR 2010, 335). Werden mit derselben Entscheidung zwei in Tatmehrheit stehende Ordnungswidrigkeiten geahndet, von denen jede für sich allein ein Regelfahrverbot mit sich ziehen würde, so ist zur Bemessung der Dauer eines einheitlich festzusetzenden Fahrverbots – ohne Vorliegen besonderer Umstände – an das höchste angedrohte Regelfahrverbot anzuknüpfen (OLG Brandenburg 5.3. 2013, (2 B) 53 Ss-OWi 74/13 (41/13), DAR 2013, 391).

f) Hinweispflicht des Gerichts. Ist im Bußgeldbescheid ein Fahrverbot nach § 25 StVG nicht angeordnet worden, so darf das Gericht im Einspruchsverfahren nur dann auf diese Nebenfolge erkennen, wenn es in entsprechender Anwendung des § 265 Abs. 2 StPO den Betroffenen zuvor auf diese Möglichkeit hingewiesen hat (BGH 8.5.1980, 4 StR 172/80, NJW 1980, 2479; OLG Jena 26.2.2010, 1 Ss 270/09, BeckRS 2010, 05941; OLG Hamm 9.9.2005, 3 Ss OWi 191/05, BeckRS 2005, 10717).

g) Eine **4-Monats-Frist** für den Antritt des Fahrverbots (sog. privilegiertes Fahrverbot oder „B-Fahrverbot") ist zu gewähren, wenn gegen den Betroffenen in den zwei Jahren vor der Ordnungswidrigkeit ein Fahrverbot nicht verhängt worden ist und auch bis zur Bußgeldentscheidung nicht verhängt wird (§ 25 Abs. 2a StVG). Bei der Berechnung der Zwei-Jahres-Frist des § 25 Abs. 2a StVG dürfen tilgungsreife, noch nicht gelöschte Voreintragungen nicht berücksichtigt werden (OLG Celle 25.3.2013, 322 SsBs 54/13, NZV 2013, 352).

5. Fahrverbot nach § 44 StGB bei Straftaten. a) *Allgemeines*: Das strafrechtliche F. (§ 44 StGB) ist eine Nebenstrafe (nicht: Maßnahme der Sicherung) und besteht darin, dass das Gericht dem Angeklagten für gewisse Dauer (ein bis drei Monate) untersagt, im Straßenverkehr Kraftfahrzeuge jeder Art oder einer bestimmten Art zu führen (§ 44 Abs. 1 S. 1 StGB). Es ist von dem Fahrverbot nach § 25 StVG zu unterscheiden, das wegen einer Ordnungswidrigkeit verhängt wird, wenngleich dies im Rahmen eines Strafverfahrens (§ 82 Abs. 1 OWiG) geschehen kann (vgl. unten Nr. 6 sowie → *Trunkenheit im Verkehr* Nr. 6).

b) Ein F. ist *in der Regel anzuordnen*, wenn der Angeklagte wegen Straftaten nach § 315 c Abs. 1 Nr. 1 Buchstabe a StGB oder nach § 316 StGB verurteilt wird und das Gericht dennoch (ausnahmsweise, da entgegen § 69 Abs. 2 StGB) nicht auf → *Entziehung der Fahrerlaubnis* erkennt (§ 44 Abs. 1 S. 2 StGB). Auch sonst ist ein F. anzuordnen, wenn die Straftat im Zusammenhang mit dem Führen eines Kraftfahrzeugs oder unter Verletzung der Pflichten eines Kraftfahrers begangen ist (§ 44 Abs. 1 S. 1 StGB). Insbesondere wird es oft bei → *Unfallflucht* verhängt, soweit § 69 Abs. 2 Nr. 3 StGB nicht angewandt wurde.

c) Ein F. wird gelegentlich auch gegen Täter verhängt, die keine Fahrerlaubnis besitzen. Das hat schon deshalb seinen Sinn, weil nicht alle Kraftfahrzeuge fahrerlaubnispflichtig sind, ein Fahrverbot aber gerade darin bestehen kann, auch die Benutzung fahrerlaubnisfreier Kraftfahrzeuge zu verbieten. Hat der Täter eine Fahrerlaubnis, so berührt das Fahrverbot deren Bestand an sich nicht, d. h. sie erlischt nicht.

d) Das F. wird erst mit Rechtskraft des Urteils wirksam, ein „vorläufiges Fahrverbot" kennt das deutsche Strafrecht nicht. Die Vollstreckung des Fahrverbots regelt § 44 Abs. 2 S. 2 und 3 StGB: Deutsche Führerscheine werden in Verwahrung genommen, ebenso EU-Führerscheine und solche aus Staaten des Europäischen Wirtschaftsraums, wenn deren Inhaber seinen ordentlichen Wohnsitz im Inland hat. Auf sonstigen ausländischen Führerscheinen wird das Fahrverbot lediglich vermerkt. Ab dem Zeitpunkt des Vermerks oder der Inverwahrungnahme beginnt das Fahrverbot zu laufen (§ 44 Abs. 3 StGB). Hat der Täter keine Fahrerlaubnis, so läuft das Fahrverbot ab der Rechtskraft des Urteils, mit dem es angeordnet ist.

e) Wird auf ein Fahrverbot erkannt, so ist dem Angeklagten über dessen Bedeutung eine → *Belehrung* zu erteilen. Wer trotz Fahrverbots im Straßenverkehr ein Kraftfahrzeug führt, kann wegen → *Fahrens ohne Fahrerlaubnis* bestraft werden.

f) War dem Täter die Fahrerlaubnis vorläufig entzogen (oder/und der Führerschein verwahrt, sichergestellt oder beschlagnahmt nach § 94 StPO) und wird anschließend eine Straftat angeklagt, jedoch vom Gericht lediglich auf eine Ordnungswidrigkeit nach § 24a StVG erkannt, so ist zwar nach § 25 Abs. 1 S. 2 StVG (nicht: § 44 StGB) in der Regel ein Fahrverbot anzuordnen. Auf dieses ist aber der Zeitraum der vorläufigen Entziehung der Fahrerlaubnis gemäß § 25 Abs. 6 S. 1 StVG anzurechnen, sofern nicht eine in § 25 Abs. 6 S. 2 geregelte Ausnahme eingreift. Das wird in der Regel dazu führen, dass das Fahrverbot vollständig abgegolten ist, was im Urteilstenor ausgesprochen wird.

6. Fahrverbotvollstreckung. Zur Wirksamkeit, Fristberechnung und Vollstreckung des Fahrverbots nach § 25 StVG bzw. § 44 StGB → *Fahrverbotvollstreckung*.

7. Ordnungswidrigkeiten. Verstöße gegen das in § 30 Abs. 3 StVO enthaltene Sonn- und

Feiertagsfahrverbot werden mit Geldbußen geahndet (§ 49 Abs. 1 Nr. 25 StVO i.V. m. § 24 StVG), gleiches gilt für Verstöße gegen die Ferienreiseverordnung (§ 5 FerReiseV i.V. m. § 24 StVG).

8. Straftaten. Führt der Betroffene ein Kraftfahrzeug im Straßenverkehr, obwohl gegen ihn ein Fahrverbot wirksam ist, so ist eine Strafbarkeit gem. § 21 StVG gegeben (→ *Fahren ohne Fahrerlaubnis*). Wurde der Betroffene im Rahmen der Gerichtsentscheidung oder des Bußgeldbescheids nicht, unrichtig oder unvollständig belehrt, so kommt ggf. nur Fahrlässigkeit in Betracht. *Langer/Weder*

Fahrverbot nach § 25 StVG → Fahrverbot Nr. 4

Fahrverbot nach § 44 StGB → Fahrverbot Nr. 5

Fahrverbotvollstreckung 1. Allgemeines. Die Vollstreckung eines aufgrund einer Ordnungswidrigkeit verhängten Fahrverbotes ist in § 25 StVG geregelt, in Strafsachen gilt § 44 StGB.

2. Wirksamkeit des Fahrverbots. Das Fahrverbot in Bußgeld- und Strafsachen beginnt *grundsätzlich* mit dem *Tag der Rechtskraft* der Entscheidung (§ 25 Abs. 2 S. 1 StVO bzw. § 44 Abs. 2 S. 1 StGB). Wird in einem Ordnungswidrigkeitenverfahren gegen den Betroffenen ein Fahrverbot verhängt und ist in den zwei Jahren vor der streitgegenständlichen Ordnungswidrigkeit kein Fahrverbot gegen ihn verhängt worden und wird auch bis zur Bußgeldentscheidung kein Fahrverbot verhängt, so ist in der Entscheidung zu bestimmen, dass das *Fahrverbot erst wirksam* wird, wenn der *Führerschein* nach Rechtskraft der Bußgeldentscheidung *in amtliche Verwahrung gelangt, spätestens jedoch mit Ablauf von vier Monaten seit Eintritt der Rechtskraft* (§ 25 Abs. 2a S. 1 StVG); es handelt sich hierbei um das sog. *privilegierte Fahrverbot*. Mit der Wirksamkeit des Fahrverbots wird das gesamte Fahrverbot in einem Stück vollstreckt; eine *Stückelung des Fahrverbots* in mehrere Zeitabschnitte ist somit nicht möglich.

3. Amtliche Verwahrung. Es gilt der Grundsatz, dass für die Dauer des Fahrverbotes die von einer deutschen Behörde ausgestellten nationalen und internationalen Führerscheine in amtliche Verwahrung zu gelangen haben (§ 25 Abs. 2 S. 2 StVO bzw. § 44 Abs. 2 S. 2 StGB). Dies gilt auch, wenn der Führerschein von einer Behörde eines Mitgliedstaates der Europäischen Union oder eines anderen Vertragsstaates des Abkommens über den Europäischen Wirtschaftsraum ausgestellt worden ist, sofern der Inhaber seinen ordentlichen Wohnsitz im Inland hat (§ 25 Abs. 2 S. 3 StVO bzw. § 44 Abs. 2 S. 3 StGB). In anderen ausländischen Führerscheinen wird das Fahrverbot nur vermerkt (§ 25 Abs. 3 StVO bzw. § 44 Abs. 2 S. 4 StGB).

4. Der **Beginn der Verbotsfrist** ist gem. § 25 Abs. 5 S. 1 StVO bzw. § 44 Abs. 3 S. 1 StGB der Tag Abgabe des Führerscheins in die amtliche Verwahrung (bei den ausländischen Führerscheinen von Betroffenen mit Wohnsitz im Ausland der Tag der Eintragung des Vermerks). Hat der Betroffene den Führerschein tatsächlich oder angeblich verloren oder ist ihm die Herausgabe anderweitig unmöglich, so beginnt die Verbotsfrist des erst mit dem Zeitpunkt der Abgabe der eidesstattlichen Versicherung (OLG Düsseldorf 9.8.1999, 5 Ss 45/99 – 14/99 IV, NZV 1999, 521).

5. Berechnung der Verbotsfrist. Das *Ende der Verbotsfrist* errechnet sich gem. §§ 59a Abs. 5, 37 Abs. 4 StVollStrO, demgemäß ist bei der Berechnung nach Monaten bis zu dem Tage zu rechnen, der durch seine Zahl dem Anfangstage entspricht. Beginnt beispielsweise ein einmonatiges Fahrverbot am 13.2., so endet das Fahrverbot am 12.3. um 24:00 Uhr. Auf das Fahrverbot *angerechnet* wird gem. § 25 Abs. 6 StVO bzw. § 51 Abs. 5 StGB im Regelfall die Dauer einer vorläufigen Entziehung der Fahrerlaubnis gem. § 111a StPO (sowie auch die Dauer einer Verwahrung, Sicherstellung oder Beschlagnahme des Führerscheins gem. § 94 StPO). Wird das Fahrverbot nach § 25 Abs. 1 StVG im Strafverfahren angeordnet, so kann die Rückgabe eines in Verwahrung genommenen, sichergestellten oder beschlagnahmten Führerscheins aufgeschoben werden, wenn der Betroffene nicht widerspricht; in diesem Fall ist die Zeit nach dem Urteil unverkürzt auf das Fahrverbot anzurechnen (§ 25 Abs. 7 StVG). In die Verbotsfrist wird die Zeit *nicht eingerechnet*, in welcher der Täter auf behördliche Anordnung in einer Anstalt verwahrt worden ist (§ 25 Abs. 5 S. 2 StVO bzw. § 44 Abs. 3 S. 2 StGB).

6. Belehrung. Gericht bzw. Bußgeldbehörde haben (mit der Gerichtsentscheidung bzw. im Bußgeldbescheid) über den Zeitpunkt der Wirksamkeit des Fahrverbots zu belehren (§ 268c StPO, welcher im Bußgeldverfahren auch über § 46 Abs. 1 OWiG gilt).

7. Sonderfall: Vollstreckung mehrerer Fahrverbote. Ob bei mehreren Fahrverboten eine Parallelvollstreckung (d. h. ein gleichzeitiges Abbüßen mehrerer Fahrverbote) möglich ist, hängt zunächst von der Rechtsgrundlage des Fahrverbotes ab, aufgrund derer es verhängt worden ist. Hierbei ist zu unterscheiden, dass bei Straftaten die Verhängung von Fahrverboten auf § 44 StGB gestützt wird, bei Verkehrsordnungswidrigkeiten auf § 25 StVG.

a) Parallelvollstreckung. Sowohl in Straf- als auch in Bußgeldsachen kann in einer Entscheidung jeweils auch nur ein Fahrverbot verhängt werden, auch wenn dieser Entscheidung mehrere Taten zugrunde liegen, deren Aburteilung jede für sich schon zu einem Fahrverbot führen würde (vgl. OLG Brandenburg 28.5.2002, 2 Ss OWi 16 B/02, BeckRS 2002, 30262085; OLG Celle 13.10.1992, 1 Ss 266/92, NZV 1993, 157). Zu beachten ist hierbei der *Grundsatz*, dass das *Fahrverbot jeweils mit Rechtskraft der Entscheidung wirksam* wird (§ 44 Abs. 2 S. 1 StGB bzw. § 25 Abs. 2 S. 1 StGB). Bei mehreren Fahrverboten (aus mehreren Entscheidungen) laufen die Fahrverbotsfristen (die gem. § 44 Abs. 2 S. 2 StGB bzw. § 25 Abs. 2 StGB jeweils am Tag der amtlichen Verwahrung beginnen) daher unabhängig von einander – und damit je nach Rechtskraft der einzelnen Entscheidungen ggf. auch nebeneinander (BayObLG 20.7.1993, 2 St RR 81/93, NZV 1993, 489).

b) Sonderfall 1 (strittig): mehrere privilegierte Fahrverbote. In den Fällen gem. § 25 Abs. 2a S. 1 StVG privilegierter Fahrverbote bestimmt § 25 Abs. 2a S. 2 StVG, dass – werden gegen den Betroffenen weitere Fahrverbote rechtskräftig verhängt – die *Fahrverbotsfristen nacheinander* in der Reihenfolge der Rechtskraft der Bußgeldentscheidungen zu berechnen sind. Dies gilt jedenfalls dann, wenn es sich um mehrere Fahrverbote mit Privilegierung (also mit der o. g. Vier-Monats-Frist) handelt (*gegen Parallelvollstreckung der Fahrverbote*: AG Nördlingen 17.9.2012, 1 OWi 608 Js 125792/11, BeckRS 2012, 23215; AG Essen 15.9.2009, 35 EOWi 457/09, BeckRS 2009, 87246; AG Waiblingen, VRR 2008, 358; *für Parallelvollstreckung der Fahrverbote*: OLG Hamm 27.10.2009, 3 Ss OWi 451/09, DAR 2010, 335; AG Hattingen 14.12.2011, 22 OWi 641/11, DAR 2012, 410; AG Meißen 19.1.2010, 13 OWi 705 Js 23983/09, DAR 2010, 339).

c) Sonderfall 2 (strittig): Mischfälle. Höchst umstritten ist in der Rechtsprechung bislang die Handhabung der sog. Mischfälle, wenn es sich also um unterschiedliche Fahrverbote (Zusammentreffen von privilegiertem Fahrverbot einerseits und nicht privilegiertem andererseits) handelt (*für Parallelvollstreckung der Fahrverbote*: AG Tiergarten 14.4.2014, 347 OWi 369/14), DAR 2014, 406; AG Bremen 20.8.2010, 82 OWi 660 Js 71292/09 (4/10), NZV 2011, 50; AG Münster 4.4.2007, 51 OWi – 290/07GE, DAR 2007, 409; AG Viechtach 22.2.2007, 7 II OWi 289/07, DAR 2007, 411; *gegen Parallelvollstreckung der Fahrverbote*: AG Viechtach 4.3.2008, 7 II OWi 307/08, BeckRS 2008, 12594; AG Viechtach 21.5.2007, 7 II OWi 668/07, DAR 2007, 662; AG Hamburg-St. Georg 30.3.2007, 950 OWi 55/07, DAR 2007, 408). Bei Mischfällen, in denen ein nicht privilegiertes Fahrverbot aus einem Strafverfahren mit einem privilegierten Fahrverbot aus einem Bußgeldverfahren zusammentrifft, spricht schon die grammatikalische Auslegung des § 25 Abs. 2a S. 2 StVG dafür, dass diese Regelung keine Fahrverbote aus Strafverfahren umfasst, so dass eine Parallelvollstreckung möglich ist (LG Nürnberg-Fürth 30.7.2014, 5 Qs 66/14, DAR 2014, 600; AG Passau 6.4.2005, 7 Cs 312 Js 17738/04, NStZ-RR 2005, 244).

8. Rechtsmittel. Gegen eine fehlerhafte Berechnung der Fahrverbotsfrist durch die zuständige Vollstreckungsbehörde ist gem. § 103 Abs. 1 OWiG ein *Antrag auf gerichtliche Entscheidung* möglich (→ *Vollstreckung von Geldbußen* Nr. 11).

9. Zu *Straftaten* in Zusammenhang mit Fahrverboten → *Fahrverbot* Nr. 8. *Langer*

Fahrzeugbeleuchtung 1. An Kfz und Kfz-Anhängern dürfen nur die vorgeschriebenen und die für zulässig erklärten *lichttechnischen Einrichtungen* angebracht sein (§ 49a Abs. 1 S. 1 StVZO), damit die Fahrzeuge bei Dunkelheit ein *eindeutiges Signalbild* geben. Sie müssen grundsätzlich fest angebracht und ständig betriebsfertig sein (§ 49a Abs. 1 S. 3 StVZO). Von Ausnahmen abgesehen dürfen alle nach vorn wirkenden lichttechnischen Einrichtungen nur zusammen mit den Schlussleuchten und der Kennzeichenbeleuchtung oder transparenten amtlichen Kennzeichen einschaltbar sein (§ 49a Abs. 5 StVZO). Im Interesse eines einheitlichen und klaren Signalbildes von Kfz und Kfz-Anhängern bei Dunkelheit wird grundsätzlich für nach vorn wirkendes Licht weiß, für nach hinten wirkendes Licht rot und für zur Seite wirkendes Licht gelb verwendet. Beleuchtungseinrichtungen dürfen weder verdeckt noch beschmutzt sein (§ 17 Abs. 1 S. 2 StVO).

2. § 50 StVZO regelt die Beleuchtung der Kfz nach vorn und die Beleuchtung der Fahrbahn durch *Fahrzeugscheinwerfer*. *Begrenzungsleuchten* (§ 51 StVZO) dienen neben der Kenntlichmachung der seitlichen Begrenzung des Kfz als *Standlicht*. Alle Kfz mit einer Länge von mehr als 6 Metern ausgenommen Pkw und alle Kfz-Anhänger müssen mit *nach der Seite wirkenden gelben Rückstrahlern* ausgerüstet sein (§ 51 a StVZO). Bei bestimmten Fahrzeugen sollen *Umrissleuchten* die Begrenzungs- und Schlussleuchten ergänzen und die Aufmerksamkeit auf besondere Fahrzeugumrisse lenken (§ 51 b StVZO). *Parkleuchten* und *Park-Warntafeln* zeigen die seitliche Begrenzung eines geparkten Fahrzeugs an (§ 51 c StVZO). *Nebelscheinwerfer* (§ 52 Abs. 1 StVZO) und *Suchscheinwerfer* (§ 52 Abs. 2 StVZO) sind bei allen Kfz zulässig. Mit *Kennleuchten für blaues Blinklicht* (Rundumlicht) dürfen nur die in § 52 Abs. 3 StVZO genannten Fahrzeuge, mit *Kennleuchten für gelbes Blinklicht* (Rundumlicht) dürfen nur die in § 52 Abs. 4 StVZO genannten Fahrzeuge ausgerüstet sein. Weitere spezielle Leuchten sind in § 52 Abs. 3 a, 5 bis 11 StVZO geregelt. Alle Kfz müssen mit einem oder zwei *Rückfahrscheinwerfern* ausgerüstet sein, die die Fahrbahn hinter und ggf. neben dem Fahrzeug ausleuchten und anderen Verkehrsteilnehmern anzeigen sollen, dass das Fahrzeug rückwärts fährt oder zu fahren beginnt (§ 52 a Abs. 1 StVZO). Sie müssen so geschaltet sein, dass sie nur bei eingelegtem Rückwärtsgang brennen können und solange die Zündung eingeschaltet ist (§ 52 a Abs. 4 StVZO). Vorgeschriebene *Schlussleuchten, Bremsleuchten und Rückstrahler* (§ 53 StVZO) müssen am äußersten Ende des Fahrzeugs angebracht sein. Mehrspurige Kfz mit bauartbestimmter Höchstgeschwindigkeit von mehr als 60 km/h und deren Anhänger müssen hinten mit einer oder zwei *Nebelschlussleuchten* ausgerüstet sein, die rotes Licht abstrahlen und das Fahrzeug bei dichtem Nebel von hinten besser erkennbar machen (§ 53 d StVZO). Andere Kfz und Anhänger dürfen hinten mit einer Nebelschlussleuchte ausgerüstet sein. Nebelschlussleuchten dürfen nur benutzt werden, wenn durch Nebel die Sichtweite weniger als 50 Meter beträgt (§ 17 Abs. 3 S. 5 StVO). Für fast alle Kfz sind *Fahrtrichtungsanzeiger* in Form von Blinkleuchten für gelbes Licht vorgeschrieben (§ 54 StVZO). Fast alle Fahrzeuge, die mit Fahrtrichtungsanzeigern ausgerüstet sein müssen, müssen zusätzlich eine *Warnblinkanlage* haben (§ 53 a Abs. 4 StVZO).

3. Benutzung der Beleuchtungseinrichtungen. Durch *§ 17 StVO* wird konkret vorgeschrieben, in welcher Verkehrssituation und auf welche Art und Weise der Fahrzeugführer die *Beleuchtungseinrichtungen* des Kfz einzusetzen hat bzw. einsetzen darf. Bei § 17 StVO handelt es sich um ein *Schutzgesetz* i.S.v. § 823 Abs. 2 BGB. Bei Beleuchtungsverstößen besteht ein Anscheinsbeweis (s. a. Beweis des ersten *Anscheins*) für die Unfallursächlichkeit (BGH 11.1. 2005, NZV 2005, 249). Hätte sich der Unfall dagegen auch bei ordnungsgemäßer oder ausreichender Beleuchtung nicht ereignet, ist die *Kausalität* zu verneinen (OLG Hamburg 16.2.1972, DAR 1972, 188). Fehlte eine hinreichende Beleuchtung, dann muss der sicherungspflichtige Fahrzeugführer nachweisen, dass es auch bei vorschriftsmäßiger Beleuchtung zum Unfall gekommen wäre (vgl. BGH 26.3.1968, VersR 1968, 646). Ein Verstoß gegen die Beleuchtungspflichten des § 17 StVO führt i. d. R. zu einer ganz *überwiegenden Haftung* oder *Alleinhaftung* (BGH 11.1.2005, NZV 2005, 249). *Dauer/Geiger*

Fahrzeugbrief → Fahrzeug-Zulassungsverordnung (FZV) Nr. 5, → Kaufvertrag Nr. 4 a) → Ummeldung Nr. 1, → Zulassungsbescheinigung Teil I und II Nr. 3

Fahrzeugführer → Fahrerhaftung, → Pflichten des Fahrzeugführers

Fahrzeughalter → Halter, → Halterhaftung

Fahrzeuginsassen → Biomechanik Nr. 5, → Haftung für Kfz-Insassen, → Schadenrechtsänderungsgesetz Nr. 6

Fahrzeugregister 1. Allgemeines. Die Zulassungsbehörden führen *örtliche Fahrzeugregister* über die Fahrzeuge, für die ein Kennzeichen ihres Bezirks zugeteilt oder ausgegeben wurde (§ 31 Abs. 1 StVG). Das Kraftfahrt-Bundesamt (KBA) führt das *Zentrale Fahrzeugregister* über die Fahrzeuge, für die in Deutschland ein Kennzeichen zugeteilt oder ausgegeben wurde (§ 31 Abs. 2 StVG). Die *Zweckbestimmung der Register* ist in § 32 StVG, der *Inhalt der Register* ist in § 33 StVG und §§ 30, 31 FZV festgelegt. Bei Fahrzeugen mit allgemeinen Kennzeichen nach § 8 FZV sind die Daten im Zentralen Fahrzeugregister sieben Jahre nachdem das Fahrzeug außer Betrieb gesetzt wurde zu *löschen* (§ 44 Abs. 1 FZV). Die Vorschriften über die Fahrzeugregister sind auf eine *Online-Kommunikation* der Zulassungsbehörden mit dem Zentralen Fahrzeugregister ausgerichtet. Für die Datenübermittlung von den Zulassungsbe-

hörden an das KBA ist die Datenfernübertragung durch *Direkteinstellung* vorgeschrieben (§ 33 Abs. 3 S. 1 FZV).
2. Die im Rahmen der Zulassung von Fahrzeugen für die Fahrzeugregister erhobenen und dort gespeicherten Daten dürfen gemäß § 39 Abs. 1 und 2 StVG für Rechtsansprüche im Zusammenhang mit der Teilnahme am Straßenverkehr auf Antrag *an Dritte übermittelt* werden. Gegenstand der *einfachen Registerauskunft* sind die in § 39 Abs. 1 StVG genannten Fahrzeug- und Halterdaten. Wenn weitere Daten als die im Katalog des § 39 Abs. 1 StVG enthaltenen benötigt werden und nicht auf andere Weise erlangt werden können, kommt die *erweiterte Registerauskunft* nach § 39 Abs. 2 StVG in Betracht. Bei Vorliegen der in § 39 Abs. 1 bis 3 StVG genannten Voraussetzungen besteht ein *Anspruch* auf Übermittlung der Daten. Hinsichtlich der in § 39 Abs. 1 StVG genannten Daten genügt *Darlegung der Tatsachen*, die das dort näher bezeichnete Interesse begründen; Glaubhaftmachung wird insoweit anders als in den Fällen von § 39 Abs. 2 und 3 StVG nicht verlangt. *Dauer*

Fahrzeugschaden → Unfallschadenabwicklung – Sachschaden

Fahrzeugschein → Fahrzeug-Zulassungsverordnung (FZV) Nr. 5, → Zulassungsbescheinigung Teil I und II Nr. 2

Fahrzeugspuren → Unfallanalytik Nr. 8

Fahrzeugversicherung → Allgemeine Versicherungsbedingungen für die Kraftfahrzeugversicherung, → Vollkaskoversicherung

Fahrzeug-Zulassungsverordnung (FZV) 1. Allgemeines. Die Vorschriften über die Zulassung von Fahrzeugen zum öffentlichen Straßenverkehr waren bis zur Einführung der Fahrzeug-Zulassungsverordnung (FZV) in verschiedenen Rechtsverordnungen geregelt, z. B. in der Straßenverkehrs-Zulassungs-Ordnung (StVZO), in der Verordnung über internationalen Kraftfahrzeugverkehr (VOInt) sowie in der Fahrzeugregisterverordnung (FRV). In der FZV sind nun alle *Regelungen über die Zulassungspflicht der Fahrzeuge* (einschließlich ihrer Registrierung) zusammengefasst.
a) Kraftfahrzeuge (zum Begriff siehe § 1 Abs. 2 und 3 StVG, § 2 Nr. 1 FZV) und ihre *Anhänger* (zum Begriff siehe § 2 Nr. 2 FZV) bedürfen der *Zulassung* zum Verkehr durch die Zulassungsbehörde, wenn sie im öffentlichen Straßenverkehr betrieben werden sollen (§ 2 Abs. 1 S. 1 StVG, § 3 Abs. 1 S. 1 FZV). Voraussetzung für die Zulassung ist u. a. das Vorliegen einer Betriebserlaubnis bzw. einer Einzel- oder Typgenehmigung (§ 2 Abs. 1 S. 2 StVG, § 3 Abs. 1 S. 2 FZV). Die Einzelheiten des Zulassungsverfahrens sind in der *Fahrzeug-Zulassungsverordnung (FZV)*, die Einzelheiten der Erteilung einer Betriebserlaubnis bzw. einer Einzel- oder Typgenehmigung sind in der EG-Fahrzeuggenehmigungsverordnung (EG-FGV) und in der Straßenverkehrs-Zulassungs-Ordnung (StVZO) geregelt.
b) FZV. In der am 1.3.2007 in Kraft getretenen *Fahrzeug-Zulassungsverordnung (FZV)* sind die bis dahin auf verschiedene Verordnungen verteilten Regelungen über das Kraftfahrzeug-Zulassungsverfahren zusammengefasst worden. Dabei wurden die Voraussetzungen für die *ausschließlich elektronische Kommunikation* zwischen Zulassungsbehörden, Kraftfahrt-Bundesamt und Versicherern geschaffen. *EU-rechtliche Grundlage* für die Bestimmungen der FZV ist die Richtlinie 1999/37/EG über Zulassungsdokumente für Fahrzeuge vom 29.4.1999 (AblEG Nr. L 138 S. 57). Wegen befürchteter Verstöße gegen das verfassungsrechtliche Zitiergebot des Art. 80 Abs. 1 S. 3 GG wurde die FZV als Fahrzeug-Zulassungsverordnung vom 3.2.2011 (BGBl. I S. 139) neu erlassen.
2. Anwendungsbereich. Die FZV ist anzuwenden auf die Zulassung von Kraftfahrzeugen mit einer bauartbedingten Höchstgeschwindigkeit von mehr als 6 km/h und die Zulassung ihrer Anhänger (§ 1 FZV).
3. Zulassungspflicht. Fahrzeuge dürfen auf öffentlichen Straßen nur in Betrieb gesetzt werden, wenn sie zum Verkehr zugelassen sind (§ 3 Abs. 1 S. 1 FZV). Wird im Inland ein regelmäßiger Standort eines im Ausland zugelassenen Fahrzeugs begründet, so wird dieses in Deutschland zulassungspflichtig (Umkehrschluss aus § 20 FZV). Die Zulassung wird auf Antrag erteilt, wenn das Fahrzeug einem genehmigten Typ entspricht oder eine Einzelgenehmigung erteilt ist und eine dem Pflichtversicherungsgesetz entsprechende Kraftfahrzeug-Haftpflichtversicherung besteht (§ 3 Abs. 1 S. 2 FZV). Die Zulassung erfolgt durch Zuteilung eines Kennzeichens (näheres, insbesondere die Abstempelung des Kennzeichens, regelt § 10 FZV) und Ausfertigung einer Zulassungsbescheinigung (§ 3 Abs. 1 S. 3 FZV). *Ausnahmen* von der Zulassungspflicht für bestimmte Kraftfahrzeug- und Anhängerarten regelt § 3 Abs. 2

FZV; auf Antrag können solche Fahrzeuge aber zugelassen werden (§ 3 Abs. 3 FZV).

4. Beschränkung und Untersagung des Betriebs von Fahrzeugen. Erweist sich ein *Fahrzeug* als *nicht vorschriftsmäßig* nach der FZV oder der StVZO, kann die Zulassungsbehörde dem Eigentümer oder Halter eine angemessene *Frist zur Beseitigung der Mängel* setzen oder den *Betrieb des Fahrzeugs* auf öffentlichen Straßen *beschränken oder untersagen* (§ 5 Abs. 1 FZV). Ist der Betrieb eines Fahrzeugs, für das ein Kennzeichen zugeteilt ist, untersagt, hat der Eigentümer oder Halter das Fahrzeug nach Maßgabe des § 14 FZV außer Betrieb setzen zu lassen oder der Zulassungsbehörde nachzuweisen, dass die Gründe für die Beschränkung oder Untersagung des Betriebs nicht oder nicht mehr vorliegen; der Halter darf die Inbetriebnahme eines Fahrzeugs nicht anordnen oder zulassen, wenn der Betrieb des Fahrzeugs nach § 5 Abs. 1 FZV untersagt ist oder die Beschränkung nicht eingehalten werden kann (§ 5 Abs. 2 FZV). Besteht Anlass zu der Annahme, dass ein Fahrzeug nicht vorschriftsmäßig nach der FZV oder der StVZO ist, so kann die Zulassungsbehörde anordnen, dass entweder ein von ihr bestimmter *Nachweis über die Vorschriftsmäßigkeit* oder ein *Gutachten* eines amtlich anerkannten Sachverständigen, Prüfers für den Kraftfahrzeugverkehr oder Prüfingenieurs vorgelegt oder das Fahrzeug vorgeführt wird; wenn nötig, kann die Zulassungsbehörde mehrere solcher Anordnungen treffen (§ 5 Abs. 3 FZV).

5. Zulassungsverfahren. Zulassungsvoraussetzungen sind der *regelmäßige Standort des Fahrzeugs in Deutschland* (§ 20 FZV im Umkehrschluss), ein *Antrag* bei der örtlich zuständigen Zulassungsbehörde (§ 6 Abs. 1 FZV), die Vorlage der *Zulassungsbescheinigung Teil II* (Fahrzeugbrief) bzw. deren Beantragung (§ 6 Abs. 2 FZV), *bei erstmaliger Zulassung* die Vorlage einer *Übereinstimmungsbescheinigung* zum Nachweis, dass das Fahrzeug einem Typ entspricht, für den eine EG-Typgenehmigung vorliegt (§ 6 Abs. 3 FZV), eine *Versicherungsbestätigung* zum Nachweis, dass eine dem PflVG entsprechende Kfz-Haftpflichtversicherung besteht (§ 23 FZV), die *Gebührenzahlung* (vgl. § 6a Abs. 8 StVG) sowie die *Versteuerung* (§ 13 Abs. 1 S. 1 KraftStG). War ein *Fahrzeug bereits im Ausland zugelassen* und soll nun eine Zulassung im Inland erfolgen, so ist die Sondervorschrift des § 7 FZV zu beachten. Die Vorschriften über die *Zulassungsbescheinigung* Teil I (Fahrzeugschein) bzw. die Zulassungsbescheinigung Teil II (Fahrzeugbrief) sind in § 11 bzw. § 12 FZV festgehalten. Die Zulassungsbescheinigung Teil I ist vom jeweiligen Fahrer des Kraftfahrzeugs mitzuführen und zuständigen Personen auf Verlangen zur Prüfung auszuhändigen (§ 11 Abs. 5 FZV). *Mitteilungspflichten* (§ 13 FZV) bestehen nicht nur bei technischen Änderungen des Fahrzeugs, sondern auch bei Änderungen von Halterdaten (z. B. Verlegung des Wohnsitzes des Halters); während ein Wohnsitzwechsel innerhalb eines Zulassungsbezirkes nur einen Änderungseintrag (bzw. Aufkleber) in der Zulassungsbescheinigung Teil I erfordert, so ist bei einem Wohnsitzwechsel in einen anderen Zulassungsbezirk das Kennzeichen zu wechseln und eine neue Zulassungsbescheinigung Teil I auszustellen. Die *Außerbetriebsetzung* eines Fahrzeugs bzw. die *Wiederzulassung* eines zuvor außer Betrieb gesetzten Fahrzeugs sind in § 14 FZV geregelt.

6. Kennzeichen. Neben dem herkömmlichen Kfz-Kennzeichen (§§ 8, 10 FZV) gibt es noch besondere Kennzeichen wie z. B. schwarze Oldtimerkennzeichen (sog. „H-Kennzeichen"; § 9 Abs. 1 FZV), rote Oldtimerkennzeichen (sog. „07-Kennzeichen"; § 17 FZV) grüne Kennzeichen (für kraftfahrzeugsteuerbefreite Fahrzeuge; § 9 Abs. 2 FZV), Saisonkennzeichen (§ 9 Abs. 3 FZV), Kurzzeitkennzeichen oder rote Kennzeichen (für Prüfungs-, Probe- und Überführungsfahrten; § 16 FZV), Ausfuhrkennzeichen (§ 19 FZV), Versicherungskennzeichen (z. B. für Mofas; §§ 26, 27 FZV) sowie rote Versicherungskennzeichen (für Prüfungs-, Probe- und Überführungsfahrten z. B. bei Mofas; § 28 FZV).

7. Verwertungsnachweis. Ist ein Fahrzeug der Klasse M1 (Fahrzeug zur Personenbeförderung mit höchstens 8 Sitzplätzen plus Fahrersitz) oder der Klasse N1 (Fahrzeug zur Güterbeförderung mit einer zulässigen Gesamtmasse von bis zu 3,5 Tonnen) einer anerkannten Stelle nach § 4 Abs. 1 der Altfahrzeug-Verordnung zur Verwertung überlassen worden, hat der Halter oder Eigentümer dieses Fahrzeug unter Vorlage eines Verwertungsnachweises nach dem Muster in Anlage 8 zur FZV bei der Zulassungsbehörde außer Betrieb setzen zu lassen (§ 15 Abs. 1 S. 1 FZV). Die Zulassungsbehörde überprüft die Richtigkeit und Vollständigkeit der Angaben zum Fahrzeug und zum Halter im Verwertungsnachweis und gibt diesen mit dem vorgesehenen Bestätigungsvermerk zurück (§ 15 Abs. 1 S. 2 FZV). Die Zulassungsbescheinigung Teil I und Teil II ist mit dem Aufdruck „Verwertungsnachweis lag vor" zu versehen, und die Zulassungsbescheinigung Teil II ist durch Abschneiden der unteren linken Ecke zu entwerten (§ 15 Abs. 1 S. 3 FZV). *Verbleibt ein Fahrzeug der Klasse M¹ oder der Klasse N¹ zum Zwecke der Entsorgung im Ausland*, so hat der Halter oder Eigentümer des Fahrzeugs dies gegenüber der Zulassungsbehörde zu erklären und das Fahrzeug außer Betrieb setzen zu lassen; im Übrigen hat der Halter oder Eigentümer des Fahrzeugs gegenüber der Zulassungsbehörde bei einem Antrag auf Außerbetriebsetzung des Fahrzeugs zu erklären, dass das Fahrzeug nicht als Abfall zu entsorgen ist (§ 15 Abs. 2 FZV).

8. Maßnahmen und Pflichten bei fehlendem Versicherungsschutz. Der Versicherer kann zur Beendigung seiner Haftung nach § 3 Nr. 5 PflVG *der zuständigen Zulassungsbehörde Anzeige* nach dem Muster in Anlage 11 Nr. 5 zur FZV *erstatten*, wenn eine dem Pflichtversicherungsgesetz entsprechende Kraftfahrzeug-Haftpflichtversicherung nicht oder nicht mehr besteht (§ 25 Abs. 1 S. 1 FZV). Eine Anzeige ist zu unterlassen, wenn der Zulassungsbehörde die Versicherungsbestätigung über den Abschluss einer neuen dem Pflichtversicherungsgesetz entsprechenden Kraftfahrzeug-Haftpflichtversicherung zugegangen ist und dies dem Versicherer nach § 24 Abs. 1 Nr. 3 FZV mitgeteilt worden ist (§ 25 Abs. 1 S. 3 FZV). Eine Versicherungsbestätigung für die Zuteilung eines Kurzzeitkennzeichens gilt gleichzeitig auch als Anzeige zur Beendigung der Haftung; dies gilt entsprechend, wenn in der Versicherungsbestätigung für die Zuteilung eines roten Kennzeichens ein befristeter Versicherungsschutz ausgewiesen ist oder wenn die Zuteilung des roten Kennzeichens befristet ist (§ 25 Abs. 1 S. 4 u. 5 FZV). Die Zulassungsbehörde hat dem Versicherer auf dessen Anzeige nach § 25 Abs. 1 S. 1 FZV das Datum des Eingangs der Anzeige mitzuteilen, § 24 Abs. 2 gilt entsprechend (§ 25 Abs. 2 FZV). Besteht für ein Fahrzeug, für das ein Kennzeichen zugeteilt ist, keine dem Pflichtversicherungsgesetz entsprechende Kraftfahrzeug-Haftpflichtversicherung, so *hat der Halter* unverzüglich das *Fahrzeug* nach Maßgabe des § 14 Abs. 1 FZV *außer Betrieb setzen zu lassen* (§ 25 Abs. 3 FZV). Erfährt die Zulassungsbehörde durch eine Anzeige nach § 25 Abs. 1 FZV oder auf andere Weise, dass für das Fahrzeug keine dem Pflichtversicherungsgesetz entsprechende Kraftfahrzeug-Haftpflichtversicherung besteht, so hat sie unverzüglich das Fahrzeug außer Betrieb zu setzen (§ 25 Abs. 4 S. 1 FZV).

9. Die Teilnahme ausländischer Fahrzeuge am Straßenverkehr ist in den §§ 20 bis 22 FZV geregelt.

10. Fahrzeugregister. Regelungen zum Zentralen Fahrzeugregister (geführt vom Kraftfahrt-Bundesamt in Flensburg) sowie zum örtlichen Fahrzeugregister enthalten die §§ 30 bis 45 FZV. *Langer/Dauer*

Falschangaben → Kfz-Haftpflichtversicherung Nr. 6, 12

Falschblinken → Irreführendes Falschblinken, → Haftungsverteilung bei Verkehrsunfällen Nr. 9

Fälschung technischer Aufzeichnungen
1. Allgemeines: Straftatbestand, geregelt in § 268 StGB. Häufigster Anwendungsfall im Verkehrsstrafverfahren ist die *Manipulation eines* → *Fahrtschreibers* mit dem Ziel, über Geschwindigkeitsüberschreitungen hinwegzutäuschen oder/und die Einhaltung der → Lenk- und Ruhezeiten vorzutäuschen.
2. *Nicht als F.*, sondern nur nach § 22 b Abs. 1 StVG (mit wesentlich milderem Strafrahmen) strafbar sind Manipulationen an *Wegstreckenzählern* (→ *Missbrauch von Wegstreckenzählern und Geschwindigkeitsbegrenzern*).
3. *Nicht als F.* (und richtigerweise auch nicht als → *Sachbeschädigung*, s.d. Rn 2 c) strafbar ist es, wenn der Täter sein Fahrzeug mit Blendvorrichtungen ausstattet und dadurch – wie beabsichtigt – auf Lichtbildern unkenntlich wird, die eine Kamera (als Teil einer so genannten „Blitzanlage") von ihm am Steuer des Fahrzeugs fertigt. Denn zwar beeinflusst er damit den Aufzeichnungsvorgang, aber nicht in der Weise, dass dieser „falsch" abliefe: Die Anlage funktioniert genau so, wie sie technisch programmiert ist (so zutreffend Mann NStZ 2007, 271 f; i.Erg. ebenso OLG München 15.5.2006, 4 StRR 53/06, NJW 2006,2132 f = NStZ 2006, 576 f = DAR 2006, 467 f, wo allerdings Sachbeschädigung bejaht wird); der Täter hat nur die technische Unvollkommenheit der Anlage ausgenutzt. *Weder*

Familienprivileg → Regress Nr. 4, → Regress (in der Kaskoversicherung) Nr. 2

fehlende Fahrerlaubnis → Stillschweigender Haftungsausschluss bei Kfz-Unfällen

fehlender Versicherungsschutz → Fahrzeug-Zulassungsverordnung (FZV) Nr. 8

F Fehlverarbeitung von Unfallfolgen

Fehlverarbeitung von Unfallfolgen → Psychische Unfallfolgen Nr. 4, 5

Feiertagsfahrverbot → Fahrverbot Nr. 1–3, 7

Feinstaub → Umweltzonen

Ferienfahrschule 1. Allgemeines. Während der herkömmliche Weg, die Fahrerlaubnis zu erwerben, über den Besuch einer Fahrschule mit einzelnen Fahrstunden über viele Wochen hinweg geht, stellt die Ferienfahrschule einen *Intensivkurs* dar, bei dem die Ausbildung in einem Block etwa zwei bis drei Wochen dauert. Manche Fahrschulen vermieten oder vermitteln in diesem Zusammenhang auch Ferienzimmer für auswärtige Fahrschüler.
2. Praktische Prüfung. Bzgl. Theorieunterricht und praktischer Ausbildung sowie theoretischer Prüfung gibt es keinen Unterschied zur herkömmlichen Fahrschule. Eine Besonderheit ist jedoch bei der praktischen Prüfung zu beachten. Gem. § 17 Abs. 3 S. 1 FeV hat der Bewerber die praktische Prüfung *grundsätzlich am Ort seiner Hauptwohnung* oder am Ort seiner schulischen oder beruflichen Ausbildung, seines Studiums oder seiner Arbeitsstelle abzulegen. Hintergrund ist der, dass der Fahrschüler unter den Verkehrsverhältnissen geprüft werden soll, mit denen er auch nach Erteilung der Fahrerlaubnis hauptsächlich konfrontiert sein wird. Diese einschränkende Regelung verstößt weder gegen Verfassungs- noch gegen EU-Recht (VG Hamburg 12.10.1999, 5 VG 2069/99, NVwZ-RR 2000, 284). Eine Ausnahmegenehmigung kann aber im Einzelfall durch die zuständige Fahrerlaubnisbehörde bei Vorliegen von besonderen Gründen erteilt werden (§ 17 Abs. 3 S. 3 FeV). Wird eine Fahrerlaubnis unter *Verstoß gegen § 17 Abs. 3 FeV* erteilt, so rechtfertigt dieser Umstand zwar nicht die Annahme der Nichtbefähigung des Betroffenen (z. B. nach § 3 Abs. 1 FeV → *Entziehung der Fahrerlaubnis Nr. 4a*), so dass ein Fahrerlaubnisentzug aus diesem Grunde unzulässig wäre; jedoch ist der Behörde, welche die Fahrerlaubnis in einem solchen Fall rechtwidrig erteilt hat, eine *Rücknahme der Fahrerlaubnis* über § 48 VwVfG möglich (OVG Hamburg 10.6. 2008, 3 Bf 246/07, NJW 2009, 103).

Praxistipp: Sowohl Antrag auf Erteilung der Fahrerlaubnis als auch Ausnahmegenehmigung für den abweichenden Prüfungsort sollten wegen einer ggf. mehrwöchigen behördlichen Bearbeitungsdauer rechtzeitig (also bereits einige Wochen vor Beginn der Ferienfahrschule) bei der zuständigen Fahrerlaubnisbehörde gestellt werden; nur dann kann unmittelbar nach Abschluss des Fahrschulunterrichts und Absolvierung der Prüfungen der Führerschein ausgehändigt werden.

Langer

Ferienreiseverordnung → Fahrverbot Nr. 1, 3, 7

Fernabsatzgeschäft 1. Allgemeines. Wenn der Verkäufer Unternehmer (§ 14 BGB) und der Käufer Verbraucher (§ 13 BGB) ist und der Vertragsabschluss unter ausschließlicher Verwendung von Fernkommunikationsmitteln im Rahmen eines für den Fernabsatz organisierten Vertriebs- oder Dienstleistungssystems erfolgt, handelt es sich um einen Fernabsatzvertrag i. S. d. § 312 b Abs. 1 BGB. Diese Art des Vertragsabschlusses zwischen Autohändler und Kunden wird immer häufiger, insbesondere über das Internet. Die über die Internetplattform eBay geschlossenen Verträge sind Fernabsatzverträge i. S. d. § 312 b Abs. 1 BGB, da der Vertrag unmittelbar über die Plattform im Wege von Angebot und Annahme zustande kommt. Kein Fernabsatzvertrag liegt dagegen in der Regel bei Vertragsabschlüssen vor, die nach Kontaktaufnahme über Gebrauchtwagenbörsen wie „mobile.de" oder „Autoscout 24" zustande kommen, jedenfalls dann, wenn sich die Vertragsparteien nach der Kontaktaufnahme im Rahmen des Vertragsabschlusses auch tatsächlich „in die Augen schauen" (vgl. hierzu Palandt/Grüneberg § 312 b Rn. 8). Zu den sonstigen Fernkommunikationsmitteln zählen neben dem Internet insbesondere Briefe, Kataloge, Telefonanrufe, E-Mails sowie sonstige Mediendienste (§ 312 b Abs. 2 BGB).
2. Widerrufsrecht. Dem Käufer, der Verbraucher i. S. d. § 13 BGB ist, steht bei einem Fernabsatzvertrag ein Widerrufsrecht nach § 355 BGB zu (§ 312 d Abs. 1 BGB). Das Widerrufsrecht muss binnen einer Frist von zwei Wochen ausgeübt werden, sofern der Käufer bei Vertragsabschluss darüber belehrt wurde (§ 355 Abs. 2 BGB) und der Verkäufer seinen Informationspflichten aus § 312 c BGB nachgekommen ist. Die Zwei-Wochen-Frist beginnt ab Wareneingang beim Käufer. Fehlt es an einer ordnungsgemäßen Belehrung, so erlischt das Widerrufsrecht gar nicht (§ 355 Abs. 3 Satz 3 BGB). Der § 355 BGB gilt ab 11.6.2010 in einer neuen Fassung (vgl. hierzu Palandt/

Grüneberg § 355 Rn. 24). Danach gilt die zweiwöchige Widerrufsfrist auch dann noch, wenn die Belehrung „unverzüglich" i. S. d. § 121 BGB *nach* Vertragsschluss in Textform mitgeteilt wird. Hierdurch soll bei Vertragsschlüssen in Internetauktionen dem Umstand Rechnung getragen werden, dass der Unternehmer erst nach Vertragsschluss weiss, wer sein Vertragspartner ist. Die nachträgliche Belehrung ist nur dann unverzüglich, wenn der Unternehmer die Belehrung spätestens am Tag nach dem Vertragsschluss in Textform auf den Weg bringt. Sind diese Voraussetzungen nicht erfüllt, beträgt die Widerrufsfrist (nach der ab 11.6.2010 geltenden Fassung) einen Monat (§ 355 Abs. 2 S. 3 n. F.).

Die Widerrufsfrist von 6 Monaten gem. § 355 Abs. 3 Satz 1 a.F. bzw. § 355 Abs. 4 Satz 1 n. F. hat nur noch für den seltenen Fall Bedeutung, dass der Unternehmer zwar ordnungsgemäß belehrt und die Informationspflicht des § 312 c Abs. 2 ordnungsgemäß erfüllt hat, er aber zusätzlich Informationspflichten verletzt hat, deren Erfüllung Voraussetzung für den Beginn der Widerrufsfrist ist, wie z. B. § 312 d Abs. 2 BGB (vgl. hierzu Palandt/*Grüneberg* § 355 Rn. 22).

3. Rechtsfolge des Widerrufs. Widerruft der Verbraucher den Vertrag fristgerecht, so ist er an seine auf den Abschluss des Vertrags gerichtete Willenserklärung nicht mehr gebunden. Der Widerruf muss dabei keine Begründung enthalten (§ 355 Abs. 1 BGB). Der Verbraucher hat das Fahrzeug zurückzugeben. Den von ihm gezahlten Kaufpreis bekommt er erstattet, allerdings unter Anrechnung der gezogenen Nutzungen (§§ 357, 346 BGB). Insofern erfolgt grundsätzlich die gleiche Berechnung wie im Fall des Rücktritts vom Vertrag (s. a. → *Rücktritt von einem Kaufvertrag Nr. 5*). Abweichend hiervon hat nach § 357 Abs. 3 BGB der Kunde *Wertersatz* für eine durch die bestimmungsgemäße Ingebrauchnahme der Sache entstandene Verschlechterung zu leisten, wenn er spätestens bei Vertragsschluss in Textform auf diese Rechtsfolge und eine Möglichkeit hingewiesen worden ist, sie zu vermeiden. Das gilt nicht, wenn die Verschlechterung ausschließlich auf die Prüfung der Sache zurückzuführen ist (§ 357 Abs. 3 S. 2 BGB).

Da ein Fahrzeug bereits mit Ingebrauchnahme im öffentlichen Straßenverkehr in der Regel einen Wertverlust von 15 bis 20% erleidet (vgl. LG Ellwangen 13.12.2002, 3 O 219/02, NJW 2003, 517), muss die „bestimmungsgemäße Ingebrauchnahme" von der „Prüfung" abgegrenzt werden, damit eine Probefahrt für den Neuwagenkäufer risikolos möglich ist (vgl. hierzu näher Himmelreich/Andreae/Teigelack § 1 Rn. 36 ff.). Eine Zulassung des Fahrzeugs für eine Probefahrt soll nicht mehr vom Prüfungsumfang gedeckt sein (BT-Drucks. 14/ 6040, S. 200). Dem Käufer ist also vorsorglich zu empfehlen, dass er das Fahrzeug solange nicht zulässt, wie eine endgültige Entscheidung über einen Widerruf noch aussteht. Außerdem sollte er sich zum Zwecke einer Probefahrt zunächst rote Kennzeichen oder Kurzkennzeichen aushändigen lassen und die Probefahrt nicht über 20 km ausdehnen, weil eine Probefahrt in diesem Umfang nicht zu einer Verschlechterung des Fahrzeugs führt. Wird der Kunde über diese Möglichkeiten, den Wertersatz zu vermeiden, ordnungsgemäß belehrt, so geht der Wertverlust durch die Anmeldung zu Lasten des Kunden. *Andreae*

Fernwirkungsschaden → Ersatzansprüche Dritter Nr. 1, → Kinderunfall Nr. 11, → Psychische Unfallfolgen Nr. 3, → Unfallschadenabwicklung – Personenschaden Nr. 18

Feststellungsinteresse → Besonderheiten des Verkehrsverwaltungsprozesses Nr. 2 f), → Feststellungsklage Nr. 1

Feststellungsklage 1. Zulässigkeit. Eine Feststellungsklage ist zulässig, wenn ein Schaden als Folge eines haftungsbegründenden Verhaltens dargelegt ist, mithin ein *Rechtsschutzinteresse* für die Klage besteht, und darüber hinaus ein rechtliches Interesse an einer *alsbaldigen Feststellung des Bestehens eines Rechtsverhältnisses* (sog. *Feststellungsinteresse, § 256 ZPO*) z. B. dadurch besteht, dass dem Recht des Klägers bzw. Geschädigten eine Gefahr der Unsicherheit droht und das erstrebte Urteil zur Beseitigung dieser Gefahr geeignet ist (BGH 7.2.1986, NJW 1986, 2507; BGH 27.10.1998, NJW 1999, 430). Eine solche Gefahr besteht angesichts der kurzen Regelverjährung des § 195 BGB insbesondere dann, wenn der Schädiger den Anspruch des Geschädigten ernstlich bestreitet (BGH 11.7.1989, DAR 1989, 379; BGH 16.1.2001, NJW 2001, 1431, noch zu § 852 BGB a.F.), oder auf eine entsprechende Aufforderung hin keine titelersetzende – welche nicht zu verwechseln ist mit einer lediglich verjährungsunterbrechenden (vgl. BGH 29.1.2002, NJW 2002, 1878) – Erklärung abgibt (BGH 28.9.1999, NJW 1999, 3774). Insbesondere bei Klagen gegen öffentliche Körperschaften und Anstalten sowie Versicherungsunternehmen ist zu erwarten (BGH 15.3.2006, NJW 2006, 2548), dass schon ein Feststellungsurteil zu einer endgültigen Streitbeilegung führt, so dass der dem Grundsatz der Prozesswirtschaftlichkeit für die Zulässigkeit der Feststellungsklage trotz Möglichkeit einer Leistungsklage spricht (BGH 5.12.1995, NJW 1996, 918; BGH 30.5.1995, NJW 1995, 2219; BGH 6.8.1983, NJW 1984, 1118; OLG Hamm 24.9.1986, VersR 1988, 173), wodurch der Grundsatz der *Subsidiarität der Feststellungsklage* gegenüber der Leistungsklage *eingeschränkt* wird (BGH 9.3.2004, DAR 2004, 342).

Praxistipp: Trotz möglicher Leistungsklage ist in den Fällen, in denen mit der Kfz-Haftpflichtversicherung lediglich um die *Haftung dem Grunde nach* gestritten wird, die Feststellungsklage stets zulässig, so dass selbst dann, wenn sich im Laufe des Prozesses die Schadensentwicklung übersehen lässt, ein Umstellen der Feststellungs- in eine Leistungsklage nicht notwendig ist (BGH 30.3.1983, NJW 1984, 1552; BGH 7.6.1988, NJW 1988, 3268; BGH 4.6.1996, NJW 1996, 2725).

2. **Begründetheit**. Ein Feststellungsantrag hinsichtlich einer Einstandspflicht zum Schadenersatz ist (insgesamt) begründet, wenn ein *haftungsrechtlich relevanter Eingriff* gegeben ist, der *möglicherweise* zu (auch noch nicht erkennbaren) *Schäden* führen kann (BGH 6.3.2012, VI ZR 167/11; BGH 12.11.1991, NJW 1992, 560; BGH 15.7.1997, NJW 1998, 160; BGH 9.1.2007, DAR 2007, 390). Der Feststellungsanspruch ist nur unbegründet, wenn bei verständiger Beurteilung kein Grund bestehen kann, mit Spätfolgen wenigstens zu rechnen (BGH 11.7.1989, DAR 1989, 379).

Praxistipp: Vor Erhebung auch einer Feststellungsklage sollte der Schädiger auch mit einem bezifferten (Schmerzensgeld-) Betrag unter Angabe eines kalendermäßig bestimmten Zahlungsziels in *Verzug* gesetzt werden, da der Geschädigte ansonsten bei langer Dauer des Gerichtsverfahrens erhebliche *Zinsverluste* erleiden kann.

3. **Streitwert**. Der Streitwert der Feststellungsklage beträgt *80 % einer gedachten Leistungsklage* (BGH 15.1.1997, NJW 1997, 1241; BGH 9.11.2011, zfs 2012, 100).

Praxistipp: Die im *Feststellungsprozess* angefallenen Rechtsanwaltsgebühren sind auf die bei der *späteren Regulierung* anfallenden Gebühren nicht anzurechnen, da es sich insoweit um *getrennte Angelegenheiten* handelt (*Gebhardt* VA 2005, 81).

4. **Gerichtsstand**. Für die gerichtliche Geltendmachung von Ersatzansprüchen besteht eine *örtliche Zuständigkeit* mehrerer Gerichte, wenn Fahrer, Halter und Kfz-Haftpflichtversicherer nicht ihren Wohnort bzw. Firmensitz nicht in ein und demselben Gerichtsbezirk haben. Als *gemeinsamer Gerichtsstand* kommt dann der der *unerlaubten Handlung* gem. § 32 ZPO in Betracht, der auf alle Ansprüche aus §§ 823 ff. BGB, aus §§ 7, 18 StVG sowie auf den Direktanspruch gegen den Haftpflichtversicherer gem. § 115 VVG anwendbar ist (vgl. BGH 3.3.1983, NJW 1983, 1799 zum vormaligen Direktanspruch gem. § 3 Nr. 1 PflVG). Ort der unerlaubten Handlung ist der *Unfallort* (vgl. BGH 3.5.1977, NJW 1977, 1590; BGH 13.10.2004, NJW 2005, 1435). Die *sachliche Zuständigkeit* des Gerichts erster Instanz (sog. *Eingangsgericht*) richtet sich gem. § 23 Ziffer 1 GVG nach dem *Streitwert* der Klage. Bei einem Streitwert bis 5.000 Euro ist das Amtsgericht zuständig, bei einem über 5.000 Euro das Landgericht, wenn nicht ein Fall des § 71 Abs. 2 S. 2 GVG mit der ausschließlichen sachlichen Zuständigkeit des Landgerichts vorliegt (Amtshaftung).

Siehe auch: → *Besonderheiten der Verkehrsunfallklage*, → *Besonderheiten des Verkehrsverwaltungsprozesses*, → *Deckungsklage* Geiger

Feuerwehrführerschein → Dienstfahrerlaubnis Nr. 4

Feuerwehrzufahrt → Halten und Parken Nr. 2 c)

fiktive Schadensabrechnung → Schadenrechtsänderungsgesetz Nr. 3, → Unfallschadenabwicklung – Personenschaden Nr. 2, 3, → Unfallschadenabwicklung – Sachschaden Nr. 2

Finanzierter Kfz-Kauf Die Finanzierung eines Fahrzeugkaufs erfolgt meistens in Form einer Drittfinanzierung, also nicht durch den Verkäufer, sondern eine Kreditbank. Auch wenn es sich um zwei Verträge handelt, nämlich den Kaufvertrag mit dem Händler und den Darle-

hensvertrag mit der finanzierenden Bank oder einem sonstigen Kreditgeber, handelt es sich in der Regel um ein wirtschaftlich einheitliches Geschäft. Gegen die Risiken, die sich durch die Aufspaltung des einheitlichen Vertrags in ein Bargeschäft und einen Kreditvertrag ergeben, wird ein Verbraucher durch die §§ 358 und 359 BGB geschützt:
An den Kreditvertrag ist er nicht mehr gebunden, wenn er die auf Abschluss des Kaufvertrags gerichtete Willenserklärung wirksam widerrufen hat (§ 358 Abs. 1 BGB). Umgekehrt ist er an den Kaufvertrag nicht mehr gebunden, wenn er die auf den Abschluss des Kreditvertrags gerichtete Willenserklärung wirksam widerrufen hat (§ 358 Abs. 2 BGB).
Voraussetzung ist insoweit eine *wirtschaftliche Einheit* der Verträge. Diese wird bejaht, wenn sich der Darlehensgeber bei der Vorbereitung oder dem Abschluss des Kreditvertrages der Mitwirkung des Unternehmers bedient (§ 358 Abs. 3 BGB).
Kommt es nicht zur Finanzierung, ist ein Widerruf des Kaufvertrags nicht möglich. In der Regel wird man aber davon ausgehen können, dass der Kaufvertrag *auflösend bedingt* durch den Abschluss des geplanten Darlehensvertrags war, wenn im Einzelfall keine gegenteiligen Anhaltspunkte vorliegen (OLG Düsseldorf 11.5. 2005, I-3 U 14/04, DAR 2005, 625).
Soweit der Käufer Einwendungen gegenüber dem Kaufvertrag hat, die ihm zur Verweigerung seiner Leistung berechtigen würden, kann der Verbraucher auch die Rückzahlung des Darlehens verweigern (§ 359 BGB). Kann der Verbraucher Nacherfüllung verlangen, so kann er die Rückzahlung des Darlehens erst verweigern, wenn die Nacherfüllung fehlgeschlagen ist (§ 359 Satz 3 BGB).
Allerdings hat der Käufer im Falle des Rücktritts vom Kaufvertrag nach überwiegender Auffassung für den mit dem Kaufvertrag verbundenen Finanzierungsvertrag keinen Anspruch auf Rückzahlung des Zins- und Kostenanteils aus der Finanzierung und zwar weder gegenüber dem Verkäufer noch gegenüber der Bank (*Andreae* in: Handbuch des Fachanwalts Verkehrsrecht Kap. 16 Rn. 143). Ein solcher Anspruch kann sich nur aus § 284 BGB als Schadensersatz für vergebliche Aufwendungen ergeben (Palandt/*Heinrichs* § 284 Rn. 5), jedoch beschränkt auf den Zeitraum, in dem der PKW nicht genutzt werden konnte (OLG Hamm 8.9.2005, 28 U 60/05, NZV 2006, 421 (423)). *Andreae*

Finanzierungskosten (Kreditkosten) → Unfallschadenabwicklung – Sachschaden Nr. 45

Fingierter Unfall → Manipulierter Unfall Nr. 6, → Autobumser-Fälle

Forderungsübergang → Ersatzansprüche Dritter, → Regress, → Übergang von Ersatzansprüchen, → Unfallschadenabwicklung – Personenschaden Nr. 4, 13, 14

Forensische Morphologie → Anthropologie/Bildidentifikation Nr. 1

Forensische Toxikologie Teil der toxikologischen Wissenschaft, der sich insbesondere mit der Entwicklung von beweiskräftigen und gerichtsfähigen Verfahren und der Wirkung von Substanzen im menschlichen Körper bei der Begehung von Ordnungswidrigkeiten und Straftaten befasst. *Sachs*

Fortsetzungsfeststellungsklage → Besonderheiten des Verkehrsverwaltungsprozesses Nr. 1–3

freie Anwaltswahl → Rechtsschutzversicherung Nr. 26

freie Werkstätten → Gruppenfreistellungsverordnung Nr. 5

Freihalten eines Parkplatzes durch Fußgänger → Nötigung Nr. 6

Freisprecheinrichtung → Handyverbot

Freistellungsanspruch → Rechtsschutzversicherung Nr. 16

Freistellungsklage → Deckungsklage Nr. 2

Freizeichnungsklauseln → Waschstraßenschäden

Frist für die Hauptuntersuchung → Hauptuntersuchung Nr. 4

Fristversäumung → Wiedereinsetzung in den vorigen Stand Nr. 3 b)

Frontalzusammenstoß → Biomechanik Nr. 7 b), → HWS-Schleudertrauma Nr. 4

Frontfoto → Fahrerermittlung Nr. 2 b)

F Frustrierte Aufwendungen

Frustrierte Aufwendungen *Vermögensaufwendungen* des Geschädigten, die *wegen des Unfalls nutzlos* geworden sind, weil der Geschädigte aufgrund des Unfalls nicht mehr in den Genuss der Gegenleistung für seine Aufwendungen kommt *(fehlgeschlagene Aufwendungen)*, werden *grundsätzlich* nicht ersetzt, da das Schadenersatzrecht in den §§ 249 ff. BGB grundsätzlich nur einen Anspruch auf Schadenersatz in Geld für materielle Schäden vorsieht (BGH 15.12.1970, VersR 1971, 444; BGH 14.5.1976, VersR 1976, 956; BGH 10.12.1986, NJW 1987, 831; BGH 30.5.1978, VersR 1978, 838; BGH 19.4.1991, NJW 1991, 2277). Nach der *Differenzhypothese* (als zentraler Kategorie des Schadensbegriffs, *Steffen* NJW 1995, 2057) ist ein ersatzfähiger Schaden gegeben, wenn der Wert des Vermögens nach dem Unfall geringer ist als der Wert des Vermögens ohne das schädigende Ereignis (vgl. BGH 29.4.1958, NJW 1958, 1085). Eine solche unfallbedingte *Vermögensminderung* lässt sich bei *nutzlosen Aufwendungen* i. d. R. jedoch nicht feststellen. Denn durch den Unfall wird nicht der Gegenstand der vorgenommenen Investition verletzt, sondern der mit der Aufwendung verfolgte Zweck nicht erreicht. Die Vermögenslage vor und nach dem Unfall bleibt dieselbe, so dass ein erstattungsfähiger Schaden grundsätzlich nicht anzunehmen ist. Frustrierte Aufwendungen werden daher nur *ausnahmsweise im Einzelfall* ersetzt, wenn eine wertende, normative und wirtschaftliche Gesichtspunkte berücksichtigende *umfassende Abwägung* dies rechtfertigt. So können entgangene Genussmöglichkeiten als ersatzfähiger Schaden gewertet werden, z. B. Aufwendungen für *Eintrittskarten* oder einen *Konzertbesuch* (BGH 19.4.1991, NJW 1991, 2277; OLG Hamm 5.2.1998, NJW 1998, 2292) oder einen *Urlaub* der unfallbedingt nicht angetreten werden kann, abgebrochen werden muss oder keinen Erholungswert mehr hat, nicht aber für entgangene Urlaubsfreude (BGH 4.4.1989, NZV 1989, 308; BGH 11.1.1983, NJW 1983, 1107; BGH 22.2.1973, NJW 1973, 747; OLG Celle 17.12.1977, VersR 1977, 1104). *Geiger*

Führerschein → Fahrerlaubniserwerb Nr. 3, → Fahrerlaubnis-Verordnung Nr. 3, → Fahrerlaubnisverzicht Nr. 2, 3, → Fahrverbotvollstreckung Nr. 2, 3, → Sicherstellung des Führerscheins, → Nichtmitführen des Führerscheins

Führerscheintourismus 1. Die Problematik des Führerscheintourismus. Der sog. Führerscheintourismus, der Literatur und Rechtsprechung schon seit geraumer Zeit beschäftigt, stellt Polizei, Staatsanwaltschaft und Führerscheinbehörden in Deutschland in der tagtäglichen Praxis vor erhebliche Probleme (s. ausführlich zur Problematik die in dem Sammelband ADAC (Hrsg.), ADAC-Rechtsforum, „Führerschein aus dem Ausland – legal erworben oder erschlichen?, 2006, enthaltenen Beiträge, sowie *Hailbronner/Thoms*, Der Führerschein im EU-Recht, NJW 2007, S. 1089). Der Grund hierfür liegt darin, dass eine ständig größer gewordene Zahl deutscher Autofahrer, denen die deutsche Fahrerlaubnis entzogen worden war, im benachbarten (ost-)europäischen EU-Ausland, zumeist in Polen und Tschechien, eine Fahrerlaubnis erwarb – ohne dort freilich über einen ständigen Wohnsitz zu verfügen –, um damit dann in Deutschland am Straßenverkehr teilzunehmen. Da die deutschen Behörden aufgrund von Art. 1 Abs. 2 der Zweiten Führerscheinrichtlinie (RL 91/439/EWG des Rates vom 29.7.1991 über den Führerschein, ABlEG Nr. C 237 v. 24.8.1991 i. d. F. der RL 97/26/EG des Rates vom 2.6.1997 (ABlEG Nr. L 150 v. 7.6.1997, S. 41) mit nachfolgenden Änderungen durch die RL 2003/59/EG des EP und des Rates vom 15.7.2003 (ABlEG Nr. L 226 v. 10.9.2003, S. 4) und die VO (EG) Nr. 1882/2003 des EP und des Rates vom 29.9.2003 (ABlEG Nr. L 284 v. 31.10.2003, S. 1) und des darin enthaltenen Grundsatzes der gegenseitigen Anerkennung (kritisch hierzu mit Blick auf den Führerscheintourismus *Schünemann/Schünemann*, DAR 2007, 382) zumindest zunächst und mehr oder weniger ohne Ausnahmemöglichkeit verpflichtet waren, einen solchen in einem anderen EU-Mitgliedstaat erworbenen und von diesem ausgestellten Führerschein anzuerkennen (zu den zwischenzeitlich erfolgten Änderungen der Richtlinie durch die Dritte Führerscheinrichtlinie 2006/126/EWG des EP und des Rates vom 20.12.2006 (ABlEG Nr. L 403 v. 30.12.2006, S. 18) näher unten, Rn. 21 ff.; s. insoweit auch *Mosbacher/Gräfe*, NJW 2009, 801), führte dies zu der insbesondere unter dem Aspekt der Sicherheit des Straßenverkehrs bedenklichen Konsequenz, dass auf Deutschlands Straßen eine jedenfalls nicht unerhebliche Anzahl von Autofahrern in einer zumindest auf den ersten Blick rechtmäßigen Art und Weise unterwegs war, die im Regelfall mit erheblichen Alkohol- und Drogenproblemen zu kämpfen hatte.

Für diesen Kreis von Autofahrern war diese – in Tageszeitungen und im Internet kräftig beworbene – Option v. a. deshalb interessant, weil sie den Erwerb eines – mittlerweile freilich nur noch auf den ersten Blick und vordergründig (vgl. hierzu näher unten) – vollgültigen EU-Führerscheins ermöglicht, ohne zuvor eine medizinisch-psychologische Untersuchung, die sog. MPU, ablegen zu müssen; diese ist in anderen Staaten der EU zumeist unbekannt. Die der Sache nach mit dieser Vorgehensweise verbundene Umgehung spezifisch deutscher, auf die Feststellung der Eignung des Fahrzeugführers gerichteter Anforderungen ist dem Institut der gegenseitigen Anerkennung geschuldet, dessen Bedeutung der EuGH erstmals ausführlich in der Rechtssache Kapper (EuGH, NJW 2004, S. 1725 = NZV 2004, S. 372 = DAR 2004, S. 333 m. Anm. *Geiger*; s. hierzu auch *K. Otte/D. Kühner*, Führerscheintourismus ohne Grenzen?, NZV 2004, S. 321; *M. Brenner*, Führerscheintourismus in Europa – eine Option mit Grenzen, DAR 2005, S. 363) in einer vornehmlich der abstrakten Dogmatik des Gemeinschaftsrechts verpflichteten Entscheidung auch im Hinblick auf EU-Führerscheine hervorgehoben hat – einer Entscheidung freilich, die die Belange der Praxis und die Anforderungen der Verkehrssicherheit mehr oder weniger ausgeblendet, daher zunächst für erhebliche Verunsicherung gesorgt hat und wohl nicht zuletzt deshalb in ihrer Bedeutung sukzessive durch nachfolgende Entscheidungen des EuGH wie auch durch die Dritte Führerscheinrichtlinie relativiert wurde.

2. Die Bedeutung des „Wohnsitzstaates". Besondere Bedeutung im Zusammenhang mit der Problematik des Führerscheintourismus kam und kommt dem Tatbestandsmerkmal des Wohnsitzstaates bzw. der Frage zu, welchem Staat – dem Ausstellungs- oder aber dem Anerkennungsstaat – die Befugnis zukommt, darüber zu befinden, ob das in Art. 7 Abs. 1 lit. b der Zweiten Führerscheinrichtlinie gemeinschaftsrechtlich vorgegebene Erfordernis des ordentlichen Wohnsitzes, das wiederum für die Ausstellung eines Führerscheins bedeutsam ist, bei der Ausstellung des Führerscheins beachtet wurde (Art. 7 Abs. 1 lit. b i.V. m. Art. 9 der RL 91/439/EWG des Rates vom 29.7.1991; vgl. auch § 7 FeV). Diese Frage hat der Gerichtshof unter Bezugnahme auf eine frühere Entscheidung (EuGHE 2003, I-7485, Rn. 75) in seiner Kapper-Entscheidung zugunsten des Ausstellungsstaates beantwortet und dabei klargestellt, dass das Gemeinschaftsrecht nur dem Ausstellungsstaat die ausschließliche Zuständigkeit zuweist, über das Vorliegen des Erfordernisses des ordentlichen Wohnsitzes im Ausstellungsstaat zu befinden. Aufgrund dessen war der jeweilige Anerkennungsstaat stets gehalten, die Entscheidung des Ausstellungsstaates, dass der Führerscheininhaber zum Zeitpunkt der Ausstellung des Führerscheins seinen Wohnsitz auch tatsächlich im Ausstellungsstaat hatte, zu akzeptieren – selbst wenn ernsthafte Zweifel daran bestanden, ob das Wohnsitzerfordernis im Ausstellungsstaat tatsächlich erfüllt und die Fahrerlaubnis damit rechtmäßig erteilt worden war. Im Ergebnis bedeutete dies, dass ein Mitgliedstaat die Anerkennung von Führerscheinen eines anderen Mitgliedstaats der EU selbst dann nicht verweigern durfte, wenn er über Informationen verfügte, aufgrund derer sich die Erkenntnis geradezu aufdrängte, dass der Inhaber des Führerscheins zum Zeitpunkt der Ausstellung keinen ordentlichen Wohnsitz im Ausstellungsstaat hatte und ihm aus diesem Grund der Führerschein gar nicht hätte ausgestellt werden dürfen – woran deutlich wird, dass jedenfalls insoweit dem Prinzip der gegenseitigen Anerkennung durchaus Lücken innewohnten, die es auf Dauer zu schließen galt. In der Konsequenz der in der Kapper-Entscheidung vorgegebenen Rechtsprechungslinie des EuGH, wonach die im Gemeinschaftsrecht vorgesehene (Art. 8 Abs. 4 S. 1 RL 91/439/EWG des Rates vom 29.7.1991) Möglichkeit des Anerkennungsstaats, unter bestimmten Bedingungen einem von einem anderen Mitgliedstaat ausgestellten Führerschein mit Blick auf die Anwendung nationaler Vorschriften über den Entzug, die Aussetzung und die Aufhebung der Fahrerlaubnis die Gültigkeit zu versagen, eng auszulegen ist, lag es dann, dass es einem Mitgliedstaat zunächst insbesondere nicht möglich war, einer Person, gegen die in seinem Hoheitsgebiet eine Maßnahme des Entzugs oder der Aufhebung einer von ihm erteilten Fahrerlaubnis verhängt wurde, auf unbestimmte Zeit die Anerkennung eines Führerscheins zu versagen, der von einem anderen Mitgliedstaat ausgestellt wurde.

Die Befugnis, das Vorliegen des Wohnsitzerfordernisses zu überprüfen, hat der EuGH damit stets dem den Führerschein ausstellenden Mitgliedstaat überantwortet, während hingegen er dem Anerkennungsstaat die Befugnis zur Überprüfung der tatsächlichen Einhaltung dieses Erfordernisses zunächst konsequent verweigert hat. Selbst wenn der Ausstellungsstaat ohne nähere Prüfung der genauen Umstände und möglicherweise sogar wider besseres Wissen die Auffassung vertreten hatte, dass das Wohnsitzerfordernis im konkreten Einzelfall erfüllt war, besaß der Anerkennungsstaat letztlich keine Möglichkeit, von einer Anerkennung eines auf einer solchen Tatsachengrundlage ausgestellten Führerscheins abzusehen; er hatte vielmehr die Entscheidung des Ausstellungsstaats unbesehen hinzunehmen und den ausländischen Führerschein anzuerkennen, wenngleich dessen Ausstellung unter Verstoß gegen europäisches Gemeinschaftsrecht zustande gekommen war. Mithin war es dem Anerkennungsstaat untersagt, einseitige Abwehrmaßnahmen selbst dann zu treffen, wenn der Ausstellungsstaat bei der Erteilung des Führerscheins gemeinschaftsrechtliche Vorschriften missachtet hatte. In der Praxis oblag es daher dem Geschick des Führerscheinbewerbers, gegenüber dem Ausstellungsstaat darzutun, dass er das Erfordernis des ordentlichen Wohnsitzes im Ausstellungsstaat erfüllt – oder aber er vertraute auf das Desinteresse des Ausstellungsstaates an der Klärung der Frage, ob das Wohnsitzerfordernis im konkreten Fall tatsächlich erfüllt ist – was in vielen Fällen und in einigen Ländern vornehmlich Osteuropas problemlos möglich war (vgl. hierzu die Lösungsvorschläge bei *D. Plate/ F.-R. Hillmann III*, DAR 2014, 7).

3. Der rechtliche Rahmen. Der rechtliche Rahmen sämtlicher Fragen, die im Zusammenhang mit dem sog. Führerscheintourismus stehen, wird auf europäischer Ebene durch die Richtlinie 91/439/EWG v. 29.7.1991 i. d. F. v. 29.9.2003, die sog. Zweite Führerscheinrichtlinie, und die Richtlinie 2006/126/EG v. 20.12.2006 v. 30.12.2006 (AblEG Nr. L 403/ 18), die sog. Dritte Führerscheinrichtlinie, gebildet (näher zu der alten und der neuen Rechtslage *Geiger*, DAR 2010, 121). Dabei kommt der Zweiten Führerscheinrichtlinie deshalb große Bedeutung zu, weil sie in ihrem Art. 1 den Grundsatz der gegenseitigen Anerkennung der Fahrerlaubnis aus einem anderen Mitgliedstaat enthält. Zudem wird in Art. 7 der Richtlinie die Zuständigkeit des Wohnsitzstaates begründet, und enthält Art. 8 der Richtlinie Vorgaben für die Beschränkung oder den Ausschluss der Anerkennung bei Führerscheinmaßnahmen. Die Dritte Führerscheinrichtlinie wiederholt in ihrem Art. 2 Abs. 1 den Grundsatz der gegenseitigen Anerkennung, enthält aber in ihrem zum 19.1.2009 in Kraft getretenen Art. 11 Abs. 4 eine Bestimmung, die dem Führerscheintourismus entgegen wirken soll und gleichzeitig der bisherigen Rechtsprechung des EuGH zur einschränkenden Auslegung von Art. 8 Abs. 4 der Zweiten Führerscheinrichtlinie den Boden entzieht (vgl. *Geiger*, DAR 2007, 126/128). Nach dieser Bestimmung lehnt es ein Mitgliedstaat ab, einem Bewerber, dessen Führerschein in einem anderen Mitgliedstaat eingeschränkt, ausgesetzt oder entzogen wurde, einen Führerschein auszustellen. Zudem lehnt nach dieser Bestimmung ein Mitgliedstaat die Anerkennung der Gültigkeit eines Führerscheins ab, der von einem anderen Mitgliedstaat einer Person ausgestellt wurde, deren Führerschein im Hoheitsgebiet des erstgenannten Mitgliedstaats eingeschränkt, ausgesetzt oder entzogen worden ist. Schließlich kann es ein Mitgliedstaat ferner ablehnen, einem Bewerber, dessen Führerschein in einem anderen Mitgliedstaat aufgehoben wurde, einen Führerschein auszustellen.

Dieser rechtliche Rahmen ist im deutschen Recht durch die Bestimmungen der §§ 20, 28, 29 Fahrerlaubnisverordnung (FeV) umgesetzt worden (näher hierzu *Geiger*, DAR 2010, 121). Dabei sieht § 20 Abs. 3 S. 1 FeV vor, dass eine Fahrerlaubnis nicht zu erteilen ist, wenn dem Bewerber zuvor in einem anderen Mitgliedstaat der Europäischen Union oder einem anderen Vertragsstaat des Abkommens über den Europäischen Wirtschaftsraum eine EU- oder EWR-Fahrerlaubnis vorläufig oder rechtskräftig von einem Gericht oder sofort vollziehbar oder bestandskräftig von einer Verwaltungsbehörde entzogen worden ist; dies gilt indes nach S. 2 der Norm nicht, soweit die Gründe für die Entziehung nicht mehr bestehen. Zum Nachweis, dass die Gründe für die Entziehung nach Abs. 3 nicht mehr bestehen, hat der Bewerber nach § 20 Abs. 4 S. 1 FeV eine Bescheinigung der Stelle, die die frühere EU- oder EWR-Fahrerlaubnis im betreffenden Mitgliedstaat der Europäische Union oder dem Vertragsstaat des Abkommens über den Europäischen Wirtschaftsraum erteilt hatte, bei der zuständigen Behörde vorzulegen.

Ergänzt werden diese Bestimmungen durch den mit Blick auf den Führerscheintourismus besonders bedeutsamen § 28 FeV, der die Berechtigung, im Inland Kraftfahrzeuge zu führen, regelt und der durch die Vierte Verordnung der Änderung der Fahrerlaubnisverordnung vom 7.1.2009 (BGBl. I 29) mit Wirkung zum 19.1.2009 geändert wurde. Nach dessen Abs. 1 dürfen Inhaber einer gültigen EU- oder EWR-Fahrerlaubnis, die ihren ordentlichen Wohnsitz in der Bundesrepublik Deutschland haben, im Umfang ihrer Berechtigung im Inland Kraftfahrzeuge führen, allerdings nur vorbehaltlich der in den nachfolgenden Absätzen genannten Einschränkungen. Und insoweit sieht § 28 Abs. 4 S. 1 Nr. 2 FeV in seiner neuen Fassung vor, dass diese Berechtigung nicht für Inhaber einer EU- oder EWR-Fahrerlaubnis gilt, die ausweislich des Führerscheins oder vom Ausstellungsmitgliedstaat herrührender unbestreitbarer Informationen zum Zeitpunkt der Erteilung ihren ordentlichen Wohnsitz im Inland hatten, es sei denn, dass sie als Studierende oder Schüler die Fahrerlaubnis während eines mindestens sechsmonatigen Aufenthalts erworben haben (s. hierzu *Schäfer*, DAR 2010, 486, sowie *Geiger*, DAR 2010, 557)). Daneben gilt die Berechtigung aufgrund von § 28 Abs. 4 Nr. 3 FeV nicht für Inhaber einer EU- oder EWR-Fahrerlaubnis, denen die Fahrerlaubnis im Inland vorläufig oder rechtskräftig von einem Gericht oder sofort vollziehbar oder bestandskräftig von einer Verwaltungsbehörde entzogen worden ist, denen die Fahrerlaubnis bestandskräftig versagt worden ist oder denen die Fahrerlaubnis nur deshalb nicht entzogen worden ist, weil sie zwischenzeitlich auf die Fahrerlaubnis verzichtet haben. Außerdem gilt die Berechtigung nach § 28 Abs. 4 Nr. 4 FeV nicht für Inhaber einer EU- oder EWR-Fahrerlaubnis, denen aufgrund einer rechtskräftigen gerichtlichen Entscheidung keine Fahrerlaubnis erteilt werden darf, sowie aufgrund von § 28 Abs. 4 Nr. 5 FeV für Inhaber einer EU- oder EWR-Fahrerlaubnis, solange sie im Inland, in dem Staat, der die Fahrerlaubnis erteilt hatte, oder in dem Staat, in dem sie ihren ordentlichen Wohnsitz haben, einem Fahrverbot unterliegen oder der Führerschein nach § 94 StPO beschlagnahmt, sichergestellt oder in Verwahrung genommen worden ist. Schließlich bestimmt § 28 Abs. 5 FeV, dass das Recht, von einer EU- oder EWR-Fahrerlaubnis nach einer der in § 38 Abs. 4 Nr. 3 und 4 FeV genannten Entscheidungen im Inland Gebrauch zu machen, auf Antrag erteilt wird, wenn die Gründe für die Entziehung oder die Sperre nicht mehr bestehen (vgl. hierzu ausführlich und differenziert *Geiger*, DAR 2010, 121); s. hierzu auch unter → EU-Führerschein.

4. Die Entwicklung der Rechtsprechung des EuGH. In mittlerweile zahlreichen Entscheidungen hat der EuGH versucht, die im Zusammenhang mit der Problematik des Führerscheintourismus stehenden Rechtsfragen zu konkretisieren und zu ziselieren; jedenfalls z. T. hat der Europäische Gesetzgeber diese Entscheidungen dann durchaus zum Anlass für Änderungen des Gemeinschaftsrechts genommen, die ihren Niederschlag in der Dritten Führerscheinrichtlinie gefunden haben (vgl. insoweit auch die Rechtsprechungsübersicht von *F. Koehl*, DAR 2012, 446; s. auch *C. Keil*, DAR 2012, 376 zu den strafrechtlichen Folgen der Rechtsprechung des EuGH, sowie *H. Geiger*, DAR 2013, 61; *ders.*, DAR 2014, 121). Ihren Ausgangspunkt hat die Rechtsprechung des EuGH mit dessen Urteil in der Rechtssache Kapper genommen (DAR 2004, 333 m. Anm. *Geiger* = zfs 2004, 287 = NJW 2004, 1725; hierzu *M. Brenner*, DAR 2005, 363; vgl. des Weiteren zustimmend *K. Otte/D. Kühner*, NZV 2004, 326, sowie *Bräutigam*, BA 2004, 441; *Geiger*, DAR 2006, 490; die Folgerungen für die deutsche Verwaltungspraxis beleuchtend *M. Ludovisy*, DAR 2005, 183; *ders.*, DAR 2006, 190), in dem der Gerichtshof nicht nur ausgeführt hat, dass in einem anderen Land der EU ausgestellte Führerscheine vom Wohnsitzstaat ohne jede Formalität anzuerkennen sind, sondern zugleich klargestellt hat, dass systematische Kontrollen unzulässig sind. Außerdem hat der Gerichtshof entschieden, dass eine Prüfungskompetenz der Behörden des Wohnsitzstaats im Hinblick auf das Vorliegen der Ausstellungsvoraussetzung der ausländischen Fahrerlaubnis nicht existiert; deren Vorliegen sei ausschließlich von den Behörden des ausstellenden Mitgliedstaates zu überprüfen (vgl. in diesem Zusammenhang auch VGH Mannheim, DAR 2004, 606; hierzu die Anm. v. *Haus*, zfs 2004, 483; VGH Mannheim, NJW 2006, 1153; VRS 110, 376; OVG Lüneburg, NJW 2006, 1158), weshalb das Wohnsitzerfordernis des § 28 Abs. Nr. 2 FeV mit EG-Recht nicht vereinbar war; hieraus hat der deutsche Verordnungsgeber zwischenzeitlich Konsequenzen gezogen und die Bestimmung i. S. der Rechtsprechung des EuGH geändert. Zudem könne deren Entziehung nur durch den Ausstellungsstaat bewirkt werden – was zur Konsequenz hat, dass bei einer vorsätzlichen Falschausstellung eines Führerscheins durch den Ausstellungsstaat für den Heimatstaat nur die Möglichkeit der Einleitung eines Vertragsverletzungsverfahrens – das sich nunmehr nach Art. 259 AEUV richtet – in Betracht kommt. Im Ergebnis bedeutete die Kapper-Entscheidung mithin, dass die Möglichkeiten für den Wohnsitzstaat, die ausländische Fahrerlaubnis zu beschränken oder gar zu entziehen, eng begrenzt, ja faktisch so gut wie nicht vorhanden waren. Insbesondere kam dem Wohnsitzstaat nach der Rechtsprechung des EuGH auch nicht das Recht zu, eine nach Ablauf der Sperrfrist erteilte ausländische Fahrerlaubnis abzulehnen.

Der am 6.4.2006 ergangene Beschluss des EuGH in der Rechtssache Halbritter (EuGH, DAR 2006, 375 = zfs 2006, 416 = NZV 2006, S. 498 m. Anm. *Weber* = SVR 2006, S. 356 m. Anm. *Ferner*; s. hierzu z. B. *M. Ludovisy*, Auswirkung der EuGH-Entscheidung (zur Anerkennung ausländischer Führerscheine, DAR 2006, S. 375) auf die Praxis der Fahrerlaubnisanerkennung, DAR 2006, S. 532; *E. Ternig*, EU-Fahrerlaubnisse, Führerscheintourismus, Klarheit durch den EuGH, zfs 2006, S. 428; *M. Schmid-Drüner*, EU-Führerscheine und Verkehrssicherheit – ein Widerspruch?, NZV 2006, S. 617; *D. Zwerger*, Grenzenloser Fahrspaß in Europa, zfs 2006, S. 543) bestätigte die Grundaussagen der Halbritter-Entscheidung und machte erneut deutlich, dass nach Ablauf einer von den Behörden des Wohnsitzstaates verhängten Sperrfrist die im EU-Ausland erteilte Fahrerlaubnis anzuerkennen ist und Anerkennung wie auch Umschreibung nicht von der vorgängigen Ablegung einer MPU abhängig gemacht werden dürfen; insbesondere dürfen weder die Verweigerung noch die Beschränkung oder der Entzug der Fahrerlaubnis auf ein Verhalten vor dem Erwerb der ausländischen Fahrerlaubnis gestützt werden.

Der vom 28.9.2006 datierende Beschluss des EuGH in der Rechtssache Kremer (DAR 2007, 77 = NJW 2007, S. 1863) ergänzte dann die vorangegangenen Entscheidungen des EuGH dahingehend, dass eine Verweigerung der Anerkennung eines nach dem Entzug ausgestellten ausländischen Führerscheins dann nicht in Betracht kommen kann, wenn eine Sperrfrist durch die Behörden des Wohnsitzstaates nicht ausgesprochen wurde. Der Gerichtshof stellte damit klar, dass Zweifel im Hinblick auf die Eignung des Inhabers der Fahrerlaubnis zum Führen von Kraftfahrzeugen jedenfalls mit Erteilung der ausländischen Fahrerlaubnis nicht mehr geltend gemacht werden können.

Den Blick stärker auf die Befugnisse und Bedürfnisse der Behörden des Wohnsitzstaates richteten sodann die vom 26.6.2008 datierenden Urteile des EuGH in der Rechtssache Zerche/Seuke/Schubert und der Rechtssache Wiedemann und Funk (zfs 2008, 473 = EuR 2010, 261, 275, m. kritischer Anm. *M. Brenner*, EuR 2010, 292; s. hierzu auch *Dauer*, NJW 2008, 2381). In der Entscheidung in der Rechtssache Wiedemann und Funk machte der EuGH deutlich, dass die Mitgliedstaaten das Recht haben, die Anerkennung der ausländischen Fahrerlaubnis in ihrem Hoheitsgebiet dann abzulehnen, wenn sich die Rechtswidrigkeit entweder aus in dem Führerschein selbst enthaltenen Angaben oder aus vom Ausstellermitgliedstaat herrührenden unbestreitbaren Informationen des Ausstellerstaates ergibt und aufgrund dieser Erkenntnisse feststeht, dass zum Zeitpunkt der Ausstellung dieses Führerscheins sein Inhaber, auf den im Hoheitsgebiet des ersten Mitgliedstaates eine Maßnahme des Entzugs einer früheren Fahrerlaubnis angewendet worden ist, seinen ordentlichen Wohnsitz nicht im Hoheitsgebiet des Ausstellermitgliedstaates hatte. Insoweit ist der Mitgliedstaat befugt, die Aussetzung der Fahrberechtigung anzuordnen. Diese Grundsätze hatte der EuGH auch in dem vom gleichen Tag stammenden Urteil in der Rechtssache *Zerche/Scheuke/Schubert* (DAR 2008, 459 = EuR 2010, 260 m. kritischer Anm. *M. Brenner*; s. hierzu auch *Dauer*, NJW 2008, 2381; *König*, DAR 2008, 464; *Geiger*, SVR 2008, 277; *ders.*, DAR 2008, 463) betont, indem er auch in dieser Entscheidung erneut die Verpflichtung des Wohnsitzmitgliedstaates hervorgehoben hatte, eine Fahrerlaubnis anzuerkennen, die ein anderer Mitgliedstaat nach Ablauf der Sperrfrist ausgestellt hat, zugleich aber einschränkend klargestellt hatte, dass eine eigene Prüfungskompetenz des Wohnsitzmitgliedstaates im Hinblick auf die Wiederherstellung der Fahreignung des Inhabers der Fahrerlaubnis nicht besteht. Ungeachtet dessen muss der Wohnsitzmitgliedstaat eine ausländische Fahrerlaubnis dann nicht anerkennen, wenn sich aus den Angaben im Führerschein selbst und unbestreitbar ergibt, dass das Wohnsitzerfordernis nicht erfüllt war; dies ist beispielsweise dann der Fall, wenn eine deutsche Wohnanschrift in den ausländischen Führerschein eingetragen wurde. In einer solchen Konstellation macht nämlich der Ausstellerstaat selbst durch den Eintrag deutlich, dass er das Erfordernis des Vorliegens eines Wohnsitzes in seinem Land nicht beachtet hat, so dass der Verstoß gegen die Vorgaben der Richtlinie mehr als offenkundig ist; aus diesem Grund kann sich der Inhaber der Fahrerlaubnis auch nicht auf eine gemeinschaftsrechtliche Anerkennungsverpflichtung berufen (OVG Saarlouis, Beschluss v. 3.7.2008, Az. 1 B 238/08, zitiert nach juris; vgl. auch VGH Mannheim, DAR 2008, 599). Zudem hat der EuGH in den beiden Entscheidungen klargestellt, dass die ausländische Fahrerlaubnis auch dann nicht anerkannt werden muss, wenn sich auf der Grundlage anderer, freilich vom Ausstellerstaat herrührender unbestreitbarer Informationen feststellen lässt, dass das Wohnsitzprinzip nicht beachtet wurde.

Der vom 3.7.2008 datierende Beschluss des EuGH in der Rechtssache Möginger (DAR 2008, 582) konkretisierte die Rechtsprechung zum Führerscheintourismus weiter, indem der Gerichtshof klarstellte, dass ein Mitgliedstaat eine ausländische Fahrerlaubnis dann nicht anzuerkennen braucht, wenn diese während einer vom Wohnsitzmitgliedstaat verhängten Sperrfrist von einem anderen Mitgliedstaat ausgestellt wurde; dies gilt nach Auffassung des EuGH auch nach Ablauf der Sperrfrist – was freilich das OLG München (NJW 2007, S. 1152) seinerzeit noch anders beurteilt hatte, indem es ausgeführt hatte, dass sich der Inhaber einer in einem anderen Mitgliedstaat der EU erworbenen Fahrerlaubnis, gegen den im Inland eine Sperrfrist für die Wiedererteilung einer Fahrerlaubnis verhängt worden war und der erst nach Ablauf dieser Sperrfrist im Inland fahrerlaubnispflichtige Kraftfahrzeuge führt, auch dann nicht wegen Fahrens ohne Fahrerlaubnis strafbar macht, wenn die EU-Fahrerlaubnis noch während der Sperrfrist erteilt worden war; dabei sollte nach Auffassung des OLG München unerheblich sein, ob die Fahrerlaubnis in dem anderen Mitgliedstaat nur deshalb erworben wurde, um die inländischen Vorschriften über die Wiedererteilung einer Fahrerlaubnis nach deren Entzug zu umgehen (in diesem Sinn auch VGH Mannheim, NJW 2007, S. 99; s. in diesem Zusammenhang auch VGH Kassel, NJW 2007, S. 102, sowie BayVGH, BayVBl. 2006, S. 305). Mithin wird die während des Lauf einer in Deutschland verhängten Sperrfrist in einem anderen EU-Land erteilte Fahrerlaubnis auch nicht durch den Ablauf der Sperrfrist wirksam (*Dauer*, NJW 2008, 2381; *König*, DAR 2008, 464). Dies muss auch für eine Sperrfrist nach § 4 Abs. 10 S. 1 StVG gelten (*Dauer*, NJW 2008, 2381); die Gegenauffassung, wonach eine während des Laufs einer Sperrfrist im EU-Ausland erteilte Fahrerlaubnis jedenfalls nach Ablauf der Sperrfrist uneingeschränkt zum Führen eines Kfz in Deutschland berechtige (vgl. z. B. OLG Nürnberg, NStZ-RR 2007, 269; OLG München, NJW 2007, 1152; OLG Bamberg, ZfS 2007, S. 586), ist jedenfalls aufgrund der neueren Entscheidungen des EuGH nicht mehr haltbar. In die gleiche Kerbe schlug auch das vom 20.11.2008 datierende Urteil des EuGH in der Rechtssache Weber (DAR 2009, 26, m. Anm. *H. Geiger*), in dem der Gerichtshof darlegte, dass ein Mitgliedstaat eine ausländische Fahrerlaubnis nicht anzuerkennen braucht, die vor oder während der Verbüßung eines Fahrverbots von einem anderen Mitgliedstaat ausgestellt wurde. Dies gilt nach Auffassung des EuGH auch nach dem Ablauf des Fahrverbots. Mit dieser Entscheidung hat der EuGH den Belangen der Verkehrssicherheit größere Bedeutung eingeräumt als in früheren Entscheidungen und damit Auswüchsen, die sich im Gefolge der Kapper-Entscheidung ergeben hatten, zumindest einen spürbaren Riegel vorgeschoben.

Des Weiteren hat der EuGH mit Blick auf Österreich in einem Urteil vom 19.2.2009 (Az. C-321/07, NJW 2009, 828 = DAR 2009, 191) in der Rechtssache Schwarz ausgeführt, dass es das Gemeinschaftsrecht nicht verbietet, dass ein Angehöriger eines Mitgliedstaates zwei gültige Führerscheine gleichzeitig besitzt, deren einer ein EG-Führerschein und deren anderer ein von einem anderen Mitgliedstaat ausgestellter Führerschein ist, wenn beide vor dem Beitritt des zuletzt genannten Staates zur Europäischen Union erworben wurden. Allerdings ist es nach Auffassung des EuGH einem Mitgliedstaat nicht verwehrt, das in der Fahrerlaubnis eines anderen EU-Staates ausgesprochene Recht zum Führen von Kraftfahrzeugen zu verweigern, wenn dem Betreffenden die Fahrerlaubnis dieses Mitgliedstaates wegen Nichteignung zum Führen von Kraftfahrzeugen entzogen wurde.

In Konkretisierung der Urteile Wiedemann und Funk sowie Zerche/Seuke/Schubert stellte der EuGH dann mit Beschluss vom 9.7.2009 (DAR 2009, 637) klar, dass die in den beiden Entscheidungen genannten Erkenntnisquellen, auf die sich der Aufnahmestaat stützen kann, um die Anerkennung eines in einem anderen Mitgliedstaat ausgestellten Führerscheins abzulehnen, abschließend und erschöpfend seien, um nicht den Grundsatz der gegenseitigen Anerkennung völlig auszuhöhlen. Aus diesem Grund könnten Erklärungen und Informationen, die der Inhaber eines Führerscheins im Verwaltungsverfahren oder im gerichtlichen Verfahren in Erfüllung seiner Mitwirkungspflichten erteilt habe, nicht als vom Ausstellermitgliedstaat herrührende unbestreitbare Informationen qualifiziert werden, die beweisen, dass der Inhaber zum Zeitpunkt der Ausstellung seines Führerscheins seinen Wohnsitz nicht in diesem Mitgliedstaat hatte.

Zudem betonte der EuGH in seinem Beschluss vom 2.12.2010 (DAR 2010, 74 = NJW 2011, 587), der auf eine Vorlage des Verwaltungsgerichts Meiningen erging, dass ein Mitgliedstaat die sich aus dem in einem anderen Mitgliedstaat ausgestellten Führerschein ergebende Fahrberechtigung auch dann anerkennen muss, wenn ein Gutachten über die Fahreignung, das nach dem Zeitpunkt der Ausstellung des ausländischen Führerscheins und auf der Grundlage einer nach diesem Zeitpunkt durchgeführten Untersuchung erstellt wurde, keinen, sei es auch nur partiellen, Bezug zu einem nach der Ausstellung des ausländischen Führerscheins gestellten Verhalten des Betroffenen hat und sich ausschließlich auf vor diesem Zeitpunkt liegende Umstände bezieht.

In einer jüngeren, vom 19.5.2011 datierenden Entscheidung (Rs. C-184/10 – Grasser; DAR 2011, 385 mit Anm. *Geiger*) betonte der EuGH dann schließlich, dass eine Erlaubnis zum Fahren eines Autos in Deutschland nur dann gültig sei, wenn der Fahrer mindestens sechs Monate in einem anderen Land gelebt hat. Die Luxemburger Richter machten in der Entscheidung deutlich, dass es möglich sein müsse, auch Ersterwerber einer Fahrerlaubnis effektiv zu überwachen, was eine Mindestaufenthaltsdauer im Ausstellerstaat erfordere. Ein isolierter Wohnsitzverstoß stellt sich damit faktisch als ein Nichtanerkennungsgrund dar, wobei sich freilich der Verstoß aus dem Führerscheindokument ergeben muss.

Mit Urteil vom 13.10.2011 (DAR 2011, 629) stellte der EuGH dann klar, dass der Aufnahmemitgliedstaat die Anerkennung eines von einem anderen Mitgliedstaat ausgestellten Führerscheins für Fahrzeuge der Klassen B und D verweigern kann, wenn erstens dem Führerscheininhaber eine Fahrerlaubnis für Fahrzeuge der Klasse B unter Missachtung der den ordentlichen Wohnsitz betreffenden Voraussetzung und zudem zu einem Zeitpunkt ausgestellt wurde, zu dem sein von dem Aufnahmemitgliedstaat ausgestellter Führerschein in diesem Mitgliedstaat in polizeiliche Verwahrung genommen, aber noch nicht gerichtlich entzogen worden war, und zweitens diesem Führerscheininhaber eine Fahrerlaubnis für Fahrzeuge der Klasse D nach der gerichtlichen Entziehung und nach Ablauf der Sperrfrist für die Erteilung einer neuen Fahrerlaubnis erteilt wurde.

Des Weiteren stellte der EuGH mit Urteil vom 1.3.2012 (DAR 2012, 192) klar, dass es einem Mitgliedstaat nicht erlaubt ist, in seinem Hoheitsgebiet die Anerkennung eines in einem anderen Mitgliedstaat ausgestellten Führerscheins zu verweigern, wenn er in seinem Hoheitsgebiet die erstmalige Ausstellung eines Führerscheins mit der Begründung verweigert hat, dass die betreffende Person nach der in diesem Staat geltenden Regelung die körperlichen und geistigen Anforderungen an das sichere Führen eines Kfz nicht erfüllt. In der Entscheidung wurde zudem klargestellt, dass die Anerkennung eines in einem anderen Mitgliedstaat ausgestellten Führerscheins auch dann verweigert werden kann, wenn die entsprechenden Informationen den zuständigen Behörden des Aufnahmemitgliedstaats vom Ausstellermitgliedstaat nicht direkt, sondern nur indirekt in Form einer Mitteilung Dritter übermittelt werden; Voraussetzung ist jedoch, dass die entsprechenden Informationen von einer Behörde des Mitgliedstaates stammen.

Dass ein Mitgliedstaat die Gültigkeit des einer Person, die Inhaber einer in dessen Hoheitsgebiet entzogenen früheren Fahrerlaubnis war, außerhalb einer dieser Person auferlegten Sperrfrist für die Neuerteilung dieser Fahrerlaubnis von einem anderen Mitgliedstaat ausgestellten Führerscheins nicht in Frage stellen darf, wenn der Voraussetzung des ordentlichen Wohnsitzes in dem die Fahrerlaubnis erteilenden Staat – im konkreten Fall die Tschechische Republik – Rechnung getragen wurde, hat der EuGH mit Urteil vom 26.4.2012 entschieden (DAR 2012, 319 m. Anm. *Geiger* = zfs 2012, 351 m. Anm. Haus; s. hierzu auch *H. Geiger*, DAR 2014, 121).

Schließlich hat der EuGH mit Urteil vom 23.4.2015 (DAR 2015, 316 mit Anm. *D. Zwerger*) jüngst entschieden, dass es einem Mitgliedstaat, in dessen Hoheitsgebiet sich der Inhaber eines von einem anderen Mitgliedstaat ausgestellten Führerscheins vorübergehend aufhält, nicht verwehrt ist, die Anerkennung der Gültigkeit dieses Führerscheins wegen einer Zuwiderhandlung seines Inhabers abzulehnen, die in diesem Gebiet nach Ausstellung des Führerscheins stattgefunden hat und die nach den nationalen Rechtsvorschriften des Staates, in dem die Zuwiderhandlung erfolgte, die fehlende Eignung zum Führen von Kraftfahrzeugen begründet, etwa durch den Gebrauch berauschender Mittel. Gleichzeitig hat der EuGH in der Entscheidung klargestellt, dass der Mitgliedstaat, der es ablehnt, die Gültigkeit eines Führerschein in einer solchen Situation anzuerkennen, dafür zuständig ist, die Bedingungen festzulegen, die der Inhaber dieses Führerscheins erfüllen muss, um das Recht wiederzuerlangen, in seinem Hoheitsgebiet zu fahren.

5. Die Rechtsprechung deutscher Gerichte. Die Umsetzung dieser umfänglichen Rechtsprechung des EuGH durch die deutschen Verwaltungsgerichte hatte sich aus nahe liegenden Gründen insbesondere mit der Frage zu beschäftigen, welche Bedeutung inländischen Erkenntnissen im Zusammenhang mit dem Wohnsitzerfordernis zukommt. In diesem Kontext ist daher die Vorlage des VGH Mannheim (DAR 2008, 718) an den EuGH zu 1sehen, mit der der VGH geklärt wissen wollte, ob und inwieweit inländische Erkenntnisse über den Wohnsitz bei einem Missbrauch verwertbar sind, genauer: geklärt werden soll, ob die Anerkennungspflicht des Wohnsitzmitgliedstaates auch dann besteht, wenn sich die Nichteinhaltung des Wohnsitzprinzips aus den eigenen Angaben des Betroffenen ergibt, und ob im Ausstellerstaat weitere Ermittlungen im Hinblick auf die Beantwortung dieser Frage angestellt werden können. Unabhängig von diesem Vorabentscheidungsverfahren hat jedenfalls das OVG Münster (DAR 2009, 159) entschieden, dass für den Nachweis eines Wohnsitzverstoßes die eigene Verlautbarung oder Einlassung des Fahrerlaubnisinhabers ausreicht.

Darüber hinaus hat das OVG Koblenz (DAR 2009, 50) dargelegt, dass aufgrund der Rechtsprechung des EuGH in der Rechtssache Zerche/Seuke/Schubert und der Rechtssache Wiedemann und Funk die Ausstellung eines EU-Führerscheins für den Ausstellerstaat die Verantwortung für die Rechtmäßigkeit seiner Entscheidung – beginnend bei seiner Zuständigkeit bis hin zur materiellen Rechtmäßigkeit des Führerscheins in Bezug auf das Wohnsitzerfordernis sowie die Fahreignung – begründet. Aus diesem Grund hätten, so das die Rechtsprechung des EuGH rezipierende OVG mit Recht, die übrigen Mitgliedstaaten auf diese Rechtmäßigkeit zu vertrauen; ihnen käme insbesondere nicht die Kompetenz zu, diese Rechtmäßigkeit aufgrund eigener Erkenntnisse in Frage zu stellen, auch nicht in Fällen eines offensichtlichen Rechtsmissbrauchs. Diese Kompetenzzuweisung erlaube nur dann eine Ausnahme, wenn der Ausstellerstaat selbst zu erkennen gibt, dass seine Zuständigkeit nicht begründet gewesen sei.

Auch das OVG Saarlouis (DAR 2009, 163) hat in konsequenter Umsetzung der Rechtsprechung des EuGH ausgeführt, dass inländische Erkenntnisse über den Wohnsitz unbeachtlich sind; das OVG hat klargestellt, dass es den deutschen Führerscheinbehörden aufgrund der europarechtlichen Vorgaben verwehrt ist, einem in einem anderen Mitgliedstaat ausgestellten Führerschein, in dem ein Wohnsitz im Ausstellermitgliedstaat eingetragen ist, die Gültigkeit im Bundesgebiet mit der Begründung zu versagen, es handele sich nach inländischen Erkenntnissen um einen Scheinwohnsitz, den der Betroffene nur begründet habe, um sich einer nach inländischem Recht als Voraussetzung für die Neuerteilung der Fahrerlaubnis vorgesehenen Eignungsprüfung zu unterwerfen. Das OVG Koblenz hat dies mit Urteil vom 31.10.2008, Az. 10 A 10851/08, DAR 2009, 50, noch erweitert und entschieden, dass inländische Erkenntnisse über den Wohnsitz selbst bei einem offensichtlichen Missbrauch unbeachtlich sind; das Gericht stellte in seiner Entscheidung klar, dass nach der Rechtsprechung des EuGH die Ausstellung eines EU-Führerscheins für den Ausstellerstaat die Verantwortung für die Rechtmäßigkeit seiner Entscheidung begründet, und zwar beginnend bei seiner Zuständigkeit bis hin zur materiellen Rechtmäßigkeit des Führerscheins in Bezug auf das Wohnsitzerfordernis und die Fahreignung. Die übrigen Mitgliedstaaten hätten, so das OVG ausdrücklich, auf diese Rechtmäßigkeit zu vertrauen; insbesondere komme diesen nicht die Kompetenz zu, die Rechtmäßigkeit der Ausstellung durch einen anderen EU-Mitgliedstaat in Frage zu stellen. Dies gelte auch in Fällen eines offensichtlichen Rechtsmissbrauchs. Eine Ausnahme sei nur dann anzuerkennen, wenn der Ausstellerstaat selbst zu erkennen gebe, dass seine Zuständigkeit nicht begründet gewesen sei. Schließlich hat der VGH Mannheim (DAR 2008, 660) entschieden, dass eine Entziehungsverfügung in die Feststellung umgedeutet werden kann, dass die ausländische Fahrerlaubnis zum Gebrauch in Deutschland nicht berechtigt.

Ebenfalls die Vorgaben des EuGH umsetzend hat das BVerwG (Urteil v. 11.12.2008 – 3 C 26/07 –, NJW 2009, 1689) dann entschieden, dass dem Inhaber eines Führerscheins, der in einem anderen EU-Mitgliedstaat nach einer Fahrerlaubnisentziehung in Deutschland ausgestellt wurde, bei weiterhin fehlender Fahreignung das Recht aberkannt werden kann, von seiner neuen Fahrerlaubnis im Bundesgebiet Gebrauch zu machen, wenn auf der Grundlage von Angaben in diesem Führerschein – angegeben war ein Wohnsitz des Betroffenen in der Bundesrepublik Deutschland – feststeht, dass sein Inhaber zum Zeitpunkt der Ausstellung seinen ordentlichen Wohnsitz nicht im Ausstellermitgliedstaat – hier der Tschechischen Republik – hatte. Im Gefolge dieses Urteils entschied dann das OVG NRW durch Beschluss vom 12.1.2009 (Az. 16 B 1610/08, SVR 2009, 345), dass dann, wenn aufgrund von Angaben im ausländischen Führerschein feststeht, dass der Inhaber seinen ordentlichen Wohnsitz zum Zeitpunkt der Ausstellung in Deutschland hatte und er damit gegen das Wohnsitzerfordernis der RL 91/439/EWG verstoßen hat, ihm deutsche Behörden bei fortbestehenden Fahreignungsmängeln die Fahrerlaubnis entziehen können, so dass ihm das Recht aberkannt wird, davon in Deutschland Gebrauch zu machen. Zu einer solchen Entziehung einer EU- oder EWR-Fahrerlaubnis bei fortbestehenden Fahreignungsmängeln sind die deutschen Behörden nach Ansicht des OVG auch dann befugt, wenn der Verstoß gegen das gemeinschaftliche Wohnsitzerfordernis zwar nicht aus dem Führerschein, aber aufgrund eines Eingeständnisses des Fahrerlaubnisinhaber oder aufgrund von ihm als eigene Verlautbarung zurechenbarer und trotz Kenntnis der Problemlage nicht substantiiert bestrittener Angaben offenkundig ist.

Konkretisiert hat das BVerwG mit Urteil vom 25.2.2010 (Az. 3 C 15.09, BVerwGE 136, 149) die Rechtsprechung des EuGH dann des Weiteren dahingehend, dass dem Inhaber eines ausländischen EU-Führerscheins das Recht aberkannt werden darf, von dieser Fahrerlaubnis im Bundesgebiet Gebrauch zu machen, wenn Ermittlungen bei den Behörden des Ausstellermitgliedstaates von dort herrührende unbestreitbare Informationen ergeben, dass der Fahrerlaubnisinhaber zum Zeitpunkt der Ausstellung des Führerscheins seinen ordentlichen Wohnsitz nicht im Ausstellermitgliedstaat hatte. Dabei können insbesondere bei den Einwohnermeldebehörden des Ausstellermitgliedstaates erlangte Informationen als solche unbestreitbaren Informationen angesehen werden; hingegen sind bei Privatpersonen, wie Vermietern oder Arbeitsgebern, eingeholte Informationen keine in diesem Sinne taugliche (BVerwGE 136, 149/155).

Bedeutung kommt des Weiteren dem Urteil des BVerwG vom 28.4.2010 (Az. 3 C 2.10, BVerwGE 137, 10) zu, da das Gericht in dieser Entscheidung klargestellt hat, dass dem Inhaber eines ausländischen EU-Führerscheins das Recht aberkannt werden kann, von dieser Fahrerlaubnis im Inland Gebrauch zu machen, wenn er der Fahrerlaubnisbehörde ein medizinisch-psychologisches Gutachten vorgelegt hat, in dem unter Berücksichtigung von nach der Fahrerlaubniserteilung liegenden Umständen seine mangelnde Fahreignung festgestellt wird.

Schließlich hat das BVerwG mit drei Urteilen zu ähnlich gelagerten Sachverhalten am 25.8.2011 (Az. 3 C 25.10, 28.10, 9.11) entschieden, dass eine Fahrerlaubnis, die von einem anderen EU-Mitgliedstaat erteilt wurde, dann nicht zum Führen von Kraftfahrzeugen in Deutschland berechtigt, wenn der Betroffene tatsächlich nicht im Ausstellungsstaat gewohnt hat. Das Gleiche gilt, wenn die Fahrerlaubnis von dem ausländischen Staat erteilt wurde, während in Deutschland für den Fahrerlaubnisinhaber noch eine Sperrfrist lief. Damit wurde § 28 Abs. 4 FeV durch das Gericht umgesetzt und klargestellt, dass der im Ausland erworbene Führerschein in Deutschland erst gar keine Wirkung entfaltet, sondern kraft Gesetzes ungültig ist, und die Feststellung dieser Tatsache keiner behördlichen Einzelfallentscheidung bedarf, mithin ein behördlicher Bescheid nicht mehr ergehen muss. Die folgt nach Ansicht des Gerichts aus dem Wortlaut der Vorschrift: „die Berechtigung gilt nicht ...".

Klargestellt hat im Übrigen das OLG Stuttgart mit Urteil vom 28.3.2014 (DAR 2014, 335), dass eine Zeugenaussage zum Wohnsitz einer Person, die im Wege der Rechtshilfe von einem Gericht des Ausstellungsmitgliedstats protokolliert wurde, eine vom Ausstellungsmitgliedstaat herrührende Information i. S. v. § 28 Abs. 4 S. 1 FeV darstellt; ob diese Information indes „unbestreitbar" i. S. v. § 28 Abs. 4 S. 1 Nr. 2 FeV ist, hat das nationale Tatgericht unter umfassender Würdigung der weiteren Umstände zu würdigen.

6. Gegenwärtige Rechtslage. Die gegenwärtige Rechtslage stellt sich unter Berücksichtigung der Entscheidungen des EuGH wie auch mit Blick auf die zwischenzeitlich vorgenommen Änderungen der FeV so dar, dass im EU-Ausland erworbene Führerscheine in Deutschland grundsätzlich wirksam sind und zum Führen von Kfz berechtigen, ohne dass es einer Zuerkennungsentscheidung nach § 28 Abs. 5 FeV bedarf. Dies gilt auch nach Ablauf einer zuvor angeordneten oder einer auf der Grundlage von § 3 Abs. 3 S. 1 Nr. 3 StVG ausgelösten Sperrfrist (vgl. insoweit *F. Koehl*, Anwaltliche Checkliste für Verfahren über die Inlands(un)gültigkeit einer ausländischen EU-Fahrerlaubnis, DAR 2013, 241).

Wurde indes die ausländische Fahrerlaubnis während einer von der zuständigen Behörde des Wohnsitzstaates verhängten Sperrfrist oder aber nach einer vorherigen Entziehung, Versagung oder einem Verzicht i. S. von § 28 Abs. 4 Nr. 3 FeV unter missbräuchlicher Berufung auf das EU-Recht erworben – womit der Fall gemeint ist, dass der betreffende Führerscheininhaber seinen Wohnsitz nicht in dem anderen EU-Mitgliedstaat hat, wie es das Gemeinschaftsrecht vorschreibt –, ist die Fahrerlaubnis in Deutschland nicht wirksam und berechtigt nicht zum Führen eines Kfz. Erforderlich ist in einem solchen Fall daher eine Anerkennungsentscheidung der Fahrerlaubnisbehörde, die indes dann nicht in Betracht kommen kann, wenn sich aus Angaben in dem ausländischen Führerschein (BVerwG, Urteil v. 11.12.2008, Az. 3 C 26/97, NJW 2009, 1689) oder aus anderen, freilich zwingend vom Ausstellerstaat herrührenden unbestreitbaren Informationen ergibt, dass bei Erteilung des ausländischen Führerscheins gegen das Wohnsitzprinzip verstoßen wurde; auf Erkenntnisse des Wohnsitzstaates kommt es ausweislich der Rechtsprechung des EuGH insoweit nicht an. Eines konstitutiv wirkenden Verwaltungsakts bedarf es mit Blick auf die Feststellung der Unwirksamkeit der ausländischen Fahrerlaubnis nicht, da sich diese Rechtsfolge direkt aus § 28 Abs. 4 FeV ergibt (so VGH München, Beschluss v. 7.8.2008, Az. 11 ZB 07.1259, sowie Beschluss v. 11.8.2008, Az. 11 CS 08.832). Entgegengehalten wurde dieser Sicht bislang z. T. jedenfalls, dass insoweit durchaus ein Verbotsirrtum nach § 17 StGB wegen der extrem unklaren Rechtslage in Betracht kommen konnte (so jedenfalls OLG Stuttgart, DAR 2008, 158. Ausführlich zu der Problematik auch *P. Dauer*, in: Hentschel/König/*Dauer*, Straßenverkehrsrecht, 40. Aufl., 2009, § 28 FeV, Rn. 12, sowie unten unter 7). Diese Sicht der Dinge kommt nach den jüngsten Entscheidungen des BVerwG vom 25.8.2011 nicht mehr in Betracht (Az. 3 C 25.10, 28.10, 9.11), da der im Ausland erworbene Führerschein in Deutschland erst gar keine Wirkung entfaltet, sondern kraft Gesetzes ungültig ist, und die Feststellung dieser Tatsache keiner behördlichen Einzelfallentscheidung bedarf, mithin ein behördlicher Bescheid nicht mehr ergehen muss.

Zu beachten ist, dass in den Fällen, in denen eine ausländische Fahrerlaubnis für das Gebiet der Bundesrepublik Deutschland wegen mangelnder Eignung zum Führen von Kraftfahrzeugen entzogen worden ist, die Wiedererteilung des Rechts, von der Erlaubnis im Inland Gebrauch zu machen, den Nachweis wiedergewonnener Fahreignung voraussetzt. Indes wird dieser Nachweis nicht durch einen Führerschein erbracht, der in einem anderen EU-Mitgliedstaat zwar nach Ablauf der in Deutschland verhängten Sperrfrist ausgestellt worden ist, sich aber nach Art eines Ersatzführerscheins darauf beschränkt, die bisherige, für das Gebiet der Bundesrepublik Deutschland entzogenen Fahrerlaubnis auszuweisen (BVerwG Urteil v. 29.1.2009, Az. 3 C 31/07, NJW 2009, 1687). Konsequent ist es daher auch, dass ein in einem anderen Mitgliedstaat ausgestellter Führerschein im Inland dann nicht anerkannt zu werden braucht, wenn dieser lediglich durch Umtausch eines deutschen Führerscheins erlangt wurde und die dem deutschen Führerschein zugrunde liegende Fahrerlaubnis im Zeitpunkt des Umtausches nicht mehr bestand (OVG Lüneburg, Beschluss v. 8.5.2009, Az. 12 ME 47/09, SVR 2009, 353).

7. Folgerungen für die Strafbarkeit nach deutschem Recht. Aufgrund von § 21 Abs. 1 StVG und § 28 FeV ist der Straftatbestand des Fahrens ohne Fahrerlaubnis bei Inhabern eines gültigen Führerscheins aus einem EU- oder EWR-Staat mit Wohnsitz im Bundesgebiet nur dann erfüllt, wenn der Fahrer die inhaltlichen Beschränkungen der Fahrerlaubnis überschreitet oder aber einer der in § 28 Abs. 4 FeV niedergelegten Ausnahmetatbestände greift, mithin eine der Konstellationen vorliegt, in denen Führerscheine aus EU- und EWR-Staaten nicht anerkannt werden. Aus diesem Grund bedarf es in diesen Fällen auch keines verwaltungsrechtlichen Aberkennungsakts, da der Fahrer insoweit bereits kraft Gesetzes nicht über die erforderliche Fahrerlaubnis i. S. von § 21 Abs. 1 Nr. 1 StVG verfügt (VGH Mannheim, NJW 2009, 698 = DAR 2008, 660). Zwar bleibt die ausländische Fahrerlaubnis beim Vorliegen eines Ausnahmetatbestandes nach § 28 Abs. 4 FeV als solche wirksam; indes berechtigt sie nicht mehr zum Führen von Kraftfahrzeugen im Bundesgebiet (VGH Mannheim, NJW 2009, 698 = DAR 2008, 660).

Unter Berücksichtigung der Entscheidungen des EuGH wie auch aufgrund der Tatsache, dass zwischenzeitlich die Dritte Führerscheinrichtlinie in Kraft getreten ist (hierzu ausführlich *Mosbacher/Gräfe*, NJW 2009, 801), ergibt sich mit Blick auf die Strafbarkeit für den Fall des Erwerbs einer ausländischen Fahrerlaubnis nach Ablauf der Sperrfrist für bis zum 18.1.2009 erteilte Führerscheine, dass insoweit eine Strafbarkeit nach § 21 StVG wegen Fahrens ohne Fahrerlaubnis ausscheidet (s. etwa OLG Düsseldorf NJW 2007, 2133 m. w. N.). Dies gilt erst recht in den Fällen, in denen eine Sperrfrist nicht verfügt wurde. Für ab dem 19.1.2009, dem Tag der Änderung der FeV, erteilte Führerscheine gilt hingegen aufgrund von § 28 Abs. 4 S. 1 Nr. 3 und 4 FeV – auch wenn sich der Wortlaut der Bestimmung nicht geändert hat, jedoch durch das Inkrafttreten der Dritten Führerscheinrichtlinie der gemeinschaftsrechtliche Hintergrund –, dass derjenige, der nach diesem Tag und nach Ablauf der Sperrfrist eine EU- oder EWR-Fahrerlaubnis erwirbt, nicht zum Führen von Kraftfahrzeugen im Inland berechtigt ist, er sich, sofern er trotzdem fährt, mithin wegen Fahrens ohne Fahrerlaubnis strafbar macht. Indes kann dem Betroffenen nach § 28 Abs. 5 FeV auf Antrag das Recht erteilt werden, von dieser EU- oder EWR-Fahrerlaubnis im Inland Gebrauch zu machen, freilich nur, wenn die Gründe für die Entziehung oder die Sperre nicht mehr bestehen.

Für den Fall, dass der Fahrer seine Fahrerlaubnis in einem EU- oder EWR-Mitgliedstaat während einer laufenden Sperrfrist erwirbt, gilt, dass diese nach der Zweiten Führerscheinrichtlinie vom Wohnsitzmitgliedstaat nicht anerkennt werden muss, während eine Versagung nach der Dritten Führerscheinrichtlinie zwingend ist; ein solcher Fall ist unter § 28 Abs. 4 S. 1 Nr. 3 FeV zu subsumieren. Ein Fahrzeugführer, der während einer laufenden Sperrfrist mit einer im EU- oder EWR-Ausland erworbenen Fahrerlaubnis im Bundesgebiet ein Fahrzeug führt, macht sich mithin grundsätzlich wegen Fahrens ohne Fahrerlaubnis strafbar (OLG Celle, Beschluss v. 1.12.2008, Az. 32 Ss 193/08, BeckRS 2009, 01775). Insbesondere muss ein während einer laufenden Sperrfrist erworbene Führerschein auch nach Ablauf einer Sperrfrist nicht mehr anerkannt werden.

Von einer Strafbarkeit aufgrund von § 28 Abs. 4 S. 1 Nr. 2 FeV ist zudem dann auszugehen, wenn sich aus einem EU- oder EWR-Führerschein selbst ergibt, dass der Inhaber der Fahrerlaubnis zum Zeitpunkt der Erteilung der Fahrerlaubnis seinen ordentlichen Wohnsitz im Inland, nicht hingegen im Ausstellerstaat hatte. Von dieser Konstellation umschlossen ist auch der Fall, dass sich aufgrund von vom Ausstellerstaat herrührender unbestreitbarer Informationen ergibt, dass der Inhaber der Fahrerlaubnis zum Zeitpunkt der Erteilung der Fahrerlaubnis seinen ordentlichen Wohnsitz nicht im Ausstellerstaat hatte.

Wird schließlich dem Inhaber eines ausländischen Führerscheins die Fahrerlaubnis im Inland entzogen, gilt unmittelbar der Ausnahmetatbestand des § 28 Abs. 4 S. 1 Nr. 3 FeV; danach berechtigt die im Ausland erworbene Fahrerlaubnis nicht mehr zum Führen von Kraftfahrzeugen im Inland; im Falle einer Zuwiderhandlung liegt ein Fall des Fahrens ohne Fahrerlaubnis vor (OLG Jena VRS 114 (2008) 440; OLG Stuttgart, NJW 2007, 528).

8. Perspektiven der Dritten Führerscheinrichtlinie. Die rechtliche Zukunft des Führerscheintourismus wird maßgeblich determiniert werden durch die Vorgaben der sog. Dritten Führerscheinrichtlinie (Richtlinie 2006/126/EG v. 20.12.2006 über den Führerschein (ABlEG L 403/17 v. 30.12.2006; hierzu auch *P. Dauer*, in: Hentschel/König/*Dauer*, Straßenverkehrsrecht, 40. Aufl., 2009, § 28 FeV, Rn. 13; s. insoweit auch *Geiger*, DAR 2007, 126). Zwar anerkennt die aufgrund von Art. 18 Abs. 1 am 19.1.2007 in Kraft getretene, indes für einzelne Bestimmungen ein lange, bis zum 19.1.2013 während Umsetzungsfrist festlegende Richtlinie in ihrem Art. 2 Abs. 1 den Grundsatz der formlosen gegenseitigen Anerkennung, nimmt aber in ihrem Art. 11 zugleich umfassende Ausnahmen von diesem Grundsatz vor. So sieht deren Abs. 4 vor, dass es ein Mitgliedstaat ablehnt, einem Bewerber, dessen Führerschein in einem anderen Mitgliedstaat eingeschränkt, ausgesetzt oder entzogen wurde, einen Führerschein auszustellen. Zudem lehnt nach dieser Bestimmung ein Mitgliedstaat die Anerkennung der Gültigkeit eines Führerscheins ab, der von einem anderen Mitgliedstaat einer Person ausgestellt wurde, deren Führerschein im Hoheitsgebiet des erstgenannten Mitgliedstaats eingeschränkt, ausgesetzt oder entzogen worden ist. Zudem kann es ein Mitgliedstaat ablehnen, einem Bewerber, dessen Führerschein in einem anderen Mitgliedstaat aufgehoben wurde, einen Führerschein auszustellen. Diese Bestimmungen haben mit der Änderung der FeV bereits Eingang in das deutsche Recht gefunden.

Diese Maßgaben beseitigen bestehende Rechtsunsicherheiten und schließen Lücken, die in der Rechtsprechung des EuGH zunächst offen geblieben waren, zwischenzeitlich aber im Wesentlichen geklärt sind; sie schieben damit insbesondere in der Vergangenheit praktizierten, aus Gründen der Verkehrssicherheit indes mehr als bedenklichen Umgehungspraktiken, die freilich dem Grundsatz der gegenseitigen Anerkennung geschuldet waren, einen

Riegel vor. Insbesondere konnte man aus der Dritten Führerscheinrichtlinie für die Vergangenheit bis zu deren Inkrafttreten nicht die vom VGH München (NZV 2007, 539/544 = zfs 2007, 254) aufgestellte Maxime ableiten, dass die Anwendung des Missbrauchsgedankens seit dem Inkrafttreten der Richtlinie nicht mehr statthaft sei, weil der EG-Gesetzgeber die von ihm mit der Richtlinie zur Bekämpfung des Führerscheintourismus verwirklichten Regelungen in Kenntnis des Problems erst für die Zukunft für anwendbar erklärt habe (vgl. OVG Weimar, DAR 2007, 538). Der Rechtsmissbrauchsgedanke ist nämlich jeder Rechtsordnung immanent und bedarf aus diesem Grund keiner ausdrücklichen Normierung (so mit Recht *H. Geiger*, DAR 2007, 540/542); daher konnten die Aussagen der Dritten Führerscheinrichtlinie auch nicht dahingehend verstanden werden, dass durch sie der Missbrauch des Gemeinschaftsrechts bis zum Zeitpunkt der Umsetzung der Bestimmungen der Richtlinie in das mitgliedstaatliche Recht gebilligt werden sollte.

Siehe auch: → *Fahrerlaubnis-Verordnung*

Brenner

Fuhrparküberwachung Betriebsverantwortlich für seine Fahrzeuge und deren Zustand im Verkehr ist der *Halter*. Dieser darf die Inbetriebnahme eines Fahrzeugs nicht anordnen oder zulassen, wenn ihm bekannt ist oder sein muss, dass die *Fahrerlaubnis* und *Fahrtüchtigkeit* der Fahrzeugführer oder die *Vorschriftsmäßigkeit* des Fahrzeugs, der Ladung oder der Besetzung nicht gewährleistet ist, vgl. § 31 Abs. 2 StVZO. Der Fuhrparkhalter muss die *Fahrer sorgfältig auswählen*, sich vor der Fahrt von deren Fahrtüchtigkeit überzeugen, die Fahrer mit den nötigen *Weisungen* versehen und sie *regelmäßig überwachen* (OLG Köln 4.3.1980, VM 1980, 66). Die allgemeine Anweisung zur Beachtung sämtlicher Vorschriften ist nicht ausreichend. Ist ein *Betriebsinhaber* zur Überprüfung des verkehrssicheren und ordnungsgemäßen Zustands des betrieblichen Fuhrparks und der Fahrberechtigung und Fahrtüchtigkeit der Fahrer nicht in der Lage, dann steht ihm eine *Übertragung der Überwachungspflicht* hinsichtlich der Einsatzfähigkeit der Fahrzeugführer sowie der Verkehrssicherheit der zum Betrieb gehörenden Kfz (Wartung, Pflege und Reparatur) auf eine *sorgfältig ausgewählte, sachkundige und zuverlässige Hilfsperson* offen (BGH 1.10.1969, VersR 1969, 1025; BGH 30.9.1959, VRS 17, 388; OLG Hamm 26.5.2006, NZV 2007, 156; OLG Hamm 2.2.1995 bei *Burhoff* DAR 1996, 381). Der *Betriebsinhaber* bleibt dann aber zur *gelegentlichen, stichprobenartigen Kontrolle des Fuhrparkleiters, der Fahrzeugführer und des Fahrzeugzustands* verpflichtet (OLG Köln 14.5.1985, DAR 1985, 325; OLG Hamm 26.5.2006, NZV 2007, 156; OLG Hamm 2.2.1995, bei *Burhoff* DAR 1996, 381). Bei *Spezialfahrzeugen* im Fuhrpark ist eine zusätzliche *Einweisung und Überwachung seines Fuhrparkpersonals* erforderlich, um dieses mit den für die Verkehrssicherheit wichtigen technischen Besonderheiten des Kfz vertraut zu machen (OLG Celle 20.5. 1974, VersR 1975, 572; *Döhler* DAR 1993, 315; *Wunderlich* SVR 2007, 69). Wird die Pflicht zur Einhaltung der Halterpflichten auf einen den zuvor geschilderten Anforderungen gerecht werdenden Dritten übertragen, dann trifft den Halter eine *bußgeldrechtliche Haftung* nur noch betreffend die *Einhaltung der Aufsichtspflicht*, § 9 Abs. 2 Ziff. 2 OWiG (OLG Hamm 2.2.1995 bei *Burhoff* DAR 1996, 381).

Geiger

Fußgängerüberweg 1. Allgemeines. Ein Fußgängerüberweg („Zebrastreifen") ist mit einer entsprechenden Fahrbahnmarkierung (Zeichen 293 der StVO) versehen sowie in beiden Fahrrichtungen der Fahrbahn regelmäßig mit entsprechenden Verkehrszeichen (Zeichen 350 der StVO – „Fußgängerüberweg") ausgeschildert. In angemessener Entfernung vor dem Fußgängerüberweg kann zusätzlich auch das Zeichen 134 der StVO („Fußgängerüberweg") vor der Gefahrenstelle warnen.

2. Regelung. An Fußgängerüberwegen haben gem. § 26 Abs. 1 StVO Fahrzeuge den Fußgängern sowie Fahrern von Krankenfahrstühlen oder Rollstühlen, welche den Überweg erkennbar benutzen wollen, das Überqueren der Fahrbahn zu ermöglichen. In diesem Fall dürfen Fahrzeuge nur mit mäßiger Geschwindigkeit heranfahren und müssen notfalls warten.

a) Erkennbarkeit der Benutzungsabsicht für den Fahrverkehr. Hierbei sind objektive Gesichtspunkte maßgeblich. Wenn ein Fußgänger am Überweg wartet oder zügig darauf zuschreitet, ist seine Absicht, den Überweg sogleich zu benutzen, anzunehmen. Auf ein ausdrückliches Handzeichen des Fußgängers kommt es hierbei nicht an. Nicht erkennbar ist eine Benutzungsabsicht für den Fahrverkehr, wenn der Fußgänger auf dem Gehweg parallel zur Fahrbahn geht, um dann unvermittelt auf den Fußgängerüberweg zu treten. Zweifel gehen aber regelmäßig zu Lasten des Fahrverkehrs. Ein *Verzicht* des Fußgängers auf seinen Vorrang setzt immer ein unmissverständliches Zeichen voraus und darf nicht durch rasches Heranfahren an den Überweg erzwungen sein. Kein Verzicht auf den Vorrang besteht, wenn der Fußgänger auf dem Überweg nur deshalb stehen bleibt (oder auf den Gehweg zurückkehrt), um sich vor einem schnell heranfahrendem Fahrzeug zu schützen. Es besteht *kein Vertrauensgrundsatz für den Fußgänger*, dass der Fahrverkehr seinen Vorrang bedingungslos beachtet, d. h. der Fußgänger hat vor und bei der Benutzung des Fußgängerüberwegs entsprechende Sorgfalt walten zu lassen.

b) Heranfahren mit mäßiger Geschwindigkeit bedeutet i. d. R. etwa 25 bis 30 km/h, bei Unübersichtlichkeit oder unklarer Verkehrslage ggf. aber auch nur Schrittgeschwindigkeit oder darunter. Die Art und Weise des Heranfahrens soll dem Fußgänger einerseits signalisieren, dass ihm Vorrang gewährt wird, andererseits soll es dem Fahrzeugführer ein rechtzeitiges Anhalten möglich machen. *Nötigenfalls warten* muss der Fahrzeugführer, wenn der bevorrechtigte Fußgänger beim Benutzen des Überwegs erschreckt, behindert oder sonst beeinträchtigt würde, nicht aber, wenn das Befahren eines Überwegs, den der Fußgänger bereits betreten hat, diesen ausnahmsweise überhaupt nicht beeinflusst (z. B. bei langen Überwegen).

c) Bei Verkehrsstauungen dürfen Fahrzeuge nicht auf den Überweg fahren, wenn sie auf diesem warten müssten (§ 26 Abs. 2 StVO). An Fußgängerüberwegen gilt ein *Überholverbot* (§ 26 Abs. 3 StVO), ein zuvor eingeleiteter Überholvorgang muss daher bis zum Zebrastreifen abgeschlossen sein, anderenfalls ist er abzubrechen. An in parallelen Fahrstreifen derselben Fahrtrichtung verkehrsbedingt vor dem Fußgängerüberweg haltenden Fahrzeugen kann aber (vorsichtig) vorbeigefahren werden (hier liegt kein Überholen i. S. v. § 5 StVO vor). Das *Halten und Parken* auf Fußgängerüberwegen sowie bis zu 5 m davor ist nicht gestattet (§ 12 Abs. 1 Nr. 1 StVO), um eine freie Sicht auf den Überweg zu gewährleisten. Das Halten hinter dem Überweg ist von diesem Halteverbot dagegen nicht umfasst. Die Vorschrift des § 25 Abs. 3 StVO, dass ein *Fußgänger die Fahrbahn „zügig auf dem kürzesten Weg"* zu überqueren hat, gilt auch auf Fußgängerüberwegen.

3. Ausnahmen. Gegenüber *Schienenfahrzeugen* haben Fußgänger auf Fußgängerüberwegen keinen Vorrang (allerdings gilt auch für Schienenfahrzeuge das Halteverbot auf Fußgängerüberwegen). Genauso wenig gilt das Überholverbot des § 26 Abs. 3 StVO für Schienenfahrzeuge. Regelt eine *Ampelanlage* den Verkehr, so gelten im Hinblick auf die Vorfahrtsregelung nicht die Vorschriften des § 26 StVO, sondern wegen § 37 Abs. 1 StVO ausschließlich die entsprechenden Lichtzeichen (ein Fahrzeug muss also auch bei Grünlicht nicht mit „mäßiger Geschwindigkeit" an den Überweg heranfahren); dem Fahrzeugführer kommt jedoch ggf. eine erhöhte Sorgfaltspflicht betreffend achtloser oder verzögert die Fahrbahn überquerender Fußgänger zu.

4. Radfahrer auf Fußgängerüberwegen. Fußgänger, die ein Fahrrad schieben, sind auf Fußgängerüberwegen bevorrechtigt, Radfahrer jedoch nicht. Maßgeblich ist dabei, ob die Fußgängereigenschaft zu dem Zeitpunkt vorliegt, in dem sich für den wartepflichtigen Fahrzeugführer die Pflichten aus § 26 StVO ergeben (also die erkennbare Absicht einer Person, die Fahrbahn zu überqueren). Steigt der bis dahin noch schiebende Fußgänger erst auf dem Fußgängerüberweg auf das Fahrrad auf, bleibt er dennoch bevorrechtigt.

5. Ordnungswidrigkeiten und Straftaten. Ein Verstoß gegen § 26 StVO stellt eine Ordnungswidrigkeit dar (§ 24 StVG i. V. m. § 49 Abs. 1 Nr. 24 b StVO) und zieht ein Bußgeld bzw. Verwarnungsgeld mit sich; eine Gefährdung, ein Erschrecken oder Verwirren des Fußgängers setzt der Tatbestand des § 26 StVO dabei nicht voraus. Falsches Fahren an Fußgängerüberwegen kann gem. § 315 c Abs. 1 Nr. 2 c StGB auch eine Straftat darstellen (→ *Gefährdung des Straßenverkehrs* (§ 315 c StGB)). *Langer*

FZV → Fahrzeug-Zulassungsverordnung (FZV)

G

Ganzjahresreifen → Winterreifenpflicht

Garantieansprüche 1. Allgemeines. Garantien werden vermehrt von Händlern auch bei Gebraucht-wagenverkäufen gewährt oder zum Kauf angeboten. Das Bestehen einer solchen Garantie (§ 438 Abs. 1 BGB) und deren Umfang muss für jeden Einzelfall gesondert aus dem Text der Garantie heraus ermittelt werden. Garantiegeber kann der Verkäufer, der Hersteller oder ein Dritter (Garantieversicherung) sein. Die Garantie tritt gleichrangig neben die gesetzliche Sachmängelhaftung des Verkäufers. Der Käufer hat die freie Wahl, wen er zuerst in Anspruch nimmt (OLG Stuttgart 7.11.1995, 10 U 59/95, NJW-RR 1997, 1553).
2. Inhalt. Während für die gesetzliche Sachmängelhaftung und die Schadensersatzverpflichtung aus Übernahme einer Beschaffenheitsgarantie i. S. d. § 276 BGB darauf abzustellen ist, ob das Fahrzeug im *Zeitpunkt des Gefahrübergangs* mangelfrei ist, werden die Rechte aus einer Garantie i. S. d. § 443 Abs. 1 BGB auch durch Mängel ausgelöst, die innerhalb einer vereinbarten Frist *nach* Besitzübergang am Fahrzeug entstehen. In der Regel enthält die Garantie eine Verpflichtung zur Nachbesserung durch einen Vertragshändler. Dies ist zumeist der Händler, der das Fahrzeug verkauft hat. Liegt der Betriebssitz mehr als 50 km vom Wohnsitz der Käufers entfernt, kann i. d. R. auch bei einem anderen Vertragshändler die Reparatur verlangt werden. Der Anspruch ist aber nicht gegen den Händler, sondern gegen den Garantiegeber gerichtlich durchzusetzen (Reinking/Eggert Rn. 1338), falls der Händler nicht selbst die Garantie gegeben hat. Das gilt auch bei aus dem EU-Ausland reimportieren Fahrzeugen, wo besonders sorgfältig zu prüfen ist, ob die Garantie vom Importeur (Vermittler) oder vom ausländischen Verkaufshaus gegeben wurde (OLG Stuttgart 7.11.1995, 10 U 59/95, DAR 2008, 478).
Erfüllt der Garantiegeber die Rechte aus der Garantie nicht, kann der Käufer Leistungsklage gegen ihn erheben auf kostenlose Beseitigung des Mangels oder unten den gesetzlichen Voraussetzungen Schadensersatz (§ 281 BGB) verlangen, wenn die Garantieleistung misslingt oder abgelehnt wird (Reinking/Eggert Rn. 1337 ff.). Es wird gesetzlich vermutet, dass ein während der Geltungsdauer der Garantie auftretender Sachmangel die Rechte aus der Garantie begründet (§ 443 Abs. 2 BGB). Den Verlust des Garantieanspruchs muss der Garantiegeber beweisen, z. B., dass der Käufer die vorgeschriebenen oder empfohlenen Inspektionen nicht hat ausführen lassen.
3. Inspektionsklauseln. Unterschiedlich wird die Frage beurteilt, ob durch AGB Leistungen von der fristgerechten Durchführung der Inspektionen und Wartungen beim Vertragshändler abhängig gemacht werden dürfen oder ob solche Klauseln gem. § 307 Abs. 1 unwirksam sind, weil dem Garantienehmer der Nachweis abgeschnitten wird, dass die nicht durch den Vertragshändler, jedoch woanders durchgeführte Wartung nicht für den Schaden ursächlich geworden ist (*Andreae* in: Handbuch des Fachanwalts Verkehrsrecht, Kap. 16, Rn. 249 m.w.N.). Der BGH bejaht die Unwirksamkeit bei Garantieverträgen mit unabhängigen Garantiegebern (BGH 17.10.2007, VIII ZR 251/06, DAR 2008, 20), und dem Händler selbst (BGH 14.10.2009, VIII ZR 354/08, NJW 2009, 3714) sowie bei Herstellergarantien mit besonderem Aufpreis (BGH 6.7.2011, VIII ZR 293/10, noch nicht veröffentlicht), verneint sie aber für Herstellergarantien ohne zusätzliche Gegenleistung (BGH 12.12.2007, VIII ZR 187/06, DAR 2008, 141). Die Durchführung einfachster Wartungsarbeiten (z. B. Ölwechsel) in einer nicht in den Garantiebedingungen zugelassenen Werkstatt lässt den Garantieschutz auch dann nicht entfallen, wenn man die AGB insoweit für wirksam halten würde (AG Rendsburg 27.6.2005, 11 C 146/05, NJW-RR 2005, 1429).
4. Garantiefrist / Verjährung. Nach der Länge der Garantiefrist richtet sich, bis zu welchem Zeitpunkt ein aufgetretener Mangel unter die Garantie fällt. Die Garantiefrist kann kürzer oder länger sein, als die Verjährungsfrist (§ 438 BGB). Die Verjährungsfrist beginnt nicht etwa erst mit dem Ende der Garantiefrist an zu laufen, sondern mit dem Auftreten des Mangels und der Kenntnis des Käufers hiervon bzw. der grob fahrlässigen Unkenntnis, falls nichts anderes vereinbart ist (*Reinking/Eggert* Rn. 4194). Es kann also theoretisch passieren, dass Ansprüche aus der Garantie *innerhalb* der laufenden Garantiefrist bereits verjähren, wenn diese in der Anfangszeit auftreten und vom Käufer bemerkt werden. Die längere Garantie führt nicht automatisch zu einer Verlängerung der Verjährungsfrist auf mindestens die Dauer der Garantiezeit (BGH 20.12.1978, VIII ZR 246/77,

NJW 1979, 645). Gerichtlich ungeklärt ist noch, ob für die Ansprüche aus Garantie die gesetzliche Regelverjährung (§ 195 BGB) von drei Jahren oder die kaufrechtliche Sonderverjährung (§ 438 BGB) von zwei Jahren gilt (*Grützner/Schmidt* NJW 2007, 3610).

5. Übergang der Garantie. Garantien gehen dann, wenn diese als Anschlussgarantien ausgestaltet sind, fahrzeuggebunden auch auf den Zweitkäufer über. Sie können Gegenstand einer Beschaffenheitsvereinbarung sein, sodass ihr Fehlen ggf. einen Sachmangel darstellt (AG Freising 20.2.2008, 5 C 1727/07, NJW-RR 2008, 1202 = DAR 2008, 2202). Wird zur Garantie nichts besprochen oder vereinbart, kommt es auf die Umstände des Einzelfalls an, ob konkret der Käufer mit einem Garantieschutz rechnen durfte (BGH 24.4.1996, VIII ZR 114/95, NJW 1996, 2025).

6. Sonstiges. Bei einer Tageszulassung muss der Händler auf die damit verbundene Verkürzung der Garantiezeit nur hinweisen, wenn seit der Werbung bzw. dem Angebot mehr als zwei Wochen vergangen sind (BGH 12.1.2005 VIII ZR 109/04, DAR 2005, 281 (282)). Langjährige Durchrostungsgarantien von Herstellern umfassen nicht schon jeden äußerlich sichtbaren Rostansatz, sondern nur schwere Schäden, die technisch (nicht nur optisch) eine Reparatur gebieten (OLG Stuttgart 14.10.2008, 1 U 74/08, (Quelle: Juris)). *Andreae*

Probefahrt noch eine Überführungsfahrt (OLG Stuttgart 28.6.2000, 4 U 53/00, DAR 2000, 573). Entscheidend ist vielmehr, ob es bereits zum Zwecke der Teilnahme am Straßenverkehr in Gebrauch genommen wurde. Das wird bejaht für ein Vorführfahrzeug mit einer Tageszulassung und einer Laufleistung von nur 35 km (LG Bremen 19.6.2008, 6 O 1308/07, DAR 2008, 530).

Ein nicht fabrikneues Fahrzeug ist nicht automatisch als *gebrauchtes* Fahrzeug i. S. d. §§ 309 Nr. 8 b, 474 Abs. 1 Satz 2, 475 Abs. 2 und 478 BGB zu beurteilen (Bamberger/Roth/Faust, § 474 Rn. 18). Als „fabrikneu" darf z. B. ein Fahrzeug dann nicht bezeichnet werden, wenn die Standzeit mehr als 12 Monate beträgt (BGH 15.10.2003, VIII ZR 227/02, DAR 2004, 23) oder wenn das betreffende Modell im Zeitraum des Verkaufs nicht mehr unverändert hergestellt wird (BGH 16.7.2003, VIII ZR 243/02, DAR 2003, 510). In diesen Fällen wird nicht von einem Gebrauchtfahrzeug, sondern von einem „Auslaufmodell" oder „Bestandfahrzeug" gesprochen. Ob und inwieweit die Gebrauchtwageneigenschaft einer Parteivereinbarung zugänglich ist, ist streitig (PWW/Schmidt § 475 Rn. 10 m.w.N.). Für den Tierkauf hat der BGH (BGH 15.11.2006, VIII ZR 3/06, NJW 2007, 674) sich dagegen ausgesprochen.

Siehe auch → *Kaufvertrag* *Andreae*

Garantiefonds → Verkehrsopferhilfe Nr. 2

Gasanlagenprüfung → Hauptuntersuchung Nr. 1

Gebraucht / Neu Voraussetzungen und Folgen eines Gebrauchtwagenkaufs ergeben sich aus §§ 433 BGB ff. Unterschiede zwischen dem Kauf gebrauchter und neuer Sachen macht der Gesetzgeber noch für die vertragliche Verkürzung der Mängelhaftungsfrist beim Verbrauchsgüterkauf (§ 475 Abs. 2 BGB), dem Rückgriffsrecht des Unternehmers (nur bei neuen Sachen, § 478 BGB), bei Versteigerungen als Verbrauchsgüterkauf (§ 474 Abs. 1 Satz 2 BGB) und für denMängelhaftungsausschluss durch AGB (§ 309 Nr. 8 b BGB). Aus diesem Grund bedarf es weiterhin einer Abgrenzung zwischen Neufahrzeugen und Gebrauchtfahrzeugen.

Gebrauchte Fahrzeuge sind solche, die dem bestimmungsgemäßen Gebrauch eines Verkehrsmittels bereits zugeführt wurden (Thamm DAR 2003, 438). Dazu genügt weder eine

Gebühren → Anwaltsgebühren in Verkehrsverwaltungssachen, → Selbständiges Beweisverfahren Nr. 4

Gebührengutachten der Rechtsanwaltskammer → Geschäftsgebühr in Unfallsachen Nr. 3

Gebührenrahmen → Geschäftsgebühr in Unfallsachen Nr. 4

Gebührenvereinbarung → DAV-Abkommen Nr. 3

Gefährdung des Straßenverkehrs (§ 315 c StGB) 1. Allgemeines. Betroffen sein muss der „*Straßenverkehr*", der hier ebenso zu definieren ist wie beispielsweise bei der → *Unfallflucht* (Nr. 2 a). „*Gefährdung*" meint in § 315 c StGB in allen Tatvarianten eine konkrete Gefährdung von Leib oder Leben eines anderen oder fremder Sachen von bedeutendem Wert. Wann eine solche Gefahr gegeben ist, entzieht sich exakter wissenschaftlicher Umschreibung (BGHSt 18, 271, 272). Die Tathandlung muss aber jedenfalls über die ihr innewohnende latente Gefährlichkeit hinaus im Hinblick auf einen bestimmten Vorgang in eine kritische Situation geführt haben; in dieser muss die Sicherheit einer bestimmten Person oder Sache so stark beeinträchtigt worden sein, dass es nur noch vom Zufall abhing, ob das Rechtsgut verletzt wurde oder nicht (BGH NStZ 1985, 263). Ob es soweit gekommen ist, muss nach der allgemeinen Lebenserfahrung aufgrund einer „objektiv nachträglichen Prognose" beurteilt werden (BGH aaO). Danach reicht es für die Annahme einer *konkreten Gefahr* einerseits nicht aus, dass sich Menschen oder Sachen in enger räumlicher Nähe zu dem Täterfahrzeug befunden haben (BGH VRS 26, 347; Geppert NStZ 1985, 265). Andererseits wird die Annahme einer Gefahr aber nicht dadurch ausgeschlossen, dass ein Schaden ausgeblieben ist, weil sich der Gefährdete – etwa aufgrund überdurchschnittlich guter Reaktionen oder durch Ausweichen auf einen Mehrzweckstreifen – noch in Sicherheit bringen konnte oder weil es dem Täter – für den objektiven Beobachter überraschend – gelungen ist, sein Fahrzeug noch rechtzeitig anzuhalten (BGH 30.3.1995, 4 StR 725/94, DAR 1995, 296 ff = NJW 1995, 3131 ff = NStZ 1996, 83 ff). Der Tatrichter darf zwar wertende Begriffe verwenden, um beispielsweise einen „Beinahe-Unfall" darzustellen, er braucht nicht in jedem Fall gefahrene Geschwindigkeiten, Entfernungen in Metern, Bremsverzögerungen und dergleichen zu beschreiben (BGH aaO), muss aber den kritischen Verkehrsvorgang so anschaulich darstellen, dass ihn ein unbefangenen Beobachter als Situation begreift, in der es *„gerade noch einmal gut gegangen"* ist (BGH aaO).

Der Begriff der konkreten Gefahr im Sinne einer G. ist nach alldem zu unterscheiden von einer (abstrakten) Gefährdung anderer, wie sie als Motiv des Gesetzgebers in § 316 StGB vorausgesetzt wird und Bestandteil zahlreicher OWi-Tatbestände ist.

Die möglichen *Tathandlungen,* durch die die Gefahr hervorgerufen sein muss, gliedern sich in zwei „Haupt-Kategorien", nämlich § 315 c Abs. 1 Nr. 1 StGB (Fahren trotz fehlender Fahrtüchtigkeit) und § 315 c Abs. 1 Nr. 2 StGB (einzelne Verhaltensweisen im Straßenverkehr, wenn diese grob verkehrswidrig und rücksichtslos begangen werden).

Diese Tathandlungen sind begrifflich streng zu trennen von der dadurch verursachten *Gefahr.* Denn es kann die Tathandlung vorsätzlich (§ 315 c Abs. 1 StGB) oder fahrlässig (§ 315 c Abs. 3 Nr. 2 StGB) begangen werden. Gesondert zu klären ist, ob die *Gefahr* vorsätzlich (§ 315 c Abs. 1) oder fahrlässig (§ 315 c Abs. 3 Nr. 1 oder Nr. 2) verursacht wurde. Nach solchen Modalitäten differenziert nämlich das Strafmaß. Kommt es zu Personenschaden, so liegt tateinheitlich → *fahrlässige Körperverletzung (§ 229 StGB)* oder → *fahrlässige Tötung (§ 222 StGB)* vor.

Die *Gefährdung mehrerer* Personen durch ein und dieselbe Trunkenheitsfahrt (im Sinne von § 315 c Abs. 1 Nr. 1 Buchstabe a StGB) führt nicht zu einer Mehrheit von Taten, sondern stellt (auch bei mehreren einzelnen Gefahrensituationen) nur *eine* Tat dar, denn die Vorschrift schützt primär allgemein die Sicherheit des Straßenverkehrs und erst mittelbar hierdurch die gefährdeten einzelnen Individualrechtsgüter (BGH 20.10.1988, 4 StR 335/88), die Gefährdung mehrerer ist aber bei der Bewertung des Schuldumfangs auf der Strafzumessungsseite zu würdigen (BGH aaO).

2. Gefährdung. Diese muss sich auf Leib und Leben eines anderen *Menschen* oder eine (fremde) Sache von bedeutendem *Wert* beziehen.

a) Der „bedeutende Wert" kann fraglich sein, wenn durch die Tat ein altes und/oder schon vorgeschädigtes Fahrzeug in Mitleidenschaft gezogen wird (BGH 29.4.2008, NStZ-RR 2008, 289 = NZV 2008, 639). Der Wert der Sache ist nach dem Verkehrswert zu bestimmen, die Höhe des drohenden Schadens nach der am Marktwert zu messenden Wertminderung. Der Grenzwert für Sachwert und Schadenshöhe ist einheitlich zu bestimmen und beträgt mindestens 750,– € (BGH vom 29.4. 2008, NStZ-RR 2008, 289 = NZV 2008, 639).

b) Nicht ausreichend für die (konkrete) Gefährdung einer Sache von bedeutendem Wert ist beispielsweise die Urteilsdarstellung, es habe einem massiv gebauten Abstellraum und den darin untergebrachten Gegenständen bedeutender Sachschaden dadurch ge*droht,* dass der Angeklagte (mit seinem Fahrzeug) gegen den Abstellraum fuhr (BGH 13.1.2000, 4 StR 598/99). Der Tatrichter hatte weder Schäden am Abstellraum (oder/und den darin befindlichen Gegenständen) mitgeteilt noch Umstände, aus denen sich ergeben hätte, dass es nur vom Zufall abhängig gewesen wäre, ob es zu solchen Schäden kommt. Das zeigt, dass auf die Ermittlung und Darstellung solcher Umstände (erst recht etwa eingetretener Schäden) besonders zu achten ist.

c) **Nicht taugliches Gefährdungsobjekt** ist nach h.M. das vom Täter benutzte Fahrzeug, auch wenn es nicht ihm gehört. Denn das Tatfahrzeug ist vom Schutzbereich nicht erfasst (BGHSt 27, 40; BGH NStZ 1992, 233; BGH 13.1.2000, 4 StR 598/99).

d) Grundsätzlich **taugliches Gefährdungsobjekt** ist indes die selbst nicht tatbeteiligte *Mitfahrerin* im Fahrzeug des Täters. Aber auch insoweit ist Voraussetzung, dass es zu einer konkreten Gefährdung gekommen sein muss, denn sonst wäre jede folgenlose Trunkenheitsfahrt (§ 316 StGB) immer schon dann eine Gefährdung des Straßenverkehrs, wenn der Täter einen Beifahrer hatte. Die Mitfahrerin wird konkret gefährdet, wenn z. B. bei alkoholbedingter G. die Fahruntüchtigkeit des Täters so weit reicht, dass er kontrollierte Fahrmanöver schlicht gar nicht mehr ausführen kann und damit die Situation einem Fahren ohne die erforderlichen technischen Einrichtungen (z. B. funktionierende Bremsen) vergleichbar ist, was aber im Einzelfall genau feststellbar sein müsste. Nicht ausreichend ist, wenn der betrunkene Fahrer lediglich einen folgenlosen Fahrfehler begeht, also etwa in Schlangenlinien (innerhalb der Fahrbahn) fährt oder auf die fahrzeugleere Gegenfahrbahn gerät. Hinzutreten muss vielmehr, dass es dabei „beinahe" zu einem Unfall gekommen wäre. Von einer konkreten Gefährdung des Beifahrers kann somit nur gesprochen werden, wenn der auf der Trunkenheit des Fahrers beruhende Fahrfehler zu einer kritischen Verkehrssituation geführt hat (BGH 30.3.1995, 4 StR 725/94, DAR 1995, 296 ff = NJW 1995, 3131 ff = NStZ 1996, 83 ff, unter Präzisierung früherer Rspr.). Diese kann bei Schlangenlinien dann anzunehmen sein, wenn der Trunkenheitsfahrer sich in bedrohlicher Weise dem unbefestigten Fahrbahnbankett nähert und das Fahrzeug nur durch eine abrupte Lenkbewegung wieder auf die Fahrbahn zurücksteuert (BGH aaO).

Die Mitfahrerin ist beispielsweise auch hinreichend konkret gefährdet, wenn der absolut fahruntüchtige Täter die Gewalt über das Fahrzeug verliert und derart an eine Leitplanke gerät, dass der Stoß ausreicht, um einen wirtschaftlichen Totalschaden des Fahrzeugs herbeizuführen (BGH 20.10.1988, 4 StR 335/88).

3. Tathandlung. Als *Tathandlung* greift § 315 c *Abs. 1* StGB den Fall auf, dass der Täter im Straßenverkehr ein Fahrzeug (nicht notwendig Kraftfahrzeug) führt, obwohl er infolge Rausches oder geistiger und körperlicher Mängel nicht in der Lage ist, das Fahrzeug sicher zu führen.

a) **Rausch.** Der Rausch (§ 315 c Abs. 1 Nr. 1 StGB) kann durch *Alkohol oder andere berauschende Mittel* hervorgerufen sein; hier gelten die selben Einzelheiten wie allgemein für die Alkoholfahrt bzw. Fahrt unter Drogeneinfluss (→ *Trunkenheit im Verkehr* Nr. 6) dargestellt.

b) Hiervon nicht erfasste „**geistige oder körperliche Mängel**" (§ 315 Abs. 1 Nr. 1 Buchstabe b StGB) müssen ebenfalls solche sein, die die Fahrtüchtigkeit aufheben. Das können chronische oder akute Gesundheitsbeschwerden sein, aber auch eine Übermüdung des Fahrers. Letzteres wird gelegentlich übersehen mit der Folge, dass der Angeklagte Übermüdung als vermeintlich entlastende Einlassung geltend zu machen versucht.

c) **Ursächlichkeit.** Die (alkoholbedingte) Fahruntauglichkeit muss für die Gefährdung (von Leib oder Leben eines anderen oder fremder Sachen von bedeutendem Wert) *ursächlich* geworden sein, wie sich schon aus dem Wort „dadurch" in § 315 c Abs. 1 StGB ergibt. Das kann fraglich sein, wenn die Tat darin besteht, dass der (betrunkene) Täter sein Fahrzeug gezielt einsetzt, um ein anderes Fahrzeug zu beschädigen und dessen Insassen zu verletzen. Es wird dann aber erstens Trunkenheit im Verkehr (§ 316 StGB) in Betracht kommen, zweitens tateinheitlich → *Gefährlicher Eingriff in den Straßenverkehr* (§ 315 b Abs. 1 Nr. 1 und/oder Nr. 3 StGB), weil der Täter in verkehrsfremder Gesinnung handelte (BGH 25.8.1983, 4 StR 452/83, VRS 65, 359 ff).

4. Die Tathandlungen des § 315 c Abs. 1 Nr. 2 StGB bestehen in Verhaltensweisen, die typischerweise zu gefährlichen Situationen führen. Eine Bestrafung setzt aber auch hier voraus, dass es infolge der Tathandlung zu einer konkreten Gefahr gekommen sein muss. Das muss bei jeder der Tatvarianten die besondere Gefahr der dort beschriebenen Konstellation sein.

a) So reicht es bei § 315 c Abs. 1 Nr. 2 Buchstabe d StGB nicht aus, wenn der Täter (grob verkehrswidrig und rücksichtslos) zu schnell fährt, dadurch einen Unfall mit erheblichem Schaden verursacht und das Ganze sich zufällig an einer Straßeneinmündung abgespielt hat, denn dann ist der „Gefahrerfolg" nur gelegentlich des zu schnellen Fahrens eingetreten und hat keinen Bezug zu den typischen Gefahren einer jener Örtlichkeiten, die § 315 c Abs. 1 Nr. 2 Buchstabe d StGB aufzählt (BGH 21.11.2006, 4 StR 459/06, NStZ 2007, 222 f).

> Praxistipp: Einzelne Tathandlungen des § 315 c Abs. 2 StGB (etwa Vorfahrtsmissachtung, falsches Überholen oder Behinderung eines Überholvorgangs, Fehlverhalten bei Fußgängerüberwegen) können sich im Zuge der Ermittlungen oder bei Durchführung einer Hauptverhandlung so darstellen, dass es für eine G. mangels konkreter Gefährdung für Leib und Leben eines Menschen oder für Sachen von bedeutendem Wert „nicht reicht", es kann dann aber u. U. → *Nötigung* (§ 240 StGB) vorliegen. Diese eröffnet gegenüber der vorsätzlichen G. einen niedrigeren Strafrahmen. Aus Verteidigersicht ist in Grenzfällen frühzeitig auf eine günstige Weichenstellung zu achten.

b) Besonders praxisrelevant ist die **Tathandlung des falschen Überholens** (§ 315 c Abs. 1 Nr. 2 Buchstabe b StGB). Sie beginnt schon damit, dass der Täter zum Überholen ansetzt; dies tut er auf der linken Spur einer Autobahn schon dann, wenn er sich dem vor ihm (ebenfalls links) fahrenden Fahrzeug mit Überholabsicht in Überholgeschwindigkeit so sehr nähert, dass der Sicherheitsabstand (§ 4 StVO) deutlich verkürzt ist bei gleichzeitiger erheblicher Geschwindigkeitsdifferenz zwischen den Fahrzeugen. Das gilt auch dann, wenn der Täter seine Überholabsicht nicht noch zusätzlich durch Schallzeichen oder Lichthupe kundtut (LG Karlsruhe 29.7.2004, 11 Ns 40 Js 26274/03, NJW 2005, 915 ff = NZV 2005, 274 ff = NStZ 2005, 451 [„Testfahrer-Entscheidung" = „Autobahnraser-Urteil"]). Darin liegt insbesondere nicht bloß ein Nachfahren mit zu geringem Abstand, sondern die Überholabsicht wird aus der hohen Differenzgeschwindigkeit bei geringem Restabstand der Fahrzeuge ersichtlich. Im Beispielsfall hatte der Angeklagte sich mit einer Differenzgeschwindigkeit von noch 53 km/h dem vorausfahrenden Fahrzeug bis auf 22 m angenähert, dem er sich dann bis auf 13 Meter bei einer Differenzgeschwindigkeit von noch 30 km/h weiter fortlaufend annäherte, so dass ein Auffahrunfall innerhalb von weniger als 2 Sekunden drohte. Unter diesen Umständen hing es von „der geringsten Zufälligkeit, von der geringsten Fehlreaktion des nachfahrenden Angeklagten wie der vorausfahrenden [Geschädigten], vom geringsten technischen Defekt ab, ob es zu einem Unfall kam" (LG Karlsruhe aaO). Erheblich und naheliegend war im Beispielsfall die Gefahr, dass sich „der Fahrer eines Fahrzeugs, dem ein anderes Fahrzeug allzu dicht auffährt, das sich darüber hinaus noch drastisch weiter nähert, dadurch zu einem unsachgemäßen und sich und andere gefährdenden unfallträchtigen Verhalten hinreißen lässt" (LG Karlsruhe aaO unter Hinweis auf BGHSt 22, 341,346), zumal der Fahrer des vorausfahrenden Fahrzeugs diesen Abstand leicht noch niedriger schätzt, als er tatsächlich ist, und daher dazu neigen kann, abrupt auszuweichen und die Kontrolle über sein Fahrzeug zu verlieren mit der Gefahr eines folgenschweren Unfalls (LG Karlsruhe aaO).

c) Darüber hinaus muss das Verhalten, das unter § 315 c Abs. 1 Nr. 2 StGB fallen soll, sich als „**grob verkehrswidrig und rücksichtslos**" einstufen lassen. Das ist der Fall, wenn der Täter berechtigte Sicherheitsbelange der Mitwelt aus eigensüchtigen Motiven hintanstellt oder aber sich über diese aus Gleichgültigkeit hinwegsetzt, also „drauflos fährt" und Bedenken gegen die eigene Fahrweise gar nicht erst aufkommen lässt. Eigensüchtiges Motiv ist in der Regel das eigene schnellere Vorwärtskommen, gelegentlich auch der Wunsch, andere Verkehrsteilnehmer, über die sich der Täter ärgert, zu „disziplinieren" oder – treffender – zu schikanieren. Hier kann die gebotene Gesamtwürdigung aller Fallumstände im Einzelfall Schwierigkeiten bereiten. Beweisrechtlich darf aber grundsätzlich von besonders drastischem Gefährdungsverhalten, durch das ein Unfall „in bedrohliche bzw. nächste Nähe gerückt" wird, auf mindestens eine gleichgültigkeitsbedingte Rücksichtslosigkeit geschlossen werden; diese wird nicht dadurch ausgeschlossen, dass der Täter „nur" fahrlässig die Gefahr herbeigeführt hat (LG Karlsruhe 29.7.2004, 11 Ns 40 Js 26274/03, NJW 2005, 915 ff = NZV 2005, 274 ff = NStZ 2005, 451 [„Testfahrer-Entscheidung" = „Autobahnraser-Urteil"] m.w.N.)

Weder

Gefährdungshaftung 1. **Haftungsgrund.** Die *Gefährdungshaftung* basiert auf dem *Gedanken*, dass derjenige, der zu seinem Nutzen rechtmäßig einen gefährlichen Betrieb errichtet oder unterhält, die Schäden tragen soll, die in Verwirklichung dieses Risikos typischerweise bei anderen eintreten und von diesen nicht verhindert werden können. Das StVG beinhaltet in § 7 Abs. 1 StVG eine Grundlage für eine solche Gefährdungshaftung. Eine allgemeine Gefährdungshaftung, also eine solche ohne *ausdrückliche gesetzliche Grundlage*, gibt es nicht. Die Gefährdungshaftung des § 7 Abs. 1 StVG trifft nicht nur den *Halter des Kfz*, sondern auch den *Halter des Anhängers*, der dazu bestimmt ist, von einem Kfz mitgeführt zu werden (s. a. → *Halterhaftung*). Die Gefährdungshaftung gem. § 7 Abs. 1 StVG besteht selbständig neben der Haftung aus unerlaubter Handlung gem. §§ 823 ff. BGB, vgl. § 16 StVG (s. a. → *Fahrerhaftung*). Die Regeln der unerlaubten Handlung (z. B. §§ 842 – 846, 852 BGB) sind auf die sondergesetzliche Gefährdungshaftung wie z. B. gem. § 7 Abs. 1 StVG nur anwendbar, sofern und soweit dies dort bestimmt ist. Umgekehrt gelten die Sonderregeln für die Gefährdungshaftung grundsätzlich nicht für die Haftung aus unerlaubter Handlung. So gelten z. B. die Haftungshöchstsummen der §§ 12, 12a StVG nur für die Gefährdungshaftung aus § 7 Abs. 1 StVG, nicht aber auf die Ansprüche gem. § 823 ff. BGB.

2. Haftungshöhe. Die *Haftungshöchstbeträge* des § 12 Abs. 1 Nr. 1, 2 StVG (*Mindestversicherungssummen*, s. a. → *Deckungssummen in Europa*) bewirken eine echte Begrenzung des vom Schädiger auf Grundlage des StVG geschuldeten Ersatzes für Sach- und Personenschäden (BGH 24.9.1996, NZV 1997, 36). Ab Erschöpfung der Deckungssummen besteht für den Versicherer keine Zahlungspflicht mehr. Die Geltendmachung höherer Beträge muss dann gegen den Halter und den Fahrer erfolgen und setzt ein Verschulden voraus (s. a. → *Verschuldenshaftung*). Die Haftungshöchstsummen gelten unabhängig von einem Mitverschulden des Geschädigten. Reichen die Haftungshöchstsummen zur Erfüllung der Ersatzansprüche nicht aus, dann erfolgt eine verhältnismäßige Kürzung (sog. Kürzungs-, Teilungsverfahren) jeder geltend gemachten Schadensposition (BGH 10.10.2006, DAR 2007, 203; BGH 27.6.1968, NJW 1968, 1962; BGH 3.3.1969, VersR 1969, 569), auch soweit diese auf Dritte, wie z. B. Sozialversicherungsträger und Schadensversicherer, übergegangen sind (BGH 19.1.1962, VersR 1962, 374). Der Geschädigte hat indes gem. § 118 VVG ein Befriedigungsvorrecht (Quotenvorrecht) gegenüber solchen Dritten (vgl. *Deinhard* VersR 1980, 412; vgl. BGH 26.3.1968, VersR 1968, 786 zum Kaskoversicherer; s. a. → *Übergang von Ersatzansprüchen*). Darlegungs- und beweispflichtig für das Erreichen der Haftungshöchstgrenze, welche bereits im Erkenntnisverfahren auszusprechen ist (BGH 25.5.1982, NJW 1982, 2321; BGH 21.1.1986, DAR 1986, 144), ist der Kfz-Haftpflichtversicherer (BGH 23.5.1972, NJW 1972, 1466). Ist ein Urteil ohne Haftungsbegrenzung ergangen, dann haftet der Versicherer unbegrenzt (BGH 23.1.1979, NJW 1979, 1046; BGH 21.1.1986, DAR 1986, 144). Sobald sich für den Versicherer die Erschöpfung der Deckungssumme abzeichnet, hat er die Anspruchsteller darauf hinzuweisen (BGH 25.5.1982, NJW 1982, 2321).

Praxistipp: Da etwa 90 % der in Deutschland bestehenden Kraftfahrtversicherungsverträge eine unbegrenzte Deckung beinhalten, werden die Haftungshöchstbeträge nur in seltenen Fällen von den Ersatzansprüchen des oder der Geschädigten überschritten.

Siehe auch: → *Halterhaftung*, → *Schadenrechtsänderungsgesetz* Nr. 2, 8 *Geiger*

Gefahrengemeinschaft → Betriebsweg Nr. 2, → Haftungsausschluss bei Arbeits-/Schulunfällen Nr. 1, → Unfall auf gemeinsamer Betriebsstätte Nr. 1

Gefahrerhöhung → Kfz-Haftpflichtversicherung Nr. 6, → Regress Nr. 2, 3

gefahrgeneigte Arbeit → Geschäftswagenunfall Nr. 1

Gefahrguttransport → Schadenrechtsänderungsgesetz Nr. 9

Gefährlicher Eingriff in den Straßenverkehr (§ 315 b StGB) 1. Allgemeines. Die Vorschrift meint im Ausgangspunkt Eingriffe „von außen" in den Straßenverkehr, wie sie in Abs. 1 beispielhaft (und daher nicht abschließend) aufgezählt sind. „*Straßenverkehr*" hier ebenso definiert wie beispielsweise bei der → *Unfallflucht* (Nr. 2a). Die Tathandlungen können (wie auch bei der → *Gefährdung des Straßenverkehrs (§ 315 b StGB)*) grundsätzlich vorsätzlich (§ 315 b Abs. 1) oder fahrlässig (§ 315 b Abs. 5) begangen werden; hinsichtlich der dadurch verursachten *Gefahr* (die eine konkrete sein muss) kann ebenfalls Vorsatz (§ 315 b Abs. 1) oder Fahrlässigkeit (§ 315 c Abs. 4 oder Abs. 5) vorliegen, die Tathandlung und die Gefahrverursachung sind somit auf der subjektiven Tatseite getrennt zu untersuchen, was (wie auch bei der → *Gefährdung des Straßenverkehrs (§ 315 c)*) gelegentlich übersehen wird. Handelt der Täter in der *Absicht*, einen Unglücksfall herbeizuführen oder bezweckt er sonst eine in § 315 Abs. 3 StGB aufgezählte Folge, so schärft § 315 b Abs. 3 StGB den Strafrahmen erheblich. Schließt der Vorsatz (→ *Vorsatz und Fahrlässigkeit*) die *Tötung* des Geschädigten ein, so ist Mord in Betracht zu ziehen, etwa wenn der Täter schwere Gegenstände von einer Autobahnbrücke auf Fahrzeuge wirft mit dem Vorsatz, deren Insassen tödlich zu verletzen; denn hierdurch nutzt er deren Arg-, Wehr- und Hilflosigkeit bewusst aus (BGH 15.5.1997, 4 StR 118/97, NStZ-RR 1997, 294).

2. „Pervertierungs-Fälle". Was sich äußerlich als Teilnahme am Straßenverkehr darstellt, kann bei entsprechender „verkehrsfremder" Absicht ebenfalls unter § 315 b StGB fallen, da dann ein Verkehrsvorgang zum Eingriff „pervertiert" wird (BGH 25.8.1983, 4 StR 452/83, VRS 65, 359 ff).

a) Dies ist dann der Fall, wenn der Täter das von ihm gesteuerte Fahrzeug in verkehrsfeindlicher Einstellung bewusst zweckwidrig einsetzt, z. B. auf andere Fahrzeuge oder Menschen gezielt zufährt, um eine Beschädigung bzw. Verletzung herbeizuführen (BGH a.a.O. m.w.N.). In einem solchen Falle genügt sogar ein so langsames Zufahren, dass der andere noch hätte ausweichen können (BGH 25.8. 1983, 4 StR 452/83, VRS 65, 359 ff, m.w.N.).

b) Nach h.M ist aber in den „Pervertierungs-Fällen" auf der subjektiven Seite *Schädigungsvorsatz* zu fordern (wobei bedingter Vorsatz genügt (→ *Vorsatz und Fahrlässigkeit*)), d. h eine bloß vorsätzliche/fahrlässige Herbeiführung der *Gefährdungslage* genügt dann *nicht* (BGH NJW 2003, 1613 = NZV 2003, 488; OLG Hamm 8.1.2008, NZV 2008, 261). Bremst also z. B. der im Pkw flüchtende Täter das verfolgende Polizeifahrzeug aus, um es abzuschütteln, so bereitet er unzweifelhaft ein „Hindernis" im Sinne von § 315 b Abs. 1 Nr. 2 StGB und gefährdet dadurch hinreichend konkret Leib und Leben des Verfolgers und dessen Fahrzeug, das in der Regel als „Sache von bedeutendem Wert" einzustufen sein wird. Rechnet der Täter aber unwiderlegt damit, der Polizeibeamte werde aufgrund besonderer Übung und Erfahrung bei Pkw-Fahrten im Dienst noch rechtzeitig bremsen können, um einen Unfall zu vermeiden, so macht er sich nicht nach § 315 b StGB strafbar (wohl aber wegen → *Gefährdung des Straßenverkehrs (§ 315 c StGB)* und → *Widerstands gegen Vollstreckungsbeamte*). Das Beispiel zeigt, dass zwischen Gefährdung und Schadenseintritt begrifflich zu trennen ist: Die Gefährdung nimmt der Täter im Beispielsfall bewusst und billigend in Kauf, weil er damit rechnet, dass die Rettung des Polizeibeamten von dessen – aus Tätersicht zufälligen – Fahrkünsten abhängt; der Schadenseintritt ist dagegen vom Vorsatz (→ *Vorsatz und Fahrlässigkeit*) nicht umfasst, da der Täter glaubt, es werde „schon gut gehen".

Schädigungsvorsatz wurde hingegen in folgendem Beispielsfall angenommen: Der Täter als Fahrer eines Pkw liefert sich mit dem den Motorrad fahrenden Geschädigten auf der Autobahn zunächst zwei „Nötigungsduelle"; schließlich zieht er mit hoher Geschwindigkeit (80 km/h) bei nur 1,7 m Abstand zu dem vorausfahrenden Motorrad nach rechts auf dessen Spur hinüber. Dabei rammt er das Hinterrad des Motorrads, der Geschädigte stürzt und wird verletzt. Da er als Motorradfahrer nicht weiter geschützt war und die Lebensgefährlichkeit des Manövers offensichtlich ist, durfte aus den äußeren Umständen gefolgert werden, dass der Angeklagte die Möglichkeit, es könne der Geschädigte stürzen und sich tödlich verletzen, erkannt und billigend in Kauf genommen hat (BGH 28.7.2005, 4 StR 109/05), damit hat er einen vorsätzlichen G. (in Tateinheit mit versuchtem Totschlag und gefährlicher Körperverletzung) begangen.

3. Eine gleichzeitig verwirklichte → *Sachbeschädigung* wird durch G. verdrängt, wenn § 315 b Abs. 1 Nr. 1 StGB vorliegt (BGH 25.8.1983, 4 StR 452/83, VRS 65, 359 ff).

4. Auch in den „Pervertierungs-Fällen" scheidet aber eine Strafbarkeit wegen G. aus, wenn die *Sicherheit des Straßenverkehrs als Schutzgut* des § 315 b StGB nicht berührt ist.

a) G. ist daher nicht gegeben, wenn bei einem absichtlich herbeigeführten Unfall lediglich die Tatteilnehmer und ihre Sachen gefährdet worden sind. Das gilt auch für das nicht dem Fahrer gehörende Tatfahrzeug, denn wie auch bei der → *Gefährdung des Straßenverkehrs (§ 315 c StGB)* gilt, dass die Gefährdung des vom Täter geführten Fahrzeugs unabhängig von den Eigentumsverhältnissen zur Sachgefährdung nicht ausreicht, weil das Tatfahrzeug nicht in den Schutzbereich der Norm fällt (BGH 16.1. 1992, 4 StR 509/91, DAR 1992, 267 f = NStZ 1992, 233 f = VRS 83, 185 ff). Das bedeutet, dass → *Autobumser-Fälle* nicht ohne weiteres unter § 315 b StGB fallen, sondern nur dann, wenn die Täter über den verabredeten Unfall hinaus (mindestens fahrlässig) unbeteiligte Fahrzeuge oder Menschen konkret gefährden oder schädigen (§ 315 b Abs. 1 Nr. 3, Abs. 4 StGB) und bei dem Eingriff, bezogen auf die Sicherheit des Straßenverkehrs, zumindest bedingten Vorsatz haben.

b) G. ist ferner nicht gegeben, wenn lediglich festgestellt ist, dass der Täter als Fahrer eines Pkw absichtlich durch langsames Zufahren einem geparkten Pkw die Fahrertür eingedrückt hat: Zwar hat er damit sein Fahrzeug zweckentfremdet als Schädigungswerkzeug und mag dadurch einen „ähnlichen, ebenso gefährlichen Eingriff" (§ 315 b Abs. 1 Nr. 3 StGB) begangen haben wie in § 315 b Abs. 1 Nummern 1 und 2 StGB aufgezählt. Aber er beeinträchtigt dadurch nicht die Sicherheit des Straßenverkehrs, solange sein Eingriff sich in der beabsichtigten Beschädigung erschöpft und eine darüber hinausreichende Gefährdungslage nicht festgestellt ist (BGH 15.11.2001, 4 StR 233/01, DAR 2002, 132 f = NJW 2002, 626 ff = NStZ 2002, 252 f). In solchen Fällen ist indes wegen der verbleibenden → *Sachbeschädigung* zu verurteilen und nach § 69 Abs. 1 StGB die → *Entziehung der Fahrerlaubnis* zu erwägen.

c) Lediglich versuchte, nicht aber vollendete G. wurde daher in folgendem Fall angenommen: Die Angeklagten schossen aus ihrem fahrenden Auto auf das daneben fahrende, trafen dieses dreimal und verursachten daran ca. 3.000,– € Schaden. Der Fahrer des getroffenen Pkw blieb unverletzt. Er hatte die Schüsse bemerkt, fühlte sich aber in seiner Fahrsicherheit nicht beeinträchtigt. Damit ist es den Angeklagten nicht gelungen, objektiv eine verkehrsspezifische Gefahr heraufzubeschwören.

5. Die Gefährdung muss sich (wie bei der → *Gefährdung des Straßenverkehrs (§ 315 c StGB)*) auf Leib und Leben eines anderen *Menschen* oder eine (fremde) *Sache* von bedeutendem *Wert* beziehen. Der „bedeutende Wert" kann fraglich sein, wenn durch die Tat ein altes und/oder schon vorgeschädigtes Fahrzeug in Mitleidenschaft gezogen wird (BGH 29.4.2008, NStZ-RR 2008, 289 = NZV 2008, 639). Der Wert der Sache ist nach dem Verkehrswert zu bestimmen, die Höhe des drohenden Schadens nach der am Marktwert zu messenden Wertminderung. Der Grenzwert für Sachwert und Schadenshöhe ist einheitlich zu bestimmen und beträgt nach neuerer Rechtsprechung mindestens 750,– € (BGH 29.4.2008, NStZ-RR 2008, 289 = NZV 2008, 639).

Praxistipp: Nicht immer verwenden die Ermittlungsbehörden bei Sachschäden auf die Untersuchung der genauen Schadenshöhe besondere Sorgfalt. Genaues Hinsehen lohnt sich daher gerade im Grenzbereich. Enthält die Akte als Nachweis des Schadens einen vom Geschädigten erholten Kostenvoranschlag, so sollte dieser kritisch geprüft werden. Dies gilt auch bei → *Unfallflucht* und → *Gefährdung des Straßenverkehrs (§ 315 c StGB)*, kurz: immer dann, wenn die Schadenshöhe als Argument für eine bestimmte Rechtsfolgenzumessung eine Rolle spielen kann.

Weder

Gefahrübergang → Sachmangel Nr. 1, → Verbrauchsgüterkauf Nr. 5

Gefälligkeitsfahrt 1. Allgemeines. Das *Gefälligkeitsverhältnis*, mithin eine Abrede, die alleine auf einem außerrechtlichen Geltungsgrund, wie z. B. Freundschaft, Kollegialität oder Nachbarschaft beruht, begründet mangels *Rechtsbindungswillens* weder Erfüllungs- noch Ersatzansprüche (BGH 14.11.1991, DAR 1992, 148; s. auch BGH 4.8.2010, NJW 2010, 3087, zur Probefahrt). Eine vertragliche Bindung liegt dagegen nahe, mithin ein *Gefälligkeitsvertrag*, wenn die Gefälligkeit für den Begünstigen von *erheblicher Bedeutung* ist, wenn er sich auf Zusage des Gefälligen verlässt und erhebliche Werte auf dem Spiel stehen (OLG München 17.7.1996, DAR 1998, 17). Es kommt für die *Abgrenzung* darauf an, wie sich das Verhalten der Beteiligten bei Würdigung aller Umstände einem objektiven Betrachter darstellt (BGH 14.2.1978, VersR 1978, 625; *Nugel* NZV 2011, 1). Ein maßgebliches Abgrenzungskriterium ist, ob eine Pflicht des Gefälligen zur Leistung besteht. Die Gefälligkeitsfahrt stellt das Gefälligkeitsverhältnis mit der größten praktischen Bedeutung dar.

2. Haftung. Grundsätzlich haften der Halter und der Fahrer eines Kraftfahrzeugs gem. §§ 823 ff. BGB, 7 Abs. 1, 18 StVG mangels gesetzlicher Haftungsbeschränkung auch für solche Schäden, die sich bei Gefälligkeitsfahrten ereignen (vgl. BGH 4.8.2010, NJW 2010, 3087). Vor diesem Hintergrund haftet der Gefällige auch bei einer Gefälligkeitsfahrt ohne vertragliche Bindung für von ihm verursachte Schäden grundsätzlich *uneingeschränkt*, also auch bei nur leicht fahrlässiger Schadensverursachung, § 276 BGB. Die Haftungsbeschränkungen der §§ 708, 1359, 1664 BGB gelten im Straßenverkehr nicht, da der Maßstab der konkreten Fahrlässigkeit in diesem Bereich ungeeignet ist (BGH 20.12.1966, NJW 1967, 558). Nur *ausnahmsweise* kommt eine *Haftungsbeschränkung* in Betracht (BGH 17.2.2009, NJW-Spezial 2009, 266; BGH 29.1.2008, NJW 2008, 1591). Im Rahmen von *Gefälligkeiten* kann es als interessengerecht angesehen werden, unter besonderen Umständen und im Wege *ergänzender Vertragsauslegung* einen *stillschweigend*

vereinbarten Haftungsverzicht des *Mitfahrers* anzunehmen, so dass nur für vorsätzlich oder grob fahrlässig verursachte Schäden gehaftet wird (BGH 10.2.2009, NJW 2009, 1482; OLG Frankfurt 21.6.2005, MDR 2006, 330). Alleine die Unentgeltlichkeit der Fahrt oder das Bestehen einer familiären Beziehung rechtfertigen die Annahme eines Haftungsverzichts indes nicht (BGH 15.1.1980, VersR 1980, 384; BGH 14.2.1978, VersR 1978, 625). Vielmehr ist eine stillschweigend vereinbarte Haftungsbeschränkung durch eine *umfassende Abwägung der Interessen* der Beteiligten an der Gefälligkeitsfahrt festzustellen (BGH 14.11.1991, DAR 1992, 148; BGH 13.7.1993, NZV 1993, 430; BGH 14.11. 1978, NJW 1979, 414; OLG München 17.7. 1996, DAR 1998, 17), wobei neben der *Interessenlage der Beteiligten* an der Durchführung der Fahrt auch darauf abzustellen ist, welche *persönlichen Beziehungen* untereinander bestanden, welche *Informationen die Beteiligten übereinander* hatten (z. B. betreffend Fahrpraxis, Alkoholisierung, Beschaffenheit des Kraftfahrzeugs), und was die Beteiligten miteinander *vereinbart hätten*, hätten sie die Haftungsfrage vor Fahrtantritt bedacht und besprochen (OLG Frankfurt 21.6. 2005, MDR 2006, 330). *Handeln auf eigene Gefahr* ist keine Einwilligung in Schäden (OLG Karlsruhe 24.2.1989, DAR 1991, 175), sondern beim Mitverschulden zu prüfen (BGH 14.3. 1961, NJW 1961, 655). Ist ein *Versicherungsschutz* vorhanden, dann besteht insoweit für die Beteiligten keine Notwendigkeit für einen Haftungsausschluß (BGH 10.2.2009, NJW 2009, 1482; BGH 29.1.2008, DAR 2008, 265; BGH 13.7.1993, DAR 1993, 430; BGH 15.1.1980, VersR 1980, 384). Besteht dagegen kein Versicherungsschutz, liegt ein Haftungsausschluss für leicht fahrlässig verursachte Schäden nahe (vgl. MüKo/*Wagner*, Vor § 823 BGB Rn. 75 ff.).
Siehe auch: → *Stillschweigender Haftungsausschluss bei Urlaubs- und Gefälligkeitsfahrten*   *Geiger*

Gefälligkeitsvertrag → Gefälligkeitsfahrt Nr. 1

Gegenstandswert → Anwaltsgebühren in Verkehrsverwaltungssachen Nr. 3, → DAV-Abkommen Nr. 2, → Unfallschadenabwicklung – Personenschaden Nr. 2, → Unfallschadenabwicklung – Sachschaden Nr. 53 Praxistipp

Gegenüberstellung → Fahrerermittlung Nr. 2 c), 3 b)

Gegenverkehr → Haftungsverteilung bei Verkehrsunfällen Nr. 12, → Überholen Nr. 2 b)

Gehör → Fahrerflucht Nr. 5, 6 b), → Pflichten des Fahrzeugführers

Gehwegparken → Halten und Parken Nr. 3 d)

geistige Mängel → Fahreignung

Geldaufwendungen → Frustrierte Aufwendungen

Geldbuße → Vollstreckung von Geldbußen, → Vollstreckung von Geldstrafen, → Verfolgungsverjährung

Gemeingebrauch → Werbung auf öffentlicher Straße Nr. 4

Gemeinschaft der Grenzversicherer → Rosa Grenzversicherungsschein

gerichtliche Entscheidung → Antrag auf gerichtliche Entscheidung, → Vollstreckung von Geldbußen Nr. 11, → Wiedereinsetzung in den vorigen Stand Nr. 2 a)

Gerichtsgutachten → Besonderheiten des Verkehrsunfallprozesses Nr. 11

Gerichtskosten → Rechtsschutzversicherung Nr. 12, 14

Gerichtsstand → Auslandsunfall Nr. 6, → Besonderheiten der Verkehrsunfallklage Nr. 5, 8, → Besonderheiten des Versicherungsprozesses, → Deckungsklage Nr. 4, → Feststellungsklage Nr. 4

Gesamtabwägung → Haftung mehrerer Schädiger Nr. 3

Gesamterledigungswert → DAV-Abkommen Nr, 2, 3

Gesamtgewicht → Überladung

Gesamtschuld → Gestörte Gesamtschuld

Gesamtschuldner → Haftung mehrerer Schädiger, → Haftungsverteilung bei Verkehrsunfällen Nr. 1, → Kinderunfall Nr. 5

Gesamtstrafe → Entziehung der Fahrerlaubnis Nr. 1 e), → Tateinheit und Tatmehrheit Nr. 3

Geschäftsbesorgungsvertrag → Unfallhelferring Nr. 3

Geschäftsführung ohne Auftrag → Abschleppkosten Nr. 3

Geschäftsgebühr in Unfallsachen **1. Vorbemerkung.** Zum erstattungsfähigen Schaden gehören auch die bei der Schadenregulierung angefallenen *Rechtsanwaltskosten*. Die außergerichtliche Tätigkeit des Rechtsanwalts lässt eine Geschäftsgebühr gem. Nr. 2300 RVG anfallen, die der Unfallverursacher dem Geschädigten zu ersetzen hat. Die Höhe der zu erstattenden Geschäftsgebühr ist vielfach Streitpunkt in der Schadensregulierung von Verkehrsunfällen.

> Praxistipp: Der Kfz-Haftpflichtversicherer des Unfallverursachers ist zum Ersatz von *überhöhten Anwaltskosten* verpflichtet. Dieser kann sich indes den Schadenersatzanspruch des Geschädigten gegen dessen Anwalt, der die überhöhte Rechnung ausgestellt hat, welche der Geschädigte bereits bezahlt hat, abtreten lassen und dann selbst gegen den Anwalt geltend machen (AG Wiesbaden 1.12.2006, AGS 2007, 186, m. Anm. *Zorn*).

2. Gebührenbestimmung. Der *Gebührenrahmen* für die Geschäftsgebühr nach Nr. 2300 VV RVG beträgt 0,5 bis 2,5 Gebühren. Es entspricht inzwischen der ganz herrschenden Meinung, dass die Mittelgebühr für Nr. 2300 VV RVG 1,5 beträgt (*Madert* zfs 2004, 301; *Schneider* zfs 2004, 396; *Hartung* NJW 2004, 1409; *Otto* NJW 2004, 1420; *Riedmeyer* DAR 2004, 262, *Henke* AnwBl. 2004, 363; jeweils m.w.N.). Gemäß der Anmerkung zu Nr. 2300 VV RVG kann der Anwalt eine Gebühr von *mehr als 1,3* jedoch nur dann fordern, wenn seine Tätigkeit *schwierig oder umfangreich* war (*Fölsch*, NJW 2012, 267). Bei dem Wert von 1,3 handelt es sich um die so genannte *Schwellengebühr*, welche das anwaltliche Ermessen gemäß § 14 Abs. 1 RVG einschränkt (*Schneider*, DAR 2012, 672; *Otto* NJW 2004, 1420). Gemäß § 14 Abs. 1 RVG obliegt also dem Rechtsanwalt (und nicht z. B. der Kfz-Haftpflichtversicherung des Unfallgegners), die *Bestimmung der Gebühr* für seine Tätigkeit im Einzelfall *nach billigem Ermessen*, insbesondere unter Zugrundelegung folgender *Kriterien*: Umfang anwaltlicher Tätigkeit, Schwierigkeit anwaltlicher Tätigkeit, Bedeutung der Angelegenheit für den Auftraggeber, Einkommens- und Vermögensverhältnisse des Auftraggebers, besonderes Haftungsrisiko des Anwalts, ferner sonstige Umstände, wie z. B. eine verzögerte Bearbeitung durch den Versicherer, überdurchschnittlich viele einzelne Schadenspositionen, rechtliche Probleme, Fremdsprachenkenntnisse des Anwalts, mangelnde Deutschkenntnisse des Mandanten, die Vertretung mehrerer Geschädigter (ohne Gebührenerhöhung nach 1008 VV-RVG), Besprechungen mit Unfallbeteiligten, Zeugen, Sachverständigen, Werkstatt, Polizei, dem Sachbearbeiter der Versicherung (sofern diese Besprechungen sach- und regulierungsfördernd waren, und sich nicht auf bloße Nachfragen beschränkten), Besprechungstermine außerhalb der gewöhnlichen Bürozeiten, Umfang der Handakten. Die vom Anwalt festgesetzte Gebühr ist *verbindlich*, wenn das *anwaltliche Ermessen* der *Billigkeit* entspricht. Dabei wird dem Anwalt bei der Bestimmung der Gebühr ein *Toleranzbereich* von 20 – 30 % zugestanden, in welchen die Gerichte bei der Überprüfung der Billigkeit der Ermessensausübung nicht eingreifen (BGH 8.5.2012, zfs 2012, 402, m. kritischer Anm. *Hansens*; *Kallenbach* AnwBl. 2010, 431; a.A. BGH 11.7.2012, DAR 2012, 552, m. Anm. *Schneider*; BGH 5.2.2013, zfs 2013, 288, m. zustimmender Anm. *Hansens*). Inzwischen ist es durch die höchstrichterliche Rechtsprechung abgesichert, dass bei einer „durchschnittlichen" bzw. „normalen" Regulierung, bei einem *„üblichen" Verkehrsunfall*, der Ansatz einer *1,3 Geschäftsgebühr* gemäß Nr. 2300 VV RVG als angemessen zu akzeptieren ist (BGH 31.10.2006, DAR 2007, 234). Die *Schwellengebühr von 1,3* wird als *Regelgebühr* bei der Unfallregulierung anerkannt (BGH 31.10.2006, DAR 2007, 234, OLG München 19.7.2006, AnwBl. 2006, 768; OLG Düsseldorf 23.10.2006, I – 1 U 110/06; OLG Saarbrücken 24.2.2009, 4 U 61/08). Eine *unterdurchschnittliche Unfallregulierung* mit der Folge der Angemessenheit lediglich einer geringeren Geschäftsgebühr als 1,3 kann nur dann angenommen werden, wenn der Schadengrund und die Schadenhöhe unstreitig sind, ein einfaches Anspruchsschreiben an die Kfz-Haftpflichtversicherung zur vollständigen und zügigen (binnen 2 Wochen) Regulierung der Ansprüche des Geschädigten führt, keine Rückfragen bei Dritten notwendig sind und die Bezifferung der Schadenpositionen rechtlich unproblematisch war (z. B. keine Differenzbesteuerung, kein Totalschaden, kein Mietwagen).

> Praxistipp: Jedenfalls solange bei der Bemessung der Geschäftsgebühr noch keine einheitliche Regelung gefunden ist, empfiehlt es sich, sämtliche Tätigkeiten in der Akte durch Aktenvermerke zu

dokumentieren, um die Kriterien der Ermessensentscheidung i.S.v. § 14 Abs. 1 RVG darstellen zu können.

3. Behauptet ein erstattungspflichtiger Dritter die *Unbilligkeit der Rechnung*, trifft ihn dafür die *Darlegungs- und Beweislast*, und Zweifel gehen zu seinen Lasten (*Gerold/Schmidt/v. Eicken/Madert/Müller-Rabe* § 14 RVG Rn. 21). Nach Auffassung des OLG München (19.7.2006, AnwBl. 2006, 768, OLG München 15.6.2007, 10 U 5176/06) ist der Sachvortrag, es handele sich um die Regulierung eines „üblichen" Verkehrsunfalls, für die Rechtfertigung einer 1,3 Gebühr ausreichend. Der Einholung eines *Gebührengutachtens der Rechtsanwaltskammer* bedarf es im Unfallprozess zwischen Geschädigtem und Schädiger (Fahrer, Halter und Kfz-Haftpflichtversicherer des unfallverursachenden Kfz) nicht, weil die Vorschrift des § 14 Abs. 2 RVG ausschließlich für Rechtsstreitigkeiten zwischen dem Rechtsanwalt und dem Auftraggeber, nicht jedoch bei einem Prozess der Unfallbeteiligten oder einem gesonderten Erstattungsprozess gegenüber einem Rechtsschutzversicherer gilt (*Schneider* zfs 2004, 396). An ein Gebührengutachten der Rechtsanwaltskammer ist das Gericht nicht gebunden (BGH 25.9.2008, IX ZR 133/07).

Praxistipp: Wird in einem *gerichtlichen Vergleich* nicht klargestellt, inwieweit die außergerichtliche Geschäftsgebühr im Vergleichsbetrag enthalten ist, mit diesem also abgegolten sein soll, kommt eine Anrechnung der Geschäftsgebühr auf die Verfahrensgebühr im Kostenfestsetzungsverfahren mangels Vorliegens der Voraussetzungen des § 15a Abs. 2 RVG nicht in Betracht (BGH 7.12.2010, VI ZB 45/10; *Schneider* NJW-Spezial 2011, 59). Wird nur noch die *Geschäftsgebühr im Berufungsverfahren* geltend gemacht, erhöht diese den Streitwert (BGH 26.3.2013, DAR 2013, 575).

Siehe auch: → *Anwaltsgebühren in Verkehrsverwaltungssachen*   *Geiger*

Geschäftsherrenhaftung   → Halterhaftung Nr. 2

Geschäftswagenunfall 1. Eine Haftung des Arbeitnehmers für schuldhaft durch einen Unfall verursachte Schäden an einem Kfz des Arbeitgebers (*Geschäftswagen*) kommt gem. § 280 Abs. 1 BGB in Betracht. Die Haftung des Arbeitnehmers richtet sich grundsätzlich nach dem *Grad seines Verschuldens* (vormals sog. *gefahrgeneigte Arbeit*, mittlerweile sog. *innerbetrieblicher Schadensausgleich*; BAG GS 27.9.1994, NJW 1995, 210): Bei leichter Fahrlässigkeit des Arbeitnehmers haftet alleine der Arbeitgeber, dagegen gar nicht bei Vorsatz und grundsätzlich nicht bei grober Fahrlässigkeit des Arbeitnehmers (BAG 12.11.1998, NZV 1999, 164; BAG 15.11.2012, 8 AZR 705/11), und bei mittlerer Fahrlässigkeit des Arbeitnehmers ist eine Abwägung unter Berücksichtigung der Umstände des Einzelfalles zur billigen und zumutbaren *Haftungsverteilung* zwischen Arbeitgeber und Arbeitnehmer vorzunehmen (BAG 12.11.1998, DAR 1999, 182; LAG Hamm 23.3.2011, 3 SA 1824/10), sofern nicht anders lautende Haftungserleichterungen zwischen Arbeitgeber und Arbeitnehmer gelten, z. B. aufgrund individualrechtlicher oder kollektivvertraglicher Vereinbarung. Eine *allgemeine Haftungsbeschränkung* des Arbeitnehmers *auf drei Bruttomonatsverdienste* besteht nicht (BAG 15.11.2012, 8 AZR 705/11). Die Abwägung zur Haftungsverteilung hat anhand der *Umstände des Einzelfalles* zu erfolgen, und insbesondere den Grad des Verschuldens des Arbeitnehmers, die Gefahrgeneigtheit der Arbeit, die Schadenshöhe, die Kalkulierbarkeit des eingetretenen Risikos für den Arbeitgeber, die Eintrittspflicht einer Versicherung, auch fiktiv, wenn der Arbeitgeber eine solche (z. B. Kasko-) Versicherung nicht abgeschlossen hat, die Stellung des Arbeitnehmers im Betrieb und dessen Einkommen zu berücksichtigen (BAG 15.11.2012, 8 AZR 705/11). Der Arbeitgeber ist dem Arbeitnehmer nicht zum Abschluss einer Kaskoversicherung verpflichtet. Er kann mit dem Arbeitnehmer wirksam vereinbaren, dass der Arbeitnehmer ggf. die *Selbstbeteiligung* in der Kaskoversicherung des Arbeitgebers jedenfalls tragen muss, wenn er schuldhaft einen Unfall mit einem *Geschäftswagen* verursacht (AG Hamburg 22.4.2008, 20 Ca 174/07), indes nicht, dass der Arbeitnehmer eine Selbstbeteiligung in der Kfz-Haftpflichtversicherung zu übernehmen hat, vgl. § 114 Abs. 2 S. 2 VVG (BAG 13.12.2012, 8 AZR 432/11). Der *Vollkaskoversicherer* des Arbeitgebers kann den Arbeitnehmer indes nur dann gem. § 86 VVG in *Regress* nehmen, wenn der Arbeitnehmer den Unfall vorsätzlich oder grob fahrlässig verursacht hat, A.2.15 AKB 2008 (§ 15 Abs. 2 AKB). Ein *innerbetrieblicher Schadensausgleich* findet jedenfalls nur dann statt, wenn die Tätigkeit, welche zum Schaden geführt hat, *durch den Betrieb veranlasst* war und *aufgrund des Ar-*

beitsverhältnisses geleistet wurde. Verschuldet der Arbeitnehmer dagegen auf dem Heimweg oder dem Weg zur Arbeit mit einem Geschäftswagen seines Arbeitgebers einen Verkehrsunfall, dann haftet er wie jeder Dritte, auch wenn ihm der Geschäftswagen auch für die Fahrten von und zur Arbeitsstätte überlassen wurde (LAG Köln 24.6.1994, NZA 1995, 1163). Stellt der Arbeitgeber einen Geschäftswagen zur Verfügung, dann steht ein Unfall auf einer Geschäftsfahrt in einem unmittelbaren inneren Zusammenhang mit der versicherten Tätigkeit, so dass *Versicherungsschutz* gem. § 8 Abs. 1 SGB VII besteht (s. a. → *Betriebsweg;* s. a. → *Unfallversicherung).*

Praxistipp: Verschweigt der Arbeitnehmer dem Arbeitgeber einen von ihm mit einem Dienstfahrzeug verschuldeten Unfall, dann kann dies eine *fristlose Kündigung* rechtfertigen (LAG Chemnitz 28.4.2011, 1 SA 749/10).

2. Eine Haftung des Arbeitgebers für Schäden am *Privatwagen* des Arbeitnehmers anlässlich einer *Geschäftsfahrt* kommt in Betracht, wenn der Arbeitnehmer vertraglich zur Benutzung seines Privatwagens *verpflichtet* ist, oder der Arbeitnehmer sein Kfz mit *Billigung* des Arbeitgebers aber ohne besondere Vergütung zur Abdeckung des Unfallrisikos *im Betätigungsbereich des Arbeitgebers* einsetzt (BAG 18.10.2011, 8 AZR 102/10; BAG 28.10.2010, DAR 2011, 345; BAG 17.7.1997, NZA 1997, 1346; BAG 14.12.1995, NJW 1996, 1301). Ein Einsatz des Kfz des Arbeitnehmers im Tätigkeitsbereich des Arbeitgebers ist anzunehmen, wenn ohne den Einsatz des Privatwagens ein Kfz des Arbeitgebers hätte eingesetzt werden müssen (BAG 23.11.2006, DAR 2007, 532, m. Anm. *Fohrmann;* BAG 8.5.1980, NJW 1981, 702). Die aus § 670 BGB folgende Ersatzpflicht umfasst dann auch den Nutzungsausfallschaden für den Arbeitnehmer (BAG 7.9.1995, NZA 1996, 32). Ferner haftet der Arbeitgeber dem Arbeitnehmer für die Schäden, die dem Arbeitnehmer auf einer Geschäftsfahrt durch einen unverschuldeten Verkehrsunfall entstehen (BAG 16.3.1995, NZA 1995, 836). Dagegen ist dem Arbeitnehmer, der auf einer Geschäftsfahrt einen Unfall mit Fremdschaden erleidet, die *Rückstufung seines Freiheitsrabatts* vom Arbeitgeber weder als Schaden noch als Aufwendung zu erstatten (BAG 30.4.1992, DAR 1993, 27, m. Anm. *Jung),* ebenso wenig auf Dienstfahrten anfallende Geldstrafen und Bußgelder. Ein *Mitverschulden* des Arbeitnehmers gem. § 254 BGB ist zu berücksichtigen, indes unter Beachtung der *Grundsätze der beschränkten Arbeitnehmerhaftung,* wonach der Arbeitnehmer nach dem *Grad seines Verschuldens* haftet (s.o., Grundsätze des sog. innerbetrieblichen Schadensausgleichs; BAG 28.10.2010, DAR 2011, 345, m. Anm. *Papatheodorou;* s. a. *Halm/Steinmeister* DAR 2005, 481). Geiger

Geschwindigkeit 1. Allgemeines. Nach § 3 Abs. 1 S. 1 u. 2 StVO darf der Fahrzeugführer nur so schnell fahren, dass er sein Fahrzeug ständig beherrscht, er hat seine Geschwindigkeit insbesondere den Straßenverhältnissen (insbes. Hindernisse, Kuppen, Kurven, Unfall- und Baustellen, Wildwechsel), Verkehrsverhältnissen (v. a. bei unklaren Verkehrslagen, hohem Verkehrsaufkommen), Sicht- und Wetterverhältnissen (z. B. Dunkelheit und Dämmerung, Blendung, Regen, Nässe, Schnee- und Eisglätte, Nebel, Wind) anzupassen. Beträgt die *Sichtweite durch Nebel, Schneefall oder Regen weniger als 50 m,* so darf er nicht schneller als 50 km/h fahren, wenn nicht eine geringere Geschwindigkeit geboten ist (§ 3 Abs. 1 S. 3 StVO). Es gilt das *Sichtfahrgebot* (§ 3 Abs. 1 S. 4 u. 5 StVO): Der Fahrzeugführer darf nur so schnell fahren, dass er innerhalb der übersehbaren Strecke halten kann. Auf Fahrbahnen, die so schmal sind, dass dort entgegenkommende Fahrzeuge gefährdet werden könnten, muss er jedoch so langsam fahren, dass er mindestens innerhalb der Hälfte der übersehbaren Strecke halten kann. Eine Fahrbahn gilt dann als schmal, wenn bei entgegenkommenden Fahrzeugen mit jeweils 2,5 m Breite ein ausreichender Zwischenraum nicht verbleiben würde. Wer auf der *Autobahn mit Abblendlicht* fährt, braucht seine Geschwindigkeit nicht der Reichweite des Abblendlichts anzupassen, wenn die Schlussleuchten des vorausfahrenden Kraftfahrzeugs klar erkennbar sind und ein ausreichender Abstand von ihm eingehalten wird oder der Verlauf der Fahrbahn durch Leiteinrichtungen mit Rückstrahlern und, zusammen mit fremdem Licht, Hindernisse rechtzeitig erkennbar sind (§ 18 Abs. 6 StVO). Kraftfahrzeuge dürfen ohne triftigen Grund *nicht so langsam fahren, dass sie den Verkehrsfluss behindern* (§ 3 Abs. 2 StVO). Die Fahrzeugführer müssen sich gegenüber *Kindern, Hilfsbedürftigen* (soweit diese Eigenschaft durch äußere Merkmale erkennbar ist) und *älteren Menschen,* insbesondere durch Verminderung der Fahrgeschwindigkeit und durch Bremsbereitschaft, so verhalten, dass eine Gefährdung dieser Verkehrsteilnehmer ausgeschlossen ist (§ 3 Abs. 3 StVO). Auch für *Radfahrer* gelten die Vorschriften des § 3 StVO (→ *Fahrradfahrer Nr. 3*).

2. Geschwindigkeitsbegrenzungen durch Verkehrszeichen. Sowohl innerorts als auch außerorts gehen solche *Streckenverbote* (Zeichen 274 der StVO – „zulässige Höchstgeschwindigkeit") den allgemeinen Geschwindigkeitsregelungen zur zulässigen Höchstgeschwindigkeit (→ Nr. 3) vor (§ 39 Abs. 3 StVO). Flächige Tempobeschränkungen innerhalb geschlossener Ortschaften können mit Tempozonen-Schildern gem. Zeichen 274.1 („Beginn der Tempo-Zone") und 274.2 („Ende der Tempo-Zone") der StVO gekennzeichnet werden. Die Straßenverkehrsbehörden können die zulässige Höchstgeschwindigkeit auf bestimmten Stellen durch Zeichen 274 der StVO erhöhen (§ 45 Abs. 8 StVO). Sind durch das Zeichen innerhalb geschlossener Ortschaften bestimmte Geschwindigkeiten über 50 km/h zugelassen, so gilt das für Fahrzeuge aller Art; außerhalb geschlossener Ortschaften bleiben die für bestimmte Fahrzeugarten geltenden Höchstgeschwindigkeiten (→ Nr. 3) unberührt, auch wenn durch das Zeichen 274 der StVO eine höhere Geschwindigkeit zugelassen wird (Nr. 49 der Anlage 2 zu § 41 Abs. 1 StVO). Durch *Zusatzzeichen mit Fahrzeugdarstellungen* (Zusatzzeichen 1046-11 bis 1049-13 der StVO) können Geschwindigkeitsbegrenzungen für bestimmte Fahrzeuggruppen angeordnet werden. Das *Zusatzzeichen „bei Nässe"* (Zusatzzeichen 1052-36 der StVO) verbietet, bei nasser Fahrbahn die angegebene Geschwindigkeit zu überschreiten (Nr. 49.1 der Anlage 2 zu § 41 Abs. 1 StVO), und zwar dann, wenn sich auf der Fahrbahnoberfläche erkennbar eine, sei es auch nur dünne, Wasserschicht gebildet hat und die Fahrbahn insgesamt (und nicht etwa nur Spurrillen) mit einem Wasserfilm überzogen ist (BGH 20.12.1977, 4 StR 560/77, NJW 1978, 652; OLG Hamm 15.11.2000, 2 Ss OWi 1057/2000, NZV 2001, 90). Ein *Streckenverbot endet* i. d. R. durch Zeichen 278 („Ende des Streckenverbots der zulässigen Höchstgeschwindigkeit") oder 282 („Ende sämtlicher Streckenverbote") der StVO. Ist das die Geschwindigkeit beschränkende Verkehrszeichen gemeinsam mit einem Gefahrzeichen angebracht (z. B. Zeichen 123 der StVO – „Baustelle"), so endet das Streckenverbot dort, wo die beschilderte Gefahr erkennbar nicht mehr besteht.

3. Zulässige Höchstgeschwindigkeit. Soweit keine Geschwindigkeitsbegrenzungen durch Verkehrszeichen angeordnet sind (→ Nr. 2), beträgt gem. § 3 Abs. 3 StVO die allgemein zulässige Höchstgeschwindigkeit auch unter günstigsten Umständen:

a) innerhalb geschlossener Ortschaften – i. d. R. gekennzeichnet durch die Zeichen 310 („Ortstafel Vorderseite") u. 311 („Ortstafel Rückseite") der StVO – für alle Kraftfahrzeuge: *50 km/h*.

b) außerhalb geschlossener Ortschaften. aa) 100 km/h für Personenkraftwagen sowie für andere Kraftfahrzeuge mit einer zulässigen Gesamtmasse *bis 3,5 t*. Diese Geschwindigkeitsbeschränkung *gilt nicht auf Autobahnen* (Zeichen 330 der StVO) sowie auf anderen Straßen mit Fahrbahnen für eine Richtung, die durch Mittelstreifen oder sonstige bauliche Einrichtungen getrennt sind. Sie gilt ferner nicht auf Straßen, die mindestens zwei durch Fahrstreifenbegrenzung (Zeichen 295 der StVO) oder durch Leitlinien (Zeichen 340 der StVO) markierte Fahrstreifen für jede Richtung haben.

bb) *80 km/h* für Kraftfahrzeuge mit einer zulässigen Gesamtmasse *über 3,5 t bis 7,5 t* (ausgenommen Personenkraftwagen), für Personenkraftwagen mit Anhänger, für Lastkraftwagen und Wohnmobile jeweils bis zu einer zulässigen Gesamtmasse von 3,5 t mit Anhänger sowie für Kraftomnibusse, auch mit Gepäckanhänger,

cc) *60 km/h* für Kraftfahrzeuge mit einer zulässigen Gesamtmasse *über 7,5 t*, für alle Kraftfahrzeuge mit Anhänger (ausgenommen Personenkraftwagen, Lastkraftwagen und Wohnmobile jeweils bis zu einer zulässigen Gesamtmasse von 3,5 t), sowie für Kraftomnibusse mit Fahrgästen, für die keine Sitzplätze mehr zur Verfügung stehen,

c) Sonderregelungen auf Autobahnen und Kraftfahrstraßen (§ 18 Abs. 5 StVO). Auf Autobahnen (Zeichen 330 der StVO) darf innerhalb geschlossener Ortschaften schneller als 50 km/h gefahren werden. Auf ihnen sowie außerhalb geschlossener Ortschaften auf Kraftfahrstraßen (Zeichen 331 der StVO) mit Fahrbahnen für eine Richtung, die durch Mittelstreifen oder sonstige bauliche Einrichtungen getrennt sind, beträgt die zulässige Höchstgeschwindigkeit auch unter günstigsten Umständen:

aa) 100 km/h für Kraftomnibusse ohne Anhänger, die
– nach Eintragung in der Zulassungsbescheinigung Teil I für eine Höchstgeschwindigkeit von 100 km/h zugelassen sind,

- hauptsächlich für die Beförderung von sitzenden Fahrgästen gebaut und die Fahrgastsitze als Reisebestuhlung ausgeführt sind,
- auf allen Sitzen sowie auf Rollstuhlplätzen, wenn auf ihnen Rollstuhlfahrer befördert werden, mit Sicherheitsgurten ausgerüstet sind,
- mit einem Geschwindigkeitsbegrenzer ausgerüstet sind, der auf eine Höchstgeschwindigkeit von maximal 100 km/h (Vset) eingestellt ist,
- den Vorschriften der Richtlinie 2001/85/EG des Europäischen Parlaments und des Rates vom 20.11.2001 über besondere Vorschriften für Fahrzeuge zur Personenbeförderung mit mehr als acht Sitzplätzen außer dem Fahrersitz und zur Änderung der Richtlinien 70/156/EWG und 97/27/EG (ABl. EG 2002 Nr. L 42 S. 1) in der jeweils zum Zeitpunkt der Erstzulassung des jeweiligen Kraftomnibusses geltenden Fassung entsprechen und
- auf der vorderen Lenkachse nicht mit nachgeschnittenen Reifen ausgerüstet sind, oder
- für nicht in Mitgliedstaaten der Europäischen Union oder in Vertragsstaaten des Abkommens über den Europäischen Wirtschaftsraum zugelassene Kraftomnibusse, wenn jeweils eine behördliche Bestätigung des Zulassungsstaates in deutscher Sprache über die Übereinstimmung mit den vorgenannten Bestimmungen und über jährlich stattgefundene Untersuchungen mindestens im Umfang der Richtlinie 96/96/EG des Rates vom 20.12.1996 zur Angleichung der Rechtsvorschriften der Mitgliedstaaten über die technische Überwachung der Kraftfahrzeuge und Kraftfahrzeuganhänger (ABl. EG 1997 Nr. L 46 S. 1) in der jeweils geltenden Fassung vorgelegt werden kann,

bb) 100 km/h – unter bestimmten technischen Voraussetzungen – für Personenwagen mit Anhänger oder für sonstige mehrspurige Kraftfahrzeuge mit einer zulässigen Gesamtmasse bis zu 3,5 t mit Anhänger (sowie für Kraftomnibus-Anhänger-Kombinationen, wenn der Kraftomnibus mit einer zulässigen Gesamtmasse bis zu 3,5 t als Zugfahrzeug eine Tempo-100km/h-Zulassung nach § 18 Abs. 5 Nr. 3 StVO hat), wenn in den Fahrzeugpapieren des Anhängers (ggf. auch des Zugfahrzeuges) die zulässige Höchstgeschwindigkeit einer Kombination von 100 km/h bescheinigt und eine amtlich ausgegebene und gesiegelte *Tempo-100km/h-Plakette* an der Rückseite des Anhängers angebracht ist (9. Ausnahmeverordnung zur StVO),

cc) 100 km/h für Kraftfahrzeuge mit einer zulässigen Gesamtmasse von über 3,5 t bis 7,5 t, die im Fahrzeugschein als *Wohnmobil* bezeichnet sind (12. Ausnahmeverordnung zur StVO).

dd) 80 km/h für Kraftfahrzeuge mit einer zulässigen Gesamtmasse von mehr als 3,5 t (ausgenommen Personenkraftwagen), für Personenkraftwagen mit Anhänger, Lastkraftwagen mit Anhänger, Wohnmobile mit Anhänger und Zugmaschinen mit Anhänger sowie für Kraftomnibusse ohne Anhänger oder mit Gepäckanhänger,

ee) 60 km/h für Krafträder mit Anhänger und selbstfahrende Arbeitsmaschinen mit Anhänger, für Zugmaschinen mit zwei Anhängern sowie für Kraftomnibusse mit Anhänger oder Fahrgästen, für die keine Sitzplätze mehr zur Verfügung steht,

d) Mit montierten **Schneeketten** dürfen Kraftfahrzeuge (auch unter günstigsten Umständen) maximal *50 km/h* fahren (§ 3 Abs. 4 StVO).

4. Vorgeschriebene Mindestgeschwindigkeit. Zeichen 275 der StVO („vorgeschriebene Mindestgeschwindigkeit") verbietet, langsamer als mit einer bestimmten Geschwindigkeit zu fahren (Nr. 52 der Anlage 2 zu § 41 Abs. 1 StVO). Es verbietet Fahrzeugführern, die wegen mangelnder persönlicher Fähigkeiten oder wegen der Eigenschaften von Fahrzeug oder Ladung nicht so schnell fahren können oder dürfen, diese Straße zu benutzen. Jedoch können Straßen-, Verkehrs-, Sicht- oder Wetterverhältnisse dazu verpflichten, langsamer zu fahren. Eine vorgeschriebene Mindestgeschwindigkeit berührt nicht die ggf. für bestimmte Fahrzeuggruppen geltende zulässige Höchstgeschwindigkeit (→ Nr. 3). Das *Ende des Streckenverbotes* ist mit Zeichen 279 („Ende des Streckenverbots der vorgeschriebenen Mindestgeschwindigkeit") oder 282 („Ende sämtlicher Streckenverbote") der StVO beschildert.

5. Richtgeschwindigkeit auf Autobahnen und ähnlichen Straßen. Gem. § 1 Abs. 1 Autobahn-Richtgeschwindigkeits-VO wird den Führern von Personenkraftwagen sowie von anderen Kraftfahrzeugen mit einer zulässigen Gesamtmasse bis zu 3,5 t empfohlen, auch bei günstigen Straßen-, Verkehrs-, Sicht- und Wetterverhältnissen
- auf Autobahnen (Zeichen 330 der StVO),
- außerhalb geschlossener Ortschaften auf anderen Straßen mit Fahrbahnen für eine Richtung, die durch Mittelstreifen oder

sonstige bauliche Einrichtungen getrennt sind, und
– außerhalb geschlossener Ortschaften auf Straßen, die mindestens zwei durch Fahrstreifenbegrenzung (Zeichen 295 der StVO) oder durch Leitlinien (Zeichen 340 der StVO) markierte Fahrstreifen für jede Richtung haben,

nicht schneller als *130 km/h* zu fahren (Autobahn-Richtgeschwindigkeit). Das gilt nicht, soweit nach der StVO oder nach deren Zeichen Höchstgeschwindigkeiten (Zeichen 274 der StVO) oder niedrigere Richtgeschwindigkeiten (Zeichen 380 der StVO) bestehen.

6. Fahrerermittlung. Soweit in Zusammenhang mit Geschwindigkeitsüberschreitungen in Fällen, in denen der verantwortliche Fahrzeugführer nicht am Tatort angehalten und identifiziert werden kann, Ordnungswidrigkeiten verfolgt werden, müssen die Verwaltungsbehörden den verantwortlichen Fahrzeugführer zunächst identifizieren (→ *Fahrerermittlung*).

7. Messverfahren und Messfehler. → *Unfallanalytik*

8. Beweisverwertung. Die *verdachtsabhängige* Anfertigung von Bildaufnahmen verstößt nicht gegen das allgemeine Persönlichkeitsrecht und ist daher nach § 100h Abs. 1 Nr. 1 StPO i. V. m. § 46 Abs. 1 OWiG zulässig, auch wenn die Auslösung des Fotos nicht für jedes betroffene Fahrzeug durch den Messbeamten persönlich erfolgt (BVerfG 5.7.2010, 2 BvR 759/10, NZV 2010, 582). *Verfassungsrechtlich unbedenklich* ist daher die Verwendung insbesondere folgender Messgeräte: „eso ES 1.0" (OLG Dresden 30.3.2010, Ss Bs 152/10, BeckRS 2010, 19865; OLG Bamberg 25.2.2010, 3 Ss OWi 206/10, DAR 2010, 279), „ES 3.0" (OLG Brandenburg 22.2.2010, 1 Ss (OWi) 23 Z/10, NJW 2010, 1471), „Multanova VR 6F" (OLG Bamberg 25.2.2010, 3 Ss OWi 206/10, DAR 2010, 279), „Provida 2000" (OLG Schleswig 29.12.2009, 2 Ss OWi 09 (102/09), BeckRS 2010, 06889), „Riegel FG-21P" (OLG Düsseldorf 5.3.2010, IV-3 RBs 36/10, NZV 2010, 262) und „Traffipax speedophot" (OLG Hamm 25.5.2010, III-3 RBs 199/10, BeckRS 2010, 17282). Ist auch der *Beifahrer auf dem Messfoto* zu erkennen, so ist dies über § 100h Abs. 3 StPO abgedeckt (AG Herford 12.4.2010, 11 OWi 2835/09, DAR 2010, 592).

9. Ordnungswidrigkeiten. Geschwindigkeitsverstöße werden gem. § 49 Abs. 1 Nr. 3 bzw. Abs. 3 Nr. 4 StVO i. V. m. § 24 StVG als Ordnungswidrigkeiten verfolgt. Die Nichteinhaltung der Richtgeschwindigkeit ist nicht ordnungswidrig, solange dabei keine anderen Verkehrsvorschriften verletzt werden. Hält das dem Betroffenen nachfahrende *Messfahrzeug* einen unzureichenden Sicherheitsabstand ein und bedrängt damit den Betroffenen, so kann die Geldbuße herabgesetzt werden (AG Kulmbach 17.6.2010, 1 OWi 149 Js 3366/10, DAR 2010, 594). Liegt der *Messort* bei einer Geschwindigkeitsmessung kurz vor dem Ende einer Geschwindigkeitsbegrenzung, so ist die Messung uneingeschränkt zulässig. Eine unmittelbar hinter einer Geschwindigkeitsbegrenzung erfolgte Messung kann ggf. gegen *behördliche Richtlinien* verstoßen und bspw. eine Ausnahme von einem Regelfahrverbot begründen (Entfernung zwischen Messort und Beginn bzw. Ende einer Geschwindigkeitsbeschränkung *mindestens 200 m*: BayObLG 4.9.1995, 1 Ob OWi 375/95, NZV 1995, 496; *mindestens 150 m*: OLG Stuttgart 3.2.2011, 2 Ss 8/11, BeckRS 2011, 08231; OLG Dresden 27.8.2009, Ss OWi 410/09, DAR 2010, 29; OLG Oldenburg 15.3.1994, Ss 114/94, NZV 1994, 286; *ohne Beschränkung*: OLG Stuttgart 4.7.2011, 4 Ss 261/11; NZV 2012, 96; *ausnahmsweise Unterschreitung des Mindestabstands bei Gefahrenstelle*: OLG Celle 25.7.2011, 311 SsRs 114/11, DAR 2011, 597). Eine Übersicht über die unterschiedlichen Richtlinien der einzelnen Bundesländer zur Geschwindigkeitsüberwachung befindet sich im DAR 2010, 48. Bei einem *Geschwindigkeitstrichter* (stufenweise vorgenommene Herabsetzung der zulässigen Höchstgeschwindigkeit von 120 km/h auf 100 km/h, dann auf 80 km/h) mit überraschungsfreier Ausschilderung kann sich der Fahrzeugführer nicht damit rechtfertigen, er habe sich dem Geschwindigkeitstrichter mit hoher (wenn auch zulässiger) Geschwindigkeit genähert (OLG Düsseldorf 29.12.1995, 2 Ss OWi 456/95 – OWi 134/95 II, NZV 1996, 209). Die *Auswertung von Kontrollgeräten und Tachoscheiben* zur Verfolgung von Geschwindigkeitsüberschreitungen ist zulässig (→ *Lenk- und Ruhezeiten Nr. 8b*). Ein *defekter Tacho* entbindet nicht ohne Weiteres vom Fahrlässigkeitsvorwurf bei einer Geschwindigkeitsübertretung (BayObLG 19.10.2001, 1 Ob OWi 507/01, DAR 2002, 81). Bei einem *Irrtum* über die Geltung eines Zusatzzeichens, welches unter einem die Geschwindigkeit beschränkenden Zeichen angebracht ist, kann der Entfall eines Regelfahrverbots geboten sein (OLG Bamberg 6.6.2012, 2 Ss OWi 563/12, DAR 2012, 475). *Vorsatz* kommt in Betracht, wenn eine erheb-

G Geschwindigkeitsänderung

liche Überschreitung der Höchstgeschwindigkeit vorliegt (OLG Hamm 30.3. 2005, 4 Ss OWi 173/05, DAR 2005, 407; bei Überschreitung von mehr als 45 %: OLG Celle 9.8.2011, 322 SsBs 245/11, NZV 2011, 618), wobei nachgewiesen werden muss, dass der Betroffene die Geschwindigkeitsbegrenzung kannte (OLG Zweibrücken 14.1.2011, 1 SsBs 37/10, BeckRS 2011, 12937). Das Rechtsbeschwerdegericht ist nicht gehindert, den Schuldspruch zu Ungunsten des Betroffenen von Fahrlässigkeit auf Vorsatz zu berichtigen, weil das Verbot der reformatio in peius nur für die Rechtsfolgen der Tat, nicht aber für den Schuldspruch gilt (OLG Celle 9.8.2011, 322 SsBs 245/11, NZV 2011, 618). Zur genaueren Abgrenzung zwischen bedingtem Vorsatz und bewusster Fahrlässigkeit → *Vorsatz Nr. 2c*.
10. Zivilrecht. Überhöhte Geschwindigkeit kann bei Verkehrsunfällen ein Mitverschulden bzw. eine Mithaftung aus der Betriebsgefahr auslösen. Die Überschreitung der Richtgeschwindigkeit führt i. d. R. dann zur einer Mithaftung aus der Betriebsgefahr, wenn nicht nachgewiesen werden kann, dass der Verkehrsunfall (mit vergleichbaren Folgen) auch bei Einhaltung der Richtgeschwindigkeit eingetreten wäre.
Siehe auch: → *Fahrradfahrer*, → *Verkehrsmesstechnik*
Langer

Geschwindigkeitsänderung → Biomechanik Nr. 3, 6, 7, → HWS-Schleudertrauma Nr. 3, 4, 6

Geschwindigkeitsbegrenzer → Missbrauch von Wegstreckenzählern und Geschwindigkeitsbegrenzern

Geschwindigkeitsbegrenzung → Geschwindigkeit Nr. 2, 3, 9

Geschwindigkeitsgrenze → Sichtfahrgebot

Geschwindigkeitsmessung → Radarwarngerät Nr. 1, → Verkehrsmesstechnik, → Verkehrsüberwachung durch Private

Geschwindigkeitstrichter → Geschwindigkeit Nr. 9

Geschwindigkeitsüberschreitung → Fahrlässige Körperverletzung Nr. 2 a), → Fahrverbot Nr. 4 a), → Geschwindigkeit, → Haftungsverteilung bei Verkehrsunfällen Nr. 8, 9, → Lenk- und Ruhezeiten Nr. 8 b), → Verkehrsmesstechnik

Geständnis am Unfallort → Besonderheiten des Verkehrsunfallprozesses Nr. 8

Gestörte Gesamtschuld 1. Gesamtschuld. Im Straßenverkehr kommen häufig *Gesamtschuldverhältnisse* vor. Wird z. B. bei einem Unfall, welcher durch zwei Kfz verursacht wird, ein Mitfahrer eines dieser Kfz verletzt, dann kann dieser Insasse gegen die beiden Kfz-Halter gem. § 7 Abs. 1 StVG, gegen die beiden Kfz-Haftpflichtversicherer gem. § 115 Abs. 1 VVG (vormals § 3 Nr. 1 PflVG) sowie gegen die beiden Fahrer gem. §§ 18 StVG, 823 BGB Ersatzansprüche geltend machen. Die Halter, Fahrer und Kfz-Haftpflichtversicherer haften als Schädiger im *Außenverhältnis* für die Ersatzansprüche des Insassen als *Gesamtschuldner*, mithin grundsätzlich jeweils in voller Höhe, §§ 840 Abs. 1 BGB, 116 VVG (vormals § 3 Nr. 2 PflVG; BGH 20.11.2001, NJW 2002, 504; s. a. *Haftung mehrerer Schädiger*).
2. Gestörte Gesamtschuld. Wenn zumindest ein Schädiger aus der gesamtschuldnerisch haftenden *Schädigermehrheit* dem Geschädigten aufgrund eines *gesetzlichen Haftungsprivilegs* nicht oder nur teilweise zum Schadenersatz verpflichtet ist, dann stellt sich die Frage, *zu wessen Lasten* sich eine solche *Haftungsbeschränkung* auswirkt. Wurde der Insasse des Kfz z. B. anlässlich einer Dienstfahrt mit einem Kfz des Arbeitgebers durch eine leichte Fahrlässigkeit des das Kfz fahrenden Arbeitskollegen verletzt, dann sind der Arbeitgeber und der Arbeitskollege aufgrund des Haftungsausschlusses gem. §§ 104, 105 SGB VII voll von der Haftung wegen der Personenschäden freigestellt (BGH 24.6.2003, NJW 2003, 2984), wohingegen der Fahrer, Halter und Versicherer des anderen in den Unfall verwickelten Kfz aufgrund der gesamtschuldnerischen Haftung voll haften. Es liegt eine *gestörte Gesamtschuld* vor (vgl. auch OLG Köln 12.1.2011, 11 U 209/10). Nach der Rechtsprechung des BGH wirkt sich eine solche *zu Lasten des Geschädigten* aus, der von dem nicht privilegiert haftenden Schädiger (Erstschädiger) nur den Schaden ersetzt verlangen kann, den dieser im Innenverhältnis zum privilegiert haftenden Schädiger (Zweitschädiger) bei einem Gesamtschuldnerausgleich gem. § 426 BGB zu tragen hätte, wenn kein Haftungsprivileg zugunsten des privilegiert Haftenden bestehen würde (BGH 11.11.2003, NJW 2004, 951; BGH 24.6.2003, NJW 2003,

2984). Anders ausgedrückt: Bei einer gestörten Gesamtschuld ist die Haftung des nicht haftungsprivilegierten Schädigers bereits im *Außenverhältnis* auf die *Quote* beschränkt, die er im *Innenverhältnis* bei *ungestörter Gesamtschuld* i.R.d. Gesamtschuldnerausgleichs zu tragen hätten. Oder umgekehrt: Ist ein Schädiger im Innenverhältnis der Gesamtschuldner nur quotenmäßig am Schaden beteiligt oder ganz von der Haftung befreit, dann ist auch der Ersatzanspruch des Geschädigten gegen den nicht privilegiert Haftenden auf die Quote beschränkt oder völlig ausgeschlossen (BGH 8.6.2010, NJW 2011, 449; BGH 11.11.2003, NJW 2004, 951). Diese Beschränkung der Haftung des nicht haftungsprivilegierten Zweitschädigers beruht auf dem Gedanken, dass einerseits die haftungsrechtliche Privilegierung gegenüber dem Geschädigten nicht durch eine Heranziehung der Regeln des Gesamtschuldnerausgleichs unterlaufen werden soll, es aber andererseits bei Mitberücksichtigung des Grundes der Haftungsprivilegierung, nämlich der anderweitigen Absicherung des Geschädigten in der Unfallversicherung (s. a. → *Unfallversicherung*), nicht gerechtfertigt wäre, den Zweitschädiger den Schaden alleine tragen zu lassen (BGH 12.6.1973, NJW 1973, 1648; BGH 23.1.1990, NJW 1990, 1361). *Vertragliche Freistellungszusagen* führen nicht zu einer gestörten Gesamtschuld (BGH 23.1.1990, NJW 1990, 1361).

3. Mitverschulden. Treffen eine gestörte Gesamtschuld und ein *Mitverschulden* des Geschädigten gem. § 254 BGB zusammen, ist der *Haftungsanteil der Schädiger* in *mehreren Schritten* zu ermitteln: Zunächst sind die Verantwortungsbeiträge der Schädiger mit einer *gemeinsamen Quote* zu bewerten (s. a. → *Haftung mehrerer Schädiger* Nr. 2). Dann ist der auf den privilegierten Schädiger anfallende Haftungsanteil *auszugrenzen*, so dass der nicht privilegierte Schädiger letztlich diese Quote nach den *Grundsätzen der Einzel- und Gesamthaftung* und zusätzlich den auf ihn beim Gesamtschuldnerausgleich entfallenden Anteil aus der Gesamtschuld zu tragen hat (BGH 13.12.2005, NJW 2006, 896).
Siehe auch: → *Unfall auf gemeinsamer Betriebsstätte* *Geiger*

gewerbliche Personenbeförderung → *Personenbeförderung*, → *Winterreifenpflicht* Nr. 2

gezielte Rotlichtüberwachung → Rotlichtverstoß Nr. 8 a)

Glasbruch → Teilkaskoversicherung Nr. 8

Glaubhaftigkeit der Zeugenaussage → Besonderheiten des Verkehrsunfallprozesses Nr. 22

Glaubhaftmachung → Besonderheiten des Verkehrsverwaltungsprozesses Nr. 10 c) aa), → Wiedereinsetzung in den vorigen Stand Nr. 1 b), 3 c)

grenzüberschreitender Straßenverkehr → Kontrollgerät [Fahrtschreiber] Nr. 3, → Lenk- und Ruhezeiten Nr. 3 b)

Grenzversicherungsschein → Rosa Grenzversicherungsschein

Grenzwerte In der Regel sind die Grenzwerte i. S. des StVG gemeint. In der Anlage des § 24a sind die Substanzen, die nicht im Blut des Fahrers beim Führen eines Kfz nachweisbar sein dürfen, einzeln aufgeführt. Die Grenzwerte wurden beim THC durch das BVerfG festgelegt, bei den übrigen Substanzen durch die Grenzwertkommission vorgeschlagen und werden von den Gerichten auch angewandt. Im Einzelnen sind es: THC (1ng/ml), Kokain (10ng/ml), Benzoylecgonin (75ng/ml), Morphin (10ng/ml), Amphetamin (25ng/ml), Methamphetamin (25ng/ml), MDMA (25ng/ml), MDE (25ng/ml), MDA (25ng/ml).
Siehe auch: → *Drogenfahrt* *Sachs*

Grobe Fahrlässigkeit → Rotlichtverstoß Nr. 11, → Schadensersatz (bei Sachmängeln oder Pflichtverletzungen) Nr. 2 c), → Verschuldenshaftung Nr. 5

Grundstücksausfahrt → Haftungsverteilung bei Verkehrsunfällen Nr. 3 a), → Halten und Parken Nr. 8

Grundstückseinfahrt → Haftungsverteilung bei Verkehrsunfälle Nr. 3 a), → Halten und Parken Nr. 8

Grüne Karte 1. Allgemeines. Auf Grundlage des *Gesetzes über die Haftpflichtversicherung für ausländische Kfz und Kfz-Anhänger (AuslPflVG)* besteht für den Gebrauch von ausländischen Kfz und Kfz-Anhänger in Deutschland, die hier keinen regelmäßigen Standort haben, eine *Kfz-Versicherungspflicht*, § 1 Abs. 1 AuslPflVG. Die *Internationale Grüne Versicherungskarte* dient neben dem *amtlichen Kfz-Kennzeichen* als *Nachweis* des Kfz-Versicherungsschutzes, vgl. § 1

Abs. 2 AuslPflVG. Nach dem *Grüne-Karte-Abkommen* muss der Versicherer, der eine Grüne Karte ausgibt, in allen auf dieser aufgeführten Ländern Versicherungsschutz in Höhe der in diesen Ländern gesetzlich vorgeschriebenen *Mindestdeckungssumme* gewähren (vgl. BGH 13.4.2005, NJW 2005, 2011), vgl. § 4 Ausl PflVG (s. a. → *Deckungssummen in Europa*).

2. System der Grünen Karte. Bei einem *Verkehrsunfall im Inland mit einem ausländischen Kfz oder Kfz-Anhänger* können die Ersatzansprüche aus dem Unfall beim *Deutsches Büro Grüne Karte e. V.*, Wilhelmstraße 43/43 G, 10117 Berlin, Telefon 030/3020205757, Telefax 030/3020206757, angemeldet und unmittelbar geltend gemacht werden, § 6 Abs. 1 AuslPflVG i. V.m. § 115 Abs. 1 S. 1 VVG (§ 3 Nr. 1 PflVG a. F.), sofern dieser nach § 2 Abs. 1 AuslPflVG die Pflichten eines Haftpflichtversicherers übernommen hat. Statt dessen können Ersatzansprüche auch gegen den ausländischen Schädiger und dessen Versicherer im Ausland geltend gemacht werden. Der *Direktanspruch* gegen das Deutsche Büro Grüne Karte (vgl. BGH 23.11.1971, NJW 1972, 387; BGH 1.7.2008, NJW 2008, 2642) schließt die Geltendmachung von Ansprüchen gegen den ausländischen Versicherer nicht aus. Die Regulierung durch das jeweilige inländische Büro Grüne Karte erfolgt nicht auf Grund eines Kfz-Haftpflichtversicherungsvertrages, sondern auf Grundlage eines Garantieversprechens, welches in den zwischen den Büros des Systems Grüne Karte geschlossenen Abkommen enthalten ist, vgl. § 2 Abs. 2 AuslPflVG (BGH 1.7.2008, NJW 2008, 2642; OLG Hamburg 14.9.1973, VersR 1974, 277; *Schmitt* VersR 1966, 1115). Das Deutsche Büro Grüne Karte haftet bis zu der in Deutschland gesetzlich vorgeschriebenen *Mindestdeckungssumme* von derzeit 7,5 Mio. Euro (gem. Anlage zu § 4 PflVG), so dass bei höheren Ersatzansprüchen auch der ausländische Versicherer und dessen Versicherungsnehmer in Anspruch zu nehmen sind.

3. Anzuwendendes Recht. Maßgeblich für die Schadenersatzansprüche dem Grunde und der Höhe nach ist *grundsätzlich* das Recht des Ortes, an dem sich der Unfall ereignet hat, sog. *Tatortrecht* (BGH 23.11.1971, VersR 1972, 255; BGH 7.7.1992, NJW 1992, 3091), Art. 40 EGBGB, auch nach Inkrafttreten der sog. *Rom II-Verordnung* am 11.1.2009 (VO EG 864/2007 vom 11.7.2007), s. Art. 4 Abs. 1 Rom II-VO (*Staudinger* DAR 2008, 620). Bei einem Unfall in Deutschland findet also grundsätzlich deutsches Schadenersatzrecht Anwendung. Ausnahmsweise findet *ausländisches Schadensrecht* Anwendung, wenn an dem Unfall im Inland *zwei Ausländer* oder *zwei Inländer mit gewöhnlichem Aufenthalt im Ausland* mit ihren *im Ausland zugelassenen und versicherten Kfz* beteiligt sind (vgl. BGH 7.7.1992, NJW 1992, 3091; *Rehm* DAR 2001, 531), Art. 40 Abs. 2, 41 Abs. 1 EGBGB, Art. 4 Abs. 2 Rom II-VO. Indes ist zu beachten, dass jedenfalls das am Unfallort gültige *deutsche Straßenverkehrsrecht* anzuwenden bleibt (vgl. BGH 23.1.1996, DAR 1996, 237), Art. 17 Rom II-VO.

4. Außergerichtliche Regulierung. Der inländische Unfallgeschädigte kann seine Ersatzansprüche gegen den ausländischen Unfallverursacher beim Büro Grüne Karte mit einer *formlosen Schadenmeldung* geltend machen, in welcher unter Beifügung wenigstens einer Kopie der Grünen Karte des Unfallverursachers insbesondere das Kennzeichen des schädigenden Kfz, dessen Hersteller und Typ, dessen Versicherer, die Versicherungsnummer, die Namen und die Anschriften der Unfallbeteiligten, der Unfallort und das Unfalldatum anzugeben sind. Ist das Deutsche Büro Grüne Karte *eintrittspflichtig*, was nur der Fall ist, wenn die zuvor aufgeführten Angaben in der Schadensmeldung gemacht worden, dann beauftragt es einen *inländischen Versicherer* mit der Regulierung des Schadens. Dieser Versicherer fungiert dann ausschließlich im Zuge der *außergerichtlichen Schadensregulierung* als Bevollmächtigter des Deutsche Büro Grüne Karte, und reguliert die Ersatzansprüche des Geschädigten wie ein Pflichtversicherer (*Kuhnert*, NJW 2011, 3347).

5. Hat eine *gerichtliche Geltendmachung* von Ansprüchen aus dem Unfall zu erfolgen, dann ist das Deutsche Büro Grüne Karte e.V. *passivlegitimiert*. Betreibt der ausländische Versicherer dagegen im Inland eine Kfz-Haftpflichtversicherung, dann muss er im Inland einen *Schadenregulierungsvertreter* (Schadensrepräsentant) bestellen, gegen welchen Ersatzansprüche *außergerichtlich und gerichtlich* geltend gemacht werden können, § 8 Abs. 2 PflVG. Dann kann der Geschädigte den ausländischen Versicherer im Wege der *Direktklage* ebenfalls im Inland in Anspruch nehmen (*Kuhnert*, NJW 2011, 3347).

www.gruene-karte.de
www.gruene-karte.de/Merkblatt20082007–Version–09062008.pdf
www.cobx.org

Geiger

grünes Kennzeichen → Kennzeichenerteilung Nr. 2

Grünpfeil → Rotlichtverstoß Nr. 3

Gruppenfreistellungsverordnung 1. Allgemeines. Am 1.10.2002 ist eine neue europäische *Gruppenfreistellungsverordnung für den Kraftfahrzeugsektor (Kfz-GVO)* in Kraft getreten (1400/2002/EG v. 31.7.2002), am 1.6.2010 eine weitere GVO (VO EU Nr. 330/2010 vom 20.4.2010) und eine weitere Kfz-GVO (VO EU Nr. 461/2010; s. *Himmelreich/Andreae/Teigelack* § 10, Rn. 1 ff.). Diese regeln eine *Freistellung von Wettbewerbsbeschränkungen* im *Bereich des Automobilvertriebs* und des *Kundendienstes* in der Europäischen Union (*May* DAR 2002, 402; *Pfeffer* NJW 2002, 2910), stellt mithin eine *Ausnahmeregelung* zum grundsätzlichen Verbot von Vereinbarungen zwischen Unternehmen dar, welche den freien Handel zwischen den Mitgliedstaaten sowie den freien Wettbewerb gefährden. Durch die Reduzierung der Kontrollmöglichkeiten des Herstellers sowie die Liberalisierung des Automobilvertriebes soll der *freie Wettbewerb* zum Vorteil des Verbrauchers bei Meidung von Qualitätsverlusten gestärkt werden (*May* DAR 2002, 402; zur „alten" GVO s. *Creutzig* EuZW 1995, 723). *Zivilrechtlich durchsetzbare Verhaltenspflichten* der Kfz-Hersteller lassen sich aus der GVO indes nicht herleiten (BGH 28.6.2005, DAR 2006, 96; BGH 8.5.2007, NJW 2007, 3568; s. a. EuGH 18.1.2007, NJW 2007, 1049 m. Anm. *Ensthaler*). Hält sich der Hersteller nicht an die Vorgaben der GVO, dann kann er jedoch die Freistellung für sein gesamtes selektives oder exklusives Vertriebsnetz verlieren.

2. Vertriebssysteme. Für die Hersteller besteht nach der neuen GVO beim Vertrieb von Neuwagen ein *Wahlzwang* zwischen einem selektiven und einem exklusiven Vertrieb (*Bucher* DAR 2003, 451). Die vormals mögliche Kombination dieser beiden Vertriebssysteme wurde abgeschafft. Im *exklusiven Vertrieb* teilt der Hersteller den Händlern ein exklusives Vertriebsgebiet zu, in welchem dieser aktiv und passiv Fahrzeuge verkaufen kann, und außerhalb welchem er lediglich passiv tätig werden kann. Der Hersteller ist hier nicht dazu berechtigt, dem Händler einen Verkauf an Wiederverkäufer zu verbieten (*Schulte-Nölke* zfs 2002, 267). Im *selektiven Vertrieb* können sich die Hersteller dagegen die Händler nach festgelegten Kriterien (z. B. Qualifikationsanforderungen an das Personal, Angebot der gesamten Fahrzeugpalette, Standort des Betriebes, Ausstattung und Größe der Ausstellungsfläche, Vorhandensein von Vorführwagen, Mindestabsatzmengen, Mindestumsätze) auswählen, über die die Fahrzeuge des Herstellers dann vertrieben werden (s. a. OLG München 26.2.2004, BB 2004, 798). Zwar ist der Hersteller dazu berechtigt, dem Händler den Verkauf an Wiederverkäufer und Supermarktketten sowie reine Internetbieter zu untersagen (vgl. OLG München 2.12.2004, 29 U 3035/04). Die Hersteller können den Händlern jedoch keine festen Vertriebsgebiete mehr zuweisen, so dass die Händler zum EU-weiten Vertrieb der Fahrzeuge berechtigt sind. Dies eröffnet dem Verbraucher einen erleichterten *Erwerb von Neufahrzeugen* innerhalb der gesamten Europäischen Union (*Pfeffer* NJW 2002, 2910; *Schulte-Nölke* zfs 2002, 267), weil sich für den Verbraucher so die unterschiedlichen Neuwagenpreise in den verschiedenen Mitgliedstaaten der EU günstig auswirken können. Da die Nettopreise von Kraftfahrzeugen in Deutschland im europäischen Vergleich auf höchstem Niveau angesiedelt sind, ist für Deutsche der *Re-Import* lukrativ. Im Ausland wird der Nettokaufpreis bezahlt, in Deutschland binnen zehn Tagen nach der Einfuhr die Umsatzsteuer entrichtet (Besteuerung nach dem sog. *Bestimmungslandprinzip* beim Privatkauf eines Kfz, dazu *Bucher* DAR 2003, 451). Zu beachten ist für den Verbraucher dabei, dass sich die Rechte und Pflichten aus dem Kaufvertrag nicht nach deutschem Recht richten (*Niebling* MDR 2002, 853).

3. Vertriebspartner. Die Vertriebspartner der Hersteller, also die Händler, können nach der neuen GVO den *Neuwagenverkauf* vom *Service* (Kundendienst und Ersatzteilvertrieb) *abkoppeln*, indem z. B. Kundendienst und Ersatzteilvertrieb auf eine Herstellerwerkstatt des Vertriebsnetzes übertragen werden. Von dieser Möglichkeit der Trennung wird aus betriebswirtschaftlichen Gründen indes kaum Gebrauch gemacht (*Pfeffer* NJW 2002, 2910).

4. Mehr-Marken-Vertrieb. Die Hersteller von Kraftfahrzeugen können den Mehr-Marken-Vertrieb von Händlern nur noch sehr eingeschränkt, nämlich über *qualitative Kriterien*, begrenzen. Vor dem Inkrafttreten der GVO zum 1.12.2002 konnte ein solcher Mehr-Marken-Vertrieb faktisch durch das Vorschreiben getrennter Verkaufsräume, getrennter Geschäftsführung und getrennter Rechtspersönlichkeit noch unterbunden werden. Jetzt haben die Händler im Mehr-Marken-Vertrieb lediglich eine *Verwechslungsgefahr* der verschiedenen Marken auszuschließen (*May* DAR 2002, 402; *Schulte-Nölke* zfs 2002, 267).

5. Service. Im Bereich des *Kundendienstes* ist dem Hersteller eine *qualitative Selektion* im Bereich der Servicedienstleistungen freigestellt. Erfüllt aber eine Werkstatt die Qualitätsstandards des Herstellers, dann muss der Hersteller diese Werkstatt in das *Netz der autorisierten Werkstätten* aufnehmen (vgl. BGH 30.3.2011, NJW 2011, 2730). Die GVO verpflichtet die Hersteller, insbesondere auch den freien Werkstätten Zugang zu den technischen Informationen sowie zu Diagnosegeräten, speziellem Werkzeug und fachlicher Ausbildung zu einem angemessenen Preis zu verschaffen. Dadurch soll eine *Isolierung des Marktes gegen freie Werkstätten* zum Nachteil des Verbrauchers unterbunden werden (*Niebling* DAR 2006, 188). Zudem können Verbraucher ihre Kfz in freien Werkstätten warten (nicht aber reparieren) lassen, ohne ihre Gewährleistungsrechte zu verlieren.

6. Ersatzteile. Die Hersteller können sich den alleinigen Vertrieb der *Originalteile* sichern. Geschieht dies nicht, dann ist der Vertrieb von Ersatzteilen dennoch an *qualitative Standards* des Herstellers gebunden, bei deren Erfüllung vom Hersteller ein Ersatzteilvertriebsvertrag beansprucht werden kann. Originalersatzteile sind nach neuer Definition *qualitativ gleichwertige Bauteile* zu verstehen, die für die Montage eines Neufahrzeugs geeignet sind und den Anforderungen des Fahrzeugherstellers entsprechen. Durch diese Regelung in der GVO soll der Qualitätsstandard von Ersatzteilen gehalten und gleichzeitig vermieden werden, dass ausschließlich der Hersteller sogenannte Originalersatzteile vertreiben und dadurch *Preiszuschläge* bei der Abgabe an Werkstätten durchsetzen kann. www.europa.eu.int/comm/competition/car–sector/price–diff
http://ec.europa.eu/competition/consultations/2010–motor-vehicles *Geiger*

Güterbeförderung → Kontrollgerät [Fahrtschreiber]

gutgläubiger Erwerb von Kfz → Zulassungsbescheinigung Teil I und II Nr. 3 c)

Gutachten → Anthropologisches Gutachten, → Anthropologie/Bildidentifikation Nr. 2 f), 2 i), → Besonderheiten des Verkehrsunfallprozesses Nr. 11, 14, 15, → Biomechanik, → Fahreignung Nr. 8, → HWS-Schleudertrauma Nr. 6, → Medizinisch-Psychologisches Gutachten, → Selbständiges Beweisverfahren Nr. 2, 4 Praxistipp, → Trunkenheit im Verkehr Nr. 3, → Unfallschadenabwicklung – Sachschaden Nr. 23

Güterabwägung → Notstand Nr. 3 b)

H

Haaranalyse Drogen und Medikamente sind in den Haaren nach der Aufnahme und einer Übergangszeit von 5 bis 10 Tagen je nach Länge der Haare nachweisbar. 1 cm Haarlänge entspricht etwa einem Monat. Dabei sind manche Substanzen, wie z. B. Kokain, schon nach dem einmaligen Konsum nachzuweisen, andere erst nach häufigerem Konsum. Trotz der Beurteilungsprobleme wegen einer möglichen Kontamination durch Rauch oder Pulverstaub sowie möglicher Verluste durch kosmetische Behandlung, ist die Haaranalyse das einzige Verfahren, das ein Konsumverhalten rückwirkend über mehr als 1 Woche aufklären kann. *Sachs*

Haaruntersuchung → Polytoxikologisches Screening, → Haaranalyse

Haarwild Bei der Frage, welche Zusammenstöße mit Wild versichert sind, kommt es auf den individuellen Versicherungsumfang der jeweiligen Teilkaskoversicherung im Einzelfall an.

> Praxistipp: Ohne Vorlage der konkreten Versicherungsbedingungen ist daher keine konkrete Beratung des Mandanten möglich. Dies sollte ihm bereits bei der Anmeldung zum Beratungsgespräch mitgeteilt werden, damit er die vollständigen Unterlagen mitbringt.

Meist ist jedoch zumindest der Zusammenstoß mit Haarwild (§ 2 Abs. 1 Bundesjagdgesetz in Abgrenzung zu Abs. 2 das Federwild betreffend) versichert:
Unter den Begriff Haarwild fallen nach dieser Vorschrift:
Wisent, Elchwild, Rotwild, Damwild, Siskawild, Rehwild, Gamswild, Steinwild, Muffelwild, Schwarzwild, Feldhase, Schneehase, Wildkaninchen, Murmeltier, Wildkatze, Luchs, Fuchs, Steinmarder, Baummarder, Iltis, Hermelin, Mauswiesel, Dachs, Fischotter und Seehund.
U.U. fallen aber aufgrund landesrechtlicher Vorschriften des jeweiligen Bundeslandes auch noch weitere Tierarten darunter.
Diese Abgrenzung kann bei einem Unfall im Ausland, z. B. in Skandinaven mit einem Rentier zur Leistungsfreiheit der Kaskoversicherung – auch bei erheblichen Sachschäden an Wohnmobilen – führen:

So umfasst der Haarwildbegriff in § 2 Absatz 1 Nr. 1 Bundesjagdgesetz (BJagdG) in Verbindung mit A.2.2.4 AKB 2008 der einer Entscheidung des OLG Frankfurt/Main (OLG Frankfurt/Main 25.6.2003 7 U 190/02, r+s 2005, 102) zu Grunde liegenden Versicherungsbedingungen ausschließlich die hier darin genannten Tiere. Anderes Haarwild, wie z. B. das Rentier, das keine Erwähnung findet, gilt auch dann nicht als versichertes Haarwild i. S. d. A.2.2.4 AKB 2008, obwohl es als Haarwild bezeichnet werden kann. Gleiches gilt für den Hirsch, der im BJagdG nicht explizit als Haarwild aufgeführt wird. Hier sind als sog. Haarwild nur die Arten Rotwild, Damwild und Siskawild erwähnt.
Gleiches hätte aber – folgt man dieser Auffassung – auch dann gegolten, wenn im Sommer des Jahres 2006 der Problembär Bruno (JJ1) nicht durch einen Jäger hinterrücks auf einer bayerischen Alm erlegt worden wäre, sondern es zu einer Kollision mit einem Pkw gekommen wäre, da dort der „deutsche Braunbär" (zuletzt freilebend erlegt im Jahre 1835) nicht enthalten ist.
Zum Wildschaden → *Teilkaskoversicherung Nr. 6*
Kärger

Haft zur Erzwingung des Zeugnisses → Zeugnisverweigerungsrecht Nr. 8 b)

Haftpflicht für Personen- und Sachschäden → Straßenverkehrsgesetz

Haftpflichtverhältnis → Deckungsklage Nr. 1

Haftpflichtversicherung → Kfz-Haftpflichtversicherung

Haftung → Beifahrer, → Fahrerhaftung, → Fahrschule, → Gefährdungshaftung, → Schadenrechtsänderungsgesetz, → Verschuldenshaftung

Haftung des Arbeitgebers → Geschäftswagenunfall

Haftung des Arbeitnehmers → Geschäftswagenunfall

Haftung des Fahrers → Fahrerhaftung

Haftung des Halters → Halterhaftung

Haftung für Kfz-Insassen Auch die Bei- und Mitfahrer des unfallverursachenden Fahrzeugs können gegen dessen Kfz-Haftpflichtversicherung Schadenersatzansprüche wegen des entstandenen Personenschadens geltend machen.

1. Haftungsgrundlage. Seit der Neufassung des § 7 des StVG zum 1.8.2002 gibt es eine Gefährdungshaftung des Fahrzeughalters innerhalb und außerhalb des unfallbeteiligten Kraftfahrzeugs.

Es wird nicht mehr unterschieden, ob es sich um eine entgeltliche geschäftsmäßige Personenbeförderung handelt oder um eine unentgeltliche.

Somit besteht auch eine Haftung in Fällen, in denen Gefälligkeitshalber ein Insasse im Fahrzeug mitgenommen wird und ein Unfall geschieht, der sich auf ein so genanntes unabwendbares Ereignis begründet, weil z. B. ein Reifen durch einen Gegenstand beschädigt wurde und platzte.

Der Halter kann sich nur noch entlasten, wenn der Unfall auf „höhere Gewalt" zurückgeht weil z. B. trotz angepasster Geschwindigkeit das Auto durch eine Windböe von der Fahrbahn geweht und dabei ein Fußgänger überfahren wird. Dann besteht weder ein Schmerzensgeldanspruch noch ein sonstiger Schadenersatzanspruch.

Der Körperschaden wird von der Versicherung bis zur Höhe der vereinbarten Deckungssumme ersetzt.

2. Möglichkeit der Haftungsbeschränkung für Privatfahrten. Bei der privaten Personenbeförderung kann jedoch die Haftung durch Vertrag im Voraus eingeschränkt oder ausgeschlossen werden. Eine Haftungseinschränkung bei Vorsatz ist gem. § 276 Abs. 3 BGB nicht möglich. Entsprechende Musterformulare finden sich z. B. auf der Homepage des ADAC (www.adac.de).

Um für die Fälle, in denen die Haftpflichtversicherung etwaige Schäden der Kraftfahrzeuginsassen überhaupt nicht oder nur zum Teil deckt, gegen die weiteren Ansprüche der Insassen abgesichert zu sein, sollte eine sogenannte Haftungsbeschränkungserklärung von den Kraftfahrzeuginsassen vor Antritt der Fahrt unterzeichnet werden. Denn ein stillschweigender Haftungsverzicht kann nicht schon aus dem Wunsch abgeleitet werden, aus Gefälligkeit mitgenommen zu werden (BGH 15.4.1966 VI ZR 246/64, VersR 1966, 693).

Nach § 276 BGB kann die Haftung für fahrlässig herbeigeführte Schäden im Voraus ausgeschlossen oder beschränkt werden.

Der formularmäßige Ausschluss der Haftung für grobe Fahrlässigkeit und Vorsatz ist jedoch nicht zulässig (§ 309 Nr. 7 BGB).

Wenn sich der Haftungsausschluss auch auf grobe Fahrlässigkeit beziehen soll, dann ist auf dem Formular ein entsprechender handschriftlicher Vermerk vorzunehmen. Empfehlenswert ist eine Haftungsbeschränkung mit dem Inhalt, dass Mitfahrer insoweit auf Schadenersatzansprüche verzichten, als diese nicht durch irgendeine Versicherungsleistung gedeckt sind.

Bei der Mitnahme von Minderjährigen müssen beide Eltern bzw. gesetzliche Vertreter die Erklärung unterzeichnen.

Von einer strafrechtlichen Verantwortung (fahrlässiger Körperverletzung oder Tötung) ist eine Freizeichnung unmöglich. bei einer Mitnahme von Personen im Fahrzeug bleibt dieses Risiko stets bestehen.

3. Haftpflichtversicherung. a) Leistung. Haften Fahrer oder Halter, so tritt die für das Kraftfahrzeug bestehende Haftpflichtversicherung ein. Nach den AKB umfasst die Haftpflichtversicherung die Befriedigung begründeter und die Abwehr unbegründeter Schadensersatzansprüche, die aufgrund gesetzlicher Haftpflichtbestimmungen privatrechtlichen Inhalts gegen den Versicherungsnehmer oder mitversicherte Personen (hierzu gehört insbesondere der Fahrer) wegen Schäden durch den Gebrauch des versicherten Fahrzeugs erhoben werden. Die Haftpflichtversicherung tritt auch bei Ansprüchen von Familienangehörigen des Versicherungsnehmers ein.

Weiterhin kommt die Haftpflichtversicherung auf für die Ansprüche des Versicherungsnehmers, Halters oder Eigentümers des versicherten Fahrzeuges gegen mitversicherte Personen, soweit es sich um Personenschäden handelt.

b) Begrenzung. Die Eintrittspflicht des Haftpflichtversicherers ist der Höhe nach durch die vereinbarten Deckungssummen begrenzt.

Da vor allem bei Invaliditätsfällen die Gefahr besteht, dass die Deckungssumme nicht ausreicht, sollte gegen einen relativ geringen Prämienmehraufwand gegenüber einer 50 Mio. Euro Deckungssumme eine solche von 100 Mio. Euro vereinbart werden.

Die gesetzliche Mindestversicherungssumme beträgt für Personenschäden 7,5 Mio. Euro und für Sachschäden 1.000.000 Euro. Für Vermögensschäden beträgt sie 50.000 Euro.

4. (Insassen-) Unfallversicherung. Über diese gesetzlichen Ansprüche hinaus kann ein versicherungsrechtlicher Anspruch aus eine durch den Halter abgeschlossene Insassenunfallversicherung oder aber durch eine selbst abgeschlossene Unfallversicherung bestehen.

5. Verlust des Versicherungsschutzes. a) Allgemeines. Bei Fahrgemeinschaften kann der Halter den Versicherungsschutz dann verlieren, wenn er eigenmächtig den Verwendungszweck ändert und den Pkw für eine gewinnorientierte, gewerbsmäßige Personenbeförderung, z. B. als Mietwagen, benutzt. Eine solche Änderung des Verwendungszwecks stellt eine Gefahrerhöhung dar, die den Versicherer zu einer Verweigerung der Leistung nach einem Unfall veranlassen kann. Diese Voraussetzungen liegen nicht vor, wenn die Mitfahrer nur anteilig die reinen Betriebskosten erstatten, z. B. Benzin, Öl, Reifenabnutzung etc.
b) Gewinnerzielung. Eine Änderung des Verwendungszweckes mit der Folge des Verlustes des Versicherungsschutzes und der persönlichen Haftung liegt nur dann vor, wenn der Halter durch die Nutzung seines Pkw einen Gewinn erzielt und die Absicht besteht, derartige Fahrten zu wiederholen.
c) Geschäftsmäßige Personenbeförderung. Handelt es sich um eine „geschäftsmäßige" Personenbeförderung, haftet der Halter des Fahrzeugs nach § 8a StVG, auch wenn kein Verschulden vorliegt. Ein Haftungsausschluss ist nicht möglich.
d) Gewerbsmäßige Personenbeförderung. Die „Geschäftsmäßigkeit" darf jedoch nicht mit dem Begriff der „Gewerbsmäßigkeit" i. S. der Veränderung des Verwendungszwecks verwechselt werden, denn „Gewerbsmäßigkeit" ist nicht Voraussetzung für die Haftung aus § 8a StVG (BGH 14.5.1981 VI ZR 233/79, NJW 1981, 1842). *Kärger*

Haftung mehrerer Schädiger 1. Allgemeines. Eine *Haftung mehrerer Schädiger* kann entstehen, wenn *mehrere Verantwortliche* (z. B. die Fahrer und die Halter zweier Kfz) durch *verschiedene selbständige Verkehrsverstöße* einen Schaden herbeigeführt haben. Zwar bilden die Schädiger bei einem von mehreren Kfz verursachten Verkehrsunfall i. d. R. keine *Haftungseinheit* (BGH 13.12.1994, NJW 1995, 1150; 16.4.1996, BGH VersR 1996, 856; BGH 16.6.1959, NJW 1959, 1772; OLG München 28.10.1994, VersR 1996, 1036). Dennoch besteht eine gesamtschuldnerische Haftung gem. *§ 830 BGB*, wenn mehrere Schädiger die zur Herbeiführung des Schadens geeignete Gefahr in rechtlich zurechenbarer Art und Weise gesetzt haben, was nicht nur in den Fällen der unerlaubten Handlung i.S.v. §§ 823 ff. BGB möglich ist, sondern auch bei anderen Haftungstatbeständen, bei denen der Verletzte hinsichtlich der Kausalität in Beweisnot geraten kann, wie z. B. bei der *Gefährdungshaftung* gem. § 7 Abs. 1 StVG (BGH 15.12.1970, NJW 1971, 509; BGH 27.5.1987, NJW 1987, 2810; BGH 22.7.1999, NJW 1999, 3633). Wurde durch den jeweiligen Tatbeitrag des einzelnen Schädigers der Schaden mit verursacht, dann besteht gem. §§ 840 Abs. 1, 421 BGB eine *gesamtschuldnerische Haftung* (BGH 13.12.2005, NJW 2006, 896; BGH 5.10.2010, NJW 2011, 292; BGH 27.10.2010, DAR 2011, 80), die sich gem. § 116 VVG (vormals § 3 Nr. 2 PflVG) auch auf die Kfz-Haftpflichtversicherer erstreckt (BGH 20.11.2001, NJW 2002, 504), so dass der Geschädigte von jedem einzelnen Schädiger (jeweils von den Fahrern und den Haltern, zudem aufgrund des gesetzlich angeordneten Schuldbeitritts auch von den Kfz-Haftpflichtversicherern) den vollen Ersatz seiner Ansprüche verlangen kann, auch wenn die einzelnen *Verursachungsbeiträge* der Schädiger *unterschiedliches Gewicht* haben (BGH NJW 2006, 896). Die Unterschiede in den Verursachungsbeiträgen der Schädiger wirken sich also nicht im *Außenverhältnis* zum Geschädigten, sondern im *Innenverhältnis* der Schädiger zueinander, mithin im Rahmen des Gesamtschuldnerausgleichs gem. § 426 BGB aus (BGH 27.10.2010, NJW 2011, 80; OLG Celle 30.4.2013, 14 U 191/12; *Wilms* DAR 2012, 68; s. a. → *Gestörte Gesamtschuld*).

2. Haftungsquoten. Die Haftungsquoten der einzelnen Schädiger und deren Haftung gegenüber dem Geschädigten können sich bei einer *Mitverantwortung des Geschädigten* gem. § 254 BGB oder § 17 Abs. 2 StVG verschieben. Bei einer Mitverantwortung des Geschädigten ist zunächst eine *Abwägung der Verursachungsbeiträge* der einzelnen Schädiger untereinander vorzunehmen. Sind die Verantwortungsbeiträge der Schädiger *gleich schwer* zu gewichten, dann verschmelzen diese zu einem einheitlichen Verantwortungsbeitrag. Die Schädiger stehen in einer *Zurechnungs- und Haftungseinheit* (z. B. der Halter und der Fahrer eines einen Fußgänger verletzenden Kfz; BGH 18.9.1973, NJW 1973, 2022; BGH 26.4.1966, NJW 1966, 1262; zum Sonderfall der Haftungseinheit gem. dem Grundsatz der Zurechnungs- und Tatbeitragseinheit, wenn einem Verursachungsbeitrag eines Erstschädigers ein solcher eines Zweitschädigers hinzutritt, vgl. BGH 13.12.1994, NJW 1995, 1150). Der *einheitliche Verursachungsbeitrag* der Schädiger steht dem des Geschädigten in *einer Haftungsquote* gegenüber.

3. Verursachungsbeiträge der Schädiger. Wiegen die Verursachungsbeiträge der Schädiger dagegen bei einer *Mitverantwortung* des Geschädigten *unterschiedlich schwer* (z. B. bei einer Unfallverursachung durch mehrere Kfz), dann ist das Mitverschulden des Geschädigten jedem einzelnen Schädiger gegenüber *gesondert abzuwägen*, um so den Haftungsanteil des jeweiligen Schädigers gegenüber dem Geschädigten zu ermitteln (vgl. BGH 5.10.2010, NJW 2011, 292; BGH 13.12.2005, NJW 2006, 896). Der einzelne Schädiger haftet dem Geschädigten bis zu der auf ihn anfallenden Haftungsquote (*Einzelquote*). Dem Grundsatz der Einzelschau liegt der Gedanke zugrunde, dass jeder Schädiger eine von ihm zu verantwortende Ursache für die Entstehung eines Schadens gesetzt und damit einen Haftungstatbestand erfüllt hat, so dass er in Höhe seines Beitrags dem Geschädigten gegenüber auch haften soll. Die Schädiger zusammen müssen dem Geschädigten aber nicht mehr als den Teil des Schadens ersetzen, der bei einer *Gesamtschau* des Unfallgeschehens dem Verursachungsanteil der Schädiger insgesamt entspricht (*Gesamtquote*), der im Verhältnis zum Mitverschulden des Geschädigten zu ersetzen ist (*Grundsatz der Einzel- und Gesamtabwägung*, BGH 13.12.2005, NJW 2006, 896; BGH 16.6.1959, NJW 1959, 1772; OLG München 28.10.1994, VersR 1996, 1036; *Steffen* DAR 1990, 41). Dem Grundsatz der Gesamtschau liegt der Gedanke zugrunde, dass es bei Beteiligung mehrerer Schädiger nicht sachgerecht wäre, wenn der Geschädigte im Ergebnis nicht über die höchste Einzelquote hinauskäme, die sich bei der Einzelabwägung im Verhältnis zu dem am stärksten beteiligten Schädiger ergibt. Letztlich schuldet der einzelne Schädiger dem Geschädigten den um den Mitverschuldensanteil des Geschädigten verminderten *Gesamtschaden*, und ggf. darüber hinaus den *Schadensrestbetrag* des auf ihn einzeln anfallenden Anteils am Gesamtschaden (OLG Düsseldorf 25.5.1994, NJW-RR 1995, 281). *Beispiel*: Bei einem Schadensereignis, welches vom Geschädigten zu 25 % mitverschuldet und im übrigen von drei Schädigern zu je 25 % verursacht wurde, kann der Geschädigte von jedem einzelnen Schädiger höchstens 50 % seines Schadens ersetzt verlangen, da im Verhältnis des einzelnen Schädigers zum Geschädigten der jeweilige Verursachungsbeitrag (25 %) gleich schwer wiegt, mithin eine Haftungsteilung (jeweils 50 %) angezeigt ist (Einzelabwägung). Insgesamt kann der Geschädigte von den Schädigern aber nicht mehr als 75 % seines Schadens ersetzt verlangen, da die Verursachungsanteile der Schädiger zusammen (25 % + 25 % + 25 % = 75 %) im Verhältnis zum Mitverschulden des Geschädigten (25 %) einen höheren Haftungsanteil der Schädiger ausschließen (Gesamtabwägung).

4. Gesamtabwägung. Eine Gesamtabwägung kommt bei einem *Schmerzensgeldanspruch* nicht in Betracht, weil Schmerzensgeld einer Quotierung – auch wenn eine solche in der Praxis oftmals vorgenommen wird – nicht zugänglich ist. Denn die gem. § 253 Abs. 2 BGB geschuldete billige Entschädigung in Geld ist jedem einzelnen Schädiger gegenüber nach den besonderen Umständen zu bemessen (BGH 6.10.1970, NJW 1971, 31; s. a. → *Schmerzensgeld*).

Geiger

Haftungsablösung → Haftungsausschluss bei Arbeits-/Schulunfällen Nr. 1

Haftungsabwägung → Betriebsgefahr Nr. 3, → Geschäftswagenunfall Nr. 2, → Haftungsverteilung bei Verkehrsunfällen Nr. 2–4

haftungsausfüllende Kausalität → Fahrerhaftung Nr. 2, → Kausalität Nr. 2, → Unfallversicherung Nr. 1

Haftungsausschluss → Agenturgeschäft Nr. 5, → Betriebsweg Nr. 1, → Dienstfahrt Nr. 3, 4, → Fährschifftransport, → Haftung für Kfz-Insassen Nr. 2, → Halterhaftung Nr. 4, → Kfz-Schaden beim Nr. 3, 4, → Gestörte Gesamtschuld Nr. 2, → Kfz-Haftpflichtversicherung Nr. 5, → Stillschweigender Haftungsausschluss bei Kfz-Unfällen, → Unabwendbares Ereignis Nr. 1, → Unfallversicherung Nr. 7–10, → Wegeunfall Nr. 3

Haftungsausschluss bei Arbeits-/Schulunfällen 1. Allgemeines. Der Gesetzgeber hatte bis zum 31.12.1996 *Haftungsbeschränkungen* für Arbeitsunfälle in den §§ 636, 637 RVO normiert. Die zu diesen Normen aufgestellten Grundsätze (z. B. in BGH 12.10.1976, NJW 1977, 296) gelten auch nach der Einführung der §§ 104 ff. SGB VII zum 1.1.1997 uneingeschränkt weiter (vgl. BGH 12.10.2000, NJW 2001, 442; BGH 2.12.2003, NJW 2004, 949). Denn nach der ausdrücklichen Intention des Gesetzgebers sollte mit der Einführung des SGB VII keine Verschlechterung der Haftungssituation herbeigeführt werden. Vielmehr wurden die Haftungsbeschränkungen erweitert. Bei Vorliegen eines *Arbeits- oder Schulunfalls* sind Ansprüche wegen des Personenschadens gegen den Schädiger grundsätzlich ausgeschlossen. Dieser Haftungsausschluss beruht auf dem die *gesetzliche Unfallversicherung* mit tragenden Gedanken der *Haftungsablösung* (*Haftungsersetzung*) zugunsten des Arbeitgebers und der bei ihm Beschäftigten durch die Beitragspflicht alleine des Arbeitgebers (sog. „Finanzierungsargument" für die Unfallversicherungspflicht). Einerseits wird der Arbeitgeber durch die Einstandspflicht der von ihm mitfinanzierten gesetzlichen Unfallversicherung vor Freistellungs- oder Erstattungsansprüchen oder vor einem Regress der Unfallversicherungs- und Sozialversicherungsträger geschützt, mithin das Risiko von *Arbeitsunfällen* für ihn kalkulierbar. Andererseits erfolgt ein dem Interesse des Unfallverletzten gerecht werdender Schadensausgleich. So wird der *Betriebsfrieden innerhalb der betrieblichen Gefahrengemeinschaft* gewahrt (BGH 9.3.2004, DAR 2004, 342). Entsprechendes gilt für den *Schulunfall*: Der Haftungsausschluss soll das *ungestörte Zusammenleben von Schülern und Lehrern* in der Schule gewährleisten.

Praxistipp: Bei einem Arbeitsunfall von *„Wanderarbeitnehmern"* innerhalb der EU ist das Recht des Mitgliedsstaates anzuwenden, dessen Sozialversicherungsträger die Unfallfürsorge zu gewähren hat BGH 15.7.2008, NJW-Spezial 2008, 618; BGH 7.11.2006, NJW 2007, 1754).

2. Voraussetzungen des Haftungsausschlusses. Eine Haftung des Schädigers für den Personenschaden ist ausgeschlossen, wenn das schädigende Ereignis als *Arbeitsunfall* (s. a. → *Unfallversicherung* Nr. 2) einzustufen ist. Dies ist nach den Regeln der *RVO* anzunehmen, wenn sich der Unfall in einem versicherten Betrieb ereignet, dem der Geschädigte angehört, und der Unfall dem Schädiger als *Unternehmer* (§ 636 RVO) oder als *Betriebsangehöriger* (§ 637 RVO) bei einer *betrieblichen Verrichtung* zuzurechnen ist. Für den Fall einer Verletzung des Arbeitgebers durch den Arbeitnehmer besteht kein Haftungsausschluss gem. RVO. Nach den Regeln des *SGB VII* ist ein Arbeitsunfall anzunehmen, wenn ein Unternehmensangehöriger (versicherte Person) durch den Unternehmer verletzt wird (§ 104 SGB VII), oder eine Person durch einen im selben Betrieb Tätigen, ohne dass sowohl der Schädiger als auch der Geschädigte Betriebsangehörige sein müssen, geschädigt wird (§ 105 SGB VII). Ausreichend für das Eingreifen eines Haftungsausschlusses ist, dass eine Person, die nicht dem Betrieb angehört (also keiner persönlichen Abhängigkeit, Weisungsgebundenheit oder arbeitsvertraglichen Fürsorgepflicht unterliegt), an derselben Betriebsstätte wie ein Betriebsangehöriger eine betriebsdienliche Tätigkeit ausübt, einen Unfall verursacht und dadurch den Betriebsangehörigen verletzt oder umgekehrt durch einen von einem Betriebsangehörigen verursachten Unfall verletzt wird (BGH 9.3.2004, DAR 2004, 342; zur Eingliederung in einen fremden Betrieb durch Ausübung einer betrieblichen Tätigkeit i.S.v. § 2 Abs. 2 SGB VII s. a. → *Unfallversicherung, Nr. 4, 5*). Schließlich liegt ein Arbeitsunfall i. S. d. SGB VII vor, wenn ein Unfall auf einer gemeinsamen Betriebsstätte ereignet (§ 106 Abs. 3 SGB VII), s. a. → *Unfall auf gemeinsamer Betriebsstätte*).

3. Wirkung des Ausschlusses. Der Haftungsausschluss gem. §§ 636 f. RVO bzw. §§ 104 ff. SGB VII bewirkt ein *vollständiges Entfallen* der gegen den Schädiger gerichteten Ersatzansprüche des Geschädigten z. B. gem. §§ 7 Abs. 1, 18 StVG, 823 ff., 839 BGB i.V.m. Art. 39 GG (BGH 18.12.2007, NZV 2008, 289), wegen des durch den Arbeitsunfall erlittenen *Personenschadens* einschließlich Schmerzensgeld sowie der Ansprüche der Hinterbliebenen auf Unterhalt und Bestattungskosten gem. §§ 844, 845 BGB (BGH 8.3.2012, zfs 2012, 506), auch wenn der Schädiger über eine an sich eintrittspflichtige *Haftpflichtversicherung* verfügt. Der Arbeitgeber haftet gegenüber dem Arbeitnehmer wegen eines durch einen Angestellten nicht vorsätzlich verursachten Unfalls ebenso wenig wie der den Unfall verursachende Arbeitskollege des Verletzten. Die Unternehmen sind den Versicherten, die für ihre Unternehmen tätig sind oder zu ihren Unternehmen in einer sonstigen die Versicherung begründenden Beziehung stehen, sowie deren Angehörigen oder Hinterbliebenen, nach anderen gesetzlichen Vorschriften zum Ersatz des durch einen Arbeitsunfall verursachten Personenschadens nicht verpflichtet. Die Ersatzansprüche wegen des Personenschadens sind alleine von der gesetzlichen Unfallversicherung zu regulieren (s. a. → *Unfallversicherung*). Es erfolgt also eine *Haftungsersetzung*. Lediglich Ersatzansprüche wegen des *Sachschadens* kann der Geschädigte gegen den Schädiger geltend machen (BGH 2.12.2003, DAR 2004, 344). Da der Haftungsausschluss zu einem Entfallen der Ersatzansprüche des Geschädigten führt, ist ein *Forderungsübergang* der Personenschadensansprüche auf Drittleistungsträger (Sozialversicherungsträger, private Versicherer und Arbeitgeber) *ausgeschlossen* (BGH 15.7.2008, NJW 2009, 681; s. a. → *Übergang von Ersatzansprüchen*).

> Praxistipp: Der Schädiger, der in Unkenntnis seiner Privilegierung dem Geschädigten Ersatz wegen des Personenschadens leistet, kann den zu Unrecht bezahlten Betrag gem. § 812 BGB zurückverlangen.

4. **Entsperrung**. Ausnahmsweise verbleiben dem Verletzten gem. §§ 104 Abs. 1 S. 2, 105 Abs. 1 S. 3 SGB VII bzw. gem. §§ 636 Abs. 1, 637 Abs. 1 RVO die Ansprüche wegen des Personenschadens gegen den Schädiger, nämlich bei *vorsätzlicher Schädigung* (Vorsatz bzgl. Verletzungshandlung und Verletzungserfolg; BGH 25.10.2005, DAR 2006, 201) oder wenn der Schaden bei der *Teilnahme am allgemeinen Verkehr* i.S.v. § 636 Abs. 1 S. 1 RVO bzw. auf einem *versicherten Weg* i.S.v. § 8 Abs. 2 Nr. 1 – 4 SGB VII (sog. → *Wegeunfall*, also nicht sog. Betriebsweg, s. a. → *Betriebsweg*; s. a. → *Wegeunfall*) eingetreten ist (sog. → *Entsperrung* der Haftung, BAG 19.8.2004, VersR 2005, 1439; BGH 12.10.2000, DAR 2001, 32). Der Haftungsausschluss entfällt dann vollständig.

5. **Regress**. Ein Regress steht alleine den Sozialversicherungsträgern gem. § 640 RVO bzw. § 110 f. SGB VII (auch bei Vorsatz) offen (s. dazu BGH 15.7.2008, NJW 2009, 681; s. a. *Regress*). Die Inanspruchnahme der nach §§ 104, 105, 106 SGB VII haftungsprivilegierten Personen für die Folgen eines Unfalls auf einem Weg i.S.v. § 8 Abs. 2 Nr. 1 – 4 SGB VII durch den *Sozialversicherungsträger* ist auf dessen *originäre Ansprüche* nach § 110 SGB VII beschränkt (BGH 15.7.2008, NJW 2009, 681). Um in einem solchen Fall *Doppelleistungen* an den Geschädigten zu vermeiden, vermindern sich dessen Ersatzansprüche gegen den Schädiger, soweit der Sozialversicherungsträger mit dem Schaden *kongruente Leistungen* erbringt (§§ 105 Abs. 1 S. 3, 104 Abs. 3 SGB VII).

6. **Schulunfall**. Nach § 637 Abs. 4 RVO bzw. § 106 Abs. 1 SGB VII sind auf *Unfälle von Schülern* die zum *Arbeitsunfall entwickelten Grundsätze* zu übertragen. Die von der Rechtsprechung zu § 634 Abs. 4 RVO entwickelten Auslegungskriterien sind unter Geltung des SGB VII weiterhin maßgeblich (BGH 30.3.2004, VersR 2004, 789; BGH 15.7.2008, NJW 2009, 681), lediglich *gedanklich umzustellen* (BGH 12.10.1976, NJW 1977, 296): Der Unternehmer ist der *Schulträger* und der Versicherte der *Schüler* (nicht der Lehrer), anstelle des Merkmals der Betriebsbezogenheit tritt die *Schulbezogenheit der Verletzungshandlung*. Dafür ist entscheidend, ob die Verletzungshandlung auf der *typischen Gefährdung aus einem engen schulischen Kontakt* beruht und deshalb einen *inneren Bezug* zum Besuch der Schule aufweist oder lediglich bei Gelegenheit des Schulbesuchs erfolgt ist (BGH 15.7.2008, NJW 2009, 681). Schulbezogen sind insbesondere Verletzungshandlungen, die aus Spielereien, Neckereien und Raufereien unter den Schülern hervorgehen, ebenso Verletzungen, die in Neugier, Sensationslust und dem Wunsch, den Schulkameraden zu imponieren, ihre Erklärung finden, ferner Verletzungshandlungen, die auf übermütigen und bedenkenlosen Verhaltensweisen in Phasen der allgemeinen Lockerung der Disziplin (z. B. in Pausen oder nach Beendigung des Unterrichts) beruhen, sofern eine *engere räumliche und zeitliche Nähe* zu dem *organisierten Schulbetrieb* besteht (BGH 30.3.2004, VersR 2004, 789; BGH 15.7.2008, NJW 2009, 681). Nehmen Schüler verschiedener Schulen an einer *gemeinsamen schulischen Veranstaltung* teil, dann liegt darin eine gemeinsame Betriebsstätte i.S.v. § 106 SGB VII (BGH 25.10.2005, VersR 2006, 221). Die Annahme eines Schulunfalls ist nicht davon abhängig, dass sich der Unfall auf dem *Schulgelände* ereignet hat (BGH 14.7.1987, NJW 1988, 493; BGH 27.4.1981, NJW 1982, 37; BGH 15.7.2008, NJW 2009, 681).

7. **Prozessuales**. Werden der haftungsprivilegierte Schädiger oder dessen Haftpflichtversicherer auf Ersatz des Personenschadens in Anspruch genommen, kann gem. § 639 RVO bzw. § 109 SGB VII das Verfahren über die *Anerkennung* des schädigenden Ereignisses als *Versicherungsfall* (Arbeits- oder Schulunfall) betrieben werden. Der Sozialversicherungsträger oder das Sozialgericht treffen dann eine auch für die Zivil- und Arbeitsgerichte *verbindliche Entscheidung* (§ 638 RVO bzw. § 108 Abs. 1 SGB VII), ob ein Arbeitsunfall vorliegt, und in welchem Umfang durch welchen Unfallversicherungsträger Leistungen zu erbringen sind (*Bindungswirkung*, BGH 19.5.2009, NJW 2009, 3235; BGH 22.4.2008, DAR 2008, 519; BGH 30.4.2013, zfs 2013, 443). Bis zur rechtskräftigen Entscheidung des Sozialversicherungsträgers bzw. des Sozialgerichts ist ein laufendes zivilgerichtliches Verfahren gem. § 108 Abs. 2 S. 1 SGB VII (vormals gem. § 148 ZPO) *auszusetzen*, und, sofern ein solches Gerichtsverfahren noch nicht anhängig ist, dem Geschädigten

eine *Frist* zur Beantragung von Ersatzleistungen gegen den Sozialversicherungsträger zu setzen, § 108 Abs. 2 S. 2 SGB VII. Durch diese Regelung wird vermieden, dass ein Zivilgericht Ersatzansprüche wegen eines Haftungsausschlusses abweist und der Verletzte gleichwohl im Unfallversicherungsverfahren erfolglos bleibt (vgl. BGH 24.1.2006, NJW 2006, 1592), weil das Sozialgericht keinen Versicherungsfall annimmt (dazu ausführlich *Horst/Katzenstein* VersR 2009, 165; s. a. → *Unfallversicherung, Nr. 10*).
Siehe auch: → *Unfall auf gemeinsamer Betriebsstätte* *Geiger*

Haftungsausschluss, stillschweigender → Stillschweigende Vereinbarung eines Haftungsausschlusses, → Stillschweigender Haftungsausschluss bei Kfz-Unfällen, → Stillschweigender Haftungsausschluss bei Urlaubs- und Gefälligkeitsfahrten

haftungsbegründende Kausalität → Besonderheiten des Verkehrsunfallprozesses Nr. 24, → Fahrerhaftung Nr. 2, 3, 5

Haftungsbeschränkung → Gefälligkeitsfahrt Nr. 2, → Geschäftswagenunfall Nr. 1, → Haftung für Kfz-Insassen Nr. 2

Haftungseinheit → Haftung mehrerer Schädiger Nr. 1, 2

Haftungsersetzung → Haftungsausschluss bei Arbeits-/Schulunfällen Nr. 1, 3, → Unfallversicherung Nr. 1

Haftungsfreistellung → Probefahrt, → Unfall auf gemeinsamer Betriebsstätte Nr. 1

Haftungsgrenzen → Fährschifftransport, Kfz-Schaden beim Nr. 3

Haftungshöchstbeträge → Gefährdungshaftung Nr. 2, → Kfz-Haftpflichtversicherung Nr. 4

Haftungshöchstgrenze → Deckungssummen in Europa Nr. 2, → Dienstfahrt Nr. 3, → Schadenrechtsänderungsgesetz

Haftungsprivilegierung → Unfall auf gemeinsamer Betriebsstätte Nr. 2

Haftungsprivilegierung für Kinder 1. Allgemeines. Durch die Neufassung des § 828 Abs. 2 S. 1 BGB zum 1.8.2002 ist die Altersgrenze für die Haftung und Mithaftung von Kindern für motorisierte *Unfälle im Straßenverkehr* auf das vollendete 10. Lebensjahr angehoben worden (*Pardey* DAR 2004, 499; s. a. → *Schadenrechtsänderungsgesetz*). Hintergrund dessen ist die psychologische Erkenntnis, dass Kinder aufgrund ihres physischen und psychischen Entwicklungsstandes erst ab dem 10. Geburtstag dazu imstande sind, die *besonderen Gefahren des Straßenverkehrs* (Schnelligkeit, Komplexität und Unübersichtlichkeit der Abläufe im motorisierten Straßenverkehr) zu erkennen und sich demgemäß zu verhalten (vgl. *Oechsler* NJW 2009, 3185; *Grüneberg*, NJW 2013, 2705).

2. Kinder bis zum 7. Geburtstag haften gemäß § 828 Abs. 1 BGB nicht für von ihnen verursachte Schäden. Eine Haftung des noch nicht 7 Jahre alten Kindes kommt allenfalls in seltenen Ausnahmefällen über § 829 BGB (sog. Millionärsparagraph) in Betracht.

3. Kinder bis zum 10. Geburtstag. Kinder bis zum 10. Geburtstag haften für solche Schäden nicht, die sich anlässlich eines Unfalls im motorisierten Verkehr ereignen, § 828 Abs. 2 S. 1 BGB, wenn das Kind den Schaden nicht *vorsätzlich* herbeigeführt hat, § 828 Abs. 2 S. 2 BGB. Damit ist eine Halterhaftung des an einem Unfall mit einem Kind beteiligten Kfz i. d. R. nur noch bei *höherer Gewalt* i.S.v. § 7 Abs. 2 StVG ausgeschlossen. Ein *Mitverschulden* des Kindes gem. § 254 BGB kommt grundsätzlich nicht in Betracht. Das Haftungsprivileg des § 828 Abs. 2 S. 1 BGB greift indes nach seinem Sinn und Zweck nach nur dann ein, wenn sich eine *typische Überforderungssituation* des Kindes durch die *spezifischen Gefahren des motorisierten Verkehrs* realisiert hat (BGH 30.11.2004, NJW 2005, 354; BGH 30.11.2004, NJW 2005, 356; BGH 21.12.2004, NJW-RR 2005, 327; BGH 17.4.2007, NJW 2007, 2113). Der Geschädigte hat in diesem Zusammenhang zu beweisen, dass sich eine solche Überforderungssituation im Unfall nicht realisiert hat (BGH 30.6.2009, NJW 2009, 3231). Bei der Frage, ob eine typische Überforderungssituation des Kindes vorliegt, kommt es nicht darauf an, ob sich der Unfall im *ruhenden* oder im *fließenden Verkehr* ereignet hat, darüber hinaus nicht darauf, ob sich die typische Überforderungssituation *konkret auf das Unfallgeschehen ausgewirkt* hat, oder ob das Kind sich aus anderen Gründen nicht verkehrsgerecht verhalten hat (BGH 11.3.2008, DAR 2008, 336; BGH 17.4.2007, DAR 2007, 454). Im ruhenden Verkehr haftet ein Kind bis zur Vollendung des zehnten Lebensjahres allenfalls dann für einen von ihm verursachten Schaden, wenn das am Unfall beteiligte stehende Kraftfahrzeug nicht verbots- oder verkehrswidrig abgestellt wurde. Denn von einem verbotswidrig parkenden Kfz geht eine Betriebsgefahr aus (OLG Karlsruhe 13.1.1984, VersR 1986, 155). *Beispiele*: Wird ein *ordnungsgemäß parkender Pkw* von einem neunjähriges Kind, welches mit dem Kickboard fährt, beschädigt, dann greift der Haftungsausschluss des § 828 Abs. 2 BGB nicht ein (BGH 30.11.2004, DAR 2005, 146). Gleiches gilt, wenn ein neunjähriges Kind, welches mit dem Fahrrad fährt, einen ordnungsgemäß parkenden Pkw beschädigt (BGH 21.12.2004, DAR 2005, 150). Dagegen greift der Haftungsausschluss des § 828 Abs. 2 BGB ein, wenn ein achtjähriger Fahrradfahrer im *fließenden Verkehr* mit einem verkehrsbedingt haltenden Pkw zusammenstößt (BGH 17.4.2007, DAR 2007, 454), wenn ein achtjähriges Kind auf dem Gehsteig sein Fahrrad loslässt und dieses führerlos auf die Straße rollt und dort mit einem vorbeifahrenden Kfz kollidiert (BGH 16.10.2007, DAR 2008, 77), und wenn ein Kind mit seinem Fahrrad gegen einen mit *geöffneten Hintertüren am Fahrbahnrand stehenden Pkw* fährt (BGH 11.3.2008, DAR 2008, 336).

4. Ab Vollendung des 10. Lebensjahres *bis zur Volljährigkeit* haften Kinder und Jugendliche für von ihnen schuldhaft verursachte Schäden nur dann, wenn sie bei Begehung der schädigenden Handlung die zur Erkennung der Verantwortlichkeit erforderliche *Einsichtsfähigkeit* haben, also individuell und intellektuell dazu in der Lage waren, das Unrecht der Handlung und die Verpflichtung zu erkennen, für die Folgen des eigenen Handelns einstehen zu müssen (BGH 30.11.2004, NJW 2005, 354; BGH 29.4.1997, NJW-RR 1997, 1110; BGH 27.1.1970, VersR 1970, 374). Sogar eine *Alleinhaftung des Kindes* ist dergestalt denkbar, dass die vom Kfz ausgehende Betriebsgefahr durch das objektive und altersbedingt spezifisch besonders vorwerfbare Verschulden des Minderjährigen vollständig konsumiert wird (vgl. OLG Karlsruhe 20.6.2012, 13 U 42/12; OLG Hamm 13.7.2009, I-13 U 179/08; jeweils zum Überqueren der Straße durch ein Kind unter Missachtung des Querverkehrs). Ein *Mitverschulden* kann gem. §§ 9 StVG, 254 BGB zugerechnet werden. Die *Beweislast* für den Mangel in der Einsichtsfähigkeit trifft das minderjährige Kind (BGH 28.2.1984, NJW 1984, 1958, BGH 27.1.1970, VersR 1970, 374). Der Geschädigte dagegen muss das *Verschulden* des schädigenden Minderjährigen im Sinne von § 276 BGB beweisen, welches sich nicht nach den individuellen Fähigkeiten des Schädigers sondern objektiv danach richtet, ob ein normal entwickelter Minderjähriger dieses Alters die Gefährlichkeit seines Handelns hätte voraussehen und dieser Einsicht gemäß hätte handeln können (BGH 30.11.2004, NJW 2005, 354; BGH 10.3.1970, NJW 1970, 1038).

Praxistipp: Bei Unfällen mit Personen, die gemäß §§ 827, 828 BGB für die von ihnen verursachten Schäden nicht haften, kommt eine *Haftung des Aufsichtspflichtigen* gemäß § 832 BGB in Betracht (s. a. → *Kinderunfall*). Dabei ist aber zu betonen, dass § 828 Abs. 2 BGB zum Schutz der Kinder gedacht ist und keine *Ausweitung der Aufsichtspflicht* der Eltern bezwecken sollte (OLG Oldenburg 4.11.2004, DAR 2005, 343; OLG Hamm 9.6.2000, NJW-RR 2002, 236). Ferner besteht kein Anlaß für eine *Ausweitung der Haftung* gem. § 829 BGB wegen der Haftungsprivilegierung gem. § 828 Abs. 2 BGB. Vielmehr hat der Gesetzgebr bei der Haftungsprivilegierung der Kinder bewusst in Kauf genommen, dass die Regelung des § 828 Abs. 2 BGB zu einer Mehrbelastung der anderen Verkehrsteilnehmer führt (*Müller* DAR 2002, 540; s. a. → *Schadenrechtsänderungsgesetz*).

Siehe auch: → *Kinderunfall,* → *Schadenrechtsänderungsgesetz*

Geiger

Haftungsquote → Haftungsverteilung bei Verkehrsunfällen

Haftungsverteilung bei Verkehrsunfällen 1. Allgemeines. Wird ein Verkehrsunfall durch mehrere Verkehrsteilnehmer verursacht, haften sie nach § 7 StVG als Gesamtschuldner i.S.v. § 421 BGB jeweils in vollem Umfang für den gesamten Unfallschaden. Der innere Ausgleich zwischen den Gesamtschuldnern wird nicht nach § 426 Abs. 1 BGB vorgenommen, sondern gem. § 17 StVG. § 17 Abs. 1 StVG regelt dabei den Ausgleich zwischen mehreren beteiligten Kfz-Haltern, wenn durch den Betrieb ihrer Kfz ein Dritter (Fußgänger, Radfahrer oder Mitfahrer) geschädigt wurde. § 17 Abs. 2 StVG betrifft die Ausgleichspflicht zwischen den beteiligten Kfz-Haltern für die selbst erlittenen Schäden. Im Verhältnis der unfallbeteiligten Kfz-Halter zueinander hängt die Verpflichtung zum Schadenersatz (Haftung dem Grunde nach) sowie der Umfang des zu leistenden Ersatzes (Haftung der Höhe nach) davon ab, inwieweit der Schaden vorwiegend von dem einen oder dem anderen Unfallbeteiligten verursacht wurde (BGH 13.12.2005, NJW 2006, 896; BGH 25.3.2003, DAR 2003, 308). Es ist, wenn mehrere Unfallbeteiligte für die Unfallschäden gem. §§ 7, 18 StVG, 823 ff. BGB haften müssen (also kein Haftungsausschluss z. B. gem. §§ 7 Abs. 2, 17 Abs. 3 StVG eingreift), eine sog. → *Haftungsverteilung* vorzunehmen (BGH 13.4.1956, NJW 1956, 1067). Bei einem Verkehrsunfall zwischen mehreren Kfz ist § 17 Abs. 3 StVG maßgeblich, bei einem Unfall zwischen Kfz und Radfahrer oder Fußgänger § 9 StVG i.V.m. § 254 BGB (s. a. → *Mitverschulden*), bei minderjährigen Fußgängern oder Radfahrern zudem § 828 BGB (s. a. → *Haftungsprivilegierung für Kinder*), bei einem Unfall zwischen nicht motorisierten Verkehrsteilnehmern alleine § 254 BGB. § 17 StVG bezieht sich auf alle gesetzlichen Ansprüche und ist damit für alle deliktischen Ansprüche und unabhängig von den Haftungshöchstgrenzen der §§ 12, 12a StVG lex specialis gegenüber § 254 BGB (BGH 18.11.1993, NZV 1994, 146). Die Schadenminderungspflicht des § 254 Abs. 2 BGB bleibt indes jedenfalls neben § 17 StVG bestehen.

Praxistipp: Eine zutreffende *Prognose* der Haftungsverteilung ist schwierig, für den Anwalt gegenüber seinem Mandanten bereits in einem Frühstadium des Mandats indes unumgänglich, oftmals bereits im ersten Gespräch. Jedenfalls ist dem Mandanten eine vorsichtige Haftungsprognose mitzuteilen, unter Betonung des nur vorläufigen Charakters derselben. Der Anwalt ist in der weiteren Bearbeitung der Unfallsache zum einen gehalten, nicht zu Lasten seines Mandanten zu zurückhaltend zu sein, und zum anderen veranlasst, *keine unrealistisch überhöhten Quoten* den Ansprüchen seines Mandanten zugrunde zu legen, da so nicht zuletzt sein Ansehen bei Versicherungen und Gerichten leiden wird, und er Schwierigkeiten haben wird, dem Mandanten das Revidieren der zunächst für den Mandanten günstigeren Haftungsquote zu erklären.

2. Kriterien für die Haftungsabwägung. In die anhand der Umstände des Einzelfalles vorzunehmende Abwägung der *jeweiligen konkreten Verursachungsanteile* wird neben dem jeweiligen *Verschulden* auch die vom jeweiligen Kfz ausgehende → *Betriebsgefahr* nicht nur im Rahmen des § 17 StVG eingestellt, sondern auch im Rahmen von § 254 BGB (BGH 13.4.1956, NJW 1956, 1067; BGH 18.11.1957, NJW 1958, 341; s. a. → *Betriebsgefahr*). Das Fehlverhalten des Fahrers des Kfz zur Unfallzeit muss sich der Kfz-Halter neben der von seinem Kfz ausgehenden Betriebsgefahr und gefahrerhöhenden Umständen (spezifische Besonderheiten des Kfz, Versagen oder Mangelhaftigkeit der Einrichtungen des Kfz, z. B. der Fahrzeugbeleuchtung), sofern sich diese auf die Schadensentstehung oder Schadenshöhe ausgewirkt haben (BGH 27.6.2000, NJW 2000, 3069) grundsätzlich zurechnen lassen (sog. Haftungseinheit). Lediglich der Kfz-Eigentümer, der nicht zugleich Halter ist, braucht sich ein Verschulden des Fahrers oder eine Betriebsgefahr seines Kfz nicht zurechnen zu lassen (BGH 10.7.2007, NJW 2007, 3120). Ebenso ist eine *Obliegenheitsverletzung* (sog. Verschulden gegen sich selbst) in die Abwägung gem. § 254 BGB einzustellen (BGH 29.4.1953, NJW 1953, 977; BGH 14.3.1961, NJW 1961, 655), so dass sich das Abwägungsergebnis gem. § 254 BGB i. d. R. von dem gem. § 17 StVG nicht unterscheidet. Weitere Umstände, wie z. B. die Zahl der Haftungsgründe (BGH 3.6.1969, VersR 1969, 850), die Vermögensverhältnisse der Beteiligten, das Bestehen von Versicherungsschutz oder verwandtschaftliche Beziehungen werden dagegen in der Abwägung nicht berücksichtigt (*Grüneberg* in Berz/Burmann 4 A Rn. 129). Der Umstand der Unabwendbarkeit des Unfallereignisses stellt einen schwergewichtigen Abwägungsfaktor dar, auch wenn ihm nicht die Bedeutung eines haftungsausschließenden Umstandes zukommt (BGH 16.10.2007, NZV 2008, 79). Entscheid ist stets nur die *konkrete Auswirkung* der von den Beteiligten gesetzten *Schadensursachen*. Es muss also der gefahrerhöhende oder verschuldete Umstand für den Schaden *kausal* geworden sein (BGH 21.11.2006, NJW 2007, 506; BGH 13.12.2005, NJW 2006, 896; BGH 25.3.2003, DAR 2003, 308; BGH 19.1.1962, VersR 1962, 374; BGH 8.1.1963, VersR 1963, 285). Bei der Abwägung sind nur unstreitige oder bewiesene, mithin nur *feststehende Umstände* zu berücksichtigen (BGH 21.11.2006, NJW 2007, 506; BGH 10.1.1995, NJW 1995, 1029). Auch solche Umstände stehen fest, die auf Grundlage eines *Anscheinsbeweises* als bewiesen anzusehen sind (vgl. KG 26.8.2004, DAR 2005, 157; s. a. → *Beweis des ersten Anscheins*). Dagegen ist für bloße *Vermutungen*, z. B. auch das vermutete Verschulden i.S.v. § 18 StVG, in der Haftungsabwägung kein Raum (BGH 10.1.1995, DAR 1995, 196). Insoweit gilt § 286 ZPO und nicht

§ 287 ZPO (BGH 7.2.1968, NJW 1968, 985). Kann keinem der Unfallverursacher ein unfallursächliches Verschulden nachgewiesen werden, hat in den gesetzlich normierten Fällen der Gefährdungshaftung allein eine *Abwägung der Betriebsgefahren* der am Unfall beteiligten Kfz zu erfolgen. In die Abwägung können nur solche gefährerhöhenden oder verschuldeten Umstände eingestellt werden, die vom *Schutzzweck der Norm* gedeckt sind (BGH 19.5.1981, VersR 1981, 837; vgl. BGH 11.7.1978, NJW 1978, 2502). Fehlt es am *Rechtswidrigkeitszusammenhang* zwischen dem Regelverstoß und dem Unfall, weil sich keine der Gefahren ausgewirkt hat, deren Vermeidung die nicht beachtete Regel bezweckte, dann bleibt der Regelverstoß in der Haftungsabwägung unberücksichtigt (OLG Köln 16.11.2000, VM 2001, 91). Da eine Abwägung nach *Gefährdungshaftung* nur in den *gesetzlich angeordneten Fällen* erfolgen kann, findet eine Abwägung der Betriebsgefahren zwischen Fahrer und Halter nicht statt, so dass sich der Fahrer gegenüber dem Halter des von ihm gelenkten Kfz nicht auf die den Schaden mitverursachende Betriebsgefahr des Kfz anspruchsmindernd berufen kann (BGH 30.5.1972, NJW 1972, 1415).

3. Pauschalierungen in der Haftungsabwägung. Für die in die Haftungsabwägung einzustellenden Verursachungsbeiträge der Unfallbeteiligten bestehen *keine festen Prozentsätze*, weil die jeweiligen Verursachungsbeiträge der Unfallbeteiligten voneinander abhängen. Für die von einem Pkw ausgehende Betriebsgefahr hat sich ein Ansatz von 20 – 25 % herausgebildet, für die eines Lkw 30 – 40 %. Dies kann indes nur dann gelten, wenn den jeweils anderen Unfallbeteiligten ein Verschulden am Unfall trifft. Lässt sich ein Verschulden nicht nachweisen, und bleiben die übrigen Umstände des Unfallgeschehens ungeklärt, dann wiegen die Betriebsgefahren zweier Pkw oder die eines Pkw und eines Motorrades gleich schwer (BGH 1.12.2009, DAR 2010, 197), betragen also jeweils 50 % (OLG Köln 19.3.1986, NJW-RR 1986, 773; s. a. → *Betriebsgefahr*). Entwickelte *Quotentabellen* (z. B. VGT 1985, 12; zur Hamburger Quotentabelle s. *Bursch/Jordan* VersR 1985, 512; zur Münchner Quotentabelle s. *Brüseken/Krumbholz/Thiermann* NZV 2000, 441) können nur als *Orientierungshilfe* dienen, weil die Unfallabläufe und Örtlichkeiten i. d. R. nicht miteinander vergleichbar sind. Grundsätzlich ist *für jeden Einzelfall eine Haftungsquote* zu ermitteln, die üblicherweise als Prozentwert angegeben wird, wobei die Summe der Haftungsanteile 100 % ergeben muss (*Sauer* DAR 2004, 398). Jedem Beteiligten den eigenen Schaden aufzuerlegen wäre unzulässig (BGH 21.12.1956, DAR 1957, 129). Bei der Bezifferung der Haftungsanteile steht dem Richter gem. *§ 287 ZPO* ein *Ermessensspielraum* zu, der durch das Berufungsgericht nur eingeschränkt überprüfbar ist (BGH 8.7.1986, NJW 1986, 2941; s. a. → *Besonderheiten der Verkehrsunfallklage Nr. 6*).

4. Vornahme der konkreten Haftungsabwägung. Stehen die Umstände fest, die sich ursächlich auf den Verkehrsunfall ausgewirkt haben, ist eine *angemessene Haftungsquote* zu finden. Ein für den Unfall ursächliches *schweres Verschulden* eines Unfallbeteiligten kann die vom Kfz eines anderen Unfallbeteiligten ausgehende *Betriebsgefahr, erhöhte Betriebsgefahr* oder gar dessen *geringes Verschulden* (BGH 22.3.1960, VersR 1960, 609), vollständig *konsumieren*, ganz zurücktreten lassen (BGH 11.1.2005, NZV 2005, 249; BGH 20.1.1998, NJW 1998, 1137; BGH 13.2.1990, NJW 1990, 1483; BGH 26.11.1963, VersR 1964, 168; BGH 23.6.1964, VersR 1964, 1024; BGH 14.7.1964, VersR 1964, 1113; OLG München v. 17.9.2013, zfs 2013, 679, m. Anm. *Diehl*; s. a. → *Betriebsgefahr*). Besonders schwere Verkehrsverstöße können sich ergeben aus einem Fehlverhalten des Fahrers des Kfz gegenüber Kindern (§ 3 Abs. 2 a StVO), Ausscheren zum Überholen (§ 5 Abs. 4 S. 1 StVO), Wechsel des Fahrstreifens (§ 7 Abs. 5 S. 1 StVO), Abbiegen in ein Grundstück (§ 9 Abs. 5 StVO), Wenden (§ 9 Abs. 5 StVO), Rückwärtsfahren (§ 9 Abs. 5 StVO), Einfahren in ein Grundstück (§ 10 StVO), Anfahren vom Fahrbahnrand (§ 10 StVO), Ein- oder Aussteigen (§ 14 StVO), Vorbeifahren an öffentlichen Verkehrsmitteln bei ein- und aussteigenden Fahrgästen (§ 20 Abs. 1 StVO), unzureichendem Abstand beim Vorbeifahren an haltenden Schulbussen (§ 20 Abs. 1 a) S. 1 StVO) und Vorfahrtsverstößen. Das gilt auch für ein grobes Verschulden (z. B. grobe Fahrlässigkeit) eines *Radfahrers* oder *Fußgängers*, auch nach der Neufassung des § 7 Abs. 2 StVG durch das zweite Schadensrechtsänderungsgesetz (OLG Schleswig 21.8.2008, MDR 2009, 141; AG Nordhorn 13.11.2003, NJW-RR 2004, 749; vgl. BGH 18.11.2003, NJW 2004, 772; BGH 10.10.2000, NJW 2001, 152; BGH 13.2.1990, NJW 1990, 1483; a.A. *Pardey* DAR 2004, 499; s. a. → *Schadensrechtsänderungsgesetz*). Ein sog. *Augenblicksversagen* (unbewusste Fahrlässigkeit) schließt die Annahme grober Fahrlässigkeit nicht pauschal, sondern nur dann aus, wenn besondere Umstände vorliegen, die den Grund des momentanen Versagens erklären und in einem milderen Licht erscheinen lassen (BGH 8.7.1992, NJW 1992, 2418). *Grobe Fahrlässigkeit* ist anzunehmen z. B. bei Fahren nach erheblichem Alkoholkonsum, im Zustand *absoluter Fahruntüchtigkeit* (1,1 ‰ bei Kfz-Fahrern, BGH 28.6.1990, NJW 1990, 2393; 1,6 ‰ bei Radfahrern, OLG Karlsruhe 28.7.1997, NZV 1997, 486) oder bei Einfahren in eine Kreuzung bei *Rotlicht* (BGH 8.7.1992, NJW 1992, 2418). Ein Verschulden von *Kindern* und *Jugendlichen* ist i. d. R. weniger schwer zu gewichten als ein Verschulden eines Erwachsenen (BGH 18.11.2003, NJW 2004, 772). Die Untergrenze einer Mithaftungsquote ist bei 10 % zu ziehen (Palandt/*Heinrichs* § 254 BGB Rn. 66; s. indes BGH 20.3.1979, VersR 1979, 528: 20 % Mithaftung als Untergrenze).

5. Auffahrunfall. Bei einem Auffahrunfall auf ein (nicht auf der Autobahn, s. dazu § 18 Abs. 8 StVO) stehendes, abbremsendes oder vorausfahrendes Kfz ist *grundsätzlich* von der *Alleinhaftung des Auffahrenden* auszugehen. Eine *Mithaftung* des stehenden Verkehrsteilnehmers kommt in Betracht, wenn das stehende Kfz *unzureichend beleuchtet* war oder an einer *unübersichtlichen Stelle* (z. B. hinter einer Kuppe oder in einer Kurve) *abgestellt* war (OLG Hamm 27.10.1983, VersR 1984, 245). Eine Mithaftung des abbremsenden Vordermannes kommt in Betracht, wenn das Abbremsen *unnötig abrupt* oder *ohne jeden Grund* erfolgte (BGH 10.2. 2004, NJW 2004, 1375; BGH 1.7.1969, VersR 1969, 900; OLG Frankfurt 2.3.2006, NJW 2007, 87). Eine Mithaftung des vorausfahrenden Kfz kommt in Betracht, wenn dieses kurz zuvor in die Straße eingebogen war (OLG Hamm 23.9.2003, NJW-RR 2004, 172) oder erst kurz zuvor die Spur gewechselt hat (BGH 30.11.2010, DAR 2011, 134; BGH 18.11. 1969, VersR 1970, 89; OLG Köln 28.10.1996, VersR 1997, 982).

6. Kettenunfall. Konnte bei einem mehrfachen Auffahren (Massenkarambolage) das *mittlere Kfz noch rechtzeitig abbremsen*, trifft seinen Halter grundsätzlich keine Haftung. Grundsätzlich trifft dann den auffahrenden Dritten die Haftung auch für die Schäden am ersten Kfz, auf welches das mittlere Kfz durch das dritte Kfz aufgeschoben wurde. Hat dagegen der Fahrer des Erstfahrzeugs unnötig oder zu abrupt gebremst, dann kommt eine Mithaftung des Erstfahrzeugs in Betracht (OLG Frankfurt 2.3. 2006, NJW 2007, 87; OLG Hamm 6.9.2001, NZV 2002, 175). Wenn dagegen *erst das mittlere Kfz aufgefahren* ist, bevor das dritte Kfz aufgefahren ist, ist im Verhältnis des zweiten zum ersten Kfz grundsätzlich von einer Alleinhaftung des auffahrenden zweiten Kfz auszugehen. Eine Mitverursachung des ersten Kfz kommt bei einem unnötigen oder zu abrupten Abbremsen in Betracht. Im Verhältnis zwischen dem zweiten und dem dritten Kfz ist zu beachten, dass durch das Auffahren des zweiten auf das erste Kfz der *Bremsweg* für das dritte Kfz *verkürzt* worden ist. Deswegen wird zwischen dem zweiten und dem dritten Kfz eine Schadensteilung in Betracht zu ziehen sein. Im Verhältnis des ersten zum dritten Kfz ist grundsätzlich von einer Alleinhaftung des auffahrenden Dritten auszugehen (BGH 9.3.1965, NJW 1965, 1177; OLG Düsseldorf 22.12.1997, NZV 1997, 203). Bei *Unaufklärbarkeit der Reihenfolge,* in welcher die an einem Massenunfall beteiligten Kfz aufeinander aufgefahren sind, ist im Verhältnis zwischen dem ersten und dem zweiten Kfz von einer Alleinhaftung des zweiten Kfz auszugehen, da sich für den auffahrenden Zweiten der *Unabwendbarkeitsnachweis* nicht führen lässt. Im Verhältnis zwischen dem zweiten und dem dritten Kfz ist eine Haftungsverteilung vorzunehmen, bei der zu beachten ist, dass dem zweiten Kfz mangels *Verschuldensnachweises* lediglich eine Betriebsgefahr zugerechnet werden kann. Im Verhältnis zwischen dem ersten und dem dritten Kfz ist grundsätzlich von einer Alleinhaftung des dritten Kfz auszugehen (OLG Köln 21.11.1991, NZV 1993, 194).

7. Unfall beim Abbiegen und Überholen. Kollidiert ein Linksabbieger mit entgegenkommendem Verkehr, dann haftet der Linksabbieger grundsätzlich alleine (BGH 7.2.2012, zfs 2013, 198). Bei einem Unfall eines nachfolgenden *Links-Überholers* mit einem *Linksabbieger* kommt es für die Haftungsverteilung darauf an, ob der Linksabbieger nicht oder nicht rechtzeitig den *Fahrtrichtungsanzeiger* betätigt hat. Dann trifft den Linksabbieger regelmäßig die alleinige Haftung (vgl. OLG Köln 18.12.1998, NZV 1999, 333; KG 6.12.2004, NZV 2005, 413). Kann nicht aufgeklärt werden, ob der Blinker betätigt wurde, ist eine Schadensverteilung mit einem größeren Haftungsanteil des Linksabbiegers vorzunehmen (OLG Frankfurt 19.6.2002, NZV 2003, 415). Wurde dagegen der Blinker rechtzeitig betätigt, so dass dem Linksabbieger lediglich ein Verstoß gegen die *zweite Rückschaupflicht* gem.

H Haftungsverteilung bei Verkehrsunfällen

§ 9 Abs. 1 S. 4 StVO angelastet werden kann (s. a. → *doppelte Rückschaupflicht*), dann kann eine Haftung des Überholers zu 2/3 und eine solche des Linksabbiegers zu 1/3 angemessen sein, weil der Überholende sein Manöver trotz *unklarer Verkehrslage* i.S.v. § 5 Abs. 3 StVO eingeleitet oder fortgesetzt hat (OLG Karlsruhe 26.1.2004, DAR 2005, 403; gem. OLG Köln 1.10.1999, DAR 2000, 407, ist eine hälftige Haftungsverteilung angezeigt). Hat der Linksabbieger sich nicht *zur Straßenmitte eingeordnet*, dann trifft ihn i. d. R. eine Mithaftung von zumindest 1/2 (OLG Köln 1.10.1999, DAR 2000, 407; KG 9.9.2002, NZV 2002, 567). Ist der Linksabbieger indes *in ein Grundstück abgebogen*, dann hat er der *gesteigerten Sorgfaltspflicht* des § 9 Abs. 5 StVO nicht entsprochen, so dass sich der Haftungsanteil des Linksabbieger auf 1/2 bis 2/3 vor dem Hintergrund erhöht, dass der Überholer mit einem Linksabbiegen weniger rechnen konnte (BGH 11.4.1961, VersR 1961, 560; OLG Nürnberg 14.12.2000, DAR 2001, 170). Ist der Linksabbieger erst kurz zuvor auf die Fahrbahn eingebogen, von der er wiederum nach links abbiegt, dann erhöht sich sein Haftungsanteil weiter auf 2/3 bis 3/4, da dann der Überholer noch weniger mit einem Linksabbiegen rechnen konnte (BGH 16.10. 1962, VersR 1963, 85). Ein höherer Haftungsanteil des Überholers kommt in Betracht, wenn dieser an einer *Fahrzeugkolonne* in einem Zug vorbeifährt (OLG Koblenz 26.1.2004, NZV 2005, 413), wenn er ein *Überholverbot* missachtet, § 5 Abs. 3 StVO (*unklare Verkehrslage*; OLG Düsseldorf 9.3.1983, VRS 64, 409), oder die vorgeschriebene *Höchstgeschwindigkeit* überschreitet, § 3 StVO (OLG Düsseldorf 13.12.1996, NZV 1998, 72). Bei einem Unfall des nachfolgenden *Rechts-Überholers* mit einem *Rechtsabbieger* kommt eine überwiegende Haftung des Rechtsabbiegers in Betracht, wenn dieser vor dem Abbiegen unter Verstoß gegen § 9 Abs. 1 S. 2 StVO nach links ausschwenkt oder ausschert, und der Überholer aus diesem *Linksschwenk* auf ein Linksabbiegen des Rechtsabbiegers schließen konnte (OLG Frankfurt 22.2.1989, VersR 1990, 912). Hält der Überholer unter Verstoß gegen § 5 Abs. 4 S. 2 StVO keinen ausreichenden *Seitenabstand* ein, trifft ihn grundsätzlich die Alleinschuld bei einem Zusammenstoß mit dem Überholten, wenn nicht der Überholte seinerseits in das überholende Kfz hinein gefahren ist oder, ohne dass es zu einer Berührung der Kfz gekommen ist, der Überholte fehlerhaft ausgewichen ist (OLG Bamberg 7.6.1977, VersR 1978, 351).

Können aufgrund eines *unklaren Unfallhergangs* lediglich die Betriebsgefahren der beteiligten Kfz miteinander abgewogen werden, dann wird in der Regel eine Haftungsverteilung mit einem erhöhten Haftungsanteil des Überholenden angezeigt sein (BGH 26.11.1974, NJW 1975, 312).

8. Unfall beim Wenden. Gemäß § 9 Abs. 5 StVO besteht für denjenigen, der mit seinem Kfz auf einer Straße wendet, eine *besondere Sorgfaltspflicht*, weil das Wenden ein besonders gefahrträchtiges Fahrmanöver darstellt. Bei einem Unfall eines Wendenden mit einem anderen Kfz haftet der Wendende in der Regel alleine, es sei denn, dem anderen Verkehrsteilnehmer ist eine *Geschwindigkeitsüberschreitung* oder eine *verspätete Reaktion* anzulasten (BGH 8.5.1956, VersR 1956, 437; BGH 17.11.1964, VersR 1965, 88; OLG Saarbrücken 29.7.2003, VersR 2004, 621).

9. Unfall mit Vorfahrtsberechtigten. Bei einem Unfall eines *bevorrechtigten* mit einem *wartepflichtigen Kfz* ist *grundsätzlich* von einer *Alleinhaftung* des wartepflichtigen Verkehrsteilnehmers auszugehen (BGH 23.6.1987, VersR 1988, 79; BGH 10.1.1995, NJW 1995, 1029). Zu beachten ist, dass sich das Vorfahrtsrecht auf die *gesamte Fahrbahnbreite* erstreckt (BGH 19.9.1974, VersR 1975, 37; BGH 20.9.2011, zfs 2012, 76; OLG Köln 19.6.1991, NZV 1991, 429; KG 6.10.2005, DAR 2006, 151). Eine Mithaftung des (durch *Vorfahrtszeichen* oder *Rechts vor Links*, sog. „halbe Vorfahrt") Vorfahrtsberechtigten kommt in Betracht, wenn der Bevorrechtigte *irreführend* gefahren ist (OLG Celle 30.3.2004, DAR 2004, 390; s. a. → *irreführendes Falschblinken*), wenn dem bevorrechtigten Kfz-Fahrer eine *Geschwindigkeitsüberschreitung* vorzuwerfen ist, wobei der Haftungsanteil des Bevorrechtigten mit zunehmender Geschwindigkeitsüberschreitung wächst (OLG Hamm 19.2.1999, DAR 1999, 405; OLG München 26.4.2013, NJW-Spezial 2013, 362; BGH 3.11.1970, VersR 1971, 179; BGH 21.6.1977, VersR 1977, 917), oder wenn dem Bevorrechtigten ein *Verstoß gegen ein Überholverbot* gem. § 5 Abs. 3 StVO (*unklare Verkehrslage*; BGH 15.1.1957, VersR 1957, 198) oder ein *Verstoß gegen das Rechtsfahrgebot* gem. § 2 Abs. 1, 2 StVO vorzuwerfen ist (BGH 18.9.1964, VersR 1964, 1195; BGH 16.5. 1961, VersR 1961, 800). Bei Fehlen eines negativen oder positiven Vorfahrtszeichens (sog. *vereinsamtes Vorfahrtszeichen*) kommt eine Alleinhaftung des die Vorfahrt Missachtenden nur dann in Betracht, wenn er ortskundig ist oder auch für ihn die übrige Beschilderung erkennbar ist (BGH 21.12.1976, NJW 1977, 632; BGH 10.6.1969, VersR 1969, 832). Fährt ein wartepflichtiges Kfz in eine aufgrund eines verkehrsbedingten Stockens des Verkehrs auf der bevorrechtigten Straße entstehende Lücke ein und stößt dort mit einem die Kolonne überholenden Kfz zusammen (sog. *Lückenunfall*), dann ist eine Haftungsverteilung mit einer überwiegenden Haftung des Wartepflichtigen vorzunehmen (OLG Düsseldorf 31.7.1975, VersR 1977, 85; OLG Frankfurt 25.11.2005, DAR 2006, 156), wenn nicht ein Überholverbot bestand (OLG Köln 11.11.1987, VersR 1989, 98). Bei einem *ungeklärten Unfallverlauf* kommt eine Mithaftung des Bevorrechtigten in Höhe der Betriebsgefahr in Betracht. Wer an einer *Lichtzeichenanlage* (*Ampel*) das Rotlicht überfährt, trägt in der Regel die Alleinschuld (KG 17.9.1998, DAR 1999, 120), wenn nicht der andere Verkehrsteilnehmer mit fliegendem Start oder mit überhöhter Geschwindigkeit in die Kreuzung einfährt (OLG Hamburg 15.7.1975, VersR 1976, 737). Bei einem Zusammenstoß mit einem Kfz im rückstauenden Querverkehr (*Nachzügler*) ist i. d. R. eine Haftungsteilung angezeigt, da der in den Kreuzungsbereich Einfahrende die Räumung der Kreuzung ermöglichen muss und nicht wegen des für ihn geltenden Ampelgrüns ohne Rücksicht in die Kreuzung einfahren darf (*Vorrang des Kreuzungsräumers*; BGH 9.11.1976, VersR 1977, 154). Bei einer *ungeklärten Ampelstellung* kann i. d. R. nur eine hälftige Haftungsverteilung erfolgen, wenn die Betriebsgefahren der beteiligten Kfz gleich schwer wiegen (vgl. OLG Celle 21.2.2006, MDR 2006, 1167).

10. Anfahren und Einfahren. Den *vom Fahrbahnrand Anfahrenden* und *in den fließenden Verkehr Einfahrenden* mit einem Kfz aus dem fließenden Verkehr Kollidierenden trifft aufgrund der gesteigerten Sorgfaltspflicht des § 10 Abs. 5 StVO grundsätzlich die Alleinhaftung, wenn nicht der Vorbeifahrende unaufmerksam oder mit überhöhter Geschwindigkeit unterwegs war (BGH 13.7.1971, NJW 1971, 1983; OLG Brandenburg 6.3.2002, DAR 2002, 307). Dagegen ist dem *in die Autobahn Einfahrenden* das Einfädeln zu ermöglichen, so dass bei einer Kollision mit dem an sich gem. § 18 Abs. 3 StVO bevorrechtigten fließenden Verkehr auf der Autobahn eine Haftungsverteilung angezeigt ist (BGH 6.4.1982, NJW 1982, 1595; OLG Naumburg 15.9.2006, NZV 2008, 25). Bei einem Zusammenstoß des fließenden Verkehrs mit einem *aus der Autobahn Ausfahrenden* ist regelmäßig ebenfalls eine Schadensverteilung vorzunehmen mit einer überwiegenden Haftung des Ausfahrenden (OLG Celle 1.12.1966, VersR 1968, 178).

11. Fahrstreifenwechsel. Bei einem Unfall im Zuge eines *Fahrstreifenwechsels* (*Spurwechsel*) trifft den die Fahrspur Wechselnden wegen der gesteigerten Sorgfaltspflicht grundsätzlich die Alleinschuld, wenn nicht der andere Verkehrsteilnehmer mit überhöhter Geschwindigkeit oder unverminderter Geschwindigkeit trotz frühzeitigen Erkennens des Spurwechslers unterwegs war (BGH 17.3.1992, NJW 1992, 1684; OLG Hamm 20.9.2000, DAR 2001, 165; OLG Köln 28.10.1996, VersR 1997, 982) oder der Spurwechsel aufgrund einer *Engstelle* oder *Fahrbahnblockierung* z. B. durch *Hindernisse auf der Fahrbahn* erfolgte (BGH 3.4.1962, VersR 1962, 634).

12. Begegnungsverkehr. Bei einem Zusammenstoß von zwei Kfz, die sich entgegenkommen (*Begegnungsunfälle*), ist insbesondere bei einem ungeklärten Unfallverlauf eine Haftungsteilung vorzunehmen (OLG Hamm 24.10.2000, NZV 2001, 301), es sei denn, dass eines der beteiligten Kfz aufgrund einer *Fahrbahnverengung* oder einer *Engstelle* unter Verstoß gegen das *Rechtsfahrgebot* gem. § 2 Abs. 2 StVO und unter Mißachtung des *Vorrangs des Gegenverkehrs* gem. § 6 StVO in die Fahrspur des Gegenverkehrs eingefahren ist (OLG Karlsruhe 14.5.2004, DAR 2004, 648). Dann ist eine überwiegende oder gar volle Haftung des in den Gegenverkehr Einfahrenden angezeigt, wenn nicht wiederum der Gegenverkehr die Notwendigkeit der Mitbenutzung seiner Fahrbahn rechtzeitig erkennen konnte und deswegen auf sein Vorrecht gem. § 11 Abs. 3 StVO durch Reduzierung seiner Geschwindigkeit und äußerstes Rechtsfahren verzichten musste (BGH 9.7.1996, NJW 1996, 3003; OLG Düsseldorf 14.5.1970, VersR 1971, 88). Bei einem Zusammenstoß eines überholenden Kfz mit einem Kfz aus dem Gegenverkehr trägt der *Überholer* grundsätzlich die Alleinhaftung (BGH 14.5.1974, NJW 1974, 1378).

13. Parkplatzunfall. Auf einem Parkplatz oder in einem Parkhaus werden die Regeln der StVO durch den *Grundsatz der gegenseitigen Rücksichtnahme* überlagert bzw. ersetzt. Regelmäßig ist daher bei Parkplatzunfällen von einem beidseitigen Verstoß gegen die *Pflicht zur gesteigerten Rücksichtnahme* gegeben, mithin eine Schadensteilung angezeigt (KG 25.10.2010, DAR 2011, 23; LG Saarbrücken 7.5.2010, 13 S 14/10), wobei der aus der Parklücke Ausfahrende grundsätzlich den höheren Haftungsanteil zu übernehmen hat, wenn nicht der die Fahrgasse zwischen den Parkbuchten Befahrende nicht lediglich in *Schrittgeschwindigkeit* und in *ständiger Bremsbereitschaft* unterwegs war (OLG Oldenburg 12.12.1991, VersR 1993, 496; OLG Stuttgart 19.1.1990, NJW-RR 1990, 670).

14. Steinschlagschaden. Wird ein Kfz dadurch beschädigt, dass ein entgegenkommendes oder in gleicher Fahrtrichtung vorfahrendes Kfz einen *Stein* entweder von der Ladefläche verliert oder von der Fahrbahn hoch geschleudert, was der Geschädigte substantiiert vorzutragen und ggf. zu beweisen hat (AG München 18.8.2009, 343 C 10603/09), ist ein solcher Schaden nur dann für den Schädiger *unabwendbar* mit der Folge des Haftungsausschlusses des § 17 Abs. 3 StVG, wenn der hochgeschleuderte Stein nicht *deutlich* auf der Fahrbahn *sichtbar* war oder es sich bei der Fahrbahn nicht erkennbar um einen *Baustellenbereich*, eine *verschmutzte*, *unbefestigte* oder eine *steinige Straße* handelte. Ist der Schaden vor diesem Hintergrund für den Schädiger kein unabwendbares Ereignis, dann kommt eine Mithaftung des Geschädigten wegen nicht ausreichenden Sicherheitsabstands in Betracht (*Grüneberg* Rn. 309 ff.).

15. Prozessuales. Im Rahmen der Abwägung gem. § 17 Abs. 1 StVG hat der Anspruchsteller dem jeweiligen Anspruchsgegner solche Mitverursachungsanteile *nachzuweisen*, die zu einer Erhöhung von dessen Betriebsgefahr führen (BGH 13.2.1996, NJW 1996, 1405; BGH 7.10.1966, VersR 1967, 132), wenn insoweit nicht zugunsten des Anspruchstellers ein *Anscheinsbeweis* eingreift. Ein solcher kann zur Feststellung des Ursachenzusammenhangs führen z. B. bei Alkoholeinfluss (BGH 10.1.1995, NJW 1995, 1029), bei einem Auffahrunfall (BGH 16.1.2007, NJW-RR 2007, 680), bei einem Begegnungsunfall (BGH 13.2.2007, DAR 2007, 583; BGH 11.1.2005, NJW 2005, 1351) und bei einer Kollision des Linksabbiegers mit einem rückwärtigen Überholer (s. a. → *Beweis des ersten Anscheins*). *Geiger*

Haftungsverzicht → Gefälligkeitsfahrt Nr. 2, → Haftung für Kfz-Insassen Nr. 2, → Stillschweigender Haftungsausschluss bei Kfz-Unfällen

Hagelschaden → Teilkaskoversicherung Nr. 4

Haltelinie → Rotlichtverstoß Nr. 1, 6, 7 a), 8 a)

Halten und Parken 1. Allgemeines. In der StVO sind die Vorschriften für das Halten und Parken in § 12, für die Einrichtungen zur Überwachung der Parkzeit in § 13 geregelt – soweit sich andere Regelungen nicht aus Spezialvorschriften (z. B. zu einzelnen Verkehrszeichen selbst) ergeben. Daneben gilt die allgemeine Vorschrift des § 1 Abs. 2 StVO.

a) Halten. Als Halten bezeichnet man jede gewollte Fahrtunterbrechung. Dagegen zählt eine durch die Verkehrslage oder durch Anordnungen (z. B. durch Weisungen von Polizeibeamten, Ampeln, Blaulicht oder Verkehrszeichen) ausgelöste Unterbrechung der Fahrt oder auch das Liegenbleiben im Pannenfall nicht als Halten i. S. v. § 12 Abs. 1 StVO.

b) Parken. Wer sein Fahrzeug verlässt oder länger als drei Minuten (auch zum Be- oder Entladen bzw. Ein- oder Aussteigen) hält, der parkt (§ 12 Abs. 2 StVO). Dagegen stellt das notgedrungene Abstellen eines Fahrzeugs im Pannenfall kein Parken dar. *Zulässiger Gemeingebrauch*: Das Abstellen von Anhängern ohne Zugfahrzeug ist (zulässiges) Parken (soweit nicht gesondert reglementiert) → Nr. 3 c). Im parkenden Wohnmobil darf übernachtet werden, um auf Reisen die körperliche Fahrtüchtigkeit wieder herzustellen. Erlaubt ist der Aushang einer (privaten) Verkaufsofferte während des Parkens, soweit dies nicht der primäre Zweck ist. Eine *unzulässige Sondernutzung* (und damit kein Parken im Rechtssinne) ist dagegen das Abstellen von nicht zugelassenen, abgemeldeten oder nicht betriebsfähigen Fahrzeugen, das Abstellen von Fahrzeugen ausschließlich zu werblichen Zwecken, das Abstellen eines Wohnmobils oder Wohnanhängers zu Wohnzwecken sowie das Abstellen von Fahrzeugen zum primären Zwecke des (gewerblichen) Verkaufs. Auch das Anbringen von Karten mit Werbeaufdrucken eines Gebrauchtwagenhandels an parkende Fahrzeuge stellt eine genehmigungspflichtige Sondernutzung dar (OLG Düsseldorf 1.7.2010, IV-4 RBs-25/10, DAR 2010, 589).

2. Haltverbote sind sowohl in § 12 Abs. 1 StVO geregelt als auch in den einzelnen Vorschriften zu den Verkehrszeichen selbst (§ 12 StVO enthält nur noch solche Haltverbote, die nicht an anderer Stelle geregelt sind). Das Halten ist insoweit unzulässig *an engen Straßenstellen*, d. h. dann, wenn die verbleibende Durchfahrtsbreite schmäler ist als die Breite eines Fahrzeugs mit höchstzulässiger Breite i. S. v. § 32 Abs. 1 StVZO zuzüglich 50 cm Seitenabstand. Ferner ist das Halten nicht gestattet *an unübersichtlichen*

Straßenstellen, im Bereich von *scharfen Kurven*, auf *Beschleunigungsstreifen* (= Einfädelungsstreifen) und auf *Verzögerungsstreifen* → *Verzögerungsstreifen Nr. 2*), auf → *Fußgängerüberwegen* (Zeichen 293 der StVO) sowie bis zu 5 m davor, und ferner auf *Bahnübergängen*. Halten ist gleichermaßen untersagt, soweit es *durch folgende Verkehrszeichen oder Lichtzeichen verboten* ist: absolutes Haltverbot (Zeichen 283 der StVO), eingeschränktes Haltverbot (Zeichen 286 der StVO → Nr. 2 a), Fahrbahnbegrenzung (Zeichen 295 der StVO → Nr. 2 b), Richtungspfeile auf der Fahrbahn (Zeichen 297 der StVO), Grenzmarkierung für Halteverbote (Zeichen 299) sowie rotes Dauerlicht (§ 37 Abs. 3 StVO). Ohne entsprechende Zusatzbeschilderung gelten die Zeichen 283 und 286 der StVO nur für die Fahrbahn, nicht aber für Seitenstreifen (z. B. Park- oder Ladebuchten). Unzulässig ist das Halten auch bis zu 10 m *vor Lichtzeichen und den Zeichen* „Dem Schienenverkehr Vorrang gewähren!" (Zeichen 201 der StVO), „Vorfahrt gewähren!" (Zeichen 205 der StVO) und „Halt! Vorfahrt gewähren!" (Zeichen 206 der StVO), wenn sie dadurch verdeckt werden. Ferner ist das Halten verboten vor und in amtlich gekennzeichneten *Feuerwehrzufahrten* (→ Nr. 2 c), an *Taxenständen* (Zeichen 229 der StVO) sowie in *Kreisverkehren* (Zeichen 215 der StVO). Letztlich ist das Halten im *Fahrraum von Schienenfahrzeugen* (§ 12 Abs. 4 S. 5 StVO) sowie auf *Autobahnen und Kraftfahrstraßen* (auch auf den Seitenstreifen) verboten (§ 18 Abs. 8 StVO).

a) Eingeschränktes Haltverbot. Die Beschilderung des eingeschränkten Haltverbots erfolgt durch Zeichen 286 der StVO. Verboten ist das Halten auf der Fahrbahn über 3 Minuten, ausgenommen zum Ein- oder Aussteigen oder zum Be- oder Entladen. Das Halten zum *Ein- oder Aussteigen* umfasst auch geringe Nebenverrichtungen (z. B. kurzes Warten auf den Fahrgast oder Gepäckausladen vor dem Haus). Halten zum *Be- oder Entladen* ist für die hierfür erforderliche Dauer erlaubt, Ladetätigkeiten müssen aber ohne Verzögerung durchgeführt werden (Nr. 63 der Anlage 2 zu § 41 Abs. 1 StVO). Die zu be- oder entladenden Güter müssen von einiger Größe oder einigem Gewicht sein. Unmittelbar mit dem Ladevorgang zusammenhängende Nebenverrichtungen wie Verbringung der Güter zum Empfänger, Bezahlen oder Kontrollieren der Güter, allgemein gesagt alle Tätigkeiten, die normalerweise den Liefervorgang begleiten, sind zulässig (sofern von nicht übermäßiger Dauer). Unzulässig ist das Halten insofern zum Zwecke der Abholung oder Ablieferung leichter Gegenstände (z. B. leichte Poststücke oder Geld).

b) Fahrbahnbegrenzung (Seitenmarkierung). Ist eine durchgezogene Fahrbahnbegrenzung (Zeichen 295 der StVO) auf der Fahrbahn angebracht, so ist das Halten links von ihr (also auf der Fahrbahn) gem. Nr. 68 der Anlage 2 zu § 41 Abs. 1 StVO nicht gestattet, wenn rechts ein Seitenstreifen oder Sonderweg vorhanden ist. Stets ein Haltverbot gilt gem. § 18 Abs. 8 StVO auf Autobahnen und Kraftfahrstraßen (auch auf den Seitenstreifen).

c) Feuerwehrzufahrt. Das Halten vor und in amtlich gekennzeichneten Feuerwehrzufahrten ist unzulässig (§ 12 Abs. 1 Nr. 8 StVO). Die Feuerwehrzufahrt muss eine „amtliche Kennzeichnung" aufweisen, d. h. die Einrichtung der Feuerwehrzufahrt als solche muss also behördlich angeordnet bzw. veranlasst sein; von Grundstückseigentümern privat veranlasste Hinweisschilder sind dagegen unbeachtlich (OLG Köln 2.2.1993, Ss 15/93 Z, NZV 1994, 121). Unwesentlich ist, ob die Anlegung der Feuerwehrzufahrt rechtmäßig i. S. d. baurechtlichen Vorschriften erfolgte (KG 27.2.1992, 2 Ss 5/92 – 3 Ws B 25/92, NZV 1992, 291). Nicht umfasst von § 12 Abs. 1 Nr. 8 StVO ist das Halten in einer Feuerwehrzufahrt, die auf Privatgrund liegt und nicht dem öffentlichen Verkehr (gemeint sind Flächen, auf denen mit Billigung oder unter Duldung des Verfügungsberechtigten die Benutzung durch jedermann tatsächlich zugelassen ist) offen steht (OLG Köln 2.2.1993, Ss 15/93 Z, NZV 1994, 121).

d) Das Halten in zweiter Reihe (d. h. links neben parkenden Fahrzeugen) ist nicht gestattet, da der Haltende hier den rechten Seitenstreifen (z. B. Park- oder Ladebucht) bzw. den rechten Fahrbahnrand benutzen muss (§ 12 Abs. 4 S. 2 StVO). Dies gilt i. d. R. auch beim Halten zum Ein- oder Aussteigen oder zum Be- oder Entladen. Eine Ausnahmeregelung gilt allerdings für Taxen und Postzustellfahrzeuge (→ Nr. 2 e).

e) Ausnahmen: Taxen dürfen, wenn die Verkehrslage es zulässt, neben anderen Fahrzeugen, die auf dem Seitenstreifen oder am rechten Fahrbahnrand halten oder parken, Fahrgäste ein- oder aussteigen lassen (§ 12 Abs. 4 S. 3 StVO). *Postzustellfahrzeuge* dürfen in einem Bereich von 10 m vor oder hinter einem Briefkasten auf der Fahrbahn auch in zweiter Reihe kurzfristig parken, soweit dies mangels geeigneter anderweitiger Parkmöglichkeiten in diesem Bereich zum Zwecke der Leerung von Briefkästen erforderlich ist und soweit ein

Nachweis zum Erbringen der Postdienstleistung im Fahrzeug jederzeit gut sichtbar ausgelegt oder angebracht ist (§ 37 Abs. 7a StVO).

3. Parkverbote. Das Parken ist grundsätzlich überall erlaubt, soweit es nicht aufgrund von Regelungen in der StVO untersagt ist. *Haltverbote* (→ Nr. 2) gelten *gleichzeitig als Parkverbote*. Nach § 12 Abs. 3 StVO bzw. den einzelnen Vorschriften zu den Verkehrszeichen selbst ist Parken unzulässig vor und hinter *Kreuzungen und Einmündungen* bis zu je 5 m von den Schnittpunkten der Fahrbahnkanten, wenn es die Benutzung *gekennzeichneter Parkflächen* verhindert (z. B. wenn ein durchschnittlicher anderer Verkehrsteilnehmer dadurch nicht unerhebliche Schwierigkeiten beim Einsteigen in sein Fahrzeug hat) sowie vor *Grundstücksein- und -ausfahrten* (→ Nr. 3 a). Gleiches gilt bis zu je 15 m vor und hinter *Haltestellenschildern* gem. Zeichen 224 der StVO (auch außerhalb von Betriebszeiten) sowie vor und hinter *Andreaskreuzen* (Zeichen 201 der StVO) innerhalb geschlossener Ortschaften (Zeichen 310 und 311 der StVO) bis zu je 5 m und außerhalb geschlossener Ortschaften bis zu je 50 m. Parken ist verboten über *Schachtdeckeln und anderen Verschlüssen*, wo durch Zeichen 315 der StVO oder eine Parkflächenmarkierung (Nr. 74 der Anlage 2 zu § 41 Abs. 1 StVO) das Parken auf Gehwegen erlaubt ist (→ Nr. 3 d), sowie vor *Bordsteinabsenkungen*. Letztlich ist das Parken unzulässig, soweit es durch *folgende Verkehrszeichen* verboten ist: Vorfahrtstraße (Zeichen 306 der StVO) außerhalb geschlossener Ortschaften, Fahrstreifenbegrenzung (Zeichen 295 Buchst. a der StVO) oder einseitige Fahrstreifenbegrenzung (Zeichen 296 Buchst. b der StVO), Parken auf Gehwegen (Zeichen 315 der StVO → Nr. 3 d), auch mit Zusatzschild, Grenzmarkierung für Parkverbote (Zeichen 299 der StVO) und Parkplatz (Zeichen 314 der StVO) mit Zusatzschild (→ Nr. 3 e).

a) Vor Grundstücksein- und -ausfahrten, auf schmalen Fahrbahnen auch ihnen gegenüber, ist das Parken nicht gestattet (§ 12 Abs. 3 Nr. 3 StVO). Der Berechtigte (d. h. der Anlieger oder dessen Besucher) ist von diesem Parkverbot jedoch nicht betroffen (OLG Düsseldorf 18.1.1994, 5 Ss OWi 393/93 – OWi 169/93 I, NZV 1994, 162), gleiches gilt für Fahrzeugführer, die jederzeit in der Lage und bereit sind, die Einfahrt freizumachen (OLG Düsseldorf 15.2.1994, 2 Ss OWi 27/94 – OWi 6/94 III, NZV 1994, 288). In diesen Fällen des erlaubten Parkens vor Grundstücksein- und -ausfahrten kommt aber ggf. ein Verstoß nach § 12 Abs. 3 Nr. 9 StVO in Betracht, wenn sich vor der Grundstückszufahrt ein abgesenkter Bordstein befindet. *Schmal* ist eine Fahrbahn (und damit das Parken gegenüber der Grundstückszufahrt nicht erlaubt), wenn die Grundstückseinfahrt oder -ausfahrt wegen eines gegenüber geparkten Fahrzeugs nicht mehr unter nur mäßigem Rangieren möglich ist; ein einmaliges Rangieren ist dem die Ein- oder Ausfahrt benutzenden Kraftfahrer aber zumutbar (OLG Saarbrücken 25.2.1994, Ss Z 227/93, NZV 1994, 328).

b) Fahrstreifenbegrenzung (Mittelmarkierung). Das Parken auf einer Fahrbahn, die eine Fahrstreifenbegrenzung (Zeichen 295 Buchst. a der StVO) oder eine einseitige Fahrstreifenbegrenzung (Zeichen 296 Buchst. b der StVO) enthält, ist nur dann erlaubt, wenn zwischen dem parkenden Fahrzeug und der Linie ein Fahrstreifen von mindestens 3 Meter verbleibt (Nr. 68 u. 69 der Anlage 2 zu § 41 Abs. 1 StVO). Zum Haltverbot (und damit auch Parkverbot) bei einer Fahrbahnbegrenzung (Seitenmarkierung) → Nr. 2 b).

c) Lkw und Anhänger. Mit Kraftfahrzeugen mit einer zulässigen Gesamtmasse über 7,5 t sowie mit Kraftfahrzeuganhängern über 2 t zulässiger Gesamtmasse ist gem. § 12 Abs. 3a StVO innerhalb geschlossener Ortschaften in reinen und allgemeinen Wohngebieten, in Sondergebieten, die der Erholung dienen, in Kurgebieten und in Klinikgebieten das *regelmäßige Parken in der Zeit von 22:00 bis 6:00 Uhr sowie an Sonn- und Feiertagen unzulässig* Eine Ausnahme hiervon besteht für das Parken von Linienomnibussen an Endhaltestellen auf entsprechend gekennzeichneten Parkplätzen. Es gilt der Feiertagsbegriff des § 30 Abs. 4 StVO. „Regelmäßig" parkt, wer nicht nur gelegentlich, sondern häufig parkt; damit bleibt das Parken von Lkw oder Anhänger in o. g. Schutzzonen gestattet, soweit dies nur ausnahmsweise erfolgt. Mit *Kraftfahrzeuganhängern ohne Zugfahrzeug* darf – unabhängig vom Ort – nicht länger als zwei Wochen geparkt werden, soweit es nicht auf entsprechend gekennzeichneten Parkplätzen erfolgt (§ 12 Abs. 3b StVO).

d) Parken auf Gehwegen ist grundsätzlich nicht erlaubt. Zum Parken ist vielmehr der rechte Seitenstreifen (bzw. Parkstreifen) zu benutzen, wenn er dazu ausreichend befestigt ist, oder anderenfalls an den rechten Fahrbahnrand heranzufahren ist (§ 12 Abs. 4 S. 1 StVO). Dagegen kann Parken auf Gehwegen ausnahmsweise durch Zeichen 315 der StVO oder eine Parkflächenmarkierung (Nr. 74 der Anlage 2 zu

§ 41 Abs. 1 StVO) gestattet werden; zugelassen ist dies aber nur für Fahrzeuge mit einer zulässigen Gesamtmasse bis zu 2,8 Tonnen (Nr. 10 der Anlage 3 zu § 42 Abs. 2 StVO). Untersagt ist hier dann aber wiederum das Parken über Schachtdeckeln und anderen Verschlüssen (§ 12 Abs. 3 Nr. 7 StVO). Ist das Parken auf dem Gehweg erlaubt, so ist hierzu nur der rechte Gehweg, in Einbahnstraßen der rechte oder linke Gehweg zu benutzen (§ 12 Abs. 4a StVO). Während für *Motorräder* ein prinzipielles Parkverbot auf Gehwegen herrscht, gilt dies für *Fahrräder* nicht (OVG Lüneburg 6.6.2003, 12 LB 68/03, BeckRS 2003, 22456).

4. Parksonderberechtigungen. Das Zeichen 314 der StVO erlaubt das Parken (Nr. 7 der Anlage 3 zu § 42 Abs. 2 StVO). Durch ein Zusatzzeichen kann die *Parkerlaubnis beschränkt* sein, insbesondere nach der *Dauer*, nach *Fahrzeugarten*, zugunsten der mit besonderem Parkausweis versehenen Bewohner (*Anlieger*), *schwerbehinderten Menschen* mit außergewöhnlicher Gehbehinderung, beidseitiger Amelie oder Phokomelie oder mit vergleichbaren Funktionseinschränkungen sowie blinden Menschen. Die Ausnahmen gelten nur, wenn die *Parkausweise gut lesbar ausgelegt* sind. Das Zusatzschild „nur mit Parkschein" kennzeichnet den Geltungsbereich von Parkscheinautomaten (→ Nr. 7 a), das Zusatzschild „gebührenpflichtig" kennzeichnet einen Parkplatz für Großveranstaltungen, für den eine Gebühr zu entrichten ist (§ 45 Abs. 1b Nr. 1 StVO).

5. Die vorgeschriebene Art und Weise des (zulässigen) Parkens ist in § 12 Abs. 4 S. 1 StVO geregelt. Danach ist zum Parken der rechte Seitenstreifen zu benutzen (dazu gehören auch entlang der Fahrbahn angelegte Parkstreifen), wenn er dazu ausreichend befestigt ist, anderenfalls ist an den rechten Fahrbahnrand heranzufahren. Parallelparken geht vor Nebeneinanderparken (d. h. Schräg- oder Querparken), sofern die örtlichen Umstände oder Fahrbahnmarkierungen nichts Anderes zulassen. Soweit auf der rechten Seite Schienen liegen sowie in Einbahnstraßen (Zeichen 220 der StVO) darf links geparkt werden (§ 12 Abs. 4 S. 4 StVO), sonst darf links nur bei Schräg- oder Querparkplätzen geparkt werden. Es ist gem. § 12 Abs. 6 StVO platzsparend zu parken (beim Parallelparken reicht ein Gesamtabstand vorne und hinten von etwa 2 Metern, beim zugelassenen Nebeneinanderparken ein Seitenabstand von etwa 70 cm, sofern nicht Fahrbahnmarkierungen jeweils andere Abstände vorgeben).

6. Verhaltensregeln bei Ankunft an einem Parkplatz. An einer Parklücke hat Vorrang, wer sie zuerst unmittelbar erreicht; der Vorrang bleibt erhalten, wenn der Berechtigte an der Parklücke vorbeifährt, um rückwärts einzuparken oder wenn er sonst zusätzliche Fahrbewegungen ausführt, um in die Parklücke einzufahren (§ 12 Abs. 5 StVO). Dies gilt entsprechend für Fahrzeugführer, die an einer freiwerdenden Parklücke warten. Das Freihalten oder das Reservieren eines Parkplatzes durch eine dritte Person ist nicht gestattet (BayObLG 7.2.1995, 2 St RR 239/94, NZV 1995, 327).

7. Einrichtungen zur Überwachung der Parkzeit. Die Überwachung der Parkzeit kann durch Parkuhren, Parkscheinautomaten (mit Parkscheinen) oder Parkscheibe erfolgen, darüber hinaus durch elektronische Einrichtungen oder Vorrichtungen; entsprechende Regelungen finden sich in § 13 StVO. Die Parkzeitregelungen können auf bestimmte Stunden oder Tage beschränkt sein (§ 13 Abs. 1 S. 4 StVO). Es gilt hierbei der Feiertagsbegriff des § 30 Abs. 4 StVO, das Zusatzzeichen „werktags" umfasst auch den Samstag (sofern kein weiterer Zusatz „Mo. – Fr." angebracht ist), das Zusatzzeichen „Mo. – Fr." schließt dagegen nicht gesetzliche Feiertage ein.

a) Parkuhren und Parkscheinautomaten. An Parkuhren darf nur während des Laufens der Uhr, an Parkscheinautomaten nur mit einem Parkschein, der am oder im Fahrzeug von außen gut lesbar angebracht (regelmäßig an der Front- oder Seitenscheibe, zulässig aber auch an der Heckscheibe) sein muss, für die Dauer der zulässigen Parkzeit gehalten werden (§ 13 Abs. 1 S. 1 StVO). Da bei Parkuhren die Parkzeit auf die Dauer des Laufs der Uhr beschränkt wird, ist die Ausnutzung der Restparkzeit erlaubt. Nachwerfen in die Parkuhr oder Nachlösen eines Parkscheins ist erlaubt, solange dadurch die zulässige Gesamtparkzeit nicht überschritten wird. Ist eine *Parkuhr oder ein Parkscheinautomat nicht funktionsfähig*, so darf nur bis zur angegebenen Höchstparkdauer geparkt werden (§ 13 Abs. 1 S. 2 StVO); in diesem Fall ist die Parkscheibe gem. § 13 Abs. 2 S. 1 Nr. 2 StVO zu verwenden (§ 13 Abs. 1 S. 3 StVO).

b) Parkscheibe. Wird im Bereich eines eingeschränkten Haltverbots für eine Zone (Zonenhaltverbot, Zeichen 290.1 und 290.2 der StVO), einer Parkraumbewirtschaftungszone (Zeichen 314.1 und 314.2) oder beim Zeichen 314 oder 315 der StVO durch ein Zusatzzeichen die Benutzung einer Parkscheibe (Bild 318 der StVO) vorgeschrieben, so ist das Halten und Parken nur erlaubt für die Zeit, die auf dem Zusatzzeichen angegeben ist, und soweit das Fahrzeug eine von außen gut lesbare Parkscheibe hat und der Zeiger der Scheibe auf den Strich der halben Stunde eingestellt ist, die dem Zeitpunkt des Anhaltens folgt (§ 13 Abs. 2 S. 1 StVO). Sind in einem eingeschränkten Haltverbot für eine Zone oder einer Parkraumbewirtschaftungszone Parkuhren oder Parkscheinautomaten aufgestellt, gelten deren Anordnungen (§ 13 Abs. 2 S. 2 StVO). Im Übrigen bleiben die Vorschriften über die Haltverbote und Parkverbote unberührt (§ 13 Abs. 2 S. 3 StVO).

c) Elektronische Einrichtungen oder Vorrichtungen. Die in § 13 Abs. 1 u. 2 StVO genannten Einrichtungen zur Überwachung der Parkzeit (Parkuhr, Parkautomat oder Parkscheibe) müssen nicht betätigt werden, soweit die Entrichtung der Parkgebühren und die Überwachung der Parkzeit auch durch elektronische Einrichtungen oder Vorrichtungen, insbesondere Taschenparkuhren oder Mobiltelefone, sichergestellt werden kann (§ 13 Abs. 3 S. 1 StVO). Dies gilt nicht, soweit eine dort genannte elektronische Einrichtung oder Vorrichtung nicht funktionsfähig ist (§ 13 Abs. 2 S. 2 StVO).

d) Ausnahmen. Einrichtungen und Vorrichtungen zur Überwachung der Parkzeit brauchen gem. § 13 Abs. 4 StVO nicht betätigt zu werden beim Ein- oder Aussteigen sowie zum Be- oder Entladen (zu den Begriffen „Ein- oder Aussteigen" bzw. „Be- oder Entladen" → Nr. 2 a); ein Halten bis zu 3 Minuten zu einem anderem Zwecke ist dagegen nur bei ordnungsgemäßer Betätigung der Überwachungseinrichtung erlaubt.

8. Ausnahmegenehmigungen. Die Straßenverkehrsbehörden können in bestimmten Einzelfällen oder allgemein für bestimmte Antragsteller Ausnahmen gem. § 46 Abs. 1 S. 1 Nr. 3 bis 4b StVO genehmigen, und zwar von den Halt- und Parkverboten (§ 12 Abs. 4 StVO), vom Verbot des Parkens vor oder gegenüber von Grundstücksein- und -ausfahrten (§ 12 Abs. 3 Nr. 3 StVO), von der Vorschrift, an Parkuhren nur während des Laufes der Uhr, an Parkscheinautomaten nur mit einem Parkschein zu halten (§ 13 Abs. 1 StVO), sowie von der Vorschrift, im Bereich eines Zonenhaltverbots (Zeichen 290.1 und 290.2 der StVO) nur während der dort vorgeschriebenen Zeit zu parken (§ 13 Abs. 2 StVO).

9. Temporäre Halt- und Parkverbote heben Verkehrszeichen oder Markierungen auf, die das Halten oder Parken erlauben.

10. Parkerleichterungen für Behinderte. Schwerbehinderten mit außergewöhnlicher Gehbehinderung kann gem. Verwaltungsvorschrift zu § 46 StVO (Nr. 118 ff.) gestattet werden: das Parken bis zu drei Stunden an Stellen, an denen eingeschränktes Haltverbot (Zeichen 286) angeordnet ist und im Bereich eines Zonenhaltverbots (Zeichen 290.1) bei Benutzung einer Parkscheibe (Zeichen 318) – mit Ausnahme markierter Ladezonen; die Überschreitung der zugelassenen Parkdauer im Bereich eines Zonenhaltverbots (Zeichen 290.1), in dem durch Zusatzzeichen das Parken zugelassen ist; das Parken über die zugelassene Zeit hinaus an Stellen, die durch Zeichen 314 („Parken"), Zeichen 314.1 („Parkraumbewirtschaftungszone") oder Zeichen 315 („Parken auf Gehwegen") gekennzeichnet sind und für die durch ein Zusatzzeichen eine Begrenzung der Parkzeit angeordnet ist; das Parken während der Ladezeit in Fußgängerzonen (Zeichen 242.1), in denen das Be- oder Entladen für bestimmte Zeiten freigegeben ist; das Parken an Parkuhren oder bei Parkscheinautomaten ohne Gebühr und ohne zeitliche Begrenzung; das Parken auf Parkplätzen für Anwohner bis zu drei Stunden; das Parken in verkehrsberuhigten Bereichen (Zeichen 325.1) außerhalb der gekennzeichneten Flächen, ohne den durchgehenden Verkehr zu behindern. Einen entsprechenden *Parkausweis*, der im Fahrzeug gut sichtbar ausliegen muss, stellen die örtlich zuständigen Straßenverkehrsbehörden auf Antrag aus.

11. Parken in Umweltzonen. In der Rechtsprechung wird bislang überwiegend die Auffassung vertreten, dass das Parken in Umweltzonen ohne erforderliche Plakette zulässig sei, da das Zeichen 270.1 der StVO („Umweltzone") nur den fließenden Verkehr betreffe (AG Hannover 23.8.2010, 210 OWi 301/10, NZV 2011, 53; AG Bremen 25.8.2009, 81b OWi 451/09, BeckRS 2009, 87130; AG Wuppertal 22.7.2009, 24 OWi 182/09 [b], 24 OWi 182/09, BeckRS 2009, 00979; AG Frankfurt a. M. 15.7.2009, 994 OWi 5/09, NStZ-RR 2009, 353; AG Bremen 23.6.2009, 94 OWi 348/09, DAR 2010, 33; *a. A.*: OLG Hamm 24.9.2013, 1 RBs 135/13, BeckRS 2013, 17383; AG Tiergarten 21.4.2008, 295 OWi 330/08, DAR 2008, 409).

12. Ordnungswidrigkeiten. Verstöße gegen die Vorschriften über das Halten und Parken bzw. gegen die Vorschriften über Einrichtungen zur Überwachung der Parkzeit werden als Ordnungswidrigkeiten geahndet (§ 49 Abs. 1 Nr. 12 bzw. Nr. 13 StVO i. V. m. § 24 StVG

Nicht ordnungswidrig handelt, wenn der Betroffene sein Fahrzeug vor Urlaubsantritt parkt, an diesem Parkplatz erst nach seinem Urlaubsantritt ein Haltverbot eingerichtet wird und keine zuverlässige Vertrauensperson (der ein Fahrzeugschlüssel zurückgelassen werden könnte) zur Verfügung steht (OLG Köln 21.5.1993, Ss 174/93 Z, NZV 1993, 406; ungeachtet dessen ist nach in solchen Fällen eingeleiteten Abschleppmaßnahmen ggf. eine verwaltungsrechtliche Kostentragungspflicht gegeben → *Abschleppkosten).*
13. Zivil- und Verwaltungsrecht. Zur Frage der *Zulässigkeit des Abschleppens* (sowohl von privatem als auch von öffentlichem Grund) und der damit ggf. verbundenen Kostentragungspflicht von Fahrer oder Halter des abgeschleppten Fahrzeugs → *Abschleppkosten.*

Langer

Halter → Betriebsgefahr Nr. 2 Praxistipp, → Diagrammscheibe Nr. 3, → Fahrerassistenzsysteme Nr. 4 a), → Fahrtenbuchauflage, → Fuhrparküberwachung, → Gefährdungshaftung, → Haftung für Kfz-Insassen, → Halterhaftung, → Kostentragungspflicht des Halters, → Ummeldung Nr. 2

Halterhaftung 1. Allgemeines. Eine Haftung des Halters eines Kfz kommt aus § 831 BGB (wenn der Halter an der Unfallentstehung nicht als Fahrer mitgewirkt hat) und aus § 7 Abs. 1 StVG in Betracht. Der *Halter eines Kfz* ist derjenige, der das Kfz für *eigene Rechnung* und im *eigenen Interesse* gebraucht, also sämtliche Kosten dafür bestreitet und über seine Verwendung entscheidet (BGH 29.5.1954, NJW 1954, 1198). Fallen Kostentragung und Verfügungsgewalt auseinander, ist die *Verfügungsgewalt* maßgebliches Merkmal der Haltereigenschaft (vgl. BGH 26.11.1996, NJW 1997, 660). Der Halter muss nicht identisch sein mit dem Eigentümer des Kfz, mit dessen unmittelbaren Besitzer, mit dessen Versicherungsnehmer oder mit demjenigen, auf den das Fahrzeug zugelassen ist. Die *Eigentümereigenschaft* ist indes ein besonders wichtiges Indiz für die Haltereigenschaft (*Geigel/Kaufmann* Kapitel 25, Rn. 36). *Kraftfahrzeug* i.S.v. § 7 Abs. 1 StVG sind sämtliche Landfahrzeuge, die durch Maschinenkraft bewegt werden, ohne an Bahngleise gebunden zu sein, § 1 Abs. 2 StVG. Fahrräder sind mangels Antrieb mit Maschinenkraft keine Kraftfahrzeuge, es sei denn, sie verfügen über einen Hilfsmotor, der bauartbedingt ein schnelleres Fahren als 20 km/h ermöglicht. Da auch (elektrisch betriebene) Krankenfahrstühle dem Kraftfahrzeugbegriff des § 7 Abs. 1 StVG unterfallen, eine Erstreckung der Gefährdungshaftung auf Krankenfahrstühle vom Gesetzgeber aber nicht gewollt war, werden in § 8 StVG solche Fahrzeuge von der Gefährdungshaftung ausgenommen. *Kraftfahrzeuganhänger* im Sinne von § 7 Abs. 1 StVG sind alle Fahrzeuge, die dazu bestimmt sind, an ein Kfz angehängt zu werden, also z. B. nicht Fahrradanhänger.

> Praxistipp: Wird ein Unfall durch ein Kfz verursacht, welches von *Eheleuten* gemeinsam unterhalten und genutzt wird, dann sind beide Eheleute Halter dieses Kfz. Im Unfallprozess können dann beide Eheleute verklagt werden, und scheiden in ihrer Eigenschaft als Partei des Prozesses als Zeugen für den Unfallhergang aus.

2. Haftungsvoraussetzungen des § 831 BGB. Ist der *Fahrer* des den Unfall verursachenden Kfz *Verrichtungsgehilfe des Halters*, was z. B. bei angestellten Berufskraftfahrern oder sonstigen Arbeitnehmern denkbar ist, die aus beruflichen Gründen das Kfz ihres Arbeitgebers nutzen, dann kommt über § 831 BGB eine Haftung des Halters für die mit seinem Kfz von seinem Fahrer verursachten Schäden in Betracht. Der *Geschäftsherr,* der ihm obliegende Aufgaben durch einen Verrichtungsgehilfen ausführen lässt, ist zur *sorgfältigen Auswahl, Anleitung* und *Beaufsichtigung* seines Gehilfen verpflichtet. Verrichtungsgehilfe ist derjenige, der mit *Wissen und Willen* des Geschäftsherrn *in dessen Aufgabenbereich* tätig wird und von seinen *Weisungen abhängig* ist (BGH 5.1.1960, VersR 1960, 354). Letzteres ist anzunehmen, wenn der Geschäftsherr das Recht hat, die Tätigkeit des Gehilfen nach Zeit, Umfang und Art bestimmen zu können. Richtet der Gehilfe in Ausführung der ihm übertragenen Verrichtung, was einen *äußeren und inneren Zusammenhang* mit der Aufgabe des Verrichtungsgehilfen voraussetzt (BGH 6.10.1970, NJW 1971, 31; BGH 3.11.1964, VersR 1965, 131), rechtswidrig einen Schaden bei einem Dritten an, dann wird *widerleglich vermutet,* dass ein Sorgfaltsmangel in der Auswahl oder Überwachung des Gehilfen (BGH 15.11.1983, VersR 1984, 67) durch den Geschäftsherrn die Ursache für den entstandenen Schaden ist (*Haftung für vermutetes Verschulden*). Dem Halter steht der *Entlastungsbeweis* offen (BGH 8.12.2002, VersR 2003, 75). Dafür muss der Geschäftsherr den Nachweis führen, dass er bei der Auswahl und Überwachung des Verrichtungsgehilfen sorgfältig war oder dass der Schaden auch bei Anwendung der erforderlichen Sorgfalt eingetreten wäre (BGH 28.4. 1987, VersR 1987, 907; BGH 22.11.1974, VersR 1975, 447). Die Anforderungen an die anzuwendende Sorgfalt richten sich im Einzelfall nach der auf den Gehilfen übertragenen Tätigkeit. Je schwieriger und gefährlicher diese ist, desto höhere Anforderungen sind an die Sorgfaltspflicht des Geschäftsherrn bei der Auswahl und Überwachung des Verrichtungsgehilfen zu stellen (BGH 30.1. 1996, NZV 1996, 191; BGH 15.11.1983, VersR 1984, 67; OLG Köln 21.6.1996, VersR 1997, 848). Eine planmäßige und unauffällige *Überwachung* des Verrichtungsgehilfen ist ebenso erforderlich wie unerwartete *Kontrollen* (OLG Hamm 23.3.1998, DAR 1998, 392; s. a. → *Fuhrparküberwachung*).

3. Haftungsvoraussetzungen des § 7 Abs. 1 StVG. Die Haftung des Fahrzeughalters gem. § 7 Abs. 1 StVG ist eine *Gefährdungshaftung*. Diese Haftung greift ein, wenn durch den Betrieb eines Kfz oder eines Anhängers, der dazu bestimmt ist, beim Betrieb eines Kraftfahrzeugs mitgeführt zu werden, ein Schaden verursacht wird. Ein Verschulden ist anders als bei der Haftung gemäß § 823 Abs. 1 BGB zur Haftungsbegründung also nicht erforderlich (s. a. → *Gefährdungshaftung*). Indes haftet der Leasingnehmer und Halter eines Kfz dem Leasinggeber und Eigentümer des Kfz nicht aus § 7 Abs. 1 StVG, wenn der Halter nicht zugleich Fahrer ist und aufgrund der Schadens(mit)verursachung an dem von ihm gelenkten Kfz dem Eigentümer gegenüber gem. § 823 BGB oder gem. § 18 StVG, also aufgrund eigenen Verschuldens, haftet (BGH 7.12.2010, NJW 2011, 996, m. Anm. *Reinking*). Eine Haftung gem. § 7 Abs. 1 StVG setzt voraus, dass ein Schaden zurechenbar *durch den Betrieb* eines Kfz oder eines Anhängers entstanden ist. Das Haftungsmerkmal „bei dem Betrieb" ist weit auszulegen. Auch eine Ausweichreaktion, welche objektiv nicht erforderlich erscheint, und welche ohne Berührung mit dem anderen Kfz zum Unfall führt, kann durch den Betrieb des anderen Kfz entstanden sein (BGH 26.4.2005, NJW 2005, 281; BGH 21.9.2010, DAR 2011, 20; OLG München 16.3.2012, 10 U 4398/11). Maßgeblich ist, ob der Schaden in einem *nahen örtlichen und zeitlichen Kausalzusammenhang* mit einem bestimmten *Betriebsvorgang* oder einer bestimmten *Betriebseinrichtung* des Kfz steht (BGH 21.9.2010, DAR 2011, 20; vgl. OLG München 12.10.2009, DAR 2010, 93). Ein Kfz und ein mitgeführter Kfz-Anhänger sind in *Betrieb*, wenn der Motor des Kfz in Gang gesetzt ist und das Fahrzeug selbst oder eine seiner Betriebseinrichtungen bewegt (vgl. BGH 27.5.1975, VersR 1975, 945). Der Begriff des Betriebs ist *weit auszulegen*, um den hohen Gefahren im Straßenverkehr gerecht zu werden (BGH 27.11.2007, DAR 2008, 336). Es sollen alle Gefahren für andere Verkehrsteilnehmer im öffentlichen Straßenverkehr erfasst werden, die von einem Kfz typischerweise ausgehen bzw. diesem typischerweise innewohnen (vgl. BGH 11.7.1972, NJW 1972, 1808; BGH 19.4.1988, NJW 1988, 2802), auch Schäden durch aufgewirbelte Steine (LG Heidelberg 21.10.2011, DAR 2012, 337).

Da auch von einem *ruhenden Kfz* Gefahren für den fließenden Verkehr ausgehen können, ist von einer fortbestehenden Betriebsgefahr auch dann auszugehen, wenn das ruhende Kfz den fließenden Verkehrs beeinflusst (BGH 18.3. 1969, VersR 1969, 668; OLG Düsseldorf 15.6. 2010, I-1 U 105/09) – wobei Unsicherheit darüber besteht, ob eine Betriebsgefahr auch dann anzunehmen ist, wenn das Kfz im öffentlichen Verkehr ordnungswidrig oder gar ordnungsgemäß abgestellt wurde (vgl. OLG Karlsruhe 13.1. 1984, VersR 1986, 155), oder sogar dann, wenn es außerhalb des öffentlichen Verkehrsraums ruht (BGH 9.1.1959, BGHZ 29, 163). Um dem Gedanken der Gefährdungshaftung gerecht zu werden, wonach eine *umfassende Halterhaftung* bestehen soll, wird man annehmen müssen, dass auch von ordnungsgemäß abgestellten Kraftfahrzeugen eine Betriebsgefahr ausgeht, welche dann bei Abwägung der Verschuldens- und Verursachungsbeiträge ein geringeres Gewicht erhält, als z. B. die von einem fahrenden Kfz ausgehende Betriebsgefahr. Vom Betriebsbegriff werden auch noch Schäden erfasst, die *durch die Ladung* des Kfz (BGH 24.1. 1964, VersR 1964, 411) oder *durch dessen Insassen* verursacht werden (LG Bayreuth 13.1.1988, NJW 1988, 1152), und die beim *Be- oder Entladen* des Kfz entstehen (BGH 5.7.1988, BGHZ 105, 65). Ein Kfz befindet sich nach alledem also dann und solange in Betrieb, wie es sich im öffentlichen Straßenverkehr befindet und dadurch eine Gefahr für andere Verkehrsteilnehmer darstellt (vgl. BGH 19.4.1988, NJW 1988, 2802; s. a. → *Betriebsgefahr* Nr. 1).

Praxistipp: Die Haftung des Halters gem. § 7 Abs. 1 StVG ist auf die Haftungshöchstsummen des § 12 StVG beschränkt, beim Transport gefährlicher Güter auf die des § 12 a StVG (s. a. → *Gefährdungshaftung*).

4. Ausschluß der Halterhaftung. Seit dem 1.8.2002 enthält § 7 Abs. 2 StVG einen Ausschluß der Gefährdungshaftung nur noch in Fällen der *höheren Gewalt*, und nicht mehr bei Unabwendbarkeit. Durch diese Regelung werden schwache Verkehrsteilnehmer (Kinder, Fußgänger, Radfahrer, Kfz-Insassen, andere Nichtmotorisierte) erheblich besser gestellt. Höhere Gewalt kann nur dann angenommen werden, wenn ein Schaden durch ein *betriebsfremdes, unvorhersehbares Ereignis* verursacht wird, das durch *Naturgewalt* oder *Dritte Personen von außen hervorgerufen* wird, und auch *bei äußerster Sorgfalt* nicht *vermieden* werden kann und nicht wegen seiner *Häufigkeit* vom Halter hinzunehmen ist (BGH 5.10.1989, NJW 1990, 1167; vgl. BGH 17.10.1985, NJW 1986, 2312) – was vom in Anspruch genommenen Fahrzeughalter zu beweisen wäre. Dagegen kommt ein *Unabwendbarkeitsnachweis* mit der Folge eines Haftungsausschlusses für den Halter noch dann in Betracht, wenn ein Schaden durch mehrere Kfz und/oder Kfz-Anhänger verursacht wurde, *§ 17 Abs. 3 StVG*. Dabei ist zu beachten, dass dieser Haftungsausschluß nur im Innenverhältnis der am Unfall beteiligten Kfz Anwendung findet, also nicht gegenüber unmotorisierten geschädigten Dritten. Der Unabwendbarkeitsbeweis setzt voraus, dass der Schadenseintritt auch nicht durch die *äußerst mögliche Sorgfalt* abgewendet werden konnte. Dabei gelten als Sorgfaltsmaßstab die durchschnittlichen Anforderungen an einen *Idealfahrer* (BGH 12.5.1959, VersR 1959, 789). Erforderlich ist demnach, dass auch durch ein sachgemäßes, geistesgegenwärtiges Handeln, welches erheblich über dem Maßstab der im Verkehr erforderlichen Sorgfalt gemäß § 276 BGB liegt, der Unfall nicht vermieden werden konnte (BGH 28.5.1985, NJW 1986, 183; BGH 17.2.1987, VersR 1987, 1034) – was der in Anspruch genommene Halter zu beweisen hat (BGH 9.2.1982, NJW 1982, 1149; BGH 6.10.1964, VersR 1964, 1241). Lässt sich ein Unabwendbarkeitsnachweis nicht führen, dann ist bei einer Schadensverursachung durch mehrere Kfz eine Haftungsverteilung, die Bildung einer Haftungsquote, geboten. Der Unabwendbarkeitsbeweis kann ferner nicht geführt werden, wenn der Schadenseintritt alleine auf *technische Mängel* zurückzuführen ist, die auf einen Fehler in der Beschaffenheit des Fahrzeugs oder auf ein Versagen seiner Vorrichtungen zurückgehen, § 17 Abs. 3 S. 1 StVG. In dieser Regelung kommt der der Gefährdungshaftung zugrundeliegende Gedanke zum Ausdruck, wonach der Halter eines Kfz uneingeschränkt haften soll, wenn ein Schadenseintritt alleine darauf beruht, dass sich die spezifische Gefahr eines Kfz unabhängig vom Verhalten seines Fahrers oder Halters verwirklicht. Eine Halterhaftung besteht ferner nicht, wenn jemand das Kfz ohne das Wissen und den Willen des Halters benutzt, und dabei einen Schaden verursacht, § 7 Abs. 3 StVG (*Schwarzfahrt*). Hat der Halter jedoch die Schwarzfahrt dadurch ermöglicht, dass er nicht alles Zumutbare unternommen hat, um eine unbefugte Ingebrauchnahme des Kfz zu vermeiden, dann haftet der Halter neben dem unberechtigten Fahrer für Schadenersatzansprüche Dritter (OLG Frankfurt 13.3.1985, VersR 1987, 54; OLG Hamm 26.6.1985, VersR 1987, 205). Auch haftet der Halter, wenn die Schwarzfahrt durch einen Angestellten des Halters oder eine andere Person erfolgte, welcher das Fahrzeug zuvor vom Halter zur Nutzung überlassen wurde, wenn nicht der Halter zwischenzeitlich seine Haltereigenschaft verloren hat. Ein *vertraglicher Haftungsausschluß* ist gem. § 8 a StVG seit dem 1.8.2002 bei entgeltlicher oder geschäftsmäßiger Personenbeförderung nicht mehr möglich. Nur in Fällen der unentgeltlichen, privaten Personenbeförderung können Haftungsausschlüsse vereinbart werden, auch stillschweigend (s. a. → *Gefälligkeitsfahrt*; → *stillschweigender Haftungsausschluss bei Kfz-Unfällen*).

5. Konsumtion der Halterhaftung. Die Halterhaftung kann hinter den Verursachungs- und Verschuldensbeitrag anderer Verkehrsteilnehmer teilweise oder vollständig zurücktreten, zum einen bei einer Schadensverursachung durch mehrere Kraftfahrzeuge bei *Abwägung der Verursachungs- und Verschuldensbeiträge* gemäß § 17 StVG, zum anderen gegenüber dem Verschulden eines anderen, nicht motorisierten Verkehrsteilnehmers bei Abwägung der Verursachungs- und Verschuldensbeiträge gemäß §§ 9 StVG, 254 BGB. In solchen Fällen kann die einfache Betriebsgefahr, welche vom Kraftfahrzeug des in Anspruch genommenen Halters ausgeht, hinter den Verursachungs- und Verschuldensbeitrag des anderen Verkehrsteilnehmers zurücktreten. Die *Darlegungs- und Beweislast* für ein überragendes Fehlverhalten oder ein gravierendes Mitverschulden des anderen Verkehrsteilnehmers liegen beim in Anspruch genommenen Fahrzeughalter (s. a. → *Haftungsverteilung bei Verkehrsunfällen* Nr. 4).

Geiger

Halternachschau → Fahrerermittlung Nr. 2 b)

H Halterwechsel

Halterwechsel → Ummeldung

Halteverbot → Halten und Parken, → Verzögerungsstreifen

Hamburger Quotentabelle → Haftungsverteilung bei Verkehrsunfällen

Handeln auf eigene Gefahr → Gefälligkeitsfahrt

Handschuhe → Motorradschutzkleidung

Handyverbot 1. Allgemeines. Dem Fahrzeugführer ist die Benutzung eines Mobil- oder Autotelefons untersagt, wenn er hierfür das Mobiltelefon oder den Hörer des Autotelefons aufnimmt oder hält; dies gilt nicht, wenn das Fahrzeug steht und bei Kraftfahrzeugen der Motor ausgeschaltet ist (§ 23 Abs. 1a StVO). Das Handyverbot gilt nicht nur für Führer von Kraftfahrzeugen, sondern auch für Radfahrer. Der Fahrlehrer auf dem Beifahrersitz neben einem schon geübten Fahrschüler führt aber kein Fahrzeug im Sinne des § 23 Abs. 1a Satz 1 StVO (BGH 23.9.2014, 4 StR 92/14, DAR 2015, 97; OLG Düsseldorf 4.7.2013, IV-1 RBs 80/13, BeckRS 2013, 19115).

2. Mobil- oder Autotelefon. Ein Mobil- oder Autotelefon zeichnet sich begrifflich – mangels konkreter gesetzlicher Definition – dadurch aus, als dass mit Hilfe eines solchen Gerätes mit einer anderen Person mittels Sprache in Echtzeit und bidirektional (d. h. mit der Möglichkeit des gleichzeitigen Hörens und Sprechens) kommuniziert werden kann. Unter Berücksichtigung dieser Vorgabe und Beachtung des *Analogieverbots* fallen damit andere Geräte wie reine Funkgeräte (da kein gleichzeitiges Hören und Sprechen möglich; vgl. OLG Celle 17.6. 2009, 311 SsRs 29/09, NZV 2009, 467; a. A.: AG Sonthofen 1.9.2010, 144 Js 5270/10, DAR 2011, 99), Diktiergeräte, Pager, Tablet-PCs oder Organizer (PDA) nicht unter die Vorschrift des § 23 Abs. 1a StVO, sofern in diesen Geräten jeweils keine Telefonfunktion enthalten ist. Nachdem elektronische Geräte in der heutigen Zeit oft eine Vielzahl verschiedener technischer Funktionen aufweisen, wird ein Gerät jedenfalls dann als Mobil- oder Autotelefon zu betrachten sein, wenn damit zumindest auch die Kommunikation mittels Sprache (live und bidirektional, siehe oben) ermöglicht wird. Mobilteile von *Festnetztelefonen* stellen kein Mobil- oder Autotelefon i. S. v. § 23 Abs. 1a StVO dar (OLG Köln 22.10.2009, 82 Ss OWi 93/09, DAR 2009, 712).

3. Benutzen. Unter das *Benutzen* eines Mobil- oder Autotelefons fällt im weitesten Sinne jede Handlung, die mit der Bedienung des Geräts in Zusammenhang steht: Das Telefonieren selbst (auch wenn keine Verbindung zustande kommt), die Aufnahme und das Ablegen des Geräts vor und nach dem Telefonieren sowie die Bedienung des Telefons in seinen sämtlichen Funktionen. Ordnungswidrig ist beispielsweise das Aufnehmen des Geräts, um auf dem Display den Anrufer abzulesen (OLG Köln 18.2.2009, 83 Ss-OWi 11/09, DAR 2009, 408), das „Wegdrücken" eines eingehenden Anrufs (OLG Köln 9.2.2012, III-1 RBs 39/12, NZV 2012, 450), das Blättern in Telefonbucheinträgen, das Erstellen oder Lesen von SMS-Nachrichten, das Surfen im Internet, das Abspielen von Musikdateien (OLG Köln 12.8. 2009, 83 Ss-OWi 63/09, DAR 2011, 95) oder die Nutzung einer integrierten Navigationshilfe (OLG Hamm 18.2.2013, III – 5 RBs 11/13, BeckRS 2013, 04297) oder Fotokamera, sowie das Halten des Handy, um es mit einem Ladekabel zum Zwecke des Ladens anzuschließen (OLG Oldenburg, BeckRS 2016, 02115). Sofern das Mobil- oder Autotelefon aber mit einer *Freisprecheinrichtung* verbunden ist, darf es benutzt werden (solange es hierzu nicht aufgenommen oder gehalten werden muss). Die Aufnahme oder das Halten der Freisprechvorrichtung selbst (z. B. Bluetooth-Headset oder Ohrhörer) ist hierbei gestattet, da diese nicht Teil des Mobil- oder Autotelefons ist. Das Aufnehmen des Telefons ausschließlich zum Zweck, dieses an eine andere Stelle zu legen, stellt keine Benutzung i.S.d. Gesetzes dar (OLG Köln 23.8.2005, 83 Ss-OWi 19/05, NZV 2005, 547), gleichermaßen das Weitergeben des Telefons an den Beifahrer, ohne auf das Display zu schauen (OLG Köln 7.11.2014, III-1 RBs 284/14, DAR 2015, 104). Nach unterschiedlicher Einschätzung durch die OLGe hat der BGH auf Vorlage des OLG Karlsruhe am 23.9.2014 entschieden, dass ein Fahrlehrer, der als Beifahrer während einer Ausbildungsfahrt einen Fahrschüler begleitet, dessen fortgeschrittener Ausbildungsstand zu einem Eingreifen in der konkreten Situation Anlass gibt, nicht Fahrer eines Kfz im Sinne des § 23 Abs. 1a Satz 1 StVO ist (BGH 4 StR 92/14, DAR 2015, 97).

4. Ausgenommen vom Handyverbot ist die Benutzung eines Mobil- oder Autotelefons während des Fahrzeugstillstands bei ausgeschaltetem Motor. Solange aber der Motor bei einem Kfz in Betrieb ist, ist das Benutzen eines

Mobil- oder Autotelefons unzulässig, auch wenn das Kfz steht (z. B. am Straßenrand, an einer roten Lichtzeichenanlage, an einer geschlossenen Bahnschranke oder im Stau).
5. Ordnungswidrigkeiten. Verstöße gegen das Handyverbot werden als Ordnungswidrigkeiten geahndet (§ 24 StVG i.V. m. § 49 Abs. 1 Nr. 22 StVO), wobei im Bußgeldkatalog zwischen Radfahrern (Verwarnungsgeld) und sonstigen Fahrzeugführern (Geldbuße und Punkteeintrag im VZR bzw. im Fahreignungsregister) unterschieden wird.
Siehe auch: → *Fahrradfahrer Nr. 12*   *Langer*

Handzeichen   → Fahrradfahrer Nr. 5, → Fußgängerüberweg Nr. 2 a)

Harmlosigkeitsgrenze   → HWS-Schleudertrauma Nr. 4

Haschisch Haschisch wird aus dem Harz der Blütenstände weiblicher Pflanzen zusammen mit anderen klein geschnittenen Pflanzenteilen gepresst. Häufige Handelsformen sind Platten zu 100 Gramm oder ziegelähnliche Quader zu 250 Gramm in der Farbe unterschiedlich von hellbraun bis schwarz, die aus Pakistan, Marokko, dem Libanon, der Türkei importiert oder, wie beschrieben, in Europa hergestellt werden. Nach der Beschlagnahme solcher Produkte werden die THC-Konzentrationen bestimmt, da für die strafrechtliche Behandlung letztlich nicht die aufgefundene Menge sondern der Gesamtgehalt an THC wesentlich ist. Alte, gelagerte Haschischproben enthalten manchmal nur 2% oder u. U. auch kein THC mehr, bei frischen, sachgemäß gelagerten Proben können die Konzentrationen 15% THC und mehr betragen, wobei solch hohe Konzentrationen wahrscheinlich nur in Gewächshäusern erzielt werden. Das Häufigkeitsmaximum der Konzentrationen schwankt geringfügig von Jahr zu Jahr, liegt aber immer knapp unter der 10%-Marke.
Siehe auch: → *THC*   *Sachs*

Hauptuntersuchung   **1. Allgemeines.** § 29 Abs. 1 StVZO verpflichtet die Halter von zulassungspflichtigen und zulassungsfreien, aber nach § 4 Abs. 2 und 3 S. 2 FZV kennzeichenpflichtigen Fahrzeugen, diese auf Kosten des Halters in regelmäßigen Abständen auf Vorschriftsmäßigkeit untersuchen zu lassen (*Hauptuntersuchung, HU*). Kraftomnibusse und andere Kfz mit mehr als acht Fahrgast(sitz)plätzen, zur Güterbeförderung bestimmte Kfz, selbstfahrende Arbeitsmaschinen, Zugmaschinen und Anhänger unterliegen außerdem regelmäßigen *Sicherheitsprüfungen* (*SP* Nr. 2.1 Anlage VIII zur StVZO). Von der Pflicht zur Hauptuntersuchung sind Fahrzeuge mit roten Kennzeichen sowie Fahrzeuge der Bundeswehr und der Bundespolizei *befreit* (§ 29 Abs. 1 S. 2 StVZO). Über die Untersuchung der Fahrzeuge der Feuerwehren und des Katastrophenschutzes entscheiden die zuständigen obersten Landesbehörden (§ 29 Abs. 1 S. 3 StVZO). Kfz, für deren Antrieb verflüssigtes Gas (LPG) oder komprimiertes Erdgas (CNG) verwendet wird, sind hinsichtlich ihrer *Gasanlage* bei der HU wiederkehrend auf die Einhaltung der vorgeschriebenen Sicherheitsstandards zu untersuchen (Nr. 1.2.1 Anlage VIII i.V.m. Nr. 4.8.5 Anlage VIII a zur StVZO). Diese „wiederkehrende Gasanlagenprüfung" (GWP) ist Teil der HU.
2. Änderung 2006. Seit 2006 ist die HU schrittweise mit der *Abgasuntersuchung (AU)* zusammengeführt worden (→ *Abgasuntersuchung*). Seit dem 1.1.2010 ist die *AU Teil der HU*. Seitdem gibt es zum Nachweis der durchgeführten HU einschließlich der AU nur noch die *HU-Plakette* auf dem hinteren Kennzeichen.
3. Durchführung. Die Hauptuntersuchung wird von *amtlich anerkannten Sachverständigen oder Prüfern* für den Kraftfahrzeugverkehr bei den Technischen Prüfstellen und von *Prüfingenieuren* amtlich anerkannter Kfz-Überwachungsorganisationen durchgeführt (Nr. 3.1.1 Anlage VIII zur StVZO). Die bei der HU tätigen Personen handeln *hoheitlich*, denn die Technischen Prüfstellen und die Überwachungsorganisationen sind mit der Durchführung der HU beliehen. Der positive oder negative Abschluss der HU ist ein *Verwaltungsakt*. Die Prüfung erfolgt nach Maßgabe der Anlage VIII a zur StVZO. In allen Fällen findet eine *Pflichtuntersuchung* der dort festgelegten Untersuchungspunkte statt. Gibt der Zustand oder das Alter des Fahrzeugs Anlass für eine darüber hinausgehende, *vertiefte Untersuchung*, so ist diese durchzuführen (Nr. 2.2 Anlage VIII a zur StVZO). Dem Halter wird ein *Untersuchungsbericht* über die durchgeführte HU ausgehändigt. Die *Erteilung der HU-Plakette* bescheinigt, dass der Prüfer das Fahrzeug im Zeitpunkt der HU für *vorschriftsmäßig* nach Nr. 1.2 Anlage VIII zur StVZO befunden hat (§ 29 Abs. 3 S. 2 StVZO) oder das Fahrzeug bei Plakettenerteilung nur *geringe Mängel* aufwies, deren unverzügliche Beseitigung zu erwarten war (§ 29 Abs. 3 S. 3 StVZO). Wurden *erhebliche Mängel* festgestellt,

wird keine Prüfplakette zugeteilt; der Halter hat dann alle Mängel unverzüglich beheben zu lassen und das Fahrzeug zur Nachprüfung der Mängelbeseitigung spätestens nach einem Monat wieder vorzuführen (Nr. 3.1.4.3 Anlage VIII zur StVZO).

4. Die Fristen für die HU ergeben sich aus Nr. 2 Anlage VIII zur StVZO (abgedruckt bei Hentschel/König/*Dauer* Straßenverkehrsrecht 43. Aufl. 2015 § 29 StVZO Rn. 17). Die Frist für die nächste HU beginnt mit dem Monat und Jahr der letzten HU. Wird die HU *verspätet* durchgeführt, so beginnt die Frist mit dem Monat und Jahr der verspätet durchgeführten HU. Bei Überschreitung der HU-Frist um mehr als zwei Monate ist zusätzlich zu der obligatorischen Pflichtuntersuchung eine Ergänzungsuntersuchung vorgeschrieben (Nr. 2.2 Anl. VIII a StVZO). Der *Nachweis der Frist für die nächste HU* erfolgt durch Vermerk in der Zulassungsbescheinigung Teil I/dem Fahrzeugschein, durch die Prüfplakette auf dem hinteren Kennzeichen und durch den Vermerk im Untersuchungsbericht. Fällt die Frist für HU oder SP bei Fahrzeugen mit *Saisonkennzeichen* in die Zeit außerhalb des Betriebszeitraums, ist die Durchführung im ersten Monat des folgenden Betriebszeitraums zu veranlassen (Nr. 2.6 Anlage VIII zur StVZO). Soll ein *außer Betrieb gesetztes Fahrzeug* wieder zugelassen werden, müssen vorher HU und SP durchgeführt werden, wenn nach der Fristentabelle in Nr. 2 Anlage VIII zur StVZO zwischenzeitlich eine HU bzw. SP hätte stattfinden müssen (§ 14 Abs. 6 S. 3 und 4 FZV). Soll ein Fahrzeug mit EG-Typgenehmigung, das bereits *in einem anderen EU- oder EWR-Staat zugelassen* war, in Deutschland zugelassen werden, ist vorher eine HU oder SP durchzuführen, wenn zwischenzeitlich nach der Fristentabelle in Nr. 2 Anlage VIII zur StVZO eine solche Untersuchung hätte stattfinden müssen (§ 7 Abs. 1 S. 1 FZV). Bei Fahrzeugen aus *Staaten außerhalb der EU und des EWR* ist vor der Zulassung in jedem Fall eine HU oder SP durchzuführen (§ 7 Abs. 3 FZV).

Siehe auch: → *Straßenverkehrs-Zulassungsordnung*

Dauer

Hauptverfahren → Bußgeldverfahren Nr. 4

Hauptverhandlung → Bußgeldverfahren Nr. 5

Hauptverhandlung, Erscheinen Nr. 5 c)

Hauptverhandlungsprotokoll → Bußgeldverfahren Nr. 5 i)

Haushaltsführungsschaden → Ersatzansprüche Dritter Nr. 4, → Unfallschadenabwicklung-Personenschaden Nr. 14, 15

häusliche Gemeinschaft → Regress Nr. 4, → Übergang von Ersatzansprüchen Nr. 3

Heckanstoß → HWS-Schleudertrauma Nr. 3, 4

Heilbehandlungskosten → Kinderunfall Nr. 6, 7, → Unfallschadenabwicklung – Personenschaden Nr. 2

Heimweg → Wegeunfall Nr. 1

Helmpflicht → Fahrradhelm Nr. 2, → Motorradhelm, → Motorradhelm, Fahren ohne

Heranwachsende → Vollstreckung von Geldbußen Nr. 7

Heroin Heroin wird durch die Aufbereitung von Mohnsaft nach Acetylierung des Morphins mit Essigsäureanhydrid hergestellt. Die Reinsubstanz ist ein weißes Pulver. In Straßendrogen kommt es in sehr unterschiedlicher Qualität vor, am häufigsten mit einer Heroin-HCl-Konzentration zwischen 10-12%. Da Heroin (Diamorphin) nach dem BtMG nicht verschreibungs- und verkehrsfähig ist, ist es in Deutschland zur Substitution nur im Rahmen des sogenannten Heroinprojektes von der Bundesopiumstelle durch eine Sonderregelung zugelassen. Heroin ist als Aufnahmesubstanz im § 24a StVG in der Anlage enthalten, nachzuweisen über das Stoffwechselprodukt Morphin mit Grenzwert von 10 ng/ml.

Siehe auch: → *Drogenfahrt Nr. 2* *Sachs*

Hersteller → Betriebsanleitung, → Garantieansprüche, → Gruppenfreistellungsverordnung, → Produkthaftung, → Rückrufe von Kfz

Hilfe, erste → Sofortmaßnahmen am Unfallort Nr. 2, → Unterlassene Hilfeleistung

Hilfeleistung → Unterlassene Hilfeleistung

Hilfsperson → Fuhrparküberwachung

Hindernisse → Haftungsverteilung bei Verkehrsunfällen Nr. 11, → Sichtfahrgebot

Hinweispflicht → Aufklärungsobliegenheiten, → Waschstraßenschäden

HIS (das ehemalige UNIWAGNIS) 1. Allgemeines. Die HIS-Datei – vormals auch unter UNIWAGNIS, Hinweis- und Informationssystem der Versicherungswirtschaft oder Wagnisauskunft bekannt – ist eine gemeinsame Warn- und Hinweisdatenbank der im Gesamtverband der Deutschen Versicherungswirtschaft (GDV) organisierten Versicherungsunternehmen, in der die Daten von Versicherungsnehmern, aber auch die von nicht versicherten gespeichert werden. Sie ist dabei.
2. Betreiber. Sie eine Auskunftei im Sinne des Bundesdatenschutzgesetzes(BDSG) und wird von der „informa Insurance Risk and Fraud Prevention GmbH" betrieben.
3. Auskunft. Gemäß BDSG ist eine Auskunft pro Jahr kostenlos. Anfragen sind postalisch zu richten an den Betreiber des HIS:
informa Insurance
Risk and Fraud
Prevention GmbH
Abteilung Datenschutz
Rheinstraße 99
76532 Baden-Baden
Aus datenschutzrechtlichen Gründen werden keine telefonischen Auskünfte erteilt, da eine eindeutige Identifizierung am Telefon nicht möglich ist.
a) Auskünfte zu einer Person. Zur Identifizierung müssen Betroffene die folgenden Angaben übermitteln:
Nachname und ggf. Geburtsname
Vorname(n)
Geburtsdatum
Aktuelle Anschrift (keine Postfachanschrift)
Voranschriften der letzten 5 Jahre (erhöhen die Vollständigkeit der Selbstauskunft).
b) Auskünfte zu einem Fahrzeug. Um Auskunft zu erhalten, ob Informationen zu einem Kraftfahrzeug gespeichert sind, ist die Angabe der Fahrzeugidentifikationsnummer und eines Nachweises, dass es sich bei der anfragenden Person um den Halter des Fahrzeugs handelt, erforderlich.
4. Beschwerde über den Inhalt der Auskunft. Führt die Auskunft dazu, dass nach Ansicht des Anfragenden unzutreffende Einträge vorliegen, kann er sich beschwerdeführend an informa wenden, die der Beschwerde – ggf. in Abstimmung mit dem meldenden Versicherer – nachgehen wird. Die Beschwerde kann aber auch direkt beim meldenden Versicherer eingereicht werden.
Soweit sich eine Meldung an das HIS als unrichtig erweist, werden die Daten gelöscht. Sind die Voraussetzungen für eine Meldung gegeben, besteht grundsätzlich kein Anspruch auf Löschung.
5. Dauer der Speicherung der Daten. Die regelmäßige Frist für die Speicherung im HIS beträgt nach dem Bundesdatenschutzgesetz grundsätzlich vier Kalenderjahre. Sie beginnt mit dem Kalenderjahr, das der erstmaligen Speicherung folgt, kann also bis zu vier Jahren und 364 Tagen dauern. Die Speicherfrist verlängert sich in den Fällen einer erneuten Meldung vor Ablauf dieser Speicherfrist. Damit ist sichergestellt, dass bei nachhaltig relevanten Vorgängen, etwa einem wiederholten Versicherungsbetrug, auch frühere Informationen im HIS verbleiben. Die Höchstspeicherdauer beträgt zehn Jahre.
6. Zweck der Datei. Die Datei dient der Aufdeckung von Versicherungsbetrug und -missbrauch. *Strikte* Eine HIS-Meldung für sich allein führt nicht zur Ablehnung eines Versicherungsanspruchs. Das HIS gibt dem Versicherer lediglich den Hinweis, den Leistungsfall eingehender zu prüfen und ggf. beim Kunden oder Anspruchsteller nachzufragen, um den Sachverhalt umfassend aufzuklären.
Ergibt die weitergehende Prüfung aufgrund des HIS, dass etwa ein Kunde bewusst Vorschäden verschwiegen oder einen Unfall fingiert hat, können die geltend gemachten Schäden nicht oder nicht im vollen Umfang reguliert werden. In diesem Fall muss der Kunde sogar mit strafrechtlichen Konsequenzen rechnen.
Stimmen die Informationen, die mittels HIS gewonnen werden, mit den Angaben des Versicherungsnehmers oder Anspruchstellers überein oder ergeben sich keine neuen Erkenntnisse, hat der HIS-Eintrag keine Konsequenzen.
7. Art der Eintragungen. Es können Personen (Versicherungsnehmer, Geschädigte, versicherte Personen, und andere z. B. Zeugen) und Objekte (Fahrzeuge, Gebäude usw.) gemeldet werden.
Meldungen erfolgen nach vordefinierten, feststehenden Meldekriterien, die sich in die folgenden Kategorien eingruppieren lassen:
→ atypische Schadenhäufigkeiten,
→ besondere Schadenfolgen,
→ erschwerte Risiken,
→ Auffälligkeiten im Schaden-/Leistungsfall.
Atypische Schadenhäufigkeiten sind in den verschiedenen Versicherungssparten unterschiedlich gewichtet. Erfasst wird jeweils eine atypische Schadenhäufung innerhalb eines bestimmten Zeitraums.
In der Rechtsschutzversicherung ist danach bspw. eine Meldung möglich, wenn vier und

mehr Versicherungsfälle innerhalb eines Zeitraums von 12 Kalendermonaten eingetreten sind.

Auf Basis der Kategorie „besondere Schadenfolgen" kann eingemeldet werden, wenn z. B. ein Fahrzeugschaden tatsächlich nicht repariert, sondern fiktiv auf Gutachterbasis abgerechnet wird und eine gewisse Schadenhöhe überschritten ist. Durch die Meldung soll vermieden werden, dass derselbe, nicht reparierte Fahrzeugschaden nach Wechsel des Versicherers bei diesem noch einmal eingereicht und somit mehrfach „abgerechnet" wird. Dies dürfte in der Kfz-Versicherung der häufigste Grund für eine Meldung sein.

Personen, die an einem Schadenfall beteiligt sind, können wegen Auffälligkeiten zum Schadenhergang, -bild oder -umfang an das HIS gemeldet werden. Der Sachbearbeiter greift hierbei bestimmte Kriterien, die unterschiedlich gewichtete betrugsgeneigte Auffälligkeiten definieren, auf. Diese spiegeln das Erfahrungswissen der Experten in der Betrugsaufklärungsarbeit wider und sind in den meisten Punkten von der Rechtsprechung als taugliche Hinweiskriterien bestätigt. *Kärger*

Höchstbetrag → Deckungssummen in Europa

höhere Gewalt → Halterhaftung, → Schadenrechtsänderungsgesetz Nr. 8

130 % Grenze → Unfallschadenabwicklung – Sachschaden Nr. 8–16

HU-Plakette → Abgasuntersuchung, → Hauptuntersuchung Nr. 3

HWS-Schleudertrauma **1. Allgemeines:** Das Halswirbelschleudertrauma – kurz HWS-Schleudertrauma – gehört in der Unfallschadenabwicklung mit Personenschäden zu den am häufigsten vorkommenden Verletzungen. Gerade bei leichten HWS-Verletzungen stellt sich oftmals die Frage der Unfallursächlichkeit für die Verletzung, die in Gerichtsverfahren häufig mit Hilfe von so genannten biomechanischen Sachverständigengutachten ermittelt wird. *Wehrl*
2. Verletzungsbild. Leichte, mithin objektiv kaum diagnostizierbare Verletzungen der Halswirbelsäule bringen besondere Probleme bei der Schadensregulierung von Verkehrsunfällen mit sich. Oftmals sind die Mediziner bei der *Diagnose* mangels bildgebender Verfahren alleine auf die Angaben des Geschädigten angewiesen (*Oppel* DAR 2003, 400; *Krumbholz* DAR 2004, 434; *Ziegert* DAR 1994, 257). Häufige *Symptome* von HWS-Traumata sind diffuse Schmerzen im HWS- und BWS-Bereich, teilweise mit Ausstrahlung in den oder die Arme, Bewegungseinschränkungen der HWS, Schwindel, Übelkeit, Erbrechen, Kopfschmerzen und Schlafstörungen. HWS-Verletzungen werden nach *Schweregraden* in *drei Gruppen* unterteilt (*Erdmann* Schleuderverletzung der Halswirbelsäule, 1973, 21). *Grad I* sind leichte Fälle mit Nacken- und Hinterkopfschmerzen unter geringer Bewegungseinschränkung der HWS und Schluckbeschwerden u. a., die keinen röntgenologisch oder neurologisch abnormen Befund mit sich bringen, eine längere Latenzzeit aufweisen können und ca. 2 bis 3 Wochen anhalten. *Grad II* sind mittelschwere Fälle mit röntgenologisch feststellbaren Veränderungen der HWS, ausgeprägter Nackensteife, mit einer Latenzzeit von allenfalls einer Stunde und einer Dauer von 4 Wochen bis zu 1 Jahr. *Grad III* sind schwere Fälle mit Rissen, Frakturen, Verrenkungen, Lähmungen und ähnlich schweren Folgen ohne Latenzzeit bei einer Dauer von mehr als 1 Jahr. Eine Besonderheit von weniger schweren HWS-Verletzungen ist, dass die Beschwerden oftmals nicht unmittelbar nach dem Unfall, sondern mitunter erst nach einigen Tagen auftreten (LG Braunschweig 18.11.1998, DAR 1999, 218).

3. Prozessuales. Der *Schadenseintritt* (HWS-Verletzung) und die *Ursächlichkeit* des Unfalls für diesen Schaden (haftungsbegründende Kausalität), also der gesamte *Haftungsgrund*, muss vom Geschädigten dargelegt und bewiesen werden (eine bloße Zahlung eines geringen Schmerzensgeldes stellt kein Anerkenntnis einer unfallbedingten HWS-Verletzung dar, KG 11.4.2011, 22 U 1/10), das Gericht ist i.S.v. § 286 Abs. 1 ZPO (*Vollbeweis*) zu überzeugen (BGH 8.7.2008, DAR 2008, 587; BGH 4.11.2003, DAR 2004, 81; BGH 28.1.2003, DAR 2003, 218), indes nicht mit „an Sicherheit grenzender Wahrscheinlichkeit", sondern mit „einem für das praktische Leben brauchbaren Grad von Gewißheit, der Zweifeln Schweigen gebietet" (BGH 18.4.1977, VersR 1977, 721; BGH 9.5.1989, VersR 1989, 758). Es besteht kein *Anscheinsbeweis*, dass ein Auffahrunfall (Heckanstoß) eine HWS-Distorsion auslöst (BGH 28.1.2003, DAR 2003, 218). Stets ist eine *Einzelfallprüfung* vorzunehmen, ob unter Zugrundelegung der Angaben des Geschädigten (informatorische Anhörung), von Unfallzeugen, von Bekannten und Verwandten sowie der behandelnden Ärzte zum Befinden des Geschädigten vor und nach dem Unfall nach freier Überzeugung des Gerichts das Unfallereignis eine HWS-Distorsion verursacht hat (BGH 8.7.2008, DAR 2008, 587; BGH 3.6.2008, DAR 2008, 590). Eines Sachverständigengutachtens bedarf es dann nicht zwingend (vgl. BGH 9.5.1989, VersR 1989, 758). Der *zeitliche Zusammenhang* zwischen dem Unfall und dem Auftreten von Beschwerden reicht nicht aus, um die Unfallursächlichkeit ausreichend darzulegen (BGH 4.11.2003, NJW 2004, 777; OLG Brandenburg 25.9.2008, NJW-Spezial 2008, 682). Auch ist es i. d. R. nicht ausreichend, wenn auch nicht gänzlich irrelevant, ein ärztliches Attest mit der Diagnose einer HWS-Verletzung Grad I vorzulegen. Vielmehr müssen vom Geschädigten weitere Umstände dargelegt werden, wie z. B. die *Art* (frontal oder seitlich) und *Intensität des Aufpralls* sowie die *Geschwindigkeitsänderung* der Fahrzeuge (auf welche sich aus dem Schadenbild Rückschlüsse ziehen lassen), überraschende oder erwartete Kollision (*Großer DAR* 2004, 426), die *Sitzposition* und *Kopfhaltung* des Geschädigten bei der Kollision, die *Einstellung der Kopfstütze* und des *Sitzes*, seine *Konstitution* (Vorschäden, degenerative Veränderungen) und sein *Alter*, der *zeitliche Zusammenhang* zwischen Unfall und erstmaligem Auftreten der Beschwerden, *ärztliche Feststellungen* zu pathologischer Muskelverspannung in der Nackenregion mit Einschränkungen in der Beweglichkeit der HWS bei Beugung und Rotation, die ärztliche Verordnung einer Schanz´schen Krawatte, von Massagen oder Fangopackungen sowie verschreibungspflichtigen Medikamenten (BGH 8.7.2008, DAR 2008, 587; OLG Bamberg 5.12.2000, DAR 2001, 121; OLG Düsseldorf 12.4.2011, NJW 2011, 3043). Mit dem Nachweis einer *Primärverletzung*, dass also der Unfall zu einer Verletzung an Kopf, Hals oder Nacken geführt hat, steht der Haftungsgrund fest (BGH 22.9.1992, NJW 1992, 3298; BGH 16.11.1999, DAR 2000, 117). Die *Beweismaßsenkung* des § 287 ZPO, wonach für die richterliche Überzeugungsbildung eine *überwiegende Wahrscheinlichkeit* ausreicht (BGH 22.9.1992, NJW 1992, 3298; BGH 7.7.1970, VersR 1970, 924; OLG München 27.1.2006, NZV 2006, 261), kommt dem Geschädigten erst bei feststehender Primärverletzung zugute, mithin erst bei der Frage, ob der Unfall über die Primärverletzung hinaus für die Beschwerden des Geschädigten ursächlich ist (BGH 28.1.2003, DAR 2003, 218). Erst hier kommt eine *Anhörung des Geschädigten* zu den Unfallfolgen gem. § 287 Abs. 1 S. 3 ZPO in Betracht (vgl. auch Jahn, NJW-Spezial 2012, 457; OLG Saarbrücken 28.2.2013, zfs 2014, 21 m. Anm. *Diehl*).

Praxistipp: Da der Geschädigte den *Vollbeweis zum Haftungsgrund* führen muss, sollte so ausführlich und detailliert wie möglich zum Haftungsgrund vortragen und Beweis angeboten werden. Neben der *Vorlage von ärztlichen Attesten* sollten auch *behandelnde Ärzte* und *Heilpraktiker* als *Zeugen* zu den festgestellten Verletzungen und Beschwerden angeboten werden. Denn nur sie können zu den durch sie festgestellten und behandelten Verletzungen und Beschwerden des Geschädigten Angaben machen, und stellen damit eine *wichtige Erkenntnisquelle* dar (BGH 8.7.2008, DAR 2008, 587). Solche Bekundungen werden nicht durch technische Gutachten erschüttert oder gar ersetzt (LG Bonn 1.8.2002, DAR 2003, 72; AG Bremen 27.9.2002, DAR 2003, 76), genügen jedoch alleine zur Beweisführung für den Kausalzusammenhang nicht (BGH 16.11.1999, DAR 2000, 117; OLG München 8.2.2002, NZV 2003, 474; a.A. OLG Bamberg 5.12.2000, DAR 2001, 121).

4. Harmlosigkeitsgrenze. Allein der Umstand, dass sich ein Unfall mit einer *geringeren kollisionsbedingten Geschwindigkeitsänderung* ereignet hat, kann die tatrichterliche Überzeugung i.S. v. § 286 ZPO, dass die HWS-Verletzung durch den Unfall verursacht wurde, nicht ausschließen (BGH 28.1.2003, DAR 2003, 218; OLG Köln 25.10.2005, DAR 2006, 325; KG 19.9.2005, VersR 2006, 1233). Eine sog. Harmlosigkeitsgrenze für die Kausalität eines Unfalls mit einer kollisionsbedingten Geschwindigkeitsänderung z. B. von weniger als z. B. 10 km/h für eine HWS-Verletzung bei einem Auffahrunfall (*Heckanstoß*) besteht nicht (BGH 28.1.2003, NJW 2003, 1116; BGH 3.6.2008, DAR 2008, 590). Auch bei einer Frontalkollision (*Anstoß im Frontbereich*) ist kein Raum für eine Harmlosigkeitsgrenze (BGH 8.7.2008, DAR 2008, 587). Entscheidend ist keine allgemeine *statistische Verletzungswahrscheinlichkeit*, sondern die *individuelle Belastungsgrenze* des Unfallopfers (BGH 8.7.2008, DAR 2008, 587; *Wedig* DAR 2008, 588 f.).

Praxistipp: Das sog. *Autoscooter-Argument*, wonach eine HWS-Distorsion bei einer Auffahrgeschwindigkeit von unter 10 km/h nicht verursacht werden kann, weil ansonsten nach Jahrmärkten eine Vielzahl HWS-Geschädigter zu beklagen wäre, spricht nicht zwingend dafür, dass im unteren Bereich kollisionsbedingter Geschwindigkeitsänderungen keine HWS-Distorsionen auftreten können (Hillmann/Schneider § 9 Rn. 324 f.).

5. Vorschädigung. Auch im Falle einer *degenerativ vorgeschädigten Halswirbelsäule* (altersbedingte Verschleißerscheinungen), hat der Geschädigte grundsätzlich Anspruch auf vollen Ersatz seiner Ansprüche, wenn er unmittelbar vor dem Unfallgeschehen völlig frei von Beschwerden war (BGH 5.11.1996, NJW 1997, 455). Der Schädiger hat *keinen Anspruch auf einen nicht Vorgeschädigten* (BGH 11.3.1986, VersR 1986, 812; BGH 11.11.1997, NJW 1998, 810), darf er doch niemanden verletzen. Ergibt ein *Vergleich* des Zustands des Geschädigten vor dem Unfall mit seinem Befinden nach dem Unfall eine Verschlechterung, dann ist diese dem Unfall zuzuordnen, auch wenn ein Vorschaden latent vorhanden war (vgl. OLG Hamm 9.9.1993, DAR 1994, 155). Auch bei einer Vorschädigung oder Schadensanlage kann nicht angenommen werden, dass der Unfall die *Ursache lediglich vorübergehender Beschwerden* des Geschädigten sei, und sich bei anhaltenden Beschwerden die Frage nach der Kausalität des Unfalls für länger anhaltende Unfallfolgen erneut stelle (vgl. OLG Celle 28.11.1996, DAR 1998, 473). Die im Sozialrecht geltende „Theorie der wesentlichen Bedingung", welche eine richtungsweisende Verschlimmerung des Vorschadens durch den Unfall verlangt, stimmt nicht mit dem *Kausalitätsprinzip des Zivilrechts* überein, nach welchem ausreichend ist, dass es dem Geschädigten ohne den Unfall mit überwiegender Wahrscheinlichkeit besser ginge (BGH 19.4.2005, NJW-RR 2005, 897; OLG Hamm 9.9.1993, DAR 1994, 155). Wird ein latent gebliebener Vorschaden durch eine neue Verletzung verschlimmert, so bezeichnet man dies als *überholende Kausalität*. Auftretende *Ursächlichkeitszweifel* gehen zu Lasten des Schädigers (*Dannert* zfs 2002, 50).

Praxistipp: Sind die nach einem Unfall aufgetretenen Wirbelsäulenbeschwerden nicht allein durch den Unfall bedingt, sondern zu einem wesentlichen Teil auf eine degenerative, vorgeschädigte Wirbelsäule zurückzuführen, so sind bei der *Bemessung des Schmerzensgeldes* dennoch sämtliche Beschwerden zu berücksichtigen, wenn diese durch das Unfallgeschehen ausgelöst wurden (OLG Frankfurt 26.10.1994, VersR 1996, 864).

6. Sachverständigengutachten. Oftmals wird nur die Einholung eines Sachverständigengutachtens die Beantwortung der Frage nach dem Vorliegen einer HWS-Verletzung und der Unfallursächlichkeit erlauben. Zu beachten ist dabei, dass *unfallanalytische* oder *biomechanische Gutachten* zur Klärung der *kollisionsbedingten Geschwindigkeitsänderung* für die Beurteilung der Ursächlichkeit eines Unfalls für eine HWS-Verletzung nicht ausschlaggebend sind (vgl. BGH 8.7.2008, DAR 2008, 587; BGH 3.6.2008, DAR 2008, 590). Die Unfallursächlichkeit ist in erster Linie mittels eines *medizinischen Gutachtens* festzustellen (BGH 3.6.2008, DAR 2008, 590; KG 12.2.2004, NZV 2004, 460), welches indes in aller Regel auf einer unfallanalytischen Begutachtung fußt (BGH 28.1.2003, DAR 2003, 218), so dass unfallanalytische bzw. biomechanische Gutachten nicht gänzlich verzichtbar sind (KG 6.6.2005, NZV 2005, 521; OLG München 13.5.2011, NJW 2011, 3729; a.A. AG Kempten 20.7. 2005, DAR 2006, 512). Regelmäßig wird die Frage nach der Unfallursächlichkeit also durch *interdisziplinäre Gutachten* beantwortet werden. Neuroutologische Gutachten sind für den Beweis der Unfallbedingtheit einer Primärverletzung nicht geeignet, da diese eine Primärverletzung voraussetzen (OLG Celle 20.1. 2010, 14 U 126/09). Die im Gerichtsverfahren beantragte Einholung eines fachmedizinischen Gutachtens zum Beweis des Ursachenzusammenhangs zwischen Unfall und vorhandenen Beschwerden kann nur dann *unterbleiben*, wenn auszuschließen ist, dass die Partei damit den Beweis der Unfallursächlichkeit führen kann (BGH 3.6.2008, NZV 2008, 502), was alleine anhand eines biomechanischen Gutachtens nicht beurteilt werden kann (BGH 28.1. 2003, DAR 2003, 218; KG 19.9.2005, VersR 2006, 1233), ebenso wenig alleine aufgrund einer *geringen Geschwindigkeitsdifferenz* der unfallbeteiligten Kfz (BGH 3.6.2008, NZV 2008, 502).

Praxistipp: Außergerichtlich kann der Geschädigte ein solches *Gutachten* in aller Regel nicht auf Kosten seines Rechtsschutzversicherers einholen (s. a. → *Rechtsschutzversicherung*).

Geiger

I

Idealfahrer → Fahrerhaftung Nr. 4, → Halterhaftung Nr. 4, → Ölspurschäden Nr. 2, → Schadenrechtsänderungsgesetz Nr. 8, → Unabwendbares Ereignis Nr. 2

Idealkonkurrenz → Tateinheit und Tatmehrheit Nr. 2

Idiotentest Syn. „Depperltest", → Medizinisch-psychologische Untersuchung

Immaterieller Vorbehalt → Unfallschadenabwicklung – Personenschaden Nr. 25

Indiz → Besonderheiten des Verkehrsunfallprozesses Nr. 8, 21

Indizienbeweis → Vorsätzlich verursachter Kfz-Unfall Nr. 3

informatorische Parteianhörung → Besonderheiten des Verkehrsunfallprozesses Nr. 23

Inkassokosten, Kostenerstattung → Abschleppkosten Nr. 3

Inlandsunfall → Verkehrsopferhilfe Nr. 2, 5

Inlandsunfall mit NATO-Kfz 1. Allgemeines. Die Anwesenheit ausländischer NATO- und anderer Streitkräfte im deutschen Inland macht eine Regelung des Ausgleichs der von ihnen verursachten Schäden notwendig. *Gesetzliche Grundlagen* (ausführlich dazu Geigel/Kapsa 34. Kapitel Rn. 2 ff.) sind das *NATO-Truppenstatut* (*NTS*), das *Zusatzabkommen* zum NATO-Truppenstatut (*ZA-NTS*), das *Unterzeichnungsprotokoll* zum Zusatzabkommen (*UP*) sowie das *Ausführungsgesetz* zum NATO-Truppenstatut (*AG-NTS*).
2. System der Schadensregulierung. Wird ein *Verkehrsunfall im Inland* (Deutschland) durch ein Mitglied einer *NATO-Truppe* oder eines *zivilen Gefolges* mit einem *Militärfahrzeug* in *Ausübung des Dienstes* – worüber von der Truppe eine auch für Gerichte verbindliche Bescheinigung ausgestellt wird (BGH 26.2.1970, VersR 1970, 439) – bei einer nicht dem Militär oder dessen Gefolge zugehörigen Person verursacht, dann liegt ein sog. *Drittschaden* vor, so dass die Ansprüche des Geschädigten gem. *Art. VIII Abs. 5 NTS* von der Bundesrepublik Deutschland für den Entsendestaat (Herkunftsland des Schädigers) abgewickelt und reguliert werden (BGH 14.3.1968, NJW 1968, 1044; *Dumbs* VersR 2007, 27). Wurde der Schaden dagegen *nicht in Ausübung eines öffentlichen Amtes* verursacht, und trifft die NATO-Truppe oder deren ziviles Gefolge *keine Verantwortung* für den Unfall, kann der Schaden nicht gem. Art. VIII Abs. 5 NTS abgewickelt werden, Art. VIII Abs. 7 NTS (OLG Frankfurt 28.2.2003, VersR 2004, 337). Der *Entsendestaat* kann dem Geschädigten dann auf Antrag *ohne Anerkennung einer Rechtspflicht* eine *Abfindung* gewähren, wenn der Geschädigte diese als vollständige Abgeltung seiner Ansprüche anerkennt, sog. „ex-gratia-Zahlung" i.S.v. Art. VIII Abs. 6 NTS (vgl. *Kraatz* NJW 1987, 1126; *Geigel/Kapsa* 34. Kapitel Rn. 19 ff.). Lehnt der Geschädigte dies ab, dann kann er die Ersatzansprüche aus dem Unfall gegen den Schädiger persönlich geltend machen, vgl. Art. VIII Abs. 6 d), Abs. 9 NTS. Insoweit unterliegt der Schädiger der *deutschen Gerichtsbarkeit*. Für die Vollstreckung gelten die Sonderregeln der §§ 31 ff. ZA-NTS.
3. Anzuwendendes Schadensrecht ist *Tatortrecht*, mithin *deutsches Recht* (BGH 7.7.1992, NJW 1992, 3091; BGH 30.10.1980, NJW 1981, 681). Wurde der Schaden bei einer *Tätigkeit zu militärischen Zwecken* verursacht, dann folgt der Schadenersatzanspruch aus § 7 StVG, § 839 BGB i.V.m. Art. 35 GG, Art. VIII Abs. 5 NTS (OLG Karlsruhe 10.12.1974, VersR 1976, 278). Die *Subsidiaritätsklausel* des § 839 Abs. 1 S. 2 BGB ist auch dann nicht anwendbar, wenn ein Angehöriger der Streitkräfte oder des zivilen Gefolges auf einer Dienstfahrt mit einem Militärfahrzeug einen Verkehrsunfall schuldhaft verursacht (BGH 30.10.1980, NJW 1981, 681).
4. Außergerichtliche Regulierung. Für die Regulierung der Ersatzansprüche des Geschädigten ist das *Amt für Verteidigungslasten* zuständig. Die Aufgaben der Verteidigungslastenverwaltung werden von dafür eingerichteten *Schadensregulierungsstellen des Bundes* (*SRB*) wahrgenommen, seit dem 1.1.2005 durch die Bundesanstalt für Immobilienaufgaben in den Regionalbüros Ost in Erfurt, West in Koblenz, Nord in Magdeburg (Regionalbüro Soltau) und Süd in Nürnberg (zu den einzelnen Zuständigkeiten, Sonderzuständigkeiten und Anschriften siehe NZV 2005, 452; *Kraft* VersR 2003, 176; *Dumbs* VersR 2007, 27). *Örtlich zuständig* ist die Behörde, in deren Bezirk das schädigende Ereignis stattgefunden hat. Die *Anmeldung* der Ersatzansprüche erfolgt durch Einreichung ei-

nes *schriftlichen Antrags*, in dem die Ersatzansprüche dem Grunde und möglichst auch der Höhe nach nebst Beweismitteln zu bezeichnen sind. Diese hat binnen einer *Frist von 3 Monaten* ab dem Zeitpunkt stattzufinden (BGH 30.5.1968, NJW 1968, 2009; OLG Frankfurt 4.10.1988, VersR 1989, 265; OLG Karlsruhe 25.8.1989, VersR 1990, 533), zu welchem der Geschädigte von dem Schaden und den Umständen *Kenntnis* erlangt hat, aus denen sich ergibt, dass eine Truppe oder ein ziviles Gefolge für den Schaden rechtlich verantwortlich ist oder dass ein Mitglied oder ein Bediensteter der Truppe oder eines zivilen Gefolges den Schaden verursacht hat, § 6 Abs. 1 NTS-AG (OLG Frankfurt 26.4.1979, VersR 1979, 1111; vgl. BGH 26.7.1967, NJW 1967, 2208). Nach *zwei Jahren* sind Ansprüche gem. Art. VIII Abs. 5 NTS *verjährt*, Art. 6 Abs. 4 AG-NTS (s. LG Kaiserslautern 25.1.1991, VersR 1992, 330).

5. Gerichtliche Geltendmachung. Im Falle der *Ablehnung* des Antrags muss der Geschädigte seine Ersatzansprüche *binnen 2 Monaten* gerichtlich geltend machen, Art. 12 Abs. 4 NTS. Zuständig sind streitwertunabhängig die *Landgerichte*, § 71 Abs. 2 Nr. 2 GVG (BGH 8.11.1984, NJW 1985, 1081). *Passivlegitimiert* ist die *Bundesrepublik Deutschland*, vertreten durch die zuständige Bezirksregierung, Art. VIII Abs. 5 NTS i.V.m. Art. 41 ZA-NTS (gesetzliche Prozeßstandschaft, BGH 14.3.1968, NJW 1968, 1044). Die Entsendestaaten und ihre Streitkräfte als solche *unterliegen nicht der deutschen Gerichtsbarkeit*. Ansprüche gem. Art. VIII Abs. 5 NTS können zwar gegen einzelne Mitglieder der Truppe oder des zivilen Gefolges geltend gemacht werden (BGH 14.10.1963, NJW 1964, 104), da sie der deutschen Zivilgerichtsbarkeit unterstehen. Indes kann gegen sie aus einem Urteil gem. Art. VIII Abs. 5 g) NTS *nicht vollstreckt* werden.

Praxistipp: Alleine aus *prozesstaktischen Gründen* kommt daher eine gerichtliche Geltendmachung von Drittschäden unmittelbar gegen das einzelne Mitglied der Truppe oder des zivilen Gefolges in Betracht, nämlich um denjenigen als Zeugen „auszuschalten". Ob dies den gewünschten Erfolg bringt, hängt letztlich davon ab, ob der Tatrichter der Aussage eines Zeugen mehr Gewicht beimisst als den Bekundungen einer Partei im Rahmen einer informatorischen Parteianhörung.

6. Inlandsunfall mit Privat-Kfz von Mitgliedern ausländischer Streitkräfte, ihres zivilen Gefolges oder ihrer Angehörigen. Private Kfz oder Anhänger von Mitgliedern der Truppe und diesen gleichstehenden Personen dürfen in Deutschland nur gebraucht werden, wenn für diese eine *Kfz-Haftpflichtversicherung* nach Maßgabe des deutschen Rechts abgeschlossen ist, Art. 11 Abs. 1, 10 ZA-NTS. Die *Registrierung und Zulassung* privater Kfz und Anhänger von Truppenangehörigen erfolgt durch die zuständigen *Militärbehörden der Truppen*. Wird von einem Mitglied der Truppe oder einer ihr gleichstehenden Person mit einem solchen Kfz *außerhalb der Verrichtung des Dienstes* ein Verkehrsunfall verursacht, dann kann der Geschädigte seine Ersatzansprüche bei dem *Kfz-Haftpflichtversicherer* oder beim *Deutschen Büro Grüne Karte* geltend machen (*Geigel/Kapsa* 34. Kapitel Rn. 22; s. a. → Grüne Karte Fall). Auskünfte über die zuständigen Kfz-Haftpflichtversicherer werden für *amerikanische Kfz* von der Amerikanischen Zulassungsstelle, Havellandstraße 335, 68309 Mannheim, für *belgische Kfz* vom Belgischen Verbindungsdienst, Germanicusstraße 5, 50968 Köln, für *britische Kfz* vom Police Advisory Branch, York Drive 5, 41179 Mönchengladbach, und für *französische Kfz* der Antenne de Commandment des Forces Francaises et de l'Element Civil Stationnes en Allemagne, SAJJ, Postfach 1962, 78159 Donaueschingen, erteilt.
www.grüne-karte.de/Merkblatt20082007–Version–090602008.pdf *Geiger*

Innenverhältnis → Gestörte Gesamtschuld Nr. 2, → Haftung mehrerer Schädiger Nr. 1, → Kfz-Haftpflichtversicherung Nr. 5, 6, → Regress Nr. 1–3

innerbetrieblicher Organisations-/Funktionsbereich → Betriebsweg Nr. 2

innerbetrieblicher Schadensausgleich → Geschäftswagenunfall Nr. 1

innerbetrieblicher Vorgang → Wegeunfall Nr. 3

Insassenunfallversicherung Die Insassenunfallversicherung ist eine besondere Ausprägung der Allgemeinen Unfallversicherung, für welche demgemäß auch die §§ 178 – 191 VVG gelten.
Es handelt sich dabei um einen eigenständigen Anspruch aus einem Versicherungsvertrag, der

im Regelfall nicht auf ebenfalls bestehende Ansprüche aus Schadenersatzrecht bei der Haftung für Kfz-Insassen angerechnet wird.
1. Versicherte Personen. Die Insassen-Unfallversicherung bietet für Insassen mit Ausnahme des Fahrers lediglich eine zusätzliche Leistung; die Ansprüche aus der Versicherung kann nur der Versicherungsnehmer für die versicherten Personen geltend machen. Die Geschädigten selbst können dies nicht.
Auch für den Fahrer, der den Unfall verschuldet hat und der von der eigenen Kfz-Haftpflichtversicherung keine Leistung erhält, besteht Versicherungsschutz über die Insassen-Unfallversicherung.
Auch bei Verletzungen, welche Insassen bei Unfällen erleiden, die durch eine Person verursacht werden, die weder versichert, noch in der Lage ist, den Schaden selbst zu bezahlen (z. B. Kinder) oder durch Tiere oder wenn die Durchsetzung der Schadenersatzansprüche an rein tatsächlichen Gründen scheitert, leistet die Insassenunfallversicherung. Eine Rolle spielt dieser Gesichtspunkt auch bei ausländischen Unfallverursachern mit unzureichender Deckungssumme in der Kfz-Haftpflicht-versicherung.
2. Eintrittsvoraussetzungen. Voraussetzung für den Eintritt der Insassenunfallversicherung ist ein „Unfall" im Sinne der Versicherungsbedingungen, D.h. ein „plötzlich von außen auf den Körper einwirkendes Ereignis, das zu einer unfreiwilligen Gesundheitsschädigung" führt
3. Leistungsumfang. In der Regel wird eine Insassen-Unfallversicherung für den Todes- und Invaliditätsfall abgeschlossen.
a) Todesfallleistung. Hier wird ein vereinbarter Betrag erbracht, wenn der Unfall innerhalb eines Jahres zum Tod führt. Versicherungsfall ist daher nicht der Eintritt des Todes, sondern der Unfall selbst.
b) Invaliditätsleistung. Wenn ein Verletzter durch die Folgen eines Unfalls innerhalb eines Jahres ganz oder zum Teil dauernd seine körperliche oder geistige Leistungsfähigkeit verliert (Invalidität), zahlt die Versicherung bei Vollinvalidität die volle Invaliditätssumme, bei Teilinvalidität den entsprechenden Teil als Kapital oder Rente.
Für bestimmte Verletzungen werden starre Prozentsätze entsprechend der sog. „Gliedertaxe" berücksichtigt. *Kärger*

Integritätsinteresse → Unfallschadenabwicklung – Sachschaden Nr. 1, 9, 35

Intensivkurs → Ferienfahrschule

interdisziplinäres Gutachten → HWS-Schleudertrauma Nr. 6, → Biomechanik

Interessenkollision → Rechtsschutzversicherung Nr. 27, → Schadenrechtsänderungsgesetz Nr. 6, → Unfallhelferring Nr. 3

Internationale Grüne Versicherungskarte → Grüne Karte Fall

internationale Schifffahrtskonvention → Fährschifftransport, Kfz-Schaden beim Nr. 1

internationale Zuständigkeit → Auslandsunfall, → Besonderheiten der Verkehrsunfallklage Nr. 8

Internationales Privatrecht → Auslandsunfall, → Besonderheiten der Verkehrsunfallklage Nr. 8, → Grüne Karte Fall, → Unfallhelferring Nr. 3, → Verkehrsopferhilfe

interner Schadensausgleich → Schadenrechtsänderungsgesetz Nr. 8

internetbasierte Außerbetriebsetzung → Stilllegung Nr. 1

Internet-Kfz-Kauf 1. Allgemeines. Kaufverträge können auch im elektronischen Geschäftsverkehr, insbesondere auch über das Internet abgeschlossen werden. Insbesondere die Bedeutung des Internet als vertragsanbahnender Verkaufskanal hat stark zugenommen, Vertragsabschlüsse sind aber noch die Ausnahme.
2. Vertragsabschluss. Rechtsgeschäftliche Willenserklärungen, insbesondere das Vertragsangebot und die Vertragsannahme, werden im www (world wide web) per Mausklick oder durch Drücken der Returntaste, bei der E-Mail mit der Erteilung des Sendebefehls abgegeben. Willenerklärungen an einen Empfänger, der im Rechtsverkehr mit E-Mail-Adresse auftritt (z. B. auf Geschäftspapier), gehen mit dem Eingang im Empfangsbriefkasten des Providers zu, beim Eingang zur Unzeit am folgenden Tag (Palandt/*Ellenberger* § 130 BGB Rn. 7 a). Bei direkter Übermittlung nicht über einen Provider, geht sie dem Empfänger mit dem Passieren der Schnittstelle zu ihm zu.
Wird im Geschäftsverkehr keine E-Mail-Adresse benutzt, kann allein das Unterhalten einer Mailbox noch nicht als uneingeschränkte Bereitschaft zu jederzeitigem Entgegennahme

rechtserheblicher Erklärungen verstanden werden. Nur der Empfänger, der mit E-Mails am geschäftlichen Verkehr teilnimmt, muss sich also bei Eingang in der Mail-Box so behandeln lassen, als ob er sie rechtzeitig erhalten hätte.
Eine über das Internet übermittelte Aufforderung zur Bestellung ist im Zweifel noch nicht als konkretes Vertragsangebot, sondern als unverbindliche „invitatio ad offerendum" (Einladung zum Angebot) aufzufassen (LG Essen 13.2.2003 16 O 416/02, NJW-RR 2003, 1207), falls sich nicht aus den AGB des Verkäufers etwas anderes ergibt (OLG Hamm 14.12.2000, 2 U 58/00, NJW 2001, 1142). In der Regel ist also erst die Bestellung des Kunden des Angebot, welches dann per E-Mail, Fax, Brief, Anruf oder durch Warenzusendung (§ 151 BGB) vom Verkäufer angenommen werden kann. Die Annahme muss ausdrücklich ohne Einschränkung erklärt werden. Es genügt weder die Ankündigung der Lieferung noch die Lieferung falscher Ware.
Bei Eingabefehlern oder irrtümlicher Absendung kann die Erklärung gem. § 119 BGB wegen Erklärungsirrtums angefochten werden (OLG Hamm 8.1.1993, 20 U 249/92, NJW 1993, 2321). Die Verwendung von falschem Datenmaterial begründet dagegen als Irrtum bei der Erklärungsvorbereitung kein Anfechtungsrecht (Palandt/*Heinrichs*, § 119 Rn. 10).
3. Versteigerungen. Bei Versteigerungen im Internet kann nach den AGB des Versteigerers schon der Internettext ein Angebot des Versteigerers für den Einlieferer darstellen mit der Folge, dass die Abgabe des Höchstgebots zum Vertragsabschluss führt, selbst wenn dieses nur einen Bruchteil des Verkehrswertes des Fahrzeugs erreicht (BGH NJW 2015, 548). Nur im absoluten Extremfall eines groben Missverhältnisses soll der Verkäufer Rechtsmissbrauch einwenden können (LG Koblenz 18.3.2009, 10 O 250/08, NJW 2010, 159). Die Wirksamkeit des Angebots wird auch nicht durch die nach den e-Bay-Grundsätzen mögliche vorzeitige Beendigung der Auktion berührt (OLG Oldenburg 28.7.2005, 8 U 93/05, DAR 2005, 631). Das Angebot kann auch nicht widerrufen, sondern nur im Wege der Anfechtung beseitigt werden (OLG Oldenburg a.a.O.), wenn nach den Versteigerungsbedingungen der Vertrag durch Zuschlag (§ 156 BGB) und nicht durch Angebot und Annahme (§§ 145 ff. BGB) zustande kommt (BGH 3.11.2004, VIII ZR 375/03, DAR 2005, 24). Insbesondere die vorzeitige Beendigung der Auktion durch den Anbieter stellt keinen wirksamen Widerruf des Kaufvertragsangebots dar (*Himmelreich/Andreae/Teigelack* § 18 Rn. 16 m.w.N.).
Ist im Internettext nach den AGB und den sonstigen Umständen noch kein verbindliches Angebot zu sehen, ist der Text als Aufforderung zur Abgabe des verbindlichen Preisangebots durch den Bieter zu werten. Dessen Angebot erlischt mit der Überbietung oder Veranstaltungsende oder es wird durch Zuschlag (§ 156 BGB) angenommen (AG Hannover 7.9.2001, 501 C 1510/01, NJW-RR 2002, 131). Das Einstellen eines PKW unter der Option „sofort kaufen" stellt ein Vertragsangebot dar, welches der Interessent durch Auslösen der Option annimmt (LG Saarbrücken 7.1.2004, 2 O 255/03, MMR 2004, 556).
Zum Widerrufsrecht s.a. → *Fernabsatzgeschäft*.

Andreae

Internet-Restwertangebote → Unfallschadenabwicklung – Sachschaden Nr. 5, 23

Irreführendes Falschblinken Grundsätzlich darf der mit seinem Kfz an einer Kreuzung stehende *Wartepflichtige* auf ein Blinksignal des bevorrechtigten Kfz, mithin auf das *ordnungsgemäße Abbiegen gemäß Ankündigung*, vertrauen (*Vertrauensgrundsatz*; BGH 26.9.1995, NZV 1996, 27; BGH 28.5.1974, VM 1974, 67), wenn nicht besondere Umstände für den Wartepflichtigen erkennbar sind, welche Anlaß zum *Zweifel an der Abbiegeabsicht* des Bevorrechtigen geben (OLG München 18.9.1998, DAR 1998, 474; s. a. auch OLG Zweibrücken 6.7.1990, DAR 1991, 68, m. Anm. *Berr* zur sog. „abknickenden Vorfahrt"). Wird bei dem Wartepflichtigen zusätzlich zum Blinken des Bevorrechtigten durch eine *deutliche Geschwindigkeitsherabsetzung* die verlässliche Annahme begründet, dass das bevorrechtigte Fahrzeug wie angekündigt abbiegen wird, dann ist ein solches Vertrauen des Wartepflichtigen jedenfalls schutzwürdig (OLG Hamm 11.3.2003, DAR 2003, 521; OLG Celle 30.3.2004, DAR 2004, 390). Biegt dann der Bevorrechtigte wider Erwarten nicht ab, und kommt es deswegen zur Kollision mit dem in die bevorrechtigte Straße einfahrenden oder eingefahrenen Kfz des Wartepflichtigen, dann scheidet eine volle Haftung des Wartepflichtigen wegen *Vorfahrtsverletzung* gem. § 8 StVO aus (OLG Hamm 11.3.2003, DAR 2003, 521), wobei zu beachten ist, dass zunächst der *Anscheinsbeweis* für ein Verschulden des Wartepflichtigen spricht (OLG Hamm 28.5.1974, VersR 1975, 161; vgl. BGH 18.11.1975, NJW 1976, 1317; s. a.

→ *Beweis des ersten Anscheins*). Wenngleich das Vorfahrtsrecht des Bevorrechtigten durch *irreführendes Blinken* nicht entfällt (BGH 16.11.1965, DAR 1966, 24), stellt ein sog. irreführendes Blinken einen Verstoß gegen das allgemeine *Gefährdungsverbot* gem. § 1 Abs. 2 StVO dar. Die so herbeigeführte Gefahrenlage (sog. *unklare Verkehrslage*, in welcher jeder Verkehrsteilnehmer mit einem fehlerhaften Verhalten des anderen Verkehrsteilnehmers rechnen muss, OLG Frankfurt 20.1.1982, VersR 1982, 1008) muss der Bevorrechtigte durch ein eigenes *besonders vorsichtiges Verhalten*, insbesondere eine genaue Beobachtung des Verhaltens der anderen vom Falschblinken betroffenen Verkehrsteilnehmer, möglichst durch die Herstellung einer *Verständigung* mit denselben, wieder beseitigen. Gelingt ihm dies nicht, muss er anhaltebereit sein und sein Kfz erforderlichenfalls vor der Kreuzung anhalten. Ansonsten ist eine *Haftungsverteilung* vorzunehmen, in deren Rahmen die Verursachungsanteile der Unfallbeteiligten sowie die von den beteiligten Kfz ausgehenden Betriebsgefahren im konkreten Einzelfall gem. § 17 Abs. 1 StVG gegeneinander abzuwägen sind (OLG München 6.9.2013, 10 U 2336/13; OLG Hamm 11.3.2003, DAR 2003, 521; OLG Karlsruhe 24.11.2000, DAR 2001, 128; AG Bad Doberan 11.6.1999, DAR 1999, 553; AG Hannover 30.9.1999, DAR 2000, 412; s. a. → *Haftungsverteilung bei Verkehrsunfällen*). Diese Abwägung kann sogar zu einer *vollen Haftung des Vorfahrtsberechtigten* führen (LG Kiel 2.12.1999, DAR 2000, 123).

Siehe auch: → *Haftungsverteilung bei Verkehrsunfällen* *Geiger*

Irrtum 1. Allgemeines. Der Irrtum ist in den verschiedenen Rechtsbereichen des Verkehrsrechts von Bedeutung. Im Ordnungswidrigkeitenrecht kann ein unvermeidbarer Verbotsirrtum z. Bsp. dazu führen, dass ein Verstoß nicht geahndet wird. Im Zivilrecht kann auf Grund eines Irrtums die Anfechtung einer Willenserklärung denkbar sein, die zum Abschluss eines Kfz-Kaufvertrags geführt hat. *Wehrl*

2. Strafrecht. Der I. Kann im Strafrecht I. über Tatumstände sein (→ *Tatbestandsirrtum*) oder über den Unrechtscharakter der Handlung (→ *Verbotsirrtum*).

3. Das **Ordnungswidrigkeitenrecht** kennt den Tatbestandsirrtum (§ 11 Abs. 1 OWiG) sowie den Verbotsirrtum (§ 11 Abs. 2 OWiG):

a) Tatbestandsirrtum. Wer bei Begehung einer Handlung einen Umstand nicht kennt, der zum gesetzlichen Tatbestand gehört, handelt nicht vorsätzlich; die Möglichkeit der Ahndung wegen fahrlässigen Handelns bleibt unberührt (§ 11 Abs. 1 OWiG). Ein Tatbestandsirrtum setzt also eine Unkenntnis oder eine falsche Wertung der in Wirklichkeit vorhandenen Umstände voraus, so z. B. bei der irrigen Annahme des Betroffenen, eine Lichtzeichenanlage zeige Dauerrot und sei daher defekt (OLG Hamm 10.6.1999, 2 Ss OWi 486-99, NStZ 1999, 518). Bei der irrigen Annahme eines Rechtfertigungsgrundes liegt als Sonderfall des Tatbestandsirrtums ein *Erlaubnistatbestandsirrtum* (→ *Notstand* Nr. 3d) vor. *Rechtsfolgen:* Führt ein Tatbestandsirrtum zum Vorsatzausschluss, so kann die Handlung zumindest als Fahrlässigkeitstat geahndet werden, wenn der Irrtum des Betroffenen als solcher auf Fahrlässigkeit beruht.

b) Verbotsirrtum. Fehlt dem Täter bei Begehung der Handlung die Einsicht, etwas Unerlaubtes zu tun, namentlich weil er das Bestehen oder die Anwendbarkeit einer Rechtsvorschrift nicht kennt, so handelt er nicht vorwerfbar, wenn er diesen Irrtum nicht vermeiden konnte (§ 11 Abs. 2 OWiG). Der Verbotsirrtum setzt demnach eine falsche rechtliche Wertung des Betroffenen voraus, so z. B. beim Irrtum des Betroffenen über die Bedeutung von Zusatzschildern für die auf einer gemeinsamen Trägerplatte angebrachten Vorschriftzeichen (OLG Bamberg 11.7.2007, 3 Ss OWi 924/07, NJW 2007, 3081). Beim Irrtum über Existenz oder Reichweite eines Rechtfertigungsgrundes liegt ein *Erlaubnisirrtum* (→ *Notstand* Nr. 3d), also gleichfalls ein reiner Verbotsirrtum, vor. Die Beurteilung der *Vermeidbarkeit* hat bei der Überprüfung eines Verbotsirrtums im Wege der Einzelfallbetrachtung zu erfolgen, wobei insbesondere die Persönlichkeit des Betroffenen sowie sein Lebens- und Berufskreis eine Rolle spielen. Dem Betroffenen kann eine Erkundigungspflicht obliegen, die zur Vermeidbarkeit eines Verbotsirrtums führen kann. *Rechtsfolgen:* Beim *unvermeidbaren Verbotsirrtum* kann der Verstoß nicht geahndet werden, weil ein schuldhaftes Verhalten des Betroffenen nicht gegeben ist (Schuldausschließungsgrund). Beim *vermeidbaren Verbotsirrtum* bleibt der Vorsatzvorwurf bestehen, allerdings ist eine Tat ohne das Bewusstsein, Unerlaubtes zu tun, grundsätzlich milder zu beurteilen als vorsätzliches Handeln mit Verbotskenntnis, so dass die Ahndung abzumildern ist (KG 23.11.1993, 2 Ss 207/93 – 3 Ws B 624/93, NZV 1994, 159).

c) Abgrenzungsschwierigkeiten. In schwierigen Grenzfällen, in denen entweder ein Tat-

Irrtum

bestandsirrtum oder ein (vermeidbarer) Verbotsirrtum vorliegen kann, jedoch mindestens ein Fahrlässigkeitsvorwurf besteht, wird die Ordnungswidrigkeit in der Praxis – entgegen der rechtlichen Dogmatik – meist als Fahrlässigkeitstat oder sonst mit milderen Rechtsfolgen geahndet werden (z. B. Abmilderung der Ahndung bei einem vermeidbaren Subsumtionsirrtum, der mangels Irrtums über die in Wirklichkeit vorhandenen Umstände einen eigentlich voll zu ahndenden Verbotsirrtum darstellt: BayObLG 23.7.2003, 1 Ob OWi 219/03, NJW 2004, 306; OLG Jena 12.10.2004, 1 Ss 208/04, NJW 2004, 3579). *Weder/Langer*

4. Zivilrecht: Gerade beim Gebrauchtwagenkauf kann die Irrtumsanfechtung nach § 119 BGB von Bedeutung sein. Sowohl Verkäufer als auch Käufer können grundsätzlich im Irrtumsfall anfechten. Grenzen der Irrtumsanfechtung sind z. Bsp. beim Verkäufer, wenn durch die Anfechtung die Sachmangelhaftungsansprüche des Käufers zunichte gemacht werden oder beim Käufer, wenn nach der Kfz-Übergabe auf einen Sachmangel bezogen angefochten wird.

Die Anfechtung muss ein Kfz-Käufer nach § 143 BGB gegenüber dem Verkäufer erklären. Eine erfolgreiche Irrtumsanfechtung versetzt den Käufer in die Lage, den Kaufpreis nach § 812 Abs.1 BGB zurückzufordern. Dafür muss er Zug um Zug das Kfz herausgeben.

Siehe auch: → *Notstand,* → *Tatbestandsirrtum,* → *Verbotsirrtum,* → *Vorsatz und Fahrlässigkeit*

Wehrl

K

Kapitalabfindung → *Ersatzansprüche* Dritter Nr. 14, → Unfallschadenabwicklung – Personenschaden Nr. 3

Kaskoversicherung Die Kaskoversicherung ist eine Sparte der Sachversicherung.
Im Kfz-Bereich werden die Versicherungsformen Teilkaskoversicherung und Vollkaskoversicherung angeboten.
Da es sich bei diesen Versicherungsformen nicht um eine Pflichtversicherung handelt, besteht hier kein Abschlusszwang seitens des Versicherers. Gerade für teurere Fahrzeuge mit einem möglicherweise hohen Schadenrisiko ist es daher schwer, entsprechenden Versicherungsschutz zu finden – es müssen viele Gesellschaften angefragt werden.
Fast aussichtslos ist, es nach einer Kündigung durch die ehemalige Kaskoversicherung neuen Kaskoversicherungsschutz bei einem anderen Versicherer zu finden, da die Kündigung beim Antrag mit angegeben werden muss.

> Praxistipp: Vor diesem Hintergrund empfiehlt es sich im Falle einer Kündigung durch den Versicherer zu versuchen, diese in eine Kündigung durch den Versicherungsnehmer umzuwandeln. Damit werden die Chancen auf einen neuen Kaskoversicherungsschutz erheblich verbessert.

Siehe auch: → *Regress (in der Kaskoversicherung)*, → *Unfall*, → *Vollkasko-Versicherung*, → *Teilkasko-Versicherung*   Kärger

Kaufvertrag 1. Allgemeines. Ein Kaufvertrag (§ 433 BGB) über ein Neufahrzeug oder ein gebrauchtes Fahrzeug kommt zustande durch Angebot und Annahme (§ 145 ff. BGB) und bedarf keiner Schriftform. Beim Händlerverkauf werden i. d. R. *allgemeine Geschäftsbedingungen* (vgl. dort) zum Gegenstand des Kaufvertrags gemacht. Im übrigen werden auch bei allen anderen Fahrzeugverkäufen (z. B. zwischen Verbrauchern) i. d. R. schriftliche, vorformulierte Kaufverträge verwendet, die sich ebenfalls an den § 305 ff. BGB messen lassen müssen (s. a. → *Allgemeine Geschäftsbedingungen (AGB)*).

2. Verbindliche Bestellung und Annahme. Fahrzeughändler legen dem Käufer i. d. R. ein Formular „*Verbindliche Bestellung*" vor, ohne dieses sogleich nach der Unterschrift des Käufers gegenzuzeichnen (insbesondere beim Neuwagenkauf). Die Unterzeichnung allein durch den Käufer führt noch nicht zum Vertragsabschluss. Der Kaufvertrag kommt erst zustande, wenn der Händler innerhalb der vereinbarten Bindungsfrist die Annahme der Bestellung bestätigt oder die Lieferung ausgeführt hat.
Für Neufahrzeuge sehen die NWVB in I. 1. eine Bindungsfrist des Händlers von vier Wochen vor, für Gebrauchtfahrzeuge wird in den GWVB eine Bindungsfrist von 10 Tagen vereinbart (s. a. → *Allgemeine Geschäftsbedingungen (AGB)*). Versäumt der Händler die fristgerechte Lieferung oder Annahmeerklärung innerhalb der vereinbarten bzw. rechtlichen zulässigen Bindungsfrist, ist der Käufer an seine Bestellung nicht mehr gebunden. Die verspätete Lieferung oder Annahmeerklärung durch den Händler gilt als neuer Antrag (§ 150 BGB), den der Käufer ablehnen kann.
Die Bestätigung des Händlers sollte schriftlich, kann aber auch mündlich oder durch schlüssiges Verhalten erfolgen. Notwendig ist ein als Willensbestätigung zu wertendes, nach außen hervortretendes Verhalten des Verkäufers, das vom Standpunkt eines unbeteiligten objektiven Dritten aufgrund aller äußerer Indizien auf einen wirklichen Annahmewillen schließen lässt (BGH 14.10.2003, XI ZR 101/02, NJW 2004, 287). Verneint wurde dies für den Fall, dass der Händler für das gekaufte Fahrzeug Versicherungsdoppelkarte und Personalausweis für die Anmeldung entgegen nimmt (OLG Düsseldorf 30.5.2000, 22 U 225/99, MDR 2001, 86).
Hat also der Käufer beim Händler eine verbindliche Bestellung unterzeichnet und möchte er das Kfz wegen „Kaufreue" nicht abnehmen und bezahlen, sollte er nicht vor Ablauf der Bindungsfrist an den Verkäufer herantreten, um diesen nicht dazu zu veranlassen, innerhalb der Bindungsfrist die Bestellung anzunehmen, sondern die Bindungsfrist abwarten und danach dem Verkäufer mitteilen, dass er sich an seine Bestellung nicht mehr gebunden fühlt (Andreae NJW 2009, 344).

3. Lieferfristen. Lieferfristen sind verbindlich, wenn sie nicht ausdrücklich als unverbindlich gekennzeichnet wurden (*Himmelreich/Andreae/Teigelack* § 10 Rn. 14). Sowohl nach den NWVB für Neufahrzeuge als auch nach den GWVB für Gebrauchtfahrzeuge (s. u. → *Allgemeine Geschäftsbedingungen (AGB)*) beginnen die Lieferfristen „mit Vertragsabschluss". Eine Lieferfrist in der nur vom Käufer unterschriebenen „verbindlichen Bestellung" löst also den

Lauf der Frist eigentlich noch nicht aus (Reinking/Eggert Rn. 61). Wird allerdings in der „verbindlichen Bestellung" z. B. eine Lieferfrist von drei Tagen eingetragen, dürfte gem. § 148 BGB darin eine vom Käufer entsprechend der zugesagten Lieferzeit gesetzte Annahmefrist zu sehen sein (*Andreae* in: Handbuch des Fachanwalts Verkehrsrecht Kap. 16 Rn. 18).

Gerät der Händler mit der Lieferung in Verzug, kann der Käufer den Verzugsschaden (§ 286 BGB) beanspruchen, sofern er das verspätet gelieferte Fahrzeug annimmt. Er kann auch zurücktreten (§ 323 BGB) oder Schadensersatz statt der ganzen Leistung (§ 281 Abs. 4 BGB) beanspruchen. Für Neufahrzeuge sehen die NWVB unter IV. 2. und für Gebrauchtfahrzeuge die GWVB unter III. 2. (s.u. → *Allgemeine Geschäftsbedingungen*) eine Beschränkung des Verzugsschadens auf 5% des vereinbarten Kaufpreises bei leichter Fahrlässigkeit vor. Für den Schadensersatz statt der Leistung beschränken die NWVB unter IV. 3. die Haftung für den Fall der leichten Fahrlässigkeit auf höchstens 25% des vereinbarten Kaufpreises gegenüber Verbrauchern.

Läuft ein *unverbindlicher* Liefertermin ab, muss der Verkäufer noch in Verzug gesetzt werden, bevor der Käufer zurücktreten oder Schadensersatz beanspruchen kann. Die NWVB sehen unter IV. 2. vor, dass der Käufer sogar erst nach 6 Wochen nach Überschreiten eines unverbindlichen Liefertermins den Verkäufer zur Lieferung auffordern kann (BGH 7.10.1981, VIII ZR 229/80, NJW 1982, 331; kritisch: *Reinking/Eggert* Rn. 36 f.). Für den Gebrauchtwagenkauf sehen die GWVB vor, das 10 Tage nach Ablauf der unverbindlichen Lieferfrist die Aufforderung erfolgen kann.

4. Verpflichtungen des Verkäufers. Aus dem Kaufvertrag folgt die Verpflichtung des Verkäufers
– dem Käufer das Fahrzeug nebst Zubehör und Papieren zu übergeben,
– dem Straßenverkehrsamt und der Versicherung Mitteilung vom Verkauf zu machen,
– dem Käufer das Eigentum an dem Fahrzeug zu verschaffen,
– dem Käufer das Fahrzeug frei von Sach- und Rechtsmängeln zu verschaffen.

a) Übergabe Der Verkäufer hat dem Käufer innerhalb der Lieferfrist (vgl. oben 3.) den Besitz, also die tatsächliche Gewalt (§ 854 BGB) am Fahrzeug zu verschaffen, was in der Regel durch Übergabe des Fahrzeugschlüssels geschieht. Die Übergabe der Kfz-Papiere alleine genügt nicht (BGH 8.5.1978, VIII ZR 46/77, NJW 1978, 1854). Fahrzeugschein und alle weiteren zum Fahrzeug gehörigen Papiere wie TÜV-Bericht usw. sind mitzuübergeben (Palandt/*Putzo* § 433 Rn. 26). Hinsichtlich des Fahrzeugbriefs folgt die Verpflichtung zur Übergabe aus § 952 BGB analog (OLG Köln 23.12.2003, 24 U 92/03, OLGR 2004, 119). Erfolgt keine Übergabe von Fahrzeugschein oder Fahrzeugbrief, kann dies für den Verkäufer eine mit Bußgeld bedrohte Ordnungswidrigkeit darstellen (§ 12 Abs. 4 i.V.m. § 48 Nr. 11 FZV).

Zu übergeben ist auch das gesamte Zubehör des Fahrzeugs (§§ 311 c, 97 BGB).

b) Mitteilungspflicht. Der Verkäufer hat der Zulassungsstelle Name und Anschrift des Erwerbers mitzuteilen (§ 13 Abs. 1 Nr. 1 FZV) und der Pkw-Haftpflichtversicherung die Veräußerung anzuzeigen (§ 97 Abs. 1 VVG).

c) Übereignung. Die Eigentumsverschaffung erfolgt nach den Regeln der §§ 929 ff. und setzt neben der Übergabe die Einigung voraus, dass das Eigentum übergehen soll. Dazu gehört insbesondere die Übergabe des Fahrzeugbriefs.

d) Freiheit von Sach- und Rechtsmängeln. Der Verkäufer schuldet ein fehlerfreies Fahrzeug. Vgl. hierzu → *Sachmangel*.

5. Verpflichtungen des Käufers. Der Käufer ist verpflichtet,
– dem Verkäufer den vereinbarten Kaufpreis zu zahlen,
– die gekaufte Sache abzunehmen,
– das Fahrzeug umzumelden.

a) Zahlungspflicht. Die Zahlung muss Zug um Zug gegen Übergabe des gekauften Fahrzeugs erfolgen, wenn nichts abweichendes vereinbart ist (§ 320 BGB). Kommt der Käufer mit der Zahlung in *Verzug* (§ 286 BGB) hat er Zinsen in Höhe von mindestens 5% über dem jeweiligen Basiszinssatz gem. Art. 1 § 1 Diskontsatz-Überleitungsgesetz zu zahlen (§ 288 BGB), 8% bei Kaufverträgen, an denen ein Verbraucher nicht beteiligt ist (§ 288 Abs. 2 BGB). Darüber hinaus ist der Verkäufer berechtigt, vom Vertrag zurückzutreten (§ 323 Abs. 1 BGB) und weitergehenden Schadensersatz geltend zu machen (§ 325 BGB). Sind beim Neuwagenverkauf die NWVB (s. a. → *Allgemeine Geschäftsbedingungen (AGB)*) zugrunde gelegt, kann der Verkäufer eine Schadensersatzpauschale gem. V. 2. NWVB von 15% des Kaufpreises zugrunde legen, beim Gebrauchtwagenkauf ggf. nach dem Vertrag zugrunde liegenden GWVB gem. IV. 2. dieser Bedingungen 10% des Kaufpreises. In einem Händlervertrag umfasst der vereinbarte Kaufpreis grundsätzlich auch die *Umsatz-*

steuer. Ist diese nicht gesondert ausgewiesen, kann sie dem Käufer nicht berechnet werden (*Andreae* in: Handbuch des Fachanwalts Verkehrsrecht Kap. 16 Rn. 23). Auch wenn das Fahrzeug erst Monate später ausgeliefert wird, ist der im Vertrag vereinbarte Preis maßgeblich. Eine sog. *Tagespreisklausel*, wonach bei einer Lieferung nach mehr als vier Monaten der am Liefertag gültige Preis als Kaufpreis zugrunde zu legen ist, ist jedenfalls als allgemeine Geschäftsbedingungen oder Formularvertrag unwirksam (BGH NJW 1985, 621). Individuell kann jedoch eine solche Vereinbarung rechtswirksam getroffen werden (*Himmelreich/Andreae/Teigelack* § 2 Rn. 20).

Die Zahlung des Kaufpreises erfolgt beim Neuwagenkauf häufig dadurch, dass ein *Altfahrzeug* in Zahlung gegeben wird. In der Regel handelt es sich nicht um zwei Verträge, sondern um einen einheitlichen, typengemischten Vertrag (BGH 20.2.2008, VIII ZR 334/06, NJW 2008, 2028). Falls das Neufahrzeug mangelhaft ist und der Käufer deshalb zurücktritt, hat der Verkäufer das Altfahrzeug zurückzugeben. Nur wenn das Altfahrzeug verkauft oder untergegangen ist, hat der Käufer Anspruch auf Wertersatz nach § 346 Abs. 2 BGB (s. a. → *Rücktritt von einem Kaufvertrag*).

b) Abnahmepflicht. Obwohl § 433 Abs. 2 BGB ausdrücklich die Pflicht des Käufers vorsieht, die gekaufte Sache abzunehmen, wird die Pflicht überwiegend nur als *Nebenpflicht* angesehen (Palandt/*Weidenkaff* § 433 Rn. 44), sodass der Verkäufer nicht vom Vertrag zurücktreten kann, falls der Käufer zwar zahlt, aber den PKW nicht abholt (kritisch hierzu *Himmelreich/Andreae/Teigelack* § 10 Rn. 34). Konkretisiert wird die Abnahmepflicht beim Neuwagenkauf durch V. 1. NWVB, der dem Käufer die Abnahme des Fahrzeugs innerhalb von 14 Tagen nach Zugang der Bereitstellungsanzeige auferlegt. Hält der Käufer die Frist nicht ein, kommt er in Annahmeverzug (§ 293 BGB), sodass der Verkäufer ab diesem Zeitpunkt nur für Vorsatz und grobe Fahrlässigkeit haftet (§ 300 Abs. 1 BGB).

Der Käufer hat vor Abnahme des Fahrzeugs ein Prüfrecht, welches er in der Regel durch eine *Probefahrt* wahrnimmt. Insoweit kann von einem gewohnheitsrechtlichen Anspruch ausgegangen werden, allerdings begrenzt auf eine Probefahrt bis zu 20 km (*Himmelreich/Andreae/Teigelack* § 4 Rn. 3). S. u. → *Probefahrt*.

c) Ummeldepflicht. Der Käufer hat unverzüglich bei der für den neuen Standort des Fahrzeugs zuständigen Zulassungsstelle die Neuzulassung zu beantragen (falls das Fahrzeug nicht stillgelegt wird). Wenn dies nicht im Kaufvertrag ausdrücklich vereinbart ist, gilt es als stillschweigend vereinbart oder zumindest als selbständige Nebenpflicht. Im Übrigen droht ein Bußgeld gem. §§ 48 Nr. 12 i.V.m. 13 Abs. 4 FZV. Außerdem droht die Stilllegung gem. § 13 Abs. 4 Satz 4 FZV.

An der schnellen Ummeldung durch den Käufer hat der Verkäufer ein besonderes Interesse, um die Steuerpflicht und die Haftpflichtversicherung zu beenden, um nicht für Unfallschäden als Halter in Anspruch genommen zu werden, um nicht für Verkehrsübertretungen des Käufers belangt zu werden und um nicht für Kosten einer Zwangsabmeldung und Stilllegung in Anspruch genommen zu werden (vgl. hierzu im einzelnen *Himmelreich/Andreae/Teigelack* § 10 Rn. 39 ff.).

Dem Verkäufer ist zu empfehlen, bei Abschluss des Kaufvertrags mit Hilfe von Personalausweis oder Pass die persönlichen Angaben des Käufers festzustellen und in den Kaufvertrag vollständig mit Pass- oder Personalausweisnummer einzutragen und die Verkaufsmeldung sofort an die Kfz-Zulassungsstelle und die Versicherungsgesellschaft zu schicken, damit die Steuerpflicht auf den Käufer übergeht. Dem Käufer ist zu empfehlen, den Versicherungsschutz zu prüfen oder selbst dafür zu sorgen.

Siehe auch: → *Agenturgeschäft,* → *Minderung,* → *Nacherfüllung,* → *Gebraucht/Neu,* → *Rücktritt (von einem Kaufvertrag),* → *Unfallfahrzeug*

Andreae

Kausalität 1. Allgemeines. Der Geschädigte hat auch Anspruch auf Ersatz seines *Personenschadens* gem. §§ 823 ff., 249 ff. BGB sowie gem. §§ 7 Abs. 1, 18, 11 StVG (s. a. → *Unfallschadenabwicklung-Personenschaden*). Ein Personenschaden liegt bei einer Beeinträchtigung der körperlichen Unversehrtheit (*Körperverletzung*) oder der inneren Funktionen (*Gesundheitsbeeinträchtigung*) vor.

2. Kausalität, Zurechnung. Voraussetzung der Ersatzpflicht ist zum einen die *Ursächlichkeit* des Verhaltens des Schädigers für die Körperverletzung bzw. Gesundheitsbeeinträchtigung (*haftungsbegründende Kausalität*) und zum anderen die Ursächlichkeit des Verhaltens des Schädigers für den Schaden (*haftungsausfüllende Kausalität*). Nach der *Äquivalenztheorie* ist jedes Verhalten als ursächliches Ereignis anzusehen, welches nicht hinweggedacht werden kann, ohne dass der Erfolg entfiele. Die Notwendigkeit zur Einschränkung einer solch weitgehenden Kausalität wird über die *Adäquanztheorie* erreicht, wonach nur eine durch den Unfall adäquat kausal gesetzte Ursache als Unfallfolge anerkannt wird, mithin eine solche, die im Allgemeinen und nicht nur unter ganz besonders unwahrscheinlichen und bei normalem Lauf der Dinge außer Betracht zu lassenden Umständen den Schaden herbeigeführt hätte (BGH 2.7.1957, NJW 1957, 1475). Durch eine *ergänzende Wertung* wird dann festgestellt, ob dem Schädiger die Unfallfolge zugerechnet werden kann (sog. *Zurechnungs-* und *Rechtswidrigkeitszusammenhang;* BGH 11.11.1997, VersR 1998, 200). Der Schadenersatzanspruch muss dafür mit dem *Schutzzweck der Norm* vereinbar sein. Ist dies nicht der Fall, besteht also nur ein äußerer und zufälliger Zusammenhang des Schadens mit dem Unfall, dann ist der Schaden dem *allgemeinen Lebensrisiko* zuzurechnen, und nicht dem Unfallverursacher (BGH 6.6.1989, NJW 1989, 2616; BGH 12.2.1963, NJW 1963, 1671; BGH 26.2.2013, zfs 2013, 315; Rechtsprechungsübersicht bei *Schwartz* zfs 2013, 544). Eine Zurechnung erfolgt dagegen, obgleich der Schaden erst durch einen *freien Willensentschluss* des Geschädigten herbeigeführt wurde, wenn der Geschädigte vom Schädiger zu seinem Handeln *herausgefordert* wurde und sich so einem *erhöhten Verletzungsrisiko* ausgesetzt hat (sog. *Verfolgerfälle;* BGH 13.7.1971, NJW 1971, 1982; BGH 31.1.2012, zfs 2012, 436), wenn der Geschädigte ohne Berührung mit einem anderen Kfz dadurch zu Schaden kam, dass er angesichts des Fahrverhaltens des anderen Kfz subjektiv von der *Notwendigkeit eines Ausweichens* oder *einer Notbremsung* zur Vermeidung einer Kollision ausgehen musste (BGH 29.6.1971, VersR 1971, 1060; BGH 19.4.1988, zfs 1988, 308; BGH 26.4.2005, zfs 2005, 487; BGH 21.9.2010, zfs 2011, 75) oder wenn der Geschädigte nach einem Unfall sein Fahrzeug verlassen hat, und auf eisglatter Fahrbahn zu Sturz kommt (BGH 26.2.2013, DAR 2013, 261).

3. Eine *Mitursächlichkeit* reicht zur Annahme einer Kausalität aus (BGH 2.10.1990, NZV 1991, 23). Ein Erfolg wird auch dann zugerechnet, wenn dieser auf dem *Zusammenwirken mehrerer Ursachen,* wie z. B. auf der Verstärkung der Folgen des Erstunfalls durch einen *Zweitunfall* (BGH 20.11.2001, MDR 2002, 215) oder eine *ärztliche Falschbehandlung* beruht (BGH 2.7.1957, NJW 1957, 1475; OLG Koblenz 24.4.2008, NJW 2008, 3006; OLG Hamm 1.9.1994, VersR 1996, 585). Erst *grobe Behandlungsfehler* lassen den Zurechnungszusammenhang entfallen (BGH 28.1.1986, NJW 1986, 2367; BGH 20.9.1988, NJW 1989, 767), so dass nur noch der Zweitschädiger, und nicht mehr der *Erst-* und der *Zweitschädiger* als *Gesamtschuldner* für sämtliche Schäden haften (OLG Hamm 29.8.1994, NZV 1995, 282).

4. Reserveursachen. Dagegen wirkt sich eine sog. Reserveursache (*überholende* und *hypothetische Kausalität*) zu Lasten des Geschädigten aus. Es wird dem Schädiger eine solche Schadensfolge nicht zugerechnet, welche auch ohne dessen schädigendes Verhalten eingetreten wäre (BGH 14.2.1995, VersR 1995, 681; BGH 4.2.1980, VersR 1980, 573). Allenfalls ist der Schädiger für den früheren Eintritt der körperlichen bzw. gesundheitlichen Beeinträchtigung verantwortlich (BGH 10.5.1966, VersR 1966, 737).

5. Schadensanlage, Vorschädigung. Schwierigkeiten bereitet die Feststellung einer Kausalität, wenn beim Geschädigten eine *Schadensanlage* oder gar eine *Vorschädigung* besteht. Da für eine Haftungszurechnung eine Mitsächlichkeit des Unfalls ausreicht, und weil der Schädiger keinen Anspruch auf einen völlig gesunden Geschädigten hat (BGH 10.5.1966, VersR 1966, 737; BGH 11.3.1986, NJW 1986, 2762), ist eine Kausalität anzunehmen, wenn der Unfall eines Geschädigten mit Schadensanlage oder Vorschädigung lediglich *Auslöser* des Personenschadens ist (BGH 19.4.2005, NZV 2005, 461; BGH 26.1.1999, NZV 1999, 201; BGH 6.6.1989, NJW 1989, 2616) oder durch den Unfall eine (nicht zwingend richtungsweisende) *Verschlechterung* des Gesundheitszustands verursacht wird (BGH 19.4.2005, NZV 2005, 461; OLG Köln 5.5.1998, VersR 1998, 1249; OLG Frankfurt 16.12.1992, NZV 1994, 26). Lediglich auf die *Höhe des Schmerzensgeldes* kann sich eine Schadensanlage bzw. Vorschädigung auswirken (BGH 30.4.1996, NJW 1996, 2425; OLG Köln 2.7.2013, 19 U 59/13).

Siehe auch: → *Beweis des ersten Anscheins*   *Geiger*

Kausalität (Strafrecht) Im Verkehrsstrafrecht wird die Kausalität zwischen Tathandlung und Folge (Schaden) häufig problematisch bei → fahrlässiger Körperverletzung (§ 229 StGB) und → fahrlässiger Tötung (§ 222 StGB).

Weder

Kausalitätsgegenbeweis → Allgemeine Bedingungen für die Kraftfahrtversicherung Nr. 3 b) bb), → Deckungsklage Nr. 3, → Kfz-Haftpflichtversicherung Nr. 6

Kennleuchten für blaues Blinklicht → Fahrzeugbeleuchtung Nr. 2

Kennleuchten für gelbes Blinklicht → Fahrzeugbeleuchtung Nr. 2

Kennzeichen → Fahrzeugregister, → Fahrzeug-Zulassungsverordnung (FZV) Nr. 3–6, 8, → Kennzeichenmissbrauch, → Pflichten des Fahrzeugführers Nr. 1 c)

Kennzeichen als Urkunde → Kennzeichenerteilung

Kennzeichenarten → Kennzeichenerteilung Nr. 2

Kennzeichenerteilung 1. Allgemeines. Der *Begriff* der *Kennzeichenzuteilung* wird im Kfz-Zulassungsrecht in zwei unterschiedlichen Bedeutungen verwendet: 1.) Nach § 1 Abs. 1 S. 2 StVG erfolgt die Zulassung eines Kfz oder eines Kfz-Anhängers zum Verkehr „durch *Zuteilung eines amtlichen Kennzeichens*". Der Begriff „Zuteilung eines amtlichen Kennzeichens", der auch an anderen Stellen im Straßenverkehrsrecht verwendet wird, nicht allerdings in der FZV, ist gleichbedeutend mit dem Begriff „Zulassung". 2.) Nach § 3 Abs. 1 S. 3 FZV erfolgt die Zulassung „durch *Zuteilung eines Kennzeichens*", Abstempelung der Kennzeichenschilder und Ausfertigung einer Zulassungsbescheinigung. Die Zuteilung eines Kennzeichens i.S.v. § 3 FZV ist die Entscheidung der Zulassungsbehörde, welches Kennzeichen bestehend aus Unterscheidungszeichen für den Verwaltungsbezirk und Erkennungsnummer das Fahrzeug erhalten soll (§ 8 FZV). Dieses Kennzeichen wird erst zum amtlichen Kennzeichen, wenn ein Schild mit diesem Kennzeichen von der Zulassungsbehörde mit dem amtlichen Siegel abgestempelt worden ist.
2. Arten von Kennzeichen. Es gibt die folgenden *Arten von Kennzeichen:* Das *allgemeine Kennzeichen* (§ 8 Abs. 1 S. 1 bis 4 FZV) besteht aus einem Unterscheidungszeichen für den Verwaltungsbezirk und einer Erkennungsnummer. Die Unterscheidungszeichen werden auf Antrag der Länder vom Bundesverkehrsministerium durch VA festgelegt und aufgehoben (§ 8 Abs. 2 S. 1 FZV, näher dazu Hentschel/König/*Dauer* Straßenverkehrsrecht 43. Aufl. 2015 § 8 FZV Rn. 19). Die Erkennungsnummer bestimmt sich nach Anlage 2 zu § 8 Abs. 1 S. 4 FZV. Bei der Zuteilung eines Kennzeichens steht die Auswahl der Erkennungsnummer im Ermessen der Zulassungsbehörde. Wird auf Antrag ein *Wunschkennzeichen* zugeteilt, kann dafür eine zusätzliche Gebühr erhoben werden. Mit Ausnahme der Umlaute Ä, Ö und Ü können alle Buchstaben des Alphabets jeweils entweder allein oder als Kombination von zwei Buchstaben in der Erkennungsnummer zugeteilt werden. *Behördenkennzeichen* nach Anlage 3 zu § 8 Abs. 1 S. 5 FZV, deren Erkennungsnummer nur aus Zahlen mit maximal sechs Stellen besteht, dürfen nur für Fahrzeuge der Bundes- und Landesorgane, der Bundesministerien, der Bundesfinanzverwaltung, der Bundespolizei, der Wasser- und Schifffahrtsverwaltung des Bundes, der Bundesanstalt Technisches Hilfswerk, der Bundeswehr, des Diplomatischen Corps und bevorrechtigter Internationaler Organisationen zugeteilt werden. Das allgemeine Kennzeichen wird, von Ausnahmen abgesehen, für Fahrzeuge, deren Halter von der Kfz-Steuer befreit sind, mit grüner Beschriftung auf weißem Grund zugeteilt (*grünes Kennzeichen*, § 9 Abs. 2 FZV). Fahrzeuge mit *Saisonkennzeichen* dürfen nur während des auf dem Kennzeichen angegebenen Betriebszeitraums auf öffentlichen Straßen betrieben oder abgestellt werden (§ 9 Abs. 3 FZV). Auf einen Halter können unter bestimmten Voraussetzungen zwei Fahrzeuge mit *Wechselkennzeichen* zugelassen werden (§ 8 Abs. 1 a FZV). Fahrzeuge ohne Zulassung und ohne Betriebserlaubnis können für Prüfungs-, Probe- und Überführungsfahrten (zu den Begriffen siehe § 2 Nr. 23 bis 25 FZV) mit roten Kennzeichen betrieben werden (§ 16 Abs. 1 S. 1 FZV), die nicht fest am Fahrzeug angebracht sein müssen (§ 16 Abs. 5 S. 2 FZV). Fahrzeuge ohne Zulassung dürfen zu Probe- oder Überführungsfahrten mit Kurzzeitkennzeichen betrieben werden (§ 16a Abs. 1 S. 1 FZV). Das *Kurzzeitkennzeichen* enthält das Ablaufdatum, das längstens auf fünf Tage ab der Zuteilung zu bemessen ist (§ 16 Abs. 3 S. 3 FZV). Es darf nur an einem Fahrzeug verwendet werden. Kurzzeitkennzeichen werden von der für den Antragsteller oder die für den Standort des Fahrzeugs örtlich zuständigen Zulassungsbehörde ausgegeben, wenn der Antragsteller einen Bedarf dafür nachgewiesen oder glaubhaft gemacht hat (§ 16a Abs. 2 S. 1 FZV: „bei Bedarf"; VG Berlin 11.1.2008, VG 11 A 877.07 m. Anm. *Dauer* NZV 2008, 421). *Rote Kennzeichen* können durch die örtlich zuständige Zulassungsbehörde zuverlässigen Kfz-Herstellern, Kfz-Teileherstellern, Kfz-Werkstätten und Kfz–Händ-

lern befristet oder widerruflich zur wiederkehrenden Verwendung, auch an unterschiedlichen Fahrzeugen, zugeteilt werden (§ 16 Abs. 3 S. 1 FZV). Sie bestehen aus einem Unterscheidungszeichen und einer Erkennungsnummer. Die Erkennungsnummer besteht nur aus Ziffern und beginnt mit „06". Nicht zugelassene Fahrzeuge können mit zeitlich befristetem *Ausfuhrkennzeichen* exportiert werden (§ 19 FZV), sofern die Ausfuhr nicht mit roten oder Kurzzeitkennzeichen erfolgen soll. Oldtimer (Fahrzeuge, die vor mindestens 30 Jahren erstmals in Verkehr gekommen sind, weitestgehend dem Originalzustand entsprechen, in einem guten Erhaltungszustand sind, zur Pflege des kraftfahrzeugtechnischen Kulturguts dienen – § 2 Nr. 22 FZV – und durch ein Gutachten nach § 23 StVZO als Oldtimer eingestuft sind) können statt eines allgemeinen Kennzeichens auch ein *Oldtimerkennzeichen* (§ 9 Abs. 1 FZV) erhalten. Sein Aussehen unterscheidet sich von dem allgemeinen Kennzeichen nur dadurch, dass hinter der Erkennungsnummer der Buchstabe „H" (für „historisch") folgt (§ 9 Abs. 1 S. 3 FZV). Fahrzeuge mit einem Oldtimerkennzeichen unterliegen einem pauschalen Kfz-Steuersatz. Das Oldtimerkennzeichen kann nur für ein bestimmtes Fahrzeug zugeteilt werden. Das *rote Oldtimerkennzeichen* (§ 17 FZV) kann dagegen auch für mehrere Oldtimer ausgegeben werden. Es kann jedoch nur für die Teilnahme an Veranstaltungen, die der Darstellung von Oldtimer-Fahrzeugen und der Pflege des kraftfahrzeugtechnischen Kulturgutes dienen, für Anfahrten zu und Abfahrten von solchen Veranstaltungen, für Probefahrten, Überführungsfahrten und Fahrten zum Zwecke der Reparatur oder Wartung von Oldtimern verwendet werden (§ 17 Abs. 1 S. 1 und 2 FZV). Das rote Oldtimerkennzeichen besteht aus einem Unterscheidungszeichen und einer Erkennungsnummer. Die Erkennungsnummer besteht nur aus Ziffern und beginnt mit „07", weswegen diese Kennzeichen auch als „07er-Kennzeichen" bezeichnet werden. Durch das *Versicherungskennzeichen* (§ 26 FZV) wird nachgewiesen, dass für bestimmte zulassungsfreie Kraftfahrzeuge (zwei- oder dreirädrige Kleinkrafträder, motorisierte Krankenfahrstühle, vierrädrige Leichtkraftfahrzeuge und Segways) eine Kfz-Haftpflichtversicherung besteht. Versicherungskennzeichen sind keine amtlichen Kennzeichen. Sie werden nicht von der Zulassungsbehörde, sondern von den Versicherern ausgegeben. *Rote Versicherungskennzeichen* (§ 28 FZV) haben für die genannten Fahrzeuge die gleiche Funktion wie rote Kennzeichen für sonstige Kfz.

3. Ausgestaltung und Anbringung. Zur Ausgestaltung und Anbringung der Kennzeichen siehe § 10 FZV. Das abgestempelte Kennzeichenschild ist zusammen mit dem Fahrzeug eine *Urkunde* i. S. d. § 267 StGB. Das hintere Kennzeichen muss *beleuchtet* sein (§ 10 Abs. 6 S. 2 und 3 FZV). Selbstleuchtende hintere Kennzeichen sind durch § 10 Abs. 13 FZV zugelassen. *Fahrten* im Zusammenhang mit dem Zulassungsverfahren und Fahrten zur Durchführung einer Hauptuntersuchung, Sicherheitsprüfung oder einer Abgasuntersuchung sind *mit ungestempelten Kennzeichen* zulässig, wenn die Zulassungsbehörde die Kennzeichen „vorab zugeteilt" hat und Versicherungsschutz besteht (§ 10 Abs. 4 FZV). Das *Nationalitätszeichen D* darf neben dem Kennzeichen geführt werden (§ 10 Abs. 10 FZV). Das für neue Kennzeichen obligatorische *Euro-Kennzeichen* (Abschnitt 1 Nr. 3 der Anlage 4 zur FZV) macht bei Fahrten innerhalb der EU sowie der Schweiz, Island, Liechtenstein und Norwegen das gesonderte Nationalitätszeichen entbehrlich.

4. Umzug des Halters. Bei Umzug des Halters eines Kfz muss kein neues Kennzeichen beantragt werden. Seit 1.1.2015 ist die Mitnahme des Kennzeichens bundesweit bei Umzug des Halters, nicht aber bei Halterwechsel, möglich (§ 13 Abs. 3 S. 1 FZV); ein neues Kennzeichen muss bei Wechsel des Zulassungsbezirks nicht mehr beantragt werden. *Dauer*

Kennzeichenmissbrauch 1. Allgemeines. Der K. ist in § 22 StVG als Straftat geregelt. Die in der Praxis wohl häufigste der Tathandlungen besteht drin, dass der Täter ein Fahrzeug mit einem für dieses nicht ausgegebenen Kennzeichen versieht (§ 22 Abs. 1 Nr. 1 bzw. Nr. 2 StVG). Daneben ist das Verdecken oder Unkenntlichmachen strafbar (§ 22 Abs. 1 Nr. 3 StVG), in der Praxis meist mit dem Ziel, Blitzlichtaufnahmen unbrauchbar zu machen. Strafbar ist ferner die Benutzung eines nach Abs. 1 manipulierten Fahrzugs (§ 22 Abs. 2 StVG).

2. Der Tatbestand des K. greift ausdrücklich nur ein, wenn die Tat nicht in anderen Vorschriften mit schwererer Strafe bedroht ist (§ 22 Abs. 1 StVG). Hier spielt in der Praxis vor allem die *Abgrenzung zur Urkundenfälschung* (§ 267 Abs. 1 StGB) eine Rolle:

a) Wer ein Kfz mit Kennzeichen („Nummernschildern") ausstattet, die für dieses nicht ausgegeben sind, macht sich wegen Urkundenfälschung strafbar, wenn die Kennzeichen einen

Aussteller (in Deutschland die Kreisverwaltungsbehörde) erkennen lassen, denn Nummernschild und Fahrzeug bilden dann eine Gesamturkunde. Eines Rückgriffs auf § 22 StVG bedarf es dann nicht. Nur K. liegt aber vor, wenn die angebrachten Kennzeichen keinen Aussteller nennen, und zwar entweder generell nicht (was bei ausländischen „Nummernschildern" vorkommt) oder jedenfalls im konkreten Fall nicht (weil etwa der Stempel der Kreisverwaltungsbehörde fehlt). Das nimmt ihnen die Urkundseigenschaft, obwohl sie bei oberflächlichem Hinsehen den Anschein der Amtlichkeit erwecken und dem Täter beim K. gerade hieran regelmäßig auch gelegen ist.
b) Keine Urkundenfälschung (BGH 21.9. 1999, 4 StR 71/99, NJW 2000, 229 f = DAR 1999, 557 f = NZV 2000, 47 f = DAR 2000, 424 ff) liegt vor, wenn der Täter die amtlichen Kennzeichen seines Fahrzeugs durch Beschichtung (mit Flüssigkeit oder Klebefolie) so manipuliert, dass sie bei Blitzlichtaufnahmen nicht mehr erkennbar sind; dies ist als K. in Form der Unkenntlichmachung nach § 22 Abs. 1 Nr. 3 StVG zu bestrafen (BayObLG 25.11.1998, 2 St RR 133/98, NZV 1999, 213 f = VRS 96, 437 ff).
3. K. erfordert ein Handeln in „rechtswidriger Absicht". Diese liegt in der Praxis typischerweise vor. Denn Ziel des Täters ist es im Rahmen des § 22 Abs. 1 Nr. 1 und 2 StVG in der Regel, eine Zulassung vorzutäuschen und das Fahrzeug ohne diese auf öffentlichem Verkehrsgrund benutzen oder parken zu können. Bei § 22 Abs. 1 Nr. 3 StVG möchte der Täter in der Regel Kontrollen unterlaufen. *Weder*

Kennzeichenzuteilung → Kennzeichenerteilung

Kettenunfall → Haftungsverteilung bei Verkehrsunfällen Nr. 6

Kfz-Haftpflichtversicherung **1. Allgemeines.** Für die Kfz-Haftpflichtversicherung gelten neben den allgemeinen Vorschriften des *VVG* die besonderen Vorschriften für den Bereich der Haftpflichtversicherung in den §§ 100 bis 112 VVG, ferner die Regelungen des *PflVG* und der *KfzPflVV*. Die nähere Ausgestaltung des Versicherungsschutzes erfolgt in A.1.1 *AKB 2008*, § 10 AKB (zu den AKB 2015 s. *Heinrichs*, DAR 2015, 195 ff., 256 ff.). Der Geschädigte hat gegen den Kfz-Haftpflichtversicherer einen *Direktanspruch*, § 115 Abs. 1 S. 1 VVG (vormals § 3 Nr. 1 S. 1 PflVG). Es besteht gem. § 115 Abs. 1 S. 4 VVG eine *gesamtschuldnerische Haftung* des Versicherungsnehmers und der Mitversicherten sowie der Versicherung, mit letzterer aufgrund des gesetzlichen Schuldbeitritts und nicht aufgrund einer Mithaftung (BGH 30.10.1980, NJW 1981, 681).
2. Versicherungsfall. In der Kfz-Haftpflichtversicherung ist Versicherungsfall das aus dem *Gebrauch eines Kfz* herrührende Ereignis, das einen in der Kfz-Haftpflichtversicherung versicherbaren Schaden verursacht oder Ansprüche gegen den Versicherungsnehmer zur Folge hat (A.1.1.1 AKB 2008, § 10 Abs. 1 AKB), mithin der Verkehrsunfall (s. a. → *Unfall*). Ein bloßer örtlicher und räumlicher Zusammenhang des Schadensereignisses mit dem Gebrauch eines Kfz ist nicht ausreichend. Vielmehr muss ein *innerer Zusammenhang* zwischen dem Schadensereignis und dem von der Kfz-Haftpflichtversicherung abgedeckten Gefahrenbereich bestehen (BGH 16.2.1977, DAR 1977, 243; BGH 27.6.1984, VersR 1984, 854; OLG Karlsruhe 28.4.2005, NZV 2005, 585; OLG Celle 3.3. 2005, NJW-RR 2005, 623). Besteht ein solcher innerer Zusammenhang, wird also ein Schaden beim Gebrauch eines Kfz verursacht, dann ist eine *private Haftpflichtversicherung* nicht eintrittspflichtig (sog. *kleine Benzinklausel*; vgl. BGH 13.12.2006, NJW-RR 2007, 464; OLG München 4.7.2013, 29 U 430/13). Ansonsten besteht Versicherungsschutz in der privaten Haftpflichtversicherung. Lücken im Deckungsschutz der privaten und der Kfz-Haftpflichtversicherung sind durch nahtlose Abgrenzung zu vermeiden (BGH 27.6.1984, VersR 1984, 854; BGH 14.12.1988, VersR 1989, 243), Überschneidungen im Versicherungsschutz dagegen denkbar.

> Praxistipp: Der Versicherte hat dem Versicherer jeden Versicherungsfall *binnen einer Woche* schriftlich *anzuzeigen*. Der Aufforderung des Versicherers, sich zum Schadenshergang zu äußern und ein Schadensformular auszufüllen, hat der Versicherungsnehmer *unverzüglich* zu entsprechen. Der Anwalt muss seinen Mandanten auch dann auf dessen *Obliegenheiten in der Haftpflichtversicherung* hinweisen, wenn er lediglich mit der Geltendmachung von Ersatzansprüchen aus einem Verkehrsunfall betraut wurde. Hat der Versicherer indes anderweitig, z. B. durch eine Schadensanzeige des Geschädigten, bereits Kenntnis vom Versicherungsfall erhalten, dann ist i. d. R. der Verstoß gegen die Anzeigepflicht ohne Folgen.

3. **Leistungsverpflichtung.** Die Leistungspflicht der Kfz-Haftpflichtversicherung bezieht sich auf die Regulierung von berechtigten Personen-, Sach- und Vermögensschäden (*Befriedigungsfunktion*) und umfasst darüber hinaus die außergerichtlichen und gerichtlichen Kosten der Abwehr unberechtigter Ansprüche (*Rechtsschutzfunktion*), A.1.1 AKB 2008, § 10 Nr. 1 AKB (BGH 28.9.2011, NZV 2012, 34). Der Kfz-Haftpflichtversicherer muss den Versicherungsnehmer und die mitversicherten Personen zum einen von Ansprüchen *freistellen*, die von einem Dritten gegen ihn aufgrund seiner Verantwortlichkeit für eine während der Laufzeit des Vertrages (s. a. → *Nachhaftung*) eingetretene Tatsache geltend gemacht werden, und zum anderen unberechtigte Ansprüche Dritter *abwehren*. Der Abwehranspruch beinhaltet nicht lediglich die Ablehnung unberechtigter Ansprüche, sondern darüber hinaus ggf. die Ergreifung von Maßnahmen der Beweissicherung, wie z. B. die Einholung von Sachverständigengutachten zur Schadenshöhe oder den Zustand der Unfallstelle (s. a. → *selbständiges Beweisverfahren*).

4. **Leistungsumfang.** Die *Mindestversicherungssumme*, welche letztlich einem *Haftungshöchstbetrag* entspricht, in der Pflichtversicherung beträgt, sofern eine anderweitige Rechtsvorschrift nicht ein anderes vorsieht (wie z. B. § 12 StVG), eine Deckungssumme von 250.000 Euro je Versicherungsfall und von 1 Mio. Euro für alle Versicherungsfälle eines Versicherungsjahres, § 114 VVG (s. a. → *Deckungssummen in Europa*; → *Gefährdungshaftung*).

Praxistipp: Die Übernahme der Reparaturkosten und deren direkte Zahlung an den Reparaturbetrieb durch eine Kfz-Haftpflichtversicherung können insoweit ein Anerkenntnis der Schuld darstellen (BGH 17.6.2008, NJW 2008, 2776), und sogar darüber hinausgehend ein *Anerkenntnis der Eintrittspflicht* hinsichtlich aller weiteren Schäden (BGH 29.10.1985, NJW-RR 1986, 324; BGH 22.7.2004, NJW-RR 2004, 1475; OLG Koblenz 7.10.1993, NJW-RR 1994, 1049; a.A. BGH 11.11.2008, NJW 2009, 580; vgl. a. LG Saarbrücken 12.10.2012, zfs 2013, 80).

5. **Risiko-, Haftungsausschlüsse.** Eine Eintrittspflicht der Kfz-Haftpflichtversicherung besteht nicht, wenn der *Erstwagen* den *Zweitwagen* schädigt (OLG Hamm 25.6.1996, VersR 1997, 303), da nur ein Direktanspruch gegen den Kfz-Haftpflichtversicherer des Schädigers bestehen kann, wenn dieser als Dritter i. S. d. § 115 VVG (vormals § 3 Nr. 1 PflVG) anzusehen ist (BGH 25.6.2008, NZV 2008, 509). Ansonsten greift der Haftungsausschluss des A.1.5.6 AKB 2008 (§ 11 Nr. 2 AKB), wonach dem Versicherungsnehmer gegen mitversicherte Personen keine Ersatzansprüche wegen Sach- und Vermögensschäden zustehen, wohl aber wegen eines im eigenen Kfz als Beifahrer erlittenen Personenschadens. Ferner besteht bei *vorsätzlicher Schadensverursachung* gem. § 103 VVG (§ 152 VVG a.F.) ein subjektiver Risikoausschluss mit der Folge, dass sich der Versicherer nicht nur gegenüber dem Versicherten im Innenverhältnis auf seine *Leistungsfreiheit* berufen kann (BGH 26.1.2005, DAR 2005, 208), sondern auch gegenüber dem Geschädigten, mithin im *Außenverhältnis* (BGH 20.6.1990, VersR 1990, 888).

Praxistipp: Wegen des Risikoausschlusses des Vorsatzes gem. § 103 VVG sollte niemals ein Sachvortrag des Anspruchstellers erfolgen, wonach der Schädiger einen Schaden vorsätzlich verursacht hat, da ansonsten die Gefahr besteht, dass sich der *Versicherer* des Schädigers *auf Leistungsfreiheit beruft* (BGH 20.6.1990, VersR 1990, 888; OLG Oldenburg 29.4.1998, VersR 1999, 482), was auch erstmalig im Gerichtsverfahren geschehen kann (OLG Düsseldorf 4.8.1992, VersR 1993, 425), u. U. sogar noch in der Berufungsinstanz (OLG Köln 14.11.2000, zfs 2001, 504; a.A. OLG Düsseldorf 4.8.1992, VersR 1993, 425) – wenn auch diese *Leistungsfreiheit nur gegenüber dem vorsätzlich Handelnden*, und nicht gegenüber allen mitversicherten Personen besteht (wenn z. B. der Fahrer den Kfz-Unfall vorsätzlich verursacht hat, dann berührt dies den Versicherungsschutz des mit dem Fahrer nicht personenidentischen und nicht vorsätzlich handelnden Halters nicht; vgl. BGH 17.6.1998, NJW 1999, 3454).

6. **Obliegenheiten.** Verletzt der Versicherungsnehmer ihn treffende Obliegenheiten, wie z. B. durch ein wiederholtes Fahren unter Alkoholeinfluss oder häufiges Fahren ohne erforderliche Sehhilfe (*Gefahrerhöhung* i.S.v. § 26 VVG) oder Falschangaben im Rahmen seiner Aufklärungsobliegenheit (*Obliegenheitsverletzung* i.S.v. § 28 VVG), dann besteht *im Innenverhältnis* (vgl. § 117 Abs. 1 VVG) *Leistungsfreiheit* bis zu einem Betrag von 2.500 Euro, bei besonders schwerwiegenden, vorsätzlich begangenen Obliegenheitsverletzungen bis zu einem Betrag von 5.000 Euro, vgl. §§ 5, 6 KfzPflVV (BGH 14.9.2005, NJW 2006, 147; s. a. Brockmöller, zfs 2013, 184), es sei denn,

die Obliegenheitsverletzung hatte weder Einfluss auf die Feststellung des Versicherungsfalles noch auf die Feststellung oder den Umfang der dem Versicherer obliegenden Leistung (sog. *Kausalitätsgegenbeweis*, § 28 Abs. 3 VVG; vgl. dazu BGH 21.11.2012, DAR 2013, 79). Eine unbegrenzte Leistungsfreiheit des Versicherers besteht nur gegenüber einem Fahrer, der das Kfz durch eine strafbare Handlung erlangt hat, § 5 Abs. 3 S. 2 KfzPflVG. Eine *wahrheitswidrige Unfallschilderung* ist als vorsätzliche oder grob fahrlässige Verletzung der Aufklärungsobliegenheit anzusehen, ebenso eine unrichtige Antwort des Versicherungsnehmers auf die Frage im Schadensformular der (Kasko-) Versicherung nach Vorschäden (OLG Hamm 23.1.2008, NZV 2009, 45; OLG München 27.3.1981, VersR 1981, 1170), es sei denn, dem Versicherer waren die Vorschäden z. B. aufgrund einer früheren Regulierung positiv bekannt (BGH 11.7.2007, NJW 2007, 2700).

Praxistipp: Die Erkenntnismöglichkeiten des Versicherers aus der sog. Uniwagnis-Datei lassen die Aufklärungsobliegenheit des Versicherungsnehmers unberührt (BGH 17.1.2007, DAR 2007, 391; OLG Hamm 23.1.2008, NZV 2009, 45).

7. Regulierungsvollmacht. Der Versicherer hat gem. A.1.1.4 AKB 2008 bzw. § 10 Abs. 5 AKB die Befugnis, *im Namen des Versicherungsnehmers* nach *pflichtgemäßem Ermessen* alle zur Befriedigung oder zur Abwehr der Ansprüche zweckmäßig erscheinenden Erklärungen abzugeben (BGH 20.11.1980, VersR 1981, 180; *Wussow* VersR 1994, 1014). Mit dieser weitgehenden Regulierungsbefugnis wird dem Versicherer ein großer Ermessensspielraum für das Ob und das Wie der Regulierung von Ersatzansprüchen eingeräumt, so dass der Versicherer dem Versicherungsnehmer erst bei einer unsachgemäßen Regulierung offensichtlich unbegründeter Ansprüche *Prämiennachteile* zu ersetzen hat (OLG Köln 19.3.1992, zfs 1992, 342; OLG Köln 8.9.1983, VersR 1985, 632; LG Coburg 5.6.2009, DAR 2010, 94; AG Frankfurt a.M. 10.8.2011, NZV 2011, 549).

Praxistipp: Ein *Regulierungsverbot*, welches der Versicherungsnehmer seiner Versicherung ausspricht, um eine Zahlung auf die Ersatzansprüche des Unfallgegners zu vermeiden, ist für den Versicherer *unverbindlich*. Will der Versicherungsnehmer eine Schadensregulierung verhindern, dann kann er dem Versicherer allenfalls anbieten, das Prozessrisiko eines Rechtsstreits zu übernehmen (welches die Rechtsschutzversicherung des Versicherungsnehmers nicht übernimmt, s. a. → *Rechtsschutzversicherung*).

8. Anerkenntnis von Haftpflichtansprüchen. Aufgrund seiner Regulierungsvollmacht ist der *Versicherer* uneingeschränkt zu Verhandlungen mit dem Geschädigten bevollmächtigt, tritt mithin dem Geschädigten als Vertreter des Schädigers gegenüber. Erkennt der Versicherer unter diesen Voraussetzungen den Haftpflichtspruch des Geschädigten durch eine Regulierungszusage an, dann liegt darin ein umfassendes *deklaratorisches Schuldanerkenntnis* (BGH 19.11.2008, DAR 2009, 85; OLG Karlsruhe 1.2.2013, VA 2013, 111), welches auch zu einer *Unterbrechung der Verjährung* auch der gegen ihn gegenüber dem Geschädigten unmittelbar bestehenden Ersatzansprüche führt (BGH 11.10.2006, NJW 2007, 69), ebenso wie die Bezahlung einzelner Ersatzansprüche (BGH 2.12.2008, NJW-Spezial 2009, 73). Mündliche Äußerungen des *Versicherungsnehmers* am Unfallort des Inhalts, „Verursacher des Unfalls zu sein" oder „die Schuld anzuerkennen", die in der ersten Aufregung an der Unfallstelle abgegeben werden, können im Allgemeinen nicht als rechtsverbindliche Anerkenntniserklärungen gewertet werden (s. a. → *Besonderheiten des Verkehrsunfallprozesses*), sondern haben nur als unüberlegte Beruhigungen des Verletzten zu gelten mit der Folge, dass eine Würdigung als Beweisanzeichen (sog. „Zeugnis gegen sich selbst") in Betracht kommt (BGH 10.1.1984, VersR 1984, 383; OLG Düsseldorf 16.6.2008, NZV 2009, 42; s. a. → *Fahrerhaftung* Nr. 5).

Praxistipp: Die Regelung des § 154 Abs. 2 VVG a. F., welche wie auch § 7 II Abs. 1 AKB ein *generelles Verbot des Anerkenntnisses* einer Schadenersatzforderung oder deren Befriedigung durch den Versicherungsnehmer vorsah, dessen Nichtbeachtung durch den Versicherungsnehmer mit Ausnahme der wenigen Fälle des sog. erlaubten Anerkenntnisses zur Leistungsfreiheit des Versicherers führen konnte, wurde mit § 105 VVG *aufgehoben*. Nunmehr sind Anerkenntnisse des Versicherungsnehmers *generell erlaubt*, indes für den Versicherer *nicht bindend* (*Lange* VersR 2007, 1313). Dennoch besteht die Problematik der Auslegung von Erklärungen des Versicherungsnehmers am Unfallort (deklaratorisches Anerkenntnis oder Beweisanzeichen) im Verhältnis zwischen Schädiger und Geschädigtem fort (vgl. AG München 24.8.2011, SP 2012, 251).

9. Prüfungsfrist vor Regulierungsbeginn. Von den Umständen des Einzelfalles ist es abhängig, wie lange einer Kfz-Haftpflichtversicherung für die Prüfung der Sach- und Rechtslage vor einem Eintritt in die Schadensregulierung vor Klageerhebung Zeit gegeben werden muss, um den Vorwurf einer *mutwilligen, weil verfrühten Klageerhebung* mit der einhergehenden negativen Kostenfolge zu begegnen (*Handschumacher* NJW 2008, 2622). Bei durchschnittlichen Angelegenheiten wird eine Frist von *4 bis 6 Wochen* ab dem Unfallgeschehen als ausreichender Zeitraum für die Prüfung der Haftungsfrage anzusehen sein (OLG München 29.7.2010, DAR 2010, 644; OLG Stuttgart 26.4.2010, DAR 2010, 387, m.w.N.; OLG Köln 31.1.2012, NZV 2013, 42), wobei aufgrund des technischen Fortschritts inzwischen auch 3 Wochen als *ausreichende Prüfungsfrist* angesehen werden (OLG Saarbrücken 27.2.2007, SVR 2007, 341). Unerheblich dabei ist, ob die Versicherung bereits die *Schadensmeldung des eigenen Versicherungsnehmers* (Schädigers) erhalten hat oder *Einsicht in eine polizeiliche Ermittlungsakte* nehmen konnte (OLG München 29.7.2010, DAR 2010, 644). Der Geschädigte hat gegen den Versicherer *keinen einklagbaren Anspruch* auf eine *mit Gründen versehene Beantwortung* seines Anspruchsschreibens binnen drei Monaten ab Zugang gem. § 3 a PflVG (OLG Frankfurt am Main 14.8.2009, DAR 2010, 89; a. A. AG Berlin-Mitte 25.2.2008, 113 C 3195/07).

10. Prozessführungsbefugnis. Der Versicherungsnehmer hat, wenn der Unfallgegner gegen ihn Ersatzansprüche gerichtlich geltend macht, die Führung des Rechtsstreits dem Versicherer zu überlassen, A.1.1.4. AKB 2008, E.2.4 AKB 2008 (*van Bühren*, AnwBl 2013, 797; hierzu wird teilweise die Auffassung vertreten, dass die Kfz-Haftpflichtversicherung nicht zur Vertretung des Versicherungsnehmers vor dem Amtsgericht berechtigt ist; *Zschieschak* NJW 2010, 3275, m.w.N.). Der Versicherer ist deswegen, und weil er neben dem *Kostenrisiko* auch das *Sachrisiko* trägt, zur *Auswahl des Prozessanwalts* für den Versicherungsnehmer und die weiteren Versicherten berechtigt. Grundsätzlich hat der Kfz-Haftpflichtversicherer dem Versicherungsnehmer die Kosten eines vom Versicherungsnehmer zusätzlich beauftragten Rechtsanwalts nicht zu erstatten (OLG Saarbrücken 23.12.2011, 9 W 269/11; OLG Hamburg 27.3.2009, 14 U 40/09). Nur in seltenen Ausnahmefällen, wenn es dem Versicherungsnehmer nicht zugemutet werden kann, sich von dem von der Versicherung beauftragten Anwalt vertreten zu lassen, darf der Versicherungsnehmer einen Anwalt seiner Wahl beauftragen (LG Göttingen 3.6.1986, AnwBl 1987, 284; OLG Karlsruhe 16.2.1979, VersR 1979, 944; BGH 30.4.1981, NJW 1981, 1952; vgl. auch BGH 3.6.1987, VersR 1987, 924), z. B. wenn der Kfz-Haftpflichtversicherer dem Versicherungsnehmer im Passivprozess eine Unfallmanipulation vorwirft (BGH 15.9.2010, DAR 2010, 700).

Praxistipp: Übernimmt ein Anwalt unter Missachtung der Prozessführungsbefugnis des Versicherers ein Mandat, dann hat er gegen seinen Auftraggeber *keinen Gebührenanspruch*, wenn er diesen vor Mandatsannahme nicht darüber belehrt hat, dass der Auftraggeber jedenfalls die Rechtsanwaltsgebühren selbst zu tragen hat (BGH VersR 1985, 83; LG München I 11.9.1985, r+s 1986, 4). Für Kosten der Abwehr von Schadensersatzansprüchen ist eine Rechtsschutzversicherung nicht eintrittspflichtig (s. a. → *Rechtsschutzversicherung*).

11. Verjährung. Die Verjährung der Ersatzansprüche des Geschädigten, welche grundsätzlich gem. § 199 BGB nach 3 Jahren eintritt (vgl. BGH 10.1.2012, VI ZR 96/11), wird durch die *erstmalige Anmeldung* der Forderung beim Kfz-Haftpflichtversicherer des Geschädigten gehemmt, § 115 Abs. 2 S. 3 VVG (vormals § 3 Nr. 3 PflVG), und zwar nicht nur gegenüber dem Versicherer, sondern auch gegenüber dem Versicherungsnehmer, § 115 Abs. 2 S. 4 VVG, und nicht nur in Höhe der vereinbarten Deckungssumme, sondern in Bezug auf den gesamten Anspruch (BGH 16.2.1984, VersR 1984, 441; vgl. BGH 6.12.1983, VersR 1984, 226). Die *Hemmung der Ersatzansprüche* dauert solange an, bis der Versicherer dem Geschädigten eine eindeutige (positive oder negative) Entscheidung über die geltend gemachten Ersatzansprüche zukommen lässt (BGH 18.2.1997, NJW 1997, 2521; BGH 5.12.1995, DAR 1996, 210; BGH 30.4.1991, NJW 1991, 1954), wenn sich eine weitere Schadenregulierung nicht durch einen Zeitablauf offenbar erledigt hat (vgl. a. OLG Frankfurt a.M. 3.7.2012, DAR 2013, 83, m. Anm. *Halm/Hauser*). Die Bezahlung auch nur einzelner Ersatzansprüche stellt eine Leistung auf den Gesamtanspruch dar, durch die auch dessen Verjährung unterbrochen (§ 208 BGB a.F.) bzw. neu begonnen (§ 212 BGB) wird (BGH 2.12.2008, NJW-Spezial 2009, 73).

12. Verschweigen von Vorschäden. Falschangaben, wie z. B. das Verschweigen von Vorschäden am unfallbeschädigten Kfz durch den *unfallgeschädigten Anspruchsteller*, können zum Verlust der Ansprüche auf Ersatz des Fahrzeugschadens führen. Ist bewiesen, dass nicht sämtliche Schäden am Unfallfahrzeug auf den Unfall zurückzuführen sind, und macht der Geschädigte zu den *nicht kompatiblen Schäden* keine substantiierten Angaben bzw. bestreitet er das Vorliegen solcher, so ist ihm auch für den auf den Unfall zurückzuführenden Schaden kein Ersatz zu leisten (OLG Frankfurt 21.9. 2006, NZV 2007, 313; OLG Köln 22.2.1999, VersR 1999, 865; OLG Hamburg 27.2.2002, SP 2003, 100; KG 17.10.2005, VersR 2006, 1559; OLG Düsseldorf 1.3.2011, SP 2011, 114).

Siehe auch: → *Unfall* Geiger

Kfz-Versicherungsvertrag

1. Allgemeines. Nach dem neuen VVG werden Versicherungsverträge in der Kfz-Versicherung nur noch nach dem Antragsmodell durch Antrag und Annahme geschlossen, wobei jedoch die neu eingeführten Beratungs- und Informationspflichten beim Vertragsabschluss zu beachten sind:

2. Beratungspflichten (§ 6 VVG). Diese Vorschrift begründet eine Beratungs- und Dokumentationspflicht des Versicherers. Sie korrespondiert mit den Verpflichtungen aus der Vermittlerrichtlinie, die für die Versicherungsvermittler (Versicherungsmakler und selbständige Versicherungsvertreter) besteht.

Zudem werden hier Beratungspflichten normiert und erweitert, die bereits nach der Rechtsprechung zum früheren VVG vom Versicherer und dessen Agenten zu erfüllen waren. Der Versicherer war auch im Geltungsbereich des alten VVG unter bestimmten Voraussetzungen verpflichtet, eine produkt- und bedarfsbezogene Beratung durchzuführen. Diese Beratungspflichten werden nunmehr dadurch erweitert, dass dem Versicherer vor Vertragsschluss eine generelle Pflicht zur Durchführung einer spezifischen Risiko- und Bedarfsanalyse auferlegt wird.

a) Inhalt der Beratungspflichten. So muss der Versicherungsnehmer durch den Versicherer entsprechend der Person des Versicherungsnehmers und dem Anlass nach umfassend beraten werden. Es geht hier also um den Einzelfall: Anlassbezogen, inhaltlich, zusätzlich.

Da es sich bei der Kraftfahrzeughaftpflicht- und -kaskoversicherung um z. B. gegenüber den Personenversicherungen erheblich einfachere Produkte handelt, die von den meisten Versicherungsnehmern schon einmal abgeschlossen worden sind, z. B. bei Ihrem ersten Auto, sind die Anforderungen an die Beratungspflichten vorliegend nicht allzu hoch, sofern sich aus den Wünschen des Versicherungsnehmers oder seinen persönlichen Umständen nicht noch etwas Besonderes ergibt.

b) Dokumentation. Die durch den Versicherer bzw. seinen für ihn tätigen Agenten erfolgte Beratung muss unter Berücksichtigung der Komplexität des gewünschten Versicherungsvertrages dokumentiert werden (§ 6 Absatz 1 Satz 2 VVG).

Der Versicherer hat den erteilten Rat und die Gründe hiervor vor Abschluss des Vertrages in Textform zu übermitteln. Auf Wunsch des Versicherungsnehmers oder aber bei einer vorläufigen Deckung kann dies auch mündlich geschehen (§ 6 Absatz 2 VVG).

Kann der Versicherer keine Urkunde vorlegen, dass er seine Beratungsleistung erbracht hat, wird es zu Beweiserleichterungen für den Versicherungsnehmer bis hin zur Beweislastumkehr kommen. Dies kann auch dann der Fall sein, wenn der Versicherer die Übermittlung nicht nachweisen kann.

c) Verzicht auf die Beratung und Dokumentation. Nach § 6 Absatz 3 VVG ist ein Verzicht des Versicherungsnehmers auf die Beratung und die Dokumentation durch eine gesonderte schriftliche Erklärung mit den verpflichtenden Hinweisen des § 6 Absatz 3 2. Halbsatz VVG möglich.

Zum einen darf eine solche Verzichtslösung durch die Versicherer nicht flächendeckend eingesetzt werden, da dies dem Gesetzeszweck zuwiderlaufen und eine umgehende weitere Gesetzesänderung nach sich ziehen würde.

Zum anderen ist schon grundsätzlich fraglich, ob dieser im Gesetz vorformulierte Beratungsverzicht möglicherweise nicht selbst schon gegen § 307 BGB verstößt, weil der Verbraucher unangemessen benachteiligt wird.

d) Fortdauern der Beratungspflicht während der Laufzeit des Versicherungsvertrages. Auch nach Abschluss des Versicherungsvertrages bis zu seiner Beendigung besteht nach § 6 Absatz 4 Satz 1 VVG eine Verpflichtung zur Beratung, sofern der Versicherer einen Anlass für eine Nachfrage oder Beratung beim Versicherungsnehmer erkennt.

Aber auch hierauf kann der Versicherungsnehmer nach Satz 2 durch schriftliche Erklärung verzichten, die hier die Regel und nicht die Ausnahme werden könnte.

Die fortdauernde Beratungspflicht ist in der Kraftfahrzeugversicherung eher von geringerer Bedeutung.

e) Schadenersatzpflicht aufgrund einer Verletzung der Beratungspflicht. Werden die Beratungspflichten verletzt, ist der Versicherer nach § 6 Absatz 5 VVG verpflichtet, dem Versicherungsnehmer den daraus entstehenden Schaden zu ersetzen.

Hiermit wird ein schon grundsätzlich bestehender Anspruch aus Verschulden bei Vertragsschluss (§ 280 Absatz 1 i.V.m § 311 Absatz 2 Nr. 1, § 241 Absatz 2 BGB) konkretisiert.

Dabei muss der Versicherungsnehmer so gestellt werden, wie er bei richtiger Beratung gestanden hätte. Dies kann im Einzelfall zur Erfüllungshaftung des Versicherers führen oder aber auch zum Ersatz des negativen Interesses, wenn der Versicherungsnehmer darlegt und beweist, dass er bei korrekter Beratung den Vertrag nicht oder nicht mit diesem Inhalt geschlossen hätte.

Zudem muss der Versicherungsnehmer auch zukünftig – wie bisher – beweisen, dass er bei richtiger Beratung den gewollten Versicherungsschutz bei diesem oder aber einem anderen Versicherer erhalten hätte.

3. Informationspflicht (§ 7 VVG). Diese Vorschrift erfasst die von allen Versicherern mitzuteilenden Informationen, die der zukünftige Versicherungsnehmer erhalten muss, bevor er seine auf den Abschluss des Versicherungsvertrages gerichtete Willenserklärung abgibt.

Hier werden alle Informationspflichten zusammengefasst, die sich aus den EU-rechtlichen Vorgaben für alle Versicherungszweige ergeben.

a) Umfang der Informationspflicht. Jeder Versicherungsnehmer – ausgenommen sind nur Verträge über Großrisiken – muss entsprechend dieser Norm informiert werden, also auch kleine Unternehmer und Freiberufler. Es gibt auch keine Differenzierung zwischen natürlichen und juristischen Personen.

Der Umfang der Informationen wird neben § 7 Absatz 2 VVG durch die Informationspflichtenverordnung geregelt.

Der Versicherer muss den Zugang der Informationen beweisen.

b) Verzicht auf Informationen. Ebenso wie der zukünftige Versicherungsnehmer auf eine Beratung verzichten kann, hat er diese Möglichkeit auch hinsichtlich der Informationen (§ 7 Absatz 1 Satz 3 VVG).

Hier stellen sich die gleichen Fragen hinsichtlich einer Vereinbarkeit dieser Regelung mit § 307 BGB wie bei den Beratungspflichten.

c) Schadenersatzpflicht aufgrund einer Verletzung der Informationspflicht. Anders als bei einer Verletzung der Beratungspflicht nach § 6 VVG fehlt es in § 7 VVG an einer Sanktion für Verstöße gegen die Informationspflichten.

Hier bleibt dem Versicherungsnehmer nur das allgemeine Widerrufsrecht nach § 8 VVG.

Kärger

Kfz-Zulassung → Kennzeichenerteilung

4. KH-Richtlinie → Auslandsunfall

5. KH-Richtlinie → Auslandsunfall Nr. 6, → Deckungssummen in Europa

Kinder → Ersatzansprüche Dritter Nr. 4, 6–11, → Fahrradfahrer Nr. 1, 2, → Haftungsprivilegierung für Kinder, → Personenbeförderung Nr. 3, 5, → Schadenrechtsänderungsgesetz Nr. 4, → Sicherheitsgurt, → Unfallversicherung Nr. 3

Kinderunfall 1. Allgemeines. Kinder machen einen prozentualen Anteil von rund 15 % der Verletzten und 7,5 % der Getöteten von Verkehrsunfällen im deutschen Straßenverkehr aus. Kinder sind als Täter und Opfer an den Verkehrsunfällen beteiligt. Seit der Änderung des § 828 Abs. 2 BGB (s. a. → *Schadensrechtänderungsgesetz*) ist die Rechtsstellung von Kindern bei Verkehrsunfällen erheblich verbessert (s. a. → *Haftungsprivilegierung für Kinder*). Bei *Kinderunfällen im Straßenverkehr* ist generell zu beachten, dass der Kraftfahrer im Straßenverkehr gegenüber Kindern als *schwachen Verkehrsteilnehmern* gemäß § 3 Abs. 2 a StVO ganz besondere Sorgfalt walten lassen muss, dass gegenüber Kindern im Straßenverkehr der *Vertrauensgrundsatz stark eingeschränkt* gilt (BGH 2.7.1985, VersR 1985, 1088), und das *Verschulden* und die *Zurechnungsfähigkeit* für Verkehrsverstöße des Kindes unter Berücksichtigung seines Alters und seines Entwicklungsstandes zu würdigen sind.

2. Kind als Schädiger, Täter. Kinder haften gem. §§ 828 BGB (*Zurechnung*) für den von ihnen vorsätzlich oder fahrlässig verursachten Schaden, § 276 BGB (*Verschulden*). Kinder bis zum 7. Geburtstag sind für den von ihnen angerichteten Schaden nicht verantwortlich, haften für diesen also nicht, § 828 Abs. 1 BGB. Kinder bis zum 10. Geburtstag haften nicht für

Unfälle nach dem 1.8.2002 im *motorisierten Straßenverkehr*, § 828 Abs. 2 S. 1 BGB (BGH 14.6.2005, NJW 2005, 3782), wenn der Schaden nicht *vorsätzlich* verursacht wurde, § 828 Abs. 2 S. 2 BGB. Kinder bis zum 18. Geburtstag haften im übrigen dann, wenn sie die zur Erkenntnis der Verantwortung erforderliche *Einsicht* haben, § 828 Abs. 3 BGB (s. a. → *Haftungsprivilegierung für Kinder*).

Praxistipp: Das Vorliegen einer *Haftpflichtversicherung* führt nicht zur Einstandspflicht des an sich nicht für den Schaden haftenden Kindes (*Diehl* zfs 2003, 444).

3. Aufsichtspflichtverletzung. Wird ein Unfall durch ein Kind verursacht, welches gem. § 828 BGB für den Schaden nicht haftet, kommt eine *Haftung des Aufsichtspflichtigen* gem. § 832 BGB in Betracht, der kraft Gesetzes (z. B. gem. §§ 1626 ff., 1793, 1797, 1909 ff., 1897 BGB), oder kraft Vertrages (BGH 11.6.1968, VersR 1968, 903) zur Führung der Aufsicht über eine Person verpflichtet ist, die wegen Minderjährigkeit oder wegen ihres geistigen oder körperlichen Zustands der Beaufsichtigung bedarf (*Bernau*, DAR 2015, 192; *ders.*, FamRZ 2013, 1521; *ders.*, DAR 2012, 174; *ders.*, FamRZ 2010, 937; *ders.*, FamRZ 2007, 92; *ders.*, DAR 2005, 604). § 832 BGB stellt eine *widerlegbare doppelte Vermutung* auf, wonach der Aufsichtspflichtige zum einen seine Aufsichtspflicht schuldhaft verletzt hat, und zum anderen die Verletzung der Aufsichtspflicht kausal für den entstandenen Schaden ist. Dem Aufsichtspflichtigen obliegt es, diese beiden Vermutungen zu widerlegen, mithin den *Entlastungsbeweis* im Sinne von § 832 S. 2 BGB zu führen, dass nämlich der Aufsichtspflicht genügt wurde oder der Schaden auch bei gehöriger Aufsichtsführung eingetreten wäre (BGH 1.7.1986, NJW-RR 1987, 13; OLG Hamm 26.9.1994, NZV 1995, 112). *Umfang und Inhalt der Aufsichtspflicht* richten sich nach dem Maß der objektiv gebotenen Sorgfalt im jeweiligen Einzelfall, die sich wiederum am Alter, persönlichen Charakter, am Entwicklungstand, der Eigenart und den Erfahrungen des Kindes sowie nach der Vorhersehbarkeit eines möglichen schädigenden Verhaltens und dem Ausmaß der drohenden Gefahren ausrichtet (BGH 24.3.2009, NJW 2009, 1952; BGH 24.3.2009, NJW 2009, 1954). Maßgeblich ist, was einem verständigen Aufsichtspflichtigen in der konkreten Situation üblicherweise an erforderlichen Vorkehrungsmaßnahmen (beobachten, überwachen, belehren, aufklären, anleiten) zugemutet werden kann (BGH 10.7.1984, NJW 1984, 2574; BGH 19.1.1993, NJW 1993, 1003). Trotz der *hohen Anforderungen*, welche an eine *ausreichende Beaufsichtigung* gestellt werden, ist eine Überwachung auf Schritt und Tritt nicht erforderlich (BGH 24.3.2009, VI ZR 199/08; BGH 24.3.2009, VI ZR 51/08; BGH 18.3.1997, NJW 1997, 2047; BGH 10.10. 1995, NJW 1995, 3385). Die aufsichtspflichtigen Eltern des Kindes können sich auf das *Haftungsprivileg der §§ 1664, 277 BGB* (Sorgfalt in eigenen Angelegenheiten bis zur Grenze der groben Fahrlässigkeit) berufen (OLG Karlsruhe 3.5.2012, NJW 2012, 3043), es sei denn, sie selbst haben den Unfall und damit die Verletzungen des Kindes als Führer eines Kfz (mit-)verursacht. Denn bei der Aufsichtspflicht handelt es sich grundsätzlich nicht um eine aus dem Straßenverkehr abgeleitete und gegenüber allen Verkehrsteilnehmern gleichermaßen bestehende Pflicht (OLG Hamm 20.1.1992, NJW 1993, 542; vgl. BGH 1.3.1988, NJW 1988, 2667). Für einen *Exzess des Aufsichtsbedürftigen* haftet der Aufsichtspflichtige nicht (OLG Frankfurt 28.3.2001, NJW-RR 2002, 236).

4. Billigkeitshaftung. Schließlich ist mangels anderweitiger Haftungsgrundlage zur Begründung einer Ersatzpflicht des gem. § 828 BGB haftungsprivilegierten Kindes die *Billigkeitshaftung* des § 829 BGB (sog. Millionärsparagraph) in Betracht zu ziehen. Eine solche greift ein, wenn unter Berücksichtigung aller Umstände eine Schadloshaltung des Geschädigten erforderlich erscheint (BGH 24.6.1969, VersR 1969, 860). Das Bestehen einer *Haftpflichtversicherung* ist für die Begründung einer solchen Haftung unbeachtlich (LG Heilbronn 5.5. 2004, NJW 2004, 2391; vgl. BGH 24.4.1979, VersR 1979, 645).

Praxistipp: Bei der Prüfung von Ersatzansprüchen gem. § 829 BGB und § 832 BGB ist stets zu berücksichtigen, dass die gesetzgeberische Entscheidung zum *Schutz des Schwächeren* automatisch zu einer *Mehrbelastung des Stärkeren* führt, und zwar auch durch *Ausweitung anderer Haftungsnormen* (*Müller* VersR 2003, 1), wie z. B. des § 832 BGB (OLG Oldenburg 4.11.2004, DAR 2005, 343; OLG Hamm 9.6.2000, NJW-RR 2002, 236).

5. Kind als Geschädigter/Opfer. Durch § 3 Abs. 2a StVO wird gegenüber Kindern im Alter bis zu etwa 14 Jahren (OLG Hamm

24.5.1995, NZV 1996, 70) im Straßenverkehr eine *erhöhte Sorgfalt* gefordert, mithin verlangsamtes Fahren und Bremsbereitschaft (BGH 21.12.1993, NJW 1994, 941; BGH 25.9.1990, VersR 1990, 1366; OLG Karlsruhe 24.11.1989, DAR 1990, 137). Geschieht dennoch ein Verkehrsunfall, den das Kind mit verursacht hat, dann wirkt sich ein *Mitverschulden des Kindes* gem. §§ 254 BGB, 9 StVG nur dann anspruchsmindernd aus, wenn und soweit das Kind gem. § 828 BGB deliktsfähig ist (BGH 30.11.2004, NJW 2005, 354; BGH 18.11.2003, NJW 2004, 772; s. a. → *Haftungsprivilegierung für Kinder*). Bei der Bewertung des Verschuldens des Kindes sind altersgemäße Maßstäbe anzusetzen (OLG Karlsruhe 20.6.2012, NJW 2012, 3042). Eine Mithaftung des Kindes kommt nur dann in Betracht, wenn dem deliktsfähigen Kind ein *besonders grober und schwerwiegender Verstoß* gegen die Pflichten des Verkehrsteilnehmers vorgeworfen werden kann. Und selbst dann ist zu beachten, dass die von dem am Unfall beteiligten Kfz ausgehende Betriebsgefahr vor dem Hintergrund des § 7 Abs. 2 StVG (Entlastung bei höherer Gewalt) nur selten ganz hinter das Verschulden des Kindes zurücktreten wird (s. a. → *Haftungsverteilung bei Verkehrsunfällen* Nr. 4). Im Rahmen einer vorzunehmenden Abwägung der Verursachungsbeiträge ist zu berücksichtigen, dass ein Verschulden des Kindes angesichts dessen jugendlicher Unerfahrenheit weniger schwer wiegt. Ein *Mitverschulden der Eltern* bei der Schadensentstehung führt nicht zu einer Anspruchskürzung der Ersatzansprüche des schuldunfähigen Kindes (BGH 20.5.1980, VersR 1980, 938; OLG Köln 2.6.1993, VersR 1994, 1082), sondern zu einer *gesamtschuldnerischen Haftung* mit dem Zweitschädiger für die Ersatzansprüche des Kindes, wenn das Fehlverhalten der Eltern nicht dem Kind gem. §§ 254, 278 BGB über eine bereits zum Unfallzeitpunkt bestehende rechtliche (vertragliche) *Sonderbeziehung* zwischen dem verletzten Kind und der die Aufsicht verletzenden Person zugerechnet werden kann (BGH 1.3.1988, NJW 1988, 2667; BGH 20.5.1980, VersR 1980, 938). Der *Verschuldensmaßstab der §§ 1664, 277 BGB* ist auch auf Aufsichtspflichtverletzungen der Eltern anwendbar, wenn nicht der Unfall von den Eltern als Führer eines Kfz verschuldet wurde (OLG Hamm 20.1.1992, NJW 1993, 542). Die Grundsätze des *gestörten Gesamtschuldnerausgleichs* gelten hier nicht (BGH 15.6.2004, NZV 2004, 514; OLG Hamm 20.1.1992, NJW 1993, 542). Liegen ein Mitverschulden des (deliktsfähigen) Kindes und ein Mitverschulden des Aufsichtspflichtigen vor, werden die Verursachungsbeiträge im Verhältnis zum Fahrer und Halter des Kfz zu einer *Zurechnungseinheit* zusammengefasst, so dass sich die Haftungsquote gegenüber dem Kind verringert (vgl. BGH 1.3.1988, NJW 1988, 2667).

Siehe auch → *Unfallschadenabwicklung – Personenschaden* Nr. 11

6. Schadenersatz und Drittleistung. Bedarf ein Kind nach einem Unfall zunächst *stationärer Betreuung* und dann *vermehrter häuslicher Betreuung* und *Versorgung*, bringt dies eine zeitliche und finanzielle Mehrbelastung der Angehörigen mit sich, die nur eingeschränkt einen erstattungsfähigen Schaden darstellt. *Besuchskosten* sind dem Verletzten nur dann zu ersetzen, wenn der Besucher ein naher Angehöriger ist, die Besuche medizinisch notwendig sind, mithin einer engen Verbindung mit den Heilbehandlungskosten des Verletzten stehen, und deswegen als Ersatzanspruch des Verletzten anzusehen sind (BGH 19.2.1991, NJW 1991, 2340; BGH 24.10.1989, VersR 1989, 1308). *Betreuungsleistungen* der Eltern sind nur dann erstattungsfähig, wenn sie den zuvor üblichen Betreuungsaufwand nicht nur vorübergehend und deutlich übersteigen (BGH 8.6.1999, VersR 1999, 1156; BGH 10.11.1998, VersR 1999, 252; BGH 1.10.1985, VersR 1986, 59). Die Unterhalts- und Betreuungspflicht der Eltern wirkt sich dabei nicht anspruchsmindernd auf den Ersatzanspruch des Kindes zugunsten des Schädigers aus (BGH 1.10.1985, VersR 1986, 173; s. a. → *Ersatzansprüche Dritter* Nr. 3 ff.).

Praxistipp: Berufstätige Eltern können für die Pflege ihrer verletzten Kinder von der gesetzlichen Krankenkasse und der gesetzlichen Unfallversicherung vorübergehend *Kinderpflegekrankengeld* und *Pflegegeld* sowie *Zuschüsse* für Maßnahmen der Verbesserung des individuellen Wohnumfeldes durch technische Hilfsmittel und Umbauten beanspruchen.

7. Heilbehandlungskosten und vermehrte Bedürfnisse. Der Schädiger hat dem verletzten Kind die Heilbehandlungskosten und vermehrte Bedürfnisse zu erstatten, soweit diese nicht anderweitig (z. B. von der Krankenkasse oder anderen Drittleistungsträgern) übernommen werden. Unter vermehrten Bedürfnissen werden alle unfallbedingten, ständig wiederkehrenden *Mehraufwendungen* verstanden, die einem Verletzten im Vergleich zu einem gesunden Menschen erwachsen und die Nachteile ausgleichen sollen, welche dem Verletzten infolge dauerhafter Beeinträchtigungen seines körperlichen Wohlbefindens entstehen, wie z. B. *erforderliche Kosten* für eine *Versorgung, Betreuung* oder *Pflege* durch Dritte (BGH 8.11.1977, VersR 1978, 149; OLG Köln 2.8. 1991, VersR 1992, 506), Kosten einer *Heimunterbringung* (OLG Köln 17.9.1987, VersR 1988, 61), Kosten der Unterbringung in einer *Behindertenwerkstatt*, ggf. gekürzt um einen *Vorteilsausgleich* z. B. für Mahlzeiten und Kleidung (OLG Hamm 17.8.1993, NJW 1994, 1418), Kosten eines *behindertengerechten Umbaus der Wohnung* des Verletzten (OLG Stuttgart 30.1. 1997, VersR 1998, 366) sowie Kosten für die unfallbedingte Anschaffung von *Hilfsmitteln*. Solch konkreten Mehraufwand hat der Schädiger bis zur *Grenze der Unvertretbarkeit* zu erstatten (OLG Bremen 21.4.1998, VersR 1999, 1030). Die Pflicht zur *Schadensgeringhaltung* und *Schadensminderung* ist auch durch das verletzte Kind zu beachten (OLG Hamm 23.8.1990, VersR 1992, 459; s. a. → *Unfallschadenabwicklung – Personenschaden Nr. 12*).

8. Schule, Berufsausbildung, Beruf. Dem verletzten Kind sind (mangels vorhandenen Einkommens) sämtliche Vermögensnachteile zu ersetzen, welche durch eine verzögerte Berufsausbildung und einen verspäteten Eintritt in das Erwerbsleben entstehen (BGH 6.6.2000, VersR 2000, 1521). Da eine Leistungsklage vor Eintritt in das erwerbsfähige Alter ausgeschlossen ist (OLG Köln 19.5.1988, VersR 1988, 1185), kann ein Kind Ersatzansprüche wegen der Beeinträchtigung der Erwerbsfähigkeit nur im Wege der Feststellung (außergerichtliches Anerkenntnis oder Feststellungsklage) geltend machen (s. a. → *Feststellungsklage*). Es ist eine Zukunftsprognose anzustellen, inwieweit das Kind in seiner zukünftigen Ausrichtung durch den Unfall beeinträchtigt ist. Je jünger das verletzte Kind ist, desto weniger konkrete Anhaltspunkte (wie z. B. erkennbare Fähigkeiten, Begabungen und Neigungen des Kindes, bereits begonnene schulische oder berufliche Ausbildungen) sind für eine solche Prognose vorhanden (BGH 14.1.1997, VersR 1997, 366). Deswegen wird dem Kind ein Schätzungsbonus gem. §§ 252 BGB, 287 ZPO zugebilligt (BGH 20.4.1999, VersR 2000, 233; zu den Darlegungs- und Beweiserleichterungen s. *Freymann*, zfs 2013, 125). Jedenfalls muss das Kind bzw. der Jugendliche trotz einer unfallbedingten Aufgabe von beruflichen Zielen aufgrund der Pflicht zur Schadensminderung und -geringhaltung schnellstmöglich eine finanziell möglichst adäquate Erwerbstätigkeit anstreben und aufnehmen (BGH 6.6.2000, VersR 2000, 1521; OLG Hamm 26.11.1997, VersR 2000, 234), sofern es dem Geschädigten möglich und zumutbar ist, seine Arbeitskraft zu verwerten (BGH 29.9.1998, VersR 1998, 1428; BGH 5.12.1995, VersR 1996, 332; BGH 23.1.1979, VersR 1979, 424). Ärztlichem Rat, Therapie- und Kontrollanweisungen muss der Verletzte folgen, um den Gesundungsprozess zu fördern (BGH 17.12.1996, VersR 1997, 449; BGH 30.6.1992, VersR 1992, 1229). Medizinischen Eingriffen zur Besserung seines Zustands muss er sich unterziehen, wenn es sich dabei um einfache und gefahrlose Eingriffe ohne besondere Schmerzen mit sicherer Aussicht auf Heilung oder wenigstens wesentlicher Besserung handelt (BGH 15.3.1994, NJW 1994, 1592; BGH 4.11.1986, VersR 1987, 408; s. a. → *Unfallschadenabwicklung-Personenschaden Nr. 12*).

9. Schmerzensgeld. Kinder haben unabhängig von ihrem Alter einen Schmerzensgeldanspruch. Ihnen kann die „Schmerzensgeldfähigkeit" nicht abgesprochen werden. Dem *Alter des Kindes* kommt bei der Bezifferung des Schmerzensgeldes ggf. erhöhende Bedeutung zu, weil ein junger Mensch im Vergleich zu älteren Geschädigten die gesundheitliche Beeinträchtigung länger zu ertragen hat und das körperliche Wohlbefinden bei ihm von größerer Bedeutung sein kann (OLG Frankfurt am Main 21.2.1996, VersR 1996, 1509; *Wagner* JZ 2004, 319). Die Auffassung, dass eine Reduzierung des Schmerzensgeldes bei jüngeren Geschädigten vorzunehmen ist mit der Begründung, dass das verletzte Kind mit der Zeit einen Umgang mit den Verletzungsfolgen lernt (OLG Düsseldorf 10.2.1992, VersR 1993, 113; vgl. *Geigel/Pardey* 7. Kap., Rn. 20), ist abzulehnen. Ein *grob verkehrswidriges Verhalten* des verletzten Kindes kann zu einer Reduzierung des Schmerzensgeldanspruchs führen (OLG Karlsruhe 1.2.1978, VersR 1979, 653). Die *Mithaftung* des verletzen Kindes stellt indes nur einen unter vielen Bemessungsfaktoren des Schmerzensgeldes dar, so dass – theoretisch – ein zunächst für die volle Haftung des Schädigers ermitteltes Schmerzensgeld nicht im Verhältnis der Mithaftung zu quotieren ist (BGH 21.4.1970, VersR 1970, 624). Praktisch wird aber vielfach genau so verfahren (s. a. → *Unfallschadenabwicklung – Personenschaden Nr. 18 f*).

10. Unterhaltsschaden des Kindes. Werden ein Elternteil oder beide Eltern eines Kindes durch einen Unfall getötet, dann orientiert sich der Unterhaltsschaden des Kindes i.S.v. § 844 Abs. 2 BGB an der familienrechtlichen Unterhaltspflicht dem Kind gegenüber. Der Ersatzanspruch des Kindes richtet sich nach der hypothetisch wahrscheinlichen Entwicklung des *gesetzlichen Unterhaltsanspruchs* des Kindes im Falle des Weiterlebens des Getöteten (*Zukunftsprognose*, BGH 6.10.1992, VersR 1993, 56; BGH 9.6.1967, VersR 1967, 880). Bei Unterbringung des Kindes in einem Kinderheim richtet sich der Ersatzanspruch nach den Heimkosten gekürzt um ersparte Aufwendungen insbesondere für Wohnen und Verpflegung (OLG Düsseldorf 1.2.1985, VersR 1985, 698). Bei unentgeltlicher Unterbringung des Waisen in einer *Pflegefamilie* ist der Ersatzanspruch des Kindes an den üblichen Kosten einer gleichwertigen Familienunterbringung auszurichten (BGH 13.7.1971, VersR 1971, 1045), wobei der doppelte Satz des gesetzlichen Mindestunterhalts als Orientierungshilfe dienen kann (OLG Stuttgart 10.11.1992, VersR 1993, 1536; OLG Celle 22.12.1977, VersR 1980, 583; s. a. → *Ersatzansprüche Dritter Nr. 4, 6, 9*).

11. Mittelbar Geschädigte. Den Eltern des verletzten oder getöteten Kindes können neben dem Anspruch auf Ersatz der *Bestattungskosten* gem. § 844 Abs. 1 BGB auch Ersatzansprüche wegen *entgangener Dienste* oder *entgangenen Unterhalts* zustehen, §§ 844 Abs. 2, 845 BGB. Auch für den Unterhaltsschaden der Eltern des geschädigten Kindes ist der *gesetzlich geschuldete Unterhalt* maßgeblich, und wird anhand der hypothetisch wahrscheinlichen Entwicklung der Leistungsfähigkeit des Kindes (*Zukunftsprognose*) beziffert (BGH 18.6.1985, VersR 1985, 1140). War das Kind den Eltern gegenüber zur Erbringung von Diensten gesetzlich verpflichtet, besteht insoweit ein eigener Ersatzanspruch der Eltern gegen den Schädiger. Die Bezifferung des Ersatzanspruchs erfolgt anhand einer Zukunftsprognose anhand des hypothetisch wahrscheinlichen Zeitraums und Umfangs der Dienste (BGH 6.11.1990, VersR 1991, 428). Der *Wert dieser Dienste* entspricht dem Betrag, der auf dem freien Arbeitsmarkt für eine Ersatzkraft aufzuwenden wäre, abzüglich ersparter Aufwendungen für Wohnung und Verpflegung (*Vorteilsausgleichung*; OLG Karlsruhe 13.3.1987, VersR 1988, 1128). Da der Wert der entgangenen familiären Dienstleistung i. d. R. den ersparten Aufwand nicht übersteigt, ist § 845 BGB ohne nennenswerte praktische Relevanz. Schließlich kann den Eltern des unfallgeschädigten Kindes ein Schadenersatz- und Schmerzensgeldanspruch wegen eines *Schockschadens* (sog. *Fernwirkungsschaden*) zustehen. Hierbei handelt es sich streng genommen nicht um einen Ersatzanspruch eines lediglich mittelbar Geschädigten, denn ein Ersatzanspruch besteht nur dann, wenn die Gesundheitsbeeinträchtigung des durch den Tod oder die schwere Verletzung des Kindes schockierten Elternteils einen eigenen und „überdurchschnittlichen" Krankheitswert erreicht (BGH 11.5.1971, VersR 1971, 905; BGH 11.11.1997, VersR 1998, 201).

12. Erschöpfung von Geldmitteln. Übersteigen die Ersatzansprüche des Verletzten die Deckungssumme in der Kfz-Haftpflichtversicherung des Schädigers (vgl. § 12 StVG), so steht dem unmittelbar Verletzten ein *Befriedigungsvorrecht* zu, welches sich auf den gesamten Schaden bezieht, vgl. §§ 116 Abs. 2, 3, 4 SGB X, 67 Abs. 2 S. 1 VVG a.F. (BGH 8.4.1997, VersR 1997, 901). Ein *Quotenvorrecht* des Geschädigten im Falle einer Mithaftung besteht dagegen nicht (BGH 21.11.2000, VersR 2001, 387).

13. Abfindungsvergleich. Da das zeitliche Herausschieben einer endgültigen Regelung der Ersatzansprüche des Kindes letztlich nicht zu einer Erleichterung, sondern nur zu einer verzögerten Behandlung der im wesentlichen unveränderten Abwicklungsprobleme führt, können auch Kinderfälle bereits zu einem frühen Stadium endgültig abgefunden werden. Zu verrentende Forderungen können in einer *Vereinbarung als Kapitalbetrag* abgefunden werden. Hierbei ist zu bedenken, dass ein Abfindungsvergleich nicht allein deswegen abgeändert werden kann, weil sich die *Prognose* betreffend die zukünftige Entwicklung des Gesundheitszustands des Geschädigten als *Fehleinschätzung* erweist, da eine solche der *Natur eines Risikovergleiches* entspricht (BGH 12.7.1983, VersR 1983, 1034). Erst ein *krasses Missverhältnis* zwischen Abfindungsbetrag und Schaden sowie *unvorhersehbare Spätschäden* rechtfertigen eine für die Zukunft erfolgende Abänderung eines Abfindungsvergleiches (BGH 19.6.1990, VersR 1990, 984; OLG Nürnberg 1.7.1999, VersR 2001, 982; *Jahnke* VersR 1995, 1145; *Müller* VersR 1998, 129; s. a. → *Unfallschadenabwicklung – Personenschaden Nr. 24*). Ein solcher ist bei minderjährigen Kindern von allen *Sorgeberechtigten* zu unterzeichnen bzw. zu genehmigen. Einer Genehmigung des *Vormundschaftsge-*

richts bedarf es nicht, wenn das Kind nicht unter Vormundschaft steht oder die Eltern des Kindes den Unfall nicht (mit-) verursacht haben (z. B. wenn die Fahrer des verunfallten Wagens waren, dessen Insasse das unfallverletzte Kind war). Eine Pflicht zum *mündelsicheren Anlegen* des Kapitalbetrages zugunsten des minderjährigen Kindes besteht nicht.

14. Aktivlegitimation, Prozessführungsbefugnis. Ersatzansprüche des verletzten Kindes sind durch *das Kind selbst* geltend zu machen, ggf. vertreten durch den oder die Sorgeberechtigten, § 1629 BGB. *Geiger*

Klagearten → Deckungsklage Nr. 2

Klageerweiterung → Mahnbescheid

Klagefrist → Besonderheiten des Verkehrsverwaltungsprozesses Nr. 2 e), → Deckungsklage Nr. 5

Klammerwirkung → Tateinheit und Tatmehrheit Nr. 4

Klingelzeichen → Fahrradfahrer Nr. 4, 7

Kokain Kokain wird durch Extraktion aus Kokablättern gewonnen und als Cocain-HCl gehandelt, manchmal auch umgewandelt in Crack (Cocain-Base) und geraucht. Cocain-HCl ist ein weißes Pulver. Der Reinheitsgrad der Straßendroge ist sehr unterschiedlich, sehr häufig bei etwa 30%. Cocain ist ein berauschendes Mittel und in der Anlage des § 24a StVG enthalten, mit Grenzwert von 10 ng/ml. Es wird in unwirksames Benzoylecgonin abgebaut. Dennoch oder deshalb gibt es auch für Benzoylecgonin einen Grenzwert von 75 ng/ml. *Sachs*

Kollision → HWS-Schleudertrauma Nr. 3, 4

Kollisionsanalyse → Unfallanalytik Nr. 11

kollisionsbedingte Geschwindigkeitsänderung → HWS-Schleudertrauma

Kollisionsmerkmale → Fahrerflucht

kongruente Leistungen → Haftungsausschluss bei Arbeits-/Schulunfällen Nr. 5

Konstruktionsfehler → Produkthaftung Nr. 3 a)

Konsumption der Halterhaftung → Halterhaftung Nr. 5

Konsumption → Haftungsverteilung bei Verkehrsunfällen Nr. 4

Kontrollbuch → Kontrollgerät [Fahrtschreiber]

Kontrollgerät → Lenk- und Ruhezeiten

Kontrollgerät [Fahrtschreiber] **1. Allgemeines.** Im Vergleich zum früher allein vorgeschriebenen analogen Kontrollgerät (auch Tachograph oder Fahrtschreiber genannt), bei welchem die Aufzeichnungen von Fahrtzeit und Fahrzeuggeschwindigkeit auf Schaublättern (auch „Diagrammscheiben" oder „Tachoscheiben" genannt) aus Papier erfolgten, werden beim mittlerweile eingeführten digitalen Kontrollgerät und den dazugehörigen Kontrollgerätkarten alle wesentlichen Fahrzeug-, Fahrt- und Fahrerdaten elektronisch gespeichert (zur Frage, ob und inwieweit *Lenk- und Ruhezeiten* in diesem Zusammenhang einzuhalten sind → *Lenk- und Ruhezeiten*).

a) Das analoge Kontrollgerät. Mit dem analogen Kontrollgerät werden die gefahrene Zeit und Geschwindigkeit des Fahrzeugs auf einer Tachoscheibe (Diagrammscheibe) aufgezeichnet und darüber hinaus die Zeitgruppen (Lenkzeiten, sonstige Arbeitszeiten, Bereitschaftszeiten, Arbeitsunterbrechungen und Tagesruhezeiten) dokumentiert. Andere Eintragungen (wie Name und Vorname des Fahrers, der Zeitpunkt und Ort sowie Kennzeichen und Kilometerstand des Fahrzeugs) hat der Fahrer bereits vor der Fahrt handschriftlich vorzunehmen.

b) Das digitale Kontrollgerät. Mit der Einführung der VO (EG) Nr. 2135/98 wurde die Umstellung vom analogen Tachographen auf das digitale Kontrollgerät eingeleitet. Die einzelnen technischen Mindestanforderungen sind insbesondere in der recht umfangreichen Anlage I B zur VO (EWG) Nr. 3821/85 festgeschrieben. Die tätigkeitsbezogenen Daten (Fahrzeug-, Fahrt- und Fahrerdaten) werden im internen Speicher des digitalen Kontrollgeräts für einen Zeitraum von mindestens 365 Tagen gespeichert, die genaue Geschwindigkeit des Fahrzeugs dagegen nur während der letzten 24 Stunden tatsächlicher Fahrzeit. Die im Kontrollgerät gespeicherten Daten können auf der Anzeige des Bordgeräts dargestellt, am Bordgerät ausgedruckt oder über eine Schnittstelle auf externe Datenspeicher geladen werden.

c) **Die verschiedenen Kontrollgerätkarten beim digitalen Kontrollgerät.** Das digitale Kontrollgerät wird unter Einsatz von scheckkartengroßen Chipkarten betrieben. Je nach Verwendungszweck kommen dabei verschiedene Kontrollgerätkarten zur Verwendung. Die *Fahrerkarte* (weiß) wird für den Kraftfahrzeugführer ausgestellt. Darauf gespeichert sind u. a. Daten zur Identität des Karteninhabers, zur Gültigkeitsdauer der Karte, zum jeweils geführten Fahrzeug (Betriebszeiten, Datum, behördliches Kennzeichen, Kilometerstand) sowie zu den Lenk- und Ruhezeiten (einschließlich zu den Unterbrechungen und zum Alleinfahrer-/Zweifahrerbetrieb). Der Kraftfahrzeugführer kann seine Fahrerkarte in jedem mit einem digitalen Kontrollgerät ausgerüsteten Fahrzeug benutzen. Jeder Kraftfahrzeugführer darf zur Vermeidung von Missbrauch nur eine einzige gültige Fahrerkarte besitzen und diese einem Dritten zum Zwecke der Nutzung auch nicht überlassen. Die Fahrerkarte hat eine Gültigkeitsdauer von fünf Jahren. Die *Unternehmenskarte* (gelb) wird vom Unternehmen zur Anzeige, zum Auslesen oder zum Ausdruck der im digitalen Kontrollgerät oder auf den Fahrerkarten gespeicherten Daten benötigt. Die *Werkstattkarte* (rot) ist eine Kontrollgerätkarte, die an einen zugelassenen Kontrollgerätehersteller, Installateur, Fahrzeughersteller oder Werkstattbetrieb ausgegeben wird. Die *Kontrollkarte* (blau) wird an die Kontrollbehörde bzw. den Kontrollbeamten ausgegeben und ermöglicht das Lesen, Ausdrucken bzw. Herunterladen der im Massenspeicher des digitalen Kontrollgeräts oder auf den Fahrerkarten gespeicherten Daten.

2. Unterscheidung zwischen Ausrüstpflicht und Benutzungspflicht. Ob bei Fahrzeugen, die der Güter- oder Personenbeförderung dienen, bzgl. des (analogen oder digitalen) Kontrollgeräts eine Ausrüstpflicht oder nur eine Benutzungspflicht besteht, ist abhängig davon, welche der folgenden Vorschriften gelten (zur genauen Abgrenzung zwischen den jeweiligen Vorschriften → *Lenk- und Ruhezeiten Nr. 3*):
- AETR (→ Nr. 3)
- VO (EG) Nr. 561/2006 und VO (EWG) Nr. 3821/85 (→ Nr. 4)
- FPersV (→ Nr. 5)
- StVZO (→ Nr. 6)

3. Ausrüst- und Benutzungspflicht im Anwendungsbereich des AETR. Im grenzüberschreitenden Straßenverkehr über die Grenzen der EU, des EWR und der Schweiz hinaus gelten die Vorschriften des AETR. Bei Fahrzeugen, die der Güter- oder Personenbeförderung dienen, besteht gem. Art. 10 Abs. 1 AETR eine Pflicht zur Ausrüstung mit einem Kontrollgeräts sowie eine Pflicht zu dessen Benutzung. Ein Kontrollgerät, das in Bezug auf Konstruktion, Installation, Benutzung und Test die Bestimmungen der VO (EWG) Nr. 3821/85 erfüllt, wird so betrachtet, als erfülle es die Bestimmungen dieses Übereinkommens einschließlich des Anhangs und seiner Anlagen (Art. 10 Abs. 3 AETR).

Ausnahmen: Die Vorschriften des AETR gelten aber nicht für alle Arten der Beförderung; von vornherein ausgenommen sind gem. Art. 2 Abs. 2 AETR Beförderungen mit
- Fahrzeugen, die zur *Güterbeförderung* dienen und deren zulässige Gesamtmasse, einschließlich Anhänger oder Sattelanhänger *3,5 Tonnen nicht übersteigt* (Buchst. a);
- Fahrzeugen, die zur *Personenbeförderung* dienen und die nach Bauart und Ausstattung geeignet und dazu bestimmt sind, *bis zu neun Personen* einschließlich des Fahrers zu befördern (Buchst. b);
- Fahrzeugen, die zur *Personenbeförderung im Linienverkehr* dienen, wenn die Linienstrecke nicht mehr als 50 km beträgt (Buchst. c);
- Fahrzeugen mit einer zulässigen Höchstgeschwindigkeit von nicht mehr als 40 km/h (Buchst. d);
- Fahrzeugen, die Eigentum der Streitkräfte, des Zivilschutzes, der Feuerwehr und der für die Aufrechterhaltung der öffentlichen Ordnung zuständigen Kräfte sind oder von ihnen ohne Fahrer angemietet werden, sofern die Beförderung aufgrund der diesen Diensten zugewiesenen Aufgaben stattfindet und ihrer Aufsicht unterliegt (Buchst. e);
- Fahrzeugen – einschließlich Fahrzeugen, die für nichtgewerbliche Transporte für humanitäre Hilfe verwendet werden –, die in Notfällen oder für Rettungsmaßnahmen eingesetzt werden (Buchst. f);
- Spezialfahrzeugen für ärztliche Aufgaben (Buchst. g);
- besonderen Pannenhilfefahrzeugen, die innerhalb eines Umkreises von 100 km um ihren Standort eingesetzt werden (Buchst. h);
- Fahrzeugen, mit denen zum Zweck der technischen Entwicklung oder im Rahmen von Reparatur- oder Wartungsarbeiten Probefahrten auf der Straße gemacht werden, sowie neuen oder umgebauten Fahrzeugen, die noch nicht in Betrieb genommen worden sind (Buchst. i);

– Fahrzeugen mit einer zulässigen Höchstmasse von nicht mehr als 7,5 Tonnen, die zur *nichtgewerblichen Güterbeförderung* verwendet werden (Buchst. j);
– Nutzfahrzeugen, die nach den Rechtsvorschriften der Vertragspartei, in deren Hoheitsgebiet sie verwendet werden, als historisch eingestuft werden und die zur nichtgewerblichen Güter- oder Personenbeförderung verwendet werden (Buchst. k).

4. Ausrüst- und Benutzungspflicht im Anwendungsbereich der VO (EG) Nr. 561/2006 und VO (EWG) Nr. 3821/85. Im Anwendungsbereich dieser EU-Verordnungen sind Neufahrzeuge mit dem digitalen Kontrollgerät auszustatten. Für Altfahrzeuge sowie für bestimmte Fahrzeuggruppen gibt es aber zahlreiche Ausnahmen.

a) Ausrüstpflicht für Neufahrzeuge. Folgende Neufahrzeuge mit Erstzulassung 1.5.2006 oder später müssen gem. Art. 3 Abs. 1 VO (EWG) Nr. 3821/85 i.V. m. Art. 2 VO (EG) Nr. 561/2006 mit einem digitalen Kontrollgerät ausgerüstet sein:
– Fahrzeuge zur Güterbeförderung, deren zulässige Höchstmasse einschließlich Anhänger oder Sattelanhänger 3,5 t übersteigt, sowie
– Fahrzeuge zur Personenbeförderung, die für die Beförderung von mehr als neun Personen einschließlich des Fahrers konstruiert oder dauerhaft angepasst und zu diesem Zweck bestimmt sind.

b) Ausnahmeregelung für Altfahrzeuge. Für Altfahrzeuge mit analogen Tachographen mit Erstzulassung vor dem 1.5.2006 gibt es keine generelle Nachrüstpflicht, vgl. Art. 2 Abs. 1 Buchst. a VO (EG) Nr. 2135/98, sondern lediglich eine *Benutzungspflicht* bzgl. des analogen Kontrollgeräts, Art. 1, 3 Abs. 1 VO (EWG) Nr. 3821/85. Nur in Fällen, in denen der alte Fahrtschreiber (z. B. aufgrund eines irreparablen Gerätedefektes) ausgetauscht werden muss, kann – je nach Fahrzeugtyp – gem. Art. 2 Abs. 1 Buchst. b VO (EG) Nr. 2135/98 eine Pflicht zur Ersetzung durch ein digitales Kontrollgerät bestehen.

c) Ausnahmen für bestimmte Fahrzeuggruppen. Letztlich sind in Art. 3 Abs. 1 VO (EWG) Nr. 3821/85 i.V. m. Art. 3 Buchst. a bis i VO (EG) Nr. 561/2006 sind noch die Fahrzeuggruppen aufgelistet, bei denen eine Pflicht zum Einbau eines Kontrollgeräts nicht besteht:
– Fahrzeuge, die zur Personenbeförderung im Linienverkehr verwendet werden, wenn die Linienstrecke nicht mehr als 50 km beträgt (Buchst. a);
– Fahrzeuge mit einer zulässigen Höchstgeschwindigkeit von nicht mehr als 40 km/h (Buchst. b);
– Fahrzeuge, die Eigentum der Streitkräfte, des Katastrophenschutzes, der Feuerwehr oder der für die Aufrechterhaltung der öffentlichen Ordnung zuständigen Kräfte sind oder von ihnen ohne Fahrer angemietet werden, sofern die Beförderung aufgrund der diesen Diensten zugewiesenen Aufgaben stattfindet und ihrer Aufsicht unterliegt (Buchst. c);
– Fahrzeuge – einschließlich Fahrzeuge, die für nichtgewerbliche Transporte für humanitäre Hilfe verwendet werden –, die in Notfällen oder bei Rettungsmaßnahmen verwendet werden (Buchst. d);
– Spezialfahrzeuge für medizinische Zwecke (Buchst. e);
– spezielle Pannenhilfefahrzeuge, die innerhalb eines Umkreises von 100 km um ihren Standort eingesetzt werden (Buchst. f);
– Fahrzeuge, mit denen zum Zweck der technischen Entwicklung oder im Rahmen von Reparatur- oder Wartungsarbeiten Probefahrten auf der Straße durchgeführt werden, sowie neue oder umgebaute Fahrzeuge, die noch nicht in Betrieb genommen worden sind (Buchst. g);
– Fahrzeuge oder Fahrzeugkombinationen mit einer zulässigen Höchstmasse von nicht mehr als 7,5 t, die zur nichtgewerblichen Güterbeförderung verwendet werden (Buchst. h);
– Nutzfahrzeuge, die nach den Rechtsvorschriften des Mitgliedstaats, in dem sie verwendet werden, als historisch eingestuft werden und die zur nichtgewerblichen Güter- oder Personenbeförderung verwendet werden (Buchst. i).

Darüber hinaus ermächtigt Art. 13 Abs. 1 VO (EG) Nr. 561/2006 die Mitgliedsstaaten, *Ausnahmen* von dieser Verordnung *jeweils für ihr eigenes Hoheitsgebiet* zu erlassen. Die Bundesrepublik Deutschland hat von diesen Ausnahmemöglichkeiten in § 18 Abs. 1 FPersV auch weitgehend Gebrauch gemacht.

Ausgenommen sind insofern – soweit es sich um *Fahrten in einem Umkreis von 50 km vom Standort des Fahrzeugs* (gerechnet von der Ortsgrenze) handelt – insbesondere
– Fahrzeuge oder Fahrzeugkombinationen bis 7,5 t, die von Postdienstleistern, die Universaldienstleistungen im Sinne des § 1 Abs. 1 der Post-Universaldienstleistungsverordnung erbringen, zum Zwecke der Zustellung von Sendungen im Rahmen des Universaldienstes (Nr. 4);

K Kontrollgerät

– Fahrzeuge, die zur Güterbeförderung mit Druckerdgas-, Flüssiggas- oder Elektroantrieb verwendet werden und deren zulässige Höchstmasse einschließlich Anhänger oder Sattelanhänger 7,5 t nicht übersteigt (Nr. 6);
– Fahrzeuge, die für die Beförderung lebender Tiere von den landwirtschaftlichen Betrieben zu den lokalen Märkten und umgekehrt oder von den Märkten zu den lokalen Schlachthäusern verwendet werden (Nr. 16).

Dasselbe gilt bei Fahrten in einem Umkreis von 100 km vom Standort des Fahrzeugs für
– Fahrzeuge, die von Landwirtschafts-, Gartenbau-, Forstwirtschafts- oder Fischereiunternehmen zur Güterbeförderung, insbesondere auch zur Beförderung lebender Tiere, im Rahmen der eigenen unternehmerischen Tätigkeit verwendet oder von diesen ohne Fahrer angemietet werden (Nr. 2);
– land- und forstwirtschaftliche Zugmaschinen, die für land- oder forstwirtschaftliche Tätigkeiten des Unternehmens verwendet werden, das das Fahrzeug besitzt, anmietet oder least (Nr. 3);
– Fahrzeuge, die zum Abholen von Milch bei landwirtschaftlichen Betrieben, zur Rückgabe von Milchbehältern oder zur Lieferung von Milcherzeugnissen für Futterzwecke an diese Betriebe verwendet werden (Nr. 12).

Eine weitere Ausnahme gilt bei Fahrten in einem Umkreis von 250 km vom Standort des Fahrzeugs für
– Fahrzeuge, die zum Transport tierischer Nebenprodukte im Sinne des Art. 2 Abs. 1 Buchst. a der Verordnung (EG) Nr. 1774/2002 des Europäischen Parlaments und des Rates vom 3.10.2002 mit Hygienevorschriften für nicht für den menschlichen Verzehr bestimmte tierische Nebenprodukte (ABl. EG Nr. L 273 S. 1) in der jeweils geltenden Fassung verwendet werden (Nr. 14).

Unabhängig von der Fahrtstrecke bestehen in § 18 Abs. 1 FPersV weitere Ausnahmen von der Anwendung der VO (EG) Nr. 561/2006 für
– Fahrzeuge, die im Eigentum von Behörden stehen oder von diesen ohne Fahrer angemietet oder geleast sind, um Beförderungen im Straßenverkehr durchzuführen, die nicht im Wettbewerb mit privatwirtschaftlichen Verkehrsunternehmen stehen (Nr. 1);
– Fahrzeuge, die ausschließlich auf Inseln mit einer Fläche von nicht mehr als 2.300 km² verkehren, die mit den übrigen Teilen des Hoheitsgebiets weder durch eine befahrbare Brücke, Furt oder einen befahrbaren Tunnel verbunden sind (Nr. 5);
– Fahrzeuge, die zum Fahrschulunterricht und zur Fahrprüfung zwecks Erlangung der Fahrerlaubnis oder eines beruflichen Befähigungsnachweises dienen, sofern diese Fahrzeuge nicht für die gewerbliche Personen- oder Güterbeförderung verwendet werden (Nr. 7);
– Fahrzeuge, die von den zuständigen Stellen für Kanalisation, Hochwasserschutz, Wasser-, Gas- und Elektrizitätsversorgung, von den Straßenbauämtern, der Hausmüllabfuhr, den Telegramm- und Telefonanbietern, Radio- und Fernsehsendern sowie zur Erfassung von Radio- beziehungsweise Fernsehsendern und -geräten verwendet werden (Nr. 8);
– Fahrzeuge mit 10 bis 17 Sitzen, die ausschließlich zur nicht gewerblichen Personenbeförderung verwendet werden (Nr. 9);
– Spezialfahrzeuge, die zum Transport von Ausrüstungen des Zirkus- oder Schaustellergewerbes verwendet werden (Nr. 10);
– speziell für mobile Projekte ausgerüstete Fahrzeuge, die hauptsächlich im Stand zu Lehrzwecken verwendet werden (Nr. 11);
– Spezialfahrzeuge für Geld- und/oder Werttransporte (Nr. 13);
– Fahrzeuge, die ausschließlich auf Straßen in Güterverteilzentren wie Häfen, Umschlaganlagen des Kombinierten Verkehrs und Eisenbahnterminals verwendet werden (Nr. 15).

5. Benutzungspflicht im Anwendungsbereich der FPersV. Die Fahrpersonalverordnung beschreibt in §§ 1 ff. keine Ausrüstpflicht für Fahrzeuge, sondern nur eine Benutzungspflicht, soweit im Fahrzeug bereits ein digitales Kontrollgerät eingebaut; gleichermaßen gilt dies für einen eingebauten analogen Tachographen.

a) Geltungsbereich der FPersV. Den Vorschriften der Fahrpersonalverordnung unterliegen gem. § 1 Abs. 1 FPersV
– Fahrzeuge, die zur Güterbeförderung dienen und deren zulässige Gesamtmasse einschließlich Anhänger oder Sattelanhänger mehr als 2,8 Tonnen und nicht mehr als 3,5 Tonnen beträgt, sowie
– Fahrzeuge, die zur Personenbeförderung dienen und die nach ihrer Bauart und Ausstattung geeignet und dazu bestimmt sind, mehr als neun Personen einschließlich Fahrer zu befördern und die im Linienverkehr mit einer Linienlänge bis zu 50 Kilometern eingesetzt sind.

b) **Persönliches Kontrollbuch.** Bei Fahrzeugen ohne eingebautes (digitales oder analoges) Kontrollgerät ist ein persönliches Kontrollbuch zu führen, in welches der Fahrer Aufzeichnungen über die Lenk- und Ruhezeiten einzutragen hat (§ 1 Abs. 6 FPersV).

c) **Ausnahmen** von der Benutzung von Fahrtschreibern oder des Führens von persönlichen Kontrollbüchern (hier sind im nationalen Anwendungsbereich also weder Kontrollgeräte zu benutzen noch persönliche Kontrollbücher zu führen, Lenk- und Ruhezeiten müssen nicht eingehalten werden) bestehen gem. § 1 Abs. 2 FPersV für
– Fahrzeuge, die in § 18 FPersV genannt sind (Nr. 1) (→ Nr. 4 c);
– Fahrzeuge, die in Art. 3 Buchst. b bis i der VO (EG) Nr. 561/2006 genannt sind (Nr. 2) (→ Nr. 4 c);
– Fahrzeuge, die zur Beförderung von Material, Ausrüstungen oder Maschinen, die der Fahrer zur Ausübung seiner beruflichen Tätigkeit benötigt, verwendet werden, soweit das Lenken des Fahrzeugs nicht die Haupttätigkeit des Fahrers darstellt (Nr. 3);
– Fahrzeuge, die zur Beförderung von Gütern, die im Betrieb, dem der Fahrer angehört, in handwerklicher Fertigung oder Kleinserie hergestellt wurden oder deren Reparatur im Betrieb vorgesehen ist oder durchgeführt wurde, verwendet werden, soweit das Lenken des Fahrzeugs nicht die Haupttätigkeit des Fahrers darstellt (Nr. 3a);
– Fahrzeuge, die als Verkaufswagen auf öffentlichen Märkten oder für den ambulanten Verkauf verwendet werden und für diese Zwecke besonders ausgestattet sind, soweit das Lenken des Fahrzeugs nicht die Haupttätigkeit des Fahrers darstellt (Nr. 4);
– selbstfahrende Arbeitsmaschinen nach § 2 Nr. 17 FZV (Nr. 5).

6. Ausrüst- und Benutzungspflicht im Anwendungsbereich des § 57a StVZO. In den übrigen Fällen, in denen sowohl die VO (EG) Nr. 561/2006 als auch Fahrpersonalverordnung keinen Anwendungsbereich eröffnen (oder Ausnahmen zulassen), kommt § 57a Abs. 1 StVZO zum Tragen. Die Ausrüst- und Benutzungspflicht gilt nach Art. 1 Nr. 8 Buchst. b Nr. 6a der 47. Verordnung zur Änderung straßenverkehrsrechtlicher Vorschriften (BGBl. 2012, S. 1090) aber *nur noch für Fahrzeuge, die vor dem 1.1.2013 erstmals für den Straßenverkehr zugelassen* wurden.

a) **Geltungsbereich des § 57a StVZO.** Nach § 57a StVZO sind mit einem eichfähigen Fahrtschreiber auszurüsten

– Kraftfahrzeuge mit einem zulässigen Gesamtgewicht von 7,5 t und darüber,
– Zugmaschinen mit einer Motorleistung von 40 kW und darüber, die nicht ausschließlich für land- oder forstwirtschaftliche Zwecke eingesetzt werden,
– zur Beförderung von Personen bestimmte Kraftfahrzeuge mit mehr als 8 Fahrgastplätzen.

b) **Ausnahmen von der Ausrüstpflicht** gelten im Anwendungsbereich des § 57a StVZO für folgende Fahrzeuggruppen:
– Kraftfahrzeuge mit einer durch die Bauart bestimmten Höchstgeschwindigkeit von nicht mehr als 40 km/h,
– Kraftfahrzeuge der Bundeswehr, es sei denn, dass es sich um Kraftfahrzeuge der Bundeswehrverwaltung oder um Kraftomnibusse handelt,
– Kraftfahrzeuge der Feuerwehren und der anderen Einheiten und Einrichtungen des Katastrophenschutzes,
– Fahrzeuge, die in § 18 Abs. 1 FPersV genannt sind, und
– Fahrzeuge, die in Art. 3 Buchst. d bis g und i der VO (EG) Nr. 561/2006 genannt sind.

c) **Benutzungspflicht.** Der Fahrtschreiber muss vom Beginn bis zum Ende jeder Fahrt ununterbrochen in Betrieb sein und auch die Haltezeiten aufzeichnen (§ 57a Abs. 2 S. 1 StVZO). Ist in Fahrzeugen, die in den Anwendungsbereich des § 57a StVZO fallen, bereits ein (analoges oder digitales) EU-Kontrollgerät eingebaut, so ist dieses zu betreiben (§ 57a Abs. 3 StVZO). *Langer*

Kontrollpflicht → Fuhrparküberwachung, → Waschstraßenschäden

Konversionsneurose → Psychische Unfallfolgen Nr. 5

Konzertbesuch → Frustrierte Aufwendungen

Kopfverletzungen → Motorradhelm Nr. 1, 4, → Motorradhelm, Fahren ohne

körperliche Mängel → Fahreignung Nr. 2

Körperverletzung → Fahrlässige Körperverletzung (§ 229 StGB), → Kausalität Nr. 1, 2

Kostenbescheid → Besonderheiten des Verkehrsverwaltungsprozesses Nr. 2, 9 b) aa), → Ölspurschäden Nr. 3

K Kostenbeschränkungen

Kostenbeschränkungen → Rechtsschutzversicherung Nr. 15

Kostenentscheidung → Bußgeldverfahren Nr. 2 f), → Kostentragungspflicht des Halters Nr. 5, 7–9

Kostenfestsetzung → Anwaltsgebühren in Verkehrsverwaltungssachen Nr. 5

Kostenpauschale → Unfallschadenabwicklung – Sachschaden Nr. 52, 53

Kostenregelung → Rechtsschutzversicherung Nr. 16 Praxistipp

Kostenschuldner → Kostentragungspflicht des Halters Nr. 4–7

Kostentragungspflicht des Halters 1. Allgemeines. Kann in einem Bußgeldverfahren wegen eines Halt- oder Parkverstoßes (→ *Halten und Parken*) der Führer eines Kraftfahrzeuges, der den Verstoß begangen hat, nicht vor Eintritt der Verfolgungsverjährung ermittelt werden oder würde seine Ermittlung einen unangemessenen Aufwand erfordern, so werden dem Halter des Kraftfahrzeugs oder seinem Beauftragten die Kosten des Verfahrens auferlegt (§ 25a Abs. 1 S. 1 StVG). Diese Vorschrift ist jedoch nicht anwendbar, wenn ein Anhänger ohne Zugfahrzeug in einem Parkverbot abgestellt wird (AG München 30.5.2011, 943 OWi 25/11, BeckRS 2011, 24489).
2. Die *Tatbestandsvoraussetzungen* der Kostentragungspflicht sind folgende:
a) Die Kostentragungspflicht betrifft ausschließlich **Bußgeldverfahren**; erfüllt verbotswidriges Halten oder Parken also einen Straftatbestand, so ist § 25a StVG nicht anwendbar.
b) Ferner muss ein **Halt- oder Parkverstoß** objektiv gegeben sein, der gem. § 24 StVG geahndet werden kann (→ *Halten und Parken*); ob nun gegen eine spezielle (z. B. §§ 12, 13, 17 Abs. 4 StVO) oder eine allgemeine Vorschrift der StVO (z. B. § 1 Abs. 2 StVO) verstoßen wurde, ist dabei gleichgültig. Jedoch fallen nicht alle Verstöße im ruhenden Verkehr unter den Tatbestand; so sind z. B. einerseits Verstöße beim Liegenbleiben von Fahrzeugen (§ 15 StVO) und beim durch die Verkehrssituation veranlassten Halten oder anderseits beim unnötigen Laufenlassen von Fahrzeugmotoren (§ 30 Abs. 1 StVO) einer Anwendung von § 25a StVG unzugänglich (da hier einerseits kein gewolltes Halten oder Parken gegeben ist bzw. anderseits die Zuwiderhandlung nur bei der Gelegenheit des Haltens oder Parkens festgestellt wurde).
c) Fahrerermittlung. Außerdem darf der Fahrzeugführer nicht feststellbar sein – trotz angemessenen Ermittlungsaufwands (→ Fahrerermittlung Nr. 2). Die Behörde bzw. der Beamte muss daher am Tatort mögliche Feststellungen veranlassen oder den Halter rechtzeitig (nach h. M. innerhalb von zwei Wochen) befragen (z. B. auf schriftlichem Wege). Ausreichend hierzu ist bereits das Anbringen einer schriftlichen Verwarnung am Fahrzeug. Die zusätzliche nachträgliche Versendung eines Anhörungsbogens ist damit nicht zwingend, jedenfalls nicht innerhalb der o. g. Zwei-Wochen-Frist. Wird keine Verwarnung mit Zahlungsaufforderung am Fahrzeug hinterlassen und auch danach kein Anhörungsbogen an den Halter verschickt, so ist es unbillig, dem Halter die Kosten aufzubürden (§ 25a Abs. 1 S. 2 StVG). Wird der Verwaltungsbehörde vom Halter eine im Ausland lebende Person als Fahrer genannt, so kann es der Behörde zumutbar sein, diese Person schriftlich zu befragen. Bei unterbliebener Rückantwort werden aber weitere Ermittlungen durch die Behörde entbehrlich sein.
d) Die Ermittlung des Fahrzeugführers muss **vor Eintritt der Verfolgungsverjährung** trotz angemessenen Aufwands nicht möglich gewesen sein. Die Verwaltungsbehörde muss demnach im Normalfall den Eintritt der Verjährung abwarten, weil (oder wenn) nicht auszuschließen ist, dass der Halter noch (rechtzeitig) Angaben zum Fahrer macht.
3. Keine Ermessensentscheidung stellt die Entscheidung nach § 25 a StVG dar, die Kostentragungspflicht des Halters ist vielmehr obligatorisch (sofern sie nicht ausnahmsweise unbillig i. S. v. § 25a Abs. 1 S. 2 StVG ist).
4. Kostenschuldner ist immer der Halter oder sein Beauftragter. Der Beauftragte haftet beispielsweise, wenn ihm der Halter die Verfügungsgewalt über das Fahrzeug vollständig übertragen hat (z. B. bei einem Firmen- oder Mietwagen).
5. Die **Anhörung** des Kostenschuldners hat vor der Kostenentscheidung zu erfolgen (§ 25a Abs. 2 Hs. 2 StVG). Entsprechende Hinweise zur Regelung des § 25a StVG sind notwendigerweise bereits in den Anhörungsbogen oder in den Bußgeldbescheid aufzunehmen, da sonst dem (rechtsunkundigen) Halter die Möglichkeit genommen würde, Maßnahmen zur Vermeidung einer solchen Kostenentschei-

dung zu treffen. Wie allgemein im Verwaltungsverfahren möglich kann aber eine unterbliebene Anhörung des Betroffenen im gerichtlichen Verfahren nachgeholt werden (§ 45 Abs. 1 Nr. 3 VwVfG). Wendet der Betroffene im Rahmen der Anhörung vor Erlass der Kostenentscheidung ein, er habe den formlos an ihn abgesandten Anhörungsbogen nicht erhalten, und legt er später mit seinem Antrag auf gerichtliche Entscheidung substantiiert dar, ein Parkverstoß liege unabhängig von der Frage der Halterverantwortlichkeit nicht vor, so ist das Amtsgericht deshalb verpflichtet, letzteren Vortrag im Rahmen der Überprüfung des Kostenbescheides zu würdigen (VerfGH Berlin 15.4.2011, VerfGH 97/09, DAR 2011, 387).

6. Eine **reine Kostenregelung ohne strafähnlichen Charakter** im Bereich massenhaft begangenen geringsten Verwaltungsunrechts stellt § 25a StVG dar, so dass die Verwaltungsbehörde Einwendungen des Kostenschuldners nicht zwingend berücksichtigen muss bzw. weitere aufwändige behördliche Ermittlungen nicht erforderlich sind (VerfGH Bayern 21.6.2010, Vf. 69-VI/08, DAR 2010, 638).

7. Die **Kostenentscheidung** hat gem. § 25a Abs. 2 Hs. 1 StVG gleichzeitig mit der Entscheidung zu ergehen, die das Verfahren abschließt (Einstellung oder Freispruch). Einstellung oder Freispruch müssen darauf beruhen, dass eine Feststellung des Fahrzeugführers ohne unangemessenen Ermittlungsaufwand nicht erfolgen konnte. Eine selbständige Kostenentscheidung wird demnach nur im Ausnahmefall möglich sein, z. B. wenn anderenfalls die notwendige Anhörung des Kostenschuldners nicht rechtzeitig möglich wäre.

8. Als **Rechtsmittel** gegen die Kostenentscheidung ist der *Antrag auf gerichtliche Entscheidung* vorgesehen, welcher innerhalb von zwei Wochen ab Zustellung bei der Verwaltungsbehörde zu stellen ist, welche die angefochtene Maßnahme getroffen hat (§ 25a Abs. 3 S. 1 u. 2 StVG i.V. m. § 62 Abs. 2 OWiG). Der Betroffene ist über das Rechtsmittel ordnungsgemäß zu *belehren* (§ 25a Abs. 3 S. 2 StVG i.V. m. § 50 Abs. 2 OWiG). Bei unverschuldeter Fristversäumung kann *Wiedereinsetzung in den vorigen Stand* in Betracht kommen (§ 25a Abs. 3 S. 2 StVG i.V. m. § 52 OWiG). *Unanfechtbar* sind dagegen die vom Gericht selbst nach § 25a StVG getroffene Kostenentscheidung (§ 25a Abs. 3 S. 3 StVG) sowie die Entscheidung des Gerichts aufgrund eines Antrags auf gerichtliche Entscheidung (§ 25a Abs. 3 S. 2 StVG i.V. m. § 62 Abs. 2 OWiG).

9. **Rechtsschutzversicherung.** Bei einigen Versicherern besteht im Rahmen einer Verkehrsrechtsschutzversicherung kein Kostenschutz bei Vorwürfen von Halt- oder Parkverstößen; in jedem Fall entfällt aber der Versicherungsschutz rückwirkend, wenn am Ende eine Kostenentscheidung nach § 25a StVG gefällt wurde (→ *Rechtsschutzversicherung* Nr. 11).

> Praxistipp: Insofern empfiehlt es sich für den Betroffenen, der sich sachlich gegen den Vorwurf eines Halt- oder Parkverstoßes wehren will, frühzeitig die Fahrereigenschaft einzuräumen.

Langer

Kostenvoranschlag → Unfallschadenabwicklung – Sachschaden Nr. 27

Kraftfahreignung → Trunkenheit im Verkehr Nr. 3, 4

Kraftfahrstraße → Geschwindigkeit Nr. 2 c), → Halten und Parken Nr. 2

Kraftfahrt-Bundesamt → Verkehrszentralregister (VZR), → Fahrzeugregister Nr. 1

Kraftfahrt-Haftpflicht-Richtlinie → KH-Richtlinie (4. und 5. KH-Richtlinie)

krankes Versicherungsverhältnis → Regress Nr. 2

Kreuzungsräumer → Haftungsverteilung bei Verkehrsunfällen Nr. 9

Kumulationsprinzip → Tateinheit und Tatmehrheit Nr. 3

Kundendienst → Gruppenfreistellungsverordnung Nr. 1, 3, 5

Kurzzeitkennzeichen → Hauptuntersuchung Nr. 1, → Kennzeichenerteilung Nr. 2, → Zulassung von Kfz Nr, 4

L

Ladefläche → Personenbeförderung Nr. 4

Laderaum → Personenbeförderung Nr. 4

Ladung (gerichtliche) → Besonderheiten des Verkehrsunfallprozesses Nr. 15, → Bußgeldverfahren Nr. 5 a)

Ladung (des Fahrzeugs) → Leergewicht, → Überladung

Ladungssicherung → Pflichten des Fahrzeugführers Nr. 1 b), → Überladung

Ladungsträger, austauschbare → Leergewicht

land- oder forstwirtschaftliche Zugmaschine → Park-Warntafel, → Kontrollgerät Nr. 4 c)

Lasermessung → Verkehrsmesstechnik Nr. 6

Laufleistung → Missbrauch von Wegstreckenzählern und Geschwindigkeitsbegrenzern Nr. 2

Leasingvertrag 1. Allgemeines. Das englische Wort „lease" entspricht dem deutschen Wort „Pacht, Miete". Das englische Wort „Leasing" heißt gem. Wörterbuch auf deutsch übersetzt „Leasing". Es handelt sich um einen *atypischen Mietvertrag* (BGH 29.10.08, VIII ZR 258/07, NJW 09, 575), bei dem das vom Leasingnehmer zu zahlende Entgelt die Gegenleistung für die Überlassung des Gebrauchs des Leasinggegenstandes darstellt (vgl. näher Palandt-Weidenkaff vor § 535 Rn. 38 ff.).

Die wirtschaftliche Bedeutung ist groß. Es werden jährlich weit über 1 Million Kfz-Leasing-verträge abgeschlossen mit einem Gesamtwert von über 30 Milliarden Euro.

Beim Abschluss des Leasingvertrags entsteht typischerweise ein *Dreiecksverhältnis* zwischen Leasinggeber, Leasingnehmer und dem Lieferanten. Die sich hieraus ergebenden Rechtsbeziehungen sind für den Leasingnehmer, aber auch für den juristischen Berater oft schwer zu durchschauen. Insbesondere wird häufig verkannt, dass der Leasingnehmer am Ende der Leasingzeit kein Erwerbsrecht hat und der Leasingvertrag nicht während der Laufzeit vorzeitig gekündigt werden kann. Es besteht nur ein Widerrufsrecht innerhalb von 2 Wochen (§§ 500, 495 Abs. 1 BGB), auch für Verträge mit Kilometerabrechnung (AG Bielefeld DAR 2012, 468; Andreae, DAR 2012, 768 (770)).

Eigentümer des Fahrzeugs während der Leasingzeit bleibt die Leasinggesellschaft. Als Fahrzeughalter in den Kfz-Papieren wird der Leasingnehmer eingetragen, da er das Fahrzeug für eigene Rechnung in Gebrauch hat und die Verfügungsgewalt besitzt. Den Fahrzeugbrief behält in der Regel die Leasinggesellschaft ein.

Die wesentliche *Bedeutung des Finanzierungsleasings* liegt in dem bilanz- und steuerrechtlichen Hintergrund des Geschäfts, da der gewerbliche Leasingnehmer die Leasingraten und Sonderzahlungen in voller Höhe als sofort abzugsfähige Betriebsausgaben absetzen kann, während der Leasinggeber als wirtschaftlicher Eigentümer des Fahrzeugs die Absetzung für Abnutzung (AfA) entsprechend der betriebsgewöhnlichen Nutzungsdauer in seiner Bilanz ausweisen kann. Dieses Ziel wird aber nur erreicht, wenn trotz Fremdnutzung des Fahrzeugs durch den Leasingnehmer das Vermögen gem. § 39 Abs. 2 Nr. 1 Satz 1 AO dem Leasinggeber als wirtschaftlichen Eigentümer zugerechnet werden kann. Um insoweit Rechtssicherheit zu schaffen, hat die Finanzverwaltung einen *Erlasse vom 19.4.1971 und 22.12.1975* herausgegeben (vgl. *Reinking/Eggert*, Anl. 4, S. 1145). Darin werden z. B. die Grenzwerte der Vertragszeit auf 40% bis 90% der betriebsgewöhnlichen Nutzungsdauer festgelegt und vorgegeben, dass ein etwaiger Mehrerlös (also der Betrag, der über dem vereinbarten Restwert liegt) bei der Verwertung des Leasingfahrzeugs nur bis 75% dem Leasingnehmer zufließen darf, 25% des Mehrerlöses müssen beim Leasinggeber verbleiben.

2. Vertragsmodelle. Folgende vier Vertragsmodelle werden im wesentlichen unter-schieden, von denen die ersten drei nachfolgend behandelten Vertragsarten erlasskonform, also steuerbegünstigt sind, nicht jedoch der Kilometerabrechnungsvertrag.

a) Restwertvertrag. Bei Verträgen mit Restwertabrechnung (auch genannt Mehrerlösmodell) wird zu Beginn der Leasingzeit der voraussichtliche Restwert des Fahrzeugs bei Vertragsende vertraglich fest vereinbart und in die Kalkulation der Leasing-Raten mit einbezogen. Das heißt *nicht*, dass der Restwert etwa vom Leasinggeber *garantiert* wird. Diesem Missverständnis unterliegen häufig Leasingnehmer, die sich bei einem deutlich niedrigerem Restwert bei Ende der Leasingzeit Hilfe suchend an den Rechtsanwalt wenden, weil vom Leasinggeber die Zahlung der Differenz gefordert wird. Dem Leasingnehmer muss deutlich gemacht werden, dass aus der Restwertvereinbarung die Verpflichtung des *Leasingnehmers* zum Restwertausgleich folgt und er mit Rücksicht auf den zu hoch prognostizierten Restwert entsprechend niedrigere Leasingraten gezahlt hat, sodass die Differenz bei Vertragsende zusätzlich ausgeglichen werden muss.

Dies setzt voraus, dass die Vertragsgestaltung ausreichend *transparent* ist (§ 305 c BGB) und einer *Inhaltskontrolle* (§ 307 BGB) standhält (vgl. hierzu BGH NJW 2014, 2940; OLG Hamm 6.10.95, 30 U 39/95, zfs 1996, 95; *Reinking/Eggert* Rn. L 17). Klar und eindeutig muss dem Leasingnehmer bewusst gemacht werden, dass seine Entgeltpflicht sich nicht auf die Zahlung der Leasingraten beschränkt, sondern im Falle eines Mindererlöses das *Restwertrisiko* umfasst. Es genügt nicht, wenn dies nur mathematisch dargestellt wird (OLG Karlsruhe 23.4.86, 6 U 139/84, NJW-RR 1986, 1112).

Die Leasinggesellschaft rechnet bei Vertragsende wie folgt ab:
- Ist der tatsächliche Fahrzeugwert niedriger als der kalkulierte Restwert, muss der Leasingnehmer die Differenz zuzahlen;
- entspricht der tatsächliche Fahrzeugwert dem kalkulierten Restwert, fällt keine Nachzahlung an;
- liegt der tatsächliche Fahrzeugwert über dem kalkulierten Restwert, bekommt der Leasingnehmer vom Mehrerlös 75% und der Leasinggeber 25%.

In den meisten Leasingbedingungen wird vereinbart, dass der für die Endabrechnung maßgebliche Fahrzeugwert durch einen *Sachverständigen* festgestellt wird. Durch die Schätzung ergibt sich die Vertragsparteien ein Anhaltspunkt für die Frage, zu welchen Bedingungen die Fahrzeugverwertung und Vertragsabrechnung möglich sein könnte (BGH 18.5.1983, VIII ZR 83/82, NJW 1983, 1854). Soweit in den Bedingungen nicht vereinbart ist, dass die Wertschätzung des Sachverständigen für die Abrechnung bindend sein soll, kann das Gutachten in vollem Umfang gerichtlich überprüft werden. Für die Abrechnung maßgeblich ist nicht der geschätzte Wert, sondern der realisierte Wert. Die Schätzung dient also in erster Linie dem Leasinggeber dazu, sich vor dem Vorwurf der „Verschleuderung" zu schützen. Der Leasinggeber ist zur *bestmöglichen Verwertung* verpflichtet (BGH 10.10.90, VIII 296/89 NJW 1991, 221). Eine Veräußerung zum Händler-Einkaufspreis ist keine bestmögliche Verwertung. Wird der Händler-Verkaufswert nicht um mehr als 10% unterschritten, liegt darin i. d. R. noch kein Verstoß des Händlers gegen die Verpflichtung zur bestmöglichen Verwertung. Insbesondere genügt es, wenn er dem Leasingnehmer das Fahrzeug vor dem Verkauf an einen Dritten zu denselben Bedingungen zum Kauf anbietet (BGH 4.6.1997, VIII ZR 312/96, DAR 1997, 406), wobei die Zubilligung einer *Eintrittsfrist von zwei Wochen* als ausreichend aber auch als erforderlich angesehen wird (OLG Brandenburg 23.2.2000, 13 U 209/99, NJW-RR 2001, 277). Dem ist gleichzustellen, dass dem Leasingnehmer ermöglicht wird, innerhalb einer Frist von zwei Wochen einen dritten Kaufinteressenten nachzuweisen, der einen höheren Betrag bietet, als vom Leasinggeber errechnet (BGH 10.10.1990, VIII ZR 296/89, NJW 1991, 221; OLG Dresden 11.11.1998, 8 U 3066/97, DAR 1999, 169). Eine Frist von unter 14 Tagen wird allgemein als nicht ausreichend beurteilt (*Himmelreich/Andreae/Teigelack* § 22 Rn. 12 m.w.N.). Vom Leasingnehmer kann auch nicht verlangt werden, innerhalb von zwei Wochen einen Barzahler als Käufer zu finden, der auch noch innerhalb dieser Frist das Fahrzeug abnimmt (OLG Düsseldorf 30.3.2004, 24 U 193/03, NJW-RR 2004, 1208).

b) Restwertvertrag mit Andienungsrecht. Der Leasinggeber hat die Möglichkeit, dem Leasingnehmer das Fahrzeug am Vertragsende zum Kauf anzudienen. Er muss aber von diesem Recht keinen Gebrauch machen, sondern kann das Fahrzeug auch selbst verwerten. Bereits mit der Ausübung des Andienungsrechts kommt der Kaufvertrag zustande. Vom Andienungsrecht wird der Leasinggeber Gebrauch machen, wenn der tatsächliche Fahrzeugwert bei Vertragsende *unter* dem kalkulierten Restwert bleibt. Liegt der tatsächliche Wert über dem vereinbarten Restwert, sodass die Leasinggesellschaft das Fahrzeug besser selbst verwertet, hat der Leasingnehmer hier im Gegensatz zum Restwertvertrag *keinen* Anspruch auf Auszahlung des Mehrerlöses von 75% (falls dies nicht anders vereinbart wird).

Wichtig: Der Leasingnehmer besitzt *kein Erwerbsrecht*. Auch dies wird häufig zunächst vom rechtlich nicht beratenen Kunden falsch verstanden. Nicht selten wird auch bei den Vertragsverhandlungen im Vorfeld vom Anbieter mündlich zugesagt, dass das Fahrzeug am Ende „übernommen" werden kann. Wird diese Zusage am Ende der Vertragslaufzeit dann nicht eingehalten und das Fahrzeug zurückgefordert, kann der Rechtsanwalt rechtliche Schritte gegen diese Forderung nur anraten, wenn diese Zusage auch nachgewiesen werden kann. Im übrigen bindet eine solche Absprache nur den *Händler*, nicht aber den Leasinggeber. Der Händler ist in der Regel *kein Vertreter* des Leasinggebers. Sondervereinbarungen dieser Art durch den Händler verpflichten also nicht den Leasinggeber (BGH 1.6.2005, VIII ZR 234/04, NJW-RR 2005, 1421). Der Leasingnehmer hat also allenfalls Schadensersatzansprüche gegen den Händler und nach Auffassung des OLG Dresden auch gegen den Leasinggeber, der sich die Zusage des Händlers gem. § 278 BGB zurechnen lassen muss (OLG Dresden 8.3.2000, 8 U 3010/99, DAR 2001, 77).

Bei diesem Vertragstyp unterliegt das *Transparentserfordernis* (§ 305 BGB) besonders strengen Maßstäben. Die vom Leasingnehmer garantieartig geschuldete Vollamortisation und die Verpflichtung, das Fahrzeug zu kaufen, wenn der Leasinggeber dies verlangt, muss so klar formuliert sein, dass dies einer individuellen Vereinbarung gleichkommt (LG Mönchengladbach 28.1.1994, 2 S 270/93, NJW-RR 1994, 1479; *Reinking/Eggert* Rn. L 21).

c) **Verträge mit Abschlusszahlung.** Der Leasingnehmer kann den Leasingvertrag nach einer Mindestvertragszeit von üblicherweise 24 Monaten kündigen. Die Kündigung löst eine zum Kündigungstermin fällige Schlusszahlung aus, die so bemessen ist, dass sie den Gesamtaufwand des Leasinggebers für die Anschaffung des Leasingobjekts abdeckt. Dieser Vertragstyp ist beim Kfz-Leasing kaum noch anzutreffen.

d) **Verträge mit Kilometerabrechnung.** Die Parteien vereinbaren für den Zeitraum des Leasingvertrags eine bestimmte *Gesamtfahrleistung*. Bei Vertragsende erfolgt für den Leasingnehmer eine Belastung bei Mehrkilometern und eine Erstattung bei Minderkilometern.

Das Modell (nicht erlasskonform, also nicht steuerbegünstigt) bürdet dem Leasinggeber das *Restwertrisiko* auf. Dem Leasingnehmer wird das Risiko der Beschädigung und eines nicht vertragsgemäßen Zustandes am Vertragsende auferlegt. Meist wird in den allgemeinen Geschäftsbedingungen ein bestimmter Karenzbetrag an Mehr- und Minderkilometern vereinbart, für den der Leasingnehmer bei Überschreitung nichts bezahlen muss, bei Unterschreitung aber auch nichts herausbekommt (in der Regel zwischen 2.500 und 3.500 km).

Bei dieser Vertragsart dreht sich die anwaltliche Beratung in der Regel um die Frage, ob das zurückgegebene Fahrzeug dem *vertragsgemäßen Zustand* entspricht. Nach den üblicherweise verwendeten Vertragsbedienungen haftet der Leasingnehmer nämlich für Mängel oder Schäden, die bei Vertragsbeendigung über eine alters- und laufzeitbedingte Abnutzung des Fahrzeugs hinaus gehen. Vorausgesetzt wird die Rückgabe eines „normal"

abgenutzten Fahrzeugs. Die sich hieraus ergebende Minderwertberechnung ist einer der häufigsten Streitpunkte. In der Regel ist die Frage nur durch einen Kfz-Sachverständigen zu klären. Der beratende Rechtsanwalt kann sich aber im Vorfeld mit den Rechtssprechungs-Übersichten behelfen, die inzwischen zu der Frage veröffentlicht werden, ob Schäden als Sachmangel oder übliche Verschleißerscheinung zu bewerten sind (vgl. *Schattenkirchner/Heimgärtner* DAR 2008, 488 u. DAR 2010, 553; *Eggert* VA 2008, 113).

In vielen Mängelprotokollen werden Lackschäden so aufgenommen und rechnerisch erfasst, als ob bei der Rückgabe eine Neulackierung geschuldet würde. Dies braucht der Leasingnehmer nicht zu akzeptieren. Leichte Schrammen, Kratzer und Beulen gehören zur vertragsgemäßen Abnutzung (LG Gießen 25.1.1995, 1 S 539/94, NJW-RR 1995, 687; LG München 9.10.1996, 15 S 9301/96, DAR 1998, 19; AG Osnabrück 5.2.1999, 44 C 513/98, DAR 1999, 556). Andererseits sollen alle auf Verschleiß beruhenden „Reparaturerfordernisse" zu Lasten des Leasingnehmers gehen (*Reinking/Eggert* Rn. L 524; a.A. LG Hamburg 29.3.1989, 2 S 140/88, NJW-RR 1989, 883 (884); OLG Frankfurt 16.9.1997, 218 S 79/97, NJW-RR 1998, 349). Ein durchrosteter Auspuff ist danach also zu ersetzen, ebenso der Minderwert, der sich aus einem verschleißerhöhenden „Chiptuning" des Motors ergibt (OLG Frankfurt, Urt. v. 4.12.2014, 12 V 137/13, BeckRS 2015, 06607). Die Beweislast für einen über normalen Verschleiß hinausgehenden Schaden trägt der Leasinggeber (LG Frankfurt 16.9.1997, 218 S 79/97, NJW-RR 1998, 349).

3. **Sachmängelhaftung.** Grundsätzlich stehen dem Leasingnehmer nur die mietrechtlichen Sachmängelhaftungsansprüche gegen den Leasinggeber zu. In aller Regel schließt aber der Leasinggeber gegenüber dem Leasingnehmer die mietrechtliche Gewährleistung wegen Sach- und Rechtsmängel in rechtlich zulässiger Weise aus, indem er ihm seine *kaufrechtlichen Sachmängelhaftungsansprüche* gegen den Lieferanten des Fahrzeugs abtritt (*Abtretungskonstruktion*). Diese Abtretung läuft aber leer und der

Leasingnehmer würde rechtlos gestellt, wenn der Leasingeber z. B. ein gebrauchtes Leasingfahrzeug – in zulässiger Weise, weil § 474 BGB für ihn als Unternehmer nicht gilt – unter Ausschluss der Sachmängelhaftung eingekauft hat. Auch die Beweislastvermutung des § 476 BGB geht nicht auf den Leasingnehmer über, weil sie beim Kauf durch den Leasinggeber als Unternehmer von vorneherein nicht entsteht. Ist der Leasingnehmer Verbraucher, wäre beim direkten Kauf der Ausschluss der Sachmängelhaftung unzulässig (§ 474 BGB). Dennoch sieht der BGH in dieser Konstruktion *kein unzulässiges Umgehungsgeschäft* i.S.v. § 475 BGB, weil er bei dieser Sachlage den Ausschluss der mietrechtlichen Gewährleistung für unwirksam hält (BGH 21.12.2005, VIII ZR 85/05, NJW 2006, 1066 (1068)). Dem Verbraucher-Leasingnehmer stehen also dann, wenn die kaufrechtlichen Sachmängelhaftungsansprüche nicht an ihn wirksam abgetreten werden, die mietrechtlichen Gewährleistungsansprüche gegen den Leasinggeber zu. Dies hat i. ü. die für den Verbraucher-Leasingnehmer günstige Konsequenz, dass die mietrechtlichen Sachmängelhaftungsansprüche auch wegen eines erst *nach* Übergabe auftretenden Mangels bestehen.

Inzwischen sind die meisten Leasinggesellschaften jedoch dazu übergegangen, mit den Fahrzeughändlern die *Geltung der Verbraucherrechte* zu vereinbaren, wenn das Fahrzeug im Rahmen eines *Verbraucherleasingvertrags* erworben wird. Das Ergebnis wird auch beim sog. „Eintrittsmodell" erreicht, wo der Leasingnehmer das Fahrzeug selbst beim Händler kauft und der Leasinggeber erst danach in diesen Kaufvertrag als Käufer eintritt (*Schattenkirchner*, Hdb. Fachanwalt Verkehrsrecht Kap. 17, Rn. 110). Tritt der Leasinggeber dann dem Leasingnehmer die ursprünglich schon von diesem erworbenen Rechte wieder ab, stehen dem Leasingnehmer dann gegenüber dem Händler die Rechte aus dem Verbrauchsgüterkauf in vollem Umfang zu (*Müller-Sarnowski* DAR 2002, 485 (487)). In aller Regel wird also der Leasingnehmer seine kaufrechtlichen Sachmängelhaftungs-ansprüche unmittelbar gegen den Lieferanten des Fahrzeugs geltend machen können.

a) Zurückbehaltung der Leasingraten. Praxisrelevant ist die Frage, ob bzw. ab wann der Leasingnehmer im Falle von Sachmängeln die Zahlung der Leasingraten einstellen kann. Die Weiterzahlung von Leasingraten darf der Leasingnehmer erst verweigern, wenn die Nacherfüllung durch den Verkäufer fehlgeschlagen ist (§§ 359 Satz 3, 500 BGB) und entweder Klage erhoben wurde oder der Verkäufer sich mit dem Rücktritt einverstanden erklärt hat (BGH 19.2.1986, VIII ZR 91/85, NJW 1986, 1744), nach weitergehender Ansicht bereits ab Erklärung des Rücktritts (*Reinking/Eggert* Rn. L 365 m.w.N.) oder der Minderung (*Reinking/Eggert* Rn. L 392). Inzwischen sehen viele Leasingbedingungen ein Zurückbehaltungsrecht bereits von dem Zeitpunkt an vor, in dem der Leasingnehmer den Rücktritt vom Vertrag erklärt, sofern er spätestens innerhalb von sechs Wochen nach Rücktrittserklärung Klage erhebt. Im Stadium der Nacherfüllung besteht noch kein Leistungsverweigerungsrecht (*Reinking/Eggert* Rn. L 321 ff.; a.A. *Graf von Westphalen*, Der Leasingvertrag, Kap. H Rn. 109, 110).

b) Geltendmachung. Die Klage muss der Leasingnehmer im eigenen Namen und auf eigene Rechnung gegen den Verkäufer des Fahrzeugs erheben, aber mit dem Antrag, dass die Rückzahlung des Kaufpreises nebst Zinsen (vgl. *Reinking/Eggert* Rn. L 356) an den Leasinggeber erfolgen soll (OLG Düsseldorf 23.11.1989, 10 U 178/88, NJW-RR 1990, 1143). Auch bei der Minderung kann er nur Zahlung an den Leasinggeber beanspruchen. Aufgrund der Abtretungskonstruktion ist er prozessführungsbefugt (*Zöller*, ZPO vor § 50 Rn. 18, 42 ff.). Der Leasingnehmer kann dann seinerseits vom Leasinggeber Erstattung auf der Grundlage einer Vertragsanpassung gem. § 313 Abs. 1 BGB beanspruchen (*Reinking/Eggert* Rn. L 379).

Bei wirksamem Rücktritt muss der Leasinggeber dem Leasingnehmer eine gezahlte Sonderzahlung und die Leasingraten (einschließlich Umsatzsteuer) zurück bezahlen, abzüglich der Nutzungsentschädigung für die gefahrenen Kilometer (zu deren Berechnung vgl. → *Rücktritt*). Im Fall der Kaufpreisminderung werden die Leasingentgelte (Sonderzahlung, Leasingraten, Restwert) entsprechend neu berechnet.

Exkurs: Bei der Rückabwicklung eines Leasingvertrags handelt es sich um eine überdurchschnittlich schwierige Angelegenheit, sodass eine 2,0 Gebühr für den Rechtsanwalt angemessen ist (*Reinking/Eggert* Rn. L 361 unter Hinweis auf LG Ulm, 24.1.2007, 1 S 91/06).

4. Schadensfall. Reparatur- und Unfallschäden muss der Leasingnehmer im eigenen Namen und auf eigene Rechnung beheben lassen unabhängig davon, ob der Schaden auf eigenem oder fremden Verschulden beruht. Während der Fahrzeugreparatur dürfen die Leasingraten nicht zurückbehalten werden.

a) Geltendmachung. Nach den meisten Leasingbedingungen ist der Leasingnehmer berechtigt und verpflichtet, den Schaden bei der Vollkaskoversicherung oder der gegnerischen Haftpflichtversicherung geltend zu machen. Dabei muss er Zahlung an den Leasinggeber verlangen.

Wenn der Leasinggeber sich die Schadenabwicklung vorbehält, muss dieser dann eine an ihn gezahlte Reparaturentschädigung für die Wiederherstellung des Fahrzeugs bereitstellen. Insbesondere darf er den Betrag nicht mit rückständigen Leasingraten verrechnen (BGH 12.2.1985, X ZR 31/84, DAR 1985, 223). Der Leasingnehmer hat gegen den Unfallverursacher *keinen* Anspruch auf Erstattung der Leasingraten für die Zeit, in der er das unfallbeschädigte Fahrzeug nicht nutzen kann (BGH 5.11.1991, VI ZR 145/91, NJW 1992, 553).

b) Mehrwertsteuer. Sowohl beim Kaskoschaden (selbstverschuldeter Unfall) als auch beim Haftpflichtschaden (fremdverschuldeter Unfall) sprechen die Gerichte inzwischen überwiegend dem Leasingnehmer, der nicht vorsteuerabzugsberechtigt ist, zumindest dann die Erstattung der Mehrwertsteuer zu, wenn der Leasingnehmer den Reparaturauftrag selbst erteilt hat, weil ihm die Instandhaltungspflicht für das Fahrzeug obliegt (LG Hannover 24.4.1997, 3 S 375/96, NJW 1997, 2760).

c) Wertminderung. Die merkantile *Wertminderung* nach einem Unfall steht in der Regel dem Leasinggeber zu, ist also vom Leasingnehmer geltend zu machen und an den Leasinggeber abzuführen.

Bei Verträgen mit Restwertabrechnung muss die für die Wertminderung empfangene Entschädigung bei Vertragsende berücksichtigt werden, also dem Veräußerungserlös hinzugerechnet werden. Beim Vertrag mit Andienungsrecht muss der Leasinggeber die Wertminderung nur erstatten, wenn er das Fahrzeug dem Leasingnehmer andient (*Reinking/Eggert*, Rn. 949). Beim Leasingvertrag mit Kilometerabrechnung trägt der Leasinggeber das Verwertungsrisiko, sodass ihm hier die Wertminderung zusteht (*Schattenkirchner*, Hdb. des Fachanwaltsverkehrsrecht Kap. 17, Rn. 150).

d) Haftungsquoten bei Leasingfahrzeugen. Die Abwicklung eines Verkehrsunfalls mit einem Leasingfahrzeug weist Besonderheiten bei der Zurechnung von *Mitverschulden* und *Betriebsgefahr* auf. Ein geschädigter Leasinggeber, der zwar Eigentümer (und damit Ersatzberechtigter), aber nicht Halter des Leasingfahrzeugs ist (wie es die gängigen Leasingverträge vorsehen), muss sich im Rahmen seines Schadensersatzanspruchs nach § 823 BGB wegen Verletzung des Eigentums am Leasingfahrzeug bei einem Verkehrsunfall weder ein Mitverschulden des Leasingnehmers oder des Fahrers noch dessen Betriebsgefahr anspruchsmindernd zurechnen lassen (BGH 10.7.2007, VI 199/06, NJW 2007, 3120; kritisch hierzu *Reinking/Eggert* Rn. L 413). Auch in Fällen einer beiderseitigen Unfallverursachung durch die beteiligten Fahrer hat der Leasinggeber also einen unquotierten, vollen Ersatzanspruch aus § 823 BGB. Der nach Deliktsrecht trotz Mitschuld des Leasingnehmers 100%ig haftende Schädiger muss seinen Anspruch wegen Überzahlung gegen den mithaftenden Leasingnehmer geltend machen. Damit es im Ausgleichsverfahren nach § 426 BGB nicht zu unterschiedlichen Haftungsquoten kommt, ist dem Schädiger anzuraten, dem Leasingnehmer und dessen Haftpflichtversicherung im Klageverfahren den Streit zu verkünden.

Beachte: diese Grundsätze gelten nur für die deliktischen Ansprüche, bei Ansprüchen aus §§ 7, 18 StVG ist dem Leasinggeber ein nachgewiesenes Verschulden des Leasingnehmers oder des Fahrers des Leasingfahrzeugs nach § 9 StVG zuzurechnen (näher hierzu *Luckey*, Hdb. des Fachanwalts Verkehrsrecht, Kap. 1, Rn. 247).

5. Vorzeitiges Vertragsende. Leasingverträge sehen in der Regel kein Kündigungsrecht vor. Eine außerordentliche Kündigung kommt in Betracht bei
– erheblicher Beschädigung, Totalschaden oder Diebstahl des Leasingfahrzeugs,
– Tod des Leasingnehmers,
– Kündigung aus wichtigem Grund,
– Zahlungsverzug des Leasingnehmers.

a) Außerordentliche Kündigung bei Schaden oder Diebstahl. Dem Leasingnehmer steht das Recht zur außerordentlichen Kündigung zu, wenn das Leasingfahrzeug *erheblich* beschädigt wird. In den meisten Leasingverträgen wird das Kündigungsrecht zugebilligt, wenn die Reparaturkosten 60% des Wiederbeschaffungswertes überschreiten. Eine Beschränkung des Kündigungsrechts auf den Fall, dass die Reparaturkosten 80% des Zeitwertes überschreiten, ist unwirksam (BGH 25.3.1998, VIII ZR 244/97, DAR 1998, 234).

Beachte: Die Kündigung durch den Leasingnehmer löst den *Vollamortisationsanspruch* des Leasinggebers aus. Dieser beinhaltet den Ersatz seiner gesamten Anschaffungs- und Finanzierungskosten sowie seines Gewinnes abzüglich des Betrags, den er durch die vorzeitige Beendigung des Vertrags erspart (Abzinsung und Verwaltungskosten, vgl. BGH 5.11.1991, VI ZR 145/91, NJW 1992, 553). Dieser Betrag liegt in aller Regel deutlich über den reinen Reparaturkosten bzw. im Falle des Totalschadens über dem reinen Wiederbeschaffungswert. Der Leasingnehmer kann den Mehrbetrag auch nicht gegen den Unfallverursacher geltend machen, da er als Inhaber der Sach- und Preisgefahr dem Leasinggeber selbst haftet (BGH 23.10.1990, VI ZR 310/89, NJW-RR 1991, 280 (281)).

Bei dieser für den Leasingnehmer unbefriedigenden Rechtslage verzichten Leasinggeber teilweise in den Vertragsbedingungen auf die Differenz zwischen Wiederbeschaffungswert und Vollamortisationsverpflichtung, wenn der Versicherer innerhalb von drei Monaten den Fahrzeugschaden reguliert. Außerdem ist dieses Zusatzrisiko des Leasingnehmers inzwischen durch eine Versicherung (sog. GAP-Versicherung) absicherbar.

Das außerordentliche Kündigungsrecht bei erheblicher Beschädigung steht nach richtiger, gerichtlich aber noch nicht geklärter Auffassung nur dem Leasingnehmer, nicht jedoch dem Leasinggeber zu (*Schattenkirchner*, Hdb. des Fachanwalts Verkehrsrecht, Kap. 17, Rn. 197 f.). Erst im Falle des Totalschadens hat auch der Leasinggeber ein außerordentliches Kündigungsrecht. Das gilt dann allerdings nicht, wenn der Leasingnehmer schadensrechtlich trotz Totalschadens innerhalb der Opfergrenze von 130% in zulässiger Weise das Leasingfahrzeug reparieren lässt (*Schattenkirchner* a.a.O. Rn. 201; OLG München 1.12.1999, 7 U 4239/99, DAR 2000, 121).

b) Kündigung aus wichtigem Grund durch den Leasinggeber. Erhebliche Pflichtverletzungen, die ein Kündigungsrecht des Leasinggebers gem. § 543 Abs. 2 Nr. 2 BGB auslösen, können insbesondere sein
– die Überlassung des Fahrzeugs an unbefugte Personen,
– die Überlassung des Fahrzeugs an Personen, die nicht im Besitz einer Fahrerlaubnis sind,
– die Nutzung des Fahrzeugs zu Rennveranstaltungen,
– die Verlegung des Wohnsitzes ins Ausland,
– die Vernachlässigung des Leasingfahrzeugs,
– falsche Angaben bei Vertragsabschluß
– die mehrfache Benutzung des Fahrzeugs unter Alkoholeinfluss oder ohne Führerschein.

Die vom Verband der Automobilindustrie (VDA) empfohlenen Leasingbedingungen (*Reinking/Eggert* Anl. 3 S. 1137; DAR 2004, 612) sehen ein Kündigungsrecht auch für den Fall wesentlicher Vermögensverschlechterung vor, wenn der Leasingnehmer Wechsel und Schecks mangels Deckung zu Protest gehen lässt. Eine wesentliche Vermögensverschlechterung verneint der BGH, wenn sich die Vermögensverhältnisse lediglich *ungünstig* entwickeln (BGH 8.10.1990, VIII ZR 247/89, WM 1990, 1967).

In der Regel ist vor der Kündigung eine Abmahnung erforderlich (§ 543 Abs. 3 BGB), die aber entfallen kann, wenn diese keinen Erfolg verspricht (OLG Düsseldorf 16.1.1997, 10 U 245/95, DB 1997, 1072).

Zahlungsverzug des Leasingnehmers rechtfertigt bei Geschäftsleasingverträgen die Kündigung, wenn der Leasingnehmer entweder für zwei aufeinander folgende Termine mit der Entrichtung der Leasingrate in Verzug ist oder für einen Zeitraum, der sich über mehr als zwei Termine erstreckt, mit einem Betrag in Höhe von zwei Monatsraten in Verzug ist (§ 543 Abs. 2 Nr. 3 a) und 3 b) BGB). In den meisten Leasingbedingungen wird das Kündigungsrecht ausgelöst, wenn der Leasingnehmer mit *zwei Leasingraten* in Verzug ist.

Die Anforderungen sind bei *Verbraucherleasingverträgen* höher (vgl. § 498 BGB) und dürfen nicht abweichend geregelt werden (§ 506 BGB). Insbesondere kann der Leasingnehmer die Kündigung abwenden, wenn er den rückständigen Betrag fristgerecht bezahlt (vgl. hierzu BGH 26.1.2005, 8 ZR 90/04, DAR 2005, 274).

c) Berechnung des Kündigungsschadens. Beim *Restwertvertrag* schuldet der Leasingnehmer dem Leasinggeber als Kündigungsschaden folgende Beträge:
– die vor wirksamer Kündigung rückständigen Raten,
– die künftigen Raten (abgezinst, vgl. *Reinking/Eggert* Rn. L 625),
– den Restwert (abgezinst, vgl. *Reinking/Eggert* Rn. L 626),
– erhöhte Aufwendungen aufgrund der vorzeitigen Vertragsbeendigung (z. B. Vorfälligkeitsentschädigung, Verwertungskosten).

Gegenzurechnen sind folgende Positionen:
– *Ersparte Aufwendungen* des Leasinggebers wegen der vorzeitigen Vertragsbeendigung (je nach Vertragsvolumen gem. § 287 ZPO zu schätzen auf 10,– € (OLG Düsseldorf 12.6.1998, 10 U 113/97, BB 1998, 2179) bis 25,– € (OLG Frankfurt 16.2.1994, 28 U 50/93, VersR 1995, 53) pro Monat), Berechnungsbeispiel bei *Reinking/Eggert* Rn. L 631.

L Lebensrisiko

– den Wert oder den Verwertungserlös des Leasingfahrzeugs (netto).

Eine geleistete Sonderzahlung ist Teil des Leasingentgelts und wird deshalb nicht rückerstattet.

Beim *Kilometerleasingvertrag* schuldet der Leasingnehmer dem Leasinggeber dieselben Beträge, wie beim Restwertvertrag, gegen zu rechnen sind folgende Positionen:
– die Differenz zwischen dem höheren Fahrzeugwert zum Zeitpunkt der vorzeitigen Vertragsauflösung und dem niedrigeren Fahrzeugwert, den das Leasingfahrzeug am Ende der regulären Vertragslaufzeit aufgrund des fortschreitenden Verschleißes und Wertverlustes gehabt hätte (BGH 14.7.2004, VIII ZR 367/03, NJW 2004, 2823 (2824); OLG Celle 17.12.1997, 2 U 2/97, DAR 1999, 361);
– ersparte Aufwendungen des Leasinggebers durch die vorzeitige Vertragsbeendigung (wie beim Restwertvertrag). *Andreae*

Lebensrisiko → Fahrerhaftung Nr. 2, → Dachlawinenschaden, → Psychische Unfallfolgen Nr. 5

Leberwerte Die sog. Leberwerte sind die leberständigen Enzyme GOT (= Glutamat-Oxalacetat-Transaminase, auch Aspartat-Aminotransferase AST), GPT (= Glutamat-Pyruvat-Transaminase, auch ALT = Alanin-Aminotransferase), γ-GT (= Gamma-Glutamyl-Transferase, auch g-GT oder GGT geschrieben).

Sie ist auch von Interesse im Zusammenhang mit Alkoholmissbrauch. Sensitiver Parameter bei gleichzeitig niedriger Spezifität ist die GGT, die zwar sehr schnell eine Leberschädigung anzeigt, aber nicht alkoholspezifisch ist.

In der Alkoholmissbrauchsdiagnostik werden die Leberwerte zunehmend vom ethanolspezifischen Ethylglucuronid und von anderen Alkoholmarkern abgelöst, das aus Haaren und Urin bestimmt wird.

Siehe auch: → Abstinenzkontrolle *Priemer*

Leergewicht Das *Leergewicht* ist das *Gewicht des betriebsfertigen Fahrzeugs* zuzüglich 75 kg als Fahrergewicht (§ 42 Abs. 3 StVZO). Dazu gehören eingebaute zu 90% gefüllte Kraftstofftanks, alle fest eingebauten Ausrüstungs- und Ausstattungsteile sowie das Gewicht aller im Betrieb mitgeführten nicht fest eingebauten *Ausrüstungsteile* wie z. B. Ersatzräder und –bereifung, Ersatzteile, Wagenheber, Feuerlöscher. Lose mitgeführte Kraftstoffbehälter gehören nicht dazu. *Austauschbare Ladungsträger* (Container, Wechselbehälter) gehören nicht zum Leergewicht, es sei denn, sie verbinden Fahrzeuge miteinander oder übertragen Zugkräfte. *Ladung* (§ 22 StVO) wird bei der Feststellung des Leergewichts nicht mitgewogen. *Dauer*

Legalzession → Übergang von Ersatzansprüchen Nr. 1, → Unfallschadenabwicklung – Personenschaden Nr. 9, 14 Praxistipp

Lehre vom Schutzzweck der Norm → Fahrerhaftung Nr. 2

Leistungsfreiheit → Kfz-Haftpflichtversicherung Nr. 5, 6, → Rechtsschutzversicherung Nr. 18–21, → Regress Nr. 1, 3, → Vorsätzlich verursachter Kfz-Unfall, → Unfallflucht Nr. 3

Leistungsklage → Besonderheiten des Verkehrsverwaltungsprozesses, → Deckungsklage

Leistungstest, freiwilliger: → Aussageverweigerungsrecht Nr. 3

Lenk- und Ruhezeiten 1. Allgemeines. Seit dem 1.5.2006 gelten in Europa neue Vorschriften in Bezug auf die technische Ausrüstung von Lkw und Bussen mit digitalen Kontrollgeräten (→ *Kontrollgerät* Nr. 1 b)), darüber hinaus gibt es seit dem 11.4.2007 geänderte Regelungen zu den Lenk- und Ruhezeiten im Straßenverkehr. Der deutsche Gesetzgeber hat die maßgeblichen EU-Verordnungen zum 31.1.2008 in nationales Recht umgesetzt. In der Neufassung des AETR-Abkommens wurde diese neue EU-Verordnung zwar nicht komplett übernommen, es wurde jedoch zum 20.9.2010 bzw. zum 10.11.2011 in Anlehnung an die neuen EU-Vorschriften weitgehend angepasst.

2. Folgende **Prüfungsreihenfolge** ist zur Feststellung der anzuwendenden Vorschriften zu beachten:
– Welche Fahrt liegt vor und welche Vorschriften sind damit maßgeblich (→ Nr. 3)?
– Ist im Rahmen der anzuwendenden Vorschriften ein (digitales oder analoges) Kontrollgerät einzubauen oder zu benutzen (→ Nr. 4)?
– Welche Lenk- und Ruhezeiten sind im Rahmen der anzuwendenden Vorschriften einzuhalten (→ Nr. 5)?
– Welche Vorschriften zum Mitführen, zur Vorlage und zur Aufbewahrung von Arbeitszeitnachweisen sind zu beachten (→ Nr. 6)?

3. Rechtsgrundlagen und Abgrenzungsfragen. Im Einzelnen sind zunächst folgende Vorschriften zu beachten:
- *Verordnung (EWG) Nr. 3821/85 des Rates:* Die VO (EWG) Nr. 3821/85 regelt in technischer Hinsicht die Bauart, den Einbau und die Prüfung sowie die Benutzung der Kontrollgeräte.
- *Verordnung (EG) Nr. 561/2006 des Europäischen Parlaments und des Rates:* Mit Inkrafttreten des Art. 27 VO (EG) Nr. 561/2006 am 1.5.2006 wurde die Ausrüstungspflicht mit dem digitalen Kontrollgerät für neue Lkw und Busse eingeführt. Ferner wurden mit der VO (EG) Nr. 561/2006 die Sozialvorschriften im Straßenverkehr mit Wirkung zum 11.4.2007 geändert.
- *Europäisches Übereinkommen über die Arbeit des im internationalen Straßenverkehr beschäftigten Fahrpersonals (AETR).* Die Regelungen des AETR wurden am 20.9.2010 bzw. zum 10.11.2011 an die neuen EU-Vorschriften weitgehend angepasst. Vertragsstaaten des AETR sind neben den 28 EU-Mitgliedstaaten die Staaten Albanien, Andorra, Armenien, Aserbaidschan, Belarus (Weißrussland), Bosnien und Herzegowina, Kasachstan, Liechtenstein, Moldau (Moldawien), Monaco, Montenegro, Norwegen, Russland, San Marino, Serbien, Schweiz, Mazedonien, Türkei, Turkmenistan, Ukraine und Usbekistan.
- *Nationale Vorschriften* wie Fahrpersonalverordnung (FPersV), Fahrpersonalgesetz (FPersG), Straßenverkehrs-Zulassungs-Ordnung (StVZO), Arbeitszeitgesetz (ArbZG) und Gesetz zur Regelung der Arbeitszeit von selbständigen Kraftfahrern (KrFArbZG).

Die vom Fahrer einzuhaltenden Lenk- und Ruhezeiten im Straßenverkehr bestimmen sich zunächst danach, durch welche Staaten die Fahrt führt:

a) Fahrten innerhalb des Raumes der EU, der Schweiz und des EWR. Oben genannte EU-Verordnungen gelten gem. Art. 2 Abs. 2 VO (EG) Nr. 561/2006 unabhängig vom Land der Zulassung des Fahrzeugs
- für Beförderungen von Gütern oder Personen im Straßenverkehr ausschließlich innerhalb der EU oder
- für Beförderungen von Gütern oder Personen im Straßenverkehr zwischen Staaten der EU, der Schweiz und den Vertragsstaaten des Abkommens über den Europäischen Wirtschaftsraum, EWR (Vertragsstaaten des EWR-Abkommens sind neben den 28 EU-Mitgliedstaaten die Staaten Norwegen, Island und Liechtenstein).

b) Im *grenzüberschreitenden Straßenverkehr über die Grenzen der EU, des EWR und der Schweiz hinaus* gilt anstelle der vorbezeichneten EU-Vorschriften das *AETR*. Die Bestimmungen des AETR sind *vorrangig* und gelten gem. Art. 2 Abs. 3 S. 1 VO (EG) Nr. 561/2006 für grenzüberschreitende Beförderungen im Straßenverkehr, die teilweise außerhalb der im vorigen Abschnitt (→ *3a*) genannten Gebiete erfolgen,
- im Falle von Fahrzeugen, die in der Gemeinschaft oder in Staaten, die Vertragsparteien des AETR sind, zugelassen sind, für die gesamte Fahrstrecke;
- im Falle von Fahrzeugen, die in einem Drittstaat, der nicht Vertragspartei des AETR ist, zugelassen sind, nur für den Teil der Fahrstrecke, der im Gebiet der Gemeinschaft oder von Staaten liegt, die Vertragsparteien des AETR sind.

c) Sonstige Fahrten. Wenn weder der Anwendungsbereich der EU-Vorschriften noch der des AETR eröffnet ist, dann gelten in Deutschland bezüglich der *Lenk- und Ruhezeiten* die Vorschriften der Fahrpersonalverordnung (FPersV). Ist auch der Anwendungsbereich der FPersV nicht eröffnet, so sind ggf. die Regelungen des Arbeitszeitgesetzes (ArbZG) zu beachten. Ungeachtet dessen wird die *Ausrüst- bzw. Nachrüstpflicht mit Tachographen oder Kontrollgeräten* durch § 57a StVZO geregelt (für Fahrzeuge, die vor dem 1.1.2013 erstmals für den Straßenverkehr zugelassen wurden), soweit die vorbezeichneten EU-Vorschriften nicht einschlägig sind.

4. Ausrüstpflicht bzw. Benutzungspflicht bzgl. des Kontrollgeräts. Ob Fahrzeuge, die der Güter- oder Personenbeförderung dienen, mit einem (digitalen oder analogen) Kontrollgerät auszurüsten oder damit zu betreiben sind, hängt davon ab, welche (europäischen oder nationalen) Vorschriften greifen (→ *Kontrollgerät Nr. 2*).

5. Übersicht über die Lenk- und Ruhezeiten. Zur Prüfung, welche Lenk- und Ruhezeiten aus welchen Vorschriften gelten bzw. vorrangig sind, darf zunächst auf obige Ausführungen zur *Abgrenzung der Vorschriften* (→ *3*) verwiesen werden. *Lenk- und Ruhezeiten sind dann einzuhalten, wenn der Anwendungsbereich der entsprechenden europäischen oder nationalen Vorschriften eröffnet ist und keine dort geregelten Ausnahmen gelten.* Die entsprechende *Rangordnung der Vorschriften* wird in der Übersicht hier noch einmal wie folgt skizziert:

L Lenk- und Ruhezeiten

- AETR (Ausnahmen hierzu → *Kontrollgerät* Nr. 3)
- Verordnung (EG) Nr. 561/2006 (Ausnahmen hierzu → *Kontrollgerät* Nr. 4)
- Fahrpersonalverordnung (Ausnahmen hierzu → *Kontrollgerät* NR. 5)
- Arbeitszeitgesetz und Gesetz zur Regelung der Arbeitszeit von selbständigen Kraftfahrern

a) Im Anwendungsbereich des AETR sind folgende Lenk- und Ruhezeiten einzuhalten:

internationale Regelungen		AETR
Lenkzeit		
täglich	9 Stunden; 2 x wöchentlich 10 Stunden	Art. 6 I
wöchentlich	56 Stunden	Art. 6 II
Doppelwoche	90 Stunden	Art. 6 III
Unterbrechung der Lenkzeit		
nach einer Lenkzeit von höchstens	4,5 Stunden	Art. 7 I
Lenkzeitunterbrechung mind.	45 Minuten; aufteilbar in eine Unterbrechung von mind. 15 Minuten gefolgt von einer Unterbrechung von mind. 30 Minuten	Art. 7 I, II
Tagesruhezeit	Tagesruhezeit im Fahrzeug: nur wenn Fahrzeug mit Schlafkabine für jeden Fahrer ausgestattet ist und Fahrzeug stillsteht	Art. 8 VIII
1 Fahrer	neue tägliche Ruhezeit innerhalb von 24 Stunden nach der vorangegangenen täglichen oder wöchentlichen Ruhezeit:	Art. 8 II
	11 zusammenhängende Stunden mit Verkürzung auf 3 x wöchentlich 9 Stunden oder	Art. 8 II, V
	Verlängerung einer täglichen Ruhezeit, so dass sich eine regelmäßige wöchentliche oder eine reduzierte wöchentliche Ruhezeit ergibt	Art. 8 IV
2 oder mehr Fahrer	9 Stunden während jedes Zeitraums von 30 Stunden nach der vorangegangenen täglichen oder wöchentlichen Ruhezeit	Art. 8 III
Wöchentliche Ruhezeit		
1 Fahrer	In zwei jeweils aufeinanderfolgenden Wochen sind Ruhezeiten einzuhalten von: 2 x mind. 45 Stunden oder 1 x mind. 45 Stunden und 1 x reduziert auf mind. 24 Stunden, sofern die Reduzierung durch eine gleichwertige Ruhepause ausgeglichen wird, die ohne Unterbrechung vor dem Ende der dritten Woche nach der betreffenden Woche genommen und gleichzeitig an eine andere reguläre Ruhezeit von mind. 9 Stunden angehängt werden muss. Ausnahmen bei der wöchentlichen Ruhezeit gelten für Fahrer, die für einen einzelnen Gelegenheitsdienst b) im grenzüberschreitenden Personenverkehr eingesetzt werden.	Art. 8 VI, VII i.V. m. Art. 1 p)
2 oder mehr Fahrer	Abweichend von Art. 8 Abs. 6 Buchst. a muss ein im Mehrfahrerbetrieb eingesetzter Fahrer jede Woche eine regelmäßige Ruhezeit von mindestens 45 Stunden nehmen. Dieser Zeitraum kann auf ein Minimum von 24 Stunden reduziert werden (reduzierte wöchentliche Ruhezeit). Dabei wird jedoch die Reduzierung durch eine gleichwertige Ruhepause ausgeglichen, die ohne Unterbrechung vor dem Ende der dritten Woche nach der betreffenden Woche genommen werden muss. Eine wöchentliche Ruhezeit beginnt spätestens am Ende von sechs 24-Stunden-Zeiträumen nach dem Ende der vorangegangenen wöchentlichen Ruhezeit.	Art. 8 VI c)
Abweichungen	Wenn es mit der Sicherheit im Straßenverkehr vereinbar ist, kann der Fahrer, um einen geeigneten Halteplatz zu erreichen, von diesen Bestimmungen abweichen, soweit dies erforderlich ist, um die Sicherheit der Fahrgäste, des Fahrzeugs oder seiner Ladung zu gewährleisten. Der Fahrer hat spätestens bei Ankunft an einem geeigneten Halteplatz Art und Grund der Abweichung von den Bestimmungen auf dem Schaublatt oder einem Ausdruck des Kontrollgeräts oder in seinem Arbeitszeitplan zu vermerken.	Art. 9

Lenk- und Ruhezeiten L

b) Anwendungsbereich der VO (EG) Nr. 561/ 2006. Hier gelten folgende Bestimmungen zu den Lenk- und Ruhezeiten:

internationale Regelungen		VO (EG) Nr. 561/ 2006
Lenkzeit		
täglich	9 Stunden; 2 x wöchentlich 10 Stunden	Art. 6 I
wöchentlich	56 Stunden, maximal aber die in der Richtlinie 2002/15/EG festgelegte wöchentliche Höchstarbeitszeit	Art. 6 II
Doppelwoche	90 Stunden	Art. 6 III
Unterbrechung der Lenkzeit		
nach einer Lenkzeit von höchstens	4,5 Stunden	Art. 7 I
Lenkzeitunterbrechung mind.	45 Minuten; aufteilbar in eine Unterbrechung von mind. 15 Minuten gefolgt von einer Unterbrechung von mind. 30 Minuten	Art. 7 I, II
Tagesruhezeit	Tagesruhezeit im Fahrzeug: nur wenn Fahrzeug mit Schlafkabine für jeden Fahrer ausgestattet ist und Fahrzeug stillsteht	Art. 8 VIII
1 Fahrer	neue tägliche Ruhezeit innerhalb von 24 Stunden nach der vorangegangenen täglichen oder wöchentlichen Ruhezeit:	Art. 8 II
	11 zusammenhängende Stunden, mit Verkürzung auf 3 x wöchentlich 9 Stunden oder	Art. 8 II, IV
	Verlängerung einer täglichen Ruhezeit, so dass sich eine regelmäßige wöchentliche oder eine reduzierte wöchentliche Ruhezeit ergibt	Art. 8 III
2 oder mehr Fahrer	9 Stunden während jedes Zeitraums von 30 Stunden nach der vorangegangenen täglichen oder wöchentlichen Ruhezeit	Art. 8 V
Wöchentliche Ruhezeit	In zwei jeweils aufeinanderfolgenden Wochen sind Ruhezeiten einzuhalten von: 2 x mind. 45 Stunden oder 1 x mind. 45 Stunden und 1 x reduziert auf mind. 24 Stunden, sofern die Reduzierung durch eine gleichwertige Ruhepause ausgegli-	Art. 8 VI, VII i.V. m. Art. 4 h)

chen wird, die ohne Unterbrechung vor dem Ende der dritten Woche nach der betreffenden Woche genommen und gleichzeitig an eine andere reguläre Ruhezeit von mind. 9 Stunden angehängt werden muss.

Ausnahmen bei der wöchentlichen Ruhezeit gelten für Fahrer, die für einen einzelnen Gelegenheitsdienst im grenzüberschreitenden Personenverkehr eingesetzt werden. — Art. 8 VIa

| Abweichungen | Wenn es mit der Sicherheit im Straßenverkehr vereinbar ist, kann der Fahrer, um einen geeigneten Halteplatz zu erreichen, von diesen Bestimmungen abweichen, soweit dies erforderlich ist, um die Sicherheit der Fahrgäste, des Fahrzeugs oder seiner Ladung zu gewährleisten. Der nationale Gesetzgeber kann darüber hinaus weitere Abweichungen bei bestimmten Fahrzeuggruppen zulassen. | Art. 12 Art. 13 |

c) Im Anwendungsbereich der FPersV sind die Fahrer von Fahrzeugen zur Güter- bzw. Personenbeförderung verpflichtet, Lenk- und Ruhezeiten nach Maßgabe der VO (EG) Nr. 561/ 2006 einzuhalten (§ 1 Abs. 1 FPersV), teilweise gelten aber hiervon abweichende Regelungen:

nationale Regelungen		FPersV
Lenkzeit	kein Unterschied zur VO (EG) Nr. 561/2006	§ 1 I
Unterbrechung der Lenkzeit	kein Unterschied zur VO (EG) Nr. 561/2006; Abweichungen gelten allerdings für Kraftomnibusse im Linienverkehr mit einer Linienlänge bis 50 km: – bei durchschnittlichem Haltestellenabstand von mehr als 3 km nach einer Lenkzeit von 4,5 Stunden: 1 x mind. 30, 2 x mind. 20 oder 3 x mind. 15 zusammenhängende Minuten; – bei durchschnittlichem Haltestellenabstand von nicht mehr als 3 km: Gesamtdauer der Arbeitsunterbrechungen (z. B. Wendezeiten) hat mindestens ein Sechstel der vorgesehen Lenkzeit zu betragen; Arbeitsunterbrechungen unter 10 Minuten werden bei der Berechung der Gesamtdauer nicht berücksichtigt (Abweichungen durch Tarifvertrag möglich).	§ 1 I § 1 III
Tagesruhezeit	kein Unterschied zur VO (EG) Nr. 561/2006	§ 1 I

L Lenk- und Ruhezeiten

	allgemeine Regelungen	
Wöchentliche Ruhezeit	kein Unterschied zur VO (EG) Nr. 561/2006; Abweichend von § 1 Abs. 1 FPersV i.V. m. Art. 8 Abs. 6 VO (EG) Nr. 561/2006 sind Fahrer der in § 1 Abs. 1 Nr. 2 FPersV genannten Fahrzeuge nicht zur Einlegung einer wöchentlichen Ruhezeit nach höchstens sechs 24-Stunden-Zeiträumen verpflichtet. Sie können die wöchentlich einzuhaltenden Ruhezeiten auf einen Zweiwochenzeitraum verteilen.	§ 1 I § 1 IV

d) **Anwendungsbereich des ArbZG.** In Bezug auf die Lenk- und Ruhezeiten haben die Vorschriften der VO (EG) Nr. 561/2006, des AETR und der Fahrpersonalverordnung grundsätzlich Vorrang. Das Arbeitszeitgesetz enthält darüber hinaus ergänzende Regelungen zu den Arbeitszeiten (nicht Lenkzeiten) und den Ruhezeiten. Zu beachten ist jedoch, dass das Arbeitszeitgesetz nur für Arbeitnehmer, nicht aber für Selbständige gilt.

	allgemeine Regelungen	ArbZG
Arbeitszeit	werktäglich in der Regel maximal 8 Stunden oder Verlängerung auf bis zu 10 Stunden möglich, wenn innerhalb von 6 Kalendermonaten oder innerhalb von 24 Wochen im Durchschnitt 8 Stunden werktäglich nicht überschritten werden	§ 3 S. 1 § 3 S. 2
Unterbrechung der Arbeitszeit		
nach einer Arbeitszeit von höchstens	6 Stunden	§ 4 S. 3
Arbeitszeitunterbrechung mind.	30 Minuten bei einer Arbeitszeit von mehr als 6 bis zu 9 Stunden oder	§ 4 S. 1 Alt. 1
	45 Minuten bei einer Arbeitszeit von mehr als 9 Stunden, aufteilbar jeweils in Teilunterbrechungen von mind. 15 Minuten	§ 4 S. 1 Alt. 2 § 4 S. 2

Tagesruhezeit	mind. 11 (ununterbrochene) Stunden In Verkehrsbetrieben ist eine Verkürzung auf 10 Stunden möglich, wenn jede Verkürzung der Ruhezeit innerhalb eines Kalendermonats durch Verlängerung einer anderen Ruhezeit auf mind. 12 Stunden ausgeglichen wird.	§ 5 I § 5 II
Abweichungen	In einem Tarifvertrag oder aufgrund eines Tarifvertrags in einer Betriebsvereinbarung können hiervon abweichende Regelungen zugelassen werden.	§§ 7, 12

e) **Sondervorschrift: § 21a ArbZG.** Diese Vorschrift ist für Fahrer oder Beifahrer anzuwenden, die der VO (EG) Nr. 561/2006 oder den Regelungen des AETR unterliegen. In diesen Fällen sind neben den allgemeinen Regelungen des ArbZG auch die Sondervorschriften in § 21a ArbZG zu berücksichtigen. In allen anderen Fällen, die nicht der VO (EG) Nr. 561/2006 oder den Regelungen des AETR unterliegen (also z. B. im Anwendungsbereich der FPersV), sind allenfalls die allgemeinen Bestimmungen des ArbZG (nicht aber § 21a ArbZG selbst) anwendbar. Die jeweiligen *europäischen Vorschriften gelten vorrangig*, d. h. § 21a ArbZG (wie auch die sonstigen die Arbeits- und Ruhezeiten regelnden Vorschriften des ArbZG) hat im Anwendungsbereich der Bestimmungen der VO (EG) Nr. 561/2006 oder der des AETR nur ergänzenden Charakter. Zu beachten ist wiederum, dass das ArbZG *nur für Arbeitnehmer* gilt, nicht aber für Selbstständige. In § 21a ArbZG sind *Arbeitszeiten* (und nicht Lenkzeiten) geregelt. Wenn also beispielsweise nach (vorrangigen) EU- bzw. AETR-Regelungen die maximal zulässige Lenkzeit schon ausgeschöpft sein sollte, dann kann über § 21a ArbZG noch die maximale Arbeitszeit (worunter neben Fahr- beispielsweise auch Ladetätigkeiten fallen) reglementiert sein

	besondere Regelungen	§ 21a ArbZG
Arbeitszeit	wöchentlich maximal 48 Stunden oder Verlängerung auf wöchentlich bis zu 60 Stunden möglich, wenn innerhalb von 4 Kalendermonaten oder innerhalb von 16 Wochen im Durchschnitt 48 Stunden wöchentlich nicht überschritten werden	Abs. 4 S. 1 Abs. 4 S. 2

Lenk- und Ruhezeiten **L**

Ruhezeiten	bestimmen sich nach der VO (EG) Abs. 5 Nr. 561/2006 bzw. dem AETR
Bereitschaftszeiten	zählen weder als Arbeitszeiten noch als Ruhezeiten Abs. 3
Abweichungen	In einem Tarifvertrag oder aufgrund Abs. 6 eines Tarifvertrags in einer Betriebs- oder Dienstvereinbarung können hiervon abweichende Regelungen zugelassen werden.

f) Anwendungsbereich des KrFArbZG. Das zum 1.11.2012 in Kraft getretene Gesetz zur Regelung der Arbeitszeit von selbständigen Kraftfahrern (KrFArbZG) regelt die Arbeitszeiten (nicht Lenkzeiten) und Ruhezeiten ausschließlich für selbständige Kraftfahrer, die der VO (EG) Nr. 561/2006 bzw. dem AETR unterfallen. Selbständige Kraftfahrer, die Güterbeförderungen mit Fahrzeugen von 3,5 t zulässiger Gesamtmasse oder weniger durchführen, unterliegen also (im Gegensatz zu angestelltem Fahrpersonal) keinerlei arbeitszeitrechtlichen Vorgaben. Die Definition des selbständigen Kraftfahrers ist in Art. 3 Buchst. e der Richtlinie 2002/15/EG festgeschrieben: *„alle Personen, deren berufliche Tätigkeit hauptsächlich darin besteht, mit Gemeinschaftslizenz oder einer anderen berufsspezifischen Beförderungsermächtigung gewerblich im Sinne des Gemeinschaftsrechts, Fahrgäste oder Waren im Straßenverkehr zu befördern, die befugt sind, auf eigene Rechnung zu arbeiten, und die nicht durch einen Arbeitsvertrag oder ein anderes arbeitsrechtliches Abhängigkeitsverhältnis an einen Arbeitgeber gebunden sind, die über den erforderlichen freien Gestaltungsspielraum für die Ausübung der betreffenden Tätigkeit verfügen, deren Einkünfte direkt von den erzielten Gewinnen abhängen und die die Freiheit haben, als Einzelne oder durch eine Zusammenarbeit zwischen selbständigen Kraftfahrern Geschäftsbeziehungen zu mehreren Kunden zu unterhalten".* Die Vorschriften der VO (EG) Nr. 561/2006 und des AETR bleiben unberührt (Art. 1 KrFArbZG), d. h. in deren Anwendungsbereich sind die entsprechenden Lenk- und Ruhezeiten einzuhalten. Die Definition von Arbeitszeit ist in § 2 KrFArbZG festgeschrieben.

Regelungen		KrFArbZG
Arbeitszeit	wöchentlich maximal 48 Stunden oder	§ 3 I 1
	Verlängerung auf wöchentlich bis zu 60 Stunden möglich, wenn innerhalb von 4 Kalendermonaten im Durchschnitt 48 Stunden wöchentlich nicht überschritten werden;	§ 3 I 2
	Bei Nachtarbeit (Arbeit zwischen 0 und 4 Uhr) darf der selbständige Kraftfahrer in einem Zeitraum von jeweils 24 Stunden nicht länger als 10 Stunden arbeiten.	§ 3 II
Ruhepausen		
nach einer Arbeitszeit von höchstens	6 Stunden	§ 5 S. 1
Ruhepause mind.	30 Minuten bei einer Arbeitszeit von mehr als 6 bis zu 9 Stunden oder	§ 5 S. 2 Alt. 1
	45 Minuten bei einer Arbeitszeit von mehr als 9 Stunden,	§ 5 S. 2 Alt. 2
	aufteilbar jeweils in Teilunterbrechungen von mind. 15 Minuten	§ 5 S. 3
Ruhezeiten	bestimmen sich nach der VO (EG) Nr. 561/2006 bzw. dem AETR	§ 4

6. Mitführ-, Vorlage- und Aufbewahrungspflichten. Zu unterscheiden ist hierbei zwischen den Pflichten des Fahrers und den Pflichten des Unternehmers:

a) Pflichten des Fahrers. Gem. Art. 15 Abs. 7 VO (EWG) Nr. 3821/85 erstreckt sich die Mitführ- und Vorlagepflicht von *Diagrammscheiben* sowie gegebenenfalls anderen vorgeschriebenen Aufzeichnungen und Ausdrucken auf den laufenden Tag sowie die vorausgehenden 28 Tage. Gleichermaßen gilt dies gem. § 20 FPersV für *Nachweise über berücksichtigungsfreie Tage* (z. B. wegen Krankheit oder Urlaubs) – die im Übrigen nicht in handschriftlicher Form ausgefertigt werden dürfen. Diese Nachweise sind sowohl vom Fahrer als auch vom Unternehmer zu unterschreiben. Der selbständige Kraftfahrer muss sich die Bescheinigung also selbst ausstellen. § 20 Abs. 1 S. 1 FPersV kann bei derselben Kontrolle unabhängig von der Zahl der betroffenen Tage nur einmal verletzt werden (OLG Düsseldorf IV-3 RBs 177/10, DAR 2011, 37). Ferner hat der Fahrer gem. § 6 FPersV seine *Fahrerkarte* – auch nach Ablauf deren Gültigkeit noch mindestens 28 Kalendertage – im Fahrzeug mitzuführen und vorzulegen. Bei Umtausch der Fahrerkarte entsprechend Art. 14 Abs. 4 VO (EWG) Nr. 3821/85 hat der Fahrer die Ausdrucke seiner Tätigkeiten für die dem Umtausch vorausgehenden 28 Kalendertage ebenfalls für 28 Kalendertage mitzuführen und vorzulegen. Im *Anwendungsbereich des AETR* müssen die Fahrer die Fahrerkarte bzw. die Schaublätter für den laufenden Tag und für die vorangegangenen 28 Kalendertage, an dem sie gefahren sind, mit sich führen und bei Kontrollen vorlegen können (Art. 12 Abs. 7 Buchst. a und b des Anhangs des AETR). *Selbständige Kraftfahrer* haben im Hinblick auf die Aufzeichnung von Arbeitszeiten zusätzlich noch § 5 KrFArbZG zu beachten.

b) Pflichten des Unternehmers. Der Unternehmer muss *beim digitalen Kontrollgerät* die auf der Fahrerkarte sowie im Kontrollgerät selbst gespeicherten Daten in regelmäßigen Abständen kopieren und diese Daten ein Jahr ab dem Zeitpunkt des Kopierens speichern (§ 4 Abs. 3 Nr. 2 FPersG). *Analoge Schaublätter* müssen noch ein Jahr nach dem Ablauf der Mitführpflicht des Fahrers vom Unternehmer aufbewahrt werden. Ggf. in anderen Rechtsvorschriften (z. B. in § 16 Abs. 2 ArbZG und § 21a Abs. 7 ArbZG) geregelte, längere Aufbewahrungszeiten bleiben davon unberührt. Im *Anwendungsbereich des AETR* hat der Unternehmer alle Daten der Fahrerkarten sowie die ausgefüllten Schaublätter gut geordnet für einen Zeitraum von mindestens 12 Monaten nach dem Zeitpunkt der letzten Eintragung aufzubewahren und den Kontrollorganen auf Verlangen vorzulegen (Art. 11 Abs. 2 Buchst. a und b des Anhangs des AETR).

7. Spezialfälle. In der Praxis stellt sich oft die Frage, ob und inwieweit Wohnmobile, Pkw mit Anhänger oder Miet-Lkw bis 7,5 t Gesamtmasse mit einem digitalen Kontrollgerät ausgerüstet und betrieben werden müssen bzw. in diesen Fällen Lenk- und Ruhezeiten einzuhalten sind.

a) Wohnmobile. Nachdem ein Wohnmobil als *Sonderkraftfahrzeug* einzustufen ist und in der Regel weder der Güterbeförderung noch der Personenbeförderung dient, ist weder der Anwendungsbereich von Art. 2 VO (EG) Nr. 561/2006 noch der des § 1 Abs. 1 FPersV eröffnet. Dies bedeutet, dass ein Kontrollgerät danach nicht erforderlich ist, und es sind keine Lenk- und Ruhezeiten vorgeschrieben. *Ausnahme:* Wohnmobile mit einem *zulässigen Gesamtgewicht ab 7,5 t* (soweit vor dem 1.1.2013 erstmals für den Straßenverkehr zugelassen) sind gem. § 57a Abs. 1 Nr. 1 StVZO dagegen schon mit einem Fahrtschreiber auszurüsten, da in dieser nationalen Vorschrift die bauartbestimmte Verwendung des Fahrzeugs keine Rolle spielt. Der Fahrtschreiber ist in diesen Fällen zu betreiben, Lenk- und Ruhezeiten sind jedoch – bei privater Nutzung – nicht einzuhalten.

b) Pkw mit Anhänger. Wird zum Zwecke der Durchführung gewerblicher Transporte ein Pkw als Zugfahrzeug mit einem Anhänger verwendet, so kann eine *zulässige Höchstmasse des Gespanns von mehr als 3,5 t* erreicht werden. Für diese Fälle müssen gem. Art. 3 Abs. 1 VO (EWG) Nr. 3821/85 i.V. m. Art. 2 VO (EG) Nr. 561/2006 ein digitales Kontrollgerät im Zugfahrzeug verbaut sein und betrieben werden sowie geltenden Lenk- und Ruhezeiten eingehalten werden (sofern nicht ein Ausnahmetatbestand bzgl. der Ausrüstpflicht greift, vgl. oben Abschnitt 4). Problematisch ist in diesen Fällen, dass für die meisten Pkw keine passenden Einbauschächte bzw. Adapter verfügbar sind oder es an anderen technischen Voraussetzungen mangelt, so dass das Kontrollgerät aus technischen Gründen nicht eingebaut bzw. betrieben werden kann. Dagegen besteht keine Ausrüstpflicht *bei Gespannen von 2,8 bis 3,5 t zulässiger Gesamtmasse* einschließlich Anhänger (Anwendungsbereich der FPersV), in diesen Fällen muss ein gegebenenfalls bereits eingebautes Kontrollgerät lediglich benutzt werden; ist kein (digitaler oder analoger) Fahrtschreiber eingebaut, so ist gem. § 1 Abs. 6 FPersV beim gewerblichen Gütertransport ein persönliches Kontrollbuch zu führen, in das die Eintragungen über die Lenk- und Ruhezeiten vorzunehmen sind (→ *Kontrollgerät* Nr. 5).

c) Miet-Lkw bis 7,5 t Gesamtmasse. In zahlreichen dieser Lkw (die beispielsweise mit der Fahrerlaubnis der alten Klasse 3 geführt werden dürfen) ist schon ab Werk ein digitales Kontrollgerät eingebaut. Benutzt der Fahrer einen Miet-Lkw mit *mehr als 3,5 t bis 7,5 t Gesamtmasse* beispielsweise für private Umzüge oder private Transporte, so muss weder ein Kontrollgerät eingebaut sein noch ein eingebautes Kontrollgerät benutzt werden, Art. 3 Abs. 1 S. 1 Hs. 2 VO (EWG) Nr. 3821/85 i.V. m. Art. 3 Buchst. h) VO (EG) Nr. 561/2006. Lenk- und Ruhezeiten müssen hier nicht beachtet werden, weil aufgrund der obigen Ausnahmevorschrift die VO (EG) Nr. 561/2006 keine Geltung hat. Für Kleintransporter der sog. „Sprinter-Klasse" mit einer Gesamtmasse von *mehr als 2,8 t und nicht mehr als 3,5 t* gilt die

Ausnahmeregelung des § 1 Abs. 2 Nr. 2 FPersV i.V. m. § 6 FPersV i.V. m. Art. 3 Buchst. h) VO (EG) Nr. 561/2006; für den Fall der privaten Nutzung sind damit auch bei diesen Fahrzeugen weder ein ggf. bereits eingebautes Kontrollgerät zu betreiben noch Lenk- und Ruhezeiten einzuhalten.

8. Ordnungswidrigkeiten. Zu unterscheiden ist zwischen Verstößen gegen die Sozialvorschriften und anderen Verstößen gegen die StVO (insbesondere Geschwindigkeitsverstöße).

a) Bei *Verstößen gegen die Sozialvorschriften* im Straßenverkehr (insbesondere bei Verstößen gegen die Pflicht zur Benutzung von Kontrollgeräten, bei Verstößen gegen Lenk- und Ruhezeiten oder bei Verstößen gegen Mitführ-, Vorlage- und Aufbewahrungspflichten) können gegen den Fahrer Bußgelder i. H. v. bis zu 5.000 € verhängt werden, gegen den Unternehmer oder Fahrzeughalter i. H. v. bis zu 15.000 € (§ 8 Abs. 2 FPersG, § 8 a Abs. 4 FPersG). Eine zeitliche Beschränkung der Verfolgung von Lenkzeitverstößen besteht – trotz der Regelung in Art. 15 Abs. 7 VO (EWG) Nr. 3821/85 (Erstreckung der Mitführ- und Vorlagepflicht von Diagrammscheiben sowie gegebenenfalls anderen vorgeschriebenen Aufzeichnungen und Ausdrucken auf den laufenden Tag sowie die vorausgehenden 28 Tage) – nur im Hinblick auf die allgemeinen Verjährungsvorschriften (OLG Hamm 30.11.2010, III-5 RBs 158/10, 5 RBs 158/10, DAR 2011, 412). Es erfolgt *kein Eintrag im Fahreignungsregister*, da es sich hierbei nicht um Ordnungswidrigkeiten nach §§ 24, 24a oder 24c StVG handelt (vgl. § 28 Abs. 3 Nr. 3 StVG). *Urteilsanforderungen:* Der Tatrichter muss im Einzelnen angeben, wann der Betroffene seine Fahrt an dem jeweiligen Tag begonnen und wann er sie beendet hat, und ob und gegebenenfalls wann es zu Unterbrechungen der Fahrt gekommen ist (OLG Koblenz 2.7.2009, 2 SsBs 2/09, SVR 2009, 340). Der gegen den Unternehmer gerichtete Vorwurf, nicht für die Einhaltung der Lenk- und Ruhezeiten oder die richtige Verwendung von Kontrollgeräten Sorge getragen zu haben, stellt ein echtes Unterlassen dar, so dass von nur einem einheitlichen Verstoß auszugehen und daher nur eine einzige Geldbuße festzusetzen ist (OLG Bamberg 30.1.2014, 3 Ss OWi 284/13, BeckRS 2014, 04741).

b) Geschwindigkeitsverstöße. Die Sozialvorschriften haben auch den Zweck, die Verfolgung von Verletzungen anderer Vorschriften zu ermöglichen, es besteht also *kein Beweisverwertungsverbot* bzgl. der Daten des digitalen Kontrollgeräts oder der Fahrerkarte (bzw. der Tachoscheibe beim analogen Kontrollgerät) zum Nachweis einer Überschreitung der zulässigen Höchstgeschwindigkeit in einem Ordnungswidrigkeitenverfahren (BVerfG 7.9.1984, 2 BvR 159/84, VkBl 1985, 303; OLG Hamm 25.9.1991, 2 Ss OWi 456/91, NZV 1992, 159; OLG Düsseldorf 15.9.1994, 2 Ss OWi 282/94 – OWi 62/94 III, VRS Bd. 90/1996, 296). Geschwindigkeitsverstöße des Fahrers könnten bei den analogen Tachographen von den Behörden rein formell innerhalb der dreimonatigen Verfolgungsverjährungsfrist des § 26 Abs. 3 StVG auch noch Wochen nach der Tat verfolgt werden (da der Fuhrunternehmer verpflichtet ist, die Tachoscheiben mindestens ein Jahr aufzubewahren, und der Fahrer die Diagrammscheiben des laufenden Tages sowie der vorausgehenden 28 Tage mitführen muss). Allerdings hat der Bund-Länder-Fachausschuss zum OWiG bereits am 2./3. Februar 1993 beschlossen, dass die Verfolgung von Geschwindigkeitsverstößen aufgrund von Tachoscheiben aus Opportunitätsgründen auf Verstöße am Kontrolltag und am jeweiligen Vortag beschränkt wird (vgl. *Meininger*, „Feststellung von Geschwindigkeitsverstößen an Hand von Schaublättern", NZV 1994, 309, m. w. N.). Erfolgt dennoch entgegen dieser verwaltungsinternen Richtlinien eine Auswertung von älteren Diagrammscheiben, so unterliegt dies keinem Verwertungsverbot (OLG Düsseldorf 31.1.1994, 5 Ss (OWi) 19/94 – (OWi) 22/94 I, DAR 1994, 247). Dagegen kann beim digitalen Kontrollgerät die exakte Geschwindigkeit ohnehin nur noch für die letzten 24 Stunden tatsächlicher Fahrzeit gespeichert werden; weiter zurückliegende Geschwindigkeitsverstöße können in diesen Fällen daher schon wegen technischer Gründe nicht mehr nachgewiesen werden.

Das *Fehlen einer Angabe zum Tatort* (dieser wird vom Kontrollgerät nicht aufgezeichnet) beeinträchtigt nicht die Wirksamkeit des Bußgeldbescheides, da es sich bei Geschwindigkeitsüberschreitungen nicht um situations- oder ortsbezogene, sondern um fahrzeugbezogene Verstöße handelt (BayObLG 4.9.1995, 2 ObOWi 536/95, DAR 1996, 31; OLG Hamm 24.2.1994, 3 Ss OWi 38/94, ZfS 1994, 187). Auf Autobahnen und Kraftfahrstraßen beispielsweise gilt schließlich für Lkw gem. § 18 Abs. 5 Satz 2 Nr. 1 StVO allgemein eine Höchstgeschwindigkeit von 80 km/h, so dass es bei deren Überschreitung irrelevant ist, ob oder welche die Geschwindigkeit regelnden

L letztes Wort

Verkehrszeichen sich am Tatort befunden haben.

Die *Auswertung einer Tachoscheibe* eines analogen Kontrollgeräts ist ein zuverlässiges Mittel zur Feststellung der gefahrenen Geschwindigkeit. Hierzu bedarf es im Gerichtsverfahren nur im Ausnahmefall der Hinzuziehung eines Gutachters, weil die Auswertung einer Diagrammscheibe nicht stets eine besondere Sachkunde voraussetzt (OLG Düsseldorf 23.4.1990, 5 Ss OWi 136/90 – OWi 67/90 I, NZV 1990, 360; OLG Hamm 25.9.1991, 2 Ss OWi 456/91, NZV 1992, 159). Das Fachwissen eines Sachverständigen wird aber dann erforderlich sein, wenn es um die Ermittlung von Geschwindigkeitsveränderungen innerhalb einer kurzen Strecke und Zeitspanne geht (BayObLG 28.2.1997, 1 ObOWi 66/97, ZfS 1997, 315).

Das Gericht hat aber einen *Toleranzabzug* bei der Ahndung von Geschwindigkeitsverstößen vorzunehmen und diesen in seiner Entscheidung mitzuteilen (um den Beschwerdegericht wegen der Abweichung der Fehlerquellen unterschiedlicher Geschwindigkeitsmessverfahren und des daraus resultierenden Beweiswerts eine Überprüfung zu ermöglichen). In Anlehnung an die in Kapitel III Abschnitt f des Anhangs I der VO (EWG) Nr. 3821/85 zugelassenen Fehlergrenzen für Kontrollgeräte sind *6 km/h* abzuziehen (KG 2.5.2000, 2 Ss 98/00 – 3 Ws B 182/00; OLG Köln 14.1.1997, Ss 663/96 B, VRS Bd. 93/1997, 206).

9. Straftaten. Bei Verwendung des Kontrollgeräts können Vergehen nach § 268 StGB (*Fälschung technischer Aufzeichnungen*) in Betracht kommen, wenn Manipulationen am Kontrollgerät bzw. (beim digitalen Kontrollgerät) an der Chipkarte vorgenommen werden. Beim analogen Tachographen können auch Vergehen der *Urkundenfälschung* (§ 267 StGB) eine Rolle spielen. Weitere Einzelheiten zu möglichen Straftaten in Zusammenhang mit dem Kontrollgerät vgl. *Langer*, „Lenk- und Ruhezeiten im Straßenverkehr und ihre Kontrolle durch Fahrtschreiber und Kontrollgerät", DAR 2002, 97 (102 ff.). *Langer*

letztes Wort → Bußgeldverfahren Nr. 5 f)

Lichtpflicht am Tag → Beleuchtung Nr. 2

Lichtschranke → Verkehrsmesstechnik Nr. 3

lichttechnische Einrichtungen → Fahrzeugbeleuchtung

Lichtzeichenanlage → Fahrradfahrer Nr. 15, → Rotlichtverstoß Nr. 4, 5

Liegenbleiben von Fahrzeugen 1. Allgemeines. Das Verhalten beim Liegenbleiben eines Fahrzeuges ist in § 15 StVO geregelt, das Abschleppen solcher Fahrzeuge in § 15a StVO. Ein Fahrzeug gilt als liegengeblieben, wenn es unfreiwillig, nicht verkehrsbedingt und nicht gewollt zum Halten kommt (z. B. bei Pannenfall, Unfall, Kraftstoffmangel; nicht aber z. B. bei absichtlichem Parken).

2. Absicherungspflicht. Bleibt demnach ein *mehrspuriges Fahrzeug* (also ein Fahrzeug, welches an mindestens einer Achse zwei Räder hat) an einer Stelle liegen, an der es nicht rechtzeitig als stehendes Hindernis erkannt werden kann, so ist sofort → *Warnblinklicht* einzuschalten. Danach ist zusätzlich mindestens ein auffällig warnendes Zeichen (z. B. *Warndreieck*) gut sichtbar in ausreichender Entfernung aufzustellen, und zwar bei schnellem Verkehr in etwa 100 m Entfernung (auf Autobahnen 150 m, vgl. OLG Stuttgart 14.2.1990, 4 U 204/89, BeckRS 2008, 19033). Es sind vorgeschriebene Sicherungsmittel wie Warndreiecke zu verwenden. Darüber hinaus gelten die Vorschriften über die Beleuchtung haltender Fahrzeuge (→ *Beleuchtung* Nr. 3). Zur bauartbedingten Ausrüstungspflicht von Kraftfahrzeugen mit Warndreieck, Warnleuchte und Warnblickanlage vgl. § 53a StVZO (→ *Warnblinklicht* Nr. 1).

3. Abschleppen von Fahrzeugen. Beim Abschleppen eines auf der *Autobahn* liegen gebliebenen Fahrzeugs ist die Autobahn (Zeichen 330 der StVO) bei der nächsten Ausfahrt zu verlassen (§ 15a Abs. 1 StVO). Beim Abschleppen eines außerhalb der Autobahn liegen gebliebenen Fahrzeugs darf nicht in die Autobahn eingefahren werden (§ 15a Abs. 2 StVO). Während des Abschleppens haben gem. § 15a Abs. 3 StVO beide Fahrzeuge *Warnblinklicht* einzuschalten (→ *Warnblinklicht* Nr. 1b). Fahrtrichtungswechsel sind dabei behelfsmäßig (z. B. durch Handzeichen) anzuzeigen. *Krafträder* dürfen nicht abgeschleppt werden (§ 15a Abs. 4 StVO).

4. Ausnahmen. Für *einspurige Fahrzeuge* (z. B. Motorräder oder Fahrräder) gilt § 15 StVO nicht, vielmehr müssen diese Fahrzeuge gem. § 17 Abs. 4 S. 4 StVO im Falle des Liegenbleibens von der Fahrbahn geschoben werden (→ *Beleuchtung* Nr. 3).

5. Ordnungswidrigkeiten und Straftaten. Fahrer oder mitfahrender Halter verhalten sich ordnungswidrig, wenn sie das liegen gebliebende Fahrzeug nicht vorschriftgemäß absichern (§ 49 Abs. 1 Nr. 15 i.V. m. § 24 StVG). Im Falle eines Verkehrsunfalls ist es aber zulässig, sich vorher zu vergewissern, ob Verletzte vorhanden sind. Im Einzelfall kann auch eine Strafbarkeit gem. § 315 b Abs. 1 Nr. 2 StGB (→ *Gefährliche Eingriffe in den Straßenverkehr (§ 315 b StGB)*) oder § 315 c Abs. 1 Nr. 2 Buchst. g) StGB (→ *Gefährdung des Straßenverkehrs (§ 315 c StGB)*) in Betracht kommen.

6. Zivilrecht. Wird die erforderliche Absicherung eines liegen gebliebenen Fahrzeugs unterlassen, so spricht dies für eine Unfallursächlichkeit und damit für eine (Mit-)Haftung (i. d. R. Haftungsverteilung je nach Umständen des Einzelfalls). Umgekehrt ist dann nicht mehr von einer Kausalität auszugehen, wenn sich trotz vorschriftsmäßiger Absicherung ein Unfall ereignet (BGH 10.2.2004, VI ZR 218/03, NJW 2004, 1375). *Langer*

Linienbus → Überholen Nr. 3, → Warnblinklicht Nr. 2 d)

Linksabbieger → Haftungsverteilung bei Verkehrsunfällen Nr. 7

Linksüberholgebot → Überholen Nr. 2 a)

Löschung von Punkten bei Verzicht auf die Fahrerlaubnis → Fahrerlaubnisverzicht Nr. 5

Lückenunfälle → Haftungsverteilung bei Verkehrsunfällen Nr. 9

Luftreifen → Reifen Nr. 3

Luftreinhalteplan → Umweltzonen

Lugano-Übereinkommen → Auslandsunfall Nr. 6

M

M+S-Reifen → Reifen Nr. 3, → Winterreifenpflicht Nr. 1

Mahnbescheid Wird der im Mahnverfahren nur gegen den Kfz-Haftpflichtversicherer geltend gemachte Anspruch mit der Anspruchsbegründung im Klageverfahren auf den Versicherungsnehmer bzw. die mitversicherte Person ausgeweitet, dann ist diese durch Parteierweiterung erweiterte Klage als unzulässig abzuweisen, wenn vor der Parteierweiterung das grundsätzlich erforderliche Schlichtungsverfahren nicht durchgeführt worden ist (BGH 13.7.2010, DAR 2010, 640). *Geiger*

Mahnbescheidsantrag → Besonderheiten der Verkehrsunfallklage Nr. 1

Mangel → Rücktritt (von einem Kaufvertrag), → Sachmangel

Mangelbeseitigung → Sachmängelhaftungsausschluss Nr. 2

Manipulierter Unfall (Zur rechtlichen Beurteilung → Vorsätzlich verursachter Kfz-Unfall.) In der Kfz-Haftpflichtversicherung gibt es zahlreiche Betrugsvarianten (siehe dazu ausführlich: *Homp/Mertens* in Himmelreich/Halm/Staab, Handbuch der Kfz-Schadenregulierung, Kap. 24) um unberechtigt in den Genuss von Schadenersatzzahlungen zu kommen.
1. Provozierter Verkehrsunfall. Bei dieser Betrugskonstellation wird die Arglosigkeit eines nicht eingeweihten, mithin nicht vorsätzlich handelnden Verkehrsteilnehmers ausgenutzt, um diesen, bzw. dessen Haftpflichtversicherer auf Schadensersatz in Anspruch zu nehmen. Hierbei provoziert der angeblich Geschädigte eine Unfallsituation, welche für das Opfer überhaupt nicht vorhersehbar ist, aber auch für den Täter hinsichtlich des Ausmaßes und des gesundheitlichen Gefährdungspotenzials nicht zu steuern ist. Der angestrebte wirtschaftliche Vorteil besteht in der wiederholten Abrechnung von Vorschäden oder Altschäden, welche bisher gar nicht oder nicht fachgerecht repariert wurden.
2. Klassischer abgesprochener Verkehrsunfall. Bei dieser Variante führen nach vorheriger genauer Absprache des Unfallverlaufes zwei Personen, die sich zumeist gut kennen, den Zusammenprall zweier Fahrzeuge herbei. Oft organisieren sich Verbrecherbanden, um damit ihren Lebensunterhalt zu bestreiten, was vorrangiger Zweck und Motiv ist. Hierbei achten die Unfallbeteiligten darauf, dass die verursachten Beschädigungen bei erster Betrachtung sowohl plausibel als auch kompatibel erscheinen. Als Unfallörtlichkeit wird der öffentliche Straßenverkehr gewählt. Am Ort des Geschehens wird die Polizei hinzugezogen, um den nötigen offiziellen Anschein zu wahren. Häufig werden die Unfälle selbst von professionellen „Autobumsern" gestellt, welche dann anschließend noch vor dem Erscheinen der Polizei durch unverdächtige Dritte ausgetauscht werden. In den Fällen, in denen kein Aufnahmeprotokoll der Polizei vorliegt, wird der Unfall oft auf einem Privatgelände gestellt, auf dem die Betrüger ungestört die Fahrzeugkollision herbeiführen können. Für die Schadensmeldung an den VR wird der Unfall sodann auf eine für den erdachten Unfallhergang geeignete Straße verlagert.
3. Sonderformen des abgesprochenen Verkehrsunfalls. Die Besonderheit der folgenden gestellten Unfallkonstellationen besteht darin, dass fremdes Eigentum missbraucht wird, um eine Unfallmanipulation herbeizuführen.
a) Berliner Modell. Diese Betrugsvariante tauchte erstmals Anfang der 90er Jahre in Berlin mit ca. 250 Fällen auf. Nachdem sie Mitte der 90er Jahre aufgrund scharfer Kontrolle durch die VR zurückgegangen war, nimmt sie derzeit wieder stark zu. Hierbei werden von einem unbeteiligten Dritten kurz zuvor entwendete Fahrzeuge gegen ein vom angeblich Geschädigten geparktes Fahrzeug gefahren. Der Mittäter fährt, zumeist nachts, mit dem gestohlenen Kfz gegen das geparkte Fahrzeug und beschädigt dieses erheblich. Der Fahrer des entwendeten Fahrzeuges flüchtet nach dem Zusammenstoß von der Unfallstelle und lässt das gestohlene Fahrzeug zurück. Die Flucht wird oft mittels eines geöffneten Fensters sichergestellt, falls die Tür sich nach dem Unfall nicht öffnen lässt. Mit dem zurückgelassenen Fahrzeug wird gewährleistet, dass der Kfz-Haftpflichtversicherer und der Halter feststellbar sind.
b) Mietwagen/Firmenfahrzeuge. Weitere beliebte Methode betrügerisch gestellter Unfälle sind Unfallkonstellationen unter Zuhilfenahme von Mietfahrzeugen. Bei diesen wird zumeist eine Vollkaskoversicherung bestehen, sodass finanzielle Nachteile des Mieters, sollte er überhaupt seine wahre Identität offen legen, sich

allenfalls auf die vereinbarte Selbstbeteiligung belaufen. Ein hoher Selbstbehalt kann grundsätzlich für eine Unfall- Manipulation sprechende Indizien relativieren. Es kommt hinzu, dass ein angemietetes Fahrzeug für den Verursacher keine weiteren versicherungstechnischen Probleme nach sich zieht.

4. Ausgenutzter Verkehrsunfall. Bei dem ausgenutzten Verkehrsunfall handelt es sich tatsächlich um einen ungewollten Verkehrsunfall, bei welchem sich die Unfallbeteiligten i. d. R. nicht kennen, zumindest aber nicht gewollt zusammenwirken. Der Betrüger fasst erst nach dem Unfallereignis den Entschluss, die sich bietende Gelegenheit auszunutzen, um eine höhere Entschädigung zu erlangen, als ihm zusteht. Dies geschieht z. B. dadurch, dass vorhandene Altschäden mit in die Abrechnung eingebracht werden. Eine weitere Möglichkeit der Ausnutzung eines Verkehrsunfalls besteht in der nachträglichen Erweiterung des Schadensbildes. Dies kann entweder durch den Geschädigten selbst oder durch die Werkstatt in Absprache mit dem Geschädigten erfolgen.

5. Papierunfall/fiktiver Verkehrsunfall. eim fiktiven Verkehrsunfall handelt es sich um ein tatsächlich nicht existentes Ereignis. Eine Berührung der angeblich unfallbeteiligten Fahrzeuge hat es nie gegeben. In diesen Fällen liegt das Motiv des Täters darin, den Schaden auf den VR des unbeteiligten Fahrzeuges eines Eingeweihten abzuwälzen, obwohl der Schaden nicht bei dem Betrieb oder Gebrauch des versicherten Fahrzeuges entstanden ist.

6. Fingierter Verkehrsunfall. Bei dieser Betrugskonstellation werden zwei bereits beschädigte Fahrzeuge nach vorheriger Absprache des angeblichen Unfallherganges durch die Beteiligten und Auswahl eines geeigneten „Unfallortes" so in Szene gesetzt, als seien beide in einen Unfall verwickelt. Die eingesetzten Fahrzeuge wurden zuvor anhand ihrer Beschädigungen ausgesucht, damit die beschädigten Stellen auf den ersten Blick einen kompatiblen Eindruck machen.
Siehe auch: → *Autobumser-Fälle,* → *Vorsätzlich verursachter Unfall* *Kärger*

Marderbissschaden → Teilkaskoversicherung Nr. 7

Marihuana Marihuana besteht aus getrockneten Blättern, Blüten und Stengeln, die kleingeschnitten z.T. wie Tabak aussehen. Als die Pflanzen nur auf freiem Feld angebaut wurden, konnte man davon ausgehen, dass die THC-Konzentrationen in Marihuana die 2%-Marke kaum überschritten haben. Seit Ende der 80er Jahre sind Marihuana-Sorten mit Haschischähnlichen THC-Konzentrationen nicht selten. Überraschend war damals, dass es Marihuanasorten mit einem THC-Gehalt von über 15 % tatsächlich gibt. *Sachs*

Markenwerkstatt → Unfallschadenabwicklung – Sachschaden Nr. 18

Marktspreisspiegel Mietwagen der Fraunhofer Gesellschaft → Unfallschadenabwicklung – Sachschaden Nr. 32

Massenunfall, Massenkarambolage → Haftungsverteilung bei Verkehrsunfällen Nr. 6

Maßnahmenkatalog → Punktsystem Nr. 3

„Maut für Ausländer" → Autobahnmaut Nr. 4 c)

Mautaufkommen → Autobahnmaut Nr. 13

Mauthöhe → Autobahnmaut Nr. 10

Mautpflicht, Befreiung von → Autobahnmaut Nr. 8

Mautschuldner, Pflichten → Autobahnmaut Nr. 8

MCV-Wert Parameter bei Bestimmung des kleinen Blutbildes. MCV = Mittleres, Corpusculäres Volumen; ist die Maßangabe zur Größe des einzelnen Erythrozyten (Rote Blutzelle). Neben Erkrankungen der Blutbildung kann der MCV-Wert auch als Marker für Alkoholmissbrauch herangezogen werden, wobei es sich auch bei diesem Parameter um einen indirekten Parameter handelt, der im Übrigen weder eine hohe Sensitivität noch Spezifität für Alkoholmissbrauch aufweist. *Priemer*

MDA Methylendioxyamphetamin. Als Amphetaminderivat gehört es zu den Stimulanzien. Es kommt nur selten in illegalen Präparaten vor. In Blut und Urin wird es in der Regel nur als Stoffwechselprodukt von MDMA oder MDE nachgewiesen. *Sachs*

MDE Methylendioxyethylamphetamin. Als Amphetaminderivat gehört es zu den Stimulanzien. *Sachs*

M MDMA

MDMA Methylendioxymethylamphetamin. Als Amphetaminderivat gehört es zu den Stimulanzien. *Sachs*

Medikament Definition: Substanz, die gezielt zu einer Verbesserung eines pathologischen Zustands führt und dessen Nebenwirkungen vertretbar sind.
Medikamente mit direkten oder indirekten Auswirkungen auf die psychophysische Leistungsfähigkeit können die Fahrsicherheit beeinträchtigen, was meist in Form des Warnhinweises im Beipackzettel nachzulesen ist (abgesehen von der grundsätzlichen Bemerkbarkeit einer solchen relevanten Beeinträchtigung).
Beispiel für die unmittelbare Auswirkung: Diazepam aus der Gruppe der Benzodiazepine bewirkt eine Sedierung und Anxiolyse (Angstlösung) und beeinträchtigt dadurch direkt die Fahrtüchtigkeit.
Beispiel für mittelbare Auswirkung: Ramipril (blutdrucksenkendes Medikament; sog. ACE-Hemmer) führt zu einer Absenkung des Blutdrucks, die zu einer verminderten Gehirndurchblutung und dadurch zu einer Störung der Gehirnfunktion mit Beeinträchtigung der Fahrsicherheit führen kann. Dieser Effekt ist insbesondere in der Neueinstellungsphase mit dem betreffenden Medikament zu beachten. Hat sich die Blutdrucksituation stabilisiert, ist dieser Effekt typischerweise nicht mehr zu beobachten.
Siehe auch: → *Neuroleptika,* → *Psychopharmaka*
Priemer

Medizinisch-psychologische Untersuchung
I. Allgemeines. Abk. MPU, syn. „Depperltest", „Idiotentest".
Die MPU ist die Untersuchung zur Abklärung der Fahreignung. Sie wird typischerweise von den Fahrerlaubnisbehörden verlangt, wenn sich Anhaltspunkte für eine Ungeeignetheit zum Führen von Kraftfahrzeugen ergeben hat. Beispielsweise führt eine Trunkenheitsfahrt mit einer BAK ≥ 1,6 Promille zur Annahme der Ungeeignetheit zum Führen von Kraftfahrzeugen, oder eine wiederholte Trunkenheitsfahrt, selbst wenn die BAK < 1,6 Promille gelegen ist. Auch führt eine Trunkenheitsfahrt infolge anderer berauschender Mittel praktisch immer zwangsläufig auch zur Kontaktierung des „Täters" durch die Fahrerlaubnisbehörde (Die Mitteilung der Fahrerlaubnisbehörden bei entsprechenden Verstößen erfolgt mittlerweile automatisch).

Zur Durchführung der MPU ermächtigt sind nur einige wenige Institutionen, wobei die bekannteste und sicher auch größte die des TÜV ist.
Zum Vorgehen bei Erstellung eines MPU-Gutachtens s. *Schubert / Dittmann / Brenner-Hartmann*, Urteilsbildung in der Fahreignungsbegutachtung, 3. A. 2013. *Priemer*

II. Medizinisch-psychologisches Gutachten
1. Allgemeines. Ein *medizinisch-psychologisches Gutachten* ist nach der Legaldefinition des § 11 Abs. 3 S. 1 FeV das Gutachten einer *amtlich anerkannten Begutachtungsstelle für Fahreignung.* Die Begutachtungsstellen müssen amtlich anerkannt sein (§ 2 Abs. 13 S. 1 StVG, § 66 FeV). Träger von Begutachtungsstellen für Fahreignung müssen durch die Bundesanstalt für Straßenwesen begutachtet werden (§ 72 FeV). Obergutachter sind vom Gesetzgeber nicht vorgesehen, können also keine medizinisch-psychologischen Gutachten erstatten (Hentschel/König/*Dauer* Straßenverkehrsrecht 43. Aufl. 2015 § 2 StVG Rn. 89; Schubert NZV 2008, 436).

2. Anordnung durch die Fahrerlaubnisbehörde. Die Fahrerlaubnisbehörde kann die Beibringung eines medizinisch-psychologischen Gutachtens innerhalb einer angemessenen Frist anordnen, wenn Tatsachen bekannt werden, die *Bedenken gegen die Fahreignung* eines Fahrerlaubnisbewerbers (§ 2 Abs. 8 StVG, §§ 11, 13 und 14 FeV) oder eines Fahrerlaubnisinhabers (§ 46 Abs. 3 i.V.m. §§ 11, 13 und 14 FeV) begründen. Spezielle Regelungen zur Klärung von Eignungszweifeln bei *Alkoholproblematik* finden sich in § 13 FeV und zur Klärung von Eignungszweifeln im Hinblick auf *Betäubungsmittel* und *Arzneimittel* in § 14 FeV, spezielle Vorschriften im Zusammenhang mit der *Fahrerlaubnis auf Probe* in § 2 a Abs. 4 S. 1 und Abs. 5 S. 5 StVG. Nach einer Fahrerlaubnisentziehung wegen Erreichens von 8 *Punkten* nach § 4 Abs. 5 S. 1 Nr. 3 StVG und nach einem *Verzicht* auf die Fahrerlaubnis bei gleichzeitiger Eintragung von zwei Zuwiderhandlungen im Fahreignungsregister darf eine neue Fahrerlaubnis i. d. R. nur erteilt werden, wenn die Wiederherstellung der Fahreignung durch ein medizinisch-psychologisches Gutachten nachgewiesen ist (§ 4 Abs. 10 S. 4 StVG). Soll eine Fahrerlaubnis vor Erreichen des *Mindestalters* (§§ 6 a Abs. 2, 10 FeV) erteilt werden, kann zur Klärung von Eignungszweifeln ein medizinisch-psychologisches Gutachten angeordnet werden (§ 11 Abs. 3 S. 1 Nr. 2 FeV), bei Erteilung einer Fahrerlaubnis vor Erreichen des Mindestalters im Zusammenhang mit einer Berufsausbildung muss dies geschehen (§ 10 Abs. 2 FeV). Zum Erwerb einer Fahrerlaubnis der Klasse B oder BE vor Vollendung des 18. Lebensjahres im Rahmen des Begleiteten Fahrens ab 17 ist keine medizinisch-psychologische Begutachtung erforderlich (§ 48a Abs. 1 S. 1 FeV). Sind Zweifel an der Eignung des Inhabers einer *Fahrerlaubnis zur Fahrgastbeförderung* oder an der Gewähr der besonderen Verantwortung bei der Beförderung von Fahrgästen zu klären, kann ein medizinisch-psychologisches Gutachten angeordnet werden (§ 48 Abs. 9 S. 1 und 3 FeV).

3. Anordnung als bloße Aufklärungsanordnung. Die Anordnung der Beibringung eines medizinisch-psychologischen Gutachtens ist nach h.M. als bloße Aufklärungsanordnung *nicht gesondert anfechtbar*; sie ist mangels Regelung kein Verwaltungsakt (näher Hentschel/König/*Dauer* Straßenverkehrsrecht 43. Aufl. 2015 § 11 FeV Rn. 25).

4. Welche Fragen sollen mit der MPU geklärt werden? Wenn die Fahrerlaubnisbehörde die *Beibringung eines medizinisch-psychologischen Gutachtens anordnet*, legt sie in der Anordnung unter Berücksichtigung der Besonderheiten des Einzelfalles und unter Beachtung der Anlagen 4 und 5 zur FeV fest, welche *Fragen* genau im Hinblick auf die Fahreignung des Betroffenen zu klären sind (§ 11 Abs. 6 S. 1 FeV). Wenn der Betroffene die Fahrerlaubnisbehörde darüber unterrichtet hat, welche Stelle er mit der Untersuchung beauftragt hat, teilt die Behörde der Begutachtungsstelle unter Übersendung der vollständigen Unterlagen mit, welche Fragen im Hinblick auf die Fahreignung zu klären sind (§ 11 Abs. 6 S. 4 FeV). Die gegenüber dem Betroffenen festgelegte Fragestellung muss mit der der Begutachtungsstelle mitgeteilten Fragestellung identisch sein. Der *Betroffene beauftragt den Gutachter auf seine Kosten* und im eigenen Namen mit der Untersuchung und der Erstellung des Gutachtens. Er schließt mit der Begutachtungsstelle einen zivilrechtlichen *Werkvertrag*. Die Begutachtungsstelle darf das Gutachten nur dem Betroffenen aushändigen, nicht der Fahrerlaubnisbehörde. Er entscheidet frei, ob er der Fahrerlaubnisbehörde das Gutachten zur Verfügung stellt. War die Anordnung zur Beibringung eines medizinisch-psychologischen Gutachtens rechtmäßig und ist der Betroffene bei der Anordnung der Gutachtenbeibringung auf die Folgen der Nichtvorlage des Gutachtens hingewiesen worden, darf die Fahrerlaubnisbehörde von der *Nichteignung* des Betroffenen ausgehen, wenn er das Gutachten *nicht* innerhalb der festgelegten Frist *vorlegt* (§ 11 Abs. 8 FeV), denn dann ist zu vermuten, dass er einen ihm bekannten Eignungsmangel verbergen will. *Dauer*

5. Verkehrsstrafverfahren. Im Verkehrsstrafverfahren gewinnt die MPU mittelbare Relevanz dann, wenn die BAK zur Tatzeit bei 1,6 Promille oder darüber lag oder wenn die Atemalkoholkonzentration bei 0,8 mg/l oder darüber lag.

a) In diesen Fällen ist in Betracht zu ziehen, dass die Verwaltungsbehörde nach Ablauf der Sperrfrist die Fahrerlaubnis nicht ohne weiteres neu erteilen, sondern die Neuausstellung von einer MPU abhängig machen wird (§ 13 Nr. 2 Buchstaben c und d FeV). Dies ist als Folge für das Leben des Täters bei der Strafzumessung zu berücksichtigen (§ 46 StGB) und daneben auch bei der Verhängung einer Sperrfrist für die Wiedererteilung einer Fahrerlaubnis (→ *Entziehung der Fahrerlaubnis Nr. 1 ff.*) zu bedenken, nämlich als Grund, diese nicht allzu lange zu bemessen. So wird die Verteidigung regelmäßig argumentieren, dass die Führerscheinbehörde eine Wiedererteilung „doch ohnehin auf das sorgfältigste prüfen, insbesondere von einer MPU abhängig machen" werde, und daher dem Mandanten „nicht unnötig übergroße Hindernisse in den Weg gelegt werden" sollten.

b) Selbst wenn der Angeklagte wegen Schuldunfähigkeit freigesprochen wird, aber die BAK von 1,6 Promille zur Tatzeit festgestellt ist, muss er damit rechnen, dass die Fahrerlaubnisbehörde von ihm ein medizinisch-psychologisches Gutachten verlangt und bei unterlassener Beibringung die Fahrerlaubnis entzieht. Denn auf Verschulden kommt es nach den einschlägigen verwaltungsrechtlichen Bestimmungen nicht an (VGH Mannheim 17.4.2009, 10 S 605/09, NJW 2009, 3257 f).

Siehe auch: → *Drogenfahrt,* → *Fahreignung,* → *Fahrerlaubniserwerb,* → *Medizinisch-psychologische Untersuchung,* → *Punktsystem,* → *Trunkenheit im Verkehr* *Weder*

Mehraufwendungen → Kinderunfall Nr. 7, → Unfallschadenabwicklung – Personenschaden Nr. 3

Mehrbedarf → Unfallschadenabwicklung – Personenschaden Nr. 4

Mehrwertsteuer → Leasingvertrag Nr. 4 b), → Schadenrechtsänderungsgesetz Nr. 3,

M Messfoto

→ Unfallschadenabwicklung – Sachschaden Nr. 16, → Vollkaskoversicherung Nr. 5 a) bb)

Messfoto → Anthropologisches Gutachten Nr. 1, 4, → Fahrerermittlung Nr. 2 b), 3 a)

Messgerät → AAK-Messgerät, → Abstand Nr. 7, → Geschwindigkeit Nr. 8, → Verkehrsmesstechnik Nr. 3–12

Messort → Geschwindigkeit Nr. 9

Messung → Verkehrsmesstechnik, → Abstand

Messvideo → Fahrerermittlung Nr. 3 a)

Methadon *Methadon* ist wird zur Behandlung von starken Schmerzen und zur Substitutionstherapie bei Opiatabhängigkeit angewandt. Chemisch unterscheidet man zwischen einer L- bzw. S-Form, dem sogenannten Levomethadon in dem Fertigarzneimittel Polamidon, und der D- bzw. R-Form. Beide Formen unterscheiden sich nicht in ihrer chemischen Zusammensetzung sondern nur in der räumlichen (sterischen) Anordnung des Moleküls. D-Methadon kommt nur zusammen mit der L-Form als sogenanntes Racemat vor. Die D-Form hat (fast) keine pharmakologische Wirkung. Der Sinn, dass es überhaupt verwendet wird, liegt darin, dass eine Mischung mit 10 mg Methadon-Racemat preiswerter ist als ein Präparat mit 5 mg Levomethadon. Bei dem in den Gutachten häufig erwähnte EDDP handelt es sich um Ethylidin-1,5-dimethyl-3,3-diphenylpyrrolidin, einem Stoffwechselprodukt von Methadon. *Sachs*

Miet-Lkw → Durchfahrtshöhe, → Lenk- und Ruhezeiten Nr. 7

Mietwagen → Unfallschadenabwicklung – Sachschaden Nr. 29–32

Militär → Inlandsunfall mit NATO-Kfz

Minderung Zu den Sachmängelansprüchen (vgl. dort) beim Kauf eines Kraftfahrzeugs gehört gem. §§ 434, 437 Nr. 2, 441 BGB auch die *Minderung* des Kaufpreises. Sie ist unter den gleichen Voraussetzungen wie denen des *Rücktritts* (vgl. dort) i. S. d. §§ 434, 437 Nr. 2, 440, 323 zulässig, jedoch darüber hinaus auch bei unerheblichen Pflichtverletzungen (§ 441 Abs. 1 Satz 2 i.V.m. § 323 Abs. 5 Satz 2 BGB).

Der Kaufpreis ist in dem Verhältnis herabzusetzen, in welchem zum Zeitpunkt des Vertragsabschlusses der Wert der Sache in mangelfreiem Zustand zu dem wirklichen Wert gestanden haben würde (§ 441 Abs. 3 BGB). Der objektive Wert der Sache im mangelfreiem Zustand (a) verhält sich zum objektiven Wert der mangelhaften Sache (b), wie der vereinbarte Preis (p) zu dem geminderten Preis (X). Hieraus folgt die Formel X = (p x b) : a. Die Minderung des Kaufpreises beträgt dann p – X.

Die Minderungserklärung kann mündlich oder schriftlich abgegeben werden, hat gestaltende Wirkung und führt damit ohne weiteres zur Reduzierung des Kaufpreises in Höhe des *zutreffenden* Minderungsbetrags. Ein Rücktritt ist nicht mehr möglich. Die Minderung hat – wie der Rücktritt – gestaltende Wirkung. Dabei ist gerichtlich noch nicht geklärt, ob diese gestaltende Wirkung bereits mit der Minderungserklärung eintritt (*Bamberger/Roth/Faust* § 441 Rn. 7) oder ob ein konkreter Minderungsbetrag genannt werden muss (Palandt/*Weidenkaff* § 441 Rn. 660). Die Frage wird wichtig, wenn der Käufer sich bezüglich des Minderungsbetrags keine oder falsche Vorstellungen gemacht hat (vgl. hierzu näher *Himmelreich/Andreae/Teigelack* § 11 Rn. 199 ff.). Wenn der Käufer beziffert ist streitig, ob er an den Betrag gebunden ist (PWW/*Schmidt* § 441 Rn. 11) oder die Bindung erst nach Zustimmung des Verkäufers eintritt (Erman/*Grunewald* § 441 Rn. 2).

In der Praxis sollte vom Recht der Minderung zurückhaltend Gebrauch gemacht werden. Hierzu ein Beispiel: Wird beim Gebrauchtwagenkauf vom Verkäufer Unfallfreiheit zugesichert, obwohl ein erheblicher Unfallschaden vorliegt und erklärt der Käufer die Minderung in der Erwartung, dass der Minderwert des Fahrzeugs mindestens 25% beträgt, kann der Käufer nicht danach noch den Rücktritt erklären, wenn sich herausstellt, dass der Minderungsbetrag doch nur z. B. 2% des Kaufpreises beträgt oder z. B. überhaupt kein merkantiler Minderwert vorliegt. *Andreae*

Minderwert → Unfallschadenabwicklung – Sachschaden Nr. 9

Mindestalter → Ausländische Fahrerlaubnis Nr. 2 a), → Berufskraftfahrerqualifikation Nr. 4, → Medizinisch-psychologische Untersuchung Nr. 2

Mindestdeckungssumme → Deckungssummen in Europa, → Grüne Karte Fall Nr. 1, 2, → Rosa Grenzversicherungsschein Nr. 1, 2

Mindestgeschwindigkeit → Geschwindigkeit Nr. 4

Mindestversicherungsschutz → Deckungssummen in Europa Nr. 1

Mindestversicherungssummen → Deckungssummen in Europa Nr. 1, → Gefährdungshaftung Nr. 2, → Kfz-Haftpflichtversicherung Nr. 4, → Nachhaftung, → Regress Nr. 2, 3

Missbrauch von Wegstreckenzählern und Geschwindigkeitsbegrenzern 1. Allgemeines. M. ist ein Straftatbestand, geregelt in § 22 b StVG. Bestraft wird hiernach –zusammengefasst – derjenige, der die Messung eines Wegstreckenzählers durch Einwirkung auf diesen oder auf den Messvorgang verfälscht (§ 22 b Abs. 1 Nr. 1 StVG), die Funktion des Geschwindigkeitsbegrenzers durch Einwirkung aufhebt oder beeinträchtigt (§ 22 b Abs. 1 Nr. 2 StVG) oder derartige Straftaten vorbereitet, indem er Computerprogramme für solche Zwecke produziert oder in Verkehr bringt (§ 22 b Abs. 1 Nr. 3 StVG). Die Gegenstände, auf die sich die Straftat bezieht, können eingezogen werden (§ 22 b Abs. 3 StVG).
2. Missbrauch von Wegstreckenzählern (§ 22 b Abs. 1 Nr. 1 StVG). Wegstreckenzähler messen die mit dem Kfz gefahrene Strecke und damit die Laufleistung des Fahrzeugs (BVerfG 9.5.2006, 2 BvR 1589/05), diese wird an der Wegstreckenanzeige als „Kilometerstand" abgelesen. „Verfälschung" ist eine Veränderung dahin, dass die „Aufzeichnung" (treffender: die Anzeige) im Hinblick auf die tatsächlichen Vorkommnisse falsch ist (BVerfG 9.5.2006, 2 BvR 1589/05).
Die Wegstreckenanzeige ist Bestandteil des Messmechanismus und bewirkt als solche (anders als ein Fahrtenschreiber) keine „Aufzeichnung", denn letztere setzt eine bleibende Festhaltung voraus. Daher ist es nicht als → Fälschung technischer Aufzeichnungen (§ 268 StGB) strafbar, wenn der Täter (z. B. durch Losschrauben der Tachowelle) das Weiterlaufen des Kilometerzählers unterbindet (BGH 7.2.1980, 4 StR 654/79 unter Aufgabe seiner früheren Rechtsprechung); eine Strafbarkeit konnte bei solchem Verhalten somit erst aus dem damit verfolgten Zwecken ergeben, nämlich in der Regel nachfolgender Betrug(ver-such) durch Vortäuschung einer geringeren Laufleistung des Kraftfahrzeugs.
In diese Lücke „stößt" der im Jahre 2005 eingeführte Straftatbestand des § 22 b Abs. 1 Nr. 1 StVG, der schon die Unterbindung oder Manipulation der Wegstreckenmessung unter Strafe stellt, wenn sie zu einer Verfälschung führt. Die Vorschrift bezweckt eine vorbeugende Bekämpfung betrügerischer Täuschungen über die tatsächliche Laufleistung von Kraftfahrzeugen im Bereich des Gebrauchtwagenhandels (BVerfG 9.5.2006, 2 BvR 1589/05).
3. Missbrauch von Geschwindigkeitsbegrenzern (§ 22 b Abs. 1 Nr. 2 StVG). Die bestimmungsgemäße Funktion des Geschwindigkeitsbegrenzers ist es, unter normalen Wegbedingungen die Einhaltung der höchstzulässigen Fahrgeschwindigkeit zu erzwingen. Die Aufhebung oder Beeinträchtigung dieser Funktion wird bestraft, ohne dass es auf Motive oder Zwecke des Täters ankäme, insofern wie Rn 2.
4. Vorbereitung einer solchen Straftat (§ 22 b Abs. 1 Nr. 3 StVG). Besonderes Augenmerk ist auf den Zweck der Software zu richten. Erfasst sind nämlich nur Computerprogramme, deren *objektiver Zweck* die Straftat nach § 22 b Abs. 1 Nr. 1 oder Nr. 2 StVG ist. Nicht ausreichend ist es, wenn die Software hierzu lediglich geeignet ist oder im Einzelfall der Begehung solcher Straftaten dient. Sondern die Zweckbestimmung des § 22 b Abs. 1 Nr. 3 StVG muss Eigenschaft schon des Computerprogramms selbst sein. Sie liegt nur bei „*Verfälschungssoftware*" vor. Zugleich muss der Zweck vom Vorsatz des Täters umfasst sein. Wer also Software bereitstellt und vertreibt, die der Umstellung, Reparatur und Justierung von Wegstreckenzählern dient, läuft nicht schon deshalb Gefahr, sich nach § 22 b Abs. 1 Nr. 3 StVG strafbar zu machen (BVerfG 9.5.2006, 2 BvR 1589/05).

Weder

Mitfahrer → Gefährdung des Straßenverkehrs (§ 315 c StGB) Nr. 2 d), → Gefälligkeitsfahrt Nr. 2, → Schadenrechtsänderungsgesetz Nr. 6, → Stillschweigender Haftungsausschluss bei Kfz-Unfällen

Mitführungspflicht → Fahrtenbuchauflage Nr. 5, → Lenk- und Ruhezeiten, → Zulassungsbescheinigung Teil I und II Nr. 2

Mithaftung und Mitverschulden 1. Allgemeines. Die Ersatzpflicht des Schädigers kann beschränkt sein oder ganz entfallen, wenn der Geschädigten für den ihm entstandenen Schaden *mitverantwortlich* ist (BGH 2.6.1969, BGHZ 52, 166). Dies folgt aus dem allgemeinen Gedanken des *venire contra factum proprium* (BGH 14.3.1961, BGHZ 34, 355), der in der gesetzlichen Regelung der §§ 254 BGB, 9 StVG konkretisiert wird. Ein Mitverschulden setzt einen *kausalen* (BGH 28.2.2012, VI ZR 10/11; OLG München 7.6.2013, 10 U 1931/12), *vorwerfbaren Verstoß gegen eigene Interessen* voraus, mithin, dass sich der Geschädigte objektiv pflichtwidrig verhalten hat, ihm dieses pflichtwidrige Verhalten subjektiv vorzuwerfen ist und der Schaden bei einem pflichtgemäßen Verhalten des Geschädigten vermieden oder geringer ausgefallen wäre. Ein Mitverschulden ist vor Gericht *von Amts wegen* zu beachten (BAG 18.12.1970, NJW 1971, 957). Die *Beweislast* für ein Mitverschulden des Geschädigten und dessen Ursächlichkeit beim Schädiger (BGH 24.9.2013, DAR 2014, 22; BGH 26.5.1994, NJW 1994, 3102; s. a. → *Haftungsverteilung bei Verkehrsunfällen*). Bei einem Verstoß des Geschädigten gegen normierte Verhaltenspflichten kann zugunsten des beweispflichtigen Schädigers ein *Anscheinsbeweis* eingreifen (BGH 1.4.1980, VersR 1980, 824; s. a. → *Beweis des ersten Anscheins*).

2. Mitverschulden gem. § 254 Abs. 1 BGB. Ein *objektiv pflichtwidriges Verhalten* liegt zum einen bei einem Verstoß gegen gesetzliche Verhaltensvorschriften vor, z. B. bei einem Verstoß gegen die Gurt- oder Helmpflicht der § 21 a Abs. 1 StVO, § 35 a Abs. 2, 4 StVZO (BGH 12.12.2000, VersR 2001, 524; BGH 28.2. 2012, DAR 2012, 386; OLG Hamm 14.5. 2012, 6 U 187/11), zum anderen aber auch, wenn der Geschädigte – ohne Rechtsverstoß – die Sorgfalt vernachlässigt oder ganz außer Acht gelassen hat, die jeder ordentliche und verständliche Mensch *zur Vermeidung eines eigenen Schadens* anzuwenden pflegt (*Scholten* DAR 2013, 748; BGH v. 24.9.2013, DAR 2014, 22; BGH 30.1.1979, VersR 1979, 369; BGH 10.4.1979, VersR 1979, 532; BGH 29.9.1992, NJW 1993, 53; OLG Saarbrücken 9.10.2007, DAR 2008, 210), wenn diese Pflichtwidrigkeit dazu geführt hat, dass die unfallbedingten Schäden oder Verletzungen schlimmer ausgefallen sind, als dies bei objektiv pflichtmäßigem Verhalten der Fall gewesen wäre (BGH 28.2.2012, VI ZR 10/11; OLG München 7.6.2013, 10 U 1931/12). Ob ein solches Mitverschulden bei einem unterbliebenen Tragen von Motorradschuhen angenommen werden kann, wird unterschiedlich beurteilt (OLG Nürnberg 9.4. 2013, zfs 2013, 436, m. kritischer Anm. *Diehl*; s. a. LG Köln 15.5.2013, DAR 2013, 382, m. Anm. *Hauser*). *Subjektiv* ist ein Verhalten nur dann *vorwerfbar*, wenn der Geschädigte *schuld-, deliktsfähig* gem. §§ 827, 828 BGB ist und vorwerfbar gegen eigene Interessen verstoßen hat (s. a. → *Verschuldenshaftung*; → *Haftungsprivilegierung für Kinder*). Das Verschulden des Geschädigten ist als *Ursache* für den eigenen Schaden anzusehen, wenn der Schaden bei einem *pflichtgemäßen Alternativverhalten* des Geschädigten nicht entstanden wäre oder ein geringeres Ausmaß angenommen hätte. Eine Mitverursachung kann dagegen nicht angenommen werden, wenn kein *Zurechnungszusammenhang* zwischen dem Schaden und der Vernachlässigung der eigenen Interessen des Geschädigten besteht (BGH 21.9.1971, VersR 1971, 1123).

> Praxistipp: Ergreift ein *Unfallhelfer* nach einem Unfall, bei dem das Ausmaß der Gefährdung und der Hilfsbedürftigkeit nicht sogleich erkennbar sind, nicht die aus nachträglicher Sicht vernünftigste Maßnahme, folgt hieraus noch kein Mitverschuldensvorwurf (BGH 5.10.2010, NJW 2011, 292).

3. Schadenminderungs- und Schadensgeringhaltungspflicht gem. § 254 Abs. 2 BGB. Der Geschädigte muss sich auch dann ein *Mitverschulden* anrechnen lassen, wenn er es unterlässt, den Schädiger auf die Gefahr eines weiteren Schadens aufmerksam zu machen, die der Schädiger nicht kannte und nicht kennen musste (BGH 19.10.1993, VersR 1994, 64; BGH 4.12.1984, VersR 1985, 283). Gleiches gilt, wenn der Geschädigte mögliche und zumutbare Maßnahmen zur Schadensgeringhaltung unterlässt, z. B. erforderliche und zumutbare Heilbehandlungsmaßnahmen nicht durchführt (BGH 4.11.1986, VersR 1987, 408; BGH 16.12.1980, VersR 1981, 347) oder seine verbliebene Arbeitskraft nicht im Rahmen des Zumutbaren möglichst nutzbringend einsetzt (BGH 9.10.1990, VersR 1991, 437; BGH 5.12.1995, VersR 1996, 332). Die Einschaltung eines Rechtsanwalts und die dadurch eintretende Verzögerung der Einholung eines Gutachtens (und der dadurch ggf. verlängerte Zeitraum des zu entschädigenden Nutzungsausfalls) stellt i. d. R. keinen Verstoß gegen die Schadenminderungspflicht dar (LG Saarbrücken 7.6.2011, DAR 2011, 592).

Praxistipp: Vor diesem Hintergrund sollte der Unfallgeschädigte den Kfz-Haftpflichtversicherer ggf. auf seine schlechte wirtschaftliche Situation *hinweisen* und zur *Leistung von Vorschüssen* auffordern, um so einen Anfall unnötiger Kreditkosten oder Mietwagenkosten bzw. eines Nutzungsausfalls für einen längeren Zeitraum zu vermeiden (OLG Köln 29.11.1972, VersR 1973, 323; OLG Köln 20.3.2012, DAR 2012, 333).

4. Mithaftung gem. §§ 9 StVG, 254 BGB. Im Gegensatz zu § 254 BGB setzt eine Mithaftung gem. § 9 StVG *kein Verschulden* auf Seiten des Schädigers und des Geschädigten voraus. Ist dem Geschädigten eine für den Schaden (mit-) ursächliche *Betriebsgefahr* zuzurechnen, so dass der Geschädigte z. B. gem. § 7 Abs. 1 StVG haftet, dann führt diese Betriebsgefahr zu einer Reduzierung der Ersatzansprüche dieses Geschädigten. § 254 BGB (BGH 13.4.1956, VersR 1956, 370; BGH 5.4.1960, VersR 1960, 635; BGH 20.12.1962, VersR 1963, 359).

Praxistipp: Ein nur *gesetzlich vermutetes Verschulden* darf bei der Prüfung eines Mitverschuldens gem. § 254 Abs. 1 BGB nicht berücksichtigt werden (BGH 20.3.2012, zfs 2012, 498).

5. Mitverschulden Dritter. Grundsätzlich muss sich der Geschädigte ein Mitverschulden Dritter nicht zurechnen lassen (BGH 17.11.2009, NJW 2010, 927; BGH 17.11.2009, NJW 2010, 930; KG 3.5.2010, SVR 2011, 26). Nur *ausnahmsweise* kommt die *Zurechnung* eines Verursachungsbeitrags eines Dritten zu Lasten des Geschädigten gem. § 278 BGB in Betracht, wenn nämlich der Dritte zum Geschädigten *bereits bei dem schädigenden Ereignis* in einer *vertraglichen* (z. B. Vertrag betreffend entgeltliche Personenbeförderung; zur Verschuldenszurechnung bei Unfällen mit Leasingfahrzeugen s. *Nugel* NJW-Spezial 2011, 265) oder → *deliktischen Sonderbeziehung* stand (BGH 1.3.1988, NJW 1988, 2667; BGH 7.1.1992, NJW 1992, 1095). Ein Mitverschulden seiner gesetzlichen Vertreter muss sich ein minderjähriges Kind in aller Regel nicht zurechnen lassen, zum einen, weil es regelmäßig an einer deliktischen Sonderbeziehung zum Zeitpunkt der Schädigung besteht, zum anderen, weil für die Eltern der Verschuldensmaßstab des § 1664 BGB eingreift, wenn nicht die Eltern das schädigende Ereignis als Führer eines Kfz mit verursacht haben (BGH 1.3.1988, NJW 1988, 2667). Das Verschulden einer *Hilfsperson* wird ebenso gem. § 831 BGB zugerechnet (BGH 16.1.1979, VersR 1979, 421) wie ein Verschulden des *Verrichtungsgehilfen*, wenn der Entlastungsnachweis nicht gelingt (s. a. → *Halterhaftung*). Schließlich wird im Rahmen der Haftung aus Betriebsgefahr das Verschulden des *Inhabers der tatsächlichen Gewalt* über die beschädigte Sache zum Zeitpunkt des schädigenden Ereignisses gem. § 9 StVG dem Verschulden des Verletzten gleichgestellt (beachte indes BGH 10.7.2007, DAR 2007, 636).

6. Mitverschulden gegenüber mittelbar Geschädigten. Trifft den durch ein schädigendes Ereignis Verletzten oder Getöteten ein Mitverschulden, dann muss sich der mittelbar Geschädigte (s. a. → *Ersatzansprüche Dritter*) dieses Mitverschulden gem. § 846 BGB auf seine Ersatzansprüche aus §§ 844, 845 BGB anrechnen lassen.

Praxistipp: Auch der psychisch vermittelt Geschädigte (sog. *Schockschaden*) muss sich das Mitverschulden des durch das schädigende Ereignis unmittelbar Geschädigten (Getöteten) auf seinen Ersatzanspruch gegen den Schadensverursacher gem. §§ 242, 254 BGB anrechnen lassen (BGH 11.5.1971, VersR 1971, 905; KG 10.11.1997, DAR 1999, 115).

Geiger

Mitnahme des Kennzeichens bei Umzug in einen anderen Zulassungsbezirk → Kennzeichenerteilung Nr. 4, → Ummeldung Nr. 1

mittelbar Geschädigte → Ersatzansprüche Dritter Nr. 1, → Kinderunfall Nr. 11, → Mithaftung und Mitverschulden Nr. 6

Mittelmarkierung → Halten und Parken Nr. 3 b)

Mitursächlichkeit → Kausalität Nr. 3, 5

Mitverschulden → Beifahrer Nr. 2, → Dachlawinenschaden, → Ersatzansprüche Dritter Nr. 15, → Fahrlässige Körperverletzung Nr. 3 b), → Fahrradfahrer Nr. 11, → Fahrradhelm, → Geschäftswagenunfall Nr. 2, → Gestörte Gesamtschuld Nr. 3, → Haftung mehrerer Schädiger, → Haftungsverteilung bei Verkehrsunfällen, → Haftungsprivilegierung für Kinder Nr. 3, 4, → Mithaftung und Mitverschulden, → Motorradhelm, Fahren ohne Nr. 4, → Motorradschutzkleidung Nr. 3, → Stillschweigender Haftungsausschluss bei Kfz-Unfällen,

→ Unfallschadenabwicklung – Personenschaden Nr. 21, → Unfallversicherung Nr. 11

Mitverschulden Dritter → Mithaftung und Mitverschulden, → Sonderbeziehung (deliktische)

Mitverschulden des Kindes → Kinderunfall Nr. 5

Mitverschulden der Eltern → Kinderunfall Nr. 5

Mobiltelefon → Handyverbot

Mofa → Fahrradfahrer Nr. 2, → Fahrerlaubniserwerb Nr. 1, → Überholen Nr. 3 b)

Mofa-Prüfbescheinigung → Fahrerlaubnis-Verordnung Nr. 3

Morphin → Drogenfahrt Nr. 2, → Grenzwerte, → Opiate, → Opium

Motorradhelm 1. Allgemeines. Eine generelle Helmpflicht besteht für die Fahrer und Beifahrer von Krafträdern, offenen Trikes sowie Quads. Bei Nichttragen eine vorgeschriebenen Schutzhelms drohen Bußgelder bzw. bei Unfällen eine Mithaftung bei entsprechenden Kopfverletzungen.
2. Helmpflicht. Wer Krafträder oder offene drei- oder mehrrädrige Kraftfahrzeuge mit einer bauartbedingten Höchstgeschwindigkeit von über 20 km/h führt sowie auf oder in ihnen mitfährt, muss während der Fahrt einen geeigneten *Schutzhelm* tragen (§ 21a Abs. 2 S. 1 StVO) (→ *Motorradhelm, Fahren ohne*). Fahrradfahrern obliegt dagegen keine Helmpflicht (→ *Fahrradfahrer Nr. 11*).
a) Fahrzeuge, die von der Helmpflicht betroffen sind, sind damit in erster Linie *Motorräder* und *Mofas* sowie *Trikes* oder *Quads*. Leichte Arbeitsmaschinen (z. B. selbstfahrende Mähmaschinen oder kleine Gabelstapler) sowie Kleintraktoren werden dagegen mangels Erreichens einer bauartbedingten Höchstgeschwindigkeit von 20 km/h nicht von einer Helmpflicht berührt; gleiches gilt übrigens für Leichtmofas (siehe Anlage zur Leichtmofa-Ausnahmeverordnung, Nr. 2.3).
b) Während der Fahrt gilt die Helmpflicht, wobei hiervon auch kurze, verkehrsbedingte Standzeiten umfasst sind (z. B. Stau, rote Ampel etc.). Beim Halten i. S. v. § 12 StVO oder beim Liegenbleiben i. S. v. § 15 StVO besteht demnach keine Pflicht zum Tragen des Schutzhelms.
c) Geeignet ist der Schutzhelm dann, wenn er entweder amtlich genehmigt ist (z. B. Schutzhelme mit Prüfzeichen gemäß ECE-Regelung Nr. 22) oder über eine ausreichende Schutzwirkung verfügt. Letzteres ist z. B. bei Bauarbeiter-, Feuerwehr-, Fahrrad- oder Bundeswehrstahlhelmen nicht der Fall. Unabhängig von einer ggf. vorhandenen amtlichen Genehmigung ist der Helm aber nur dann geeignet, wenn er *zur Kopfgröße passt* und auch sonst *keine sicherheitsrelevanten Mängel* aufweist.
d) Vom **Tragen** des Schutzhelms i. S. d. Vorschrift des § 21a Abs. 2 S. 1 StVO ist auch die ordnungsgemäße Befestigung des Kinnriemens umfasst, der Kinnriemen muss also auch fest genug angezogen sein (OLG Hamm 20.3. 2000, 6 U 184/99, r+s 2000, 458).
e) Ausnahmen. Eine Helmpflicht besteht nicht, wenn vorgeschriebene *Sicherheitsgurte* angelegt sind (§ 21a Abs. 2 S. 2 StVO). Ferner können Personen, denen das Tragen eines Schutzhelmes *aus gesundheitlichen Gründen* nicht möglich ist, von der Schutzhelmpflicht im Wege einer Ausnahmegenehmigung gem. § 46 Abs. 1 S. 1 Nr. 5b StVO befreit werden.
3. Ordnungswidrigkeiten. Verstöße gegen die Helmpflicht werden gem. § 49 Abs. 1 Nr. 20a StVO i. V. m. § 24 StVG mit Geldbußen geahndet, der Beifahrer kann hier bei einem eigenen Verstoß selbst belangt werden.
4. Zivilrecht / Mitverschulden. Ein *Verstoß gegen die Helmpflicht* i.S.v. § 21a Abs. 2 S. 1 StVO (Nichttragen und nicht ordnungsgemäßes Tragen des Motorradhelms; OLG Karlsruhe 21.9.2009, VersR 2010, 491) kann zu einem Mitverschulden betreffend Körperverletzungen am Kopf führen. Die *Beweislast* für die (Mit-) Ursächlichkeit des Nichttragens des Motorradhelms trägt gem. § 254 BGB der Schädiger. Indes kann zugunsten des Schädigers ein *Anscheinsbeweis* zum Ursachenzusammenhang des Inhalts eingreifen, dass die durch einen Motorradunfall erlittenen Kopfverletzungen des Motorradfahrers durch das Tragen eines Motorradhelms hätten vermieden werden können (BGH 25.1.1983, NJW 1983, 1380; s. a. → *Beweis des ersten Anscheins*). Ein Mitverschulden scheidet dagegen aus, wenn der Umstand, dass der Geschädigte keinen Schutzhelm getragen hat, sich nicht schadenserhöhend ausgewirkt hat, was i. d. R. durch ein *unfallrekonstruktives Sachverständigengutachten* geklärt werden muss. Selbst wenn zum Unfall-

zeitpunkt noch keine allgemeine Pflicht zum Tragen eines Schutzhelms beim Motorradfahren bestand, muss sich der schutzhelmlose Geschädigte ggf. ein *Mitverschulden* anrechnen lassen (BGH 30.1.1979, DAR 1979, 334), weil ein Mitverschulden lediglich einen vorwerfbaren Verstoß des Geschädigten gegen seine eigenen Interessen voraussetzt, nicht aber einen Verstoß gegen gesetzliche Verhaltenspflichten (s. a. → *Fahrradhelm*). Ein *vorwerfbarer Verstoß gegen eigene Interessen* liegt vor, wenn der Geschädigte die Sorgfalt vernachlässigt, die ein verständiger Mensch zur Vermeidung eigener Schäden anzuwenden pflegt (BGH 10.4.1979, VersR 1979, 532; s. a. → *Mithaftung und Mitverschulden*). *Langer/Geiger*

Motorradhelm, Fahren ohne Ein *Verstoß gegen die Helmpflicht* i.S.v. § 21 a Abs. 2 S. 1 StVO (Nichttragen und nicht ordnungsgemäßes Tragen des Motorradhelms; OLG Karlsruhe 21.9.2009, VersR 2010, 491) kann zu einem Mitverschulden betreffend Körperverletzungen am Kopf führen. Die *Beweislast* für die (Mit-) Ursächlichkeit des Nichttragens des Motorradhelms trägt gem. § 254 BGB der Schädiger. Indes kann zugunsten des Schädigers ein *Anscheinsbeweis* zum Ursachenzusammenhang des Inhalts eingreifen, dass die durch einen Motorradunfall erlittenen Kopfverletzungen des Motorradfahrers durch das Tragen eines Motorradhelms hätten vermieden werden können (BGH 25.1.1983, NJW 1983, 1380; s. a. → *Beweis des ersten Anscheins*). Ein Mitverschulden scheidet dagegen aus, wenn der Umstand, dass der Geschädigte keinen Schutzhelm getragen hat, sich nicht schadenserhöhend ausgewirkt hat, was i. d. R. durch ein *unfallrekonstruktives Sachverständigengutachten* geklärt werden muss. Selbst wenn zum Unfallzeitpunkt noch keine allgemeine Pflicht zum Tragen eines Schutzhelms beim Motorradfahren bestand, muss sich der schutzhelmlose Geschädigte ggf. ein *Mitverschulden* anrechnen lassen (BGH 30.1.1979, DAR 1979, 334), weil ein Mitverschulden lediglich einen vorwerfbaren Verstoß des Geschädigten gegen seine eigenen Interessen voraussetzt, nicht aber einen Verstoß gegen gesetzliche Verhaltenspflichten (s. a. → *Fahrradhelm*). Ein *vorwerfbarer Verstoß gegen eigene Interessen* liegt vor, wenn der Geschädigte die Sorgfalt vernachlässigt, die ein verständiger Mensch zur Vermeidung eigener Schäden anzuwenden pflegt (BGH 10.4.1979, VersR 1979, 532; s. a. → *Mitverschulden*). *Geiger*

Motorradschutzbekleidung 1. **Allgemeines.** Wird ein Motorradfahrer in einen Kfz-Unfall verwickelt, dann kann sich in Bezug auf Motorradschutzkleidung zum einen die Frage stellen, ob und ggf. in welchem Umfang unfallbedingt beschädigte oder zerstörte Schutzgegenstände vom Unfallverursacher zu ersetzen sind. Zum anderen kann sich die Frage stellen, ob dem Motorradfahrer ein Mitverschulden an selbst erlittenen Verletzungen zuzurechnen ist, weil er keine Motorradschutzbekleidung getragen hat.
2. **Schadenersatz.** Ein unfallbeschädigter Helm sollte aus Sicherheitsgründen ausgetauscht werden. Da es sich bei einem *Motorradhelm* und bei *Motorradschutzbekleidung* (*Handschuhe, Stiefel, Rückenprotektor*) wie auch beim Sicherheitsgurt um reine *Sicherheitsgegenstände* handelt (*Hillmann/Schneider* § 2 Rn. 339), hat der Schädiger dem Geschädigten nicht lediglich den *Zeitwert* solcher Sicherheitsgegenstände (so aber OLG München 7.5.2012, 10 U 4489/11; OLG Karlsruhe 21.9.2009, VersR 2010, 491; OLG Frankfurt a.M. 8.2.2011, SP 2011, 291; LG Duisburg 20.2.2007, SVR 2007, 181; LG Meiningen 20.4.2006, SP 2007, 148), sondern die Kosten für die Anschaffung derselben, also deren *Neuwert* ohne einen *Abzug Neu für Alt*, zu ersetzen (LG Darmstadt 28.8.2007, DAR 2008, 89, m. Anm. *Szymanski*; AG Aachen 25.11.2004, SP 2005, 167). Durch den Austausch des Motorradhelms und der Motorradschutzbekleidung entsteht beim Unfallgeschädigten keine messbare Vermögensmehrung, weil die *Schutzwirkung* entscheidend ist, und nicht der äußere Zustand (AG Bad Schwartau 17.6.1999, DAR 1999, 458). Motorradschutzbekleidung unterliegt keinem *Verschleiß* und dient keinen *Schönheitszwecken*, wird mithin nicht in regelmäßigen Zeitabständen ausgetauscht (LG Oldenburg 23.3.2001, DAR 2002, 171; AG Essen 23.8.2005, DAR 2006, 218; AG Lahnstein 31.3.1998, zfs 1998, 294).
3. **Mitverschulden.** Mit Ausnahme der Helmpflicht gem. § 21a StVO besteht für den Kradfahrer *keine gesetzliche Pflicht zum Tragen von Schutzbekleidung*. Aufgrund dessen wird dem Motorradfahrer kein Mitverschulden angerechnet, wenn er keine Schutzbekleidung trägt, auch wenn die Nutzung von Sicherheitsgegenständen unfallbedingte Verletzungen wenigstens teilweise vermieden hätte (OLG Innsbruck 25.4.2006, 1 R 56/06d; BGH 29.9.1992, NJW 1993, 53; BGH 12.12.2000, NJW 2001, 1485, wonach kein Mitverschulden in Betracht kommt, wenn ausnahmsweise für den

Kfz-Insassen eine Pflicht zum Anlegen eines *Sicherheitsgurts* nicht bestand). Es bleibt abzuwarten, ob die jüngste Rechtsprechung der Obergerichte zum Mitverschulden des Radfahrers wegen Nichttragens eines Schutzhelms dazu führt, dass das Nichttragen von Motorradschutzbekleidung einen Mitverschuldensvorwurf begründet, wenn durch das Tragen von Schutzbekleidung die Verletzungen des Kradfahrers wenigstens teilweise hätten vermieden werden können (vgl. BGH 1.4.1980, NJW 1980, 2125; OLG Brandenburg 23.7.2009, 12 U 29/09; *Schubert* NZV 2009, 179; vgl. BGH 30.1.1979, DAR 1979, 334). Dies ist denkbar, weil ein Mitverschulden keinen Verstoß gegen *gesetzliche Verhaltenspflichten* voraussetzt (s. a. → *Motorradhelm, Fahren ohne;* → *Mithaftung und Mitverschulden*). So wird denn auch bereits unterschiedlich beurteilt, ob ein Mitverschulden bei einem unterbliebenen Tragen von Motorradschuhen anzunehmen ist (OLG Nürnberg 9.4.2013, zfs 2013, 436, m. kritischer Anm. *Diehl*; s. a. LG Köln 15.5.2013, DAR 2013, 382, m. Anm. *Hauser*). Indes spricht gegen die Annahme eines Mitverschuldens die Rechtsunsicherheit, wo die Grenzen des Mitverschuldens bei Nichttragen von Motorradschutzbekleidung zu ziehen sind, ähnlich wie bei einem Mitverschulden des Radfahrers wegen des Nichttragens eines Fahrradhelms (s. a. → *Fahrradhelm*).

Siehe auch → *Unfallschadenabwicklung – Sachschaden* Nr. 50   Geiger

Motorsportveranstaltung → Stillschweigender Haftungsausschluss bei Kfz-Unfällen

MPU → Medizinisch-psychologische Untersuchung

MPU-Leitlinie → Begutachtungsleitlinien

mündliche Verwarnung → Verwarnung Nr. 2

Nachbesserung → Nacherfüllung, → Rücktritt (von einem Kaufvertrag) Nr. 2, 3, → Verjährung der Sachmängelansprüche

Nacherfüllung 1. Allgemeines. Der Käufer kann als Nacherfüllung seiner Wahl
– die Lieferung einer mangelfreien Sache (*Nachlieferung*) oder
– die Beseitigung des Mangels verlangen (*Nachbesserung*).
Der Anspruch setzt weder Verschulden noch Fristsetzung voraus. Allerdings ist immer zu empfehlen, eine Frist zur Nacherfüllung zu setzen, um auch die weiteren Rechte (s.a. → *Sachmangel*) geltend machen zu können, falls der Verkäufer auf das Nacherfüllungsverlangen nicht reagiert. Die Fristsetzung zur Nacherfüllung sollte auch immer per Einschreiben und Rückschein erfolgen, um später im Falle eines Rücktritts dem Einwand vorbeugen zu können, eine Aufforderung zur Nacherfüllung sei nicht erfolgt.
Der Anspruch entfällt, wenn die Nacherfüllung *unmöglich* ist (§ 275 BGB) oder wenn sie unverhältnismäßig hohe Kosten verursacht (§ 439 Abs. 3 BGB). Der Verkäufer muss im Rechtsstreit diese Gesichtspunkte ausdrücklich als *Einrede* geltend machen. Das bloße Vorliegen der objektiven Voraussetzungen genügt nicht (*Himmelreich/Andreae/Teigelack*, § 13 Rn. 72).
2. Nachlieferung. Für *Neufahrzeuge* ist eine Nachlieferung regelmäßig möglich, falls das Modell nicht ausgelaufen ist. Das gilt auch für ein im Verkaufsraum ausgesuchtes Fahrzeug, also einen Stückkauf (LG Ellwangen 13.12. 2002, 3 O 219/02, NJW 2003, 517). Die Nachlieferung eines Neufahrzeuges kann also nur bei unverhältnismäßig hohen Kosten (vgl. hierzu unten) vom Verkäufer abgelehnt werden.
Bei *Gebrauchtfahrzeugen* ist dagegen eine Nachlieferung regelmäßig nicht möglich. Eine Ausnahme kommt nur in Betracht, wenn der Gebrauchtwagen nach dem durch Auslegung zu ermittelnden Willen der Vertragsparteien *austauschbar* ist (BGH 7.6.2006, VIII ZR 209/05, NJW 2006, 2839). Das kommt nur für solche Gebrauchtfahrzeuge in Betracht, die einem Neufahrzeug wirtschaftlich und nach dem Käuferinteresse praktisch gleich kommen wie einer Tageszulassung (OLG Braunschweig 4.2.2003, 8 W 83/02, NJW 2003, 1053) oder einem Händlerkauf zum Weiterverkauf aus einem großen Bestand an Gebrauchtfahrzeugen (*Bitter/Meidt* ZIP 2001, 2114 (2120)), nicht jedoch für einen Vorführwagen (*Reinking/Eggert* Rn. 1688).
Das *Wahlrecht* des Käufers zwischen *Nachlieferung* und *Nachbesserung* erlischt, sobald er die eine oder andere Art der Nacherfüllung beansprucht hat (*Palandt/Weidenkaff* § 439 Rn. 8). Es lebt aber wieder auf, wenn der Verkäufer innerhalb einer angemessenen vom Käufer gesetzten Frist die verlangte Art der Nacherfüllung nicht erbringt (BGH 9.10.1986, VII ZR 184/85, NJW 1987, 381).
Im Fall der Nachlieferung sieht § 439 Abs. 4 i.V.m. §§ 346 – 348 BGB vor, dass der Käufer dem Verkäufer Nutzungen, Wertersatz und den Wert der Gebrauchsvorteile (hierzu kritisch *Gsell* NJW 2003, 1969, 1171; *Ball* NZV 2004, 217) herauszugeben hat. Für den *Verbrauchsgüterkauf* ist die Bestimmung in verfassungskonformer Auslegung nicht anwendbar (BGH 26.11.2008, VIII ZR 200/05, NJW 2009, 427; EuGH 17.4.2008, C-404/06, DAR 2008, 328).
3. Nachbesserung. Das Beseitigungsverlangen des Käufers muss so konkret gefasst sein, dass der Mangel bestimmbar ist. Es genügt, wenn der Käufer die Symptome hinreichend genau bezeichnet (OLG München 9.3.2006, 6 U 4082/05, MDR 2006, 1338), wie z. B. „Nageln des Motors". Damit werden alle Mängel geltend gemacht, auf die das angezeigte Schadensbild zurückgeht. Die Ursache selbst braucht nicht benannt zu werden.
Bevor der Anspruch geltend gemacht wird, trifft den Käufer eine Prüfungspflicht. Er muss zwar nicht vorher klären, ob die beanstandete Erscheinung Symptom eines Mangels ist, er sollte aber sorgfältig prüfen, ob die Ursache der Erscheinung in seinem Verantwortungsbereich liegt. Kann er dies nicht feststellen, darf er Nachbesserung verlangen. Verletzt er die Prüfungspflicht schuldhaft und besteht tatsächlich kein Mangel, kann er gegenüber dem Verkäufer wegen dessen Kosten für die Überprüfung zum Schadensersatz verpflichtet sein (BGH 23.1.2008, VIII ZR 246/06, NJW 2008, 1147).
Eine Frist zur Nachbesserung muss nicht gesetzt werden. Sie ist allerdings Voraussetzung für die weiteren Rechte auf Rücktritt (§ 323 BGB), Minderung (§ 437 BGB) und Schadensersatz (§ 281 BGB), sollte also in der Praxis sofort gesetzt werden. Ausreichend ist insoweit

das Verlangen nach sofortiger, unverzüglicher oder umgehender Leistung oder eine vergleichbare Formulierung (BGH 12.8.2009, VIII ZR 254/08, NJW 2009, 3153; vgl. hierzu Koch NJW 2010, 1636). Eine Fristsetzung ist, wenn diese unstreitig ist, noch im Berufungsverfahren möglich (BGH 20.5.2009, VIII ZR 247/06, NJW 2009, 2532).

4. Erfüllungsort. Fehlen vertragliche Abreden, ist für den Erfüllungsort gem. § 269 Abs. 1 BGB auf die jeweiligen Umstände, insbesondere die Natur des Schuldverhältnisses, abzustellen. Lassen sich auch hieraus keine abschließenden Erkenntnisse gewinnen, ist der Erfüllungsort dort, wo der Verkäufer z.Z. der Entstehung des Schuldverhältnisses seinen Wohnsitz oder seine gewerbliche Niederlassung hatte (BGH 13.4.2011, VIII ZR 220/10, MDR 2011, 775 ff.). Das widerspricht der bisher wohl überwiegenden Auffassung, wonach der Erfüllungsort für die Nacherfüllung dort liegt, wo sich das gekaufte Fahrzeug gem. seiner Zweckbestimmung befindet, also in der Regel beim Käufer (BGH 8.1.2008, X ZR 97/05, DAR 2008, 267; OLG München 12.10.2005, 15 U 2190/05, NJW 2006, 449; *Andreae* in: Handbuch des Fachanwalts Verkehrsrecht Kap. 16 Rn. 98 m.w.N. auch für die Gegenansicht). Dies wird gefolgert aus der Regierungsbegründung (BT-Drucks. 14/6040, 231) sowie dem Umstand, dass der Erfüllungsort i. S. d. § 269 BGB für die Nacherfüllung nicht danach ausgerichtet werden darf, ob der Verkäufer über eine Werkstatt verfügt oder nicht. Dieser Umstand ist keiner, der „aus der Natur des Schuldverhältnisses" i. S. d. § 269 BGB entnommen werden kann. Im Übrigen trägt nach der Gegenauffassung (OLG München 20.6.2007, 26 U 2204/07, DAR 2007, 648; Palandt/*Weidenkaff* § 439 Rn. 3 a m.w.N.) der Käufer das Transportrisiko für den Fall, dass sich im Ergebnis die Sachmängelhaftung nicht durchsetzen lässt. Dies steht im Wertungswiderspruch zum Verständnis der Verbrauchsgüter Kaufrichtlinie durch den EuGH (Staudinger/*Artz*, NJW 2011, 3121).

5. Kosten der Nacherfüllung. Der Verkäufer hat die zum Zwecke der Nacherfüllung erforderlichen Aufwendungen, insbesondere Transport-, Wege-, Arbeits- und Materialkosten zu tragen (§ 439 Abs. 2 BGB). Für den Käufer kommt insoweit auch ein Vorschussanspruch in Betracht (BGH NJW 2011, 2278 (2281, Ziff. 37)). Dazu zählen neben den eigenen Kosten des Verkäufers auch die Aufwendungen des Käufers, wie z. B. Rechtsanwaltskosten (Palandt/*Weidenkaff* § 439 Rn. 11; Erman/*Grunewald* § 439 Rn. 6; zweifelnd *Reinking/Eggert* Rn. 394); Abschleppkosten, Kosten des Rücktransports, zusätzliche Wartungskosten und Wegekosten (*Andreae* in Handbuch des Fachanwalts Verkehrsrecht Kap. 16 Rn. 100 m.w. N.). Die vom Käufer für die Fahrten zur Werkstatt aufgewendete Zeit ist nicht zu erstatten. Keine Kosten der Nacherfüllung sind z. B. auch Verdienstausfall, Reisekosten und Hotelkosten. Diese sind ebenso wie Nutzungsausfall und Mietwagenkosten nur unter den Voraussetzungen eines Schadensersatzanspruchs zu erstatten.

Zu den Kosten der Nacherfüllung gehören dagegen auch die Kosten des Verkäufers, die er aufwendet, um die Berechtigung einer Mängelrüge zu überprüfen, und zwar auch dann, wenn sich die Mängelrüge als unberechtigt erweist (*Reinking/Eggert* Rn. 387). Überdies hat der Verkäufer auch den Aufwand des Käufers zum Auffinden der Ursache zu erstatten (Palandt/*Weidenkaff* § 439 Rn. 11). Mit Rücksicht auf das Verbot der Selbstvornahme durch den Käufer (vgl. unten) ist jedoch umstritten, ob Untersuchungskosten einer anderen Werkstatt oder Sachverständigenkosten vom Verkäufer zu erstatten sind (dagegen: MüKo-*Westermann* § 439 Rn. 15; dafür: BGH NJW 2014, 2351; BGH 17.2.1999, X ZR 40/96, NJW-RR 1999, 813; Palandt/*Weidenkaff* § 439 Rn. 11). Richtigerweise sollte danach differenziert werden, ob die Kosten der Feststellung der Ursache dienen (Untersuchungskosten einer Werkstatt) oder der Vorbereitung der Durchsetzung von Sachmängelansprüchen (Sachverständigengutachten).

Verwendet der Verkäufer für die Nachbesserung Neuteile statt gebrauchter Ersatzteile, besteht kein Anspruch des Verkäufers auf Wertausgleich (*Ball* NZV 2004, 217, 221). Ein solcher Anspruch kommt nur dann in Betracht, wenn keine andere Nachbesserungs-möglichkeit besteht, der Wert des Fahrzeugs sich tatsächlich erhöht und wenn durch die Werterhöhung keine dem Käufer aufgedrängte Bereicherung vorliegt (*Andreae* in: Handbuch des Fachanwalts für Verkehrsrecht Kap. 16 Rn. 103; *Mankowski*, NJW 2011, 1025 ff.).

6. Eigenmächtige Selbstvornahme. Lässt ein Käufer einen Sachmangel nicht durch den Verkäufer, sondern durch einen Dritten reparieren, ohne dem Verkäufer Gelegenheit zur Nachbesserung gegeben zu haben, braucht der Verkäufer diese Kosten einer eigenmächtigen Selbstvornahme nicht zu übernehmen (BGH

23.2.2005, VIII ZR 100/04, NJW 2005, 1348; BGH 22.6.2005, VIII ZR 1/05, NJW 2005, 3211). Der Käufer kann auch nicht die Erstattung der dem Verkäufer ersparten Nachbesserungskosten gem. § 326 Abs. 2 Satz 2 Abs. 4 verlangen, selbst dann nicht, wenn es ihm aus besonderen Gründen nicht zuzumuten war, dem Verkäufer zuvor Gelegenheit zur Nacherfüllung zu geben (BGH 7.12.2005, VIII ZR 126/05, NJW 2006, 988). Das Verlangen ist auch erforderlich, wenn der Käufer eines Gebrauchtwagens nicht weiss, ob ein Sachmangel vorliegt (BGH 21.12.2005, VIII ZR 49/05, NJW 2006, 1195). Die Fristsetzung zur Nacherfüllung ist auch notwendig, wenn aus der Sicht des Käufers ein Ablehnungsrecht des Verkäufers wegen Unverhältnismäßigkeit der Kosten i. S. d. § 439 Abs. 3 BGB besteht (Palandt/ *Weidenkaff* § 439 Rn. 7).

Einschränkungen von dieser strengen Rechtsprechung sollen zu Gunsten des Käufers dann zu machen sein, wenn eine ihm zurechenbare Obliegenheitsverletzung nicht vorliegt, er also die durch die Selbstvornahme verursachte Unmöglichkeit der Nacherfüllung nicht zu verantworten hat (*Lorenz* NJW 2007, 1, 5). Der Käufer müsse dem Verkäufer also nur Gelegenheit zur Nacherfüllung geben, wenn er damit *rechnen muss,* dass ein Defekt der Kaufsache einen Mangel i.S.v. § 434 BGB darstellt, wie z. B. bei einem Sachmangel, der innerhalb der ersten sechs Monate nach Gefahrübergang auftritt (*Lorenz* NJW 2006, 1175, 1178).

7. Unmöglichkeit oder unverhältnismäßig hohe Kosten. Der Verkäufer kann die vom Käufer gewählte Art der Nacherfüllung ablehnen,
– wenn die Nacherfüllung *unmöglich* ist (§ 275 BGB),
– wenn die Nacherfüllung nur mit *unverhältnismäßig hohen Kosten* möglich ist (§ 439 Abs. 3 Satz 1, 2 BGB).

Unmöglich ist z. B. die Nachbesserung bei einem vorausgegangenen Unfallschaden mit der Folge einer merkantilen Wertminderung (OLG Schleswig 18.8.2005, 5 U 11/05, NJW-RR 2005, 1579, 1581), bei einer zu hohen Laufleistung oder bei einer Vorbenutzung als Mietwagen oder Taxi (weitere Beispiele bei *Andreae*: Handbuch des Fachanwalts Verkehrsrecht Kap. 16 Rn. 108).

Verfügt der Verkäufer über keine eigene Werkstatt, begründet dies *keine* Unmöglichkeit i. S. d. § 275 BGB. Er kann die Beseitigung des Mangels auch durch Dritte ausführen lassen (*Reinking/Eggert* Rn. 1706). Auch ein Privatverkäufer ohne Werkstatt muss also zunächst zur Nachbesserung aufgefordert werden, bevor zu Rücktritt, Minderung oder Schadensersatz übergegangen werden kann (AG Aachen 10.12.2003, 14 C 161/03, DAR 2004, 156).

Als Abgrenzungsmaßstab für die Frage, ob der Verkäufer die Nachbesserung wegen unverhältnismäßig hoher Kosten i. S. d. § 439 Abs. 3 BGB ablehnen kann, sind zu berücksichtigen
– die Höhe der Nachbesserungskosten,
– der Wert der Sache im mangelfreien Zustand,
– die Bedeutung des Mangels,
– die Nachteile des Käufers beim Rückgriff auf die andere Art der Nacherfüllung.

Mann unterscheidet zwischen *relativer* und *absoluter* Unverhältnismäßigkeit. Ob relative Unverhältnismäßigkeit vorliegt, ist aufgrund eines Vergleichs der beiden Arten der Nacherfüllung festzustellen. Die *absolute* Unverhältnismäßigkeit der Nacherfüllung liegt für den Verkäufer vor, wenn beide Nacherfüllungsformen unverhältnismäßige Kosten verursachen. Ist eine Alternative „relativ" unverhältnismäßig, schuldet der Verkäufer nicht etwa für die verbleibende Alternative einen höheren Aufwand (*Bitter/ Meidt* ZIP 2004, 2121). Beim Verbrauchsgüterkauf (vgl. dort) darf der Verkäufer nicht beide Arten der Nacherfüllung verweigern (BGH DAR 2012, 206).

Die *relative* Unverhältnismäßigkeit wird bejaht, wenn die Kosten der gewählten Art der Nacherfüllung die Kosten der anderen Art um einen gewissen Prozentsatz übersteigen (10 bis 25%, vgl. hierzu *Andreae* in: Handbuch des Fachanwalts Verkehrsrecht Kap. 16 Rn. 113 m.w.N.).

Für die absolute Unverhältnismäßigkeit sind starre prozentuale Grenzwerte mit Rücksicht auf die verschiedenen, ineinander greifenden Kriterien, insbesondere dem Maß des Vertretensmüssens des Verkäufers kaum zu ermitteln. Dennoch vorgeschlagene Faustregeln gehen von einer Unverhältnismäßigkeit aus, wenn die Nacherfüllungskosten 150% des Wertes der Sache in mangelfreiem Zustand oder 200% des mangelbedingten Minderwerts übersteigen (*Bitter/Meidt* ZIP 2001, 2114 (2121)). Nach anderer Ansicht (*Huber* NJW 2002, 1004, 1008) sind Nacherfüllungskosten von nicht mehr als 100%, bei Verschulden 130% des Wertes der mangelfreien Sache zuzumuten, die Bedeutung des Mangels spiele dagegen keine Rolle.

Aufgrund der erheblichen Rechtsunsicherheit (vgl. *Ball* NZV 2004, 217 (223 bis 225)), die in einem Vorlagebeschluss des BGH an den EuGH für den Verbrauchsgüterkauf mündet (BGH 14.1.2009, VIII ZR 70/08, DAR 2009, 198), ist dem Käufer i. d. R. zu empfehlen, im

Falle der Ablehnung der Nacherfüllung durch den Verkäufer auf die weiteren Sachmängel- und Schadensersatzansprüche zurückzugreifen, weil eine Klage nur auf Nacherfüllung wegen des möglicherweise bestehenden Zurückweisungsrechts des Verkäufers riskanter ist, als eine Klage auf Rücktritt, Minderung oder Schadensersatz, denen gegenüber der Verkäufer keine Unzumutbarkeit einwenden kann. Der Verkäufer kann die Unverhältnismäßigkeit auch dann noch im Rechtsstreit einwenden, wenn er zuvor jede Art der Nacherfüllung abgelehnt hat (BGH NJW 2014, 213).

8. Mangelhafte Nachbesserung. Falls mangelhaft nachgebessert wird, kann der Käufer, der keine Frist gesetzt hat, erst die weitergehenden Rechte geltend machen, wenn er nochmals zur Nachbesserung auffordert und auch diese fehlschlägt (§ 440 Satz 2 BGB). Der Verspätungsschaden kann als Verzugsschaden gem. §§ 280, 286 BGB durchgesetzt werden (*Erman/Grunewald* § 439 Rn. 12). Bei endgültiger Verweigerung oder Fehlschlagen der Nachbesserung kann Schadensersatz verlangt werden, wenn der Verkäufer dies zu vertreten hat. Das Fehlen einer Werkstatt entlastet nicht. Bei Beschädigung der Kaufsache anlässlich der Nachbesserung hat der Käufer Anspruch auf Schadensersatz, ein Rücktrittsrecht ist umstritten (dagegen: OLG Saarbrücken 25.7.2007, 1 U 467/06, NJW 2007, 3503; dafür: *Cziupka/Kliebisch* JuS 2008, 855). Die Beweislast für das Fehlschlagen den Nachbesserung trägt der Käufer, wobei i. d. R. der Nachweis genügt, dass das gerügte Mangelsymptom wieder auftritt (BGH 9.3.2011, VIII ZR 266/09, NJW 2011, 1664).

Siehe auch: → *Rücktritt (von einem Kaufvertrag)*, → *Sachmängelhaftungsausschluss*   *Andreae*

Nachhaftung Nach Beendigung eines Versicherungsverhältnisses besteht eine *einmonatige Nachhaftung*, § 117 Abs. 2 S. 1 VVG (vormals § 3 Nr. 5, 6 PflVG a.F.; LG Bonn 28.11.2003, r+s 2004, 365). Der durch einen Kfz-Unfall Geschädigte hat danach einen Anspruch gegen die wegen der Vertragsbeendigung an sich nicht mehr leistungspflichtige Versicherung bis zur Höhe der vorgeschriebenen *Mindestversicherungssummen*. Dieser Anspruch ist *subsidiär*, so dass der Geschädigte vorrangig andere Schadensversicherer (z. B. Kaskoversicherung, Krankenversicherung) in Anspruch nehmen muss, § 117 Abs. 3 VVG. Die Kfz-Haftpflichtversicherung kann dem Geschädigten den fehlenden Versicherungsschutz nur dann entgegen halten, wenn das Schadensereignis *später als einen Monat* nach dem Zeitpunkt eingetreten ist, zu welchem der Versicherer die Vertragsbeendigung oder das Nichtbestehen des Vertragsverhältnisses der *zuständigen Stelle* (Kfz-Zulassungsstelle) *angezeigt* hat (vgl. OLG Nürnberg 13.8.1998, VersR 1999, 1273; BGH 7.3.1984, VersR 1984, 455). Gemäß *§ 29 c StVZO* bestand eine gesetzliche Pflicht des Kfz-Haftpflichtversicherers zur Anzeige der Beendigung oder des Nichtbestehens des Versicherungsverhältnisses bei der Straßenverkehrsbehörde. Mit der Streichung des § 29 c StVZO wurde der Versicherer von der gesetzlichen Anzeigepflicht befreit und es ihm überlassen, durch eine Anzeige der Vertragsbeendigung gegenüber der Straßenverkehrsbehörde die Nachhaftung zu beenden. Denn erst diese Anzeige löst den Lauf der einmonatigen Frist aus, und auch nur dann, wenn sie *formell und sachlich richtig* ist (OLG Köln 14.10.1998, VersR 1999, 1357; OLG Nürnberg 13.8.1998, VersR 1999, 1273). Die Schadensversicherer und Sozialversicherungsträger des Unfallopfers haben einen *Regressanspruch* nicht nur gegen den *Kfz-Haftpflichtversicherer*, sondern auch gegen den *mitversicherten Fahrer*. Da § 158 i VVG a.F. hier nicht eingriff, bestand für die mitversicherte Person auch bei Unkenntnis des fehlenden Versicherungsschutzes kein Nachversicherungsschutz und damit kein Anspruch auf *Freistellung* von Regressansprüchen der Schadensversicherer und Sozialleistungsträger des Unfallgeschädigten (BGH 14.1.2004, DAR 2004, 218). So wurde mit der Streichung der Anzeigepflicht gem. § 29 c StVZO faktisch eine zeitlich unbegrenzte Regressbelastung des Versicherten und der mitversicherten Personen eingeführt (*Schirmer* DAR 2004, 375). Erst mit der Änderung des PflVG durch das VVG 2008 wurde dieses Problem gelöst, indem die mitversicherte Person in den Versicherungsschutz der Nachhaftung einbezogen wird, es sei denn, ihr ist die Beendigung des Pflichtversicherungsverhältnisses bekannt oder grob fahrlässig unbekannt, § 123 Abs. 1 – 3 VVG.

> Praxistipp: Wird ein Unfall mit einem nicht angemeldeten und nicht versicherten Kfz verursacht, dann ist eine Nachhaftung zu prüfen. Sogar nur eine kurze Benutzung des Kfz für eine *Überführungsfahrt* mit einem *roten Kennzeichen* begründet eine Nachhaftung, so dass der Versicherer in Anspruch genommen werden kann, bei welchem das Kfz zuletzt versichert war, auch wenn das Kfz zur Unfallzeit nicht versichert und angemeldet

oder sogar gestohlen war. Besteht keine Nachhaftung, dann ist eine *Amtspflichtverletzung* der Zulassungsstelle zu prüfen, welche u. U. pflichtwidrig nicht unverzüglich alles Erforderliche getan hat, um das bezeichnete Fahrzeug aus dem Verkehr zu ziehen (vgl. OLG Karlsruhe 17.8. 2010, 12 U 45/10; OVG Saarlouis 3.2.2009, 1 B 10/09). Scheidet auch ein Anspruch aus Amtspflichtverletzung aus, dann ist eine Inanspruchnahme der Verkehrsopferhilfe zu erwägen (s. a. → *Verkehrsopferhilfe*).

Siehe auch: → *Regress*   Geiger

Nachhaftungsfrist → Nachhaftung

Nachschulung → Aufbauseminar

Nachtragsgutachten → Prognoserisiko Nr. 2 Praxistipp

Nachtrunk „Nachtrunk" bezeichnet im verkehrsrechtlichen Sprachgebrauch die Alkoholaufnahme nach dem zur Last gelegten Ereignis. Typische Konstellation ist bspw. ein begangener Unfall von dem sich der „Täter" entfernt, später alkoholisiert angetroffen wird, aber angibt, zur Tatzeit nüchtern gewesen zu sein und erst nach der Fahrt „auf den Schock hin" Alkohol getrunken zu haben.
In solchen Fällen ist aus dem entnommenen Blut die Anfertigung einer Begleitstoffanalyse möglich (s. a. → *Begleitstoffanalyse*).
Rechnerisch ist der angegebene Nachtrunk dann unter Zugunstenbetrachtung zu berücksichtigen (d. h. es wird so gerechnet, dass durch den nachträglich aufgenommenen Alkohol eine möglichst hohe BAK erreichbar ist, die dann ggf. in Abzug zu bringen ist).   *Priemer*

Nachzügler (Kreuzung) → Haftungsverteilung bei Verkehrsunfällen Nr. 9

Nationalitätszeichen → Kennzeichenerteilung Nr. 3

NATO → Inlandsunfall mit NATO-Kfz

NATO-Truppenstatut → Inlandsunfall mit NATO-Kfz

Naturgewalt → Teilkaskoversicherung Nr. 4

Navigationsgerät → Radarwarngerät Nr. 2

Ne bis in idem → Doppelverfolgungsverbot

Nebelscheinwerfer → Beleuchtung, → Fahrzeugbeleuchtung

Nebelschlussleuchte → Beleuchtung, → Fahrzeugbeleuchtung Nr. 2

Nebenklage 1. **Allgemeines**: Der Tatverletzte kann sich unter den Voraussetzungen des § 395 StPO als Nebenkläger der erhobenen öffentlichen Klage anschließen. Die Anschlusserklärung ist an das befasste Gericht zu richten, kann aber auch schon während des → *Ermittlungsverfahrens* bei der Staatsanwaltschaft eingereicht werden, wirksam wird sie aber erst mit Erhebung der öffentlichen Klage (§ 396 Abs. 1 StPO). Das Gericht entscheidet über die Zulassung der Nebenklage durch unanfechtbaren Beschluss (§ 396 Abs. 2 StPO). Der Zulässigkeit der Nebenklage steht es nicht entgegen, wenn der ihr zugrundeliegende Tatbestand bereits im Ermittlungsverfahren „hinausbeschränkt" wurde (§ 154 a Abs. 1 StPO) oder später „hinausbeschränkt" wird (§ 154 a Abs. 2), denn eine derartige Beschränkung wirkt nicht gegen den Nebenkläger (§ 397 Abs. 2 StPO).
2. Ist die Tat eine → *fahrlässige Körperverletzung* (§ 229 StGB), so hängt die Nebenklagebefugnis davon ab, ob besondere Gründe, namentlich schwere Tatfolgen, die Zulassung der Nebenklage zur Wahrnehmung der Geschädigteninteressen gebieten (§ 395 Abs. 3 StPO); in diesem Fall hat das Gericht vor der Zulassung der Nebenklage nicht bloß die Staatsanwaltschaft, sondern auch den Angeklagten anzuhören (§ 396 Abs. 2 S. 2 StPO).

Praxistipp: Gerade wenn ein → *Adhäsionsverfahren* nicht gangbar ist, kann der Anschluss als Nebenkläger sinnvoll sein, damit insbesondere in der Hauptverhandlung auf die richtigen Weichenstellungen hingewirkt werden kann. Als Nebenkläger hat der Geschädigte nämlich umfangreiche *Rechte*: Er darf, auch wenn er als Zeuge vernommen werden soll, in der Hauptverhandlung anwesend sein (§ 397 Abs. 1 S. 1 StPO) und sich anwaltlicher Hilfe und Vertretung bedienen (§§ 397 Abs. 1 S. 2, 378 StPO). Er hat die selben Informations- und Anhörungsrechte wie die Staatsanwaltschaft (§§ 397 Abs. 1 S. 2, 385 Abs. 1 bis 3 StPO), ferner billigt § 397 Abs. 1 S. 3 StPO ihm zu, Richter oder Sachverständige abzulehnen (§§ 24, 31, 74 StPO), Fragen zu beanstanden (§ 240 Abs. 2 StPO), Anordnungen und Fragen des Vorsitzenden zu beanstanden (§§ 238 Abs. 2, 242 StPO), Beweisanträge (§ 244 Abs. 3 bis 6 StPO) zu stellen und Erklärungen (§§ 257,

> 258 StPO) abzugeben. Einzelheiten mit Blick auf den Zeitpunkt des Anschlusses regeln §§ 398, 399 StPO.

3. Unter den Voraussetzungen des § 397 a Abs. 1 StPO erhält der Nebenkläger einen Rechtsanwalt als *Beistand* bestellt. Anderenfalls (§ 397 a Abs. 2 StPO) kann er immerhin *Prozesskostenhilfe* erhalten, und zwar grundsätzlich (vgl. aber § 397 a Abs. 2 S. 3 StPO) nach den gleichen Kriterien wie im Zivilprozess. Voraussetzung ist immer, dass entweder die Sach- und Rechtslage schwierig ist oder dem Verletzten nicht zugemutet werden kann, seine Interessen alleine zu wahrzunehmen.
4. Der Nebenkläger hat nach § 400 Abs. 1 StPO überdies die Befugnis, ein freisprechendes Urteil mit *Rechtsmitteln* anzugreifen, nicht aber ein verurteilendes Erkenntnis mit der Begründung, das Strafmaß sei zu niedrig. Sonstige Rechtsmittelbefugnisse regelt § 401 StPO.
5. Kommt es zu einer Verständigung im Strafverfahren (§ 257 c StPO), so hat das Gericht zwar dem Nebenkläger (als einem der „Verfahrensbeteiligten", § 257 c Abs. 3 Satz 3 StPO) Gelegenheit zur Stellungnahme zu geben. Der kann das Zustandekommen aber nicht verhindern, da hierfür die Zustimmung des Angeklagten und der Staatsanwaltschaft ausreicht (§ 257 c Absatz 3 S. 4 StPO). Das ist konsequent, denn gegen ein – ihrer Ansicht nach zu niedriges – Strafmaß hätte die Nebenklage im Konfliktfall (bei „streitigem" Urteil) ohnehin kein Rechtsmittel zur Hand, und soweit die Verständigung Teileinstellungen des Verfahrens einschließt, gilt Entsprechendes, weil eine „Hinausbeschränkung" von Tatbeständen nach § 154 a (Abs. 2) StPO ohnehin nicht zulasten des Nebenklägers wirken würde (§ 397 Abs. 2 StPO, vgl. Rn 1) und sonstige Einstellungsentscheidungen (insbesondere eine Teileinstellung nach § 154 Abs. 2 StPO) für ihn grundsätzlich nicht anfechtbar wären (§ 400 Abs. 2 S. 2 StPO), und zwar auch dann nicht, wenn sie den der Nebenklage zugrundeliegenden Verfahrensteil betreffen. Die Schuldfrage kann ohnehin nicht verständigungsweise „geregelt" werden (§ 257 a Absatz 2 Satz 3 StPO), so dass auch insoweit eine Mitentscheidungsbefugnis des Nebenklägers nicht nötig erscheint. *Weder*

Nettolohntheorie → Unfallschadenabwicklung – Personenschaden Nr. 7

Neuerteilung der Fahrerlaubnis → Fahrerlaubniserwerb Nr. 4 c), 5, 6, → Fahrerlaubnis-Verordnung Nr. 3, → Trunkenheit im Verkehr Nr. 3 c) ee), 3 c) ff)

Neufahrzeug → Gebraucht/Neu, → Kaufvertrag Nr. 2, 3, → Kontrollgerät [Fahrtschreiber] Nr. 4, → Nacherfüllung Nr. 2

Neuroleptika Die Neuroleptika sind Medikamente, die zur Behandlung von Psychosen vorgesehen sind. Auch bei ihnen liegt die Gefährlichkeit beim Führen eines Kraftfahrzeugs vor allem in der Sedierung und der damit verbundenen verlangsamten Reaktion als Nebenwirkung. *Sachs*

Neurose → Psychische Unfallfolgen

Neuwagen → Neufahrzeug

Neuwagenabrechnung → Unfallschadenabwicklung –Sachschaden Nr. 14

Neuwagenverkauf → Gruppenfreistellungsverordnung Nr. 2, 3, → Kaufvertrag

Nichtmitführen des Führerscheins 1. Ausweispflicht. Die Fahrerlaubnis ist gem. § 4 Abs. 2 FeV durch eine amtliche Bescheinigung (Führerschein) nachzuweisen. Beim Führen von Kraftfahrzeugen ist der Führerschein mitzuführen und zuständigen Personen auf Verlangen zur Prüfung auszuhändigen, und zwar solange noch ein Zusammenhang mit der Fahrt besteht. Ein in Deutschland ausgestellter Internationaler Führerschein reicht in diesem Zusammenhang nicht aus, da dieser allein nicht zum Führen eines Kraftfahrzeuges im Inland berechtigt.
2. Ausnahmen. Keine Pflicht zum Mitführen besteht beim Führen eines abgeschleppten, betriebsunfähigen Fahrzeugs. Der Lenker eines solchen Fahrzeugs ist nicht „Führer" eines Kraftfahrzeugs und benötigt daher keine Fahrerlaubnis.
3. Ordnungswidrigkeiten. Wird der erforderliche Führerschein bei der Fahrt nicht mitgeführt oder der zuständigen Person zur Prüfung nicht ausgehändigt, so liegt eine Ordnungswidrigkeit vor (§§ 75 Nr. 4 FeV, 24 StVG). Bei einer Weigerung, den Führerschein zwecks Beschlagnahme auszuhändigen, liegt seitens des Fahrzeugführers keine Verletzung von § 4 Abs. 2 FeV vor, da diese Vorschrift nur eine Aushändigung zum Zwecke der Prüfung vorschreibt. *Langer*

Nichteignung, vermutete → Medizinisch-psychologische Untersuchung Nr. 4

Nichtzulassungsbeschwerde → Anwaltsgebühren in Verkehrsverwaltungssachen Nr. 2, 6, → Besonderheiten des Verkehrsunfallprozesses Nr. 27, → Besonderheiten des Verkehrsverwaltungsprozesses Nr. 8

Normaltarif → Unfallschadenabwicklung – Sachschaden Nr. 31, 32

Normenkontrollverfahren → Besonderheiten des Verkehrsverwaltungsprozesses Nr. 5

Nothelfer → Unfallversicherung Nr. 11

Nötigung 1. Allgemeines: § 240 StGB schützt die Willensfreiheit des Einzelnen. Nötigungsmittel sind Gewalt oder Drohung, wobei beides zusammenfallen kann. Der Gewaltbegriff und die Frage, ab wann eine (ggf. konkludente) Drohung anzunehmen ist, können Schwierigkeiten bereiten. Hinzu kommt, dass das Verhalten des Täters nur dann N. darstellt, wenn es – über die normale Rechtswidrigkeit hinaus – sich als „verwerflich" darstellt, also als ethisch-moralisch besonders missbilligenswert (§ 240 Abs. 2 StGB). Viele Verfahrenseinstellungen nach § 172 Abs. 2 StPO und viele Freisprüche werden in Verkehrsstrafsachen damit begründet, dass die „Verwerflichkeit nicht erweislich" sei, was bei den Anzeigenerstattern in der Regel wenig Widerspruch auslöst, weil sie mit diesem altmodischen Begriff ohnehin nichts anfangen können. Er lässt sich in Verkehrsstrafsachen dahin umschreiben, dass der Täter seine eigensüchtigen Motive über berechtigte Sicherheitsbelange des Straßenverkehrs stellt. Der Verwerflichkeitsbegriff überschneidet sich daher im Verkehrsstrafrecht weitgehend mit der „Rücksichtslosigkeit", die in § 315 c Abs. 1 Nr. 2 (→ *Gefährdung des Straßenverkehrs (§ 315 c StGB)*) gefordert wird.

2. Gewalt. Gewalt liegt in der Vermittlung körperlichen Zwangs. Psychischer Zwang reicht nicht. Entscheidend ist die Wirkung beim Opfer: Wo dieses eine physische (= körperliche) Zwangswirkung empfindet und dies vom Vorsatz des Täters umfasst ist, liegt Gewaltanwendung vor. An ihr fehlt es, wenn das Verhalten des Täters sich auf die bloße Anwesenheit beschränkt („Sitzblockade", BVerfG 10.1.1995, 1 BvR 718/89).

Die in Verkehrsstrafverfahren typischen Konstellationen nötigender Gewalt lassen sich grob in zwei Fallgruppen bündeln, nämlich einerseits *„Drängeln"*, andererseits *„Blockieren"*.

3. Drängeln. Drängeln (dichtes Auffahren) über eine längere Strecke, nicht selten bei gleichzeitig gesetztem linken Blinker oder Fernlicht bzw. Lichthupe, sei es um einen Überholvorgang zu erzwingen, sei es, um den Vordermann zu schnellerem Fahren zu veranlassen, ist Gewalt, wenn das Verhalten des Täters nach einiger Zeit eine physische Zwangswirkung beim Genötigten in Form körperlich empfundener Angstreaktionen auslöst (OLG Karlsruhe 24.4.1997, 3 Ss 53/97; BVerfGE 29.3.2007, 2 BvR 932/06, NJW 2007, 1669 f = NStZ 2007, 391 f = DAR 2007, 386 f).

a) Für die **Abgrenzung**, ob eine bloße OWi oder strafbare Nötigung vorliegt, kommt es daher auf alle Umstände des Einzelfalls, jedenfalls aber auf die Länge der Strecke und die Zeitdauer der Einwirkung und die übrige Verkehrssituation (z. B. Stadtvekehr) an (BVerfG a.a.O.). Wer in diesen Fällen wegen N. (oder versuchter N.) ermittelt, muss insbesondere die gefahrene Strecke, den Abstand der Fahrzeuge und die Dauer des Auffahrens herausarbeiten, ferner die Verkehrslage, die Motivation des Verdächtigen sowie sonst relevante Einzelumstände, denn ein bloß kurzes Bedrängen eines Aufschließenden oder andere kurzfristige Behinderungen, auch wenn diese verkehrswidrig und demonstrativ erfolgen, sind noch keine Nötigung (OLG Hamm 8.8.2005, 3 Ss 304/05; OLG Celle 26.7.2006, 22 Ss 110/06).

b) Kommt es durch das dichte Auffahren zu einer konkreten Gefährdung von Menschenleben oder Sachen von bedeutendem Wert, so liegt zugleich eine → *Gefährdung des Straßenverkehrs (§ 315 c StGB)* vor, so dass ein wesentlich höherer Strafrahmen eröffnet ist.

4. Blockieren. Blockiert wird der Hintermann durch den Vordermann, der ohne verkehrsbedingten Grund seine Geschwindigkeit merkbar reduziert, um den Fahrer des nachfahrenden Fahrzeugs zu schikanieren, und ihn so zum Anhalten, zu einer Vollbremsung oder wenigstens zu einer unangemessen niedrigen Geschwindigkeit zwingt (BGH, NJW 1995, 3131, 3133 f; OLG Stuttgart, NJW 1995, 2647 f; BayObLGSt 2001, 88 ff).

a) N. wird auch hier umso eher vorliegen, je länger die in Blockadesituation gefahrene Strecke ist, je abrupter das Bremsen des vorausfahrenden Fahrzeugs ausfällt und je öfter ggf. der Vorgang wiederholt wird. Denn desto eher wird erkennbar, dass der Täter den nachfahrenden Fahrer ärgern und/oder belehren will und

N Nötigung

damit seine Demonstrations- und/oder Provokationsgelüste höher bewertet als die berechtigten Belange der Verkehrssicherheit. Auch hier ist die Abgrenzung von bloß ordnungswidrigem Verhalten wichtig. Kann z. B. das Opfer unschwer ausweichen oder überholen, fehlt es an einer relevanten Zwangswirkung (BayObLG 2001, 88 ff; OLG Celle 3.12.2008, 32 Ss 172/08, NZV 2009, 199 f). Fraglos N. ist es, wenn der Täter den Geschädigten überholt und anschließend aus verkehrsfremden Absichten heraus derart ausbremst, dass der Geschädigte sein Fahrzeug zum Halten bringen muss. Dadurch übt der Täter „Gewalt" aus, da der Geschädigte nicht durch die bloße Anwesenheit des Täters (psychisch) zum Halten gezwungen wird, sondern durch die Errichtung eines physischen Hindernisses (BGH 30.3. 1995, 4 StR 725/94, DAR 1995, 296 ff = NJW 1995, 3131 ff = NStZ 1996, 83 ff, in Abgrenzung zu BVerfG 10.1.1995, 1 BvR 718/89 u. a. [„Mutlangen-Entscheidung"]).

b) Ebenfalls Standardsituation, typischerweise auf Autobahnen, ist die folgende Variante des Blockierens: Der Täter ärgert sich, dass der vor ihm (links) fahrende Geschädigte nicht schneller fährt. Er überholt diesen rechts und schert dann absichtlich so knapp vor ihm ein, dass der Geschädigte zu einem Bremsmanöver gezwungen wird, so genanntes „*Hineinschneiden*". Die Absicht wird desto leichter zu bejahen sein, je länger der Täter anschließend noch den Überholten durch ein oder mehrere Bremsmanöver schikaniert, bevor er mit hoher Geschwindigkeit davonfährt.

c) Kommt es durch das Blockieren (oder/und Hineinschneiden) zu einer konkreten Gefährdung von Menschenleben oder Sachen von bedeutendem Wert (§ 315 c Abs. 1 Nr. 2 b StGB), so liegt tateinheitlich eine → *Gefährdung des Straßenverkehrs (§ 315 c StGB)* vor, so dass ein wesentlich höherer Strafrahmen eröffnet ist, denn „falsches Fahren bei einem Überholvorgang" bzw. „falsches Überholen" liegt gerade in den o.g. Blockier-Varianten. Dient das Ausbremsen der Bereitung eines Hindernisses (§ 315 b Abs. 1 Nr. 2) und ist dem Täter eine verkehrsfeindliche Absicht und (wenigstens bedingter) Schädigungsvorsatz nachzuweisen, so liegt tateinheitlich ein → *gefährlicher Eingriff in den Straßenverkehr* vor, der gleichfalls einen wesentlich höheren Strafrahmen eröffnet.

5. Nötigung ist auch die erzwungene Einfahrt in eine Parklücke bei deren Reservierung durch Fußgänger. Während der Fußgänger wegen seiner physischen Unterlegenheit keine „Gewalt" im Sinne von § 240 StGB ausübt, wird dies beim Kraftfahrer sehr wohl angenommen, der sich des Fahrzeugs als Nötigungsmittel bedient und damit eine physische Zwangswirkung auf den Fußgänger ausübt.

Praxistipp: Wer in der Parkplatz-Konstellation den (strafrechtlich unvorbelasteten) Kraftfahrer verteidigt, tut gut daran, frühzeitig auf eine Einstellung nach § 153 a StPO hinzuwirken, wenn es nicht zu nennenswerten Verletzungen gekommen ist.

6. Keine Nötigung. wird angenommen, wenn der Angeklagte *physisch wesentlich „unterlegen"* war.

a) Hierhin gehört der Fußgänger (Rn 5), der durch seine bloße Anwesenheit die Einfahrt eines Kraftfahrers in die Parklücke verhindert und daher keine „Gewalt" ausübt.

b) Hierhin gehört ferner der Motorradfahrer, wenn er die Vorbeifahrt an einem Linienbus erzwingt, welcher aus der Haltestellenbucht auf eine einspurige Fahrbahn einfahren wollte: Hier liegt wegen der kurzen Dauer der Zwangswirkung keine Nötigung vor. Argumentiert wurde ergänzend, dass der Angeklagte sich in erster Linie selbst gefährdet habe (so OLG Koblenz 8.3.2007, 1 Ss 283/06, VRR 2007, 314 mit der Begründung, bei einem etwaigen Unfall habe dem Omnibus allenfalls Sachschaden, dem angeklagten Motorradfahrer dagegen größere Gefahr gedroht) und dass die erzwungene Vorbeifahrt dem schnelleren Vorwärtskommen und damit keinem verkehrsfremden Zweck gedient habe (so OLG Koblenz a.a.O., das deshalb auch die Verwerflichkeit verneint; das erscheint zweifelhaft, denn vorwärtskommen will auch der fraglos nötigende „Drängler").

c) Hierhin gehört weiter der Fußgänger der die Fahrbahn mit ausgebreiteten Armen sperrt und so den herannahenden Autofahrer zum Anhalten zwingt (BGH 23.4.2002, 1 StR 100/02, StV 2002, 360 f = NStZ-RR 2002, 236 f). Der BGH gelangte im dort entschiedenen Fall zu einer Nötigung erst deshalb, weil der Täter anschließend, als die Geschädigte wieder anfahren wollte, sich mit seinem Körper auf die Motorhaube des Fahrzeugs gelegt hatte: Ab diesem Zeitpunkt war er nicht bloß „anwesend", sondern schuf unter Einsatz seines Körpers und einer gewissen Körperkraft auch ein physisches Hindernis (BGH a.a.O. m.w.N.).

Praxistipp: Der Nachweis einer N. durch Auffahren oder Blockieren gestaltet sich häufig schwierig, wenn der Eindruck entsteht, dass sich hier zwei Verkehrsteilnehmer ein „Fahr-Duell" geliefert haben. Denn dann ist zweifelhaft, wer bei welchem Manöver agiert oder bloß auf das Manöver des jeweils anderen reagiert hat. Die Schwierigkeiten nehmen zu, wenn - wie häufig - „neutrale" Zeugen nicht vorhanden sind, etwa weil als Auskunftspersonen neben den beteiligten Fahrern nur deren → *Beifahrer* zur Verfügung stehen. Aktenkundige Zeugenaussagen sind in jedem Fall besonders sorgfältig zu studieren, in der Hauptverhandlung ist bei der Beweisaufnahme erhöhte Aufmerksamkeit geboten. Nicht immer aber ist „Nachfassen" aus Verteidigersicht das Mittel der Wahl: Hört sich die Aussage des Zeugen recht unbestimmt an, kann es besser sein, sie in ihrer Unvollkommenheit stehen zu lassen und im Schlussvortrag hervorzuheben, wie vage sich der Zeuge gehalten habe. Erhält hingegen der Zeuge durch bohrende Fragen Gelegenheit, seine Aussage zu konkretisieren, so kann sich in Grenzfällen gerade hierdurch der Eindruck des Gerichts verschärfen, oder es können im Einzelfall sogar Umstände zutage gefördert werden, die das Gericht veranlassen mögen, nach entsprechendem Hinweis (§ 265 Abs. 1 StPO) den schwereren Straftatbestand der → *Gefährdung des Straßenverkehrs (§ 315 c StGB)* anzunehmen, weil es meint, statt der angeklagten „Rangelei" im Straßenverkehr einen „Beinaheunfall" aufgeklärt zu haben. Und sollten sich wechselseitige Nötigungen zwischen dem Mandanten und dem als Belastungszeuge auftretenden „Gegner" gerichtsfest herausarbeiten lassen, wird es den verurteilten Mandanten wenig trösten, dass auch „der andere" in einem separaten Verfahren eine Strafe zu erwarten hat.

Weder

Notreparatur → Unfallschadenabwicklung – Sachschaden Nr. 3, 34

Notstand 1. Allgemeines. Während das Strafrecht den rechtfertigenden Notstand (§ 34 StGB) und den entschuldigenden Notstand (§ 35 StGB) unterscheidet, kennt das Ordnungswidrigkeitenrecht nur den rechtfertigenden Notstand (§ 16 OWiG).
2. Strafrecht. a) Allgemeines: N. kann rechtfertigender (§ 34 StGB) oder entschuldigender (§ 35 StGB) Notstand sein. Die Vorschriften kommen im Verkehrsstrafrecht etwa ebenso selten zur Anwendung wie sonst auch in der justiziellen Praxis.
b) In Verfahren wegen → *Alkoholfahrten* oder vorsätzlichen → *Fahrens ohne Fahrerlaubnis* schildern Angeklagte zwar gelegentlich eine Situation, die sie – aus ihrer Sicht – gedrängt habe, die Fahrt zu unternehmen, beispielsweise, weil sie unerwartet eine hilfsbedürftige Person in eine Klinik hätten fahren müssen. Derartige Umstände begründen aber in der Regel schon deshalb keine *Zwangslage*, weil kaum eine Konstellation vorstellbar ist, bei der in solchen Fällen nicht auch anderweitig Transporthilfe in Anspruch hätte genommen werden können. Es kann daher in der Regel keine Rede davon sein, dass der Angeklagte mit der Tat einer „*nicht anders abwendbaren* Gefahr" im Sinne der §§ 34, 35 StGB begegnet sei.

Praxistipp: Derartige Ausnahmesituationen sind allerdings auf der Strafzumessungsseite mildernd zu berücksichtigen, worauf insbesondere die Verteidigung hinwirken wird.

3. Ordnungswidrigkeitenrecht. Die Vorschrift des § 16 OWiG („*rechtfertigender Notstand*") entspricht im Wortlaut der des § 34 StGB: „Wer in einer gegenwärtigen, nicht anders abwendbaren Gefahr für Leben, Leib, Freiheit, Ehre, Eigentum oder ein anderes Rechtsgut eine Handlung begeht, um die Gefahr von sich oder einem anderen abzuwenden, handelt nicht rechtswidrig, wenn bei Abwägung der widerstreitenden Interessen, namentlich der betroffenen Rechtsgüter und des Grades der ihnen drohenden Gefahren, das geschützte Interesse das beeinträchtigte wesentlich überwiegt. Dies gilt jedoch nur, soweit die Handlung ein angemessenes Mittel ist, die Gefahr abzuwenden."
a) Tatbestandliche Voraussetzungen des Notstands. Die *Notstandslage* ist die gegenwärtige, nicht anders abwendbare Gefahr für eines der geschützten Rechtsgüter. Maßgeblich ist die nachträgliche Betrachtungsweise aus objektiver Sicht. Eine Gefahr ist dann gegeben, wenn nach den Umständen des Einzelfalls die Möglichkeit des Eintritts eines Schadens nahe liegt. Eine Gefahr ist gegenwärtig, wenn ein Schadenseintritt kurz bevorsteht. Als *geschützte Rechtsgüter* kommen neben den in § 16 OWiG genannten Individualrechtsgütern z. B. auch die Aufrechterhaltung der öffentlichen Sicherheit und Ordnung in Betracht, oder die Aufrechterhaltung von Arbeitsplätzen; das Rechtsgut muss keinen bestimmten Wert oder Rang haben (jedes Rechtsgut kann Schutz genie-

ßen), eine diesbezügliche Überprüfung erfolgt erst im Rahmen der Güterabwägung.

b) Güterabwägung. Das geschützte Interesse des Täters hat das beeinträchtigte Interesse des Dritten wesentlich zu überwiegen. Bei der Abwägung *gleichartiger Rechtsgüter* kann ggf. ein Vergleich über die Rechengrößen erfolgen, so z. B. beim Vermögen, wenn es um die ordnungswidrige Verhinderung eines (größeren) Schadens durch die gleichzeitige Zufügung eines anderen (kleineren) Schadens geht. In der Regel wird das jeweilige Wertverhältnis aber nicht immer einfach zu bewerten sein, insbesondere bei der Abwägung von *ungleichartigen Rechtsgütern*. Die Abwägung hat dann in einer Einzelfallbetrachtung zu erfolgen unter Berücksichtigung der Art des betroffenen Rechtsgutes, dem Ausmaß der drohenden Gefahr und dem Ausmaß des drohenden Schadens. Wird die *Notstandslage vom Täter selbst schuldhaft herbeigeführt*, so ist das Vorliegen eines rechtfertigenden Notstands nicht ausgeschlossen (dieser Faktor ist aber jedenfalls im Rahmen der Abwägung zu berücksichtigen).

c) Angemessenheit des Mittels. Die Tathandlung muss ein angemessenes Mittel darstellen, um die Gefahr abzuwenden; ggf. muss der Täter also auch im Notstand die Rechtsordnung beachten, wenn das Mittel im Einzelfall nicht angemessen ist.

d) Irrtum. Hält der Täter irrig Umstände für gegeben, die, hätten sie tatsächlich vorgelegen, die tatbestandlichen Voraussetzungen des Notstands erfüllen und dadurch sein Handeln rechtfertigen würden, so liegt ein *Erlaubnistatbestandsirrtum* vor (§ 11 Abs. 1 OWiG); in diesen Fällen entfällt eine Ahndung wegen Vorsatzes, Fahrlässigkeit wird dem Täter aber weiterhin vorzuwerfen sein. Glaubt der Täter bei zutreffender Tatbestandskenntnis irrig, sein Handeln sei im Rahmen des Notstands erlaubt, so liegt ein *Erlaubnisirrtum* vor (§ 11 Abs. 2 OWiG); nur bei einer Unvermeidbarkeit des Irrtums wird es dann an der Vorwerfbarkeit mangeln können (→ *Irrtum*). Langer/Weder

nutzlose Aufwendungen → Frustrierte Aufwendungen, → Unfallschadenabwicklung – Personenschaden Nr. 17

Nutzungsausfall → Unfallschadenabwicklung – Sachschaden Nr. 33–37

O

Obergutachten → Besonderheiten des Verkehrsunfallprozesses Nr. 15, → Medizinisch-psychologische Untersuchung Nr. 1

Obliegenheiten → Allgemeine Versicherungsbedingungen für die Kraftfahrzeugversicherung (AKB) Nr. 3 b), 3 c), → Aufklärungsobliegenheiten, → Deckungsklage Nr. 3, → Kfz-Haftpflichtversicherung Nr. 2, 6, → Rechtsschutzversicherung Nr. 18–21

Obliegenheitsverletzung → Haftungsverteilung bei Verkehrsunfällen, → Rechtsschutzversicherung Nr. 18–21, → Regress Nr. 2, 3

offene Teilklage → Besonderheiten der Verkehrsunfallklage Nr. 6

öffentlich Bediensteter → Dienstfahrt

öffentlich-rechtlicher Erstattungsanspruch → Ölspurschäden Nr. 3

Oldtimer → Kennzeichenerteilung Nr. 2, → Unfallschadenabwicklung – Sachschaden Nr. 22, 35, 36, → Youngtimer

Oldtimer-Gutachten → Straßenverkehrs-Zulassungsordnung Nr. 2

Oldtimerkennzeichen → Fahrzeugzulassungsverordnung Nr. 6, → Kennzeichenerteilung Nr. 2

Ölspur → Ölspurschäden, → Unabwendbares Ereignis Nr. 4

Ölspurbeseitigung → Ölspurschäden Nr. 3

Ölspurschäden 1. Allgemeines. Eine Ölspur kann in zweierlei Hinsicht Bedeutung im Zusammenhang mit einem *Verkehrsunfall* erlangen: Zum einen kann sich die Frage stellen, ob der Führer eines Kfz, welches auf einer Ölspur außer Kontrolle gerät und dadurch einen Schaden verursacht, für diesen Schaden haften muss. Zum anderen kann sich die Frage stellen, wer für die Kosten der Entfernung einer Ölspur aufzukommen hat, wenn durch einen Kfz-Unfall (s. a. → *Unfall*) Motoröl auf die Straße geflossen ist, welches von der Straßenmeisterei, der Feuerwehr oder von einem privaten Ölbeseitigungsunternehmen (dazu BGH 4.7.2978, VersR 1978, 870; BGH 4.7.1978, VersR 1978, 962; BGH 22.5.1970, VersR 1970, 952) beseitigt wird.

2. Ölspur als Unfallursache. Ein durch eine *Ölspur* ausgelöster Unfall stellt für den Fahrer des auf der Ölspur außer Kontrolle geratenen Kfz ein *unvermeidbares Ereignis* dar, wenn jedes ernsthaft in Betracht kommende Verhalten des Kfz-Führers, dass nicht dem eines *Idealfahrers* entspricht, als Ursache des Unfalls auszuschließen ist (OLG Köln 20.10.1993, VersR 1994, 573; OLG München 26.9.1995, SP 1996, 39). Hätte der Unfall also auch bei *äußerst möglicher Sorgfalt*, für welche erheblich über dem Maßstab des § 276 BGB liegende Aufmerksamkeit, Geschicklichkeit und Umsicht sowie ein sachgemäßes und geistesgegenwärtiges Handeln im Augenblick der Gefahr im Rahmen des Menschenmöglichen zu verlangen sind, nicht abgewendet werden können, dann war der Unfall unabwendbar i.S.v. § 17 Abs. 3 StVG. Liegt eine *Erkennbarkeit* der Ölspur aus Sicht des Idealfahrers vor, dann scheidet die Annahme eines unvermeidbaren Ereignisses aus (s. a. → *unabwendbares Ereignis*).

3. Kosten der Beseitigung der Ölspur. Wird mit einem Kfz ein Unfall verursacht, durch welchen Öl auf die Straße gerät, dann ist dessen Kfz-Haftpflichtversicherer zur Übernahme der durch die Ölbeseitigung entstehenden Kosten verpflichtet (zum Ganzen *Schwab* DAR 2010, 347; *ders.*, DAR 2011, 610; *Borchardt/Schwab*, DAR 2014, 75; BGH 15.10.2013, VI ZR 471/12, VI ZR 528/12; BGH 9.12.2014, DAR 2015, 203), ohne dass es darauf ankommt, ob die *Erstattung* der Kosten der Ölbeseitigung vom Unfallverursacher (Versicherungsnehmer bzw. Mitversicherter) auf *zivilrechtlicher* (Geschäftsführung ohne Auftrag) oder *öffentlich-rechtlicher Grundlage* (behördlicher Kostenbescheid auf Grundlage landesrechtlicher Vorschriften) verlangt wird (BGH 20.12. 2006, DAR 2007, 142, m. Anm. *Weinsdörfer* sowie m. Anm. *Schwab* DAR 2007, 269; a.A. OLG Nürnberg 5.8.1999, VersR 2000, 965; VG Regensburg 16.1.2001, NJW 2002, 531). Die *Regulierungsvollmacht des Kfz-Haftpflichtversicherers* i.S.v. A.1.1.4 AKB (§ 10 AKB a.F.) erstreckt sich insofern über zivilrechtliche Belange hinaus auch auf die Abwehr unberechtigter öffentlich-rechtlicher Kostenerstattungsansprüche (VGH Kassel 22.7.2008, DAR 2009, 159 m. Anm. *Schwab*, s. a. → *Kfz-Haftpflichtversicherung*).

Geiger

O On-Board-Unit

On-Board-Unit → Autobahnmaut Nr. 2

Opferschutz → Schadenrechtsänderungsgesetz Nr. 1

Opiate Opiate sind Substanzen mit Morphin ähnlicher Struktur. Morphin und Codein werden neben anderen Opiumalkaloiden aus Mohn bzw. der Milch aus diesen Pflanzen gewonnen. Andere Opiate wie z. B. Dihydrocodein oder Buprenorphin werden synthetisch hergestellt. Im Unterschied dazu umfasst der Begriff Opioide nicht nur die Opiate sondern auch weitere Substanzen mit anderer chemischer Struktur aber Morphin ählicher Wirkung (s. Abb. 2.4.1). Ein Problem bei der gutachterlichen Bewertung ist die Abgrenzung von illegalem Heroinkonsum der Behandlung von Krankheiten mit Codien haltigen Medikamenten, weil in beiden Fällen Morphin und Codein in den Köperflüssigkeiten auftritt. Der qualitative Nachweis von Morphin und Codein in Urin und Blut reicht deshalb für eine Differenzierung nicht aus. *Sachs*

Opioide Opioide außer den Morphinderivaten und Methadon werden ausschließlich als Schmerzmittel bei mittleren bis starken Schmerzen, sehr häufig im klinischen, postoperativen Bereich angewandt. Dass bei den Untersuchungen von Urin und Blut im Straßenverkehr nur Einzelfälle auftreten, ist u. a. auch durch die Screening-Methoden zu erklären. Hier werden im Wesentlichen die Opiate erfasst, so dass bei den anderen Schmerzmitteln mit einer höheren Dunkelziffer zu rechnen ist. Insbesondere ist bei Ausfallserscheinungen auch mit einem missbräuchlichen Gebrauch, von Fentanyl, Tramadol, Tilidin, Pethidin oder Piritramid insbesondere bei medizinisch ausgebildeten Personen zu rechnen. *Sachs*

Opium Opium ist der geronnene Saft der zur Art Papaver somniferum gehörenden Pflanzen, einer speziellen Mohnart. Als Genussmittel wurde Opium seit dem 17. Jh. verstärkt im Orient genutzt und insbes. als Rauchopium (Chandu, Tschandu) mißbraucht. Der Apotheker Sertürner isolierte 1806 mit dem Morphin das erste Alkaloid aus dem Opium. Es untersteht dem BtMG als verkehrs- und verschreibungsfähige Substanz in Anlage III, „ausgenommen in Zubereitungen, die nach einer im homöopathischen Teil des Arzneibuches beschriebenen Verfahrenstechnik hergestellt sind, wenn die Endkonzentration die sechste Dezimalpotenz nicht übersteigt". Das Fertigarzneimittel Opium enthält 10 % Morphin und etwa 0,5 % Codein. Opium HAB 34 wird zur Behandlung Krampfzuständen des Magen-Darm-Traktes, und Verstimmungszuständen eingesetzt. Gelegentlich ist die Unterscheidung der Aufnahme von Heroin und Opium forensisch relevant. Am Konzentrationsverhältnis von Morphin und Codein in Urin und Blut sind die beiden Aufnahmeformen nicht zu unterscheiden. 6-Acetylmorphin, das erste Stoffwechselprodukt von Heroin, muss in Urin und Blut nicht auftreten. Nur durch eine Haaruntersuchung lässt sich durch den Nachweis oder die Abwesenheit von 6-Acetylmorphin eine Differenzierung vornehmen. *Sachs*

Ordre-Public-Vorbehalt → Besonderheiten der Verkehrsunfallklage Nr. 8

Originalteile → Gruppenfreistellungsverordnung Nr. 6

Ort der Hauptwohnung → Fahrerlaubniserwerb Nr. 2, → Ferienfahrschule Nr. 2

örtliches Fahrerlaubnisregister → Fahrerlaubnisverzicht Nr. 7

örtliches Fahrzeugregister → Fahrzeugregister

P

Pannenhelfer → Unfallversicherung Nr. 11

Parallelvollstreckung → Fahrverbotvollstreckung Nr. 7

Parken → Bewohnerparken, → Fußgängerüberweg Nr. 2 c), → Halten und Parken, → Verkehrsberuhigter Bereich Nr. 2 d)

Parken auf Gehwegen → Halten und Parken Nr. 3 d)

Parkhausunfall → Haftungsverteilung bei Verkehrsunfällen Nr. 13

Parkleuchten → Fahrzeugbeleuchtung Nr. 2

Parkplatzreservierung durch Fußgänger → Nötigung Nr. 5

Parkplatzunfall → Haftungsverteilung bei Verkehrsunfällen Nr. 13

Parkraumbewirtschaftungszone → Halten und Parken Nr. 7 b)

Parkscheibe → Halten und Parken Nr. 7

Parkscheinautomat → Halten und Parken Nr. 7, 10

Parksonderberechtigungen → Halten und Parken Nr. 4

Parkuhr → Halten und Parken Nr. 7

Parkverbot → Halten und Parken

Parkverbot, temporäres → Halten und Parken Nr. 9

Park-Warntafel Nach § 17 Abs. 4 S. 3 StVO müssen innerhalb geschlossener Ortschaften *auf der Fahrbahn haltende Fahrzuge*, ausgenommen Pkw, mit einem zulässigen Gesamtgewicht von mehr als 3,5 t und Anhänger entweder mit eigener Lichtquelle *beleuchtet* oder durch andere zugelassene lichttechnische Einrichtungen *kenntlich gemacht* werden. Statt der Beleuchtung mit fahrzeugeigenen Lichtquellen reichen u. a. zwei *Park-Warntafeln* nach Maßgabe von § 51 c Abs. 2 S. 1 Nr. 4, Abs. 5 StVZO aus. Park-Warntafeln müssen in amtlich genehmigter Bauart ausgeführt sein (§ 22 a Abs. 1 Nr. 9 StVZO). In den Technischen Anforderungen an die Fahrzeugteile bei der Bauartprüfung nach § 22 a StVZO vom 5.7.1973 (Beck-Loseblattsammlung Straßenverkehrsrichtlinien Nr. 1 zu § 22 a StVZO), Nr. 18 b, wird die Ausgestaltung der Park-Warntafel im Einzelnen beschrieben. Rückstrahler und amtliche Kennzeichen dürfen durch Park-Warntafeln nicht verdeckt werden (§ 51 c Abs. 5 S. 3 StVZO). Bei bestimmten *überbreiten land- oder forstwirtschaftliche Zugmaschinen* ist eine Kenntlichmachung durch Park-Warntafeln erforderlich (§ 1 Abs. 2 der 35. Ausnahmeverordnung zur StVZO).

Siehe auch: → *Fahrzeugbeleuchtung* Dauer

Parkzeitüberwachung → Halten und Parken Nr. 7

Parteianhörung → Besonderheiten des Verkehrsunfallprozesses Nr. 23

Parteierweiterung → Mahnbescheid

Parteivernehmung → Besonderheiten des Verkehrsunfallprozesses Nr. 9, 23, → Diebstahl Nr. 3 a) cc)

Parteivortrag → Besonderheiten des Verkehrsunfallprozesses Nr. 11, 12

Passfotovergleich → Fahrerermittlung Nr. 2 b)

Passivlegitimation → Besonderheiten der Verkehrsunfallklage Nr. 3, → Besonderheiten des Verkehrsverwaltungsprozesses Nr. 3 a), 9 b) bb), → Verkehrsopferhilfe Nr. 5

Passivrauchen Aufnahme von Substanzen durch Einatmen von Rauch, der durch andere anwesende Personen erzeugt wird und die Person nicht selbst „aktiv" raucht. Dies spielt in der forensischen Praxis fast ausschließlich beim Cannabis eine Rolle und der Frage, ob Spuren von THC im Blut oder Urin durch Passivrauchen erklärt werden können. Bei Konzentrationen unter 50 ng/ml im Urin und 1 ng/ml im Serum könnte das Ergebnis unter Berücksichtigung der möglichen Drogenaufnahmesituation vor der Blutnahme diskutiert werden. *Sachs*

Pedelec Nach Verlautbarung des BMVI (VkBl. 2012, 848) am 30.11.2012 ist die verbindliche

Einstufung von Elektrofahrrädern im Verkehrsrecht, so genannte Pedelecs, geregelt. Pedelecs mit Anfahrhilfe bis 6 km/h sowie Pedelecs ohne Anfahrhilfe mit einem elektronischen Hilfsantrieb bis 250 Watt Nenndauerleistung, deren Unterstützung mit zunehmender Geschwindigkeit progressiv vermindert und des Weiteren bei einer Geschwindigkeit ab 25 km/h ohne Mittreten unterbrochen wird, sind verkehrsrechtlich Fahrrädern gleichgestellt, siehe § 1 Abs. 3 StVG.
Schnelle Pedelec sind solche, die bis zum Erreichen von 20 km/h ohne Mittreten fahren und das Treten unterstützen bis zum Erreichen einer Geschwindigkeit von 45 km/h. Beträgt die so genannte Nenndauerleistung mehr als 250 Watt bzw. liegt eine Motorunterstützung bei über 25 km/h, sind sie Kraftfahrzeuge.
Nach der Verkehrsblattveröffentlichung kommt es für die Helmtragepflicht auf die Geschwindigkeit an, bei deren Erreichen die Motorunterstützung unterbrochen wird. Bisher liegt keine Regelung vor, welcher Schutzhelm als geeignet im Sinne des § 21a Abs. 2 StVO ist.
Das LG Bonn hat entschieden, dass der Fahrer eines Speed-Pedelecs bei einer Fahrt ohne Helm auch bei einem unverschuldeten Unfall eine Mithaftung von 50 Prozent trägt (Urteil vom 11.12.2014, Az.: 18 O 388/12 = BeckRS 2015, 04095).

Wehrl

Personenbeförderung 1. Allgemeines. § 21 StVO regelt, unter welchen Umständen Personen in Fahrzeugen befördert werden dürfen. *Zur Abgrenzung:* § 48 FeV enthält dagegen Regelungen über die Fahrerlaubnis zur Fahrgastbeförderung (Sonderbestimmungen für das Führen von Taxen, Mietwagen und Krankenkraftwagen sowie von Personenkraftwagen im Linienverkehr und bei gewerbsmäßigen Ausflugsfahrten und Ferienziel-Reisen). Die gewerbliche Personenbeförderung ist darüber hinaus genehmigungspflichtig (geregelt im PBefG).
2. Kraftfahrzeuge. In Kraftfahrzeugen dürfen nicht mehr Personen befördert werden, als *mit Sicherheitsgurten ausgerüstete Sitzplätze* vorhanden sind. Abweichend hiervon dürfen in Kraftfahrzeugen, für die Sicherheitsgurte nicht für alle Sitzplätze vorgeschrieben sind, so viele Personen befördert werden, wie Sitzplätze vorhanden sind (§ 21 Abs. 1 S. 1 u. 2 StVO). Eben genannte Regelungen gelten nicht in Kraftomnibussen, bei denen die Beförderung stehender Fahrgäste zugelassen ist (§ 21 Abs. 1 S. 3 StVO).

Es ist *verboten*, Personen mitzunehmen auf Krafträdern ohne besonderen Sitz sowie auf Zugmaschinen ohne geeignete Sitzgelegenheit (hier ist aber jeweils kein Benutzungsgebot bzgl. des Sitzes oder der Sitzgelegenheit ausgesprochen). Vollkommen unzulässig ist die Beförderung von Personen in Wohnanhängern hinter Kraftfahrzeugen (§ 21 Abs. 1 S. 4 StVO). In *Kraftomnibussen* dürfen dagegen gem. § 34a Abs. 1 StVZO nicht mehr Personen und Gepäck befördert werden, als in der Zulassungsbescheinigung Teil I Sitz- und Stehplätze eingetragen sind und die jeweilige Summe der im Fahrzeug angeschriebenen Fahrgastplätze sowie die Angaben für die Höchstmasse des Gepäcks ausweisen.
3. Kinder bis zum vollendeten 12. Lebensjahr, die *kleiner als 150 cm* sind, dürfen in Kraftfahrzeugen auf Sitzen, für die Sicherheitsgurte vorgeschrieben sind, nur mitgenommen werden, wenn Rückhalteeinrichtungen für Kinder benutzt werden, die den in Art. 2 Abs. 1 Buchst. c der Richtlinie 91/671/EWG (neugefasst durch Art. 1 Nr. 3 der Richtlinie 2003/20/EG) genannten Anforderungen genügen und für das Kind geeignet sind (§ 21 Abs. 1a S. 1 StVO). Eine *Eignung* besteht nur dann, wenn die Montage gem. Einbauanleitung erfolgt ist. Alle aktuellen Rückhaltesysteme haben der *ECE-Regelung 44/03* zu entsprechen; nach früheren Normen genehmigte Kindersitze dürfen dagegen nicht mehr verwendet werden. *Hiervon abweichend* dürfen Kinder ab dem vollendeten dritten Lebensjahr auf Rücksitzen mit den vorgeschriebenen Sicherheitsgurten gesichert werden, soweit wegen der Sicherung anderer Kinder mit Kinderrückhalteeinrichtungen für die Befestigung weiterer Rückhalteeinrichtungen für Kinder keine Möglichkeit besteht; weitere entsprechende Ausnahmen gelten z. B. in Kraftomnibussen und in Taxen (§ 21 Abs. 1a S. 2 StVO). In *Fahrzeugen, die nicht mit Sicherheitsgurten ausgerüstet sind*, dürfen Kinder unter drei Jahren nicht befördert werden. Kinder ab dem vollendeten dritten Lebensjahr, die kleiner als 150 cm sind, müssen in solchen Fahrzeugen auf dem Rücksitz befördert werden (§ 21 Abs. 1b S. 1 u. 2 StVO; Ausnahme: Kraftomnibusse, § 21 Abs. 1b S. 3 StVO). Für *behinderte Kinder* sind weitere Ausnahmen in der 3. VO über Ausnahmen von straßenverkehrsrechtlichen Vorschriften vom 5.6.1990 geregelt.
4. Ladeflächen und Laderäume. Die Mitnahme von Personen auf der Ladefläche oder in Laderäumen von *Kraftfahrzeugen* ist verboten (so

z. B. auch das Sitzen in einem auf einem Abschleppfahrzeug transportierten Pkw); dies gilt nicht, soweit auf der Ladefläche oder in Laderäumen mitgenommene Personen dort notwendige Arbeiten auszuführen haben (§ 21 Abs. 2 S. 1 u. 2 StVO). Das Verbot gilt ferner nicht für die Beförderung von Baustellenpersonal innerhalb von Baustellen (§ 21 Abs. 2 S. 3 StVO). Auf der Ladefläche oder in Laderäumen von *Anhängern* darf niemand mitgenommen werden; jedoch dürfen auf Anhängern, wenn diese für land- oder forstwirtschaftliche Zwecke eingesetzt werden, Personen auf geeigneten Sitzgelegenheiten mitgenommen werden (§ 21 Abs. 2 S. 4 u. 5 StVO). Das *Stehen während der Fahrt ist verboten*, soweit es nicht zur Begleitung der Ladung oder zur Arbeit auf der Ladefläche erforderlich ist (§ 21 Abs. 2 S. 6 StVO).
5. Fahrräder. Auf *Fahrrädern* dürfen nur Kinder bis zum vollendeten siebten Lebensjahr von mindestens 16 Jahre alten Personen mitgenommen werden, wenn für die Kinder besondere Sitze vorhanden sind und durch Radverkleidungen oder gleich wirksame Vorrichtungen dafür gesorgt ist, dass die Füße der Kinder nicht in die Speichen geraten können (§ 21 Abs. 3 S. 1 StVO). In *Fahrradanhängern*, die zur Beförderung von Kindern eingerichtet sind, dürfen bis zu zwei Kinder bis zum vollendeten siebten Lebensjahr von mindestens 16 Jahre alten Personen mitgenommen werden (§ 21 Abs. 3 S. 2 StVO). Die Begrenzung auf das vollendete siebte Lebensjahr gilt nicht für die Beförderung eines behinderten Kindes (§ 21 Abs. 3 S. 3 StVO). Beim *Tandem* mit mehreren Sitzen sind alle Personen „Fahrer" und werden daher nicht i. S. der Vorschrift „mitgenommen".
6. Fahrradtaxi. Zur Personenbeförderung mit dem Fahrradtaxi → *Fahrradtaxi (Fahrradriksha)* Nr. 2b.
7. Ordnungswidrigkeiten. Verstöße gegen § 21 Abs. 1 S. 1 u. 2 sowie Abs. 1b S. 2 StVO sind *nicht bußgeldbewehrt* (OLG München 9.3.2010, 4 St RR 187/09, NZV 2010, 527). Ordnungswidrig handelt jedoch der, der unter Missachtung von § 21 Abs. 1 S. 4, Abs. 1a, Abs. 2 od. Abs. 3 StVO Personen befördert (§ 49 Abs. 1 Nr. 20 StVO i. V. m. § 24 StVG), ferner derjenige, welcher gegen § 34a Abs. 1 StVZO verstößt (§ 69a Abs. 3 Nr. 3 StVZO i. V. m. § 24 StVG).
Siehe auch: → *Fahrradtaxi (Fahrradriksha)*, → *Kontrollgerät (Fahrtschreiber)*, → *Schadenrechtsänderungsgesetz* Langer

Personenschaden → Haftung für Kfz-Insassen, → Haftungsausschluss bei Arbeits-/Schulunfällen, → Unfallschadenabwicklung – Personenschaden, → Unfallversicherung

persönliches Erscheinen → Bußgeldverfahren Nr. 5 c)

persönliches Kontrollbuch → Kontrollgerät [Fahrtschreiber] Nr. 5 b)

Pflichten des Fahrzeugführers 1. **Pflichtenkatalog.** Die (sonstigen) Pflichten des Fahrzeugführers sind in § 23 StVO geregelt und betreffen hauptsächlich die Verkehrssicherheit. Im Einzelnen:
a) Freie Sicht und freies Gehör. Der Fahrzeugführer ist dafür verantwortlich, dass seine Sicht und das Gehör nicht durch die Besetzung, Tiere, die Ladung, Geräte oder den Zustand des Fahrzeugs beeinträchtigt werden (§ 23 Abs. 1 S. 1 StVO). Die *Windschutzscheibe* darf weder vereist oder beschlagen noch verschmutzt sein, wenn dadurch keine ausreichende Sicht nach vorne gewährleistet ist. Die vorhandenen *Außenspiegel* müssen frei einsehbar sein. Hat das Fahrzeug bauartbedingt nur einen Außenspiegel, so muss die Sicht durch das Rückfenster frei sein. Bei einem breiten Anhänger sind am Zugfahrzeug zusätzliche Außenspiegel anzubringen, wenn die freie Sicht dies erfordert. Das *Hören überlauter Musik* oder die *Verwendung von Kopf- bzw. Ohrhörern* während der Fahrt ist unzulässig, wenn dadurch Außengeräusche nicht oder nur unzureichend wahrgenommen werden können.
b) Vorschriftsmäßigkeit und Verkehrssicherheit des Fahrzeugs. Der Fahrzeugführer muss dafür sorgen, dass das Fahrzeug, der Zug, das Gespann sowie die Ladung und die Besetzung vorschriftsmäßig sind und dass die Verkehrssicherheit des Fahrzeugs durch die Ladung oder die Besetzung nicht leidet (§ 23 Abs. 1 S. 2 StVO). Hierzu gehört auch das Entfernen von Eisplatten oder Eisstücken vom Dach oder von der Dachplane eines Fahrzeugs (OLG Bamberg 18.1.2011, 3 Ss OWi 1696/10, DAR 2011, 212). Bereits vor Antritt der Fahrt muss der Fahrzeugführer Vorschriftsmäßigkeit und Verkehrssicherheit des Fahrzeugs überprüfen, soweit es ihm zumutbar und möglich ist. Er ist selbst dann für die *Ladungssicherung* verantwortlich, wenn das Beladen durch Dritte (und von ihm unbeaufsichtigt) erfolgt. Das Führen eines Kraftfahrzeugs *ohne Schuhe oder mit hierfür ungeeignetem Schuhwerk* erfüllt nicht den Tatbestand

P pflichtgemäßes Alternativverhalten

des § 23 Abs. 1 S. 2 StVO; allerdings kann hier eine Ordnungswidrigkeit nach § 1 Abs. 2 StVO vorliegen (OLG Bamberg 15.11.2006, 2 Ss OWi 577/06, NStZ-RR 2007, 90).

c) Lesbarkeit der Kennzeichen und Funktion der Beleuchtungseinrichtungen. Der Fahrzeugführer muss auch dafür sorgen, dass die vorgeschriebenen Kennzeichen stets gut lesbar sind (§ 23 Abs. 1 S. 3 StVO). Vorgeschriebene Beleuchtungseinrichtungen müssen an Kraftfahrzeugen und ihren Anhängern sowie an Fahrrädern gem. § 23 Abs. 1 S. 3 StVO auch am Tag vorhanden und betriebsbereit sein, sonst jedoch nur, falls zu erwarten ist, dass sich das Fahrzeug noch im Verkehr befinden wird, wenn Beleuchtung nötig ist (→ *Beleuchtung* Nr. 1).

d) Handyverbot. Dem Fahrzeugführer ist gem. § 23 Abs. 1a StVO die Benutzung eines Mobil- oder Autotelefons untersagt, wenn er hierfür das Mobiltelefon oder den Hörer des Autotelefons aufnimmt oder hält; dies gilt nicht, wenn das Fahrzeug steht und bei Kraftfahrzeugen der Motor ausgeschaltet ist (→ *Handyverbot*).

e) Verbot von Radarwarngeräten. Dem Führer eines Kraftfahrzeuges ist es gem. § 23 Abs. 1b StVO untersagt, ein technisches Gerät zu betreiben oder betriebsbereit mitzuführen, das dafür bestimmt ist, Verkehrsüberwachungsmaßnahmen anzuzeigen oder zu stören; das gilt insbesondere für Geräte zur Störung oder Anzeige von Geschwindigkeitsmessungen (→ *Radarwarngerät*).

f) Unterwegsmängel. Der Fahrzeugführer muss das Fahrzeug, den Zug oder das Gespann auf dem kürzesten Weg aus dem Verkehr ziehen, falls unterwegs auftretende Mängel, welche die Verkehrssicherheit wesentlich beeinträchtigen, nicht alsbald beseitigt werden (→ *Liegenbleiben von Fahrzeugen*); dagegen dürfen Krafträder und Fahrräder dann geschoben werden (§ 23 Abs. 2 StVO). Es besteht ein *Notrecht* zur vorübergehenden Weiterfahrt (ggf. zur nächsten Werkstätte) bei nicht verkehrsgefährdenden Mängeln, wenn der Eintritt dieser Mängel bei Fahrtantritt für den Fahrzeugführer nicht vorhersehbar war.

g) Verhalten von Radfahrern und Führern von Krafträdern. Radfahrer und Führer von Krafträdern dürfen sich nicht an Fahrzeuge anhängen, sie dürfen nicht freihändig (d. h. unter Loslassen der Lenkstange mit beiden Händen) fahren und sie dürfen die Füße nur dann von den Pedalen oder den Fußrasten nehmen, wenn der Straßenzustand das erfordert (§ 23 Abs. 3 StVO).

2. Ordnungswidrigkeiten. Verstöße gegen § 23 StVO werden mit Verwarnungs- bzw. Bußgeldern belegt (§ 49 Abs. 1 Nr. 22 StVO i.V. m. § 24 StVG).

3. Zivilrecht. Soweit eine Besetzung des Fahrzeugs mit mehr Personen, als Sitzplätze vorhanden und im Fahrzeugschein eingetragen sind, zulässig ist, weil dabei das zulässige Gesamtgewicht eingehalten und die Verkehrssicherung nicht beeinträchtigt wird (→ Nr. 1 b), trifft den Mitfahrer aber zivilrechtlich ein Mitverschulden, wenn er dabei auf einem Sitzplatz ohne Anschnallmöglichkeit bei einem Verkehrsunfall verletzt wird (OLG Karlsruhe, 9.7.1999, 10 U 55/99, NZV 1999, 422). *Langer*

pflichtgemäßes Alternativverhalten → Mithaftung und Mitverschulden Nr. 2, → Verschuldenshaftung Nr. 4

Pflichtversicherung, Fahren ohne → Fahren ohne Versicherungsschutz

Piezosensoren → Verkehrsmesstechnik Nr. 8

Pkw mit Anhänger → Lenk- und Ruhezeiten Nr. 7 b)

PoliScan-Speed → Verkehrsmesstechnik Nr. 12

Polizeiliche Fahrerlaubnis → Dienstfahrerlaubnis, → Sonderrechte

Polizeiflucht → Widerstand gegen Vollstreckungsbeamte

Polizeiliche Unfallaufnahme P. erfolgt zur Zeit nach den jeweiligen Richtlinien der Innenminister des jeweiligen Bundeslandes nur noch bei Unfällen mit schweren Sachschäden sowie bei allen Personenschäden. Daher besteht oft die Problematik Unfälle auf Grund der mangelhaften Spurenlage – z. B. wenige oder keine Fotos der Unfallstelle bzw. der Unfallfahrzeuge – richtig rekonstruieren zu können.
Die P. dient neben der Spurenfestellung in erster Linie der Personalienfestellung, damit die Unfallbeteiligten die notwendigen Informationen für die Geltendmachung möglicher Schadenersatzansprüche bei der zuständigen Kfz-Haftpflichtversicherung erhalten.
Fraglich ist, ob in der verweigerten P. eine Amtspflichtverletzung liegen kann. Dies hat das OLG Hamm abgelehnt, da der Geschädigte in diesem Fall nach Feststellung des Kennzeichens des Unfallgegners problemlos die gegnerische

Versicherung hätte feststellen und dort seinen Anspruch geltend machen können (OLG Hamm v. 28.1.2000 NZV 2000, 414).
Anders liegt der Fall, wenn der Unfallgeschädigte auf Grund von Verletzungen nicht in der Lage ist, sich um die notwendigen Informationen zu kümmern (OLG Celle v. 11.11.1996 NZV 1997, 354)
Das LG München I hat in der Nichtfeststellung eines fehlenden Versicherungsschutzes eines ausländischen Fahrzeugs durch Polizeibeamten keine Amtspflichtverletzung gesehen (LG München I v. 14. 2. 2013, (15 O 12373/12).
Wehrl

Polytoxikologisches Screening In den Beurteilungskriterien zur Fahreignungsdiagnostik versteht man die Untersuchung von Urin oder Haaren auf genau festgelegte Substanzen und genau festgelegter Nachweisempfindlichkeit (cut-off).
Sachs

posttraumatische Belastungsstörung → Psychische Unfallfolgen Nr. 1

Präklusion → Besonderheiten des Verkehrsverwaltungsprozesses Nr. 7 d), → Rechtliches Gehör Nr. 5 b)

praktische Fahrprüfung → Fahrerlaubniserwerb, → Ferienfahrschule, → Widerruf und Rücknahme der Fahrerlaubnis Nr. 2

Prämiennachteile → Kfz-Haftpflichtversicherung Nr. 7

Prämienverzug → Rechtsschutzversicherung Nr. 22, → Regress Nr. 2

Prima-Facie-Beweis → Beweis des ersten Anscheins

Primärverletzung → HWS-Schleudertrauma Nr. 3, 6, → Psychische Unfallfolgen

Private Verkehrsüberwachung → Verkehrsüberwachung durch Private

Privatgrundstück → Abschleppkosten Nr. 2

Privatgutachten → Besonderheiten des Verkehrsunfallprozesses Nr. 11, → Selbständiges Beweisverfahren Nr. 4 Praxistipp

Privatisierung → Verkehrsüberwachung durch Private

Privatwagen → Geschäftswagenunfall Nr. 2

privilegiertes Fahrverbot → Fahrverbot Nr. 4 g), → Fahrverbotsvollstreckung Nr. 7 c)

Probefahrt Probefahrten finden beim Neuwagenkauf i. d. R. zunächst mit einem Vorführwagen statt. Nach Auslieferung des bestellten Neufahrzeugs besteht darüber hinaus Anspruch auf eine Probefahrt mit diesem Fahrzeug (s. u. → *Kaufvertrag*) bis zu 20 km. Beim Gebrauchtwagenkauf ist eine Probefahrt ebenfalls üblich und dem Käufer stets zu empfehlen. Macht ein Käufer bei einem älteren Fahrzeug keine Probefahrt, läuft er Gefahr, danach mit Sachmängelhaftungsansprüchen gem. § 442 Abs. 2 Satz 2 BGB ausgeschlossen zu sein, weil er Mängel infolge grober Fahrlässigkeit nicht kennt (OLG Hamm 6.2.1995, 32 U 122/94, DAR 1995, 446).
Beschädigt der Kaufinteressent auf der Probefahrt das Fahrzeug, kann bei leichter Fahrlässigkeit i. d. R. von der stillschweigenden Haftungsfreistellung zu Gunsten des Kaufinteressenten ausgegangen werden (*Himmelreich/Andreae/Teigelack* § 4 Rn. 5). Im übrigen wird i. d. R. eine Fahrzeugversicherung bestehen, wenn ein Neufahrzeug oder ein hochwertiges Gebrauchtfahrzeug von einem Händler zur Probefahrt zur Verfügung gestellt wird. Jedenfalls darf der Probefahrer damit rechnen. Ein Regress des Versicherers gegen den Probefahrer kommt nur bei Vorsatz und grober Fahrlässigkeit in Betracht. Dabei ist zu berücksichtigen, dass der Probefahrer mit dem Fahrzeug wenig vertraut ist.
Siehe auch: → *Betriebserlaubnis Nr. 3b*   *Andreae*

Probezeit → *Entziehung* der Fahrerlaubnis Nr. 3 c), 3 d), → Fahrerlaubniserwerb Nr. 4, → Fahrerlaubnisverzicht Nr. 4

Produktbeobachtung → Produkthaftung Nr. 3 d), → Rückrufe von Kraftfahrzeugen

Produkthaftung 1. Allgemeines. Zu unterscheiden ist zwischen der verschuldensunabhängigen Haftung nach dem Produkthaftungsgesetz für Sach- oder Personenschäden (nicht Vermögensschäden), die durch ein fehlerhaftes Fahrzeug an anderen Rechtsgütern (also nicht im Fahrzeug selbst) verursacht werden, und der deliktischen Produkthaftung aus unerlaubter Handlung (§ 823 BGB), die Verschulden voraussetzt und auch zur Erstattung von Vermögensschäden führt.

2. Produkthaftungsgesetz. Haftungsbegründender Umstand ist das in Verkehrbringen eines fehlerhaften Produkts, dessen Gefährlichkeit dem Hersteller im Schadensfall unabhängig von einem Verschulden zugerechnet wird. Außer dem Hersteller des Endprodukts haften auch der Erzeuger des Grundstoffs, des fehlerhaften Einzelteils und auch derjenige, der sich selbst als Hersteller ausgibt sowie der Importeur, der fehlerhafte Produkte aus Drittstaaten in die EU einführt. Hersteller in diesem Sinne ist in der Regel auch ein Tuning-Unternehmen, welches Fahrzeuge anderer Hersteller verändert und diese Veränderung unter eigenem Namen vermarktet (sog. Quasi-Hersteller). Der reine Händler haftet nicht nach dem Produkthaftungsgesetz.

Die verschuldensunabhängige Sonderhaftung nach dem Produkthaftungsgesetz gilt nur für die Beschädigung von Sachen, die gewöhnlich für den privaten Ge- oder Verbrauch bestimmt sind und hierzu hauptsächlich von dem Geschädigten verwendet worden sind. Die beschädigte Sache muss eine „andere" sein, als das fehlerhafte Produkt selbst (§ 1 Abs. 1 S. 2 ProdHaftG). Der Fahrzeughersteller haftet also nicht für die Beschädigung des Autos, die durch ein defektes Einzelteil wie z. B. eine defekte Bremse verursacht wurde (*Reinking/Eggert* Rn. 955).

Ein haftungsauslösender Produktfehler liegt vor, wenn das Fahrzeug die von der Allgemeinheit nach der Verkehrsauffassung für erforderlich gehaltene Sicherheit nicht bietet.

Maßgeblich ist die Sicherheitserwartung des durchschnittlichen Verbrauchers. Dabei spielt auch der Preis des Fahrzeugs eine Rolle (*Reinking/Eggert* Rn. 960). Der Hersteller muss bei der Konstruktion Sicherheitszuschläge für nicht völlig fernliegenden Fehlgebrauch durch den Fahrer und für die aus einer Überbeanspruchung resultierenden Gefahren einkalkulieren.

3. Deliktische Produkthaftung. Aus § 823 Abs. 2 BGB folgt die Haftung des Fahrzeugherstellers oder des Zulieferers von Fahrzeugteilen für *Konstruktionsfehler, Fabrikationsfehler* und *Instruktionsfehler* sowie eine *Produktbeobachtungspflicht*.

a) Konstruktionsfehler. Für konstruktive Fehler, die einer ganzen Serie anhaften, haftet der Hersteller, wenn das Fahrzeug nicht den gängigen technischen Anforderungen auf der Grundlage der jeweils geltenden Regeln der Technik entspricht. Der Fahrzeughersteller darf die Produktion eines Fahrzeugs erst aufnehmen, wenn die Entwicklung ausgereift und das Fahrzeug erprobt ist.

b) Fabrikationsfehler. Der Hersteller muss alle erforderlichen personellen und materiellen Voraussetzungen dafür schaffen, dass seine Produkte möglichst fehlerfrei fabriziert werden. Da eine gewisse Ausreißerquote bei industrieller Fertigung nicht zu vermeiden ist, hat bei Kraftfahrzeugen eine Endkontrolle stattzufinden, die bei Bremsen, Lenkung, Rädern und Reifen auch nicht nur stichprobenhaft erfolgen darf.

c) Instruktionsfehler. Der Fahrzeughersteller muss aufgrund seiner Verkehrssicherungspflicht in geeigneter und ausreichender Weise auf spezifische Gefahren seines Produkts hinweisen. Dazu gehören nicht die Eigenheiten und typischen Gefahren eines Kraftfahrzeugs allgemein und solche Gefahrenquellen die offen vor Augen liegen. Die Instruktionsverantwortlichkeit besteht nur im Rahmen der Erwartung, wobei der Hersteller von Kraftfahrzeugen Inhalt und Umfang der Instruktionen nach der am wenigsten informierten Benutzergruppe ausrichten muss (BGH 4.2.1986, VI ZR 179/84, NJW 1986, 1863).

d) Produktbeobachtungspflicht. Der Hersteller ist gem. § 5 des Geräte- und Produktsicherungsgesetz (GPSG) zur aktiven und passiven Produktbeobachtung verpflichtet. Aktiv hat er eine Betriebsorganisation vorzuhalten, um sich Informationen über die Bewährung des Produkts in der Praxis zu informieren. Passiv hat er auf Beanstandungen des Produkts durch dessen Überprüfung zu reagieren. Dabei stehen für Fahrzeughersteller sicherheitsrelevante Teile, wie z. B. Bremsen, Reifen und Lenkung im Vordergrund. Vertragshändler und Vertragswerkstätten sind zur Produktbeobachtung und zur Meldung von Produktmängeln vertraglich zu verpflichten. Zu den näheren Einzelheiten vgl. *Reinking/Eggert* Rn. 994 ff. Beim Entdecken eines Fehlers oder bei einem entsprechenden Verdacht muss der Hersteller alles tun, was ihm unter Berücksichtigung der Umstände des Einzelfalls zugemutet werden kann. Dabei spielt eine Rolle, ob der Fehler feststeht oder nur ein entsprechender Verdacht vorliegt, das Ausmaß der Gefahr und der Qualität der gefährdeten Rechtsgüter. Als Sicherheitsmaßnahmen kommen in Betracht Warnungen, Hinweise, Rückrufe oder Austauschaktionen. Werden gebotene Warnhinweise nicht gemacht, wie z. B. die Notwendigkeit des regelmäßigen Austauschs eines Zahnriemens, macht sich der Hersteller schadensersatzpflichtig (LG München 7.10.98, 31 S 14827/96, DAR 1999, 127). S. a. → *Rückrufe von Kraftfahrzeugen.*

Andreae

Produzentenhaftung → Produkthaftung

Profil → Winterreifenpflicht Nr. 1, 3, → Unfallanalytik Nr. 6

Prognoserisiko 1. **Allgemeines.** In der Praxis kommt es immer wieder vor, dass sich während der Reparatur des Fahrzeugs weitere oder schwerwiegendere Schäden herausstellen, als dies das vorliegende Sachverständigengutachten vor Reparaturbeginn festgestellt hat.
2. **Kfz-Haftpflichtschaden.** Das sog. Prognoserisiko trägt im gesamten Schadensrecht grundsätzlich der Schädiger, z. B. im Hinblick auf höhere Reparaturkosten und eine längere Reparaturdauer (Werkstattrisiko; BGH 15.10. 1992, NJW 1992, 305; BGH 29.10.1974, NJW 1975, 160; BGH 10.1.1978, NJW 1978, 812; BGH 20.6.1972, NJW 1972, 1800) oder im Hinblick auf die Schadensschätzung des Sachverständigen, so dass die tatsächlich angefallenen und wider der Prognose des Gutachters die 130 % Grenze übersteigenden Reparaturkosten dennoch vom Schädiger zu erstatten sind (OLG Frankfurt 11.10.2000, NZV 2001, 348; LG München I 17.3.2005, NZV 2005, 587), es sei denn, den Geschädigten trifft ein Auswahlverschulden oder der Geschädigte wählt nicht den Weg der Schadensbehebung mit dem vermeintlich geringsten Aufwand (was dann z. B. nicht der Fall ist, wenn die voraussichtlichen Reparaturkosten gemäß Gutachten bei 245 % des Wiederbeschaffungswertes liegen; BGH 20.6.1972, NJW 1972, 1800; BGH 10.7.2007, DAR 2007, 635). Auch bezüglich der voraussichtlichen Dauer der Inanspruchnahme eines Mietwagens trifft das Prognoserisiko den Schädiger (OLG Hamm 23.1.1995, NZV 1995, 356). Legt der Geschädigte wider Erwarten weniger als 20 km täglich mit dem Mietwagen zurück, den er für die Dauer der Reparatur seines unfallbeschädigten Wagens genommen hat, dann kann ihm gleichwohl kein Verstoß gegen die Schadenminderungspflicht (OLG München 17.3.1992, zfs 1993, 120) vorgeworfen werden mit der Begründung, dass angesichts des geringen Fahrbedarfs die Inanspruchnahme eines Taxis statt eines Mietwagens kostengünstiger gewesen wäre (BGH 15.4.1966, BGHZ 45, 212; OLG Hamm 21.5.2001, DAR 2001, 458). Eine rückwirkende Betrachtung verbietet sich, vielmehr ist eine ex ante Betrachtung, mithin eine Prognose, maßgeblich (BGH NJW 1986, 2945). Der Geschädigte kann sich grundsätzlich auf die Prognose des Sachverständigen verlassen (BGH 20.6.1972, NJW 1972, 1800).

> Praxistipp: Es sollte durch den bereits beauftragten Sachverständigen ein Nachtragsgutachten gefertigt werden, wenn es sich für die Werkstatt abzeichnet, dass das bis dahin geschätzte Reparaturvolumen überschritten wird. Dann kann ein Streit über die Erforderlichkeit einer „Reparaturerweiterung" womöglich vermieden werden.

3. **Kasko-Schaden.** Auch in der Kaskoversicherung gibt es ein Prognoserisiko, was aufgrund des hier vorliegenden vertraglichen Weisungsrechts der Versicherung (E.3.2 AKB 2008) bezüglich der Sachverständigenauswahl zur Schadenschätzung auch von dieser zu tragen ist.
Kärger/Geiger

Prozentsätze → Haftungsverteilung bei Verkehrsunfällen Nr. 3

Prozess → Besonderheiten des Verkehrsunfallprozesses, → Besonderheiten des Verkehrsverwaltungsprozesses, → Besonderheiten des Versicherungsprozesses

Prozessführungsbefugnis → Besonderheiten der Verkehrsunfallklage Nr. 2, → Besonderheiten des Verkehrsunfallprozesses Nr. 2, → Kfz-Haftpflichtversicherung Nr. 10, → Kinderunfall Nr. 14

Prozessökonomie → Besonderheiten der Verkehrsunfallklage Nr. 7 Praxistipp

Prozessstandschaft → Abtretung von Schadenersatzansprüchen Nr. 4, → Besonderheiten der Verkehrsunfallklage Nr. 2

prozessuale Besserstellung → Abtretung von Schadenersatzansprüchen Nr. 2

Prüfungsbescheinigung → Fahrerlaubniserwerb Nr. 3–5

Prüfungsfahrt → Betriebserlaubnis Nr. 3 b)

Prüfungsfrist → Kfz-Haftpflichtversicherung Nr. 9

Psychische Unfallfolgen 1. **Allgemeines.** Mit zunehmender Häufigkeit sind bei den Opfern eines Verkehrsunfalls nicht nur körperliche Beschwerden festzustellen, sondern auch oder sogar ausschließlich psychische Beschwerden,

z. B. *Wesensänderungen, Depressionen, Neurosen* (z. B. *posttraumatische Belastungsstörungen*). Neurosen äußern sich durch folgende *Symptome*: Verschiedene körperliche Beschwerden (Schmerzen), Willensschwäche, Antriebsarmut, Beeinträchtigung von Auffassung und Gedächtnis, Gefühl der Unfähigkeit zu jeglicher Arbeit, Schlafstörungen, soziale Inaktivität, ständige Wiederholung der Unfallsituation in Gedanken, Träumen und Erzählungen (OLG Hamm 29.10.1990, VersR 1992, 840; *Clemens/Hack/Schottmann/Schwab* DAR 2008, 9). Grundsätzlich haftet der Schädiger auch für *psychische Unfallfolgen* des Geschädigten (BGH 30.4.1996, NJW 1996, 2425; BGH 16.1.2001, NJW 2001, 1431; *Schneider/Nugel* NJW 2014, 2977). Der Schädiger kann sich nicht darauf berufen, dass der Schaden nur deshalb eingetreten ist, weil der Verletzte infolge von körperlichen Anomalien oder Dispositionen zur Krankheit eine besondere *Schadensanfälligkeit* aufgewiesen habe. Wer einen gesundheitlich schon geschwächten Menschen verletzt, kann nicht verlangen, so gestellt zu werden, als wenn der Verletzte gesund gewesen wäre (BGH 30.4.1996, DAR 1996, 351). Diese Grundsätze gelten auch für psychische Schäden, die regelmäßig aus einer besonderen seelischen Labilität des Geschädigten erwachsen (BGH 30.4.1996, NJW 1996, 2425). Eine *konstitutive Schwäche* oder *besondere Schadensanfälligkeit* des Verletzten aus sonstigen Gründen lässt weder die Kausalität noch den Zurechnungszusammenhang entfallen, sondern ist ggf. anspruchsmindernd zu berücksichtigen (BGH 30.4.1996, NJW 1996, 2425; BGH 5.11.1996, VersR 1997, 122; BGH 11.11.1997, NJW 1998, 810; OLG Hamm 4.6.1998, DAR 1998, 392; OLG Hamm 2.10.2001, zfs 2002, 177; OLG Köln 23.3.1995, VersR 1996, 1551; OLG München 9.4.1999, DAR 1999, 407).

2. Körperlich vermittelte psychische Unfallfolgen. Wird durch einen Verkehrsunfall eine Körperverletzung oder Gesundheitsbeschädigung (sog. *Primärverletzung*) verursacht, dann erstreckt sich die Haftung des Schädigers grundsätzlich auch auf die beim Geschädigten weiteren Folgeschäden, ohne dass es darauf ankommt, ob es sich dabei um organisch oder psychisch bedingte Folgewirkungen des Unfalls handelt (BGH 11.11.1997, DAR 1998, 63). Die Ersatzpflicht des Schädigers erstreckt sich daher grundsätzlich auch auf die psychischen Folgen ohne organische Ursache, und zwar selbst dann, wenn die seelisch bedingten Folgeschäden auch auf einer psychischen Anfälligkeit des Verletzten beruhen (BGH 30.4.1996, NJW 1996, 2425; BGH 16.3.1993, NJW 1993, 1523; BGH 9.4.1991, NJW 1991, 2347; BGH 11.11.1997, DAR 1998, 66; BGH 16.11.1999, VersR 2000, 372).

3. Psychisch vermittelte psychische Unfallfolgen. Auch ohne eine unfallbedingte körperliche Beeinträchtigung (Primärverletzung) kann ein Schadensereignis psychische Beeinträchtigungen auslösen und damit Ersatzansprüche begründen (BGH 30.4.1996, NJW 1996, 2425; BGH 16.1.2001, NJW 2001, 1431; BGH 22.5.2007, NJW 2007, 2764; OLG Karlsruhe 18.10.2011, DAR 2012, 20). Unter einem *Schockschaden* versteht man einen Zustand der seelischen Erschütterung, den ein durch einen Unfall nicht unmittelbar körperlich Beeinträchtigter durch das Miterleben des Unfalls (sog. unmittelbarer Schockschaden; BGH 9.4.1991, VersR 1991, 704; BGH 16.3. 1993, VersR 1993, 589; BGH 30.4.1996, VersR 1996, 990; BGH 11.11.1997, VersR 1998, 201; BGH 22.5.2007, NJW 2007, 2764) oder durch die Nachricht vom unfallbedingten Tod oder der schweren Verletzung eines nahen Angehörigen (sog. mittelbarer Schockschaden; BGH 4.4.1989, NJW 1989, 2317), und nicht etwa eines Tieres (BGH 20.3.2012, DAR 2012, 251), erfährt (s. a. → *Ersatzansprüche Dritter Nr. 1*). Das Unfallereignis hat hier rein psychisch vermittelt psychische Auswirkungen, löst also ohne Körperverletzung psychische Beschwerden aus. Erstattungsfähige Schadenersatz- und Schmerzensgeldansprüche fallen in einem solchen Fall erst dann an, wenn der nicht am Unfall Beteiligte durch den Anblick des Unfalls oder der nicht am Unfallort Anwesende durch die Nachricht vom Tod oder der schweren Verletzung eines Angehörigen eine *seelische Erschütterung eines solchen Ausmaßes* erleidet, welche über das *normale Maß einer Gefühlsreaktion* in einer solchen Situation *deutlich hinausgeht*, mithin eine *nachhaltige traumatische Schädigung* der physischen oder psychischen Gesundheit bedingt, welche nachvollziehbar und pathologisch feststellbar ist (BGH 27.1. 2015, DAR 2015, 200; BGH 10.2.2015, DAR 2015, 261; BGH 11.5.1971, VersR 1971, 905; BGH 4.4.1989, NJW 1989, 2317; OLG Nürnberg 1.8.1995, DAR 1995, 447; OLG Hamm 22.2.2001, NZV 2002, 234). Die psychischen Beschwerden müssen einen *eigenen Krankheitswert* haben, weil nur dann der Tatbestand des § 823 Abs. 1 BGB erfüllt ist (BGH 16.1.2001, NZV 2001, 167; BGH 30.4.1996, NJW 1996, 2425; BGH 4.4.1989, NZV 1989, 308).

4. Kausalität. Der Unfall muss der Auslöser der psychischen Erkrankung sein (BGH 11.11. 1997, DAR 1998, 66). Beweismaßstab für die Primärverletzung oder die unmittelbare psychische Unfallfolge ist § 286 ZPO, so dass der Geschädigte den *Vollbeweis* für die Anerkennung des psychischen Beeinträchtigung als Unfallfolge erbringen muss (BGH 11.11.1997, DAR 1998, 63; OLG Saarbrücken 11.12.2008, SP 2008, 365). Psychisch bedingte Folgewirkungen aufgrund einer psychischen Fehlverarbeitung des Unfallgeschehens sind dann als Folge eines Verkehrsunfall anzusehen, wenn die psychisch bedingten Ausfälle mit einer *hinreichenden Gewissheit* ohne das Unfallereignis nicht eingetreten wären (BGH 9.4.1991, VersR 1991, 704; BGH 16.3.1993, VersR 1993, 589; BGH 11.11.1997, DAR 1998, 63; BGH 11.11.1997, DAR 1998, 66). In der Regel ist die Einholung eines *fachpsychiatrischen Sachverständigengutachtens* zur Klärung der Kausalität unumgänglich (BGH 11.11.1997, DAR 1998, 66; KG 15.5.2000, DAR 2002, 211; s. a. → *Kausalität*).

Praxistipp: Ein *neuroutologisches Gutachten* braucht zur Klärung der Kausalitätsfrage nicht eingeholt zu werden; ein orthopädisches und psychiatrisches Gutachten ist ausreichend (BGH 11.11.1997, DAR 1998, 66).

5. Zurechnung. Die Zurechenbarkeit der Schadensfolge ist im Rahmen einer *rechtlichen Wertung* zu ermitteln (sog. *haftungsrechtlicher Zurechnungszusammenhang* zwischen Schadensereignis und psychischer Folge; BGH 22.5.2007, NJW 2007, 2764, m. Anm. *Elsner*). Anhand einer wertenden Betrachtung ist zu ermitteln, ob sich das Schadensrisiko des Unfalls in der Verletzung des Geschädigten verwirklicht hat oder lediglich ein zufälliger Zusammenhang zwischen Unfall und Verletzung besteht (BGH 11.11.1997, NJW 1998, 810; BGH 11.11. 1997, NJW 1998, 813). Psychisch vermittelte Unfallfolgen sind dem Unfallverursacher grundsätzlich nicht zuzurechnen, wenn der Betroffene nicht unmittelbar am Unfall beteiligt war (BGH 27.1.2015, DAR 2015, 200; BGH 22.5.2007, DAR 2007, 515). Die Ersatzpflicht des Schädigers erstreckt sich grundsätzlich auch auf solche Schadensfolgen, die auf eine abnorme psychische Fehlverarbeitung des Unfallgeschehens aufgrund einer Kompensation latenter innerer Konflikte (spezielle Schadensanlage) zurückgehen, sog. *Konversionsneurose* (BGH 12.11.1985, DAR 1986, 84, BGH 16.3.1993, DAR 1993, 226; BGH 30.4.1996, DAR 1996, 351; OLG Hamm 27.8.2001, NZV 2002, 171). Dagegen ist eine *Renten-, Tendenz-, Begehrensneurose*, welche ausnahmsweise keinen Ersatzanspruch auslöst, anzunehmen, wenn feststeht, dass der Geschädigte den Unfall in einem neurotischen Bestreben nach Versorgung und Sicherheit *entscheidend* zum Anlaß nimmt, den Schwierigkeiten und Belastungen des Erwerbslebens auszuweichen (BGH 10.2.2015, DAR 2015, 261;BGH 10.7.2012, DAR 2013, 137; BGH 11.11.1997, DAR 1998, 63; BGH 16.3.1993, NZV 1993, 224). Dann wurde die psychische Beeinträchtigung zwar durch das Unfallereignis ausgelöst. Das Schadensereignis stellt dann aber eine zufällige, dem Wesen nach beliebig austauschbare Ursache für die Entstehung der Neurose dar, so dass kein Zurechnungszusammenhang zwischen Unfall und Folge besteht, weil die Arbeitsunfähigkeit auf einem rentenneurotischen Versagenszustand beruht. Die Fehlverarbeitung des Unfallgeschehens stellt sich dann lediglich als Verwirklichung des *allgemeinen Lebensrisikos* dar, was eine Zurechnung ausschließt (BGH 22.5.2007, DAR 2007, 515; BGH 16.3.1993, NJW 1993, 1523). Wenn der neurotische Zustand des Geschädigten nicht entscheidend, sondern lediglich *auch* von Begehrensvorstellungen geprägt ist, dann mag zwar ebenfalls eine unangemessene Verarbeitung des Unfallgeschehens vorliegen. Dann aber fehlt es am Merkmal der Zufälligkeit und beliebigen Austauschbarkeit der Schadensursache, so dass eine Zurechnung der psychischen Beeinträchtigung zum Unfall zu erfolgen hat (BGH 16.3.1993, NJW 1993, 1523). Als weiteres Zurechnungsmerkmal dient die *Schwere der Primärverletzung*. Liegt lediglich ein geringfügiges schadensstiftenden Ereignis vor (Bagatellunfall), welches nicht gerade auf eine besondere Schadensanfälligkeit des Geschädigten trifft (BGH 30.4.1996, DAR 1996, 351), dann scheidet eine Zurechnung aus (BGH 11.11. 1997, DAR 1998, 66), wobei Maßstab für die Geringfügigkeit die Grundsätze zu den Bagatellverletzungen beim Schmerzensgeld sind (BGH 30.4.1996, DAR 1996, 351; BGH 11.11.1997, DAR 1998, 63; BGH 16.11.1999, DAR 2000, 117). Eine folgenlos organisch ausgeheilte Schädelprellung mit HWS-Schleudertrauma ist keine solche Bagatellverletzung (BGH 11.11.1997, NJW 1998, 810). Auch das schadensstiftende Ereignis selbst darf nicht als *Bagatellunfall* anzusehen sein, da ansonsten die psychische Reaktion auf den Unfall in einem

P Psychopharmaka

groben Missverhältnis zum Unfall stünde, mithin nicht mehr verständlich wäre, was eine Zurechnung ausschließt (BGH 30.4.1996, NJW 1996, 2425; OLG Hamm 2.4.2001, DAR 2001, 360). Die *Beweislast* für das Vorliegen einer Rentenneurose anstatt einer Konversionsneurose liegt beim Schädiger (BGH 12.11.1985, NJW 1986, 777; KG 15.5.2000, DAR 2002, 211).

> Praxistipp: Der mit der Geltendmachung psychischer Schäden betraute Rechtsanwalt hat nach Rücksprache und ggf. Rückfrage zur weiteren Aufklärung bei seinem Mandanten umfassend (und rechtzeitig) zu den psychischen Unfallfolgen vorzutragen, damit er der anwaltlichen Pflicht des Beschreitens des „sichersten Weges" zur Vermeidung einer eigenen Haftung entspricht (BGH 13.6.2013, NJW 2013, 2965).

6. Mitverschulden. In den Fällen eines Schockschadens muss sich der „Schock-Geschädigte" ein Mitverschulden des unmittelbar am Unfallgeschehen beteiligten nahen Angehörigen aufgrund der besonderen persönlichen Beziehung zurechnen lassen (BGH 11.5.1971, VersR 1971, 905; KG 10.11.1997, VersR 1999, 504).

Geiger

Psychopharmaka Psychopharmaka umfassen die Wirkstoffgruppen Antidepressiva, Neuroleptika und Psychostimulantien. *Sachs*

Psychose → Fahreignung Nr. 3, 9

Punkteabbau → Aufbauseminar Nr. 3, → Punktsystem Nr. 4, → Verkehrspsychologische Beratung Nr. 3

Punktebewertung → Fahreignungsregister, → Punktsystem, → Verkehrszentralregister (VZR)

Punktelöschung bei Verzicht auf die Fahrerlaubnis → Fahrerlaubnisverzicht Nr. 5

Punktereform → Fahrereignungsregister

Punktsystem (bis 30.4.2014)

> **Wichtiger Hinweis zur Gesetzesgültigkeit:** Die nach der Punktereform seit dem 1.5.2014 geltende Rechtslage ist im Stichwort → Fahreignungsregister beschrieben. Dieser Artikel dagegen behandelt die noch bis zum 30.4.2014 geltende alte Rechtslage. Aufgrund der meist langen Dauer von Verwaltungsprozessen werden die Altregelungen auch noch zum Zeitpunkt des Erscheinens dieses Lexikons von Bedeutung sein können.

1. Allgemeines. Verkehrsordnungswidrigkeiten nach §§ 24, 24a und 24c StVG mit Bußgeldern ab 40,00 € sowie Verkehrsstraftaten führten zu einem Punkteintrag im Verkehrszentralregister (VZR) beim Kraftfahrt-Bundesamt in Flensburg. Als rechtliche Grundlage hierzu dienten das StVG (insb. § 4 und §§ 28 ff.) sowie die FeV (insb. §§ 40 ff. und §§ 59 ff.). Im VZR wurden neben den oben genannten Verkehrsdelikten auch verwaltungsbehördliche Entscheidungen über Fahrerlaubnismaßnahmen (z. B. Entziehung oder Versagung) sowie Teilnahmebescheinigungen betreffend Aufbauseminare oder verkehrspsychologischer Beratungen eingetragen (§ 28 StVG i.V. m. § 59 FeV).

2. Punktebewertung. Ins VZR einzutragende Straftaten wurden – je nach Art und Schwere – mit 5 bis 7 Punkten, Ordnungswidrigkeiten mit 1 bis 4 Punkten bewertet (§ 2 Abs. 2 S. 1 StVG i.V. m. § 40 FeV i.V. m. Anl. 13 zur FeV). Die Bepunktung eines eintragungsfähigen Verstoßes lag nicht im Ermessen des Strafrichters, sondern stellte vielmehr eine gesetzliche Folge dar (OLG Hamm 27.11.2008, 2 Ss OWi 803/08, NJW 2009, 1014). Waren durch eine Handlung mehrere Zuwiderhandlungen begangen worden (*Tateinheit*), so wurde nur die Zuwiderhandlung mit der höchsten Punktzahl berücksichtigt (§ 4 Abs. 2 S. 2 StVG); daraus ergibt sich im Umkehrschluss, dass bei mehreren Zuwiderhandlungen, die in *Tatmehrheit* zueinander stehen, jeder einzelne Verstoß mit voller Punktzahl im VZR eingetragen wird.

3. Maßnahmenkatalog. Das in § 4 Abs. 3 StVG geregelte Stufensystem sah folgende Maßnahmen der zuständigen Fahrerlaubnisbehörde vor:

8 bis 13 Punkte: Es erfolgte gem. § 4 Abs. 3 Nr. 1 StVG eine schriftliche Verwarnung mit dem Hinweis auf die Möglichkeit der freiwilligen Teilnahme an einem Aufbauseminar (→ *Aufbauseminar*).

14 bis 17 Punkte: Die Teilnahme an einem Aufbauseminar wurde gem. § 4 Abs. 3 Nr. 2 StVG angeordnet, falls innerhalb der letzten 5 Jahre keine Teilnahme an einem Aufbauseminar erfolgte; darüber hinaus war auf die Möglichkeit der freiwilligen Teilnahme an einer verkehrspsychologischen Beratung hinzuweisen. Wurde bereits ein Aufbauseminar in den letzten 5 Jahren absolviert, so erfolgte lediglich

eine schriftliche Verwarnung mit dem Hinweis auf die Möglichkeit der freiwilligen Teilnahme an einer verkehrspsychologischen Beratung. In jedem Fall war der Betroffene auch darüber zu belehren, dass ihm bei Erreichen von 18 Punkten die Fahrerlaubnis entzogen wird.
18 Punkte und mehr: Die Fahrerlaubnis war zu entziehen, der Betroffene gilt als ungeeignet zum Führen von Kraftfahrzeugen. Aufgrund des geltenden Tattagsprinzips war die Tilgung von Eintragungen im Verkehrszentralregister zwischen der Begehung der Tat, die zum Anfall von 18 Punkten geführt hat, und der Entziehung der Fahrerlaubnis unerheblich (VGH München 21.7.2012, 11 CS 12.1405, BeckRS 2012, 54405).
Die in § 4 Abs. 3 S. 1 Nr. 1 bis 3 StVG genannten Maßnahmen waren auch dann (erneut) zu ergreifen, wenn sich die in diesen Vorschriften genannten Punktestände (infolge zwischenzeitlicher Reduzierung durch Tilgung und erneuter Überschreitung) zum wiederholten Mal ergeben hatten (OVG Münster 21.3.2003, 19 B 337/03, NVwZ-RR 2003, 681).
4. Der **Punkteabzug** war in § 4 Abs. 4 StVG geregelt. Sowohl ein Punktabbau durch Teilnahme an einem Aufbauseminar als auch ein solcher durch Teilnahme an einer verkehrspsychologischen Beratung waren jeweils nur alle 5 Jahre möglich. Die entsprechende Teilnahmebescheinigung war innerhalb von drei Monaten nach Beendigung des Seminars bzw. der Beratung der zuständigen Fahrerlaubnisbehörde vorzulegen, um einen Punkteabzug erhalten zu können. Es kam folgendes Stufensystem zur Anwendung:
Abzug von bis zu 4 Punkten: Voraussetzung hierfür war die freiwillige Teilnahme an einem Aufbauseminar und ein Punktestand von maximal 8 Punkten (→ *Aufbauseminar*). Eine Punktereduzierung auf unter 0 war dabei nicht möglich.
Abzug von 2 Punkten: Hierfür erforderlich war die freiwillige Teilnahme an einem Aufbauseminar bei einem Punktestand von 9 bis 13 Punkten (→ *Aufbauseminar*). Derselbe Punkteabzug erfolgte auch durch die freiwillige Teilnahme an einer verkehrspsychologischen Beratung bei einem Punktestand von 14 bis 17 Punkten (→ *Verkehrspsychologische Beratung*).
Kein Abzug: War die Teilnahme an einem Aufbauseminar (bei 14 bis 17 Punkten) von der Fahrerlaubnisbehörde angeordnet, so erfolgte kein Punkteabzug.
Aufgrund des hier geltenden *Tattagsprinzips* (im Gegensatz zum Rechtskraftsystem) hing der durch die Teilnahme an einem Aufbauseminar mögliche Punkteabzug (und dessen Umfang) davon ab, wie viele Verkehrsverstöße der Betroffene zum Zeitpunkt der Ausstellung der Teilnahmebescheinigung bereits begangen hatte, auch wenn diese erst später rechtskräftig geahndet wurden (BVerwG 25.9.2008, 3 C 3.07, DAR 2009, 102; BVerwG 25.9.2008, 3 C 34.07, DAR 2009, 104).
5. Atypische Punkte: Eine Sonderregelung gem. § 4 Abs. 5 StVG kam zur Geltung, wenn beim Betroffenen auf einen Schlag viele Punkte eingetragen werden (z. B. durch mehrere Verkehrsverstöße in einem kurzen Zeitraum), ohne dass die Fahrerlaubnisbehörde zwischendurch Maßnahmen nach dem Stufensystem hätte ergreifen können. Erreichte oder überschritt der Betroffene also 14 oder 18 Punkte, ohne dass zuvor (bei Erreichen von 8 bis 13 Punkten) eine erste schriftliche Verwarnung gem. § 4 Abs. 3 Nr. 1 StVG erfolgt war, so wurde der Punktestand auf 13 reduziert. Erreichte oder überschritt der Betroffene 18 Punkte, ohne dass zuvor (bei Erreichen von 14 bis 17 Punkten) die zweite schriftliche Verwarnung gem. § 4 Abs. 3 Nr. 2 StVG erfolgt war, so wurde der Punktestand auf 17 reduziert.
6. Tilgung der Eintragungen. Eintragungen im VZR waren nach Ablauf der in § 29 Abs. 1 StVG genannten Fristen grundsätzlich tilgungsreif.
a) Die **Tilgungsfristen** betrugen:
Zwei Jahre bei Entscheidungen wegen einer Ordnungswidrigkeit.
Fünf Jahre bei Entscheidungen wegen Straftaten mit Ausnahme von Entscheidungen wegen Straftaten nach § 315c Abs. 1 Nr. 1a, § 316 sowie § 323a StGB und Entscheidungen, in denen die Entziehung der Fahrerlaubnis nach §§ 69, 69 b StGB oder eine Sperre nach § 69a Abs. 1 S. 3 StGB angeordnet worden ist; ferner bei von der Fahrerlaubnisbehörde verhängten Verboten oder Beschränkungen, ein erlaubnisfreies Fahrzeug zu führen, sowie bei der Teilnahme an einem Aufbauseminar oder einer verkehrspsychologischen Beratung. Ebenfalls fünf Jahre betrug die Tilgungsfrist für die Eintragung einer Entziehung der Fahrerlaubnis auf Probe (OVG Münster 15.7.2010, 16 A 884/09, DAR 2010, 655).
Zehn Jahre in allen übrigen Fällen (z. B. bei den Ausnahmen von der 5-Jahres-Frist, bei Verzichten auf die Fahrerlaubnis oder Versagungen der Fahrerlaubnis).
b) Der **Beginn der Tilgungsfrist** ist in § 29 Abs. 4 StVG geregelt. Bei *strafrechtlichen* Verur-

teilungen beginnt die Frist mit dem Tag des ersten Urteils, bei Strafbefehlen mit dem Tag der Unterzeichnung durch den Richter. Bei *Ordnungswidrigkeiten und Verwaltungsentscheidungen* beginnt die Tilgungsfrist mit dem Tag der Rechtskraft bzw. Unanfechtbarkeit der Entscheidungen, bei *Aufbauseminaren und verkehrspsychologischen Beratungen* mit dem Tag der Ausstellung der Teilnahmebescheinigung. Weitere Regelungen zum Beginn der Tilgungsfrist in Sonderfällen enthielt § 29 Abs. 5 StVG (z. B. späterer Fristbeginn bei Versagung oder Entziehung der Fahrerlaubnis).

c) Tilgungs-/Ablaufhemmung. Enthielt das VZR mehrere Eintragungen, so erfolgte die Tilgung erst dann, wenn für alle Eintragungen die Voraussetzungen für eine Tilgung vorliegen, § 29 Abs. 6 StVG. Die Ablaufhemmung trat auch ein, wenn eine neue Tat noch vor Ablauf der Tilgungsfrist begangen wurde und diese dann während der *Überliegefrist* (→ Nr. 7) zu einer weiteren Eintragung führte. Eintragungen von Entscheidungen wegen Ordnungswidrigkeiten hinderten nur die Tilgung von Entscheidungen wegen anderer Ordnungswidrigkeiten. Die Eintragung einer Entscheidung wegen einer Ordnungswidrigkeit – mit Ausnahme von Entscheidungen wegen einer Ordnungswidrigkeit nach § 24a StVG – wurde aber spätestens nach Ablauf von fünf Jahren getilgt. Bei einer *Fahrerlaubnis auf Probe* dagegen unterblieb die Tilgung einer Eintragung einer Entscheidung wegen einer Ordnungswidrigkeit in jedem Falle solange, wie der Betroffene im Zentralen Fahrerlaubnisregister als Inhaber einer Fahrerlaubnis auf Probe gespeichert war. Wurde eine Eintragung getilgt, so waren gleichzeitig alle Eintragungen zu tilgen, deren Tilgung nur durch die betreffende Eintragung gehemmt war.

d) Verwertungsverbot. War eine Eintragung über eine gerichtliche Entscheidung im VZR getilgt, so durften die Tat und die Entscheidung dem Betroffenen für die Zwecke des § 28 Abs. 2 StVG nicht mehr vorgehalten und nicht zu seinem Nachteil verwertet werden (§ 28 Abs. 8 S. 1 StVG). Ausnahmen galten jedoch für Verfahren, welche die Erteilung oder Entziehung einer Fahrerlaubnis zum Gegenstand hatten (§ 28 Abs. 8 S. 2 StVG). Maßgebender Zeitpunkt war der des Erlasses des tatrichterlichen Urteils (OLG Bamberg 10.2.2010, 2 Ss OWi 1575/09, DAR 2010, 332). Ein Verwertungsverbot bestand auch dann, wenn im Zeitpunkt der tatrichterlichen Entscheidung die Überliegefrist noch nicht abgelaufen war, dabei selbst dann, wenn zwar noch während der Tilgungsfrist weitere Taten begangen wurden, hinsichtlich der Vorahndungen aber im maßgeblichen Zeitpunkt der Hauptverhandlung Tilgungsreife nach § 29 Abs. 6 S. 1 StVG eingetreten war (OLG Bamberg a. a. O.).

7. Löschung nach Ablauf der Überliegefrist. Nach Eintritt der Tilgungsreife (d. h. nach Ablauf der Tilgungsfrist) wurden die Eintragungen zuzüglich einer *Überliegefrist* von einem Jahr gelöscht, § 29 Abs. 7 S. 1 StVG. Während der Überliegefrist durfte der Inhalt der Eintragungen nicht übermittelt und über ihn keine Auskunft erteilt werden, sofern nicht der Betroffene selbst die Auskunft begehrte. Die Löschung erfolgte ohne Antrag von Amts wegen. Gelöschte Eintragungen wurden vollständig vernichtet, so dass zu einem späteren Zeitpunkt hierüber keine Auskünfte mehr erteilt werden konnten.

8. Entziehung der Fahrerlaubnis. Erreichte der Führerscheininhaber 18 Punkte oder mehr, so wurde ihm gem. § 4 Abs. 3 Nr. 3 StVG von der Verwaltungsbehörde automatisch die Fahrerlaubnis entzogen. Die Fahrerlaubnisbehörde war hierbei an rechtskräftige Entscheidungen über Straftaten und Ordnungswidrigkeiten gebunden (→ *Entziehung der Fahrerlaubnis Nr. 3*). Um die Rechtskraft der im VZR eingetragenen Entscheidung und so auch die damit einhergehenden Punkte zu beseitigen, bestanden allenfalls die Möglichkeiten der Wiedereinsetzung in den vorherigen Stand und des Wiederaufnahmeverfahrens. Eine neue Fahrerlaubnis konnte nach Ablauf einer *mindestens 6-monatigen Sperrfrist* erteilt werden, sofern der Betroffene die Eignung durch eine → *medizinisch-psychologische Untersuchung (MPU)* nachwies (§ 4 Abs. 10 StVG). Musste die Fahrerlaubnis dagegen gem. § 4 Abs. 7 StVG nur deswegen entzogen werden, weil der Betroffene eine Anordnung zur Teilnahme an einem Aufbauseminar nicht nachgekommen war, so wurde die Fahrerlaubnis ohne Sperrfrist und ohne Beibringung einer MPU erteilt, sofern der Betroffene nachwies, dass er das Aufbauseminar nachgeholt hat (§ 4 Abs. 11 StVG). Mit jeder Entziehung der Fahrerlaubnis wurde gem. § 4 Abs. 2 S. 3 StVG der bis dahin durch zurückliegende Eintragungen erreichte *Punktestand auf 0 gesetzt*, die diesen Punkten zu Grunde liegenden Entscheidungen blieben aber weiterhin eingetragen (dann also mit einem jeweiligen Punktestand von 0) und durften verwertet werden. Eine solche Löschung der Punkte erfolgte aber dann nicht, wenn die Fahrerlaubnis aufgrund der Nichtteilnahme an einem angeordnetem Aufbauseminar entzogen wurde (§ 4 Abs. 2 S. 4 StVG) oder wenn der Betroffene (z. B. um einer Entziehung der Fahrerlaubnis zu entgehen) freiwillig auf seine Fahrerlaubnis verzichtet hatte (BVerwG 3.3. 2011, 3 C 1.10, NJW 2011, 1690). Die Ablehnung der Erteilung einer Fahrerlaubnis führte genausowenig zur Löschung von Punkten im Verkehrszentralregister in entsprechender Anwendung von § 4 Abs. 2 Satz 3 StVG (BVerwG 27.9.2012, 3 C 33.11, NZV 2013, 206).

9. Rechtsmittel. Widerspruch und Anfechtungsklage gegen die Anordnung der Teilnahme an einem Aufbauseminar (§ 4 Abs. 3 S. 1 Nr. 2 StVG) bzw. gegen die Entziehung der Fahrerlaubnis (§ 4 Abs. 3 S. 1 Nr. 3 sowie § 4 Abs. 7 S. 1 StVG) hatten keine aufschiebende Wirkung, § 4 Abs. 7 S. 2 StVG. Die Eintragung einer rechtskräftigen Entscheidung im VZR, welche mit einer Punktebewertung verbunden war, stellte keinen selbstständig anfechtbaren Verwaltungsakt dar. *Langer*

Q

qualifizierter Rotlichtverstoß → Rotlichtverstoß Nr. 7 a), 7 c)

Quote → Gestörte Gesamtschuld Nr. 2, → Teilungsabkommen, → Übergang von Ersatzansprüchen Nr. 2, → Haftungsverteilung bei Verkehrsunfällen Nr. 4

Quotentabellen → Haftungsverteilung bei Verkehrsunfällen Nr. 3

Quotenvorrecht → Ersatzansprüche Dritter Nr. 15, → Rechtsschutzversicherung Nr. 30, → Übergang von Ersatzansprüchen Nr. 2, 3

R

Radarmessung → Verkehrsmesstechnik Nr. 7

Radarwarngerät 1. Allgemeines. Dem Führer eines Kraftfahrzeugs ist es gem. § 23 Abs. 1b StVO untersagt, ein technisches Gerät zu betreiben oder betriebsbereit mitzuführen, das dafür bestimmt ist, Verkehrsüberwachungsmaßnahmen anzuzeigen oder zu stören. Dies gilt insbesondere für Geräte zur Störung oder Anzeige von Geschwindigkeitsmessungen (Radarwarn- oder Laserstörgeräte).
2. Begriffsdefinitionen. Unzulässig sind alle *technischen Geräte*, die dazu bestimmt sind, Verkehrsüberwachungsmaßnahmen anzuzeigen oder zu stören; auf die Geeignetheit kommt es hierbei nicht an. Somit ist ein Autoradiogerät, mit dem schließlich Radarwarnungen eines Rundfunksenders empfangen werden (können), kein verbotenes technisches Gerät i. S. v. § 23 Abs. 1b StVO. Unter die Vorschrift fallen dagegen Navigationsgeräte, bei denen über eine installierte Zusatzsoftware – sog. Points-of-interest-Warner (POI-Warner) – das Anzeigen von Verkehrsüberwachungsstellen ermöglicht wird. Verboten ist der *Betrieb und das betriebsbereite Mitführen* eines solchen unzulässigen technischen Gerätes. Unmaßgeblich ist dabei die Absicht dessen Einsatzes. Betriebsbereitschaft ist dann anzunehmen, wenn das Gerät (oder die installierte Zusatzsoftware des Geräts) während der Fahrt ohne größeren Aufwand verwendet werden kann. Keine Betriebsbereitschaft ist dagegen gegeben, wenn das Radarwarngerät nur im Fahrzeug transportiert wird oder es gar nicht funktionstüchtig ist.
3. Beschlagnahme und Einziehung. Im Kraftfahrzeug mitgeführte, betriebsbereite Radarwarngeräte können von der Polizei gem. § 46 Abs. 1 OWiG i. V. m. §§ 94 Abs. 1, 98 StPO beschlagnahmt werden. Ist das Gerät (noch) nicht betriebsbereit, kann eine Beschlagnahme nach dem Polizeiaufgabenrecht als präventive Maßnahme erfolgen (in Bayern z. B. gem. Art. 25 Abs. 1 Nr. 1 BayPAG). Die Einziehung (und Vernichtung) eines Radargeräts auf Anordnung der zuständigen Verwaltungsbehörde ist rechtens, wenn nur auf diese Art und Weise verhindert werden kann, dass das Gerät im Straßenverkehr eingesetzt wird und dadurch eine Gefährdung der öffentlichen Sicherheit und Ordnung eintritt (VGH München 13.11.2007, 24 ZB 07.1970, NJW 2008, 1549).
4. Ordnungswidrigkeiten und Straftaten. Ein Verstoß gegen § 23 Abs. 1b StVO stellt lediglich eine Ordnungswidrigkeit dar (§ 24 StVG i. V. m. § 49 Abs. 1 Nr. 22 StVO), ein früher geltender Straftatbestand wurde mittlerweile aufgehoben.
5. Zivilrecht. Ein *Kaufvertrag* über den Erwerb eines Radarwarngeräts ist i. S. v. § 138 Abs. 1 BGB *sittenwidrig* und damit nichtig, wenn der Kauf nach dem für beide Parteien erkennbaren Vertragszweck auf eine Verwendung des Radarwarngeräts im Geltungsbereich der StVO gerichtet ist; ein Anspruch auf Rückabwicklung des Vertrags (und damit eine Kaufpreisrückzahlung) steht dem Käufer aber aufgrund von § 817 S. 2 BGB nicht zu (BGH 23.2.2005, VIII ZR 129/04, NJW 2005, 1490).

Langer

Radarwarnungen 1. Allgemeines. Warnungen vor polizeilichen Verkehrskontrollen und Verkehrsüberwachungsmaßnahmen können in mehrerlei Hinsicht in Betracht kommen: einerseits vor Ort durch Passanten, andererseits durch Meldungen im Radio, Fernsehen und Internet.
2. Rechtslage. Seit Jahrzehnten vertritt die obergerichtliche Rechtsprechung die Ansicht, dass das Warnen anderer Verkehrsteilnehmer vor einer polizeilichen Verkehrskontrolle für sich allein keinen Straf- oder Ordnungswidrigkeitentatbestand erfüllt. Ein Verstoß gegen § 1 StVO kann lediglich dann vorliegen, wenn durch die Warnung andere Verkehrsteilnehmer hierdurch in ihrer Fahrweise konkret gefährdet, behindert oder belästigt werden (BayObLG 26.6.1963, RReg. 1 St 144/63, NJW 1963, 1884; OLG Stuttgart 29.1.1997, 4 Ss 33/97, NZV 1997, 242). Ein Autoradiogerät stellt kein verbotenes technisches Gerät zur Anzeige von Verkehrsüberwachungsmaßnahmen dar (→ *Radarwarngerät* Nr. 2).

Langer

Radfahrer → Fahrradfahrer, → Fahrradstraße, → Fahrradtaxi (Fahrradriksha), → Fußgängerüberweg Nr. 4, → Geschwindigkeit Nr. 1, → Haftungsverteilung bei Verkehrsunfällen Nr. 1, 4, → Handyverbot Nr. 1, → Pflichten des Fahrzeugführers Nr. 1 f), → Rotlichtverstoß Nr. 5

Radweg → Fahrradfahrer Nr. 4, 5, → Fahrradtaxi (Fahrradriksha), → Straßenbenutzung Nr. 2

Räuberischer Angriff auf Kraftfahrer 1. Allgemeines: R. ist ein in § 316 a StGB geregelter

Straftatbestand. Bestraft wird nach § 316 a Abs. 1, wer zur Begehung einer Tat nach §§ 249, 250, 252 oder 255 StGB („Raubtat") einen Angriff auf Leib, Leben oder Entschlussfreiheit eines Kraftfahrers oder Mitfahrers verübt und dabei die besonderen Verhältnisse des Straßenverkehrs ausnutzt. Minder schwere Fälle regelt § 316 a Abs. 2 StGB, für die Todesfolge sieht § 316 a Abs. 3 StGB eine erhebliche Strafschärfung vor.

2. *Taugliches Opfer* ist nur der Führer eines Kraftfahrzeugs oder dessen Mitfahrer (BGH GS 20.11.2003, BGHSt 49, 8 = NJW 2004, 786 = NStZ 2004, 2017). Erforderlich ist, dass das Tatopfer diese Eigenschaft zum Tatzeitpunkt, d. h. bei Verüben des Angriffs, besitzt. Für diese zeitliche Verknüpfung reicht es aber aus, wenn der Täter das Opfer durch einen vor Fahrtantritt begonnen Angriff zur (Mit-)Fahrt zwingt und dieser Angriff während der Fahrt fortgesetzt wird. Denn das Tatbestandsmerkmal erfasst den gesamten Zeitraum bis zur Beendigung des Angriffs (BGH a.a.O.; BGH 25.9.2007, 4 StR 338/07 = NJW 2008, 451 f).

3. Unter Ausnutzung der *besonderen Verhältnisse des Straßenverkehrs* ist der Angriff begangen, wenn der Führer eines Kraftfahrzeugs im Zeitpunkt des Angriffs in einer Weise mit der Beherrschung seines Kraftfahrzeugs oder mit der Bewältigung von Verkehrsvorgängen beschäftigt ist, dass er gerade deshalb leichter zum Angriffsobjekt eines Überfalls werden kann. Dem Täter muss dies subjektiv bewusst sein; nicht erforderlich ist, dass der Täter sich von dieser Erwägung leiten ließ (BGHSt 50, 169 [172] = NJW 2005, 2564 = NStZ 2005, 638; BGH 25.9.2007, 4 StR 338/07 = NJW 2008, 451 f). Das Tatbestandsmerkmal der Ausnutzung der besonderen Verhältnisse des Straßenverkehrs ist besonders sorgfältig zu prüfen. Es wird in der Regel dann nicht anzunehmen sein, wenn ein vollendeter Angriff auf das Tatopfer bereits vor Fahrtantritt eingesetzt hat. Denn hat der Täter sein Opfer bereits vor der Fahrt unter seine uneingeschränkte Kontrolle gebracht und die – bereits verfestigte – Nötigungslage während der Fahrt lediglich aufrechterhalten, dann dient das Fahrzeug nur Beförderungszwecken, die eingeschränkten Abwehrmöglichkeiten des Tatopfers während der Fahrt wirken sich nicht mehr fördernd aus. Anders aber in folgender Ausnahmekonstellation: Der Täter beobachtet das Opfer beim Einsteigen in das Fahrzeug, steigt dann gezielt zu, bevor das Opfer den Motor startet, und zwingt das Opfer mit vorgehaltener Waffe, an einen abgelegenen Ort zu fahren, wo der Täter das Opfer anschließend, wie geplant, seiner mitgeführten Habe beraubt (BGH 25.9.2007, 4 StR 338/07).

4. *Zur Begehung einer Raubtat* (oben 1.) ist der R. auch dann begangen, wenn der Täter diese Raubtat bereits verübt, aber noch nicht beendet hat, sondern das vom Opfer geführte Fahrzeug „kapert", um von diesem fortgefahren zu werden und sich im Besitz der Beute zu halten.

Weder

Rauchen → Passivrauchen, → Unbewusster Drogenkonsum

Reaktionszeit Zeit, die vergeht zwischen der Aufforderung zur Reaktion bis zu dessen Ausführung. In der Reaktionszeit sind mehrere Schritte subsummiert wie Wahrnehmung, Übertragung der Wahrnehmung, Diskrimination der Wahrnehmung, Bahnung der Antwort, Übertragung der Antwort und Ausführung der Antwort. Typischerweise ist diese mit zunehmender Alkoholisierung auch zunehmend verlängert.
Experimentell kann die Verzögerung der neurologischen Abläufe regelhaft bereits im Bereich von 0,5 Promille (bei sog. Gesellschaftstrinkern ohne erhöhte Alkoholtoleranz) nachgewiesen werden.
Die Rechtsprechung erlaubt bereits ab 0,3 Promille, zumindest bei entsprechender Konstellation die Annahme einer Kausalität zwischen Fahrfehler und Alkoholisierung.
Bei automatisierten Abläufen wird die Zeit zwischen Reaktionsaufforderung und Antwort darauf von der Latenzzeit gesprochen. Beispiel: Blickzielbewegungen (Sakkadische Augenbewegungen), Pupillenlichtreflex.

Priemer

Realkonkurrenz → Tateinheit und Tatmehrheit Nr. 3

rechtfertigende Einwilligung → Vorsätzlich verursachter Kfz-Unfall Nr. 3

rechtfertigender Notstand → Notstand

Rechtliches Gehör 1. Allgemeines. Nach Art. 103 Abs. 1 GG hat vor Gericht jedermann Anspruch auf rechtliches Gehör. Dieses grundrechtsgleiche Recht, das gelegentlich als „prozessuales Urrecht des Menschen" bezeichnet wird (BVerfGE 55, 1 [6]; s. auch BVerfGE 107, 395 [408]), zielt darauf, dass dem Einzelnen im Hinblick auf Entscheidungen, die seine Rechte betreffen, die Gelegenheit eingeräumt werden muss, rechtzeitig zu Wort zu kommen, um Einfluss auf das Verfahren nehmen zu können und gewissermaßen aus dem Status eines bloßen Objekts des Verfahrens herausgehoben zu werden. Daraus folgt, dass sich die Parteien zu dem Sachverhalt, der einer gerichtlichen Entscheidung zugrunde gelegt wird, vor Erlass der Entscheidung äußern können müssen (BVerfG 8.6.1993, 1 BvR 878/90, NJW 1993, 2229). Aus diesem Grund wird der Anspruch auf rechtliches Gehör nach allgemeiner Auffassung als Prozessgrundrecht angesehen (vgl. statt aller Maunz/Dürig/*Schmidt-Aßmann* GG Art. 103 Rn. 4); zugleich stellt der Anspruch als grundrechtsgleiches Recht eine Konkretisierung des aus Art. 20 Abs. 3 GG abgeleiteten Rechtsstaatsprinzips dar, mit weit reichenden Folgen für das gerichtliche Verfahren (dazu Maunz/Dürig/*Schmidt-Aßmann* GG Art. 103 Rn. 2). Da indes das Rechtsstaatsprinzip den Zugang zum Verfahren nur generell gewährleistet und in dessen Konkretisierung Art. 103 Abs. 1 GG auf einen angemessen Ablauf des Verfahrens zielt, gewährt Art. 103 Abs. 1 GG nicht nur Rechtschutz durch den Richter, sondern auch Rechtschutz gegen den Richter (BVerfG 30.4.2003, 1 PBvU 1/02, BVerfGE 107, 395 [401]; vgl. in diesem Zusammenhang auch *Voßkuhle*, Rechtsschutz gegen den Richter, 1993).

Der Anspruch auf rechtliches Gehör soll eine bestmögliche Wahrheitsfindung ermöglichen und dient somit nicht nur der Schaffung von „Waffengleichheit" im Prozess, sondern zugleich der Einhaltung eines rechtsstaatlichen Mindeststandards. Denn durch die Wahrung der Subjektstellung des Einzelnen wird zugleich der Menschenwürdegehalt des Art. 1 Abs. 1 GG gesichert, der durch die Objektformel des Bundesverfassungsgerichts, wonach der Mensch nicht als bloßes Objekt staatlichen Handelns fungieren dürfe, näher bestimmt wurde (vgl. nur BVerfG 16.7.1969, 1 BvL 19/63, BVerfGE 27, 1 [6]; BVerfG 20.10.1992, 1 BvR 698/89, BVerfGE 87, 209 [228]).

Der Anspruch auf rechtliches Gehör beinhaltet damit eine subjektiv-rechtliche Komponente (i. S. e. Abwehranspruchs) sowie eine objektiv-rechtliche Dimension (i. S. e. Institutionsgarantie), welche gleichrangig nebeneinander stehen (siehe dazu und zum Folgenden Maunz/Dürig/*Schmidt-Aßmann* GG Art. 103 Rn. 3 f.). Das subjektiv-rechtliche Element liegt in der Achtung der Menschenwürde bzw. in der Sicherung der Freiheitsrechte im gerichtlichen Verfahren. Der objektiv-rechtliche Gehalt hingegen ist in der Sicherung der Aufgabenerfüllung durch Gerichte mittels gesetzeskonformer und gerechter Entscheidungen zu sehen, was eine umfassende Sachaufklärung unabdingbar macht und voraussetzt.

2. Verfassungsrechtliche, europarechtliche und völkerrechtliche Verankerung. Das rechtliche Gehör ist ausdrücklich in Art. 103 Abs. 1 GG, zum Teil auch in den Verfassungen der Bundesländer verankert (vgl. z. B. Art. 91 Abs. 1 BayVerf, Art. 15 Abs. 1 BerlVerf, Art. 78 Abs. 2 SächsVerf und Art. 88 Abs. 1 VerfThür). Es kann aber auch aus der Garantie effektiven Rechtsschutzes nach Art. 19 Abs. 4 GG, dem Menschenwürdegehalt des Art. 1 Abs. 1 GG und dem in Art. 20 Abs. 3 GG enthaltenen Rechtsstaatsprinzip hergeleitet werden.

Im europäischen Gemeinschaftsrecht ist der Anspruch auf rechtliches Gehör ein ungeschriebener allgemeiner Rechtsgrundsatz, an den alle Gemeinschaftsorgane gebunden sind. Er garantiert das Recht zur Stellungnahme, auf Akteneinsicht und das Recht auf Begründung der gerichtlichen Entscheidungen (vgl. auch *Oppermann/Classen/Nettesheim* Europarecht 4. Aufl. 2009 § 14; *Brenner* DV 1998, 1). Zudem statuiert Art. 47 der Grundrechtecharta das Recht eines jeden einzelnen, dass seine Sache vor einem unabhängigen, unparteiischen und zuvor durch Gesetz errichteten fairen Verfahren öffentlich und innerhalb angemessener Frist verhandelt wird.

International betrachtet gehört das rechtliche Gehör zum völkerrechtlichen Mindeststandard, welcher über Art. 25 GG Bestandteil der deutschen Rechtsordnung ist. Es ist unter anderem in Art. 10 der Allgemeinen Erklärung der Menschenrechte, in Art. 6 EMRK und in Art. 13 EMRK verankert.

3. Einfachgesetzliche Umsetzung. Der Grundsatz des rechtlichen Gehörs bedarf einer Ausgestaltung durch den Gesetzgeber in den jeweils maßgebenden Prozessordnungen (vgl. BVerfG 8.1.1959, 1 BvR 396/55, BVerfGE 9, 89 [95 f.], NJW 1959, 427). Die Auslegung der gesetzlichen Vorschriften ist dann grundsätzlich Sache der Fachgerichte. Diese wird vom BVerfG nur eingeschränkt überprüft, denn nicht jeder Verfahrensfehler ist zugleich auch als eine Verletzung von Art. 103 Abs. 1 GG zu werten (vgl. BVerfG 5.5.1987, 1 BvR 903/85, BVerfGE 75, 302 [313], NJW 1987, 2733). Jedoch gibt es ein Mindestmaß an Verfahrensbeteiligung, das keinesfalls verkürzt werden darf. Ein Verfassungsverstoß liegt zumindest dann vor, wenn die Auslegung durch die Gerichte zu einem Ergebnis führt, das nicht einmal der Gesetzgeber anordnen könnte (vgl. BVerfG 11.2.1987, 1 BvR 475/85, BVerfGE 74, 228 [233 f.], NJW 1987, 2067).

Insbesondere für das Strafverfahren ist eine umfassende einfachgesetzliche Umsetzung des Grundsatzes des rechtlichen Gehörs erfolgt. Zu nennen sind u. a. §§ 33, 33a, 44, 135, 136 (Beschuldigtenvernehmung), § 147 (Akteneinsicht), § 258 Abs. 3 (letztes Wort), §§ 265, 356a und 410 StPO. Auch das Verwaltungsverfahren sieht Ausformungen des rechtlichen Gehörs vor, wie die Bestimmungen der §§ 86, 88, 104 Abs. 1, 108 Abs. 2, 138 Nr. 3 VwGO und des § 28 VwVfG deutlich machen. Für das Ordnungswidrigkeitsverfahren gelten gem. § 46 Abs. 1 OWiG die Vorschriften der StPO; zu beachten ist in diesem Zusammenhang auch § 55 OWiG. Im Zivilverfahren stellen §§ 118 Abs. 1, 128 ff., 137 f., 253, 321a, 338 und 700 ZPO die einfachgesetzliche Ziselierung des Art. 103 Abs. 1 GG dar. Zudem sichern weitere Prozessordnungen den Grundsatz des rechtlichen Gehörs umfassend ab. Sollte eine einfachgesetzliche Ausgestaltung fehlen bzw. diese nicht ausreichend sein, kommt der unmittelbare Rückgriff auf Art. 103 Abs. 1 GG in Betracht, um auf diese Weise Regelungslücken des einfachen Rechts zu schließen. Hieran wird zugleich deutlich, dass der Anspruch auf rechtliches Gehör jedenfalls dann unmittelbar aus der Verfassung abgeleitet werden kann, wenn es an einer einfachgesetzlichen Umsetzung fehlt. Ungeachtet dessen ist der Gesetzgeber als Adressat des Art. 103 Abs. 1 GG zur Beachtung und Durchsetzung der Bestimmung verpflichtet, und zwar dahingehend, bei der Ausgestaltung des einfachen Verfahrensrechts das Recht auf Gehör umfassend abzusichern.

4. Schutzbereich. Die Garantie des Art. 103 Abs. 1 GG entfaltet Rechtswirkung lediglich vor Gericht, d. h. bei allen staatlichen Gerichten i. S. d. Art. 92 GG. Umfasst sind damit auch die Freiwillige Gerichtsbarkeit, Verfahren vor dem Haftrichter, das Klageerzwingungsverfahren (§§ 172 ff. StPO), das Strafvollstreckungsverfahren (§§ 449 ff. StPO) und das Zwangsversteigerungsverfahren. Freilich wird eine bestimmte Verfahrensart durch die Bestimmung nicht gewährleistet. Ferner gilt der Anspruch auf rechtliches Gehör nur bei bereits anhängigen Verfahren vor Gericht. Damit scheidet das Verwaltungsverfahren als behördliches Verfahren aus (vgl. BVerfG 18.1.2000, 1 BvR 32/96, BVerfGE 101, 397 [404]; Maunz/Dürig/*Schmidt-Aßmann* GG Art. 103 Rn. 62). Für Verwaltungsbehörden gilt jedoch § 28 VwVfG, der sich als eine Ausformung des Art. 103 Abs. 1 GG begreifen lässt. Voraussetzung für den Anspruch auf rechtliches Gehör ist in personeller Hinsicht lediglich, dass es sich um das Tätigwerden eines Richters innerhalb eines Gerichtsverfahrens handelt. Aus diesem Grund gilt Art. 103 Abs. 1 GG nicht für von Rechtspflegern zu führende Verfahren (BVerfG 18.1. 2000, 1 BvR 321/96, BVerfGE 101, 397 [405], NJW 2000, 1709). Zudem ist die private Gerichtsbarkeit – mithin Schiedsgerichte, Vereinsgerichte und Kirchengerichte – vom Geltungsbereich der Norm nicht erfasst, ebenso wenig die Behörden der Staatsanwaltschaft oder Disziplinarbehörden.

Vom personalen Schutzbereich ist „jedermann" als Anspruchsinhaber umfasst. Voraussetzung ist lediglich, dass der Betreffende an einem gerichtlichen Verfahren formell als Partei oder in ähnlicher Stellung beteiligt ist; zudem muss die Möglichkeit der unmittelbaren Beeinträchtigung in eigenen Rechten des Betroffenen bestehen (vgl. BVerfG 22.4.1964, 2 BvR 190/62, BVerfGE 17, 356 [361], NJW 1964, 1412). Weder die Partei- und Geschäftsfähigkeit noch die Eigenschaft der natürlichen Personen ist von Bedeutung. Danach haben z. B. Zeugen, Sachverständige und Anwälte grundsätzlich keinen Anspruch auf die Gewährung rechtlichen Gehörs. Anders stellt sich dies bei Dritten dar, wenn eine Entscheidung auf ihre Rechtspositionen einwirkt (so z. B. im Falle der notwendigen Beiladung nach § 68 VwGO).

5. Inhalt des Anspruchs auf rechtliches Gehör. Der Schutz, der durch Art. 103 Abs. 1 GG verfassungsrechtlich gewährleistet wird, ist von den weitergehenden Rechten und Pflichten in einfachgesetzlichen Ausgestaltungen abzugrenzen (so z. B. von der Hinweispflicht nach § 265 StPO). Dies folgt daraus, dass nicht jede Verletzung der Verfahrensvorschriften zugleich eine Beeinträchtigung des verfassungsrechtlich abgesicherten Grundsatzes des rechtlichen Gehörs bewirkt. Blickt man daher auf das verfassungsrechtlich abgesicherte Konzentrat des rechtlichen Gehörs, so zielt der wesenhafte Schutz des Art. 103 Abs. 1 GG darauf, vor Überraschungsentscheidungen gefeit zu sein. Von einer solchen ist nach Auffassung des Bundesverfassungsgerichts dann auszugehen, wenn sich eine solche Überraschungsentscheidung auf Erwägungen stützt, mit denen ein gewissenhafter und kundiger Beteiligter selbst unter Berücksichtigung der Vielfalt möglicher

Rechtsauffassungen nach dem Prozessverlauf nicht zu rechnen brauchte (so BVerfG 19.5.1992, 1 BvR 986/91, BVerfGE 86, 133 [144 f.], NJW 1992, 2877; BVerfG 7.10.2003, 1 BvR 10/99, BVerfGE 108, 341 [345 f.], NVwZ 2004, 334).

Der Grundsatz des rechtlichen Gehörs gewährt dem Betroffenen im Wesentlichen drei Einzelrechte, die die verschiedenen Stadien der Verwirklichung des rechtlichen Gehörs markieren (vgl. dazu und zum Folgenden Maunz/Dürig/*Schmidt-Aßmann* GG Art. 103 Rn. 69 ff.): das Recht auf Information, das Recht auf Äußerung und das Recht auf Berücksichtigung.

a) Recht auf Information. Zunächst muss ein Gericht die Verfahrensbeteiligten über den aktuellen Verfahrensstand, d. h. über die Sach- und Rechtslage, in Kenntnis setzen. Denn nur auf der Grundlage einer umfassenden Information über die entscheidungsrelevanten Tatsachen ist es einem Betroffenen überhaupt möglich, sich in einem gerichtlichen Verfahren qualifiziert zu äußern und seine Rechte wahrzunehmen. Das Recht auf Information umfasst zunächst die Benachrichtigung über den Beginn eines Gerichtsverfahrens mittels Ladung. Im Anschluss hieran muss der Betroffene über den Fortgang des Verfahrens in Kenntnis gesetzt werden, was insbesondere Mitteilungen über Termine und die Bekanntgabe gerichtlicher Entscheidungen umfasst. Darüber hinaus unterliegen der Informationspflicht alle gerichtlichen Entscheidungen, Beweismittel und verfahrensrelevante Tatsachen, darüber hinaus auch die Ergebnisse von Beweisaufnahmen sowie sämtliche verfahrensrelevanten Handlungen (z. B. Schriftsätze) anderer Beteiligter bzw. der Gegenseite. Es muss den Beteiligten möglich sein, sich unter Anwendung der gebotenen Sorgfalt über den gesamten Verfahrensstoff informieren zu können (BVerfG 29.5.1991, 1 BvR 1383/90, BVerfGE 84, 188 [190], NJW 1991, 2823), denn eine Art. 103 Abs. 1 GG genügende Gewährung rechtlichen Gehörs setzt voraus, dass die Verfahrensbeteiligten zu erkennen vermögen, auf welchen Tatsachenvortrag es für die Entscheidung ankommen kann. Die Tatsache, dass das einfache Recht teilweise vorsieht, dass ggf. eine tatsächliche Kenntnisnahme der Informationen nicht erreicht werden kann (so z. B. bei der Ersatzzustellung in § 56 Abs. 2 VwGO i.V. m. § 11 Abs. 1 VwZG oder der öffentlichen Zustellung mit ihrer Bekanntgabefiktion nach § 56 Abs. 2 i.V. m. § 15 VwZG), begegnet aber jedenfalls keinen verfassungsrechtlichen Bedenken, da solche Art. 103 Abs. 1 GG gezogenen Schranken durch den Schutz anderer Rechtsgüter, wie beispielsweise der Verfahrensbeschleunigung bei Massenverfahren, verfassungsrechtlich gerechtfertigt sind.

Insbesondere resultiert aus dem Informationsrecht das Recht auf Akteneinsicht, das in Deutschland vornehmlich durch den Anwalt wahrgenommen wird (vgl. z. B. die Regelung in § 147 StPO). Dieses Recht bezieht sich auf sämtliche Prozessakten samt beigezogener Akten, beispielsweise gem. § 99 VwGO vorgelegte Behördenakten und Gutachten. Allerdings umschließt das Einsichtsrecht nur vorhandene Akten; ein Anspruch auf Beiziehung weiterer Akten besteht von Verfassungs wegen nicht. Aufgrund der Tatsache, dass sich die Informationspflicht als eine den Prozess insgesamt durchziehende Aufgabe des Gerichts darstellt, obliegt dem Gericht gegenüber den Beteiligten eine Hinweispflicht (siehe z. B. die gesetzlich ausgeformten Regelungen in § 139 ZPO, § 86 VwGO, § 265 StPO). Das Gericht ist mithin verpflichtet, bestimmte Hinweise zu geben, um den Betroffenen nicht „ins offene Messer laufen zu lassen". Auch wenn dem Gericht grundsätzlich keine Aufklärungspflicht oder eine Pflicht zur Mitteilung seiner Rechtsauffassung obliegt, so kann indes ein Verstoß gegen das rechtliche Gehör angenommen werden, wenn es von einer bisher gefestigten Rechtsprechung oder einer üblichen Linie abweichen will, die es vorher selbst aufgezeigt hat und sich die Beteiligten gerade aus diesem Grund darauf eingestellt hatten.

Nicht erfasst von dem Recht auf Information ist die Pflicht zur Führung eines Rechtsgesprächs sowie die Pflicht, Rechtsmittelbelehrungen zu erteilen (dazu und zum Ganzen im Einzelnen Maunz/Dürig/*Schmidt-Aßmann* GG Art. 103 Rn. 70 ff., sowie Jarass/*Pieroth* GG Art. 103 Rn. 17 ff.)

b) Recht auf Äußerung. Über das Informationsrecht hinaus muss dem Beteiligten die hinreichende Gelegenheit geben werden, sich zur Sache zu äußern. Dieses Recht umschließt alles, was nach dem aktuellen Streitstand potenziell für die gerichtliche Entscheidung erheblich sein kann (Grundsatz der potenziellen Erheblichkeit); es bezieht sich daher nicht nur auf Tatsachen – und zwar grundsätzlich sowohl auf gerichtskundige als auch auf offenkundige Tatsachen –, sondern auch auf Rechtsausführungen. Dies setzt freilich eine angemessene Vorbereitungszeit voraus. Aus dem Äußerungsrecht ist ferner das Recht abzuleiten, im Verfahren Anträge stellen zu können; denn mit Hilfe des Äußerungsrechts soll es dem Beteiligten möglich sein, das gerichtliche Verfahren und die Entscheidung des Gerichts als Verfahrenssubjekt aktiv beeinflussen zu können. Aus diesem Grund ist das Recht, eine Stellungnahme abgeben zu können, auch grundsätzlich vor der Entscheidung zu gewähren (BVerfG 8.1.1959, 1 BvR 396/55, BVerfGE 9, 89 [96], NJW 1959, 427). Als Ausnahme hiervon sind indes Vereitelungsfälle und Dringlichkeitsfälle zu begreifen; dies folgt daraus, dass es in einigen Fällen geboten sein kann, sofort zu handeln, da ansonsten der Verfahrenszweck gefährdet werden könnte oder bei vorheriger Anhörung eine gerichtliche Entscheidung ggf. zu spät käme. Zu nennen sind hier vor allem die Fälle einer Beschlagnahme, die Durchsuchung, Zwangsvollstreckungsmaßnahmen, die einstweilige Verfügung und der dingliche Arrest. In diesen Konstellationen ist ein sofortiges Handeln zum Schutz anderer Rechtsgüter geboten. Allerdings gebietet Art. 103 Abs. 1 GG in einem solchen Fall, das rechtliche Gehör zumindest nachträglich und so bald wie möglich zu gewähren (BVerfG 8.1.1959, 1 BvR 396/55, BVerfGE 9, 89 [106], NJW 1959, 427).

Von Bedeutung ist des Weiteren, dass in Art. 103 Art. 1 GG ausschließlich das Recht, aber keine Pflicht, sich zu äußern, normiert ist. Die Beteiligten sind mithin nicht gezwungen, sich vor Gericht zu äußern. Sollte der Berechtigte die eröffnete Äußerungsmöglichkeit jedoch zurechenbar nicht wahrnehmen (z. B. aufgrund eines Verzichts auf die Rechtsausübung), so ist der Gewährleistungsgehalt der Vorschrift erschöpft. Zudem stehen in Prozessordnungen enthaltene Präklusionsvorschriften, die einer Beschleunigung des Verfahrens dienen und verspätetes Vorbringen ausschließen, Art. 103 Abs. 1 GG grundsätzlich nicht entgegen. Dabei muss allerdings sichergestellt sein, dass der Beteiligte hinreichend Gelegenheit zur Äußerung gehabt und diese prozessuale Möglichkeit in schuldhafter Weise nicht genutzt oder verwirkt hat; eine fehlende Äußerung darf jedenfalls nicht durch fehlende Hinweise des Gerichts hervorgerufen worden sein (BVerfG 7.10.1980, 1 BvR 240/79, BVerfGE 55, 72 [94], NJW 1981, 271; BVerfG 15.11.1982, 1 BvR 585/80, BVerfGE 62, 249 [254], NJW 1983, 1307). Daher begegnen sowohl das Versäumnisverfahren im Zivilprozess (§§ 330 ff. ZPO) als auch das Abwesenheitsverfahren im Strafprozess (§§ 231a ff. StPO) aus verfassungsrechtlicher Sicht keinen Bedenken. Dies gilt auch im Hinblick auf eine Fristsetzung durch das Gericht für eine Äußerung; doch muss diese angemessen sein, um das Recht, sich zu äußern, effektiv wahrnehmen zu können.

Eine bestimmte Form der Gewährung rechtlichen Gehörs garantiert Art. 103 Abs. 1 GG nicht. Insbesondere sichert Art. 103 Abs. 1 GG keinen Anspruch auf eine mündliche Verhandlung; dies folgt daraus, dass das Prinzip der Mündlichkeit der Verhandlung eine fachgesetzliche Prozessmaxime darstellt und keinen Verfassungsgrundsatz. Aus diesem Grund kann es ausreichend sein, rechtliches Gehör in schriftlicher Form zu gewähren. Dabei muss jedoch Sorge dafür getragen werden, dass solchen Beteiligten, die sich nicht schriftlich äußern können, Hilfe zur Verfügung gestellt wird. Für den Beteiligten ist es auch möglich, sein Äußerungsrecht durch einen Anwalt ausüben zu lassen. Bei fehlenden oder schlechten Sprachkenntnissen hat das Gericht alle zur Verfügung stehenden Möglichkeiten zu ergreifen, um eine Verständigung zu ermöglichen; solche Hindernisse dürfen jedenfalls nicht zu einer Einschränkung des rechtlichen Gehörs führen. Letztlich folgt dies auch aus dem rechtsstaatlichen Grundsatz des fairen Verfahrens und der Fürsorgepflicht (ausführlich zum Ganzen, insbesondere zur Verwirkung, zum Umfang und zum Inhalt wie auch zur Vorbereitungszeit des Äußerungsrechts Maunz/Dürig/*Schmidt-Aßmann* GG Art. 103 Rn. 80 ff.; Jarass/*Pieroth* GG Art. 103 Rn. 25 ff. Näher zu den einzelnen prozessrechtlichen Instituten, die mit Blick auf Art. 103 Abs. 1 GG von Bedeutung sind, wie z. B. die Vertretung durch Anwälte, Sprachprobleme, Fristen und verschiedene Präklusionsvorschriften, Maunz/Dürig/*Schmidt-Aßmann* GG Art. 103 Rn. 102 ff.; Jarass/*Pieroth* GG Art. 103 Rn. 34 ff.).

c) Recht auf Berücksichtigung. Auf der dritten Stufe steht die Pflicht des Gerichts, die getätigten Äußerungen zur Kenntnis zu nehmen und in die Urteilsfindung einzubeziehen (BVerfG 14.6.1960, 2 BvR 96/60, BVerfGE 11, 218 [220]). Mithin steht dem Beteiligten ein Recht auf angemessene Berücksichtigung der von ihm vorgetragenen Aspekte zu. Dieser Beachtungspflicht sind aber insoweit Grenzen gesetzt, als das Gericht nicht gehalten ist, den Argumenten der Beteiligten zu folgen und in deren Sinn zu entscheiden. Ferner gilt i. d. R. die Vermutung, dass das Gericht das Vorgebrachte wahrgenommen und in seiner Entscheidung in Erwägung gezogen hat (BVerfG 10.6.1975, 2 BvR 1086/74, BVerfGE 40, 101

[104 f.]). Anders verhält es sich freilich bei einem schlafenden Richter, wobei aber eine offensichtliche Übermüdung noch nicht ausreichen soll (vgl. dazu Maunz/Dürig/*Schmidt-Aßmann* GG Art. 103 Rn. 95). Die Vermutung, dass das Gericht das Vorgebrachte zur Kenntnis genommen und berücksichtigt hat, ist indes nicht schon dann widerlegt, wenn nicht jede Äußerung des Beteiligten in der Urteilsbegründung zu finden ist; denn das Gericht muss sich im Rahmen seiner Begründungspflicht lediglich mit den für die Nachvollziehbarkeit der Entscheidung wesentlichen Gesichtspunkten auseinandersetzen (BVerfG 3.10. 1961, 2 BvR 4/60, BVerfGE 13, 132 [149], NJW 1962, 29). Gegenteiliges kann daher nur dann angenommen werden, wenn es sich um eine evidente Nichtberücksichtigung des Vorgebrachten durch das Gericht handelt (vgl. dazu und zum Erfordernis der Aufnahmefähigkeit und -bereitschaft des Richters sowie zu den Anforderungen an das Erwägen Maunz/Dürig/*Schmidt-Aßmann* GG Art. 103 Rn. 94 ff.; Jarass/*Pieroth* GG Art. 103 Rn. 28 ff.).

6. Schranken des Anspruchs auf rechtliches Gehör. Als vorbehaltslos gewährleistetes grundrechtsgleiches Recht ergeben sich für den durch Art. 103 Abs. 1 GG statuierten Anspruch auf rechtliches Gehör Grenzen lediglich aus kollidierendem Verfassungsrecht, d. h. aus Grundrechten Dritter und aus anderen, mit Verfassungsrang ausgestatteten Rechtsgütern – womit insbesondere Rechtspositionen anderer Beteiligter und wesentliche Verfahrensgrundsätze gemeint sind. Inhaltliche Schranken als Schutzbereichsbegrenzung im Rahmen des Äußerungsrechts ergeben sich beispielsweise bei beleidigenden oder verleumderischen Äußerungen. Dem stehen die allgemeinen Gesetze (vgl. z. B. §§ 185 ff. StGB) und das Recht der persönlichen Ehre des Einzelnen entgegen (siehe dazu im Einzelnen Maunz/Dürig/ *Schmidt-Aßmann* GG Art. 103 Rn. 88). Zu den objektiven, aus der Verfassung abzuleitenden Rechtswerten gehören u. a. das Beschleunigungsgebot, das Gebot der Rechtssicherheit, der Grundsatz der Effektivität der Strafverfolgung und die Funktionsfähigkeit der Rechtspflege (ausführlich zu den verfassungsimmanenten Schranken von Art. 103 Abs. 1 GG Maunz/Dürig/*Schmidt-Aßmann* GG Art. 103 Rn. 14 ff.).

7. Rechtschutz und Folgen eines Verstoßes gegen Art. 103 Abs. 1 GG.
a) Fehlerfolgen einer Verletzung. Liegt ein Verstoß gegen die Gewährung rechtlichen Gehörs vor, so folgt daraus nicht zugleich die Nichtigkeit der gerichtlichen Entscheidung, denn zunächst kann der Fehler durch eine nachträgliche Gewährung des Gehörs geheilt werden (vgl. BVerfG 25.5.1956, 1 BvR 128/56, BVerfGE 5, 22 [24], NJW 1956, 1026; kritisch dazu Maunz/Dürig/*Schmidt-Aßmann* GG Art. 103 Rn. 92). Die Beseitigung der Verletzung des Rechts durch Nachholung erfolgt aufgrund des Grundsatzes der Subsidiarität in der jeweiligen Fachgerichtsbarkeit im Rechtsmittelzug oder in derselben Instanz, sofern das Vorbringen noch berücksichtigt werden kann (BVerwG 31.7.2002, 8 C 37/01, NVwZ 2003, 224).

b) Anhörungsrüge. Verstöße gegen Art. 103 Abs. 1 GG können und müssen zunächst mit den in den Prozessordnungen vorgesehenen Rechtsmitteln bei den Fachgerichten geltend gemacht werden. Stehen solche nicht zur Verfügung, obliegt es dem Betroffenen freilich, eine Anhörungsrüge beim Ausgangsgericht (iudex a quo) zu erheben, die auf die Nachholung der Anhörung im Verfahren gerichtet ist. Diese Möglichkeit wurde zwischenzeitlich durch das am 1.1.2005 in Kraft getretene Anhörungsrügengesetz vom 9.12.2004 (BGBl. I, S. 3220 ff.) in sämtliche Verfahrensordnungen implementiert. Dieses Gesetz geht auf einen Plenarbeschluss des BVerfG zurück (BVerfG 30.4.2003, 1 PBvU 1/02; BVerfGE 107, 395 ff., NJW 2003, 1924 ff.), in dem das Gericht aus den Garantien des Rechtsstaatsprinzips i.V. m. Art. 103 Abs. 1 GG eine Rechtsweggarantie in Form fachgerichtlicher Abhilfe für den Fall abgeleitet hat, dass ein Gericht in entscheidungserheblicher Weise den Anspruch auf rechtliches Gehör verletzt.

Die Einführung der Anhörungsrüge lässt sich damit erklären, dass vor allem in Strafverfahren die Konstellation zu vergegenwärtigen war, dass dem Betroffenen ein Rechtsmittel nicht mehr zur Verfügung stand und er außer der Verfassungsbeschwerde keine Möglichkeit mehr hatte, gegen die Verletzung des rechtlichen Gehörs in einem letztinstanzlichen Verfahren vorzugehen. Diese prozessuale Situation führte zu einem enormen Anstieg an Verfassungsbeschwerden, weshalb in der Folgezeit vielfach neue Rechtsbehelfsmöglichkeiten mit Hilfe einer analogen Anwendung der einschlägigen Prozessrechtsnormen geschaffen wurden. In seinem Plenarbeschluss hat das BVerfG indes betont, dass die Anrufung einer weiteren Instanz nicht erforderlich sei; vielmehr sei es ausreichend, dass ein Rechtsbehelf bei dem

Gericht bestehe, das den Verfahrensverstoß begangen hat (iudex a quo). Das Gericht soll den Verfahrensverstoß überprüfen, bei Feststellung eines Fehlers das bisher unterbliebene rechtliche Gehör gewähren und das Verfahren auf dieser Grundlage fortsetzen können. Diese Überlegung aufnehmend, ermöglichte der Gesetzgeber durch das Anhörungsrügegesetz eine unterhalb des Verfassungsbeschwerdeverfahrens angesiedelte entsprechende Ergänzung des geltenden Verfahrensrechts, um auf diese Weise richterliche Verstöße gegen Art. 103 Abs. 1 GG im fachgerichtlichen Verfahren rügen zu können. Für den Fall fehlender Rechtsmittel wurde die Anhörungsrüge als eigenständiger Rechtsbehelf normiert.

Durch das Anhörungsrügegesetz wurden zahlreiche Neuerungen im Verfahrensrecht verankert. Zu nennen sind hier vor allem die Erweiterung des § 33a StPO und die Einfügung des § 356a StPO. Die Änderungen gelten über § 46 OWiG bzw. § 79 Abs. 3 OWiG auch im Ordnungswidrigkeitsverfahren und über §§ 2, 55 Abs. 4 JGG im jugendgerichtlichen Verfahren. Auch § 321a ZPO, § 152a VwGO und § 133a FGG wurden neu eingeführt, um die Maßgaben des BVerfG umzusetzen. Durch die neuen Regelungen wird nicht nur das rechtliche Gehör mittels einer Korrektur durch den Richter selbst gesichert, sondern auch eine Überbelastung des BVerfG mit auf Art. 103 Abs. 1 GG gestützten Verfassungsbeschwerden verhindert, nicht zuletzt deshalb, weil vor Einlegung einer die Verletzung des rechtlichen Gehörs rügenden Verfassungsbeschwerde zunächst die Anhörungsrüge vor dem zuständigen Fachgericht erhoben werden muss.

c) Verfassungsbeschwerde. Eine Verfassungsbeschwerde, die nach Erschöpfung des fachgerichtlichen Rechtsweges eingelegt wird, hat nur dann Aussicht auf Erfolg, wenn die Erheblichkeit des Verstoßes für die Entscheidung festgestellt werden kann. (BVerfG 14.4.1987, 1 BvR 332/86, BVerfGE 75, 210 [216], NJW 1988, 125). Daraus folgt, dass eine Verletzung des rechtlichen Gehörs aus Art. 103 Abs. 1 GG nur dann angenommen werden kann, wenn die letztendliche Entscheidung des Richters auf der Nichtgewährung des Anspruchs auf rechtliches Gehör beruht und somit ein Kausalitätszusammenhang besteht. Hierfür ist es ausreichend, dass eine inhaltlich andere Entscheidung nicht auszuschließen ist, wenn das rechtliche Gehör gewährt worden wäre (BVerfG 19.5.1992, 1 BvR 986/91, BVerfGE 86, 133 [147], NJW 1992, 2877; ausführlich hierzu Maunz/Dürig/*Schmidt-Aßmann* GG Art. 103 Rn. 143 ff., 161).

Des Weiteren ist der Prüfungsmaßstab des BVerfG auf die Verletzung spezifischen Verfassungsrechts beschränkt. Dies ist u. a. bei offenkundigen Gesetzesverletzungen seitens der Fachgerichte gegeben, wenn diese mit einer rechtsmissbräuchlichen Einschränkung des rechtlichen Gehörs einhergehen, oder wenn das Fachgericht die Bedeutung des rechtlichen Gehörs eindeutig verkannt hat (dazu BVerfG 5.5.1987, 1 BvR 903/85, BVerfGE 75, 302 [312 f.], NJW 1987, 2733). Diese Beschränkung ist insbesondere deshalb gerechtfertigt, weil zuvor regelmäßig die Möglichkeit besteht, beim iudex a quo eine Anhörungsrüge zu erheben.

Auf Länderebene besteht die Möglichkeit der Einlegung einer Landesverfassungsbeschwerde beim Landesverfassungsgericht. Hierbei kann die Verletzung der Art. 103 Abs. 1 GG entsprechenden landesrechtlichen Norm geltend gemacht werden (zum Rechtsschutzsystem des Art. 103 Abs. 1 GG Maunz/Dürig/*Schmidt-Aßmann* GG Art. 103 Rn. 152 ff.).

Siehe auch: → *Besonderheiten des Verkehrsunfallprozesses*   Brenner/Bohnert

Rechts vor Links → Haftungsverteilung bei Verkehrsunfällen Nr. 9, → Verkehrsberuhigter Bereich Nr. 2 c)

Rechtsabbieger → Haftungsverteilung bei Verkehrsunfällen Nr. 7

Rechtsanwaltsgebühren → Anwaltsgebühren in Verkehrsverwaltungssachen, → DAV-Abkommen Nr. 2, → Feststellungsklage Nr. 3 Praxistipp, → Geschäftsgebühr in Unfallsachen, → Rechtsschutzversicherung Nr. 5 Praxistipp, → Selbständiges Beweisverfahren Nr. 4

Rechtsanwaltsvergütungsgesetz → Anwaltsgebühren in Verkehrsverwaltungssachen

Rechtsberatungsgesetz → Unfallhelferring Nr. 2

Rechtsbeschwerde → Bußgeldverfahren Nr. 5, 7, 8

Rechtsbindungswille → Gefälligkeitsfahrt Nr. 1

Rechtsdienstleistungsgesetz → Unfallhelferring

Rechtsfahrgebot → Fahrerhaftung Nr. 3, → Fahrradfahrer Nr. 2, → Haftungsverteilung bei Verkehrsunfällen Nr. 9, 12, → Verzögerungsstreifen Nr. 1

Rechtshängigkeit → Übergang von Ersatzansprüchen Nr. 3

Rechtskraft → Entziehung der Fahrerlaubnis Nr. 1 e), bb), → Fahrverbot Nr. 4, → Fahrverbotsvollstreckung Nr. 2, 7 a), 7 b)

Rechtskrafterstreckung → Besonderheiten der Verkehrsunfallklage Nr. 7

Rechtskraftsystem → Punktsystem Nr. 4

Rechtsmittelbelehrung → Belehrung im Strafverfahren Nr. 4, 5, → Besonderheiten des Verkehrsverwaltungsprozesses Nr. 2 e), 6 b), 6 d), 7 c), → Bußgeldverfahren Nr. 2 f)

Rechtsmittelverzicht → Belehrung im Strafverfahren Nr. 4, → Vollmacht Nr. 1 d)

Rechtsschutzfunktion → Kfz-Haftpflichtversicherung Nr. 3

Rechtsschutzversicherung 1. Vorbemerkung. Die Rechtsschutzversicherung ist eine *Schadenversicherung* (zur Rechtsentwicklung siehe *Bauer* NJW 2008, 1496 ff.; *ders.* NJW 2009, 1564 ff.; *ders.* NJW 2010, 1337 ff.; *ders.* NJW 2011, 1415 ff.; *ders.* NJW 2012, 1698; *ders.* NJW 2013, 1576; *Hering* zfs 2013, 663). Sie unterliegt den für den gesamten Bereich der Schadensversicherung geltenden Bestimmungen des *VVG* sowie den §§ 125 ff. VVG (§§ 158 l ff. VVG a.F.). Die Allgemeinen Bedingungen für die Rechtsschutzversicherung (*ARB*) sind die Allgemeinen Geschäftsbedingungen der Rechtsschutzversicherer und bestimmen im wesentlichen den Vertragsinhalt. Es gelten die Bedingungen, die bei Vertragsschluss oder später vereinbart worden sind. Bis zum Jahr 1994 wurden die ARB vom Bundesaufsichtsamt geprüft und genehmigt. Deswegen beinhalten die ARB 75 einheitliche Regelungen. Seit der Deregulierung im Jahr 1994 besteht Vertragsfreiheit im Versicherungsrecht. Seitdem können Rechtsschutzversicherer ihre Bedingungen selbst gestalten und machen von dieser Möglichkeit auch Gebrauch. Die Bedingungen der verschiedenen Rechtsschutzversicherer weichen teilweise von den *Musterbedingungen* (ARB 94, ARB 2000, ARB 2008, ARB 2010, ARB 2012; durch letztgenannte wurde der Aufbau der Musterbedingungen komplett geändert, s. dazu *Hering*, zfs 2013, 4) des *Gesamtverbandes der Versicherungswirtschaft e.V. (GDV)* ab.

> Praxistipp: Deswegen ist der *Leistungsumfang* des Versicherungsschutzes *stets im Einzelfall* aus den vereinbarten ARB zu entnehmen. Hierbei ist zu beachten, dass neuere ARB nicht automatisch für Altverträge gelten, sondern die Geltung neuer ARB auf einen schon bestehenden Vertrag ausdrücklich vereinbart werden muss. Andernfalls gelten die bei Abschluß des Versicherungsvertrages gültigen ARB auch weiterhin.

2. Versicherte Personen. Der Kreis der rechtsschutzversicherten Personen ist den § 21 (*personenbezogener Verkehrsrechtsschutz*), § 22 (*Fahrerrechtsschutz*), § 24 (*Kfz-Gewerbe-Rechtsschutz*), § 26 (*Nichtselbständige*), § 27 (*Landwirtschaft*) und § 28 (*Selbständige*) ARB 2000 zu entnehmen. Verkehrsrechtsschutz gemäß § 21 ARB 2000 schützt den Versicherungsnehmer in seiner *Eigenschaft* als *Eigentümer, Halter* oder *Insasse* aller *auf ihn zugelassenen Fahrzeuge* oder als *Mieter* eines Selbstfahrer-Vermieterfahrzeugs. *Mitversichert* sind der *berechtigte Fahrer* und *berechtigte Insassen* der auf den Versicherungsnehmer zugelassenen oder von ihm angemieteten Fahrzeuge. Ferner ist der Versicherungsnehmer als *Fahrer* oder *Fahrgast* jedes anderen Fahrzeugs sowie als *Fußgänger* und *Radfahrer* versichert. Nicht auf den Versicherungsnehmer zugelassene Fahrzeuge können in den Versicherungsschutz einbezogen werden, § 21 Abs. 3 ARB 2000 (*Fahrzeugrechtsschutz*). Dagegen umfasst der Fahrerrechtsschutz des § 22 ARB 2000 alleine Rechtsschutz für Ansprüche des Fahrers (Personenschaden), nicht aber solche für Ansprüche betreffend Fahrzeuge (Sachschaden am Kfz). Vom Versicherungsschutz der §§ 26, 28 ARB 2000 eingeschlossen sind neben den berechtigten Fahrern und Insassen der auf den Versicherungsnehmer zugelassenen Fahrzeuge dessen *Ehefrau* oder *Lebenspartner* sowie dessen *minderjährige Kinder* oder dessen *Kinder bis zu deren 25. Lebensjahr*, sofern sie unverheiratet sind und sich überwiegend in einer Schul- oder Berufsausbildung befinden (sog. *Familienrechtsschutz*), sofern sie nicht als Fahrer eines nicht auf den Versicherungsnehmer zugelassenen Kfz unterwegs sind.

> Praxistipp: Da der berechtigte Insasse vom Versicherungsschutz der Rechtsschutzversicherung des Kfz-Halters umfasst ist, besteht für den unfallbedingt verletzten Insassen in der Rechtsschutzversicherung des Kfz-Halters Deckungsschutz für die Geltendmachung seiner Schadenersatzansprüche gegen die Kfz-Haftpflichtversicherung des Kfz-Halters gemäß § 115 VVG (vormals § 3 PflVG).

> Praxistipp: Für die außergerichtliche und gerichtliche Geltendmachung der *Rechtsanwaltsgebühren*, die durch die *Einholung der Deckungszusage* bei der Rechtsschutzversicherung des Unfallgeschädigten anfallen, hat dessen Rechtsschutzversicherung Kostendeckung zu geben, da es sich bei diesen Gebühren um eine Schadensposition aus dem Verkehrsunfall handelt (*Bauer* NJW 2010, 1337).

3. Wagniswegfall. Gemäß § 21 Abs. 9 ARB 2000 liegt ein teilweiser *Wegfall des versicherten Risikos* im Sinne von § 12 Abs. 1 ARB 2000 darin, dass der Versicherungsnehmer für mehr als sechs Monate nicht mehr Eigentümer oder Halter eines Kraftfahrzeugs ist (Wagniswegfall). Der Versicherungsschutz beschränkt sich dann auf den Fahrer- und Fußgängerrechtsschutz mit der Folge, dass nur noch ein geringerer Versicherungsbeitrag geschuldet ist, und der Versicherungsnehmer die sofortige Aufhebung des Versicherungsvertrages verlangen kann (*van Bühren/Plote* § 21 ARB 2000, Rn. 70 f.).

4. Umfang Verkehrsrechtsschutz. Der Verkehrsrechtsschutz umfasst folgende *Leistungsarten* im Sinne von § 2 ARB 2000: Schadenersatz-Rechtsschutz, Rechtsschutz im Vertrags- und Sachenrecht, Steuer-Rechtsschutz vor Gerichten, Verwaltungs-Rechtsschutz, Straf- und Ordnungswidrigkeiten-Rechtsschutz.

5. Schadenersatz-Rechtsschutz umfasst die Geltendmachung von Schadenersatzansprüchen, soweit diese nicht auf einer Vertragsverletzung oder einer Verletzung eines dinglichen Rechts an Grundstücken, Gebäuden oder Gebäudeteilen beruhen, *§ 2 a) ARB 2000*. Es ist also nur die *aktive Geltendmachung von Schadenersatzansprüchen* (insbesondere §§ 823 BGB, 7 StVG) des Versicherungsnehmers abgedeckt, die ihm bzw. der mitversicherten Person in der vom Versicherungsschutz erfassten Eigenschaft zustehen. Für die Abwehr von Schadenersatzansprüchen eines Unfallgegners ist alleine die Kfz-Haftpflichtversicherung des Versicherungsnehmers zuständig. Die Abwehr von Schadenersatzansprüchen ist alleine dann vom Versicherungsschutz umfasst, wenn vertragliche Schadenersatzansprüche abzuwehren sind, § 3 Abs. 2 a), 2 d) ARB 2000. Nicht vom Versicherungsschutz umfasst ist ferner die Geltendmachung von Ansprüchen mitversicherter Personen untereinander gegen den Versicherungsnehmer selbst, § 3 Abs. 4 a) ARB 2000.

6. Rechtsschutz im Vertrags- und Sachenrecht umfasst die Wahrnehmung rechtlicher Interessen aus privatrechtlichen Schuldverhältnissen und dinglichen Rechten, dabei sowohl die *Geltendmachung* als auch die *Abwehr von Ansprüchen*, *§ 2 d) ARB 2000*, wenn der Vertrag in einem *inneren sachlichen Zusammenhang mit der versicherten Eigenschaft des Versicherungsnehmers* als Eigentümer, Halter, Fahrer oder Insasse eines Fahrzeugs besteht, z. B. für fahrzeugbezogene Miet-, Leih-, Leasing- oder Kaufverträge, auch für den Kauf eines anderen Fahrzeugs, § 21 Abs. 6 ARB 2000, und eines Folgefahrzeugs, § 21 Abs. 10 ARB 2000, insbesondere also die Sachmängelhaftung bei Kfz-Käufen und Gewährleistungsansprüche bei Kfz-Reparaturen. Auch die Geltendmachung von Ansprüchen aus Versicherungsverträgen (z. B. Kaskoversicherung) ist vom Deckungsschutz umfasst, nicht dagegen die Geltendmachung von Ansprüchen gegen die Rechtsschutzversicherung, § 3 Abs. 2 h) ARB 2000.

7. Steuer-Rechtsschutz *vor Gerichten* gemäß *§ 2 e) ARB 2000* beinhaltet fahrzeugbezogene fiskalische Auseinandersetzungen, mithin gerichtliche Auseinandersetzungen wegen der *Kfz-Steuer*.

8. Verwaltungs-Rechtsschutz in Verkehrssachen gemäß *§ 2 g) ARB 2000* beinhaltet Deckungsschutz gegen *Verwaltungsakte*, insbesondere betreffend die Erteilung, den Entzug, die Wiedererteilung oder die Einschränkung einer *Fahrerlaubnis* (zu beachten ist hier, dass die Anordnung einer MPU keinen Verwaltungsakt darstellt, ferner, dass die Kosten eines MPU-Gutachtens nicht vom Versicherungsschutz umfasst sind). Deckungsschutz besteht sowohl im *Verfahren vor der Verwaltungsbehörde* als auch *vor Gericht*. Im Gegensatz zu den ARB 75 beinhalten die jüngeren ARB nicht erst ab Beginn des Widerspruchsverfahrens und nicht lediglich in Führerscheinsachen Rechtsschutz, sondern für sämtliche Verwaltungsangelegenheiten aus dem Verkehrsrecht, mithin auch bei der Verhängung von *Fahrten-*

buchauflagen und bei *Maßnahmen nach dem Punktesystem*.

9. Straf-Rechtsschutz gemäß *§ 2 i) ARB 2000* und *Ordnungswidrigkeiten-Rechtsschutz* gemäß *§ 2 j) ARB 2000* beinhalten die *Verteidigung* in Verfahren gegen den versicherten Fahrer, Eigentümer und Halter sowie Beifahrer wegen des Vorwurfs eines Verstoßes gegen *verkehrsrechtliche Vorschriften*, mithin aller Straf- und Bußgeldvorschriften, die *unmittelbar der Sicherheit und Ordnung des Verkehrs zu dienen bestimmt sind*, wie z. B. §§ 315 c, 316 StGB, das StVG, die StVO und die StVZO sowie die allgemeinen Straftatbestände, die in *Tateinheit* mit verkehrsrechtlichen Vorschriften verwirklicht werden können, wie z. B. fahrlässige Körperverletzung und Tötung, Nötigung und Widerstand gegen Vollstreckungsbeamte. In *Tatmehrheit* verwirklichte allgemeine Straftatbestände werden vom Versicherungsschutz nicht erfasst. Zu beachten ist, dass beim Straf-Rechtsschutz im Gegensatz zum Ordnungswidrigkeiten-Rechtsschutz kein Versicherungsschutz besteht bei *vorsätzlicher Tatbegehung* (*Risiko-Ausschluß gem. § 3 Abs. 5 ARB 2000*), z. B. also betreffend die §§ 240, 142 StGB. Werden von der Rechtsschutzversicherung in insofern auflösend bedingter Einstandspflicht im Strafrechtsschutz zunächst (Vorschuss-) Leistungen erbracht, und wird der Versicherungsnehmer dann wegen einer Vorsatztat verurteilt, dann entfällt der Versicherungsschutz rückwirkend und der Versicherte hat der Versicherung die bereits erbrachten Leistungen zurück zu erstatten, § 2 i) aa) ARB 2000.

Praxistipp: In Fällen des auflösend bedingten Versicherungsschutzes sollte der Rechtsanwalt bereits zu Beginn des Mandates gemäß § 9 RVG den fälligen Gebührenvorschuß beim Rechtsschutzversicherer anfordern. Denn alleine der Versicherungsnehmer ist zur Rückzahlung von Versicherungsleistungen verpflichtet, so dass der Anwalt die vereinnahmten Vorschüsse jedenfalls behalten kann.

10. Teildeckung. Bei *Tatmehrheit* eines *Verkehrsdelikts* und eines *allgemeinen Straftatbestandes* (z. B. §§ 316, 185 StGB) oder der tateinheitlichen Verwirklichung eines *Fahrlässigkeits-* und eines *nur vorsätzlich begehbaren Straftatbestandes* (z. B. §§ 315 c, 142 StGB) kann sich das Problem der Teildeckung ergeben. Für die Verteidigung hinsichtlich des tatmehrheitlich begangenen allgemeinen Straftatbestandes und die hinsichtlich des nur vorsätzlich begehbaren Ver-

kehrsdelikts besteht kein Versicherungsschutz, im übrigen schon. In Fällen der Teildeckung sind die von der Rechtsschutzversicherung zu übernehmenden Kosten nach dem *Schwerpunkt* zu verteilen (*Harbauer/Maier* § 4 ARB 75 Rn. 179, m.w.N.; a.A. *v. Bühren* MDR 2001, 1391; LG Freiburg 6.12.2012, zfs 2013, 161), wenn durch die Verteidigung hinsichtlich der nicht vom Versicherungsschutz umfassten Delikte *Mehrkosten* entstehen. Im Beispiel der Verteidigung hinsichtlich der §§ 315 c, 142 StGB wird die Rechtsschutzversicherung sämtliche Verfahrenskosten übernehmen, da durch die Verteidigung wegen Unfallflucht in der Regel keine nennenswerten zusätzlichen Kosten entstehen (Ausnahme sind z. B. Kosten eines Sachverständigengutachtens alleine betreffend die Bemerkbarkeit des Unfalls; *v. Bühren* MDR 2001, 1391).

11. Kein Versicherungsschutz besteht wegen des Vorwurfs des Verstoßes gegen *Halt- oder Parkverstöße, § 3 Abs. 3 e) ARB 2000* (dagegen gewähren die ARB 75 hier einen vorläufigen Deckungsschutz, der nur dann entfällt, wenn das Verfahren mit einer Halter-Kostenentscheidung gemäß § 25 a StVG endet, wenn nicht der Fahrer des Kfz zur Tatzeit feststeht). Dieser Risikoausschluss wurde nicht von allen Rechtsschutzversicherern übernommen, so dass auch unter Geltung der jüngeren ARB (94, 2000, 2008) Versicherungsschutz bei Halte- oder Parkverstößen bestehen kann, sofern der Fahrzeugführer feststeht.

12. Leistungen des Versicherers, § 5 ARB 2000. Der *Leistungsumfang* des Versicherungsschutzes beinhaltet gemäß § 5 Abs. 1 – 5 ARB 2000 die *Rechtsanwaltskosten* des Versicherungsnehmers, *Gerichtskosten* und Kosten von *Schieds-* oder *Schlichtungsverfahren*, von *Verwaltungsverfahren*, ausnahmsweise Kosten *außergerichtlicher Sachverständiger*, notwendige *Reisekosten* des Versicherungsnehmers zu einem ausländischen Gericht, vom Versicherungsnehmer zu tragende *Kosten der Gegenseite*, zudem *Übersetzungskosten* bei einer Interessenwahrnehmung im Ausland sowie die Gestellung einer *Kaution* in Form eines zinslosen Darlehens, für jeden Versicherungsfall beschränkt auf die vereinbarte *Höchstversicherungssumme*.

13. Rechtsanwaltskosten. Gemäß *§ 5 Abs. 1 a) ARB* werden die *Rechtsanwaltskosten* des Versicherungsnehmers bis zur Höhe der *gesetzlichen Vergütung* eines am Ort des zuständigen Gerichts ansässigen Rechtsanwalts übernommen. Grundsätzlich trägt der Rechtsschutzversicherer die Kosten eines *Anwaltswechsels* daher nicht. Bei den Leistungsarten des § 2 a) – g) ARB 2000 werden ab einer Entfernung des Wohnsitzes des Versicherungsnehmers vom zuständigen Gericht von mehr als 100 km entweder die *Reisekosten* des Rechtsanwalts bis zur Höhe einer zusätzlichen Verfahrensgebühr oder die Kosten für einen im Landgerichtsbezirk des Versicherungsnehmers ansässigen Rechtsanwalt bis zur Höhe der Vergütung eines Korrespondenzanwalts übernommen. Bei *Auslandsfällen* i.S.v. *§ 5 Abs. 1 b) ARB 2000*, wenn also eine Interessenwahrnehmung außerhalb der Bundesrepublik Deutschland erforderlich ist, ist darauf abzustellen, bei welchem Gericht eine Vertretung erforderlich wäre bzw. Ansprüche geltend zu machen wären. Dass der deutsche Geschädigte eines Unfalls im Ausland die Möglichkeit hat, an seinem eigenen Wohnsitzgericht Schadenersatzansprüche gegen den Versicherer des Unfallverursachers geltend zu machen (EuGH 13.12.2007, DAR 2008, 17; BGH 26.9.2006, DAR 2007, 19), hat für Beurteilung eines Auslandsschadens in der Rechtsschutzversicherung keine Bedeutung. Bei Vorliegen eines Auslandsschadens hat der Versicherungsnehmer das *Wahlrecht*, einen in Deutschland oder einen im Ausland zugelassenen Rechtsanwalt zu mandatieren. Wird ein in Deutschland zugelassener Rechtsanwalt beauftragt, dann erfolgt eine *gesetzliche Vergütung des Rechtsanwalts* durch die Rechtsschutzversicherung wie bei einer Tätigkeit des inländischen Anwalts bei dem Gericht, bei dem er ansässig ist – Fahrtkosten und Abwesenheitsgelder werden also nicht erstattet. Wird ein Rechtsanwalt im Ausland tätig, dann wird er von der Rechtsschutzversicherung so vergütet, wie dies im betreffenden Staat üblich ist. Wohnt der Versicherungsnehmer mehr als 100 km vom zuständigen ausländischen Gericht entfernt, dann trägt der Versicherer neben der Vergütung des im Ausland tätigen Anwalts zusätzlich die *Korrespondenzgebühr* des inländischen Rechtsanwalts, § 5 Abs. 1 b) S. 3 ARB 2000.

14. Gerichtskosten, Kosten des Gegners. Gemäß *§ 5 Abs. 1 c) ARB 2000* werden die *Gerichtskosten*, zu denen auch die Kosten für vom Gericht herangezogene Zeugen, Sachverständige und Übersetzer zählen, und gemäß *§ 5 Abs. 1 h ARB 2000* die *Kosten des Gegners* vom Versicherer erstattet, soweit der Versicherungsnehmer für diese aufzukommen hat. Grundsätzlich sind nur die *Kosten der vom Gericht herangezogenen Sachverständigen* vom Versicherungsschutz umfasst. Ausnahmsweise werden die *Kosten der außergerichtlichen, vom Versicherungsnehmer beauftragten, öffentlich bestellten Sachverständigen* z.B. zur Überprüfung von Geschwindigkeits- oder Abstandsmessungen oder zur Unfallanalyse bei der *Verteidigung* in verkehrsrechtlichen Verfahren (Straf- und Ordnungswidrigkeitenrechtsschutz), bei der Wahrnehmung rechtlicher Interessen aus *Kauf- und Reparaturverträgen* (Vertragsrechtsschutz) z.B. zur Beweissicherung oder zur Mängelfeststellung sowie bei *Auslandsschäden* (Unfall im Ausland, Kraftfahrzeugkauf oder -reparatur im Ausland) in den Versicherungsschutz einbezogen, *§ 5 Abs. 1 f) aa) und bb) ARB 2000*. Es wird die *übliche Vergütung* des öffentlich bestellten technischen Sachverständigen vom Versicherer übernommen (*Buschbell* DAR 2003, 55). Von den Kosten des Verwaltungsverfahrens im Sinne von § 5 Abs. 1 e) ARB 2000 sind die Kosten einer medizinisch-psychologischen Untersuchung (MPU) nicht umfasst, weil der mit der *MPU-Begutachtung* betraute Sachverständige nicht von der Verwaltungsbehörde herangezogen wird (*van Bühren/Plote* § 5 ARB 2000, Rn. 87).

15. Kostenbeschränkungen. Von den Leistungen des Versicherers ausgenommen sind die in § 5 Abs. 3 ARB 2000 aufgeführten *Kostenbeschränkungen*, wonach der Versicherer folgende Kosten nicht zu übernehmen hat: Kosten, die der Versicherungsnehmer *ohne Rechtspflicht* übernommen hat, Kosten, die im Rahmen einer *einverständlichen Regelung* nicht dem *Verhältnis von Obsiegen und Unterliegen* entsprechen, die *Selbstbeteiligung*, Kosten ab der *vierten Zwangsvollstreckungsmaßnahme*, Kosten von Zwangsvollstreckungsmaßnahmen *fünf Jahre nach Rechtskraft* des Titels, Kosten für *Strafvollstreckungsverfahren nach Rechtskraft* einer Geldstrafe oder Geldbuße unter 250 Euro sowie Kosten, die ein *Dritter* im Falle des Nichtbestehens von Rechtsschutz zu tragen hätte.

16. Vergleich. Bei Abschluß eines *außergerichtlichen* oder *gerichtlichen Vergleichs* muss die Kostentragungspflicht des Versicherungsnehmers dem *Verhältnis zwischen Obsiegen und Unterliegen* entsprechen, § 5 Abs. 3 b) ARB 2000 (BGH 25.1.2006, VersR 2006, 404; BGH 27.1.1982, VersR 1982, 391, wonach zur Bestimmung der *Kostenquote* das *wirtschaftliche Endergebnis* mit dem *Ursprungsbegehr* zu vergleichen ist). Der Versicherungsnehmer soll dem Gegner keine Zugeständnisse zu Lasten seiner Versicherung machen dürfen (BGH 25.5.2011, NJW 2011, 2054; BGH 19.12.2012, NJW 2013, 1007, m. Anm. *Bauer*). Er darf nicht auf eventuelle materielle Kostenerstattungsansprüche verzichten,

§ 86 Abs. 1 S. 2 VVG n.F. (§ 67 Abs. 1 S. 3 VVG a.F.), da sonst der Versicherer insoweit von seiner Ersatzpflicht frei wird, als er aus dem Anspruch oder Recht hätte Ersatz verlangen können (*Schneider* VersR 2004, 301; *Döring* VersR 2007, 770). Es wird vereinzelt die Auffassung vertreten, dass § 5 Abs. 3 b) ARB 2000 wegen eines Verstoßes gegen den *Benachteiligungsgrundsatz* der §§ 307, 305 c BGB (AG Düsseldorf 30.10.2012, DAR 2013, 86) bzw. gegen das *Transparenzgebot* unwirksam sei (LG Hagen 23.3.2007, r+s 2008, 190, m. Anm. *v. Bühren*; vgl. auch OLG Köln 17.4.2012, VersR 2012, 1385; OLG München 22.9.2011, VersR 2012, 313, jeweils zur formularmäßigen Verpflichtung des Versicherungsnehmers zur Vermeidung unnötiger Kosten), da der Versicherungsnehmer bei verständiger Würdigung dieser Klausel nicht erkennen könne, dass er seinen Freistellungsanspruch gegen den Versicherer verlieren kann, wenn er seine Ansprüche mehr oder weniger durchsetzt (zur Auslegung von Versicherungsbedingungen s. BGH 23.6.1993, NJW 1993, 2369; *Bach/Geiger* VersR 1993, 659).

Praxistipp: Um eine Einstandspflicht des Rechtsschutzversicherers sicherzustellen, darf in einem außergerichtlichen Vergleich *keine Kostenregelung* getroffen werden, auch nicht konkludent oder mittelbar durch die Vereinbarung der Erledigung aller wechselseitigen Ansprüche durch den Vergleichsabschluß (BGH 25.5.2011, NJW 2011, 2054; OLG Saarbrücken 29.1.2014, zfs 2014, 158; LG München I 2.10.2008, NZV 2009, 190; LG Bremen 14.6.2007, NJW-RR 2007, 1404; *Heither/Heither* NJW 2008, 2743; a.A. LG Karlsruhe 8.6.2012, zfs 2012, 520, m. Anm. *Rixecker*). Im gerichtlichen Vergleich kann die *Kostenregelung dem Gericht überlassen* werden. Denn die Rechtsschutzversicherung ist an eine Kostenentscheidung des Gerichts i.S.v. § 91 a ZPO gebunden (OLG Hamm 8.12.2004, VersR 2005, 1142; OLG Köln 23.9.2003, r+s 2004, 19). Die Versicherung ist dabei zeitnah von der gerichtlichen Kostenregelung zu informieren, damit auf Weisung des Rechtsschutzversicherers ggf. rechtzeitig Beschwerde gegen die gerichtliche Kostenregelung eingelegt werden kann (OLG Köln 24.10.2006, VersR 2007, 101). Bestehen *erhebliche Schwierigkeiten bei der Ermittlung des Erfolgsverhältnisses*, ist der Versicherer nach Treu und Glauben gehalten, einer der gesetzlichen Ersatzregelung des § 98 ZPO entsprechende *Kostenaufhebung zu akzeptieren*, sofern dies noch vertretbar erscheint (BGH 25.5.2011, NJW 2011, 2054; s. zur anwaltlichen Beratungspflicht in diesem Zusammenhang LG Landshut 26.11.2010, NJW 2011, 2063).

17. Versicherungsfall. Voraussetzung für den Rechtsschutz ist der Eintritt eines Versicherungsfalles i.S.v. *§ 4 Abs. 1 ARB 2000*. Im Schadenersatzrechtsschutz ist der Versicherungsfall das *schädigende Ereignis*, also das Ereignis, durch welches ein Schaden verursacht wurde oder verursacht worden sein soll, § 4 Abs. 1 a) ARB 2000, in der Regel also der Verkehrsunfall (BGH 19.3.2003, VersR 2003, 638). Im Beratungsrechtsschutz ist der Versicherungsfall das Ereignis, welches eine *Änderung der Rechtslage* zur Folge hat, § 4 Abs. 1 b) ARB 2000. In allen anderen Fällen ist der Versicherungsfall der *Beginn des Verstoßes gegen Rechtspflichten oder Rechtsvorschriften*, § 4 Abs. 1 c) ARB 2000 (BGH 20.3.1985, VersR 1985, 540; BGH 28.9.2005, VersR 2005, 1684), wie z. B. Verzug oder eine Vertragsverletzung des Kaskoversicherers oder womöglich bereits der Abschluss eines mit einem Rechtsverstoß behafteten Schuldverhältnisses.

Praxistipp: Bei einem Entzug der Fahrerlaubnis nach dem Punktsystem, also bei einer Mehrzahl von Versicherungsfällen, kommt es für den Eintritt des Versicherungsfalles i.S.v. § 4 ARB 2000 auf den *ersten Verstoß* an, der zur Punkteeintragung geführt hat, und nicht auf den jüngsten Verstoß, der die Punkteeintragung zur Folge hatte, welche den Führerscheinentzug bedingt (BGH 5.7.2006, VersR 2006, 1355; vgl. LG Mannheim 6.3.1998, VersR 1998, 624).

18. Leistungsfreiheit des Versicherers. Verschiedene Gründe können zu einer Leistungsfreiheit des Versicherers führen. Für die Geltendmachung von nach Eintritt des Versicherungsfalles z. B. durch *Abtretung* übertragenen Rechten besteht kein Versicherungsschutz, § 3 Abs. 4 c) und d) ARB 2000. Es gelten die *Kostenbeschränkungen* des § 5 Abs 3 ARB 2000 und der *Risikoausschluss des Vorsatzes* gemäß § 3 Abs. 5 ARB 2000 (z. B. § 142 StGB, manipulierter Unfall oder vorgetäuschter Kfz-Diebstahl). Darüber hinaus bestehen Obliegenheiten des Versicherungsnehmers, deren Verletzung zur Leistungsfreiheit des Versicherers gegenüber demjenigen führt, der die Obliegenheit verletzt hat. Es wird zwischen *Obliegenheitsverletzungen* vor Eintritt des Versicherungsfalles und solchen nach Eintritt des Versicherungsfalles unterschieden. *Obliegenheiten* werden definiert als Verhaltensregeln, die der Versicherungsnehmer einzuhalten hat, um seinen Versicherungsschutz nicht zu gefährden (*van Bühren/Plote* § 17 ARB 2000, Rn. 1).

19. Vor Eintritt des Versicherungsfalles berechtigen folgende *Obliegenheitsverletzungen* des Versicherungsnehmers im Verkehrsrechtsschutz gemäß *§ 6 VVG a.F.* den Versicherer zur Berufung auf *Leistungsfreiheit*, wenn *Verschulden* (ausreichend ist einfache Fahrlässigkeit) vorliegt, *Kausalität* zwischen Obliegenheitsverletzung und Schaden besteht und der Versicherer eine *Kündigung* binnen Monatsfrist nach Kenntniserlangung vom objektiven Sachverhalt ausspricht (wobei eine Kündigung entbehrlich ist, wenn die Obliegenheit nicht vom Versicherungsnehmer, sondern von einem Mitversicherten verletzt wurde, oder das Versicherungsverhältnis innerhalb der Monatsfrist aus anderen Gründen endet, wie z. B. durch Zeitablauf): *Fahren ohne Fahrerlaubnis* (z. B. nach Beschlagnahme, wohingegen ein Fahrverbot einem Fahrerlaubnisentzug nicht gleichsteht, BGH VersR 1987, 897), *Fahren mit nicht zugelassenem Fahrzeug* (vgl. § 19 StVZO) und *Schwarzfahrt* (Fahren ohne und gegen den Willen des Halters), siehe z. B. § 21 Abs. 8 ARB 2000 (*van Bühren/Plote* § 21 ARB 2000, Rn. 58 ff.; *Beck* DAR 1994, 129). Eine Kausalität ist z. B. zu verneinen, wenn der Verkehrsunfall für den Versicherungsnehmer unabwendbar war (OLG Hamm 11.9.1997, zfs 1998, 297).

20. Nach Eintritt des Versicherungsfalles hat der Versicherungsnehmer folgende vertragliche *Obliegenheiten* zu beachten, *§ 17 Abs. 3, 5 ARB 2000*: Vollständige und wahrheitsgemäße *Unterrichtung* des Rechtsschutzversicherers über sämtliche Umstände des Versicherungsfalles (§ 17 Abs. 3 ARB 2000; mitzuteilen sind auch dem Versicherungsnehmer ungünstige Umstände und bereits bekannte Einwendungen der Gegenseite; BGH 16.9.1987, NJW 1988, 266), vollständige und wahrheitsgemäße Unterrichtung des eingeschalteten Rechtsanwalts (§ 17 Abs. 5 a) ARB 2000), *Sachstandsmitteilung* auf Verlangen des Versicherers (§ 17 Abs. 5 b) ARB 2000) sowie, soweit dies zumutbar ist, *Einholung einer Zustimmung* des Versicherers vor Klageerhebung und Einlegung eines Rechtsmittels (§ 17 Abs. 5 c) aa) ARB 2000; nach den ARB 75 sind sämtliche kostenauslösenden Maßnahmen von dieser Abstimmungspflicht umfasst, also auch Vergleichsabschlüsse), *Zuwarten* auf Rechtskraft vorgreiflicher gerichtlicher Verfahren vor Klageerhebung (§ 17 Abs. 5 c) bb) ARB 2000) und *Kostenminderung* und *-geringhaltung* (§ 17 Abs. 5 c) cc) ARB 2000; BGH 19.3.2003, zfs 2003, 364: Maßstab des unversicherten, wirtschaftlich vernünftigen Versicherungsnehmers). Schon aus dem Begriff „erforderlich" in § 1 ARB 2000 (und § 62 VVG a.F., § 125 VVG) folgt, dass die Rechtsschutzversicherung für *vermeidbare Kostenerhöhungen* nicht aufzukommen hat. Deswegen sind z. B. die Kosten für getrennte Unfallprozesse gegen Fahrer, Halter und Kfz-Haftpflichtversicherer nicht von der Rechtsschutzversicherung zu ersetzen. Eine Obliegenheitsverletzung nach Eintritt des Versicherungsfalles führt zur *vollständigen Leistungsfreiheit* des Versicherers, *wenn* der Versicherungsnehmer die Obliegenheit vorsätzlich oder grob fahrlässig verletzt hat, jeweils aber nur bei *Kausalität*, wenn also die Obliegenheitsverletzung Einfluss auf die Feststellung des Rechtsschutzfalles oder den Umfang der Versicherungsleistung hatte, *§ 6 Abs. 3 VVG a.F.*, § 17 Abs. 6 ARB 2000 (BGH 24.10.1960, NJW 1961, 268). Eine einfache Fahrlässigkeit ist ohne Folge für den Versicherungsnehmer.

> **Praxistipp:** Eine *verspätete Schadenmeldung* in der Rechtsschutzversicherung hat in der Regel keinen Einfluss auf den Rechtsschutzfall. Deswegen kann sogar *noch nach Rechtskraft* eines Prozesses Versicherungsschutz zu gewähren sein (vgl. OLG Frankfurt am Main 18.11.2009, VersR 2010, 1310). Eine solch späte Meldung an den Rechtsschutzversicherer hat den Vorteil, dass beim Versicherer ein Rechtsschutzfall nicht vermerkt bleibt, wenn die Rechtsschutzversicherung letztlich nicht in Anspruch genommen wurde. Bei vielen Rechtsschutzversicherern bleibt ein Schadenfall auch ohne Zahlung registriert, und kann den Versicherer zur Kündigung des Vertrages berechtigen.

21. Leistungsfreiheit des Versicherers bei Obliegenheitsverletzungen nach VVG. Das neue VVG gilt ab dem 1.1.2008 für alle ab diesem Zeitpunkt geschlossenen Versicherungsverträge, und ab dem 1.1.2009 auch für die vor dem 1.1.2008 geschlossenen Versicherungsverträge. Nach wie vor gelten die zuvor dargestellten Obliegenheiten gemäß den ARB, nach wie vor wird zwischen Obliegenheitspflichten vor und nach Eintritt des Versicherungsfalles unterschieden. Indes wurde den Versicherern durch das neue VVG die *Berufung auf Leistungsfreiheit erheblich erschwert*. Die Koppelung von Kündigung binnen Monatsfrist und Leistungsfreiheit wurde im neuen VVG aufgehoben. Der Versicherer kann gemäß § 28 Abs. 1 VVG den Versicherungsvertrag bei vorsätzlicher oder grob fahrlässiger Verletzung einer Obliegenheit vor Eintritt des Versicherungsfalles kündigen, muss es aber nicht, um sich auf Leistungsfreiheit zu berufen. Ferner wurde das sog. *„Alles-oder-Nichts-Prinzip"* (welches durch die sog. *Relevanzrechtsprechung* des BGH bereits erheblich aufgeweicht worden war) durch ein abgestuftes Regime in § 28 Abs. 2, 3 VVG ersetzt. Danach gilt nunmehr für sämtliche Obliegenheitsverletzungen des Versicherungsnehmers, dass deren Verletzung nur zur *Leistungsfreiheit insoweit* führt, *wie* die *Pflichtverletzung kausal* für den Eintritt des Versicherungsfalles oder dessen Feststellung bzw. die Feststellung und/oder den Umfang der Leistungspflicht des Versicherers geworden ist (*Meixner/Steinbeck* § 1, Rn. 331 – 333). Nunmehr wird also geprüft, *inwieweit* sich die Obliegenheitsverletzung des Versicherungsnehmers auf den Eintritt des Versicherungsfalles oder dessen Feststellung bzw. die Feststellung und/oder den Umfang der Leistungspflicht der Versicherung ausgewirkt hat (*Kausalität*). Insoweit besteht Leistungsfreiheit des Versicherers. Folgende Abstufungen zeichnen sich ab (*Meixner/Steinbeck* § 1, Rn. 197 ff.): Bei *Arglist* des Versicherungsnehmers bleibt es bei der vollständigen Leistungsfreiheit des Versicherers. Bei *Vorsatz* des Versicherungsnehmers ist der Versicherer im Verhältnis zur Kausalität der Pflichtverletzung leistungsfrei. Bei *grober Fahrlässigkeit* des Versicherungsnehmers ist der Versicherer ebenso im Verhältnis zur Kausalität unter zusätzlicher Berücksichtigung der Schwere der Schuld des Versicherungsnehmers leistungsfrei. Bei *leichter Fahrlässigkeit* des Versicherungsnehmers kommt generell keine Leistungsfreiheit des Versicherers mehr in Betracht. § 28 VVG ist gemäß § 32 VVG zwingendes Recht, kann also in einer Vereinbarung zwischen Versicherer und Versicherungsnehmer nicht abbedungen werden.

22. Bei Eintritt des Versicherungsfalles besteht vor Ablauf einer grundsätzlich dreimonatigen *Wartezeit gemäß § 4 Abs. 1 S. 3 ARB 2000* nach Abschluß des Versicherungsvertrages für die Leistungsarten des § 2 b) – g) ARB 2000 (also nicht für die Leistungsarten des Schadenersatz- sowie des Ordnungswidrigkeiten- und Strafrechtsschutzes) keine Einstandspflicht des Rechtsschutzversicherers, soweit nicht Rechte aufgrund eines Kauf- oder Leasingvertrages betreffend ein fabrikneues Kraftfahrzeug wahrzunehmen sind (gemäß OLG Düsseldorf 30.6. 2005, VersR 2005, 1426, ist eine Wartefrist von 6 Monaten nicht zu beanstanden). Ferner ist der Versicherer bei *Prämienverzug* nicht zur Leistung verpflichtet, mithin wenn entweder die *Erstprämie* bei Eintritt des Versicherungsfalles schuldhaft nicht oder eine *Folgeprämie* nach Mahnung nicht fristgerecht bezahlt wurde, §§ 37 Abs. 2, 38 Abs. 2 VVG (§§ 38 Abs. 2, 39 Abs. 2 VVG a.F.). Mit Ausnahme des Ordnungswidrigkeiten- und Strafrechtsschutzes, in welchem unter Geltung der jüngeren ARB keine Prüfung der Erfolgsaussichten erfolgt, besteht bei *fehlender Erfolgsaussicht* ebenfalls kein Versicherungsschutz, vgl. § 18 A und B Abs. 1 b) ARB 2000. Die Erfolgsaussicht wird anhand des *Prüfungsmaßstabes des § 114 ZPO* beurteilt (vgl. dazu BGH 16.9.1987, NJW 1988, 266; BGH 19.12.2002, NJW 2003, 1192). Die Annahme fehlender Erfolgsaussicht, mithin die Verweigerung von Versicherungsschutz, hat der Rechtsschutzversicherer dem Versicherungsnehmer unverzüglich, schriftlich und begründet mitzuteilen, § 18 Abs. 1 S. 1 ARB 2000. Schließlich kann Versicherungsschutz bei *Mutwilligkeit* versagt werden, § 18 A und B Abs. 1 a) ARB 2000. Mutwillig ist die Rechtsverteidigung dann, wenn der durch die Wahrnehmung der rechtlichen Interessen *voraussichtlich entstehende Kostenaufwand* unter Berücksichtigung der berechtigten Belange der Versicherungsgemeinschaft in einem *groben Missverhältnis* zum *angestrebten Erfolg* steht. Mutwillig kann z. B. die Rechtsverteidigung gegen ein nicht eintragungspflichtiges Bußgeld sein, wenn erhebliche Verfahrenskosten zu erwarten sind, es sei denn, das Bußgeldverfahren hat womöglich präjudizierende Wirkung für die Geltendmachung von Schadenersatzansprüchen. Die Frage der Mutwilligkeit darf also nicht alleine aus einem Vergleich zwischen Bußgeld und den bei der Verteidigung entstehenden Kosten entschieden werden (*Berz/Burmann* Kap. 8 H, Rn. 6 f.).

23. Die *Verjährung* der Ansprüche aus dem Versicherungsvertrag ist zwischen deren Anmeldung bei dem Versicherer und der Zugang einer Entscheidung des Versicherers über dessen Einstandspflicht in Textform beim Versicherungsnehmer *gehemmt*, § 15 VVG (vgl. § 12 Abs. 2 VVG a.F.). Für die Verjährung gelten nach der Streichung des § 12 Abs. 1 VVG a.F. die §§ 194 ff. BGB, so dass Ansprüche aus dem Versicherungsvertrag in *3 Jahren* ab Kenntnis des Gläubigers von den anspruchsbegründenden Tatsachen verjähren (§§ 195, 199 Abs. 1 BGB). Die Verjährungsfrist beginnt nicht vor

Fälligkeit des Leistungsanspruchs, mithin muss bereits Klage auf sofortige Leistung erhoben werden können (BGH 14.4.1999, DAR 1999, 311; BGH 27.2.2002, VersR 2002, 472).

24. Stichentscheid und Schiedsgutachterverfahren. Lehnt die Rechtsschutzversicherung ihre Einstandspflicht wegen Mutwilligkeit oder fehlender Erfolgsaussicht ab, kann der Versicherungsnehmer einen Stichentscheid oder ein Schiedsgutachterverfahren verlangen. Beim *Schiedsgutachterverfahren* wird vom Präsidenten der für den Wohnsitz des Versicherungsnehmers zuständigen Rechtsanwaltskammer ein seit mindestens fünf Jahren zur Anwaltschaft zugelassener Rechtsanwalt benannt, welcher über die Einstandspflicht der Versicherung entscheidet. Die Kosten des Verfahrens trägt der Versicherungsnehmer dann, wenn die Leistungsverweigerung der Rechtsschutzversicherung vollständig berechtigt war. Beim *Stichentscheid* kann der Versicherungsnehmer den von ihm beauftragten Rechtsanwalt mit der Abgabe einer Stellungnahme zur hinreichenden Erfolgsaussicht und fehlenden Mutwilligkeit der Rechtsverfolgung betrauen (dazu BGH 18.2.1981, VersR 1981, 531). Dieser Entscheid ist bindend, es sei denn, die Entscheidung des Rechtsanwaltes weicht offenbar erheblich von der wirklichen Sach- und Rechtslage ab (BGH 25.1.1979, NJW 1979, 1885). Hat der Versicherer den Versicherten nach Ablehnung der Einstandspflicht nicht auf die Möglichkeit des Stichentscheids oder des Schiedsverfahrens unverzüglich, schriftlich und begründet hingewiesen, oder erst nachträglich, mithin erst im Deckungsprozess des Versicherungsnehmers, seine Deckungspflicht mangels hinreichender Erfolgsaussicht abgelehnt, und damit gegen seine Pflicht aus *§ 128 VVG* (§ 158 n VVG a.F.) verstoßen, dann gilt die *Einstandspflicht* des Versicherers *im geltend gemachten Umfang als anerkannt* (vgl. BGH 19.3.2003, VersR 2003, 638; OLG Hamm 20.10.1993, VersR 1994, 1225; OLG Köln 22.2.2000, r+s 2000, 288; a.A. OLG Karlsruhe 6.8.1998, VersR 1999, 613). Es ist den jeweiligen ARB zu entnehmen, ob dort ein Stichentscheid oder ein Schiedsgutachterverfahren zwischen Versicherungsnehmer und Versicherung vereinbart wurde. Sowohl Stichentscheid als auch Schiedsgutachterverfahren haben in der Praxis indes keine große Bedeutung.

25. Deckungsklage. Aus *§§ 1, 17 Abs. 4 S. 1 ARB 2000*, wonach der Versicherer die Übernahme des Kostenschutzes zu bestätigen und die für die Interessenwahrnehmung erforderlichen Kosten zu tragen hat, folgt ein *klagbarer Anspruch* des Versicherungsnehmers gegen seine Rechtsschutzversicherung. Der Versicherer hat binnen 2 bis 3 Wochen nach vollständiger Informationserteilung eine *Entscheidung über die Deckungszusage* zu fällen (OLG Frankfurt 9.7.1997, VersR 1998, 357; LG Stuttgart 22.4.2010, 16 O 45/10). Unterbleibt dies, kann der Versicherungsnehmer eine Entscheidung des Versicherers einklagen. Die Deckungsklage in der Rechtsschutzversicherung entspricht der klageweisen Durchsetzung versicherungsrechtlicher Ansprüche in anderen Versicherungszweigen (s. a. → *Deckungsklage*).

Praxistipp: Für einen Streit mit dem Rechtsschutzversicherer selbst über dessen Deckungspflicht besteht kein Rechtsschutz, § 3 Abs. 2 h) ARB 2000.

26. Rechtsanwalt und Rechtsschutzversicherung (siehe dazu *van Bühren* NJW 2007, 3606). Der Versicherungsnehmer hat *freie Anwaltswahl* (*Cornelius-Winkler*, NJW 2014, 588; EuGH 7.11.2013, NJW 2014, 373, m. Anm. *Purnhagen*; BGH 4.12.2013, IV ZR 215/12; OLG Bamberg 20.6.2012, zfs 2012, 640), § 17 Abs. 1 S. 1 ARB 2000, § 127 VVG (§ 158 m VVG a.F.). Übernimmt der Anwalt mit dem Mandat auch die gesamte Korrespondenz mit dessen Rechtsschutzversicherung, ist er zum einen wenigstens konkludent von seiner *Verschwiegenheitspflicht* gegenüber dem Rechtsschutzversicherer entbunden (*Bauer* NJW 2011, 1415 (1418), m.w.N.; a.A. AG Frankfurt a.M. 16.10.2012, 30 C 1926/12; AnwG Frankfurt a.M. 23.11.2011, NJW-Spezial 2012, 255; AG Aachen 1.4.2010, 112 C 182/09, wonach der Mandant seinen Rechtsanwalt ausdrücklich von der Schweigepflicht zu entbinden hat, wenn dieser Auskunftsansprüche des Rechtsschutzversicherers erfüllen soll, denn durch den Anspruchsübergang gem. §§ 86 Abs. 1 VVG, 401, 402 BGB, wird der Versicherer nicht selbst zum Mandanten des Rechtsanwalts), und zum anderen *Repräsentant des Versicherungsnehmers* (OLG Köln 24.4.2001, zfs 2002, 301; OLG Hamm 9.11.1990, NJW-RR 1991, 612; a.A. *Römer/Langheid* § 6 VVG, Rn. 119), so dass der Versicherungsnehmer für Obliegenheitsverletzungen des Rechtsanwalts einzustehen hat (OLG Nürnberg 29.6.1989, NJW-RR 1989, 1370; *van Bühren/Plote* § 17 ARB 2000, Rn. 1). Der Anwalt sollte dem Versicherer angesichts der weit reichenden Unterrichtungsobliegenheit die außergerichtliche Korrespondenz vollständig zuleiten. Denn umgekehrt ergibt sich hier für den Rechtsanwalt ein *Haftungsrisiko* (vgl. auch OLG Schleswig 17.1. 2008, DAR 2009, 334).

> Praxistipp: Angesichts dessen sollte die *Korrespondenz mit dem Rechtsschutzversicherer* nicht als kostenfreier Service, sondern als *zu vergütende Tätigkeit* übernommen werden.

27. Interessenkollision Ferner kann im Zuge der Korrespondenz mit dem Versicherer für den Anwalt eine *Interessenkollision* entstehen. Erfährt der Rechtsanwalt vom Versicherungsnehmer Tatsachen, wonach bei wahrheitsgemäßer Mitteilung an den Rechtsschutzversicherer kein Versicherungsschutz besteht oder dieser entfällt, dann gerät der Rechtsanwalt in das Spannungsfeld von anwaltlicher Verschwiegenheitspflicht gem. § 43a Abs. 2 BRAO einerseits und andererseits der Pflicht zur Unterlassung der Mitwirkung an einem Versicherungsbetrug als unabhängiges Organ der Rechtspflege gem. § 1 BRAO.

> Praxistipp: In einem solchen Fall hat der Anwalt das Mandat niederzulegen oder mit dem Mandanten abzustimmen, dass das Mandat auch ohne Rechtsschutzversicherung, mithin mit Kostenrisiko des Mandanten, fortgeführt wird (*van Bühren* NJW 2007, 3606).

28. Rechtsanwalt, Versicherer und Versicherungsnehmer bewegen sich in einem *Dreiecksverhältnis*. Zwischen dem Versicherer und dem Versicherungsnehmer besteht der Versicherungsvertrag (Deckungsverhältnis). Zwischen dem Anwalt und dem Versicherungsnehmer besteht der Anwaltsvertrag. Zwischen dem Anwalt und der Versicherung besteht das Valutaverhältnis, aber *keine vertragliche Beziehung* (zur dennoch ggf. unmittelbar bestehenden Haftung des Rechtsanwalts ggü. der Rechtsschutzversicherung s. *Meixner*, NJW-aktuell 42/2013, 16).

> Praxistipp: Kostenrechnungen sind daher ausschließlich auf den *Mandanten als Rechnungsempfänger* auszustellen und dem Rechtsschutzversicherer zur Freistellung seines Versicherungsnehmers per Telefax zu übermitteln. Die *Originalrechnung* erhält der Mandant, der das Original der Rechnung im Falle einer Vorsteuerabzugsberechtigung unbedingt benötigt. So kann gewährleistet werden, dass nur eine Originalrechnung mit einer Rechnungsnummer ausgestellt und vom Rechtsanwalt unterschrieben wird. Ein solches Vorgehen vereinfacht auch die Buchhaltung in der Kanzlei: Der zum Vorsteuerabzug berechtigte Mandant bezahlt die Mehrwertsteuer und ggf. eine Selbstbeteiligung, der Rechtsschutzversicherer das Nettohonorar. Diese Zahlungen führen zusammen zum Ausgleich der einen Originalrechnung in der Buchhaltung des Anwalts (*Hillmann/Schneider* § 13 Rn. 278 – 280).

29. Eine vertragliche Beziehung zwischen Versicherer und Anwalt kann auch nicht über eine Abtretung der Freistellungsansprüche hergestellt werden, da z. B. § 17 Abs. 7 ARB 2000 ein vertragliches *Abtretungsverbot* enthält, wodurch verhindert wird, dass der Rechtsanwalt seine Gebührenansprüche im eigenen Namen gegen den Rechtsschutzversicherer des Mandanten einklagen kann. Es wird vertreten, dass der Rechtsanwalt gegenüber dem Rechtsschutzversicherer zur *Auskunftserteilung und Rechnungslegung* insoweit verpflichtet ist (vgl. *Schulz* NJW 2010, 1729), wie er Vorschusszahlungen vom Versicherer erhalten hat (AGH Saarland 7.5.2001, zfs 2002, 93; LG Braunschweig 3.4.2001, zfs 2002, 151; AG Tempelhof-Kreuzberg 3.1.2003, zfs 2003, 468). Dies soll aus § 86 VVG (§ 67 VVG a.F.) i.V.m. §§ 675, 666, 677 BGB folgen. Indes ist zu beachten, dass der Versicherer durch den Anspruchsübergang gem. § 86 VVG nicht zum Mandanten des Rechtsanwalts wird (AG Frankfurt a.M. 16.10.2012, 30 C 1926/12). Nimmt der Rechtsanwalt Zahlungen z. B. aus Kostenerstattungsansprüchen entgegen, dann handelt es sich hierbei um *Fremdgeld*, welches gemäß § 86 VVG (§ 67 VVG a.F.), § 17 Abs. 8 ARB 2000 an die Rechtsschutzversicherung auszubezahlen ist. Gleiches gilt für erstattete, nicht verbrauchte Gerichtskosten. Betreibt der Rechtsanwalt die Zwangsvollstreckung aus Kostenfestsetzungsbeschlüssen, dann ist er dem Rechtsschutzversicherer zur Weiterleitung eines von der Gegenseite erstatteten Betrages verpflichtet. Erfolgt versehentlich eine Auszahlung an den Mandanten, soll der Rechtsanwalt gegenüber der Rechtsschutzversicherung zur Auszahlung verpflichtet bleiben (so AG Hamburg 14.2.2006, VersR 2007, 390).

30. Wegen des auch hier geltenden *Quotenvorrechts* (§ 86 VVG, § 67 Abs. 1 S. 2 VVG a.F.; s. dazu *Schneider*, AnwBl 2012, 572) können die *Selbstbeteiligung* des Versicherungsnehmers sowie *Reisekosten* und *Abwesenheitsgelder* des Rechtsanwalts, die vom Versicherungsschutz nicht umfasst sind, vom Zahlbetrag der Gegenseite vor Weiterleitung an die Versicherung abgezogen werden (vgl. OLG Köln 25.3.1994, NJW-RR 1994, 955; *Boon* zfs 2003, 481; *Freyberger* DAR 2001, 385). Dies gilt nicht für vom Gericht zurückzuzahlende, nicht verbrauchte Gerichtskosten (AG Kempten 29.11.2010, 4 C 1178/10) und Sachverständigenvorschüsse, da es sich dabei nicht um einen Schadenersatzanspruch i.S.v. § 86 Abs. 1 S. 2 VVG handelt.

31. Eine *Deckungszusage* des Rechtsschutzversicherers, die eine Bestätigung der Rechtsschutzgewährung für einen bestimmten Rechtsschutzfall enthält, und rechtlich als *deklaratorisches Schuldanerkenntnis* einzuordnen ist (BGH 16.7.2014, NJW 2014, 3030; OLG Düsseldorf 26.9.1995, VersR 1996, 844; OLG Karlsruhe 21.8.1997, NJW-RR 1998, 1107), begründet *keinen unmittelbaren Zahlungsanspruch* des Rechtsanwalts gegen den Rechtsschutzversicherer. Deswegen entscheidet der Versicherungsnehmer letztlich darüber, ob und wann der Rechtsanwalt eine Zahlung von der Rechtsschutzversicherung erhält.

> Praxistipp: Da der Rechtsanwalt keinen unmittelbaren Zahlungsanspruch gegen den Rechtsschutzversicherer hat, und eine Zahlung der Gebühren letztlich vom Mandanten abhängt, sollte der Rechtsanwalt gem. § 9 RVG angemessene *Gebührenvorschüsse* für die bisherige und zu erwartende Tätigkeit *frühzeitig* beim Rechtsschutzversicherer anfordern (*van Bühren* NJW 2007, 3606). Der Rechtsschutzversicherer muss den Versicherungsnehmer von Vorschussforderungen des Rechtsanwalts gemäß § 5 Abs. 1 a) S. 1, Abs. 2 a) ARB 2000 freistellen (*van Bühren/Plote* § 5 ARB 2000, Rn. 42). Der Rechtsanwalt muss nicht befürchten, dass er in den Fällen des Eingreifens des Risikoausschlusses des Vorsatzes die aufgrund auflösend bedingten oder vorläufig gewährten Rechtsschutzes erhaltenen Vorschüsse zurückzahlen muss. Solche Rückforderungsansprüche des Versicherers können sich alleine gegen den Versicherten richten, da zwischen Anwalt und Versicherer kein Vertrag besteht (*Hillmann/Schneider* § 13 Rn. 281).

32. Die Rechtsschutzversicherung muss für den *in eigener Sache (i.S.v. § 5 Abs. 1 lit. a) S. 1 ARB 94)* tätigen *Rechtsanwalt* zahlen (BGH 10.11.2010, NJW 2011, 232). Vor dieser Entscheidung des BGH wurde vielfach die Auffassung vertreten, dass der Anwalt, der sich in einem Rechtsstreit selbst vertritt, von seiner Rechtsschutzversicherung keine Anwaltskosten für seine Tätigkeit verlangen kann (*Bauer* NJW 2010, 1327; AG München 26.2.2008, 121 C 28564/07). Denn Sinn und Zweck einer Rechtsschutzversicherung sei es, den Versicherungsnehmer von tatsächlichen Kosten freizustellen. Solche fielen bei einer Eigenvertretung nicht in Form von Gebühren an.
www.gdv.de/downloads/versicherungsbedingungen/schaden-und-unfallversicherung/rechtsschutzversicherung

Siehe auch: → *Kostentragungspflicht des Halters,* → *Selbständiges Beweisverfahren* *Geiger*

Rechtsüberholen → Haftungsverteilung bei Verkehrsunfällen Nr. 7, → Überholen Nr. 2 a)

Rechtswidrigkeitszusammenhang → Haftungsverteilung bei Verkehrsunfällen Nr. 2, → Kausalität Nr. 2

Rechtszug → Anwaltsgebühren in Verkehrsverwaltungssachen Nr. 5, 7

Regelbesteuerung → Unfallschadenabwicklung – Sachschaden Nr. 16

Regelfahrverbot → Fahrverbot Nr. 4 a)

Regelgebühr → Geschäftsgebühr in Unfallsachen Nr. 2

regelmäßiger Standort des Kfz → Zulassung von Kfz Nr. 3

Regelungsanordnung → Besonderheiten des Verkehrsverwaltungsprozesses Nr. 10

Registerauskunft → Fahrzeugregister Nr. 2

Regress 1. Allgemeines. Der *Kfz-Haftpflichtversicherer*, der auf Grundlage des Versicherungsvertrages Zahlungen leistet, kann bei Leistungsfreiheit gegenüber dem Versicherungsnehmer (Innenverhältnis) dazu berechtigt sein, seinen Versicherungsnehmer oder den Mitversicherten in *Regress* zu nehmen, also von den betreffenden Personen die Erstattung der an den Geschädigten erbrachten Versicherungsleistungen (Außenverhältnis) zurück zu verlangen. Gleiches gilt für Leistungen bestimmter *Dritter* wie z. B. Schadensversicherer, Sozialleistungsträger oder Arbeitgeber nach einem Forderungsübergang (s. a. → Übergang von Ersatzansprüchen).

2. Regress gegenüber Versicherungsnehmer. Wenn der Versicherer eines Kfz zur Leistung an den Geschädigten im Außenverhältnis verpflichtet und gleichzeitig gegenüber dem Versicherungsnehmer bzw. der versicherten Person im Innenverhältnis von der Leistung frei ist, liegt ein sog. *krankes Versicherungsverhältnis* vor. Ein solches kann in Fällen des *Prämienverzuges*, der *Obliegenheitsverletzungen* und der *Gefahrerhöhung* sowie bei einer *Nachhaftung* des Versicherers gem. § 117 Abs. 2 VVG (s. a. → *Nachhaftung*) entstehen. Der Versicherer kann dem geschädigten Dritten dann nicht entgegenhalten, dass er gegenüber seinem Versicherungsnehmer von der Leistung frei ist, *§ 117 Abs. 1 VVG*. Im kranken Versicherungsverhältnis haftet der Versicherer gegenüber dem Geschädigten lediglich bis zur Höhe der *Mindestversicherungssummen* (vgl. §§ 117 ff. VVG), welche seit dem 18.12.2007 für Personenschäden 7,5 Mio. Euro, für Sachschäden 1 Mio. Euro und für reine Vermögensschäden 50.000 Euro betragen (s. a. → *Kfz-Haftpflichtversicherung;* s. a. → *Deckungssummen in Europa*). Der Versicherer haftet im kranken Versicherungsverhältnis zudem nur *subsidiär* (sog. *Verweisungsprivileg*). Wenn der Geschädigte anderweitig Ersatz erlangen kann, z. B. von einem anderen Schadensversicherer (eigene Kaskoversicherung) oder einem Sozialversicherungsträger, dann scheidet eine Haftung des Versicherers im kranken Versicherungsverhältnis aus (§§ 117 Abs. 3 VVG, 3 S. 2 PflVG, vormals § 158 c Abs. 4 VVG a.F. i.V.m. § 3 Nr. 4-6 PflVG), es sei denn, das Schädiger-Kfz entsprach nicht den Betriebsvorschriften der StVO oder wurde von einem unberechtigten Fahrer oder einem ohne Fahrerlaubnis geführt, § 3 PflVG. Liegt jedoch eine *Obliegenheitsverletzung* oder ein Fall der *Gefahrerhöhung* vor, dann kann sich der Versicherer gegenüber dem Geschädigten weder auf die Haftungsbegrenzung im Außenverhältnis bis zu den Mindestversicherungssummen noch auf das Verweisungsprivileg berufen, § 5 Abs. 3 KfzPflVV. Leistet der Versicherer an den Geschädigten, dann kann er gem. *§ 117 Abs. 5 VVG* den Versicherungsnehmer in Regress nehmen, also von seinem Versicherungsnehmer die Rückerstattung seiner Schadensregulierungsleistungen verlangen. Auch wenn der Versicherer *rechtsgrundlos Leistungen* erbracht hat, etwa weil er nachträglich erkennt, dass der Versicherungsnehmer *falsche Angaben in der Schadensmeldung* gemacht hat (z. B. vorgetäuschter Diebstahl eines Kfz), dann kann er den Versicherungsnehmer in Regress nehmen (BGH 14.12.1994, NJW 1995, 662; BGH 14.7.1993, NJW 1993, 2678). § 28 Abs. 2 VVG findet dann keine Anwendung. Wurde der Versicherer vom Versicherungsnehmer nicht über den Forderungsgrund, sondern *über die Forderungshöhe getäuscht*, dann ist ein Regress auf den Betrag beschränkt, der aufgrund der Täuschung zu Unrecht bezahlt wurde. Ein *unbegrenzter Regress* ist dem Versicherer bei einem Prämienverzug des Versicherungsnehmers eröffnet, §§ 37, 38 VVG. Dagegen besteht in den Fällen der Verletzung einer Obliegenheit vor Eintritt des Versicherungsfalles und der Gefahrerhöhung ein – gem. § 5 Abs. 3 KfzPflVV auf lediglich 5.000 Euro *begrenzter – Regressanspruch*, § 28 Abs. 2 VVG, D.3.1 AKB 2008 (vgl. BGH 11.1.2012, IV ZR 251/10), und bei Verletzung einer Obliegenheit nach Eintritt des Versicherungsfalles ein grundsätzlich auf 2.500 Euro, in Fällen besonders schwerer Verletzung der Aufklärungs- und Schadenminderungsobliegenheit ein auf 5.000 Euro begrenzter Regressanspruch.

3. Regress gegenüber versicherter Person. Gem. § 123 VVG ist der Rückgriff auf die versicherte Person nur *eingeschränkt* möglich. Der Versicherer kann der versicherten Person die im Innenverhältnis zum Versicherungsnehmer bestehende Leistungsfreiheit nur dann entgegenhalten, wenn die *zur Leistungsfreiheit führenden Umstände in der versicherten Person vorliegen oder dieser Person bekannt oder grob fahrlässig unbekannt* waren. War der mitversicherten Person z. B. die Beendigung des Kfz-Pflichtversicherungsvertrages bekannt oder grob fahrlässig nicht bekannt, dann besteht für die mitversicherte Person ein ansonsten gem. § 123 Abs. 4 VVG bestehender Versicherungsschutz in der Zeit der Nachhaftung nicht (s. a. → *Nachhaftung*). Der Versicherer haftet gem. §§ 117 Abs. 3, 123 Abs. 2 VVG für die mitversicherte Person nur bis zu den Mindestversicherungssummen, und ist nicht zur Geltendmachung des Verweisungsprivilegs berechtigt. Hat die versicherte Person dagegen *selbst eine Obliegenheit verletzt* oder *selbst eine Gefahrerhöhung vorgenommen*, dann ist der Versicherer zum Regress wie gegen seinen Versicherungsnehmer berechtigt (wie im vorstehenden Absatz dargestellt). Hat der Fahrer das von ihm gelenkte und den Unfall verursachende Kfz durch eine strafbare Handlung erlangt, und eine Obliegenheit vor Eintritt des Versicherungsfalles verletzt oder eine Gefahrerhöhung vorgenommen, dann ist der Versicherer ihm gegenüber vollständig von der Leistung befreit, § 5 Abs. 3 KfzPflVV.

4. Regress gegenüber Schädiger. Hat der Versicherer an seinen Versicherungsnehmer zum Ersatz eines Schadens Leistungen erbracht, dann gehen insoweit gegen Dritte bestehende Schadenersatzansprüche des Versicherungsnehmers auf den Versicherer über, *§ 86 Abs. 1 VVG* (§ 67 VVG a.F.). Der Übergang erfolgt im Zeitpunkt der Leistung des Versicherers (s. a. → *Übergang von Ersatzansprüchen*). Nimmt der Halter eines Kfz für Schäden am Kfz seine *Kaskoversicherung* in Anspruch, dann gehen Schadenersatzansprüche des Halters gegen den Fahrer seines Kfz im Zeitpunkt der Kaskoregulierung auf die Kaskoversicherung über. Der Versicherer kann dann den Halter und Fahrer des anderen unfallbeteiligten Kfz in Regress nehmen, aber auch den Fahrer des beim regressierenden Versicherer versicherten Kfz. Ein solcher *Regress des Fahrers des versicherten Kfz* ist indes nur möglich, wenn der Fahrer den Schaden vorsätzlich oder grob fahrlässig verursacht hat (A.2.15 AKB 2008). War der Fahrer Angestellter des Halters, dann sind die Grundsätze der Beschränkung der Arbeitnehmerhaftung zu beachten (BGH 25.9.1997, NJW 1998, 1810; BAG 12.11.1998, DAR 1999, 182, m. Anm. *Kärger*; s. a. → *Geschäftswagenunfall*). Ein Rückgriff des Versicherers gegen Personen, die mit dem Versicherungsnehmer bereits zur Zeit des Schadensfalles in *häuslicher Gemeinschaft* lebten und dort noch leben, ist gem. § 86 Abs. 3 VVG grundsätzlich ausgeschlossen (vormals sog. *Familienprivileg* gem. § 67 Abs. 2 VVG a.F.). Nur ausnahmsweise ist ein Regress gegen Familienmitglieder in Wohngemeinschaft möglich, z. B. wenn der Regressanspruch des Versicherers wegen eines Verstoßes gegen die Führerscheinklausel (BGH 13.7.1988, VersR 1988, 1062) oder eines Verstoßes gegen die Alkoholklausel (OLG Celle 9.9.2004, VersR 2005, 681) erfolgt.

> Praxistipp: Wird in einem zwischen einem Haftpflichtversicherer und einem Träger der gesetzlichen Unfallversicherung geschlossenen *Teilungsabkommen* auf die Prüfung des Rechtsübergangs bzw. den Einwand der mangelnden Übergangsfähigkeit verzichtet, erstreckt sich dieser Verzicht grundsätzlich auf das Fehlen der für den Regress vorausgesetzten Kongruenz zwischen den einzelnen Schadenspositionen und den Versicherungsleistungen sowie auf das Eingreifen des Familienprivilegs (BGH 20.9.2011, zfs 2012, 139, m. Anm. *Diehl*).

5. Regress des Sozialversicherungsträgers. Für Sozialversicherungsträger besteht zum einen gem. *§ 116 SGB X* eine Regressmöglichkeit betreffend die an den Geschädigten erbrachten Leistungen *aus übergegangenem Recht* gegen den Schädiger (*Engelbrecht* DAR 2011, 684; s. a. → *Übergang von Ersatzansprüchen*), zum anderen ein möglicher Regress betreffend die aufgrund des Schadensfalles geleisteten *Aufwendungen* gem. *§ 110 SGB VII* gegen denjenigen, der den Versicherungsfall (Arbeitsunfall) vorsätzlich oder grob fahrlässig herbeigeführt hat (BGH 27.6.2006, NJW 2006, 3563; BGH 29.1.2008, NJW 2008, 2033; BGH 15.7.2008, NJW 2009, 681). Im Gegensatz zum Regress entsprechend dem früheren § 640 RVO ist der Regressanspruch des Sozialversicherungsträgers gem. § 110 SGB VII nur bis zur Höhe des zivilrechtlichen Schadensersatzanspruchs möglich, so dass ein Mitverschulden des Geschädigten nunmehr i.S.v. § 254 BGB zu berücksichtigen ist. Der Sozialversicherungsträger kann nach billigem Ermessen auf den Ersatzanspruch ganz oder teilweise verzichten, § 110 Abs. 2 SGB VII, also insbesondere unter Berücksichtigung der wirtschaftlichen Verhältnisse des Schädigers (BGH 28.9.1971, NJW 1972, 107). Darüber hinaus besteht gem. *§ 119 SGB X* die Pflicht des Schädigers, dem Sozialversicherungsträger die *Beiträge zur Rentenversicherung* zu erstatten, soweit ein Erstattungsanspruch die Erstattung der Beiträge zur Sozialversicherung umfasst, und der Verdienstausfall des Geschädigten nach der Nettolohnmethode beziffert wird.

6. Regress des Arbeitgebers. Leistet der Arbeitgeber des Unfallverletzten gem. § 6 EGFZ für die ersten sechs Wochen der Verletzung seines Arbeitnehmers Lohn- und Gehaltsfortzahlungen, dann geht der Schadenersatzanspruch des Arbeitnehmers insoweit auf den Arbeitgeber über (s. a. → *Übergang von Ersatzansprüchen*), der den Schädiger dann insoweit in Regress nehmen kann. Hierbei kann der Schädiger dem Arbeitgeber alle Einwendungen zur Haftung dem Grunde und der Höhe nach entgegenhalten (z. B. Vorteilsausgleichung, BGH 22.1.1980, NJW 1980, 1787), die er auch dem Arbeitnehmer hätte entgegenhalten können.

> Praxistipp: Erst ab *Verzug* des Schädigers hat der regressierende *Arbeitgeber* Anspruch auf Ersatz der durch die Einschaltung eines eigenen Rechtsanwalts anfallenden *Rechtsverfolgungskosten*. Denn der Arbeitgeber ist lediglich *mittelbar Geschädigter*, hat mithin keinen eigenen Schadenersatzanspruch gegen den Unfallverursacher (s. a. → *Ersatzansprüche Dritter*).

Siehe auch: → *Dienstfahrt*, → *Geschäftswagenunfall*, → *Haftungsausschluss bei Arbeits-/Schulunfäl-*

len, → *Nachhaftung*, → *Regress (in der Kaskoversicherung)*, → *Übergang von Ersatzansprüchen*
Geiger

Regress (in der Kaskoversicherung) Wird das versicherte Fahrzeug durch einen Dritten schuldhaft beschädigt oder gar zerstört, hat der Eigentümer in der Regel gegen den Schädiger einen Schadenersatzanspruch wegen Eigentumsverletzung (§ 823 Abs. 1 BGB).
1. Grundsatz: Regress des Kaskoversicherers. Ersetzt der Kaskoversicherer dem Versicherungsnehmer den Schaden, wird der Schädiger dadurch nicht von seiner Schadenersatzpflicht frei. Er kann diesen beim Unfallverursacher, dem Fahrer des kaskoversicherten Fahrzeugs geltend machen.
2. Ausnahme: Ausschluss bei „Familienprivileg". Im neuen VVG wurde anstelle des bisherigen Ausschlusses des Anspruchsübergangs ein Regressausschluss für besondere Fälle eingeführt (§ 86 Absatz 3 VVG) eingeführt. Der Versicherungsnehmer verliert zwar den Ersatzanspruch gegen den Schädiger, wenn er die Versicherungsleistung in Anspruch nimmt, der Versicherer kann aber den übergegangenen Anspruch gegen den Schädiger bei Vorliegen des sog. „Familienprivileges" nicht mehr geltend machen.
Das „Familienprivileg" wurde zudem gegenüber dem alten Recht auf einen größeren Personenkreis erweitert:
Nun sind alle haushaltsangehörigen Personen mit umfasst, auf die Familienangehörigkeit wie in der alten Regelung wird nicht mehr abgestellt.
Maßgeblich für die Regelung ist dabei der Zeitpunkt des Schadeneintritts. Zu diesem Zeitpunkt muss der gemeinschaftliche Haushalt der den Schaden verursachenden Person mit dem Versicherungsnehmer bestanden haben, was dann z. B. durch eine Meldebescheinigung nachgewiesen werden muss.
Problematisch werden jedoch Fälle werden, wo zwar faktisch ein gemeinsamer Haushalt besteht, dieser jedoch nicht formell durch eine Wohnungsanmeldung dokumentiert wird.
Hier wird die Rechtsprechung konkrete Anhaltspunkte entwickeln müssen, ab wann sie ohne Meldebescheinigung von einem gemeinsamen Haushalt und damit von einer Regressprivilegierung ausgeht. Zu den Anforderungen, die an den Nachweis gestellt werden, enthält die Gesetzesbegründung keine Hinweise.

Eine nachträgliche Begründung des Haushalts in faktischer oder formeller Hinsicht genügt hier aber nicht.
Ebenso ist nunmehr nicht mehr eine nachträgliche Eheschließung – wie früher möglich, aber nur bei großen Schadenfällen alleine aus diesem Grund sinnvoll – ausreichend für den Regressverzicht.
Kärger

Regulierungsempfehlungen → DAV-Abkommen

Regulierungsermessen → Kfz-Haftpflichtversicherung Nr. 7

Regulierungsverbot → Kfz-Haftpflichtversicherung Nr. 7 Praxistipp

Regulierungsvereinbarungen Da es im Bereich der Bemessung der Anwaltsgebühren im Rahmen der Unfallregulierung immer wieder Streit zwischen den Rechtsanwälten und den Versicherern und daraus resultierend zahlreiche differierende Rechtsprechung gibt, haben sich einige Versicherer entschlossen, das im Bereich der ehemaligen BRAGO mit der Arbeitsgemeinschaft Verkehrsrecht im DAV vereinbarte „Modell Gebhardt-Greisinger" mit einer Pauschalierung auch im RVG weiterzuführen.
Aktuell bieten die
– Allianz Versicherung AG, München
– DEVK, Köln
– Öffentliche Landesbrandkasse, Oldenburg
– VGH Landwirtschaftliche Brandkasse, Hannover
– VHV-Versicherungen, Hannover
eine pauschalierte Geschäftsgebühr von 1,8 bzw. bei der Vertretung mehrerer Geschädigter eine 2,4-Gebühr, wenn diese Vereinbarung auf alle Fälle angewendet wird,
Wird auch ein Personenschaden bearbeitet, erhöht sich ab einem Gesamterledigungswert von € 10.000 die Gebühr auf 2,1 bzw. bei der Vertretung mehrerer Geschädigter auf eine 2,7-Gebühr.
Die
– HUK-Coburg
– HUK-Coburg Allgemeine Versicherung
– HUK 24 AG
– Bruderhilfe Sachversicherung
bieten lediglich geringere Gebühren von 1,5 pauschal bzw. ab € 10.000 und Personenschaden 1,75 an, bei der Vertretung mehrerer Geschädigter Erhöhung auf 2,0 bzw. ab € 10.000 und Personenschaden auf 2,25.

Bei allen anderen Versicherungen muss konkret die Höhe der Gebühren aus dem Verlauf der Regulierung und des Aufwandes für diese nach dem RVG begründet werden. *Kärger*

Regulierungsvollmacht → Ölspurschäden Nr. 3

Reifen 1. Allgemeines. Beim Thema „Reifen" im Verkehrsrecht sind neben den klassischen Fragen der Zulassung nach der StVZO bzw. den Verhaltensvorschriften nach der StVO auch mögliche versicherungs-, haftungsrechtliche sowie Fragen beim Fahrzeugverkauf zu beachten, die regelmäßig dann Bedeutung erlangen, wenn es um die Beurteilung der Frage geht, wann ein Reifen noch als „neu" bezeichnet werden kann. *Wehrl*
2. Pflichten des Fahrzeugführers. Der Fahrzeugführer muss dafür Sorge tragen, dass das Fahrzeug oder das Gespann in vorschriftsmäßigem Zustand ist (§ 23 Abs. 1 S. 2 StVO → *Pflichten des Fahrzeugführers Nr. 1b*), dazu gehören auch Zulässigkeit und Zustand der Reifen. Letztlich kommt es aber darauf an, ob Mängel bei der Bereifung oder falscher Reifendruck für den Fahrer erkennbar sind oder nicht (OLG Stuttgart 19.3.1990, 5 U 113/89, NZV 1991, 68).
3. StVZO/Vorschriften über Bereifung und Laufflächen. § 36 StVZO bestimmt die *technischen Anforderungen* an *Reifen* und Laufflächen von Kfz und Anhängern. *Schneeketten* sind in § 37 Abs. 2 StVZO geregelt. Maße und Bauart der Reifen müssen den möglichen Betriebsbedingungen, besonders der Belastung und der durch die Bauart bestimmten Höchstgeschwindigkeit des Fahrzeugs entsprechen (§ 36 Abs. 1 S. 1 StVZO). Alle Reifen und Laufflächen müssen so gebaut sein, dass sie feste Fahrbahnen *nicht beschädigen* (§ 36 Abs. 1 S. 4 StVZO). Das Fahren mit *Spikesreifen* ist nicht mehr erlaubt. *M+S-Reifen (Winterreifen)* können auch verwendet werden, wenn die für M+S-Reifen zulässige Höchstgeschwindigkeit unter der durch die Bauart bestimmten Höchstgeschwindigkeit des konkreten Fahrzeugs liegt, sofern die für die Reifen zulässige Höchstgeschwindigkeit im Blickfeld des Fahrers sinnfällig angegeben ist und beim Betrieb des Fahrzeugs nicht überschritten wird (§ 36 Abs. 1 S. 3 StVZO). Sämtliche benutzten Reifen müssen während der Fahrt *verkehrssicher* sein. Für Kfz und Anhänger sind grundsätzlich *Luftreifen* zu verwenden, soweit § 35 Abs. 3 und 4 StVZO nicht Ausnahmen zulassen (Vollgummireifen, eiserne Reifen). Die *Profiltiefe* muss im mittleren Bereich (Hauptprofil) der Lauffläche jedes laufenden Reifens rundum mindestens 1,6 mm betragen (§ 36 Abs. 2 S. 4 StVZO). Bei Mofas, Klein- und Leichtkrafträdern reicht eine Profiltiefe von mindestens 1 mm (§ 36 Abs. 2 S. 5 StVZO). *Ersatzreifen* müssen nicht mitgeführt werden. Mitgeführte Ersatzreifen müssen keine ausreichenden Profile haben.
4. Winterreifenpflicht. Zur Frage der erforderlichen Bereifung bei winterlichen Straßenverhältnissen (§ 2 Abs. 3a S. 1 u. 2 StVO) → *Winterreifenpflicht*.
5. Ordnungswidrigkeiten. Verstöße gegen § 23 StVO betreffend Zulässigkeit und Zustand der Bereifung sind bußgeldbewehrt (§ 49 Abs. 1 Nr. 22 StVO i.V. m. § 24 StVG). Gleiches gilt für Verstöße gegen die Pflicht zur Verwendung einer den Wetterverhältnissen angepassten Bereifung (→ *Winterreifenpflicht* Nr. 3).
6. Zivilrecht / Sachmängelhaftungsansprüche. Die Frage, wie alt Reifen, z. B auf Grund längerer Lagerung noch sein dürfen, damit sie zulässig als Neureifen verkauft werden dürfen, ist – höchstrichterlich – bisher nicht abschließend entschieden.
Das AG Starnberg, 16.12.2009 (DAR 2010, 96 = ADAJUR-Dok.Nr. 85990 hat in seiner Entscheidung ausgeführt, dass ein Reifen, die zwischen 2 Jahren und 4 Monaten und 3 Jahren und 3 Monaten zuvor hergestellt wurde, nicht mehr als Neureifen verkauft werden dürfen.
Das AG Worms hat bereits am 3.12.1992 entschieden (DAR 1993, 303 = ADAJUR-Dok. Nr. 17380), dass eine Wandelung wegen der fehlenden Neuwertigkeit von Winterreifen bereits bei deren zweijähriger Lagerung zulässig ist.
Anders sieht dies das AG Krefeld, 1.12.2003, 82 C 460/02 (ADAJUR-Dok.Nr. 59142), nach dessen Ansicht allein auf Grund der Tatsache, dass ein Reifen mehr als 3 Jahre gelagert wurde, noch kein Sachmangel anzunehmen ist. In dem Verfahren hat der beauftragte Sachverständige zudem ausgeführt, dass ein sachgerecht gelagerter 5 Jahre alter Reifen noch die Neureifeneigenschaft besitzen kann.
Der BGH hat in seiner Entscheidung vom 11.2.2004, VIII ZR 386/02 (ADAJUR- = DAR 2004, 268) festgestellt, dass 5 ½ Jahre alte Reifen, die vor dem Verkauf auf einem exklusiven Sportwagen montiert wurden, wobei ein Reifen anschließend platzte, als überaltert anzusehen sind und somit nicht mehr für eine Höchstgeschwindigkeit von nahezu 300 km/h geeignet sind.

Wichtiges Kriterium ist für die Beurteilung der „Neureifeneigenschaft" ist die Art der Lagerung. Der BRV (Bundesverband Reifenhandel und Vulkaniseur-Handwerk e.V.) empfiehlt beim Kauf von Neureifen darauf zu achten, dass das Produktionsdatum nicht länger als fünf Jahre zurückliegt. Nach der Einschätzung des BRV ist ein Reifen bis zu einem Alter von drei Jahren „fabrikneu", als „neu" kann ein Reifen noch bis zu einem Alter von fünf Jahren bezeichnet werden.

Als Literatur ist zu diesem Thema insbesondere der Aufsatz von *Hilgers* „Autoreifen als Neureifen trotz Herstellung vor über 3 Jahren?", DAR 2008, 491 ff. zu empfehlen. Im Zusammenhang mit der Bewertung des Herstellungsdatums kann auch der Aufsatz von *Ludyga*, DAR 2007, 232 ff., der sich mit dem Thema im Rahmen von Gebrauchtwagenkäufen befasst, empfohlen werden.

> **Praxistipp:** Das Reifenalter kann an der Seitenwand des Reifens an Hand der so genannten DOT-Nummer ermittelt werden. Wenn hinter dem „DOT" und den zwei darauf folgenden vierstelligen Buchstabenkombinationen zum Bsp. „11 14" steht, wurde der Reifen in der 11. Kalender-Woche des Jahres 2014 produziert (s. im Internet: www.brv-bonn.de/verbraucher-start/reifenkauf).

Und unabhängig davon, ob Reifen nach einigen Jahren Lagerzeit noch als neuwertig einzustufen sind, ist in jedem Fall ihre Restlaufzeit kürzer. Wenn man von einer realistischen Nutzungsdauer eines Reifens von zehn Jahren ausgeht, so wäre diese bei einem schon fünf Jahre alten Reifen erheblich verkürzt (s. ausführlich zum Thema *Hilgers*, DAR 2008, 491).
Siehe auch → *Winterreifenpflicht*

Langer/Dauer/Wehrl

Reifenprofil → Reifen Nr. 3

Reifenspuren → Unfallanalytik Nr. 6

Re-Import → Gruppenfreistellungsverordnung Nr. 2

Relative Fahruntüchtigkeit → Trunkenheit im Verkehr Nr. 4, 6 d)

Relevanzrechtsprechung 1. **Anwendungsbereich.** Die Relevanzrechtsprechung des BGH ist nur für Versicherungsfälle anzuwenden, bei denen der Versicherungsvertrag noch bis zum 31.12.2007 abgeschlossen worden ist und bei denen weiterhin der Versicherungsfall bis zum 31.12.2008 eingetreten ist (*Jacobsen* in *Feyock/Jacobsen/Lemor*, Kraftfahrtversicherung, § 7 AKB 1988, Rn. 12, 3. Auflage 2009)

Im neuen VVG hat der Gesetzgeber die Gedanken und Konsequenzen dieser Rechtsprechung durch 28 Absatz 3 Satz 1 VVG in das Gesetz übernommen.

2. **Definition.** Mit der sog. Relevanzrechtsprechung war der BGH seinerzeit dem vom alten VVG von Gesetzes wegen vorgegebenen „Alles oder Nichts-Prinzip" entgegengetreten, bei dem auch eine folgenlose Obliegenheitsverletzung zum vollständigen Leistungsausschluss geführt hätte (BGH 9.2.1972 IV ZR 61/71, VersR 1972, 341).

Der BGH schränkte das Vorliegen der Leistungsfreiheit für die Fälle der folgenlosen vorsätzlichen Obliegenheitsverletzungen dahingehend ein, dass die Obliegenheitsverletzung generell geeignet gewesen sein muss, die berechtigten Interessen des Versicherers in ernsthafter Weise zu gefährden und zudem den Versicherungsnehmer ein erhebliches Verschulden trifft.

a) **Kfz-Haftpflichtversicherung.** Für die Kfz-Haftpflichtversicherung kommt diese Rechtsprechung nur in den besonders schwerwiegenden Fällen mit erhöhter Leistungsfreiheit nach § 7 V Absatz 2 Satz der der AKB 1988 zur Anwendung. Hier muss ein nach den Umständen des Falles besonders schwerwiegendes Verschulden und nicht nur ein erhebliches Verschulden vorliegen (*Jacobsen* in *Feyock/Jacobsen/Lemor*, Kraftfahrtversicherung, § 7 AKB 1988, Rn. 12, 3. Auflage 2009).

Das Fehlverhalten des Versicherungsnehmers muss sich dabei vom Normalfall einer vorsätzlichen Obliegenheitsverletzung deutlich abheben (BGH 21.4.1982 IVa ZR 267/80, VersR 1982, 742].

Voraussetzung für die Anwendung der Relevanzrechtsprechung ist jedoch, dass die vorsätzliche Obliegenheitsverletzung folgenlos geblieben ist. Dies setzt voraus, dass der Versicherer bei der Feststellung des Versicherungsfalles oder des Schadenumfangs keine Nachteile hatte. Dafür reicht aber noch nicht aus, dass der Versicherer noch nicht geleistet hat (BGH 7.7.2004 IV ZR 265/03, DAR 2004, 582).

b) **Kfz-Kasko- und -Insassenunfallversicherung.** Auch im Bereich der Kasko- und Insassenunfallversicherung wird die Relevanzrechtsprechung – soweit der Anwendungsbereich noch gegeben ist – herangezogen (BGH 11.2.1998 IV ZR 89/97, VersR 1998, 577).

Kärger

R Rennrad

Rennrad → Fahrradfahrer Nr. 8

Rennveranstaltungen 1. Allgemeines. Rennen im öffentlichen Straßenverkehr sind grundsätzlich untersagt (§ 29 Abs. 1 StVO). Gem. der Verwaltungsvorschrift zu § 29 StVO werden *Rennen* definiert als Wettbewerbe oder Teile eines Wettbewerbes (z. B. Sonderprüfungen mit Renncharakter sowie Veranstaltungen (z. B. Rekordversuche) zur Erzielung von Höchstgeschwindigkeiten mit Kraftfahrzeugen, wobei es auf die Art des Starts (gemeinsamer Start, Gruppenstart oder Einzelstart) nicht ankommt. Das Verbot gilt sowohl für organisierte als auch nichtorganisierte, sog. „wilde" Rennen.
2. Ausnahmegenehmigung. Die zuständigen obersten Landesbehörden können gem. § 46 Abs. 2 StVO vom grundsätzlichen Verbot von Rennveranstaltungen im Einzelfall Ausnahmen genehmigen, wobei hierbei in der Praxis strenge Anforderungen gestellt werden. Selbst bei erteilter Ausnahmegenehmigung haben die Teilnehmer eines Rennens aber keine Sonderrechte im Straßenverkehr.
3. Ordnungswidrigkeiten. Die verbotswidrige Teilnahme an einem Rennen wird mit einem Bußgeld geahndet (§ 24 StVG i. V. m. § 49 Abs. 2 Nr. 5 StVO). Über § 14 OWiG können dabei auch beteiligte Personen (z. B. Co-Piloten, Streckenposten oder Rennveranstalter) belangt werden. Veranstalter ist nur derjenige, der die Veranstaltung vorbereitet, organisiert oder eigenverantwortlich ins Werk setzt, also der geistige und praktische Urheber (OLG Karlsruhe 24.11.2010, 3 (4) SsBs 559/10-AK 203/10, DAR 2011, 273). *Langer*

Rente → *Ersatzansprüche* Dritter Nr. 14, → Unfallschadenabwicklung – Personenschaden Nr. 3, 4 Praxistipp, 16, 23, 26, 27

Rentenbeiträge → Regress Nr. 5

Rentenneurose → Psychische Unfallfolgen Nr. 5

Rentenschaden → Unfallschadenabwicklung – Personenschaden Nr. 11

Reparatur → Reparaturvertrag

Reparatur in Eigenregie → Unfallschadenabwicklung – Sachschaden Nr. 2, 5, 8, 18, 39, 51

Reparaturbescheinigung → Unfallschadenabwicklung – Sachschaden Nr. 39

Reparaturdauer → Prognoserisiko Nr. 2, → Unfallschadenabwicklung – Sachschaden Nr. 15, 19

Reparaturkosten → Prognoserisiko, → Unfallschadenabwicklung – Sachschaden Nr. 7 ff.

Reparaturkostenübernahme Möchte der Unfallgeschädigte seinen Unfallwagen reparieren lassen, ohne die Reparaturkosten aus eigenen Mitteln oder über eine Fremdfinanzierung bezahlen zu können oder über die Durchführung einer Kaskoregulierung bezahlen lassen zu wollen oder zu können, dann besteht die Gefahr, dass die Reparaturwerkstatt von ihrem *Werkunternehmerpfandrecht* Gebrauch macht, und den Unfallwagen nach der Reparatur nicht vor *Bezahlung der Reparaturkosten* herausgibt. Damit dem Geschädigten von vornherein dieses Risiko genommen wird, kann vor Erteilung des Reparaturauftrags mit der Werkstatt ein Verzicht auf das Werkunternehmerpfandrecht gegen Unterzeichnung einer *Sicherungsabtretung* (s. a. → *Abtretung von Schadenersatzansprüchen*) oder eine *Reparaturübernahmebestätigung* des Kfz-Haftpflichtversicherers des Unfallverursachers vereinbart werden. Auch eine formularmäßige Reparatur-Übernahmebestätigung, z. B. unter Verwendung des vom Zentralverband Deutscher Kraftfahrzeuggewerbe (ZDK) empfohlenen *Formulars* ist *grundsätzlich wirksam* und stellt keine Besorgung fremder Rechtsangelegenheiten dar (OLG Düsseldorf 12.6.2006, SVR 2006, 426 m. Anm. *Benz*, s. a. → *Unfallhelferring*). Auf diesem Wege lassen sich diverse Probleme betreffend die verzögerte Herausgabe des Kfz von der Werkstatt mit der Folge einer Auseinandersetzung mit dem Kfz-Haftpflichtversicherers des Unfallverursachers über die Dauer der Inanspruchnahme eines Mietwagens oder der Dauer einer geltend zu machenden Nutzungsausfallentschädigung, mithin ein unnötiger zeitlicher und wirtschaftlicher Aufwand, vermeiden. Die *Gegenzeichnung* einer Reparaturübernahmebestätigung *durch den Kfz-Haftpflichtversicherer* und die direkte *Zahlung der Reparaturkosten* an die Werkstatt kann als *Anerkenntnis* der Haftung für alle weiteren Schäden gewertet werden (BGH 22.7.2004, NJW-RR 2004, 1475; vgl. BGH 29.10.1985, NJW-RR 1986, 324; OLG Koblenz 7.10. 1993, NJW-RR 1994, 1049; a.A. OLG Hamm 25.6.1996, DAR 1997, 59; s. a. → *Kfz-Haftpflichtversicherung*). Im Gegensatz dazu rechtfertigt die vorbehaltlose Bezahlung einer Rechnung für sich genommen weder die Annahme eines deklaratorischen noch eines „tatsächlichen" Anerkenntnisses der beglichenen Forderung (BGH 11.11.2008, NJW 2009, 580).

Geiger

Reparaturkostenübernahmeerklärung
→ Unfallschadenabwicklung – Sachschaden Nr. 6 Praxistipp

Reparaturübernahmebestätigung → Reparaturkostenübernahme

Reparaturvertrag 1. Allgemeines. Beim Kfz-Reparaturvertrag handelt es sich um einen *Werkvertrag* i. S. d. § 631 BGB. Als allgemeine Geschäftsbedingungen werden häufig in den Reparaturvertrag einbezogen die „Bedingungen für die Ausführung von Arbeiten an Kraftfahrzeugen, Anhängern, Aggregaten und deren Teile und für Kostenvoranschläge" des Zentralverbandes Deutsches Kraftfahrzeuggewerbe (ZDK). Für deren wirksame Einbeziehung und rechtliche Zulässigkeit der einzelnen Bedingungen gelten die §§ 305 ff. BGB. Für die Einbeziehung ist in der Regel ein schriftlicher Vertrag notwendig. Der bloße Aushang im Bereich der Reparaturannahme genügt nicht (OLG Karlsruhe 13.11.1987, 10 U 120/87, DAR 1988, 26), wenn der Auftraggeber ein Verbraucher (§ 13 BGB) ist.

2. Pflichten des Unternehmers. Der Unternehmer schuldet eine vertragsgemäße, mangelfreie und rechtzeitige Reparatur. Der Umfang der Leistungen richtet sich nach dem konkret erteilten Auftrag. Hierüber entsteht häufig Streit bei einer Reparatur mit *verdeckter Fehlerursache*:

Wenn die Ursache für einen beschriebenen Fehler (z. B. ruckelige Fahrweise) nicht feststeht, kann sich die werkvertragliche Abrede zwischen den Parteien darauf beschränken, die Fehlerursache ausfindig zu machen, sodass der Unternehmer dann vor der Beseitigung der Störung einen weitergehenden Auftrag des Kunden einholen muss (*Schmid* NJW 1994, 1824, 1825). I.d.R. wird der Besteller allerdings die Werkstatt beauftragen, den Fehler durch die ihr geeignet erscheinenden Maßnahmen festzustellen und zu beseitigen.

Bei Aufträgen dieser Art darf die Werkstatt alle möglichen Mangelursachen überprüfen und sie so lange ausscheiden, bis der wirkliche Defekt gefunden ist. Wenn dies nach den anerkannten Regel des Kraftfahrzeughandwerks geschieht, schuldet der Kunde dann auch die Vergütung für diejenigen Überprüfungsarbeiten, die nötig waren, um durch selektives Vorgehen die wirkliche Mangelursache einzugrenzen und zu bestimmen (*Lehnen* in: Handbuch des Fachanwalts Verkehrsrecht Kap. 18 Rn. 12).

Entdeckt die Werkstatt weitere Mängel, auf die sich der Auftrag nicht bezieht, ist sie in der Regel nicht befugt, diesen Mangel ohne Einholung eines Zusatzauftrags zu beseitigen. Eine mutmaßliche Einwilligung kommt nur in engen Grenzen in Betracht, wenn es sich z. B. um einen Fehler handelt, der das Fahrzeug betriebsunfähig macht (*Reinking/Schmidt/Woyte* Rn. 38).

Die Werkstatt hat die Reparatur in der vereinbarten oder in einer angemessenen Frist durchzuführen. Geschieht dies nicht und setzt der Kunde die Werkstatt in Verzug, kann der Auftraggeber einen Verzugsschaden geltend machen und insbesondere ein Mietfahrzeug beanspruchen.

Als Nebenpflichten treffen den Werkunternehmer Aufklärungs- und Beratungspflichten insbesondere zur Wirtschaftlichkeit der Reparatur. Wenn die Reparaturkosten den Zeitwert des Fahrzeugs übersteigen, muss die Werkstatt den Kunden unaufgefordert darauf aufmerksam machen (OLG Hamm 20.3.1992, 26 U 155/91, NJW-RR 1992, 1329).

Bei Änderungsarbeiten, insbesondere Leistungssteigerungen muss die Werkstatt auf Bedenken bezüglich der Zulässigkeit bzw. der Notwendigkeit von Änderungsanträgen hinweisen (BayOLG 26.1.1973, 5 St 637/72 OWi, DAR 1973, 161). Aufklärungs- und Beratungspflichten bestehen allerdings nur hinsichtlich der in Auftrag gegebenen Reparatur und der damit zusammenhängenden Umstände. So muss im Rahmen einer Inspektion die Kfz-Werkstatt den Kunden auf einen vom Hersteller vorgesehene Zahnriemenauswechslung noch nicht hinweisen, wenn die vom Kfz-Hersteller empfohlene Frist hierfür zum Zeitpunkt der Inspektion noch nicht abgelaufen ist oder nicht innerhalb der nächsten drei Monate abläuft (AG Brandenburg 8.1.2007, 31 C 59/06, NJW 2007, 3072).

Überdies treffen den Werkunternehmer Obhut- und Verwahrungspflichten. Eine Werkstatt, die über das Wochenende an den in der verschlossenen Betriebshalle bestehenden Kundenfahrzeugen die Zündschlüssel stecken lässt, haftet auf Schadensersatz, wenn eines dieser Fahrzeuge gestohlen wird (LG Hamburg 1.4.1992, 302 O 82/91, NJW-RR 1992. 924).

Zu weiteren Einzelfällen vgl. *Lehnen*: Handbuch des Fachanwalts Verkehrsrecht Kap. 18, Rn. 35 ff..

3. Verpflichtungen des Bestellers. Der Besteller ist verpflichtet, die vereinbarte Vergütung zu entrichten (§ 631 Abs. 1 Hs. 2 BGB) und das reparierte Fahrzeug abzunehmen (§ 640 Abs. 1 BGB).

Geschuldet wird die vertragliche vereinbarte oder übliche Vergütung (§ 632 Abs. 1 BGB). Vertraglich vereinbart wird häufig die Abrechnung nach Arbeitswerten oder nach Stundenlöhnen. Ohne Vereinbarung wird als übliche Vergütung im Bereich der nicht markengebundenen Werkstätten i. d. R. eine Abrechnung nach Stundenlöhnen zuzüglich Material und im Bereich der markengebundenen Werkstätten eine Abrechnung nach Arbeitswerten oder Vorgabezeiten als übliche Vergütung anzusehen seien (*Reinking/Schmidt/Woyte* Rn. 89).

Die Vergütung wird mit der Abnahme des Werkes fällig (§ 641 Abs. 1 BGB). Gem. Ziffer 6 I der Kfz-Reparaturbedingungen ist die Vergütung spätestens innerhalb einer Woche nach Meldung der Fertigstellung und Aushändigung oder Übersendung der Rechnung fällig.

Ist die Reparatur ordnungsgemäß erbracht, ist der Auftraggeber zur Abnahme verpflichtet (§ 640 Abs. 1 BGB). Sie beinhaltet die Anerkennung der vertragsgemäßen Leistungen der Werkstatt und löst die Fälligkeit der Vergütung aus.

Die Abnahme kann verweigert werden, wenn die Werkleistung nicht ordnungsgemäß ausgeführt wurde. Die Abnahme erfolgt nicht etwa bereits mit Abholung des Fahrzeugs aus der Werkstatt, sondern setzt vielmehr einen angemessenen Prüfungszeitraum voraus, da sich häufig erst bei Betrieb des Fahrzeugs zeigt, ob die Reparatur erfolgreich war oder nicht. I.d. R. kann man einen zur Verweigerung der Abnahme berechtigenden Mangel nach wenigen Tagen oder einer Kilometerleistung von 50 km erkennen (OLG Düsseldorf 6.1.1994, 5 U 83/92, NZV 1994, 433). Danach kann der Werkunternehmer – falls keine Beanstandung erfolgt – von einer stillschweigenden Abnahme ausgehen. Bei schwierigeren Reparaturarbeiten fällt der Zeitraum länger aus (*Reinking/Schmidt/Woyte* Rn. 140).

Hat der Werkunternehmer einen Kostenvoranschlag gemacht, ist er gem. § 650 Abs. 2 BGB verpflichtet, dem Besteller unverzüglich anzuzeigen, wenn dieser *wesentlich* überschritten wird. Als Faustregel für die Wesentlichkeit ist weitgehend eine Marge von 15% anerkannt (*Schmidt* zfs 2004, 547). Kommt der Unternehmer seiner Anzeigepflicht nicht nach, sodass der Besteller sein Kündigungsrecht gem. § 650 Abs. 1 BGB nicht ausübt, ist er zum Schadensersatz verpflichtet und zwar in der Weise, dass ihm nur ein Anspruch in Höhe des Kostenvoranschlags zuzüglich dessen zulässiger Überschreitung von 15% zusteht (*Lehnen* in: Handbuch des Fachanwalts Verkehrsrecht Kap. 18 Rn. 77 ff.) Nach anderer Auffassung muss sich der Besteller auch in diesem Fall den höheren Wert anrechnen lassen, den er dadurch erlangt, dass der Unternehmer die übertragenen Arbeiten in vollem Umfang ausgeführt hat (OLG Celle 3.4.2003, 22 U 179/01, NJW-RR 2003, 1243, 1245).

4. Sachmangelhaftung. Der Sachmangelbegriff wurde dem des Kaufrechts angepasst (s. a. → *Sachmangel*). Anders als im Kaufrecht gibt es im Werkvertragsrecht bezüglich der Sachmängelansprüche keine Unterscheidung danach, ob einer der Vertragsparteien Unternehmer oder Verbraucher ist. Ein Verbot eines Sachmängelhaftungsausschlusses gibt es ebenso wenig wie eine Rückwirkungsvermutung. Eine Verkürzung der Sachmängelhaftung per AGB ist also auch einem Verbraucher gegenüber zulässig und erfolgt regelmäßig auch von zwei auf ein Jahr (VIII. 1. der Kfz-Reparaturbedingungen).

Bei mangelhafter Werkleistung stehen dem Besteller folgende Rechte zu (§ 634 BGB):
– Nacherfüllung (§ 635 BGB),
– Selbstvornahme und Ersatz der Aufwendungen (§ 637 BGB),
– Rücktritt vom Vertrag (§§ 636, 323, 326 Abs. 5 BGB),
– Minderung der Vergütung (§ 638 BGB),
– Schadensersatz (§§ 636, 280, 281, 283, 311 a BGB),
– Aufwendungsersatz (§ 284 BGB).

Der Besteller hat zunächst nur den Nacherfüllungsanspruch. Weitergehende Rechte hat er nur, nachdem er dem Unternehmer eine Frist zur Nacherfüllung gesetzt hat und diese ergebnislos verstrichen ist, verweigert wird oder für den Besteller unzumutbar ist. Zu Voraussetzungen und Inhalt der einzelnen Ansprüche vgl. *Lehnen* in: Handbuch des Fachanwalts Verkehrsrecht Kap. 18 Rn. 86 ff.

5. Werkunternehmerpfandrecht. § 647 BGB gewährt dem Unternehmer ein gesetzliches Werkunternehmerpfandrecht an dem reparierten Fahrzeug. Der gutgläubige Erwerb des Pfandrechts ist allerdings ausgeschlossen (BGHZ 18.5.1983, VIII ZR 86/82 87, 274 280). Bei Leasingfahrzeugen und finanzierten

Fahrzeugen, die zur Sicherheit übereignet sind, erwirbt der Werkunternehmer somit kein gesetzlichen Pfandrecht und kann sich insoweit nur durch ein zusätzlich vereinbartes vertragliches Pfandrecht schützen, bei dem ein gutgläubiger Erwerb unter den Voraussetzungen der §§ 1207, 932 BGB möglich ist.   *Andreae*

Repräsentantenhaftung Dem Versicherungsvertragsrecht ist die Zurechnung des Verhaltens und Verschuldens Dritter zu Lasten des Versicherungsnehmers vom Ansatz her fremd. Insbesondere ist bei Obliegenheitsverletzungen und der Verwirklichung subjektiver Risikoausschlüsse die Vorschrift des § 278 BGB über die Haftung für Erfüllungsgehilfen nicht anwendbar.
Unter bestimmten, engen Voraussetzungen ist jedoch eine Zurechnung zu Lasten des Versicherungsnehmers möglich. Die Rechtsprechung hat hierzu die Figur des Repräsentanten entwickelt.
Fehlverhalten des Repräsentanten schlägt auf den Versicherungsschutz des Versicherungsnehmers durch – sowohl nach altem als auch nach neuem VVG (Weidner/Schuster, Quotelung von Entschädigungsleistungen bei grober Fahrlässigkeit, r+s 2007, 363).
Obliegenheitsverletzungen oder die vorsätzliche oder die grob fahrlässige Herbeiführung des Versicherungsfalls durch Dritte werden dem Versicherungsnehmer nur dann zugerechnet, wenn dieser Dritte Repräsentant ist (BGH 14.3.2007 IV ZR 102/03, NJW 2007, 2038).
Dieser wird wie folgt definiert:
„*Repräsentant ist derjenige, der von dem Versicherungsnehmer mit der tatsächlichen Risikoverwaltung betraut und an die Stelle des Versicherungsnehmers getreten ist* (BGH 26.4.1989 Iva ZR 242/87 VersR 1989, 737).
Die bloße Fahrzeugüberlassung ist dafür nicht ausreichend. Repräsentant ist, wer selbst befugt ist, selbständig in einem gewissen, nicht ganz unbedeutenden Umfang für den Versicherungsnehmer zu handeln und damit die Risikoverwaltung übernommen hat (OLG Hamm 2.11.1994 20 U 142/94, VersR 1995, 1348; OLG Köln 29.11.1994 9 U 2/94, r+s 1996,7).
Manche Gerichte stellen auch auf eine vollständige Risikoverwaltung des Repräsentanten – hier bei Eheleuten (OLG Frankfurt/Main 7 U 156/03 7 U 156/03, NJW-RR 2005, 262) oder beim Sohn des Halters (OLG Köln 20.4.2004 9 U 86/03, SP 2005, 23) – ab.
Keine Indizwirkung für eine Repräsentantenstellung besteht für den Ehemann, wenn das Fahrzeugkennzeichen seiner Frau seine Initialen trägt (OLG Düsseldorf 12.10.1999 4 U 219/98, SP 2000, 175).
Der Repräsentant muss nicht im Versicherungsverhältnis die Rechte des Versicherungsnehmers wahrnehmen.
So ist eine Unfallflucht des Repräsentanten dem Versicherungsnehmer zuzurechnen, da die Wartepflicht zur Risikowaltung gehört (BGH 10.7.1996 IV ZR 287/94 DAR 1996, 460).
Nutzen Ehegatten jedoch abwechselnd die gegenseitigen Fahrzeuge, ist keiner der beiden Repräsentant des anderen.
Im Rahmen der Risikoverwaltung kommt es für die Repräsentanteneigenschaft nicht darauf an, wer die finanziellen Lasten des Fahrzeugs trägt (Steuer, Versicherung, Betriebskosten, Reparaturen, Kaufpreis). Die finanzielle Betreuung des Fahrzeugs hat mit der Risikoverwaltung nichts zu tun.
Es kommt vielmehr darauf an, wer für die tatsächliche Betreuung des Fahrzeugs eigenverantwortlich zu sorgen hat. Repräsentant ist z. B., wem das Fahrzeug nicht nur längerfristig zur alleinigen Obhut überlassen worden ist, wer es geschäftlich und privat nutzen darf, sondern wer darüber hinaus für die Betriebs- und Verkehrssicherheit des Fahrzeugs zu sorgen hat (Durchführung der vorgeschriebenen Inspektionen, erforderlichen Reparaturen, HU-Vorführungen etc.), unabhängig davon, wer dies letztlich bezahlt. Kurz, wem der Versicherungsnehmer wesentliche Aufgaben und Befugnisse aus seinem eigenen Pflichtenkreis zur selbständigen Erledigung übertragen hat (BGH 10.7.1996 IV ZR 287/94, DAR 1996, 460).

> Praxistipp: Leider kommen die meisten Mandanten zu spät – nämlich dann erst, wenn sie die von der Versicherung beim Verdacht der Repräsentanteneigenschaft versandten ergänzenden Fragebögen ausgefüllt und daraufhin eine Leistungsablehnung erhalten haben – zur anwaltlichen Beratung.

Bei rechtzeitiger Beratung über die Rechtsfolgen der Repräsentanteneigenschaft stellt sich in vielen Fällen heraus, dass die Voraussetzungen im jeweiligen Einzelfall gar nicht vorliegen bzw. die Angaben in den Fragebögen missverständlich sind.   *Kärger*

Reserveursache → Kausalität Nr. 4

Reservierung des Kennzeichens bei Außerbetriebsetzung → Stilllegung Nr. 2

R Resorptionsdefizit

Resorptionsdefizit → Trinkmenge

Restbenzin → Unfallschadenabwicklung – Sachschaden Nr. 41

Rest-Probezeit → Fahrerlaubniserwerb Nr. 4 c), → Fahrerlaubnisverzicht Nr. 4

Restwert → Leasingvertrag, → Unfallschadenabwicklung – Sachschaden Nr. 4–6, 10, 11

Restwertangebot → Unfallschadenabwicklung – Sachschaden Nr. 5

Restwertvertrag → Leasingvertrag Nr. 2 a)

Revision → Anwaltsgebühren in Verkehrsverwaltungssachen Nr. 2, 6, → Besonderheiten des Verkehrsunfallprozesses Nr. 27, → Besonderheiten des Verkehrsverwaltungsprozesses Nr. 8, → Bußgeldverfahren Nr. 8 b)

Revisionsbegründung → Besonderheiten des Verkehrsverwaltungsprozesses Nr. 8

Richtgeschwindigkeit 1. Allgemeines. Die Richtgeschwindigkeit ist (im Gegensatz zur Höchstgeschwindigkeit) nicht zwingend einzuhalten, sondern stellt lediglich eine Empfehlung des Gesetzgebers dar, nicht schneller zu fahren. (§ 1 S. 1 Autobahn-Richtgeschwindigkeits-VO). Die Richtgeschwindigkeit beträgt *130 km/h* – vorbehaltlich anderer Beschilderung gem. Zeichen 380 der StVO („Richtgeschwindigkeit"). Geschwindigkeitsregelungen in anderen Vorschriften wie z. B. §§ 1, 3, 4, 17 StVO sowie Zeichen 274 der StVO („zulässige Höchstgeschwindigkeit") gehen jedoch immer vor (§ 1 S. 2 Autobahn-Richtgeschwindigkeits-VO).
2. Geltungsbereich. Die Richtgeschwindigkeit gilt für Pkw (sowie andere Kfz mit einem zulässigen Gesamtgewicht von bis zu 3,5 t), und zwar auf Autobahnen (Zeichen 330 der StVO), außerhalb geschlossener Ortschaften auf anderen Straßen mit Fahrbahnen für eine Richtung, die durch Mittelstreifen oder sonstige bauliche Einrichtungen getrennt sind, und außerhalb geschlossener Ortschaften auf Straßen, die mindestens zwei durch Fahrstreifenbegrenzung (Zeichen 295 der StVO) oder durch Leitlinien (Zeichen 340 der StVO) markierte Fahrstreifen für jede Richtung haben.
3. Ordnungswidrigkeiten. Die Überschreitung der Richtgeschwindigkeit begründet für sich alleine keinen Schuldvorwurf im Ordnungswidrigkeitenrecht.

4. Zivilrecht. Die (deutliche) Überschreitung der empfohlenen Richtgeschwindigkeit kann bei einem Verkehrsunfall eine Mithaftung im Rahmen der Betriebsgefahr auslösen, wenn der Betroffene nicht nachweisen kann, dass sich der Verkehrsunfall auch bei Einhaltung der Richtgeschwindigkeit mit vergleichbar schweren Folgen ereignet hätte (BGH 17.3.1992, VI ZR 62/91, NJW 1992, 1684; OLG München 2.2.2007, 10 U 4976/06, DAR 2007, 465). Zu den Haftungsquoten → *Haftungsverteilung bei Verkehrsunfällen.*
Siehe auch: → *Beifahrer,* → *Geschwindigkeit*

Langer

Riegel → Verkehrsmesstechnik Nr. 6

Risikoausschluss → Ersatzansprüche Dritter Nr. 1 Praxistipp, → Kfz-Haftpflichtversicherung Nr. 5, → Rechtsschutzversicherung Nr. 11, 18, 31 Praxistipp, → Vorsätzlich verursachter Kfz-Unfall

Rom II-Verordnung → Auslandsunfall Nr. 3

Rosa Grenzversicherungsschein 1. Vorbemerkung. Auf Grundlage des *Gesetzes über die Haftpflichtversicherung für ausländische Kfz und Kfz-Anhänger* (*AuslPflVG*) besteht für den Gebrauch von ausländischen Kfz und Kfz-Anhänger in Deutschland, die hier keinen regelmäßigen Standort haben, eine *Kfz-Versicherungspflicht*, § 1 Abs. 1 AuslPflVG, wie im gesamten Gebiet der Europäischen Union (EU) und des Europäischen Wirtschaftsraumes (EWR). An den Außengrenzen des EU/EWR-Gebietes muss eine *Grenzversicherung* (*rosa Grenzpolice*) erworben werden, wenn der Führer des ausländischen Kfz bei der Einreise einen ausreichenden Kfz-Haftpflichtversicherungsschutz über das amtliche Kennzeichen des Kfz oder über die Vorlage einer Internationalen Grünen Versicherungskarte nicht nachweisen kann, vgl. § 1 Abs. 1–4 AuslPflVG. Die Grenzversicherung, welche von einem eine Kfz-Haftpflichtversicherung betreibende *Mitgliedsunternehmen der Gemeinschaft der Grenzversicherer* (*GDV*) gestellt wird, vgl. § 2 Abs. 2 AuslPflVG, bewirkt einen Kfz-Versicherungsschutz in den EU-/EWR-Mitgliedstaaten nach Maßgabe der im jeweiligen Staat bestehenden Gesetze und Versicherungsbedingungen, jeweils in Höhe der gesetzlichen *Mindestdeckungssummen*, vgl. § 4 AuslPflVG (s. a. → *Deckungssummen in Europa*).
2. System der Schadensregulierung. Ist bei einem *Verkehrsunfall im Inland mit einem auslän-*

dischen Kfz der ausländische Kraftfahrer mit einem *Rosa Grenzversicherungsschein* in die Bundesrepublik eingereist, dann kann der Geschädigte seine von diesem ausländischen Kraftfahrer verursachten Ersatzansprüche bei der *Gemeinschaft der Grenzversicherer*, Wilhelmstraße 43 / 43 G, 10117 Berlin, geltend machen. Statt dessen können die Ersatzansprüche auch unmittelbar beim ausländischen Kfz-Versicherer und gegen den ausländischen Schädiger im Ausland geltend gemacht werden. Der Direktanspruch gegen die Gemeinschaft der Grenzversicherer schließt eine Inanspruchnahme des ausländischen Versicherers und Schädigers nicht aus. Die Gemeinschaft der Grenzversicherer haftet für die Ansprüche des Geschädigten bis zu der in Deutschland gesetzlich vorgeschriebenen *Mindestdeckungssumme* von derzeit 7,5 Mio. Euro (Anlage zu § 4 PflVG), so dass darüber hinausgehende Ersatzansprüche gegen den Unfallverursacher und dessen ausländischen Versicherer gelten zu machen sind.

3. Anzuwendendes Recht. Maßgeblich für die Schadenersatzansprüche dem Grunde und der Höhe nach ist *grundsätzlich* das Recht des Ortes, an dem sich der Unfall ereignet hat, sog. *Tatortrecht* (BGH 23.11.1971, VersR 1972, 255; BGH 7.7.1992, NJW 1992, 3091), Art. 40 EGBGB, auch nach Inkrafttreten der sog. *Rom II-Verordnung* am 11.1.2009 (VO EG 864/2007 vom 11.7.2007), s. Art. 4 Abs. 1 Rom II-VO (*Staudinger* DAR 2008, 620). Bei einem Unfall in Deutschland ist demnach deutsches Schadensrecht maßgeblich, wenn nicht *ausnahmsweise* an dem Unfall im Inland *zwei Ausländer* oder *zwei Inländer mit gewöhnlichem Aufenthalt im Ausland* mit ihren *im Ausland zugelassenen und versicherten Kfz* beteiligt sind. Dann findet ausländisches Schadensrecht Anwendung (vgl. BGH 7.7.1992, NJW 1992, 3091; *Rehm* DAR 2001, 531), Art. 40 Abs. 2, 41 Abs. 1 EGBGB, Art. 4 Abs. 2 Rom II-VO. Indes ist zu beachten, dass jedenfalls das am Unfallort gültige *Straßenverkehrsrecht* für das Verhalten im Straßenverkehr maßgeblich ist (vgl. BGH 23.1.1996, NZV 1996, 272), Art. 17 Rom II-VO.

4. Außergerichtliche Regulierung. Der Unfallgeschädigte kann seine Ersatzansprüche durch *formlose Schadenmeldung* bei der Gemeinschaft der Grenzversicherer geltend machen. Die Schadenmeldung sollte unter Vorlage wenigstens einer Kopie des rosa Grenzversicherungsscheins erfolgen, ansonsten unter Angabe der Nummer und Gültigkeitsdauer des Versicherungsscheins sowie des amtlichen Kennzeichens des Schädigerfahrzeugs, und sollte zumindest die Namen und Adressen der Unfallbeteiligten, das Unfalldatum mit Uhrzeit und den Unfallort enthalten. Ist die Gemeinschaft der Grenzversicherer *eintrittspflichtig*, was der Fall ist, wenn die zuvor aufgeführten Angaben in der Schadensmeldung enthalten sind, dann beauftragt die Gemeinschaft der Grenzversicherer einen *inländischen Versicherer* mit der Regulierung des Schadens. Dieser Versicherer fungiert dann ausschließlich im Zuge der *außergerichtlichen Schadensregulierung* als Bevollmächtigter der Gemeinschaft der Grenzversicherer, und reguliert den Schaden wie ein Pflichtversicherer.

5. Hat eine *gerichtliche Geltendmachung* von Ansprüchen aus dem Unfall zu erfolgen, dann ist die Gemeinschaft der Grenzversicherer *passivlegitimiert*. Betreibt der ausländische Versicherer dagegen im Inland eine Kfz-Haftpflichtversicherung, dann muss er im Inland einen *Schadensregulierungsvertreter* (Schadensrepräsentant) bestellen, gegen welchen Ersatzansprüche *außergerichtlich und gerichtlich* geltend gemacht werden können, § 8 Abs. 2 PflVG. Dann kann der Geschädigte den ausländischen Versicherer im Wege der *Direktklage* ebenfalls im Inland in Anspruch nehmen.

www.grüne-karte.de
www.grüne-karte.de/Merkblatt20082007–Version–09062008.pdf
www.cobx.org *Geiger*

rotes Kennzeichen → Kennzeichenerteilung Nr. 2, → Nachhaftung Praxistipp, → Zulassung von Kfz Nr. 4

rotes Oldtimerkennzeichen → Kennzeichenerteilung Nr. 2, → Zulassung von Kfz Nr. 4

rotes Versicherungskennzeichen → Kennzeichenerteilung Nr. 2

Rotlichtüberwachung → Rotlichtverstoß Nr. 8 a), → Verkehrsmesstechnik Nr. 10

Rotlichtverstoß 1. Allgemeines. Gem. § 37 Abs. 1 StVO gehen Lichtzeichen einer Ampel den allgemeinen Vorrangregeln, vorrangregelnden Verkehrsschildern und Fahrbahnmarkierungen vor. Rotlicht ordnet dabei einen „Halt vor der Kreuzung" (§ 37 Abs. 2 Nr. 1 S. 7 StVO) an. An anderen Straßenstellen, wie an Einmündungen und an Markierungen für den Fußgängerverkehr, haben die Lichtzeichen entsprechende Bedeutung (§ 37 Abs. 2 Nr. 2 StVO). Durch das Rotlicht geschützt ist zwar der Kreuzungsbereich zwischen den Haltelinien, soweit aber nach Überfahren der Haltelinie und danach einsetzenden Rotlichts ein rechtzeitiges Anhalten ohne Gefahr möglich ist, ist ein Halt noch vor dem Kreuzungsbereich geboten. Dennoch liegt kein Rotlichtverstoß vor, wenn zwar die Haltelinie bei Rotlicht überfahren wird, nicht aber die Fluchtlinie der Kreuzung. Fahrzeugführer, die bei Grün in den Kreuzungsbereich eingefahren sind, dürfen bei zwischenzeitlich einsetzendem Rotlicht die Kreuzung noch räumen (Nachzüglervorrang).

2. Ein **schwarzer Pfeil auf Rot** ordnet ein Halten nur für die angegebene Richtung an. Kein Rotlichtverstoß (sondern ein Verstoß gegen Nr. 70 der Anlage 2 zu § 41 Abs. 1 StVO) liegt vor, wenn auf einer mit Fahrtrichtungspfeilen (Zeichen 297 der StVO) markierten Abbiegespur bei Rotlicht für den abbiegenden Verkehr geradeaus weitergefahren wird (es sei denn, dass gem. § 37 Abs. 2 Nr. 4 StVO gesonderte Lichtzeichen für jede Fahrspur vorhanden sind).

3. Grünpfeil (Schild mit grünem Pfeil auf schwarzem Grund, nicht zu verwechseln mit dem Lichtzeichen „grüner Pfeil"). Bei einem Grünpfeil neben dem Rotlicht ist nach dem Anhalten (vergleichbar wie bei einem Stopp-Schild) das Abbiegen nach rechts auch bei Rotlicht erlaubt (nur auf dem rechten Fahrstreifen), sofern eine Behinderung oder Gefährdung anderer Verkehrsteilnehmer ausgeschlossen wird (§ 37 Abs. 2 Nr. 1 S. 8 bis 10 StVO).

4. Fußgänger. Wechselt die Lichtzeichenanlage von Grün- auf Rotlicht, während Fußgänger die Fahrbahn überschreiten, so haben sie ihren Weg zügig fortzusetzen (§ 37 Abs. 2 Nr. 5 S. 3 StVO). Die Maßgaben des § 25 Abs. 3 StVO (Verhaltensvorschriften für Fußgänger bei der Fahrbahnüberquerung) sind zu berücksichtigen.

5. Radfahrer haben die Lichtzeichen für den Fahrverkehr zu beachten; davon abweichend haben Radfahrer auf Radverkehrsführungen die besonderen Lichtzeichen für Radfahrer zu beachten (§ 37 Abs. 2 Nr. 6 S. 1 u. 2 StVO). An Lichtzeichenanlagen mit Radverkehrsführungen ohne besondere Lichtzeichen für Radfahrer müssen diese bis zum 31.12.2016 weiterhin die Lichtzeichen für Fußgänger beachten, soweit eine Radfahrerfurt an eine Fußgängerfurt grenzt. (§ 37 Abs. 2 Nr. 6 S. 3 StVO).

6. Sonderfälle. Dauerndes Rotlicht an einer *defekten Ampel* erlaubt ein Weiterfahren, allerdings nur mit außerordentlicher Aufmerksamkeit und Rücksicht auf den Querverkehr. Ein solcher Ampeldefekt darf vom Verkehrsteilnehmer aber erst ab einer erheblich längeren als drei Minuten währenden Rotlichtphase vermutet werden. *Weisungen eines Polizeibeamten* gehen vor (§ 36 Abs. 1 StVO), bei einem hier erforderlichen Überfahren eines Rotlichts ist aber äußerste Vorsicht angezeigt. Steht vor der Ampel ein *Schild „Bei Rot hier halten"* (Zeichen 1012-35 der StVO), so stellt dessen Nichtbeachtung keinen Rotlichtverstoß dar, wenn zumindest vor dem Kreuzungsbereich gehalten wird (es sei denn, dass dieses Schild mit einer Haltelinie den geschützten Kreuzungsbereich erweitert). Das (umsichtige) Überfahren eines Rotlichts zum Zwecke des Räumens eines Fahrstreifens für ein herankommendes Einsatzfahrzeug mit *Blaulicht und Martinshorn* stellt wegen § 38 Abs. 2 StVO keinen Rotlichtverstoß dar.

7. Ordnungswidrigkeiten. Rotlichtverstöße werden als Ordnungswidrigkeiten mit Bußgeldern geahndet (§ 49 Abs. 3 Nr. 2 StVO i.V. m. § 24 StVG), je nach den Umständen kann ein Fahrverbot hinzukommen.

a) Zwischen **normalem und „qualifiziertem" Rotlichtverstoß** wird bei der Bemessung von Geldbuße und Fahrverbot unterschieden: Ein qualifizierter Rotlichtverstoß (mit der Rechtsfolge eines Fahrverbots) liegt demnach vor, wenn die Haltelinie überfahren wird und die Rotphase hierbei schon mindestens eine Sekunde angedauert hat.

b) Atypischer Rotlichtverstoß. Fährt ein Fahrzeuglenker trotz für seine Fahrtrichtung geltenden Rotlichts an, weil auch der parallel dazu in eine andere Fahrtrichtung fahrende Verkehr (bei für diesen geltendem Grünlicht) anfährt (sog. Mitzieheffekt), oder weil sich der Fahrzeuglenker hierbei von einem anderen grünen Lichtzeichen irritieren lässt, so liegt ein *Augenblicksversagen* vor (→ *Augenblicksversagen Nr. 2b*). Bei der Bemessung des Grads des Verschuldens sowie der Ahndung der Ordnungswidrigkeit kann dann je nach den konkreten Umständen der Wegfall eines Fahrverbots (ggf. gegen Erhöhung der Geldbuße) in Betracht kommen (OLG Karlsruhe 21.12. 2009, 2 (6) SsBs 558/09 – AK 243/09, NZV 2010, 412; OLG Karlsruhe 18.6.2002, 2 Ss 94/01, NStZ 2004, 48); dies ist jedoch nur dann möglich, wenn keine abstrakte Gefährdung des geschützten Querverkehrs bestand (KG 3.2.2014, 3 Ws (B) 15/14 – 122 Ss 4/14, DAR 2014, 395; OLG Bamberg 29.6.2009, 2 Ss OWi 573/09, NZV 2009, 616; OLG Bamberg 27.7.2008, 3 Ss OWi 1774/08, DAR 2008,

596). Eine *Sichtbehinderung durch Sonnenblendung* begründet eine erhöhte Sorgfaltspflicht für den Fahrzeugführer und kann daher in Zusammenhang mit einem Rotlichtverstoß bei der Ahndung nicht zu einem Wegfall des Fahrverbots führen (OLG Hamm 11.3.1999, 1 Ss OWi 203-99, NStZ-RR 1999, 283). Bei einem *Spurwechsel* nach Überfahren der Haltelinie auf eine Grünlicht zeigende Fahrspur für den Gradeausverkehr liegt keine abstrakte Gefährdung des Querverkehrs vor, so dass von einem Fahrverbot abgesehen werden kann (OLG Stuttgart 25.11. 2013, 4 Ss 601/13, BeckRS 2014, 08107).
c) Kommt es beim Überfahren eines Rotlichts zu einer **Gefährdung** oder einer **Sachbeschädigung**, so sieht der Bußgeldkatalog ein Fahrverbot vor – unabhängig davon, ob ein normaler oder ein qualifizierter Rotlichtverstoß vorliegt.
8. Messfehler a) Zeitschätzung durch Polizeibeamte. Grundsätzlich kann auch die durch einen Polizeibeamten vorgenommene Schätzung der Zeit zwischen Einsetzen des Rotlichts und Überfahren der Haltelinie vom Gericht verwertet werden. Nachdem die Schätzung eines Zeitablaufs mit hohen Unsicherheiten belastet ist, werden aber gerade in Grenzfällen, in denen die fragliche Zeitdifferenz knapp (d. h. wenige Sekunden) über dem Schwellenwert von einer Sekunde liegt, die Feststellungen des Polizeibeamten i. d. R. nur dann zur Ahndung eines qualifizierten Rotlichtverstoßes verwertbar sein, wenn diese im Rahmen einer *gezielten Rotlichtüberwachung* erfolgten (die Beobachtungen also nicht nur zufällig gemacht wurden) und eine *Messmethode* (also keine bloße gefühlsmäßige Schätzung) angewendet wurde (BayObLG 19.6.2002, 1 ObOWi 79/02, NStZ-RR 2002, 345). Die Urteilsgründe müssen demnach genaue Feststellungen zu tatsächlichen Anhaltspunkten, die die Richtigkeit der *Schätzung überprüfen* ließen, enthalten, wie z. B. die Geschwindigkeit des Betroffenen, sein Abstand von der Haltelinie beim Umschalten auf Rotlicht oder die Zählweise beim Mitzählen der Sekunden (OLG Hamm 8.11. 2007, 3 Ss OWi 406/07, BeckRS 2008, 07746; OLG Köln 7.9.2004, 8 Ss-OWi 12/04, NJW 2004, 3439; BayObLG 17.8.1995, 1 ObOWi 272/95, NZV 1995, 497). Gelangt der Richter in einem solchen Fall zu dem Ergebnis, dass die von dem polizeilichen Zeugen angewendete Messmethode generell geeignet ist, Schätzfehler zu vermeiden, und ist er überzeugt, dass der Zeuge diese Messmethode im zu entscheidenden Fall ordnungsgemäß angewendet hat, kommt eine Verurteilung auch dann in Betracht, wenn der polizeiliche Zeuge *keine Erinnerung mehr an die Tat* hat und sie lediglich anhand eines unmittelbar nach der Tat aufgenommenen Protokolls rekonstruieren kann (BayObLG 19.6.2002, 1 ObOWi 79/02, NStZ-RR 2002, 345); für eine Verurteilung auf dieser Basis sind aber dann konkrete Ausführungen dazu in den Urteilsgründen erforderlich.
b) Stationäre Rotlichtüberwachungsanlagen. → *Verkehrsmesstechnik Nr. 10*
9. Straftaten. Eine Strafbarkeit nach § 315 c Abs. 1 Nr. 2 a StGB kann vorliegen bei grob verkehrswidrigem und rücksichtslosem Rotlichtverstoß (→ *Gefährdung des Straßenverkehrs (§ 315 c StGB)*).
10. Zivilrecht. Ist die Ampelstellung zum Zeitpunkt eines Verkehrsunfalls nicht mehr aufzuklären, so haften beide Unfallbeteiligten i. d. R. aus der Betriebsgefahr; andere Quoten sind bei Unfällen zwischen bei Grün anfahrenden Fahrzeugen und Kreuzungsräumern zu berücksichtigen (→ *Haftungsverteilung bei Verkehrsunfällen*).
11. Versicherungsrecht. Eine Unfallverursachung nach einem Rotlichtverstoß wird i. d. R. grobe Fahrlässigkeit und damit eine Obliegenheitspflichtverletzung darstellen, auch bei Irritation durch starke Sonneneinstrahlung (zu den Rechtsfolgen → *Kaskoversicherung*, → *Regress*).
Siehe auch: → *Augenblicksversagen*   Langer/Buck

Rückabtretung   → Abtretung von Schadenersatzansprüchen Nr. 4

Rückenprotektor   → Motorradschutzkleidung Nr. 2

Rückfahrscheinwerfer   → Fahrzeugbeleuchtung Nr. 2

Rücknahme der Fahrerlaubnis → Ferienfahrschule Nr. 2, → Widerruf und Rücknahme der Fahrerlaubnis

Rücknahme eines Rechtsmittels → Vollmacht Nr. 4 d)

Rückruf → Produkthaftung Nr. 3 d), → Rückrufe von Kraftfahrzeugen

Rückrufe von Kraftfahrzeugen Hersteller von Kraftfahrzeugen sind im Rahmen ihrer Verkehrssicherungspflicht grundsätzlich zur akti-

ven und passiven Produktbeobachtung verpflichtet (s.a. → *Produkthaftung*). Ergeben sich Hinweise auf Produktfehler oder Verdachtsmomente auf drohende Gesundheits- und Körperschäden, kann sich hieraus für den Hersteller eine Rückrufpflicht ergeben. Die Einzelheiten sind bisher gesetzlich nicht geregelt. § 5 Abs. 1 Nr. 1 c des Geräte- und Produktsicherheitsgesetzes (GPSG) sieht nur die Verpflichtung des Herstellers vor, auch für einen etwaigen Rückruf „Vorkehrungen" zu treffen. Fahrzeugrückrufe haben aber dennoch stark zugenommen, weil nur so die Hersteller dem wachsenden Risiko einer Produkthaftung bei festgestellten Produktmängeln und Schadensrisiken vorbeugen können. Ob und unter welchen Voraussetzungen eine Rückrufpflicht gegeben ist, ist in Rechtsprechung und Literatur noch ungeklärt (vgl. *Reinking/Eggert*, Rn. 1808 ff.) Ein Individualanspruch auf Erfüllung einer solchen Pflicht wird allgemein abgelehnt (Palandt-Sprau § 823 Rn. 173). § 8 Abs. 4 Nr. 7 GBSG enthält lediglich eine Ermächtigungsgrundlage für die zuständige Behörde, bei begründetem Verdacht einer schwerwiegenden Produktunsicherheit die Rücknahme oder den Rückruf anzuordnen.
Wer wissen will, ob sein Fahrzeug von einem Rückruf betroffen ist, kann dies über www.kfz-welt.de /Rückrufe oder www.kfz-auskunft.de abfragen. *Andreae*

Rückschaupflicht → Doppelte Rückschaupflicht, → Haftungsverteilung bei Verkehrsunfällen Nr. 7, → Überholen Nr. 2 d)

Rückstrahler → Fahrzeugbeleuchtung Nr. 2

Rückstufungsschaden → Unfallschadenabwicklung – Sachschaden Nr. 47

Rücktritt (von einem Kaufvertrag) 1. Allgemeines. Der Rücktritt von einem Kaufvertrag setzt einen Sachmangel sowie eine fehlgeschlagene, abgelehnte, unzumutbare oder unmögliche Nacherfüllung sowie eine nicht unerhebliche Pflichtverletzung voraus (§§ 434, 437 Nr. 2, 440, 323 BGB). Der Rücktritt ist ein Gestaltungsrecht, dessen wirksame Erklärung nach dem Zugang nicht einseitig vom Käufer rückgängig gemacht werden kann. Auch ein Wechsel von Rücktritt zu *Minderung* (ebenfalls Gestaltungsrecht) und umgekehrt ist unzulässig (*Reinking* DAR 2002, 15, 20). Ausnahmen sind gem. § 242 BGB denkbar, wenn der Verkäufer die Wirksamkeit des Rücktritts bestreitet (*Palandt/Weidenkaff* § 437 Rn. 26). Neben dem Rücktritt kann aber Schadensersatz oder Aufwendungsersatz beansprucht werden (§§ 325, 441 BGB) und zwar auch der Nutzungsausfallschaden, der durch die Rückgabe des Fahrzeugs entsteht (BGH 28.11.2007, VIII ZR 16/07, DAR 2008, 143).
Der Rücktritt kann auch dann erklärt werden, wenn die Kaufsache nicht zurückgewährt werden kann oder diese beschädigt oder verschlechtert wurde. In diesem Fall hat der Käufer dem Verkäufer Wertersatz zu leisten (§ 346 Abs. 2 BGB), falls keine Ausnahmen i. S. d. § 346 Abs. 2 und 3 BGB vorliegen.
2. Angemessene Nachfrist. Vor dem Rücktritt muss der Käufer dem Verkäufer erfolglos eine angemessen Frist zur Leistung oder Nacherfüllung bestimmen (§ 323 Abs. 1 BGB), auch wenn der Käufer nicht sicher weiss, ob der Defekt auf einen Sachmangel i. S. d. § 434 BGB zurückzuführen ist (BGH 21.12.2005, VIII ZR 49/05, NJW 2006, 1195; s.a. → *Nacherfüllung*). Die Nachfrist muss keine Ablehnungsandrohung enthalten, aber unmissverständlich zum Ausdruck bringen, dass der Verkäufer eine letzte Gelegenheit erhält, die vertragliche Leistung zu erbringen. Bereits die Überprüfung des Mangels ist am Erfüllungsort (s.a. → *Nacherfüllung*) anzubieten (BGH NJW 2013, 1043). Der Käufer kann auch weitere Fristen setzen, ohne hierdurch sein Rücktrittsrecht zu verlieren, auch wenn das Fahrzeug vom Verkäufer nochmals untersucht wird (OLG Düsseldorf 21.1.2008, 1 U 152/07, NJW-RR 2008, 1199 (1201)).
Für angemessene Nachfristsetzung reicht das Verlangen nach sofortiger, unverzüglicher oder umgehender Leistung oder eine vergleichbare Formulierung aus (BGH 12.8.2009, VIII ZR 254/08, NJW 2009, 3153). Die Nachfrist ist angemessen, wenn der Schuldner in die Lage versetzt wird, die Mängel zu beheben. Regelmäßig werden Fristen von einer Woche bis zu einem Monat angemessen sein (*Palandt/Weidenkaff* § 439 Rn. 7). Eine Frist von 9 Tagen kann bei mehreren Mängeln zu kurz sein (OLG Celle 4.8.2004, 7 U 30/04, NJW 2004, 3566). Bei einer zu kurzen Nachfrist wird eine *angemessene* Nachfrist in Lauf gesetzt (*Palandt/Weidenkaff* § 439 Rn. 7), ein Rücktritt *vor* Ablauf der angemessenen Frist ist jedoch *wirkungslos* (OLG Celle 4.8.2004, 7 U 30/04, NJW 2004, 3566). Der Erfolg des eingeräumten Nachbesserungsversuchs muß abgewartet werden (OLG Saarbrücken 29.5.2008, 8 U 494/07, NJW 2009, 369). Wird kurz nach Fristab-

lauf erfolgreich nachgebessert, wird i. d. R. von einer Klage auf Rücktritt abzuraten sein, da eine geringfügige Fristüberschreitung unschädlich sein soll (*Soergel/Gsell* § 323 Rn. 87).

3. Rücktritt ohne angemessene Nachfrist. Eine Nachfrist muss nicht gesetzt werden, wenn die Nacherfüllung *unmöglich, verweigert* oder *fehlgeschlagen* ist (§ 323 Abs. 2 BGB) oder wenn die Nacherfüllung für den Käufer *unzumutbar* ist (§ 440 Satz 1 BGB). Zur *Unmöglichkeit* vgl. → *Nacherfüllung*.

Als *fehlgeschlagen* gilt die Nachbesserung nach dem zweiten erfolglosen Versuch, wenn nicht besondere Umstände vorliegen (§ 440 Satz 2 BGB). Ein dritter Versuch ist dem Käufer i. d. R. nicht zuzumuten (OLG Karlsruhe 30.6.2004, 12 U 112/04, DAR 2005, 31). Ausnahmen kommen in Betracht bei funktionellen Mängeln, deren Ursache schwer zu finden ist und durch welche die Gebrauchstauglichkeit des Fahrzeugs nicht völlig aufgehoben oder erheblich eingeschränkt wird (OLG Karlsruhe 22.12.1976, 6 U 215/76, DAR 1977, 323) und bei verbliebenen geringen Mängeln, mit deren Beseitigung bei einem dritten Versuch mit an Sicherheit grenzender Wahrscheinlichkeit gerechnet werden kann (*Erman/Grunewald* § 440 Rn. 5). Die *Beweislast* für das Fehlschlagen der Nachbesserung liegt zwar beim Käufer (BGH 11.2.2009, VIII ZR 274/07, NJW 2009, 1341). Es genügt aber der Nachweis, dass das vom Käufer gerügte Mangelsymptom weiterhin auftritt, sofern nicht eine unsachgemäße Behandlung des Fahrzeugs nach Übergabe durch den Käufer in Frage kommt (BGH 9.3.2011, VIII ZR 266/09, NJW 2011, 1664).

Verweigert ist die Nacherfüllung, wenn beide möglichen Arten der Nacherfüllung vom Verkäufer abgelehnt werden. Die Verweigerung muss als letztes Wort aufgefasst werden können. Das wird z. B. verneint, wenn der Käufer sofort Rücktritt verlangt und der Verkäufer aus diesem Anlass – gewissermaßen unaufgefordert – Arbeiten am Fahrzeug ablehnt (LG Hanau 27.3.2003, 1 O 1510/02, NJW-RR 2003, 1561). Es reicht auch nicht aus, wenn der Verkäufer die Nachbesserung anbietet, aber einen Leihwagen ablehnt (OLG Bamberg 10.4.2006, 4 U 295/05, zfs 2006, 387 (389)). Als ausreichend wird es dagegen angesehen, wenn der Verkäufer, der nicht zur Nacherfüllung aufgefordert wurde, einen Sachmangel und damit seine Haftungsverpflichtung schlechthin bestreitet (BGH 5.12.2002, VII ZR 360/01, NJW 2003, 580). Erfolgt das Bestreiten aber nur aus prozesstaktischen Gründen und wird in erster Linie die fehlende Möglichkeit der Nacherfüllung gerügt, wird eine endgültige Erfüllungsverweigerung verneint (OLG Celle 4.8.2004, 7 U 30/04, NJW 2004, 3566).

Unzumutbar i. S. d. § 440 Satz 1 BGB ist die Nacherfüllung für den Käufer, wenn dessen Vertrauen in eine sachgerechte Vertragserfüllung durch den Verkäufer nachhaltig gestört ist. Das ist z. B. der Fall, wenn die angebotene Reparatur behelfsmäßig ist, nicht den Vorschriften des Herstellerwerks entspricht oder bei einer sachlich nicht gerechtfertigten Bagatellisierung des gerügten Mangels, z. B. als „Peanuts" (OLG Saarbrücken 29.6.1990, 4 U 643/98, zfs 1999, 518). Allein die Behauptung, nur eine näher gelegene Werkstatt habe das ständig benötigte Fahrzeug zeitnah reparieren können, begründet noch keine Unzumutbarkeit für den Käufer (BGH 21.12.2005, VIII ZR 49/05, DAR 2006, 259, 261).

Ein zweiter Nachbesserungsversuch kann als unzumutbar abgelehnt werden, wenn die erste Nachbesserung diletantisch und fehlerhaft erfolgt ist. Es genügt insoweit aber noch nicht, wenn zuvor bereits mehrere andere geringfügige Mängel bei einem Jahreswagen behoben werden mussten (OLG Bamberg 10.4.2006, 4 U 295/05, zfs 2006, 387). In allen Fällen *arglistiger Täuschung* ist dem Käufer grundsätzlich eine Nacherfüllung nicht zumutbar (BGH 8.12.2006, V ZR 249/05, NJW 2007, 835). Wird trotz Unzumutbarkeit eine Nachbesserung ermöglicht, ist der Rücktritt unzulässig, wenn die Nachbesserung erfolgreich ist (BGH 12.3.2010, V ZR 147/09, NJW 2010, 1805).

4. Erhebliche Pflichtverletzung. Der Rücktritt ist ausgeschlossen, wenn die Pflichtverletzung *unerheblich* ist (§ 323 Abs. 5 Satz 2 BGB). Die Unerheblichkeit muss der Verkäufer substantiiert darlegen und beweisen (OLG Stuttgart 17.11.2004, 19 U 130/04, DAR 2005, 91, 93). Für die Beurteilung ist auf den Zeitpunkt der Rücktrittserklärung abzustellen (BGH 5.11.2008, VIII ZR 166/07, DAR 2009, 89; BGH 15.6.2011, VIII ZR 139/09, DAR 2012, 18).

Für die umfassende Interessenabwägung sind zu berücksichtigen der erforderliche Aufwand für die Mängelbeseitigung, das Ausmaß des Mangels, die Dauer des Nutzungsausfalls für den Käufer, nach überwiegender Auffassung auch das Maß des Fehlverhaltens des Verkäufers (*Palandt/Grüneberg* § 323 Rn. 32). Arglist rechtfertigt daher auch bei geringfügigen Mängeln den Rücktritt (BGH 24.3.2006, V ZR 173/05, NJW 2006, 1960). Bezugspunkt für

die Erheblichkeit der Pflichtverletzung kann auch die Nacherfüllung sein (OLG Stuttgart 17.11.2004, 19 U 130/04, DAR 2005, 91, 93). Die Erheblichkeit eines Mangels ist i. d. R. zu bejahen, wenn die Kosten der Beseitigung mindestens 5% der vereinbarten Gegenleistung ausmachen (BGH DAR 2014, 523).
Verneint wurde die Erheblichkeit des Mangels z. B.
- bei einer um 8,37 % höheren Fahrleistung, als der Kilometerstand ausweist (OLG Rostock 17.7.2007, 6 U 2/07, DAR 2007, 588),
- bei einem serienmäßigen Türenversatz von 1,8 mm (OLG Düsseldorf 8.6.2005, I-3 U 12/04, MDR 2006, 442),
- bei einer Geschwindigkeitsunterschreitung um weniger als 5% (OLG Düsseldorf 7.9.2005, I-3 U 8/04, NJW 2005, 3504),
- bei einem Kraftstoffmehrverbrauch von weniger als 10% (BGH 8.5.2007, VIII ZR 19/05 DAR 2007, 516),
- bei einem Defekt an der Navigationsanlage (OLG Karlsruhe 5.9.2001, 1 U 42/01, NZV 2002, 132,
- bei einzelnen Tropfen an der inneren Windschutzscheibe eines Cabrios beim Durchfahren einer Waschstraße (OLG Brandenburg 21.2.2007, 4 U 121/06, DAR 2007, 520),

Bejaht wurde die Erheblichkeit eines Mangels z. B.
- bei abweichender Lackierung (BGH 17.2.2010, VIII ZR 70/07, DAR 2010, 263),
- bei Schaltverzögerung eines Automatikgetriebes (OLG Düsseldorf 18.1.2008, 17 U 2/07 NJW-RR 2008, 1230),
- bei nicht zuverlässig schließendem und öffnendem Cabrio-Verdeck (OLG Düsseldorf 21.1.2008 1 U 152/07, NJW-RR 2008, 1199),
- bei undichtem Fahrzeug trotz geringer Reparaturkosten (OLG Karlsruhe 30.6.2004, 12 U 112/04, DAR 2005, 31),
- bei einer um 20% zu hohen Laufleistung (AG Rheda Wiedenbrück 28.11.2002, 4 C 209/02, DAR 2003, 121),
- bei einem falschen Modelljahr (OLG Nürnberg 21.3.2005, 8 U 2366/04, NJW 2005, 2019),
- bei einer Standzeit von 31 Monaten (OLG Düsseldorf 16.6.2008, 1 U 231/07, NJW-RR 2009, 398),
- bei einem mit Kosten von 450,- € beseitigten Unfallschaden bei Garantie für Unfallfreiheit (LG Karlsruhe 1.2.2005, 8 O 614/04, NJW-RR 2005, 1368).

Weitere Beispiele bei *Himmelreich/Andreae/Teigelack* § 11 Rn. 137 f.

5. Rücktrittsabwicklung. Die empfangenen Leistungen sind zurück zu gewähren und die gezogenen Nutzungen herauszugeben (§ 346 Abs. 1 BGB). Zug um Zug gegen Rückübereignung des Fahrzeugs ist also der Kaufpreis zu erstatten. Kann das Fahrzeug nicht oder nicht unbeschädigt zurückgegeben werden, hat der Käufer anstelle des Fahrzeugs Wertersatz zu leisten (§ 346 Abs. 2 BGB). Beschädigungen, die durch die bestimmungsgemäße Ingebrauchnahme entstehen, bleiben jedoch unberücksichtigt (§ 346 Abs. 2 Nr. 3 BGB).
Dem Käufer sind die notwendigen Verwendungen zu ersetzen (§ 347 Abs. 2 BGB), also solche, die der Erhaltung, Wiederherstellung und Verbesserung der Sache dienen. Hierzu zählen z. B. der Einbau einer neuen Batterie, eines Austauschgetriebes, neuer Reifen, Zulassungskosten, Wartungs- und Inspektionskosten sowie Standgeldkosten (*Andreae* in: Handbuch des Fachanwalts Verkehrsrecht Kap. 16 Rn. 138 m.w.N.).
Andere Aufwendungen sind nur zu ersetzen, wenn der Verkäufer durch diese *bereichert* wird (§ 348 Abs. 2 Satz 2 BGB), wie z. B. ein Autoradio, eine Anhängerkupplung und sonstige Instandsetzungsarbeiten und Kundendienstleistungen, die nicht unbedingt notwendig waren. Zu erstatten ist insoweit nur der reine Mehrwert des Fahrzeugs.
Der Käufer hat seinerseits dem Verkäufer für jeden zurückgelegten Kilometer *Nutzungsersatz* zu leisten (§ 346 Abs. 1 BGB), auch beim *Verbrauchsgüterkauf* (BGH 16.9.2009, VIII ZR 243/08, DAR 2009, 692). Dieser entspricht der linearen Wertminderung im Vergleich zwischen tatsächlichem Gebrauch und voraussichtlicher Gesamtlaufleistung. Ausgangspunkt für die Berechnung ist der Bruttokaufpreis, bei mangelhaften Fahrzeugen ist jedoch der aufgrund des Mangels geminderte Preis zugrunde zu legen. Dieser Preis wird durch die voraussichtliche Lebenserwartung des Fahrzeugs (in KM) geteilt und mit den tatsächlich seit Gefahrübergang zurückgelegten Kilometern multipliziert (OLG Nürnberg 14.11.2001, 4 U 372/01, DAR 2002, 219, 221).
Bei einer voraussichtlichen Gesamtlaufleistung von 150.000 km beträgt die Nutzungsvergütung 0,67 % des Kaufpreises je 1.000 gefahrene Kilometer. Da viele Kraftfahrzeuge inzwischen häufig Gesamtfahrleistungen von 200.000 km bis 300.000 km erreichen (OLG Karlsruhe 7.3.2003, 14 U 154/01, NJW 2003, 1950

Himmelreich/Andreae/Teigelack § 13 Rn. 186)), reduziert dies die Nutzungsvorteile für Neufahrzeuge auf 0,5 % bzw. 0,33 % des Kaufpreises. Auch für die Berechnung der Nutzungsvorteile für Gebrauchtwagen darf inzwischen nicht mehr von einer Restlaufzeit ausgegangen werden, die pauschal von einer Gesamtlaufleistung von 150.000 km ausgeht.

Dem Käufer sind auch die *Zinsen* zu erstatten, die der Verkäufer nach den Regeln einer ordnungsgemäßen Wirtschaft aus dem Kaufpreis erzielt hat oder hätte erzielen können (§ 347 Abs. 1 Satz 1 BGB). Diese können auf 2,5 % geschätzt werden (LG Aschaffenburg 30.5. 2006, 1 O 337/05, NZV 2006, 657). Spart der Verkäufer Bankkreditzinsen ein, ist auf deren Höhe abzustellen. Dagegen hat der Käufer nach überwiegender Auffassung bei einem mit dem Kaufvertrag verbundenen *Finanzierungsvertrag* (§ 358 Abs. 3 BGB) keinen Anspruch auf Rückzahlung des Zins- und Kostenanteils aus der Finanzierung und zwar weder gegenüber dem Verkäufer noch der Bank (*Reinking/Eggert* Rn. 1108). Ein solcher Anspruch kann sich nur aus § 284 BGB als Schadensersatz für vergebliche Aufwendungen ergeben, jedoch beschränkt auf den Zeitraum, in dem der PKW nicht genutzt werden konnte (OLG Hamm 8.9.2005, 28 U 60/05, NZV 2006, 421, 423).

6. Inzahlungnahme. Falls von einem Vertrag zurückgetreten wird, bei dem beim Kauf eines Neufahrzeugs ein Gebrauchtfahrzeug in Zahlung gegeben wurde, hat der Verkäufer das Altfahrzeug zurückzugeben. Der Käufer hat keinen Anspruch auf Erstattung des Kaufpreises, anstelle dessen das Altfahrzeug übergeben wurde (BGH 20.2.2008, VIII ZR 334/06, DAR 2008, 470). Ist das Altfahrzeug verkauft oder untergegangen, hat der Verkäufer hierfür dem Käufer Wertersatz nach § 346 Abs. 2 BGB zu leisten.

Tritt umgekehrt der Neuwagenhändler wegen eines Mangels am Altfahrzeug zurück, umfasst auch dieser Rücktritt den gesamten Vertrag, sodass der Käufer berechtigt ist, auch den Neuwagen (gegen Erstattung des überschießenden Kaufpreises) zurück zu geben. Will der Händler das Neufahrzeuggeschäft nicht gefährden, wird er nur Minderung oder Schadensersatz geltend machen.

7. Erfüllungsort für den Rücktritt. Erfüllungsort (§ 269 BGB) und Gerichtsstand für die Klage (§ 29 ZPO) ist nach überwiegender Auffassung der Ort, an dem sich der PKW im Zeitpunkt des Rücktritts vertragsgemäß befindet (OLG Saarbrücken 6.1.2005, 5 W 306/04, NJW 2005, 906, 907), also i. d. R. beim Käufer. Eine neuere Auffassung (*Stoeber* NJW 2006, 2661) verneint die Einheitlichkeit des Erfüllungsortes für alle Rückgewähransprüche und bestimmt ihn für jede Verpflichtung gesondert, also für den Anspruch des Käufers auf Rückzahlung des Kaufpreises beim Sitz des Verkäufers.

Sachmängelansprüche
Hat ein gekauftes Kraftfahrzeug *Sachmängel*, kann der Käufer gem. § 437 BGB unter den näher zu erörternden Voraussetzungen
– *Nacherfüllung* verlangen (§ 437 Nr. 1 BGB) oder
– *Zurücktreten* oder *mindern* (§ 437 Nr. 2 BGB) und
– *Schadensersatz* oder *Ersatz vergeblicher Aufwendungen* verlangen (§ 437 Nr. 3 BGB)

Die drei Gruppen von Ansprüchen werden grundsätzlich dem Käufer *zur Wahl* gestellt. Aus den besonderen Voraussetzungen der Rücktritts-, Minderungs- und Schadensersatzansprüche folgt aber deren *Nachrangigkeit*: Rücktritt und Schadensersatz setzen gem. §§ 323 Abs. 1 und 281 Abs. 1 BGB voraus, dass dem Verkäufer eine angemessene *Nachfrist* zur Nacherfüllung gesetzt wurde oder diese verweigert wird, fehlgeschlagen ist oder für den Käufer unzumutbar ist. Für die Minderung gilt das selbe (§ 441 BGB).

Ein *echtes* Wahlrecht zwischen den Anspruchsgruppen entsteht also erst *nach* Fristablauf oder abgelehnter Nacherfüllung. Dieses Wahlrecht schließt weiterhin auch den Nacherfüllungsanspruch mit ein, falls der Verkäufer diesen nicht gem. § 439 Abs. 3 BGB wegen unverhältnismäßig hoher Kosten ablehnen kann.

Die drei Ansprüche haben jeweils Vor- und Nachteile (hierzu näher *Motsch* JR 2002, 221; *MüKo-Westermann* § 437 Rn. 51 ff.; *Andreae* in: Handbuch des Fachanwalts Verkehrsrecht Kap. 16 Rn. 153). Mit wirksamem Rücktritt entfällt das Wahlrecht und das Recht auf Minderung, weil es sich beim Rücktritt um ein Gestaltungsrecht handelt. Bestreitet der Verkäufer die Wirksamkeit des Rücktritts, weil keine erhebliche Pflichtverletzung vorliegt, kann ausnahmsweise ein Übergang zu den anderen Rechten erfolgen (*Palandt/Weidenkaff* § 437 Rn. 27). Bei hohen Vertragskosten, wie z. B. für eine Gebrauchtwagengarantie, kann der Rücktritt der ungünstigere Rechtsbehelf als die Nacherfüllung oder die Minderung sein, da Vertragskosten im Rahmen des Rücktritts nicht ersetzt werden (*Himmelreich/Andreae/*

Teigelack, § 11 Rn. 205 ff.). Lehnt der Verkäufer die Nacherfüllung wegen unverhältnismäßig hoher Kosten ab, hat der Käufer bei einer Klage auf Nacherfüllung das zusätzliche Prozesskostenrisiko, dass auch das Gericht von unverhältnismäßig hohen Kosten ausgeht, sodass trotz Sachmangels die Klage abgewiesen würde. Es empfiehlt sich also, im Zweifelsfall immer hilfsweise Rücktritt, Minderung und/oder Schadensersatz in Form eines Hilfsantrags einzuklagen. Auch dann drohen aber Kostennachteile, wenn nur dem Hilfsantrag stattgegeben wird. *Andreae*

Rückwärtsfahren → Haftungsverteilung bei Verkehrsunfällen Nr. 4

Rüge → Besonderheiten des Verkehrsunfallprozesses Nr. 26, → Rechtliches Gehör Nr. 7 b)

Ruhen der Verjährung → Verfolgungsverjährung Nr. 1 e), → Vollstreckungsverjährung (Ordnungswidrigkeiten) Nr. 5

ruhender Verkehr → Beleuchtung Nr. 3, → Haftungsprivilegierung für Kinder Nr. 3

Ruhenstatbestände → Verfolgungsverjährung Nr. 1 e) bb), → Vollstreckungsverjährung (Ordnungswidrigkeiten) Nr. 5 b)

S

Sachbefugnis → Besonderheiten der Verkehrsunfallklage Nr. 2

Sachbeschädigung 1. Allgemeines. Straftat, geregelt in § 303 StGB. Die Tat wird nur auf Antrag verfolgt, es sei denn, dass die Staatsanwaltschaft ein besonderes öffentliches Interesse an der Strafverfolgung sieht (§ 303 c StGB). S. kann nur vorsätzlich begangen werden, bedingter Vorsatz (→ *Vorsatz und Fahrlässigkeit*) genügt.
2. Tatbestand. Die frühere Diskussion, ob eine Einwirkung auf die Sachsubstanz Tatbestandsvoraussetzung sei, ist durch die Neufassung (vgl. § 303 Abs. 2 StGB) weitgehend erledigt. Für Verkehrsstrafsachen lässt sich vereinfachend postulieren, dass *jede vorsätzliche Handlung, durch die die Sache reparaturbedürftig oder gesondert wartungsbedürftig (insbesondere reinigungsbedürftig) wird*, eine Sachbeschädigung ist.
a) Wegen S. macht sich daher strafbar, wer vorsätzlich *Luft aus einem Fahrzeugreifen hinauslässt* (BayObLG 21.8.1987, RREG 1 St 98/87, NJW 1987, 3271 f; BGH 14.7.1959, 1 StR 296/59, BGHSt 13, 207).
b) („Radar-Fall" 1): Auch wer das *Objektiv einer Überwachungskamera* mit Senf oder Creme verschmiert, „beschädigt" diese, da die Paste erst entfernt werden muss, bevor das Gerät wieder bestimmungsgemäß funktioniert (OLG Stuttgart 3.3.1997, 2 Ss 59/97, DAR 1997, 288 f = NStZ 1997, 342 f; wo übrigens eine Strafbarkeit wegen Störung öffentlicher Betriebe nach § 316 b Abs. 1 Nr. 3 StGB verneint wird).
c) („Radar-Fall" 2): Wer hingegen an seinem Fahrzeug Blend-Reflektoren anbringt, wodurch das Bild der Überwachungskamera wegen *Überbelichtung* die Gesichtszüge des Fahrers nicht mehr abbildet, sondern nur noch die Reflektoren, begeht keine Sachbeschädigung und auch keine → *Fälschung technischer Aufzeichnungen*, denn die Kamera funktioniert weiter technisch einwandfrei, indem sie genau das aufnimmt, was draußen vorbeifährt, nämlich ein Fahrzeug mit Reflektoren, die alles weitere überblenden. Die Kamera bedarf auch keiner Reparatur, sondern nimmt schon den nächsten (normalen) Fahrer wieder wie sonst auf, sie ist daher aus technischer Sicht voll funktionstüchtig geblieben. Dass die Tat ein „brauchbares" Messfoto vom Täter verhindert hat, beruht nicht auf einem Eingriff in die Sache, sondern wäre z. B. ebenso eingetreten, wenn der Täter sich vermummt hätte; letzterenfalls würde niemand an eine Sachbeschädigung der Kamera denken. Es kann keinen Unterschied machen, durch welches Hilfsmittel der Täter sich unkenntlich macht (a.A. OLG München 15.5.2006, 4 StRR 53/06, NJW 2006, 2132 f = NStZ 2006, 576 f = DAR 2006, 467 f mit der nicht überzeugenden Begründung, die Messanlage sei – für den kurzen Moment – nicht funktionsentsprechend einsetzbar gewesen, und sei daher insoweit unbrauchbar gemacht worden).
d) („Radar-Fall" 3): Wer die Überwachungskamera lediglich zuparkt, begeht gleichfalls keine Sachbeschädigung, da er auf die Sachsubstanz nicht einwirkt. Aus dem gleichen Grund soll eine Störung öffentlicher Betriebe (§ 316 b Abs. 1 Nr. 3 StGB) ausscheiden: Auch diese erfordere eine Einwirkung auf die Sachsubstanz (BGH 15.5.2013, 1 StR 469/20 = NJW 2013, 3916).
3. Praktische Bedeutung im Verkehrsstrafverfahren erlangt der Tatbestand der S. vor allem bei eskalierenden Auseinandersetzungen im Straßenverkehr und bei absichtlich herbeigeführten Unfällen (→ *Autobumser-Fälle*). Bei letzteren kommt ein tatbestandsausschließendes Einverständnis der Beteiligten nur in Frage, soweit sie Eigentümer der beteiligten Fahrzeuge sind (BGH 16.1.1992, 4 StR 509/91, DAR 1992, 267 f = NStZ 1992, 233 f = VRS 83, 185 ff).
Siehe auch: → *Rotlichtverstoß* *Weder*

sachliche Kongruenz → Übergang von Ersatzansprüchen Nr. 2

Sachmangel 1. Allgemeines. Der Verkäufer hat dem Käufer das Fahrzeug frei von Sach- und Rechtsmängeln zu verschaffen (§ 433 Abs. 1 Satz 2 BGB). Wird diese Pflicht verletzt, folgen hieraus für den Käufer Mängelansprüche (§ 437 BGB). Die Kaufsache ist frei von Sachmängeln, wenn sie bei Gefahrübergang die vereinbarte Beschaffenheit hat (§ 434 Abs. 1 Satz 1 BGB). Soweit die Beschaffenheit nicht vereinbart ist, ist sie frei von Sachmängeln, wenn sie sich für die nach dem Vertrag vorausgesetzte Verwendung eignet (§ 434 Abs. 1 Satz 2 Nr. 1 BGB). Falls keine vertraglich vorausgesetzte Verwendung feststellbar ist, ist sie mängelfrei, wenn sie sich für die gewöhnliche Verwendung eignet und eine Beschaffenheit aufweist, die bei Sachen der gleichen Art üblich ist und der Käufer nach Art der Sache erwarten

kann (§ 434 Abs. 1 Satz 2 Nr. 2 BGB), insbesondere aufgrund von öffentlichen Werbeaussagen oder der Kennzeichnung (§ 434 Abs. 1 Satz 3 BGB).
Maßgeblicher Zeitpunkt für das Vorliegen eines Sachmangels ist der des „Gefahrübergangs", in dem die Preisgefahr auf den Käufer übergeht, also i. d. R. bei Übergabe (§ 446 BGB). Die Beweislast trägt der Käufer (außer beim Verbrauchsgüterkauf innerhalb der ersten sechs Monate vgl. § 476 BGB). Die Käuferrechte entfallen, wenn der im Zeitpunkt des Gefahrübergangs vorhandene Mangel vor Durchführung der Rückabwicklung wegfällt (OLG Düsseldorf 19.12.1997, 22 U 103/97, NJW-RR 1998, 1587).

2. Vereinbarte Beschaffenheitsmerkmale. Der Begriff „Beschaffenheit" umfasst nicht nur die Eigenschaften, die der Kaufsache unmittelbar physisch anhaften, wie alle Vereinbarungen zu Qualität und Leistung, sondern auch tatsächliche, wirtschaftliche und rechtliche Bezüge der Kaufsache zur Umwelt, die zumindest Einfluss auf die Beschaffenheit haben könne. Das trifft z. B. zu für die Anzahl der Vorbesitzer und die Standzeit, nicht jedoch für den wertmindernden Preisfaktor der Reimporteigenschaft und dem Nichtbestehen einer zu erwartenden Herstellergarantie (vgl. hierzu näher *Andreae* in: Handbuch des Fachanwalts Verkehrsrecht Kap. 16 Rn. 45). Letztere begründen keine Sachmängelansprüche, sondern Schadensersatzansprüche aus Pflichtverletzung i. S. d. §§ 280 Abs. 1, 311 Abs. 2 Nr. 1 BGB.

Für eine Beschaffenheitsvereinbarung muss feststellbar sein, dass beide Parteien von einer bestimmten Beschaffenheit ausgehen. Einseitig gebliebene Erwartungen des Käufers genügen nicht. Eine Beschaffenheitsvereinbarung setzt nicht voraus, dass der Verkäufer wie bei einer Garantie hierfür einstehen will. Insbesondere genügen mündliche Beschreibungen im Verkaufsgespräch oder Informationen aus einem Telefonat (LG Bielefeld 29.12.2000, 4 O 434/00, DAR 2001, 409), einem Inserat (OLG Köln 18.12.1996, 26 U 24/96, NZV 1998, 73), einem Verkaufsschild (BGH 18.12.1981, VIII ZR 72/80, NJW 1981, 1268), Beschreibungen im Internet (LG Ellwangen 13.6.2008, 5 O 60/08, SVR 2008, 345) oder einem Werbeanschreiben (OLG Düsseldorf 18.6.1999, 22 U 256/98, NZV 1999, 514). Will der Verkäufer diese nicht gegen sich gelten lassen, muss er die Aussage ausdrücklich widerrufen (OLG Hamm 9.11.1995, 28 U 131/95, OLGR 1996, 53). Ein vorformulierter Mängelhaftungsausschluss genügt insoweit nicht (BGH 29.11.2006, VIII ZR 92/06, NJW 2007, 1346).

Dagegen stellen allgemeine Anpreisungen wie „Top Zustand" nur dann eine konkrete Beschaffenheitsvereinbarung dar, wenn sich aus der weiteren Formulierung und den gesamten Begleitumständen entnehmen lässt, dass der Verkäufer gerade für dieses Fahrzeug im Vergleich zu anderen Fahrzeugen dieses Alters von einem überdurchschnittlichen guten Zustand ausgeht. Je allgemeiner die Anpreisung, umso schwieriger ist diese Feststellung. Der Formulierung „technisch einwandfrei" kann dagegen durchaus auch ein vertraglicher Bindungswille in der Weise entnommen werden, dass der PKW zumindest bei Übergabe technisch in Ordnung, betriebsbereit und verkehrssicher ist (OLG Düsseldorf 23.7.1999, 22 U 21/99, NZV 2000, 83). Gleiches gilt für die Anpreisung „fahrbereit" (OLG Koblenz 18.5.2000, 5 U 1298/98 DAR 2002, 169).

Bei „Angaben laut Vorbesitzer" wie z. B. der häufig anzutreffenden Formulierung „kein Unfall laut Vorbesitzer" verneint die Rechtsprechung i. d. R. eine Beschaffenheitsvereinbarung. Die Erklärung beschränkt sich auf die Mitteilung dessen, was der Verkäufer selbst vom Vorbesitzer erfahren hat (LG Saarbrücken 29.7.2004, 2 S 21/04 zfs 2004, 562 ff.). Für weitere Beispiele vgl. *Andreae* in: Handbuch des Fachanwalts Verkehrsrecht Kap. 16 Rn. 43 ff.

3. Außervertragliche Eignungsmerkmale. Ist keine Beschaffenheit vereinbart, ist darauf abzustellen, ob das Fahrzeug sich „zur gewöhnlichen Verwendung" eignet. Der Vergleich hat stattzufinden mit typgleichen Fahrzeugen der gleichen Serie, bei Serienmängeln auch mit anderen Fahrzeugserien, die nach Zweckbestimmung und Fahrzeugklasse vergleichbar sind. Maßstab ist der technische Entwicklungsstand der gesamten Automobilindustrie, nicht des einzelnen Herstellers (OLG Düsseldorf 18.1.2008, 17 U 2/07, NJW-RR 2008, 1230). Dabei ist der Stand der Technik nicht zwangsläufig an der optimalen technischen Lösung ausgerichtet. Für jedes technische Problem gibt es mehrere technische Lösungen, die noch vertragsgerecht sind. Konstruktionsbedingte Besonderheiten und Eigentümlichkeiten eines bestimmten Fahrzeugtyps sind keine Mängel, solange die Gebrauchstauglichkeit nicht beeinträchtigt ist (OLG Brandenburg 21.2.2007, 4 U 121/06, DAR 2007, 520).

So muss ein Dieselmotor mit Partikelfilter im Kurzstreckenbetrieb nicht uneingeschränkt verwendbar sein, wenn dies nach dem Stand der Technik nicht zu vermeiden ist und aus dem selben Grund auch die Kurzstreckeneignung der Fahrzeuge anderer Hersteller mit Partikelfilter in gleicher Weise beeinträchtigt ist (BGH 4.3.2009, VIII ZR 160/08, NJW 2009, 2056). Ein zeitweise hochdrehendes Automatikgetriebe wurde ebenfalls für mit dem Stand der Technik vereinbar gehalten (OLG Brandenburg 19.3.2008, 4 U 135/07, NJW-RR 2008, 1282), ebenso Pendelschwingungen eines Motorrads bei Hochgeschwindigkeit (OLG Hamm 15.5.2008, 28 U 145/07 NJW-RR 2009, 485). Wassereintritt beim Öffnen der hinteren Türen aufgrund der Karosserieform wurde dagegen als ein Mangel beurteilt (LG Aurich 9.5.2008, 1 S 60/08, DAR 2008, 481).

An diesem Sachmängelkriterium entscheidet sich auch die Frage, wann bei gebrauchten Fahrzeugen die Grenze üblicher Verschleißerscheinungen überschritten ist und ein über die gewöhnliche Abnutzung hinausgehender Fehler vorliegt (OLG Stuttgart 15.8.2006, 10 U 84/06 NJW-RR 2006, 1720). Normaler Verschleiß bei einem Gebrauchtwagen stellt grundsätzlich keinen Mangel dar (BGH 23.11.2005, VIII ZR 43/05, NJW 2006, 434) s. a. → *Verschleißerscheinungen*.

4. Beschaffenheitsmerkmale aufgrund öffentlicher Äußerungen. Ein Sachmangel liegt auch vor, wenn das Fahrzeug Eigenschaften nicht aufweist, die in der Werbung angekündigt wurden (§ 434 Abs. 1 Satz 3 BGB). An Werbeaussagen sind auch alle nachfolgenden Verkäufer gebunden und zwar grundsätzlich auch alle Privatverkäufer (*Schellhammer* MDR 2002, 241, 245).

Das gilt nur dann nicht,
– wenn der Verkäufer die Äußerung nicht kannte oder auch nicht kennen musste;
– wenn die Äußerung im Zeitpunkt des Vertragsschlusses in gleichwertiger Weise berichtigt war oder
– wenn sie die Kaufentscheidung nicht beeinflussen konnte.

Durch diese Lockerungsklauseln wird ein Spielraum für interessengerechte Lösungen geschaffen, die das Festhalten des Handels an Werbeaussagen über Jahre und Jahrzehnte hinweg ausschließen sollen.

Die Äußerung muss öffentlich erfolgt sein. Angaben aus der Betriebsanleitung, die sich an den einzelnen Kunden richten, genügen insoweit nicht, wohl aber Werbeaussagen in Firmenprospekten (OLG München 15.9.2004 18 U 2176/04, NJW-RR 2005, 494) und Internetangeboten.

Die Äußerung muss vom Verkäufer, Hersteller oder vom Gehilfen des Herstellers stammen. Der Herstellerbegriff ergibt sich aus § 4 Produkthaftungsgesetz. Gehilfe ist jede natürliche oder juristische, rechtsfähige Person, die als vom Hersteller autorisierter Vertriebshändler oder autorisierte Kundenstelle auftritt, darüber hinaus jeder Beauftragte i. S. d. § 13 Abs. 4 UWG, insbesondere die Werbeagentur oder der Verlag. Der Gehilfe muss vom Hersteller bei Äußerungen über die Kaufsache „eingeschaltet" werden und muss die Äußerung mit Wissen und Wollen des Herstellers abgeben.

Zu weiteren Einzelheiten vgl. *Andreae* in: Handbuch des Fachanwalts Verkehrsrecht Kap. 16 Rn. 61 ff.

> Praxistipp: S. a. die ADAC-Liste Abgrenzung Sachmangel und Verschleiß unter www.adac.de

Siehe auch: → *Selbständiges Beweisverfahren,* → *Verschleißerscheinungen*   *Andreae*

Sachmangelhaftung → Rücktritt (von einem Kaufvertrag) Nr. 7, → Sachmängelhaftungsausschluss, → Verjährung der Sachmängelansprüche, → Verschleißerscheinungen, → Versteigerungen, → Reparaturvertrag Nr. 4

Sachmängelhaftungsausschluss 1. Allgemeines. Die Rechte eines Käufers wegen eines Mangels sind ausgeschlossen,
– wenn er bei Vertragsschluss den Mangel kennt (§ 442 Abs. 1 Satz 1 BGB),
– wenn er bei Vertragsschluss den Mangel infolge grober Fahrlässigkeit nicht kennt und der Verkäufer den Mangel nicht arglistig verschwiegen hat oder eine Garantie für die Beschaffenheit der Sache übernommen hat (§ 442 Abs. 1 Satz 2 BGB),
– wenn die Sachmängelhaftung wirksam durch den Kaufvertrag (§§ 444, 475 BGB) oder durch AGB (§§ 305 – 310 BGB) ausgeschlossen worden ist,
– wenn der Käufer seine Rechte verwirkt hat (§ 242 BGB),
– wenn beim Handelskauf der Käufer seiner Rügepflicht nicht nachkommt (§ 377 Abs. 2 HGB)

2. Kenntnis oder grob fahrlässige Unkenntnis. Die Kenntnis des Mangels führt auch dann zum Verlust der Rechte, wenn der Verkäufer eine arglistige Täuschung versucht hat (*Bamberger/Roth/Faust* § 442 Rn. 14). Von einer positiven Kenntnis kann noch nicht gesprochen werden, wenn der Käufer einen Sach- oder Rechtsmangel nur für möglich hält. So führt die äußerliche Wahrnehmung von Auffälligkeiten, z. B. Rost, noch nicht zur positiven Kenntnis von verborgenen, schweren Rostschäden. Wer allerdings Kenntnis von einem nicht näher beschriebenen Unfallschaden hat, kann nicht einwenden, das Ausmaß des Schadens unterschätzt zu haben (*Himmelreich/Andreae/Teigelack* § 13 Rn. 3). Maßgeblicher Zeitpunkt für die Kenntnis ist der Abschluss des Kaufvertrags, nicht der des Gefahrübergangs. Das ist beim Kauf vom Händler nicht schon der Zeitpunkt der Unterzeichnung der Bestellung durch den Käufer, sondern erst der Zeitpunkt der schriftlichen Bestätigung oder der Übergabe des Fahrzeugs (s.a. → *Kaufvertrag*).

Grob fahrlässig handelt der Käufer, der einen Mangel nur deshalb nicht erkennt, weil er die im Verkehr erforderliche Sorgfalt in besonders schwerem Maße verletzt. Vom Privatmann wird regelmäßig keine Untersuchung erwartet (*Andreae* in: Handbuch des Fachanwalts Verkehrsrecht Kap. 16 Rn. 202). Auch das Unterlassen einer Probefahrt, einer Sichtprüfung oder der Frage nach der Unfallfreiheit kann i. d. R. allenfalls als fahrlässig, aber nicht als grob fahrlässig beurteilt werden, wenn man vom Fachhandel mit einem gewissen Vertrauensvorschuss kauft. Dagegen kommt grobe Fahrlässigkeit in Betracht, wenn bei einem älteren Fahrzeug mit hoher Laufleistung beim Kauf von Privat keine Probefahrt und Besichtigung durchgeführt wird (OLG Hamm 6.2.1995, 32 U 122/94, DAR 1995, 446). Ein Ankauf durch einen Händler ohne Sicht- und Funktionsprüfung wird regelmäßig als grob fahrlässig zu beurteilen sein (OLG Oldenburg 4.7.1962, 2 U 45/62, MDR 1962, 901) oder als stillschweigender Haftungsverzicht (AG Menden 3.7.2002, 4 C 165/02, NZV 2003, 194).

Der Käufer behält seine Rechte trotz grob fahrlässiger Unkenntnis, wenn der Verkäufer eine *Garantie* für die Beschaffenheit der Sache übernommen hat (siehe dort und *Schadensersatz*) oder den Mangel arglistig verschwiegen hat (s. a. → *arglistige Täuschung*).

3. Haftungsausschluss durch Vereinbarung. Der Mängelhaftungsausschluss durch Vereinbarung ist nur beim *Verbrauchsgüterkauf* i. S. d. § 474 BGB (vgl. dort) unzulässig, also beim Verkauf von einem Unternehmer (§ 14 BGB) an einen Verbraucher (§ 13 BGB). Im Übrigen ist er aber grundsätzlich zulässig (AG Rheda-Wiedenbrück 28.11.2002, 4 C 209/02, DAR 2003, 121) und beim Verkauf von Gebrauchtfahrzeugen die Regel. Der Verkäufer kann sich aber nicht darauf berufen,
– wenn er vorsätzlich Pflichten verletzt hat (§ 276 Abs. 3 BGB),
– wenn er den Mangel arglistig verschwiegen hat oder eine Garantie für die Beschaffenheit der Sache übernommen hat (§ 444 BGB).

Der Haftungsausschluss muss regelmäßig ausdrücklich erfolgen. Von einem stillschweigenden Haftungsausschluss kann nur ausnahmsweise ausgegangen werden, wie z. B. bei Inzahlungnahme eines Gebrauchtwagens durch einen Händler (BGH 21.4.1982, VIII ZR 26/81, NJW 1982, 1700). Wird das Fahrzeug verkauft „wie besichtigt", „wie probegefahren" oder „wie gesehen", so ist die Haftung nur für solche technischen Mängel ausgeschlossen, die der Käufer bei einer normalen Besichtigung und Probefahrt ohne sachkundige Hilfe hätte feststellen können (LG Köln 15.3.2000, 14 O 365/99, DAR 2000, 270), falls nicht zusätzlich noch ein formularmäßiger, uneingeschränkter und wirksamer Haftungsausschluss im Vertrag vorgedruckt ist (BGH 6.7.2005, VIII ZR 136/04, DAR 2005, 560). Nur bei älteren Fahrzeugen aus 3. und 4. Hand kann von einer völligen Freizeichnung ausgegangen werden (OLG Köln 21.4.1999, 27 U 61/98, DAR 1999, 406). Bei einem Haftungsausschluss durch AGB oder Formularverträge müssen diese sich zusätzlich an den §§ 305 ff. BGB messen lassen (s.a. → *Allgemeine Geschäftsbedingungen*). Neben der Haftung für vorsätzliche und arglistige Pflichtverletzungen darf auch die Haftung für fahrlässige Körperverletzung und grob fahrlässige Pflichtverletzungen (§ 309 Nr. 7 BGB) nicht ausgeschlossen werden. Wird die Sachmängelhaftung ohne diese Einschränkung insgesamt ausgeschlossen, ist dieser Haftungsausschluss nicht etwa nur teilweise (für die Fahrlässigkeitshaftung), sondern *insgesamt* unwirksam (BGH 15.11.2006, VIII ZR 3/06, NJW 2007, 674). Das gilt auch im Geschäftsverkehr zwischen Unternehmern (BGH 19.9.2007, VIII ZR 141/06, DAR 2008, 19). Der viel benutzte ADAC-Mustervertrag für Gebrauchtwagenkäufe berücksichtigt dies, manche andere Kaufvertragsvordrucke jedoch nicht. Die Gebrauchtwagenverkaufsbedingungen (GWVB) des ZDK in der aktuellen Fassung 03/2008 sind wegen nicht ausreichender Transparenz gem. § 307 Abs. 1 Satz 2 BGB unwirksam (BGH, Urt. v. 29.4.2015, – VIII ZR 104/14 –, juris).

Die Haftung für einfache Fahrlässigkeit kann trotz § 433 Abs. 1 Satz 2 BGB und § 307 Abs. 2 Nr. 1 BGB durch AGB ausgeschlossen werden (Palandt/*Grüneberg* § 309 Rn. 78). Eine Ausnahme gilt nur für die Verletzung von Kardinalpflichten (§ 307 Abs. 2 Nr. 2 BGB), wie beim Verkauf unsicherer gebrauchter Reifen durch einen Fachhändler (OLG Nürnberg 5.2. 2002, 3 U 3149/01, NJW-RR 2002, 1247). Beschaffenheitsvereinbarungen haben stets Vorrang vor einem Sachmängelhaftungs-ausschluss. Vereinbaren die Kaufvertragsparteien also bestimmte Beschaffenheitsmerkmale des Fahrzeugs, kann der Verkäufer sich beim Fehlen dieser Beschaffenheit insoweit nicht auf einen Sachmängelhaftungsausschluss berufen (BGH 29.11.2006, VIII ZR 92/06, NJW 2007, 1346; OLG Köln 28.2.2011, 3 U 174/ 10, DAR 2011, 260 mit Anm. *Andreae*).
Das Wahlrecht zwischen Nacherfüllung und Mangelbeseitigung kann durch AGB (außerhalb des Verbrauchsgüterkaufs) wirksam beschränkt werden (*Reinking* zfs 2003, 58 m.N. auch für die Gegenansicht). Der vorgedruckte Einschub im Kaufvertrag, dass das Fahrzeug „soweit bekannt" auch bei Voreigentümern keinen Unfall erlitten habe, ist beim Privatverkauf regelmäßig wirksam (OLG Köln 9.12.1998 13 U 102/98, NJW 1999, 2601). *Weder*

Sachrüge → Bußgeldverfahren Nr. 8 b)

Sachschaden → Unfallflucht Nr. 2 e), bb), → Unfallschadenabwicklung – Sachschaden

Sachverhalt → Besonderheiten des Verkehrsunfallprozesses Nr. 5

sachverständige Tatsachenfeststellungen → Besonderheiten des Verkehrsunfallprozesses Nr. 14

Sachverständigengutachten → Besonderheiten des Verkehrsunfallprozesses Nr. 14, 15, → HWS-Schleudertrauma Nr. 6, → Unfallschadenabwicklung – Sachschaden Nr. 23

Sachverständigenhaftung → Schadenrechtsänderungsgesetz Nr. 5

Sachverständigenkosten → Rechtsschutzversicherung Nr. 10, 12, 14, → Unfallschadenabwicklung – Sachschaden Nr. 26

Sachverständigenverfahren → Vollkaskoversicherung Nr. 5 b)

Sachverständiger → Rechtschutzversicherung Nr. 12, → Selbständiges Beweisverfahren

Sachvortrag → Besonderheiten des Verkehrsunfallprozesses Nr. 5

Saisonkennzeichen → Hauptuntersuchung Nr. 4, → Kennzeichenerteilung Nr. 2

Schaden auf hoher See → Fährschifftransport, Kfz-Schaden beim

Schadenersatz → Schadensersatz (bei Sachmängeln oder Pflichtverletzungen)

Schadenersatzanspruch → Schadensersatz (bei Sachmängeln oder Pflichtverletzungen), → Übergang von Schadensersatzansprüchen

Schadengeringhaltungspflicht → Mithaftung und Mitverschulden Nr. 3

Schadenmeldung → Rechtsschutzversicherung Nr. 20 Praxistipp

Schadenminderungspflicht → Ersatzansprüche Dritter Nr. 5, → Mithaftung und Mitverschulden Nr. 3, → Prognoserisiko Nr. 2, → Unfallschadenabwicklung – Sachschaden Nr. 24, 30, 31, 34, 46, 47, 59, → Unfallschadenabwicklung – Personenschaden Nr. 12, 22

Schadenrechtsänderungsgesetz 1. Vorbemerkung. Zum 1.8.2002 trat das zweite Gesetz zur Änderung schadensersatzrechtlicher Vorschriften (2. Schadensrechtsänderungsgesetz) in Kraft. Es findet Anwendung auf Ansprüche aus Unfällen, die sich nach dem 31.7.2002 ereignet haben. Mit der Änderung des Schadensrechts sollten *Haftungslücken* und *Gerechtigkeitsdefizite* beseitigt, die Rechtsstellung von Geschädigten verbessert (*Opferschutz*) und darüber hinaus eine Angleichung des deutschen Schadenersatzrecht an *europäische Standards* erreicht werden (ausführlich *Müller* DAR 2002, 540).
2. Schmerzensgeld. Nach der für Schadensfälle bis zum 31.7.2002 gültigen Rechtslage konnte gem. §§ 847, 253 BGB a.F. ein Schmerzensgeld nur bei einer Verletzung der dort *abschließend aufgezählten Rechtsgüter* geltend gemacht werden. Zum 1.8.2002 wurde § 847 BGB a.F. ersatzlos gestrichen und § 253 BGB a.F. um eine zweiten Absatz erweitert. Von der gesetzlichen Normierung eines sog. *Angehörigenschmerzensgeldes* oder einer *Bagatellgrenze* wurde abgesehen. Die Rechtsprechung, wonach bei Baga-

tellverletzungen unter dem Gesichtspunkt der Billigkeit von einem Schmerzensgeld abgesehen werden kann, ist damit weiterhin relevant (BGH 14.1.1992, NJW 1992, 1043). Zur Vereinheitlichung der Schmerzensgeldgrundlagen wurde § 11 StVG ein Satz hinzugefügt, wonach „wegen des Schadens, der nicht Vermögensschaden ist, ... auch eine billige Entschädigung in Geld gefordert werden" kann. Damit wurde ein *Anspruch auf immateriellen Schadenersatz* nicht nur *auf deliktischer*, sondern auch *auf vertraglicher* Grundlage und *auf Grundlage der Gefährdungshaftung* eingeführt. Dadurch sollte auch ein Fortfall der nach altem Recht notwendigen Prüfung eines Verschuldens des Unfallverursachers als Voraussetzung von Schmerzensgeldansprüchen gemäß §§ 823 Abs. 1, 847 a.F. BGB (sog. Kampf ums Schmerzensgeld) erreicht werden (*Steiger* DAR 2002, 377).

> Praxistipp: Da im Rahmen der Gefährdungshaftung der Kfz-Haftpflichtversicherung gem. § 115 VVG (vormals § 3 Abs. 1 Nr. 1 PflVG) i.V.m. § 7 Abs. 1 StVG die *Höchsthaftungsgrenzen* des § 12 StVG zu berücksichtigen sind, welche insbesondere bei großen Personenschäden überschritten werden können, kann es zur Eröffnung einer persönlichen Haftung des Unfallverursachers über die Haftungshöchstgrenzen des Kfz-Haftpflichtversicherers hinaus unerlässlich sein, die Schmerzensgeldansprüche und weiteren Schadenersatzansprüche wegen Personenschadens in einer Klageschrift ausdrücklich auch auf ein Verschulden des Unfallverursachers zu stützen (s. a. → *Gefährdungshaftung*; s. a. → *Verschuldenshaftung*).

3. Mehrwertsteuer. Die Berechnung des Schadens wurde durch eine Ergänzung des § 249 BGB grundlegend geändert. Gem. § 249 Abs. 2 BGB ist Mehrwertsteuer nur noch dann durch den Schädiger zu ersetzen, wenn und soweit sie beim Geschädigten *tatsächlich angefallen* ist. Von einer vollständigen Abschaffung der fiktiven Schadensabrechnung wurde letztlich zwar Abstand genommen, aber *eine fiktive Abrechnung der Mehrwertsteuer abgeschafft* (s. a. → *Unfallschadenabwicklung-Sachschaden Nr. 16*).

4. Deliktsfähigkeit von Kindern. Ein Schwerpunkt der mit dem zweiten Schadensrechtsänderungsgesetz war die sog. *sektorale Heraufsetzung der Deliktsfähigkeit* von Kindern durch die Neuregelung des § 828 Abs. 2 S. 1 BGB zur *Verbesserung des Schutzes* dieser jüngsten und damit besonders gefährdeten Verkehrsteilnehmer (s. a. → *Kinderunfall;* s. a. → *Haftungsprivilegierung für Kinder*). Dem lag die Erkenntnis zugrunde, dass Kinder aufgrund ihrer physischen und psychischen Fähigkeiten regelmäßig nicht vor Vollendung des zehnten Lebensjahrs imstande sind, *die besonderen Gefahren des motorisierten Straßenverkehrs* zu erkennen, insbesondere Entfernungen und Geschwindigkeiten richtig einzuschätzen und sich entsprechend zu verhalten. Deswegen ist gem. § 828 Abs. 2 S. 1 BGB n.F. ein Kind, welches das siebte, aber *noch nicht das zehnte Lebensjahr vollendet* hat, für den Schaden nicht verantwortlich, den es bei einem Unfall mit einem Kraftfahrzeug, einer Schienenbahn oder einer Schwebebahn einem anderen zufügt, es sei denn, das Kind hat den Schaden *vorsätzlich* verursacht (z. B. durch ein Schleudern von Steinen von einer Autobahnbrücke). Damit werden Kinder bis zu diesem Alter von einer Haftung für von ihnen verursachte Unfallschäden befreit, und müssen sich auf ihre eigenen Ansprüche ein *Mitverschulden* nicht anrechnen lassen (vgl. bereits zum alten Recht BGH 24.6.1969, NJW 1969, 1762; BGH 13.2.1990, NJW 1990, 1483). Der Gesetzgeber nahm dabei bewusst in Kauf, dass eine solche Regelung eine vermehrte Kostentragung des anderen Unfallbeteiligten bedingen wird.

5. Haftung des Sachverständigen. Mit der Neueinführung des § 839a BGB wurde eine *gesetzliche Regelung zur Haftung des gerichtlichen Sachverständigen* für ein unrichtiges Gutachten eingeführt. Nach der bis zum 31.7.2002 maßgeblichen Rechtslage kam eine deliktische Haftung des gerichtlichen Sachverständigen mangels vertraglicher Beziehung zu den Parteien des Prozesses nur in Ausnahmefällen in Betracht, wobei die Haftung aus § 823 Abs. 1 BGB von der Rechtsprechung auf *Vorsatz* und *grobe Fahrlässigkeit* beschränkt worden war (OLG Schleswig 12.1.1994, NJW 1995, 791). Diese Beschränkung wurde vom Gesetzgeber in § 839a BGB übernommen mit der Begründung, dass ein Gutachter sonst nicht mehr frei und ohne den Druck eines möglichen Rückgriffs sein Gutachten erstatten könne, womöglich Gutachter für gerichtliche Gutachten wegen der Gefahr der Haftung bereits bei leichter Fahrlässigkeit überhaupt nicht mehr gewonnen werden könnten.

6. Haftung für Fahrzeuginsassen. Durch die Neufassung des § 8a StVG wurde eine Haftungslücke betreffend Ersatzansprüche aus Gefährdungshaftung für unentgeltlich und nicht geschäftsmäßig beförderte Mitfahrer beseitigt, welche vor dem Hintergrund, dass sich die *typi-*

sche Betriebsgefahr eines Kfz, für die der Halter des Kfz haften soll, unabhängig von der Entgeltlichkeit oder Geschäftsmäßigkeit der Beförderung des Mitfahrers verwirklichen kann. Seit dem 1.8.2002 besteht gem. §§ 7 Abs. 1, 8 a StVG eine *umfassende Haftung des Halters gegenüber Fahrzeuginsassen*. Nach der Neufassung des § 8 a StVG bleibt als Unterschied zwischen *entgeltlicher* und *unentgeltlicher Personenbeförderung* bestehen, dass bei einer entgeltlichen Personenbeförderung ein Ausschluss oder eine Beschränkung der Haftung durch Parteivereinbarung nicht zulässig ist.

Praxistipp: Da nunmehr jeder Kfz-Insasse Ansprüche aus Gefährdungshaftung gegen den Halter und auch gegen den Fahrer des ihn befördernden Fahrzeugs hat, wird die Auffassung vertreten, dass der Anwalt mehrere Kfz-Insassen wegen *möglicher Interessenkonflikte* nicht mehr vertreten kann (*Kääb* NZV 2003, 121; ausführlich *Hillmann/Schneider* § 1 Rn. 88 ff.). Demgegenüber wird die Vertretung mehrerer Kfz-Insassen gegen Dritte dann nach wie vor für möglich und zulässig erachtet, wenn das Mandat von Anfang an ausdrücklich auf die Vertretung gegen Dritte und deren Kfz-Haftpflichtversicherung begrenzt wird. Ein dann möglicher objektiver Interessengegensatz sei nicht maßgeblich, da es allein auf den durch die Mandanten erteilten Auftrag ankomme, ob eine Interessenkollision des Anwalts bestehe (*Tröndle* § 356 StGB Rn. 7).

7. Erweiterung der Haftung für Anhänger. Durch die Änderung des § 7 Abs. 1 StVG und die Ergänzung des § 7 Abs. 3 StVG betreffend die ergänzte Anwendbarkeit des § 7 Abs. 1 und Abs. 2 StVG auf Anhänger wurde eine gesonderte *Gefährdungshaftung des Halters* von zum Zeitpunkt des Unfalls mit einem Kfz verbundenen *Anhängern* eingeführt. Folgeänderungen dieser Ausweitung der Haftung für Anhänger wurden in §§ 12 Abs. 1 Nr. 2, 18 Abs. 3, 17 Abs. 2, 8 Abs. 1-3 StVG vorgenommen.

Praxistipp: Da eine *Doppelversicherung* bei Verursachung eines Schadens durch ein aus einer Zugmaschine und einem versicherungspflichtigen Anhänger bestehenden *Gespanns* vorliegt, liegt im *Außenverhältnis* eine *gesamtschuldnerische Haftung* der Kfz-Haftpflichtversicherer vor, und hat im *Innenverhältnis* der sog. Haftungseinheit im Regelfall eine *hälftige Schadensteilung* zu erfolgen (BGH 27.10.2010, DAR 2011, 80; *Wilms* DAR 2011, 71).

8. Entlastungsmöglichkeit. Eine Erweiterung der Halterhaftung zur Verbesserung des Schutzes der schwächeren Verkehrsteilnehmer im Straßenverkehr (vgl. § 3 Abs. 2 a StVO) wurde durch die Änderung des § 7 Abs. 2 StVG bewirkt, wonach bei einem Unfall mit nicht motorisierten Verkehrsteilnehmern eine Gefährdungshaftung aus § 7 Abs. 1 StVG anstatt mit dem *Unabwendbarkeitsnachweis* (Idealfahrer) in der Regel nur noch durch *höhere Gewalt* ausgeschlossen werden kann (vgl. OLG Nürnberg 23.11.2004, DAR 2005, 160, wonach auch nach neuem Recht die Betriebsgefahr eines Kraftfahrzeugs vom groben Verschulden des Fahrradfahrers vollständig konsumiert werden kann; s. a. → *Gefährdungshaftung*). Der Unabwendbarkeitsnachweis wurde indes nicht ganz abgeschafft, sondern in die Regelung des *internen Schadensausgleichs* bei einer Unfallverursachung durch mehrere Kfz in § 17 Abs. 3 StVG übernommen, so dass weiterhin auf die Rechtsprechung zum *Idealfahrer* zurückzugreifen ist.

9. Heraufsetzung der Haftungshöchstgrenzen. Nachdem eine Erhöhung der Haftungshöchstgrenzen als lange erforderlich angesehen wurde und zudem angesichts der Ausweitung der *Gefährdungshaftung* geboten schien, wurden die *Deckungssummen* für Sachschäden von 300.000 Euro bis zum 31.7.2002 auf 1 Mio. Euro ab dem 1.8.2002 und bei Personenschäden von 600.000 Euro bzw. bei der Verletzung von mehreren Personen von 3 Mio. Euro bis zum 31.7.2002 auf 5 Mio. Euro ab dem 1.8.2002 angehoben, § 12 StVG. Auch für *Gefahrguttransporte* wurden die Haftungshöchstgrenzen in § 12 a StVG erheblich angehoben.

Geiger

Schadenregulierungsbeauftragter → Auslandsunfall Nr. 7

Schadensanfälligkeit → Psychische Unfallfolgen Nr. 1, 5

Schadensanlage → Kausalität Nr. 5, → Psychische Unfallfolgen Nr. 5

Schadensersatz (bei Sachmängeln oder Pflichtverletzungen) 1. Allgemeines. Im Falle von Sachmängeln oder anderen Pflichtverletzungen durch den Verkäufer beim Verkauf eines Kraftfahrzeugs kann der Käufer neben den Sachmängelhaftungsansprüchen (s. a. → *Nacherfüllung*, → *Rücktritt*, → *Minderung*) Schadensersatzansprüche geltend machen, wenn der Verkäufer die Pflichtverletzung zu vertreten hat

oder sich in Verzug befindet (§ 437 Nr. 3 BGB). Folgende Schadensersatztypen (aus Vertragsverletzung) lassen sich unterscheiden:
- Schadensersatz wegen unbehebbaren Leistungsmangels (§ 311 a Abs. 2 BGB),
- Schadensersatz neben der Leistung (Mangelfolgeschaden, § 280 Abs. 1 BGB),
- Schadensersatz statt der Leistung (kleiner Schadensersatz, §§ 280 Abs. 3, 281 BGB),
- Schadensersatz statt der ganzen Leistung (großer Schadensersatz, § 281 Abs. 1 Satz 2, Abs. 5 BGB),
- Ersatz vergeblicher Aufwendungen (§ 284 BGB),
- Verzugsschaden (§ 286 BGB).

Wegen etwas abweichender Anspruchsvoraussetzungen vor allem bezüglich der Erheblichkeit der Pflichtverletzung und der Notwendigkeit einer Nachfristsetzung muss zwischen diesen Schadensersatztypen weiterhin unterschieden werden. Die Zuordnung einzelner Schäden zu den verschiedenen gesetzlichen Schadensersatzansprüchen ist unübersichtlich und umstritten (*Erman/Grunewald* § 437 Rn. 14). Da hiervon aber die Notwendigkeit einer Nachfristsetzung abhängt, sollte im Zweifel immer erst eine Nachfrist zur Mängelbeseitigung gesetzt werden.

Schadensersatz kann *neben* Rücktritt oder Minderung geltend gemacht werden (§§ 437 Nr. 2 und 3, 325 BGB). Der Aufwendungsersatzanspruch (§ 284 BGB) ist nicht durch § 347 Abs. 2 BGB auf notwendige Verwendungen oder die Bereicherung beschränkt (BGH 20.7. 2005, VIII ZR 275/04, NJW 2005, 2848). Trotz seiner Formulierung („statt") sperrt § 284 BGB den Rücktritt auf §§ 281, 282 BGB nicht (LG Bonn 30.10.2003, 10 O 27/ 03, NJW 2004, 74). Nutzungsausfall kann als Schadensersatz auch neben dem Rücktritt geltend gemacht werden (BGH 28.11.2007, VIII ZR 16/07, NJW 2008, 911).

2. Voraussetzungen. Die Schadensersatzansprüche setzen voraus, dass der Verkäufer den Mangel, dass pflichtwidrige Handeln oder Unterlassen oder das Scheitern der Nacherfüllung zu *vertreten* hat (OLG Stuttgart 17.11.2004, 19 U 130/04, DAR 2005, 91, 93). Das wird gesetzlich vermutet (§ 280 Abs. 1 Satz 2 BGB), der Verkäufer muss sich entlasten. An den Entlastungsbeweis dürfen keine zu hohen Anforderungen gestellt werden (*Palandt/Heinrichs* § 280 Rn. 40). Erforderlich, aber auch ausreichend ist der Nachweis ganz überwiegender Wahrscheinlichkeit, dass der Mangel nicht vom Verkäufer zu vertretenden Umständen beruht (*Himmelreich/Andreae/Teigelack* § 11 Rn. 287).

Zu vertreten hat der Verkäufer Vorsatz, Fahrlässigkeit und jede nicht erfüllte Verpflichtung aus Übernahme einer Garantie (§ 276 BGB). Fehler eines Erfüllungsgehilfen muss sich der Verkäufer zurechnen lassen (§ 278 BGB).

a) Vorsatz. Vorsatz setzt einen bewussten und gewollten Pflichtverstoß voraus. Dabei genügt es, dass der Verkäufer das Vorhandensein eines Mangels und dessen Relevanz für den Käufer billigend in Kauf nimmt. Die Haftung für Vorsatz kann nicht vertraglich ausgeschlossen werden (§ 276 Abs. 3 BGB).

b) Fahrlässigkeit. Fahrlässig handelt der Verkäufer, der die im Verkehr erforderliche Sorgfalt verletzt. Der Sorgfaltsmaßstab für den Händler ist deutlich höher anzusetzen als für den Verbraucher als privaten Verkäufer (BGH 20.10.1987, VI ZR 280/86, NJW 1988, 909). Für den Händler wird eine allgemeine Untersuchungspflicht im Sinne einer Sicht- und Funktionsprüfung regelmäßig bejaht (OLG Hamm 11.11.1999, 22 U 37/99, DAR 2000, 119, OLG Saarbrücken 20.12.2000, 16 O 239/00, zfs 2001, 115; *Himmelreich/Andreae/ Teigelack* § 13 Rn. 241 ff. m.w.N.), falls hierauf nicht ausdrücklich oder stillschweigend vom Käufer verzichtet wurde (OLG Düsseldorf 18.1.2002, 3 U 11/01, DAR 2002, 163) oder der Händler deutlich zu erkennen gibt, dass er die Fahrzeuge nicht untersucht (*Erman/Grunewald* § 437 Rn. 27). Weist ein Kfz-Händler einen Käufer nicht darauf hin, dass er das Kfz nicht auf Unfallschäden untersucht hat, darf dieser davon ausgehen, dass das Fahrzeug auf Unfallfreiheit überprüft wurde (BGH 11.2. 2004, VIII ZR 386/02, NJW 2004, 1032). Verfügt der Händler nicht über eine eigene Werkstatt, genügt eine Überprüfung auf leicht erkennbare Mängel. Händler mit Werkstatt müssen genauer untersuchen, erst recht bei Unfall- und Mängelverdacht (näher hierzu *Andreae*: Handbuch des Fachanwalts Verkehrsrecht Kap. 16 Rn. 164).

Für den Privatverkäufer besteht grundsätzlich keine Pflicht zur Untersuchung vor dem Verkauf (LG München 2.10.2003, 32 O 11282/ 03, DAR 2004, 276). Fahrlässig handelt er aber, wenn er Verdachtsmomente für einen Mangel oder Unfall nicht weiter gibt (LG Bonn 30.12.2003, 10 O 27/03, NJW 2004, 74).

c) Grobe Fahrlässigkeit. Für alle Kaufverträge (auch für den Verbrauchsgüterkauf, § 475 Abs. 3 BGB) besteht die Möglichkeit, die Haftung für die einfache und mittlere Fahrlässigkeit bei Sach- und Rechtsmängeln (nicht für Körperverletzungen) auszuschließen (§ 309 Nr. 7 BGB), nicht jedoch für die *grobe Fahrlässigkeit*. Diese liegt vor, wenn die verkehrserforderliche Sorgfalt in *besonders schwerem Maße* verletzt wird und das nicht beachtet wird, was im gegebenem Fall jedem einleuchten muss (BGH 28.6.1994, X ZR 95/92, NJW-RR 1994, 1469, 1471). Wenn der Händler gegen seine Untersuchungspflicht verstößt und den Käufer hierüber nicht aufklärt, ist i. d. R. von einem grob fahrlässigen, wenn nicht sogar vorsätzlichen Pflichtverstoß auszugehen (BGH 11.2.2004, VIII ZR 386/02, NJW 2004, 1032). Die Vorwerfbarkeit entfällt nur, wenn ein ausdrücklicher deutlicher Hinweis darauf erfolgt, dass das Fahrzeug technisch nicht geprüft wurde (*Reinking/Eggert* Rn. 1929).

d) Übernahme einer Garantie. Ist dem Verkäufer weder Vorsatz noch Fahrlässigkeit vorzuwerfen, haftet er dennoch, wenn er eine Garantie i. S. d. § 276 Abs. 1 BGB übernommen hat. Sie setzt voraus, dass aus der Sicht des Käufers der erklärte Wille des Verkäufers erkennbar ist, die Gewähr für eine bestimmte Beschaffenheit oder Eigenschaft der verkauften Fahrzeugs zum Zeitpunkt des Gefahrübergangs zu übernehmen und für alle Folgen ihres Fehlens wie für eigenes Verschulden einstehen zu wollen (BGH 29.11.2006, VIII ZR 92/06, NJW 2007, 1346). Der zusätzliche, besondere *Einstandswille* hebt die Garantieübernahme von der Beschaffenheitsvereinbarung ab. Der Verkäufer muss sich für ein Beschaffenheitsmerkmal *stark machen* (*Erman/Grunewald* § 437 Rn. 34).
Verwenden private Verkäufer ausdrücklich das Wort „Garantie", müssen sie i. d. R. dann auch für die entsprechenden Zustandsbeschreibungen nach § 276 Abs. 1 BGB einstehen (OLG Hamm 10.2.2005, 28 U 147/04, NJW-RR 2005, 1220, 1221). Andererseits setzt die Haftung nicht voraus, dass das Wort „Garantie" auch benutzt wird. Setzt ein Kfz-Händler in dem Feld mit der Überschrift „unfallfrei" das Wort „ja" ein, ist dies i. d. R. als Garantie zu bewerten (LG Karlsruhe 1.2.2005, 8 O 614/04, NJW-RR 2005, 1368). Dagegen ist die Angabe der Unfallfreiheit durch einen Verbraucher in einem Formularvertrag nicht zwingend als Beschaffenheitsgarantie für den Vorbesitzerzeitraum anzusehen (LG München I 2.10.2003, 32 O 11282/03, DAR 2004, 276). Für die Beschreibung im Internet „KM-Stand 30.000" durch einen Privatverkäufer lehnt der BGH (29.11.2006, VIII ZR 92/06, NJW 2007, 1346) eine Garantieübernahme ab und bejaht nur eine Beschaffenheitsvereinbarung i. S. d. § 434 BGB. Für den Händler wird dagegen die uneingeschränkte KM-Angabe im Kaufvertrag als Garantieübernahme bewertet (OLG Rostock 11.7.2007, 6 U 2/07, DAR 2007, 588). *Andreae*

Schadensmeldung → Regress Nr. 2

Schadenminderungspflicht → Unfallschadenabwicklung – Sachschaden Nr. 24, 30, 31, 34, 46, 47, 55, 58, 59, → Unfallschadenabwicklung – Personenschaden Nr. 22, → Kinderunfall Nr. 8

Schadensrechtsänderungsgesetz → Schadenrechtsänderungsgesetz

Schadensregulierungsstellen des Bundes → Inlandsunfall mit NATO-Kfz Nr. 4

Schadensregulierungsvertreter → Grüne Karte Fall Nr. 5, → Rosa Grenzversicherungsschein Nr. 5

Schadenversicherung → Rechtsschutzversicherung Nr. 1, → Vorsätzlich verursachter Verkehrsunfall Nr. 1

Schädigermehrheit → Gestörte Gesamtschuld Nr. 2

Schadstoffgruppen → Umweltzonen Nr. 5

Schätzungsbonus → Kinderunfall Nr. 8

Schaublatt → Diagrammscheibe, → Lenk- und Ruhezeiten Nr. 5 a)

Scheinwerfer → Fahrzeugbeleuchtung

Schiedsgutachterverfahren → Rechtsschutzversicherung Nr. 24

Schiedsstellen (für das Kraftfahrzeuggewerbe) Die vom Zentralverband Deutsches Kraftfahrzeuggewerbe e.V. herausgegebenen allgemeinen Geschäftsbedingungen (GWVB, abgedr. bei *Himmelreich/Andreae/Teigelack* § 28), die häufig von Gebrauchtwagenhändlern zur Grundlage des Kaufvertrags gemacht werden, sehen in VIII. die Möglichkeit eines Schiedsverfahrens vor. Die Anrufung der Schiedsstelle ist für keine der beiden Vertragsparteien verbindlich, sondern *freiwillig*. Außerdem ist der

S Schiedsverfahren

Rechtsweg durch die Entscheidung der Schiedsstelle für den Käufer nicht ausgeschlossen (VIII. 2 der GWVB). Der Händler unterwirft sich dagegen dem Spruch der Schiedskommission von vorne herein.
Der Käufer braucht sich also auf das Schiedsverfahren nicht einzulassen. Leitet der Händler das Schiedsverfahren ein, braucht der Käufer zur Darstellung des Händlers keine Stellungsnahme abzugeben. Es entstehen für den Käufer auch keine rechtlichen Nachteile, wenn er der mündlichen Verhandlung fern bleibt. Entscheidet die Schiedskommission nach Lage der Akten, kann der Käufer danach in vollem Umfang den Rechtsweg beschreiten. Die Gerichte überprüfen den Sachverhalt insgesamt, also nicht nur in den Grenzen des § 319 BGB auf „offenbare Unbilligkeit".
Da die Klausel den Rechtsweg für den Verbraucher nicht beschneidet, bestehen gegen deren Zulässigkeit gem. §§ 305 ff. BGB keine Bedenken (*Reinking/Eggert* Rn. 2093).

Andreae

Schiedsverfahren → Schiedsstellen (für das Kraftfahrzeuggewerbe), → Verkehrsopferhilfe Nr. 5

Schienenfahrzeuge → Fahrradfahrer Nr. 9, 15, → Fußgängerüberweg Nr. 3, → Überholen Nr. 2 a)

Schlafapnoesyndrom → Sekundenschlaf

Schlangenlinien Alkoholtypisches Fahrverhalten; durch die Verlangsamung der neurologischen Funktionen wird das Halten der Spur mit zunehmender Alkoholwirkung auch zunehmend schwieriger, die Fahrlinie orientiert sich zunehmend an den Begrenzungslinien, die Lenkkorrekturen werden grober und heftiger. Wenn die Fahrlinie auch in die Gegenfahrbahn reicht, dann ist ein Ausmaß der Alkoholwirkung erreicht, der als fahrunsicher i. S. §§ 316, 315c zu bewerten ist. Dabei ist ein einmaliges Überfahren von Begrenzungslinien sicher nicht ausreichend.
Siehe auch → *Trunkenheit im Verkehr*   *Priemer*

Schleppen → Abschleppen

Schlichtungsverfahren → Mahnbescheid

Schlussleuchten → Fahrzeugbeleuchtung

Schlussvortrag → Bußgeldverfahren Nr. 5 f)

Schmerzensgeld → Haftung mehrerer Schädiger Nr. 4, → Kinderunfall Nr. 9, → Schadenrechtsänderungsgesetz Nr. 2, → Unfallschadenabwicklung – Personenschaden Nr. 18–23

Schmerzensgeldklage → Besonderheiten der Verkehrsunfallklage Nr. 6

Schneefanggitter → Dachlawinenschaden

Schneeketten → Geschwindigkeit Nr. 3 d), → Reifen Nr. 3

Schockschaden → Ersatzansprüche Dritter Nr. 1, → Kinderunfall Nr. 11, → Mithaftung und Mitverschulden Nr. 6 Praxistipp, → Psychische Unfallfolgen Nr. 3, 6

Schriftform → Vollmacht

schriftliche Verwarnung → Punktsystem Nr. 3, 5, → Verwarnung

schriftliche Zeugenaussagen → Besonderheiten des Verkehrsunfallprozesses Nr. 13

Schrittgeschwindigkeit → Verkehrsberuhigter Bereich Nr. 2 b)

Schuhwerk → Pflichten des Fahrzeugführers Nr. 1 b)

Schulbetrieb → Haftungsausschluss bei Arbeits-/Schulunfällen Nr. 6

Schulbezogenheit → Haftungsausschluss bei Arbeits-/Schulunfällen Nr. 6

Schulbus → Überholen Nr. 3 d), → Warnblinklicht Nr. 2 d)

Schuldanerkenntnis → Fahrerhaftung Nr. 5, → Kfz-Haftpflichtversicherung Nr. 8, → Rechtschutzversicherung Nr. 31

Schuldausschließungsgrund → Irrtum Nr. 3 b), → Vorsatz und Fahrlässigkeit Nr. 2 d)

Schuldbekenntnis → Besonderheiten des Verkehrsunfallprozesses Nr. 8, → Fahrerhaftung Nr. 5

Schuldfähigkeit 1. Allgemeines: S. ist gesetzlich als solche nicht definiert. Die Schuld wird vielmehr grundsätzlich durch die vorsätzliche oder fahrlässige Tatbegehung indiziert. Das Gesetz regelt lediglich die Ausnahmen hierzu. Hierzu zählt zunächst die *fehlende Schuldfähigkeit*. Diese attestiert § 19 StGB Tätern unter 14 Jahren. Ferner regelt § 20 StGB für eine Reihe von Konstellationen die Schuldunfähigkeit. Schließlich definiert § 21 StGB die so genannte *verminderte Schuldfähigkeit*, die indes nicht eine Bestrafung hindert, sondern nur die Rechtsfolgenzumessung beeinflusst.

Um die Voraussetzungen der §§ 20, 21 StGB fundiert zu untersuchen, wird das Gericht in der Regel sachverständige Hilfe in Anspruch nehmen müssen. In Verkehrsstrafsachen wird das Gericht aber die Voraussetzungen des § 21 StGB oft auch ohne nähere Untersuchung als gegeben unterstellen können, muss sie dann aber bei der Strafzumessung auch zugunsten des Angeklagten berücksichtigen, indem es entweder von der Möglichkeit einer Strafrahmenverschiebung nach unten (§§ 21, 49 Abs. 1 StGB) Gebrauch macht oder jedenfalls den Umstand in die Erwägungen zur Rechtsfolgenbemessung einstellt (§ 46 Abs. 2 StGB).

2. Schuldunfähigkeit (§ 20 StGB). Wer bei Begehung der Tat unfähig war, deren „Unrecht einzusehen oder nach dieser Einsicht zu handeln", ist nicht schon deshalb schuldunfähig. Er ist es nur dann, wenn diese Unfähigkeit auf einer „krankhaften seelischen Störung", einer „tiefgreifenden Bewusstseinsstörung", auf „Schwachsinn" oder einer (vergleichbaren) „anderen seelischen Abartigkeit" beruhte.

a) In der Praxis des Verkehrsstrafverfahrens ist der weitaus häufigste Anwendungsfall von § 20 StGB der, dass sich der Angeklagte zur Tatzeit in einem Vollrausch befand. Da ihm S. nicht nachgewiesen werden kann, bleibt er mit Blick auf die Verkehrsstraftat straflos, sofern nicht die Grundsätze der „actio libera in causa" anwendbar sind, was allerdings nach der Rechtsprechung des BGH bei → *Verkehrsstraftaten* im engeren Sinne zweifelhaft ist (BGH 22.8.1996, 4 StR 217/96, für die Tatbestände der → *Gefährdung des Straßenverkehrs (§ 315 c StGB)*, der → *Trunkenheit im Verkehr* und des → *Fahrens ohne Fahrerlaubnis*. Zu bestrafen ist er dann aber regelmäßig wegen Vollrausches (§ 323 a StGB).

Praxistipp: Wird der Angeklagte hingegen wegen Schuldunfähigkeit freigesprochen, so muss er - je nach Art des angeklagten Sachverhalts - u. U. dennoch damit rechnen, dass die Fahrerlaubnisbehörde von ihm (verschuldensunabhängig) ein medizinisch-psychologisches Gutachten verlangt und bei unterlassener Beibringung die Fahrerlaubnis entzieht (vgl. VGH Mannheim 17.4.2009, 10 S 605/09, NJW 2009, 3257 f).

b) Vorsicht ist geboten bei Straftatbeständen, die keine Verkehrsstraftaten im engeren Sinne sind, insbesondere bei → *fahrlässiger Tötung (§ 222 StGB)* oder *fahrlässiger Körperverletzung (§ 229 StGB)*: Wer weiß, dass er anschließend noch ein Kraftfahrzeug steuern wird, und sich dennoch vorher in einen Alkoholrausch versetzt, handelt fahrlässig in Bezug auf die Tötung oder Verletzung von Menschen, die er sodann bei der Fahrt herbeiführt, auch wenn er zum Unfallzeitpunkt (nicht ausschließbar) schuldunfähig im Sinne des § 20 StGB ist (BGH 22.8.1996, 4 StR 217/96). Eines Rückgriffs auf die Rechtsfigur der *„actio libera in causa"* (dazu unten Rn 4.) bedarf es nach dieser Rechtsprechung des BGH schon deshalb nicht, weil das Sichbetrinken unter diesen Umständen bereits die erste Tathandlung ist, durch die der Täter sorgfaltswidrig den ihm voraussehbaren tatbestandlichen Erfolg (Unfall mit Todes- bzw. Verletzungsfolge) herbeigeführt hat, und da der Täter beim Sichbetrinken noch schuldfähig war, braucht ein Schuldvorwurf nicht „vorverlagert" zu werden (BGH a.a.O.).

3. verminderte Schuldfähigkeit (§ 21 StGB): Der Wortlaut der Norm ist nach h.M. irreführend, denn die „Fähigkeit des Täters, das Unrecht der Tat einzusehen" kann nur entweder bestehen oder nicht bestehen, sie kann nicht „vermindert" sein. Vermindert sein kann aber die Fähigkeit, „nach dieser Einsicht zu handeln".

a) Diese Verminderung muss „erheblich" sein und auf einer der in § 20 StGB aufgezählten Ursachen (Nr. 2) beruhen. Beruht sie auf zu verantwortender Trunkenheit, dann spricht dies in der Regel dagegen, von der fakultativen Strafrahmenverschiebung (§§ 21, 49 Abs. 1 StGB) Gebrauch zu machen. Ob er dies tut, „kann" der Strafrichter nach pflichtgemäßem Ermessen entscheiden, seine Entscheidung ist revisionsrechtlich regelmäßig hinzunehmen, wenn er gründlich ermittelt und abgewogen hat (BGH 17.8.2004, 5 StR 93/04).

b) Die Minderung der Tatschuld durch Einschränkung der Schuldfähigkeit kann nämlich durch schulderhöhende Umstände kompensiert werden. Umstritten ist, ob solche schon in jeder vorwerfbar herbeigeführten Alkoholisierung liegen (so BGH StGB Strafrahmenverschiebung 31) oder nur dann vorliegen, wenn eine bestimmte subjektive Beziehung zu der späteren Tat besteht. Schulderhöhend wirkt sich aber jedenfalls aus, wenn der Täter sich berauscht hatte, obwohl er wusste oder wissen musste, dass er dann zu vergleichbaren Straftaten wie jener neigt, die er hernach begangen hat; nicht notwendig ist, dass er wegen derartiger Taten vorgeahndet war (BGH 17.8.2004, 5 StR 93/04). Ebenso ist zum Nachteil des Täters zu wägen, wenn er sich berauscht, aber noch bewusst, in eine besonders straftatgeneigte (z. B. gewaltträchtige) Situation begeben hatte (BGH a.a.O.), erst recht, wenn die Konstellation der „actio libera in causa" vorliegt oder/und der Täter sich bewusst und in vollem Tatentschluss berauscht hatte, um Hemmungen abzubauen (BGH a.a.O.).

4. Vorverlagerung des Schuldvorwurfs („actio libera in causa"): Diese Rechtsfigur ist gesetzlich nicht geregelt. Bezüglich ihrer Herleitung werden kontroverse Ansichten vertreten.

a) Sie knüpft – nach den meisten Begründungsansätzen – daran an, dass der Täter schon vor der Begehung der Tat, d. h. vor dem Beginn der Tatausführung, bei sich einen Zustand der Schuldunfähigkeit herbeigeführt hat, und sich hiervon nicht durch die Vorstellung abhalten ließ, er werde im Rausch möglicherweise eine Straftat begehen wie jene, die er hernach im Zustand der Schuldunfähigkeit tatsächlich verwirklicht hat.

b) Der BGH hat mit seiner – in der Literatur umstrittenen – Entscheidung vom 22.8.1996 (4 StR 217/96) judiziert, dass „jedenfalls" auf eine → *Gefährdung des Straßenverkehrs (§ 315 c StGB)* und auf das → *Fahren ohne Fahrerlaubnis (§ 315 c StGB)*, ferner auch auf eine → *Trunkenheit im Verkehr* die Rechtsfigur der „actio libera in causa" nicht anwendbar sei. Ungeachtet dieser Einschränkung auf einzelne Tatbestände lässt die Entscheidung daran zweifeln, ob überhaupt noch Raum für die „actio libera in causa" bleibt, wenn man die Rechtsauffassung des BGH zugrundelegt. Diese lässt sich nämlich wie folgt zusammenfassen:

(1) Sofern das *Sichberauschen* bereits *als Teil der tatbestandsmäßigen Handlung* gesehen werden kann, handelt der Täter ohnehin schuldhaft und bedarf es keiner Vorverlagerung der Schuld auf einen Zeitpunkt vor der Tatbegehung (s. o. Nr. 2 b).

(2) Bei Straftaten nach §§ 315 c Abs. 1 Nr. 1, 316 StGB und 21 StVG sei Tathandlung das Führen des Fahrzeugs; einen hiervon trennbaren Tatererfolg gebe es nicht.

(3) Die Tathandlung beginne erst mit dem Anfahren, das *Sichbetrinken* sei bei den §§ 315 c Abs. 1 Nr. 1 und 316 StGB daher bloße Vorbereitungshandlung und *kein erster Teilakt des Fahrens*. Da § 20 StGB auf die „Begehung der Tat" abstelle, könne der Schuldvorwurf aber nicht aus vortatbestandlichem Verhalten hergeleitet werden, da § 20 StGB sonst unzulässig stark eingeschränkt würde, was auch mit Präventions- und Gerechtigkeitserwägungen nicht zu rechtfertigen sei.

(4) Die „actio libera in causa" als strafrechtliches Gewohnheitsrecht anwenden zu wollen, verstoße gegen § 103 Abs. 2 GG.

Siehe auch: → *Mithaftung und Mitverschulden,* → *Verschuldenshaftung*   Weder

Schüler → Unfallversicherung Nr. 3

Schulgelände → Haftungsausschluss bei Arbeits-/Schulunfällen Nr. 6, → Wegeunfall

Schulterblick → Doppelte Rückschaupflicht Nr. 1

Schulweg → Wegeunfall

Schutzbereich der Norm → Fahrerhaftung Nr. 3

Schutzgesetz → Fahrerhaftung Nr. 3, → Fahrzeugbeleuchtung

Schutzhelm → Fahrradfahrer Nr. 11, → Fahrradhelm, → Motorradhelm, → Motorradhelm, Fahren ohne

Schutzwirkung → Motorradschutzkleidung Nr. 2

Schutzzweck der Norm → Fahrerhaftung Nr. 2, → Haftungsverteilung bei Verkehrsunfällen Nr. 2, → Kausalität Nr. 2

Schwacke-Liste → Unfallschadenabwicklung – Sachschaden Nr. 16, 32

Schwarzfahrt Im allgemeinen Sprachgebrauch Ausdruck entweder für → *Fahren ohne Fahrerlaubnis* bzw. trotz → *Fahrverbots* oder trotz vorläufiger Entziehung der Fahrerlaubis, oder aber für eine → *Beförderungserschleichung* (als Fall des Erschleichens von Leistungen, § 235 a Abs. 1 StGB).

Siehe auch: → *Halterhaftung* Nr. 4   Weder

Schwefeldioxid → Umweltzonen Nr. 1

Schwellengebühr → Geschäftsgebühr in Unfallsachen Nr. 2

Screening Aus dem engl. to screen = abbilden; unter Screening ist die Art der Untersuchung gemeint, die auf möglichst einfache Weise eine Entscheidung darüber zulässt, ob „das Gesuchte" vorhanden ist oder nicht. Die Methode muss daher so konzipiert sein, dass die Rate der „falsch negativen" Ergebnisse (= das Gesuchte ist vorhanden, wird aber nicht angezeigt) möglichst niedrig ist.
Typische Screeningmethoden im Bereich Verkehrsrecht: Alcotest, Drogenschnelltest.
Die derzeit vor Ort verwendeten Drogenschnelltests sind immunologische Reaktionstests, das entsprechende Medium meist Urin. Grundsätzlich möglich wäre auch Speichel, wobei dieses Medium wesentlich schlechter geeignet ist.
Bei dieser Testmethode wird/werden die gesuchte(n) Substanz(en) durch entsprechende Antikörper aufgespürt, die mit diesen eine Bindung eingehen. Dadurch kann dieser goldmarkierte Antikörper nicht mehr wandern bzw. an der Kontrollstelle nicht mehr hängen bleiben, das Ausfallen der sichtbaren Positivreaktion zeigt den Treffer an. *Priemer Drogenscreening* wird die gleichzeitige Untersuchung von Blut oder Urin auf bestimmte Drogen genannt (s.a. → *Polytoxikologisches Screening*).
Siehe auch: → *Drogenfahrt* *Sachs*

Seetransportversicherung → Fährschifftransport, Kfz-Schaden beim Nr. 4

Sehvermögen → Fahreignung Nr. 2, 8

Seitenabstand → Fahrradfahrer Nr. 4, → Halten und Parken Nr. 2, 5, → Haftungsverteilung bei Verkehrsunfällen Nr. 7, → Überholen Nr. 2 d)

Seitenmarkierung → Halten und Parken Nr. 2 b), 3 b)

Sekundenschlaf Sekundenschlaf ist kein medizinischer Begriff, sondern Beschreibung dessen, was nach dem Einschlafen am Steuer abläuft. Einschlafen geht mit einem Verlust der Kontrolle über den Fahrvorgang einher. Typischerweise kommt es innerhalb von wenigen Sekunden zu einer Situation, die den ungestörten Fahrvorgang beendet (Abkommen von der Fahrbahn mit entsprechenden Erschütterungen, Unfallereignis// Ahndung gem. § 315c wg. Körperlichem Mangel). Für die Zeit des Schlafvorgangs fehlt die Erinnerung, die durch das Aufwachen schlagartig wieder da ist. Die geschieht typischerweise innerhalb weniger Sekunden, weshalb sich der Begriff „Sekundenschlaf" eingebürgert hat.
Einschlafen am Steuer wird für einen erheblichen Anteil schwerer Verkehrsunfälle verantwortlich gemacht (geschätzt 20 – 25 %).
Typische Konstellationen: Er-/Übermüdung (Schlafentzug), Beeinträchtigung durch sedierende Substanzen, Z.n. umfangreicher Nahrungsaufnahme, monotone Fahrt, anstrengende Fahrt, Einschlafhäufung zwischen 2:00 und 4:00 Uhr und 14:00 und 16:00 Uhr (zirkadiane Rhythmik).
Entscheidend ist die Frage der rechtzeitigen Bemerkbarkeit der Gefahr des Einschlafend.
Aus medizinischer Sicht ist der Zustand des starken Schlafbedürfnisses und der drohende Verlust der Kontrolle darüber regelhaft so rechtzeitig erkennbar, so dass eine Unterbrechung der Fahrt möglich ist.
Warum es dennoch dazu kommt, liegt in der Selbstüberschätzung bzw. Verharmlosung des Leistungsmangels.
In Einzelfällen ist es auch möglich, dass krankhafte Zustände die rechtzeitige Bemerkbarkeit der Gefahr des Einschlafens beeinträchtigen oder verhindern. Beim Krankheitsbild der Narkolepsie kommt es zu imperativen Einschlafvorgängen, die nicht zu kontrollieren sind. Eine weitere Erkrankung ist das obstruktive Schlafapnoesyndrom (OSAS), das mit einer erhöhten Tagesschläfrigkeit und Gefahr des ungewollten Einschlafens einhergeht. Typische Symptomatik sind Schnarchen und. V.a. Atempausen, die sehr lange sein können (1 min und mehr), die durch die Sauerstoffunterversorgung die Schlafqualität massiv verschlechtern. Dieses Krankheitsbild muss behandelt werden, weil es ansonsten erhebliche Folgeerkrankungen nach sich zieht. *Priemer*

Selbständiges Beweissicherungsverfahren
→ Beweissicherungsverfahren

Selbständiges Beweisverfahren 1. **Vorbemerkung.** Um über den Grund eines Anspruchs Gewissheit zu erlangen, oder für einen anstehenden oder bereits laufenden Rechtsstreit notwendige Beweise zu sichern, kann bei Gericht ein *selbständiges Beweisverfahren* eingeleitet werden, §§ 485 ff. ZPO. Die im selbständigen Beweisverfahren zu klärenden Tatsachen müssen sich beziehen entweder auf den *Zustand einer Person* oder den *Zustand oder Wert einer Sache*, die *Ursache* oder den *Aufwand für die Be-*

seitigung eines *Personenschadens, Sachschadens* oder *Sachmangels*.

2. Beweismittel. Es kann gemäß § 485 Abs. 1 ZPO die Einnahme eines *Augenscheins*, die *Vernehmung von Zeugen* oder die *Begutachtung durch einen Sachverständigen* beantragt werden, wenn der *Antragsgegner zustimmt* oder der *Verlust des Beweismittels* oder eine *Erschwerung seiner Benutzung* zu befürchten ist. Gemäß § 485 Abs. 2 ZPO kann die Erstellung eines *schriftlichen Sachverständigengutachtens* beantragt werden, wenn ein *Rechtsstreit noch nicht anhängig* ist und *ein rechtliches Interesse* an der Sicherung des Beweises besteht. Ein solches besteht, wenn die Feststellung der Vermeidung eines Rechtsstreits dienen kann. In Verkehrsunfallsachen können so z. B. *Unfallrekonstruktionsgutachten* erstellt werden, bevor die am Unfall beteiligten Kfz repariert werden, es können *Bremsspuren* gesichert werden, bevor diese verwischt oder überlagert werden, es können *Sichtsituationen* an einer Unfallstelle dokumentiert werden, die durch den Rückschnitt von Bäumen oder Sträuchern verändert werden könnten, oder *Schlaglöcher* in der Straße dokumentiert werden, die ansonsten wieder verschlossen werden könnten. Der Geschädigte sollte nicht darauf vertrauen, dass eine sorgfältige und korrekte Unfallaufnahme durch die zum Unfallort gerufene Polizei erfolgt ist (*Hillmann/Schneider* § 5 Rn. 52). Auch die *Ermittlung eines entgangenen Gewinns* bei einem Personenschaden ist im selbständigen Beweisverfahren grundsätzlich zulässig (BGH 20.10.2009, DAR 2010, 82).

3. Prozessuales. *Zuständig* ist zum einen das Prozessgericht, § 486 Abs. 1 ZPO, zum anderen das Amtsgericht des Belegenheitsortes der Sache, § 486 Abs. 3 ZPO. Im verfahrenseinleitenden *Antrag* ist eine *konkrete Tatsache* unter Beweis zu stellen – ein *Ausforschungsbeweis* ist auch hier unzulässig, wenngleich ein großzügigerer Maßstab im selbständigen Beweisverfahren als ansonsten in einem Klageverfahren angelegt wird (BGH 24.9.2013, NJW-Spezial 2013, 746). Die Tatsachenbehauptung und die Dringlichkeit bzw. Aussicht der Förderung einer außergerichtlichen Klärung sind in der Antragsschrift *glaubhaft* zu machen. Ein schriftliches Gutachten i.S.v. § 485 Abs. 2 ZPO kann in einem Termin zur mündlichen Verhandlung bei Gericht im Rahmen des selbständigen Beweisverfahrens gem. § 492 Abs. 3 ZPO *mündlich erläutert und erörtert* werden. Bei Unvollständigkeit des Gutachtens besteht eine *Ergänzungsmöglichkeit*, §§ 397, 402 ZPO.

> Praxistipp: Die *Benennung eines konkreten Sachverständigen* in der Antragsschrift führt in aller Regel dazu, dass beim Antragsgegner Misstrauen gegen den vom Antragsteller benannten Gutachter aufkommt und deswegen dessen gerichtliche Bestellung abgelehnt wird. Vor diesem Hintergrund kann überlegt werden, einen dem Antragsteller unliebsamen Sachverständigen in der Antragsschrift zu benennen, damit dieser aufgrund des zu erwartenden Widerspruchs des Antragsgegners gerade nicht vom Gericht bestellt wird (so *Hillmann/Schneider* § 1 Rn. 346).

4. Kosten und Gebühren. Die Kosten des selbständigen Beweisverfahrens unterfallen dem Deckungsschutz in der *Rechtsschutzversicherung*, § 5 Abs. 1 c) ARB 2000 (s. a. → *Rechtsschutzversicherung* Nr. 14). Ansonsten besteht die Möglichkeit, für das selbständige Beweisverfahren *Prozesskostenhilfe* zu beantragen (OLG Köln 28.11.1994, VersR 1995, 436), um so dem Antragsteller die Gutachterkosten zu ersparen. Die Durchführung des selbständigen Beweisverfahrens löst den Gebührentatbestand der Nr. 3100 VV RVG neben den *Gebühren* für das Hauptsacheverfahren gem. Nr. 3100, 3104 VV RVG aus. Indes wird die Verfahrensgebühr des selbständigen Beweisverfahrens gem. Vorb. 3 Abs. 2 VV RVG voll auf die Verfahrensgebühr des Hauptsacheverfahrens *angerechnet*. Kommt es im selbständigen Beweisverfahren zu einer Einigung, dann fällt eine 1,5 Einigungsgebühr gem. Nr. 1000 VV RVG an, wenn nicht parallel bereits ein Hauptsacheverfahren anhängig ist.

> Praxistipp: Die *Kosten eines privaten Gutachtens*, das während eines selbständigen Beweisverfahrens in Auftrag gegeben wird, können gem. § 494 a Abs. 2 ZPO erstattungsfähig sein, nämlich dann, wenn infolge fehlender eigener Sachkenntnis ohne die Einholung eines Privatgutachtens die Partei nicht zu einem sachgerechten Vortrag in der Lage wäre oder ohne ein solches Privatgutachten ein ihr nachteiliges Gerichtssachverständigengutachten nicht erschüttern könnte (BGH 7.2.2013, zfs 2013, 526, m. Anm. *Hansens*).

Geiger

Selbstbeteiligung → Geschäftswagenunfall Nr. 1, → Rechtsschutzversicherung Nr. 15, 28, 30

Selbstreparatur → Unfallschadenabwicklung – Sachschaden Nr. 34

Selbstvornahme → Nacherfüllung Nr. 5, 6

selektiver Vertrieb → Gruppenfreistellungsverordnung Nr. 2

Sicherheitsgegenstände, Schadenersatz → Motorradschutzkleidung Nr. 2

Sicherheitsgurt 1. Allgemein. Der 1975 eingeführte § 21a StVO regelt die Sicherheitsgurtpflicht für Fahrzeugführer und weitere Personen in Kraftfahrzeugen während der Fahrt. Vorgeschrieben sind Sicherheitsgurte seit:
2. Historie:
– Gurte vorne: Bei Pkw ab Erstzulassung 1.4.70 (sofern Verankerungspunkte vorhanden) bzw. spätestens ab 1.1.74
– Gurte hinten: In Pkws spätestens ab Erstzulassung 1.5.79 (erste Modelle mit Beckengurten gab es bereits ab 1967)
– Dreipunktgurte auf allen Sitzplätzen für Neuwagen ab spätestens 1.10.2004
– Gurte in Wohnmobilen: Ab Erstzulassung 1.1.92
– Kopfstützen vorne: Fahrzeuge mit neuer Typgenehmigung ab 1.6.98, alle Neuwagen ab 1.10.99
– Sitze/Anzahl der Mitfahrer: Ab 1.5.06 mitfahrende Personen begrenzt auf Anzahl der Sitzplätze
– Kinder in Fahrzeugen ohne Gurte: Ab 1.5.06 keine Mitnahme von Kindern unter 3 Jahren/über 3 Jahren nur auf den Rücksitzen

3. Bußgelder. 100 BKat Das Nichtanlegen des Sicherheitsgurts 30 €; Nr. 99.1 od 99.2 BKat ein oder mehrere Kinder ohne Sicherung befördert 40 bzw. 50 €

4. Mithaftung bei Nichttragen des Sicherheitsgurtes. Den Insassen eines Pkw, der während der Fahrt den Sicherheitsgurt nicht angelegt hat, trifft im Falle einer Verletzung infolge eines Verkehrsunfalls nur dann eine anspruchsmindernde Mithaftung, wenn im Einzelfall festgestellt ist, dass nach der Art des Unfalls die erlittenen Verletzungen tatsächlich verhindert (BGH v. 28.2.2011, VI ZR 10/11)
Siehe auch: → *Personenbeförderung* Nr. 2, 3

Wehrl

Sicherstellung des Führerscheins 1. Allgemeines. Unter den Voraussetzungen einer → *vorläufigen Entziehung* einer deutschen Fahrerlaubnis ist der Führerschein sicherzustellen, und zwar entweder formlos (wenn der Beschuldigte ihn freiwillig herausgibt) oder durch Beschlagnahme (§§ 111a Absätze 3 oder 4 StPO, 94 Abs. 3 StPO), die vom Richter anzuordnen ist oder seiner Bestätigung bedarf.
2. Gleiches gilt bei *EU-Führerscheinen* (§ 111a Abs. 3 StPO), sofern der Inhaber seinen ordentlichen Wohnsitz im Inland hat. Sonst wird auf *ausländischen Führerscheinen* lediglich die vorläufige Entziehung vermerkt, die Beschlagnahme ist nur hierzu und bis dahin zulässig (§ 111a Abs. 6 StPO).
3. Rechtsmittel gegen die Beschlagnahme als solche gibt es nicht, sondern beschwerdefähig ist die → *vorläufige Entziehung der Fahrerlaubnis*.

> Praxistipp: Wer als Verteidiger diese Beschwerde einlegt, bevor er Akteneinsicht genommen hat, riskiert eine unnötige und für den Mandanten ungünstige Gerichtsentscheidung. Hat der Mandant bereits Beschwerde eingelegt, kann der sogar empfehlen, das Akteneinsichtsgesuch mit einer Rücknahme der Beschwerde zu verbinden. Desto schneller erhält der Verteidiger die Akte, und die Beschwerde kann er ggf. hernach neu einlegen, sie ist nicht fristgebunden.

4. Wird die vorläufige Entziehung der Fahrerlaubnis vom Richter abgelehnt oder aufgehoben oder erkennt er im Urteil nicht auf → *Einziehung des Führerscheins*, so ist der Führerschein dem Beschuldigten zurückzugeben (§ 111a Abs. 5 S. 1 StPO). Eine Besonderheit gilt, wenn im Urteil ein → *Fahrverbot* nach § 44 StGB verhängt wird: Die Herausgabe des Führerscheins kann dann aufgeschoben werden, wenn der Angeklagte nicht widerspricht (§ 111a Abs. 5 S. 2 StPO).

> Praxistipp: Kommt es im Urteil nicht zu „Führerscheinmaßnahmen" und befindet sich der Sitz der Staatsanwaltschaft am Gerichtsort, so wird der Staatsanwalt in der Regel sofort bereit sein, in der nächsten Sitzungspause mit dem Verteidiger die Asservatenkammer der Staatsanwaltschaft aufzusuchen und dort für eine Übergabe des Führerscheins zu sorgen.

Weder

Sicherungsabtretung → Abtretung von Schadenersatzansprüchen Nr. 3, 4, → Reparaturkostenübernahme

Sicherungsanordnung → Besonderheiten des Verkehrsverwaltungsprozesses Nr. 10

S Sichtbarkeitsgrundsatz

Sichtbarkeitsgrundsatz 1. Allgemeines. Verkehrsschilder regeln als Ge- und Verbotszeichen die Benutzung eines bestimmten öffentlichen Verkehrsbereichs. Damit sich der Verkehrsteilnehmer auf die Regelung einstellen und sein Verhalten danach ausrichten kann, muss er sie zunächst optisch wahrnehmen können. Der Regelungsgehalt der Verkehrsanordnung muss zudem ohne Weiteres erkennbar sein. Diese Anforderungen an die Verkehrsregelungen mittels Verkehrszeichen bringt der Sichtbarkeitsgrundsatz zum Ausdruck. Danach muss ein im Sinne des § 1 StVO sorgfältiger Verkehrsteilnehmer nur solche Verkehrszeichen beachten, die deutlich sichtbar und inhaltlich klar sind (Geigel/*Zieres* Haftpflichtprozess Kap. 27 § 39 StVO Rn. 758).
2. Inhalt des Sichtbarkeitsgrundsatzes. Der Sichtbarkeitsgrundsatz verlangt zunächst, dass ein Verkehrszeichen deutlich sichtbar ist. Dies ergibt sich bereits aus den allgemeinen Regelungen über die Wirksamkeit eines Verwaltungsaktes. So erlangt ein Verwaltungsakt gemäß § 43 Abs. 1 VwVfG gegenüber demjenigen, für den er bestimmt ist oder der von ihm betroffen wird, erst dann seine Wirksamkeit, wenn er dem Adressaten bekannt gegeben wird. Bekanntgegeben ist ein Verkehrszeichen, das – zumindest als Ge- oder Verbotszeichen – einen Verwaltungsakt in Form einer benutzungsregelnden Allgemeinverfügung i.S.v. § 35 S. 2, 3. Fall VwVfG darstellt, nach den Vorschriften der StVO aber erst dann, wenn es von einem durchschnittlichen Kraftfahrer bei Einhaltung der nach § 1 StVO erforderlichen Sorgfalt schon mit einem raschen und beiläufigen Blick erfasst werden kann (siehe dazu BVerfG 10.9.2009, 1 BvR 814/09, NJW 2009, 3642 [3642 f.]; BVerwG 23.9.2010, 3 C 37/09, NJW 2011, 246 [246 f.]). Bei der Aufstellung ist daher darauf zu achten, dass die Verkehrszeichen nicht verdeckt oder unkenntlich sind, anderenfalls ihnen keine Wirksamkeit zukommt. Doch auch bei einer wirksamen Bekanntgabe eines Verkehrszeichens verliert die Anordnung aufgrund einer Verletzung des Sichtbarkeitsgrundsatzes ihre Wirksamkeit, wenn es – etwa wegen witterungsbedingten Einflüssen, Zerstörung oder Entfernung – nicht mehr ohne weiteres erkennbar ist. Dies gilt selbst dann, wenn der Verkehrsteilnehmer die ursprüngliche Bedeutung des Verkehrsschildes kennt (siehe dazu Geigel/*Zieres* Haftpflichtprozess Kap. 27 § 39 StVO Rn. 758; OLG Hamm 30.9.2010, III 3 RBs 336/09, NZV 2011, 94 [94 f.]).

Die vom Sichtbarkeitsgrundsatz geforderte Erkennbarkeit von Verkehrszeichen verlangt aber auch, dass die Regelungen inhaltlich klar sind. Danach müssen die verkehrsrechtlichen Anordnungen eindeutig bestimmt, widerspruchsfrei und verständlich sein. Aufgrund der hohen Geschwindigkeit des fließenden Verkehrs, die keine Zeit für längere Überlegungen lässt, genügt Bestimmbarkeit in der Regel nicht. Der Verkehrsteilnehmer muss die Regelung vielmehr mit einem raschen und beiläufigen Blick erfassen können. So ist auch eine Häufung von Verkehrszeichen zu vermeiden, anderenfalls die Bedeutung mehrerer zugleich angebrachter Verkehrszeichen vom durchschnittlichen Verkehrsteilnehmer nicht mehr zweifelsfrei erfasst werden kann. Neben dieser allgemeinen Vorgabe sieht die Allgemeine Verwaltungsvorschrift vom 22.10.1998 (VwV-StVO) zu §§ 39 bis 43 StVO Teil III Nr. 11 vor, dass am gleichen Pfosten oder sonst unmittelbar über- oder nebeneinander grundsätzlich nicht mehr als drei Verkehrszeichen angebracht werden dürfen. Je höher dabei die zugelassene Geschwindigkeit ist, desto geringer muss die Anzahl der an einem Pfosten angebrachten Verkehrszeichen sein. Dies findet seinen Grund in dem Gefährdungspotential durch mehrere zugleich angebrachte Verkehrszeichen, da sie die individuelle Wahrnehmbarkeit und Erfassbarkeit überschreiten und die Reaktion verzögern können (vgl. dazu BVerwG 13.3.2008, 3 C 18.07, SVR 2008, 231 [232] m. Anm. *Geiger*; Hentschel/*König*/Dauer Straßenverkehrsrecht § 39 StVO Rn. 36). Daher sind Verkehrszeichen für den fließenden Verkehr gemäß der VwV-StVO zu §§ 39 bis 43 StVO Teil III Nr. 11 lit. b auch nicht zu dicht hintereinander aufzustellen, sondern es ist regelmäßig ein so großer Abstand zu wahren, dass der Verkehrsteilnehmer bei der auf der betroffenen Strecke gefahrenen Geschwindigkeit Gelegenheit hat, die Bedeutung der Verkehrszeichen nacheinander zu erfassen.
Etwas anderes gilt allerdings für den ruhenden Verkehr. Aufgrund der anderen Verkehrssituation sind in diesen Fällen geringere Anforderungen an den Sichtbarkeitsmaßstab zu stellen als im fließenden Verkehr. Der Verkehrsteilnehmer kann sich nach dem Abstellen des Fahrzeugs ausführlicher mit der vor Ort geltenden Regelung inhaltlich befassen, ohne sich mit einem dem fließenden Verkehr vergleichbaren Gefährdungspotential konfrontiert zu sehen. Die konkreten Sorgfaltsanforderungen an den Verkehrsteilnehmer bzw. die konkreten

Anforderungen an die Sichtbarkeit von Verkehrszeichen im ruhenden Verkehr bestimmen sich dabei nach den Umständen des Einzelfalls. So muss sich ein Verkehrsteilnehmer grundsätzlich mit der notwendigen Sorgfalt nach vorhandenen Verkehrszeichen umsehen und sich hinsichtlich Park- und Haltverbotsregelungen über den örtlichen und zeitlichen Geltungsbereich informieren. Jedenfalls hat er den leicht einsehbaren Nahbereich auf das Vorhandensein verkehrsrechtlicher Regelungen zu überprüfen (vgl. dazu ausführlich OVG Hamburg 30.6.2009, 3 Bf 408/08, NZV 2009, 524 [525 f.]; siehe auch VGH Mannheim 20.1. 2010, 1 S 484/09, NJW 2010, 1898 [1899]; VG Berlin 22.7.2011, 20 L 154.11, Rn. 8 – zitiert nach juris).

Des Weiteren muss auch der Wirkungsbereich einer Anordnung erkennbar sein. Da die Bestimmung des Wirkungsbereichs nicht dem Verkehrsteilnehmer überlassen werden kann, müssen die Verkehrszeichen auf längeren Strecken in angemessenen Abständen wiederholt werden (Geigel/*Zieres* Haftpflichtprozess Kap. 27 § 39 StVO Rn. 758). Die Bestimmung der Angemessenheit richtet sich dabei nach den Umständen des Einzelfalles, insbesondere nach der jeweiligen Verkehrssituation. So bedarf es keiner Wiederholung eines Streckenverbotes nach einem Parkplatz oder einer Grundstückseinfahrt, wenn der Fahrzeugführer vor Erreichen dieser Örtlichkeiten ein das Streckenverbot anordnendes Verkehrszeichen passiert haben muss (OLG Oldenburg 16.9.2011, 2 SsRs 214/11, NJW 2011, 3593 [3594]). Zumindest muss aber ein Verkehrszeichen grundsätzlich nach jeder Straßeneinmündung aufgestellt werden. Anderenfalls könnte bereits der einbiegende Verkehrsteilnehmer entsprechende Anordnungen nicht wahrnehmen. Zu beachten ist aber, dass nach der Erläuterung in Anlage 2 Abschnitt 7 lfd. Nr. 55 i.V.m. § 41 Abs. 1 StVO bei Streckenverboten das Ende durch die Zeichen 278 bis 282 gekennzeichnet ist. Eine solche Kennzeichnungspflicht ist nur dann nicht erforderlich, wenn das Verbot nur für eine kurze Strecke gilt und auf einem Zusatzzeichen die Länge des Streckenverbots angegeben oder wenn es zusammen mit einem Gefahrzeichen angebracht ist und sich aus der Örtlichkeit zweifelsfrei ergibt, von wo an die angezeigte Gefahr nicht mehr besteht. Letztlich ist aber auch bei derartigen Streckenverboten ein erneutes Aufstellen des Verkehrszeichens angebracht, denn die anderenfalls daraus folgende Unterscheidung der Bindungswirkung zwischen dem Durchgangsverkehr und dem Einbiegeverkehr würde auf dem gleichen Streckenabschnitt zu unterschiedlichen Geschwindigkeitsregelungen führen, die die Leichtigkeit des Verkehrs zu beeinträchtigen geeignet und ein erhebliches Gefährdungspotential zeitigen würden. Bei Zonenregelungen ist die Wiederholung der Anordnung dagegen regelmäßig nicht erforderlich (vgl. dazu OLG Hamm 5.7.2001, 2 Ss OWi 524/01, NZV 2001, 489 [490]; LG Bonn 19.5.2003, 2 O 567/02, NZV 2004, 98 [98 f.]).

Der Wirkungsbereich darf auch nicht so allgemein oder unbestimmt gehalten sein, dass eine exakte Abgrenzung des Bereichs nicht möglich ist oder nur mittels Hilfsmitteln bestimmen lässt. Schließlich trifft den Verkehrsteilnehmer keine Pflicht, nach Verkehrszeichen zu suchen; vielmehr darf er auf die ordnungsgemäße Beschilderung vertrauen (Hentschel/*König* Straßenverkehrsrecht § 39 StVO Rn. 33).

Der Sichtbarkeitsgrundsatz geht allerdings nicht so weit, dass er verlangt, dass jeder einzelne Verkehrsteilnehmer ein Verkehrszeichen optisch oder inhaltlich tatsächlich wahrgenommen hat. Es ist vielmehr darauf abzustellen, ob der durchschnittliche, im Sinne von § 1 StVO sorgfältige Verkehrsteilnehmer das Verkehrszeichen mit einem raschen und beiläufigen Blick wahrnehmen kann (BVerfG 10.9.2009, 1 BvR 814/09, NJW 2009, 3642 [3642 f.]; BVerwG 23.9. 2010, 3 C 37/09, NJW 2011, 246 [246 f.]; BVerwG 13.3.2008, 3 C 18.07, SVR 2008, 231 [231] m. Anm. *Geiger*). Mithin kommt es nicht auf die konkrete Wahrnehmung, sondern auf die abstrakte Wahrnehmungsmöglichkeit an. Daraus ergibt sich auch die Wirksamkeit von im Nachhinein aufgestellten (mobilen) Verkehrszeichen gegenüber Verkehrsteilnehmern, die diese Anordnungen tatsächlich nicht wahrnehmen konnten. Verkehrsteilnehmer ist nämlich nicht nur derjenige, der sich im Straßenverkehr bewegt, sondern auch der Halter eines am Straßenrand geparkten Fahrzeugs, solange er Inhaber der tatsächlichen Gewalt über das Fahrzeug ist (vgl. dazu BVerwG 11.12. 1996, 11 C 15.95, BVerwGE 102, 316).

3. Konkretisierungen des Sichtbarkeitsgrundsatzes in der StVO. Aus dem Sichtbarkeitsgrundsatz folgt auch die Pflicht, Verkehrszeichen in der üblichen Art und Weise aufzustellen, sofern die besondere Verkehrssituation dem nicht entgegensteht. Die Gestaltung der Verkehrszeichen und die Regelungen hinsichtlich des Ortes ihrer Aufstellung finden sich dabei im Wesentlichen in der StVO. Besondere

Bedeutung erlangt insbesondere § 39 StVO als spezielle Bestimmung über die öffentliche Bekanntgabe von Verkehrszeichen. So sind Verkehrszeichen nach § 39 Abs. 2 S. 3 und 4 StVO regelmäßig rechts und ortsfest aufzustellen oder über den markierten Fahrstreifen, für die sie gelten. Das Verkehrszeichen entfaltet nur dann seine Wirkung, wenn die Bildseite in die Fahrtrichtung zeigt, für die sie bestimmt ist. Zeigt die Bildseite dagegen zum Straßenrand oder gar in die entgegengesetzte Richtung, ist das Zeichen nicht mehr verbindlich (Burmann/*Heß*/Jahnke/Janker Straßenverkehrsrecht § 39 StVO Rn. 16). Zusatzzeichen sind gemäß § 39 Abs. 3 S. 3 StVO in der Regel unmittelbar unter dem Verkehrszeichen angebracht, auf das sie sich beziehen (siehe dazu BVerwG 13.3.2003, 3 C 51/02, DAR 2003, 328 [329]). Die Zuordnung des Zusatzzeichens zu dem Verkehrszeichen muss jedenfalls eindeutig erkennbar sein, so dass Abweichungen von dieser Regel etwa durch eine besondere Gestaltung der Anordnung deutlich gemacht werden müssen. Die Anforderungen an Markierungen und markierte Radverkehrsführungen, die wie die Zusatzzeichen ebenfalls Verkehrszeichen sind, ergeben sich aus § 39 Abs. 5 StVO. Den Anordnungen der ortsfest aufgestellten Verkehrszeichen gehen schließlich nach § 39 Abs. 6 StVO an einem Fahrzeug angebrachte Verkehrszeichen vor, die auch während der Bewegung des Fahrzeugs gelten.

Der Ort der Aufstellung eines Verkehrszeichens richtet sich nach der Art des Zeichens. Vorschrifts- und Richtzeiten sind nach §§ 41 Abs. 2, 42 Abs. 3 StVO grundsätzlich dort aufzustellen, wo oder von wo an die jeweilige Anordnung zu befolgen ist. Das Verkehrszeichen kann allerdings aus Gründen der Sicherheit und Leichtigkeit des Verkehrs in einer bestimmten Entfernung zum Beginn der Befolgungspflicht aufgestellt werden. In diesen Fällen ist aber die Entfernung zu dem maßgeblichen Ort auf einem Zusatzzeichen anzugeben. Gefahrzeichen stehen dagegen gemäß § 40 Abs. 2 und 3 StVO außerhalb geschlossener Ortschaften im allgemeinen 150 bis 250 m vor der Gefahrstelle, sofern nicht eine erheblich geringere Entfernung auf einem Zusatzzeichen angegeben wird, und innerhalb geschlossener Ortschaften kurz vor der Gefahrstelle. Die Länge einer Gefahrstrecke kann nach § 40 Abs. 4 StVO durch ein Zusatzzeichen angegeben werden.

Besondere Regelungen zur Aufstellung von Verkehrszeichen finden sich schließlich in § 45 StVO. So dürfen etwa nach § 45 Abs. 9 S. 1 StVO (siehe auch § 39 Abs. 1 StVO) Verkehrszeichen und Verkehrseinrichtungen nur dort angeordnet werden, wo dies aufgrund der besonderen Umstände zwingend geboten ist, und Gefahrzeichen sind gemäß § 45 Abs. 9 S. 4 StVO nur dort anzubringen, wo es für die Sicherheit des Verkehrs unbedingt erforderlich ist, weil auch ein aufmerksamer Verkehrsteilnehmer die Gefahr nicht oder nicht rechtzeitig erkennen kann und auch nicht mit ihr rechnen muss.

Kleinere Abweichungen in der Art der Aufstellung und in der Gestaltung der Verkehrszeichen berühren die Wirksamkeit der Anordnungen regelmäßig nicht, solange die Wahrnehmbarkeit gewährleistet ist. Verkehrszeichen, die die StVO nicht kennt oder die von den dort enthaltenen Vorgaben stark abweichen und damit nicht mehr als amtliche, allgemein verbindliche Verkehrsregelungen erscheinen (sog. Phantasiezeichen), leiden offensichtlich an einem besonders schwerwiegenden Fehler und sind daher nichtig (vgl. OVG NRW 12.10.2006, 5 A 4698/05, zfs 2007, 56 [56]; Burmann/*Heß*/Jahnke/Janker Straßenverkehrsrecht § 39 StVO Rn. 17). Dies findet seinen Grund darin, dass die für jedermann geltenden straßenverkehrsrechtlichen Anordnungen auch für alle Verkehrsteilnehmer erkennbar sein müssen, was nur durch standardisierte Verkehrszeichen und Verkehrseinrichtungen hinreichend gewährleistet ist. Da sich die Verkehrsteilnehmer dabei auch auf die Vollständigkeit der Anordnungen verlassen können müssen, sind die zuständigen Behörden gemäß § 45 Abs. 4 Hs. 1 StVO grundsätzlich auf die Regelung des Verkehrs mittels Verkehrszeichen und Verkehrseinrichtungen beschränkt. Daher verbietet sich – außerhalb der ausdrücklich gesetzlich vorgesehenen Ausnahmen (z. B. § 45 Abs. 4 Hs. 2 StVO) – die Anordnung von Verkehrsregelungen durch eine nur schriftlich ergangene und bekanntgemachte Allgemeinverfügung. Dies folgt bereits aus der Tatsache, dass etwa ortsfremde Verkehrsteilnehmer von einer Kenntniserlangung hinsichtlich einer nur in örtlichen Bekanntmachungsblättern und Zeitungen bekannt gegebenen Verkehrsregelung regelmäßig ausgeschlossen sind. Der Sichtbarkeitsgrundsatz verlangt dagegen, dass auch Ortsfremde eine Verkehrsregelung ohne weitere Überlegung eindeutig erkennen können müssen (vgl. dazu BVerwG 13.3.2008, 3 C 18.07, SVR 2008, 231 [232] m. Anm. *Geiger*).

4. Einzelfälle. a) Die grundsätzlich uneingeschränkte Nutzung der öffentlichen Straßen durch die Verkehrsteilnehmer wird über Art. 2 Abs. 1 GG grundrechtlich geschützt. Insbesondere aus Gründen der Verkehrssicherheit sind Eingriffe in dieses Recht möglich. Allerdings müssen diese Einschränkungen der Mobilität verhältnismäßig ausgestaltet sein. Das kann dazu führen, dass eine verkehrsrechtliche Anordnung mit einer Vielzahl von Ausnahmen oder Zusatzzeichen versehen werden muss, damit ein angemessener Ausgleich zwischen dem grundrechtlich geschützten Recht auf Mobilität und dem Interesse der Allgemeinheit an der Verkehrssicherheit erreicht wird. Dem setzt der Sichtbarkeitsgrundsatz allerdings Schranken, was – wie bereits beschrieben – in VwV-StVO zu §§ 39 bis 43 StVO Teil III Nr. 11 lit. a zum Ausdruck kommt, wonach am gleichen Pfosten oder sonst unmittelbar über- oder nebeneinander grundsätzlich nicht mehr als drei Verkehrszeichen angebracht werden dürfen.

In Anlehnung an diese Verwaltungsvorschrift hat das Bundesverwaltungsgericht entschieden, dass den aus dem Sichtbarkeitsgrundsatz folgenden Anforderungen an die sofortige Erkennbarkeit des Regelungsgehalts von Verkehrszeichen jedenfalls eine Schilderkombination nicht genügt, die aus einem Verbotszeichen und vier Zusatzzeichen besteht (vgl. dazu und zum Folgenden BVerwG 13.3.2008, 3 C 18.07, SVR 2008, 231 [232] m. Anm. *Geiger*; vgl. dazu auch VG Bremen 11.4.2011, 5 V 2085/10, Rn. 29 – zitiert nach juris). Im konkreten Fall ging es um das Verkehrszeichen 253 der Anlage 2 Abschnitt 6 lfd. Nr. 30 i.V.m. § 41 Abs. 1 StVO, für das selbst bereits die Ergänzung um zwei Zusatzzeichen in der Anlage 2 Abschnitt 6 lfd. Nr. 30.1 i.V.m. § 41 Abs. 1 StVO vorgesehen ist. Besteht aber schon die Grundregelung aus drei Verkehrszeichen, so ist ein weiteres Zusatzzeichen, das – wie etwa die zeitliche Begrenzung – rasch erfasst werden kann, noch hinzunehmen. Die Grenze des Erfassbaren wird jedoch durch das vierte Zusatzzeichen überschritten. Dies gilt umso mehr, als das vierte Zeichen mit der Aufschrift „B 25 Zufahrt Landkreise A und D frei" bzw. „B 25 Zufahrt Landkreis A frei" nicht auf einen Blick erfasst werden kann, sondern erst verstanden werden muss. Diese Verkehrszeichen können von den Verkehrsteilnehmern nämlich nicht ohne Rückgriff auf Hilfsmittel, wie etwa eine Karte mit eingezeichneten Landkreisgrenzen, sofort umgesetzt werden. Insbesondere ortsunkundigen Verkehrsteilnehmern ist es daher nicht ohne Weiteres möglich, ihr Verhalten anhand der Beschilderung auszurichten. Es kann in diesem Zusammenhang von den Verkehrsteilnehmern auch nicht erwartet werden, dass sie sich vorab die erforderliche Kenntnis vom Inhalt der Verkehrszeichen, die ihnen erst vor Ort begegnen, verschaffen.

Dem Gebot der sofortigen Erkennbarkeit und Erfassbarkeit von Verkehrszeichen wird laut Bundesverwaltungsgericht auch nicht durch die Ankündigung der Verkehrsregelung mittels Hinweiszeichen oder durch die Wiederholung der Verkehrszeichen genügt, da die Hinweiszeichen im entschiedenen Fall dieselbe Anzahl von Einzelzeichen aufwiesen und damit die Anforderungen des Sichtbarkeitsgrundsatzes ebenfalls nicht erfüllten und da sich dem Verkehrsteilnehmer bei der Wiederholung von Verkehrszeichen zusätzlich die Frage aufdrängt, ob es sich tatsächlich um inhaltlich identische Regelungen handelt.

b) Im ruhenden Verkehr werden an den Sichtbarkeitsgrundsatz geringere bzw. an die Sorgfalt des Verkehrsteilnehmers erhöhte Anforderungen gestellt. Auf dieser Modifikation des Sichtbarkeitsgrundsatzes aufbauend soll die Einrichtung mehrerer räumlich überlappender Haltverbotszonen mit unterschiedlichen Geltungszeiten möglich sein, ohne dass ein Zusatzzeichen darauf hinweisen muss und sofern sich die unterschiedlichen Anordnungen im leicht einsehbaren Nahbereich des Verkehrsteilnehmers befinden (vgl. dazu und zum Folgenden OVG Hamburg 30.6.2009, 3 Bf 408/08, NZV 2009, 524 [525 f.]). Die Verpflichtung des Verkehrsteilnehmers zur Wahrnehmung der unterschiedlichen Regelungen entfällt danach nicht schon dann, wenn er an dem Abstellort ein erstes mobiles, zeitlich beschränktes Haltverbotsschild zur Kenntnis genommen und sein Verhalten danach ausgerichtet hat, sondern er muss jedenfalls den leicht einsehbaren Nahbereich auf das Vorhandensein verkehrsrechtlicher Regelungen überprüfen. Ein solcher Nahbereich ist ein Bereich, der ohne größere Bemühungen in den Blick fällt. Insbesondere bei Bedarfshaltverbotszonen darf der Verkehrsteilnehmer nicht ohne Weiteres darauf vertrauen, dass dieses eine Verbotszeichen die Verkehrslage allein und abschließend regelt. Ihn trifft vielmehr die Pflicht, sich in dem leicht einsehbaren Nahbereich nach weiteren verkehrsrechtlichen Anordnungen umzusehen. Aufgrund der erhöhten Sorgfaltsanforderungen an den Verkehrsteilnehmer im ruhenden Verkehr ist es nicht erforderlich, dass jedes mobile Verkehrszeichen die vor Ort bestehenden Haltverbotsregelungen vollständig – etwa mittels Zusatzzeichen – verlautbart. Derartige überlappende Haltverbotszonen sind auch nicht widersprüchlich, da sie klar voneinander abgrenzbare Regelungen enthalten, indem sie sich auf einen unterschiedlichen Zeitraum beziehen.

In der Entscheidung des Hamburgischen Oberverwaltungsgerichts wird allerdings übersehen, dass der Verkehrsteilnehmer auch im ruhenden Verkehr auf die ordnungsgemäße Beschilderung vertrauen darf (vgl. Hentschel/*König*/Dauer Straßenverkehrsrecht § 39 StVO Rn. 33). Befindet sich in dem Nahbereich ein mobiles Haltverbotsschild für einen bestimmten Zeitraum, so muss der Verkehrsteilnehmer davon ausgehen können, dass hinter diesem Verkehrszeichen die entsprechende Regelung gelten soll und nicht ein weiteres mobiles Haltverbotsschild für einen anderen Zeitraum gilt. Zwar sind für sich genommen die unterschiedlichen Regelungen eindeutig abgrenzbar, doch gilt dies nicht in dem Bereich, in dem sie überlappen. So sagt ein mobiles Haltverbotsschild für einen bestimmten Zeitraum, dass außerhalb dieses Zeitraums in diesem Bereich gehalten werden darf. Dazu steht es aber im Widerspruch, wenn ein anderes, in einem gewissen Abstand zu diesem Zeichen aufgestelltes, mobiles Haltverbotszeichen für diesen Zeitraum – teilweise – wiederum ein Haltverbot anordnet. Es besteht auch kein Anlass dafür, den Straßenverkehrsbehörden eine solche Möglichkeit offenzuhalten, denn die entsprechende Regelung wäre auch durch eine bloße Ergänzung des Zusatzzeichens bzw. durch ein weiteres Zusatzzeichen möglich gewesen. Dies entspricht nicht zuletzt dem in der StVO zum Ausdruck kommenden Grundsatz, dass die Häufung und Wiederholung von Verkehrszeichen zu vermeiden ist.

c) Die Verkehrsbehörden haben nicht nur die Pflicht, die ordnungsgemäße Aufstellung von Verkehrszeichen zu bestimmen, sondern sie haben die Zeichen vielmehr auch in einer Art und Weise aufzustellen, dass keine neuen Gefahren entstehen. Verletzen die Straßenverkehrsbehörden diese Pflicht schuldhaft, kommen auch Amtshaftungsansprüche nach Art. 34 GG i.V.m. § 839 BGB in Betracht. Der Sichtbarkeitsgrundsatz verlangt jedoch nicht, dass auf kurzfristige Änderungen bei bestimmten Verkehrsregelungen zwingend in besonderer Weise hinzuweisen ist. Vielmehr sind die Behörden nur zu den Maßnahmen verpflichtet, die objektiv erforderlich und nach objektiven Maßstäben zumutbar sind. Allerdings dürfen die Verkehrsbehörden auch die Anforderungen an den Verkehrsteilnehmer nicht überspannen und müssen die Gegebenheiten – insbesondere die hohen Geschwindigkeiten – des fließenden Verkehrs berücksichtigen. Dafür genügt es aber, wenn die Behörden auf einen durchschnittlichen, den Sorgfaltsanforderungen nach § 1 StVO gerecht werdenden Verkehrsteilnehmer abstellen. Die Änderung der Verkehrsregelung muss mittels Verkehrszeichen sodann so ausgestaltet sein, dass sie auch ein solcher Verkehrsteilnehmer mit einem raschen und beiläufigen Blick wahrnehmen und etwaige Gefahren selbst vermeiden kann. Die Verkehrsteilnehmer können dabei nicht darauf vertrauen, dass die Verkehrszeichen und Verkehrseinrichtungen dauerhaft unverändert bleiben. Vielmehr müssen sie sich über die geltenden Regelungen jederzeit erneut vergewissern (vgl. dazu und zum Folgenden BGH 8.4.1970, III ZR 167/68, DAR 1970, 206 [206 f.]).

Daraus folgt etwa, dass die Straßenverkehrsbehörde bei der Änderung einer Vorfahrtregelung auf einer nicht unbedeutenden Ausfallstraße in einer Stadt die Erfahrungstatsache berücksichtigen muss, wonach es in diesem Zusammenhang häufiger zu Zusammenstößen von Kraftfahrzeugen kommt. Denn gerade im Stadtverkehr prägt sich die Vorfahrtbeschilderung derart ein, dass sie zur Routine und daher die vertraute Beschilderung nicht mehr zur Kenntnis genommen wird. In diesen Fällen sind die Behörden regelmäßig zu weiteren Maßnahmen verpflichtet, die auf die Änderung hinweisen. Als derartige Maßnahmen kommen etwa das – auffällige – Verhängen des alten Verkehrszeichens statt des bloßen Austauschs und der vorherige Hinweis auf die Änderung in der örtlichen Presse und im Rundfunk in Betracht.

Brenner/Seifarth

Sichtbehinderung → Rotlichtverstoß Nr. 7 b), → Sichtfahrgebot, → Überholen Nr. 3 a)

Sichtfahrgebot Nach der „goldenen Regel" des *Sichtfahrgebotes* (BGH 15.5.1984, NJW 1984, 2412) darf der Fahrzeugführer das von ihm gelenkte *Fahrzeug* (mithin auch ein Fahrrad, OLG Nürnberg 7.4.2004, NZV 2004, 358) auch unter *günstigsten sonstigen Verhältnissen* nur so schnell fahren, dass er es *innerhalb der übersehbaren Strecke* anhalten kann, § 3 Abs. 1 S. 4 StVO (vgl. OLG Köln 20.4.2010, DAR 2010, 337).

Die Vorschrift ist eine der wichtigsten zur Fahrgeschwindigkeit (OLG Stuttgart 15.3. 1988, VRS 77, 44) und gibt als die *äußerste Geschwindigkeitsgrenze* das Fahren auf Sicht unter günstigsten Umständen vor (BayObLG 14.12. 1979, VRS 58, 366; OLG Hamm 30.6.1988, VersR 1990, 318). Aufgrund unterschiedlichster Faktoren ist oftmals nur eine geringere Fahrtgeschwindigkeit zulässig, vgl. § 3 Abs. 1 S. 2 StVO, wie z. B. bei der Annäherung an eine sichtbeschränkende Kurve oder Kuppe oder während starken Regens mit der Folge von Wasserglätte (s. § 36 StVZO) nebst *Sichtbehinderung*. Bei Dunkelheit ist der Fahrzeugführer auf den Wirkungsbereich der Scheinwerfer angewiesen. Aufgrund der eingeschränkten Reichweite des *Abblendlichts* erlaubt das Sichtfahrgebot dann Geschwindigkeiten von lediglich bis zu 70 km/h (OLG Hamm 9.3.2000, r+s 2000, 281). Es besteht keine Verpflichtung, bei Dunkelheit auf Landstraße mit *Fernlicht* zu fahren (OLG Hamm 14.11.2006, NZV 2008, 411). Auch auf *Fernstraßen* (OLG Frankfurt 21.6.1989, NZV 1990, 154) und auf *Autobahnen* gilt das Sichtfahrgebot (OLG Köln 16.3.1995, NZV 1995, 400), dort mit der Modifikation, dass ein schnelleres Fahren bei deutlicher Erkennbarkeit der Rückleuchten eines vorausfahrenden Fahrzeugs erlaubt ist, § 18 Abs. 6 StVO. Auf besonders *schmalen Fahrbahnen* bei möglicher Gefährdung anderer im Gegenverkehr (z. B. Zufahrtswegen auf Parkplätzen oder durch parkende Pkw verengte Fahrbahnen) muss der Fahrzeugführer das von ihm gelenkte Fahrzeug mindestens *innerhalb der Hälfte der übersehbaren Strecke anhalten* können, sog. Gebot des *Fahrens auf halbe Sicht*, § 3 Abs. 1 S. 5 StVO (BayObLG 14.12.1979, VRS 58, 366; OLG Jena 25.1.2001, NZV 2002, 125). Der Sichtgrundsatz soll insbesondere davor schützen, auf *Hindernisse* aufzufahren (OLG Jena 2.7.2002, NZV 2002, 464), und betrifft nur die Sicht vor dem Fahrzeug (BGH 23.4.2002, NZV 2002, 365; BGH 21.2.1985, NJW 1985, 1950). Der Fahrer wird daher dem Sichtfahrgebot gerecht, wenn er einen dem Anhalteweg entsprechenden Fahrbahnraum nebst angemessenem Seitenraum vor sich als hindernisfrei überblickt (OLG Jena 2.7.2002, NZV 2002, 464). Der Fahrzeugführer braucht nicht damit zu rechnen, dass von der Seite auftauchende oder entgegen kommende Verkehrsteilnehmer sich verkehrswidrig auf ihn zu bewegen könnten, da insoweit das Sichtfahrgebot vom *Vertrauensgrundsatz* begrenzt wird (KG 11.7.2002, NZV 2003, 483; OLG Hamm 12.1.1999,

VersR 1999, 898). Ein *Verstoß* gegen das Sichtfahrgebot begründet einen *Verschuldensvorwurf* gegen den Fahrzeugführer und führt zu einer *Erhöhung der Betriebsgefahr* des Fahrzeugs (vgl. BGH 21.11.2006, DAR 2007, 201; BGH 11.1.2005, DAR 2005, 260).
Siehe auch: → *Haftungsverteilung bei Verkehrsunfällen*
                                                                          Geiger

Sichtweite → Geschwindigkeit Nr. 1, 3, → Überholen Nr. 3 e)

sofortige Vollziehung → Entziehung der Fahrerlaubnis Nr. 5

Sofortmaßnahmen am Unfallort 1. Sofortmaßnahmen am Unfallort. § 19 Abs. 1 FeV (Fahrerlaubnisverordnung) müssen Bewerber für die Fahrerlaubnisklassen AM, A1, A2, A, B, BE, L oder T die Teilnahme an einer Unterweisung in lebensrettenden Sofortmaßnahmen nachweisen. Hierbei sollen die Grundzüge der Erstversorgung von Unfallverletzten vermittelt werden. Insbesondere soll der Fahrerlaubnisbewerber mit der Rettung und der richtigen Lagerung von Unfallverletzten sowie mit anderen Sofortmaßnahmen zur Lebensrettung vertraut gemacht werden.
2. Erste Hilfe. Bewerber für die Fahrerlaubnisklassen C, C1, CE, C1E, D, D1, DE oder D1E müssen an einer Ausbildung in Erster Hilfe teilnehmen. Hierbei sollen gründliches Wissen und praktisches Können in der ersten Hilfe vermittelt werden.

Praxistipp: Ansprechpartner für Kurse für Sofortmaßnahmen am Unfallort bzw. in der ersten Hilfe sind u. a. das Deutsche Rote Kreuz (DRK) (http://www.drk.de/angebote/erste-hilfe-und-rettung/kurse-in-erster-hilfe.html), Die Johanniter (http://www.johanniter.de/aus-und-weiterbildung/erste-hilfe-kurse) sowie Die Malteser (http://www.malteser.de/erste-hilfe-und-pflege-kurse-buchen.html).

Siehe auch: → *Unterlassene Hilfeleistung*   Wehrl

Soldat → Dienstfahrt

Sonderbeziehung → Kinderunfall Nr. 5

Sonderbeziehung (deliktische) Gem. §§ 254 Abs. 2 S. 2, 278 BGB muss sich der Geschädigte ein Mitverschulden Dritter bei der *Schadensentstehung* (§ 254 Abs. 1 BGB) u. U. zurechnen lassen. Das setzt voraus, dass bereits *zum Zeit-*

punkt des schädigenden Ereignisses eine *schuldrechtliche Beziehung* zwischen dem Geschädigten und dem Dritten besteht (BGH 12.11.1985, NJW 1986, 777; BGH 1.3.1988, NJW 1988, 2667; BGH 20.5.1980, VersR 1980, 938). Eine solche Sonderbeziehung liegt in einer *(schuld-)rechtliche Verbindung* mit *gegenseitigen Rechten und Pflichten*, aus denen Pflichtverletzungen Ansprüche begründen (BGH 7.1.1992, NJW 1992, 1095), und besteht z. B., wenn sich der Geschädigte des den Schaden mitverursachenden Dritten zum Zeitpunkt des schädigenden Ereignisses als *Erfüllungsgehilfe* bedient hat. Mangels Bestehens einer solchen vertraglichen Verbindung bereits zum Zeitpunkt des schädigenden Ereignisses braucht sich ein durch ein Delikt geschädigter Minderjähriger in aller Regel das Verschulden seiner *gesetzlichen Vertreter* (seiner Eltern) bei der Schadensentstehung nicht zurechnen zu lassen, es sei denn, die Eltern haben den Schaden des Minderjährigen beim Führen eines Kfz verursacht oder ihre Aufsichtspflicht gegenüber dem Minderjährigen schuldhaft i.S.v. § 1664 BGB verletzt (s. a. → *Mithaftung und Mitverschulden*). Besteht bei mehreren Schädigern nur zu einem von ihnen ein Schuldverhältnis, welches zur Anrechnung des Mitverschuldens des Erfüllungsgehilfen des Geschädigten führt, so gilt dies auch gegenüber den anderen Schädigern, die ausschließlich aus Gefährdung oder Delikt haften (BGH 2.2.1984, NJW 1984, 2087). Ein mitwirkendes Verschulden der gesetzlichen Vertreter und Hilfspersonen bei der Pflicht zur *Schadensminderung und Schadensgeringhaltung* muss sich der Geschädigte regelmäßig und ohne Entlastungsmöglichkeit zurechnen lassen, da eine schuldrechtliche Sonderbeziehung im Rahmen des § 254 Abs. 2 BGB in aller Regel besteht (OLG Düsseldorf 10.4.1973, NJW 1973, 1801).

Geiger

Sondernutzung, Sondernutzungsgebühr
→ Sonderrechte Nr. 9, → Werbung auf öffentlicher Straße Nr. 5 c) – 7

Sonderrechte 1. Allgemeines. Die Sonderrechte bestimmter Hoheitsträger und Hilfsorganisationen regelt § 35 Abs. 1 – 5 StVO. Danach sind die Bundeswehr, die Bundespolizei, die Feuerwehr, der Katastrophenschutz, die Polizei und der Zolldienst von den Vorschriften der Straßenverkehrsordnung befreit, soweit das zur Erfüllung hoheitlicher Aufgaben dringend geboten ist. Diesen gleichgestellt ist der Rettungsdienst in Fällen des rechtfertigenden Notstands (Abs. 5a). Zur Umsetzung des Schengener Zusatzübereinkommens bzgl. der zur Nacheile oder Observation im Inland befugten ausländischen Beamten wurde Abs. 1a durch die 11. ÄndVO eingeführt und durch die 33. ÄndVO geändert. Die Sonderrechte für Straßenbau, -unterhaltung, -reinigung und Müllabfuhr sind in Abs. 6 geregelt. In Abs. 7 werden Messfahrzeugen der Regulierungsbehörde für Telekommunikation und der Post ähnliche Sonderrechte eingeräumt. Durch Abs. 8 werden alle Sonderrechte durch das Gebot der Rücksicht auf die Verkehrssicherheit beschränkt.

2. Befreiung von den Verkehrsvorschriften nach Abs. 1 und Abs. 5a. Grundsätzlich sind nur die in § 35 Abs. 1 StVO aufgezählten Organisationen bei der Erfüllung ihrer hoheitlichen Aufgaben von den Vorschriften der Straßenverkehrsordnung befreit, worunter auch die allgemeine Sorgfaltspflicht aus § 1 StVO fällt. Die Befreiung gilt nur, soweit der übrige Verkehr nur belästigt oder behindert, nicht aber gefährdet oder gar geschädigt wird. Dieses Privileg kommt auch Wegerechtsfahrzeugen nicht in Abs. 1 genannter Organisationen zugute, wenn diese das Vorrecht unter Verwendung von Blaulicht und Einsatzhorn ausüben, § 38 Abs. 1 StVO, oder wenn sie die Voraussetzungen von Abs. 5a erfüllen. Die Freistellung berechtigt jedoch nur dazu, die allgemeinen Verkehrsregeln unter Beachtung größtmöglicher Sorgfalt zu „missachten", § 35 Abs. 8 StVO (→ siehe dazu unten Nr. 6. Übermaßverbot und Berücksichtigung der öffentlichen Sicherheit und Ordnung). Sie gibt dem Hoheitsträger indes kein Vorrecht im Straßenverkehr; insbesondere steht ihm keine Vorfahrt gegenüber dem übrigen Verkehr zu. Weiterhin werden die Bevorrechtigten nicht von dem Verbot der konkreten Gefährdung oder gar der Verletzung anderer entbunden. Eine Fahrweise, die andere konkret gefährdet oder schädigt, ist daher nur auf Grund einer Abwägung nach Notstandsgesichtspunkten erlaubt. Die Freistellungen nach Abs. 1 und 5a setzen im Übrigen aber nicht voraus, dass das Fahrzeug mit Blaulicht und Einsatzhorn nach §§ 52, 55 StVZO ausgestattet ist oder beide Signale benutzt werden. Dies folgt daraus, dass sie eben auch von der Vorschrift des § 38 StVO befreit sind. Es genügt dagegen, wenn die übrigen Voraussetzungen der Absätze vorliegen. Allerdings soll, wenn möglich, im Interesse der Sicherheit die Nichtbeachtung von Verkehrsregeln durch Blaulicht und Einsatzhorn angezeigt werden (siehe Verwaltungsvorschrift zu § 35 StVO Rn. 1, abgedruckt in Hentschel/*König*/Dauer Straßenverkehrsrecht § 35 StVO Rn. 2a ff.). Die Sonderrechtsfahrer, deren Fahrzeuge auch mit Blaulicht und Einsatzhorn ausgestattet sind, können dann zwischen dem Abweichen von den Verkehrsvorschriften (§ 35 Abs. 1 StVO) und dem Ausüben des Wegerechts (§ 38 Abs. 1 StVO) wählen.

Für einen Polizeibeamten entfällt das Vorrecht nicht deshalb, weil er sich gerade nicht im Dienst befindet, er z. B. einen von ihm erkannten Verbrecher mit seinem Privatfahrzeug verfolgen will. Für einen Feuerwehrmann gilt das Vorrecht auch dann, wenn er mit seinem Privatwagen einen dringenden hoheitlichen Auftrag erfüllt, sich beispielsweise im Rahmen eines konkreten Einsatzbefehls auf dem Weg zur Feuerwehrstation oder Sammelstelle befindet und dabei das Übermaßverbot nicht verletzt; nicht hingegen gilt das Vorrecht bei der bloßen Vorbereitung eines zu erwartenden Einsatzes. Weiterhin ist zu beachten, dass Gerichtsvollzieher bei der Erfüllung hoheitlicher Aufgaben nicht befreit sind (siehe zum Ganzen Burmann/*Heß*/Jahnke/Janker Straßenverkehrsrecht § 35 StVO Rn. 1 f.; Hentschel/*König*/Dauer Straßenverkehrsrecht § 35 StVO Rn. 3 f.).

3. Erfüllung hoheitlicher Aufgaben i. S. v Abs. 1. Nach Abs. 1 werden die genannten Organisationen grundsätzlich nur von den Verhaltensvorschriften befreit, wenn dies zur Erfüllung von hoheitlichen Aufgaben geboten ist. Solche Aufgaben erfüllen die Bundeswehr und Bundespolizei insbesondere auch bei Manövern und bei Übungsfahrten. Die Polizei handelt auch dann in hoheitlichem Einsatz, wenn sie Verkehrskontrollen und andere Amtshandlungen in Zivil und mit dem Privatfahrzeug durchführt oder der Beamte keinen besonderen Einsatzbefehl hat. Feuerwehren verrichten hoheitliche Aufgaben auch dann, wenn sie nicht zur Löschung eines Brandes, sondern zur Hilfeleistung bei anderen Vorkommnissen, wie etwa Wasserschäden oder Verkehrsunfällen, unterwegs sind, denn Aufgabe der Feuerwehren ist auch die Rettung von Menschen sowie das Bergen von Habe und Hilfe bei sonstigen Notfällen. Ebenfalls zur Ausübung von hoheitlichen Aufgaben gehören Feuerwehrübungen und die Rückfahrt von einem Einsatz.

4. Dringende Gebotenheit i. S. v. Abs. 1. Das Abweichen von Verkehrsvorschriften zur Erfüllung hoheitlicher Aufgaben muss dringend geboten sein. Dies ist nur dann der Fall, wenn die sofortige Diensterfüllung wichtiger erscheint als die Beachtung der Verkehrsregeln. Dies ist wiederum gegeben, wenn die öffentliche Aufgabe bei Beachtung der Verkehrsregeln nicht, nicht ordnungsgemäß oder nicht so schnell, wie für das allgemeine Wohl erforderlich, erfüllt werden kann. In den übrigen Fällen sind auch die aus Abs. 1 Bevorrechtigten nicht von der Einhaltung der Verkehrsvorschriften befreit, da § 35 StVO eine Ausnahmevorschrift darstellt und daher auch eng auszulegen ist (OLG Celle 30.11.2006, 14 U 204/05, BeckRS 2007 00334). Um die Dringlichkeit einer Dienstaufgabe im Verhältnis zu den Gefahren, die durch die Verletzung von Verkehrsvorschriften entstehen können, zu begründen, sind sämtliche konkreten Umstände zu berücksichtigen und festzustellen (BGH 7.11.1989, VI ZR 267/88, NJW 1990, 632 [633]). Dabei sind Gewicht, Bedeutung und die Frage der Aufschiebbarkeit der Dienstaufgabe gegen die Folgen bei etwaiger Nichtbeachtung einer Verkehrsregel in der jeweiligen Lage untereinander abzuwägen (z. B. grundsätzliches Zurücktreten von bloßen Übungsfahrten, selbst wenn diese zur Erfüllung einer hoheitlichen Aufgabe erfolgen). Dem Beamten steht bei der Beurteilung der Dringlichkeit zwar ein gewisser Spielraum zu; gleichwohl sind unverhältnismäßige Entscheidungen nicht zulässig, beispielsweise eine Geschwindigkeitsüberschreitung, um einen Zeugen möglichst schnell zu einer Gerichtsverhandlung zu bringen, oder das Überfahren einer Kreuzung bei Rotlicht auf der Rückfahrt von einem Brand oder im Rahmen einer Feuerwehrübung. Die Inanspruchnahme des Vorrechts aus Abs. 1 ist im Allgemeinen durch einen Einsatzbefehl an eine Polizeistreife oder an einen Feuerwehrwagen zu rechtfertigen, wenn sich nicht aus der Anordnung selbst oder aus dem Inhalt des Auftrags ergibt, dass keine dringende Eile geboten ist. Die Dringlichkeit fehlt z. B. bei der bloßen Ablieferung beschlagnahmter Sachen (vgl. zum Ganzen und zu den Rechtsprechungsnachweisen der Beispiele Burmann/*Heß*/Jahnke/Janker Straßenverkehrsrecht § 35 StVO Rn. 8; weitere Bespiele auch bei Hentschel/*König* Straßenverkehrsrecht § 35 StVO Rn. 5).

5. Berechtige Hoheitsträger und Fahrzeuge aus § 35 StVO. a) Berechtigte nach Abs. 1 und Abs. 1 a. Nach Abs. 1 sind die Bundeswehr, die Bundespolizei, die Feuerwehr, der Katastrophenschutz, die Polizei und der Zolldienst als Bevorrechtigte genannt.

Bei Militärfahrzeugen kommt neben der Befreiung von den Verkehrsvorschriften auch eine über den Gemeingebrauch hinausgehende, nach § 29 StVO genehmigungspflichtige Abnutzung der Straße in Betracht, weshalb dafür in den Abs. 2 – 5 besondere Beschränkungen vorgesehen sind.

Unter den Polizeibegriff fallen alle Dienststellen und Beamten, die nach den Polizeiaufgabengesetzen der Länder oder aufgrund anderer Bestimmungen Polizeiaufgaben hoheitlicher Art zu erfüllen haben. Von der Befreiung umfasst sind auch getarnte Polizeistreifen in Zivil und Privatfahrzeuge der Jagd-, Forst- und Fischereiaufseher; ferner alle Fahrzeuge der genannten Verwaltungen, die nicht dem Vollzugsdienst angehören. Ebenfalls hierzu zählen die Bahnpolizei in ihrem Zuständigkeitsbereich sowie Steuerfahnder, soweit sie polizeiliche Befugnisse ausüben. Es entscheidet allein die Dienststelle, die den Einsatz anordnet, oder der Fahrzeugführer nach pflichtgemäßem Ermessen, ob das Abweichen von Verkehrsvorschriften notwendig ist.

Zur Feuerwehr zählen die Dienstfahrzeuge der beruflichen wie der freiwilligen Feuerwehren sowie die Pflicht- und Werkfeuerwehren. Auch die Unfallrettungswagen der Feuerwehr genießen die Rechte aus § 35 Abs. 1 StVO, wenn die Vorsorge für einen geordneten Krankentransport- und Rettungsdienst zu den hoheitlichen Aufgaben der Feuerwehr gehört. Dies gilt selbst dann, wenn die Voraussetzungen aus Abs. 5a nicht vorliegen. Die Bediensteten des Technischen Hilfswerks zählen zum Katastrophenschutz.

Abs. 1 gilt nach Abs. 1a auch entsprechend für ausländische Polizeibeamte, die aufgrund völkerrechtlicher Vereinbarungen zur Nacheile oder Observation im Inland berechtigt sind. Dabei ist dem jeweiligen völkerrechtlichen Vertrag zu entnehmen, welche Beamten die Sonderrechte nach § 35 Abs. 1a StVO in Anspruch nehmen dürfen.

b) Berechtigte nach Abs. 5. Nichtdeutsche Streitkräfte des Nordatlantikpakts, die in Deutschland stationiert sind, haben nach Abs. 5 die Straßenverkehrsordnung bei dringenden militärischen Erfordernissen nicht zu beachten. Bei einer übermäßigen Straßenbenutzung nach § 29 StVO müssen allerdings gewisse Sonderregelungen oder Vereinbarungen mit der Straßenverkehrsbehörde bestehen. Andernfalls darf § 29 StVO nur bei Unglücksfällen, Katastrophen oder im Fall des Staatsnotstandes umgangen werden. Die Straßennutzung und die Abweichungsmöglichkeit von den Verkehrsvorschriften für diese Truppen regelt sich nach dem NATO-Truppenstatut vom 19.6.1951 (BGBl. II 1190) und Art. 57 Abs. 4 des Zusatzvertrages vom 3.8.1959 (BGBl. II 1218, geändert durch Abkommen vom 18.3. 1993 (BGBl. II 2594, 2589)).

c) Berechtigte nach Abs. 5a. Nach Abs. 5a sind auch Fahrzeuge des Rettungsdienstes von den Vorschriften der Straßenverkehrsordnung befreit, wenn höchste Eile geboten ist, um ein Menschenleben zu retten oder schwere gesundheitliche Schäden abzuwenden. Damit muss es sich mithin um einen Notfall handeln. Die Voraussetzungen können dabei auch schon bei der Hinfahrt zum Gefährdeten erfüllt sein. Zum Rettungsdienst gehören alle Fahrzeuge, die nach ihrer Bestimmung der Lebensrettung dienen, auch wenn sie private Halter haben (z. B. private Krankenwagen und Blutkonserven befördernde Fahrzeuge). Auch die Eilbedürftigkeit eines Ärztetransports oder der Transport von medizinischem Material kann eine Inanspruchnahme von Sonderrechten rechtfertigen, wenn dieser unmittelbar den genannten Zwecken dient. Die Beurteilung, ob höchste Eile vorliegt, richtet sich maßgeblich nach dem Einsatzbefehl und dessen Glaubwürdigkeit (ex ante), nicht hingegen nach einer späteren objektiven Betrachtung (ex post), denn dem Einsatzfahrer ist es vorab nicht möglich, diese vorzunehmen. Liegen allerdings neben der Eilbedürftigkeit die übrigen Voraussetzungen des Abs. 5a vor, so kommt es für die Befreiung nicht darauf an, ob tatsächlich ein Einsatzbefehl der Rettungsleitstelle vorlag. Weiterhin sind für eine Befreiung nach Abs. 5a Blaulicht und Einsatzhorn nicht mehr erforderlich.

d) Berechtigte nach Abs. 6. Die in Abs. 6 genannten Fahrzeuge, die dem Straßenbau, der Straßenunterhaltung und -reinigung (dazu zählen auch Fahrzeuge des Straßenwinterdienstes), der Wartung von Anlagen im Straßenraum sowie der Müllabfuhr dienen, sind im Rahmen ihres Einsatzes „zu allen Zeiten" von allen Beschränkungen in der Benutzung von Straßen zum Fahren und Halten befreit. Daraus folgt, dass sie alle nicht genannten Vorschriften weiterhin zu beachten haben, was insbesondere für das Rechtsfahrgebot, die Geschwindigkeitsbeschränkungen, Vorfahrtsregeln und Überholverbote sowie für alle Grundregeln der Straßenverkehrsordnung gilt.

Ferner müssen die Fahrzeuge durch eine weiß-rot-weiße Warneinrichtung gekennzeichnet sein. Fehlt dieser Warnanstrich am Fahrzeug, so gelten die allgemeinen Vorschriften. Die in

Abs. 6 vorgeschriebene Kennzeichnung kann auch nicht durch eine anderweitige auffällige Sicherheitslackierung (z. B. orangefarbener Anstrich) und gelbe Rundumleuchte ersetzt werden. Nach S. 4 ist die auf der Fahrbahn beschäftigte Person zum Tragen von Warnkleidung verpflichtet und auch hierfür verantwortlich, denn derjenige, der keine auffällige Warnkleidung trägt, handelt nach § 49 Abs. 4 Nr. 1a StVO ordnungswidrig.

e) Berechtigte nach Abs. 7. Messfahrzeuge der Regulierungsbehörde für Telekommunikation und Post erhalten durch Abs. 7 ähnliche Sonderrechte wie die Straßenwartungsfahrzeuge aus Abs. 6. Ihnen ist es möglich, auf allen Straßen und Straßenteilen zu allen Zeiten zu fahren und zu halten, soweit dies ihr hoheitlicher Einsatz erfordert. Privaten Postdienstleistern steht damit kein Sonderrecht zu. Dieses ansonsten gewährte Sonderrecht betrifft aber nicht die Grundregeln des Fahrverhaltens aus § 1 StVO, wie das Rechtsfahr-, Rechtspark- und -halteverbot und auch nicht die Regeln des Anfahrens, Einfahrens, Abbiegens oder des Befahrens einer Einbahnstraße (vgl. zu diesen Bevorrechtigten Burmann/*Heß*/Jahnke/Janker Straßenverkehrsrecht § 35 StVO Rn. 3–7, 9–12; Hentschel/*König*/Dauer Straßenverkehrsrecht § 35 StVO Rn. 3, 7, 13 ff.).

6. Übermaßverbot und Berücksichtigung der öffentlichen Sicherheit und Ordnung. Der Gesetzgeber selbst ist durch das absolut vorrangige Übermaßverbot aus dem Grundgesetz gebunden; nur unter Beachtung desselben dürfen daher Sonderrechte beansprucht werden. Das bedeutet, dass stets das jeweils am geringsten in die Verkehrsordnung eingreifende, andere weder gefährdende noch gar schädigende Mittel zu wählen ist. Ferner steht die Ausübung aller Rechte aus § 35 StVO unter dem Vorbehalt des Abs. 8, wonach eine gebührende Berücksichtigung der öffentlichen Sicherheit und Ordnung verlangt wird. Bei jedem Abweichen von den Verkehrsregeln ist eine erhöhte Sorgfalt erforderlich. Für den Vorrechtsfahrer wird demzufolge der allgemeine Maßstab der Beurteilung verkehrsgerechten Verhaltens in zwei Richtungen abgewandelt: Zum einen wird er dadurch erleichtert, dass es ihm erlaubt ist, von Vorschriften abzuweichen; zum anderen wird er dadurch verschärft, dass er der erhöhten Unfallgefahr, die durch das Abweichen von Vorschriften herbeigeführt wird, zusätzlich begegnen muss (BGH 18.11.1957, III ZR 117/56, BGHZ 26, 69 [71]). Daraus folgt, dass die Vorsicht umso größer sein muss, je gefährlicher das Abweichen von den Vorschriften ist, denn der Verkehrssicherheit kommt gegenüber dem Interesse des Einsatzfahrzeuges am raschen Vorwärtskommen stets Vorrang zu. Der Fahrer darf daher durch die Inanspruchnahme des Sonderrechts niemanden gefährden oder verletzen. Ferner kann sich der befreite Fahrer erst dann über die Rechte anderer hinwegsetzen, wenn er nach ausreichender Ankündigung sicher sein kann, dass ihm Vorrang gewährt wird. Somit darf er eine Kreuzung bei Rotlicht nur überqueren, wenn er den Umständen nach annehmen kann, dass alle im Gefahrenbereich befindlichen Verkehrsteilnehmer die Signale wahrgenommen und sich darauf eingestellt haben. Anderenfalls darf er nur mit Schrittgeschwindigkeit in die Kreuzung einfahren, denn er kann nicht darauf vertrauen, dass alle betroffenen Verkehrsteilnehmer die Annäherung des Einsatzfahrzeuges erkennen und ihm eine freie Bahn schaffen werden (Burmann/*Heß*/Jahnke/Janker Straßenverkehrsrecht § 35 StVO Rn. 13 ff.; Hentschel/*König*/Dauer Straßenverkehrsrecht § 35 StVO Rn. 8).

7. Zuwiderhandlungen. Ordnungswidrig handelt nach § 49 Abs. 4 Nr. 1 – 2 StVO i.V.m. § 24 StVG nur derjenige, der gegen § 35 Abs. 6 S. 1 – 4 und Abs. 8 verstößt. Wer gegen Abs. 1 verstößt und damit das Sonderrecht zu Unrecht in Anspruch nimmt, verstößt daher nur gegen die Vorschrift, von der er unerlaubt abweicht. Sollten Zweifel an der rechtmäßigen Ausübung bestehen, so überprüft das Gericht im Straf- und Bußgeldverfahren, ob eine berechtigte Ausübung des hoheitlichen Rechts vorliegt, d. h. ob das Fahrzeug in den Kreis der Sonderrechtsträger fällt, ob es eine vorrangige dringende öffentliche Aufgabe erfüllt und ob das Sonderrecht gegebenenfalls zu fremder Gefährdung berechtigt hat. Solange niemand gefährdet worden ist, beschränkt sich die Nachprüfung der Ermessensentscheidung, ob ein Abweichen von Verkehrsvorschriften dringend geboten war, darauf, ob die Entscheidung einen Ermessensmissbrauch darstellt. Andererseits unterliegt die Beurteilung der Rechtfertigung einer Gefährdung anderer in vollem Umfange dem Gericht. Demgegenüber wird wiederum die Rechtmäßigkeit der Inanspruchnahme des Wegerechts vom Standpunkt des Beamten im Zeitpunkt der Ermessensentscheidung aus geprüft, jedoch nicht rückschauend unter Berücksichtigung von Umständen, die ihm unbekannt waren (vgl. Burmann/*Heß*/Jahnke/Janker Straßenverkehrsrecht § 35 StVO Rn. 15).

8. Haftungsverteilung/-fragen. Die Befreiung aus § 35 StVO entlässt die Bevorrechtigten nicht aus ihrer allgemeinen Sorgfaltspflicht. Bei Nichteinhaltung dieses Gebots können daher Ansprüche gegen die Körperschaft, in deren Auftrag der Sonderrechtsfahrer tätig war, aus § 839 BGB i.V. m. Art. 34 GG neben § 7 StVG und § 823 BGB entstehen; denn die Missachtung der Sorgfaltsanforderungen stellt eine Amtspflichtverletzung im Rahmen einer hoheitlichen Einsatzfahrt dar. Die Darlegungs- und Beweislast für Umstände, die eine Inanspruchnahme des Sonderrechts rechtfertigen, obliegt vollständig dem Halter und gegebenenfalls dem Fahrer des Einsatzfahrzeuges. Dessen ungeachtet ist anzumerken, dass den übrigen Verkehrsteilnehmern das Gebot, freie Bahn zu schaffen, bei der Verwendung von Sondersignalen immer auferlegt ist. Dies gilt unabhängig davon, ob die objektiven Voraussetzungen auch tatsächlich gegeben waren und somit die Inanspruchnahme von Sonderrechten gerechtfertigt war (Missbrauch von Warnsignalen).

Für Klärung von Haftungsfragen bei Unfällen, bei denen das Einsatzfahrzeug bei Rotlicht in die Kreuzung eingefahren ist, kommt es für die Haftungsquote darauf an, mit welcher Geschwindigkeit das Einsatzfahrzeug gefahren ist, ob es alle Warnsignale benutzt hat und ob es selbst und das Fahrverhalten für die anderen Verkehrsteilnehmer sichtbar und richtig einzuschätzen war (siehe zu mehreren Beispielen der Haftungsverteilung Burmann/Heß/Jahnke/Janker Straßenverkehrsrecht § 35 StVO Rn. 18 ff.; Hentschel/König/Dauer Straßenverkehrsrecht § 35 StVO Rn. 23; dazu auch OLG Brandenburg 13.7.2011, 2 U 13/09).

9. Verhältnis zu straßenrechtlichen Sondernutzungen. Straßenverkehrsrecht und Straßenrecht stehen in einem engen sachlichen Zusammenhang zueinander, sind aber dennoch strikt voneinander zu trennen. Während letzteres den öffentlich-rechtlichen Nutzungsstatus einer Straße durch Widmung festlegt, verfolgt ersteres ordnungsrechtliche Aspekte bei der Ausübung dieses Nutzungsrechts. In Bezug auf die Sonderrechte des Straßenverkehrsrechts aus § 35 StVO ist es möglich, dass dies trotz deren verkehrsrechtlicher Zulässigkeit eine Sondernutzung über den durch die Widmung bestimmten Gemeingebrauch i. S. d. Straßenrechts hinaus darstellt (so z. B. bei einer motorisierten Polizeistreife durch eine Fußgängerzone). Eine Sondernutzung bedarf aber nach den Straßengesetzen grundsätzlich einer Erlaubnis durch die Straßenaufsicht. Fraglich ist indes, ob die Wahrnehmung von Sonderrechten der Straßenverkehrsordnung als ausnahmsweise erlaubnisfrei gelten kann. In den Landesstraßengesetzen wird grundsätzlich von einer Sondernutzungserlaubnis abgesehen, wenn eine Erlaubnis oder Ausnahmegenehmigung einer Verkehrsbehörde vorliegt (so z. B. in § 19 ThürStrG, § 19 StrG LSA, § 16 Abs. 7 HStrG, § 16 Abs. 6 StrG BW; siehe dazu auch unter *Werbung auf öffentlicher Straße, Rn. 14*). Diese Konzentrationswirkung von straßenrechtlichen Erlaubnissen setzt jedoch eine ausdrückliche Entscheidung der Verkehrsbehörde voraus. Dagegen stellt § 35 StVO eine generelle Ausnahmebewilligung qua Gesetz dar. Diese Ausnahme von der Pflicht zur Beachtung der Verkehrsvorschriften ist somit stärker als eine von der Behörde für den Einzelfall erteilte Ausnahmegenehmigung. Mithin könnte man die jeweilige straßenrechtliche Vorschrift, die eine Ersetzungsbefugnis der verkehrsbehördlichen Entscheidungen regelt, analog auf den Fall der Sonderrechte aus § 35 StVO anwenden, so dass eine zusätzliche Sondernutzungserlaubnis nicht erforderlich wäre. Eine bessere und klarere Lösung für dieses Problem wäre indes die straßenrechtliche Regelung einer Erlaubnisfreiheit von Sondernutzungen, wenn Sonderrechte aus der Straßenverkehrsordnung rechtmäßig wahrgenommen werden (siehe zum Verhältnis von Straßenverkehrsrecht und Straßenrecht auch *Eißfler* NZV 2000, 319 ff.).

Brenner/Bohnert

Sonderweg → Fahrradstraße

Sonnenblendung → Rotlichtverstoß Nr. 7 b)

Sonntagsfahrverbot → Fahrverbot Nr. 2

Sorgfalt in eigenen Angelegenheiten → Kinderunfall Nr. 3, → Verschuldenshaftung Nr. 5

Sorgfaltspflichten → Verschuldenshaftung

Sozialversicherung → Unfallversicherung

Sozialversicherung, Ansprüche an → Ersatzansprüche Dritter Nr. 13

Sozialversicherungsträger → Haftungsausschluss bei Arbeits-/Schulunfällen Nr. 1, 5, 7, → Regress Nr. 5, → Übergang von Ersatzansprüchen Nr. 2

Spätschäden → Kinderunfall

Speed Amphetamin als Straßendroge, meistens weißes Pulver, → Amphetamin(e) *Sachs*

Sperrfrist für die Wiedererteilung einer Fahrerlaubnis → Entziehung der Fahrerlaubnis Nr. 1, 3

Sperrfristverkürzung → Abkürzung der Sperrfrist

Sperrwirkung → DAV-Abkommen Nr. 4

Spikesreifen → Reifen Nr. 3

Spontanäußerungen am Unfallort Spontanäußerungen am Unfallort gegenüber Ermittlungsbeamten sind verwertbar auch ohne vorherige Belehrung über ein → *Aussageverweigerungsrecht*, Auskunftsverweigerungsrecht oder/und → *Zeugnisverweigerungsrecht*. *Weder*

Sprungrevision → Besonderheiten des Verkehrsverwaltungsprozesses Nr. 8

Spurensicherung → Unfallanalytik Nr. 9

Spurenunstetigkeiten → Unfallanalytik Nr. 7

Spurwechsel → Haftungsverteilung bei Verkehrsunfällen Nr. 11

Standgebühren → Unfallschadenabwicklung – Sachschaden Nr. 59

Standlicht → Beleuchtung Nr. 2, 3, → Fahrzeugbeleuchtung Nr. 2

Stapelvollmacht → Vollmacht Nr. 1 c)

Stauwarnung → Warnblinklicht Nr. 2 c)

Steinschlagschaden → Haftungsverteilung bei Verkehrsunfällen Nr. 14

Stichentscheid → Rechtsschutzversicherung Nr. 24

Stickstoffoxid → Umweltzonen Nr. 1, 4 a)

Stiefel → Motorradschutzkleidung

Stilllegung 1. Der *Begriff der Stilllegung* von Kfz wird seit Inkrafttreten der FZV am 1.3.2007 im Zulassungsrecht *nicht mehr verwendet*. Die früheren Möglichkeiten der vorübergehenden Stilllegung und der endgültigen Außerbetriebsetzung wurden durch das jetzt als einziges verfügbare Verfahren der *Außerbetriebsetzung* (§ 14 FZV) ersetzt. Seit 1.1.2015 ist neben dem herkömmlichen Verfahren auch die internetbasierte Außerbetriebsetzung möglich, sofern die abgestempelten Kennzeichenschilder und die Zulassungsbescheinigung Teil I die dafür notwendigen Voraussetzungen erfüllen (§ 14 Abs. 2 bis 5). Eine besondere Form der Außerbetriebsetzung ist die *Amtsabmeldung* wegen nicht entrichteter Kfz-Steuer (§ 14 KraftStG).

2. Will der Halter ein *Kfz außer Betrieb setzen*, muss er dies bei der Zulassungsbehörde unter Vorlage der Zulassungsbescheinigung Teil I beantragen und die Kennzeichenschilder zur Entstempelung vorlegen (§ 14 Abs. 1 S. 1 FZV). Die Außerbetriebsetzung wird von der Zulassungsbehörde unter Angabe des Datums in der Zulassungsbescheinigung Teil I vermerkt. Die Zulassungsbescheinigung Teil I sowie die entstempelten Kennzeichenschilder werden dem Halter wieder ausgehändigt. Der Halter hat bei der Außerbetriebsetzung die Möglichkeit, das *bisherige Kennzeichen* zum Zwecke der Wiederzulassung befristet bis zu 12 Monaten *reservieren* zu lassen (§ 14 Abs. 1 S. 3 FZV), sofern es später mit dem gleichen Kennzeichen wieder in Betrieb genommen werden soll. Erfolgt keine Reservierung des Kennzeichens, wird es sofort mit der Außerbetriebsetzung frei. Das reservierte Kennzeichen kann nur für die Wiederzulassung des außer Betrieb gesetzten, also nicht eines anderen Fahrzeugs verwendet werden. Wenn der Halter das bisherige Kennzeichen eines außer Betrieb gesetzten Fahrzeugs für die Zulassung eines anderen Fahrzeugs verwenden will, muss er von der Reservierung absehen (denn sonst wird das Kennzeichen nicht frei) und dieses Kennzeichen als Wunschkennzeichen beantragen.

3. Für die *Wiederzulassung* eines außer Betrieb gesetzten Fahrzeugs ist anders als bei der erstmaligen Zulassung der Nachweis einer Typ- oder Einzelgenehmigung (Betriebserlaubnis) grundsätzlich nicht erforderlich. Wenn (nach 7 Jahren) die Fahrzeug- und Halterdaten im Zentralen Fahrzeugregister beim KBA bereits gelöscht wurden und dann das Vorliegen einer Typ- oder Einzelgenehmigung (Betriebserlaubnis) nicht nachgewiesen werden kann, ist für eine Wiederinbetriebnahme des Fahrzeugs eine Einzelgenehmigung (Betriebserlaubnis) nach § 21 StVZO zu erteilen, wozu es eines Gutachtens eines amtlich anerkannten Sachverständigen bedarf (§ 14 Abs. 6 S. 5 FZV).

Dauer

Stillschweigender Haftungsausschluss bei Urlaubs- und Gefälligkeitsfahrten Die Frage nach einem stillschweigend vereinbarten Haftungsausschluss stellt sich häufig dann, wenn es im Rahmen von gemeinsamen Urlaubs- oder Gefälligkeitsfahrten zu einem Schaden am Fahrzeug des Halters kommt, den der jeweilige Fahrer verursacht hat und es Streit um die Schadensbegleichung gibt.

Praxistipp: Dieser Streit kann häufig vorab verhindert werden, wenn ein Musterleih-Vertrag wie der des ADAC verwendet wird – auch wenn dies in der Praxis schwierig ist, wenn es um eine einmalige nächtliche Rückfahrten von einer Party handelt.

1. **Haftungsverzicht auch stillschweigend möglich.** Ein Haftungsverzicht kann auch stillschweigend vereinbart werden. Es handelt sich in diesen Fällen um einen *konkludent* zwischen Verletzten und Schädiger zustande gekommenen Vertrag. Der Haftungsverzicht erstreckt sich ggf. nur auf leichte Fahrlässigkeit und Gefährdungshaftung. Ansprüche können bei wirksamem Haftungsverzicht nicht mehr auf Drittleistungsträger, insbesondere Sozialversicherung, übergehen.

Hauptprobleme in der Praxis sind jedoch meinst Beweisschwierigkeiten rund um die den Unfall verursachende Fahrt.

2. **Grundsätzliche Anforderungen an den Haftungsverzicht.** Nach der ständigen Rechtsprechung des BGH kann ein Haftungsverzicht im Wege der ergänzenden Vertragsauslegung auf der Grundlage des § 242 BGB nur ausnahmsweise bei Vorliegen besonderer Umstände angenommen werden.

Voraussetzung ist grundsätzlich, dass der Schädiger, wäre die Rechtslage vorher zur Sprache gekommen, einen Haftungsverzicht gefordert und sich der Geschädigte dem ausdrücklichen Ansinnen einer solchen Abmachung billigerweise nicht hätte versagen dürfen. An diesen Voraussetzungen fehlt es regelmäßig, wenn der *Schädiger gegen* Haftpflichtschäden versichert ist, denn ein Haftungsverzicht, der nicht den Schädiger, sondern den Haftpflichtversicherer entlastet, entspricht in der Regel nicht dem Willen der Beteiligten (*BGH*, Urt. v. 10.2.2009 – VI ZR 28/08, NZV 2009, 279).

Für die Annahme eines Haftungsverzichts genügen für sich genommen auch die bloße Mitnahme eines anderen aus Gefälligkeit, enge persönliche Beziehungen zwischen den Beteiligten oder das Bestehen eines ungewöhnlichen Haftungsrisikos nicht. Erforderlich ist vielmehr grundsätzlich, dass der Schädiger keinen Haftpflichtversicherungsschutz genießt, für ihn ein nicht hinzunehmendes Haftungsrisiko bestehen würde und darüber hinaus besondere Umstände vorliegen, die im konkreten Fall einen Haftungsverzicht als besonders nahe liegend erscheinen lassen (*BGH*, Urt. v. 10.2.2009 – VI ZR 28/08 = NZV 2009, 279).

3. **Anforderungen bei Gefälligkeitsfahrten.** Bei sog. Gefälligkeitsfahrten wird ein Haftungsausschluss nur bei Vorliegen besonderer Umstände in angenommen werden können. Allein das Vorliegen einer Gefälligkeitsfahrt rechtfertigt es noch nicht, im Wege ergänzender Vertragsauslegung einen Haftungsverzicht (des Fahrzeughalters gegenüber dem unfallverursachenden Fahrzeugführer) anzunehmen.

Bei Hinzutreten weiterer Umstände ist aber die Annahme eines Haftungsverzichts möglich. Solche Umstände sind beispielsweise das besondere Interesse des Fahrzeugeigentümers daran, dass der „Gefällige" an seiner Stelle das Kraftfahrzeug fährt oder die Tatsache, dass dem Fahrzeugeigentümer eine Fahrt abgenommen wurde, die dieser verbindlich zugesagt hatte bzw. die Kenntnis des Fahrzeugeigentümers, dass der „Gefällige" eine geringe Fahrpraxis hat oder mit dem Fahrzeug nicht vertraut war (*OLG München*, Beschl. v. 17.7.1996 – 27 W 97/96, DAR 1988, 17).

Dementsprechend wurde vom BGH ein stillschweigender Haftungsverzicht für einfache Fahrlässigkeit bejaht, wenn der Halter eines Kraftwagens bei *der gemeinsamen Heimfahrt* von der Arbeitsstelle einen ihm unterstellten Arbeitskollegen beauftragte, das Steuer zu übernehmen, obwohl dieser hinsichtlich einer fahrlässig verursachten Verletzung des Halters als Insasse des Fahrzeugs keinen Versicherungsschutz genossen hat (*BGH*, Urt. v. 15.1.1980 – VI ZR 191/78, VRS 58, 333).

Eine solche Haftungsbeschränkung gilt auch dann als stillschweigend vereinbart, wenn der Fahrer uneigennützig eine Personengruppe zu einer Festtagsveranstaltung befördert oder auf Wunsch des angetrunkenen oder verletzten Fahrzeugführers das Steuer übernimmt. In den Genuss einer derartigen Haftungsbeschränkung kommt auch der Mitreisende, der auf Wunsch des Veranstalters das Steuer des Fahrzeugs übernimmt. *Kärger*

Stillschweigender Haftungsausschluss bei Kfz-Unfällen Ein *stillschweigender Haftungsausschluss (Haftungsverzicht)* bei Verkehrsunfällen wird in verschiedenen Konstellationen in Betracht gezogen: Gefälligkeitsfahrt (s. a. → *Gefälligkeitsfahrt),* gesellschaftsähnlich vereinbarte Urlaubsfahrt (BGH 14.11.1978, NJW 1979, 414; BGH 10.2.2009, DAR 2009, 327), Mitnahme enger Familienangehöriger und Teilnahme an einem Autorennen (BGH 29.1. 2008, NJW 2008, 1591), dagegen in der Regel nicht bei der Benutzung eines Verkehrsübungsplatzes (OLG Koblenz 14.3.2011, 12 U 1529/09), beim Zuschauen bei Autorennen und bei Zuverlässigkeitsfahrten im Verhältnis zwischen Fahrer und Co-Pilot. Stets ist jeweils anhand einer *Abwägung der Umstände des Einzelfalles* zu ermitteln, ob die Annahme eines solchen Haftungsausschlusses den *Interessen* und dem *mutmaßlichen Willen* der Beteiligten bei Bedenken der Haftungsfrage vor Fahrtantritt entsprochen hätte (vgl. OLG Frankfurt 21.6. 2005, MDR 2006, 330). Nimmt der Fahrer eines Kfz eine andere Person aus reiner *Gefälligkeit* mit dem Kfz mit, und verursacht der Fahrer dann fahrlässig (nicht etwa grob fahrlässig oder gar vorsätzlich) einen Unfall, durch welchen der aus Gefälligkeit mitgenommene Mitfahrer zu Schaden kommt, kann ein stillschweigend vereinbarter *Haftungsausschluss* in Betracht kommen, wenn nicht eine Kfz-Haftpflichtversicherung für den Schaden des Mitfahrers einsteht (BGH 15.1.1980, VersR 1980, 384; OLG München 17.7.1996, DAR 1998, 17). Vertraut sich ein Fahrgast einem *verkehrsuntüchtigen Fahrer* oder einem *Fahrer ohne Fahrerlaubnis* an, dann stellt dies keinen Fall eines Haftungsverzichts oder einer Einwilligung in eine Schädigung dar. Vielmehr muss sich der Beifahrer ein *Mitverschulden* anrechnen lassen, wenn sich die dem Beifahrer *aufdrängende* Fahruntüchtigkeit oder die *bekanntermaßen* fehlende Fahrerlaubnis in einem von dem fahruntüchtigen Fahrer verursachten Unfall *ausgewirkt* hat (BGH 4.7. 1967, VersR 1967, 974; BGH 2.7.1985, VersR 1985, 965; s. a. *Beifahrer).* Bei der Teilnahme an einem *sportlichen Wettbewerb mit erheblichem Gefahrenpotential,* wie z. B. einem Autorennen, bei dem typischerweise auch bei Einhaltung der Wettbewerbsregeln oder geringfügiger Regelverletzung die Gefahr gegenseitiger Schadenszufügungen besteht, was den Teilnehmern bewusst ist und wegen des sportlichen Vergnügens in Kauf genommen wird, gilt der Grundsatz, dass die Inanspruchnahme des schädigenden Wettbewerbers für ohne gewichtige Regelverletzung verursachte Schäden eines Mitbewerbers ausgeschlossen ist (BGH 1.4.2003, DAR 2003, 410; BGH 17.2. 2009, DAR 2009, 326; vgl. OLG Naumburg 15.2.2013, 10 U 33/12), wenn insoweit kein *Versicherungsschutz* besteht (BGH 29.1. 2008, DAR 2008, 265, m. Anm. *Richter* DAR 2008, 388). In aller Regel spricht das Bestehen eines Haftpflichtversicherungsschutzes gegen eine stillschweigende Haftungsbeschränkung oder einen vollständigen Haftungsverzicht (BGH 15.1.1980, VersR 1980, 384; BGH 29.1.2008, DAR 2008, 265). *Geiger*

Störungsbeseitigung → Abschleppkosten Nr. 1

Strafklageverbrauch → Doppelverfolgungsverbot Nr. 2, 3

Straßenbaulast → Unterhaltung von Verkehrszeichen Nr. 1, → Verkehrseinrichtungen Nr. 4

Straßenbenutzung → Fahrradfahrer Nr. 2

Straßenbenutzungsgebühren → Autobahnmaut Nr. 3

Straßengüterverkehrssteuer → Autobahnmaut Nr. 3

Straßenverkehrsgefährdung → Gefährdung des Straßenverkehrs (§ 315c StGB)

Straßenverkehrsgesetz Im *Straßenverkehrsgesetz* (StVG) werden die *Zulassung der Personen und Kraftfahrzeuge* zum öffentlichen Straßenverkehr, die Verwendung fälschungssicherer *Kennzeichen,* die *Fahrerlaubnis* (Arten, Erteilung, Nachweis, Entziehung, Fahrverbot), die Rechtsfolgen des *Fahrens ohne Fahrerlaubnis* (§ 21 StVG), die *Gebühren* für Maßnahmen im Straßenverkehr, die Grundlagen für *Verkehrsordnungswidrigkeiten* und deren Rechtsfolgen, die Einrichtung und Funktion des *Verkehrszentralregisters,* die *Haftpflicht des Fahrers und des Halters* bei Personen- und Sachschäden (§§ 7, 18 StVG) neben der allgemeinen zivilrechtlichen Haftung geregelt und *Regelungsermächtigungen* für das Bundesverkehrsministerium aufgestellt (*Hentschel/König/Dauer* Einleitung Rn. 3 f.). *Geiger*

Straßenverkehrs-Zulassungsordnung 1. Allgemeines. Die Straßenverkehrs-Zulassungsordnung (StVZO) regelt im Wesentlichen die *technischen Anforderungen* an Kfz und Kfz-Anhänger. Die bis Ende 1998 in der StVZO enthaltenen Fahrerlaubnisvorschriften sind heute in der Fahrerlaubnis-Verordnung (FeV), die bis

28.2.2007 in der StVZO enthaltenen Regelungen über die Zulassung von Kfz mit einer bauartbestimmten Höchstgeschwindigkeit von mehr als 6 km/h und von Kfz-Anhängern sind in der Fahrzeug-Zulassungsverordnung (FZV) geregelt.
2. §§ 16 und 17 StVZO enthalten Regelungen über die Zulassung von Fahrzeugen zum Straßenverkehr, die nicht unter die FZV fallen. Die Bestimmungen der §§ 19 bis 22 StVZO über die *Betriebserlaubnis* haben nur noch Bedeutung, soweit die EG-Fahrzeuggenehmigungsverordnung (EG-FGV) nicht als Spezialregelung anwendbar ist. § 13 EG-FGV ist lex specialis gegenüber § 21 StVZO für die Erteilung bestimmter EG-Einzelgenehmigungen (→ *Betriebserlaubnis*). § 22 a StVZO regelt die *Bauartgenehmigung für Fahrzeugteile*. Nach § 23 StVZO ist zur Einstufung eines Kfz als *Oldtimer* (§ 2 Nr. 22 FZV) ein technisches Gutachten erforderlich. § 29 StVZO enthält die Bestimmungen zu den vorgeschriebenen *technischen Untersuchungen* (Hauptuntersuchung einschließlich Abgasuntersuchung, Sicherheitsprüfung). §§ 30 bis 62 StVZO enthalten die *Bau- und Betriebsvorschriften* für Kfz und Kfz-Anhänger. Die Regelung des § 31 a StVZO über die *Anordnung eines Fahrtenbuchs* bei Nichtfeststellbarkeit des Fahrers nach einer Verkehrszuwiderhandlung (→ *Fahrtenbuchauflage*) passt systematisch nicht in diesen Zusammenhang. § 47 a StVZO über die Abgasuntersuchung ist aufgehoben worden, nachdem die Abgasuntersuchung in die Hauptuntersuchung nach § 29 StVZO integriert worden ist. §§ 63 bis 67 StVZO enthalten technische Bestimmungen über *andere Straßenfahrzeuge*. § 67 StVZO befasst sich mit der Beleuchtung von *Fahrrädern*. *Dauer*

Streckenverbot → Geschwindigkeit Nr. 2, 4, → Sichtbarkeitsgrundsatz Nr. 2, → Überholen Nr. 36

Streitwert → Anwaltsgebühren in Verkehrsverwaltungssachen Nr. 3, 7, → Besonderheiten der Verkehrsunfallklage Nr. 4, 5, → Deckungsklage Nr. 6, → Feststellungsklage Nr. 3, 4

Streitwerte im verwaltungsgerichtlichen Verfahren 1. Allgemeines. Gerichtskosten und Anwaltskosten im Verwaltungsverfahren basieren – wie auch im Zivilrecht – auf dem konkreten Streitwert der Angelegenheit. Die Höhe der Gerichtskosten im Verwaltungsverfahren wird damit auf Grundlage des jeweiligen Streitwertes ermittelt (§ 1 Nr. 2 GKG i.V.m. § 3 Abs. 1 GKG). Sowohl außergerichtliche als auch gerichtliche Anwaltskosten bestehen im Verwaltungsverfahren aus Wertgebühren (§ 13 RVG i.V.m. den jeweiligen Gebührentatbeständen im Vergütungsverzeichnis zum RVG).
2. Streitwertkatalog. Für die Verwaltungsgerichtsbarkeit besteht ein Streitwertkatalog, der von einer von den Präsidenten des Bundesverwaltungsgerichts und der Oberverwaltungsgerichte bzw. Verwaltungsgerichtshöfe beauftragten Streitwertkommission erstellt wurde. Der Streitwertkatalog ist in verschiedene Verwaltungsrechtsgebiete unterteilt, in den dortigen Abschnitten lassen sich dann die Streitwerte für unterschiedliche Streitgegenstände entnehmen. Der im Jahr 2013 aktualisierte Streitwertkatalog kann im Internet unter www.bundesverwaltungsgericht.de abgerufen werden. Mit dem Streitwertkatalog werden – soweit nicht auf gesetzliche Bestimmungen hingewiesen wird – jedoch nur Empfehlungen ausgesprochen, denen das Gericht bei der Festsetzung des Streitwertes bzw. des Wertes der anwaltlichen Tätigkeit aus eigenem Ermessen folgt oder nicht.
3. Auffangwert. Sofern der Streitwert im Streitwertkatalog nicht mit einem konkreten Betrag in Euro oder aber die Berechnung nicht konkret festgelegt ist, so ist im Einzelfall ggf. der Auffangwert zu berücksichtigen. Der Auffangwert wird dort genannt, wo im Regelfall eine Wertbestimmung nach anderen Maßstäben nicht möglich erscheint. Gem. § 52 Abs. 2 GKG beträgt der Auffangwert derzeit 5.000,00 €.
4. Streitwertbeispiele. Im Verkehrsverwaltungsrecht wird die Höhe des Streitswerts je nach Streitgegenstand beispielsweise wie folgt bestimmt:

Katalog-nummer	Streitgegenstand	Höhe des Streitswerts
35.1	Polizei- und ordnungsrechtliche Verfügung, polizeiliche Sicherstellung	wirtschaftliches Interesse, sonst Auffangwert
46.1	Fahrerlaubnis Klasse A	Auffangwert
46.2	Fahrerlaubnis Klasse AM, A1, A2	½ Auffangwert
46.3	Fahrerlaubnis Klasse B, BE	Auffangwert
46.4	Fahrerlaubnis Klasse C, CE	1 ½ Auffangwert
46.5	Fahrerlaubnis Klasse C1, C1E	Auffangwert
46.6	Fahrerlaubnis Klasse D, DE	1 ½ Auffangwert
46.7	Fahrerlaubnis Klasse D1, D1E	Auffangwert
46.8	Fahrerlaubnis Klasse L	½ Auffangwert
46.9	Fahrerlaubnis Klasse T	½ Auffangwert
46.10	Fahrerlaubnis zur Fahrgastbeförderung	2-facher Auffangwert
46.11	Fahrtenbuchauflage	400,00 € je Monat
46.12	Teilnahme an Aufbauseminar	½ Auffangwert
46.13	Verlängerung der Probezeit	½ Auffangwert
46.14	Verbot des Fahrens erlaubnisfreier Fahrzeuge	Auffangwert
46.15	Verkehrsregelnde Anordnung	Auffangwert
46.16	Sicherstellung, Stilllegung eines Kraftfahrzeugs	½ Auffangwert

5. Gesamtstreitwert. Kommt neben der Entziehung der Fahrerlaubnis der Klasse B z. B. auch die Entziehung der Fahrerlaubnis der Klassen A und C in Betracht, so richtet sich der Gesamtstreitwert nicht nach dem höchsten Einzelstreitwert, sondern nach der Summe aller Einzelstreitwerte; bei den Einzelstreitwerten für die Klassen A (5.000,00 €), B (5.000,00 €) und C (7.500,00 €) ergäbe sich dann beispielsweise ein Gesamtstreitwert von 17.500,00 € (BayVGH 23.11.2010, 11 CS 10.2250, SVR 2011, 38; OVG Weimar 26.11.2008, 2 VO 656/08, DAR 2009, 357). Unberücksichtigt bei der Streitwertberechnung bleiben jedoch Klassen, die bereits von anderen Klassen umfasst sind: Eine Entziehung der Fahrerlaubnis der Klassen C (7.500,00 €) und C1 (5.000,00 €) würde z. B. zu einem Gesamtstreitwert von 7.500,00 € führen, da die Klasse C1 vollständig in der Klasse C enthalten ist und ihr daher keine eigenständige Bedeutung zukommt. *Langer*

Streitwertkatalog → Anwaltsgebühren in Verkehrsverwaltungssachen Nr. 3, → Streitwerte im verwaltungsgerichtlichen Verfahren Nr. 2, 3

Strengbeweis → Besonderheiten des Verkehrsunfallprozesses Nr. 9

Stückelung des Fahrverbots → Fahrverbotvollstreckung Nr. 2

Stufensystem → Punktsystem Nr. 3–5

Stundenverrechnungssätze → Unfallschadenabwicklung – Sachschaden Nr. 18

Stundung → Abtretung von Schadenersatzansprüchen Nr. 3

Sturmschaden → Teilkaskoversicherung Nr. 4

Sturztrunk Erhebliche Alkoholaufnahme innerhalb kurzer Zeit; gemäß Rechtsprechung 0,5 – 0,8 g/kg*KG.
Die Höhe der Alkoholbelastung pro Zeiteinheit hat einerseits Auswirkungen auf die zu unterstellende Resorptionsdauer und damit auf die anzusetzende rückrechenbare Zeit („je näher das Resorptionsende am Blutentnahmezeitpunkt liegt, um geringer die zu berechnende BAK").
Grundsätzlich schreibt die Rechtsprechung vor, dass 120 min nach Trinkende zu unterstellen sind.
Aus sachverständiger Sicht sind zumeist 90 min sicher ausreichend. Im Falle des Sturztrunks sind 120 min zu unterstellen.
Andererseits hat die Alkoholbelastung pro Zeiteinheit auch unterschiedliche neurologische Effekte.
Je höher die Belastung, umso gravierender die Ausfallerscheinungen (in Abhängigkeit von der bestehenden Alkoholtoleranz). *Priemer*

StVZO → Straßenverkehrs-Zulassungsordnung

Subsidiarität → Feststellungsklage Nr. 1, → Nachhaftung

Substantiierung des Sachvortrags → Besonderheiten des Verkehrsunfallprozesses Nr. 5

S Substitutionsbehandlung

Substitutionsbehandlung Bezeichnung für die medikamentöse Versorgung von Suchtkranken zur Vermeidung von Entzugserscheinungen. Typische Substitutionsmedikamente sind Dihydrocodein, Methadon oder Buprenorphin (auch kombiniert mit Naloxon) bei Opiatabhängigkeit *Priemer*

Subutex® Handelsprodukt von Buprenorphin-HCl.
Siehe auch: → *Buprenorphin* *Sachs*

Suchscheinwerfer → Fahrzeugbeleuchtung Nr. 2

summarisches Verfahren → Besonderheiten des Verkehrsverwaltungsprozesses Nr. 10 c) aa)

T

Tachograph → Kontrollgerät [Fahrtschreiber]

Tacho, defekter → Geschwindigkeit Nr. 9

Tachomanipulation → Missbrauch von Wegstreckenzählern Nr. 2, → Diagrammscheibe

Tachoscheibe → Kontrollgerät [Fahrtschreiber], → Lenk- und Ruhezeiten

Tagesruhezeit → Lenk- und Ruhezeiten

Tatbestandsirrtum Geregelt in § 16 StGB. Wer bei Tatbegehung einen Umstand nicht kennt, der zum gesetzlichen Straftatbestand gehört, handelt nicht vorsätzlich (§ 16 Abs. 1 S. 1 StGB). Das folgt schon aus der gängigen Definition des Begriffes Vorsatz (→ *Vorsatz und Fahrlässigkeit*). Der Täter kann aber wegen fahrlässiger Begehung bestraft werden (§ 16 Abs. 1 S. 2 StGB), vorausgesetzt, dass der in Rede stehende Straftatvorwurf eine fahrlässige Begehung „kennt". T. ist es auch, wenn der Täter irrig Umstände annimmt, die den Tatbestand eines milderen Gesetzes verwirklichen würden, dann kann er wegen Vorsatzes nur nach letzterem bestraft werden (§ 16 Abs. 2 StGB). Der T. ist zu unterscheiden vom → *Verbotsirrtum*

Weder

Tatbestandsirrtum → Irrtum Nr. 3 a)

Tateinheit und Tatmehrheit 1. Allgemeines. Tateinheit (§ 52 StGB bzw. § 19 OWiG) und Tatmehrheit (§ 53 StGB bzw. § 20 OWiG) stehen zueinander in Konkurrenz, sowohl im Strafrecht als auch im Ordnungswidrigkeitenrecht. Ob Tateinheit oder Tatmehrheit vorliegt, hat vor allem Auswirkung auf den Schuldspruch und das Ausmaß der Ahndung.
2. Tateinheit (Idealkonkurrenz) ist gegeben, wenn durch dieselbe Handlung mehrere Gesetze (ungleichartige Tateinheit) oder dasselbe Gesetz mehrmals (gleichartige Tateinheit) verletzt wird (§ 52 Abs. 1 StGB bzw. § 19 Abs. 1 OWiG). Für eine Tateinheit wird eine einzige Willensbetätigung (d. h. eine einzige Handlung im natürlichen Sinn) oder aber eine natürliche oder rechtliche Handlungseinheit vorausgesetzt. Bei Tateinheit wird nur auf eine Strafe bzw. Geldbuße erkannt; die Ahndung erfolgt nach dem Gesetz, welches die höchste Strafe bzw. Geldbuße androht (§ 52 Abs. 2 S. 1 StGB bzw. § 19 Abs. 2 S. 1 OWiG). In Strafsachen darf die festgesetzte Strafe nicht milder sein, als die anderen anwendbaren Gesetze es zulassen (§ 52 Abs. 2 S. 2 StGB; im Ordnungswidrigkeitenrecht gibt es keine Mindestgeldbußen). *Einzelfälle* von Tateinheit: Innerhalb eines Doppelwochenverstoßes begangene selbstständige Tages- oder Wochenverstöße gegen die Vorschriften über Lenk- und Ruhezeiten (OLG Hamm 16.4.2012, III-3 RBs 105/12, DAR 2012, 401).
3. Tatmehrheit (Realkonkurrenz) liegt dann vor, wenn mehrere Taten (die keine Tateinheit darstellen) begangen werden, die gleichzeitig abgeurteilt werden, und dadurch mehrere Strafen bzw. Geldbußen verwirkt sind (§ 53 Abs. 1 StGB bzw. § 20 OWiG). Während im Strafrecht eine Gesamtstrafe gebildet wird (die gem. § 54 StGB für den Beschuldigten günstiger ist als die Summe der Einzelstrafen), gilt im Ordnungswidrigkeitenrecht dagegen das Kumulationsprinzip (d. h. die Einzelgeldbußen werden gesondert und ohne „Gesamtstrafenbildung" festgesetzt). Die im Strafrecht mögliche Bildung der Gesamtstrafe (§ 54 StGB) kann auch nachträglich erfolgen (§ 55 StGB). *Einzelfälle* von Tatmehrheit: Mehrere eigenständige Lenkzeitverstöße auch bei Auftreten in einem einzigen Kontroll- oder Überprüfungszeitraum (BGH 12.9.2013, 4 StR 503/12, BeckRS 2013, 18472).
4. Dauerdelikte sind Handlungen, bei denen über einen längeren Zeitraum ein rechtswidriger Zustand oder eine mit Strafe oder Geldbuße bewehrte Tätigkeit aufrechterhalten wird. Die Verwirklichung eines Dauerdelikts allein ist unter Tateinheit einzuordnen. Zwei eigentlich in Tatmehrheit zueinander stehende Delikte können durch die sog. *Klammerwirkung* des Dauerdelikts insgesamt zur Tateinheit führen, wenn sich die Tathandlungen von Dauerdelikt einerseits sowie den anderen Delikten andererseits zumindest teilweise decken.
5. Zusammentreffen von Straftaten und Ordnungswidrigkeiten. Stellt eine Handlung gleichzeitig Straftat und Ordnungswidrigkeit dar, so wird nur das Strafgesetz angewendet (§ 21 Abs. 1 S. 1 OWiG). Wird eine Strafe jedoch nicht verhängt, so kann die Tat zumindest als Ordnungswidrigkeit geahndet werden (§ 21 Abs. 2 OWiG).

Langer

Täteridentifizierung → Fahrerermittlung

Täuschung → Arglistige Täuschung

T Tatmehrheit

Tatmehrheit → Punktsystem Nr. 2, → Tateinheit und Tatmehrheit

Tatortrecht → Auslandsunfall Nr. 3, → Besonderheiten der Verkehrsunfallklage Nr. 5, 8, → Grüne Karte Fall Nr. 3, → Rosa Grenzversicherungsschein Nr. 3

Tattagsprinzip → Punktsystem Nr. 4

Taxen → Halten und Parken Nr. 2 e)

technische Mängel → Halterhaftung

technische Untersuchungen → Straßenverkehrs-Zulassungsordnung Nr. 2

Teildeckung → Rechtsschutzversicherung Nr. 10

Teilegutachten → Betriebserlaubnis Nr. 3

Teilkaskoversicherung Üblicherweise werden in der Teilkaskoversicherung folgende Schäden gedeckt:
- Brand
- Explosion
- Kurzschluss
- Entwendung
- Sturm / Hagel / Blitzschlag / Überschwemmung
- Wildschaden
- Glasbruch

Praxistipp: Der konkrete Leistungsumfang der Teilkasko im Einzelfall muss immer anhand der konkret vereinbarten Versicherungsbedingungen geprüft werden, da diese von den nachstehenden Ausführungen abweichen kann.

1. Brand (A. 2.2.1 AKB 2008). Die Definition des Brandes wird aus § 1 2. AFB 2008 übernommen. Brand ist „Feuer, das ohne einen bestimmungsmässigen Herd entstanden ist oder ihn verlassen hat und sich aus eigener Kraft auszubreiten vermag".
Ausschluss besteht für Fahrzeugteile, die bestimmungsgemäß Hitze und Feuer ausgesetzt sind wie Zündkerzen oder Sicherungen. Ebenfalls ausgeschlossen sind Katalysatoren, deren „Durchbrennen" einen Schmelzvorgang und kein Brand ist. Gleiches gilt für Kabelbrände, hier liegt meist nicht versicherter Schmorschaden vor.
Das Fahrzeug selbst muss nicht vom Brand erfasst sein, das Schadenfeuer muss jedoch adäquat kausal für den Fahrzeugschaden sein, so z. B. wenn Teile eines brennenden Hauses auf Fahrzeug fallen und somit die Voraussetzung, „durch Brand verursacht" vorliegt (LG Düsseldorf 6.8.1991 4U 251/90, VersR 1992, 567). Eine Eintrittspflicht liegt auch bei einem Brand nach einem Unfall (OLG Nürnberg 31.3.1994 8 U 3630/93, NJW-RR 1995, 862).

2. Explosion (A.2.2.1 AKB 2008). Eine Explosion definiert sich gemäß § 1 4. AFB 2008. Explosion ist „eine auf dem Ausdehnungsbestreben von Gasen oder Dämpfen beruhende, plötzlich verlaufende Kraftäußerung".
Eine Implosion ist nicht gleich Explosion, sie ist auch kein Unfall, sondern es liegt ein Betriebsschaden durch eine Fehlbedienung vor. Versicherungsschutz besteht bei nach Explosion herumfliegenden Teilen ebenso wie bei Brand nach Explosion sowie Explosion nach Brand.

3. Kurzschluss (A.2.2.6. AKB 2008). Hier besteht Versicherungsschutz für Schäden an der Verkabelung des Fahrzeugs durch Kurzschluss. Folgeschäden sind jedoch nicht abgesichert.

4. Naturgewalten (A.2.2.3 AKB 2008). Meist sind Sturm, Hagel, Blitzschlag und Überschwemmung gedeckt.
Wichtig ist, dass der Schaden durch die Naturgewalt verursacht worden ist. Unmittelbarkeit liegt nur dann vor, wenn zwischen Ursachenereignis und Erfolg keine weitere Ursache tritt.
An der Unmittelbarkeit fehlt es, wenn:
- wenn nicht jede andere Ursache – z. B. überhöhte Geschwindigkeit – beim Sturmschaden ausgeschlossen werden kann (BGH 19.10.193 IV ZR 51/82)
- wenn ein Autofahrer in einen auf der Straße liegenden bereits entwurzelten Baum fährt
- wenn ein Kraftfahrer in eine überschwemmte Straße einfährt (Wasserschlag).

Eine Unmittelbarkeit einer Überschwemmung liegt nach einer Entscheidung des Bundesgerichtshofs (BGH 26.4.2006 IV ZR 154/05, DAR 2006, 447) jedoch auch dann vor, wenn so starker Regen auf einen Berghang niedergeht, dass der Regen weder vollständig versickern noch sonst geordnet auf natürlichem Wege abfließen kann und sturzbachartig den Hang hinunter fließt. Dabei ist es unschädlich, wenn mit dem Regenwasser auch Steine und Geröll herunter gespült werden und dadurch der Schaden verursacht wird.

5. Entwendung / Unterschlagung. *Entwendung.* Eine Entwendung im Sinne des A.2.2.2 AKB 2008 liegt bei einer „widerrechtlichen Sachenziehung vor, die zur widerrechtlichen Entrechtung des Eigentümers führt", es muss also

der Bruch fremden und die Begründung neuen Gewahrsams vorliegen. Erfolgt die Übertragung des Gewahrsams durch eine Täuschung, liegt ein nicht versicherter Betrug vor.
Ist die Abgrenzung zwischen Entwendung und Betrug nicht möglich, besteht Leistungsfreiheit des Versicherers (OLG Jena 1.7.1998 4 U 1448/97, ZfS 1999, 24).
Beim Diebstahlversuch sind nur die Schäden durch die Entwendungshandlung versichert, nicht jedoch weitergehende Vandalismusschäden.
Unterschlagung. Eine Unterschlagung im Sinne A.2.2.2 AKB 2008 stellt auf den rein strafrechtlichen Begriff i. S. d. § 246 StGB ab und erfordert dessen vollendeten Tatbestand:
„Rechtswidrige Zueignung einer fremden beweglichen Sache, die sich im Alleingewahrsam des Täters befindet":
In den Versicherungsbedingungen ist meist eine Risikoausschlussklausel für Unterschlagung durch einen bestimmten Personenkreis aufgenommen, nämlich für diejenigen, denen das Fahrzeug zum Gebrauch überlassen wird (so z. B. in A.2.2.2. AKB 2008):
– Käufer bei Verkauf des Fahrzeugs unter Eigentumsvorbehalt
– Übergabe an Vermittler zwecks Vorführung bei Kaufinteressenten, hier liegt Gebrauchsüberlassung vor
– Vermietung des Fahrzeugs ist Gebrauchsüberlassung. Hier hat der Vermieter die Darlegungs- und Beweislast, dass das Fahrzeug nicht vom Mieter, sondern von einer anderen Person unterschlagen oder entwendet worden ist.

6. Wildschaden. Auch hier ist wiederum der individuelle Versicherungsumfang der jeweiligen Teilkaskoversicherung im Einzelfall maßgebend.
Meist ist der Zusammenstoß mit Haarwild (§ 2 Abs. 1 Bundesjagdgesetz in Abgrenzung Abs. 2 das Federwild betreffend) versichert:

7. Marderbissschaden. Abhängig von den Versicherungsbedingungen können direkte Marderbissschäden in der Kaskoversicherung mitversichert sein.
Dies gilt NUR für unmittelbare Schäden an Schläuchen, Kabel etc. NICHT umfasst sind mittelbare Schäden, die z. B. durch Kühlmittelverlust eintreten, wenn die Schläuche ein vom Marder verursachtes Leck haben und es daher zu einem teuren Motorschaden durch Überhitzung kommt.
Es gibt aber inzwischen Autoversicherungen, die nach Ihren Versicherungsbedingungen die Folgeschäden eines Marderbisses bis zu einer gewissen Höhe versichern – ein in der Praxis sehr sinnvoller Versicherungsschutz für den Versicherungsnehmer.

8. Glasschäden (A.2.2.5 AKB 2008). Versicherungsschutz für Glasschäden besteht sowohl in Teil- als auch in Vollkaskoversicherung.
Der Versicherungsschutz erstreckt sich nach A.2.2.5 AKB 2008 in der Vollkasko- und in der Teilkaskoversicherung auf Bruchschäden an der Verglasung des Fahrzeugs, unabhängig von deren Ursache. Versichert sind also Unfall-, Brems- und Betriebsschäden.
Der Streit um die Frage der Entschädigung beginnt meist schon damit, was unter „Glas" im Sinne der AKB-Bestimmung zu verstehen ist. Dazu zählt auch Kunststoff (Plastik), wenn er als Verglasung verarbeitet ist. Es braucht sich nicht um mineralisches, kristallines Glas zu handeln. Nach anderen Gerichtsentscheidungen muss es sich um „richtiges" Glas handeln.
Zum ersatzfähigen Glasschaden gehören auch in das Glas eingebaute Drähte, wie dies bei einer beheizbaren Heckscheibe und einer integrierten Radioantenne der Fall ist.
Streitig ist wiederum, ob auch der Wert einer aufgeklebten Autobahnvignette bei Bruch der Scheibe unter den Versicherungsschutz fällt.

9. Zubehör. Die sog. Liste der mitversicherten Fahrzeugteile ist meist als Anlage zu A.2.18 AKB 2008 den Bedingungen beigefügt.
Prämienfrei mitversichert sind meist z. B. Kindersitze, Feuerlöscher und einfache Kameras zur Unfallaufnahme. Gegen Prämienaufschlag versicherbar sind z. B. ab bestimmten Wertegrenzen Navigationssysteme oder teuere Audiosysteme. Nicht versicherbar sind z. B. Autokarten, Garagentoröffner, Handys, Vorzelte. Auch im Fahrzeug aufbewahrte Dinge wie Laptops sind nicht von der Kaskoversicherung umfasst.
Dies kann insbesondere im Diebstahlsfall wichtig werden, denn Schäden am Fahrzeug selbst beim Aufbruch werden nur dann ersetzt, wenn sich der Diebstahl gegen versicherte Teile wie z. B. die einfache Kamera richtete bzw. diese entwendet wurden. Dies gilt insbesondere auch für den Ersatz eines aufgeschlitzten Cabrioverdecks, auch hier muss der Diebstahl sich auf versicherte Gegenstände richten.
Beim Überschreiten der Wertegrenzen besteht meist gar kein Versicherungsschutz, auch nicht für den die Grenze unterschreitenden Teilbetrag. *Kärger*

Teilklage → Besonderheiten der Verkehrsunfallklage Nr. 6

T Teilnahmebescheinigung

Teilnahmebescheinigung → Aufbauseminar Nr. 3, → Punktsystem Nr. 1, 4, 6 b), → Verkehrspsychologische Beratung Nr. 3

Teilungsabkommen 1. Definition. Ein Teilungsabkommen ist eine Vereinbarung zwischen mehreren Versicherungsunternehmen oder aber zwischen Versicherungsunternehmen und Sozialversicherungsträgern.
Durch das Teilungsabkommen soll im Schadenfall eine vereinfachte Abwicklung der gegenseitigen Ansprüche ermöglicht werden.
So verzichtet nach dieser Vereinbarung die Versicherung, gegen deren Versicherungsnehmer Ersatzansprüche geltend gemacht werden, auf die Prüfung der Haftungsfrage.
Sie erstattet – je nach Vereinbarung im Teilungsabkommen – entweder den geltend gemachten Betrag oder aber die im Teilungsabkommen festgesetzte Quote davon.
Auf diese Weise kann ein Streit über die Haftungsfrage dem Grunde und der Höhe nach vermieden werden. Das Teilungsabkommen erspart hier beiden Seiten eine aufwändige und umfangreiche Prüfung und einen ggf. notwendigen Rechtsstreit.
Einzige Voraussetzung für die Eintrittspflicht des Versicherers ist, dass die geltend gemachte Forderung aus einem Schadensereignis stammt, dass der Versicherungsnehmer (mit-)verursacht hat.
Der durch das Abkommen begünstigte Versicherer oder Sozialversicherungsträger erhält aus dem Abkommen einen eigenen vertraglichen Anspruch gegen die Haftpflichtversicherung des Schädigers mit dem Inhalt, dass dieser unter Verzicht auf eine haftungsrechtliche Klärung der Leistungen wegen des von dem Teilungsabkommen erfassten Haftpflichtfalls in Höhe der vereinbarten Quote zu ersetzen hat.
Der Versicherungsnehmer zieht hieraus Vorteile, wenn er tatsächlich eine höhere Haftungsquote hat als nach dem Teilungsabkommen.
Er soll aber auch keine Nachteile aus der Vereinbarung erleiden, wenn er gerade in seinem Schadenfall nicht haftet, sein Versicherer aber dennoch den vertraglichen Anspruch aus dem Teilungsabkommen zu befriedigen hat. Die Regelung besagt, dass der Vertrag in diesem Fall nicht belastet wird, wenn „nur" Ansprüche aus dem Teilungsabkommen bezahlt werden.
Hat der Versicherer neben Forderungen aus dem Abkommen auch andere Schadenersatzansprüche zu befriedigen, greift diese Ausnahme nicht.

2. Verhältnis zu anderen Schadenersatzansprüchen. Ansprüche aus Teilungsabkommen können nicht in die gesetzlichen oder vertraglichen Ansprüche von Dritten eingreifen.
Diese sind der Höhe nach so mit einzubeziehen, wie sie bei einer Abrechnung nach Sach- und Rechtslage gegeben wären (BGH vom 13.12.1977 VI ZR 14/76, VersR 1978, 278).
Soweit dann diesbezüglich unterschiedliche Beträge zu veranschlagen sind, waren nach altem Recht (§ 156 VVG alt) alle Ansprüche, die sich berechtigterweise gegen den Schädiger und seinen Haftpflichtversicherer richten und diese, die nur aus Teilungsabkommen bestehen, zusammen zu rechnen und zueinander ins Verhältnis zu setzen und dann im Verhältnis zu kürzen.
Nach neuem Recht (§ 118 VVG) werden die Forderungen nach der Rangfolge befriedigt. Eine Verteilung ist erst dann erforderlich, wenn auf die direkt Geschädigten nach § 118 Absatz 1 Satz 1 VVG neu nicht vollständig befriedigt werden können. *Kärger*

Tempo-100-km/h-Plakette → Geschwindigkeit Nr. 3 c) bb)

Tempozone → Geschwindigkeit Nr. 2

Tetrahydrocannabinol (THC) Psychoaktiv wirksamste Verbindung in Cannabiszubereitungen; s. Cannabis.
THC Abk. für Δ9-Tetra-hydro-Cannabinol; psychoaktiv wirksamste Substanz aus der Gruppe der Cannabinoide. Stark lipophile Substanz, die sich nach Einbringen in den Organismus in das fetthaltige Gewebe (Hirnsubstanz, Fettgewebe) verteilt (insofern ist die Aussagekraft der Konzentration von THC im Serum/Blut eingeschränkt).
Aufnahme meist durch Inhalation (Joint, Bong), oder oral („Kekse"). Auch als Medikament (Dronabinol®) in manchen Ländern erhältlich (bsp. zur Behandlung von Übelkeit und Erbrechen i.R. einer Tumorerkrankung). Dronabinol® ist in Deutschland nicht erhältlich.
Die Zubereitungsformen sind Marihuana (getrocknete und geschnittene Pflanze) und Haschisch (reines Harz, deutlich höher konzentrierter Wirkstoff).
Wirkung: Die Wirkung von THC und seinen psychoaktiven Metaboliten ist rezeptorvermittelt (Cannabinoid1- und Cannbinoid2-Rezeptor). Diese sind vorwiegend im Gehirn lokali-

siert, u. a. im limbischen System und Kleinhirn (nachgewiesen wurde bsp. eine Kleinhirnaktivierung nach Rauchen eines Joints, die aber mit high-Gefühl korreliert und nicht etwa mit Gleichgewichtsstörungen).
Pathophysiologie: THC entfaltet atropinartige Wirkungen wie Mundtrockenheit, trockene Haut, Anstieg der Herzfrequenz, Abnahme des Blutdrucks.
Pupille: wird i.R. der THC-Wirkung nicht regelhaft weitgestellt, durch die atropinartige Wirkung kann dieser Effekt aber je nach Excitation (Aufregung, Erregung, Angst auftreten). Aufgrund der sedierenden Wirkung tendiert die Pupille eher zur Engstellung.
Weitere Anzeichen: Störungen der motorischen Koordination (Sprache, Gang, Stand).
Psychische Wirkungen: high-Gefühl, halluzinogene/psychotische Wirkungen, Entkopplung des subjektiven Erlebens vs. Realität, zentrale Dämpfung.
Bei chronischem Konsum fällt überzufällig häufig ein sozialer Rückzug und eine psychische Verflachung, auch amotivationales Syndrom genannt.
Nachweis (Screening): Road side: Aus Urin (Speichel)
Nachweis (quantitativ) aus Blut, Urin, Haaren per GC-MS oder LC-MS; Forensisch relevante Grenzwerte: 1 µg/l (= 1 ng/ml) als unterster Wert für eine Ahndung gem. § 24a Abs 2 StVG. Ein Grenzwert analog dem BAK-Grenzwert zur absoluten Fahruntüchtigkeit konnte nicht etabliert werden.
Siehe auch: → Cannabis *Priemer*

THC-COOH-Wert THC-Karbonsäure–Konzentration im Blut; ab 75 mg/L ist von täglichem Konsum auszugehen. Der Mechanismus dürfte darin liegen, dass THC und auch THC-Karbonsäure (THC-COOH) stark fettlöslich sind und deshalb im Körperfett abgespeichert werden. Sinkt der Blutspiegel ab, kommt es wieder zur Rückresorption. 75 mg/L implizieren einen Sättigungsgrad, der praktisch nur durch täglichen Konsum aufgebaut werden kann.
Priemer

theoretische Fahrprüfung → Fahrerlaubniserwerb Nr. 2 a)

Theorie der wesentlichen Bedingung → Unfallversicherung Nr. 1

Totalschaden → Unfallschadenabwicklung – Sachschaden Nr. 16, 17, 38

Tilgung von Eintragungen im VZR → Verkehrszentralregister (VZR) Nr. 2

Tilgungsfrist → Punktsystem Nr. 6

Toleranzbereich → Geschäftsgebühr in Unfallsachen Nr. 2

Toll Collect – Mautsystem → Autobahnmaut Nr. 5–7

Trennungsprinzip → Deckungsklage Nr. 1

Trinkmenge Berechnung der BAK aus der → Blutalkoholkonzentration
Abschätzung erfolgt mit der Widmark Formel. Sie lautet:
Grundformel:
Alkoholmenge (A) = Alkoholkonzentration (c) * Körpergewicht (m) * Widmarkfaktor (r)
$(A = c * m * r)$
oder für die Berechnung der BAK umformuliert:
$c = A/(m * r)$
In dieser Formel ist allerdings der stündliche Alkoholabbau noch nicht berücksichtigt, auch noch nicht das sog. Resorptionsdefizit.
Berücksichtigung des sog. Resorptionsdefizits: Widmark fand bereits heraus, dass nach Gabe einer definierten Menge Alkohol der gesamte Alkohol nicht systemisch auftauchte. Dieser „Fehlbetrag" wird als sog. Resorptionsdefizit bezeichnet, weil die Ursachen dafür offensichtlich multifaktoriell sind und noch nicht exakt benannt werden können (u. a. wurde in der Magenwand eine Unterart des Abbauenzyms ADH nachgewiesen). Die in der Rechtsprechung verankerten Werte sind wie ausgeführt 10%, 20% und 30 %.
Geht es um die Frage der BAK bei einem Fahrzeugführer, wird unter Zugunsten-Betrachtung grundsätzlich das hohe sog. Resorptionsdefizit von 30% berücksichtigt, unabhängig davon, welche Getränkeklasse er zu sich genommen hat.
Geht es um die Frage der BAK im Hinblick auf die Frage der Schuldfähigkeit, wird unter Zugunsten-Betrachtung grundsätzlich das niedrigste sog. Resorptionsdefizit von 10% verwendet.
Berücksichtigung des Alkoholabbaus:
Wie ausgeführt haben folgende Alkoholabbauwerte Eingang in die Rechtsprechung gefunden:
– niedriger stündlicher Abbauwert: 0,10 ‰
– wahrscheinlicher stündlicher Abbauwert: 0,15 ‰
– hoher stündlicher Abbauwert: 0,20 ‰

Geht es um die Berechnung der BAK eines Fahrzeugführers, wird unter Zugunsten-Betrachtung grundsätzlich der hohe stündliche Abbauwert von 0,20 ‰ berücksichtigt. Ein zusätzlicher Abzug eines Sicherheitszuschlages wird nicht vorgenommen (wie ausgeführt bezieht sich der statistische Sicherheitszuschlag von 0,20 ‰ auf die in Einzelfällen höheren Alkoholabbauraten als 0,20 ‰/h).

Geht es um die Berechnung der BAK im Hinblick auf die Schuldfähigkeit, wird grundsätzlich der niedrige stündliche Abbauwert von 0,10 ‰ berücksichtigt. *Priemer*

Trunkenheit im Verkehr **1. Allgemeines.** Unter dem Stichwort „Alkoholfahrt" ergeben sich im Verkehrsrecht verschiedene Problembereiche, die aus medizinisch-technischer, ordnungswidrigkeitenrechtlicher, strafrechtlicher, verwaltungsrechtlicher sowie versicherungsrechtlicher Sicht darzustellen sind. Gerade in der anwaltlichen Praxis ist es daher vorteilhaft, die wichtigsten Punkte der verschiedenen ineinander greifenden Rechtsbereiche zu kennen, um die Mandanten bestmöglich beraten zu können.

2. Medizinisch technische Grundlagen. a) Einführung. Beim Alkohol handelt es sich um eine Gruppe chemischer Verbindungen mit einem Hydroxylrest (-OH) an einem C-Atom. Im Verkehrsrecht relevant sind die einkettigen Alkohole Methanol, Ethanol, Propanol, und Butanole. Typischerweise wird der Begriff „Alkohol" umgangssprachlich an Stelle des Ethanols, dem eigentlichen Trinkalkohol verwendet (Blut*alkohol*konzentration, *richtiger Blutethanolkonzentration*). Das Wort Alkohol stammt ursprünglich aus dem arabischen (al-) kuhl, womit „*das feine von etwas*" bezeichnet ist (10. bis 11. Jahrhundert). Paracelsus (16. Jahrhundert) verwendete diesen Begriff für die Substanz, die er bei der Destillation von Wein erhielt und sprach von alcool vini (vorher spiritus vini). Alkoholische Getränke wurden allerdings bereits viel früher hergestellt. Vermutlich im 7. Jahrtausend vor Christi Geburt dürfte die Kunst des Bierbrauens in Mesopotamien entdeckt worden sein. Herstellung: Alkohol entsteht auf natürlichem Wege durch die alkoholische Gärung, die durch Hefepilze katalysiert wird.

Alkoholgehalte in durch Vergärung erzeugten alkoholischen Getränken: bis zu 18 – 20 Vol%. Höher konzentrierte Alkoholika werden durch Destillation gewonnen. Das Prinzip baut darauf auf, dass Alkohol einen deutlich niedrigeren Siedepunkt als Wasser hat und insofern schneller bzw. früher verdampft. Fängt man diesen Dampf wieder auf und kühlt ihn, so geht er wieder in den flüssigen Zustand über und es handelt sich dann um ein Konzentrat der Ausgangsflüssigkeit mit entsprechend höherer Alkoholkonzentration.

Die typischen Vertreter der alkoholischen Getränke teilen sich in drei Kategorien auf, die niedrigvolumenprozentigen (z. B. Bier, i. allg. ca. 5 Vol%), die mittelvolumenprozentigen (z. B. Wein, 10 – 13 Vol%) und die hochvolumen-prozentigen (z. B. Wodka, 40 Vol%).

Für die Berechnung ist erst die Umrechnung der Vol% in Gewichtsprozent erforderlich, die unter Einbeziehung des spezifischen Gewichts von Ethanol (0,8 g/ml) erfolgt:
– Vol% ★ spezifisches Gewicht = Gew%
– z. B. für Wodka mit 40 Vol%:
– 40 Vol% ★ 0,8 g/ml = 32 g% (bzw. auf 1 kg bezogen : 320 g/kg)

b) Alkoholwirkungen. Die Wirkung wird nicht über Rezeptoren vermittelt, vielmehr unspezifisch auf das Nervensystem i. S. einer Dämpfung (messbar abnehmende Gehirnaktivität), Abnahme der Nervenleitgeschwindigkeit bzw. aller neurologischer Prozesse (z. B. Abnahme der Präzision der Blickzielbewegungen, Zunahme der Reaktionszeit). Typische Alkoholwirkungen: psychisch: Zunahme von Risikobereitschaft, Enthemmung, Aggressivität; Abnahme des Kritikvermögens; physisch: Störung der motorischen Koordination (verwaschene Sprache, Lallen), Gleichgewichtsstörungen (Schwanken, Torkeln);

c) Alkoholvergiftung: Alkohol + Metabolit Acetaldehyd sind Zellgifte. Mit zunehmender Alkoholisierung zunehmende neurologische Störungen (z. B. der Reflexe, Gleichgewicht) u. a. mit Hirnschwellung (Übelkeit, Erbrechen, Hirndruck, Exitus).

d) Alkoholelimination („entfernen" aus dem Körper): Enzymatisch (>90%): Abbau durch die Alkoholdehydrogenase (ADH), MEOS (mikrosomales ethanoloxidierendes System und Katase); unveränderte Ausscheidung (Urin, Stuhl, Atmung, Schweiß), Ausscheidung als Konjugat (Ethylglucuronid) über die Nieren.

e) Nachweismethoden: s. AAK und Blutalkohol

3. Verwaltungsrecht. a) Allgemeines. Teilnahme am Straßenverkehr unter Alkoholeinfluss (Alkoholfahrt) führt zur Entziehung der Fahrerlaubnis, wenn der Betreffende sich als ungeeignet zum Führen von Kfz erweist (§ 3 Abs. 1 S. 1 StVG, § 46 Abs. 1 S. 1 FeV), oder zur Untersagung des Führens anderer Fahrzeuge, wenn er dafür ungeeignet ist (§ 3 Abs. 1 S. 1 FeV). Sind Eignungszweifel zu klären, ordnet die Fahrerlaubnisbehörde die Beibringung eines ärztlichen oder eines medizinisch-psychologischen Gutachtens an (§ 46 Abs. 3, § 3 Abs. 2 jeweils i.V.m. § 13 FeV). Bei Alkoholabhängigkeit (Nr. 8.3 Anlage 4 FeV) und bei Alkoholmissbrauch (Nr. 8.1 Anlage 4 FeV) besteht i. d. R. *keine Eignung zum Führen von Kfz*. Voraussetzungen der *Alkoholabhängigkeit* siehe Hentschel/König/*Dauer* Straßenverkehrsrecht 43. Aufl. 2015 § 2 StVG Rn. 45. Ein die Fahreignung ausschließender *Alkoholmissbrauch* liegt vor, wenn zu erwarten ist, dass das Führen von Fahrzeugen und ein die Fahrsicherheit beeinträchtigender Alkoholkonsum nicht hinreichend sicher getrennt werden können, ohne dass der Betroffene bereits alkoholabhängig ist (Nr. 8.1 Anlage 4 FeV; BVerwG 21.5.2008, 3 C 32/07, NJW 2008, 2601). Auch die Trunkenheitsfahrt mit anderen Fahrzeugen als Kfz, z. B. Fahrrädern, mit einer BAK von mindestens 1,6 ‰ begründet Zweifel an der Kraftfahreignung (BVerwG 21.5.2008, 3 C 32/07, NJW 2008, 2601), da eine BAK ab 1,6 ‰ auf deutlich normabweichende Trinkgewohnheiten und eine ungewöhnliche Giftfestigkeit hindeutet.

b) Wenn Tatsachen die Annahme von *Alkoholabhängigkeit* begründen, hat die Behörde zur *Klärung* die Beibringung eines *ärztliches Gutachtens* (§ 11 Abs. 2 S. 3 FeV) anzuordnen (§ 13 S. 1 Nr. 1 FeV). Da die Frage der Alkoholabhängigkeit eine medizinische, keine psychologische ist, ist zur Klärung ein ärztliches Gutachten geeignet. Die den Verdacht auf Alkoholabhängigkeit begründenden Tatsachen müssen nicht im Zusammenhang mit der Teilnahme des Betroffenen am Straßenverkehr stehen. Denn für die Klärung der Frage, ob die Krankheit Alkoholabhängigkeit vorliegt, ist dies unerheblich.

c) Wenn zu klären ist, ob der Betroffene wegen *Alkoholmissbrauch* gegenwärtig und künftig zum Führen von Kraftfahrzeugen oder anderen Fahrzeugen ungeeignet ist, hat die Behörde die Beibringung eines *medizinisch-psychologischen Gutachtens* (§ 11 Abs. 3 FeV) anzuordnen. Die folgenden Fallkonstellationen sind in § 13 FeV normiert:

aa) Wenn nach einem gemäß § 13 S. 1 Nr. 1 FeV eingeholten *ärztlichen Gutachten* zwar keine Alkoholabhängigkeit, aber *Anzeichen für Alkoholmissbrauch* vorliegen, ist die Beibringung eines medizinisch-psychologischen Gutachtens anzuordnen (§ 13 S. 1 Nr. 2 Buchst. a Alt. 1 FeV). Die Anzeichen für Alkoholmissbrauch, also für die fehlende Fähigkeit, das Führen von Fahrzeugen und einen die Fahrsicherheit beeinträchtigenden Alkoholkonsum hinreichend sicher zu trennen, müssen vom Arzt ausdrücklich in einem Gutachten nach § 13 S. 1 Nr. 1 FeV festgestellt worden sein.

bb) Wenn *sonst Tatsachen* die *Annahme von Alkoholmissbrauch* begründen, ist die Beibringung eines medizinisch-psychologischen Gutachtens anzuordnen (§ 13 S. 1 Nr. 2 Buchst. a Alt. 2 FeV). Es muss sich um konkrete Tatsachen handeln, anonyme Hinweise reichen nicht aus. Die Tatsachen können der Fahrerlaubnisbehörde etwa durch Mitteilungen der Polizei nach § 2 Abs. 12 StVG bekannt werden. Die Aussagen von nahen Angehörigen können herangezogen werden (OVG Lüneburg 29.1.2007, 12 ME 416/06, DAR 2007, 227). Die Tatsachen, etwa die konkrete Alkoholauffälligkeit müssen nach h.M. nicht im Zusammenhang mit einer Teilnahme des Betroffenen am Straßenverkehr stehen. Die Gesamtumstände müssen aber Zweifel rechtfertigen, ob der Betroffene Trinken und Fahren sicher trennen kann (Hentschel/König/*Dauer* Straßenverkehrsrecht 43. Aufl. 2015 § 13 FeV Rn. 21 m.w.N.). Dies ist etwa der Fall bei einem weit überdurchschnittlich alkoholgewöhnten Berufskraftfahrer mit annähernd täglichem Einsatz (VGH Mannheim 29.7.2002, 10 S 1164/02, NZV 2002, 582) oder bei einer Person mit häufig wiederkehrendem Konsum großer Mengen Alkohols, die beruflich auf das regelmäßige Führen eines Kraftfahrzeugs angewiesen ist (OVG Lüneburg 29.1.2007, 12 ME 416/06, DAR 2007, 227). Allein erheblicher Alkoholkonsum oder massive Alkoholgewöhnung reichen dagegen nicht aus, um Alkoholmissbrauch i. S. d. Nr. 8.1 Anlage 4 FeV anzunehmen (OVG Koblenz 5.6.2007, 10 A 10062/07, ZfS 2007, 656; OVG Magdeburg 12.11.2008, 3 M 503/08, NJW 2009, 1829).

cc) Wenn *wiederholt Zuwiderhandlungen im Straßenverkehr unter Alkoholeinfluss* begangen wurden, ist die Beibringung eines medizinisch-psychologischen Gutachtens anzuordnen (§ 13 S. 1 Nr. 2 Buchst. b FeV). Zuwiderhandlungen sind nicht nur Straftaten, sondern auch Ordnungswidrigkeiten. Die Anordnung eines medizinisch-psychologischen Gutachtens ist also schon nach wiederholten Ordnungswidrigkeiten gemäß § 24a Abs. 1 StVG zwingend vorgeschrieben, auch wenn jeweils eine Blutalkoholkonzentration von nur 0,5 ‰ oder 0,25 mg/l Atemalkoholkonzentration festgestellt worden ist. Es müssen mindestens zwei noch verwertbare Zuwiderhandlungen vorliegen. Verstöße ausschließlich gegen § 24 c StVG (Alkoholverbot für Fahranfänger) sind dabei nicht zu berücksichtigen (§ 13 S. 2 FeV). Die Regelung ist gegenüber dem Fahreignungs-Bewertungssystem des § 4 StVG speziell, kommt also auch zur Anwendung, wenn durch die wiederholten Zuwiderhandlungen die für eine Fahrerlaubnisentziehung nach dem Fahreignungs-Bewertungssystem erforderliche Punktzahl noch nicht erreicht ist.

dd) Wenn ein *Fahrzeug im Straßenverkehr* bei einer *Blutalkoholkonzentration von 1,6 ‰* oder mehr oder einer *Atemalkoholkonzentration 0,8 mg/l* oder mehr geführt wurde, ist die Beibringung eines medizinisch-psychologischen Gutachtens anzuordnen (§ 13 S. 1 Nr. 2 Buchst. c FeV). Die Teilnahme am Straßenverkehr mit einem Fahrrad reicht aus, denn dies begründet Zweifel nicht nur an der Eignung zum Führen von Fahrrädern, sondern auch an der Eignung zum Führen von Kraftfahrzeugen (BVerwG 21.5.2008, 3 C 32/07, NJW 2008, 2601). Einem Fahrradfahrer, der nicht im Besitz einer Fahrerlaubnis ist, kann die Beibringung eines medizinisch-psychologischen Gutachtens zur Vorbereitung einer Entscheidung nach § 3 FeV aufgegeben werden (VGH Kassel 6.10.2010, 2 B 1076/10, NJW 2011, 1753). Auch bei Auslandstat ist ein medizinisch-psychologisches Gutachten anzuordnen, wenn die dort durchgeführte Messung den in Deutschland geltenden Anforderungen entspricht. Das Fahrzeug muss im Straßenverkehr geführt worden sein; vorbereitende Handlungen wie z. B. Motoranlassen reichen nicht aus.

ee) Wenn die *Fahrerlaubnis aus einem der in § 13 S. 1 Nr. 2 Buchst. a bis c FeV genannten Gründe entzogen* war (Alkoholmissbrauch i.s.d. Nr. 8.1 Anlage 4 FeV, wiederholte Zuwiderhandlungen im Straßenverkehr unter Alkoholeinfluss, Führen eines Fahrzeugs im Straßenverkehr bei 1,6 ‰ oder 0,8 mg/l oder mehr), ist vor Neuerteilung der Fahrerlaubnis die Beibringung eines medizinisch-psychologischen Gutachtens anzuordnen (§ 13 S. 1 Nr. 2 Buchst. d FeV).

ff) Wenn *sonst zu klären ist, ob Alkoholmissbrauch oder Alkoholabhängigkeit nicht mehr besteht*, ist die Beibringung eines medizinisch-psychologischen Gutachtens anzuordnen (§ 13 S. 1 Nr. 2 Buchst. e FeV). Bei früher festgestelltem *Alkoholmissbrauch* kommt diese Vorschrift nur zur Anwendung, wenn der damals festgestellte Alkoholmissbrauch nicht zur Entziehung der Fahrerlaubnis geführt hat, denn sonst erfolgt die Anordnung eines medizinisch-psychologischen Gutachtens vor Neuerteilung der Fahrerlaubnis nach § 13 S. 1 Nr. 2 Buchst. d FeV. Weil außer den ärztlichen Fragen für eine positive Beurteilung auch entscheidend ist, ob ein stabiler Einstellungswandel eingetreten ist, ist statt eines ärztlichen Gutachtens ein medizinisch-psychologisches Gutachten beizubringen.

d) Wiedererlangung der Kraftfahreignung: Nach *Alkoholabhängigkeit* kann die Kraftfahreignung nur wieder als gegeben angesehen werden, wenn nach einer Entwöhnungsbehandlung Abhängigkeit nicht mehr besteht und i. d. R. ein Jahr Abstinenz nachgewiesen ist (Nr. 8.4 Anlage 4 FeV). Nach Beendigung von *Alkoholmissbrauch* kann die Kraftfahreignung nur wieder als gegeben angesehen werden, wenn die Änderung des Trinkverhaltens gefestigt ist (Nr. 8.2 Anlage 4 FeV; BVerwG 21.5.2008, 3 C 32/07, NJW 2008, 2601). Eine gefestigte Änderung des Trinkverhaltens liegt vor, wenn der Betroffene Alkohol nur noch kontrolliert zu sich nimmt, so dass er den Konsum von Alkohol und das Fahren zuverlässig trennen kann. Erforderlich ist eine grundlegende Einstellungs- und gefestigte Verhaltensänderung, die einen Rückfall unwahrscheinlich erscheinen lässt.

4. Versicherungsrecht. Auch im Versicherungsrecht gelten die Werte aus dem Strafrecht, also absolute Fahruntüchtigkeit ab 1,1 Promille, relative Fahruntüchtigkeit zwischen 0,3 bis 1,1 Promille mit alkoholbedingten Ausfallerscheinungen, für die der Versicherer beweispflichtig ist.

Bei absoluter Fahruntüchtigkeit spricht ein Anscheinsbeweis für Unfallursächlichkeit des Alkoholgenusses. Bei relativer Fahruntüchtigkeit muss ein alkoholbedingter Fahrfehler nachgewiesen werden

a) Trunkenheitsklausel in der Kfz-Haftpflichtversicherung (D.2.1 AKB 2008)

In der absoluten oder relativen Fahruntüchtigkeit des Fahrers, die auf Alkohol beruht, liegt eine Obliegenheitsverletzung vor dem Versicherungsfall, die zur Leistungsfreiheit des Versicherers führt und ihn berechtigt, bezüglich des ausgleichpflichtigen Schadens einen Regress bis zu 5.000 € zu nehmen.

Nach dem neuen VVG ist hier eine Quotierung des Regresses in Abhängigkeit vom Grad der groben Fahrlässigkeit der Alkoholisierung möglich, wobei diese von der Höhe der Alkoholisierung abhängt und bis zur Höchstsumme des Regresses geht.

Dem stimmt der BGH in einer aktuellen Entscheidung für den Fall der absoluten Fahruntüchtigkeit zu (11.1.2012 IV ZR 251/10, BeckRS 2012, 03581).

In diesen Fällen liegt daher ggf. eine Leistungsfreiheit des Versicherers vor, wenn der Versicherungsnehmer nicht den Kausalitätsgegenbeweis führen kann. Er muss also beweisen, dass der Unfall nicht auf alkoholbedingte Fahrweise zurückgeht.

b) Kaskoversicherung, vollständige Leistungsfreiheit wegen Alkoholisierung

Hier hat der BGH festgelegt, dass im Falle der absoluten Fahruntüchtigkeit die Leistung vollständig versagt werden kann (22.6.2011 IV ZR 225/10, SVR 2011, 430), sofern die Feststellungen im Einzelfall getroffen werden.

5. Ordnungswidrigkeitenrecht. a) Allgemeines. Die Art der Ahndung von Alkoholfahrten (als Ordnungswidrigkeit oder als Straftat) hängt maßgeblich vom Ergebnis der Messung der Atemalkoholkonzentration (AAK) bzw. Blutalkoholkonzentration (BAK) sowie der Frage ab, ob Ausfallerscheinungen oder alkoholbedingte Fahrfehler festgestellt werden können

Praxistipp: Es ist zweckdienlich, als Rechtsanwalt im Rahmen der Verteidigung in einer Trunkenheitsfahrt mit einer BAK von weniger als 1,6 Promille schon bei der *Mandatsannahme* abzuklären, ob der Mandant bereits mit einer früheren Verurteilung wegen einer anderen Trunkenheitsfahrt (gleichgültig ob strafrechtlich oder im OWi-Bereich) einschlägig vorbelastet ist; dies kann ggf. durch Einholung einer aktuellen Auskunft aus dem Fahreignungsregister erfolgen. Nach wiederholten Zuwiderhandlungen im Straßenverkehr unter Alkoholeinfluss hat der Betroffene nach Abschluss des Ordnungswidrigkeiten- bzw. Strafverfahrens (nach Aufforderung durch die zuständige Fahrerlaubnisbehörde) nämlich ein medizinisch-psychologisches Gutachten beizubringen. Die medizinisch-psychologische Untersuchung (MPU) verläuft in diesem Zusammenhang in der Regel nur dann günstig für den Alkoholsünder, wenn er zu diesem Zeitpunkt eine mindestens einjährige Abstinenz glaubhaft machen kann. Der Betroffene sollte in dieser Hinsicht also schon frühzeitig auf vorbereitende Maßnahmen hingewiesen werden (→ 3).

b) Trunkenheitsfahrt nach § 24a Abs. 1 StVG. Ordnungswidrig handelt, wer im Straßenverkehr ein Kraftfahrzeug führt, obwohl er mindestens *0,25 mg/l* Alkohol in der Atemluft oder mindestens *0,5 Promille* Alkohol im Blut oder eine Alkoholmenge im Körper hat, die zu einer solchen Atem- oder Blutalkoholkonzentration führt. Auf das Vorhandensein von alkoholbedingten Fahrfehlern oder Ausfallerscheinungen kommt es in diesem Ordnungswidrigkeitenbereich nicht an, da solche Fahrfehler letztlich nur im Rahmen von möglichen strafrechtlichen Trunkenheitsfahrten relevant sind (→ Nr. 6 d). Die *Tatbestandsmerkmale* des § 24a Abs. 1 StVG im Einzelnen:

aa) Führen eines Kraftfahrzeugs. Voraussetzung ist zunächst, dass der Betroffene ein Kraftfahrzeug geführt hat. Insoweit unterscheidet sich § 24a Abs. 1 StVG von den Straftatbeständen der § 316 StGB und § 315c StGB, in deren Rahmen das Führen eines Fahrzeugs ausreicht. Als *Kraftfahrzeuge* i. S. d. StVG gelten Landfahrzeuge, die durch Maschinenkraft bewegt werden, ohne an Bahngleise gebunden zu sein (§ 1 Abs. 2 StVG), darunter fallen also auch alle Krafträder, Fahrräder mit Hilfsmotor, Elektrorollstühle, selbstfahrende Arbeitsmaschinen, Motorschlitten usw. Auf eine Führerscheinpflicht für das Kraftfahrzeug kommt es nicht an. Ein Kfz führt, wer dieses als verantwortliche Person eigenhändig in Bewegung setzt (OLG Dresden 19.12.2005, 3 Ss 588/05, NJW 2006, 1013).

bb) Im öffentlichen Straßenverkehr muss das Kraftfahrzeug vom Betroffenen geführt worden sein. Gemeint ist hier der öffentliche Verkehrsraum, also Verkehrsflächen, die der Allgemeinheit und nicht nur einer begrenzten Gruppe zur Verfügung stehen. Es kann sich hierbei sowohl um in öffentlicher Hand befindlichen als auch um privaten Grund handeln. Zum öffentlichen Straßenverkehr zählen insbesondere auch Tankstellen, Parkplätze oder Fabrikgelände, soweit diese dem allgemeinen Verkehr jeweils offen stehen.

cc) 0,5-Promille-Grenze. § 24a Abs. 1 StVG enthält genau betrachtet zwei verschiedene Tatbestände. Eine Ahndung als Ordnungswidrigkeit kommt dann in Betracht, wenn die Alkoholmessung entweder eine BAK von 0,5 bis 1,09 Promille oder aber eine AAK von 0,25 bis 0,549 mg/l ergibt. Eine Umrechnung von BAK in AAK oder umgekehrt hat nicht zu erfolgen, der Tatbestand ist bereits dann erfüllt, wenn entweder die BAK oder die AAK über dem jeweiligen Grenzwert liegt. Ausreichend im Rahmen von § 24a Abs. 1 StVG ist es, wenn sich die *Alkoholmenge bereits im Körper befindet*, diese aber erst später (z. B. nach der Trunkenheitsfahrt) zu einer Überschreitung eines der Grenzwerte führt.

dd) Zu möglichen **Messfehlern** im Rahmen der Atem- oder Blutalkoholmessung → *AAK* → *BAK*.

ee) Verfolgungsverjährung. Im Unterschied zu den Verkehrsordnungswidrigkeiten gem. § 24 StVG verjährt die Verfolgung von Ordnungswidrigkeiten nach § 24a StVG bei Fahrlässigkeitstaten erst *nach einem Jahr* und bei Vorsatztaten *nach zwei Jahren* (und zwar auch vor Erlass eines Bußgeldbescheids), weil der in § 26 Abs. 3 StVG geregelte Sonderfall die Ordnungswidrigkeiten nach § 24a StGB nicht betrifft (→ *Verfolgungsverjährung* Nr. 1 b).

ff) Beweisverwertung. Das Ergebnis einer Atemalkoholanalyse kann vom Gericht im Ordnungswidrigkeitenverfahren ohne Bedenken verwertet werden. So handelt es sich beispielsweise bei der mit dem Alkoholmessgerät Alkotest 7110 Evidential der Fa. Dräger durchgeführten Atemalkoholanalyse um ein standardisiertes Messverfahren, bei dessen Anwendung die Mitteilung des Messverfahrens und des Messergebnisses in den Urteilsgründen genügt (KG 29.1.2001, 2 Ss 183/00 – 3 Ws B 17/01, NZV 2001, 388; BayObLG 12.5.2000, 2 Ob OWi 598/99, NZV 2000, 295). Zur Verwertbarkeit von ohne richterliche Anordnung eingeholten Blutalkoholanalysen → *Beweisverwertungsverbot* Nr. 8c).

gg) Rechtsfolgen. Bei Überschreitung der Grenzwerte des § 24a Abs. 1 StVG kommt auf den fahrlässigen Ersttäter eine Geldbuße von 500,00 € sowie ein Monat *Fahrverbot* zu, im Wiederholungsfall bis zu 1.500,00 € und drei Monate Fahrverbot (vgl. § 24a Abs. 4 StVG i.V. m. § 17 Abs. 2 OWiG). Bei Vorsatz kann die Geldbuße bis zu 3.000,00 € betragen. Ferner werden in jedem Fall *zwei Punkte* im Fahreignungsregister in Flensburg eingetragen.

> Praxistipp: Der Betroffene kann einen Punktabzug durch die Teilnahme an einem Fahreignungsseminar erwirken (→ *Fahreignungsregister*), wobei im Falle einer Fahrerlaubnis auf Probe dann ein besonderes Aufbauseminar für alkoholauffällige Kraftfahrer vorgesehen ist.

c) Trunkenheitsfahrt nach § 24c Abs. 1 StVG. Ordnungswidrig handelt, wer in der Probezeit nach § 2a StVG oder vor Vollendung des 21. Lebensjahres als Führer eines Kraftfahrzeugs im Straßenverkehr alkoholische Getränke zu sich nimmt oder die Fahrt antritt, obwohl er unter der Wirkung eines solchen Getränks steht (*absolutes Alkoholverbot für Fahranfänger*). Die Tatbestandsmerkmale des § 24c Abs. 1 StVG im Einzelnen:

aa) Als Täter kommt der **Führer eines Kraftfahrzeugs** in Betracht (→ Nr. 5 b) aa)).

bb) Alkoholisches Getränk. Konsumiert werden muss also eine trinkbare, alkoholhaltige Flüssigkeit. Begriffsmäßig scheiden somit sowohl Lebensmittel in fester Form (z. B. alkoholhaltige Pralinen) als auch die mit Alkohol versetzte Suppe aus. Alkoholhaltige Arzneimittel dagegen dürften in der Praxis als Getränk i. S. d. § 24c Abs. 1 StVG eingestuft werden.

cc) Als mögliche **Tatalternativen** kommen die *Zusichnahme alkoholischer Getränke* bzw. der *Fahrtantritt unter der Wirkung alkoholischer Getränke* in Betracht. Nach der Begründung des Gesetzgebers ist von einer „Wirkung" i. S. d. § 24c Abs. 1 StVG nach derzeitigem wissenschaftlichen Erkenntnisstand aber erst ab einem BAK-Wert von 0,2 Promille bzw. ab einem AAK-Wert von 0,1 mg/l auszugehen, um Messunsicherheiten und endogenen Alkohol auszuschließen; weitergehende Sicherheitszuschläge sind dagegen nicht erforderlich.

dd) Zu möglichen **Messfehlern** im Rahmen der Atem- oder Blutalkoholmessung → *AAK* → *BAK*.

ee) Verfolgungsverjährung. Nachdem im Rahmen des § 24c StVG bzgl. der Höchstgeldbuße der Auffangtatbestand des § 17 Abs. 1 OWiG greift (Maximalgeldbuße von 1.000,00 €), verjährt die Verfolgung von Ordnungswidrigkeiten nach § 24c StVG erst *nach einem halben Jahr* (sowohl bei Fahrlässigkeits- als auch bei Vorsatztaten, und zwar auch schon vor Erlass eines Bußgeldbescheids), weil der in § 26 Abs. 3 StVG geregelte Sonderfall die Ordnungswidrigkeiten nach § 24c StGB nicht betrifft (→ *Verfolgungsverjährung* Nr. 1b).

ff) Rechtsfolgen. Bei einem Verstoß gegen § 24c Abs. 1 StVG kommen auf den fahrlässigen Ersttäter eine Geldbuße von 250,00 € sowie 1 Punkt im Fahreignungsregister in Flensburg zu, jedoch kein Fahrverbot.

> Praxistipp: Der Betroffene kann einen Punktabzug durch die Teilnahme an einem Fahreignungsseminar erwirken (→ *Fahreignungsregister*), wobei im Falle einer Fahrerlaubnis auf Probe dann ein besonderes Aufbauseminar für alkoholauffällige Kraftfahrer vorgesehen ist.

6. Strafrecht. a) Allgemeines: Die A. ist bei Fahruntüchtigkeit eine *Straftat*, nämlich entweder folgenlose Trunkenheitsfahrt (§ 316 StGB) oder → *Gefährdung des Straßenverkehrs (§ 315 c*

Abs. 1 Nr. 1 Buchstabe a StGB), die jeweils in der Regel (§ 69 Abs. 2 Nr. 1 bzw. 2 StGB) zur → *Entziehung der Fahrerlaubnis* und → *Einziehung des Führerscheins* führt. Unterhalb der Strafbarkeitsschwelle kommt eine *Ordnungswidrigkeit nach § 24a StVG* in Betracht. Ist die Straftat nicht erweislich, der Owi-Tatbestand aber beweisbar erfüllt, so lautet das Urteil nicht auf Freispruch, sondern auf „schuldig einer Ordnungswidrigkeit nach § 24a StVG", denn das Gericht hat nach § 82 Abs. 1 OWiG die in der Anklage bezeichnete Straftat zugleich unter dem rechtlichen Gesichtspunkt einer Ordnungswidrigkeit zu würdigen. Das Gericht verhängt dann in der Regel (§ 25 Abs. 1 S. 2 StVG) ein → *Fahrverbot,* und zwar ebenfalls im Urteil (§ 25 Abs. 7 StVG, § 82 OWiG).

b) Führen eines Kraftfahrzeugs im Straßenverkehr liegt erst vor, wenn der Täter das Fahrzeug willentlich in Bewegung setzt, also nicht schon beim Anlassen des Motors, selbst wenn der Täter beabsichtigte, sodann loszufahren (LG Köln 23.11.1993, 105 Qs 775/93, DAR 1994, 165 f; BayObLG 6.2.1989, RReg 1 St 13/89, NZV 1989, 242; BGH 27.10.1988, 4 StR 239/88, NJW 1989, 174 f = NZV 1989, 32 f). Denn der Versuch ist nach § 316 StGB nicht strafbar, und für eine Versuchsstrafbarkeit nach § 315 c Abs. 2, Abs. 1 Nr. 1 fehlte es in den entschiedenen Fällen an jedem Vorsatz einer konkreten Gefährdung. Da „Führen" eine finale, zielgerichtete Handlung voraussetzt, reicht auch unbeabsichtigtes Lösen der Arretierung nicht, selbst wenn dadurch das Fahrzeug auf abschüssigem Gelände ins Rollen kommt (BayObLG 6.5.1970, RReg 1 St 9/70, DAR 1970, 331). „Straßenverkehr" setzt voraus, dass der Verkehrsgrund öffentlich oder zur Benutzung durch einen größeren Personenkreis vorgesehen ist, vgl. im Einzelnen → *Unfallflucht* Nr. 2a.

c) Fahruntüchtigkeit/Fahruntauglichkeit setzt voraus, dass die Gesamtleistungsfähigkeit des Fahrzeugführers infolge geistiger und/oder körperlicher Mängel soweit herabgesetzt ist, dass er nicht mehr fähig ist, sein Fahrzeug im Straßenverkehr über eine längere Strecke, insbesondere auch bei Eintritt schwieriger Verkehrslagen, sicher zu steuern (BGH 15.4.2008, NZV 2008, 528). „Sicher" in diesem Sinne ist nicht lediglich ein Idealfahrer, sondern jeder, der den durchschnittlichen Anforderungen an die verkehrsspezifische Gesamtleistungsfähigkeit genügt; damit sind jene Anforderungen gemeint, welche mindestens erwartet werden müssen, damit unter den jeweiligen Bedingungen des Massenverkehrs Schädigungen fremder Rechtsgüter möglichst vermieden werden können (vgl. BayObLG 4 St RR 70/2003). Fahruntüchtigkeit ist beim Kraftfahrer stets zu bejahen bei einer Tatzeit-BAK von 1,1 Promille oder darüber (*absolute Fahruntauglichkeit*). Bei Radfahrern sind es 1,6 Promille (OLG Karlsruhe 28.7.1997, 2 Ss 89/97, DAR 1997, 456 f = NStZ-RR 1997, 356 f = NZV 1997, 486 f = VersR 1999 634 f = Blutalkohol 34, 454 f), was damit begründet wird, der früher gängige Wert von 1,7 Promille (vgl. BGH 17.7.1986, 4 StR 543/85, DAR 1986, 360 f = VersR 1987, 475 f = NJW 1986, 2650 f) beruhe auf einem Sicherheitszuschlag von 0,2 Promille, der nach neueren wissenschaftlichen Erkenntnissen nur noch mit 0,1 Promille anzusetzen sei (OLG Karlsruhe a.a.O.).

Die Tatzeit-BAK ist anhand der danach durch → *Blutprobe* festgestellten → *Blutalkoholkonzentration* durch Rückrechnung zu ermitteln. Liegt keine Alkoholprobe vor, sind aber Angaben zu Trinkmengen und -zeiten vorhanden, so wird das Gericht mit sachverständiger Hilfe hieraus eine Tatzeit-BAK zu rekonstruieren suchen. Dabei muss der (mindestens und höchstens) aufgenommene reine Alkohol nachvollziehbar werden, der Tatrichter muss also den Alkoholgehalt der genossenen Getränke im Urteil darstellen und hierzu – auch bei Mischgetränken – besondere Feststellungen treffen (BGH 25.8.1983, 4 StR 452/83, VRS 65, 359 ff).

d) Bei einer geringeren BAK als 1,1 Promille (beim Kraftfahrer) bzw. 1,6 Promille (beim Radfahrer) zur Tatzeit oder bei einem Einfluss sonstiger berauschender Mittel (Drogeneinfluss) setzt der Nachweis der Straftat (*relative Fahruntauglichkeit*) alkoholtypische Fahrfehler oder sonstige Leistungsausfälle voraus, die einen Bezug zu den spezifischen Anforderungen beim Führen eines Fahrzeugs im Straßenverkehr haben.

aa) *Alkoholtypische Fahrfehler* sind solche, die zwar auch nüchternen (Kraft)fahrern unterlaufen können, aber bei alkoholisierten Fahrern besonders häufig vorkommen und mit typischen Wirkungen des Alkohols erklärbar sind (etwa: Tunnelblick, Fahren in Schlangenlinien, gestörtes Zeit- und Geschwindigkeitsempfinden, Gleichgewichts- oder Koordinationsstörungen, Konzentrationsschwäche, verlangsamte Reaktionen oder erhöhte Risikobereitschaft/Enthemmung). Disziplinlosigkeiten, die an einer bestimmten Stelle im Straßenverkehr allgemein eingerissen sind, deuten nicht hinreichend sicher auf alkoholbedingte Enthemmung oder Fahrunsicherheit hin: Befährt der Verdächtige etwa eine Einbahnstraße in falscher Richtung, spricht auf den ersten Blick das meiste für einen alkoholtypischen Verstoß; ist die Straße aber breit genug, um in beiden Richtungen befahren zu werden, und greift solches Verhalten unwiderlegt auch bereits unter nüchternen Kraftfahrern um sich, kann die Indizwirkung wieder entfallen. Eine alkoholtypische Nachlässigkeit ist ferner dem Verdächtigen desto schwerer zu beweisen, je weniger ihm widerlegt werden kann, dass er auch in nüchternem Zustand die selben schlechten Angewohnheiten als Kraftfahrer habe, die zur Tatzeit an ihm zu beobachten waren (etwa: den Blinker nicht zu setzen, sich erst nach dem Anfahren anzuschnallen, die Spur beim Abbiegen nicht genau zu halten oder dergleichen). Das wird das Gericht aber nur in bestimmten Grenzen glauben und z. B. eine Einlassung, der Angeklagte fahre nachts immer ohne Licht, voraussichtlich als Schutzbehauptung abtun.

bb) Unter Umständen können zum Nachweis der Fahruntauglichkeit auch *andere Auffälligkeiten* genügen, d. h. solche, die der Beschuldigte nicht beim Führen des Fahrzeugs erkennen ließ, sondern in seinem sonstigen Verhalten. Dies ist aber nur dann möglich, wenn diese Auffälligkeiten einen konkreten Hinweis auf eine schwerwiegende Beeinträchtigung seiner psycho-physischen Leistungsfähigkeit, insbesondere seiner Wahrnehmungs- und Reaktionsfähigkeit, geben. Nicht ausreichend sind insbesondere Entzugserscheinungen wie Händezittern, Übelkeit, Schweißausbrüche, gestörtes Temperaturempfinden und Konzentrationsschwierigkeiten, sondern solche Mängel müssen sich auf die Wahrnehmungs- und Reaktionsfähigkeit sowie Risikobereitschaft des Angeklagten ausgewirkt haben (BGH 15.4. 2008, 4 StR 639/07, NZV 2008, 528).

Fallen körperliche Defizite nicht beim Fahren, sondern beispielsweise bei einer Vernehmung, einem (freiwilligen) Test (→ *Aussageverweigerungsrecht* Nr. 3) oder anlässlich der → *Blutentnahme* auf, so indizieren sie die Fahrtüchtigkeit nur, soweit sie Körperfunktionen betreffen, die für das Autofahren Relevanz besitzen. Üblich sind hier etwa die *Finger-Nasen-Probe* (der Proband soll mit geschlossenen Augen einen Finger zur Nasenspitze führen) oder der *Finger-Finger-Test* (der Proband soll die Zeigefingerspitzen bei geschlossenen Augen genau aufeinander bringen). Werden diese Prüfungen knapp verfehlt und ist gleichzeitig eine mitwirkende Nervosität (wegen der Anhaltung durch eine Polizeistreife) nicht ausschließbar, so kann daraus zwar auf feinmotorische Defizite, aber nicht ohne weiteres auf Fahruntüchtigkeit geschlossen werden, zumal die Bewegungen, die beim Kraftfahrer für Brems-, Schalt- und Beschleunigungsvorgänge erforderlich sind, keine reine Feinmotorik sind, sondern zwischen Fein- und Grobmotorik eingeordnet werden. Auch ein misslungener *Romberg-Test* (Abschätzen von 30 Sekunden bei geschlossenen Augen) wird nur dann eine gewisse Aussagekraft haben, wenn das Ergebnis wesentlich deutlicher verfehlt wird als dies bei unvorbereiteten nüchternen Probanden üblicherweise der Fall ist, diese werden nämlich, zumal ihnen ja zuvor kein Sekundentakt „eingezählt" wird, gleichfalls deutliche Abweichungen produzieren. Aus einem verfehlten Romberg-Test kann daher nur begrenzt auf gestörtes Zeitempfinden geschlossen werden, auch nicht ohne weiteres auf relevante kognitive Defizite, Konzentrationsstörungen und verlangsamte Reaktion (LG München I 25.9.2006, 24 Ns 136480/05).

e) Für andere Drogen als den Alkohol haben sich feste Grenzwerte einer absoluten Fahruntauglichkeit bisher nicht etabliert. Damit ist auch nicht zu rechnen, solange der Konsum dieser Drogen gesetzlich verboten ist und daher keine wissenschaftlichen Versuche mit dem Ziel gemacht werden können, ihre Wirkung systematisch zu testen. In der Regel ist aber der Nachweis leichter, wenn durch das Gutachten eines medizinischen Sachverständigen bewiesen werden kann, dass die beim Angeklagten festgestellten Konzentrationen (z. B. von THC, Hydroxy-THC, THC-Carbonsäure) relativ hoch waren, weil dann die Wahrscheinlichkeit höher ist, dass etwa beweisbare Leistungsdefizite vom Drogeneinfluss herrühren.

Der sorgfältigen Untersuchung von Anhaltspunkten für relative Fahruntauglichkeit (vorstehend Nr. 6d) aa) kommt gerade bei diesen berauschenden Mitteln eher noch größere Bedeutung zu als bei Alkoholeinfluss. Hier spielt zusätzlich vielfach der Gesichtspunkt eine Rolle, dass beim Verdächtigen durch einen Test anlässlich seiner Anhaltung geweitete Pupillen oder umgekehrt verengte Pupillen festgestellt werden, die auf Lichtreize nicht reagieren. Dies kann die Fahrtauglichkeit beeinträchtigen, und zwar namentlich bei Nachtfahrten in unbeleuchteten Gegenden, da sich besonders dann durch entgegenkommende Fahrzeuge ein Blendeffekt einstellen kann. Da Blendwirkungen grundsätzlich auch mit den Augenlidern ein Stück weit ausgeglichen werden können, kommt es auf die Einzelumstände (Lichtverhältnisse, gefahrene Strecke) an (KG Berlin, 1 Ss 32/02).

> Praxistipp: Bei Verdacht auf relative Fahruntauglichkeit wird das Gericht zwar jeden einzelnen Anhaltspunkt zu prüfen haben, aber letztlich wird es auf eine Gesamtschau abstellen. Umstände, die je für sich alleine nicht hinreichend sicher auf Fahruntauglichkeit schließen lassen, können in Kombination miteinander für den Tatnachweis ausreichen.

– (Beispiel 1): Kommen Blendempfindlichkeit (infolge unzureichender Pupillenreaktion), extrem hohe Rauschmittelkonzentrationen im Blut, ein so genannter „Rebound-Effekt" und grundlos eingeschaltete Nebelscheinwerfer zusammen, so darf auf Fahruntauglichkeit geschlossen werden (OLG Zweibrücken, 1 Ss 26/04).
– (Beispiel 2): Wässrige Augen, verengte Pupillen in Verbindung mit Unsicherheiten beim Rombergtest und der Finger-Finger-Probe, Lidflattern, verwaschene Sprache, verlangsamter Denkablauf und schwerfällige, stumpfe Stimmung sollen – auch zusammengenommen – noch keine aussagekräftigen Anhaltspunkte für relative Fahruntauglichkeit sein (Saarländisches OLG, 1 Ss 76/01).
– (Beispiel 3): Extrem verlangsamte Pupillenreaktionen, glasige Augen, vergrößerte Pupillen und Schwerfälligkeit im Gedankenablauf genügen nicht, um eine hinreichend schwer wiegende Beeinträchtigung der Wahrnehmungs- und Reaktionsfähigkeit anzunehmen (BayObLG, 4 St RR 70/2003).

f) Vorsatz oder Fahrlässigkeit: Die Tatgerichte neigen in der Regel dazu, ohne nähere Prüfung von nur *fahrlässiger* Trunkenheit im Verkehr auszugehen. Unumstritten ist, dass die Schuldform im Urteilstenor benannt werden muss und dass aus einer hohen BAK nicht ohne weiteres geschlossen werden kann, der Täter sei sich seiner Fahruntüchtigkeit bewusst gewesen oder habe diese billigend in Kauf genommen (BGH 25.8.1983, 4 StR 452/83, VRS 65, 359 ff). Vereinzelt wird vertreten, es entspreche der Lebenserfahrung, einem besonders hohen Alkoholisierungsgrad (deutlich über 1,1 Promille) eine Indizwirkung für vorsätzliches Handeln zuzusprechen (OLG Koblenz vom 27.2.2008, NZV 2008, 304). Die herrschende Gegenauffassung argumentiert damit, dass gerade bei hoher Blutalkoholkonzentration die Kritikfähigkeit infolge alkoholbedingter Enthemmung erheblich eingeschränkt sein wird (*Heß/Burmann* NJW 2009, 903/904 m.w.N.). Aus Verteidigersicht ist frühzeitig auf eine richtige Weichenstellung zu achten, da z. B. die → *Rechtsschutzversicherung* Nr. 18 bei vorsätzlich begangenen Straftaten nicht eintritt.

Vorsatz liegt nahe bei folgender Konstellation: Der Täter verursacht infolge seiner Alkoholisierung einen Unfall, der ihm seine Fahrtüchtigkeit vor Augen führt. Nunmehr entfernt er sich im Kfz vom Unfallort. Diese → *Unfallflucht* ist zugleich eine neue Trunkenheitsfahrt, die regelmäßig als vorsätzliche zu werten sein wird; s.a. → *Doppelverfolgungsverbot* Nr. 5 c)

g) Bei einer BAK von 2 Promille und darüber muss der Tatrichter in jedem Falle die *Voraussetzungen des § 21 StGB* prüfen und in den Urteilsgründen erörtern (OLG München NZV 2008, 529). Denn selbst wenn das Gericht eine Strafrahmenverschiebung nach unten (§ 21 StGB, „kann … gemildert werden") ablehnt, wird es den Umstand dennoch bei der Strafzumessung zu würdigen haben, und zwar zugunsten des Angeklagten. Auch sonst wird der Tatrichter ggf. gehalten sein, Feststellungen zur → *Schuldfähigkeit* zu treffen.

> Praxistipp: Schon bei deutlich geringeren BAK-Werten wird die medizinische Sachverständige, so man sie in der Hauptverhandlung hierzu befragt, die Voraussetzungen des § 21 StGB aus forensischer Sicht mit Blick auf die jeweiligen Einzelfallumstände oft nicht ausschließen können, das Gericht wird diese Erwägungen in der Regel übernehmen.

Siehe auch → *AAK,* → *BAK*

Priemer/Dauer/Kärger/Langer/Weder

Typgenehmigung → Fahrzeug-Zulassungsverordnung Nr. 1 a), 3 a), 5, → Zulassungsbescheinigung Teil 1 und 2, → Zulassung von Kfz Nr. 2

typischer Geschehensablauf → Beweis des ersten Anscheins Nr. 3

U

Überforderungssituation → Haftungsprivilegierung für Kinder Nr. 3

Überführungsfahrt → Kennzeichenerteilung Nr. 2, → Nachhaftung Praxistipp, → Zulassung von Kfz Nr. 4

Überführungskosten des Unfallwagens → Unfallschadenabwicklung – Sachschaden Nr. 43

Übergang von Ersatzansprüchen 1. Vorbemerkung. Schadenersatzansprüche aus einem Verkehrsunfall aus §§ 823 ff. BGB, 7, 18 StVG können von Gesetzes wegen auf Dritte übergehen (*Legalzession*), und zwar z. B. gem. § 116 SGB X (seit dem 1.7.1983, zuvor gem. § 1542 RVO) auf die Sozialleistungsträger, § 119 SGB X, auf den Rentenversicherer, § 6 EFZG (seit dem 1.6.1994, zuvor gem. § 4 LFZG) auf den Arbeitgeber, §§ 87 a BBG, 52 BRRG und § 30 SoldG auf den Dienstherrn, § 91 a SVG auf den Bund und gem. § 86 VVG (seit dem 1.1.2008, zuvor gem. § 67 VVG) auf den Schadensversicherer (z. B. Kaskoversicherung; zum Ganzen s. *Groß* DAR 1999, 337). Für den Anwalt des Geschädigten ist die Kenntnis der gesetzlichen Forderungsübergänge zur zutreffenden Bezifferung und Geltendmachung der Ersatzansprüche besonders wichtig. Zum einen darf der Geschädigte vor dem Hintergrund des *Besserstellungsverbotes* nicht doppelt entschädigt werden (BGH 10.10.1984, VersR 1984, 1191), mithin vom Schädiger keine Entschädigungsleistung erhalten, die er bereits von dritter Seite (z. B. seinem Kaskoversicherer) erhalten hat. Zum anderen soll der Schädiger aber nicht durch *Leistungen Dritter*, die außerhalb des Schadensereignisses stehen, entlastet werden (BGH 19.10.1982, VersR 1983, 53; BGH 20.3.1984, VersR 1984, 639).
2. Forderungsübergang gem. § 116 SGB X. Hat ein Sozialversicherungsträger oder Träger der Sozialhilfe unfallbedingt Leistungen zu erbringen, die der Behebung des Schadens dienen (*sachliche Kongruenz*) und sich auf denselben Zeitraum wie der vom Schädiger zu leistende Schadenersatz beziehen (*zeitliche Kongruenz*; BGH 13.3.1973, VersR 1973, 436), dann geht insoweit der Ersatzanspruch gem. § 116 Abs. 1 SGB X auf den Sozialleistungsträger (die gesetzliche Krankenversicherung, den Rentenversicherer, den Unfallversicherungsträger, die Pflegekasse), den Träger der Sozialhilfe (Sozialamt) oder die Bundesagentur für Arbeit über (BGH 1.12.2009, DAR 2010, 197; BGH 23.2.2010, NJW 2010, 1532; BGH 18.5.2010, VersR 2010, 1103). Besteht ein Haftungsprivileg z. B. gem. §§ 104, 105 SGB VII, dann besteht insoweit schon kein Schadenersatzanspruch, der gem. § 116 Abs. 1 SGB X übergehen könnte (BGH 15.7.2008, NJW 2009, 681). Der Forderungsübergang erfolgt grundsätzlich bereits im *Zeitpunkt* des schädigenden Ereignisses (BGH 24.4.2012, VI ZR 329/10; BGH 12.4.2011, DAR 2012, 78; BGH 12.12.1995, NJW 1996, 726; BGH 20.9.1994, NJW 1994, 3097; BGH 17.4.1990, NJW 1990, 2933), um den Sozialversicherungsträger vor Verfügungen des Geschädigten (z. B. Abfindung) zu schützen. Indes erfolgt der Forderungsübergang auch bei Sozialhilfeträgern und der Bundesagentur für Arbeit erst zu dem Zeitpunkt, in welchem erstmalig konkrete Anhaltspunkte für eine Hilfebedürftigkeit des Geschädigten bestehen (BGH 20.9.1994, VersR 1994, 1450; BGH 12.12.1995, VersR 1996, 349) bzw. ein Sozialversicherungsverhältnis besteht (BGH 24.4.2012, VI ZR 329/10), womöglich also lange nach dem Unfall. *Übergangsfähige Positionen* aufgrund sachlicher Kongruenz sind u. a. Krankenhauskosten, Heilbehandlungskosten, Verletztengeld, Verletztenrente, Verdienstausfall, Erwerbs- und Berufsunfähigkeitsrenten, Arbeitslosengeld, vermehrte Bedürfnisse, orthopädische Hilfsmittel, Pflegebedarf, Beerdigungskosten, Unterhaltsschaden. *Nicht übergangsfähig* sind dagegen z. B. Schmerzensgeldansprüche, Ansprüche aus privaten Versicherungs- und Versorgungsverträgen sowie freiwillige Leistungen Dritter. *Abzüge wegen Eigenersparnis* muss sich der Geschädigte nur von Seiten des Schädigers anrechnen lassen, soweit die Ansprüche nicht bereits auf einen Dritten übergegangen sind (vgl. BGH 3.4.1984, VersR 1984, 583, zum Abzug von ersparten Eigenaufwendungen des Geschädigten während eines Krankenhausaufenthaltes). Bei einem *Mitverschulden des Geschädigten* geht nur der der Haftungsquote des Schädigers entsprechende Haftungsanteil über, § 116 Abs. 3 SGB X (BGH 1.12.2009, DAR 2009, 197). Der Schädiger hat demnach für jede einzelne Schadensposition Ersatz lediglich in Höhe seiner Haftungsquote zu leisten. Diese quotenmäßigen Ersatzleistungen des Schädigers sind unter dem Geschädigten und dem Sozialleistungsträger aufzuteilen (sog. *relative*

Theorie; unter § 1542 RVO galt die absolute Theorie). *Ausnahmsweise* findet *kein Forderungsübergang* statt (*Groß* DAR 1999, 337), nämlich bei Bestehen eines *Befriedigungsvorrechts* gem. § 116 Abs. 4 SGB X, bei Bestehen eines *Quotenvorrechts* gem. § 116 Abs. 2 SGB X, bei *Beteiligung eines Rentners* gem. § 116 Abs. 5 SGB X, bei *Sozialhilfebedürftigkeit* gem. § 116 Abs. 3 S. 3 SGB X oder bei Eingreifen des *Angehörigenprivilegs* gem. § 116 Abs. 6 S. 1 SGB X (BGH 22.4.2009, NJW-Spezial 2009, 362; BGH 12.11.1985, VersR 1986, 333; BGH 15.1. 1980, VersR 1980, 644; BGH 15.1.1980, VersR 1980, 526; BGH 25.11.1975, VersR 1976, 289; BVerfG 12.10.2010, NJW 2011, 1793; vgl. § 67 Abs. 2 VVG a.F.). Das Angehörigenprivileg des § 116 Abs. 6 S. 1 SGB X ist analog anwendbar auf Partner einer *nichtehelichen Lebensgemeinschaft* (BGH 5.2.2013, zfs 2013, 320; OLG Köln 9.5.2012, 16 U 48/11). Es greift indes bei einem Regress des Sozialhilfeträgers nicht ein (BGH 9.7.1996, VersR 1996, 1258), ebenso wenig bei einem Beitragsregress gem. § 119 Abs. 1 SGB X (BGH 24.1.1989, VersR 1989, 492) und bei einem Regress der Kfz-Haftpflichtversicherung gem. § 116 Abs. 1 VVG (vgl. BGH VersR 1988, 1063; OLG Koblenz 2.5.2011, 10 U 1493/10). Der *Forderungsübergang auf den Dienstherrn* gem. §§ 87 a BBG, 30 SoldG, 52 BRRG entspricht weitestgehend dem § 116 SGB X (vgl. BGH 17.11.2009, DAR 2010, 195), wobei der Forderungsübergang nicht zum Nachteil des Beamten und dessen Angehörigen geltend gemacht werden kann. Dem Beamten steht ein Befriedigungsvorrecht und ein Quotenvorrecht zu (BGH 24.2.1983, NJW 1984, 354).

Praxistipp: Der Zeitpunkt des Forderungsübergangs ist zum einen für die *Verjährung von übergegangenen Ansprüchen* von Bedeutung. Hat der Forderungsübergang bereits zum Zeitpunkt des schädigenden Ereignis stattgefunden, dann ist für den Verjährungsbeginn die Kenntnis des mit der Regressforderung in eigener Verantwortung betrauten Bediensteten bzw. des zuständigen Sachbearbeiters der Regressabteilung des Sozialleistungsträgers maßgeblich, und nicht die der Leistungsabteilung (BGH 27.3.2001, NJW 2001, 2535; BGH 15.3.2011, DAR 2012, 76; BGH 17.4. 2012, NZV 2013, 25, m. Anm. *Küppersbusch*; BGH 28.2.2012, zfs 2012, 444), Zum anderen ist der Zeitpunkt des Forderungsübergangs im Rahmen eines *Abfindungsvergleichs* relevant. War der Geschädigte zum Zeitpunkt des Abschlusses der Abfindungsvereinbarung nicht mehr Forderungsinhaber, dann konnte er insoweit auf (die übergegangenen) Ansprüche nicht mehr verzichten (BGH 12.12.1995, NJW 1996, 726).

3. Forderungsübergang gem. §§ 86 Abs. 1 VVG u. a.. Abweichend vom Zeitpunkt des Forderungsübergangs gem. § 116 SGB X findet der Forderungsübergang z. B. gem. § 86 Abs. 1 VVG auf den Schadensversicherer oder der gem. § 6 EFZG auf den Arbeitgeber erst in dem *Zeitpunkt* statt, in welchem der Zessionar (z. B. Versicherer, Arbeitgeber) eine Leistung an den Geschädigten (Zedent) erbringt. Findet ein Forderungsübergang *während Rechtshängigkeit* des Schadenersatzprozesses statt, z. B. durch erst dann erfolgende Inanspruchnahme der Kaskoversicherung zur Begleichung von Reparaturkosten, dann ist der Geschädigte nicht mehr aktivlegitimiert und die Klage auf Zahlung an den Kaskoversicherer umzustellen (KG 9.6.2008, MDR 2008, 1269). Der Übergang kann nicht zum Nachteil des Geschädigten geltend gemacht werden, so dass zu dessen Gunsten gegenüber dem Zessionar (z. B. dem Versicherer) ein *Befriedigungs-* und *Quotenvorrecht* besteht. Ferner gilt auch hier das *Familienprivileg*, welches die in häuslicher Gemeinschaft lebenden und regelmäßig eine Wirtschaftseinheit darstellenden Familienangehörigen davor schützen soll, dass der Versicherer, der eine Leistung an einen Familienangehörigen erbringt, diese Leistung von einem anderen Familienangehörigen aus der Wohn- und Wirtschaftseinheit zurückholt.

Praxistipp: Insbesondere, wenn ein *Mitverschulden* des Geschädigten besteht oder die *Versicherungssummen* zur Befriedigung der Ansprüche des Geschädigten nicht ausreichen, ist das *Quotenvorrecht* für den Geschädigten von teilweise erheblichem Vorteil.

Siehe auch: → *Regress*   *Geiger*

Überholen 1. Allgemeines. Als Überholen bezeichnet man das Vorbeifahren (auf derselben Fahrbahn) an einem anderen Fahrzeug, welches selbst in Bewegung ist oder verkehrsbedingt hält.

2. Die Überholregeln im Einzelnen:
a) Linksüberholgebot. Es ist grundsätzlich links zu überholen (§ 5 Abs. 1 StVO). *Ausnahmen:* Es stellt kein unzulässiges Rechtsüberholen dar, wenn an einer *Ampel* das rechte Fahrzeug schneller anfährt als das linke oder das rechte Fahrzeug bei einsetzendem Grünlicht an den

U Überholen

links noch stehenden Fahrzeugen vorbeifährt, oder wenn an einer Rotlicht zeigenden Ampel das rechte Fahrzeug an den links schon stehenden Fahrzeugen bis zu Haltelinie vorfährt. *Linksabbieger* sind rechts zu überholen, wenn sie ihre Absicht, nach links abzubiegen, angekündigt und sich eingeordnet haben (§ 5 Abs. 7 S. 1 StVO). *Schienenfahrzeuge* sind rechts zu überholen, nur wer das nicht kann, weil die Schienen zu weit rechts liegen, darf links überholen; auf Fahrbahnen für eine Richtung dürfen Schienenfahrzeuge auch links überholt werden (§ 5 Abs. 7 S. 2 – 4 StVO). *Radfahrer und Mofa-Fahrer* dürfen Fahrzeuge, die auf dem rechten Fahrstreifen warten, mit mäßiger Geschwindigkeit und besonderer Vorsicht rechts überholen, wenn ausreichender Raum vorhanden ist (§ 5 Abs. 8 StVO → *Fahrradfahrer* Nr. 4). Ist der *Verkehr so dicht*, dass sich auf den Fahrstreifen für eine Richtung Fahrzeugschlangen gebildet haben, so darf rechts schneller als links gefahren werden (§ 7 Abs. 2 StVO). Wenn auf der Fahrbahn für eine Richtung eine *Fahrzeugschlange auf dem jeweils linken Fahrstreifen* steht oder langsam fährt, dürfen Fahrzeuge diese mit geringfügig höherer Geschwindigkeit und mit äußerster Vorsicht rechts überholen (§ 7 Abs. 2a StVO). *Innerhalb geschlossener Ortschaften* – ausgenommen auf Autobahnen (Zeichen 330 der StVO) – dürfen Kraftfahrzeuge sowie Kraftfahrzeuge mit einer zulässigen Gesamtmasse bis zu 3,5 t auf Fahrbahnen mit mehreren markierten Fahrstreifen für eine Richtung (Zeichen 296 oder 340 der StVO) den Fahrstreifen frei wählen; es darf dann rechts schneller als links gefahren werden (§ 7 Abs. 3 StVO). *Gehen Fahrstreifen von der durchgehenden Fahrbahn ab*, insbesondere auf Autobahnen oder Kraftfahrstraßen, so dürfen Abbieger vom Beginn einer breiten Leitlinie (Blockmarkierung) rechts von dieser schneller als auf der durchgehenden Fahrbahn fahren (§ 7a StVO; gilt nicht für Verzögerungsstreifen → *Verzögerungsstreifen* Nr. 3). Der *Kradfahrer, der bei einem Stau zwischen zwei Fahrzeugkolonnen hindurchfährt*, überholt die Fahrzeuge in dem links neben ihm befindlichen Fahrstreifen unzulässigerweise rechts (OLG Düsseldorf 30.4.1990, 5 Ss OWi 151/90 – OWi 77/90 I, NZV 1990, 319).

b) Überholen darf gem. § 5 Abs. 2 S. 1 StVO nur, wer übersehen kann, dass während des ganzen Überholvorgangs jede **Behinderung und Gefährdung des Gegenverkehrs ausgeschlossen** ist.

c) Überholen darf ferner nur, wer mit **wesentlich höherer Geschwindigkeit** als der zu Überholende fährt (§ 5 Abs. 2 S. 1 StVO), also bei einer Geschwindigkeitsdifferenz von mindestens 10 km/h (OLG Zweibrücken 16.11.2009, 1 SsRs 45/09, SVR 2010, 66; OLG Hamm 29.10.2008, 4 Ss OWi 629/08, NZV 2009, 302); auf innerörtlichen Straßen, auf denen in mindestens zwei Fahrspuren nebeneinander gefahren werden darf (→ Nr. 2 a), besteht diese Pflicht jedoch nicht. Die zulässige Höchstgeschwindigkeit darf jedenfalls nicht überschritten werden.

d) Pflichten des Überholenden (§ 5 Abs. 4 u. 4a StVO). Wer zum Überholen ausscheren will, muss sich so verhalten, dass eine Gefährdung des nachfolgenden Verkehrs ausgeschlossen ist (*Rückschaupflicht*). Das Überholen mehrerer Fahrzeuge ist erlaubt, den Überholenden trifft aber eine erhöhte Sorgfaltspflicht. Einen Grundsatz, gemäß dessen dem ersten von mehreren, in einer Kolonne hintereinander fahrenden Fahrzeugen stets der *Vorrang* beim Überholen zukäme, gibt es nicht (OLG Düsseldorf 20.12.2004, I-1 U 119/04, DAR 2005, 217); es hat vielmehr derjenige den Vortritt, der als erstes in vorschriftsmäßiger Weise zum Überholen ansetzt. Beim Überholen muss ein ausreichender *Seitenabstand* zu anderen Verkehrsteilnehmern eingehalten werden – zu anderen Kraftfahrzeugen i. d. R. 1 m (KG 21.2.2007, 12 U 124/06, NZV 2007, 626), zu Fußgängern und Radfahrern i. d. R. mind. 1,5 m (OLG Hamm 28.10.1993, 6 U 91/93, NZV 1995, 26). Der Überholende muss den *Fahrzeugen des Querverkehrs* (die aus Querstraßen, nicht aber aus Grundstücksausfahrten oder vom Straßenrand kommen) die Möglichkeit geben, sich bis zur Gewinnung der Sicht in den von der Kolonne nicht in Anspruch genommenen Fahrbahnteil hineinzutasten. Er muss daher entweder einen solchen Abstand von den Fahrzeugen der Kolonne einhalten, dass ein Wartepflichtiger bis zur Sichtgewinnung aus der offen gehaltenen Lücke herausfahren kann, oder er muss, wenn er diesen Abstand nicht einhält oder nicht einhalten kann, so langsam fahren, dass er vor einem sich aus der Lücke heraustastenden Verkehrsteilnehmer noch anhalten kann (BayObLG 25.2.1988, 2 Ob OWi 12/88, NZV 1988, 77). Der Überholende muss sich sobald wie möglich wieder nach rechts einordnen. Er darf dabei den Überholten nicht behindern, ihn insbesondere nicht durch Schneiden zum Bremsen zwingen. Das Ausscheren zum Überholen und das Wiedereinordnen sind *rechtzeitig und deutlich anzukündigen*; dabei sind die Fahrtrichtungsanzeiger zu benutzen.

e) Warnzeichen. Beim Überholen außerhalb geschlossener Ortschaften dürfen Schall- und Leuchtzeichen gegeben werden (§ 5 Abs. 5 i.V. m. § 16 Abs. 1 Nr. 1 StVO).

f) Wer überholt wird, darf seine Geschwindigkeit nicht erhöhen (§ 5 Abs. 6 S. 1 StVO). Der Führer eines langsameren Fahrzeugs muss seine Geschwindigkeit an geeigneter Stelle ermäßigen, notfalls warten, wenn nur so mehreren unmittelbar folgenden Fahrzeugen das Überholen möglich ist (§ 5 Abs. 6 S. 2 StVO). Hierzu können auch geeignete Seitenstreifen in Anspruch genommen werden; das gilt nicht auf Autobahnen (§ 5 Abs. 6 S. 3 StVO).

3. Überholverbote. Das Überholen ist unzulässig bei unklarer Verkehrslage oder wo es durch Verkehrszeichen verboten ist, ferner an Fußgängerüberwegen sowie bei Warnblinklicht von Linien- und Schulbussen. Darüber hinaus besteht ein Überholverbot für Fahrzeuge über 7,5 t Gesamtmasse bei Sichtweiten unter 50 m.

a) Eine **unklare Verkehrslage** (§ 5 Abs. 3 Nr. 1 StVO), die ein Überholverbot auslöst, besteht dann, wenn – gerade in Bezug auf den geschützten Straßenverkehr – eine Sichtbehinderung vorliegt oder widrige Witterungs- oder Lichtverhältnisse herrschen, ferner wenn nicht zu beurteilen ist, wie sich der Vorausfahrende gleich verhalten wird.

b) Streckenverbote. Überholen ist unzulässig, wo es durch Verkehrszeichen (Zeichen 276, 277 der StVO) verboten ist (§ 5 Abs. 3 Nr. 2 StVO). Überholverbote verbieten Führern von Kraftfahrzeugen aller Art (Zeichen 276 der StVO) bzw. Kraftfahrzeugen mit einer zulässigen Gesamtmasse über 3,5 t, einschließlich ihrer Anhänger, und von Zugmaschinen, ausgenommen Personenkraftwagen und Kraftomnibusse (Zeichen 277 der StVO), mehrspurige Kraftfahrzeuge und Krafträder mit Beiwagen zu überholen (Nr. 53 u. 54 der Anlage 2 zu § 41 Abs. 1 StVO). Motorräder, Mopeds und Mofas dürfen demnach trotz Zeichens 276 oder 277 der StVO überholt werden. *Abgeschlossen* sein muss ein Überholvorgang rechtzeitig bis zum Zeichen 276 oder 277 der StVO, anderenfalls ist der Überholvorgang abzubrechen. Im Verkehr auf mehreren Fahrstreifen für (nur) eine Richtung ist das Überholverbotszeichen 276 aber beachtet, wenn der Überholende bis zum Zeichen das überholte Fahrzeug mindestens so weit hinter sich gelassen hat, dass er sich ohne Gefährdung vor diesem einordnen könnte (BGH 28.3.1974, 4 StR 3/74, NJW 1974, 1205). Das Zeichen 277 der StVO gilt auch für *Wohnmobile über 3,5 t* Gesamtmasse, da dieses Zeichen nicht ausschließlich auf Lkw (worunter ein Wohnmobil als Sonderkraftfahrzeug nicht einzustufen wäre) beschränkt ist, sondern allgemein alle Kraftfahrzeuge über 3,5 t Gesamtmasse betrifft. Durch *Zusatzschild* können *bestimmte Fahrzeuge vom Überholverbot ausgenommen* werden (z. B. Traktoren). Die für ein bestimmtes Fahrzeug angeordnete Ausnahme erlaubt es aber einem Fahrzeugführer nicht, ein solches ausgenommenes Fahrzeug und gleichzeitig ein hinterherfahrendes mehrspuriges Fahrzeug (für welches das Überholverbot selbst gilt) zu überholen (OLG Düsseldorf 20.12.2004, I-1 U 119/04, DAR 2005, 217). Ist auf einem *Zusatzschild* eine *Masse* (z. B. „7,5 t") angegeben, so gilt das Verbot nur, soweit die zulässige Gesamtmasse dieser Verkehrsmittel die angegebene Grenze überschreitet. Das *Ende einer Verbotsstrecke* ist nicht gekennzeichnet, wenn das Streckenverbotszeichen zusammen mit einem Gefahrzeichen angebracht ist und sich aus der Örtlichkeit zweifelsfrei ergibt, von wo an die angezeigte Gefahr nicht mehr besteht. Es ist auch nicht gekennzeichnet, wenn das Verbot nur für eine kurze Strecke gilt und auf einem Zusatzschild die Länge der Verbotsstrecke angegeben ist. Sonst ist es gekennzeichnet durch Zeichen 280, 281 oder 282 der StVO.

c) An **Fußgängerüberwegen** darf gem. § 26 Abs. 3 StVO nicht überholt werden (→ *Fußgängerüberweg* Nr. 2c).

d) Linien- und Schulbusse mit Warnblinklicht. Omnibusse des Linienverkehrs und gekennzeichnete Schulbusse, die sich einer Haltestelle (Zeichen 224 der StVO) nähern und Warnblinklicht eingeschaltet haben, dürfen nicht überholt werden. (§ 20 Abs. 3 StVO).

e) Überholverbot für Fahrzeuge über 7,5 t Gesamtmasse bei Sichtweiten unter 50 m. Unbeschadet sonstiger Überholverbote dürfen die Führer von Kraftfahrzeugen mit einer zulässigen Gesamtmasse über 7,5 t nicht überholen, wenn die Sichtweite durch Nebel, Schneefall oder Regen weniger als 50 m beträgt (§ 5 Abs. 3a StVO).

f) An **Bahnübergängen** dürfen vom Zeichen 151 („Bahnübergang") bzw. Zeichen 156 („Bahnübergang mit dreistreifiger Bake") der StVO an bis einschließlich des Kreuzungsbereichs von Schiene und Straße keine Kraftfahrzeuge überholt werden.

g) Sonderfall: Fahrstreifenbegrenzung (durchgehende Mittelmarkierung). Gem. Nr. 68 der Anlage 2 zu § 41 Abs. 1 StVO ordnet eine durchgehende Linie auf der Fahrbahn (Zeichen 295 der StVO) an: Fahrzeuge dürfen sie nicht überqueren oder diese überfahren. Dies kann faktisch zu einem Überholverbot führen, wenn zum Überholen die Mittelmarkierung überfahren werden müsste. Allerdings würde dies keinen Verstoß gegen § 5 Abs. 3 Nr. 2 StVO darstellen, da Zeichen 295 der StVO kein Überholverbot im rechtlichen Sinne anordnet; es darf nämlich überholt werden, wenn der Überholende die Mittelmarkierung nicht überfahren muss (z. B. Motorradfahrer, der ein anderes Fahrzeug überholt).

4. Ordnungswidrigkeiten. Falsches Verhalten beim Überholen ist ordnungswidrig gem. § 24 StVG i.V. m. § 49 Abs. 1 Nr. 5 StVO (an Fußgängerüberwegen: § 49 Abs. 1 Nr. 24 Buchst. b StVO; bei Linien- und Schulbussen mit Warnblinklicht: § 49 Abs. 1 Nr. 19 Buchst. b StVO), gleiches gilt für das Überfahren einer durchgezogenen Mittelmarkierung (§ 49 Abs. 3 Nr. 4 StVO i.V. m. § 24 StVG).

5. Straftaten. Falsches Überholen oder sonstiges falsches Verhalten bei Überholvorgängen kann strafbar sein gem. § 315c Abs. 1 Nr. 2 Buchst. b StGB (→ *Gefährdung des Straßenverkehrs*), ggf. auch gem. § 240 StGB (→ *Nötigung*).

6. Zivilrecht. Zu den Haftungsquoten bei Verkehrsunfällen in Zusammenhang mit Überholmanövern → *Haftungsverteilung bei Verkehrsunfällen* Nr. 7.
Langer

Überholen → Doppelte Rückschaupflicht, → Fahrradfahrer Nr. 4, → Fußgängerüberweg Nr. 2 b)

Überholen, falsches → Gefährdung des Straßenverkehrs, → fahrlässige Körperverletzung

Überholverbot → Fußgängerüberweg Nr. 2 b), → Verzögerungsstreifen Nr. 3

Überladung 1. Allgemeines. Das Gesetz unterscheidet zwischen *Achslast und Gesamtgewicht* eines Fahrzeugs. Die Achslast ist die Gesamtlast, die von den Rädern einer Achse oder einer Achsgruppe (z. B. Doppel- oder Dreifachachse) auf die Fahrbahn übertragen wird (§ 34 Abs. 1 StVZO). Zulässige Achslasten und zulässiges Gesamtgewicht von Fahrzeugen sind in § 34 Abs. 2 bis 11 StVZO geregelt, hier werden insbesondere die technisch zulässigen Höchstwerte festgeschrieben. Maßgeblich sind in der Praxis letztlich die im Fahrzeugschein bzw. -brief für das konkrete Fahrzeug ausgewiesenen Höchstwerte der amtlich zulässigen Achslasten und des amtlich zulässigen Gesamtgewichtes.

2. Ausländische Fahrzeuge. Ausländische Kraftfahrzeuge und ihre Anhänger müssen in Gewicht und Abmessungen den §§ 32 und 34 StVZO entsprechen (§ 31d Abs. 1 StVZO). Dies bedeutet, dass ausländische Fahrzeuge insbesondere auch die in § 34 StVZO technisch zulässigen Achslasten und Gesamtgewichte einhalten müssen.

3. Überprüfung von Fahrzeuggewichten. Kann der Führer eines Fahrzeugs auf Verlangen einer zuständigen Person die Einhaltung der für das Fahrzeug zugelassenen Achslasten und Gesamtgewichte nicht glaubhaft machen, so ist er verpflichtet, sie nach Weisung dieser Person auf einer *Waage* oder einem *Achslastmesser* (Radlastmesser) feststellen zu lassen (§ 31c S. 1 StVZO). Ein Toleranzabzug ist lediglich in Höhe der Verkehrsfehlergrenze der verwendeten geeichten Wiegevorrichtung vorzunehmen (BayObLG 26.2.2001, 2 Ob OWi 22/2001, NZV 2001, 308). Nach dem Wiegen ist dem Führer eine *Bescheinigung* über das Ergebnis der Wägung zu erteilen (§ 31c S. 2 StVZO). Die *Kosten* der Wägung fallen dem Halter des Fahrzeugs zur Last, wenn ein zu beanstandendes Übergewicht festgestellt wird (§ 31c S. 3 StVZO). Die prüfende Person kann von dem Führer des Fahrzeugs eine der Überlastung entsprechende *Um- oder Entladung* fordern; dieser Auflage hat der Fahrzeugführer nachzukommen, die Kosten hierfür hat der Halter zu tragen (§ 31c S. 4 StVZO).

4. Fahrlässigkeit des Fahrzeugführers. Diese ist im Rahmen von § 34 StVZO gegeben, wenn dieser bei Anwendung pflichtgemäßer Sorgfalt und in zumutbarem Rahmen eine Überladung hätte erkennen können (insbesondere bei äußeren Anzeichen für eine Überladung, oder aber durch Überprüfung von Fahrzeugpapieren und Frachtpapieren). Eine Überprüfung des Fahrzeugs auf Überladung hat vor Fahrtbeginn zu erfolgen, insbesondere dann, wenn der Fahrer selbst das Fahrzeug belädt. Wer erst unterwegs den Fahrer ablöst, unter dessen Verantwortung das Fahrzeug beladen worden war, muss im Regelfall keine umfassende Überprüfung vornehmen (BayObLG 24.3.1988, 1 Ob OWi 35/88, NZV 1988, 192).

5. Fahrlässigkeit des Halters. Der Halter darf die Inbetriebnahme nicht anordnen oder zulassen, wenn ihm bekannt ist oder bekannt sein muss, dass der Führer nicht zur selbständigen Leitung geeignet oder das Fahrzeug, der Zug, das Gespann, die Ladung oder die Besetzung nicht vorschriftsmäßig ist oder dass die Verkehrssicherheit des Fahrzeugs durch die Ladung oder die Besetzung leidet (§ 31 Abs. 2 StVZO). Den Halter trifft insbesondere die Pflicht, eine Überwachung im Rahmen von Stichproben vorzunehmen, seine Fahrer sorgfältig auszuwählen und diesen sachgemäße Weisungen zu erteilen.

6. Ordnungswidrigkeiten. Die Überladung eines Fahrzeugs wird als Ordnungswidrigkeit geahndet (*beim Fahrer:* § 69a Abs. 3 Nr. 4 StVZO i.V. m. § 24 StVG; *beim Halter:* § 69a Abs. 5 Nr. 3 StVZO i.V. m. § 24 StVG). Der Bußgeldkatalog berücksichtigt dabei – was die Höhe der Ahndung betrifft – zum einen das Ausmaß der Gewichtsüberschreitung, zum anderen die Art der Fahrzeuggattung (Kfz mit einem zulässigen Gesamtgewicht bis 7,5 t ohne Anhänger einerseits, sowie übrige Fahrzeuge bzw. Gespanne andererseits). *Langer*

Übermüdung → Beifahrer Nr. 2, → Gefährdung des Straßenverkehrs Nr. 3 b)

Übertragung der Überwachungspflicht → Fuhrparküberwachung

Überschwemmung → Teilkaskoversicherung Nr. 4

Überwachungspersonal → Waschstraßenschäden

Umbaukosten → Unfallschadenabwicklung – Sachschaden Nr. 57

Umkehr der Beweislast → Besonderheiten des Verkehrsunfallprozesses

Ummeldekosten → Unfallschadenabwicklung – Sachschaden Nr. 42

Ummeldung 1. Umzug. Bei Verlegung von Wohnsitz oder Sitz des Kfz-Halters *innerhalb des Zulassungsbezirks* ist unverzügliche Mitteilung der Anschriftenänderung an die Zulassungsbehörde unter Vorlage der Zulassungsbescheinigung Teil I (Fahrzeugschein) erforderlich; die Zulassungsbescheinigung Teil II (Fahrzeugbrief) braucht dabei nicht vorgelegt zu werden (§ 13 Abs. 1 S. 1 Nr. 1 FZV). Die neue Anschrift kann durch Aufkleber – wie beim Personalausweis – auf der Zulassungsbescheinigung Teil I vermerkt werden. Bei Verlegung von Wohnsitz oder Sitz des Kfz-Halters *in einen anderen Zulassungsbezirk* ist unverzüglich bei der neuen Zulassungsbehörde die Zuteilung eines neuen Kennzeichens und Ausstellung einer neuen Zulassungsbescheinigung Teil I zu beantragen (§ 13 Abs. 3 S. 1 Nr. 1 FZV). Anders als beim Halterwechsel ist kein Versicherungsnachweis gemäß § 23 FZV vorzulegen, da der Umzug den Versicherungsschutz für das Fahrzeug nicht berührt. Seit 1.1.2015 ist alternativ auch die Mitnahme des Kennzeichens bei Wohnsitzwechsel bundesweit möglich (§ 13 Abs. 3 S.1 Nr 2).

2. Halterwechsel. § 13 Abs. 4 FZV regelt die Pflichten von Halter und Eigentümer bei einem Wechsel in der Person des Halters. Dies gilt nicht nur bei Veräußerung, sondern auch bei Halteränderung aufgrund von Schenkung, Vermietung, Leasinggeschäft etc. Der *bisherige Halter oder Eigentümer* hat der Zulassungsbehörde unverzüglich den *Halterwechsel mitzuteilen*, damit die Fahrzeugregister berichtigt werden können (§ 13 Abs. 4 S. 1 FZV); dies ist allerdings entbehrlich, wenn der Erwerber das Fahrzeug bereits umgemeldet hat. Der *Erwerber* hat unverzüglich das Fahrzeug bei der für seinen Wohnort oder Sitz örtlich zuständigen Zulassungsbehörde unter Vorlage eines Versicherungsnachweises gemäß § 23 FZV *umzumelden* (§ 13 Abs. 4 S. 3 FZV). Kommen der bisherige Halter oder Eigentümer ihrer Mitteilungspflicht nicht nach oder wird das Fahrzeug bei Halterwechsel nicht unverzüglich umgemeldet oder außer Betrieb gesetzt, oder erweisen sich die mitgeteilten Daten des neuen Halters oder Eigentümers als unzutreffend, kann die Zulassungsbehörde die *Zulassung von Amts wegen beenden*, indem sie die Zulassungsbescheinigung im Verkehrsblatt (Amtsblatt des Bundesverkehrsministeriums) mit einer Frist von vier Wochen zur Vorlage bei ihr aufbietet (§ 14 Abs. 4 S. 4 FZV). Mit erfolglosem Ablauf dieser Frist endet die Zulassung des Fahrzeugs (§ 14 Abs. 4 S. 5 FZV) und damit auch die Kfz-Steuerpflicht. *Dauer*

Umrissleuchten → Fahrzeugbeleuchtung Nr. 2

Umsatzsteuer → Anwaltsgebühren in Verkehrsverwaltungssachen, → Unfallschadenabwicklung – Sachschaden Nr. 16

Umschreibung ausländischer Fahrerlaubnisse → Fahrerlaubniserwerb Nr. 7

U Umweltplakette

Umweltplakette → Umweltzonen Nr. 5

Umweltschadensgesetz 1. Allgemeines. Das Umweltschadensgesetz (USchadG) wurde am 14.5.2007 als Art. 1 des Gesetzes vom 10.5.2007 (BGBl. I S. 666) verkündet und trat gem. Art. 4 des Gesetzes am 14.11.2007 in Kraft. Zuletzt geändert wurde es durch Art. 4 des Gesetzes vom 23.7.2013 (BGBl. I S. 2565). Das Gesetz dient der Umsetzung der Richtlinie 2004/35/EG des Europäischen Parlaments und des Rates vom 21.4.2004 über die Umwelthaftung zur Vermeidung und Sanierung von Umweltschäden (Umwelthaftungsrichtlinie, Abl-EG 2004 Nr. L 143, S. 56). Das Gesetz soll Schäden an Wasser, Boden und Natur vermeiden und sanieren. Es befasst sich jedoch nicht mit Schadensersatzansprüchen geschädigter Personen nach Verletzung ihrer Rechtsgüter.

Bisher war in verschiedenen Fachgesetzen des deutschen Umweltrechts die Vorbeugung und Sanierung von Schäden an Wasser, Boden und Natur geregelt. Im Bodenschutzrecht fanden sich Regelungen zur Feststellung und Sanierung von Schäden des Bodens, im Wasserrecht solche im Zusammenhang mit Schäden an Gewässern, und im Naturschutzrecht des Bundes und der Länder Bestimmungen im Zusammenhang mit Naturschäden. Um gegen „Handlungs- und Zustandsstörer" Maßnahmen zur Schadensvermeidung und -beseitigung ergreifen zu können, mussten die Behörden in der Vergangenheit das allgemeine Sicherheits- und Polizeirecht heranziehen, denn dem Umweltfachrecht konnte man kaum die passenden Rechtsgrundlagen entlocken. Das Umwelthaftungsgesetz (UmweltHG) wiederum regelt seit dem 10.12.1990 (BGBl. I S. 2634), in welchen Fällen ein Anlageninhaber Personenschäden oder Schäden an Sachen, die in fremdem Eigentum stehen, auszugleichen hat, die er durch von seiner Anlage ausgehende Umwelteinwirkungen verursacht hat. Damit ist jedoch nur die zivilrechtliche Haftung für die Beeinträchtigung von Individualrechtsgütern geregelt. Das USchadG dagegen hat Ansprüche der öffentlichen Hand auf Durchführung von Vermeidungs- und Sanierungsmaßnahmen zum Gegenstand und ist somit dem Bereich des öffentlichen Rechts zuzuordnen. Es dient als öffentlich-rechtliche Ergänzung des jeweiligen Umweltfachrechts (*Becker* Das neue Umweltschadensgesetz Rn. 7). Das Schutzgut des USchadG ist der „ökologische Schaden", d. h. der Schaden an der Umwelt selbst (zum Begriff des ökologischen Schadens vgl. *Geigel* Haftpflichtprozess 24. Kap. Rn. 55).

2. Anwendungsbereich. Das Gesetz kommt bei Umweltschäden zur Anwendung, die von einem Verantwortlichen verursacht wurden; hierdurch wird das Verursacherprinzip besonders betont. Nach § 1 USchadG findet das Gesetz zudem nur Anwendung, soweit Rechtsvorschriften des Bundes oder der Länder die Vermeidung und Sanierung von Umweltschäden nicht näher bestimmen oder in ihren Anforderungen diesem Gesetz nicht entsprechen. Rechtsvorschriften mit weitergehenden Anforderungen bleiben aber unberührt. Es gelten damit auch die bisher bestehenden Vorschriften des deutschen Umweltrechts. Das bedeutet, dass sowohl „neue" als auch bereits bestehende Pflichten nebeneinander geprüft werden müssen und die „weitergehenden", mithin die für den Verantwortlichen ungünstigeren, zur Anwendung gebracht werden müssen – was i. d. R. das Naturschutzrecht des Bundes und der Länder sein wird (*Becker* NVwZ 2007, 1105 [1107]). Das USchadG kommt mithin nur subsidiär zur Anwendung. Dies ist gemeinschaftsrechtlich auch zulässig, denn die Umwelthaftungsrichtlinie, die dem USchadG voraus geht, stellt keine Harmonisierungsrichtlinie dar (*Becker* Das neue Umweltschadensgesetz Rn. 14).

Zeitlich ist die Anwendung des Gesetzes gemäß § 13 Abs. 1 USchadG ausgeschlossen für Umweltschäden, die vor dem 30.4.2007 verursacht wurden oder die auf eine bestimmte Tätigkeit zurückzuführen sind, die vor diesem Zeitpunkt geendet hat. Mithin sind Emissionen, Ereignisse, Vorfälle oder andere relevante Schadensursachen, die vor diesem Stichtag stattgefunden haben, auch dann nicht Gegenstand des USchadG, wenn der Schaden erst nach Inkrafttreten des Gesetzes eintritt. Die Haftung für Altlasten nach dem USchadG ist somit ausgeschlossen. Nach § 13 Abs. 2 USchadG gilt das Gesetz zudem nicht für Schäden, die vor mehr als 30 Jahren verursacht wurden, freilich mit der Ausnahme, dass in dieser Zeit eine Behörde nicht schon Maßnahmen gegen den Verantwortlichen ergriffen hat. Ein solches Verbot temporaler Rückwirkung für die Altlastenhaftung gibt es im Bodenschutzrecht und Wasserrecht allerdings nicht. Durch die somit strengere Regelung i. S. v. § 1 USchadG bleibt das Umweltfachrecht mithin weiter anwendbar und der Verantwortliche haftet für die jetzt bestehende Gefahr oder jetzt eintretenden Schaden, auch wenn die Verursachung temporal in der Vergangenheit liegt (dazu *Becker* NVwZ 2007, 1105 [1111 f.]).

3. Schutzbereich und Definitionen. a) Schutzbereich aus § 3 USchadG. Der Schutzbereich des Gesetzes erstreckt sich gem. § 3 Abs. 1 Nr. 1 USchadG auf Umweltschäden und unmittelbare Gefahren solcher Schäden, die durch eine der in Anlage 1 aufgeführten beruflichen Tätigkeiten verursacht werden. Unerheblich ist daher, ob die Handlung schuldhaft getätigt wurde oder nicht, denn insoweit geht das Gesetz von einer Gefährdungshaftung aus. Weiterhin gilt das Gesetz für Schädigungen von Arten und natürlichen Lebensräumen i. S. d. § 21a Abs. 2 und 3 BNatSchG und unmittelbare Gefahren solcher Schäden, die durch andere berufliche Tätigkeiten als die in Anlage 1 aufgeführten verursacht werden, sofern der Verantwortliche vorsätzlich oder fahrlässig gehandelt hat – was die Verankerung einer Verschuldenshaftung im Gesetz bedeutet.

Weitere Einschränkungen und Besonderheiten sind in § 3 Abs. 2-5 USchadG enthalten. Werden Umweltschäden durch einen in Abs. 3 genannten Faktor verursacht, findet das Gesetz keine Anwendung. Dies betrifft zwar nur eine Reihe selten eintretender Konstellationen; ungeachtet dessen zählen aber hierzu z. B. bewaffnete Konflikte, außergewöhnliche, unabwendbare und nicht beeinflussbare Naturereignisse, Umweltschäden, deren Abwicklung internationalen Abkommen (Anlage 2 des Gesetzes) oder Übereinkünften (Anlage 3) vorbehalten ist und Atomunfälle dazu. Ferner gilt das Gesetz weder für Tätigkeiten, deren Hauptzweck die Verteidigung oder die internationale Sicherheit ist, noch für Tätigkeiten, deren alleiniger Zweck der Schutz vor Naturkatastrophen ist (Abs. 5).

b) Begriffserläuterungen. Die zur Bestimmung des Schutzbereiches wesentlichen Begriffe werden in § 2 USchadG definiert. Danach ist ein Umweltschaden eine Schädigung von Arten (Fauna und Flora) und natürlichen Lebensräumen, von Gewässern oder des Bodens und seiner Funktionen, womit der Rechtsbegriff des Umweltschadens auf drei Typen beschränkt ist (§ 2 Nr. 1 lit. a – c USchadG). Im Hinblick auf die Details verweist das Gesetz auf die Fachgesetze, mithin auf BNatSchG, WHG und BBodSchG.

In diesem Zusammenhang ist im BNatSchG ein neuer § 21a enthalten, in dem die Begriffe „Arten" und „natürliche Lebensräume" in Abs. 2 und 3 näher konkretisiert werden. Dabei wird wiederum auf die europäischen Naturschutzrichtlinien verwiesen und auf diese zurückgegriffen. In diesem Zusammenhang ist das Bewusstsein, dass Lebensräume geschützt sind, wenn sie zum Europäischen Biotopverbund zählen, von erheblicher Bedeutung. Die genannten Arten der Vogelschutz- und der FFH-Richtlinie sind daher unabhängig von konkret ausgewiesenen Schutzgebieten vor Schäden zu bewahren. Geschützt sind ferner die Fortpflanzungs- und Ruhestätten der in Anhang IV der FFH-Richtlinie aufgelisteten streng geschützten Arten. Zu vermeiden sind zudem erhebliche nachteilige Auswirkungen auf die Erreichung oder Beibehaltung eines günstigen Erhaltungszustands der Lebensräume und Arten. Sollte es an dem Bezug zu diesen europäischen „FFH- oder Vogelschutz"-Arten oder Lebensräumen fehlen, verbleibt es beim Schutz und der Sanierung nach dem allgemeinen Naturschutzrecht.

Auch das WHG wurde um einen § 22a ergänzt, der die Schäden an Gewässern und deren Sanierung definiert. Danach sind Oberflächengewässer, Küstengewässer und Grundwasser gegen erhebliche nachteilige Auswirkungen auf den chemischen Zustand geschützt. Als Schutzgut kommt bei oberirdischen Gewässern und Küstengewässern der ökologische Zustand und bei erheblich veränderten Gewässern oder künstlichen Oberflächengewässern das ökologische Potenzial hinzu. Das Grundwasser ist zudem hinsichtlich seines mengenmäßigen Zustands geschützt. Zu beachten sind aber auch die Ausnahmen des WHG, die z. B. in § 25d Abs. 3, § 32c i.V. m. § 25d Abs. 3, § 33a Abs. 4 S. 2 WHG enthalten sind. Danach sind bestimmte Verschlechterungen des Wassers dann nicht als Umweltschäden i. S. d. USchadG anzusehen, wenn sie im öffentlichen Interesse liegen oder unvermeidbar sind (*Becker* NVwZ 2007, 1105 [1107]).

Geschädigt ist der Boden bei einer Beeinträchtigung der Bodenfunktionen i. S. d. § 2 Abs. 2 BBodSchG. Der Boden erfüllt natürliche Funktionen als Lebensgrundlage und Lebensraum für Menschen, Tiere, Pflanzen und Bodenorganismen, insbesondere auch zum Schutz des Grundwassers (Nr. 1), sowie Funktionen als Archiv der Natur- und Kunstgeschichte (Nr. 2) und Nutzungsfunktionen (Nr. 3). Die Beeinträchtigung einer dieser Funktionen muss durch eine direkte oder indirekte Einbringung von Stoffen, Zubereitungen, Organismen oder Mikroorganismen auf, in oder unter den Boden hervorgerufen worden sein und Gefahren für die menschliche Gesundheit verursacht haben. Boden i. S. d. § 2 Abs. 1 BBodSchG ist die obere Schicht der Erdkruste, soweit sie Träger der in Absatz 2 genannten Bodenfunktionen ist, einschließlich der flüssigen Bestandteile (Bodenlösung) und der gasförmigen Bestandteile (Bodenluft), indes ohne Grundwasser und Gewässerbetten.

Ein Schaden oder eine Schädigung ist nach § 2 Nr. 2 USchadG eine direkt oder indirekt eintretende feststellbare nachteilige Veränderung einer natürlichen Ressource (Arten und natürliche Lebensräume, Gewässer und Boden) oder die Beeinträchtigung der Funktion einer natürlichen Ressource. Beachtet werden muss allerdings, dass nicht jede nachteilige Veränderung einen Schaden i. S. d. USchadG darstellt; denn der Begriff des Umweltschadens ist nach Maßgabe des neuen § 21a BNatSchG und des neuen § 22a WHG enger und verlangt das Vorliegen weiterer qualifizierender Merkmale, um eine erhebliche Schädigung feststellen zu können (*Becker* Das neue Umweltschadensgesetz Rn. 22).

4. Verantwortlichkeit und Kausalität. a) Verantwortlichkeit. Verantwortlicher für einen Umweltschaden nach dem USchadG ist gemäß § 2 Nr. 3 USchadG jede natürliche oder juristische Person, die eine berufliche Tätigkeit ausübt oder bestimmt (einschließlich des Inhabers einer Zulassung oder Genehmigung für eine solche Tätigkeit oder der Person, die eine solche Tätigkeit anmeldet oder notifiziert) und dadurch unmittelbar einen Umweltschaden oder die unmittelbare Gefahr eines solchen Schadens verursacht hat.

Auslöser des Umweltschadens muss damit eine berufliche Tätigkeit sein (siehe § 3 Abs. 1 Nr. 1 USchadG). Gemeint ist jede Tätigkeit, die im Rahmen einer wirtschaftlichen Tätigkeit, einer Geschäftstätigkeit oder eines Unternehmens wahrgenommen wird, unabhängig davon, ob sie privat oder öffentlich und mit oder ohne Erwerbscharakter ausgeübt wird (§ 2 Nr. 4 USchadG). Somit gewährt das Gesetz die Möglichkeit, nicht nur von einem Unternehmen Gefahrenabwehr oder Sanierung zu verlangen, sondern auch von den einzelnen im Unternehmen beschäftigten Personen. In Anlage 1 des Gesetzes werden berufliche Tätigkeiten herausgegriffen, die potentiell gefährliche Handlungen darstellen. So wird etwa das Betreiben einer Anlage, die nach der Richtlinie über die integrierte Vermeidung und Verminderung der Umweltverschmutzung (RL 96/61/EG) einer Genehmigung bedarf, das Betreiben einer Deponie, aber auch das Einleiten von Abwasser erfasst. Bei diesen Handlungen reicht der Nachweis der Kausalität, um die Pflichten des USchadG auszulösen. Auf ein Verschulden kommt es hierbei nicht an. Bei allen übrigen beruflichen Tätigkeiten, die nicht in Anlage 1 aufgeführt sind, ergeben sich zwei Besonderheiten. Zum einen wird nur eine Verantwortlichkeit für Schädigungen von Arten und natürlichen Lebensräumen begründet; zum anderen müssen Vorsatz oder Fahrlässigkeit hinzutreten, um eine Pflicht entstehen zu lassen (§ 3 Nr. 2 USchadG).

b) Kausalität. Der Umweltschaden muss durch die berufliche Tätigkeit verursacht worden sein. Damit verlangt das Gesetz eine Kausalität zwischen der Handlung und dem Schaden. Dies trifft insbesondere auf die Verursachung durch eine „nicht klar abgegrenzte Verschmutzung" zu, denn dabei muss ein ursächlicher Zusammenhang zwischen dem Schaden und den Tätigkeiten einzelner Verantwortlicher und nicht nur der Gesamtgruppe festgestellt werden (§ 3 Abs. 4 USchadG).

5. Pflichten des Schädigers. Der für einen Umweltschaden oder einen drohenden Umweltschaden Verantwortliche hat nach dem USchadG verschiedene Pflichten, denen er nachzukommen hat.

a) Informationspflicht. Nach § 4 USchadG hat der Verantwortliche eine Informationspflicht, d. h. er hat bei Bestehen einer unmittelbaren Gefahr eines Umweltschadens oder bei Eintritt eines Umweltschadens die zuständige Behörde unverzüglich über alle bedeutsamen Aspekte des Sachverhalts zu unterrichten. Eine unmittelbare Gefahr eines Umweltschadens liegt nach § 2 Nr. 5 USchadG vor, wenn die hinreichende Wahrscheinlichkeit besteht, dass ein Umweltschaden in naher Zukunft eintreten wird. Unter dem Begriff „unverzüglich" wird üblicherweise ein Handeln „ohne schuldhaftes Zögern" verstanden. Dem Verantwortlichen kann also kein Vorwurf gemacht werden, wenn er erst eigene Ermittlungen zum drohenden Schaden vornimmt, ehe er die Behörden benachrichtigt. Diese Reaktionszeit wird bei schwerwiegenden Schäden jedoch kurz bemessen sein. Zu den bedeutsamen Aspekten des Sachverhalts, über die die Behörde unterrichtet werden soll, zählen vor allem Umstände, die für die Begrenzung des Umweltschadens sowie für ein schnelles und wirksames Krisenmanagement von Bedeutung sind.

b) Gefahrenabwehrpflicht. Den Verantwortlichen trifft nach § 5 USchadG auch eine Gefahrenabwehrpflicht. Hiernach hat er im Fall des

Bestehens einer unmittelbaren Gefahr eines Umweltschadens unverzüglich die erforderlichen Vermeidungsmaßnahmen zu ergreifen. Nach § 2 Nr. 6 USchadG ist dies jede Maßnahme, die bei einer unmittelbaren Gefahr eines Umweltschadens diesen Schaden vermeiden oder minimieren kann.

c) Vornahme von Schadensbegrenzungsmaßnahmen und Sanierungspflicht. Ist ein Umweltschaden eingetreten, hat der Verantwortliche nach § 6 USchadG die erforderlichen Schadensbegrenzungsmaßnahmen vorzunehmen und die erforderlichen Sanierungsmaßnahmen gemäß § 8 USchadG zu ergreifen. Damit wird ihm kraft Gesetzes eine Sanierungspflicht auferlegt.

Eine Schadensbegrenzungsmaßnahme stellt nach § 2 Nr. 7 USchadG jede Maßnahme dar, die dazu dient, die betreffenden Schadstoffe oder sonstigen Schadfaktoren unverzüglich zu kontrollieren, einzudämmen, zu beseitigen oder auf sonstige Weise zu behandeln, um weitere Umweltschäden und nachteilige Auswirkungen auf die menschliche Gesundheit oder eine weitere Beeinträchtigung von Funktionen zu begrenzen oder zu vermeiden.

In § 8 Abs. 1 USchadG wird der Verantwortliche dazu verpflichtet, die gemäß den fachrechtlichen Vorschriften (Vorschriften des BNatSchG, des WHG und des BBodSchG sowie die zu ihrer Ausführung erlassenen Verordnungen) erforderlichen Sanierungsmaßnahmen zu ermitteln und der zuständigen Behörde zur Zustimmung vorzulegen, soweit die zuständige Behörde nicht selbst bereits die erforderlichen Sanierungsmaßnahmen ergriffen hat. Diese entscheidet nach Maßgabe der fachrechtlichen Vorschriften über Art und Umfang der durchzuführenden Sanierungsmaßnahmen (Abs. 2). Sollten bei mehreren Umweltschadensfällen die notwendigen Sanierungsmaßnahmen nicht gleichzeitig ergriffen werden können, so kann die zuständige Behörde unter Berücksichtigung von Art, Ausmaß und Schwere der einzelnen Umweltschadensfälle, der Möglichkeiten einer natürlichen Wiederherstellung sowie der Risiken für die menschliche Gesundheit die Reihenfolge der Sanierungsmaßnahmen festlegen (Abs. 3).

Die Sanierungsmaßnahmen sind in verschiedenen Vorschriften geregelt. So verweisen § 22a Abs. 2 WHG und § 21a Abs. 4 BNatSchG im Hinblick auf die Sanierung von Schäden an Gewässern, geschützten Arten und natürlichen Lebensräumen direkt auf den Anhang II Nr. 1 der Umwelthaftungsrichtlinie (2004/35/EG) und die dort geregelten erforderlichen Sanierungsmaßnahmen. Auf einen solchen Verweis wird bei Schäden am Boden verzichtet, weil das deutsche Bodenschutzrecht ein entsprechendes Sanierungskonzept bei schädlichen Bodenveränderungen bereits aufweist. Das USchadG erfasst nur einen Teil der Bodenschäden, nämlich nur solche, durch die Gefahren für die menschliche Gesundheit verursacht werden. Aus diesem Grund müssen auch nur bei solchen schädlichen Bodenveränderungen Sanierungsmaßnahmen nach dem USchadG vorgenommen werden. Entstehen keine Gefahren für die menschliche Gesundheit, ist das BBodSchG im Hinblick auf die Sanierungsmaßnahmen anzuwenden.

Bei der Sanierung hat die (zumindest annähernde) Wiederherstellung des Ausgangszustandes als „primäre Sanierung" Vorrang vor einer „ergänzenden Sanierung". Diese sollte möglichst eine ortsnahe Kompensation vorsehen. Ist dies nicht möglich, kommen auch Maßnahmen an einem anderen Ort oder die Option, den Schaden per saldo auszugleichen, in Betracht.

Im Vergleich zu Maßnahmen der naturschutzrechtlichen Eingriffsregelungen sind im Rahmen einer Sanierung nach dem USchadG weitergehend auch die zwischenzeitlichen Verluste zu ersetzen, die entstehen können, bis die getätigten Sanierungsmaßnahmen die beeinträchtigten natürlichen Funktionen wieder ausfüllen (z. B. bei Anpflanzung von Jungbäumen für geschädigte Altbäume).

d) Kostentragungspflicht. Die Kosten für Vermeidungs-, Schadensbegrenzungs- und Sanierungsmaßnahmen sind gemäß § 9 USchadG von dem Verantwortlichen zu tragen. Dies gilt vorbehaltlich von Ansprüchen gegen die Behörden oder Dritte. Detaillierte Regelungen über die Kostentragung, -befreiung und –erstattung sind jedoch zunächst von den einzelnen Ländern zu erlassen (Abs. 1). Die Länder können nach § 9 Abs. 1 USchadG mithin auch regeln, dass Verantwortliche nicht für die Kosten aufkommen müssen, wenn die Verursachung durch eine genehmigte berufliche Tätigkeit i. S. d. Anhangs 1 des USchadG verursacht wurde (Genehmigung) oder durch eine Tätigkeit, bei der der Verantwortliche nachweist, dass er die Schadensverursachung nach dem Stand der wissenschaftlichen und technischen Erkenntnisse nicht voraussehen konnte (Entwicklungsrisiko) und nachgewiesen wird, dass die Verantwortlichen nicht vorsätzlich oder fahrlässig gehandelt haben (Voraussetzun-

gen des Art. 8 Abs. 4 der EG-Umwelthaftungsrichtlinie).
Gibt es mehrere Verantwortliche, haften diese als Gesamtschuldner i. S. d. § 426 BGB; daher haben sie unabhängig von ihrer Heranziehung untereinander einen Ausgleichsanspruch (Abs. 2). Dieser Ausgleichsanspruch verjährt nach drei Jahren.

e) Reihenfolge der Pflichten. Die primären Pflichten des Verantwortlichen sind damit auf die Vermeidung bzw. die Vorsorge von Gefahren und Schäden und widrigenfalls auf die Beseitigung von Schäden bis hin zur Sanierung gerichtet. Erst wenn dies dem Verpflichteten tatsächlich oder rechtlich nicht mehr möglich ist, tritt die Ersatzvornahme durch die Behörden und die Haftung des Verantwortlichen für die entstehenden Kosten ein (so *Becker* NVwZ 2007, 1105 [1109]).

6. Pflichten und Befugnisse der Behörden. a) Überwachungspflicht. Die Behörde trifft nach § 7 Abs. 1 USchadG eine Überwachungspflicht, d. h. sie hat dafür Sorge zu tragen, dass die erforderlichen Vermeidungs-, Schadensbegrenzungs- und Sanierungsmaßnahmen vom Verantwortlichen ergriffen werden; sie stellt damit die Pflichterfüllung sicher. Dabei meint Überwachung den gesamten Vorgang von der Steuerung der Gefahrenabwehr bis zur Sanierung bei eingetretenen Schäden (*Becker* NVwZ 2007, 1105 [1111]).

b) Beauftragungsrechte. Nach § 7 Abs. 2 Nr. 1 USchadG hat die Behörde die Befugnis, dem Verantwortlichen aufzugeben, alle erforderlichen Informationen und Daten über eine unmittelbare Gefahr von Umweltschäden, über den Verdacht einer solchen unmittelbaren Gefahr oder einen eingetretenen Schaden sowie eine eigene Bewertung vorzulegen.

Zudem ist der zuständigen Behörde durch § 7 Abs. 2 Nr. 2 USchadG das Recht eingeräumt, dem Verantwortlichen aufzugeben, die erforderlichen Vermeidungsmaßnahmen nach § 5 USchadG zu treffen. Der Verantwortliche braucht jedoch nicht auf solche Anordnungen zu warten. Ungeachtet dessen bietet sich jedoch eine Abstimmung mit der Behörde an, um unnötige Kosten zu vermeiden. Dies gilt jedoch nur, soweit dies aufgrund der Gefahrenlage möglich ist.

Auch kann die Behörde im Rahmen ihrer Befugnisse nach § 7 Abs. 2 Nr. 3 USchadG dem Verantwortlichen aufgeben, die erforderlichen Schadensbegrenzungs- und Sanierungsmaßnahmen nach § 6 USchadG zu ergreifen.

c) Unterrichtungspflicht. Weiterhin ist die zuständige Behörde durch § 8 Abs. 4 USchadG verpflichtet, die nach § 10 USchadG antragsberechtigten Betroffenen und Vereinigungen über die vorgesehenen Sanierungsmaßnahmen zu unterrichten und ihnen Gelegenheit zur Äußerung zu geben. Dabei kann die Unterrichtung auch durch öffentliche Bekanntmachung erfolgen. Die danach rechtzeitig eingehenden Stellungnahmen sind wiederum bei der Entscheidung über die Sanierungsmaßnahmen zu berücksichtigen. Daraus folgt, dass nicht rechtzeitig eingegangene Stellungnahmen keinen Anspruch auf Berücksichtigung begründen. Berücksichtigen bedeutet in diesem Zusammenhang aber nicht, dass die Behörde den Stellungnahmen zwingend folgen muss, sondern heißt lediglich, dass sie diese zur Kenntnis nehmen muss, aber auch davon abweichen kann. In der Begründung der Entscheidung muss jedoch ausgeführt werden, warum die Behörde von der Stellungnahme abgewichen ist.

7. Rechte von Betroffenen und anerkannten Umweltverbänden. a) Antrag auf Tätigwerden. Betroffener i. S. d. § 8 Abs. 4 und § 10 USchadG ist jeder, der durch den Schaden in seinen Rechten betroffen ist, insbesondere in seinem Eigentum oder seiner Gesundheit. Betroffenheit in ideellen Aspekten, z. B. im Hinblick auf schöne Ansicht eines Lebensraums, reicht insoweit nicht aus.

Ein Betroffener oder eine Vereinigung, die nach § 11 Abs. 2 USchadG Rechtsbehelfe einlegen kann, hat nach § 10 USchadG die Möglichkeit, bei der zuständigen Behörde ein Tätigwerden zur Durchsetzung der Sanierungspflichten nach diesem Gesetz zu beantragen, wenn diese nicht von Amts wegen selbst tätig geworden ist oder eine bereits getätigte Sanierung nicht ausreichend vollzogen wurde. Dabei müssen die zur Begründung des Antrags vorgebrachten Tatsachen den Eintritt eines Umweltschadens glaubhaft erscheinen lassen, was das Vorliegen detailliert nachprüfbarer Tatsachen erforderlich macht.

b) Recht auf Stellungnahme. Die nach § 10 USchadG antragsberechtigten Betroffenen und Vereinigungen haben nach § 8 Abs. 4 USchadG die Möglichkeit, Stellungnahmen zu vorgesehenen Sanierungsmaßnahmen abzugeben, die dann bei der Entscheidung der Behörde zu berücksichtigen sind. Damit haben die Betroffenen und die Umweltverbände zwar keine Möglichkeit, Sanierungsmaßnahmen selbst vorzuschlagen, jedoch die Chance, auf die geplanten Maßnahmen Einfluss zu nehmen. Diese Art der Beteiligung ist bedeutsam für ein nachfolgendes Verwaltungs- bzw. Gerichtsverfahren; denn ohne eine Stellungnahme ist eine Klage auf bestimmte Maßnahmen ausgeschlossen (präkludierende Wirkung). Was nicht in der Stellungnahme erwähnt wurde, kann mithin auch in der Klage nicht vorgebracht werden.

c) Rechtschutz gegen Verwaltungsakte. Betroffene eines belastenden Verwaltungsakts, der auf Grundlage des USchadG ergangen ist und nach § 11 Abs. 1 USchadG zu begründen und mit einer Rechtsbehelfsbelehrung zu versehen ist, können im Rahmen des verwaltungsgerichtlichen Rechtsschutzes gegen den von der Behörde erlassenen Verwaltungsakt vorgehen, durch Einlegung eines Widerspruchs und der anschließenden Beschreitung des verwaltungsgerichtlichen Rechtsweges.

d) Erhebung einer Verbandsklage. Anerkannten Umweltverbänden, die gemäß § 3 Abs. 1 des Umwelt-Rechtsbehelfsgesetzes vom 7.12.2006 (BGBl. I S. 2816) anerkannt sind oder als anerkannt gelten, stehen gegen eine Entscheidung bzw. das Unterlassen einer Entscheidung der zuständigen Behörde gemäß § 11 Abs. 2 USchadG die Rechte nach § 2 Umwelt-Rechtsbehelfsgesetz entsprechend zu. Damit steht einem Umweltverband die Verbandsklage in Form einer Anfechtungs- oder Verpflichtungsklage zur Verfügung. Für den Umweltverband entfällt damit die Pflicht, die Verletzung eines subjektiv-öffentlichen Rechts geltend zu machen, um klagebefugt i. S. v. § 42 Abs. 2 VwGO zu sein. Die Verbandsklage stellt damit eine umweltrechtliche Besonderheit dar, die in der VwGO so grundsätzlich nicht vorgesehen ist. Untätige Verantwortliche und säumige Behörden können dadurch auf dem Klagewege dazu gebracht werden, den Schaden zu beseitigen. *Brenner/Bohnert*

Umweltzonen 1. Allgemeines. Die Errichtung von Umweltzonen in Städten und Gemeinden – initiiert durch die EU-Richtlinie zur Verringerung der Feinstaubbelastung – dient dem Ziel, v. a. Anwohner stark befahrener Straßen vor in der Luft enthaltenen Schadstoffen zu schützen. Dabei steht der Schutz vor Feinstaub (PM^{10}), vor Schwefeldioxid und vor Stickstoffoxid (NO_2) im Vordergrund. Durch die Einrichtung von Umweltzonen, die auf Festlegungen beruhen, die in sog. Luftreinhalte- und Aktionsplänen nach § 47 Abs. 1 und Abs. 2 BImSchG enthalten sind und die durch das Aufstellen von Verkehrszeichen Z 270.1/270.2 – dem Beginn und dem Ende einer Umweltzone – i. V. mit einem entsprechenden, die Plakettenfarben grün, gelb, rot aufweisenden Zusatzzeichen gegenüber dem Autofahrer unmittelbare Rechtswirkung entfalten, wird die Einfahrt in eine Umweltzone reglementiert und, bei einer entsprechend schlechten Schadstoffklasse des betreffenden Fahrzeugs, sogar verboten; dies schließt das Parken ein, sofern das Kfz nicht über die erforderliche Plakette verfügt, OLG Hamm 1 RBs 135/13, DAR 2014, 153. Wer in eine Umweltzone, die sich zweckmäßigerweise an klar erkennbaren Linien oder Merkmalen, wie z. B. Straßenzügen oder Stadtteilen, orientieren soll (VG Berlin 9.12.2009, VG 11 A 299.08, Entscheidungsumdruck, S. 13), ohne Plakette einfährt, kann nach Nr. 153 des Bußgeldkatalogs – Anlage zu § 1 Abs. 1 der Bußgeldkatalog-Verordnung mit einem Bußgeld von 40 Euro belegt werden. Zudem wird nach § 28 Abs. 2 Nr. 3 StVG, Nr. 7 der Anlage 13 zu § 40 FeV ein Punkt im Verkehrszentralregister eingetragen.

2. Rechtliche Grundlagen der Errichtung. Die Rechtsgrundlage für das Aufstellen von die Einfahrt in eine Umweltzone – für die es weder eine Mindest- noch eine Maximalgröße gibt (VG Berlin 9.12.2009, VG 11 A 299.08, Entscheidungsumdruck, S. 12) – verbietenden Verkehrsschildern durch die zuständigen Straßenverkehrsbehörden stellen §§ 40 Abs. 1, 47 Abs. 1, 2 BImSchG i.V.m. § 45 Abs. 1 S. 1, Abs. 9 StVO i.V.m. den entsprechenden Zuständigkeitsvorschriften der Länder dar. So kann nach § 40 Abs. 1 S. 1 BImSchG die zuständige Straßenverkehrsbehörde nach Maßgabe der straßenverkehrsrechtlichen Vorschriften den Kraftfahrzeugverkehr beschränken oder verbieten, soweit ein Luftreinhalte- oder Aktionsplan nach § 47 Abs. 1 bzw. Abs. 2 BImSchG dies vorsieht. Dabei bezieht sich die Bezugnahme auf die „straßenverkehrsrechtlichen Vorschriften" nach Art einer Rechtsfolgenverweisung ausschließlich auf die Umsetzung der Verkehrsbeschränkungen; dem Straßenverkehrsrecht ist hiernach nur zu entnehmen, welche Verkehrsschilder in welcher Weise aufzustellen sind (so VG Berlin 9.12. 2009, VG 11 A 299.08, Entscheidungsumdruck, S. 8, unter Bezugnahme auf VG Hannover 21.4.2009, 4 A 5211/08, Rn. 25 – zitiert nach juris; VG Köln 9.10.2009, 18 K 5493/07, Rn. 51 – zitiert nach juris; *Rebler/Scheidler* Immissionsschutz im Straßenverkehr, S. 93; *Scheidler* NVwZ 2007, 144 [146]; *Schmitz* Freilaw 3/2009, 16 m.w.N. in Fn. 70; vgl. auch *Brenner/Seifarth* JuS 2009, 231 [236 f.]). Umgesetzt werden die Beschränkungen bzw. das Einfahrtverbot durch das Verkehrszeichen Z 270.1, durch das eine Umweltzone gekennzeichnet ist, und das den Verkehr mit Kraftfahrzeugen generell innerhalb einer Umweltzone verbietet. Dies folgt daraus, dass § 41 Abs. 2 i.V.m. Anlage 2, Zeichen 270.1, lfd. Nr. 44 StVO nicht nur bestimmt, dass mit den Zeichen die Grenzen einer Verkehrsverbotszone bestimmt werden, sondern auch, dass die Zeichen den Verkehr mit Kraftfahrzeugen innerhalb einer so gekennzeichneten Verkehrsverbotszone im Falle der Anordnung von Maßnahmen zur Vermeidung von schädlichen Umwelteinwirkungen durch Luftverunreinigungen auf der Grundlage des § 40 Abs. 1 BImSchG verbieten. Ausnahmen von den Verkehrsverboten sind indes möglich, vgl. hierzu unten → Nr. 5.

a) Luftreinhalteplan. Die Einrichtung einer auf § 40 Abs. 1 BImSchG gestützten, durch Verkehrszeichen „ausgeflaggten" Umweltzone und die damit verbundene Beschränkung des Kraftfahrzeugverkehrs setzt zunächst die Aufstellung eines Luftreinhalteplans i.S.v. § 47 Abs. 1 BImSchG voraus – was wiederum bedeutet, dass nicht nur die durch die gemäß § 48a Abs. 1 BImSchG i.V.m. 22. BImSchV (Zweiundzwanzigste Verordnung zur Durchführung des Bundes-Immissionsschutzgesetzes (Verordnung über Immissionswerte für Schadstoffe in der Luft – 22. BImSchV) i. d. F. d. Bek. v. 4.6.2007, BGBl. I S. 1006) festgelegten Immissionsgrenzwerte einschließlich festgelegter Toleranzmargen überschritten wurden, sondern auch vorausgesetzt, dass der Plan die erforderlichen Maßnahmen zur dauerhaften Verminderung von Luftverunreinigungen enthält und er zudem den Anforderungen der 22. BImSchV entspricht. Da die Toleranzmargen stufenweise verringert werden, kann ein Luftreinhalteplan freilich auch dann noch aufzustellen sein, wenn ein Immissionsgrenzwert einschließlich der Toleranzmarge zunächst eingehalten war (so VG Berlin 9.12.2009, VG 11 A 299.08, Entscheidungsumdruck, S. 9).

Dabei beträgt der Immissionsgrenzwert für Feinstaub (PM^{10}) ab dem 1.1.2005 über 24 Stunden gemittelt 50 µg/m³, wobei max. 35 Überschreitungen im Kalenderjahr zugelassen waren, vgl. § 4 Abs. 2 22. BImSchG. Für Stickstoffdioxid hingegen ist der maßgebliche Zeitpunkt für das Verbindlichwerden der Grenzwerte der 1.1.2010, § 3 Abs. 2, 4 22. BImSchG.

Aber auch bereits vor diesem Datum entfalten die Immissionswerte insofern eine Vorwirkung, als auch schon vor diesem Zeitpunkt die Überschreitung bestimmter Toleranzmargen, die in jährlichen Stufen abnehmen, eine Pflicht der zuständigen Behörde begründet, Luftreinhaltepläne nach § 47 Abs. 1 BImSchG aufzustellen (so VG Berlin 9.12.2009, VG 11 A 299.08, Entscheidungsumdruck, S. 10, unter Bezugnahme auf *Scheidler* UPR 2006, 216 [217] m.w.N). Zudem legt § 3 Abs. 7 22. BImSchV für Stickstoffdioxid fest, dass die zuständige Behörde gem. § 47 Abs. 2 BImSchG einen Aktionsplan aufzustellen hat, der festlegt, welche Maßnahmen kurzfristig zu ergreifen sind.

Über die genannten Voraussetzungen hinaus muss der Luftreinhalteplan als eine Maßnahme zur Sicherung der Luftqualitätswerte auch die Anordnung einer Verkehrsbeschränkung für bestimmte Straßen oder Gebiete bzw. ein Verbot des Kraftfahrzeugverkehrs vorsehen. Zwar muss der Plan nicht alle Details zur Erreichung der Schadstoffreduktion aufführen, doch ist zumindest zu bestimmen, auf welchen Straßen oder Gebieten welche Schadstoffreduktionen durch Verkehrsbeschränkungen zu erreichen sind (vgl. *Jarass* BImSchG⁷ § 40 Rn. 6; vgl. auch Landmann/Rohmer/*Hansmann* UmwR I § 40 BImSchG Rn. 12, der darüber hinaus auch die Bestimmung des zeitlichen Umfangs und die Konkretisierung der von den Beschränkungen betroffenen Fahrzeuge verlangt). Sind in dem Luftreinhalteplan indes Details festgelegt, so hat die Straßenverkehrsbehörde diese gemäß § 40 Abs. 1 S. 1 BImSchG zu beachten. Ansonsten haben die Behörden hinsichtlich der Festlegung konkreter Maßnahmen einen Auswahlermessensspielraum (Landmann/Rohmer/*Hansmann* UmwR I § 40 BImSchG Rn. 14; *Jarass* BImSchG⁷ § 40 Rn. 6; vgl. im Übrigen auch OVG Berlin OVG 1 B 4.10, DAR 2012, 158).

Die zuständige Straßenverkehrsbehörde ist bei Vorliegen der Voraussetzungen des § 40 Abs. 1 S. 1 BImSchG verpflichtet, die sich aus dem Plan ergebenden Maßnahmen durchzuführen. Etwas anderes gilt nur dann, wenn der Luftreinhalteplan der Straßenverkehrsbehörde ein entsprechendes Ermessen einräumt (Landmann/Rohmer/*Hansmann* UmwR I § 40 BImSchG Rn. 14; *Jarass* BImSchG⁷ § 40 Rn. 7). § 47 Abs. 6 S. 2 BImSchG ist auch nicht analog anwendbar (vgl. *Jarass* BImSchG⁷ § 40 Rn. 7), was sich aus dem Fehlen eines dem § 40 Abs. 2 S. 3 BImSchG vergleichbaren

Vorbehalts in § 40 Abs. 1 BImSchG ergibt. Etwaige Ermessensspielräume aus dem Verkehrsrecht werden durch § 40 Abs. 1 S. 1 BImSchG als lex specialis beseitigt (*Jarass* BImSchG⁷ § 40 Rn. 7; vgl. auch *Scheidler* SVR 2006, 161 [162]). Näher zur Inzidentprüfung eines Luftreinhalteplans BVerwG 3 B 78.11, DAR 2013, 95.

b) Aktionsplan. Neben einem Luftreinhalteplan kann die Straßenverkehrsbehörde Beschränkungen des Straßenverkehrs auch auf einen *Aktionsplan* nach § 47 Abs. 2 BImSchG stützen, was sich gleichfalls aus § 40 Abs. 1 S. 1 BImSchG ergibt. Aufzustellen *ist* ein Aktionsplan gemäß § 47 Abs. 2 BImSchG dann, wenn die Gefahr besteht, dass die durch die gemäß § 48a Abs. 1 BImSchG i.V.m. 22. BImSchV festgelegten Immissionsgrenzwerte oder Alarmschwellen überschritten werden. Im Gegensatz zum Luftreinhalteplan, der ein Überschreiten der Immissionsgrenzwerte erfordert, ist im Zusammenhang mit dem Aktionsplan ein Tätigwerden daher bereits dann erforderlich, wenn die Gefahr der Überschreitung dieser Werte besteht. Der Behörde kommt nach dem Wortlaut des § 47 Abs. 2 BImSchG mithin kein Entschließungsermessen in Bezug auf den Aktionsplan zu; sie ist jedoch gehalten, bei der Aufstellung des Aktionsplans alle denkbaren Maßnahmen zu koordinieren, so dass ihr jedenfalls in Bezug auf straßenverkehrsrechtliche Maßnahmen ein Auswahlermessen zukommt (vgl. *Willand/Buchholz* NJW 2005, 2641 [2643]).

Was den Inhalt eines Aktionsplans anbetrifft, so hat dieser die kurzfristig zu ergreifenden Maßnahmen festzulegen, die geeignet sind, die Gefahr der Überschreitung der Werte zu verringern oder den Zeitraum, während dessen die Werte überschritten werden, zu verkürzen. Ein Aktionsplan kann nach § 47 Abs. 2 S. 3 BImSchG auch Teil eines Luftreinhalteplans sein. Luftreinhalte- und Aktionspläne können mit anderen Worten miteinander verbunden werden, wie dies das Beispiel des Luftreinhalte-/Aktionsplans für Berlin 2005 bis 2010 deutlich macht.

Ist ein Luftreinhalteplan mit einem Aktionsplan gem. § 47 Abs. 2 S. 3 BImSchG *kombiniert*, ist ein solcher kombinierter Plan, der als Verwaltungsvorschrift zu interpretieren ist (VG Berlin 9.12.2009, VG 11 A 299.08, Entscheidungsumdruck, S. 11 f.), indes nur rechtmäßig, wenn die strengeren Voraussetzungen für die Aufstellung eines Luftreinhalteplans nach § 47 Abs. 1 BImSchG vorliegen (so VG Berlin, Urteil v. 9.12.2009, VG 11 A 299.08, Entscheidungsumdruck, S. 9; s. zudem OVG Berlin OVG 1 B 4.10, DAR 2012, 157).

c) Die unterlassene Aufstellung eines Aktionsplans. Die Frage, ob ein Bürger durch eine zu Unrecht unterlassene Aufstellung eines Aktionsplans in seinen Rechten verletzt wird, hat das BVerwG verneint, u. a. mit der Begründung, dass Aktionspläne von der zuständigen Behörde im Allgemeininteresse aufzustellen sind (dazu und zum Folgenden BVerwG 29.3.2007, 7 C 9.06, BVerwGE 128, 278 [285 ff.]; s. in diesem Zusammenhang auch *Brenner* DAR 2005, 426 [428 ff.]). Insbesondere die Zweistufigkeit des Luftqualitätsrechts, das in einer ersten Stufe die Aufstellung von – entsprechende Maßnahmen festlegenden – Luftreinhalteplänen und Aktionsplänen vorsieht und in einer zweiten Stufe die Durchsetzung der festgelegten Maßnahmen nach § 47 Abs. 6 BImSchG regelt, zwingt nach Auffassung des BVerwG zu der Annahme, dass die Aufstellung der Pläne keine subjektiven Rechte Dritter berührt. Zudem führe die Aufstellung eines Aktionsplans unmittelbar weder zur Luftverbesserung noch zur Einhaltung des Grenzwerts. Eine drittschützende Wirkung des Aktionsplans lasse sich deshalb nicht mit der Schutznormqualität des Grenzwerts begründen. Vielmehr könne die Grenzwerteinhaltung erst durch den Vollzug der in dem Aktionsplan vorgesehenen Maßnahmen sichergestellt werden. Der mittelbare Zusammenhang, der zwischen einem Aktionsplan, den darin vorgesehenen Maßnahmen zur Luftverbesserung und deren Durchführung zum Zweck des Gesundheitsschutzes bestehe, rechtfertige schon deswegen kein anderes Ergebnis, weil der Schutz gegen Gesundheitsbeeinträchtigungen durch Feinstaubpartikel PM[10] auch mit planunabhängigen Maßnahmen durchgesetzt werden könne, der Aktionsplan für die Durchsetzung des aus dem drittschützenden Immissionsgrenzwert folgenden Abwehranspruchs also nicht erforderlich sei. Schutzwirkung würden erst die in einem Aktionsplan festgelegten, zur Einhaltung des Grenzwerts geeigneten Maßnahmen entfalten. Die Frage indes, ob Art. 7 Abs. 3 RL 96/62/EG (Richtlinie 96/62/EG des Rates vom 27.9.1996 über die Beurteilung und Kontrolle der Luftqualität, ABlEG 1996, Nr. L 296, S. 55; geänd. d. VO (EG) Nr. 1882/2003 des Europäischen Parlaments und des Rates vom 29.9.2003 zur Anpassung der Bestimmungen über die Ausschüsse zur Unterstützung der Kommission bei der Ausübung von deren

Durchführungsbefugnissen, die in Rechtsakten vorgesehen sind, für die das Verfahren des Artikels 251 des EG-Vertrags gilt, an den Beschluss 1999/468/EG des Rates, ABlEG 2003, Nr. L 284, S. 1), auf den die gesetzliche Regelung in § 47 Abs. 2 BImSchG zurückgeht, dem Einzelnen ein Recht auf Erstellung eines Aktionsplans einräumt, legte das BVerwG im Rahmen eines Vorabentscheidungsverfahrens dem EuGH vor (hierzu *Brenner/Seifarth* DAR 2008, 601). In dem Verfahren wollte das BVerwG geklärt wissen, ob einem durch Feinstaubbelastung Betroffenen aus Art. 7 Abs. 3 RL 96/62/EG ein subjektives Recht auf Erstellung eines Aktionsplans zukommt, auch wenn er ein Recht auf Ergreifen planunabhängiger Maßnahmen zur Sicherstellung der Einhaltung der Immissionsgrenzwerte hat. Insoweit stellte der EuGH – wie im Ergebnis auch die vorhergehenden Instanzen zum nationalen Recht – zunächst fest, dass für die Mitgliedstaaten die Pflicht bestehe, einen Aktionsplan aufzustellen, sobald die Gefahr einer Überschreitung der Grenzwerte oder der Alarmschwellen besteht (EuGH 25.7.2008, C-237/07, Rn. 35; vgl. auch *Couzinet* DVBl. 2008, 754 [756]; *Hentschel/Wurzel* NVwZ 2008, 165 [167]; *Ruffert* JZ 2007, 1102 [1102]; *Scheidler* DAR 2008, 121 [121, 123]; *ders.* LKV 2008, 55 [55]; *Streppel* ZUR 2008, 23 [26]; *Wöckel* NuR 2008, 32 [33]; *ders.* NuR 2007, 598 [601]). Außerdem stellte der EuGH klar, dass die Betroffenen in den Fällen, in denen eine Überschreitung von Grenzwerten deren Gesundheit gefährden könnte, in der Lage sein müssten, sich auf zwingende Vorschriften zu berufen, um ihre Rechte geltend machen zu können (EuGH 25.7.2008, C-237/07, Rn. 38; vgl. auch BVerwG 29.3.2007, 7 C 9.06, BVerwGE 128, 278 [293]; *Couzinet* DVBl. 2008, 754 [761]); aus diesem Grund komme den Betroffenen ein Anspruch auf Erstellung eines Aktionsplans zu. Doch während es das BVerwG in diesem Zusammenhang genügen ließ, dass der Anspruch des Einzelnen auf Erlass planunabhängiger Maßnahmen diesen gemeinschaftsrechtlichen Anforderungen genüge (BVerwG 29.3.2007, 7 C 9.06, BVerwGE 128, 278 [294]), zumal Art. 7 Abs. 3 RL 96/62/EG keine ausdrückliche Verpflichtung enthalte, dem von einer Feinstaubbelastung betroffenen Dritten ein subjektives Recht auf Erstellung eines Aktionsplans zu gewähren (BVerwG 29.3.2007, 7 C 9.06, BVerwGE 128, 278 [292]), geht der EuGH demgegenüber und darüber hinausgehend davon aus, dass das Vorhandensein anderer Handlungsmöglichkeiten für das Bestehen eines Anspruchs auf Erstellung eines Aktionsplans bedeutungslos sei (EuGH 25.7.2008, C-237/07, Rn. 40 f.), mithin ein solcher Anspruch auch dann besteht, wenn den Betroffenen nach nationalem Recht auch andere Handlungsmöglichkeiten zustehen.

d) Der hinreichende Inhalt eines Aktionsplans. Des Weiteren hat der EuGH festgestellt, dass sich aufgrund der grammatischen und systematischen Auslegung der RL 96/62/EG ergebe, dass es genüge, kurzfristige Maßnahmen zu ergreifen, die geeignet sind, die Gefahr der Überschreitung der Grenzwerte unter Berücksichtigung der tatsächlichen Umstände und aller betroffenen Interessen auf ein Minimum zu verringern und schrittweise zu einem Stand unterhalb dieser Schwellen zurückzukehren (EuGH 25.7.2008, C-237/07, Rn. 44 ff). Dabei räumte der EuGH den Mitgliedstaaten einen Ermessensspielraum hinsichtlich der konkreten Maßnahmen ein, der durch die nationalen Gerichte zu beaufsichtigen sei (EuGH 25.7.2008, C-237/07, Rn. 46).

4. Das Gebot der Verhältnismäßigkeit. Wie jede andere staatliche Maßnahme, so muss auch die Anordnung von Umweltzonen stets dem Gebot der Verhältnismäßigkeit genügen; die mit der Anordnung einer Umweltzone einhergehenden Beschränkungen müssen mithin einem legitimen Zweck dienen – der Einhaltung der gesetzlich festgelegten Grenzwerte, die wiederum dem Gesundheitsschutz dienen; zudem müssen sie zur Erreichung des angestrebten Zwecks geeignet, erforderlich und angemessen sein (ausführlich zur Verhältnismäßigkeit VG Berlin, Urteil v. 9.12.2009, Az. VG 11 A 299.08, Entscheidungsumdruck, S. 15 ff.).

a) Geeignetheit. Mit Blick auf die Geeignetheit von mit der Einrichtung einer Umweltzone verbundenen Verkehrsbeschränkungen zur Verwirkung des angestrebten Ziels – die Verminderung von Luftverunreinigungen – ist zunächst zu konstatieren, dass die Anordnung von Verkehrsbeschränkungen bzw. -verboten für Kraftfahrzeuge mit hohem Schadstoffausstoß dazu führt, dass diese nicht in Gebiete fahren, die aufgrund der baulichen Situation und des hohen Verkehrsaufkommens mit Schadstoffen belastet sind. Dadurch wird fraglos eine Verminderung der Feinstaub-Konzentration erreicht, was wiederum der Einhaltung der Grenzwerte dienlich ist. Zwar wird Feinstaub nur durch einen bestimmten Prozentsatz durch den Kraftfahrzeugverkehr hervorgerufen; indes haben bundesweite Messungen ergeben, dass vor allem in Ballungsräumen an großen Verkehrsadern Grenzwertüberschreitungen auftreten, so dass der Straßenverkehr durchaus als ein Hauptverursacher hoher Feinstaub-Konzentration angesehen werden kann (vgl. *Bode* DAR 2007, 351; Landmann/Rohmer/*Hansmann* UmwR I § 40 BImSchG Rn. 1; *Scheidler* NJW 2007, 405; *ders.* SVR 2006, 161; in diese Richtung auch VG Berlin, Urteil v. 9.12.2009, Az. VG 11 A 299.08, Entscheidungsumdruck, S. 14 f., sowie OVG Münster 25.1.2011, Az. 8 A 2751/09, Entscheidungsumdruck, 1. b) aa) (5) (b), (c)).

Dieser Sicht der Dinge ist freilich entgegengehalten worden, dass die Messergebnisse zwar eine vermeintlich klare Sprache sprechen, bei ihrer Bewertung jedoch der Aufstellungsort der Messstellen unberücksichtigt bleibe (so etwa *Bode* DAR 2007, 351 [352]). Zudem sei einer Messergebniszentriertheit zu entgegnen, dass derzeit der Straßenverkehr vor allem deswegen als alleiniger Verursacher von Luftverunreinigungen behandelt werde, weil sich entsprechende Maßnahmen gegen diesen verhältnismäßig einfach umsetzen lassen (so *Bode* DAR 2007, 351 [352]), der Straßenverkehr aber nicht isoliert gegenüber anderen Einflüssen, wie etwa Industrie, Flughäfen oder Gebäudeheizungen, beurteilt werden dürfe (*Bode* DAR 2007, 351 [352]). Letztendlich wird sich ohnehin erst mittelfristig zeigen, ob die Anordnung von Verkehrsbeschränkungen zu einer tatsächlichen Verringerung der Luftschadstoffe führt (*Bode* DAR 2007, 351 [352]; vgl. auch *Knopp* NZV 2006, 566 [568]) – woran freilich zwischenzeitlich nicht unerhebliche Zweifel anzumelden sind (exemplarisch hierzu „Der feine Staub unter der Lupe", FAZ Nr. 45 v. 23.2.2010, S. T 5).

Zu berücksichtigen ist in diesem Zusammenhang nicht zuletzt auch, dass Umweltbelastungen zu einem nicht unerheblichen Teil dem Schadstofftransport über weite Strecken zuzuschreiben sein können und damit faktisch wetterlagenabhängig sind. Die Tatsache, dass die Einrichtung einer Umweltzone solchen „zugereisten Schmutz" nicht verhindern oder reduzieren kann, mag ebenfalls als Argument für die Ungeeignetheit der Einrichtung von Umweltzonen dienen (s. etwa *Brenner* DAR 2008, 260 [263]) – auch wenn einer solchen Sicht der Dinge zwischenzeitlich das VG Berlin entgegen getreten ist. Begründet wurde dies vom VG Berlin damit, dass dann, wenn es den örtlichen Behörde gelinge, die aus lokalen Quellen stammenden und daher mit Hilfe der Einrichtung einer Umweltzone beeinflussbaren Luftschadstoffe zu reduzieren, dies dazu führe, dass Überschreitungen der Grenzwerte in Zukunft verhindert werden könnten (VG Berlin, Urteil v. 9.12.2009, Az. VG 11 A 299.08, Entscheidungsumdruck, S. 16, m. w. N. und unter Hinweis u. a. auf die Einführung der Citymaut in London und Stockholm). Zudem spreche der „Ferntransport" als solcher nicht gegen die Rechtmäßigkeit von Verkehrsbeschränkungen. Erwägenswert ist in diesem Zusammenhang auch der Einwand, dass Feinstaubpartikel lediglich im Abgas von Dieselmotoren enthalten sind. Wird daher eine Umweltzone in einem Gebiet eingerichtet, in dem nur der Grenzwert für Feinstaub überschritten wird (und insbesondere nicht etwa auch der für Stickstoffoxide) und ist nur dessen Reduzierung auch das vordringliche Ziel eines Luftreinhalte- oder Aktionsplans, so ließe sich argumentieren, dass die Aussperrung von Fahrzeugen mit Ottomotor, die keinen Feinstaub in ihren Abgasen aufweisen, zur Erreichung des angestrebten Ziel nicht geeignet, damit untauglich und somit nicht gerechtfertigt ist (*Bode* DAR 2007, 351 [352]; vgl. auch *Knopp* NZV 2006, 566 [568]). Als problematisch ist in diesem Zusammenhang daher die Tatsache identifiziert worden, dass die Kennzeichnungsverordnung nicht die Möglichkeit eines Verbots vorsieht, das nur für Dieselfahrzeuge gilt und benzingetriebene Fahrzeuge nicht erfasst (*Bode* DAR 2007, 351 [352]; *Knopp* NZV 2006, 566 [568]). Indes hat sich das VG Berlin (VG Berlin, Urteil v. 9.12.2009, Az. VG 11 A 299.08, Entscheidungsumdruck, S. 13) dieser Ansicht nicht angeschlossen.

b) Erforderlichkeit. Das Kriterium der Erforderlichkeit im Zusammenhang mit der Anordnung von Verkehrsbeschränkungen ist dann nicht erfüllt, wenn das Ziel der Verminderung von Luftverunreinigungen auch mit einer milderen, weniger eingreifenden Maßnahme erreicht werden kann (vgl. hierzu auch OVG Münster 25.1.2011, Az. 8 A 2751/09, Entscheidungsumdruck, 1. b) aa) (5) (d). Als ein solches milderes, gleich effektives Mittel kämen insbesondere zeitliche Beschränkungen des Einfahrtverbots in Betracht (so etwa Landmann/Rohmer/*Hansmann* UmwR I § 40 BImSchG Rn. 12; *Scheidler* NJW 2007, 405 [406]; *ders.* SVR 2006, 161 [163]). So könnten beispielsweise Verkehrsbeschränkungen lediglich an Tagen angeordnet werden, an denen ungünstige Wetterlagen bestehen, die einen nicht unwesentlichen Einfluss auf die Grenz-

wertüberschreitung haben. Zudem könnten solche Beschränkungen nur in der Hauptverkehrszeit oder erst dann gelten, wenn eine Überschreitung des Grenzwerts von 35 Tagen innerhalb eines Jahres unmittelbar droht.
Von Bedeutung mit Blick auf die Erforderlichkeit ist zudem, dass über 60 % der Feinstaubemissionen durch Fahrzeugabgase auf Lkw und Busse zurückzuführen sind (so *Knopp* NZV 2006, 566 [567 f.], der sich auf Angaben des Umweltbundesamts bezieht; vgl. auch *Scheidler* NJW 2007, 405 [406]), so dass eine Beschränkung der Verkehrsverbote gerade auf diese Fahrzeugtypen in Betracht kommen könnte, nicht zuletzt deshalb, weil § 47 Abs. 4 S. 1 BImSchG bereits im Hinblick auf die Aufstellung eines Luftreinhalte- bzw. Aktionsplans vorgibt, dass Maßnahmen entsprechend des Verursacheranteils unter Beachtung des Grundsatzes der Verhältnismäßigkeit an die Emittenten zu richten sind (so ausdrücklich *Hellriegel/Hermanns* DAR 2007, 629 [631]: „verursachergerecht"; nicht verkannt werden darf in diesem Zusammenhang auch, dass ein nicht unerheblicher Teil der Zunahme der Schadstoffbelastungen in bestimmten Gebieten auf das Ausweichen des Lkw-Verkehrs auf Bundes- und Landesstraßen zur Vermeidung von Mautkosten auf den Autobahnen zurückzuführen ist, vgl. dazu *Autobahnmaut*, Rn. 33 ff.). Dieser Sicht der Dinge hat sich freilich das VG Berlin (VG Berlin, Urteil v. 9.12.2009, Az. VG 11 A 299.08, Entscheidungsumdruck, S. 13) nicht angeschlossen.
Soweit die Verkehrsbeschränkungen in einem bestimmten Gebiet angeordnet werden, kommt unter dem Blickwinkel der Erforderlichkeit auch eine räumliche Begrenzung in Betracht (so etwa *Scheidler* NJW 2007, 405 [406]; *ders.* SVR 2006, 161 [163]). So werden die Feinstaubgrenzwerte überwiegend an Verkehrsmessstellen bei großen Verkehrsadern überschritten, während in anderen städtischen Gebieten in der Regel keine Grenzwertüberschreitungen auftreten (*Willand/Buchholz* NJW 2005, 2641 [2643]). Diese Konstellation wirft die Frage auf, ob eine großflächige und letztlich undifferenzierte Ausweisung einer Umweltzone überhaupt dem Kriterium der Erforderlichkeit zu genügen vermag. Selbst wenn nämlich durch eine solche großflächige Ausweisung einer Umweltzone eine Verlagerung des Verkehrs auf ein anderes Gebiet oder auf andere Straßen bewirkt wird, so rechtfertigt dies noch lange nicht, von der möglichen Beschränkung des Verkehrs auf besonders betroffene einzelne Straßen – ggf. unter Zuhilfenahme sog. intelligenter Verkehrsleitsysteme – abzusehen. Dies gilt insbesondere mit Blick auf die Wahrung der Grundrechte von durch die Einrichtung großflächiger Umweltzonen betroffener Verkehrsteilnehmer. Indes hat das VG Berlin (VG Berlin, Urteil v. 9.12.2009, Az. VG 11 A 299.08, Entscheidungsumdruck, S. 13) zwischenzeitlich klargestellt, dass lediglich auf bestimmte Straßen bezogene Verkehrsbeschränkungen nur eine Verdrängung des Verkehrs auf andere, nicht gesperrte Straßen zur Folge hätten, so dass letztlich keine Verbesserung der Schadstoffbelastung eintreten würde. Zudem wäre bei einem solchen Vorgehen eine übersichtliche Beschilderung unmöglich und damit auch ein für den Verkehrsteilnehmer erkennbarer Bereich nicht deutlich zu kennzeichnen. Auch wäre eine einfache und effektive Kontrolle der Einhaltung der Verkehrsbeschränkungen kaum durchführbar, so dass solche „Insellösungen" keinen Sinn machen würden.
Zu berücksichtigen ist in diesem Zusammenhang aber auch, dass durch weiträumige Verkehrsbeschränkungen der Durchgangsverkehr ebenfalls nur verlagert wird und Gemeinden, die an einer Umfahrungsroute liegen, ggf. unverhältnismäßig durch den Umgehungsverkehr getroffen werden. Daher ist mit Blick auf die Erforderlichkeit stets auch zu prüfen, welche Verlagerungen durch die Einrichtung von Umweltzonen im konkreten Einzelfall auftreten und ob und wie sie zu vermeiden sind bzw. ob sie (noch) toleriert werden können (vgl. *Willand/Buchholz* NJW 2005, 2641 [2643]).
Schließlich ist mit Blick auf die Erforderlichkeit der Errichtung von Umweltzonen von Bedeutung, dass die Feinstaubbelastung zu einem nicht unerheblichen, sich in der Größenordnung von 15 bis 20 % bewegenden Teil durch Staubaufwirbelungen – sog. Resuspension – verursacht wird. Berücksichtigt man dabei, dass diese Resuspension durch den gesamten Fahrzeugverkehr bewirkt wird, an dem indes der Anteil der nicht plakettenfähigen Fahrzeuge nur ca. 4 % beträgt, so wird deutlich, dass die mit Hilfe von Verkehrsbeschränkungen umgesetzten Umweltzonen auch unter dem Blickwinkel der Erforderlichkeit erheblichen Bedenken begegnen, die zudem durch Erkenntnisse der jüngeren Vergangenheit bestätigt werden. Indes hat das VG Berlin auch diesem Vorbringen eine deutliche Absage erteilt (VG Berlin, Urteil v. 9.12.2009, Az. VG 11 A 299.08, Entscheidungsumdruck, S. 13).

c) **Angemessenheit.** Das Erfordernis der Angemessenheit der Anordnung von Verkehrsbeschränkungen ist schließlich dann zu bejahen, wenn die mit der Umweltzone verfolgten Belange die Interessen der in ihren Rechten Betroffenen überwiegen. Zwar werden die Bürger in ihrer Mobilität durch die Einrichtung von Umweltzonen beeinträchtigt, doch ist zu berücksichtigen, dass diese Zonen letztlich dem Schutz der Gesundheit dienen (so *Knopp* NZV 2006, 566 [568]). Dieser Belang wird im Rahmen einer Güterabwägung regelmäßig überwiegen, zumindest wenn Grenzwertüberschreitungen tatsächlich festgestellt wurden. Bei der Geltendmachung der Beeinträchtigung von Grundrechten aus Art. 12 Abs. 1 und Art. 14 Abs. 1 GG durch entsprechend betroffene Berufsgruppen und andere Personen ist schon zweifelhaft, ob deren Schutzbereich überhaupt eröffnet ist. So können die Angehörigen der Berufsgruppen in der Regel nicht auf den Fortbestand einer für sie günstigen Verkehrssituation vertrauen. Schließlich steht deren Rechten immer auch der Gesundheitsschutz der Bevölkerung gegenüber, der zudem europarechtlich besonders betont und damit stärker gewichtet wird, ganz abgesehen davon, dass eine Vielzahl von Ausnahmemöglichkeiten eingeräumt wird, die mögliche Grundrechtsbeeinträchtigung als angemessen erscheinen lassen.

Schließlich kommt in diesem Zusammenhang auch der Verpflichtung des Staates zum Schutz der natürlichen Lebensgrundlagen und den sich hieraus ergebenden Handlungspflichten besondere Bedeutung zu, zumal zu den zu schützenden Lebensgrundlagen auch die Luft zählt (VG Berlin, Urteil v. 9.12.2009, Az. VG 11 A 299.08, Entscheidungsumdruck, S. 18).

5. Ausnahmen. Von dem grundsätzlichen Verbot, in eine Umweltzone einzufahren, gibt es zahlreiche Ausnahmen, die in letzter Konsequenz maßgeblich durch das Verhältnismäßigkeitsprinzip determiniert sind. Grundlegende Bedeutung kommt in diesem Zusammenhang der auf § 40 Abs. 3 BImSchG, aber auch auf § 6 Abs. 1 Nr. 3 lit. d, 5a jeweils i.V. m. Abs. 2a StVG beruhenden, vom Bundesverkehrs- und Bundesumweltministerium erlassenen 35. BImSchV – der sog. Kennzeichnungsverordnung (Art. 1 der Verordnung zum Erlass und zur Änderung von Vorschriften über die Kennzeichnung emissionsarmer Kraftfahrzeuge vom 10.10.2006 (BGBl. I S. 2218), zul. geänd. d. VO v. 5.12.2007 (BGBl. I S. 2793); die Verordnung ist am 1.3.2007 in Kraft getreten) – zu, die in abstrakt-genereller Weise die Ausnahmen von den Verkehrsverboten für bestimmte Fahrzeuge bestimmt, die nach § 40 BImSchG ergehen, und zugleich die Kennzeichnung von Fahrzeugen mit der sog. Feinstaubplakette regelt. Nach § 40 Abs. 3 S. 1 BImSchG kann durch Rechtsverordnung geregelt werden, dass und unter welchen Voraussetzungen Kraftfahrzeuge mit geringem Beitrag zur Schadstoffbelastung von Verkehrsverboten ganz oder teilweise ausgenommen sind oder ausgenommen werden können. Zudem kann gemäß § 40 Abs. 3 S. 2 BImSchG in dieser Verordnung eine solche Ausnahme auch für bestimmte Fahrten oder Personen geregelt werden, wenn das Wohl der Allgemeinheit oder unaufschiebbare und überwiegende Interessen des Einzelnen dies erfordern. Auch wenn § 40 Abs. 3 BImSchG nach seinem Wortlaut lediglich Ausnahmen von Verkehrsverboten vorsieht, so muss diese Ermächtigung freilich erst recht für Verkehrsbeschränkungen gelten (*Jarass* BImSchG⁷ § 40 Rn. 25). Im Hinblick auf die für schadstoffarme Fahrzeuge möglichen Ausnahmen können die maßgeblichen Schadstoffgrenzen durch den Verordnungsgeber beschrieben werden; aber auch ein Verweis auf straßenverkehrsrechtliche Abgrenzungen ist möglich (*Jarass* BImSchG § 40 Rn. 26). Entscheidend ist dabei der Beitrag des Fahrzeugs zur Überschreitung der in den Rechtsverordnungen nach § 48 a Abs. 1, 1 a BImSchG festgelegten Immissionswerte (insbesondere bei Elektro-, Hybrid- oder Wasserstoffmotoren, vgl. *Jarass* BImSchG § 40 Rn. 26). Die Rechtsverordnung kann die Ausnahmen unmittelbar festlegen oder die zuständigen Behörden dazu ermächtigen, in bestimmten Fällen Ausnahmen zu gewähren, die dann durch Verwaltungsakt erteilt werden (*Jarass* BImSchG⁷ § 40 Rn. 28). Dabei liegt die Regelung von Ausnahmen nach § 40 Abs. 3 BImSchG im Ermessen der Bundesregierung, die dabei insbesondere den Gleichheitssatz und – im Bereich des § 40 Abs. 1 BImSchG – die europarechtlichen Vorgaben berücksichtigen muss (*Jarass* BImSchG⁷ § 40 Rn. 29).

Vom Geltungsbereich der 35. BImSchV sind nach deren § 1 Abs. 1 S. 2 Kraftfahrzeuge der Klassen M und N gemäß Anhang II der Richtlinie 2001/116/EG der Kommission vom 20.12.2001 zur Anpassung der Richtlinie 70/156/EWG des Rates zur Angleichung der Rechtsvorschriften der Mitgliedstaaten über die Betriebserlaubnis für Kraftfahrzeuge und Kraftfahrzeuganhänger an den technischen Fortschritt (ABlEG 2002, Nr. L 18, zul. geänd.

d. die Richtlinie 2005/64/EG) umfasst, mithin für die Personenbeförderung und die Güterbeförderung ausgelegte und gebaute Kraftfahrzeuge mit mindestens vier Rädern. Im Hinblick auf die Zuordnung zu den verschiedenen Schadstoffgruppen bestimmt § 5 Abs. 2 der 35. BImSchV, dass das Bundesministerium für Verkehr, Bau und Stadtentwicklung die Zuordnung der in den Fahrzeugpapieren eingetragenen Emissionsschlüsselnummern zu den einzelnen Schadstoffgruppen im Verkehrsblatt bekannt macht; dies ist durch eine Neubekanntmachung am 5.12.2007 (VkBl. 2007, S. 771) erfolgt, in der auch Regelungen über die Nachrüstung enthalten sind (näher *Rebler/Scheidler* NVwZ 2010, 98 [99]).

Für die Einteilung der gemäß § 1 Abs. 1 S. 2 35. BImSchV erfassten Kraftfahrzeuge in vier Schadstoffgruppen hat der Gesetzgeber an die bestehenden Abgasnormen angeknüpft (*Bode* DAR 2007, 351 [351]; *Scheidler* NJW 2007, 405 [406]). Im Einzelnen ergibt sich die Zuordnung der Kraftfahrzeuge zu den Schadstoffgruppen aus Anhang 2 35. BImSchV, wobei die Schadstoffgruppe 1 die Fahrzeuge mit dem höchsten Schadstoffausstoß erfasst. Diese Fahrzeuge erhalten auch keine Plakette, während Kraftfahrzeuge der Schadstoffgruppen 2, 3 und 4 eine rote, gelbe bzw. grüne Plakette erhalten; ein Plakettenmuster ist in Anhang 3 35. BImSchV vorgegeben. Derart gekennzeichnete Fahrzeuge sind nach § 2 Abs. 1 35. BImSchV von einem Verkehrsverbot befreit, soweit ein darauf bezogenes Verkehrszeichen dies vorsieht. Ein solches Zusatzzeichen beinhaltet eine Freistellung vom Verkehrsverbot nach § 40 Abs. 1 BImSchG und nimmt Kraftfahrzeuge von dem Verkehrsverbot aus, die nach § 1 Abs. 2 der 35. BImSchV ausnahmsweise zugelassen sind, wenn sie mit einer auf dem Zusatzzeichen in der jeweiligen Farbe angezeigten Plakette nach § 3 Abs. 1 der 35. BImSchV ausgestattet sind, und die nach Anhang 3 zu § 2 Abs. 3 der 35. BImSchV keiner Plakettenkennzeichnung unterliegen; zu der letztgenannten Konstellation zählen Krankenwagen, Arztwagen mit der Kennzeichnung „Arzt Notfalleinsatz" gem. § 52 Abs. 6 StVZO, Kraftfahrzeuge, mit denen Personen fahren oder gefahren werden, die außergewöhnlich gehbehindert, hilflos oder blind sind und dies durch einen entsprechenden Eintrag im Schwerbehindertenausweis nachweisen, des Weiteren Fahrzeuge, für die Sonderrechte nach § 35 StVO in Anspruch genommen werden (siehe dazu *Sonderrechte, Nr. 1 ff.*), sowie Oldtimer gemäß § 2 Nr. 22 der Fahrzeug-Zulassungsverordnung (Einzelheiten bei *Rebler/Scheidler* NVwZ 2010, 98).

Über diese verordnungsrechtlich geregelten Ausnahmen hinaus kommt freilich auch eine Freistellung von Verkehrsverboten durch individuelle Ausnahmegenehmigungen in Betracht. Dies ergibt sich daraus, dass die Straßenverkehrsbehörden Ausnahmen zulassen können, wenn unaufschiebbare oder überwiegende Gründe des Wohls der Allgemeinheit dies erfordern, § 40 Abs. 1 S. 2 BImSchG. Ihre Konkretisierung erfährt diese Bestimmung durch § 1 Abs. 1 35. BImSchV, der die Zulassung von Einzelausnahmen durch Erteilung einer individuellen Ausnahmegenehmigung ermöglicht; daneben dürfte die ansonsten für die Befreiung von Verkehrsverboten einschlägige Bestimmung des § 46 Abs. 1 Nr. 11 StVO nicht mehr anwendbar sein, da die 35. BImSchV insoweit lex specialis ist (*Rebler/Scheidler* NVwZ 2010, 98 [101]).

Eine – mit der Verpflichtungsklage durchzusetzende – Ausnahmegenehmigung wird im Einzelfall dann zu erteilen sein, wenn das Leben und die Gesundheit von Menschen in Gefahr ist, aber auch dann, wenn die Umrüstung eines Fahrzeuges auf Partikelfilter technisch nicht möglich und dem Betroffenen die Anschaffung eines anderen Fahrzeuges nicht zuzumuten ist. Eine Ausnahme aufgrund überwiegender Einzelinteressen wird freilich nur bei einem Überwiegen der Nachteile durch das Unterlassen der Fahrzeugbenutzung in der entsprechenden Umweltzone gegenüber den gesundheitlichen Risiken durch die Emissionen denkbar sein. Schließlich gilt eine solchermaßen erteilte Ausnahmegenehmigung nur für die jeweilige Umweltzone; sie wird zudem regelmäßig befristet erteilt werden.

Die Ausgabe der Plaketten wird nach § 4 35. BImSchV durch die Zulassungsbehörden, die nach Landesrecht zuständigen Stellen und durch die nach § 47 a Abs. 2 StVZO für die Durchführung der Abgasuntersuchungen anerkannten Stellen vorgenommen. Eine Verpflichtung, eine derartige Plakette zu beantragen, besteht nicht (*Knopp* NZV 2006, 566 [567]; *Scheidler* NJW 2007, 405 [408]).

6. Anfechtungsklage gegen eine Umweltzone. Nach Durchführung eines insoweit erforderlichen Widerspruchsverfahrens (vgl. hierzu OVG Berlin-Brandenburg 19.3.2008, 11 S. 16.08; OVG Berlin-Brandenburg 7.5.2008, 11 S. 35.08; VG Berlin 19.2.2008, 10 A 23.08) kommt eine Anfechtungsklage nach § 42

Abs. 2 VwGO in Betracht, die gegen die eine Umweltzone kennzeichnenden und die Einfahrt in die Umweltzone verbietenden Verkehrszeichen gerichtet ist. Dabei unterliegt bei planabhängigen Maßnahmen der diesen zugrunde liegende Luftreinhalte- oder Aktionsplan einer gerichtlichen Inzidentkontrolle, ob er den in § 47 BImSchG normierten Anforderungen entspricht (VG Berlin 9.12.2009, VG 11 A 299.08, Entscheidungsumdruck, S. 8, unter Bezugnahme auf VG Hannover 21.4.2009, 4 A 5211/08, Rn. 27 – zitiert nach juris; VG Köln 9.10.2009, 18 K 5493/07 Rn. 64 – zitiert nach juris; *Scheidler* UPR 2006, 216 [221]; *Hellriegel/Hermanns* DAR 2007, 629 [631]; *Durner/Ludwig* NuR 2008, 457 [465]; Einzelheiten bei *Brenner/Seifarth* JuS 2009, 231).

7. Weiterführender Link. Weitere Informationen finden sich unter http://www.bmvbs.de/Klima--Umwelt-Energie/Mobilitaet-Verkehr-,2936/Umweltzone.htm.
Siehe auch → *Halten und Parken* Nr. 11
Brenner

Umzug des Kfz-Halters → Kennzeichenerteilung Nr. 4, → Ummeldung

Unabwendbares Ereignis 1. Vorbemerkung. Wird ein Schaden durch *mehrere Kraftfahrzeuge* verursacht, dann kann die Verpflichtung des beteiligten Kfz-Halters zum Schadenersatz ausgeschlossen sein, wenn der Unfall für ihn ein *unabwendbares Ereignis* darstellt, das weder auf einer fehlerhaften Fahrzeugbeschaffenheit noch auf einem Versagen der Vorrichtungen des Kfz beruht, vgl. *§ 17 Abs. 3 S. 1 StVG*. Seit dem 1.8.2002 kann sich der Halter eines Kfz bei einem Unfall mit einem nicht motorisierten Verkehrsteilnehmer nicht mehr mit einem Unabwendbarkeitsnachweis entlasten, sondern gem. *§ 7 Abs. 2 StVG* nur damit, dass der Unfall durch *höhere Gewalt* (vgl. dazu BGH 17.10. 1985, NJW 1986, 2312) verursacht wurde (s. a. → *Schadenrechtsänderungsgesetz*). Die Frage nach dem *Haftungsausschluss* der Unabwendbarkeit ist streng von der Frage der Haftungsverteilung zu trennen (OLG München 2.2.2007, DAR 2007, 465; s. a. → *Haftungsverteilung bei Verkehrsunfällen*).
2. Unabwendbarkeit bedeutet nicht absolute Unvermeidbarkeit (BGH 10.10.1972, VersR 1973, 83). Ein Ereignis ist vielmehr bereits dann als unabwendbar anzusehen, wenn es durch *äußerst mögliche Sorgfalt* nicht abgewendet werden kann (BGH 18.1.2005, DAR 2005, 263). Maßstab ist nicht das Verhalten eines gedachten „Superfahrers", wohl aber, gemessen an den durchschnittlichen Verkehrsanforderungen, das eines „*Idealfahrers*". Dazu gehört *sachgemäßes, geistesgegenwärtiges Handeln über den gewöhnlichen und persönlichen Maßstab hinaus* (BGH 18.1.2005, DAR 2005, 263) unter Berücksichtigung aller möglichen Gefahrenmomente, u. U. auch eines erheblichen Fehlverhaltens anderer Verkehrsteilnehmer (BGH 28.5.1985, NJW 1986, 183), unter Zurückstellung etwaiger eigener Vorrechte (vgl. BGH 20.11.2007, NJW 2008, 1305), sofern diese *Umstände den Schaden beeinflusst* haben (BGH 9.2.1982, NJW 1982, 1149). *Mitursächliche Zuwiderhandlungen* gegen Verkehrsvorschriften schließen Unabwendbarkeit aus (OLG Stuttgart 2.8.2001, VRS 103, 329), ebenso ein *Verschulden* (BGH 12.5.1959, VersR 1959, 789). *Maßgeblicher Zeitpunkt* für die Beurteilung ist die Situation vor dem Unfall (*ex ante Betrachtung*; BGH 20.10.1964, VersR 1965, 81), u. U. schon die Situation vor Eintritt der Gefahrenlage (BGH 13.12.2005, NJW 2006, 896).
3. Prozessuales. Wer sich auf den Haftungsausschluss der *Unabwendbarkeit* beruft, der muss die Unabwendbarkeit des Unfalls *beweisen* (BGH 4.5.1976, DAR 1976, 246; BGH 9.2.1982, NJW 1982, 1149), wozu indes nicht die Widerlegung aller nur denkmöglichen Unfallverläufe gehört (BGH 17.12.1970, VersR 1970, 423). Eine *Unaufklärbarkeit* tatsächlicher Umstände geht zu Lasten des Beweispflichtigen, ebenso ein *verbleibender Zweifel* an der Unabwendbarkeit (BGH 13.5.1969, VersR 1969, 827; BGH 18.1.2005, DAR 2005, 263).
4. Beispiele. Unabwendbar ist es, wenn ein *Stein* von einem auf einer befestigten, geteerten Fahrbahn fahrenden Kfz in die *Windschutzscheibe* eines anderen Kfz geschleudert wird (AG Düsseldorf 16.7.2012, SP 2013, 70), sofern eine rechtzeitige Wahrnehmung einer solchen Gefahr nicht möglich und deswegen mit einer solchen nicht zu rechnen war, wie aber z. B. im Bereich einer *Baustelle* (BGH 11.6.1974, VRS 47, 241) oder bei *größeren Steinen* oder *Gegenständen* (LG Aachen 30.12.1981, VersR 1983, 591). Unabwendbar ist es, wenn ein mit angepasster Geschwindigkeit fahrendes Kfz auf einer nicht erkennbaren *Ölspur* ins Schleudern gerät (LG Köln 9.4.1965, DAR 1965, 328; LG Bonn 23.6.1999, VM 2000, 40; s. a. → *Ölspurschäden*), oder wenn der Fahrer auf ein vor ihm fahrendes Kfz durch einen ihm Auffahrenden aufgeschoben wird (OLG Celle 28.3.2012, 14 U 156/11). Wer sich darauf beruft, dass aufgrund der Verletzung seiner *Vorfahrt* (auch ei-

ner sog. *„halben Vorfahrt"*; s. a. → *irreführendes Falschblinken*) der Unfall für ihn unvermeidbar war, dann muss er beweisen, dass auch ein besonders umsichtiger Fahrzeugführer den Unfall nicht hätte vermeiden können (BGH 18.11.1975, NJW 1976, 1317; BGH 15.10.1963, VersR 1964, 48).

> Praxistipp: Kein unabwendbares Ereignis liegt für den Geschädigten vor, wenn er sich der polizeilichen Festnahme durch eine Flucht unter Verwendung seines Kfz entzieht, und durch eine vom Fahrer eines Polizeifahrzeugs zur Gefahrenabwehr *vorsätzlich herbeigeführte Kollision* zum Anhalten gezwungen wird (BGH 31.1.2012, NJW 2012, 1951).

Siehe auch: → *Halterhaftung* Nr. 3 *Geiger*

Unabwendbarkeitsbeweis → Schadenrechtsänderungsgesetz Nr. 7, → Unabwendbares Ereignis Nr. 2, 3

Unaufklärbarkeit → Unabwendbares Ereignis

unbenannter Zeuge → Besonderheiten des Verkehrsunfallprozesses Nr. 17

Unbewusster Drogenkonsum Hier kommt das sogenannte Passivrauchen oder die Beibringung, insbesondere von sedierenden Substanzen, durch andere Personen in Frage. Insbesondere bei sexuellem Missbrauch werden Körperflüssigkeiten und Haare auf Substanzen untersucht, die nicht nur kurzfristig sedieren sondern auch eine Amnesie hervorrufen, so dass die Opfer sich nicht mehr an den Vorfall erinnern können. In Frage kommen insbesondere GHB, Benzodiazepine oder Substanzen mit ähnlicher Wirkung wie Zaleplon, Zopiclon oder Zolpidem. *Sachs*

Unerlaubtes Entfernen vom Unfallort, § 142 StGB → Unfallflucht

Unfall 1. Begriff. Ein *Unfall* ist ein auf einer *äußeren Einwirkung beruhendes, plötzliches, örtlich und zeitlich bestimmtes Ereignis*, das zu *fremden Sach- oder Körperschäden* führt (BGH 27.5.1993, NJW 1993, 2173; BGH 30.10.1975, NJW 1976, 1030). Auch im Bereich der Kaskoversicherung liegt ein Unfall in einem unmittelbar von außen und plötzlich mit mechanischer Gewalt auf das Fahrzeug einwirkenden Ereignis (§ 12 Abs. 1 AKB bzw. A.2.3.2 AKB 2008). Damit liegt kein Unfall vor, wenn ein Motorschaden am Kfz durch ein Betanken mit einem falschen Kraftstoff auftritt (BGH 25.6.2003, VersR 2003, 1031), wenn durch ein heftiges Bremsen verrutschende Ladung das Kfz beschädigt (OLG Hamm 28.10.1988, VersR 1989, 907) oder wenn das Kfz durch einen Bedienungsfehler Schaden nimmt (OLG Stuttgart 24.3.1994, VersR 1995, 1044). Da die *Unfreiwilligkeit* kein Tatbestandsmerkmal des Unfallbegriffs ist, trägt der Versicherer bei Verdacht einer *Unfallmanipulation* gem. § 81 VVG (§ 61 VVG a.F.) die volle Beweislast dafür, dass der Versicherungsfall mit Vorsatz herbeigeführt wurde (zum betrügerischen Unfall siehe Geigel/Kaufmann Kapitel 25 Rn. 9 ff.; s. a. → *Vorsätzlich verursachter Kfz-Unfall*).

2. Verhaltenspflichten. Durch § 34 StVO wird dem an *einem Unfall beteiligten Verkehrsteilnehmer* (OLG Karlsruhe 22.1.1985, NJW 1985, 1480) *das Verhalten nach einem Unfall* vorgeschrieben. Nach einem Verkehrsunfall (i.S.v. § 142 StGB; OLG Karlsruhe 7.11.1977, VRS 54, 462) muss jeder Beteiligte *sofort anhalten*, zumutbare Maßnahmen zur *Sicherung* des Verkehrs ergreifen, sich über die Unfallfolgen *vergewissern*, Verletzten *helfen*, sich den anderen Unfallbeteiligten als Unfallbeteiligter *vorstellen*, auf Verlangen seine Personalien und seine Kfz-Haftpflichtversicherung nachweisen, die notwendigen Feststellungen am Unfallort abwarten, ggf. nach vergeblichem Warten seinen Namen und seine Anschrift am Unfallort hinterlassen bzw. nach einem – ggf. nicht strafbaren (weil gerechtfertigt oder entschuldigt) – Entfernen vom Unfallort die notwendigen Feststellungen durch Mitteilung an die Berechtigten oder die nächstgelegene Polizeidienststelle ermöglichen, vgl. § 34 StVO.

Siehe auch: → *Manipulierter Unfall*, → *Unfall auf gemeinsamer Betriebsstätte*, → *Unfall im Straßenverkehr*, → *Unfallanalytik*, → *Unfalldatenspeicher*, → *Unfallflucht*, → *Unterlassene Hilfeleistung*, → *Verkehrsopferhilfe*, → *Vollkaskoversicherung*, → *Vorsätzlich verursachter Kfz-Unfall* *Geiger*

Unfall auf gemeinsamer Betriebsstätte 1. Allgemeines. Für versicherte Beschäftigte mehrer Unternehmen besteht für Unfälle auf einer *gemeinsamen Betriebsstätte* die sich nach dem 1.1.1997 ereignet haben, insoweit über § 637 Abs. 2, 3 RVO hinausgehend, gem. § 106 Abs. 3 Alt. 3 SGB VII der *Haftungsausschluss* gem. §§ 104 ff. SGB VII (s. a. → *Haftungsausschluss bei Arbeits-/Schulunfällen*). *Betriebsstätte* ist jeder Ort, an welchem betriebliche Tätigkeiten erbracht werden. Die gemeinsame Betriebsstätte wird, gelöst von den beteiligten Unternehmen, also nicht unternehmensbezogen, selbst zum *Unternehmen* (*Leube* VersR 2005, 622). Es ist dabei unerheblich, ob die Betriebstätigen demselben oder verschiedenen Unternehmen angehören (BGH 18.12.2007, NZV 2008, 289; BGH 22.1.2008, NJW 2008, 2116; BGH 24.6.2003, NJW 2003, 2984; BGH 17.10.2000, NJW 2001, 443). Der Begriff der *gemeinsamen Betriebsstätte* erfasst über die Fälle der Arbeitsgemeinschaft hinaus betriebliche Aktivitäten von *Versicherten mehrerer Unternehmen*, die bewusst und gewollt bei einzelnen Maßnahmen ineinandergreifen, miteinander verknüpft sind, sich ergänzen oder unterstützen, wobei es ausreicht, dass die gegenseitige Verständigung stillschweigend durch bloßes Tun erfolgt (BGH 22.1.2013, zfs 2013, 381; BGH 17.10.2000, NJW 2001, 443). Erforderlich ist ein bewusstes Miteinander im Arbeitsablauf, das sich zumindest tatsächlich als ein *aufeinander bezogenes betriebliches Zusammenwirken mehrerer Unternehmen* darstellt (*Arbeitsverknüpfung*, nicht lediglich Arbeitsberührung; *Leube* VersR 2005, 622; *Kampen*, NJW 2012, 2234; BGH 30.4.2013, NJW 2013, 2031). Die Tätigkeit der Mitwirkenden muss im faktischen Miteinander der Beteiligten aufeinander bezogen, miteinander verknüpft oder auf gegenseitige Ergänzung oder Unterstützung ausgerichtet sein (BGH 22.1.2008, NJW 2008, 2116; BAG 12.12.2003, NJW 2003, 1891). Nicht ausreichend ist es, wenn Betriebstätige mehrerer Unternehmen zwar gemeinsam auf einer Baustelle arbeiten, davon abgesehen aber nichts miteinander zu tun haben (BGH 8.4.2003, NZV 2003, 374), oder die beabsichtigte Zusammenarbeit noch nicht aufgenommen wurde (BAG 12.12.2003, NJW 2003, 1891; BGH 8.6.2010, DAR 2011, 21). Liegt eine *Gefahrengemeinschaft* vor, also eine enge Berührung der miteinander Tätigen dergestalt, dass jeder der Beteiligten sowohl zum Schädiger als auch zum Geschädigten werden kann, dann ist der Haftungsausschluss des § 106 Abs. 3 Alt. 3 SGB VII gerechtfertigt (BGH 22.1.2008, NJW 2008, 2116; BGH 16.12.2003, NJW 2004, 947; BGH 24.6.2003, NJW 2003, 2984). Deswegen greift der Haftungsausschluss des § 106 Abs. 3 Alt. 3 SGB VII nur zugunsten des den Unfall verursachenden Arbeitnehmers (Betriebstätigen) ein, nicht aber zugunsten dessen Arbeitgebers (betriebsfremder Unternehmer), dessen Haftung z. B. aus § 7 Abs. 1 StVG oder § 831 BGB folgen kann, es sei denn, der Unternehmer war selbst auf der gemeinsamen Betriebsstätte im der zuvor dargestellten Art und Weise tätig, und hat dabei die Verletzung selbst (mit-) verursacht (BGH 3.7.2001, NJW 2001, 3125).

2. Ist der Arbeitgeber nicht haftungsprivilegiert, der Arbeitnehmer aber schon, dann besteht eine *gestörte Gesamtschuld*. Der privilegierte Schädiger darf einerseits nicht über den Umweg des Gesamtschuldnerausgleichs gem. § 426 BGB haftpflichtig werden, andererseits darf sich die Haftungsprivilegierung nicht zum Nachteil des nicht privilegierten Schädigers auswirken. Deswegen ist die Haftung des privilegierten Schädigers im Verhältnis zum Geschädigten auf die Quote zu beschränken, die er im Falle eines Gesamtschuldnerausgleichs letztlich zu tragen hätte (BGH 22.1.2008, NJW 2008, 2116; BGH 24.6.2003, NJW 2003, 2984; BGH 23.1.1990, NJW 1990, 1361; s. a. → *gestörte Gesamtschuld*). *Geiger*

Unfall im Straßenverkehr Unfall im Straßenverkehr ist (im Strafrecht) jedes Schadensereignis, in dem sich ein verkehrstypisches Unfallrisiko realisiert hat. Er setzt also die Entstehung eine Schadens voraus. Er braucht aber nicht Folge eines Versehens zu sein; einen Unfall kann ein Täter auch mit (ggf. bedingtem) Vorsatz (→ *Vorsatz und Fahrlässigkeit*) und u. U. sogar absichtlich herbeiführen. Ein „Unfall" liegt aber jedenfalls dann nicht vor, wenn das Schadensereignis schon nach seinem äußeren Erscheinungsbild nicht Folge des allgemeinen Verkehrsrisikos, sondern einer deliktischen Planung ist (BGH 15.11.2001, 4 StR 233/01, NJW 2002, 626 ff = DAR 2002, 132 f): Im vom BGH entschiedenen Fall hatten die jugendlichen Täter sich einen Spaß daraus gemacht, aus dem fahrenden Auto heraus Mülltonnen zu ergreifen und nach einer gewissen Strecke wieder loszulassen; dadurch beschädigten sie (bedingt vorsätzlich) parkende Fahrzeuge erheblich. Der BGH verneinte einen „Unfall", da sich hier kein „straßenverkehrsspezifischer Gefahrzusammenhang" verwirklicht hatte. Ebenso wenig liegt ein „Unfall im Straßenverkehr" vor, wenn aus einem fahrenden Lkw Flaschen geworfen und dadurch andere Fahrzeuge beschädigt werden (OLG Hamm, NJW 1982, 2456).
Siehe auch: → *Unfallflucht* *Weder*

Unfallanalytik 1. Allgemeines. Zur juristischen Beurteilung der Ursachenzusammenhänge von Verkehrsunfällen ist es erforderlich, das Geschehen im Nachhinein soweit wie möglich zu objektivieren. Eingangsgrößen sind dabei einerseits der Bericht des Erlebten durch Beteiligte und Zeugen und andererseits technische Fakten, soweit diese gesichert wurden oder im Nachhinein noch zu erheben sind.

2. Unfallanalytik/Unfallrekonstruktion (*Möhler/Buck/Müller*: Unfallanalytik, Sachverständigenbeweis im Verkehrsrecht, § 1, 2008). Bei Zeugenaussagen oder den Angaben Beteiligter besteht grundsätzlich das Problem der Subjektivität. Wesentliche Einflussfaktoren sind dabei die Beobachtungsfähigkeit und die teils unbewusste Verarbeitung der aufgenommenen Geschehnisse bis zur Wiedergabe. Zahlreiche Untersuchungen belegen, dass hier ein erhebliches Potential an Verfremdung besteht. Neben dem typisch menschlichen Bestreben, beobachtete Ereignisse oder auch nur Ereignis-Fragmente in einen Erklärungszusammenhang zu bringen, beeinflussen interne Faktoren die Aussage-Qualität stark. Da üblicherweise ein Unfallgeschehen nicht insgesamt in allen Details erfassbar ist, werden Beobachtungsfragmente, die möglicherweise auch noch mit kognitiven Defiziten behaftet sind, zu einem plausiblen Geschehensablauf zusammengeführt. In diesen Prozess greifen dann oft auch noch subjektive Bewertungen ein. Insbesondere bei Beteiligten oder abhängigen Zeugen können Interessenlagen – seien sie nun bewusst oder unbewusst – die Geschehensrezeption und Beschreibung weiter verfremden. Die bei dem Unfallgeschehen entstandenen technischen Fakten können mit technischen Verfahren erhoben, aufbereitet und ausgewertet werden. Mittels physikalischer Gesetzmäßigkeiten und mathematischer Berechnungsmethoden sowie Ergänzungsdaten aus Expertensystemen und schließlich der vergleichenden Empirie kann eine technische Analyse des Geschehens erfolgen. Alle Berechnungsverfahren benötigen eine möglichst gute und umfassende Dokumentation von Spuren und Situationen. In der Unfallrekonstruktion sind sowohl die erhobenen (oft nur fragmentarischen Fakten) als auch die subjektiven Erlebnisschilderungen und schließlich die (ggf. auch erfolgsorientierten) Beschreibungen der Unfallbeteiligten einzubeziehen. Liegen hinreichend objektive Informationen vor, so können subjektive Informationen, ggf. nach Prüfung ihrer Realisierbarkeit, zur Präzisierung des Rekonstruktionsgutachtens herangezogen werden, wobei alle Quellen jedenfalls zu kennzeichnen sind. Bei diesem Gutachtentyp stellt das objektive bzw. objektivierbare Material die Ausgangsbasis. Alternativ besteht die Möglichkeit zur reinen Diskussion von Vorträgen, wenn eine direkte technische Rekonstruktion nicht erfolgen kann, sondern nur fragmentarische Anknüpfungstatsachen, dafür aber insbesondere bei Zivilverfahren ergebnisorientierte Vorträge der jeweiligen Parteien vorliegen. Diese können dann auf ihre jeweilige Realisierbarkeit (unter Beachtung der Beweisfragen) im Rahmen der technischen Möglichkeiten des Gesamtsystems (Regelkreis Fahrer-Fahrzeug-Straße-Umfeld) überprüft werden.

3. Technische Unfallanalyse. Wesentliche Eingangsgrößen für die technische Unfallanalyse sind die an der Unfallstelle erhobenen Spuren. Auch Fahrzeugdeformationen sind zur Bestimmung der in der Kollision ausgetauschten Energieanteile von besonderer Bedeutung. Hinzu kommen Informationen zu Insassenverletzungen und zu den Straßen- und Witterungsverhältnissen zum Unfallzeitpunkt. Zu den wesentlichen an der Unfallstelle erhebbaren oder ggf. auch im Nachhinein aus Fotografien noch rückbestimmbaren Informationen zählen Spuren auf der Fahrbahn (Reifenspuren, Abriebe, Schlagspuren, Splitterfelder, Fahrzeugendstellungen, Endlage von Fragmenten, Endlagen der Beteiligten). Hinzu kommen Informationen zu den Fahrzeugdeformationen der Lage und der Tiefe nach sowie Art und Umfang der Verletzung Beteiligter. Ergänzend zu diesen unmittelbaren technischen Informationen können weitere indirekte Informationen auch noch im Nachhinein erhoben werden. Dazu zählen die Bedingungen der Unfallörtlichkeit (Geometrie, Räumlich, Sichtweiten etc.) sowie Beleuchtung, Witterung und Fahrbahnzustand zum Unfallzeitpunkt. Darüber hinaus besteht durch technische Untersuchung der unfallbeteiligten Fahrzeuge die Möglichkeit, zu überprüfen, ob ggf. technische Mängel ursächlich oder mitursächlich für das Unfallgeschehen gewesen sind. Schließlich können weitere indirekte Informationen über Experten-Systeme, wie etwa Fahrzeug-Kenngrößen (Maße, Gewichte, fahrdynamische Eigenschaften, Motorisierung, Verformbarkeit) beigezogen werden. Die Aussagequalität eines Gutachtens hängt vorrangig und unmittelbar von dem Umfang und der Präzision der Primärdaten aus der Unfallstelle ab. Selbst fragmentarische Daten können aber noch über entsprechende Expertensysteme, physikalische Gesetzmäßigkeiten und vergleichende Empirie sowie psycho-physikalogische Bedingungen zu einem technisch plausiblen Gesamtbild des Unfallgeschehens zusammengeführt werden.

Liegen für eine Rekonstruktion hinreichende Grunddaten vor, so können Fakten und Informationen als Basis für eine Rekonstruktion im Wortsinn, also einen Wiederaufbau des Geschehens dienen. Sind zu wenige Fakten für einen rein technischen Zugang zum Unfallgeschehen verfügbar, so besteht alternativ die Möglichkeit, die subjektiven Informationen zu einem Unfallgeschehen auf ihre Realisierbarkeit zu prüfen. In der Praxis kommt dies z. B. bei Zivilverfahren mit unterschiedlichen Parteivorträgen zum Einsatz. Neben den klassischen Berechnungsverfahren werden gerade dabei zunehmend die Möglichkeiten der Computer-Simulation (Nachfahren des Unfallgeschehens am Rechner) genutzt. In der Hand des Experten werden sie zu einem hocheffektiven Werkzeug, das aber Ausbildung und Erfahrung nicht ersetzen kann, sondern diese geradezu voraussetzt. Bei laienhafter oder auch parteilicher Benutzung erwecken die Computer-Simulationen hingegen nur den äußeren Anschein einer hochtechnisierten und deshalb objektiven Analyse.

4. Technische Untersuchungen der Fahrzeuge nach einem Unfall. Die technischen Untersuchungen von Fahrzeugen nach Verkehrsunfällen werden bei Verdacht auf technische Mängel im Auftrag der Polizei bzw. der Staatsanwaltschaft durchgeführt. Die Gründe für eine Untersuchung können Anhaltspunkte sein, die sich bei der Unfallaufnahme aus dem Spurenbild bzw. aus dem technischen Zustand des Fahrzeuges ergeben. Eine Untersuchung wird auch dann vorgenommen, wenn durch die Unfallbeteiligten ein technischer Mangel als Ursache des Unfallgeschehens angegeben wird. Eine erste Inaugenscheinnahme des Fahrzeuges kann direkt bei der Unfallaufnahme erfolgen. Auf diese Weise lassen sich grundsätzliche Feststellungen treffen. Falls eine gründliche Untersuchung des Fahrzeuges erforderlich ist, wird diese normalerweise in einer Fachwerkstatt durchgeführt. Das Ausmaß der Untersuchung ist von dem Fahrzeug (Motorrad, PKW, LKW), dem Beschädigungsgrad des Fahrzeuges und dem Auftrag abhängig. So kann man z. B. bei fahrbereiten PKW nach den Unfällen, statt das Fahrzeug zu zerlegen, Brems- und Fahrversuche durchführen. Die Bremsverzögerung lässt sich mit entsprechenden Geräten feststellen. Im Grunde genommen sind die Fahr- und Bremsversuche unmittelbar nach dem Unfallereignis der beste Weg für Feststellungen bezüglich des Fahrzeugzustandes.

Die Fahrzeuge, die nach dem Unfall nicht mehr fahrbereit sind, müssen ggf. umfangreichen und oft auch sehr schweren (wegen der Deformationen) Demontagearbeiten unterzogen werden. Danach können weitere, spezielle Untersuchungen erfolgen (Teile der Bremsanlage, Lenkung, Stoßdämpfer, Reifen, Glühlampen usw.). Die einzelnen Untersuchungen sind zeitlich anspruchsvoll und können dementsprechend auch einen relativ hohe Kostenaufwand nach sich ziehen. Es kann auch erforderlich werden, weitere Sachverständige zu den Untersuchungen beizuziehen. Dies betrifft insbesondere die Reifen-/Materialspezialisten. Dazu sind oft Gerätschaften erforderlich, die dem Unfallanalytiker nicht zur Verfügung stehen. Die Fahrzeuguntersuchungen bei Verkehrsunfällen sollen die Rechtssicherheit sowohl für die Polizei bzw. für die Staatsanwaltschaft als auch für die Unfallbeteiligten erhöhen. Insbesondere bei Auffahrunfällen oder dem Abkommen von der Fahrbahn wird sehr oft überhöhte Geschwindigkeit als unfallursächlich angenommen. Dass in diesen Fällen defekte Stoßdämpfer, ein plötzlicher Ausfall der Servolenkung oder Mängel an den Bremsenanlage das Unfallgeschehen beeinflusst haben könnten, wird in der letzen Zeit immer weniger geprüft. Grund dafür sind möglicherweise die allgemeinen Sparzwänge. Technische Untersuchungen von Fahrzeugen nach Verkehrsunfällen werden üblicherweise im Rahmen einer Unfallanalyse, um die Unfallursache zu klären (technische Mängel, Veränderungen der Bauteile) in Auftrag gegeben. Dabei wird auch der Umfang der Untersuchung von dem Auftraggeber spezifiziert. Hauptsächlich werden die Bremsen, die Lenkung, die Bereifung, das Fahrwerk, der Motor, die Gurte bzw. Airbags und der Beleuchtungszustand untersucht. Es ist sehr günstig für den SV, wenn er den Zustand des Fahrzeuges unmittelbar nach dem Unfallgeschehen bei der Unfallaufnahme am noch unveränderten Fahrzeug festhalten kann. Dabei können die Deformationen (bevor diese durch Transport eventuell verändert werden) mit einem Maßstab fotografiert werden. Ebenfalls werden am besten gleich hier mögliche Lackspuren an den Fahrzeugen gesichert. Bei den Bremsanlagen kann man Feststellungen im Hinblick auf die Wetterbedingungen unmittelbar nach dem Unfall besser treffen als später bei der Untersuchung des Fahrzeuges in der Werkstatt (z. B. eingefrorene Druckluftbremsanlage). Ebenfalls ist es von Vorteil, wenn man an der Unfallstelle Flüssigkeiten sichern kann (Bremsflüssigkeit, Hydraulikflüssigkeiten), bevor sie vollkommen aus dem System ausgetreten sind. Bei Unfällen mit Fußgängern lassen sich häufig Spuren vorfinden, die auf die Art des Kontakts mit dem Fußgänger schließen lassen (Kleidung, Spuren, Haare, Gewebeteile). Regelmäßig sind bei diesen Unfällen auch Wischspuren an dem Fahrzeug zu finden, die beim Abtransportieren des Fahrzeuges verändert werden können. Auch sind Feststellungen an der Unfallstelle bezüglich der Schalterstellung der Beleuchtung sinnvoll, da diese im Nachhinein, etwa bei der Bergung, oft verändert wird. Die Fahrzeuge werden von der Unfallstelle üblicherweise auf Sicherstellungsgelände abtransportiert. Es ist aber nicht von Vorteil, die Untersuchungen direkt hier durchzuführen. Unter Berücksichtigung der modernen Fahrzeugtechnik ist dazu zu raten, das Fahrzeug zu einer Fachwerkstatt bzw. Niederlassung zu bringen. Nur dort stehen die speziellen Geräte des Herstellers zur Verfügung, die oft benötigt werden. Bei neueren Fahrzeugen ist es als erstes das Auslesen von Fehlerspeichern sinnvoll, um eventuelle Störungen von vornherein zu identifizieren. Nicht alle Fehlerquellen können allerdings auf diese Weise entdeckt werden, so dass eine kritische Prüfung geboten ist. Relativ oft kommt es vor, dass einzelne Teile des Fahrzeuges ausgebaut und aufbewahrt werden, da nicht ausgeschlossen werden kann, dass weitere ausführliche Untersuchungen erforderlich werden. Dies betrifft oft Reifen bzw. gebrochene Teile. Falls die Beleuchtung des Fahrzeuges zum Unfallzeitpunkt von Bedeutung ist, sind auch die Glühlampen zu asservieren.

5. Unfallspuren. Bei Verkehrsunfällen werden üblicherweise eine Vielzahl von Spuren gezeichnet. Ihrer Entstehung nach können sie in Vorkollisions-, Kollisions- und Auslaufspuren gegliedert werden. Es können Reifenspuren, Schlag- und Rutschmarken von Fahrwerks- und Karosseriebauteilen, Splitterfelder und Flüssigkeitsspuren entstehen. Diese Spuren können sich sowohl auf der befestigten Fahrbahn, als auch im unbefestigten Bereich abbilden. Daneben kann es insbesondere bei Unfällen zwischen Fahrzeugen und Fußgängern oder Zweiradfahrern zu Blut- und Gewebsantragungen auf der Fahrbahn kommen.

6. Reifenspuren/Bremsspuren. Reifenspuren haben, wie aus der Alltagserfahrung bekannt ist, völlig unterschiedliche Erscheinungsformen. Die wohl bekannteste Spurenart sind dunkle Blockierspurzeichnungen auf der Fahrbahnoberfläche. Diese treten sowohl auf Asphalt, als auch auf Betonoberflächen auf. Sie entstehen insbesondere auf Asphaltoberflächen zum einen durch das Aufreiben oder Aufschmelzen der angewitterten, grauen Asphaltbestandteile. Zum anderen wird Material von Reifen abgerieben, das dann in pulvriger, teils klebriger Form auf der Fahrbahnoberfläche anhaftet. Letztere werden oft nach relativ kurzer Zeit bei weiter fließendem Verkehr wieder verwischt. Spurzeichnungen von Reifen entstehen als Folge von Reibung bei einem Geschwindigkeitsunterschied zwischen der Reifen- und der Fahrbahnoberfläche (z. B. Bremsen). Etwa ab einem Wert von ca. 85 % bis 90 % des übertragbaren Reibungsmaximums beginnt je nach Fahrbahnoberfläche die Spurzeichnung. Dreht sich dabei das abgebremste Rad noch, so entstehen charakteristische Bremsspurzeichnungen, bei denen die Profilierung des Reifens noch erkennbar ist. Blockiert das Rad (100 % Schlupf), so kommt es zu durchgehenden, verschmierten Spurzeichnungen. Art und Breite der Spurzeichnungen, insbesondere auch im Zusammenhang mit der Spurweite, weisen dabei einen guten Identifizierungsgrad zu einem Fahrzeug auf. Driftspuren entstehen, wenn zusätzliche Quer- und Rotationsbewegungen in das Fahrzeug eingesteuert werden, so dass die Laufrichtung des Reifens nicht mehr mit der Bewegungsrichtung des Fahrzeuges identisch ist. Auch hier kann wiederum zwischen einem Driften mit unblockierten Rädern, bei dem sich die Profilierung abbildet und einem Driften mit einer Vollbremsung, bei dem weitgehend durchgezogene Spuren entstehen, unterschieden werden. Die im Verlauf der Spurzeichnung erreichte Verzögerung hängt im Wesentlichen von der Struktur der Fahrbahnoberfläche, von ihrem Zustand (trocken, feucht nass, vereist) und in geringerem Umfang von ihrer Ebenheit ab.

7. Spurenunstetigkeiten. Bei Unfalluntersuchungen sind Spurenunstetigkeiten von besonderer Bedeutung. Zu einem Spurenknick kommt es, wenn während der Vollbremsphase von außen Kräfte auf ein Fahrzeug eingeleitet werden (z. B. Kollision mit einem anderen Fahrzeug). Hierbei ist zur möglichst exakten Bestimmung des Kollisionspunktes der Überhang des spurzeichnenden Fahrzeuges zu berücksichtigen, der bei durchschnittlichen PKW an der Front in einem Bereich von ca. 0,5 m (Kleinfahrzeuge) bis 1,0 m liegt. Auch bei Kollisionen mit Fußgängern oder Zweiradfahrern treten oftmals Veränderungen der Reifenspuren auf durch die mehr oder weniger einseitige Belastung des Fahrzeuges. Hier kann es zu Spurverdickungen oder bei einseitiger Belastung zu Teilaufhebungen der Spurzeichnung kommen. Knicke in einer Spur weisen auf eine Kollision hin. Fahrdynamische Unstetigkeiten, selbst bei dem oft zitierten Elch-Test, führen nicht zu Spurenknicken, sondern zu allenfalls relativ engen bogenförmigen Spurenveränderungen. Spurenüberschneidungen schleudernder Fahrzeuge können jedoch von Laien als Spurenknicke fehlinterpretiert werden.

8. Fahrzeugspuren. Kommen Teile von Fahrzeugen mit der Fahrbahn in Berührung oder tritt Flüssigkeit aus beschädigten Fahrzeugen aus, so entstehen ebenfalls für die Rekonstruktion verwertbare Unfallspuren. Schleif- oder Kratzspuren werden oftmals von Felgen, Fahrwerksteilen oder verformten Karosserieteilen gezeichnet. Vor der Kollision können derartige Spuren auf einen möglicherweise das Unfallgeschehen einleitenden Druckverlust eines Reifens hinweisen. Damit verbunden sind dann oft Reifen-Walkspuren, mit unstetigem Zeichnungsverlauf. Nach der Kollision beschreiben sie die Auslaufbahn eines Fahrzeuges. Schlagspuren, kerbartige Vertiefungen der Fahrbahnoberfläche, entstehen ggfs. bei starken Kollisionen durch das plötzliche Herabpressen auf die Fahrbahn. In ihrer Nähe liegt üblicherweise die Kollisionsstelle, wobei hier kritisch die Geschwindigkeit der unfallbeteiligten Fahrzeuge zu würdigen ist, da der Geschwindigkeitsüberschuss eines Kollisionspartners zu Verlagerungen der Schlagspur aus der eigentlichen Kollisionszone heraus kommen kann. Fahrzeugteile, Glas- und Lacksplitter werden oftmals bei Unfällen abgeworfen. Insbesondere Glassplitterfelder können dabei, sofern keine sichereren Anknüpfungstatsachen vorliegen, zur Bestimmung der Kollisionsgeschwindigkeit von Fahrzeugen herangezogen werden. Dies vorrangig auch bei Fußgänger- und Zweiradunfällen. Dagegen müssen Splitterfelder bei Unfällen zwischen zwei Fahrzeugen, besonders wenn es kollisionsbedingt zu starken gegenseitigen Einformungen kommt, nicht zwangsläufig den Kollisionsort kennzeichnen. Glassplitter können auch erst nach dem Trennen der Fahrzeuge in der letzten Auslaufphase herausgelöst und abgeworfen werden. Lacksplitter sind hingegen normalerweise im näheren Umfeld einer Unfallstelle zu finden (sofern sie nicht durch nachfolgenden Verkehr verschleppt wurden), da sie bei stärkeren Karosserieverformungen spontan abplatzen und aufgrund ihrer geringen Masse bei großer Oberfläche und plattiger Struktur durch den hohen Luftwiderstand keine wesentliche Wurfweite erzielen. Flüssigkeitsspuren entstehen bei massiveren Kollisionen, bei denen flüssigkeitstragende Aggregate der Fahrzeuge spontan beschädigt werden. Oftmals werden Flüssigkeitsspuren aber auch erst bei der Bergung von Fahrzeugen gezeichnet. Materialablagerungen an der Unterseite von Fahrzeugen, Schmutz oder Schnee etc. fallen spontan bei Anstößen ab, so dass auch sie wichtige Hinweise auf die Lage einer Kollisionsstelle liefern. Auch hierbei ist allerdings die Geschwindigkeit des Quell-Fahrzeuges zu beachten. Bei allen Spuren muss kritisch geprüft werden, ob sie nicht auch auf frühere Unfallereignisse zurückgeführt werden können oder ob sie nicht erst bei der Bergung von Fahrzeugen entstanden sind. Bei Fahrzeugen, die mit ABS ausgestattet sind, werden zumindest bei neueren Modellen kaum noch Spuren gezeichnet. Nur auf besonders hellen, meist stark angewitterten Asphaltfahrbahnen entstehen manchmal leichte Spuren, die dann eine Intervallzeichnung aufweisen.

9. Spurensicherung. Von besonderer Bedeutung für die Unfallrekonstruktion ist eine möglichst detaillierte Sicherung von Spuren unmittelbar nach dem Unfallgeschehen. Oftmals ist es nicht möglich, dass Sachverständige unmittelbar nach dem Unfallereignis hinzugezogen werden. Umso wichtiger ist eine möglichst detaillierte polizeiliche Dokumentation. Das klassische Verfahren dazu ist die Vermessung der Unfallstelle mit den vorgefundenen Spuren und die zeichnerische Übertragung in die Verkehrsunfallskizze. Dabei können jedoch zahlreiche Fehler auftreten, so dass eine fotografische Dokumentation des Unfallstellenbereichs jedenfalls von Vorteil ist. Auf Fotografien kann auch im Nachhinein die Spurenqualität beurteilt werden. So besteht dann auch noch später die Möglichkeit, gezielt sachverständigerseits nach Spurendetails zu suchen und diese bei entsprechender Dokumentation fotogrammetrisch auszuwerten.

10. Unfallaufnahme. Grundsätzlich sollte die Unfallaufnahme mit größtmöglicher Präzision erfolgen. Gleichwohl wird oftmals die Genauigkeit von Vermaßungen überbewertet. Dies gilt insbesondere für die Längsausdehnung von Spuren zur Rückbestimmung der Ausgangsgeschwindigkeit eines Fahrzeuges. Nimmt man z. B. bei einer angenommenen Bremsverzögerung von 7 m/s² einen Bremsweg von 20 m bis zum Stillstand an, so errechnet sich hieraus eine Ausgangsgeschwindigkeit einschließlich einer Schwellphase von 0,2 s von ca. 63 km/h. Eine Verkürzung um 0,5 m bewirkt eine Ausgangsgeschwindigkeit von 62 km/h und eine Verlängerung auf 20,5 m eine Geschwindigkeit von 63,5 km/h. Variiert man dagegen den Verzögerungswert, der oft nur auf einer Annahme zum Zustand der Fahrbahnoberfläche basiert, so errechnet sich bei einer Verzögerung von 7,5 m/s^2 gegenüber dem Ausgangswert von 7,0 m/s^2 eine Geschwindigkeit von 65 km/h und bei einer angenommenen Verzögerung von 6,5 m/s^2 eine Ausgangsgeschwindigkeit von 60 km/h. Hier ist also die Varianzbreite deutlich höher. Insofern sollte den Verzögerungsannahmen eine entsprechende Aufmerksamkeit geschenkt werden.

11. Kollisionsanalyse/Rechnergestützte Unfallrekonstruktion. Die bislang zur Kollisionsanalyse eingesetzten Modelle, wie das Einlauf-Impulsverfahren (z. B. nach Kudlich-Slibar) oder das Impuls-Drall-Verfahren liegen auch der rechnergestützten Kollisionsanalyse als Prinzipien zugrunde. Beide Verfahren basieren auf dem klassischen Modell eines Punktstoßes, der Annahme eines Stoßes, also in unendlich kleiner Zeit. Eine Bewegung bzw. Verformung der Fahrzeuge während des Stoßes wird dabei nicht berücksichtigt. Erweiterte Stoßmodelle auf Basis der Theorie der finiten Elemente, die derzeit nur auf Großrechenanlagen eingesetzt werden können, sollen in Zukunft integriert werden. Bereits jetzt können als gute Näherung aber Mehrfachkollisionen berechnet werden. Der Geschwindigkeitsabbau in der Kollision wird unter Berücksichtigung der Kollisionsgesetze in Abhängigkeit von Umgebungsdaten und Fahrzeugkenndaten berechnet. Die Ergebnisse werden mit Hilfe von Kontrollrechnungen überprüft. Als Kontrollgrößen dienen dabei u. a. die EES-Werte (EES = Energy Equivalent Speed), sowie Eindringtiefen und Auslauf der Fahrzeuge. Die Referenzwerte dazu werden aus Real-Kollisionsversuchen und Konstruktionsdaten gewonnen. Sie stehen z. B. in Form von Bild-Datenbanken oder Verformungstabellen zur Verfügung. Besonders bei der Kollisionsanalyse macht sich der Einsatz von Rechenprogrammen positiv bemerkbar, da bei klassischen Berechnungsmethoden (mit langwierigen Verfahrensweisen) die oftmals notwendigen Variationen zur Annäherung an das Realgeschehen nur in sehr begrenzten Umfang durchgeführt werden können. Dagegen besteht bei der rechnergestützten Kollisionsanalyse sogar die Möglichkeit einer automatisierten Variation einzelner Eingangsgrößen oder ganzer Parametergruppen zur Präzisierung der Rechenergebnisse.

Bei sorgfältigem und verantwortungsvollem Einsatz durch den Sachverständigen eröffnet die rechnergestützte Unfallanalyse erweiterte und präzisere, weil realitätsnähere Diskussionsräume, als dies bislang in vielen Fällen möglich war. Dem Experten als Gutachter kommt somit eine besondere Mittleraufgabe zu den Unfallbeteiligten und Juristen zu. Wesentliche Anforderung an ein Unfallrekonstruktionsgutachten ist neben der technisch korrekten und für andere Sachverständigen nachvollziehbaren Problembehandlung auch die Verständlichkeit, sowohl der angewandten Grundlagen und Verfahren, als auch – und dies besonders – der Ergebnisse für alle Beteiligte. Bei den Berechnungsgrundlagen gibt es keine prinzipiellen Unterschiede zur klassischen Unfallrekonstruktion. Die Gesetze der Newton'schen Mechanik gelten natürlich nach wie vor. Durch den Einsatz von Programmen in der Kombination mit Expertensystemen (integrierten Datenbanken zu Fahrzeugdaten, Materialeigenschaften, Crashergebnissen, Fahrermodellen etc.) konnten jedoch neue bzw. erweiterte Berechnungsverfahren entwickelt werden, die über manuelle Berechnungsmöglichkeiten, auch etwa wegen der hohen Berechnungsgeschwindigkeit und damit der leichteren Variationsmöglichkeit, hinausreichen. Die mathematische Präzision der Approximationen steigt mit der verfügbaren Rechenleistung und den damit möglichen komplexeren Modellansätzen. Umfangreiche Fehlerkontrollmechanismen werden zudem nutzbar.

Die Ergebnisdarstellung mit Auflistung aller Eingangswerte, der Ergänzungen aus dem Expertensystem und der Rechenergebnisse einerseits und die Nutzung bildgebender Verfahren andererseits ermöglicht ein hohes Verständigungsniveau zwischen dem Gutachter und den anderen Beteiligten des Verfahrens.

Mit den gängigen „Handrechenverfahren" war es vorwiegend und zwangsläufig üblich, fahrdynamische Untersuchungen etwa zur Weg-Zeit-Analyse allgemein oder z. B. zur Precrash- und Postcrashphase zweidimensional, ohne Berücksichtigung aller Freiheitsgrade der Fahrzeuge und ihrer dynamischen Bedingungen (Federung, Dämpfung, Material) durchzuführen. Auch die Form und Beschaffenheit von Straßenführung und Straßenoberflächen konnte nur begrenzt und in grober Rasterung in die Berechnungen einbezogen werden. Mit den computergestützten Berechnungsverfahren wie z. B. den Programmen PC-CRASH, ANALYZER PRO, CARAT, um nur die am meisten verbreiteten zu nennen, können nun diese Analysen teils dreidimensional und unter Berücksichtigung aller wesentlichen Parameter durchgeführt werden. Zu den wichtigsten inneren Einflussgrößen eines Simulationsmodells zählen bei dem Fahrzeug das Fahrwerk, die Reifen, die Massenverteilung, die Beladung und der Windwiderstand (auch in der Querrichtung). Die wesentlichen äußeren Einflussgrößen sind das Fahrermodell, die Beschaffenheit der Straße (Längs-/Querneigung, Kurvigkeit, Griffigkeit nass/trocken, Ebenheit), die Windbelastung und – im Übergang zur Kollisionsanalyse – der direkte Einfluss durch den Kontakt mit anderen Objekten (Energieeinleitung, Verformung).

12. Sehen – Wahrnehmen – Reagieren. Zur Gefahrenabwehr im Straßenverkehr sind im Rahmen der technischen Unfallanalyse zwei Bereiche zu diskutieren, zum einen die aktive Unfallvermeidung, hier vorwiegend durch Lenken und Bremsen als Reaktion auf eine Konflikterkennung. Zum anderen ist der Bereich des antizipatorischen Verhaltens, also des an die jeweilige Situation vorausschauend angepassten Verhaltens zu diskutieren. Bei diesem Komplex steht insbesondere die juristische Verhaltensbewertung des konfliktären Verkehrsteilnehmers im Vordergrund, so dass aus technischer Sicht der aktive Vermeidungskomplex vorrangig dargestellt werden soll. Die aktive Konfliktvermeidung in einem motorisierten Fahrzeug erfolgt typischerweise über Bremsen, Lenken oder einer Kombination beider Aktionen. Diesen Aktionen muss das Sehen eines Reizes, die Aufmerksamkeitszuwendung, die Konfliktbewertung und der Aufbau eines adäquaten Handlungskonzeptes vorausgehen. Dieser Ablauf wird in der Reaktionszeit zusammengefasst. Der Übergang zum technischen Abwehrablauf ist dann der Beginn der Bremspedal- bzw. der Lenkradbewegung. Oft wird insbesondere in der juristischen Bewertung eine Reaktionszeit von 1 s als Standartwert festgeschrieben. Dies kann jedoch insbesondere in Grenzfällen zu einer falschen Bewertung des Unfallablaufs bzw. der Vermeidungsmöglichkeiten eines Beteiligten führen, da der in der Reaktionszeit zurückgelegte Weg zusammen mit dem Schwell- und Bremsweg den Gesamtanhalteweg bildet.
Bereits zum 20. Deutschen Verkehrsgerichtstag 1982 wurden Empfehlungen zur Dauer der Bremsreaktion veröffentlicht. Dabei wurden auch Untersuchungen berücksichtigt, die die Blickzuwendung zu einem Konfliktreiz in die Ermittlung der Reaktionsdauer einbeziehen. Es ergaben sich hier mittlere Basisreaktionswerte von 0,86 s bei zentralem Reiz, so dass sich die bei unfallanalytischen Gutachten im Regelfall angesetzte Reaktionszeit von 0,8 s weitestgehend bestätigt hat. Für den Sonderfall von Blickzuwendungen außerhalb des direkten Sichtfeldes ist hingegen von höheren Reaktionszeiten auszugehen. Bei komplexen Verkehrssituationen ist zudem nicht auszuschließen, dass es zu einer Verlängerung der Blickzuwendungsdauer kommen kann. Auch bei Dunkelheit ist mit einer zusätzlichen Verlängerung der Reaktionsdauer zu rechnen. Dies bezieht sich im Wesentlichen auf die visuelle Konflikterkennung.

Der Reizverarbeitung, die schließlich die zur Abwehrreaktion führt, geht eine präattentive Wahrnehmungsphase voraus. Dies ist die Zeit, innerhalb der sich das Bild eines Konfliktpartners sich vom Hintergrund zunehmend bis zur Wahrnehmungsschwelle abbildet. Negative Einflüsse können hierbei

– meteorologische Ursachen wie z. B. Nebel, Niederschläge,
– okulare Ursachen wie Sehschärfe, Akkomodation, Adaption, Blendung,
– physikalische Ursachen wie Spiegelungen, Verschmutzungen von Frontscheiben, Scheinwerfern etc. und schließlich
– Sichtbehinderungen in Form von lokalen Verdeckungen (Gebäude, Büsche, parkende Fahrzeuge etc. sowie mobile Sichthindernisse durch andere Verkehrsteilnehmer) sein.

All diese Faktoren sind bei einer Bewertung der Konfliktwahrnehmung eines Verkehrsteilnehmers zu berücksichtigen. Sie sind nicht in der Standart-Reaktionsdauer repräsentiert. Hier ist ggf. eine umfangreichere Analyse zu den externen Einflussgrößen auf die Konfliktwahrnehmung, in besonderen Fällen auch eine ophtalmologische, neurologische und ggf. auch eine psychiatrische Beurteilung des in einem Konflikt involvierten Verkehrsteilnehmers in Erwägung zu ziehen.
Insbesondere bei Dunkelheitsunfällen zwischen PKW und Fußgängern bzw. Radfahrern sind die Ausleuchtungs- und Wahrnehmungsmodalitäten zu berücksichtigen. Die asymmetrische Leuchtweitenverteilung des Abblendlichts hat dabei auf dem eigenen Fahrstreifen eine deutlich größere Leuchtwirkung als auf dem Gegenfahrstreifen bzw. dem linken peri-

pheren Bereich. Untersuchungen zeigten, dass mit normalem H4-Abblendlicht schwarz gekleideten Fußgängern eine Erkennbarkeitsentfernung von ca. 25 m bis 30 m auf dem eigenen Fahrstreifen, also unmittelbar vor dem als Beispiel gewählten PKW, auf dem Gegenfahrstreifen bzw. dem linken Fahrbahnrand jedoch nur eine Erkennbarkeitsentfernung von ca. 10 m zugeordnet werden kann. Dunkelgrau gekleidete Fußgänger können dagegen Erkennbarkeitsentfernungen am rechten Fahrbahnrand oder auf dem Fahrstreifen des PKW von ca. 60 m und vom linken Fahrbahnrand von ca. 40 m erreichen. Verschmutzung von Scheinwerfern bzw. Frontscheiben wirken dabei deutlich reduzierend. Hier ergeben sich Größenordnungen bis ca. 15 m. Dies alles können nur Richtgrößen sein. Mit der individuellen Kleidung sind ggf. differenziertere Untersuchungen ggf. auch unter Beiziehung lichttechnischer Sachverständiger durchzuführen. Auch kann Dämmerung eine Wahrnehmungsverschlechterung nicht nur gegenüber Tageslicht, sondern auch im Vergleich mit Dunkelheit aufgrund möglicher Kontrastkompensationen bewirken.

Die Anwesenheit eines möglichen Konfliktpartners alleine in der vorausliegenden Szene hat in vielen Fällen noch keine reaktionsrelevante Signalwirkung. Allerdings wird bei schwachen Verkehrsteilnehmern, wie Kindern/alten Menschen, schon aufgrund deren Anwesenheit in möglichen Konfliktzonen seitens der Rechtsprechung eine präventive Verhaltensanpassung des motorisierten Verkehrsteilnehmers postuliert. Die Einleitung einer aktiven Vermeidungshandlung bedarf jedoch eines konfliktorientierten Reizes, wie etwa das Einschreiten eines zuvor am Fahrbahnrand stehenden Fußgängers in die Fahrbahn oder der erkennbare Beginn eines Linksabbiegens im Gegenverkehr. Hierzu sind jeweils Bewegungen erforderlich, die mit einem Zeitverbrauch einhergehen. Zwar kann auch schon das Vorbeugen eines Fußgängers zur Schrittvorbereitung erste Hinweise auf dessen Bewegungsintension liefern. In der Rekonstruktionspraxis wird jedoch üblicherweise das zeitliche Ende des ersten Schritts in die Fahrbahn hinein (Richtwert 0,5 s bis maximal 1 s) als Beginn der einforderbaren Reaktionszeit gewertet. Ähnliche Werte ergeben sich auch für das Anfahren eines PKW aus dem Seitenbereich, wobei dies jedoch auch von dem Einlaufwinkel im Verhältnis zur Bewegungsachse des Beobachters abhängt. Zur genaueren Klärung sind hier ggf. Sicht-/Bewegungsanalysen, wie sie mit Hilfe der rechnergestützten 3D-Simulation z. B. erfolgen können, notwendig. Zu beachten ist auch, dass Reaktionsreize durch komplexe Situationen maskiert werden können.

13. Diagrammscheiben → *Missbrauch von Wegstreckenzählern und Diagrammscheiben.* Diagrammscheiben, wie sie in Transportfahrzeugen eingesetzt werden, können unter anderem zur, allerdings nicht geeichten, Geschwindigkeitsüberwachung herangezogen werden. Dabei sind die Toleranzen dieser Aufzeichnungssysteme zu berücksichtigen. Weiterhin muss sichergestellt werden, dass die Null-Linie der Aufzeichnung tatsächlich auch auf der Null-Linie der Diagrammscheibe verläuft. Ansonsten sind Korrekturen erforderlich, die entweder beim Diagrammscheiben-Hersteller oder bei entsprechend ausgestatteten Sachverständigen durchgeführt werden können. Zu beachten ist, dass die Uhr der Diagrammscheibe nicht extern, etwa über eine Funkuhr, sondern per Hand eingestellt wird. Insofern liefern Geschwindigkeitsauswertungen aus Diagrammscheiben kein verlässliches Korrelat zu anderen Geschwindigkeitsüberwachungsmaßnahmen, zumal auch bei diesen die geräteinternen Uhren nicht zentral gesteuert werden. Nicht nur Überschreitungswerte können aus Diagrammscheiben ausgelesen werden, sondern auch die Geschwindigkeit eines Fahrzeuges bei der Kollision. Kommt es zu stärkeren Stößen, insbesondere im Frontbereich, so werden oftmals entsprechende Ausschläge auf dem Diagrammschreiber registriert, die dann die Kollisionsgeschwindigkeit im Normalfall repräsentieren. Zu beachten ist hierbei, dass es vorkollisionär zu keinem Blockieren der Vorderräder gekommen sein darf, da ansonsten der Geschwindigkeitswert der Kollision verfälscht wird und dann ein sicherer Rückschluss auf die Kollisionsgeschwindigkeit nicht mehr möglich ist. Aktuell werden Diagrammaufschriebe digital gespeichert. Die hat für die Unfallanalyse zur Konsequenz, dass retrospektiv meist die Aufschriebe schon wieder gelöscht oder überschrieben sind, wenn ein Verkehrsunfall zu rekonstruieren ist.

14. Energieäquivalente Vergleichsgeschwindigkeit. Die energieäquivalente Vergleichsgeschwindigkeit (EES = Energy Equivalent Speed) wird in der Unfallanalytik als Maß einer Verformungsenergie angegeben, die sich aus einem Schaden an einem unfallbeteiligten Fahrzeug ableiten lässt und die entstehen würde, wenn das Fahrzeug anstatt mit einem Unfallgegner, mit einer nicht deformierbaren Barriere kollidieren würde. Für die Einschätzung der EES-Werte aus Schadensbildern gibt es für den Sachverständigen Datenbänke. *Buck*

unfallanalytisches Gutachten → HWS-Schleudertrauma Nr. 6, → Unfallanalytik Nr. 11

Unfallaufnahme → Polizeiliche Unfallaufnahme, → Unfallanalytik Nr. 4, 10

Unfallbegriff → Unfall Nr. 1

Unfallbeteiligte → Unfall, → Unfallflucht Nr. 2 b)

Unfallbetrug, manipulierter Unfall → Autobumser-Fälle

Unfalldatenspeicher 1. Allgemeines. Unfalldatenspeichern (UDS), auch zunehmend Accident oder Event Data Recorder (ADR bzw. EDR) genannt, kommt – ähnlich wie den in Flugzeugen verwendeten sog. black boxes – die Aufgabe zu, im Zusammenhang mit einem unter Beteiligung eines Fahrzeugs herbeigeführten Unfallereignis bestimmte Daten zu erfassen und aufzuzeichnen, und zwar für einen Zeitraum von 15 Sekunden bis zu einer Minute (näher zur Funktionsweise *Vogt*, NZV 1991, S. 260; *Institut für Verkehr und Umwelt der Landesverkehrswacht Baden-Württemberg e. V. (IVU)*, Europäisches Verkehrssicherheitsprojekt Unfallprävention durch moderne Fahrzeugsicherheitstechnologie – Fahrdatenspeicher FDS und junge Fahrer, Teil A, 2001, S. 8.). Obgleich es bereits in der Vergangenheit namentlich in Deutschland vielfach Forderungen nach einer verpflichtenden Einführung von – früher ausschließlich Unfalldatenspeicher genannten – Aufzeichnungsgeräten für Pkw gab und seit dem Jahr 2006 Lkws und Busse in der Europäischen Union mit einem digitalen Tachographen ausgestattet sind, der eine Reihe von Daten für Zwecke der Verkehrssicherheit aufzeichnet, konnten sich weder der mitgliedstaatliche noch der Gemeinschaftsgesetzgeber bislang dazu durchringen, einen rechtlichen Rahmen für den Einsatz von UDS bzw. EDR vorzusehen (ausführlich zur Thematik *Leppich*, Rechtliche Aspekte des Unfalldatenspeichers de lege lata und de lege ferenda 2003; vgl. des Weiteren *Höcherl/Bantzer/Buschmann/Lattmann/Sohl*, Kommission für Verkehrssicherheit – Bericht, 1982; Stellungnahme des Bundesministeriums für Verkehr zu dem Bericht der Kommission für Verkehrssicherheit, BT-Drucks. 10/1479 „Verkehrssicherheitsprogramm 1984 der Bundesregierung", 51; *Jung* DAR 1994, 14; *Ackermann* Verkehrsdienst 1980, 69/70; *Berz*, NZV 1990, 102; *Spiegel* 28. VGT 1990, 16 ff.; Nickel, DAR 1980, 39; *Schmidt*, 18. VGT 1980, 87; *Löhle/Meiniger* in: Verkehrsunfall und Fahrzeugtechnik, 1993, 11; *Glück*, Versicherungswirtschaft 1994, 1641; *Zeising* NZV 1994, S. 383; *Schmidt-Cotta* ZRP 2000, S. 518; *Brenner/Schmidt-Cotta* SVR 2008, 41).

2. Technik. Aus technischer Sicht stellen UDS nichts anderes dar als die Zusammenführung all derjenigen Daten, die von verschiedenen, im Auto vorhandenen Komponenten bereitgestellt werden, die bislang jedoch für Zwecke der Auswertung durch berufsmäßige Unfallanalytiker nicht zugänglich sind. Diese Situation ist u. a. auf dem Deutschen Verkehrsgerichtstag 2003, Arbeitskreis V (Unfalldatenspeicher) beklagt worden. So wird unter Punkt 4 der Empfehlungen konstatiert, dass die zunehmende Ausstattung von Kfz mit elektronischen Komfort- und Sicherheitssystemen bereits jetzt zu einer, allerdings unkoordinierten Speicherung von unfallrelevanten Daten führt, diese herstellerbezogenen Einzeldaten indes keine zusammenfassende unfallanalytische Beurteilung ermöglichen und dem Sachverständigen daher nicht zugänglich sind. Letztlich stellt ein UDS mithin lediglich eine einzelne, im übrigen billige technische Einheit dar, die in der Lage ist, die verschiedenen, ohnehin im Fahrzeug generierten Daten zusammenzuführen, um einen Unfallhergang besser rekonstruieren und aufklären zu können und auf diese Weise letztlich auch zur Erhöhung der Verkehrssicherheit beizutragen.

In der Literatur findet sich teilweise die Differenzierung zwischen einem Unfalldatenspeicher, der – lediglich – im Zusammenhang mit einem Unfall und damit einem schadensbehafteten und mit rechtlichen Konsequenzen verbundenen Ereignis Daten sammelt, und dem sog. Event Data Recorder (EDR), einer technischen Einheit, die sich mit dem Begriff eines „Ereignisdatenspeichers" übersetzen lässt. Während unter einem EDR ein System verstanden wird, das Daten über die ganze Fahrt hinweg aufzeichnet, soll ein UDS lediglich unfallrelevante Daten erfassen und speichern (so etwa die Differenzierung von *Schaar*, in: ADAC-Fachgespräch, abrufbar unter http://www.adac.de/Verkehr/Verkehrsexperten/glaeserner–autofahrer). Das US-amerikanische

Recht jedenfalls hält für den Ereignisdatenspeicher folgende Definition bereit: „Event data recorder (EDR) means a device or function in a vehicle that records the vehicle's dynamic, time-series data during the time period just prior to a crash event (e.g., vehicle speed vs. time) or during a crash event (e.g., delta-v vs. time), intended for retrieval after the crash event. For the purposes of this definition, the event data do not include audio and video data" (Event Data Recorders, Final Rule, Department of Transportation, National Highway Traffic Safety Administration, 49 Commercial Federal Regulations (CFR), Part 563.5 – Definitions-, Federal Register/Vol. 71, No. 166, August 28, 2006, Rules and Regulations, S. 50998 ff (51044); s. auch S. 51003 und 51026). Letztlich dürfte indes diese terminologische Unterscheidung ohne weitergehende praktische Konsequenzen sein, da das Anliegen sowohl eines UDS als auch eines EDR darin besteht, unfallrelevante Daten aufzuzeichnen und diese Daten einer Auswertung nur im Falle eines Unfalls zugänglich zu machen. Ohne Bedeutung ist es daher auch, ob eine in die Fahrzeugelektronik integrierte Lösung oder eine physisch eigenständige verwirklicht wird – in Gestalt einer eigenen „black box", ob als „Event" bzw. „Unfallereignis" das Überschreiten einer höheren oder tieferen Crash-Schwelle definiert wird, ob die Unfalldaten mit einer Dauer von 5 oder 45 Sekunden „eingefroren" werden, ob neben der Längsbeschleunigung zum Beispiel auch die Querbeschleunigung und der Gierwinkel erfasst werden und wie viele Statusinformationen, z. B. über Zündung, Beleuchtung, Türschloss und Sitzgurt, im Zusammenhang mit einem Unfallereignis gespeichert werden.

3. Datenschutzrechtliche Aspekte. Besondere Bedeutung im Zusammenhang mit dem Unfalldatenspeicher kommt namentlich mit Blick auf die Auswertung gespeicherter Daten der Frage zu, ob die durch einen Unfalldatenspeicher gesammelten Daten personenbezogen sind oder nicht. Dies folgt daraus, dass die vielfältigen Schutzmechanismen der Datenschutzrichtlinie und des BDSG dann keine Bedeutung entfalten, wenn Daten derart anonymisiert sind, dass sie einen Rückschluss auf eine bestimmte Person nicht zulassen, diese Person aufgrund der Daten mithin nicht identifizierbar ist. Dabei wird nach § 3 Abs. 6 BDSG unter ‚anonymisieren' das derartige Verändern personenbezogener Daten verstanden, dass Einzelangaben über persönliche oder sachliche Verhältnisse nicht mehr oder nur mit einem unverhältnismäßig großen Aufwand an Zeit, Kosten und Arbeitskraft einer bestimmten oder bestimmbaren natürlichen Person zugeordnet werden können. Dies bedeutet, dass aus personenbezogenen Daten durch Anonymisierung Datenbestände zu statistischen, planerischen oder wissenschaftlichen Verwendungszwecken entstehen können (*Wohlgemuth/Gerloff*, Datenschutzrecht 2005, 31 m. w. Nw.). Den wichtigsten Fall in diesem Zusammenhang regelt § 40 Abs. 2 BDSG, der die alsbaldige Anonymisierung personenbezogener Daten zu Forschungszwecken zum Inhalt hat, was gerade mit Blick auf durch den flächendeckenden Einsatz von Unfalldatenspeichern gewonnene Daten von erheblicher Bedeutung ist. Im Ergebnis bedeutet dies, dass in den Fällen, in denen durch einen Unfalldatenspeicher gewonnene Daten anonymisiert und zu statistischen oder wissenschaftlichen Zwecken verwendet werden, datenschutzrechtliche Bedenken nicht bestehen (vgl. in diesem Zusammenhang auch Art. 2 a Datenschutzrichtlinie).

Könnten aus einem Unfall resultierende Daten hingegen einer bestimmten Person – sei es dem Fahrer oder dem Eigentümer des Unfallfahrzeugs, der auch ein Vermieter sein kann – zugeordnet werden, so würden die Schutzmechanismen der Datenschutzrichtlinie wie auch die der mitgliedstaatlichen Datenschutzgesetze, mithin des BDSG, greifen. Diese werden nicht nur in Deutschland maßgeblich von dem vom Bundesverfassungsgericht ausgeformten Recht auf informationelle Selbstbestimmung (BVerfGE 65, 1) und der dieses Recht letztlich legitimierenden Überlegung geprägt, dass der einzelne grundsätzlich selbst darüber befinden können muss, welche personenbezogenen Daten erhoben, verarbeitet und weitergegeben werden. Ungeachtet dessen ist das Recht auf informationelle Selbstbestimmung nicht schrankenlos gewährleistet, da der Einzelne innerhalb der sozialen Gemeinschaft auf Kommunikation angewiesen ist und daher nicht uneinschränkbar über „seine" Daten herrschen kann (BVerfGE 65, 1/43). Ein Eingriff in das Recht auf informationelle Selbstbestimmung ist daher auf der Grundlage eines verfassungsgemäßen Gesetzes möglich, das freilich Voraussetzungen und Umfang der Beschränkung für den Bürger klar erkennbar benennt und den Grundsatz der Verhältnismäßigkeit wahrt (BVerfGE 65, 1/44). Die einen Eingriff ermöglichende gesetzliche Grundlage müsste mithin sowohl den Zweck des Eingriffs (davon geht im Übrigen auch Art. 6 Abs. 1lit. c) der Datenschutzrichtlinie aus, der verlangt, dass die erhobenen und weiterverarbeitenden personenbezogenen Daten den Zwecken entsprechen, für die sie erhoben und/oder weiterverarbeitet werden; zudem müssen sie hierfür erheblich sein und dürfen nicht darüber hinausgehen – was sachlich nichts anderes ist als die gemeinschaftsrechtliche Ausgestaltung des Verhältnismäßigkeitsprinzips) als auch die Art der zu erhebenden Daten und die Vorgaben für die Weitergabe und die Verarbeitung der Daten unter Beachtung des Grundsatzes der Verhältnismäßigkeit näher bestimmen. Sowohl die Erhebung als auch die Nutzung von durch den Einsatz von Unfalldatenspeichern gewonnenen personenbezogenen Daten – sämtlicher auf ein Unfallereignis bezogener Daten mithin, die einer Person zugeordnet werden können – wären mithin nur unter Beachtung dieser Vorgaben gemeinschaftsrechtlich als auch verfassungsrechtlich zulässig. Daher wären sowohl der Gemeinschafts- als auch der mitgliedstaatliche Gesetzgeber gehalten, einen rechtlichen Rahmen für die Einzelheiten des Auslesens, Auswertens und Weitergebens solcher personenbezogener Daten zu schaffen, die durch einen Unfalldatenspeicher gewonnen werden; andernfalls wäre der Einsatz von Unfalldatenspeichern in Europa, v. a. aber in Deutschland ausgeschlossen.

Mit Blick auf den Zweck einer solchen Datenverarbeitung wäre daher sicherzustellen, dass die Verarbeitung der durch einen UDS aufgezeichneten personenbezogener Daten nur zum Zwecke der Aufklärung eines Unfalls und nur von Personen oder Stellen vorgenommen werden darf, deren Aufgabe in der Aufklärung eines Unfalls besteht. Der Gesetzgeber hätte zudem dafür Sorge zu tragen, dass die gewonnenen Daten von der auslesenden Stelle lediglich zur Erfüllung des gesetzlich bestimmten Zwecks an gesetzlich bestimmte Stellen – beispielsweise Polizei, Staatsanwaltschaft, Versicherer, Automobilhersteller – weitergegeben und von diesen verarbeitet werden dürfen.

4. Europäische Perspektiven. Zwischenzeitlich hat sich auch die EG-Kommission des Themas angenommen und unter der Bezeichnung VERONICA I und II (Vehicle Event Recording based on Intelligent Crash Assessment) zwei international besetzte Fachkommissionen eingesetzt. Während die VERONICA I-Kommission die Aufgabe hatte, die technischen Voraussetzungen und die gemeinschaftsrechtlichen Rahmenbedingungen der Einführung eines Unfalldatenspeichers zu untersuchen (vgl. hierzu den Abschlussbericht vom 29.11.2006), hat die VERONICA II-Kommission die Aufgabe, die technischen Wirkungsanforderungen an einen zukünftigen europäischen EDR zu spezifizieren. Neben der Definition der Informationen und ihrer Genauigkeit geht es auch darum, die technischen Prozeduren zur Auslesung festzulegen. Diesen Festlegungen soll der Charakter eines verbindlichen Standards zukommen, da nur auf diese Weise die Daten vergleichbar und insbesondere der Forschung dienstbar gemacht werden können. *Brenner*

Unfallersatztarif → Unfallschadenabwicklung – Sachschaden Nr. 31, 32

Unfallfahrzeug Beim Kauf eines Fahrzeugs stellen auch ordnungsgemäß reparierte Unfallschäden einen Sachmangel dar, wenn diese vom Verkäufer nicht offenbart werden und soweit es sich nicht um Bagatellvorschäden gehandelt hat (BGH 10.10.2007, VIII ZR 330/06, NJW 2008, 53; BGH 12.3.08, VIII ZR 253/05, DAR 2008, 338 m. Anm. *Andreae*). Bagatellvorschäden sind nur solche, die nicht zu Blechschäden geführt haben und mit geringem Aufwand rückstandslos beseitigt werden konnten (BGH a.a.O.). Der finanzielle Aufwand für deren Beseitigung darf 500,– bis 700,– € nicht überstiegen haben (OLG Karlsruhe 27.3.2001, 31 U 2/01, DAR 2002, 167; OLG Frankfurt DAR 7.7.2000, 25 U 62/00, 2001, 359; LG München 25.6.1994, 6 O 12298/02, DAR 2005, 39; *Andreae* in: Handbuch des Fachanwalts Verkehrsrecht Kap. 16, Rn. 184 m.w.N.).

Wer einen schweren Unfallschaden beim Verkauf verschweigt, kann nicht nur gegenüber seinem Vertragspartner, sondern aus § 826 BGB auch gegenüber allen späteren Käufern des Fahrzeugs haften (OLG Düsseldorf 18.1.2002, 3 U 11/01, DAR 2002, 163), wenn sein Vorsatz die Möglichkeit eines Weiterverkaufs durch seinen Käufer umfasst (OLG Braunschweig 13.4.2006, 8 U 29/05, NJW 2007, 609). Die Erklärung, dass der Schaden in einer Fachwerkstatt behoben wurde, ist als Garantieübernahme für eine tatsächlich erfolgte fachgerechte Beseitigung zu bewerten (LG Ingolstadt 8.9.2000, 4 O 2038/99, DAR 2001, 513). Die Angabe in einem Kaufvertrag, wonach das Fahrzeug keinen Unfallschaden erlitten hat, ist dahin auszulegen, dass kein über einen Bagatellschaden hinausgehender Schaden vorliegt (OLG Düsseldorf 3.12.2004, 14 U 33/

04, zfs 2005, 130). Der Händler, der ohne Untersuchung und ohne Hinweis hierauf ein Unfallfahrzeug als unfallfrei verkauft, handelt i. d. R. arglistig und haftet auf Schadensersatz (BGH 7.6.2006, VIII ZR 209/05, NJW 2006, 2839, 2840). Auch Wildschäden sind Unfallschäden (OLG Frankfurt, 7.7.2000, 25 U 62/00, DAR 2001, 359). Die Erklärung „kein Unfall laut Vorbesitzer" enthält weder eine Garantie noch eine Beschaffenheitsvereinbarung bezüglich der Unfallfreiheit, sondern beschränkt sich nur auf die Mitteilung, dass der Verkäufer vom Vorbesitzer diese Information erhalten hat (LG Saarbrücken 29.7.2004 2 S 21/04, zfs 2004, 562). Zu weiteren Rechtsprechungsbeispielen vgl. *Himmelreich/Andreae/Teigelack* § 12 Rn. 214 ff. *Andreae*

Unfallflucht 1. Allgemeines. Noch immer populäre Umschreibung des in § 142 StGB geregelten Tatbestands „unerlaubtes Entfernen vom Unfallort". Im Falle der U. drohen sowohl strafrechtliche (§ 142 StGB) als auch zivilrechtliche Folgen (Verstoß gegen die in den AKB geregelte Wartepflichtobliegenheit des Versicherungsnehmers mit der Folge der Leistungsfreiheit und des Regresses durch den Versicherer). Daher ist in der Praxis eine frühzeitige richtige Weichenstellung durch den vertretenden Rechtsanwalt entscheidend.
2. Strafrecht. Wer sich als Beteiligter eines → *Unfalls* vom Unfallort entfernt, bevor die erforderlichen Feststellungen (in der Regel durch die Polizei) getroffen sind (§ 142 Abs. 1 Nr. 1 StGB) oder ohne eine angemessene Zeit auf eine feststellungsbereite Person gewartet zu haben (§ 142 Abs. 1 Nr. 2 StGB), macht sich strafbar. Ebenso wird bestraft, wer sich zwar (aus den Gründen des § 142 Abs. 2 Nr. 1 oder Nr. 2 StGB) berechtigt vom Unfallort entfernt hat, dann aber nicht unverzüglich nachträglich die erforderlichen Feststellungen ermöglicht (§ 142 Abs. 2 StGB). Eine „Anleitung" dazu, wie die erforderlichen Feststellungen nachträglich zu ermöglichen sind, liefert § 142 Abs. 3 StGB.
a) Nur Unfälle im *öffentlichen Straßenverkehr* meint die Strafnorm. Öffentlich ist ein Verkehrsraum nur dann, wenn er entweder ausdrücklich oder mit stillschweigender Duldung des Verfügungsberechtigten für jedermann oder zumindest für eine allgemein bestimmten größeren Personengruppe zur Benutzung zugelassen ist und so auch benutzt wird. Die Eigentumsverhältnisse sind regelmäßig ohne Belang, vielmehr kommt es darauf an, wie eng der Kreis der Berechtigten beschrieben oder gezogen ist. Eine Beschilderung als „Privatgelände" oder „Werksgelände" und erst recht eine Einfriedung des Geländes oder Zugangsbeschränkung (etwa durch Einlasskontrolle) sprechen dafür, dass der Verfügungsberechtigte die Allgemeinheit ausschließt (*Mosbacher/Gräfe* NJW 2009, 904). Das gilt auch dann, wenn er ein Schild anbringt, wonach auf dem Werksgelände „die StVO entsprechend" gelte, denn dies beruht nur auf dem privaten Willen des Eigentümers oder Besitzers. Der geöffnete Kundenparkplatz (z. B. eines Supermarktes) wird in der Regel als öffentlicher Verkehrsraum zu qualifizieren sein.
b) *Beteiligter* eines Unfalls ist nach der ausdrücklichen Legaldefinition in § 142 Abs. 5 StGB jeder, dessen Verhalten nach den Umständen zur Verursachung des Unfalls beigetragen haben *kann* (nicht: beigetragen hat).
aa) Der Einwand, man sei doch an dem Unfall nicht schuld gewesen oder habe sich jedenfalls *schuldlos* geglaubt, verfängt sonach schon im Ansatz nicht. Lediglich für die Strafzumessung kann es einen Unterschied machen, inwieweit den Täter an der Unfallverursachung eine Schuld trifft oder er hiermit rechnete.
bb) Der *Beifahrer* ist, nicht schon deshalb Unfallbeteiligter, weil unklar ist, wer von mehreren Insassen des Tatfahrzeugs zum Unfallzeitpunkt Fahrer war. Das gilt auch bei einem Beifahrer, der zugleich Fahrzeughalter ist. Nur wenn bei den Beteiligten am Unfallort objektiv Zweifel entstanden sind, ob nicht der Beifahrer/Halter der Fahrzeugführer gewesen sei, und diese Zweifel vom Vorsatz (→ *Vorsatz und Fahrlässigkeit*) des Beifahrers/Halters umfasst sind, ist er als Unfallbeteiligter im Sinne von § 142 Abs. 5 StGB anzusehen (OLG Frankfurt 21.8.1995, 3 Ss 222/95 = NStZ-RR 1996, 86-88).
c) Auf der subjektiven Tatseite ist Vorsatz (→ *Vorsatz und Fahrlässigkeit*) erforderlich. In der Praxis verteidigen sich Beschuldigte häufig damit, „den Unfall *nicht bemerkt* zu haben. Der Nachweis gestaltet sich u. U. dann schwierig, wenn es zu einem direkten Kontakt der unfallbeteiligten Fahrzeuge nicht gekommen ist, also der Geschädigte z. B. dem Täter ausgewichen und von der Fahrbahn abgekommen ist. Hier wird der Staatsanwalt regelmäßig nur weiterkommen, wenn er anhand von Zeugen die Reaktionen des Beschuldigten nach dem Unfall (Fahrverhalten, Mimik Gestik, Gespräche mit Dritten) rekonstruieren kann. Ist es dagegen zu einer direkten Kollision gekommen, so

wird in der Regel auf der Hand liegen, dass der Beschuldigte den Unfall bemerkt hat. Auffällig häufig behaupten Beschuldigte, die zur Tatzeit unbeobachtet waren, den Unfall „nicht bemerkt" zu haben, und zwar oft auch dann, wenn die aufgetretenen Schäden das Gegenteil überaus nahe legen. Wer einen solchen Beschuldigten vernimmt oder verteidigt, sollte sich ein Bild machen, welcher der drei möglichen Fälle vorliegt: Die Einlassung kann erstens eine reine Schutzbehauptung (erleichtert durch psychische Verdrängung) sein. Trifft sie aber zu, so kann sie – zweitens – darauf beruhen, dass der Unfall für einen Durchschnittsfahrer (wie den Beschuldigten) objektiv nicht bemerkbar war (das ist bei Rangierunfällen häufig nicht zu widerlegen). Sie kann, so sie zutrifft, drittens darauf hindeuten, dass der Unfall zwar für den Durchschnittsfahrer bemerkbar war, der Beschuldigte aber in seiner Wahrnehmungsfähigkeit hinter dem Durchschnittsfahrer erheblich zurückbleibt. Stellt sich letzteres heraus, so ist die Gefahr einer Bestrafung wegen U. in der Regel abgewendet, zu befürchten ist dann aber, dass die Justiz die Akte der Fahrerlaubnisbehörde mit der Bitte um Überprüfung zuleitet, ob nicht von dort aus Maßnahmen veranlasst wären. Bei Zweifeln an der Bemerkbarkeit wird die Justiz durch Sachverständigengutachten zu klären versuchen, ob der Unfall akustisch oder taktil-kinästhetisch wahrnehmbar war, also hörbar oder über Tast- und Gleichgewichtssinn spürbar war. Die Gutachter greifen hierbei auf Erfahrungswerte und Versuche mit Fahrzeugen zurück, bei denen aber die Vergleichbarkeit mit dem Tatfahrzeug kritisch zu beleuchten sein kann. Obwohl begrifflich zu unterscheiden ist zwischen einer objektiven Bemerk*barkeit* für den Durchschnittsfahrer einerseits und der Frage andererseits, ob „dieser Beschuldigte den Unfall bemerkt *hat*", neigt die Praxis zu einer faktischen Gleichsetzung, solange ihr keine Anhaltspunkte vorliegen, dass der Beschuldigte kein Durchschnittsfahrer ist oder war.

d) Neben der in § 142 StGB angedrohten Strafe ist § 69 Abs. 1, Abs. 2 Nr. 3 StGB zu beachten, der in der Regel zur → *Entziehung* der Fahrerlaubnis führt, wenn bei dem Unfall erheblicher Personen- oder Fremdsachschaden entstanden ist und der Täter dies wissen konnte. Siehe hierzu auch unten Rn 6 Buchstabe b.

Praxistipp: Auch bei weniger schweren Fällen als den in § 69 Abs. 2 Nr. 3 StGB umschriebenen sind Führerscheinmaßnahmen in Betracht zu ziehen. Üblich ist in der Praxis ein *Fahrverbot* nach § 44 StGB, dessen Länge sich nach typisierten Fallumständen richtet. Aufschluss über die örtlich oder überörtlich verfestigte justizielle Praxis geben vielfach die Strafmaßtabellen (→ *Besonderheiten des Verkehrsstrafverfahrens* Nr. 3). Dabei wird oft wesentlich stärker auf die *Unfall*folgen abgestellt als auf die reinen (durch die U. selbst ausgelösten) *Tat*folgen. Der Verteidiger wird bei Personenschäden auf die Aussagekraft ärztlicher Atteste achten und bei Sachschaden prüfen, inwieweit die *Höhe eines Fremdsachschadens* solide festgestellt ist: Wird hier mit einem Kostenvoranschlag gearbeitet, den der Geschädigte erholt hat, so ist die Frage statthaft, ob dessen Positionen nach Grund und Höhe angemessen erscheinen; dass ein Haftpflichtversicherer auf Basis des Anschlags den Schaden umstandslos reguliert hat, braucht nichts zu besagen (eindrucksvoller Beispielsfall: OLG Köln 28.2.2006, 101 Qs 20/06). In weniger bedeutenden Fällen wird das Gericht bei Zweifeln in der Hauptverhandlung eine Begutachtung durch Sachverständigen dadurch umgehen, dass es (ggf. in Form der Wahrunterstellung nach Beweisantrag, § 244 Abs. 3 S. 2 letzter Fall StPO) von geringeren als den vorläufig veranschlagten Instandhaltungskosten ausgeht.

e) Eine „*goldene Brücke*" baut das Gesetz dem Täter unter den Voraussetzungen des § 142 Abs. 4 StGB (eingefügt durch das 6. Strafrechtsreformgesetz von 1998): Für alle Tatvarianten (s.o. Nr. 2) ist die Strafe zu mildern oder darf sogar von einer Bestrafung wegen U. ganz abgesehen werden, wenn der Täter innerhalb 24 Stunden nach dem Unfall die Feststellungen nachträglich ermöglicht. Das gilt aber nur für „Unfälle außerhalb des fließenden Verkehrs", durch die „kein bedeutender Sachschaden" entstanden ist. Gesetzgeberische Absicht dieser „goldenen Brücke" ist eine erleichterte Schadensregulierung im Interesse des Unfallgeschädigten. Folgende Besonderheiten sind zu beachten:

aa) Das Merkmal „*außerhalb des fließenden Verkehrs*" bedeutet, dass bei zwei unfallbeteiligten Fahrzeugen beide sich im ruhenden Verkehr befunden haben müssen, so dass praktisch nur Parkunfälle erfasst werden, nicht aber etwa der Fall, dass der Täter mit seinem Fahrzeug in der Kurve aus der Fahrbahn gerät und gegen das ruhende Fahrzeug des Geschädigten stößt (OLG Köln 28.9.1999, Ss 390/99).

bb) Der Begriff des „*bedeutenden Sachschadens*" im Sinne des § 142 Abs. 4 StGB korreliert mit

U Unfallflucht

dem „bedeutenden Schaden an fremden Sachen" in § 69 Abs. 2 Nr. 3 StGB. In der Rechtsprechung ist z. B. vertreten worden, „bedeutend" sei ein Schaden ab einer Schadenshöhe von 1.300,– €, und Mehrwertsteuer falle erst an, wenn die Reparatur tatsächlich durchgeführt wird (LG Gera 229.2005, 1 Qs 359/05 = DAR 2006, 107-108; LG Gera 13.7.2000, 3 Ns 667 Js 15143/99 = Blutalkohol 39, 52-53 = VRS 99, 256-260). Die Grenze wird aber vielfach auch niedriger gezogen, so bei 1.000,– € (OLG Köln 28.2.2006, 101 Qs 20/60, das diesen Betrag brutto versteht). Auch hier lohnt es sich, die örtliche oder überörtliche Abgrenzungspraxis zu kennen, die sich oftmals in „Strafmaßtabellen" verfestigt hat (→ *Besonderheiten des Verkehrsstrafverfahrens* Nr. 3).

Praxistipp: Auch wenn nicht alle Voraussetzungen des § 142 Abs. 4 StGB vorliegen, lässt sich diskutieren, ihn im Rahmen der Fahrerlaubnisentscheidung (§ 69 Absätze 1 und 2 StGB) analog anzuwenden: Hat der Täter die erforderlichen Feststellungen innerhalb von 24 Stunden nach dem Unfall freiwillig nachgeholt, so hat er den Normappell des § 142 StGB – wenn auch verspätet – befolgt, so dass ihm u. U. die Fahrerlaubnis nicht entzogen werden muss. Dies wird vertreten für Fälle, in denen eine unmittelbare Anwendung von § 142 Abs. 4 StGB daran scheitert, dass der Sachschaden bedeutend war (LG Gera 22.9.2005, 1 Qs 358/05 = DAR 2006, 107-108) oder der Unfall sich im fließenden Verkehr ereignet und zu Personenschaden geführt hat (LG Gera 13.7.2000, 3 Ns 664 Js 15143/99 = Blutalkohol 39, 52-53 = VRS 99, 256-260). Aus Verteidigersicht kann es sich auch sonst lohnen, eine „Nähe des Falles zu § 142 Abs. 4 StGB" herauszuarbeiten und bei der Rechtsfolgenbemessung in die Waagschale zu werfen.

Praxistipp: Zu beachten ist andererseits, dass § 142 Abs. 4 StGB nur eine Strafzumessungsregel ist. Auch wenn ihre sämtlichen Voraussetzungen vorliegen, macht das die Straftat nicht ungeschehen, ebenso wenig einen damit verbundenen Verstoß gegen die Aufklärungsobliegenheit gegenüber dem Versicherer, der daher leistungsfrei bleibt (OLG Oldenburg 30.4.2003, 3 U 2103; OLG Nürnberg 29.6.2000, 8 U 1279/00 = MDR 2001, 91). Das gilt selbstverständlich auch dann, wenn eine umsichtige Verteidigung eine Einstellung des Strafverfahrens nach § 153a StPO erreicht hat, im Zivilprozess aber die U. bewiesen werden kann (AG Diez 9.8.2006, 8 C 93/05).

Wer in diesen Fällen im Zivilprozess die Beweislast trägt, ist im Einzelfall umstritten (hie OLG Hamm, VersR 1971, 1113; da LG Köln SP 1998, 221).

3. Versicherungsrecht. a) Allgemeines. Im unerlaubten Entfernen vom Unfallort § 142 StGB liegt in der Regel stets eine Verletzung der Aufklärungspflicht nach E.6.4 AKB 2008 (OLG Oldenburg 20.4.2003 3 U 2/03, MDR 2003, 1288). Leistungsfreiheit besteht hier auch bei eindeutiger Haftungslage (BGH 1.12.1999 IV ZR 71/99, DAR 2000, 113).
Ist der objektive Tatbestand des § 142 StGB durch den Versicherungsnehmer verwirklicht, wird der Vorsatz vermutet (OLG München 18.12.1998 21 U 3217/98, zfs 1999, 155).
Auch bei folgenloser Verkehrsunfallflucht besteht daher eine Leistungsfreiheit, wenn der Verstoß generell geeignet ist, das Aufklärungsinteresse des Versicherers zu gefährden, z. B. um eine Trunkenheit des Versicherungsnehmers zu verschleiern.
Eine Leistungsfreiheit des Versicherers besteht auch bei nur geringen Fremdschäden, ebenso bei der bloßen Beschädigung der Rinde eines Baumes oder aber geringen Behandlungskosten einer verletzten Person.

b) Auswirkungen in der Kfz-Haftpflichtversicherung. Dann ist ein Regress des Versicherers in der Kfz-Haftpflichtversicherung in Höhe von bis zu 5.000 € wegen der Verletzung der Obliegenheitsverletzung nach dem Versicherungsfall möglich.

c) Auswirkungen in der Kfz-Kaskoversicherung. Eine Unfallflucht mit erheblichem Drittschaden führt auch in der Kaskoversicherung zu einer Verletzung der Aufklärungspflicht und damit zur Leistungsfreiheit (BGH 15.4.1987 IV A ZR 28/86, NJW 1987, 2374) – nach neuem Recht nun ganz oder teilweise.
Die Beweislast liegt beim Versicherungsnehmer, wenn sich dieser auf einen Schock und daraus resultierendes fehlendes Verschulden oder fehlende Schuldfähigkeit beruft.

Praxistipp: Auch wenn als Verteidiger im Strafverfahren eine durch die Staatsanwaltschaft angebotene Verfahrenseinstellung nach § 153a StPO gegen Zahlung einer Geldauflage aus strafrechtlicher Sicht verlockend sein kann, müssen die versicherungsrechtlichen Folgen bedacht und mit dem Mandanten besprochen werden:

So kann die Versicherung aufgrund dieses strafrechtlichen Verfahrensausgangs die dargestellten Ansprüche aus einem Regress in der Kfz-Haftplichtversicherung geltend machen bzw. in der Kaskoversicherung die Leistung ganz oder teilweise versagen. *Weder/Kärger*

4. Technisch-medizinische Fragen. Siehe hierzu: *Buck, Abresch, Hupfauer, Heisig*: Das biomechanische Gutachten zur Aufklärung des Tatbestandes beim unerlaubten Entfernen vom Unfallort, DAR 07/2009.

Nicht selten führen *Einpark- oder Rangiervorgänge* auf Parkplätzen zu leichten Kollisionen mit anderen Fahrzeugen oder Hindernissen. Dies ist oftmals mit einem erheblichen Fremdschaden verbunden, gleichwohl am eigenen Fahrzeug kein oder nur ein unbedeutender Schaden entstanden ist. Entfernt sich ein Fahrer des schädigenden Fahrzeugs vom Unfallort, ohne seine Personalien feststellen zu lassen, begeht er regelmäßig Unfallflucht. Kann er als Schädiger ermittelt werden, so wird ein Ermittlungsverfahren wegen § 142 StGB eingeleitet. In dem folgenden gerichtlichen Verfahren stellt sich dann die Frage, ob eine schädigende Person die *Kollision bemerkt hat oder nicht*. Zur Aufklärung dieses Sachverhaltes werden Gutachten eingeholt, die dazu Stellung nehmen, ob die Kollision optisch, taktil und akustisch wahrnehmbar war, ggfs. ob nur ein Teilbereich davon wahrnehmbar war. Auf Grundlage dieser Gutachten erfolgt die juristische Bewertung. Ganz häufig wird dabei außer Acht gelassen, für den Schädiger dessen individuale Wahrnehmbarkeit der Kollision zu überprüfen. So ist es noch einigermaßen möglich, dass die Überprüfung der optischen Wahrnehmbarkeit im Sinne einer Durchschnittsbetrachtung der Bevölkerung möglich ist. Bereits das taktile und akustische Wahrnehmen hängt aber von den Individualparametern des jeweiligen Schädigers ab. Die Verfasser stellen in ihrer täglichen gerichtlichen Praxis fest, dass gerade diese individuale, dann medizinisch relevante Bewertung des Schädigers oftmals unberücksichtigt bleibt. Beispielsweise werden in die Begutachtungen nur selten Kollisionsversuche einbezogen, also das reale Nachstellen der streitgegenständlich zu überprüfenden Kollision. Ebenso wird häufig die individuale Hörfähigkeit des Schädigers im Sinne einer HNO-ärztlichen Untersuchung nicht gewürdigt. Nach Stand der Wissenschaft ist diese Individualüberprüfung im Sinne eines interdisziplinären biomechanischen Gutachtens für eine juristisch beweissichere Bewertung unverzichtbar.

a) Wahrnehmungsspezifische Zusammenhänge. Die Zusammenhänge können grob in folgende Bereiche gegliedert werden (*Welther, Ingo*: Ingenieurwissenschaftliche Untersuchung zur Frage der Wahrnehmbarkeit leichter Fahrzeugkollisionen. TU München, 1982):
– Welche Kollisionsmerkmale und kollisionsfremde Einflüsse treten auf,
– wie erfolgt die Sinneswahrnehmung durch die Beteiligten und die Verarbeitung, und
– welche technischen und medizinischen Maßnahmen können zu einer objektiven Aussage ergriffen werden.

b) Kollisionsmerkmale. Bei Verkehrsunfällen wird eingeteilt in *optische, akustische und mechanische Kollisionsmerkmale*. Optisch ist für den Fahrer selbst die Kollision meist nicht zu sehen. Allenfalls geringe Abstände bzw. leichte Bewegungen der Fahrzeuge geben einen Hinweis auf eine kritische Verkehrssituation und können ein Indiz für eine mögliche Kollision darstellen. Treffen Fahrzeuge aufeinander, so werden durch den Aufprall erzeugte Schwingungen auf die beteiligten Fahrzeuge übertragen und ins Innere der Fahrzeuge und deren Umgebung abgestrahlt. Diese Stoßgeräusche sind je nach Kollisionsart und Impulsstärke verschieden. Sie werden (nahezu) zeitgleich mit einem Aufprall emittiert. Als Folgegeräusche bezeichnet man Geräusche, welche durch eine Kollision bedingt, jedoch zeitlich verzögert entstehen. Dies können z. B. das Herunterfallen einer Stoßstange, Ausbeulen verformter Karosserieteile o.ä. sein. Beide Informationen erreichen über die Luft das humane Ohr. Mechanisch gesehen erfahren der Fahrer sowie die Insassen der Kraftfahrzeuge bei einer Kollision Geschwindigkeitsänderungen. Als messbare Schwingungen werden diese Belastungen auf die Fahrzeuge und deren Insassen übertragen. Auch sie sind je nach Aufprallgeschwindigkeit, sowie Art und Dauer der Kollision unterschiedlich.

c) Kollisionsfremde Einflüsse. Ereignisse, welchen der Fahrer zum Kollisionszeitpunkt ausgesetzt ist. *Visuell* kann die Wahrnehmbarkeit durch Verdeckungen beeinträchtigt sein, bsp. durch eine besondere, nicht in Fahrtrichtung liegende Verkehrssituation, welche die Aufmerksamkeit und Blickrichtung des Fahrers erfordert. Allgemein liegen während einer Fahrt (der Kollision) verschiedene Geräusche vor, welche akustische Unfallmerkmale verdecken können. Diese *Fremdgeräusche* entstehen durch Motor, Gebläse, Radio, Verkehr, aber auch durch Reifen, Fahrbahnunebenheiten, Fahrwerk oder Unterhaltung der Fahrgäste. Die nichtbetriebsbedingten Geräuscharten können in mehrfacher Hinsicht Zweifeln unterliegen. Sie folgen keiner zeitlichen Regelmäßigkeit und sind einer regellosen Frequenz- und Lautstärkeschwankungen unterworfen. Eine klare Aussage darüber kann daher nur innerhalb des Streubereiches „in dubio pro reo" getroffen werden. Auch *mechanischen Einflüssen* ist ein Fahrzeug ständig unterworfen. Durch die während der Fahrt erzeugten Erschütterungen werden Karosserie und Fahrwerk durch Schwingungen erregt. Sie sind stark von der Beschaffenheit der Fahrbahn abhängig. Weiterhin sind sie durch Fahrbahnunebenheiten geschwindigkeits- und dadurch frequenzabhängig. Auch die Kraftübertragung im Fahrzeug, selbst wie sie im Antrieb (bspw. Kupplungsdruck) und beim Bremsen gegeben ist, kann zeitgleich mit einer Kollision zusammenfallen, wie ein Bordsteinkontakt oder das Überfahren eines Kanaldeckels. Weiter bestimmt in hohem Maße der *psychische und physische Zustand die Wahrnehmung* des Menschen. Hörschäden (angeboren, altersbedingt oder vorübergehend z. B. durch Discobesuch) und Ermüdungserscheinungen durch körperliche oder geistige Belastungen werden ggf. als wahrnehmungsmindernd aufgeführt. Aber auch Tageszeit, Unwohlsein, Schlaf-Wach-Rhythmus können zu einer Minderung führen.

d) Sinnesphysiologie. Das Wahrnehmen beinhaltet alle Prozesse, die ablaufen, wenn die Reize der Sinne im Gehirn bzw. im Zentralen Nervensystem verarbeitet werden. Dies ist ein aktiver Prozess, welcher sich im Laufe der Entwicklung verfeinert. Je mehr Stimuli, also Reize, das Gehirn im Laufe seiner Entwicklung erhält, desto besser entwickeln sich Informations- bzw. Wahrnehmungssysteme. Auch so komplexe Vorgänge, wie Denkprozesse (Schlussfolgerungen ziehen, antizipatorisches Denken, abstraktes Denken etc.) sind wahrnehmungs- und somit „trainings"-abhängig (*Böhme, Denis; Sotoodeh, Masoud*: Einschränkungen der Wahrnehmung und ihre Auswirkungen auf die sprachliche Entwicklung des Kindes. http://www.pabw.at, Abruf: 30.6.2007). Höhere kognitive Leistungen (komplexe Denkvorgänge) sind im Gegensatz zu einfachen Wahrnehmungsbereichen (z. B. eine Form ertasten) von Informationsaufnahme und -austausch der verschiedenen Sinnesorgane abhängig.

aa) Tastsinn. Unter Tastsinn (Haptische Wahrnehmung) versteht man das Wahrnehmen von mechanischen Reizen, er gliedert sich in:
– Taktile Wahrnehmung (Oberflächensensibilität)
– Kinästhetische Wahrnehmung (Tiefensensibilität).

Die Haptischen Sinnesorgane befinden sich am gesamten Körper verteilt. Dies macht es schwierig eine einfache Messung und hierüber eine Aussage über den Zustand und die Wahrnehmung der menschlichen Reize zu geben, dies macht es aber auch gutachterlich schwierig eine sichere Aussage über eine Wahrnehmung zu treffen. Erschwerend kommt hinzu, dass das Haptische Wahrnehmungssystem kein unidirektionales System ist, wie z. B. Auge oder Ohr. Die *Taktile Wahrnehmung* erfolgt über Mechanorezeptoren die im Wesentlichen in eine unterschiedlich schnelle Gewöhnung an einen unverändert anliegenden Reiz aufgeteilt werden. Als *Kinästhetische Wahrnehmung* bezeichnet man das meist unbewusst vermittelte Lage- und Bewegungsempfinden. Sie setzt sich aus Empfindungen von Bewegungen des Körpers bzw. einzelner Körperteile gegeneinander und der damit verbundenen Kraftleistung zusammen. Die Rezeptoren sind in Muskelspindeln um Muskulatur, Sehnen und Gelenke angeordnet (Tiefensensibilität) (*Roll, Jean-Pierre*: Vom Muskel auf den Arm. Version: 1999. http://www.uni-klu.ac.at/psy/download/illusion-koerper.pdf, Abruf: 30.6.2007. Gehirn und Geist). Trotz umfangreicher Literaturrecherchen (vgl. *Buck/Kaifler*: Untersuchungen zur Wahrnehmbarkeit von Niedriggeschwindigkeitskollisionen, Institut für forensisches Sachverständigenwesen an der Hochschule Nürtingen-Geislingen, 2007.) lassen sich keine eindeutigen Kennwerte für die Haptische Wahrnehmung ermitteln. Es existieren zahlreiche Angaben, diese sind meistens auf spezielle Experimente abgestimmte phänomenologische Beschreibungen (*Doerrer, Dipl.-Ing. C.*: Entwurf eines elektromechanischen Systems für flexibel konfigurierbare Eingabefelder mit haptischer Rückmeldung. TU Darmstadt, 2003).

bb) Gehörsinn. Das Ohr nimmt als Sinnesorgan Geräusche auf und ist gleichzeitig für das Gleichgewicht zuständig. Das Gehör ist der Eingang für jegliche Art von Akustik. Es nimmt die äußeren Reize auf und leitet sie an das Gehirn weiter.

e) Das Gehör. Da sich akustische Signale zeitlich stark ändern, benötigt das Gehör die Fähigkeit, jederzeit die Intensität wahrzunehmen, mit der jede Frequenz vorliegt. Einfallende Schwingungen werden vom Trommelfell über die Gehörknöchelchen und den Steigbügeln auf die Vorhoftreppe übertragen. Die dort entstehenden Druckunterschiede breiten sich bis zur Spitze der Schnecke aus. Über die Beschaffenheit der in der Schnecke liegenden Basilarmembran werden die Frequenzen im Spektrum getrennt und je eine Frequenz einem Ort (Amplitudenmaximum) in der Schnecke zugeordnet (Frequenz-Orts-Transformation). Die Umwandlung des mechanischen Drucks zu einem elektrischen Impuls, der über Nerven zum Gehirn geleitet wird, geschieht an den Haarzellen, jedes Haarzellenbündel wird einer Frequenzgruppe zugeordnet (*Liebrich, Alexander*: Das menschliche Ohr (Teil 1). TU Karlsruhe, 2003). Bild 1 zeigt das subjektive Hörempfinden, frequenzabhängig begrenzt durch die Hörschwelle nach unten bzw. die Schmerzgrenze nach oben. Die Kurven berücksichtigen das Lautstärkeempfinden des Menschen in verschiedenen Frequenzbereichen. Der ovale mittige Bereich stellt den Hörbereich dar, der von uns für die Sprache und die Musik genutzt wird. Für tiefe sowie für hohe Frequenzen sind für die Wahrnehmung sehr große Intensitäten nötig. Ein junges, gut ausgeprägtes menschliches Gehör nimmt einen Frequenzbereich zwischen 16 und 16.000 Hz auf. Frequenzen unterhalb von 16 Hz werden nicht wahrgenommen (Infraschall). Das Gleiche gilt für Frequenzen über 16.000 Hz (Ultraschall). Beim Schalldruckpegel wird der Wahrnehmungsbereich des Menschen als Hörfeld bezeichnet. Das Hörfeld ist nach unten hin durch die „Hörschwelle" begrenzt, diese bezeichnet den Pegel, bei dem ein Ton in ruhiger Umgebung (d. h. ohne Störsignale) noch wahrgenommen werden kann. Neben der spektralen (Frequenz-)Auflösung im Hörsystem spielt die zeitliche Auflösung eine bedeutende Rolle. Töne oberhalb der Hörschwelle werden leiser empfunden, wenn sie unter einer Zeit von 200 ms angeboten werden. Diese Eigenschaft des Gehörs wird nur durch die zentrale Verarbeitung der Impulse ausgelöst, die Basilarmembranauslenkung zeigt keinen Unterschied zwischen Reizen unter 200 ms und solchen längerer Dauer. Hohe Töne werden vom neuronalen Prozessor im Gehirn zuerst verarbeitet, damit dominieren diese in vielen Bereichen unseres Hörens die Wahrnehmung. Die akustische Wahrnehmung ist kategorisch. Eine zuerst gehörte Tonhöhe, ein zuerst gehörter Klang dominieren unsere Wahrnehmung. Die Empfindlichkeit unseres Gehörs nimmt zu, wenn Schall in der Amplitude (Lautstärke) oder in der Frequenz (Tonhöhe) zeitlich moduliert wird. Auf relative Änderungen der Tonhöhe sind wir etwa zehnfach empfindlicher als für relative Änderungen der Lautstärke. Die Position und Richtung einer Schallquelle relativ zum Kopf kann aufgrund der Laufzeit- und Pegelunterschiede des Schalls zwischen beiden Ohren (binaurales Hören) präzise ermittelt werden. Breitet sich Schall in einem Medium aus und trifft auf ein Hindernis, so wird ein Teil des Schalls absorbiert, ein weiterer reflektiert, der Rest vom Gegenstand übertragen. Ob ein Gegenstand ein Hindernis für den sich ausbreitenden Schall darstellt, hängt von dem Verhältnis Wellenlänge des Schalls zu Abmessung des Hindernisses ab.

f) Wahrnehmbarkeit leichter Fahrzeugkollisionen. Die Aufteilung leichter Fahrzeugkollisionen erfolgt in drei Bereiche: Taktile, akustische und optische Wahrnehmbarkeit (oft auch als Bemerkbarkeit bezeichnet).

aa) Taktile Wahrnehmbarkeit. Unter haptischer oder taktiler Wahrnehmbarkeit im Bezug auf einen Verkehrsunfall wird allgemein die Wahrnehmbarkeit mechanischer Auswirkungen verstanden. Hier stehen also die Geschwindigkeitsänderung, welche die PKWs zum Kollisionszeitpunkt erfahren, sowie die daraus resultierenden Kollisionskräfte im Vordergrund. Sie machen sich auf zwei Arten bemerkbar: Zum einen handelt es sich um die durch den Aufprall verursachten Schwingungen in der Karosserie, zum anderen um die durch die Kollision hervorgerufene Nick- und Wankbewegung des Fahrzeuges selbst. Die beiden Bewegungsarten unterscheiden sich in ihrer Frequenz. Die Nick- und Wankbewegungen des Fahrzeugs „Wackelbewegungen" sind niederfrequent. Die Frequenz dieser Auf- und Abbewegung liegt also im Bereich um ein Herz. Die Schwingungen des Fahrzeuges selbst sind dem gegenüber hochfrequent. Diese Frequenz liegt bei einigen hundert Hertz. Die menschliche Wahrnehmung dieser unterschiedlichen Bewegungen erfolgt durch unterschiedliche Sinne. Die Schwingung des Fahrzeuges wird über die Mechanorezeptoren in der Haut des Menschen wahrgenommen. Gerät die Karosserie des Fahrzeuges in Schwingung, machen sich Scherkräfte und Druckänderungen bis hin zu Relativbewegungen zwischen Haut und Karosserie bemerkbar. Die Mechanorezeptoren erfassen die durch diese Relativbewegungen verursachten Druckänderungen an der Oberfläche der Haut. Niederfrequente Bewegungen des Fahrzeuges registriert der Mensch mit Hilfe seines Vestibularapparats (Gleichgewichtsorgan). Sie machen sich durch eine Beschleunigung des Kopfes und dadurch bedingtes Nicken oder Wanken bemerkbar. Es ist dem Menschen möglich, allein durch sein Gleichgewichtsorgan, Richtungsänderungen in allen drei Dimensionen relativ zur aktuellen Kopfposition zu erfassen. Aus der Literatur sind Untersuchungen zur physiologischen Wahrnehmbarkeit von linearen Beschleunigungen bekannt. Sie deutliche Streuungen auf, was darauf zurückzuführen, dass nicht nur verschiedene Ansätze zu Wahrnehmungsmessungen angewandt wurden, sondern sich die Versuchssignale auch stark in Amplitude und Frequenz unterscheiden. Allgemein werden Frequenzen unter 1 Hz hauptsächlich vom Vestibularapparat aufgenommen. Für periodische Schwingungen wurden dabei absolute Wahrnehmungsschwellen zwischen 3 und 20 cm/s^2 ermittelt. Beschleunigungen bei höheren Frequenzen werden hauptsächlich durch die Mechanorezeptoren wahrgenommen.

Wichtig für die eindeutige Wahrnehmung und Zuordnung der kollisionsbedingten Erschütterungen ist das deutliche Herausragen der Erschütterungen aus dem Grundrauschen des Fahrzeuges. Das Grundrauschen des Fahrzeuges (z. B. durch die Auf- und Abbewegung der Kolben im Motor, Fahrbahnunebenheiten, abgenutzte Reifen, Randsteine) ist physikalisch bedingt und lässt sich nur schwer beheben. Um den Stoß eindeutig zu identifizieren muss die hervorgerufene Beschleunigung also wesentlich größer als die ohnehin vorhandenen Beschleunigungen sein oder sich anhand anderer Größen deutlich abheben. Beispielsweise kann bei gleicher maximaler Beschleunigung gefühlsmäßig zwischen harten und weichen Stößen unterschieden werden. Bei einem harten Stoß erreicht die Beschleunigung sehr schnell ihren maximalen Wert, während bei weichen Stößen das Maximum erst allmählich erreicht wird. Allgemein ist solch ein weicher Stoß schwieriger zu erfassen.

Weiterhin sind für die Bemerkbarkeit Parameter, wie Kollisionsgeschwindigkeit, Härte der Kontaktzonen und der Anstoßwinkel von Bedeutung. Wird beispielsweise beim Ausparken gegen ein senkrecht dazu stehendes Fahrzeug gestoßen, wird die Kollision im allgemeinen schon bei geringsten Geschwindigkeiten bemerkbar sein und umgekehrt. Der Einfluss von Alter und Geschlecht spielt demgegenüber bei der Wahrnehmung von Beschleunigungen bei H. Wolff (*Wolff, H.*: Möglichkeiten und Grenzen der Wahrnehmbarkeit leichter PKW-Kollisionen. Eurotax, 1992) eine untergeordnete Rolle. Relevant sind vielmehr persönliche Faktoren, eine Tatsache, die auch in anderen medizinischen Untersuchungen bestätigt wird. Für die Begutachtung derartiger Fälle bedeutet dies, dass die Feststellung, wonach eine bestimmte Person eine Fahrzeugverzögerung auf Basis einer Feldstudien gerade noch wahrnimmt, nur sehr bedingt auf eine andere übertragen werden kann.

bb) Akustische Wahrnehmbarkeit. Das Gehör nimmt Reize aus allen Richtungen wahr, ohne dass die Aufmerksamkeit bewusst in eine bestimmte Richtung gelenkt werden muss. Teilweise wird die Meinung vertreten, dass der Beweis über die akustische Wahrnehmung somit einfach zu führen sei. Dem ist jedoch nach den Erfahrungen der Verfasser nicht so. Beweiskräftig ist diese Methode nur, wenn das Kollisionsgeräusch aus der üblichen Geräuschkulisse (Motor, Radio, Fahrbahnvibrationen, Straßenlärm usw.) heraussticht. Der Grad des Heraustechens ist indes von zwei Parametern abhängig: der Intensität (Lautheit) und der Frequenz. Die Lautheit ist allgemein einsichtig. Dadurch wird jedoch lediglich gesagt, dass ein Geräusch wahrgenommen werden kann, solange es nur laut genug ist. Zu beachten ist jedoch, dass die Kollisionsgeräusche im Fahrzeuginneren aufgrund von guten Dämpfungen im Karosserieaufbau oftmals um ein Vielfaches leiser wahrgenommen werden, als z. B. von in der Nähe stehenden Passanten. Schwieriger zu beurteilen ist hingegen die Frequenz, genauer das Frequenzspektrum. Wie oben behandelt, besteht ein Geräusch aus vielen dicht beieinander liegenden Frequenzen unterschiedlicher Intensitäten. Ein im Leerlauf betriebener Motor wird dumpf wahrgenommen. Sein Frequenzbereich ist eher bei tiefen Frequenzen angesiedelt, während zwei schrill aufeinander schabende Stücke Metall sich im oberen Frequenzbereich befinden. Obwohl beide Geräusche messtechnisch möglicherweise die gleiche „Lautheit" aufweisen, wird aufeinander schabendes Metall intensiver wahrgenommen. Ob und wie die akustischen Informationen vom Menschen tatsächlich aufgenommen werden, ist von physiologischen und psychoakustischen Eigenschaften des Gehörs abhängig. Weiterhin ist zu untersuchen, ob sich der Knall im Bereich der Mithörschwelle bewegt. Dazu kommt die Problematik des Ortens einer Schallquelle im Fahrzeug. Prinzipiell ermöglichen dem Mensch seine zwei Ohren eine Raumorientierung. Die Erkenntnisse basieren aber auf punktförmigen Schallquellen im direkten Schallfeld. Eine akustische Richtungsidentifikation von Stoßpunkten weicht im dif-

fusen Schallfeld eines PKW erheblich ab. Feldmann et al. *Feldmann, H.; Hönerloh, H.J.; Stindl, W*: Untersuchungen über die Beeinflussung des Richtungsgehörs in Kraftfahrzeugen. Springer Berlin/Heidelberg, untersuchten die Grenzen der Lokalisation. Sie gelangten zu dem Ergebnis, dass bei der beliebten Konstellation (linkes Fenster offen, Motor und Radio an) praktisch nur noch von links kommender Schall richtig geortet werden konnte. Die übrigen Richtungen wurden weitgehend geraten. Sie erklärten dies aufgrund unterschiedlicher Schalllaufzeiten. Die durch Luftschall in Schwingung versetzte Karosserie verteilt den aufgenommenen Schall auf das Fahrzeug, welches seinerseits den Schall in alle Richtungen des Fahrzeuginneren wieder abstrahlt.
Zur Beurteilung der akustischen Wahrnehmbarkeit ist daher die Kenntnis der aufeinander stoßenden bzw. streifenden Materialien, der Aufbau des Fahrzeuges sowie das resultierende Frequenzspektrum von hoher Bedeutung. Biomechanisch ist zudem das individuale Hörvermögen des Schädigers relevant.

cc) Optische Wahrnehmbarkeit. Die Frage der optischen oder visuellen Wahrnehmbarkeit leichter Kollisionen kann nur selten beweiskräftig bejaht werden. Im Gegensatz zu den vorangegangenen Wahrnehmungsmöglichkeiten ist das Blickfeld meistens auf einen kleinen Bereich begrenzt. Nach Leat-Test (LEA-TEST LTD: Gesichtsfeld. http://www.lea-test.fi/de/einschat/teil1/gesichts.html) liegt das normale Gesichtsfeld horizontal 120° und vertikal 60° nach oben, sowie 70° nach unten. Durch eine ungünstige Kopfhaltung kann eine optische Information dennoch verborgen bleiben. Um eine eindeutige Identifikation eines Kollisionsablaufes festzustellen muss der Fahrer also ganz explizit sein Gesichtsfeld auf die Unfallstelle richten. Da der Fahrer meist in Fahrtrichtung blickt, mag solch eine Blickrichtung zum Kollisionszeitpunkt für ihn noch gegeben sein, für Insassen ist dies jedoch nur in Ausnahmefällen der Fall. Meistens kommt hinzu, dass die Unfallstelle durch den geringen, visuell erfassbaren Ausschnitt verdeckt und für den Fahrer zum Kollisionszeitpunkt gar nicht sichtbar ist. Allenfalls können geringe Distanzen zu den benachbarten Fahrzeugen erfasst werden. *Buck*

Unfallfolgen → Psychische Unfallfolgen

Unfallfreiheit → Minderung, → Schadensersatz (bei Sachmängeln oder Pflichtverletzung) Nr. 2 b), 2 d), → Unfallfahrzeug

Unfallfürsorge → Dienstfahrt Nr. 2

Unfallhelferring 1. Allgemeines. Als *Unfallhelferring* wird eine *Zusammenarbeit rechtlich Selbstständiger*, z. B. von einem Rechtsanwalt und einem Mietwagenunternehmen und/oder einer Reparaturwerkstatt, bezeichnet, deren jeweiliges Tätigwerden wirtschaftlich ineinander greift, deren Verhältnis zueinander von einer *wechselseitigen, wirtschaftlichen Interessenverknüpfung* und *Abhängigkeit* geprägt ist, und in deren Rahmen dem Unfallgeschädigten die Verfolgung und Durchsetzung seiner Ansprüche vollständig und zielbewusst abgenommen wird (BGH 12.10.1976, NJW 1977, 622).
2. Auswirkung auf Abtretung. Die Abtretung von Schadensersatzansprüchen z. B. zu Sicherungszwecken ist grundsätzlich wirksam (s. a. → *Abtretung von Schadensersatzansprüchen*). Eine solche Abtretung ist jedoch gem. § 134 BGB unwirksam, wenn sie eine *unzulässige Rechtsberatung* gem. Art. 1 § 1 RBerG oder eine gem. §§ 2, 5 RDG *verbotene Rechtsdienstleistung* darstellt, wenn also der Zessionar dem Abtretenden die Verfolgung und Durchsetzung des Ersatzanspruchs abnimmt, ohne zur Rechtsberatung bzw. Rechtsdienstleistung zugelassen zu sein (*Otting* SVR 2011, 8). Denn Zweck der Erlaubnispflicht des *Rechtsberatungsgesetzes* (RBerG) ist auch der Schutz des Geschädigten vor einer unsachgemäßen Erledigung seiner rechtlichen Angelegenheiten und im Interesse einer reibungslosen Abwicklung des Rechtsverkehrs die Fernhaltung von fachlich ungeeigneten und unzuverlässigen Personen von der geschäftsmäßigen Besorgung fremder Angelegenheiten (BGH 20.6.2006, DAR 2006, 684) sowie vor einer Übervorteilung durch sog. *Unfallhelfer*. Ob die Abtretung und anschließende Einziehung eines Schadenersatzanspruchs gem. § 134 BGB i.V.m. Art. 1 § 1 RBerG bzw. §§ 2, 5 RDG unwirksam ist, ist unter Berücksichtigung aller *Umstände des Einzelfalles*, insbesondere anhand der von den Beteiligten mit der Abtretung verfolgten Zielen und dem Schwerpunkt der Tätigkeit des Zessionars zu beurteilen, und nicht nach der *äußeren, formalen Gestaltung* der Rechtsbeziehung (BGH 22.6. 2004, NJW 2004, 2516; BGH 20.9.2005, NJW 2005, 3570). Ein Mietwagenunternehmer z. B. besorgt eine eigene Angelegenheit und keine fremde Rechtsbesorgung für seinen Kunden, wenn durch die von ihm selbst oder einem von ihm eingeschalteten Dritten erfolgende Einziehung der vom Kunden abgetretenen Forderung die Verwirklichung der durch

die Abtretung eingeräumten Sicherheit verfolgt wird (BGH 26.10.2004, NJW 2005, 135; BGH 20.9.2005, NJW 2005, 3570; BGH 4.4.2006, NJW 2006, 1726; allesamt zum RBerG). Übernimmt der Mietwagenunternehmer dagegen für den Geschädigten die Einziehung der Schadenersatzansprüche aus dem Unfall gegenüber dem Kfz-Haftpflichtversicherer des Unfallverursachers, ohne dass er seine eigenen, gegen den Geschädigten gerichteten Ansprüche gegen diesen geltend machen will, dann ist eine *Tätigkeit im eigenen Interesse* des Mietwagenunternehmers nicht mehr anzunehmen, die der Realisierung einer zu seinen Gunsten bestehenden Sicherheit dient, sondern eine *Geschäftsbesorgung im Interesse des Unfallgeschädigten*, mithin eine erlaubnispflichtige Rechtsbesorgung. Das RDG gestattet z. B. dem Mietwagenunternehmer das Anbieten einfacher Regulierungstätigkeiten als Nebenleistung zum eigenen Berufs- oder Tätigkeitsfeld, vgl. § 2 Abs. 2 RDG. Die Prüfung der Eintrittspflicht des Unfallverursachers dem Grunde oder der Höhe nach sowie die Ermittlung einer Haftungsquote stellen indes nicht mehr eine bloße Nebenleistung dar, und sind z. B. dem Mietwagenunternehmer gesetzlich gem. §§ 2 Abs. 1, 5 Abs. 1 RDG verboten (*Hillmann/Schneider* § 1 Rn. 38 ff.; LG Koblenz 17.3.2009, DAR 2009, 275).

3. Auswirkung auf Vollmacht. Kann aufgrund *konkreter Umstände* festgestellt werden, dass der *Rechtsanwalt* im Zusammenwirken mit dem Mietwagenunternehmen *auf dessen Veranlassung* und *in dessen Interesse*, nicht aber auf Veranlassung, im Interesse und mit dem Willen des Mandanten tätig ist (BGH 20.6.2006, DAR 2006, 684), dann kann eine durch den Rechtsanwalt im Namen des Geschädigten erhobene Klage auf Erstattung der Mietwagenkosten abgewiesen und ein Rechtsmittel als unzulässig mit der Begründung verworfen werden, der Rechtsanwalt sei auf Grundlage eines gem. §§ 138, 134 BGB i.V.m. §§ 1, 2 BRAO, Art. 1 § 1 RBerG *unwirksamen Geschäftsbesorgungsvertrages* und aufgrund einer deswegen auch *unwirksamen Prozessvollmacht* tätig geworden, und habe deswegen keine formwirksame Berufung einlegen können (BGH 22.6.2004, NJW 2004, 2516; BGH 20.9.2005, NJW 2005, 3570). Eine dem Anwalt erteilte Vollmacht und der dieser zugrunde liegende Geschäftsbesorgungsvertrag sind indes nicht alleine deswegen unwirksam, weil einzelne Beteiligte bei der bisherigen Verfolgung von Ansprüchen gegen das Rechtsberatungsgesetz verstoßen haben (OLG Karlsruhe 16.9.1994, NZV 1995, 30). Erst wenn für den Anwalt in einem Unfallhelferring aufgrund der *wirtschaftlichen Gebundenheit und Abhängigkeit* untereinander die Gefahr des Vorliegens einer *Interessenkollision* besteht, welche dem Unfallgeschädigten Rechtsnachteile einbringen könnte, mithin eine Konstellation vorliegt, welcher das Rechtsberatungsgesetz begegnen soll, ist der Anwaltsvertrag gem. Art. 1 § 1 RBerG i.V.m. § 134 BGB nichtig (BGH 12.10.1976, NJW 1977, 622; BGH 25.6.1962, BGHZ 37, 258), und demgemäß ausnahmsweise auch die zugehörige Vollmacht (vgl. BGH 29.10.2003, NJW 2004, 841).

Siehe auch: → *Abtretung von Schadenersatzansprüchen* Nr. 2 *Geiger*

Unfallhilfe → Mithaftung und Mitverschulden Praxistipp

Unfallmanipulation → Besonderheiten des Verkehrsunfallprozesses Nr. 3, → Fahrerhaftung Nr. 2 Praxistipp, → Manipulierter Unfall, → Vorsätzlich verursachter Kfz-Unfall

Unfallort → Auslandsunfall Nr. 3, 9, → Besonderheiten der Verkehrsunfallklage Nr. 8, → Besonderheiten des Verkehrsunfallprozesses Nr. 8, → Grüne Karte Fall Nr. 3, 4, Rosa Grenzversicherungsschein Nr. 3, 4, → Sofortmaßnahmen am Unfallort, → Spontanäußerungen am Unfallort, → Unfallflucht, → Unfallanalytik Nr. 5, → Verkehrsopferhilfe Nr. 3

Unfallrekonstruktion → Selbständiges Beweisverfahren Nr. 2, → Unfallanalytik

Unfallschadenabwicklung – Personenschaden 1. Allgemeines. Der durch einen Unfall Verletzte ist grundsätzlich so zu stellen, wie er ohne den Unfall stehen würde, so dass der Schädiger für den für die Erreichung dieses Ziels *anfallenden Aufwand* aufzukommen hat, soweit dies einem *verständlichen* und *berechtigten Bestreben* nach möglichst weitgehender Wiederherstellung der ursprünglichen Lebensqualität entspricht (vgl. BGH 20.1.2004, DAR 2004, 267). Der Schädiger haftet dafür, dass die materielle Lebensqualität des Geschädigten nicht unter den früheren Lebensstandard sinkt (OLG Köln 17.9.1987, VersR 1988, 61).

2. Heilbehandlungskosten. Der durch einen Unfall Verletzte hat Anspruch auf *Erstattung aller Aufwendungen*, die *zur Wiederherstellung* seiner durch den Unfall beeinträchtigten Gesundheit erforderlich sind. Ärztliche Untersuchungskosten sind dann erstattungsfähig, wenn der Unfall zu einer Körperverletzung geführt hat, dagegen nicht bei einer bloßen Möglichkeit oder einem Verdacht der Verletzung (BGH 17.9.2013, DAR 2014, 84). Erforderlich i.S.v. § 249 BGB ist aufgrund des vor dem Hintergrund des Art. 2 Abs. 2 S. 2 GG bei Personenschäden anzusetzenden *großzügigeren Maßstabes* nicht nur das, was *medizinisch geboten* ist, sondern auch das, was einen *medizinischen Nutzen* verspricht (BGH 3.12.1974, NJW 1975, 640; OLG München 31.1.1996, VersR 1997, 439), ohne dass es ex post auf den tatsächlichen Erfolg der ergriffenen Heilbehandlungsmaßnahme ankommt (OLG Nürnberg 13.12.2000, DAR 2001, 366). Deswegen sind auch Kosten einer *letztlich erfolglosen Behandlung*, die keine Heilungschance, sondern lediglich eine Möglichkeit der Linderung oder Besserung barg, bis zur *Grenze der Scharlatanerie* und *generellen Unwirksamkeit* einer solchen Heilbehandlung durch den Schädiger zu erstatten (LG Nürnberg-Fürth 8.11.2007, 8 O 3314/06; BGH 8.1.1965, VersR 1965, 439; BSG 9.2.1989, NJW 1989, 2349; LG Münster 17.4.2009, NJW 2010, 86; OLG Brandenburg 10.6.2008, 11 U 32/07). Eine *fiktive Abrechnung* von Heilbehandlungskosten ist nicht möglich (BGH 14.1.1986, NJW 1986, 1538). Zu den Heilbehandlungskosten gehören z. B. die *Krankentransportkosten*, Kosten der *stationären Krankenhausbehandlung*, *Arztkosten*, *Heilpraktiker*behandlungskosten (LG München II 7.3.2011, 5 O 1837/09), Kosten für *Arzneien und Verbandmittel*, Kosten für *heilungsfördernde und heilungsbegleitende Maßnahmen*, Kosten für *kosmetische Operationen* (BGH 3.12.1974, VersR 1975, 342) sowie die tatsächlich anfallenden *Nebenkosten eines Krankenhaus- oder Kuraufenthalts* (Schleich DAR 1988, 145), wie z. B. *Fernseher-* (OLG Köln 13.4.1988, NJW 1988, 2957) und *Telefonkosten* (OLG Hamm 14.5.1998, DAR 1998, 317), solange diese den gewöhnlichen Telefonverkehr des Geschädigten nicht erheblich übersteigen. Von Telefonkosten ist ein *Abzug von 25 %* wegen auch ohne den Unfall anfallender Telefonate zulässig (OLG Hamm 14.5.1998, DAR 1998, 317). Ferner hat der Geschädigte Anspruch auf Ersatz für *Trinkgelder* und *Geschenke* an das Pflegepersonal, solange sich diese im üblichen Rahmen bewegen, nicht aber auf Ersatz von *Verpflegungskosten*, die über die als ausreichend angesehene Verköstigung im Krankenhaus hinaus anfallen. Hat der Geschädigte *Zuzahlungen auf Verpflegungskosten* im Krankenhaus zu leisten, sind diese vom Schädiger insoweit zu ersetzen, wie diese die *ersparten Kosten häuslicher Verpflegung*, welche je nach Lebensstandard des Geschädigten anfallen, und in der Regel pauschal mit 5 – 10 Euro kalendertäglich angesetzt werden, übersteigen (BGH 3.4.1984, NJW 1984, 2628; BGH 13.10.1970, NJW 1971, 240; OLG Hamm 21.2.1994, NJW-RR 1995, 599). Mehrkosten für *Chefarztbehandlung* und *Einzelzimmer* sind vom Schädiger zu ersetzen, wenn der Geschädigte *üblicherweise* solche Leistungen in Anspruch nimmt bzw. in Anspruch genommen hätte, wie z. B. bei Bestehen einer entsprechenden privaten Krankenversicherung (BGH 11.11. 1969, VersR 1970, 129), oder wenn sie – insbesondere bei schwereren Verletzungen – *medizinisch notwendig* sind (BGH 16.12.1963, VersR 1964, 257; OLG Oldenburg 11.1.1984, VersR 1984, 765). Gleiches gilt für die *Kosten eines qualifizierten Zahnersatzes*, wie z. B. Kosten für ein Implantat statt einer Brücke (OLG Hamm 27.3.2001, DAR 2001, 359). Im Regelfall ist davon auszugehen, dass eine Heilbehandlung im Rahmen der gesetzlichen Krankenversicherung angemessen und ausreichend ist (KG 5.6.1980, VersR 1981, 64). *Besuchskosten* naher Angehöriger im Krankenhaus sind vom Schädiger als Heilbehandlungskosten an den Geschädigten zu erstatten (BGH 21.12.1978, NJW 1979, 598), wenn diese für den Heilungsprozess *medizinisch notwendig* und *unvermeidbar* sind (BGH 19.12.1991, DAR 1991, 220; BGH 9.2.1982, NJW 1982, 1149). Maßgeblich dafür ist die *Einschätzung des behandelnden Arztes* (OLG Hamm 13.1.1992, NZV 1993, 151). Die Anwesenheit des Ehegatten des in stationärer Behandlung befindlichen, schwer verletzten Geschädigten kann als medizinisch notwendig unterstellt werden, da bereits dieser psychische Beistand als wesentlicher Beitrag zur Besserung anzusehen ist (OLG Hamm 14.5.1998, DAR 1998, 317). Zu den Besuchskosten zählen die *Fahrtkosten* der wirtschaftlichsten Beförderungsart, wobei die tatsächlichen Kosten der öffentlichen Verkehrsmittel ebenso zu erstatten sein können wie die Kosten der Benutzung des eigenen Kfz, welche in Anlehnung an das JVEG pauschal mit *0,30 Euro pro Kilometer* beziffert werden können (vgl. OLG Hamm 7.11.1996, NZV 1997, 182; OLG Hamm 14.5.1998, DAR 1998, 317). Nicht mit einem zumutbaren Aufwand vermeidbare *Übernachtungskosten* (insbesondere der Eltern eines schwer verletzten Kindes) und unausweichlicher *Verdienstausfall* anläßlich der

Besuche (BGH 19.2.1991, NJW 1991, 2340; BGH 21.5.1985, NJW 1985, 2757) sind ebenso zu erstatten wie ein *Verpflegungsaufwand* (in engen Grenzen), tatsächlich anfallende *Kinderbetreuungskosten* (BGH 24.10.1989, DAR 1990, 58), *Besuchsgeschenke* (in engen Grenzen), keinesfalls aber der durch die Besuche anfallende reine *Zeitaufwand* (BGH 22.11.1988, NJW 1989, 766; BGH 8.6.1999, VersR 1999, 1156). Auch erstattungsfähig sind *Nachteile in Krankenversicherung* und *Berufsgenossenschaft* in Form von *Verlusten bei der Beitragsrückerstattung*, z. B. wegen Nichtinanspruchnahme der privaten Krankenversicherung des Geschädigten (OLG Köln 7.6.1990, VersR 1990, 908), und in Form von *Beitragsnachteilen in der Versicherung* bei der Berufsgenossenschaft (BGH 11.5.1989, NJW 1989, 2115).

Praxistipp: Soweit Heilbehandlungskosten nicht gem. § 116 SGB X auf Sozialversicherungsträger (Krankenkassen, Berufsgenossenschaften) oder gem. § 86 VVG auf private (Kranken-) Versicherer übergehen (s. a. → *Übergang von Ersatzansprüchen*), sind diese vom Geschädigten geltend zu machen. Der privat krankenversicherte Geschädigte ist nicht dazu verpflichtet, Arztrechnungen u.ä. zunächst bei seiner *privaten Krankenversicherung* einzureichen, und einen verbleibenden Restbetrag gegen den Schädiger geltend zu machen. Erst mit Einreichung der Arztrechnung und Zahlung durch die private Krankenversicherung findet ein *Forderungsübergang* gem. § 86 VVG (§ 67 VVG a.F.) auf den privaten Krankenversicherer statt. Der Anwalt des privat krankenversicherten Geschädigten kann deswegen die Beträge aus den Arztrechnungen beim Schädiger geltend machen, bevor diese ggf. bei der privaten Krankenversicherung des Geschädigten eingereicht werden. Die Rechnungen erhöhen dann jedenfalls mit ihrem vollen Betrag den *Gegenstandswert*, aus welchem sich die *anwaltlichen Gebühren* errechnen. Werden auf Drängen der Versicherung des Schädigers die Arztrechnungen dann durch den Anwalt des Geschädigten bei der privaten Krankenversicherung des Geschädigten eingereicht, entsteht dafür eine *gesonderte Gebühr*, welche von der Kfz-Haftpflichtversicherung zu erstatten ist (*Hillmann/Schneider* § 9 Rn. 406 ff.).

3. Vermehrte Bedürfnisse. Der durch einen Unfall Verletzte hat gem. § 843 Abs. 1 2. Alt. BGB Anspruch auf *Ausgleich aller Nachteile*, die ihm *ständig wiederkehrend* durch eine unfallbedingte, *dauernde Beeinträchtigung* seiner *Gesundheit* und seines *körperlichen Wohlbefindens* entstehen (BGH 25.9.1973, VersR 1974, 162; BGH 19.5.1981, NJW 1982, 757; *Drees* VersR 1988, 784; *Zoll* NJW 2014, 967). Eine *fiktive Abrechnung* vermehrter Bedürfnisse ist nicht möglich (BGH 14.1.1986, NJW 1986, 1538). Mehrbedarf im Sinne vermehrter Bedürfnisse kann bei konkreter Darlegung der Vermehrung der Bedürfnisse als (im Gegensatz zum Verdienstausfall und dem Haushaltsführungsschaden *zeitlich unbegrenzte*) *Rente* im Sinne einer bedarfsorientierten, wiederkehrenden Leistung gefordert werden (BGH 13.1.1970, VersR 1970, 1034), welche unter Schätzung der voraussichtlichen, zukünftigen monatsdurchschnittlichen Mehraufwendungen gem. § 287 ZPO beziffert wird (BGH 8.11.1977, VersR 1978, 149) und gem. § 760 Abs. 2 BGB vierteljährlich im Voraus geschuldet ist. Alternativ kann der Geschädigte den tatsächlich anfallenden Mehrbedarf als einzelnen Schadensposten jeweils konkret abrechnen (*Einzelabrechnung*). Schließlich kann der Geschädigte unter den Voraussetzungen des § 843 Abs. 3 BGB vermehrte Bedürfnisse als *Kapitalbetrag* geltend machen (OLG Stuttgart 30.1.1997, VersR 1998, 366) oder sich mit dem Schädiger auf eine Kapitalabfindung verständigen. Eine Kapitalabfindung der vermehrten Bedürfnisse kommt insbesondere dann in Betracht, wenn die einmalige Anschaffung eines Hilfsmittels das anhaltende vermehrte Bedürfnis ausreichend befriedigt, wie z. B. der behindertengerechte Umbau einer Immobilie des Geschädigten oder die Anschaffung einer solchen (BGH 19.5.1981, VersR 1982, 238). Dabei ist das *Bereicherungsverbot* zu beachten, so dass ersparte Eigenaufwendungen und der „Sowiesobedarf" gem. § 287 ZPO zu beziffern und im Rahmen des *Vorteilsausgleichs* anzurechnen sind (OLG Stuttgart 30.1.1997, VersR 1998, 366; OLG Saarbrücken 27.7.2010, NJW 2011, 933).

Praxistipp: Der Geschädigte kann zwischen der *Rentenzahlung* und der *Einzelabrechnung* der vermehrten Bedürfnisse *frei wählen*. Die Rentenzahlung birgt den Vorteil, dass der Geschädigte die Mehraufwendungen nicht aus eigenen Mitteln vorfinanzieren muss und nicht regelmäßig den jeweiligen Mehrbedarf gegenüber dem Schädiger einzeln darstellen, belegen und abrechnen muss. Als nachteilige Folge der Rentenzahlung kann es sich auswirken, dass diese als monatsdurchschnittliche Rente beziffert wird und nur bei wesentlichen Änderungen gem. §§ 313 BGB, 323 ZPO abgeändert werden kann (OLG München

10.11.1983, DAR 1984, 58). Da eine *Kapitalabfindung* grundsätzlich nicht nachträglich abgeändert werden kann (BGH 8.1.1981, NJW 1981, 818), sollte eine solche nur ausnahmsweise und nur dann in Betracht gezogen werden, wenn gesicherte medizinische Erkenntnisse zum weiteren Heilbehandlungsverlauf vorliegen oder dieser bereits abgeschlossen ist.

4. Positionen des Mehrbedarfs. Zu vermehrten Bedürfnissen zählen im Rahmen der *medizinischen Notwendigkeit* und *wirtschaftlichen Verhältnismäßigkeit* (OLG Bremen 21.4.1998, VersR 1999, 1030; BGH 8.11.1977, VersR 1978, 149) z. B. Kosten für eine *Sondereinrichtung* oder einen behindertengerechten *Umbau der Wohnung* (BGH 19.5.1981, NJW 1982, 757; OLG Köln 2.8.1991, VersR 1992, 506) wie z. B. den Einbau eines Aufzugs oder Treppenliftes, für einen *Energiemehrverbrauch* (Wasser, Strom, Heizung), Kosten für einen behindertengerechten *Umbau des Kfz*, wie z. B. für den Einbau eines Automatik-Getriebes (BGH 18.2.1992, VersR 1992, 618), für eine *Kfz-Mehrbenutzung* (OLG München 10.11.1983, DAR 1984, 58; OLG Celle 19.12.1974, VersR 1975, 1103), für *orthopädische Hilfsmittel*, für einen *Kleidungsmehrbedarf* (BGH 18.2.1992, DAR 1992, 262) und für höhere *Versicherungsprämien* (BGH 15.5.1984, NJW 1984, 2627), erhöhte oder zusätzliche *Ausbildungskosten* (OLG Hamm 23.8.1990, VersR 1992, 459), Kosten einer *Umschulung* (OLG Koblenz 25.4.1994, VersR 1995, 549; BGH 2.7.1991, NZV 1991, 387), ferner *Pflegeheimkosten*, Kosten für eine *Haushaltshilfe* und *Begleit-* oder *Pflegepersonal* (BGH 10.11.1998, VersR 1999, 252; *Wiesner* VersR 1995, 134). Erfolgt die Pflege nicht durch kommerzielles Pflegepersonal, dessen Bruttoentgelt plus Arbeitgeberanteilen in der Sozialversicherung vom Schädiger zu ersetzen ist (BGH 8.6.1982, VersR 1982, 951; BGH 8.2.1983, VersR 1983, 458), sondern *Pflege durch Familienangehörige*, dann ist der Schädiger dazu verpflichtet, die unentgeltlich erbrachten Pflegeleistungen angemessen abzugelten (BGH 22.11.1988, NJW 1989, 766). Da häusliche Pflege mit weniger Aufwand zu betreiben und (bis zu einem Aufwand von bis zu 14 Stunden wöchentlich) nicht zu versteuern ist, hat die Abgeltung der Pflegeleistungen durch Familienangehörige auf Grundlage des *Nettolohns* einer *vergleichbaren Ersatzkraft* zu erfolgen (BGH 10.10.1989, VersR 1989, 1273; BGH 10.11.1998, DAR 1999, 111; LG Würzburg 3.12.2001, DAR 2002, 74). Übersteigen die häuslichen Pflegeleistungen einen wöchentlichen Aufwand von 14 Stunden, und besteht ein Anspruch des Geschädigten auf *Leistungen aus der gesetzlichen Pflegeversicherung* (diese sind auf den Schadenersatzanspruch des Geschädigten in Form vermehrter Bedürfnisse *anzurechnen*, insoweit findet ein gesetzlicher Forderungsübergang auf die Pflegekasse gem. § 116 SGB X statt), dann besteht eine Versicherungspflicht des pflegenden Familienangehörigen in der gesetzlichen Rentenversicherung, § 3 S. 1 Nr. 1 a SGB VI, mithin eine vom Schädiger auszugleichende Sozialversicherungspflicht (vgl. dazu LG Hannover 11.11.1997, NZV 1998, 253; BGH 10.11.1998, NZV 1999, 76). Eine *Unterhaltspflicht* des pflegenden Familienangehörigen gegenüber dem zu pflegenden Geschädigten ist bei der Bezifferung der vermehrten Bedürfnisse *nicht anzurechnen*, auch dann nicht, wenn der Schaden durch den Familienangehörigen mit verursacht wurde (BGH 15.6.2004, DAR 2004, 517).

> Praxistipp: Eine *Mehrbedarfsrente* ist auch insoweit geschuldet, wie der Geschädigte unfallbedingt in seiner vor dem Unfall *tatsächlich erbrachten Arbeitsleistung* im Haushalt *zur eigenen Bedarfsdeckung* beeinträchtigt ist (BGH 4.12.1984, NJW 1985, 735). Eine solche Rente ist in Höhe der Kosten einer tatsächlich eingestellten Ersatzkraft brutto zuzüglich Arbeitgeberanteilen in der Sozialversicherung oder in Höhe der fiktiven Kosten einer Ersatzkraft netto zu erstatten (BGH 8.6.1982, VersR 1982, 951). Dagegen stellt der Ausfall in der Versorgung, Betreuung und Haushaltsführung *für Familienangehörige* einen *Erwerbsschaden* dar (BGH 8.10.1996, VersR 1996, 1565). Die *Abgrenzung* gewinnt Bedeutung bei der *Anrechnung* (BGH 8.6.1982, VersR 1982, 951) von Verletzten- oder Krankengeld auf den Schadenersatzanspruch (*Vorteilsausgleich*).

5. Erwerbsschaden. Der Erwerbsschaden (*Verdienstausfall*) i.S.v. §§ 842, 843 Abs. 1 BGB soll alle wirtschaftlichen Beeinträchtigungen des Geschädigten durch den unfallbedingt unterbleibenden Einsatz seiner Arbeitskraft in *Erwerb* und *Fortkommen* ausgleichen (*Medicus* DAR 1994, 442), umfasst mithin den *Verlust von Einkünften jeglicher Art* sowie alle *Vermögensnachteile*, die auf den Ausfall der Arbeitskraft des Geschädigten zurückgehen (BGH 20.3.1984, NJW 1984, 1811). Der Wegfall der Arbeitskraft an sich stellt dagegen keinen erstattungsfähigen Schaden dar, da der Arbeitskraft als solcher kein Vermögenswert zukommt (BGH 5.5.1970,

NJW 1970, 1411). Der Erwerbsschaden umfasst *alle Einkünfte* des Verletzten vor dem Unfall sowie zukünftige allgemeine Lohnerhöhungen oder etwaig erzielbare höhere Einkünfte in der Zeit nach dem Unfall (sog. *Karriereschaden*). In voller Höhe zu ersetzen sind demzufolge *Löhne* und *Gehälter* einschließlich aller *Nebeneinkünfte* und *Zusatzzahlungen* wie z. B. Erschwerniszulagen, Auslösen, Tantiemen, Trinkgelder (BGH 7.5.1996, VersR 1996, 1117; BGH 24.4.1979, NJW 1979, 1403; OLG Hamm 6.3.1996, zfs 1996, 211), anteilige *Urlaubsentgelte* (BGH 13.8.2013, VI ZR 389/12), *Gewinne* des Selbständigen, unentgeltliche Tätigkeiten im *Familienbetrieb*, Ausfall von *Eigenleistungen* beim Hausbau und im Haushalt wie z. B. Reparaturen und Gartenarbeiten (BGH 6.6.1989, NZV 1989, 387; BGH 24.10.1989, VersR 1989, 1308; OLG Köln 10.1.1990, VersR 1991, 111), wenn und soweit sie sich als *konkret messbare Vermögenseinbuße zu Lebzeiten des Geschädigten* auswirken (OLG München 16.4.1985, DAR 1985, 354; OLG Hamm 20.9.1988, VersR 1989, 152; OLG Zweibrücken 26.1.1994, zfs 1995, 413), *steuerliche Nachteile* und *Steuern* (BGH 15.11.1994, VersR 1995, 104; BGH 10.2. 1987, NJW 1987, 1814), *versicherungsrechtliche Nachteile* wie z. B. Risikozuschläge und Prämienerhöhungen sowie Verluste von Beitragsrückerstattungen (BGH 15.5.1984, NJW 1984, 2627), Nachteile aus der Nichtabführung von *Sozialversicherungsbeiträgen* z. B. in der Pflege-, Arbeitslosen- und Krankenversicherung (BGH 29.9.1987, VersR 1988, 183; BGH 19.10.1993, NJW 1994, 131) und auch eine Minderung der *Rente*, soweit diese nicht durch den Beitragsregress gem. § 119 SGB X aufgefangen wird. *Spesen*, *Auslösen*, *Trennungsentschädigungen* und *Zulagen* sind insoweit zu ersetzen, wie sie nicht lediglich einen (pauschalierten) Ausgleich für erhöhte Aufwendungen (z. B. Fahrtkosten, Verköstigungsaufwand) beinhalten (BGH 24.4.1979, NJW 1979, 1403; OLG Düsseldorf 27.5.1995, VersR 1996, 334). Keinen Ersatz erhält der Geschädigte dagegen für *unfallbedingte Freizeiteinbußen* und *Einkünfte aus verbotenen Geschäften* sowie für *gesetzeswidrige Einkünfte*, also z. B. unter Verstoß gegen das Arbeitszeitgesetz (BGH 28.1.1986, NJW 1986, 1486; abweichend BGH 11.1.1994, NZV 1994, 183) oder aus Schwarzarbeit (vgl. BGH 31.5.1990, NJW 1990, 2542; OLG Köln 28.8.1968, VersR 1969, 382). Die Minderung der Erwerbsfähigkeit kann nicht ohne Weiteres der Berechnung des Verdienstausfalls zugrunde gelegt werden; vielmehr muss der Geschädigte die *Auswirkung* seiner *Minderung der Erwerbsfähigkeit* auf sein Erwerbseinkommen darlegen und ggf. beweisen (BGH 24.10.1978, VersR 1978, 1170; OLG Düsseldorf 5.10.2010, NJW 2011, 1152).

Praxistipp: Die Feststellung eines entgangenen Gewinns erfordert eine *besondere Sachkunde*, und kann daher oftmals nur durch einen Sachverständigen (z. B. einen Wirtschaftsprüfer) erfolgen. Die dadurch außergerichtlich anfallenden Kosten stellen dann einen ersatzfähigen Schaden dar. Es ist auch zulässig, den entgangenen Gewinn in einem selbständigen Beweisverfahren festzustellen (BGH 20.10.2009, DAR 2010, 82; s. a. → *selbständiges Beweisverfahren*). Der Geschädigte muss für die Feststellung des entgangenen Gewinns durch einen *gerichtlichen Gutachter* ausreichende Anknüpfungstatsachen vortragen. Ist der Rechtsanwalt des Geschädigten dagegen als dazu in der Lage anzusehen, einen *Verdienstausfall* oder einen *Haushaltsführungsschaden* selbst zu beziffern, dann sind die Kosten eines außergerichtlichen Gutachtens zur Bezifferung dieser Schadenspositionen nicht erstattungsfähig (OLG Hamm 6.12.2010, MDR 2011, 424).

6. Dauer des Erwerbsschadens. Der Anspruch auf Verdienstausfall *dem Grunde nach* besteht von dem Zeitpunkt an, zu welchem der Geschädigte unfallbedingt Einkommens- und Vermögenseinbußen durch die Einschränkung oder den Verlust seiner Arbeitskraft hinnehmen muss. Bereits mit der *Krankschreibung* des Angestellten oder des Selbständigen ist ein Verdienstausfallschaden dem Grunde nach anzunehmen, wenn nicht ernsthafte Zweifel an der Glaubhaftigkeit der Krankschreibung bestehen (BGH 16.1.2001, NJW 2002, 128). Mit der *vollen Wiederherstellung der Gesundheit* des Geschädigten endet der Anspruch auf Erstattung des Erwerbsschadens nicht stets, z. B. dann nicht, wenn der Geschädigte unfallbedingt seinen Arbeitsplatz verloren hat (BGH 2.4.1991, NJW 1991, 2422). Bei *dauernder Erwerbsunfähigkeit* des Geschädigten endet der Anspruch auf Verdienstausfall mit dem voraussichtlichen Ende der Erwerbstätigkeit, beim *Angestellten* also i. d. R. mit dem Erreichen des gesetzlichen Rentenalters (BGH 27.6.1995, NZV 1995, 441) und beim *Selbständigen* einige Jahre später (BGH 10.2.1976, VersR 1976, 663).

7. Arbeitnehmer. Die Berechnung der *Höhe des Verdienstausfalls* des abhängig Beschäftigten *in fester Anstellung* kann sowohl anhand der sogenannten *Bruttolohntheorie* als auch nach der modifizierten *Nettolohntheorie* erfolgen, welche bei zutreffender Anwendung zu identischen Ergebnissen führen (*v. Gerlach* DAR 1995, 221; BGH 28.9.1999, DAR 2000, 62; BGH 15.11.1994, NJW 1995, 389; BGH 30.6.1964, NJW 1964, 2007). In den ersten sechs Wochen der Krankheit des angestellten Geschädigten findet eine *Lohn- und Gehaltsfortzahlung* durch den Arbeitgeber gem. § 6 EFZG statt. Insoweit der Arbeitgeber Zahlungen an den Unfallverletzten leistet, findet ein gesetzlicher Forderungsübergang statt, so dass insoweit keine Ersatzansprüche des Arbeitnehmers gegen den Schädiger bestehen (s. a. → *Übergang von Ersatzansprüchen*). Nach Ablauf von sechs Wochen kommt nicht mehr der Arbeitgeber für die Löhne- und Gehälter des verletzten Arbeitnehmers auf, sondern im Normalfall die Krankenversicherung des Geschädigten durch Zahlung von *Krankengeld* und der Beiträge für die Rentenversicherung. Der Geschädigte selbst hat dann gegen den Schädiger Anspruch auf Zahlung der *Differenz* zwischen seinem fiktiven Nettolohn und dem Krankengeld. Zur Ermittlung dessen sind das *Soll-Einkommen* (Einkommen des Geschädigten in einem Zeitraum von sechs bis zwölf Monaten vor dem Unfall inkl. anteiligen Urlaubsentgelt; BGH 13.8.2013, NJW 2014, 300) und das *Ist-Einkommen* (Krankengeldzahlungen, Arbeitslosengeld, Überbrückungsgeld, Sozialhilfeleistungen u.ä.) des Geschädigten zu vergleichen. Der Verdienstausfall eines zur Unfallzeit *Erwerbslosen* richtet sich nach der Höhe des Arbeitslosengeldes (BGH 20.3.1984, NJW 1984, 1811; BGH 25.6.2013, zfs 2013, 560, m. Anm. *Diehl*) oder der Sozialhilfe (BGH 4.3.1997, NZV 1997, 302; s. a. OLG Celle 27.6.2012, VersR 2013, 1052). Den Geschädigten trifft die *Darlegungs- und Beweislast* für den Kausalzusammenhang zwischen Verletzung und (aktueller und zukünftiger) Einkommenseinbuße (BGH 9.6.1970, VersR 1970, 860). Macht der Geschädigte eine *Einkommenseinbuße für die Zukunft* geltend, muss er solche Tatsachen darlegen und beweisen, die eine *Prognose* seiner *beruflichen Zukunft* erlauben, z. B. durch einen Vergleich mit der kontinuierlichen Laufbahn eines Arbeitskollegen in ähnlicher Anstellung (BGH 20.4.1999, DAR 1999, 401; BGH 14.1.1997, VersR 1997, 366). Aufgrund der *Beweiserleichterung* gem. §§ 252 S. 2 BGB (*Wahrscheinlichkeitsprognose*), 287 ZPO (*Schätzung*) ist der Nachweis einer gewissen (BGH 28.9.1999, VersR 2000, 65) bzw. einer überwiegenden Wahrscheinlichkeit des zukünftigen Einkommensverlaufs ausreichend (BGH 6.7.1993, NJW 1993, 2673; BGH 14.1.1997, VersR 1997, 366; BGH 8.11.2001, NZV 2002, 268). Die Wahrscheinlichkeitsprognose gem. § 252 S. 2 BGB muss stets nach dem *gewöhnlichen Lauf der Dinge* oder den *besonderen Umständen des Einzelfalles* erfolgen (BGH 22.12.1987, VersR 1988, 466; BGH 17.1. 1995, NJW 1995, 1023; BGH 14.1.1997, DAR 1997, 153; BGH 9.11.2010, NJW 2011, 1146, m. Anm. *Schiemann*). Befand sich der Geschädigte in *ungekündigter Anstellung*, dann spricht die Lebenserfahrung dafür, dass er die Stelle wahrscheinlich bis zum Erreichen des Rentenalters behalten hätte, so dass der Schädiger solange Schadenersatz leisten muss, wie der Geschädigte die Stelle voraussichtlich innegehabt hätte (OLG Hamm 8.12.1997, zfs 1998, 459; vgl. *Medicus* DAR 1994, 442). Etwas anderes kann nur dann gelten, wenn der Schädiger konkrete Anhaltspunkte dafür vorbringen kann, dass der Geschädigte seine Anstellung unfallunabhängig verloren und anschließend auf dem Arbeitsmarkt keine vergleichbare Anstellung gefunden hätte (BGH 25.1.1989, VersR 1967, 285). Wird ein bis zum Unfall *ungekündigtes Arbeitsverhältnis* einvernehmlich beendet, bleibt der Schädiger auch für die Zeit nach Beendigung des Arbeitsverhältnisses ersatzpflichtig, wenn sich die Aufgabe des Arbeitsverhältnisses als *adäquate Folge* der unfallbedingten Verletzungen und Beeinträchtigungen des Geschädigten darstellt. In einem solchen Fall ist eine vom Arbeitgeber bezahlte *Abfindung* auf den Verdienstausfallschaden des Geschädigten nicht anzurechnen (OLG Frankfurt 19.9.2001, zfs 2002, 20). War der Geschädigte zur Zeit des Unfalls dagegen *ohne feste Anstellung*, dann ist für die Einkommensprognose maßgeblich, ob der Geschädigte bis zum Unfall regelmäßig und überwiegend gearbeitet hat oder nicht (BGH 5.12.1989, NZV 1990, 185; OLG Frankfurt 28.9.1978, VersR 1979, 920). Wurde im vergangenen Erwerbsleben des Geschädigten *keine regelmäßige Erwerbstätigkeit* ausgeübt, dann spricht keine Wahrscheinlichkeit dafür, dass der Geschädigte nach dem Unfall ständig erwerbstätig gewesen wäre (OLG Frankfurt 28.9.1978, VersR 1979, 920). Der Geschädigte trägt dann die volle Darlegungs- und Beweislast (ohne die Beweiserleichterung der §§ 252 BGB, 287 ZPO) dafür, dass er ohne den Unfall erwerbstätig gewesen wäre (OLG Hamm 15.6.1998, r+s 1998, 465).

8. Selbstständiger. Die Höhe des Verdienstausfalls des Selbstständigen kann nicht fiktiv unter Zugrundelegung der Kosten einer Ersatzkraft

(BGH 5.5.1970, VersR 1970, 766) oder abstrakt nach der prozentualen Minderung der Erwerbsfähigkeit (BGH 31.3.1992, VersR 1992, 973) beziffert werden. Es ist vielmehr die *hypothetische Geschäftsentwicklung* des Selbständigen für die Zeit nach dem Unfall zu prognostizieren, § 252 S. 2 BGB, damit auf Grundlage dessen eine *Schätzung* des *entgangenen Gewinns* nach § 287 ZPO erfolgen kann (BGH 3.3. 1998, DAR 1998, 231; *Grunsky* DAR 1988, 400), wenn der Verdienstausfall des Geschädigten nicht anhand eines *konkreten Gewinnentgangs* aus dem verletzungsbedingten *Verlust konkreter Geschäfte* (BGH 3.3.1998, VersR 1998, 772) oder anhand *konkret angefallener Kosten* einer für den unfallbedingt ausgefallenen Selbständigen *eingestellten Ersatzkraft* (BGH 10.12.1996, VersR 1997, 453) beziffert werden kann. Die gem. §§ 252 S. 2 BGB, 287 ZPO vorzunehmende Bezifferung der entgangenen Einnahmen bemisst sich danach, was nach dem *gewöhnlichen Verlauf der Dinge* oder nach *den besonderen Umständen*, insbesondere nach den getroffenen Anstalten und Vorkehrungen, mit Wahrscheinlichkeit erwartet werden konnte (BGH 17.2.1998, DAR 1998, 349; BGH 6.7.1993, VersR 1993, 1284; BGH 31.3.1992, VersR 1992, 973; OLG Oldenburg 10.11.1992, zfs 1993, 263). Dem Geschädigten obliegt die Darlegung und ggf. der Beweis *konkreter Anknüpfungstatsachen* als Grundlage der Prognose und Schätzung des entgangenen Gewinns (BGH 6.7.1993, NJW 1993, 2673), wobei an die Darlegung solcher Anknüpfungstatsachen *keine allzu hohen Anforderungen* zu stellen sind (BGH 20.4.1999, DAR 1999, 401; BGH 6.7.1993, VersR 1993, 1284), damit das Gericht ein Gutachten einholt (BGH 31.3. 1992, VersR 1992, 973; BGH 6.7.1993, NJW 1993, 2673). Die zur Schätzung des Gewinnentgangs vorzunehmende Prognose erfolgt auf *Grundlage der gewöhnlichen Geschäftsentwicklung* (BGH 6.2. 2001, NZV 2001, 210), so dass unter Vorlage vorhandener Gewinnermittlungen *für die Branche* (branchenspezifische Statistiken der jeweiligen Berufs-Kammern in Jahrbüchern) und *für den Betrieb* des Geschädigten (Bilanzen, Steuerbescheide, u.ä.) darzustellen ist, wie sich das Geschäft des Geschädigten vor dem Unfall entwickelt hatte und ohne den Unfall voraussichtlich nach dem gewöhnlichen Lauf der Dinge weiter entwickelt hätte (BGH 16.3. 2004, DAR 2004, 382). Scheidet eine solche Prognose für den konkreten Betrieb des Geschädigten mangels Darlegung hinreichend konkreter Anknüpfungstatsachen aus, z. B. bei einem *jungen Unternehmen* (BGH 6.7.1993,

NJW 1993, 2673), dann kommt es für die Bezifferung des zu ersetzenden entgangenen Gewinns auf den *voraussichtlichen durchschnittlichen Erfolg* des Geschädigten in seiner Tätigkeit an (BGH 17.2.1998, DAR 1998, 349). Von den Einkommensverlusten sind sog. *variable Kosten* in Abzug zu bringen, die mangels Berufsausübung des Geschädigten nicht anfallen (OLG Hamm 17.3.1994, DAR 1994, 496). *Steuervorteile* sind über den Vorteilsausgleich schadensmindernd anzurechnen (BGH 19.10.1982, VersR 1983, 149). Erzielte der Selbständige vor dem Unfall *Verluste*, so kann sich aus der Prognose gem. § 252 S. 2 BGB ergeben, dass der Geschädigte die Selbständigkeit aufgegeben und in eine Angestelltentätigkeit übergegangen wäre (BGH 3.3. 1998, VersR 1998, 772; BGH 1.10.1957, VersR 1957, 750).

Praxistipp: Die *Ermittlung des zu erwartenden Gewinns* eines Selbständigen kann in der Regel, insbesondere aber dann, wenn der Gewinn vor dem Unfall zurückging oder es sich um einen Betrieb in der Gründungsphase handelt, nur durch einen *Sachverständigen* (Steuerberater, Wirtschaftsprüfer) erfolgen. Die dadurch anfallenden Kosten hat der Schädiger als notwendige *Kosten der Rechtsverfolgung* zu tragen, es sei denn, der *Rechtsanwalt* des Geschädigten ist als dazu in der Lage anzusehen, den entgangenen Gewinn selbst zu beziffern (vgl. OLG Hamm 6.12.2010, MDR 2011, 424). Es ist grds. zulässig, den entgangenen Gewinn in einem selbständigen Beweisverfahren festzustellen (BGH 20.10.2009, DAR 2010, 82; s. a. → *selbständiges Beweisverfahren*). Der Geschädigte muss dann für die Feststellung des entgangenen Gewinns durch einen *gerichtlichen Gutachter* ausreichende Anknüpfungstatsachen vortragen.

9. Gesellschafter. Wurde durch den Schädiger ein Gesellschafter verletzt, dann stehen alleine diesem Gesellschafter Ansprüche auf Ersatz für die Reduzierung seiner Gewinnbeteiligung (*Gewinnausschüttung*) zu. Die übrigen Gesellschafter sind nur mittelbar geschädigt (BGH 8.2.1977, NJW 1977, 1283; vgl. BGH 21.11. 2000, VersR 2001, 649), es sei denn, es wurde der Alleingesellschafter einer Ein-Mann-GmbH verletzt (BGH 16.6.1992, VersR 1992, 1410). Leisten die übrigen Gesellschafter zur *Kompensation* des Ausfalls des verletzten Gesellschafters eine überobligationsmäßige Mehrarbeit, dann entlastet dies den Schädiger nicht. Die *Mehrarbeit* ist zu beziffern und vom Schädiger zu entschädigen. Wird für den verletzten

Gesellschafter eine *Ersatzkraft* eingestellt, dann sind die dadurch konkret anfallenden Kosten durch den Schädiger zu ersetzen (BGH 15.1. 1963, VersR 1963, 433). Gleiches gilt, wenn die Gesellschaft auf Grundlage des Gesellschaftsvertrages an den verletzten Gesellschafter eine Tätigkeitsvergütung (*Geschäftsführergehalt*) weiter bezahlt. Der verletzte Gesellschafter ist dann ähnlich einem Arbeitnehmer zu behandeln (BGH 5.2.1963, NJW 1963, 1051; BGH 16.6.1992, VersR 1992, 1410; OLG Hamm 28.1.2002, r+s 2002, 505), wobei mangels Legalzession eine Geltendmachung solcher Ansprüche durch die Gesellschaft nur nach Abtretung der Ersatzansprüche des verletzten Gesellschafters an die Gesellschaft erfolgen kann.

10. Beamter. Bei einer unfallbedingten, vorzeitigen Pensionierung des Beamten hat der Schädiger die Differenz zwischen den *vollen Dienstbezügen mit allen Zulagen* und den gewährten Versorgungsbezügen zu erstatten. Für die Zeit nach dem gesetzlichen Zeitpunkt der Pensionierung des Beamten ist die Differenz zwischen der *fiktiven Pension* ohne Unfall und der unfallbedingt reduzierten Pension zu erstatten. Da dem Beamtenrecht im Grundsatz eine teilweise Dienstfähigkeit fremd ist, also nur zwischen voller Dienstfähigkeit und Dienstunfähigkeit unterschieden wird, stellt sich die Frage, ob ein vorzeitig pensionierter Beamter vor dem Hintergrund der *Schadensminderungspflicht* des § 254 BGB dazu verpflichtet ist, seine verbliebene Erwerbsfähigkeit zur Erzielung von Einkünften einzusetzen. Dies hängt davon ab, ob dem vorzeitig pensionierten Beamten die Aufnahme einer Erwerbstätigkeit zugemutet werden kann. Diese Frage ist über eine *Abwägung aller Umstände des Einzelfalles* (z. B. Alter, Ausbildung, berufliche Tätigkeit vor dem Unfall, verbliebene Belastbarkeit nach dem Unfall) zu beantworten (BGH 9.10.1990, NJW 1991, 1412; BGH 23.1.1979, NJW 1979, 2142; *Drees* VersR 1987, 739).

11. Kind. S. auch → *Kinderunfall.* Wurde durch den Schädiger ein Kind verletzt, dann ist eine *Prognose* zur *wahrscheinlichen zukünftigen Verwertung der Arbeitskraft* nach dem gewöhnlichen Lauf der Dinge und den dadurch erzielbaren Verdienst des verletzten Kindes anzustellen (BGH 14.1.1997, DAR 1997, 153). Je jünger das Kind noch ist, desto problematischer stellt sich die Darstellung von *Anknüpfungstatsachen* für eine solche *Prognose* dar, weil unter Umständen noch nicht einmal auf einen schulischen Abschluß oder eine berufliche Laufbahn verwiesen werden kann. Können *Zeugnisse* und *Ausbildungsnachweise* nicht vorgelegt werden, dann muss auf bereits *erkennbare Neigungen* und *Fähigkeiten* sowie auf den beruflichen Werdegang der Geschwister oder Eltern oder eine Familientradition zurückgegriffen werden, um die *wahrscheinliche berufliche Zukunft* des verletzten Kindes nach dem gewöhnlichen Verlauf der Dinge zu prognostizieren (BGH 5.10.2010, NJW 2011, 1148, m. Anm. *Schiemann;* BGH 2.2.1965, VersR 1965, 489; OLG Karlsruhe 25.11.1988, VersR 1989, 1101). Der Schädiger hat dem geschädigten Kind sämtliche Nachteile zu ersetzen, die durch eine unfallbedingte Verzögerung des beruflichen Fortkommens entstehen (*verspäteter Eintritt in das Erwerbsleben;* BGH 22.2.1973, NJW 1973, 700; *Steffen* DAR 1984, 1), wie z. B. einen lebenslangen Minderverdienst infolge unfallbedingt verzögerter Einkommenssteigerungen und dadurch bedingte geringere Rentenansprüche. Die Bezifferung eines solchen Schadens erfolgt durch die Ermittlung der Differenz zwischen die Einkünften und vermögensrechtlichen Positionen des Geschädigten bei beruflicher Zukunft ohne und mit dem Unfall (*Prognose unter Zugrundelegung des gewöhnlichen Laufs der Dinge;* BGH 5.10.2010, NJW 2011, 1148, m. Anm. *Schiemann;* OLG Stuttgart 25.11.1997, VersR 1999, 630). Dabei kommt dem Geschädigten die *Beweiserleichterung* der §§ 252 BGB, 287 ZPO zugute (BGH 14.1.1997, DAR 1997, 153; ausführlich dazu *Freymann,* zfs 2013, 125 *ders.,* DAR 2013, 752).

> Praxistipp: Ist eine solche *Prognose nicht möglich,* dann ist für eine *Unterbrechung der Verjährung* zu sorgen, z. B. durch titelersetzendes Anerkenntnis des Schädigers bzw. dessen Kfz-Haftpflichtversicherung, um anhand der tatsächlichen beruflichen Entwicklung des Geschädigten dessen Ansprüche zu beziffern.

12. Schadenminderungspflicht. Verletzt der Geschädigte vorwerfbar eigene Interessen, führt dies gem. § 254 BGB zur Minderung der Ersatzpflicht des Schädigers (s. a. *Mithaftung und Mitverschulden*). Bei einem mittelbaren Schaden (s. a. → *Ersatzansprüche Dritter*) muss sich der mittelbar Geschädigte das Mitverschulden des unmittelbar Verletzten anrechnen lassen, § 846 BGB. Die Schadenminderungspflicht birgt für den Geschädigten die Obliegenheit, seine *Arbeitskraft* durch Heilbehandlungsmaßnahmen *wieder herzustellen* (BGH 15.3.1994, NZV 1994, 271) und die ihm *verbleibende Arbeitskraft* in zumutbarer Weise *bestmöglich einzusetzen*

(BGH 24.2.1983, VersR 1983, 488), soweit er dazu in der Lage ist (BGH 5.12.1995, DAR 1996, 144). Die *Zumutbarkeit* richtet sich z. B. nach dem Alter, dem Gesundheitszustand, der Ausbildung, der Begabung und Neigung, den Kenntnissen und Fähigkeiten des Geschädigten (BGH 9.10.1990, VersR 1991, 437) sowie der Situation auf dem Arbeitsmarkt und dem Charakter der noch in Betracht kommenden Arbeit. Der Verletzte ist zur aktiven Nutzung seiner verbliebenen Arbeitskraft verpflichtet, mithin zur Suche nach einer neuen Arbeitsstelle (OLG Hamm 8.12.1997, zfs 1998, 459), u. U. sogar zur Annnahme einer von Seiten des Schädigers angebotenen Arbeit (OLG Köln 22.6.1999, DAR 2000, 68) oder zur Mitwirkung an *Umschulungsmaßnahmen*, wenn Bemühungen des Geschädigten um eine neue Arbeit nicht von vornherein völlig aussichtslos erscheinen (BGH 5.12.1995, VersR 1996, 332; BGH 9.10.1990, NJW 1991, 1412). Ansonsten kann dem Geschädigten ein *fiktives Einkommen* zugerechnet werden. Der Geschädigte hat umgekehrt einen Anspruch darauf, sich auf Kosten des Schädigers umschulen zu lassen (*berufliche Rehabilitation*), wenn er unfallbedingt seinen Beruf nicht mehr ausüben kann, aber noch erwerbsfähig ist (BGH 26.2.1991, VersR 1991, 596; BGH 4.5.1982, VersR 1982, 767). Für einen Verstoß des Geschädigten gegen die Schadenminderungspflicht ist der Schädiger *darlegungs- und beweispflichtig* (BGH 23.1.1979, NJW 1979, 2142). Wenn der Geschädigte dagegen gar nichts zur Verwertung seiner verbliebenen Arbeitskraft unternommen hat, kommt ein *Anscheinsbeweis* oder gar eine *Umkehrung der Darlegungs- und Beweislast* in Betracht (BGH 23.1.1979, NJW 1979, 2142; OLG Köln 10.1.1990, VersR 1991, 111). Der wenigstens teilweise arbeitsfähige Geschädigte hat darzulegen und zu beweisen, welche Bemühungen er um eine Arbeitstätigkeit entfaltet hat (BGH 23.1.1979, NJW 1979, 2142), wenn entsprechende Bemühungen nicht von vornherein völlig aussichtslos sind (BGH 9.10.1990, NJW 1991, 1412). Das Risiko, dass eine Wiedereingliederung des Geschädigten in das Erwerbsleben nicht gelingt, trägt der Schädiger (BGH 5.12.1989, VersR 1990, 284).

13. Vorteilsausgleich. Erhält der Geschädigte unmittelbar aus dem Schadensereignis finanzielle Vorteile, ist eine *Wertung* vorzunehmen, ob durch die Anrechnung dieser Vorteile der Geschädigte nicht unzumutbar belastet und der Schädiger nicht unbillig entlastet wird (vgl. BGH 16.4.1984, NJW 1984, 2520). *Erzielbare oder erzielte Erwerbseinkünfte* muss sich der Geschädigte auf seine Ersatzansprüche anrechnen lassen (BGH 24.2.1983, NJW 1984, 354), ebenso im Fall einer Umverteilung der familiären Rollen dergestalt, dass der zuvor erwerbstätige Geschädigte nunmehr die *Haushaltsführung* übernimmt (vgl. BGH 24.4.1979, NJW 1979, 1403). *Einkünfte aus überobligationsmäßigen Anstrengungen* werden dagegen nicht auf den Erwerbsschaden angerechnet (BGH 19.10.1993, NJW 1994, 131). Gleiches gilt für *Leistungen privater Schadensversicherer* (Lebens-, Unfallversicherung; BGH 19.12.1978, VersR 1979, 323) und *freiwillige Leistungen Dritter* (BGH 17.10.1972, VersR 1973, 84) sowie für *Abfindungszahlungen* des Arbeitgebers an den Geschädigten, da diese nicht zum Ausgleich der Vermögenseinbuße während der Arbeitsunfähigkeit bezahlt wird, sondern zum Ausgleich zukünftiger Nachteile durch den Arbeitsplatzverlust (BGH 16.1.1990, NJW 1990, 1360). Umgekehrt entlastet eine Veränderung zur sparsameren Lebensführung (*Konsumverzicht*) des Geschädigten den Schädiger nicht (BGH 22.1.1980, NJW 1980, 1787). Der Geschädigte muss sich das *Vorruhestandsgeld*, welches er wegen des Eintritts in die Vorruhestand als Folge des schädigenden Ereignisses erhält, auf seinen Verdienstausfallschaden ebenso anrechnen lassen (BGH 7.11.2000, DAR 2001, 119) wie sonstige *ersparte Aufwendungen*, z. B. Fahrtkosten, Berufskleidung und sonstige Arbeitsmittel sowie Ausbildungskosten, die dem Geschädigten unfallbedingt nicht entstanden sind (BGH 22.1.1980, NJW 1980, 1787). Ferner ist wegen des gesetzlichen Forderungsübergangs gem. § 116 SGB X eine *Anrechnung* von bereits ausbezahlten *Sozialhilfeleistungen* auf eine Verdienstausfallrente des Geschädigten insoweit angezeigt (BGH 4.3.1997, NJW 1997, 2175). Dagegen unterbleibt wegen der *Subsidiarität der Sozialhilfe* (danach ist der Lebensbedarf des Geschädigten primär aus dem Schadenersatzanspruch gegen den Schädiger zu bestreiten, erst sekundär unter Inanspruchnahme von Sozialhilfe) eine Anrechnung auf den zukünftigen Erwerbsschaden, und zwar auch dann, wenn der Forderungsübergang aufgrund des Familienprivilegs des § 116 Abs. 6 S. 1 SGB X ausgeschlossen ist (OLG Bamberg 20.4.1993, VersR 1994, 995). Die Zahlung von *Kranken-/ Verletztengeld* ist wegen *sachlicher Kongruenz* auf den Erwerbsschaden anzurechnen (BGH 2.12.2008, DAR 2009, 198), nicht aber auf den Schadenersatz wegen vermehrter Bedürfnisse durch den Ausfall bzw. die Minderung in der Haushaltstätigkeit. Bei einer Unterbringung des Verletzten in einem Heim oder einer Pflegeanstalt sind die *häuslichen Ersparnisse* in Abzug zu bringen (OLG Köln 17.9.1987, VersR 1988, 61). Leistungen aus der Pflegeversicherung (*Pflegegeld*) werden auf vermehrte Bedürfnisse angerechnet. Auch eine von der Berufsgenossenschaft gezahlte *Unfallrente* ist auf die Ersatzansprüche des Geschädigten im Wege des Vorteilsausgleichs anzurechnen. Der Schädiger trägt die *Darlegungs- und Beweislast* für die Tatsachen, aus denen sich die Notwendigkeit eines Vorteilsausgleichs ergibt (BGH 19.12. 1978, NJW 1979, 760).

14. Haushaltsführungsschaden. Die Haushaltsführung ist eine *wirtschaftliche Verwertung der Arbeitskraft* für den *Familienunterhalt*, mithin eine Erwerbstätigkeit. Im unfallbedingt auch nur teilweisen und vorübergehenden Verlust dieser Fähigkeit liegt ein ersatzfähiger Schaden, der sog. Haushaltsführungsschaden (*Quaisser* NJW-Spezial 2013, 585; *Burmann* DAR 2012, 127). Stellt die Haushaltstätigkeit des Geschädigten seinen Beitrag zum Familienunterhalt dar (Mehrpersonenhaushalt), dann ist der Ausfall in dieser Tätigkeit ein *Erwerbsschaden* im Sinne von § 843 Abs. 1 1. Alt. BGB (*Fremdbedarfsdeckung*). Soweit der Geschädigte die Haushaltstätigkeit für sich selbst erbringt, diese also zur Befriedigung eigener Bedürfnisse dient (*Eigenbedarfsdeckung*), stellt der Ausfall dieser Tätigkeit *vermehrte Bedürfnisse* des Geschädigten i.S.v. § 843 Abs. 1 2. Alt. BGB dar (BGH 25.9.1973, VersR 1974, 162; BGH 18.2.1992, DAR 1992, 262; BGH 8.10.1996, DAR 1997, 66). Auch für im Haushalt zur Mithilfe verpflichtete Kinder besteht Anspruch auf Ersatz eines Haushaltsführungsschadens (BGH 8.2.1983, VersR 1983, 458; BGH 12.2.1974, VersR 1974, 601). Die *Aufteilung* des Schadens erfolgt *nach Kopfteilen* der dem Haushalt angehörigen Personen. Die Grundsätze des Haushaltsführungsschadens sind auch auf die *nichteheliche Lebensgemeinschaft* anzuwenden (vgl. OLG Karlsruhe 6.3.1992, DAR 1993, 391; a.A. OLG Düsseldorf 21.2.1991, VersR 1992, 1418).

Praxistipp: Die *Unterscheidung* zwischen *Erwerbsschaden* und *vermehrten Bedürfnissen* ist relevant für die Frage, ob und ggf. in welchem Umfang Leistungen eines Sozialversicherungsträgers den Schadenersatzanspruch des Geschädigten wegen eines gesetzlichen *Forderungsübergangs* reduzieren können, und ob und ggf. inwieweit eine *Steuerpflicht* besteht. Werden von einem Sozialleistungsträger *Haushaltsführungskosten* übernommen, so geht der Anspruch des Geschädigten auf Ersatz des Haushaltsführungsschadens insoweit auf den jeweiligen Sozialleistungsträger im Wege der *Legalzession* über, § 116 SGB X. *Pflegekosten* wegen häuslicher Pflegehilfe und *Pflegegeld* aus der Pflegeversicherung verringern nur die vermehrten Bedürfnisse des Geschädigten, mangels sachlicher Kongruenz nicht aber den Anspruch auf Ersatz des Erwerbsschadens (BGH 8.10.1996, DAR 1997, 66), wohingegen eine Sozialversicherungsrente der Versorgung der Angehörigen des Geschädigten dient, so dass sich die Legalzession gem. § 116 SGB X auf den Haushaltsführungsschaden in Form des Erwerbsschadens beschränkt, sich also mangels *sachlicher Kongruenz* nicht auf die vermehrten Bedürfnisse erstreckt (KG 5.6.2008, DAR 2008, 520). Eine *Verletztenrente* ist aufgrund des Forderungsübergangs grundsätzlich auf den Haushaltsführungsschaden anzurechnen (OLG Düsseldorf 20.3.1998, VersR 2000, 63; OLG Nürnberg 31.3.2000, VersR 2002, 1114). Wird *Krankengeld* bezahlt, geht der Ersatzanspruch auf die Krankenkasse über (OLG Hamm 24.9.2001, r+s 2001, 506). Häusliche Hilfe und Pflegegeld werden nicht auf den Erwerbsschaden i.s.v. § 843 Abs. 1 1. Alt., sondern nur auf Bedürfnisse i.S.v. § 843 Abs. 1 2. Alt. angerechnet (BGH 8.10.1996, NJW 1997, 256; s. a. → *Übergang von Ersatzansprüchen*).

15. Voraussetzung eines dem Grunde nach ersatzfähigen *Haushaltsführungsschadens* ist eine nicht nur unerhebliche *haushaltsspezifische Minderung der Erwerbstätigkeit* (OLG Hamm 26.3.2002, VersR 2002, 1430; OLG Köln 18.2.2000, SP 2000, 306; OLG Düsseldorf 5.10.2010, NJW 2011, 1152). Eine *nur unerhebliche* haushaltsspezifische Minderung der Erwerbsfähigkeit wirkt sich im Haushalt nicht mehr nennenswert aus, so dass kein ersatzfähiger Haushaltsführungsschaden angenommen werden kann (OLG München 18.2.1992, DAR 1993, 353). Nach zutreffender Auffassung ist ab einer haushaltsspezifischen Minderung der Erwerbsfähigkeit von *10 %* ein ersatzfähiger Haushaltsführungsschaden anzunehmen (Palandt/*Heinrichs* Vorb. v. § 249 BGB Rn. 42 m.w.N.; OLG Düsseldorf 16.3. 1987, DAR 1988, 24; OLG München 18.2. 1992, DAR 1993, 353; a.A. nach erst ab einer Minderung von *20 %*). Dem Geschädigten kann es zumutbar sein, durch eine *Umorganisation* seines Haushaltes und seiner Hausarbeit oder durch die *Anschaffung arbeitserleichternder Haushaltsgeräte* eine nur geringfügige körperliche Beeinträchtigung zu *kompensieren* (BGH 28.4.1970, VersR 1970, 640; OLG Hamm 26.3.2002, NZV 2002, 570). Die *Höhe* des Haushaltsführungsschadens richtet sich danach, welche Arbeiten der Verletzte üblicherweise *tatsächlich* im Haushalt leistet (BGH 8.10.1996, NJW 1997, 256; BGH 7.5.1974, NJW 1974, 1651), welchen *Arbeitszeitaufwand* der Geschädigte ohne den Unfall künftig konkret aufgebracht hätte. Wird unfallbedingt tatsächlich eine Ersatzkraft eingestellt, um die Haushaltstätigkeit des Verletzten zu übernehmen, dann sind die dadurch *konkret* anfallenden Kosten (*Bruttolohn plus Arbeitgeberanteile*) vom Schädiger zu ersetzen (BGH 6.6.1989, NJW 1989, 2539; OLG Köln 17.2.1989, VersR 1990, 1285). Ein Haushaltsführungsschaden kann aber auch *fiktiv* in Anlehnung an die *Netto-Vergütung einer Hilfskraft* beziffert werden (OLG Düsseldorf 16.3.1987, DAR 1988, 24; KG 5.6.2008, DAR 2008, 520), welche für den Geschädigten die üblicherweise von diesem erbrachten Haushaltstätigkeiten übernimmt (BGH 8.2.1983, NJW 1983, 1425; BGH 29.3.1988, NJW 1988, 1783; BGH 6.6.1989, NJW 1989, 2539; BGH 10.10.1989, DAR 1990, 53; BGH 18.2.1992, NJW 1992, 618), da es den Schädiger nicht entlasten soll, wenn der Geschädigte und dessen Familie und Dritte durch *überobligatorischen Mehraufwand* im Haushalt den wenigstens teilweisen Ausfall des Unfallverletzten kompensieren (BGH 10.4.1979, VersR 1979, 670). Diese Netto-Vergütung kann mit *pauschal 8 – 10 Euro netto* beziffert werden (OLG Frankfurt 29.10.2008, SP 2009, 13; OLG Celle 9.9.2004, NJW-RR 2004, 1673; OLG München v. 17.3.2006, Az: 10 U 5268/05; OLG Düsseldorf 5.10.2010, NJW 2011, 1152; Überblick bei *Luckey* DAR 2011, 138). Maßgeblich für die Beurteilung ist die *Größe und Art des Haushalts* sowie die Vergütung, die für eine mit dem Verletzten *vergleichbare Ersatzkraft* anfallen würde (LG Saarbrücken 15.4.1997, zfs 1997, 412). Es ist ein *Vergleich der konkreten Lebenssituation des Geschädigten vor und nach dem schädigenden Ereignis* vorzunehmen, da nur so die unfallbedingten Folgen für die Hausarbeit und aus dem daraus folgenden Haushaltsführungsschaden erkennbar werden. Hierzu hat der Geschädigte *detaillierte und konkrete Angaben* zu machen. Der *pauschale Verweis auf Tabellen* zur Bezifferung des Haushaltsführungsschadens ist *nicht ausreichend* (BGH 3.2.2009, DAR 2009, 263; OLG Celle 20.1.2010, 14 U 126/09; OLG München 1.7.2005, 10 U 2544/05). Indes dürfen die Anforderungen an den Sachvortrag vor dem Hintergrund des hier maßgeblichen § 287 ZPO nicht überspannt werden (BGH 18.2.1992, VersR 1992, 618; OLG München 1.7.2005, SVR 2006, 180; KG 4.5.2006, VRS 111, 16). Die Ermittlung der unfallbedingt entstandenen Minderung der haushaltsspezifischen Leistungsfähigkeit kann gem. §§ 252 BGB, 287 ZPO unter Zuhilfenahme von Tabellenwerken geschätzt werden (*Ludwig* DAR 1991, 401; *Reichenbach/Vogel* DAR 1991, 401; *Schulz-Borck/Hofmann*; BGH 3.2.2009, DAR 2009, 263, m. Anm. *Ernst*) oder durch ein fachärztliches Gutachten erfolgen (BGH 10.4.1979, VersR 1979, 670). Die *Bezifferung* des Haushaltsführungsschadens unter Verwendung der Tabelle von *Schulz-Borck/Hofmann* bzw. *Schulz-Borck/Pardey*, ab der 8. Auflage alleine von *Pardey* fortgeführt und überarbeitet, erfolgt *in mehreren Schritten* (vgl. *Quaisser* NJW-Spezial 2013, 585): In einem ersten Schritt ist der *Arbeitszeitaufwand* zu ermitteln, den der Geschädigte vor dem Unfall zur Haushaltsführung wöchentlich betrieben hat, wofür eine *Ermittlung des Haushaltstyps* des Geschädigten erforderlich ist. In einem zweiten Schritt ist die unfallbedingte, *haushaltsspezifische Minderung der Erwerbsfähigkeit* des Geschädigten im Sinne eines auszugleichenden Zeitaufwands zu ermitteln. In einem dritten Schritt ist der Haushaltsführungsschaden konkret (Ansatz der Kosten der tatsächlich eingestellten Ersatzkraft brutto zuzüglich Arbeitgeberanteile) oder fiktiv (Ansatz des Nettolohns einer Hilfskraft gemäß Bundesangestelltentarif, Tarifvertrag des öffentlichen Dienstes oder gem. Pauschalstundensatz) zu beziffern, so dass im letzten Schritt errechnet werden kann, inwieweit eine unfallbedingte, zeitliche Einbuße des Geschädigten in Wochenstunden mit welchem Ersatzbetrag auf den Monat umgerechnet zu entschädigen ist (differenzierend *Pardey* DAR 2010, 14).

16. Rente und Kapital. Grundsätzlich sind der Erwerbsschaden, der Unterhaltsschaden, vermehrte Bedürfnisse und der Haushaltsführungsschaden als *Rente* geschuldet, § 843 Abs. 1 BGB, die gemäß § 760 Abs. 2 BGB grundsätzlich drei Monate im Voraus geschuldet ist. Alternativ kann eine *Kapitalisierung* (Kapitalabfindung) vereinbart werden. Bei *Vorliegen eines wichtigen Grundes* gem. § 843 Abs. 3 BGB kann der Geschädigte *eine Kapitalabfindung* seiner Ersatzansprüche *verlangen*. Mit Kapitalbetrag ist der Betrag gemeint, der während der *voraussicht-*

lichen Laufzeit der Rente zusammen mit dem Zinsertrag ausreicht, die an sich geschuldeten Renten zu bezahlen. Einer solchen Kapitalisierung ist beim Erwerbsschaden die *voraussichtliche Dauer* der Erwerbstätigkeit zugrunde zulegen, bei dem Unterhaltsschaden die voraussichtliche Dauer der Unterhaltspflicht, bei den vermehrten Bedürfnissen, der Schmerzensgeldrente und dem Haushaltsführungsschaden die *mutmaßliche Lebensdauer* des Geschädigten (vgl. Engelbrecht DAR 2009, 447, m.w.N.). Diese kann anhand der allgemeinen *Sterbetafeln* ermittelt werden. Dem Geschädigten sollte die Fähigkeit zur Haushaltsführung nicht bereits früher, z. B. ab dem 75. Lebensjahr, pauschal abgesprochen werden (so aber grds. BGH 7.5.1974, VersR 1974, 1016; OLG Zweibrücken 29.7.1977, VersR 1978, 356). Allenfalls wegen des zu erwartenden Nachlassens der Arbeitskraft mit zunehmendem Alter kann eine maßvolle Reduzierung des Anspruchs vorgenommen werden (BGH 7.5.1974, NJW 1974, 1651; OLG Düsseldorf 5.10.2010, NJW 2011, 1152; Pardey/Schulz-Borck DAR 2002, 289). Da ein Kapitalbetrag gewinnbringend angelegt werden kann, ist ein *Zinsgewinn* aus einem solchen Kapitalbetrag zugunsten des Schädigers anzurechnen. Diesbezüglich wird in der Praxis in der Regel ein *Kapitalisierungsfaktor* (*Zinsfuß*) von 4 – 5 % angesetzt (BGH 8.1.1981, VersR 1981, 283), wobei beachtliche Argumente für den Ansatz geringerer und damit für den Geschädigten günstigerer Prozentsätze sprechen (*Engelbrecht* DAR 2009, 447, m.w.N.).

17. Nutzlose Aufwendungen. Grundsätzlich besteht kein Anspruch auf Ersatz für → *frustrierte Aufwendungen*, mithin solcher Ausgaben, die der Geschädigte vor dem Unfall vorgenommen hatte, in deren Genuß der Geschädigte aber aufgrund des schädigenden Ereignisses aber nicht mehr kommt (Palandt/Heinrichs vor § 249 BGB Rn. 33), wie z. B. Zahlungen für eine Jagdpacht (BGH 15.12.1970, MDR 1971, 470) oder für ein Fitnessstudio. Denn in solchen Fällen ist nicht das schädigende Ereignis Ursache für die Aufwendungen des Geschädigten. Vielmehr hätte der Geschädigte die Aufwendungen jedenfalls vorgenommen. Eine Ersatzpflicht des Schädigers besteht ausnahmsweise bei unfallbedingter Nichtnutzbarkeit von Eintrittskarten (z. B. Fußballspiel, Konzert), wenn diese nicht auf einen anderen Nutzer übertragen werden konnten, weil dann der Nutzungswert der Karte endgültig so vernichtet wird wie bei einer Zerstörung der Karte selbst (vgl. auch OLG Hamm 5.2.1998, NJW 1998, 2292; s. a. → *frustrierte Aufwendungen*).

18. Schmerzensgeld. Das Schmerzensgeld ist der Anspruch des Geschädigten auf eine *billige Entschädigung in Geld* für Beeinträchtigungen des körperlichen und seelischen Wohlbefindens, § 253 Abs. 2 BGB (§ 847 Abs. 1 BGB a. .), mithin eines (immateriellen) Schadens, der nicht Vermögensschaden ist. Das Schmerzensgeld hat sowohl (primär) eine *Ausgleichs-* als auch (sekundär) eine *Genugtuungsfunktion* (BGH 6.7.1955, NJW 1955, 1675; BGH 18.11.1969, VersR 1970, 134). Auch nach der Reform des Schadenersatzrechts erfüllt das Schmerzensgeld diese *Doppelfunktion* (OLG Celle 23.1.2004, NJW 2004, 1185; OLG München 27.10.2006, 10 U 3345/06). Obgleich durch das 2. Schadensrechtsänderungsgesetz ein Schmerzensgeld nunmehr nicht alleine aus *Verschuldenshaftung*, sondern auch aus *Vertrags- und Gefährdungshaftung* folgen kann (s. a. → *Schadensrechtsänderungsgesetz*), wurde keine *Erheblichkeitsschwelle* zur Kompensation dieser Ausweitung der Schmerzensgeldgrundlagen vom Gesetzgeber eingeführt. Daraus folgt, dass bis zur Grenze der extremen *Bagatelle* auch bei weniger erheblichen Verletzungen ein Schmerzensgeld geschuldet sein kann. In der *Verwendung* des Schmerzensgeldes ist der Geschädigte frei (BGH 15.1.1991, NJW 1991, 1544). Ein *Vorteilsausgleich* erfolgt beim Schmerzensgeld nicht (BGH 9.3.1982, VersR 1982, 552). Die Einführung eines *Angehörigenschmerzensgeldes* wurde vom Gesetzgeber abgelehnt. Grundsätzlich haben *nur mittelbar Geschädigte* keine Ersatzansprüche gegen den Unfallverursacher. Beim *Tod nächster Angehöriger* ist Voraussetzung eines ausnahmsweise anzunehmenden Schmerzensgeldanspruchs (sog. *Schockschaden, Fernwirkungsschaden*) eine Auswirkung auf den eigenen Körper bzw. die eigene Gesundheit in einem medizinisch fassbaren Umfang, der über das „normale Maß" seelischer Erschütterung bei solchen Erlebnissen hinausgeht (BGH 5.2.1985, NJW 1985, 1390; OLG Frankfurt a.M. 19.7.2012, zfs 2013, 202, m. Anm. *Diehl*; s. a. *Ersatzansprüche Dritter*). Wurden die Verletzungen des Geschädigten durch *mehrere Schädiger* verursacht, dann bestimmt sich die Höhe des Schmerzensgeldes gegenüber jedem Schädiger nach der jeweils besonderen Angemessenheit (BGH 6.7.1955, NJW 1955, 1675, BGH 2.11.1982, NJW 1983, 624; s. a. → *Haftung mehrerer Schädiger*).

19. Bemessung. Die Höhe des Schmerzensgeldes hängt entscheidend vom Maß der durch das haftungsbegründende Ereignis verursachten *physischen und psychischen Beeinträchtigungen* des Geschädigten ab (*Ausgleichsfunktion*), soweit diese bereits eingetreten sind oder mit deren zukünftigem Eintreten ernsthaft gerechnet werden muss (sog. Grundsatz der *Einheitlichkeit des Schmerzensgeldes*; BGH 20.1.2004, DAR 2004, 270; BGH 4.12.1975, VersR 1976, 440; BGH 8.7.1980, VersR 1980, 975; OLG München 15.3.2013, 10 U 4171/12; Diederichsen VersR 2005, 433). Der Grad der Beeinträchtigung wird durch die Intensität, Heftigkeit und Dauer der erlittenen *Schmerzen* und *Funktionsbeeinträchtigungen* des Geschädigten bestimmt (BGH 10.1.2006, NJW 2006, 1068). Etwaigen *Dauerfolgen* der unfallbedingten Verletzungen kommt besonderes Gewicht zu (OLG München 1.7.2005, SVR 2006, 180), z. B. einer *Persönlichkeitsbeeinträchtigung* (Wesensänderung) oder gar einem *Persönlichkeitsverlust* (Verlust der Wahrnehmungs- und Empfindungsfähigkeit; BGH 16.2.1993, DAR 1993, 228; OLG Nürnberg 18.6.1993, VersR 1994, 735). Bei der Bezifferung des Schmerzensgeldes sind demnach folgende Faktoren zu berücksichtigen: Art und Schwere der Verletzung, Art des Schmerzes, Schmerzumfang und -uer, Intensität und Anzahl der *Heileingriffe* (nur äußerliche Behandlung oder gar lebensgefährliche Operation), Dauer und Art sowie Umfang der *Heilbehandlung*, *Folgeschäden*, bei denen wiederum maßgeblich ist, ob diese sogar *äußerlich sichtbar* sind (z. B. Narben), ob es sich um einen weiblichen oder männlichen sowie einen jungen oder älteren Geschädigten handelt (BGH 15.1.1991, DAR 1992, 215). Ferner ist Bemessungsfaktor die *Dauer der Funktionsbeeinträchtigung*, die Wichtigkeit der von dieser Beeinträchtigung betroffenen Gliedmaße oder Organe, die Notwendigkeit weiterer *Operationen*, durch den Unfall bzw. die unfallbedingten Verletzungen ausgelöste *familiäre und berufliche Probleme* des Geschädigten (OLG Düsseldorf 28.6.1984, VersR 1985, 169), Beeinträchtigungen in der *Freizeitgestaltung* (OLG Hamm 3.3.1998, VersR 1999, 1376), entgangene *Lebensfreude* (BGH 13.12.1964, VersR 1964, 842), indes nicht entgangener Urlaub (BGH 11.1.1983, NJW 1983, 1107), wohl aber entgangene *Urlaubsfreuden* (BGH 10.10.1974, NJW 1975, 40; BGH 12.5.1980, NJW 1980, 1947), sowie sonstige *psychische Beeinträchtigungen* wie z. B. Ängste, Depressionen, Minderwertigkeitsgefühle, Neurosen (s. a. → *psychische Unfallfolgen*). Ein nur kurzes Leiden des Verletzten wegen einer nur *kurzen Überlebenszeit* wirkt sich schmerzensgeldreduzierend aus (BGH 16.12.1975, VersR 1976, 660; OLG München 3.5.1996, NZV 1997, 440). Führt die schädigende Handlung unmittelbar zum *Tod des Geschädigten*, dann ist für ein Schmerzensgeld kein Raum (BGH 16.12.1975, NJW 1976, 1147). Zwar ist es nicht Voraussetzung des Schmerzensgeldanspruchs, dass der Geschädigte die ihm zugefügten Verletzungen tatsächlich empfunden hat (BGH 12.5.1998, DAR 1998, 351; OLG Hamm 9.8.2000, DAR 2000, 570; OLG Schleswig 14.5.1998, DAR 1998, 354). Konnte der Geschädigte aber aufgrund einer *Bewusstlosigkeit* oder eines *Bewußtseinsverlustes* ohne Wiedererlangung der *Wahrnehmungsfähigkeit* die erlittenen Verletzungen nicht mehr wahrnehmen bzw. empfinden, ist also eine verletzungsbedingte immaterielle Beeinträchtigung des Geschädigten nicht fassbar, dann kann ein Schmerzensgeldanspruch ganz entfallen (BGH 12.5.1998, DAR 1998, 351; KG 30.10.2000, NZV 2002, 38), wenn der Geschädigte nicht in ein künstliches Koma versetzt wurde, um ein Schmerzempfinden zu unterdrücken (OLG Braunschweig 27.5.1999, DAR 1999, 404). Eine *Vorschädigung* oder eine *Schadensanfälligkeit* kann anspruchsmindernd berücksichtigt werden (BGH 16.11.1961, VersR 1962, 93; BGH 5.11.1996, NJW 1997, 455). Der Unfallgeschädigte muss ggf. darlegen und beweisen, dass die nach einem Verkehrsunfall aufgetretenen Beschwerden vor dem Unfall durch eine *Vorerkrankung* oder eine *Vorverletzung* nur *angelegt*, nicht aber bereits ausgebrochen waren (OLG Köln 2.7.2013, 19 U 59/13). Die wirtschaftlichen Verhältnisse der Unfallbeteiligten sind ohne Belang (BGH 8.10.2014, zfs 2015, 203). Schließlich sind die *Verursachungsbeiträge* des Unfallgeschehens (*Genugtuungsfunktion*) zu berücksichtigen, wie z. B. der *Grad des Verschuldens* (Vorsatz oder Fahrlässigkeit, Haftung alleine aus Betriebsgefahr; OLG Celle 23.1.2004, NJW 2004, 1185), der *Anlaß* und die *Umstände des Unfallgeschehens* (BGH 6.7.1955, NJW 1955, 1675: Gefälligkeitsfahrt; Trunkenheit des Schädigers), *familiäre Bindungen* der Unfallbeteiligten, sowie schließlich das *Regulierungsverhalten des Schädigers*. Ein *zögerliches* bzw. *kleinliches* (OLG München 13.8.2010, 10 U 3928/09; OLG Frankfurt 22.9.1993, DAR 1994, 21) Regulierungsverhalten, welches objektiv nicht nachvollziehbar ist, und durch trotz klarer Haftung dem Grunde nach ausbleibende oder unangemessen niedrige vorprozessuale Leistungen zum Ausdruck kommt, wirkt sich – sofern die Forderung des Geschädigten nicht völlig unrealistisch überhöht war (OLG Düsseldorf 29.8.2002, VersR 2004, 120) – ebenso schmerzensgelderhöhend aus (BGH 12.7. 2005, NZV 2005, 629; BGH 18.11.1969, VersR 1970, 134; OLG Köln 16.11.2000, VersR 2001, 1396; OLG Naumburg 25.9.2001, NZV 2002, 459; OLG Nürnberg 25.4.1997, DAR 1998, 276; OLG Saarbrücken 27.7.2010, NJW 2011, 933; OLG München 29.1.2010, 10 U 3891/09) wie ein *unvertretbares* Regulierungsverhalten, welches über eine verständliche Rechtsverteidigung hinausgeht und vom Geschädigten als *herabwürdigend* empfunden werden muss, z. B. durch die grundlose Behauptung, der Geschädigte sei zur Unfallzeit alkoholisiert gewesen (BGH 5.5.1961, VersR 1961, 703; BGH 23.6.1964, VersR 1964, 1103). Die *Höhe des Aufschlags* auf das Schmerzensgeld bei solchem Regulierungsverhalten bewegte sich in der Rechtsprechung bislang zwischen 20 % und 700 % (LG Saarbrücken 31.8.2000, zfs 2001, 255; OLG Karlsruhe 2.11.1972, NJW 1973, 851). Da das Gesetz in §§ 253 Abs. 2 BGB, 11 S. 2 StVG das Schmerzensgeld als „billige Entschädigung in Geld" definiert, erfolgt die Bezifferung des Schmerzensgeldes auf Grundlage der vorgenannten Bemessungsfaktoren durch eine *Ermessensentscheidung*, § 287 ZPO, die von Gesetzes wegen keinen betragsmäßigen Beschränkungen unterliegt (BGH 8.6.1976, VersR 1976, 967). Die in *Schmerzensgeldtabellen* erfassten Fälle bilden für die Schmerzensgeldbemessung einen *Anhaltspunkt* (BGH 18.11. 1969, VersR 1970, 134), einen *Orientierungsrahmen*.

Praxistipp: Bei der *möglichst realistischen* – und nicht etwa zur „Produzierung eines Verhandlungsspielraums" von vornherein überhöhten – *Schmerzensgeldbezifferung* ist auf die möglichst weitgehende Vergleichbarkeit des konkreten Falles mit den Fällen in den Schmerzensgeldtabellen sowie darauf zu achten, dass bei den herangezogenen *Vergleichsfällen* deren *Entstehungszeit* zu berücksichtigen ist. Über Beträge aus älteren Entscheidungen ist herauszugehen, damit der *wirtschaftlichen Entwicklung* (OLG Köln 5.6.1992, VersR 1992, 1013) und allgemeinen *Wertvorstellungen*, insbesondere der inzwischen deutlich großzügigeren Bezifferung von Schmerzensgeldern als noch vor zehn Jahren, Rechnung getragen wird (vgl. BGH 8.6.1976, VersR 1976, 967).

20. Bagatellverletzungen. Grundsätzlich wird ein Schmerzensgeld bei *jeder* Verletzung des *Kör-* *pers* oder der *Gesundheit* geschuldet, und nicht lediglich bei schweren Beeinträchtigungen (OLG München 16.3.1978, VersR 1979, 726). Eine gesetzliche Bagatellgrenze existiert nicht. Ein Schmerzensgeld kann vor diesem Hintergrund nach wie vor nur dann versagt werden, wenn die erlittene körperliche Beeinträchtigung derartig *geringfügig* ist, dass ein Ausgleich des sich aus ihr ergebenden immateriellen Schadens in Geld nicht mehr als billig erscheint (sog. *Billigkeitsmaßstab* des § 847 BGB a.F., § 253 Abs. 2 BGB). Dies ist anzunehmen, wenn eine *geringfügige Verletzung ohne wesentliche Beeinträchtigung der Lebensführung* und ohne Dauerfolgen sich letztlich als eine im Alltagsleben typische und häufig auch aus anderen Gründen als einem Unfall entstehende Beeinträchtigung des körperlichen oder seelischen Wohlbefindens darstellt, die weder unter dem Blickpunkt der Ausgleichs- noch unter dem der Genugtuungsfunktion ein Schmerzensgeld als billig erscheinen läßt (BGH 14.1.1992, VersR 1992, 504), wie z. B. geringfügige Schrammen am Unterarm (OLG Celle 22.3. 1973, VersR 1973, 717), eine Schürfung am Kopf (OLG München 16.3.1978, VersR 1979, 726) oder eine Prellung an der Wange, welche vom Geschädigten nicht als bedeutsame Beeinträchtigung empfunden wird (AG München 9.10.1979, VersR 1980, 567).

Praxistipp: Eine *Schädelprellung mit HWS-Schleudertrauma* ist *keine Bagatellverletzung*, die ein Schmerzensgeld als unbillig erscheinen lässt. Denn eine solche Verletzung stellt keine für das menschliche Zusammenleben typische, den Verletzten üblicherweise nicht nachhaltig beeindruckende Primärverletzung dar, sondern eine solche, die über ein derartiges Schadensbild offensichtlich, unter Berücksichtigung einer mehrtägigen Arbeitsunfähigkeit, deutlich hinausgeht (BGH 11.11.1997, DAR 1998, 63).

21. Mithaftung des Verletzten. Auch bei der Bezifferung des Schmerzensgeldes ist ein *Mitverschulden* des Geschädigten zu berücksichtigen, § 254 Abs. 1 BGB (z. B. Alkoholisierung, Mitfahren bei einem erkennbar fahruntüchtigen Fahrer, Nichtanlegen des Sicherheitsgurtes, sofern sich dies schadenserhöhend ausgewirkt hat; BGH 2.10.2001, DAR 2002, 33; OLG München 13.1.1999, DAR 1999, 264; s. a. → *Mithaftung und Mitverschulden*), ebenso eine zuzurechnende und mitursächliche *Betriebsgefahr* des Fahrzeugs des Geschädigten (BGH 13.4.1956, VersR 1956, 370; BGH

20.12.1962, VersR 1963, 359; OLG München 22.12.1967, DAR 1968, 270; s. a. → *Halterhaftung*) sowie eine *Vorteilsausgleichung* (OLG München 26.11.1965, VersR 1966, 836). Dabei ist zu beachten, dass eine Mithaftung des Geschädigten beim Schmerzensgeld nicht genauso berücksichtigt wird wie bei anderen Schadenersatzansprüchen, nämlich dergestalt, dass zunächst ein billiges Schmerzensgeld ermittelt und dann entsprechend der *Mitverschuldensquote* eine Kürzung erfolgt (OLG München 13.1.1999, DAR 1999, 264). Statt dessen handelt es sich beim Mitverschulden des Verletzten um einen *weiteren Bemessungsfaktor* (BGH 12.3.1991, NZV 1991, 305; BGH 21.4.1970, VersR 1970, 624; OLG München 13.1.1999, DAR 1999, 264), der in die zur Bezifferung des billigen Schmerzensgeldes im Einzelfall vorzunehmende Gewichtung einzustellen ist. Bei Kinderunfällen gilt dagegen gemäß § 828 Abs. 2 BGB, dass einem Kind vor dessen 10. Geburtstag ein Mitverschulden nicht anspruchsmindernd entgegengesetzt werden kann (s. a. → *Haftungsprivilegierung für Kinder*; s. a. → *Kinderunfall*).

22. Schadenminderungspflicht. Den Verletzten trifft auch in Bezug auf Schmerzensgeldansprüche die Schadensminderungspflicht gem. § 254 Abs. 2 S. 1 BGB (BGH 10.3.1970, VersR 1970, 443). Der Geschädigte ist u. U. dazu verpflichtet, durch *operative Maßnahmen* seine gesundheitliche Situation zu verbessern. Dies ist dem Verletzten dann zumutbar, wenn derartige Maßnahmen einfach, erfolgversprechend und gefahrlos sind (BGH 15.3.1994, DAR 1994, 275), nicht mit besonderen Schmerzen verbunden sind und hinreichende Aussicht auf Heilung bieten. Die *Zumutbarkeit* solcher Maßnahmen ist auch dann im Rahmen einer Abwägung der Umstände des Einzelfalles zu klären, wenn eine ärztliche Therapieempfehlung vorliegt.

23. Schmerzensgeldrente. Grundsätzlich ist das Schmerzensgeld als *Kapitalbetrag* geschuldet (BGH 3.7.1973, NJW 1973, 1653; *Heß/Burmann* NJW-Spezial 2012, 265). Eine Schmerzensgeldrente wird nur auf entsprechenden *Antrag* gewährt (BGH 21.7.1998, NJW 1998, 3411) und kommt nur bei *schweren* oder *schwersten Dauerschäden*, welche den Verletzten immer wieder neu beeinträchtigen und ihm ständig neu das Leid durchleben lassen, in Betracht (BGH 15.3.1994, NJW 1994, 1592). Für die Berechnung ist Ausgangspunkt der angemessene Schmerzensgeldbetrag, der dann in einen Kapitalbetrag und eine Rente aufzuteilen ist (OLG Köln 2.12.1992, VersR 1993, 1529; LG München I 29.3.2001, NZV 2001, 263), wobei die Rente zum Zwecke der Berechnung zu kapitalisieren ist (BGH 15.5.2007, DAR 2007, 513). Eine Abänderung der Schmerzensgeldrente ist gem. § 323 ZPO bei gravierenden Änderungen möglich (BGH 15.5.2007, DAR 2007, 513), nicht dagegen die Festlegung einer dynamischen, z. B. an den Lebenshaltungsindex gekoppelten Schmerzensgeldrente (BGH 3.7.1973, NJW 1973, 1653, a.A. *Jaeger/Luckey* Rn. 115 f.).

24. Abfindungsvereinbarung. Auch Ersatzansprüche wegen eines Personenschadens können durch einen Abfindungsvergleich i.S.v. § 779 BGB *formfrei* abgegolten werden (auch konkludent durch widerspruchfreies Einlösen eines Schecks; BGH 18.12.1985, NJW-RR 1986, 415). Dies setzt eine *Einigung* zwischen dem Geschädigten und dem Schädiger voraus, wobei jeweils gesetzliche Vertreter (z. B. die Eltern des geschädigten Kindes, sofern sie selbst nicht Schädiger sind, §§ 1629 Abs. 2 S. 1, 1795 BGB) oder rechtsgeschäftlich Bevollmächtigte (z. B. der Anwalt des Geschädigten oder die Kfz-Haftpflichtversicherung des Schädigers auf Grundlage der Regulierungsvollmacht i.S.v. § 10 Abs. 5 AKB; BGH 3.6.1987, NJW 1987, 2586) handeln können (s. a. → *Vollmacht*). Durch einen Abfindungsvergleich werden solche Ansprüche nicht berührt, welche vor Anschluss des Abfindungsvergleiches auf Dritte übergegangen sind, z. B. auf Sozialversicherungsträger gem. § 116 SGB X (s. a. → *Übergang von Ersatzansprüchen*).

> Praxistipp: In einen *Abfindungsvergleich* ist grds. ein *Zusatz* aufzunehmen, wonach *auf Dritte übergegangene und übergehende Ansprüche nicht mit abgefunden* sein sollen, weil z. B. der gesetzliche Übergang von Ansprüchen auf den Sozialhilfeträger sich erst vollzieht, wenn infolge des schädigenden Ereignisses aufgrund konkreter Anhaltspunkte mit einer sozialhilferechtlichen Bedürftigkeit des Geschädigten zu rechnen war (BGH 12.12.1995, VersR 1996, 349), und sich der Forderungsübergang auf den privaten Schadensversicherer und der auf den Arbeitgeber erst im Augenblick der jeweiligen Zahlung vollzieht (OLG Saarbrücken 16.3.1984, VersR 1985, 298).

25. Inhalt. In der Regel werden Abfindungsvereinbarungen zur *umfassenden Abgeltung* aller *Ansprüche* aus einem konkret bezeichneten Schadensereignis für die Vergangenheit und auch für die Zukunft abgeschlossen. Dann sind auch das Risiko von *Fehleinschätzungen* betreffend die Zukunft (BGH 19.6.1990, NJW 1991, 1535) und sogar *unvorhergesehene Spätfolgen* mit abgegolten (BGH 20.4.1982, VersR 1982, 703; BGH 12.7.1983, VersR 1983, 1034; OLG Frankfurt 6.2.1992, VersR 1993, 1147; OLG Düsseldorf 19.9.1994, NZV 1995, 482; beachte aber OLG Hamm 14.9.1998, NZV 1999, 245), wenn nicht das Festhalten an der Abfindungserklärung aufgrund eines *krassen und unzumutbaren Mißverhältnisses* außerhalb des abgefundenen Risikobereichs zwischen Schaden und Abfindungsbetrag eine nicht hinnehmbare, weil *außergewöhnliche Härte* für den Geschädigten darstellt (BGH 19.6.1990, VersR 1990, 984), oder die *Geschäftsgrundlage* für den Abfindungsvergleich weggefallen ist, wofür der Eintritt unvorhersehbarer Spätfolgen indes nicht ausreicht (BGH 12.2.2008, DAR 2008, 333; OLG Nürnberg 1.7.1999, NZV 2000, 507). Ein *Anspruch auf Abänderung des Abfindungsvergleichs* trotz einer umfassenden Abgeltungsklausel besteht also erst dann, wenn es dem Geschädigten nach Treu und Glauben nicht zugemutet werden kann, sich an der Abfindungsvereinbarung festhalten zu lassen, entweder weil die *Geschäftsgrundlage* für die Vereinbarung *gestört* ist, sich *geändert* hat oder *von Anfang an gefehlt* hat, oder weil eine *erhebliche Äquivalenzstörung* aufgetreten ist, die für den Geschädigten eine ungewöhnliche Härte bedeutet (BGH 16.9.2008, DAR 2009, 267; BGH 12.2.2008, DAR 2008, 333). *Anwaltskosten* sollten in die Abfindungserklärung gesondert aufgenommen werden, ebenso die Verpflichtung des Schädigers, den Geschädigten von einer etwaigen *Steuerlast* freizustellen. Es kann aber auch eine *teilweise Abfindung* einzelner Schadenspositionen oder bestimmter Zeiträume vereinbart (BGH 30.8.1966, VersR 1966, 1165) oder ein (*immaterieller* und/oder *materieller*) *Vorbehalt* (BGH 8.7.1980, NJW 1980, 2754) erklärt werden, wobei dann auf die Sicherung der nicht abgefundenen oder vorbehaltenen Ansprüche gegen einen *Verjährungseintritt* zu achten ist (BGH 26.5.1992, NJW 1992, 2228; BGH 28.1.2003, NZV 2003, 225), z. B. durch ein *titelersetzendes Anerkenntnis* (*Engelbrecht* DAR 2009, 447; *Jahnke* VersR 1998, 1478). Nur in seltenen Ausnahmefällen ist es dem Versicherer nach *Treu und Glauben* verwehrt, sich auf die Einrede der Verjährung zu berufen (BGH 8.12.1998, VersR 1999, 382; BGH 17.6.2008, VersR 2008, 1350; BGH 7.5.1991, NJW-RR 1991, 1033).

Praxistipp: Den *Anwalt* trifft bei der Vertretung des Geschädigtem im Zusammenhang mit dem Anschluss eines Abfindungsvergleiches eine große Verantwortung und die Pflicht, in den Verhandlungen mit dem Kfz-Haftpflichtversicherer und den umfassenden Beratungen des Mandanten die Abfindungsvereinbarung so abzufassen, dass diese den vielfältigen zukünftigen Risiken und Unabwägbarkeiten gerecht wird, mithin ein hohes Haftungsrisiko (BGH 14.1.1993, NJW 1993, 1325). Deswegen hat der Anwalt den Mandanten *ausführlich, eindringlich* und nicht zuletzt *nachweisbar*, also möglichst schriftlich mit Empfangsbestätigung des Mandanten, *über die Risiken des Abschlusses eines Abfindungsvergleichs aufzuklären* und zu beraten (BGH 17.1.2002, VersR 2002, 887; BGH 21.4.1994, VersR 1994, 1298; BGH 8.11.2001, NJW 2002, 292; *Luckey*, DAR 2013, 772).

26. Die **Bezifferung der Abfindungssumme**. Diese erfolgt über eine *Kapitalisierung* der ansonsten fortlaufend, gem. § 760 Abs. 2 BGB jeweils drei Monate im Voraus, als Rente zu zahlenden Ersatzansprüche, wie z. B. des Verdienstausfalls und des Haushaltsführungsschadens. Zur Ermittlung des Abfindungsbetrages ist die *potentielle Laufzeit* des Ersatzanspruchs und der *maßgebliche Kapitalisierungsfaktor* zu ermitteln, so dass sich schließlich ein Betrag errechnet, der während der voraussichtlichen Laufzeit des Ersatzanspruchs zusammen mit dem Zinsertrag des Kapitals ausreicht, die an sich geschuldete Rente zu bezahlen (BGH 8.1.1981, VersR 1981, 283; s. o. Nr. 16).

27. **Steuern**. Ob Schadensersatzleistungen der *Einkommensteuer* unterliegen, ist zum einen abhängig von der *Art des Schadens*, für den der Ausgleich geleistet wird, und zum anderen von der *Art der Zahlung* (Rente oder Kapital; Überblick bei *Jahnke* NJW-Spezial 2009, 601). Leistungen für *entgangene* und *entgehende Einnahmen* (z. B. Verdienstausfall) des Geschädigten sind gem. § 24 EStG zu versteuern, u. U. gem. § 34 EStG privilegiert. Dagegen sind Entschädigungsleistungen für *notwendige Aufwendungen* kein Einkommen und deswegen nicht steuerpflichtig. Eine *Rente wegen vermehrter Bedürfnisse* und *Schmerzensgeldes* ist nicht zu versteuern (BFH 25.10.1994, NJW 1995, 1238; damit überholt ist BGH 23.5.1985, NJW 1985, 3011), ebenfalls nicht eine *Schadenersatzrente* zum Ausgleich eines *entgangenen Unterhalts* oder *entgangener Dienste* (BFH 26.11.2008, NJW-Spezial 2009, 171; damit insoweit überholt ist

BGH 10.4.1979, NJW 1979, 1501; s. a. BFH 26.11.2008, NJW 2009, 1229). Leistungen des Schädigers auf *Heilbehandlungskosten, vermehrte Bedürfnisse, Haushaltsführung* und *Bestattungskosten* als *Einmalbetrag* sind ebenfalls nicht steuerpflichtig. Verliert der Geschädigte unfallbedingt *Abschreibungsmöglichkeiten*, und hat er deswegen eine höhere Steuerlast, dann ist dieser Mehrbetrag durch den Schädiger zu ersetzen (BGH 20.3.1990, VersR 1990, 748). Eine *Steuerersparnis* auf Seiten des Geschädigten ist schadensmindernd zugunsten des Schädigers anzurechnen, soweit der Zweck der Steuervergünstigung dieser Entlastung nicht entgegensteht (BGH 6.2.2006, NJW 2006, 2042; BGH 28.9.1999, NJW 1999, 3711; BGH 30.5.1989, VersR 1989, 855; BGH 15.11.1994, NJW 1995, 389; BGH 14.1.1993, NJW 1993, 1643; BGH 24.9.1985, NJW 1986, 245; BGH 18.12.1969, NJW 1970, 461). Einen Steuerschaden muss der eine Erstattung begehrende Geschädigte *darlegen* und *beweisen* (BGH 6.2.2006, NJW 2006, 2042).

> **Praxistipp:** In eine *Abfindungsvereinbarung* ist ggf. eine Klausel aufzunehmen, wonach der Versicherer dem Geschädigten gegen Belegvorlage (Vorlage des Steuerbescheides) eine vom Geschädigten aus dem Abfindungsbetrag zu zahlende Steuer zu erstatten hat. Bei gerichtlicher Geltendmachung eines Erwerbsschadens und/ oder Haushaltsführungsschadens sollte ein flankierender *Feststellungsantrag* betreffend die Verpflichtung zum Ersatz der beim Geschädigten anfallenden Steuer gestellt werden (BGH 29.3.1988, VersR 1988, 490).

Geiger

Unfallschadenabwicklung – Sachschaden

1. Allgemeines. Der Begriff Schaden wird im Gesetz nicht definiert. Stattdessen wird in § 249 BGB grundlegend geregelt, wie und in welchem Umfang die Nachteile aus einer Schädigung auszugleichen sind: Es ist der Zustand herzustellen, der ohne den zum Schadenersatz verpflichtenden Umstand bestünde (BGH 15.10.1991, DAR 1992, 25; BGH 6.11. 1973, VersR 1974, 90). Zur Feststellung dessen ist zum einen ein Vergleich des Vermögens des Geschädigten vor und nach dem schädigenden Ereignis notwendig, zum anderen aber auch eine rechtliche Wertung, ob und ggf. inwieweit die Rechtsordnung die Position des Geschädigten schützt. Die sich so ergebende Differenz ist die Einbuße rechtlich geschützten Vermögens des Geschädigten, mithin der Schaden (BGH 24.9.1999, NJW 1999, 3625; BGH GS 9.7.1986, NJW 1987, 50). Der Geschädigte soll durch das schädigende Ereignis also einerseits nicht ärmer werden, sog. Prinzip der Totalreparation, sich aber andererseits auch nicht bereichern, sog. Bereicherungsverbot (BGH 20.6.1989, NJW 1989, 3009). Gem. § 249 Abs. 2 S. 1 BGB wird es dem Geschädigten gestattet, vom Schädiger statt der Wiederherstellung des ursprünglichen Zustands in Natur den dazu erforderlichen Geldbetrag zu verlangen (und ggf. statt einer Reparatur eine gleichwertige Ersatzbeschaffung vorzunehmen). Auch dies ist Naturalrestitution (BGH 15.10.1991, NJW 1992, 302; BGH 20.4.2004, NJW 2004, 1943; BGH 22.9.2009, NJW 2009, 3713). Daraus folgen zwei weitere grundlegende Prinzipien des Schadenersatzrechts: Zum einen ist der Geschädigte Herr des Restitutionsgeschehens (*Wellner* NJW 2012, 7), kann also die Schadensbeseitigung in eigener Regie vornehmen, ohne z. B. die Kfz-Haftpflichtversicherung des Schädigers daran beteiligen zu müssen (BGH 12.7.2005, VersR 2005, 1448; dies relativierend OLG Köln 16.7.2012, DAR 2013, 32, m. kritischer Anm. *Bergmann*; s. a. BGH 14.5.2013, zfs 2013, 446). Dabei kommt es im Zuge der Reparation auf die individuellen Erkenntnis- und Einflussmöglichkeiten des Geschädigten an, und nicht auf die z. B. der Kfz-Haftpflichtversicherung des Schädigers, sog. subjektbezogene Schadensbetrachtung (BGH 13.1.2009, DAR 2009, 196; BGH 21.1.1992, DAR 1992, 172; BGH 6.4.1993, DAR 1993, 251; BGH 10.7.2007, DAR 2007, 634; BGH 18.12.2007, DAR 2008, 139; BGH 15.10. 1991, NJW 1992, 302). Zum anderen besteht Dispositionsfreiheit des Geschädigten, so dass der Schädiger dem Geschädigten nicht vorschreiben kann, wie er die Mittel zum Schadensausgleich zu verwenden hat (BGH 23.3. 1976, NJW 1976, 1396), oder gar nachzuweisen, ob und wie die Reparatur durchgeführt wurde (BGH 22.5.1985, NJW 1985, 2413; BGH 20.6.1989, DAR 1989, 340; *Steffen* DAR 1997, 297). Außergerichtlich besteht keine Pflicht des Geschädigten, eine Reparaturrechnung vorzulegen (BGH 20.6.1989, NJW 1989, 3009), wohingegen vor Gericht eine solche Pflicht aus § 142 ZPO folgen kann (*Heß* NZV 2004, 1). All dies dient dem gesetzlich geschützten Integritätsinteresse des Geschädigten und erlaubt sowohl eine konkrete als auch eine fiktive Schadensabrechnung (BGH 20.6. 1989, NJW 1989, 3009; BGH 15.10.1991,

NJW 1992, 302). Ist eine solche Wiederherstellung des ursprünglichen Zustands in Natur gem. § 249 BGB (Restitution) nicht möglich, dann ist die dem Geschädigten unfallbedingt entstandene Vermögenseinbuße in Geld zu entschädigen, § 251 BGB (Kompensation). Letzteres wird z. B. bei einem unfallbedingten Totalschaden eines Oldtimers angenommen, weil eine Wiederherstellung in Natur durch Reparatur nicht möglich ist, und eine Ersatzbeschaffung keine gleichwertige Vermögenslage bewirken kann (BGH 20.4. 2004, NJW 2004, 1943). Mit den Merkmalen Erforderlichkeit in § 249 Abs. 2 S. 1 BGB und Unverhältnismäßigkeit in § 251 BGB wird bestimmt, dass sich der Schadenersatz im Rahmen des wirtschaftlich Vernünftigen zu bewegen hat: Der zur Wiederherstellung erforderliche Geldbetrag besteht aus den Aufwendungen, die vom Standpunkt eines verständigen, wirtschaftlich denkenden Kfz-Eigentümers in der besonderen Lage des Geschädigten zur Wiederherstellung des ursprünglichen Zustands zweckmäßig und angemessen erscheinen (BGH 15.10.1991, NJW 1992, 302; BGH 15.10.1991, NJW 1992, 305; BGH 20.6.1989, NJW 1989, 3009). Dabei muss sich der Geschädigte nicht so verhalten, als ob er den Schaden selbst zu tragen hätte. Er muss nicht zur Entlastung des Schädigers nach der günstigsten Möglichkeit der Wiederherstellung suchen, sich aber auf eine solche verweisen lassen, die sich ihm aufdrängt (BGH 7.5.1996, NJW 1996, 1958). Ferner muss der Geschädigte von mehreren Wegen der zur Verfügung stehenden Naturalrestitution den wirtschaftlich vernünftigsten wählen, wobei das Integritätsinteresse eine Privilegierung rechtfertigen kann (BGH 15.10.1991, NJW 1992, 302: 130% Rechtsprechung). Bei der Schadensregulierung hat der Geschädigte schließlich die Pflicht zur Schadensminderung und Schadensgeringhaltung gem. § 254 BGB zu beachten (BGH 13.1.2009, DAR 2009, 196; s. a. → *Mitverschulden*).

Praxistipp: Der Geschädigte trägt die Darlegungs- und Beweislast dafür, welcher Schaden aufgrund des Erstunfalls (Vorschaden) bereits vorhanden war, und dass der nunmehr geltend gemachte Schaden alleine durch den Zweitunfall entstanden ist (OLG Hamm 15.3.2013, 9 U 172/12). Ist bewiesen, dass nicht sämtliche Schäden am Unfallfahrzeug auf den Unfall zurückzuführen sind, und macht der Geschädigte zu den nicht kompatiblem Schäden keine substantiierten Angaben bzw. bestreitet er das Vorliegen solcher, so ist ihm auch für den auf den Unfall zurückzuführen Schaden kein Ersatz zu leisten (OLG Frankfurt 21.9.2006, NZV 2007, 313; OLG Köln v. 22.2.1999, 16 U 33/98, VersR 1999, 865; OLG Hamburg v. 27.2.2002, 14 U 95/02, SP 2003, 100; KG VersR 2006, 1559; OLG Köln 22.8.2011, SP 2012, 152; OLG Düsseldorf 10.7.2012, I-1 W 19/12; KG 29.5.2012, DAR 2013, 464; s. a. *Böhm/Nugel* DAR 2011, 666; *Hagedorn* NJW-Spezial 2012, 521). Nur wenn es dem Geschädigten gelingt, den Vorschaden konkret und plausibel vom Unfallschaden abzugrenzen, erlangt er Schadenersatz für den Unfallschaden (LG Essen 25.7.2012, 20 O 8/12).

2. Konkrete oder fiktive Abrechnung. Die zur Beseitigung des Unfallschadens erforderlichen Kosten i.S.v. § 249 Abs. 2 S. 1 BGB können **konkret** unter Vorlage einer Reparaturrechnung oder **fiktiv** auf Grundlage eines Gutachtens oder Kostenvoranschlages beziffert werden (BGH 5.3.1985, NJW 1985, 2469; BGH 20.6. 1989, NJW 1989, 3009; BGH 15.10.1991, NJW 1992, 302; BGH 17.3.1992, NJW 1992, 1618; BGH 1.3.2005, NJW 2005, 2220; BGH 19.2.2013, zfs 2013, 502). Eine fiktive Abrechnung des Schadens ist auch dann noch möglich, wenn das durch den Unfall beschädigte und noch nicht reparierte Kfz-Teil durch einen weiteren (Zweit-) Unfall (erneut) beschädigt wird (BGH 12.3.2009, DAR 2009, 392).

Praxistipp: Eine fiktive Schadensabrechnung ist womöglich vorzugswürdig, wenn eine Mithaftung des Geschädigten in Frage kommt. Zwar hat der Geschädigte dann u. U. teilweise für die Kosten des selbst eingeschalteten Sachverständigen aufzukommen (BGH 7.2.2012, DAR 2012, 201; OLG Düsseldorf 15.3.2011, DAR 2011, 326; a.A. mit beachtlichen Argumenten OLG Rostock 18.3.2011, DAR 2011, 263; AG Siegburg 31.3.2010, 111 C 10/10, s.a. *Stöber* DAR 2011, 625). Jedoch kann der dadurch anfallende Aufwand sowie eine Eigenhaftung z. B. durch eine Reparatur in einer „Billigwerkstatt" oder in Eigenregie abgemildert werden. Ist die Haftungsfrage ungeklärt, kann die Kfz-Haftpflichtversicherung des Unfallgegners aus Gründen des Kostenrisikos zur Begutachtung (mangels entsprechenden Anspruchs des Geschädigten lediglich) gebeten werden – unter Inkaufnahme des Risikos, dass solche Gutachten oftmals niedriger ausfallen, als selbst eingeholte Gutachten.

3. Zulässigkeit der fiktiven Abrechnung. Für die Beantwortung der Frage nach der Zulässigkeit oder der Notwendigkeit einer fiktiven Abrechnung ist der **Grad der Beschädigung** des Kfz maßgeblich (*Wellner* NJW 2012, 7). Die vom Gutachter ermittelten, voraussichtlichen Reparaturkosten, zu denen die vom Gutachter ermittelte Wertminderung zu addieren und von denen eine Wertsteigerung abzuziehen ist (sog. Reparaturaufwand), auch wenn sie aufgedrängt wurde (BGH 23.10.1973, VersR 1974, 243; BGH 8.12.1987, NJW 1988, 1835), und zu denen auch die Aufwendungen für eine Sonderausstattung gehören (LG Aachen 10.4.1987, VersR 1988, 1151), sind in Verhältnis zu setzen mit dem vom Gutachter ermittelten Wiederbeschaffungsaufwand (BGH 15.10.1991, VersR 1992, 61), jeweils brutto (BGH 3.3.2009, NJW 2009, 1340; OLG Düsseldorf 15.10.2007, DAR 2008, 268), es sei denn, der Geschädigte ist zum Vorsteuerabzug berechtigt. Liegt der Reparaturaufwand, zu dem die Kosten einer zur Schadensminderung gebotenen Notreparatur nicht addiert werden (LG München I 25.5.1983, VersR 1984, 669), über dem Wiederbeschaffungswert, liegt ein wirtschaftlicher Totalschaden vor (BGH 17.10.2006, NJW 2007, 67; BGH 6.3.2007, NJW 2007, 1674; BGH 5.3.1985, DAR 1985, 218; BGH 29.4.2003, DAR 2003, 372, m.w.N., m. Anm. *Reitenspiess* DAR 2003, 375).

4. Wiederbeschaffungsaufwand. Unter dem Wiederbeschaffungsaufwand versteht man dabei den Wiederbeschaffungswert abzüglich des Restwertes des verunfallten Fahrzeugs (BGH 15.10.1991, NJW 1992, 302). Der Wiederbeschaffungswert ist der Geldbetrag, den der Geschädigte zum Unfallzeitpunkt zur Anschaffung eines gleichwertigen Ersatzfahrzeugs bei einem seriösen Gebrauchtwagenhändler in der Region des Geschädigten unter Berücksichtigung aller wertbildenden Faktoren aufwenden müsste (BGH 17.5.1966, VersR 1966, 830; OLG Düsseldorf 30.6.1997, NZV 1997, 483), und kann daher nur durch einen Sachverständigen vor Ort zuverlässig ermittelt werden.

5. Restwert. Der Restwert eines Unfallfahrzeugs ist der Betrag, den der Geschädigte im Rahmen der Ersatzbeschaffung bei einem seriösen Gebrauchtwagenhändler ohne weitere Anstrengung auf dem für ihn zugänglichen, örtlichen Kfz-Markt oder bei dem Kraftfahrzeughändler seines Vertrauens bei Inzahlunggabe des beschädigten Fahrzeugs noch erzielen könnte (BGH 21.1.1992, NJW 1992, 903; BGH 30.11.1999, DAR 2000, 159; *Steffen* NZV 1991, 4; *Gebhardt* VA 2002, 6). Der Restwert ergibt sich aus einer konkreten Veräußerung des Unfallwagens oder aus einer Schätzung eines Sachverständigen betreffend den regionalen Markt (BGH 13.1.2009, DAR 2009, 196). Dabei haben weder der Geschädigte noch der Sachverständige Angebote auf einem Sondermarkt spezialisierter Restwertaufkäufer (Internet-Restwertbörsen) einzuholen oder zu berücksichtigen (BGH 21.1.1992, NJW 1992, 903; BGH 6.3.2007, DAR 2007, 325; BGH 13.1.2009, DAR 2009, 196). Der Sachverständige hat als Schätzungsgrundlage zum Restwert drei Angebote auf dem regionalen Markt einzuholen (BGH 13.10.2009, DAR 2010, 18). Der Geschädigte muss höhere Restwertangebote der Kfz-Haftpflichtversicherung des Unfallgegners nicht abwarten (BGH 21.1.1992, DAR 1992, 172; OLG München 17.3.1992, DAR 1992, 344), auch dann nicht, wenn er eine Regulierungsfrist gesetzt hat (OLG Köln 5.2.1993, DAR 1993, 262). Vor der Veräußerung des Unfallwagens muss er überhaupt keinen Kontakt zur Kfz-Haftpflichtversicherung des Geschädigten aufnehmen (BGH 12.7.2005, NZV 2005, 571; LG Köln 15.1.2003, zfs 2003, 184). Der Versicherer ist indes dazu berechtigt, dem Geschädigten noch im Rechtsstreit verbindliche Restwertangebote zu unterbreiten oder diesen auf eine günstigere Reparaturmöglichkeit als im Gutachten oder Kostenvoranschlag zu verweisen, selbst wenn er sein Kfz bereits in Eigenregie repariert hat (BGH 14.5.2013, zfs 2013, 446; OLG Köln 16.7.2012, DAR 2013, 32, m. kritischer Anm. *Bergmann*; anders noch BGH 30.11.1999, DAR 2000, 159, m. Anm. *Weigel*; BGH 13.10.2009, DAR 2010, 18). Solche Restwertangebote der Versicherer sind zu berücksichtigen, wenn das Unfallfahrzeug für den Geschädigten kostenfrei am Standort abgeholt und in bar bezahlt wird und zur Vereinbarung des Abholtermins lediglich ein Telefonat erforderlich ist (BGH 1.6.2010, NJW 2010, 2722; BGH 6.3.2007, DAR 2007, 325; OLG Hamm 31.10.2008, NJW-Spezial 2009, 106). Ob sich der Geschädigte auch dann noch, wenn er den Unfallwagen zum Restwert gem. Gutachten verkauft hatte, lediglich diesen Erlös bei der Schadensbezifferung anrechnen lassen muss (so BGH 12.7.2005, VersR 2005, 1448; BGH 6.3.2007, NJW 2007, 1674), oder einen höheren Restwert aus einem erst später an ihn übermittelten Restwertangebot des Versicherers des Geschädigten, erscheint derzeit offen, ist aber abzulehnen. Denn wenn sich der Geschädigte nicht mehr nur ausnahmsweise (so noch BGH 21.1.1992, NJW 1992, 903), sondern grundsätzlich gem. § 254 Abs. 2 S. 1 BGB einen ohne besondere Anstrengungen erzielbaren oder erzielten höheren Erlös anrechnen lassen muss (vgl. BGH 14.5.2013, zfs 2013, 446), auch einen solchen aus Restwertangeboten aus Internet-Restwertbörsen, und dies eben nicht nur dann, wenn ihm ein solcher vor Veräußerung seines Unfallwagens bekannt wurde (so noch BGH 30.11.1999, DAR 2000, 159; BGH 7.12.2004, DAR 2005, 152), ist der Geschädigte nicht mehr Herr des Restitutionsgeschehens. Nach wie vor muss sich der Geschädigte einen überdurchschnittlichen Erlös, den er aus eigener Anstrengung und Geschicklichkeit aus der Veräußerung des Unfallwagens erzielt, grds. nicht auf seinen Ersatzanspruch anrechnen lassen (BGH 7.12.2004, NZV 2005, 140; BGH 21.1.1992, NJW 1992, 903), nur ausnahmsweise, wenn er den höheren Erlös ohne größere Anstrengung erzielt hat (BGH 15.6.2010, DAR 2010, 510). Ebenso wenig muss sich der Geschädigte einen sog. versteckten Rabatt auf seinen Ersatzanspruch anrechnen lassen, den er im Zuge einer Ersatzbeschaffung durch eine den Restwert übersteigende Gutschrift für die Inzahlunggabe des Unfallwagens erhält (OLG Köln 16.7.1993, NZV 1994, 24). Hierzu ist prozessual zu beachten: Der Schädiger ist dafür darlegungs- und beweispflichtig, dass der Geschädigte seine Pflicht zur Schadensgeringhaltung und Schadensminderung verletzt hat (BGH 13.1.2009, DAR 2009, 196), ferner dafür, dass der Geschädigte den Unfallwagen ohne besondere Anstrengungen mit einem außergewöhnlich hohen Erlös veräußern konnte (BGH 21.1.1992, NJW 1992, 903; BGH 7.12.2004, NZV 2005, 140). Aus der sekundären Darlegungslast kann sich für den Geschädigten bei detailliertem Vortrag des Schädigers zu den Absatzanstrengungen des Geschädigten die Notwendigkeit ergeben, zu diesen detailliert vorzutragen (BGH 11.6.1990, NJW 1990, 3151). Kommt der Geschädigte dem nicht nach, z. B. indem er sich auf ein einfaches Bestreiten des Sachvortrags des Schädigers beschränkt, dann gilt das Vorbringen des Schädigers zu den Absatzaktivitäten des Geschädigten als zugestanden, § 138 Abs. 3 ZPO.

Praxistipp: Den Rechtsanwalt trifft im Zusammenhang mit dem Zeitpunkt der Kenntniserlangung des Geschädigten von einem höheren Restwertangebot eine Haftungsgefahr, weil er Wissensvertreter des Geschädigten i.S.v. § 166 BGB ist (LG Erfurt 10.6.2011, 2 S 84/10). Erhält der Rechtsanwalt das höhere Restwertangebot vor Veräußerung des Unfallwagens, und erlangt der Geschädigte erst nach Veräußerung des Unfallwagens dieses höhere Restwertangebot, dann muss er sich die Kenntnis seines anwaltlichen Vertreters zurechnen und den Erlös aus dem höheren Restwertangebot anrechnen lassen (LG Erfurt DAR 2011, 640). Dieses Risiko hat sich angesichts der jüngsten Rechtsprechung zur Unterbreitung von verbindlichen Restwertangeboten noch im Rechtsstreit vor Gericht erhöht (BGH 14.5.2013, zfs 2013, 446). Der Anwalt haftet dem Geschädigten ggf. für die Differenz zwischen Verkaufserlös und höherem Restwertangebot. Dieser Haftungsgefahr kann der Anwalt angesichts der Möglichkeit der Unterbreitung von Restwertangeboten noch im Rechtsstreit auch nicht mehr alleine dadurch entgehen, dass er der Versicherung des Unfallgegners bereits im ersten Anschreiben mitteilt, dass er zur Entgegennahme von Restwertangeboten nicht berechtigt ist. Vielmehr dürfte es erforderlich sein, den Mandanten nachweislich konkret über die Möglichkeit zu informieren, dass und mit welchen Konsequenzen verbindliche Restwertangebote der Versicherer mit erheblichem zeitlichen Abstand zum Unfallgeschehen unterbreitet werden können.

6. Reparaturaufwand unter Wiederbeschaffungsaufwand. Wenn der geschätzte Reparaturaufwand unter dem Wiederbeschaffungsaufwand des Fahrzeugs liegt, dann kann der Geschädigte den Ersatz der tatsächlich angefallenen Reparaturkosten ebenso verlangen wie den Ersatz der vom Gutachter ermittelten Reparaturkosten. Er braucht den Wagen nicht reparieren zu lassen oder für eine bestimmte Zeit selbst zu nutzen, sondern kann den beschädigten Wagen auch unrepariert verkaufen, ohne sich den Restwert anrechnen lassen zu müssen (BGH 21.1.1992, NJW 1992, 903). Denn keinesfalls würde eine Ersatzbeschaffung eine wirtschaftlich günstigere Alternative darstellen (*Wellner* NZV 2007, 401).

Praxistipp: Mit der Reparaturwerkstatt kann vereinbart werden, dass gegen Unterzeichnung einer Sicherungsabtretungserklärung (s. a. → *Abtretung von Schadenersatzansprüchen*) des Geschädigten oder durch Vorlage einer Reparaturkostenübernahmeerklärung der Kfz-Haftpflichtversicherung des Schädigers die Werkstatt von ihrem Werkunternehmerpfandrecht keinen Gebrauch macht, so dass der Geschädigte seinen Wagen nach Durchführung der Reparatur ohne Zahlung der Reparaturkosten aus eigener Tasche abholen kann (s. a. → *Reparaturkostenübernahme*).

7. Wertverbesserung durch Reparatur (Abzug neu für alt). Lässt der Unfallgeschädigte seinen Wagen reparieren und entsteht dadurch am Kfz eine Wertverbesserung (z. B. durch den Einbau diverser Neuteile bei einem älteren Kfz), dann muss er sich im Wege der Vorteilsausgleichung einen sog. Abzug neu für alt auf seinen Schadenersatzanspruch anrechnen lassen (BGH 6.12.1995, NJW 1996, 584; BGH 23.10.1973, VersR 1974, 243; OLG Bamberg 6.3.1974, DAR 1974, 188), sofern ihm dies zuzumuten ist (BGH 24.3.1959, BGHZ 30, 29). Ein Abzug neu für alt kommt dagegen nicht in Betracht, wenn durch den Einbau des Neuteils weder eine Wertsteigerung des Pkws eintritt, noch ein höherer Verkaufserlös erzielt werden kann (OLG München 29.7.1969, VersR 1970, 261; KG 5.11.1984, VersR 1985, 272), wie z. B. durch den Einbau eines neuen Katalysators (AG Fürstenwalde 12.12.1997, DAR 1998, 147).

Praxistipp: Ein Abzug neu für alt kommt grundsätzlich nur bei älteren und ungepflegten Kfz in Betracht, und kann u. U. durch die Verwendung von gebrauchten Ersatzteilen vermieden werden (*Reinking* DAR 1999, 56).

8. „130 %-Grenze". Liegen die geschätzten Reparaturkosten bei über 130 % des Wiederbeschaffungswertes, dann kann der Geschädigte nur Ersatz des Wiederbeschaffungsaufwands verlangen, weil eine Instandsetzung als wirtschaftlich unvernünftig anzusehen wäre (BGH 15.10.1991, NJW 1992, 302; BGH 6.3.2007, DAR 2007, 325; BGH 15.10.1992, NJW 1992, 305; BGH 10.7.2007, DAR 2007, 635), auch dann, wenn ein vergleichbares Kfz auf dem Gebrauchtwagenmarkt nicht erhältlich ist (BGH 2.3.2010, DAR 2010, 322). Denn dann ist die Grenze der Unverhältnismäßigkeit der Naturalrestitution überschritten, so dass der Geschädigte nicht mehr Wiederherstellung (Restitution), sondern nur noch Wertausgleich (Kompensation) verlangen kann (*Müller* zfs 2005, 54). Eine Aufspaltung in einen vom Schädiger auszugleichenden wirtschaftlich vernünftigen Teil und einen vom Geschädigten selbst zu tragenden wirtschaftlich unvernünftigen Teil ist unzulässig (BGH 15.10.1992, DAR 1992, 25; BGH 10.7.2007, DAR 2007, 635).

Der Geschädigte kann sein unfallbeschädigtes Fahrzeug also nicht zunächst teilweise reparieren, um so den Unfallschaden auf einen Betrag, welcher unter 130 % des Wiederbeschaffungsaufwands liegt, zu reduzieren. Gelingt es dagegen dem Geschädigten, seinen unfallbeschädigten Wagen entgegen der Prognose des Sachverständigen gemäß Gutachten preisgünstiger zu reparieren, so dass die tatsächlichen Reparaturkosten 130 % des Wiederbeschaffungsaufwands nicht übersteigen, dann kann der Geschädigte Ersatz dieser Reparaturkosten beanspruchen, da sein Verhandlungsgeschick bzw. seine erfolgreichen Anstrengungen nicht dem Schädiger zugute kommen sollen (BGH 17.3.1992, NJW 1992, 1618; OLG Dresden 4.4.2001, DAR 2001, 303; OLG Karlsruhe 29.4.1999, DAR 1999, 313; OLG Hamm 17.12.2001, DAR 2002, 215; OLG Oldenburg 13.12.2001, DAR 2002, 223; beachte indes BGH 8.2.2011, DAR 2011, 252: Bei Wahrung der 130 % Grenze durch einen Rabatt der Werkstatt ist lediglich der Wiederbeschaffungsaufwand zu ersetzen). Wird die 130 % Grenze durch eine Reparatur mit Gebrauchtteilen oder durch eine Reparatur in Eigenregie bei einem vom Sachverständigen festgestellten Reparaturaufwand weit über der 130 % Grenze gewahrt, dann führt dies ebenfalls zur Erstattungsfähigkeit der Reparaturkosten (vgl. BGH 14.12.2010, DAR 2011, 133; OLG München 13.11.2009, NJW 2010, 1462; LG Konstanz 23.3.2012, NJW 2012, 2203).

9. Reparaturaufwand zwischen 100 % und 130 % des Wiederbeschaffungswerts. Liegt der geschätzte Reparaturaufwand zwischen 100 % und 130 % des Wiederbeschaffungswertes, dann hat der Geschädigte ein Wahlrecht: Entweder er verlangt vom Schädiger den Ersatz des Wiederbeschaffungsaufwands (BGH 15.2. 2005, VersR 2005, 665), oder er lässt das beschädigte Fahrzeug tatsächlich fachgerecht und vollständig gemäß Sachverständigengutachten auf Kosten des Schädigers reparieren, erhält also die Reparaturkosten (sog. 130 % Rechtsprechung; BGH 15.10.1991, NJW 1992, 302; BGH 17.3.1992, NJW 1992, 1618; BGH 29.4.2003, DAR 2003, 372; BGH 15.2.2005, DAR 2005, 266; BGH 8.12.2009, DAR 2010, 133), auch im Fall der fachgerechten und vollständigen Reparatur des Wagens gemäß Gutachten in Eigenregie (BGH 15.11.2011, NJW 2012, 52; BGH 27.11.2007, DAR 2008, 81; BGH 15.2.2005, NZV 2005, 243; BGH 17.3.1992, NJW 1992, 1618). Der hohe Stellenwert des Integritätsinteresses des Geschädigten, welches ihm ausnahmsweise zuzubilligen ist, damit der für ihn gewohnte und von ihm gewünschte Zustand des Kraftfahrzeugs wie zur Zeit vor dem Unfall wieder hergestellt wird, rechtfertigt es, dass er für die Reparatur des ihm vertrauten Fahrzeugs Kosten zu Lasten des Schädigers aufwendet, die einschließlich des etwaigen Minderwertes den Wiederbeschaffungswert bis zu einer regelmäßig auf 130 % zu bemessenden, indes nicht starren Opfergrenze reichen (BGH 15.10.1991, NJW 1992, 302; BGH 17.3.1992, NJW 1992, 1618; vgl. dazu auch BGH 14.12.2010, DAR 2011, 133; OLG München 13.11.2009, NJW 2010, 1462). Eine vollständige und fachgerechte Reparatur ist anzunehmen, wenn der vor der Beschädigung bestehende Zustand des Fahrzeugs wiederhergestellt wird, wobei nicht ausschließlich Originalersatzteile verwendet werden müssen, vielmehr auch Gebrauchtteile verwendet werden können (OLG Oldenburg 20.3. 2000, DAR 2000, 359). Zusätzlich zur vollständigen und fachgerechten Reparatur muss der Geschädigte seinen Wagen zumindest 6 Monate selbst weiter nutzen, da es sonst an einer Rechtfertigung des Integritätszuschlags von 30 % fehlt (BGH 13.11.2007, DAR 2008, 79; BGH 22.4.2008, DAR 2008, 517). Diese 130 % Rechtsprechung des BGH gilt auch für Leasingfahrzeuge (*Reinking* DAR 1997, 425) sowie für gewerblich genutzte Kfz (BGH 8.12.1998, NJW 1999, 500).

10. „100 %-Fall". Liegen die geschätzten Reparaturkosten über dem Wiederbeschaffungsaufwand und unter dem Wiederbeschaffungswert (sog. 100 % Fall), dann hat der Geschädigte ein Wahlrecht: Entweder er verlangt den Wiederbeschaffungsaufwand (BGH 15.2.2005, DAR 2005, 266) oder den Ersatz der tatsächlich angefallenen Reparaturkosten (BGH 5.12. 2006, DAR 2007, 201). Alternativ kann er auch Ersatz der Reparaturkosten gemäß Gutachten verlangen. Er braucht den Wagen dann nicht vollständig und fachgerecht zu reparieren, muss ihn aber mindestens noch 6 Monate selbst im Straßenverkehr nutzen, unter Umständen also durch eine Teilreparatur in einen verkehrssicheren Zustand versetzen (BGH 23.5.2006, DAR 2006, 441; BGH 29.4.2008, DAR 2008, 387; BGH 23.11.2010, DAR 2011, 131), weil nur dann der Restwert lediglich ein nicht realisierter, bloß hypothetischer Schadensposten ist (BGH 29.4.2003, DAR 2003, 372). Wird der Wagen dagegen nicht repariert und nicht weitergenutzt, sondern veräußert, dann wird dadurch der Restwert realisiert, so dass nur eine Erstattung des Wiederbeschaffungsaufwands in Betracht kommt (BGH 7.6.2005, VersR 2005, 1257). Bei tatsächlicher vollständiger Reparatur gemäß Gutachten braucht der Geschädigte den Wagen nicht selbst noch 6 Monate zu nutzen, sondern kann ihn sofort veräußern, ohne sich den Restwert nachträglich schadensmindernd anrechnen lassen zu müssen (BGH 5.12.2006, DAR 2007, 180).

11. „70 %-Grenze". Für eine sogenannte 70 % Grenze – eine solche wurde als Faustformel des Inhalts vorgeschlagen, dass bei geschätzten Reparaturkosten bis zu 70 % des Wiederbeschaffungswertes der Restwert unbeachtet bleiben solle (Steffen DAR 1997, 297) – ist kein Raum (BGH 7.6.2005, DAR 2005, 508; BGH 29.4.2008, DAR 2008, 387). Realisiert der Geschädigte durch die Veräußerung des verunfallten Wagens dessen Restwert, dann muss er sich den Restwert anrechnen lassen, weil sein Schaden dann in entsprechender Höhe als ausgeglichen anzusehen ist.

12. Fälligkeit des Ersatzanspruchs. Zunächst bestand in der Rechtsprechung in den 100 % und den 130 % Fällen Uneinigkeit darüber, ob bei Vornahme einer fachgerechten und vollständigen Reparatur bereits mit Vorlage der Reparaturrechnung die Erstattung der Reparaturkosten verlangt werden kann (so z.B. OLG Nürnberg 7.8.2007, DAR 2008, 27; OLG Celle 22.1.2008, NJW 2008, 928), oder die Fälligkeit des Ersatzanspruchs erst nach Ablauf von 6 Monaten eintritt, in denen der reparierte Unfallwagen vom Geschädigten selbst weiter im Straßenverkehr genutzt wurde (so z.B. OLG Düsseldorf 3.3.2008, I – 1 W 6/08). Der BGH hat zutreffend entschieden, dass eine 6-monatige Nutzung des Unfallwagens durch den Geschädigten nach der Reparatur keine Fälligkeitsvoraussetzung für den Reparaturkostenersatz ist (BGH 18.11.2008, DAR 2009, 79; BGH 26.5.2009, r+s 2009, 434).

13. Keine Bindung an bestimmte Art der Abrechnung. Eine Bindung an eine bestimmte Art der Abrechnung besteht für den Geschädigten nicht (BGH 17.10.2006, NJW 2007, 67). Er kann also zunächst auf Gutachtenbasis abrechnen und später nach durchgeführter Reparatur tatsächlich angefallene höhere Kosten geltend machen (BGH 18.10.2011, DAR 2012, 203; BGH 20.4.2004, DAR 2004, 379, a.A. OLG Köln 1.3.2001, DAR 2001, 405), wenn sich nicht aus den konkreten Umständen des Regulierungsgeschehens etwas anderes ergibt, z.B. durch Abschluss eines Abfindungsvergleichs, durch ein rechtskräftiges Urteil oder durch Verjährung (BGH 17.10.2006, VersR 2007, 82).

> Praxistipp: In der Klageschrift kann zur Vermeidung dessen die Feststellung beantragt werden, dass der Schädiger zukünftige materielle Schäden in Form von Mehrwertsteuer, Mietwagenkosten und Nutzungsausfall zu erstatten hat, wenn zunächst fiktiv abgerechnet wird, und evtl. später eine Reparatur erfolgen soll (*Handschumacher* NJW 2008, 2622; s. a. → *Feststellungsklage*).

14. Schadensabrechnung auf Neuwagenbasis. Ausnahmsweise hat der Geschädigte bei einer erheblichen Beschädigung eines neuwertigen Fahrzeugs Anspruch auf Anschaffung eines identischen Neufahrzeugs (BGH 4.3.1976, DAR 1976, 183; BGH 3.11.1981, VersR 1982, 163; BGH 29.3.1983, VersR 1983, 658; BGH 14.6.1983, VersR 1983, 758; BGH 25.10.1983, VersR 1984, 46; *Lemcke* NJW-Spezial 2013, 457). Eine solch erhebliche Beschädigung ist anzunehmen, wenn die weitere Benutzung des unfallbeschädigten Wagens dem Geschädigten trotz Zahlung einer Wertminderung nicht zugemutet werden kann (BGH 3.11.1981, VersR 1982, 163), Dies ist der Fall, wenn die Reparaturkosten mindestens 30% des Neupreises ausmachen (OLG München 16.9.1980, DAR 1982, 70; OLG Frankfurt 21.6.1979, VersR 1980, 235), wenn Fahrzeugteile beschädigt wurden, die für die Sicherheit des Wagens von besonderer Bedeutung sind oder wenn der Schaden nicht spurlos beseitigt werden kann (OLG Düsseldorf 2.3.2009, NJW-Spezial 2009, 266; OLG Köln 26.10.1988, VersR 1989, 60; OLG Köln 6.10.1989, VersR 1990, 1251; LG Saarbrücken 29.11.2001, zfs 2002, 282). Eine Neuwertigkeit ist grds. dann anzunehmen, wenn der unfallbeschädigte Wagen nicht älter als einen Monat ist (nach OLG Hamm 11.4.1994, DAR 1994, 400, steht eine Zulassungsdauer von bis zu 2 Monaten einer Neuwagenabrechnung nicht entgegen), erst wenige Tage zugelassen ist und eine Laufleistung von nicht mehr als 1.000 km aufweist (BGH 3.11.1981, NJW 1982, 433; OLG Nürnberg 15.8.2008, DAR 2009, 37; OLG Düsseldorf 2.3.2009, VR 2009, 41). Ausnahmsweise kann eine Neuwertigkeit bei einer Laufleistung bis 3.000 km angenommen werden (BGH 29.3.1983, VersR 1983, 658; OLG München 16.9.1980, DAR 1982, 70), wenn der frühere Zustand des Fahrzeugs durch eine Reparatur auch nicht annähernd wiederhergestellt werden kann (BGH 3.11.1981, NJW 1982, 433), etwa weil Teile des Fahrzeugs beschädigt worden sind, die für die Sicherheit des Wagens von besonderer Bedeutung sind, also auch nach fachgerechter Reparatur ein Unsicherheitsfaktor bleibt (LG Saarbrücken 29.11.2001, zfs 2002, 282), oder auch nach fachgerechter Reparatur Schönheitsfehler verbleiben. Eine Neuwagenabrechnung kann nicht fiktiv erfolgen (BGH 9.6.2009, DAR 2009, 452, m. Anm. *Ernst*; OLG Düsseldorf 15.8.2008, DAR 2009, 37), sondern nur nach tatsächlicher Anschaffung eines Neuwagens (OLG Nürnberg 6.12.1990, zfs 1991, 45; zweifelnd *Geigel/Knerr* § 3 Rn. 20). Für Nutzfahrzeuge kann eine Neuwagenabrechnung nicht erfolgen (OLG Stuttgart 19.1.1982, VersR 1983, 92), für Leasingfahrzeuge dagegen schon. Bei Problemen mit einer kurzfristigen Beschaffung eines Ersatzfahrzeugs kann der Geschädigte das verunfallte Fahrzeug reparieren und bis zur Ersatzbeschaffung unter Anrechnung der Gebrauchsvorteile nutzen (KG 10.1.1980, DAR 1980, 245), oder sich ein Interimsfahrzeug anschaffen, wobei der Wertverlust sowie die Zulassungs- und Abmeldekosten vom Schädiger zu tragen sind, sofern diese die Gebrauchsvorteile übersteigen, oder Nutzungsausfall geltend machen (*Hillmann/Schneider* § 7 Rn. 366). Bis zur Neuanschaffung eingetretene Preissteigerungen hat der Schädiger zu tragen (OLG Köln 12.11.1992, NZV 1993, 188).

> Praxistipp: Eine solche Neuwagenabrechnung sollte angesichts der Vielzahl der mit einer solchen Abrechnung einhergehenden Schwierigkeiten und Unsicherheiten zur Vermneidung eines Prozessrisikos in enger Abstimmung mit der Kfz-Haftpflichtversicherung des Unfallverursachers erfolgen. Zudem kann erwogen werden, unter Verzicht auf eine Neuwagenabrechnung die vom Sachverständigen ermittelte Wertminderung zu verdoppeln oder zu verdreifachen (→ *Hillmann/Schneider* § 7 Rn. 367).

15. Werkstatt-/Prognoserisiko. Das sogenannte Werkstatt-/Prognoserisiko sowohl hinsichtlich höherer Reparaturkosten als auch hinsichtlich einer längeren Reparaturdauer als vom Gutachter prognostiziert trägt grundsätzlich der Schädiger, nicht der Geschädigte (BGH 15.10.1992, NJW 1992, 305; BGH 29.10.1974, NJW 1975, 160). Der Geschädigte kann sich auf die Prognose des Sachverständigen verlassen (BGH 20.6.1972, NJW 1972, 1800). Übersteigen die konkreten Reparaturkosten im Gegensatz zu den durch den Sachverständigen geschätzten Reparaturkosten die 130 % Grenze, dann ist die ex ante Betrachtung maßgeblich, also die Schadensschätzung des Sachverständigen, so dass die tatsächlich angefallenen und die 130 % Grenze übersteigenden Reparaturkosten dennoch vom Schädiger zu erstatten sind (OLG Frankfurt 11.10.2000, NZV 2001, 348; LG München I 17.3.2005, NZV 2005, 587). Ausnahmsweise gilt dies nicht, nämlich wenn der Geschädigte nicht den Weg der Schadensbehebung mit dem vermeintlich geringsten Aufwand wählt (was dann z. B. nicht der Fall ist, wenn die voraussichtlichen Reparaturkosten gemäß Gutachten bei 245 % des Wiederbeschaffungswertes liegen; BGH 20.6.1972, NJW 1972, 1800; BGH 10.7.2007, DAR 2007, 635), oder wenn ihn ein Auswahlverschulden trifft (s. a. → *Prognoserisiko*).

Praxistipp: Einen Werksangehörigenrabatt muss sich der Geschädigte, der im Wege der konkreten Schadensabrechnung Ersatz der tatsächlich angefallenen Reparaturkosten verlangt, anrechnen lassen (BGH 18.10.2011, DAR 2012, 203).

16. Mehrwertsteuer. Die Mehrwertsteuer ist dem Geschädigten seit der Neufassung des Schadensrechts zum 1.8.2002 nur noch insoweit zu ersetzen, wie diese tatsächlich angefallen ist, § 249 Abs. 2 S. 2 BGB (s. a. → *Schadenrechtsänderungsgesetz*), und der Geschädigte nicht zum Vorsteuerabzug berechtigt ist, § 15 UStG (BGH 6.6.1972, VersR 1972, 973; BGH 22.5.1989, NJW-RR 1990, 32; OLG Hamm 1.2.2012, 20 U 207/11). Nur wenn der Geschädigte eine Reparaturrechnung bezahlt, in welcher Mehrwertsteuer ordnungsgemäß ausgewiesen wird (vgl. § 14 Abs. 1 a) UStG), ist insoweit die Mehrwertsteuer zu erstatten, also nicht bei einer fiktiven Abrechnung ohne tatsächlichen Anfall von Mehrwertsteuer. Scheidet der Ersatz der Reparaturkosten zur Instandsetzung des unfallbeschädigten Kfz z. B. aufgrund eines technischen oder wirtschaftlichen Totalschadens mit Reparaturkosten von mehr als 130 % des Wiederbeschaffungswertes aus, hat der Geschädigte Anspruch auf Ersatz des Wiederbeschaffungsaufwands. Da der Wiederbeschaffungswert den Kaufpreis wiedergeben soll, den der Geschädigte aufwenden muss, um ein vergleichbares Kfz bei einem seriösen Kfz-Händler zu erwerben, wird dieser u. U. mit einem Händlerverkaufswert beziffert, der Mehrwertsteuer enthält. Damit ist für den Geschädigten der im Wiederbeschaffungswert enthaltene Mehrwertsteuer-Anteil (Regelbesteuerung gem. § 10 UStG, Differenzbesteuerung gem. § 25 a UStG oder überhaupt kein Umsatzsteueranteil) von Bedeutung (BGH 9.5.2006, NJW 2006, 2181). Dieser ist davon abhängig, ob das beschädigte Kfz noch auf dem Händlermarkt mit ausgewiesener Mehrwertsteuer erhältlich ist, was grundsätzlich vom Sachverständigen zu ermitteln ist (KG 4.12. 2006, NZV 2007, 409). Eine Einstufung des Kfz kann unter Zugrundelegung der relevanten Marktverhältnisse und unter Heranziehung der Schwacke-Liste zur Regel- und Differenzbesteuerung wie folgt vorgenommen werden: Bei regelbesteuerten Kfz wird der jeweils gültige Regelsteuersatz (von derzeit 19 %) angesetzt, bei differenzbesteuerten Kfz pauschal 2 % (OLG Köln 5.12.2003, NJW 2004, 1465), und bei Kfz, die üblicherweise nur noch auf dem Privatmarkt erhältlich sind, kein Mehrwertsteuer-Anteil (OLG Köln 5.12.2003, NJW 2004, 1465). Erfolgt eine Ersatzbeschaffung von privat unter dem Wiederbeschaffungsaufwand, steht dem Geschädigten kein Anspruch auf Ersatz von Umsatzsteuer zu (BGH 2.7.2013, DAR 2013, 571, m. Anm. *Kappus*). Erfolgt im Totalschadensfall eine Ersatzbeschaffung statt durch Kauf durch das Leasen eines Ersatzfahrzeugs, dann hat der Geschädigte Anspruch auf Ersatz der in den Leasingraten enthaltenen, mithin insoweit tatsächlich angefallenen Umsatzsteuer, zumal das Leasing der Reparatur und Ersatzbeschaffung als Maßnahme zur Wiederherstellung der ursprünglichen Mobilität im Rahmen der Dispositionsfreiheit des Geschädigten gleichsteht (OLG Celle 30.11.2011, 14 U 92/11; OLG München 26.4.2013, NJW 2013, 3728).

Praxistipp: Der zum Vorsteuerabzug berechtigte Geschädigte ist grundsätzlich nicht zur Anschaffung eines regelbesteuerten Ersatz-Kfz verpflichtet, um den Schädiger so zu entlasten. Der Geschädigte kann vielmehr auch ein differenzbesteuertes Ersatzfahrzeug anschaffen, obgleich dann ein Vorsteuerabzug nicht möglich ist (BGH 25.11.2008, DAR 2009, 197).

17. Kombination fiktiver und konkreter Abrechnung. Grundsätzlich ist eine Kombination von fiktiver (Schadensabrechnung auf Gutachtenbasis) und konkreter (Ersatz tatsächlicher angefallener Kosten) Abrechnung des Sachschadens nicht zulässig (BGH 15.2.2005, VersR 2005, 665; BGH 17.10.2006, VersR 2007, 82; BGH 30.5.2006, NJW 2006, 2320; BGH 1.3.2005, NJW 2005, 2220; BGH

22.9.2009, NJW 2009, 3713). Ausnahmsweise ist eine Kombination dergestalt zulässig, dass im Fall eines wirtschaftlichen Totalschadens neben dem Wiederbeschaffungsaufwand netto die bei einer durchgeführten Reparatur tatsächlich angefallene MWSt zu erstatten ist (BGH 22.9.2009, NJW 2009, 3713; BGH 20.4.2004, NJW 2004, 1943). Sofern der Geschädigte sich für das verunfallte Kfz ein (gleichwertiges, gleichartiges, aber auch ein höherwertiges oder gar neues) Ersatz-Kfz anschafft, steht ihm der volle Brutto-Wiederbeschaffungsaufwand zu, wenn er für die Ersatzbeschaffung einen höheren Betrag als den im Gutachten ausgewiesenen Wiederbeschaffungswert aufwendet (BGH 20.4.2004, NJW 2004, 1943), ohne dass es auf die im Zuge der Ersatzbeschaffung tatsächlich angefallene Mehrwertsteuer ankommt (BGH 15.11.2005, NJW 2006, 285; BGH 1.3.2005, DAR 2005, 500, m. Anm. *Riedmeyer*). Nimmt der Geschädigte eine höherwertige Ersatzbeschaffung (Kaufpreis des zum Ersatz angeschafften Kfz übersteigt Reparaturkosten netto gemäß Gutachten) vor, obgleich der Sachschaden auf Reparaturkostenbasis abzurechnen war, dann kann er zu den Reparaturkosten netto gemäß Gutachten insoweit MWSt erstattet verlangen, wie diese auf die Reparaturkosten netto gemäß Gutachten angefallen wäre (BGH 5.2.2013, DAR 2013, 462, m. Anm. *Heinrich*, DAR 2013, 487; a.A. noch BGH 3.3.2009, DAR 2009, 323; BGH 22.9.2009, NJW 2009, 3713), sofern bei der Ersatzbeschaffung tatsächlich Umsatzsteuer angefallen ist (BGH 2.7.2013, DAR 2013, 571, m. Anm. *Kappus*). Bei einer tatsächlichen Reparaturvornahme ist eine höhere fiktive Abrechnung des Sachschadens als die tatsächlich brutto angefallenen Reparaturkosten nicht möglich (BGH 3.12.2013, DAR 2014, 143).

Praxistipp: Bei einer fiktiven Schadensabrechnung ist eine Kürzung des Ersatzanspruches um allgemeine Kostenfaktoren wie Sozialabgaben oder Lohnnebenkosten unzulässig. Denn die Regelung des § 249 Abs. 2 S. 2 BGB, welche die Erstattung nicht angefallener Umsatzsteuer bei fiktiver Schadensabrechnung ausdrücklich vom Schadenersatzanspruch ausgenommen hat, stellt einen - systemwidrigen - Ausnahmetatbestand dar, der nicht analogiefähig ist (BGH 19.2.2013, zfs 2013, 502, m. Anm. *Diehl*).

18. Stundenverrechnungssätze. Die Stundenverrechnungssätze markengebundener Fachwerkstätten sind sowohl bei konkreter als auch bei fiktiver Berechnung des Sachschadens grundsätzlich erstattungsfähig (BGH 29.4.2003, DAR 2003, 373, m. Anm. *Reitenspiess*; KG v. 30.6.2008, NJW 2008, 2656, m. Anm. *Handschumacher* NJW 2008, 2622; OLG Düsseldorf 16.6.2008, DAR 2008, 523, m. Anm. *Zschieschack*; *Engel* DAR 2007, 695, m.w.N.; *Wellner* NJW 2012, 7), so dass der Geschädigte bei Bezifferung seines Ersatzanspruchs die üblichen Stundenverrechnungssätze einer markengebundenen Fachwerkstatt zugrunde legen kann, die ein Sachverständiger auf dem regionalen Markt ermittelt hat (BGH 22.6.2010, NJW 2010, 2727; BGH 23.2.2010, NJW 2010, 2118; BGH 20.10.2009, NJW 2010, 606). Ausnahmsweise kann der Schädiger den Geschädigten gem. § 254 S. 2 BGB auf eine gleichwertige (Merkmale der Gleichwertigkeit: zertifizierter Meisterbetrieb, Verbandsmitgliedschaft, Qualitätskontrolle durch TÜV oder DEKRA, Verwendung von Originalersatzteilen, 3 Jahre Garantie) und günstigere Reparaturmöglichkeit verweisen, wenn diese in einer freien Werkstatt mühelos und ohne weiteres zugänglich ist, und der Schädiger darlegt und ggf. beweist, dass eine Reparatur in dieser Werkstatt qualitativ der in einer Fachwerkstatt entspricht (BGH 14.5.2013, DAR 2013, 460; BGH 13.7.2010, NJW 2010, 2941; BGH 23.2.2010, NJW 2010, 2118; BGH 29.4.2003, DAR 2003, 373), und wenn er ggf. vom Geschädigten aufgezeigte Umstände widerlegt, die diesem eine Reparatur außerhalb der markengebundenen Fachwerkstatt unzumutbar erscheinen lassen, wie z. B. ein Fahrzeugalter von weniger als drei Jahren, ein Fahrzeugalter von mehr als drei Jahren mit „Scheckheftpflege" bei Fachwerkstatt, durchgängige Wartung und Reparatur des Kfz in Fachwerkstatt, tatsächliche Reparatur des Unfallschadens in Fachwerkstatt (BGH 22.6.2010, DAR 2010, 512; BGH 20.10.2009, DAR 2010, 77, m. Anm. *Engel*; BGH 23.2.2010, NJW 2010, 2118; *Wellner* NJW 2012, 7). Der Versicherer ist dazu berechtigt, den Geschädigten u. U. noch im Rechtsstreit auf eine günstigere Reparaturmöglichkeit als im Gutachten oder Kostenvoranschlag zu verweisen, selbst wenn der Geschädigte sein Kfz bereits in Eigenregie repariert hat (BGH 15.7.2014, DAR 2014, 647; OLG Köln 16.7.2012, DAR 2013, 32, m. kritischer Anm. *Bergmann*; BGH 14.5.2013, NJW 2013, 2817, m. Anm. *Witt*). Auf Sonderkonditionen, welche auf eine Vereinbarung zwischen freier Werkstatt und Versicherer beruhen, braucht sich der Geschädigte nicht verweisen zu lassen (BGH 22.6.2010, DAR 2010, 509).

19. UPE-Aufschläge und Verbringungskosten. UPE-Aufschläge sind branchenüblich erhobene Zuschläge, die aufgrund der Lagerhaltung der Originalersatzteile auf die unverbindlichen Preisempfehlungen des Ersatzteilherstellers aufgeschlagen werden, wobei die ständige Verfügbarkeit in der Regel die Reparaturdauer verkürzt. Diese sind auch bei fiktiver Schadensabrechnung erstattungsfähig (OLG Düsseldorf 16.6.2008, DAR 2008, 523, m. Anm. *Zschieschack*; AG Frankfurt 5.11.2007, DAR 2008, 92), soweit diese in örtlichen Fachwerkstätten üblicherweise anfallen (LG Saarbrücken 19.7.2013, zfs 2013, 564; LG Aachen 18.7.2001, DAR 2002, 72; vgl. BGH 29.4.2003, DAR 2003, 373). UPE-Aufschläge gehören zu den zur Wiederherstellung erforderlichen Kosten i. S. v. § 249 Abs. 1 S. 2 BGB (OLG Düsseldorf 25.6.2001, NZV 2002, 87; LG Aachen 18.7.2001, DAR 2002, 72). Aus den gleichen Gründen steht dem Geschädigten auch bei fiktiver Abrechnung Ersatz der Verbringungskosten zu (BGH 29.4.2003, DAR 2003, 373; vgl. BGH 20.6.1989, NJW 1989, 3009), jedenfalls, wenn die im Ort des Geschädigten vorhandenen Fachwerkstätten über keine eigenen Lackierereien verfügen und deswegen üblicherweise Lackieraufträge fremd vergeben (OLG Düsseldorf 25.6.2001, NZV 2002, 87; LG Paderborn 1.12.1998, DAR 1999, 128).

Praxistipp: Dass bei einer fiktiven Schadensabrechnung eine Kürzung des Ersatzanspruches um allgemeine Kostenfaktoren wie Sozialabgaben oder Lohnnebenkosten unzulässig ist, weil die Regelung des § 249 Abs. 2 S. 2 BGB, welche die Erstattung nicht angefallener Umsatzsteuer bei fiktiver Schadensabrechnung ausdrücklich vom Schadenersatzanspruch ausgenommen hat, einen - systemwidrigen - Ausnahmetatbestand darstellt, der nicht analogiefähig ist (BGH 19.2.2013, zfs 2013, 502, m. Anm. Diehl), spricht für eine grundsätzliche Erstattungsfähigkeit von UPE-Aufschlägen und Verbringungskosten auch i.R.d. fiktiven Schadensabrechnung.

20. Wertminderung. Die durch einen Unfall an einem Pkw entstehende Wertminderung zählt zum zu ersetzenden Wiederherstellungsaufwand i.S.v. § 249 Abs. 2 S. 1 BGB (BGH 3.10.1961, NJW 1961, 2253; BGH 25.10.1996, NZV 1997, 117; *Vuia* NJW 2012, 3057). Maßgeblicher Zeitpunkt für die Bezifferung des Minderwertes ist der Zeitpunkt der Beendigung der Instandsetzung (BGH 2.12.1966, NJW 1967, 552). Es ist zwischen technischer und merkantiler Wertminderung zu unterscheiden. Eine technische Wertminderung kann sich ergeben, wenn am unfallbeschädigten Fahrzeug durch eine fachgerechte Reparatur nicht alle Unfallschäden technisch einwandfrei behoben werden können (z. B. Verbleib von Schweißnähten, Farbunterschieden, u.ä.), wenn die Gebrauchsfähigkeit, Betriebssicherheit oder das Aussehen des Fahrzeugs nachhaltig und spürbar beeinträchtigt bleiben (BGH 25.10.1996, NZV 1997, 117). Eine merkantile Wertminderung kann dagegen auch ohne technischen Minderwert alleine dadurch bestehen, dass nunmehr dem Fahrzeug der Makel des Unfallfahrzeugs anhaftet, welcher sich im Falle des Weiterverkaufs in einem geringeren Verkaufserlös realisieren könnte (BGH 23.11.2004, DAR 2005, 78; OLG Jena 28.4.2004, NZV 2004, 476). Ein entgangener Gewinn kann neben einem Minderwert vom Schädiger beansprucht werden (OLG Saarbrücken 20.3.1992, NZV 1992, 317, m. zust. Anm. *Lange*; a.A. *Geigel/Knerr* 3. Kapitel Rn. 56).

21. Merkantile Wertminderung. Es wurden verschiedene Methoden zur Ermittlung der merkantilen Wertminderung entwickelt (s. dazu *Pickart* Der Kfz-Anwalt 2011, 17), so z. B. die Methode von *Halbgewachs/Berger*, die Empfehlung des 13. Verkehrsgerichtstages, das Modell Heintges, das Modell des BVSK, das sog. *Bremer Modell* und das sog. *Hamburger Modell* (vgl. dazu BGH 18.9.1979, NJW 1980, 281). Teilweise wird die Wertminderung pauschal mit 10 – 15 % der Reparaturkosten angesetzt, § 287 ZPO (OLG Düsseldorf 17.11.1986, DAR 1988, 159; AG Garmisch-Partenkirchen 26.10.2006, 5 C 540/06). Die wohl gängigste Methode ist nach wie vor die nach *Ruhkopf/Sahm* (VersR 1962, 593; BGH 18.9.1979, NJW 1980, 281). Die dabei maßgeblichen Faktoren sind der Neupreis des Kfz, dessen Wiederbeschaffungswert (dort als Zeitwert bezeichnet), das Alter und die Reparaturkosten. Hiernach scheidet ein merkantiler Minderwert aus, wenn die Reparaturkosten nicht mindestens 10 % des Wiederbeschaffungswerts erreichen oder der Wiederbeschaffungswert den Listenpreis um 40 % unterschreitet. Der Minderwert ist zu ermitteln aus einem Prozentsatz der Summe von Wiederbeschaffungswert und Reparaturkosten, wobei sich der Prozentsatz aus dem Verhältnis des Wiederbeschaffungswertes zum Restwert unter Berücksichtigung des Zulassungsjahres entsprechend der nachfolgenden Tabelle ermittelt:

Zulassungs-jahr	10 - 30 %	30 - 60 %	60 - 90 %
1.	5 %	6 %	7 %
2.	4 %	5 %	6 %
ab 3.	3 %	4 %	5 %

Beispiel: Kfz im 2. Zulassungsjahr, Reparaturkosten 4.000 Euro, Wiederbeschaffungswert 8.000 Euro. Die Reparaturkosten entsprechen 50 % des Wiederbeschaffungswertes, die Reparaturkosten addiert mit dem Wiederbeschaffungswert ergibt 12.000 Euro, so dass der Minderwert 5 % von 12.000 Euro entspricht, also 600 Euro.

22. Die Methode nach Ruhkopf/Sahm begegnet Bedenken. Denn diese sieht eine Wertminderung nicht mehr vor, wenn der Pkw älter als 4 Jahre ist, eine Laufleistung von mehr als 100.000 km aufweist oder eine („Bagatell"-) Schadensgrenze von 10 % des Wiederbeschaffungswerts nicht erreicht wird. Letzteres führt in Einzelfällen zu widersinnigen Ergebnissen, die weder technisch noch juristisch zu begründen sind (*Ladenburger* DAR 2001, 295). Die Ablehnung einer Wertminderung ab einem Fahrzeugalter von vier Jahren oder einer Laufleistung von mehr als 100.000 km ist angesichts des technischen Fortschritts im Kraftfahrzeugbau als überholt anzusehen. Zudem wird bei dieser Methode nicht auf die konkrete Art der Beschädigung abgestellt (*Hillmann/Schneider* § 7 Rn. 196). Diese Bedenken haben inzwischen Eingang in die Rechtsprechung gefunden (BGH 23.11.2004, DAR 2005, 78; OLG Düsseldorf 17.11.1986, DAR 1988, 159; LG Hannover 14.12.2007, 9 S 60/07; AG München 18.2.1997, zfs 1998, 380). Auch bei älteren Fahrzeugen mit einer hohen Laufleistung wird eine merkantile Wertminderung angesetzt (BGH 23.11.2004, DAR 2005, 78; OLG Oldenburg 1.3.2007, DAR 2007, 522; OLG Düsseldorf 26.6.2012, SP 2012, 407; LG Berlin 25.6.2009, 41 S 15/09; AG Rostock 21.1.2000, DAR 2000, 169), ebenso bei Nutzfahrzeugen (AG Trier 4.4.2007, SVR 2007, 388), Lkw (BGH 18.9.1979, NJW 1980, 281) und auch Oldtimern (OLG Jena NJW-RR 2004, 1030), auch wenn Oldtimer nicht wie normale Kfz am Markt gehandelt werden, und potentielle Käufer in ihrem Kaufentschluss von einem Unfallschaden aufgrund der Seltenheit des Oldtimers womöglich nicht beeinflusst werden. Für die Ermittlung eines merkantilen Minderwertes maßgeblich ist insbesondere die Bedeutung des Unfalls für die Bewertung des unfallbeschädigten Kfz beim Verkauf auf dem Gebrauchtwagenmarkt, also mitunter, ob der Unfall im Falle einer Veräußerung des Fahrzeugs offenbarungspflichtig wäre (OLG Celle 22.3.1973, VersR 1973, 717; LG Hannover 14.12.2007, 9 S 60/07). Ein merkantiler Minderwert liegt nicht nur bei erheblichen Eingriffen in das Fahrzeuggefüge vor, sondern kann auch dann entstehen, wenn bei einem neuwertigen Fahrzeug lediglich geschraubte Karosserieteile ersetzt wurden (AG Mölln 12.10.2007, 3 C 280/07). Vorzugswürdig ist nach alledem die Ermittlung der Wertminderung durch einen Sachverständigen unter Berücksichtigung folgender *Bewertungsfaktoren*: Art des Fahrzeugs (großer Hubraum, Diesel, Kfz der Luxusklasse; OLG Jena 28.4.2004, NZV 2004, 476), Alter, Zustand, Laufleistung, Art des Schadens, Vorschäden, Marktgängigkeit, Anzahl der Vorbesitzer, Wertverbesserung neu für alt (OLG Köln 5.6.1992, VersR 1992, 973).

23. Sachverständigengutachten. Der Geschädigte eines Verkehrsunfalls ist grds. zur Einholung eines Sachverständigengutachtens zur Bezifferung der Ersatzansprüche aus der Beschädigung seines Kfz berechtigt. Diese Art des Schadensnachweises ist anerkannt (BGH 20.6.1989, NJW 1989, 3009). Da der Geschädigte die Höhe des gem. § 249 BGB erstattungsfähigen Schadens darlegen und beweisen muss, ist die Einholung eines Sachverständigengutachtens oftmals unabdingbar, zumal ohne Kfz-Gutachten oftmals die Einschätzung nicht möglich ist, ob eine Reparatur oder eine Ersatzbeschaffung die zulässige Schadensabrechnung darstellt (OLG Stuttgart 30.1.1974, NJW 1974, 951). Der Vertrag zwischen dem Gutachter und dem Unfallgeschädigten entfaltet eine Schutzwirkung für die Kfz-Haftpflichtversicherung des Unfallgegners, so dass der Sachverständige das Gutachten ordnungsgemäß und objektiv zu erstellen, indes keine Restwertangebote aus den Restwertbörsen im Internet einzuholen und im Gutachten zu berücksichtigen hat (BGH 13.1.2009, DAR 2009, 196). Die Kosten des Sachverständigengutachtens zählen, sofern aus Sicht des Geschädigten ex-ante zweckmäßig und erforderlich (vgl. BGH 30.11.2004, DAR 2005, 148), zum zu ersetzenden Wiederherstellungsaufwand gem. § 249 Abs. 2 S. 1 BGB, unabhängig von der Richtigkeit des Gutachtens (OLG Hamm 8.5.2001, DAR 2001, 506), solange den Geschädigten kein Auswahlverschulden trifft

(BGH 22.7.2014, DAR 2014, 578; BGH 11.2.2014, DAR 2014, 194; BGH 6.4.1993, NJW 1993, 1849; OLG Köln 23.2.2012, SP 2012, 235) und der Geschädigte dem Gutachter keine Vorschäden verschwiegen hat (OLG Hamm 9.10.1992, NZV 1993, 149; *Vuia* NJW 2013, 1197). Das Risiko eines unrichtigen Gutachtens trägt der Schädiger (OLG Hamm 8.5.2001, DAR 2001, 506). Der Umstand, dass die Kfz-Haftpflichtversicherung des Schädigers bereits ein Gutachten betreffend die Schäden am Kfz des Geschädigten eingeholt hat, steht der Einholung eines eigenen Gutachtens durch den Geschädigten nicht entgegen (OLG Stuttgart 30.1.1974, NJW 1974, 951; KG 1.7.1976, VersR 1977, 229).

Praxistipp: Insbesondere bei klarer Haftungslage ist die schnelle Einholung eines eigenen Gutachtens durch einen öffentlich bestellten und vereidigten Sachverständigen ratsam. Zum einen, weil dann eine zügige Bezifferung der Fahrzeugschäden und weitere Dispositionen möglich sind, zum anderen, weil die von Seiten des Schädigers eingeholten Gutachten oftmals deutlich niedriger ausfallen. Bei einer Haftungsverteilung sind (auch) die Gutachterkosten vom Schädiger nur anteilig zu erstatten (BGH 7.2.2012, DAR 2012, 139; a.A. OLG Frankfurt a.M. 5.4.2011, SP 2011, 255).

24. Verstoß gegen die Schadenminderungspflicht. Ausnahmsweise ist die Einholung eines Gutachtens nicht erforderlich i.S.v. § 249 BGB, und stellt einen Verstoß gegen die Schadenminderungspflicht i.S.v. § 254 BGB dar, wenn ein sog. *Bagatellschaden* vorliegt (*Vuia* NJW 2013, 1197). Die Grenze eines solchen Kleinschadens, der die Einholung eines Gutachtens nicht erforderlich macht, liegt in der Rechtsprechung zwischen 700 – 750 Euro (BGH 30.11.2004, DAR 2005, 148; *Watzlawik* DAR 2009, 432, m.w.N.). Ein Verstoß gegen die Schadenminderungspflicht liegt vor, wenn die Geringfügigkeit des Fahrzeugschadens offensichtlich war, was indes durch einen Laien in aller Regel nicht beurteilt werden kann (AG Berlin-Mitte 3.6.1997, DAR 1998, 73). Bei einem unklaren Schadensumfang (z. B. Heckanstoß mit der oftmals naheliegenden Möglichkeit verdeckter Stauchungen u.ä.) ist der Geschädigte stets zur Einholung eines Gutachtens berechtigt (AG Mainz 5.10.2001, NZV 2002, 193). Das Prognoserisiko trägt der Schädiger (OLG Köln 23.2.2012, SP 2012, 235; s. a. *Prognoserisiko*).

Praxistipp: Ein Verstoß gegen die Schadenminderungspflicht scheidet aus, wenn ein Fachmann dem Geschädigten angesichts des Schadensumfangs, möglicher verdeckter Schäden und/oder der zu erwartenden Höhe der Reparaturkosten die Einholung eines Gutachtens empfohlen hat. Die Schadenminderungspflicht oder die Bagatellschadensgrenze stehen der Erstattungsfähigkeit von Gutachterkosten auch dann nicht entgegen, wenn der Haftungsgrund streitig ist, so dass ein Interesse des Geschädigten an der Beweissicherung besteht (AG Gießen 23.3.1999, DAR 1999, 320). Kosten der Einholung eines Privatgutachtens noch während eines gerichtlichen Verfahrens können erstattungsfähig, mithin auch im gerichtlichen Kostenfestsetzungsverfahren zu berücksichtigen sein (BGH 20.12.2011, DAR 2012, 331; *Quadflieg* NJW-Spezial 2013, 649).

25. Nachbesichtigung. Beziffert der Geschädigte seine Ansprüche auf Grundlage eines Sachverständigengutachtens, dann kann nicht nur der Geschädigte, sondern haben auch die Gerichte von der Richtigkeit des Gutachtens auszugehen, obgleich es sich um ein Parteigutachten handelt, solange keine konkreten Einwände gegen die Richtigkeit des Gutachtens von Seiten des Schädigers vorgebracht werden (BGH 20.6.1989, NJW 1989, 3009; LG Berlin 25.5.1998, DAR 1998, 354). Nur bei *konkreten Einwänden des Schädigers gegen die Richtigkeit des Gutachtens* muss der Geschädigte eine Nachbesichtigung seines unfallbeschädigten Wagens dulden (LG München 20.11.1995, SP 1996, 82; a.A. OLG Düsseldorf 24.5.1993, VersR 1995, 107), und kann nicht mehr uneingeschränkt auf die Richtigkeit und Bestandskraft des Gutachtens vertrauen (BGH 6.4.1993, DAR 1993, 251). Der Geschädigte muss dann die Richtigkeit des von ihm zur Schadensbezifferung vorgelegten Gutachtens beweisen (BGH 23.3.1976, NJW 1976, 1396).

Praxistipp: Grundsätzlich besteht keine Pflicht des Geschädigten auf Duldung einer *Nachbesichtigung* bzw. kein Recht des Versicherers auf eine solche Nachbesichtigung (LG Lübeck 19.4.2013, 16 O 19/12; *Dötsch* zfs 2013, 63, m.w.N.), sondern ausnahmsweise dann, wenn der Verdacht besteht, dass in dem vom Geschädigten vorgelegten Gutachten unfallunabhängige Vorschäden berücksichtigt werden (AG Düsseldorf 18.12.2012, SP 2013, 264).

26. Sachverständigenhonorar. Der Geschädigte kann grundsätzlich verlangen, dass ein in Relation zur Schadenshöhe berechnetes Sachverständigenhonorar vollen Umfangs als erforderlicher Herstellungsaufwand i.S.v. § 249 Abs. 2 BGB erstattet wird (BGH 23.1.2007, DAR 2007, 263), nebst Nebenkosten (vgl. AG Halle 19.12.2011, NJW 2012, 2290). Dies gilt auch hinsichtlich einer gutachterlichen Bestätigung der ordnungsgemäßen Reparaturdurchführung (AG Esslingen 28.8.2012, VA 2012, 184). Der Sachverständige ist nicht gehalten, auf Stundenlohnbasis abzurechnen. Es liegt kein Verstoß des Geschädigten gegen seine Schadenminderungspflicht vor, da er sich in der Regel darauf verlassen kann, dass das mit dem Sachverständigen vereinbarte Honorar allgemein üblich und angemessen ist (BGH 22.7.2014, DAR 2014, 578; BGH 11.2.2014, DAR 2014, 194; AG Eschweiler 6.2.2008, 24 C 387/07), wenn für den Geschädigten keine Anhaltspunkte dafür vorliegen, dass der Sachverständige sein Honorar geradezu willkürlich festsetzt (Preis und Leistung stehen in einem auffälligen Missverhältnis), wenn der Geschädigte keine Unrichtigkeiten der Begutachtung oder deren Vergütung verursacht hat, und ihm selbst kein Auswahlverschulden in Bezug auf die Person des Sachverständigen zur Last fällt (LG Saarbrücken 21.2.2008, 11 S 130/07). Eine Pflicht zur Marktforschung bei der Auswahl des Sachverständigen trifft den Geschädigten nicht (BGH 22.7.2014, DAR 2014, 578; *Heßeler*, NJW 2014, 1916).

Praxistipp: Da es kein einheitliches Berufsbild des Kfz-Sachverständigen gibt, und bei der Auswahl des Gutachters beachtet werden sollte, dass das Gutachten einer Überprüfung durch den Schädiger und eventuell auch durch ein Gericht standhalten muss, sollte stets ein öffentlich bestellter und vereidigter Sachverständiger mit der Erstellung des Gutachtens betraut werden. Den Geschädigten kann dann kein Auswahlverschulden betreffend die fachliche Kompetenz des Sachverständigen treffen (AG Wiesbaden 7.12.2000, zfs 2001, 311).

27. Kostenvoranschlag. Ein Kostenvoranschlag (der eine mögliche Wertminderung indes nicht ermittelt) reicht bis zur Bagatellschadensgrenze als Schadensnachweis aus (*Notthoff* DAR 1994, 417), solange nicht Anhaltspunkte für gravierende Mängel bestehen (AG München 30.3.1999, zfs 1999, 328). Gebühren für die Erstellung eines Kostenvoranschlages sind vom Schädiger zu ersetzen (LG Hildesheim 4.9.2009, NZV 2010, 34; AG Köln 6.2.2012, 262 C 208/11; AG München 30.3.1999, zfs 1999, 328; *Häcker* VA 2005, 37) Denn es darf den Geschädigten nicht belasten, dass er eine günstigere Methode zur Schadensermittlung als die Einholung eines Sachverständigengutachtens wählt (AG Aachen 3.2.1995, DAR 1995, 295; AG Dortmund 2.6.1999, zfs 2000, 63). Zudem hat der Geschädigte bei einem Sachschaden unterhalb der Bagatellgrenze von 500 Euro bei fiktiver Bezifferung des Fahrzeugschadens zur Einholung eines Kostenvoranschlages keine Alternative.

Praxistipp: Der Kostenvoranschlag sollte mit Photos ergänzt werden, um für einen später ggf. einzuschaltenden gerichtlichen Sachverständigen notwendige Anknüpfungstatsachen zu schaffen.

28. Vermessungskosten. Vermessungskosten, also Kosten für die (Achs-) Vermessung des unfallbeschädigten Fahrzeugs, sind Bestandteil der Reparaturaufwendungen, mithin für die Wiederherstellung des ursprünglichen Zustands erforderliche Kosten, und damit nicht nur bei konkreter, sondern auch bei fiktiver Abrechnung des Sachschadens erstattungsfähig (vgl. LG Hamburg 20.11.2009, SP 2010, 189; a.A. AG Duisburg 18.10.2000, zfs 2002, 340, m. abl. Anm. *Diehl*).

29. Mietwagenkosten. Mietwagenkosten sind als erforderlicher Herstellungsaufwand i.S.v. § 249 Abs. 2 S. 1 BGB erstattungsfähig (BGH 4.12.1984, NJW 1985, 793; BGH 7.5.1996, NJW 1996, 1958; *Scholten*, DAR 2014, 72), soweit ein verständiger, wirtschaftlich vernünftig denkender Mensch in der Lage des Geschädigten ex ante, also in der damaligen Situation des Geschädigten, die Kosten für zweckmäßig und notwendig halten darf (vgl. dazu LG München II 8.5.2012, NJW 2012, 1970: 7er BMW statt Porsche Panamera als zumutbarer Ersatz für Porsche Cayenne; LG Wuppertal 24.4.2012, NJW 2012, 1971: Taxi als zumutbarer Ersatz statt Porsche 911 Carrera Cabrio). Der Geschädigte ist dabei unter dem Gesichtspunkt der Schadensminderungspflicht gehalten, im Rahmen des ihm Zumutbaren von mehreren möglichen den wirtschaftlicheren Weg der Schadensbeseitigung zu wählen (BGH 12.10.2004, DAR 2005, 21; BGH 9.5.2006, DAR 2006, 438; BGH 30.1.2007, DAR 2007, 262; BGH 12.6.2007, DAR 2007, 510; BGH 11.3.2008, DAR 2008, 331; BGH 24.6.2008, DAR 2008,

643). Der Geschädigte muss indes nicht zugunsten des Schädigers sparen oder sich so verhalten, als ob er den Schaden selbst zu tragen hätte (vgl. BGH 15.10. 1991, NJW 1992, 302). Auch die Kosten für Winterreifen, sofern diese üblicherweise in Rechnung gestellt werden (BGH 5.3.2013, VI ZR 245/11) als auch die Vollkaskoversicherungsprämie für den Mietwagen sind zu erstatten, auch wenn das unfallbeschädigte Kfz des Geschädigten nicht vollkaskoversichert ist (BGH 15.2.2005, DAR 2005, 270). Nur tatsächlich angefallene Mietwagenkosten sind erstattungsfähig, eine **fiktive Abrechnung** ist nicht zulässig. Mietet der Geschädigte keinen Mietwagen an, dann kommt nur ein Anspruch wegen entgangener Gebrauchsvorteile (Nutzungsausfallentschädigung) in Betracht (s. dazu BGH GS 9.7.1986, NJW 1987, 50).

30. Voraussetzungen für den Mietwagenkostenersatz. Voraussetzung für die Erstattung von Mietwagenkosten sind der Nutzungsausfall, die Nutzungsmöglichkeit, der Nutzungswille (sog. **fühlbare Beeinträchtigung**) und kein Verstoß gegen die Schadenminderungspflicht. Grundsätzlich muss der Geschädigte den Mietwagen, der zum Ersatz für den unfallbedingt nicht zur Verfügung stehenden Wagen des Geschädigten angemietet wird, auch tatsächlich selbst nutzen können und wollen (LG München I 8.4.2005, 17 S 20753/04). Ob der Geschädigte entgegen einer ärztlichen Anordnung den Wagen nutzt, hat auf die Erstattungsfähigkeit der Mietwagenkosten keinen Einfluss (OLG Hamm 2.3.1994, NZV 1994, 431). Mietwagenkosten sind auch dann erstattungsfähig, wenn nicht der Geschädigte selbst, aber dessen Familienangehörige oder ihm nahe stehende Personen auf den verunfallten Wagen angewiesen sind (OLG Düsseldorf 24.5.2011, DAR 2011, 580) oder diesen üblicherweise nutzten und eine Nutzung des Mietwagens durch solche Personen tatsächlich erfolgt (OLG Frankfurt 16.6. 1994, DAR 1995, 23). Der Nutzungswille des Geschädigten wird bis zum Beweis des Gegenteils durch den Schädiger vermutet (OLG Celle 22.3.1973, VersR 1973, 717). Die *Dauer der Berechtigung* des Geschädigten zur Inanspruchnahme eines Mietwagens richtet sich, sofern der verunfallte Wagen nicht mehr fahrtauglich ist, nach dem Zeitraum vom Schadenseintritt bis zur Beseitigung des Schadens, mithin nach der Dauer der Reparatur (Reparaturvornahme) oder nach den Angaben im Sachverständigengutachten zur Wiederbeschaffungsdauer (Ersatzbeschaffung). Das Prognoserisiko liegt beim Schädiger (vgl. BGH 20.6.1972, NJW 1972, 1800; s. a. *Prognoserisiko*). Mietet der Geschädigte ein Fahrzeug gleichen Typs wie seinen Unfallwagen an, wozu er grundsätzlich berechtigt ist (BGH 2.3.1982, NJW 1982, 519; OLG Düsseldorf 13.5.1996, NZV 1996, 496), dann muss er sich ersparte Eigenkosten in einer Größenordnung von etwa 3 % der Mietwagenkosten anrechnen lassen (*Meinig* DAR 1993, 281; BGH 7.5.1996, DAR 1996, 314), wobei die Höhe dieses Pauschalabzugs in der Rechtsprechung stark variiert (15 %: KG 16.8.2004, NZV 2005, 46; OLG Hamm 18.9.1995, VersR 1996, 1358; 10 %: OLG Hamm 10.3. 2000, NZV 2000, 376; 5 %: OLG Düsseldorf 3.11.1997, DAR 1998, 103). Wird dagegen ein klassetieferes Fahrzeug angemietet, dann werden keine ersparte Eigenaufwendungen angerechnet (OLG Hamm 25.1. 1999, DAR 1999, 261). Einen Anspruch auf Ersatz des Ausgleichs zu der Rangklasse seines beschädigten Fahrzeugs hat der Geschädigte, der einen um mehrere Rangklassen niedriger einzustufenden Mietwagen anmietet, nicht (BGH 19.11.1974, VersR 1975, 261; OLG Frankfurt 29.11.1989, VersR 1990, 1367), u. U. aber einen parallelen Anspruch auf Nutzungsausfallentschädigung (vgl. *Born/Schneider* in *Berz/ Burmann* 5 C Rn. 67). Wenn der Geschädigte eines Verkehrsunfalls voraussichtlich täglich nicht mehr als 20 km zurückgelegt, also den Mietwagen voraussichtlich nur für *geringe Fahrleistungen* benötigt, dann kann er in der Regel lediglich die Kosten für öffentliche Verkehrsmittel oder Taxikosten ersetzt verlangen (OLG München 17.3.1992, NZV 1992, 362; OLG Hamm 21.5.2001, NZV 2002, 82; LG Baden-Baden 11.10.2002, zfs 2003, 16), es sei denn, der Geschädigte ist auf die ständige Verfügbarkeit eines Kfz angewiesen (BGH 5.2. 2013, DAR 2013, 194). Das entsprechende Prognoserisiko trifft den Schädiger, so dass Mietwagenkosten trotz geringer Fahrleistung auch dann zu erstatten sind, wenn aus nicht vorhersehbaren Gründen der Mietwagen in deutlich geringerem Umfang genutzt wurde, als dies unter gewöhnlichen Umständen zu erwarten war (BGH 24.6.1986, NJW 1986, 2945; OLG Hamm 23.1.1995, NZV 1995, 356; LG München I 15.12.1988, DAR 1989, 388).

31. Unfallersatztarif. Mietet ein Unfallgeschädigter einen Mietwagen nicht zum Normaltarif, sondern zu einem womöglich erheblich höheren Unfallersatztarif an, obgleich ihm ein Mietwagen zu einem günstigeren Tarif nach den konkreten Umständen, mithin unter Berücksichtigung seiner individuellen Erkenntnis- und Einflussmöglichkeiten sowie der gerade für ihn bestehenden Schwierigkeiten unter zumutbaren Anstrengungen auf dem in seiner Lage örtlich und zeitlich relevanten Markt (u. U. also trotz Vorkasse und Kaution), ohne weiteres zugänglich war (BGH 14.2. 2006, DAR 2006, 380; BGH 4.4.2006, DAR 2006, 381; BGH 4.7.2006, DAR 2006, 682; BGH 23.1.2007, DAR 2007, 260; BGH 13.2.2007, DAR 2007, 327; BGH 24.6.2008, DAR 2008, 643) – was der Schädiger zu beweisen hat, da es hierbei um einen möglichen Verstoß des Geschädigten gegen die Schadenminderungspflicht i.S.v. § 254 Abs. 2 BGB geht (BGH 24.6.2008, DAR 2008, 643; BGH 2.2.2010, DAR 2010, 383) –, dann ist nur dieser günstigere Tarif erstattungsfähig (BGH 23.1.2007, DAR 2007, 260; BGH 14.10.2008, DAR 2009, 32). Die Mietwagenrechnung hat daher lediglich eine Indizwirkung für die Erforderlichkeit der Mietwagenkosten (BGH 7.5. 1996, NJW 1996, 1958). Die Anmietung eines Mietwagens zum Normaltarif (Selbstzahlertarif) kann dem Geschädigten trotz einer Notwendigkeit der Hinterlegung einer Kaution, des Einsatzes einer Kreditkarte oder einer Vorkasse zuzumuten sein (BGH 6.3.2007, DAR 2007, 328; BGH 5.3.2013, VI ZR 245/11; OLG Düsseldorf DAR 2011, 580). Nimmt der Geschädigte einen Mietwagen nicht zum Selbstzahlertarif in Anspruch, obwohl ihm dies ohne nennenswerte wirtschaftliche Einschnitte möglich gewesen wäre, ist ihm ein Verstoß gegen die Schadenminderungspflicht vorzuwerfen (BGH 6.3.2007, NJW 2007, 1676, m. Anm. van *Bühren*). War dem Geschädigten dagegen die Anmietung zu einem Normaltarif nach den konkreten Umständen nicht möglich, mithin ein Mietwagen zum Normaltarif nicht zugänglich, dann kann der Geschädigte vor dem Hintergrund des Grundsatzes der subjektbezogenen Schadensbetrachtung die Erstattung des Unfallersatztarifes verlangen, auch wenn die Erhöhung des Normaltarifs nicht durch unfallspezifische Kostenfaktoren (z. B. Vorfinanzierung durch Vermieter, Ausfallrisiko wegen Fehleinschätzung der Haftungslage, Fahrzeugverbringung und –abholung nach den Wünschen des Geschädigten, keine Vorreservierungszeit, keine Festlegung der Mietdauer, keine Vorauszahlung, keine Kaution, keine Nutzungseinschränkung) gerechtfertigt war (BGH 4.4.2006, DAR 2006, 381; BGH 12.6.2007, DAR 2007, 510; BGH 26.6.2007, DAR 2007, 699; BGH 24.6.2008, DAR 2008, 643; BGH 14.10.2008, DAR 2009, 29). Besteht für den Geschädigten z. B. die Notwendigkeit einer sofortigen Weiterfahrt (BGH 19.2.2008, DAR 2008, 388), oder der Anmietung des nachts (AG Hof 4.9.2006, NZV 2007, 149) oder unmittelbar nach einem Unfall an einem Feiertag (OLG Köln 19.6.2006, NZV 2007, 81), kann ein Unfallersatztarif erstattungsfähig sein (BGH 14.10.2008, DAR 2009, 29). Eine solche *Not- oder Eilsituation* (s. dazu BGH 9.3.2010, NJW 2010, 2569; BGH 5.3. 2013, VI ZR 245/11), welche eine Erkundigung nach einem günstigeren Tarif entbehrlich macht, wird regelmäßig bei einer Anmietung unter der Woche am Folgetag des Unfalls schon nicht mehr vorliegen (BGH 13.6.2006, DAR 2006, 681; BGH 30.1.2007, NJW 2007, 1124; anders BGH 23.1.2007, NJW 2007, 1122). Nach überholter Rechtsprechung war der Geschädigte nicht zur Auffindung eines günstigen Mietwagentarifs im Sinne einer Art Marktforschung verpflichtet (so noch BGH 2.7.1985, NJW 1985, 2639). Eine solche Marktforschung wird dem Geschädigten mittlerweile jedoch grds. zugemutet, es sei denn, er befindet sich in einer Not- oder Eilsituation (außerhalb von Karnevalshochburgen besteht eine Pflicht zur Marktforschung auch am Rosenmontag; LG Duisburg 3.6.2012, 11 S 226/11). Müssen beim Geschädigten Bedenken gegen die Höhe des angebotenen Mietwagentarifs aufkommen, ist er zur Erkundigung nach anderen Tarifen sowie zur Einholung von Vergleichsangeboten verpflichtet (BGH 19.4. 2005, DAR 2005, 438; BGH 14.2.2006, DAR 2006, 378; BGH 11.3.2008, DAR 2008, 331; BGH 9.3.2010, NJW 2010, 2569), unabhängig davon, ob der Vermieter mehrere oder nur einen einheitlichen Tarif anbietet (BGH 14.10. 2008, DAR 2009, 29; BGH 13.2.2007, DAR 2007, 327), und auch dann, wenn der Autovermieter dem Geschädigten Preislisten der Konkurrenz vorlegt (BGH 28.6.2006, DAR 2006, 571; BGH 14.10.2008, DAR 2009, 32; vgl. aber OLG Dresden 28.5.2008, DAR 2008, 521). Gleiches gilt, wenn sich für den Geschädigten die Notwendigkeit einer längeren Inanspruchnahme des Mietwagens abzeichnet (BGH 19.4.2005, DAR 2005, 438; BGH 14.2. 2006, DAR 2006, 380; BGH 13.2.2007, DAR 2007, 327; BGH 11.3.2008, DAR 2008, 331; BGH 14.10.2008, DAR 2009, 29; BGH 2.7. 1985, NJW 1985, 2639). Es kann dann eine Pflicht zu einem *Tarifwechsel* zu einem günstigeren Mietwagen (BGH 9.5.2006, DAR 2006, 438; BGH 13.1.2009, DAR 2009, 324), zur Beschaffung eines Interimsfahrzeugs oder der Vornahme einer provisorischen Reparatur des Unfallfahrzeugs bestehen (vgl. BGH 18.12.2007, DAR 2008, 139). Unterlässt der Unfallgeschädigte eine gebotene Nachfrage nach günstigeren Tarifen, dann ist dies kein Fall des Verstoßes gegen die Schadenminderungspflicht (so noch BGH 7.5.1996, NJW 1996, 1958), für die grundsätzlich der Schädiger darlegungs- und beweispflichtig ist, sondern eine Frage der Schadenshöhe, die der Geschädigte darzulegen und notfalls zu beweisen hat (BGH 19.4.2005, DAR 2005, 438; BGH 14.2.2006, DAR 2006, 378; BGH 9.10.2007, DAR 2007, 700; BGH 11.3.2008, DAR 2008, 331; BGH 14.10.2008, DAR 2009, 29). Der Schädiger darf den Geschädigten auf eine günstigere Möglichkeit zur Anmietung eines Fahrzeugs sogar dann noch verweisen, wenn der Geschädigte bereits ein Fahrzeug angemietet hat (BGH 8.3.2012, NJW 2012, 3241).

Praxistipp: Wird bei Anmietung des Mietwagens keine Absprache zwischen dem Vermieter und dem Unfallgeschädigten über die Mietzinshöhe getroffen, sondern vereinbart, dass der Mietpreis mit dem eintrittspflichtigen Versicherer abgestimmt werden soll, dann hat die Mietwagenfirma ein Gestaltungsrecht i.S.v. § 315 BGB. Der Mietzins muss billigem Ermessen entsprechen (OLG Naumburg 13.12.1995, NZV 1996, 233). In einem solchen Fall ist der Ersatz der Mietwagenkosten durch den Versicherer Geschäftsgrundlage zwischen dem Vermieter und dem Geschädigten. Diese Geschäftsgrundlage wird wesentlich geändert, wenn der Versicherer eine Regulierung ablehnt (OLG München 17.12.2002, NZV 2003, 141). Bietet ein Autovermieter dem Unfallgeschädigten Fahrzeuge zu einem Tarif an, der deutlich über dem Normaltarif auf dem örtlich relevanten Markt liegt, und besteht deshalb die Gefahr, dass die Kfz-Haftpflichtversicherung des Schädigers nicht den vollen Tarif übernimmt, dann muss der Vermieter den Mieter darüber informieren (BGH 10.1.2007, DAR 2007, 511; BGH 21.11.2007, VersR 2008, 269; BGH 24.10.2007, DAR 2008, 86; BGH 25.3.2009, DAR 2009, 399). Bei Verstoß gegen diese Aufklärungspflicht des Vermieters hat der Geschädigte einen Ersatzanspruch aus §§ 241 Abs. 2, 311 Abs. 2 BGB („culpa in contrahendo"), den er dem Mietwagenanspruch des Vermieters entgegen halten kann (BGH 10.1.2007, NZV 2007, 236; BGH 24.10. 2007, DAR 2008, 86; BGH 25.3.2009, DAR 2009, 399). Dieser Anspruch hat indes auf das Verhältnis zwischen Schädiger und Geschädigtem keinen Einfluss (BGH 9.10.2007, DAR 2007, 700; BGH 15.2.2005, NZV 2005, 302; BGH 16.9.2008, DAR 2009, 325). Der Geschädigte kann vom Schädiger also nicht den Ersatz des vollen Unfallersatztarifs beanspruchen unter Abtretung seiner gegen den Vermieter gerichteten Ersatzansprüche an den Schädiger entsprechend § 255 BGB (vgl. BGH 16.9.2008, DAR 2009, 325; anders noch BGH 15.2.1996, NJW 1996, 1965; zustimmend *Born/Schneider* in *Berz/Burmann* 5 C Rn. 32 d).

32. Schätzung der erstattungsfähigen Mietwagenkosten. Mietet der Geschädigte ein Kfz zu einem überhöhten Unfallersatztarif an, obgleich ihm ein Mietwagen zu einem *günstigeren (Normal-) Tarif zugänglich* war, dann hat dies nicht automatisch zur Folge, dass dem Geschädigten überhaupt keine Mietwagenkosten ersetzt werden (OLG München 28.7.2006, DAR 2006, 692, m. Anm. *Geiger*). Vielmehr kann im Wege der in ein besonders freies Ermessen des Tatrichters gestellten Schätzung gem. § 287 ZPO (BGH 18.12. 2012, NJW 2013, 1539; BGH 9.10.1990, DAR 1991, 52) der erstattungsfähige Normaltarif ermittelt werden, ferner, ob und ggf. in welcher Höhe ein pauschaler Aufschlag auf den Normaltarif für unfallbedingte Sonderleistungen des Autovermieters (z. B. Vorfinanzierung durch Vermieter, Ausfallrisiko wegen Fehleinschätzung der Haftungslage, Fahrzeugverbringung und -abholung nach den Wünschen des Geschädigten, keine Vorreservierungszeit, keine Festlegung der Mietdauer, keine Vorauszahlung, keine Kaution, keine Nutzungseinschränkung) gerechtfertigt ist (BGH 24.6.2008, DAR 2008, 643), mithin in welcher Höhe Mietwagenkosten als notwendiger Wiederherstellungsaufwand i.S.v. § 249 BGB anzusehen sind (BGH 18.12.2012, NJW 2013, 1539; BGH 30.1. 2007, DAR 2007, 262; BGH 19.1.2010, DAR 2010, 323: 10 – 20 %; BGH 12.6.2007, DAR 2007, 510; BGH 14.10.2008, DAR 2009, 29; BGH 24.6.2008, DAR 2008, 643: 15 %; OLG Köln 2.3.2007, NZV 2007, 199: 20 %; OLG Köln 10.10.2008, DAR 2009, 33; BGH 9.3. 2010, NJW 2010, 2569: 20 %; BGH 12.4. 2011, NJW 2011, 1947: 25 %; LG Köln 16.3. 2006, NZV 2007, 82: 30 %). Als Schätzungsgrundlage für den Normaltarif, der ggf. um einen pauschalen Aufschlag für unfallbedingte Sonderleistungen erhöht wird, können sowohl die Werte für das Postleitzahlengebiet des Geschädigten aus dem *Schwacke-Mietpreisspiegel* für die Jahre 2003 oder 2006 (BGH 14.10.2008,

DAR 2009, 29; BGH 11.3.2008, DAR 2008, 331; BGH 26.6.2007, DAR 2007, 699; BGH 27.3.2012, DAR 2012, 326; s. a. *Wittschier*, NJW 2012, 13) als auch der Marktpreisspiegel Mietwagen Deutschland 2008 des *Fraunhofer Instituts* (ggf. mit sachverständiger Beratung) herangezogen werden (OLG München 25.7.2008, DAR 2009, 36; OLG Köln DAR 10.10.2008, 2009, 33; zu den Mietwagenkostentabellen s. *Reitenspiess* DAR 2008, 546), ebenso ein *arithmetisches Mittel* beider Markterhebungen (BGH 12.4.2011, NJW 2011, 1947; OLG Karlsruhe 11.8.2011, 1 U 27/11; vgl. BGH 18.12.2012, NJW 2013, 1539; Rechtsprechungsübersicht bei *Bock*, DAR 2011, 659; *Freymann/Vogelsang*, zfs 2014, 544), nicht aber die dreifachen Werte aus der Nutzungsausfalltabelle nach *Sanden/Danner/Küppersbusch*, sog. *Freiburger Modell* (BGH 26.6. 2007, DAR 2007, 699). Solange vom Schädiger nicht konkrete Tatsachen vorgetragen werden, die Mängel dieser Schätzungsgrundlagen aufzeigen, ist die Plausibilität und Eignung der Tabellen als Schätzungsgrundlage nicht zu überprüfen (BGH 11.3. 2008, DAR 2008, 331; BGH 14.10.2008, DAR 2009, 29; BGH 18.5.2010, DAR 2010, 467; BGH 17.5.2011, DAR 2011, 462). Eine Prüfung der betriebswirtschaftlichen Rechtfertigung des Unfallersatztarifs des konkreten Unternehmens ggf. durch einen gerichtlichen Sachverständigen ist keinesfalls erforderlich (BGH 24.6.2008, DAR 2008, 643).

Praxistipp: Da bei der Inanspruchnahme eines Mietwagens diverse Probleme entstehen können (Mithaftung, Abzug für ersparte Aufwendungen, Unfallersatztarif, Schadenminderungspflicht), welche zu einer Verzögerung der Schadensregulierung und einem finanziellen Nachteil des Mandanten führen können, sollte der Anwalt mit seinem Mandanten stets erörtern, ob zur Vermeidung solcher Probleme statt der Inanspruchnahme eines Mietwagens eine Nutzungsausfallentschädigung geltend gemacht wird.

33. Nutzungsausfallentschädigung. Der Anspruch auf Ersatz des Nutzungsausfalls – der nicht gesetzlich normiert, sondern das Ergebnis richterlicher Rechtsfortbildung ist (BGH GS 9.7.1986, NJW 1987, 50) – soll die unfallbedingte Einschränkung der ständigen Verfügbarkeit des unfallbeschädigten Kfz, mithin den Verlust eines geldwerten Gebrauchsvorteils, kompensieren. Nutzungsausfall kann *nicht fiktiv* geltend gemacht werden, sondern nur bei tatsächlichem Ausfall des unfallbeschädigten Kfz (BGH 23.3.1976, NJW 1976, 1396) durch unfallbedingte Fahruntauglichkeit oder während der Reparatur. Derjenige, der aufgrund eines Unfalls einen Eingriff in den Gegenstand seines Gebrauchs hinnehmen muss, indes auf einen Mietwagen verzichtet, soll nicht schlechter gestellt werden als der, der einen Mietwagen in Anspruch nimmt. In der Zeit der Inanspruchnahme eines gleichwertigen Mietwagens besteht kein Anspruch auf Nutzungsausfallentschädigung (BGH 4.12.2007, DAR 2008, 140). Mietet der Geschädigte ein deutlich schlechter ausgestattetes Kfz als vorübergehenden Ersatz des unfallbeschädigten Kfz an, dann kann ein voller Ausgleich der entgangenen Gebrauchsvorteile nur über einen neben dem Ersatz der Mietwagenkosten geschuldeten Nutzungsausfall erreicht werden (*Born/Schneider* in *Berz/Burmann* 5 C Rn. 67). Dagegen wird der Anspruch auf Nutzungsausfallersatz nicht dadurch berührt, dass ein Dritter seinen Wagen vorübergehend und unentgeltlich dem Geschädigten zur Verfügung stellt (BGH 19.11.1974, NJW 1975, 255; BGH 5.2.2013, zfs 2013, 383, m. Anm. *Diehl*).

34. Voraussetzungen. Der Geschädigte hat Anspruch auf Nutzungsausfall unter folgenden Voraussetzungen: Nutzungsausfall, Nutzungswille, Nutzungsmöglichkeit (BGH 15.4.1966, NJW 1966, 1260; sog. **fühlbarer Eingriff**) sowie kein Verstoß gegen die Schadenminderungspflicht. Die Möglichkeit und der Wille des Geschädigten, seinen unfallbeschädigten und dadurch zumindest vorübergehend nicht fahrbaren Wagen zu benutzen, sind nach der Lebenserfahrung und bis zum Beweis des Gegenteils durch den Schädiger zu unterstellen (OLG Düsseldorf 25.4.2005, DAR 2006, 269; OLG Celle 22.3.1973, VersR 1973, 717; LG Nürnberg-Fürth 28.10.1999, DAR 2000, 72). Durch den Nachweis einer Reparaturvornahme (auch einer solchen in Eigenregie; dazu *Quaisser*, NJW-Spezial 2014, 73) oder Ersatzbeschaffung wird der Nutzungswille manifestiert (OLG Hamm 13.11.2001, zfs 2002, 132; a.A. LG Kaiserslautern 14.6.2013, DAR 2013, 517, wonach der Nutzungswille bereits durch die Anschaffung des verunfallten Kfz hinreichend manifestiert ist), auch wenn die Ersatzbeschaffung erst mehrere Monate nach dem Unfall erfolgt (LG Oldenburg 8.4.1999, zfs 1999, 288; AG Stuttgart 18.9.2002, zfs 2002, 579; a.A. OLG Köln 8.3.2004, VersR 2004, 1332). Eine unterbleibende Kfz-Ersatzbeschaffung spricht nicht zwingend gegen einen Nutzungswillen: Schafft sich der Unfallgeschädigte kein Ersatzfahrzeug an, dann muss er genau darlegen, wie und warum er den unfallbeschädigten Wagen in der Zeit weiter genutzt hätte, für welche er eine Nutzungsausfallentschädigung begehrt (OLG Düsseldorf 30.9.2002, NZV 2003, 379; KG 1.3.2004, VersR 2004, 1620; AG Lingen 30.5.2005, VersR 2006, 806). Ein Nutzungswille ist dagegen zu verneinen, wenn dem Geschädigten allein und ständig ein zumutbar einzusetzender, mithin *gleichwertiger Zweitwagen* zur Verfügung steht (BGH 14.10.1975, NJW 1976, 286; vgl. BGH 4.12.2007, DAR 2008, 140; OLG Düsseldorf 29.11.2011, I-1 U 50/11), was nicht der Fall ist, wenn der Geschädigte nicht auf ein eigenes, sondern kostenfrei auf ein Kfz eines Dritten zurückgreifen kann (BGH 5.2.2013, zfs 2013, 383, m. Anm. *Diehl*; LG Kaiserslautern 14.6.2013, DAR 2013, 517). Eine Nutzungsmöglichkeit setzt grundsätzlich voraus, dass der Geschädigte das unfallbeschädigte Kfz hätte nutzen können. Es fehlt also an der Nutzungsmöglichkeit, während der Geschädigte sein Kfz aus gesundheitlichen Gründen nicht führen kann (OLG München 25.4.1989, VersR 1991, 324), es sei denn, der unfallbeschädigte Wagen hätte durch den Geschädigten als Beifahrer, durch Familienangehörige oder durch Dritte nach dem Unfall genutzt werden sollen und können (OLG Düsseldorf 24.5.2011, NZV 2012, 83; OLG Frankfurt 16.6.1994, DAR 1995, 23; vgl. KG 29.9.2005, VersR 2006, 806). Die *Dauer der Nutzungsentschädigung* reicht grds. vom Unfallereignis bis zur Schadensbeseitigung, mithin bis zur Reparatur oder Ersatzbeschaffung (OLG Düsseldorf 25.4.2005, DAR 2006, 269; AG Mettmann 2.4.2012, zfs 2012, 509, m. Anm. *Diehl*), nicht aber darüber hinaus bis zur Lieferung eines bereits vor dem Unfall bestellten Kfz (BGH 10.3.2009, DAR 2009, 322). Diese Dauer umfasst auch den Zeitraum, den der Geschädigte zur Prüfung des Bestehens einer eintrittspflichtigen Kfz-Haftpflichtversicherung auf Seiten des Schädigers benötigt, da dem Geschädigten grds. nicht zuzumuten ist, mit der Reparatur unter Inanspruchnahme eines Kredits oder auch nur einer Notreparatur in Vorleistung zu treten, um anschließend eine wenig erfolgversprechende Durchsetzung seiner Ansprüche gegen den Schädiger persönlich versuchen zu müssen (AG Wolfsburg 15.8. 2007, 10 C 111/07). Darüber hinaus ist für den Zeitraum Nutzungsausfall zu ersetzen, der für die Einholung eines Gutachtens erforderlich ist zuzüglich einer angemessenen *Prüfungs- und Überlegensfrist* (bis zu 10 Tage: AG Gießen 1.12.1994, zfs 1995, 93; bis zu 3 Tage: LG Wiesbaden 9.2.1995, zfs 1995, 215) bis zur Entscheidung, ob eine Reparatur durchgeführt oder eine Ersatzbeschaffung vorgenommen wird (BGH 29.10.1974, NJW 1975, 160; BGH 18.12.2007, VersR 2008, 370; OLG München 21.9.1973, VersR 1974, 1186; OLG Celle 28.1.1963, VersR 1963, 567). Verzögert sich die Einholung eines Gutachtens durch Beauftragung eines Anwalts auf Seiten des Geschädigten, dann begründet dies keinen Verstoß gegen die Schadenminderungspflicht, so dass auch für diese Zeit eine Nutzungsausfallentschädigung geschuldet ist (LG Saarbrücken 7.6.2011, 13 S 43/11). Bis zur Wiederherstellung des ursprünglichen Zustands durch Reparatur, auch durch *Eigenreparatur* (LG Oldenburg 21.7.1993, DAR 1993, 437; AG Gelnhausen 19.7.1996, zfs 1996, 336), oder durch Ersatzbeschaffung, dann für die Ersatzbeschaffungszeit gemäß Gutachten (*Hillmann* zfs 2001, 341), ist Nutzungsausfall geschuldet, sofern einerseits der Schädiger dem Geschädigten nicht notwendigenfalls vorschussweise die Mittel zur Wiederherstellung des ursprünglichen Zustands zeitnah zur Verfügung stellt (BGH 25.1. 2005, NJW 2005, 1044), und andererseits der Geschädigte nicht gegen seine *Schadenminderungspflicht* verstößt (vgl. BGH 18.12.2007, DAR 2008, 139). Ein solcher Verstoß ist unter Abwägung aller Umstände des Einzelfalles zu ermitteln. Maßgeblich ist, welche Maßnahmen dem Geschädigten zumutbar sind, um den ursprünglichen Zustand alsbald wieder herzustellen. Der Geschädigte darf grundsätzlich nicht mit der Erteilung eines Reparaturauftrages abwarten, bis ihm die Reparaturkostenübernahmebestätigung der Kfz-Haftpflichtversicherung des Schädigers vorliegt (OLG Hamm 18.1.1984, VersR 1986, 43). Auch darf er nicht den Eingang des Sachverständigengutachtens abwarten, um dann über die weitere Regulierung zu entscheiden, wenn sein unfallbeschädigter Wagen erkennbar reparaturwürdig ist. Ein reparaturwürdiges, dabei fahrtaugliches und verkehrssicheres Kfz darf nicht vor einem Wochenende oder einem Feiertag zur Reparatur gegeben werden, sondern ist solange zu nutzen, bis die Reparatur am zügigsten ohne Unterbrechung durchgeführt werden kann (vgl. BGH 24.6.1986, NJW 1986, 2945). Der Geschädigte kann dazu verpflichtet sein, auf Kosten des Schädigers eine Behelfs- oder Notreparatur durchführen zu lassen (BGH 18.12 .2007, DAR 2008, 139; OLG

Stuttgart 24.4. 1991, VersR 1992, 1485) oder ein Interimsfahrzeug zu beschaffen, wenn sich eine lange Ausfallzeit des unfallbeschädigten Kfz abzeichnet (BGH 18.12.2007, DAR 2008, 139; vgl. BGH 10.3.2009, NJW-Spezial 2009, 265; OLG Hamm 5.6.1991, zfs 1991, 234), oder zur Wiederherstellung des ursprünglichen Zustands einen Kredit in Anspruch zu nehmen, wenn die dadurch anfallenden Zinsen niedriger sind als der sonst anfallende Nutzungsausfall (OLG Frankfurt 21.6.1979, VersR 1980, 235). Das Werkstatt- und Ersatzteilbeschaffungsrisiko, also das Risiko, dass die Auslastung der Werkstatt zu Verzögerungen führt, oder bei der Beschaffung von Ersatzteilen Verzögerungen entstehen, trifft den Schädiger (BGH 25.1.2005, DAR 2005, 265; BGH 29.10.1974, NJW 1975, 160; BGH 10.1.1978, NJW 1978, 812; s. a. → *Prognoserisiko*). Auch eine weit mehr als gewöhnliche *Verzögerung* der Reparatur durch Lieferschwierigkeiten bei der Ersatzteilbeschaffung berührt den Anspruch auf Nutzungsausfallersatz grundsätzlich nicht (OLG Köln 25.6.1998, VersR 2000, 336; OLG Karlsruhe 2.3.1998, VersR 1999, 1036; OLG Düsseldorf 15.10.2007, I-1 U 52/07), es sei denn, eine solche hat sich für den Geschädigten frühzeitig abgezeichnet.

Praxistipp: Der Kfz-Haftpflichtversicherung des Unfallgegners sollte unverzüglich mitgeteilt werden, dass der nicht vollkaskoversicherte Geschädigte nicht dazu in der Lage ist, die Kosten zur Wiederherstellung des ursprünglichen Zustands aus eigenen Mitteln oder Fremdmitteln vorzufinanzieren (vgl. OLG Naumburg 19.2.2004, DAR 2005, 158), so dass eine Wiederherstellung erst mit der Versicherungsleistung erfolgen kann. Verzögert sich die Regulierung, fällt umso länger Nutzungsausfall zu Lasten des Schädigers an (BGH 25.1.2005, NJW 2005, 1044; vgl. OLG Karlsruhe 2.3.1998, VersR 1999, 1036; OLG Köln 29.11.1972, VersR 1973, 323; LG Hamburg 30.3.2012, NJW 2012, 3191; LG Aachen 6.2.2013, 11 O 189/12; AG Essen 27.6.2007, DAR 2007, 655).

35. Höhe des Nutzungsausfalls. Da die Nutzungsausfallentschädigung eine Kompensation der eingebüßten Gebrauchsmöglichkeit darstellt, und nicht etwa für eine Wahrung des Integritätsinteresses des Geschädigten sorgen soll, können nicht die Kosten der Anmietung einer Ersatzsache maßgeblich für die Höhe des Nutzungsausfalls sein. Andererseits ist die Höhe der Nutzungsausfallentschädigung nicht durch den Wert der beschädigten Sache begrenzt (BGH 25.1.2005, NJW 2005, 1044). Maßgeblich ist der Wert des Eigengebrauchs der beschädigten Sache für den Geschädigten (vgl. BGH GS 9.7.1986, NJW 1987, 50). Für dessen Bezifferung stellt die Tabelle nach *Sanden/Danner/Küppersbusch* (Eurotax Schwacke) eine geeignete Schätzungsgrundlage dar (BGH 25.1.2005, DAR 2005, 265). Bei Fahrzeugen, die zur Unfallzeit älter als 5 Jahre sind, reduziert sich der Nutzungsausfall gemäß Tabelle auf die nächst niedrigere Gruppe (OLG München 26.5. 1987, zfs 1988, 312; OLG Düsseldorf 27.3. 2012, NJW 2012, 2044). Bei Fahrzeugen, die zur Unfallzeit älter als 10 Jahre sind, kann eine Reduzierung des Nutzungsausfall um zwei Gruppen vorgenommen werden (BGH 23.11. 2004, DAR 2005, 78; LG Mainz 18.3.1998, VersR 2000, 111), auch bei Oldtimern (LG Berlin 8.1.2007, 58 S 142/06). Es ist also auch bei älteren Fahrzeugen nicht lediglich Ersatz der Vorhaltekosten geschuldet, es sei denn, der konkrete technische Zustand (Erhaltungszustand) des Fahrzeugs ist mit dessen ursprünglichem Nutzungswert nicht mehr vergleichbar (BGH 23.11.2004, DAR 2005, 78; BGH 20.10.1987, NJW 1988, 484; OLG Karlsruhe 2.11.1988, DAR 1989, 67). Der Richter kann den Nutzungsausfall unter Rückgriff auf Tabellenwerke nach pflichtgemäßem Ermessen schätzen, § 287 ZPO, auch wenn das konkrete Fahrzeug nicht mehr in diesen Tabellen aufgeführt wird (BGH 25.1.2005, DAR 2005, 265).

36. Besondere Fahrzeuge. Eine Nutzungsausfallentschädigung wird nicht nur für privat genutzte Pkw geschuldet, sondern auch z. B. für ein Fahrrad (KG 16.7.1993, NZV 1994, 393; LG Lübeck 8.7.2011, 1 S 16/11; *Splitter* DAR 1996, 254: täglich 2,50 – 6,00 Euro), dagegen nicht für ein Freizeitmotorrad (BGH 13.12. 2011, DAR 2012, 144; KG 26.11.2003, DAR 2008, 520; LG Wuppertal 20.12.2007, NZV 2008, 206; a.A. OLG Düsseldorf 10.3.2008, DAR 2008, 521; OLG Düsseldorf 28.8.2000, VersR 2001, 208), ein reines Freizeitwohnmobil (BGH 10.6.2008, DAR 2008, 465; a.A. OLG Düsseldorf 28.8.2000, DAR 2001, 214) oder einen Oldtimer, es sei denn, es stehen keine anderen Fahrzeuge für Fahrten zur Arbeit, zum Einkaufen oder für Ausflüge am Wochenende zur Verfügung (vgl. BGH 10.6.2008, DAR 2008, 465; vgl. OLG Karlsruhe 27.10. 2011, DAR 2013, 28; OLG Düsseldorf 30.11. 2010, I-1 U 107/08). Denn immaterielle Schäden wie entgangener Fahrspaß oder das Affektionsinteresse sind grundsätzlich nicht erstattungsfähig (vgl. BGH 10.6.2008, DAR 2008, 465; BGH 15.12.1982, BGHZ 86, 128).

37. Geschäftlich genutzte Kfz, Nutzfahrzeuge. Bei Beschädigung eines Nutzfahrzeugs (z. B. Taxis, Lkw, Omnibus) hat der Geschädigte die Möglichkeit einen Mietwagen zu beanspruchen, einen entgangenen Gewinn geltend zu machen oder eine Nutzungsausfallentschädigung bzw. Vorhaltekosten für ein Reservefahrzeug zu verlangen (BGH 21.1.2014, DAR 2014, 144; BGH 4.12.2007, DAR 2008, 140). Der entgangene Gewinn, die Vorhaltekosten eines vorhandenen Reservefahrzeugs und die Miete eines Ersatzwagens sind ggf. konkret darzulegen und zu beweisen. Da es dem Geschädigten in seiner Situation unmittelbar nach dem Unfall (ex ante Betrachtung) möglich sein muss, die volle Leistungsfähigkeit seines Unternehmens zu erhalten, kann er auch dann einen Mietwagen beanspruchen, wenn dessen Kosten den drohenden Gewinnentgang (Verdienstausfall) deutlich übersteigen (BGH 4.12.1984, NJW 1985, 793). Grenze ist die Unverhältnismäßigkeit i.S.v. § 251 Abs. 2 BGB (BGH 19.3.1993, DAR 1994, 16). Ersparte Eigenaufwendungen und Eigennutzung sind mit pauschal 15 – 20 % der Mietwagenkosten zu veranschlagen (OLG Hamm 29.5.2000, DAR 2001, 165; KG 16.8.2004, NZV 2005, 46; OLG Köln 8.1.1993, NZV 1993, 150). Vorhaltekosten kann der Geschädigte nur dann ersetzt verlangen, wenn er tatsächlich ein Kfz zur Reserve bereit hält, um z. B. Inspektionen, Wartungen und Reparaturen an anderen Kfz überbrücken zu können, aber auch fremd verschuldet unfallbedingte Ausfälle (BGH 10.1.1978, NJW 1978, 812). Vorhaltekosten beinhalten die Kosten der Anschaffung, des Kapitaldienstes und der Unterhaltung des Reservefahrzeugs. Die Höhe der Vorhaltekosten wird gem. § 287 ZPO anhand von Tabellen (*Danner/Echtler* VersR 1984, 820; dies. VersR 1986, 717; dies. VersR 1990, 1066) geschätzt (OLG Bremen 24.12.1980, VersR 1981, 860). Auch bei gewerblich genutzten Fahrzeugen ist ein pauschaler Nutzungsausfall erstattungsfähig (BGH 4.12.2007, DAR 2008, 140; OLG Naumburg 13.3.2008, NJW 2008, 2511). Nutzungsausfall kann unabhängig von einem entgangenen Gewinn i.S.v. § 252 BGB geltend gemacht werden, mithin beides nebeneinander (*Born/Schneider* in *Berz/Burmann* 5 C Rn. 67; a.A. BGH GS 9.7.1986, NJW 1987, 50; s. a. BGH 4.12.2007, DAR 2008, 140; OLG Stuttgart 12.7.2006, DAR 2007, 33). Bei Fahrzeugen mit *gemischter Nutzung* (privat und geschäftlich, z. B. Geschäftswagen mit privatem Nutzungsanteil) kann der Anteil der privaten Nutzung gem. § 287 ZPO geschätzt werden und insoweit abstrakte Nutzungsausfallentschädigung verlangt werden (OLG Düsseldorf 14.6.1993, zfs 1993, 338), im Umfang der geschäftlichen Nutzung ein Gewinnentgang gem. § 252 BGB (OLG Hamm 18.5.1989, NJW-RR 1989, 1194) oder alleine eine Nutzungsausfallentschädigung geltend gemacht werden (BGH 4.12.2007, DAR 2008, 140; OLG Stuttgart 12.7.2006, DAR 2007, 33; OLG Naumburg 13.3.2008, NJW 2008, 2511). Bei Kfz, deren Entbehrung nicht in eine Minderung des Gewinns mündet (z. B. Polizei- und Feuerwehrfahrzeuge, aber auch Kfz zur Repräsentation einer Firma) ist Nutzungsausfall zu ersetzen (OLG München 17.4.2009, DAR 2009, 703).

38. Leasing-Kfz. Die Unfallschadenregulierung bei Leasingfahrzeugen findet im Dreiecksverhältnis zwischen Unfallgegner, Leasingnehmer (Halter des Kfz) und Leasinggeber (Eigentümer des Kfz) statt (*Hohloch* NZV 1992, 1). Regelmäßig enthalten die Leasingbedingungen eine Ermächtigung des Halters zur Geltendmachung der Schadenersatzansprüche aus einem Unfall oder deren Vorausabtretung an den Halter, so dass dieser die Ersatzansprüche aus dem Unfall gegen den Unfallverursacher geltend machen kann (BGH 30.9.1987, NJW 1988, 198). Die Ansprüche des Leasinggebers (Eigentümers) beinhalten bei Reparaturwürdigkeit des beschädigten Leasing-Kfz den Ersatz der Reparaturkosten und des merkantilen Minderwertes, wohingegen bei einem Totalschaden Anspruch auf Ersatz des Wiederbeschaffungswertes besteht. Entgangener Gewinn des Leasinggebers ist nicht erstattungsfähig (BGH 23.10.1990, VersR 1991, 318). Der Leasingnehmer (Halter) kann vom Unfallgegner Ersatz von Nutzungsausfall oder Mietwagenkosten verlangen, ferner Ersatz des merkantilen Minderwertes (der am Vertragsende an den Leasinggeber auszugleichen ist) und (aufgrund üblicher Ermächtigung oder Vorausabtretung und vertraglicher Verpflichtung des Leasingnehmers zur Reparaturvornahme auf eigene Rechnung) Ersatz der Reparaturkosten, sofern eine Reparaturwürdigkeit des Leasing-Kfz anzunehmen ist. Eine solche wird i. d. R. angenommen, wenn die Reparaturkosten 2/3 des Wiederbeschaffungswertes nicht übersteigen (vgl. BGH 15.10.1986, WM 1987, 38; BGH 22.1.1986, BGHZ 97, 65). Liegt ein Totalschaden vor, dann hat der Leasingnehmer

Anspruch auf Ersatz der Aufwendungen für eine Wiederbeschaffung nebst Anspruch auf Ersatz von Mietwagenkosten oder Nutzungsausfall sowie Anspruch auf Ersatz der betrieblichen oder steuerlichen Nachteile, die ihm wegen des Wegfalls der Nutzung des Leasing-Kfz entstehen, unter Umständen Anspruch auf Ersatz des Differenzschadens (Differenz zwischen Vollamortisationssumme und Wiederbeschaffungssumme; dazu *Born/Schneider* in *Berz/Burmann* 5 C Rn. 162 f.).

> Praxistipp: Auf die gegen den Unfallverursacher gerichteten Schadenersatzansprüche des Leasinggebers gem. §§ 823 ff. BGB (Verschuldenshaftung) ist ein Mitverschulden des Leasingnehmers nicht gem. § 254 BGB anspruchsmindernd anzurechnen, weil die in § 9 StVG vorgesehene erweiterte Haftung des geschädigten Eigentümers hier nicht gilt (BGH 10.7.2007, VersR 2007, 1387).

39. Reparaturbescheinigung. Der Geschädigte hat Anspruch auf Ersatz der Kosten einer Reparaturbescheinigung bei einer Reparatur in Eigenregie, da er nur bei Nachweis der Vornahme der Reparatur z. B. eine Nutzungsausfallentschädigung geltend machen kann (AG Aachen 28.4.2005, NZV 2006, 45), ferner dann, wenn die Kfz-Haftpflichtversicherung des Unfallverursachers als Beleg für die tatsächliche Vornahme der Reparatur eine Bestätigung der Reparaturhelfer oder die Vorlage von Photos nicht ausreichen lässt (*Hillmann/Schneider* § 8 Rn. 245).

40. Entsorgungskosten. Wenn orts- oder branchenüblich Entsorgungskosten anfallen, dann stellen auch diese sowohl bei konkreter Abrechnung auf Grundlage einer Rechnung als auch bei fiktiver Abrechnung auf Grundlage eines Gutachtens einen ersatzfähigen Teil des Fahrzeugschadens dar, und sind nicht bereits z. B. in den allgemeinen Werkstattkosten o.ä. enthalten (*Hillmann/Schneider* § 8 Rn. 345 ff.).

41. Restbenzin. Das im irreparabel beschädigten Unfallfahrzeug befindliche Restbenzin ist als erstattungsfähige Position anerkannt, welche sich nicht auf den im Sachverständigengutachten ermittelten Restwert erhöhend auswirkt, und daher gesondert vom Schädiger an den Geschädigten zu erstatten ist (AG Solingen 18.6.2013, 12 C 638/12; AG Germersheim 8.3.2012, 1 C 473/11). Schwierigkeiten bei der Ermittlung und Darstellung der Treibstoffmenge im Tank kann das Gericht mit einer Schadensschätzung gem. § 287 ZPO begegnen, die auf Grundlage von Zeugenaussagen sowie der Quittung bezüglich des letzten Auftankens vor dem Unfall erfolgen kann (*Hillmann/Schneider* § 7 Rn. 304).

42. Ummeldekosten, An- und Abmeldekosten. Die Kosten einer Ab- oder Ummeldung eines (wirtschaftlich) total beschädigten Unfallwagens sowie die Kosten der Anmeldung der Kfz-Ersatzbeschaffung können nicht fiktiv geltend gemacht werden, sondern nur bei tatsächlicher Anschaffung eines Ersatzfahrzeugs (BGH 30.5.2006, DAR 2006, 496; OLG Köln 19.6.1991, NZV 1991, 429; KG 1.3.2004, NZV 2004, 470). Dann aber ist nicht nur eine konkrete Abrechnung der tatsächlich angefallenen Ummeldekosten inklusive der Kosten für die Anschaffung neuer Nummernschilder (auch für Wunschkennzeichen, sofern auch am Unfallwagen Wunschkennzeichen vorhanden waren) möglich, sondern auch deren pauschale Bezifferung auf Grundlage des § 287 ZPO in einer Größenordnung von 75 Euro (OLG Naumburg 5.2.1997, DAR 1998, 18: 140 DM; OLG Stuttgart 6.10.1999, DAR 2000, 35: 150 DM; LG Hannover 14.12.1998, DAR 1999, 219: 150 DM; KG 4.12.2006, DAR 2007, 587: 80 Euro; a.A. OLG München 28.7.2006, DAR 2006, 692, insoweit nicht veröffentlicht, m. Anm. *Geiger*; LG Stade 2.3.2004, NZV 2004, 254).

43. Überführungskosten. Diese sind dann vom Schädiger zu erstatten, wenn diese beim Geschädigten im Zuge der Anschaffung eines gleichwertigen Ersatzfahrzeugs notwendig anfallen, mithin erforderlich i.S.v. § 249 Abs. 2 S. 1 BGB sind, weil ein solches auf dem für den Geschädigten zugänglichen regionalen Markt nicht zur Verfügung steht. Wird dagegen ein nicht nur unerheblich neueres oder höherwertiges Ersatzfahrzeug angeschafft, oder stehen gleichwertige Ersatzfahrzeuge in der Region des Geschädigten zur Verfügung, dann sind keine Überführungskosten erstattungsfähig (LG München II 1.6.2011, 2 S 1949/11; AG Garmisch-Partenkirchen 31.3.2011, 5 C 996/10).

44. Ersatzbeschaffungsaufwand. Der Geschädigte ist dazu berechtigt, bei Vornahme einer Ersatzbeschaffung für ein unfallbeschädigtes Fahrzeug das Ersatzfahrzeug auf Kosten des Schädigers einer gutachterlichen Prüfung zu unterziehen (OLG Karlsruhe 16.6.1978, VersR 1979, 384). Ob die Abgeltung solcher durch die Wiederbeschaffung eines Ersatzfahrzeugs anfallenden Kosten nur konkret oder bei tatsächlichem Anfall solcher Kosten auch pauschal oder gar fiktiv z. B. mit 75 Euro auf Grundlage einer Schätzung gem. § 287 ZPO erfolgen kann, wird in der Rechtsprechung unterschiedlich beurteilt (*Hillmann/Schneider* § 7 Rn. 301 ff.; gegen die Zulässigkeit einer Wiederbeschaffungspauschale z. B. OLG Köln 19.6.1991, NZV 1991, 429).

45. Finanzierungskosten. Grundsätzlich ist der Geschädigte nicht dazu verpflichtet, zur Schadensbehebung eigene oder selbst von Dritten beschaffte finanzielle Mittel einzusetzen (BGH 26.5.1988, NJW 1989, 290). Sofern es für den Geschädigten notwendig war, eine Ersatzbeschaffung vorzunehmen, und dadurch Kreditzinsen oder Überziehungszinsen angefallen, sind ihm diese vom Schädiger grundsätzlich zu ersetzen, ohne dass Verzug vorliegen müsste (BGH 6.11.1973, VersR 1974, 90). Denn die Zinsen für eine Zwischenfinanzierung zur Ersatzbeschaffung unterliegen als Folgeschaden des Wertersatzes beim Totalschaden der sofortigen Verzinsung des § 849 BGB (BGH 24.2.1983, NJW 1983, 1614). In den übrigen Fällen besteht ein Anspruch auf Ersatz von Zinsen für Finanzierungskosten u.ä. nur bei Verzug des Schädigers.

> Praxistipp: Deswegen sollte bereits im ersten Schreiben an die Kfz-Haftpflichtversicherung des Unfallverursachers eine kalendermäßig bestimmte Frist zur Zahlung eines Vorschusses oder zur Abgabe einer Erklärung zur Haftung dem Grunde nach gesetzt werden, nach deren erfolglosen Verstreichen Verzug der Versicherung besteht mit der Folge, dass Verzugszinsen anfallen. Dabei kann sich die Kfz-Haftpflichtversicherung des Unfallverursachers nicht darauf berufen, noch keine Schadenmeldung von ihrem Versicherer erhalten zu haben. Denn die Versicherung handelt für den Versicherungsnehmer, und ist für dessen Fehlverhalten (z. B. eine verzögerte Schadenmeldung) eintrittspflichtig.

46. Schadenminderungspflicht Der Geschädigte hat darzulegen und zu beweisen, dass die Aufnahme eines Kredits erforderlich und wirtschaftlich vernünftig war (BGH 6.11.1973, VersR 1974, 90). Es ist dem Geschädigten vor dem Hintergrund der ihn treffenden Schadenminderungspflicht gem. § 254 Abs. 2 S. 1 BGB unter Umständen zuzumuten, den Anfall von Finanzierungskosten durch die Verwendung frei verfügbarer finanzieller Eigenmittel ohne dadurch bedingte Einschränkung seiner Lebensführung oder durch die Inanspruchnahme einer Vollkaskoversicherung zu vermeiden.

> Praxistipp: Deswegen sollte die Kfz-Haftpflichtversicherung des Unfallverursachers ggf. bereits frühzeitig darauf hingewiesen werden, dass dem Geschädigten keine eigenen liquiden Mittel und keine Kreditmöglichkeiten zur Verfügung stehen, um die Schadensbehebung vorzufinanzieren, so dass ihm eine Schadensbeseitigung ohne Vorschussleistungen der Kfz-Haftpflichtversicherung des Unfallverursachers unmöglich ist (vgl. OLG Naumburg 19.2.2004, DAR 2005, 158), oder er auf die Inanspruchnahme seiner Vollkaskoversicherung angewiesen ist. Bleibt eine Vorschussleistung oder schnelle Regulierung der Kfz-Haftpflichtversicherung dann aus, sind dem Geschädigten Finanzierungskosten oder ein Prämienschaden in seiner Kaskoversicherung vom Schädiger zu ersetzen.

47. Prämienschaden in Kfz-Versicherung. Der dem Unfallgeschädigten durch die Inanspruchnahme der eigenen Kaskoversicherung für die Folgejahre entstehende Prämienschaden ist als adäquate Folge des Unfallgeschehens eine vom Schädiger zu ersetzende Schadensposition (BGH 3.12.1991, NJW 1992, 1035; OLG Stuttgart 24.8.1983, DAR 1989, 27; BGH 25.4.2006, NJW 2006, 2397), ohne dass vor Inanspruchnahme der Kaskoversicherung die Anzeige der Regulierungsbereitschaft des Kfz-Haftpflichtversicherers des Unfallverursachers abzuwarten ist (BGH 29.6.2006, NJW 2007, 66, m. Anm. *van Bühren*). Bei anteiliger Schadensverursachung haftet der Schädiger anteilig für den Rückstufungsschaden in der Kaskoversicherung des Unfallgeschädigten (BGH 26.9.2006, NJW 2007, 66; BGH 25.4.2006, NJW 2006, 2397), zumal es sich bei dieser Position nicht um eine quotenbevorrechtigte (kongruente) Schadensposition handelt (OLG Celle 3.2.2011, 5 U 171/10). Fällt der Prämienschaden geringer aus als alternativ anfallende Kreditkosten zur Vorfinanzierung des Unfallschadens, dann kann dem Geschädigten kein Verstoß gegen die ihn treffende Schadenminderungspflicht angelastet werden. Da die künftige Beitragsentwicklung nicht vorhersehbar ist, muss der Geschädigte den konkret angefallenen Prämienschaden jährlich belegen, und kann den Prämienschaden als Zukunftsschaden nur mittels Feststellungsklage geltend machen (BGH 3.12.1991, NJW 1992, 1035). Ein dem Unfallgeschädigten bei einer Haftungsverteilung verbleibender Prämienschaden in der Kfz-Haftpflichtversicherung ist dagegen als reiner Vermögensschaden, der auf einer eigenen

(Mit-) Haftung des Unfallgeschädigten beruht, nicht vom Unfallgegner zu ersetzen (BGH 19.4.1977, VersR 1977, 767).

Praxistipp: Der Unfallgeschädigte muss sich nicht auf die Inanspruchnahme seiner Kaskoversicherung vor Inanspruchnahme der Kfz-Haftpflichtversicherung des Unfallgegners verweisen lassen (OLG Düsseldorf 24.5.2011, DAR 2011, 580; OLG Dresden 4.5.2012, VA 2012, 148), es sei denn, dort liegt ein sog. „krankes Versicherungsverhältnis" vor (vgl. §§ 117 Abs. 3 VVG, 3 S. 2 PflVG n.F. bzw. §§ 158 c Abs. 4 VVG, 3 Nr. 4 – 6 PflVG a.F.; s. a. *Regress*, Rn. 2)

48. Transport-, Kleidungsschaden. Der Geschädigte kann vom Schädiger auch Ersatz für die in seinem Fahrzeug mitgeführten und durch den Unfall beschädigten Gegenstände verlangen. Problematisch ist dabei zum einen der *Nachweis* der unfallbedingten Beschädigung der mitgeführten Gegenstände. Zum anderen ist aber auch die *Bezifferung* des Schadens problematisch, da der Geschädigte Anspruch auf Erstattung des *Zeitwertes* hat. Läßt sich dieser bei kurz vor dem Unfall angeschafften Lebensmitteln ohne weiteres durch Vorlage der Anschaffungsrechnung oder Quittung belegen, so ist die Bezifferung eines Schadens an mitgeführten und nicht unmittelbar zuvor angeschafften Sachen unter Zugrundelegung der Anschaffungskosten und der zu erwartenden Nutzungsdauer ähnlich einer linearen Abschreibung zu ermitteln, bei Gericht gem. § 287 ZPO durch Schätzung, notfalls durch einen Sachverständigen (*Hillmann/Schneider* § 8 Rn. 611 ff.).

Ebenso hat der Geschädigte Anspruch auf Ersatz seines Kleidungsschadens, also auf Ersatz für die durch den Unfall beschädigten oder zerstörten Kleidungsstücke. Der *Zeitwert* der Kleidung ist zu erstatten, also ein Abzug neu für alt hier ebenso vorzunehmen wie bei zur Unfallzeit mitgeführten Sachen, auch hier unter Zugrundelegung der voraussichtlichen Nutzungsdauer und des Anschaffungspreises der Kleidungsstücke. Ein Reparieren der Kleidungsstücke dürfte nur ausnahmsweise in Betracht kommen, in aller Regel dem Geschädigten aber ebenso wenig zumutbar sein wie ein Übersenden der beschädigten Bekleidung auf eigene Kosten an die Kfz-Haftpflichtversicherung des Unfallverursachers (*Hillmann/Schneider* § 8 Rn. 593 ff.).

Praxistipp: Der Geschädigte sollte möglichst am Unfallort Photos fertigen und polizeiliche Feststellungen zu seinen unfallbedingt beschädigten Sachen veranlassen. Ansonsten ist er zum Nachweis solcher Schäden auf Zeugenaussagen angewiesen.

49. Ersatz für orthopädische, optische oder akustische Hilfsmittel. Wird durch den Unfall z. B. ein *Gehstock*, eine *Brille* oder ein *Hörgerät* des Geschädigten beschädigt oder zerstört, dann hat der Geschädigte Anspruch auf Ersatz für solche Hilfsmittel (OLG Frankfurt 29.3.1977, VersR 1979, 38), sofern und soweit eine Inanspruchnahme seiner Krankenversicherung ausscheidet. Soweit die gesetzliche Krankenkasse Leistungen für beschädigte oder zerstörte Hilfsmittel erbringt, gehen die Ersatzansprüche des Geschädigten gem. § 116 SGB X dorthin über (gesetzlicher Forderungsübergang; s. a. → *Übergang von Ersatzansprüchen*). Abzüge neu für alt kommen dabei mangels feststellbarer Vermögensmehrung nicht in Betracht (vgl. LG Hanau 19.3.1999, DAR 1999, 365), grds. auch nicht beim sogenannten Brillenschaden (LG Münster 13.5.2009, NZV 2009, 513, a.A. LG Augsburg 28.6.2012, zfs 2013, 24, m. Anm. *Diehl*). Denn der Zweck der Sehhilfe ist die medizinische Korrekturfunktion und nicht der modische Gesichtspunkt (AG St. Wedel 26.4.2000, zfs 2000, 340), es sei denn, der Geschädigte hätte wegen einer erheblichen Änderung der Sehstärke (um 0,5 Dioptrien) ohnehin eine neue Brille anschaffen müssen, oder der Geschädigte wechselt die Brille aus modischen Gründen regelmäßig, häufiger als alle 4 bis 5 Jahre (vgl. *Hillmann/Schneider* § 8 Rn. 614 ff.).

50. Sicherheitsgegenstände. Kosten, die durch die Anschaffung neuer Sicherheitsgurte, eines neuen Motorradschutzhelms, neuer Motorradhandschuhe, neuer Motorradschutzbekleidung oder neuer Kindersitze anfallen, sind vom Schädiger ohne Abzug neu für alt zu ersetzen, weil beim Geschädigten durch die Neubeschaffung dieser Gegenstände keine Vermögensmehrung entsteht, zumal Motorradschutzbekleidung keine modischen Zwecke erfüllt, und durch die Neuanschaffung insbesondere sicher gestellt wird, dass die Sicherheitsgegenstände bei einem neuerlichen Unfall ihre Schutzfunktion voll erfüllen (LG Oldenburg 23.3.2001, DAR 2002, 171; LG Darmstadt 28.8.2007, DAR 2008, 89; AG Lahnstein 31.1.1998, DAR 1998, 240; AG Bad Schwartau 17.6.1999, DAR 1999, 458; a.A. LG Duisburg 20.2.2007, SVR 2007, 181; s. a. → *Motorradschutzkleidung*).

51. Arbeits-/Zeitaufwand, Fahrtkosten. Der Zeitaufwand des Geschädigten, der im Zuge der Schadensregulierung z. B. durch das Aufsuchen des Anwalts entsteht, wird selbst dann nicht ersetzt, wenn sich der Geschädigte dafür Urlaub genommen hat (BGH 6.11.1979, NJW 1980, 119). Der Verlust der Arbeitskraft des Geschädigten ist nur dann erstattungsfähig, wenn er sich einkommensmindernd ausgewirkt hat (BGH 5.5.1970, NJW 1970, 1411). Dagegen ist ein Arbeitsaufwand des Geschädigten, der unmittelbar zur Schadensbeseitigung entsteht, wie z. B. durch die Reparatur des Unfallwagens in Eigenregie, erstattungsfähig. Grundsätzlich sind die dem Geschädigten entstehenden Fahrtkosten, die in seinem Bemühen um die Regulierung der ihm entstandenen Unfallschäden entstehen, z. B. durch das Aufsuchen des Rechtsanwalts, mit der allgemeinen Kostenpauschale abgegolten. Etwas anderes gilt nur dann, wenn der „übliche" Aufwand deutlich überschritten wird (BGH 9.3.1976, NJW 1976, 1256). Dagegen hat der Geschädigte Anspruch auf Erstattung solcher Fahrtkosten, die ihm zur unmittelbaren Schadensbeseitigung entstehen, wie z. B. durch das unfallbedingte Aufsuchen von Ärzten, Krankengymnasten und auch durch das Besuchen mitverletzter naher Angehöriger im Krankenhaus. Bei der Berechnung von Fahrtkosten zum Arzt nach einem Unfall ist die Erstattung von 0,30 Euro pro Kilometer unter Berücksichtigung der §§ 5 Abs. 2 S. 1 Nr. 2 JVEG, 287 ZPO angemessen (LG Bonn 24.3.2006, 2 O 73/05; vgl. OLG Hamm 17.3.1994, DAR 1994, 496).

52. Nur der durch einen Verkehrsunfall Geschädigte (BGH 8.5.2012, zfs 2012, 448) hat Anspruch auf Ersatz einer **Kostenpauschale**, welche den Aufwand für im Zuge der Unfallregulierung anfallende Telefon-, Porto- und Fahrtkosten ersetzen soll, wenn eine dem Geschädigten natürlich zuzugestehende konkrete Bezifferung dieser Kosten unterbleibt. Diese sollte angesichts der Kaufkraftschwundes und der hohen Benzinkosten mit derzeit nicht unter 30 Euro beziffert werden (*Heinrich* DAR 2013, 298, m.w.N.; OLG München 24.5.2012, 1 U 549/12; LG München II 13.1.2006, 14 O 7205/04; AG Garmisch-Partenkirchen 11.7. 2008, 7 C 1079/07; a.A. OLG München 28.7. 2006, DAR 2006, 692; *Schäfer* NJW-aktuell 40/2013, 14). Bei Großschäden, Unfällen im Ausland oder anderen besonderen Umständen kommt eine deutliche Erhöhung der Kostenpauschale in Betracht, so z. B. auf 50 Euro bei einem taubstummen Geschädigten (AG Düsseldorf 2.9.2002, DAR 2003, 322).

53. Rechtsanwaltsgebühren für die Inanspruchnahme der Vollkaskoversicherung des Geschädigten. Der Geschädigte kann vom Schädiger die durch die Inanspruchnahme der eigenen Kaskoversicherung notwendig angefallenen Rechtsanwaltsgebühren nur dann erstattet verlangen, wenn die Einschaltung des Rechtsanwalts in der Situation des Geschädigten *erforderlich* und zweckmäßig war (BGH 8.5.2012, DAR 2012, 387; anders noch BGH 18.1.2005, NJW 2005, 1112; BGH 10.1.2006, NJW 2006, 1065). Dies gilt auch bei einer Haftungsverteilung, unabhängig von einer Mitteilung über die Regulierungsbereitschaft des Kfz-Haftpflichtversicherers des Unfallgegners (anders noch BGH 26.9.2006, NJW 2007, 66, m. Anm. *van Bühren*) und unabhängig von einem Verzug des Schädigers, obgleich es bei diesen Gebühren um einen adäquate Schadensfolgekosten handelt (OLG Stuttgart 24.8.1983, DAR 1989, 27). Nur bei ausschließlicher Inanspruchnahme der Kaskoversicherung ist Voraussetzung der Erstattung der Anwaltsgebühren (durch den Kaskoversicherer) ein *Verzug des Kaskoversicherers* bereits bei Einschaltung des Rechtsanwalts. Die Rechtsanwaltskosten für die Inanspruchnahme der Kaskoversicherung parallel zur Inanspruchnahme des Schädigers werden teilweise als kongruente Schäden angesehen, mithin als quotenbevorrechtigt (AG Ansbach v. 28.12.2007, 1 C 1266/07; AG Limburg 13.4.2011, 4 C 344/10; a.A. BGH 25.4.2006, NJW 2006, 2397; BGH 18.1.2005, NJW 2005, 1112; LG Wuppertal 7.4.2010, DAR 2010, 388), und sind unter Zugrundelegung dessen vom Schädiger nicht lediglich anteilig, sondern auch dann in voller Höhe zu ersetzen, wenn eine Haftungsverteilung erfolgt ist (AG Kirchhain 29.1.2008, 7 C 359/07).

> **Praxistipp:** Bei der Kaskoregulierung handelt es sich um eine gesonderte Angelegenheit im Sinne von § 17 RVG, so dass keine Anrechnung auf die Anwaltsgebühren aus der Inanspruchnahme der Kfz-Haftpflichtversicherung des Unfallverursachers erfolgt (LG Wuppertal 7.4.2010, DAR 2010, 388). Die Gebühren aus der Kaskoregulierung richten sich nach der dort entfalteten anwaltlichen Tätigkeit und dem Gegenstandswert der Kaskoregulierung. Als eigenständige Schadensposition erhöhen diese Anwaltsgebühren den Gegenstandswert der Haftpflichtregulierung.

54. Rechtsanwaltsgebühren für die Einholung einer Deckungszusage der Rechtsschutzversicherung des Geschädigten. Es wird nach wie vor kontrovers diskutiert, ob und ggf. unter welchen Voraussetzungen der eintrittspflichtige Haftpflichtversicherer dem Geschädigten auch die Rechtsanwaltsgebühren zu erstatten hat, die durch die anwaltliche Einholung einer Deckungszusage bei der Rechtsschutzversicherung des Geschädigten für die Führung eines Schadenersatzprozesses anfallen (*Lensing* AnwBl 2012, 334). Teilweise wird die Auffassung vertreten, dass diese Kosten mangels Adäquanz dieser Schadensposition überhaupt nicht zu ersetzen sind (OLG Celle 12.1.2011, 14 U 78/10; LG Hagen 11.8.2010, 2 O 170/10), teilweise wird von einer Erstattungsfähigkeit dieser Schadenersatzposition ohne Weiteres ausgegangen (vgl. LG München II 7.3.2011, 5 O 1837/09), teilweise von einer Erstattungsfähigkeit unter bestimmten Voraussetzungen, nämlich bei *Erforderlichkeit* der Einschaltung des Rechtsanwalts aus Sicht des Geschädigten insoweit (LG Freiburg 19.11.2010, 8 O 202/09), bei Ablehnung der Regulierung durch den Versicherer des Schädigers (AG Karlsruhe 10.6.2008, 5 C 185/08), mithin bei Verzug der Versicherung (LG Würzburg 29.9.2010, 43 S 1138/10), oder kumulativ bei Erforderlichkeit aus Sicht des Geschädigten und Verzug des Schädigers bzw. dessen Versicherer (BGH 13.12.2011, NJW 2012, 919; BGH 9.3.2011, NJW 2011, 1222).

Praxistipp: Da es dem Schädiger nicht zugute kommen darf, dass sich der Geschädigte durch die kostenpflichtige Unterhaltung einer Rechtsschutzversicherung von einem Kostenrisiko quasi „freikauft", und sich der Geschädigte Leistungen privater Schadensversicherer nicht auf seine Ersatzansprüche anrechnen lassen muss (BGH 19.12.1978, VersR 1979, 323), wird sich der Schädiger nicht darauf berufen können, dass die Rechtsanwaltsgebühren für die Einholung der Deckungszusage nicht zu erstatten seien, weil der Geschädigte das persönliche Kostenrisiko scheue.

55. Rechtsanwaltsgebühren für die Inanspruchnahme der Kfz-Haftpflichtversicherung. Der Geschädigte kann zur Unfallregulierung einen Rechtsanwalt seiner Wahl einschalten. Die dadurch anfallenden Gebühren stellen grundsätzlich einen erforderlichen Aufwand zur Wiederherstellung i.S.v. § 249 Abs. 2 S. 1 BGB dar (BGH 8.3.2005, NJW 2005, 1373; BGH 21.10.1969, VersR 1970, 41; OLG Stuttgart 24.8.1983, DAR 1989, 27), sogar dann, wenn sich der Anwalt in eigener Sache vertritt (vgl. BGH 8.11.1994, DAR 1995, 67). Die Pflicht des Schädigers zur Erstattung der Rechtsanwaltsgebühren besteht unabhängig von einem Verzug und entfällt auch dann nicht, wenn ein nach Art und Umfang eindeutiger Bagatellschaden (bis 500 Euro) vorliegt, und zudem die alleinige Haftung des Unfallverursachers außer Streit steht (AG Kassel 30.6.2009, NJW 2009, 2898). Allenfalls bei sofortiger und vollständiger Regulierung der Ersatzansprüche des Geschädigten durch die Kfz-Haftpflichtversicherung des Schädigers kann die Einschaltung eines Anwalts durch den Geschädigten einen Verstoß gegen die Schadenminderungspflicht darstellen (BGH 8.11. 1994, NJW 1995, 446; AG Dortmund 24.9. 2008, NJW 2008, 3719, m. Anm. *Schwöbbermeyer*). Eine Anrechnung der außergerichtlich durch die Korrespondenz mit der Kfz-Haftpflichtversicherung des Unfallverursachers angefallenen Gebühren auf die durch eine gerichtliche Tätigkeit des Anwalts anfallende Verfahrensgebühr findet nicht statt, wenn nur der Fahrer und Halter des Schädigerfahrzeugs verklagt werden, da es sich bei der außergerichtlichen Inanspruchnahme der Kfz-Haftpflichtversicherung und der gerichtlichen Inanspruchnahme des Lenkers und/oder Halters des Schädiger-Kfz um zwei verschiedene Angelegenheiten handelt (OLG München 28.1. 2005, 10 U 4340/04; LG München I 14.5. 1987, 19 O 19829/86; LG München I 18.12. 2003, 17 S 9744/03; a.A. KG 1.3.2013, zfs 2013, 226, m. kritischer Anm. *Hansens*; OLG München 7.2. 2012, zfs 2012, 227, m. kritischer Anm. *Hansens*).

Praxistipp: Macht ein lediglich mittelbar geschädigter Dritter (z. B. der Arbeitgeber des Unfallopfers, der Mietwagen- oder Leasingunternehmer, der Reparaturbetrieb und der Sachverständige, sofern Regreß- bzw. Vergütungsansprüche aus übergegangenen oder abgetretenem Recht geltend gemacht werden) Schadenersatzansprüche aus einem Unfallgeschehen gegen den Schädiger geltend, dann werden Rechtsanwaltsgebühren nur bei *Vorliegen eines Verzuges* erstattet (s. a. → *Ersatzansprüche Dritter*).

56. Kostenfreie Einsicht in Polizeiakte. Die Gebühren für die Einsichtnahme in die polizeilichen Ermittlungsakten sind vom Schädiger zu tragen (OLG Düsseldorf 1.9.1961, MDR

1961, 1021; LG Baden-Baden 25.5.1976, VersR 1977, 66). Für die Beschaffung der Ermittlungsakte im Auftrag der Kfz-Haftpflichtversicherung des Unfallverursachers wird ein Pauschalhonorar von 26 Euro, für den ergänzenden Aktenauszug von weiteren 13 Euro, plus Photokopierkosten, plus Verwaltungsgebühr und Mehrwertsteuer vergütet. Von diesem Pauschalhonorar sind die Kosten der Akteneinsicht von 12 Euro netto nicht umfasst, also vom Schädiger gesondert zu erstatten (AG Garmisch-Partenkirchen 1.8.2008, 7 C 1079/07).

57. Umbaukosten. Umbaukosten, welche z. B. durch den behindertengerechten Umbau eines für ein Unfallfahrzeug als Ersatz beschafftes Kfz anfallen, aber auch z. B. durch den Ausbau eines Autoradios aus dem unfallbeschädigten Kfz und dessen Einbau in das als Ersatz beschaffte Kfz, sind vom Schädiger zu ersetzen (vgl. BGH 20.1.2004, DAR 2004, 267; OLG Frankfurt 19.2.1986, VersR 1987, 1043). Der Einbau von Spezialeinrichtungen für Behinderte in ein Kfz führt nicht zu einer dem Geschädigten anzurechnenden Wertsteigerung und rechtfertigt auch keinen Abzug neu für alt, da sie alleine der Bedienbarkeit des Fahrzeugs durch den körperlich beeinträchtigten Geschädigten dienen (*Hillmann/Schneider* § 8 Rn. 351).

58. Abschleppkosten. Grundsätzlich hat der Schädiger die Abschleppkosten für das Abschleppen eines unfallbedingt fahrunfähig gewordenen Kfz zu ersetzen (*Nugel* zfs 2014, 370). Ob dies nur für die Kosten gilt, die durch ein Abschleppen bis zur nächsten Fachwerkstatt anfallen (OLG Köln 19.6.1991, NZV 1991, 429; AG Darmstadt 17.12.1997, SP 1998, 165), oder ob darüber hinausgehende Abschleppkosten z. B. bis zur Werkstatt des Vertrauens des Geschädigten oder zu dessen Heimatwerkstatt vom Unfallverursacher zu erstatten sind (AG Freiburg 23.2.1999, DAR 1999, 554; LG Verden 4.11.1991, SP 1992, 44), ist eine *Frage des Einzelfalles*, welche nach Zumutbarkeitsgesichtspunkten und vor dem Hintergrund der Schadenminderungspflicht zu beantworten ist. In die Abwägung einzustellen ist z. B. die Entfernung des Unfallortes vom Wohnort des Geschädigten. Je geringer die Distanz ist, desto weniger wird ein Abschleppen des Kfz des Geschädigten in dessen Heimwerkstatt oder die Werkstatt seines Vertrauens zu beanstanden sein. Ferner sprechen ansonsten u. U. anfallende Übernachtungs-, Reise- und Abhol- bzw. Überführungskosten für die volle Erstattungsfähigkeit der Kosten eines Abschleppens des Unfallwagens in die Werkstatt in der Nähe des Wohnsitzes des Geschädigten. Wurde der unfallbeschädigte Wagen in eine nicht vertrauenswürdige „Billigwerkstatt" abgeschleppt, dann sind die Kosten eines weiteren Abschleppens jedenfalls bis zur nächstgelegenen Fachwerkstatt vom Schädiger zu ersetzen. Liegt jedoch erkennbar ein Totalschaden vor, ist der verunfallte Wagen also nicht reparaturfähig, dann sind die Abschleppkosten nur bis zum nächstgelegenen Schrottplatz bzw. Verwertungsunternehmen ersatzfähig (AG Birkenfeld 3.8. 1983, zfs 1984, 103). Erfolgt das Abschleppen durch einen Angehörigen oder Bekannten des Geschädigten, dann ist eine solche Leistung gem. § 315 BGB zu beziffern, z. B. mit 50 % der gewerblichen Abschleppkosten, und vom Schädiger zu ersetzen (*Häcker* VA 2005, 37).

> Praxistipp: In der Kaskoversicherung werden Abschleppkosten jedenfalls nur bis zur nächsten geeigneten Werkstatt ersetzt, § 13 Abs. 5 S. 1 AKB bzw. A.2.7.2 AKB 2008. Abschleppkosten sind eine quotenbevorrechtigte Schadensposition, da es sich bei hierbei um einen sog. unmittelbaren Schaden handelt.

59. Standgebühren. Standgebühren, welche durch das Abstellen des unfallbeschädigten Fahrzeugs auf dem Gelände des Abschleppunternehmers oder der Reparaturwerkstatt anfallen, sind grundsätzlich vom Schädiger zu erstatten. Grenze der Erstattungsfähigkeit ist die Schadenminderungspflicht, welche es dem Geschädigten gebietet, unnötige kostenauslösende Standzeiten zu vermeiden, etwa durch zögerliche Erteilung eins Auftrags zur Begutachtung des Unfallwagens durch einen Sachverständigen (AG Oldenburg 1.10.1996, zfs 1997, 16).

60. Mautvignette. Wird durch eine unfallbedingte Beschädigung der Frontscheibe eines Kfz die darauf befindliche Vignette nutzlos, kann der Geschädigte also die bereits geleisteten Mautgebühren für die verbliebene Zeit des Berechtigungszeitraums nicht mehr nutzen, dann sind ihm diese insoweit vom Schädiger zu erstatten (*Häcker* VA 2005, 37).

61. Belohnungskosten bei Ermittlung des zunächst unerkannten Schädigers. Setzt der durch einen Unfall Geschädigte eine Belohnung zur Ermittlung des zunächst unbekannt gebliebenen Schädigers aus, so sind solche Auslobungskosten als erstattungsfähige Schadensposition vom Schädiger zu ersetzen, sofern die

Belohnung in einem angemessenen Verhältnis zur Schadenshöhe steht (AG Lemgo 20.10. 2010, 20 C 192/10). *Geiger*

Unfallspuren → Unfallanalytik

Unfallversicherung 1. Allgemeines. Der Verletzte eines Verkehrsunfalls hat Anspruch auf Sozialversicherungsleistungen (*gesetzliche Unfallversicherung*; s. dazu die Rechtsprechungsberichte von *Plagemann/Radtke-Schwenzer* NJW 2012, 1552; *dies.* NJW 2013, 1924), wenn der Unfall als *Arbeits-* oder *Wegeunfall* zu qualifizieren ist. Andererseits kann dann womöglich eine *Haftungsfreistellung* des Schädigers bestehen (s. a. → *Haftungsausschluss bei Arbeits-/Schulunfällen*). Die Ersatzpflicht des Schädigers wird dann durch die Leistungen der gesetzlichen Unfallversicherung ersetzt (sog. *Haftungsersetzung*). Bei *Arbeits-* oder *Wegeunfällen*, die sich bis zum 31.12.1996 ereignet haben, besteht nach den Regeln der RVO, und für solche, die sich nach dem 1.1.1997 ereignet haben, nach den Regeln des SGB VII, für die versicherten Personen *Versicherungsschutz* in der gesetzlichen Unfallversicherung (z. B. BG, GUVV, LUK). Dann ist Kostenträger der Heilbehandlung nicht die Krankenversicherung des Geschädigten, sondern der Unfallversicherungsträger, dessen Leistungen teilweise erheblich weiter reichen als die der sonstigen Sozialversicherer. Die *Beiträge* für die gesetzliche Unfallversicherung trägt der *Arbeitgeber* alleine. Als Ausgleich für den vom Arbeitgeber finanzierten Unfallversicherungsschutz wird ihm eine gesetzliche *Freistellung von Schadenersatzansprüchen* hinsichtlich eines *Personenschadens* eines Untergebenen oder Arbeitskollegen gewährt. Der Unfallversicherungsschutz besteht, da es sich bei der gesetzlichen Unfallversicherung um eine *Zwangsversicherung* handelt, unabhängig von der *Abführung der Beiträge* durch den Unternehmer (Arbeitgeber). Liegen die objektiven Voraussetzungen vor (Arbeitsverhältnis), und ist die betriebliche Tätigkeit für das Unfallereignis und den Körperschaden ursächlich (haftungsbegründende und haftungsausfüllende *Kausalität*, letztere i. S. d. sozialrechtlichen *Theorie der wesentlichen Bedingung*), dann besteht Versicherungsschutz (des Arbeitnehmers) in der gesetzlichen Unfallversicherung, auch bei *verbotswidriger Tätigkeit*, § 7 Abs. 2 SGB VII (vormals § 548 Abs. 3 RVO).
2. Leistungspflicht. Der *Versicherungsfall* als Voraussetzung der *Eintrittspflicht* der Versicherung ist in der gesetzlichen Unfallversicherung neben der Berufskrankheit der *Arbeitsunfall*, § 7 Abs. 1 SGB VII (vormals §§ 547, 548 RVO; zur Entwicklung des Rechts der Unfallversicherung s. *Plagemann/Radtke-Schwenzer* NJW 2010, 201). § 8 Abs. 1 S. 1 SGB VII *definiert* den Arbeitsunfall als Unfall von Versicherten infolge einer den Versicherungsschutz nach den §§ 2, 3 oder 6 SGB VII begründenden Tätigkeit (versicherte Tätigkeit; BSG 9.11.2010, B 2 U 14/10; BSG 27.4.2010, B 2 U 23/09; BSG 12.1.2010, B 2 U 36/08; BSG 17.2.2009, B 2 U 26/07). Ein Arbeitsunfall setzt demnach voraus, dass eine *versicherte Tätigkeit* vorliegt, die *ursächlich* geworden ist für einen *Unfall*, der wiederum *ursächlich* geworden ist für einen *Körperschaden*. Durch § 8 Abs. 1 SGB VII werden bestimmte *Unfälle mit Arbeitsgerät* (§ 8 Abs. 2 Nr. 5 SGB VII) und *Wegeunfälle* (§ 8 Abs. 2 Nr. 1 – 4 SGB VII) in den Bereich der versicherten Tätigkeiten einbezogen und damit zum Arbeitsunfall deklariert.
3. Versicherte Tätigkeit. Diese bestimmt sich über den *versicherten Personenkreis* nach § 2 SGB VII (vormals §§ 539, 540, 543 – 545 RVO). Schutz in der Unfallversicherung genießen die Personen (*Beschäftigte*), die in einem *inneren Zusammenhang* mit einer in § 2 Abs. 1 SGB VII bestimmten (versicherten) Tätigkeit stehen (BSG 25.8.1994, VersR 1995, 603; BGH 19.5.2009, NJW 2009, 3235), mithin insbesondere *Arbeitnehmer* und *arbeitnehmerähnliche Personen* wie z. B. Auszubildende, des weiteren *Kinder, Schüler* und *Studenten* während des Besuchs des Kindergartens, eines Hortes oder einer Krippe bzw. der Schule und der Hochschule. Subsidiär kommt eine Aufnahme in den Bereich der versicherten Personen über den *Auffangtatbestand* des § 2 Abs. 2 SGB VII in Betracht, wenn der Geschädigte *wie ein Versicherter* i.S.v. § 2 Abs. 1 Nr. 1 SGB VII tätig wurde.
4. Eine Beschäftigung i.S.v. § 2 Abs. 2 SGB VII, mithin eine **Eingliederung in ein anderes Unternehmen**, besteht zum einen, wenn eine Person wie ein Arbeitnehmer für einen Betrieb (sog. *Wie-Beschäftigung*) tätig wird (vgl. LSG Stuttgart 4.8.2010, DAR 2010, 658, m. Anm. *Schwab*). Dies ist anzunehmen, wenn die Person eine auch nur kurze *Tätigkeit* mit *wirtschaftlichem Wert* für den Unternehmer erbringt, die dem wirklichen oder mutmaßlichen *Willen des Unternehmers* entspricht. Nicht erforderlich ist es, dass der Unternehmer von der Tätigkeit Kenntnis hat, oder dass zwischen Unternehmer und tätig werdender Person ein Arbeitsvertrag besteht oder ein Lohn für die Tätigkeit bezahlt

wird (BGH 16.12.1986, NJW 1987, 1643; BGH 4.4.1995, VersR 1995, 682; BAG 28.2. 1991, VersR 1991, 902).

Beispiel 1: Wird ein Privater A für einen Lkw-Fahrer B des Betriebs C im Wege der Pannenhilfe (s. dazu auch OLG Düsseldorf 12.6.2012, DAR 2013, 25) tätig, und wird A dabei verletzt, dann wurde A wie ein Arbeitnehmer für den Betrieb C tätig. Er genießt Versicherungsschutz in der gesetzlichen Unfallversicherung des Betriebs C.

Beispiel 2: Wird ein Privater A für einen Privaten B im Wege der Pannenhilfe tätig, indem er z. B. das liegen gebliebene Kfz des B repariert, und wird er A dabei verletzt, dann wird A so behandelt, als sei er wie ein Beschäftigter im Betrieb des B tätig geworden. Also genießt A den Schutz in der gesetzlichen Unfallversicherung (gem. § 128 Abs. 1 Nr. 9 SGB VII ist der Unfallversicherungsträger des Landes, in dem sich der Unfall ereignet hat, eintrittspflichtig). B ist insofern als Unternehmer anzusehen.

5. Zum anderen erfolgt eine *Eingliederung in ein anderes Unternehmen* i.S.v. § 2 Abs. 2 SGB VII dadurch, dass ein für sein Unternehmen Tätiger auch für einen anderen Betrieb (sog. *Auch-Beschäftigung*) tätig wird. Dies ist anzunehmen, wenn und solange jemand aus der Tätigkeit für seinen Arbeitgeber hinaus eine *Tätigkeit* für ein anderes Unternehmen erbringt, die zumindest *schwerpunktmäßig dem anderen Unternehmen dient*, wirtschaftlich als Arbeit zu werten und dem anderen Betrieb nützlich ist (BGH 8.3.1994, VersR 1994, 579; BGH 18.11.2014, NJW-Spezial 2015, 10). Unerheblich ist, ob der sich auf diesem Wege in ein anderes Unternehmen Eingliedernde von seinem Arbeitgeber keinen entsprechenden Auftrag hatte oder sogar von der Tätigkeit für den anderen Betrieb abgehalten worden wäre.

Beispiel: Wird der Lkw-Fahrer A des einen Betriebes B für den Lkw-Fahrer C des Betriebes D im Wege der Pannenhilfe tätig, und wird A dabei verletzt, dann gilt A als in den Betrieb D eingegliedert. A genießt Versicherungsschutz in der gesetzlichen Unfallversicherung des Betriebes D.

6. **Ausschließlichkeit**. Aufgrund der aus der *Kollisionsregelung* des § 135 SGB VII folgenden wechselseitigen *Ausschlusswirkung* der Pflichtversicherungstatbestände kann ein Versicherter jeweils nur in einem Unternehmen tätig sein (BGH 22.4.2008, DAR 2008, 519). Erfolgt also eine Eingliederung in ein anderes Unternehmen, dann ist der Sozialversicherungsträger dieses anderen Unternehmens für den Personenschaden des bei einer Wie- oder Auch-Beschäftigung Verletzten eintrittspflichtig (vgl. auch BSG 18.3.2008, NJW 2009, 937).

7. **Haftungsausschluss**. Bestehen Ansprüche des Verletzten aufgrund eines *Arbeitsunfalls* oder eines *Betriebswegeunfalls* gegen die gesetzliche Unfallversicherung, dann greift der Haftungsausschluss der §§ 104 ff. SGB VII ein, so dass der Verletzte gegen den Arbeitskollegen oder den Arbeitgeber Ersatzansprüche wegen des Personenschadens nicht geltend machen kann (s. a. → *Haftungsausschluss bei Arbeits-/Schulunfällen*).

8. **Nothilfe**. Hilft eine Person einer oder mehreren anderen in einem Unglücksfall oder bei gemeiner Gefahr, so besteht Versicherungsschutz in der gesetzlichen Unfallversicherung gem. § 2 Abs. 1 Nr. 13 lit. a) SGB VII, und nicht über den „Umweg" der (insoweit nur subsidiären) Eingliederung in ein anderes Unternehmen gem. § 2 Abs. 2 SGB VII (BGH 24.1.2006, NJW 2006, 1592; vgl. BSG 18.3.2008, NJW 2009, 937; *Jahnke* NJW-Spezial 2013, 201). Die *Abgrenzung* der *Nothilfe* i.S.v. § 2 Abs. 1 SGB VII und der Pannenhilfe i.S.v. § 2 Abs. 2 SGB VII erfolgt danach, an welchem Interesse der Geschädigte sich bei der Hilfeleistung *subjektiv orientiert* hat (BGH 15.5.1990, VersR 1990, 995). Da die Hilfeleistung bei einem Unglücksfall oder einer gemeinen Gefahr *überwiegend im Interesse der Allgemeinheit* erfolgt, und nicht im Interesse des die Notlage Verursachenden, besteht bei der Nothilfe kein Verhältnis, welches einen *Haftungsausschluss* gem. §§ 104 ff. SGB VII rechtfertigen würde (BGH 24.1.2006, NJW 2006, 1592). Neben den Ansprüchen des verletzten Nothilfeleistenden gegen die gesetzliche Unfallversicherung kommen *zivilrechtliche Ersatzansprüche* gegen den die Notlage schuldhaft Verursachenden in Betracht, wenn die Hilfeleistung mit einem *gesteigerten Risiko* verbunden war (OLG Köln 7.6.1989, VersR 1991, 1387).

9. **Wegeunfall**. Für die *Wege von und zur Arbeitsstelle* oder *Schule*, welche an sich den Betrieb des Arbeitgebers nicht betreffen (BGH 18.11. 1980, NJW 1981, 869), besteht Versicherungsschutz in der gesetzlichen Unfallversicherung, § 8 Abs. 2 SGB VII (vormals § 550 RVO). Versicherungsschutz besteht nur für den *unmittelbaren* und *direkten Weg* zwischen Wohnung und Arbeitsstelle. Bei einer *Unterbrechung* des Weges (sog. „Abweg", LSG München 27.5.2009, L 2 U 213/08) führt die Rückkehr auf den ursprünglichen Weg zu einem *Wiederaufleben* des Versicherungsschutzes, sofern nicht eine *endgültige Lösung* von der versicherten Tätigkeit er-

folgt ist (BSG 9.12.2003, NZS 2004, 544; BSG 2.12.2008, B 2 U 26/06 R; BSG 5.5.1998, NJW 1998, 3292). *Fahrgemeinschaften* unterfallen dem Schutz der gesetzlichen Unfallversicherung, § 7 Abs. 2 Nr. 2 b) SGB VII (BSG 12.1.2010, B 2 U 36/08), weisen an und für sich indes keine enge Verknüpfung mit Unternehmenszwecken auf (s. a. → *Wegeunfall*). Nur wenn der Unternehmer einen bestimmenden Einfluss auf das Zurücklegen des Weges ausgeübt hat, wenn z. B. die Mitnahme des Kollegen auf Anweisung eines weisungsbefugten Mitarbeiters erfolgt, liegt ein *Arbeitsweg* und nicht lediglich ein versicherter Weg i.S.v. § 8 Abs. 2 SGB VII vor (s. a. → *Betriebsweg*). Die *Abgrenzung* von Wegeunfall und Arbeitsunfall ist von erheblicher Bedeutung, da im Gegensatz zum Arbeitsunfall bei einem Wegeunfall *kein Haftungsausschluss* gem. §§ 104 ff. SGB VII (§§ 636 f. RVO) eingreift.

10. Zuständigkeit, Bindungswirkung. Da sich die Einstufung eines Unfalls als Arbeitsunfall alleine nach *Sozialversicherungsrecht* beurteilt, sind dafür die *Träger der gesetzlichen Unfallversicherung* bzw. die *Sozialgerichte* zuständig. An deren Entscheidung sind die *Zivilgerichte*, die über das Eingreifen eines Haftungsprivilegs i. S. d. §§ 104 ff. SGB VII *von Amts wegen* zu entscheiden haben (OLG Hamm 22.3.1999, VersR 2000, 602), *gebunden*, § 108 Abs. 1 SGB VII (BGH 19.5.2009, NJW 2009, 3235; Heß/Burmann NJW-Spezial 2014, 521; s. a. *Haftungsausschluss bei Arbeits-/Schulunfällen* Nr. 7).

Praxistipp: Den Antrag auf Anerkennung des Unfalls als Arbeitsunfall kann auch der haftungsprivilegierte Schädiger stellen, mithin im Bereich der Kfz-Haftpflichtversicherung wegen des Direktanspruchs gem. § 115 VVG (vormals § 3 Nr. 1 PflVG) auch der Kfz-Haftpflichtversicherer des Unfallverursachers. Ohne die Beteiligung des Unfallverursachers und dessen Kfz-Haftpflichtversicherers am Verfahren i.S.v. § 108 SGB VII wird die Entscheidung ihnen gegenüber nicht bestandskräftig (BGH 4.4.1995, VersR 1995, 682).

11. Mitverschulden. Auch der Pannenhelfer und der Nothelfer müssen sich in eigenem Interesse umsichtig verhalten und Risiken einer eigenen Verletzung möglichst ausschalten. Ansonsten ist ein Mitverschulden gem. § 254 BGB zu berücksichtigen (BGH 17.10.2000, VersR 2001, 76). Indes wird bei den Leistungen aus der gesetzlichen Unfallversicherung ein Mitverschulden des Geschädigten nicht berücksichtigt.

12. Anspruchsübergang. Besteht ein Ersatzanspruch des durch den Verkehrsunfall Verletzten gegen den Unfallverursacher, dann geht dieser bereits im Unfallzeitpunkt auf den Unfallversicherer über, § 116 SGB X (BGH 8.7.2003, NJW 2003, 3193; s. a. → *Übergang von Ersatzansprüchen*).

13. Die *Leistungen* der gesetzlichen Unfallversicherung sind einerseits *medizinische und berufsfördernde Leistungen zur Rehabilitation* wie z. B. ambulante und stationäre ärztliche Behandlungen, häusliche Krankenpflege, Haushaltshilfe, Teilhabeleistungen, Heil- und Hilfsmittel sowie Hilfestellungen zur beruflichen Wiedereingliederung (sog. Berufshilfe), und andererseits *Lohnersatzleistungen bzw. Entschädigungsleistungen in Geld*, wie z. B. Verletztengeld, Verletztenrente, Hinterbliebenenrente (s. dazu Plagemann/Probst DAR 2012, 61). Verbleibt aufgrund einer unfallbedingten Funktionseinbuße beim Versicherten eine Minderung der Erwerbsfähigkeit (MdE) von mindestens 20 % über die 26. Woche über das Unfallgeschehen hinaus, dann erhält der Versicherte eine Rente oder andere Geldleistung. Auf die Rentenleistungen erfolgt in der Regel keine Einkommensanrechnung. Neben dem Erhalt von Verletztengeld und Verletztenrente können u. a. Abfindungen, Pflegegeld, Übergangsleistungen, Hinterbliebenenrenten, Sterbegeld bezogen werden. Die Leistungen aus der gesetzlichen Unfallversicherung können nach alledem weit über die Leistungen aus der gesetzlichen Krankenversicherung hinausgehen.

Siehe auch: → *Haftungsausschluss bei Arbeits-/Schulunfällen*
Geiger

Ungeeignetheit → Entziehung der Fahrerlaubnis Nr. 3 a)

unklare Verkehrslage → Haftungsverteilung bei Verkehrsunfällen Nr. 7, 9, → Irreführendes Falschblinken, → Überholen Nr. 3 a), → Verschuldenshaftung Nr. 3

unmittelbar Geschädigte → Ersatzansprüche Dritter

Unmittelbarkeitsgrundsatz → Besonderheiten des Verkehrsunfallprozesses

Unrechtsbewusstsein → Verbotsirrtum

Untätigkeitsklage → Besonderheiten des Verkehrsverwaltungsprozesses Nr. 2 d)

Unterbrechung der Lenkzeit → Lenk- und Ruhezeiten

Unterbrechung der Verjährung → Verfolgungsverjährung Nr. 1 f)

Unterbrechung des Weges → Wegeunfall Nr. 2

Unterhaltsschaden → Ersatzansprüche Dritter Nr. 3–10, 13, 14, → Kinderunfall Nr. 10, → Unfallschadenabwicklung – Personenschaden Nr. 16

Unterhaltung von Verkehrszeichen 1. Allgemeines. Der Straßenbaulastträger ist nach § 45 Abs. 5 StVO zur Unterhaltung der Verkehrszeichen verpflichtet. Die Verteilung der Kosten der Beschaffung, Anbringung, Entfernung, Unterhaltung und des Betriebes der amtlichen Verkehrszeichen und -einrichtungen sowie der sonstigen, vom Bundesministerium für Verkehr, Bau und Stadtentwicklung zugelassenen Verkehrszeichen und -einrichtungen regelt § 5b StVG. Danach hat der Träger der Straßenbaulast die Kosten für diejenige Straße zu tragen, in deren Verlauf die Verkehrszeichen bzw. -einrichtungen angebracht werden oder angebracht worden sind. Bei geteilter Straßenbaulast ist dies der für die durchgehende Fahrbahn zuständige Träger der Straßenbaulast. Sollte ein Träger der Straßenbaulast nicht vorhanden sein, so trägt der Eigentümer der Straße die Kosten (so auch bei der Verpflichtung zur Unterhaltung in § 45 Abs. 5 S. 1 StVO).

Davon abweichende Kostenregelungen sind in § 5b Abs. 2 StVG normiert. Danach haben bestimmte Unternehmer dafür Sorge zu tragen, dass ihre Arbeiten und Anlagen mit den erforderlichen Verkehrszeichen beschildert sind. Unter anderem hat auch die Gemeinde die Kosten z. B. für Parkuhren und Wegweiser zu innerörtlichen Zielen zu tragen. Nach Abs. 3 ist das Bundesministerium für Verkehr, Bau und Stadtentwicklung bei der Einführung neuer Verkehrszeichen und -einrichtungen auch dazu ermächtigt, durch Rechtsverordnung eine von Abs. 1 abweichende Kostenregelung zu treffen.

Nach Abs. 6 haben Eigentümer von Anliegergrundstücken das Anbringen von Verkehrszeichen oder -einrichtungen dann zu dulden, wenn diese aus technischen Gründen oder wegen der Sicherheit und Leichtigkeit des Straßenverkehrs nicht auf der Straße angebracht werden können. Schäden, die dadurch entstehen, sind zu beseitigen oder in Geld zu entschädigen.

Durch die grundsätzliche Regelung der Kostentragungspflicht wird verhindert, dass die Anbringung von Verkehrszeichen und -einrichtungen wegen Zweifeln über die Kostentragung nicht schnell genug vollzogen wird. Dem Kostenträger ist es aber unter Umständen möglich, Dritte nach anderen Vorschriften zur Kostenerstattung heranzuziehen (so z. B. § 45 Abs. 5 S. 3 StVO für Veranstaltungen nach § 29 Abs. 2 StVO), denn eine solche Kostenüberwälzung ist durch die Bestimmung nicht ausgeschlossen (vgl. Hentschel/*König*/Dauer Straßenverkehrsrecht § 5b StVG Rn. 2).

Weiterhin hat der alte Straßenbaulastträger bei einem Wechsel der Straßenbaulast nicht dem neuen Straßenbaulastträger gegenüber dafür einzustehen, dass er es trotz straßenverkehrsrechtlicher Anordnung unterlassen hat, eine Verkehrseinrichtung zu errichten (BVerwG 28.8.2003, 4 C 9/02, NVwZ-RR 2004, 84).

2. Amtspflicht. Die Pflicht des Trägers der Straßenbaulast, Verkehrszeichen und -einrichtungen zu unterhalten, obliegt (als Teil der Verkehrssicherungspflicht) in den meisten Bundesländern den Organen und Bediensteten der in Frage kommenden Körperschaft und Behörde als eine hoheitlich zu erfüllende Aufgabe (siehe z. B. § 10 Abs. 1 S. 1 ThürStrG, § 59 StrG BW, § 9a Abs. 1 S. 1 StrWG NRW, § 48 Abs. 2 LStrG RLP, § 10 Abs. 4 StrWG SH, Art. 72 BayStrWG, § 10 Abs. 1 S. 1 BbgStrG, § 10 Abs. 1 StrWG MV; anders in Berlin und Hessen). Die öffentliche Körperschaft, die für die Verkehrssicherung kraft Amtspflicht zu sorgen hat, kann sich ihrer Verantwortung für die ordnungsgemäße Erfüllung dieser Aufgabe nicht dadurch entziehen, dass sie mit ihrer Wahrnehmung einen privaten Bauunternehmer beauftragt (so BGH 29.11.1973, III ZR 211/71, NJW 1974, 453). *Brenner/Bohnert*

Unterlassene Hilfeleistung 1. Allgemeines. U. ist ein Straftatbestand, geregelt in § 323 c StGB. Jeder, der einem in Not Geratenen bei einem Unglücksfall nicht hilft, obgleich ihm die Hilfeleistung zumutbar wäre, macht sich wegen U. strafbar. Im Straßenverkehr wird der in Not Geratene ein bedrohlich verletztes Unfallopfer sein, die Hilfeleistung wird dem Vorbeifahrenden grundsätzlich zumutbar sein, und zwar als eigene Erste Hilfe und/oder durch Herbeirufen professioneller Helfer, oder aber durch eigenen Einsatz, wenn dies „ohne erhebliche

eigene Gefahr und ohne Verletzung anderer Pflichten möglich ist" (§ 323 c StGB).
2. Eine Garantenstellung des Täters erfordert § 323 c StGB gerade nicht, sondern ist ein „*Jedermann-Delikt*". Das unterscheidet die Norm von den unechten Unterlassungsdelikten, bei denen gesondert zu prüfen ist, ob den Täter überhaupt eine Rechtspflicht zum Handeln (aus Vertrag, Nahbeziehung, Gefahrbeherrschung, Gefahrgemeinschaft oder vorangegangenem gefährlichen Tun) getroffen hat.
3. Umstritten ist allgemein, ob derjenige, der die Notlage zuvor in strafbarer Weise *verursacht* hat, sich nach § 323 c StGB strafbar macht, sofern er nicht Hilfe leistet oder herbeiholt.
a) Gegen eine Strafbarkeit spricht die Gefahr, dass der Täter sich dadurch entgegen der Selbstbelastungsfreiheit als Täter einer Vortat offenbaren und der Strafverfolgung ausliefern müsste.
b) Für eine Strafbarkeit spricht jedoch, dass die Hilfeleistung, die dem Unbeteiligten zumutbar ist, dem strafbar Beteiligten erst recht angesonnen werden kann.
c) In Verkehrsstrafsachen kann dies in der Regel offen bleiben, da der Täter als Beteiligter des Unfalls einer in § 142 StGB strafbewehrten Verpflichtung unterliegt, am Unfallort zu verweilen, bis die erforderlichen Feststellungen getroffen sind (→ *Unfallflucht*). Daher wird ihm die Hilfeleistung immer zumutbar sein. Im Übrigen gäbe es bei Verkehrsunfällen meist die Möglichkeit, wenigstens professionelle Hilfe anonym herbeizuholen. *Weder*

Unterlassungsklage → Besonderheiten des Verkehrsverwaltungsprozesses Nr. 4

Unternehmenskarte → Kontrollgerät [Fahrtschreiber] Nr. 1 c)

Unterwegsmängel → Pflichten des Fahrzeugführers Nr. 1 f)

unübersichtliche Stelle → Haftungsverteilung bei Verkehrsunfällen Nr. 5, → Halten und Parken Nr. 2, → Unklare Verkehrslage

UPE-Aufschläge → Unfallschadenabwicklung – Sachschaden Nr. 19

Urinuntersuchung → Polytoxikologisches Screening

Urkundsbeweis → Besonderheiten des Verkehrsunfallprozesses Nr. 12

Urlaub → Frustrierte Aufwendungen, → Unfallschadenabwicklung – Personenschaden Nr. 19

Urlaubsfahrt → Gefälligkeitsfahrt, → Stillschweigender Haftungsausschluss bei Urlaubs- und Gefälligkeitsfahrten

Ursächlichkeit → Kausalität

Urteil → Bußgeldverfahren Nr. 4 h)

V

Vandalismus → Vollkaskoversicherung Nr. 4

Veränderung eines rechtlichen Gesichtspunktes → Vorsatz und Fahrlässigkeit Nr. 2 a)

verantwortlicher Fahrzeugführer → Fahrerermittlung

Veräußerung eines Kfz → Ummeldung Nr. 2

Verbandkasten → Erste-Hilfe-Kasten

Verbindungseinrichtung → Anhängerkupplung

Verbot der Verkehrsbeeinträchtigung → Verkehrseinrichtungen Nr. 3

Verbot des Anerkenntnisses → Kfz-Haftpflichtversicherung Nr. 8

Verbotsirrtum 1. Allgemeines: Der V. (§ 17 StGB) ist zu unterscheiden vom → Irrtum über Tatbestandsmerkmale (→ Tatbestandsirrtum). Wer alle Merkmale des von ihm verwirklichten Straftatbestandes kennt, aber sein Verhalten irrtümlich für erlaubt hält (also kein Unrechtsbewusstsein hatte), konnte diesen Irrtum entweder nicht vermeiden (dann hat er schuldlos gehandelt und geht daher straffrei aus, § 17 S. 1 StGB), oder aber er hätte ihn bei Anwendung zumutbarer Sorgfalt vermeiden können, dann hat er fahrlässig gehandelt (§ 17 S. 2 StGB); letzterenfalls kommt es darauf an, ob eine fahrlässige Begehung des verwirklichten Tatbestandes unter Strafe steht (dann Bestrafung wegen Fahrlässigkeit) oder das Delikt nur vorsätzlich begangen werden kann (dann Straflosigkeit).
2. Praktische Bedeutung. Die praktische Bedeutung des Verbotsirrtums in Strafsachen ist gering. Die Beteuerung fehlenden Unrechtsbewusstseins wird dem Angeklagten in der Regel nicht geglaubt. Auch bei komplizierter materieller Rechtslage wird ein Rückgriff auf die so genannte *Parallelwertung* in der Laiensphäre in der Regel zu der Folgerung führen, es müsse dem Angeklagten klar gewesen sein, dass „man so etwas nicht tun darf". Kein V. ist es insbesondere, wenn der Angeklagte einwendet, er habe sein Verhalten nicht für strafbar gehalten; denn nicht auf „Strafbarkeits-Bewusstsein" kommt es an, sondern auf das *Unrechts*bewusstsein. Wer also z. B. einen Straftatbestand in dem Irrglauben verwirklicht, es handele sich bloß um eine Ordnungswidrigkeit, hatte Unrechtsbewusstsein und unterlag einem Rechts- aber keinem Verbotsirrtum.

Praxistipp: So aussichtslos es in Fällen wie dem vorgenannten ist, Straflosigkeit infolge Verbotsirrtums zu postulieren, so sinnvoll kann es im Einzelfall sein, aus dem fehlenden Wissen um die Strafbarkeit einen Grund für eine mildere Bestrafung abzuleiten, etwa wenn die Straftat im Heimat- und Wohnsitzland des Täters nur als Ordnungswidrigkeit geahndet wird. Generell (und namentlich in Alltagsfällen) ist mit dem Argument fehlenden „Unrechtsbewusstseins" äußerste Vorsicht geboten. Denn die Bereitschaft, eine Straftat zu begehen, beruht in der Regel nicht auf fehlendem Unrechtsbewusstsein, sondern auf fehlendem Unrechtsempfinden, d. h. mangelnder Sensibilität für die Erwartungen der Rechtsordnung. Wer als wohlmeinender Verteidiger versucht, der Justiz eine solche Mentalität des Mandanten als fehlendes oder vermindertes „Unrechtsbewusstsein" nahezubringen (etwa: Der Mandant „fühle" sich unschuldig), wird damit nicht durchdringen, sondern den Mandanten unnötig zusätzlich belasten.

Weder

Verbotsstrecke → Überholen Nr. 3 b)

Verbrauchsgüterkauf 1. Allgemeines. Für den Autokauf eines *Verbrauchers* (§ 13 BGB) von einem *Unternehmer* (§ 14 BGB) begründen die §§ 474 ff. BGB folgende Besonderheiten:
– die Kernbereiche der Käuferrechte dürfen nicht im voraus durch abweichende Vereinbarungen abbedungen werden (§ 475 Abs. 1 BGB),
– die Verjährung darf (außer für Schadensersatzansprüche, § 475 Abs. 3 BGB) für Neufahrzeuge nicht auf einen Zeitraum unter zwei Jahren und für Gebrauchtfahrzeuge nicht unter einen Zeitraum von einem Jahr gekürzt werden (§ 475 Abs. 2 BGB),
– bei einem Mangel, der sich innerhalb von sechs Monaten zeigt, wird vermutet, dass er bei Übergabe bereits vorgelegen hat (§ 476 BGB),
– beim Neuwagenkauf hat der letzte Verkäufer ein Rückgriffsrecht gegen seinen Vorlieferanten, wenn und soweit er einem Verbraucher aus dem Verkauf des Neufahrzeugs wegen eines Sachmangels haftet (§ 478 BGB).

2. Unternehmer. Unternehmer ist jede natürliche oder juristische Person, welche bei Abschluss eines Rechtsgeschäfts in Ausübung ihrer gewerblichen selbstständigen beruflichen Tätigkeit handelt (§ 14 BGB). Auf eine Gewinnerzielungsabsicht kommt es nicht an (BGH 29.3.2006, VIII ZR 173/05, NJW 2006, 2250). Im Zweifel sind Rechtsgeschäfte eines Unternehmers der beruflichen Tätigkeit zuzuordnen (OLG Koblenz 27.10.2003, 12 U 1119/02, NJW-RR 2004, 345; a.A. KG 11.9.2006, 12 U 186/05, MDR 2007, 335). Bei gemischter Zweckbestimmung ist festzustellen, wo der Schwerpunkt liegt (OLG Celle 11.8.2004, 7 U 17/04, NJW-RR 2004, 1645). Dem Käufer, der seine Unternehmereigenschaft vortäuscht (z. B. weil der Händler nur an Unternehmer verkaufen will), ist die Berufung auf die §§ 474 ff. BGB verwert (BGH 22.12.2004, VIII ZR 91/04, DAR 2005, 211). Umgekehrt muss der Verkäufer, der als Scheinunternehmer auftritt, die §§ 474 ff. BGB gegen sich gelten lassen (*Sczesny/Holthusen* NJW 2007, 2586, 2587).
Der Unternehmerbegriff ist nicht auf Autohändler beschränkt, sondern auf alle Verkäufer, die ihr Fahrzeug unternehmerisch eingesetzt haben. Dabei ist im Einzelfall darauf abzustellen, ob das Fahrzeug auch tatsächlich unternehmerisch genutzt wurde, was z. B. für eine Zahnärztin (LG Frankfurt 7.4.2004, 16 S 236/03, NJW-RR 2004, 1208) für eine Übersetzerin (OLG Celle 11.8.2004, 7 U 17/04, NJW-RR 2004, 1645) und eine Fachverkaufsberaterin (KG Berlin 11.9.2006, 12 U 186/05, DAR 2007, 643) abgelehnt wurde, jedoch für Handwerksbetriebe (*Reinking/Eggert* Rn. 2105) bejaht wird. Die Beweislast für die Unternehmereigenschaft des Verkäufers trägt der Käufer, wobei sich die Beweislast bei Verkäufen als „Powerseller" über das Internet umkehrt (OLG Koblenz 17.10.2005, 5 U 1145/05, NJW 2006, 1438).
3. Verbraucher. Verbraucher ist jede natürliche Person, welche ein Rechtsgeschäft für einen Zweck abschließt, der weder ihrer gewerblichen noch ihrer selbständigen beruflichen Tätigkeit zuzurechnen ist (§ 13 BGB). Maßgeblich ist der objektiv unter Einbeziehung der Begleitumstände zu ermittelnde Inhalt des Rechtsgeschäfts (OLG Saarbrücken 23.3.2006, 8 U 294/05, zfs 2006, 508). Die Beweislast für ein Handeln zu privaten Zwecken trägt derjenige, der sich auf die Anwendung von Verbraucherschutznormen beruft (OLG Saarbrücken 23.3.2006, 8 U 294/05, zfs 2006, 508).

4. Verbot des Mängelhaftungsausschlusses. § 475 Abs. 1 BGB verbietet dem Verkäufer die Vereinbarung eines vertraglichen Sachmängelausschlusses. In den Grenzen von §§ 307 bis 309 BGB sind nur abdingbar Ansprüche auf Schadensersatz (§ 475 Abs. 3 BGB). Keine unzulässige Haftungsbeschränkung liegt vor, wenn der Verkäufer Beschaffenheits-vereinbarungen i. S. d. § 434 Abs. 1 Satz 1 BGB trifft. Dies bietet dem Unternehmer die Gelegenheit, durch genaue Beschreibung des Fahrzeugs sein Haftungsrisiko trotz des Verbots des Haftungsausschlusses soweit wie möglich zu beschränken. Hierzu eignen sich Mängellisten und Befundberichte am besten. Keine Beschaffenheitsvereinbarung, sondern eine unzulässige Haftungsbeschränkung liegt vor, wenn die Beschreibung keine objektive Grundlage hat und nicht ausreichend konkret ist, wie z. B. „Schrottfahrzeug" oder „Bastlerfahrzeug" (OLG Oldenburg 22.9.2003, 9 W 30/03, DAR 2004, 92). Unzulässig ist auch der Verkauf eines neuen Fahrzeugs als gebraucht (BGH 15.11.2006, VIII ZR 3/06, NJW 2007, 674).
5. Rückwirkungsvermutung. Zeigt sich innerhalb von sechs Monaten seit Gefahrübergang ein Sachmangel, so wird beim Verbrauchsgüterkauf gem. § 476 BGB vermutet, dass die Sache bereits bei Gefahrübergang mangelhaft war, es sei denn, diese Vermutung ist mit der Art der Sache oder des Mangels unvereinbar. Der Verkäufer kann die Rückwirkungs-vermutung durch den Nachweis widerlegen, dass der Fehler zum Zeitpunkt des Gefahrübergangs nicht vorhanden war. Diesen Nachweis kann der Verkäufer durch einen Befund- oder Zustandsbericht führen, aus dem ersichtlich ist, dass das betreffende Fahrzeugteil auch tatsächlich geprüft wurde (AG Potsdam 12.9.2002, 30 C 122/02, DAR 2003, 179). Fehler im Protokoll (auch bezüglich anderer Schäden) können ihm seine Beweiskraft nehmen (OLG Stuttgart 17.11.2004, 19 U 130/04, DAR 2005, 91, 93). Um die Rückwirkungsvermutung auszuräumen, muss der Verkäufer nicht nur eine „Gegenwahrscheinlichkeit" nachweisen, sondern den Vollbeweis i. S. d. § 292 ZPO (BGH 29.3.06, VIII ZR 173/05, NJW 2006, 2250). Das gilt nicht, wenn der Käufer die Beweismöglichkeit vereitelt hat, z. B. dadurch, dass er das mangelhafte Teil von der ausbauenden Werkstatt nicht hat aufbewahren lassen (BGH 23.11.2005, VIII ZR 43/05, NJW 2006, 434). Die Sechsmonatsfrist beginnt mit der Übergabe des Fahrzeugs oder mit dem Zeitpunkt des

Annahmeverzugs des Käufers (Palandt/*Weidenkaff* § 476 Rn. 6). Der Mangel muss sich innerhalb von sechs Monaten „zeigen", wozu es genügt, dass der Käufer innerhalb dieser Frist einen Mangel zufällig oder im Rahmen einer Untersuchung entdeckt (OLG Stuttgart 17.11. 2004, 19 U 130/04, DAR 2005, 91) und zwar auch dann, wenn er im Fall einer eingehenden Untersuchung schon bei der Übergabe hätte entdeckt werden können (BGH 29.3.2006, VIII ZR 173/05, NJW 2006, 2250). Dagegen muss der Mangel nicht auch innerhalb der sechs Monate dem Verkäufer *angezeigt* werden (wenn sich dies auch empfiehlt).

Die Rückwirkungsvermutung wirkt nur in *zeitlicher* Hinsicht. Der Käufer muss weiterhin einen wirksamen Verbrauchsgüterkaufvertrag, die gegenwärtige Mangelhaftigkeit sowie das Auftreten des Mangels innerhalb von sechs Monaten beweisen. Bleibt offen, ob der Mangel auf einem Fahrfehler oder einem Sachmangel beruht, hilft § 476 BGB dem Käufer nicht weiter (BGH 23.11.2005, VIII ZR 43/05, NJW 2006, 434). Bei ungeklärter Ursache für eine Zylinderkopfdichtung hat der BGH die Vermutung des § 476 BGB dagegen eingreifen lassen (BGH 18.7.2007, VIII ZR 259/06, NJW 2007, 2621; ebenso: OLG Brandenburg 8.10.2008, 13 U 34/08, DAR 2009, 92). Vgl. näher zu den Fällen möglicher *Ursachenmehrheit Reinking/Eggert* Rn. 1660 und *Himmelreich/Andreae/Teigelack* § 14 Rn. 30).

Die Rückwirkungsvermutung tritt nicht ein, wenn sie mit der Art der Sache oder des Mangels unvereinbar ist. Das ist der Fall, wenn technisch feststeht, dass der Mangel bei Gefahrübergang nicht vorhanden gewesen sein kann (z. B. bei einem Defekt in einem später eingebauten Teil) oder aus der Natur der Sache später eingetreten sein muss (z. B. bei einem geplatzten Reifen), oder wenn es sich um eine äußere Beschädigung handelt, die auch dem fachlich nicht versierten Käufer bei Übergabe hätte auffallen *müssen* (BGH 21.12.2005, VIII ZR 49/05, DAR 2006, 259, 260). Dagegen führt diese Einschränkung nicht dazu, dass Kaufverträge über *gebrauchte* Fahrzeuge von der Rückwirkungsvermutung ausgeschlossen sind oder solche, bei denen der Mangel bei Besitzübergang für Käufer und Verkäufer nicht erkennbar ist (BGH 11.7.2007, VIII ZR 110/06, DAR 2007, 586). Lässt der Sachmangel keinerlei Rückschluss auf den Zeitpunkt des Eintritts des Mangels zu (wie z. B. die Verformung eines Karosserieteils), steht dies einer Anwendung der Rückwirkungsvermutung *nicht* entgegen (OLG Stuttgart 17.11.2004, 19 U 130/04, DAR 2005, 91; a.A. AG Landsberg 28.6. 2005, 2 C 484/04, zfs 2007, 33).

Reine *Verschleißerscheinungen* (s.a. dort) innerhalb von sechs Monaten lösen die Rückwirkungsvermutung nicht aus, solange diese nicht einen Sachmangel darstellen. Der Käufer müsste nachweisen, dass kein normaler Verschleiß vorliegt, sondern ein über den Normalzustand hinausgehender Mangel (BGH 23.11. 2005, VIII ZR 43/05, NJW 2006, 434). Verschleiß verneint und damit die Rückwirkungsvermutung bejaht wird von der Rechtsprechung z. B. bei einem Kabelbrand (AG Marsberg 9.10.2002, 1 C 143/02, DAR 2003, 322), bei einem Katalysatordefekt (AG Zeven 3 C 242/02, DAR 2003, 379; a. A. AG Offenbach 27.9.2004, 38 C 276/04, SVR 2004, 432) und bei einem Bruch der Ventilfeder eines Zylinders (OLG Köln 11.11.2003, 22 U 88/03, DAR 2004, 91).

6. Umgehungstatbestände. Die Schutzbestimmungen zum Verbrauchsgüterkauf finden auch Anwendung, wenn sie durch anderweitige Gestaltungen umgangen werden (§ 475 Abs. 1 Satz 2 BGB). Beispiele hierfür sind
– der Verkauf eines Neufahrzeugs als gebraucht (BGH 15.11.2006, VIII ZR 3/06 NJW 2007, 674),
– Abreden, die über zulässige Beschaffenheitsvereinbarungen hinaus gehen, wie z. B. „Fahrzeug zum Ausschlachten" bei einem PKW, der zum Fahren genutzt werden soll (*May* DAR 2004, 557),
– die Erklärung des Käufers, dass ihm der Zustand der Kaufsache bei Vertragsabschluss bekannt war mit der Folge des Haftungsausschlusses nach § 442 BGB (*Bamberger/Roth/Faust* § 475 Rn. 6),
– der handschriftliche Zusatz „von Privat" durch Kfz-Händler (AG München 23.4. 2003, 251 C 7612/03, DAR 2004, 158),
– der Verkauf durch einen Unternehmer über einen privaten Strohmann (BGH 22.11. 2006, VIII ZR 72/06, NJW 2007, 759).

Agenturgeschäfte (s.a. dort), bei denen der Unternehmer den Verkauf für einen Dritten (Verbraucher) vermittelt, sind nur dann als unzulässiges Umgehungsgeschäft zu beurteilen, wenn der Händler im Verhältnis zum Verbraucher, für den er das Fahrzeug verkauft, dass wirtschaftliche Risiko des Verkaufs tragen soll (BGH 26.1.2005, VIII ZR 175/04, DAR 2005, 206). Ob dies der Fall ist, kann nur im Einzelfall anhand mehr oder weniger starker Indizien für eine solche Risikoverteilung ent-

schieden werden (vgl. hierzu näher *Himmelreich/Andreae/Teigelack* § 14 Rn. 46).
Falls von einer Umgehung auszugehen ist, ist nach Auffassung des BGH (BGH 22.11.2006, VIII ZR 72/06, DAR 2007, 148) der *Händler* in Anspruch zu nehmen, der als Vermittler oder Vertreter eines Privatverkäufers auftritt (vgl. näher hierzu *Müller* NJW 2003, 1975, 1980 m.w.N.).

7. Rückgriff. Muss ein Unternehmer das verkaufte neue Fahrzeug wegen Mängeln zurücknehmen oder im Wege der Minderung einen Teil des Kaufpreises erstatten, werden dem Unternehmer für den Rückgriff auf seinen Lieferanten folgende Erleichterungen für die Durchsetzung seiner Rechte durch § 478 BGB eingeräumt:
Der Unternehmer braucht seinen Lieferanten nicht erst zur Nacherfüllung eine Frist zu setzen, sodass der jeweilige Lieferant den Anspruch nicht durch eine Ersatzlieferung abwehren kann. Er kann von seinem Lieferanten Ersatz der Aufwendungen verlangen, die er im Verhältnis zum Verbraucher nach § 439 Abs. 2 BGB zu tragen hat (§ 478 Abs. 2 BGB). Der Anspruch besteht unabhängig vom Verschulden, umfasst aber nicht die Kosten, die der Unternehmer aus Kulanz und freiwillig übernommen hat (Palandt/*Weidenkaff* § 478 Rn. 14). Es gilt die Rückwirkungsvermutung des § 476 BGB (§ 478 Abs. 3 BGB) mit der Folge, dass der Lieferant den Beweis des mangelfreien Zustandes zum Zeitpunkt des Gefahrübergangs an den Letztverkäufer führen muss.
Diese Rechte bestehen nur, wenn kein „gleichwertiger Ausgleich" i. S. d. § 478 Abs. 3 BGB vereinbart wurde (*Lorenz* NJW 2007, 1, 8) und aus Sicht des Letztverkäufers ein Verbrauchsgüterkauf (an einen Verbraucher) vorliegt (*Matthes* NJW 2002, 2505). Abweichende Vereinbarungen unter den Händlern sind im Rahmen des § 478 Abs. 4 BGB zulässig, allerdings nicht durch AGB (BGH 5.10.2005, VIII ZR 16/05, NJW 2006, 47). *Andreae*

Verbringungskosten → Unfallschadenabwicklung – Sachschaden Nr. 19

Verdienstausfall → Kinderunfall Nr. 8

Verdienstausfallschaden → Unfallschadenabwicklung – Personenschaden Nr. 5 ff.

vereinsamte Vorfahrtszeichen → Haftungsverteilung bei Verkehrsunfällen Nr. 9

Verfahrensgebühr → Anwaltsgebühren in Verkehrsverwaltungssachen

Verfahrenshindernis → Verfolgungsverjährung, → Vollstreckungsverjährung (Ordnungswidrigkeiten) Nr. 1, 2 a) (Strafrecht)

Verfahrensrecht → Besonderheiten der Verkehrsunfallklage

Verfahrensrüge → Bußgeldverfahren Nr. 8 b)

Verfassungsbeschwerde → Rechtliches Gehör Nr. 7 c)

Verfolgerfälle → Fahrerhaftung Nr. 2

Verfolgungsverjährung 1. Ordnungswidrigkeitenrecht. a) Allgemeines. Zu unterscheiden ist zwischen *Verfolgungsverjährung* (§ 31 OWiG) und *Vollstreckungsverjährung* (§ 34 OWiG). Die erste führt zur Unzulässigkeit der Verfolgung von Ordnungswidrigkeiten und der Anordnung von Nebenfolgen (bei noch nicht rechtskräftig geahndeter Tat), die zweite zur Unzulässigkeit deren Vollstreckung (bei bereits rechtskräftig geahndeter Tat) – beide stellen daher Verfahrenshindernisse dar. Treffen mehrere Ordnungswidrigkeiten in einem Verfahren zusammen, so ist die Verfolgungsverjährung (auch in Fällen der Tateinheit) jeweils gesondert zu berechnen.

b) Verjährungsfrist. Ausschlaggebend für die Länge der Verjährungsfrist ist – vorbehaltlich anderslautender spezialgesetzlicher Regelungen – zunächst das gesetzlich festgelegte Höchstmaß der Geldbuße (§ 31 Abs. 2 OWiG):

Drei Jahre: bei Ordnungswidrigkeiten, die mit Geldbußen im Höchstmaß von mehr als 15.000,00 € bedroht sind;

Zwei Jahre: bei Ordnungswidrigkeiten, die mit Geldbußen im Höchstmaß von mehr als 2.500,00 € bis zu 15.000,00 € bedroht sind;

ein Jahr: bei Ordnungswidrigkeiten, die mit Geldbußen im Höchstmaß von mehr als 1.000,00 € bis zu 2.500,00 € bedroht sind;

sechs Monate: bei den übrigen Ordnungswidrigkeiten.

aa) Ein **wichtiger Sonderfall** ist dabei im Bereich des Verkehrsrechts zu beachten: In Abweichung von § 31 Abs. 2 OWiG verjährt die Verfolgung von *Ordnungswidrigkeiten nach § 24 StVG* bereits nach *drei Monaten*, solange wegen der Handlung weder ein Bußgeldbescheid ergangen noch öffentliche Klage erhoben ist;

erst danach beträgt die Verfolgungsverjährung *sechs Monate* (§ 26 Abs. 3 StVG). Diese Sonderregelung betrifft demnach den Großteil der Verkehrsordnungswidrigkeiten. In diesem Zusammenhang ist aber darauf hinzuweisen, dass sich z. B. die Verfolgungsverjährung bei Ordnungswidrigkeiten nach § 24a StVG oder § 24c StVG (Trunkenheitsfahrten im Ordnungswidrigkeitenbereich) oder auch anderen (nicht von § 24 StVG umfassten) Verkehrsordnungswidrigkeiten wiederum nach der allgemeinen Vorschrift des § 31 Abs. 2 OWiG richtet und demzufolge vom Höchstmaß der Geldbuße abhängt.

bb) Vorsatz oder Fahrlässigkeit können ebenfalls für die Bemessung der Verjährungsfrist eine Rolle spielen. Gem. § 17 Abs. 2 OWiG kann nämlich fahrlässiges Handeln im Höchstmaß nur mit der Hälfte des angedrohten Höchstmaßes der Geldbuße geahndet werden, wenn das Gesetz für vorsätzliches und fahrlässiges Handeln eine Geldbuße androht, ohne im Höchstmaß zu unterscheiden. Bei fahrlässig begangenen Ordnungswidrigkeiten kann damit eine kürzere Verfolgungsverjährung gegeben sein.

c) Beginn der Verfolgungsverjährung. Gem. § 31 Abs. 3 OWiG beginnt die Verfolgungsverjährung, sobald die Tat (unter Verwirklichung sämtlicher Tatbestandsmerkmale) beendet ist. Tritt ein zum Tatbestand gehörender Erfolg erst später ein, so beginnt die Verjährung mit diesem Zeitpunkt. Ist bei *Tateinheit* gem. § 19 Abs. 1 Alt. 2 OWiG derselbe Bußgeldtatbestand durch mehrere Verstöße erfüllt, dann beginnt die Verfolgungsverjährung erst mit dem Zeitpunkt der Beendigung des letzten Verstoßes. Bei einer *Dauerordnungswidrigkeit* beginnt die Verfolgungsverjährung erst dann, wenn der rechtswidrige Zustand beendet ist.

d) Fristberechnung. Der Tag, an dem die Verfolgungsverjährung beginnt, stellt den ersten Tag der Verjährungsfrist dar. Der letzte Tag der Verjährungsfrist fällt auf den im Kalender vorausgehenden Tag, und zwar unabhängig davon, ob es sich hierbei um einen Samstag, Sonntag oder Feiertag handelt (also in Abweichung zu § 46 Abs. 1 OWiG i.V. m. § 43 Abs. 2 StPO). *Beispiel*: Dreimonatsfrist, Verjährungsbeginn am 26. September, Verjährungsende am 25. Dezember.

e) Das **Ruhen der Verfolgungsverjährung** ist in § 32 OWiG geregelt:

aa) Wirkung des Ruhens. Ruht die Verfolgungsverjährung, so wird der Zeitraum während des Ruhens nicht in die Verjährung eingerechnet, die Verjährung beginnt also nicht bzw. wird gestoppt; nach dem Ende des Ruhens läuft der noch unverbrauchte Teil der Verjährungsfrist wieder weiter.

bb) Ruhenstatbestände. Die Verjährung ruht, solange nach dem Gesetz – aus rechtlichen (nicht aus tatsächlichen) Gründen – die *Verfolgung nicht begonnen oder nicht fortgesetzt* werden kann (z. B. bei Fehlen einer inländischen Verfolgungszuständigkeit, beim Verbot einer nochmaligen Verfolgung gem. Art. 103 Abs. 2 GG oder bei der Aussetzung des Verfahrens nach Art. 100 GG); dies gilt nicht, wenn die Handlung nur deshalb nicht verfolgt werden kann, weil Antrag oder Ermächtigung fehlen (§ 32 Abs. 1 OWiG).

f) Die **Unterbrechung der Verfolgungsverjährung** ist in § 33 OWiG geregelt:

aa) Wirkung der Unterbrechung. Mit dem Tag, an dem ein Unterbrechungstatbestand eintritt, beginnt die Verfolgungsverjährung *von neuem*, und zwar in voller Länge und unabhängig davon, wie viel der Frist bereits vor der Unterbrechung abgelaufen ist (§ 33 Abs. 3 S. 1 OWiG).

bb) Unterbrechungstatbestände. Die Verjährung wird gem. § 33 Abs. S. 1 OWiG unterbrochen durch:

– die *erste Vernehmung* des Betroffenen, die Bekanntgabe, dass gegen ihn das Ermittlungsverfahren eingeleitet ist, oder die Anordnung dieser Vernehmung oder Bekanntgabe,
– jede *richterliche Vernehmung* des Betroffenen oder eines Zeugen oder die Anordnung dieser Vernehmung,
– jede *Beauftragung eines Sachverständigen* durch die Verfolgungsbehörde oder den Richter, wenn vorher der Betroffene vernommen oder ihm die Einleitung des Ermittlungsverfahrens bekanntgegeben worden ist,
– jede *Beschlagnahme- oder Durchsuchungsanordnung* der Verfolgungsbehörde oder des Richters und richterliche Entscheidungen, welche diese aufrechterhalten,
– die *vorläufige Einstellung des Verfahrens wegen Abwesenheit des Betroffenen* durch die Verfolgungsbehörde oder den Richter sowie jede Anordnung der Verfolgungsbehörde oder des Richters, die nach einer solchen Einstellung des Verfahrens zur Ermittlung des Aufenthalts des Betroffenen oder zur Sicherung von Beweisen ergeht,
– jedes Ersuchen der Verfolgungsbehörde oder des Richters, eine *Untersuchungshandlung im Ausland* vorzunehmen,
– die *gesetzlich bestimmte Anhörung einer anderen Behörde* durch die Verfolgungsbehörde vor Abschluss der Ermittlungen,

- die *Abgabe der Sache durch die Staatsanwaltschaft an die Verwaltungsbehörde* nach § 43 OWiG,
- den *Erlass des Bußgeldbescheides*, sofern er binnen zwei Wochen zugestellt wird, ansonsten durch die Zustellung,
- den *Eingang der Akten beim Amtsgericht* gemäß § 69 Abs. 3 S. 1 und Abs. 5 S. 2 OWiG und die Zurückverweisung der Sache an die Verwaltungsbehörde nach § 69 Abs. 5 S. 1 OWiG,
- jede *Anberaumung einer Hauptverhandlung*,
- den *Hinweis auf die Möglichkeit, ohne Hauptverhandlung zu entscheiden* (§ 72 Abs. 1 S. 2 OWiG),
- die *Erhebung der öffentlichen Klage*,
- die *Eröffnung des Hauptverfahrens*,
- den Strafbefehl oder eine *andere dem Urteil entsprechende Entscheidung*.

Die Verjährung ist *bei einer schriftlichen Anordnung oder Entscheidung* in dem Zeitpunkt unterbrochen, in dem die Anordnung oder Entscheidung unterzeichnet wird (§ 33 Abs. 2 S. 1 OWiG). Ist das Schriftstück nicht alsbald nach der Unterzeichnung in den Geschäftsgang gelangt, so ist der Zeitpunkt maßgebend, in dem es tatsächlich in den Geschäftsgang gegeben worden ist (§ 33 Abs. 2 S. 2 OWiG).

g) **Absolute Verjährung**. Die Verfolgung ist spätestens dann verjährt, wenn seit dem in § 31 Abs. 3 OWiG bezeichneten Zeitpunkt (also mit Verwirklichung sämtlicher Tatbestandsmerkmale der Ordnungswidrigkeit) das Doppelte der gesetzlichen Verjährungsfrist, mindestens jedoch zwei Jahre verstrichen sind (§ 33 Abs. 3 S. 2 OWiG). Wird jemandem in einem bei Gericht anhängigen Verfahren eine Handlung zur Last gelegt, die gleichzeitig Straftat und Ordnungswidrigkeit ist, so gilt als gesetzliche Verjährungsfrist im Sinne des vorigen Satzes die Frist, die sich aus der Strafdrohung ergibt (§ 33 Abs. 3 S. 3 OWiG).

h) **Ausschluss des Verjährungsablaufs**. Sobald in erster Instanz ein Urteil oder ein Beschluss nach § 72 OWiG vor Eintritt der Verfolgungsverjährung ergangen ist, kann eine Verfolgungsverjährung bis zum rechtskräftigen Abschluss des Verfahrens nicht mehr eintreten (§ 32 Abs. 2 OWiG).

i) Eine **Berücksichtigung des Verjährungseintritts von Amts wegen** hat in jeder Lage des Verfahrens (Vorverfahren, Hauptverfahren, Rechtsmittelinstanz) zu erfolgen, soweit nicht ein unzulässiger Einspruch oder eine unzulässige Rechtsbeschwerde vorliegt. Dies gilt im Rechtsbeschwerdeverfahren über ein nach Eintritt der Verfolgungsverjährung ergangenes Urteil sogar dann, wenn der Schuldspruch infolge einer Rechtsmittelbeschränkung bereits in Rechtskraft erwachsen ist (OLG Düsseldorf 1.2.1999, 2 Ss OWi 14/99 – OWi 4/99 II, NZV 1999, 348). Ist die Verfolgungsverjährung nicht ausschließbar eingetreten, so gilt der Grundsatz „in dubio pro reo".

j) Das **Ende der Verfolgungsverjährung** tritt – sofern bis dahin kein Fristablauf eingetreten ist – spätestens mit der Rechtskraft der Bußgeldentscheidung ein und wird in diesem Fall (ohne Lücke) von der Vollstreckungsverjährung abgelöst.

2. **Strafrecht. a) Allgemeines.** Die V. bildet im Strafprozess ein Verfahrenshindernis, das in jeder Lage des Verfahrens von Amts wegen zu beachten ist. Sie schließt die Ahndung der Tat und die Anordnung von Maßnahmen in Richtung auf den Täter aus (§ 78 Abs. 1 S. 1 StGB).

b) Die V. *beginnt* erst mit Beendigung (nicht: Vollendung) des jeweiligen Tatbestandes zu laufen (§ 78 a StGB), oder noch später, nämlich mit dem Eintritt des Tatererfolges, soweit dieser zeitlich nach der Tatbeendigung liegt. Die Verjährungsfrist richtet sich nach der Strafdrohung (im einzelnen: § 78 Abs. 3 StPO) und wird daher für jeden verwirklichten Straftatbestand selbständig bestimmt, auch wenn mehrere in → *Tateinheit* (§ 52 StGB) begangen sind oder zwar in → *Tatmehrheit* begangen sind, aber als einheitlicher Lebensvorgang „eine" Tat im prozessualen Sinn bilden (§ 264 StPO, vgl. hierzu → *Doppelverfolgungsverbot* Nr. 5). Dabei ist die Strafdrohung nur der jeweiligen Strafnorm selbst maßgeblich, d. h. außer Betracht bleiben Strafrahmenverschiebungen durch Regeln des Allgemeinen Teils des StGB oder durch die Annahme besonders schwerer oder minder schwerer Fälle (§ 78 Abs. 4 StGB).

c) Das *Ruhen* der Verjährung regelt § 78 b StGB.

d) Die V. wird *unterbrochen*, und zwar jedes Mal aufs Neue (§ 78 c Abs. 3 S. 1 StGB), durch die in § 78 c Abs. 1 S. 1 (Nr. 1 bis 12) StGB genannten Ermittlungshandlungen und Sicherungsmaßnahmen, d. h. nach jeder von diesen beginnt die V. neu. Die Strafjustiz nutzt diese Unterbrechungsmöglichkeiten in der Regel gezielt aus. Grenze ist nur die so genannte *absolute Verjährung* (§ 78 c Absatz 3 S. 2 StGB).

Siehe auch: → *Kostentragungspflicht des Halters Nr. 1, 2 d),* → *Trunkenheit im Verkehr Nr. 5b) ee)*

Langer/Weder

Vergleich → Kinderunfall Nr. 13, → Rechtsschutzversicherung Nr. 16, → Unfallschadenabwicklung – Personenschaden Nr. 24

Vergleichsgeschwindigkeit → Unfallanalytik Nr. 14

Vergütung → Rechtsschutzversicherung Nr. 26, 32

Verjährung → Garantieansprüche Nr. 4, → Kfz-Haftpflichtversicherung Nr. 11, → Rechtsschutzversicherung Nr. 23, → Verfolgungsverjährung, → Verjährung der Sachmängelansprüche, → Vollstreckungsverjährung (Strafrecht)

Verjährung der Sachmängelansprüche Die Verjährungsfrist für die Ansprüche des Autokäufers aus § 437 BGB beträgt i. d. R. zwei Jahre (§ 438 Abs. 1 Nr. 3 BGB). Für die Ansprüche auf Schadensersatz bei arglistiger Täuschung (§ 438 Abs. 3 BGB) und aus § 280 i.V. m. § 311 Abs. 2 BGB gilt die Regelverjährung von drei Jahren gem. § 195 BGB. Ob für die Ansprüche aus Garantie i. S. d. § 443 BGB die gesetzliche Regelverjährung (§ 195 BGB) von drei Jahren oder die kaufrechtliche Sonderverjährung (§ 438 BGB) von zwei Jahren gilt, ist umstritten (Grützner/Schmidt NJW 2007, 3610; Palandt/Weidenkaff § 443 Rn. 15 u. 23).

Rücktritt und *Minderung* (§ 437 Nr. 2 BGB) unterliegen als Gestaltungsrecht nicht der Verjährung, sind aber nach §§ 438 Abs. 4 Satz 1 und Abs. 5, 218 Abs. 1 Satz 1 BGB unwirksam, wenn der Anspruch auf Leistung oder Nacherfüllung verjährt ist und der Schuldner sich darauf beruft. Der Rücktritt *innerhalb* der Verjährungsfrist reicht aus, er braucht noch nicht gerichtlich geltend gemacht zu werden (BGH 15.11.2006, VIII ZR 3/06 NJW 2007, 674). Die Ansprüche aus dem durch den Rücktritt entstandenen Rückgewährschuldverhältnis unterliegen dann der regelmäßigen Verjährungsfrist von drei Jahren nach §§ 195, 199 BGB.

Von den gesetzlichen Verjährungsfristen können die Parteien abweichende Vereinbarungen treffen (§ 202 BGB) mit folgenden Ausnahmen:

Beim *Verbrauchsgüterkauf* (vgl. dort) von *Neufahrzeugen* darf – außer für Schadensersatzansprüche, § 475 Abs. 3 BGB – die Frist überhaupt nicht, für *Gebrauchtfahrzeuge* nicht unter ein Jahr verkürzt werden (§ 475 Abs. 2 BGB). Der Begriff „gebraucht" ist objektiv zu bestimmen, also der Parteivereinbarung entzogen (BGH 15.11.2006, VIII ZR 3/06, NJW 2007, 674). Bei Haftung wegen Vorsatz (§ 202 Abs. 1 BGB), arglistiger Täuschung und Übernahme einer Beschaffenheitsvereinbarung (§ 444 BGB) ist jede Verkürzung unzulässig.

Bei Haftung wegen Körperschäden aufgrund fahrlässiger und wegen sonstiger Schäden bei grob fahrlässiger Pflichtverletzung ist die Verkürzung durch AGB gem. § 309 Nr. 7 BGB unzulässig (BGH 15.11.2006, VIII ZR 3/06, NJW 2007, 674). Mangels ausreichender Transparenz ist die Verkürzung der Verjährungsfrist in der GWVB (aktuelle Fassung 03/2008) unwirksam (BGH, Urt. v. 29.4.2015, – 8 ZR 104/14 – juris.

Die Verjährung beginnt mit Ablieferung des Fahrzeugs (§ 438 Abs. 2 BGB) unabhängig von der Mangelkenntnis. Das gilt auch für Schadensersatzansprüche, obwohl diese erst mit Ablauf der Nachfrist (§ 281 Abs. 1 Satz 1 BGB) oder mit dem Verlangen von Schadensersatz (§ 281 Abs. 3 BGB) entstehen können (*Andreae* in: Handbuch des Fachanwalts Verkehrsrecht Kap. 16 Rn. 257). Ungeklärt ist noch, ob die Verjährung bei mangelhafter Nachlieferung neu zu laufen beginnt (Palandt/*Weidenkaff* § 438 Rn. 16 a).

Die *Hemmung* des Ablaufs der Verjährungsfrist richtet sich nach den §§ 203 bis 208 BGB. Sie tritt z. B. ein durch gerichtliche Geltendmachung (§ 204 BGB), durch Verhandlungen zwischen den Vertragsparteien (§ 203 BGB) oder durch die Überprüfung des Fahrzeugs bzw. Durchführung von Nachbesserungsarbeiten (OLG Celle 20.6.2006, 16 U 287/95, NJW 2006, 2643). Für die Hemmung genügt jeder Meinungsaustausch über den Anspruch oder die ihn begründenden Umstände, sofern der Schuldner nicht sofort und eindeutig die Anspruchserfüllung ablehnt (BGH 31.10.2000, VI ZR 198/99, NJW 2001, 885). Anträge auf Durchführung des selbständigen Beweisverfahrens (§ 204 Abs. 1 Nr. 7 BGB) hemmen die Verjährung nur bezüglich der Mängel, die Gegenstand des Verfahrens sind (BGH 2.2.1994, VIII ZR 262/92, NJW 1994, 1004). Dabei genügt es, wenn der Antragsteller laienhaft nur einen Teil der wahrnehmbaren Erscheinungen des Mangels beschreibt (OLG Koblenz 23.5. 2001, 5 U 1298/00, DAR 2002, 509). Die „Preiswerteste" Methode, die Hemmung herbeizuführen, ist ein Prozeßkostenhilfeantrag (§ 204 Abs. 1 Nr. 14 BGB), bei dem der Rechtsanwalt aber dringend darauf achten und ausdrücklich hinwirken muß, dass dieser vom Gericht alsbald zugestellt wird, damit er als „demnächst veranlasst" i. S. d. § 204 Abs. 1

V Verjährungsablauf

Nr. 14 angesehen werden kann und damit ab *Einreichung* die Verjährung hemmt (BVerfG 19.7.2010, 1 BuR 1873/09; NJW 2010, 3083). Die Hemmung führt dazu, dass die Verjährung im Hemmungszeitraum nicht läuft, dieser Zeitraum also an den Ablauftermin der Verjährung „angehängt" werden kann. Außerdem tritt frühestens drei Monate nach dem Ende der Hemmung erst Verjährung ein (§ 203 Satz 2 BGB).
Von der Hemmung zu unterscheiden ist der *Neubeginn* der Verjährung (§ 221 BGB). Ein Anerkenntnis mit der Folge eines Neubeginns der Verjährung ist in der Durchführung von Nachbesserungsarbeiten nur ausnahmsweise zu sehen (OLG Celle 20.6.2006, 16 U 287/05, NJW 2006, 2643; LG Koblenz 10.10.2006, 6 S 132/06, DAR 2007, 523). Daran fehlt es z. B. bei einer als Kulanz angebotenen Nachbesserung. Im übrigen kommt ein Neubeginn nur in Betracht, wenn es sich um den selben Mangel oder um die Folgen einer mangelhaften Nachbesserung handelt (BGH 5.10.2005, VIII ZR 16/05, NJW 2006, 47; AG Frankfurt 11.1.2008, 32 C 1639/07-48, DAR 2008, 217). Die Verjährung tritt unabhängig vom Verlangen der Nacherfüllung ein (Palandt/*Weidenkaff* § 439 Rn. 22 b). Eine stillschweigende Verjährungsverzichtseinrede (§ 205 BGB) kann i. d. R. nicht angenommen werden. Ist ein Anerkenntnis nicht feststellbar und die Hemmungsnachfrist von drei Monaten (§ 203 Satz 2 BGB) abgelaufen, tritt Verjährung ein und zwar auch im Fall der *fehlgeschlagenen* Nachbesserung (OLG Celle 20.6.2006, 16 U 287/05, NJW 2006, 2643). Beim Verlangen einer Nacherfüllung kurz vor Ablauf der Verjährungsfrist sollten zum Schutz des Käufers daher zusätzlich auf jeden Fall Maßnahmen i. S. d. § 204 BGB ergriffen werden, um eine Hemmung der Verjährung herbeizuführen, wenn der Verkäufer sich nicht ausdrücklich zum Verzicht auf die Einrede der Verjährung bereit erklärt.
Die Verjährung muss vom Verkäufer als *Einrede* geltend gemacht werden, i. d. R. spätestens in erster Instanz, danach ist eine Zurückweisung wegen Verspätung möglich (*Meller-Hannich* NJW 2006, 3385). *Andreae*

Verjährungsablauf → Verfolgungsverjährung Nr. 1 h)

Verjährungsfrist → Verfolgungsverjährung Nr. 2 b), → Verjährung der Sachmängelansprüche, → Vollstreckungsverjährung (Ordnungswidrigkeiten) Nr. 2–5

Verjährungshemmung → Kfz-Haftpflichtversicherung Nr. 11

Verkehrsakademie → Verkehrsgerichtstag, Deutscher (VGT)

Verkehrsberuhigter Bereich 1. Allgemeines. Beginn und Ende von verkehrsberuhigten Bereichen sind durch die Zeichen 325 und 326 der StVO gekennzeichnet und heben sich vom übrigen Verkehrsraum meist durch bauliche Besonderheiten ab (anderer Straßenbelag, Blumenkübel, Sitzbänke etc.). Ein verkehrsberuhigter Bereich stellt eine öffentliche Verkehrsfläche dar und dient der Benutzung durch Personen und Fahrzeuge.
2. Folgende **Besonderheiten** gelten innerhalb eines verkehrsberuhigten Bereiches:
a) Vorrang von Personen. Fußgänger dürfen die Straße in ihrer ganzen Breite benutzen; Kinderspiele sind überall erlaubt. Die Fahrzeugführer dürfen die Fußgänger weder gefährden noch behindern; wenn nötig müssen sie warten. Die Fahrzeugführer müssen immer mit unvermittelt auftauchenden Personen (insbesondere Kindern) rechnen, auch wenn die äußeren Umstände dies nicht nahe legen sollten. Die Fußgänger dürfen aber den Fahrverkehr *nicht unnötig behindern*, hier gilt insoweit § 1 Abs. 2 StVO.
b) Schrittgeschwindigkeit. Alle Fahrzeuge (auch Fahrräder) müssen Schrittgeschwindigkeit einhalten. Unter Schrittgeschwindigkeit ist die durchschnittliche Geschwindigkeit von Fußgängern zu verstehen, nach obergerichtlicher Rechtsprechung *4 bis 7 km/h*. Dieser Geschwindigkeitsrahmen kann letztlich aber nicht starr betrachtet werden, weil beispielsweise Radfahrer bei solch niedrigen Geschwindigkeiten zu Fahrunsicherheiten neigen und ins Schwanken kommen können. Im Übrigen sind solche Geschwindigkeiten mit dem Fahrzeugtacho kaum zuverlässig zu messen. Daher wird von Teilen der Rechtsprechung die Schrittgeschwindigkeit auch als Geschwindigkeit *deutlich unter 20 km/h* festgelegt. Rein faktisch führt der Grundsatz der Schrittgeschwindigkeit in der Regel zu einem *Überholverbot*, weil das überholende Fahrzeug ansonsten beim Überholen eines anderen fahrenden Fahrzeugs die Schrittgeschwindigkeit wohl überschreiten würde.
c) Vorfahrtsregelungen. Die Regel „*rechts vor links*" gilt für die Fahrzeugführer untereinander innerhalb der Verkehrsfläche im verkehrsberuhigten Bereich, Gründstücksausfahrten sind allerdings – wie im übrigen Straßenverkehr

auch – nachrangig. *Keine Vorfahrt* gibt es *beim Ausfahren* aus einem verkehrsberuhigten Bereich auf den normalen Verkehrsbereich. Dieser Verkehr hat vielmehr grundsätzlich Vorrang, somit auch Fußgänger und Radfahrer, welche die Ausfahrt aus dem verkehrsberuhigten Bereich queren.

d) Parken. Das Parken ist außerhalb der dafür gekennzeichneten Flächen unzulässig, ausgenommen zum Ein- oder Aussteigen bzw. zum Be- oder Entladen. Die zugewiesenen Parkflächen sind durch Beschilderung, Bodenmarkierungen oder gesonderten Bodenbelag gekennzeichnet.

3. Ordnungswidrigkeiten. Regelverstöße im verkehrsberuhigten Bereich werden als Ordnungswidrigkeiten mit Verwarnungsgeldern bzw. Bußgeldern geahndet (§ 49 Abs. 3 Nr. 5 StVO i. V. m. § 24 StG). *Langer*

Verkehrsbeschränkungen → Umweltzonen Nr. 1, 5

Verkehrsdelikte → Gefährdung des Straßenverkehrs (§ 315 c StGB), → Gefährlicher Eingriff in den Straßenverkehr (§ 315 b StGB), → Trunkenheit im Verkehr, → Unerlaubtes Entfernen vom Unfallort (§ 142 StGB), → Verkehrsstrafverfahren Nr. 2a, 2b

Verkehrseinrichtungen 1. Allgemeines. Verkehrseinrichtungen sind gem. § 43 Abs. 1 S. 1 StVO Schranken, Sperrpfosten, Parkuhren, Parkscheinautomaten, Geländer, Absperrgeräte (z. B. Absperrschranken, Leit-/Warnbaken, Leitkegel oder fahrbare Absperrtafeln), Leiteinrichtungen (z. B. Leitpfosten oder Richtungstafeln in Kurven) sowie Blinklicht- und Lichtzeichenanlagen. Angesichts der allen Verkehrsteilnehmern obliegenden Verpflichtung, die allgemeinen und besonderen Verhaltensvorschriften dieser Verordnung eigenverantwortlich zu beachten, werden örtliche Anordnungen durch Verkehrszeichen nur dort getroffen, wo dies aufgrund der besonderen Umstände zwingend geboten ist (§ 43 Abs. 1 S. 2 i. V. m. § 39 Abs. 1 StVO).

2. Die straßenverkehrsrechtlichen Befugnisse der Straßenverkehrsbehörden die Verkehrseinrichtungen betreffend sind in § 45 StVO geregelt.

3. Verbot der Verkehrsbeeinträchtigung. Einrichtungen, die Verkehrseinrichtungen gleichen, mit ihnen verwechselt werden können oder deren Wirkung beeinträchtigen können, dürfen dort nicht angebracht oder sonst verwendet werden, wo sie sich auf den Verkehr auswirken können (§ 33 Abs. 2 S. 1 StVO). Ferner sind Werbung und Propaganda in Verbindung mit Verkehrseinrichtungen unzulässig; hiervon ausgenommen sind in der Hinweisbeschilderung für Nebenbetriebe an den Bundesautobahnen und für Autohöfe Hinweise auf Dienstleistungen, die unmittelbar den Belangen der Verkehrsteilnehmer auf den Bundesautobahnen dienen (§ 33 Abs. 2 S. 2 u. Abs. 3 StVO).

4. Beschaffungs- und Unterhaltungspflicht. Die Kosten der Beschaffung, Anbringung, Entfernung, Unterhaltung und des Betriebs der amtlichen Verkehrszeichen und -einrichtungen sowie der sonstigen vom Bundesministerium für Verkehr, Bau und Stadtentwicklung zugelassenen Verkehrszeichen und -einrichtungen trägt der Träger der Straßenbaulast für diejenige Straße, in deren Verlauf sie angebracht werden oder angebracht worden sind, bei geteilter Straßenbaulast der für die durchgehende Fahrbahn zuständige Träger der Straßenbaulast (§ 5b Abs. 1 S. 1 StVG). Ist ein Träger der Straßenbaulast nicht vorhanden, so trägt der Eigentümer der Straße die Kosten (§ 5b Abs. 1 S. 2 StVG). *Langer*

Verkehrsfehlergrenze → Verkehrsmesstechnik Nr. 2

Verkehrsgerichtstag, Deutscher (VGT) 1. Allgemeines. Der Deutsche Verkehrsgerichtstag ist ein seit 1963 jährlich in der niedersächsischen Kaiserstadt Goslar stattfindender Kongress, der bis zum Jahr 2009 von der Deutschen Akademie für Verkehrswissenschaft, einem der Wissenschaft, Forschung und Lehre auf dem Gebiet des Verkehrsrechts und den angrenzenden Gebieten im Verkehrswesen dienenden eingetragenen Verein mit Sitz in Hamburg, organisiert wurde. Nunmehr fungiert als Veranstalter der Verein Deutscher Verkehrsgerichtstag – Deutsche Akademie für Verkehrswissenschaft. Jeweils in der letzten vollen Woche des Januar kommen regelmäßig rund 1.800 Vertreter aus Wissenschaft und Praxis des Verkehrsrechts, der Verkehrssicherheit, der Fahrzeugtechnik und der Verkehrstechnik sowie Vertreter von Automobilclubs und sonstigen Verbänden des Verkehrswesens und der Versicherungswirtschaft zusammen, um sich über aktuelle verkehrswissenschaftliche Themen interdisziplinär auszutauschen.

Im Rahmen der Tagung werden acht Arbeitskreise zu verschiedenen Themen eingerichtet, während eine Plenarveranstaltung den Beginn des Verkehrsgerichtstages einläutet. Seit 1987 wird zudem zur Eröffnung des Kongresses die „Goslar-Medaille" zusammen mit einer Ehrenurkunde verliehen. Mit dieser Auszeichnung sollen herausragende Leistungen auf allen Gebieten der Verkehrswissenschaft und Verdienste um den Deutschen Verkehrsgerichtstag anerkannt werden. Zum Abschluss der Veranstaltung werden sodann Empfehlungen seitens der Arbeitskreise verabschiedet, die Anregungen und Forderungen an die Öffentlichkeit, vor allem aber auch an die Verkehrsteilnehmer, den Gesetzgeber, die Verwaltung sowie die Justiz enthalten. Aufgrund der thematischen Aktualität und der Sachnähe der Teilnehmer werden die Empfehlungen des Verkehrsgerichtstages regelmäßig vom Gesetzgeber, der Rechtswissenschaft und der Praxis aufgegriffen bzw. berücksichtigt.

Im Jahr 2012 konnte der Deutsche Verkehrsgerichtstag unter seinem Präsidenten, dem früheren Generalbundesanwalt Kai Nehm, im Beisein des Bundespräsidenten sein 50-jähriges Bestehen feiern. Aus diesem Anlass erschien eine die Arbeit des Verkehrsgerichtstages unter verschiedenen Perspektiven würdigende Festschrift, die den beziehungsreichen Titel trägt: „Der Deutsche Verkehrsgerichtstag 1963-2012".

2. Weiterführende Links. Weitere Informationen finden sich unter http://www.deutscher-verkehrsgerichtstag.de/. Dort können auch die Themen aller Arbeitskreise und Plenarveranstaltungen seit 1963 sowie die Empfehlungen vom 37. Verkehrsgerichtstag (1999) an abgerufen werden.
Brenner/Seifarth

Verkehrsmesstechnik 1. **Verkehrsmesstechnik** (Buck/Möhler: Verkehrsmesstechnik, Sachverständigenbeweis im Verkehrsrecht, § 8, 2008). Geschwindigkeitsüberschreitungen oder das Nichteinhalten der situativ angepassten Geschwindigkeit sind eine der wesentlichen Ursachen für Verkehrsunfälle. Evident ist die hohe Unfallgefahr auch bei dem Missachten von Lichtzeichen. Besonders auf Autobahnen entstehen zudem zahlreiche Unfälle durch das Unterschreiten des Mindestabstandes. Den Polizei- und Ordnungsbehörden stehen technische Möglichkeiten zur Überprüfung des Fahrverhaltens motorisierter Verkehrsteilnehmer zur Verfügung, um präventiv auf die o. a. „Verstöße" einzuwirken. Die physikalische Größe „Geschwindigkeit" ist die Maßeinheit für den Weg, der in einer bestimmten Zeit zurückgelegt wird. Sie hat die Dimension Kilometer/Stunde oder Meter/Sekunde. In der Praxis kommen prinzipiell zwei verschiedene Verfahren zur Geschwindigkeitsmessung zum Einsatz. Bei der ersten Gruppe erfolgt eine Geschwindigkeitsbestimmung entweder durch das Messen der verbrauchten Zeit zum Durchfahren einer bestimmten Strecke oder durch das Messen einer zurückgelegten Strecke bei festgelegter Zeit. Bei der zweiten Gruppe wird die Änderung physikalischer Größen von ausgesandten und vom Messobjekt reflektierenden Signalen ausgewertet und zur Geschwindigkeitsangabe umgerechnet. Prinzipiell ähnliche Verfahrensweisen werden auch zur Bestimmung von Fahrzeugabständen, hier allerdings auch mit fotogrammetrischen Bildauswertungen und zur Überwachung von Rotlichtmissachtungen angewendet.

2. Verkehrsfehlergrenze. 3 km/h bei Geschwindigkeiten < 100 km/h und 3 % des Geschwindigkeitswerts bei Geschwindigkeiten > 100 km/h. Sie teilt sich auf in die sogenannte Eichfehlergrenze (in aller Regel 1/3 der Gesamtverkehrsfehlergrenze) und die sogenannte Bedien- oder Aufstellfehlergrenze (in aller Regel 2/3 der Gesamtverkehrsfehlergrenze).

3. Lichtschrankenmessgerät ESO μP80. Bei dem Lichtschrankenmessgerät erfolgt die Geschwindigkeitsmessung auf der Basis einer Weg/Zeitmessung. Drei sogenannte Infrarot-Lichtstrahlen überqueren in den Abständen von jeweils 25 cm rechtwinklig die Fahrbahn. Es wird die Zeit gemessen, die eine Fahrzeugkontur für das Zurücklegen der Strecke zwischen den verschiedenen Lichtstrahlen benötigt. Da die Entfernung zwischen diesen Lichtstrahlen wegmäßig (25 cm) bekannt ist, ergibt sich dann aus dem Quotienten dieser Wegstrecke und der gefahrenen Zeit die entsprechende Geschwindigkeit. Aktuell werden Lichtschranken vom Typ μP80-4 (4 = Vierfachmessung) verwendet. Es werden die Abstände zwischen den Lichtstrahlen 1 und 2 sowie 1 und 3 und die hierfür benötigte Zeit beim Einfahren und gleichzeitig beim Ausfahren des Fahrzeuges bewertet. Dadurch ergeben sich insgesamt vier Messungen (für das Ein- und das Ausfahren des Fahrzeuges je zwei Messungen). Diese Messungen werden geräteintern miteinander verglichen. Weichen sie um mehr als ± 3 % voneinander ab, wird die Messung geräteintern annulliert. Stimmen sie entsprechend auf ± 3 % überein, wird der Messwert für gut gegeben und bei entsprechender Geschwindigkeitshöhe ein Messfoto angefertigt. Für die Vierfachmessung bedeutet dies, dass zuerst eine Einfahrtsmessung durchgeführt wird. In der Messroutine wird dann bewertet, ob die beiden Messwerte auf ± 3% übereinstimmen und über einem zuvor definierten Messwert (abhängig von der zugelassenen Fahrgeschwindigkeit an der Messstelle) liegen. Ist dies der Fall, wird ein elektrischer Impuls an die Fotoeinrichtung geleitet. Danach wird die Ausfahrtsmessung am Heck des zu messenden Fahrzeugs eingeleitet. Diese läuft, wie bereits beschrieben, wie die Einfahrtsmessung ab, lediglich mit dem Unterschied, dass bei der Einfahrt das Unterbrechen der Lichtstrahlen, bei der Ausfahrt das Freischalten der Lichtstrahlen, die bis dahin von der Fahrzeugkontur unterbrochen wurden, herangezogen wird. Unter der Voraussetzung, dass auch die beiden Werte der Ausfahrtsmessung innerhalb der Toleranzgrenze von ± 3 % übereinstimmen, wird nun dieser ermittelte Messwert auf die Fotoeinrichtung übertragen. Es wurde zuvor der Fotoauslösebefehl nur über den Abschluss der Frontmessung übertragen, der Geschwindigkeitsmesswert wird erst danach, nachdem auch die Ausgangsmessung in den entsprechenden Toleranzen liegt, über den Dateneinspiegelungsverschluss nachträglich eingeblendet. Der dabei eingeblendete Wert entspricht dem niedrigsten Wert der vier Messungen. Dieser Wert unterliegt den Verkehrsfehlergrenzen.

Eine Fehlerquelle ist beispielsweise die sogenannte Abtastfehlmessung, die in der Literatur immer wieder diskutiert wird. Diese Abtastfehlmessung wäre für das vorliegende, auf die Vierfachmessung umgebaute Lichtschrankenmessgerät nur dann möglich, wenn ein Fahrzeug an der Vorderfront und am Heck jeweils in Lichtstrahlenhöhe ein spiegelsymmetrisch ausgebildetes Stufenprofil aufweist (theoretische Modellüberlegung nach Literatur). Eine solche Konstellation ist aus technischer Sicht für das vorliegende Fahrzeug des Betroffenen zwar ohnehin auszuschließen, gleichwohl diese theoretische Überlegung vom Unterzeichner nicht geteilt wird. Soll eine Abtastfehlmessung überhaupt in Betracht kommen, dann müssten quasi „stapelbare Front-/Heckpartien" vorliegen und keine „spiegelsymmetrischen".

Eine weitere mögliche Fehlerquelle besteht für die Vierfachmessung bei Messungen über mehrere Fahrstreifen (überwiegend z. B. bei Autobahnen oder bei Richtungsfahrbahnen mit mindestens zwei Fahrspuren). Hierbei kann es zu Abtastfehlmessungen kommen, wenn 2 Fahrzeuge der gleichen gemessenen Fahrtrichtung fast gleichzeitig in den Strahlenbereich einfahren und zwar dergestalt, dass zwischen Heck des zuerst einfahrenden Fahrzeuges und der Front des zweiten Fahrzeuges in Fahrbahnlängsrichtung gesehen keine Lücke besteht (wenn zum Beispiel sich also die Front eines auf der rechten Fahrspur fahrenden, langsameren Fahrzeuges in Fahrbahnlängsrichtung bereits vor dem Heck des auf der linken Fahrspur überholenden und gemessenen Kfz befindet). Bei einer solchen Konstellation erfolgt die Einfahrtsmessung an der Front des auf der linken Fahrspur überholenden Fahrzeuges, die Ausfahrtsmessung hingegen am Heck des auf der rechten Fahrspur fahrenden Kfz.

4. Einseitensensor ES 1.0. Diese Geschwindigkeitsmessanlage der Firma ESO besteht aus einem Sensorkopf mit 4 optischen Helligkeitssensoren, einer Rechnereinheit, einem berührungsempfindlichen Bildschirm und einer funkgesteuerten Fotoeinrichtung sowie entsprechendem Zubehör. Drei der vier Helligkeitssensoren im Sensorkopf überbrücken die Fahrbahnen rechtwinklig zur Fahrbahnrichtung. Der vierte Sensor, dessen optische Achse um ca. 2° gegenüber der Normalen schräggestellt ist, dient zur Messung des Abstandes des zu messenden Fahrzeuges vom Sensor. Das Messprinzip des Einseitensensors Typ ES 1.0 beruht auf einer Weg-Zeitmessung. Bei der Durchfahrt eines Fahrzeuges wird in jedem der 4 Sensoren ein Helligkeitsprofil des zu messenden Fahrzeuges erfasst, digitalisiert und gespeichert. Die Gesamtlänge der Messbasis des Sensorkopfes beträgt 500 mm. Die Teilstrecken zwischen den Sensoren 1-2 bzw. 2-3 betragen jeweils 250 mm. Diese drei Sensoren dienen zur Ermittlung von zwei Geschwindigkeitsmesswerten. Fährt ein Fahrzeug an den 4 Sensoren vorbei – z. B. von links nach rechts –, so erzeugen die Sensoren zum einen Triggersignale, zum anderen liefern sie jeweils ein Helligkeitsprofil des vorbeifahrenden Fahrzeuges. Die Triggersignale (im Wesentlichen „ein Grauabgleich") dienen zur Vorbestimmung der Geschwindigkeit, zur Abstandsbestimmung und zur Optimierung der Signalauswertung. Die aufgezeichneten Helligkeitsprofile werden rechnerisch mit Hilfe einer durch die Software bestimmten Korrelationsrechnung abgeglichen, um die genauen Zeitdifferenzen zwischen den einzelnen Helligkeitsprofilen zu bestimmen. Die Geschwindigkeit ergibt sich aus den zwei ermittelten Zeitdifferenzen (Sensor 1–Sensor 2; Sensor 2–Sensor 3) und der Messbasis von 250 mm. Der vierte Sensor mit der um 2° schräggestellten optischen Achse dient zur Ermittlung des Abstandes des vorbeifahrenden Fahrzeuges. Dabei wird berücksichtigt, dass die zeitliche Verschiebung des Signalverlaufes dieses Sensors gegenüber den Signalverläufen der Sensoren 1, 2 und 3 nicht nur von der Geschwindigkeit sondern auch vom gesuchten Abstand abhängt. Wenn der so ermittelte Abstand größer als ein eingestellter Grenzwert (max. 18 m) ist, wird die Messung annulliert.

Sofern ein ermittelter Geschwindigkeitsmesswert den eingestellten Geschwindigkeitsgrenzwert überschreitet, wird dieser Messwert neben weiteren Daten per Datenfunk zur Fotoeinrichtung übermittelt. Die Fotoeinrichtung und die Rechnereinheit sind deshalb jeweils mit einem Datenfunk-Sendeempfänger ausgerüstet. Die Sendezeit für einen Datensatz beträgt nur ca. 30 ms. Die Daten werden per Funk seriell zweimal hintereinander speziell codiert übertragen. Auf der Empfängerseite wird das übertragene Signal wieder decodiert und verglichen. Wenn dieser Vergleich negativ ausfällt (d. h. Veränderungen bei dem codierten Signal festgestellt werden), erfolgt keine Fotoauslösung. Die Fotoauslösung erfolgt bei der Messung unmittelbar nach der vorläufigen Bestimmung der Geschwindigkeit auf der Grundlage der Triggersignale der Sensoren, aber nur, soweit dieser Wert größer ist als der eingestellte Grenzwert. Erst nach genauer Bestimmung des Geschwindigkeitsmesswertes werden die Daten an die Fotoeinrichtung geleitet. Falls dieser Geschwindigkeitsmesswert annulliert werden muss, erscheint in der Dateneinblendung „OEE".

Mit der ESO 1.0 Geschwindigkeitsmessanlage ist es möglich, auch Messungen in Kurven, im Bereich von Straßenbaustellen sowie innerhalb geschlossener Ortschaften durchzuführen, wobei Messungen ab 10 km/h ohne Einschränkung möglich sind (hängt nur davon ab, wie der Geschwindigkeitsgrenzwert eingestellt ist). Theoretisch ist es auch denkbar, die Geschwindigkeitsmessanlage ohne Fotoeinrichtung unter bestimmten Bedingungen zu betreiben. Der Sensorkopf wird auf einem Stativ am Fahrbahnrand aufgestellt und parallel zur Fahrtrichtung ausgerichtet. Die Aufstellhöhe empfiehlt sich über den Rädern der zu messenden Fahrzeuge (etwa im Bereich von mehr als 50 bis 60 cm über Oberkante der Fahrbahn), nimmt aber ansonsten keinen Einfluss auf die Messung. Die Justage des Sensorkopfes erfolgt über die Neigungswasserwaage, die im Lieferumfang des Gerätes mit dabei ist. Es wird sowohl Quer- als auch Längsneigung auf dem Sensorkopf mittels der Neigungswaage übertragen. Die Aufstellung der Fotoeinrichtung erfolgt dergestalt, dass die Fotoeinrichtung nicht so weit entfernt sein darf, dass eine Fahreridentifizierung nicht mehr möglich ist, wobei sich zusätzlich das Kennzeichen innerhalb des Fotos befinden muss. Ferner muss die fotografische Aufnahme (Tatfoto) die gedachte Messlinie rechtwinklig vom Sensor über die Fahrbahn so abbilden, dass alle Straßenabschnitte abgedeckt werden, auf denen Messungen entstehen. Insbesondere ist sicherzustellen, dass keine weiteren Fahrzeuge unbemerkt in die Messlinie hinter dem Betroffenenfahrzeug einfahren können.

Zur Inbetriebnahme sind, nachdem die Zuordnung der Fahrtrichtung erfolgt ist, die Testfotos zu erstellen. Diese sogenannten Segmenttests sind dazu da, die einwandfreie Funktion des Datenfeldes zu garantieren. Die Anlage kann nur nach Durchführung der Tests überhaupt in Betrieb genommen werden. Die Tests sollen insgesamt zweimal je Messstelle durchgeführt werden.

Die wichtigste reale Fehlerquelle liegt darin, dass auf dem Tatfoto zusätzliche Fahrzeuge im kritischen Bereich der Messung vorhanden sind und ggfs. deren Eigengeschwindigkeit gemessen worden sein könnte. Der kritische Messbereich liegt zwischen Messlinie und Fotopunkt, er ist über die Berechnungen oben zu überprüfen. Eine Problematik des Gerätes besteht auch darin, dass bewegte Bäume/Büsche im Hintergrund Triggersignale generieren, die zu einer Fotoauslösung führen.

5. Einseitensensor ES 3.0. Die Firma ESO stellte im September 2007 die neue Generation des Einseitensensor ES 3.0 vor. Bei diesem Messgerät ist auch der Sensor für den seitlichen Abstand geeicht, was ein spurselektives Messen auf 4-spurigen Autobahnen ebenso wie Messungen in engen Kurven ermöglicht. Die Tatfotos werden in Echtzeit im Einsatzfahrzeug angezeigt. Das Verfahren wurde durch die Möglichkeit einer bis zu vierfachen Vergrößerung der Bilder während der Messung und eine Auswertung der Falldaten im Messfahrzeug verbessert. In 2007 wurde der Einseitensensor ES3.0 von der Physikalisch-Technischen Bundesanstalt (PTB) in Braunschweig zugelassen. Die ES3.0 arbeitet vollautomatisch. Es werden weder Fahrbahnmarkierungen noch Kalibrierfotos benötigt. Jeder Messvorgang wird mit einer digitalen Signatur versehen und ist somit vor jeder Manipulation geschützt.

6. Lasermessung. Für die Geschwindigkeitsmessung mit Lasermessgeräten werden in Deutschland vorwiegend Geräte der Hersteller Riegl, Laveg und in einigen Bereichen auch Leica eingesetzt. Während bei den beiden am weitesten verbreiteten erstgenannten Geräten eine Bild-Dokumentation des Messvorganges im Normalfall nicht erfolgt, wird bei dem Leica-Messgerät der Messvorgang per Videofilm abgebildet, so dass er im Nachhinein überprüfbar ist. Technisch wäre eine Beweisfotoaufnahme bzw. -videoaufnahme auch bei den anderen Gerätetypen möglich. Von diesen technischen Möglichkeiten wird jedoch bislang kein Gebrauch gemacht. Dies erschwert die nachträgliche technische Diskussion einer Lasermessung erheblich bzw. macht sie in wesentlichen Punkten unmöglich.

Lasermessung Riegel FG 21-P. Das Messgerät ist der Laserklasse 1 zuzuordnen und damit für das menschliche Auge ungefährlich. Es funktioniert auf dem Prinzip der Messung der Übertragungszeit kurzer Infrarotlichtimpulse, die durch die Sendeoptik gebündelt als Sendesignal abgestrahlt werden. Über die Empfangsoptik gelangen die vom Ziel zum Gerät reflektierten Signale auf eine Fotodiode, die entsprechend elektrische Empfangssignale liefert. Eine Auswerteeinrichtung misst das Zeitintervall zwischen Sende- und Empfangsimpulsen, das ein Maß für die Zielentfernung ist. Auf Grund der Konstanz der Lichtgeschwindigkeit, ist auch die Zeit, die der Laser benötigt, um Lichtimpulse zu einem Ziel zu senden und von dort aus wieder zu empfangen, proportional zur Entfernung Lasergerät/Ziel. Zu Beginn einer Geschwindigkeitsmessung ermittelt das Lasergerät die Entfernung des anvisierten Messzieles (z. B. Fahrzeug) und zeigt diese Messentfernung (Angabe in m) gesondert an. Werden zwei Infrarotlichtimpulse in einem zeitlich exakt definierten Abstand auf ein sich bewegendes Ziel ausgesandt, können im Nachhinein Entfernungen, nämlich die zwischen Lasergerät und dem bewegten Objekt, berechnet werden. Die Änderung der Entfernung geteilt durch das exakt definierte Zeitintervall zwischen den beiden Infrarotimpulsen ergibt die Geschwindigkeit des bewegten Objektes. Damit ist es rein theoretisch möglich, bereits mit zwei Infrarotlichtimpulsen eine Geschwindigkeitsmessung eines bewegten Objektes durchzuführen. Das Messgerät vom Typ Riegl FG21-P ist von 30 m bis 1000 m Entfernung zugelassen. Der nominelle Wert des Messstrahldurchmessers werkseitig liegt bei 2 mrad (entspricht 0,2 m je 100 m Entfernung). Der Zielerfassungsbereich des Laserstrahls (sog. Messring) bezogen auf die Mitte der Zielmarke in der Visiereinrichtung, die eine sechsfache Vergrößerung mit spezieller Kreismarke des Zielerfassungsbereiches beinhaltet, besitzt eine Aufweitung von 5 mrad (entspricht 0,5 m je 100 m Entfernung). Der Bereich in dem sich der Laserstrahl befinden muss (bei Ausnutzung der Eichtoleranzen), liegt bei 3 mrad x 3 mrad (entspricht 0,3 m x 0,3 m je 100 m Entfernung) und befindet sich im Messring. Die Zuordnungssicherheit ist bei dem Messgerät Riegl FG21-P erst einwandfrei sichergestellt, wenn sich während des Messvorgangs nur ein Fahrzeug von einer Fahrtrichtung innerhalb des Messringes befunden hat. Dies kann aber nur durch den Messbeamten geprüft werden, so dass gerade dessen Tätigkeit eine hohe Relevanz zukommt, wenn bsp. eine Messung gerichtlich geprüft werden soll. Die Funktionstests sind einzuhalten (auf 30m-1000m).

Häufig werden Fehler infolge eines unbewussten oder bewussten Schwenken des Laserstrahls an parallel oder teilweise parallel zur Fahrtrichtung ausgerichteten Bauteilen eines Fahrzeuges oder auch die sog. Stufenprofilfehlmessung (Laserstrahl trifft gleichzeitig auf zwei ähnlich gute Reflektoren) beschrieben.

7. Radarmessung. Bei Radarmessungen wird die Geschwindigkeit des Objekts nicht unmittelbar aus der Weg-/Zeitbeziehung ermittelt, sondern aus der Veränderung eines ausgesandten und vom Fahrzeug reflektierten elektromagnetischen Signals errechnet. Zur Messwertbildung wird der nach dem Physiker Doppler genannte Effekt genutzt. Der Doppler-Effekt beschreibt die physikalische Erscheinung, dass die Wellenform (Frequenz) z. B. einer elektromagnetischen Welle bei der Reflektion an einem bewegten Objekt geändert wird. Als Reflektoren sind vorwiegend metallische Gegenstände geeignet. Nähert sich das mit einem Radar-Strahl angemessene Objekt dem Sender, so wird die reflektierte Welle verdichtet, also in ihrer Frequenz in direkter Beziehung zur Geschwindigkeit des Objekts angehoben. Bei einem sich entfernenden Objekt verringert sich die Frequenz entsprechend. Dieser Effekt kann im Alltag bei der Vorbeifahrt eines hupenden Fahrzeugs beobachtet werden. Bei der Annäherung klingt der Ton höher als zum Zeitpunkt des Passierens. Jenseits des Beobachter-Standpunkts erscheint der Hupton tiefer. Auch hier korreliert die Tonhöhe mit der Geschwindigkeit des Kfz. Bei

Radarmessungen ist die regelgerechte Ausrichtung des Gerätes von entscheidender Bedeutung für die Mess-Qualität. Hauptfehlerquellen sind Abweichungen zwischen Soll- und Ist-Winkel der Messachse des Radargerätes im Verhältnis zur Fahrachse des gemessenen Fahrzeuges sowie Reflektionen, die eine falsche Zuordnung des Messwertes zum abgebildeten Fahrzeug oder Messwertverfälschungen bewirken können. Während die zweite Fehler-Gruppe relativ selten auftritt und von aufmerksamem Messpersonal in den meisten Fällen zu erkennen ist, sind Winkelabweichungen bei der unmittelbaren Beobachtung des Messablaufs augenscheinlich nur schwer zu erfassen. Radargeräte werden typischerweise neben der Fahrbahn aufgestellt, wobei sie schräg zur Fahrbahnlängsachse ausgerichtet werden müssen, um in für die Fotodokumentation geeigneter Nähe Fahrzeuge anmessen und Fahrer abbilden zu können. Mit zunehmender Winkelabweichung von der Längsachse des Fahrzeuges verringert sich der in Achsrichtung des Messgerätes entfallende Geschwindigkeitsanteil des gemessenen Fahrzeuges. Für einen bestimmten Winkel, unter dem alleine das Radargerät exakt misst, wird daher ein Umrechnungsfaktor fest einprogrammiert. Dieser Winkel beträgt bei den Geräten der Marke Multanova 22° und bei der Marke Traffipax 20°. Abweichungen von dem Winkel-Soll-Wert können entweder durch eine falsche Aufstellung des Radargerätes, oder durch eine Abweichung der Bewegungsachse des gemessenen Fahrzeuges von der Fahrbahnlängsachse sowie durch Messungen im Kurvenbereich entstehen. Winkelfehler können durch eine fotogrammetrische Auswertung der Beweisfotografie aufgedeckt werden. Sofern diese Linie nicht durch den gleichen Schnittpunkt verläuft, muss bei einem Durchgang vor dem Schnittpunkt durch die standpunktferne Randlinie von einem Schräglauf des Fahrzeuges auf das Radargerät zu und damit auf einem möglichen Winkelfehler zu Ungunsten des Betroffenen ausgegangen werden. Ein Durchgang vor dem Schnittpunkt durch die standpunktnahe Randlinie entspricht dagegen einem Winkelfehler zu Gunsten des Betroffenen. Weitere Fehlermöglichkeiten sind sogenannte Reflektionen des Radarstrahls.

8. Geschwindigkeitsmessungen mit Drucksensoren – Piezosensoren. Die Messwertbildung erfolgt bei diesem Verfahren über die Zeitmessung fester Wegstrecken. Bei dieser Messung werden die sogenannten Piezo-Kristalle, welche druckempfindlich sind, beim Überfahren quasi beaufschlagt, dadurch entsteht eine Druckänderung und die Quarzkristalle lösen die Weg-Zeit-Geschwindigkeitsmessung aus. Der piezoelektrische Effekt wurde 1880 von den Gebrüdern Curie an natürlichen Kristallen entdeckt. Zu den damals bekannten piezoelektrischen Stoffen zählten Seignette-Salz und Turmalin. Die in den 30er Jahren unseres Jahrhunderts für die Herstellung von elektrischen Kondensatoren entwickelten ferroelektrischen Keramiken zeigen ebenfalls piezoelektrische Eigenschaften. Gezielte Forschung und Materialentwicklung führte zu den heutigen piezokeramischen Werkstoffen mit hohem Wirkungsgrad und Variationsmöglichkeiten der Materialparameter in weiten Bereichen) so zu beschreiben, dass auf einen piezoelektrischen Körper eine Kraft wirkt. Es entstehen durch die dielektrische Verschiebung Oberflächenladungen und ein elektrisches Feld baut sich auf. An aufgebrachten Elektroden kann dieses Feld als elektrische Spannung abgegriffen werden. Werden die Elektroden kurzgeschlossen, gleichen sich die Oberflächenladungen in Form eines Stromes aus. Diese Messsysteme sind aus technischer Sicht insgesamt praktisch messfehlerunauffällig. Gelegentlich treten durch elektrische Störungen oder Fahrbahnrisse Fehlimpulse auf. Diese können unter besonderen Bedingungen, die jedoch eher theoretischer Natur sind, auch bei den redundanten Einzelmessungen zu übereinstimmenden Fehlmessungen führen. Bei den Messsystemen der Marken Traffipax und Truvelo erfolgt typischerweise die Auslösung mit einer relativ eng begrenzt definierten Zeit nach dem Überfahren des letzten Sensors. Es kann daher in einem ersten Schritt anhand der Beweisfotografie überprüft werden, ob der aus der Fotografie fotogrammetrisch rückbestimmbare Überstand des Reifenaufstandspunktes (etwa vorderes Viertel des Reifenlatschs) in seiner Entfernung zum letztüberfahrenen Sensor in das Foto-Zeitfenster passt. Das Messverfahren des Hersteller AD-Elektronik nutzt diesen Effekt unmittelbar aus, indem der zuvor gemessenen Geschwindigkeit die Auslösezeit der Kamera zu Fotodokumentation so gesteuert wird, dass das Fahrzeug immer an gleicher Stelle abgebildet wird. Hier ist bei einer Untersuchung des Einzelfahrzeuges zu überprüfen, ob sich die Mitte des Vorderrades im Bereich der auf der Fahrbahn aufgebrachten Markierung befindet.

9. Video-Verfolgungsfahrten. Die unter dem Namen Police-Pilot oder ProViDa bekannten Verfahren werden im fließenden Verkehr eingesetzt. Dabei wird mit einem geeichten Messfahrzeug bei der Verfolgung eines anderen Fahrzeuges eine Wegstrecke durchfahren und die Zeit gemessen, die das Messfahrzeug für diese Wegstrecke benötigt. Es wird also eine Streckengeschwindigkeit als Weg-Zeit-Mittel gebildet. Die Messung wird mit einer Videokamera aufgezeichnet, in deren Bild neben dem verfolgten Fahrzeug auch alle wesentlichen Messparameter (Wegstrecke, Zeit, Momentangeschwindigkeit) eingeblendet werden. Um hier einen Bezug der am Messfahrzeug erhobenen Daten zum Betroffenen-Fahrzeug herzustellen, muss der Abstand der Fahrzeuge am Ende der Messung zumindest größer oder gleich gegenüber dem Messanfang sein. Eine Abstandsverringerung wirkt sich zu Ungunsten des Betroffen aus. Durch die Kopplung des geeichten elektronischen Weg-Zeit-Messgerätes mit der Videoanlage ist es möglich, Geschwindigkeitsmessungen auf verschiedene Weisen durchzuführen, die anhand einer Auswertung der Videoaufzeichnung im Nachhinein auch durch einen Sachverständigen ausgewertet werden können.

Durch die Einspiegelung der Eigengeschwindigkeit des Messfahrzeuges auf den Monitor ist es möglich, bei konstantem Abstand zum vorausfahrenden Kfz die von diesem gefahrene Geschwindigkeit festzustellen. Wird bei Beginn der Messung der Wegstreckenzähler gestartet und bei Beendigung gestoppt, wird die Messstrecke mit aufgezeichnet. Soll die Geschwindigkeit über eine bestimmte, vorher festgelegte Wegstrecke gemessen werden, wird diese Wegstrecke in den Zähler des Messgeräts eingegeben. Wenn die Geschwindigkeit des Polizeifahrzeuges dem zu messenden Fahrzeug angepasst ist, wird entweder die Zeit- oder die Wegstreckentaste betätigt. Das Messgerät beginnt danach die Zeit- und Wegmessung und bricht sie automatisch ab, wenn die zuvor eingegebene Wegstrecke erreicht ist. Der gleiche Messvorgang lässt sich auch über eine beliebige, zuvor nicht fest eingegebene Wegstrecke durchführen. Die Messung wird dann manuell beendet. Bei den oben beschriebenen Geschwindigkeits-Messmethoden im Fahrbetrieb ist ebenfalls ein konstanter oder sich während der Messung vergrößernder Abstand zwischen dem überwachten Kfz und dem Polizeifahrzeug zwingend erforderlich. Bei Erreichen eines markanten Punktes (Verkehrszeichen, Leitpfosten, Brücken usw.) durch das überwachte Fahrzeug wird die Zeittaste im Messfahrzeug betätigt und damit die Zeitmessung gestartet.

Erreicht das überwachte Fahrzeug einen zweiten markanten Punkt, wird die Zeitmessung durch Betätigung der Zeittaste beendet. Mit Hilfe der Geschwindigkeit = Weg/Zeit-Gleichung lässt sich hieraus bei bekannter Entfernung zwischen den beiden ortsfesten Punkten die mittlere Geschwindigkeit des dem Polizeifahrzeug vorausfahrenden Fahrzeuges ermitteln. Ein konstanter Abstand zwischen Kfz des Betroffenen und dem Polizei-Kfz ist dann nicht notwendig. Auch hier kann über die Videoaufzeichnung eine nachträgliche Überprüfung, insbesondere zur korrekten Lage der Auslösepunkte, erfolgen. Diese Art der Messung ist wegen möglicher Fehleinschätzungen der Positionen als fehleranfällig einzustufen.

Bei gültiger Eichung wird eine Geschwindigkeitstoleranz von 5 % angerechnet. Da die Anzeige des Eigentachos im Messfahrzeug, die in das Videobild eingeblendet wird, direkt vom Reifenumfang des Messfahrzeuges abhängt, kann dieser – sofern er zum Messzeitpunkt von den Bedingungen der Eichung/Kalibrierung ungebührlich abweicht – einen unmittelbar proportionalen Einfluss auf das Messergebnis haben. Einflusskriterien sind dabei der Luftdruck, die Profiltiefe sowie der Reifentyp (Dimensionierung). Neuere Untersuchungen der Physikalisch-Technischen Bundesanstalt (PTB-Bericht PTB-MA-61), die Reifeneinflüsse auf Geschwindigkeitsmessungen mit Video-Nachfahrsystemen behandeln, liefern einen genauen Aufschluss. Es ergibt sich hieraus, dass die Eichfehlergrenze des Gerätes bei Geschwindigkeiten zwischen 15 km/h und 300 km/h bei einem Mittelwert von minus 0,2 % lag. Die im Messbetrieb zu erwartenden Einflüsse von Reifenluftdruck und Fahrzeuggewicht auf Geschwindigkeitsmessungen werden demnach durch einen Toleranzabzug von 0,5 % zugunsten von Betroffenen hinreichend abgedeckt. Dabei war das Fehlerextremem bei einem Absenken des Reifendrucks um 1,0 bar bei einer gleichzeitigen Veränderung der Fahrzeugbeladung von ca. 250 kg ermittelt worden. Die Untersuchung der Änderung des Reifenabrollumfanges bei zunehmender Abnutzung ergab maximale Abweichungen von -0,23 % bis +0,38 %. Hierbei wurde der Effekt erkennbar, dass bei zunehmender Reifenabnutzung sich der Reifen durch Alterung gleichzeitig ausdehnt, so dass es hier zu einer weitgehenden Kompensation kommt. Insgesamt konnte festgestellt werden, dass in der Regel die Variationsbereiche der Abrollumfänge deutlich unter 1 % lagen. Die Physikalisch-Technische

Bundesanstalt (PTB) kommt zu dem Ergebnis, dass ein Toleranzabzug von 2 % die maximal möglich erscheinenden Einflüsse des Eichfehlers zuungunsten des Betroffenen großzügig abdeckt. Die im Messbetrieb zu erwartenden Einflüsse von Reifenluftdruck und Fahrzeuggewicht auf Geschwindigkeitsmessungen werden durch einen Toleranzabzug von 0,5 % zugunsten des Betroffenen abgedeckt. Für Antriebsschlupf- und Zentrifugalkräfte sind keine weiteren Abzüge zugunsten des Betroffenen zu berücksichtigen. Reifenabnutzung und Alterung sind laut PTB mit einer Berücksichtigung von 1 % ebenfalls großzügig abgedeckt. Die Summe der einzelnen Toleranzabzüge beträgt 3,5 % gegenüber dem Gesamttoleranzabzug von 5 %. Bei einem Wechsel von Winter- auf Sommerreifen muss ein zusätzlicher Fehler bis 2 % für einen Reifenwechsel berücksichtigt werden. Bei einem Wechsel von Sommer- auf Winterreifen beträgt dies nur 1 %. Laut PTB ist somit ein Wechsel von Winter- auf Sommerreifen oder auf eine andere Reifengröße nicht zu tolerieren. In diesem Fall muss eine Neueichung erfolgen. Ein Reifenwechsel innerhalb der gleichen Größe und des Typs ist jedoch unabhängig vom Reifenhersteller zulässig.

Für eine erste Sichtprüfung, die auch von einem technischen Laien durchgeführt werden kann, sind die Abbildungen des Betroffenen-Fahrzeuges zum Messbeginn und am Ende der Messung zu vergleichen. Ist das Betroffenen-Fahrzeug am Ende der Messung größer abgebildet, als zum Messbeginn, ist jedenfalls eine kritische Auswertung erforderlich. Auch muss darauf geachtet werden, ob beim Reifenwechsel von Winter- auf Sommerreifen eine Neueichung erfolgte, wenn die Grundeichung mit Winterreifen durchgeführt wurde.

10. Rotlichtüberwachung. Zur Rotlichtüberwachung werden meist Überwachungsanlagen eingesetzt, die mit zwei Induktionsschleifen-Sensoren ausgestattet sind. Die Dokumentation erfolgt im Normalfall als Front-Foto. In Fahrtrichtung wird die erste Schleife jenseits der Haltelinie, möglichst nahe zu dieser, in der Fahrbahn verlegt. Die zweite Schleife, die zur Überprüfung dienen soll, ob ggf. ein Fahrzeugführer lediglich verspätet bremste, aber noch innerhalb der Kreuzung zum Stillstand kam, wird etwa in Kreuzungsmitte verlegt. Mit Einschränkungen kann aus den Signalen beider Schleifen auch die Geschwindigkeit des gemessenen Fahrzeuges errechnet werden. Die kritische Verstoßgrenze liegt bei 1 s Rotlichtzeit. Örtlicher Bezug ist hierbei das Überfahren der Haltlinie durch das gemessene Fahrzeug. Diese Position kann jedoch normalerweise mit Schleifensensoren nicht erfasst werden, da es ansonsten fortlaufend zu Auslösungen auch bei haltenden Fahrzeugen mit entsprechendem Überstand kommen würde. Aus diesem Grunde wird üblicherweise eine Distanz von mindestens ca. 1 m, in einigen Fällen jedoch deutlich darüber, eingehalten. Die Streubreite bei Auslösungen über einer Induktionsschleife liegt je nach baulicher Ausführung der Schleife und der Fahrzeugbeschaffenheit, wie sich bei zahlreichen Versuchen zeigte, in der Größenordnung von +/- 0,5 m bezogen auf die Schleifenmitte. In seltenen Fällen kann dieser Wert auch überschritten werden. Da das Überfahren der Haltlinie maßgeblich für den Rotlichtvorwurf ist, das erste Signal jedoch erst nach entsprechender Fahrstrecke bis zur Messschleife erfolgt, muss die zwischen dem Passieren der Haltlinie und dem Messzeitpunkt liegende Strecke zeitlich abgezogen werden. Insbesondere bei langsam fahrenden Fahrzeugen kann dabei der von den Bußgeldstellen eingesetzte pauschale Toleranzabzug nicht hinreichend sein.

Die mittlere Streckengeschwindigkeit eines gemessenen Fahrzeuges kann aus den Auslösezeiten der A-Fotografie (unmittelbar hinter der Haltlinie) und der B-Fotografie (etwa in Kreuzungsmitte) nach der Weg-/Zeitformel errechnet werden. Dazu muss zumindest die Schleifendistanz, besser jedoch die tatsächliche Position des Fahrzeuges bei beiden Fotografien jenseits der Haltlinie bekannt sein. Entsprechende fotogrammetrische Auswerteverfahren stehen dem Sachverständigen zur Verfügung.

11. Abstandsüberwachung. Am weitesten verbreitet sind Brückenabstandsmessgeräte nach dem Videoverfahren (VAMA-Brückenabstandsmessverfahren). Hierbei werden zwei Videokameras, deren Signale in einem Videobild synchronisiert sind, zum einen auf den Nahbereich der überwachten Fahrbahn und zum anderen auf den Fernbereich ausgerichtet. Als Referenzmaße sind auf der zu überwachenden Fahrbahn, rückwärts gerechnet ab dem Standpunkt der Kameras Querlinien eingezeichnet. Die erste Messlinie liegt üblicherweise in einer Entfernung von 40 m bis 50 m vor dem Kamerastandort. Die zweite Messlinie liegt in einer Entfernung von 90 m bzw. 100 m (Messdistanz 50 m). Die dritte Messlinie liegt in einer Entfernung von 340 m bzw. 350 m (Messdistanz 300 m). Die erste Kamera deckt einen Bereich von 30 m bis 100 m ab. Die zweite Kamera bildet den Vorlauf der Messung auf einem Bereich zwischen 90 m und ca. 700 m (je nach tatsächlicher Sichtweite) ab. Die Messung der Abstände erfolgt durch die jeweils zeitbezogene Positionsauswertung des vorausfahrenden Fahrzeuges und des Betroffenen-Fahrzeuges.

Ebenfalls verbreitet insbesondere in Bayern und Baden Württemberg ist das *Video-Brückenabstandsmessverfahren mit Piller-Charaktergenerator,* für das ein Charaktergenerator mit Zeiteinblendung für eine Videokamera (Abstandsmessgerät) verwendet wird. Der Hersteller des Charaktergenerators ist die Firma Videoservice Piller in München. Bei dieser Messmethodik wird von einer Brücke über der Fahrbahn in schleifender Aufnahme der auflaufende Verkehr mit einer Videokamera mit leichtem Teleobjektiv aufgenommen. Die Aufzeichnung erfolgt mit 25 Vollbildern pro Sekunde. Auf einer Kopie eines derartigen Videobandes werden jeweils nur Vollbilder kopiert. Bei einer derartigen Aufzeichnung liegt die Auflösung der Farbsignale bei etwas unter 1 MHz, die Auflösung des Videosignals bei etwa 4 MHz. Des Weiteren ist festzustellen, dass die Einblendung der Zeit im Videobild über einen geeichten Zeichengenerator erfolgt. Dieser erhält ein Synchronisationssignal vom Steuergerät mit einer Taktfrequenz von 50 Hz. Dieses Signal wird mit der im Zeichengenerator ablaufenden Zeit verglichen und der Impuls auch an die Videokamera geleitet, wobei dieser Impuls maßgeblich für den Beginn der Halbbildaufnahme ist.

Fehler können bei diesem Messverfahren durch eine falsche Ablesung der Zeit bei entsprechender Passage oder Kontaktierung der Messlinie entstehen. Deshalb sollten die Zeitwerte bei einer Durchsicht des Videofilmes überprüft werden. Generell ist auf die Verkehrsfehlergrenze des geeichten Messgerätes hinzuweisen. Die videoeingeblendeten Zeitinformationen werden beim streitgegenständlichen Messverfahren durch dieses geeichte Messgerät bereitgestellt (Charaktergenerator der Fa. Piller). Gemäß Eichschein beträgt die Verkehrsfehlergrenze für die Messung der Zeitdifferenz zwischen zwei in jeweils einem Videohalbbild abgebildeten Verkehrssituationen 0,10 % der gemessenen Zeit vermehrt um 0,01 Sekunden. Um eine Benachteiligung des Betroffenen bei einer Geschwindigkeitsermittlung auszuschließen, ist die mit dem Charaktergenerator ermittelte Zeitdifferenz um den Wert der Verkehrsfehlergrenze zu vergrößern. Wichtig ist die Beantwortung der Frage, ob der Betroffenen-Pkw sowohl am Anfang der 50 m-Strecke als auch an deren Ende den gleichen Abstand einhält. Deshalb sollten die Abstände der Kfz an der 0 m-Linie und an der 50 m-Linie sowie die Durchschnittsgeschwindigkeiten von vorausfahrendem Kfz und Betroffenen-Kfz miteinander verglichen werden. Sind die Abstände nicht konstant, dann kann es bei der Durchfahrt durch die Messstrecke zu einer Geschwindigkeitsveränderung eines der beiden Fahrzeuge gekommen sein. Bereits das bloße „vom Gas Gehen" des vorausfahrenden Kfz kann für den nachfolgenden Betroffenen unmerklich (keine Bremsleuchten leuchten auf) zu einem Auflaufen auf das vorausbefindliche Kfz führen. Der Abstand ist damit am Anfang der 50 m-Strecke größer als am Ende, gleichwohl im Bußgeldbescheid nur der Abstand am Ende der Messstrecke vorgeworfen wird.

12. PoliScan-Speed der Firma Vitronic. Das Geschwindigkeitsmessgerät VITRONIC Poli Scan Speed ist für die amtliche Geschwindigkeitsüberwachung und -messung vorbeifahrender Fahrzeuge konzeptualisiert. Von der Physikalisch-Technischen Bundesanstalt (PTB) erhielt dieses Gerät die so genannte Innerstaatliche Bauartzulassung und trägt deshalb das Zulassungszeichen Z 18.11/06.01, welches das Gerät zur Eichung zulässt, da es den Anforderungen der Eichordnung entspricht. Dieses Gerät ist für einen Geschwindigkeitsmessbereich von 10 km/h bis 250 km/h in einem Entfernungsmessbereich von 10 m bis 75 m zugelassen. Das Messgerät erlaubt eine mehrspurige Fahrbahnüberwachung. Zudem können simultan Messwerte mehrerer Fahrzeuge erfasst und ausgewertet werden. Messwerte von Fahrzeugen unterschiedlicher Kategorien mit variablen Grenzgeschwindigkeiten können durch das System ebenfalls verarbeitet werden. Beim Messgerät VITRONIC PoliScan Speed betragen die Verkehrsfehlergrenzen 3 km/h bei Geschwindigkeitsmesswerten bis 100 km/h bzw. 3 % des angezeigten Messwertes bei Geschwindigkeitsmesswerten über 100 km/h.

Die Geschwindigkeitsmessanlage besteht aus einer Messeinheit mit der Lidar-Unit, zwei Digitalkameras mit Objektiven unterschiedlicher Brennweite, einer Auswerteeinheit sowie einer LCD-Anzeige an der Geräterückseite. Des Weiteren gehört zur dieser Überwachungsanlage eine Bedieneinheit in Form eines Laptops und einem oder zwei Blitzgeräten sowie entsprechendem Zubehör. Das Messprinzip beruht auf der so genannten LIDAR-Technik (LIght Detection And Ranging). Das Aussenden der Laserimpulse erfolgt bei dieser Technologie durch einen Laser, der auf einen rotierenden Würfel geleitet und an diesem reflektiert wird. Durch die Rotation des Spiegelkörpers werden die einzelnen Laserstrahlen nicht in eine einzige Richtung gesendet, sondern horizontal über den überwachten Bereich der Fahrbahn verschoben. Es findet somit ein scannen oder auch abtasten des erfassten Bereiches statt. Der überwachte Bereich erstreckt sich von 10 m bis 75 m, in einem horizontalen Messwinkel von 45 Grad. Befinden sich nun Objekte in dem überwachten Bereich, so werden die Laserimpulse an diesen diffus, bzw. am Kennzeichen direkt, gespiegelt und durch die Lidar-Unit wieder detektiert. In Abb. 2 ist die Laserreflexion an einem Fahrzeug dargestellt. Das Gerät unterscheidet zwischen statischen und dynamischen Objekten. Messwerte statischer Objekte werden nicht verfolgt. Dagegen werden Messwerte dynamischer Objekte, wie dies bspw. fahrende Fahrzeuge sind, weiterverfolgt und verarbeitet. Diese Messwerte werden in einem Entfernungsbereich von 75 m bis 20 m vor dem Messgerät, durch die Aussendung der Lichtimpulsfolge, ihrer Laufzeit und der Konstanz der Lichtgeschwindigkeit ermittelt. Messwerte stellen in diesem Zusammenhang keine einzelnen Kennwerte der Kenngröße Geschwindigkeit [km/h] dar, sondern den Abstand vom gemessenen Objekt zur Messeinheit. Diese Messwerte liegen dem Gerät als einzelne Koordinatenpunkte vor. Anzumerken ist, dass durch die exakte Kenntnis der Außendrehrichtung der einzelnen Laserstrahlen, diese in Polarkoordinatenform vorliegen. Durch Koordinatentransformation werden diese in ein gerätefestes kartesisches Koordinatensystem übertragen und nachfolgende Auswertungen vorgenommen. Durchfährt nun ein Fahrzeug den überwachten Bereich der Fahrbahn, so liefert dieses dem Messgerät, in Abhängigkeit der Situation zum Messzeitpunkt, eine bestimmte Anzahl von Messwerten. Die einzelnen Messungen werden mit einer hohen Wiederholrate von 100 Sekunde^{-1} durchgeführt. Durch das Abtasten der Fahrbahnoberfläche werden die Fahrzeuge nicht nur an der Fahrzeugfront abgetastet, sondern auch an den Fahrzeugseitenflächen. Der späteren Geschwindigkeitsberechnung werden ausschließlich Messwerte der Fahrzeugfront zugrunde gelegt. Unter Anwendung der Methoden der Modellbildung und Simulation werden aus den Objektscans geräteintern Fahrzeugmodelle erzeugt und ihnen unterschiedliche Bauformen (Pkw/Lkw) zugewiesen. Diese Objekte werden nun in einer Entfernung von 50 m bis 20 m verfolgt, ihre Messwerte gesammelt und im zuvor erwähnten Koordinatensystem abgelegt. Diese Verfolgung wird auch als Tracking bezeichnet. Tracking lässt sich im deutschen Sprachgebrauch als Spurbildung oder auch Nachführung von Objekten beschreiben. Das Tracking-Verfahren stellt das methodische Rechenverfahren (Algorithmus) und somit den Kern der Messwertverarbeitung dar. Damit lassen sich bewegte Objekte verfolgen, der Verlauf ihrer Bewegung abbilden und eine Vorhersage einer zukünftigen Position treffen. Ergo ist das Tracking eine mathematische Vorhersage der Positions- und Bewegungsinformation eines erfassten Objektes. Befinden sich mehrere Fahrzeuge im überwachten Bereich der Fahrbahn dann könnten theoretisch einige Messwerte eines bestimmten Zeitpunktes, aufgrund der Verkehrssituation, entweder nicht gewonnen oder zumindest nicht eindeutig ihrem Verursacher zugeordnet werden. In dieser Konstellation lässt das System das Objekt virtuell in seinem Koordinatensystem weiterfahren und ordnet diesem Messwerte zu einem späteren Zeitpunkt zu, sofern sich dieses noch im Erfassungsbereich befindet und detektiert werden kann. Bei sprunghafter Änderung der Bewegung eines Objektes kann es, abhängig vom Algorithmus, zum Verwerfen der Messserie führen. Allgemein werden beim VITRONIC PoliScan Speed Messserien verworfen, wenn das Tracking eine Signallücke von mehr als 15 m oder kürzer als 2 s erkennt. Als Lücke wird das fehlen erwarteter Werte bezeichnet.

Das Lidar-System erkennt im Bereich ab 75 m ein Fahrzeug. Die vom gemessenem Fahrzeug und seiner Bewegungseigenschaft abhängigen Messwerte werden im Bereich von 50 m bis 20 m im System abgelegt. Innerhalb dieser 30 m langen Messstrecke muss das Fahrzeug über eine zusammenhängende Spanne von mindestens 10 m gültige Messwerte liefern. Wird diese zusammenhängende Strecke nicht erreicht, so werden die Messwerte verworfen. Liefert dagegen das Fahrzeug über diese Strecke auswertbare Signale und wird dann innerhalb der restlichen Messstrecke von einem anderen Fahrzeug verdeckt, so muss dieses verdeckte Fahrzeug spätestens 25 m vor dem Gerät nochmals vom Lidar detektiert werden. Ist dies Aufgrund der Situation nicht möglich, werden die Messwerte der Messung geräteintern verworfen. Stellt das Gerät eine Schrägfahrt von 5 % gegenüber der Fahrbahnlängsachse fest, so werden auch diese Messwerte verworfen. Zudem wird die Geschwindigkeitsänderung, z. B. aufgrund von Beschleunigungen oder Verzögerungen, bei Ein- und Ausfahrt aus dem überwachten Bereich gemessen. Beträgt die Differenz mehr als 10 %, so wird die Messung annulliert. Des Weiteren überprüft das Gerät selbstständig die Genauigkeit der Messwertbildung. Es erfolgt also ein Vergleich, der aus den gewonnenen Messwerten errechneten Geschwindigkeitswerte, der im Bereich unterhalb von 0,6 km/h bis 100 km/h bzw. 0,6 % über 100 km/h liegt. Werden diese Toleranzen überschritten, so erfolgt ebenfalls eine Annullierung.

Entspricht die Messung eines Fahrzeuges den zuvor dargestellten Voraussetzungen, so wird im Bereich ab 20 m vor der Position des Gerätes die mittlere Geschwindigkeit des Fahrzeuges, auf Basis der im kartesischen Koordinatensystem abgelegten Messwerte, errechnet. Die Berechnung des Geschwindigkeitsmesswertes erfolgt, mit der Bewegungseigenschaft des gemessenen Fahrzeuges ermittelten Laufzeitänderung und der konstanten Lichtgeschwindigkeit. Bei Überschreitung der eingestellten Grenzgeschwindigkeit, diese wird in der Bedienungsanleitung auch als Bildauslösegrenzwert bezeichnet, wird ein entsprechendes Tatfoto ausgelöst. Die Zeitdauer der Bildauslöseverzögerung beträgt zwischen 0,01 s und maximal 0,04 s. Die Messung wird zu einem optimalen Zeitpunkt vor dem Messgerät durch eine der beiden Digitalkameras dokumentiert. Dabei können Geschwindigkeitsüberschreitungen in der festgestellten Reihenfolge, etwa zwei Bilder pro Sekunde, dokumentiert werden. Zur Dokumentation wird diejenige Kamera angesteuert, die aufgrund ihrer Brennweite das bestmögliche Tatfoto erstellen kann. Die Ermittlung der Superposition erfolgt aufgrund des im Koordinatensystem virtuell weiterfahrenden Fahrzeuges, in einem Bereich, der teilweise nicht mehr durch das Lidar überwacht wird. Um die Auswertung der Bilder zu vereinfachen, wird in das Tatfoto eine sogenannte Auswertehilfe (auch Grafikteil oder Auswerteschablone genannt) bei der Auswertung eingeblendet. Diese hat, in der errechneten Superposition des gemessenen Fahrzeuges, eine konstante Höhe von 1,0 m. Ihre Breite ist jedoch, in Abhängigkeit der reflektierenden Fahrzeugteile und der Stärke des Signals, von welchen die Messwerte stammen, variabel. Bei optimalen Bedingungen ist der Auswerterahmen Normal zur Fahrbahnlängsachse. Diesbezügliche Unstimmigkeiten sind auf eine nicht optimal ausgerichtete Messeinheit zurückzuführen. Auswirkungen auf die Genauigkeit der Geschwindigkeitsberechnung hat dies nicht, sondern nur auf die Breite und Lage des in das Tatfoto eingeblendeten Auswerterahmens. Zudem kann es bei Änderung der realen Fahrzeugbewegung im Bezug zum virtuellen Objektmodell zu einer unüblichen Einblendung des Auswerterahmens kommen, wenn diese ab 20 m vor dem Messgerät erfolgt. Stimmen die vorausberechnete Fotoposition und die Position des Auswerterahmens, so handelt es sich hierbei um ein korrektes Tracking. Ein Zuordnungsfehler ist dann auszuschließen.

Die Problematik des Messgerätes besteht darin, dass der relevante Bereich in dem gemessen wird, nämlich ein Bereich zwischen 70 und 20 m vor der Position des Messgerätes letztlich nicht dokumentiert wird. Man kann also retrospektiv nicht überprüfen, ob in diesem Bereich sich irgendwelche Spurwechsel ereignet haben und dann letztlich, nachdem das Tatfoto über ein weiterführendes Tracking etwa 10 m vor der Position des Messgerätes ausgelöst wird, sozusagen das falsche Fahrzeug dokumentiert wird, welches die Geschwindigkeitsüberschreitung gar nicht begangen hat. Untersuchungen (Buck, Smykowski: Untersuchungen zum Messgerät VITRONIC PoliScan Speed, IfoSA 2009). haben gezeigt, dass Spurwechselvorgänge rein theoretisch auf einer Wegstrecke von etwa 10-20 m bis zur Genese des Messfotos nur möglich sind, wenn Fahrzeuge im Bereich von 40 km/h schnell sind. Bei höheren Geschwindigkeiten kann dieser Fehler auch nicht theoretisch generiert werden *Buck*

Verkehrsopferhilfe 1. Allgemeines. Der Verein Verkehrsopferhilfe e.V., Wilhelmstraße 43 / 43 G, 10117 Berlin, Telefon 030/20205858, Telefax 030/20205722, leistet unter verschiedenen Voraussetzungen, die sich insbesondere aus dem Pflichtversicherungsgesetz (PflVG) ergeben, *Schadenersatz bei Kfz-Unfällen*, die sich im *Inland* (Deutschland), im *europäischen Ausland* oder im *nichteuropäischen Ausland* ereignet haben (*Lemor*, DAR 2014, 248). Die Verkehrsopferhilfe füllt sowohl die Funktion des *Entschädigungsfonds* bei Inlandsunfällen i.S.v. § 12 PflVG als auch die der *Entschädigungsstelle* bei Auslandsunfällen i.S.v. § 12 a PflVG (s. a. → *Auslandsunfall* Nr. 5) aus.

2. Einstandspflicht der Verkehrsopferhilfe. Ist bei einem *Inlandsunfall* der *Verursacher* des Verkehrsunfalls *unbekannt* geblieben (Unfallfluchtschaden; s. dazu OLG Stuttgart 14.2.2012, zfs 2013, 20, m. Anm. *Diehl*), wurde ein Unfall mit einem *nicht haftpflichtversicherten Kfz* verursacht, wurde ein Unfall *vorsätzlich* von einem Kraftfahrer verursacht, der deswegen über keinen Versicherungsschutz in der Kfz-Haftpflichtversicherung verfügt (OLG Frankfurt 23.5.1996, VersR 1997, 224), oder wurde der eintrittspflichtige Kfz-Haftpflichtversicherer *insolvent*, dann kann der durch den Unfall Geschädigte seine Ansprüche bei der Verkehrsopferhilfe geltend machen, § 12 Abs. 1 PflVG. Ausnahmsweise wird bei *Unfallfluchtschäden* im Inland i.S.v. § 12 Abs. 1 Nr. 1 PflVG nicht wie durch einen Pflichtversicherer reguliert. Dem durch eine Unfallflucht Geschädigten wird der Fahrzeugschaden grundsätzlich nicht ersetzt, sonstige Sachschäden (z. B. Kleidung, Gepäck, Ladung) nur, wenn der Schaden die Selbstbeteiligung des Geschädigten von 500 Euro übersteigt, § 12 Abs. 2 PflVG, und ein Schmerzensgeld nur gezahlt, wenn dies wegen der besonderen Schwere der Verletzungen zur Vermeidung einer groben Unbilligkeit erforderlich ist, § 12 Abs. 1 Nr. 1 PflVG, was ab einer Größenordnung von 10.000 Euro aufwärts anzunehmen ist (*Hillmann/Schneider* § 1 Rn. 268). Aufgrund gem. § 12 Abs. 1 S. 2 PflVG nur *subsidiärer Einstandspflicht* der Verkehrsopferhilfe in ihrer Eigenschaft als *Entschädigungsstelle* i.S.v. § 12 PflVG (OLG Naumburg 21.2.1997, VersR 1998, 90) sind Ansprüche des Geschädigten vorrangig z. B. bei einem solventen Fahrer oder Halter des den Unfall verursachenden Wagens sowie bei der Kranken- und Kaskoversicherung des Geschädigten sowie dessen Arbeitgeber und Sozialleistungsträgern geltend zu machen. Ferner darf kein Anspruch des Geschädigten gem. § 839 BGB wegen Amtspflichtverletzung bestehen. Ersatzansprüche gegen den Entschädigungsfonds unterliegen gem. § 12 Abs. 3 PflVG einer dreijährigen *Verjährung*, beginnend mit dem Zeitpunkt, in dem der Ersatzberechtigte von dem Schaden und den Umständen Kenntnis erlangt, aus denen sich die mögliche Geltendmachung von Ersatzansprüchen gegen den Entschädigungsfonds ergibt. Nach der Anmeldung der Ansprüche bei der Verkehrsopferhilfe ist die Verjährung der Ersatzansprüche bis zum Zugang der schriftlichen Entscheidung des Entschädigungsfonds *gehemmt*. Bei einem *Auslandsunfall im europäischen Ausland*, der sich nach dem 31.12.2002 ereignet hat, kann die Verkehrsopferhilfe als Entschädigungsstelle i.S.v. § 12a PflVG eingeschaltet werden, wenn das System der 4. KH-Richtlinie versagt (s. a. → *Auslandsunfall* Nr. 5). Erleidet ein Deutscher einen *Schaden im Ausland durch Unfallflucht* des Schadensverursachers, dann leistet die Verkehrsopferhilfe Schadenersatz, wenn in dem Staat, in dem sich der Unfall ereignet hat, eine entsprechende Einrichtung besteht, die den Angehörigen dieses Staates Ersatz leisten würde, Deutschen aber keinen Ersatz leistet, § 14 Nr. 1 PflVG. *Leistungen an ausländische Staatsangehörige* erbringt die Verkehrsopferhilfe ebenso nur bei *Gegenseitigkeit* mit ausländischen *Garantiefonds*, wenn dem nicht Verträge der Bundesrepublik Deutschland mit anderen Staaten entgegenstehen, § 14 Nr. 2 PflVG.

3. Anzuwendendes Recht. Maßgeblich ist *grundsätzlich* das Schadensersatzrecht, welches für den Unfallort gilt (*Tatortrecht*; BGH 23.11.1971, VersR 1972, 255; BGH 7.7.1992, NJW 1992, 3091), Art. 40 EGBGB, wenn nicht ausnahmsweise die Unfallbeteiligten ihren gewöhnlichen Aufenthalt gemeinsam in einem anderen Staat haben oder eine wesentlich engere Verbindung der Unfallbeteiligten zum Recht eines anderen Staates als das des Unfallortes besteht (BGH 7.7.1992, NJW 1992, 3091; *Rehm* DAR 2001, 531), Art. 40 Abs. 2, 41 Abs. 1 EGBGB. Jedenfalls ist das am Unfallort gültige Straßenverkehrsrecht für das Verhalten der Unfallbeteiligten im Straßenverkehr maßgeblich (BGH 23.1.1996, NZV 1996, 272; s. a. → *Auslandsunfall* Nr. 3).

4. Außergerichtliche Regulierung. Bei Eintrittspflicht der Verkehrsopferhilfe beauftragt diese eine deutsche Versicherungsgesellschaft mit der Durchführung der Schadenregulierung wie ein Pflichtversicherer, mithin bis zur Höhe der Mindestversicherungssummen (Ausnahme: Unfallfluchtschäden, s. o., s. a. → *Deckungssummen in Europa*).

5. Gerichtliche Geltendmachung. Ist der Geschädigte mit der angebotenen Schadenersatzleistung nicht einverstanden, kann er seine Ansprüche gegen die Verkehrsopferhilfe gerichtlich geltend machen. Wurde die Verkehrsopferhilfe als Entschädigungsfonds i.S.v. § 12 PflVG tätig, dann kann erst nach erfolgloser Durchführung eines Schiedsverfahrens Klage gegen die Verkehrsopferhilfe erhoben werden, vgl. § 14 Nr. 3 PflVG. Sowohl bei Schadensfällen nach § 12 PflVG (Inlandsunfall) als auch bei solchen nach § 12a PflVG (Auslandsunfall) ist die Verkehrsopferhilfe *passivlegitimiert*, und nicht der inländische Schadensregulierungsbeauftragte. Es muss nicht am *Gerichtsstand* der Verkehrsopferhilfe geklagt werden. Bei In-

landsunfällen findet auch § 32 ZPO Anwendung, so dass am Gerichtsstand der unerlaubten Handlung, also am Gericht des Unfallortes, Klage erhoben werden kann. Auch bei Auslandsunfällen kommt eine Klage gegen die Verkehrsopferhilfe in ihrer Eigenschaft als Entschädigungsstelle in Betracht (*Lemor/Becker* DAR 2004, 677), dann jedoch nur am Sitz der Verkehrsopferhilfe (allgemeiner Gerichtsstand). Am Wohnsitz des Geschädigten kann nur der ausländische Versicherer bei Bestehen eines gegen diesen gerichteten Direktanspruch verklagt werden (BGH 6.5.2008, DAR 2008, 466; EuGH 13.12.2007, DAR 2008, 17; OLG München 18.1.2008, DAR 2008, 590; s. a. → *Auslandsunfall* Nr. 6).
www.verkehrsopferhilfe.de
www.grüne-karte.de/Merkblatt20082007-Version-09062008.pdf *Geiger*

Verkehrsopferhilfe → Nachhaftung

Verkehrspsychologische Beratung bis 30.4.2014

Wichtiger Hinweis zur Gesetzesgültigkeit: Die nach der Punktereform seit dem 1.5.2014 geltende Rechtslage ist im Stichwort → *Fahreignungsregister* beschrieben. Dieser Artikel dagegen behandelt die noch bis zum 30.4.2014 geltende alte Rechtslage. Aufgrund der meist langen Dauer von Verwaltungsprozessen werden die Altregelungen auch noch zum Zeitpunkt des Erscheinens dieses Lexikons von Bedeutung sein können.

1. **Allgemeines.** Im Rahmen des als Stufensystem aufgebauten Maßnahmenkatalogs (→ *Punktsystem* Nr. 3) kann der Führerscheininhaber freiwillig an einer verkehrspsychologischen Beratung teilnehmen. Der Teilnehmer soll durch Einzelgespräche (und erforderlichenfalls mit Hilfe einer Fahrprobe) veranlasst werden, Mängel in seiner Einstellung zum Straßenverkehr und im verkehrssicheren Verhalten zu erkennen und die Bereitschaft entwickeln, diese Mängel abzubauen (§ 4 Abs. 9 StVG, § 38 FeV).
2. **Durchführung.** Die verkehrspsychologische Beratung darf nur von einer Person durchgeführt werden, die hierfür amtlich anerkannt ist und folgende Voraussetzungen erfüllt: persönliche Zuverlässigkeit, Abschluss eines Hochschulstudiums als Diplom-Psychologe sowie Nachweis einer Ausbildung und von Erfahrungen in der Verkehrspsychologie.

3. **Teilnahmebescheinigung.** Das Ergebnis der verkehrspsychologischen Beratung ist nur für den Teilnehmer bestimmt und nur diesem mitzuteilen, er erhält aber nach Abschluss der Beratung eine Teilnahmebescheinigung zur Vorlage bei der Fahrerlaubnisbehörde. Bei freiwilliger Teilnahme hat die Vorlage innerhalb von drei Monaten nach Abschluss des Seminars zu erfolgen, um in den Genuss eines Punkteabbaus kommen zu können (→ *Punktsystem* Nr. 4). *Langer*

verkehrspsychologische Beratung → Fahrerlaubniserwerb Nr. 6

Verkehrssicherheit des Fahrzeugs → Fuhrparküberwachung, → Pflichten des Fahrzeugführers

Verkehrssicherungspflicht → Beweis des ersten Anscheins, → Dachlawinenschaden, → Unterhaltung von Verkehrszeichen Nr. 1

Verkehrsstauungen → Fußgängerüberweg Nr. 2 c)

Verkehrsstrafverfahren → Gefährdung des Straßenverkehrs (§ 315 c StGB), → Gefährlicher Eingriff in den Straßenverkehr (§ 315 b StGB), → Trunkenheit im Verkehr

Verkehrsstrafverfahren 1. **Allgemeines.** Der Begriff V. ist gesetzlich nicht definiert. Er ist dennoch gängig, zumal Staatsanwaltschaften und Gerichte Strafverfahren, denen eine Verkehrsstrafsache zugrunde liegt, vielfach besonderen Abteilungen oder Spruchkörpern zuweisen. Was eine Verkehrsstrafsache ist, regelt dabei die interne Geschäftsverteilung der jeweiligen Staatsanwaltschaft oder des jeweiligen Gerichts. Große Staatsanwaltschaften und großstädtische Amtsgerichte unterhalten in der Regel eine Abteilung für „Verkehrsstrafsachen". Mancherorts kümmern sich statt Staatsanwälten so genannte Amtsanwälte bzw. Amtsanwaltschaften um Verkehrsdelikte. Größere Landgerichte weisen vielfach Berufungsverfahren in Verkehrsstrafsachen bestimmten Strafkammern zu. Ebenso können Revisionsverfahren in Verkehrsstrafsachen bestimmten Senaten des Revisionsgerichts zugewiesen sein.
2. Als V. werden in der Regel Verfahren geführt, in denen es um folgende Delikte geht:
a) *Verkehrsdelikte im engeren Sinne*, nämlich die nur durch Teilnahme am Straßenverkehr verwirklicht werden können. Das sind namentlich

die in § 69 Abs. 2 Nr. 1 bis 3 StGB aufgezählten Straftaten, dazu die §§ 315 b und 316 a StGB, § 6 PflVG, ferner §§ 21 Abs. 1 und 2, 22 Absatz 2 StVG.
b) Andere Straftaten, wenn sie von Verkehrsteilnehmern anlässlich des Straßenverkehrs begangen werden. Man mag sie als *Verkehrsstraftaten im weiteren Sinne* bezeichnen, da die Tatbestände auch außerhalb des Straßenverkehrs verwirklicht werden können. Hierher gehören in der Praxis namentlich → *fahrlässige Tötung*, → *fahrlässige Körperverletzung*, → *Nötigung*, → *Beleidigung*, → *Widerstand gegen Vollstreckungsbeamte* und → *Sachbeschädigung*.
3. In V. haben sich einige → Besonderheiten des V. herausgebildet, deren Kenntnis insbesondere dem Anwalt hilfreich ist, gleich ob er als Verteidiger, Vertreter der → Nebenklage oder als Bevollmächtigter einer Versicherung agiert.
Siehe auch → *Besonderheiten des Verkehrsstrafverfahrens*
Weder

Verkehrsüberwachung durch Private 1. Allgemeines. Auch wenn die Durchführung von Verkehrskontrollen dem Staat wie auch den Kommunen jedes Jahr Einnahmen in Milliardenhöhe beschert, so darf dies doch nicht darüber hinwegtäuschen, dass Sinn und Zweck der Überwachung des Verkehrs vorrangig in der Durchsetzung des Straßenverkehrsrechts und damit vor allem in der Erhöhung der Verkehrssicherheit besteht. Da es in der Praxis vielfach Geschwindigkeitsüberschreitungen sind, die die Ursache von Verkehrsunfällen darstellen, besteht ein nachhaltiges Interesse des Staates wie auch der Allgemeinheit, zum Zwecke des Schutzes von Leib und Leben aller Bürger – auch der nicht motorisierten – die Einhaltung von Geschwindigkeitsbeschränkungen zu überwachen und durchzusetzen und damit letztlich die Verkehrsdisziplin aufrechtzuerhalten und dauerhaft zu sichern. Demgegenüber dient die Parküberwachung vorrangig der Durchsetzung der Verkehrsordnung, insbesondere mit Blick darauf, dass mit Hilfe der Begrenzung der Parkdauer der Bevölkerung eine hinreichende Anzahl von Parkplätzen zur Verfügung gestellt werden soll. Auf diese Weise sollen sowohl die Sicherheit und Leichtigkeit des Straßenverkehrs gewährleistet als auch die Verkehrsdisziplin zum Schutz der Bürger dauerhaft aufrechterhalten werden.
Um die Polizei- und Ordnungsbehörden von den teilweise zeitaufwendigen, indes keine polizeispezifischen Kenntnisse erfordernden Aufgaben der Verkehrsüberwachung zu entlasten und die Beamten damit für Tätigkeiten einsetzen zu können, die ihrer Ausbildung angemessen und gewissermaßen „polizeinäher" sind, ist seit den neunziger Jahren die Privatisierung der Verkehrsüberwachung in der Diskussion. In diesem Zusammenhang spielt das Kostenargument eine entscheidende Rolle, da im Rahmen der Verkehrsüberwachung eingesetzte Arbeitskräfte, die nicht dem Polizeidienst entstammen, im Regelfall weniger kostenintensiv sind. Zudem sind private Unternehmen in der Lage, die für die Verkehrsüberwachung erforderlichen technischen Hilfsmittel zur Verfügung zu stellen, so dass die Gemeinden von den damit verbundenen erheblichen Anschaffungskosten entlastet werden können.
Auf der anderen Seite werden Vorbehalte gegen die Verkehrsüberwachung durch Private vor allem mit Blick auf die Ausrichtung der Tätigkeit zur Durchsetzung des Straßenverkehrsrechts und zur Erhöhung der Verkehrssicherheit gemacht. So könnte bei der Wahrnehmung der hoheitlichen Aufgaben vielmehr die Profit- oder Provisionsmaximierung im Vordergrund stehen. Dies führe sodann etwa zu Geschwindigkeitsmessungen mit unseriösen Methoden. Nicht zuletzt diese, vor allem aber verfassungsrechtliche Bedenken haben bisher die Normierung der Möglichkeit der Verkehrsüberwachung durch Private verhindert, obwohl bereits am 3.5.1996 in einem Beschluss der Ständigen Konferenz der Innenminister und -senatoren der Länder eine derartige Änderung des Straßenverkehrsgesetzes zumindest mit Blick auf den ruhenden Verkehr gefordert wurde (Beschlussprotokoll vom 3.5.1996, SIK 21/25 – Top 15.6).
2. Der einfachrechtliche Rahmen. Ein Aspekt der Privatisierungsdiskussion ist die Frage, ob Maßnahmen der Verkehrsüberwachung in der präventiven Sphäre des Polizeirechts oder in der repressiven Sphäre des Ordnungswidrigkeitenrechts zu verorten sind (vgl. dazu und zum Folgenden *Nitz* NZV 1998, 11 [12 f.]). Bedeutsam ist dies deshalb, weil verschiedene Polizeigesetze der Länder – u. a. § 83 SOG LSA, § 29 HHSOG und § 95 NdsSOG – die Möglichkeit einer Beleihung Privater als Hilfspolizisten vorsehen, das Ordnungswidrigkeitenrecht hingegen diese Option nicht kennt. Mit Blick auf die insoweit erforderliche Abgrenzung gilt es daher, auf den Zweck der Maßnahme bzw. bei doppelfunktionalem Handeln auf den Schwerpunkt der Maßnahme abzustellen. Von Bedeutung ist insoweit, dass sowohl die

Parkraumüberwachung als auch die Geschwindigkeitsmessung auf die Feststellung eines Verkehrsverstoßes und damit auf die Durchführung eines Ordnungswidrigkeitenverfahrens abzielen. Sie sind somit der repressiven Sphäre des Rechts der Ordnungswidrigkeiten zuzuordnen.

Eine an sich auch denkbare Differenzierung zwischen dem Aufstellen der Messgeräte bzw. der Überwachung des Parkraums einerseits, was zunächst ohne Anfangsverdacht erfolgt und aus diesem Grund dem präventiven Bereich zuzurechnen wäre, und der anschließenden Messung und Registrierung der Geschwindigkeitsüberschreitung bzw. der Aufnahme des Parkverstoßes als dem repressiven Bereich zuzurechnende Maßnahmen andererseits würde hingegen zu einer unnatürlichen Aufspaltung eines einheitlichen Geschehensablaufes und zu rechtlichen Folgeproblemen wie etwa unterschiedliche Zuständigkeiten führen (vgl. dazu und zum Folgenden *Nitz* NZV 1998, 11 [12 f.]). Zudem spricht gegen die Annahme einer präventiven Maßnahme, dass durch die Installation der Messanlage selbst keine konkrete Gefahr abgewehrt oder dieser vorgebeugt werden kann; vielmehr stellt die Installation der Messanlage lediglich eine Vorbereitungshandlung für ein Ordnungswidrigkeitenverfahren nach §§ 35 ff. OWiG dar. Dies folgt nicht zuletzt aus der Tatsache, dass sich der präventive Effekt in den genannten Fällen regelmäßig erst aus der Verfolgung und Ahndung der Verkehrsverstöße, mithin aus dem repressiven Verfahren ergibt. Daran wird deutlich, dass die in verschiedenen Landesgesetzen vorgesehene Möglichkeit der Beleihung von Hilfspolizisten eine Übertragung der Verkehrsüberwachung auf Private nicht trägt.

Die Zuständigkeit bei der Ermittlung, Verfolgung und Ahndung der vorliegend in Frage stehenden Verkehrsverstöße folgt vielmehr aus § 26 Abs. 1 StVG. Danach ist bei Verkehrsordnungswidrigkeiten nach § 24 StVG und bei Ordnungswidrigkeiten nach §§ 24 a, 24 c StVG, mithin bei bestimmten Alkoholdelikten, die zuständige Verwaltungsbehörde i. S. von § 36 Abs. 1 Nr. 1 OWiG die Behörde oder Dienststelle der Polizei, die von der Landesregierung durch Rechtsverordnung näher bestimmt wird. Auf dieser Grundlage haben die Länder die Zuständigkeit für die Verfolgung und Ahndung von Verkehrsordnungswidrigkeiten der Polizei übertragen. Daneben wird regelmäßig den Gemeinden als Ordnungsbehörden im übertragenen Wirkungskreis die Befugnis für die Verfolgung und Ahndung geringfügiger Ordnungswidrigkeiten (§ 56 Abs. 1 OWiG) nach § 24 StVG eingeräumt, die im ruhenden Verkehr festgestellt werden oder soweit diese Verstöße die Vorschriften über die zulässige Höchstgeschwindigkeit von Fahrzeugen betreffen (vgl. exemplarisch dafür die Regelung in der Thüringer Verordnung über Zuständigkeiten für die Verfolgung und Ahndung von Verkehrsordnungswidrigkeiten vom 21.4. 1998, GVBl. S. 149). Indes ist die Übertragung der den Behörden obliegenden Aufgaben auf Private im Gesetz und in der Verordnung weder geregelt noch vorgesehen. Daher besteht Einigkeit in der Rechtsprechung und Literatur, dass auf der Grundlage der derzeitigen Gesetzeslage eine Privatisierung der Verkehrsüberwachung insbesondere durch die Gemeinden nicht in Betracht kommen kann (vgl. aus der Rechtsprechung nur OLG Frankfurt 10.5. 1995, 2 Ws (B) 210/95, NJW 1995, 2570; BayObLG 5.3.1997, 1 ObOWi 785/96, DAR 1997, 206 m. Anm. von *Ludovisy*; BayObLG 11.7.1997, 1 ObOWi 282/97, NJW 1997, 3454; AG Berlin-Tiergarten 24.4. 1996, 304a OWi 467/96, NStZ-RR 1996, 277; AG Alsfeld 6.2.1995, 15 Js OWi 88543/94, NJW 1995, 335; siehe auch *Brenner* SVR 2011, 129 [129 f.]).

3. Verfassungsrechtliche Grenzen der Privatisierung. Einer Privatisierung der Verkehrsüberwachung sind darüber hinaus auch durch das Verfassungsrecht Grenzen gesetzt.

a) Art. 33 Abs. 4 GG. Soweit Verletzungen von Verhaltensgeboten in Rede stehen, wie beispielsweise bei einem Verstoß gegen Park- oder Geschwindigkeitsvorschriften, handelt es sich um sanktionsbewehrte Ordnungswidrigkeiten i. S. des OWiG. Die Bestimmungen des Ordnungswidrigkeitenrechts werden aber vom Gesamtkomplex der Wahrung der öffentlichen Sicherheit umfasst, so dass sie zum Kernbereich der originären Staatsaufgaben gehören. Nicht zuletzt das Rechtsstaatsprinzip verlangt vom Staat, dass er für die Abwehr von Gefahren und die Gewährleistung der öffentlichen Sicherheit, mithin für die Durchsetzung der Rechtsordnung kraft seines Gewaltmonopols eintritt (vgl. *Rebler* SVR 2011, 1 [3]; *Scholz* NJW 1997, 14 [15]; *Steegmann* NJW 1997, 2157 [2158]). Die Wahrnehmung solcher genuiner Staatsaufgaben ist indes nach Art. 33 Abs. 4 GG in der Regel dem öffentlichen Dienst vorbehalten, dessen Angehörige in einem öffentlich-rechtlichen Dienst- und Treueverhältnis stehen. Hierin manifestiert sich eine grundsätzliche Skepsis des Grundgesetzes gegenüber Privatisierungen, die nicht zuletzt auch durch die Erwartung getragen ist, dass die Beamten aufgrund ihrer abgesicherten Rechtsstellung ein erhöhtes Maß an Unabhängigkeit und Sachkunde an den Tag legen (*Brenner* SVR 2011, 129 [130]; *Nitz* NZV 1998, 11 [15]) – was gerade im Hinblick auf die Wahrnehmung von Aufgaben, die auf die Wahrung der öffentlichen Sicherheit gerichtet sind, von besonderer Bedeutung ist. So ist in diesem sensiblen Bereich die Aufgabenprivatisierung, mithin die vollständige Übertragung einer staatlichen Aufgabe auf eigenverantwortlich handelnde Private, grundsätzlich ausgeschlossen (*Scholz* NJW 1997, 14 [15]). Möglich bleibt aber die rein organisationsmäßige Privatisierung namentlich im Wege der Beleihung (vgl. dazu unten Nr. 4; a. A. *Steegmann* NJW 1997, 2157 [2158 f.]).

Darüber hinaus ist insoweit auch zu berücksichtigen, dass die Ahndung von Verkehrsordnungswidrigkeiten durch eine Verwarnung oder einen Bußgeldbescheid erfolgt. Ein solcher, den Bürger sanktionierender, mithin belastender Eingriff muss indes dem Staat vorbehalten bleiben. Der Eingriff bzw. die den Einzelnen belastende Maßnahme besteht auch und gerade bereits in der Aufnahme des Verkehrsverstoßes. Da es ohne diese Vorfeldmaßnahme nicht zu einem Ordnungswidrigkeitenverfahren kommen würde, wird deutlich, dass der Staat auch insoweit seine Zuständigkeit nicht aus der Hand geben darf (vgl. dazu auch BayObLG 11.7.1997, 1 ObOWi 282/97, NJW 1997, 3454).

Dieser Ansicht kann freilich nicht entgegengehalten werden, dass die den Bürger belastende und in dessen Rechte eingreifende Maßnahme nicht die jeweilige Vorfeldmaßnahme darstelle, sondern erst der nachfolgende und hierauf beruhende Bußgeldbescheid bzw. die Verwarnung; dieser werde indes nicht durch ein privates Unternehmen vorgenommen. Die damit verbundene Aufspaltung der Verkehrsüberwachung in zwei Teile, nämlich die Ermittlung des Tatbestandes, die durch einen Privaten erfolgt, und die anschließende Ahndung durch die Behörde, die erst eine Maßnahme mit Eingriffscharakter darstellt, führt nämlich zu einer künstlichen Differenzierung eines einheitlichen Lebensvorgangs mit erheblichen rechtlichen Folgeproblemen (vgl. zu einer ähnlichen Aufspaltung oben Nr. 2; siehe auch *Brenner* SVR 2011, 129 [130]; *Steegmann* NJW 1997, 2157 [2157]).

Für eine privatisierungsfreundliche Sicht lässt sich aber das Art. 33 Abs. 4 GG innewohnende Regel-Ausnahme-Verhältnis ins Feld führen. Danach kann eine Übertragung bestimmter Aufgaben auf nichtverbeamtete Personen jedenfalls grundsätzlich durchaus in Betracht kommen (vgl. dazu und zum Folgenden *Nitz* NZV 1998, 11 [15]; siehe auch *Rebler* SVR 2011, 1 [3]). Dabei ist bei der Prüfung der Frage, ob ein Ausnahmetatbestand vorliegt, auf die Grundrechtsrelevanz abzustellen. Und insoweit ist von Bedeutung, dass die Verkehrsüberwachung im Verhältnis zur Ahndung eines Verkehrsverstoßes eine unwesentliche Tätigkeit darstellt, nicht zuletzt deshalb, weil die privaten Unternehmen Ort und Zeit der Tätigkeit durch die zuständigen Behörden genau vorgegeben bekommen, so dass sie faktisch nur eine untergeordnete, eine gewissermaßen dienende Rolle spielen. Die letztlich erst über Eingriffscharakter verfügende Ahndung des Verstoßes nimmt stets die öffentliche Hand selbst vor.

Dementsprechend hat das OLG Oldenburg auch den Einsatz von auf privatrechtlicher Basis bei der Verwaltungsbehörde angestellten Personen bei der Geschwindigkeitsmessung für rechtmäßig erklärt (vgl. dazu und zum Folgenden OLG Oldenburg 11.3.2009, 2 SsBs 42/09 – zitiert nach juris). Danach stellt Art. 33 Abs. 4 GG lediglich ein Regel-Ausnahme-Verhältnis auf, so dass Ausnahmen vom Funktionsvorbehalt rechtmäßig sind, wenn ein rechtfertigender Grund vorliegt und sie verhältnismäßig ausgestaltet wurden. So soll durch den Einsatz der privatrechtlich Angestellten die für derartige Aufgaben überqualifizierte Vollzugspolizei personell entlastet werden. Zudem besteht bei Angestellten der Verwaltungsbehörden angesichts der fehlenden wirtschaftlichen Interessen ein deutlich geringeres Gefährdungspotential für die Rechte des Einzelnen sowie für den das Ordnungswidrigkeitenrecht beherrschenden Opportunitätsgrundsatz. Daher steht dem Einsatz von privatrechtlich angestellten Personen bei der Geschwindigkeitsmessung auch nicht der Telos des Art. 33 Abs. 4 GG entgegen, wonach über die pflichtengebundenen Beamten eine rechtsstaatliche und unparteiische öffentliche Verwaltung gesichert werden soll (Maunz/Dürig/*Badura* GG Art. 33 Rn. 2).

Vor dem Hintergrund der Vorgaben des Art. 33 Abs. 4 GG ergibt sich somit abschließend, dass die Geschwindigkeitsmessung oder die Wahrnehmung sonstiger hoheitlicher Tätigkeiten (z. B. die Ermittlung von Halt- und

Parkverstößen) durch Privatpersonen nur dann zulässig ist, wenn sie die Befugnis zur eigenverantwortlichen und selbständigen Wahrnehmung der mit der Verkehrsüberwachung im Zusammenhang stehenden hoheitlichen Kompetenzen im Wege der Beleihung übertragen bekommen haben (OLG Oldenburg 11.3.2009, 2 SsBs 42/09 – zitiert nach juris) oder die Behörde weiterhin Herrin des Verfahrens bleibt (dazu und zum Folgenden BayObLG 5.3.1997, 1 ObOWi 785/96, DAR 1997, 206 [206 f.] m. Anm. von *Ludovisy*; KG 23.10.1996, 2 Ss 171/96 – 3 Ws (B) 406/96, DAR 1996, 504; *Boujong/Lampe* Karlsruher Kommentar zum OWiG § 46 Rn. 18). In diesem Fall genügt allerdings das bloße Direktionsrecht der Behörde gegenüber der Privatperson und die Bestimmung von Ort, Zeit, Dauer und Häufigkeit der Messungen nicht. Vielmehr muss sichergestellt sein, dass die Durchführung der Geschwindigkeitskontrollen von Beamten oder Angestellten überwacht und ggf. leitend eingegriffen wird.

b) Art. 92 GG. Vereinzelt wird auch Art. 92 GG als Grenze der Privatisierung herangezogen (vgl. dazu und zum Folgenden *Scholz* NJW 1997, 14 [16 f.]; siehe auch *Rebler* SVR 2011, 1 [3 f.]; *Nitz* NZV 1998, 11 [14]; differenzierter *Steegmann* NJW 1997, 2157 [2158]). Art. 92 GG sieht einen absoluten Staatsvorbehalt für Aufgaben der Rechtsprechung vor, wozu auch die Strafgerichtsbarkeit zählt. Zwar obliegt es dabei dem Gesetzgeber, den Gehalt und den Umfang der Materie des Strafrechts zu bestimmen. Doch ist zur Bestimmung der Reichweite des Art. 92 GG zwischen dem materiellen Strafrecht und dem Recht der Ordnungswidrigkeiten zu unterscheiden, da allein der Kernbereich des Strafrechts, insbesondere nur die Ahndung von Straftaten, dem absoluten Staatsvorbehalt des Art. 92 GG unterliegt. Dagegen hat das BVerfG (BVerfG 6.6.1967, 2 BvR 375/60, 2 BvR 53/60, 2 BvR 18/65, BVerfGE 22, 49 [81]) stets betont, dass das Ordnungswidrigkeitenrecht zum Verwaltungsunrecht zählt und daher gerade nicht unter den Vorbehalt zu subsumieren ist. Zu einem anderen Ergebnis führt auch nicht die Regelung in § 53 Abs. 1 S. 2 OWiG, wonach die Behörden bei der Erforschung von Ordnungswidrigkeiten grundsätzlich dieselben Rechte und Pflichten haben wie bei der Verfolgung von Straftaten. Durch diese Bestimmung wird nicht zum Ausdruck gebracht, dass die Verfolgung von Ordnungswidrigkeiten doch dem Bereich des Strafrechts zuzurechnen ist. Vielmehr werden den Behörden im Bereich des Verwaltungsunrechts die Befugnisse eingeräumt, die ihnen auch bei der Strafverfolgung übertragen sind. Da das Bußgeldverfahren somit kein Strafverfahren ist (so BVerfG 14.10.1958, 1 BvR 510/52, BVerfGE 8, 197 [207 f.]; BVerfG 6.6.1967, 2 BvR 375/60, 2 BvR 53/60, 2 BvR 18/65, BVerfGE 22, 49 [79]), stellt Art. 92 GG jedenfalls kein Hindernis für eine Privatisierung der Verkehrsüberwachung dar.

4. Gestaltungsoptionen für eine Verkehrsüberwachung durch Private. Zwar ist die Privatisierung der zwingend dem Staat vorbehaltenen Aufgabe der Gewährleistung der öffentlichen Sicherheit nicht möglich, doch schließt dies nicht die Überführung organisatorischer Verantwortlichkeiten in privatrechtliche Form aus (vgl. dazu auch *Scholz* NJW 1997, 14 [15 ff.]). Eine derartige Organisationsprivatisierung kommt dabei namentlich in Wege der Beleihung oder der Verwaltungshilfe in Betracht. Zu denken ist dabei aber auch an andere Möglichkeiten der Einbeziehung Privater in die Verkehrsüberwachung wie den Einsatz Privater als staatlich beauftragte Anzeiger und der Weg über das Arbeitnehmerüberlassungsgesetz.

a) Private als „staatlich beauftragte Anzeiger". Die Überlegung, Private gewissermaßen als „professionelle Anzeiger" (so *Nitz* NZV 1998, 11 [13]) zu betrachten, findet ihre Rechtfertigung letztlich darin, dass jeder Bürger das Recht hat, Straftaten und Ordnungswidrigkeiten anzuzeigen. Indes ist bei der Beauftragung von privaten Unternehmen zu beachten, dass diese im Gegensatz zu „normalen" Bürgern nur gegen Entgelt und berufsmäßig tätig werden. Damit steht bei diesen regelmäßig ein finanzielles Eigeninteresse im Vordergrund, nicht aber die Durchsetzung der Rechtsordnung. Zudem wird die Anzeige eines Bürgers von der zuständigen Stelle aufgrund des aus §§ 47 Abs. 1 S. 1, 53 Abs. 1 S. 1 OWiG folgenden Opportunitätsgrundsatzes zunächst einer Überprüfung unterzogen, während bei der Konstruktion des Privaten als staatlich beauftragten Anzeigers die Feststellungen von privaten Unternehmen von der Behörde unbesehen übernommen werden soll. Danach habe die zuständige Behörde auf der Grundlage der von einem privaten Unternehmen ermittelten Daten ohne erneute Überprüfung des Sachverhalts das Verwarnungsgeld oder eine Geldbuße zu verhängen (vgl. dazu den der Entscheidung AG Berlin-Tiergarten 24.4.1996, 304a OWi 467/96, NStZ-RR 1996, 277 zugrundeliegenden Sachverhalt).

Daraus wird auch der wesentliche Einwand gegen eine derartige Konstruktion ersichtlich. Denn da bereits die Ermittlung des Sachverhalts als solche zum Ordnungswidrigkeitenverfahren gehört und nach pflichtgemäßem Ermessen zu erfolgen hat, die zuständige Behörde mithin verpflichtet ist, nicht nur bei Verhängung eines Bußgeldbescheides oder bei Erhebung eines Verwarnungsgeldes das ihr zustehende Ermessen rechtsfehlerfrei auszuüben, sondern auch den Sachverhalt ermessensfehlerfrei zu ermitteln, verstößt das Modell des staatlich beauftragten Anzeigers bereits gegen die das Ordnungswidrigkeitenverfahren prägenden Grundsätze, letztlich gegen die Vorgaben des OWiG. Sofern die Tätigkeit der staatlich beauftragten Anzeiger aber an den Vorgaben des OWiG ausgerichtet werden würde, wären die Behörden nach Eingang einer Anzeige zur ermessensfehlerfreien Ermittlung der Umstände verpflichtet, so dass letztlich der mit der Übertragung der Verkehrsüberwachung auf Private verfolgte Zweck nicht erreicht wird. So würden die Behörden nicht entlastet und deren Tätigkeit nicht effektuiert, sondern es würde vielmehr eine überflüssige weitere Instanz zur Überwachung des Verkehrsraums eingeschaltet werden. Die Konstruktion Privater als staatlich beauftragter Anzeiger ist daher weder aus rechtlicher noch aus praktischer Sicht tragfähig (vgl. zum Ganzen ausführlich *Brenner* SVR 2011, 129 [130 f.]; *Nitz* NZV 1998, 11 [13]; siehe auch *Rebler* SVR 2011, 1 [4 f.]).

b) Arbeitnehmerüberlassungsgesetz. Eine weitere Möglichkeit, die Zulässigkeit der Verkehrsüberwachung durch private Unternehmen herzuleiten, besteht in der Anwendung des Arbeitnehmerüberlassungsgesetzes (AÜG). Dabei leihen sich die Gemeinden von Privatfirmen Personal aus, wobei die Leiharbeiter physisch-räumlich und organisatorisch in die betreffende (Gemeinde-)Verwaltung integriert werden und deren Leiter unterstellt sein müssen. Die Gemeinde muss mit anderen Worten stets und umfassend „Herrin" des Ordnungswidrigkeitenverfahrens bleiben. Da indes das AÜG strenge Anforderungen an die Ausgestaltung des Leiharbeitnehmerverhältnisses stellt, die Leiharbeitnehmer zudem lediglich unterstützend tätig werden können, weil die Verantwortung und die Ermessensausübung stets bei den Behördenmitarbeitern verbleiben muss, kommt dieser Variante im Zusammenhang mit der Einschaltung Privater in die Verkehrsüberwachung lediglich untergeordnete Bedeutung zu. So ist der Leiharbeitnehmer für die Dauer seiner Tätigkeit vielmehr als ein den Weisungen der jeweiligen Behörde unterworfener quasi-Angestellter anzusehen. Auch wird er in räumlicher und organisatorischer Hinsicht in die jeweilige Behörde integriert und der für das Verfahren zuständigen Organisationseinheit zugeordnet. Von einer Verkehrsüberwachung durch Private kann bei dieser Form der Mitwirkung daher letztlich nicht mehr gesprochen werden. Auch kann bei der Arbeitnehmerüberlassung der mit der Privatisierung der Verkehrsüberwachung eigentlich intendierte Zweck der Entlastung der Behörden aufgrund der zahlreichen Einschränkungen nicht erreicht werden. Gleichwohl wird die Möglichkeit der Arbeitnehmerüberlassung seitens der Gemeinden zunehmend in Anspruch genommen (siehe dazu *Stern*, Das Geschäft mit den Blitzern, 18.12.2009, abrufbar unter http://www.stern.de/auto/service/private-verkehrsueberwachung-das-geschaeft-mit-den-blitzern-1525756.html; *Rebler* SVR 2011, 1 [2 f.]; siehe auch *Brenner* SVR 2011, 129 [131]; zur Zulässigkeit des Einsatzes von auf privatrechtlicher Basis angestellten Behördenmitarbeitern siehe OLG Oldenburg 11.3.2009, 2 SsBs 42/09 – zitiert nach juris; vgl. auch die Empfehlung Nr. 5 des Arbeitskreis VI des 49. Deutschen Verkehrsgerichtstag 2011, abgedruckt bei *Janker* SVR 2011, 77 [79]).

c) Verwaltungshilfe. Bei der Verwaltungshilfe unterstützt der Verwaltungshelfer als Privater einen Träger staatlicher Gewalt bei der Erfüllung hoheitlicher Aufgaben (vgl. dazu und zum Folgenden *Brenner* SVR 2011, 129 [131]; *Scholz* NJW 1997, 14 [15 f.]). Der Verwaltungshelfer wirkt dabei allerdings lediglich im Auftrag und nach Weisung in untergeordneter, unselbstständiger, letztlich in bloß instrumenteller Weise an der Aufgabenerledigung mit, während die Behörde ausschließlich und unmittelbar verantwortlich bleibt. Daraus wird bereits ersichtlich, dass im Rahmen der Verwaltungshilfe eine Verkehrsüberwachung durch Private nicht in Betracht kommt. Denn den Verwaltungshelfern kommt nicht die Befugnis zur Ermittlung und Ahndung von Ordnungswidrigkeiten zu. Dies ergibt sich nicht zuletzt daraus, dass auch die Ermittlung und Erforschung eines Verkehrsverstoßes aufgrund des das Ordnungswidrigkeitenverfahren nach §§ 47 Abs. 1 S. 1, 53 Abs. 1 S. 1 OWiG prägenden Opportunitätsgrundsatzes nach pflichtgemäßem Ermessen unter Berücksichtigung aller Tatumstände festzustellen ist. Die Ausübung dieses Ermessens verlangt aber ein selbstständiges Tätigwerden, was über die Befugnisse eines Verwaltungshelfers hinausgeht (vgl. *Nitz* NZV 1998, 11 [14]).

Zulässig ist aber eine bloß unselbständige Mitwirkung von Privaten. Soweit daher ein Bediensteter der zuständigen Behörde die Aufsicht über die Verkehrsüberwachung führt, ist eine Unterstützung durch private Unternehmen bzw. durch privates Personal möglich. So können Private etwa Geschwindigkeitsmessungen durchführen, die aufgenommenen Filme entwickeln und auswerten oder auch den Parkraum überwachen, wenn dies unter durchgehender Aufsicht eines entsprechend kundigen Mitarbeiters der Behörde geschieht.

Rechtlich unproblematisch ist zudem die rein technische Hilfe durch Private, die beispielsweise durch Zur-Verfügung-Stellung technischer Geräte erfolgt, da in diesen Fällen die Verfügungsmacht und tatsächliche Kontrolle in den Händen der Polizeibeamten oder Gemeindebediensteten liegt (vgl. dazu und zum Folgenden *Brenner* SVR 2011, 129 [131]; *Steegmann* NJW 1997, 2157 [2157]; *Nitz* NZV 1998, 11 [13 f.]; die Möglichkeit einer derartigen Einbeziehung wird auch mit der Empfehlung Nr. 5 des Arbeitskreis VI des 49. Deutschen Verkehrsgerichtstag 2011 zum Ausdruck gebracht, abgedruckt bei *Janker* SVR 2011, 77 [79]; siehe auch *Rebler* SVR 2011, 1 [2 f.]). Die Behörde bleibt dabei stets „Herrin des Verfahrens" und kann das Geschehen jederzeit beeinflussen, wenn z. B. zwischen mehreren Handlungsmöglichkeiten gewählt werden kann und damit die Ausübung von Ermessen in Rede steht. Über die rein technische Hilfe gehen aber Tätigkeiten hinaus, in denen Privatunternehmen allein vor Ort sind, auch wenn ihnen vorab bestimmte Weisungen erteilt wurden, z. B. dahingehend, wo und zu welcher Zeit sie Verkehrsverstöße registrieren sollen. In diesen Fällen liegt eine selbständige Tätigkeit der Privatunternehmen vor, die die Grenzen der Verwaltungshilfe überschreitet.

d) Beleihung. Letztlich kann im Bereich der öffentlichen Sicherheit eine Privatisierung innerhalb der verfassungsrechtlichen Grenzen sinnvollerweise nur in Form der Beleihung erfolgen. Unter Beleihung wird die Übertragung hoheitlicher Aufgaben und Befugnisse auf Private zur selbstständigen und eigenverantwortlichen Wahrnehmung verstanden. Dabei wird der Beliehene funktionell und organisatorisch Teil der öffentlichen Verwaltung, so dass er in der Lage ist, als staatlich ermächtigtes bzw. als Verwaltungsorgan in einem materiell-rechtlichen Sinn zu handeln, wie dies beispielsweise bei den Technischen Überwachungsvereinen (TÜV) der Fall ist (vgl. *Brenner* SVR 2011, 129 [131 f.]; *Scholz* NJW 1997, 14 [15 ff.]). Da indes die Beleihung stets eine gesetzliche Ermächtigung erfordert oder zumindest auf Grund einer gesetzlichen Ermächtigung erfolgen muss, eine derartige Regelung für die Verkehrsüberwachung bislang allerdings nicht geschaffen wurde – auch wenn mehrfach, aber ohne Erfolg, eine gesetzliche Änderung des § 26 StVG angedacht wurde (vgl. Ständige Konferenz der Innenminister und -senatoren der Länder am 3.5.1996, SIK 21/25 – TOP 15.6; *Rebler* SVR 2011, 1 [5]; der Arbeitskreis VI des 49. Deutschen Verkehrsgerichtstag 2011 lehnt die Schaffung einer solchen gesetzlichen Grundlage aus Gründen der Akzeptanz der Verkehrsüberwachung ab, vgl. die Empfehlung Nr. 5 des Arbeitskreis VI, abgedruckt bei *Janker* SVR 2011, 77 [79]) –, kann diese Variante jedenfalls nach geltender Rechtslage nicht zum Tragen kommen.

Der Beleihung stünde dabei im Falle der Verkehrsüberwachung nicht der Opportunitätsgrundsatz entgegen, denn als Träger hoheitlicher Gewalt ist der Beliehene bei der Wahrnehmung seiner Aufgaben an die Vorschriften des öffentlichen Rechts, vor allem an die Grundrechte und die allgemeinen Verwaltungs- und Verfahrensvorschriften gebunden, so dass er ebenfalls seine Entscheidungen nach pflichtgemäßer Ermessensausübung zu treffen hat. Diese Entscheidungsmacht wurde ihm durch den Akt der Beleihung übertragen. Auch hat der Gesetzgeber sowohl auf der Tatbestandsebene durch die einzelnen materiellen straßenverkehrsrechtlichen Bestimmungen als auch auf der Rechtsfolgenebene durch die Verordnung über die Erteilung einer Verwarnung, Regelsätze für Geldbußen und die Anordnung eines Fahrverbots wegen Ordnungswidrigkeiten im Straßenverkehr vom 13.11.2001 (Bußgeldkatalog-Verordnung, BGBl. I S. 3033) den Ermächtigungsrahmen für die Erforschung, Verfolgung und Ahndung von Ordnungswidrigkeiten im Straßenverkehr hinreichend bestimmt abgesteckt (vgl. dazu auch *Brenner* SVR 2011, 129 [132]; *Scholz* NJW 1997, 14 [17]).

Die sich aus Art. 33 Abs. 4 GG ergebenden verfassungsrechtlichen Grenzen könnten einer Beleihung nicht entgegengehalten werden. So ist die Übertragung von untergeordneten Tätigkeiten auf nichtverbeamtete Personen ausnahmsweise möglich. Soweit Art. 33 Abs. 4 GG vor den Bedenken gegen die Übertragung

V Verkehrsüberwachungsmaßnahmen

hoheitsrechtlicher Befugnisse auf Private schützen soll, denen nicht ein besonderes Maß an Unabhängigkeit und Sachkunde wie Beamten zugesprochen wird, stellt dies ebenfalls keine unüberwindbare Hürde dar. Der Gefahr, dass Privatpersonen bei der Verkehrsüberwachung als Ziel nicht in erster Linie die Durchsetzung des Straßenverkehrsrechts verfolgen, sondern die Maximierung des Gewinns anstreben, lässt sich durch eine entsprechende enge Ausgestaltung der Beleihungsgrundlage und durch eine strenge staatliche Kontrolle wirksam begegnen (vgl. zum Ganzen *Brenner* SVR 2011, 129 [132]; *Nitz* NZV 1998, 11 [15]).

Brenner/Seifarth

Verkehrsüberwachungsmaßnahmen → Radarwarngerät, → Radarwarnungen

Verkehrsunfallklage → Besonderheiten der Verkehrsunfallklage

Verkehrsunfallprozess → Besonderheiten des Verkehrsunfallprozesses

Verkehrsunterricht 1. Allgemeines. Wer Verkehrsvorschriften (als Fahrer oder Halter) nicht beachtet, ist auf Vorladung der Straßenverkehrsbehörde oder der von ihr beauftragten Beamten verpflichtet, an einem Unterricht über das Verhalten im Straßenverkehr teilzunehmen (§ 48 StVO). Dabei hat der Verkehrsunterricht keine Straffunktion, sondern ist nur zulässig, wenn er sinnvoll der Sicherheit dienen kann. Die Vorladung zur Teilnahme am Verkehrsunterricht ist unabhängig von den Vorschriften zum Punktsystem möglich und nicht zu verwechseln mit dem Fahreignungsseminar (Maßnahmen im Punktsystem) gem. § 4a bzw. dem Aufbauseminar gem. § 2b StVG (→ *Aufbauseminar* Nr. 1).
2. Zulässigkeit. Der *Zweck des Verkehrsunterrichts* besteht in der Vermittlung oder Auffrischung von Kenntnissen sowie in der Weitergabe von Erfahrungen, die gerade beim Verkehrsunterricht die Notwendigkeit einzelner Verkehrsregelungen verdeutlichen und deshalb geeignet sind, die Verkehrsdisziplin zu heben (BVerwG 18.9.1970, VII C 53/69, NJW 1971, 261). Nach VGH München, 22.10.1990, 11 B 90.655, NZV 1991, 207, ist bei der Anordnung der Teilnahme an einem Verkehrsunterricht das *behördliche Ermessen fehlerhaft* ausgeübt, wenn keine Anhaltspunkte vorhanden und von der Behörde aufgezeigt sind, dass ein Erziehungsbedürfnis bei dem Betroffenen besteht.

Ein solches Erziehungsbedürfnis liegt demnach vor, wenn es Anzeichen dafür gibt (und diese auch aufgezeigt werden), dass der Betroffene entweder ungenügende Kenntnisse der Verkehrsvorschriften aufweist oder deren Bedeutung verkennt oder aus charakterlichen Gründen nicht seiner Einsicht entsprechend handeln kann, so dass die erzieherische Wirkung einer Strafe oder eines Bußgelds nicht genügt. Als weitere Zulässigkeitsvoraussetzung muss der *Verkehrsverstoß feststehen*.
3. Vorladung als Verwaltungsakt. Die Vorladung des Betroffenen zum Verkehrsunterricht durch die zuständige Straßenverkehrsbehörde stellt einen Verwaltungsakt dar, der letztlich die Pflicht des Betroffenen zur Teilnahme am Unterricht begründet (die geistige Mitarbeit am Verkehrsunterricht kann dagegen nicht erzwungen werden). Eine *Anfechtung* des Verwaltungsakts ist über den Verwaltungsrechtsweg möglich (→ *Besonderheiten des Verkehrsverwaltungsprozesses*).
4. Ordnungswidrigkeiten. Wer einer (unanfechtbaren oder für sofort vollziehbar erklärten) Vorladung zum Verkehrsunterricht keine Folge leistet, handelt ordnungswidrig (§ 49 Abs. 6 Nr. 6 StVO i.V. m. § 24 StVG).

Langer

Verkehrsverbot → Umweltzonen

Verkehrsverwaltungsprozess → Besonderheiten des Verkehrsverwaltungsprozesses

Verkehrszeichen → Geschwindigkeit Nr. 2, → Halten und Parken Nr, 2, 3, → Sichtbarkeitsgrundsatz, → Unterhaltung von Verkehrszeichen

Verkehrszentralregister (VZR) (bis 30.4.2014)

Wichtiger Hinweis zur Gesetzesgültigkeit: Die nach der Punktereform seit dem 1.5.2014 geltende Rechtslage ist im Stichwort → *Fahreignungsregister* beschrieben. Dieser Artikel dagegen behandelt die noch bis zum 30.4.2014 geltende alte Rechtslage. Aufgrund der meist langen Dauer von Verwaltungsprozessen werden die Altregelungen auch noch zum Zeitpunkt des Erscheinens dieses Lexikons von Bedeutung sein können.

1. Allgemeines. Das *Verkehrszentralregister (VZR)* wurde vom *Kraftfahrt-Bundesamt* (KBA) geführt (§ 2 Abs. 1 Nr. 2 a KBA-Gesetz, § 28 Abs. 1 StVG). Die Zweckbestimmungen des VZR waren in § 28 Abs. 2 StVG aufgeführt. *Inhalt des*

VZR: Eingetragen wurden rechtskräftige Entscheidungen der Gerichte, unanfechtbare oder sofort vollziehbare Verwaltungsentscheidungen, soweit sie in § 28 Abs. 3 Nr. 1 bis 13 StVG aufgeführt waren, ferner strafrichterliche vorläufige Führerscheinmaßnahmen, Verzichte auf die Fahrerlaubnis, Maßnahmen der Fahrerlaubnisbehörde bei der Fahrerlaubnis auf Probe und im Rahmen des Punktsystems, Teilnahme an Aufbauseminaren und verkehrspsychologischer Beratung sowie Entscheidungen und Änderungen in Bezug auf erfolgte Eintragungen. Daneben wurden bestimmte fahrlehrerrechtliche Daten im VZR gespeichert (§ 39 Abs. 2 FahrlG). Welche Daten genau im Rahmen von § 28 Abs. 3 StVG und § 39 Abs. 2 FahrlG im VZR zu speichern waren, ergab sich aus § 59 FeV. Die *Eintragung* von Entscheidungen in das VZR war ebenso wie die Löschung von Eintragungen *kein Verwaltungsakt*, da sie weder Regelungen darstellten noch auf unmittelbare Rechtswirkung nach außen gerichtet waren (*Hentschel/König/Dauer* Straßenverkehrsrecht 41. Aufl. 2011, § 28 StVG Rn. 13 m.w.N.). Eine rechtsverbindliche *Bewertung* der eingetragenen Entscheidungen *mit Punkten* durch das KBA fand nicht statt.
2. Tilgung der Eintragungen im VZR, Tilgungsfristen, Tilgungshemmung und Überliegefristen waren in § 29 StVG geregelt. Tilgung bedeutete Bewährung im Sinne der Verkehrssicherheit (*Hentschel/König/Dauer* Straßenverkehrsrecht 41. Aufl. 2011, § 29 StVG Rn. 2).
3. Auskunftserteilung über Eintragungen im VZR. Auskünfte über die eingetragenen Entscheidungen sowie den Punktestand wurden nicht nur den berechtigten Behörden (z. B. Fahrerlaubnisbehörden, Bußgeldstellen, Polizei, Staatsanwaltschaften und Gerichte) erteilt (§ 30 Abs. 1 StVG), sondern auch dem Betroffenen selbst (§ 30 Abs. 8 StVG). Dieser erhielt ggf. umfassendere Auskunft als die Behörden (→ Punktsystem Nr. 10). *Dauer/Langer*

Verletzungsbild → HWS-Schleudertrauma Nr. 2

vermehrte Bedürfnisse → Kinderunfall Nr. 7, → Unfallschadenabwicklung – Personenschaden Nr. 3

Vermögensaufwendungen → Frustrierte Aufwendungen

Vermögensminderung → Frustrierte Aufwendungen

vermutetes Verschulden → Fahrerhaftung Nr. 4

Vernehmung von Zeugen → Besonderheiten des Verkehrsunfallprozesses Nr. 13, → Selbständiges Beweisverfahren Nr. 2

Verpflichtungsklage → Besonderheiten des Verkehrsverwaltungsprozesses Nr. 3

Verrichtungsgehilfe → Halterhaftung Nr. 2, → Mithaftung und Mitverschulden Nr. 5

Verschleiß → Motorradschutzkleidung, → Sachmangel Nr. 13

Verschleißerscheinungen Wenn ein gebrauchtes Fahrzeug nach dem Kauf Funktionsmängel aufweist, stellt sich die Frage, ob es sich um eine normale Verschleißerscheinung handelt, der keinen Sachmangel darstellt (BGH 17.11. 2005, IX ZR 179/04, NJW 2006, 443), oder um einen Sachmangel. Ob die Verschleißerscheinung als Sachmangel zu bewerten ist, hängt davon ab, ob eine normale Abnutzung und Alterung unter Berücksichtigung von Laufleistung und Baujahr des Fahrzeugs vorliegt oder der bemängelte Tatbestand im Vergleich zu einem Durchschnittsfahrzeug unüblich ist und von einem durchschnittlichen Käufer nicht erwartet werden kann (vgl. zur technischen Abgrenzung die Übersichten von *Schattenkirchner/Heimgärtner* DAR 2008, 488 u. DAR 2010, 553 , *Eggert* VA 2008, 113 u. *Himmelreich/Andreae/Teigelack* § 12 Rn. 235 ff.).
Schäden an Teilen, von denen erwartet werden darf, dass diese das normale Lebensalter eines Fahrzeugs überdauern (z. B. Benzinleitung), sind Sachmängel (OLG Celle 16.4.2008, 7 U 224/07, NJW-RR 2008, 1635). Ein Fehler liegt dagegen nicht vor, wenn ein Defekt auftritt, der auf einem natürlichen, normal fortschreitenden Verschleiß beruht und der mit Rücksicht auf das Alter und die Fahrleistung des Fahrzeugs zum Zeitpunkt des Verkaufs zu erwarten war (OLG Bamberg 20.12.2000, 8 U 68/00, DAR 2001, 357). Der Verkäufer ist auch nicht verpflichtet, den Käufer auf natürliche Verschleißerscheinungen hinzuweisen, da deren Eintritt selbstverständlich ist (OLG Bamberg a.a.O.).
Da Verschleiß einen Defekt infolge dauerhafter Abnutzung voraussetzt, hat die Rechtsprechung Verschleiß verneint und einen Fehler bejaht bei einem Katalysatordefekt (AG Zewen 19.12.2002, 3 C 242/04, DAR 2003, 379; a.A.

V verschmutzte Fahrbahn

AG Offenbach 27.9.2004, 38 C 276/04, NJW-RR 2005, 423) und einem Kabelbrand (AG Marsberg 9.10.2002, 1 C 143/02, DAR 2003, 322). Dagegen wird der Riss eines Zahnriemens überwiegend als Verschleiß bewertet, also ein Sachmangel verneint (AG Aachen 10.12. 2003, 14 C 161/03, DAR 2004, 156), wenn der Riss nicht auf einem technischen Fehler beruht, der bereits vor dem Verkauf vorgelegen hat (OLG Hamm 8.9.2005, 28 U 60/05, NZV 2006, 421; vgl. weitere Rechtsprechungsbeispiele bei *Andreae*: Handbuch des Fachanwalts Verkehrsrecht, Kap. 16 Rn. 58). *Andreae*

verschmutzte Fahrbahn → Haftungsverteilung bei Verkehrsunfällen Nr. 14

Verschrottung → Fahrzeug-Zulassungsverordnung Nr. 7

Verschrottungskosten → Unfallschadenabwicklung – Sachschaden Nr. 40

Verschulden → Betriebsgefahr Nr. 2, 3, → Geschäftswagenunfall, → Fahrerassistenzsysteme Nr. 4, → Haftungsprivilegierung für Kinder Nr. 4, → Haftungsverteilung bei Verkehrsunfällen, → Kinderunfall Nr. 5, → Mitverschulden, → Produkthaftung, → Verschuldenshaftung, → Wiedereinsetzung in den vorigen Stand

Verschulden, vermutetes → Fahrerhaftung Nr. 4

Verschuldenshaftung 1. Allgemeines. Voraussetzung einer Haftung gem. §§ 823 ff. BGB, 18 Abs. 1 StVG ist ein *Verschulden*. Das Verschulden des Schädigers setzt *Schuldfähigkeit* und *Vorwerfbarkeit* voraus, mithin, dass er in der gegebenen Situation hätte anders handeln sollen und können. Der Schädiger muss sich zum einen *objektiv* unrichtig verhalten haben, und zum anderen hätte es ihm *subjektiv* möglich sein müssen, sich richtig zu verhalten und dadurch den Schadenseintritt zu vermeiden (*Fahrlässigkeit*), oder den Schaden bewusst und gewollt verursacht haben (*Vorsatz*). Grundsätzlich hat der Geschädigte das Verschulden des Schädigers darzulegen und zu beweisen, wenn das Verschulden des Schädigers nicht ausnahmsweise (z. B. gem. § 18 StVG oder aufgrund eines Anscheinsbeweises) vermutet wird.
2. Schuldfähigkeit. Bei *Minderjährigen* richtet sich die Schuldfähigkeit nach § 828 BGB (s. a. → *Haftungsprivilegierung für Kinder*; s. a. → *Kinderunfall*). Volljährige sind grundsätzlich schuld-

fähig, wenn nicht ausnahmsweise eine *Einschränkung der Schuldfähigkeit* gem. § 827 BGB vorliegt. Danach ist derjenige nicht schuldfähig, der im Zustand der *Bewusstlosigkeit* oder in einem die freie Willensbetätigung ausschließenden Zustand *krankhafter Störung der Geistestätigkeit* gehandelt hat. Derjenige, der sich auf Schuldunfähigkeit beruft, muss deren Vorliegen darlegen und beweisen (BGH 1.7.1986, BGHZ 98, 135).

Praxistipp: Die Verantwortlichkeit des Schädigers zum Zeitpunkt der Vornahme der schädigenden Handlung wird nicht durch *Alkohol* oder *Drogen* ausgeschlossen. Es erfolgt eine Vorverlagerung der Schuld auf den Zeitpunkt, in welchem sich der Schädiger durch Alkohol oder Drogen vorwerfbar in einen die freie Willensbestimmung ausschließenden Zustand versetzt hat, § 827 S. 2 BGB.

3. Objektive Pflichtwidrigkeit. Objektive *Sorgfaltsmaßstäbe* betreffend das *Verhalten der Verkehrsteilnehmer* am öffentlichen Straßenverkehr enthält die StVO, betreffend den *Verkehrsteilnehmer* selbst die FeV und betreffend die Beschaffenheit der im Straßenverkehr geführten *Fahrzeuge* die StVZO sowie die FZV. *Objektiv erforderlich* ist das Maß an Umsicht und Sorgfalt, das ein durchschnittlicher, besonnener und gewissenhafter Verkehrsteilnehmer anzuwenden hat. Altersbedingte oder sonstige körperliche Mängel müssen durch eine erhöhte Aufmerksamkeit ausgeglichen werden (BGH 9.6.1967, VersR 1967, 808). Aus dem sog. *Vertrauensgrundsatz* (vgl. § 1 Abs. 2 StVO) folgt, dass jeder Verkehrsteilnehmer darauf vertrauen kann, dass sich die anderen Verkehrsteilnehmer verkehrsgerecht verhalten, solange nicht mit einem Verkehrsverstoß des anderen Verkehrsteilnehmers zu rechnen ist. Auf den Vertrauensgrundsatz kann sich indes der nicht berufen, der selbst gegen Verkehrsregeln verstößt, die auch dem Schutz des anderen Unfallbeteiligten dienen (BGH 25.3.2003, DAR 2003, 308). Bei *unklarer Verkehrslage* wird von allen Verkehrsteilnehmern *besondere Aufmerksamkeit* erwartet. Jeder Verkehrsteilnehmer muss in einer solchen Situation damit rechnen, dass andere Verkehrsteilnehmer sich fehlerhaft verhalten, und sein eigenes Verhalten darauf einstellen (OLG Frankfurt 20.1.1982, VersR 1982, 1008). An den Verkehrsteilnehmer werden vereinzelt erhöhte, *qualifizierte Sorgfaltsanforderungen* gestellt (z. B. §§ 5 Abs. 2, 5 Abs. 4 StVO), denen bei der Prüfung des Vorliegens eines Verschuldens besondere Bedeutung zukommt. Die höchstmögliche Sorgfalt wird vom Verkehrsteilnehmer verlangt, wenn er nach dem Wortlaut der StVO eine *Gefährdung* anderer Verkehrsteilnehmer auszuschließen hat (z. B. §§ 3 Abs. 2 a, 7 Abs. 5 StVO). Bei *Nichtbeachtung* solcher besonderen Sorgfaltsanforderungen besteht regelmäßig ein *Anscheinsbeweis für ein Alleinverschulden* des Verkehrsteilnehmers, der den besonderen Sorgfaltsanforderungen nicht entsprochen hat (s. a. → *Beweis des ersten Anscheins*).

4. Vermeidbarkeit. Das objektiv pflichtwidrige Verhalten des Schädigers ist nur dann haftungsbegründend, wenn es sich ursächlich auf die Entstehung des Schadens ausgewirkt hat. War der Unfall auch bei einem *pflichtgemäßen Alternativverhalten* des Schädigers nicht vermeidbar, dann kann ihm der Schadenseintritt objektiv nicht vorgeworfen werden (BGH 9.6.1992, VersR 1992, 1015; BGH 27.6.2000, VersR 2000, 1294).

5. Subjektive Pflichtwidrigkeit. Das objektiv pflichtwidrige Verhalten muss dem Schädiger auch *subjektiv vorwerfbar* sein. Grundsätzlich haftet der Schädiger nach § 276 BGB für *Vorsatz* und *jede Form der Fahrlässigkeit*. *Vorsatz* bedeutet Wille zum Handeln oder Unterlassen im Bewusstsein eines Schadenseintritts. Der Schädiger nimmt den Schadenseintritt, der ihm womöglich gar unerwünscht ist, zumindest billigend in Kauf. Dagegen will der fahrlässig Handelnde den Schadenseintritt nicht. Er lässt die im Verkehr erforderliche Sorgfalt außer Acht. Ansonsten hätte er die Verursachung eines Schadens durch sein Verhalten *vorhersehen* und *vermeiden* können (*einfache Fahrlässigkeit*). Ein Schadenseintritt ist vorhersehbar, wenn ein durchschnittlicher, gewissenhafter Schädiger in der konkreten Situation mit seinen Möglichkeiten den Schadenseintritt hätte erkennen können (BGH 10.11.1992, VersR 1993, 230; OLG Naumburg 27.1.2003, DAR 2003, 175). *Grobe Fahrlässigkeit* liegt vor, wenn die verkehrserforderliche Sorgfalt in besonders schweren Maße verletzt wurde, was anzunehmen ist, wenn einfachste, ganz nahe liegende Überlegungen nicht angestellt wurden und der Handelnde das nicht beachtet hat, was in der konkreten Situation jedem einleuchten musste (vgl. BGH 29.9.1992, NJW 1992, 3235; BGH 12.1.1988, NJW 1988, 1265). Für die Haftungsbeschränkung auf *eigenübliche Sorgfalt* gem. § 277 BGB, mithin auf einen subjektiven Sorgfaltsmaßstab des Schädigers, ist im Straßenverkehr grundsätzlich kein Raum (s. a. BGH 20.12.1966, BGHZ 46, 313, zu § 708 BGB; BGH 11.3.1970, BGHZ 53, 352, zu § 1359 BGB).

Siehe auch: → *Fahrerassistenzsysteme* Nr. 4, → *Gefährdungshaftung*   *Geiger*

Verschuldensmaßstab → Fahrerhaftung Nr. 2

versicherter Weg → Haftungsausschluss bei Arbeits-/Schulunfällen

Versicherung an Eides statt → Wiedereinsetzung in den vorigen Stand Nr. 3 c)

Versicherungsbestätigung → Fahrzeug-Zulassungsverordnung (FZV) Nr. 7

Versicherungsbetrug → Autobumser-Fälle, → Vorsätzlich verursachter Kfz-Unfall

Versicherungsfall → Haftungsausschluss bei Arbeits-/Schulunfällen, → Rechtsschutzversicherung, → Unfallversicherung Nr. 2

Versicherungskennzeichen → Kennzeichenerteilung Nr. 2

Versicherungsprozess → Besonderheiten des Versicherungsprozesses

Versicherungsschutz → Fahrzeug-Zulassungsverordnung (FZV) Nr. 8, → Gefälligkeitsfahrt Nr. 2, → Nachhaftung, → Stillschweigender Haftungsausschluss bei Kfz-Unfällen

Versicherungsvertrag → Kfz-Versicherungsvertrag

Versteigerungen Auktionen spielen beim PKW-Kauf nur eine untergeordnete Rolle. Typischerweise erwirbt der Ersteigerer die Fahrzeuge unter Gewährleistungsausschluss. Die Rechtsprechung beschäftigt sich vor allem mit sog. Internetauktionen, wie z. B. bei eBay. Eine solche Auktion stellt *keine Versteigerung* i. S. d. § 156 BGB dar (BGH 3.11.04 VIII ZR 375/03, NJW 2005, 53). Vielmehr kommt es hier zu einem Kaufvertrag durch Angebot und Annahme gem. §§ 145 ff. BGB. Aus diesem Grund gilt bei Verträgen zwischen einem gewerblichen Anbieter und einem Verbraucher trotz § 312 d Abs. 4 Nr. 5 BGB das *Widerrufsrecht* nach § 355 BGB.
Zum Begriff des Unternehmers und Verbrauchers s. a. → *Verbrauchsgüterkauf*. Die Beweislast für die Unternehmereigenschaft des Verkäufers trägt zwar der Käufer, bei Verkäufen im Internet kehrt sich aber die Beweislast um, wenn der

Anbieter sich als sog. „Powerseller" ausgibt (OLG Koblenz 17.10.05 5 U 1145/05, NJW 2006, 1438).
Die Länge der Widerrufsfrist beträgt mindestens zwei Wochen (§ 355 Abs. 1 Satz 2 BGB), in bestimmten Fällen wird auch eine Monatsfrist zugestanden, weil die Mitteilung der Belehrung erst nach Vertragsabschluss erfolgt (§ 355 Abs. 2 S. 2 BGB, vgl. hierzu *Hoffmann*, NJW 2007, 2594). Zur neuen Rechtslage insoweit ab 11.6.2010 s.a. → *Fernabsatzgeschäft*.
Zu Fragen des Vertragsabschlusses und zur Anfechtung wegen Erklärungsirrtums s.a. → *Internet-Kfz-Kauf* und *Andreae*, Pkw-Kauf im Internet, SVR 2007, 93.
Für die Frage der Sachmängelhaftung ist festzuhalten, dass die Angaben über das Fahrzeug, die im Internet unter der Rubrik „Beschreibung" gemacht werden, Beschaffenheitsvereinbarungen begründen, i. d. R. aber – insbesondere bei einem Privatgeschäft – keine Garantie i. S. d. § 276 Abs. 1 BGB (BGH 29.11.2006, VIII ZR 92/06, NJW 2007, 1346). Will der Verkäufer diese nicht gegen sich gelten lassen, muss er die Aussage ausdrücklich widerrufen (OLG Hamm 9.11.1995, 28 U 131/95, OLGR 1996, 53). Ein vorformulierter Mängel-haftungsausschluss genügt insoweit nicht, ebenfalls nicht eine individuelle Freizeichnung, die nur allgemein gehalten ist und z. B. lautet: „Fahrzeug wird natürlich ohne Gewähr verkauft" (BGH 29.11.06, VIII ZR 92/06, NJW 2007, 1346).
Siehe auch → *Internet-Kfz-Kauf*   *Andreae*

Verteidiger → Bußgeldverfahren Nr. 1 b), → Vollmacht

Verteidigererklärung 1. Allgemeines. Die V. ist keine Erklärung des Beschuldigten/Angeklagten selbst und bindet diesen auch sonst grundsätzlich nicht. De facto verlässt sich die Justiz in Verkehrsstrafsachen aber darauf, dass die in einer V. mitgeteilte Stellungnahme zum Tatvorwurf oder zur Straffrage jene ist, die der Beschuldigte abzugeben wünscht.
2. Eine schriftliche V. wird vielfach bereits im Ermittlungsverfahren sinnvoll sein, entweder um frühzeitig den Tatvorwurf anzugreifen oder aber – wenn dies nicht realistisch erscheint – wenigstens entlastende Umstände ins Feld zu führen oder/und zu den persönlichen Verhältnissen eingehenderen Vortrag zu bringen, damit z. B. bei einem Strafbefehl ein den Einkommens- und Vermögensverhältnissen angepasster Tagessatz zustande kommt.

Praxistipp: In letzterem Falle könnte die V. sogar an herausgehobener Stelle den ausdrücklichen Vorschlag enthalten, " das Verfahren durch einen Strafbefehl mit ... Tagessätzen zu je ... €, zahlbar in nachfolgenden Raten, zu erledigen", ggf. mit der Ankündigung, einen solchen Strafbefehl werde der Mandant akzeptieren. Liegen diese Vorstellungen nämlich – noch – im Bereich dessen, was für vergleichbare Fälle üblich ist (→ *Besonderheiten des Verkehrsstrafverfahrens* Nr. 4), dann werden Staatsanwalt und Richter diesem Vorschlag tendenziell folgen in der Erwartung, das Verfahren damit reibungslos erledigen zu können.

Praxistipp: Obwohl der Verteidiger – sogar in der Hauptverhandlung – von Gesetzes wegen keinen Antrag stellen muss, insbesondere keinen konkreten, gehört es zu einer professionellen Verteidigung in Verkehrsstrafsachen, u. U. schon im Ermittlungsverfahren Anträge bezüglich der erstrebten (für den Mandanten möglichst günstigen) Sachbehandlung zu stellen oder wenigstens Anregungen bzw. Vorschläge zu machen, z. B.: „Daher beantrage ich, das Verfahren nach § 170 Abs. 2 StPO einzustellen", „rege ich eine Sachbehandlung nach § 153a Abs. 1 StPO an; meine Mandantin wäre bereit, ... € in 3 Raten an eine gemeinnützige Vereinigung nach Wahl der Staatsanwaltschaft oder auch an die Staatskasse zu bezahlen", oder „schlage ich vor, das Verfahren auf den Privatklageweg zu verweisen, da die Beleidigung nicht erheblich war und eine Provokation des Geschädigten vorausging". Soweit diese Vorschläge nicht aus dem Rahmen des Üblichen fallen, bestehen gute Aussichten, dass ihnen gefolgt wird.

3. In der *Hauptverhandlung* wird eine V. immer erforderlich sein, wenn sich der Angeklagte schweigend verteidigen will. Auch eine redende Verteidigung bedarf meist einer behutsamen Moderation durch den Verteidiger, bei schwieriger Sachlage oder unbeholfener Mandantschaft sollte dieser möglichst selbst das Wort führen („Mein Mandant äußert sich zum Tatvorwurf, und zwar durch mich: ..."). Der Verteidiger sollte sich nicht scheuen, eine kurze Unterbrechung zu beantragen, wenn angesichts einer neuen Prozesslage eine (neue) V. mit dem Mandanten abgestimmt werden muss.

Weder

vertragliche Freistellungszusage → Gestörte Gesamtschuld Nr. 2

vertragliche Sonderbeziehung → Mithaftung und Mitverschulden Nr. 5

Vertragsbeendigung → Leasing, → Nachhaftung

Vertrauensgrundsatz → Haftungsprivilegierung für Kinder, → Irreführendes Falschblinken, → Kinderunfall, → Sichtfahrgebot, → Verschuldenshaftung

Vertretungszwang → Besonderheiten des Verkehrsverwaltungsprozesses Nr. 7

Vertriebssysteme → Gruppenfreistellungsverordnung Nr. 2

Verursachungsbeitrag → Haftungsverteilung bei Verkehrsunfällen

Verwaltungshilfe → Verkehrsüberwachung durch Private Nr. 4 c)

Verwarnung 1. Allgemeines. Nicht bei jeder Ordnungswidrigkeit ist zwingend ein Bußgeldverfahren einzuleiten. Bei geringfügigen Verstößen kann vielmehr eine Verwarnung ausreichend sein (§ 56 Abs. 1 OWiG). Verwarnungen können sowohl durch die Verwaltungsbehörde ausgesprochen werden (§ 56 OWiG) als auch durch Beamte des Außen- und Polizeidienstes (§ 57 OWiG). Dennoch kann ein Bußgeldverfahren eingeleitet (und damit ein Bußgeldbescheid erlassen) werden anstatt eine Verwarnung auszusprechen (Ermessensvorschrift).
2. Unterschieden wird zwischen der mündlichen bzw. schriftlichen **Verwarnung mit und ohne Verwarnungsgeldangebot.** Ein Verwarnungsgeld kann hierbei im Rahmen von 5,00 € bis 55,00 € erhoben werden (§ 56 Abs. 1 S. 1 OWiG). Soweit der bundeseinheitliche Bußgeldkatalog feste Verwarnungsgeldsätze vorsieht, sind diese für die Behörde bzw. den Beamten bindend.
3. Wirksamkeit. Eine wirksame Verwarnung mit Verwarnungsgeldangebot setzt voraus, dass der Betroffene ordnungsgemäß über sein Weigerungsrecht belehrt wurde und mit der Verwarnung einverstanden ist und das Verwarnungsgeld sofort oder innerhalb der gesetzten Frist begleicht (§ 56 Abs. 2 S. 1 OWiG). Bei einem vom Betroffenen akzeptierten Verwarnungsgeld werden darüber hinaus keine Verwaltungskosten (Gebühren oder Auslagen) erhoben (§ 56 Abs. 3 S. 2 OWiG). Wird dagegen vom Betroffenen die *Verwarnung abgelehnt*, geht das Verfahren ins reguläre Bußgeldverfahren gem. §§ 35 ff. OWiG über (→ *Bußgeldverfahren* Nr. 1). Im Bußgeldbescheid ist dann der jeweilige Katalogsatz zu berücksichtigen, und es fallen Verwaltungskosten an.
4. Rechtsmittel. Eine Anfechtung einer Verwarnung ist nur begrenzt möglich. Als Anfechtungsgründe kommen in Betracht: die fehlende Belehrung über das Weigerungsrecht, das fehlende Einverständnis mit der Verwarnung, die fehlende Ermächtigung des Beamten nach § 58 OWiG sowie die Überschreitung des gesetzlichen Höchstsatzes des Verwarnungsgeldes von 55,00 € bzw. die Überschreitung des Verwarnungsgeldsatzes im Bußgeldkatalog. Nicht anfechtbar ist die Verwarnung mit der Begründung, es habe kein Verstoß vorgelegen; in diesem Fall muss der Betroffene die Verwarnung vielmehr von vornherein ablehnen und die Einleitung des Bußgeldverfahrens herbeiführen (→ Nr. 3).
5. Rechtsfolgen. Aufgrund der maximalen Höhe von 55,00 € kann ein Verwarnungsgeld nicht zu einem Eintrag bzw. zu Punkten im Fahreignungsregister. Bei einer wirksamen Verwarnung kann die Tat nicht mehr unter den tatsächlichen und rechtlichen Gesichtspunkten verfolgt werden, unter denen die Verwarnung erteilt worden ist (§ 56 Abs. 4 OWiG) – dies gilt jedoch nicht für Straftaten oder andere Ordnungswidrigkeiten. *Langer*

Verweisung → Besonderheiten der Verkehrsunfallklage

Verweisungsprivileg → Regress Nr. 2

Verwertungsnachweis → Fahrzeug-Zulassungsverordnung Nr. 7

Verzicht auf die Fahrerlaubnis → Fahrerlaubnisverzicht

Verzögerungsstreifen 1. Allgemeines. Verzögerungsstreifen (i. d. R. auf Autobahnen und Landstraßen vorhanden) sind nach h. M. nicht Teil der normalen Richtungsfahrbahn, sondern eigenständige Fahrbahnen. Daher gilt für sie das Rechtsfahrgebot des durchfahrenden Verkehrs nicht.
2. Haltverbot. Unzulässig ist gem. § 12 Abs. 1 Nr. 3 StVO das Halten auf Verzögerungsstrei-

fen, da andere Fahrzeuge sonst beim notwendigen Abbremsen zum Zwecke des Ausfahrens oder Abbiegens behindert oder gefährdet werden würden (→ *Halten und Parken* Nr. 2).
3. Überholverbot. Gehen Verzögerungsstreifen, insbesondere auf Autobahnen oder Kraftfahrstraßen, von der durchgehenden Fahrbahn ab, so dürfen Ausfahrende auf dem Verzögerungsstreifen gem. § 7a Abs. 3 S. 1 StVO nicht schneller fahren als auf der durchgehenden Fahrbahn (→ *Überholen* Nr. 2a). Staut sich der Verkehr auf den durchgehenden Fahrspuren, so darf im Rahmen des § 7a Abs. 3 S. 2 StVO auf dem Verzögerungsstreifen schneller gefahren werden (wegen § 2 Abs. 1 S. 2 StVO nicht aber schon zuvor auf der Standspur).
4. Ordnungswidrigkeiten und Straftaten. Verkehrsverstöße im Zusammenhang mit falschem Verhalten auf dem Verzögerungsstreifen werden als Ordnungswidrigkeiten geahndet, Haltverstöße gem. § 49 Abs. 1 Nr. 12 StVO i.V. m. § 24 StVG, Zuwiderhandlungen gegen das Überholverbot nach § 49 Abs. 3 Nr. 5 StVO i.V. m. § 24 StVG. Falsches Überholen kann ggf. auch eine Straftat gem. § 315c Abs. 1 Nr. 2 Buchst. b StGB darstellen (→ *Gefährdung des Straßenverkehrs*). *Langer*

VGT → Verkehrsgerichtstag, Deutscher (VGT)

Videoaufzeichnung → Fahrerermittlung Nr. 2 b)

Video-Verfolgungsfahrten → Verkehrsmesstechnik Nr. 9

Vier-Augen-Rechtsprechung → Besonderheiten des Verkehrsunfallprozesses Nr. 20

Vollkaskoversicherung 1. Allgemeines. Die zwei wesentlichen Schadenursachen in der Vollkaskoversicherung sind der Unfall und die Mut- bzw. böswilligen Handlungen Dritter.
2. Unfall im Sinne der Versicherungsbedingungen. Nach A.2.3.2 AKB 2008 ist der Unfall „*ein unmittelbar von außen her mit mechanischer Gewalt auf das Fahrzeug einwirkendes Ereignis*". Für den Nachweis des Versicherungsfalles „Unfall" kann der Versicherungsnehmer die in der Diebstahlversicherung gewährten Beweiserleichterungen nicht in Anspruch nehmen. Der Versicherungsnehmer befindet sich hier nicht in der bei Diebstahlfällen üblichen Beweisnot und hat daher den Vollbeweis zu erbringen (OLG Köln 3.3.1998 9 U 199/95, r+s 1998, 406).
Der Nachweis kann allerdings auch dann geführt werden, wenn sich aus den Beschädigungen des Fahrzeugs zwingend ergibt, dass sie durch ein von außen mit mechanischer Gewalt einwirkendes Ereignis herbeigeführt worden sein müssen. Dieser Grundsatz gilt aber nur dann, wenn der schadenbegründende Sachverhalt nicht aufgeklärt werden kann.
Der Versicherungsnehmer verliert jedoch seinen Anspruch, wenn festgestellt wird, dass sich der Unfall entgegen seiner Darstellung jedenfalls so nicht ereignet haben kann (OLG Köln 10.7.2001 9 U 87/00, r+s 2002, 321).
Darüber hinaus spricht das Oberlandesgericht Karlsruhe (16.3.2006 12 U 292/05, DAR 2006, 507) dem Versicherungsnehmer auch dann Leistungen aus der Kasko-Versicherung zu, wenn auf der einen Seite zwar klar ist, dass die Schäden an seinem Fahrzeug nach Art und Beschaffenheit nur auf einen Unfall im Sinne der Versicherungsbedingungen zurückzuführen sein können, auf der anderen Seite aber die Schilderung des Versicherungsfalles durch den Versicherungsnehmer nicht zum Schadensbild passt.
Diesbezüglich wird entgegen der Auffassung der anderen genannten Oberlandesgerichte nur darauf abgestellt, ob die Schäden in ihrer Art und Beschaffenheit auf einen Unfall zurückzuführen sind.
Nach A.2.3.2 AKB 2008 sind „Brems- Betriebs- und reine Bruchschäden" keine Unfallschäden.
Die Beschädigung eines Kfz durch Verwesungseinwirkungen nach dem Suizid eines Insassen beruht auch nicht auf einem Unfall, da die Verwesung und die damit einhergehende Freisetzung von Körperflüssigkeiten und -gerüchen ein chemischer Prozess ist OLG Saarbrücken 6.10.2004 5 U 161/04-22, r+s 2005, 12).
3. Abgrenzung zum Betriebsschaden. Die Abgrenzung von Unfallschäden zu Betriebs-/Bremsschäden ist in der Praxis schwierig: Betriebsschäden sind solche, die durch normale Abnutzung, durch Material- oder Bedienungsfehler an dem Kfz oder seinen Teilen entstehen. Vom Versicherungsschutz nicht umfasst sind solche Schäden, die Ausfluss des normalen Betriebsrisikos sind, bei denen sich folglich die Gefahren auswirken, denen das Kfz im Rahmen seiner konkreten Verwendung üblicherweise ausgesetzt ist.
Die Vereinbarung einer entsprechenden Klausel in den AKB verstößt auch nicht gegen die Inhaltskontrolle der §§ 305 ff BGB, da sie nicht

als überraschend anzusehen ist (OLG Stuttgart 24.7.2003 7 U 47/03, NZV 2004, 87).
Bei Bau- und Deponiefahrzeugen gehört z. B. das Befahren von unbefestigtem und unebenem Grund zur üblichen Einsatzart und damit zum normalen Betriebsrisiko. Schäden infolge Aufsetzens und Einsackens sind nicht gedeckt.
4. Vandalismus. Die absichtlichen Beschädigungen durch Dritte betriebsfremde Personen sind ebenfalls in der Vollkaskoversicherung ersatzpflichtig.
In der Teilkaskoversicherung besteht hier meist keine Deckung, da die Schäden adäquat-kausal aus dem Entwendungsvorgang entstehen müssen, wie das OLG Bamberg (OLG Bamberg 4.5.2005 1 U 35/05, SP 2006,141) entschieden hat. Insbesondere dürfen die Schäden nicht aus einer bloßen Zerstörungswut heraus verursacht sein. Im vorliegenden Fall war ein MP3-Player entwendet worden, Hinweise für eine geplante Entwendung des ganzen Fahrzeugs lagen nicht vor.
Diese Begründung hat der Bundesgerichtshof abschließend bestätigt (17.5.2006 IV ZR 212/05, SVR 2006, 470). Auch er führt aus, dass im Rahmen der Teilkasko-Versicherung bei einem Einbruchdiebstahl in ein Kraftfahrzeug nur dann Schäden am Fahrzeug ersatzpflichtig sind, wenn diese durch die Verwirklichung der Tat entstanden sind oder aber in einem adäquaten Zusammenhang mit ihr stehen.
Bei Beschädigung oder Zerstörung des Fahrzeugs durch mut- oder böswillige Handlungen betriebsfremder Personen kommen dem Versicherungsnehmer die Beweiserleichterungen wie in den Entwendungsfällen ebenfalls nicht zugute.
Die Beweispflicht, dass der Schaden durch nicht betriebsfremde Personen verursacht wurde und daher keine Eintrittspflicht besteht, obliegt hingegen dem Versicherer. Auch hier gilt keine Beweiserleichterung für diesen Umstand (BGH 25.6.1997 IV ZR 245/96, r+s 1997, 446). Das gleiche gilt auch für die Vortäuschung von Vandalismus.
Beweiserleichterungen können dem Versicherer nur dann zugute kommen, wenn sie auch der Versicherungsnehmer für den Nachweis des Versicherungsfalles hat. Will der Versicherer in diesen Fällen nicht leisten, hat nicht der Versicherungsnehmer zu beweisen, dass es sich bei dem Schädiger um eine betriebsfremde Person gehandelt hat. Vielmehr trägt der Versicherer die volle Beweislast, dass der Täter nicht betriebsfremd war (BGH 25.6.1997 IV ZR 245/96, r+s 1997, 446).

Betriebsfremd ist, wer das Fahrzeug ohne Wissen und Willen des Halters benutzt und mit dem Betrieb oder der Betreuung des Fahrzeugs nichts zu tun hat. Nicht betriebsfremd ist, wer zwar nicht so wie geschehen mit dem Fahrzeug fahren darf, es aber mit Willen des Halters in Besitz hat.
5. Leistungsumfang. a) Wiederbeschaffungswert. aa) Definition. Nach A.2.6.1 AKB 2008 wird von der Kaskoversicherung meist nur der Wiederbeschaffungswert ersetzt.
Eine Neuwertklausel gab es bisher nur noch in Altverträgen (mit der Fassung des § 13 I 2 AKB 1988) bzw. bei ganz wenigen Versicherungen für Neuverträge, hier dann meist maximal 6 Monate nur für Erstbesitzer möglich.
Nur ganz wenige Versicherer boten in den letzten Jahren Versicherungsschutz unter Einbeziehung einer Neuwertklausel an. Dies dürfte sich jedoch aufgrund des verschärften Wettbewerbs zukünftig wieder ändern.
So sehen die AKB 2008 im Punkt A.2.6.2 als Empfehlung an die Mitgliedsunternehmen wieder eine entsprechende Regelung vor.
Dabei ist keine Empfehlung für den Zeitraum, in dem die Neuwertentschädigung gelten soll, abgegeben worden.
Dieser dürfte sich zwischen zwölf und achtzehn Monaten belaufen, abhängig davon, ob ein Unfallschaden oder aber eine Entwendung vorliegt.
Zudem wird die Erstattung nach A.2.6.3. AKB 2008 an den Nachweis der Ersatzbeschaffung gekoppelt.
Eine solche Klausel war auch in einem dem OLG Hamm (OLG Hamm 5.12.2005 4 C 375/05, SP 2006, 68) zur Entscheidung vorliegenden Fall vereinbart: Im entschiedenen Fall war vereinbart, dass die Entschädigung nur dann in dieser Höhe ausgezahlt werden sollte, wenn die Summe zur Ersatzanschaffung eines Fahrzeuges in einem bestimmten Zeitraum verwendet wurde. Vorliegend lag zwar ein Kaufvertrag über ein Neufahrzeug vor, der jedoch durch eine Zusatzvereinbarung verfügte, die diesen aufschiebend bedingte. Zudem handelte es sich bei dem zu ersetzenden Fahrzeug um einen Reimport, so dass nur der Neupreis eines Reimportes als Höchstleistung anzusetzen war.
Wiederbeschaffungswert ist der Kaufpreis, den der Versicherungsnehmer aufwenden muss, um ein gleichwertiges gebrauchtes Fahrzeug oder gleichwertige Fahrzeugteile zu erwerben (A.2.6.6 AKB 2008).
bb) Mehrwertsteuer. Enthalten die AKB keine spezielle Regelung hinsichtlich der Zahlung

der Mehrwertsteuer, sind die steuerlichen Verhältnisse beim Eintritt des Versicherungsfalls maßgebend. Bei Vorsteuerabzugsberechtigung besteht kein Anspruch auf MwSt.. Ansonsten muss der Ersatz der MwSt. durch den Versicherer erfolgen – auch bei fiktiver Abrechnung.
Häufig ist jedoch eine Regelung in den AKB, z. B. A.2.9 AKB 2008, vereinbart:
„Die MwSt. ersetzt die Versicherung nur wenn und soweit sie tatsächlich angefallen ist!"
Die Versicherer haben diese Bestimmung eingefügt, die sich ausdrücklich mit den Voraussetzungen für den Ersatz der Mehrwertsteuer befasst. Es heißt jetzt: Die Mehrwertsteuer ersetzt der Versicherer nur, wenn der Versicherungsnehmer diese tatsächlich bezahlt hat.
Lässt der Versicherungsnehmer sein beschädigtes Fahrzeug z. B. nicht reparieren, erhält er – unabhängig davon, ob er vorsteuerabzugsberechtigt ist.
Die Wirksamkeit dieser Klausel war in der Rechtsprechung umstritten (vgl. Übersicht bei Stomper in Halm/Kreuter/Schwab, AKB, AKB Rdn. 935 ff). Dabei geht die Mehrheit der Gerichte zwischenzeitlich wohl von einer Rechtmäßigkeit aus.
cc) **Fiktive Abrechnung.** Der BGH hat am 11.11.2015 entschieden, dass die Erstattung der Kosten einer markengebundenen Werkstatt bei fiktiver Abrechnung im Sinne der „erforderlichen Kosten" von A.2.7. 1 b) AKB 2008 zulässig ist. Hierbei sind die Grundsätze der BGH-Haftpflichtrechtsprechung (DAR 2008, 373 = BeckRS 88696) heranzuziehen.
b) **Sachverständigenverfahren.** Gibt es Meinungsverschiedenheiten zu der Höhe der Reparaturkosten oder des Wiederbeschaffungs- bzw. Restwertes, ist in den Versicherungsbedingungen (A.2.17 AKB 2008) meist das sog. Sachverständigenverfahren als Schiedsverfahren vereinbart. Dies ist vor einer Einreichung einer Klage unbedingt als Zulässigkeitsvoraussetzung zu prüfen!
Denn nach einer Entscheidung des OLG Hamm (29.4.2005 20 U 1/05, SP 2005, 424) ist es seitens des Versicherers nicht treuwidrig, sich erst im Prozess auf den Einwand des A.2.17 AKB 2008 zu berufen. Etwas anderes gilt nur dann, wenn der Versicherer die Leistung endgültig abgelehnt hat oder den Versicherungsnehmer selbst auf den Klageweg verwiesen hat.
Der Versicherer verstößt auch dann nicht gegen die Grundsätze von Treu und Glauben, wenn er nach Eintritt des Versicherungsfalles mit dem Versicherungsnehmer über die Schadenhöhe zunächst verhandelt, auch ein Sachverständigengutachten seinerseits einholt und letztendlich den nach seiner Meinung zu entschädigenden Betrag auszahlt.
An einen konkludenten Verzicht auf das Sachverständigenverfahren sind hohe Anforderungen zu stellen. *Kärger*

Vollmacht 1. Zivilrecht. a) Allgemeines. Während im Bereich der *zivilrechtlichen Vertretung* des Mandanten durch den Anwalt allenfalls Fragen im Zusammenhang mit der Wirksamkeit einer Vollmacht stellen, spielt der Umfang der Vollmacht im Bereich der anwaltlichen Verteidigung des Mandanten eine erhebliche Rolle. Denn nur wenn dem Anwalt wirksam zugestellt werden konnte, werden Rechtsmittelfristen in Gang gesetzt oder tritt eine verjährungsunterbrechende Wirkung der Zustellung des Bußgeldbescheides ein (vgl. BGH 10.9.1980, StV 1981, 12; BGH 28.10.1999, DAR 2000, 74; OLG Brandenburg 23.5.2005, zfs 2005, 571; AG Husum 16.11.2007, DAR 2009, 158, m. Anm. *Keden*).
b) **Form.** Für den Anwalt des durch einen Unfall Geschädigten ist es *unerlässlich*, sich von seinem Mandanten wenigstens eine *schriftliche Vollmacht* unterschreiben zu lassen, obgleich die Vollmachtsurkunde *keine Wirksamkeitsvoraussetzung* für ein Mandatsverhältnis ist, sondern lediglich ein *Nachweis für die Tatsache der Beauftragung* des Anwalts. Es spricht eine *Vermutung für die Mandatierung* des Anwalts, der sich beim Versicherer des Schädigers für den Geschädigten bestellt und darüber hinaus seine Bevollmächtigung anwaltlich versichert. Gleiches gilt für den Rechtsanwalt als Verteidiger (BGH 7.7.1997, NStZ-RR 1998, 18). Indes wird vom Versicherer mit dem Anwalt nur zur Sache korrespondiert und werden an den Anwalt nur dann Zahlungen geleistet, wenn er eine Vollmacht zum Nachweis seiner ordnungsgemäßen Bevollmächtigung vorlegt. Darüber hinaus wird dem Anwalt erst nach Vorlage einer Vollmacht (die *Vorlage einer Kopie* oder eine *Übermittlung per Fax* reichen aus; BGH 7.7.1997, NStZ-RR 1998, 18; OLG Köln 2.4.2004, NZV 2004, 595) Akteneinsicht in die Ermittlungsakte bewilligt und das Straßenverkehrsamt oder das Kraftfahrtbundesamt erst auf Vorlage einer Vollmacht Auskünfte erteilen.

Praxistipp: Nicht nur das Datum, sondern der genaue Zeitpunkt der Mandatierung, sollte auf der Vollmacht vermerkt werden. Denn der *Gegen-*

standswert der anwaltlichen Tätigkeit errechnet sich grundsätzlich aus dem zur *Zeit der Mandatierung* offen stehenden Ersatzanspruch des Geschädigten.

c) Wirksamkeit. Nach der jüngsten Liberalisierung des anwaltlichen Berufsrechts ist auch ein solches Mandat wirksam, welches mit einer sog. *Stapelvollmacht* zustande gekommen ist, wenn nicht eine rechtswidrige und damit nichtige Mandatserteilung in einem sog. *Unfallhelferring* vorliegt (vgl. BGH 26.4.1994, DAR 1994, 314; OLG Nürnberg 25.2.1992, NZV 1992, 366; s. a. → *Unfallhelferring).* Das Deponieren von Vollmachten und Visitenkarten z. B. bei Autohäusern (LG Oldenburg 12.7. 2011, VA 2011, 148), Reparaturwerkstätten (AG Frankfurt a.M. 17.9.2013, 30 C 335/13), Mietwagenunternehmen und Gutachtern ist nicht generell, sondern nur dann untersagt und unzulässig, wenn eine für den Anwalt *standeswidrige*, weil z. B. *unsachliche Werbung* erfolgt (*Hillmann/Schneider* § 1 Rn. 120). Da die Vollmachtserteilung *kein höchstpersönliches Rechtsgeschäft* ist, kann der Anwalt auch durch einen Dritten für den Geschädigten wirksam mandatiert werden. Dies entspricht dem praktischen Bedürfnis insbesondere dann, wenn der Geschädigte verletzt oder gar bewusstlos im Krankenhaus liegt, mithin den Anwalt nicht persönlich bevollmächtigen kann.

Praxistipp: In einem solchen Fall sollte der Anwalt sich alsbald eine vom Geschädigten *persönlich unterschriebene Vollmacht* beschaffen, damit die wirksame und im Interessen des Geschädigten ergriffene Tätigkeit später nicht mehr in Frage gestellt werden kann.

d) Wirkung, Umfang. Der Anwalt ist insoweit bevollmächtigt, wie dies aus der Vollmacht erkennbar wird. *Zivilrechtlich* kann der Anwalt ohne Vorlage einer Vollmacht insoweit für den Mandanten tätig werden, wie nicht eine Zurückweisung gem. § 174 BGB erfolgt. Ein *Verteidiger* kann unabhängig von der Vorlage einer Vollmachtsurkunde *wirksame Handlungen* für den Mandanten vornehmen, z. B. einen *Einspruch* gegen einen Strafbefehl oder Bußgeldbescheid einlegen. Nur für die *Beschränkung*, die *Rücknahme* oder den *Verzicht* von *Rechtsmitteln* ist der Nachweis einer *ausdrücklichen Ermächtigung* des Verteidigers notwendig (OLG Karlsruhe 22.7.1997, zfs 1997, 393). Ferner gilt der Anwalt *kraft Gesetzes* als zur Entgegennahme von Zustellungen ermächtigt, wenn sich eine auf ihn lautende schriftliche Vollmacht in der Akte befindet, §§ 145 a StPO, 51 Abs. 3 OWiG. Diese *gesetzliche Zustellungsermächtigung* des Verteidigers kann nicht durch eine entsprechende Formulierung in der Vollmacht ausgeschlossen oder eingeschränkt werden (OLG Dresden 10.5.2005, DAR 2005, 572; OLG Köln 2.4.2004, NZV 2004, 595). Dass der Anwalt als Verteidiger in der Hauptverhandlung aufgetreten ist, bewirkt nicht automatisch eine Zustellungsermächtigung (BGH 24.10.1995, NJW 1996, 406; BayObLG 20.5.2003, DAR 2003, 380). Nur eine *schriftliche* oder vom Mandanten *persönlich zu Protokoll* gegebene *Erklärungsvollmacht* i.S.v. § 234 StPO berechtigt den Verteidiger zur Vertretung des Mandanten in der Erklärung und im Willen, und räumt ihm neben den eigenen auch die Befugnisse des *abwesenden Angeklagten* bzw. *Betroffenen* ein. Eine Verwerfung des Einspruchs gegen den Strafbefehl oder der Berufung des trotz Anordnung des persönlichen Erscheinens abwesenden Angeklagten ist unzulässig, auch wenn der Verteidiger für den Angeklagten von dessen Schweigerecht Gebrauch macht (KG 31.8. 1967, VRS 33, 448). Nur mit schriftlicher Erklärungsvollmacht kann der Verteidiger einen *Antrag auf Entbindung von der Präsenzpflicht* des Angeklagten bzw. Betroffenen stellen (BGH 30.1.1959, NJW 1959, 731; OLG Bamberg 29.5.2006, NStZ 2007, 180; OLG Köln 21.12.2001, zfs 2002, 152; OLG Hamm 14.10.2003, zfs 2004, 42). *Geiger*

2. Ordnungswidrigkeiten- und Strafverfahren. a) Allgemeines. Dem *Mandatsverhältnis* zwischen dem Rechtsanwalt und dem Mandanten liegt ein zivilrechtlicher Vertrag zugrunde. Die *Vollmachtsurkunde* stellt lediglich den schriftlichen Nachweis des Mandatsverhältnisses dar, ist als solche aber nicht zwingend erforderlich. Daher spricht eine Vermutung für die Bevollmächtigung des Rechtsanwalts bereits dann, wenn er sich bei Gericht für den Mandanten bestellt. Unter Hinweis auf eine fehlende Vollmachtsurkunde darf der Rechtsanwalt dann nicht zurückgewiesen werden. Das *Mandatsverhältnis endet* durch Niederlegung des Mandats durch den Rechtsanwalt oder durch Kündigung des Mandanten.

b) Ordnungswidrigkeiten- und Strafverfahren. Im Ordnungswidrigkeitenverfahren gelten die gleichen Grundsätze wie im Strafverfahren, da die Vorschriften der StPO aufgrund von § 46 Abs. 1 OWiG auch im Ordnungswidrigkeitenverfahren zur Anwendung kommen.

aa) Anzahl der Verteidiger. Der Beschuldigte bzw. Betroffene kann sich gem. § 137 Abs. 1 StPO in jeder Lage des Verfahrens des Beistandes eines Verteidigers bedienen; die Zahl der gewählten Verteidiger darf *drei nicht übersteigen*. Es kommt hierbei aber nicht darauf an, wie viele Anwälte auf dem Kanzleibriefkopf stehen, sondern wie viele Anwälte auf der Vollmachtsurkunde festgehalten sind und sich für den Mandanten bestellt haben. Die Vollmachtserteilung (auch an mehrere Anwälte einer Sozietät) stellt insofern nur eine einseitige Erklärung des Mandanten dar. Maßgeblich ist letztlich, von welchem Anwalt die Verteidigerwahl angenommen wird. In Zweifelsfällen kann auch eine nachträgliche Beschränkung der Vollmacht auf bestimmte Sozietätsmitglieder erfolgen.

Praxistipp: In Anwaltssozietäten sollte sich nach Möglichkeit immer nur ein Rechtsanwalt zum Verteidiger bestellen, da in diesem Fall dann – je nach Bedarf – entweder weitere Kanzleimitglieder oder (bei auswärtigen Terminen) auch andere Unterbevollmächtigte (die im Rahmen der zulässigen Höchstanzahl jeweils berücksichtigt werden müssen) tätig werden können.

bb) Inhalt der Vollmachtsurkunde. Der Verteidiger bedarf zur *Zurücknahme* (und folglich auch zur *Beschränkung*) eines Rechtsmittels einer ausdrücklichen Ermächtigung des Mandanten (§ 302 Abs. 2 StPO). Daher sollte die Vollmachtsurkunde auch diese Ermächtigung enthalten.

cc) Unterbevollmächtigungen. Der Hauptbevollmächtigte kann einem anderen Rechtsanwalt Untervollmacht erteilen, wenn ihn der Mandant hierzu (mündlich oder schriftlich) ermächtigt hat. Der Unterbevollmächtigte hat im Regelfall dann dieselben Befugnisse wie der Hauptbevollmächtigte (BayObLG 22.2.1991, 2 Ob OWi 48/91, NZV 1991, 403). Die *Untervollmacht* endet mit dem Mandatsverhältnis des Hauptbevollmächtigten (→ Nr. 1).

dd) Vertretungsvollmacht (Erklärungsvollmacht). Im Gegensatz zum grundsätzlich nicht bestehenden Schriftformerfordernis bzgl. der Verteidigungsvollmacht muss die Vertretungsvollmacht bei Beginn der Hauptverhandlung schriftlich (oder zu Protokoll gegeben) vorliegen.

Praxistipp: Die schriftliche Vollmacht des Verteidigers, durch den sich der Mandant in der Hauptverhandlung vertreten lassen will, kann aufgrund mündlicher Ermächtigung durch den Mandanten von dem zu bevollmächtigenden Verteidiger selbst unterzeichnet werden (BayObLG 7.11. 2001, 5 St RR 285/2001, NZV 2002, 199). Für den in Untervollmacht (→ Nr. 2 b) cc)) auftretenden Verteidiger bedarf es keiner besonderen schriftlichen Vertretungsvollmacht, vielmehr reicht eine mündliche Beauftragung durch den mit schriftlicher Vertretungsvollmacht versehenen Hauptbevollmächtigten aus (OLG Celle 6.10.2010, 311 SsRs 113/10, DAR 2010, 708; OLG Bamberg 27.4.2007, 3 Ss OWi 480/07, SVR 2008, 114). Ein unterbevollmächtigter Verteidiger kann in einer Bußgeldsache auch dann wirksam auf Rechtsmittel verzichten, wenn sich eine Vertretungsvollmacht im Zeitpunkt des Rechtsmittelverzichtes nicht bei der Akte befindet, eine Ermächtigung zum Verzicht aber erteilt worden war (OLG Oldenburg 31.1.2011, 2 SsBs 175/10, BeckRS 2011, 02788). Soweit im *Strafverfahren* die Hauptverhandlung ohne Anwesenheit des Angeklagten stattfinden kann, ist er befugt, sich durch einen mit schriftlicher Vollmacht versehenen Verteidiger vertreten zu lassen (§ 234 StPO). Dies gilt z.B. im Strafbefehlsverfahren (§ 411 Abs. 2 StPO) oder im Berufungsverfahren (§ 329 Abs. 1 S. 1 StPO). Entsprechendes gilt im *Bußgeldverfahren* für die Fälle, in denen der Betroffene (auf Antrag des Verteidigers) vom persönlichen Erscheinen in der Hauptverhandlung entbunden werden soll (§ 73 OWiG): Ein solcher Verzicht auf das Anwesenheitsrecht des Betroffenen kann nur von einem Verteidiger mit Vertretungsvollmacht wirksam erklärt werden (BayObLG 3.2.2000, 2 Ob OWi 638/99, NZV 2001, 221). Wird ohne den Mandanten, aber mit dem Verteidiger (der Vertretungsvollmacht hat) verhandelt, so hat dieser (bei grundsätzlicher Bereitschaft, zur Sache zu verhandeln) *dieselben Rechte wie der (abwesende) Mandant*; er kann somit auch keine Angaben zur Sache machen.

ee) Zustellungen. Der gewählte Verteidiger, dessen Vollmacht sich bei den Akten befindet, sowie der bestellte Verteidiger gelten als ermächtigt, Zustellungen und sonstige Mitteilungen für den Beschuldigten in Empfang zu nehmen (§ 51 Abs. 3 OWiG bzw. § 145a Abs. 1 StPO).

Praxistipp: Eine wirksame Zustellung allein an den Verteidiger kann also nur dann erfolgen, wenn sich zum Zeitpunkt der Zustellung eine Vollmachtsurkunde in der Behörden- oder Gerichtsakte befindet; unbeachtlich ist in diesem Zusammenhang, ob der Mandant überhaupt eine schriftliche Vollmacht erteilt hat.

ff) Ladungen. Die *Ladung des Verteidigers* (der sich bei der Verwaltungsbehörde oder bei Gericht bestellt hat) zur Hauptverhandlung hat auch dann zu erfolgen, wenn eine schriftliche Verteidigungsvollmacht dem Gericht nicht vorliegt; dies gilt selbst dann, wenn sich der Verteidiger erst nach Anberaumung des Hauptverhandlungstermins bei Gericht bestellt.

Praxistipp: Ist der gewählte Verteidiger, dessen Wahl dem Gericht angezeigt worden ist, zum Hauptverhandlungstermin nicht geladen worden und dort auch nicht erschienen, so darf der Einspruch des Betroffenen, dessen persönliches Erscheinen angeordnet worden und der im Termin unentschuldigt ausgeblieben ist, nicht nach § 74 Abs. 2 S. 1 OWiG verworfen werden (OLG Düsseldorf 28.9.1993, 5 Ss OWi 308/93 - OWi 139/93 I, NZV 1994, 44).

Eine *Ladung des Mandanten* darf an den Verteidiger nur zugestellt werden, wenn er in einer bei den Akten befindlichen Vollmacht ausdrücklich zur Empfangnahme von Ladungen ermächtigt ist (§ 145 a Abs.2 StPO).

Praxistipp: Von Vollmachtsformularen, die Ladungen des Mandanten durch Zustellung an den Verteidiger erlauben, sollte abgesehen werden; erfährt nämlich der Mandant (im Ordnungswidrigkeiten- oder Strafbefehlsverfahren) nicht von einem Hauptverhandlungstermin (z.B. weil er verzogen ist und daher ggf. auch nicht vom Verteidiger über den Termin informiert werden kann), so gilt er als unentschuldigt ferngeblieben, und das Gericht kann den Einspruch verwerfen (dann kommt aber ggf. ein Antrag auf *Wiedereinsetzung in den vorigen Stand* in Betracht).

3. Verwaltungsrecht. Vor den Verwaltungsgerichten ist dem Prozessbevollmächtigten eine *schriftliche Vollmacht* zu erteilen, welche zu den Gerichtsakten einzureichen ist (§ 67 Abs. 6 S. 1 VwGO). Die Vollmachtsurkunde stellt daher ein *wesentliches Formerfordernis* dar. Zur Nachreichung der Vollmacht kann vom Gericht eine Frist bestimmt werden (§ 67 Abs. 6 S. 2 VwGO). Der *Mangel der Vollmacht* kann in jeder Lage des Verfahrens geltend gemacht werden; das Gericht hat den Mangel der Vollmacht von Amts wegen zu berücksichtigen, wenn nicht als Bevollmächtigter ein Rechtsanwalt auftritt (§ 67 Abs. 6 S. 3 u. 4 VwGO). Ist ein Bevollmächtigter bestellt, sind die *Zustellungen* oder Mitteilungen des Gerichts an ihn zu richten (§ 67 Abs. 6 S. 5 VwGO). *Langer*

Vollrausch Gesetzliche Vorschrift, § 323a StGB. Festzustellen ist die vollständige Aufhebung von Steuerungsfähigkeit und/oder Einsichtsvermögen gem. § 20 StGB einerseits bei gleichzeitig festgestellter entsprechender Substanzkonzentration im Blut andererseits.
Dies geschieht entweder durch den Nachweis der Substanz im Blut oder Berechnung (s.a. → *Widmarkformel*). *Priemer*

Vollstreckung gegen Jugendliche und Heranwachsende → Vollstreckung von Geldbußen Nr. 7

Vollstreckung von Geldbußen 1. Allgemeines. Bußgeldentscheidungen sind vollstreckbar, wenn sie rechtskräftig geworden sind (§ 89 OWiG). *Nichtige Bußgeldbescheide* (→ *Bußgeldverfahren* Nr. 2f) sind nicht vollstreckbar, auch wenn sie formell rechtskräftig sind.
2. Zuständige *Vollstreckungsbehörde* ist grundsätzlich die Verwaltungsbehörde, die den Bußgeldbescheid erlassen hat (§ 92 OWiG); dies gilt auch für den Fall, wenn Einspruch gegen den Bußgeldbescheid eingelegt, dieser später aber gegenüber der Staatsanwaltschaft oder gegenüber dem Gericht wieder zurückgenommen wurde. Wird die Bußgeldentscheidung vom Gericht getroffen, ist grundsätzlich die Staatsanwaltschaft für die Vollstreckung zuständig (§ 91 OWiG i.V.m. § 451 StPO); in Jugendsachen ist dagegen der Jugendrichter der Vollstreckungsleiter (§ 91 OWiG i.V.m. § 82 Abs. 1 JGG).
3. Zahlungserleichterungen. Die Vollstreckungsbehörde kann Zahlungserleichterungen bewilligen, ändern oder aufheben – zum Nachteil des Betroffenen aber nur aufgrund neuer Tatsachen oder Beweismittel (§§ 18, 93 OWiG). Dieselben Vorschriften gelten bei der Vollstreckung von Nebenfolgen, die zu einer Geldzahlung verpflichten (§ 99 Abs. 1 OWiG).
4. Verrechnung von Teilbeträgen. Teilbeträge werden, wenn der Betroffene bei der Zahlung keine Bestimmung trifft, zunächst auf die Geldbuße, dann auf die etwa angeordneten Nebenfolgen, die zu einer Geldzahlung verpflichten, und zuletzt auf die Kosten des Verfahrens angerechnet (§ 94 OWiG).
5. Beitreibung der Geldbuße. Der Betroffene hat ab dem Tag der Rechtskraft der Bußgeldentscheidung *zwei Wochen* Zeit, die Geldbuße zu bezahlen; nur wenn erkennbar ist, dass sich der Betroffene der Zahlung entziehen will, ist die sofortige Beitreibung gestattet (§ 95 Abs. 1 OWiG). Die Vollstreckung unterbleibt auf An-

ordnung der Vollstreckungsbehörde, wenn dem Betroffenen aufgrund seiner wirtschaftlichen Verhältnisse eine Zahlung in absehbarer Zeit nicht möglich ist (§ 95 Abs. 2 OWiG). Dieselben Vorschriften gelten bei der Vollstreckung von Nebenfolgen, die zu einer Geldzahlung verpflichten (§ 99 Abs. 1 OWiG).

6. Erzwingungshaft. Die Erzwingungshaft ist ein Beugemittel, um den Betroffenen zu der ihm obliegenden Zahlung der Geldbuße (nicht aber einer Nebenfolge oder der Verfahrenskosten) zu bewegen.

a) Anordnung von Erzwingungshaft. Nach Ablauf der in § 95 Abs. 1 OWiG bestimmten Zwei-Wochen-Frist (→ Nr. 5) kann das Gericht (im Rahmen einer Ermessensentscheidung) gem. § 96 Abs. 1 OWiG auf Antrag der Vollstreckungsbehörde oder, wenn ihm selbst die Vollstreckung obliegt, von Amts wegen Erzwingungshaft anordnen, wenn
– die Geldbuße oder der bestimmte Teilbetrag einer Geldbuße nicht gezahlt ist,
– der Betroffene seine Zahlungsunfähigkeit nicht dargetan hat (§ 66 Abs. 2 Nr. 2 Buchst. b OWiG),
– er nach § 66 Abs. 2 Nr. 3 OWiG belehrt ist und
– keine Umstände bekannt sind, welche seine Zahlungsunfähigkeit ergeben.

Ergibt sich aber, dass dem Betroffenen *nach seinen wirtschaftlichen Verhältnissen nicht zuzumuten* ist, den zu zahlenden Betrag der *Geldbuße sofort zu entrichten*, so bewilligt das Gericht eine Zahlungserleichterung oder überlässt die Entscheidung darüber der Vollstreckungsbehörde. Eine bereits ergangene Anordnung der Erzwingungshaft wird aufgehoben (§ 96 Abs. 2 OWiG).

b) Dauer der Erzwingungshaft. Die Dauer der Erzwingungshaft wegen einer Geldbuße darf *sechs Wochen*, wegen mehrerer in einer Bußgeldentscheidung festgesetzter Geldbußen *drei Monate* nicht übersteigen (§ 96 Abs. 3 S. 1 OWiG). Sie wird, auch unter Berücksichtigung des zu zahlenden Betrages der Geldbuße, nach Tagen bemessen und kann *nachträglich nicht verlängert*, jedoch abgekürzt werden (§ 96 Abs. 3 S. 2 OWiG). Wegen desselben Betrages darf die Erzwingungshaft *nicht wiederholt* werden (§ 96 Abs. 3 S. 3 OWiG).

c) Vollstreckung der Erzwingungshaft. Die *zuständige Vollstreckungsbehörde* ist grundsätzlich die Behörde, die auch für die Vollstreckung der Geldbuße zuständig ist (→ Nr. 2). Allerdings ist die Staatsanwaltschaft in diesem Rahmen auch dann für die Vollstreckung der Erzwingungshaft zuständig (und nicht etwa die Verwaltungsbehörde), wenn ein Bußgeldbescheid vollstreckt wird (§ 97 Abs. 1 OWiG i.V.m. § 451 Abs. 1 u. 2 StPO). Der Gerichtsbeschluss, der die Erzwingungshaft anordnet, ist erst nach Rechtskraft vollstreckbar. Folgt der Betroffene der Ladung zum Antritt der Erzwingungshaft nicht freiwillig, so kann ein Vorführungs- oder Haftbefehl gegen ihn erlassen werden (§§ 27, 33 StVollStrO). Der Betroffene kann die Vollstreckung der Erzwingungshaft jederzeit dadurch *abwenden*, dass er den zu zahlenden Betrag der Geldbuße entrichtet (§ 97 Abs. 2 OWiG). Eine bereits angetretene Erzwingungshaft ist nach Zahlung sofort abzubrechen. Macht der Betroffene nach Anordnung der Erzwingungshaft geltend, dass ihm nach seinen wirtschaftlichen Verhältnissen nicht zuzumuten ist, den zu zahlenden Betrag der Geldbuße sofort zu entrichten, so wird dadurch die Vollziehung der Anordnung nicht gehemmt; das Gericht kann jedoch die Vollziehung aussetzen (§ 97 Abs. 3 OWiG).

d) Zulässiges **Rechtsmittel gegen Anordnung der Erzwingungshaft** ist die sofortige Beschwerde (§ 311 StPO i.V.m. § 104 Abs. 3 Nr. 1 OWiG).

7. Sonderfall: Vollstreckung gegen Jugendliche und Heranwachsende. Nachfolgende Regelungen gelten gem. § 98 Abs. 4 OWiG für die Vollstreckung sowohl der gegen einen Jugendlichen als auch der gegen einen Heranwachsenden festgesetzten Geldbuße:

a) Auflagen bei Nichtzahlung der Geldbuße. Wird die gegen einen Jugendlichen oder Heranwachsenden festgesetzte Geldbuße auch nach Ablauf der in § 95 Abs. 1 OWiG bestimmten Zwei-Wochen-Frist nicht gezahlt, so kann der Jugendrichter auf Antrag der Vollstreckungsbehörde oder, wenn ihm selbst die Vollstreckung obliegt, von Amts wegen dem Jugendlichen oder Heranwachsenden auferlegen, an Stelle der Geldbuße
– Arbeitsleistungen zu erbringen,
– nach Kräften den durch die Handlung verursachten Schaden wiedergutzumachen,
– bei einer Verletzung von Verkehrsvorschriften an einem Verkehrsunterricht teilzunehmen, oder
– sonst eine bestimmte Leistung zu erbringen,
wenn die Bewilligung einer Zahlungserleichterung, die Beitreibung der Geldbuße oder die Anordnung der Erzwingungshaft nicht möglich oder angebracht erscheint (§ 98 Abs. 1 S. 1 OWiG). Der Jugendrichter kann die vorgenannten Anordnungen nebeneinander treffen

und nachträglich ändern (§ 98 Abs. 1 S. 2 OWiG).

b) Verhängung von Jugendarrest. Kommt der Jugendliche oder Heranwachsende einer Anordnung nach § 98 Abs. 1 OWiG schuldhaft nicht nach und zahlt er auch nicht die Geldbuße, so kann gem. § 98 Abs. 2 OWiG Jugendarrest (§ 16 JGG) gegen ihn verhängt werden, wenn er entsprechend belehrt worden ist. Hiernach verhängter Jugendarrest darf bei einer Bußgeldentscheidung *eine Woche nicht übersteigen.* Vor der Verhängung von Jugendarrest ist dem Jugendlichen oder Heranwachsenden Gelegenheit zur mündlichen Äußerung vor dem Richter zu geben.

c) Vollstreckung des Jugendarrests. Wegen desselben Betrags darf Jugendarrest nicht wiederholt angeordnet werden (§ 98 Abs. 3 S. 1 OWiG). Der Richter sieht von der Vollstreckung des Jugendarrestes ab, wenn der Jugendliche oder Heranwachsende nach dessen Verhängung entweder der getroffenen Weisung nachkommt oder die Geldbuße zahlt (§ 98 Abs. 3 S. 2 OWiG). Ist Jugendarrest vollstreckt worden, so kann der Jugendrichter die Vollstreckung der Geldbuße ganz oder zum Teil für erledigt erklären (§ 98 Abs. 3 S. 3 OWiG).

d) Zulässiges **Rechtsmittel gegen Verhängung des Jugendarrests** ist die sofortige Beschwerde (§ 311 StPO i.V.m. § 104 Abs. 3 Nr. 1 OWiG).

8. Die **Vollstreckung in den Nachlass** des Betroffenen ist bei einer Geldbuße nicht zulässig, gestattet ist dies aber bei Nebenfolgen, die zu einer Geldzahlung verpflichten, sowie bei den Verfahrenskosten (§ 101 OWiG).

9. Nachträgliches Strafverfahren. Wird nach Rechtskraft des Bußgeldbescheides wegen derselben Handlung die öffentliche Klage erhoben, so soll die Vollstreckungsbehörde die Vollstreckung des Bußgeldbescheides insoweit aussetzen (§ 102 Abs. 1 OWiG). Sind die Entscheidungen nach § 86 Abs. 1 u. 2 OWiG im Strafverfahren unterblieben, so sind sie von dem Gericht nachträglich zu treffen (§ 102 Abs. 2 OWiG).

10. Zur **Verjährung** im Rahmen der Vollstreckung → *Vollstreckungsverjährung.*

11. Gerichtliche Entscheidung. Über Einwendungen gegen
– die Zulässigkeit der Vollstreckung,
– die von der Vollstreckungsbehörde nach den §§ 93, 99 Abs. 2 u. § 102 Abs. 1 OWiG getroffenen Anordnungen, oder
– die sonst bei der Vollstreckung eines Bußgeldbescheides getroffenen Maßnahmen entscheidet das (ordentliche) Gericht (§ 103 Abs. 1 OWiG); der Verwaltungsrechtsweg ist insofern ausgeschlossen. *Nicht umfasst* von § 103 Abs. 1 OWiG sind dagegen Einwendungen gegen Gerichtsentscheidungen nach §§ 96, 97, 98, 100 u. 102 OWiG, da diese keine Entscheidungen der Vollstreckungsbehörde sind; in diesen Fällen ist die sofortige Beschwerde gem. § 311 StPO i.V.m. § 104 Abs. 3 OWiG möglich.

a) Verfahren gegenüber der Vollstreckungsbehörde. Die Einwendungen sind bei der Vollstreckungsbehörde zu erheben, und zwar fristlos (jedenfalls bis Ende der Vollstreckungsmaßnahme möglich) und formlos. Die Vollstreckungsbehörde hat im Rahmen des *Abhilfeverfahrens* die Möglichkeit, die von ihr getroffene Entscheidung zu korrigieren, anderenfalls wird die Sache dem Gericht zur Entscheidung vorgelegt.

b) Nicht gehemmt wird die Vollstreckung durch oben genannte Einwendungen nach § 103 Abs. 1 OWiG, das Gericht kann jedoch die Vollstreckung aussetzen (§ 103 Abs. 2 OWiG).

c) Verfahren bei gerichtlicher Entscheidung. Die bei der Vollstreckung notwendig werdenden gerichtlichen Entscheidungen werden gem. § 104 Abs. 1 OWiG erlassen
– von dem nach § 68 OWiG zuständigen Gericht, wenn ein Bußgeldbescheid zu vollstrecken ist,
– von dem Gericht des ersten Rechtszuges, wenn eine gerichtliche Bußgeldentscheidung zu vollstrecken ist,
– von dem Jugendrichter, dem die Vollstreckung einer gerichtlichen Bußgeldentscheidung obliegt, soweit nicht eine Entscheidung nach § 100 Abs. 1 Nr. 2 OWiG zu treffen ist,
– von dem Gericht des ersten Rechtszuges im Strafverfahren, wenn eine Entscheidung nach § 102 Abs. 2 OWiG zu treffen ist.

Die Entscheidung ergeht ohne mündliche Verhandlung, vor der Entscheidung ist den Beteiligten Gelegenheit zu geben, Anträge zu stellen und zu begründen (§ 104 Abs. 2 OWiG).

d) Als **Rechtsmittel gegen die gerichtliche Entscheidung** in den Fällen des § 103 Abs. 1 Nr. 2 i.V.m. § 99 Abs. 2 OWiG ist die *sofortige Beschwerde* zulässig (§ 104 Abs. 3 Nr. 3 OWiG).

Langer

Vollstreckung von Geldstrafen Rechtskräftig erkannte Geldstrafen sind vollstreckbar. Die Beitreibung richtet sich nach §§ 459 ff StPO. Ist die Geldstrafe uneinbringlich, so tritt an ihre Stelle Ersatzfreiheitsstrafe (§ 43 StGB, § 459 e

V Vollstreckungsverjährung (Ordnungswidrigkeiten)

StPO), d. h. ein Tagessatz Geldstrafe entspricht einem Tag Ersatzfreiheitsstrafe. Damit es so weit möglichst nicht kommt, empfiehlt es sich, rechtzeitig Ratenzahlung zu beantragen. Der Antrag kann auch gestellt werden, wenn das Urteil bereits rechtskräftig ist, zuständig ist dann die Vollstreckungsbehörde (§ 459 a Abs. 1 StPO). Vor Rechtskraft befindet über Zahlungserleichterungen (§ 42 S. 1 StGB) und ggf. die Voraussetzungen für deren Entfallen (§ 42 S. 2 StGB) das erkennende Gericht. Dessen Anordnungen kann die Vollstreckungsbehörde aber aufheben oder ändern; dies ist zum Nachteil des Verurteilten aber nur zulässig, wenn sie neue Tatsachen oder Beweismittel in der Hand hat (§ 459 a Abs. 2 StPO). *Weder*

Vollstreckungsverjährung (Ordnungswidrigkeiten) 1. Allgemeines. Die *Vollstreckungsverjährung* (§ 34 OWiG) setzt nahtlos an der *Verfolgungsverjährung* (§ 31 OWiG) an. Während die Verfolgungsverjährung zur Unzulässigkeit der Verfolgung von Ordnungswidrigkeiten und der Anordnung von Nebenfolgen (bei noch nicht rechtskräftig geahndeter Tat) führt, hat die Vollstreckungsverjährung die Unzulässigkeit der Vollstreckung einer bereits rechtskräftig geahndeten Tat zur Folge (§ 34 Abs. 1 OWiG). Beide Verjährungsarten stellen Verfahrenshindernisse dar. Die Vorschriften über die Verfolgungsverjährung gelten auch für Nebenfolgen, die zu einer Geldzahlung verpflichten (§ 34 Abs. 5 OWiG).

2. Verjährungsfrist. Ausschlaggebend für die Länge der Verjährungsfrist ist die Höhe der rechtskräftig festgesetzten Geldbuße (§ 34 Abs. 2 OWiG):

Fünf Jahre: bei einer Geldbuße von mehr als 1.000,00 €;

Drei Jahre: bei einer Geldbuße von bis zu 1.000,00 €.

Sind *mehrere Geldbußen in einer Entscheidung* festgesetzt, so berechnet sich die Verjährungsfrist für jede einzelne Geldbuße gesondert.

3. Beginn der Vollstreckungsverjährung. Die Verjährung beginnt mit dem Tag der Rechtskraft der Entscheidung (§ 34 Abs. 3 OWiG).

4. Fristberechnung. Der Tag, an dem die Vollstreckungsverjährung beginnt, stellt den ersten Tag der Verjährungsfrist dar. Der letzte Tag der Verjährungsfrist fällt auf den im Kalender vorausgehenden Tag, und zwar unabhängig davon, ob es sich hierbei um einen Samstag, Sonntag oder Feiertag handelt (also in Abweichung zu § 46 Abs. 1 OWiG i. V. m. § 43 Abs. 2 StPO).

5. Das **Ruhen der Vollstreckungsverjährung** ist in § 34 Abs. 4 OWiG geregelt, eine Unterbrechung der Vollstreckungsverjährung gibt es (anders als bei der Verfolgungsverjährung) dagegen nicht.

a) Wirkung des Ruhens. Ruht die Vollstreckungsverjährung, so wird der Zeitraum während des Ruhens nicht in die Verjährung eingerechnet, die Verjährung beginnt also nicht bzw. wird gestoppt; nach dem Ende des Ruhens läuft der noch unverbrauchte Teil der Verjährungsfrist wieder weiter.

b) Ruhenstatbestände. Die Verjährung ruht gem. § 34 Abs. 4 OWiG, solange
– nach dem Gesetz – aus rechtlichen (nicht aus tatsächlichen) Gründen – die Vollstreckung nicht begonnen oder nicht fortgesetzt werden kann,
– die Vollstreckung ausgesetzt ist oder
– eine Zahlungserleichterung bewilligt ist.

Langer

Vollstreckungsverjährung (Strafrecht) Wer rechtskräftig verurteilt ist, gegen den kann die erkannte Strafe oder Maßnahme vollstreckt werden, jedoch nur in den Grenzen der V. (§ 79 Abs. 1 StGB). Die Verjährungsfrist beginnt mit der Rechtskraft der Entscheidung (§ 79 Abs. 6 StGB). Es wird also, anders als bei der → *Verfolgungsverjährung* nicht nach einzelnen Taten oder Tatbeständen differenziert. Sondern die Dauer der Verjährungsfrist richtet sich nach der Dauer der verhängten (zeitigen) Freiheitsstrafe (§ 79 Abs. 3 Nr. 1 bis 4 StGB) bzw. der Anzahl der an Geldstrafe verhängten Tagessätze (§ 79 Abs. 3 Nr. 4 und 5 StGB). Bezüglich anderer Rechtsfolgen regelt § 79 StGB in seinen Absätzen 4 und 5 Einzelheiten, die in Verkehrsstrafsachen regelmäßig nicht von Bedeutung sind.

Weder

Vorabentscheidung zum Haftungsgrund → Besonderheiten des Verkehrsunfallprozesses Nr. 4

Vorfahrt → Haftungsverteilung bei Verkehrsunfällen Nr. 9, → Irreführendes Falschblinken, → Verkehrsberuhigter Bereich Nr. 2 c)

Vorhaltekosten → Unfallschadenabwicklung – Sachschaden Nr. 37

Vorhersehbarkeit → Verschuldenshaftung Nr. 5

Vorlagepflicht → Lenk- und Ruhezeiten Nr. 6

Vorläufige Entziehung der Fahrerlaubnis
1. Allgemeines. Die V. wird durch richterlichen Beschluss nach § 111 a Abs. 1 StPO angeordnet, wenn dringende Gründe für die Annahme sprechen, es werde im Strafverfahren zu einer endgültigen → *Entziehung der Fahrerlaubnis* nach § 69 StGB kommen.
2. Rechtsmittel. Gegen den Beschluss kann Beschwerde eingelegt werden. Das ist in eindeutigen Fällen sinnlos, in „Grenzfällen" dagegen ratsam, da die höhere Instanz unter Umständen anderer Ansicht ist. Um sich hier zu entscheiden, braucht der Verteidiger zuvor → *Akteneinsicht;* eine Beschwerde „blind" einzulegen, ist regelmäßig nicht sinnvoll.
3. Wirkungen. Die V. wirkt in den Fällen des § 111 a Absätze 3 und 4 StPO zugleich als Beschlagnahme des Führerscheins (§ 94 StPO) bzw. deren Bestätigung, wenn es bereits vorher zu einer solchen gekommen ist. Führt der Beschuldigte ein Kraftfahrzeug und weiß er um die Beschlagnahme des Führerscheins oder verkennt er diese fahrlässig, so macht er sich nach § 21 Abs. 2 Nr. 2 StVG strafbar, → *Fahren ohne Fahrerlaubnis.*
4. Aufhebung. Die V. ist aufzuheben (§ 111 a Abs. 2 StPO), wenn ihr Grund weggefallen ist oder das Gericht im Urteil die Fahrerlaubnis nicht entzieht. Praktisch häufigster Fall des „weggefallenen Grundes" ist, dass das Gericht im Urteil die Fahrerlaubnis – wie erwartet – endgültig entzieht, denn dann gibt es keinen Raum mehr für die *vorläufige* Entziehung.
5. *Ausnahme einzelner Arten von Kfz* lässt § 111 a Abs. 1 S. 2 StPO bei besonderen Umständen zu. Siehe hierzu → *Entziehung der Fahrerlaubnis* Nr. 1 f). *Weder*

vorläufiger Rechtsschutz → Besonderheiten des Verkehrsverwaltungsprozesses Nr. 9

Vorrangverzicht → Fußgängerüberweg Nr. 2 a)

Vorsatz und Fahrlässigkeit 1. Allgemeines. Die Frage, ob eine Tat vorsätzlich oder fahrlässig begangen wurde, hat sowohl im Ordnungswidrigkeiten- als auch im Strafrecht Auswirkungen auf Art und Ausmaß der Ahndung.
2. Ordnungswidrigkeitenrecht. Gem. § 10 OWiG kann als Ordnungswidrigkeit nur vorsätzliches Handeln geahndet werden, außer wenn das Gesetz fahrlässiges Handeln ausdrücklich mit Geldbuße bedroht. Im Verkehrsrecht ist in diesem Zusammenhang bedeutend, dass Ordnungswidrigkeiten grundsätzlich auch fahrlässig begangen werden und insofern auch geahndet werden können (§§ 24 Abs. 1, 24a Abs. 3, 24c Abs. 2 StVG).

a) **Vorsatzformen.** Vorsatz setzt sich aus zwei Elementen zusammen, nämlich der Wollensseite (voluntatives Element) und der Wissensseite (kognitives Element) Die Rechtsprechung unterscheidet drei verschiedene Vorsatzformen: *Absicht* (dolus directus 1. Grades) ist dann anzunehmen, wenn es dem Täter auf die Verwirklichung des Tatbestandes einschließlich des hierzu gehörenden Erfolgs gerade ankommt und er diesen mit zielgerichtetem Willen anstrebt; hier herrscht also die Wollensseite vor. Beim *direkten Vorsatz* (dolus directus 2. Grades) weiß oder sieht der Täter als sicher voraus, dass der Tatbestand verwirklicht wird, ungeachtet davon, ob der tatbestandliche Erfolg das angestrebte Ziel darstellt; hier herrscht demnach die Wissensseite vor. Von *bedingtem Vorsatz* (dolus eventualis) ist dann auszugehen, wenn der Täter die Tatbestandsverwirklichung für möglich gehalten und billigend in Kauf genommen hat, oder sich mit ihr (auch wenn sie ihm als solche nicht erwünscht gewesen sein mag) der Zielerreichung wegen zumindest abgefunden hat.

b) **Fahrlässigkeitsformen.** Im Ordnungswidrigkeitenrecht werden zwei Arten der Fahrlässigkeit unterschieden: die *bewusste Fahrlässigkeit*, bei der der Täter die mögliche Tatbestandsverwirklichung zwar erkennt, mit dieser aber nicht einverstanden ist und ernsthaft darauf vertraut, sie werde nicht eintreten, sowie die *unbewusste Fahrlässigkeit*, bei der der Täter die mögliche Tatbestandsverwirklichung weder erkennt noch voraussieht.

c) **Abgrenzungsschwierigkeiten.** Bei der Beurteilung von Verkehrsordnungswidrigkeiten ist der Grat *zwischen bedingtem Vorsatz und bewusster Fahrlässigkeit* manchmal sehr schmal. In diesen beiden Fällen rechnet der Täter jeweils mit der Möglichkeit, dass der tatbestandliche Erfolg eintritt. Während er beim Eventualvorsatz diese Folge hinnimmt (auch wenn sie ihm höchst unerwünscht ist) und sich mit dem Risiko der Verwirklichung des Tatbestandes abfindet, vertraut er bei der bewussten Fahrlässigkeit jedoch auf das Nichtvorliegen des Tatbestands bzw. auf das Ausbleiben des tatbestandlichen Erfolgs. Der Unterschied liegt insofern beim Willenselement des subjektiven Tatbestands. Bei *massiven Geschwindigkeitsüberschreitungen* nimmt die Rechtsprechung mittlerweile vermehrt vorsätzliches Handeln an; *außerorts* beispielsweise dann, wenn zuvor zahlreiche Tempobegrenzungsschilder nicht beachtet wurden (z. B. bei

V Vorsatz und Fahrlässigkeit

Überschreitung um 50 km/h: OLG Düsseldorf 5.12.1995, 2 Ss OWi 420/95 – OWi 93/95 III, NStZ-RR 1996, 215; *a.A.*: OLG Zweibrücken 14.1.2011, 1 SsBs 37/10, DAR 2011, 274). *Innerorts* müssen i. d. R. keine weiteren Indizien mehr festgestellt werden, wenn eine erhebliche prozentuale Überschreitung vorliegt und der Betroffene aufgrund der örtlichen Bebauung tatsächlich den Schluss zieht, dass er sich innerhalb einer geschlossenen Ortschaft befindet (z. B. bei Überschreitung von 46 %: KG 21.6.2004, 3 Ws B 186/04, NZV 2004, 598; bei Überschreitung um 33 km/h: Bay ObLG 18.9.2003, 2 Ob OWi 445/03, DAR 2004, 99).

> **Praxistipp:** Geht das Gericht von bedingtem Vorsatz aus, müssen beide Vorsatzkomponenten, das heißt sowohl das Wissens- als auch das Wollenselement, geprüft und durch tatsächliche Feststellungen belegt werden (OLG Koblenz 19.9.2006, 1 Ss 145/06, NZV 2007, 255).

d) Irrtum. Tatbestandsirrtum bzw. Erlaubnistatbestandsirrtum können dazu führen, dass dem Betroffenen kein Vorsatz, sondern nur Fahrlässigkeit vorzuwerfen ist. Verbotsirrtum bzw. Erlaubnisirrtum führen (nur wenn der Irrtum für den Betroffenen unvermeidbar war) sogar zur Nichtvorwerfbarkeit und stellen damit einen Schuldausschließungsgrund dar (→ *Irrtum*).

e) Prozessuales. Enthält der Bußgeldbescheid zur Schuldform keine Angabe, so ist zunächst vom Vorwurf fahrlässiger Tatbegehung auszugehen, so dass das Gericht (will es beispielsweise nach der Beweisaufnahme auf Vorsatz erkennen) in entsprechender Anwendung des § 265 StPO (i.V. m. § 46 Abs. 1 OWiG) den Betroffenen *auf die Veränderung des rechtlichen Gesichtspunktes hinweisen* muss (OLG Karlsruhe 28.4.2006, 1 Ss 25/06, NZV 2006, 437); diese wesentliche Förmlichkeit muss dem Protokoll zu entnehmen sein.

f) Rechtsfolgen. Droht das Gesetz für vorsätzliches und fahrlässiges Handeln Geldbuße an, ohne im Höchstmaß zu unterscheiden, so kann fahrlässiges Handeln im Höchstmaß nur mit der Hälfte des angedrohten Höchstbetrages der Geldbuße geahndet werden (§ 17 Abs. 2 OWiG). Nachdem die überwiegenden Tatbestände des Bußgeldkatalogs im Grundsatz von fahrlässiger Begehungsweise ausgehen (→ *Bußgeldkatalog*), erfolgt in der Praxis – wenn auf Vorsatz erkannt wird – vorwiegend eine *Verdoppelung der Regelgeldbuße* (*a. A.*: OLG Koblenz 10.3.2010, 2 SsBs 20/10, BeckRS 2010, 07419). Hiervon *ausgenommen* sind *reine Vorsatzdelikte* (also Verkehrsordnungswidrigkeiten, die ohnehin nur vorsätzlich begangen werden können), bei denen eine Verdopplung der Geldbuße dann also nicht mehr in Betracht kommen kann. Die entsprechenden Tatbestände der Vorsatzdelikte sind im Bußgeldkatalog gesondert aufgeführt (Abschnitt II der Anlage zu § 1 Abs. 1 BKatV); dazu gehören beispielsweise das Überqueren eines Bahnübergangs trotz geschlossener Schranke, die verbotswidrige Benutzung eines Mobil- oder Autotelefons, das verbotswidrige Betreiben oder betriebsbereite Mitführen eines Radarwarngeräts oder aber auch die Weigerung, einer berechtigten Person gegenüber Führerschein oder Fahrzeugschein auszuhändigen.

3. Strafrecht. a) *Allgemeines.* Straftaten können vorsätzlich oder fahrlässig begangen werden. Vorsätzlich handelt, wer alle relevanten Tatumstände kennt und die Verwirklichung der tatbestandsmäßigen Handlung will.

b) Für letzteres (Willenselement) genügt bereits eine billigende Inkaufnahme, d. h. der Täter findet sich mit dem jeweiligen Umstand ab (*bedingter Vorsatz*). Die Abgrenzung, ob der Täter auf die Tatfolgen mit bedingtem Vorsatz blickte (Merkwort: „na wenn schon!") oder von bewusster Fahrlässigkeit geleitet war (Merkwort: „wird schon gutgehen!") kann im Einzelfall schwierig sein. Hier ist bei den Ermittlungen wie auch bei der Verteidigung des Beschuldigten frühzeitig auf eine sorgfältige Weichenstellung zu achten, zumal der Vorsatz als innere Tatsache regelmäßig nur aus äußeren Umständen gefolgert werden kann und daher mitunter schwierig nachzuweisen ist.

c) *Beweisrechtlich* kann aus besonders gefährlichen Handlungsweisen auf zumindest bedingten Vorsatz hinsichtlich besonders naheliegender Tatfolgen geschlossen werden, so wenn der Täter als Fahrer eines Pkw den Motorrad fahrenden Geschädigten auf der Autobahn zunächst zweimal bedrängt hat und beim dritten Male mit hoher Geschwindigkeit (80 km/h) bei nur 1,7 m Abstand zu dem vorausfahrenden Motorrad nach rechts auf dessen Spur hinüberzieht und das Hinterrad des Motorrads dabei rammt. Da der Geschädigte nicht weiter geschützt ist, und die Lebensgefährlichkeit des Manövers offensichtlich ist, durfte der Tatrichter in diesem Fall aus den Gesamtumständen schließen, dass der Angeklagte die Möglichkeit, es könne der Geschädigte stürzen und sich tödlich verletzen, erkannt und billigend in

Kauf genommen hat (BGH 28.7.2005, 4 StR 109/05).
d) Vorsatz kann bei Irrtum über Tatsachen (→ *Irrtum, Tatbestandsirrtum*) entfallen, grundsätzlich aber nicht bei Irrtum über Rechtsfolgen oder rechtliche Bewertungen.
4. **Rechtsschutzversicherung.** Im Rahmen einer Verkehrsrechtsschutzversicherung besteht beim Vorwurf einer Vorsatzstraftat kein oder nur ein auflösend bedingter Kostenschutz (→ *Rechtsschutzversicherung* Nr. 9).
Siehe auch → *Trunkenheit im Verkehr* Nr. 6 f)
Langer / Weder

Vorsätzlich verursachter Kfz-Unfall (Zu den Geschehensabläufen → Manipulierter Unfall)
1. **Allgemeines.** Gem. *§ 81 Abs. 1 VVG (§ 61 VVG a. F.)* führt ein *vorsätzliches Herbeiführen eines Versicherungsfalles* durch den Versicherungsnehmer in der *Schadenversicherung* zur vollständigen *Leistungsfreiheit* des Versicherers. Gem. *§ 103 VVG*, der eine Sondernorm für den Bereich der *Haftpflichtversicherung* enthält, besteht *bei vorsätzlicher Schadensverursachung* ein *Haftungsausschluss* des Versicherers mit der Folge der Leistungsfreiheit. Der Versicherungsnehmer bzw. Mitversicherte, der einen Verkehrsunfall mit einem Kfz vorsätzlich verursacht, wobei sich der Vorsatz auch auf die *Schadensfolgen* in deren wesentlichem Umfang erstrecken muss (BGH 17.6.1998, VersR 1998, 1011), büßt gem. § 81 Abs. 1 VVG seinen Versicherungsschutz in der Kaskoversicherung ein, und verliert zudem gem. § 103 VVG den Versicherungsschutz in seiner Kfz-Haftpflichtversicherung. Diese wird auch im Außenverhältnis von der Leistung frei, haftet dem Geschädigten gegenüber also nicht, §§ 115 Abs. 1 Nr. 1, 117 Abs. 1 VVG (BGH 20.6.1990, VersR 1990, 888; BGH 15.12. 1970, VersR 1971, 239). Der zuvor beschriebene *subjektive Risikoausschluss* des Vorsatzes gilt indes *nur gegenüber dem vorsätzlich handelnden Versicherten*, mithin gegenüber dem vorsätzlich handelnden Fahrer des Kfz. Die Haftung der Kfz-Haftpflichtversicherung für den von der Person des vorsätzlich handelnden Fahrers abweichenden Halter des Kfz bleiben sowohl im Innenverhältnis als auch im Außenverhältnis unberührt, § 115 Abs. 1 Nr. 1 VVG.

Praxistipp: Wegen des Risikoausschlusses des Vorsatzes gem. § 103 VVG darf vom Geschädigten *niemals vorgetragen* werden, dass der Schädiger, insbesondere nicht der mit dem Halter des den Unfall verursachenden Kfz personenidentischen Fahrer, den Schaden *vorsätzlich verursacht* hat, da ansonsten die Gefahr besteht, dass sich der Versicherer des Schädigers auch gegenüber dem Geschädigten auf Leistungsfreiheit berufen kann.

2. **Vorsätzlicher Unfall.** Wird einen Zusammenstoß zweier Kfz bewusst und gewollt herbeigeführt, dann liegt begrifflich ein *Unfall* i. S. d. Kfz-Haftpflicht- und der Kaskoversicherung vor (s. a. → *Unfall*). Da es jedoch am Merkmal der Rechtswidrigkeit der Eigentumsverletzung fehlt, wenn der geschädigte Kfz-Eigentümer mit der Schädigung einverstanden war, scheidet eine Haftung des Schädigers gem. § 7 StVG aus (sog. *manipulierter, gestellter, bestellter Unfall*; *Reiff* VersR 1990, 113).

3. **Prozessuales.** Der Geschädigte muss darlegen und beweisen, dass ein Verkehrsunfall stattgefunden hat, der auf Schadenersatz in Anspruch genommene Kfz-Halter bzw. dessen Kfz-Haftpflichtversicherung müssen bei einem vorsätzlich verursachten Verkehrsunfall *beweisen*, dass der Rechtfertigungsgrund der Einwilligung des Geschädigten bestand (BGH 13.12. 1977, BGHZ 71, 339; OLG Hamm 22.3. 2000, VersR 2001, 1127; OLG München 8.3. 2013, 10 U 3241/12; OLG Saarbrücken 16.5. 2013, 4 U 461/11-143), mithin ein *Versicherungsbetrug durch Unfallmanipulation* vorliegt. An den Beweis sind vor dem Hintergrund der naturgemäß bestehenden Beweisnot der Versicherung *keine allzu strengen Anforderungen* zu stellen, wenn sich in *auffälliger Weise typische Indizien* für einen gestellten Unfall *häufen* (z. B.: Auffahrunfall ohne gesundheitliche Risiken für die Unfallbeteiligten, alte, ungepflegte, vorbeschädigte Kfz, wiederholte Verwicklung der beteiligten Kfz in Unfälle, Verschrottung der Kfz unmittelbar nach Unfall, keine unbeteiligten Zeugen vorhanden; dazu *Krumbholz* DAR 2004, 67; OLG Celle 30.6.2010, 14 U 6/10) und *gewichtige Verdachtsmomente* bestehen (BGH 28.3.1989, NJW 1989, 3161; OLG Bremen 10.10.2012, 1 U 18/12; OLG Köln 17.11. 1999, NZV 2001, 375, und OLG Celle 13.9. 2012, 14 U 116/12, jeweils zum sog. *Berliner Modell*; OLG Köln 9.7.1999, DAR 2000, 67; OLG Köln 21.6.1999, DAR 2000, 68; OLG Köln 1.10.1999, DAR 2000, 69; OLG Hamm 27.10.1999, DAR 2000, 163).

Praxistipp 1: Der Kfz-Haftpflichtversicherer ist bei Verdacht der Unfallmanipulation vor dem Hintergrund der Rechtskrafterstreckung eines rechtskräftigen, klageabweisenden Urteils gem.

§ 3 Nr. 8 PflVG, § 115 Abs. 1 Nr. 1 VVG zur Wahrnehmung eigener Interessen berechtigt, darf mithin im Prozess neben seinem verklagten Versicherungsnehmer sowohl als Streitgenosse als auch als Streithelfer tätig werden (BGH 29.11. 2011, zfs 2012, 325, m. Anm. *Diehl*).

Praxistipp 2: In der Praxis machen es sich die Versicherer in der außergerichtlichen Schadenregulierung leicht, einen Vorsatz des Versicherungsnehmers zu behaupten, ohne diesen näher darzulegen, obwohl ihnen dazu die Beweislast obliegt.
Da es sich hier häufig um schwere Verkehrsunfälle mit Personenschaden handelt, bei denen eine Selbsttötungsabsicht des Unfallfahrers behauptet wird, gerät der Geschädigte häufig in das Spannungsfeld des wegen Vorsatz ablehnenden Versicherers und der Verkehrsopferhilfe, die den Nachweis des Vorsatzes als Grundlage für ihre Eintrittspflicht für nicht geführt hält.
Denn bei Vorliegen der Leistungsfreiheit nach § 103 VVG 2008 können durch den Geschädigten Ansprüche beim Entschädigungsfonds Verein Verkehrsopferhilfe e.V. (www.verkehrsopferhilfe.de) geltend gemacht werden, der nach § 12 Absatz 1 Satz 1 Nr. 3 PflVG für vorsätzliche verursachte Schäden eintrittspflichtig ist (OLG Frankfurt, 23.5. 1996 – 12 U 125/95 VersR 1997, 224).

Siehe auch → *Autobumser-Fälle,* → *Manipulierter Unfall*
                                              Geiger/Kärger

Vorschäden → Unfallschadenabwicklung – Sachschaden Nr. 5, → Kausalität Nr. 2

Vorschädigungen → HWS-Schleudertrauma Nr. 5

Vorteilsausgleichung → Ersatzansprüche Dritter, → Kinderunfall Nr. 10, → Unfallschadenabwicklung – Personenschaden Nr. 13

vorübergehende Stilllegung → Stilllegung Nr. 1

Vorverfahren → Besonderheiten des Verkehrsverwaltungsprozesses Nr. 2 d), → Bußgeldverfahren Nr. 2

Vorwegnahme der Hauptsache → Besonderheiten des Verkehrsverwaltungsprozesses Nr. 9

Vorwerfbarkeit → Mithaftung und Mitverschulden Nr. 1, → Verschuldenshaftung Nr. 5

Waage → Überladung Nr. 3

Waffengleichheit → Besonderheiten des Verkehrsunfallprozesses

Wagniswegfall → Rechtsschutzversicherung Nr. 3

Wahlgegenüberstellung 1. Allgemeines: Soll ein Tatverdächtiger durch Augenzeugen identifiziert werden, so bietet sich eine Gegenüberstellung an. Der Beweiswert eines „Wiedererkennens" im Sitzungssaal im Rahmen der Hauptverhandlung ist gering, da der Zeuge bewusst oder unbewusst darauf „programmiert" sein wird, es handele sich um die Person, „die da auf der Anklagebank sitzt". Ähnlich gering ist auch der Beweiswert einer individuellen Gegenüberstellung im Ermittlungsverfahren.
2. Darum ist allgemein anerkannt, dass dem Zeugen nicht nur der Beschuldigte, sondern zugleich (oder sukzessive) eine *Reihe* andere Personen gleichen Geschlechts, ähnlichen Alters und ähnlichen Erscheinungsbildes gegenüberzustellen sind (BGH 24.2.1994, 4 StR 317/93, NStZ 1994, 295 ff = NJW 1994, 1807 ff, m.w.N.). Verwandte Formen sind die Wahllichtbildvorlage oder die sukzessive (sequenzielle) Wahl-Videovorführung. Hat dergleichen im Ermittlungsverfahren stattgefunden, so braucht in der Hauptverhandlung nicht (erneut) eine Wahlgegenüberstellung veranstaltet zu werden (BGH 9.3.2000, 4 StR 513/99, NStZ 2000, 419 f).

Praxistipp: Wer in der Hauptverhandlung eine Wahlgegenüberstellung erreichen will, sollte diese in Absprache mit dem Gericht organisieren und geeignete Vergleichspersonen hierfür auswählen. Als „Fundgrube" kann sich bei kurzfristigem Bedarf die Cafeteria des Gerichtsgebäudes anbieten.

Weder

Wahllichtbildvorlage → Fahrerermittlung Nr. 3 b)

Wahlzwang → Gruppenfreistellungsverordnung Nr. 2

Wahrnehmen → Unfallanalytik Nr. 12

Wanderarbeitnehmer → Haftungsausschluss bei Arbeits-/Schulunfällen Nr. 1 Praxistipp

Warnblinkanlage → Fahrzeugbeleuchtung Nr. 2, → Warnblinklicht

Warnblinklicht 1. Allgemeines. Die Ausrüstpflicht mit einer Warnblinkanlage betrifft gem. § 53a Abs. 4 StVZO Fahrzeuge, die mit Fahrtrichtungsanzeigern ausgerüstet sind. Bei Fahrzeugen einiger Hersteller wird mittlerweile im Falle einer Notbremsung der nachfolgende Verkehr durch automatisches Einschalten der Warnblinkanlage gewarnt. Die manuelle Betätigung der Warnblinkanlage ist dagegen in verschiedenen Vorschriften der StVO geregelt.
2. Folgende **Anwendungsbereiche** sieht die StVO hierbei für die Verwendung des Warnblinklichts insbesondere vor:
a) Liegenbleiben von Fahrzeugen. Bleibt ein mehrspuriges Fahrzeug an einer Stelle liegen, an der es nicht rechtzeitig als stehendes Hindernis erkannt werden kann, so ist gem. § 15 S. 1 StVO sofort Warnblinklicht einzuschalten (→ *Liegenbleiben von Fahrzeugen* Nr. 2).
b) Abschleppen von Fahrzeugen. Während des Abschleppens haben beide Fahrzeuge (Zugfahrzeug und Pannenfahrzeug) Warnblinklicht einzuschalten, § 15a Abs. 3 StVO (→ *Liegenbleiben von Fahrzeugen* Nr. 3).
c) Gefahren- und Stauwarnung. Warnblinklicht darf eingeschaltet werden, wer andere durch sein Fahrzeug gefährdet oder andere vor Gefahren warnen will, z.B. bei Annäherung an einen Stau oder bei besonders langsamer Fahrgeschwindigkeit auf Autobahnen und anderen schnell befahrenen Straßen (§ 16 Abs. 2 S. 2 StVO).
d) Linien- und Schulbusse. Der Führer eines Omnibusses des Linienverkehrs oder eines gekennzeichneten Schulbusses muss Warnblinklicht einschalten, wenn er sich einer Haltestelle nähert und solange Fahrgäste ein- oder aussteigen, soweit die Straßenverkehrsbehörde für bestimmte Haltestellen ein solches Verhalten angeordnet hat (§ 16 Abs. 2 S. 1 StVO).
3. Sonstige Pflichten des Fahrzeugführers. Soweit am Fahrzeug eine Warnblinkanlage gesetzlich vorgeschrieben ist, muss diese lichttechnische Einrichtung am Fahrzeug gem. § 23 Abs. 1 S. 4 StVO auch am Tage vorhanden und betriebsbereit sein (→ *Pflichten des Fahrzeugführers*).
4. Ordnungswidrigkeiten. Verstöße gegen Vorschriften zur Verwendung der Warnblinkanlage (insbesondere missbräuchliche Betäti-

gung oder Unterlassen bei gebotener Verwendung) werden als Ordnungswidrigkeiten geahndet (§ 49 Abs. 1 Nr. 16 StVO i.V. m. § 24 StVG).
5. Zivilrecht. Zur (Mit-)Haftung bei unterbliebener Absicherung liegengebliebener Fahrzeuge durch Warnblinklicht → *Liegenbleiben von Fahrzeugen* Nr. 6.
Siehe auch: → *Liegenbleiben von Fahrzeugen Nr. 2,* → *Überholen Nr. 2*   *Langer*

Warndreieck → Liegenbleiben von Fahrzeugen Nr. 2

Warnung vor Verkehrskontrollen → Radarwarnungen

Warnzeichen → Fahrradfahrer Nr. 7

Wartepflicht → Fußgängerüberweg Nr. 4, → Haftungsverteilung bei Verkehrsunfällen Nr. 9, → Irreführendes Falschblinken

Wartezeit → Rechtsschutzversicherung

Wartung → Fuhrparküberwachung, → Waschstraßenschäden

Waschstraßenschäden Den Betreiber einer Waschanlage treffen *Sorgfaltspflichten,* deren Verletzung Schadenersatzansprüche des Eigentümers des durch die Nutzung der Waschanlage beschädigten Kfz gem. §§ 280, 823, 831 BGB auslösen können (OLG Hamburg 10.2.1984, DAR 1984, 260; Rechtsprechungsübersichten bei *Winter,* DAR 2013, 541; *Elkner,* DAR 2011, 507; *Strittmatter/Riemer,* DAR 2007, 437; *Stroech* DAR 2004, 574). Die Waschanlage muss den allgemein anerkannten Regeln der Technik entsprechen (OLG Hamm 12.4.2002, DAR 2002, 311). Der Waschanlagenbetreiber muss *Schadensprävention* durch ständige *Wartung, Kontrolle* und *Überwachung* der Anlage betreiben und aufgetretenen *Fehlfunktionen* unverzüglich nachgehen und solche beseitigen (OLG Hamburg 10.2.1984, DAR 1984, 260; LG Dessau 1.3.1996, NJW-RR 1997, 180). Grundsätzlich ist vom Waschanlagenbetreiber kein zusätzliches *Überwachungspersonal* einzusetzen (OLG Saarbrücken 28.3.2013, DAR 2013, 581; a.A. AG Aachen 8.3.2002, DAR 2002, 273). Den Waschanlagenbetreiber trifft keine *Hinweispflicht* des Inhalts, dass die Scheibenwischer in Ruhestellung zu versetzen und die Fenster zu schließen sind (LG Essen 24.1.2001, DAR 2001, 225).

Wird ein Kfz *während des Betriebes der Waschanlage* beschädigt – der Geschädigte muss vortragen und notfalls beweisen, dass sein Kfz beim Einfahren in die Waschstraße äußerlich unbeschädigt war (BGH 30.11.2004, NJW 2005, 422) –, und hat der Kunde die *erforderliche Sorgfalt* bei der Waschanlagenbenutzung entsprechend den unmissverständlich verfassten und deutlich sichtbaren *Bedienungsanweisungen* beachtet (vgl. LG Bonn 2.11.1994, MDR 1995, 264), dann *indiziert* dies eine Pflichtverletzung des Waschanlagenbetreibers (OLG Koblenz 30.6.1994, NJW-RR 1995, 1135; LG Dortmund 7.10.2010, SP 2011, 137; LG Paderborn 17.9.2009, DAR 2010, 206; LG Wuppertal 13.3.2013, zfs 2013, 437, m. Anm. *Diehl*), welcher dann beweisen muss, dass er die Pflichtverletzung nicht zu *vertreten* hat, *Beweislastumkehr* gem. § 282 BGB (BGH 30.11.2004, NJW 2005, 422; AG Hamburg 12.12.2001, DAR 2002, 223; *Pardey* DAR 1989, 337). Umfassende *Freizeichnungsklauseln* in den *AGB des Waschanlagenbetreibers* sind gem. § 307 Abs. 1 BGB unwirksam (BGH 30.11.2004, NJW 2005, 422 m.w.N.; KG 14.11.1990, DAR 1991, 384).   *Geiger*

Weg zur Arbeitsstätte/Schule → Wegeunfall

Wegekostenrichtlinie → Autobahnmaut Nr. 4

Wegeunfall 1. Allgemeines. Der *Weg zur Arbeitsstätte oder Schule* und auch der jeweilige *Heimweg* sind *versicherte Wege* i.S.v. § 8 Abs. 2 Nr. 1 – 4 SGB VII (vormals, für Unfälle bis zum 31.12.1996, § 550 RVO). Ereignet sich auf einem solchen Weg ein Unfall (sog. *Wegeunfall*), dann besteht für den Geschädigten Versicherungsschutz in der gesetzlichen Unfallversicherung (s. a. → *Unfallversicherung* Nr. 9). Eine Haftungsprivilegierung gem. §§ 636, 637 RVO bzw. §§ 104 ff. SGB VII (s. a. → *Haftungsausschluss bei Arbeits-/Schulunfällen*) greift hier nur ausnahmsweise ein, so dass der Geschädigte Anspruch auf Leistungen aus der gesetzlichen Unfallversicherung hat und darüber hinaus den Schädiger auf Ersatz seines Schadens in Anspruch nehmen kann.
2. Versicherter Weg. Versicherungsschutz besteht nur für den *unmittelbaren* und *direkten Weg* zwischen Wohnung und Arbeitsstelle. Bei einer *Unterbrechung* des Weges führt die Rückkehr auf den ursprünglichen Weg zu einem *Wiederaufleben* des Versicherungsschutzes, sofern nicht eine *endgültige Lösung* von der versicherten Tätigkeit erfolgt ist (BGH 4.7.2013, B 2 U 12/12

R), was nach einer Unterbrechung des Weges von mehr als 2 Stunden anzunehmen ist (BSG 2.12.2008, B 2 U 26/06 R; BSG 5.5.1998, NJW 1998, 3292). *Fahrgemeinschaften* unterfallen dem Schutz der gesetzlichen Unfallversicherung, § 7 Abs. 2 Nr. 2 b) SGB VII, weil sie an und für sich keine enge Verknüpfung mit Unternehmenszwecken aufweisen, so dass ohne weitere Anhaltspunkte eine Verletzung von Mitfahrern der Fahrgemeinschaft auf einem versicherten Weg nicht als Arbeitsunfall qualifiziert werden kann mit der Folge des Eingreifens einer Haftungsprivilegierung. Nur wenn der Unternehmer einen bestimmenden Einfluss auf das Zurücklegen des Weges ausgeübt hat, wenn z. B. die Mitnahme des Kollegen auf Anweisung eines weisungsbefugten Mitarbeiters erfolgt, liegt ein *Arbeitsweg* und nicht lediglich ein versicherter Weg i.S.v. § 8 Abs. 2 SGB VII vor (s. a. → *Betriebsweg*). Die *Abgrenzung* von Wegeunfall und Arbeitsunfall ist mithin von erheblicher Bedeutung, da im Gegensatz zum Arbeitsunfall bei einem Wegeunfall *kein Haftungsausschluss* gem. §§ 104 ff. SGB VII (§§ 636 f. RVO) eingreift (s. a. → *Unfallversicherung* Nr. 9).

3. Haftungsausschluss. Nach den Regeln der *RVO* greift ein Haftungsausschluss dann ein, wenn eine *Abwägung* der *betrieblichen* und *privaten Interessen* ergibt, dass der Weg *keine Betriebsbezogenheit* aufweist. Überwiegen die privaten Interessen, dann greift keine Haftungsprivilegierung ein, denn dann hat sich der Unfall bei der *Teilnahme am allgemeinen Verkehr* ereignet, §§ 636 Abs. 1, 637 Abs. 1 RVO. Die Abgrenzung erfolgt danach, ob der Geschädigte den Unfall als „normaler Verkehrsteilnehmer" oder als „Betriebsangehöriger" erlitten hat, der sich im Verhältnis zum Schädiger als *innerbetrieblicher Vorgang* darstellt. Alleine die Mitnahme von Arbeitskollegen, also die Gründung einer *Fahrgemeinschaft*, führt nicht automatisch zur Annahme, dass die betrieblichen Interessen an der Fahrt überwiegen. Wenn die gemeinsame Fahrt von Arbeitskollegen indes mit einem Kfz des Arbeitgebers und zudem auf Anweisung eines weisungsbefugten Betriebsangehörigen erfolgt, dann kann dies die Annahme einer Betriebsbezogenheit der Fahrt rechtfertigen (vgl. BGH 2.12.2003, NJW 2004, 949). *Abgrenzungskriterien* sind also z. B. der Unfallort (auf Betriebsgelände oder außerhalb), der Start und das Ziel der Fahrt (BGH 25.10.2006, DAR 2006, 303), das verwendete Kfz (Privat- oder Firmenwagen) und eine Anordnung der Fahrt durch den Arbeitgeber (BGH 2.12.2003, DAR 2004, 344). Ereignet sich ein Unfall auf einem nach außen *abgegrenzten Werksgelände* oder *Werksparkplatz*, mithin in dem zum Betrieb gehörenden Organisations- und Gefahrenkreis, dann ist für die Annahme eines Wegeunfalls kein Raum mehr. Dann greift der Haftungsausschluss der §§ 636, 637 RVO ein. Nach den Regeln des *SGB VII* greift ein Haftungsausschluss dann ein, wenn sich ein Unfall auf einem versicherten Weg i.S.v. § 8 Abs. 2 Nr. 1 – 4 SGB VII ereignet, der sich als *Arbeitsunfall* darstellt (s. a. → *Betriebsweg* Nr. 2; s. a. → *Unfallversicherung* Nr. 2, 3). Die von der Rechtsprechung unter der Geltung der RVO zum Begriff der Teilnahme am allgemeinen Straßenverkehr und zur Einordnung einer Handlung des Schädigers als betriebliche Tätigkeit entwickelten Kriterien können zur Abgrenzung von Betriebsweg und versichertem Weg i.S.v. § 8 Abs. 2 Nr. 1 – 4 SGB VII herangezogen werden (BGH 15.7.2008, NJW 2009, 681; BGH 25.10.2005, DAR 2006, 201; BGH 12.10.2000, NJW 2001, 442; BGH 2.12.2003, NJW 2004, 949). Grundsätzlich ist der Arbeitnehmer für die Zurücklegung des Weges zur Arbeitsstelle und zurück selbst verantwortlich (BGH 13.1.1976, NJW 1976, 673), so dass mangels hinreichender innerer Verbindung mit dem Betrieb eine Rechtfertigung für einen Haftungsausschluss nicht besteht.

Siehe auch: → *Haftungsausschluss bei Arbeits-/ Schulunfällen,* → *Unfallversicherung* Geiger

Wegstreckenzähler → Missbrauch von Wegstreckenzählern und Geschwindigkeitsreglern Nr. 2

Wehrdienstbeschädigung → Dienstfahrt Nr. 1

Wehrdienstleistender → Dienstfahrt Nr. 1

Weisungen eines Polizeibeamten → Rotlichtverstoß Nr. 6

Wenden → Doppelte Rückschaupflicht Nr. 1, → Haftungsverteilung bei Verkehrsunfällen Nr. 4

Werbung auf öffentlicher Straße 1. Allgemeines. Die Verkehrsbeeinträchtigung durch Werbung auf öffentlicher Straße regelt die Straßenverkehrsordnung in ihrem § 33 Abs. 1 S. 1 StVO. Danach ist das gewerbliche Anbieten von Waren und Leistungen aller Art auf der Straße (inner- wie außerorts, Nr. 2) und außerorts jede Werbung und Propaganda durch Bild,

Schrift und Ton (Nr. 3) dann untersagt, wenn sie verkehrsgefährdende oder -erschwerende Wirkung haben können, d. h. wenn sie von außen her störend auf den Verkehr einwirken und somit die Gefahr der Verkehrsbeeinträchtigung besteht. Damit stellt die Norm ein abstraktes Gefährdungsdelikt dar, welches auch bußgeldbewehrt ist (§§ 49 Abs. 1 Nr. 28 StVO i.V. m. 24 Abs. 1 StVG). Von dem Verbot des Abs. 1 S. 1 Nr. 3 ausgenommen sind nach Abs. 3 in gewissem Umfang Hinweise auf Dienstleistungen für Nebenbetriebe an den Bundesautobahnen und für Autohöfe. Weiterhin sind nach § 46 Abs. 1 Nr. 9 StVO Ausnahmegenehmigungen möglich. Hinter § 33 StVO treten gemäß Art. 31 GG alle landesrechtlichen Vorschriften zurück, die dieselben Zwecke der Verkehrssicherheit verfolgen. Anders ist es bei erlaubnispflichtiger Sondernutzung, denn dort ist die gleichzeitige Anwendung landesrechtlicher Bestimmungen nicht ausgeschlossen (BGH 4.12.2002, 4 StR 93/01, NZV 2002, 193).

2. Das Verbot des unmittelbaren Anbietens von Waren und Leistungen auf der Straße. Das Verbot der Wirtschaftswerbung auf öffentlichem Verkehrsgrund in der StVO ist durch die Verordnungsermächtigung in § 6 Abs. 1 Nr. 3 lit. g) StVG gedeckt. Hierin kann auch keine Verletzung von Art. 12 GG gesehen werden (BVerwG 26.4.1974, VII C 42/71, NJW 1974, 1781). Zudem ist Art. 5 Abs. 3 GG nicht verletzt, soweit es sich um Produkte aus dem Bereich der Kunst handelt (BVerwG 7.1.1981, 7 B 179/80, VRS 60, 398).

Unter dem Begriff des „Anbietens" ist jede Kundgabe der Bereitschaft zur Warenlieferung oder Leistungserbringung sowie auch nur der Hinweis auf die Bezugsmöglichkeit einer Ware oder Leistung mit der – auch stillschweigenden – Aufforderung zu ihrem Erwerb zu verstehen. Dabei ist gleichgültig, wer diese Kundgabe veranlasst hat und ob die Ware sofort ausgehändigt werden kann. Weiterhin ist nicht erforderlich, dass dem Kunden ein Kaufangebot gemacht wird. Das Merkmal „auf der Straße" umfasst ein wesentliches Hineinwirken in den öffentlichen Verkehrsraum von einem Standort neben der Straße. Damit ist nicht gefordert, dass das Angebot auf der Straße erfolgt; es genügt vielmehr, dass das Angebot neben der Straße unterbreitet wird, dabei freilich direkt auf die Straße wirkt. Hierzu ist ein Zusammenhang zwischen dem Angebot und der Verkehrsbeeinträchtigung notwendig. Dieser Zusammenhang kann bei einem 100 m neben der Straße befindlichen Verkaufsstand insbesondere dann bezweifelt werden, wenn am Verkaufsort selbst (ausreichend) Kfz-Stellplätze vorhanden sind. In Bezug auf Lichtreklame oder beleuchtete Schaufenster, die von außen her auf die Straße gelangen und dadurch auf diese einwirken, ist zu beachten, dass diese nur dann unter das Verbot fallen, wenn sie sich auf den Verkehr außerhalb geschlossener Ortschaften störend auswirken (siehe § 33 Abs. 1 S. 1 Nr. 3 StVO). Innerhalb von Ortschaften sind sie daher grundsätzlich zulässig.

§ 33 Abs. 1 S. 1 Nr. 2 StVO verhindert auch verwaltungsrechtliche Benutzungsregelungen nicht, wenn sich diese nicht vorwiegend auf die Verkehrsteilnahme i. S. der Sicherheit und Leichtigkeit im Verkehr beziehen (z. B. Gemüsehandel auf öffentlichen Verkehrsflächen; Sondernutzung durch Eisverkauf aus Kfz). Gleichfalls nicht von dem Verbot betroffen sind i. d. R. unbedeutsame Werbemaßnahmen, wie z. B. das Verteilen von Werbezetteln oder deren Anbringung an Windschutzscheiben. Für Gewerbearten, die überwiegend auf der Straße ausgeübt werden, bestehen besondere gewerbliche Vorschriften (§§ 37, 55-63 GewO) (vgl. zum Ganzen mit weiteren Nachweise aus der Rechtsprechung Hentschel/*König*/Dauer Straßenverkehrsrecht § 33 StVO Rn. 7; Burmann (u. a.)/*Janker* Straßenverkehrsrecht § 33 StVO Rn. 3).

3. Werbung und Propaganda. Nach § 33 Abs. 1 S. 1 Nr. 3 StVO sind Werbung und Propaganda aller (auch nicht gewerblicher) Art durch Bild, Schrift und Ton außerhalb geschlossener Ortschaften verboten, wenn dadurch Verkehrsteilnehmer in einer den Verkehr gefährdenden oder erschwerenden Weise abgelenkt oder belästigt werden können. Nach § 33 Abs. 2 S. 2 StVO sind Werbung und Propaganda auch in Verbindung mit Verkehrszeichen und Verkehrseinrichtungen unzulässig. Auf innerörtliche Werbung findet das Verbot gemäß § 33 Abs. 1 S. 2 StVO nur dann Anwendung, wenn dadurch der Verkehr außerhalb der Ortschaft in verkehrsgefährdender Weise gestört oder zumindest zu sehr beeinträchtigt wird (z. B. durch Werbung für eine Diskothek mittels Lichtstrahlen am Himmel). Grundsätzlich ist damit innerhalb von Ortschaften Werbung und Propaganda durch Bild, Schrift und Ton zulässig; da das Bedürfnis nach Wirtschaftswerbung innerörtlich außerordentlich stark ist, hat der Gesetzgeber insoweit keine Einschränkung vorgenommen, so dass der Verkehr hier stets mit ablenkenden Einwirkungen rechnen muss. Allerdings ist der Landesgesetzgeber durch die StVO nicht gehindert, Vorschriften über die Außenwerbung innerhalb geschlossener Ortschaften zu erlassen (vgl. zum Ganzen Hentschel/*König*/Dauer Straßenverkehrsrecht § 33 StVO Rn. 8).

4. Verkehrsgefährdung oder -erschwerung. Allein die Möglichkeit der Verkehrsbeeinträchtigung dadurch, dass die Verkehrsteilnehmer in einer den Verkehr gefährdenden oder erschwerenden Weise abgelenkt oder belästigt werden, reicht aus, um das Anbieten von Waren und Leistungen sowie Werbung und Propaganda nach § 33 Abs. 1 StVO zu verbieten. Hierfür genügt die abstrakte Gefahr einer Beeinträchtigung der Sicherheit und Leichtigkeit des Verkehrs. Diese liegt dann vor, wenn angesichts des jeweiligen Verhaltens oder Zustands nach generalisierender Betrachtung mit hinreichender Wahrscheinlichkeit eine Störung aufzutreten pflegt (BVerwG 20.10.1993, 11 C 44/92, NZV 1994, 126 [127]).

Als Beispiele für eine abstrakte Gefahr durch Waren- und Leistungsangebot ist das breite Aufstellen von Kisten mit Waren auf dem Gehsteig zu nennen, was daraus folgt, dass auch die Beeinträchtigung des Fußgängerverkehrs verboten ist. Eine abstrakte Gefahr ist i. d. R. zu verneinen bei einem Fahrzeug, das im Rahmen des Gemeingebrauchs mit einem Verkaufszettel versehen ist oder bei bloßer Verkaufsbereitschaft eines fliegenden Händlers ohne störendes Anpreisen. Das Ausrufen von Zeitungen, Zeitschriften und Extrablättern wird den Verkehr nur unter außergewöhnlichen Umständen gefährden oder erschweren (vgl. dazu die Verwaltungsvorschrift zu § 33 StVO Rn. 2, abgedruckt in Hentschel/*König*/Dauer Straßenverkehrsrecht § 33 StVO Rn. 2 ff.). Für Werbung und Propaganda mit abstrakter Gefahr sind als Beispiele Werbeanlagen mit blinkendem oder farbigem Licht, eine 40 m hohe Prismenwerbeanlage in 130 m Abstand von der Autobahn sowie eine „Mega-Light-Anlage" anzuführen (siehe zu den Beispielen und den dazu gehörigen Rechtsprechungsnachweisen Hentschel/*König*/Dauer Straßenverkehrsrecht § 33 StVO Rn. 10).

5. Ausnahmen vom Werbeverbot nach Straßenverkehrsrecht. a) Ausnahme nach § 33 Abs. 3 StVO. Hinweise auf Dienstleistungen, die unmittelbar den Belangen der Verkehrsteilnehmer auf den Bundesautobahnen dienen, sind nach § 33 Abs. 3 StVO als Hinweisbeschilderung für Nebenbetriebe an den Bundesautobahnen und für Autohöfe von den Verboten des Abs. 1 S. 1 Nr. 3 und Abs. 2 S. 2 ausgenommen. Durch die Beschilderung werden sowohl eine rechtzeitige Information über die Art der angebotenen Dienstleistungen ermöglicht als auch zugleich verkehrsgefährdender Durchgangsverkehr auf bewirtschafteten Rastanlagen verhindert (vgl. dazu die amtliche Gesetzesbegründung in BR-Drucks. 496/05). Vor der Verankerung dieser Ausnahmeregelung in der StVO gab es lediglich Richtzeichen nach § 42 StVO, die in allgemeiner Form auf die vorhandenen Dienstleistungen hinwiesen; um nähere Informationen über die Betriebe oder Mineralölkonzerne zu erhalten, mussten die Autofahrer die Fahrbahn verlassen, was wiederum zu unnötigem Durchgangsverkehr auf der Tankstelle und Rastanlage und somit auch zu einer Beeinträchtigung der Verkehrssicherheit führen konnte. Die nunmehr nach § 33 Abs. 3 StVO möglichen Hinweise mit Einzelinformationen über Rastanlagen und Tankstellen einschließlich des jeweiligen Firmenlogos des Anbieters werden auf Zusatztafeln an den Hinweisschildern bewirtschafteter Rastanlagen an Autobahnen und Autohöfen angebracht (vgl. dazu die Verwaltungsvorschrift zu § 33 StVO Rn. 6, abgedruckt in Hentschel/*König*/Dauer Straßenverkehrsrecht § 33 StVO Rn. 2 ff.). Diese Ausnahmeregelung gilt indes nicht für andere Bundesfernstraßen (vgl. dazu Hentschel/*König* Straßenverkehrsrecht § 33 StVO Rn. 11; Burmann (u. a.)/*Janker* Straßenverkehrsrecht § 33 StVO Rn. 7a).

b) Ausnahmen nach § 46 StVO. Weitere Ausnahmen sind nach § 46 StVO durch die Straßenverkehrsbehörden im Rahmen von Abs. 1 aus sachlich gerechtfertigten Gründen zulässig. Diese Gründe müssen das öffentliche Interesse an dem Verbot überwiegen, von dem dispensiert werden soll. Dabei sind die mit dem Verbot verfolgten öffentlichen Belange unter Beachtung des Grundsatzes der Verhältnismäßigkeit gegen die besonderen Interessen des Antragsstellers abzuwägen. Nach Abs. 1 S. 1 Nr. 9 kann eine Ausnahmegenehmigung von dem Verbot, Waren oder Leistungen auf der Straße anzubieten (§ 33 Abs. 1 Nr. 2 StVO), erteilt werden. Gemäß Abs. 1 S. 1 Nr. 10 können Werbung und Propaganda in Verbindung mit Verkehrszeichen (§ 33 Abs. 2 S. 2 StVO) für Flächen von Leuchtsäulen, an denen Haltestellenschilder öffentlicher Verkehrsmittel angebracht sind, genehmigt werden. Gegen die Erteilung einer solchen Ausnahme bestehen i. d. R. keine Bedenken, denn Gründe der Sicherheit oder Leichtigkeit des Straßenverkehrs werden dem kaum entgegenstehen (vgl. dazu die Ausführungen in der Verwaltungsvorschrift zu § 46 StVO in Rn. 117, abgedruckt in Hentschel/*König*/Dauer Straßenverkehrsrecht § 46 StVO Rn. 3 ff.). Bei der Genehmigung einer Ausnahme muss jedoch der Verkehrsteilnehmer bzw. der Personenkreis, für den die Ausnahmegenehmigung gilt, klar bestimmt und nicht nur bloß bestimmbar sein (BVerwG 22.12.1993, 11 C 45/92, NJW 1994, 2037 [2038]; siehe auch BVerwG 13.3.2008, 3 C 18/07, NJW 2008, 2867 [2869]).

Mit Blick auf das Verwaltungshandeln ist jedoch strittig, ob der Ermessensspielraum der Verkehrsbehörde erst dann eröffnet ist, wenn Umstände vorliegen, die einen Ausnahmefall begründen und diese somit als objektives Tatbestandsmerkmal des § 46 StVO angesehen werden (so VGH Mannheim 20.3.1991, 5 S 1791/90, NZV 1991, 485), oder ob das Bestehen einer Ausnahmesituation erst im Rahmen der Ermessensentscheidung zu prüfen ist und somit die Ausnahme auf der Rechtsfolgenseite angesiedelt ist (so BVerwG 13.3.1997, 3 C 2/97, NZV 1997, 372; OVG Münster 14.3.2000, 8 A 5467/98, NZV 2001, 277 [278]). Jedenfalls wird eine Ausnahme vom Verbot des Warenanbietens auf öffentlicher Straße nur dann in Betracht kommen, wenn die Werbung den Normzweck des Verkehrsschutzes aus § 33 StVO nicht wesentlich beeinträchtigt. Daher ist das Erteilen einer Ausnahmegenehmigung nur in besonders dringenden Fällen gerechtfertigt. Hierbei sind an den Nachweis der Dringlichkeit und des Vorliegens der Ausnahmevoraussetzungen strenge Anforderungen zu stellen. Dies folgt daraus, dass das genehmigte Verhalten den Verkehr weder gefährden noch erschweren darf; mit anderen Worten darf die Ausnahmegenehmigung die Sicherheit des Verkehrs nicht beeinträchtigen. Die Einhaltung des Schutzgutes der Vorschrift ist erforderlichenfalls durch Nebenbestimmungen, mithin durch Auflagen und Bedingungen, sicherzustellen. Diese wiederum müssen sich jedoch im Rahmen des Zwecks der Ermächtigung halten (vgl. dazu und zu weiteren Voraussetzungen einer Ausnahmegenehmigungserteilung die Verwaltungsvorschrift zu § 46 StVO Rn. 1-6, abgedruckt in Hentschel/*König*/Dauer Straßenverkehrsrecht § 46 StVO Rn. 3 ff.).

Auf der Grundlage von § 46 Abs. 2 S. 1 StVO ist es auch den zuständigen obersten Landesbehörden oder den nach Landesrecht bestimmten Stellen möglich, Ausnahmen von den Vorschriften der Straßenverkehrsordnung für bestimmte Einzelfälle oder allgemein für bestimmte Antragsteller zu genehmigen. Entsprechendes gilt gemäß der Verwaltungsvorschrift zu § 46 StVO Rn. 148 für alle Bestimmungen dieser Verwaltungsvorschrift. Mit Abs. 2 soll bezweckt werden, dass besonderen Ausnahmen Rechnung getragen werden kann, die bei strikter Rechtsanwendung keine hinreichende Berücksichtigung finden würden.

Nach § 46 Abs. 3 S. 3 StVO sind die Ausnahmegenehmigungsbescheide im Original vom Berechtigten mitzuführen und auf Verlangen den zuständigen Personen auszuhändigen. Zuständige Personen zur Überprüfung können dabei u. a. Bedienstete der Straßenverkehrsbehörden, der Polizei und des Zollgrenzdienstes sein.

Ordnungswidrig i. S. v. § 24 StVG handelt nach Erteilung einer Ausnahme derjenige, der entgegen § 46 Abs. 3 StVO eine vollziehbare Auflage seiner Ausnahmegenehmigung oder Erlaubnis nicht befolgt (§ 49 Abs. 4 Nr. 4 StVO) oder den Bescheid darüber hinaus schuldhaft nicht mitführt oder dem zuständigen Bediensteten auf dessen Verlangen nicht prüfungsfähig aushändigt (§ 49 Abs. 4 Nr. 5 StVO).

c) *Ersetzungsbefugnis der Ausnahmegenehmigung.* Wird eine solche Ausnahmegenehmigung zur Nutzung der Straße nach §§ 33 Abs. 3, 46 Abs. 1 Nr. 9 und 10 oder Abs. 2 StVO erforderlich, ersetzt sie gemäß § 8 Abs. 6 S. 1 FStrG eine nach Maßgabe des Bundesfernstraßengesetzes grundsätzlich notwendige Sondernutzungserlaubnis; einer solchen Erlaubnis bedarf es dann wegen des Grundsatzes der Verfahrenskonzentration nicht mehr. Dabei kommt es nicht drauf an, ob die Straßenverkehrsbehörde eine solche Ausnahmegenehmigung bereits erteilt hat; ausreichend ist vielmehr, dass eine solche Genehmigung objektiv erforderlich ist. Allerdings ist nach § 8 Abs. 6 S. 2 und 3 FStrG vor der Entscheidung über eine Ausnahmegenehmigung nach Maßgabe der StVO die ansonsten für die Sondernutzungserlaubnis zuständige Behörde zu hören; zudem sind dem Antragsteller die von dieser geforderten Bedingungen, Auflagen und Sondernutzungsgebühren in der straßenverkehrsrechtlichen Erlaubnis aufzuerlegen (dazu Müller/Schulz/*Sauthoff* Bundesfernstraßengesetz § 8 Rn. 68 ff.; siehe dazu auch die jeweiligen Vorschriften in den Länderstraßengesetzen, z. B. § 19 ThürStrG). Zu beachten bleibt indes, dass nicht jede werbemäßige Nutzung öffentlicher Straßen eine Ausnahmesituation darstellt, gleichwohl aber eine über den Gemeingebrauch hinausgehende Sondernutzung i. S. v. § 8 Abs. 1 S. 1 FStrG sein kann, die nach S. 2 einer Erlaubnis bedarf (siehe dazu unten unter 7. Sondernutzungen nach den Straßengesetzen).

6. Zuwiderhandlungen. Verstöße gegen die Verbote aus § 33 StVO stellen Ordnungswidrigkeiten nach § 49 Abs. 1 Nr. 28 StVO i.V. m. § 24 Abs. 1 StVG dar und sind somit bußgeldbewehrt. Dabei richtet sich die Vorschrift unabhängig von einer Teilnahme am Verkehr gegen jeden, der die verbotene Tätigkeit ausübt. Zur Verwirklichung des Tatbestandes wird ebenfalls keine konkrete Gefährdung vorausgesetzt; vielmehr genügt eine abstrakte Beeinträchtigungsmöglichkeit. Im Hinblick auf eine ungenehmigte Sondernutzung schließt eine Zuwiderhandlung gegen § 33 StVO die gleichzeitige Anwendung landesrechtlicher Bestimmungen über die Ahndung unrechtmäßiger Straßennutzung nicht aus (BGH 4.12. 2001, 4 StR 93/01, NZV 2002, 193).

7. Sondernutzungen nach den Straßengesetzen. a) Sondernutzungserlaubnis. Der Wortlaut derjenigen Bestimmungen des Bundesfernstraßengesetzes, die die Sondernutzung ausgestalten, ist mit dem Wortlaut der Landesstraßengesetze im Wesentlichen identisch oder diesem zumindest sehr ähnlich (siehe z. B. §§ 14, 18 f. ThürStrG; §§ 13, 16 StrG BW; §§ 14, 16 HStrG; §§ 10 f., 13 BerlStrG; §§ 14, 18 f. StrG LSA). Daher lassen sich die nachfolgenden Ausführungen zum Bundesfernstraßengesetz auch auf die einschlägigen Bestimmungen der Landesstraßengesetze übertragen.

Nach § 7 Abs. 1 FStrG ist jedem der Gebrauch der öffentlichen Straße im Rahmen der Widmung und der verkehrsbehördlichen Vorschriften zum Verkehr gestattet (Gemeingebrauch). Die öffentlich-rechtliche Sondernutzung stellt nach § 8 Abs. 1 S. 1 FStrG eine Benutzung der Straße über den Gemeingebrauch hinaus dar und bedarf daher nach S. 2 der Erlaubnis der Straßenbaubehörde bzw. der Gemeinde; es handelt sich insoweit um ein präventives Verbot mit Erlaubnisvorbehalt. Erforderlich ist dabei indes nicht, dass dies unter Inkaufnahme einer Beeinträchtigung der gemeingebräuchlichen Nutzungsmöglichkeiten erfolgt. Andererseits ist eine privatrechtliche Gestattung nach § 8 Abs. 10 FStrG dann geboten, wenn der Gemeingebrauch nicht beeinträchtigt wird. Dies ist dann der Fall, wenn jede – auch noch so geringfügige – Beeinträchtigung auf Dauer ausgeschlossen werden kann. Beispielsweise genügen allein die optischen und psychischen Ausstrahlungswirkungen einer Plakatanschlagtafel auf die Benutzer des Verkehrsraums nicht zur Begründung der öffentlich-rechtlichen Sondernutzung. Etwas anderes gilt, wenn diese Plakattafel auch nur in geringem Maße in den öffentlichen Straßenraum, der dem Verkehr dient, ragt, denn hierdurch verengt sie die zur Aufnahme des Verkehrs bestimmte Fläche und wirkt sich daher zu Lasten des Gemeingebrauchs aus. Zur Straße gehört dabei nicht nur der Straßenkörper mit seinem Untergrund, seinen Fahrbahnen und Brücken (siehe insoweit auch die Aufzählung in § 1 Abs. 4 FStrG), sondern gemäß § 1 Abs. 4 Nr. 2 FStrG auch der Luftraum über dem Straßenkörper (z. B. in Bezug auf Werbung an Brücken oder mit Blick auf Transparente zwischen Strommasten). Freilich wird teilweise dem Anbringen und dem Zur-Schau-Stellen von Werbung grundsätzlich der Bezug zum Verkehr, dem die Straße ja gewidmet wurde, abgesprochen; bei einer solchen Sicht der Dinge ist Werbung dann nicht mehr vom Gemeingebrauch umfasst. Danach benutzt Werbung die Straße, indem sie die mit ihr gegebene Gelegenheit verwendet, sich einer Vielzahl von Passanten mitzuteilen und zum Vorteil für das werbende Unternehmen auf sie einzuwirken. Damit nutzt sie eine Gelegenheit, die ohne die Straße so nicht bestünde (OVG Berlin-Brandenburg 16.9.2008, 1 S 154/07, NZV 2008, 591).

Aber auch Werbeplakate, Werbeplanen oder sonstige Anlagen der Außenwerbung können, wenn sie z. B. an Baugerüsten oder Bauzäunen angebracht werden, die ihrerseits die öffentliche Straße über den Gemeingebrauch hinaus in Anspruch nehmen, selbst als Sondernutzung erlaubnispflichtig sein, denn durch die angebrachte Werbung erhalten sie zusätzlich einen kommerziellen Zweck und damit einen neuen Sondernutzungstatbestand (OVG Münster 19.4.2007, 11 A 4057/06, BeckRS 2007 23377). Dies folgt daraus, dass der Zweck der Sondernutzung für die Entscheidung über deren Erlaubnis von zentraler Bedeutung ist und die Festlegung des Zwecks zum wesentlichen Inhalt jeder Erlaubnis gehört. Daher darf sie für einen anderen als den erlaubten Zweck nicht in Anspruch genommen werden. Dies bedeutet auch, dass das Anbringen von Plakaten auf oberirdischen Verteilerkästen nicht von der diese erteilten Erlaubnis gedeckt ist (vgl. dazu und zu der Rechtsprechung der Beispiele Müller/Schulz/*Sauthoff* Bundesfernstraßengesetz § 8 Rn. 4 f., 6, 28; zu den inhaltlichen Vorgaben der Ermessensentscheidung siehe dort unter Rn. 6 ff.; ausführlich zum Grundrechtsschutz aus Art. 5 Abs. 1 S. 1 GG und den Anforderungen bei parteilicher Wahlsichtwerbung unter Rn. 16 f.). Auch kann bei einem Fahrzeug als Träger der Werbefläche eine eigenständige Sondernutzung durch Werbung hinzutreten. Dies ist dann gegeben, wenn zwar noch ein Bezug zur Verkehrsnutzung besteht, aber die Fahrt oder das Abstellen überwiegend dem Anbieten von Waren und Dienstleistungen, mithin verkehrsfremden gewerblichen Zwecken, dient. Denn damit wird der Verkehrszweck nachrangig („motorisierte Reklamefläche"), der Gemeingebrauch ist überschritten und es liegt eine Sondernutzung außerhalb des Widmungszweckes vor (OVG Münster, 12.7.2005, 11 A 4433/02, NJW 2005, 3162). Als weiterer wesentlicher Inhalt der Erlaubnis sind der Ort, die Zeit und die Umschreibung der Nutzung sowie der Widerrufsvorbehalt oder die Befristung, gegebenenfalls auch die Auflagen zu nennen.

Im Hinblick auf Parteienwerbung muss beachtet werden, dass außerhalb der Zeiten unmittelbarer Wahlvorbereitung den Parteien eine Sondernutzungserlaubnis zur Aufstellung von Plakatständern im innerörtlichen Verkehrsraum nicht zwingend erteilt werden muss (BVerwG 7.6.1978, 7 C 6/78, BVerwGE 56, 56, NJW 1978, 1937). Hingegen können in der „heißen" Wahlkampfphase (4 – 6 Wochen vor einer Wahl) Verkehrsbeeinträchtigungen hinzunehmen sein, um den Parteien eine wirksame Wahlwerbemöglichkeit zu gewährleisten; aus diesem Grund ist eine Ausnahme i. d. R. zu genehmigen (VGH Mannheim 11.3.2005, 5 S 2421/03, VBlBW 2005, 391). Allerdings brauchen die Kommunen den Wünschen der Parteien auf Wahlsichtwerbung nicht unbeschränkt nachkommen. Dies gilt insbesondere mit Blick auf großformatige Wahlplakattafeln. Es ist vielmehr Sache der Gemeinde, in welcher Weise sie dem verfassungsrechtlichen Gebot auf Einräumung von Stellplätzen für Werbetafeln in einem für die Selbstdarstellung der jeweiligen Partei notwendigen und angemessenen Umfang Rechnung trägt (OVG Saarlouis 2.6.2009, 1 B 347/09, BeckRS 2009 34268).

b) Öffentlich-rechtlicher Vertrag. Weiterhin ist es der Behörde möglich, statt durch Verwaltungsakt durch einen öffentlich-rechtlichen Vertrag gemäß §§ 54 ff. VwVfG über die Sondernutzung zu entscheiden. Hierbei dürfen insbesondere die Vorgaben, die für eine ermessensgerechte Entscheidung über eine Sondernutzung gelten, dem Vertrag nicht entgegenstehen. Ferner besteht ein Koppelungsverbot, d. h. die Entscheidung darf grundsätzlich nicht mit etwas verknüpft werden, was nicht mit dem Vertragsgegenstand in einem inneren Zusammenhang steht; zudem darf die Entscheidung nicht von einer wirtschaftlichen Gegenleistung abhängig gemacht werden. Als typisches Beispiel kann auf einen Vertrag zwischen einer Gemeinde und einem Plakatanschlagunternehmen über die werbemäßige Nutzung öffentlicher Straße, Wege und Plätze (Werbenutzungsvertrag) verwiesen werden, der als öffentlich-rechtlicher Vertrag anzusehen ist. In diesem Vertrag sind regelmäßig rahmenrechtlich grundlegende und generalisierbare Elemente erforderlicher Sondernutzungserlaubnisse geregelt. Häufig verpflichtet sich in einem solchen Vertrag die Gemeinde, ausschließlich ihrem Vertragspartner (einem privatrechtlich betriebenen Unternehmen) Sondernutzungserlaubnisse für bestimmte Werbemaßnahmen zu erteilen (siehe dazu und zu den Vorteilen eines solchen Vertrages sowie zu den Grenzen der Ausschließlichkeitsklausel Müller/Schulz/*Sauthoff* Bundesfernstraßengesetz § 8 Rn. 52 ff., 55 f.).

c) Sondernutzungsgebühren. Für Sondernutzungen nach § 8 Abs. 1 FStrG können nach Abs. 3 Sondernutzungsgebühren erhoben werden. Diese stellen eine Benutzungsgebühr und somit die Gegenleistung dafür dar, dass die Benutzung einer öffentlichen Straße über den Gemeingebrauch hinaus erfolgt und damit gleichzeitig eine Beeinträchtigung der gemeingebräuchlichen Nutzungsmöglichkeiten in Kauf genommen wird (vgl. zu den Ausführungen zum Gebührentatbestand und Gebührenmaßstab Müller/Schulz/*Sauthoff* Bundesfernstraßengesetz § 8 Rn. 57 ff.). Nach § 8 Abs. 7a S. 1 FStrG kann die für die Erlaubnis zuständige Behörde bei einer Benutzung ohne Erlaubnis die erforderlichen Maßnahmen zur Beendigung der unerlaubten Sondernutzung oder zur Erfüllung der Auflagen anordnen. Diese Untersagungsverfügung ist nicht erst dann gerechtfertigt, wenn die formell rechtswidrige Sondernutzung auch materiell nicht erlaubt werden kann, sondern i. d. R. schon bei einer nur formellen Illegalität. Denn ansonsten wäre es demjenigen, der die Straße unerlaubt nutzt, möglich, Sondernutzungsgebühren zu entkommen (vgl. zur unerlaubten Sondernutzung Müller/Schulz/*Sauthoff* Bundesfernstraßengesetz § 8 Rn. 71 ff.).

d) Zuwiderhandlungen. Ordnungswidrig nach § 23 Abs. 1 Nr. 1 FStrG handelt, wer entgegen § 8 Abs. 1 FStrG eine Bundesstraße über den

Gemeingebrauch hinaus ohne Erlaubnis benutzt (siehe auch § 50 Abs. 1 Nr. 4 ThürStrG; § 54 Abs. 1 Nr. 1 StrG BW; § 51 Abs. 1 Nr. 3 HStrG). *Brenner/Bohnert*

Werkgelände → Wegeunfall Nr. 3

Werksparkplatz → Wegeunfall Nr. 3

Werkstattkarte → Kontrollgerät [Fahrtschreiber] Nr. 1 c)

Werkunternehmer → Reparaturvertrag

Werkunternehmerpfandrecht → Reparaturkostenübernahme, → Reparaturvertrag

Werkvertrag → Reparaturvertrag Nr. 1

Wertminderung → Unfallschadenabwicklung – Sachschaden Nr. 20–22

Wertrevision → Besonderheiten des Verkehrsunfallprozesses Nr. 27

Wettbewerb mit erheblichem Gefahrenpotential → Stillschweigender Haftungsausschluss bei Kfz-Unfällen

Wettbewerbsbeschränkungen → Gruppenfreistellungsverordnung Nr. 1

Widerruf und Rücknahme der Fahrerlaubnis
1. **Allgemeines.** Widerruf ist die vollständige oder teilweise Aufhebung bzw. Änderung eines rechtmäßig erlassenen Verwaltungsaktes mit Wirkung für die Zukunft. *Rücknahme* ist die Aufhebung eines bereits bei seinem Erlass rechtswidrigen Verwaltungsaktes mit Wirkung für die Vergangenheit oder die Zukunft. Im Fahrerlaubnisrecht gibt es *Spezialregelungen*, die nur wenig Spielraum für die Anwendung der allgemeinen Regelungen über Rücknahme und Widerruf von Verwaltungsakten lassen.
2. **Ungeeignet oder nicht befähigt.** Erweist sich der Inhaber einer Fahrerlaubnis als *ungeeignet oder nicht befähigt* zum Führen von Kfz, hat ihm die Fahrerlaubnisbehörde die *Fahrerlaubnis zu entziehen* (§ 3 StVG, § 46 Abs. 1 und 4 FeV). Auch wenn bereits bei Erteilung einer Fahrerlaubnis Eignung oder Befähigung fehlten, ist sie nach § 3 Abs. 1 S. 1 StVG zu entziehen und nicht nach allgemeinen verwaltungsrechtlichen Grundsätzen zurückzunehmen; § 3 Abs. 1 S. 1 StVG als bundesgesetzliche Spezialnorm verdrängt in diesen Fällen die § 48 VwVfG entsprechenden Normen des jeweiligen Landesrechts (*Hentschel/König/Dauer* Straßenverkehrsrecht 43. Aufl. 2015 § 3 StVG Rn. 42 m.w.N.). Erweist sich der Inhaber einer Fahrerlaubnis als nur noch *bedingt* zum Führen von Kfz geeignet, schränkt die Fahrerlaubnisbehörde die Fahrerlaubnis soweit wie notwendig ein oder ordnet die erforderlichen Auflagen an (§ 46 Abs. 2 FeV). §§ *3 StVG, 46 FeV* sind aber nur *Spezialnormen, soweit Eignung und Befähigung fehlen.* Bei anderen Gründen für die Fehlerhaftigkeit einer Fahrerlaubnis kommen Widerruf und Rücknahme nach den §§ 48, 49 VwVfG entsprechenden Normen des jeweiligen Landesrechts in Betracht. Wurde z. B. die praktische Fahrerlaubnisprüfung entgegen § 17 Abs. 3 S. 1 FeV nicht am Ort der Hauptwohnung durchgeführt, ist die Fahrerlaubnis nicht zu entziehen, da die Befähigung zum Führen von Kfz den generellen Anforderungen entsprechend nachgewiesen wurde, sondern nach § 48 VwVfG zurückzunehmen (OVG Hamburg 10.6.2008, 3 Bf 246/07, NJW 2009, 103).
3. **Begleitetes Fahren.** Die einzige *Spezialregelung im Fahrerlaubnisrecht* zum Widerruf von Fahrerlaubnissen findet sich in § 6 e Abs. 2 StVG: Eine im Rahmen des Begleiteten Fahrens ab 17 erteilte Fahrerlaubnis der Klasse B oder BE ist zu widerrufen, wenn der Fahrerlaubnisinhaber einer Begleitauflage zuwidergehandelt hat. Bei diesem Widerruf handelt es sich nicht um eine Entziehung der Fahrerlaubnis, die daneben nach § 3 StVG möglich ist (*Hentschel/König/Dauer* Straßenverkehrsrecht 43. Aufl. 2015 § 6 e StVG Rn. 19 und § 48 a FeV Rn. 22). *Dauer*

Widerspruch → Besonderheiten des Verkehrsunfallprozesses, → Besonderheiten des Verkehrsverwaltungsprozesses Nr. 2 d)

Widerspruchsverfahren → Besonderheiten des Verkehrsverwaltungsprozesses Nr. 2 d)

Widerstand gegen Vollstreckungsbeamte
1. **Allgemeines:** W. ist ein Straftatbestand, geregelt in § 113 StGB. Wegen W. macht sich – vereinfachend gesagt – strafbar, wer sich einer an ihn gerichteten Diensthandlung widersetzt, die materiell rechtmäßig ist und bei der zumindest die wesentlichen Förmlichkeiten eingehalten werden.
2. **Häufigste Fälle.** Die im Verkehrsstrafprozess *häufigsten Fälle* bestehen darin, dass der Beschuldigte sich Maßnahmen von Polizeibeamten nicht unterziehen will und daher z. B. bei

einer vorläufigen Festnahme um sich schlägt oder sich einer Blutentnahme widersetzt oder trotz Aufforderung an einer Kontrollstelle nicht anhält („Polizeiflucht"). Erzwingt er dabei mit Gewalt seine Durchfahrt oder kommt es zu einer Verfolgungsjagd und geht der Täter dabei so weit, einen verfolgenden Fahrer auszubremsen oder abzudrängen, so liegt → *Nötigung* vor, u. U. auch → *gefährlicher Eingriff in den Straßenverkehr (§ 315b StGB)* oder → *Gefährdung des Straßenverkehrs (§ 315c StGB)*. Der Pkw, mit dem der Täter seine Durchfahrt erzwingt, ist allerdings keine „Waffe" im Sinne von § 113 Absatz 2 Satz 2 Nr. 1 StGB, so dass nicht hierwegen ein besonders schwerer Fall zu begründen ist (BVerfG 1.9.2008, 2 BvR 2238/07). Denn der Pkw ist zur Bekämpfung anderer weder bestimmt noch wird er typischerweise dazu gebraucht. Der Pkw wäre ein „gefährliches Werkzeug", an das § 113 StGB aber nirgends anknüpft.

Praxistipp: Sind die W.handlungen wenig spektakulär und wird später wegen der Tat, derentwegen der Beschuldigte an- oder festgehalten wurde (erste Tat), sowie tatmehrheitlich wegen W. die Strafverfolgung eingeleitet, so ist aus Verteidigersicht lohnend, auf eine „Hinausbeschränkung" des Tatvorwurfs des W. hinzuwirken (§ 154 StPO). Insbesondere der Richter wird hierfür dann offen sein, wenn wegen des W. z. B. mehrere Zeugen vernommen werden müssten, während die erste Tat sich ohne Aufwand verhandeln ließe, was klassischerweise dann der Fall ist, wenn wegen der ersten Tat ein Geständnis des Mandanten angekündigt werden kann.

Praxistipp: Die ermittelnden Polizeibeamten werden immer dann, wenn sie körperlichen Zwang angewendet haben (oft mit schmerzhaften Folgen beim Beschuldigten), darauf achten, die Berechtigung dieser Zwangsmaßnahmen lückenlos darzustellen. Sie werden daher in die Anzeige auch ausführlich diejenigen Widerstandshandlungen des Beschuldigten aufnehmen, welche sie zum Anlass genommen haben, die Zwangsmaßnahmen zu ergreifen. Die Widerstandshandlungen des Beschuldigten werden daher in der Akte besonders lebendig und detailliert dargestellt sein. Das kann, muss aber nicht immer ihrer Bedeutung im Tatablauf entsprechen. Erfahrene Richterinnen und Staatsanwälte wissen das, anderen muss es der Verteidiger behutsam vermitteln. Dieser wird in geeigneten Fällen für eine „Hinausbeschränkung" des W. argumentieren, dass der Mandant durch die Reaktionen, mit denen seine Widerstandshandlungen polizeilicherseits unmittelbar beantwortet wurden, bereits hinreichend beeindruckt sei und es daher einer Strafverfolgung eigens hierwegen nicht mehr bedürfe.

Weder

Widmarkformel → Trinkmenge

Wie-Beschäftigung → Unfallversicherung Nr. 6

Wiederbeschaffungsaufwand → Unfallschadenabwicklung – Sachschaden Nr. 4ff.

Wiedereinsetzung in den vorigen Stand
1. Strafrecht
a) **Allgemeines**: W. im Strafverfahren regelt § 44 StPO. Wieder eingesetzt wird nur in versäumte Fristen, nicht in versäumte Termine. Anders nur, wenn das Gesetz in anderen Vorschriften auf die W. verweist (vgl. für den im Berufungstermin ausgebliebenen Angeklagten § 329 Abs. 3 StPO). W. von Amts wegen ist möglich (§ 45 Abs. 2 S. 3 StPO). Praktisch bedeutsam ist aber allein W. auf Antrag. Die Wiedereinsetzung setzt voraus, dass der Antragsteller ohne Verschulden verhindert war, eine Frist einzuhalten.

b) **Glaubhaft** (§ 45 Abs. 2 S. 1 StPO) gemacht werden müssen konkrete Umstände, aus denen sich ergibt, dass der Beschuldigte ohne Verschulden verhindert war, die Frist zu wahren. Die Glaubhaftigkeit bedeutet: Die geltend gemachten Versäumnisgründe müssen nicht notwendig zur vollen Überzeugung des Gerichts feststehen, aber in einem nach Lage der Dinge vernünftigerweise zur Entscheidung hinreichenden Maß wahrscheinlich gemacht sein; dabei hängen die insoweit zu stellenden Anforderungen auch vom Maß an Plausibilität ab, die das Vorbringen aufweist (Thüringer OLG 11.5. 2006, 1 Ws 126/06, NStZ-RR 2006, 345). Die Glaubhaftigkeit kann sich ausnahmsweise schon aus der Akte ergeben, anderenfalls aber ist eine schriftliche – am besten eidesstattliche – Erklärung Dritter, dienstliche Erklärung oder Glaubhaftmachung durch Unterlagen und Bescheinigungen unerlässlich (KG 23.4.2007, 2 Ws 125/07). Die eigene eidesstattliche Versicherung des Angeklagten ist kein zulässiges Mittel der Glaubhaftmachung. Sie ist wie eine schlichte Erklärung zu werten, die grundsätzlich zur Glaubhaftmachung nicht ausreicht (BGH 21.3.2001, 3 StR 91/01, NStZ-RR 2002, 66). Sie genügt nur dann, wenn eine anderweitige Beweismittelbeibringung deshalb unmöglich ist, weil Beweismittel aus Gründen verloren gegangen sind, die der Antragsteller nicht zu vertreten hat (OLG Düsseldorf 6.9. 1989, 3 Ws 608/89, NStZ 1990, 485 ff). Ist es also einem Antragsteller im Wiedereinsetzungsverfahren objektiv nicht möglich, die Glaubhaftmachung seines fehlenden Verschuldens beizubringen, so kann seine eigene Erklärung „jedenfalls dann nicht genügen, wenn er es schuldhaft unterlassen hat, geeignete Beweise zu sichern, als dies noch möglich und zumutbar gewesen wäre (OLG München 21.4.1988, 2 Ws 191/88, NStZ 1988, 377 f = MDR 1988, 797 f). Will der Gesuchssteller behaupten, eine anderweitige Glaubhaftmachung sei ihm nicht möglich, so muss er dies von sich aus vortragen und plausibilisieren, die Regel „im Zweifel für den Angeklagten" gilt hier – wie überhaupt bei Verfahrensfragen – nicht. Will der Angeklagte etwa einwenden, die Versäumung beruhe nicht auf seinem eigenen Verschulden, sondern auf dem seines Verteidigers, so muss er diesen von der Schweigepflicht entbinden und darauf hinwirken, dass der Verteidiger die Umstände durch anwaltliche Versicherung glaubhaft macht (BGH 21.3.2001, 3 StR 91/01, NStZ-RR 2002, 66). Will der Gesuchssteller einwenden, das fristauslösende Schriftstück an einem bestimmten Tage nicht erhalten zu haben, so kann er gleichfalls nicht mit einer eigenen „eidesstattlichen Versicherung" operieren, sondern muss eine solche beibringen, die von einer in seinem Haushalt lebenden Person stammt; lebt er allein, so muss er dies von sich aus vortragen (AG Rockenhausen 7.4.2006, OWi 34/06). Die Glaubhaftmachung kann nach dem Wortlaut von § 45 Abs. 2 S. 1 StPO sowohl bei Stellung des W.sgesuchs erbracht als auch im W.verfahren nachgeholt werden, in der Praxis ist hingegen dringend die sofortige Glaubhaftmachung zu empfehlen.

c) **Unkenntnis der Frist** indiziert als solche nicht fehlendes Verschulden: Wer wegen der Tat bereits als Beschuldigter vernommen ist und z. B. eine längere Auslandsreise antritt, ohne Vorkehrungen zu treffen, dass er von einer an seine Heimatanschrift bewirkte Zustellung rechtzeitig informiert wird, der kann sich, wenn er nach Rückkehr etwa einen Strafbefehl in seinem Postkasten findet, nicht auf unverschuldete Versäumung der in diesem Zeitpunkt bereits abgelaufenen Einspruchsfrist berufen.

d) Die Versäumung einer Rechtsmittelfrist ist aber dann als unverschuldet anzusehen, wenn die → *Belehrung* über das Rechtsmittel unterblieben ist (§ 44 S. 2 StPO).

e) **Wichtig:** Sofort *nach Wegfall des Hindernisses* ist die W. zu beantragen *und* die versäumte Handlung nachzuholen (Formulierungsbeispiel: „... beantrage ich W. in die Einspruchsfrist und lege hiermit Einspruch gegen den Strafbefehl vom ... ein").

f) Kein Wiedereinsetzungsgrund liegt vor, wenn das Hindernis schon *vor* Fristende wegfällt. Findet also im Beispielsfall (oben c) der Rückkehrer einen ihm vor sechs Tagen zugestellten Strafbefehl vor, so hindert ihn dies nicht an einer fristgerechten (nämlich sofortigen) Anbringung des Einspruchs.

g) **Verschulden des Verteidigers** ist dem Mandanten (anders als im Zivilprozess) im Strafverfahren niemals zuzurechnen, da der Verteidiger den Mandanten nicht „vertritt" sondern ihm als selbstständiger Prozessbeteiligter beisteht. Wer ein fristauslösendes Schriftstück formlos übermittelt erhält mit Zusatz. „Zustellung erfolgt an Ihren Verteidiger" (§ 145 a Abs. 3 S. 1 StPO), kann sich in Routinefällen darauf verlassen, dass dieser notwendige fristwahrende Schritte von sich aus unternimmt, zumal § 145 a Abs. 1 StPO bestimmt, dass der Verteidiger zur Entgegennahme von Zustellungen und Mitteilungen für den Mandanten als ermächtigt gilt (eine spezielle Vollmacht braucht es hingegen bei Ladungen, vgl. § 145 a Abs. 2 StPO).

2. Ordnungswidrigkeitenverfahren. Für den befristeten Rechtsbehelf gegen den Bescheid der Verwaltungsbehörde gelten die §§ 44, 45, 46 Abs. 2 u. 3 sowie § 47 StPO über die Wiedereinsetzung in den vorigen Stand entsprechend, soweit § 52 Abs. 2 OWiG nichts anderes bestimmt (§ 52 Abs. 1 OWiG). Insofern kann bezüglich der *Voraussetzungen für die Wiedereinsetzung* sowie des *Wiedereinsetzungsantrags* grundsätzlich auf die obigen Ausführungen zum Strafverfahren verwiesen werden (→ Nr. 1). Darüber hinaus sind aber im OWi-Verfahren folgende *Sondervorschriften* (§ 52 Abs. 2 OWiG) zu beachten:

a) **Wiedereinsetzungsverfahren der Verwaltungsbehörde.** Die *Zuständigkeit* bzgl. der Entscheidung über den Wiedereinsetzungsantrag (sowie über einen Aufschub der Vollstreckung) liegt bei der Verwaltungsbehörde, die über den versäumten Rechtsbehelf zu entscheiden hat (§ 52 Abs. 2 S. 1 OWiG). *Form der Entscheidung.* Die Gewährung der Wiedereinsetzung ist dem Betroffenen formlos mitzuteilen (sofern der diesbezügliche Wille der Verwaltungsbehörde nicht auf andere Weise stillschweigend zum Ausdruck kommt); die Verwerfung des Wiedereinsetzungsantrags muss dagegen zugestellt werden (§ 50 Abs. 1 OWiG), sie ist zu begründen (§ 46 Abs. 1 OWiG i.V. m. § 34 StPO) und mit Rechtsbehelfsbelehrung zu versehen (§ 50 Abs. 2 OWiG). *Rechtsmittel:* Bei *Gewährung der Wiedereinsetzung* ist die diesbezügliche Entscheidung der Verwaltungsbehörde unanfechtbar (§ 52 Abs. 1 OWiG i.V. m. § 46 Abs. 2 StPO) und auch im Rahmen des späteren Bußgeldverfahrens bindend. *Verwirft* die Verwaltungsbehörde den Antrag auf Wiedereinsetzung in den vorigen Stand, so ist gegen den Bescheid *innerhalb von zwei Wochen* nach Zustellung der *Antrag auf gerichtliche Entscheidung* nach § 62 OWiG zulässig (§ 52 Abs. 2 S. 3 OWiG), die ihrerseits dann unanfechtbar ist (§ 62 Abs. 2 S. 3 OWiG). Wiedereinsetzung kann übrigens auch in eine versäumte Frist für den Antrag auf gerichtliche Entscheidung beantragt werden. Die *Kosten* des Wiedereinsetzungsverfahrens trägt – auch bei positiver Entscheidung – der Antragsteller (§ 105 Abs. 1 OWiG i.V. m. § 473 Abs. 7 StPO). Da im Wiedereinsetzungsverfahren aber keine Verwaltungs- oder Gerichtskosten entstehen, kommen allenfalls Auslagen i. S. v. § 107 Abs. 3 OWiG sowie die notwendigen eigenen Auslagen des Antragstellers in Betracht.

b) Wiedereinsetzungsverfahren des Gerichts. Nur *ausnahmsweise entscheidet das Gericht*, welches bei rechtzeitigem Rechtsbehelf zur Entscheidung in der Sache selbst zuständig gewesen wäre, gem. § 52 Abs. 2 S. 2 OWiG selbst auch über die Gewährung der Wiedereinsetzung in den vorigen Stand und den Aufschub der Vollstreckung, wenn es bereits mit dem Rechtsbehelf befasst ist (d. h. wenn die Akten bereits von der Staatsanwaltschaft an das Gericht weitergeleitet wurden → *Bußgeldverfahren* Nr. 3b). *Form der Entscheidung:* Die Gewährung der Wiedereinsetzung kann durch Beschluss oder stillschweigend erfolgen, die Verwerfung erfolgt per Beschluss. Wenn der Verhandlungstermin trotz entsprechenden Antrags nicht verlegt worden ist und daher der Einspruch des Betroffenen in dessen Abwesenheit verworfen wurde, so hat das Gericht die Umstände, die nach Auffassung des Betroffenen sein Fernbleiben entschuldigen sollen, ebenso ausführlich und vollständig darzulegen wie seine eigenen, in diesem Zusammenhang angestellten Erwägungen im Hinblick auf die Ablehnung der Terminverlegung (OLG Oldenburg 31.8.2010, 2 SsRs 170/10, NZV 2011, 96). *Rechtsmittel:*

Bei *Gewährung der Wiedereinsetzung* ist die diesbezügliche Entscheidung des Gerichts unanfechtbar (§ 52 Abs. 1 OWiG i.V. m. § 46 Abs. 2 StPO) und auch im Rahmen eines späteren Rechtsmittelverfahrens bindend. *Verwirft* das Gericht den Antrag auf Wiedereinsetzung in den vorigen Stand, so ist gegen den Bescheid *binnen einer Woche* nach Zustellung die sofortige Beschwerde nach § 311 StPO zulässig (§ 52 Abs. 1 OWiG i.V. m. § 46 Abs. 3 StPO). Neben dem Wiedereinsetzungsantrag ist gleichzeitig die *Rechtsbeschwerde* möglich (BGH 20.3.1992, 2 StR 371/91, NJW 1992, 2494); über die Wiedereinsetzung ist hierbei in jedem Fall vorrangig zu entscheiden, wobei die Rechtsbeschwerde trotzdem innerhalb der Frist des § 345 Abs. 1 S. 1 StPO begründet werden muss.

3. Verwaltungsverfahren. Auch im Verwaltungsverfahren ist dem Betroffenen Wiedereinsetzung in den vorigen Stand zu gewähren, wenn er ohne Verschulden gehindert war, eine gesetzliche Frist einzuhalten (§ 60 Abs. 1 VwGO).

a) Anwendungsbereich. § 60 VwGO kommt bei allen gesetzlichen Fristen im Verwaltungsverfahren zur Anwendung, auch bei der Versäumung der Wiedereinsetzungsfrist selbst (Ausnahme aber bei Versäumung der Ausschlussfrist des § 60 Abs. 3 VwGO → Nr. 3 b).

b) Voraussetzungen für die Wiedereinsetzung. Zunächst muss überhaupt eine *Fristversäumung* vorliegen, und der Betroffene muss während der noch offenen Frist an der rechtzeitigen Vornahme der Prozesshandlung gehindert gewesen sein. Als *Hinderungsgrund* kommen nicht nur Ereignisse in Frage, die zur Unmöglichkeit der Fristwahrung führen, sondern auch solche, die zur Unzumutbarkeit der Fristwahrung für den Betroffenen führen. Neben Ereignissen, die von außen einwirken können, sind auch Irrtümer, Unkenntnis oder sonstige subjektive Gründe denkbar (wobei dann aber die Frage des Verschuldens genau zu überprüfen wäre). *Ohne Verschulden* ist die Fristversäumung dann eingetreten, wenn der Betroffene im Hinblick auf die Wahrnehmung der Frist die Sorgfalt beachtet hat, die für einen gewissenhaften Prozessführenden geboten und zumutbar war. Das Verschulden des Rechtsanwaltes wird dem Mandanten wie eigenes Verschulden zugerechnet (BVerwG 5.5.1999, 4 B 35/99, NVwZ 2000, 65). Diese Zurechnung ist möglich vom Zeitpunkt einer gültigen Bevollmächtigung bis zur Beendigung des Mandatsverhältnisses. Dagegen ist das Verschulden von Hilfspersonen des Rechtsanwaltes (z. B. Büropersonal) dem Mandanten nicht zuzurechnen, wenn dem Rechtsanwalt hinsichtlich dieser Hilfspersonen kein Auswahl-, Anleitungs- oder Überwachungsverschulden zukommt.

c) **Wiedereinsetzungsantrag.** Als Regelfall ist in § 60 VwGO eine *Antragstellung* vorgesehen; im Einzelfall hat das Gericht die Wiedereinsetzung *auch von Amts wegen* zu gewähren, insbesondere wenn die Wiedereinsetzungsvoraussetzungen gegeben und die ihr zugrundeliegenden Tatsachen glaubhaft gemacht sind (§ 60 Abs. 2 S. 3 VwGO). Die *Form* des Wiedereinsetzungsantrags richtet sich nach den Formvorschriften bzgl. der versäumten Rechtshandlung. Mit dem Wiedereinsetzungsantrag hat die *Nachholung der versäumten Rechtshandlung* zu erfolgen (sofern nicht bereits vorgenommen), anderenfalls ist sie spätestens innerhalb der Antragsfrist nachzuholen. Die *Antragsfrist* endet *zwei Wochen* nach Wegfall des Hindernisses (§ 60 Abs. 2 S. 1 VwGO). Der Tag des Wegfalls des Hindernisses fließt hierbei nicht in die Fristberechnung ein (§ 57 Abs. 2 VwGO i. V. m. § 222 Abs. 1 ZPO i. V. m. § 187 Abs. 1 BGB). Fristgebunden sind die Geltendmachung des Wiedereinsetzungsgrundes, die Nachholung der versäumten Handlung sowie der Vortrag, dass die versäumte Handlung auch innerhalb der Antragsfrist nachgeholt wurde; reine Ergänzungen bereits rechtzeitig erfolgten Vorbringens sowie die eigentliche Glaubhaftmachung des Wiedereinsetzungsgrundes sind aber auch zu einem späteren Zeitpunkt noch zulässig. Nach einer *Ausschlussfrist von einem Jahr* seit dem Ende der versäumten Frist ist der Antrag auf Wiedereinsetzung unzulässig, außer wenn der Antrag vor Ablauf der Jahresfrist infolge höherer Gewalt unmöglich war (§ 60 Abs. 3 VwGO); eine Wiedereinsetzung in eine versäumte Ausschlussfrist ist jedoch nicht möglich. Zur *Glaubhaftmachung* sind alle Beweismittel zugelassen, auch die Versicherung an Eides statt (§ 173 S. 1 VwGO i. V. m. § 294 Abs. 1 ZPO).

d) **Gerichtliches Verfahren.** Die *Zuständigkeit* bzgl. der Entscheidung über den Wiedereinsetzungsantrag liegt bei dem Gericht, das über die versäumte Rechtshandlung zu entscheiden hat (§ 60 Abs. 4 VwGO); bei versäumter Widerspruchseinlegung im Vorverfahren entscheidet die zuständige Widerspruchsbehörde über den Wiedereinsetzungsantrag (§ 70 Abs. 2 i. V. m. § 60 Abs. 4 VwGO). Ist das Verfahren nach der versäumten Rechtshandlung bereits in einer höheren Instanz anhängig, so wird durch diese entschieden. Für das *Verfahren bei Wiedereinsetzung* gelten die in der ZPO geregelten Vorschriften (§ 173 S. 1 VwGO i. V. m. § 238 ZPO): Ein gesonderter Beschluss des Gerichts zur Frage der Gewährung der Wiedereinsetzung ist nicht zwingend erforderlich, vielmehr kann das Gericht diese Entscheidung auch durch ausdrückliche Einbeziehung in die Hauptsacheentscheidung treffen (Ausführungen hierzu in den Entscheidungsgründen reichen aus, ein gesonderter Tenor ist nicht erforderlich).

e) **Rechtsmittel.** Bei *Gewährung der Wiedereinsetzung* ist die diesbezügliche Entscheidung unanfechtbar (§ 60 Abs. 5 VwGO). Ausgenommen hiervon ist die das Gericht nicht bindende Wiedereinsetzungsentscheidung der Widerspruchsbehörde, da § 60 Abs. 5 VwGO von § 70 Abs. 2 VwGO ausdrücklich nicht umfasst ist. Bei *Ablehnung der Wiedereinsetzung* muss das Wiedereinsetzungsbegehren zusammen mit der Hauptsache weiterverfolgt werden, so dass die für die Hauptsache in Frage kommenden *Rechtsmittel* (Klage, Berufung oder Revision → *Besonderheiten des Verkehrsverwaltungsprozesses* Nr. 2 ff., 7, 8) ausgeschöpft werden müssen. Eine Ausnahme hiervon gilt dann, wenn die Wiedereinsetzung durch einen eigenen Beschluss verwehrt wurde, welcher dann gesondert mit der *Beschwerde* (→ *Besonderheiten des Verkehrsverwaltungsprozesses* Nr. 6) angefochten werden muss.

Siehe auch: → *Besonderheiten der Verkehrsunfallklage*
Weder/Langer

Wiedereinsetzungsantrag → Wiedereinsetzung in den vorigen Stand Nr. 3 c)

Wiedererteilung der Fahrerlaubnis → Abkürzung der Sperrfrist, → Fahrerlaubniserwerb Nr. 6, → Fahrerlaubnis-Verordnung Nr. 3, → Entziehung der Fahrerlaubnis Nr. 3 a)

Wiederherstellung der aufschiebenen Wirkung → Besonderheiten des Verkehrsverwaltungsprozesses Nr. 9

wiederkehrende Gasanlagenprüfung → Hauptuntersuchung Nr. 1

Wiederzulassung → Fahrzeug-Zulassungsverordnung (FZV) Nr. 5, → Stilllegung Nr. 3

Wildunfall → Teilkaskoversicherung Nr. 6

Winterreifen → Reifen Nr. 4

Winterreifenpflicht 1. Allgemeines. In § 2 Abs. 3a S. 1 StVO ist *keine „Winterreifenpflicht"* im strengformalen Sinne, welche an ein bestimmtes Datum anknüpft, festgeschrieben. Vielmehr dürfen nach dieser Vorschrift Kraftfahrzeuge (auch im Ausland zugelassene) *bei Glatteis, Schneeglätte, Schneematsch, Eis- oder Reifglätte* nur mit Winter- oder Ganzjahresreifen gefahren werden. Die Vorschrift beinhaltet nicht nur eine Ausrüstungspflicht, sondern vielmehr auch ein Verbot des Fahrens ohne an die Wetterverhältnisse angepasste Fahrzeugbereifung. Bei den oben beschriebenen Wetterverhältnissen sind damit *Winterreifen* oder *Ganzjahresreifen* (M+S-Reifen i. S. v. § 36 Abs. 1 S. 3 StVZO bzw. Winterreifen mit dem Alpine-Symbol gem. EU-Verordnung Nr. 661/2009) zu verwenden, die über ausreichendes Profil verfügen müssen (nach Empfehlung des ADAC mindestens eine Profiltiefe 4 mm – ungeachtet der gesetzlich vorgeschriebenen Mindestprofiltiefe von 1,6 mm). § 2 Abs. 3a S. 2 StVO regelt Ausnahmen für Busse mit mehr als 8 Sitzplätzen und Lkw über 3,5 t zulässiger Gesamtmasse (Ausrüstpflicht nur an den Antriebsachsen). § 2 Abs. 3a S. 3 StVO nimmt Nutzfahrzeuge der Land- und Forstwirtschaft sowie Einsatzfahrzeuge der in § 35 Abs. 1 StVO genannten Organisationen aus, soweit für diese Fahrzeuge bauartbedingt keine M+S-Reifen verfügbar sind.
2. Sonderfälle. Im Bereich der *gewerblichen Personenbeförderung* (z. B. Reisebusse, Taxen oder Mietwagen mit Fahrer) gelten gem. § 1 BOKraft i.V. m. § 1 PBefG Sondervorschriften, die eine *echte Winterreifenpflicht* begründen. Gem. § 18 BOKraft ist bei solchen Fahrzeugen nicht nur die Ausrüstung den jeweiligen Straßen- und Witterungsverhältnissen anzupassen. Vielmehr sind, wenn es die Umstände angezeigt erscheinen lassen, Winterreifen, Schneeketten, Spaten, Hacke sowie Abschleppseil oder -stange mitzuführen.
3. Ordnungswidrigkeiten. Liegt ein Verstoß gegen die Winterreifenpflicht vor, so kann ein Bußgeld verhängt werden, womit ein Punkteeintrag im VZR (ab 1.5.2014: im Fahreignungsregister) verbunden ist (§ 49 Abs. 1 Nr. 2 StVO i.V. m. § 24 StVG).
4. Versicherungsrecht. Die Verwendung eines Fahrzeugs, welches nicht den Wetterverhältnissen angepasst ist, kann im Schadensfall versicherungsrechtlich eine Verletzung einer vertraglichen Obliegenheitspflicht darstellen (§ 28 VVG). Dies kann in der Fahrzeugvollversicherung bis zur Leistungsfreiheit des Versicherers gehen und in der Kfz-Haftpflichtversicherung ggf. zum Regress des Versicherers führen.

Langer

Wirbelsäule, degenerativ vorgeschädigte → HWS-Schleudertrauma Nr. 5

Wirksamkeit der Abtretung → Abtretung von Schadenersatzansprüchen Nr. 2

Wirksamkeit des Fahrverbots → Fahrverbotvollstreckung Nr. 2

Wirksamkeitsvoraussetzung → Vollmacht Nr. 1 c)

Wirtschaftlicher Totalschaden → Unfallschadenabwicklung – Sachschaden Nr. 3, 5, 17, 38

Witterungsverhältnisse → Dachlawinenschaden

wöchentliche Ruhezeit → Lenk- und Ruhezeiten Nr. 5

Wohnmobil → Fahrverbot Nr. 2, → Geschwindigkeit Nr. 3 b), → Halten und Parken Nr. 1 b), → Lenk- und Ruhezeiten Nr. 7 a), → Überholen Nr. 3 b)

Wohnsitzgericht → Auslandsunfall Nr. 6, → Besonderheiten der Verkehrsunfallklage Nr. 5, → Verkehrsopferhilfe Nr. 5

Wohnsitzgerichtsstand → Deckungsklage Nr. 4

Wunschkennzeichen → Kennzeichenerteilung Nr. 2

Y

Youngtimer Im Gegensatz zum Oldtimer bzw. zum H-Kennzeichen für Oldtimer ist der Begriff Y. nicht gesetzlich geregelt. Mit ihm ein Liebhaberfahrzeug bezeichnet, dass zwar auf Grund des Nichterreichens der 30-Jahre-Grenze noch kein Oldtimer ist, aber sich aber auf Grund des Erhaltungszustandes auf dem Weg dort hin befindet. In Y.- und Oldtimerkreisen wird gewöhnlicherweise ein Fahrzeug, dass 20 Jahre alt ist, als Y. anerkannt. Während früher auf Grund der 49. Ausnahmeverordnung auch die Ausgabe der roten 07er-Wechselkennzeichen für Y. möglich war, ist dies ab 1.3.2007 nicht mehr möglich, da nunmehr die 07er-Nummer wie das H-Kennzeichen nur an Fahrzeuge, die mindestens 30 Jahre alt sind, vergeben werden. Für die bereits ausgegebenen 07er-Nummern auf Grund der früheren Ausnahmeverordnung besteht jedoch Bestandschutz.

Siehe auch: → *Oldtimer* *Wehrl*

Z

Zahlungserleichterung → Vollstreckung von Geldbußen Nr. 3

Zebrastreifen → Fußgängerüberweg Nr. 1

zeitliche Kongruenz → Übergang von Ersatzansprüchen Nr. 2

Zeitpunkt des Forderungsübergangs → Übergang von Ersatzansprüchen Nr. 3

Zeitschätzung → durch Polizeibeamte, → Rotlichtverstoß Nr. 8 a)

Zeitwert → Motorradschutzkleidung Nr. 2

Zentrales Fahrerlaubnisregister → Ersatzführerschein Nr. 3

Zentrales Fahrzeugregister → Fahrzeugregister Nr. 1

Zentralruf der Autoversicherer → Auslandsunfall Nr. 2

Zeuge → Besonderheiten des Verkehrsunfallprozesses Nr. 13, 17–22

Zeuge N.N. → Besonderheiten des Verkehrsunfallprozesses

Zeugenaussage, Glaubhaftigkeit → Besonderheiten des Verkehrsunfallprozesses Nr. 22

Zeugenbefragung → Fahrerermittlung Nr. 2 c)

Zeugenvernehmung → Besonderheiten des Verkehrsunfallprozesses Nr. 18, → Selbstständiges Beweisverfahren Nr. 2

Zeugnis gegen sich selbst → Besonderheiten des Verkehrsunfallprozesses Nr. 8

Zeugnisverweigerungsrecht 1. Allgemeines. Das Zeugnisverweigerungsrecht hat vor allem im Strafprozess (§ 52 StPO aber auch im Zivilprozess (§§ 383, 384 ZPO) Bedeutung. Es gestattet Zeugen, vor Gericht oder anderen staatlichen Stellen unter bestimmten Voraussetzungen, das Zeugnis zu verweigern.
2. Zivilverfahren. a) Zeugnisverweigerungsrecht aus persönlichen Gründen gem. § 383 ZPO. § 383 ZPO räumt das Recht ein, das Zeugnis aus persönlichen Gründen zu verweigern. Das umfassende Recht auf Z. verhindert, dass der betroffene Zeuge in eine Konfliktsituation gerät, einerseits korrekt und vollständig auszusagen, andererseits sich oder eine Angehörigen möglicherweise zu belasten.
Die Berechtigung besteht nach § 383 Abs. 1 ZPO z. B. gegenüber Angehörigen wie den Ehegatten, Verlobten oder Lebenspartner, Personen, mit denen der Berechtigte in gerader Linie verwandt oder verschwägert ist.
Nach § 383 Abs. 2 ZPO besteht eine Belehrungspflicht gegenüber den in § 383 Abs. 1 genannten Angehörigen.
b) Zeugnisverweigerungsrecht aus persönlichen Gründen gem. § 384 ZPO
Nicht umfassend wie § 383 sondern eingeschränkt gibt § 384 ZPO für die dort aufgeführten Fälle das Recht zur Z., wenn ein unmittelbar vermögensrechtlicher Schaden droht, oder wenn für eine angehörige Person die Gefahr der Strafverfolgung wegen einer Ordnungswidrigkeit oder Straftat bestünde.
Es besteht keine Belehrungspflicht.
3. Strafverfahren. Ein Z. aus *persönlichen Gründen* steht den in § 52 Abs. 1 StPO aufgezählten nahen Angehörigen zu (insbesondere also Ehegatten, Geschwistern, Eltern, Schwager/Schwägerin des Beschuldigten). Hierüber sind sie zu belehren (§ 52 Abs. 3 S. 2 StPO), und zwar bereits im Ermittlungsverfahren, sobald die Nahebeziehung bekannt ist. Ohne diese Belehrung sind Angaben nicht verwertbar. Verwertbar bleiben aber so genannte → *Spontanäußerungen am Unfallort*.
4. Ein Z. haben Angehörige der in § 53 Abs. 1 StPO aufgezählten Berufsgruppen, also im Verkehrsstrafverfahren insbesondere Verteidiger, Zivilanwälte, Ärzte, sowie – je nach Einrichtung – auch Drogenberater. Dies gilt jeweils, sofern sie den Beschuldigten beraten haben bzw. er sich ihnen aufgrund ihres Berufes anvertraut hat und sie hieraus ihre Kenntnisse über die ihm vorgeworfene Tat beziehen. Das Z. steht den Angehörigen dieser Berufe dann nicht mehr zu, wenn der Beschuldigte sie von der Verschwiegenheitspflicht entbindet (§ 53 Abs. 2 S. 1 StPO).

> Praxistipp: Kommt eine solche Entbindung in Betracht, so kann es aus Verteidigersicht geboten sein, sie thematisch präzise zu fassen, also etwa: "..., bezogen darauf, was bei der Beratung vom ... gesprochen wurde". So lässt sich einer u. U. nicht erwünschten Komplettdurchleuchtung des

Vertrauensverhältnisses vorbeugen. Auf die Einhaltung einer so gezogenen thematischen Grenze muss auch während der Einvernahme des Zeugen geachtet werden. Denn das Gericht prüft Fragen an den Zeugen sowie dessen Antworten nicht von sich aus darauf, ob sie sich im Rahmen der Entbindungserklärung halten, vielmehr obliegt es dem Zeugen, dies selbst im Auge zu behalten, denn sein Z. ist *keine* Zeugnisverweigerungs*pflicht*, es steht ihm frei, von dem Z. Gebrauch zu machen oder nicht. Notfalls muss der Verteidiger ihn an die Grenzen der Entbindung erinnern, denn der Richter wird es in der Regel nicht tun.

5. Auskunftsverweigerungsrecht. Vom Z. zu unterscheiden ist das *Auskunftsverweigerungsrecht*, also das Recht jedes Zeugen, die Antwort auf *einzelne Fragen* schuldig zu bleiben, nämlich auf solche, durch deren wahrheitsgemäße Beantwortung er sich (oder Angehörige im Sinne von § 52 Abs. 1 StPO) einer Straf- oder OWi-Verfolgung aussetzen würde (§ 55 Abs. 1 StPO). Zum Z. verfestigt sich dies Auskunftsverweigerungsrecht allerdings dann, wenn der Zeuge nach Lage der Dinge schon mit der „ersten" wahrheitsgemäßen Einzel-Auskunft einen „Mosaikstein" zu einem „Bild" liefern müsste, das ihn selbst (oder seine o.g. Angehörigen) bezüglich einer Straftat oder OWi absehbarerweise belasten würde. Auch über das Auskunftsverweigerungsrecht muss der Zeuge belehrt werden (§ 55 Abs. 2 StPO).

6. Praktisch am bedeutsamsten im Verkehrsstrafverfahren ist das Z., wenn im Verkehrsstrafprozess ein *Fahrer ermittelt* werden muss. Der schnell festgestellte Halter ist typischerweise selbst verdächtig, so dass ihm als Beschuldigtem ein → *Aussageverweigerungsrecht* zusteht. Da nicht ohne weiteres von der Halter- auf die Fahrereigenschaft geschlossen werden darf, kommt als Beschuldigter jeder in Betracht, der das Fahrzeug benutzt haben kann. Das sind typischerweise nahe Angehörige.

7. Überprüfung des Z. Nicht ausreichend ist, wenn die Auskunftsperson mitteilt, ihr stehe hinsichtlich des mutmaßlichen Täters ein Zeugnisverweigerungsrecht zu. Dessen *Grund* muss wenigstens umrissen werden, z. B.: „das von mir gehaltene Fahrzeug wird außer von mir nur von nahen Angehörigen genutzt, die unter § 52 Abs. 1 StPO fallen".

Praxistipp: Das Gericht muss einen Zeugen grundsätzlich auch dann laden, wenn es damit rechnet, dieser werde von einem Z. oder einem umfassenden Auskunftsverweigerungsrecht Gebrauch machen. Dies gilt sogar, wenn der Zeuge selbst das bereits schriftlich angekündigt hat. Denn das Z. ist nur ein *Recht* des Zeugen, und das Gericht ist im Rahmen seiner Pflicht zur Amtsermittlung gehalten, es darauf ankommen zu lassen, ob und inwieweit der Zeuge in der Hauptverhandlung tatsächlich von diesem Recht Gebrauch macht. Hat aber ein anwaltlicher Zeugenbeistand schriftsätzlich mit Bestimmtheit angekündigt, der Zeuge werde sich nicht äußern, sondern sich in vollem Umfang auf sein Z. (oder ein ersichtlich umfassendes Auskunftsverweigerungsrecht) berufen, so darf das Gericht von einer Ladung des Zeugen absehen.

8. Ordnungswidrigkeitenverfahren. Eigene Regelungen über das Zeugnisverweigerungsrecht sind im OWiG nicht enthalten, so dass gem. § 46 Abs. 1 OWiG die für das Strafverfahren geltenden *Vorschriften der §§ 52 ff. StPO* entsprechend anzuwenden sind (→ Nr. 3 ff.). Nachfolgend werden deshalb nur einige *Besonderheiten* dargestellt, die speziell im Ordnungswidrigkeitenverfahren von Bedeutung sein könnten:

a) Ein **Auskunftsverweigerungsrecht** besteht auch **für den (noch aktiven) Vorstand einer juristischen Person,** falls die Gefahr besteht, dass aufgrund seiner Aussage eine Geldbuße gegen diese juristische Person festgesetzt wird. Praxisrelevant kann dies in Ordnungswidrigkeitenverfahren sein, bei denen auch gegen einen Unternehmer ein Bußgeld verhängt werden kann (z. B. nach Verstößen gegen die Lenk- und Ruhezeiten).

b) **Zwangsmaßnahmen.** Die *Anordnung der Vorführung* von Zeugen, die einer Ladung nicht nachkommen, bleibt dem Richter vorbehalten (§ 46 Abs. 5 S. 1 OWiG); insofern stehen der Staatsanwaltschaft (wenn diese im Zwischenverfahren selbst Verfolgungsbehörde ist → *Bußgeldverfahren* Nr. 3) im Bußgeldverfahren weniger Befugnisse zu als im Strafverfahren (in dem über §§ 161a Abs. 2, 51 Abs. 1 StPO die zwangsweise Vorführung von Zeugen auch von der Staatsanwaltschaft angeordnet werden könnte). Die *Haft zur Erzwingung des Zeugnisses* (§ 70 Abs. 2 StPO) darf sechs Wochen nicht überschreiten (§ 46 Abs. 5 S. 2 OWiG; im Gegensatz zum Strafverfahren, bei dem die Erzwingungshaft gem. § 70 Abs. 2 StPO bis zu sechs Monate betragen kann) und kann nur vom Gericht angeordnet werden (§ 46 Abs. 1 OWiG i.V. m. §§ 70, 161a Abs. 2 S. 2 StPO). Die Anordnung der Erzwingungshaft ist z. B. bei unberechtigter Zeugnisverweigerung möglich.

9. Verwaltungsverfahren. Die VwGO enthält im Hinblick auf das Verfahren der Beweisaufnahme kaum eigene Regelungen, sondern sieht die *entsprechende Anwendung der §§ 358 bis 444 und 450 bis 494 ZPO* vor (§ 98 VwGO). Insofern kann bezüglich des Zeugnisverweigerungsrechts im Verwaltungsverfahren vollumfänglich auf obige Ausführungen zum Zivilverfahren verwiesen werden (→ Nr. 2).

Langer/Wehrl/Weder

Zivildienstbeschädigung → Dienstfahrt Nr. 2

Zivildienstleistender → Dienstfahrt Nr. 2

zivilrechtliche Bedeutung der Zulassungsbescheinigung Teil II → Zulassungsbescheinigung Teil I und II Nr. 3 c)

Zonenhaltverbot → Halten und Parken Nr. 2, 11

Zubehör → Teilkaskoversicherung Nr. 9

Zukunftsprognose → Kinderunfall Nr. 10

Zukunftsschaden → Unfallschadenabwicklung – Personenschaden Nr. 3–5

zulässige Höchstgeschwindigkeit → Geschwindigkeit Nr. 3

zulässiges Gesamtgewicht → Anhängelast Nr. 2

Zulässigkeit → Besonderheiten des Verkehrsverwaltungsprozesses Nr. 2, 9 b) aa), 10 a) → Feststellungsklage Nr. 1

Zulässigkeit der Abtretung → Abtretung von Schadenersatzansprüchen Nr. 2

Zulassung → Kennzeichenerteilung Nr. 1

Zulassung der Berufung → Besonderheiten des Verkehrsverwaltungsprozesses Nr. 7

Zulassung von Kfz 1. Zulassungszwang: Kraftfahrzeuge (zum Begriff siehe § 1 Abs. 2 und 3 StVG, § 2 Nr. 1 FZV) und Kfz-Anhänger (§ 2 Nr. 2 FZV) dürfen auf öffentlichen Straßen nur betrieben werden, wenn sie von der zuständigen Zulassungsbehörde zum Verkehr zugelassen sind (§ 1 Abs. 1 S. 1 StVG). Ausgenommen vom Zulassungszwang sind Kfz mit einer bauartbedingten Höchstgeschwindigkeit von bis zu 6 km/h (§ 1 FZV) sowie bestimmte, in § 3 Abs. 2 FZV näher bezeichnete Kfz wie z. B. Leichtkrafträder (§ 2 Nr. 10 FZV), zwei- oder dreiachsige Kleinkrafträder (§ 2 Nr. 11 FZV), motorisierte Krankenfahrstühle (§ 2 Nr. 13 FZV) und bestimmte Kfz-Anhänger. Bei erfüllten Zulassungsbedingungen hat der Antragsteller einen *Rechtsanspruch* auf Zulassung.

2. Die Zulassung erfolgt auf Antrag bei Vorliegen einer Typ- oder Einzelgenehmigung (Betriebserlaubnis) „durch Zuteilung eines amtlichen Kennzeichens" (§ 1 Abs. 1 S. 2 StVG). Der Begriff des amtlichen Kennzeichens wird in der FZV nicht mehr verwendet, weil er für sprachlich antiquiert gehalten wurde. Nach § 3 Abs. 1 S. 3 FZV erfolgt die Zulassung „durch Zuteilung eines Kennzeichens", Abstempelung der Kennzeichenschilder und Ausfertigung einer Zulassungsbescheinigung. Die Zuteilung eines Kennzeichens i.S.v. § 3 FZV ist die Entscheidung der Zulassungsbehörde, welches Kennzeichen bestehend aus Unterscheidungszeichen für den Verwaltungsbezirk und Erkennungsnummer das Fahrzeug erhalten soll (§ 8 FZV). Dieses Kennzeichen wird zum amtlichen Kennzeichen, wenn ein Schild mit diesem Kennzeichen von der Zulassungsbehörde mit dem amtlichen Siegel abgestempelt worden ist. Die **Zulassung endet** im herkömmlichen Verfahren durch Entstempelung der Kennzeichenschilder und Eintragung des Datums der Außerbetriebsetzung auf der Zulassungsbescheinigung Teil I (zur internetbasierten Außerbetriebsetzung s. § 14 Abs. 2–5 FZV). Ein formloser Widerruf der Zulassung, der nicht in einer Eintragung in der Zulassungsbescheinigung Teil I und am Kennzeichen zum Ausdruck kommt, kommt nach der gesetzlichen Systematik nicht in Betracht (Hentschel/König/*Dauer* Straßenverkehrsrecht 43. Aufl. 2015 § 3 FZV Rn. 5).

3. Voraussetzungen für die Zulassung sind ein regelmäßiger *Standort* des Fahrzeugs im Inland (Umkehrschluss aus § 20 Abs. 2 S. 1 FZV), ein *Antrag* auf Zulassung (§ 6 FZV), die Vorlage der *Zulassungsbescheinigung Teil II* (Kfz-Brief) oder die Beantragung einer solchen (§ 6 Abs. 2 FZV), im letzteren Fall der Nachweis der Verfügungsberechtigung über das Fahrzeug (§ 12 Abs. 1 S. 1 FZV), bei erstmaliger Zulassung der Nachweis des Vorliegens einer *Typ- oder Einzelgenehmigung/Betriebserlaubnis* (§ 6 Abs. 3 FZV), der Nachweis durch Versicherungsbestätigung, dass eine dem PflVG entsprechende *Kfz-Haftpflichtversicherung* besteht (§ 23 FZV), die Zahlung der *Zulassungsgebühr* und der *Kfz-Steuer*.

4. **Nicht zugelassene** zulassungspflichtige Fahrzeuge *dürfen* zu Prüfungs-, Probe- oder Überführungsfahrten (§ 2 Nr. 23 bis 25 FZV) im öffentlichen Straßenverkehr *in Betrieb gesetzt* werden, wenn sie ein rotes Kennzeichen führen (§ 16 FZV), zu Probe- oder Überführungsfahrten, wenn sie ein Kurzzeitkennzeichen führen (§ 16a FZV), zur Ausfuhr in das Ausland, wenn sie ein Ausfuhrkennzeichen (§ 19 FZV), ein Kurzzeitkennzeichen oder ein rotes Kennzeichen führen. Oldtimer brauchen für bestimmte Fahrten keine Zulassung, wenn sie ein rotes Oldtimer-Kennzeichen führen (§ 17 Abs. 1 FZV).
Siehe auch: → *Straßenverkehrsgesetz*   Dauer

zulassungsfreie Fahrzeuge → Zulassung von Kfz Nr. 1

Zulassungsbescheinigung Teil I und II 1. Allgemeines. Die Zulassungsbescheinigung für ein Kfz besteht fast immer aus den Teilen I (früher Fahrzeugschein) und II (früher Fahrzeugbrief). Wenn im Kfz-Zulassungsrecht von der Zulassungsbescheinigung die Rede ist, sind damit beide Teile gemeint, denn es gibt nur eine Zulassungsbescheinigung. Die Regelungen über die Zulassungsbescheinigung beruhen auf der Richtlinie 1999/37/EG über Zulassungsdokumente für Fahrzeuge vom 29.4.1999 (AblEG vom 1.7.1999 Nr. L 138 S. 57).

2. Zulassungsbescheinigung Teil I. Die Zulassungsbescheinigung Teil I (früher Fahrzeugschein) stellt das wesentliche Legitimationspapier bei Verkehrskontrollen dar. Sie enthält die wichtigsten Angaben zum Fahrzeug. Sie ist vom jeweiligen Fahrer des Kfz *mitzuführen* und zuständigen Personen auf Verlangen zur Prüfung auszuhändigen (§ 11 Abs. 5 FZV); ein Verstoß ist ordnungswidrig (§ 48 Nr. 5 FZV). Frühere Fahrzeugscheine bleiben gültig (§ 50 Abs. 3 S. 1 Nr. 1 FZV). Die Zulassungsbescheinigung Teil I wird nach dem *Muster* in Anlage 5 zur FZV ausgefertigt (§ 11 Abs. 1 S. 1 FZV). Bei Änderung lediglich der Anschrift des Halters kann die neue Anschrift durch einen entsprechenden Aufkleber – wie bei Personalausweisen – auf der Zulassungsbescheinigung Teil I vermerkt werden. Wird eine Zulassungsbescheinigung Teil I als verloren gemeldet, kann nach Maßgabe von § 5 Abs. 3 FZV vor Erteilung einer Ersatzbescheinigung eine fahrzeugtechnische Untersuchung angeordnet werden. Die Zulassungsbescheinigung Teil I ist eine *öffentliche Urkunde*.

3. Zulassungsbescheinigung Teil II. Die Zulassungsbescheinigung Teil II (früher Fahrzeugbrief) dient vor allem als Nachweis der Verfügungsberechtigung im Zulassungsverfahren. Die *Ausfüllung des Vordrucks* der Zulassungsbescheinigung Teil II (vgl. § 12 Abs. 3 FZV) ist der Eintrag bestimmter Daten zum Fahrzeug, ohne dass diese Daten eine amtliche Bestätigung darstellen. Das Ausfüllen wird z. B. durch den Hersteller des Fahrzeugs oder den Inhaber der Typgenehmigung vorgenommen. Die *Ausfertigung der Zulassungsbescheinigung Teil II* (§ 12 Abs. 2 FZV) ist die abschließende Bearbeitung durch die Zulassungsbehörde mit Ausfüllung des amtlichen Teils und Bestätigung durch Siegeleindruck. Die Zulassungsbescheinigung Teil II wird nach dem *Muster* in Anlage 7 zur FZV ausgefertigt (§ 12 Abs. 2 S. 1 FZV). Frühere Fahrzeugbriefe bleiben gültig (§ 50 Abs. 3 S. 1 Nr. 2 FZV).

a) Antrag auf Ausfertigung. Mit dem Antrag auf Zulassung eines Fahrzeugs ist entweder die vorhandene Zulassungsbescheinigung Teil II vorzulegen oder, wenn sie noch nicht vorhanden ist, nach § 12 FZV zu beantragen, dass sie ausgefertigt wird (§ 6 Abs. 2 FZV). Mit dem Antrag auf Ausfertigung der Zulassungsbescheinigung Teil II ist der Zulassungsbehörde die *Verfügungsberechtigung* über das Fahrzeug *nachzuweisen* (§ 12 Abs. 1 S. 1 FZV). Das gleiche gilt, wenn nur die Ausfüllung eines Vordrucks der Zulassungsbescheinigung Teil II beantragt wird, ohne dass das Fahrzeug zugelassen werden soll (§ 12 Abs. 1 S. 3 FZV). Da die Zulassungsbescheinigung Teil II als Nachweis der Verfügungsberechtigung dient, darf eine Ausfüllung oder Ausfertigung nicht erfolgen, ohne dass die Verfügungsberechtigung nachgewiesen wurde; Ausnahmen sind nicht möglich (§ 47 Abs. 1 S. 1 Nr. 1 FZV). Als Nachweis der Verfügungsberechtigung kommen z. B. der bisherige Kfz-Brief, der Kaufvertrag, die Originalrechnung oder eine Zollquittung in Betracht. Die Ausfüllung einer Zulassungsbescheinigung Teil II sowie deren erstmalige Ausfertigung durch die Zulassungsbehörde ist nur möglich, wenn für das Fahrzeug eine *Typ- oder Einzelgenehmigung* (Betriebserlaubnis) vorliegt, denn diese ist nach § 3 Abs. 1 S. 2 FZV zwingende Voraussetzung für die Zulassung. Die Ausfüllung einer Zulassungsbescheinigung Teil II sowie deren erstmalige Ausfertigung ist deswegen von der Vorlage der Übereinstimmungsbescheinigung, der Datenbestätigung oder der Bescheinigung über eine Einzelgenehmigung des Fahrzeugs abhängig (§ 12 Abs. 2 S. 2 FZV); Ausnahmen davon sind nicht möglich (§ 47 Abs. 1 S. 1 Nr. 1 FZV).

b) Verlust der Zulassungsbescheinigung Teil II. Der Verlust einer ausgefertigten Zulassungsbescheinigung Teil II ist der zuständigen Zulassungsbehörde anzuzeigen (§ 12 Abs. 4 S. 2 FZV). Eine neue Zulassungsbescheinigung Teil II darf erst ausgefertigt werden, wenn nach *Aufbietung* der verlorenen Zulassungsbescheinigung Teil II im Verkehrsblatt (Amtsblatt des Bundesverkehrsministeriums) durch das KBA die dabei gesetzte Frist zur Vorlage bei der Zulassungsbehörde abgelaufen ist (§ 12 Abs. 4 S. 3 und 4 FZV). Ungültigerklärung sieht § 12 FZV nicht vor. Sind die in einer Zulassungsbescheinigung Teil II für die Eintragungen vorgesehenen *Felder ausgefüllt* oder ist die Zulassungsbescheinigung Teil II *beschädigt*, ist eine *neue Bescheinigung* auszustellen (§ 12 Abs. 5 S. 1 FZV).

c) Zivilrechtliche Bedeutung der Zulassungsbescheinigung Teil II: Das Eigentum am Kfz ergibt sich nicht aus der *Eintragung in der Zulassungsbescheinigung Teil II*, die lediglich dokumentiert, auf welche Person ein Kfz zugelassen ist. Aus der Eintragung kann weder zwingend auf den Halter noch auf den Eigentümer geschlossen werden, da die Zulassungsbehörde die zivilrechtliche Rechtslage nicht prüft (§ 12 Abs. 6 S. 1 FZV; KG 29.10.2007, 12 U 83/07, VRS 114, 416). Die Übereignung von Kfz richtet sich nach allgemeinen Regeln (§§ 929 ff BGB); die Übergabe der Zulassungsbescheinigung Teil II ist dafür nicht erforderlich. Da die Zulassungsbescheinigung Teil II *kein Traditionspapier* ist, ersetzt ihre Übergabe nicht die Übergabe des Fahrzeugs. Das Eigentum an der Zulassungsbescheinigung Teil II folgt dem Eigentum am Fahrzeug. Beim Erwerb eines Kfz vom Nichtberechtigten ist *gutgläubiger Erwerb* grundsätzlich nur möglich, wenn der Erwerber sich die Zulassungsbescheinigung Teil II hat vorlegen lassen (näher Hentschel/König/*Dauer* Straßenverkehrsrecht 43. Aufl. 2015 § 12 FZV Rn. 15).
Siehe auch → *Fahrzeug-Zulassungsverordnung (FZV)*, → *Zulassung von Kfz*   *Dauer*

Zulassungspflicht → Fahrzeug-Zulassungsverordnung (FZV) Nr. 3

Zulassungsrechtsbeschwerde → Bußgeldverfahren Nr. 9

Zulassungsrevision → Besonderheiten des Verkehrsunfallprozesses Nr. 27

Zulassungsstelle → Nachhaftung

Zurechnung → Kinderunfall Nr. 2, → Psychische Unfallfolgen Nr. 5

Zurechnung fremden Verschuldens → Mithaftung und Mitverschulden Nr. 5, → Sonderbeziehung (deliktische)

Zurechnungs- und Haftungseinheit → Haftung mehrerer Schädiger Nr. 1, 2

Zurechnungsfähigkeit → Haftungsprivilegierung für Kinder

Zurechnungszusammenhang → Kausalität Nr. 2, → Mithaftung und Mitverschulden Nr. 2, → Psychische Unfallfolgen Nr. 5

Zurückbehaltungsrecht → Abschleppkosten Nr. 3

Zurücktreten der Betriebsgefahr → Betriebsgefahr Nr. 3

Zusatzzeichen → Geschwindigkeit Nr. 2

Zuständigkeit → Besonderheiten der Verkehrsunfallklage Nr. 5, → Besonderheiten des Verkehrsverwaltungsprozesses Nr. 2, 10 a)

Zustellung → Auslandsunfall Nr. 7, → Besonderheiten der Verkehrsunfallklage Nr. 8

Zustellungsermächtigung → Vollmacht

Zuteilung eines Kennzeichens → Fahrzeug-Zulassungsverordnung (FZV), → Kennzeichenerteilung Nr. 1

Zwangsstilllegung 1. Allgemeines. Wenn sich ein Fahrzeug als *nicht vorschriftsmäßig* nach der FZV oder der StVZO erweist, kann die Zulassungsbehörde den *Betrieb* des Fahrzeugs im öffentlichen Straßenverkehr *untersagen*, wenn mildere Mittel zur Beseitigung der Mängel nicht ausreichen. Für Fahrzeuge, die der FZV unterliegen (Kfz mit einer bauartbedingten Höchstgeschwindigkeit von mehr als 6 km/h und Kfz-Anhänger, § 1 FZV), ist die Rechtsgrundlage für diese Maßnahme § 5 FZV, bei im Ausland zugelassenen Fahrzeugen, die vorübergehend am Verkehr in Deutschland teilnehmen, § 22 i.V.m. § 5 FZV. Für die anderen Fahrzeuge ist die Rechtsgrundlage § 17 StVZO. Zur *Vorbereitung einer Entscheidung* kann die Zulassungsbehörde dem Halter oder Eigentümer auferlegen, einen von ihr zu bestimmenden *Nachweis über die Vorschriftsmäßigkeit* oder ein *Gutachten* eines amtlich anerkannten Sachverständigen oder Prüfers einer Technischen Prüfstelle oder eines Prüfingenieurs einer amtlich anerkannten Kfz-Überwachungsorganisation beizubringen (§ 5 Abs. 3 S. 1 Nr. 1 FZV). Bei nicht der FZV unterfallenden Fahrzeugen reicht das Gutachten eines beliebigen Sachverständigen (§ 17 Abs. 3 Nr. 1 StVZO). Die *Untersagung des Betriebs* ist das Verbot, das Fahrzeug im öffentlichen Straßenverkehr zu betreiben; sie lässt Betriebserlaubnis und Zulassung des Fahrzeugs unberührt (näher Hentschel/König/*Dauer* Straßenverkehrsrecht 43. Aufl. 2015 § 5 FZV Rn. 6 a).

2. Nicht vorschriftsmäßig sind Fahrzeuge, die nicht den Zulassungsvorschriften oder den Bau- und Betriebsvorschriften entsprechen, z. B. nicht verkehrssicher sind (§ 31 StVZO) oder Bestimmungen über Lärm und Abgase nicht genügen. Ist der Mangel behebbar, reicht oft die Aufforderung an den Halter oder Eigentümer, innerhalb einer angemessenen *Frist* für die *Beseitigung des Mangels* zu sorgen. Soweit für die Verkehrssicherheit erforderlich, darf die Zulassungsbehörde für die Verwendung des nicht vorschriftsmäßigen Fahrzeugs *Beschränkungen* auferlegen oder die Verwendung bis zur Mängelbeseitigung *untersagen*. Sie hat dabei immer das mildeste Mittel zu wählen (Übermaßverbot). Als Beschränkung kommt z. B. in Betracht, nur noch die Fahrt bis zur nächsten Werkstatt zuzulassen. Die *Untersagung des Betriebs* des unvorschriftsmäßigen Fahrzeugs kommt nur als „ultima ratio" in Betracht. Ist der Betrieb eines Fahrzeugs untersagt, hat der Halter es nach § 14 FZV *außer Betrieb zu setzen*, also das Fahrzeug abzumelden. Er kann dies vermeiden, wenn er der Zulassungsbehörde *nachweist*, dass die Gründe für die Untersagung des Betriebs nicht oder nicht mehr vorliegen (§ 5 Abs. 2 S. 1 FZV). *Dauer*

Zwangsversicherung → Unfallversicherung Nr. 1

Zweifel → Besonderheiten des Verkehrsunfallprozesses Nr. 18, → Unabwendbares Ereignis Nr. 3

Zweifel an der Fahrtauglichkeit → Beifahrer Nr. 2

zweite Rückschau → Doppelte Rückschaupflicht

Zweites Seerechtsänderungsgesetz → Fährschifftransport, Kfz-Schaden beim Nr. 3

Zweitschädiger → Kausalität Nr. 3

Zwischenverfahren → Bußgeldverfahren Nr. 3

Im Lesesaal vom 0 2. JUNI 2016
bis